RÉPERTOIRE

DES

CONNAISSANCES USUELLES

LISTE DES AUTEURS QUI ONT CONTRIBUÉ A LA RÉDACTION DU 10e VOLUME DE CETTE ÉDITION.

MM.

Allonville (comte Armand d').
Andrieux.
Aubert de Vitry.
Audiffret (H.).
Bandeville (l'abbé).
Bardin (le général).
Barthélemy (l'abbé J.).
Baudry de Balzac.
Beaufort (A. de).
Béchem.
Belfield-Lefèvre.
Bertrand (F.).
Billot.
Bodin (Mad° Camille [Jenny Bastide]).
Bordas-Demoulin.
Boreau (Victor).
Bory de Saint-Vincent, de l'Académie des sciences.
Bouchitté (H.), ancien recteur de l'Académie d'Eure-et-Loir.
Bouillet, ancien proviseur.
Boullée (A.).
Bourdon (Dr Isid.), de l'Acad. de médecine.
Braconnier (Édouard).
Bradi (comtesse de).
Breton, de la *Gazette des tribunaux*.
Briffault (Eugène).
Brunet (Gustave), à Bordeaux.
Cahen (S.), traducteur de la Bible.
Castil-Blaze.
Chabrol (E. de).
Champagnac.
Charbonnier (Dr).
Chasles (Philarète), professeur au Collége de France.
Clarion, ancien professeur à la Faculté de médecine de Paris.
Clermont (N.).
Colange (Léo de).
Colin.
Colombat, de l'Isère (Dr).
Coquerel (Charles).
Danjou (F.).
Darroux (Victor).
Delbare (Th.).
Démezil.
Denne-Baron.
— (Made Sophie).
— (Dieudonné).
Descloseaux (Ernest), anc. secrét. général du ministère de la justice.

MM.

Dubief (F.).
Du Bois (Louis), ancien sous-préfet.
Duchesne (aîné), conservateur de la Bibliothèque impériale.
Duckett (W.-A.).
Dufau (P.-A.).
Dufey (de l'Yonne).
Dumas (J.-B.), de l'Académie des sciences, sénateur.
Du Mège (Alexandre).
Dupin (baron Charles), de l'Académie des sciences, sénateur.
Duplessis (l'abbé J.).
Dupuis-Delcourt.
Du Rozoir (Charles).
Fauche (Hippolyte).
Favrot.
Fayot (Frédéric).
Ferry, ancien examinateur à l'École polytechnique.
Fossati (Dr).
Fournier (Édouard).
Français de Nantes (comte), ancien pair de France.
Friesse (Camille de).
Galibert (Léon).
Gallois (Napoléon).
Gaubert (Dr Paul).
Gaultier de Claubry.
Gellé (L.-N.).
Genevay (A.).
Giniez (Dr).
Golbéry (P. de), ancien procureur général.
Goupil (Dr Auguste).
Guadet (J.).
Halliez (Dr).
Hatry (F.).
Héricourt (A. d').
Husson (Auguste).
Janin (Jules).
Joncières.
Jubinal (Achille), député au corps législatif.
Jullien (Bernard).
Kirwan (A.-V.), avocat au *Queen's Bench*, à Londres.
Labitte (Charles).
Lainé, ancien généalogiste des ordres du Roi.
Laurent (Dr L.), anc. chirurgien en chef de la marine.

MM.

Laurentie.
Lemonnier (Charles).
Lémontey, de l'Académie française.
Lenoir (Ch. Alexandre).
Leverrier, de l'Académie des sciences.
Louvet (L.).
Mac-Carthy (Oscar).
Mantz (Paul).
Matter.
Merlieux.
Merlin.
Millin, de l'Institut.
Moléon (V. de).
Mondelot.
Mongiave (Eug. G. de).
Nisard (Charles).
Odolant-Desnos.
Ourry.
Paffe (C.-M.).
Page (Th.), capitaine de vaisseau.
Pascallet (E.).
Pautet (Jules).
Pecqueur (C.).
Pellissier.
Pelouze père.
Pongerville, de l'Académie française.
Reiffenberg (baron de).
Rendu (l'abbé), évêque d'Annecy.
Richer (E.).
Rienzi (L.-D. de).
Roujoux (baron de).
Rousseau (Jean-Jacques).
Roux (E.).
Saint-Amour (Jules).
Saint-Prosper.
Saint-Prosper jeune.
Sandeau (Jules).
Sandras (Dr).
Saucerotte (Dr), à Lunéville.
Savagner (A.).
Ségalas (Anaïs).
Teyssèdre.
Tharaud (Paul).
Tiby (Paul).
Tissot, de l'Académie française.
Vaimont (S.).
Vaudoncourt (le général G. de).
Viennet, de l'Académie française.
Viollet-Leduc.
Virey (J.-J.).
Zadik Pacha (Michel-Czaykowski).

Paris. — Typographie de Firmin Didot frères, fils et Cie, rue Jacob, 56.

DICTIONNAIRE

DE LA

CONVERSATION

ET DE LA LECTURE

INVENTAIRE RAISONNÉ DES NOTIONS GÉNÉRALES LES PLUS INDISPENSABLES A TOUS

PAR UNE SOCIÉTÉ DE SAVANTS ET DE GENS DE LETTRES

SOUS LA DIRECTION DE M. W. DUCKETT

Seconde édition

ENTIÈREMENT REFONDUE

CORRIGÉE, ET AUGMENTÉE DE PLUSIEURS MILLIERS D'ARTICLES TOUT D'ACTUALITÉ

Celui qui voit tout abrége tout.

MONTESQUIEU.

TOME DIXIÈME

PARIS

LIBRAIRIE DE FIRMIN DIDOT FRÈRES, FILS ET CIE

IMPRIMEURS DE L'INSTITUT, RUE JACOB, 56

M DCCC LIX

DICTIONNAIRE

DE

LA CONVERSATION

ET DE LA LECTURE.

FRÉRET (Nicolas), secrétaire perpétuel de l'Académie des Inscriptions et belles-lettres, naquit à Paris, en 1688. Son père, procureur au parlement, eût désiré lui faire suivre la carrière du barreau ; mais reconnaissant combien peu il avait l'esprit des affaires, il finit par le laisser libre d'obéir au penchant qui l'entraînait vers les lettres. En effet à l'âge de seize ans, Fréret, élève de Rollin, était déjà un prodige d'érudition; aussi en 1714 ne pouvant encore prendre place parmi les membres de l'Académie, à cause de sa jeunesse, y fut-il, en attendant, admis à titre d'*élève*. Son début fut signalé par un discours sur l'origine des Français, qui choqua les opinions alors admises, et blessa si vivement l'abbé de Vertot, que celui-ci dénonça l'auteur au ministère. Fréret fut mis à la Bastille. Duclos assure que des propos indiscrets sur l'affaire des princes légitimés furent la véritable cause de sa détention. Quoi qu'il en soit, Fréret occupa les loisirs forcés qu'on lui faisait à relire attentivement les auteurs grecs et latins, acquérant ainsi une connaissance plus approfondie de cette antiquité, qui fut l'objet des travaux de toute sa vie. Dans l'ardeur de son zèle pour la science, il voulut aller visiter la Chine, afin d'étudier par lui-même ses annales; mais, ne pouvant réaliser son projet, il apprit du moins le chinois d'un lettré de cette nation, venu en France en 1712. Aidé des lumières d'un célèbre missionnaire, le père Goubil, Fréret établit que l'histoire des Chinois, loin de se perdre dans la nuit des temps, était fixée dans les livres de Moïse, et ne remontait pas au delà de l'an 2,575 avant J.-C.

La géographie avait également été l'objet de ses travaux, et dans ses papiers l'on ne trouva pas moins de 1,357 cartes tracées de sa main. Reconnaissant l'influence des idées religieuses et philosophiques sur les révolutions des peuples, il entreprit de débrouiller la cosmogonie en même temps que la philosophie des Orientaux, puis celle des Grecs; et rien de plus curieux et de plus instructif que les dissertations qu'il composa sur ces différents sujets. Outre les langues anciennes, il savait l'anglais, l'italien et surtout l'espagnol. Il connaissait aussi, dit Bougainville, son successeur à l'Académie, l'histoire naturelle et les procédés techniques des arts, et possédait assez de géométrie pour devenir bon physicien. Quoi qu'il poursuivît la renommée, il ne la désirait pas uniquement pour lui, mais surtout pour le corps dont il faisait partie, et auquel il rapportait tous ses travaux; c'est ce qui explique comment la plupart de ses écrits, disséminés dans le recueil de l'Académie des Inscriptions, dont il fut élu membre en 1716, et secrétaire perpétuel en 1742, ne furent rassemblés et publiés qu'après sa mort.

Les systèmes historiques de Fréret, quelquefois en désaccord avec les livres saints, l'ont fait ranger parmi les philosophes de l'école de Voltaire et de Diderot; mais s'il attaqua ouvertement la religion chrétienne dans quelques écrits, il les garda soigneusement en portefeuille, ou ne les communiquant qu'à des amis discrets et éprouvés. Passant la plus grande partie de sa vie dans son cabinet, il n'avait point ces formes élégantes et polies que le grand monde seul enseigne. Aussi allait-il rarement dans les salons; il leur préférait de beaucoup le café *Procope*, où il disputait sans cesse avec Boindin sur des questions de métaphysique et de philosophie. Ce fut là que Duclos fit sa connaissance. Fréret mourut le 8 mars 1749, à l'âge de soixante et un ans.

Saint-Prosper jeune.

FRÉRON (Élie-Catherine), le fondateur du journalisme en France après Renaudot, naquit à Quimper, en 1719. Il était allié par sa mère à la famille de Malherbe. A la fin du dix-huitième siècle, à l'instant même où la pensée humaine commençait cette longue révolte qui a enfanté la plus longue, la plus difficile et la plus mémorable des révolutions, au moment même où toute l'Europe, éblouie et étonnée, disait à Voltaire : *Tu seras roi, Voltaire!* un homme arriva pour défendre, lui tout seul, la littérature du dix-septième siècle, qui était déjà de la vieille littérature, les principes du grand règne, qui étaient déjà de vieux principes, la croyance de Bossuet et de Louis XIV, qui était déjà de la vieille croyance. Cet homme, qui combattit seul toute sa vie pour la sainte cause du goût, et de l'art, et des règles, cet homme, qui eut pour mot d'ordre : *Racine et Boileau*, cet homme a été le plus courageux et le plus constamment courageux de son temps. Tout seul, lui qui n'était pas même le dernier des gentilshommes, ou le dernier des hommes d'Église, il a défendu, nuit et jour, la cause du roi et de l'Église, abandonnée par la France entière, par l'Europe entière. Tout misérable que vous le voyez là, perdu dans la foule, sans protecteur, sans appui, sans ami, sans conseil, tout seul, il a osé s'opposer à Voltaire, le Mahomet de ce temps-là; il a tenu tête, tout seul, aux encyclopédistes ameutés en masse, et à l'*Encyclopédie*, cette statue d'argile aux pieds d'argile!

Il arrive à Paris tout jeune, fait ses études chez les jésuites et professe quelque temps au collége Louis-le-Grand. Puis, à vingt ans, il offre à l'abbé Desfontaines de travailler avec lui à ses *Observations sur les écrits modernes* et à ses *Jugements sur quelques ouvrages nouveaux;* et à peine a-t-il pris la plume, qu'il fait oublier son maître, qui meurt en 1745. Alors commence cette lutte de vingt ans entre Fréron et le parti philosophique. Chaque jour, matin et soir, il était sur la brèche, voyant venir les nouveaux hommes et les œuvres nouvelles. Tout le dix-septième siècle passa devant lui en hurlant des cris de rage; et lui, il jugea tranquillement et de sang-froid le dix-huitième siècle qui passait. Jamais vie littéraire ne fut plus occupée et plus remplie; à chaque instant c'était un nouveau venu dont il fallait s'occuper sans relâche : Tantôt Diderot, moitié abbé, moitié philosophe, arrivant de sa petite ville de Langres en sabots et à demi vêtu; tantôt un homme qui allait avoir quarante ans, arrivant de Genève sans argent, sans habits, sans renommée, sans protecteur, dévoré depuis vingt ans par d'invincibles et puériles passions, et qui allait être bientôt Jean-Jacques Rousseau, c'est-à-dire l'auteur de l'*Émile*, de l'*Héloïse* et du *Contrat Social*. Eh bien! non-seulement Fréron juge Jean-Jacques, Diderot, d'Alembert, mais encore Montesquieu et Buffon, deux grands seigneurs d'un très-grand style.

Ce sont là des travaux! Nommez-moi un grand ouvrage du dix-huitième siècle qui ait échappé à l'analyse complète, à la justice indépendante, au jugement toujours sûr de Fréron! Et en même temps nommez-moi un grand ouvrage de ce siècle qui ne demande pas pour être jugé entièrement la vie d'un homme! Et après les maîtres, pensez-vous aussi que les disciples n'aient pas eu leur tour dans cette histoire littéraire du dix-huitième siècle, écrite jour par jour par Fréron? Les voici en effet qui arrivent les uns après les autres, tous les philosophes à la suite, tous les poëtes à la suite, Grimm, Helvétius, le baron d'Holbach, Condillac, La Harpe, Chamfort, qui encore? Ils arrivent tous en masse, en foule, en tombant sur la gloire, ou tout au moins sur la renommée, comme de pauvres morts de faim; les économistes, les philosophes, les déistes, les athées, les vieillards et les jeunes gens, les plébéiens et les grands seigneurs, les républicains et les théocratiques, ils arrivent tous, chacun apportant sa petite ruine, chacun apportant son petit sophisme, celui-ci ôtant à la langue, celui-là y ajoutant, tous détruisant, arrangeant, recomposant et massacrant cette belle langue du siècle de Louis XIV : et à tous ceux-là, qui accouraient en foule à la ruine de Carthage, il fallait que Fréron tout seul répondît, l'un après l'autre, et à tous en même temps; Fréron seul défendait pied à pied, pouce par pouce, ce beau royaume de la philosophie, de la croyance, de l'art et du goût au dix-septième siècle, attaqué et battu en brèche de toutes parts; et il publiait en 1746 ses *Lettres à Mme la comtesse de* ***, supprimées à cause de leurs violences contre les célébrités de l'époque, et de 1749 à 1750, en collaboration avec l'abbé de La Porte, 13 volumes in-12 de *Lettres sur quelques écrits du temps*, qui auraient eu le même sort sans la protection du roi Stanislas.

Dans la liste formidable et très-incomplète des grands écrivains et des grands ouvrages auxquels Fréron eut affaire dans sa vie, je ne vous ai pas encore nommé le plus redoutable, le plus intrépide, le plus atroce de tous, Voltaire. Autant Voltaire aimait la gloire, autant il haïssait Fréron. Autant Voltaire adorait la toute-puissance, autant il haïssait Fréron. Oui, le grand Voltaire, ce maître souverain de l'Europe philosophique et littéraire, ce grand poëte qui a pensé détrôner le Christ, ce roi tout puissant dont la capitale était Ferney, ce roi de l'esprit et des révolutions, des grâces et des paradoxes, ce prodige qui a renversé, en se jouant, et comme il eût brisé une porcelaine chez Mme de Pompadour, une monarchie et une religion de quinze siècles, s'il a été jaloux de quelqu'un dans sa gloire et dans sa toute puissance, ce grand Voltaire, il n'a été jaloux ni de Racine, ni de Corneille, ni de Bossuet, ni de Jean-Jacques Rousseau, ni de Montesquieu, il a été jaloux de Fréron! Et Fréron a été attaqué par Voltaire autant et aussi souvent et plus violemment attaqué que Notre-Seigneur Jésus-Christ lui-même! Fréron a été traité comme une religion, attaqué comme une croyance, et ce rare esprit, Voltaire, a été aussi inquiété par l'*Année littéraire* que par la *Bible!* Oui, Voltaire a été arrêté par ces lignes écrites avec sang-froid et sans colère! Oui, Voltaire a porté ses deux mains de fer et de feu contre ce chiffon de l'*Année littéraire*, et il n'a pu venir à bout de l'anéantir ! Lui Voltaire, arrêté dans sa gloire par cette misérable feuille, et jouant, lui Voltaire, vis-à-vis de Fréron, le rôle de cette princesse des contes de Perrault qu'une toile d'araignée empêche de sortir de sa prison, parce que la toile d'araignée renaît toujours! Lui Voltaire, ainsi arrêté par Fréron! Avouez avec moi qu'en effet cela est étrange, et qu'en effet Voltaire, se voyant vaincu comme Cromwell *par ce grain de sable placé là*, a eu bien raison d'être furieux toute sa vie, et de toute sa fureur, contre Fréron.

Aussi, vous savez comment s'est exhalée cette immense colère de Voltaire, qui n'a jamais eu d'égale : tout ce qu'un homme peut supporter et souffrir en ce monde, Fréron l'a supporté et souffert. Il a eu tous les genres de courage : on l'a frappé à coups de bâton, on l'a humilié dans sa personne, dans ses enfants, dans sa femme, dans son honneur, dans sa probité, dans ses mœurs, dans son foyer domestique; on l'a traîné sur le théâtre (chose inouïe depuis Aristophane)! et là, devant le peuple assemblé, en présence de tous les grands seigneurs de la cour et de tous les puissants de la ville, ç'a été à qui lui cracherait le plus au visage tout ce que la haine a de fiel et la rage de venin, tout ce que le mépris peut imaginer dans ses accès de brutalité, tout ce que des crocheteurs pris de vin, tout ce que des femmes de la halle brûlées de soif, peuvent trouver dans leur gosier desséché d'horribles, de sales et d'infâmes mensonges, tout cela a été prodigué et versé à plein vase sur la tête de Fréron le journaliste! Voltaire à cette grande occupation a passé une grande partie de sa vie. Voltaire voyait Fréron partout; c'était pour lui l'abîme entr'ouvert qui épouvantait Pascal. Au milieu d'une grande dissertation historique, Voltaire s'interrompait pour attaquer Fréron. Au milieu d'un conte léger, il s'arrêtait pour insulter Fréron. En plein poëme, il insultait Fréron. Partout, à chaque instant, Voltaire écrit le nom de Fréron. Fréron est insulté dans le même livre que la *Pucelle* d'Orléans. Fréron est insulté dans *Candide*. C'est contre Fréron que Voltaire a lancé sa plus immortelle satire, *le Pauvre Diable*, cette horrible philippique de génie, à laquelle on ne peut rien comparer, pas même les plus horribles passages de Juvénal. Enfin, c'est contre Fréron que Voltaire a écrit *L'Écossaise*, cette horrible comédie, dans laquelle un homme vivant a été montré au doigt comme le plus affreux des misérables. Le comédien qui le joua a imité jusqu'à sa figure; il s'est même procuré un de ses habits; il s'est avancé sur le bord du théâtre, et il a dit : *Je suis un voleur, un sot, un misérable, un mendiant, un vénal;* et pendant les cinq actes de la pièce il s'est jeté à lui-même de la boue au visage, et personne n'a pris la défense de cet homme, seul contre tous....

Cependant, à cette première représentation de *L'Écossaise*, plus d'un cœur a dû battre, plus d'un front a dû pâlir, quand soudain, au dernier acte, au moment le plus grand de l'admiration générale, on vit aux premières loges une pauvre femme qui tombait évanouie, et à l'orchestre un homme éperdu qui se levait tout debout, en s'écriant avec des larmes de désespoir : *Ma femme ! ma femme !* Or, cette femme évanouie, c'était la femme de Fréron; or, cet homme qui était resté impassible pendant ces trois heures d'abominables tortures, et qui pleurait voyant sa femme évanouie, c'était Fréron lui-même. Sont-ce là, je vous prie, les vengeances d'un peuple civilisé? Ce jour-là un homme était à côté de Fréron, et cet homme eut seul le courage de défendre l'homme attaqué, en lui parlant avec la considération due au malheur. Celui qui osa soutenir Fréron contre toute cette foule soulevée, c'était Malesherbes, le même homme de bien et de courage qui osa plus tard défendre la vie de Louis XVI. On composerait, du reste, plusieurs gros volumes des excellentes épigrammes et des immortelles satires dont Fréron a été accablé; il n'y a pas un homme de ce temps-là, même Palissot, qui ne se soit trouvé de l'esprit et beaucoup d'esprit contre Fréron. Jean-Jacques Rousseau, qui garde si souvent le plus onorable sang-froid contre Voltaire, a adressé à Fréron une ettre violente qui se termine par le mot le plus insultant. « Vous ,tes, Monsieur, que vous vous enveloppez dans votre vertu : ne vous le conseille pas, vous auriez là un méchant man-au. » Et cependant, Fréron a tenu bon, et n'a pas lâché un pas ; jusqu'à la fin il a persévéré dans la route qu'il était tracée. Au nombre de ses travaux il faut placer sa éfense de l'ancien théâtre et sa constante admiration pour orneille et pour Racine, et son opposition constante à cette rmoyante et fade comédie par laquelle on espérait rem-lacer la comédie de Molière. C'est Fréron qui le premier a ouvé la critique dramatique, comme il a trouvé le style de la ritique littéraire. Fréron est le plus habile analyste de ce onde. Son coup d'œil est prompt et sûr ; sa parole est rapide vive ; il est peu facile à éblouir, et jamais homme ne s'est ieux tenu en garde contre les étincelles du faux bel-esprit les efforts grandioses du mauvais goût. Fréron sait par eur tous les modèles : ajoutez que c'est lui qui a formulé s droits de la critique ; on écoutait, même en la maudissant, ette voix importune de Fréron, parce qu'à tout prendre, ette voix disait la vérité.

Fréron était bien malade quand on vint lui apprendre ue ses ennemis l'emportaient enfin, et que le garde des eaux, M. de Miromesnil, venait de supprimer le privilége e l'*Année littéraire*. A cette nouvelle, Fréron, désarmé, s'a-oua vaincu pour la première fois ; cependant, il ne ressentit i indignation ni colère. « Ah ! dit-il, en s'efforçant de sourire, 'est là un malheur particulier qui ne doit détourner per-onne de la défense de la monarchie ; le salut de tous est ttaché au sien. » Disant ces mots, il baissa la tête, et mourut, ccablé de fatigues et d'ennuis, le 10 mars 1776. Au reste, mourut à temps, quand la révolution allait venir avec sa ande voix imposer silence à toute parole qui n'était pas our elle. Fréron emporta dans sa tombe le journal litté-aire et la critique littéraire. Après lui le journal devint ne puissance politique ; il ne s'était attaqué qu'à des écri-ains, il s'attaqua à tous les autres grands pouvoirs : il passa e la théorie des révolutions à la pratique des révolutions. u'aurait dit Fréron s'il avait pu prévoir les journaux de *Terreur*, et si Marat, le père Duchesne, appuyant sur n épaule sa main chargée de sang et de barbarismes, fût enu lui dire : *Salut et fraternité à mon confrère Fréron !*

FRÉRON (Louis-Stanislas), né à Paris, en 1765, fils u précédent, eut pour parrain le roi Stanislas. Aussi, quoi-u'il n'eût guère plus de dix ans à la mort de son père, le rivilége de l'*Année littéraire* lui fut-il rendu, et il en jouit usqu'en 1790 ; mais il ne prit que fort peu de part à la ré-action, qui appartint surtout à son oncle Royou et à l'abbé eoffroy, le futur collaborateur du *Journal des Débats*. eune homme de fêtes et de plaisirs, il ne marcha pas, du este, sur les traces de son père. Enfant et dans les bras de mère, Fréron le fils avait pu apprendre ce qu'il en coûte our défendre la société contre ceux qui l'oppriment, et com-ien c'est une triste position de défendre plus grand que i. Il est donc pardonnable de n'avoir pas voulu continuer n père, et d'avoir pris le parti le plus facile et le plus onoré. Malheureusement, l'ancien condisciple de Robes-ierre à Louis-le-Grand ne fut pas un simple révolutionnaire, issant aller la révolution, qu'on ne pouvait plus contenir ; fut un révolutionnaire fanatique, impitoyable, sanguinaire. ui le croirait ? la gloire de Marat empêchait Fréron de ormir ! Pour contre-balancer l'*Ami du Peuple*, Fréron ublia *L'Orateur du Peuple*, et là il s'abandonnait à tous les orribles excès d'un homme naturellement timide, et qui e sait pas s'arrêter dans sa cruauté, parce qu'il ne sait pas arrêter dans sa faiblesse. Enfin, pour tout dire, le fils de réron le grand critique, oubliant à la fois son père et le oble exemple qu'il lui avait donné, vota la mort du roi, n bienfaiteur, et il osa s'en vanter plus tard ! Et c'est ce ême Fréron, fils de Fréron le critique, que la Convention nvoya à Marseille comme un instrument de mort ; et là, Marseille, Fréron le fils, s'abandonnant de nouveau à ses fureurs, inscrivit son nom sanglant et déshonoré à côté du nom de Collot d'Herbois, qui était le Fréron de Lyon, comme Fréron était le Collot d'Herbois de Marseille.

Qui sait si tel homme qui avait battu des mains à la re-présentation de *L'Écossaise* ne paya pas de sa tête, sous Fréron le proconsul de Marseille et de Toulon, les applau-dissements barbares dont il avait accueilli le nom du grand critique Fréron ? Au fait, qui pourrait dire ce qui se passait dans l'âme de Fréron le fils, quand enfin, après les longues années de son enfance, ces années chargées d'humiliations et d'insultes publiques, il se vit dans sa jeunesse un nom re-douté à l'égal du nom de Marat ? Au fait, cet enfant, qui avait été élevé dans le cabinet de Fréron le critique, qui avait vu son père nuit et jour au travail, dévoué toute sa vie aux principes conservateurs, ne recueillir de son ouvrage que les insultes et les moqueries de ceux même qu'il dé-fendait ; au fait, Fréron le fils, qui avait vu mourir son père sous les coups de la disgrâce du garde des sceaux Miro-mesnil, avait dû prendre en grande pitié et en grand mé-pris cette société misérable, qui était si peu reconnaissante, et qui se défendait si mal. Tant d'injures accumulées pen-dant trente ans sur la tête du père, et quelles injures ! ont dû nécessairement retomber sur le cœur du fils ; et comme c'était là, pour ce jeune homme sans croyance et sans fidé-lité, des injures sans contre-poids, comme en ceci il n'était pas soutenu comme l'était son père par la conscience de son courage et d'un devoir noblement rempli, on s'explique à peu près comment le fils de Fréron, cet enfant qui était né si doux et si humain, soit devenu féroce par le besoin de venger son père. Ne vous étonnez donc pas de lui voir porter sur le peuple des mains violentes ; ne vous étonnez pas de le voir commander l'artillerie contre le peuple : ce jour-là il avait sous ses ordres un jeune officier d'artillerie qui avait nom Bonaparte, et qui avait pris Toulon à lui seul ; et là, au milieu du Champs-de-Mars, Fréron le fils mitraillait le peuple amoncelé ; et quand la mitraille eut brisé toutes ces têtes, une voix s'écria : *Que ceux qui ne sont pas morts se relèvent, la patrie leur pardonne !* Infâme guet-apens ! Cette voix, c'était la voix de Fréron ; les malheureux qui n'étaient pas morts se relèvent. « Feu ! » s'écrie Fréron : la mitraille recommence, et personne ne se relève plus ! En conséquence, le club de Valois décerna à Fréron le fils le titre de *sauveur du midi !*

Depuis ce temps Fréron fils eut des fortunes diverses à subir. De terroriste qu'il était, il se fit l'ennemi de Robes-pierre ; Robespierre brisé, Fréron dénonça Fouquier-Tinville, et enfin tous ses complices les uns après les autres ; en un mot, l'assassin de Toulon et de Marseille se trouva bientôt à la tête de la réaction anti-jacobine. Il était thermidorien ; il avait des partisans, qu'on appelait *la jeu-nesse dorée de Fréron* ; puis enfin, quand la France arriva au 5 vendémiaire, Fréron redevint ce qu'il avait toujours été, un mauvais agitateur, impudent et trem-blant, un fils indigne de son père, un révolutionnaire vaincu dont on méprise la tête, moins que rien. Il alla mourir en 1802, à Saint-Domingue, sous les ordres du général Leclerc, le mari de cette jeune et belle Pauline Bona-parte, que toute l'Europe adora depuis sous le nom de la princesse Borghèse. Chose étrange encore ! Pauline Bona-parte était aimée de Fréron, et elle aimait Fréron avec l'au-torisation de son frère. On a encore les correspondances de Fréron et de Pauline. Bien plus, si Fréron n'eût pas été marié, il épousait Pauline Bonaparte, et alors, au lieu d'aller mourir employé des vivres sous les ordres du général Le-clerc, qui peut dire ce que serait devenu Fréron ?

Jules Janin.

FRÉROTS. *Voyez* Fratricelles.

FRESAIE. *Voyez* Effraie.

FRESNEL (Augustin-Jean), physicien célèbre par ses belles recherches sur la lumière, naquit le 10 mai 1788, à Broglie (Eure), et après avoir fait ses études à Caen, fut reçu de bonne heure à l'École Polytechnique, d'où il sortit pour entrer à l'École des Ponts et Chaussées, qu'il ne quitta que pour être envoyé avec le titre d'ingénieur dans le département de la Vendée. Destitué pendant les cent jours, à cause du zèle royaliste qu'il avait témoigné, il résolut de se livrer à l'étude des Sciences physiques et mathématiques pour lesquelles il s'était toujours senti une vocation marquée ; et un premier mémoire sur la diffraction de la lumière, soumis à l'Académie des Sciences au mois d'octobre 1815, le signala à l'attention du monde savant. Les matières traitées dans ce mémoire devinrent le sujet d'un prix mis au concours par l'Académie en 1817 ; et Fresnel, reprenant et complétant ses expériences précédentes, adressa à ce grand jury scientifique un second mémoire, qui obtint, en 1819, le prix proposé. Dans ce beau travail, il avait trouvé, à l'aide de la théorie des ondulations et du principe des interférences, des formules représentant avec la plus grande exactitude toutes les circonstances du phénomène de la diffraction de la lumière, la largeur des franges colorées, la marche curviligne de leurs bandes obscures et brillantes, et l'intensité de la lumière infléchie dans l'ombre. A la seconde restauration, il avait été réintégré dans ses fonctions d'ingénieur des ponts et chaussées, et bientôt après chargé d'un service à Paris, qui lui permettait de se livrer en même temps avec facilité aux études objet de sa prédilection spéciale. Plusieurs mémoires, publiés à l'appui d'une théorie nouvelle qui renversait les idées émises par les plus célèbres physiciens, et qui a été le point de départ des savantes recherches de MM. Jamin et Cauchy, achevèrent d'illustrer le nom du jeune savant, qui dès 1823 était élu à l'unanimité membre de l'Académie des Sciences, et à qui en 1825 la Société royale de Londres conférait le même honneur. Nommé membre de la commission des phares, Fresnel eut bientôt justifié cette marque de confiance sympathique du pouvoir par l'invention du système des phares lenticulaires, admirable création, qui équivalait à une révolution dans cette partie si importante des services publics, et qui lui assure à jamais la reconnaissance des marins de tous les pays. Il mourut à Ville-d'Avray, le 14 juillet 1827.

FRESQUE, peinture faite avec des couleurs terreuses détrempées dans de l'eau pure et appliquées sur un mur nouvellement enduit d'un mortier composé de chaux et de sable, conditions toutes nécessaires pour donner à la fresque une longue durée. En effet, le mélange de chaux et de sable devient, avec le temps, aussi dur que la pierre, avec laquelle il s'unit beaucoup mieux que le plâtre, qui finit souvent par se détacher ; puis la couleur s'incorpore parfaitement dans l'épaisseur de l'enduit, sur lequel on ne l'applique que tandis qu'il est frais, c'est-à-dire assez chargé d'humidité lui-même pour que l'eau colorée s'imprègne dans tous les pores de l'enduit. C'est pour cette raison que cette manière de peindre a reçu le nom de *fresque* (de l'italien *fresco*). Autrefois on écrivait en français *fraisque*, afin de mieux faire sentir son analogie avec le mot *frais*.

Pour que l'enduit ait la fraîcheur convenable, on ne doit couvrir chaque matin que la portion de mur qui peut être peinte dans la journée ; et si quelque chose retarde ou suspend le travail de l'artiste, il doit faire abattre l'enduit pour le refaire de nouveau. Dans cette manière de peindre, un artiste doit travailler vite et toujours au premier coup, car la fresque ne permet pas de retouches. Une grande composition ne peut donc être exécutée que par fragments, et chaque partie doit être totalement terminée avant que la partie voisine puisse être même tracée. Ce genre de peinture exige des artistes fort exercés, dont la main soit aussi sûre qu'habile. Un tel travail ne convient non plus que pour de vastes compositions, placées à une assez grande distance du spectateur, comme sont les coupoles, les voûtes et les grands plafonds.

Afin de pouvoir travailler avec sécurité, l'artiste a soin d'avoir des dessins où tous les contours soient bien arrêtés, et sur lesquels il a également soin d'indiquer la place des clairs et des ombres. Il calque alors ces dessins avec une pointe, qui les empreint facilement sur l'enduit, et acquiert ainsi la certitude de ne pas faire d'erreurs. Afin d'avoir un guide plus certain, ces dessins, nommés *cartons*, sont ordinairement coloriés ; cependant, quelquefois ils n'offrent qu'un simple trait de la grandeur de l'exécution : pour le reste du travail, l'artiste se contente d'un petit tableau, sur lequel il retrouve l'effet et la couleur.

La méthode de la peinture à fresque paraît être la plus ancienne de toutes : aussi ne peut-on fixer son origine. Les grandes peintures dont parle Pausanias, faites par Polygnote dans le Pœcile d'Athènes et le Léché de Delphes, ainsi que d'autres peintures antiques, pourraient bien avoir été exécutées à fresque. Celles que l'on retrouve dans les temples d'Égypte, à Herculanum et à Pompéi, sont aussi faites dans des manières semblables à la fresque. Nous ne pensons pas devoir entrer ici dans aucun détail sur toutes ces anciennes peintures ; une grande partie d'entre elles sont maintenant détruites, et on ne les connaît plus que par les descriptions qu'en ont données différents auteurs, tant anciens que modernes, Pausanias, Philostrate, Pline, Caylus, Bellori, Norden, Pococke et Winckelmann. Mais il sera peut-être bon de donner une idée succincte des fresques modernes les plus remarquables : nous citerons d'abord celles qui ont été faites par Giotto et Cimabué à Assise, celles qui décorent les murs du Campo-Santo de Pise : elles ont été faites par Buffalmaco, Orcagna, Simon Memmi, Spinello d'Arezzo et Benozzo Gozzoli ; celles qui ont été peintes en 1440 par Dominique de Bartolo dans l'hôpital de la Scala à Sienne. Nous citerons aussi les célèbres fresques peintes par Raphael dans plusieurs des chambres du Vatican, les arabesques peintes dans les loges, l'histoire de Psyché et de l'Amour, ainsi que *Le Triomphe de Galathée*, dans le palais de Chigi ; puis *Les Sibylles*, dans l'église de Sainte-Marie de la Paix à Rome. Ces fresques sont toutes des compositions de Raphael. Nous rappellerons encore celles qui ont été faites par Michel-Ange dans la chapelle Sixtine, et dont la plus importante est cette vaste composition du *Jugement dernier*, qui occupe en entier le fond de cette chapelle ; le dôme de Parme, dans lequel le Corrége a représenté le paradis dans la coupole, et les quatre Pères de l'Église sur les pendentifs ; la célèbre galerie Farnèse, où se voient les plus beaux témoignages du grand talent d'Annibal Carrache ; les fresques peintes par Dominique Zampieri dans la chapelle de la Grotta-Ferrata, où sont représentés plusieurs traits de la vie de saint Barthélemy et de saint Nil ; puis les fresques relatives à sainte Cécile, qui se voient à Rome dans l'église de Saint-Louis des Français, également peintes par le Dominiquin, ainsi que l'histoire d'Apollon, peinte à Frascati dans le palais Aldobrandini ; la coupole de Saint-André della Valle à Rome, par Lanfranc ; les voûtes et soffites du palais Barberini, où se trouvent des compositions allégoriques à la gloire de cette illustre maison, par Pierre Berettini ; l'histoire de la maison Farnèse, peinte dans le palais de Caprarole, par les frères Thaddée et Frédéric Zucchero ; enfin, nombre d'autres grandes et vastes compositions peintes à Naples, à Rome, à Bologne et à Gênes, par Charles Marotti, Ciro Ferri, Joseph d'Arpino, Luc Giordano et François Solimène, ainsi que par François Salviati, Cignani et Bibienna. Nous citerons encore deux peintres italiens : Grimaldi, dit *Bolognèse*, et Romanelli, qui tous deux vinrent à Paris, où ils ont fait plusieurs peintures à fresque, soit dans diverses salles du Louvre, soit dans le palais Mazarin. Plusieurs d'entre elles ont déjà été détruites depuis longtemps.

Nous terminerons cet article en citant encore les fresques faites à Paris par plusieurs artistes français : la plus ancienne est celle de la coupole du Val-de-Grâce, peinte par Mignard et célébrée par Molière ; la coupole et les pendentifs du dôme des Invalides, peints par Jouvenet et Delafosse ; la chapelle de la Vierge à Saint-Sulpice, par Pierre ; puis, dans la même église, deux chapelles peintes de 1820 à 1822, l'une par M. Vinchon et l'autre par M. Abel de Pujol; la coupole de Sainte-Geneviève, par Gros, etc.

DUCHESNE aîné.

FRET. Ce mot dérive des mots *fraight*, *fracht*, *vracht*, qui signifient charge dans les langues du Nord. On nomme *Fret* le prix de la location d'un navire et aussi le transport de la cargaison d'un armateur (*voyez* AFFRÈTEMENT).

FRETIN, menu poisson. C'était proprement et originairement la morue, qui se divisait en quatre qualités : meilleur *fretin*, grand *fretin*, *fretin* de rebut, et menu *fretin*. Par extension, ce mot a été appliqué à tout petit poisson (*voyez* ÉTANG), puis à tout rebut, à toute chose de bas prix, de minime valeur. Enfin, on s'en est servi autrefois dans le style grivois comme injure ou terme de mépris. Huet, évêque d'Avranche, dérive ce mot de l'anglais *farthing*, petite monnaie du pays.

FREYBERG. *Voyez* FREIBERG.

FREYCINET (LOUIS-CLAUDE DE SAULCES DE), navigateur célèbre, capitaine de vaisseau, membre de l'Académie des Sciences, commandeur de la Légion d'Honneur, né en 1779, à Montélimart, mort à Paris, en 1842, servit tour à tour en qualité d'aspirant, d'enseigne, et de lieutenant de vaisseau. En 1803 il commandait la goëlette *La Casuarina*, qu'il quitta pour la corvette *Le Géographe*, à bord de laquelle il fit son premier voyage de découvertes sous les ordres du commandant Nicolas Baudin, chargé d'aller compléter la reconnaissance des côtes de la Nouvelle-Hollande. De 1804 à 1805, Freycinet monta la corvette *Le Voltigeur*. En 1811 il fut nommé capitaine de frégate. En 1817 il obtint le commandement de la corvette *L'Uranie*, destinée au grand voyage auquel il doit sa réputation, et qui dura plus de trois ans et demi. Cette mission avait pour principal objet la recherche de la figure du globe dans l'hémisphère du Sud, celle des éléments du magnétisme terrestre dans ces parages et la solution de plusieurs questions météorologiques proposées par l'Académie des Sciences.

L'Uranie partit de Toulon le 17 septembre 1817. A bord se trouvaient le capitaine Duperrey, célèbre depuis par son voyage de *La Coquille*; Bérard, aussi excellent marin qu'habile observateur; Quoy, savant modeste, que bénissent les hôpitaux de Brest; Gaudichaud, de l'Académie des Sciences; Gaimard, plus tard président de la commission scientifique chargée d'explorer le Spitzberg, et Jacques Arago, qui devait livrer au public une esquisse de ce voyage, qu'il a réimprimée depuis. C'était la première fois qu'une femme faisait partie d'une semblable expédition : Mme de Freycinet, récemment mariée, toute jeune, toute dévouée, avait suivi à bord son mari, à son insu, sous un costume de matelot. Lorsque cette violation flagrante des lois maritimes fut racontée à Louis XVIII, il pensa qu'il fallait la juger avec indulgence, un pareil exemple ne lui paraissant pas devoir être contagieux.

Après avoir relâché à Gibraltar et à Sainte-Croix de Ténériffe, où Mme de Freycinet reprit les habits de son sexe, sous lesquels elle fut aimée et respectée de tout l'équipage, *L'Uranie* gagna Rio-de-Janeiro, se dirigea vers le Cap de Bonne-Espérance, mouilla à Maurice, à Bourbon, à la baie des Chiens, à l'île de Timor, que Freycinet avait déjà visitée avec Baudin, à l'île Ombay et à Dilli, chef-lieu des établissements portugais de cette côte. De Ceram on pénétra dans le détroit qui sépare Amboine de Bourou, on mit le cap sur Gassa, on rectifia plusieurs erreurs géographiques entre Guébé et Vaigiou, on établit un observatoire sur l'île de Raswak, sous l'équateur, d'où l'on partit le 5 janvier 1819; puis, en passant, on vit les îles de l'Amirauté, on traversa l'archipel des Carolines et l'on arriva aux îles Mariannes. Là celles de Guham, Rottal et Tinian furent successivement explorées; et ce n'est qu'après avoir recueilli de nombreux matériaux sur les mœurs, l'histoire naturelle et la géographie de cette contrée, qu'on fit voile vers les îles Sandwich, où les études scientifiques de l'expédition se poursuivirent sur trois d'entre elles : Owhyhi, témoin des malheurs de Cook, Mowhi et Whahou. Ce fut dans la traversée de cette dernière île au port Jackson que la corvette fit la découverte de la petite île *Rose*, qui fut ainsi nommée du nom de la patronne de Mme de Freycinet.

En coupant les îles de la Polynésie australe, on essaya de rectifier la position de celles du Danger, Pylstar, Howe et des Navigateurs; on doubla, en laissant sur sa route la terre de Van-Diémen, l'extrémité méridionale de la Nouvelle-Zélande; on reconnut le 5 février 1820 les côtes de la Terre-de-Feu, près du cap de la Désolation, et l'on s'arrêta à la baie de Bon-Succès, dans le détroit de Lemaire. Un épouvantable ouragan en chassa bientôt la corvette : l'équipage se félicitait déjà d'avoir échappé à sa furie, quand une roche des Malouines vint le punir de sa joie. Ce fut le dernier élan de ce navire.

Dans cette circonstance périlleuse, le sang-froid de Freycinet ne lui fit pas défaut un seul instant : tout fut sauvé, et pendant le long séjour qu'on fit sur cette terre inhospitalière, les opérations magnétiques ne discontinuèrent pas, quand on ne savait pas le matin si l'on aurait des vivres le soir : fort heureusement un mauvais navire mexicain *La Paz*, que les vents contraires et une voie d'eau contraignirent, sur ces entrefaites, à relâcher aux Malouines, vint arracher l'équipage aux angoisses d'une mort horrible : on l'acheta, on le nomma *La Physicienne*, et, après une rude traversée jusqu'à Montevideo, on regagna Rio-de-Janeiro, dernière relâche de l'expédition. Trois mois plus tard, on débarquait, le 13 novembre 1820, au Havre, après avoir sauvé les collections précieuses recueillies avec tant de zèle durant cette longue campagne scientifique. De retour à Paris, Freycinet présenta le résultat de ses travaux à l'Académie des Sciences. Le rapport d'Arago fut un éloge sans restriction de l'état-major de la corvette, de l'équipage et de l'infatigable commandant. Le conseil de guerre, séant à Brest, en l'acquittant pour la forme, lui prodigua les louanges les plus honorables pour sa conduite avant et après le naufrage. La relation de son voyage, imprimée avec luxe aux frais du gouvernement, a pour titre : *Voyage autour du monde entrepris par ordre du roi sur les corvettes de S. M.* L'Uranie *et* La Physicienne, *pendant les années* 1817 *à* 1820 (8 vol. in-4°, 1824-1844, avec atlas).

La large part de Freycinet dans ce magnifique travail lui ouvrit les portes de l'Académie des Sciences en 1826; il faisait déjà partie du Bureau des Longitudes, dont il était devenu l'un des membres les plus actifs. En 1820 il avait été nommé capitaine de vaisseau; en 1833 il obtint sa retraite. Son nom a été donné à une contrée de la Nouvelle-Hollande, découverte par Baudin en 1802, et à une île de l'archipel Dangereux, découverte en 1823 par Duperrey. Freycinet a été en 1821 un des fondateurs de la *Société de Géographie*.

Son frère aîné, le contre-amiral baron *Henri* DE SAULCES DE FREYCINET, né en 1777, mort en 1840, servit avec distinction dans la marine militaire sous l'empire, administra l'île Bourbon en 1820 et la Guyane en 1827, fut nommé contre-amiral en 1828, et préfet maritime de Rochefort en 1834.

FREYJA. *Voyez* FRIGGA.

FREYR, fils de Niord, admis avec son père parmi les Ases, qui lorsqu'il fit sa première dent lui donnèrent le château céleste d'Alfheim, est appelé *Vanagod*, en raison de son origine. Il est le dieu de la paix et de la fécondité, dispense la pluie et les rayons du soleil, et est invoqué quand on veut obtenir de bonnes moissons. Il a pour épouse Gerda, fille du géant Gymer. Freyr l'avait entrevue un jour qu'il était monté à Hlidskialf, le séjour d'Odin, du haut duquel on aperçoit tout sur la terre. Gerda était si belle, que l'éclat de ses bras éclairait l'atmosphère et la mer. Épris de l'amour le plus passionné, Freyr chargea Skirner de demander sa main, après lui avoir donné pour prix de ce service sa bonne épée, que celui-ci perdra en combattant contre le crépuscule des dieux. La fête de Freyr se célébrait en automne. Il se peut qu'antérieurement il ait été hermaphroditement uni à Freya ; comme celle-ci, il était invoqué par les fiancés.

Freyr était l'objet d'une vénération particulière, notamment en Suède, où on le considérait comme une des divinités nationales, et aussi en Islande. Il avait son temple principal à Upsal, en Suède, où chaque année on lui offrait en sacrifice un grand nombre d'hommes et d'animaux. Lors de la fête de Jul, qui lui était consacrée, et à l'occasion de laquelle le dieu était solennellement promené dans le pays, toute discussion restait suspendue. Comme le *Frauja* des Goths, appelé par contraction *Fro* chez les Saxons, est un nom qui se conserva longtemps, même après l'introduction du christianisme, pour désigner le Seigneur, il est à présumer qu'il ne représentait pour ces peuples qu'une idée abstraite.

FREYRE (Don Manuel), général espagnol, né en 1765, à Ossuña, en Andalousie, fut nommé en 1798 major dans un régiment de hussards, et venait de passer lieutenant-colonel au moment où éclata la guerre de l'indépendance (1808-1814). Les services distingués qu'il rendit à son pays à cette époque le firent successivement monter de grade en grade jusqu'à celui de lieutenant général. En 1820, Ferdinand VII l'ayant choisi pour l'opposer à l'insurrection victorieuse de l'île de Léon, il adressa de Séville, le 14 janvier, aux troupes placées sous ses ordres un ordre du jour, à l'effet de les préparer à marcher contre l'insurrection. Toutefois, appréciant les difficultés de la situation, Freyre sembla vouloir obtenir par la voie des négociations un résultat qu'il regardait comme impossible avec le seul emploi de la force; et ses mesures eussent peut-être été couronnées de succès, si de nouveaux mouvements insurrectionnels n'étaient point survenus en Galice et ailleurs. Pendant le mois de février, il avait bloqué l'île de Léon du côté de la terre et fait poursuivre le général Riégo dans les montagnes de la Ronda, lorsque, le 7 mars, des députés se présentèrent à son quartier général de Puerto Santa-Maria pour le sommer, au nom d'un grand nombre d'officiers de marine et d'artillerie en garnison à Cadix, d'avoir à faire proclamer la constitution. Freyre se rendit de sa personne le surlendemain à Cadix, afin d'y juger par lui-même du véritable état des choses; et alors, contraint par la force des choses et aussi par la nouvelle de l'arrivée prochaine du comte de l'Abisbal, il promit de faire proclamer la constitution le jour suivant. Lorsqu'il revint, le 10, à Cadix, des scènes de carnage, dont les causes sont demeurées un mystère, éclatèrent dans cette ville. Aussitôt que l'ordre fut rétabli, les officiers de la garnison vinrent le trouver, réclamant de lui l'arrestation immédiate des officiers d'artillerie, corps dont les opinions politiques étaient devenues suspectes aux partisans de la constitution. Freyre y consentit, et compléta cette mesure de conciliation en faisant sortir de Cadix les bataillons compromis dans l'échauffourée. Le 14 il reçut enfin l'ordre royal, daté du 7, en vertu duquel la constitution fut solennellement proclamée à Cadix; mais à quelques jours de là, il se voyait enlever son commandement, et il fut même mis en état d'arrestation, comme accusé d'avoir été le principal instigateur des massacres de Cadix. Remis en liberté lors du rétablissement du régime absolu, Freyre vécut jusqu'à la mort de Ferdinand VII dans la plus profonde retraite. En 1833, il se déclara en faveur de la reine Isabelle, fut créé pair du royaume, commandant en chef de la garde royale et capitaine général de Madrid; mais il mourut dès les premiers mois de 1834.

FREYTAG (Georges-Guillaume-Frédéric), professeur de langues orientales à l'université de Bonn, l'un des plus célèbres arabisants qu'il y ait aujourd'hui en Allemagne, est né le 19 septembre 1788, à Lunebourg; et c'est surtout par les études toutes spéciales qu'il a faites à Paris, dans les années 1815 et suivantes, sous la direction du savant Sylvestre de Sacy, qu'il a pu parvenir au rang distingué qu'il occupe aujourd'hui parmi les orientalistes. Le premier résultat de ces études fut la publication de ses *Selecta ex Historia Halibi* (Paris, 1819). L'année suivante il fut appelé à la chaire qu'il occupe encore aujourd'hui à Bonn. Parmi ses ouvrages les plus importants nous citerons sa *Grammaire abrégée de la Langue Hébraïque* (1835), sa *Chrestomatie Arabe*, et son grand *Lexicon Arabicum-Latinum* (4 vol. in-4°, 1830-37), dont il a été publié un abrégé (1837, in-4). Nous mentionnerons encore de lui : *Arabum Proverbia* (3 vol., 1838-44); *Caabi Ben Sohair, Carmen in laudem Muhammedis dictum* (1833, in-4°); *Hamasæ Carmina*, collection des plus anciens poëmes arabes d'Abou-Temmâm, avec des scolies arabes (1828, in-4°); *Exposition de la versification arabe* (1830); enfin l'Anthologie *Fakihat Alcholafa* d'Ibn-Arabjah (1837).

FRIABLE, épithète qu'on applique aux corps tendres et fragiles, qui se divisent ou se réduisent aisément en poudre sous les doigts : tels sont le plâtre, les pierres calcinées en général, etc. En physique, la friabilité est la propriété qu'ont certains corps de céder à l'action d'une puissance quelconque tendant à en isoler les molécules. Cet état provient du peu de cohésion des parties de ces corps, cohésion tellement faible qu'elle s'oppose à peine à leur désunion.

FRIAND, FRIANDISE. Les mots *friand*, *friande*, s'appliquent également aux personnes qui aiment les choses délicates et recherchées, et à ces choses elles-mêmes, quoique ces dernières soient plus spécialement désignées sous le nom de *friandises* (*cupediæ*). La Fontaine dit dans une de ses fables :

> Il se réjouissait à l'odeur de la viande,
> Mise en menus morceaux, et qu'il croyait *friande*.

C'est à tort que quelques personnes attachent à l'idée de ce mot celle d'un vice, et le définissent un appétit désordonné pour les choses délicates. C'est sans doute faire contracter aux enfants une mauvaise habitude que de les gorger de sucreries, de friandises, mais ce défaut est moins honteux que la g o u r m a n d i s e. Le gourmand recherche en général la quantité, le *friand* la qualité.

Friand se dit, au figuré, de choses qu'on aime avec passion, quoiqu'elles ne tombent pas sous le sens du goût, comme *friand* de nouvelles, de musique, de louanges, etc. Le mot *friander* était jadis en usage pour exprimer l'action de manger d'une manière *friande*. Ce proverbe : *avoir le nez tourné à la friandise*, a été aussi très en vogue autrefois. Ce qui y avait donné lieu était l'image de saint Jacques de l'Hôpital, peinte sur la porte de l'édifice de ce nom, près de la rue aux Ours (au plutôt aux Oies), dans laquelle se trouvaient les premiers rôtisseurs de Paris. De ce que le visage du saint regardait cette rue, on avait fait le proverbe : *Il est comme saint Jacques de l'Hôpital, il a le nez tourné à la friandise.* Billot.

FRIBOURG, un des vingt-deux cantons suisses, le neuvième dans l'ordre de la Confédération, présente une superficie de 20 myriamètres carrés, et confine aux cantons de Berne, de Vaud et de Neufchatel. D'après le recensement de 1850, sa population s'élevait à 99,891 individus, dont 87,753 catholiques et plus de 12,000 réformés. Ces derniers habitent surtout l'arrondissement de Morat. Au point de vue de la langue, cette population se divise en 75,857 individus parlant français, et 24,034 individus parlant allemand. Le français est la langue officielle du gouvernement; mais toutes les lois et décrets du grand-conseil, de même que tous les arrêtés obligatoires sur toute l'étendue du canton, sont rédigés dans les deux langues. Le sol de ce canton se compose en général de collines et de montagnes boisées, dont les plus élevées, continuation de la chaîne alpestre de l'Oberland, sont situées dans la partie méridionale et la plus froide du canton, sans toutefois atteindre les limites de la région des neiges éternelles. La majeure partie du lac de Morat, de même que le lac Noir (*Schwarzsee*) et celui de Seedorf appartiennent à ce canton. Ses cours d'eau les plus importants, la plupart affluents du Rhin, sont la Saane ou Sarine, la Broye et le Chandon. La population a pour principales ressources l'industrie agricole alpestre (fabrication des fromages de *Gruyères*), et la culture des céréales, de la vigne, du tabac et des légumes. Les montagnes fournissent du grès, de la pierre calcaire de la nature du marbre, et un peu de houille.

La ville de *Fribourg*, fondée en 1179, par le duc Berthold IV de Zæhringen, sur les bords de la Saane, profondément encaissée entre deux rangées de rochers, fut pendant cent cinquante années en constantes hostilités avec Berne, à cause de son attachement à ses seigneurs. Aux termes du traité de Stanz, elle fut admise en 1481 avec son territoire dans la confédération. Là aussi la démocratie dégénéra insensiblement en oligarchie bourgeoise. En effet, indépendamment du grand-conseil, investi de la puissance législative et du petit-conseil, chargé du pouvoir exécutif, il s'y forma un conseil des Soixante, exerçant le droit de censure sur les autorités supérieures, au-dessus duquel s'éleva encore plus tard une chambre secrète, armée des pouvoirs les plus étendus. La domination exercée par les familles patriciennes alla toujours se consolidant davantage; et dans leurs longues luttes contre la cour de Rome, de même que contre les évêques de Lausanne, qui depuis la Réformation résidaient à Fribourg, ces familles s'emparèrent de toute l'autorité civile. Toutefois, dès 1581 les jésuites obtenaient l'autorisation de fonder un établissement permanent à Fribourg. Sous la Restauration, en 1818, non-seulement on y admit les liguoristes et bientôt après les jésuites, mais encore on leur restitua leurs anciennes propriétés.

Vers la fin du dix-huitième siècle commencèrent à se manifester des germes de révolte contre le joug de l'oligarchie, tant dans les campagnes que dans la ville et au sein même des populations françaises. Occupé le 2 mars 1798 par les Français, Fribourg devint partie intégrante de la république Helvétique, puis, sous le régime de la *médiation*, l'un des dix-neuf cantons et l'une des six directions (*Vororte*). La restauration venue, l'aristocratie rétablit son ancienne domination, tout en en adoucissant quelque peu les formes; et il en fut ainsi jusqu'à ce que, en 1830, un soulèvement populaire eut pour résultats la reconnaissance du principe d'égalité de droits et la constitution de janvier 1831. De même que dans les autres cantons régénérés, cette constitution garantissait la liberté de la presse, la liberté individuelle, etc.; mais elle décidait en outre que la religion catholique romaine était la seule religion officielle du canton, à l'exception de l'arrondissement de Morat, où le culte de la confession réformée était seul permis par la loi. Elle stipulait aussi la possibilité de reviser la constitution après un délai de douze ans. Cependant, en présence d'une opposition libérale qui croissait toujours en forces, le parti aristocratique et sacerdotal ne laissait pas que de conserver sa prépondérance, et il s'en servit notamment dans l'affaire des couvents d'Argovie et à propos de la question des jésuites. En 1847 Fribourg accéda de même au *Sonderbund*. Une tentative à main armée faite par les libéraux en janvier 1846 à l'effet de renverser le gouvernement et de forcer le canton à se retirer du *Sonderbund*, échoua complétement. L'occupation de Fribourg par des troupes fédérales, le 16 novembre 1847, put seule amener la chute du parti jésuitico-aristocratique. Elle donna le pouvoir non pas seulement au parti libéral, mais au parti démagogique.

Le lendemain de cette occupation, un gouvernement provisoire fut élu et établi en remplacement du précédent. En même temps une assemblée législative et constituante, produit du suffrage universel et direct, fut convoquée; et la constitution de 1848, libérale dans la plupart de ses dispositions et garantie par la confédération, sortit des délibérations de cette assemblée. On omit toutefois, et pour cause, de soumettre le nouveau pacte constitutionnel à l'acceptation formelle ou au rejet du peuple; à l'instar de la constitution de 1830, elle exigeait en outre qu'il s'écoulât un delai de quatorze années pour qu'il fût possible d'en entreprendre la révision. Tous les citoyens avaient le droit de prendre part aux élections ayant pour but la nomination de cette assemblée constituante; mais on s'explique que sous l'impression immédiate de l'occupation par les troupes fédérales, le parti naguère dominant et maintenant vaincu se soit abstenu. Les autorités établies en vertu de la nouvelle constitution décidèrent d'ailleurs que les citoyens qui se refuseraient à prêter serment à la constitution seraient privés de l'exercice du droit électoral. Ces dispositions, et surtout la longueur du délai fixé pour la possibilité de modifier la constitution, excitèrent beaucoup de mécontentement; et les meneurs du parti aristocratique et sacerdotal n'eurent garde de ne point le mettre à profit. Il en résulta diverses tentatives d'insurrection, notamment en 1850 et le 22 mars 1851. Cette dernière se termina par la déroute des insurgés, commandés par un individu du nom de Nicolas Carrard, et qui déjà avait pris part aux précédentes insurrections. Six ou sept insurgés furent tués sur place, et les deux frères Carrard faits prisonniers. La sentence rendue le 16 juin 1851 contre les insurgés restés au pouvoir de la justice, les condamna à quinze ans d'emprisonnement dans une maison de correction; mais dès la fin de janvier 1852 la peine de Carrard était commutée en quinze années d'exil du territoire fédéral. De même, dans l'insurrection d'octobre 1850, malgré les faits de haute trahison qui avaient été positivement prouvés, il n'y eut que onze accusés de condamnés à un certain nombre d'années de bannissement. Indépendamment de ces tentatives de révolution à main armée, il s'organisa alors dans les formes légales une continuelle agitation, destinée à tenir constamment sur le qui-vive le gouvernement existant, et qui, il faut bien le reconnaître, ne représentait que la minorité. Or qui ne sait que plus les minorités qui réussissent à s'emparer du pouvoir sont faibles, et plus elles sont violentes et tyranniques? Une pétition issue d'un comité central et revêtue de la signature de 14,000 citoyens, adressée à la diète fédérale, dont on sollicitait l'intervention pour amener un changement dans la constitution et dans le gouvernement du canton, ayant été repoussée, l'opposition essaya de parvenir au même but par des démonstrations d'un autre genre, notamment par la convocation à Posieux, en mai 1852, d'une grande assemblée populaire, à laquelle prit part un nombre considérable de citoyens. Mais cette tactique ne réussit pas davantage aux meneurs du parti rétrograde, qui est en très-grande majorité dans le canton. La seule concession que fit le grand-conseil convoqué à peu de temps de là, ce fut de rendre la capacité électorale aux citoyens qui se refusaient à prêter serment à la constitution, et de promettre quelques modifications dans la législation.

Le canton de Fribourg est divisé en sept arrondissements. Les principales localités qu'il renferme sont après son chef-lieu : *Estavayer*, dans une position charmante, sur le lac de Neufchâtel; *Bulle*, petite ville assez agréable, située à l'entrée des vallées de Gruyères, où se tiennent d'importantes foires de bétail et de fromages; *Morat*, sur le lac du même nom, ville de 15 à 1600 habitants, célèbre par la bataille qui s'y livra en 1456. Un obélisque a remplacé le célèbre ossuaire détruit par les Français en 1798; *Romont*, la plus jolie ville de tout le canton, bâtie sur une colline dont le pied est baigné par la Glaise, 900 habitants; *Rue*, sur la Broye; enfin *Gruyères*, en allemand *Greyerz*, petite ville de 4 à 500 âmes, au pied du Molisson : elle a donné son nom à toute la contrée environnante, centre d'une importante fabrication de fromages.

Les suites de la guerre du *Sonderbund*, la politique jésuitique du précédent gouvernement, et les troubles continuels provoqués par les violences du gouvernement actuel, ont exercé les résultats les plus fâcheux sur ses finances. En 1850 il y eut encore une diminution de 173,000 fr. sur le chiffre des évaluations de recettes, et le déficit total s'éleva à 683,000 francs; on ne saurait nier cependant que le gouvernement actuel ne se soit beaucoup occupé d'améliorer la situation intellectuelle et morale des populations. C'est ainsi que depuis la révolution de 1847 l'institution du jury a été introduite dans le canton, et fut mise pour la première fois en activité à Morat, en avril 1851; qu'un comité soutenu par le gouvernement a été établi pour perfectionner l'agriculture, et que l'industrie de l'horlogerie, dont le grand centre est à Lachaux-de-Fonds, a été introduite à Morat.

FRIBOURG, chef-lieu du canton, ville de 8,120 habitants, qui parlent français dans la ville haute et allemand dans la ville basse, s'élève bâtie en terrasses sur les deux rives escarpées de la Saane. Elle occupe une vaste superficie, est au total bien bâtie, et entourée sur presque tous les points d'une haute et solide muraille. Pour épargner aux voyageurs arrivant à Fribourg la fatigue de descendre et de remonter les rives si escarpées et si élevées de la Saane, un pont en fil de fer de 272 mètres de développement a été en 1834 jeté d'une rive à l'autre, à une élévation de 52 mètres au-dessus de la rivière. Parmi les quatre églises qu'on compte à Fribourg, on remarque surtout celle de Saint-Nicolas, avec son immense orgue de Moser et sa tour de 112 mètres de hauteur. L'ancien collége des jésuites s'élève semblable à un château-fort, sur une hauteur, à peu de distance de la ville.

FRIBOURG EN BRISGAU, ci-devant capitale du Brisgau, aujourd'hui chef-lieu du cercle du Haut-Rhin, dans le grand-duché de Bade, siége d'une université et depuis 1828 de l'archevêché de Baden et Hohenzollern, ou de ce qu'on appelle la province ecclésiastique du Haut-Rhin, est situé sur le Treisam, qu'on y passe sur un beau pont, à 15 kilomètres du Rhin, au pied de la forêt Noire, dans une belle et fertile contrée, riche en vignobles, et avec les deux faubourgs *Herdern* et *Wiehre*, compte une population de 16,000 âmes, non compris la garnison et les étudiants. La fabrication de la chicorée, du tabac, du papier et de la potasse, la tannerie, la librairie et la typographie constituent les principales industries de cette ville. Sa cathédrale, avec sa tour découpée à jour et haute de 118 mètres, dont la construction, commencée en 1152, ne fut achevée qu'en 1513, est un chef-d'œuvre d'architecture gothique. L'intérieur en est magnifiquement orné, et on y voit un grand nombre de tombeaux, parmi lesquels on remarque surtout celui de Berthold V, duc de Zæhringen. En fait d'autres édifices remarquables, on peut encore citer la maison de vente, le théâtre, le palais archiépiscopal, l'ancien hôtel des états de la province, et l'hôtel de ville. L'université catholique fut fondée en 1457, par l'archiduc Albert d'Autriche, et possède encore de riches fondations dans le pays de Bade, en Wurtemberg et en Suisse, quoique la révolution francaise lui en ait fait perdre une bonne partie, qui étaient situées en Alsace. Au commencement de 1852 on y comptait six professeurs pour la faculté de théologie, six pour la faculté de droit, sept pour la faculté de médecine, et autant pour la faculté de philosophie, deux professeurs extraordinaires et dix agrégés. Le nombre des étudiants était à la même époque de 338, dont 71 étrangers. A l'université est adjointe une bibliothèque de plus de 100,000 volumes. Fribourg possède en outre un gymnase et un lycée. De son archevêché relèvent les évêchés de Mayence, de Fulda dans la Hesse, de Rottenberg dans le Wurtemberg, et de Limbourg dans le duché de Nassau. Les souverains de ces divers États, de même que celui du grand-duché de Bade, professant la religion protestante, il n'est malheureusement pas rare de voir de graves conflits d'autorité et d'attributions éclater entre l'archevêque de Fribourg et tantôt l'un, tantôt l'autre des gouvernements dans les États duquel habitent les ouailles dont il a la direction spirituelle. C'est ainsi qu'à la fin de 1853 l'archevêque en est venu à lancer, comme il eût pu faire au moyen âge, une excommunication publique contre le grand-duc de Bade, en punition des empiétements qu'il reprochait à ce prince de commettre sur sa juridiction spirituelle.

La ville de Fribourg fut fondée en 1118 par le comte Berthold IV de Zæhringen, et élevée en 1120 au rang de ville libre, avec jouissance du droit de Cologne. Déclarée ville libre impériale en 1218, elle passa dix ans plus tard par mariage en la possession des comtes de Furstemberg, dont elle secoua le joug en 1327, mais par qui elle ne fit reconnaître son indépendance qu'en 1366, moyennant une somme de 20,000 marcs d'argent, que l'Autriche lui avança; et deux ans après, en 1368, faute d'avoir pu rembourser sa dette, elle passa sous la domination de la maison de Hapsbourg. Devenue place forte importante, elle fut prise en 1632, 1634 et 1638 par les Suédois, et en 1644 par les Bavarois, qui, sous les ordres de Mercy, y battirent le 3 et le 5 août 1644 les Français, commandés par le duc d'Enghien et par Turenne. Ceux-ci la reprirent par trahison en 1677, sous les ordres de Créqui; mais après y avoir construit d'immenses travaux de défense, ils furent obligés par la paix de Ryswick de la restituer à l'Autriche. En 1713 et 1744 les Français s'en emparèrent de nouveau; mais ils durent l'évacuer, aux termes des traités de Rastadt et d'Aix-la-Chapelle (1748), après en avoir rasé les fortifications. Le 24 avril 1848 elle tomba au pouvoir des forces de la Confédération germanique, qui la veille avaient battu sous ses murs l'armée insurrectionnelle; et le 7 juillet 1849, après avoir été évacuée par les autorités badoises et les débris de l'armée insurrectionnelle, elle fut occupée par les Prussiens.

FRIBOURG (Bataille et Siéges de). En 1644 la situation de l'armée d'Allemagne était assez difficile : Turenne n'avait pu empêcher le général bavarois Mercy d'assiéger et de prendre Fribourg sous ses yeux. Le duc d'Enghien, (*voyez* CONDÉ, tome VI, p. 234), qui amenait des renforts, n'arriva sur le Rhin que le lendemain de cet événement. De concert avec les maréchaux de Turenne et de Gramont, il résolut d'assaillir immédiatement avec ses 20,000 hommes l'armée ennemie, dont la position dans les montagnes de la forêt Noire, appuyée sur Fribourg, était formidable. L'attaque commença le 3 août; le duc d'Enghien conduisit et ramena plusieurs fois ses troupes à la charge. Voltaire, dans son *Siècle de Louis XIV*, a prétendu qu'il jeta son bâton de commandement dans les lignes ennemies et marcha pour le reprendre, l'épée à la main, à la tête du régiment de Conti; c'est de la poésie. Ce qu'il y a de certain, c'est que le prince, sautant à bas de son cheval, prit la tête de la colonne, que tous les généraux, tous les colonels, tous les officiers, tous les volontaires mirent également pied à terre, ce qui redonna du cœur aux soldats; qu'il franchit le premier l'abatis de sapins qui obstruait la route; que tout le monde le franchit après lui, et que ceux qui défendaient la ligne s'enfuirent dans les bois à la faveur de la nuit, qui approchait.

Après un instant de repos, il attaque vainement sept fois un vignoble où l'ennemi s'est retranché. Enfin, Gramont supplie d'Enghien et Turenne de faire cesser une boucherie inutile, et protège la retraite avec sa cavalerie. On resta trois jours dans le camp au milieu des cadavres, dont les exhalaisons firent encore de nombreuses victimes. Enfin, on se décida à attaquer les Bavarois, et la victoire qu'on remporta sur eux eut pour résultat immédiat la reddition de Spire, Philippsbourg, Mayence, et quelque temps après celles de Berghen, Kreutznach et Landau. Mercy abandonna au vainqueur son artillerie et ses bagages. La perte de l'ennemi fut de 9,000 hommes, la nôtre de 6,000. Cette terrible bataille ne finit que le 9 août.

Les remparts de Fribourg ont encore été plusieurs fois témoins de faits d'armes de l'armée française. En 1677 cette ville, vigoureusement défendue par le margrave de Bade, les comtes de Fortia et de Kaunitz, dut se rendre, le 16 novembre, après huit jours de siége. Le maréchal de Créqui, y ayant laissé une garnison, repartit le 19, et alla passer le Rhin à Brissac. La nouvelle de cette prompte conquête jeta la consternation dans Vienne.

Villars, maître de Landau en 1713, attaqua Fribourg. Le baron de Harsch, gouverneur de la place, défendit tous ses ouvrages admirablement. Les instances de la population pour le déterminer à capituler furent superflues. Les Fribourgeois, désespérés, craignant le pillage, vinrent processionnellement avec leurs femmes et leurs enfants, précédés du clergé et de la magistrature, le supplier de céder; mais il demeura inflexible, et fit commencer le feu. Le siége durait depuis deux mois; tous les efforts du prince **Eugène** pour le faire lever avaient été inutiles. Enfin, le comte de Harsch fit dire à Villars qu'il lui abandonnait la ville et se retirait dans la citadelle, en lui recommandant ses malades et ses blessés. Villars les fit exposer sur le glacis de la citadelle. Des négociations s'ouvrirent dès lors entre le prince Eugène et le maréchal; elles aboutirent aux traités de **Rastadt**, des 6 mars et 7 septembre 1714.

Enfin, le maréchal de **Coigny** vint encore assiéger Fribourg en septembre 1744. Louis XV, convalescent, quitta Strasbourg pour aller le rejoindre. Le siége fut long et pénible, à cause de l'abondance des eaux du Treisam, qu'il fallait détourner. Les assiégés, qui avaient reçu des renforts, se défendirent opiniâtrément sous les ordres de Damitz, et tentèrent plusieurs sorties. La France perdit 500 grenadiers à l'attaque d'un chemin couvert; presque tous les officiers du génie furent dangereusement blessés, ce qui n'empêcha pas que la ville ne se rendît le 5 novembre, et que le 6 les articles de la capitulation ne fussent signés dans la tente même du roi. La citadelle ne se soumit que le 25, et la garnison resta prisonnière de guerre.

FRICHE, terre sans culture, et qui porte naturellement quelques herbes peu abondantes. La plupart des friches qui existent en France pourraient être cultivées et produire des céréales, des fourrages, des bois, etc., selon la nature de chacune; mais le *défrichement* dans les pays où elles occupent plusieurs lieues, dans les communes qui en sont presque entièrement formées, est une entreprise impossible pour les habitants; la misère et l'ignorance dans laquelle ils vivent sont une double impossibilité. Il suffit de parcourir une partie de la Sologne, du Limousin, du Berry, de l'Auvergne, de voir l'état des habitants, la nature et l'étendue de leurs ressources, pour rester convaincu que les friches produisent la misère, celle-ci l'ignorance; que ces deux effets devenant la cause de la persistance des friches, ces malheureux sont ainsi placés dans un cercle vicieux d'où ils ne peuvent sortir seuls.

D'un autre côté, considérer les friches, d'une manière absolue, comme la cause principale du peu d'abondance des produits de notre pays, serait une erreur grave : elles n'en sont qu'une cause bien secondaire; nous le disons et nous en sommes profondément convaincu, faire comprendre à nos cultivateurs qu'ils ont plus d'aisance, de richesse à attendre de la culture de vingt hectares de terre convenablement amendés et assolés, que de celle de quarante avec assolement triennal et jachère, est chose plus urgente, plus facile, plus utile à l'accroissement des produits de notre sol, que de prêcher à des malheureux, privés même des ressources nécessaires pour l'acquisition des instruments de travail, la culture incomplète de terrains qui mangeraient leurs semences. P. Gaubert.

FRICTION (de *fricare*, frotter). On appelle ainsi une opération qui se réduit à exercer sur la peau des frottements avec la main nue ou armée de divers corps, dans le but de déterminer une excitation plus ou moins vive, comme aussi pour faire absorber par cette surface diverses préparations pharmaceutiques : sous ces rapports, les frictions varient beaucoup.

Celles qu'on pratique avec la main nue excitent doucement la partie frottée et y élèvent la chaleur : il se passe dans cette opération une double action, une mécanique et une électro-dynamique. Cette dernière, admise par plusieurs médecins allemands, est analogue à celle qu'on produit par le magnétisme animal, et n'en est qu'une nuance. Ces frictions suffisent quelquefois pour calmer les douleurs dans des affections nerveuses, et pour provoquer au sommeil, surtout les enfants et les personnes très-excitables.

Les frictions qu'on pratique avec les mains armées de brosses, ou de tout autre corps rude, déterminent sur la peau une excitation qu'on peut rapprocher à volonté de l'inflammation. Ce mode accroît la chaleur sur le théâtre de l'action, y appelle le sang et exalte la sensibilité : c'est une médication propre à dévier quelques affections internes, comme toutes les médications révulsives; elle est très-usitée par les personnes affectées de rhumatismes chroniques et de douleurs vagues. On les emploie aussi pour ranimer la vitalité sur les parties où elle est faible. Au lieu de brosses pour frotter la peau, on se sert souvent d'une étoffe rude, comme étoffe de laine, drap ou flanelle. Tant qu'on n'ajoute rien à ces procédés, les frictions sont simples et sèches. Ce dernier moyen n'est pas sans valeur, soit pour prévenir ou guérir diverses affections qui proviennent de l'inertie de la peau, soit pour exercer une action dérivative; mais il ne faut y compter que dans des affections légères et récentes : on peut cependant les tenter impunément.

Les frictions qu'on pratique avec des tissus de laine imprégnés de substances médicamenteuses sont très-variées, et leur mode d'agir devient complexe et plus énergique : non-seulement elles irritent la peau, mais elles fournissent des matières qui peuvent se mêler aux fluides appartenant à la composition du corps humain et influencer l'organisme entier. Diverses préparations de pharmacie sont employées ainsi sous le nom de *liniments* : telles sont le baume opodeldoch, un mélange d'huile et d'ammoniaque liquide, auquel on associe le camphre, etc. Ces préparations, étant volatiles, ne sont pas absorbées, ou du moins le sont peu, et leur mode d'agir est local : on s'en sert avantageusement dans des cas de douleurs qui ne sont point accompagnées d'inflammation. La propriété irritante des substances pharmaceutiques double l'action mécanique du frottement. On emploie aussi de la même manière des solutions de divers médicaments dans l'alcool ou l'éther, et celles-ci sont absorbées en partie. L'eau-de-vie camphrée, la teinture d'iode, celle d'éther, sont très-communément administrées par cette voie pour agir localement et généralement. On administre aussi l'huile ou des pommades par la voie des frictions, et la médication est alors appelée *onction* ; mais elle ne diffère des opérations indiquées ci-dessus que par la nature des médicaments. C'est par ce moyen qu'on traite souvent des maladies graves; celles de la peau, si variées et si opiniâtres, sont peut-être plus curables par la voie des frictions que par toute autre. Les diverses préparations de soufre, d'iode, de mercure, parviennent ainsi sur les théâtres des combinaisons les plus intimes qui s'opèrent dans la trame des tissus animaux. On exerce aussi des frictions onctueuses dans plusieurs cas pour calmer les irritations : à cet effet, on emploie fréquemment l'huile simple, dans laquelle on fait dissoudre de l'opium ou du camphre. Par exemple, on a fait un usage très-salutaire de ce moyen dans la petite vérole.

On donne aussi le nom de *friction* à un certain mode d'appliquer l'électricité au traitement de quelques maladies.

Dr Charbonnier.

FRIDÉRICIA, ville fortifiée du Danemark (Jutland), située sur les bords du Petit Belt, n'a d'importance que comme lieu de péage des droits de douane pour les vaisseaux qui franchissent le Petit Belt, et aussi comme point d'embarquement pour passer en Fionie, où l'on prend terre à Middèlfahrt. Fondée vers le milieu du dix-septième siècle, par le roi Frédéric III, Fridéricia compte 5,000 habitants, dont 700 environ descendants d'une colonie de Français réfugiés à la suite de la révocation de l'édit de Nantes. Ses fortifications sont insignifiantes, et ne sauraient résister quelque temps qu'à un ennemi qui ne disposerait pas en même temps d'une petite force navale. Le 3 mai 1848, à la suite du soulèvement des duchés de Schleswig-Holstein, un corps prussien, envoyé au secours du gouvernement national par le roi de Prusse **Frédéric-Guillaume IV**, occupa Fridéricia, et y soutint cinq jours après un vif combat d'artillerie contre six chaloupes canonnières danoises, appuyées par le vapeur de guerre l'*Hekla*. Reprise ensuite par les Danois, Fridéricia fut investie et canonnée le 8 mai

1849 par l'armée nationale des duchés, commandée par le général Bonin. Le 6 juillet suivant les Danois, après avoir reçu par mer d'importants renforts, opérèrent à une heure du matin une vigoureuse sortie, par suite de laquelle l'armée des duchés, après une longue et sanglante résistance, dut céder à la supériorité de forces des Danois et battre en retraite, laissant sur le carreau 2,800 hommes et une partie de leurs batteries armées. Ce désastre amena peu de temps après la réoccupation du Schleswig par les forces danoises, et ne contribua pas peu à venir en aide au gouvernement danois pour comprimer le mouvement national des duchés.

FRIEDLAND (Duché de), situé en Bohême, fut érigé en 1623 par l'empereur Ferdinand en faveur de Wallenstein, créé en même temps prince de l'Empire. Il se composait en partie de l'héritage laissé à Wallenstein par un oncle fort riche, et en partie de domaines achetés de 1621 à 1623 avec la fortune de sa première femme, domaines provenant des nombreuses confiscations prononcées à la suite de la révolte de la Bohême, et payés alors 7 millions de florins seulement, tandis qu'ils en valaient au moins 20 (44 millions de francs). Aux termes des lettres patentes portant création du duché de Friedland, il comprenait neuf villes, à savoir : *Friedland, Reichenberg, Arnau, Weisswasser, Munchengrætz, Bœhmish-Leippa, Turnau, Gitschin* et *Aicha*, et cinquante-sept châteaux et villages, parmi lesquels nous ne citerons que ceux de Welisch, de Kloster, de Neuschloss (l'unique débris de toute cette colossale fortune resté à la veuve de Wallenstein), Widin et Neupestein. Après l'assassinat de Wallenstein (1634), tous ses domaines furent confisqués, et les débris du duché de Friedland servirent à payer la participation des divers auteurs et complices de ce meurtre. C'est ainsi que le comte Gallas obtint pour sa part les seigneuries de Friedland et de Reichemberg; Leslie, celle de Neustadt, etc. On n'évalue pas à moins de cinquante millions de florins la valeur des domaines qui furent alors confisqués, tant ceux de Wallenstein que ceux des gentilshommes assassinés en même temps que lui, comme ses complices.

La ville de *Friedland*, qui donna son nom au duché érigé en faveur de Wallenstein, est située dans le cercle de Bœhmish-Leippa, en Bohême. Elle est le siége d'un tribunal de cercle, et compte 3,600 habitants. Son immense château, remarquable par sa construction et par ses nombreuses antiquités, mais où Wallenstein ne séjourna que fort rarement, est situé tout près de la ville, sur un beau rocher basaltique, et joua un rôle important dans la guerre de trente ans et dans celle de sept ans. Parmi les portraits des différents propriétaires de ce manoir féodal qu'on voit dans la salle d'armes, il s'en trouve un original et très-exact de Wallenstein.

FRIEDLAND (Bataille de), gagnée le 14 juin 1807 par Napoléon, sur l'armée russe, à 32 kilomètres d'Eylau.

Friedland est une petite ville de la Prusse orientale, chef-lieu de cercle dans l'arrondissement de Kœnigsberg, sur l'Alle, avec 2,300 habitants, des fabriques de lainage et des tanneries.

Depuis la bataille sanglante d'Eylau, les Français avaient poursuivi les Russes et leur avaient livré deux combats, l'un à Ostrolenka, l'autre à Braunsberg, le 26 février 1807, et depuis ce jour il ne s'était passé rien d'important entre les deux armées : chacune avait repris ses quartiers d'hiver. Sur ces entrefaites, l'une et l'autre, cependant, recevaient des renforts, et l'empereur Alexandre arrivait avec sa garde. Le 5 juin les hostilités recommencèrent : les Russes attaquèrent les Français sur plusieurs points, au pont de Spandau, à celui de Lomitten, à Ackendorf, mais partout ils furent repoussés. A leur tour, les Français attaquèrent les Russes à Heilsberg, leur firent éprouver de fortes pertes, et les contraignirent à la retraite : ils s'arrêtèrent à Friedland. L'armée française y arriva le 13 juin. Le 14, à trois heures du matin, les Russes débouchent par le pont de Friedland, et Napoléon de s'écrier, au bruit de la canonnade : « C'est un jour de bonheur; c'est l'anniversaire de Marengo! » Les Russes furent, au reste, de moitié dans l'accomplissement de cette prophétie, en s'obstinant à demeurer dans la position fâcheuse où le hasard les avait placés.

La rivière d'Alle, en tournant autour de Friedland, forme une anse triangulaire, dont l'ouverture peut avoir 2,340 à 2,925 mètres d'étendue. C'est dans cet étroit espace que Bennigsen laissait son armée, s'exposant à être refoulé dans un cul-de-sac, et n'ayant pour retraite qu'un pont de pierre et un ou deux ponts volants à peine établis. Tant qu'il n'avait devant lui que deux corps d'armée, de la force d'environ quarante mille hommes, le danger n'était pas immense; mais Napoléon arriva sur le champ de bataille à une heure après midi, et ne put concevoir la faute de son adversaire. Sa première pensée fut de temporiser, pour donner le temps à Davoust et à Murat de revenir sur leurs pas. Il les supposait maîtres de Kœnigsberg, et ses aides de camp étaient partis pour les rappeler à la hâte; mais le corps de Ney étant arrivé à trois heures, et celui de Victor à quatre, l'empereur, après une étude plus approfondie de la position de Bennigsen, jugea peut-être, à la mollesse de ses attaques, de l'infériorité numérique d'un ennemi qui résistait à peine aux charges de Grouchy et de Nansouty. Il prit donc la résolution d'en finir, et entama sérieusement la bataille à cinq heures et demie du soir. Ney, soutenu par les dragons de La Tour-Maubourg, prit la droite de la ligne. Lannes demeura au centre, ayant derrière lui les cuirassiers de Nansouty. Mortier resta à la gauche avec la cavalerie des généraux Espagne et Grouchy. Le corps de Victor, fatigué d'une longue marche, fut placé en réserve avec la garde impériale et les dragons de La Houssaie. Mortier eut ordre de ne pas faire un pas, de servir de pivot aux neuf divisions qui étaient entrées en ligne, et de laisser à Ney et à la droite l'initiative des mouvements offensifs. Ney devait, par une attaque de flanc, refouler la gauche de l'armée russe, la pousser dans l'anse de Friedland, marcher droit vers cette ville, l'enlever et couper la retraite au centre et à la droite de Bennigsen.

Cet ordre fut suivi de point en point comme une manœuvre de parade. Ney déboucha des bois de Sortlach, qui avaient couvert ses dispositions. Vingt pièces de canon précédaient ses colonnes. Ses troupes avancèrent l'arme au bras sur les quatre divisions russes de Bagration, dont les extrémités se replièrent en désordre vers l'anse fatale. Bagration rallia toute sa cavalerie, et la lança sur le flanc gauche de Ney. Les généraux Bisson et Marchand continuèrent leur marche, sans s'occuper de cette masse de cavaliers. Les dragons de La Tour-Maubourg avaient couru au-devant d'elle et l'avaient repoussée sur la ligne. Au même instant, le général Senarmont se portait à quatre cents pas du centre et du corps de Lannes; il déployait une batterie de trente pièces et foudroyait les troupes de Bagration. Le corps de Ney avançait toujours sans hésitation, forçant tous les obstacles, refoulant l'ennemi dans la ville ou le culbutant dans un ravin et un lac qui coupaient en deux le champ de bataille. Mais là apparaissent tout à coup les gardes russes, que Bennigsen y a déployées. Il sent trop l'importance de la possession de Friedland et de ses ponts pour ne pas redoubler d'efforts. Le choc imprévu des gardes russes, l'impétuosité de leur attaque, ébranlent la division Bisson. Celle de Marchand s'arrête et paraît hésiter. Mais le mouvement de la réserve ennemie n'a point échappé à Napoléon. Par ses ordres, la division Dupont s'est détachée du corps de Victor; elle remonte le ravin, pour attaquer à son tour le flanc droit de la colonne russe; Dupont communique aux divisions ébranlées l'impulsion que l'empereur lui a donnée. Un effort simultané leur rend l'avantage. Les Russes sont jetés dans le ravin, dans le lac, dans la ville. L'encombrement des rues et des abords est effroyable : s'il faut en croire un témoin oculaire, 60,0000 hommes y combattaient dans un espace de 585 mètres. Bagration s'efforçait de mettre de l'ordre au milieu de ces masses confuses, que mitraillaient les canons de Ney et de Senarmont. Bennigsen essayait de son côté une diversion sur le centre et l'aile gauche de l'armée française.

Mais Lannes, Oudinot et Verdier repoussaient toutes ses attaques et foudroyaient ses colonnes.

Bennigsen ne songea plus dès lors qu'à sauver son matériel. Il fit repasser les ponts de Friedland à 120 pièces de son artillerie, que suivaient en désordre ses bataillons confus. Il eut un moment l'idée de placer ses canons en batterie sur la rive droite et de prendre à revers les divisions françaises, qui combattaient sur l'autre rive. Mais, soit que ses ordres fussent mal compris, soit que ses troupes ne songeassent qu'à fuir, il lui fut impossible de réparer ce désastre. Resserré de plus en plus dans le coupe-gorge où il s'était laissé acculer, il se sauva enfin avec les débris de ses divisions, brûla les ponts qui avaient servi à leur retraite; et la ville incendiée devint la proie du maréchal Ney. Il restait un corps russe sur la rive gauche: c'était l'aile droite, qui, sous les ordres de Gortschakoff avait attaqué la position de Mortier. Celui-ci, fidèle à ses instructions, était resté impassible et résistait froidement à cette attaque. Il céda même du terrain à son ennemi, pour l'éloigner du point où se décidait la victoire. Il était alors dix heures du soir, et la nuit n'était pas tout à fait venue. Mais les flammes de Friedland révélèrent à Gortschakoff les désastres du centre et de l'aile gauche. Des fuyards vinrent lui annoncer la prise de la ville et la retraite de Bennigsen. Séparé du gros de l'armée, pressé par les attaques de Mortier et par celles de Savary, qui amenait un régiment de la garde, ne pouvant plus gagner le pont de Friedland, il se vit au moment de mettre bas les armes. Mais des gués lui furent indiqués, et au premier ordre de retraite qu'il donna, tous ses régiments s'y jetèrent en foule pour échapper à la poursuite des Français. Le tiers de ses soldats périt dans les flots, ou sous le feu des nôtres.

Ainsi fut célébré l'anniversaire de Marengo, suivant la prédiction de l'empereur. La perte des Russes s'éleva à 20,000 hommes, tués ou pris; 25 généraux furent de ce nombre, 70 pièces de canon, plusieurs drapeaux et une innombrable quantité de caissons devinrent les trophées d'une victoire que la moitié de l'armée française avait arrachée à près de 100,000 Russes. Deux divisions de Victor et les trois quarts de la garde impériale n'y avaient pris aucune part. C'est la plus belle journée du maréchal Ney: il s'y couvrit de gloire, et les résultats en furent immenses. Soult n'eut plus qu'à se présenter devant Kœnigsberg pour s'en emparer. Murat, désolé qu'on eût gagné sans lui une bataille aussi décisive, tomba sur les arrière-gardes russes, qui fuyaient au delà de la Pregel. Il les accompagna jusqu'au Niémen, que Bennigsen et Lestocq passèrent le 19. Le soir même Napoléon porta son quartier général à Tilsitt, et le tsar, revenu de ses illusions, désabusé des promesses de l'Angleterre, désespérant d'entraîner l'Autriche dans une coalition battue, vint lui-même, le 25 juin, signer la paix que lui offrait le conquérant de la Prusse.

VIENNET, de l'Académie Française.

FRIEDRICHSORT, petite forteresse du duché de Schleswig, dans la contrée qu'on appelle le *Danischwold*, sur la frontière du Holstein et à l'entrée du golfe de Kiel, à sept kilomètres de cette ville, présente une rade sûre, un phare, un arsenal, des magasins, etc. Elle fut fondée en 1630 par le roi Christian IV, qui l'appela *Christianpriis*, nom qu'elle conserva jusqu'au règne de Frédéric V et qu'elle reprend lorsque le souverain qui règne en Danemark s'appelle Christian. Prise d'assaut par Torstenson en 1643, reprise l'année suivante par les Danois, cette place fut rasée en 1648 par Frédéric III, puis reconstruite en 1663. Après avoir été canonnée le 19 décembre 1813 par les Suédois, elle dut leur ouvrir ses portes.

FRIEDRICHSTADT, ville du duché de Schleswig, chef-lieu du pays qu'on appelle *Stapelholm*, bâtie au confluent de l'Eider et de la Treen, sur une hauteur, est traversée et entourée par trois bras de la Treen; circonstance qui en fait une place forte naturelle. Elle possède une église luthérienne, une église mennonite et une église de remontrants, une chapelle catholique et une synagogue, un port, un chantier de construction et environ 3,000 habitants, qui exploitent quelques fabriques. Elle fut construite en 1621, sous le duc Frédéric III, dans le style de leur pays, par des remontrants hollandais qui avaient obtenu le privilége de la liberté de concience. Le 14 avril 1700 les Danois, aux ordres du duc de Wurtemberg, s'en rendirent maîtres; le 12 février 1712, le roi Frédéric IV et le csar Pierre le Grand en chassèrent la garnison suédoise. Dans la guerre soutenue contre le Danemark pour la défense de leur indépendance et de leur nationalité par les duchés de Schleswig-Holstein, la ville de Friedrichstadt, occupée par les Danois, eut beaucoup à souffrir dans la journée du 29 septembre 1850 du tir des batteries de l'armée nationale des duchés, qui le 5 octobre suivant l'emporta d'assaut.

FRIENDLY SOCIETIES. *Voyez* SECOURS MUTUELS (Sociétés de).

FRIESLAND ou VRIISLAND. *Voyez* FRISE.

FRIGANE. *Voyez* PHRYGANE.

FRIGGA et FREYJA sont, dans la mythologie scandinave, deux divinités distinctes, mais qui à l'origine n'en faisaient qu'une, et dont l'existence se rattache à celle de Freyr. Frigga, dans la doctrine des Ases, est la déesse suprême, l'épouse d'Odin, la fille du géant Fiœrgwyn, et préside aux mariages. Freyja est la fille de Niord, la sœur de Freyr et la déesse de l'amour. Elle se promène dans un char attelé de chats: c'est à elle que viennent les femmes mortes, de même que la moitié des guerriers qui meurent dans les combats; de là son surnom de *Val-Freyja*. Sous ce dernier rapport, on peut la considérer comme la Terre. Frigga, l'épouse d'Odin, c'est aussi la Terre; et lorsque Freyja est à la recherche d'Odin, comme Isis à la recherche de son Osiris, par Odin il faut entendre ici le Soleil. Les noms de Frigga et de Freyja sont aussi à peu près synonymes, et on les trouve souvent confondus dans les mythes. Chez les Anglo-Saxons et les Lombards, l'épouse d'Odin était adorée sous le nom de *Fréa*.

FRIGORIFIQUES. Cette épithète se donne le plus ordinairement à des mélanges refroidissants.

Ces mélanges sont de deux sortes: les uns consistent dans la mixtion intime de la neige ou de la glace pilée avec des acides ou des matières salines; les autres, dans la dissolution de certains sels dans un véhicule, tel que l'eau ou les acides. Mais il est des corps qui sans aucun mélange peuvent donner, par le seul fait de leur évaporation, un abaissement considérable de température.

Gay-Lussac a fait voir que si après avoir comprimé de l'air atmosphérique on lui rend la liberté, et que l'on présente au souffle qui en résulte un corps de peu de masse et mauvais conducteur du calorique, ce corps se recouvre de givre provenant de l'humidité atmosphérique refroidie et congelée par l'expansion de l'air. L'illustre physicien auquel est dû ce procédé le regarde comme applicable à la production de grands froids. De son côté, M. Bussy a montré que lorsqu'on a liquéfié du gaz acide sulfureux par un refroidissement artificiel déterminé par un mélange de sel et de glace, l'évaporation de cet acide liquéfié donne lieu à un abaissement de température qui peut aller bien au delà de 39°, point de congélation du mercure, puisqu'en augmentant la rapidité de l'évaporation au moyen du vide, on peut atteindre le 68e degré au dessous de zéro. On sait en effet qu'un liquide quelconque absorbe du calorique pour arriver à l'état de vapeur (*voyez* FROID).

Quant à la méthode des mélanges, elle est due à Fahrenheit; elle a été singulièrement étendue et perfectionnée par diverses personnes, au nombre desquelles figurent M. Lowitz et notamment M. Walker. Fahrenheit déterminait un refroidissement d'environ 18° au-dessous de zéro en mêlant de la neige à du sel ammoniac. On obtient aussi fréquemment cette température en mêlant à parties égales de la neige et du sel ordinaire, pris l'un et l'autre à la température de zéro (point de la glace fondante). En substituant le chlorure de calcium au sel de cuisine, de manière à mélanger 3 parties de ce chlorure et 2 de neige, on obtient 28° au-dessous de la glace fondante. La dissolution de 8 parties de sulfate de soude dans 4 d'acide sulfurique étendu abaisse le thermomètre centigrade de + 10° à — 16°, c'est-à-dire de 26°. La solution de partie de sel ordinaire dans 5 parties d'acide chlorhydrique l'abaisse de zéro à — 18°; et en prenant chaque élément du mélange à une température plus basse, on obtient, en les ajoutant l'un à l'autre, un froid plus grand. C'est ainsi qu'en ajoutant 3 de chlorure de calcium à 1 de neige, en partant de — 40°, on arrive à — 58°, qu'en prenant à la température de —55° et dans le rapport de 8 à 10, de la neige et de l'acide sulfurique étendu de moitié de son poids d'eau et de son poids d'alcool, on peut faire descendre le thermomètre jusqu'à — 68°. COLIN.

On donne le nom d'*appareil frigorifique* ou *congélateur* à un récipient cylindrique creux destiné à recevoir un mélange réfrigérant et enveloppé lui-même d'une capacité cylindrique où l'on introduit de l'eau qui, après y avoir séjourné de 20 à 30 minutes, devient, par l'action du réfrigérant intérieur, un cylindre creux de g l a c e dont le poids varie suivant la capacité du récipient employé.

FRIMAIRE (dérivé de *frimas*), troisième mois français du calendrier républicain.

FRIMAS, globules d'eau congelée qui s'attachent aux murailles, aux végétaux, etc. Il ne se forme de frimas que dans les saisons où la température de l'air passe en très-peu de temps du chaud au froid. Si par un temps humide ou de brouillard il vient tout à coup à geler, les gouttelettes aqueuses qui étaient suspendues dans l'atmosphère acquièrent en s'agglomérant un poids relativement plus grand que celui de l'air, tombent sur les objets non abrités, s'y gèlent et forment ce qu'on appelle des frimas. La rosée, le givre, sont produits par des causes semblables. TEYSSÈDRE.

FRIMONT (JEAN-PHILIPPE, comte DE), *prince d'Antrodocco*, l'un des généraux autrichiens les plus célèbres de ce temps-ci, naquit en Lorraine, en 1756, émigra en 1791, et servit dans l'armée de Condé. Après le licenciement de ce corps, il entra avec le régiment des chasseurs de Bussy, dont il était colonel, à la solde de l'Autriche, et fit dès lors toutes les campagnes de la coalition contre la France. Feld-maréchal-lieutenant en 1812, il commanda l'année suivante une partie de la cavalerie autrichienne. En 1815, nommé commandant en chef de l'armée autrichienne en Italie, il prit si bien ses dispositions, que Bianchi, qui fut chargé de marcher contre Murat, termina la guerre de Naples en six semaines. Pendant ce temps, Frimont, qui était resté sur la ligne du Pô avec le gros de son armée concentré entre Casal-Maggiore et Piadena, la divisa alors en deux corps, dont l'un, aux ordres du général Radevojewicz, fut chargé de franchir le Simplon et d'entrer dans le pays de Vaud, et dont l'autre, commandé par Bubna, fut dirigé sur le Rhône à travers le mont Cenis et la Savoie. Il réussit à s'emparer des défilés de Saint-Maurice avant que Suchet, conformément aux ordres de Napoléon, eût pu occuper Montmélian. Les troupes françaises durent alors évacuer la Savoie, et les troupes autrichiennes, après avoir enlevé le fort de l'Écluse, franchirent le Rhône. Le 9 juillet Grenoble ouvrait ses portes à l'armée autrichienne, qui le 10 s'emparait de la tête de pont de Mâcon et entrait sans coup férir le 11 à Lyon, que Suchet, instruit des événements dont Paris venait d'être le théâtre, ne chercha point à défendre. Le général Osasca, qui, sous les ordres de Frimont, commandait une division de 12,000 Piémontais, avait dès le 9 juillet conclu un armistice avec le maréchal Brune, à Nice. Frimont dirigea alors une partie de son corps d'armée, par Châlons et Salins, sur Besançon, contre l'armée française du Haut-Rhin.

Aux termes du traité de Paris, le corps d'armée aux ordres de Frimont, qui établit son quartier général à Dijon, fut chargé de l'occupation d'une partie de notre territoire, occupation qui dura jusqu'en 1818. En 1821, conformément aux décisions du congrès de Laybach, Frimont à la tête de 52 000 Autrichiens marcha sur Naples pour y comprimer la révolution et y rétablir l'ancien ordre de choses. Le 6 et le 7 février son armée franchissait le Pô, et le 24 il entrait à Naples tandis que son lieutenant, Walmoden, occupait militairement la Sicile. Les services rendus par Frimont au gouvernement autrichien ne devaient pas rester sans récompense. Après la mort de Bubna, en 1825, il fut investi du commandement supérieur des forces autrichiennes en Lombardie. De son côté, le roi de Naples, lui témoigna sa reconnaissance en le créant *prince d'Antrodocco*, honneur qui serait demeuré stérile s'il n'y avait pas joint une dotation de plus de deux millions de francs. Plus tard, Frimont fut rappelé à Vienne pour y présider le conseil aulique de guerre. Il mourut dans cette capitale, le 26 décembre 1831, victime du choléra.

FRINGALE. *Voyez* BOULIMIE.

FRINGILLIDÉS. *Voyez* CONIROSTRES.

FRIOUL. C'était autrefois un pays indépendant, ayant ses ducs particuliers, qui, dans l'extension la plus large qu'il ait jamais eue, se composait de la délégation lombardo-vénitienne d'Udine (84 myriamètres carrés et 408,000 habitants), formant l'ancien Frioul vénitien, des comtés princiers de Goritz et de Gradiska, avec la capitainerie de Tollmein du royaume d'Illyrie (87 myr. carrés et 193,300 habitants), et de ce qu'on appelait l'arrondissement d'Idria, qui aujourd'hui fait partie de la capitainerie de Wippach, dans le duché de Carniole (2 myriam. carrés et 12,000 habitants), qui tous deux formaient l'ancien Frioul autrichien.

L'ancien Frioul, en italien *Friuli* ou *Patria del Friuli*, tire vraisemblablement son nom de l'ancienne ville appelée *Forum Julii*, qui était située sur son territoire. C'est une contrée riche en blé et en vin, abondamment pourvue de minéraux et de sources thermales, parcourue par diverses ramifications des Alpes Carinthiennes et Juliennes qui forment les défilés de Chiusa di Venzone, de Tolmino ou Tollmein, et l'ermitage de Flitsch, et arrosée par l'Isonzo et par le Tagliamento. Les habitants professent la religion catholique, et sont pour la plupart italiens d'origine, mais d'une race particulière et avec un dialecte à eux. Les principales villes sont Udine, chef-lieu de l'ancien Frioul vénitien, Campo-Formio, et la ville de *Cividale*, au voisinage du village de Zuglio, où se trouvent des vestiges de l'ancien *Forum Julii* et de remarquables produits des fouilles qu'on y a exécutées. On y compte aujourd'hui 6,200 habitants, et on y voit une belle cathédrale avec de bons tableaux, un pont construit en 1440 sur le Natisone et long de 73 mètres, des archives célèbres, un musée d'antiquités, divers établissements d'instruction publique et de bienfaisance, des manufactures de soieries et de cotonnades. Mentionnons encore *Palma-Nova*, place forte; Goritz, chef-lieu du Frioul autrichien, et *Monte-Santo*, célèbre endroit de pèlerinage; Flitsch ou Pletsch, près duquel est situé l'ermitage de Flitsch; Gradiska et Idria.

Le Frioul partagea autrefois les destinées des autres contrées du nord de l'Italie. Habité à l'origine par les Carniens, il fut, comme les pays adjacents, exposé à diverses reprises aux expéditions dévastatrices des peuplades barbares de la Germanie, puis conquis au sixième siècle par les Lombards, qui en firent un des trente-six duchés entre lesquels fut divisée, après la conquête, toute l'Italie lombarde. Grasulfe, neveu du roi lombard Alboin, en fut, dit-on, le premier duc (568-588). Sous son successeur Gisulfe, le khan des Avares envahit, en 614, le Frioul, et ravagea cette province. Gisulfe trouva la mort au champ d'honneur. Quand le roi des Lombards Didier fut vaincu par Charlemagne, le duc Rotgaud dut se soumettre au vainqueur et lui prêter serment; puis quand, en 774, Charlemagne eut à lutter contre les Saxons, il se révolta, et essaya de soulever toute l'Italie contre l'empereur. Mais, en dépit des rigueurs de l'hiver, Charlemagne accourut en Italie, surprit le révolté et le fit décapiter. Charlemagne établit alors à sa place dans le Frioul des comtes, qui, parce qu'ils étaient en même temps chargés de surveiller la marche de Trévise, prirent aussi, vers ce temps-là, le titre de marquis de Trévise. Plus tard la basse Pannonie et la Carinthie furent réunies au Frioul. En 820, pour opposer une digue solide aux irruptions des Slaves, Lothaire érigea le Frioul en marquisat, et en investit le comte Eberhard. C'est ainsi que le Frioul, confinant à la Carinthie, à la Carniole, à la Styrie et à la Bavière, devint le lien qui rattacha l'Allemagne à la Lombardie. Les luttes contre les Slaves, les Bulgares et autres peuplades barbares continuèrent aussi pendant longtemps sous les marquis suivants, jusqu'au jour où les envahisseurs préférèrent prendre l'Allemagne pour but de leurs expéditions.

Afin de pouvoir mieux défendre les frontières, la marche de Frioul fut, à partir de 827, divisée en quatre grands comtés. Sous les marquis suivants, qui dès lors prirent souvent aussi le titre de comtes et de ducs de Frioul, Bérenger Ier (888) se fit proclamer roi d'Italie; mais il eut à soutenir contre son rival Guido, duc de Spolète, et plus tard contre l'empereur Arnoulf, de nombreuses luttes, souvent malheureuses, et finit même par y perdre son marquisat de Frioul, dont Arnoulf donna l'investiture au comte Walfried. Mais quand Arnoulf se fut éloigné de l'Italie, et après la mort de Walfried, il reprit possession du marquisat, et partagea avec Lambert, fils de Guido, la domination de l'Italie. Lambert étant venu à mourir peu de temps après, il se trouva seul roi d'Italie; et comme tel il lui fallut guerroyer d'abord contre l'empereur Louis II, puis contre les Hongrois et enfin contre Rodolphe, roi de la Bourgogne transjurane, jusqu'au moment où il périt, traîtreusement assassiné, l'an 924.

A la mort de Bérenger, le marquisat de Frioul fut morcelé. On en sépara l'Istrie, et Vérone devint un marquisat particulier. Le Frioul ne fut plus alors, encore une fois, qu'un simple comté, compris à partir de l'époque d'Othon au nombre des États qui faisaient partie du royaume d'Italie. Il demeura fief de l'Empire jusqu'à ce qu'au onzième siècle l'empereur Conrad II en eut octroyé la plus grande partie (ce qu'on appelle le *Frioul vénitien*) au patriarche Poppo d'Aquilée, qui le réunit à ses autres possessions séculières. Le Frioul demeura sous la domination de ces patriarches jusqu'à ce qu'en 1385 les bourgeois d'Udine s'affranchirent de leur joug avec l'assistance de la république de Venise, pour prix de laquelle ils durent, en 1420, finir par se soumettre à la souveraineté des Vénitiens. En 1509, il est vrai, l'empereur Maximilien s'empara de la ville d'Udine; mais les Vénitiens en redevinrent maîtres en 1515.

Le Frioul autrichien appartint dès les temps les plus reculés à la famille des comtes du Tyrol, dont une ligne, celle de Goritz, qui avait hérité du Frioul, s'éteignit en l'an 1500 en la personne de Léonard, comte de Goritz. Après quoi, en vertu d'anciens traités remontant aux années 1361 et 1486, l'empereur Maximilien Ier prit possession de ce comté, qui d'ailleurs lui avait déjà été engagé. Jusqu'à la paix de Campo-Formio (1797), le Frioul vénitien demeura la propriété de Venise, puis devint celle de l'Autriche. La paix de Presbourg l'adjugea, en 1805, au royaume d'Italie, récemment fondé par Napoléon, et dont, avec une partie du Frioul vénitien, il forma alors le département du Passeriano (37 myriam. carrés et 290,500 habitants). En 1809 l'Autriche perdit ce qui lui restait encore du Frioul, par suite de la cession de ses provinces illyriennes. Les événements de 1814 remirent de nouveau l'empereur d'Autriche en possession complète du Frioul; et ce prince ajoute aujourd'hui à ses titres ceux de duc de Frioul et de comte-prince de Goritz et Gradiska.

FRIOUL (Duc de). *Voyez* Duroc.

FRIPIER, celui qui fait un commerce de vieux habits. On appelle *friperie* le magasin où se trouvent rassemblés les objets de ce négoce. Il y a plusieurs lieux à Paris, comme l'enclos du Temple et autrefois le marché Saint-Jacques-la-Boucherie, spécialement consacrés à des établissements de ce genre. Sous le système des corporations, la compagnie des fripiers de Paris était organisée en corps régulier, et faisait une figure considérable parmi les autres corps de la ville. Elle avait reçu ses premiers statuts en 1544 et ses derniers en 1665. Elle avait un syndic et quatre jurés. L'élection du premier et de deux des jurés avait lieu tous les ans le jour des Cendres. Pour faire partie de cette communauté, il fallait prouver trois ans d'apprentissage et autant de temps de compagnonnage. Les fripiers devaient tenir registre de ce qu'ils achetaient, le payer environ sa valeur et appeler parfois un répondant. Ces observances sont encore à peu près de rigueur aujourd'hui pour les *marchands d'habits*. C'est le nom qu'on leur donne : le mot *fripier* est frappé de désuétude. Ce genre de négoce est aussi dévolu à une sorte de marchands ambulants, qui fréquentent de préférence les rues habitées par un grand nombre de jeunes gens, comme celles du quartier latin, à Paris, en faisant entendre le cri de *vieux habits! vieux galons!* Ces fripiers ambulants, dont le commerce semble assez lucratif par suite de la légèreté et des habitudes des jeunes gens, trafiquent ensuite avec les fripiers stationnaires. Billot.

FRIPIÈRE ou **MAÇONNE**, noms vulgaires d'un mollusque gastéropode pectinibranche du genre *troque*, le *trochus agglutinans* de Lamarck. La fripière est surtout remarquable par la propriété singulière dont elle jouit de coller et d'incorporer à sa coquille, à mesure qu'elle s'accroît, les corps étrangers mobiles sur le sol où elle repose, tels que petits cailloux, fragments de coquilles, etc. Elle habite la mer des Antilles.

FRIPON, FRIPONNE, FRIPONNERIE. Dans la catégorie des gens qui font du larcin un métier ou un art, le fripon est le voleur adroit : c'est assez dire qu'il est rare que le fripon soit pendu, ou seulement qu'il aille aux galères ; il est même rare qu'il ne soit pas riche ou en belle position pour le devenir. On peut ajouter que, dans notre état social moderne, nous avons des classes, des professions entières pour lesquelles l'imputation de *friponnerie* semble une qualification toute naturelle, et non une injure. Bornons-nous toutefois, dans la crainte des procès en diffamation, à citer comme telle la défunte corporation des *procureurs*, pour laquelle sans doute personne ne s'avisera de prendre fait et cause. Mazarin donnait à cette désignation une acception bien autrement large, lui qui disait souvent : « Croyez tous les hommes honnêtes gens, et vivez avec tous comme s'ils étaient des *fripons*. » Qui sait si son éminence faisait une exception pour elle-même ? Un poëte de nos jours a hasardé cette autre assertion dans une de ses boutades :

Il faut, je le vois bien et le dis sans rancune,
Etre sot ou *fripon* pour faire sa fortune.

Félicitons-nous donc de ce que personne à coup sûr n'oserait aujourd'hui faire ce cynique aveu. Passe pour la naïveté de cet honnête magistrat de village qui écrivait au lieutenant-général de police du royaume : « Hier, pendant mon audience, un individu m'a traité de *fripon*. Je vous prie, monsieur et cher confrère, de me faire savoir comment vous en usez en pareil cas. »

Si le mot de *fripon* est toujours une injure, sauf dans la locution de *petit fripon*, appliquée par plaisanterie à un enfant espiègle, il s'en faut bien que le terme de *friponne* soit pris dans un sens aussi défavorable. Quelle est la soubrette que Molière ou Marivaux n'ont pas traitée de *friponne?* Et que de madrigaux adressés à de belles dames ont parlé de leurs *friponnes mines!* C'est une de ces nuances de langage difficiles à saisir pour un étranger, qui, voyant le mot *coquin* signalé comme synonyme de *fripon*, emploierait facilement dans ce dernier sens le féminin du premier de ces deux termes. Ourry.

FRIQUET, oiseau du genre *moineau*, qu'on appelle encore *moineau-friquet*. Ce nom lui est venu de ce que posé il s'agite, se remue, se tourmente sans cesse : passereau, dit un ancien, qui ne fait que frétiller sur l'arbre en becquetant des noix. Le friquet est plus sauvage que le moineau domestique ou moineau-franc; il s'approche rarement des maisons; il préfère voler en liberté dans les champs; les bords des chemins et des ruisseaux ombragés de saules, voilà son refuge favori. Vous le trouverez rarement dans les bois. Pendant l'hiver, les friquets se réunissent en troupes. Ils nichent dans le creux des arbres, dans les crevasses des vieux murs, dans des fentes de rocher; leur ponte est de six œufs, d'un blanc sale, et tachetés de brun. La taille du friquet est plus petite que celle du moineau-franc : il n'a à peu près que 0m,14 de longueur; mais le friquet a le sommet de la tête rouge-bai et les joues blanches, marquées d'un point noir, tandis que le moineau-franc a le dessus de la tête et les joues cendrées. Les mouvements du friquet ont d'ailleurs plus de grâce, de légèreté, d'aisance, que ceux du moineau. Le friquet, quoique moins hardi, tombe plus souvent dans les piéges. Il ne vit que de fruits, de graines sauvages et d'insectes; son naturel n'est point pillard et destructeur, comme celui du moineau. L'espèce en est répandue dans toute l'Europe.

Les ornithologistes ont donné le nom de *friquet huppé* à un oiseau qui porte une huppe cramoisie, et qu'on appelle aussi, à raison de la contrée qu'il habite, *moineau de Cayenne*.

FRISCH-HAFF ou mieux FRISCHES-HAFF. *Voyez* HAFF.

FRISE (de *Phrygius*, Phrygien, parce que, suivant Scamozzi, les Phrygiens furent les premiers qui y brodèrent des ornements). C'est la partie de l'entablement des monuments en style grec comprise entre l'architrave et la corniche; les Grecs l'appelaient ζωοφόρος (porte-figures d'animaux). La frise est presque toujours ornée de bas-reliefs de peu de saillie, représentant des guirlandes de fleurs, des enroulements, des animaux, etc.

Les frises de l'ordre dorique se font distinguer par des triglyphes et des métopes : telles sont à Paris les frises du portique de l'Odéon et du portail Saint-Sulpice. Il y a aussi des édifices dont les frises sont *lisses* ou sans ornements en relief : telles sont les frises de la Bourse à Paris. C'est ordinairement sur la frise qu'on grave les inscriptions ou les signes allégoriques qui indiquent la destination d'un édifice.

Par extension, on a donné le nom de *frise* à des bandeaux de sculpture ou de peinture de peu de largeur, qui règnent vers le haut et tout autour de l'intérieur d'un temple, d'un salon.

Frise est aussi une sorte d'étoffe de laine a poil frisé, une ratine grossière, qui n'est pas croisée. Ce mot se dit encore d'une toile venant de Frise en Hollande. TEYSSÈDRE.

FRISE (*Friesland* ou *Vriesland*), l'une des provinces les plus septentrionales et en même temps les plus riches du royaume des Pays-Bas, désignée aussi sous le nom de *Frise occidentale*, pour la distinguer de la *Frise orientale*, province du Hanovre (*voyez* FRISONS), présente une superficie de 35 myriamètres carrés, avec une population de 250,000 âmes, et est divisée en trois arrondissements : *Leeuwarden, Heerenveen* et *Sneek*. Le sol en est partout plat, et si bas sur les côtes qu'on ne le met à l'abri des inondations qu'à l'aide de digues et de dunes. Il a fallu en partie l'arracher péniblement à la mer à l'aide de travaux d'art qui témoignent de la plus industrieuse patience chez les populations, car elles ont su transformer à force de temps et de labeur des landes sablonneuses et marécageuses en terres de la plus riche nature; ce n'est qu'au sud et à l'est qu'on rencontre de vastes étendues de terres sablonneuses entremêlées de marécages et de tourbières, dont l'exploitation, en raison de la rareté du bois de chauffage, est un autre élément de richesse pour le pays. Une multitude de lacs poissonneux, reliés entre eux par des cours d'eau naturels ou par des canaux, contribuent à l'irrigation du pays et en même temps y facilitent singulièrement les communications. Nous citerons entre autres le canal de *Treckschuiten*, qui traverse presque toute la partie septentrionale de la Frise, et celui qui conduit de Harlingen à Leeuwarden par Franeker, avec deux embranchements sur Dokkum et sur Grœningue.

L'air dans cette province est chargé d'humidité, mais sain. L'agriculture et l'élève du bétail y sont pratiquées sur une vaste échelle et avec un rare succès. On récolte des céréales, des légumes et des graines de treffle; on produit aussi beaucoup de gros bétail, de porcs, de moutons et de chevaux. La fabrication du beurre s'y élève, année commune, à 1 million de florins, et celle du fromage de 4 à 5 millions de livres pesant. Le commerce d'exportation utilise la plus grande partie de ces importants produits de l'agriculture. La pêche, la construction des navires, le cabotage et l'exploitation des tourbières occupent en outre une partie notable de la population. Les habitants, descendants des anciens Frisons, appartiennent pour la plupart à la religion réformée; ils se montrent très-attachés à l'idiome, au costume et aux usages de leurs ancêtres. Aussi industrieux, aussi passionnés pour la liberté que les Hollandais, mais plus ouverts, plus communicatifs, plus gais qu'eux, on vante à bon droit leur loyauté en affaires, l'intrépidité de leurs marins, l'adresse de leurs patineurs. Ils jouissent de beaucoup de bien-être. L'état de l'instruction publique dans ces contrées est des plus satisfaisants. On n'a pas seulement pourvu aux besoins de l'instruction supérieure par l'*Athenæum*, jadis université célèbre, existant à Francker, et par plusieurs colléges où on enseigne les langues grecque et latine, mais encore à ceux de l'instruction primaire, par la fondation d'un grand nombre d'écoles élémentaires et gratuites.

Le chef-lieu de la province est *Leeuwarden*; la ville commerciale et maritime la plus importante est ensuite *Harlingen*. Citons encore *Franeker*, *Dokkum*, *Sneek*, grand centre du commerce du beurre et du fromage, *Stavoren*, *Workum* et *Hindelopen*, villes situées sur les bords du Zuyderzée, enfin les îles d'*Ameland* et de *Schiermonnikoog*, dont la population se livre surtout à la navigation.

FRISE (CHEVAL DE). *Voyez* CHEVAL DE FRISE.

FRISONNE (Langue). *Voyez* FRISONS.

FRISONNE (Loi). *Voyez* FRISONS.

FRISONS (en latin *Frisii*; en latin du moyen âge *Frisones*, *Frisiones*; dans leur propre langue *Frisân*), peuple germain, dont le territoire s'étendait encore au treizième siècle le long des côtes de la mer du Nord, depuis la Flandre jusqu'au Jutland, quand pour la première fois ils eurent des rapports directs avec les Romains en raison du tribut que leur imposa Drusus. Ils habitaient depuis le Rhin jusqu'à l'Ems l'extrémité nord-ouest de la Germanie, et confinaient aux Bataves, aux Bructères et aux Chauces. Impatients du joug que Rome leur avait imposé, ils le brisèrent l'an 28 après J.-C., et réussirent à se maintenir indépendants jusqu'à ce qu'en l'an 47 Domitius Corbulon les soumit encore pour quelque temps aux Romains; mais plus tard, unis aux Bataves et commandés par Civilis, ils se révoltèrent de nouveau. En même temps que les Francs s'avançaient du bas Rhin vers le sud, les Frisons se répandaient aussi dans les îles formées par les embouchures du Rhin, de la Meuse et de l'Escaut. Dans la contrée riveraine de la mer du Nord située entre l'Ems et l'Elbe, ce ne fut point l'immigration qui fit prédominer la dénomination de *Frisons*, mais seulement cette circonstance qu'on l'étendit aux Chauces (*Chauci*), peuplades qui avaient avec les leurs beaucoup d'affinités d'origine. De même qu'on divisait les Chauces en Grands Chauces (*Chauci Majores*) habitant à l'ouest du Weser, et en Petits Chauces (*Chauci Minores*), habitant la contrée située entre le Weser et l'Elbe, de même on divisait les Frisons en *Frisii Majores* et *Minores*, les premiers fixés à l'ouest, les seconds à l'est du Fly ou Zuyderzée. Les Frisons du Nord ou du Littoral, qui aujourd'hui encore habitent les uns, sur le continent, la côte occidentale du Schleswig, les autres les îles avoisinantes (*Nordstrand*, *Fœhr*, *Sylt*), au nombre d'environ 70,000 âmes suivant le Frison Clément, et seulement de 26,800 suivant le Danois Allen, agglomérés en 40 paroisses, semblent de même n'être point venus là par immigration mais n'avoir reçu ce nom de Frisons que par transmission dans les premiers temps du moyen âge.

Ce fut Pepin d'Héristal qui, vainqueur du prince Ratbod à Dorsted (689), soumit le premier les Frisons du sud-ouest à la domination franke, et qui en même temps introduisit parmi eux le christianisme, dont l'évêché d'Utrecht devint bientôt le principal foyer dans ces contrées. La domination franke s'étendit jusqu'à l'Yssel et au Fly, canal de décharge du Zuyderzée, que les empiétements de la mer à la suite des tempêtes agrandirent de plus en plus; puis par Charles Martel, qui en 734 défit et tua dans une bataille le duc des Frisons Poppo, depuis le Fly jusqu'au Lauwers ou Laubach, où Boniface prêchait en ce moment même le christianisme, puis de là, de l'autre côté de l'Ems jusqu'au Weser, où les peuplades les plus orientales prirent part aux guerres des Saxons; par Charlemagne, qui en 785 confia à saint Liudgar le soin de convertir les Frisons, et en 802 fit recueillir et rédiger leur droit dans la *Lex Frisionum*. Des comtés furent institués dans le pays; et plus tard encore, en raison des brigandages commis par les Normands, il fut créé un comté de frontières (*ducatus Frisiæ*). Dans le code que nous venons de mentionner, il est déjà question d'une division du territoire frison en trois parties ; l'une entre l'embouchure de la Meuse (*Sincfal*) et le Fly (Zuyderzée), l'autre entre le Fly et le Lauwers, la troisième entre le Lauwers et le Weser.

Lors du partage de l'empire entre les fils de Louis l'Allemand, le tiers situé à l'ouest du Zuyderzée, ou *Frise occidentale*, échut à Charles; tandis que les deux autres parties, échues à l'Allemagne, conservèrent jusqu'au quinzième siècle le nom de *Frise orientale*. Les coutumes frankes ayant de bonne heure jeté de fortes racines parmi les Frisons du sud-ouest, le type frison s'y effaça insensiblement. Il en fut de même de l'antique constitution de ces Frisons et de leur langue, en remplacement de laquelle se forma sous des influences frankes et saxonnes la langue néerlandaise. Dans cette partie occidentale de l'ancien pays des Frisons, ce fut aussi seulement au dixième et au onzième siècle que se constitua la souveraineté territoriale dans les comtés héréditaires de Hollande et de Zéelande, de Gueldres et de Zutphen, et dans l'évêché d'Utrecht et d'Yssel. Le territoire d'Alkmaar jusqu'au Hoorn ne fut réuni à la Hollande qu'au treizième siècle, à la suite de longues et sanglantes guerres. C'est ainsi que le nom de Frise (*Friesland*) ne resta en usage que pour désigner la contrée qui s'étendait entre le Zuyderzée et le Weser; et dès lors par *Frise occidentale* (*Westfriesland*) on entendit ce second tiers, situé entre le Zuyderzée et le Lauwers, et par *Frise orientale* (*Ostfriesland*) la partie du territoire des Frisons libres, située à l'est du Lauwers jusqu'au Weser, jusqu'à ce que le nom de Frise orientale ne resta plus en usage que pour désigner la contrée qu'on appelle encore ainsi de nos jours, et qui est située à l'embouchure de l'Ems (ou province [*landdrostei*] d'Aurich, en Hanovre).

Avant sa réunion à la Hollande, la Frise orientale avait fait partie de la confédération dite des sept cantons maritimes, qui, lors de la destruction de la puissance des comtes franks, groupa en un tout, quoique avec des délimitations de frontières assez peu fixes, les différentes tribus frisonnes (ou des *Frisons libres*, commes elles se dénommaient elles-mêmes, par opposition aux Frisons soumis à l'empire frank). La noblesse et les paysans libres formaient des communes rurales, auxquelles présidaient des juges annuellement élus. Un comité de juges et de délégués des cantons maritimes se réunissait tous les ans en diète générale du pays à Upstalsboom, près d'Aurich; et cette assemblée exerçait le droit de législation générale ainsi que le pouvoir judiciaire suprême, en même temps qu'elle avait mission de veiller à la défense du pays. Les querelles et les guerres intestines des chefs, qui peu à peu s'imposèrent au pays, amenèrent la dissolution de cette confédération, qui cependant fut encore renouvelée en 1323; mais la diète générale cessa complétement de se réunir au quatorzième siècle. (Consultez Ledebur, *Les cinq gaus de Munster et les sept cantons maritimes de la Frise* [Berlin, 1835].) L'indépendence des Frisons fut aussi l'objet d'attaques extérieures. A l'ouest de l'Ems, dont l'embouchure, à la suite d'irruptions de la mer arrivées en 1277 et 1287, devint le Dollart, la contrée de la Drenthe et de Grœningue finit au commencement du quinzième siècle par être réunie à l'évêché d'Utrecht, qui depuis longtemps y était investi des droits compétant au comte. Dans la contrée à laquelle on donna dès lors de préférence le nom de Frise, située entre le Lauwers et le Fly, et qui forme de nos jours la plus grande partie de la province néerlandaise appelée Frise (*Friesland*), les Frisons opposèrent une résistance courageuse aux tentatives de conquêtes faites par le comte de Hollande, et en 1457 aimèrent mieux se soumettre à l'Empire. Le duc Albert de Saxe se maintint chez eux jusqu'en 1498 comme gouverneur héréditaire; en 1523 Charles-Quint réunit leur territoire à l'héritage de Bourgogne.

Dans la contrée située à l'est de l'Ems, Edzard Zirksena fut nommé en 1430 chef d'une confédération dont la formation mit fin aux guerres privées qui avaient sévi depuis le quatorzième siècle. Son frère Alberich, élu chef en 1454, fut créé par l'empereur Frédéric III comte de la Frise orientale. A sa maison, qui s'éteignit en 1744, en la personne de Karl Edzard, finirent aussi par se soumettre, en 1496, les chefs de la partie orientale du pays (habitée par les *Rustrings*), soumission qui permit, en 1524, à Siebeth Papinga de briser les liens de suzeraineté qu'exerçait sur le pays l'archevêque de Brême, l'adversaire le plus constant, avec les comtes saxons d'Oldenbourg, de l'indépendance des Frisons. Consultez les ouvrages allemands intitulés *Histoire de la Frise orientale*, par Wiarda (10 vol., Brême 1817), et *Histoire des Chefs de la Frise orientale*, par Suur (Emdem, 1846).

La langue frisonne tient en quelque sorte le milieu entre l'anglo-saxon et l'ancien scandinave; elle offre de nombreux rapports avec la langue des Angles ou Anglais du Nord, probablement par suite des immigrations, toujours plus fréquentes, qui eurent lieu dans ce pays de la part des Frisons et des Chauces. C'est dans les antiques monuments du droit frison que cette langue (l'ancien frison) apparaît sous sa forme la plus ancienne, qu'elle conserva jusqu'au commencement du seizième siècle. Ces monuments sont, au point de vue de la langue comme à celui des idées, les *Jugements d'Ems* de 1300 ou 1312, la *Lettre de Brokmer* de la seconde moitié du treizième siècle, le *Droit des Rustrings* de la première moitié du quatorzième siècle, et, parmi les lois auxquelles obéissaient sans distinction de localité tous les Frisons, le *Livre d'Asega*, composé vers l'an 1200. Chaque *gau* avait d'ailleurs ses lois propres, rédigées dans son dialecte particulier; *Les Sources du Droit Frison*, par Richthofen (Gœttingue, 1840), contiennent la collection à peu près complète de ce qui s'en est conservé. A partir du quinzième siècle, le frison fut de plus en plus remplacé, à l'ouest par le hollandais, dans la Frise orientale par le haut et le plat-allemand, dans la Frise septentrionale par le plat-allemand et par le danois; aussi n'existe-t-il plus comme dialecte populaire, et encore à l'état de misérable jargon, que dans quelques rares localités isolées de l'ancien territoire des Frisons. Par opposition à l'ancien frison, on l'appelle le *frison moderne*, ou encore le *frison des paysans* (*Bauernfriesisch*), parce que les paysans seuls le parlent et qu'il n'est point parvenu à l'état de langue écrite. On y distingue aujourd'hui cinq dialectes principaux : celui de la Frise occidentale; celui de la Frise septentrionale, dont Ouzen a publié un Glossaire (Copenhague 1837) et qui est l'objet de nombreuses observations dans l'ouvrage de Clément; celui de l'île d'Heligoland, fortement mélangé de plat et de haut-allemand, et dont Œlrich a publié un petit dictionnaire (1846); celui de Wangeroge, qu'on parle dans l'île de ce nom; enfin celui de Sater, qu'on parle dans les marécageuses contrées du duché d'Oldenburg qu'on appelle *saterland*. On trouvera dans le Ier volume des *Ar*-

chives Frisonnes d'Ehrentraut d'intéressantes comparaisons entre ces cinq dialectes, dont il n'est pas d'ailleurs un seul qu'on emploie soit dans les églises ou les écoles, soit parmi les classes instruites; ce qui n'a pas empêché, dans les trente premières années de ce siècle, plusieurs écrivains frisons de déployer une grande activité pour recueillir et publier quelques débris de chants et de traditions populaires de leurs compatriotes.

FRISQUETTE. En termes d'imprimerie, c'est un châssis découpé à jour qu'on abat sur la feuille blanche étendue sur le tympan de la presse, afin d'empêcher que les marges n'en soient maculées. Les faiseurs de cartes à jouer se servent de *frisquettes* taillées selon les figures et les couleurs séparées qu'on veut y appliquer au moyen de la brosse.

FRISSON. Le *frisson* est une action physiologique qui a lieu chez l'homme et chez quelques animaux, sans l'influence de la volonté, et qui paraît tout à fait sympathique. Il consiste dans un frémissement comme convulsif de la peau, accompagné d'un sentiment de froid : il est plus ou moins général, et plus ou moins fort et durable. Les causes déterminantes du frisson sont assez faciles à reconnaître pour la plupart; sa cause prochaine est beaucoup plus difficile à signaler. Parmi les premières, les unes sont physiques, comme l'impression subite et inattendue d'une température froide; les autres sont morales, comme la frayeur qu'inspire la vue d'un objet hideux et menaçant, ou même le spectacle de sa représentation artistique ou poétique; les autres sont physiologiques, comme l'émission des urines; les autres pathologiques, comme la formation du pus dans l'intérieur de nos organes. BAUDRY DE BALZAC.

FRISURE se dit des cheveux, soit qu'on les crêpe avec un peigne, soit qu'après les avoir roulés dans les papillotes, on les presse entre les pinces d'un fer chaud, soit, enfin, qu'on les roule autour d'un fer chaud qui les dessèche et les crispe; tous moyens auxquels ont ordinairement recours les dames dont les cheveux ne *frisent* pas naturellement.

FRITHJOF (Saga de). On présume que cette célèbre saga islandaise fut écrite vers la fin du treizième siècle, quoique l'origine en soit d'une antiquité beaucoup plus reculée. Elle a pour sujet le héros norwégien Frithjof le Fort, et son amour pour la belle Ingebjœrge, fille de Bele, roi de Sogn, sur le Sognfiord (dans l'évêché actuel de Bergen). Helge et Halfdan, frères d'Ingebjœrge s'opposèrent à ce que leur sœur l'épousât, et la donnèrent en mariage au vieux roi Hring, tandis que Frithjof avait à échapper aux nombreuses embûches qu'ils lui préparaient. Contraint de fuir à cause de la vengeance qu'il en avait tirée, il s'en vint chez le roi Hring, qui conçut de l'amitié pour lui, et qui en mourant lui laissa son épouse et son royaume (*Ringerike*, dans la Norvège méridionale). Frithjof abandonna généreusement les États du monarque défunt à ses fils, après avoir tué Helge dans une bataille, et avoir contraint Halfdan à lui céder Sogn, où il régna désormais avec autant de puissance que d'éclat, en ajoutant l'Hœrdaland à ses possessions.

Mohnike fait vivre Frithjof l'an 800 de l'ère chrétienne; Muller, avant l'année 700, et d'autres à une époque beaucoup plus reculée encore. Le manuscrit islandais original de cette saga a été publié par Bjœrne dans sa collection intitulée *Nordiska Kæmpa dater*, etc. (Stockholm, 1737). Rafn en a donné une édition beaucoup meilleure dans le deuxième volume de ses *Fornaldar Sœgur Nordhrlanda*, etc., etc. (Copenhague, 1829). Tegner, célèbre poëte suédois contemporain, a pris la saga de Frithjof pour sujet de son beau poëme intitulé *Frithjofs Saga*.

FRITILLAIRE (de *fritillus*, cornet à jouer aux dés), genre de plantes de la famille des liliacées, essentiellement caractérisée par une fossette glanduleuse et nectarifère placée à la base de chaque division de la corolle. Les fritillaires sont des plantes herbacées, caulescentes, à feuilles alternes ou subverticillées, à fleurs axillaires. Le type du genre est la *fritillaire pintade* (*fritillaria meleagris*, Linné), dont la tige porte à son sommet, dès le mois d'avril, une, deux ou trois fleurs pendantes, semblables à des tulipes renversées, panachées, sur un fond vert ou jaunâtre, des taches carrées d'un pourpre vif ou obscur, disposées comme les cases d'un damier. Mais on rencontre encore plus souvent dans les jardins la *fritillaire impériale* (*fritillaria imperialis*, Linné), ou *couronne impériale*, dont les fleurs de couleur rouge safrané, avec des stries qu'a su varier la culture, sont surmontées d'une houppe de feuilles florales du plus bel aspect. Malheureusement la fritillaire impériale, surtout sa bulbe, exhale une odeur vireuse; cette bulbe contient un suc âcre, que l'on peut comparer à celui de la ciguë. Cependant, dans une lettre communiquée par M. Payen à l'Académie des Sciences (séance du 22 août 1853), M. Basset a annoncé que la fécule de la fritillaire impériale, préparée par les procédés ordinaires, pourrait remplacer avantageusement la fécule de pomme de terre. Pour lui enlever son odeur et sa saveur désagréables, il suffit, après les premiers lavages, de faire macérer cette fécule, de vingt-quatre à quarante-huit heures, soit dans de l'eau simple renouvelée, soit dans de l'eau vinaigrée à un cinquantième, soit dans de l'eau alcalisée à quelques millièmes. La quantité de fécule fournie par les bulbes de la fritillaire impériale est tellement grande, que M. Basset n'évalue pas le prix de revient à plus de 12 fr. les 100 kilogrammes, tandis que pour la même quantité de fécule de pomme de terre il est au moins de 22 fr.

D'autres espèces du genre *fritillaire* contribuent encore à l'embellissement des parterres; on les cultive comme les tulipes. Toutes sont originaires de l'Europe, ou s'y sont complétement acclimatées, excepté le *fritillaria persica*, qu'on ne peut élever qu'en orangerie. E. MERLIEUX.

FRITTE, vitrification très-imparfaite, ou plutôt simple agglomération de substances vitrifiables par l'action d'une chaleur au-dessous de celle nécessaire pour la fusion complète (*voyez* ÉMAIL). C'est principalement dans le langage des verriers qu'on fait usage du mot *fritte*; cependant, par extension d'analogie, les minéralogistes et les géologues l'appliquent à diverses substances naturelles pour en caractériser, sinon la nature vraie, du moins l'apparence extérieure. L'aspect *fritteux* appartient principalement à plusieurs éjections volcaniques. PELOUZE père.

FRITURE. La *friture* est sans contredit une des branches les plus confortables de l'art culinaire, et, il faut l'avouer aussi, elle est peut-être la plus populaire. Il y a, du reste, tout un monde entre les fritures en plein vent et celles de nos restaurateurs fameux. Au prolétaire crotté les pommes de terre *frites* et les beignets à un sou des marchands ambulants et des gargotiers établis! Aux fashionables et aux amateurs de bonne chère les savantes combinaisons de friture des Véfour et des Véry!

Définirons-nous maintenant la *friture* et l'action de *frire*? Ce serait faire gratuitement une grossière injure à nos lecteurs. Au reste, les *fritures* doivent être connues des gastronomes depuis bien des siècles, car les Grecs et les Latins, ces maîtres passés en grandes inventions, avaient des mots spécialement consacrés à peindre l'action de frire; c'était d'abord le verbe *frigere* (geindre, gémir, frire), dérivant par onomatopée, dit Pasquier l'érudit, du bruit que fait le beurre ou la graisse qui fond dans une poêle. D'autres savants de l'ouest le font venir de *frita*, vieux mot celtique ou bas-breton qui signifie *fricasser*.

FRITZ, abréviation du nom allemand FRIEDRICH, en français *Frédéric*. Le souvenir du glorieux règne de Frédéric le Grand est demeuré tellement populaire en Prusse, que les paysans, lorsqu'ils veulent désigner ce prince, disent encore aujourd'hui; *unser Fritz*, notre Frédéric.

FRIVOLITÉ. On confond souvent, et c'est à tort, la frivolité avec la légèreté. Ces deux défauts présentent des symptômes bien différents. On peut être frivole et posséder un cœur constant, un esprit profond, un caractère ferme;

on est rarement léger sans que ce défaut entraîne une certaine dureté de cœur et même beaucoup d'égoïsme : une personne légère s'éveille souvent avec les meilleures intentions du monde, pour se coucher avec la conscience chargée d'une mauvaise action. Ne comprenant pas le mal qu'elle fait, parce qu'elle ne s'arrête à rien, elle blesse sans intention, hait, sans motif, aime sans discernement, et trahit sans remords. La frivolité n'entraîne pas de si graves conséquences; elle s'attache à des bagatelles, à des enfantillages d'amour-propre, à des avantages extérieurs. On voit des hommes et des femmes fort remarquables être atteints de ce défaut, sans que ceux qui les aiment ou les admirent puissent en craindre les suites. Plus souvent le partage des femmes, parce qu'elles vivent de riens, la frivolité donne à leurs manières une sorte d'agrément qui ôte le courage d'essayer de les corriger. On leur répète bien, quand elles sont très-jeunes, qu'il ne faut pas être ainsi; mais lorsqu'elles se montrent sans prétentions, lorsqu'elles restent frivoles sans cesser d'être bonnes, aimantes et dévouées, on a peur, en essayant de les rendre plus parfaites, de toucher à leurs grâces, et elles se complaisent à caresser un défaut qui fait plus souvent sourire que gronder. La frivolité peut se rencontrer dans les caractères les plus élevés, pour qui elle n'est qu'une distraction, souvent nécessaire; mais quand ce défaut se conserve dans la vieillesse, il présente quelque chose de triste et de ridicule, parce qu'alors la frivolité paraît réfléchie et semble l'effet d'un abaissement d'esprit. Les femmes surtout doivent se corriger de bonne heure de la frivolité : savoir vieillir est une science qu'il faut acquérir avant d'en avoir besoin. C'est la frivolité qui fait que généralement les femmes s'ennuient chez elles. Ne pouvant s'astreindre à aucune réflexion, à aucune occupation un peu grave, elles vont chercher au dehors un aliment à leur penchant; elles courent les magasins, font des visites, afin de dire ou d'entendre des riens, et ne rentrent chez elles que pour subir la peine de leur défaut; car l'homme à qui elles sont unies ne leur confiera rien de sérieux, dans la crainte de les ennuyer. Du reste, on se corrige tous les jours du défaut de frivolité dans le siècle où nous vivons : les jeunes gens sont même aujourd'hui raisonnables de trop bonne heure; ils se dégoûtent trop tôt de ce qu'il y a de bon dans la vie; ils jugent avant d'avoir pensé, raisonnent avant d'avoir vu, rejettent les plaisirs avec mépris, ou s'en laissent dévorer comme par une fièvre ardente. En vérité, un peu de frivolité irait mieux à la jeunesse, elle enfanterait quelques folies de plus, mais les suicides seraient certainement moins communs.

Camille BODIN (Jenny BASTIDE).

FROBEN (JEAN), l'un de ces savants imprimeurs des premiers temps de la typographie, naquit en 1460, à Hammelbourg, en Franconie. Après avoir étudié dans sa ville natale, il passa à l'université de Bâle, et là devint correcteur dans l'atelier de Jean Amerbach, où il travailla jusqu'en 1491. Alors il fonda une imprimerie à son compte, et le premier ouvrage qui en sortit fut une Bible latine. Il publia successivement d'excellentes éditions de saint Jérôme, de saint-Hilaire, de saint Cyprien et de saint Ambroise. Beaucoup de classiques l'occupèrent aussi tour à tour; il méditait des éditions des Pères grecs, qu'il n'eut pas le temps d'entreprendre. C'est lui qui un des premiers substitua par delà le Rhin les caractères romains aux caractères gothiques. Ses caractères grecs ne sont pas beaux; et les romains, ronds et nets, ne flattent pas l'œil. Ses titres, un peu chargés en général, ont parfois néanmoins des encadrements composés sur les dessins de Holbein, ce qui les recommande aux amateurs. Toutes les impressions de Froben sont d'ailleurs d'une correction admirable. Il fut en effet un de ces philologues profondément érudits, un de ces consciencieux éditeurs, comme le seizième siècle a pu seul en produire, au milieu de ces grands mouvements sociaux et intellectuels où apparaissent tant de figures largement dessinées, depuis Luther jusqu'à Érasme, depuis Mélanchthon jusqu'à Vivès. C'est quelque chose de charmant à lire, dans la correspondance d'*Érasme*, que ses rapports avec son imprimeur et son ami Froben. Froben fait de jolis présents à Érasme, et Érasme ne les accepte qu'avec une douce violence. Quand Froben a un fils, Érasme lui donne le nom d'*Erasmius*. L'imprimeur de Bâle publia aussi les œuvres de Luther. Il mourut en 1527, des suites d'une chute.

Jérôme et *Jean* FROBEN, continuant la profession de leur père, réimprimèrent plusieurs de ses livres, et publièrent aussi d'excellentes éditions de saint Augustin, de saint Jean Chrysostôme, de saint Basile et de Platon.

Il y eut encore un *Ambroise* et un *Aurèle* FROBEN, qui furent typographes à Bâle vers la fin du seizième siècle, mais plus obscurément et sans l'éclat des premiers temps de cette noble famille.

La marque des Froben est un pigeon perché sur un bâton, que tiennent deux mains, et autour duquel se tordent deux basilics.

Charles LABITTE.

FROBISHER ou FORBISHER (Sir MARTIN), navigateur anglais du seizième siècle, né à Doncaster, conçut le projet de trouver un passage par le nord-ouest pour aller en Chine. Après quinze ans d'efforts, il réussit à former une société qui fit les fonds nécessaires pour équiper deux petits navires avec lesquels il put mettre à la voile de Deptfort, le 8 juin 1576. Le 11 juillet il aperçut la terre par 61° de latitude nord; mais les glaces l'empêchèrent d'aborder. Il gouverna ensuite au sud-ouest, puis au nord, et crut, le 28, avoir vu la terre de Labrador. Le 31 il aperçut une troisième terre, dont il prit possession, et le 11 août il se trouva dans un détroit qu'il parcourut pendant cinquante heures, et auquel il donna son nom; après quoi il s'en revint le 2 octobre à Harwich. Une pierre rapportée par l'un des matelots de la terre dont Frobisher avait pris possession engagea la société, qui crut qu'elle contenait de l'or, à faire les frais d'un second armement, avec lequel Frobisher partit le 26 mai 1577. Il revint en Angleterre avec toute une cargaison de la pierre en question, et la reine Élisabeth fut si satisfaite des résultats de son expédition, qu'elle le chargea de construire un fort dans le pays nouvellement découvert, et d'y laisser une garnison avec des travailleurs. Il partit à cet effet le 31 mai 1578, avec trois navires, que douze autres ne tardèrent pas à suivre. Le 20 juin il découvrit une terre nouvelle qu'il appela *Angleterre occidentale*, et dont il prit possession au nom de la reine Élisabeth. Mais les glaces l'empêchèrent de pénétrer dans le détroit auquel il avait donné son nom. Quelques-uns de ses vaisseaux sombrèrent, d'autres furent plus ou moins gravement endommagés : la saison était trop avancée pour qu'on pût fonder une colonie. Frobisher fut donc obligé de se contenter de recueillir quelque cinq cents tonneaux des prétendues pierres aurifères, et s'en revint en Angleterre. Ces pierres n'ayant donné aucun des résultats espérés, on s'abstint d'expéditions ultérieures; et rien de moins clair aujourd'hui que la question de savoir quelles terres Frobisher avait découvertes.

En 1583 il commandait un des bâtiments de la flotte qui alla dévaster les Indes occidentales sous les ordres de Drake, et en 1588 un grand vaisseau de guerre destiné à agir contre la fameuse *Armada*. Envoyé en 1594 au secours du roi Henri IV avec une escadre de dix vaisseaux, il reçut une blessure dans un combat livré le 7 novembre 1594 sur les côtes de Bretagne, et mourut bientôt après, à Plymouth.

FROC, la partie de l'habit monacal qui couvre la tête, et tombe sur l'estomac et sur les épaules. Il se prend aussi pour tout l'habit. Suivant Ménage, on a d'abord dit *floculus*, *flocelus*, et depuis *froscus*. *Froc* était, en outre, autrefois une grosse étoffe qu'on fabriquait à Lisieux, à Bernai et en Beauce, dont les pièces, suivant les statuts des drapiers, devaient avoir demi-aune de large et vingt-cinq de long. *Prendre le froc*, c'est se faire religieux; *porter le froc*, c'est être moine; *quitter le froc*, c'est sortir d'un monastère avant d'être profès. Au figuré et familièrement, *jeter le froc aux orties*, laisser le *froc* dans les orties bordant les murs que le moine saute en s'enfuyant, signifie renoncer à la profession monacale, et, par extension, renoncer à l'état ecclésiastique. On le dit aussi de toute personne qui, par inconstance, renonce à quelque profession que ce soit.

FRODOARD. *Voyez* Flodoard.

FROHSDORF. *Voyez* Froschdorf.

FROID. Le froid est à la chaleur ce que l'ombre est à la lumière : ce mot signifie donc absence de calorique; cependant, comme il n'y a pas, physiquement parlant, dans la nature de corps qui soient entièrement privés de chaleur, il ne doit pas y en avoir non plus qui soient absolument froids. Ainsi que le chaud, le froid est donc relatif : l'eau est moins froide que la glace; celle-ci est encore moins froide que le mercure congelé.

Nous disons qu'une substance est *froide* lorsque sa température, étant plus basse que celle de notre corps, nous enlève une partie de notre calorique; nous disons, au contraire, qu'un corps est *chaud* quand sa température est plus élevée que la nôtre, et qu'il cède à la main qui le touche une partie de son calorique. Ainsi, la température de notre corps nous sert de terme de comparaison pour affirmer qu'une substance est froide ou chaude. Voilà pourquoi, lorsque la chaleur qui nous est propre augmente ou diminue, soit par l'effet de la saison ou du climat, nous trouvons froides ou chaudes des matières qui dans d'autres circonstances nous auraient semblé chaudes ou froides. Les caves, par exemple, dont la température est à peu près constante, nous paraissent froides en été et chaudes en hiver.

Le thermomètre est l'instrument le plus propre que l'on connaisse pour apprécier les divers degrés de chaud et de froid : il faut supposer que son échelle ascendante et descendante se prolonge à l'infini.

Pour les effets du froid sur l'économie animale, *voyez* Congélation (*Pathologie*).

A proprement parler, le froid est toujours naturel; cependant, les chimistes et les physiciens sont convenus d'appeler *artificiel* celui qu'ils produisent à volonté, en toute saison. Il y a plusieurs moyens de produire du froid, qui peuvent se réduire à trois principaux. 1° On peut rendre un corps plus froid par le contact, en l'entourant de substances dont la température est plus basse que la sienne; ce moyen est le plus simple de tous : c'est ainsi qu'en été on fait congeler de l'eau en entourant la carafe qui la contient de glace pilée, etc. Dans cette expérience, la glace enlève à la carafe et à l'eau qu'elle contient une partie de leur calorique, et cette espèce d'absorption continue jusqu'à ce que l'eau de la carafe soit aussi froide que la glace. Il va sans dire que si une partie de l'eau contenue dans la carafe gèle, c'est aux dépens de la glace extérieure, qui passe à l'état liquide. Le froid produit par contact est le résultat d'une distribution de calorique entre deux ou plusieurs corps qui auparavant avaient des températures différentes : c'est ainsi que deux éponges, dont une humide et l'autre sèche, étant mises en contact, se partagent la quantité d'eau qui était contenue dans la première. 2° On produit du froid physiquement en faisant passer un corps de l'état solide à l'état liquide, ou à l'état de gaz, par la raison que dans ces deux cas les substances absorbent le calorique des corps environnants pour changer d'état. On peut donc refroidir un corps en l'environnant de substances qui se liquéfient ou se vaporisent. Exposez un vase rempli d'eau dans un endroit où il se fasse un courant d'air : si vous humectez de temps en temps l'extérieur du vase, le liquide qu'il contiendra se rafraîchira sensiblement (*voyez* Alcarazas). La compressibilité donne de même un très-grand refroidissement. 3° On produit du froid artificiel chimiquement à l'aide des mélanges dits *frigorifiques*. Teyssèdre.

Froids excessifs. Le climat de l'Europe a éprouvé de si grands changements depuis les premiers temps de l'histoire que les descriptions laissées par les anciens des hivers de la Thrace, de la Germanie et des Gaules, conviendraient à peine aux froids de la Laponie, de l'Islande et du Groenland. Selon Tacite, l'Allemagne ne produisait pas d'arbres fruitiers; Virgile prétend qu'en Thrace les neiges tombaient à la hauteur de sept aunes; Ovide lui écrivait sur les lieux : « Regarde comme inhabités et inhabitables, à cause du froid, tous les pays situés au delà du Danube. » Du temps des premiers empereurs, on ne recueillait encore dans la plus grande partie des Gaules ni vin ni huile, et à peine y trouvait-on quelques fruits. Diodore de Sicile rapporte que les fleuves de ce pays étaient pris régulièrement par les glaces chaque année; des armées entières traversaient ces ponts naturels avec leurs chariots et leurs bagages. Les barbares des pays au delà du Rhin et du Danube profitaient souvent des glaces pour pénétrer dans les provinces de l'empire.

Froids excessifs en Europe et en Asie en 299, en France en 358. La description faite par l'empereur Julien de l'un des hivers qu'on éprouvait habituellement à Paris rappelle presque le climat de la Sibérie; le froid de cette ville, qu'il nomme *sa chère Lutèce*, lui paraît excessif : cependant il est constant, au dire même de ce prince, que quelques vignes, et même des figuiers, croissaient alors dans le territoire de Paris, pourvu qu'on les couvrît de paille. Hivers très-rigoureux en Écosse, pendant quatorze semaines, en 359 : cette même année, les glaces couvrirent complétement le Pont-Euxin, ainsi que le Bosphore de Thrace. En 508 les rivières de l'Angleterre furent gelées pendant deux mois. En 558 la mer Noire fut couverte de glaces pendant vingt jours. Le Danube ayant été pris dans tout son cours, les Huns le traversèrent, ravagèrent la Mésie, la Thrace, la Grèce, et menacèrent Constantinople : la cour d'Orient acheta leur retraite à prix d'argent, et s'engagea à leur payer un tribut annuel.

Hivers rigoureux en Europe de 605 à 670. La Tamise fut si profondément gelée en 695, pendant six semaines, que l'on construisit des cabanes sur ce fleuve. Hivers rigoureux en Angleterre du 1er octobre 759 au 26 février 760. En 763 froid excessif en Orient : la mer Noire gela à une profondeur de 30 coudées, et sur une étendue de 100 milles. Ce grand froid, commencé dès le mois d'octobre, dura jusqu'au mois de février de l'année suivante, et fut suivi de sécheresses extraordinaires, qui tarirent la plupart des sources et des fontaines; la rigueur de l'hiver fut également excessive dans la plus grande partie de l'Europe. Dans certains pays, la hauteur de la neige fut de cinquante pieds. En 821 les plus grands fleuves et rivières de l'Europe, tels que l'Elbe, le Danube, la Seine et la Loire, furent pris par les glaces durant un mois. Hiver très-rigoureux à Constantinople en 874 : le Bosphore fut entièrement gelé; on passa d'une rive à l'autre sur un pont de glace. En 908 la plupart des rivières de l'Angleterre furent gelées pendant deux mois; en 923 la Tamise le fut pendant treize semaines, et pendant quatorze semaines en 1063.

Froids extraordinaires en Italie, en France et en Allemagne en 991, 1044, 1067, 1124, 1125, 1205, 1216. En 1234 des voitures chargées vinrent sur la glace de la terre ferme à Venise. En 1269 froid très-violent en Angleterre : la Tamise fut prise par la glace dans toute son étendue, et les voitures la traversèrent, même près de son embouchure. En 1281 froid excessif en Allemagne. La mer Méditerranée fut entièrement couverte par les glaces en 1323; la mer Baltique le fut également pendant six semaines. Hiver très-rigoureux en France en 1325. Dans les pays du Nord, en 1333 on se rendit sur les glaces de Lubeck en Danemark, et jusque sur les côtes de la Prusse : des auberges furent même établies sur cette route d'une espèce nouvelle. Froid excessif en 1399. En 1402 et 1423 la mer Baltique fut entièrement gelée depuis la Poméranie jusqu'au Danemark.

Ce fut en 1403, et par un froid très-rigoureux, que Tamerlan fit les préparatifs de son expédition contre la Chine; l'inclémence de la saison ne put le déterminer à suspendre sa marche. En 1407 froid extraordinaire en Angleterre, en Allemagne et en France. En 1408 les glaces couvrirent si complétement le Cattégat, entre la Suède et le Danemark, que les loups passaient d'un royaume à l'autre : cet hiver très-désastreux est surnommé le *grand hiver* par les historiens; la plupart des arbres fruitiers et des vignes furent détruits en France. Hiver rigoureux en 1420 en Allemagne, en Hollande et à Paris : cette ville éprouva une mortalité si extraordinaire qu'elle fut presque entièrement dépeuplée; les loups entraient jusque dans son enceinte pour y dévorer les cadavres.

Froids excessifs en Allemagne et à Paris en 1422. En 1426 autre hiver rigoureux à Paris et dans ses environs. Froid extraordinaire en France et dans toute l'Europe en 1433 et en 1434 : la gelée commença à Paris le 31 décembre, et dura deux mois et vingt et un jours; la neige tomba pendant quarante jours consécutifs, la nuit comme le jour; il en fut de même dans les Pays-Bas; en Angleterre, la Tamise fut gelée jusqu'à Gravesend. Froid excessif en France et en Allemagne en 1458, 1468, 1469 : durant l'hiver de cette dernière année, dit Philippe de Comines, on coupait le vin avec la hache et la cognée dans le pays de Liége, et on le vendait au poids. En 1499 un froid excessif et la famine détruisirent en Valachie une armée de 70,000 Turcs, levée contre les Russes. En 1515 à Londres les voitures passèrent la Tamise sur la glace. Froids excessifs en Angleterre en 1525 : un grand nombre d'habitants perdirent l'usage de leurs membres. Hivers très-rigoureux dans toute l'Europe en 1537, 1543, 1544. En 1570 en France, en Allemagne et en Angleterre, le froid dura trois mois entiers dans toute sa rigueur et sans aucune interruption; en Provence et en Languedoc, les arbres fruitiers furent atteints jusque dans leurs racines; dans d'autres provinces de la France, les gelées durèrent depuis la fin de novembre jusqu'à la fin de février. En 1595 des froids excessifs eurent lieu à Paris, en Allemagne et en Italie.

En 1608 hiver très-rigoureux dans toute l'Europe. Un froid excessif, qui se fit sentir à Paris dès le 21 décembre 1607, dura pendant deux mois entiers : les approvisionnements de la capitale en combustibles étaient devenus si rares que la charge de cotrets se vendit 35 sols. Les troupeaux périrent en grand nombre dans les étables, et toutes les espèces de gibier dans les campagnes et dans les forêts. Les plus grands fleuves de l'Europe furent saisis par la glace à une si grande profondeur qu'ils portaient des chariots pesamment chargés; en plusieurs pays, les noyers, les vignes, les oliviers, etc., gelèrent jusqu'à la racine. Les rigueurs de cet hiver ont été décrites dans les plus grands détails par Mézerai. En 1621 froid extraordinaire en Italie et en Allemagne : une partie de la mer Baltique se couvrit d'une glace très-épaisse. En 1655 froid excessif en Hollande, en Allemagne et en Bohême. En 1658 froid général en Europe; la Baltique fut profondément prise par les glaces : les bras de mer connus sous le nom de Grand et de Petit Belt en furent couverts; le roi de Suède Charles X traversa ces deux bras de mer sur la glace, à la tête d'une armée de 20,000 hommes, avec son artillerie, ses chevaux, ses bagages, et s'avança jusqu'aux portes de Copenhague.

En 1683 hiver long, froid et très-âpre en France, notamment en Touraine : un grand nombre d'oiseaux périrent; le tiers des habitants des campagnes voisines de Tours mourut de faim et de misère, disent les écrivains du temps. Cet hiver fut très-rigoureux en Angleterre; les gelées durèrent treize semaines en France, en Allemagne, en Italie. En 1684 froid extraordinaire dans toute l'Europe : à Londres, la Tamise fut prise à une profondeur de trente centimètres, depuis novembre 1683 jusqu'en mars 1684; sur les côtes de Normandie, les matelots de Saint-Valery furent enfermés par les glaces à treize kilomètres de distance en mer. En 1695 le froid fut excessif dans toute l'Europe.

En 1709 la Baltique se gela dans une si grande étendue que du haut des tours les plus élevées bâties sur ses bords l'œil ne pouvait apercevoir tout l'espace couvert par les frimas. Dans la même année l'Adriatique fut gelée complétement. Ce froid extrême occasionna dans toute l'Europe une disette qui fit périr un grand nombre d'habitants des classes pauvres et laborieuses; les denrées de première nécessité se vendirent un prix excessif : on fabriqua à Versailles et à Paris du pain d'avoine, qui fut servi jusque sur la table des riches et des princes; enfin, l'impossibilité de conserver l'eau et le vin à l'état fluide fit interrompre en France la célébration de la messe. La rigueur de la saison, qui fut également excessive en Angleterre depuis décembre jusqu'en mars de la même année, ne se fit presque pas ressentir en Écosse et en Irlande. Froids extraordinaires en Europe en 1724 et 1733. Le naturaliste Gmelin évalua à 67° 8/9 le froid qu'il ressentit le 5 janvier 1735 sur les bords du Jénisséi, dans la Tartarie chinoise.

Le missionnaire danois Egède, qui a laissé des observations curieuses sur le Grœnland, où il avait passé une grande partie de sa vie, cite plusieurs exemples du froid excessif qu'il éprouva dans ce pays : en l'année 1738, le 7 janvier, la cheminée de sa chambre se remplit de glace jusqu'à l'ouverture du poêle, et, malgré le feu qu'il eut soin d'y entretenir, cette glace ne fondit point de toute la journée; tout fut gelé dans les habitations; le linge dans les armoires, les bois de lit, les plumes et le duvet des coussins étaient recouverts d'une couche de glace d'un pouce d'épaisseur. En 1740 l'hiver fut encore plus rigoureux en Europe, et notamment en Russie, que celui de 1709 : on construisit à Pétersbourg un palais de glace de $17^m,50$ de longueur, sur $5^m,50$ de largeur; la Newa, où furent pris les blocs employés à ce bizarre édifice, était gelée à $0^m,66$ et 1 mètre d'épaisseur; on façonna autour de ce palais six canons de glace, et deux mortiers à bombes; les canons étaient de 6 livres de balles; on les chargea de 125 grammes de poudre, et un boulet de fer, lancé par l'une de ces pièces, perça une planche épaisse de 5 centimètres à 60 pas de distance : quoique le canon lui-même n'eût que $0^m,10$ d'épaisseur, il n'éclata point. La même année, le froid fut-très vif en Hollande; il y eut à Rotterdam, à Delft et à La Haye, de nombreuses émeutes produites par le renchérissement des denrées.

En 1748 le froid fut excessif à Pétersbourg : le thermomètre descendit à 30 degrés dans plusieurs parties de l'Europe, et particulièrement en France. En 1754 les gelées détruisirent un grand nombre d'arbres; un froid extraordinaire se fit sentir dans le nord de l'Europe. En 1760 le détroit du Sund fut entièrement pris par les glaces. En 1768, dans quelques provinces de France, plusieurs voyageurs périrent sur les routes; des arbres se fendirent dans une grande partie de leur longueur. A Paris, on brisa plusieurs cloches en les sonnant; à Lyon, le thermomètre descendit, le 1er février, à 17°, et le 18 janvier, à Pétersbourg, à 26°. Des oiseaux étrangers parurent sur les bords de la mer, près du Hâvre : plusieurs étaient si excédés de fatigue qu'ils se laissèrent prendre à la main; enfin, on trouva sur les côtes de plusieurs pays de grandes quantités de poissons morts que la mer avait abandonnés sur le rivage. En France, froids extraordinaires en 1774 et 1776. En 1779, froid très-intense en Angleterre pendant quatre-ving-quatre jours; en 1784, pendant quatre-vingt-neuf jours; et en 1785, pendant cent quinze jours. Le 5 novembre 1786 le mercure gela en plein air à Pétersbourg par un froid de 30°; le 1er décembre le thermomètre y marqua — 40°; le 7 il descendit jusqu'à 60 : le mercure se congela en masse solide de manière à pouvoir être battu du marteau à plusieurs reprises.

Le 30 décembre 1788 le thermomètre descendit à Paris à 18°; l'épaisseur de la glace, mesurée à Versailles le 22 décembre, fut de 0^m, 34. Le même froid se fit sentir en Angleterre, où il dura un mois entier : la Tamise fut prise par les glaces. En 1789 autre froid extraordinaire dans le même pays, pendant sept semaines; la glace dont la Tamise était couverte se brisa le 14 janvier, pendant qu'on y tenait une foire. Froids excessifs en 1794 : la durée de la gelée à Paris fut de soixante-huit jours, et 18° le point le plus élevé du froid. En 1796 on ressentit à Londres le froid le plus excessif qu'on y eût éprouvé. En 1799 un froid très-rigoureux se fit sentir dans presque toute l'Europe. En 1810 le mercure gela à Moscou. En 1811 la Tamise fut prise par les glaces. L'hiver de l'année 1812 est surtout à jamais mémorable par les désastres de l'armée française en **Russie** : le thermomètre ne descendit cependant pas au-dessous de-16 à 18°, température peu extraordinaire pendant cette saison dans le nord de l'Europe. Le 27 décembre 1813 froid extraordinaire en Angleterre, pendant six semaines, accompagné d'un épais brouillard, qui dura huit jours, et qui s'étendit à plus de 50 milles de Londres dans toutes les directions. Froid excessif dans le même pays en 1814 : la Tamise fut prise dans la plus grande partie de son cours à une telle profondeur qu'on put la couvrir de maisonnettes et de cabanes. En 1820, le 10 janvier, le thermomètre marqua 20° à Berlin; le 11 janvier, 10° à Toulouse; le 12 janvier,-12° à Paris; la neige qui tomba le 15 janvier à Rome couvrit pendant trois jours les rues de cette ville; à Florence, elle atteignit une hauteur de 0m, 66. L'hiver de 1829 à 1830 fut aussi très rigoureux. Aug. SAVAGNER.

FROIDEUR. C'est une sorte de calme extérieur qui gêne et éloigne tous ceux qui sont en rapport avec vous. La froideur, au reste, n'exclut pas toujours la violence des passions : elle sert seulement à la mieux voiler. Il est des hommes qui n'ont dans la vie qu'un seul attachement ou une seule affection; ils s'en nourrissent sans cesse quand ils sont nés avec ce que l'on appelle de la froideur : en effet, ce que celle-ci empêche surtout, c'est de s'épancher avec les autres, que l'on tient à distance. Il en résulte que les hommes froids, dès qu'ils rencontrent des obstacles qui menacent de les arrêter longtemps, se portent à des excès, ou à des crimes, qui épouvantent d'autant plus qu'on les tenait incapables d'éprouver les sentiments même les plus ordinaires.

Il y a une froideur de l'esprit comme une froideur du cœur. La première est une qualité très-précieuse à quiconque est revêtu d'un grand emploi ou d'une immense responsabilité; un général doit avoir de la froideur sur le champ de bataille, un homme d'État en présence d'une révolution naissante, pour apprécier s'il faut l'arrêter court ou seulement la discipliner; un juge doit écouter avec une égale froideur les deux parties adverses.

Les orateurs qui n'ont que du feu arrivent quelquefois à d'admirables effets; mais ils compromettent souvent, en retour, la cause qui leur est confiée; ils font mieux l'affaire de leur propre réputation que celle du client qui les a choisis. Dans la vie intime, une très-grande froideur, surtout lorsqu'elle est habituelle, vous retranche, pour ainsi dire, de la famille dont vous faites partie. On n'est jamais bien à l'aise avec vous, même en dépit des plus excellentes qualités; c'est que celles-ci ne doivent pas avoir que leur utilité, il faut aussi qu'elles aient leur agrément, et à moins de ces circonstances extraordinaires où l'on peut déployer les plus rares vertus, la froideur ne mène, avec ceux qui vous connaissent, qu'à une estime paisible et réfléchie; il importe d'aller un peu plus loin : pour être heureux, il faut être aimé. SAINT-PROSPER.

FROISSART ou FROISSARD (JEAN), prêtre, chanoine trésorier de l'église collégiale de Chimai, et chapelain de Gui de Châtillon, naquit à Valenciennes, vers l'an 1337. On conjecture que son père était peintre d'armoiries. Pour lui, dès sa jeunesse, il fut destiné à l'église, quoiqu'il fît preuve chaque jour d'un caractère peu compatible avec la gravité du sacerdoce. Naturellement porté à la dissipation, il préférait à l'étude la chasse, la musique, les danses, la parure, la bonne chère, les femmes; et lorsqu'il eut embrassé l'état ecclésiastique, il se mit fort peu en peine de combattre ces penchants. Néanmoins, si la poésie recevait ses hommages, il aimait plus encore l'histoire. Il ne faisait que sortir de l'école et avait à peine vingt ans, lorsqu'à la prière de son *cher seigneur et maître messire Robert de Namur, chevalier, seigneur de Beaufort*, il entreprit d'écrire les guerres de son temps, particulièrement celles qui suivirent la bataille de Poitiers. Comme Hérodote, il recueillait en voyageant les notions dont il devait faire usage : en conversant avec ceux qui agitaient le monde, il apprenait à connaître leurs mœurs, leurs desseins; il écrivait, pour ainsi dire, sous leur dictée, et transmettait aux lecteurs l'impression immédiate des faits, sans aucun système de composition, sans se douter que l'histoire pût être critique, philosophique, ou pittoresque.

Quatre ans après, étant allé en Angleterre, il présenta une partie de ses chroniques à la reine Philippe de Hainaut, femme d'Édouard III. Cette princesse, à qui il avait su plaire, devina que Froissart, tout frivole qu'il était en apparence, éprouvait les tourments d'un amour malheureux. En effet, il aimait une femme dont on ignore le nom, mais qui était d'un rang si distingué que *les rois et les empereurs l'auraient recherchée*. En lisant avec elle le roman de *Cléomadès*, rimé par un trouvère de la cour de Henri III, duc de Brabant, il avait senti les premières étincelles du feu qui avait fini par l'embraser. Cette passion cependant, si puissante qu'elle fût, ne le détournait pas d'une autre, plus impérieuse encore, celle de reproduire son siècle. Il pénétra jusqu'en Écosse, se rendit en France à la suite du prince Noir, et visita la cour de Savoie. Ce fut à peu près vers ce temps qu'il perdit sa protectrice, la reine d'Angleterre, qui l'avait nommé *clerc de sa chambre*. Étant retourné dans son pays pour distraire ses chagrins, il y obtint la cure de Lessines, à deux lieues d'Ath. De tout ce qu'il fit dans l'exercice de son ministère, il ne nous apprend autre chose sinon que les taverniers de l'endroit pendant son court rectorat eurent 500 francs de son argent. Froissart s'attacha depuis à Venceslas de Luxembourg, duc de Brabant, *gentil, noble, joli, fresque, sage, armeret et amoureux*. Ce Venceslas avait du goût pour la poésie : il fit recueillir ses chansons, rondeaux et virelais par Froissart, qui, y joignant plusieurs pièces de sa composition, en forma une espèce de poëme sous le titre de *Méliador, ou le Chevalier au Soleil d'or*, ouvrage qu'on n'a pas encore retrouvé. A la mort du duc, Froissart trouva un autre protecteur dans Gui de Châtillon, comte de Blois, qui l'engagea à reprendre son histoire, qu'il avait interrompue.

En 1388 notre chroniqueur se rend à la cour de Gaston Phœbus, comte de Foix et de Béarn, pour y puiser des renseignements. Sur sa route, il rencontre un chevalier du comté de Foix, messire Espaing du Lyon, qui a joué un grand rôle, et qui lui fait des récits dont s'enrichiront ses chroniques. Villes, châteaux, masures, plaines, hauteurs, vallées, passages difficiles, tout excite la sympathie de Froissart, et rappelle à la mémoire du chevalier les diverses actions qui s'y sont passées sous ses yeux, ou dont il a ouï parler à ceux qui y ont assisté. Enfin, il arrive auprès de Gaston, dont il reçoit l'accueil le plus flatteur. Il lui lit son roman de *Méliador*, et en apprend des particularités qu'aucun autre n'aurait été en état de lui révéler. En six mois, il passe du Blaisois à Avignon, ensuite dans le comté de Foix, d'où il revient encore à Avignon, et traverse l'Auvergne pour gagner Paris. On le voit, en moins de deux ans, successivement dans le Cambrésis, dans le Hainaut, en Hollande, en Picardie, une seconde fois à Paris, dans le fond du Languedoc, puis encore à Paris et à Valenciennes, de là à Bruges, à l'Écluse, dans la Zélande, enfin dans son pays. C'est en Zélande qu'il trouve un chevalier portugais qui l'entretient des guerres d'Espagne, sur lesquelles il n'a entendu parler jusque là que des Espagnols et des Gascons. Il y avait vingt-sept ans qu'il était parti d'Angleterre, lorsqu'à l'occasion de la trêve il y retourne, en 1394. Là, nouveaux récits, nouvelles investigations historiques. Le trône était occupé par Richard, *qui moult bien parloit et lisoit françois*, et qui fut enchanté du poëme de *Méliador*. Après trois mois de séjour, Froissart prit congé du roi, et vécut encore quatre ans au moins. Il est impossible de fixer l'année de sa mort.

Son histoire s'étend de 1326 à 1400. Elle ne se borne pas aux événements qui se sont passés en France dans ce long espace de temps; elle comprend aussi ce qui est arrivé de considérable en Angleterre, en Écosse, en Irlande, en Flandres, sans négliger une foule d'événements dont le reste du monde a été le théâtre. Pour les trente premières années, c'est-à-dire depuis 1326 jusqu'en 1356, il déclare avoir suivi les *vraies chroniques de Jehan Le Bel, chanoine de Saint-Lambert de Liége*. C'était un bel esprit comme lui, ayant aussi des prédilections aristocratiques, car les bourgeois à cette époque manquaient de loisirs et de culture; ils étaient étrangers aux secrets des gouvernements. Froissart, au contraire, fréquentait les cours et les châteaux. Aussi ne présente-t-il pas toujours sous leur véritable aspect les événements auxquels le peuple prend part, et se montre-t-il en général peu exact, surtout en parlant de la Flandre et de Jacques d'Artevelde, que tous les écrivains français ont travesti en brasseur, et par suite en démagogue de bas étage, sur son témoignage unique. Quant à sa partialité pour l'Angleterre, La Curne de Sainte-Palaye l'a suffisamment vengé de ce reproche : placé trop près de l'époque qu'il retraçait, il a pu être trompé par le défaut de perspective, il a pu céder aussi à des influences diverses, à l'autorité d'un grand nom, à celle, plus grande, d'une flatteuse confidence ou d'une bienveillance magnifique; mais sa bonne foi n'est pas suspecte : il a cherché constamment la vérité avec scrupule, écoutant les partis contraires et n'épargnant ni fatigues ni dépenses pour la découvrir. Parmi les auteurs de mémoires, il occupe la même place que Joinville; mais il a plus d'étendue dans l'esprit, plus de souplesse et de flexibilité. Poëte, il est comparable aux plus habiles trouvères de son époque et des temps antérieurs.

La première édition de *Froissart*, avec une continuation anonyme jusqu'en 1498, est en 4 vol. in-fol., Paris, Antoine Vérard, sans date (vers 1495). On l'a réimprimée à Paris en 1503, 1514, 1518, 1530; l'édition de 1514 contient une continuation jusqu'en 1513. Denis Sauvage en donna une édition in-fol. en 1559-61, à Lyon; mais, quoiqu'il annonce que le texte a été revu, ce texte est souvent altéré. Dans toutes ces publications, il y a des lacunes, et les noms propres sont méconnaissables. Dacier avait commencé une révision et un commentaire sur Froissart; il n'a été imprimé que les soixante-dix neuf premières feuilles de son édition, et Buchon les a réimprimées. La collection de ce dernier contient les poésies de Froissart, publiées pour la première fois, et ses chroniques, plus complètes que dans les éditions précédentes, mais tout aussi fautives. DE REIFFENBERG.

FROMAGE, aliment composé de caséum, partie solide du lait, et dont la nature dépend probablement autant de celle des pâturages et du climat que du mode de fabrication. La préparation des fromages naturels communs ne présente aucune difficulté, car le lait, étant abandonné à lui-même dans des vases à une température de 18 à 20° centigrades, s'aigrit, se coagule en une masse appelée *caillé* dans les campagnes, et *matière caséeuse* par les chimistes, matière contenant en grande partie de la crème ou beurre, et du *fromage* ou *caséum*. La crème, étant montée à la surface du lait, est enlevée pour la baratter; ensuite on met le caillé dans des formes ou vases, dont le fond et les parois sont percés de petits trous, afin de laisser égoutter ce qu'on nomme vulgairement le *petit-lait*, ou le *sérum* des savants. Ces vases ou moules doivent avoir le double en hauteur de celle que l'on veut imposer aux fromages. Alors le caillé s'égoutte, forme une masse, que l'on retire au bout de vingt-quatre ou quarante-huit heures, pour la manger fraîche, ou la laisser sécher à un courant d'air: quelquefois on la consomme dans cet état de dessiccation, ou bien on sale ces masses desséchées, et on les met sur de la paille dans des endroits frais, mais non humides, pour les affiner, c'est-à-dire pour leur faire subir un commencement de fermentation putride. Cette méthode de tirer parti du lait dont on a déjà extrait la crème est la plus générale, et fournit dans la basse Normandie, par litre de lait, un fromage rond de 8 à 10 centimètres de diamètre sur un et demi d'épaisseur à l'état sec, lequel se vend environ 10 c. mais qui, le plus habituellement sert dans les fermes après la soupe et à chaque repas à la nourriture journalière des hommes de campagne.

Quand on veut obtenir des fromages de *lait franc*, c'est-à-dire de lait non écrémé, on suit la même méthode de fabrication; mais on améliore la matière première en forçant le lait à se prendre en caillé le plus vite possible, pour que la crème ne puisse pas monter, et cela sans donner de mauvais goût au caillé. A cet effet, on jette dans le lait, ou du jus de citron, ou du vinaigre, ou de l'esprit de sel (acide chlorhydrique), ou le plus généralement, on prend un morceau d'environ 7 centimètres carrés de caillette de veau préalablement lavée, salée et desséchée; on la met tremper une nuit dans un verre de petit-lait, puis le lendemain matin on jette une à deux cuillerées de cette préparation, appelée *présure*, dans chaque litre de lait que l'on vient de traire et passer; alors on expose ce lait à une température de 18 à 20° : il ne tarde pas à se prendre en masse; et l'on reconnaît avoir mis suffisamment de présure quand le petit-lait sort du caillé bien clair et avec une teinte bleuâtre; autrement, s'il est blanchâtre et louche, on a manqué d'y mettre suffisamment de cette préparation, et il faut une autre fois en augmenter la dose. Quand on veut donner encore plus d'onctuosité aux fromages, on ajoute au lait que l'on vient de traire un quart ou moitié ou autant de crème douce, et l'on force la présure en proportion de cette addition. Les *fromages de Neufchâtel*, qui jadis étaient les fromages à la crème les plus gras et les plus estimés, devaient leur qualité à ces additions de matière butyreuse. Ces fromages ont cela de particulier, qu'après avoir été mis quelques heures dans des formes, on jette la masse sur une table couverte d'une serviette, et, avec ce linge, on pétrit fortement ce caillé jusqu'à ce qu'il soit bien onctueux; puis on en remplit de petits cylindres de fer-blanc de 4 centimètres de diamètre, dans lesquels on appuie avec un piston pour resserrer la pâte et la faire sortir, afin de la recevoir dans un morceau de papier joseph, dont on l'entoure artistement, pour expédier ensuite le plus tôt possible chaque petit bondon sur les marchés des villes les plus voisines; mais à Paris la qualité de ce genre de fromages a beaucoup perdu : ce qui vient assurément de ce que l'on ne fait plus au lait franc l'addition de crème dont il a besoin pour obtenir toute l'onctuosité et la délicatesse qui faisaient tant estimer autrefois ce genre de fromages.

Ces fromages de Neufchâtel s'affinent en les faisant dessécher et en les plaçant sur des couches de paille, où on les retourne tous les jours. Les *fromages de Brie*, une fois desséchés, s'affinent en les plaçant dans des tonneaux, et les y séparant les uns des autres par des lits de paille. L'affinage des *fromages de Livarot* et *de Camembert* s'exécute en mettant également les fromages desséchés sur un lit de paille, dans un endroit frais, mais non humide; puis chaque jour on les frotte avec du sel et de l'eau-de-vie, et on les saupoudre de brique pulvérisée, pour les empêcher de s'attacher à la paille, leur donner du goût et en éloigner les vers. Du reste, que l'on travaille sur du lait de vache, de chèvre ou de brebis, que l'on fasse des *fromages de Marolles, d'Époisse* ou *de Langres*, le principe est toujours le même : c'est-à-dire que plus on met de promptitude à faire cailler le lait sans lui donner de mauvais goût et sans laisser de fromage dans le petit-lait, et plus on obtient de qualité dans les produits, quand l'affinage consiste toujours à faire d'abord dessécher le fromage obtenu, et à y déterminer ensuite un commencement de fermentation putride, en le laissant exposé dans des caves fraîches, mais non humides. Cependant, ajoutons que les *fromages de Montpellier* se font avec du lait de brebis, se salent lorsqu'ils sont secs, en les mettant tremper dans une eau légèrement salée, jusqu'à ce qu'une épingle enfoncée dans la pâte cesse d'y rester adhérente; puis on les frotte avec un mélange d'eau-de-vie et d'huile, et on les affine en les laissant environ un mois empilés dans un pot bien couvert.

Les *fromages du Mont-Dore*, dans le Puy-de-Dôme, se font avec du lait de chèvre, et s'affinent après avoir été desséchés, en les frottant avec du vin blanc, et en les mettant recouverts de persil entre deux assiettes. Les *fromages du Mont-Cenis*, en Savoie, sont fabriqués avec un mélange de lait provenant de deux vaches, huit brebis et une chèvre. Ces fromages, très-gros, puisqu'ils pèsent jusqu'à 10 ou 12 kilogrammes, sont trois ou quatre mois à s'affiner; et pour retirer le petit-lait de leur pâte, on a soin préalablement de les exposer à l'action d'une légère pression. Le *fromage de Sassenage*, dans l'Isère, est formé d'un mélange analogue de lait de vache, de brebis et de chèvre, que l'on fait bouillir, reposer vingt-quatre heures, et que l'on écrème, pour y ajouter ensuite autant de nouveau lait que l'on a ôté de crème; puis on fait cailler ce mélange en y mettant la présure. Quant à son affinage, il n'offre rien d'extraordinaire. Les *fromages de Roquefort*, dans l'Aveyron, dont le poids est de 3 à 4 kilog., sont composés d'un mélange de lait de chèvre et de brebis, chauffé et mis en présure et en forme; ensuite, on entoure chaque petite masse de sangles pour les empêcher de se fendre, et on les dessèche dans des caves où règne un courant d'air très-vif; puis on les sale, en les couvrant d'une couche de sel, et en les empilant les uns sur les autres au bout de trois ou quatre jours de salaison; on les laisse s'affiner, en ayant soin de les gratter et nettoyer toutes les fois qu'ils montrent un duvet plus ou moins coloré; dès que ce duvet est rouge et blanc, ces fromages sont bons à manger : c'est habituellement au bout de quatre mois de cave : ils ont coûté environ 30 fr. le quintal au fermier, et se vendent sur les marchés de 60 à 70 fr.

Tous ces fromages sont obtenus par des moyens naturels. Il n'en est pas de même des *fromages secs et cuits*, tels que ceux du Cantal, de Hollande, de Chester, de Norfolk, de Gruyères, de Parmesan, de Bresse, de la ricotte de Naples, et de beaucoup d'autres, que nous ne pouvons indiquer ici. Le *fromage du Cantal* est le produit d'une masse de caillé de lait de vache, divisé, mis en bouillie, laissé déposer, et purgé après dépôt de son petit-lait; puis mis en forme et en presse pendant quarante-huit heures, et porté dans une cave où on le retourne tous les jours, en le nettoyant et l'humectant de petit-lait salé. Le *fromage de Hollande* se fabrique à peu près comme celui du Cantal; seulement, on prend plus de soin pour en extraire le petit-lait, car on presse la pâte dans des linges, et on la pétrit fortement, d'abord avec les mains, puis avec les pieds, avant de la mettre sous la presse; ensuite on lave les fromages desséchés avec une eau légèrement salée, et on leur donne une couleur rouge avec une teinture quelconque. Le *fromage de Chester* ne diffère de cette fabrication que parce que l'on colore préalablement le lait avec du rocou, et que l'on met la pâte purgée de petit-lait et bien pétrie dans un moule ayant la forme d'un grand ananas, pour y être pressée autant que possible. Ce fromage, dit-on, demande trois ans pour acquérir toutes ses qualités. Les *fromages de Gruyères* et de *Parmesan* ont cela de particulier, que l'on met le lait de vache avec lequel on les fabrique sur le feu, qu'on l'échauffe jusqu'à 25° centigrades, qu'on y jette alors la présure, qu'on retire du feu, et qu'au bout d'un quart d'heure le caillé étant formé, on remet la chaudière sur le feu, et que l'on divise ce caillé avec des couteaux, et en brassant la pâte vivement en tous sens; puis on met cette pâte dans une toile; on en exprime le petit-lait, et l'on met en presse pour saler ensuite, en saupoudrant chaque jour de sel sec pendant trois mois. La *ricotte* est le produit du petit-lait retiré de la pâte du fromage de Gruyères, petit-lait que l'on ranime avec un dixième de lait frais, et dans lequel on excite une nouvelle coagulation avec du jus de citron ou du vinaigre, et en faisant chauffer à petit bouillon sur le feu la pellicule qui se forme la ricotte, que l'on enlève avec une écumoire, et que l'on met en forme. Cette ricotte, que l'on mange habituellement fraîche, est salée et séchée à Naples pour être râpée et servir à la préparation du macaroni.

J. ODOLANT-DESNOS.

On fait remonter à plus de neuf siècles l'art de relever le goût du fromage par le mélange d'herbes odoriférantes. On désigne cette opération par le mot *persiller*, sans doute parce qu'on y faisait entrer du persil.

Au figuré, *entre la poire et le fromage*, signifie, *au dessert*, quand arrive le moment des bons contes et des bons mots, quand on se parle franchement et à cœur ouvert.

Le *fromager* est celui qui fait ou vend des fromages. La communauté des marchands fruitiers, orangers, beurriers, fromagers et coquetiers de la ville et faubourgs de Paris était organisée par un arrêt du conseil du 9 février 1694.

La *fromagerie* est le lieu où l'on dessèche les fromages, et quelquefois le marché où on les vend.

Pour les *fromages à la glace* ou *fromages glacés*, voyez GLACE, GLACIER.

FROMENT, genre de la famille des graminées, ayant pour caractères : Épis multiflores, à fleurs distiques; deux glumes suboppposées; deux squammules entières, le plus souvent ciliées; trois étamines; un ovaire sessile, poilu au sommet; deux stigmates terminaux, plumeux. On appelle les fruits du froment *grains de blé*, quoique ce ne soit pas des grains, mais de véritables fruits, dont le péricarpe, mince, indéhiscent, monosperme, est intimement soudé avec le tégument de la graine ou spermoderme, fruits qui en botanique portent le nom de *cariopses*. Ces fruits ou grains de blé sont pour l'homme d'une importance immense, puisqu'ils forment la base de sa nourriture, et, chose remarquable, plus un peuple est civilisé, plus il consomme de blé, c'est-à-dire que la partie essentielle de sa nourriture est le blé converti en pain, sauf les exceptions dépendantes des localités, des influences atmosphériques et de la latitude, qui ne permettent pas de cultiver le froment dans toutes les parties de l'univers.

Le genre *froment*, *triticum* des botanistes, ne renferme qu'un petit nombre d'espèces. En laissant de côté celles qu'on ne cultive pas, comme le *triticum repens* (voyez CHIENDENT), nous n'avons à considérer que trois espèces bien caractérisées, dont la première donne une foule de races différentes.

La première espèce est le *froment cultivé* (*triticum sativum*, Lam.; *triticum æstivum* et *triticum hybernum*, Linné). On peut ranger ses races de la manière suivante :

Races à épis glabres, munis de barbes. 1° *Froment à barbes caduques.* Épi roux ou quelquefois blanchâtre, perdant ses barbes vers l'époque de la moisson; grains assez gros; chaume presque plein; cultivé en Anjou, etc.; semé en automne. 2° *Blé de Providence.* Épi blanc, gros, presque carré; barbes blanches, quelquefois caduques; chaume plein; grains gros et jaunâtres; semé en automne. 3° *Froment à barbes divergentes.* Épi blanc, large; barbes blanches, quelquefois rousses; chaume fistuleux ou creux; épi quelquefois velu; semé en automne, et quelquefois au printemps. 4° *Froment à barbes serrées.* Épi rougeâtre; glumelles ou balles rouges, rapprochées et serrées; grains gros et tendres. 5° *Froment à grains ronds.* Épi blanc, compacte; barbes noires, un peu caduques; chaume demi-fistuleux; grains blancs, bombés, arrondis; cultivé près d'Avignon. 6° *Froment d'Italie.* Épi blanc, étroit; barbes noires; grains ternes; chaume grêle, plein; cultivé près d'Avignon. 7° *Froment de Sicile.* Diffère du précédent par son chaume fistuleux.

Races à épis glabres, dépourvus de barbes. 8° *Froment d'automne à épis blancs.* Glumelles ou balles blanches; grains dorés; chaume creux. 9° *Froment d'automne à épis dorés.* Glumelles rousses; grains jaunes; chaume creux; cultivé en Picardie. 10° *Froment à grains de riz.* Paille, barbes et grains blanchâtres; chaume creux; grains courts; cultivé dans le nord de la France; semé en automne. 11° *Froment touzelle.* Diffère du précédent par ses grains longs et transparents; cultivé dans le midi de la France.

12° *Froment trémois, sans barbes.* Ne diffère du froment d'automne à épis dorés que parce qu'on le sème au printemps, et qu'il devient par conséquent moins gros. 13° *Froment de Phalsbourg.* Ne diffère du précédent que par son chaume grêle; cultivé à Phalsbourg, mêlé avec le suivant. 14° *Froment d'Alsace.* Épi court, roux, quadrilatéral; chaume creux; grains petits; semé au printemps; cultivé en Alsace.

Races à épis velus, garnis de barbes. 15° *Froment gris de souris.* Épi étroit, d'un gris bleuâtre; grains gros et bombés; chaume plein; barbes noires, grises ou cendrées; cultivé en Anjou. 16° *Pétanielle roux*, ou *froment renflé*, ou *gros blé.* Épi roux, court, presque carré; barbes rousses; grains gros, ternes, bombés; chaume plein; cultivé en Gascogne : c'est le *triticum turgidum*, Linné. 17° *Pétanielle blanc.* Diffère du précédent par son épi et ses barbes blanches; glumelles ou balles entassées; épi court; grains cornés; cultivé près d'Avignon, de Grenoble; on le nomme *moutin blanc*, *blé d'abondance*, ou quelquefois, mais à tort, *blé du miracle* : c'est le *triticum turgidum*, Vill. 18° *Froment de Barbarie.* Épi barbu, gris, épais; grains cornés, un peu allongés; chaume plein; barbes fort longues : rapporté de Barbarie par M. Desfontaines, et décrit par ce naturaliste sous le nom de *triticum durum.*

Races à épis velus, dépourvus de barbes. 19° *Froment grisâtre.* Épi velouté; grains dorés, velus à un bout; chaume creux; se cultive dans le pays d'Auge.

On ignore la patrie du *triticum sativum ;* cependant on le croit originaire d'Asie. M. Dureau de La Malle pense qu'il est originaire des environs de Jérusalem, et qu'il y croît spontanément. On le sème en automne ou au printemps; et dans ce dernier cas on le nomme *froment marsais* ou *blé trémois*; mais cette différence dans la culture ne provient point d'espèces différentes.

La deuxième espèce cultivée est le *froment à épis rameux* (*triticum compositum*, Linné), dans lequel beaucoup d'auteurs ne voient qu'une variété du *triticum sativum.* Il s'en distingue cependant par son épi, rameux à sa base. On le croit originaire d'Égypte ou de Barbarie. Il est cultivé quelquefois en Picardie.

La troisième espèce est le *froment épeautre* (*triticum spelta*, Linné), ou simplement *épeautre.* CLARION.

Un grain de froment semé dans une terre profonde de jardin, bien fumée et de première qualité, peut porter 20, 30, 60 épis et plus, c'est-à-dire plusieurs centaines de grains : tel est le plus haut degré de fécondité dont cette plante soit susceptible. Mais on ne doit rien conclure de cette donnée pour les résultats de la culture du blé en grand, comme elle se fait aujourd'hui, puisque, déduction faite des grains qui se perdent, chaque grain ne donne communément que de 3 à 5 tiges surmontées chacune d'un épi, qui renferme 20 à 30 grains.

Les terres destinées à la culture du froment doivent être meubles à 15 ou 20 centimètres, pénétrées par les gaz atmosphériques et convenablement amendées : le nombre des labours, la quantité et la qualité des engrais nécessaires pour les amener à cet état, varient selon la nature du sol. Cinq labours sur jachères dans les terres les plus fortes, dont deux avant l'hiver, un au printemps et deux en automne; trois dans celles qui sont plus légères; deux ou même un seul sur trèfle ou autres prairies artificielles; des roulages, des hersages, selon le besoin, pour diviser ou rapprocher les molécules terreuses; peu ou point de labours pendant les grandes chaleurs, car ils ont alors pour résultat la volatilisation de principes fécondants; douze, quinze, vingt voitures de fumier ou autres engrais par hectare, préparés ou choisis selon la nature du sol, qu'ils doivent ameublir s'il est trop fort ou trop compacte, et rapprocher, s'il est trop meuble.

Pour semer, il ne suffit pas de choisir un froment dont les grains soient sains, réguliers, sans atteintes des insectes, sans mélange de mauvaises graines, il faut encore, pour le préserver de la carie, lui faire subir une préparation, dont le mode varie selon les contrées : les deux qui sont les plus usitées sont le *chaulage* et le *vitriolage.* Les cultivateurs qui ont voulu substituer le vitriol (sulfate de cuivre) à la chaux ont donné les motifs de leur préférence : « La chaux, ont-ils dit, n'agit que mécaniquement, et ne prévient pas toujours la carie; le sulfate de cuivre, au contraire, agit chimiquement; le chaulage est une opération de trente-six heures, le vitriolage se fait en une demi-heure, et n'est point dangereux, comme on l'a prétendu. » Pour nous, nous sommes persuadé que ces deux préservatifs sont excellents, lorsqu'ils sont bien manipulés. Pour le vitriolage, le blé est jeté dans une solution de sulfate de cuivre (7 kilogrammes d'eau, 90 grammes de sulfate de cuivre pour un hectolitre), remué, écumé, puis, après une demi-heure d'immersion, égoutté et séché pour l'usage.

Une terre de bonne qualité, nette et pourvue d'engrais, bien labourée, demande moins de semence qu'une terre médiocre, mauvaise et sans façons suffisantes; les grains semés en automne, qui peuvent être plus que décimés par la saison rigoureuse, doivent être jetés plus épais que les blés de mars : ces éléments et bien d'autres essentiellement variables dans la *question de quantité* rendent impossible toute détermination rigoureuse; cependant on peut dire que 100 à 120 kilogrammes de beau froment suffisent pour un hectare de terre de qualité moyenne. L'habitude où sont la plupart de nos cultivateurs de semer trop épais est une des causes principales de l'exiguïté des produits.

Des trois modes usités pour ensemencer, à la *volée*, au *semoir*, au *plantoir*, le plus répandu est le premier. Un labour peu profond, un hersage seul, recouvrent le blé. Le nombre, la profondeur et la direction des fossés et sillons d'écoulement pour les eaux, sont proportionnés à la nature du sol, à sa disposition et à la saison où se font les semailles.

Les semailles sont terminées : le cultivateur recevra-t-il la juste récompense de ses travaux? Il l'espère; mais bien des chances fâcheuses peuvent tromper cet espoir. Il a semé dans une terre rétentive et saturée d'eau : les grains pourrissent et lèvent mal. Tout s'est fait à souhait; le froment sort rapidement du sein de la terre, il a pris de la force : une gelée vive, alternant avec des dégels incomplets, tue les jeunes plantes; des pluies prolongées pourrissent les racines. La récolte échappe-t-elle à ces premiers dangers, d'autres l'attendent : les mauvaises herbes étouffent le bon grain, la pluie froide encore fait jaunir les tiges, ou bien, douce et chaude, elle développe les feuilles aux dépens des fruits; la sécheresse arrête la végétation; plus tard, elle amène une maturité trop rapide; les orages, la grêle, ravagent en quelques heures une contrée tout entière; des vents violents versent les tiges. Puis des quadrupèpes rongeurs, des insectes, des oiseaux, prennent leur part. Et quelle part souvent!

Le froment semé, de la fin d'août jusqu'en décembre, selon les localités, les saisons, etc., de la fin de février jusqu'en avril pour les semences du printemps, parvient à sa maturité en juin, juillet, août, septembre, plus tôt ou plus tard, selon les pays, les années, la nature des terres, etc. Les instruments qui servent à le récolter sont la faucille, la faux ordinaire, surmontée d'un râteau horizontal, et la faux flamande : ces deux derniers instruments, plus expéditifs, sont maintenant les seuls employés dans les pays de grande culture. Le blé abattu reste plusieurs jours en javelles sur la terre, puis il est mis en *gerbes* au moyen de liens de paille, d'écorces d'arbres ou d'osier. Les blés versés au tiers ou à la moitié de leur maturité ne gagnent rien à rester sur pied : la paille se détériore et le grain se dessèche et se racornit. En conséquence, les cultivateurs n'hésitent pas à le couper encore vert, l'expérience ayant démontré qu'il achève mieux sa maturité en javelles.

Le blé en gerbes est rentré sur le soir, s'il est très-sec, et disposé en tas dans les granges ou en *meules*, où il se conserve très-bien d'une année à l'autre. Dans le midi, où il s'échauffe facilement, on le bat ou dépique (*voyez* BAT-

TAGE) aussitôt après la moisson. Lorsqu'il est séparé des balles, on le dispose en tas dans les greniers, on la renferme dans des sacs, dans des tonneaux, dans des paniers de paille, dans des greniers souterrains ou silos : plus il a de dispositions aux maladies qui lui sont propres, à l'envahissement des insectes, plus il doit être exactement préservé du contact de l'air. P. GAUBERT.

FRONDE, FRONDEUR. La *fronde* est un instrument léger, formé de cuir et de cordes, servant à lancer au loin des pierres et même des balles. Il fut employé comme arme de toute antiquité; mais on serait peu disposé à le croire susceptible de justesse, si le front de Goliath n'eût été atteint de la pierre lancée par David. Le mot *frondeur* rappelle les habitants des îles Baléares, les armées perses et carthaginoises, grecques et romaines. Xénophon dépeint les frondeurs comme étant pourvus, un jour d'action, d'un sac en cuir qu'ils portaient devant eux : c'était leur panetière, leur giberne. Quinte-Curce nous montre les frondeurs asiatiques portant leur fronde en manière de parure de tête, c'était leur coiffure. Les frondeurs ne lançaient d'abord que des pierres : c'est l'arme de la nature. A mesure du raffinement de l'art, ils jetèrent des projectiles de plomb, qu'on nommait *glands* ou *olives;* plus tard, ils se servirent et de traits enflammés nommés *astioches*, et de globules d'argile rougie au feu : c'étaient les grenades du temps. Les *psilites* grecs, devenus plus tard *peltastes*, combattaient la fronde à la main; mais leur arme prit diverses formes, maintenant mal connues : il y eut des frondes à bourse, des frondes à manche, des frondes d'Achaïe. Il y en avait qu'on appelait *fustiballes*, d'autres *librilles*, d'autres *frondiballes :* ces dernières étaient de grand modèle. Les repas des enfants des îles Baléares étaient la récompense de leur succès au tir de la fronde : une mère, dit Florus, ne permettait à son enfant d'autre mets que celui qu'il avait eu l'adresse d'atteindre avec le projectile de sa fronde. Les femmes ornaient de frondes leurs cheveux, et les hommes en avaient de trois calibres, pour proportionner le jet aux distances : l'une de ces trois frondes, suivant Diodore de Sicile, se portait en ceinture, l'autre en coiffure, la troisième à la main.

Les frondeurs romains se sont nommés *accenses*, *addits*, *ferentaires*, *roraires*, *vélites*. Ils étaient d'abord en petit nombre; ils s'accrurent ensuite, à mesure de la corruption de l'art et de l'augmentation des alliés, qui pour la plupart servaient comme frondeurs. Virgile et Végèce ne sont pas d'accord sur le maniement de la fronde; le poëte dépeint Mézence imprimant à son arme une triple rotation; le tacticien affirme qu'il suffisait d'une seule circonvolution autour de la tête du frondeur; il prétend que la portée de l'objet lancé était de cinq à six cents pieds, mais cette portée semble exagérée; il est vrai que le pied romain était moins fort que le nôtre. Il ne faut pas croire davantage au prétendu phénomène cité par Ovide et par bien d'autres encore, au dire desquels le plomb lancé par le frondeur était emporté par une impulsion si puissante, qu'il se fondait en l'air.

Les Franks ont fait eux-mêmes assez longtemps usage de la fronde, surtout dans les siéges, car au temps d'Agathias ils ne s'en servaient pas en rase campagne. Les frondeurs français maniaient sous Philippe-Auguste une fronde nommée en latin *funda*, et plus tard en français *fondelle*. Il y avait dans les armées espagnoles en 1367 des frondeurs. Dans le siècle suivant, les défenseurs d'Orléans étaient armés de frondes à bâton, comme le témoignent les récits de ce siége. On commençait alors à essayer de projeter des grenades avec des frondes, mais le danger de ce mode y fit renoncer. Les Bretons sous Philippe de Valois, les Gascons sous Charles VIII, combattaient encore à coups de fronde. La dernière fois que l'histoire mentionne des frondeurs français, c'est au siége de Sancerre : les protestants qui défendaient cette place furent tournés en dérision par les catholiques sous le titre d'arquebusiers de Sancerre. Le perfectionnement et l'usage plus général des armes à feu devaient entièrement discréditer la fronde en Europe. Cependant, dans les combats livrés à Oran en 1832, les Arabes se servirent encore habilement de cette arme.

Gal BARDIN.

FRONDE (Guerre de la). « Il y avait en ce temps-là dans les fossés de la ville, dit Montglat dans ses *Mémoires*, une grande troupe de jeunes gens volontaires qui se battaient à coups de pierres avec des frondes, dont il demeurait quelquefois des blessés et des morts. Le parlement donna un arrêt pour défendre cet exercice; et un jour qu'on opinait dans la grand'chambre, un président parlant selon le désir de la cour, son fils (*voyez* BACHAUMONT), qui était conseiller des enquêtes, dit : *Quand ce sera mon tour, je* FRONDERAI *bien l'opinion de mon père*. Ce terme fit rire ceux qui étaient auprès de lui, et depuis on nomma ceux qui étaient contre la cour FRONDEURS. » Donc, nul ridicule ne devait manquer à la *Fronde*, pas même son nom. Ce fut une ligue de vanité, une réaction d'intrigue contre la politique de Richelieu, tombée en héritage au souple génie de Mazarin (1648-1657).

Le drame que nous abordons se divise en deux actes très-distincts. Le premier commence à la mort du cardinal de Richelieu. Mazarin lui succédait : il avait ses créatures à lui, il fallait les satisfaire; puis les disgrâces précédentes se changèrent en intrigues. Châteauneuf, à qui Richelieu avait ôté les sceaux dix ans auparavant, et qu'il avait tenu depuis prisonnier à Angoulême, vint s'établir à Sceaux comme dans un centre de cabale. Mme de Chevreuse, ancienne favorite, que Richelieu avait également tenue dix-huit ans exilée, reparut soudain. Mme d'Hautefort, plus récemment éloignée, vint se mêler aux mêmes ambitions. Mazarin fut surpris par ces apparitions d'intrigues, et leur opposa des exils nouveaux. Les princes de la maison de Vendôme formèrent le parti des *importants*, contre le duc d'Orléans, qui suivait la cour avec son caractère ambigu. Les brigues devinrent actives, les rivalités ardentes. Des querelles de femmes se mêlèrent aux animosités politiques : Mme de Longueville commençait à se montrer avec sa fierté jalouse : il fallut lui sacrifier Mme de Montbazon, qui avait laissé échapper quelques témérités sur sa personne. La cour se divisa davantage encore sous ces drapeaux divers. Le duc de Beaufort, le roi des halles, allait à cette guerre avec son caractère âpre et grossier. On l'accusa d'avoir voulu tuer Mazarin. Il fut mis à la Bastille. Quelques duels eurent lieu. Le duc de Guise se battit contre Coligny. La *Fronde* justifiait déjà son nom.

Cependant, la France soutenait des guerres plus sérieuses, et, comme Turenne et d'autres grands noms, le jeune Condé se signalait dans les batailles. Mazarin profita d'abord de ses succès pour s'affermir; mais le jeune héros vint à son tour se mêler aux passions qui s'agitaient autour du pouvoir. Son caractère était vif et superbe : il fallait que tout pliât. Gaston, duc d'Orléans, qui avait essayé de paraître à la guerre pour lui disputer un peu de gloire, ne put soutenir cette formidable rivalité. Condé arriva à la cour avec un cortége de seigneurs qu'on appela les *petits-maîtres*, parce qu'ils imitaient le ton fier et dominateur du *maître* qui les traînait après lui. Sa gloire commença à paraître gênante, et Mazarin exerça son esprit à découvrir des subtilités propres à le délivrer de cette ambition. Le cardinal avait besoin de subsides; le parlement résista pour lui en donner. Il se tint un lit de justice, où Talon, avocat général, se fit, au nom du peuple, l'auxiliaire des factions. Anne d'Autriche, régente du royaume, supporta peu patiemment ces résistances. Elle fit des plaintes dures aux magistrats. L'irritation n'en devint que plus vive. Le parlement proclama un arrêt d'union qui était une guerre ouverte. On enleva quelques magistrats, qu'on mit en prison. Le peuple prit parti pour eux, et s'accoutuma aux séditions. La reine manda le parlement, et lui parla de *châtiments exemplaires qui étonneraient la postérité*. Mais Mazarin espérait tout calmer par des négociations. La violence, comme la ruse, fut inutile.

Condé avait laissé là les discordes et les *petits-maîtres :* il était allé reprendre le cours de ses victoires. La nouvelle de la bataille de Lens arriva parmi les difficultés où se trouvait la cour. Le moment parut opportun pour la vengeance. On profita des solennités du *Te Deum* pour enlever (26 août 1648) les plus audacieux des conseillers, Broussel en tête, magistrat populaire, bon homme au fond, qui servait d'instrument à des vanités de seigneurs et à des jalousies d'ambitieux. A cette nouvelle, tout Paris se soulève, et alors se révèle inopinément un caractère qui jusque là s'est traîné sourdement et mystérieusement dans les intrigues, le coadjuteur de Gondy, qui résume en lui les passions d'un mauvais prêtre et celles d'un hypocrite factieux, colorées par des semblants de morale et des ruses de politique. *Il dépensa*, avoue-t-il, dans ces crises de rébellion, *trente-six mille écus en aumônes et en libéralités, du* 28 *mars au* 25 *août* (1648). Toute cette charité avait servi à préparer des barricades; et pendant que le peuple se ruait furieux dans les rues et sur les places (27 août), le coadjuteur, se précipitant au travers des masses, courait au Palais-Royal, s'offrant à la reine comme un homme de paix, résolu à calmer la révolte. *Il y a de la révolte*, lui répondit la reine, *à imaginer qu'on puisse se révolter*. C'était déjà fait; mais l'instinct de la colère royale tomba sur le coadjuteur. La reine lui porta la main au visage. Mazarin la calma comme il put.

Mais d'autres nouvelles de la ville arrivent. Le danger est grand. On envoie aux mutins le maréchal de La Meilleraye et le coadjuteur. Celui-ci, dans la mêlée, reçoit un coup de pierre et est renversé; un mutin même porte la main sur lui, et va le tuer : *Ah, malheureux! si ton père te voyait*, dit le prélat, et de ce mot il désarme le furieux. Il rentre au Palais-Royal, embarrassé du trop grand succès de ses *libéralités* et de ses *aumônes*, et commençant à soupçonner ce qu'il y a de sérieux dans ce jeu de faction et de révolte. Le maréchal dit à la reine : *Si vous ne mettez Broussel en liberté, il n'y aura pas demain pierre sur pierre à Paris*. Le coadjuteur appuie cet avis. « Allez vous reposer, monsieur, lui répond la reine, avec ironie; vous avez bien travaillé! » Gondy sort en effet, tourmenté de mille pensées d'ambition, de dépit, de terreur, de vengeance. La colère l'emporte. Il laisse faire ce peuple qu'il a si bien dressé, et pense seulement à donner des chefs à la sédition. Beaufort, échappé de sa prison, est son premier instrument. La nuit se passe en préparatifs de guerre; de son côté, la cour songe à ses moyens de défense. Le parlement vient se jeter au travers de ces conflits, avec des prières et des remontrances. Tout le monde réclame la liberté de Broussel. La reine cède. Les prisonniers sont rendus au peuple, et la fureur de la sédition devient la joie du triomphe, danger nouveau, plus grand peut-être pour l'autorité.

Les intrigues parlementaires suivent leur cours. L'émeute des rues s'est réfugiée au palais, parmi les plus jeunes conseillers. Mais les anciens ont aussi leurs emportements de vanité et d'indépendance. « La barbe du premier président (l'illustre Molé), si vénérable, dit Montglat, ne les pouvait retenir. » Enfin, le duc d'Orléans vient, avec son caractère irrésolu, se jeter parmi toutes ces agitations. On tient des conférences avec la cour; mais ses prétentions sont si extrêmes, qu'elle dut quitter Paris soudainement (6 janvier 1649). Ce fut un coup de foudre pour les divers partis.

Dès lors, tout se mêle. Le duc d'Orléans, moitié à la cour, moitié au parlement, dominé par l'abbé de La Rivière, son ministre, qui veut être cardinal, joue des rôles de toutes sortes. Condé ne sait plus quelle conduite tenir. Sa sœur, Mme de Longueville, se sépare de lui, et le laisse à ses perplexités pour se livrer plus aisément à ses cabales. Un instant, d'Orléans et Condé parurent unis, chacun se disputant la popularité des actes qu'on voulait arracher à la cour. Mais Mazarin, tout en cédant et ramenant la cour à Paris (août 1649), semait la discorde parmi ses vainqueurs. Le chapeau, sollicité par Gaston pour La Rivière, était en même temps sollicité par la maison de Condé pour le prince de Conti. La rivalité fut vive et longue. Deux femmes y ajoutèrent toute la ferveur de leurs vanités, tout le génie de leurs intrigues, Mme de Longueville et Mademoiselle, fille de Gaston. Le coadjuteur profitait de cette vaste anarchie pour ses essais de sédition, appelant à lui les curés, les docteurs, les religieux; et le peuple, depuis longtemps épuisé par les batailles véritables, se satisfaisait à ces conflits par des récits d'épigrammes et par des chansons qu'il allait voir tous les matins placardées sur le Pont-Neuf. La cour recourut encore à la fuite; mais cette fois avec des plans concertés de guerre contre Paris et contre le parlement. D'étranges divisions se firent en ce moment. Condé suivit la cour, et Mme de Longueville, sa sœur, resta à Paris, pour commander à la révolte. Le duc d'Orléans ne sortait pas de ses ambiguïtés; mais il servait de drapeau à mille ambitions. L'armée royale assiégea Paris. Le peuple, sans savoir ce qu'il faisait, ni quelles étaient toutes ces querelles sans but, se laissa conduire par le coadjuteur et le duc de Beaufort. Il y eut des combats sérieux, sans profit pour les partis. Condé y allait avec son ardeur accoutumée. L'intrigue étrangère profita de ce désordre, et apparut en plein parlement. D'autre part, de grands noms furent emportés dans la défection : Turenne prit parti en Allemagne pour le parlement; mais ses troupes l'abandonnèrent.

Tout marchait cependant de plus en plus au hasard dans ce grand désordre. La désolation était extrême dans Paris; le peuple se vengea de sa misère en lâchant sur le palais du cardinal une tourbe de furieux : tout y fut dévasté; les livres de sa bibliothèque jonchèrent la rue et servirent d'aliment à un feu de joie. Lui, sur ces entrefaites, ne s'animant à aucune violence, négociait tranquillement et se croyait de plus en plus maître à mesure que la colère publique s'acharnait après lui. Il eut l'habileté de laisser ses ennemis étaler leur ambition, leur cupidité. Il les perdit par leurs prétentions. La faveur des masses finit par se détourner de ces ambitions personnelles, à qui la fortune de l'État servait de prétexte. Alors Mazarin domina les négociations : un *Te Deum* fut chanté en l'honneur d'une paix rendue nécessaire pour tous les partis, et qui n'en devait satisfaire aucun. Ce fut la fin de la première *Fronde*.

Tout à coup il y a des revirements, des réactions, des retours de partis. Les *petits-maîtres* de Condé, fiers de la victoire qu'ils attribuent à leur brillant patron et à eux-mêmes, injurient les frondeurs : il y a des cartels d'hommes et des injures de femmes. Les frondeurs ont des liens à la cour. Leurs intrigues sèment la défiance et la jalousie entre ceux qui suivaient tout à l'heure le même parti. D'autre part, Mme de Longueville, qui s'est rapprochée de son frère, lui reproche de ne rien faire pour agrandir sa maison. Elle lui souffle son ambition. Mazarin voit naître ces dissentiments, et ne dit mot : il a, comme la reine, besoin de se débarrasser de ce patronage de Condé, dont la gloire pèse à sa politique tortueuse. Des prétentions de gouvernement, des demandes de faveur, des rivalités de mariage, vont hâter les ruptures. En même temps le parlement de Bordeaux fait des réclamations contre d'Épernon, gouverneur de la Guienne. Condé haïssait d'Épernon, Mazarin le défend. La discorde éclate. Condé, qui demande Pont-de-l'Arche pour son beau-frère, le duc de Longueville, essuie un refus; sa colère est au comble : après une scène animée avec le cardinal, il s'éloigne en lui passant la main sous le menton et lui jetant ces mots d'ironie : *adieu, Mars!* D'autres griefs futiles arrivent. La cour se divise pour des tabourets. Enfin, l'idée vient à la reine et à Mazarin de se délivrer de cette gloire importune en l'envoyant en prison; coup d'État préparé par les femmes, et dans lequel Mlle de Chevreuse entraîne le coadjuteur : les princes sont arrêtés et conduits à Vincennes (18 janvier 1650). C'était la vieille Fronde qui se frappait elle-même, et Mazarin lui servait volontiers d'instrument; puis, par quelques retours de plus, la cour de Gaston, qui n'avait pas connu ce mystère, en eut du dépit. Les cabales se mêlèrent. La mère de Condé se fit suppliante auprès du parlement. On vit des scènes solennelles et attendrissantes là où s'étaient vues de scènes ignobles et ridicules. Le parlement de Bordeaux députa un orateur plein d'éloquence, Guyonnet, qui s'en vint demander la liberté des princes. Et pendant ce temps le peuple, dans la grossièreté de sa logique, faisait justice des variations de la Fronde, et s'assemblait devant les hôtels des vieux frondeurs en criant : *Mazarin! Mazarin!*

Ainsi tout allait à la confusion. Le duc d'Orléans, avec ses ambiguités mystérieuses, ne put échapper non plus à cette réaction du peuple, qui s'en allait crier *Mazarin!* devant son palais. Alors il y eut entre le coadjuteur et Mazarin un jeu d'intrigues et de tromperies. Le coadjuteur, qui avait demandé l'arrestation des princes, demanda leur liberté. On les avait transférés au Havre, mais l'intérêt pour eux n'en était point diminué. Le coadjuteur s'appliquait à leur attirer le duc d'Orléans, et Mazarin s'appliquait à le retenir dans sa cause. Le chapeau de cardinal revint sur le tapis au milieu de ces manéges. Mais le coadjuteur y pensait pour lui-même. C'était une difficulté de plus. Quant à d'Orléans, il ne s'appartenait pas : il n'appartenait à personne. Le plus assidu était son maître, et le coadjuteur s'empara de lui par des tours d'habileté que secondait Mlle de Chevreuse. Il le décida à vouloir la liberté des princes, et à l'aide de son nom il alla tenir des assemblées cicéroniennes au parlement. Une immense réaction se faisait partout : Mazarin se voyait vaincu. Il songea à s'éloigner, mais doucement, afin de ne pas fuir. Il partit pour Saint-Germain, couvant les choses de l'œil, et espérant les diriger encore par son génie de ruse et de mystère. Mais le peuple avait pris son départ au sérieux. La joie éclata de tous côtés avec une violence menaçante. Une première concession était faite : on fit toutes les autres. La reine signa la liberté de Condé. C'était consacrer la retraite de Mazarin; mais, chose singulière! Mazarin se crut assez de souplesse pour échapper à cette dernière nécessité, et il partit de Saint-Germain pour aller de sa personne ouvrir la prison des captifs, comme pour se donner le mérite d'une politique dont il n'avait pas été le maître. Sa soumission fut en pure perte. L'orgueil de Condé resta inexorable devant le ministre obséquieux; et Mazarin vit bien qu'il n'avait plus qu'à s'enfuir; il s'achemina vers la frontière. De leur côté, les princes se rendirent à Paris, tout étonnés encore du mystère de leur liberté que le peuple, par sa joie bruyante et tumultueuse, leur rendit plus extraordinaire encore. Paris était dans l'exaltation : des feux de joie s'allumaient dans les rues; les frondeurs s'embrassaient; nul retour d'opinion n'avait jamais été si universel et si soudain.

Cependant, après quelques jours d'exaltation et de triomphe, chaque parti revint à ses pensées, et la défiance reparut. Les ambitions étaient devenues plus ardentes par l'absence même de Mazarin. Chacun courait à ses dépouilles, et pourtant la reine ne voulait rien céder. Condé imposait des choix de ministres. Le parlement ajoutait des exclusions contre les cardinaux, pour envelopper Mazarin sans le désigner. Le coadjuteur, qui voulait être cardinal et ne désespérait pas d'être ministre, fit opposition. Puis, la noblesse demandait les états généraux; et Turenne reparaissait, résolu cette fois de s'attacher à la reine. Des questions de mariage se mêlèrent aux questions politiques. Le coadjuteur avait besoin de marier Mlle de Chevreuse au prince de Conti pour se fortifier davantage. Condé avait accordé ce projet, puis il le refusa. Ce fut un nouveau commencement de rupture. La reine, secrètement inspirée par Mazarin, excitait ces vanités les unes par les autres, pour rester maîtresse. Gaston, poussé par le coadjuteur, prit parti pour Mlle de Chevreuse. Il eut l'air d'avoir du courage; il tint des assemblées dans son palais. On lui proposait des violences; il osa être d'avis de faire arrêter de nouveau les princes. Ils étaient dans une salle voisine : Mlle de Chevreuse dit qu'il ne fallait que donner un tour de clef; et elle partait pour remplir cet office. Gaston la retint. Le coadjuteur se fâcha contre Gaston, et s'en alla bouder dans le cloître Notre-Dame. Alors la reine se tourna vers lui, espérant profiter de son irritation. C'était le conseil de Mazarin, qui assistait de Bruhl à tout ce conflit de vanités. Le coadjuteur se prêta à toutes les combinaisons, même au retour de Mazarin, pourvu qu'il fût cardinal. Seulement, pour ne pas perdre sa popularité, il stipula le droit de déclamer contre Mazarin et de donner suite à ses pamphlets, s'engageant à brouiller Gaston et Condé, mais faisant ressortir surtout l'ambition du prince, et demandant à chacun de s'affranchir de sa domination. Il remplit si bien son office, que la reine l'appela, lui parla d'arrêter de nouveau Condé, et lui remit sa nomination au cardinalat.

Condé, poussé par ses amis, songeait à sa sécurité. Mais il eut le malheur de tourner ses regards vers les ennemis de la France : il fit des dispositions d'hostilité, et sortit de Paris avec un cortége de guerre. Il n'y reparut que pour menacer chaque parti. Le parlement devint une arène. On s'y rua à coups de poing, à coups d'épée. Les magistrats eurent peine à empêcher des meurtres. Le coadjuteur y parut avec un poignard caché sous sa robe. Dans une mêlée, il faillit être étouffé sous une porte par le duc de La Rochefoucault, qui s'amusa à l'exposer aux coups et aux insultes de la populace. Il se vengea par des quolibets; et quelque temps après il fit une procession, où le peuple criait : *A bas le coadjuteur!* Mais, par une bizarrerie de plus, cette procession ayant rencontré le prince de Condé, le prince descendit de carrosse, se mit à genoux dans la rue, et se fit bénir par le prélat. Les choses allèrent à d'autres excès. Condé, après avoir étalé des appareils d'hostilité dans les rues de Paris, s'en alla faire une guerre véritable en Guienne, où sa mère, pendant sa captivité, avait maintenu sa puissance. Une double anarchie se mit alors dans l'État, la cour combattant par des actes sévères le parti des princes, et le parlement, sans prendre parti pour eux, faisant des déclarations de guerre ouverte contre Mazarin. La tête du cardinal-ministre fut même mise à prix, ce qui ne l'empêcha pas d'entrer en France pour se réunir à la cour, qui marchait sur Bordeaux. De son côté, le coadjuteur, devenu cardinal, continuait son double rôle contre Mazarin et contre Condé. Mais le peuple n'en fut pas dupe, et suivit le parlement, qui restait dans l'opposition. Le coadjuteur faillit être mis en pièces dans la cour du Luxembourg; il se sauva par un coup de hardiesse, en se montrant au milieu des mutins, et demandant aux premiers qui s'offraient, de pendre les autres à la grille du palais.

Cependant, la guerre des princes se faisait sans trop d'éclat. Turenne avait suivi la cour, et allait balancer la fortune de Condé. Mazarin, qui avait joint la reine, fit envahir les domaines du duc d'Orléans, dont on commençait à se défier. Beaufort voulut déterminer Gaston à venir défendre son apanage. Gaston refusa. Sa fille, *Mademoiselle*, fut plus résolue; elle alla se jeter dans Orléans. On la vit partir en *Amazone*, avec les comtesses de *Fiesque* et de *Frontenac*, qu'on appelait ses *maréchales de camp*. Il avait fallu lui donner deux conseillers au parlement pour tempérer son ardeur. Condé n'était point heureux à cette guerre fatale. Ses troupes furent toujours battues par le comte d'Harcourt; et comme il y avait eu rupture à Bordeaux entre Mme de Longueville et le duc de La Rochefoucault, il s'en vint par des détours, pour fuir ces intrigues, à Orléans, où sa présence anima les troupes de Beaufort, que des échecs venaient de frapper. Il eut d'abord des succès. La cour, qui était à Gien, fut dans l'épouvante. Turenne la sauva. Alors Condé court à Paris; il s'empare de l'esprit de Gaston; il domine le parlement. On propose en son nom une ligue entre toutes les villes de France. La fermentation s'accroît. Le cardinal de Retz lutte encore contre Condé. Le peuple commence à faire des vœux pour le rétablissement de l'autorité légitime. Pendant ce temps, la guerre d'Orléans a des succès divers. Mademoiselle manque d'être prise dans une revue de ses troupes; elle n'a que le temps de fuir du côté de Paris. Turenne voulait s'approcher de cette ville pour la disputer aux partis. Le désordre y était au comble. Le corps municipal refusa de laisser entrer l'armée de Condé. Toutes les troupes étaient ramassées autour de la ville. Une bataille était imminente. Condé essaya vainement de faire déclarer Gaston. Alors il alla chercher son armée pour la diriger sur Paris; mais Turenne tomba sur son arrière-garde. La bataille fut terrible. Condé y déploya son génie. Celui de la France l'emporta, Turenne fut vainqueur (2 juillet 1652). Il fallait sauver l'armée du prince, et les portes de la ville restaient fermées. Mademoiselle arracha de son père l'ordre de les ouvrir, et courut au château de Vincennes tirer le canon sur l'armée du roi. Ce fut le salut de Condé; mais Mazarin s'écria, dit-on : « Voilà un coup de canon qui vient de tuer son mari! »

Condé, rentré dans Paris, voyait expirer la Fronde dans les angoisses du peuple; il tenta de la ranimer par des violences. On tint des assemblées à l'hôtel de ville. On échangea des signes de ralliement. On décida des massacres. On s'arma de l'incendie. On croyait ainsi raviver l'esprit de faction, on ne fit que le détruire. Il fallut que Mademoiselle allât elle-même sauver de vieux frondeurs enveloppés par les flammes à l'hôtel de ville. Les vœux pour la paix devenaient universels. Mazarin eut moins d'efforts à faire pour se retirer, car il était vengé. Il s'éloigna, et partit pour Bouillon avec une lettre flatteuse du roi. La cour l'accompagna jusqu'à Compiègne. Ce fut de là part de la reine un coup d'habileté de se faire désirer par les factions de Paris. Les princes ouvrirent des négociations. Le cardinal de Retz se donna le mérite des supplications : il alla avec le clergé supplier le roi de rentrer dans sa capitale. Il fut froidement reçu, et aurait volontiers recommencé ses intrigues; mais le peuple était fatigué, et rien n'eût pu le remuer encore. Les amis de Condé commencèrent à s'éloigner. Les secours qu'il attendait de l'étranger lui firent défaut. Sa colère le poussa à une fatale résolution : il courut aux Espagnols, emportant de Gaston la promesse qu'il ne traiterait point sans lui. Dès lors tout fut libre. Beaufort quitta le gouvernement de la capitale. Le roi, majeur depuis une année (il avait accompli sa quatorzième année le 7 septembre 1651), se rendit à Saint-Germain. La milice lui envoya une députation, qui fut reçue avec honneur, et lui-même arriva enfin à Paris le 21 octobre 1652, accueilli avec enthousiasme. Bientôt Mazarin rentrait en France, accueilli de même par ceux qui l'avaient le plus maudit. Les villes encore rebelles firent leur soumission. Gaston alla épuiser à Blois les restes d'une vie inutilement passée dans l'intrigue; et Condé n'eut plus qu'à songer à abriter sa vieille gloire sous l'autorité du monarque. LAURENTIE.

FRONDEUR (Esprit). La fronde, cette arme offensive dont nous avons traité à part, a reproduit cette expression métaphorique. *Fronder* un homme, *fronder* un ouvrage, cela veut dire leur jeter la pierre. C'est surtout à l'époque de l'histoire de France qu'on appelle la *Fronde* que ce mot s'est répandu et popularisé chez nous dans cette acception. L'esprit *frondeur* a eu ses beaux jours en France. Rivarol et Champcenetz y ont excellé dans le siècle dernier. « Il ne suffit pas, disait le premier, qu'un trait soit *méchant*, il faut encore qu'il soit *bon*. » L'esprit français a toujours été, du reste, un peu frondeur. Noëls épigrammatiques, vaudevilles, parodies, couplets malins, autant de genres nationaux, *frondant* sans cesse le pouvoir et le prochain. Il fut un temps où chez nous le monde voulait tout *fronder*, à tort, à travers; cette manie n'est pas encore complétement extirpée.

FRONSAC (en latin *Franciacum*), bourg de France, chef-lieu de canton, dans le département de la Gironde, à 2 kilomètres nord-ouest de Libourne, sur la rive droite de la Dordogne, avec une population de 1,500 âmes environ et de nombreuses distilleries. On récolte dans les alentours d'excellents vins rouges et des vins blancs agréables. Ce fut dans l'origine une forteresse, construite en 769 par Charlemagne pour tenir en bride les Aquitains turbulents. La terre de Fronsac, chef-lieu du *Fronsadois*, était sous l'ancienne monarchie une des plus belles du royaume. Elle fut érigée dès 1551 en comté, puis, quatre ans après, en marquisat, en faveur d'Antonin de Lustrac, dont la fille unique la porta dans la maison de Caumont. François d'Orléans-Longueville, comte de Saint-Paul, marié à Anne de Caumont, fut créé duc de Fronsac et pair de France en 1608. Le cardinal de Richelieu, ayant acquis cette terre en 1631, après l'extinction de la famille qui la possédait, obtint du roi, en 1634, son érection en duché-pairie pour lui et ses hoirs des deux sexes. Il la donna à son neveu Armand de Maillé-Brezé, mort en 1646. La sœur de celui-ci, Claire, en hérita et la céda à Armand-Jean du Plessis, duc de Richelieu. La postérité de ce dernier la conserva. Les fils aînés de la maison de Richelieu portaient le titre de *duc de Fronsac* du vivant de leur père.

FRONT (du latin *frons*), espace dépourvu de cheveux qui forme la partie supérieure de la face, limité en haut par les cheveux, sur les côtés par les tempes, en bas par la racine du nez et les sourcils. Dans l'espèce humaine, le front, habituellement dépourvu de graisse, présente une peau assez dense et bien tendue, sillonnée de quelques rides, les unes verticales, partant de la racine du nez vers le bas du front, et gagnant sa partie moyenne, les autres transversales, et s'étendant, avec plus ou moins de régularité et en plus ou moins grand nombre, d'une tempe à l'autre. En général le nombre des rides augmente avec l'âge, et elles sont plus prononcées à mesure qu'on vieillit.

Pour les anatomistes, le front n'est pas borné d'une manière invariable par les limites que nous venons d'indiquer. Il est alors considéré comme faisant partie du crâne; il est la portion antérieure et inférieure de la boîte osseuse qui renferme le cerveau, et le développement des cheveux sur une étendue plus ou moins considérable des membranes qui recouvrent l'os frontal n'empêche pas de limiter le front à la portion du crâne qui est formée par cet os.

Par ses apparences différentes, le front contribue beaucoup à donner de l'expression à la physionomie; les rides verticales ou horizontales, les mouvements des sourcils, les colorations variées qui s'y jouent tour à tour, la sécheresse ou la moiteur de la peau, sont les principaux traits sous lesquels se peignent sur cette partie les émotions et les passions violentes. De là, dans toutes les langues, l'usage du mot *front* au figuré.

FRONT (*Art militaire*). Le *front de bataille* est le rang antérieur d'une troupe ou d'une ligne déployée. Rigoureusement parlant, une troupe non déployée a bien aussi un front de bataille; mais on appelle en ce cas *tête de colonne* ce que dans l'autre on nomme *front*, quoique tête et front soient synonymes en bien des cas. On ne peut concevoir une juste idée du front de bataille qu'en se rendant compte du sens ancien du mot *bataille*. Il ne signifiait pas d'abord, comme on pourrait le croire, combat ou action de guerroyer; mais il exprimait un corps, un bataillon plus ou moins nombreux, rangé suivant certaines règles de tactique, lesquelles ont considérablement varié. Quand la locution *front de bataille* était naissante, la bataille était de vingt rangs, qui se sont réduits à douze, à dix, etc., avant de tomber à deux et à trois; l'infanterie ne combattait qu'en grosses masses carrées, ou en forme de phalange, avant de s'ordonner en parallélogramme, ou de s'étendre enfin en frêle ruban. La dénomination de front de bataille était donc autrefois plus juste qu'aujourd'hui; elle faisait vraiment allusion au devant d'une tête d'animal regardant son ennemi. Ce front est le premier rang en ordre naturel; c'est le dernier rang en ordre renversé. Les carrés sont une continuité de fronts sans flancs; l'ordre de bataille se compose du front, des flancs, des derrières : l'étendue des profondeurs ne doit jamais outre-passer celle des fronts.

Gal BARDIN.

Un carré présente autant de fronts que de côtés. Sachant qu'un fantassin occupe deux tiers de mètre et un cavalier un mètre, il est facile d'apprécier le nombre de soldats contenus dans le front, etc., par suite dans la troupe entière, si l'on sait sur combien de rangs elle est placée. Un bataillon, un escadron, une batterie, etc., qui, rangés en bataille, se portent en avant, exécutent une *marche de front.* On attaque l'ennemi *de front* toutes les fois qu'ayant pris une ligne de bataille parallèle à la sienne, on l'aborde en face sur la plus grande étendue de son front de bataille. La manœuvre du changement de front, inconnue aux anciens, à cause de la grande profondeur de leur front de bataille, est une des plus belles que l'on puisse exécuter.

Pour les termes *front de bandière, front de fortification, front d'attaque,* voyez BANDIÈRE, CASTRAMÉTATION, FORTIFICATION et SIÉGE.

FRONTAL, qui tient au front : ainsi, la *région frontale* indique la partie de la tête qui appartient au front; les *muscles* et *nerfs frontaux* désignent les muscles et les nerfs qui existent dans cette partie. *Frontal* représente aussi une espèce de bandeau médicamenteux, qu'on applique sur le front, et qui y agit à la manière des topiques. On désigne par le même mot un instrument de supplice ou plutôt de torture destiné à serrer le front. Enfin, le mot *frontal* sert à indiquer l'os ou les os du front. L'os frontal, le frontal, qu'on appelle encore *coronal,* est composé de deux parties symétriques, qui dans certaines espèces se soudent l'une à l'autre à un certain âge, et ne forment plus qu'un seul os, et dans d'autres epèces restent distinctes : on donne le nom de *frontal* à cet appareil osseux d'une ou de deux pièces. Le frontal est justement la charpente osseuse qui donne au front sa forme; lui-même prend presque toujours celle que lui impose la partie antérieure du cerveau; il s'articule en arrière avec les os du crâne, en avant et en bas avec ceux de la face, d'où il résulte que le front paraît d'autant plus développé que la face est moins allongée et que le frontal est plus poussé en avant par les organes encéphaliques. Le frontal présente quelquefois, et presque toujours à un certain âge, des cavités entre les deux lames compactes dont il se compose : ces cavités, que l'on nomme *sinus frontaux,* et qui communiquent avec l'intérieur du nez, peuvent, par leur développement, donner au bas et au milieu du front plus de saillie, et par conséquent tromper sur la forme et le volume du cerveau, qui est derrière. Il y a des maladies particulières des sinus frontaux qui trompent souvent les gens du monde, et quelquefois même les médecins, parce qu'on se laisse aller à rapporter au cerveau ou à d'autres parties voisines ces maladies douloureuses qui n'ont si souvent pour siége unique que les cavités dont nous parlons. Sur le bas du frontal sont dessinés les sourcils. Le bas du même os, en se repliant en arrière, forme la voûte de l'orbite, et c'est le point où l'enveloppe osseuse du cerveau est plus mince et plus facile à perforer. Partout ailleurs, l'épaisseur du frontal est assez considérable pour qu'il résiste à des contusions, même violentes; ses articulations sont telles d'ailleurs qu'il transmet presque toujours par des points osseux très-résistants et très-compactes l'effort qu'il reçoit à des parties solidement constituées et épaisses. Sur le devant du frontal se trouvent deux saillies assez prononcées sur certaines têtes : on a donné à ces saillies le nom de *bosses frontales;* les phrénologistes modernes y logent des facultés différentes, suivant qu'elles sont plus ou moins rapprochées, plus ou moins élevées sur le frontal : cette saillie est exprimée en général par un creux sur la face opposée de l'os, et elle correspond à la partie antérieure des hémisphères cérébraux.

FRONTEAU. On donne ce nom à une espèce de bandage encore appelé *frontal;* on l'a donné aussi à certaine pièce du harnais d'un cheval destinée à lui couvrir le front quand il est caparaçonné pour quelque cérémonie, ou guerrière ou funèbre. C'est en outre le nom qu'on donne à un bandeau que dans certaines solennités les Juifs mettaient autrefois sur leur front.

FRONTIÈRES, bornes extrêmes, marquant les points qui séparent des pays et des États divers. On emploie souvent comme synonymes les mots *confins* et *limites.* Les frontières qui limitent les pays voisins sont tracées ou par la nature ou par la politique. Les montagnes, les mers, les fleuves et les rivières forment des limites naturelles. Les peuples sont aussi séparés naturellement par la différence des langues, signalées communément par les frontières naturelles qui les isolent les uns des autres. Les frontières politiques sont celles qui ont été assignées aux nations par des conventions diplomatiques, consenties en général pour écarter le fléau de guerres malheureuses.

FRONTIÈRES MILITAIRES (*Militærgrenze*). On appelle ainsi l'étroite lisière du territoire de l'Autriche qui la sépare de la Turquie; contrée soumise à une organisation militaire et administrative particulière, et qui en 1849 a été érigée en domaine de la couronne. Elle confine au nord à l'Illyrie, à la Croatie et à l'Esclavonie, à la voyvodie de Servie et au Banat de Têmes; à l'est, à la Transylvanie et à la Valachie; au sud, à la principauté de Servie, à la Bosnie et à la Dalmatie; à l'ouest, à la mer Adriatique, et distraction faite des Frontières militaires de Transylvanie, supprimées en 1851 (superficie : 73 myriamètres carrés; population, 283,000 âmes), elle contient une superficie de 406 myriamètres carrés, avec 1,010,000 habitants. A l'ouest, les Alpes Juliennes, venant de la Croatie, s'y prolongent jusqu'au mont Klek ou Tête d'Ogulin (*Ogulinerkopf*), haut de 2,167 mètres, près de Zengg; le grand et le petit Capella en dépendent. C'est au Klek que commencent les Alpes Dinariques, qui s'étendent le long de la Frontière, portent en partie le nom de mont Vellebit ou Morlak, y atteignent à Heiligenberg une altitude de 1833 mètres, et se prolongent jusqu'en Turquie. A l'est, les Carpathes s'inclinent dans la direction du Danube, et envoient diverses ramifications vers les Frontières du Banat, entre autres le mont Gougou (2400 mètres), le Szemenik (1533 mètres), le Szarko (2,310 mètres), le Mick (1910 mètres), etc. La partie centrale de ce pays est généralement plate. On y trouve aussi de magnifiques vallées, par exemple la vallée d'Almase, près des Frontières du Banat, célèbre à bon droit par sa beauté vraiment féerique, et celles de Zermagña, de Korbawa et de Kavenicza près des Frontières de Croatie. Les eaux y sont très-inégalement partagées. A l'ouest, le pays est baigné par la mer Adriatique et par le canal Morlak. Les rivières des Frontières de Croatie se perdent pour la plupart sous terre, d'où elles vont rejoindre la mer, par exemple la Likka, la Gaczka, etc. Dans les autres parties, le Danube est le principal cours d'eau. Il arrive de la voyvodie de Servie sur le territoire des Frontières militaires près de Peterwardein, forme, à partir de Semlin, la Frontière du côté de la Turquie, et abandonne complétement le pays à Orsova. Ceux de ses affluents qui arrosent ce pays sont la Drave, la Save avec la Koulpa et l'Ounna, la Theiss, la Bega, le Temes, la Nera et la Cserna. C'est seulement dans les Frontières de Karlstadt qu'on rencontre quelques petits lacs de montagnes, dont les plus importants sont les huit lacs de Plitvicz, et le lac de Gaczka, près d'Ottochacz. Les marais qui avoisinent la Save, la Drave, le Danube et la Theiss n'en sont que plus considérables. Le climat dans les contrées montagneuses est le plus généralement rude; mais dans les plaines qui entourent Semlin, Carlowicz, etc., il est très-doux. L'air est malsain dans les parties marécageuses, où se déclarent assez souvent des fièvres et autres maladies. Les habitants, répartis en 12 villes, 9 bourgs à marchés et 1760 villages, sont pour la plus grande partie des Slaves, notamment des Croates, des Slowenes et des Serbes, puis des Valaques, des Allemands, des Clémentins. En ce qui est de la religion, les grecs non unis, qui ont pour chef le patriarche de Carlowicz, sont les plus nombreux (551,500); viennent ensuite les catholiques romains (435,000). On compte environ 17,000 protestants, 5,400 grecs unis au plus, et quelques centaines de juifs. Les produits du sol sont très-variés. La bonté et la fertilité sont extraordinaires dans les Frontières du Banat; et il en est à peu près de même dans les Frontières d'Esclavonie. On y récolte toutes les espèces de céréales, surtout du maïs, puis des légumes, des pommes de terre, beaucoup de choux, de raves, de citrouilles, de melons, etc. Les fourrages y sont abondants, bien qu'on ne songe pas à s'en procurer par des cultures artificielles. L'horticulture n'est guère productive; en revanche, la culture des fruits y donne de riches résultats. On récolte notamment beaucoup de prunes dans les Frontières d'Esclavonie, et on en retire une liqueur vineuse appelée *slivovicza*. A l'exception des plus hautes montagnes, on cultive la vigne à peu près partout, mais plus particulièrement dans les Frontières d'Esclavonie, où les vignobles de Fruska Gora sont célèbres; et on expédie au loin les vins rouges de Carlovicz, le Schillerwein, le Tropfwermuth, etc. On y cultive aussi le chanvre, le lin, le tabac, un grand nombre de plantes et de racines tinctoriales, diverses plantes aromatiques et médicinales croissant spontanément, de grandes quantités de joncs et de roseaux, qu'on utilise pour le chauffage dans les localités dépourvues de bois. De vastes forêts, situées principalement dans les Frontières de Karlstædt donnent lieu à d'importantes exploitations. Sur 4,624,767 arpents de terre en culture, on en compte 1,378,877 en terres à blé, 48,088 en vignes, 792,756 en prairies et jardins, 775,361 en pâturages et 1,629,745 en forêts produisant annuellement 2,382,000 cordes de bois. Le règne animal offre du gros bétail de race médiocre, des chevaux, des moutons, dont l'espèce demande à être améliorée; des chèvres et des porcs, beaucoup de volailles, et surtout dans les Frontières d'Esclavonie de nombreux troupeaux de dindons. Les produits de la chasse et de la pêche sont importants. Le règne minéral donne un peu d'or, de l'argent, du cuivre, du plomb et du fer, beaucoup de pierres et de terres de diverses espèces, peu de houille et pas du tout de sel. En fait de sources minérales, les eaux sulfureuses de Mehadia sont justement célèbres; et les bains sulfureux de Topuszko dans les Frontières du Banat attirent aussi un grand nombre de baigneurs. L'industrie y est sans importance, et on n'y compte en tout que 32 fabriques. On peut mentionner plusieurs usines créées à Semlin et ailleurs pour le dévidage des cocons de soie, les chantiers de construction établis à Iaszenowitz, quelques moulins à papier, des verreries, des fonderies de fer et de cuivre. On fabrique aussi d'assez bonne toile de ménage, des cotonnades, des tapis de laine, des bas et autres articles de bonneterie, des cuirs, beaucoup de chaussures, des pipes, etc., tous objets dont la vente donne lieu à un commerce assez important. Le commerce de transit est d'autant plus actif, que presque toutes les relations commerciales de l'Autriche avec la Turquie ont lieu par les Frontières militaires. Le grand centre en est à Semlin. Les routes sont en général bien construites, et on en voit notamment de fort belles dans les Frontières du Banat. Les deux routes conduisant de Babakei jusqu'à Orsova, le long du Danube, et d'Orsova par Mehadia, les défilés de Teregova et de Szlatina à Karansebes, exciteraient l'admiration même dans des pays plus avancés en civilisation. Le Danube, la Save, la Drave, l'Ounna, la Koulpa, la Theiss et le Temes se prêtent aux transports par eau; et la navigation à vapeur est en pleine activité sur le premier de ces cours d'eau. Les côtes de la mer, hérissées de montagnes, se prêtent peu au commerce maritime, dont il n'existe de traces qu'à Zengg et à Carlopago. En 1847, le mouvement des ports des Frontières militaires fut à l'entrée de 1,259 bâtiments, jaugeant 23,045 tonneaux, et à la sortie de 1,444, jaugeant 37,244 tonneaux. En ce qui touche la culture intellectuelle, on a pourvu à l'instruction des classes populaires, par des écoles élémentaires; mais le nombre en est encore insuffisant, surtout dans les Frontières de Croatie. Il existe un gymnase catholique à Vinkovcze, un gymnase illyrien à Carlovicz, et un gymnase supérieur à Zengg.

La constitution particulière de cette contrée, qui jusqu'à un certain point en fait paraître les habitants comme des soldats colonisés, a subi d'essentielles modifications par la loi nouvelle rendue le 7 mai 1850 pour les Frontières militaires, non en ce qui touche l'ancienne organisation militaire, mais relativement aux rapports civils. Tandis qu'ils étaient autrefois d'une nature essentiellement féodale, on voit aujourd'hui l'habitant des Frontières (*Grenzer*) jouir de tous les droits et garanties assurés à tous les habitants des autres domaines propres de la couronne (*Kronlænder*) par la constitution de l'Empire du 4 mars 1849, en tant qu'ils sont compatibles avec le but et les exigences de l'institution militaire. Pour les crimes et delits militaires, les habitants des Frontières militaires sont soumis aux lois qui régissent l'armée impériale; mais dans tout autre cas ils sont placés sous l'empire de la législation civile. Ils sont tenus de rendre à l'empereur, en temps de paix comme en temps de guerre, toute espèce de service militaire dans le pays et hors du pays, suivant les ordres qui leur sont donnés, et de contribuer à l'entretien de tous les établissements militaires intérieurs. Par contre, tous les biens immeubles des habitants sont désormais la complète propriété des communes, et on a aboli la loi de 1807 qui avait jusqu'à présent régi la propriété territoriale dans les Frontières militaires, loi aux termes de laquelle le sol était la propriété de l'État, qui en concédait héréditairement l'usage aux familles des paysans avec exemption absolue de redevances et d'impôts, sous l'obligation du service militaire. La propriété foncière y est divisée en propriété bâtie, le plus généralement inaliénable et devant se perpétuer dans la famille, et en propriété arable, que les règlements déclarent être susceptible d'être vendue et transmise à d'autres. Les pacages dont les communes ont joui jusqu'à présent demeurent leur propriété. Les forêts continuent, à la vérité, à faire partie des domaines de l'État; mais les habitants des Frontières ont le droit d'en tirer, sans redevance aucune, tout le bois de chauffage et de construction dont ils ont besoin. Les restrictions apportées autrefois à ce que les habitants des Frontières pussent apprendre des métiers, se livrer au commerce ou à la pratique des arts et des sciences, ont été abolies. La vie patriarcale de la population des Frontières est placée sous la protection des lois, comme constituant les mœurs nationales. On considère comme *famille d'une maison* tous les individus qui y sont *conscrits* et ne sont pas gens de service, qu'ils soient parents entre eux, ou qu'ils soient seulement admis dans la communauté. Pour maintenir le calme, le bon ordre, la concorde, la religiosité et la moralité dans la *famille d'une maison*, l'homme capable le plus âgé, et exempt de corvée, est ordinairement chargé des pouvoirs du père de famille et d'administrer les biens de la famille. Il lui est adjoint à cet effet, pour remplir le rôle de la *mère de famille*, telle ou telle femme qui paraît propre à ces fonctions. Les habitants des Frontières (*Grenzer*) qui se séparent de leur *maison* pour s'établir dans une autre, ou bien qui cessent d'être astreints au service des Frontières, cessent par cela même de faire partie de la *communauté de la maison*, et ne peuvent rien répéter sur la fortune immobilière de cette *maison*. De ce nombre fixe de *familles* (en 1853 on en comptait 112,739) résultent d'une part la grande importance et l'organisation toute particulière du lien de famille dans les Frontières militaires, et de l'autre la fécondité des familles et le grand nombre de membres dont elles se composent. Par cette organisation l'État a toujours sur pied de guerre une armée dont l'entretien ne lui coûte rien. Avant la suppression des Frontièrss militaires de Transylvanie, effectuée en 1851, il existait 18 régiments de frontières, chacun avec un bataillon de matelots, ou *tschaïkistes*, appartenant à la flottille armée du Danube et de la Save. L'effectif ordinaire des troupes de Frontières était de 50,000 hommes; mais en cas de guerre il pouvait facilement être porté à 70,000 hommes, et être en outre augmenté sur les lieux mêmes d'une *landwehr* forte de plus de 18,000 hommes. En cas de levée en masse, on pouvait mettre sur pied 200,000 combattants. Depuis, son effectif a été fixé à 14 régiments à 3 bataillons et un bataillon de *tschaïkistes*. L'armée est bien exercée, bien disciplinée, et, par un cordon continu établi le long du territoire turc, ne protége pas seulement le pays contre les attaques des Turcs et l'invasion de la peste, mais encore peut venir en aide à l'État dans des guerres contre d'autres puissances. C'est ainsi qu'on a vu les *Grenzer* (*frontiéristes*, rendre d'importants services non-seulement dans toutes les guerres contre les Turcs, mais encore dans la guerre de la succession d'Autriche, dans la guerre de Sept Ans et tout récemment dans celles de Hongrie et d'Italie. Sont astreints au service, à partir de l'âge de vingt ans, tous les habitants mâles des Frontières possédant un immeuble et en état de porter les armes. Le *frontiériste* reçoit de l'État un vêtement complet, des armes, un fourniment et des munitions. Chaque soldat enrôlé dans les bataillons de campagne reçoit une solde annuelle, qui est doublée en temps de guerre ou lorsqu'il tient garnison hors du territoire des Frontières, et même augmentée alors d'un supplément. Les villes et bourgs à marché existant sous la dénomination de *communautés militaires des Frontières* ont une organisation communale propre, dont la loi générale qui règle la constitution des communes est la base, sauf les modifications particulières exigées par leur nature même, et comme parties intégrantes des Frontières militaires, y sont rattachées. On y applique les prescriptions de la loi générale autrichienne relative à la conscription et au recrutement de l'armée.

C'est le roi Sigismond de Hongrie qui fonda le système de Frontières militaires, en établissant le *capitanat* de Zengg ; mais l'institution ne reçut de développements ultérieurs qu'au seizième siècle, quand le roi de Hongrie Louis II eut abandonné à son beau-frère l'archiduc Ferdinand d'Autriche les places fortes de la Croatie, pour les défendre à ses propres frais contre les Turcs. Ferdinand Ier octroya à des refugiés serbes, croates et roumains échappés à la fureur des égorgeurs turcs la Frontière de la Croatie, à l'effet de s'y établir, et sous l'obligation de la défendre. Ces réfugiés furent exemptés d'impôts, mais astreints à un service militaire continuel ; les uns obtinrent une solde de l'Autriche : les autres durent servir sans solde. La constitution des Frontières de Croatie fut le résultat de l'hospitalité donnée à plusieurs familles morlakes, et surtout de l'établissement d'un grand nombre de réfugiés de la petite Valachie, auxquels, en 1597, le prince qui porta plus tard la couronne impériale sous le nom de Ferdinand II assigna pour résidences 70 châteaux forts abandonnés. Un privilége de l'empereur Rodolphe II leur accorda le libre exercice de leur culte, l'exemption de tout impôt, sous l'obligation de mettre en culture les terres qui leur étaient concédées et de défendre les Frontières contre les Turcs. A diverses époques de nouveaux arrivants et d'autres réfugiés vinrent accroître le nombre primitif des *frontiéristes*, car on comprit de plus en plus l'utilité d'une telle institution, et on en favorisa toujours davantage l'extension. C'est ainsi qu'après le traité de paix de Carlovicz (1699) furent formés trois *généralats* de Frontières, ceux de Karlstædt, de Warasdin et du Banat. Le territoire conquis au sud des Frontières de Karlstædt, en 1689, Likka, Korbawia et Zwonigrad fut de même soumis, en 1711, à une organisation militaire, qui compléta le système de défense des Frontières de Karlstædt. Sous Léopold Ier, qui résolut de donner aux contrées riveraines de la Save, de la Theiss et du Maros une organisation militaire à l'instar de celle des Frontières de Croatie, on créa en 1702 les Frontières d'Esclavonie, placées sous l'administration du conseil de guerre et de la chambre impériale de Vienne. Ces Frontières d'Esclavonie subirent en 1747 une diminution, parce qu'on en fondit une partie dans le territoire de la Hongrie ; mais par compensation on y ajouta les Frontières du Banat, et en 1774 elles reçurent leur organisation actuelle. L'impératrice Marie-Thérèse institua les Frontières de Valachie, savoir : la Frontière des Szekler en 1764, et celle de Valachie en 1766. La paix de Szistowe, en 1761, amena une modification dans les délimitations de ces diverses Frontières ; en 1807 elles reçurent le règlement général qui les avait jusqu'à présent régies. Après les désastres qui amenèrent, en 1809, la paix de Vienne, la paix de Paris vint, en 1814, réunir de nouveau sous la souveraineté de l'Autriche tous les pays Frontières.

Longtemps sans doute ils formèrent, au point de vue politique, une partie intégrante soit du royaume de Hongrie, soit de la grande principauté de Transylvanie ; mais conformément à l'esprit même de l'institution, ils en étaient complétement séparés en Hongrie par une organisation militaire distincte en ce qui touche la constitution et l'administration ; et en Transylvanie, où d'ailleurs les *frontiéristes* n'ont pas de résidence fixe et vivent disséminés en quatre arrondissements provinciaux, seulement en ce qui touche l'administration, mais toujours politiquement réunis. Les Frontières militaires étaient divisées en quatre *généralats*, ou commandements généraux, comme autorités supérieures auxquelles étaient subordonnés les commandements de régiments, analogues aux autorités de cercles et les représentant, ayant dans leurs attributions non-seulement toutes les affaires purement militaires, mais encore les affaires administratives et judiciaires. Ces quatre généralats étaient : 1° celui de Croatie, dont les localités les plus importantes étaient Carlopago, Zengg, Bellowar, Petrinia et Kostainicza ; 2° celui d'Esclavonie, comprenant l'ancienne et la nouvelle Gradiska, Brood, Mitrovicz, Peterwardein, Carlovicz, Semlin et le district des tschaïkistes ; 3° celui du Banat ou de Hongrie, comprenant Pancsova, Weisskirchen, Mehadia et Karansebes ; 4° celui de Transylvanie.

Lors des troubles de 1848, les Frontières militaires furent d'abord placées sous l'autorité du ministère hongrois ; mais bientôt elles se rattachèrent avec la plus opiniâtre constance à la lutte soutenue par l'autorité impériale contre l'insurrection hongroise, et contribuèrent beaucoup à son succès définitif. Pour récompenser le courage et la fidélité dont les *grenzer*, ou *frontiéristes*, firent alors preuve en Italie et en Hongrie, il fut déclaré par la constitution de l'Empire de 1849, que le territoire des Frontières militaires constituait désormais un domaine propre de la couronne ; et en 1850 elles reçurent la nouvelle constitution dont il a été fait mention plus haut, avec de notables avantages et priviléges pour leurs habitants. La Frontière militaire de Transylvanie ayant été supprimée en 1851 et placée désormais sous l'autorité de l'administration civile, les trois grandes divisions suivantes furent établies dans cette institution : 1° la *Frontière de Croatie*, subdivisée en trois *territoires de Frontières*, comprenant ensemble huit régiments d'infanterie de cercles, à savoir : la Frontière de Karlstædt, avec les régiments de Likka, d'Ottochacz, d'Ogulin et de Szluin ; la Frontière Banale, avec le premier et le second régiment banal ; et la Frontière de Warasdin, avec les régiments de Kreuzer et de Saint-George ; 2° la *Frontière d'Esclavonie et de Servie* (appelée aussi jadis *Frontière de Syrmie*), avec trois régiments d'infanterie, à savoir : les régiments de Gradiska, de Brood, de Peterwardein et le district du bataillon de tschaïkistes ; 3° la *Frontière du Banat*, avec trois régiments d'infanterie de cercle, à savoir : ceux du Banat allemand, du Banat illyrien et du Banat roumain. Aux termes d'une récente ordonnance, il n'existe que deux commandements supérieurs : 1° celui de Croatie et d'Esclavonie, comprenant dix régiments de cercle, une superficie de 224 myriamètres carrés et une population de 671,000 habitants ; 2° celui de Servie et du Banat, comprenant quatre régiments de cercle et le district des tschaïkistes, avec une superficie de 174 myriamètres carrés et une population de 339,000 habitants. Consultez Neigebaur, *Les Slaves méridionaux et leurs pays, dans leurs rapports avec l'histoire* (en allemand ; Leipzig, 1851).

FRONTIGNAN, ville de France, chef-lieu de canton dans le département de l'Hérault, sur l'étang de Maguelonne, à 2 kilomètres de la Méditerranée, avec 2,219 habitants et de nombreuses distilleries d'eaux-de-vie. On y récolte d'excellents vins muscats, dits aussi vins de Lunel, les meilleurs de France après ceux de Rivesaltes. Son territoire produit en outre de très-bons vins rouges.

Frontignan n'apparaît guère dans l'histoire avant le douzième siècle, époque où un château fortifié s'élevait sur son emplacement. En 1562 les calvinistes assiégèrent inutilement la ville. En 1629 Louis XIII y établit un siége principal d'amirauté. Frontignan était alors une place importante pour le commerce maritime de la province.

FRONTIN, personnage comique. Héritier du *Dave* de la comédie ancienne, successeur du *Scapin* et du *Merlin* de la scène du dix-septième siècle, Frontin est une création des poëtes comiques du dix-huitième. Valet plus impudent que fourbe, plus audacieux que rusé, son nom indique assez qu'il a un *front* à l'épreuve de tout, qui ne rougit et qui ne pâlit jamais. C'est lui qui est le maître véritable de celui qu'il veut bien appeler son maître, qui le dirige dans ses affaires, ses intrigues, ses plaisirs; c'est lui qui éconduit, ou même, au besoin, chasse les créanciers; c'est Frontin qui, toujours amant sans cérémonie de quelque vive et gentille Marton, la fait agir pour Damis ou Florville, près de quelque beauté tendre ou ingénue; c'est encore lui qui, dans l'occasion, se placera entre son patron et un père ou un oncle irrité, dont il bravera les menaces et la canne. Quelques années avant la révolution, la Comédie-Française possédait un acteur dont le physique et le talent étaient une personnification parfaite du Frontin de notre théâtre. Il se nommait Augé. Dorat, dans son poëme de *la Déclamation théâtrale,* l'a caractérisé par ces deux vers :

On voit étinceler dans son regard mutin
Et l'amour de l'intrigue et la soif du butin.

Après la retraite d'Augé, Dugazon reproduisit en partie ce type de valet effronté, qui depuis a disparu de la scène française, comme presque tout l'emploi dit de la *grande casaque*. Il ne représentait plus ce qui se passe dans la société, où il y a bien encore des valets insolents, mais seulement dans les classes où l'on ne porte pas la livrée. OURRY.

FRONTIN (SEXTUS JULIUS FRONTINUS). La maison Julia se divisait en plusieurs familles, dont les unes étaient patriciennes, les autres plébéiennes. Il est probable que la branche à laquelle appartenait Frontin était au nombre de ces dernières, et ne tenait point par des rapports de parenté aux Julius qui comptaient parmi eux César. Frontin vivait au temps de Vespasien. Quant à lui, il était devenu patricien par les charges que ses pères avaient occupées sous les empereurs. La première mention que nous ayons de lui est due à Tacite, qui dit qu'il convoqua le sénat en qualité de préteur de la ville; on ne sait d'ailleurs où il naquit ni en quel temps; on croit qu'il abdiqua la préture pour faire place à Domitien, qui l'ambitionnait, et qu'il gagna ainsi les bonnes grâces de Vespasien; il paraît que ce fut en l'an 74 de notre ère. Il devint ensuite consul subrogé (*suffectus*). Ce n'est, il est vrai, qu'une conjecture, mais elle est bien fondée : d'abord, il est certain que Frontin fut consul, car Élien, dans un ouvrage de stratégie, l'appelle *consulaire*. Puis, on n'envoyait guère en Bretagne que des consulaires, et ce commandement lui fut confié. On a lieu de croire qu'il obtint le consulat en l'an de Rome 827 de l'ère de Varron; on croit même qu'il fut le collègue de Domitien. Tacite le traite de grand homme : il dit que non-seulement il triompha du nombre, mais encore de la difficulté des lieux. C'était dans la guerre de Cerealis, dont il paraît avoir été le successeur. Lui-même eut pour successeur Agricola, dont Tacite a écrit la vie.

Frontin soumit les Silures. A son retour à Rome, il écrivit les *Stratagèmes* et ses autres ouvrages militaires. On croit qu'ils furent rédigés avant les guerres des Daces, mais après celles de Germanie, Domitien y étant nommé cinq fois, et toujours appelé Germanicus, nom qu'il porta depuis 84. Frontin avait déjà écrit sur la science militaire des livres que nous n'avons plus. Il s'était aussi occupé de la tactique au temps d'Homère, et Élien loue ses ouvrages. Sous le règne de Domitien, il vécut retiré près de Rome, où il venait néanmoins assez souvent, car Pline dit dans une de ses lettres l'avoir consulté sur une affaire. On peut conclure de ce passage qu'il était jurisconsulte, ce que prouve d'ailleurs le soin qu'il apporte, dans son *Traité des Aqueducs*, à citer les sénatus-consultes relatifs à son sujet. Il résulte d'une épigramme de Martial qu'il fut deux fois consul, et l'on a lieu de penser que son second consulat se rapporte à l'an 87, car immédiatement il eut la direction des eaux, nomination qui lui arriva, comme il le dit lui-même, sous Nerva; mais il n'acheva son *Traité sur les Aqueducs* qu'après la mort de ce prince. Frontin était avide d'instruction; il ne trouvait rien de plus honteux pour un homme supérieur que de se laisser guider par les conseils des subalternes. Pline vante aussi sa probité, son désintéressement. Il mourut dans les premières années du règne de Trajan. P. DE GOLBÉRY.

FRONTISPICE. Par ce mot, formé du latin *frons, frontis*, front, et *inspicere*, voir, regarder, on désigne en architecture la face principale d'un temple, d'un palais, d'un édifice d'utilité publique. Ainsi, le portail d'une église, la porte d'un hôtel de ville, ou d'une prison, quand leur décoration a un caractère déterminé, sont des frontispices. Par analogie, on a donné ce nom à la première page d'un livre, représentant par des symboles la nature, l'objet, le résumé des matières dont il traite.

FRONTON (en latin *frons ædificii*). Les deux côtés du toit s'élevant insensiblement pour se joindre sous un angle obtus dans le faîte, forment au-dessus de la façade principale un triangle qu'on appelle le *fronton*. Chez les anciens, le fronton était un des principaux ornements des temples, et celui par lequel on les distinguait particulièrement : le fronton était essentiel pour donner à ces édifices de la dignité et un extérieur solennel. Les autres monuments publics avaient rarement cette décoration. On en ornait encore moins les habitations des particuliers, qui avaient ordinairement des toits plats, de sorte qu'elles ne pouvaient avoir de fronton; mais lors même que le toit y était en pente, on ne pouvait point y appliquer un fronton décoré d'une corniche, qui l'isolait. Lorsqu'il fut permis à César d'orner sa maison d'un fronton, on regarda cette permission comme un honneur divin. Il fut sans contredit le premier à qui cette permission fut accordée; par la suite les maisons des empereurs et d'autres personnages distingués en furent également décorées.

Le champ triangulaire du fronton portait le nom de *tympanum*. Ce mot vient peut-être de ce que la peau du tambour dont on se servait dans les mystères était chargée de divers ornements, et que le champ du fronton, qui ressemble un peu à une peau tendue sur l'ouverture du toit, en était également couvert. A la façade antérieure du temple, on plaçait quelquefois sur la corniche des statues, des vases et des ornements de feuillage. Pour donner une assiette sûre à ces statues placées sur un plan incliné, tel qu'était la corniche qui entourait le fronton, on plaçait sur le sommet du fronton, et à ses deux extrémités, des piédestaux appelés *acrotères*. Dans les temps les plus anciens, le champ du fronton était sans ornements, comme on le voit encore au temple de Pæstum, à celui de la Concorde à Agrigente, à celui de Ségeste, et même au temple de Thésée à Athènes. Par la suite, le fronton des grands temples célèbres, surtout de ceux qui furent construits après la guerre des Perses, fut ordinairement orné de bas-reliefs travaillés par les artistes les plus distingués. Les sujets qu'on choisissait avaient le plus souvent quelque rapport au dieu auquel le temple était consacré. Quelquefois on choisissait aussi un sujet pris dans l'histoire de la nation ou dans celle de la ville qui faisait bâtir le temple. On peut citer pour exemples les frontons du Parthénon, du temple d'Hercule à Thèbes, du grand temple de Jupiter à Agrigente, du temple de Minerve Aléa à Tégée, du temple d'Apollon à Delphes, du temple de Jupiter à Olympie, du Panthéon de Rome, etc.

A l'époque où le bon goût de l'architecture fut altéré par le goût des ornements, on faisait aussi surmonter de frontons les portes et les fenêtres. Le père Laugier veut absolument restreindre les frontons aux seuls toits. Vitruve paraît aussi être de ce sentiment. On a cependant observé, en faveur de l'opinion contraire, qu'un fronton est assez naturel au-dessus d'une porte ou d'une fenêtre, lorsqu'on a orné les parties de corniches très-saillantes, parce qu'alors le fronton représente le toit de ces ouvertures. Il faut néanmoins convenir qu'à une façade dont les fenêtres sont à peu de distance l'une de l'autre, ce grand nombre de frontons fait un mauvais effet, à cause des nombreux angles pointus qu'on y voit de tous côtés. Cet effet des frontons de fenêtres devient encore plus désagréable quand les étages sont séparés par des corniches; car alors les sommets des frontons sont trop près de ces corniches : ce qui forme encore de nouveaux angles par le point de contact du sommet du fronton avec la corniche de séparation.

On appelle *fronton à jour* celui dont le tympan est évidé pour donner de la lumière à quelque logement pratiqué par derrière; *fronton brisé*, celui dont les corniches rampantes ne se joignent point, mais sont retournées par redants ou ressauts; *fronton double*, celui qui en couvre un autre plus petit dans son tympan, comme au gros pavillon du Louvre, où on en a pratiqué trois l'un dans l'autre; *fronton gothique*, une espèce de pignon à jour, et orné de moulures de forme triangulaire, renfermant une rose de vitraux, comme on en voit aux portails latéraux de Notre-Dame de Paris; *fronton par enroulement*, celui dont les deux corniches rampantes ne se joignent point, et sont contournées en enroulement, formant des espèces de consoles couchées; *fronton sans base*, celui dont la base ou corniche de niveau est coupée et retournée d'équerre sur des colonnes ou pilastres; *fronton sans retour*, celui dont la base n'est pas profilée au bas des corniches rampantes; *fronton surmonté*, celui dont la pointe est plus élevée que les bonnes proportions ne le permettent, et qui tient du fronton gothique; *fronton surbaissé*, celui dont la pointe est plus basse qu'elle ne doit être. A.-L. MILLIN, de l'Institut.

Les frontons qui à Paris se font remarquer par leurs sculptures sont ceux de l'église de la Madeleine, de l'église Sainte-Geneviève, du palais du Corps législatif, de la porte orientale du Louvre, etc.

C'est sans doute l'emploi des voûtes, plus particulièrement adoptées dans l'architecture romaine, qui a donné lieu aux *frontons circulaires* : on en voit un de ce genre au portail de Saint-Gervais à Paris.

Les figures de ronde bosse ont été quelquefois employées pour la décoration des frontons. Ce système, rarement suivi de nos jours, est cependant dans certains cas d'un bel effet architectural.

FRONTON (MARCUS CORNELIUS FRONTO), célèbre orateur, fut un des précepteurs de Marc-Aurèle, à qui il ouvrit les yeux sur le peu de valeur des protestations de ceux qui entourent les grands. Aulu-Gelle et d'autres auteurs vantent son éloquence, son érudition, sa sagesse : dès le temps de l'empereur Adrien, il s'était acquis la réputation d'un des plus habiles légistes de Rome. Marc-Aurèle lui fit élever une statue par le sénat et le fit subroger consul pour deux mois. Sans adopter les éloges exagérés d'Euménius, qui met Fronton sur la même ligne que Cicéron, nous reconnaîtrons avec ses contemporains qu'il avait la parole grave, le style élevé, le goût pur, qualités alors négligées depuis longtemps, et dont les exemples étaient à peu près perdus. Aulu-Gelle fréquentait beaucoup Fronton dans sa jeunesse; il dit que sa conversation était nourrie de toutes les bonnes doctrines. Nous n'avons plus un seul de ses ouvrages entier; nous n'en possédons que des fragments, entres autres de son traité *De Differentiis verborum*. Quelques auteurs lui ont mal à propos attribué un discours contre les chrétiens, qui est d'un autre Fronton, de Cyrtha, en Numidie. En 1815, l'abbé Angelo Maio découvrit dans la bibliothèque ambroisienne quelques morceaux de Fronton qu'il fit imprimer : quoique très-restreinte, cette publication justifie le jugement qu'on a porté du mérite de cet auteur. Le même savant publia, à Rome, en 1823, une correspondance de Fronton avec Marc-Aurèle, qui a été traduite en français en 1830.

P. DE GOLBÉRY.

FROSCHDORF, dont les Français ont fait *Frohsdorf* en vertu de cette grâce d'état qui leur permet d'écorcher impunément tous les noms étrangers, appelé d'abord *Crottendorf*, seigneurie et village de la basse Autriche, avec un magnifique château et un vaste parc, à cinq myriamètres au sud de Vienne, non loin des frontières de Hongrie, sur la rive droite de la Lutha, appartint, au treizième et au quatorzième siècle, à la famille Crottendorf. En 1350 cette seigneurie fut réunie au comté de Pütten; puis en 1542 elle fut vendue au baron Teufel, et en 1620 une vente nouvelle eut lieu au profit des comtes de Hoyos. En 1822 Caroline Bonaparte, veuve de Murat, ex-reine de Naples, qui prenait le titre de comtesse de *Lipona* (anagramme de *Napoli*), en fit l'acquisition.

Dans ces dernières années cette seigneurie est devenue la principale résidence de la branche aînée de la maison de Bourbon, depuis qu'en 1844 la duchesse d'Angoulême y fut venue fixer sa demeure. A la mort de cette princesse, son neveu le comte de Chambord en prit possession : il y passe aujourd'hui la plus grande partie de l'année, et a beaucoup embelli les vastes appartements du château.

FROSINONE, l'ancien *Frusino* du pays des Volsques, chef-lieu de la délégation du même nom dans les États de l'Église, qui, avec l'enclave napolitaine de Pontecorvo qu'elle renferme, comprend une superficie de 43 myriamètres carrés avec 142,000 habitants. Cette ville, au total sale et mal bâtie, est située sur la grande route de Naples, sur une hauteur dominant une petite rivière appelée *Cosa*, et compte 7,000 habitants.

FROTTEMENT. Si les corps n'avaient pas de pores, et si leurs surfaces étaient parfaitement polies, le moindre petit effort suffirait pour déplacer une masse d'un poids quelconque qui reposerait sur une surface plane; il en est bien autrement : tous les corps sont plus ou moins poreux, et quelque bien polis qu'ils soient, leurs surfaces ont toujours des aspérités, de sorte que deux corps qui glissent l'un sur l'autre s'accrochent réciproquement. Cet obstacle, que la force motrice doit vaincre à son détriment, s'appelle *frottement*.

Le frottement est produit de plusieurs manières différentes : 1° par les corps qui glissent sur une surface, comme un traîneau sur la neige, une route : le frottement produit de cette manière est, toutes choses égales d'ailleurs, le plus considérable, parce que le fardeau qui est ainsi traîné doit abattre les aspérités qui l'arrêtent, ou être soulevé pour les surmonter; 2° lorsque le corps en mouvement est supporté par des pivots cylindriques, la résistance produite par le frottement est beaucoup moindre que dans le mouvement rectiligne : ainsi, par exemple, un seul homme suffit pour mettre en volée une cloche du poids de plusieurs milliers; 3° dans le transport de la plupart des fardeaux, on diminue le frottement en les soutenant sur des cylindres ou des sphères : c'est cet office que remplissent les roues des voitures, les rouleaux qu'on place successivement sous les blocs de pierre, les grosses pièces de charpente que l'on conduit à de petites distances; dans ce système, les roues en tournant se dégagent des aspérités qu'elles rencontrent sur la voie, comme ferait une roue dentée qui tournerait sur une crémaillère; 4° afin de produire le moins de frottement possible, les mécaniciens font souvent tourner les pivots des arbres de certaines roues sur des *galets* : ce sont de petits disques qui tournent eux-mêmes sur des pivots.

Quel que soit le système de mouvement qu'on adopte, on atténuera les effets du frottement par le poli, ou bien en bouchant les pores, les creux des surfaces frottantes, avec des graisses, des huiles, de la cire, etc. Le frottement offre moins de résistance lorsque les surfaces en contact sont de nature différente : ainsi, un pivot de fer tournera avec plus de facilité sur un coussinet de cuivre que sur un pareil coussinet en fer. Un corps solide qui est en mouvement sur un liquide éprouve bien moins de frottement que s'il était porté sur un pavé : aussi faut-il moins de force pour traîner un bateau qui est sur un canal que pour tirer une charge pareille sur une route. Les chemins de fer n'ont pas d'autre propriété que celle de diminuer le frottement que les roues des chariots éprouvent sur les voies ordinaires. Les fluides et les liquides qui se meuvent dans des conduits étroits et d'une longueur un peu considérable y éprouvent des effets de frottement qui ralentissent leur marche d'une quantité très-sensible. On augmente, au contraire, le frottement en ajoutant au poids des pièces mobiles, en interposant des sables durs entre les surfaces frottantes.

Si les frottements sont un des grands obstacles qui s'opposent à la perfection de la plupart des machines, il y en a aussi qui ne seraient d'aucun service sans le frottement : les vis et les écrous, dont on fait un si grand usage pour fixer, presser, se relâcheraient d'eux-mêmes sans le frottement; il en serait de même des chevilles qui servent à tendre les cordes des violons, des pianos, etc. TEYSSÈDRE.

On appelle *coefficient de frottement* le rapport de la résistance absolue du frottement d'un corps glissant sur un autre à la pression totale exercée par ce corps perpendiculairement à la surface de contact. Cette quantité, indépendante de la vitesse du mouvement et de l'étendue de la surface, est toujours moindre que l'unité; elle représente la valeur absolue de la résistance au glissement sous l'unité de pression. Les corps étant supposés secs, il résulte des expériences de Coulomb, de MM. Morin, Poncelet, etc., qu'en moyenne le coefficient de frottement est pour bois sur bois, 0,36; bois sur métaux, 0,42; cordes sur chêne, 0,45; cuir fort à plat sur bois ou métal, le cuir étant battu, 0,30; métaux sur métaux, 0,18. Ces chiffres sont relatifs au frottement de glissement. Quant au frottement de roulement, M. Poncelet a donné des tables qui contiennent les rapports du frottement à la pression, dans le cas du roulement des surfaces cylindriques sur des surfaces de niveau. On y trouve pour des *roues de voiture garnies en fer*, cheminant sur une chaussée en sable et cailloutée à nouveau, 0,0634; sur une chaussée en empierrement à l'état ordinaire, 0,0414; sur une chaussée en empierrement en parfait état, 0,0150; sur une chaussée en pavé bien entretenu, au pas, 0,0185; id., au trot, 0,0328; sur une chaussée en planches de chêne brutes, 0,0102; pour des *roues en fonte*, sur rails en bois saillants et rectilignes, 0,0023; sur ornières plates en fer, 0,0035; sur ornières saillantes, avec alimentation de graisses ordinaires, 0,0012; id., avec alimentation de graisse continue, 0,0010, etc.

FRUCTIDOR, formé du latin *fructus*. C'était le douzième mois du calendrier républicain.

FRUCTIDOR (Journée du dix-huit) ou du 4 septembre 1797. Depuis longtemps le Directoire n'était plus exempt de reproches : on l'accusait hautement de vénalité, on lui imputait de fréquents abus de pouvoir. L'un de ses membres surtout, Barras, blessait l'opinion républicaine par sa conduite indécente, son luxe, sa rapacité mal déguisée, son mépris de tout principe public et privé. De leur côté, les royalistes poursuivaient leur guerre incessante de plume, de discours, de calomnies, d'intrigues et de conjurations. Arguant des résultats, ils attaquaient la *révolution dans ce gouvernement faible et sans prestige*. Cependant, trois de ses membres espéraient encore pouvoir diriger la puissance publique entre les deux opinions vivaces du pays, le royalisme et le républicanisme; mais ils étaient sans partisans. Dans ces fautes, dans cette mollesse, dans cette corruption, dans cette fatigue des opinions désenchantées, le parti monarchique puisa quelque espoir; il ne devint pas une puissance, mais une cause active de discordes intérieures. Maître de la majorité du *Conseil des Cinq Cents*, par le fait des nouvelles élections, ce parti appela Pichegru à la présidence de cette assemblée. Or, tout le monde savait qu'ennemi du gouvernement, il était prêt à donner la main à une *restauration*. On le supposait même entré dans des intrigues puissantes. Deux généraux, Desaix et Moreau, avaient des preuves de ses relations avec l'étranger; mais ils se taisaient, parce qu'ils le voyaient éloigné des armées.

Cependant, le Directoire, malgré le danger, s'était scindé en deux fractions : Rewbell, Barras et La Reveillère formaient la première; Carnot et Barthélemy composaient la seconde, ou l'opposition; parmi les assaillants, on remarquait la ligue militante des journalistes : Fontanes, Suard, Morellet, La Harpe, Michaud jeune, etc. Ces hommes ardents plaidaient pour les doctrines tombées, pour le royalisme. La guerre qu'ils faisaient au Directoire était vive : elle agitait et troublait l'opinion publique. On sentit qu'il était temps d'y mettre fin. Bonaparte aperçut le danger du fond de l'Italie. Il envoya à Paris un aide de camp avec mission de suivre la marche des affaires. On ne parlait plus à l'armée d'Italie que de l'agitation de Paris, de l'audace des émigrés ralliés, de l'*envahissement du pouvoir légal par les traîtres*. Le général Bonaparte, en passant une revue le 14 juillet 1796, avait dit à ses soldats : « Jurons sur nos drapeaux guerre aux ennemis de la république et de la constitution de l'an III ! » Et ces paroles avaient rallié tous les patriotes; chaque division, chaque brigade de l'armée d'Italie avait rédigé son *adresse*, et ces adresses se ressentaient des craintes du général et de l'agitation violente des esprits. Berthier les envoya au Directoire et aux conseils. Les armées de Sambre et Meuse et du Rhin, partageant les sentiments et les préoccupations de l'armée d'Italie, s'adressèrent aussi au Directoire par voie de pétition.

Il s'opéra dès lors un changement total dans le public. Chacun pressentait l'approche et la nécessité d'un coup d'État : cette alternative inquiétait cependant bien des patriotes. Sans doute, la république existait toujours, mais il fallait l'affermir. L'émotion était vive partout; elle l'était surtout dans les assemblées. Là, rompant en visière au gouvernement, la majorité légale mettait en avant les projets les plus subversifs. Tout à coup, le 17 fructidor, le bruit se répand qu'un coup d'État va être frappé par le Directoire, et que des mandats d'arrêt sont déjà signés. A cette nouvelle, les députés factieux se refroidissent visiblement, et certaines attaques sont ajournées. Les plus compromis, les plus violents, se cachent : l'action du lendemain doit tout terminer. Augereau, récemment arrivé d'Italie, la présidera avec cette audacieuse jactance qui le caractérise.

A trois heures du matin, le 18, Augereau, nommé la veille commandant de la division militaire de Paris, investit le Corps législatif et dispose ses troupes comme pour un assaut. Quelques affidés entourent la demeure et le jardin de Carnot; mais ce directeur les fait retirer en les menaçant. Au coup de canon signal d'alarme, le poste du Pont-Tournant est forcé, et un des lieutenants d'Augereau, le général Lemoine, vient camper dans le jardin des Tuileries. Ramel, commandant de la garde du Corps législatif, veut l'en empêcher; il n'y réussit point : Augereau s'élance sur lui, le désarme et lui arrache ses épaulettes : il est suivi de 8,000 hommes et de quarante pièces de canon. Déjà des batteries sont pointées sur les bâtiments des deux Conseils. A quatre heures, le général Verdière fait signifier à quelques députés assemblés en comité au pavillon Marsan l'ordre de sortir du lieu de la séance, et sur leur refus, il en fait fermer les portes et les retient prisonniers. Ramel, abandonné de ses troupes, est envoyé au Temple. Pichegru, sur lequel les soldats, interpellés par quelques députés royalistes, n'ont pas osé porter la main, est arrêté par quatre officiers, à qui Augereau en a donné l'ordre; celui-ci terrasse lui-même Aubry et Villot. Delarue est au moment de lui brûler la cervelle, mais il détourne rapidement le canon du pistolet, qui part; Delarue reçoit un coup de baïonnette. Rovère et Pichegru sont blessés, et leurs habits mis en lambeaux. Vers midi, la majorité des membres du Conseil veut pénétrer dans l'enceinte; mais les baïonnettes sont croisées : il faut se retirer. Un détachement de chasseurs disperse et arrête les députés. Le Luxembourg est cerné par des soldats : Carnot échappe à leur surveillance par une porte du jardin qu'on ne connaissait pas, et, à défaut d'amis, qui tous sont glacés d'effroi, un pauvre portier le recueille et le cache derrière un paravent de sa loge. Si Rewbel et Barras l'eussent pris, ils l'auraient laissé fusiller, tant ils le haïssaient. Barthélemy, malade, est saisi dans son lit, et porté au Temple. Il joint les mains en s'écriant : « O ma patrie ! » Son domestique, Letellier, un vieillard, veut le suivre : « Quel est cet homme ? dit Augereau. — Mon ami, répond Barthélemy. — Il ne sera pas tenté de vous suivre à Synamary. — Je suivrai partout mon maître ! s'écrie Letellier. » Et en effet il alla à Cayenne, et mourut au retour, quand les déportés s'enfuirent, c'est-à-dire dans la traversée de Démérari à Londres. Carnot parvint à se sauver. Le bruit courut qu'il avait été assassiné, et on en accusa le Directoire. Un grand nombre de journalistes contre-révolutionnaires, et principalement ceux que nous avons nommés plus haut, furent également arrêtés.

Le peuple applaudit à ce mouvement, sans pourtant se mêler aux troupes. Quand leur mission fut remplie, les cris de *vive la république !* se firent entendre partout. Le public approuva le coup d'État dès qu'il connut les explications du Directoire : elles donnaient des preuves positives du complot, et démontraient qu'il y avait eu impossibilité de se concerter avec les Conseils pour prendre légalement les mesures que nécessitaient les circonstances.

Ceux des membres du Corps législatif qui étaient libres de toute influence se réunirent à dix heures, les Cinq Cents dans la salle de l'Odéon, les Anciens à l'École de Médecine. Les grenadiers de Ramel, sur lesquels les factieux avaient compté, vinrent se ranger autour des Conseils épurés aux cris de *vive la république !* Les deux assemblées se constituèrent. Lamarque présidait les *Cinq Cents*. Une commission de cinq membres fut nommée pour présenter sous peu d'heures des mesures de salut public, et des renseignements plus positifs furent demandés au Directoire. On les reçut dans la séance du soir. Boulay (de la Meurthe), chargé de faire un rapport à ce sujet, monta à la tribune : « Vous êtes vainqueurs aujourd'hui, dit-il en terminant : si vous n'usez pas de la victoire, demain le combat recommencera, mais il sera sanglant et terrible..... » Il ajouta que ce triomphe nouveau de la république ne coûterait point de sang à la patrie. A la suite de ce rapport, la commission des cinq proposa un projet en neuf articles, dont la principale disposition était la déportation de 83 députés. Le conseil, après discussion, réduisit ce nombre à 65. Thibaudeau, Dupont (de Nemours) et Pontécoulant furent rayés de la liste de proscription. Grégoire parla en faveur de Siméon, sans pouvoir le sauver. Boissy d'Anglas, Bourdon (de l'Oise), Dumolard, Henri Larivière, Camille Jordan, Pastoret, Pichegru, Villot, du Conseil des Cinq Cents, et Barbé de Marbois, Matthieu Dumas, Lafond-Ladébat, Rovère, Tronçon-Ducoudray, Portalis, du Conseil des Anciens, étaient parmi les proscrits. On grossit la liste des directeurs Carnot et Barthélemy, des prévenus de haute trahison Lavilleurnoy, Brottier ; de l'ex-ministre Cochon, de l'ex-général Miranda, et de plusieurs journalistes. Merlin (de Douai) et François (de Neufchâteau) remplacèrent au Directoire Barthélemy et Carnot. Tous les corps de l'État conservèrent leurs fonctions. La population de Paris ne fut pas profondément troublée ; mais Bonaparte connut par cet événement toute la faiblesse du Directoire. Il put juger combien il lui serait facile de renverser ce gouvernement.

Frédéric Fayot.

FRUCTIFÈRE (de *fructus*, fruit, et *fero*, je porte) Un arbre ou tout autre végétal chargé de fruits ou de graines est fructifère, *il porte des fruits ;* les fleurs fécondées sont fructifères, *elles produisent des fruits ;* un bourgeon à fleurs l'est aussi, car *il peut en produire*. L'adjectif *fructifère* s'applique donc aux végétaux ou parties de végétaux qui *portent, produisent, peuvent produire* des fruits.

P. Gaubert.

FRUCTIFICATION, opération par laquelle toute fleur devient un fruit, qui régénère sa plante. Linné définit la fructification : « Partie temporaire des végétaux mettant fin au vieil individu et en recommençant un nouveau. » Suivant de Mirbel, ce mot peut aussi se prendre en plusieurs sens : tantôt il indique les changements successifs qui font passer l'ovaire à l'état de fruit parfait, tantôt les différentes parties dont l'ensemble compose le fruit, tantôt l'ensemble des fruits eux-mêmes sur un végétal quelconque.

FRUGALITÉ, sage emploi des choses mises à notre disposition avec plus ou moins d'abondance. Cette modération s'applique principalement à la manière dont on se nourrit. On voit des gens riches dont la table est somptueuse, et dont la frugalité néanmoins se montre exemplaire. Le luxe de leur table est une nécessité de leur position, tandis que la frugalité est une vertu dont ils ont fait choix. Il faut cependant reconnaître que chez les peuples qui possèdent de véritables richesses, la frugalité devient de plus en plus rare, parce qu'alors tout s'achète, et de préférence ce qui flatte les sens. Au commencement de leur histoire, les Romains étonnent par les excès même de leur frugalité ; mais à peine ont-ils, les armes à la main, conquis tout l'or de l'Orient, qu'ils effrayent non-seulement par une multitude de vices, mais encore par des dépravations de gloutonnerie jusque là inconnues chez tous les peuples, et qui, pour être certaines, n'en paraissent pas moins incroyables. Au déclin de la république, les hommes les plus remarquables par leur génie et leur éloquence n'étaient pas à l'abri de ces monstruosités : César comme Cicéron connaissait le *vomitorium*, qui leur permettait le même jour d'être convives partout où on les invitait. Vitellius, devenu empereur, dévorait en quelques heures, avec ses commensaux, de quoi nourrir un mois des populations entières. En général, plus l'intelligence d'un peuple s'amoindrit, plus sa frugalité disparaît. Les Hottentots, qui sont placés au plus bas degré de la vie sauvage, ont coutume, dans leurs fêtes, de se gorger de mouton, qu'ils découpent par bandes, jusqu'à ce que, devenus incommensurablement enflés, ils tombent dans une espèce de sommeil léthargique. La frugalité est donc un des indices de la civilisation : on la retrouve au nombre des devoirs de la religion chrétienne. Saint-Prosper.

FRUGIVORE, qui vit de fruits. Si l'on prenait le mot *fruit* dans l'acception générique des botanistes, qui l'appliquent à toute espèce de graine ou de semence quelconque des végétaux, le nombre des races frugivores s'étendrait indéfiniment. Mais le langage ordinaire réserve le nom de *fruit* aux péricarpes succulents et charnus ou pulpeux qui entourent beaucoup de graines, pepins, noyaux, ou amandes d'arbres et d'herbes. Nous nous bornerons donc ici à l'acception commune, pour n'appliquer la qualité de frugivore qu'aux animaux tels que les singes ou quadrumanes parmi les mammifères, bien qu'une foule de rongeurs et même certains carnivores plantigrades, des marsupiaux, des ruminants, ne refusent pas les fruits. Chez les oiseaux, on place au premier rang des frugivores la grande famille des perroquets et les autres grimpeurs : picoïdes, barbus (*bucco*), couroucous (*trogon*), anis, touracos, musophages ; puis les merles, tangaras, loriots, bouvreuils, loxias, étourneaux, figuiers, etc. On sait que plusieurs gallinacés et pigeons ne dédaignent pas un grand nombre de fruits, comme toutes les semences, leur nourriture habituelle. Enfin, si l'on veut également appeler *frugivores* toutes ces races d'insectes qui, soit à l'état de larves et de vers, soit à l'état parfait, rongent les fruits, telles que sont une foule de teignes, de pyrales, de mouches, de charançons, de bruches, et même des fourmis, des guêpes, etc., désolant nos jardins, la quantité de ces êtres malfaisants paraîtra bientôt illimitée.

Moins nourrissant que la chair, mais plus substantiel que l'herbe, le fruit avec sa graine est la portion la mieux élaborée des végétaux, la plus alimentaire, la plus riche, la plus savoureuse. Aussi, l'organisation des frugivores, mammifères et oiseaux, correspond à ce genre d'alimentation. Leurs intestins n'ont ni l'extrême longueur et dilatation des races herbivores, ni l'étroitesse de ceux des carnivores. Leur instinct n'est nullement féroce comme dans ces derniers, ni si stupide ou amorti que celui des brutes paissant la verdure ou rongeant le bois. Au contraire, ces frugivores, singes, perroquets, sont intelligents, imitateurs ou mimes. Ils vivent déjà en une sorte de société : ils déploient des facultés perfectibles ; unis par couples en monogamie, leur existence est longue, leur chair sèche et tenace ; ils aiment la chaleur, et se tiennent naturellement entre les tropiques.

De là on a cherché si l'homme de la nature sauvage, sans être un singe, n'avait pas quelques qualités qui l'en rapprochassent. Il paraît évident, d'après les instincts même de l'enfant, qu'il préfère les fruits à la chair, nourriture trop putride et trop échauffante, qui souvent le rend malade. De même, la vie indépendante au milieu des bois, le charme qui y retient les sauvages, les habitudes imitatrices, moqueuses, grimaçantes, du jeune âge, offrent des traits merveilleusement analogues à celles des quadrumanes. Les perroquets représentent, dans la classe des oiseaux, les principaux attributs des singes parmi les mammifères. Les uns comme les autres manifestent le plus de développement de leur encéphale et le plus d'intelligence, ce qui les rapproche encore de la race humaine. On peut même soupçonner, d'après ce déploiement cérébral concomitant de la vie frugivore, que celle-ci est plus favorable à l'étude que des nourritures trop lourdes ou aggravantes, comme la chair et la graisse. Les gymnosophistes de l'Inde ou les brachmanes, les pythagoriciens, se contentaient, les uns de bananes, les autres de figues ou d'autres fruits doux et légers. Ainsi passèrent de longs siècles de contemplation et de bonheur ces premiers sages de la terre, à l'ombre des palmiers et du figuier des pagodes, trouvant leur nourriture et leur abri sans travail, comme dans l'*Eden* ou le paradis terrestre. La vie frugivore est en effet toujours tempérée ; elle n'excite ni les bouillonnements des passions, ni cette colère guerrière qui anime les races du Nord, gorgées de chairs sanglantes, enivrées de boissons spiritueuses. Les doux enfants de Brahma ont toujours été opprimés, sans doute ; mais ils ont sans cesse enseigné à leurs vainqueurs les vertus pacifiques et les premiers éléments des sciences comme du vrai bonheur. J.-J. Virey.

FRUGONI (Carlo-Innocenzo), célèbre poëte italien, né à Gênes, en 1692, fut destiné à l'état ecclésiastique. En 1716 il avait déjà réussi à se faire un nom, lorsqu'il fonda à Brescia, sous la désignation de *Colonie arcadienne*, une espèce d'académie dans laquelle il reçut le nom de *Comante Eginetico*. A partir de 1719, il fit des cours publics successivement à Gênes et à Bologne. La protection du cardinal Bentivoglio lui valut une réception des plus flatteuses à la cour de Parme. Ses *Mémoires sur la maison Farnèse*, publiés en 1729, furent récompensés par le titre d'historiographe officiel. A la mort de son Mécène, le duc Antonio, Frugoni revint à Gênes, où, s'apercevant que son état était incompatible avec la tournure de son esprit, il parvint à se faire relever de ses vœux par le pape Benoît XIV.

Son grand *canzone* sur la prise d'Oran par les troupes espagnoles aux ordres du comte Montemar, et d'autres poëmes qu'il adressa à la même époque au roi Philippe V et à la reine d'Espagne, eurent un succès immense. On l'appela alors de nouveau à Parme ; mais la guerre qui éclata sur ces entrefaites, en Italie, entre l'Espagne et l'Autriche, le réduisit à un état voisin de la misère. A la paix d'Aix-la-Chapelle, il put revenir à Parme, pour désormais se vouer exclusivement à la poésie, jusqu'à sa mort, arrivée en 1768. Il existe diverses éditions de ses œuvres ; la plus complète parut à Lucques, en 1779 (15 vol.). On en a aussi imprimé un choix à Brescia (4 volumes, 1782).

FRUIT (du latin *fructus*). Pour le botaniste, le mot *fruit* désigne l'*ovaire fécondé et développé*. L'acte de la fécondation à peine achevé, les sucs nourriciers se dirigent vers l'embryon, et se partagent entre son enveloppe et lui-même ; alors la fleur change d'aspect : les organes mâles (*étamines*) se flétrissent et disparaissent, la couche nuptiale (*corolle*) se dessèche et tombe souvent ; souvent aussi les styles et le calice ont le même sort. La conséquence naturelle de ce changement dans la direction des sucs élaborés est l'accroissement du jeune sujet. Le fruit, de quelque végétal qu'il provienne, se compose toujours de deux parties plus ou moins rapprochées, le *péricarpe* et la *graine*. Dans la poire, la pomme, le melon, la pêche, etc., etc., le péricarpe est tellement distinct de la graine, que l'ombilic seul (*hile*) établit le contact ; dans le froment, l'orge, l'avoine et une foule d'autres semences, ces deux parties adhèrent à tel point qu'on les a crues longtemps dépourvues de péricarpe. Les différentes formes du péricarpe, sa structure intérieure et extérieure, sa consistance, les rapports et le nombre des graines, ont jusqu'à ce jour servi de base à la classification des fruits : sont *simples* ceux qui proviennent d'un pistil renfermé dans une fleur ; *multiples*, ceux qui proviennent de plusieurs pistils dans une fleur ; *secs*, ceux dont le sarcocarpe est mince et peu fourni de sucs ; *charnus*, ceux qui l'ont très-développé ; *déhiscents* ou *capsulaires*, ceux qui s'ouvrent à l'époque de la maturité : *indéhiscents*, ceux qui restent fermés ; enfin, on appelle *fruit composé* celui qui résulte de la fécondation distincte de plusieurs fleurs.

Les principales formes auxquelles peuvent se rapporter tous les fruits sont : *Pour les fruits simples, secs et indéhiscents :* 1° le *gland* (fruit du chêne, noisette, etc.) ; 2° l'*akène* (grand soleil) ; 3° le *polakène* (graine de persil, de ciguë) ; 4° la *cariopse* (blé, maïs) ; 5° la *samare* (fruit de l'érable). *Pour les fruits simples, secs et déhiscents :* 1° la *gousse* (haricots, pois) ; 2° le *follicule* (laurier-rose, pieds d'alouette) ; 3° la *silique* (choux, raves) ; 4° la *capsule* (pavot). *Pour les fruits charnus :* 1° le *drupe* (pêche, cerise) ; 2° la *baie* (raisin, groseilles) ; 3° la *noix* (amande, noix) ; 4° la *balauste* (fruits du lierre, du sureau) ; 5° la *peponide* (melon) ; 6° l'*hespéridie* (orange, citron) ; 7° la *mélonide* (poire, nèfle). *Pour les fruits composés :* 1° le *cône* (fruit du pin, du sapin) ; 2° le *sorose* (mûre) ; 3° le *sycône* (figue). Cette classification, qui comprend la plupart des fruits, laisse cependant beaucoup à désirer ; entre autres défauts graves, elle a celui de confondre les familles naturelles.

Les fruits sont alimentaires à des degrés fort différents, selon la nature et le nombre des éléments qui les constituent. Les premiers sous ce rapport, ceux qui forment la base de l'alimentation chez tous les peuples civilisés, sont les *fruits féculents*, composés, en proportions variées, de fécule, de sucre, de gluten, d'albumine, de mucilage, de résine et de sel. Les principaux sont le blé, le seigle, l'orge, l'avoine, le riz, le maïs, les haricots, les pois, les fèves, les châtaignes, les lentilles, etc. ; pour les rendre alimentaires, on les soumet à différentes préparations. Leurs éléments sont d'une digestion plus facile et plus prompte que les substances animales ; mais ils nourrissent moins et produisent un chyle moins stimulant. Ceux qui viennent ensuite sont les *fruits mucoso-sucrés :* beaucoup moins alimentaires que les précédents, ils ne suffiraient pas seuls pour nourrir l'homme, surtout dans nos pays tempérés et dans les pays plus froids. Ils sont d'autant plus nourrissants que le sucre et le mucilage y sont plus abondants, plus condensés. La prune, l'abricot, le raisin, la figue, etc., se mangent crus ou desséchés, ou cuits en marmelades, en gelées, en conserves, etc. La plupart sont acides avant leur maturité. Les *fruits oléagino-féculeux*, tels que les amandes douces, la noix du cocotier, les noix, les noisettes, etc., plus riches en principes d'assimilation que les précédents, ne peuvent être mangés qu'en petite quantité, et sont d'une digestion difficile, à cause de l'huile qu'ils renferment. Les *fruits acides mucilagineux*, les moins nourrissants de tous, sont encore un précieux bienfait du Créateur pendant les vives chaleurs de l'été : ils rafraîchissent et portent une abondante proportion d'eau dans le sang, appauvri par les pertes de toutes espèces. Leurs principaux éléments sont l'eau, le mucilage, et un acide qui varie selon les espèces. Ils servent à confectionner des boissons agréables, des confitures, des conserves.

Dans le langage vulgaire et dans celui des jardiniers, *fruit* s'entend seulement des produits des arbres fruitiers, sans avoir égard à la graine. L'objet de la culture du fruit dans ce cas est le développement du péricarpe (pomme, pêche, abricot, etc.). La greffe, la taille bien dirigée, le sol approprié aux espèces, sont les moyens les plus efficaces de perfectionner et d'accroître les produits. Dans une grande partie de la France, on ignore encore l'importance de cette ressource pour la nourriture : les paysans du Poitou, du Berry, de la Sologne, laissent incultes les environs de leurs fermes, qui pourraient leur fournir de beaux fruits et une alimentation saine. Dans les climats chauds, la nature, plus féconde, produit sans le travail de l'homme des fruits aussi délicieux qu'abondants ; dans nos pays tempérés, elle veut être aidée : trop nombreux, ils doivent être décimés, car le grand nombre nuit au développement de chacun, en même temps qu'il épuise le sujet. Selon l'époque de leur maturité, ils sont d'*été*, d'*automne* ou d'*hiver;* cette époque, toutefois, n'est pas tellement tranchée, qu'elle ne puisse être avancée de quelques semaines. Une incision circulaire sur l'écorce du rameau qui porte le fruit produit ce résultat. Sont aussi d'une maturité précoce les fruits piqués des insectes ; mais ils ont perdu de leur qualité. Le temps de la récolte varie suivant la nature des fruits ; ceux d'été et d'automne peuvent être cueillis mûrs : ceux d'hiver, et parmi les précédents les fruits qu'on veut conserver, doivent être récoltés avant la maturité. Toutes les précautions qui les préservent des variations de la température, du contact de l'air, prolongent leur durée : ainsi, les poires et les pommes d'hiver, cueillies une à une avec précaution, déposées sans meurtrissures entre des couches de sable sec, se conservent longtemps.

Dans son acception la plus étendue, le mot *fruit* comprend tous les végétaux, grains, herbes, légumes, etc., que la terre produit, et dont un grand nombre servent de nourriture à l'homme. Dans ce sens on dit : *Cette pluie sera utile aux fruits de la terre.* Le mot *fruit* est encore employé pour désigner l'ensemble des plats qui se servent au dessert : *Servez le fruit.* L'usage de servir les figues immédiatement avant ou après la soupe, généralement répandu, pourrait s'étendre avec avantage pour le gastronome à beaucoup d'autres *fruits mucoso-sucrés*, tels que le raisin, les prunes, etc. J'ai observé sur un grand nombre de personnes que cette pratique facilitait la digestion. P. Gaubert.

Le *fruit défendu* se dit, par allusion à la désobéissance du premier homme, du penchant que nous avons à désirer ce que nous ne pouvons avoir.

FRUITÉ, en termes de blason, se dit des arbres chargés de fruits d'un émail différent : *d'argent à l'oranger de sinople, fruité d'or.*

FRUITIER ou GARDE-FRUITS. Un garde-fruits doit être situé au nord, un peu au-dessus du rez-de-chaussée, et il doit être garni de doubles fenêtres, afin que la température ne puisse jamais s'y abaisser au-dessous de la gelée. Placé trop haut, l'air y est trop sec, les fruits s'y altèrent et y éprouvent de la dessiccation ; dans un lieu trop humide, les fruits se corrompent. La situation la plus heureuse serait celle d'un souterrain sec où la température serait constante. Ce sont les brusques changements atmosphériques qui les font gâter.

Il faut cueillir avant leur maturité parfaite les fruits que l'on veut conserver. Il ne faut jamais les empiler les uns sur les autres ; il vaut beaucoup mieux les étaler, de manière que chacun soit isolé ; on doit se garder de les essuyer, vu que leur surface semble être recouverte d'un duvet qui est nécessaire à leur conservation. Il faut que le fruitier soit éloigné des fumiers et des eaux stagnantes, ainsi que des fours et des serres chaudes, qui en feraient trop varier la température. Le fruitier doit être planchéyé, boisé et garni de tablettes, que les uns recouvrent d'une mousse fine, sèche et légère, les autres d'une couche de paille de seigle, de graine de millet ou de sable de rivière. On doit les visiter fréquemment, pour retirer ceux qui commencent à s'altérer. Une trop grande quantité de raisin répandue dans le fruitier nuit à la conservation des autres fruits. Une faible gelée peut détruire en une nuit toute la provision, si on ne la garantit pas du froid par une bonne couverture.

Comte Français (de Nantes).

FRUITIERS (Arbres). On applique cette qualification à tous les arbres ou arbrisseaux dont les fruits sont mangeables. Il y en a tout au plus une vingtaine d'indigènes à nos climats ; ce sont : le *pommier*, le *poirier*, le *prunier*, l'*olivier*, le *noisetier*, le *néflier*, le *framboisier*, le *groseillier*, le *figuier*, le *châtaignier*, le *cognassier*, le *cormier* ou *sorbier*, le *merisier*, le *micocoulier*, le *cornouillier*, le *caroubier*, l'*arbousier*, l'*alizier*, l'*azerolier*, l'*épine-vinette*, etc. Plusieurs ont même peu d'importance ; heureusement les autres ont, dans la culture, donné de nombreuses variétés. L'Afrique et l'Asie nous ont cédé la *vigne*, l'*oranger*, le *cerisier*, le *pêcher*, l'*abricotier*, l'*amandier*, le *grenadier*, le *mûrier*, le *pistachier*, etc. D'autres ne sont pas encore sortis de nos serres. Parmi les arbres fruitiers exotiques, on cite l'*arbre à pain*, le *cocotier*, le *dattier*, le *bananier*, le *goyavier*, le *manguier*, le *mangoustan*, etc.

Les arbres fruitiers se cultivent en serres, en *espalier*, et en *plein vent*. On les classe suivant qu'ils donnent des fruits en *baies*, des fruits à *pepins*, des fruits à *noyau*, ou des fruits enveloppés dans une *coque*. Le semis propage les espèces types, mais beaucoup de variétés se perdraient si l'on n'avait que ce seul moyen de reproduction.

Les fruits que nous cultivons sont loin de ressembler à ceux que produit la nature livrée à elle-même. La taille, la greffe, l'incision annulaire, l'arcure, l'*ébourgeonnement*, etc., joints aux labours, aux fumures, ont amené ces améliorations. Mais, comme les espèces sauvages, les arbres à fruits cultivés ont besoin, pour produire abondamment, d'espace, d'air et de soleil. De ces conditions dépend aussi la qualité des fruits. Ainsi ceux qui viennent dans les lieux ombragés sont insipides et aqueux.

FRUITS (*Droit*). Dans la langue du droit on appelle fruits les produits d'une chose ; ils en sont l'accessoire, et appartiennent à ce titre au propriétaire. On les distingue en *fruits naturels*, *fruits industriels* et *fruits civils*. Les fruits naturels sont ceux qui sont le produit spontané de la terre ; le produit et le croît des animaux sont aussi des fruits naturels. Les fruits industriels d'un fonds sont ceux qu'on obtient par la culture ; ils n'appartiennent au propriétaire qu'à la charge par lui de rembourser les frais de labours, travaux et semences faits par des tiers. Les fruits naturels et les fruits industriels sont immeubles tant qu'ils sont attachés au fonds ; ils sont meubles dès qu'ils en sont détachés. Les fruits civils sont les prix des loyers des maisons et des baux à ferme, les intérêts des sommes exigibles et les arrérages des rentes : ils s'acquièrent jour par jour

On désigne encore sous le nom de *fruits pendant par racines* les récoltes non détachées du sol. Le Code de Procédure civile règle tout ce qui est relatif au mode de restitution des fruits ordonnée par jugement, à la manière d'en faire la liquidation, à la saisie et à la vente que les créanciers ont le droit de poursuivre de ceux appartenant à leurs débiteurs, à la distribution du prix en provenant et au droit que ces créanciers ont sur les fruits saisis réellement avec le fonds auquel ils sont attachés.

FRUMENTAIRES (Lois). On appelait ainsi chez les Romains les lois qui ordonnaient des distributions gratuites de blé.

FRUNDSBERG (GEORGES DE), seigneur de Mindelheim, général au service de l'empereur, était né à Mindelheim, le 24 septembre 1475. Ce fut surtout dans les guerres que Maximilien Ier eut à soutenir contre les Suisses que ses talents militaires purent se déployer. Dès 1504 on le regardait comme l'un des plus braves chevaliers de l'armée impériale, et il la commanda en chef à partir de 1512, en Italie. A la bataille de Pavie (1525), il rendit des services signalés à Charles-Quint; et plus d'une fois il amena à ce prince des secours en hommes de guerre recrutés par lui en Allemagne. C'est ainsi qu'en 1526 il en enrégimenta douze mille à ses frais et en engageant ses domaines, et qu'il vint avec ce puissant renfort accroître l'effectif de l'armée avec laquelle le connétable de Bourbon mit le siége devant Rome. L'art militaire lui doit de notables perfectionnements. Une vieille chronique manuscrite rapporte qu'il était doué d'une telle force corporelle, que rien qu'avec son doigt du milieu il contraignait l'homme le plus vigoureux, quelque résistance que fît celui-ci, à reculer et à lui céder la place. Un cheval prenait-il le mors aux dents, il l'arrêtait sur place, du moment où il pouvait saisir la bride. Il transportait sur son dos, et comme si ce n'eût rien été pour lui, les plus lourds fusils de rempart et jusqu'à des coulevrines. Ses gens s'étant mutinés sous les murs de Ferrare en réclamant leur solde arriérée, il fit de vains efforts pour les ramener à leur devoir, et dans la surexcitation que produisit sur lui cette révolte, il fut frappé d'apoplexie et transporté dans un château voisin. « Vois où j'en suis, dit-il alors à son confident Schwalinger ; voilà bien les fruits de la guerre ! Il est trois choses qui devraient retenir un chacun de guerroyer : la ruine et l'oppression des pauvres gens qui n'en peuvent mais, la vie désordonnée des gens de guerre, et l'ingratitude des princes, auprès de qui les traîtres prospèrent toujours, tandis que les braves gens restent sans récompense. » En 1521, à la diète de Worms, où Luther vint se justifier devant Charles-Quint, le regard calme et assuré de l'accusé produisit une telle impression sur Frundsberg, qu'il dit à Luther en lui frappant amicalement sur l'épaule : « Moinillon, mon gars, tu joues là une partie telle qu'il ne nous est jamais arrivé, à moi et à bien d'autres chefs d'armée, d'en jouer dans les plus sérieuses batailles rangées. Si tu as raison, et si tu es sûr de ton bon droit, continue au nom de Dieu, et sois sans crainte : Dieu ne t'abandonnera pas ! »

Frundsberg mourut à Mindelheim, en 1528. Ses domaines étaient tellement grevés, par suite des emprunts qu'il avait dû contracter pour lever des troupes, qu'ils suffirent à grand'peine à éteindre ses dettes.

FRUSTE (du verbe latin *frustare*, briser) se dit d'une médaille, d'une monnaie, d'une inscription usée, rompue par le frottement, et qui a perdu son empreinte. Ce mot reproduit exactement le son radical; le son radical est une onomatopée. Les Latins disaient *frustum*, *frustulum*, pour désigner un morceau, une pièce, un fragment, parce que l'action de frotter aboutit à détacher d'un corps frotté avec force des morceaux, des pièces, des fragments, et à le réduire, à la longue, à l'état des corps *frustes*.

FRUSTRATOIRES (Actes). En termes de pratique, on appelle ainsi les actes qui sont uniquement faits pour augmenter les émoluments de l'officier ministériel; ils ne doivent pas être passés en taxes, comme étant inutiles à l'instruction : ils demeurent à la charge des officiers ministériels qui les ont faits; la loi les rend en outre passibles des dommages-intérêts auxquels ces actes peuvent donner lieu ; ils peuvent même être suspendus de leurs fonctions.

FRUTILLIER ou FRAISIER DU CHILI. *Voyez* FRAISE, FRAISIER.

FRY (ÉLISABETH), quakeresse, née en 1780, et l'une des femmes qui honorent le plus notre siècle, a consacré sa vie entière à la bienfaisance. Fille du quaker John Gurney, de Cartham-Hall, dans le comté de Norfolk, elle commença par ouvrir une école libre et gratuite pour les filles de pauvres et les orphelines. Elle se maria à un bourgeois de Londres, qui partageait ses goûts et ses espérances, et qui se nommait Joseph Fry. Ces deux êtres dévoués, dont la philanthropie sincère avait pour résultat des actes réels et une constante et continuelle abnégation, s'établirent à Londres, où leur premier soin fut d'ouvrir une école religieuse destinée aux enfants des prisonniers de Newgate et aux orphelins et orphelines du peuple ; ils avaient, avec une admirable sagacité, compris l'impuissance de la législation et de la société sur ces jeunes générations, nées dans la fange des grandes villes, abreuvées de vices dès l'enfance, n'ayant pour modèles et pour leçons que la vie criminelle de leurs parents. L'œuvre de régénération tentée par mistress Fry et son mari ne resta pas sans succès ; et bientôt, protégés par quelques personnes bienfaisantes et pieuses des hautes classes sociales en Angleterre, ils organisèrent, pour les indigents laborieux, une salle d'asile et de travail. Les encouragements que reçut mistress Fry lui permirent de commencer ensuite une série de voyages en Amérique, en France et en Allemagne, et de se consacrer au soulagement de la souffrance et à l'étude des misères humaines. La mysticité qui s'est mêlée à ses actes, et qui a été en Angleterre l'objet de plus d'une attaque, ne doit pas empêcher de rendre justice à cette existence vraiment sublime, dont toutes les journées ont été marquées par un bienfait et toutes les heures par un sacrifice. Mistress Fry est morte le 12 octobre 1845, à Ramsgate. Ses filles ont publié : *Memoirs of the life Elisabeth Fry* (2 vol. Londres, 1847).

Philarète CHASLES.

FRYXELL (ANDERS), historien suédois, est né en 1785, dans la province de Dalsland, où son père était prévôt. Après avoir étudié à l'université d'Upsal, où il remporta, en 1821, le prix d'honneur de philosophie, il fut nommé en 1828 recteur à l'école de Marie à Stockholm, et en 1833 professeur. En 1834 il fut reçu membre de l'Académie de Stockholm et de la Société des Antiquaires de Copenhague. La même année il entreprit un voyage en Allemagne et en Pologne, et à son retour, en 1835, il obtint la cure de Sunne, en Wermland. Le but de cette excursion scientifique avait été de rechercher des documents relatifs à la Suède et à son histoire. Ses *Essais sur l'Histoire de Suède* (tomes I-X, Stockholm, 1823-43), ouvrage remarquable par les sentiments patriotiques dont l'auteur y fait preuve, et par la manière philosophique dont il envisage les faits, est la base de la grande réputation dont il jouit comme historien dans sa patrie. Un autre ouvrage, en quatre volumes, publié de 1845 à 1850, dans lequel il défend la noblesse contre une foule de reproches que lui adressent certains historiens, lui a fait perdre depuis les sympathies du parti libéral.

FUALDÈS (Affaire). Le 20 mars 1817 la ville de Rodez apprit avec épouvante qu'un meurtre odieux avait été commis dans ses murs. Le matin de ce jour un cadavre avait été trouvé flottant sur les eaux de l'Aveyron : c'était celui de M. Fualdès, ancien magistrat, entouré de la considération publique. Une large blessure au cou, repoussant toute idée de suicide, ne démontrait que trop l'existence d'un assassinat. Était-ce l'œuvre de gens flétris par la justice? Fualdès, qui appartenait au parti libéral, avait-il péri victime de son opinion? Bientôt ces incertitudes cessèrent, et des indices, qui ne tardèrent pas à devenir des preuves accablantes, se réunirent pour signaler les assassins à la vengeance des lois. On avait su que le 18 M. Fualdès avait reçu de M. Séguret, en effets de commerce, une somme considérable pour partie du prix d'un domaine qu'il lui avait vendu, et que dans l'après-midi du 19 un rendez-vous pour la négociation de ces effets lui avait été donné à huit heures du soir. M. Fualdès était sorti en effet de chez lui vers cette heure-là, et une demi-heure après un individu avait trouvé dans la rue du Terral, près de celle des Hebdomandiers, une canne, reconnue pour être celle de M. Fualdès, et, non loin de la maison de tolérance Bancal, un mouchoir usé, récemment tordu dans toute sa longueur. Ces premiers renseignements en amenèrent d'autres ; il fut reconnu qu'un homme avait été posté près de la maison de M. Fualdès, et qu'au moment où celui-ci en était sorti, cet individu avait quitté son poste et était descendu dans la rue de l'Auberge-Droite, qui aboutit à celle des Hebdomandiers. D'autres hommes avaient été également postés au coin de diverses maisons, dans les rues des Frères de l'École chrétienne, et sur la porte de la maison Vergnes, habitée par Bancal.

L'infortuné Fualdès marchait avec sécurité ; il était à peine arrivé près de la maison Missonnier, qu'à un signal donné plusieurs hommes fondirent sur lui, lui mirent un bâillon et le traînèrent dans la maison Bancal. Là on le jette sur une table, et les assassins s'apprêtent ; vainement il demande un instant pour recommander son âme à Dieu, on le repousse avec ironie. Il se débat, la table est renversée ; les assassins la relèvent ; l'un tient les pieds ; un autre, armé d'un couteau, essaye de lui porter le coup mortel, mais sa main tremble ; un troisième lui reproche ce manque d'assurance, et, lui arrachant le couteau, le plonge dans la gorge de la victime. Le sang qui coule est reçu dans un baquet et donné à un cochon ! Après la consommation du crime, le corps est placé sur deux barres, dans une couverture de laine, lié comme une balle de cuir avec des cordes, et porté, vers les dix heures du soir, dans l'Aveyron par quatre individus précédés d'un homme de haute taille, armé d'un fusil, et suivi de deux autres, dont l'un est aussi armé d'un fusil. Ces révélations encore incomplètes proviennent de propos inconsidérés tenus devant des tiers par la femme Bancal, et surtout par les jeunes enfants de cette femme. Une perquisition fait découvrir une couverture de laine et du linge ensanglantés, ainsi qu'une veste que portait Bancal le jour de l'assasinat ; cette veste tachée de sang.

Dans la prison, la femme Bancal tint des propos qu'on ne manqua pas de recueillir. Bientôt l'opinion publique signala comme les véritables assassins des hommes appartenant aux familles les plus considérables du pays, admis dans les meilleures maisons, parents et amis de Fualdès. C'était à Bastide et à Jausion que la population tout entière demandait compte de ce meurtre. Le premier était un propriétaire cultivateur, le second un agent de change ; et l'indépendance de leur fortune semblait les garantir contre la plus simple idée d'un attentat qui n'aurait eu pour mobile que la cupidité. Cependant, le lendemain du crime, Jausion s'est introduit, vers sept heures du matin, dans la maison de Fualdès ; là, sans parler à sa veuve, il est monté aux appartements, il a enfoncé, à l'aide d'une hache, un bureau, d'où il a soustrait un sac d'argent, un livre-journal où Fualdès inscrivait toutes ses affaires, un grand portefeuille de maroquin et plusieurs effets de commerce que Fualdès avait reçus la veille de M. Séguret. Le même jour, à dix heures du matin, il frappe à la porte, et demande d'un air égaré si Fualdès y est ; alors personne n'ignorait sa mort. Il monte rapidement à la chambre du maître ; le domestique le suit. Il court à l'armoire où Fualdès tenait certains papiers, y met la main, en ferme la porte, et en ôte la clef. Jausion et Bastide sont arrêtés, et avec eux les nommés Bach, Colard, Missonnier, Bousquier et la fille Anne Benoît, que de nombreuses déclarations font regarder comme complices du crime. Depuis ce moment la lumière jaillit de tous côtés : un mendiant, couché dans une écurie dépendant de la maison de Missonnier, déclare avoir entendu qu'on « se debattait dans la rue, près de la porte de l'écurie où il était couché ; on poussa deux fois la porte ; le malheureux qu'on traînait, arrivé devant la maison Bancal, poussa deux ou trois cris, dont le dernier était étouffé comme une personne qui suffoquait. » Pendant ce temps, des joueurs de vielle qu'on n'a jamais pu retrouver, étaient placés devant la maison Bancal, et faisaient entendre, pendant une heure, le son de leurs instruments. Puis, un sieur Brast raconte que vers les huit heures un quart il a entendu marcher dans la rue plusieurs personnes, qui paraissaient porter une balle ou un paquet, qu'elles se sont arrêtées devant la maison Bancal, dont une porte s'est ouverte et s'est fermée bientôt ; que peu de temps après il a entendu des coups de sifflet. Enfin, le 25 mars, une des filles de Bancal, la jeune Madeleine, a fait voir à la fille Monteil les trous du rideau par lesquels elle a tout vu. Elle demande du pain ; et comme la fille Monteil s'apprête à en couper : « Non pas avec ce couteau ! dit-elle ; c'est avec celui-là qu'on a tué le monsieur ! »

Bientôt une lueur nouvelle va se répandre sur toute cette affaire et lui donner un intérêt saisissant. On répète qu'une dame, appartenant à l'une des familles les plus considérées de l'Aveyron, s'est trouvée conduite, par un motif que chacun explique à sa manière, dans la maison Bancal, au jour et à l'heure où l'assassinat a été commis, et qu'elle a été témoin du crime. On va même jusqu'à désigner plusieurs dames à qui leur éducation et le rang qu'elles occupent dans le monde interdisent, sous peine de déshonneur, l'entrée de la maison Bancal. Un officier, nommé Clémendot, raconte que le 28 juillet 1817, étant à se promener avec la dame Manson, il lui dit qu'on la cite comme la personne qu'un rendez-vous a appelée dans la maison Bancal au moment du crime. Pressée de questions, la dame finit par avouer le fait. Dès ce moment toute l'attention se concentre sur ce témoin presque insaisissable. En effet, quand on s'apprête à recueillir ses paroles, elle refuse de parler ; un jour la vérité s'échappe de sa bouche, le lendemain elle s'accuse de mensonge. Elle a tout vu, dit-elle ; et bientôt elle le nie. Ce témoin, par ses continuelles tergiversations, par la lutte qui semble se livrer dans son esprit, excite, fatigue et fait renaître la curiosité ; elle tient tous les esprits en suspens, gradue l'intérêt, attire et fixe sur elle les regards de la France, de l'Europe. Enfin, M. Enjalran, son père, désolé des bruits qui courent sur sa fille, prie le comte d'Estourmel, préfet de l'Aveyron, de l'interroger, dans l'espoir qu'il en obtiendra la vérité. Après de longues tergiversations, elle avoue tout. Conduite par le préfet dans la maison Bancal : « Sortons, je vous en conjure ! » s'écrie-t-elle avec une grande agitation ; « Emmenez-moi ! je mourrai si je reste ici. » Elle confesse de plus que ce jour-là elle était habillée en homme, et qu'elle a brûlé son pantalon parce qu'il était taché de sang par suite d'un saignement de nez.

D'autres révélations importantes se succèdent de jour en jour. Mais quels motifs ont pu déterminer un si grand crime ? Ici on n'a jamais eu que des conjectures : voici pourtant les probabilités auxquelles l'opinion publique se fixa. On se souvint que quelques jours avant l'assassinat, Fualdès et Jausion avaient eu une querelle très-vive, dans laquelle le premier avait menacé le second de faire revivre des pièces relatives à une affaire criminelle dont il ne s'était tiré que par suite de la soustraction de documents importants. Il s'agissait d'un enfant dont il avait rendu mère la femme d'un riche négociant, et qu'il avait jeté dans une fosse d'aisances. Peut-être ne dut-il son salut qu'à la bienveillance de Fualdès, alors procureur impérial. D'un autre côté, Jausion avait plus d'une fois eu recours à la signature de Fualdès, sous le nom duquel il empruntait pour son compte. On calcula que les effets mis ainsi en circulation s'élevaient à la somme de 100 à 150,000 fr. Il était impossible que Fualdès n'eût pas exigé une contre-lettre comme garantie de sa signature. Toutes ces circonstances expliquaient l'assassinat. Enfin, de nombreux témoins attestaient que Bastide était débiteur personnel de Fualdès, et que, pressé par ce dernier de se libérer, il avait répondu : *Je cherche tous les moyens de vous faire votre compte ce soir*. Trois heures après, l'infortuné Fualdès était assassiné.

La justice était assez éclairée : les accusés furent renvoyés devant la cour d'assises de Rodez. L'accusé Bancal, qui avait fait espérer d'importantes révélations, mourut empoisonné, sans qu'on ait pu percer le mystère de ce nouveau crime. Les débats de cette affaire s'ouvrirent devant la cour de Rodez, le 19 août 1817; mais l'arrêt qui condamnait les accusés fut cassé par la cour de cassation, et de nouveaux débats eurent lieu devant la cour d'assises d'Albi. Alors se renouvelèrent les scènes les plus dramatiques. Le fils de Fualdès, demandant d'une voix émue à la justice de venger les mânes de son père, sut exciter tour à tour les larmes et l'admiration. Les hypocrites réponses de Jausion, l'assurance effrontée de Bastide, le froide impassibilité de la femme Bancal, redoublèrent l'horreur. A côté d'eux, Colard et Anne Benoît, sa maîtresse, ne se souvenaient qu'ils étaient sur le banc des accusés que pour faire éclater toutes les sollicitudes d'un amour exalté qui avait pris naissance dans les habitudes les plus honteuses; enfin, Mme Manson, persistant dans le déplorable système qu'elle avait adopté, promenait les esprits d'émotion en émotion. Par suite de la déclaration du jury, la cour d'assises condamna la femme Bancal, Bastide, Jausion, Colard et Bach à la peine de mort, Anne Benoît aux travaux forcés à perpétuité, et Missonnier à deux ans de prison. La femme Bancal obtint une commutation de peine; Bach mourut en prison; Bastide, Jausion et Colard furent exécutés le 3 juin 1818. Trente-sept ans se sont écoulés depuis ce procès, et il plane encore sur toute cette affaire un mystère qui n'a pu être éclairci. Il avait été démontré aux débats que *quinze assassins au moins* remplissaient la cuisine de la maison Bancal. La cupidité avait bien pu armer le bras de Bastide et de Jausion, mais elle n'avait pas dû être le mobile de tous. Par suite de quelques témoignages nouveaux, trois individus, les nommés Constans, Yence et Bessières-Veinac, furent traduits devant la cour d'assises; mais, malgré la déclaration de la femme Bancal et de Bach, ils réussirent à établir un alibi qui les sauva. E. DE CHABROL.

Mme Manson, à la suite de l'horrible procès dont on vient de lire le récit, vint à Paris, où pour subsister elle se mit *dame de comptoir*. Plusieurs limonadiers exploitèrent successivement cette triste célébrité en la faisant trôner à leur comptoir. La curiosité publique une fois repue dans un quartier, Mme Manson allait poser dans un autre. Après avoir débuté dans un des somptueux cafés du quartier de la Bourse, elle finit de chute en chute par tenir pour son propre compte un misérable estaminet-billard dans la rue Copeau, derrière le Jardin des Plantes, et mourut en 1835, à Versailles, dans une profonde misère et depuis longtemps oubliée.

FUCHSIA, nom donné par Plumier à un genre de plantes de la famille des œnothérées, en l'honneur de Léonard Fuchs, célèbre médecin et botaniste allemand du seizième siècle. Ce genre renferme plus de cinquante espèces; mais qui pourrait compter leurs innombrables variétés? Depuis qu'elles ont été importées en France, ces plantes, originaires du Chili, du Mexique et du Pérou, n'ont pas cessé d'être recherchées des amateurs; grâce à leurs fleurs tubuleuses, pendantes, renflées à la gorge, ayant ordinairement leurs divisions relevées en dessus, ce qui a fait comparer leur forme à celle d'un chapeau chinois. Par des fécondations artificielles, les horticulteurs en ont obtenu de grosseurs diverses et de couleur offrant une foule de nuances intermédiaires entre le blanc, le violet bleuâtre et le rouge vif. Cette dernière couleur est souvent celle du calice.

Le genre *fuchsia*, composé de sous-arbrisseaux, d'arbrisseaux et même de quelques espèces arborescentes, a pour caractères : périanthe double, coloré, placé au sommet de l'ovaire; calice tubuleux, à quatre divisions charnues, corolle à quatre pétales involutés et soudés intérieurement avec le tube du calice; huit étamines d'inégale hauteur; style long, à stigmate globuleux; disque glandulaire, épigyne; baie à quatre loges polyspermes.

FUCIN (Lac), anciennement *lacus Fucinus*, aujourd'hui *Lago di Celano*, situé dans le pays des Marses, au midi de l'Ombrie. César et Claude, ayant voulu le dessécher, employèrent trente mille hommes à percer une montagne, pour faire écouler les eaux du lac dans le Tibre et le Liris. Mais cette entreprise fut sans succès, quoique le lac n'eût que sept milles de circuit, sur quatre mètres seulement de profondeur. On assure pourtant que, vingt ans après, Adrien vint à bout de cette entreprise.

FUCUS, nom scientifique des goémons, varechs et autres plantes marines analogues, que Linné et autres botanistes classent parmi les algues (*voyez* HYDROPHYTES).

FUENTÈS (Don PEDRO-HENRIQUEZ D'AZEVEDO, comte DE), général espagnol, né en 1560, à Valladolid, fit en 1580 sa première campagne en Portugal, sous les ordres du duc d'Albe. Vers 1591, on l'envoya dans les Pays-Bas seconder le célèbre Alexandre Farnèse, tant dans le cabinet que sur les champs de bataille. Après la mort de ce grand capitaine, il conserva les mêmes fonctions auprès de son successeur, le comte de Mansfeldt; puis auprès de l'archiduc Ernest, qu'il dissuada de faire la paix avec les Hollandais. Le zèle intelligent dont il avait fait preuve lui valut d'être chargé, en 1595, du gouvernement intérimaire des Pays-Bas, avec pleins pouvoirs pour réduire les Hollandais, soit par la diplomatie, soit par la force. Quand le cardinal archiduc Albert fut nommé gouverneur des Pays-Bas, le comte de Fuentès alla à Milan remplir les fonctions de gouverneur et de capitaine général. Sa politique inquiète et cauteleuse inspira de vives défiances aux princes italiens, et surtout aux Vénitiens. Il acheta sur les côtes de l'État de Gènes le port de Finale, et, en 1603, fit construire sur les confins de la Valteline, au point où l'Adda vient se jeter dans le lac de Côme, le fort de Fuentès; entreprise qui irrita au plus haut degré les Grisons. Voyant avec une jalouse inquiétude l'essor de prospérité que la France prenait sous le gouvernement paternel de Henri IV, il conclut avec le duc de Savoie un traité dont le but secret était le démembrement de la France, et fomenta la conspiration du maréchal de Biron. A la nouvelle de l'assassinat du bon roi, Fuentès témoigna la joie la plus indécente. Quand, à la mort de Louis XIII, la France eut à soutenir de nouveau la guerre contre l'Espagne et l'Autriche, Fuentès, quoique déjà très-avancé en âge, envahit la Champagne à la tête d'une armée espagnole de 25,000 hommes d'élite, dans le but de marcher droit sur Paris. Mais attaqué avec des forces de beaucoup inférieures, le 19 mai 1643, sous les lignes de Rocroy, qu'il tenait assiégé, par le jeune duc d'Enghien, celui qui devint ensuite *le grand Condé*, il essuya une déroute complète. Les Espagnols, outre une immense quantité de prisonniers, eurent 6,000 hommes de tués, et dans ce nombre leur général en chef; la perte des Français ne s'éleva pas à plus de 2,000 hommes. Fuentès, homme d'une activité et d'une audace peu communes, en revanche dur, égoïste et insubordonné, nous offre le type exact de ce qu'était alors la noblesse espagnole.

FUENTÈS-DE-ONORO (Bataille de), livrée en Espagne à 23 kilomètres ouest de Ciudad-Rodrigo, près du village ainsi nommé, dans le royaume de Léon, entre les Français d'une part et une armée d'Anglais, de Portugais et d'Espagnols de l'autre, du 3 au 5 mai, 1811. Après un infructueuse tentative en Portugal, Masséna avait repassé la frontière et laissé dans Almeida une garnison de 1,100 hommes, qui n'avait que pour un mois de vivres et que vingt mille ennemis bloquèrent bientôt étroitement. Il songea à la ravitailler à la tête de 30,000 fantassins et de 5,000 chevaux, sans tenir compte de l'approche de Wellington avec 50,000 soldats et des nuées de guerilleros, qui avaient pris position sur un coteau, d'accès difficile, près du ruisseau de *Las dos Casas*, la droite appuyée sur Fuentès-de-Onoro et Navar-de-Avel, le centre sur l'Alameda, la gauche sur les ruines du fort de la Conception.

Le 3 au matin les Français poussèrent en avant. Le général Ferey prit et perdit plusieurs fois le village de Fuentès-de-Onoro, et à la nuit nous étions maîtres de l'Alameda. Le 4, Masséna, voulant percer la ligne de Wellington, appuyé sur le lit de la Coa, qui offre partout d'affreux précipices, crut avoir trouvé un point accessible entre Paso-Bello et Navar-de-Avel. Il manœuvra toute la soirée et toute la nuit pour être le lendemain en mesure d'attaquer ces deux villages. Le 5, au point du jour, la brigade Maucune enlève de vive force le premier et les bois environnants qui foisonnent de tirailleurs. L'ennemi développait en arrière vingt escadrons, une nombreuse infanterie et douze pièces de canon. Montbrun, s'étendant par la gauche, sabre cette cavalerie, enfonce deux carrés de la meilleure infanterie anglaise, et fait 1,200 prisonniers. L'aile droite de Wellington, contrainte à rétrograder, a pendant près de 5 kilomètres notre cavalerie et notre artillerie légère à ses trousses. D'autre part, la fusillade est engagée sur toute la ligne ennemie. On remarque déjà dans ses colonnes cette incertitude, cette confusion, prélude ordinaire d'une déroute. Ferey est maître de Fuentès-de-Onoro, et tout semble promettre une nouvelle palme au vainqueur de Zurich.

Malheureusement, par une inconcevable fatalité, les divisions françaises qui se trouvent en avant de Paso-Bello, infanterie et cavalerie, s'arrêtent faute d'ordres. En l'absence de Masséna, le général Loiseau n'ose prendre sur lui de se jeter sur ces masses ébranlées, et la victoire nous échappe. L'armée ennemie a le temps de se raffermir. Wellington effectue à propos un changement de front sur son centre, la droite en arrière, et après avoir rétabli son ordre de bataille, rentre dans Fuentès-de-Onoro, et s'y tient sur la défensive. Masséna, cédant à une prudence exagérée, croit ne pas devoir attaquer une seconde fois, et le feu cesse de part et d'autre à deux heures après midi. Les Français restèrent maîtres d'une grande partie de champ de bataille; mais l'ennemi, se fortifiant, rendit sa position inabordable, et Masséna, désespérant de ravitailler Almeida, envoya quatre hommes de bonne volonté porter au général Brenier, commandant cette place, l'ordre de détruire le matériel et de se frayer ensuite, à la tête de la garnison, un passage l'épée à la main. Trois de ces hommes restèrent en chemin. A l'arrivée du quatrième, une grande explosion se fit entendre; c'étaient les fortifications d'Almeida qui sautaient. Les 1,100 assiégés, sortis de ces ruines à dix heures et demie du soir, favorisés par les ténèbres, et suppléant par la bravoure à l'infériorité du nombre, traversèrent les cantonnements anglais sans éprouver trop de pertes et rejoignirent au point du jour la division Reynier.

FUEROS, mot espagnol, dérivé du latin *forum*, et qui désignait jadis tout à la fois le siége d'un tribunal et sa juridiction. Dans cette seconde acception, on s'en est servi en Espagne pour désigner certains recueils de lois, comme le *Fuero juzgo*, ancienne loi des Visigoths (*Lex Visigothorum*), appropriée aux mœurs et aux besoins de certaines villes. On disait en ce sens le *fuero* de Léon, le *fuero* de Najera, pour ne citer que les deux plus célèbres corps du droit communal espagnol. Ces droits communaux consistant le plus souvent en exemptions, immunités et priviléges, le mot *fuero* prit insensiblement cette signification complexe, et fut particulièrement employé pour désigner l'ensemble des droits, priviléges et chartes formant les constitutions particulières de la *Navarre* et des trois provinces basques : la *Biscaye*, l'*Alava* et le *Guipuzcoa*. C'est presque exclusivement sous cette dernière acception qu'il est resté en usage, acquérant dans ces dernières années une nouvelle importance historique et politique par suite de la lutte acharnée que les Basques ont soutenue pour la défense de leurs priviléges. En effet, la Navarre, qui porte le titre de royaume, et les autres trois petits États qui se décorent de celui de seigneuries, ne furent jamais considérés comme parties intégrantes de la monarchie espagnole. Dès qu'ils parviennent, de temps à autre, à secouer un peu le joug, ils redeviennent des espèces de républiques, placées sous la protection de la couronne de Castille, qui est tenue de *guardar sus fueros*, de respecter et faire respecter leurs constitutions. La difficulté d'un terrain accidenté, hérissé de rochers, creusé de ravins, a protégé dès la plus haute antiquité l'indépendance des habitants de ce pays contre la domination étrangère. Les Phéniciens et les Carthaginois ne s'en occupèrent point. Rome ne les soumit jamais entièrement. Les Goths, les Vandales, les Alains, sentant que leur conquête coûterait cher, ne tentèrent pas de les réduire, et finirent par s'allier avec leurs petits États fédératifs, dont l'ensemble formait dès lors une constitution assez régulière. Il en advint que lors de l'invasion des Arabes, le danger commun réunissant ce qui restait de Goths ariens aux chrétiens des versants septentrionaux de la chaîne pyrénaïque, les uns et les autres, vivant d'accord, entreprirent conjointement de résister au croissant sous la bannière de la Croix. Les Maures commirent la grande faute de ne pas les soumettre, ou de ne point les exterminer. Tandis que ces rapides conquérants débordaient sur la France méridionale, les montagnards du nord de l'Espagne se soulevèrent et se donnèrent des chefs, dont l'élection eut lieu à la pluralité des suffrages; mais, dans cette souveraineté établie du consentement de tous à certaines conditions, il fut bien entendu que le pacte serait synallagmatique, sans que le droit divin y intervînt en quoi que ce soit.

De ces temps héroïques datent les *fueros* de Navarre, Biscaye, Alava et Guipuzcoa. Les premiers furent reconnus par Ferdinand le Catholique lorsqu'il unit la Navarre à la Castille. Il en fut de même pour ceux de Biscaye quand Charles-Quint rangea cette province sous sa domination. Quant aux *fueros* d'Alava et de Guipuzcoa, leur acceptation par l'Espagne date des rois de Castille Jean II et Charles II. Ils furent en grande partie supprimés lors de la première régence d'Espartero; mais la reine Isabelle les rendit à ces quatre provinces en juillet 1844. Le royaume de Valence, la Catalogne et surtout l'Aragon ont eu aussi jadis leurs *fueros* très-indépendants, mais depuis des siècles ils n'existent plus. Ceux qui restent encore sur pied sont tellement exorbitants, qu'ils ne pourraient s'accorder avec les charges que le gouvernement espagnol, régularisé et porté au niveau des autres États constitutionnels, voudrait imposer à ses administrés : ils consistent en une démocratie pure, où les masses délèguent, par l'élection la plus libre, l'exercice du pouvoir à des chefs qu'elles renouvellent annuellement, ou de deux en deux ans, selon la nature des fonctions. Le souverain d'Espagne n'est que *seigneur* du pays, et ne prend pas d'autre titre dans ses relations avec lui. Les pays de *fueros* ont leurs tribunaux indépendants. Ils ne payent aucun impôt, si ce n'est ceux que votent leurs assemblées nationales, sous le titre de *don gratuit*. On n'y connaît pas de douanes, et ils commercent avec qui bon leur semble, recevant les denrées de toutes les parties de l'Europe, et n'acquittant pour les marchandises étrangères qu'un droit très-modique. On n'y souffrit jamais de gabelles : le sel, le combustible, l'eau et l'air, considérés comme la propriété imprescriptible de chaque individu, n'y payèrent jamais la moindre redevance, et ces montagnards ne conçoivent pas qu'il y ait des pays où des hommes se disant libres consentent à laisser taxer ces choses. Ils n'admirent jamais d'intendant; les gens de guerre n'y doivent jamais séjourner. Le commandant militaire doit être un enfant du pays. Nul n'y est sujet à la milice, ni à la levée des matelots, le pays devant se défendre lui-même en temps de guerre, et ses défenseurs n'étant point tenus de poursuivre la victoire ou de marcher sous des généraux du souverain hors de leurs limites. Non-seulement chaque ville ou bourg a ses magistrats, mais les hameaux et les maisons isolées épars dans quelque vallon écarté et formant le plus petit district, ont les leurs, qui réfèrent des différends survenus de canton à canton ou de village à village aux assemblées générales. Chacun s'impose et se gouverne; on ne s'aperçoit nulle part ni des impositions ni du gouvernement, etc.

Cet état de choses, qui n'a pas varié depuis deux mille ans, au milieu de tant de vicissitudes historiques, peut convenir à une surface restreinte, que ses anfractuosités sourcilleuses et profondes isolent au milieu d'un continent. Il a été celui de toutes ces petites républiques grecques, où les citoyens étaient également protégés par la nature du terrain. Mais l'Espagne constitutionnelle ne pourra conserver à ces provinces leurs *fueros*, reliques vénérables des temps primitifs de leur liberté. La centralisation représentative qui a déjà passé sur ces antiques débris ne les respectera pas davantage dans l'avenir. BORY DE SAINT-VINCENT, de l'Académie des Sciences.

FUERTAVENTURA. *Voyez* CANARIES.

FUGGER. Ce nom, qu'il faut prononcer *Foucker*, est celui d'une famille de comtes et de princes de la Souabe, qui descendent d'un simple tisserand, *Jean* FUGGER, établi à Graben, village voisin d'Augsbourg, et marié à Anne Meisner, de Kirckheim. Son fils aîné, qui portait le même nom, et qui fut tisserand comme lui, acquit, en 1370, par son mariage avec Clara Widolph, le droit de bourgeoisie à Augsbourg, où, tout en continuant à exercer son industrie de tisserand, il entreprit aussi le commerce des toiles. Devenu veuf, en 1382, il épousa, en secondes noces, Élisabeth Gfattermann, fille d'un échevin, dont il eut deux fils et deux filles. Il avait été élu l'un des douze syndics de la corporation des tisserands, et mourut en 1409, laissant une fortune évaluée à 3,000 florins, somme considérable à cette époque. Son fils aîné, *André* FUGGER, sut si bien faire profiter la part qui lui échut dans l'héritage paternel, que bientôt on ne l'appela plus que Fugger *le Riche*. C'est de lui et de sa femme, Barbara, de l'ancienne maison des Stammler d'Ast, que descendait la ligne noble des *Fugger vom Reh* (du Chevreuil), ainsi nommée à cause des armes parlantes que lui avait accordées l'empereur Frédéric III, laquelle s'éteignit en 1583.

Le fils cadet de Jean Fugger, *Jacques* FUGGER, fut le premier de sa famille qui posséda une maison à Augsbourg, et il fit le commerce sur une échelle déjà très-large pour l'époque où il vivait. Il mourut en 1469. De ses sept fils, il y en eut trois, *Ulrich*, *Georges* et *Jacques*, qui par leur activité, leur intelligence et leur probité, agrandirent considérablement le cercle de leurs affaires; ils furent les créateurs de la merveilleuse prospérité qui devait rendre leurs descendants si célèbres. Tous trois se marièrent à des filles appartenant aux familles les plus illustres, et furent anoblis par l'empereur Maximilien, qui leur engagea la seigneurie de Weissenhorn pour 70,000 florins d'or, et à qui plus tard ils avancèrent, pour le compte du pape Jules II, une somme de 170,000 ducats, à titre de subsides, pour faire la guerre à la république de Venise. Ulrich Fugger, né en 1441, mort en 1510, s'était spécialement consacré aux relations commerciales que sa maison avait ouvertes avec l'Autriche, et il n'y avait pas de si minces détails des affaires qui ne lui passassent par les mains. Ainsi, c'est lui qui se chargeait de faire passer en Italie les tableaux d'Albert *Durer*. Il aida de ses deniers Henri II Estienne, qui prit le titre d'*imprimeur de Fugger*. Jacques, né en 1459, mort en 1525, comte palatin de Latran et conseiller de l'empereur, s'occupait à peu près exclusivement de l'exploitation des mines. Il avait pris à ferme celles du Tirol, et cette industrie devint pour lui la source d'une fortune immense. Il prêta aux archiducs d'Autriche 150,000 florins, et fit construire le magnifique château de Fuggerau en Tirol.

C'est ainsi que le commerce d'une part et de l'autre l'industrie minière exploitée sur une large échelle augmentaient sans cesse les richesses des Fugger. Ils expédiaient des marchandises dans toutes les parties du monde; et il n'y avait pas de mer qui ne fût sillonnée par leurs navires, pas de grandes routes que ne couvrissent leurs convois. Mais c'est sous le règne de Charles-Quint que ces Rothschild du seizième siècle parvinrent à l'apogée de leurs grandeurs et de leurs prospérités.

La postérité de Jacques et d'Ulrich Fugger étant venue à s'éteindre, en 1536, *Antoine* et *Raymond* FUGGER, fils de Georges Fugger et de Régina Imhof, se trouvèrent les seuls représentants du nom et de l'éclat de cette famille; l'une et l'autre devinrent les souches des deux branches encore aujourd'hui existantes. Ces deux frères étaient d'ardents catholiques; par leurs secours en argent, ils contribuèrent puissamment à entretenir l'animosité d'Eck contre Luther et les Wittenbergeois. Quand, en 1530, Charles-Quint s'en vint à Augsbourg présider la diète de l'Empire, il logea dans la magnifique maison que possédait Antoine Fugger, sur la place du Marché aux Vins de cette ville. Le 14 novembre 1530 il éleva les deux frères, Antoine et Raymond, à la dignité de comtes de l'Empire, avec droit de bannière, et leur abandonna en toute propriété les domaines engagés de Kirchberg et de Weissenhorn. Il les fit en outre admettre parmi les princes de l'Empire, au banc des comtes de Souabe, et leur délivra des lettres patentes contenant l'octroi des priviléges et immunités attribués à la dignité de prince. En reconnaissance de l'assistance qu'ils lui prêtèrent pour l'expédition qu'il entreprit en 1535 contre Alger, il leur accorda le droit de battre des monnaies d'or et d'argent, droit dont leurs descendants firent encore usage en 1621, 1624 et même 1694. A sa mort, Antoine Fugger laissa six millions d'écus d'or en espèces, sans compter une quantité infinie de joyaux, d'objets précieux et de propriétés situées dans toutes les contrées de l'Europe, et même dans les deux Indes. Quand Charles-Quint, venu à Paris, alla visiter le trésor royal, on raconte qu'il dit aux seigneurs chargés de lui en faire les honneurs : « Nous avons à Augsbourg un simple tisserand assez riche pour acheter tout cela. »

L'empereur Ferdinand II ajouta encore à la splendeur du nom des Fugger, en confirmant tous les priviléges que Charles-Quint avait octroyés à cette maison, et en en accordant de plus considérables encore aux deux chefs de la famille, les comtes *Jean* et *Jérôme* FUGGER, qui eurent le bon sens de continuer le commerce, source première de l'illustration de leur nom, et qui par là ajoutèrent encore aux richesses immenses de leur famille. Les plus hautes dignités de l'Empire leur furent accordées, et plusieurs familles souveraines se vantaient hautement de leur être alliées Ils possédaient de précieuses collections de tableaux, de statues et de livres, favorisaient les sciences et les arts avec une noble libéralité et faisaient des pensions à un grand nombre d'artistes, peintres ou musiciens. Leurs demeures, leurs jardins, réunissaient toutes les merveilles du luxe d'alors; et les écrivains contemporains s'extasient à les décrire. Jean de Schweinichen, dans ses Mémoires, si instructifs pour ceux qui veulent connaître l'état moral et politique de l'Allemagne à la fin du seizième siècle, raconte avec une charmante naïveté combien il se sentit déplacé, lui rustre gentilhomme campagnard, n'ayant auparavant jamais connu d'autre magnificence que les oripeaux de la misérable petite cour de son duc de Silésie-Liegnitz, lorsque les aventures de ce vagabond couronné et en guenilles l'amenèrent à Augsbourg, où les Fugger lui firent les honneurs de leur table et de leur maison. A cette occasion, Schweinichen, en sa qualité de gentilhomme du duc, servit son prince à table, et dans sa vieillesse il gémit encore en songeant à la mortification qu'il éprouva, ainsi qu'à la bruyante hilarité qu'il provoqua parmi les convives, en se laissant choir tout de son long, sur le pavé en mosaïque de la somptueuse salle à manger de l'opulent marchand, avec le lourd plat d'or massif et chargé de viandes qu'il tenait de ses deux mains. Au dessert, Fugger, en homme bien appris, consentit à faire, sous forme de prêt, au duc de Silésie, à un prince du saint empire, l'aumône de quelques milliers de florins.

Ce luxe, cette magnificence, ces richesses immenses, donnent de la vraisemblance à une anecdote suivant laquelle Charles-Quint, au retour de son expédition d'Alger, étant descendu à Augsbourg chez Antoine Fugger, celui-ci mit le feu au tas de bois de cannellier placé dans la cheminée de la chambre réservée à l'empereur, avec l'obligation que ce prince lui avait souscrite. Mais ce qui assure une longue durée à la mémoire des frères Fugger, c'est le bien qu'ils firent, ce sont les institutions charitables qu'ils fondèrent en diverses contrées et plus particulièrement à Augsbourg, où subsiste encore de nos jours, dans le faubourg Saint-

Jacques, tout un quartier de maisons construites par leurs soins pour y loger, moyennant une très-minime redevance, cent familles d'artisans pauvres. Les frères Fugger, on le voit, créèrent des *cités ouvrières* plus de trois siècles avant que certains flibustiers contemporains s'avisassent de les *inventer* pour en faire l'objet de *sociétés en commandite* et *par actions*. Ce sont là certes des bienfaits réels et durables, en considération desquels on peut leur pardonner d'avoir introduit les jésuites en Bavière et même de les avoir richement dotés.

A la mort de Raymond et d'Antoine Fugger, la famille se partagea, comme nous l'avons dit plus haut, en deux lignes. La ligne aînée, issue de Raymond, se divisa en deux branches, celle de Fugger-Pfirt et celle de Fugger-Kirchberg-Weissenhorn, qui subsistent encore de nos jours. La ligne cadette, issue d'Antoine, se divisa à son tour en trois branches, dont la première s'est éteinte en 1676, dont la seconde compte aujourd'hui trois rameaux : *Fugger-Glœtt*, *Fugger-Kirckheim et Fugger-Nordendorf*, et dont la troisième, enfin, subsiste encore dans le rameau de *Fugger-Babenhausen*. Le comte *Anselme-Marie* FUGGER-BABENHAUSEN, mort le 22 novembre 1821, avait été élevé par l'empereur François II, le 1er août 1803, à la dignité de prince de l'Empire, pour en jouir lui et sa postérité par ordre de primogéniture masculine; et les seigneuries de Babenhausen, Boor et Kettershausen, présentant une superficie d'environ sept myriamètres carrés, avec une population de 11,000 âmes et un revenu de 200,000 florins, avaient été érigées en principauté d'Empire sous le nom de Babenhausen. La création de la Confédération germanique la plaça, avec plusieurs autres, sous la souveraineté de la Bavière; toutefois, des traités particuliers passés avec la couronne ont assuré divers priviléges importants à la maison princière de *Babenhausen*. Le prince actuel, *Léopold-Charles-Marie*, né le 4 octobre 1827, a succédé, le 29 mai 1836, à son père, *Anselme-Antoine*.

FUGITIVES (Poésies), pièces de vers détachées, nées de l'occasion, ou inspirées par la fantaisie, et qui n'ont entre elles aucune liaison. Tous les poëtes, s'ils ont la joie de publier des œuvres complètes, y joignent des pièces de ce genre pour témoigner de leur inépuisable flexibilité. Ce sont d'ordinaire des épîtres badines, des odes anacréontiques, des madrigaux, des stances, des fables, des contes, des couplets, etc. Toutefois, les poëtes du grand siècle, les Corneille et les Racine, ne s'amusaient guère à ces bagatelles, ou dédaignaient de les recueillir; car on n'a du premier qu'une chanson, et du second que quelques épigrammes. En réalité, les *pièces fugitives* étaient l'occupation favorite de ces cercles à la mode où se rencontraient des esprits d'élite, rimant pour occuper leurs loisirs et se créer une renommée dans la bonne compagnie. Les Voiture, les Montreuil, les Pavillon, les Charleval, les Saint-Pavin, étaient autant gens du monde que poëtes. Il est vrai que quelques-uns d'entre eux s'appuyèrent de leur talent pour monter à la fortune; mais la plupart ne voyaient dans leurs petits vers qu'un délassement glorieux. Au reste, les premiers maîtres en ce genre remontent à une époque antérieure : Marot, Saint-Gelais et Desportes, qui régnaient à la cour de nos rois, y perfectionnaient le langage en l'épurant, et enseignaient aux courtisans à se montrer naïfs sans grossièreté, spirituels avec délicatesse. Mais alors les poésies fugitives étaient exclusivement galantes ; elles conservèrent ce caractère sous la plume des écrivains qui parurent à l'aurore du règne de Louis XIV et en firent le charme durant les vingt premières années. Voiture cependant mérite d'être excepté de ses émules : en semant les siennes d'un peu de morale et de philosophie, il donna une physionomie nouvelle à de frivoles compositions. Le premier il connut aussi l'art de plaisanter avec les grands sans offenser leur orgueil, et de les louer sans servilité en leur adressant des lettres d'un badinage aussi délicat qu'ingénieux. Chaulieu, venu plus tard, s'est immortalisé à son tour par un petit nombre de vers qui sont restés dans la mémoire; mais sa philosophie est plus grave que celle de Voiture, et s'empreint d'une teinte mélancolique qui se mêle à la peinture des plaisirs.

Enfin, Voltaire, disciple de Chaulieu, l'a laissé bien loin derrière lui, par l'étendue, la grâce et la variété : il est resté un modèle en ce genre. Gresset s'est créé une place à part, en faisant autrement que ses devanciers; mais il procède par énumération, et s'il éblouit, il fatigue bientôt par l'uniformité des tours et la longueur des périodes. Bernis a tous ses défauts et peu de ses qualités. Nous ne parlerons que pour mémoire des Dorat, des Pezai, des Desmahis et de tant d'autres, providence de l'*Almanach des Muses*, et qui sont morts longtemps avant lui. Ces poëtes, marqués au même type, n'ont point de physionomie propre. Une observation singulière, mais vraie, c'est qu'en littérature les genres les plus futiles sont quelquefois inaccessibles au talent sérieux. Delille n'a pu rimer avec grâce une de ces épîtres badines dont Boufflers se tirait si heureusement. Ce qui nous reste des Grecs en ce genre justifie assez mal leur réputation. A l'exception des odes, ou plutôt des chansons d'Anacréon, on n'a d'eux que des distiques sans sel et des épigrammes sans pointe. Élèves et imitateurs des Grecs, les Romains, si inférieurs à leurs maîtres, les surpassèrent en ce genre, car ils produisirent Horace et Martial, qui surent manier assez bien l'arme du ridicule et aiguiser les flèches de l'épigramme. Aujourd'hui notre état social laisse parmi nous les poésies fugitives sans lecteurs : il faut que les vers s'imprègnent de religion ou de philosophie pour captiver le public : à ce prix seul, à part les grands noms, ils obtiennent des succès, qui ne durent encore souvent qu'un jour. SAINT-PROSPER jeune.

FUGUE. La fugue est une pièce de musique fondée sur les règles de l'imitation périodi-méthodique. L'objet essentiel de la fugue est d'enseigner, au moyen d'imitations de divers genres, artistement combinées, à déduire une composition tout entière d'une seule idée principale, et par là d'y établir en même temps l'unité et la variété. L'idée principale s'appelle le *sujet* de la fugue; on appelle *contre-sujet* d'autres idées subordonnées à la première; et l'on donne le nom de *réponse* aux diverses imitations de sujets et de contre-sujets. On conçoit, d'après cela, qu'il y aura un très-grand nombre d'espèces de fugues, selon la manière dont se fera la réponse. Cette première considération nous conduit à en distinguer d'abord quatre espèces principales, savoir : la fugue du ton, la fugue réelle, la fugue régulière modulée, et la fugue d'imitation. La *fugue du ton*, ou *tonale*, est celle dans laquelle le sujet et la réponse sont contenus dans les limites de l'octave. La réponse s'y fait de manière à ne point moduler. La *fugue réelle* est celle dans laquelle la réponse se fait à la quinte supérieure, note pour note, intervalle pour intervalle, dans les mêmes temps de la mesure, et dont le sujet commence et finit par la même note. La *fugue régulière modulée* est fondée sur la tonalité moderne : telles sont presque toutes les fugues de Jomelli, de Cherubini, de Hændel, de Bach. Enfin, dans la *fugue d'imitation*, la réponse imite le sujet à un intervalle quelconque. Toutes les autres espèces, telles que la *fugue mixte*, *irrégulière*, *serrée*, etc., se rapportent à ces quatre espèces.

Pour faire une fugue en autant de parties que ce soit, il faut considérer cinq choses : 1° le sujet ou thème; 2° la réponse : c'est la reprise du sujet par la partie suivante; 3° le contre-sujet, dont on accompagne la première partie; 4° la modulation : c'est l'ordre dans lequel le sujet et sa réponse se font alternativement dans les différentes parties; 5° le contre-point, dont on remplit l'espace d'une modulation à l'autre. Voilà les cinq points caractéristiques d'une fugue, lesquels observés à la rigueur, suivant les règles établies pour chacun de ces points, forment la fugue régulière, et qui, négligés en partie, rendent la fugue irrégulière.

La fugue est obligée ou libre. Une fugue est appelée *régulière* ou *obligée* quand on ne traite que le sujet pendant toute la fugue, en ne le quittant que pour le mieux reprendre, soit en entier, soit en partie, et en n'y admettant aucune harmonie qui n'en dérive, soit par augmentation, soit par diminution, soit par opposition de temps ou de mouvement. Elle est *irrégulière* ou *libre* quand on ne traite pas du sujet seul, et qu'on le quitte de temps en temps pour passer à une autre idée qui, bien qu'elle ne soit pas tirée du sujet, doit néanmoins être en parfait rapport avec lui. La fugue n'a qu'un sujet ou en a plusieurs : celle qui n'a qu'un sujet est appelée simplement *fugue ;* celle qui en a davantage s'appelle *fugue à deux, trois, quatre sujets*. A quatre parties, la fugue n'a néanmoins que trois sujets ; pour en avoir quatre, il faut que la fugue soit à huit parties. Le motif, le chant par lequel la fugue à deux sujets commence, est toujours le premier sujet nommé simplement *sujet ;* tous les autres qui le suivent sont autant de contre-sujets ou contre-thèmes. S'il est nécessaire, après les premières entrées ou modulations ordinaires de la fugue, fixées sur le nombre des parties, que le sujet et sa réponse se rapprochent pour produire de la diversité, la fugue à plusieurs sujets demande que les différents sujets dont elle se compose arrivent tour à tour par le moyen du renversement des parties et se présentent ainsi tantôt en haut, ou dans les parties du milieu, tantôt en bas. Tous ces artifices exigent une connaissance parfaite du contre-point double, par lequel on apprend à renverser les sujets. A l'égard des diverses espèces d'imitations, on peut ranger celles de la fugue en trois classes, dont la première contient les imitations à l'unisson, à la seconde, à la tierce, quarte, quinte, sixte, septième et octave. La plus usitée, et en même temps la plus parfaite de ces imitations, est celle à la quinte, qui par renversement peut être une quarte, parce qu'elle fait entendre les principales cordes du ton, c'est-à-dire les octaves de la tonique et de la dominante. Pour ce qui est des imitations à la seconde, tierce, sixte et septième, on ne s'en sert que dans le cours de la précédente, pour rapprocher les sujets. La seconde classe contient les imitations par mouvement semblable, contraire, rétrograde, et rétrograde par mouvement contraire : ces deux dernières ne s'emploient que dans le cours des deux premières. La troisième contient les imitations par augmentation et par diminution : on ne les emploie qu'au milieu d'une fugue ordinaire.

Fugue vient du latin *fuga*, fuite, parce que les parties, partant successivement, semblent se fuir, se poursuivre l'une l'autre.

Une fugue en musique est un morceau bien fort,

a dit Regnard dans *Les Folies amoureuses*.

Pour se servir de la fugue au théâtre, il faudrait la faire chanter par des personnages animés du même sentiment ; les motifs et les entrées étant parfaitement symétriques, il faudrait que ces personnages arrivassent par groupes sur la scène, et les uns après les autres ; un tel morceau serait d'une froideur glaciale. Cependant, les imitations que l'on rencontre dans certains finales sont dessinées en fugue. L'ouverture de *La Flûte enchantée* est une fugue irrégulière à la vérité, mais riche de science, de mélodie, et d'un merveilleux effet. On trouve des formes fuguées dans l'ouverture d'*Euriante* et dans certains chœurs de *La Juive* et des *Huguenots*. C'est dans ces morceaux que le compositeur peut déployer son talent et mettre à profit, sous d'autres formes, les marches figurées, les imitations, les renversements, et toutes les subtilités harmoniques, les recherches de style qui ne semblaient faites que pour les pédants.

CASTIL-BLAZE.

FUIR. On emploie ce mot en peinture, en parlant des objets qui semblent s'enfoncer et s'éloigner de la vue. C'est la perspective qui prescrit les moyens de faire ainsi *fuir* certaines parties d'un tableau. On appelle *couleurs fuyantes* celles qui sont très-propres à cet effet, comme le blanc et le bleu céleste. A.-L. MILLIN, de l'Institut.

FUITE. *Voyez* DÉROUTE.

FUITES D'EAU, ouvertures ou fissures par lesquelles s'échappent les eaux contenues dans un canal, un étang, une citerne, etc. Les fuites d'eau sont souvent fort difficiles à boucher ; aussi les ingénieurs et les architectes recommandent-ils aux constructeurs de bassins, de citernes, de digues, de prendre toutes les précautions imaginables, afin de prévenir les fuites d'eau. On bouche les fuites d'eau de diverses manières : quelquefois il suffit de délayer de la terre dans un étang pour faire cesser les fuites d'eau qui l'appauvrissent ; dans d'autres circonstances on emploie des mastics, des ciments, des glaises, du bitume, etc. ; quelquefois il arrive aussi qu'on est obligé de refaire l'ouvrage en tout ou en partie. TEYSSÈDRE.

FULBERT, chanoine de Paris et oncle de la tendre Héloïse, resté fameux dans nos annales par la barbare vengeance qu'il tira d'Abélard.

FULDA (Province de), division territoriale et politique du grand-duché de Hesse Électorale, d'une superficie de 24 myriamètres carrés, avec 148,000 habitants, professant pour la plupart la religion catholique. Elle comprend indépendamment des deux bailliages de Friedewald et de Landeck de la basse Hesse, de l'ancien duché de Hersfeld et de la seigneurie de Schmalkalden, près des deux tiers du territoire de l'ancien évêché de Fulda, qui dans l'ancienne circonscription de l'Empire faisait partie du cercle du Haut-Rhin. En 744, saint Boniface, apôtre de l'Allemagne, fonda dans la province de *Buchonia* une abbaye de l'ordre de Saint-Benoît, qui dès 751 avait été affranchie de toute juridiction épiscopale, pour ne plus relever que du siége de Rome. Une école qui jeta un vif éclat au milieu des ténèbres du moyen âge, et qui compta pendant quelque temps le célèbre Hraban Maur au nombre de ses professeurs, ne tarda pas à ajouter encore à l'importance de cette abbaye, dont le titulaire obtint, en 968, la prééminence sur tous les princes abbés d'Allemagne et de France. Investis depuis le règne de l'empereur Charles IV de la dignité d'archichanceliers de l'impératrice, les princes abbés de Fulda, sans jouir précisément d'une grande puissance territoriale, réussirent à traverser paisiblement les époques les plus critiques, voire celle de la Réformation, tout en conservant l'intégralité de leurs biens et les priviléges honorifiques que leur avaient concédés les papes et les empereurs. Il fallait faire preuve de quartiers de noblesse pour être admis à faire profession d'humilité dans cette maison ; et quand le titre d'abbé venait à vaquer par la mort du titulaire, c'étaient les moines eux-mêmes qui élisaient son remplaçant et qui le désignaient à la confirmation du saint-siége.

En 1752, l'abbaye de Fulda fut élevée au rang d'évêché ; mais par suite du remaniement général que subit l'Allemagne en 1803, cet évêché fut sécularisé en dépit de la vive résistance de l'évêque Adelbert, qui occupait le siége à cette époque, et attribué à la maison de Nassau-Orange, avec le titre de principauté. Le chef de cette maison ayant osé, à quelque temps de là, faire cause commune avec les ennemis de Napoléon, le dominateur de l'Europe confisqua le nouvel État au profit du grand-duché de Francfort, dont il continua à faire partie jusqu'à ce que les événements de 1814 et de 1815 vinrent encore une fois modifier la constitution territoriale de l'Allemagne. Après divers tâtonnements et hésitations, après avoir été successivement adjugé à la Prusse, puis à la Bavière, il finit par être en grande partie attribué à la Hesse Électorale.

FULDA, chef-lieu de la province, bâtie sur la rivière du même nom, est une ville assez régulièrement construite, et qui compte 10,000 habitants. Elle est le siége de l'administration provinciale supérieure, de la haute cour de justice, et de l'évêque catholique de la Hesse. La cathédrale, toute en pierres de taille et où se trouve le tombeau de saint Boniface, est un monument digne de l'attention des voyageurs. En 1842, on a érigé à saint Boniface, au milieu de la place publique qui s'étend devant l'ancien palais épiscopal, une statue en bronze et de grandeur colossale.

FULGENCE (Saint), FABIUS CLAUDIUS GORDIANUS FULGENTIUS, évêque de Ruspina en Afrique, naquit à Télepte, dans la Bizacène, en 468. Élevé sous les yeux de sa mère, après la perte de son mari, il fut formé par elle à la piété. Ses grands succès dans les lettres grecques et latines et les talents qu'il déploya dans l'administration des biens de sa famille le firent élever à la charge d'intendant du domaine dans la province. Mais la fréquentation des religieux du pays et de l'évêque Fauste et la lecture de quelques ouvrages de saint Augustin le déterminèrent à se retirer du monde, malgré la douleur que cette résolution causa à sa mère. Obligé, avec Félix, qu'il secondait dans l'administration d'un monastère, de fuir les persécutions des ariens, dont ils faillirent être victimes, il vint à Rome, en l'an 500, visiter les tombeaux des apôtres et des martyrs; puis, sans s'être laissé séduire par la gloire et les richesses de Théodoric, il revint à son monastère, dont il reprit la direction. Comme il cherchait dans la solitude à échapper aux embarras inséparables des dignités ecclésiastiques, il fut ramené par Fauste, qui l'ordonna prêtre. Bientôt les fidèles de Ruspina l'élurent évêque, contre les ordres formels du roi des Vandales, Thrasimond. Mais il ne tarda pas à être arraché par ordre de ce prince aux chrétiens de son diocèse, qu'il édifiait par sa vie exemplaire, et exilé en Sardaigne, avec les autres évêques orthodoxes, dont il devint l'appui et le conseil. Cependant Thrasimond désira le voir, et l'ayant fait venir à Carthage, lui soumit plusieurs difficultés sur les points qui partageaient les catholiques et les ariens. Se rangeant à son avis, ce prince loua hautement sa sagesse. Il lui aurait même permis de rester à Carthage, sans les réclamations du clergé arien, auquel son influence portait ombrage. De retour dans son diocèse à l'avénement d'Hildéric, après avoir fait condamner les erreurs des semi-pélagiens, il assista encore à deux conciles, et mourut dans l'île de Cercine, en 533, le 1er janvier. Il reste de lui quelques ouvrages dirigés pour la plupart contre la doctrine des ariens et contre celle des pélagiens. H. BOUCHITTÉ.

FULGORE, genre d'insectes hémiptères, de la famille des cicadaires; il comprend environ cinquante espèces, pour la plupart remarquables par la beauté et la variété des couleurs, ornements des élytres et des ailes, ainsi que par la forme de la tête, qui dans les unes présente une scie, ou une trompe semblable à celle d'un éléphant, et dans d'autres une sorte de mufle. D'ailleurs, ce genre a pour caractères un front avancé, deux yeux lisses, sans appendices au dessous des antennes. Les plus grandes espèces de fulgores sont apportées en Europe de l'Amérique méridionale, de Cayenne ou de Surinam; elles y vivent sur les arbres. Les espèces qui habitent l'Europe sont très-petites, et se tiennent constamment sur les arbustes et les buissons.

La *fulgore porte-lanterne* (*fulgora laternaria*, Linné) a près de dix centimètres de longueur; elle est agréablement variée de jaune et de roux, et offre une grande tache en forme d'œil sur chaque aile. Son museau est très-dilaté, vésiculeux, large et arrondi en devant. Au dire de plusieurs voyageurs, cet insecte répand une forte lumière dans l'obscurité. Mlle Mérian, dans son grand ouvrage sur les insectes de Surinam, assure même que la clarté qui en résulte est assez grande pour permettre de lire les caractères les plus fins; mais ce fait a encore besoin d'être constaté.

La *fulgore porte-chandelle* a cinq centimètres de longueur; un front très-prolongé, mince, recourbé, de couleur jaune; les yeux bruns, la tête et le corselet d'un beau jaune, l'abdomen jaune en dessus, noirâtre en dessous; les élytres d'un beau vert, avec des bandes transversales et des taches jaunes. Les nervures des ailes sont élevées, et entre elles existent de petits traits, qui forment des espèces de grilles. Les ailes sont d'un jaune safran, avec de larges bandes noires à l'extrémité; les pattes jaunes, les quatre jambes antérieures noires, les postérieures épineuses. On nous en rapporte beaucoup de la Chine. C'est le pays qui en fournit le plus.

La *fulgore européenne* (*fulgora europæa*, Linné) a onze millimètres de longueur. Elle est entièrement verte; son front est conique, ses élytres et ses ailes sont transparentes. N. CLERMONT.

FULGOSO ou FRÉGOSE, illustre famille de Gênes, d'origine plébéienne, qui embrassa le parti gibelin et fut longtemps en lutte avec la famille des Adorni. Le premier personnage de cette maison qui figure dans l'histoire est *Dominique* FULGOSO, élu doge en 1371, après l'expulsion de Gabriel Adorno, à laquelle il avait puissamment contribué. En 1378, le peuple, excité par Antoine Adorno et Nicolas Guarco, le déposa à son tour, et l'emprisonna : il avait obtenu de brillants succès à Chypre, mais il avait vainement essayé de chasser les Vénitiens de Ténédos.

Jacques FULGOSO, fils de Dominique, fut élu doge en 1390, après l'abdication d'Antoine Adorno. Il était d'un esprit doux et pacifique. L'année suivante il fut contraint, par la force des armes, de rendre la place à Antoine Adorno, qui se repentait de l'avoir abandonnée.

Thomas FULGOSO, fils du précédent, prit une part très-active aux troubles qui agitèrent Gênes à la fin du quatorzième et au commencement du quinzième siècle. Élu doge en 1415, il se recommanda par une administration beaucoup plus sage que sa conduite antérieure ne devait le faire espérer, fit lever au roi d'Aragon le siége de Bonifacio, et décida Calvi à chasser sa garnison aragonaise, pour se mettre sous la protection de Gênes. Il abdiqua sa dignité en 1421, lors du siége de Gênes par Carmagnole, général de Philippe-Marie, duc de Milan, auquel ses concitoyens voulaient, contre son avis, se soumettre. La république, en considération de cet acte et avec l'approbation du même duc, lui céda la ville de Sarzane avec son district, pour en jouir sa vie durant, ne pouvant toutefois la céder ni la transférer qu'à la république. En 1435 il fut de nouveau élu doge, mais déposé en 1442.

Il avait un frère, *Baptiste* FULGOSO, qui entreprit, à la sollicitation du duc de Milan, de le supplanter. Il échoua, et Thomas en garda si peu de ressentiment, qu'il le fit nommer chef d'une escadre que Gênes fournit à René d'Anjou.

Après bien des révolutions, *Jean* FULGOSO, puis *Louis* FULGOSO, furent doges de 1447 à 1450. Celui-ci fut déposé en cette dernière année, et *Pierre* FULGOSO, neveu de Thomas, lui succéda. C'est lui qui persuada aux Génois, en 1458, de se soumettre à Charles VII, roi de France; mais il se souleva l'année suivante, et essaya de chasser les Français à l'aide de troupes que lui fournit Ferdinand de Naples. Il périt dans cette tentative.

Paul FULGOSO, qui avait été d'abord archevêque de Gênes, poursuivit les projets de Pierre, contribua à l'expulsion des Français, et après avoir subi comme doges Prosper Adorno, *Spineta* FULGOSO et *Louis* FULGOSO, supplanta ce dernier en 1463, réunissant en sa personne les pouvoirs spirituel et temporel. Mais ce ne fut pas pour longtemps : il fut obligé de se retirer devant les troupes de François Sforce, duc de Milan, à qui Louis XI avait cédé ses droits sur Gênes.

Baptiste FULGOSO, neveu du précédent, fut élu doge en 1478, et chassé en 1483 par son oncle, devenu cardinal et qui, après quelques années de pouvoir, remit Gênes au duc de Milan.

Octavien FULGOSO, proclamé doge en 1514, traita en 1515 avec François 1er, qui le fit gouverneur de Gênes. En 1522 il fut obligé de se rendre au marquis de Pescaire, général de l'Empire, et mourut quelques mois après. Il avait fait preuve de sagesse et d'équité.

En 1528 la famille FULGOSO fut incorporée par André Doria dans celle des Fornari, afin d'éteindre avec son nom les querelles incessantes qu'elle suscitait dans la république. Auguste SAVAGNER.

FULGURATION. *Voyez* FULMINATION, DÉFLAGRATION.

FULGURITES (*quasi fulgure icta*, dit Nonnius), nom que les Romains donnaient aux lieux ainsi qu'aux objets sur lesquels la foudre était tombée.

On donne aussi le nom de *fulgurites* à des tubes vitrifiés à l'intérieur et granuleux à l'extérieur, produits par le passage de la foudre à travers un terrain de sable quartzeux.

Ces fulgurites, qu'on appelle encore *tubes fulminaires*, pénètrent souvent à une grande profondeur, mais leur diamètre ne dépasse généralement pas cinq centimètres.

FULIGINEUX (de *fuligo*, suie). On applique cette épithète à une fumée ou vapeur supportant une grande quantité de suie ou de matière grasse. Le noir de fumée n'est que ce que l'on retient des vapeurs fuligineuses de substances résineuses qu'on a brûlées; la litharge est également le produit des vapeurs fuligineuses, retenues et ramassées, des métaux qui entrent en fusion. En médecine, on applique aux dents, à la langue et aux lèvres l'épithète de *fuligineuses,* quand elles sont couvertes d'un espèce de croûte noirâtre, à peu près couleur de suie, ce qui arrive dans certaines fièvres.

FULIGNO. *Voyez* Foligno.

FULLER (Sarah-Margaret), l'une des plus zélées promotrices de l'émancipation de la femme aux États-Unis, naquit en 1810, à Cambridge-Port, dans l'État de Massachusetts. Son père, *Thimothy* Fuller, jurisconsulte et membre du congrès de 1817 à 1825, acquit plus tard aux environs de Boston un petit domaine, qu'il cultivait lui-même. Il donna à sa fille une éducation toute virile; dès l'âge de huit ans, il lui imposait, dit-on, pour tâche de composer chaque jour un certain nombre de vers latins; et la philosophie, l'histoire et l'esthétique devinrent les études favorites de la jeune fille. C'est sous ces influences que se développa le caractère énergique et original de Marguerite Fuller. Son père mort, elle contribua à nourrir sa famille en donnant des leçons; et en novembre 1839 elle fonda à Boston une société de dames, au sein de laquelle elle fit des cours, qui dans cette ville, essentiellement puritaine, produisirent une vive impression, à cause des hardiesses étranges du professeur. En 1844, d'après l'invitation d'Horace Greeley, rédacteur de *The Tribune*, elle se rendit à New-York, où elle écrivit pour ce journal une suite d'articles relatifs à la littérature et aux beaux-arts, qui ont été recueillis et publiés sous le titre de : *Papers on literature and art* (Londres, 1846). Dans son ouvrage intitulé *Woman in the nineteenth century*, elle a exposé des idées hardies et souvent justes, mais quelquefois empreintes aussi d'une grande exaltation, sur la nature de la femme et sa destinée. En 1846 elle vint à Londres, où elle fit la connaissance personnelle de Carlyle, pour qui elle professait depuis longtemps la plus profonde vénération. De là elle se rendit à Paris, où, comme on le devine bien, elle n'eut rien de plus pressé que de se faire présenter à madame Dudevant, puis elle gagna l'Italie. A Rome, elle fit la connaissance du marquis Ossoli, qui lui donna son amitié et qui l'épousa en 1848. Elle prit une part des plus actives aux événements de cette époque, et la chute de la république romaine lui navra le cœur. Son mari fut exilé par le gouvernement pontifical, et en juin 1850 elle s'embarqua pour revenir aux États-Unis avec lui et un jeune enfant, qu'elle allaitait. Le 18 juillet 1850, le navire à bord duquel elle se trouvait périt corps et biens sur la côte d'Amérique, dans la grande tempête que signala cette journée. L'incontestable talent, le caractère énergique et la fin lamentable de Marguerite Fuller, ont entouré son nom d'une espèce d'auréole poétique. Il s'en fallait qu'elle fût jolie femme, et cela ne l'empêcha pas d'inspirer plusieurs attachements profonds et durables. Émerson et Channing ont publié les *Memoirs of Sarah Margaret Fuller, marchesa Ossoli* (3 vol., Londres, 1852).

FULMI-COTON, COTON-POUDRE, PAPIER-POUDRE, noms vulgaires donnés à un nouveau produit explosif, qui vers la fin de l'année 1846 fit son apparition dans le monde scientifique, où on le désigne sous celui de *pyroxyline*. On l'obtient en trempant certaines matières ligneuses, telles que le coton, le papier, etc., dans de l'acide azotique, et laissant sécher. C'est en réalité M. Pelouze qui en a donné la recette dès 1838, tout en ignorant que son papier-poudre, brûlant soudain, pût détoner comme la poudre ordinaire et la remplacer. Il ne le croyait propre qu'à former des cartouches promptes à s'embraser et pouvant ainsi rendre la poudre à canon plus efficace, plus puissante. De même que F. Bacon, M. Pelouze n'a donc fait que charger la pièce, et c'est M. Schœnbein qui l'a tirée. L'annonce de cette découverte produisit une vive sensation; mais l'engouement dont le fulmi-coton fut d'abord l'objet ne tarda pas à faire place à des sentiments plus raisonnables; la nouvelle découverte, si belle qu'elle pût être, fut depuis réduite à sa juste valeur, et de longtemps encore sans doute le fulmi-coton ne parviendra à détrôner la poudre à canon. On reconnaît que l'emploi en sera utile et économique dans les carrières, dans les mines et dans quelques autres applications pratiques de ce genre; mais quant à s'en servir pour les usages de la guerre, il n'y faut pas songer. Il est demeuré avéré en effet, à la suite d'expériences faites avec toute la précision imaginable, que les effets du fulmi-coton sont beaucoup plus inégaux que ceux de la poudre; que sa grande inflammabilité (il s'enflamme à 70° Réaumur, tandis que la poudre ne le fait qu'à 240°) rend la fabrication des munitions avec cette substance, leur transport et leur conservation beaucoup plus dangereux que ceux des munitions confectionnées avec de la poudre; que la confection des cartouches de tous genres avec la substance en question est extrêmement lente; que dans l'état actuel des fusils d'infanterie, des carabines et des pistolets, le fulmi-coton est inapplicable à ces armes, par conséquent qu'il ne serait pas propre pour l'usage de l'armée.

Combiné avec la poudre ordinaire, le fulmi-coton a fourni à M. Pelouze le moyen de fabriquer d'excellentes amorces fulminantes, pour le confectionnement desquelles on peut désormais se passer du fulminate de mercure, qui en était la base. On sait que c'était là avec les procédés anciens une opération des plus insalubres et des plus dangereuses, et que depuis longtemps il était à désirer qu'elle fût remplacée par un procédé moins funeste à la vie et à la santé des ouvriers qu'elle occupe, et dont le nombre est considérable, car, d'après des renseignements certains, on ne fabrique pas en France moins de 756 millions de capsules par an, sans compter celles que consomme l'armée et qui sont confectionnées dans les ateliers de l'État. La découverte de la qualité explosible communiquée par l'acide nitrique aux corps ligneux est encore sous d'autres rapports une belle conquête de la science : le fulmi-coton sert de base au collodion, dont la photographie et la chirurgie se disputent l'emploi.

Dans plusieurs pays, la police a cru devoir soumettre la fabrication et la vente du fulmi-coton à de gênantes et restrictives formalités. En France, cette matière est assimilée à la poudre et soumise, comme elle, aux dispositions des lois des 13 fructidor an v et 24 mai 1834. Il est en outre défendu aux propriétaires de tirs d'employer le coton-poudre pour les exercices qui ont lieu dans leurs établissements.

FULMINAIRES (Tubes). *Voyez* Fulgurites.

FULMINANT (de *fulmen*, foudre). On donne ce nom à toutes les préparations qui jouissent de la propriété de détoner ou d'éclater avec bruit, lorsqu'on les chauffe légèrement, qu'on les triture ou qu'on les soumet à une pression plus ou moins forte. Les substances fulminantes peuvent se présenter sous des états divers. Parmi les gaz, on peut citer l'oxyde de chlore, qui, soumis à une chaleur de moins de 100°, se décompose en donnant lieu à une explosion; parmi les liquides, le chlorure d'azote, dont l'énergie fulminante est encore plus grande. Mais c'est dans la classe des corps solides qu'on trouve les exemples les plus nombreux de propriétés détonantes. Les fulminates en général, et particulièrement ceux d'argent et de mercure, l'ammoniure d'argent, celui d'or, et l'iodure d'azote, occupent le premier rang parmi les corps solides susceptibles de fulmination. La poudre à canon elle-même peut présenter tous les caractères de cette énergie fulminante, si elle a été préparée avec un charbon léger, et soumise au grainage sans l'avoir préalablement comprimée : alors elle brise les canons les plus résistants, comme pourrait le faire le fulminate d'argent lui-même. Cet exemple, susceptible d'application à beaucoup d'autres substances, dénote combien l'état physique d'un corps peut influer sur le temps nécessaire pour en opérer la décomposition, et par suite sur les résultats qu'on en attend. Toutes choses égales d'ailleurs, une matière poreuse et légère sera plus rapidement décomposée que la même matière à laquelle on aurait conservé ou donné de la cohésion par la compression ou par tout autre moyen. Pour que la même substance devienne le plus fulminante possible, il faut donc favoriser au plus haut degré l'instantanéité de sa décomposition chimique.

C'est presque toujours dans leur propre composition que les matières fulminantes trouvent le principe de leur décomposition; formées d'éléments gazéifiables qui avaient été tenus dans un état de condensation très-considérable, souvent le moindre choc, l'élévation de la température, quelquefois une simple vibration des colonnes de l'air, le passage surtout d'une étincelle électrique, tout suffit pour opérer une brusque décomposition : alors, les gaz devenus libres obéissent à leur force d'expansion, se répandent dans l'air ou réagissent avec violence contre les parois des vases : supposant même que les circonstances favorisassent le retour instantané de ces gaz dégagés à la température sous laquelle ils n'auraient plus qu'une faible expansion, déjà la promptitude des effets résultant du dégagement peut avoir eu un effet mécanique d'une énorme puissance : c'est bien plus fort encore si, comme cela a souvent lieu, la température de ces gaz expansifs tend à s'élever au moment de la décomposition. Quelquefois cette élévation va jusqu'au rouge, c'est-à-dire à plusieurs centaines de degrés du thermomètre; et dans ce cas il est facile d'imaginer l'accroissement d'intensité que doit prendre la force de répulsion, puisque le coefficient de d i l a t a t i o n des gaz étant $\frac{1}{267}$, le volume de ceux qui se dégageront sera double par chaque augmentation de chaleur représentée pendant l'acte de la décomposition par le nombre 267.

Un certain nombre de substances fulminantes, malgré l'imminent danger qu'offre leur traitement, trouvent de l'emploi dans plusieurs arts : ce sont particulièrement les fulminates d'argent et de mercure. L'ammoniure d'or est aussi quelquefois en usage, mais uniquement comme moyen de fixer l'or métallique sur la couverte de la porcelaine. On le mêle à cet effet avec une poudre inerte, afin de le rendre moins intactile, et de l'essence de térébenthine, pour en faciliter l'application au pinceau. La poudre employée et l'essence se brûlent au feu de la moufle, et l'or réduit reste appliqué en une couche extrêmement superficielle, mais solide, sur les pièces qu'on a voulu décorer.

PELOUZE père.

FULMINANTE (Légion). *Voyez* LÉGION FULMINANTE.

FULMINATE, sel résultant de la combinaison de l'acide f u l m i n i q u e et d'une base. On obtient les fulminates en faisant réagir de l'acide nitrique sur un métal en présence de l'alcool. Le *fulminate d'argent*, que l'on appelle encore *poudre fulminante de Berthollet*, du nom du savant auquel on en doit la découverte, est la plus intactile peut-être de toutes les substances que nous connaissons. Ce n'est qu'avec beaucoup de précautions qu'on peut la préparer, à cause des dangers qui accompagnent sa détonation, et en opérant sur des quantités extrêmement petites de matière. Après avoir dissous de l'argent fin dans de l'acide nitrique, on verse dans la liqueur une petite quantité d'eau de chaux, qui y forme un précipité brun, qu'on lave à plusieurs reprises avec de l'eau distillée; on verse ensuite sur ce résidu humide une petite quantité d'ammoniaque, qui le dissout, et on abandonne la matière à l'air pour qu'elle se dessèche. Si on opérait seulement sur un décigramme d'argent, il faudrait distribuer le précipité obtenu par la chaux dans une douzaine de verres de montre avant d'y verser l'ammoniaque, car, une fois formée, la poudre fulminante pourrait détoner et donner lieu à de très-graves accidents. On ne pourrait sans s'exposer chercher à enlever cette combinaison, même humide, pour la diviser en plusieurs parties, et ce serait courir aussi des risques que de la placer dans un vase de verre ou de porcelaine, qui pourraient être brisés dans sa détonation, et les fragments lancés avec une grande violence. Quand l'oxyde d'argent encore humide a été versé en très-petite quantité dans les verres de montre, on les place à une assez grande distance les uns des autres, sur une planche; on ajoute de l'ammoniaque pour dissoudre l'oxyde et en laisser la dessiccation s'opérer. Vient-on alors à toucher la matière avec un tube de verre ou un bâton, souvent même avec une barbe de plume, une détonation violente a lieu; le verre de montre est ordinairement brisé en mille pièces, et souvent le mouvement occasionné par l'air suffit pour faire fulminer la matière renfermée dans quelques-uns de ceux qui sont placés à peu de distance. Il arrive souvent aussi que quoique préparée de la même manière, une certaine quantité de l'argent fulminant ne détone pas, même par un frottement assez fort; mais sa décomposition s'opère dans la plupart des cas avec tant de facilité qu'il est prudent de se servir d'un bâton d'un mètre au moins de longueur pour le toucher. Cette poudre fulminante partage avec plusieurs autres la singulière propriété de produire un effet très-considérable sur les corps qui la supportent, et qu'elle enfonce avec beaucoup de violence, tandis que la poudre à canon ne produit d'action que sur le projectile qui lui est opposé. On n'a jusque ici donné aucune explication entièrement satisfaisante de ce phénomène.

On n'emploie guère le fulminate d'argent que pour la préparation des pois fulminants. H. GAULTIER DE CLAUBRY.

Pour préparer le *fulminate de mercure*, ou *poudre fulminante de Hovard*, on opère sur un gramme de mercure et 12 grammes d'acide nitrique concentré; on verse ensuite dans cette solution 12 grammes d'alcool, et on a la précaution de chauffer lentement. D'autres procédés sont employés par l'industrie pour préparer en grande quantité ce fulminate, qui sert à la fabrication des c a p s u l e s et amorces fulminantes. Le fulminate de mercure se compose de 0,24 d'acide fulminique et de 0,76 d'oxyde de mercure. Il se décompose avec flamme et explosion, soit par le choc, soit lorsqu'on le chauffe à la température de 188°. Pour que le choc donne lieu à une explosion, il faut que les corps choqués possèdent une certaine dureté.

En moyenne, 1,000 grammes de mercure donnent 1,250 grammes de fulminate, qui suffisent pour préparer 40,000 capsules. A cet effet on broie le fulminate avec 30 p. 100 de son poids d'eau, et on y incorpore 0,6 de son poids de poudre ordinaire. On introduit ensuite cette pâte dans les capsules. Pour prévenir l'action de l'humidité, on recouvre la pâte avec de la teinture de benjoin ou avec une dissolution de mastic dans de l'huile essentielle de térébenthine.

Lorsqu'on fait détoner une capsule au milieu d'une caisse qui en est remplie, l'inflammation ne se propage pas, s'il n'y a pas de poudre interposée. Cependant ces capsules ne sont pas sans danger : aussi remplace-t-on quelquefois dans leur fabrication le fulminate de mercure par le f u l m i c o t o n.

FULMINATION, FULGURATION. Ce n'est que d'après la rapidité de l'inflammation et d'après la force du bruit, qu'on a établi une différence entre la *d é t o n a t i o n* et la *fulmination*. Quand le phénomène n'est accompagné que d'un bruit comparativement faible, il prend le nom de *détonation*; si le bruit est considérable, et que l'explosion soit violente, on dit qu'il y a eu *fulmination*. Tandis que le mot *fulmination* rappelle l'idée de la foudre (*fulmen*), *fulguration* exprime la rapidité de l'éclair (*fulgur*). Il y a donc gradation de la fulmination à la fulguration (*voyez* DÉFLAGRATION).

FULMINATION (*Droit canon*), acte par lequel un évêque ou tout autre délégué du pape annonce un rescrit, une bulle et en ordonne l'exécution. Jadis les officiaux étaient d'ordinaire chargés de ces missions, qui, leur ayant été données dans les formes voulues, ne pouvaient même leur être retirées par la mort du saint-père. Ils ne pouvaient déléguer personne pour rendre la sentence d'exécution, mais il leur était permis de transmettre à des tiers le pouvoir d'interroger les parties, d'assigner et ouïr les témoins sur les faits exposés dans l'acte de la cour de Rome. Les objets de la fulmination, aussi variés que ceux des bulles, embrassaient les excommunications, les mandements des évêques, abbés et abbesses, les dispenses de mariage, les signatures portant réparations d'irrégularités, les rescrits réclamant contre des vœux, etc., etc.

FULMINIQUE (Acide). Découvert par Gay-Lussac, cet acide n'existe qu'en combinaison avec les bases dans les fulminates. Quand on cherche à l'isoler, il se décompose en acide cyanhydrique et en d'autres produits.

FULTON (Robert) naquit l'an 1765, en Pensylvanie, dans le comté de Lancastre, de parents pauvres; son père et sa mère étaient de malheureux émigrés irlandais, chargés de cinq enfants. Fulton n'avait encore que trois ans lorsqu'il perdit son père, et à dix-huit il savait à peine lire, écrire et compter : c'était là toute l'éducation qu'il avait pu puiser dans l'école de son village. Plein de zèle et d'industrie, il se rendit d'abord à Philadelphie, où, malgré le dénûment le plus complet, il parvint à étudier le dessin, la peinture et la mécanique. Allant d'auberge en auberge, et jusque dans les rues, vendre des paysages et faire des portraits, le jeune artiste parvint, au bout de quelques années, à se procurer une somme suffisante pour payer une petite ferme que sa mère faisait valoir. Lui en ayant ainsi assuré la propriété, et ne redoutant plus pour elle les besoins de la vie, Fulton passa en Angleterre en novembre 1786, espérant trouver dans le célèbre peintre d'histoire West, son compatriote, un maître habile et un protecteur généreux. Son espoir ne fut pas déçu : le respectable artiste l'accueillit comme disciple et commensal. Fulton fit sous lui de rapides progrès; mais son génie le poussait surtout vers la mécanique. En 1793 il présenta au gouvernement des projets d'amélioration pour les canaux, où les écluses sont remplacées par des plans inclinés sur lesquels montent et descendent des bateaux à roulettes. A cette idée, pratiquée déjà en Chine depuis un temps immémorial, et reproduite en Europe à des époques reculées par l'ingénieur anglais Reynold, Fulton ajouta beaucoup d'autres perfectionnements, et surtout la construction de routes, d'aqueducs et de ponts en fer fondu; mais ce fut en vain qu'il s'adressa au gouvernement et à des sociétés particulières pour l'exécution de ses projets. Afin de les faire apprécier, il fut obligé de les décrire dans un livre. A la fin de cet ouvrage se trouve une lettre à François de Neufchâteau, alors ministre de l'intérieur en France, relative à un projet de canalisation de ce pays, à l'aide des soldats. Fulton imagina aussi des espèces de charrues pour creuser les canaux; il perfectionna à la même époque des moulins pour scier le marbre, et des machines pour filer le chanvre et commettre les cordages.

Quelques lettres de remercîments de la part des sociétés savantes et trois ou quatre brevets d'invention furent tout ce qu'il obtint dans la Grande-Bretagne. Pensant trouver en France plus d'encouragement, il arriva à Paris vers la fin de 1796. Invité par Joel Barlow, alors ministre plénipotentiaire des États-Unis en France, à venir résider au milieu de sa famille, Fulton accepta cette offre généreuse, et dès lors fut cimentée entre le plus illustre des poëtes américains et le premier ingénieur du Nouveau Monde cette étroite amitié qui devait durer autant que leur vie. Pendant les sept années que Fulton passa auprès de son ami, il se livra à l'étude du français, de l'italien et de l'allemand, étudia les mathémathiques, la physique, la chimie et la perspective, et composa plusieurs écrits qui n'ont pas été publiés. Il crut en 1797, époque où la France et l'Angleterre songeaient à la paix, devoir donner ses idées sur la liberté des mers et du commerce : à cet effet, il entra en correspondance avec le célèbre Carnot, qui l'affectionnait particulièrement; mais la révolution du 18 fructidor ayant forcé Carnot à s'expatrier, Fulton présenta vainement ses projets aux nouveaux membres du Directoire. Il entreprit alors de faire adopter à la France un nouveau genre de guerre maritime, et dès le mois de décembre 1797 il fit à Paris quelques essais sur la manière de diriger entre deux eaux, et de faire éclater à un point donné, des boîtes remplies de poudre; c'est là que s'étaient arrêtées en 1777 les expériences de l'Américain Bushnell. Fulton échoua comme lui dans cette entreprise, aussi bien que dans celle d'employer des bateaux sous-marins pour conduire des pétards sous la carène des vaisseaux. L'argent lui manquant, Fulton s'adressa au gouvernement. Mais sa pétition, renvoyée au ministre de la guerre, n'obtint pas de réponse. Sans se décourager, il exécuta en acajou un modèle de son bateau, et avec cet argument, qui parlait aux yeux, il se présenta de nouveau au Directoire. Aussitôt une commission fut nommée pour examiner ses plans. Les rapports furent favorables, mais, après de longs délais, le ministre de la guerre les rejeta entièrement. Trois années s'étaient écoulées dans ces travaux; Fulton, ne conservant plus d'espoir auprès du gouvernement français, s adressa au Directoire de la république batave, qui, de même que la France, méconnut l'importance de la guerre sous-marine, à l'exception, cependant, d'un de ses membres, nommé Vanstaphast, lequel fournit à l'ingénieur de l'argent pour exécuter plusieurs machines.

Bonaparte ayant été revêtu de la dignité de consul à vie, Fulton lui écrivit pour obtenir des fonds pour la construction d'un bateau sous-marin, et pour qu'une commission examinât ses expériences. Cette double requête eut tout son effet; l'argent fut accordé, et Volney, Monge et Laplace furent nommés et approuvèrent le projet; le bateau fut construit en 1800 et essayé pendant l'automne à Rouen et au Hâvre. Le succès ne répondit pas à l'attente de l'inventeur. Ayant entrepris d'aller à Brest, il ne put achever la traversée, et son bateau sous-marin échoua aux environs de Cherbourg. Un second fut construit dans les ateliers de MM. Perrier, à Paris, et essayé, en 1801, sur la Seine, vis-à-vis des Invalides. L'ingénieur, enfermé dans son bateau avec un matelot et une bougie allumée, s'enfonça dans l'eau, y resta dix-huit à vingt minutes, et surgit après avoir parcouru une assez grande distance, puis disparaissant de nouveau, il regagna le point de départ. Témoin de cette expérience, Guyton-Morveau remit à Fulton un mémoire sur les moyens de prolonger la respiration des hommes et la combustion des lumières à bord des navires sous-marins en restituant de l'air vital et absorbant le gaz carbonique. Le même bateau fut plus tard essayé à Brest, et un rapport des plus favorables fut dressé par des officiers de marine. Fulton s'occupa ensuite de manœuvrer un pétard contenant vingt livres de poudre avec son bateau sous-marin, et il réussit à faire sauter une chaloupe mouillée dans la rade. Mais chez Bonaparte le goût pour les innovations diminuait à mesure qu'il voyait croître sa puissance. Les mémoires et les pétitions de Fulton restèrent sans réponse; toutefois, le profit qu'il retira du premier panorama offert par lui aux Parisiens lui permit de poursuivre ses expériences.

Pendant ce temps, lord Stanhope parlait avec anxiété, dans la chambre des pairs, du séjour de Fulton en France, et, sur sa demande, un rapport était adressé au premier ministre, lord Sydmouth, pour l'engager à rappeler l'habile ingénieur. Fulton ne se décida pas d'abord à accepter les offres du gouvernement britannique; il s'occupait de construire un bateau à vapeur sur la Seine, avec l'assistance de M. Livingston, ministre plénipotentiaire des États-Unis à Paris; le bateau, terminé, fut essayé, mais il se rompit par le milieu. Le ministre fournit des sommes pour la construction d'un second bateau, qui fut éprouvé à la fin de 1803, et l'expérience ayant été satisfaisante, Fulton et son protecteur conçurent dès lors le projet, qu'ils réalisèrent quatre ans après, d'établir des bateaux à vapeur sur les fleuves d'Amérique.

De retour en Angleterre, Fulton n'y rencontra, comme en France, qu'obstacles et dégoûts. En le rappelant, l'intention du gouvernement anglais avait été simplement de juger ses projets et de lui acheter le secret au moyen d'une forte pension: mais c'était grandement se tromper sur son caractère. On peut s'en convaincre par cette réponse à des agents du pouvoir : « Soyez assurés, leur dit-il, quels que puissent être vos desseins, que je ne consentirai jamais à cacher mes inventions lorsque l'Amérique en aura besoin. Vous m'offririez en vain une rente de 20,000 liv. sterl., je sacrifierai toujours tout à la sûreté et à l'indépendance de ma patrie. » Après bien des délais, le ministère consentit enfin à faire essayer les *torpilles* ou pétards sous-marins perfectionnés par Fulton. La première expérience, qui eut lieu la nuit du 2 octobre 1805, fut sans succès; mais Fulton insista, et le 15 du même mois, en présence des ministres, il fit sauter un brick danois du port de 200 tonneaux, qui était à l'ancre dans la rade de Walmer. Cependant, ce qui devait être favorable à l'ingénieur produisit l'effet contraire, et vers la fin de l'année suivante, ayant plus que jamais à se plaindre du gouvernement britannique, il quitta l'Angleterre pour New-York. Rentré dans sa patrie, jaloux de prévenir ses compatriotes en faveur de son projet relatif aux torpilles, il réunit dans l'île du Gouverneur les autorités de New-York et un grand nombre d'habitants, et entra dans les moindres détails sur ses inventions. Puis il s'occupa de la construction d'un bateau à vapeur, *Le Clermont*. Cette entreprise avait été condamnée par l'opinion publique; le chancelier Livingston fournit seul les fonds nécessaires. Au mois d'août de l'année 1807, *Le Clermont* fut essayé. Le succès fut complet, et le triomphe du génie arracha à la multitude, jusque alors incrédule, des acclamations et des applaudissements immodérés.

Fulton s'occupait à observer toutes les parties de son bateau, afin d'en connaître les défauts et de pouvoir les corriger. Après quelques changements, *Le Clermont* alla de New-York à Albany en trente-deux heures, et en revint en trente heures. Dans ces deux traversées, qui s'exécutèrent de nuit et de jour, cette énorme machine jeta la terreur parmi les habitants des rives de l'Hudson et parmi les équipages des navires qui se trouvaient sur son passage. Les marins, étonnés de cette longue fumée qui s'élevait dans les airs et entendant le bruit des roues qui frappaient l'eau à coups redoublés, se précipitèrent (disent les journaux de l'époque) à fond de cale pour se dérober à cette effrayante apparition. Les plus hardis se prosternèrent sur le pont, implorant la Providence contre l'horrible monstre qui dévorait l'onde houleuse. Peu après *Le Clermont* fit régulièrement le service de la poste entre New-York et Albany.

La construction du *Clermont* et ses succès engagèrent le célèbre mécanicien et son associé, le respectable chancelier Livingston, à construire de nouveaux bateaux à vapeur, qui tous réussirent également. Alors s'accrurent promptement la fortune et la réputation de Fulton, qui, le 12 août 1807, répéta aux frais du gouvernement, dans les environs de New-York, l'expérience des armes sous-marines, qu'il avait déjà exécutée à Walmer, et fit sauter un vieux navire d'environ 200 tonneaux. En 1810 il publia un ouvrage sur ses torpilles. En mars, même année, le congrès vota des fonds pour en fabriquer. Fulton s'occupa ensuite successivement de la création des *block-ships*, des *colombiades* sous-marines, et des *mutes* ou bateaux muets, etc., lesquels furent successivement éprouvés. Mais il était destiné à trouver partout des obstacles : on alla jusqu'à lui disputer devant la législature de New-York la gloire d'avoir le premier établi utilement la navigation par la vapeur, et on chercha à faire révoquer son brevet. Sa santé était déjà altérée : cette affaire acheva de la déranger; il fut obligé de garder le lit. Un jour, étant sorti par un froid très-rigoureux pour donner des ordres aux ouvriers, et étant longtemps resté exposé à l'air, la maladie se déclara avec une nouvelle force, et, le 24 février 1815, il mourut à l'âge de quarante-neuf ans. Dès que la nouvelle de ce triste événement fut connue, la douleur publique se manifesta d'une manière éclatante. Les journaux s'entourèrent de marques de deuil. La municipalité de New-York et les diverses sociétés savantes et littéraires arrêtèrent que tous leurs membres porteraient le deuil pendant un certain temps. Le sénat, de son côté, s'associa au sentiment général, en arrêtant aussi que le deuil serait pris par les deux chambres. V. DE MOLÉON.

Fulton était mort en laissant pour 100,000 dollars de dettes. En 1829, le congrès accorda à ses enfants une somme de 50,000 dollars avec les *intérêts échus* depuis 1815, et plus tard encore, en 1838, il leur vota une autre somme de 100,000 dollars.

FULVIE. Deux femmes de l'ancienne Rome ont rendu ce nom célèbre. L'une joua le rôle de dénonciatrice dans la conjuration de Catilina, et dégrada une illustre naissance en faisant le métier de courtisane. Elle avait pour amant en titre un chevalier Q. Curius, qui déhonorait aussi par sa conduite un des noms les plus respectables de Rome : exclu par les censeurs du sénat pour plusieurs infamies, forcé par le dérangement de ses affaires de cesser ses prodigalités envers Fulvie, il se mit tout à coup, voyant que cette femme avide lui tenait rigueur, à changer ses doléances et ses supplications en promesses extravagantes, entremêlées de menaces si elle ne le remettait pas en possession de ses anciens droits sur elle. Fulvie, surprise d'abord, s'adoucit assez pour découvrir d'où provenait l'arrogance inaccoutumée de son amant, et elle ne crut pas devoir tenir secret le péril qui menaçait l'État. Elle fit sourdement circuler dans le public ce qu'elle avait appris, sans nommer personne. Cicéron, élu consul, en obtint des révélations plus explicites; et, de concert avec elle, détermina Curius, par les plus belles promesses, à lui révéler tout le projet de Catilina. Plus tard, lorsque deux des conjurés conçurent le projet d'assassiner Cicéron, Curius se hâta de l'en faire avertir par Fulvie. Quand le procès des complices de Catilina fut déféré au sénat, Curius, appelé à déposer comme témoin, chargea beaucoup César; mais ses dénonciations contre ce redoutable citoyen n'eurent d'autre résultat que de lui faire perdre la récompense promise aux dénonciateurs. Quant à Fulvie, il est probable qu'elle s'était fait payer d'avance sur les fonds dont pouvait disposer Cicéron en qualité de consul. L'historien Florus parle de cette Fulvie avec beaucoup de mépris : il la qualifie de courtisane des plus viles (*vilissimum scortum*).

L'autre FULVIE fut appelée à jouer un rôle moins secondaire que sa contemporaine. Fille de Marcus Fulvius Bambalio, n'ayant, suivant l'expression de Velléius Paterculus, rien d'une femme que le corps, elle fut successivement l'épouse de trois hommes considérables dans la république, et qui tous trois naquirent pour le malheur de Rome : Clodius, l'ennemi de Cicéron; Curion, tribun non moins séditieux que Clodius, dont il avait été l'ami; et le triumvir Marc-Antoine. Quand Clodius eut été assassiné par les satellites de Milon, et que son cadavre, rapporté à Rome, fut exposé dans le vestibule de sa maison, Fulvie, par ses discours véhéments, anima le peuple à la vengeance. Curion, zélé partisan de César, ayant péri en Afrique après la bataille de Pharsale, Fulvie ne s'amusa pas à le pleurer, et épousa Marc-Antoine, qui était alors l'âme damnée du dictateur. Après la mort de César, tant que son mari fut maître des affaires, elle le poussa aux rapines les plus scandaleuses, comme aux actes les plus violents et les plus cruels. Ce fut à l'instigation et sous les yeux de Fulvie qu'il décima une légion romaine. Plus tard, lorsque Antoine fut proscrit, après sa défaite devant Modène, elle se vit en butte à de menaçantes représailles; mais elle trouva un protecteur puissant et zélé dans Atticus, l'ami intime de Cicéron, qui poursuivait Antoine avec acharnement. On sait comment ce grand orateur paya le tort d'avoir été vaincu dans cette guerre à mort : il fut proscrit par les triumvirs Octave, Antoine et Lépide, et Fulvie, à qui l'on apporta la tête de Cicéron, se donna le plaisir de percer d'une aiguille d'or cette langue qui avait lancé contre elle et son époux des traits si acérés. Tandis qu'Antoine proscrivait de son côté, Fulvie proscrivait du sien; et Antoine la laissait faire.

Lorsque, vainqueurs de Brutus et de Cassius, Antoine et Octave n'eurent plus qu'à se disputer l'empire du monde, Fulvie, qui était restée à Rome, tandis que son époux se trouvait en Orient, troubla tout par ses intrigues et par ses fureurs. Elle avait deux motifs pour détester Octave: d'abord, le jeune triumvir, qui n'avait épousé la fille qu'elle avait eue de Clodius que pour obéir aux légions, ne témoignait à Clodia que froideur et mépris, jusqu'à se refuser à consommer ce mariage; en second lieu, la vieille Fulvie aurait souhaité se faire aimer de son gendre, qui voulut encore moins de la mère que de la fille. Elle n'était pas femme à pardonner tant d'offenses : elle anima de ses passions, en leur donnant une couleur politique, Lucius Antonius, son beau-frère; et ce dernier, prenant le masque républicain, se déclara contre le triumvirat, s'annonça comme le protecteur des propriétaires dépouillés, et prit les armes contre Octave pour la cause de la liberté. Ce mot rallia sous ses enseignes plusieurs légions et une aveugle jeunesse, qui voyaient le restaurateur du parti de Pompée dans le docile instrument d'une vieille femme. Octave fit marcher contre Lucius trois armées, dont une sous ses ordres immédiats. Lucius s'enferma dans Pérouse avec Fulvie, qui animait elle-même les combattants; mais tout cédait alors à la fortune et à l'habileté d'Octave. Lucius se rend à son adversaire, qui cette fois se montre clément. Fulvie, sans espérance, se retire d'abord à Pouzzoles, ensuite à Brindes, enfin dans la Grèce. Elle était malade à Sicyone en Achaïe, lorsque Antoine vint dans cette contrée. Il ne daigna pas lui faire une visite; et elle mourut, l'an de Rome 712 (42 avant J.-C.), dans les angoisses de toutes les mauvaises passions trompées.

Charles Du Rozoir.

FULVIUS, nom d'une illustre famille plébéienne de Rome, originaire de Tusculum, qui fournit à la république des consuls et des préteurs, et se subdivisa par la suite des temps en cinq branches, distinguées entre elles par les surnoms de *Flaccus, Nobilior, Pœtinus, Curvus* et *Centumalus*.

Quintus Fulvius Flaccus, après avoir obtenu, à deux reprises, le consulat, et avoir exercé la censure l'an 231 avant J.-C., fut pendant deux années de suite, après le désastre de Cannes, chargé de la préture. Nommé pour la troisième fois consul, l'an 212 avant J.-C., il battit Hannon en Campanie; l'année suivante il soumit Capoue, et la punit sévèrement de sa défection. Il mourut après avoir été pour la quatrième fois nommé consul, l'an 209 avant J.-C.

Son petit-fils, *Marcus* Fulvius Flaccus, nommé consul l'an 125 avant J.-C., ayant proposé d'accorder aux alliés les droits de citoyen, fut envoyé par le sénat dans les Gaules, à l'effet de porter secours aux Massiliens, vivement pressés par leurs voisins. Plus tard, il se lia étroitement avec Caïus Gracchus, et périt avec ses deux fils, en 121.

FUMÉ. On donne ce nom à l'épreuve d'une gravure en bois obtenue au moyen du brunissoir. C'est une sorte d'épreuve d'artiste, faite pour s'assurer des résultats du travail.

FUMÉE. Tous les corps étant chauffés à un degré convenable passent de l'état solide à l'état liquide, ou à l'état de gaz. Les matières qu'on brûle dans les foyers pour obtenir un certain degré de température sont le bois, le charbon végétal ou fossile, la tourbe, etc. Ces matières soumises à l'action du feu ne produisent presque pas de liquides; elles donnent, au contraire, une quantité extraordinaire de gaz, dont la nature dépend de celle du combustible. Si la combustion était parfaite, on ne verrait point ce que nous appelons *fumée* s'élever et monter au-dessus du foyer, puisque ce courant ascendant se composerait de fluides invisibles comme l'air que nous respirons. La fumée est sensible à nos yeux par la raison qu'il se mêle au courant ascendant des gaz de la vapeur d'eau, des particules du combustible qui, consumées en partie, ont acquis assez de légèreté pour être relativement moins pesantes que l'air qu'elles déplacent. Il ne faut pas confondre la *vapeur* avec la *fumée*: celle-ci est toujours composée de plusieurs matières solides et liquides de différentes natures; la vapeur, au contraire, ne contient pas de matières à l'état solide : la vapeur d'eau pure, par exemple, est un gaz imparfait, qui ne contient aucune matière palpable.

La fumée a de graves inconvénients, surtout dans les grandes cités où l'on brûle du charbon de terre, soit pour les usages domestiques, soit pour le service des manufactures dont la loi y autorise l'existence. Ces inconvénients ont attiré l'attention du parlement anglais, qui a décidé qu'à l'avenir toutes les cheminées de Londres seront pourvues d'appareils fumivores. Cet exemple a été imité à Paris. La santé publique y gagnera; les particuliers y trouveront même une économie, car la fumée est un combustible imparfaitement brûlé.

Au figuré, *il n'y a point de fumée sans feu* signifie : il ne court point de bruit qui n'ait quelque fondement. *Il n'y a point de feu sans fumée* veut dire : On a beau cacher une passion vive, elle se manifeste toujours. *S'en aller en fumée* s'applique aux choses qui ne produisent point l'effet attendu : Tous ses projets s'en vont en *fumée*. *Un vendeur de fumée*, c'est un homme qui n'a qu'un crédit apparent. On dit aussi familièrement : Les *fumées du vin*, pour les vapeurs qui montent de l'estomac au cerveau; *les fumées de l'orgueil, de l'ambition*, pour les mouvements qu'excitent ces passions. *Fumée* est en outre synonyme de *vain* : la gloire et les honneurs ne sont le plus souvent que de la *fumée*.

Fumée est un terme que les chasseurs emploient pour désigner la fiente des bêtes fauves. Teyssèdre.

FUMÉE (Noir de). *Voyez* Nom.

FUMET, terme de vénerie et de cuisine. On désigne ainsi certaine émanation, certaine vapeur particulière, qui s'exhale du corps des animaux crus ou cuits, et qui en fait reconnaître la présence ou la qualité. Toute substance extraite du règne végétal ou animal exhale probablement un fumet plus ou moins caractérisé, mais dont l'imperfection de notre odorat ne nous permet pas de nous apercevoir dans le plus grand nombre des cas. La plupart des animaux, tels que le chien, par exemple, doués d'un organe olfactif beaucoup plus sensible que le nôtre, perçoivent d'une manière étonnante le fumet les uns des autres ou celui des corps organisés qu'ils peuvent avoir intérêt de rechercher ou de fuir. Cette espèce d'émanation, qui s'exhale du corps de tout être animé, est même un guide beaucoup plus sûr que la vue pour diriger les animaux carnassiers dans la recherche de leurs proies, et pour donner à ces dernières le moyen d'échapper à leur ennemi. Billot.

FUMETERRE, genre de plantes de la famille des papavéracées, ayant pour caractères : Un calice de deux pièces et caduc, une corolle composée de quatre pétales, irrégulière et comme labiée; six étamines diadelphes; un ovaire supérieur surmonté d'un seul style. En général, les tiges des fumeterres ne s'élèvent pas très-haut, et deux espèces seulement ont des fleurs un peu grandes : l'une est indigène, c'est la *fumeterre bulbeuse* (*fumaria bulbosa*, Linné); l'autre est originaire du cap de Bonne-Espérance. Parmi les indigènes, l'espèce *officinale* (*fumaria officinalis*, Linné) est la plus commune : on la trouve dans les cultures, les haies, etc. Ses tiges, grêles et rameuses, ne s'élèvent tout au plus que de trois décimètres, et les feuilles surcomposées, les fleurs, très-petites et sans éclat, n'attirent point l'attention d'un spectateur qui n'est ni botaniste ni médecin. Le cultivateur voudrait débarrasser ses champs de toutes ces plantes parasites qui usurpent le sol et étouffent dans leur croissance le blé et d'autres céréales utiles; mais les semences de la fumeterre, comme celles des coquelicots, des bluets, etc., échappent, par leur extrême petitesse, aux opérations de nettoyage des grains. La seule espèce dont on pourrait s'occuper plus qu'on ne l'a fait jusqu'à présent est la *fumeterre bulbeuse* :

ses fleurs s'embelliraient peut-être par la culture; et il semble que sa racine devrait être soumise aux mêmes expériences que celles des orchis, de la bryone, des arums, et d'autres plantes, qui fourniraient, au besoin, soit des aliments, soit des matières dont les arts pourraient tirer parti. FERRY.

FUMEUR, celui qui aspire et expire habituellement de la fumée de tabac, au moyen de cigarres, de cigarettes et surtout de pipes.

FUMIER, le plus abondant et le plus précieux de tous les engrais, d'une action fécondante supérieure à celle des matières végétales, moins puissante et moins rapide que celle des matières animales pures, mais beaucoup plus durable. Il est de nature mixte, végéto-animale, composé de pailles, d'autres tiges ou feuilles de plantes qui, ayant servi de litière aux animaux domestiques, sont imprégnées de leurs exhalations, imbibées de leur urine, et mélangées avec leur fiente; les liquides qui s'en écoulent en font aussi partie. Tel est le sens du mot *fumier* dans son acception la moins étendue; mais ordinairement on l'applique à l'ensemble des produits végétaux et animaux qui en forment la masse dans une exploitation rurale bien entendue. Alors il se compose du fumier proprement dit, de la fiente des volailles et des pigeons, des résidus provenant de la fabrication du vin, du cidre, de l'huile, etc., de la chair, des os et du sang des animaux; de toutes les plantes coupées en vert qui poussent dans les fossés et les endroits marécageux de la ferme, des vases retirées des fossés et des mares, des sciures de bois, des cendres, de la suie, des criblures, etc., des eaux grasses, des eaux alcalines, du jus de fumier, des terres franches imbibées de sucs végétaux ou animaux à l'état de décomposition putride, du produit des fosses d'aisance, etc.

Le fumier proprement dit offre de grandes différences selon les animaux qui le produisent: le *fumier de cheval*, divisé, d'une fermentation prompte et facile, pousse activement la végétation; il convient surtout dans les terres fortes et argileuses; celui *de vache*, beaucoup plus compacte, est d'une fermentation lente et s'applique surtout aux terres sèches et maigres, auxquelles il donne du corps, le *fumier de cochon* jouit à peu près des mêmes propriétés que le précédent, mais à un moindre degré; le *fumier de mouton, de chèvre*, etc., composé de paille imbibée d'urine, et de crottes dont les molécules adhèrent fortement, est plus actif et plus durable dans son action sur les plantes que les autres fumiers. Le mélange bien égal des trois premières espèces forme une masse d'une fermentation facile et régulière, et produit un engrais consommé, d'une qualité excellente. Selon les habitudes locales, la nature des terres et la quantité d'engrais produite, le fumier s'emploie: 1° *à l'état frais* avant que la fermentation s'y soit développée; 2° *à moitié consommé; 3° à l'état de pâte onctueuse et dense; 4°* enfin, *à l'état de terreau, meuble et pulvérisé.* De ces quatre procédés, lequel est préférable? Pour la solution de cette question, il est nécessaire d'examiner le mode d'action de chacun.

Par ses pailles longues ou ses autres tiges végétales, le fumier frais, répandu dans les terres au sortir des écuries ou quelques semaines après sa formation, soulève et divise la terre, et y ménage des canaux souterrains pour l'écoulement des eaux; par les urines et les excréments qu'il renferme, il échauffe les plantes et leur fournit des sucs. Mais toutes les matières végétales non décomposées n'agissent d'abord que d'une manière mécanique; elles se convertissent lentement en terre végétale, parce que la fermentation putride n'en précipite pas la décomposition.

Dans le fumier à moitié consommé, la fermentation a déjà produit des changements notables, la combinaison des matières animales et végétales est commencée; elles sont moins distinctes l'une de l'autre; la paille, en partie divisée, saturée de sucs qui lui donnent une couleur brune, en partie confondue avec les matières animales pour former un tout homogène, présente immédiatement la nourriture aux végétaux par la portion en combinaison intime avec les matières animales, en même temps qu'elle agit encore mécaniquement par la portion non convertie. Le temps nécessaire à la confection de ce fumier varie de six semaines à trois mois, suivant les espèces qui entrent dans la composition de la masse, et aussi selon la position et les circonstances atmosphériques.

La fermentation a cessé, la température s'est abaissée, la masse entière est homogène ou à peu près, la couleur uniformément brune ou noire: nous avons du fumier consommé ou du terreau. Le premier forme une pâte onctueuse; le second, moins pourvu d'humidité et de parties grasses, est divisé: c'est l'essence de l'humus. L'un et l'autre sont dans leur ensemble un aliment tout préparé pour les plantes. Le fumier frais pour arriver à cet état perd environ les trois quarts de son volume.

De là nous concluons que: 1° à volume égal, le fumier consommé est préférable au fumier frais pour la production immédiate; 2° dans les exploitations où le fumier est en grande abondance, le frais est préférable au consommé, parce que la décomposition s'opérant avec lenteur, son action est plus durable; 3° il convient toujours mieux dans les terres fortes et argileuses, à cause de l'action mécanique que sa composition exerce sur elles; 4° il convient moins que le demi-consommé dans les terres de consistance et de qualité moyennes; 5° dans les fermes qui produisent peu de fumier, le consommé est préférable, parce que les végétaux ont immédiatement besoin pour leur accroissement de tous les sucs que l'engrais peut fournir; 6° on peut poser comme principe général, toutes choses égales d'ailleurs, que l'action fécondante des fumiers et des autres engrais est d'autant plus rapide qu'ils sont plus divisés, plus réduits, et que la durée de cette action est en raison inverse de leur division; 7° enfin, les fumiers longs ou demi-consommés, épandus immédiatement, doivent être recouverts, afin que leur décomposition s'accomplisse et qu'ils imprègnent la terre des sucs qu'ils renferment; les fumiers consommés, les terreaux, les poudrettes, la colombine, la pouline, en un mot tous les engrais divisés, sont plus productifs lorsqu'ils sont jetés également sur les terres ensemencées, vers la fin de l'hiver, ou sur les plantes en végétation, au commencement du printemps.

La production et la fabrication du fumier, cette branche sans contredit la plus importante de l'industrie agricole, puisqu'elle est le point de départ et la source de toute production du sol, est encore à naître dans une grande partie de la France. Et cependant, ne serait-il pas possible aux fermiers, par la mise de leur industrie, de leur activité, seuls capitaux disponibles le plus souvent, d'augmenter, de doubler même les fumiers? Examinons: quel aspect présente la ferme et ses abords? Autour des écuries, les fossés, les mares qui servent d'abreuvoir, remplis de fange et d'une eau dont la couleur et l'odeur infecte annoncent la présence de matières animales en décomposition; derrière les murs, les haies de clôture, des matières fécales, qui augmentent l'infection; dans l'intérieur de la cour, le fumier jeté au hasard, abandonné aux volailles, aux cochons, broyé et dispersé par le bétail, par les voitures et par les gens de la ferme, alternativement brûlé par le soleil et lavé par la pluie; des cloaques où séjourne et se dissipe la partie liquide de l'engrais; dans les étables, un sol inégal, humide, des tas de fiente amassée depuis des mois, des gaz suffoquants; ailleurs, les débris et les racines du chanvre, du lin, les fanes des pommes de terre, les feuilles des arbres, les herbes, qui poussent dans les fossés, dans les parties marécageuses de l'exploitation, se dessèchent et périssent sans utilité, etc. On n'en finirait pas si on voulait énumérer toutes les matières végétales ou animales qui se perdent ainsi (*voyez* BASSE-COUR).

Que le fermier, avant de penser à produire de nouveaux engrais, s'applique à conserver ceux qu'il possède; qu'il recueille et entasse tout ce qui est fumier ou peut le devenir, qu'il y veille comme un avare à son trésor: là seulement trouve pour lui la source de l'aisance, du bien-être et ême de la richesse. Alors il pourra profiter des savantes çons des maîtres : la masse des fumiers utilisés sera douée. Qu'aura-t-il à faire pour arriver à ce but ? 1° Creuser une profondeur de $0^m,50$ à 1 mètre, sur le point de la our le moins exposé au soleil et aux courants d'air, ou ieux au dehors, si la disposition des lieux le permet, une sse proportionnée à la quantité probable des fumiers, sur plan légèrement incliné ; 2° revêtir le fond d'une couche gileuse ; 3° pratiquer à l'une des extrémités basses un trou our servir de réservoir aux engrais liquides ; 4° placer sur point reculé, derrière les bâtiments, des latrines pour le rvice de toutes les personnes de la ferme : un tonneau rni d'anses remplit très-bien cet objet ; 5° sortir le mier des écuries une fois par semaine, ou au moins tous s quinze jours, le répandre dans la fosse uniformément, ns trop le fouler (le fumier des bergeries se conserve à art) ; 6° disposer le sol des écuries et des étables de telle rte qu'il donne écoulement aux urines vers la fosse desnée aux engrais liquides ; 7° recueillir avec soin toute atière animale ou végétale, et la déposer selon sa nature ns l'un des trois réservoirs principaux ; 8° rassembler à rt la fiente des volailles et des pigeons, la sécher, la réire en poussière et la conserver pour l'usage.

Fumer une terre, c'est y répandre du fumier ou tout tre engrais. Quelle que soit la nature ou la consistance s matières fertilisantes, elles doivent toujours être répanes uniformément à la surface du sol. Les procédés de la ain-d'œuvre varient selon l'espèce des engrais : la pouette et toutes les substances de nature pulvérulente se ment à la volée ; le fumier est dispersé à l'aide de fourres ; l'engrais liquide dont on n'a point formé de compost répand avec un tonneau à arroser ; les matières tirées s latrines, n'étant jamais utilisées sans être mêlées à la arne ou à la terre franche et desséchées ensuite, se dis-ersent comme les autres substances pulvérulentes.

P. GAUBERT.

FUMIGATION. On désigne par ce substantif, tiré verbe latin *fumigare*, réduire en fumée, une médicaon appliquée sous la forme de vapeur ou de gaz, et qui est ès-usitée, soit pour prévenir des maladies, soit pour les uérir. Les fumigations qu'on emploie dans un but préven- se composent de diverses substances dont les modes agir sont très-variés ; la plus simple est la fumée engenée par la combinaison du bois, de la paille, etc. Elle était nployée et recommandée anciennement dans les villes des épidémies pestilentielles se manifestaient : d'abord, s fumigations favorisent le renouvellement le l'air ; elles euvent ensuite avoir de l'efficacité, en atténuant l'activité s miasmes par la division ; elles peuvent encore agir imiquement, car la fumée, surtout celle du bois, recèle des incipes actifs, l'acide pyroligneux et la créosote. L'eau duite en vapeur peut également atténuer les miasmes en s divisant, mais elle peut aussi plus probablement leur rvir de moyen d'expansion, et ce fluide est vraisemblableent le véhicule qui entraîne dans l'air, par le concours la chaleur, des émanations putrides provenant de subances animales et végétales ; les fièvres intermittentes, fièvre jaune, n'ont peut-être point d'autre source. ne fumigation pratiquée communément dans la chambre s malades est celle qu'on forme en brûlant des baies de niêvre sur des charbons ou sur une pelle rougie au feu : le n'a cependant pas la propriété d'assainir l'air, elle fourt seulement un arôme agréable, mais tout à fait inefficace : e est aussi inactive que les fumigations qu'on produit ec du sucre, des clous fumants, de l'encens et différents rfums qui affectent même péniblement plusieurs indivius. Le vinaigre n'est pas beaucoup plus convenable.

Les fumigations usitées comme moyen de traiter un and nombre de maladies sont aussi nombreuses que vaées : on les emploie surtout sous le nom de *bains de vaeur*, et divers appareils ingénieux ont été inventés pour appliquer cette médication, soit localement, soit généralement, même dans un lit, sous forme humide ou sous forme sèche. Les fumigations humides sont fournies par divers liquides, habituellement par l'eau bouillante, seule ou chargée de différentes substances. L'alcool est souvent aussi employé à cet effet. Les fumigations sèches sont fournies par l'air échauffé dans des espaces plus ou moins circonscrits, et auquel on mêle diverses substances, notamment le soufre, le camphre, le benjoin, quelquefois le mercure. Sous l'une ou l'autre forme, la médication est appliquée dans une sorte d'étuve où les individus sont entièrement placés, ou seulement jusqu'à la tête. Ces fumigations sont fréquemment employées pour le traitement des maladies cutanées et pour un grand nombre d'affections internes ; comme elles exercent sur la peau, même par le calorique seul, une excitation puissante, on parvient par ce moyen à dévier des affections internes et chroniques.

Les fumigations qu'on administre localement sont encore simples ou composées, humides ou sèches ; ainsi on dirige sur telle partie une colonne d'eau en vapeur ou d'air échauffé. Un procédé banal pour agir sur la tête est de la couvrir avec une serviette, tandis qu'on la tient au-dessus d'un vase rempli d'eau bouillante. On y a recours très-fréquemment pour remédier aux rhumes de cerveau ou coryzas : cette fumigation produit une excitation très-vive, et dont l'action nous paraît être plutôt nuisible qu'utile. On a plusieurs fois tenté de diriger dans la poitrine des fumigations, afin de combattre les affections pulmonaires ; l'expérience n'a jamais confirmé les espérances fondées sur cette médication, qui paraît d'abord très-rationnelle, et qu'il est facile d'administrer.

Dr CHARBONNIER.

FUMISTE, ouvrier qui s'occupe du soin et de la construction des cheminées, poêles, fourneaux et calorifères. Le fumiste construit les âtres, pose les rideaux, les tuyaux, place les grilles, ramone les cheminées, etc. Ses outils sont le marteau-hachette des maçons, avec lequel il taille surtout la brique, la truelle, un petit râteau à main avec lequel il gratte l'intérieur des cheminées, une échelle et des cordes. Il commande en général à un tôlier les objets de tôlerie dont il a besoin. Il marche sur les toits, grimpe dans les cheminées avec l'adresse d'un chat ; mais en général il est routinier. Du reste, il faut le dire, les savants se sont peu occupés des moyens de découvrir et de faire disparaître les causes qui rendent les cheminées fumeuses ; et quoique les sciences physiques et chimiques aient fait des progrès extraordinaires, l'art du fumiste est encore très-imparfait ; à Paris, la plupart des fumistes sont italiens.

FUMIVORE (de *fumus*, fumée, et *vorare*, dévorer). Ainsi qu'il a été dit à l'article FUMÉE, si le combustible était complétement brûlé, il ne monterait dans le tuyau de la cheminée que des fluides invisibles et point salissants. Comme il est impossible d'atteindre ce but dans les foyers ordinaires, on s'est livré à la recherche de systèmes de calorifères dans lesquels la fumée, traversant de haut en bas la masse du combustible, puisse sortir débarrassée de toute impureté salissante. Dalesme est le premier qui, en l'année 1686, ait tenté avec quelque succès une expérience de ce genre : son appareil était simplement un tuyau composé de trois parties, une horizontale et deux verticales. Le tuyau horizontal était échancré en son milieu et portait un bout de tuyau qui servait de foyer. C'est là que Dalesme plaçait le combustible, lequel produisait de la fumée à l'ordinaire quand les orifices supérieurs des tuyaux verticaux étaient fermés ; mais si l'on ouvrait un de ces orifices, la fumée plongeait dans le combustible, s'y brûlait, et il ne sortait par l'orifice ouvert que des fluides invisibles, pourvu que le feu fût alimenté par deux petites bûches ; car, chose singulière, sitôt qu'on retirait une de ces bûches, la fumée paraissait, elle disparaissait quand on remettait la même bûche. Les combustibles qui répandent naturellement certaines odeurs les perdaient dans cet appareil, mais seulement au moment où le feu était bien allumé. Il ne se produisait pas de fumée non plus lorsque les deux orifices étaient ouverts; alors le courant des gaz ascendants se partageait entre les deux tuyaux verticaux, pourvu qu'ils eussent la même hauteur et la même température.

Nos grands *appareils fumivores* ont depuis été bien perfectionnés. On peut les ranger en trois classes : 1° ceux dans lesquels, sans rien changer d'ailleurs au fourneau, on brûle la fumée au moyen d'un ou de plusieurs jets d'air arrivant par des ouvertures ménagées en diverses parties du fourneau, ou à l'aide de l'appel de la cheminée; 2° ceux dans lesquels on fait usage de courants d'air forcés ou de jets de vapeur; 3° ceux qui sont pourvus, soit de plusieurs grilles, soit d'une seule grille mobile avec trémie ou distributeur mécanique pour le chargement du combustible. Les appareils de la première classe sont les plus simples et les moins coûteux.

TEYSSÈDRE.

FUNAMBULE. *Voyez* DANSEUR DE CORDE.

FUNAMBULES (Théâtre des). Ce petit théâtre du boulevard du Temple fut ouvert par tolérance en 1816. On y dansait sur la corde et on y jouait des pantomimes. La révolution de 1830 lui permit de supprimer les danses de corde; mais il eut le bon esprit de ne pas renoncer à ses pantomimes, arlequinades où le jeu spirituel et fin de son mime, Deburcau, suffit longtemps pour attirer un public nombreux. Bien plus, les dispensateurs de la renommée s'étant épris du célèbre Pierrot, amenèrent à son théâtre les gens désœuvrés et les curieux jaloux de suivre la foule. Cependant, en 1845, le préfet de police menaça l'existence de ce spectacle populaire. On disait alors qu'il y avait trop de théâtres à Paris : on pensa naturellement à fermer les plus petits; et puis la salle des Funambules n'était pas dans les conditions d'isolement exigées par les règlements. Pierrot eut de bons défenseurs; la mesure fatale fut ajournée. La révolution de Février survint, et l'on n'en parla plus. Mais le théâtre des Funambules perdit son Pierrot bien aimé. Heureusement qu'un de ses fils a recueilli son héritage, et conserve à la génération actuelle le plaisir de la pantomime enfarinée.

L. LOUVET.

FUNDUK. *Voyez* FONDOUCK.

FUNÈBRE (Oraison). *Voyez* ORAISON FUNÈBRE.

FUNÈBRES (Jeux). Homère et Virgile offrent de belles descriptions de ces jeux. Pline en attribue l'établissement à Acaste et à Thésée, qui fondèrent dans l'isthme de Corinthe des jeux à la mémoire d'Archémore. Les Romains, imitateurs des Grecs, ajoutèrent à la pompe des funérailles des combats de gladiateurs, appelés *bustuaires*. Les jeux funèbres étaient les seuls qu'on pût faire célébrer sans être magistrat. On y assistait vêtu de noir; les femmes en étaient exclues. Dans ceux que P. Scipion, le premier Africain, décerna dans Carthage à la mémoire de son père, on vit des individus de haute extraction se présenter pour combattre à la place des gladiateurs. Deux princes africains, Corbis et Orsus, profitèrent de l'occasion pour décider par la voie des armes à qui la ville d'Ibes, qu'ils se disputaient, serait adjugée, et ils luttèrent à outrance à la vue de l'armée romaine. Les jeux funèbres se nommaient aussi *novemdiales*, parce qu'on les célébrait ordinairement neuf jours après la mort. Ils étaient militaires, ayant été imaginés dans l'origine pour honorer la mémoire des guerriers, ou substitués plus tard aux sacrifices de prisonniers et d'esclaves.

TH. DELBARE.

FUNÉRAILLES (du latin *funus*, au pluriel *funera*, ou *funes*, *funiculi*, torches, cierges; ou du grec φονὸς, mort). Ce sont les cérémonies dont on entoure le cercueil de l'homme; c'est le dernier devoir rendu à celui qui a cessé de vivre. L'histoire atteste que partout, dans tous les temps, le culte des morts a été consacré par la religion, la morale et les lois. Chez les Égyptiens, à la perte d'un roi le deuil était général pendant soixante-dix jours, on interrompait le cours de la justice, les temples se fermaient; aucun jeu n'était célébré. Tout le monde s'abstenait de bains, de longs repas, de vin, même de nourriture cuite. Une fois chaque jour, les cheveux souillés de poussière et le visage teint de sang, 300 personnes, hommes et femmes, parcouraient la ville, remplissant l'air de gémissements et chantant les belles actions du roi. Les mêmes cérémonies s'observaient, sur une échelle plus restreinte, dans les funérailles privées. Il y avait dans toutes cela de particulier que les femmes, séparées des hommes, se couvraient le visage d'ordures, et, suivies de leurs voisins et de leurs proches, erraient, les seins nus, par les rues et les carrefours, se frappant la poitrine et se déchirant les joues. Les Égyptiens embaumaient leurs momies pour leur faire traverser le lac Achérusie. Auparavant, quarante juges, assis au bord du lac, examinaient les bonnes et les mauvaises actions du défunt. Chacun avait le droit de l'accuser devant les juges et de révéler les secrets qu'il connaissait de lui. Les rois eux-mêmes pouvaient être accusés par le dernier de leurs sujets.

Les funérailles des Hébreux étaient moins longues, mais presque aussi solennelles. Elles duraient sept jours pour les deuils privés, et se prolongeaient quelquefois jusqu'au trentième jour pour les princes et les rois. Pendant ce temps, les Juifs jeûnaient, s'arrachaient les cheveux ou se les rasaient en forme de couronne. Ils marchaient pieds et tête nus, et couchaient sur la cendre, se revêtaient d'un cilice tissu de poil de chèvre et de chameau. Leur douleur s'exprimait par des *lamentations* et des hymnes funèbres en l'honneur du mort dans le genre des *plaintes* de David sur Saül et Abner, ou de Jérémie sur le roi Josias; des femmes, appelées *lamentatrices*, chantaient ces hymnes. L'Évangile nous apprend en outre qu'il y avait des joueurs de flûte, loués pour mêler le son de leurs instruments aux bruits de la foule dans la maison du mort. Le corps, embaumé d'aromates et de parfums précieux, était enveloppé de linceuls; un *suaire* couvrait la tête, et on le portait ainsi au milieu des cris de douleur, dans le *monument*. Quelques passages du *Livre des Rois*, des *Paralipomènes* et de Jérémie nous apprennent qu'on brûlait aussi quelquefois les corps.

Les anciens peuples pratiquaient, en général, des funérailles longues et solennelles; il en faut peut-être excepter les Perses, qui, au dire de Diodore de Sicile, de Quinte-Curce, de Sextus Empiricus, de Strabon, avaient d'étranges cérémonies : à la mort de leur roi, par exemple, ils éteignaient partout le feu sacré, et pendant cinq jours se livraient à toutes les sortes de débauches. Les Thraces riaient et jouaient aux funérailles : ils n'avaient de pleurs que pour les enfants à leur naissance, regardant sans doute la mort comme le terme des maux qui commencent avec la vie. Les Troglodytes attachaient la tête du mort à ses pieds et lui jetaient des pierres, avec de grands éclats de rire, jusqu'à ce qu'il en fût tout couvert; alors, sur le monceau, ils plaçaient une corne de bouc, et se retiraient joyeux dans leurs antres. Bien des fables ont été inventées sur les funérailles des peuples anciens les moins civilisés. Les Massagètes, quelques tribus de l'Asie, les Sidoniens, les Indiens, les habitants du Pont et du Caucase, les Hircaniens, auraient, à en croire ces récits, dévoré leurs parents, ne sachant mieux les honorer qu'en leur servant de tombeau. Quelques nations alors presque sauvages, entre autres les Éthiopiens, les jetaient aux poissons, qui en faisaient leur nourriture habituelle, voulant leur rendre ce qu'ils en avaient reçu, comme nous rendons à la terre les corps qu'elle a formés.

Les Grecs et les Romains ne le cédaient en rien dans le deuil extérieur aux Égyptiens et aux enfants des patriarches. Dès que les Grecs avaient fermé les yeux du mort, mis dans sa bouche la pièce d'airain pour Caron, l'*obole*, le δανάκη, ils le lavaient avec de l'eau tiède mêlée de vin, versaient de l'huile sur tous ses membres, et le déposaient sous le vestibule de la maison, revêtu de ses plus beaux habits, couronné de fleurs, couché sur un lit, à côté duquel on déposait un vase plein d'eau et un pinceau formé de cheveux. La religion catholique a conservé de ces usages. Des hommes chantaient ce que les Grecs appelaient ἰαλεμοί. Après eux, les femmes, tour à tour, à commencer par les plus proches parentes, s'avançaient, et, tenant d'une main la tête du mort, donnaient avec l'autre tous les signes d'une vive douleur, déchirant leurs vêtements et leurs seins, répandant sur le cadavre leurs cheveux coupés, souvent même arrachés. Les hommes se coupaient la barbe et les cheveux, ne conservant qu'une petite couronne comme les Hébreux. Alexandre, qui pour les funérailles d'Éphestion dépensa environ sept millions de notre monnaie, fit raser non-seulement les hommes, non-seulement les chevaux et les mulets, mais encore plusieurs villes. Dans les principales contrées de la Grèce, ces cérémonies duraient neuf jours; le dixième, on brûlait le cadavre et l'on en recueillait les cendres. Cependant, l'inhumation y fut plus usitée que partout ailleurs. Quand on brûlait le corps, des hommes, vêtus de deuil, la tête voilée, précédaient le défunt, que suivaient des femmes sous les mêmes vêtements lugubres, mais le visage découvert et les cheveux épars. On marchait au bruit des flûtes et des cymbales. Des chants tristes s'élevaient çà et là; tous les assistants jetaient des fleurs sur le cercueil, et l'on portait les armes, les vêtements et les bijoux du mort, avec les présents de ses proches et de ses amis. Le cadavre était déposé sur le bûcher, qu'on avait couvert de fleurs. Les prêtres immolaient des victimes, dont ils versaient la graisse sur le corps, afin qu'il brûlât plus vite; ils plaçaient encore autour, des vases pleins de miel et d'huile. Si le défunt était un grand général, douze captifs étaient égorgés, comme des animaux, pour lui servir d'esclaves chez les morts, et le feu consumait les victimes, les présents et les rameaux verts qu'on jetait au bûcher, en signe de la victoire remportée sur les peines de la vie. On se retirait en prononçant à haute voix le nom du trépassé, auquel on disait un éternel adieu; puis le lendemain on enfermait dans des urnes mortuaires les cendres et les os. Les cérémonies funèbres étaient encore suivies de sacrifices commémoratifs, de libations, de festins, de jeux, d'apothéoses.

Les funérailles des Romains ressemblaient beaucoup à celles des Grecs : elles variaient suivant l'âge, la condition, le lieu et le genre de mort. Les enfants qui n'avaient pas encore de dents ne pouvaient aspirer à l'honneur ni d'une oraison funèbre ni d'un bûcher : les parents les suivaient avec des torches. Nous voyons dans Ovide que les mères elles-mêmes portaient leurs petits enfants. Pour les jeunes filles qu'une mort prématurée enlevait à leur famille, les funérailles étaient *tumultuaria*, c'est-à-dire faites à la hâte, en quelque sorte improvisées. Les joueurs de flûte assistaient aux funérailles de ceux qui mouraient dans un âge moyen; la trompette précédait les morts dans un âgé plus avancé. On portait les femmes à bras, les hommes sur les épaules. Les pauvres et les plébéiens étaient livrés à quatre vespilles pour être brûlés ou inhumés sans pompe, tandis que rien n'égalait la magnificence et la somptuosité des funérailles des riches. Ceux qui mouraient à l'armée ou en exil, étaient privés des cérémonies dont ils auraient été l'objet dans leur patrie; car la loi des Douze Tables défendait de recueillir les os d'un mort pour lui faire ensuite des funérailles. Mais on permettait de couper un membre d'un guerrier mort, et de lui rendre les honneurs funèbres, en l'absence du reste du corps. Les cendres pouvaient aussi être rapportées dans la patrie. Les cérémonies différaient enfin selon le genre de mort : ceux qu'avait frappés la foudre étaient confiés aux *aruspices*, qui les couvraient seulement de terre. Mais on viola quelquefois la loi de Numa à ce sujet : ainsi, nous lisons que Pompée Strabon, père du grand Pompée, obtint des funérailles publiques, quoiqu'il eût été tué par la foudre. Comme c'était une honte de se suicider, les Romains avaient coutume, en convoquant leurs amis pour les obsèques, de les avertir que le défunt ne devait la mort ni à la violence, ni à un meurtre, ni au poison.

Leur deuil public et particulier était, à peu de chose près, celui des Égyptiens et des Grecs. Comme ces derniers, ils lavaient et embaumaient les corps. Comme eux aussi, couvrant le mort de vêtements convenables à sa condition et à sa dignité, ils le plaçaient dans un vestibule de manière à ce qu'il semblât regarder dehors, les pieds tournés vers la porte. Près du lit étaient une cassolette où brûlaient des odeurs, des torches en cire allumées, et un vase d'eau lustrale. Le gardien du mort était un des membres de la famille des *libitinaires*, ou ministre de *Libitine*, déesse qui présidait aux funérailles. Des serviteurs en deuil entouraient le cadavre et renouvelaient leurs cris de douleur avec ceux qui arrivaient. On lisait au peuple, ou l'on affichait à la porte de la maison, des éloges composés par des poëtes et des orateurs en l'honneur du défunt. Dès qu'une semaine s'était ainsi écoulée, on invitait le peuple aux funéralles par ces paroles : *N. Quiris letho datus est; ad exequias quibus est commodum ire, jam tempus est; Ollus ex ædibus effertur.* Le corps était porté sur un lit entouré de somptueuses draperies; des sonneurs de trompettes le précédaient, mêlant des chants lugubres aux sons tristes de leurs instruments. Ces trompettes étaient regardées comme souillées, et devaient être purifiées deux fois l'an, le 10 des calendes d'avril et de juin, par l'immolation d'une jeune brebis. Puis, venaient les amis, les insignes glorieux, les présents, etc., comme chez les Grecs. Plus il y avait d'affranchis, plus les cérémonies étaient pompeuses.

A tant de choses graves se mêlaient malheureusement d'autres choses grotesques : Devant le lit funèbre dansaient les *mimes*; l'archimime, représentant le défunt, imitait ses gestes, sa voix, ses manières. Cette danse, souvent indécente, s'appelait *sicinna*. Des hommes, ordinairement les plus honorables de la cité, portaient le lit du mort sur leurs épaules. Quelques sénateurs et des vestales portèrent Sylla; des envoyés de la Macédoine, Paul-Émile; Métellus fut porté par ses sept fils, dont trois étaient consulaires, deux avaient triomphé, un avait été censeur, et le dernier exerçait encore la préture. L'héritier du mort, avec ses longs vêtements noirs à franges de pourpre, menait le deuil; derrière suivaient les femmes, marquant leur douleur par les signes que nous avons décrits chez les Hébreux et les Égyptiens; enfin, le peuple, avec des torches, des cierges, des habits noirs, fermait la marche. Quand on arrivait à la tribune aux harangues, le cortége s'arrêtait pour entendre l'oraison funèbre, faite par un parent ou un ami. Lorsque le corps était arrivé sur le bûcher, ordinairement composé de bois odorants et en général consacrés aux morts, on l'arrosait de divers parfums. Celui qui avait fermé les yeux du mort les lui rouvrait, afin qu'il regardât le ciel, lui versait dans la bouche un breuvage, et lui disait le dernier adieu, qu'on répétait ordinairement ainsi : *Vale, vale, vale! nos te ordine quo natura permiserit sequemur.* Le reste ressemblait beaucoup aux cérémonies des Grecs, si ce n'est que les Romains avaient de plus que les Grecs des combats de gladiateurs (*voyez* BUSTUAIRES), et que le sang humain, qui avait déjà quelquefois coulé sur leurs bûchers, coulait encore après dans des jeux funèbres. Les sacrifices s'appelaient *feriæ*; ils comprenaient les *novemdiales*, les *denicales*, les *tertiæ*, les *trigesimæ*, les *feralia*, et les *inferiæ*.

Les Gaulois avaient des funérailles presque aussi magnifiques que les Romains; mais elles étaient de longue durée.

Dans les temps modernes, comme sous la domination romaine, comme chez tous les peuples du monde, à de rares exceptions près, les derniers devoirs rendus aux morts ont constitué un culte solennel et poétique. Ceux qui ne l'observaient pas étaient regardés comme des sacriléges, comme des *infâmes*. Les peuples les plus féroces oubliaient leur cruauté à ces moments suprêmes. Les Cannibales se réunissaient pour pleurer un jour et une nuit; et, comme la plupart des nations sauvages, ils emportaient avec eux les os de leurs pères. Les voyageurs dans le Nouveau Monde nous ont révélé l'histoire de *bocages de la mort*, les femmes suspendant leurs enfants morts aux branches couvertes de fleurs et de verdure, coutume que pratiquaient, du reste, aussi, bien auparavant, quelques peuplades scythes, qui suspendaient au tronc des arbres les corps de leurs pères; les habitants de la Colchide, qui les plaçaient aux branches les plus élevées; les Goths, qui attachaient dans les branches leurs morts, mais aux chênes seulement. Chez plusieurs nations antiques, comme chez les Égyptiens, c'était se rendre coupable d'une impiété monstrueuse que de laisser un cadavre sur un chemin sans le couvrir de terre; et le plus grand des sacriléges était de renverser des tombeaux ou de répandre çà et là les cendres et les os des morts. La religion catholique, en s'emparant de certaines cérémonies grecques et romaines, offre quelque chose de plus grave et de plus profondément douloureux dans ses chants lugubres du *De profundis*, du *Dies iræ*, du *Miserere*, où la crainte et l'espoir luttent sans cesse, nous montrant les récompenses éternelles ou les châtiments qui n'auront pas de fin. Mais on regrettera toujours qu'une religion d'égalité ait des funérailles qui diffèrent pour les riches et pour les pauvres; on regrettera surtout ces fosses communes où les os des pauvres, ces amis de Jésus-Christ, dorment pêle-mêle confondus, tandis que tout près se pavanent orgueilleusement les tombeaux des riches. Les lieux des sépultures, placés aux portes des villes, ont de profondes terreurs et de salutaires enseignements. La ville des morts se trouve à la sortie de celle des vivants. Le pèlerinage est court; la vie est un chemin battu; et les tombeaux qu'on voyait çà et là le long des voies romaines offraient également une sublime image à méditer. Victor Boreau.

FUNFKIRCHEN (en hongrois *Pécs*), siége d'évêché et chef-lieu du comitat de Baranya, est une des villes les plus belles et les plus agréablement situées de la Hongrie, quoique construite sans aucune régularité et avec une extrême confusion, comme c'était l'usage jadis. Ses édifices publics les plus remarquables sont: la cathédrale, vaste église ornée d'un grand nombre d'autels en marbre; le palais épiscopal, bâti dans le style italien et restauré depuis peu; l'hôtel de ville et du comitat, le lycée catholique, le gymnase et le séminaire. Funfkirchen possède en outre de belles églises, une riche bibliothèque publique, une école industrielle, et un théâtre sur lequel on joue alternativement en hongrois et en allemand. La population, où domine l'élément magyare, et forte de 15,500 âmes, s'occupe surtout de commerce et d'industrie, dont les produits en tous genres sont vivement recherchés dans le pays. Les vastes vignobles qui entourent la ville de tous côtés et produisent un vin compté au nombre des meilleurs qu'on récolte en Hongrie, forment aussi une branche importante d'industrie.

Funfkirchen, ville forte ancienne, était autrefois bien plus considérable qu'aujourd'hui, et ses écoles jouissaient d'un grand renom. D'après des renseignements dignes de foi, plus de 2,000 étudiants de Funfkirchen prirent part à la bataille de Mohacez et 300 environ y périrent.

FUNGINE, partie essentielle des champignons. La fungine est blanchâtre, molle à l'état humide, fibro-celluleuse, d'une odeur et d'une saveur fades. A la distillation sèche, elle donne de l'ammoniaque. Quand on la traite par l'acide nitrique, on obtient du tannin, de l'acide prussique, de l'acide oxalique et une matière grasse.

FURCULAIRE (Os). *Voyez* Clavicule.

FURET, espèce du genre *marte*. C'est le *mustela furo* de Linné. Très-voisin du putois, le furet est long d'environ $0^m,38$ quand il a acquis tout son développement; sa queue a $0^m,13$. La couleur du poil est jaunâtre, et ce poil est assez touffu. Les yeux sont roses, la tête très-étroite, le museau fin et légèrement prolongé vers l'orifice des narines, dont le bout est coupé obliquement. Les oreilles sont courtes, larges et droites. Quelques naturalistes ont pensé que le furet n'est qu'une espèce de putois; mais outre que la forme et les proportions du corps sont sensiblement différentes, le furet a quinze côtes de chaque côté, tandis que le putois n'en a que quatorze, et d'ailleurs ces deux espèces ne s'accouplent point ensemble. La femelle du furet, sensiblement plus petite que le mâle, met bas deux fois par an de cinq à six petits. Il paraît qu'elle est d'une grande salacité, car si elle n'est satisfaite, elle meurt promptement. Les mouvements du furet sont fort agiles et habituellemet saccadés. D'un naturel ordinairement assez docile, la moindre irritation lui inspire des mouvements de la colère la plus explosive et la plus singulière. Il répand alors une odeur excessivement fétide, dont il n'est absolument dépourvu dans aucun temps. Essentiellement carnassier, il suce plutôt le sang des victimes qu'il a saisies qu'il ne dévore leur chair. Le furet est originaire d'Afrique: il a été introduit en Espagne, au rapport de Strabon, dans le but de réduire le nombre des lapins, dont, selon Buffon, cette contrée est le climat naturel. En effet, il est l'ennemi naturel du lapin, et quoique d'un volume trois ou quatre fois moindre, il l'attaque courageusement et le défait toujours.

Les chasseurs se servent du furet pour faire déguerpir le lapin des profondeurs de son terrier; mais si l'on ne musèle le traqueur, ou si on ne le tient en laisse, en le lâchant dans le terrier, on court risque de le perdre: après le repas copieux dont on lui a fourni l'occasion, il fait la *sieste*, et la fumée même qu'on dirige dans le terrier ne suffit pas toujours pout l'obliger à sortir; elle s'échappe d'ailleurs par les ouvertures diverses du terrier. Le furet n'est jamais qu'à demi domestique: il accepte la nourriture qu'on lui donne et prend de l'esclavage les commodités qu'il lui fournit, mais à la moindre occasion il récupère sa liberté; liberté funeste pour lui dans nos climats, car la rigueur de l'hiver le fait périr. Il ne se propage chez nous qu'à l'aide des abris que l'homme lui fournit. On l'élève dans des tonneaux, chaudement garnis d'étoupe. Les furets dorment presque continuellement: ils ne s'éveillent que pour manger. On les nourrit de pain, de son, de lait, etc. Baudry de Balzac.

FURETIÈRE (Antoine), auteur de fables, de satires et de plusieurs ouvrages littéraires, n'est plus connu aujourd'hui que par son procès avec l'Académie Française, qui le bannit de son sein, et qu'il poursuivit à son tour par des factums remplis de fiel et quelquefois d'esprit. Il naquit à Paris, en 1620, suivit d'abord la carrière du barreau, et devint procureur fiscal de l'abbaye de Saint-Germain-des-Prés. Il occupa cette charge durant plusieurs années. Ayant obtenu l'abbaye de Chalivo, il y prit les ordres, ce qui ne l'empêcha pas de cultiver les lettres avec succès. L'Académie le reçut dans son sein en 1662. Fondée en 1635 par le cardinal de Richelieu, elle commençait à exciter l'ambition des gens de lettres et à fixer l'attention publique. Chargée par ses statuts de réglementer la langue, elle crut remplir un devoir en s'occupant de la rédaction d'un dictionnaire. C'était une œuvre longue et difficile, à laquelle concouraient tous ses membres. Furetière, en trouvant l'exécution défectueuse, et surtout incomplète, conçoit le projet de publier un lexique de sa façon. Il sollicite un privilége du grand sceau pour autoriser son entreprise. Renvoyé par le chancelier à Charpentier, l'un de ses confrères, il trompe sa bonne foi en lui persuadant que cet ouvrage sera exclusivement consacré à la définition des termes des sciences et des arts. Le privilége est accordé, et l'auteur publie un premier essai, qui, en dévoilant sa ruse, soulève contre lui l'Académie, à laquelle il fait concurrence. Cité devant une assemblée extraordinaire, il y subit un interrogatoire minutieux, et Racine, Boileau, alors au nombre de ses amis les plus intimes, sont chargés de le disposer à abandonner son projet. En effet, ayant pris part à toutes les discussions, et soupçonné, non sans cause, d'avoir eu à sa disposition les cahiers du dictionnaire, il ne pouvait, sans manquer aux lois de l'honneur, entrer en rivalité avec sa compagnie. Il persista cependant, malgré le blâme de ses protecteurs et de ses amis. L'un d'eux, M. de Nicolaï, premier président du parlement, lui dit nettement que, comme juge et comme académicien, il ne pourrait s'empêcher de le condamner: ce fut ce qui advint. L'Académie, impuissante à obtenir son désistement, prononça son exclusion.

Furetière en appela aux tribunaux, qui révoquèrent son

privilége en 1685, et au public, qui s'amusa de ses factums, sans approuver sa conduite. Il est fâcheux que les injures y tiennent trop souvent la place des raisons. La Fontaine surtout, qui avait cru devoir voter contre Furetière, y est abreuvé d'outrages calomnieux. Non content de le traiter d'*Aretin mitigé*, il l'accuse d'être lui-même l'instrument de son déshonneur, fondant cette accusation sur un de ses contes, où La Fontaine fait en badinant l'éloge de l'infidélité conjugale. Des attaques si violentes produisirent des réfutations du même genre. Il parut entre autres un dialogue en prose entre un académicien et un avocat, dans lequel l'insulte répond à l'insulte et la calomnie à la calomnie. On y raconte comment Furetière avait escroqué à sa mère 6,000 livres pour acheter la charge de procureur fiscal de Saint-Germain-des-Prés, puis, comment il avait abusé de sa place pour se faire résigner un bénéfice. On y dévoile l'artifice dont il usait à l'Académie pour s'approprier des jetons sans assister aux séances. Bref, on y passe en revue toute sa vie, que l'on sème de bassesses et d'infamies. A la guerre des factums se mêla celle des épigrammes, dont la violence grossière dépasse toute mesure. Cette longue querelle dura jusqu'à la mort de Furetière, arrivée en 1688.

Il n'avait pas eu la satisfaction de voir la fin de son procès et l'impression de son dictionnaire, qui ne fut publié en Hollande qu'en 1690. Augmenté par Basnage et d'autres savants lexicographes, cet ouvrage peut encore être consulté avec fruit. De toutes les autres productions de notre auteur, la seule qui se lise encore est son *Roman bourgeois*, peinture assez amusante des mœurs et des ridicules de cette classe, alors si différente de celle de nos jours. Quant à ses satires rimées et à ses fables, elles sont tombées dans l'oubli, quoique l'auteur se glorifiât d'avoir inventé les sujets de ces dernières, tandis que La Fontaine ne pouvait se glorifier que de son style. Son *Histoire des troubles arrivés au royaume d'éloquence* est une allégorie trop obscure maintenant pour intéresser le lecteur. La prose de Furetière, plus vive et plus précise que celle de ses contemporains, mérite sous ce rapport d'être remarquée. Lié avant son procès avec Racine, Boileau, La Fontaine, Molière, il brillait dans leurs réunions par la vivacité de son esprit. Racine lui doit, dit-on, quelques bons traits de ses *Plaideurs*, et il eut la plus grande part à cette débauche d'esprit, attribuée à Despréaux, dont la perruque de Chapelain est le sujet.

SAINT-PROSPER jeune.

FUREUR, de πυρ, ou *fire*, le feu. C'est en effet comme un feu dévorant les entrailles, qui allume la fureur dans les passions violentes, la colère, la vengeance, l'amour, la jalousie, la haine, le désespoir, et même le fanatisme religieux, patriotique et militaire, poussé à l'excès. Outre ces causes morales, la fureur peut être suscitée ou déterminée par des moyens physiques : une faim rongeante ravit les carnivores, et même les animaux les plus pacifiques, jusqu'à la fureur et à une sorte de rage. L'énergie du besoin de la propagation pendant l'époque du rut chez beaucoup d'animaux échauffe la furie belliqueuse entre les mâles rivaux. Il y a des *fureurs utérines*, ou nymphomaniaques dans plusieurs femelles, comme chez les filles de Prœtus, les Messalines, etc., surtout vers certaines époques. Les tempéraments impétueux ou très-irritables, tels que les bilieux, les sanguins-nerveux ardents, éclatent souvent jusqu'à la fureur dans leurs affections les plus exaltées. Cet état d'exaspération se manifeste encore à l'occasion de l'ivresse, et sous des cieux brûlants, ou durant les saisons les plus chaudes. L'âge de la vigueur y contribue principalement, puisque c'est aussi l'âge des grands attentats, le temps des plus redoutables manies. On observe parmi les constitutions hypochondriaques et hystériques que l'extrême mobilité de leur système nerveux les transporte jusqu'à la fureur, même sans cause appréciable, ou par un simple malaise, par une disposition irascible. L'historien De Thou fait remarquer que les temps froids et secs stimulaient tellement la fibre du roi Henri III, qu'alors il était *mal monté* et devenait furieux pour la moindre cause; il fit assassiner dans cette circonstance le duc de Guise.

La fureur peut être également le produit d'une fièvre ardente, du causus (de la frénésie), en faisant monter le sang au cerveau, comme dans un violent accès de délire ou de colère. Si ce n'est qu'un symptôme momentané, sans doute le danger est moindre; si la fureur persiste, elle peut dégénérer en manie redoutable, contre laquelle les bains, les saignées, le régime antiphlogistique ne sont pas toujours efficaces. En effet, il se manifeste deux sortes d'*état furibond* : l'un, avec chaleur, rougeur de la face, pouls élevé, exhalation halitueuse, vive explosion de courroux, mais capable de se dissiper, quoiqu'il puisse en survenir une hémorrhagie, un coup de sang; l'autre pâle, concentré, morne, ou taciturne, est plus nerveux, plus profond, plus dangereux, plus capable de crimes. Celui-ci fait crever le cœur ou de gros vaisseaux; son dépit souvent caché cause des anévrismes; il se conserve longtemps et toujours avec péril. Il y a donc beaucoup d'inconvénient à s'abandonner aux passions irascibles; elles peuvent dégénérer en rage homicide, comme on en a vu de terribles exemples. Horace n'a-t-il pas dit :

> Ira furor brevis est : animum rege, qui, nisi parêt,
> Imperat : hunc frenis, hunc tu compesce catenc.

Cette ardente passion tyrannise principalement les âmes surtout faibles, s'il s'y joint une profonde susceptibilité des organes, comme dans le sexe féminin. Écoutez Virgile :

> Notumque furens quid femina possitæ,

Telle est la jalousie, le désespoir d'une amante abandonnée, méprisée ou trahie : la femme alors n'écoute plus rien, elle invoque sa mort ou la vengeance, comme Hermione outragée. Les âmes magnanimes ne succombent pas d'ordinaire à ces faiblesses. La raison supérieure ressaisit son empire, ou ne s'enflamme, comme Caton d'Utique, que pour de plus nobles causes. Cependant, le patriotisme poussé jusqu'au fanatisme, comme la religion, peuvent s'exalter jusqu'à la fureur dans des combats sacrés : le martyr vole au supplice, l'innocent à l'échafaud, pour la Divinité, pour la justice, noble furie qu'on respecte jusque dans ses erreurs, comme celle du guerrier s'ensevelissant, à la manière de Samson, sous les ruines mêmes de son triomphe.

J.-J. VIREY.

Par exagération, on dit *faire fureur* en parlant d'une personne ou d'une chose qui est fort en vogue, et qui excite dans le public un grand empressement, une vive curiosité.

Fureur se prend encore chez les hommes pour une passion démesurée, pour l'habitude importune qu'a quelqu'un de faire certaine chose, pour un transport qui nous élève au-dessus de nous-mêmes. Les *fureurs*, au pluriel, sont des transports frénétiques, des emportements, des excès de colère, d'exaltation.

Le mot latin *furor* étant du genre masculin, les Romains en avaient fait un dieu, dont Virgile et Pétrone décrivent les attributs : il avait l'air étincelant de rage, la figure couverte de cicatrices, le corps déchiré de blessures; il était armé d'un glaive sanglant, et avait à ses pieds un lion rugissant.

FURFURACÉ (en latin *furfuraceus*), qui ressemble à du son, se dit : 1° de petites portions d'épiderme qui se détachent après plusieurs phlegmasies; 2° d'un genre de sédiment de l'urine qui offre l'apparence du son; 3° d'une dartre décrite avec soin par Alibert, qui consiste dans de légères exfoliations de l'épiderme, semblables à de la farine ou à du son, tantôt très-adhérentes à la peau, tantôt s'en détachant avec facilité, disposées sur les téguments par plaques irrégulières ou régulièrement arrondies, ou bien quelquefois en cercle, au centre duquel la peau reste saine; quand elle affecte ces caractères, elle porte particulièrement le nom de *dartre furfuracée arrondie*. Assez souvent l'épiderme se détache sous forme de pellicules minces et irrégulières. L'irritation se déplace avec une grande facilité : alors cette dartre est dite *furfuracée volante*. Dans tous les cas, il y a du prurit, et la peau se montre d'un rose vif après la chute des lamelles épidermiques. Les dartres furfuracées paraissent pendant les chaleurs de l'été et s'effacent aux premiers froids; elles siégent ordinairement sur le visage, la poitrine ou sur les membres. N. CLERMONT.

FURGOLE (JEAN-BAPTISTE), jurisconsulte, avocat au parlement de Toulouse, naquit en 1690, à Castel-Férus, dans le comté d'Armagnac, et mourut en 1761. Dans sa jeunesse, il consacrait dix-huit heures par jour à ses travaux, et dans ses dernières années il leur en donnait encore dix régulièrement. Aussi acquit-il une connaissance profonde des lois et de la jurisprudence françaises, des usages et des coutumes de chaque province, ainsi qu'une notion complète de cette partie de l'histoire qui se rapporte à la législation de tous les temps et de tous les pays. L'illustre d'Aguesseau faisait le plus grand cas de son savoir. Il a laissé quelques ouvrages, entre autres *un Commentaire sur l'ordonnance concernant les donations, de* 1731; 2° un *Traité des Testaments*; un *Traité de la Seigneurie féodale et du franc-alleu*, qui parut en même temps que son *Commentaire des Substitutions*. Ses *Œuvres complètes*, imprimées de 1775 à 1776, forment 8 volumes in-8°.

FURIA, nom sous lequel Linné et Gmelin désignent un petit ver dont le corps n'a pas plus d'épaisseur qu'un cheveu, et que l'on trouve dans les plaines marécageuses de la Bothnie et de la Finlande, où il vit sur les herbes des marais et sur les feuilles des arbrisseaux. Transporté au loin par le vent, lorsqu'il vient à tomber sur la peau des hommes ou des animaux, il y pénètre en peu d'instants et sa présence y est indiquée par un petit point noir suivi bientôt d'inflammation et de douleurs atroces, auxquelles la mort seule met ordinairement un terme au bout de quelques heures, d'un jour au plus, si on n'a pas soin d'extirper bien vite, au moyen d'un instrument tranchant, le parasite de l'asile qu'il s'est creusé sous l'épiderme. Depuis les illustres naturalistes sous l'autorité desquels nous avons placé ici le *furia infernalis*, personne n'ayant pu en observer, on est porté à penser ou que l'espèce en a fort heureusement disparu, ou que dans cette description il y a une exagération fantastique des phénomènes morbides produits par le dragonneau, helminthe commun dans les contrées marécageuses, lorsqu'il parvient à s'insinuer entre la peau et les muscles des animaux.

FURIES, divinités infernales que les Grecs appelèrent Érinnyes et Euménides; les Latins *Furiæ*, de *furor*, à cause de la fureur qu'elles versaient dans le sein de leurs victimes; et les poëtes romains, *Diræ*, les *Sinistres*. Les Athéniens leur donnèrent le nom particulier de *Manies*; celui d'Érinnyes leur vient du grec ἔρις, discorde, dont le poëte Hésiode dit qu'elles sont filles, bien qu'ailleurs il leur donne pour origine les gouttes du sang de Cœlus, mutilé par son fils Saturne, sang qu'aurait fécondé la Terre. L'adjectif pluriel *euménides* (les très-douces), devenu subtantif, leur fut prodigué, selon quelques mythologues, à cause de l'effroi qu'elles inspiraient. Avec cette antiphrase mielleuse, disent-ils, les anciens étaient persuadés qu'on les flattait et apaisait. Pour cette même raison les Sicyoniens, voisins de Corinthe, les gratifièrent de l'emphatique appellation de Déesses vénérables. Eschyle, Euripide et Sophocle les font filles de la Nuit, du sein noir de laquelle elles seraient sorties armées de torches ardentes, pour exercer l'horrible office que les juges infernaux leur confiaient de tourmenter les criminels, les meurtriers et les parricides, à l'heure du sommeil. De plus, selon ces poëtes, l'Achéron (le fleuve sans joie) serait leur père. Les principales, les plus infatigables de ces tristes divinités, sont Tisiphone, Mégère et Alecto. La première était chargée de répandre sur la terre la peste; la seconde, les morts prématurées et violentes; la troisième, la guerre et ses horreurs. Parmi les autres, moins occupées ou moins connues, on compte Lyssa, ou la Rage, créée par Euripide, et les Harpies, ces monstres ailés de Virgile. Les Furies passaient pour être vierges; et quel amant, quel époux eût voulu s'unir à ces filles effroyables, auxquelles Orphée donne pour asile une caverne noire et empestée, sur les bords fangeux du Styx, et Virgile une couche de fer?

Cependant Ménandre raconte qu'un jour l'amour se glissa au cœur de Tisiphone. Cette aînée des Furies ayant, au moment de la chaleur de midi, surpris un beau berger endormi au pied du mont Astère, en devint éprise; l'adolescent, réveillé par ses embrassements empoisonnés, la vit, frisonna et la repoussa avec horreur. Le monstre féminin, outragé, arracha de sa tête une couleuvre sifflante, et la lui lança au visage; le reptile courroucé se roula autour du cou de l'infortuné, et l'étrangla. Une montagne, voisine d'Athènes, prit de cette aventure le nom de Cythéron. Aux enfers, les Furies s'appelaient *chiennes du Cocyte*. Orphée les fait naître de Pluton et de Proserpine. La théogonie des poëtes grecs leur assigne pour jour de naissance le cinquième de la nouvelle lune; peut-être est-ce pour cette raison que Pythagore le consacre à Thémis, la justice: car les Furies sont peintes debout autour du siége de Pluton, attendant les ordres du roi des ombres; et Virgile les assied sur les degrés du trône de Jupiter-Tonnant, comme les ministres des jugements célestes. Ce cinquième jour est en même temps réputé funeste et stérile chez le chantre des Géorgiques. Le sage Platon réduit les Furies à une seule, Adastria ou Némésis, fille de Jupiter et d'*Ananké* (la Nécessité). Cependant les anciens reconnaissaient encore un certain nombre de Furies nommées *Némèses*, toutes sœurs, dont la première était Némésis. Toutes ont des ailes rapides: filles de la Nuit et de l'Océan, elles sont obscures comme leur mère, et impétueuses comme leur père.

Les Furies, ainsi que la plupart des divinités de la Grèce, sont d'origine égyptienne. Des médailles de Cyrène représentent les Furies couronnées de lotus. Dans les premiers siècles de la Grèce, la sévérité des traits, un front d'où le rire était toujours banni, distinguaient les images de ces divinités. Telles furent d'abord leurs statues dans l'Aréopage; mais Eschyle, dans ses *Euménides*, haussa leur taille, leur couvrit le visage de masques hideux, les coiffa de serpents, les arma d'un fouet de couleuvres, de torches ardentes, de poignards, leur donna des voix terribles et le plus affreux des regards, des yeux d'un bleu pâle et translucide, d'où s'échappaient des jets de flamme, d'où coulaient des larmes sanglantes; puis il les habilla de longues robes traînantes, noires ou rousses, tachetées de sang, dont des reptiles formaient la ceinture et les broderies. A la première représentation, des femmes avortèrent de peur; de jeunes filles moururent glacées d'effroi; des criminels prirent la fuite. Quelquefois, au lieu de robes, les Furies portaient des peaux de bêtes. Depuis, les poëtes et les sculpteurs s'efforcèrent en vain d'ajouter à leur horrible aspect en leur donnant des ailes, des pieds d'airain et des mains qu'ils multiplièrent selon leur caprice. Quelquefois ils les armaient d'une clef, symbole de leur puissance surnaturelle à s'introduire dans les lieux les plus secrets; ou ils les enveloppaient d'un voile, comme dans les villes et les temples de l'Asie Mineure les plus voisins de l'Égypte. On les représentait encore avec un corps unique à trois têtes, de chacune desquelles sortaient trois bras brandissants des flambeaux, et quelquefois avec trois visages coiffés de trois boisseaux et avec six bras.

Hors de la Grèce seulement, chez les étrangers, les Furies portaient des marteaux, des lances crochues, des épées, des haches, tous instruments de supplice et de mort; elles avaient aussi des ailes aux épaules, un diadème sur la tête, les cheveux épars ou liés, les pieds nus ou chaussés de cothurnes, et des robes bariolées. Mais Scopas, ne voulant pas compromettre la pureté de son ciseau immortel par des images si étranges, fit présent à Athènes de deux simples statues humaines des Euménides en albâtre. Toutefois, on n'osait pas prononcer le nom redouté des Furies; Oreste même, dans *Iphigénie*, ne les désigne que sous l'appellation de « déesses sans nom. » On pense bien que ces divinités si redoutables durent avoir un culte particulier. Leur plus ancien temple connu fut celui que leur consacra Oreste, et qui faisait partie de l'Aréopage à Athènes. Elles en avaient aux environs de la ville, au bourg de Colone, un autre, environné d'un bois, où se réfugièrent Œdipe suppliant et Antigone; et les Athéniens, épouvantés, forcèrent le vieux roi de Thèbes d'offrir aux Furies un sacrifice, pour les apaiser avant qu'il quittât ces funestes ombrages. Leurs sanctuaires étaient nombreux encore en Arcadie, presque tous fondés par Oreste; mais le plus célèbre se trouvait en Achaïe : elles y étaient représentées par de très-petites et très-modestes statues de bois; toutefois, le bocage qui les cachait était un des plus redoutés des criminels : un noir frisson les saisissait dès qu'ils y entraient, puis une subite fureur s'emparait d'eux. On se vit obligé d'en défendre les abords. La brumeuse Épire, où s'ouvrait une des portes des enfers, consacra aux Furies un temple moins célèbre que les précédents. Enfin, leur culte était en honneur à Argos, la ville des forfaits; mais il s'effaça presque entièrement dans son trajet de la Grèce en Italie, au point de se réduire aux frêles proportions de la déesse Furine.

Quels sacrifices, quelles offrandes prodiguaition aux autels de ces sombres divinités? Ce n'étaient ni des monstres hideux, ni des oiseaux sinistres, ni le triste souci, ni la lugubre scabieuse, ni des brebis sans tache, mais de blanches tourterelles, la fleur du blanc narcisse, l'aulne stérile, l'aubépine, le cèdre, le cyprès, le genévrier, le safran, etc. On leur faisait aussi des libations de vin doux et de miel. On leur offrait enfin, mais la nuit, aux lents accords d'hymnes plaintives entrecoupées de silences, une brebis noire. Elles n'avaient point de prêtresses, mais des prêtres portant des robes noires. Démosthène dit avoir été un de leurs sacrificateurs. Les étrangers égorgeaient sur les autels des Furies des victimes humaines. Les mœurs douces de la Grèce repoussaient généralement ces sanglantes expiations. L'office des Furies était aussi de précipiter dans le plus profond du Tartare les ombres criminelles que leur amenait Mercure, et d'atteler le noir quadrige de Pluton. Leur puissance s'étendait dans les enfers, sur la terre, et jusque dans l'Olympe. Leur juridiction sur la terre était si grande, que les Étrusques les représentaient courant devant les chevaux du char nuptial. Elles rendaient les unions heureuses ou sinistres; elles déposaient dans la maison de l'époux la discorde ou la paix, toute action humaine était soumise à leur juridiction; elles assistaient au dernier râle des mourants.

DENNE-BARON.

FURINE (*Furina*), nom d'une déesse qu'adoraient les Romains, mais sur la spécialité de laquelle les mythologues ne sont pas bien d'accord. Quelques-uns en font la déesse des voleurs, dérivant son nom du mot latin *fur*, voleur. La seule chose qu'il y ait d'avérée sur son existence et son culte, c'est qu'au delà du Tibre un bois lui était consacré. Le jeune Gracchus, pour éviter la fureur du peuple qui venait d'immoler son frère, se réfugia dans ce bois, qui ne fut pas pour lui un asile. Cette divinité, que Cicéron suppose n'être autre que l'une des Furies, avait dans les fastes sa fête particulière, appelée *Furinalia*, qu'on célébrait le 8 des calendes d'août.

FURIOSO. Ce mot italien désigne en musique moins une espece de mouvement qu'une espèce d'expression, et en conséquence est souvent employé comme adjectif; par exemple *allegro furioso*. Le caractère désordonné que ce mot semble impliquer ne s'obtient point par une vitesse exagérée dans l'exécution, mais bien par la rudesse dans le jeu, résultat auquel arrive l'exécutant en recourant aux dissonnances, aux sforzandos, aux progressions chromatiques d'accords, etc.

FURIUS et dans les plus anciens monuments FUSIUS, nom d'une antique famillepatricienne de Rome, originaire de Tusculum, et dont la famille des Camilles, celle à laquelle appartenait le célèbre vainqueur des Gaulois, Marcus Furius Camillus (*voyez* CAMILLE), était une branche collatérale.

FURONCLE. On désigne par ce mot ou par celui de *clou* une tumeur inflammatoire, circonscrite, commençant par les couches les plus profondes de la peau, puis s'étendant en tous les sens, jusqu'à devenir tout à fait superficielle, enfin se terminant constamment par la suppuration et la mortification de son point central. Ce qui distingue surtout le furoncle des autres tumeurs gangréneuses qui sont comme lui douloureuses, dures, chaudes, saillantes, qui occupent les mêmes parties, c'est son peu de volume, sa couleur rouge, sa forme cônique, et surtout le peu de gravité des symptômes généraux qui accompagnent une éruption furonculeuse.

Dans ces éruptions, la suppuration arrive ordinairement au bout de six ou huit jours; elle s'annonce par la teinte blanchâtre du sommet de la tumeur, qui préalablement s'est élevée en pointe. Le centre du furoncle s'ouvre d'abord pour laisser passer un peu de suppuration; le plus souvent le premier pus versé est sanguinolent; vers le deuxième ou le troisième jour de la suppuration, le tissu qui occupe le centre du clou, qui est privé de vie, en sort sous forme de grumeau plus ou moins volumineux, d'un blanc grisâtre. C'est à cette petite escarre qu'on donne le nom de *bourbillon;* à compter de l'expulsion du bourbillon, la douleur cesse, et la base du clou commence à se dégorger.

Les furoncles ne sont jamais dangereux, mais ils sont quelquefois fort douloureux et fort incommodes; on les voit assez souvent épidémiquement, et il est rare, quand on est affecté de furoncles, qu'on en soit quitte pour un ou deux; le plus ordinairement ils poussent par cinq ou six à la fois, ou se succèdent en plus ou moins grand nombre pendant quelques semaines, et même quelques mois. Quand plusieurs furoncles poussent en même temps, il y en a toujours un beaucoup plus gros que les autres; la même remarque a été faite pour les éruptions successives : les premiers alors ne sont pas toujours les plus volumineux. Les furoncles laissent des cicatrices ordinairement arrondies, déprimées à l'endroit correspondant au bourbillon, dont la couleur, d'abord rougeâtre ou bleuâtre, tranche pendant quelque temps d'une manière désagréable avec la peau, mais finit par disparaître entièrement.

L'application des sangsues autour de la tumeur, les fomentations émollientes, les cataplasmes fortement arrosés d'une dissolution d'opium, les bains tièdes, les emplâtres de diachylon gommé sont les moyens locaux de traitement le plus usités. En même temps, comme il y a souvent des signes d'embarras gastrique, on purge modérément pour prévenir une trop abondante éruption ou une trop longue série de furoncles successifs. Quelquefois, quand la douleur est très-vive, ou que le furoncle prend un volume trop considérable, on se trouve bien de le fendre avec le bistouri ou la lancette. Cette petite opération pratiquée sur les premiers furoncles, quand ils sont très-volumineux, suffit quelquefois pour faire avorter complétement l'éruption qui se préparait. Qu'on ait ou non ouvert ces furoncles, on facilite la sortie du bourbillon par des pressions modérées, faites sur la base de la tumeur au moment où ce corps étranger commence à se détacher. A l'aide de cette petite manœuvre, le bourbillon est plus complétement et plus tôt expulsé. Dr S. SANDRAS.

FÜRST (en vieil allemand *Furisto*), mot allemand qui équivaut à notre mot français *prince*, et qui suivant Grimm désigne en général la dignité suprême relativement aux sujets; il est par conséquent synonyme de *chef* et de *souverain*. Dans un sens plus restreint, il s'applique particulièrement aux membres des diètes impériales ayant droit de présence et voix personnelle ou virile dans ces assemblées. Si l'histoire la plus reculée s'en sert pour désigner des chefs de peuplade et de nation, c'est la constitution de l'Empire germanique qui seule lui donna plus tard un sens bien précis, attendu qu'il désigna dès lors uniquement les grands feudataires de la couronne, tels que les ducs et les comtes, en tant que l'exercice des deux prérogatives suprêmes de la royauté, le droit de faire la guerre et le droit de rendre la justice, leur était dévolu.

FURST (Walter), du canton d'Uri, se plaça avec Arnold de Melchthal et Werner Stauffacher à la tête de la ligue qui fut formée en 1317 pour la délivrance de la Suisse. Guillaume Tell était son gendre.

FURSTEMBERG (Principauté de), ancien État immédiat de l'Empire germanique, aujourd'hui médiatisé, était compris dans le cercle de Souabe, et tirait son nom du château de Furstemberg, rendez-vous de chasse de la forêt Noire, situé sur une montagne, à 40 kilomètres nord-ouest de Constance, dans le grand-duché actuel de Bade. Cette principauté, qui eut d'abord le titre de comté, comprenait, outre le château de Furstemberg et le village y attenant, qui ne compte guère que 250 habitants, la seigneurie de Haussen, dans la forêt Noire, et les seigneuries de Heiligenberg, Stühlingen, Mœskirch, etc. (acquises en 1530); le tout formant 27 myriamètres carrés, avec une population d'environ 90, 000 âmes. Elle changea, en 1664, le titre de comté contre celui de principauté, et fut médiatisée en 1806; elle est encore aujourd'hui partagée entre le grand-duché de Bade, qui en contient la plus grande partie, le Wurtemberg et la principauté de Hohenzollern-Sigmaringen.

La maison de Furstemberg, une des plus nobles et des plus anciennes de l'Allemagne, prétend descendre des Agilolfinges, par Égar, maire de Dagobert Ier. Ce qui est plus certain, c'est qu'elle descend des anciens comtes de Fribourg (Brisgau) et d'Urach. Elle a pour souche le comte Henri 1er, qui fonda, en 1250, le château et la petite ville de Furstemberg, d'où vint le nom de la famille. Cette maison se divisa au moyen âge en différentes branches, qui finirent par se confondre toutes en la personne de Frédéric III, mort en 1559. Ce dernier laissa deux fils, d'où sortirent les lignes de *Kinzingerthal* et de *Heiligenberg :* la première de ces lignes n'avait encore que le titre de *comte;* la deuxième obtint en 1664 le titre de *prince de l'Empire;* elle s'éteignit en 1716, et la dignité princière passa à la première ligne. Celle-ci se subdivisa à son tour en divers rameaux, dont le premier s'éteignit en 1804. Le deuxième prit alors possession du titre et des domaines de la principauté; il est aujourd'hui représenté par le prince *Charles Égon de Furstemberg*, né le 4 mars 1820, qui a épousé, en 1844, *Elisabeth-Henriette*, princesse de Reuss-Greitz. Sa résidence est à Donaueschingen, où se trouve une source longtemps regardée comme la vraie source du Danube. Ce prince, membre héréditaire de la première chambre des États de Bade, a environ 600,000 florins de revenu.

Une ligne collatérale, dite *Furstemberg-Weitra*, est depuis longtemps possessionnée en Moravie et dans la basse Autriche (où se trouve Weitra, bourg de 1,800 habitants, dont elle prend le nom); son chef porte le titre de *landgrave*. Elle est aujourd'hui représentée par le prince *Frédéric-Charles-Jean-Népomucène-Égon* de Furstemberg, né en 1774, grand-maître des cérémonies à la cour impériale d'Autriche. Ses revenus sont évalués à 150,000 florins par an. Bouillet.

FURSTENBUND. *Voyez* Confédération des Princes.

FURTH, ville manufacturière fort importante, située en Bavière, au confluent de la Pegnitz et de la Rednitz, à environ 15 kilomètres de Nuremberg, compte une population de plus de 16, 000 âmes, dont 12, 500 protestants, 500 catholiques, et plus de 3, 000 israélites. Elle est le siége d'une cour royale, et elle possède deux églises protestantes, une église catholique, deux grandes et quatre petites synagogues, un théâtre et un grand hôpital, un collége, une école de commerce et une école talmudique, espèce d'université israélite. Ses habitants vivent principalement des produits de leur industrie manufacturière et du commerce. Les produits connus sous le nom d'*articles de Nuremberg*, tels que miroiterie, bimbeloterie, articles estampés en métal doré et argenté, lunettes, instruments d'optique, de chirurgie et de mathématiques, ganterie, ivoire, corne, bonneterie, cotonnades, plumes à écrire, plumes de fer, cire à cacheter, café de chicorée, papiers grossiers, jouets d'enfants, etc., y sont l'objet de transactions considérables pour les deux Amériques, le Levant, la Hollande, la Belgique, l'Espagne, le Portugal, l'Italie, l'Allemagne septentrionale, le Danemark et la Suède.

Il est question de cette ville dès le dixième siècle ; sa prospérité actuelle date d'un siècle environ, d'une époque où le gouvernement prussien, sous les lois duquel elle se trouva momentanément, y favorisa les développements de l'industrie par des encouragements de tous genres. Furth n'a obtenu les droits et priviléges de ville qu'en 1818 ; elle n'était auparavant officiellement désignée que sous le nom de bourg.

FUSAIN. Ce genre de plantes appartient à la famille, assez nombreuse, des célastrinées. Il comprend des arbres et des arbrisseaux. L'espèce commune, appelée le *fusain d'Europe* (*evonymus europæus*, Linné), vulgairement *bonnet de prêtre*, à cause de la forme du fruit, est un grand arbrisseau, qui croît en abondance sur les haies, au fond des taillis, dans presque toute l'Europe centrale et septentrionale. Il est élevé de quatre à cinq mètres, et recouvert sur le tronc d'une écorce verdâtre, lisse. Le bois en est extrêmement fragile. Les branches sont nombreuses, portant des feuilles opposées, entières, ovales, finement dentées, et des fleurs d'un blanc sale, qui naissent en petits paquets aux parties latérales des tiges. Le fruit, à quatre lobes obtus, est ordinairement rouge, quelquefois blanc. Les feuilles tombent tous les ans, et les fleurs paraissent dans le climat de France au mois de mai. Pendant les mois de septembre, octobre et novembre, la plante est couverte d'une abondance de fruits vivement colorés, qui font l'ornement des bosquets d'automne. L'utilité de cet arbrisseau surpasse encore l'agrément qu'il procure. Son bois obéit facilement au ciseau, et souvent on l'a employé avec succès à de petits ouvrages de sculpture et de lutherie. On en fait de très-bonnes vis, des fuseaux de fileuses, des lardoires (d'où son nom vulgaire de *bois à lardoire*), des cure-dents et une foule de petits ustensiles. Avec des baguettes de fusain, charbonnées dans un creuset clos, les dessinateurs se font une espèce de crayons noirs, dont ils se servent fort commodément, et qui dans certains cas ne peuvent être remplacés par aucune autre matière. Ce crayon convient parfaitement pour les esquisses, à raison de la facilité avec laquelle on peut en effacer les traits sur le papier. Les teinturiers emploient le fruit du fusain, et ils en retirent, suivant les préparations auxquelles ils le soumettent, trois couleurs, le vert, le jaune et le roux. Le cultivateur ne néglige pas non plus le fusain, qui lui procure de bonnes haies. Rien de si facile que sa multiplication par semences, par marcottes ou par boutures. C'est toujours en automne qu'il convient ou de semer les grains, ou de coucher les jeunes branches, ou de planter les boutures. Au bout d'un an, les jeunes sujets doivent être transplantés dans une pépinière; il convient de les y laisser deux ans avant de les placer à demeure.

Nous ne ferons qu'indiquer les *fusain à larges feuilles*, *fusain galeux*, *fusain d'Amérique*, *fusain tobine*, *fusain bâtard*, toutes plantes des bosquets d'agrément. Nous dirons seulement que c'est mal à propos qu'on avait rangé les *fusain tobine* et *fusain bâtard* dans le genre *evonymus :* la première de ces deux plantes est un *pittospore*, et la seconde est un *célastre*. Pelouze père.

FUSEAU, broche de fer ou d'acier sur laquelle on enfile une bobine destinée à recevoir un fil qu'on tord, qu'on file ou qu'on dévide; double cône en bois sur lequel les fileuses à la quenouille roulent le fil à mesure qu'il se forme (*voyez* Filage).

En mécanique, on appelle *fuseaux* les ailes d'un pignon creux, appelé *lanterne*. En géométrie, les *fuseaux* sont les parties de la surface d'une sphère comprises entre deux méridiens. Les chevilles sur lesquelles est roulé le fil destiné à faire de la dentelle s'appellent aussi *fuseaux*. On donne encore ce nom aux bâtons ou rouleaux de la lanterne d'un moulin, aux tuyaux d'orgue qui ont cette forme; enfin, aux choses longues et menues en général, dont la grosseur n'est pas proportionnée à la longueur, telles que certaines colonnes et les jambes d'un homme maigre. TEYSSÈDRE.

FUSEAU (*Conchyliologie*), genre de mollusques gastéropodes, renfermant plus de 300 espèces répandues dans toutes les mers, principalement dans celles des pays chauds. Le nom de ce genre rappelle la forme de la coquille allongée, fusiforme, qu'offrent toutes les espèces. Cette coquille, généralement étroite, a la spire aussi longue ou plus longue que le canal terminal; l'ouverture est ovalaire, à columelle tantôt simple, tantôt plissée, soit à la base, soit vers le milieu. Le canal terminal de la coquille est allongé, étroit, sans échancrure terminale. Ce canal est droit et non renversé vers le dos de la coquille, qui est encore caractérisée par un opercule corné, anguiforme, à sommet terminal. L'animal, rampant sur un pied petit, épais, ovale ou subquadrangulaire, a la tête petite, aplatie, étroite, terminée en avant par deux tentacules courts, coniques, portant les yeux à la base, du côté extérieur; la tête est percée en dessous d'une fente buccale étroite, en forme de boutonnière, et par laquelle l'animal fait sortir une trompe plus ou moins longue. Le manteau est court; il se prolonge extérieurement en un canal étroit, un peu plus long que celui de la coquille.

FUSÉE ou FUSÉE VOLANTE (*Pyrotechnie*), une des pièces le plus employées dans les feux d'artifice. Le cartouche ou boîte de ces fusées, étranglé à sa partie inférieure, doit être en papier fort bien collé, presque blanc. On commence par faire du carton avec ce papier, en en collant trois ou quatre feuilles l'une sur l'autre; puis on roule et on colle, l'une sur l'autre aussi, plusieurs feuilles de ce carton, jusqu'à ce que le cartouche ait acquis l'épaisseur qu'il doit avoir. Lorsqu'il est à moitié sec, on l'étrangle à 20 ou 22 millimètres de l'extrémité, en le serrant jusqu'à ce que l'ouverture soit réduite à moitié du diamètre intérieur du cartouche. On presse cette gorge au moyen de plusieurs nœuds d'artificier, puis on achève de faire sécher le cartouche; on le coupe carrément aux dimensions qu'il doit avoir, et on le charge d'une composition de 0,248 pulvérin, 1,054 salpêtre, 0,216 soufre et 0,496 charbon grossièrement pilé. On obtient un feu plus brillant avec 1,280 salpêtre, 0,320 soufre, 0,400 charbon, 0,130 limaille d'acier ou de fer. Le cartouche se charge avec une broche et avec des baguettes percées suivant l'axe. Le carton est rabattu sur le massif de la charge et percé de trois trous pour la communication du feu. La gorge est amorcée avec un bout de mèche à étoupilles. Le pot est rempli d'artifices de garnitures, qui doivent varier la nature de leur explosion en l'air.

Pour maintenir la direction des fusées dans leur ascension, on y attache, à la partie inférieure, des baguettes d'une longueur calculée sur un peu moins de neuf fois celle du cartouche. Elles sont disposées de manière à ce que la fusée se tienne en équilibre sur une lame de couteau, placée à trois diamètres extérieurs de la distance de la gorge pour les fusées qui n'ont pas plus de 35 millimètres, à deux diamètres et demi pour celles qui ont plus de ce chiffre et ne dépassent pas 5 centimètres, et enfin à deux diamètres pour celles qui en ont davantage. S'agit-il de lancer les fusées, on les suspend librement, la baguette tournée vers la terre, dans une espèce de mortaise, faite à travers un liteau placé horizontalement et fixé à un poteau ou à un arbre. Aussitôt qu'on les a allumées, le feu pénètre instantanément jusqu'au massif, et, s'échappant par le bas, les chasse dans l'air en donnant naissance dans l'intérieur à des fluides aériformes, qui tendent à se dilater uniformément dans tous les sens, et qui, rencontrant moins d'obstacle du côté où la fusée est ouverte que du côté où elle est fermée, la poussent de ce dernier côté avec une force égale à la différence des deux résistances. Le massif se consume pendant que la fusée s'élève, et si sa hauteur a été bien calculée, il finit au moment où la fusée a atteint son maximum d'élévation, en communiquant le feu à la garniture du pot, qui produit par sa combustion une lumière vive et brillante. MERLIN.

FUSÉE (*Artillerie*), nom que l'on donne généralement à de grands ou de petits artifices enfermés dans une cartouche de forme cylindrique, variant de dimensions suivant son objet. On distingue trois espèces principales de fusées : les *fusées à bombes*, *obus* et *grenades*; les *fusées volantes* ou *de signaux*, enfin les *fusées incendiaires* ou *fusées à la Congrève*.

Fusées à bombes, *obus* et *grenades*. Elles sont destinées à communiquer le feu à la poudre que renferment ces projectiles, pour les faire éclater dans les lieux où ils sont lancés, à des distances et à des points donnés. Elles doivent être faites avec de bon bois fort sec, sain et sans nœuds; les plus propres à cette destination sont le tilleul, l'aune, le frêne, l'orme, le bouleau, ou, à défaut, le hêtre; mais il convient moins, car il ne remplit pas avec autant de précision l'œil de la bombe. Les *fusées* sont faites sur le tour, en forme de cône tronqué, d'après des dimensions de longueur et de grosseur proportionnées au calibre auquel elles sont destinées, afin d'entrer convenablement dans l'œil de la bombe, de l'obus ou de la grenade. Leur gros bout, ou tête, est évasé en calice, tant pour les rendre plus faciles à charger que pour contenir les bouts de mèche qui servent d'amorce. Elles sont percées, suivant leur axe, d'une ouverture ou canal qu'on nomme *lumière*, de grandeur déterminée pour chaque diamètre. Cette lumière ne se prolonge pas dans toute la longueur de la fusée : on laisse au petit bout quelques lignes de bois plein, que l'on coupe en sifflet, lorsqu'on adapte la fusée à son projectile. Le calice et la lumière sont remplis d'une matière d'artifice que l'on nomme *composition*, formée de 1 partie de soufre, 2 de salpêtre, 3 de pulvérin. La *fusée* étant chargée, on l'amorce avec un bout de mèche à étoupilles, plié en deux, sur lequel on bat la composition, pour remplir le canal. Les bouts de mèche sont rabattus dans le calice, qu'on emplit de pulvérin non battu. On place une première rondelle en papier, puis une seconde à franges, qu'on colle sur le bois; et si la fusée doit voyager, on la coiffe avec du parchemin, de la toile, de la serge, arrêtée par un nœud d'artificier; on plonge ensuite la tête dans une composition de 4 parties de résine, 5 de poix noire, 10 de cire jaune.

Les fusées sont introduites à force de coups dans l'œil de la bombe, en frappant du maillet sur le chasse-fusée jusqu'à ce que la tête repose bien sur le projectile. Des circonstances diverses peuvent faire que la bombe ou l'obus éclate plus tôt ou plus tard, soit à hauteur des toits pour les incendier, soit entre les pieds des chevaux pour démonter la cavalerie. Dans tous les cas, la fusée doit être coupée à une longueur calculée, avant d'être enfoncée dans le projectile, pour qu'elle communique le feu à la poudre intérieure au moment voulu.

Fusées volantes ou *de signaux*. Cet artifice, qui est le même que celui que nous voyons dans les fêtes et réjouissances publiques et particulières (*voyez* FEU D'ARTIFICE), est employé un jour de bataille en d'autres circonstances, lorsqu'il s'agit d'indiquer le moment d'agir à des corps détachés, pour mettre de l'accord et de l'ensemble dans de grandes dispositions stratégiques. En marine, elles servent à faire des signaux de nuit et de conserve, entre les divers bâtiments d'une division, d'une escadre ou d'une flotte.

Il y a encore de petites fusées destinés à communiquer le feu aux pièces de campagne : elles portent le nom de *fusées d'amorce* ou *étoupilles*.

Fusées à la Congrève. Ce fut le célèbre Hyder-Ali qui le premier s'en servit aux Grandes-Indes, pour jeter la terreur parmi les éléphants, et, par suite, la confusion dans les rangs de l'armée ennemie. Ces fusées consistaient en tubes de fer, du poids de 3 à 6 kilogrammes, fixés à des bambous de 2 à 3 mètres de long, et chargés avec les ingrédients dont le mélange entre ordinairement dans la composition des fusées. En 1799, lors du siége de Seringaptnam, l'inventeur fit beaucoup de mal aux Anglais avec ces projectiles d'une nouvelle espèce. Le colonel *Congrève*, quand il faisait la guerre dans l'Inde, emprunta l'idée de cette machine destructive aux Mahrattes; il l'appliqua bientôt en Europe, et imposa son nom à ce nouveau mode de destruction. Des essais plus ou moins satisfaisants eurent lieu tour à tour en France, en Autriche, en Prusse, en Saxe et ailleurs. Aujourd'hui cette fusée est adoptée par toutes les puissances. Construite d'après le même principe que celle des feux d'artifice, elle porte à sa tête une cartouche, qui lui donne l'impulsion et éclate ensuite en gerbes lumineuses. Appelée *racket* par les Allemands, elle a pour affût des chevalets, et se tire soit en parabole, comme les bombes, soit horizontalement comme le boulet et l'obus. Elle porte en tête une énorme cartouche ou cylindre en tôle, et un pot en fonte, destiné à éclater comme les obus. L'appareil contient des matières incendiaires, jaillissantes, de la mitraille, des balles, des grenades, qui partent successivement, et dont les éclats meurtriers se prolongent longtemps. Pour obtenir une plus grande force expansive, il est nécessaire de les charger avec rapidité. L'addition de chlore que les Anglais mettent dans les leurs est un procédé qui présente de graves dangers, en raison de l'extrême inflammabilité qu'elle leur communique.

En 1854, quand éclate la guerre d'Orient, on ne croit plus trouver un auxiliaire suffisant dans les anciennes fusées de guerre. Le 1er juillet il est procédé à Toulon, au fort Saint-Louis, en présence de nombreux spectateurs, aux épreuves de nouvelles fusées fabriquées par l'École de pyrotechnie maritime pour les escadres de la mer Noire. Ces fusées, de $0^m,95$ de longueur, sont armées de l'obus de 12. Les résultats qu'elles ont fournis sont magnifiques et les portées de beaucoup supérieures aux plus belles qui aient encore été obtenues jusqu'à ce jour en France depuis trente ans qu'on cherche à perfectionner la puissance de cet artifice incendiaire. Jamais dans les tirs antérieurs exécutés soit à Toulon, soit ailleurs, on n'avait atteint des portées de plus de 3,300 à 3,500 mètres. Dans celui du 1er juillet elles ont été de 4,000 à 4,300 mètres. Un mois après, en août 1854, l'École de pyrotechnie de Metz obtient, à son tour, de magnifiques succès dans le tir et la portée de ses fusées de guerre. Lancées du polygone, des fusées de $0^m,09$ de diamètre sur $1^m,10$ de longueur (y compris le chapiteau incendiaire) allèrent tomber par delà Malroy et Rupigny, c'est-à-dire à plus de 5,600 mètres. Quant à la déviation, les points de chute extrêmes n'étaient qu'à environ 150 mètres l'un de l'autre, ce qui donnait 75 mètres de plus grande déviation. En visitant le lendemain les points de chute, on constata, près de Rupigny, qu'une de ces fusées avait pénétré dans le sol d'environ $1^m,60$. Cette distance et cette pénétration sont effrayantes. Avec un diamètre de $0^m,12$ au lieu de $0^m,09$, on ne doute pas que la nouvelle fusée ne portât aisément à 8,000 mètres ou deux lieues.

FUSÉE (*Technologie*). Ce mot est imité de *fuseau*. Les charrons, les carrossiers, appellent ainsi les parties coniques d'un essieu qui entrent dans le moyeu, parce qu'en effet elles ressemblent à un fuseau chargé de fil.

Les horlogers nomment *fusée* une pièce qui a la forme d'un cône tronqué, sur laquelle est taillée une vis dont les filets imitent, par leur disposition, les révolutions d'un cordon roulé sur une toupie. L'invention de la fusée, dont on ignore l'auteur, passe pour l'une des plus heureuses qui aient été faites en horlogerie; elle est destinée à corriger les inégalités de force du moteur. Chacun à pu observer que plus un ressort est tendu, plus l'effort qu'il fait pour se débander est grand. On a pu remarquer aussi que le mouvement d'une montre devient accéléré lorsqu'on tourne la clé qui sert à la monter en sens contraire. Si la force du ressort moteur est variable, la marche de la montre sera nécessairement irrégulière : il a donc fallu trouver le moyen de rendre constants les effets du ressort, ce à quoi on est parvenu par l'invention de la fusée. Voici une idée de ce mécanisme : le ressort est contourné en spirale et logé dans un barillet cylindrique, qui, en tournant autour d'un pivot, bande le ressort, et celui-ci fait tourner le barillet en sens contraire en se débandant, de sorte que si le barillet portait une roue dentée, elle pourrait communiquer l'action du ressort à tout le rouage; mais, comme nous l'avons déjà dit, cette action irait en diminuant d'intensité à mesure que le ressort se débanderait. Pour la rendre uniforme, on adapte sur l'arbre de la première roue un cône taillé en vis : c'est la fusée. Elle peut tourner dans un sens indépendamment du mouvement de la roue, un cliquet l'empêche de tourner en sens contraire. Une petite chaîne est accrochée par un bout sur le barillet et par l'autre sur la fusée. Le système est combiné de sorte que la fusée tournant dans un sens le barillet suit son mouvement et bande le ressort pendant que la petite chaîne s'enroule entre les spires de la fusée, en commençant vers la base du cône et finissant vers le sommet.

Comme le diamètre des spires diminue en allant de la base de la fusée à son sommet, on peut considérer la fusée comme composée d'une suite de poulies que nous numéroterons 1, 2, 3, 4, etc., et partant du sommet, c'est-à-dire de la plus petite, etc. Quand la chaînette est roulée sur la poulie 1, le ressort est à son plus haut degré de bande : aussi agit-il au moyen du levier le plus court de la fusée, puisque la poulie 1 est la plus petite de toute. La chaîne se déroulant, le ressort se débande et perd de sa force : aussi agit-il sur un levier plus long, qui est le rayon de la poulie 2, plus grande que la poulie 1, et ainsi de suite, de façon qu'à mesure que le ressort se détend, il agit successivement sur des leviers plus longs. Si donc on représente la force décroissante du ressort par la progression 12, 11, 10, 9, 8, 7, 6, 5, 4, 3, 2, 1, et les diamètres des spires de la fusée par la progression croissante 1, 2, 3, 4, 5, 6, 7, 8, 9, 10, 11, 12, il y aura compensation parfaite, et l'action du ressort sur le rouage sera constante et uniforme.

On taille les fusées au moyen d'une petite mécanique : néanmoins on est obligé de les régulariser à la lime et en tâtonnant, par la raison que la lame d'acier qui, contournée en spirale, forme le ressort, n'est pas également large, également épaisse dans toute son étendue. On conçoit encore qu'il est physiquement impossible de lui donner partout le même degré de trempe : la force du ressort qui se détend ne doit donc pas décroître d'une manière uniforme.

On a fait beaucoup de tentatives pour supprimer la fusée dans les montres, afin d'éviter les frottements produits par la chaînette et les pivots de la première roue dentée, qui pourrait alors être fixée sur le barillet. Tous les systèmes qu'on a proposés pour atteindre ce but ont été rejetés, comme étant plus imparfaits que la fusée.

Dans les horloges à ressort, et qui sont réglées par un pendule, on supprime la fusée, par la raison qu'on peut doubler, tripler.. la force qui anime une horloge réglée par un pendule, sans que sa marche varie avec trop d'inconvénients pour les usages ordinaires. TEYSSÈDRE.

FUSÉE (*Art vétérinaire*), maladie du cheval, qui lui vient au canon sur le train de devant et qui naît de deux sur-os dangereux qui se joignent ensemble de haut en bas, et montant au genou, estropient souvent l'animal.

En termes de chirurgie, une *fusée* purulente est un conduit, un trajet fistuleux, que forme le pus d'un abcès, lorsqu'il tend à faire éruption.

FUSÉE (*Blason*), meuble d'armoiries, fait en forme de fuseau, et qu'on porte dans l'écu. Quelques écrivains le regardent comme un symbole de déshonneur que les rois de France au moment des croisades infligèrent aux gentilshommes qui refusaient de partir pour la Terre Sainte, les déclarant ainsi efféminés et indignes d'être hommes. De même, à l'époque de notre grande révolution, les émigrés envoyaient une quenouille et un fuseau aux nobles qui refusaient de quitter la France.

FUSELÉ se dit dans le blason d'un champ ou d'une pièce toute chargée de *fusées*.

FUSELY. *Voyez* FUSSLI.

FUSER. On dit que les nitrates et les chlorates *fusent* lorsqu'ils sont projetés sur des charbons incandescents.

Nous ne connaissons que ces deux genres de sels auxquels puisse s'appliquer rigoureusement le mot *fuser*. L'effet résulte d'une action double, et qui s'exerce simultanément : 1° celle du transport rapide de l'oxygène contenu dans ces sels sur le carbone, avec lequel il se combine chimiquement pour former des gaz carbonés, qui s'échappent dans l'air; 2° la fusion ou fonte du corps auquel était précédemment uni cet oxygène : cette fusion, à cause de la température très-élevée qui se développe au point de contact et qui résulte de la combinaison chimique, est également instantanée, et une partie du charbon se trouve recouverte par la substance fondue. Le mot *fusion* n'est donc pas le substantif formé du verbe *fuser*, qui n'en a pas en français, et pour lequel il ne serait peut-être pas déraisonnable de créer le mot *fusement*, afin de pouvoir exprimer sans équivoque des propriétés chimiques qu'il est si fréquent d'avoir à caractériser. PELOUZE père.

FUSIBILITÉ, qualité de ce qui est fusible, ou disposé à se fondre. L'état de solidité et de fluidité des corps dépendant de la quantité de calorique qui y est appliquée, les corps se solidifiant par la privation du calorique, et redevenant fluides quand on leur restitue le même calorique, on en peut conclure cette loi générale : Tous les solides, pourvu qu'on y applique une quantité de calorique suffisante et relative à leur constitution propre, peuvent être ramenés à la liquidité. C'est ce passage qui a été appelé *fusion*. On estime le plus ou moins de fusibilité d'un corps par le degré de chaleur auquel il doit être amené pour passer à l'état liquide. PELOUZE père.

FUSIL, arme à feu dont l'origine est aussi incertaine que celle de la poudre à canon. Cette arme a changé plusieurs fois de nom : elle s'est appelée *arquebuse*, *mousquet*; elle a été construite suivant divers systèmes; et malgré ses rares avantages, elle n'est parvenue au degré de perfection qu'on lui connaît qu'avec beaucoup de lenteur; encore y reste-t-il beaucoup à faire. Le premier fusil fut indubitablement un canon portatif de métal forgé ou fondu, que l'on faisait partir au moyen d'une mèche allumée qu'on tenait à la main. On conçoit qu'il était difficile de tirer juste et prestement avec une telle machine; c'est ce qui donna lieu à l'invention de la batterie, dont, au reste, on avait depuis longtemps fait des applications analogues aux arbalètes. Les premières batteries, assez grossièrement exécutées, se composaient d'un bassinet, d'un ressort, d'une noix, etc. Le chien, au lieu de pierre, portait un bout de corde, qu'on allumait au besoin, et qui brûlait lentement, comme les mèches dont on se sert pour faire partir les canons. On comprend que lorsqu'on pressait la détente, le bassinet s'ouvrait, et que le chien, s'abattant, portait le bout de corde sur la poudre, etc. Les premiers fusils ou arquebuses étaient si lourds, qu'il fallait deux hommes pour les porter.

La corde allumée avait en outre plusieurs inconvénients : elle produisait de la fumée, et tout porte à croire que la poudre contenue dans le bassinet ne s'allumait pas toutes les fois que la mèche la touchait; ce qui fit naître l'idée d'un perfectionnement basé sur les propriétés du briquet à pierre. Une roue d'acier trempé, de la grandeur d'une pièce de cinq francs, plus ou moins, dont le contour était rayé, frottait, en tournant, contre un caillou fixé au-dessus du bassinet et en faisait jaillir des étincelles, qui mettaient le feu à la poudre. Le mécanisme qui faisait tourner la roue était animé par un ressort qu'on remontait avec une manivelle qu'on ôtait et qu'on mettait à volonté. Cette arme, appelée *fusil à rouet*, ratait peu, mais, outre qu'elle était lourde, elle exigeait beaucoup de temps pour être chargée et armée.

On fit donc un grand pas de plus vers la perfection lorsque, dès 1685, on arma le chien d'un caillou qui, allant frapper contre le couvercle, appelé *platine du bassinet*, le souleva et en fit jaillir des étincelles. C'est de l'application du caillou (*focile*) que le mousquet prit le nom de *fusil*. Louis XIV en arma tous ses soldats en 1704. Depuis, le *fusil de munition*, avec sa baïonnette, fut l'arme principale des soldats de l'Europe.

Le *fusil à pierre*, à l'usage des chasseurs, fut construit sur les mêmes principes que le fusil de munition, mais son canon fut forgé avec plus de soin, afin de le rendre résistant et léger à la fois. En outre, le chasseur pouvant ne pas abattre le gibier du premier coup, on fabriqua des *fusils doubles*, ou composés de deux canons réunis au moyen d'une bande de fer brasée entre les deux. On fabriqua des *fusils à quatre coups*; nous en avons vu à sept canons. Du reste, ces tours de force sont rares : une arme aussi compliquée est plus singulière que commode. Enfin, au commencement de ce siècle, un Anglais amorça le fusil de chasse avec de la poudre fulminante, qui a la propriété de prendre feu quand on la choque avec un corps dur; dès lors la pierre à feu, le bassinet, etc., devinrent inutiles, et furent supprimés. L'arme ainsi modifiée prit le nom de *fusil à piston*, dénomination qui n'est point motivée, attendu qu'il n'y a point de jeu de piston dans sa batterie : on devrait s'en tenir à l'expression de *fusil à percussion*. Les fusils à pierre étaient déjà si parfaits, qu'il ne fallut pas moins d'une vingtaine d'années pour les faire abandonner à l'armée; d'abord, parce que les amorces de poudre fulminante coûtaient cher; puis on fut longtemps à s'apercevoir que par leur emploi on n'avait pas besoin de mettre autant de poudre dans le canon pour chasser le même projectile, etc. Depuis que les fabricants d'amorces ont pu les livrer à bas prix, et qu'on a reconnu les avantages qu'il y avait à les employer, les fusils à percussion ont remplacé entièrement, ou à peu près, ceux à pierre. Nous avons dit que les fusils à piston n'ont point de bassinet ; cette pièce est remplacée par un conduit appelé *cheminée*, qui communique avec l'intérieur du canon; l'amorce, composée d'un mélange de poudre fulminante et de poudre ordinaire, est contenue dans le fond d'une petite capsule de cuivre ayant la forme d'un dé à coudre fermé ; le diamètre intérieur de la cheminée est égal à son diamètre extérieur, de sorte que la capsule coiffe celle-ci et tient dessus comme le couvercle d'une tabatière sur la cuvette. Au bout du chien du nouveau fusil est pratiquée une cavité dans laquelle, quand l'arme est au repos, est logée la capsule et le sommet de la cheminée. Par cette disposition, l'amorce est à l'abri des chocs, de la pluie, etc. Quand on veut tirer l'arme, on redresse le chien, qui, lorsqu'on presse la détente, va frapper un coup sec sur la capsule; l'amorce prend feu; et comme la flamme qu'elle produit ne peut se répandre à l'extérieur, elle pénètre dans l'intérieur du canon, et le coup part.

Les dangers que l'on court en bourrant la charge d'un fusil ordinaire, et l'avantage qu'il y a de charger en très-peu de temps, ont fait imaginer des fusils qui se chargent par la culasse. Dans le dix-huitième siècle, on fit quelques essais pour atteindre ce but, mais on n'obtint que des succès imparfaits. Depuis l'invention des nouvelles amorces, les arquebusiers ont été plus heureux; on trouve aujourd'hui beaucoup de fusils construits suivant des systèmes différents, qui se chargent du côté de la crosse avec la plus grande célérité. TEYSSÈDRE.

Le fusil de munition ou de guerre se compose, outre la baïonnette, de plusieurs pièces, telles que le *bois* ou le *fût*, le *canon*, la *baguette*, la *batterie*, la *détente*, la *crosse*, etc. De toutes ces pièces la plus importante est le canon. Les canons en fer battu, pour les fusils de guerre ou de chasse et les pistolets, se divisent en trois espèces principales : 1° les canons faits d'une bande de fer roulée et soudée dans toute sa longueur ; 2° les canons tordus ; 3° les canons en rubans. Les canons pour fusils de guerre ou de chasse simples se font ainsi : on prend une bande de fer de bonne qualité, bien corroyée d'avance au marteau ; cette bande s'appelle *maquette*. Le forgeur en canons la chauffe et la roule de manière que ses bords se touchent ou se croisent même de quelques millimètres, après quoi il procède au soudage : pour cela, il fait chauffer le tube par le milieu, et le porte sur l'enclume; son compagnon frappeur introduit une maquette dedans, et ils soudent une longueur d'environ deux pouces. En répétant cette opération un nombre de fois convenable, on atteint l'un et l'autre bout du tube, qui se trouve soudé dans toute sa longueur; on le repasse encore une fois pour rendre le soudage aussi parfait que possible et faire disparaître les irrégularités de toutes espèces, après quoi il est prêt à être foré.

Le canon tordu se fait comme le précédent; on l'appelle *tordu* parce que l'ouvrier tord la partie qu'il vient de souder pendant qu'elle est encore chaude, en saisissant le canon dans un étau. Cette opération est motivée sur la propriété qu'a le fer étiré en bandes de s'arranger en fils qui imitent les fibres du bois, et l'expérience a démontré que, toutes choses égales d'ailleurs, un morceau de fer forgé rompt moins facilement quand on le tire suivant la direction de ses fibres que si la force qui tend à le séparer en deux parties agit dans une direction faisant un angle quelconque avec celle des fibres. On peut tordre le canon dans toute sa longueur; souvent on se contente de tordre le *tonnerre*. Passons au canon de fusil en rubans. La maquette destinée à cet usage est de fer pur ou d'étoffe composée de fer et d'acier. L'étoffe se prépare de cette manière : on forme une boîte composée de lames minces d'acier et de fer placées alternativement les unes sur les autres, de façon cependant que les deux lames extrêmes soient de fer : si, par exemple, le paquet se compose de 39 lames, il y en aura 19 en acier et 20 en fer. On soude le paquet; souvent on le replie, on l'étire et l'on forme une bande ou maquette composée de couches alternatives de fer et d'acier. Avant de procéder au forgeage du canon en rubans, l'ouvrier forme un tube de fer mince ou de tôle soudée; après quoi il roule sur ce canon, qu'on appelle la *chemise*, la maquette en tire-bouchon. Ces préparatifs terminés, il ne reste plus qu'à souder; opération qui se fait par parties au moyen de plusieurs chaudes. Quand la maquette est d'étoffe, on la roule sur la chemise, de façon que toutes les couches de fer et d'acier qui la composent soient visibles et forment des spires parallèles.

Le canon étant forgé et soudé, n'importe de quelle manière, on élargit et rectifie l'intérieur en y passant une suite de forets composée de 20 et plus; on commence par les plus petits; dans cette opération, ce sont les forets qui tournent, tandis que le canon avance dans une coulisse.

Récemment le général Rémond a proposé d'armer toute l'infanterie d'un fusil à canon rayé en hélice, à tige et à balle conique, *se chargeant par la culasse*. Son fusil est celui de l'arquebusier Lefaucheux, aujourd'hui fort en usage à la chasse, fusil dont le principe a été modifié par le général pour l'appliquer au service des troupes. Il ne diffère de la carabine de Vincennes que pour le chargement par la cuirasse. Sa batterie est à charnière; elle se lève, met à jour l'âme ou tonnerre du canon, et le soldat y introduit une cartouche munie tout à la fois de sa balle et de sa capsule fulminante. Dès lors l'ancienne charge en douze temps n'en a plus que cinq; la baguette est supprimée, ainsi que les temps de passer l'arme à gauche, d'amorcer et de bourrer, temps qui subsistent encore pour la carabine à baguette des chasseurs de Vincennes. Ces chasseurs ne tirent que deux coups à la minute. En chargeant par la culasse, on en tirerait trois et quatre. Suivant le général, ce nouvel armement oblige à modifier la tactique, l'artillerie et même la fortification.

« Le fusil de munition ordinaire ne produit un bon effet (un effet meurtrier), dit M. de Saint-Ange, que de 150 à 200 mètres; à 400 et au delà, presque tous les coups sont perdus, tandis qu'à 800 et à 1,000 mètres la balle de carabine atteint encore le but avec assez de justesse. A 150 mètres, la carabine fournit au but 82 coups portés sur 100; le fusil, 42 sur 100; à 200 mètres, la carabine donne 60 pour 100, le fusil 26; enfin à 400 mètres, la carabine donne 40 coups portés sur 100, et le fusil n'en donne plus que 14. A 800 et 1,000 mètres, la carabine fournit encore 10 à 15 pour 100; et le fusil zéro. Il résulte de là que le feu du fusil actuel de munition n'ayant d'efficacité qu'à très-courte distance, le général Rémond n'hésite pas à le condamner au rebut. Avec la carabine du général, se chargeant sans baguette, on a trois fois plus de coups tirés et trois fois plus de coups portés. La fusillade alors prend même avantage sur l'artillerie, et voici comment : la bonne portée pour le boulet est de 1,000 mètres, mais celle de la mitraille n'est que de 500. Or les tirailleurs embusqués, blottis derrière des buissons, abrités par les inégalités du terrain, ne cessent de viser les canonniers, qui sont forcés à se tenir debout, et ils peuvent en tuer un bon nombre, ce qui finirait par annuler une batterie, faute d'hommes pour la servir. La mitraille à 200 mètres touche le but 34 fois sur 100, et la carabine 60 fois; à 400 mètres, la mitraille ne fournit que 22 coups portés, tandis que la carabine en fournit 40. Ainsi un nombre de coups de fusil égal au nombre des biscaïens contenus dans une boîte à mitraille prend sur celle-ci un avantage de 60 sur 34 ou de 40 sur 22, selon les distances. »

On emploie pour la défense des places un gros fusil, dit *fusil de rempart*. Il est à percussion et reçoit des balles du calibre de 8 à la livre; on le charge par la culasse; il est monté sur un pivot à charnière, qui, s'emboîtant au bout d'un pieu planté dans le sol, rend la manœuvre facile, nonobstant le poids de l'arme, et annule une partie de l'effet du recul. Le maximum de la portée du fusil de rempart s'étend à 1,200 mètres; sa bonne portée, c'est-à-dire la distance à laquelle la direction de la balle conserve de la justesse, atteint à 600; il donne la mort jusqu'à 7 à 800.

FUSIL (de l'italien *focile*, caillou), morceau d'acier trempé avec lequel on frappe un caillou pour en faire jaillir du feu. Si l'on tend un papier blanc au-dessous du caillou au moment où il est frappé, on recueille les étincelles, qui, vues au microscope quand elles sont refroidies, présentent de petites boules de fer : ces étincelles sont donc du fer fondu.

Fusil est encore le nom d'un cylindroïde d'acier dont les bouchers, les cuisiniers, etc., font usage pour donner le fil à leurs couteaux.

FUSIL À VENT. L'air atmosphérique et tous les gaz en général ayant la propriété de faire ressort lorsqu'on les comprime dans un espace hermétiquement fermé, on a depuis fort longtemps employé cet agent enfermé dans un tube pour chasser des projectiles. On croit que le *fusil à vent* était connu à Constantinople du temps du Bas-Empire; les Hollandais, les Allemands, soutiennent que c'est dans leur pays qu'il en a été fabriqué pour la première fois. Les Français prétendent de leur côté que le premier de ces sortes de fusils qu'on ait vu en Europe fut celui qu'un bourgeois de Lisieux présenta à Henri IV. Quoi qu'il en soit, on a lieu de s'étonner qu'une arme aussi perfide, aussi commode, n'ait pas été en usage dans les armées, si elle était connue plusieurs siècles avant l'invention de la poudre à canon.

Le principe de tout fusil à vent est le même que celui de la canne à vent. On fait en métal la crosse d'un fusil ordinaire, dans laquelle on ménage une cavité appelée *réservoir*, qui communique avec l'intérieur du canon par une ouverture qui se ferme à l'aide d'une soupape qu'on ouvre à volonté en pressant une détente : une autre soupape fait communiquer le réservoir avec l'air extérieur. Cette soupape s'ouvre de dehors en dedans. Quand on veut charger l'arme, on prend une pompe foulante, on l'adapte à cette dernière soupape, et l'on foule de l'air dans le réservoir. Plus on y introduit de ce fluide, plus son ressort augmente. La balle ou tout autre projectile étant placé dans le canon, on presse la détente; une soupape s'ouvre, et se referme à l'instant; une partie de l'air contenu dans le réservoir s'introduit avec impétuosité dans le canon, et chasse le projectile avec une certaine force, qui va en diminuant d'énergie à mesure que le réservoir se vide. On peut tirer ainsi vingt ou trente coups capables de tuer ou de blesser un animal.

Les autorités ont sagement défendu l'usage du fusil à vent; mais ce n'est pas la seule raison qui fasse qu'on en voie si peu, d'autres causes y contribuent pour beaucoup;

d'abord, la nécessité d'une pompe, qui serait trop embarrassante s'il fallait la porter avec soi, en même temps que le fusil ; en outre, l'exécution de cette arme présente de grandes difficultés. On parvient avec peine à rendre les soupapes propres à remplir leurs fonctions avec exactitude, car le moindre petit défaut occasionne des pertes de vent, etc. Aussi les fusils à vent sont-ils fort chers, peu d'ouvriers étant capables de les confectionner avec succès.

La pompe à air étant lourde et embarrassante, on a proposé un appareil, attaché sur le corps du chasseur, et qui fonctionnerait toutes les fois qu'il marcherait, de façon que l'air contenu dans le réservoir aurait toujours le même ressort.

Teyssèdre.

FUSILIER. Ce mot s'est d'abord écrit *fuzelier*, *fuselier*, pour signifier des hommes de cavalerie légère, portant l'arquebuse à rouet, l'arquebuse à fusil ; on les distinguait par là des cavaliers portant mousquet à mèche. La loi a rendu technique ce terme, en l'appliquant à des corps d'infanterie qui, au lieu d'être armés en partie de piques, en partie de mousquets, n'étaient armés que de fusils ayant une platine à silex : ces fusiliers fantassins n'étaient en réalité que des canonniers, ou plutôt des garde-canons, dont on surchargea le nom d'un génitif sans signification, quand on les appela *fusiliers du roi*. Les ordonnances de Louis XIV dénommaient techniquement *soldats* les autres hommes d'infanterie qu'actuellement on appelle *fusiliers*. Quand le régiment des fusiliers du roi se métamorphosa en corps d'artillerie et en canonniers, le mot *fusilier* s'effaça pour ne reprendre vigueur que dans les guerres du milieu du dernier siècle ; il fut dès lors appliqué à des corps spéciaux d'infanterie légère ; l'usage le consacrant à distinguer les compagnies du centre des compagnies d'élite.

Gal Bardin.

FUSILLADE, On donne le nom de *fusillade* à un engagement partiel ou à un combat dans lequel la mousqueterie joue le principal rôle. Il semblerait, d'après cette définition, que les deux mots *fusillade* et *mousqueterie* sont synonymes, et pourtant il n'en est rien. La fusillade est plutôt un feu d'infanterie décousu qu'un tir en salve, à commandement, à explosions réglées, comme la mousqueterie. On repousse par des fusillades rasantes les attaques de chemin couvert ; on défend de même une banquette. Ce qu'on appelait autrefois *chandelier de tranchée* et *corbeilles défensives* étaient autant de moyens de nourrir une fusillade à l'abri. Ce n'est pas par la fusillade, c'est généralement par les feux d'ensemble, à petite portée, qu'il faut recevoir les charges de cavalerie. Quand aux charges d'infanterie, le mieux est de marcher résolument à sa rencontre. Il est peu d'exemples de batailles où la fusillade ait joué le principal rôle. Pourtant, à Lutzen, où la cavalerie manquait presque totalement à l'empereur, la fusillade et l'artillerie décidèrent seules la victoire. Le gain de la bataille de Montereau fut dû en partie à la vive fusillade qui éclata sur l'une et l'autre rive de la Seine, particulièrement du côté de la ville et sur le pont. A Waterloo, une fusillade chaudement engagée sur la gauche, de la route de Paris à Bruxelles, allait ranger la victoire du côté des Français, lorsque tout à coup apparut sur les derrières de l'armée le corps prussien de Blücher. L'histoire de la première révolution retrace à nos souvenirs le tableau déchirant des malheureux habitants de Toulon, qui le 19 décembre 1793, lors de la reprise de la place, trouvèrent la mort dans cette horrible boucherie ordonnée par les proconsuls de la Convention, et trop connue sous le nom de *fusillade de Toulon*.

FUSILLER. Ce mot, qui signifie *tuer à coups de fusil*, ne s'emploie guère qu'en parlant d'une personne condamnée à être passée par les armes (*voyez* Exécution militaire). Si c'est un militaire, il est dégradé auparavant.

FUSION. L'Académie fait ce mot synonyme de fonte, liquéfaction. Cependant, quand nous disons *liquéfaction* ou *fonte* de l'eau glacée, nous indiquons un changement complet dans l'état physique de l'eau. Mais à l'égard d'une multitude d'autres substances, y a-t-il identité de phénomènes et de résultats ? Non, assurément. Nous ne connaissons pas d'état intermédiaire entre la glace fondante et l'eau à l'initiale de la liquidité ; tandis qu'entre un corps gras, un métal, un alcali, simplement ramollis à un degré plus ou moins avancé, et l'état de complète liquidité de ces mêmes corps, il y a une infinité de degrés de ramollissement, pendant lesquels nous ne savons pas s'il existe, ni à plus forte raison dans quelle proportion il se combine du calorique qui devienne latent. Nous ne voyons qu'un ramollissement plus ou moins avancé ; et dans le progrès de ce ramollissement la chaleur indiquée par nos thermomètres et pyromètres en point de contact avec le corps en voie de liquéfaction dénote un accroissement continuel de température.

Il est extrêmement probable, pour ne pas dire certain, que l'universalité des corps de la nature sont soumis au passage de l'état de solidité à celui de liquidité par l'effet d'une accumulation de calorique qui les pénètre et en écarte les molécules : les exceptions qu'on a cru trouver à cette loi générale, en observant qu'une classe assez nombreuse de substances passait immédiatement de la solidité à la gazéité, ne tiennent sans doute qu'à l'instantanéité de l'effet, qui ne permet ni à nos sens ni aux instruments dont nous les aidons, d'apprécier le passage par l'état intermédiaire. Les accumulations de chaleur nécessaires pour amener au point de fusion les divers corps solides marquent les degrés d'une échelle fort étendue, dont une des extrémités règle la liquéfaction des graisses, des huiles concrètes, de la cire, de la cétine, de certains alliages métalliques très-fusibles, d'un petit nombre de métaux, des alcalis, etc., etc., tandis que le progrès de cette échelle, en marquant une infinité de degrés intermédiaires de chaleur, vient s'arrêter aux dernières limites que nos moyens de calorification aient pu jusque ici produire. Là nous trouvons la mesure du calorique qu'exige la fusion des métaux les plus réfractaires, de la plupart des oxydes métalliques appelés *terres*, etc. La liquéfaction de certaines substances, que nous n'avons pas encore pu opérer, telles que le charbon et un petit nombre d'autres, est à des degrés en dehors des limites de cette échelle, déterminées par l'insuffisance de nos moyens actuels, mais qui probablement seront un jour franchies ; car, raisonnant d'après les lois de la plus stricte analogie, nous pouvons d'avance considérer tous les corps de la nature comme soumis à celle du passage par l'état de liquidité. Déjà, aidé de l'appareil à combustion du gaz oxy-hydrogène, nous avons obtenu un commencement de ramollissement du charbon.

Depuis le mercure, qui est fusible à 39° au-dessous de zéro du thermomètre centigrade, jusqu'aux métaux infusibles au feu de forge, comme le titane, le cérium, etc., on rencontre des corps d'une fusibilité qui passe par tous les degrés intermédiaires. Ainsi le potassium entre en fusion à + 58° ; le sodium, à + 90° ; l'étain, à + 210° ; le bismuth, à + 236° ; le plomb, à + 260° ; le zinc, à + 373° ; l'argent, à 20° du pyromètre de Wedgwood ; le cuivre, à + 27° ; l'or, à + 32° ; la fonte de fer, à + 130° ; le fer malléable, à + 158° ; le manganèse et le nickel, à + 160° du même pyromètre. Cette énorme différence dans les *points de fusion* des divers corps ne peut s'expliquer que par la considération des phénomènes qui doivent résulter de la force de cohésion moléculaire : la force expansive du calorique est l'unique cause de la fusion ; or, le degré de cohésion variant dans des limites très-étendues pour chaque corps, il en doit nécessairement résulter que la fusion ne s'opérera que dans des limites également fort étendues, c'est-à-dire à des températures très-différentes.

Pelouze père.

FUSION (La). Sous ce nom demeurera célèbre dans l'histoire contemporaine une combinaison politique au moyen de laquelle, à la suite de la révolution de Février 1848, certains partisans de la maison de Bourbon espérèrent un instant opérer une nouvelle Restauration ; combinaison, ou mieux intrigue, dont, il faut le dire, l'idée première était éclose dans les conciliabules orléanistes. Louis-Philippe une fois mort, il n'y avait plus, suivant ces profonds politiques, d'obstacle sérieux à une franche et complète réconciliation entre la branche aînée et la branche cadette. Dès lors plus de divisions, plus de tiraillements dans le sein du grand parti monarchique, lequel, dominant bientôt la situation, imposerait facilement au pays ses préférences dynastiques. Parmi les derniers ministres de Louis-Philippe, il s'en trouvait un, M. de Salvandy, qui, envoyé de France à Turin à l'époque du fameux pèlerinage de Belgrave-Square (1842), avait noblement refusé de s'associer à un vote de colère et de haine par lequel le cabinet que présidait nominalement le maréchal Soult, mais en réalité M. Guizot, avait essayé de *flétrir* cette démonstration, plus puérile que dangereuse, des *amants* de la légitimité. Ce fut sur lui qu'on jeta les yeux pour cette délicate négociation à laquelle le rendaient plus propre que tout autre la complète honorabilité de ses antécédents politiques et surtout le langage généreux qu'au prix d'une brillante position il n'avait point hésité à tenir dans cette mémorable circonstance. M. de Salvandy fut reçu à Froschdorf avec les plus sympathiques égards, et réussit si bien dans sa mission, que quelques mois plus tard M. le duc de Nemours, passant par Vienne, était admis à présenter ses hommages au chef de sa maison.

Tout semblait donc aller suivant les vœux des *fusionnistes;* mais malheureusement pour eux M. Thiers refusa de s'associer à leurs efforts, vraisemblablement parce qu'il ne pouvait guère espérer d'obtenir jamais l'oubli de ses rapports avec l'infâme Deutz et du rôle qu'il avait joué dans l'avortement de l'échauffourée tentée en Vendée par Mme la duchesse de Berry en 1832. Il se forma donc sous son drapeau un parti d'*antifusionnistes*, dont les menées patentes et les intrigues occultes tendirent à contrecarrer autant que possible les projets de leurs monarchiques adversaires. Dans ce camp-là, les imprescriptibles droits de M. le comte de Paris, basés sur la charte *bâclée* le 7 août 1830 par les 221, étaient proclamés *articles de foi;* tout comme pouvaient l'être dans l'autre camp les droits *légitimes* de M. de Chambord, l'aîné des petits-fils de saint Louis et de Henri IV. Ajoutons que, par l'attitude pleine de réserve qu'elle gardait à Eisenach, la mère du jeune prince dont on persistait à faire un prétendant *quand même*, madame la duchesse d'Orléans, semblait protester contre une intrigue qui allait droit à *détrôner* son fils une seconde fois.

Les fusionnistes et les antifusionnistes n'étaient d'accord que sur un point : la nécessité de se servir, en attendant, du président de la république pour tirer les marons du feu au profit de l'une ou de l'autre branche de la maison de Bourbon, sauf à lui promettre, s'il était sage, de le récompenser quelque jour suivant ses mérites. D'ailleurs, afin de le mettre dans l'impossibilité de jamais rien tenter pour lui-même, la *fusion* avait eu soin de former la plus adultère des coalitions avec les *montagnards;* et les journaux dont elle disposait, non contents de prodiguer à Louis-Napoléon l'insulte et la calomnie, se faisaient les complaisants échos des infamies qu'on trouvait chaque matin contre lui dans les journaux *de la rouge*.

C'est dans ce conflit d'intrigues, de haineuses passions et d'intérêts, que le coup d'État du 2 décembre 1851 vint prendre si au dépourvu les meneurs de la fusion comme ceux de l'antifusion ou les braillards de la Montagne. Les uns et les autres, dans leurs égoïstes spéculations, ils avaient oublié que si les fautes commises successivement, et comme à l'envi, par les deux branches de la maison de Bourbon et leurs créatures avaient à deux reprises placé la France sur le bord de l'abîme; que si la république y était devenue impossible par les bêtises, les folies, les excès de ceux-là même qui un beau matin avaient imposé cette forme de gouvernement à leurs concitoyens, tout ahurris et abasourdis par la chute d'un trône regardé encore comme inébranlable trois heures auparavant, il existait un quatrième parti, avec lequel il fallait enfin compter : le parti *bonapartiste*. Or, ce parti, beaucoup trop dédaigné jusque alors par les *politiques*, devait bien vite rallier à lui les hommes de sens, qui, aussi fatigués à ce moment des excès de la licence et de l'anarchie qu'ils avaient pu l'être naguère des roueries et des turpitudes du parlementarisme, appelaient de leurs vœux la venue d'un gouvernement capable de faire enfin régner l'ordre dans la rue et dans les esprits, dès lors de rassurer les intérêts si vivement effrayés, tout en sachant donner satisfaction, sans trop marchander, à l'impérieux besoin de liberté et de légalité qu'éprouvent les générations actuelles, et comprenant qu'il ne saurait y avoir de stabilité pour lui qu'à ce prix.

Rappelons aussi, en terminant, que quelques années avant l'intrigue qui a abouti comme vous savez, il y eut un moment où ce mot *fusion*, dans son acception figurée, avait une vertu magique aux yeux des agioteurs. Le gouvernement venait alors de mettre en adjudication la construction et l'exploitation du chemin de fer de Paris à Lyon. Plus de cinquante compagnies, toutes au capital (nominal) de 200 millions, toutes flanquées de *conseils de surveillance* où brillait ce qu'il y avait de mieux en fait de pairs de France et de députés, s'étaient constituées pour soumissionner l'affaire en concurrence, c'est-à-dire en offrant à l'envi les rabais les plus considérables. C'eût été une vraie bénédiction pour le trésor public! Mais, au lieu de se faire bêtement la guerre à leurs dépens, toutes, quand vint l'instant décisif, finirent par *fusionner*, et de la sorte se partagèrent au *prorata* de leur encaisse réel les 50 ou 60 millions de prime attachés aussitôt par l'agiotage aux titres de la compagnie restée unique par suite de la *fusion*, et déclarée adjudicataire aux conditions qu'il lui avait convenu de fixer elle-même. Cette *fusion*-là n'était autre chose qu'une *coalition industrielle*, genre de délit puni par les articles 414, 415 et 416 du Code Pénal; mais le ministère public se garda bien d'en poursuivre la répression. Impitoyable quand il s'agit de pauvres diables d'ouvriers charpentiers ou maçons se *coalisant, fusionnant*, pour faire augmenter leurs journées de 25 ou de 50 centimes, il fit le mort cette fois; sans doute parce qu'il avait affaire à trop fortes parties.

FUSSLI ou FUSELI, nom de célèbres artistes suisses.

Jean-Gaspard Fussli, portraitiste, né à Zurich, en 1706, mort en 1781. Ses portraits eurent un immense succès; la plupart ont été gravés. Il chercha aussi à faire connaître ses idées en matières d'art. Indépendamment d'une histoire des artistes suisses et d'un catalogue des principaux graveurs, on a de lui : *Choix de Lettres de Winckelmann à ses amis en Suisse* (Zurich, 1778), et *Idées de Mengs sur le beau et le goût dans la peinture* (Zurich, 1792).

Son fils, *Jean-Henri* Fussli, peintre d'histoire, en dernier lieu directeur de l'Académie royale de Peinture de Londres (où on avait coutume d'écrire son nom *Fuseli*), né à Zurich, en 1742, étudia à Berlin sous Sulzer, voyagea, en 1791, avec Lavater, et se rendit ensuite en Angleterre, où les conseils de Reynolds le déterminèrent à s'adonner exclusivement à la peinture. Après avoir profondément étudié l'œuvre de Michel-Ange à Rome de 1772 à 1778, il revint en Angleterre, où on le regarda comme le plus grand peintre après West. Il mourut à Puttney-Hill, près de Londres, le 16 avril 1825, et fut enterré dans l'église Saint-Paul, à côté de son ami Reynolds. Parmi ses tableaux, on estime surtout *L'Ombre de Didon*, le *Combat d'Hercule contre les chevaux de Diomède*, et sa galerie miltonienne, composée de soixante figures pour le poëme de Milton. Il fit paraître, en 1801, des *Leçons sur la Peinture*, dont on critiqua avec raison le style peu convenable, et où on releva les jugements par trop tranchants qu'il se permettait à l'égard de quelques chefs-d'œuvre généralement admirés.

Jean-Rodolphe Fussli le jeune, né à Zurich, en 1709; mort en 1793, se forma à Paris, sous Loutherbourg aîné, et parvint à être un remarquable peintre en miniature. On a aussi de lui quelques dessins d'après Raphael et autres grands maîtres, et un *Dictionnaire universel des Artistes* (Zurich, 1763), fruit de trente ans de travail. Son fils, *Jean-Henri*, mort à Zurich, en 1832, en a donné la suite.

FUSTANELLE, partie du costume national grec, mais particulière cependant aux hommes; c'est ce qu'on appelle aussi la *chemise albanaise*. Ce mot est dérivé du turc *fystân*, et signifie au propre un vêtement de femme. Avant leur révolution, les Grecs armés, les Klephtes notamment, portaient pour la plupart la *fustanelle*; et plus tard elle a été conservée pour les milices irrégulières du royaume. Sur le continent grec, elle est généralement portée par les gens de la campagne; car une fois hors d'Athènes, on ne retrouve plus guère le costume européen que dans les grandes villes. Depuis que la Grèce a été élevée au rang de puissance indépendante et que des populations grecques on a fait une nation; depuis que le roi Othon a lui même adopté la *fustanelle*, comme partie essentielle du costume national, les Grecs, dans les villes surtout, y attachent beaucoup plus d'importance qu'autrefois, et apportent infiniment plus de soins à la confectionner de même qu'à en fabriquer l'étoffe. La fustanelle, d'une éclatante blancheur, allant de la taille aux genoux, retenue et fixée sur les hanches au moyen d'une ceinture, est faite d'une fine étoffe de coton; celle des gens de la campagne, ou de la milice, est d'étoffe plus grossière, et va jusqu'aux genoux en faisant de larges plis, qui sont l'objet d'un soin tout particulier et que, à l'aide du fer et de l'empois, on maintient fermes et unis. Chez les riches, le bord inférieur en est plus ou moins orné de broderies, et, comme les autres parties du costume national grec, la fustanelle fournit une vaste carrière à la vanité et au désir de plaire; aussi les *fashionables* grecs ont-ils fait de l'art de porter la fustanelle l'objet de l'étude la plus approfondie. A certains égards cette partie du costume grec rappelle le *chitôn* des anciens Hellènes, et présente quelque ressemblance avec le vêtement macédonien. Au lieu de fustanelles, les habitants des îles et des ports de mer portent de larges pantalons bouffants, en cotonnades de couleurs bariolées et quelquefois aussi en soie.

FUSTET (Bois de), produit d'une espèce de sumac, qui croît au midi de la France, mais qu'on trouve également à la Jamaïque, à Tabago, et dans quelques autres des Antilles. Le bois de fustet est entouré d'un aubier blanc; l'intérieur est jaunâtre, quelquefois d'un jaune assez vif, mêlé de vert pâle: l'alternation de ces deux couleurs le fait alors paraître veiné. Il est peu compacte, et cependant assez dur, noueux et tortueux. Il est mis assez souvent dans le commerce, tronc et souche, d'une seule pièce. La racine est plus estimée que les branches. Il arrive en paquets de baguettes, en branches refendues, dépouillées de leur écorce, et quelquefois, mais rarement, en tiges tortueuses un peu grosses. Ce bois donne une teinture jaune. Il sert aussi aux luthiers, aux ébénistes et aux tourneurs. PELOUZE père

FUSTIGATION, action de fouetter, de faire subir à quelqu'un le supplice du fouet, application sur le corps de coups de fouet; punition longtemps pratiquée dans les armées de France, et encore en usage dans quelques contrées du Nord. En vertu de l'ordonnance du 10 décembre 1570, les goujats coupables devaient être fustigés à coups de fouet, les femmes suspectes ne devaient être battues que de verges. Sous Henri IV, le manche de la hallebarde tirait raison des infractions des fantassins; cette correction s'appelait aussi le *morion*. Sous Louis XIII, les cavaliers, au lieu d'êtres bâtonnés (*voyez* BASTONNADE), n'étaient punis qu'à coups de plat de sabre, parce que, dit l'ordonnance, ils sont en grande partie gentilshommes. La distinction dont la législation avait favorisé l'homme de cheval fut maintenue par la pénalité de 1727; il n'était battu qu'avec de l'acier; le piéton, qu'avec du bois. Le ministre Saint-Germain rêvait sans doute déjà l'abolition des privilèges quand il étendait à tous les hommes les coups de plat de sabre: c'était leur dire: Vous êtes tous gentilshommes. La galanterie avait décru en 1764: ce n'était plus à coups de verges, mais à coups de fouet que les femmes saisies au camp de Compiègne étaient flagellées. La bastonnade prussienne s'infligeait jadis, sur la place, à la parade: c'était une des récréations des habitants et de la garnison. La schlague autrichienne se distribuait à coups de baguettes de coudrier, ou à coups de canne: ceux que touchait la canne avaient l'honneur d'être châtiés de la main des officiers ou des sergents; les autres ne l'étaient que par des caporaux. La canne de Pierre Ier était un niveau, suspendu sur ses troupes: un général n'était pas plus exempt de ses atteintes qu'un fifre. Voilà comment le despotisme entend l'égalité. Le knout, qui n'épargne pas les épaules des Russes, s'appesantit sur celles des Mantchous; enfin le *chat à neuf queues* rappelle parfois l'utilité de la sobriété aux soldats anglais, qui en sont un peu trop oublieux.

Gal BARDIN.

FÛT (en latin *fustis*, bâton). On appelle ainsi en architecture la partie de la colonne comprise entre la base et le chapiteau. Les fûts sont des conoïdes, excepté ceux des colonnes dites *torses*, qui ont la forme d'un tire-bouchon, comme on en voit aux autels des églises du Val-de-Grâce et des Invalides. Les fûts de l'ordre dorique grec sont des cônes tronqués, c'est-à-dire qu'ils diminuent régulièrement de grosseur de la base au chapiteau. Les fûts des ordres ionique, corinthien, et dorique dit *romain*, sont renflés à partir du tiers de leur hauteur; mais la courbure de leur profil est assez arbitraire; elle dépend du caprice et du goût de l'architecte. Les fûts diffèrent de proportions: on en voit qui n'ont en hauteur que 4 ou 5 diamètres, tandis que d'autres en ont 7, 8, 9, suivant les ordres. Les colonnes d'ordre dorique, ionique et corinthien, sont tantôt lisses, tantôt cannelées, en tout ou en partie. Les fûts ornés ont des rudentures dans leurs cannelures; d'autres sont incrustés de bandes de marbre ornées de sculptures délicates; enfin, on rencontre des fûts tout couverts de feuillages, de rinceaux, etc.

Dans plusieurs arts mécaniques, le mot *fût* est synonyme de *bois*; on dit le *fût* d'un fusil, pour la pièce de bois qui forme la crosse, et sur laquelle est ajusté le canon. Le fût d'une varlope est le morceau de bois qui porte le fer, la poignée de l'outil, etc. On appelle *fût* d'une girouette un bois plat comme une latte et large de quatre doigts, où la girouette du vaisseau est fixée. TEYSSÈDRE

FÛT, FUTAILLE, se disent des tonneaux où l'on met les spiritueux et les huiles. Les futailles vides, surtout celles qui ont servi au premier de ces usages, sont encore l'objet d'un certain commerce. On en expédie en Belgique et en Hollande où elles sont employées pour les genièvres; étant déja imbibées d'esprit, elles donnent moins de perte de liquide. Les futailles imprégnées d'huile servent à la pêche de la baleine, et le commerce de Marseille en emploie une grande quantité pour aller chercher des huiles dans le Levant.

FUTAIE, bois qu'on a laissé croître au-delà de l'époque ordinaire des coupes, et qui a été éclairci de manière à ce que chaque sujet pût atteindre son *maximum* en grosseur et en hauteur. Avant cette opération, vers l'âge de quarante ans, le bois reçoit le nom de *futaie sur taillis*; dix ou quinze ans plus tard, c'est *demi-futaie*; enfin, les bois de quatre-vingts, cent ans et plus, sont *haute futaie*. Les arbres des futaies sont les grandes espèces, telles que le chêne, le charme, le sapin, etc., dont le tronc et les branches principales sont employés à confectionner des bois de charpente.

Toutes les terres ne conviennent pas à la culture des futaies: celles qui sont maigres et sèches, peu profondes, ne fournissent pas de sucs assez abondants; elles produisent des arbres qui poussent lentement, et qui se couronnent avant d'avoir atteint de grandes dimensions; les terres trop abreuvées de sucs, portent au contraire, des bois qui se développent avec rapidité, mais dont la texture n'est pas dense: ces bois ont le double inconvénient de peu résister aux chocs ou aux poids qu'ils ont à soutenir et de tomber facilement en vermoulure. P. GAUBERT.

FUTAINE, étoffe croisée simplement ou double, qu'on fabrique avec une chaîne en fil et une trame en coton. Quand elle est double, elle n'a pas d'envers. Il existe des futaines à poil. Dans les fabriques, on les garnit comme les draps ou les couvertures aux chardons.

FUTÉ, fin, rusé, adroit. En termes de blason, *fûté* se dit du bois d'une javeline, d'une lance, d'une pique, d'un arbre ou d'une forêt, lorsque le fer ou les feuilles sont blasonnés d'un émail, et que le tronc ou le fût l'est autrement : D'or à trois javelines de gueules, *fûtées* de sable.

FUTILE, FUTILITÉ. Suivant l'*Encyclopédie*, ces mots nous viendraient de la langue des Romains, où *futile* aurait été le nom d'un vase, à large orifice, à fond très-étroit, dont on se servait dans le culte de Vesta. Il se terminait en pointe, afin que l'on ne pût le poser à terre sans répandre la liqueur qu'il contenait. Ainsi, *futile*, en français, deviendrait une sorte de terme allégorique. L'homme *futile* serait donc celui qui aurait peu de fonds et qui ouvrirait une large bouche pour ne dire que des niaiseries ou des choses frivoles. Une partie de notre existence se passe à s'occuper de *futilités*. Remarquons cependant que ce mot a souvent un sens relatif, déterminé par la direction d'esprit de celui qui l'emploie. Ainsi, le géomètre, le physicien trouvera *futiles* les occupations du poëte, tandis que le banquier, l'agent de change regardera comme très-futiles les calculs et les recherches du savant. Il est cependant des futilités sur lesquelles il n'y a qu'une opinion : dans la science, par exemple, ces laborieuses recherches de quelques érudits sur des questions historiques sans intérêt pour nous; dans la poésie, ces acrostiches, ces bouts-rimés, etc., tours de force, n'ayant que le mérite très-mince de la difficulté vaincue. OURRY.

FUTUR, tout ce qui est dans l'avenir. On appelle communément *futur*, ou *future*, celui ou celle qui se trouvent liés par une promesse ou plutôt par un projet de mariage. Les *choses futures* peuvent être l'objet d'obligations et de conventions. Néanmoins la loi interdit comme immorale toute stipulation faite au sujet d'une succession future.

Futur, en termes de grammaire, sert à désigner le temps du verbe qui marque qu'une chose se fera. Ainsi, dans ces phrases : La victoire *sera* pour nous, nous *triompherons* de nos ennemis, les deux verbes *être* et *triompher* sont employés au futur, parce qu'ils ont à indiquer simplement que tel ou tel événement arrivera dans un temps qui n'est pas encore. On distingue dans les conjugaisons deux sortes de *futurs*, le *futur simple* ou *absolu* et le *futur passé*, que des grammairiens appellent aussi *futur antérieur*.

Nous avons déjà cité des exemples du futur simple.

Le *futur* passé ou antérieur marque l'avenir avec rapport au passé, c'est-à-dire qu'il fait connaître que dans le temps qu'une chose arrivera une autre chose, qui n'est pas encore, sera consommée. Ainsi, l'on emploie le *futur* passé quand on dit : *Lorsque j'aurai fini ma tâche, j'irai vous voir*, ou *J'aurai fini ma tâche : lorsque je vous irai voir*; de l'une et de l'autre façon, la tâche à finir est considérée comme étant au passé par rapport à la visite qui est aussi à faire. Il est des cas où le présent tient la place du futur, comme dans ces expressions : *Je reviens tout à l'heure : Je pars demain pour la campagne*; ce qui veut dire évidemment : *Je reviendrai tout à l'heure; Je partirai demain*, etc. L'indicatif présent a encore la signification du *futur* quand il est précédé de la conjonction conditionnelle *si*, comme dans cette phrase : *Nous sommes prêts à combattre, si nous rencontrons l'ennemi*. C'est comme si l'on disait : *Nous sommes prêts à combattre quand nous rencontrerons l'ennemi*. Le prétérit indéfini se prend quelquefois pour un futur passé; on dit de cette manière : *Avez-vous bientôt écrit votre lettre?* pour : *Aurez-vous bientôt écrit votre lettre?* Quelquefois le *futur* simple a la signification de l'impératif. Ainsi, dans le Décalogue : *Vous aimerez Dieu de tout votre cœur; vous ne tuerez point*, etc., signifient : *Aimez Dieu de tout votre cœur; ne tuez point*, etc. CHAMPAGNAC.

FUTURS CONTINGENTS. *Voyez* CONTINGENT.

FUYARD, nom dont on flétrit les soldats qui après un combat désavantageux abandonnent en désordre le champ de bataille, cherchant leur salut dans une fuite honteuse. Si, pressée par des forces supérieures, une armée bat en retraite avec ordre, elle impose toujours à l'ennemi par son attitude. La fuite, au contraire, a pour conséquence inévitable une déroute complète; le soldat se précipite de tous côtés, se jette dans une rivière, dans un marais, dans un défilé, dans un bois, d'où il se tire plus difficilement que d'un combat en règle qu'il aurait eu à soutenir contre l'ennemi.

Chez les nations germaniques, les fuyards étaient noyés et étouffés dans un bourbier. La loi salique imposait une amende à quiconque, sans preuve, accusait un Franc d'avoir jeté son bouclier pour fuir et le traitait de *lièvre*. Les capitulaires déclarent infâme celui qui tourne le dos à l'ennemi et refusent son témoignage en justice. Au temps de la féodalité, le fuyard descendait dans la classe des gens taillables et corvéables à merci. Les ordonnances de François 1er et de Henri II le font passer par les piques. La loi du 21 brumaire an V punit de trois ans de fer celui qui jette ses armes et frappe de mort celui qui abandonne son poste devant l'ennemi. S'il s'agit d'une troupe entière, les six plus anciens soldats subissent le même sort.

FUZELIER (LOUIS), né à Paris, en 1672, mort le 19 septembre 1752, travailla pour tous les théâtres, et se distingua plus par sa fécondité que par le mérite de ses pièces. Il donna au Théâtre-Français : *Cornélie*, en société avec le président Hénault; *Momus fabuliste; Les Amusements de l'automne; Les Amazones modernes; Les Animaux raisonnables; Le Procès des Sens*. L'Opéra représenta de lui : *Les Amours déguisés; Arion*; le Ballet des *Ages; Les Fêtes grecques et romaines; Les Amours des Dieux; Les Amours des Déesses; Les Indes galantes; L'École des Amours; Le Carnaval du Parnasse; Les Amours de Tempé; La Reine des Péris; Jupiter et Europe; Les Romans*, opéra en trois actes, mis en musique par Gambini; et le ballet de *Phaétuse*. Fuzelier composa, en outre, pour le Théâtre-Italien beaucoup de pièces, notamment : *L'Amour maître de langues; Le Mai; La Méridienne; La Mode; La Rupture du carnaval; Le Faucon; Mélusine; Hercule filant; Arlequin Persée; Le Vieux Monde; Les Noces de Gamache; Les Débris des Saturnales; Amadis cadet; La Bague magique*; enfin, il fit un grand nombre d'ouvrages pour l'Opéra-Comique et même pour les Marionnettes de la Foire, tantôt seul, tantôt avec Le Sage, d'Orneval, etc., etc.; tels que *Arlequin grand-vizir; Arlequin défenseur d'Homère; Le Réveillon des Dieux; La Matrone d'Ephèse*. Il fut rédacteur du *Mercure*, conjointement avec La Bruère, autre faiseur d'opéras; et sa collaboration à ce recueil dura depuis novembre 1744 jusqu'en septembre 1752. Il était petit, trapu, avait le cou très-court, se faisait rouler dans une brouette, et appelait l'homme qui la tirait son *cheval-baptisé*. Quoi qu'en ait dit La Harpe, il ne manquait ni d'imagination ni de talent poétique. CHAMPAGNAC.

FYEN. *Voyez* FIONIE.

FYT (JEAN), peintre, né à Anvers, vers 1625, peignit beaucoup de toiles en collaboration avec Rubens, Jacob Jordaens et Th. Willebort. La fécondité de son pinceau était telle qu'il est aujourd'hui peu de galeries de quelque importance qui ne possèdent de ses tableaux. Il excellait dans les sujets de chasse, de même qu'à représenter les quadrupèdes à l'état sauvage ou à l'état de domesticité, les oiseaux, les fruits, les fleurs et les bas-reliefs. Son dessin, tout en reproduisant la nature avec une grande fidélité, est toujours noble; son coloris a du feu et de la force, et il sait si bien assortir ses couleurs aux effets de lumière, qu'à cet égard il rivalise avec de Voos et Snyders. Il excellait aussi dans la gravure à l'eau-forte. On ignore l'époque de sa mort. David Kouing fut le plus célèbre de ses élèves.

G

G, septième lettre de l'alphabet latin que nous avons adopté, est en même temps la cinquième des consonnes; c'est la troisième de l'alphabet des Orientaux et des Grecs. Le G était appelé *gamma* par les Grecs, *gimel* par les Hébreux et les Phéniciens, *gomel* par les Syriens, et *gum* par les Arabes. Le sanscrit possède un G simple et un G aspiré. Dans les langues slaves, G, tantôt quatrième lettre de l'alphabet, comme en russe, en serbe, tantôt septième, comme en polonais, etc., est toujours la gutturale douce du grec. Dans quelques-unes seulement elle reçoit une légère aspiration. En allemand, cette aspiration est beaucoup plus fréquente, surtout devant des syllabes finales. Cependant, dans certaines parties de l'Allemagne, on prononce les deux *g* comme dans le mot français *gué*. Souvent aussi cette lettre s'y confond avoir l'*i*. En italien et en anglais, le *g* devant *e* et *i* se prononce comme *dje*, *dji*; mais cette règle pour l'anglais ne s'applique qu'aux mots d'origine romane. Le *g* espagnol est une gutturale moins douce qu'en français.

Il y a une affinité bien prononcée entre le G et le C. Avant que le G prit place dans l'alphabet latin, le C seul représentait les deux articulations, la forte et la faible, *que* et *gue*. Mais, pour dissiper tous les doutes à l'égard de l'exacte prononciation, les Latins donnèrent à chaque articulation un caractère particulier. Alors on prit pour exprimer la faible le signe même de la forte C, en ajoutant seulement à l'extrémité de sa partie inférieure une petite ligne verticale, indiquant que l'expression du C devait être affaiblie : de là le G tel que nous l'avons reçu des Latins. A l'instar de ce peuple, nous avons conservé dans l'orthographe de quelques mots le signe de l'articulation forte, comme pour retenir la trace de l'étymologie, tandis que dans la prononciation nous ne faisons sentir que l'articulation faible. Ainsi, nous écrivons *second*, et nous prononçons *segond*. Il est d'autres cas, au contraire, où tout en employant le G, caractère de l'articulation faible, nous prononçons la forte, comme lorsque l'on écrit *rang éminent*, qui doit se prononcer *rank éminent*.

Notre lettre G s'appelle aujourd'hui *ge*, parce que réellement elle exprime plus souvent l'articulation *je* que l'articulation *gue*, qu'on lui donnait primitivement. Du reste, ce changement dans la prononciation n'en a point amené dans l'orthographe. Nos règles relativement à cette lettre sont assez capricieuses. G devant les voyelles *a*, *o*, *u*, conserve la valeur de l'articulation *gue;* devant les voyelles *e*, *i*, il prend toujours la valeur de l'articulation *je*. Dans l'*élision*, il ne prend jamais un son dur. Quand le *g* final se lie avec une voyelle, il prend quelquefois l'articulation forte du *k*. Avec la lettre *n*, le *g* forme une prononciation mouillée, comme dans ces mots *digne*, *agneau*, *signal;* mais dans quelques mots dérivés du grec ou du latin, ces deux lettres ont une prononciation plus dure ou plus sèche : *gnomonique*, *agnation*.

Le G chez les anciens était une lettre numérale, qui signifiait *quatre cents;* lorsqu'il était surmonté d'un tiret, il avait la valeur de *quarante mille*. Le γ grec représente le nombre *trois*, et le nombre *trois mille* s'il est précédé d'un petit trait, ͵γ. Dans les inscriptions romaines, le G avait différentes significations : seul, il signifiait, ou *gratis*, ou *gens*, ou *gaudium;* accompagné, il était sujet aux mêmes variations : G. V. était pour *Genio urbis;* G. P. R. *Gloria populi romani*. Dans le comput ecclésiastique, le G est la septième et dernière *lettre dominicale*; dans les anciens poids, il signifie un *gros;* sur les monnaies françaises il indique la ville de Poitiers, Genève sur les monnaies suisses, et Stettin sur les prussiennes.

En chimie, Gl désigne un équivalent de glucynium.

Champagnac.

G ou G *sol ré ut* (*Musique*). Cette lettre sert à désigner, dans l'ancien système de notation, la cinquième note de la gamme naturelle d'*ut* ou de *sol*. Ce système n'est plus employé aujourd'hui que par quelques compositeurs allemands ou italiens, pour indiquer le ton d'un morceau de musique ou d'un instrument.

GABARE. Ce mot, d'origine hébraïque (*habarah*, bateau de passage), apparait de bonne heure sur les rives de la Loire. Quand Nantes fut devenue une ville de commerce importante, les habitants eurent souvent besoin d'envoyer au bas de leur rivière des bateaux pour recueillir les cargaisons des navires étrangers, qui n'osaient remonter dans l'intérieur des terres, soit que le lit du fleuve n'eût pas assez d'eau pour leur navigation, soit qu'ils craignissent que les franchises de la ville ne fussent pas pour eux une suffisante protection contre l'avidité féodale des seigneurs riverains. Ces bateaux, larges et plats, d'une vaste capacité, et portant un seul mât, furent appelés *gabares*. C'était aussi le nom qu'on leur donnait sur la Bidassoa : *nuncupatas gabarras*, dit un titre fort ancien de la Bibliothèque Impériale, daté de Fontarabie. Les Hollandais qui trafiquaient sur nos côtes transportèrent cette appellation dans leur langue maritime, ils en firent *een gabaar*. Le mot s'est conservé; la marine militaire l'a adopté, et lui a donné une importance inespérée. La gabare est essentiellement un navire de charge; elle désigne à la fois ces lourdes et vilaines barques pontées et non pontées dont on se sert dans nos ports pour porter à bord des navires en rade les objets de consommation, et ces énormes corvettes, aux flancs larges, aux murailles droites, à la carène vaste et profonde, qui vont dans nos colonies, dans les mers de l'Inde, et par delà le cap Horn jusqu'au Chili et au Pérou, ravitailler nos garnisons, nos escadres ou nos stations. Depuis l'occupation d'Alger, nos gabares sont fort employées dans la Méditerranée; elles font un continuel transport de troupes, de vivres et de munitions.

On appelle *gabare à vase*, ou *Marie Salope*, un gros bateau qui sert à récolter la fange que les machines à curer tirent du fond des ports.

En termes de pêche, on nomme *gabare* une espèce de filet plus petit que la *seine* ordinaire; on en fait usage sur nos côtes de l'Océan, à l'embouchure de nos rivières; des morceaux de liége le tiennent suspendu à la surface de l'eau; son propre poids, augmenté de quelques balles de plomb, lui donne une position verticale; on le tire à terre avec des cordes. Les poissons qui se trouvent dans l'espace qu'il embrasse s'efforcent en vain de rompre cette barrière; les gros descendent dans le sac, les petits s'engagent dans les mailles, et sont arrêtés par les ouïes. La pêche est d'autant plus abondante que le poisson s'approche plus de la surface de l'eau : on la fait de préférence pendant la nuit ; le tissu du filet disparaît dans les ténèbres ; le poisson ne distingue pas le danger. Enfin, l'on appelle aussi quelquefois *gabare* le bateau plat qui sert à cette pêche.

Théogène PAGE, capitaine de vaisseau.

GABARIT. On désigne ainsi, dans les constructions maritimes, le modèle sur lequel les charpentiers travaillent, en donnant aux pièces de bois qui doivent entrer dans la composition du bâtiment la même forme, les mêmes contours et les mêmes proportions. Par suite, on entend par *gabarit* la forme même d'un vaisseau. Le *maître gabarit* d'un navire n'est autre que le *maître couple*.

GABELLE. Ce mot vient de l'allemand *gabe*, impôt, tribut. Le mot *gabelle* fut d'abord appliqué en France à diverses sortes d'impôts. On lit dans plusieurs Coutumes : *gabelle de vin*, *gabelle de draps*, *gabelle de tonlieu*. Mais ce mot s'applique spécialement à l'impôt du sel. L'origine en remonte à Philippe IV (1286). Philippe VI établit les greniers à sel en 1331. Cet impôt était d'un double sous Philippe le Long : il ne devait durer qu'une année. Il fut de six deniers sous le roi Jean ; il avait été renouvelé pour payer la rançon de ce prince. Charles V l'établit à perpétuité, et porta la taxe à huit deniers ; elle s'accrut encore sous les règnes suivants. Elle était de 12 deniers sous Louis XI et Charles VIII. François Ier l'éleva à 21 livres par muids (ordonnance de 1542). Henri II, en 1553, vendit à haut prix l'exemption de l'impôt du sel à quelques provinces : au Poitou, à l'Aunis, à la Saintonge, à l'Angoumois, au Périgord, au haut et bas Limousin. Le chiffre général de l'impôt ne fut point diminué par ces aliénations ; le tarif fut successivement augmenté depuis.

Louis XIV organisa sur une plus grande échelle cette partie de l'administration fiscale ; le *faux-saunage* fut classé au rang des crimes : des tribunaux d'exception furent érigés, et des offices de juges, de régisseurs, d'employés de tout grade, furent créés et vendus. Cette opération fut la plus remarquable de la fin du ministère de *Colbert*. L'ordonnance royale de mai 1680 divisa la France en pays de *grande gabelle* et de *petite gabelle*, etc. Tous les produits des salines furent livrés aux *fermiers généraux*, qui employaient à l'exploitation de leur monopole une armée de commis et de gardes, et en retiraient encore des bénéfices énormes ; les juridictions des greniers à sel, les cours supérieures, et surtout les juridictions prévôtales, se faisaient les auxiliaires des fermiers généraux. Cet impôt, qui pesait surtout sur les masses, avait souvent excité les plus graves désordres. En 1548, Bordeaux et toute la population de la Guienne s'insurgèrent contre les préposés de la gabelle. Le chef de l'administration, Tristan de Moncins, fut assommé, dépecé et salé. Il fallut faire marcher une armée contre cette province. Le connétable de Montmorency la commandait, et la province fut hérissée de gibets. Année commune, il y avait 4,500 saisies dans l'intérieur des maisons, plus de dix mille sur les routes ou les lieux de passage, et trois cents condamnations aux galères pour crime de contrebande de sel ou de tabac. Le nombre des prisonniers variait de dix-sept à dix-huit cents, de tout âge et de tout sexe. On avait imaginé, pour intéresser les magistrats à la poursuite des faux-sauniers, d'assigner le payement de leur *gages* sur les produits de la gabelle.

Le chiffre de cet impôt variait de province à province, et même de ville à ville. Quelques localités en payaient peu, d'autres beaucoup, d'autres n'en payaient aucun. Quelques provinces n'étaient point taxées pour leur consommation, et dans d'autres chaque famille était obligée de prendre au magasin, ou grenier à sel, une quantité de sel déterminée.

Les *pays de grande gabelle* étaient ceux qui supportaient le *maximum* de cet impôt, à savoir : l'Ile-de-France, l'Orléanais, le Maine, l'Anjou, la Touraine, le Berry, le Bourbonnais, la Bourgogne, la Picardie, la Champagne, le Perche et la plus grande partie de la Normandie. Le chiffre de la vente obligée s'élevait annuellement à 760,000 quintaux, et le prix du quintal à 62 francs. On y était taxé à neuf livres de sel par tête.

Les pays de *petite gabelle* étaient ceux qui ne payaient que le *minimum* de cet impôt : le Mâconnais, le Lyonnais, le Forez et Beaujolais, le Bugey, la Bresse, le pays de Dombes, le Dauphiné, le Languedoc, la Provence, le Roussillon, le Rouergue, le Gévaudan, quelques cantons de l'Auvergne. La consommation obligée ne pouvait être au-dessous de 640,000 quintaux ; le prix du quintal était 33 livres 10 sous, on y était taxé à 11 et 12 livres par tête.

Les *pays rédimés* étaient les provinces qui avaient acheté et payé l'exemption entière du droit ; leur entière libération de l'impôt de gabelle leur avait coûté 1,750,000 liv. sous Henri II ; mais elles n'en furent pas moins assujetties à une partie de cet impôt, au sixième à peu près du cens fixé pour les grandes gabelles. La quantité imposée aux consommateurs était de 830,000 quintaux. Le prix du quintal variait de 10 à 12 francs. La catégorie des pays rédimés comprenait le Poitou, l'Aunis, la Saintonge, l'Angoumois, le Limousin, une grande partie de l'Auvergne, le Périgord, le Querci, la Guienne, les comtés de Foix, Bigorre et Comminges.

Les *pays de quart-bouillon* étaient ceux qui avaient la faculté de s'approvisionner par des sauneries particulières, où l'on faisait bouillir un sable imprégné d'eaux salines, à la charge de verser, à leurs frais et gratuitement, dans les greniers du roi le quart du produit de leur fabrication. Ce versement en nature avait été depuis converti en un droit pécuniaire équivalent. Le débit était d'environ 115,000 quintaux ; le prix du quintal était de 16 livres. Ce droit n'appartenait qu'à une partie de la basse Normandie.

Les *provinces franches de gabelle* étaient moins imposées que toutes les autres. Elles devaient cet avantage au voisinage des marais salants ; un prix trop élevé y eût provoqué une contrebande plus active et plus étendue. Cette catégorie se composait de la Bretagne, de l'Artois, de la Flandre, du Hainaut, du Calaisis, du Boulonnais, des principautés d'Arles, de Sedan, du Béarn, de la Basse-Navarre, du pays de Soule et de Labourd, d'une partie de l'Aunis, de la Saintonge et du Poitou. Le prix du quintal y variait de 8 à 9 livres.

Les *provinces de salines exploitées pour le compte du roi* étaient la Franche-Comté, la Lorraine, les Trois-Évêchés (Metz, Toul et Verdun), le Rethelois, le duché de Bar, une partie de l'Alsace et du Clermontois. Les ventes de sel pour compte du roi s'élevaient par an à 275,000 quintaux, le prix du quintal étant de 21 livres 10 sous.

En 1789, le vœu pour la suppression de la gabelle fut répété unanimement dans tous les *cahiers* des trois ordres. Elle fut en conséquence supprimée par la loi du 10 mai 1790. Mais un impôt sur le sel n'en fut pas moins rétabli sous l'empire (1806). DUFEY (de l'Yonne).

GABELOU, commis et employé des *gabelles*. Cette expression n'est d'usage que dans le style familier, et se prend toujours en mauvaise part. On l'emploie encore, surtout dans le midi de la France, à l'égard des douaniers, des employés de l'octroi et des commis des contributions indirectes.

GABIAN (Huile de). *Voyez* PÉTROLE.

GABIER, nom que l'on donne aux premiers et aux meilleurs matelots de l'*équipage* d'un grand bâtiment de guerre. Ils sont choisis par le commandant pour le service des *hunes*, préposés à la surveillance du gréement, et chargés d'y faire les réparations nécessaires. Dans les travaux de gréement et dégréement, de prise des ris, etc., ce sont les *gabiers* qui dirigent les matelots sous les ordres d'un chef de hune, officier marinier inférieur, qui obéit lui-même à l'officier de quart. Ils prennent le nom du mât au service duquel ils sont attachés : ainsi, on distingue les *gabiers de misaine, de grand' hune, d'artimon* et *de beaupré*. Le mot de *gabier* n'est que le nom d'un emploi, et non celui d'un grade ; il cesse d'être porté lors du débarquement.

Toutefois, les contre-maîtres sont choisis de préférence parmi les matelots ayant été *gabiers*. L'arrêté des consuls du 9 ventôse an IV, relatif aux prises faites par les bâtiments de l'État, attribue 2 parts 1/29 à chacun des *gabiers*, tandis que les matelots n'ont droit qu'à une part. Le nom de *gabier* vient du mot *gabie*, qui dans la Méditerranée signifie *demi-hune*. Avant d'être une plate-forme à l'extrémité du mât, c'était une cage, en italien et en espagnol *gabia*, appliquée à l'arrière du sommet du mât et ayant la forme d'une hotte. Le premier gabier fut un guetteur, qui, l'œil ouvert sur tous les points de l'horizon, y cherchait quelque navire, ou la terre sur laquelle on gouvernait. Aujourd'hui, c'est un matelot très-important, dont les pieds portent rarement en plein, qui est toujours sur des cordes, ou sur un paquet de lattes, laissant des jours entre elles. Autrefois même, si le temps le permettait, il couchait dans la hune, et y déposait le sac contenant ses effets. Dans les rades il sert quelquefois de canotier, service honorable entre tous.

MERLIN.

GABIES, en latin *Gabii*, antique ville du Latium chez les Volsques, était une colonie d'Albe située entre Rome et Præneste (aujourd'hui Palestrina), sur les bords d'un lac appelé aujourd'hui *lago di Castiglione*. A la suite d'un siége long et opiniâtre, un stratagème employé par Sextus, fils de Tarquin le Superbe, qui feignit de s'être brouillé avec son père et se retira chez les Gabiens en provoquant leurs sympathies pour les mauvais traitements dont il se disait l'objet, la fit tomber au pouvoir de ce prince. Ville jadis florissante et puissante, Gabies ne tarda pas à tomber en décadence et n'était déjà plus que des ruines au temps d'Auguste.

Les carrières de Gabies fournissaient aux Romains d'excellente pierre à bâtir.

On appelait à Rome *gabinus cinctus* une partie de vêtement empruntée aux Gabiens et ayant pour but de préserver la toge de toute souillure. On s'en servait lors des sacrifices et dans d'autres circonstances du culte public.

GABINIUS (AULUS), Romain d'origine plébéienne, était tribun du peuple l'an 67 avant J.-C., lorsqu'il proposa et fit adopter une loi, appelée d'après lui *Lex Gabinia*, en vertu de laquelle des pouvoirs illimités étaient conférés à Pompée dans sa guerre contre les pirates. Plus tard il l'accompagna comme légat dans ses guerres d'Asie. Nommé consul avec L. Calpurnius Pison, par l'influence des triumvirs, l'an 58 avant J.-C., il appuya Clodius dans son opposition systématique contre Cicéron, que tous deux parvinrent à faire exiler. Nommé l'année suivante au gouvernement de la Syrie, il épousa la cause du grand-prêtre Hircan contre son frère Aristobule et son neveu Alexandre. Pour satisfaire aux volontés de César et de Pompée, il passa en Égypte, et rétablit Ptolémée Aulète sur le trône. Pendant ce temps-là, sa province était ravagée par des bandes de pillards arabes, et Alexandre excitait de nouveaux troubles en Judée. Forcé par Crassus de retourner à Rome en 55, il fut accusé de lèse-majesté publique pour avoir, sans l'ordre du sénat et du peuple, abandonné son commandement. L'influence de Pompée, qui réussit à lui gagner les sympathies de Cicéron lui-même, et surtout l'influence des hommes qu'il réussit à corrompre, le fit absoudre de cette terrible accusation. Mais il fut condamné quelque temps après pour concussion et brigue, et sa fortune fut confisquée. En l'an 49, César le rappela d'exil, et, après la bataille de Pharsale, lui confia un commandement militaire. Il mourut à Salone, dans une expédition contre les Dalmates, au commencement de l'an 47 avant J.-C.

Il ne faut pas confondre Aulus Gabinius avec *Quintus Gabinius*, autre tribun du peuple, qui, l'an 140 avant J.-C., fit rendre une loi, dite également *Lex Gabinia*, d'après laquelle le scrutin secret dut être désormais employé pour la collation des suffrages.

GABION, terme d'artillerie par lequel on désigne un large panier sans fond, de forme cylindrique, qui a 0m,80 de hauteur, et 0m,65 de diamètre extérieur, formé d'un clayonnage entrelacé autour de sept à neuf piquets dressés sur un cercle. Ces gabions servent dans les siéges, à garantir les troupes et les travailleurs du feu de mousqueterie de la place attaquée. C'est pourquoi on les appelle *gabions de sape* ou *de tranchée*. On les place debout les uns à côté des autres, et on les remplit de terre, pour en former le parapet des sapes, logements, tranchées et autres travaux de siége. La terre fouillée pour remplir les gabions sert de tranchée de communication. Avec ces gabions on construit particulièrement l'exhaussement de travail appelé *cavalier de tranchée*, que l'on élève en avant du chemin couvert d'une place assiégée. Une autre espèce de gabion, appelée *farci* ou *roulant*, de 2m,30 de haut, et de 1m,30 à 1m,50 de diamètre extérieur, farcie de 25 ou 30 fascines reliées par quatre ou cinq harts, remplie de laine ou de bourre, ou de menus copaux, etc., est employée couchée et roulée au moyen d'un crochet, en avant des travailleurs, pour les mettre à l'abri des coups de fusil des défenseurs de la place. Ce gabion a été substitué au *mantelet*, petite machine sur deux roues, servant jadis à la même destination. Couvrir une ligne de gabions, c'est la *gabionner*.

GABON (Côte de), située entre 3° 30′ de latitude septentrionale et 0° 45′ de latitude méridionale, sur la côte orientale de la Guinée, est un pays encore fort peu connu des Européens. En 1843 le gouvernement français a formé un comptoir fortifié à l'embouchure du Gabon, fleuve appelé par les naturels *Ouongavonga*, et formant avec le Dandjer, le Rio del Rey et le Rio de los Camerones, l'ensemble des grands cours d'eau qui arrosent cette vaste contrée et viennent se jeter dans l'océan Atlantique. On ignore au reste la position de leurs sources, qu'on a lieu de supposer fort éloignées de leurs embouchures respectives, surtout celle du Gabon. Les contrées qu'ils traversent sont communément comprises, le long de la côte du Gabon, sous la dénomination de *pays des Biafars*.

GABORD. *Voyez* BORDAGE.

GABOTTO. *Voyez* CABOT.

GABRIEL (L'ange). Son nom, en hébreu, veut dire *force de Dieu*. Gabriel, selon les rabbins, est l'ange de la mort pour les Israélites, dont les âmes sont remises entre ses mains. D'après le Talmud, il est le prince du feu, il gouverne le tonnerre, il mûrit les fruits. C'est lui qui, par ordre de Jéhovah, mit le feu au temple de Jérusalem avant que les soldats de Nabuchodonosor ne vinssent le souiller. Ce sera lui enfin, toujours selon le Talmud, qui donnera un jour la chasse au grand poisson Léviathan, et le vaincra avec l'aide de Dieu. Gabriel fut envoyé souvent sur la terre : il apparut deux fois à Daniel; deux fois il lui dicta quelques-unes des pages de ce beau livre où nous voyons les visions du prophète. La première fois il lui prédit la venue de l'antéchrist, la seconde fois la venue et la mort de Jésus-Christ. Gabriel vint aussi annoncer à Zacharie que sa femme Élisabeth lui donnerait un fils nommé Jean-Baptiste; et comme Zacharie doutait, Gabriel, pour le punir de son incrédulité, le condamna à être muet jusqu'à la naissance de son fils.

Mais le plus célèbre message de Gabriel, ce fut son entrevue avec la Vierge Marie le jour de l'Annonciation.

Après avoir vu Gabriel annoncer la venue du Christ, on s'indigne de le voir, dans la tradition mahométane, devenir un des quatre anges favoris d'Allah, chargés de notifier ses décrets, de le voir surtout inspirer ou dicter le Coran à Mahomet, qu'il aurait ravi jusqu'au septième ciel, dans un jour d'extase, avec une rapidité telle, que le prophète aurait eu le temps de retenir dans sa chute, en revenant, un vase qu'il aurait heurté en partant. Le faux prophète, jaloux du Christ, jaloux de Dieu, lui vole son ange; Mahomet prétend que sa religion vient du ciel, que Gabriel lui en descend les chapitres, et qu'une nuit il l'a conduit jusqu'aux pieds du Très-Haut. Mahomet a fait le portrait de Gabriel. « Son teint était blanc, dit-il, comme la neige; ses cheveux blonds, tressés d'une façon admirable, lui tombaient en boucles sur les épaules; il avait un front majestueux, clair et serein, les dents belles et luisantes, les jambes teintes d'un jaune de safran. Ses vêtements étaient tous tissus de poil et de fil d'or très-pur. Il portait sur son front une lame sur laquelle étaient écrites deux lignes toutes brillantes et éclatantes de lumière : sur la première il y avait ces mots : *Il n'y a de Dieu que Dieu;* sur la seconde ceux-ci : *Mahomet est l'apôtre de Dieu.* J'aperçus autour de lui 70,000 cassolettes pleines de musc et de safran; il avait 500 paires d'ailes; et d'une aile à l'autre il y avait la distance de 500 années de chemin. »

Anaïs Ségalas.

GABRIELLE D'ESTRÉES. *Voyez* Estrées.

GABRIELLI (Catarina), cantatrice célèbre par ses succès et plus encore par ses caprices, naquit à Rome, le 12 novembre 1730. Son père était cuisinier du prince Gabrielli. Elle ne put donc être initiée de bonne heure aux secrets de l'art dans lequel elle devait briller; il fallut qu'elle se révélât d'elle-même et sans le secours des maîtres, car de rares visites au théâtre, où la conduisait son père, furent d'abord toute son éducation musicale. Mais, au retour, sa voix suave et fraîche répétait avec tant de charme les airs que son heureuse mémoire avait retenus, que dans le palais on ne parla bientôt que de la petite cuisinière cantatrice, *cochetta cantatrice.* Le prince lui-même l'entendit; et de ce jour le sort de Catarina fut fixé; on la transplanta des cuisines dans une école de chant. Porpora voulut présider à l'éducation du jeune prodige; et produite bientôt au grand jour sous les auspices de l'illustre *maestro*, elle enleva tous les suffrages. Il ne fut plus bruit dans Rome que de la *cochetta di Gabrielli.* Le nom lui en resta si bien, que l'Europe entière ne distingua bientôt plus le nom de la protégée de celui du prince son protecteur. La Gabrielli n'avait pas dix-sept ans que déjà elle était en possession de la plus brillante renommée à Lucques, où la *Sofonisbe* de Galuppi avait servi à ses débuts, et où le célèbre Guadagni aida par ses conseils à la rendre une virtuose accomplie. A Naples, où elle parut en 1750, son succès fut plus grand encore. Elle y souleva dans la *Didone* de Métastase l'enthousiasme de tous les *dilettanti.* Le bruit de son triomphe eut du retentissement jusqu'à Vienne, où l'empereur François Ier l'appela sur l'invitation de Métastase. Elle devint chanteuse de la cour, et ce titre fut une puissance pour elle. Reine au théâtre par Métastase, son amant, soumettant à l'omnipotence de ses fantaisies les ambassadeurs de France et de Portugal, qui se disputaient ses faveurs, subjuguant l'empereur lui-même par le prestige de son talent, elle prolongea pendant quinze années son règne dans la capitale de l'Autriche.

A Palerme, où nous la trouvons en 1765, la même faveur devait l'accueillir, la même puissance y fut son partage; mais là aussi, mieux encore qu'à Vienne, elle en abusa à force de caprices et de bizarreries. Un soir, sachant que le vice-roi désirait se rendre au théâtre pour l'entendre, elle résolut de tromper cette belle attente, feignit une indisposition subite, et refusa de paraître. On vint parlementer auprès d'elle, la supplier, et, de guerre lasse, la menacer de la prison : « Vous pouvez m'emprisonner et me faire pleurer, dit-elle, mais me faire chanter, jamais. » Ce fut sa seule réponse; et pour que la dignité du prince qu'elle faisait si insolemment attendre fût sauve, il fallut en effet user de rigueur et la faire enfermer. Elle s'y prêta de bonne grâce, fit de sa captivité une fête continuelle, régala royalement tous les prisonniers, paya leurs dettes; et, libre enfin, quitta Palerme de peur d'y être de nouveau violentée dans ses fantaisies. A Parme, où elle se rendit, l'infant Philippe se fit son amant déclaré, et malgré cette fortune, la plus haute que lui eussent conquise son talent et ses galanteries, Catarina ne changea pas. Le prince se vit, comme un amant vulgaire, sacrifié à ses inconstances, et chaque fois qu'il lui en faisait reproche, elle le raillait de la difformité de sa taille, et se donnait le plaisir de l'appeler *gobbo maledetto* (maudit bossu). Ces incroyables licences furent cause qu'on la jeta encore en prison; mais, quoique de nouvelles galanteries du prince l'y attendissent encore, malgré la somptuosité de l'appartement qu'on lui avait fait préparer et la nombreuse suite qui s'y était rendue pour la servir, elle ne se sentit pas plus tôt libre qu'elle s'enfuit de Parme. La farouche fauvette avait peur même d'une cage dorée. On la demandait à Londres, mais elle refusa de s'y rendre : les désirs impérieux des Anglais et leur enthousiasme un peu brutal l'effrayèrent : « Là, disait-elle, si je m'avisais de ne vouloir pas chanter, le peuple m'assommerait, et à tout prendre, j'aime mieux la prison quand il me plaît de me passer une fantaisie. »

Elle partit pour la Russie, où Catherine II la faisait aussi appeler. Arrivée à Saint-Pétersbourg, elle traita de puissance à puissance avec la czarine. Elle demanda dix mille roubles par an. « Mais je ne donne pas tant à mes feld-maréchaux, dit Catherine. — Eh bien, que votre majesté fasse chanter ses feld-maréchaux. » Cette boutade eût pu ouvrir à la Gabrielli le chemin de la Sibérie, l'impératrice aima mieux en rire et céder. Quand la Catarina revint de Saint-Pétersbourg, elle n'avait pas moins de vingt mille écus de rente; mais cette fortune fut bientôt dissipée. A cinquante ans, elle fut obligée de se mettre à la solde de l'impresario de Venise. Par bonheur, elle avait encore assez de voix pour étonner le fameux Pacchiarotti lui-même, et régner sans rivale. C'est seulement à Milan, en 1780, que Marchesi, alors dans la plénitude de ses moyens, lui ayant été opposé, elle craignit une concurrence. Cette première atteinte portée à sa réputation lui servit d'avertissement, et sage pour la première fois, elle se retira du théâtre. C'est à Rome, sa ville natale, qu'elle passa les dernières années de sa vie, toujours prodigue dans ses plaisirs, mais aussi, disons-le, dans ses aumônes. Sa famille fut la première à se ressentir de ses bienfaits. Cette conduite lui rendit l'estime que ses désordres passés lui avaient fait perdre; et quand elle mourut, en avril 1796, elle était entourée de la considération universelle.

Édouard Fournier.

GABRYAS. *Voyez* Babrius.

GABURON ou **JUMELLE**, pièce de bois creusée sur l'une de ses faces, arrondie sur l'autre, liée sur l'avant d'un navire par de nombreux tours de cordages et le garantissant des frottements du mât supérieur quand on guinde celui-ci ou qu'on le cale (qu'on le monte ou le descend). Le gaburon recouvre le bas-mât depuis sa naissance jusqu'au quart environ de sa longueur au-dessous de la hune. Faisant corps avec lui, il renforce le mât éclaté, endommagé ou trop faible, et le préserve des contacts ruineux pour sa solidité. Garnir un mât de gaburons ou de jumelles, c'est le *jumeler.* A l'époque où le mât ne recevait pas encore un mât supérieur ou de hune, il avait à son sommet un gaburon de bois tendre, servant de coussin pour le frottement de la vergue. C'était un chaperon, *caperuccio*, *caperone*, dont par corruption on a fait *gaberon*, puis *gaburon.*

GÂCHER, GÂCHEUX, GÂCHIS. Le verbe *gâcher* s'appliquait d'abord seulement au travail de ces apprentis manœuvres qui préparent ou *gâchent* le plâtre pour les maçons. On en a fait un terme métaphorique et méprisant pour tout ce qui est exécuté avec maladresse ou négligence. Ainsi, nous avons nombre de manœuvres dramatiques qui *gâchent* des pièces, et d'apprentis littérateurs qui *gâchent* des volumes. Quant au mot *gâcheux*, il s'emploie surtout dans les collèges. Les malins écoliers ont surnommé ainsi le pauvre sous-maître, qui, devant veiller sur eux pendant les récréations, et contraint de rester dehors, quelque temps qu'il fasse, pour inspecter leurs jeux, se réchauffe en marchant, au risque de *gâcher* de la boue. Dans la langue collégienne, le synonyme de ce terme est *chien de cour.*

Le *gâchis*, autre dérivé du verbe *gâcher*, est un mot dont on a souvent occasion de faire usage en France. Il désigne, en général, tout ce qui manque d'ordre, de raison, de clarté. La lecture d'un ouvrage mal conçu, la représentation d'une piece mal tissue, et mille autres circonstances, parmi lesquelles il faut mettre au premier rang un système politique inhabilement mis en œuvre, voilà ce qui amène tout naturellement sur nos lèvres cette exclamation, un peu triviale, mais énergique : *quel gâchis !* OURRY.

GACHETTE, l'une des pièces principales de la platine du fusil, ayant une grande branche, ou queue, contre laquelle appuie la détente pour faire partir le coup, quand le chien est armé. La petite branche, ou le devant, est terminée par un bec, pour engrener dans les crans du repos et du bandé de la noix : elle est percée pour recevoir la vis qui assujettit cette pièce au corps de platine. On distingue ainsi dans la gâchette : la *queue*, le *bec*, le *trou*, et la *vis*. Tout le mérite d'une platine de fusil consiste dans le bon ajustage de la *noix* et de la *gâchette :* on doit régler généralement les dimensions du bec et de la courbure de cette dernière pièce sur les crans et le contour de la noix, et sur les dispositions du chien, par rapport à la face de la batterie. MERLIN.

GACON (FRANÇOIS), poëte satirique, né à Lyon, en 1667. Après avoir appartenu pendant quelque temps à la congrégation de l'Oratoire, il la quitta pour se livrer plus librement à son goût pour la satire et le scandale. On le vit alors s'attaquer, dans le style le plus grossier, à toutes les célébrités de son siècle : J.-B. Rousseau, Lamothe, Fontenelle et Boileau lui-même, furent le point de mire de ses diatribes. J.-B. Rousseau, moins patient, le terrassa par une épigramme qui l'a condamné à l'immortalité du ridicule. Ses ouvrages les plus connus sont : *Le Poële sans fard* (1696); l'*Anti-Rousseau* (1712); l'*Homère vengé* (1715); *Emblèmes ou devises chrétiennes* (1714 et 1718); *Les Fables de Lamothe, traduites en vers français* (1716); *Le Secrétaire du Parnasse* (1723); une traduction d'*Anacréon* (1712). En 1717 il remporta le prix de poésie à l'Académie Française. Vers la fin de sa vie, il reprit l'habit de son ordre, et obtint le prieuré de Baillon, près de Beaumont-sur-Oise, où il mourut, le 15 novembre 1725.

GAD (c'est-à-dire *Bonheur*), fils de Jacob et de Silpa, et chef d'une tribu israélite qui, dans les déserts même du mont Sinaï, s'était multipliée de façon à présenter un effectif de 400,000 hommes en état de porter les armes. Comme tribu nomade, ce fut la première de toutes qui vint se fixer à Giléad. Son territoire (*le pays de Gad*) était situé au nord de celui de la tribu de Ruben, et comprenait le district montagneux s'étendant depuis le fleuve Jabbok jusqu'à Iaeser, et à l'est jusqu'à Rabbath-Ammon; mais dans la plaine du Jourdain, il atteignait le sud du lac Génézareth. Le Jourdain en formait l'extrémité occidentale, depuis le lac Génézareth jusqu'à la mer Morte. Ce pays était surtout propre à l'élève des troupeaux. Les Gaditains formaient une population belliqueuse, que le voisinage des Arabes obligeait à rester toujours en armes. Lors de l'établissement de la monarchie, ils se montrèrent fidèles à David et à sa maison.

GAD, prophète hébreu, qui aida de ses bons conseils David, lorsque celui-ci se posa en prétendant à la courone; une fois monté sur le trône, il vécut dans son intimité. A l'occasion d'un dénombrement du peuple ordonné plus tard par David, il exprima le mécontentement de Jéhovah au sujet de cette mesure, et détermina le roi à détourner par d'abondants sacrifices de victimes les effets de la colère du Très-Haut. La tradition juive veut que ce soit ce prophète qui introduisit l'usage de la musique dans le temple, et elle le cite avec Nathan comme historien de David.

GADE. Ce genre linnéen forme aujourd'hui une famille de poissons malacoptérygiens, que quelques zoologistes nomment *gadoïdes*. Il renferme les morues, les merluches, les merlans, les lottes, les phycies, etc., qui ont pour caractères communs les ventrales attachées sous la gorge plus en avant que les pectorales, et dont le premier et le second rayon se prolongent en un filet plus ou moins délié. Ces poissons ont le corps allongé, atténué et comprimé vers la queue. Tous donnent à l'homme un aliment recherché, dans leur chair légère et de bon goût. Des écailles généralement petites, une tête assez grosse, une gueule largement ouverte, armée de dents implantées sur les mâchoires et sur le vomer, un estomac très-grand, avec de nombreux cœcums auprès du pylore, complètent les caractères les plus constants du genre *gade*.

GADOLINITE, silicate multiple dont les principales bases sont les oxydes de cérium, d'yttrium, d'erbium, etc. La gadolinite est compacte, et d'un noir velouté.

GADOUE ou ENGRAIS FLAMAND. La méthode usitée en Flandre pour utiliser les vidanges est beaucoup plus rationnelle, et surtout plus hygiénique que la confection de la poudrette. On donne le nom d'*engrais flamand* ou *gadoue* aux excréments humains retirés des fosses d'aisance, et conservés dans des citernes voûtées placées audessous du sol, sur le bord d'une route, et à proximité des champs cultivés. Ces citernes, dont le fond est en grès et les murs en briques, sont remplies quand les travaux agricoles le permettent au cultivateur : on laisse fermenter cet engrais quelques mois avant de s'en servir, et on a soin d'ajouter de la matière à mesure qu'on en retire.

L'engrais flamand est destiné principalement à activer la végétation des plantes oléagineuses et du tabac, qui donnent le plus de bénéfice; il s'emploie sous forme liquide; on le transporte aux champs sur des chariots, renfermé dans des barils. Arrivés à leur destination, on vide ces barils dans des baquets, où on puise l'engrais à l'aide de longues cuillères en fer pour le verser sur les semences. Les graines échauffées par cette matière en fermentation se développent promptement, et y puisent une nourriture abondante. Cet engrais est aussi d'un emploi très-avantageux après le repiquage des jeunes plants; on le verse à la main pour éviter d'en mettre sur les feuilles. Il faut une grande habitude aux cultivateurs de la Flandre pour supporter l'odeur infecte et repoussante qui s'exhale de la gadoue. Au reste, ces émanations ne sont nullement insalubres.

GAÉLIQUE (Langue), idiome parlé de nos jours encore par les paysans montagnards de l'Écosse, qui l'appellent *kimri* ou *cumreag*, et dont l'origine est la même que celle de la langue *erse*, c'est-à-dire l'ancien celtique ou langue des Celtes. Gant, dans son ouvrage intitulé *Thoughts on the Origin and Descent of the Gaels* (Édimbourg, 1814), prétend que le gaélique est un des idiomes les plus anciens du monde, et qu'il provient des Pélasges; seulement il oublie de nous apprendre quelle langue parlaient les Pélasges, à l'égard de laquelle nous manquons à peu près de tout renseignement positif. Quoi qu'il en soit, le gaélique n'est plus guère parlé aujourd'hui que dans les îles du nord de l'Écosse, où, malgré tous les efforts du gouvernement anglais, la population persiste à repousser la langue des vainqueurs.

Le gaélique est plein de sons gutturaux, et l'écriture en est hérissée de consonnes qui cependant ne se prononcent pas; aussi une société savante a-t-elle proposé un prix pour l'introduction d'un système d'orthographe plus rationnel. La littérature gaélique consiste surtout en vieilles traditions poétiques, que les bardes se transmettaient jadis les uns aux autres, qu'ils chantaient dans les fêtes de famille, et dont quelques-unes se sont conservées jusqu'à la fin du siècle dernier. Les poésies d'Ossian, traduites en langue vulgaire par Macpherson, paraissent en avoir fait partie. Mais ce ne sont pas là les seules poésies des Gaels; leurs chants lyriques peuvent aujourd'hui encore se compter par centaines; les plus beaux furent composés, à ce qu'on présume, dans les premiers siècles de notre ère. De là jusqu'au douzième siècle, il y a interruption dans la tradition poétique, peut-être bien parce que les bardes de cette époque ne composèrent rien qui valût la peine d'être conservé. Mais à partir du treizième siècle ils trouvèrent de fécondes inspirations dans les guerres intestines et féodales des divers clans; et on possède une assez riche collection de chants composés au moyen âge. Dans les siècles suivants, les anciens bardes ont eu pour successeurs plusieurs poëtes dont les noms ont été portés par la renommée loin de leurs brumeuses montagnes, par exemple Mac-Intyre, dont les poésies ont paru en 1768. On y remarque un véritable dithyrambe contre le bill du parlement qui enjoint aux populations écossaises de porter désormais une culotte au lieu de ce court jupon que vous savez. Ewen Mac-Lachlan, maître d'école à Aberdeen, a traduit en langue gaélique le troisième livre de l'Iliade et composé un poëme en quatre chants sur les saisons. En 1825, Armstrong a publié à Londres un Dictionnaire gaélique-anglais. Sous le titre de *Dictionarium Scoto-Celticum*, la Société des Highlands a rédigé et publié un travail plus complet (Édimbourg, 1828).

GAÈTE ou GAIÈTE (*Gaeta* en italien), ville du royaume de Naples, située dans la province dite Terre de Labour (*Terra di Lavoro*), baignée par la Méditerranée, qu'on appelle dans ces parages *mer Tyrrhénienne*, à l'extrémité d'un promontoire qui forme à l'ouest le golfe du même nom, siége d'un évêché, compte une population de 14,000 âmes, et est rangée au nombre des places les plus fortes de l'Europe. Dans la citadelle, on conserve encore aujourd'hui le corps du connétable de Bourbon; mais le tombeau magnifique que lui avait fait élever en 1628 le prince d'Ascoli fut détruit par les Français à l'époque des guerres de la Révolution. Parmi ses édifices publics, on remarque surtout la cathédrale, placée sous l'invocation de Saint-Érasme, avec sa haute tour, dont on attribue la construction à l'empereur Frédéric Barbe-Rousse. Les environs de la ville sont délicieux et ornés d'une foule d'élégantes *villas*.

Strabon attribue l'origine de Gaète à une colonie grecque venue de Samos, qui s'y fixa après une longue navigation. Ces Grecs lui donnèrent le nom de *Caieta*, qui exprimait la courbe ou la concavité de cette côte. Virgile émet une autre opinion : il pense que son nom lui vient de la nourrice d'Énée, *Cajeta*. Quoi qu'il en puisse être de ces étymologies, un fait avéré, c'est que Gaète fut fondée longtemps avant Rome, et servit à toutes les époques de résidence aux Romains les plus distingués. Son port, dont Cicéron fait mention comme propre à recevoir un grand nombre de navires marchands, fut agrandi par Antonin le Pieux, vers l'an 145 de notre ère. Parfaitement abrité et offrant en moyenne sept brasses de profondeur, il est aujourd'hui le centre d'un grand commerce d'exportation et d'importation.

Comme place de guerre, Gaète est sans contredit la clef du royaume de Naples, du côté des États Romains. Fortifiée tout autant par la nature que par l'art, il est impossible de s'en rendre maître sans un siége long et régulier. Le château, de forme carrée, très-élevé et flanqué de quatre tours qui dominent et en défendent les approches, fut construit par Alfonse d'Aragon, vers 1440, et augmenté depuis par le roi Ferdinand. Les fortifications, presque toutes creusées dans le roc vif, sont l'œuvre de Charles-Quint.

Après la chute de l'Empire Romain, Gaète conserva pendant assez longtemps une constitution toute républicaine et son indépendance. Plus tard, elle fut successivement gouvernée par un grand nombre de ducs, qui reconnaissaient le pape pour seigneur suzerain, jusqu'à ce qu'en 1435 le roi Alfonse d'Aragon s'en rendit maître et la réunit à la couronne d'Aragon; et plus tard elle passa sous la souveraineté de Naples.

L'histoire moderne mentionne divers siéges dont Gaète fut l'objet. Ainsi, en 1702, une armée autrichienne, aux ordres du général Daun, la tint assiégée pendant trois mois, et finit par la prendre d'assaut. Après un siége qu'elle soutint depuis le commencement d'avril jusqu'au 6 août 1734, contre un corps d'armée composé de troupes françaises, espagnoles et sardes, la garnison de Gaète capitula avec tous les honneurs de la guerre. De nouveaux ouvrages furent alors ajoutés à grands frais au système général de ses fortifications. En 1799, Championnet s'en empara par un coup de main hardi. Mais de tous les siéges que Gaète ait eu à soutenir le plus célèbre est celui de 1806, dont Masséna dirigea les opérations. Le gouvernement napolitain avait consenti, en février 1806, à ce que cette place fût occupée par un corps français; mais le prince de Hesse-Philippsthal, qui y commandait au nom du roi de Naples, refusa d'obéir aux ordres qui lui étaient transmis, et contraignit Masséna à entreprendre, à la suite d'un étroit blocus, un siége régulier, qui se prolongea jusqu'à la fin de juillet, époque où une blessure presque mortelle que fit au prince de Hesse un éclat de bombe, amena la reddition de la ville. En 1815 et en 1821 Gaète resta pareillement pendant assez longtemps aux Autrichiens.

De nos jours, le séjour que le pape Pie IX vint y faire, à la suite de la révolution romaine, depuis le 25 novembre 1848 jusqu'au 4 septembre 1849, a donné une célébrité nouvelle à la ville de Gaète.

GAÈTE (Duc de). *Voyez* GAUDIN.

GAFFE, fer à deux branches, l'une droite, un peu pointue, l'autre crochue, tenant toutes deux à une douille commune, qui s'emboîte sur le plus gros bout d'un manche. Le manche est droit, de la grosseur de celui d'une bêche ordinaire, long de 4 à 5 mètres, ou de $1^{m},60$ à 2^{m}, selon que la *gaffe* est destinée pour l'avant ou pour l'arrière d'une embarcation. On se sert de la *gaffe* pour pousser les embarcations au large d'un navire ou d'un quai au moyen du fer droit, et se défendre des abordages; ou bien encore pour faire mouvoir ou approcher le canot, au moyen du fer courbé ou crochet. En termes de marine, se tenir, se battre, etc., à longueur de *gaffe*, c'est se tenir, se battre, etc., à très-petite distance. Avaler sa *gaffe*, c'est mourir; être long comme un manche de *gaffe*, c'est être extrêmement maigre. Les pêcheurs se servent d'une sorte de *gaffe* très-longue pour tirer le poisson à terre. MERLIN.

GAFFOZ ou GAHÈTES. *Voyez* CAGOTS.

GAGARIN (Famille). Les princes Gagarin font remonter l'origine de leur maison à Rourik, prince souverain de Starodoub. Le personnage le plus remarquable qu'ait produit cette famille russe fut sans contredit *Mathias* GAGARIN, gouverneur général de la Sibérie sous Pierre le Grand. Quand la guerre contre Charles XII prit une mauvaise tournure pour son maître, Gagarin conçut le projet d'arracher la Sibérie à la domination de la Russie, et de s'en déclarer souverain indépendant. Mais il fut arrêté à Saint-Pétersbourg, avant d'avoir pu mettre ce projet à exécution, et pendu devant les fenêtres du sénat, quoique Pierre lui eût formellement promis sa grâce s'il s'avouait coupable.

Parmi les membres aujourd'hui vivants de cette famille, nous citerons *Sergii Sergiejewicz* GAGARIN, grand maître de la cour; *Sergii Ivanowicz* et *Paul Paulowicz* GAGARIN, membres du sénat; et le général *Alexis Ivanowicz* GAGARIN, gouverneur militaire de Kutaïsk.

GAGE. On entend par *gage* le nantissement d'une chose mobilière qu'un débiteur remet à un créancier pour sûreté de sa dette. *Prêter sur gages*, c'est prêter en ayant pour garantie du prêt un objet d'une valeur le plus souvent supérieure à la somme prêtée. Le mot *gage* se dit également d'objets que l'on dépose dans certains petits jeux de société.

Au pluriel, le mot *gage* signifie salaire : ainsi, on dit : les *gages* des domestiques. Les *gages* des gens de service pour l'année échue, et ce qui est dû pour l'année courante, sont rangés par le Code Civil au nombre des créances privilégiées. Au figuré, on dit *casser aux gages* pour exprimer qu'on renvoie quelqu'un d'une position qu'il occupait. Ce mot se prend toujours alors en mauvaise part. Le retrait du gage par le débiteur, son cessionaire ou son fondé de pouvoir, s'appelle *dégagement* (*voyez* MONT-DE-PIÉTÉ).

GAGE (Lettres de). *Voyez* CRÉDIT FONCIER.

GAGERN (JEAN-CHRISTOPHE-ERNEST, baron DE), naquit près de Worms, en 1766. Entré de bonne heure au service d'une des branches de la maison de Nassau, il fut chargé, en 1791, de la représenter à la diète de l'Empire, et plus tard à Paris. Obligé de donner sa démission, par suite d'un décret de l'empereur Napoléon, qui interdisait à tous les individus nés sur la rive gauche du Rhin la faculté de servir une autre puissance que la France, il se retira à Vienne. En 1814 il fut appelé, avec le titre de ministre d'État, à l'administration des possessions de la maison de Nassau ; en 1815, il assista au congrès de Vienne comme représentant du roi des Pays-Bas, et réussit à obtenir des agrandissements de territoire en faveur de la Hollande. Mais il échoua alors dans ses efforts pour faire enlever l'Alsace à la France. Le roi des Pays-Bas le nomma ensuite son ministre près la Confédération germanique, fonctions qu'il conserva jusqu'en 1818; et dans la correspondance qu'il échangea avec M. de Metternich avant l'ouverture de la diète, on voit qu'il insista pour l'adoption de mesures qui eussent assuré l'union politique de l'Allemagne. Dans le sein même de la diète, il insista avec force pour que des constitutions représentatives fussent introduites dans les divers États de la Confédération. En 1820 il se retira, avec une pension du roi des Pays-Bas, dans sa terre de Hornau (grand-duché de Hesse-Darmstadt). Devenu alors membre de la première chambre des états du grand-duché, sans appartenir précisément à une opposition systématique, il se distingua en toute occasion par ses tendances patriotiques et philanthropiques. Cruellement éprouvé en 1848 par la mort de son fils Frédéric, et par celle de sa femme, qui lui avait donné dix enfants, il avait complétement renoncé à la vie politique, lorsque la mort vint l'enlever à Hornau, le 22 octobre 1852. On a de lui : *Résultats de l'Histoire des Mœurs* (6 vol., 1835-37); *Histoire nationale des Allemands* (1826), et *Critique du droit des gens* (1840).

GAGERN (Frédéric-Baudouin, baron de), l'un des fils du précédent, général au service des Pays-Bas, célèbre surtout par sa fin lamentable, arrivée lors de la lutte que l'insurrection de Hecker amena dans le grand-duché de Bade, né le 24 octobre 1794, à Weilbourg, entra d'abord au service autrichien, qu'il quitta ensuite pour passer à celui des Pays-Bas. Il était capitaine d'état-major en 1830, quand les événements militaires que l'année 1831 vit s'accomplir, le firent appeler aux fonctions de chef d'état-major du duc Bernard de Saxe-Weimar. En 1838 il passa, sur sa demande, dans la ligne, et fut nommé colonel d'un régiment de cavalerie. Envoyé en 1843 dans les Indes orientales avec une mission importante, il obtint à cette occasion le grade de général, et à son retour en Europe on lui confia le commandement supérieur de la province de Hollande. Au printemps de 1848, il s'était rendu en Allemagne avec un congé temporaire, et il se trouvait dans le grand-duché de Bade quand y éclata l'insurrection de Hecker. Il parut l'homme capable d'inspirer de la confiance aux troupes chargées de la réprimer, et en accepta le commandement sans attendre l'autorisation du gouvernement des Pays-Bas. Il chercha à amener par de sages représentations, et sans coup férir, la dissolution de la bande de Hecker. Le 20 avril, il s'était déjà inutilement abouché à cet effet, à Kandern, avec les chefs du mouvement, lorsque, une demi-heure plus tard, les deux troupes se trouvèrent en présence à Scheideck. « Avancez, général ! » lui cria-t-on des rangs des insurgés; plein de confiance, Gagern alla encore essayer d'un accommodement, et ayant échoué dans tous ses efforts pour déterminer les insurgés à mettre bas les armes, il avait rejoint sa troupe, et se disposait à monter à cheval pour aller opposer la force à la force, quand une décharge partie des rangs des insurgés l'étendit roide mort. Cette fin tragique d'un homme de bien, d'un général distingué, causa une douleur générale en Allemagne.

GAGERN (Henri-Guillaume-Auguste, baron de), frère du précédent, et dont le nom fut un moment si populaire en Allemagne, est né en 1799, à Baireuth, et a fait ses études juridiques à Gœttingue, à Iéna et à Heidelberg, après avoir combattu à Waterloo. Il s'associa alors aux efforts tentés par la *Burschenschaft* pour régénérer l'Allemagne. Ses études achevées, il entra dans l'administration du grand-duché de Hesse-Darmstadt, et fut élu, en 1822, membre de la seconde chambre des états, au sein de laquelle il vota toujours sur les questions de principes dans le sens le plus libéral. Mis à la retraite, lors de la dissolution de cette assemblée, il envoya au ministère la démission de ses divers emplois, en refusant la pension qu'on lui offrait, sans doute pour acheter son silence; et il donna alors une nouvelle preuve de son indépendance en déclarant à ses concitoyens, qui voulaient suppléer à cette pension par une souscription patriotique, qu'il n'accepterait pas cette marque de leurs sympathies. Élu de nouveau, comme propriétaire, membre des diètes de 1834 et 1835, il fut l'un des chefs de l'opposition dans ces deux assemblées; mais quand la politique illibérale du gouvernement eut réussi à en restreindre l'action politique, il cessa d'y paraître, pour ne pas se prêter à une comédie représentative, jouée uniquement au profit du pouvoir.

Il n'accepta de nouveau le mandat électoral qu'en 1847, moment où la ville de Worms le choisit pour son représentant, à la suite de nouvelles élections générales, qui amenèrent à la chambre une majorité libérale comme on n'en avait encore jamais vu d'aussi forte. La diète venait à peine de s'ouvrir quand éclatèrent les terribles orages de 1848; et dès le 27 février, à la nouvelle des événements dont Paris avait été le théâtre, il développait dans la seconde chambre une motion tendant à provoquer la création d'un cabinet capable de protéger et défendre tant à l'intérieur qu'à l'extérieur l'indépendance et la liberté de l'Allemagne, de même qu'à faire adjoindre au chef provisoire de l'Empire une représentation nationale composée d'une chambre des princes et d'une chambre populaire. L'agitation révolutionnaire ne tarda point à gagner aussi le grand-duché; et le grand-duc s'étant alors adjoint son fils comme co-régent, celui-ci appela aussitôt M. de Gagern à prendre la direction des affaires. Dans une éloquente proclamation, en date du 6 mars, le nouveau ministre exposa les principes que se proposait de suivre le cabinet *reformiste*. Dès lors aussi la solution à donner à l'importante question de la constitution de l'Allemagne fut sans cesse l'une de ses plus graves préoccupations. Appelé à faire partie du parlement préparatoire (*vorparlament*) qui devait se réunir à Francfort le 31 mars, il exerça tout aussitôt une influence décisive sur cette assemblée, dont la plupart des votes les plus importants furent rendus sur des motions présentées par lui. A partir de ce moment, il n'y eut pas en Allemagne, pendant quelque temps, d'homme plus influent ni plus populaire. Son énergie, sa franchise, sa loyauté, l'enthousiasme généreux que respirait chacune de ses paroles, joints à un extérieur imposant et éminemment chevaleresque, le rendirent l'expression la plus vraie en même temps que la plus élevée de la première phase de l'agitation de 1848, moment où tous les esprits, pleins de confiance dans l'avenir, ne doutaient pas de la possibilité de régénérer politiquement l'Allemagne et de constituer enfin l'unité nationale. Quand le parlement national s'ouvrit, le 28 mai, à Francfort, il élut pour président M. de Gagern, qui dans l'intervalle avait résigné son portefeuille en qualité de ministre du grand-duc de Darmstadt, et des élections nouvelles le maintinrent constamment à la présidence de cette assemblée jusqu'au moment où il fut appelé à faire partie du ministère de l'Empire. Il ne contribua pas peu alors à déterminer l'élection de l'archiduc Jean en qualité de vicaire de l'Empire. Les complications qu'amena l'antagonisme de la Prusse et de l'Autriche dans la question d'un pouvoir central à constituer en Allemagne le trouvèrent à la hauteur des difficultés et des périls d'une telle crise; et le 15 décembre 1848 il fut appelé par l'archiduc, vicaire de l'Empire, à présider son ministère; mais le projet de constitution, à la rédaction duquel il avait eu une grande part, ayant été rejeté sur la motion du député Welcker, il donna sa démission en même temps que tous ses collègues (21 mars 1849).

Le refus de la Prusse d'accéder à la constitution dans la forme nouvelle qu'elle avait reçue remit tout en question. M. de Gagern s'efforça vainement de se poser médiateur entre le parti démocratique extrême et celui de la réaction; rôle d'un homme de bien et d'un bon patriote, mais qui ne lui valut de part et d'autre que les plus cruelles et les plus décourageantes accusations. Rejeté complétement en dehors de la direction des affaires par la formation du ministère Græveil-Detmold-Wittgenstein, il s'efforça tout aussi inutilement avec ses amis de combattre les resolutions extrêmes de l'Assemblée nationale, et jugea devoir cesser dès lors de prendre part à ses délibérations (20 mai 1849). Quand la Prusse, lors de l'alliance des trois rois, sembla vouloir prendre en main la cause de l'assemblée nationale, ce fut encore M. de Gagern qui, avec ses amis, aida à amener un accord sur ce point; et élu membre de la diète d'Erfurt (mars 1850), il fut dans cette assemblée le chef du parti qui fit accepter le projet de constitution. Mais la Prusse avait compté sur l'insuccès de la combinaison politique imaginée sous le nom d'*Union* : et à partir de ce moment M. de Gagern et ses amis furent rejetés sur l'arrière-plan de la scène politique. Lui-même comprit que son rôle était fini, et il se retira plein d'amères tristesses dans son asile champêtre, qu'il ne se décida à quitter que lorsque la guerre éclata de nouveau dans le Schleswig-Holstein. Après la bataille d'Idstedt, il accourut se mettre à la disposition du gouvernement national des duchés, et fit le reste de la campagne avec le grade de major dans les rangs de l'armée schleswig-holsteinoise. La lutte une fois comprimée, M. de Gagern revint à sa charrue. Depuis, il a vendu son domaine de Monsheim pour se retirer à Heidelberg. Il est sorti pur et sans tache de cette révolution dont il eût pu être le chef, pour peu qu'il eût eu d'ambition. Si les patriotes allemands peuvent lui reprocher d'avoir trop partagé, au début de la crise révolutionnaire, les illusions et la confiance des optimistes, du moins ils lui rendent la justice de reconnaître qu'il ne s'est point rallié à la politique du désespoir et du pessimisme, qu'il n'a pas renié un seul des principes qu'il avait professés toute sa vie et qui, à un moment, avaient fait de lui le digne interprète des aspirations et des espérances de la grande patrie allemande.

GAGES DE BATAILLE. On appelait ainsi le chaperon ou gant jeté à un adversaire en signe de provocation au combat judiciaire, et aussi la caution exigée de celui qui demandait ou acceptait cette espèce de duel. Elle entraînait en effet certains frais, certaines dépenses; l'aide du chirurgien et de l'armurier, par exemple, pouvaient devenir nécessaires. Le gage de bataille pourvoyait à ces dépenses. On le déposait entre les mains du seigneur justicier. Consultez *Cérémonies des gages de bataille*, Paris, Crapelet 1830 (un vol. in-folio).

GAGEURE, promesse que les personnes qui gagent se font réciproquement de se payer ce dont elles conviennent en *gageant*. Ce mot a la même signification que *pari*, et l'on se sert indifféremment de l'un ou de l'autre. Un célèbre législateur indien a prétendu que dans toute espèce de gageure il y avait un fou et un fripon. Les gageures de nos voisins d'outre-mer dégénèrent souvent en folies. Courses de chevaux, combats de coqs, boxeurs, etc., etc., tout leur est un prétexte de satisfaire ce penchant favori. Des sommes énormes sont souvent engagées, et il n'est pas rare de voir la ruine d'un *gentleman* suivre de près une course à New-Market. Les Anglais ont exporté ce goût effréné jusqu'aux Indes, et nous commençons nous-mêmes à partager leur travers.

GAGUIN (Robert), supérieur général des mathurins, naquit à Colines, diocèse d'Arras, vers 1440. Entré de bonne heure dans l'ordre des trinitaires, il fut envoyé par ses chefs dans la maison des mathurins de Paris pour y étudier la théologie, et s'y distingua tellement, q 'en 1463 il fut choisi pour remplacer Guillaume Frischer comme professeur de rhétorique, et élu en 1473 supérieur général de l'ordre. Louis XI, Charles VIII et Louis XII l'employèrent dans plusieurs négociations importantes. En 1477, le premier l'envoya en Allemagne pour mettre obstacle aux projets de mariage entre Marie de Bourgogne et Maximilien, fils de l'empereur Frédéric III. Charles VIII le nomma son ambassadeur à Rome, et le chargea, en 1486, de défendre en son nom, auprès des Florentins, les intérêts de René de Lorraine contre Ferdinand roi de Naples. Louis XII, enfin, l'envoya en Angleterre. Quelques auteurs prétendent qu'il fut garde de la Bibliothèque du Roi; mais ce titre lui est contesté par Gabriel Naudé. Il protégea l'université de Paris, fut l'ami d'Érasme, et mourut en 1502. Ses principaux ouvrages sont : 1° une *Chronique* latine *depuis Pharamond jusqu'en* 1491 (Paris, 1497, in-4°), qu'il continua plus tard jusqu'en 1499, ouvrage qui doit être consulté avec défiance, et qui pourtant a grandement servi à la composition de la *Chronique martinienne* et des *Grandes Chroniques de Saint-Denis;* 2° une traduction française de la *Chronique* latine *du faux archevêque Turpin*, sous Charlemagne, Roland et les pairs de France (1527); 3° *Epistolæ et orationes* (1497). On lui attribue de plus une Chronique manuscrite de l'ordre des mathurins, plusieurs poésies latines et un poëme français intitulé : *La Royne de bon repos, ou le passe-temps d'oisiveté.*

GAÏAC ou GAYAC, genre d'arbres de la famille des zygophyllées. On en connaît deux espèces, le *gaïac à feuilles de lentisque* et le *gaïac officinal*, qui croissent aux Antilles et n'offrent de différences qu'aux yeux des botanistes.

Le *gaïac officinal* (*gayacum officinale*) s'élève à 12 et 15 mètres ordinairement, et acquiert de 1m,30 à 1m,60 de tour; son écorce est d'un gris foncé; son bois, jaune à la circonférence et d'un vert brun au centre, est d'une texture très-compacte; ses branches sont noueuses; ses feuilles, paripennées, opposées, se composent de quatre à six folioles sessiles, d'un vert tendre; ses fleurs sont formées d'un calice à cinq folioles, inégales et caduques, d'une corolle à cinq pétales ouverts, plus grands que le calice, et d'un bleu d'azur. Elles sont disposées en faisceaux ombelliformes, entre les divisions des jeunes branches; elles offrent dix étamines à filaments nus, un style à stigmate simple; le fruit est une capsule anguleuse, divisée en deux ou quatre loges contenant chacune une semence. La dureté du bois de gaïac, sa longue durée, le font choisir pour la construction des roues et des dents, de moulins à sucre, pour la confection des manches d'outils, des poulies, des galets, des roulettes de lits, etc.; on en fabrique aussi des meubles remarquables par le nombre et la beauté des nuances, qui varient du jaune au vert foncé. En médecine, le bois de gaïac et sa résine sont employés comme toniques, stimulants et sudorifiques dans une foule de maladies, telles que la goutte, les scrofules et les maladies vénériennes. Apporté en Europe par les Espagnols, ce médicament fut longtemps administré comme spécifique contre la syphilis; seul ou associé à la salsepareille, à la squine et au sassafras, ce bois sert à faire des tisanes sudorifiques. La gaïacine en est la partie active. P. Gaubert.

GAÏACINE ou GAYACINE, principe actif de la résine qui exsude naturellement du tronc du gaïac ou qu'on en obtient par des incisions. La gaïacine a une légère odeur de benjoin, une saveur douce d'abord, puis amère et enfin très-âcre; elle cause une irritation du pharynx qui détermine la toux. Pour l'obtenir pure, il faut faire macérer dans l'alcool des copeaux de gaïac. Sa densité est 1,2289. L'eau en enlève 0,09; l'éther et l'alcool la dissolvent en totalité. Sa composition est inconnue.

GAIE SCIENCE, GAI SAVOIR. C'est ainsi que les troubadours appelaient leur art, *gaya cienca* (*voyez* Jeux Floraux).

GAIL (Jean-Baptiste), savant helléniste français, naquit à Paris, de parents sans fortune, le 4 juillet 1755. L'idiome d'Homère et de Xénophon devint l'objet spécial de ses premières études. Ses succès dans une langue qui à cette époque n'était cultivée que par un petit nombre d'érudits lui méritèrent l'avantage d'être nommé, en 1791, suppléant à la chaire de grec, au Collége royal de France, alors occupée par le célèbre Vauvilliers. L'abbé Gail, qui venait de prendre ce titre avec le petit collet, sans toutefois entrer dans les ordres, devint titulaire de cette même chaire en 1792, par la démission spontanée de Vauvilliers; démission qui tenait à des persécutions politiques. Il accepta la place; mais, dans une déclaration écrite le jour même de son installation, il fit connaître au gouvernement que ce n'était qu'à titre de dépositaire. Le torrent de la révolution grossissant de jour en jour, Vauvilliers ne reparut plus dans sa chaire, et Gail continua de l'occuper avec succès. Sous la loi des suspects, ami dévoué et hardi, il ne craignit pas d'entretenir une correspondance avec La Harpe, frappé de proscription. Dans ces temps malheureux, il ouvrit un cours gratuit de grec pour les jeunes gens sans ressources, qu'il aidait de ses lumières et de ses livres : une maison contiguë au Collége de France lui servait à cet effet de succursale. L'université n'eut point égard à un tel dévouement; elle n'admit point ses ouvrages au nombre de ses livres élémentaires. Cependant, ses nominations successives à la troisième classe de l'Institut, devenue plus tard l'Académie des Inscriptions, et la croix de la Légion d'Honneur, qu'il reçut de Louis XVIII, vinrent adoucir toutes ses petites amertumes littéraires. Une tribulation d'un autre genre lui entra plus profondément au cœur; elle tenait à son honneur de savant, à son amour-propre national : un Grec venait de remporter le prix décennal à la face de tous les hellénistes de France, et cela, avec sept pages : ce Grec était Koray, de Smyrne. Le professeur, piqué au vif, lança un vol. in-4°, espèce de manifeste dans lequel il s'efforçait de relever les contre-sens, et qui pis est, les hellénismes de l'helléniste Koray, qu'il accusait de complétement ignorer la langue de cette Académie même dont il tenait une couronne. Louis XVIII vint encore verser du baume sur cette plaie : il voulut que Gail occupât la place de conservateur des manuscrits grecs et latins, vacante par la mort de La Porte du Theil. Ce fut aux yeux des savants une profanation; ils lancèrent l'anathème contre l'impie helléniste.

Gail est auteur d'un grand nombre de livres élémentaires, et de traductions d'auteurs grecs, entre lesquelles celle de Thucydide tient le premier rang, par son importance, sa difficulté et son mérite. Sa version de Théocrite est aussi un chef-d'œuvre de style, de correction et de fidélité : c'est la simplicité, la naïveté même; c'est enfin le miroir de l'original; c'était l'œuvre favorite de l'helléniste, l'œuvre de sa jeunesse. Gail mourut le 5 février 1829, ne laissant pas moins de 90 volumes imprimés. DENNE-BARON.

GAIL (EDME-SOPHIE GARRE, Mme), née à Paris, en 1776, était fille d'un habile chirurgien. Elle montra de bonne heure un goût prononcé et les plus heureuses dispositions pour l'art musical. Élève de Perne, elle avait composé et publié à douze ans d'agréables romances. En 1794, elle épousa le célèbre helléniste Gail; mais cette union ne fut pas heureuse : les goûts des deux époux étaient trop opposés : une séparation volontaire les rendit bientôt entièrement, l'un aux sciences graves et sérieuses, l'autre aux distractions de la société et aux arts. Après quelques années de voyages, Mme Gail revint à Paris, et commença à travailler pour l'Opéra-Comique. Son début, en 1813, fut la partition des *Deux Jaloux*, petit chef-d'œuvre de fraîcheur et de grâce, dont presque tous les morceaux, surtout le délicieux canon *Ma Fanchette est charmante*, devinrent rapidement des airs populaires. La musique de *Mademoiselle de Launay à la Bastille*, autre opéra en cinq actes, représenté la même année, n'aurait peut-être point semblé trop inférieure à celle des *Deux jaloux*, si la froideur du poëme ne l'eût entraînée dans sa demi-chute. Mme Gail ne fut pas plus heureuse dans le choix de ses *poëtes* lorsqu'en 1814 elle écrivit les partions d'*Angéla* et de *La Méprise*. Les connaisseurs toutefois rendirent justice à un talent qui aurait pu s'exercer sur de plus heureux sujets; et les succès de vogue de ses nocturnes et de ses romances lui offrirent une compensation des échecs qu'on ne pouvait lui attribuer. Plus tard elle en obtint une plus flatteuse et plus complète dans la réussite du joli opéra de *La Sérénade*, de Regnard, arrangée par Alexandre Duval et Mme Gay. Encouragée par ce nouveau succès, elle s'occupait de compositions plus vastes, lorsqu'une maladie aiguë l'enleva en 1819, à peine âgée de quarante-trois ans.

Mme Gail joignait à son talent musical un esprit distingué, qui permettait à peine de remarquer le peu d'agréments de sa figure. Éprise de tous les arts, de celui de la poésie plus encore peut-être que du sien, elle avait été liée avec La Harpe, avec Delille; et son salon réunissait presque toutes les notabilités littéraires et artistiques de la capitale. Ce qui contribuait encore à les y attirer, c'était le charme et l'éclat de ses improvisations sur le piano, que souvent on trouva supérieures encore à ses ouvrages. Méhul avait applaudi à ses premiers essais. OURRY.

GAIL (JEAN-FRANÇOIS), fils des précédents, né à Paris, le 28 octobre 1795, occupa deux chaires d'histoire, et suppléa son père au Collége de France. On a de lui : *Thèse sur Hérodote* (in-8°, 1813). La thèse latine qu'il soutint également pour le doctorat avait pour sujet la réfutation du système d'Helvétius. On lui doit encore des *Recherches sur le culte de Bacchus*, couronnées par l'Académie des Inscriptions (in-8°, 1821); une *Dissertation sur le Périple de Scylax* (in 8°, 1825); ses *Geographi Græci minores* (3 vol. in 8°, 1826-1831); une traduction, avec M. de Longueville, de la *Grammaire grecque de Matthiæ* (4 vol. in-8°, 1831-1839), et bon nombre d'articles dans le *Dictionnaire de la Conversation*. Il est mort en 1845.

GAILLAC. *Voyez* TARN.

GAILLARD, gai, joyeux, aimable, éveillé, sain, dispos, libre, délibéré, expansif. *Scaliger* et *Pontanus* dérivent le latin barbare *galliardus*, de *gallica audacia*, ou *gallicus ardor*; Ferrari le tire de l'italien *gagliardo*, fait de *validus*; Du Cange veut qu'il vienne de *galiardus*, qui, dans la basse latinité, aurait signifié *bouffon* ou *jongleur*. *Gaillard* diffère de *gai* en ce qu'il présente l'idée de la gaieté jointe à celle de la bouffonnerie et même de la licence. Un propos *gaillard* est toujours gai, un propos gai n'est pas toujours *gaillard*.

GAILLARD (*Marine*), parties du pont supérieur, situées l'une à l'avant, l'autre à l'arrière des bâtiments. Il n'existe de gaillards qu'aux bâtiments de grande dimension. Le *gaillard d'arrière* s'étend depuis le couronnement jusqu'au grand mât; le *gaillard d'avant* est compris entre les apôtres et le bout de l'arrière des porte-haubans de misaine. Avant la suppression des passavants, on communiquait d'un *gaillard* à l'autre par ce moyen; maintenant, c'est par le pont supérieur. Les *gaillards*, comme les autres ponts, sont armés de bouches à feu, mais d'un calibre inférieur et d'une manœuvre plus facile. C'est sur le *gaillard* d'arrière des vaisseaux de ligne que sont placées les *dunettes*. Pendant les traversées, et dans la vie ordinaire du bord, les officiers seuls, et les passagers admis à la table de l'état-major, ont le privilége de se promener sur le *gaillard d'arrière* : c'est une terrasse où l'on se présente toujours sinon en toilette, du moins dans le costume de gens de bonne compagnie. Dans le port ou en rade, lorsque le bâtiment est à l'ancre, le côté de tribord du *gaillard d'arrière* est la place d'honneur; et quand le commandant y paraît, tout le monde passe à babord. Si le bâtiment est sous voiles, tribord n'a plus son privilége : le côté honorable est celui du vent. MERLIN.

GAILLARD (Château). *Voyez* ANDELYS.

GAILLARD (GABRIEL-HENRI), historien et critique, né le 16 mars 1726, à Ostel, près de Soissons, mort le 13 février 1806, à près de quatre-vingts ans, avait dans sa jeunesse quitté le barreau pour les lettres. Il débuta en 1745 par une *Rhétorique française à l'usage des demoiselles*, souvent réimprimée, et une *Poétique française à l'usage des dames*. Elles furent suivies d'un *Parallèle des quatre Electre*, en 1750. Mais ce fut dans ses *Mélanges littéraires*, imprimés en 1756, que se révéla sa vocation pour l'histoire. On y remarqua une *Vie de Gaston de Foix*, écrite avec intérêt. Un an après, il publia l'*Histoire de Marie de Bourgogne, fille de Charles le Téméraire*, qui eut un succès de vogue. Cette production et une collaboration très-importante au *Journal des Savants* ouvrirent à Gaillard les portes de l'Académie des Inscriptions et belles-lettres en 1760. Les quatres premiers volumes de l'*Histoire de François Ier*, qu'il publia en 1766, prouvent de vastes et consciencieuses recherches; mais l'ordre complexe qu'il a suivi enlève toute unité à l'ouvrage, et fait disparaître la grandeur du sujet. Trois ans après il fit paraître les trois derniers volumes. L'*Histoire de François Ier* a été plusieurs fois réimprimée; elle est encore fort estimée, malgré ses défauts. On peut en dire autant de son *Histoire de Charlemagne*, publiée en 1782, quoiqu'on ait prétendu qu'elle était *longue et plate*, comme l'épée de ce héros.

Deux autres compositions historiques de Gaillard, qui ne sont pas sans mérite, pèchent encore par le plan : ce sont l'*Histoire de la Rivalité de la France et de l'Angleterre* (1771-1777), et l'*Histoire de la Rivalité de la France et de l'Espagne* (1801). On lui doit encore le *Dictionnaire historique* qui fait partie de l'*Encyclopédie méthodique;* enfin, quatre volumes d'*Observations sur l'Histoire de France* de Velly, Villaret et Garnier, et des éloges de Charles V, de Henri IV, de Corneille, de Molière, de La Fontaine, de Massillon, de Bayard, un discours sur les avantages de la paix, et différentes pièces de vers, qui obtinrent des prix ou des accessits à l'Académie Française et dans des Académies de province. Lors du concours de l'année 1760, il envoya à l'Académie Française cinq pièces, dont une seule obtint l'accessit; elle avait pour titre *Epître aux Malheureux*, composition très-faible, qui fit dire à Grimm que M. Gaillard était un gaillard bien triste. En 1755 il partagea avec Thomas le prix d'éloquence pour l'*Eloge de Descartes*. Il fut admis parmi les quarante en mai 1771. Dans son discours de réception, il donna le premier l'exemple de ne pas louer sans restriction le cardinal de Richelieu. Mais en février 1785 il éprouva une disgrâce sans exemple : un morceau qu'il lut sur Démosthène fut outrageusement sifflé : il fallut lever la séance et emporter l'orateur évanoui. Quelques mois après, Gaillard se dédommageait de cette disgrâce en lisant une dissertation sur Jeanne d'Arc, qui fut plus goûtée. Retiré dans une studieuse solitude à Saint-Firmin, près de Chantilly, il échappa aux persécutions révolutionnaires. La classe d'histoire et de littérature ancienne de l'Institut l'admit dans son sein en l'an IV.

Charles Du Rozoir.

GAILLARDE. C'est, dit Roquefort, une femme délibérée, aimant le plaisir et en prenant à son aise. On a donné encore ce nom à une danse venue d'Italie, appelée d'abord *la romanesque*, qui n'est plus en usage depuis longtemps, et qu'on exécutait tantôt terre à terre, tantôt en cabriolant. Thoinot Arbeau la décrit dans son Orchésographie. En imprimerie, la *gaillarde* est un caractère entre le petit-romain et le petit-texte.

GAILLARDISE. C'est une certaine tournure d'esprit, gaie, vive, féconde en allusions relatives aux plaisirs des sens, de sorte qu'on peut dire non-seulement que toute gaillardise est d'assez mauvais goût, mais qu'en général la morale la condamne. Elle est toujours déplacée dans la bouche d'un jeune homme. Entre gens d'un âge mûr, une gaillardise spirituelle et gazée peut quelquefois être permise. Dans la liberté d'un entretien particulier ou d'une correspondance épistolaire, une mère risque avec sa fille, surtout quand elle est mariée, des gaillardises, qu'on est tenté d'appeler charmantes : ainsi en use Mme de Sévigné avec Mme de Grignan. Mais hors ces exceptions, on ne saurait trop réprimer le penchant aux gaillardises. Saint-Prosper.

GAILLET. *Voyez* Caille-lait.

GAILLON, chef-lieu de canton du département de l'Eure, avec 1,559 habitants, une fabrication de tissus de soie et peluches et une *maison centrale*, où les détenus fabriquent des tresses de paille pour chapeaux, des ouvrages en paille, de la bonneterie, de la rouennerie, de la ganterie. C'est une station du chemin de fer de Paris à Rouen et au Hâvre. La maison de détention a été construite sur l'emplacement de l'ancien château de plaisance des archevêques de Rouen, bâti par le cardinal Georges d'Amboise; il n'en reste plus que des vestiges enclavés dans les murs de la prison, quatre tourelles gothiques, une galerie, une terrasse. Une des façades, dites *l'arc de Gaillon*, a été transportée à Paris par les soins de M. Alexandre Lenoir. Elle a été réédifiée dans la première cour de l'école des Beaux-Arts à Paris. Cet édifice, ainsi que la plupart de ceux qui ont été élevés à cette époque de la renaissance de l'art en France, est de très-petite dimension, ce qui lui donne l'air d'une pièce d'orfévrerie sculptée et ciselée avec tout le soin imaginable. Les portes et les fenêtres, par une singularité qui caractérise l'époque de transition à laquelle appartient le monument, ne sont ni en plein cintre ni en ogive. Les angles supérieurs des croisées sont arrondis, et l'arc de la porte est surbaissé.

Le château de Gaillon a été détruit en 1792; il se composait de quatre corps de logis de hauteur égale, formant une cour carrée irrégulière, au milieu de laquelle était une fontaine à plusieurs vasques de marbre blanc superposées. Elle se trouve aujourd'hui au Musée de la sculpture française au Louvre. Les stalles du chœur, les boiseries de la chapelle, travaillées avec un art infini, sont actuellement dans l'église de Saint-Denis. Le château de Gaillon fut une des premières et des plus belles productions du style de la renaissance; le clocheton, la dentelure et l'ogive gothiques s'y mariaient sans désaccord avec le pilastre italien et les arabesques florentines. Tous les auteurs qui ont parlé de ce palais en ont attribué la construction à Giocondo, célèbre architecte véronnais que Louis XII fit venir en France à cette époque. Cette magnifique demeure était entourée de délicieux parterres, terrasses, pièces d'eau, orangeries, serres chaudes, grottes et pavillons à l'imitation des villas de l'Italie.

GAIMARD (Paul), médecin de la marine de l'État et zoologiste, a passé sa jeunesse à voyager, et fut désigné, en 1831, avec le docteur Gérardin, pour aller étudier le choléra en Russie. Né dans le département du Var, vers les six dernières années du dix-huitième siècle, il se lia avec le docteur Quoy, aujourd'hui inspecteur général du service de santé de la marine française; suivit, comme lui, les hôpitaux de marine, fit avec lui divers voyages de long cours, et plusieurs fois le tour du monde, d'abord sous la conduite des capitaines Freycinet et Duperrey et plus tard avec Dumont d'Urville. Quoy et Gaimard furent pendant dix-sept ans des noms inséparables. Ensemble ils étudiaient des peuplades inconnues, suivaient ensemble les instructions de l'Institut et recevaient ses éloges; tous deux attachant leurs noms à ces beaux voyages dont l'État favorisait la publication, de même qu'à ces innombrables et nouvelles espèces d'animaux dont le Muséum s'est enrichi par leurs récoltes. M. Gaimard est peut-être, de ces temps-ci, le seul voyageur homme d'esprit qui ait eu le don de plaire aux maîtres dogmatiques qui profitaient de ses découvertes en les classant et les décrivant. Il montrait tant de déférence pour les systèmes d'autrui et une telle indifférence à faire prévaloir ses idées particulières, que les académiciens les plus susceptibles ne voyaient en lui qu'un ambassadeur pour leurs amours-propres, qu'un délégué de leur génie. Cependant il arriva un moment où, fatigué de Dumont d'Urville encore plus que des voyages, M. Quoy résolut de rester sédentaire et d'en revenir à sa chaire et à son hôpital de Toulon. Ce fut pour M. Gaimard l'occasion d'un grand ennui et d'une sorte d'embarras.

Cependant, l'homme d'esprit vint au secours du savant trop isolé. On était en 1837 ou 38, M. Molé était président du conseil, et M. de Rosamel ministre de la marine; ce ministre connaissait M. Gaimard, et rendait justice à son caractère conciliant et à ses différents mérites. Or, à l'époque dont nous parlons, on méditait une expédition vers le Nord. Louis-Philippe avait à témoigner de sa reconnaissance envers une femme respectable vivant dans ces contrées et dont il avait reçu l'hospitalité dans l'exil. Le roi lui destinait une pendule de prix. Ce fut à l'occasion de cette mission personnelle qu'un voyage de découvertes fut décidé. Louis-Philippe lui-même en traça l'itinéraire. Une commission scientifique fut alors composée, et M. Paul Gaimard en fut nommé président. On lui adjoignit, selon ses vœux, MM. Martins, Robert, X. Marmier, le peintre Biard et Mme Biard, MM. V. Lottin, Bravais, Bevalet, savants français ; et d'autres savants, danois, suédois, norvégiens et lapons : MM. Læstadius, Kroyer, Due, Vahl, Boeck, Mayer, Gyldenstolpe, Lilliehook, Sundevall, Siljestrom, en tout vingt savants sous ses ordres; dix Français et dix étrangers. Cette académie voyageuse, qui ne se compléta que peu à peu, de royaume en royaume, fut embarquée à bord de *La Recherche*, corvette déjà célèbre, dont le capitaine Fabvre avait le commandement. On visita successivement les îles Ferroë, Hammersfest, le nord du Spitzberg, puis l'île Cherry et de nouveau Hammersfest, d'où la corvette se rendit à Brest, pendant que la colonie savante explorait la Laponie. M. Gaimard accompagna la corvette, et passa à Paris le rigoureux hiver de1839. L'année suivante, les savants étrangers, qui avaient eux-mêmes visité un instant leur patrie, durent se réunir du 15 au 20 juin à Hammersfest, rendez-vous convenu avec M. Gaimard. Pendant cela, MM. Bravais et Lottin avaient établi à Bossekop, dans le West-Finmark, plusieurs observatoires, soit pour l'astronomie, soit pour le magnétisme et la météorologie. On recueillit de nombreux échantillons de plantes et d'animaux, à peu près de toutes les classes, productions jusque là presque inconnues, et dont l'Institut fit grand bruit et le Muséum son bénéfice. L'expédition fit au Spitzberg des observations dont quelques-unes semblent en désaccord avec celles de Saussure, Humboldt et Gay-Lussac. On remarqua que la température s'élevait au lieu de diminuer, à mesure qu'on s'éloignait du sol. Quatorze expériences successives, soigneusement faites, donnèrent des résultats semblables, et tous contradictoires des lois établies : par exemple, la température était de 18 degrés centigrades au-dessous de 0 à la surface du sol, elle n'était plus que de 14 degrés au-dessous de 0 à 60 mètres d'élévation dans l'atmosphère ; ce qui donne en effet 4 degrés de chaleur en plus. Ce résultat inspira quelque étonnement à l'Institut, qui évita d'en parler. Cependant les thermomètres dont on se servit étaient de M. Walferdin ; de plus, et afin d'atteindre plus positivement leur but, les savants du Nord s'étaient munis de ballons à gaz hydrogène de 2 à 4 mètres de diamètre, ballons qu'on élevait dans l'atmosphère par un temps calme, et auxquels on appendait des thermomètres de Walferdin et des thermomètres à index de Bunten, servant à se contrôler les uns les autres. On prit aussi la température des geisers.

M. Gaimard se réserva personnellement les observations physiques et morales sur l'espèce humaine. Il étudia l'influence du froid sur la stature de l'homme et des animaux, comme aussi sur les dimensions du crâne; cherchant à découvrir s'il existe quelques corrélations appréciables entre certains arrêts de structure et la somme de l'intelligence ou l'activité des instincts. Il fut d'ailleurs encouragé par des savants de premier ordre, accueilli de toutes parts avec distinction, même par des têtes couronnées, décoré des ordres de Suède et de Danemark, et les poëtes de ces contrées glaciales sortirent de leur léthargie séculaire pour le fêter un moment. Ce voyage célèbre eut cependant son mauvais côté, comme tant de choses de ce monde. M. Gaimard se montra si généreux et si fraternel avec les savants ses coopérateurs, si magnifique en terre étrangère, que cette noble conduite l'induisit en des dépenses que les gouvernants d'alors trouvèrent excessives. Dr Isidore Bourdon.

GAIN. Ce mot se dit en général de tout profit que l'on tire de son travail, de son industrie ; il est opposé à *perte*. On appelle encore gain les bénéfices par les jeux de hasard, les paris, l'agiotage. En termes de pratique, *gain de cause* se dit du succès obtenu dans la poursuite d'une affaire litigieuse. On appelle *gains nuptiaux* et *de survie* les avantages qui ont lieu entre époux au profit du survivant. On appelle encore *gains de survie* tous les avantages qui se stipulent entre toutes sortes de particuliers au profit du survivant.

GAINE, étui d'un couteau, d'un poignard, d'une paire de ciseaux : on appliquait même autrefois le nom de *gaîne* au fourreau d'un sabre, d'une épée; de là les verbes *dégaîner, rengaîner*, employés encore aujourd'hui dans cette acception.

En architecture, une *gaîne* est une espèce de support à hauteur d'appui, plus large du haut que du bas, sur lequel on pose des bustes : quand la gaîne et le buste sont d'une seule pièce, on leur donne le nom de *terme*.

Gaîne est aussi usité dans les sciences naturelles, pour désigner, en botanique, une espèce de tuyau que la base de certaines feuilles forme autour de la tige ; en anatomie, certaines parties qui ont pour usage d'en contenir d'autres, auxquelles elles servent d'enveloppes, telles que les gaînes de l'apophyse styloïde, de la veine-porte, etc.

GAINIER (*Technologie*), ouvrier qui fait toutes sortes de gaînes, d'étuis, pour des couteaux, des lunettes, des instruments de mathématiques : il y avait autrefois à Paris un corps de métier de gaîniers, fourreliers et ouvriers en cuir bouilli, établi par une ordonnance de 1323.

GAINIER (*Botanique*), genre d'arbres de la famille des papilionacées, ayant pour caractères essentiels : Calice à cinq dents obtuses; carène à deux pétales distincts ; ovaire pédiculé ; dix étamines inégales, libres; gousse aiguë, très-aplatie; graines presque globuleuses ; embryon au centre d'un endosperme charnu, les fleurs de ces arbres se développent par fascicules sur les branches, les rameaux et quelquefois les tiges. Après elles, naissent les feuilles simples, nervulées, cordées à leur base.

Le *gaînier commun* (*cercis siliquastrum*, Linné) croît dans les contrées méridionales de l'Europe, et dans la Turquie d'Asie, particulièrement dans la Judée, d'où lui est venu le nom d'*arbre de Judée*. Il s'élève à plus de huit mètres. C'est un des plus beaux arbres qu'on puisse cultiver dans les jardins d'agrément ; mais il redoute le froid. Ses fleurs, d'un rose pourpre éclatant, ont une saveur piquante; elles servent à assaisonner les salades, ou sont confites au vinaigre.

Le *gaînier du Canada* (*cercis Canadensis*, Linné), vulgairement *bouton rouge*, est plus bas que le précédent. Ses fleurs sont d'un rose plus pâle.

GAINSBOROUGH (Thomas), l'un des plus célèbres paysagistes anglais, né en 1727, dans le Suffolkshire, à Sudbury, développa de bonne heure son remarquable talent pour la peinture et eut ensuite pour maître, à Londres, Gravelot. Il fut l'un des membres de la Société royale des Arts, et mourut à Londres, le 2 août 1788. Ses portraits se distinguent par la plus frappante ressemblance. On cite surtout ceux des divers membres de la famille royale, du compositeur Abel et de l'acteur Quin. Ses plus beaux paysages sont : *The Shepherd's Boy; The Fight between little boys and dogs ; The Sea-Shore* et *the Woodman in the storm*. Le plus célèbre de tous est *The Blue Boy*, qui orne la galerie Devonshire, toile peinte en opposition décidée à la manière de sir Josuah Reynolds et demeurée victorieuse dans cette lutte.

GAITÉ, autrefois *gaieté*, mot dérivé de *gaudium*, joie ou joyeuseté (du grec γαίω, γηθέω). La gaîté dépend du caractère, du tempérament, de l'humeur (*humour* des Anglais) ; la joie peut n'être qu'une affection passagère. Or, quelles sont les conditions physiologiques qui donnent, même en permanence, un caractère gai, malgré les circonstances les plus tristes ? C'est d'abord la santé, ou le bien-être corporel, état qui résulte éminemment du développement expansif de la jeunesse, et de l'accroissement de tous les êtres. Voyez les jeunes animaux ; ils ne songent, après s'être bien repus, qu'à jouer, parce que les fonctions, dans l'enfance, s'opèrent avec facilité : le sang circule avec liberté, la nourriture se répand dans le corps : la vie heureuse, sans soucis, s'épanouit comme les fleurs sous les rayons bienfaisants du soleil ; on ne rêve qu'amours, plaisirs, espoir ; on savoure le nectar de l'existence. La complexion sanguine, jeune, encore spongieuse, dilatable, dans laquelle fermentent la chaleur et la vivacité, avec des organes neufs, souples, sensibles, contient une source inépuisable de gaîté. Qui n'a pas vu, au milieu des combats, parmi les fatigues, le dénuement complet, les privations et les souffrances, la gaîté française se faire jour, par un bon mot électrique, dans les rangs de nos jeunes conscrits, voler de bouche en bouche, ou éclater dans ces refrains joyeux qui trompent la douleur présente ? Qui ne relit avec attendrissement ces gais propos faisant trêve à nos discordes civiles et désarmant tout à coup l'émeute ?

De tous les peuples de la terre, aucun n'est aussi gai peut-être que le Français. L'Italien est plus bouffon, le Grec plus fin, l'Espagnol est sérieux ou grave dans sa folie même. Non-seulement la jeunesse est naturellement rieuse, chaude, sanguine, insouciante, mais toutes les causes qui procurent des dispositions semblables développent la gaîté. Ainsi les passions expansives, l'amour, le désir, l'espérance, entretiennent cette ardeur juvénile ; ainsi, des **boissons** excitantes ou spiritueuses, prises avec modération, rallument le feu de la vie ; ainsi, les plaisirs de la table sans excès réchauffent ou rajeunissent l'organisme épuisé de fatigue et de travaux ; ainsi, le sommeil, réparant les forces, appelle au matin le contentement, la jovialité. De même, tout ce qui dissipe les longues pensées ; tout ce qui écarte les tourments de l'avenir ou l'ambition d'une haute fortune et de vains honneurs, amène le calme salutaire de la gaîté dans l'économie.

Ce n'est pas la splendeur toujours enviée et périlleuse des trônes, ce ne sont ni les fêtes des palais environnées d'éclat et d'embûches ; ni les festins, suspects de poisons ; ni les jouissances semées d'inquiétudes ou d'assassinats, qui appellent la gaîté. Où elle naît pure, sans jalousies, sans efforts, c'est sous l'humble cabane, après un travail rustique ; c'est au foyer modeste où cuisent des aliments simples et réparateurs. Voyez quelle gaîté bruyante, quelles joies inextinguibles dans les guinguettes où le pauvre secoue ses haillons, et dans ces fêtes villageoises où se mêlent la vieillesse et l'enfance, où souvent les plus indigents sont les plus gais. Sans songer au lendemain, ils mangent, ils boivent, ils dansent, ils se gorgent de viandes et de vin, puis ils s'endorment heureux. De même, les nations pauvres et laborieuses des pays froids vivent joviales ; les peuples riches des contrées chaudes sont mélancoliques. J.-J. VIREY.

GAITÉ (Théâtre de la). Ce théâtre, le plus ancien de tous ceux du **boulevard** du Temple, y fut fondé en 1760, par Nicolet, sous le titre de *Théâtre des grands danseurs du roi*. Des danses de corde, des tours de sauteurs et d'équilibristes, devaient toujours faire partie des représentations, qui se composaient, en outre, de grandes pantomimes et de petites comédies du genre bouffon. Taconnet, acteur de ce spectacle, y eut longtemps la fourniture presque exclusive de cette dernière sorte de pièces. Dégagé, à l'époque de la révolution, des entraves que lui imposait son privilége, il fut, après la mort de son fondateur, exploité, en 1795, par Ribier, qui lui donna d'abord le nom de *Théâtre d'Émulation*, puis celui de *Théâtre de la Gaîté*, qu'il a conservé. Ribier fut remplacé en 1796 par une administration d'acteurs sociétaires, à laquelle succédèrent la direction du comédien Mayeur, ensuite celle de Martin et de Coffin-Rosny. Ce fut sous cette dernière, vers 1800, que l'on y vit les premiers mélodrames, dont le genre sombre contrastait singulièrement avec le nom inscrit au frontispice de la salle. Le théâtre n'en prospéra pas moins sous la seconde administration de Ribier, qui l'avait repris en 1802. Le succès fou de la grotesque féerie du *Pied de Mouton* fut pour lui une de ces bonnes fortunes peu communes dans les fastes dramatiques. Trois ans après, Ribier, voulant mettre en action la fable de *La Lice et sa compagne*, et se prétendant propriétaire du théâtre, perdit son procès avec les héritiers de Nicolet. Bourguignon, gendre de ce dernier, se chargea des fonctions de directeur, et, en 1808, fit reconstruire la salle, qui menaçait ruine. Sa mort laissa, en 1816, cet établissement aux mains d'une directrice, Mme Bourguignon, sa veuve. Décédée en 1825, elle fut remplacée par une administration composée de **Guilbert de Pixérécourt**, Dubois et l'acteur Marty. Lafargue, Grevin, Mmes Bourgeois et Adèle Dupuis étaient ses principaux auxiliaires. Un désastre signala les derniers jours de cette administratation : le 21 février 1835, pendant la répétition d'une féerie, des étoupes enflammées occasionnèrent un incendie, qui consuma tout l'intérieur et le matériel de la salle ; elle fut reconstruite la même année par les soins de la nouvelle direction. Le théâtre de la Gaîté, on le voit, a eu depuis 1789 presque autant de gouvernements que notre bienheureuse patrie. OURRY.

Ce fut sous la direction de l'acteur Bernard-Léon que le théâtre de la Gaîté rouvrit en novembre 1835. Cette direction ne fut pas heureuse, et en 1837 le baron de Cès-Caupenne obtint l'autorisation de réunir sous son sceptre les théâtres de l'Ambigu et de la Gaîté. Cette tentative n'eut pas plus de succès. Au bout d'un an, le double directeur se vit forcé de remettre son privilége de la Gaîté à MM. Montigny et Meyer, dont l'heureuse administration traversa les immenses succès du *Sonneur de Saint-Paul* et de *La Grâce de Dieu*. M. Montigny ayant pris la direction du Gymnase dramatique, M. Meyer resta seul directeur du théâtre de la Gaîté. Après la révolution de Février, le théâtre de la Gaîté ferma encore, puis il rouvrit en 1849, et dans ces derniers temps, il vit le succès le plus colossal de notre époque, celui des *Cosaques*. L. LOUVET.

GAIUS. Quoique Gaius ait joui d'une très-haute réputation, c'est cependant un des jurisconsultes romains que l'on connaît le moins. Les savants sont fort divisés entre eux sur l'époque où il a vécu. Les uns le placent sous la république, les autres le font contemporain de Justinien. Une troisième opinion, qui paraît mieux fondée, établit que Gaius serait né sous Adrien, et aurait principalement écrit sous Marc-Aurèle. On en est donc réduit à des conjectures sur la biographie de Gaius ; mais son mérite et sa renommée sont consacrés par une constitution de Valentinien III, qui le place au nombre des cinq jurisconsultes dont les écrits doivent avoir force de loi. Gaius s'est rendu célèbre surtout par ses *Institutes*, que **Justinien** a copiées en grande partie dans les siennes. Pendant longtemps cet important ouvrage ne fut connu que par ce que nous en possédions dans le *Breviarium alaricianum*, et par divers autres fragments.

C'est en 1816 seulement que Niebuhr découvrit les vraies *Institutes* de Gaius dans un palimpseste de la bibliothèque du chapitre de Vérone ; et la connaissance de cet ouvrage a eu pour résultat de détruire une foule d'hypothèses plus ou moins ingénieuses, hasardées par les savants au sujet de l'histoire du droit romain, et aussi de jeter un jour tout nouveau sur bon nombre de questions restées obscures jusqu'alors. Les *Institutes* de Gaius ont été imprimées d'après une copie qui a été prise par Gœschen, Becker et Bethmann-Hollweg. On y trouve une préface de Gœschen, dans laquelle sont détaillées les circonstances de cette découverte. Il y expose l'état et l'ancienneté du manuscrit, ainsi que la manière dont il a été déchiffré. E. DE CHABROL.

GALA. C'est aux Espagnols que nous avons emprunté ce mot. Il a dans leur langue plusieurs acceptions. Dans la nôtre, il signifiait autrefois, ou un vêtement riche et somptueux, dont les grands seigneurs se paraient pour les fêtes ou festins de la cour, ou même ces festins et ces fêtes, seule acception que nous lui ayons conservée. En apercevant dans la mise de quelqu'un plus de recherche que de coutume, nous disons familièrement qu'il est de *gala*. Les chroniqueurs français n'assignent aucune date précise à l'adoption de ce mot dans notre langue; il est présumable cependant qu'il a été importé chez nous par les Castillans à l'époque où les cours de France et d'Espagne entretenaient de fréquents rapports. Lorsque, par exemple, Charles-Quint, maître du Brabant et du Hainaut, fit demander à François Ier la permission de traverser la France pour s'y rendre, il y eut, sans doute, *grand gala* à la cour pour célébrer le passage du souverain espagnol. Suivant les étymologistes espagnols, *gala* est synonyme de *grâce, bon air;* il est pris quelquefois aussi pour le *præmium*, la récompense décernée au vainqueur. C'est un jour de gala, disent les Espagnols, pour désigner le jour où l'on célèbre la Fête-Dieu, la naissance, l'avénement des rois, reines, princes ou autres personnages de distinction. V. DE MOLÉON.

GALACTITE. Les anciens minéralogistes désignaient sous ce nom une substance pierreuse à laquelle ils reconnaissaient la propriété de faire prendre à l'eau qui la tenait en dissolution une couleur laiteuse; de là, ce nom de *galactite* dérivé de γάλα, lait. La galactite, qu'on rencontre en Saxe, en Angleterre, en France et en Suède, à des profondeurs variables, où elle forme des couches plus ou moins considérables, n'est autre qu'une espèce d'argile smectique ou terre à foulon, qu'on emploie au dégraissage des laines et des draps. Cette substance est opaque, tendre, presque friable, grasse au toucher et médiocrement pesante. Bergmann, en la soumettant à l'analyse, a trouvé qu'elle se composait de 51 parties de silex, 25 d'argile, 3 de chaux, 0,7 de magnésie, 3 de fer et 15 d'eau.

GALACTOMÈTRE (de γάλα, γάλακτος, lait, et μέτρον, mesure), instrument propre à faire apprécier la qualité du lait d'après la proportion de ses éléments. Le lait est pur quand le microscope n'y fait pas découvrir d'autres corpuscules que ces globules perlés qui composeront la crème. C'est le contraire quand il y fait apercevoir des particules muqueuses ou purulentes. On peut donc apprécier les bonnes qualités et la richesse du lait, soit au moyen du microscope, soit par l'analyse chimique, ou en mesurant simplement en quelle proportion s'y trouve la crème, que composent ces globules en forme de perles que le microscope rend sensibles. Si l'on remplit de lait un tube gradué en cent parties, il est facile de mesurer la richesse de ce lait, en constatant combien de degrés la crème occupe dans ce tube. Or, il a été expérimenté que le lait de vache, sur cent parties, contient de dix à vingt parties de crème (d'un 10e à un 5e); le lait d'ânesse, une ou deux parties seulement, et le lait de femme, trois parties sur cent, s'il est de bonne qualité. Le galactomètre arrive au même but en donnant la densité du lait : son principe est le même que celui de l'*aréomètre à poids constant*. On lui donne quelquefois le nom de *pèse-lait*, aussi impropre que celui de *pèse-sel* qu'on applique à d'autres aréomètres.

GALACZ ou GALATZ (On prononce *Galatsch*), la seconde des villes de la Moldavie et son unique port, chef-lieu du cercle du même nom ou de Kovarlui, sur la rive gauche du Danube et sur les bords d'un lac, entre l'embouchure du Sereth et celle du Pruth, est une ville ouverte et mal bâtie, avec des chantiers de construction, un établissement de quarantaine bien organisé, un riche bazar, et une population qui depuis une trentaine d'années s'est élevée de 7,000 habitants à 40,000. Comme c'est à Galacz que commence la navigation du Danube avec la mer, ou du moins comme la navigation maritime ne remonte guere plus haut que Braila en Valachie, situé à quelques myriamètres au-dessus de Galacz, il en resulte que cette ville est à bien dire le principal port du bas Danube de même que le grand entrepôt du commerce maritime de toutes les contrées qu'arrose le bas Danube. La compagnie du Lloyd autrichien entretient un service de bateaux à vapeur entre Galacz et Constantinople, desservant en même temps les stations intermédiaires de Tulcza et de Varna. La même compagnie dessert la correspondance pour Constantinople, Smyrne, la Grèce et la mer Adriatique, de même qu'elle est chargée du transport des lettres entre Galacz et Vienne.

Au mois de novembre 1769, les Russes livrèrent bataille aux Turcs sous les murs de Galacz. Le 1er mai 1789 ils prirent cette ville d'assaut; mais le 18 août suivant, commandés par le général Geismar, ils y essuyèrent une défaite. Le 11 août 1791 les préliminaires de la paix entre la Russie et la Porte furent signés à Galacz. Le 13 mai 1821 les hétairistes grecs s'y battirent avec les Turcs, qui le lendemain, commandés par Joussouf-Pacha, incendièrent la ville et firent un horrible carnage de ses habitants. Le 10 mai 1828 les Russes remportèrent encore sous les murs de Galacz une nouvelle victoire sur les Turcs. Occupée par les Russes lorsqu'ils eurent envahi la Moldavie en 1853, cette ville a été remise aux Autrichiens en 1854.

GALAM (Beurre de). *Voyez* ELÆIS.

GALANGA, racine aromatique, que l'on trouve dans le commerce, et qui provient du *maranta galanga*, plante de la famille des amomées, congénère de celle dont on retire l'arrow-root. On vend cette racine en morceaux longs de cinq à huit centimètres et de un à cinq centimètres de diamètre, cylindriques, souvent bifurqués, d'un brun rougeâtre extérieurement, marqués de lignes frangées, circulaires, blanches. Leur intérieur est d'une couleur fauve rougeâtre, d'une texture fibreuse peu compacte; leur odeur forte est analogue à celle du cardamome, et leur saveur est piquante, aromatique et très-âcre. On peut comparer le galanga au gingembre, qui lui est généralement préféré.

GALANT. Cet adjectif a une signification différente quand il précède ou quand il suit le substantif *homme :* un *galant homme* est un homme probe et honorable; un *homme galant* est un homme qui suit les lois de la *galanterie*. La licence des mœurs pendant la régence et le règne de Louis XV n'empêcha pas quelques hommes de se distinguer par leur *galanterie :* une femme de la société du dernier prince de Conti, ayant désiré le portrait de son serin dans une bague, accepta que ce prince lui en fit le présent, à condition qu'aucune pierrerie n'ornerait ce bijou : découvrant, après l'avoir reçu, qu'un diamant en recouvrait la peinture, elle le démonta, et le renvoya au prince, qui, l'ayant fait piler, en saupoudra le billet qu'il lui écrivit. Une autre femme ayant emprunté pour Longchamps une calèche à certain vicomte, qui en avait deux, celui-ci, qui les avait déjà promises, en fit acheter une troisième, et la lui envoya. On trouva que le prince et le vicomte avaient été *galants*; car ni l'un ni l'autre n'étaient amoureux des femmes pour lesquelles ils faisaient ces dépenses.

On appliqua longtemps l'épithète de *galant* à certaine manière de s'exprimer : quand le fils de Mme de Grignan, en revenant du siége de Philippsbourg, où il s'était distingué, écrivait à sa mère : « Quel sera mon bonheur de me trouver à vos pieds, de baiser votre main, et d'oser aspirer à votre joue! » on dit qu'il avait donné un tour *galant* à cette phrase. Le maître de M. Jourdain trouve le *petit déshabillé* que porte son élève pendant ses leçons tout à fait *galant*.

Les hommes et les choses ont pu retirer quelque avantage de cette désignation; mais elle a toujours flétri les femmes. Dans ses *Dames galantes*, Brantôme ne nous peint que des femmes perdues; et l'on ne désigne encore sous le nom de *femme galante* que celle qui est entièrement déshonorée. La Bruyère et presque tous les écrivains qui l'ont précédé ont employé substantivement le nom de *galant* pour celui d'*amant;* les filles du peuple en province et dans les campagnes appellent de nos jours l'homme qu'elles aiment leur *galant*. En tout, le mot *galanterie* et ses dérivés sont un peu surannés; et c'est assez souvent avec ironie qu'on les emploie encore. C[sse] DE BRADI.

GALANTERIE, vieux mot français, qui exprimait autrefois une politesse à l'égard des femmes, si attentive, si exquise, qu'il eût été possible de la confondre avec l'amour, dont elle empruntait les formes, si l'amour ne réservait pas à un seul objet des sentiments dont la *galanterie* n'a que l'apparence. On ne trouve guère trace de *galanterie* dans l'antiquité : la Bible, les livres d'Homère, montrent des hommes passionnés, mais point *galants*. Il est probable, cependant, qu'à toutes les époques les hommes mirent dans leurs relations avec les femmes quelque chose de doux et d'affectueux ; mais ils leur accordaient alors plutôt de la protection que des hommages. C'est de l'établissement du christianisme que date cette pitié pour la faiblesse, qu'une délicatesse généreuse déguisa sous des formes élégantes : c'est lorsque la religion eut élevé moralement la femme à la hauteur de l'homme, qu'il crut pouvoir, sans déroger à sa dignité, se dévouer pour elle. Le culte de Marie opéra une révolution en faveur des femmes, non-seulement parmi les chrétiens, mais encore chez les nations qui les combattaient; car on sait que la guerre même échange les coutumes entre deux peuples. La vie retirée des femmes dans l'antiquité ne motive point leur défaut de *galanterie*, puisqu'on a décidé que c'étaient les Arabes, dont les harems ont toujours été impénétrables, qui en avaient donné les premières leçons à l'Espagne. La valeur, les connaissances, l'esprit vif et piquant de ces Orientaux répandaient sur leurs actions une grâce que l'on s'empressa d'imiter ; à leur exemple, on donna des fêtes, on livra des combats en l'honneur des dames.

Au temps de la chevalerie, un guerrier faisait vœu de *galanterie* autant que de bravoure. Non-seulement il devait avoir une dame et lui rester fidèle, mais il lui fallait encore être prêt à les défendre toutes, et ne médire d'aucune. Les *cours d'amour*, que les troubadours ont tant célébrées, n'avaient été instituées que pour juger de semblables cas ; et leurs arrêts, dont nous possédons des recueils, prouvent peu d'indulgence pour les coupables en fait de *galanterie* : il y avait quelque chose de noble dans ce respect pour des mères, des épouses, des maîtresses, êtres qui n'ont pas la force d'en exiger. Mais la *galanterie* s'exagéra ses devoirs, quand elle se crut obligée à satisfaire les caprices et les impertinences des femmes. On vit des hommes échanger leur cuirasse contre une jupe, et combattre ainsi ; on en vit d'autres employer leur fortune en tournois, afin de réjouir les dames d'une province; enfin, quelques-uns poussèrent jusqu'à l'idolâtrie la déférence et les égards que les dames sont en droit de réclamer, et il fallut distinguer la *galanterie* de la courtoisie, qui fut toujours mesurée.

Plus tard, la *galanterie* changea de forme. Le mot eut une nouvelle acception, quand il s'appliqua au libertinage : François Ier, Henri IV, ne se bornèrent point à être *galants*, quoiqu'ils ambitionnassent ce titre. Le pouvoir aux mains d'une femme ranima l'esprit de *galanterie* pendant la régence d'Anne d'Autriche; chacun était frondeur ou royaliste, selon qu'il plaisait aux dames de sa société. Quand la guerre fut éteinte, les pastorales de d'Urfé, les romans de Scuderi, et la carte du pays de Tendre, gâtèrent un peu cette renaissance; puis Louis XIV joignit à la *galanterie* une liberté de mœurs qui n'avait rien de commun avec les sentiments de ceux qui la professaient primitivement. Ainsi dénaturée, la *galanterie* fut bientôt dédaignée ; et la crainte d'être appelé *galant* poussa les hommes jusqu'à la grossièreté ; dans les cercles, les femmes parurent les ennuyer, et ils s'en éloignèrent. Dans les lieux publics, ils abusèrent de leur vigueur pour s'emparer des meilleures places, et manifestèrent à haute voix leur opinion sur la beauté, la laideur, la vieillesse, les infirmités des femmes, qu'ils regardaient dédaigneusement : c'était abjurer toute *galanterie*. Nous ne dirons point que les habitudes des camps achevèrent de nuire à l'esprit de *galanterie* en France, puisqu'il avait pendant si longtemps fait partie du caractère militaire ; mais c'est au mélange de toutes les classes de la société qu'on a dû son anéantissement ; car la *galanterie* n'est que le résultat d'une éducation distinguée, de manières élégantes, ou d'une bonté et d'une douceur si parfaites que la nature en fait rarement les frais. Ce qui reste de *galanterie* en France ne s'appelle plus que *politesse*. C'est souvent si peu de chose, qu'il ne vaut pas la peine d'en parler. C^{sse} DE BRADI.

GALANTHIAS. *Voyez* GALINTHIAS.

GALANTINE, terme de charcuterie, sorte de mets fait avec de la chair de cochon de lait ou de dindon, etc., désossée et lardée. Après avoir bien échaudé un cochon de lait, on le désosse ; on le couvre d'une légère couche de bonne farce de viande assaisonnée ; on étend sur cette farce une rangée de lardons de jambon, une de lard, une de truffes, une de jaunes d'œufs durs ; on couvre encore tous ces lardons d'un peu de farce ; on roule le cochon de lait, en ayant soin de ne pas déranger les lardons ; on l'enveloppe de bandes de lard et d'une étamine légère ; on le serre fort avec de la ficelle, et on le fait cuire, pendant trois heures, avec moitié bouillon, moitié vin blanc, sel, poivre, racines, oignons, un bouquet de persil, ciboule, échalottes, ail, girofle, thym, laurier, basilic, etc. Quand il est cuit, on le laisse refroidir dans sa cuisson, et on le sert froid, pour entremets. Toutes les autres espèces de galantines se confectionnent de même. Pour en faire une de dindon, on le flambe, on le vide, on le désosse, et on procède absolument comme pour le cochon de lait.

GALAPAGOS ou **GALLOPAGOS**, et encore *îles des Tortues*, archipel situé des deux cotés de l'équateur, entre le 70° et le 75° de longitude occidentale, et dépendant de la république de l'Equateur, dans l'Amérique du sud. Il se compose, outre un grand nombre d'îlots, de dix grandes îles, dont *Albermarle* est la plus importante, et couvrant ensemble une superficie de 147 myriamètres carrés. Ces îles sont toutes d'origine volcanique ; Albermarle a cinq volcans, dont le *Norborough*, situé à l'ouest, et probablement le plus considérable de tout le groupe, est fort actif. Le nombre des cratères éteints s'élève à plus de 2,000. Ces immenses cratères, soulevés immédiatement des profondeurs de l'Océan, les masses énormes de lave noire qui sur beaucoup de points des côtes forment des rochers extrêmement élevés, en même temps que tout près de là l'Océan est tellement profond qu'on n'en trouve pas le fond, donnent à ces îles le caractère le plus sauvage et le plus imposant. Bien qu'éloignées du continent de 84 myriamètres seulement, la flore en est d'une nature toute particulière, comme aussi les poissons, les oiseaux et les amphibies, et, malgré une situation équatoriale, privée de couleurs éclatantes. Sur les 180 espèces de plantes qu'on y a recueillies, il en est 100 qu'on ne rencontre sur aucun autre point du globe. Les euphorbes et la borreria sont les plantes qui dominent dans les vallées; et la pelexia, le croton et la cordia, celles qu'on trouve le plus ordinairement dans les hautes terres. Sur 26 espèces d'oiseaux qu'y rencontra Darwin, il y en avait 25, même les mouettes, qui tout en se rapprochant beaucoup du type américain, présentaient des caractères tout particuliers. Les tortues qu'on y rencontre en très-grand nombre, et qui sont vraisemblablement l'espèce la plus grande qu'on connaisse (*testudo Indica*), pèsent de 2 à 300 kilogrammes, et sont excellentes à manger.

Les îles *Galapagos* furent découvertes au seizième siècle, par les Espagnols ; mais ils ne s'y établirent pas : et plus tard elles ne furent plus visitées que passagèrement par des flibustiers ou des pêcheurs de baleines. Depuis 1832, la république de l'Ecuador en a pris formellement possession; et la colonie qu'on y a fondée pour servir de lieu de déportation à des condamnés politiques compte aujourd'hui quelques centaines d'individus.

GALATÉE, une des 50 filles de Nérée et de Doris, fut la plus belle des nymphes de la Méditerranée. Ainsi que les Néréides, ses sœurs, elle ne connut jamais les flots sauvages de l'Océan. Son nom vient du grec γάλα, lait : Théocrite, Ovide, Virgile, épuisèrent sur elle toutes leurs métaphores. Comme elle se jouait dans les flots transparents de la mer de Sicile, le cyclope Polyphème en devint si épris que dès ce jour, incessamment assis au sommet de l'Etna, il en perdit le sommeil, la raison et sa férocité. La nymphe, insensible à ses tourments, enivrait de ses divines faveurs un berger, le bel Acis, qu'un jour, le géant jaloux écrasa sous un quartier de lave arraché à l'Etna. Dans sa désolation, Galatée changea son amant en une source limpide. La Galatée de Virgile a suivi le cours de la civilisation : dans l'Italie impériale, elle est devenue un peu coquette; ces deux charmants vers, si connus, font sourire l'amant et le lecteur :

Malo me Galatea petit, lasciva puella ;
Et fugit ad salices, et se cupit ante videri.

Galatée fut aussi, selon d'anciens historiens, la fille d'un roi celte. Elle dédaigna et repoussa un grand nombre d'amants, qui soupiraient à ses pieds. Mais quand Hercule parut sur les roches de Pyrène (les Pyrénées), elle se jeta éperdue dans les bras du héros, qui la rendit mère d'un fils. DENNE-BARON.

GALATES. *Voyez* GALATIE.

GALATIE ou **GALLO-GRÈCE**. Dans l'antiquité on donna le nom de *Galatie* à une contrée de l'Asie Mineure, d'une extrême fertilité, qui confinait à la Paphlagonie, au royaume de Pont, à la Cappadoce, à la Lycaonie, à la Bithynie et à la Phrygie. Elle était habitée par les *Galates*, mélange de Grecs et de Gaulois ou de Celtes; de là le nom de *Gallo-Grèce* qu'on lui donnait également, de même que ses habitants étaient aussi désignés sous celui de *Gallo-Grecs*. Au troisième siècle avant J.-C., d'innombrables hordes de Gaulois, parties de la Gaule sous les ordres d'un chef que les historiens désignent sous le nom de *Brennus*, tandis que ce n'était là que le titre même (*latinisé*) que ces barbares donnaient à leurs chefs ou princes (en celte *Brenn*), envahirent la Grèce, et poursuivant leur marche devastatrice, s'emparèrent de Byzance ainsi que de la côte de la Propontide. Vers l'an 278 avant J.-C., ils franchirent l'Hellespont à la demande de Nicomède, roi de Bithynie, qui voulut les opposer à Zépètés, son frère et son concurrent au trône. Ils lui donnèrent la victoire, et ce prince leur abandonna pour prix de leurs services la Troade et toute la partie septentrionale de la Phrygie pour s'y fixer définitivement. Plus tard, l'an 238, Attale Ier, roi de Pergame, les refoula dans le teritoire dont les délimitations ont été indiquées plus haut.

La constitution de la Galatie demeura purement aristocratique, comme elle l'était à l'origine, jusqu'à ce que les douze *tétrarques*, qui partageaient le pouvoir souverain avec un sénat législatif composé de trois cents vieillards, rendissent leurs fonctions héréditaires. Alors l'un d'eux, appelé Dejotarus, prit, avec l'appui de Pompée (an 38 avant J.-C.), le titre de roi. A sa mort, la couronne passa à Amyntas; mais les Romains s'emparèrent de ce royaume dès l'an 25, et le réduisirent en simple province. Sous le règne de Théodose, cette province de l'empire fut divisée en *Galatia prima*, dont Ancyre était la capitale, et en *Galatia secunda*, avec Pessinonte pour chef-lieu. C'est là que se trouvait, en l'an 53 et ensuite en l'an 57 de notre ère, l'apôtre saint Paul, dont l'une des épîtres est adressée aux *Galates*.

GALATZ. *Voyez* GALACZ.

GALAXIE, nom que les astronomes donnent à la voie lactée, d'après les Grecs, qui l'appelaient γαλαξίας κύκλος (cercle lacté).

GALBA (SERVIUS SULPICIUS), empereur romain (de juin 68 à janvier 69 de notre ère), naquit d'une famille distinguée, l'an 5 avant J.-C. Il exerça avec honneur les charges de consul à Rome (an 32) et de gouverneur en Aquitaine sous Tibère, de Germanie sous Caligula, d'Afrique sous Claude, enfin, à partir de l'an 60, de la Tarragonaise sous Néron. Déjà, à la mort de Caligula, ses amis lui avaient conseillé de s'emparer du trône; mais il demeura fidèle à Claude, et obtint ainsi toute sa faveur. En l'an 68, Julius Vindex, qui s'était soulevé à la tête des légions gauloises contre Néron, l'engagea encore à se faire proclamer empereur; mais ce ne fut que lorsqu'il sut que Néron avait décidé sa mort, qu'il se souleva aussi contre lui en qualité de légat du peuple romain et de ses tribuns. La nouvelle de la mort de Néron fut même seule le décider à venir à Rome prendre possession du trône que les prétoriens lui offraient. Galba, au lieu de déployer l'habileté dont il avait donné tant de preuves dans la première partie de sa carrière, se laissa gouverner par d'indignes favoris, et s'aliéna les esprits par d'impolitiques actes de rigueur. C'est ainsi qu'il sévit sans pitié contre celles des villes d'Espagne qui avaient hésité à se déclarer pour lui; et que les prétoriens lui ayant réclamé les largesses qu'on leur avait promises en son nom, il répondit : « Un empereur choisit ses gardes, il ne les achète pas. » Mot courageux, mais qui ne convenait guère à l'époque où il vivait! En même temps son avarice le rendait odieux au peuple, et celui-ci ne tarda pas à regretter Néron, qui du moins lui donnait des fêtes et des spectacles. Les légions campées au fond de la Germanie sommèrent les prétoriens de choisir un autre empereur : Galba crut détourner cet orage en adoptant Pison et en le désignant pour son successeur; mais par cet acte il blessa profondément Othon, gouverneur de la Lusitanie, qui n'avait pas hésité quelques mois auparavant à se prononcer en sa faveur, et qui attendait de lui la récompense de l'appui qu'il avait prêté à sa cause. Othon n'eut pas de peine à pousser à la révolte les prétoriens, pour qui l'adoption de Pison n'avait été l'occasion d'aucune largesse; et le 15 janvier 69, l'empereur s'étant rendu au Forum pour apaiser ce désordre, Othon l'y fit massacrer.

Galba était un homme doué de rares qualités : on l'eût toujours cru digne de l'empire, s'il n'y fût jamais arrivé. « Il dévoila, dit Mably, un secret funeste aux Romains, en montrant qu'un empereur pouvait être élu dehors Rome. »

GALBANUM, gomme résine qui découle des diverses parties du *bubon galbanum*, plante de la famille des ombellifères. Le galbanum se rencontre dans le commerce, soit en larmes, soit en masses. Il est stimulant et tonique. Il entre dans plusieurs préparations officinales, telles que le diascordium, la thériaque, etc.

GALBE (de l'italien *garbo*, bonne grâce). Ce mot est fort en usage parmi les architectes, les sculpteurs, pour désigner les contours plus ou moins heureux du profil d'une coupole, d'une statue, d'un vase, du fût d'une colonne.

GALE. Ce mot a deux étymologies : *callus*, dureté, ou *galla*, nodosité végétale provenant de piqûres d'insectes. Parmi les nombreuses maladies de la peau, la gale est une des moins redoutables et des moins rebelles à la médecine. C'est une maladie accidentelle, qui, une fois guérie, ne se reproduit point, et ne laisse aucune trace visible, outre que le sang n'en conserve aucun levain. Certaines maladies de la peau supposent parfois de répréhensibles habitudes ou des intimités coupables. Il n'en est pas de même pour la gale; il suffit de toucher la main d'un galeux pour contracter soi-même la maladie : et qui n'est pas exposé à de telles approches? C'est même là un des dangers d'une humeur par trop débonnaire. Le seul contact d'un objet touché par un galeux peut lui-même communiquer la gale. C'est ainsi qu'au rapport du docteur Savy, Bonaparte, alors simple commandant, gagna la gale en saisissant le refouloir d'un brave canonnier, tué sous ses yeux au siége de Toulon.

La gale ne consiste qu'en de petites vésicules roses à leur base, transparentes et terminées en pointe à leur sommet, qui restent cachées dans le pli des jointures, entre les doigts ou vers les aines et les aisselles. Ces petites pustules n'ont rien de désagréable à l'œil, et les croûtes qui leur succèdent sont à peine visibles. Presque toujours d'ailleurs elles sont placées de manière à ne pas dénoncer ceux qui les portent : elles épargnent constamment le visage. Il est vrai que le prurit causé par ces éruptions porte fréquemment les galeux à se trahir. C'est un inconvénient sans doute; mais la demangeaison elle-même est à peine un mal, souvent même c'est une sorte de plaisir.

La gale est assez facile à guérir, si toutefois on ne l'a pas laissée trop s'étendre et s'invétérer; et sous ce rapport aussi elle est préférable à une foule d'autres maladies de la peau, affections tenaces, que tous les efforts de la médecine ne parviennent pas toujours à faire disparaître. Les moyens de guérison sont même très-simples; ils n'ont rien de fort désagréable, et peuvent être employés en secret.

Une dernière considération à alléguer en faveur de la gale, c'est qu'elle ne laisse nulle trace après elle, quoi qu'on puisse dire des *gales rentrées*, que les eaux d'Avène ont la réputation de rendre manifestes et de guérir. Enfin, une circonstance qui doit rassurer ceux que la gale pourrait effrayer, c'est qu'elle n'offre aucun danger pour la vie, et qu'ordinairement, elle n'apporte aucune gêne aux mouvements et n'oblige à aucun régime.

Au reste, tout le monde est d'accord sur la contagion de la gale; c'est un fait reconnu de toute antiquité, mais dont maintenant on connaît la cause. Le pourquoi et le comment de cette transmission d'une personne à une autre par le simple contact, est un être vivant, un insecte sans ailes (l'*acarus scabiei*). C'est cet insecte, autrement dit *sarcopte* de l'homme, qui produit la vésicule de la gale et fixe son domicile dans un sillon caché qui l'avoisine et lui est afférent. Aucun de ceux qui ont cherché l'acarus dans la vésicule même (Alibert ni Piett), ne l'ont trouvé. Si une main imprudente se met en contact avec celle d'un galeux, aussitôt quelques-uns de ces insectes quittent leur ancien maître pour le nouveau, et voilà la gale transmise. Cet insecte a été minutieusement décrit par quelques observateurs : « C'est un ver, disent-ils, dont la figure approche de celle d'une tortue, de couleur blanchâtre, le dos d'une couleur un peu plus obscure, garni de quelques poils longs et très-fins; le petit animal montre beaucoup de vivacité dans ses mouvements; il a huit pattes, la tête pointue et ornée de petites cornes ou antennes à l'extrémité du museau. L'insecte s'introduit d'abord sous la peau par sa tête aiguë, il s'agite ensuite, rongeant et fouillant comme une taupe, jusqu'à ce qu'il soit entièrement caché sous l'épiderme, où il sait se creuser des espèces de chemins couverts, et des routes souterraines d'un point à un autre. » Voilà une description bien complète, et qui n'a pu être faite que d'après nature. Ce n'est pas tout encore; on a surpris l'insecte à sa naissance; on a vu l'acarus pondre un œuf blanc de figure oblongue comme un œuf de pigeon. Voilà ce que des naturalistes dignes de foi affirment avoir vu, de leurs propres yeux vu (avec un microscope toutefois). Si d'autres médecins ou naturalistes tout aussi dignes de foi n'ont pu trouver l'*acarus;* s'ils l'ont cherché dix, vingt ou cent fois sans apercevoir même le bout de ses cornes, nous avons dit à quoi tenait l'insuccès. Au reste, peu importe le fait ou le doute, car l'acarus ne change rien au traitement de la gale ni à ses dangers. Rien de plus certain toutefois que l'existence de l'*acarus*, puisqu'on sait que les nègres de la Guadeloupe et quelques femmes corses ont le don de l'extraire de son sillon, avec la fine pointe d'une aiguille.

Quant au traitement de la gale, on la guérit presque immanquablement avec les topiques soufrés : pommades, savons, bains, fumigations, etc. La pommade citrine, dans laquelle intervient l'acide nitrique, est aussi un excellent moyen. Le soufre, les alcalis, le mercure, des corps huileux ou graisseux les essences aromatiques de myrte, de lavande, etc., voilà les bases principales de tous les traitements efficaces. Or, de pareils succès sont confirmatifs de l'existence de l'acarus. Ce petit animal en effet ne saurait vivre sans respirer, sans respirer par des trachées, comme les insectes : il est dès lors fort naturel que le mercure le tue, que le soufre l'asphyxie, comme il asphyxie tant d'autres animaux; naturel que les corps gras lui coupent la respiration comme aux courtilières ou taupes-grillons. Dupuytren guérissait la gale avec des lotions faites avec une solution de 124 grammes de potasse dans 750 grammes d'eau, avec addition de 16 grammes d'acide sulfurique.

Dr Isidore Bourdon.

Gale se dit aussi d'une maladie des végétaux, caractérisée par des rugosités qui s'élèvent sur l'écorce des branches, sur les feuilles et sur les fruits (*voyez* Galle).

GALE (Thomas), savant philologue et historien anglais, né à Scurton, dans le Yorkshire, en 1636, avait fait d'excellentes études grecques : il débuta dans l'enseignement comme professeur royal à Cambridge. Appelé à la direction de l'école de Saint-Paul à Londres, qu'il garda vingt-cinq ans, il y forma quelques-uns des hommes les plus distingués de l'Angleterre. Le mérite de Gale le fit recevoir membre de la Société royale de Londres, dont il devint plus tard un des secrétaires honoraires. Dès l'an 1676 on lui avait donné une prébende à l'église de Saint-Paul. En 1697 on lui confia le doyenné d'York.

Histoire, philosophie, poésie, rhétorique, son génie laborieux embrassa tout avec la même ardeur et la même sagacité. Parmi ses ouvrages, estimés encore, le premier fut publié sous ce titre : *Opuscula mythologica, ethica, physica* (Cambridge, 1671, in-8°). Il contient les fragments des pythagoriciens, la vie d'Homère et les allégories homériques. Puis vint une édition d'Apollodore, de Conon, de Ptolémée, de Parthenius, etc., sous ce titre : *Historiæ Poeticæ Scriptores antiqui*. Publiée à Paris en 1675, cette collection fut réimprimée à Londres dès 1676. La même année parurent à Oxford les *Rhetores selecti*, qui ne sont pas précisément des orateurs célèbres. Mais celle des publications de Gale qui exerça sur les études philosophiques la plus grande influence fut l'ouvrage d'Iamblique, *De Mysteriis Ægyptiorum*. A ces monuments de l'antiquité succédèrent des monuments du moyen âge : d'abord, le recueil *Historiæ Anglicanæ Scriptores quinque* (Oxford, 1687); puis un second recueil, plus curieux encore : *Historiæ Britannicæ, Saxonicæ, Anglo-Danicæ Scriptores quindecim* (Oxford, 1691). Épuisé par tous ces travaux d'enseignement et de critique, le doyen d'York mourut, en 1702, dans un âge peu avancé, pleuré de ses nombreux disciples et de tout le monde savant. Matter.

GALÉASSE, nom d'une espèce de navire à un seul pont, à trois mâts, et à 25 ou 30 bancs de rameurs, qui était en usage dans l'Adriatique, la Méditerranée, à l'époque de la renaissance, et que dans les batailles navales on mettait à l'avant-garde, parce qu'en raison de leur force on les considérait, nous dit un historien de la marine, comme les *champions de l'armée*. C'étaient en effet les plus grands des vaisseaux latins. Longues et étroites en proportion de leur longueur, les galéasses avaient les mêmes parties et les mêmes membres que les *galères*, mais étaient d'un tiers plus longues, plus larges et plus hautes. A la poupe et à la proue étaient disposées deux grandes places où étaient postés les soldats et l'artillerie. Il y avait, en outre, une espèce de rue ou de coursive entourant tout le navire à l'intérieur, et où se tenaient aussi les soldats pour combattre; les bords inférieurs étaient garnis de meurtrières par lesquelles on déchargeait mousquets et arquebuses sur l'ennemi en restant à l'abri de ses coups. Inutile d'ajouter sans doute qu'on ne rencontre plus aujourd'hui de galéasses que dans les vieux recueils d'estampes consacrés à l'histoire de la marine. Le mot *galéasse* s'est maintenu cependant, quoique corrompu; et dans les mers du Nord on appelle encore aujourd'hui *galiasse* l'espèce de bâtiments que nous nommons *goélette*. Théogène Page, capitaine de vaisseau.

GALEAS SFORZE. *Voyez* Sforza.

GALEAS VISCONTI. *Voyez* Visconti.

GALÈCHES. *Voyez* Cuirasse.

GALÉE, terme d'imprimerie, espèce de planche carrée avec un rebord où le compositeur met les lignes à mesure qu'il les compose (*voyez* Composition). Pour les grandes pages, comme celles des journaux, les grands tableaux, etc., on se sert de galées à coulisse, qui ont trois rebords sous lesquels s'engage une petite planchette avec poignée, que l'on peut retirer à volonté.

GALEN (Christophe-Bernard de), évêque de Munster de 1650 à 1678, et en même temps l'un des capitaines les plus en renom de son époque, personnage qu'on pourrait sous certains rapports comparer à son contemporain, notre fameux cardinal de Retz, et dont, avec nos mœurs et nos idées actuelles, nous avons peine à nous expliquer les entreprises et les habitudes belliqueuses, mais dont la vie, les actes et les prouesses font parfaitement comprendre l'état politique de l'Allemagne en même temps que le rôle joué par le haut clergé catholique allemand pendant la seconde moitié du dix-septième siècle, naquit à Bispink en Westphalie, le 15 octobre 1600, d'une famille noble, qui s'est perpétuée jusqu'à nos jours, et fut pourvu dès l'âge de sept ans d'un canonicat dans le chapitre de Munster. Après des études commencées chez les jésuites de cette ville, puis continuées successivement à Cologne, à Mayence, à Liége et à Bordeaux, il participa à la direction des affaires de son pays, tantôt dans les ambassades, tantôt dans l'administration intérieure. Le siége de Munster étant venu à vaquer, par suite de la mort de Ferdinand, électeur de Cologne et évêque de Munster, le chapitre s'arrangea cette fois de façon que l'élection eût lieu dans son propre sein; et ce fut sur Bernard de Galen, promu tout récemment aux fonctions de trésorier, que se fixèrent les suffrages (14 novembre 1650). Saisissant aussitôt les rênes du pouvoir avec vigueur, Bernard de Galen pourvut d'abord au rétablissement de la discipline ecclésiastique, qui, en raison des malheurs de l'époque, s'était singulièrement relâchée. Ensuite il avisa aux moyens de mettre un terme à la disette qui affligeait le pays, d'y faire refleurir le commerce et l'industrie, enfin de le débarrasser des troupes étrangères qui en occupaient encore diverses parties.

A peine eut-il réussi à obtenir ces divers résultats, qu'il eut à triompher de difficultés sans nombre que lui suscitèrent le doyen Mallingkrott, qui avait protesté contre son élection, et la ville de Munster elle-même, qui refusait non-seulement de reconnaître l'autorité de son évêque, mais même de l'admettre dans ses murs. Au moment où Bernard de Galen se disposait à l'investir, celle-ci entama avec lui des pourparlers qui amenèrent, en 1655, la conclusion d'une convention. Cependant, loin de s'apaiser, l'irritation des habitants contre leur évêque-souverain s'accrut, au contraire, à tel point qu'Aitzema, leur agent à La Haye, s'écriait un jour en présence de l'envoyé de l'empereur, que ses concitoyens aimeraient mieux se soumettre aux Turcs, voire au diable en personne, plutôt qu'à leur évêque. La Hollande prit fait et cause pour la ville de Munster, et lui consentit un prêt de 25,000 florins, tandis que l'empereur la menaçait de la mettre au ban de l'Empire, puis faisait envahir, en 1660, l'évêché par 1,200 hommes de cavalerie. Ce ne fut cependant que le 25 mars de l'année suivante que put être conclu le traité relatif à la reddition de la ville. Une fois qu'il en fut redevenu maître, Bernard de Galen ne négligea rien de ce qui pouvait lui en assurer la paisible possession contre l'esprit turbulent des habitants.

Élu en 1662 administrateur de la célèbre abbaye de Corvey, Bernard de Galen fut chargé par la diète tenue en 1654 à Ratisbonne de diriger conjointement avec le margrave Frédéric de Bade les affaires militaires de la ligue, et partit ensuite avec la plus grande partie de ses troupes contre le Turc. De retour bientôt après dans ses États, l'évêque de Munster résolut de tirer vengeance des nombreuses insultes dont il avait été l'objet de la part des Hollandais. Il conclut donc, en 1665, avec l'Angleterre un traité par lequel, moyennant un subside considérable, il s'engagea à porter l'effectif de son armée à 15,000 hommes; puis il attaqua les Provinces-Unies par terre, tandis que l'Angleterre les attaquait par mer. Aux termes du traité conclu le 18 avril 1668, sous la médiation de Louis XIV, les États-généraux s'engagèrent, il est vrai, à retirer leurs troupes de toutes les parties de l'évêché de Munster qu'elles occupaient; mais, de son coté, l'évêque dut renoncer à certains droits de suzeraineté qu'il s'était arrogés sur des portions de territoire en litige. Par conséquent, le résultat final de la lutte déçut les plans et les espérances qu'il avait pu former.

Après avoir amiablement terminé, en 1671, un différend survenu entre la maison de Brunswick et lui relativement à l'abbaye de Corvey, Bernard de Galen accéda à un nouveau traité d'alliance que lui proposa la France contre les Provinces-Unies. Déjà il avait remporté sur les Hollandais des avantages marqués, lorsqu'une menaçante diversion sur ses derrières l'obligea tout à coup à faire volte-face pour aller défendre ses propres États, envahis par les Impériaux et par l'électeur de Brandebourg. Mais bientôt, reprenant à son tour l'offensive, il envahit la Marche de Brandebourg, et, agissant alors de concert avec Turenne, général en chef de l'armée française, il s'empara en Westphalie de la plus grande partie des possessions de l'électeur. Mais obligé, en 1674, de lever précipitamment le siége de Cœvorden, à la suite d'un violent orage qui inonda son camp, il prêta l'oreille à des propositions d'arrangement, et s'engagea à restituer tout le territoire qu'il avait enlevé aux Pays-Bas. En 1675, il accéda à la ligue formée par l'empereur contre la France; et on vit alors ce *condottiere* mitré agir avec autant de vigueur pour le compte de ses nouveaux alliés, qu'il en avait déployé naguère au profit de la France. En août de cette même année, il conclut avec le roi de Danemark et avec l'électeur de Brandebourg un traité dirigé contre la Suède, et par suite duquel ce fut à lui qu'échut la mission d'attaquer les duchés de Brême et de Werden, alors dépendances de la Suède, et qu'il garda pour lui. Il envoya aussitôt une partie de ses troupes grossir l'armée impériale campée sur les bords du Rhin et de la Moselle, tandis que le reste allait prendre ses quartiers d'hiver dans la Frise orientale. En 1677 il signa un nouveau traité par lequel il mit 9,000 hommes à la disposition du roi d'Espagne contre la France, et 5,000 à celle du roi de Danemark contre la Suède. L'occupation de la Frise orientale lui attira une guerre de plus sur les bras; mais il ne consentit à l'évacuer, en 1678, que contre payement d'une forte indemnité. Pendant les préliminaires pour la paix ouverts à Nimègue, Bernard de Galen tomba malade à Ahaus, et il y mourut, le 19 septembre 1678.

GALÈNE. La *galène*, ou *sulfure de plomb*, est d'un gris métallique assez brillant; sa texture est lamelleuse, ce qui lui donne la faculté de se cliver facilement; ses cristaux sont ordinairement des cubes très-réguliers; quelquefois cependant on trouve la galène cristallisée en octaèdres, en cubo-octaèdres, etc.; mais ces formes ne sont elles-mêmes que des modifications du cube, dont elles dérivent. Cette substance n'est point malléable : un choc assez léger suffit pour la briser; elle se distingue du zinc sulfuré ou blende, avec lequel on pourrait la confondre, par la propriété qu'elle a d'être rayée par une lame de couteau qui laisse sur la galène une trace brillante, tandis que cette trace est sans éclat sur le zinc sulfuré. La plombagine, ou carbure de fer, peut aussi se confondre avec la galène, mais la différence de poids seule suffit pour la distinguer. La première est trois fois moins pesante que la seconde, qui ne forme pas de traits sur le papier, tandis que la plombagine y forme des traits d'un gris métallique. La galène, chauffée sur un charbon au chalumeau, se décompose; le soufre qui entre dans sa combinaison se dégage; le plomb entre en fusion, et se reconnaît aux caractères qui lui sont propres.

La galène n'est jamais pure, elle contient toujours des métaux étrangers : ce sont l'argent, l'antimoine et l'arsenic. La quantité du premier de ces métaux est ordinairement assez considérable pour que son extraction soit avantageuse. En effet, il suffit de 90 grammes d'argent par cinquante kilogrammes de minerai pour compenser les frais que nécessite sa séparation. Les variétés qui en contiennent le plus sont celles qui ont le grain fin et serré comme celui de l'acier, dont elles ont la couleur; en général, le *plomb sulfuré*, dit *strié*, doit cette propriété à l'antimoine qu'il renferme. La galène se rencontre en filons ou en couches considérables, dans les montagnes primitives et secondaires, formées le plus souvent de chaux carbonatée compacte. Sa gangue est tantôt le quartz, la baryte sulfatée, la chaux carbonatée, la chaux fluatée, et quelquefois le silex agate et le silex calcédoine.

C'est de tous les minerais de plomb le seul qui soit exploité, parce que c'est le seul qui se trouve en quantités suffisantes. Ses principales mines sont en France celles de Poullaouen, dans le département du Finistère, de Saint-Sauveur en Languedoc, de La Croix dans les Vosges, de Vienne dans le département de l'Isère ; en Angleterre, celles du Derbyshire. Les filons qui les composent sont très-nombreux, et renfermés dans de la chaux carbonatée compacte qui contient des coquilles fossiles; dans quelques points, ces filons semblent n'avoir aucune adhérence à la masse de la montagne, et les surfaces en contact sont luisantes et même miroitantes. Quelques minéralogistes assurent que dès qu'on met cette singulière substance à découvert, elle pétille et fait une explosion, qui détache de gros morceaux de filons; ce fait, assez bien prouvé, n'a pu encore trouver d'explication. Ces mêmes filons contiennent aussi du pétrole et du bitume élastique. L'Espagne, la Silésie et la Carinthie sont également riches en mines de galène.

Sous le nom d'alquifoux, la galène a différents usages dans l'industrie. C. Favrot.

GALENUS, GALÉNISTES. *Voyez* Anabaptistes.

GALÉOPITHÈQUE (de γαλῆ, chat, et πίθεξ, singe). Ce nom a été donné par Pallas à un genre de mammifères qui ressemble d'une part aux lémuriens, et de l'autre aux chauves-souris. Ce qui les rend surtout remarquables, c'est la membrane aliforme dont ils sont pourvus, membrane qui commence aux côtés du cou, s'étend dans l'angle que laissent entre eux le bras et l'avant-bras, palme les doigts, est ensuite sous-tendue par les quatre membres, qui sont assez élancés, et passe de là entre les pattes de derrière pour envelopper la queue dans toute son étendue. Cette membrane est pour le galéopithèque comme un parachute qui lui permet, non pas de voler (comme le croyaient les naturalistes qui l'avaient nommé *maki volant*), mais de se soutenir assez aisément dans l'air quand il veut s'élancer d'un arbre plus élevé vers un autre qui l'est moins. Les galéopithèques appartiennent à l'Asie et à ses archipels, sont nocturnes, se nourrissent d'insectes et peut-être de fruits. On n'en connaît encore que deux espèces, le *galéopithèque roux*, et le *galéopithèque varié*.

GALÈRE (*Marine*). Les antiques nations de la Méditerranée se livraient d'immenses batailles navales. On comptait par centaines de mille les combattants qui se heurtaient en pleine mer : eh bien, nous ignorons complétement aujourd'hui la construction de leurs vaisseaux. Nous avons même appelé *galère* le premier type de leurs navires de guerre, sans songer que ce nom-là, inconnu aux anciens, est de la fabrique des sociétés du moyen âge. Les écrivains grecs du Bas-Empire et les historiens latins des croisades ont jeté dans les langues modernes les mots *galéias* (grec moderne), et *galeæ* (basse latinité), dont nous avons fait *galée* et enfin *galère*. La seule trace, mais fugitive et douteuse, de cette apparition chez les Romains se trouve dans le distique d'Ovide :

> Est mihi, sitque, precor, flavæ tutela Minervæ,
> Navis, et a picta casside nomen habet.

Ainsi, la *galère* tirerait son nom du casque (*galea*), qui servait quelquefois d'ornement à sa proue. Quoi qu'il en soit, pour nous conformer à l'usage, nous appellerons *galères* les κατάφρακτοι νῆες des Grecs et les *naves longæ* ou *rostratæ* des Romains. Les premières galères n'étaient que de simples bateaux découverts, portant vers la proue et vers la poupe des planchers où se plaçaient les soldats pour combattre. Les plus petits avaient de chaque côté dix rames; la barque à laquelle César confia sa fortune dans la nuit orageuse qui précéda la bataille de Pharsale était de ce genre. Les plus grands en avaient cinquante ; ils ne servaient que pour la guerre; leur fond était plat, leur carène peu renflée, la longueur de leurs côtés en ligne droite, effilés et élancés à l'avant et à l'arrière, mais résistant bien au choc des lames. On mettait un soin particulier dans leur construction ; ils allaient à la voile et à l'aviron, surtout à l'aviron, car jamais on ne combattait sous voile ; et pour les rendre plus légers et plus maniables, on les construisait en pin et en sapin. Ils avaient en longueur sept ou huit fois leur largeur, et leurs dimensions étaient déterminées par l'intervalle des rames; leur mâture était haute : elle portait de longues voiles à antennes, qu'on surmontait d'une voile légère quand la brise soufflait doucement sur les flots. Pour donner plus de force à l'éperon, ou bec en bois ferré qui armait la proue, on l'appuyait de deux grosses poutres ou avant-becs nommés *épotides*. Quelques-uns portaient deux gouvernails, l'un à l'avant, l'autre à l'arrière. Alors il suffisait de changer l'impulsion des rames pour que la proue devînt la poupe. Une ceinture entourait et renforçait la muraille; elle servait de point d'appui aux bancs des rameurs ; pendant la nuit, ces bancs étaient leurs lits, et leurs rames leur abri ; nous lisons dans Virgile :

> ... placida laxarunt membra quiete
> Sub remis, fusi per dura sedilia nautæ.

Telle fut la galère primitive. Les Thasiens la couvrirent d'un plancher, ou pont, sur toute sa longueur; les rameurs furent à l'abri, et l'on put y combattre de pied ferme. Sur ce pont on disposa un second rang de rames, et l'on eut la *birème*, puis, un second pont d'un troisième rang de rames : ce fut la *trirème* ou *trière;* ensuite la *quadrirème*, la *quinquérème* ou *pentère*, la *sextirème*. Enfin, ce principe, poussé jusqu'à l'absurdité par les Grecs, gens de parade, amena *l'octère* de Memnon, la galère à 16 rangs de Démétrius Poliorcète, celle d'Hiéron à 20 rangs de rames, et le palais flottant de Ptolémée-Philopator, à 40 rangs de rames. Cette multiplication des étages de rameurs a été déclarée mathématiquement impossible par quelques savants, qui ont donné un démenti formel aux textes les plus clairs des auteurs anciens. Sans doute, si les murailles de ces gigantesques galères avaient été droites, ou rentrantes comme le sont celles de nos vaisseaux, le jeu des rames supérieures eût été impossible; mais l'inspection d'un bas-relief de Palestrine fait voir qu'à l'extérieur de la muraille il y avait un échafaudage en saillie, où se tenaient les rameurs : ainsi devenait possible la manœuvre simultanée de toute la chiourme, sans que les rames les plus hautes fussent démesurées; seulement on avait soin d'armer de plomb la poignée de ces rames pour faire équilibre à la pelle.

Mais toutes ces constructions colossales n'avaient pour but que l'ostentation; quelques-unes furent démolies sans avoir jamais été à la mer. L'usage révéla les plus utiles, et les deux grands champions de la Méditerranée, Romains et Carthaginois, peuples navigateurs et guerriers, donnèrent la palme à la *trirème* : l'antiquité l'appela le vaisseau de guerre par excellence. Essayons ici de ressusciter cette trirème antique, ce vaisseau de ligne de Rome et de Carthage. Immédiatement au-dessus de la plate-forme inférieure, qui servait de base à toute la construction, était la *sentine* (cale) : là, comme de nos jours, s'entassaient les vivres, les munitions, les cordages et les voiles de rechange, et, comme de nos jours encore, l'eau qui s'y infiltrait était vidée avec des pompes, car presque toute cette partie plongeait dans la mer. Le premier étage de rameurs venait ensuite à quelques pieds au-dessus de la flottaison ; son peu de hauteur forçait les matelots à une position inclinée, d'où lui vint la dénomination grecque de *thalamos*, lit, et aux rameurs qui l'occupaient, le nom de *thalamites*; quelquefois aussi on les appelait *koloboi*, rames tronquées, parce qu'ils avaient les rames les plus courtes. Mais dans les coups de roulis les dalots, ou ouvertures pratiquées dans la muraille pour le passage de ces basses rames, eussent été autant de voies d'eau : un manchon en cuir, cloué autour de la rame et contre le bord, s'opposait aux envahissements de la mer. Le second étage, *zygos*, était occupé par les zygites : leurs rames plus longues ne gênaient point la chiourme inférieure; et quand on naviguait à la voile, ils sautaient sur le pont supérieur pour aider à la manœuvre des antennes et de cordages. Ils étaient d'une classe supérieure aux thalamites : aristophane nous a transmis quelques termes méprisants dont ils apostrophaient ces derniers. Enfin, sur le troisième étage, ou le pont, *thranos*, se tenaient les *thranites*, marins d'élite de l'antiquité, à la fois matelots, soldats, rameurs. S'il fallait faire voguer la trirème, ils maniaient les plus longs avirons ; si l'on déployait les voiles, ils grimpaient le long des antennes; puis, dès que le combat s'engageait, ils quittaient la rame et la corde, prenaient le casque, la pique et le bouclier, repoussaient l'attaque, ou, les premiers et les plus agiles à l'abordage, ouvraient, à coups de hache, aux soldats de la flotte, leurs frères d'armes, un chemin sanglant sur les ponts de l'ennemi. De leur courage et de leur adresse dépendait souvent le succès de la bataille; aussi le thranite était-il le matelot le mieux payé de tout l'équipage. S'il y avait quelque récompense extraordinaire à accorder, c'était à lui qu'on la réservait; le république votait une couronne d'honneur au *thranite* qui après ou pendant le combat avait ravitaillé sa trirème désemparée.

Sur le pont, vers l'arrière, était le *katastrômma*, espèce de dunette, où logeaient les officiers, et par-dessus, un carrosse ou trône, *thrónos*, souvent en drap d'or, d'où le général dirigeait la bataille, et d'où le pilote gouvernait le navire. Sur la proue s'élevait en outre une guérite pour protéger le *proreta*, contre-maître chargé de la manœuvre de l'avant; là aussi se tenait le matelot en vigie. La trirème réunissait toutes les conditions qui rendent un navire propre au combat : aucune de ses dimensions n'était exagérée; elle était facile à manœuvrer et légère à la course; elle possédait tous les moyens d'attaque et de défense alors connus; sa proue était armée de l'éperon ferré et du *rostrum tridens*, ou bec à trois pointes, pour déchirer et entr'ouvrir les flancs de l'ennemi. Afin qu'une seule blessure ne l'exposât pas elle-même à s'abîmer sous l'eau, on avait partagé sa carène en un grand nombre de cases presque hermétiquement calfatées : ainsi, l'irruption de la mer dans sa cale ne pouvait être que locale. Le long de ses murailles s'adaptaient des tours mobiles pour les archers, des catapultes, des balistes, engins de guerre redoutables; au sommet de ses mâts étaient des plates-formes ou bastions d'où les soldats faisaient pleuvoir une grêle de pierres; au bout de ses antennes pendaient des crocs, des grapins, des masses de plomb pour accrocher l'ennemi et défoncer ses ponts; enfin, sur les trirèmes romaines, à la proue, presque dans le prolongement de l'étrave, se dressait un mât ou style perpendiculaire; et ce mât portait le terrible corbeau de Duillius, espèce de pont-levis dont l'une des extrémités tournait autour du pied du mât comme sur un axe, tandis que l'autre était attachée à la tête par une corde qu'on lâchait ou serrait à volonté, selon qu'on voulait laisser tomber ou relever le corbeau; cette même extrémité portait par-dessous une énorme broche en fer bien acérée, qui clouait deux navires l'un à l'autre, et changeait ainsi le combat naval en un combat de pied ferme, dans un espace étroit, où la fuite était impossible. La trirème pouvait manœuvrer en combattant; ses thranites couraient aux armes, et ses thalamites, à l'abri des traits, la faisaient marcher, car leurs rames, fort courtes et cachées sous les flancs ne couraient pas le danger d'être coupées ou brisées dans un abordage. Le seul avantage qu'eût sur elle la quadrirème était de la dominer de toute la hauteur d'un étage ; les coups de cette dernière étaient donc plus sûrs et plus dangereux, et l'abordage presque impossible, ce qui détermina Carthage à l'opposer à l'irrésistible valeur des Romains : mais son poids la rendait difficile à mouvoir, et la trirème finissait par la vaincre.

Tous ces navires renfermaient de nombreux rameurs : on en comptait au moins cinquante par étage, et, pour obtenir une grande vitesse, il fallait que les efforts de tous ces avirons fussent simultanés, comme si une seule volonté, un seul bras, les eussent fait mouvoir. Un pareil résultat exigeait un long et pénible exercice, et cependant les anciens y arrivaient : c'était chose admirable que de voir tous ces rameurs s'asseoir ensemble, ensemble s'incliner sur leurs rames, se rejeter en arrière et retomber tous ensemble : une voix, un cri donnait la mesure, tantôt lente, tantôt rapide, selon qu'on voulait accélérer plus ou moins la marche; souvent les notes d'une flûte marquaient la cadence; tous les avirons y répondaient en plongeant à la fois dans l'eau ; le musicien était l'âme de la chiourme et ses accords faisaient oublier les pénibles heures. Tel parut Orphée dans l'expédition des Argonautes : l'harmonie de sa lyre remplissait le navire et animait les rameurs :

> Acclinis malo mediis insonat Orpheus
> Remigibus, tantosque jubet nescire labores.

Telles étaient les trirèmes dont Auguste fut fier, car il leur dut l'empire du monde à Actium. Mais après lui la marine déchut, et tomba si vite que sous Théodose et Constantin la construction même des navires à trois rangs de rames était déjà oubliée. Aux beaux jours du Bas-Empire, l'empereur Léon rétablit les birèmes : il les appela *dromones*. Ses successeurs les abondonnèrent, et leur substituèrent la longue barque à un seul rang de rames, la galère, telle que l'adoptèrent les Vénitiens, telle qu'elle s'est maintenue jusqu'au siècle de Louis XIV. La galère fut le vaisseau de ligne du moyen âge, comme la trirème avait été celui de l'antiquité. En France, sous Charles IV, on distinguait la *réale galère*, portant l'étendard royal, et montée par le général des galères, et la *Patronne*, que montait le lieutenant général. Les galères de Malte, toujours en course contre les Musulmans, leur faisaient redouter la valeur des chevaliers chrétiens. André Doria, le premier, mit plusieurs rameurs sur le même aviron, et cette modification, jointe à l'emploi du canon à la place des balistes, distingua sa galère de la fameuse samienne, dont Polycrate de Samos avait donné le modèle. Louis XIV entretint dans la Méditerranée une flotte de galères : c'était une marine à part, qui avait ses allures en dehors de la marine de haut bord. Son quartier général était à Marseille; on y prodiguait un luxe effréné : l'arrièrre de ces navires était soutenu par des fermes du plus beau travail, souvent sortis du ciseau du Puget. On y multipliait partout les bas-reliefs sculptés, les moulures dorées, les pavillons, les banderoles, les flammes, les étendards; les pavillons étaient en taffetas avec les armes du souverain brodées en or et en soie; le carrosse et la tente en damas cramoisi, garni de franges et de crépines d'or.... Tout ce luxe a disparu, et le navire lui-même l'a suivi. La célèbre galère du moyen âge n'existe plus guère que dans les musées de marine : à peine la retrouve-t-on chez quelques nations de la Méditerranée, mais déformée et décrépite comme la trace ébréchée d'une civilisation qui n'est plus. Théogène Page, capitaine de vaisseau.

GALÈRE (*Zoologie*). Quand on navigue dans les mers des Antilles, on voit souvent flotter à la surface de l'eau, au gré des vents et des ondes, un petit être singulier : il n'a ni tête, ni yeux, ni queue, ni pattes, ni ailerons, et pourtant son allure est gracieuse; sa forme est celle d'une vessie claire, d'une transparence mate et bleuâtre, comme celle de l'opale; sa partie supérieure est semblable à une crête de coq; il la dresse au vent comme une petite voile. Est-il sensible? Fort peu sans doute; mais quand on le touche, on éprouve une sensation déplaisante; ses fibres engluent la main; on dit même qu'il ébranle parfois le bras d'une secousse électrique, et fait éprouver une sorte de brûlure. On l'a nommé *galère*. Il est généralement considéré comme un zoophyte de l'ordre des acalèphes hydrostatiques, habitant les profondeurs de la mer, et doué de la propriété de sécréter des gaz dont il remplit la vessie qui lui sert de ballon pour ses voyages. Théogène Page.

GALÈRE (Caius Galerius Maximianus), empereur romain, est un des soldats couronnés dont le nom demeurerait ignoré s'il ne se rattachait à la plus sanglante persécution que la politique impériale ait exercée contre la nouvelle société chrétienne. « Né dans les huttes des Daces, dit Châteaubriand, ce gardeur de troupeaux a nourri dès sa jeunesse, sous la ceinture de chevrier, une ambition effrénée. Tel est le malheur d'un État où les lois n'ont point fixé la succession au pouvoir... Galérius semble porter sur son front la marque ou plutôt la flétrissure de ses services; c'est une espèce de géant dont la voix est effrayante et le regard horrible. Les pâles descendants des Romains croient se venger des frayeurs que leur inspire ce César, en lui donnant le surnom d'*Armentarius* (gardeur de troupeaux). Comme un homme qui fut affamé la moitié de sa vie, Galerius passe les jours à table, et prolonge dans les ténèbres de la nuit de basses et crapuleuses orgies. Au milieu de ces saturnales de la grandeur, il fait tous ses efforts pour déguiser sa première nudité sous l'effronterie de son luxe; mais plus il s'enveloppe dans les replis de la robe de César, plus on aperçoit le sayon du berger. » Galère cependant n'était pas sans mérite; du rang de simple soldat, parvenu aux premiers grades de la milice, il s'était distingué sous les empereurs Aurelius et Probus. Créé César par Dioclétien, l'an 292 de l'ère chrétienne, il eut pour son département la Thrace, la Macédoine et la Grèce. N'ayant rien de grand à faire contre les ennemis de l'empire, il fit défricher dans la Pannonie plusieurs forêts considérables, et fit écouler un lac dans le Danube, créant ainsi une nouvelle province, qui fut appelée Valérie, du nom de son épouse, laquelle était fille de Dioclétien. Mais il ne fut pas heureux dans son expédition contre Narsès, roi de Perse, et fut complètement défait entre Callinique et Charres. Dioclétien, qui était à Antioche, le reçut avec toutes les marques du plus vif mécontentement; et l'orgueilleux César fut forcé de marcher à pied derrière le char impérial, comme le dernier des soldats. Il se releva de cette humiliation par une victoire tellement décisive que le monarque persan céda cinq provinces à l'empire pour obtenir une paix qui fut observée pendant quarante ans. Dès ce moment Galère, regardé comme le héros de l'empire et décoré des noms fastueux de Persique, d'Arménique, de Médique et d'Adiabénique, se fit craindre de Dioclétien, et bientôt le força d'abdiquer.

Galère avait apporté sur le trône une fureur aveugle contre les chrétiens. La mère du césar, paysanne grossière et superstitieuse, était livrée avec fanatisme à l'adoration des divinités des montagnes. Elle avait inspiré à son fils l'aversion qu'elle éprouvait pour les sectateurs de l'Évangile. Galère poussa d'abord le faible et barbare Maximien, collègue de Dioclétien, à persécuter l'Église; mais ce ne fut qu'avec peine qu'il triompha de la sage modération de Dioclétien. Enfin, Galère arracha cet édit de proscription qui a rendu son nom et celui de Dioclétien si odieux dans les annales du christianisme. Aucune persécution ne fut plus générale et plus savamment cruelle : commencée l'an 303, elle dura dix ans. Ce fut un baptême de sang que reçut le christianisme au moment de triompher par l'adoption de Constantin. Après l'abdication de Maximien et de Dioclétien (an 305), Galère, dominateur de l'Orient, vécut en paix avec Constance Chlore, son collègue, qui régnait en Occident. Il n'en fut pas de même de Constantin, fils et successeur de Constance Chlore : l'activité de ce jeune collègue troubla la vieillesse de Galère. Ce dernier avait ordonné un recensement des propriétés, afin d'asseoir une taxe générale sur les terres et sur les personnes; il voulut y soumettre l'Italie. Rome se souleva, et appela à la pourpre Maxence, fils de l'ex-empereur Maximien. Maximien lui-même sortit de sa retraite, reprit la pourpre en Gaule, et se ligua avec Constantin contre Galère. Cependant Galère, avec une forte armée, vint en Italie pour assiéger Rome, qu'il n'avait jamais vue. Effrayé de l'aspect de cette ville immense, il se retira. Quelque temps après (310), Galère succomba dans Sardique, à un mal affreux et dégoûtant, pareil à celui qui avait enlevé Sylla. Les chrétiens attribuèrent cette maladie à la vengeance divine. Galère en jugea de même, car il fit publier, le 1er mars 311, un édit pour faire cesser la persécution. Le ciel ne fut point désarmé par ce tardif repentir : le 1er mai Galère n'était plus.

Charles Du Rozoir.

GALÈRES (Peine des). Les chercheurs d'origines ont fait tous leurs efforts pour déterrer la trace ou la preuve de l'existence de la peine des galères chez les Romains : c'était se méprendre étrangement sur l'esprit de Rome. Rome eut une trop haute idée du métier de matelot et de rameur pour en faire un supplice ignoble; pour triompher de Carthage et commander à l'univers, il lui fallait des héros, non des scélérats; ce furent les *classiarii milites*, les *socii navales*, qui armèrent ses chiourmes. Nul texte de ses lois ne porte l'empreinte d'un châtiment de ce genre. Peut-être pourrait-on conclure de quelques passages d'auteurs anciens qu'il existait à Athènes; mais c'est dans le Bas-Empire qu'il faut chercher le mot et le supplice. D'abord on nomma γαλέαροι, *galearii* en basse latinité, les matelots, puis les esclaves et les forçats, qui servaient sur les galères. Les Français rapportèrent ce mot à la suite des croisades; ils appelèrent *galié* et *galérien* le forçat condamné aux *galies* et aux *galères*, enchaîné et tirant la rame :

> N'en istront mès par terre ne par mer :
> Bien les ferai à galies garder.

Un arrêt du parlement qui défend aux juges d'église de l'appliquer aux clercs en fait mention pour la première fois en 1532. Les ordonnances de Charles IX ne firent que rendre cette peine applicable par tous les tribunaux séculiers du royaume. Ce même prince enjoignit aux parlements de ne pas condamner aux galères pour moins de dix ans. Un règlement de police de 1635 étendit cette peine à tous les vagabonds ramassés dans les rues de Paris : l'ordonnance des gabelles de 1680 y condamna les faux-sauniers; les délits de chasse et ceux de contrebande furent punis des galères à temps et même à perpétuité jusqu'au règne de Louis XVI. En dehors des cas prévus par les ordonnances, la peine des galères était appliquée par la jurisprudence des cours et tribunaux à la plupart des crimes et délits ordinaires, tels que vols, faux, etc. C'était en réalité la peine la plus usitée, les juges ne se faisant aucun scrupule de l'appliquer, parce qu'elle offrait l'avantage de purger le pays des malfaiteurs en même temps qu'elle les employait au service du roi et de l'État.

La chiourme, c'est-à-dire le nombre des galériens, était pour chaque bâtiment de 108, sans compter 80 mariniers de rames, 92 soldats et 30 mariniers dits *de rambave*. Cette chiourme était surveillée par un *argousin*, un *sous-argousin*, et dix *compagnons* ou gardiens, qui exerçaient un pouvoir brutal sur les malheureux forçats. La partie du bâtiment appelée la *vague* renfermait dans un espace d'environ 35 mètres 26 bancs de part et d'autre, auxquels étaient enchaînés les forçats, qui passaient leur vie nuits et jours dans cet étroit espace. Aux jours de combat les boulets faisaient d'affreux ravages parmi les galériens. Ce fut sous Louis XIV, quand les galères cessèrent d'être en usage dans la marine française, que les galériens furent renfermés dans les bagnes.

La pénalité usitée envers les galériens était atroce. Tout condamné coupable d'avoir frappé un surveillant avec un ferrement était rompu; s'il avait tué un camarade, pendu; pour sodomie, brûlé vif; pour avoir juré le nom de Dieu ou de la Vierge, il avait la langue percée d'un fer rouge. A la première évasion, on lui coupait une oreille; à la seconde, il était condamné à vie, et on lui coupait le nez.

GALERIE. Dans son acception la plus ordinaire, ce mot sert à désigner une pièce dont la longueur est au moins trois fois la largeur; dans quelques palais, il y a des galeries qui servent de communication entre diverses parties des appartements; alors leur longueur est considérable : telle est la galerie du Louvre. Les grands et vastes appartements ont souvent une galerie : c'est une pièce d'apparat dans laquelle on se réunit lorsque les salons ne sont pas suffisants. Elles sont dans ce cas décorées avec splendeur : on y place même des objets précieux, des meubles de luxe. Les voûtes souvent sont couvertes de peintures, divisées par compartiments, formés d'ornements, soit en stuc, soit en peinture, et toujours dorées. Les trumeaux, d'abord recouverts de tentures en soie ou en brocart d'or et d'argent, ont aussi reçu des glaces, des tapisseries représentant des personnages; puis on y a introduit des tableaux originaux de diverses dimensions. Le mot *galerie* alors a été employé pour désigner des collections de tableaux appartenant à des souverains, à des princes, même à de riches particuliers, quand ces collections étaient trop considérables pour porter la simple dénomination de cabinet. Depuis quelques années on s'est servi des mots *musée* ou *muséum* comme synonymes de *galerie;* on emploie aussi maintenant le mot *pinacothèque*.

Il y a plusieurs galeries célèbres par leur richesse ou par le mérite des peintures dont d'habiles maîtres ont été chargés de les décorer. Nous citerons en première ligne la galerie du palais Farnèse à Rome, l'une des plus petites par ses dimensions; elle jouit d'une grande célébrité, à cause de la richesse de sa décoration. La galerie du palais Favi à Bologne, où se voit l'histoire d'Énée; celle du palais Magnani à Bologne, représentant l'histoire de Romulus, enfin, le cloître Saint-Michel-in-Bosco, aussi à Bologne, sont toutes les trois peintes par les Carrache. A Rome on voit aussi la galerie Verospi, peinte par François Albane et Badalocchi; la galerie du palais Pamphile, par Pierre Beretini; puis cette charmante galerie du palais Chigi, souvent désignée sous le nom de *Farnesina*, et dans laquelle Raphael a peint l'histoire de l'Amour et Psyché; enfin, la galerie du Vatican, à laquelle on donne en Italie le nom de *loges* : ses voûtes sont ornées par cinquante-deux sujets de l'Ancien et du Nouveau Testament, tandis que les trumeaux et les embrasures des fenêtres sont couverts d'arabesques où Raphael a montré la grâce, la facilité et la diversité de son génie.

Nous trouverons en France plusieurs galeries célèbres, telles que la galerie du Louvre, la petite galerie d'Apollon, peinte par Le Brun, et récemment restaurée; la galerie peinte au Luxembourg par Rubens, et dans laquelle cet habile artiste avait donné l'histoire de Médicis, maintenant détruite; la galerie Mazarine, à la Bibliothèque impériale; la galerie des ambassadeurs, souvent dite *galerie de Diane*, aux Tuileries; la galerie de l'hôtel Lambert, à l'île Saint.-Louis : la voûte est peinte par Le Brun, et représente l'apothéose d'Hercule; la galerie de l'hôtel de Toulouse, aujourd'hui l'hôtel de la Banque de France : sa voûte, peinte en 1645, par François Perrier, représente Apollon au milieu, et les quatre Éléments dans les bouts. Nous ne devons point omettre la galerie du palais de Saint-Cloud, peinte par Mignard; ni la galerie de Versailles, dans laquelle Le Brun a peint l'histoire de Louis XIV; ni enfin Fontainebleau, palais dont la construction est si singulière, dans lequel il a existé cinq galeries, dont trois sont abattues depuis-longtemps. Parmi les galeries qui n'existent plus, il faut citer l'ancienne galerie du Palais-Royal, la galerie Aguado. On sait de quelle richesse était la galerie du maréchal Soult.

Nous parlerons encore de la galerie construite en Angleterre dans le palais d'Hampton-Court par le roi Guillaume III et la reine Marie, exprès pour placer les sept grands cartons peints par Raphael, et que l'on croit avoir appartenu à Charles Ier; puis aussi de la galerie du palais Schleissem en Bavière, également décorée de peintures et de plus 2,400 tableaux. Nous terminerons, enfin, en citant seulement les noms des célèbres collections de tableaux qui portent le nom de *galerie*, telles que la galerie de Florence; à Vienne, la galerie impériale, au Belvédère, qui contient 1,250 tableaux; celles des princes de Lichtenstein et Esterhazy, qui contiennent, la première 700 tableaux, et l'autre 550; dans le reste de l'Allemagne, la galerie de Dresde, où se voient 1,400 tableaux; celle de Sans-Souci, qui en renferme 170; celles de Dusseldorf, de Brunswick, n'existent plus; à Pétersbourg, la galerie de l'Ermitage; en Angleterre, les galeries de Marlborough, Stafford et Cleveland. DUCHESNE aîné.

GALERIE (*Fortification*). On distingue deux espèces de *galeries souterraines*, l'une servant à l'attaque, l'autre à la défense des places. La *galerie* dite de *communication* est construite par les assiégés pour communiquer du corps de la place ou de la contrescarpe aux ouvrages détachés, afin de n'être point aperçu de l'ennemi. La *galerie de mine* est un fossé construit par les assiégeants pour aller, à l'abri de la mousqueterie, au pied de la muraille et y attacher le mineur. Cette galerie a 1^{m}, 30 de hauteur, sur 1 mètre environ de largeur; elle fait partie des travaux d'approche. La *galerie de contre-mine* consiste en une espèce de tranchée établie par les assiégés pour interrompre ou détruire les travaux de mine. Celle-ci, qui appartient au système de défense, est ordinairement maçonnée, tandis que la première est creusée en terre et étayée avec des planches à mesure que le mineur avance. On appelle *galerie d'écoute* celle qui est pratiquée le long des deux côtés des galeries de communication pour y placer des personnes chargées d'écouter et de découvrir l'endroit où travaille l'ennemi.

L'origine des galeries souterraines est fort ancienne : Enée le tacticien, qui écrivait vers le milieu du quatrième siècle avant J.-C., en parle comme d'une invention connue depuis long-temps. Chez les Grecs et chez les Romains, elles étaient beaucoup plus larges que les nôtres, et exigeaient par conséquent un travail plus long et plus minutieux. Lorsque les Romains entreprenaient un siége, ils établissaient d'abord des tranchées, ou parallèles continues. Des sapes couvertes communiquaient, sans péril, du camp à ces tranchées, et de ses ouvrages aux batteries de jet. D'autres sapes conduisaient au bélier lorsque le moment de faire manœuvrer cette machine était venu. Les galeries souterraines leur servaient de mine, mais ils ne faisaient usage de ce moyen qu'à l'instant où le bélier jouait avec le plus de force, c'est-à-dire lorsque le siége touchait à sa fin. Ces galeries se pratiquaient en établissant des étais sous les murs et sous les tours des assiégés. Lorsqu'elles étaient achevées, on y apportait des fascines goudronnées, auxquelles on mettait le feu. L'abaissement qu'occasionnait l'incendie des étais faisait crouler à la fois et la partie du terrain qui s'étendait au-dessus et la construction qui s'y trouvait placée. C'est aussi sous l'abri des galeries qu'on faisait jouer le bélier. Une des galeries les plus remarquables était la *vigne* (vinée, *vinea*) ou *treille*, destinée à faciliter l'approche d'une place. Construite en bois de charpente, elle avait 5 mètres de long, 2^{m},60 de haut, et 2^{m},25 de large. La couverture était plate et se composait d'une double toiture, dont l'une en planches, l'autre en clayonnage. Les côtés étaient revêtus, en dedans, d'osiers préparés pour cet usage; en dehors, de cuir mouillé. On mettait ordinairement plusieurs vignes à la suite les unes des autres pour en former une longue galerie.

GALERIE (*Mines*). Lorsqu'on s'est assuré, par un moyen quelconque, de l'existence et de la position d'un filon, et de la nature du minerai dont il est composé, on y parvient par des chemins souterrains, que l'on appelle *puits* ou *bures*, lorsqu'ils sont perpendiculaires ou très-obliques. Ces chemins prennent le nom de *galeries* quand leur direction est horizontale ou du moins très-peu inclinée. Si la galerie est percée dans le sein d'une montagne, et si sa longueur est un peu considérable, on ouvre, au-dessus, des puits de distance en distance. C'est par ces puits ou soupiraux que l'air de la galerie se renouvelle. TEYSSÈDRE.

GALERIE (*Marine*). C'était une espèce de balcon établi à l'arrière, au-dessus du gouvernail, faisant un peu saillie en dehors, décoré d'ordinaire d'une balustrade, et servant de promenade au capitaine. Aujourd'hui la galerie est à peine saillante, parfois même elle n'est que simulée. Autrefois il y en avait souvent deux étages, et on les appelait *jardins*, à cause des fleurs dont on les embellissait. On les fermait avec des rideaux de soie ou de velours, garnis de passementerie.

On nomme également *galerie* un couloir ou corridor pratiqué dans l'intérieur d'un vaisseau de guerre, à la hauteur du faux-pont, c'est-à-dire à la flottaison. Elle sert aux charpentiers pour la visite qu'ils font de la muraille du vaisseau, et facilite, pendant le combat, les réparations que nécessitent les blessures faites à la coque du bâtiment par les boulets ennemis.

GALÉRIEN. Avant la suppression des bagnes, quand un voyageur venait visiter nos grands arsenaux maritimes, son oreille était d'abord frappée d'un bruit de chaînes lentement traînées sur le pavé; ce bruit sinistre l'accompagnait partout : sur les quais, sous les voûtes des édifices où s'exécutent les travaux du port; puis à chaque pas il rencontrait des hommes vêtus d'une manière étrange et accouplés deux à deux ; un lien de fer les unissait, rivé par chacune de ses extrémités à la cheville de leurs pieds : des souliers informes, un pantalon en laine jaune, une chemise rouge bigarrée de jaune et marquée de numéros divers, un sale bonnet avec une plaque de plomb numérotée, tel était leur accoutrement; et l'étranger qui s'arrêtait devant le passage de ces bandes d'hommes enchaînés ne demandait pas même leur nom à son guide : il avait reconnu les *galériens*, hommes qui ne conduisaient plus de galères, mais qui en avaient gardé leur dénomination; il avait lu leur condamnation, *travaux forcés*, dans les deux lettres TF, imprimées sur le dos de leur chemise. Un premier sentiment de pitié ou de douleur s'éveillait au fond de son âme quand il voyait le garde chargé de ramener au parc ces êtres humains accélérer leur marche avec le bâton, et, semblable au chien du berger qui rôde en grognant autour du troupeau, rallier par d'effroyables menaces ou par des coups le traînard qui s'écartait des rangs; mais s'il fixait un instant son œil sur toutes ces figures hâlées et bronzées, il frémissait involontairement sous leur regard oblique et fauve; sa pitié s'effaçait et faisait place à la crainte ou au dégoût : c'est que tous portaient sur le front un stigmate de réprobation et de haine invétérée; c'est qu'il pressentait instinctivement que cette horde de brigands, au milieu même du châtiment qu'ils subissaient, ne cherchait dans la nature entière que de nouveaux moyens, de nouvelles occasions de crime.

Une fatale destinée présidait à la vie du *galérien*. Arrivé au point de sa destination, on lui arrachait ses vêtements, dernier souvenir de la société qui le répudiait; il endossait l'uniforme dégradant du forçat; on lui jetait au hasard un compagnon qui devait partager sa chaîne, son sommeil, ses travaux, sa nourriture, son repos, son existence de tous les instants; on le *mariait*... Épousailles étranges! une chaîne de fer, rivée sous le marteau de l'exécuteur, était la bandelette sacrée du *mariage* du forçat, un garde-chiourme était son dieu d'hyménée!... et alors s'ouvraient devant lui les grilles du *bagne*. C'était dans ce séjour maudit que venait se naturaliser le forçat. Si cette terre ne lui était point étrangère, ou, pour nous servir du langage consacré des habitants, s'il était *vieux fagot*, il se voyait à l'instant entouré, serré, embrassé, porté en triomphe par ses anciens compagnons; il racontait ses courses vagabondes, ses hauts faits, sa gloire et sa chute; il terminait par une nouvelle méthode de tromper l'*argousin*. Mais si le condamné apparaissait pour la première fois dans cette enceinte de bannis, si son nom n'y avait pas encore été apporté par la renommée, s'il était *bois vert*, en un mot, ou *jeune fagot*, il subissait un interrogatoire, et on l'initiait à la morale du lieu, morale brûlante comme un fer rouge, et dont l'horrible langage trouvait le moyen d'éveiller un dernier rayon de pudeur au front même de l'homme qui a laissé toute honte sur la sellette des assises. Dans les enseignements qu'il recevait, tout remords s'effaçait; il prenait confiance en lui-même; la réprobation universelle cessait de peser sur son âme; il trouvait des amis, des frères.

Le soir, quand le forçat était rentré, il soupait, causait et badinait, puis, au coup de sifflet d'un adjudant des chiourmes, il se taisait et s'endormait. C'était au milieu de ses ébats du soir qu'il fallait étudier le forçat; ses causeries étaient des cours complets de vol et d'assassinat, le récit de forfaits inouïs, son badinage faisait peur; on craignait toujours que du poids de ses fers il ne broyât la tête qu'il semblait caresser. Mais le lourd bâton du garde de service planait sans cesse sur lui, et prévenait tout dénoûment tragique. Parfois des scélérats fameux s'apostrophaient et engageaient une conversation à tue-tête. L'assassin, le faussaire, le voleur de grands chemins, le suborneur atroce, se chargeaient tour à tour de peindre la société, sa justice et ses lois. La langue qu'on parlait là a son dictionnaire et sa grammaire, argot dégoûtant, plein de comparaisons fangeuses, où étincellent aussi d'effrayantes métaphores, des onomatopées terribles.

Au bagne tout était ignominie et lâcheté; le fanatisme, la vanité, l'énergie, abandonnent bien vite l'homme dans les chaînes; la trahison mine tout : c'était le grand levier du gouvernement de leur chef; à l'aide de quelques primes offertes à la délation, il se tenait au courant des plus sourds complots. Le cercle des plaisirs et des douleurs du forçat était très-petit; pour lui, la pudeur et l'honneur n'étaient plus une barrière ou un aiguillon; les coups de bâton ne réveillaient pas son orgueil, il ne les mesurait qu'au taux de la douleur physique. Mais toute son apathie disparaissait au flair d'une mauvaise action; il allait quêtant sans cesse le conscrit ou le voyageur badaud, pour lui escamoter sa montre et son argent; il s'agissait de *plumer l'oison*, et alors il déployait une adresse et une activité prodigieuses : cependant, il ne résistait pas à la menace des coups de corde quand il était découvert : le vol, au bagne, n'était qu'un délit de discipline.

Survenait-il une grande catastrophe, l'âme du forçat, avide d'émotions fortes, s'élevait et semblait se purifier : on n'oubliera pas que quand Sidney-Smith vint incendier nos vaisseaux à Toulon, ce furent les forçats qui sauvèrent l'arsenal. Pendant le choléra, au moment où la peur faisait oublier les devoirs les plus chers, c'étaient eux qui ramassaient et enterraient les cadavres; ils jouaient avec la mort, et comme alors ils étaient l'objet de soins particuliers, dans leur reconnaissance diabolique, ils criaient : « Vive le choléra! » Lors de l'incendie du chantier du Roussillon à Toulon, ils se montrèrent pleins de zèle. Aucun ne chercha à fuir. Les évasions de forçats étaient du reste assez rares en général : il ne suffisait pas d'avoir franchi l'enceinte de l'arsenal, il leur fallait de l'argent pour gagner un asile. A l'expiration de leur châtiment, l'autorité leur donnait 12 fr. pour se procurer un vêtement; le pécule qu'ils avaient amassé dans leurs années de captivité leur était payé à domicile. Mais le bagne était un tourbillon qui absorbait tout ce qui avait mis une fois le pied dans sa sphère d'activité. Que pouvait faire le forçat libéré? Objet des craintes ou des dégoûts de tout le monde, il ne pouvait que rarement trouver du travail pour exister; la société le forçait à la guerre, et il allait de nouveau, entraîné par une force invincible, peupler le bagne, qui ne lâchait que rarement sa proie pour longtemps. On voyait même quelquefois des prisoniers des maisons centrales commettre quelque crime dans le seul but d'aller au bagne.

Le *mariage du bagne* n'était point indissoluble ; souvent deux existences antipathiques se trouvaient fixées à la même chaîne; de là d'effroyables haines, des querelles, des luttes sanglantes; le divorce alors était prononcé, et d'autre unions se cimentaient.

Nulle femme n'entrait au bagne, nulle, excepté la religieuse hospitalière qui s'est dévouée à toutes les agonies de l'humanité; là il y avait des passions dont le nom seul tuerait la pudeur.

Quelques bagnes existent encore en partie; mais ils ne sont plus que l'ombre du tableau qui vient d'en être tracé. Les bras du forçat sont remplacés par des bras d'ouvriers libres. La nouvelle loi sur l'exécution des travaux forcés transporte à la Guyane les condamnés qui venaient autrefois finir leurs jours dans les bagnes. Jusqu'à quel point les galériens ont-ils gardé là bas les mœurs du bagne? Nous ne saurions le dire. Théogène PAGE.

GALERIUS. *Voyez* GALÈRE.

GALET. Le mouvement des vagues, en poussant vers la côte des fragments de roches arrachés au fond de la mer, les arrondit en les frottant les uns contre les autres. De là résultent ces fragments roulés, qui couvrent la plage sur les bords de la mer, et que l'on nomme *galets*. Ils s'accumulent en couches épaisses aux points les plus élevés atteints par les vagues. L'étude des galets n'est pas sans intérêt pour le géologue. La situation de plusieurs amas de ces cailloux roulés bien au-dessus du niveau actuel de la mer indique le soulèvement qui a dû s'effectuer dans certaines contrées.

GALET, petit disque d'ivoire, de métal, etc., qui sert à plusieurs usages. En mécanique, on emploie des galets pour diminuer les frottements; alors ils sont montés sur un axe comme les roues d'engrenage : dans cette application, les galets fonctionnent comme des roues de voitures. Par exemple, supposons qu'il s'agisse d'un des pivots de l'arbre d'une grande roue : s'il tournait dans un coussinet, il éprouverait un certain frottement, qui sera singulièrement diminué si cet arbre pose sur deux galets mobiles sur leurs axes, et avec lesquels il n'est en contact qu'en deux points seulement. TEYSSÈDRE.

GALETAS. C'est, dans le langage dédaigneux des favoris de la fortune, l'humble réduit de l'indigence. A ce mot, on se représente une petite chambre penchée sous les toits, ouverte aux quatre vents, meublée de quelques chaises et d'un mauvais grabat, le tout en désordre, circonstance inhérente à la dénomination de *galetas*. C'est ce qui le relègue fort au dessous de la *mansarde* de la grisette, coquettement décorée par elle, et même au-dessous du *grenier*, que le ministre Corbière jugeait assez bon pour les gens de lettres. Dans sa fable de *La Devineresse*, La Fontaine nous apprend que de son temps il fallait, pour inspirer la confiance, qu'un *galetas* fût la demeure des gens qui se mêlaient de prophétiser l'avenir. Aujourd'hui plus d'une sorcière en vogue a pignon sur rue et loge au premier étage. OURRY.

GALIANI (FERNANDO, abbé), naquit le 2 décembre 1728, à Chieti, dans l'Abruzze citérieure. Dès l'âge de huit ans il fut envoyé à Naples, chez son oncle, dom Célestin Galiani, qui était alors premier chapelain du roi. Il s'y livra à l'étude de la philosophie et des lettres, et surtout à celle du commerce et de l'économie politique. A seize ans, dans une académie des *Emules*, il prit pour sujet de ses travaux l'état de la monnaie au temps de la guerre de Troie. Il puisa dans cette dissertation, qui obtint un grand succès, l'idée première de son grand ouvrage sur les monnaies. A dix-huit ans, il entreprit un travail sur l'ancienne histoire de la navigation de la Méditerranée. En 1749 il publia un petit volume, qui obtint un grand succès de scandale. C'était l'éloge funèbre du bourreau *Domenico Jannacone*, qu'il composa pour se venger d'une académie dont il croyait avoir à se plaindre. L'usage établi par ce corps illustre de *letterati* voulait que lorsqu'il mourait à Naples quelque grand personnage, tous les académiciens publiassent à la louange du défunt un recueil de pièces en prose et en vers. Le bourreau de Naples étant mort, Galiani, aidé d'un de ses amis, composa sur la mort de ce *fonctionnaire* un recueil de pièces très-sérieuses, qu'il attribua à chacun des académiciens, en imitant l'allure de leur style. Cette publication valut à l'auteur dix jours d'*exercices spirituels*. Peu de temps après, il fit oublier cette escapade de jeunesse en publiant son *Traité sur les Monnaies*, auquel il travaillait depuis plusieurs années. Le grand succès de cet ouvrage engagea l'évêque de Tarente à faire obtenir à Galiani quelques bénéfices, qui le poussèrent à prendre les ordres mineurs. Son oncle le fit ensuite voyager en Italie. Il fut accueilli partout avec honneur, et l'Académie de la Crusca le reçut parmi ses membres.

Il a laissé en mourant huit gros volumes de lettres de savants italiens, et quatorze de savants, de ministres et de souverains étrangers, qui réunis avec les siennes contiennent l'histoire politique et littéraire de son temps. En 1754 il publia un ouvrage sous ce titre : *Della perfetta Conservazione del Grano, discorso di Bartolomeo Intieri*. Cet Intieri était un célèbre mécanicien, qui, désirant rendre publique, par la voie de l'impression, la machine de l'étuve à blé, qu'il avait inventée vingt ans auparavant, s'était adressé à la plume élégante de notre abbé. Galiani fut le premier qui entreprit de former une collection de pierres et de matières volcaniques du Vésuve. Il écrivit sur les éruptions de cette montagne une dissertation savante, qu'il dédia au pape Benoît XIV. Le pontife y répondit par le canonicat d'Amalfi, qui valait 400 ducats de rente. Galiani possédait déjà un bénéfice de 500 ducats, qui lui donnait la mitre, avec le titre de monseigneur, et un autre, moins honorifique, mais qui lui rapportait 600 ducats. Son *Oraison funèbre de Benoît XIV* accrut sa renommée. Il a fourni plusieurs mémoires au premier volume des *Antiquités d'Herculanum*, qui parut en 1757. Le roi de Naples, pour récompenser ses travaux, lui fit une pension de 250 ducats. En janvier 1759 il fut nommé secrétaire d'État, en même temps que secrétaire de la maison du monarque, et quelque temps après secrétaire d'ambassade en France. Il arriva à Paris au mois de juin suivant. L'originalité de sa conversation, la vivacité de ses gestes, de son esprit, l'extrême petitesse de sa taille et la mobilité de ses traits, obtinrent bientôt dans les salons de la capitale un véritable succès. Lié avec Grimm et Diderot, il devint un des habitués des salons de Mmes Geoffrin et d'Epinay et du baron d'Holbach. Il s'exerça assidûment à écrire en français, et commença son Commentaire sur Horace. L'abbé Arnaud, avec qui il était intimement lié, en inséra plusieurs fragments dans sa gazette littéraire.

Après quelques voyages, il écrivit en français des *Dialogues sur le Commerce des Blés*, publiés par Diderot, en l'absence de Galiani, sous la date de Londres, et sans nom d'auteur. Cet ouvrage fit une vive sensation. Voltaire disait que pour le composer Platon et Molière semblaient s'être réunis. Pendant que ce livre instruisait et amusait Paris, l'auteur était entré à Naples dans les fonctions de conseiller du commerce : il y joignit bientôt celle de secrétaire du même tribunal. Ces deux places lui valaient 1,600 ducats par an. En 1777 il devint l'un des ministres de la *junte* des domaines royaux, à laquelle était confié tout ce qui regardait le patrimoine privé du roi. Ces occupations ne nuisaient point à ses travaux littéraires. Il a laissé presqu'au complet un traité qui lui fut inspiré par son grand amour pour Horace. Le projet qu'il eut d'une académie dramatique le conduisit à vouloir composer lui-même un opéra-comique sur un sujet bizarre : c'était *Le Socrate imaginaire*, représenté par un homme ridicule et borné, fanatiquement épris de Socrate, et imitant burlesquement les actions de ce philosophe. Le poëte Lorenzi écrivit la pièce; Paisiello en composa la musique, et cet opéra bouffon eut le plus grand succès en Italie, en Allemagne, et jusqu'à Saint-Pétersbourg. L'abbé Galiani cultivait lui-même la musique avec une passion réelle : il chantait agréablement et s'accompagnait fort bien du clavecin. Il avait un musée de monnaies antiques, de médailles rares, de pierres gravées, de camées, et ce musée était un des plus curieux de Naples.

Le 8 août 1779, une terrible éruption du Vésuve jeta l'effroi dans cette ville. Pour dissiper la terreur de ses concitoyens, Galiani écrivit en une seule nuit un pamphlet sur cette éruption : on rit, et on ne trembla plus. Dans la même année, il publia un ouvrage intitulé *Del Dialetto napoletano*. On y lut pour la première fois l'histoire de ce dialecte, que l'abbé Galiani suppose avoir été la langue primitive. En 1782 il publia un in-4° sur les *Devoirs des princes neutres envers les princes belligérants, et de ceux-ci envers les neutres*. La même année il fut nommé premier assesseur du conseil général des finances. Un mois après, le roi lui donna l'abbaye de Scurcoli, qui valait, toutes charges et pensions déduites, 1,200 ducats de rente. La place d'assesseur d'économie dans la surintendance des fonds de la couronne, à laquelle il fut nommé en 1784, ajouta 600 ducats à son revenu; mais déjà sa santé s'altérait : il eut le 13 mai 1785 une première attaque d'apoplexie. Il voyagea. De retour à Naples, il déclina rapidement. Il vit approcher la mort sans rien perdre de sa gaîté, et s'endormit paisiblement du sommeil éternel le 30 octobre 1787, âgé de cinquante-neuf ans. Jules SANDEAU.

GALIANO (DON ANTONIO ALCALA), longtemps l'un des chefs du parti démocratique en Espagne, né vers 1790, à Cadix, était encore complétement inconnu avant 1820. Il seconda alors puissamment le mouvement insurrectionnel de l'île de Léon, et rédigea les proclamations du général Quiroga. En 1821 il était *chef politique* (préfet) de Cordoue, lorsqu'il fut appelé à faire partie de l'assemblée des cortès, dans laquelle il ne tarda pas à se signaler au nombre des *exaltados* les plus ardents. Quand l'intervention de la France menaça la révolution dans son existence, Galiano n'hésita pas à demander qu'on déclarât le roi *en état d'empêchement moral*, cas prévu par la constitution, et qu'une régence provisoire fût, en conséquence, chargée du pouvoir exécutif. Les succès de l'armée française ayant bientôt contraint tous ceux qui s'étaient compromis à aller demander un refuge à l'étranger, Galiano se retira en Angleterre. La mort de Ferdinand lui rouvrit, en 1833, les portes de sa patrie; et député aux cortès de 1834 par la ville de Cadix, il reprit dans cette assemblée son rôle de tribun du peuple. Toutefois, les événements de la Granja (1836) semblèrent modifier profondément ses opinions; et tous ses discours prirent dès lors une teinte de modération qui insensiblement devint une désertion complète de ses anciens principes. Voilà déjà longtemps qu'on le compte au nombre des membres les plus influents du parti conservateur; nouvel et frappant exemple de la versatilité qui de nos jours est le caractère à peu près général des hommes politiques de tous les pays, et que trop souvent on attribue à des causes honteuses, tandis qu'elle n'est peut-être que le résultat du doute produit par la pratique réelle des affaires dans de bons esprits, qui comprennent un peu trop tard que les faits sont toujours plus puissants que les théories, si sublimes qu'elles puissent être. Au moment où éclata à Madrid (juillet 1854) la nouvelle révolution qui a remis le pouvoir aux mains d'Espartero, Alcala Galiano occupait à Lisbonne, depuis 1851, le poste d'ambassadeur d'Espagne.

GALICE (en espagnol *Galicia*), chez les anciens le pays des *Artabri* et une portion de la *Gallæcia*, province formant, avec le titre de royaume, l'extrémité nord-ouest de l'Espagne, comprenant une superficie de 578 myriamètres carrés et une population de 1,500,000 âmes, et divisée aujourd'hui en quatre provinces : celles de la Corogne, de Lugo, d'Orense et de Pontevedra. La Galice, qui se rattache aux montagnes boisées du royaume de Léon, est une vaste région montagneuse, dont la chaîne centrale, le mont Cebrero, s'étendant de l'est à l'ouest entre le Minho et le Sil, atteint une élévation de 2,000 mètres et est entourée de chaque côté de plateaux déserts, pauvres en bois comme en plantes, véritables steppes de montagnes appelés *Parameros*, que dominent des pics de 3 à 500 mètres de hauteur, complétement nus et dépouillés. Ces plateaux vont en s'abaissant par terrasses successives jusqu'à la côte, qui présente une multitude d'échancrures profondes, aux contours abruptes et tourmentés, et que borde une chaîne de rochers d'environ 350 mètres d'élévation et présentant les anfractuosités les plus sauvages. Les caps Finisterre et Ortegal forment les saillies extrêmes de cette côte. De nombreux cours d'eau, dont le plus important est le Minho, avec ses affluents le Sil et l'Avia, et qui en outre devient navigable dans sa partie inférieure, constituent chacun à leur embouchure ce qu'on appelle des *rias*, c'est-à-dire des solutions de continuité de la côte assez semblables à ce que dans les mers de la Scandinavie on nomme des *fjords*, offrant des rades et des ports assez sûrs. Le climat dans l'intérieur du pays est âpre, et sur les terrasses voisines des côtes humide et tempéré. La nature du sol varie beaucoup : aride et stérile ici, il se couvre là des plus riches pâturages, et se prête même à la culture de la vigne et des orangers.

Les habitants, appelés en espagnol *Gallegos*, sont une race vigoureuse, énergique et laborieuse. Ils parcourent l'Espagne en cherchant partout à gagner et à amasser au moyen des plus rudes travaux un peu d'argent pour revenir plus tard se fixer dans leur pays natal. Tous les porteurs d'eau à Madrid sont des Galiciens. Comme soldats, ils forment d'excellentes troupes, remarquables par l'exacte discipline qu'elles observent, par la facilité avec laquelle elles supportent les plus grandes privations, la faim, la soif; aussi conviennent-ils surtout au service de l'infanterie. On les appelle souvent les *Gascons de l'Espagne*; et effectivement il y a une ressemblance frappante entre le caractère de ces deux races. La pêche et la navigation constituent les principales occupations des habitants de la Galice, et c'est depuis peu seulement que quelques fabriques de toiles ont été fondées dans le pays. Les villes les plus importantes de la Galice, après Saint-Jacques de Compostelle, son chef-lieu, sont La Corogne et Le Ferrol, toutes deux ports de mer et entourées de fortifications. Il faut encore mentionner *Lugo*, ville de 5,000 habitants; *Orense*, dont le chiffre de population est le même, avec un beau pont sur le Minho; *Pontevedra*, avec 3,000 habitants, un port et un pont sur le Cerez; *Tuy*, avec 5,000 habitants et une forte citadelle; *Vivero* et *Vigo*, petits ports, chacun avec 3,000 habitants.

GALICIE. *Voyez* GALLICIE.

GALIEN (CLAUDE), naquit sous le règne éclairé d'Adrien, vers l'an 131 de l'ère chrétienne, à Pergame, ville de l'Asie Mineure, fameuse par son temple d'Esculape. En conséquence d'un songe de son père, ses études furent dirigées vers la médecine, ce qui ne l'empêcha point de cultiver la philosophie, dont il suivit les plus grands maîtres. Avide d'instruction, il parcourut studieusement la Grèce, suivit les leçons des professeurs d'Athènes, visita l'Asie Mineure, et se fixa plusieurs années à Alexandrie, alors la seule ville du monde où l'on enseignât l'anatomie de l'homme. Toutefois, Galien ne trouva dans cette cité que des moyens d'étude fort restreints. Alexandrie ne possédait que deux squelettes humains, et la dissection des cadavres y était interdite. Galien disséqua principalement des singes; et sa description du larynx en est la preuve. Il se procura d'ailleurs des squelettes de brigands laissés sans sépulture; les oiseaux de proie, dit-il, prennent soin de préparer ces squelettes. Avec des éléments aussi imparfaits, on comprend combien il a fallu de mérite à Galien pour composer ses ouvrages d'anatomie et de physiologie, en particulier le *De Usu Partium* et l'ouvrage intitulé *De Locis affectis*, où quelques erreurs de détail ont de si puissants motifs d'excuse et de si nombreuses compensations.

Galien exerça quelque temps la chirurgie à Pergame, son lieu natal. Il y tint même une officine pour la vente des remèdes. Mais il se rendit bientôt à Rome, où il eut comme médecin un succès incomparable, une vogue inouïe. Ses profondes études, l'habitude du travail, son érudition, sa facilité, sa jactance, sa parole brillante, le placèrent au-dessus de toute rivalité, et l'exposèrent aux jalousies. Jamais médecin n'eut plus d'ennemis et n'excita tant de haines. Le père Labbe, qui a fait l'histoire de Galien par année, dit que trois fois il quitta Rome devant la jalousie de ses confrères. Le malheur est que la peste régnait alors; et l'on peut croire que la crainte de la contagion ne fut pas étrangère à cet exil momentané mais réitéré.

Il était le médecin et l'ami assidu de Lucius Vérus, et, ce qui est bien plus honorable, de Marc-Aurèle. Alors que, pendant la peste de Rome, Galien s'était retiré à Pergame, ces deux princes s'étaient eux-mêmes réfugiés à Aquilée, tant la contagion prétendue inspirait de terreur en ces temps éloignés. Appelé à Aquilée par les deux empereurs, Galien quitte Pergame et se rend près d'eux. Mais bientôt la peste se déclare à Aquilée, et les empereurs se sauvent vers l'Allemagne, pendant que Galien se hâte de retourner à Pergame. Marc-Aurèle, si brave à la guerre, avait peur d'une épidémie : faible excuse pour Galien!

La médecine de Galien est toute de raisonnement; et comme il ignorait les faits réels, il raisonnait sur des faits hypothétiques : on le voit sans cesse disserter sur les éléments, sur l'état des humeurs, les intempéries, le sec et l'humide, les tempéraments, etc. Il n'affectait au reste aucune doctrine particulière; mais comme il les avait toutes étudiées, il les repoussait toutes. Il se montrait méthodiste avec les empiriques, empirique avec les méthodistes. Son avis prévalait constamment, sinon par la bonté de sa doctrine, au moins par la puissance de son esprit et la vivacité de son langage, diffus, prolixe, mais toujours méthodique, comme est le style de ses ouvrages, si contrastant avec la concision et le désordre des sentences hippocratiques. Boerhaave a dit de Galien qu'il a beaucoup nui et beaucoup servi, sans déclarer si c'est l'utilité qui l'emporte : *multum profuit, multum nocuit*. Sans doute les suppositions gratuites dont les ouvrages de Galien sont remplis nuisaient au progrès de la médecine d'observation; en ce point elles ont retardé, arrêté la marche de l'esprit humain. Au lit des malades, pendant des siècles, la grande affaire n'était pas d'étudier en quoi l'homme souffrait, il fallait savoir ce qu'en eût pensé Galien; et plutôt que d'étudier des symptômes appréciables, on feuilletait des in-folio exigeant interprétation. Pendant qu'on interprétait, le malade allait tout doucement retrouver Galien.

Mais où Galien a été d'une utilité incontestable, c'est en anatomie. La structure de l'homme n'a point changé; et comme anatomiste, Galien est toujours jeune : on le prendrait pour un contemporain. Boerhaave lui-même s'instruisait à ses leçons, et bien d'autres que Boerhaave. A l'exception de l'arachnoïde, il connaissait les méninges ou membranes du cerveau; il savait que le cerveau est insensible à la surface, et n'ignorait pas les mouvements d'élévation et d'abaissement que lui communique la respiration. Il connaissait comme nous les phénomènes du croisement nerveux, et presque autant que Lorry, Legallois, M. Flourens, le point de la moëlle vertébrale qui préside aux mouvements vitaux : Galien croyait ce point placé vis-à-vis la deuxième vertèbre cervicale. S'il n'a pas découvert les nerfs récurrents, ou laryngés inférieurs, au moins les a-t-il bien décrits; et il avait observé que les nerfs vertébraux président à la fois aux actes de sensibilité et de mouvement. Il n'admettait encore que sept paires de nerfs cérébraux, au lieu des douze que nous connaissons; mais il niait comme nous que les nerfs optiques fussent croisés. Comme les partisans actuels du fluide nerveux, il croyait les nerfs canaliculés; son erreur était de placer le siége de l'olfaction dans les ventricules du cerveau, et de faire passer les odeurs par les trous de la lame criblée de l'ethmoïde.

Il savait que les artères contiennent du sang, et recourait à la compression des vaisseaux pour arrêter les hémorrhagies; cependant, il n'avait pas le moindre soupçon que le sang circule, quoiqu'il se rendît un compte judicieux de l'utilité des anastomoses vasculaires.

Aucun naturaliste, sans excepter Buffon, n'a donné de la main et du pied une description aussi complète et aussi magnifique que Galien. C'est lui qui compare les organes corporels à la forge de Vulcain, où tous les outils, également animés, se mouvaient d'eux-mêmes. Le premier il avait remarqué que les muscles des mâchoires sont d'une énergie proportionnée au genre de nourriture : en cela il avait devancé Cuvier, qui a placé Galien en conséquence fort au-dessus d'Hippocrate, moins professeur et moins écrivain que lui, mais penseur plus vrai et plus profond.

Ce que les philosophes et les médecins anciens plaçaient au cœur, l'intelligence et les passions, Galien lui le plaçait judicieusement au c e r v e a u.

Quoique le premier et le plus occupé des praticiens de Rome, Galien néanmoins se livrait à des démonstrations publiques d'anatomie; et il composait pour la postérité un nombre prodigieux d'ouvrages, fruits de ses voyages et de ses veilles. Peu d'auteurs l'ont égalé pour la fécondité de l'esprit. Il avait écrit plus de 500 livres sur la médecine seule, et 250 sur la philosophie, la géométrie, la logique et même la grammaire. Presque tous ces derniers ouvrages sont perdus, ainsi que plus de la moitié des autres.

Jusqu'au quinzième siècle, tous ceux qui ont écrit sur la médecine, sans excepter les Arabes, n'ont fait que commenter les œuvres de Galien ou en donner des extraits.

Il exerçait à la fois toutes les parties de l'art de guérir, comme nos médecins des campagnes, à cela près de la supériorité : il pratiquait des opérations et préparait les remèdes. Il avait la prudente coutume de n'administrer aucun médicament nouveau sans l'avoir éprouvé sur lui-même.

C'est à lui qu'est dû le principe que *les maladies se guérissent par leurs contraires*, méthode opposée à celle de H a h n e m a n n, dont les partisans la repoussent sous le nom d'*allopathie*, qu'ils prononcent sur un ton d'injures.

Galien divisait tout par quatre : il admettait quatre éléments, quatre qualités élémentaires, quatre tempéraments, quatre humeurs, le sang, la pituite, la bile, l'atrabile.

Galien connaissait du pouls tout ce qu'un grand médecin peut en savoir. Lui qui ignorait la circulation du sang et la cause des battements artériels, il composa jusqu'à seize livres sur le pouls. Le seul toucher d'une artère lui fit plus d'une fois prédire des hémorrhagies, des crises diverses, et découvrir des maladies et jusqu'à des passions cachées. C'est ainsi qu'il découvrit que la maladie d'une dame romaine avait pour cause son amour contrarié pour un baladin nommé Pilade. Il est vrai qu'il avait surpris ce Pilade aux genoux de sa malade.

Galien avait remarqué l'espèce d'inquiétude qu'éprouvent les malades à l'instant où le médecin saisit le bras pour toucher l'artère. Il tira parti de cette observation. Il choisissait ce moment d'émotion pour obtenir d'eux, avec solennité, le *serment* de ne lui rien cacher de ce qui concernait son art et pouvait intéresser la guérison. De sorte que le pouls lui révélait d'autant plus de choses, que le malade, agité de crainte, montrait plus de sincérité. Il découvrit ainsi qu'un fiévreux avait quitté ses remèdes pour ceux d'un guérisseur ignorant; et Galien s'en vante avec orgueil... On dira peut-être que ce n'est pas là du charlatanisme. Peut-être! mais c'en est bien près.

Cet homme si célèbre et si haï pendant sa vie, si admiré et tant commenté après sa mort, on ignore où il mourut. On ne sait pas davantage quel fut le compte de ses jours, et si longue fut sa carrière.

On s'accorde à vanter l'ordre, l'intérêt instructif et l'enchaînement de chacun de ses ouvrages. C'est partout la même unité de vues, la même ostentation d'esprit, le même style, et partout la même main, une main souple et savante. Dr Isidore BOURDON.

GALIGAÏ (ÉLÉONORA). *Voyez* ANCRE (marquise d').

GALILÉE (c'est-à-dire en hébreu *Contrée*), nom que porta d'abord un petit district de la tribu de Nephtali où étaient venus s'établir un grand nombre d'idolâtres, et qu'on donna ensuite à toute la région située au nord de la P a l e s t i n e, qui était bornée à l'est par le Jourdain, au sud par le territoire de Samarie, à l'ouest par la Méditerranée et la Phénicie et au nord par la Syrie et le mont Liban, et qui n'était guère habitée que par de pauvres pêcheurs. Mais comme berceau du christianisme, ce petit pays a aujourd'hui pour nous un intérêt tout particulier. On y remarquait surtout les villes de N a z a r e t h, de C a n a et de C a p h a r n a ü m sur le lac Tibériade, le fleuve le J o u r d a i n et le mont T h a b o r. Les habitants de la Galilée différaient de ceux de la Judée par leur accent rude et grossier, de même que par leurs idées, en général plus libres et plus indépendantes, circonstance qui s'explique peut-être par leurs rapports avec les idolâtres; et le grand nombre de désastres militaires qu'ils avaient essuyés comme voisins des Syriens les avaient fait mépriser par les autres Juifs. Aussi les chrétiens, dont la religion avait pris naissance en Galilée, furent-ils appelés dérisoirement *Galiléens* par les Juifs; et plus tard même l'empereur Julien essaya de faire prévaloir cette dénomination pour désigner les sectateurs de Jésus-Christ.

Aujourd'hui la Galilée fait partie du pachalik de Damas, dans la province turque de Syrie (*Soristân*); mais elle ne compte qu'un petit nombre de chrétiens parmi ses habitants.

GALILÉE (Haut et souverain Empire de). C'était le titre fastueux qu'avait pris l'association ou communauté des clercs des procureurs à la chambre des comptes de Paris, pour se distinguer des clercs des procureurs au parlement, organisés en *royaume de la Basoche*. Leur chef temporaire et électif était décoré du titre d'*empereur*. Ils avaient emprunté ce nom de *Galilée* à la petite rue de Galilée, voisine du palais, et habitée en grande partie par des juifs. L'empereur, son chancelier et ses principaux officiers, se réunissaient dans une chambre qui donnait sur cette rue.

L'époque de sa création est fort douteuse. Il est du moins certain qu'elle est postérieure à celle du royaume de la Basoche. Le but de cette institution était de maintenir le bon ordre et la subordination parmi les clercs des procureurs de la chambre des comptes, de juger leurs contestations. Le tribunal se composait du chancelier du haut et souverain empire et de juges qui prenaient le titre de *maîtres des requêtes*. Le chancelier était au besoin remplacé par un vice-chancelier. Les anciens registres de la chambre des comptes font foi qu'un jour elle fit emprisonner un clerc *empereur de Galilée*, pour n'avoir pas voulu rendre à un autre clerc le manteau qu'il lui avait fait ôter pour garantie du payement d'une amende.

Henri III supprima les titres d'empereur de Galilée et de roi de la Basoche. Les titulaires parodiaient en public l'autorité souveraine, et se montraient souvent avec une escorte de gardes. Mais le nom d'*empire de Galilée* fut conservé. Les attributions de l'empereur furent dévolues au chancelier, qui depuis cette époque fut chef de la communauté des clercs des procureurs à la chambre des comptes. Le chancelier fut placé sous le patronage du doyen des maîtres des comptes, qui prit le titre de *protecteur de l'empire de Galilée*. Il avait seul le droit de faire les règlements dont la suscription était ainsi formulée : « Nos amés et féaux chancelier et officiers de l'empire, etc. » Le chancelier était électif. Tous les clercs avaient droit de concourir à cette élection, ainsi que les procureurs qui pendant leur cléricature avaient été officiers de l'empire. L'élection terminée, le chancelier élu haranguait la compagnie, prenait ensuite séance à côté du protecteur, et se couvrait d'une toque ou petit chapeau d'une forme bizarre. Conduit à la chambre du conseil, où tout l'empire était assemblé et debout, il prêtait serment de faire observer les règlements et de maintenir les privilèges de l'empire, et terminait la cérémonie par un discours. Les frais de réception étaient de 4 à 500 livres; mais cette dépense n'était que facultative. Le plus beau privilège du chancelier était l'exemption du droit de sceau pour l'enregistrement de ses provisions de procureur quand il était promu à cet office.

Le corps de l'empire se composait de quinze clercs, savoir le chancelier, le procureur général, six maîtres des requêtes, deux secrétaires des finances pour signer les lettres, un trésorier, un contrôleur, un greffier, deux huissiers. Les dignitaires s'assemblaient tous les jeudis après l'audience de la chambre des comptes. Leur costume consistait en une toque ou petit chapeau, une petite robe noire, qui ne dépassait pas le genou. Le costume était de rigueur, l'infraction était punie d'une amende. L'officier qui manquait à son service sans empêchement légitime et justifié était condamné à cinq sols d'amende. Les élus aux charges ne pouvaient refuser, et s'ils refusaient, ils étaient, *sans déport*, condamnés à une amende de quinze livres. Il était défendu aux clercs de la chambre de porter l'épée. Le 28 janvier de chaque année, jour de Saint-Charlemagne, les officiers, suppôts et sujets de l'empire, faisaient célébrer une messe solennelle dans la chapelle basse du palais. L'empereur avait eu le droit de faire placer deux canons dans la cour du palais; des salves annonçaient la cérémonie.

Dufey (de l'Yonne).

GALILÉE (Galileo Galilei), l'un des plus illustres précurseurs de Newton, naquit à Pise, le 15 février 1564. Son père, *Vincent* Galilei, était un gentilhomme florentin, mathématicien, auteur de plusieurs écrits sur la musique. Le jeune Galilée reçut de lui les premières leçons de mathématiques, et l'impression que ces sciences produisirent sur son esprit détermina sa vocation. L'attention de l'enfant était ramenée irrésistiblement vers les objets de ses études favorites; son père, qui était passionné pour la musique, ne put faire apprendre à son fils que les applications peu nombreuses des mathématiques à cet art; tout le reste fut négligé. Afin de régulariser ses études et de compléter son instruction, il fut mis au collége à Venise, et ses progrès y furent si rapides qu'il fut choisi très-jeune encore pour occuper une chaire de philosophie à l'université de Padoue. Le séjour de Galilée à Padoue dura dix-huit ans, et cet espace de temps fut rempli par l'exposition des lois du mouvement accéléré, l'invention d'un télescope et plusieurs autres découvertes, au profit de la mécanique, de la physique et de l'astronomie.

Le grand-duc de Toscane, Côme II, ambitionnait depuis longtemps de rendre Galilée à son pays natal, de ne pas laisser sur une terre étrangère un homme qui contribuerait à l'illustration de ses États; il réussit enfin à décider le professeur de Padoue et à se fixer à Florence, comme *premier philosophe* et *premier mathématicien*, attaché à sa personne. Il semblait que la vie de Galilée devait s'écouler désormais au sein de tout le bonheur que la culture des sciences peut procurer à un homme si digne de les aimer; il en fut tout autrement. En faisant usage du télescope qu'il avait inventé, Galilée augmenta le catalogue des étoiles connues, découvrit les satellites de Jupiter, détermina la durée de leur révolution, etc.; à mesure qu'il parvenait ainsi à dévoiler quelques nouvelles parties de l'univers, il était plus fortement convaincu de l'erreur du système astronomique admis jusque alors, et ne put résister à la tentation d'y substituer celui que Copernic avait conçu. Pour faire adopter ces doctrines en Italie, il fallait prouver qu'elles n'avaient rien de contraire à la foi religieuse; Galilée s'arma de passages de l'Écriture Sainte et de l'autorité des écrivains ecclésiastiques. Cependant les œuvres astronomiques de Galilée furent déférées au tribunal de l'inquisition, condamnées comme *hérétiques* et *absurdes*, et il fut expressément défendu à l'auteur de soutenir que la terre n'est pas immobile au centre de l'univers. Galilée avait fait les plus grands efforts pour éviter cette condamnation, et rédigé, pour éclairer ses juges, des mémoires remplis d'érudition théologique; il se soumit, parce qu'on ne lui imposait que le silence, sans exiger une rétractation. Effectivement, il eut le courage de se taire pendant plus de seize ans; mais enfin, soit qu'il eût épuisé toute sa patience, soit qu'il imaginât que le temps était moins défavorable pour l'exposition de vérités encore débattues, il publia des *dialogues* sur notre système planétaire. Cité de nouveau par l'inquisition, il ne désespéra point d'amener ses juges mêmes à l'orthodoxie astronomique, et vint à Rome; mais ses espérances s'évanouirent bientôt, et cette fois le tribunal fut rigoureux : le système exposé dans les dialogues fut déclaré *contraire à la bonne philosophie et à la foi*, absurde et impie; l'auteur, comme relaps, fut condamné à la réclusion et à réciter chaque semaine, pendant trois ans, les *Psaumes de la pénitence*; avant tout, le condamné dut faire l'abjuration des ses erreurs, agenouillé, les mains sur l'Évangile. Galilée, se relevant, après cette humiliante cérémonie, ne put s'empêcher de dire : *E pur si muove!* (et pourtant c'est la terre qui se meut). Le grand-duc de Toscane obtint que son mathématicien, alors septuagénaire, fût ramené en Toscane, où sa détention fut adoucie autant que l'inquisition pouvait le tolérer. On reprochera cependant à ce tribunal d'avoir frappé de stérilité une portion de la vie d'un savant, qui eût certainement fait un bon emploi du temps où ses éminentes facultés ne purent être consacrées à l'accroissement de nos richesses intellectuelles. Les œuvres de Galilée sont encore à l'*index*, à Rome, soigneusement enfermées et soustraites à tous les regards, tandis que le bibliothécaire du Vatican met entre les mains de la jeunesse studieuse le *Traité d'Astronomie* par Lalande, l'*Exposition du Système du Monde* par Laplace, et tous les ouvrages modernes où les doctrines de l'astronome toscan sont professées, commentées, établies.

Ce fut en 1633 que la détention de Galilée commença : la vie de l'illustre savant se prolongea jusqu'au 8 janvier 1641. En 1638, il avait perdu la vue. Aussi aimable qu'instruit, doué d'une excellente mémoire, possédant plusieurs talents agréables, cherchant à plaire sans offenser aucun amour-propre, il réunissait tout ce qui constitue l'homme fait pour la bonne société.

Son fils, *Vincent* GALILÉE, est regardé comme un des promoteurs de l'art de l'horlogerie : ce fut lui qui appliqua le premier le pendule aux horloges. Mais il paraît que son goût pour la poésie l'entraîna hors de la carrière des sciences, en sorte qu'on ne peut dire qu'il ait marché sur les traces de son père. Il mourut en 1649. FERRY.

GALIMAFRÉE. Quelques vieux flâneurs parisiens, quelques rares amateurs de spectacles *gratis* en plein air, ont conservé la mémoire de cet émule de Bobèche. Comme lui, le *paradiste* qui, sous le premier empire, avait pris le nom de *Galimafrée*, assez bien assorti, du reste, aux bouffonneries dont il régalait un public peu difficile, débitait ses lazzi et ses grosses plaisanteries devant un des petits spectacles du boulevard du Temple; il avait aussi ses habitués, ses partisans, disons même ses admirateurs. Lorsque Bobèche, enflé de ses succès, voulut, comme nos acteurs en vogue, exploiter son renom, et aller donner des représentations en province, Galimafrée, plus sage, ne quitta point ses tréteaux, où il se trouvait désormais sans rival, et longtemps encore il y jouit de la faveur populaire. Le fait est que dans ces parades improvisées, qui n'étaient point soumises aux ciseaux de la censure, on remarquait parfois quelques traits piquants et malins qui ne dépareraient point mainte comédie de nos jours. Galimafrée et Bobèche sont morts depuis longtemps, et privé des lazzi de ces deux farceurs le boulevard du Temple a perdu ce qu'il avait, suivant nous, de plus original et de plus caractéristique. Gardez-vous d'ailleurs de croire que Galimafrée et Bobèche soient décédés sans laisser de postérité. Leur race n'est pas près de finir ; seulement, leurs héritiers directs, croyant au-dessous de leur dignité de parader comme eux, en plein vent, sur des tréteaux, se sont faits journalistes. Dans cette transformation, y a-t-il un progrès réel? Il est permis d'en douter. OURRY.

GALIMATIAS, que l'on a écrit quelquefois *gallimathias*, indique un discours confus, inintelligible, un assemblage de mots qui semblent avoir un sens et qui ne signifient rien. Quelques érudits ont fait dériver ce mot du grec πολυμάτια, qui veut dire diversité de sciences. Moins savante est l'étymologie adoptée par le docte évêque d'Avranches, Huet, qui raconte à cette occasion ce vieux fabliau : Au temps où l'on plaidait en latin, un avocat parlait pour un nommé Mathias, qui réclamait un coq (en latin *gallus*) : à force de répéter les mots *gallus* et de *Mathias*, il finipar s'embrouiller, et, au lieu de *gallus Mathiæ*, il dit *galli Mathias*. Depuis, on s'est servi de ce mot amphigourique pour exprimer un discours embrouillé, et souvent même une affaire confuse, extravagante. Ménage, sans rechercher leur généalogie, prononce que les mots *galimatias* et *galimafrée* sont cousins. Sans doute, ils ont été forgés dans une saillie, ainsi que le mot de *galli-Thomas*, inventé par Voltaire pour désigner le style ampoulé de l'académicien Thomas. Charles Du Rozoir.

GALINTHIAS ou GALANTHIAS, fille de Prœtus, suivante et amie d'Alcmène. Ayant vu les Parques et Lucine ou Junon assises devant la demeure d'Alcmène, les mains entrelacées, afin de l'empêcher de mettre au monde Hercule, elle les trompa en leur annonçant qu'Alcmène venait d'accoucher d'un garçon. A cette nouvelle, elles séparèrent leurs mains d'effroi, et dans cet intervalle l'accouchement se fit avec bonheur. En punition de sa supercherie, Galanthias fut changée en chatte ou en belette. Hercule lui érigea un temple par reconnaissance, et les Thébains célébraient en son honneur une fête appelée *Galinthiada*, et qui précédait toujours celle de ce demi-dieu.

GALION, un des vaisseaux des flottes du moyen âge, dont il ne reste plus que le nom. Il était ainsi appelé à cause de sa forme, qui se rapprochait de celle de la galère, le plus long des navires alors connu, et celui qui marchait le mieux. Le galion joua un grand rôle dans la navigation commerciale depuis le seizième jusqu'au dix-huitième siècle. La France, Rhodes, l'Espagne, le Portugal avaient de très-forts galions qui transportaient des marchandises en concurrence avec les grosses galères, les nefs et les caraques. La flotte militaire possédait aussi ses galions, ayant trois à quatre ponts, non des ponts armés, mais des couvertes, les deux supérieures seulement recevant des canons. Les Espagnols furent les derniers à conserver à des navires de charge, grands ou petits, successeurs des anciens galions, un nom qui a tout à fait disparu de la nomenclature navale européenne. Ce fut l'exploitation de l'Amérique par ce peuple qui rendit célèbre cette espèce de bâtiment, que l'art des constructions maritimes avait fait condamner à l'oubli.

Dès que l'Amérique eut été découverte, la couronne d'Espagne s'en arrogea la possession exclusive; elle accapara et voulut faire elle-même le commerce de ses sujets qui y allaient fonder des colonies. Elle établit donc à Séville un bureau d'inspection, appelé *casa de contratacion*, où durent comparaître tous les navires qui chargeaient pour l'Amérique, et y recevoir une licence des officiers du roi, constatant la nature de la cargaison et sa destination; à leur retour encore, ils étaient obligés de se présenter devant le même bureau, sous peine de confiscation. Cette administration d'entraves devait provoquer la fraude : pour la prévenir, on multiplia les restrictions; il fut convenu que les navires chargés pour l'Amérique ne pourraient plus faire voile d'Espagne qu'à deux époques fixes, tous réunis en convoi, sous la protection ou plutôt sous la surveillance d'une forte escorte; et ce système conduisit à un monopole absolu; l'État brisa la concurrence des particuliers. Séville, puis Cadix, à cause de l'excellence de son port, fut le seul point de départ et d'arrivée de ces convois, dont l'un se nommait *les galions*, l'autre *la flotte, la flotte d'argent*. Les galions, au nombre de douze, désignés par les noms des douze apôtres, étaient de gros navires de charge, du port de 1,000 à 1,200 tonneaux ; ils partaient de Cadix ordinairement au mois de septembre, touchaient aux Canaries, dont le gouverneur avait l'ordre de donner avis de leur passage à la cour d'Espagne, puis faisaient route vers les Antilles, qu'ils coupaient entre Tabago et la Grenade; ils longeaient ensuite les Iles sous le Vent, et les prolongeaient jusque par le travers du Rio de la Hacha : là, un des navires mouillait pour avertir de l'arrivée des galions, et sur-le-champ on expédiait des exprès à Carthagène, à Lima, à Panama, pour hâter la collection et l'expédition des trésors du roi. Les galions continuaient leur marche jusqu'à Carthagène, où ils stationnaient soixante jours : les officiers royaux, les marchands de Caracas, de la Grenade, de Santa-Martha, y accouraient apportant leurs lingots, leurs doublons et leurs piastres, pour les expédier en Espagne, ou les troquer contre des marchandises; en même temps le commerce entier du Pérou et du Chili descendait vers un mauvais village marécageux et malsain, habité ordinairement par quelques nègres, et nommé *Puerto-Bello*. Cette misérable plage devenait tout à coup le théâtre d'une foire immense : pendant quarante jours que les galions y demeuraient au sortir de Carthagène, il s'y faisait un tel mouvement d'or et d'argent en lingots, en barres, en poudre, en paillettes, que la valeur approximative en paraît incroyable. De Puerto-Bello, ils ralliaient Carthagène : c'était leur point de départ pour La Havane, où s'opérait leur jonction avec la flotte, qui revenait de la Vera-Cruz, chargée des produits de toutes les mines du Mexique. Tous ensemble faisaient ensuite route pour l'Europe, en s'élevant au Nord par le canal de Bahama.

Quand Philippe II eut ouvert des échanges directs entre les îles Philippines et la côte occidentale de l'Amérique, ce furent encore les galions qui colportèrent ce nouveau commerce de monopole à travers la grande mer du Sud. Chaque année, vers le mois de mars, le vice-roi de la Nouvelle-Espagne faisait publier que le galion d'Acapulco était en chargement pour Manille. Cette cargaison de départ ne consistait qu'en or et argent en lingots ou monnayés ; sa valeur s'élevait à 10 ou 12,000,000 de francs. Il apportait, au retour, des mousselines, des soieries, de riches porcelaines de Chine, et toutes les épices précieuses dont l'Inde abonde. Les dimensions de ce galion étaient énormes ; son port variait entre 1,200 et 2,000 tonneaux. Quelle proie attrayante ces navires au lest d'or ne devaient-ils pas offrir à l'avidité des pirates et des corsaires de toutes les nations en hostilité avec l'Espagne? Ce fut sur leur route que la république des flibustiers posa son aire ; ce fut de là qu'elle leur tendit des guets-apens : ces hardis aventuriers n'étaient point arrêtés par l'appareil d'artillerie dont on armait les flancs du galion : les canons devenaient un ridicule épouvantail, la grandeur du navire le frappait d'inutilité pour le combat. Qui ne sait les croisières de Cavendish et d'Anson dans la mer du Sud, et les riches dépouilles qu'ils enlevèrent aux galions de Manille? Aujourd'hui, les conquêtes des Espagnols, et leur commerce d'or et d'argent, et leurs galions, tout cela n'est plus qu'un souvenir historique.

Théogène PAGE, capitaine de vaisseau.

GALIOTE. Les uns font venir ce nom de l'italien *galiotta*, diminutif de *galea*, c'est-à-dire petite galère ; et cette désinence est bien ancienne, car on la trouve dans le latin du moyen âge : *Substantiam civium galiottæ regis et turba prædonum rapiunt* (Falco Beneventanus). D'autres tirent *galiotta* du grec γαλειώτην, nom que l'on donnait à l'espadon dans le Bosphore de Thrace, et dont la galiote avait, dit-on, la forme. Du reste, il y avait une liaison intime entre la galiote et le pirate : la galiote se retrouve dans toutes les guerres ou pilleries maritimes de Maure à chrétien, et naguères encore les corsaires barbaresques en faisaient grand usage. L'instinct du pillage avait révélé dans la galiote un excellent navire pour les guets-apens de la Méditerranée, car son gréement et sa construction étaient les mêmes que ceux de la felouque et de la galère ; ses dimensions étaient intermédiaires à celles de ces deux navires.

Quant à la *galiote hollandaise*, c'est un bon gros et bien lourd bateau de Hollande (*voyez* FLUTE), tout bondé de marchandises, arrondi à l'avant et à l'arrière, avec des flancs larges et carrés, voguant péniblement entre deux eaux, tantôt par-dessus, tantôt par-dessous la vague. Entre la galiote hollandaise et la galiote barbaresque, il n'y a guère de commun que le nom. Leurs gréements même n'ont aucune ressemblance.

GALIOTE À BOMBES. *Voyez* BOMBARDE.

GALIPOT, substance résineuse assez semblable à la térébenthine, dont elle diffère cependant par sa consistance et sa demi-opacité ; sa couleur est jaunâtre, sa saveur amère et son odeur celle d'une mauvaise térébenthine, parce qu'elle retient un peu d'huile volatile, qu'on peut lui enlever par la chaleur et un courant de vapeur d'eau. Le galipot ne se récolte qu'à la fin de l'automne. Comme la température n'est point assez élevée alors pour le faire couler promptement au pied de l'arbre, ou que l'huile volatile ne s'y trouve plus en quantité suffisante, il se dessèche à l'air sur le tronc, et se salit depuis la plaie jusqu'à terre. On le récolte pendant l'hiver, et on le met à part ; dans quelques pays, on lui donne le nom de *baras*. De même que la térébenthine, il exige une purification avant d'être livré au commerce, pour le débarrasser des matières étrangères qu'il renferme ; c'est par la fusion et la décantation qu'on y parvient.

On nomme aussi *galipot* le suc qui découle du *bursera gummifera* de Linné, auquel les habitants des Antilles, où vient cet arbre, attribuent des propriétés vulnéraires.

C. FAVROT.

GALITZIN. *Voyez* GALYTZIN.

GALL (FRANÇOIS-JOSEPH). Ce savant célèbre naquit le 9 mars 1758, à Tiefenbrunn, près de Pforzheim (grand-duché de Bade, dans une famille catholique. Son grand-père, d'origine italienne, était originaire du Milanais, et s'appelait *Gallo*. Ses descendants, voulant donner à leur nom une désinence germanique, quittèrent la dernière lettre du nom, et de *Gallo* firent *Gall*. Le père de Gall, honnête marchand, et le principal de son village, avait six enfants. Venu au monde le dernier de tous, François-Joseph reçut sa première éducation d'un oncle qui était curé. Plus tard il fit des études plus régulières à Bade, puis il passa à Bruchsal et ensuite à Strasbourg, où il se livra à l'étude de la médecine, sous la direction du professeur Hermann, qui avait reconnu dans son jeune disciple un esprit d'observation peu commun. Pendant son séjour à Strasbourg, Gall fit une très-grave maladie, à laquelle il faillit succomber. Une jeune femme attachée à la maison qu'il habitait eut, dans cette occasion, les plus grands soins pour lui ; il n'en fallut pas davantage pour qu'il en devînt amoureux, et qu'il en fit sa femme peu de temps après. Notre philosophe ne fut pas heureux dans cette union : sa femme était d'un caractère emporté et violent, elle manquait d'éducation et d'instruction. Elle mourut à Vienne, en 1825, sans jamais avoir eu d'enfants. De Strasbourg Gall passa, en 1781, à Vienne en Autriche, où il continua ses études médicales sous Van Swieten et Stoll, dont il s'enorgueillissait plus tard d'avoir été l'élève. C'est là que, en 1785, il reçut le titre de docteur. Il s'était fait connaître comme médecin de mérite ; on avait une haute opinion de son talent, et bientôt une clientèle nombreuse dans les classes élevées de la société en fut la conséquence. Il y jouissait donc d'une grande aisance.

Dans l'un de ses ouvrages, Gall a raconté comment lui vint pour la première fois l'idée de rechercher dans l'homme des signes extérieurs de ses différentes capacités naturelles : « Dans ma plus tendre jeunesse, dit-il, je vécus au sein d'une famille composée de plusieurs frères et sœurs, et avec un grand nombre de camarades et de condisciples. Chacun de ces individus avait quelque chose de particulier, un talent, un penchant, une faculté, qui le distinguait des autres. Les condisciples que j'avais le plus à redouter étaient ceux qui apprenaient par cœur avec une très-grande facilité, et je remarquais que tous avaient de grands yeux saillants. La justesse de cette observation m'ayant été confirmée ensuite, je dus naturellement m'attendre à trouver une grande mémoire chez tous ceux en qui je remarquais de grands yeux saillants. Je soupçonnai donc qu'il devait exister une connexion entre la mémoire et cette conformation des yeux. Après avoir longtemps réfléchi, j'imaginai que si la mémoire se reconnaissait par des signes extérieurs, il en pouvait bien être de même des autres facultés intellectuelles, etc. »

Après avoir fixé, par une opiniâtre persévérance et par des observations multipliées à l'infini, les principes de sa nouvelle philosophie, Gall entreprit ses recherches sur le cerveau, faisant marcher de front les observations physiologiques et les observations anatomiques. Dans les écoles il avait entendu parler des fonctions du foie, de l'estomac, des reins, et de toutes les autres parties du corps, sans que jamais il fût question des fonctions du cerveau. Avant lui, ce viscère était regardé comme une pulpe, une masse informe, et on n'avait jamais cherché à étudier les lois de sa formation et les rapports existant entre ses diverses parties; mais, par suite de ses recherches et de ses découvertes, il fut définitivement reconnu pour l'organe le plus important de la vie animale; sa véritable structure fut découverte, et le déplissement de ses circonvolutions fut annoncé et démontré aux savants de l'Europe étonnée. Le cerveau fut proclamé l'organe unique, indispensable à la manifestation des facultés de l'âme ou de l'esprit; il fut prouvé, au moyen de la physiologie, de l'anatomie comparée et de la pathologie, que le cerveau n'était pas un organe simple, homogène; mais qu'il était une agrégation d'organes différents, ayant des attributs communs et des qualités propres spécifiques. Dans ses ouvrages, non-seulement Gall a démontré toutes ces vérités, mais il a indiqué le siége de ces organes dans le cerveau et la possibilité de connaître leurs fonctions respectives par le degré d'énergie de certaines facultés, en raison du développement plus ou moins considérable de certaines parties cérébrales.

Gall, pour arriver à découvrir et à démontrer les vérités de sa nouvelle doctrine, dut dépenser beaucoup d'argent et beaucoup de temps, acquérir une collection nombreuse de crânes d'hommes et d'animaux, de têtes moulées en plâtre de personnages connus par quelque faculté ou par quelque talent très-énergique, de préparations en cire, de portraits, etc. Il était donc obligé de continuer l'exercice de la médecine pour pouvoir subvenir à de tels frais, en même temps que pour être libre de se livrer à ses études, force lui était de réduire le plus possible le nombre de ses visites.

C'est 1796, à Vienne, que Gall commença à faire des cours publics pour vulgariser ses idées; et en 1798, dans une lettre au baron de Retzer, publiée dans le *Mercure allemand*, il donna pour la première fois un aperçu général de sa théorie. Ses cours devenaient de plus en plus suivis. Les auditeurs y accouraient de toutes parts, avides de recueillir des idées nouvelles sur la structure et les fonctions du cerveau et de s'initier à la connaissance d'une nouvelle philosophie des facultés humaines. Mais en même temps que la réputation de Gall grandissait de jour en jour à Vienne, l'ignorance, le fanatisme et l'hypocrisie, qui ont toujours si facilement accès près des trônes, réussissaient à faire interdire par l'autorité ses leçons publiques, ainsi que la vulgarisation par la voie de la presse des vérités qu'il avait eu la gloire de découvrir.

Fatigué de ces sourdes persécutions, Gall quitta Vienne au commencement de 1805, et pendant deux ans et demi, accompagné de son élève et ami, le docteur Spurzheim, il parcourut le nord de l'Europe, la Prusse, la Saxe, la Suède, la Hollande, la Bavière, la Suisse, et vint s'établir à Paris. Pendant son voyage, les savants les plus distingués, des princes, des rois même, vinrent assister avec le plus vif intérêt à ses démonstrations physiologiques et anatomiques; et des médailles furent frappées à Berlin en son honneur. Arrivé à Paris en 1807, il y fit immédiatement un cours public à l'Athénée. Les savants français l'écoutèrent avec la même faveur que les savants d'outre-Rhin; le célèbre Corvisart, entre autres, se montra l'un de ses plus enthousiastes admirateurs. Malheureusement la France portait alors le joug d'un maître absolu, qui avait en horreur la philosophie et les philosophes, qu'il appelait *des idéologues*. Il n'en fallut pas davantage pour que ses courtisans et certains savants, doués d'un esprit aussi souple que leur colonne vertébrale, se déclarassent contraires aux idées du docteur allemand. De là les ridicules et ignobles plaisanteries que débitèrent à l'envi le *Journal de l'Empire* et la plupart des journaux de Paris; moyen indigne, s'il en fut, quand il s'agissait d'une question aussi grave que celle des facultés de l'âme et des fonctions du cerveau. Sans doute ces vaines clameurs n'atteignirent jamais l'âme élevée du philosophe, mais elles contribuèrent beaucoup à entraver l'étude et la propagation des vérités que Gall avait annoncées. A la fin, ses ouvrages parurent, et les hommes de bonne foi furent alors surpris de l'immense quantité d'observations qu'ils contenaient, ainsi que de la haute capacité et de la profondeur d'esprit de l'auteur.

Gall, fixé à Paris depuis plusieurs années, s'en fit une patrie adoptive, et obtint des lettres de naturalisation par une ordonnance du roi en date du 29 septembre 1819. On lui avait dit qu'une fois naturalisé il lui serait facile d'obtenir les distinctions honorifiques auxquelles il aspirait. A l'insinuation d'un de ses amis, il se mit sur les rangs en 1821 pour une place à l'Académie des Sciences : il n'obtint que la seule voix de l'ami qui l'avait décidé à poser sa candidature, la voix de Geoffroy Saint-Hilaire!

Depuis 1805, époque de son départ de Vienne, jusqu'en 1813, il avait toujours eu auprès de lui le docteur Spurzheim, son élève et protecteur, et ensuite son collaborateur. Il est fâcheux que les rapports d'amitié qui existaient entre ces deux estimables savants aient cessé alors, et que rien n'ait pu les rapprocher dans la suite.

Gall, homme de génie, philosophe profond, avait aussi de rares qualités du cœur. Il aimait à aider et à encourager les jeunes gens en qui il reconnaissait des talents et de l'avenir. Généralement bienveillant pour tous, il accordait difficilement son amitié. Sa franchise et sa loyauté n'excluaient ni la finesse ni la circonspection; il était doué de la plus admirable perspicacité. L'élévation de la pensée, l'indépendance de l'esprit et la fierté de l'âme dominaient en lui; elles expliquent la profonde indifférence que toujours il témoigna pour les critiques injurieuses dont sa doctrine fut l'objet. Pendant son séjour à Berlin, il avait vécu dans l'intimité du célèbre Kotzebue; et c'est à ce moment même que celui-ci fit représenter sa pièce intitulée *La Crâniomanie*. Gall assista à la première représentation de cet ouvrage, et avec le public rit de tout son cœur du feu roulant de plaisanteries, de quolibets dirigé contre son système.

En 1823 Gall fit pour la première fois un voyage à Londres. On lui avait mis en tête qu'en y faisant des cours il réunirait un très-grand nombre d'auditeurs, et qu'il gagnerait ainsi des sommes considérables. Cette idée lui sourit, parce que les fortes dépenses de sa maison lui faisaient désirer d'un côté une meilleure position, et que de l'autre son âge avancé lui faisait sentir trop péniblement les fatigues de la vie du médecin. Croyant donc réaliser ses espérances, il partit pour Londres dans le mois d'avril, et en revint deux mois après, bien désabusé. Ses frais avaient absorbé bien au-delà de ce qu'il avait retiré de ses cours. Il en ressentit un vif chagrin. Pendant son absence, il m'avait chargé du soin de ses malades et de la correction des épreuves d'un travail qu'il avait sous presse. De retour à Paris, il continua à faire des cours, et acheva la publication de son dernier ouvrage. Devenu veuf en 1825, il se remaria; mais les fatigues de la pratique médicale et les travaux d'esprit avaient miné sa forte constitution. Dès le commencement du printemps de 1828 sa santé devint chancelante. Le 3 avril, rentré chez lui après ses visites, il me dit qu'il venait d'éprouver un étourdissement assez fort, et qu'il s'était trouvé comme fou pendant un quart d'heure. En parlant, sa langue était embarrassée et sa bouche un peu de travers : j'en fus effrayé. Les vertiges se succédèrent; sa faiblesse augmenta, les fonctions digestives se dérangèrent. A la paralysie succéda l'assoupissement, et finalement, après environ cinq mois de maladie, il cessa de vivre, le 22 août de la même année 1828, dans sa maison de campagne, à Montrouge, près de Paris. Il avait ordonné que ses restes mortels fussent portés directement de la maison mortuaire au Père-Lachaise, et il m'avait fait promettre de veiller à ce que son crâne fût placé dans sa collection. Il s'y trouve, et la collection entière existe actuellement au Muséum d'histoire naturelle au Jardin des Plantes.

Je me bornerai à citer de Gall, ses *Recherches sur le système nerveux en général et sur celui du cerveau en particulier* (Paris, 1809, in-4°), et son *Anatomie et physiologie du système nerveux en général et du cerveau en particulier*,

(4 vol. avec atlas, 1801-1818); *Sur les fonctions du cerveau et sur celles de chacune de ses parties*, avec des observations sur la possibilité de reconnaître les instincts, les penchants, les talents ou les dispositions morales et intellectuelles des hommes et des animaux, par la configuration de leur cerveau et de leur tête (Paris, 1822-25, 6 vol. in-8°). Gall a en outre donné les articles *Cerveau* et *Crâne* au *Dictionnaire des sciences médicales*. Dr FOSSATI.

GALLAIT (LOUIS), l'un des peintres d'histoire les plus remarquables de notre époque, et membre de l'Académie des Sciences et beaux-arts de Belgique, né à Tournai, en 1810, étudia son art d'abord dans sa ville natale, puis à Anvers et à Paris. Ce qui distingue cet artiste, c'est une conception à la fois profonde et poétique de ses sujets, une habileté extrême à grouper ses personnages, et l'harmonieuse distribution de ses couleurs. Ses toiles les plus remarquables sont : *Le Tasse en prison* (au palais du roi, à Bruxelles), *L'Abdication de l'empereur Charles-Quint* (dans la salle d'audience de la cour de cassation, à Bruxelles), les *Derniers Moments d'Egmont* (propriété particulière d'un amateur allemand), enfin l'*Exposition des cadavres des comtes d'Egmont et de Hoorn après leur supplice*, tableau terminé en 1851 et acheté par la ville de Tournai. Louis Gallait jouit aussi comme portraitiste d'une réputation méritée.

GALLAND (ANTOINE), le plus populaire de tous nos orientalistes, est moins célèbre par son traité sur l'*Origine et les progrès du café*, son *Histoire des quatre Gordiens*, son *Orientaliana* et ses nombreuses dissertations, publiées séparément, ou disséminées dans des recueils, que par sa traduction des *Mille et une Nuits*. Né à Rollot, près de Montdidier, en 1646, septième enfant d'une famille très-pauvre, et orphelin dès l'enfance, il aurait été réduit à chercher sa susbsistance dans quelque humble métier sans la protection de respectables ecclésiastiques qui lui procurèrent le moyen de commencer ses études à Noyon, et de les terminer dans la capitale au collége du Plessis. Passionné pour le grec, l'arabe et l'hébreu, il se voua au classement et au catalogue des manuscrits orientaux de la Sorbonne. Il dut à ses premiers succès dans cette carrière l'occasion de faire trois voyages en Orient. Dans les deux premiers, il accompagna Nointel, ambassadeur de France, d'abord à Constantinople, puis à Jérusalem : on lui avait recommandé de visiter les églises grecques de Syrie et de Jérusalem, et d'y recueillir les traditions sur des articles de foi qui occasionnaient à cette époque des contestations très-vives entre Arnauld et le célèbre ministre protestant Claude. Il entreprit le troisième voyage avec une mission spéciale de la Compagnie des Indes.

Ce fut dans ses excursions en Syrie que Galland rassembla une multitude de contes épars, dont les Arabes s'amusent depuis un temps immémorial, et dont les premiers narrateurs ne sont guère plus connus chez eux que parmi nous les auteurs des anciens fabliaux, des contes des fées, et des romans de la *Bibliothèque bleue*. Un passage de Massoud a accrédité l'opinion que ces histoires remontent au quatrième siècle de l'hégire. On y voit figurer l'empereur Chahkiar, le vizir et les deux filles de ce ministre, bien digne d'un tel maître, Chehezad et Dinarzad. Ce sont précisément, à un léger changement d'orthographe près, les noms des personnages du premier conte des *Mille et une Nuits*. Cette histoire sert de lien à toutes les autres, par un artifice aussi simple mais moins ingénieux que celui dont Ovide a fait usage pour les *Métamorphoses*. Le premier titre du recueil dans la langue originale a été *Les mille Contes*. Mille ici était pris dans un sens indéterminé.

Appelé, en 1701, à faire partie de l'Académie des Inscriptions, Galland obtint en 1709 une chaire d'arabe au Collége de France, et mourut le 17 février 1715, à soixante-neuf ans. Boze a dit de lui : « Il travaillait en quelque situation qu'il se trouvât, ayant très-peu d'attention sur ses besoins, n'en ayant aucune sur ses commodités... Simple dans ses mœurs et ses manières comme dans ses ouvrages, il aurait toute sa vie enseigné à des enfants les premiers éléments de la grammaire avec le même plaisir qu'il avait eu à exercer son érudition sur différentes matières. » Le style des ouvrages de Galland présente malheureusement plus que de la simplicité; il fourmille de négligences, et il faut tout l'attrait du sujet pour faire supporter la lecture même des meilleurs contes, tels que *La Lampe merveilleuse*, *Ali-Baba* ou *Les quarante Voleurs*, etc. Ses autres écrits sont très-nombreux. Il a fait des recherches sur la numismatique, notamment sur les médailles de Tetricus. La meilleure édition des *Mille et une Nuits* est celle qui a été publiée en 1806, par Caussin de Perceval père. Galland avait laissé, entre autres manuscrits, plusieurs contes encore inédits. Caussin de Perceval en a traduit d'autres encore, et a terminé dignement la collection par le conte qui contient le véritable dénouement, savoir la grâce entière accordée par l'imbécile et féroce sultan à l'aimable narratrice. BRETON.

GALLAPAGOS. *Voyez* GALAPAGOS.

GALLAS, peuple nègre, qui habite la partie nord-est du grand plateau dont se compose la moitié méridionale de l'Afrique. Quoique appartenant à la race nègre par ses caractères généraux, il n'en présente pas le type dans toute sa pureté; il forme au contraire avec les Foulahs, les Mandingos et les Noubas comme la transition de la race nègre à la race caucasienne, et semble appartenir à la grande famille des peuples habitant l'est de l'Afrique depuis les frontières de la Terre du Cap jusqu'à l'Abyssinie, qu'on a l'habitude de désigner sous le nom de Cafres.

Les Gallas sont une belle et vigoureuse race d'hommes, et ne se distinguent pas moins des autres peuplades nègres par leur énergie et leur esprit guerrier que par leurs capacités intellectuelles. L'histoire n'en fait mention qu'à partir du seizième siècle, époque où elle nous les montre comme un peuple barbare et conquérant, sorti de l'intérieur de l'Afrique, qui depuis lors n'a point cessé ses incursions et ses effroyables dévastations dans les différentes contrées dont se compose la région montagneuse de l'Afrique orientale jusqu'aux plateaux de l'Abyssinie, qui en a successivement subjugué ou expulsé les populations aborigènes, conquis une grande partie de l'Abyssinie et pénétré jusqu'à la mer Rouge et au golfe d'Aden. C'est dans ces derniers temps seulement que leur puissance semble avoir diminué en Abyssinie, de même que leurs irruptions dans ce pays, surtout par suite de l'énergie dont a fait preuve le gouvernement du roi de Thoa, lequel est même parvenu à soumettre quelques tribus des Gallas et à les forcer à embrasser le christianisme. Ils continuent toujours cependant à occuper de nombreuses parties de l'Abyssinie, d'où ils étendent leur domination sur des contrées au sud et au sud-ouest de l'Abyssinie, dont les délimitations sont très-incertaines, et qui semblent être aujourd'hui le principal théâtre de leurs brigandages.

Les Gallas ne présentent point d'unité politique; ils se subdivisent en une multitude de grandes et de petites peuplades, formant autant de centres particuliers, et souvent en guerre les unes contre les autres. La plupart des peuples Gallas sont demeurés pasteurs, et conservent encore avec le genre de vie particulier aux peuples pasteurs toute la sauvage rudesse de leurs ancêtres. Cependant quelques-unes de leurs tribus, celles qui habitent près ou au milieu des Abyssins, sont devenues agricoles, et dès lors un peu plus civilisées. Celles des peuplades Gallas qui sont demeurées à l'état sauvage et nomade, tout en menant la vie pastorale, ne laissent pourtant pas que de s'occuper beaucoup de chasse et de trafic d'esclaves. La plupart d'entre elles sont encore idolâtres; toutefois l'islamisme a fait de grands progrès parmi celles qui habitent aux environs de Kaffa et d'Enarca, ainsi que des côtes de la mer, où elles ont de nombreux points de contact avec des nations mahométanes. Il n'y en a qu'un petit nombre, par exemple une dans l'intérieur de l'Abyssinie, qui se soient converties au christianisme,

GALLAS (Mathias, comte de), l'un des généraux de l'Empire pendant la guerre de trente ans, né en 1589, d'une famille établie dans le pays de Trente, fit ses premières armes en 1616, dans la guerre des Espagnols contre la Savoie, en qualité d'écuyer d'un gentilhomme lorrain, M. de Beaufremont, dont il avait commencé par être page. Mais il ne tarda point à entrer au service de l'empereur, et fut nommé colonel tout au début de la guerre de trente ans. Il se distingua d'une manière toute particulière dans les opérations contre les Danois, et après la paix conclue à Lubeck, en 1629, alla commander comme général un corps d'Impériaux en Italie, où il prit Mantoue et fit en même temps un riche butin. Créé alors comte de l'Empire, il prit en 1631 le commandement d'une partie de l'armée que les Suédois venaient de battre à Breitenfeld, couvrit la Bohême et combattit ensuite contre Gustave-Adolphe à Nuremberg et à Lutzen. Ayant été l'un de ceux qui mirent le plus d'acharnement à dénoncer Wallenstein à l'empereur, il obtint après l'assassinat de ce grand capitaine non-seulement sa seigneurie de Friedland, mais encore le commandement en chef des armées impériales. A Nordlingen, Gallas remporta sur le duc Bernard de Saxe-Weimar une victoire qui eut pour résultat de replacer la partie sud-ouest de l'Allemagne sous l'autorité de l'empereur. En 1637 il combattit contre Baner et Wrangel, en Poméranie; mais à la fin de 1638 il se vit contraint de se réfugier en Bohême avec son armée exténuée, et dut alors déposer son commandement.

Malgré le malheur qui s'attachait à ses entreprises et les preuves d'incapacité qu'il venait de donner comme général, il n'en fut pas moins appelé, en 1643, à commander l'armée destinée à opérer contre Torstenson. Ce fut en vain qu'il s'efforça de l'acculer en Holstein, où il l'avait suivi du fond de la Silésie; par une manœuvre habile, Torstenson réussit au contraire à le rejeter sur la rive gauche de l'Elbe, après lui avoir fait essuyer des pertes énormes; et alors Hatzfeld vint le remplacer à la tête de son armée. En 1645, pourtant, ce fut encore lui qu'on donna pour chef aux Impériaux, battus à Iankowitz. Il mourut à Vienne, en 1647. Il avait agrandi sa seigneurie de Friedland par l'acquisition de nombreux domaines en Bohême; et ses descendants s'établirent aussi en Silésie. Cependant sa descendance mâle s'éteignit au milieu du dix-huitième siècle; et alors l'héritier de la seigneurie de Friedland, le comte Clam, ajouta à son nom celui de Gallas.

GALLATE, sel résultant de la combinaison de l'acide gallique et d'une base. Les gallates sont insolubles, excepté ceux de potasse, de soude, d'ammoniaque, et ceux à bases végétales. Presque tous les gallates se dissolvent dans les acides forts qui sont capables de former des sels solubles avec leurs oxydes. Ceux de fer se dissolvent non-seulement dans un excès d'acide oxalique, mais encore dans le bioxalate de potasse (sel d'oseille). C'est sur cette propriété qu'est fondé l'usage du sel d'oseille pour enlever les taches d'encre de dessus le linge. Berzélius admet que dans les gallates neutres la quantité de l'oxyde est à celle de l'acide comme 1 est à 8.

GALLATIN (Albert), homme d'État américain, né à Genève, en 1761, venait à peine de terminer ses études, quand, en mars 1780, il courut en Amérique prendre part à la lutte que les habitants des ci-devant colonies anglaises soutenaient pour assurer leur indépendance. Il se distingua tellement dans les rangs de l'armée américaine, d'abord comme simple soldat, qu'on lui confia bientôt le commandement du fort Passamaquoddy. Après la conclusion de la paix, il fut nommé en 1783 professeur de littérature française à l'université de Harvard. A quelque temps de là, il acheta des terres, d'abord en Virginie, puis en Pensylvanie, où, sur les bords du Monongahela, il s'occupa activement d'agriculture. Sa carrière politique ne date que de l'année 1789, époque où il fut appelé à faire partie de la convention chargée de rédiger un projet de constitution pour l'État de Pensylvanie. En 1793 il fut élu membre du sénat des États-Unis; et lors des troubles qu'on appela l'*insurrection du Whisky*, il contribua puissamment à rétablir l'ordre. En 1794 ses concitoyens lui donnèrent une preuve flatteuse de l'estime qu'ils lui portaient, en l'élisant le même jour membre de l'assemblée législative dans deux arrondissements électoraux à la fois. En 1801 son ami Jefferson le nomma secrétaire de la trésorerie; et en 1809 Madison lui ayant offert le portefeuille des affaires étrangères, il préféra garder sa spécialité, et n'accepta que le ministère des finances. Quand, en 1813, la Russie offrit sa médiation pour rétablir la paix entre l'Angleterre et les États-Unis, il fut envoyé comme ambassadeur extraordinaire à Saint-Pétersbourg; et plus tard, l'Angleterre ayant demandé à traiter directement, il se rendit à Gand, où le traité définitif fut conclu et signé par lui. En 1815 il négocia avec Clay et Adams un traité de commerce avec l'Angleterre; et de 1816 à 1823 il remplit à Paris les fonctions d'envoyé extraordinaire et de ministre plénipotentiaire de l'Union. A son retour en Amérique, il refusa un ministère ainsi que la vice-présidence de la république; mais en 1826 il alla encore occuper à Londres le poste d'ambassadeur. Depuis lors il ne remplit plus aucune fonction publique, et à New-York, où il s'était fixé, il ne s'occupa plus que de sciences et de littérature.

Gallatin fut un des orateurs les plus élégants et les plus corrects qu'on ait encore entendus au congrès. Économiste de l'école d'Adam Smith, il parla et écrivit en faveur du principe du *libre échange*, et resta jusqu'en 1839 président de la banque nationale. Il mourut le 12 août 1849. On a de lui quelques bons ouvrages sur l'histoire de sa patrie adoptive, et il fut président de la Société historique ainsi que de la Société ethnologique des États-Unis. Cette dernière lui est même redevable de sa fondation. Son *Memoir on the north-eastern boundary* (New-York, 1843), à l'occasion de la discussion soulevée par la question du territoire de l'Orégon, de même que ses écrits sur la guerre avec le Mexique, sont des chefs-d'œuvre de sagacité et de lucidité; et ils exercèrent alors une puissante influence sur l'opinion. Dans les vingt dernières années de sa vie, il se livra à une étude toute particulière des antiquités et de l'ethnographie de l'Amérique; et personne n'acquit une connaissance plus parfaite des différents idiomes des Indiens. Son travail intitulé : *Synopsis of the Indian tribes withen the United States and in the British and Russian possessions in North-America*, qui forme le tome IIe des *Transactions and collections of the American Antequarian Society* (Cambridge, 1836), et ses différents articles insérés dans les *Transactions* de la Société ethnologique (New-York, 1845-1852), sont jusqu'à présent la meilleure autorité à invoquer sur les questions d'archéologie relatives à l'Amérique; en même temps que l'on y trouve la preuve de l'érudition profonde et tout européenne de l'auteur.

GALLE. On désigne sous ce nom des excroissances de formes diverses, qui se développent sur les végétaux, par suite de la piqûre d'insectes de différentes familles, mais principalement de celle des *hyménoptères*, et du genre *cynips*, de Linné. Toutes les parties des végétaux sont susceptibles d'être attaquées par ces insectes, qui, après avoir percé le tissu du végétal, y déposent leurs œufs, autour desquels se répand le suc de la plante, qui grossit considérablement l'organe piqué et donne lieu à une tumeur quelquefois très-volumineuse. Parmi les nombreuses galles que présentent les différents végétaux, quelques-unes seulement méritent d'être citées. Celle du *rosier églantier* ou *bédégar* est de la grosseur d'une pomme, couverte de longs filaments rougeâtres, pinnés; on lui attribue des propriétés antiscorbutiques et astringentes. Elle se trouve sur la tige de ce végétal. La *galle du hêtre* se présente sur les feuilles de cet arbre, sous forme de cônes très-luisants et très-durs. La *noix de galle* est la plus importante de toutes, tant par son emploi en teinture que par son utilité dans la tannerie. C'est une excroissance arrondie, dure, solide, pesante, produite sur les rameaux du *quercus infectoria*, par la piqûre d'un cynips. C'est principalement le bourgeon des jeunes branches que la femelle choisit pour y déposer son œuf; le bourgeon, après son développement, ne conserve de sa forme primitive que les aspérités formées par la partie supérieure des écailles soudées. L'œuf éclôt, et la larve devient successivement insecte parfait. A cette époque, il dévore une partie de la substance qui forme sa prison, en perce l'enveloppe et s'échappe; ces noix de galle ainsi percées prennent le nom de *galles blanches*; elles sont beaucoup moins estimées dans le commerce que la *galle noire* ou *verte* d'*Alep*, qui vient aux environs d'Alep en Syrie. La grosseur de cette dernière est celle d'une aveline; elle est compacte, très-pesante et très-astringente, propriétés qu'elle doit à ce qu'on l'a récoltée avant la sortie de l'insecte. La galle de Smyrne est moins estimée que la précédente, parce qu'elle contient plus de *galles blanches*.

Le *quercus robur* de Linné présente à la cupule de son gland une excroissance irrégulière, que l'on nomme *gallon de Piémont* : elle offre au centre d'une enveloppe ligneuse une cavité unique, prenant de l'air par le sommet, contenant une coque blanche, qui a dû servir aux métamophoses de l'insecte. La *galle ronde de France* est entièrement sphérique, dure, assez légère. Sa surface est polie et d'un blanc rougeâtre. Elle est produite par le *quercus ilex*, qui croit dans le midi de la France. On trouve dans les environs Bordeaux une galle nommée *pomme* de *chêne*, qui croit sur le chêne *touzin*. C'est la plus grosse de toutes; elle est produite par le développement monstrueux de l'ovaire, piqué avant la fécondation; elle est spongieuse et devient très-légère par la dessiccation. M. Guibourg a retiré d'une coque blanche, ovale, placée au centre de la galle, l'insecte vivant, lequel recevait de l'air par un conduit très-étroit, qui partait du pédoncule jusqu'à la coque; il pense que ce conduit doit exister dans toutes les autres galles, et surtout dans celle du Levant, qui est très-dure et très-compacte.

FAVROT.

GALLE (ANDRÉ), célèbre graveur en médailles, naquit en 1761, à Saint-Étienne. D'abord simple ouvrier dans une fabrique de boutons, il travailla ensuite chez un orfèvre de Lyon; et c'est là qu'il sentit s'éveiller en lui le génie de la gravure. Galle se forma sans maître, et ses commencements furent très-remarquables. Sa première médaille fut celle de la *Conquête de la haute Égypte*, et elle est restée l'une de ses plus belles productions. Il exécuta ensuite celle du *Retour d'Égypte*, l'*Arrivée de Bonaparte à Fréjus*, la *Bataille de Friedland*, le *Couronnement de Napoléon*, etc. En 1810 il remporta le premier prix du concours que l'Académie des Beaux-Arts avait ouvert pour les meilleurs ouvrages de gravure. Nommé membre de l'Institut, son activité ne se reposa pas un seul jour, et chaque événement glorieux de notre histoire trouva en lui un interprète adroit et inspiré. Le burin de Galle a raconté tous les triomphes du consulat et de l'empire. Il exposa au Salon de 1824 un intéressant cadre de médailles, où figuraient l'*Entrée du roi à Paris*, *La Duchesse d'Angoulême quittant la France*, et enfin les effigies de Descartes et de Malesherbes. Depuis 1830 Galle a exécuté la médaille de la *Conquête d'Alger* (1839), et plus récemment la *Translation des cendres de Napoléon* : ces œuvres, les dernières qui soient sorties de sa main courageuse, attestent qu'en vieillissant son talent n'avait rien perdu de sa fermeté première. Les médailles de Galle resteront comme des modèles de précision, de netteté et de science. Ce laborieux et patient artiste est mort vers la fin de l'année 1844.

GALLEGOS. On nomme ainsi en Espagne les habitants de la Galice.

GALLES, prêtres de Cybèle, division des corybantes. Atys, que Cybèle aima, s'étant fait eunuque, Gallus, premier prêtre de cette déesse, imita cet exemple, et dans la suite tous les ministres de Cybèle furent de même eunuques. Ovide fait dériver ce nom d'un fleuve de la Phrygie, nommé *Gallus*. Lucien a parfaitement ridiculisé ces fanatiques, en racontant les cérémonies de leur entrée dans l'ordre. Plutarque se plaint de ce qu'ils ont rendu la poésie des oracles vulgaire et méprisable. Ils conduisaient de bourgade en bourgade l'image de leur déesse, et distribuaient des réponses en vers à ceux qui les consultaient, ce qui faisait négliger les oracles rendus sur le trépied. Il leur était permis, très-anciennement, suivant Cicéron, de demander, seuls, l'aumône durant certains jours. Ils avaient un chef, nommé *archigalle*. Avec un fouet formé d'osselets enfilés dans trois lanières, les galles se fustigeaient cruellement en l'honneur de la déesse. On peut voir dans Apulée des détails fort curieux sur ces prêtres, qui de son temps étaient déjà tombés dans un grand discrédit.

GALLES (Pays ou Principauté de), en latin *Britannia secunda cimbria*, en anglais *Wales*, et autrefois *Wallis*, principauté jadis indépendante et réunie aujourd'hui au royaume de la Grande-Bretagne, sur la côte occidentale de l'Angleterre proprement dite, est bornée à l'ouest et au nord par la mer d'Irlande, à l'est par les comtés anglais de Chester, de Shrop, de Hereford et de Monmouth, et au sud par le canal de Bristol. Elle comprend une superficie d'environ 225 myriamètres carrés. Son territoire est traversé par trois chaînes de montagnes, dont le pic le plus élevé est le Snowdon, haut de 1,152 mètres. Les formes abruptes et escarpées de leurs nombreuses ramifications, les vallées profondes qu'elles renferment et qu'arrosent une multitude de petits lacs et de ruisseaux, des brouillards presque perpétuels et la neige, qui en certains endroits dure jusqu'au mois de juin, donnent à toute cette contrée l'aspect le plus pittoresque, et l'ont fait surnommer la *Suisse anglaise*. Le climat sans doute en est âpre, mais non pas malsain. Les côtes, hérissées de rochers et fort échancrées, forment un grand nombre de golfes et de promontoires. Les cours d'eau les plus importants sont la Dee, la Cluyd, le Conway, le Tany, la Tave, la Severn, le Wye et l'Uske. Le sol est très-riche en fer, notamment dans le comté de Glamorgan. On y trouve aussi du cuivre, du plomb, du marbre et de la houille. L'exploitation des mines et la fabrication du fer constituent les principales industries de la population; et la nature du sol favorise d'une manière toute particulière, indépendamment de l'agriculture, l'élève du bétail. Sur les côtes, la pêche, celle des huîtres surtout, occupe fructueusement un grand nombre de bras; et secondé par de nombreux canaux, le commerce auquel donne lieu le placement des divers produits du sol est des plus actifs.

Le pays de Galles est divisé, sous le rapport politique, en pays de Galles du sud (*South-Wales*), et pays de Galles du nord (*North-Wales*); la première de ces divisions comprend les comtés de Brennock, de Cardigan, de Cærmarthen, de Glamorgan, de Pembrocke et de Radnor; la seconde, les comtés d'Anglesey (île d'), de Cærnarvon, de Denbigh, de Flint, de Merioneth et de Montgomery. Le chef-lieu de la principauté est *Pembrocke*. Sa population en 1841 était de 911,321 habitants.

Les habitants primitifs du pays de Galles furent vraisemblablement des *Kymrs* ou Cimbres. Au temps de la domination romaine, cette contrée portait le nom de *Cimeria*, et aujourd'hui encore les indigènes se désignent eux-mêmes par le nom de *Cymery*. Quant à l'étymologie même du nom de *Galles* (en anglais *Wales*), d'où on a fait pour désigner les habitants de cette contrée le mot *Gallois* (et dans les formes anglo-germaniques, *Walen*, *Waleser*, *Walliser* et aussi *Welches*), c'est là une question demeurée sans solution. Lorsque, au cinquième siècle de notre ère, les Anglo-Saxons (*voyez* ANGLETERRE) envahirent la Bretagne, une partie de la population bretonne, qui descendait des Celtes, fuyant devant le glaive des conquérants, se réfugia dans les montagnes et les forêts du pays de Galles, où ces émigrés celtes se confondirent peu à peu avec les habitants primitifs de la contrée, parmi lesquels dominait l'élément cimbre, pour former une population particulière, qui a conervé jusqu'à ce temps-ci, en opposition à l'élément anglais, es mœurs, son caractère et sa langue propres. Les Gallois e nos jours sont une race d'hommes grossiers, superstitieux, nais énergiques, généreux, bons et hospitaliers. Les classes upérieures ont seules adopté la langue et la civilisation anglaises ; et encore se composent-elles en grande partie d'éléments fournis par l'immigration. Aujourd'hui encore, comme adis, les Gallois célèbrent leurs antiques fêtes nationales, où 'on découvre facilement des traces des antiques croyances du ays, alors que sa religion était celle des druides ; et leurs poëtes populaires ou *bardes* se réunissent toujours annuellement pour se disputer le prix dans des joutes poétiques. Par contre, l'instruction populaire y est encore des plus défectueuses, et c'est tout récemment seulement que des écoles y ont été fondées sous l'impulsion donnée par l'élément anglais le la population. La langue des Gallois, qui se compose d'un mélange de mots germains, celtes (galliques) et romains, possède une grammaire et même une littérature.

A l'époque de l'histoire d'Angleterre désignée sous le nom de *période anglo-saxonne*, il est vraisemblable que les Gallois obéissaient d'abord à un seul et même chef ou prince indépendant, que par la suite ils en reconnurent plusieurs, dont les divisions et les luttes intestines favorisèrent l'invasion étrangère. Déjà le roi anglo-saxon Athelstan (925-941) avait contraint les Gallois à lui payer un tribut, consistant partie en argent et partie en peaux de loup. L'établissement de ce tribut eut à la longue pour résultat l'extermination complète des loups dans l'île entière.

Quand, en l'an 1066, les Normands s'emparèrent de l'Angleterre, les Gallois essayèrent de se soustraire au joug de ces nouveaux envahisseurs; mais Guillaume le Conquérant entra dans leur pays à la tête d'une armée formidable, et contraignit leurs divers princes ou chefs à reconnaître sa suzeraineté et à lui payer tribut. Pour mettre obstacle à l'invasion du sol anglais par les populations sauvages et guerrières du pays de Galles, le roi Guillaume II institua sur leurs frontières des comtes de Marches, des *marchers* ou marquis; et retranchés dans leurs châteaux forts, ceux-ci soumirent peu à peu les diverses parties du territoire, en même temps qu'ils tinrent en respect les chefs ou princes les moins puissants. Mais pendant les guerres civiles qui signalèrent le règne d'Étienne, le dernier roi d'Angleterre de race normande, les princes ou chefs du pays de Galles réussirent à se soustraire presque complétement à l'influence anglaise, et ravagèrent même le sol anglais, à titre d'alliés tantôt du roi, et tantôt de la princesse Mathilde (*voyez* PLANTAGENET). Enfin, le roi Henri II sut mettre à profit leurs dissensions et leurs luttes intestines pour soumettre de nouveau tout le pays de Galles à la souveraineté anglaise. Le prince Madoc de Powis ou Montgomery, l'ami et le vassal de Henri, ayant été l'objet de mauvais traitements et d'actes d'hostilité de la part de plusieurs autres princes, notamment de la part d'Owen Gwinerth, prince du *North-Wales* (Galles du nord), appela le roi à son secours. En conséquence, Henri, à la tête d'une armée nombreuse, envahit le pays de Galles, en 1157, vainquit et soumit, non sans peine, Owen, et contraignit l'année suivante les princes possessionnés au sud et moins puissants à reconnaître sa suzeraineté. Mais les Gallois ne supportaient le joug qu'avec impatience; aussi dès 1163, quand Henri II se trouva embarrassé dans une guerre contre la France, Res, prince du *South-Wales* (Galles méridionale), fit-il irruption en Angleterre; et l'année suivante il ne lui fut pas difficile de déterminer les autres chefs à prendre les armes à son exemple. Henri envoya alors de nombreuses armées dans le pays de Galles ; mais leurs efforts furent impuissants, parce que les Gallois firent alors alliance avec la France. Ce fut seulement sous Édouard Ier, qui monta sur le trône d'Angleterre en 1272, qu'on réussit à soumettre complétement ce pays. Llewellyn, alors prince souverain du pays de Galles, avait soutenu, sous le règne de Henri III, le parti de Leicester, et refusait, sous divers prétextes, de venir rendre en personne foi et hommage à Édouard. En conséquence Édouard entra, en l'année 1277, avec des forces considérables dans le pays de Galles, et força Llewellyn à implorer la paix et à reconnaître sa suzeraineté ; exemple que durent successivement imiter les autres barons du pays. L'excessive dureté avec laquelle les *marchers* (marquis) anglais traitaient les populations galloises détermina Llewellyn à déployer, en 1282, l'étendard de la révolte; mais il fut battu, et périt au mois de décembre de la même année, dans un engagement avec des troupes anglaises. Son cadavre, retrouvé sur le champ de bataille, fut coupé en quatre quartiers et exposé en sanglant trophée sur les murailles des quatre plus grandes villes d'Angleterre. Il existait une vieille prophétie de Merlin suivant laquelle un prince de Galles devait un jour venir à Londres *ceindre la couronne d'argent*. Pour réaliser dérisoirement cette prophétie, qui continuait à exercer une puissante influence sur les populations galloises, le vainqueur fit suspendre au sommet de la Tour de Londres la tête du noble insurgé au bout d'une pique et couverte d'une couronne d'argent. Son frère David, qui tenta de continuer à lutter pour l'indépendance de la patrie commune, tomba, au mois d'octobre 1283, entre les mains du roi, et mourut de la main du bourreau, à Shrewsbury.

Le pays de Galles fut alors traité en province conquise. Édouard déclara que la principauté constituerait désormais un fief relevant de la couronne d'Angleterre, et ordonna en outre qu'on y introduisît les lois et les coutumes anglaises. En 1301 le roi concéda sa conquête, à titre de fief relevant de la couronne, à son fils aîné et héritier présomptif, qui prit dès lors le titre de *prince de Galles*, et qui régna plus tard sous le nom d'Édouard II. C'est depuis cette époque que le prince royal d'Angleterre, quand il est fils aîné du roi régnant, ou s'il vient à mourir, son fils aîné, porte toujours ce titre de *prince de Galles*, qui cependant ne lui est accordé que quelques mois seulement après sa naissance et toujours par lettres-patentes spéciales. Pour en finir avec l'esprit d'indépendance et de nationalité qui caractérisait les populations galloises, les rois d'Angleterre s'attachèrent à extirper et anéantir la caste des bardes, personnages investis de divers priviléges particuliers, et qui en leur qualité de représentants du génie national continuaient par leurs chants à conserver dans le peuple des souvenirs et des traditions patriotiques et souvent même l'excitaient à se révolter contre ses oppresseurs. Owen Glendower, barde issu d'une ancienne famille de princes gallois, profita des troubles auxquels l'Angleterre fut en proie sous Henri IV pour lever, en l'an 1400, l'étendard de l'insurrection. Il envahit l'Angleterre et dévasta les possessions du comte de La Marche à la tête d'une bande nombreuse, aux déprédations de laquelle les hommes d'armes de ce seigneur, non plus que les troupes envoyées à son secours par le roi d'Angleterre, ne purent mettre un terme. Ce fut seulement vers la fin du règne d'Henri IV que les Anglais réussirent à faire rentrer le pays de Galles dans le devoir. Les rois suivants instituèrent alors dans les divers districts de la province des seigneurs anglais ou *marchers*, chargés d'exercer une juridiction particulière et arbitraire, et réprimèrent désormais de la manière la plus sanglante toute tentative de révolte de la part des habitants. Enfin, en 1536, pour mettre un terme à cet état de désordre et achever d'effacer les derniers vestiges de l'antique indépendance de ces contrées, Henri VIII, à la demande du parlement, réunit définitivement la principauté de Galles à l'Angleterre; et en même temps les populations galloises furent admises à tous les droits, franchises et libertés, garantis à la nation anglaise par sa constitution politique. Consulter, sur les nombreuses antiquités du pays de Galles antérieures à l'époque chrétienne, *The Cambrian popular Antiquities* de Robert (Londres, 1815).

GALLES (Nouvelle). *Voyez* NOUVELLE GALLES.

GALLES (Ile du Prince de). *Voyez* POULO-PINANG.

GALLET, né à Paris, vers le commencement du dix-huitième siècle, chansonnier plein d'esprit et de naturel, s'il avait vécu de nos jours, aurait réhabilité la corporation des *épiciers*, fort compromise sous le rapport intellectuel par les railleurs de notre époque. Il exerçait en effet cette honorable profession à la pointe Saint-Eustache, et c'est là qu'il recevait Panard, Piron, Collé, dans de joyeux banquets, qui furent l'origine de l'ancien *Caveau*. Cependant, ayant trop scandaleusement joint à son commerce d'épiceries celui des prêts sur gages, dits *à la petite semaine*, il fut exclu de l'académie chantante, dont il était le fondateur. Insouciant épicurien, il s'en consola en faisant une chanson de plus, car sa fécondité était très-grande en ce genre : ces petites pièces, toutefois, n'ont jamais été recueillies en corps d'ouvrage; mais on en trouve un assez grand nombre dans l'ancien *Chansonnier français*. Gallet avait aussi composé, en société avec Piron, Panard et Collé, quelques vaudevilles, nommés alors opéras-comiques, entre autres. *Le Prêté rendu* et *La Précaution inutile*. Sa gaieté, sa facilité d'improvisation, le faisaient rechercher dans beaucoup de cercles, où l'on était moins sévère que le Caveau sur sa moralité. Ce fut peut-être la cause de sa ruine. Quoiqu'il eût pour faire fortune, comme on vient de le voir, un moyen de plus que ses confrères (en épicerie bien entendu), il paraît que le goût des plaisirs finit par lui faire tellement négliger ses affaires, qu'il fut contraint de faire faillite et de fermer son magasin. Pour échapper aux prises de corps, il se réfugia dans l'enceinte du Temple, qui était alors un lieu d'asile pour les débiteurs. Et quoique réduit à une situation peu aisée, à défaut de nouvelles dettes, il y fit de nouvelles chansons. On nous a conservé les trois couplets de celle qu'il adressa à Collé, au moment de succomber à sa dernière maladie, en 1757. En voici le dernier, sur un refrain alors en vogue :

Autrefois, presqu'au même instant,
J'en aurais pu rimer autant
Que nous reconnaissons d'Apôtres.
Aujourd'hui j'abrège, d'autant
Qu'à l'église un prêtre m'attend,
Accompagné de plusieurs autres.

Aussi, après son décès, fit-on courir dans le monde cette épitaphe laconique :

Ci-gît le chansonnier Gallet,
Mort en achevant un couplet.

OURRY.

GALLICANE (Église). Lorsque la doctrine du Christ commença à se répandre dans l'univers romain, les Gaules furent de toutes les provinces de l'empire celle où elle s'implanta tout d'abord. Les disciples même des apôtres y vinrent prêcher la foi, et scellèrent de leur sang leur courageuse et sainte mission. Les premiers martyrs dont on fasse mention sont Gatien, à Tours; Trophime, à Arles; Paul, à Narbonne; Saturnin, à Toulouse; Austremoine, à Clermont; Martial, à Limoges; Pothin, à Lyon; Crescent, à Vienne. Mais comme le sang des martyrs est essentiellement fécond, ces deux dernières villes furent bientôt remplies de fidèles; c'est ce que l'on peut voir dans la lettre authentique des églises de Lyon et de Vienne aux fidèles de l'Asie. Saint Irénée, qui mourut martyr de la foi dans les premières années du troisième siècle, ayant à combattre des hérétiques, leur opposa les traditions des églises des Gaules. Toutefois, la nouvelle religion ne se répandit guère d'abord que dans les provinces méridionales de cette contrée. Celles du Nord et de l'Occident languirent plus longtemps dans les ténèbres; cependant, elles-mêmes ne tardèrent pas à accueillir la bonne nouvelle : des évêques pleins de zèle se dévouèrent avec joie à la mission périlleuse de l'enseigner; et déjà vers la fin du quatrième siècle il n'y restait plus qu'un petit nombre de païens, que saint Martin convertit à la religion chrétienne. Pour mieux parvenir au but qu'ils se proposaient, les apôtres des Gaules formèrent divers établissements monastiques, d'où la religion chrétienne devait s'étendre au loin, comme d'un centre rayonnant. Saint Martin fut le premier qui, l'an 360, fonda près de Poitiers le monastère de Ligné, et plus tard, en 372, celui de Marmoutier. En 390 saint Honorat éleva celui de Lérins.

Mais tout leur zèle ne put empêcher que l'arianisme ne vînt à son tour envahir la Gaule : cette doctrine n'y fit cependant point d'abord de sérieux progrès. S'il y eut des ariens dans ce pays, ce ne fut que plus tard, lors de l'invasion des barbares, au cinquième siècle. Bientôt les Francs, conduits par Clovis, se jetèrent sur cette région; en y pénétrant, ils étaient païens; mais Clovis ayant, par une faveur céleste, remporté une grande victoire, se fit chrétien avec la plus grande partie de son armée. Les Gaulois orthodoxes, voyant un jeune prince chrétien, se soumirent à son pouvoir, et, au lieu de le combattre, l'aidèrent dans sa conquête. Ils se plaignirent à lui des cruautés des Wisigoths ariens : Clovis ne tarda pas à les combattre, les vainquit entièrement et les obligea à se rejeter sur l'Espagne. Ce fut de cette manière que notre France fut délivrée du schisme d'Arius, de sorte que les traditions orthodoxes ne purent s'y altérer, et s'y conservèrent à l'abri de tout contact impur. Il est bon de remarquer en passant combien, à cette époque de désordre et de barbarie, les évêques de France furent utiles à la nation, combien ils contribuèrent à adoucir les mœurs de ces peuplades du Nord, qui conservaient encore toute la férocité de leur caractère. Les prélats, comme les dépositaires des traditions, comme les hommes les plus éclairés de l'époque, furent introduits dans les conseils des princes, et occupèrent la plus grande partie des charges de l'État. Ils avaient la haute direction dans les assemblées nationales, et ne furent guère inquiétés par les hérésies qui tourmentaient la chrétienté au dehors; jusqu'au onzième siècle, ils n'eurent à s'occuper dans leurs conciles que d'affaires d'administration intérieure; ils cherchèrent à réprimer la simonie, les brigandages des seigneurs, l'incontinence des clercs, etc., et à protéger le faible contre le fort.

Mais en 1047 Bérenger, ayant publié ses erreurs sur l'Eucharistie, fut condamné, non-seulement à Rome, mais aussi dans plusieurs conciles tenus en France. A l'hérésie de Bérenger succéda celle de Roscelin, qui faisait trois dieux des trois personnes de la sainte Trinité. Roscelin, condamné dans un concile tenu à Soissons en 1092, abjura son erreur. Nous ne parlerons pas des hérésies semi-théologiques, semi-politiques d'Arnaud de Brescia, de Pierre Valdo, d'Abélard, de Gilbert de la Porée, qui pendant le douzième siècle agitèrent l'Église et l'Europe, et qui furent si bien combattues par saint Bernard, Pierre le Vénérable, Hildebert, évêque du Mans, et Pierre Lombard. Nous passerons aussi sur celles des Albigeois et des Vaudois, qui, au treizième siècle, occasionnèrent tant de troubles en France et excitèrent des rigueurs que nous sommes loin d'approuver.

L'*Église gallicane* ne fut plus inquiétée par l'hérésie jusqu'au commencement du seizième siècle, époque désastreuse pour l'Europe, où se répandirent avec une rapidité prodigieuse les doctrines de Luther et de Calvin; tout le monde sait que la doctrine de la réforme, condamnée au concile de Trente, fournit aux souverains de l'Europe l'occasion de déployer leur zèle pour la foi catholique. Au dix-septième siècle, il y eut non pas une hérésie, mais des disputes sur la grâce et des discussions sur le quiétisme qui ne furent pas de longue durée.

Dans le principe de l'établissement de la religion chrétienne, il s'était établi des chants, des rites et des coutumes différentes dans la liturgie des différents pays, et c'est ce qui arriva aussi dans les Gaules. Il y eut jusqu'à Charlemagne un chant *gallican*, une messe *gallicane*, qui n'étaient pas les mêmes que le chant et l'office grégoriens, suivis à Rome, et que Charlemagne fit adopter aux églises de France; il n'est donc pas étonnant qu'il existât en France des coutumes, des mœurs, des constitutions propres à l'Église de ce pays, coutumes qu'elle conservait par tradition, et auxquelles on a donné le nom de *libertés gallicanes;* c'est là un fait contre lequel on ne saurait élever aucun doute. Nous ne pouvons détailler ici les coutumes qui font ses priviléges; nous dirons sommairement qu'elles consistaient à reconnaître l'autorité des papes quant au spirituel seulement, et leur infaillibilité dans les questions décidées par eux et par les conciles de la même manière, à reconnaître les souverains du royaume comme chefs temporels, et à leur prêter serment de fidélité. Les évêques des Gaules, ayant assisté à la fondation de la monarchie française et participé au pouvoir, s'étaient accoutumés à respecter l'autorité temporelle. Éloignés de la cour de Rome, ils ne s'étaient nullement mêlés aux différends des papes avec les empereurs, et dans cette grande lutte ils n'avaient ni approuvé ni désapprouvé les actes des souverains pontifes.

Jusqu'à Grégoire VIII, les papes, quoique affichant maintes fois des prétentions exagérées, n'avaient cependant pas osé mettre leur autorité au-dessus de l'autorité de tous; Grégoire imagina de soumettre l'autorité temporelle à l'autorité spirituelle, et d'arriver ainsi à la monarchie universelle. Plus tard, lorsque Grégoire IX, après avoir déclaré l'empereur Frédéric déchu de son royaume, vint engager saint Louis à s'armer contre lui, offrant à son frère Robert le trône qu'il rendait vacant, ce saint roi rejeta les offres du pontife; et les grands du royaume, parmi lesquels se trouvaient grand nombre d'évêques, et qui formaient ses conseils, ne cachèrent pas l'indignation que leur inspirait une telle conduite. Il est donc certain que, quoique ne l'ayant pas déclaré formellement, le clergé de France ne reconnaissait pas au pape le pouvoir de disposer à son gré des royaumes, et qu'il faisait une distinction bien positive du pouvoir spirituel et du pouvoir temporel. On connait les différends de quelques rois de France avec les papes et la manière dont ils se sont terminés.

La monarchie française n'a été constituée d'une manière définitive et absolue que sous Louis XIV. C'est alors que, libre d'entraves, elle a considéré sa puissance, et que, sentant sa force et son droit, elle a voulu l'établir d'une manière définitive en rejetant la prétention de Grégoire VII, *que de droit divin les souverains pontifes sont monarques de tous les monarques de la terre.* Louis XIV profita des troubles qui avaient éclaté à l'occasion de la *régale*, pour faire déclarer ses droits immuables par les évêques de France. La *régale* était un droit féodal, que les rois avaient sur certains évêchés qui venaient à vaquer. Tant que durait la vacance du siége, ils en percevaient les revenus; et ils étaient aptes de plus, d'après le *droit de régale*, à conférer, sans que les pourvus eussent besoin d'institution canonique, tous les bénéfices, excepté les cures qui pouvaient être à la nomination des archevêques et évêques. Ce *droit de régale*, contre lequel s'étaient souvent élevées les plaintes des évêques, existait depuis des siècles : c'était une suite de ce principe de droit féodal, qu'à la mort du vassal le fief retourne au seigneur. Mais il n'y avait que certains siéges qui fussent assujettis à ce droit; ce qui les faisait se plaindre. Louis XIV jugea à propos d'y soumettre tous les évêchés et archevêchés de France; il signa deux déclarations, l'une de 1673, et l'autre de 1675, portant que toutes les églises du royaume sont sujettes à la *régale*, et que les archevêques et évêques qui n'ont pas fait enregistrer leur serment le feront dans deux mois. Le clergé ne s'opposa pas à ces déclarations; il n'y eut que deux prélats, l'évêque d'Alais et celui de Pamiers, qui protestèrent, publièrent des mandements contre les déclarations royales, et s'adressèrent directement au pape. Le souverain pontife prit fait et cause pour les dissidents, et envoya à Louis XIV trois brefs dans lesquels il blâmait sa conduite, disant qu'il avait excédé ses pouvoirs, et le menaçant d'en venir à des moyens extrêmes s'il persistait dans ses déclarations. Cette résistance des évêques, soutenus par le pape, donna lieu à quelques troubles. « On ne voyait, dit la *Collection des procès-verbaux des assemblées du clergé*, d'un côté qu'excommunications lancées pour soutenir les définitions du concile général (celui de Lyon, sur lequel s'appuyait le pape), de l'autre que proscriptions de biens, exils, emprisonnements, condamnations même à mort, pour soutenir ce que l'on prétendait les droits de la couronne. La plus grande confusion régnait surtout dans le diocèse de Pamiers : tout le chapitre était dissipé; plus de quatre-vingts curés emprisonnés, ou obligés de se cacher; on voyait grands-vicaires contre grands-vicaires, le siége épiscopal vacant; le père Cerle, grand-vicaire nommé par le chapitre, fut condamné à mort par le parlement de Toulouse. »

Louis XIV, qui croyait à juste titre avoir fait assez pour l'Église, fut outré des brefs du pape et des troubles qu'ils fomentaient dans son royaume. Il ordonna aux évêques qui se trouvaient à Paris de se réunir chez l'archevêque de cette ville pour y délibérer sur les brefs du pontife; mais, après de longues discussions, l'archevêque de Paris, craignant qu'on n'attribuât à l'influence de la cour les décisions qu'ils pourraient prendre, demanda à Louis XIV la permission de convoquer pour l'année suivante une assemblée générale de tout le clergé du royaume : le roi y consentit. En conséquence, les provinces envoyèrent des députés, et l'assemblée s'ouvrit au mois de mars. Ce fut dans cette réunion que le cardinal de Lorraine, un des principaux ornements du siége romain, s'exprima dans ces termes, que nous nous plaisons à opposer aux adversaires des libertés de l'Église gallicane : « Je ne puis nier que je suis Français, nourri en l'université de Paris, en laquelle on tient l'autorité du concile par-dessus le pape, et sont censurés comme hérétiques ceux qui tiennent le contraire; qu'en France, on tient le concile de Constance pour général dans toutes ses parties, et que pour ce l'on fera plutôt mourir les Français que d'aller au contraire. »

Dans cette célèbre assemblée, Bossuet, chargé de formuler les doctrines de l'Église gallicane, lut, à la séance du 19 mars 1682, une déclaration en latin qui établit solennellement « que l'Église doit être régie par les canons; que saint Pierre et ses successeurs, que toute l'Église même n'a reçu de puissance de Dieu que sur les choses spirituelles; que les règles, les mœurs et les constitutions reçues dans le royaume doivent être maintenues et les bornes posées par nos pères demeurer inébranlables; que les décrets et le jugement du pape ne sont point irréformables, à moins que le consentement de l'Église n'intervienne; que c'est en cela que consistent nos libertés, auxquelles il n'est permis à personne de déroger. » (*Voyez* DÉCLARATION DU CLERGÉ DE FRANCE.)

Telle est la substance des *quatre articles* et de la défense publiée par Bossuet, l'âme de cette illustre assemblée. Tout y est empreint de cette gravité antique qui annonce la majesté des canons inspirés par Dieu et consacrés par le respect universel du monde. Cette déclaration fut adressée par l'assemblée à tous les évêques du royaume, avec une circulaire pour les engager à faire professer cette doctrine dans leurs diocèses et à ne point permettre qu'aucune autre y fût enseignée. Louis XIV, par un édit enregistré au parlement le 23 mars 1682, ordonna que la déclaration du clergé de France serait enregistrée dans toutes les cours de parlement, bailliages, sénéchaussées, universités, facultés de théologie et de droit canon; qu'il n'y aurait désormais que cette doctrine-là d'enseignée dans les universités; qu'un professeur en serait spécialement chargé, et que l'on ne pourrait être licencié si l'on n'avait soutenu cette doctrine dans l'une de ses thèses publiques. L'assemblée adressa également cette déclaration au pape Innocent XI, avec une lettre explicative rédigée par Bossuet. Le pape cassa et annula la délibération prise par les évêques gallicans; il leur répondit une longue lettre pour leur prouver qu'ils se trompaient et les engager à reconnaître leur erreur. Mais ceux-ci persistèrent dans leur déclaration, et, après plusieurs années de discussion, la chose en resta là. Le grand roi était satisfait, et ne s'inquiétait pas de la cour de Rome. Le saint-père, de son côté, pouvait voir aisément que les temps étaient changés, et qu'il ne lui serait plus permis de tenter ce qu'avait fait autrefois Grégoire VII. Il se tut : assez de douleurs avaient accablé l'Église pour qu'elle ne songeât pas à courir au-devant de nouvelles épreuves. Peut-être bien aussi les noms de Louis XIV et de Bossuet, la supériorité de l'intelligence et de la force, évitèrent-ils à la catholicité de nouveaux malheurs. La déclaration de 1682 demeura comme le code de l'Église gallicane, contre laquelle les petites passions ultramontaines se sont toujours mais en vain déchaînées.

GALLICANES (Libertés). *Voyez* GALLICANE (Église).

GALLICANISME, doctrine de ceux qui défendent les libertés de l'Église gallicane, par opposition à l'ultramontanisme, qui se montre entièrement dévoué aux volontés du saint-siége.

GALLICIE, province de la monarchie autrichienne, qualifiée de domaine de la couronne (*kronland*) et formant aujourd'hui les royaumes de Gallicie et de Lodomérie, avec les duchés d'Auschwitz et de Zator, et le grand-duché de Cracovie. Elle confine au nord à la Pologne et à la Russie, à l'est à la Russie, au sud à la Bukowine et à la Hongrie, à l'ouest à la Silésie, et contient une superficie de 1445 milles géographiques carrés, dont 22 appartiennent au grand-duché de Cracovie, acquisition nouvelle de l'Autriche. Ce pays est une haute terrasse, située au pied septentrional des monts Carpathes, et qui s'étend au sud en décrivant un grand arc depuis les frontières de la Silésie jusqu'à celles de la Transylvanie. Après une région montagneuse qui pénètre dans l'intérieur des terres jusqu'à une profondeur de 4 à 5 myriamètres, il présente une fertile région moyenne, onduleusement entrecoupée de collines, qui parfois arrive à former des plateaux et parfois aussi, près des fleuves, dégénère en plaines sablonneuses ou marécageuses. La partie septentrionale notamment n'est guère qu'une immense plaine, interrompue seulement çà et là. La Gallicie compte un grand nombre de cours d'eau importants, qui à l'ouest appartiennent au bassin de la Vistule, et à l'est à ceux du Danube et du Dniestr. La Vistule, qui devient navigable près de Cracovie, reçoit les eaux de la Biala, de la Sola, de la Skawa, de la Skawina, de la Raba, du Dujanec, de la Wysloka venant du plateau des Carpathes, et de la Sân venant du plateau de Lemberg. Le Dniestr, qui prend sa source dans l'une des ramifications que les Carpathes envoient en Gallicie, reçoit de fort petites rivières, par exemple, sur sa rive droite, le Stry, la Swika et la Bistriza; et sur sa rive gauche, le Sered, près des frontières de Russie, le Podhorze, et atteint ensuite le territoire russe. Le Pruth, l'un des affluents du Danube, ne tarde point à abandonner ce pays. La Gallicie ne possède point de grands lacs. De toutes les parties de la monarchie autrichienne, c'est celle dont le climat est le plus rude; et les hivers où le froid atteint jusqu'à 28° Réaumur ne sont pas rares. Cependant, et en dépit des nombreuses régions sablonneuses ou marécageuses qu'il renferme, ce pays est au total très-fertile et fournit à l'exportation des céréales, encore bien que l'agriculture soit loin d'y avoir pris tout le développement dont elle serait susceptible. On y cultive sur une assez large échelle le chanvre et le lin, le tabac, le houblon, etc. La richesse forestière de la province est importante, quoiqu'au nord les forêts soient fort éclaircies, tandis que dans les Carpathes d'immenses quantités de bois pourrissent sur pied. En ce qui est du règne animal, la Gallicie produit surtout du gros bétail, et dans des proportions suffisantes pour qu'il y ait lieu à exportation, quoique l'on ne donne pas partout assez de soins à l'amélioration des races; puis des chevaux, qui se distinguent pas de bonnes qualités, et des moutons, dont on a dans ces derniers temps beaucoup amélioré l'espèce. Les abeilles, tant sauvages que domestiques, et dont l'éducation est une industrie très-répandue, surtout sur les frontières de l'est, produisent assez de miel et de cire pour constituer d'importants articles de commerce. La chasse, dans les montagnes surtout, ne laisse pas que d'être assez productive. Les ours et les loups, ainsi que les castors qu'on y rencontrait autrefois en grand nombre, sont devenus aujourd'hui fort rares. La pêche donne des produits d'une certaine importance. Une espèce de kermès qu'on rencontre aux mois de mai et de juin sur les racines de certaines plantes vivaces, telles que la fleur de Saint-Jean, fournit ce qu'on appelle la *cochenille de Pologne*. Sauf une grande quantité de terres et de pierres dont l'industrie sait tirer bon parti, le règne minéral offre peu de ressources; toutefois la richesse de la province en sel est d'une importance extrême : ou le tire, soit des puissantes couches de sel gemme situées sur le versant nord des Carpathes, notamment des célèbres mines de Bochnia et de Wieliczka, soit de nombreuses sources salées. Dans quelque localités on recueille et on distille en napthe la pétrole qui découle aux approches des couches de sel. Les sources minérales sont très-nombreuses, mais fort peu utilisées. Ainsi on ne peut guère citer que celle de Krynica, de Lubieni et de Krzeszowice (eaux sulfureuses), d'Iwoniec (riches en iode et en brôme), et de Wielicza (eaux gazeuses).

On compte en Gallicie 4,875,200 habitants, dont 140,700 pour le grand-duché de Cracovie. Ils sont pour la plupart d'origine slave, et catholiques. Les *Ruthènes* (Rusniaques), qui sont les habitants primitifs du pays et forment une masse compacte dans le district de Ruthen, c'est-à-dire dans ce qu'on appelait autrefois les douze cercles orientaux de la Gallicie, forment la race la plus nombreuse. Les *Polonais*, au nombre d'environ deux millions, habitent surtout les villes de Lemberg et de Cracovie et leurs environs; dans les Carpathes occidentaux, on les appelle *Gorales*, c'est-à-dire habitants des montagnes, et dans les versants nord-est de la montagne, *Gorales orientaux* ou *Houzoules*, c'est-à-dire nomades, par opposition aux *Mazouraks* ou habitants des plaines. Indépendamment de ces Slaves, on rencontre en Gallicie des Allemands, des Arméniens, des Juifs et des Karaïtes, des Bohémiens, etc. En ce qui touche la religion, on comptait en 1848, en Gallicie, 2,227,900 catholiques romains (Polonais de race, et relevant d'un archevêque dont le siége est à Lemberg et qui a pour suffragants les évêques de Cracovie, de Przemysl et de Tarnow) et Arméniens (relevant d'un archevêque siégeant à Lemberg), 2,201,700 Grecs unis, appartenant à la population *ruthène* ou rusniaque, relevant d'un archevêque dont le siége est à Lemberg et d'un évêque résidant à Przemysl, environ 26,000 protestants, placés sous l'autorité d'un *surintendant* ecclésiastique résidant à Lemberg, et environ 320,000 juifs, placés sous l'autorité d'un grand-rabbin résidant à Lemberg. La propriété foncière repose presque tout entière entre les mains de la noblesse polonaise. La bourgeoisie, par suite de la prépondérance commerciale qu'exercent les juifs, est réduite à un rôle presque aussi obscur et infime que celui du paysan. Celui-ci, à la vérité, a cessé d'être serf; mais il se trouve presque toujours dans l'impossibilité de payer son fermage autrement que par son travail personnel, c'est-à-dire en corvées.

Quant aux éléments civilisateurs, on doit reconnaître que l'industrie a fait dans ces derniers temps de remarquables progrès; mais elle manque toujours d'ouvriers capables, et les grandes entreprises industrielles font défaut. Le filage et le tissage du lin et du chanvre sont assez répandus; aussi le pays produit-il de grandes quantités de grosses toiles et de toiles mi-fines, qui en raison de la modicité de leur prix trouvent des débouchés à l'étranger. Le tissage du coton et la fabrication des draps donnent lieu à des produits moins importants; la tannerie et la fabrication des cuirs sont à cet égard dans des conditions plus favorables. La distillation des eaux-de-vie de grains se fait sur une large échelle. Les articles de bijouterie fausse que fabriquent les juifs de Rzeszow sont en grand renom et font l'objet d'un important commerce de colportage. La production des pierres à feu qui jadis livrait chaque année à la consommation au delà de 200 millions de pierres à feu et qui en fournissait toute l'Autriche, une partie de la Pologne, la Prusse, etc., a beaucoup diminué mais ne laisse pas que d'être encore considérable. Le commerce, jusqu'à présent peu actif, commence cependant à prendre quelques développements depuis qu'en 1850 on a supprimé la ligne de douanes qui existait à la frontière de Hongrie. Les principaux articles en sont le sel, le bois, la potasse, le bétail, les grains, les toiles. Le commerce d'expédition et de transit qui se fait à Brody pour la Russie, la Pologne, la Moldavie et la Valachie, est très-considérable. Les routes de la Gallicie sont parfaitement construites et entretenues; et tout récemment l'établissement du chemin de fer reliant la haute Silésie à Cracovie a encore ajouté à la facilité des communications. La plupart des cours d'eaux sont navigables ou flottables. Depuis peu la navigation à vapeur a été étendue sur la Vistule jusqu'à Cracovie, de même qu'on l'a introduite sur le Dujanec et sur la Sân; et on s'occupe en ce moment de régulariser le cours du Dniestr. La Gallicie possède donc, comme on voit, toutes les conditions d'un développement grandiose : ce qui lui manque encore, ce sont les deux plus puissants leviers de toute civilisation; l'esprit de travail et l'esprit d'entreprise. La culture intellectuelle laisse aussi beaucoup à désirer. En fait de sociétés ou de collections scientifiques, les plus importantes sont à Lemberg et à Cracovie, où se trouvent aussi les deux universités qui existent dans le pays. En 1848 la Gallicie possédait en outre douze gymnases ou colléges, mais seulement 2257 écoles primaires : ce qui donne à peine une école pour deux villages.

Jusque dans ces derniers temps la Gallicie avait été divisée en 19 cercles, parmi lesquels le Bukowine formait le cercle de Czernowitz, et auxquels on ajouta, en 1846, Cracovie et son territoire. Mais la constitution donnée à l'empire en 1849 en sépara la Bukowine à titre de domaine spécial de la couronne (*kronland*), avec le titre de duché; et aux termes de la constitution du 29 septembre 1850 la Gallicie est aujourd'hui divisée sous le rapport administratif en trois cercles de régence. *Lemberg, Cracovie* et *Stanislawow*, subdivisés chacun en un certain nombre de capitaineries de cercle (le premier en 19, le second en 26, et le troisième en 18), et chaque capitainerie 3 ou 4 arrondissements judiciaires. Dans les 3 chefs-lieux des cercles de régence résident les 3 cours supérieures auxquelles ressortissent 8 cours d'appel et 201 tribunaux de cercle, dont 27 fonctionnant comme tribunaux de collége d'arrondissement. La cour suprême, dont le siége est Stanislawow, fonctionne en la même qualité pour la Bukowine. A tous les degrés de cette organisation judiciaire, la justice se rend à huis clos et sur procédures écrites. La représentation provinciale se compose de trois diètes correspondant aux trois cercles de régence et comprenant chacune les députés désignés dans leurs territoires respectifs. Ordinairement elles sont convoquées chacune à son chef-lieu particulier. Les députés sont élus par les habitants les plus imposés, par les villes et par les communes. Le nombre des députés nommés par les communes est plus considérable que celui des deputés nommés par les deux autres classes, et leurs cercles d'élections répondent aux capitaineries de pays. Chaque *curie* ou diète élit en outre cinq de ses membres pour former le comité des états, lequel reside à Lemberg, plus six députés pour former le comité central, lequel, y compris le comité des états, se compose de trente-trois membres. Chaque curie est, dans les limites du cercle d'action que lui fixe la constitution, l'organe des cercles de régence pour les affaires dont les lois n'ont pas attribué la connaissance aux autorités des communes ou des arrondissements. Quand les trois curies tombent d'accord sur une question dont la constitution leur abandonne la décision, leur avis acquiert par la sanction impériale force de loi pour la généralité du pays. Quoique l'allemand soit la langue officielle et administrative, l'usage de la langue polonaise n'est point aussi sévèrement proscrit en Gallicie que dans les anciennes provinces du royaume de Pologne que la Russie s'est adjugées : on l'emploie dans les diètes ou assemblées d'états; elle est la langue de l'enseignement religieux; et le gouvernement exige de tout fonctionnaire public qu'il la connaisse.

La Gallicie, qui tire son nom de l'ancienne ville et forteresse de Halicz, située sur les rives du Dniestr, et dont les habitants slaves aborigènes, les *Ruthènes* ou Rusniaques, entretenaient dès le neuvième siècle des rapports politiques et religieux avec les empereurs de Byzance, de même qu'ils avaient des relations commerciales fort étendues et qu'ils obéissaient à des princes indigènes de la race de Chrowat, fut conquise vers la fin du neuvième siècle par les Russes de Kief. La partie occidentale dépendait déjà, il est vrai, de la Pologne; mais elle avait aussi ses souverains particuliers, à l'extinction de la race desquels le roi de Pologne Casimir s'empara de cette partie de la Ruthénie ou Prusse-rouge et y introduisit la constitution polonaise. Déjà d'ailleurs la partie de cette contrée située plus à l'est, le long des rives du Dniester, etc., avait été enlevée aux Polonais par les Russes au onzième siècle. Elle ne tarda pas cependant à s'affranchir de tous rapports tant avec la Pologne qu'avec Kief; et il se forma sous la protection des Hongrois diverses principautés indépendantes, notamment à Wladimir (1078), à Przemysl (1094), à Terebowl (1097), ensuite à Halicz (1123) sous le prince hongrois Boris lui-même; principauté qui s'agrandit aux dépens des autres, et qui demeura sous la suzeraineté de la Hongrie jusqu'en 1230. Érigée en royaume à partir du commencement du treizième siècle, réunie à la Lithuanie vers le milieu du même siècle, la Gallicie et Wladimir (Lodomérie) furent adjoints en 1311 à la grande principauté de Moscou. Mais en 1340 le roi de Pologne Casimir III en prit de nouveau possession, en même temps que le roi de Hongrie lui faisait abandon de tous ses droits et prétentions, tandis que Wladimir était donné pour prix de la Lithuanie. Le roi de Hongrie Louis le Grand ayant de nouveau conquis ce pays, il fit encore une fois retour à la Pologne, en 1382, à la suite du mariage d'Hedwige, fille de Louis; et il continua de faire partie de ce royaume jusqu'en 1773. Lors de ce premier partage de la Pologne, la Gallicie, avec diverses parcelles qui avaient dépendu jusque alors de la petite Pologne, fut adjugée à l'Autriche sous le titre de *royaume de Gallicie et de Loudomérie* ou *Lodomérie*, que l'impératrice Marie-Thérèse avait créé dès 1769; et en 1786 cette puissance y ajouta la Bukowine, devenue autrichienne depuis 1777. Quand, à l'époque du dernier partage de la Pologne, en 1795, l'Autriche acquit de nouveaux territoires en Pologne (602 myriamètres carrés, avec une population de 1,307,000 âmes), ils furent désignés sous le nom de *Nouvelle Gallicie* ou *Gallicie orientale*, tandis que ses premières acquisitions recevaient celui de *Vieille Gallicie* ou *Gallicie occidentale*. Depuis, la chancellerie autrichienne adopta la dénomination de *Gallicie et Lodomérie*.

Aux termes de la paix de Vienne de 1809, l'Autriche dut faire abandon à Napoléon de la Gallicie occidentale avec Cracovie et la partie du territoire dépendant de cette ville située sur la rive droite de la Vistule, ainsi que le cercle de Zamosc en Gallicie orientale (formant ensemble une superficie de 640 myr. carrés, avec 1,470,000 habitants); et le conquérant réunit le tout au duché de Varsovie. En même temps, l'Autriche céda à la Russie 115 myriamètres carrés de la Gallicie orientale avec 400,000 habitants. La paix de Paris laissa la Gallicie occidentale au royaume de Pologne, mais rendit à l'Autriche la partie de la Gallicie orientale qu'elle avait cédée à la Russie. Toutefois, en vertu d'une décision du congrès de Vienne, une partie du territoire de la Gallicie orientale cédée à la Pologne fut érigée en *république de Cracovie* et placée sous la protection des trois puissances, l'Autriche, la Prusse et la Russie. Mais à partir de l'année 1830 cette petite république de Cracovie étant devenue le principal foyer de l'esprit révolutionnaire en Pologne, les conspirations dont elle était le centre nécessitèrent à diverses reprises l'occupation de son territoire par les troupes des puissances protectrices. Enfin, une tentative d'insurrection qui devait embrasser toutes les parties de la

Pologne y ayant éclaté au mois de février 1846, la révolte gagna aussitôt de proche en proche. Tandis que les troupes autrichiennes repoussaient l'invasion des insurgés de Cracovie, en Gallicie, le peuple des campagnes, les Ruthènes, s'insurgeait, lui aussi, mais contre les Polonais et pour venir en aide à l'Autriche; et d'horribles massacres signalaient cette levée de boucliers. C'est à la suite de ces événements que, le 6 novembre 1846, en vertu d'une convention signée à Vienne par les puissances protectrices, Cracovie et son territoire furent incorporés à l'Autriche.

GALLICISME. On entend par ce mot certaines tournures ou locutions propres à notre langue, et dont il est quelquefois assez difficile de rendre compte par les règles de la syntaxe. Telle est cette expression : *vous avez beau vous tourmenter*. Qu'est-ce que c'est qu'*avoir beau?* traduisez-ça littéralement en latin, en italien, en anglais, vous n'obtiendrez que des barbarismes, et, qui pis est, des non-sens. Il y a précisément là un idiotisme de notre langue, un *gallicisme*. Il serait impossible de nombrer ces formes particulières; citons seulement *Ce* placé devant le verbe *être : c'est moi, c'est toi, c'est nous, c'est vous, ce sont eux; De, du, de la, des*, pris, non pas comme indiquant le rapport qu'exprime ordinairement la proposition *de*, ou répondant au génitif latin, mais dans un sens partitif : *donnez-moi du pain; Que*, dans une multitude de locutions : *Il ne dit que des sottises; je n'irai pas là que tout ne soit prêt; Quelque.... que, quel que, tout.... que*, employés pour exprimer la supposition générale de toutes les choses d'une même espèce, ou de toutes les modifications ou manières d'être de cette chose : *Quelques droits que vous ayez; quelles que soient vos richesses; toute belle que vous êtes*, etc., et de même : *qui que vous soyez, quoi que vous fassiez; Laisser*, pris dans le sens de *permettre : laissez faire, laissez passer; Aller, devoir, avoir, venir de*, pris pour exprimer des temps dans nos verbes : *je vais chanter :* c'est un futur prochain; *je dois chanter :* c'est un futur indéterminé; *j'ai chanté :* c'est un passé indéterminé; *je viens de chanter :* c'est un passé prochain, etc., etc; les impersonnels *il est* et surtout *il y a : il est des êtres bien dégradés, il y a des gens bien peu délicats.*

Bernard Jullien.

GALLIEN (Publius Licinius Egnatius), empereur romain, fils de Valérien, naquit l'an 233 de J.-C. En 253 son père l'associa à l'empire. Quand Valérien eut été fait prisonnier par Sapor, il régna seul. Au lieu de songer à délivrer son père, Gallien s'abandonna dans Rome à la débauche et à la cruauté. Pendant ce temps-là les Germains, les Goths, les Sarmates, les Francs, les Marcomans, les Cattes franchissaient les Alpes et menaçaient l'Italie. Comme il fallait résister avec force à l'ennemi qui se présentait de toutes parts, et que les soldats savaient bien que Gallien en était incapable, chaque armée nomma un empereur, qui était presque toujours son général. Il y en eut bientôt trente élus à la fois par les armées romaines. L'histoire a appelé cette époque d'anarchie militaire l'*époque des trente tyrans*. Plusieurs justifièrent cette dénomination par leurs cruautés; quelques-uns cependant furent très-utiles à l'État et repoussèrent les barbares qui menaçaient de le détruire. Mais Gallien, loin de chercher à imiter ses compétiteurs en combattant vaillamment, oubliait dans les loisirs de la débauche qu'on était empereur sans doute pour quelque chose; il laissait à d'autres le soin de maintenir l'honneur du nom romain. Odénat, prince de Palmyre, en releva la gloire en Orient, en battant Sapor comme allié des Romains. Soit crainte, soit reconnaissance, Gallien jugea à propos de se l'adjoindre à l'empire en le déclarant César. Quelque temps après, Auréole, qu'il avait également revêtu de la pourpre impériale, marcha sur l'Italie pour le déposer. Gallien alors sembla se réveiller de sa longue apathie : il quitta aussitôt Rome, et se rendit en toute hâte sur Milan, qu'il assiégea. Il périt à ce siége, sans qu'on sache bien exactement de quelle façon (268).

GALLINACÉS, ordre de la classe des oiseaux, ayant pour type le coq domestique. Les gallinacés ont pour caractères principaux : Bec moins long que la tête, mandibule supérieure voûtée, recouvrant l'inférieure, et portant à sa base une cire dans laquelle sont percées les narines, que recouvre une écaille cartilagineuse. Leur vol est lourd et embarrassé, à cause de la forme concave et de la brièveté de leurs ailes et aussi de la conformation particulière de leur sternum. Emplumées jusqu'au talon, leurs jambes, médiocrement longues, sont soutenues par des tarses robustes terminés en avant par trois doigts bordés d'une courte membrane. Dans les genres où il existe un pouce, il est libre et porte en entier sur le sol.

L'ordre des gallinacés renferme les genres *hocco, paon, éperonnier, dindon, pintade, coq, faisan, argus, coq de bruyère, perdrix, caille, colin, francolin, pigeon*, etc.

GALLINETTE. *Voyez* Clavaire.

GALLINSECTES, famille d'insectes hémiptères, de la section des homoptères, et auxquels Latreille assigne les caractères suivants : Un article aux tarses, avec un seul crochet au bout; le mâle, dépourvu de bec, n'a que deux ailes, qui se recouvrent horizontalement sur le corps; son abdomen est terminé par deux soies. La femelle est sans ailes et munie d'un bec. Les antennes sont en forme de fil ou de soie, le plus souvent de onze articles. Cette famille a pour principal genre la cochenille.

Le mot *gallinsectes* vient par contraction de *galle-insectes*, parce que ces insectes, se mouvant très-difficilement, par suite de la brièveté de leurs pattes, ressemblent aux excroissances végétales qu'on nomme galles.

Dr Saucerotte.

GALLIONISME. Junius *Gallio*, frère de Sénèque, était proconsul en Achaïe lorsque les Juifs lui amenèrent saint Paul pour le faire condamner. Esprit supérieur, Gallion ne voulut pas servir les haines religieuses des Juifs, et refusa de se mêler de cette querelle. C'est de là qu'on a appelé quelquefois *gallionisme* l'indifférence en matière de religion; parce qu'on a conclu, mais à tort, des *Actes des apôtres*, que le paganisme, le judaïsme et le christianisme avaient été également indifférents à Gallion.

Junius *Gallio* se nommait d'abord *Annæus Novatus;* c'est de son père adoptif qu'il prit son second nom. Tombé dans la disgrâce de Néron après la mort tragique de son frère Sénèque, Gallin mit fin à ses jours en se perçant de son épée.

GALLIPOLI, ville de la Turquie d'Europe en Roumélie, sur la presqu'île de son nom, à l'entrée du détroit des Dardanelles, appelé aussi en cet endroit *détroit de Gallipoli*. Sa population ne dépasse pas 20,000 habitants. Siége d'un évêché grec, on y fabrique des soieries et de beaux maroquins. Son port est excellent et fait un commerce très-actif. Le nom de cette ville n'est que la corruption de *Callipolis*, belle ville, comme l'appellent les Grecs. Sur son emplacement était située autrefois *Cardie*, dont il est si souvent question dans les discours de Démosthène, importante situation stratégique, que Philippe de Macédoine finit par enlever aux Grecs. Gallipoli fut la première conquête des Turcs en Europe; ils s'en emparèrent en 1359, à la faveur d'un tremblement de terre.

Au mois d'avril 1854, Gallipoli est devenue une place d'armes et un lieu de dépôt de l'expédition anglo-française en Orient. Nos soldats en ont presque fait une ville européenne, en traçant au milieu du dédale inextricable de ses ruelles et de ses maisons, si pittoresques, de larges rues se coupant à angles droits, qui la traversent aujourd'hui en tous sens.

GALLIPOLI, ville de la province du royaume de Naples appelée *Terra di Otranto*, doit vraisemblablement aussi son nom, corruption du grec *Kallipolis*, à la beauté de sa situation, dans une île du golfe de Tarente qu'un pont relie au continent. Son port est excellent, bien que l'art seul l'ait créé; mais l'entrée en est difficile. La ville, entourée de fortifications et protégée par une citadelle, est le siége d'un évêché et compte 8,500 habitants, dont la pêche du thon et le commerce des fruits secs, de l'huile et du coton sont les principales ressources. La cathédrale est un édifice remarquable.

GALLIQUE (Acide). Cet acide, découvert par Scheele en 1786, se trouve dans la noix de galle et dans plusieurs écorces; il cristallise sous formes d'aigrettes transparentes, blanches, d'une saveur aigre, nullement astringente, rougissant la teinture de tournesol. Il se dissout dans trois fois son poids d'eau bouillante, et seulement dans vingt fois son poids d'eau froide. Il se combine avec toutes les bases salifiables, et forme des gallates. L'acide gallique est formé de 2 volumes d'hydrogène, 2 de carbone et 1 d'oxygène. L'acide gallique pur n'a d'usage que comme réactif dans les laboratoires. Uni au tannin, il est fréquemment employé en teinture.

A mesure qu'on le chauffe, l'acide gallique abandonne de l'oxygène : à 215°, il se transforme en *acide pyrogallique ;* à 250°, il fournit un résidu noir, l'*acide métagallique*, ressemblant à l'acide ulmique.

GALLO (MARZIO MASTRIZZI, marquis de), habile homme d'État italien, à qui d'importantes missions dont le chargea, pendant la guerre de la révolution française, le roi Ferdinand IV, ouvrirent la voie des hauts emplois. Nommé, en 1795, premier ministre en remplacement d'Acton, il refusa ce poste. Après avoir assisté aux conférences d'Udine, il signa, en 1797, le traité de Campo-Formio. Vers la fin de 1802, il fut accrédité en qualité d'ambassadeur du roi des Deux-Siciles près de la république italienne, et bientôt après en France. Il assista au couronnement de Napoléon comme roi d'Italie, et signa en 1805, à Milan, le traité relatif à l'évacuation du territoire napolitain par les troupes françaises, traité qui fut rompu quelques mois après. Lors du débarquement des Anglais et des Russes à Naples, il donna se démission.

Joseph Bonaparte, devenu roi de Naples, lui confia le portefeuille des affaires étrangères, qu'il conserva sous Murat. Le 11 janvier 1814, il signa en cette qualité avec l'Autriche le traité par lequel le beau-frère de Napoléon s'engageait à faire cause commune contre lui avec la sainte-alliance; et demeuré fidèle à Murat jusque après sa chute, il vécut ensuite en dehors des affaires publiques.

La révolution de Naples de 1820 confia le ministère des affaires étrangères au marquis de Gallo, qui plus tard accepta une mission conciliatrice près de la cour de Vienne. Mais arrivé à Klagenfurt, il y trouva un ordre de Metternich d'avoir à ne pas pousser plus loin son voyage, l'empereur ne pouvant pas lui accorder d'audience. Il accompagna ensuite le roi à Laybach, où il s'efforça vainement de modifier les projets arrêtés par les puissances à l'égard de Naples; puis il rentra de nouveau dans la vie privée. Il est mort à Naples, en 1833.

GALLO-GRÈCE. *Voyez* GALATIE.

GALLOMANIE et **GALLOPHOBIE** (de *Gallus*, Gaulois, et μανία, manie, ou φόβος, horreur). Ces deux termes servent à désigner deux excès contraires dans l'appréciation que les peuples étrangers sont appelés à faire de nos mœurs, de nos institutions, de notre littérature et de notre influence politique. Par *gallomanie* on désigne cette prédilection exagérée pour tout ce qui est français, qui porte certains individus à n'estimer en fait d'hommes, d'idées, de systèmes et même de produits industriels, que ce qui leur vient directement ou indirectement de France. L'influence de Frédéric le Grand sur ses compatriotes, son goût exclusif pour ce qui avait le cachet français, contribuèrent beaucoup au siècle dernier à propager la *gallomanie* en Allemagne, au vif déplaisir des patriotes allemands, qui inventèrent le mot pour faire justice d'un ridicule à la destruction duquel ils regardaient l'honneur national comme engagé. La réaction en sens contraire produite de l'autre côté du Rhin par le joug de fer que Napoléon fit peser sur les populations allemandes donna ensuite naissance à une exagération non moins ridicule, la haine instinctive de tout ce qui avait une origine française : d'où le mot *gallophobie*, employé pour désigner ce sentiment exagéré de patriotisme qui porte, de nos jours encore, certains Allemands à affecter pour la France, ses idées et ses tendances, une horreur dont leurs concitoyens eux-mêmes font justice en les affublant du sobriquet de *Franzosenfresser* (mangeurs de Français).

GALLON, mesure de capacité employée en Angleterre pour mesurer les matières sèches et liquides. Autrefois il y en avait de diverses contenances Mais, aux termes des dernières décisions légales, l'*imperial gallon* doit contenir 10 livres d'eau distillée à la température de 13° 1/3 R., ou 277,274 pouces cubes anglais (à peu près 4 litres 54 centilitres.). Quatre quarts ou huit pintes forment le *gallon ;* deux *gallons* égalent un *peck*, et huit *gallons* sont égaux à un *bushel* (boisseau).

GALLON DE PIÉMONT. *Voyez* GALLE.

GALLOPAGOS. *Voyez* GALAPAGOS.

GALLOWAY. *Voyez* GALWAY.

GALLOWAY (HENRI, marquis DE RUMIGNY, comte DE), né en 1637, se fit naturaliser en Angleterre, à la suite de la révocation de l'édit de Nantes, qui força plusieurs milliers de ses coréligionnaires à aller demander aux pays étrangers le libre exercice de leur culte, désormais proscrit en France. Choisi par les gentilshommes protestants réfugiés comme lui en Angleterre pour être leur représentant auprès du gouvernement qui leur accordait l'hospitalité, il ne tarda pas à être gratifié par le roi Guillaume III du titre de *comte de Galloway*, en récompense de la bravoure dont il avait fait preuve à la bataille de Nerwinde à la tête d'un régiment de cavalerie uniquement composé de réfugiés français. En 1696 il fut promu au grade de maréchal de camp et nommé commandant en chef du corps auxiliaire anglais envoyé par le cabinet de Saint-James en Piémont. Au moment où éclata la guerre de la succession d'Espagne, la reine Anne le nomma en 1704 généralissime de ses forces en Portugal. Blessé sous les murs de Badajoz en 1705, battu à Almanza en 1707, et dans les plaines de Gudina en 1709, il fut rappelé en Angleterre, et en 1715 il fut nommé lord grand-juge d'Irlande. Il mourut en 1720, dans un domaine qu'il possédait dans le Hampshire.

GALLUS (CNEUS OU PUBLIUS CORNELIUS) naquit l'an 688 de l'ère romaine, les uns disent à Fréjus, d'autres dans le Frioul. Auguste, dont il était l'ami et à qui il avait rendu des services dans la guerre d'Alexandrie, lui confia la préfecture de l'Égypte; mais Gallus usa si mal de sa haute fortune qu'il fut destitué, puis frappé par le sénat d'une amende considérable et de l'exil. N'osant survivre à sa honte, il se donna la mort, à l'âge de quarante ou quarante-trois ans. Auguste ne fit rien pour sauver l'accusé, parce que, soit légèreté, soit ingratitude, ce dernier avait tenu des discours peu mesurés sur le compte de l'empereur.

Gallus était poëte, et jouissait d'une assez grande célébrité, due à ses élégies amoureuses et à ses liaisons avec les esprits les plus distingués de son temps. Virgile était son ami, et lui a dédié sa dixième églogue. Il avait même, dit-on, rempli de son éloge une partie du quatrième livre des *Géorgiques ;* il y substitua par la suite l'épisode d'Aristée. Outre ses élégies, Gallus avait publié des traductions et des imitations d'Euphorion de Chalcis, poëte fort estimé à la cour d'Auguste, malgré l'obscurité de ses vers, chargés d'une érudition déplacée. Quintilien reproche à Gallus la dureté de son style. Quoi qu'il en soit, nous ne pouvons en juger aujourd'hui, s'il est vrai que les six élégies qui nous restent ne sont pas de lui, mais d'un certain Gallus Etruscus, qui vivait au sixième siècle. SAINT-PROSPER jeune.

GALLUS (CAIUS VIBIUS TREBONIANUS). Né dans l'île de Meninx, aujourd'hui *Gerbi*, sur la côte d'Afrique, il avait un commandement dans l'armée de Mésie lorsqu'il fit périr par trahison l'empereur Decius, dans une expédition contre les Goths, et se fit proclamer lui-même empereur. Il s'associa Hostilien, puis son fils Volusien, acheta honteusement la paix des Goths, et persécuta les chrétiens. Un de ses généraux, après une éclatante victoire sur les Goths, ayant été proclamé empereur par ses soldats, il se port t à la rencontre de ce compétiteur lorsqu'il fut tué, en 253, par ses propres troupes, auprès de Rome.

GALLUS (Martin), chroniqueur polonais, qui écrivait de 1100 à 1110. Les anciens auteurs ne s'accordent pas sur son origine. Les uns le disent Français, à cause de son nom; les autres Latin, parce qu'il a écrit en latin et à Rome, dans le cloître de Saint-Grégoire. Lengniet, qui a publié son ouvrage, dit que l'auteur était Polonais, qu'il porta d'abord le nom de Martin, et que plus tard ses camarades de noviciat lui donnèrent en polonais le sobriquet de *Kur*, coq, d'où l'étymologie du surnom de *Gallus*. Son livre est moins une histoire qu'un commentaire sur le règne de Boleslas III, surnommé *Bouche de travers*. Le principal mérite de Gallus est la précision de son style et l'exactitude de ses renseignements géographiques. Quand il nous raconte les guerres de Boleslas avec les empereurs d'Allemagne et les chevaliers de l'ordre teutonique, il place sous nos yeux un tableau topographique de la Silésie, de la Moravie et de la Prusse orientale encore plein de vérité aujourdhui. Quoiqu'il n'ait su comprendre ni le but de l'histoire ni sa philosophie, il a rendu cependant un grand service en frayant le premier la route de notre histoire nationale, et en donnant l'exemple à ses successeurs. Le manuscrit de son ouvrage se trouvait encore en 1830 à la bibliothèque de Pulawy, propriété du prince Czartoryiski. Zadik Pacha (Michel Czaykowski).

GALOCHE (Menton de). *Voyez* Dent, tome VII, p. 383.

GALON, nom que l'on donne à des tissus étroits comme les rubans, mais croisés, fort épais, et fabriqués avec des fils d'or, d'argent, de cuivre ou d'argent doré, de soie, de coton, de laine ou de fil. Le galon est prodigué dans l'usage habituel de la plupart des conditions de la société : il est la marque distinctive de l'ambition et du pouvoir, de la servitude et de l'orgueil. Ainsi, le premier degré de l'ambition du soldat, c'est d'obtenir les galons de laine, et le dernier, c'est de voir briller à son chapeau le galon de maréchal de France : de là le proverbe : *Quand on prend du galon, on n'en saurait trop prendre*. Mais tandis que la possession de ce genre de tissu excite une noble ambition, il est, d'un autre côté, la marque humiliante de la servitude, car chaque jour le valet étale avec insolence dans l'antichambre de son maître ou derrière sa voiture la livrée dont les coutures sont chamarrées de galons. L'Église aussi emploie le galon dans ses ornements : l'étole, la dalmatique en sont couverts. Du reste, si les tailleurs et les chasubliers prodiguent ce tissu, il en est de même des tapissiers dans les ornements de nos habitations, et des carrossiers dans la doublure de toutes les voitures. Le galon a donc une importance bien plus grande qu'on ne semble généralement le penser. Autrefois les galons se fabriquaient à l'aide du métier à la tire; aujourd'hui ils se font presque partout avec le métier à la Jacquart. Lyon fournit les galons de soie, et Amiens ceux de laine. Quelquefois, pour les livrées, on fabrique des galons veloutés en laine ou soie, de diverses couleurs; cependant ceux qu'on emploie le plus sont en laine et en fil ou en or, en argent ou en faux. Ces derniers se reconnaissent aisément; car la loi, pour prévenir toutes les fraudes qui pourraient se commettre dans la vente des fils d'or et d'argent fins avec lesquels on fait les galons, a voulu que le fabricant, à moins d'encourir les plus fortes peines, fût obligé de filer l'or ou l'argent fin sur de la soie, et le faux sur des fils de chanvre ou de lin; il s'agit donc, quand on veut vérifier la qualité d'un galon, de s'assurer de l'espèce de fil sur lequel le métal est roulé; autrement, on a recours à la pierre de touche.

Les galons portent divers noms, en raison de leurs variétés : ainsi, l'on connaît les *galons pleins* ou à dessins visibles des deux côtés, et qui n'ont point d'envers; les *galons figurés*, ou à dessins ne paraissant qu'à l'endroit, tout en ayant l'envers formé des mêmes matières; les *galons systèmes*, ne montrant à l'envers ni dessins ni or ni argent. Cependant, la variété de ces deux genres de galons appelée dans le commerce *galon à lames* ou *gaze-galon*, n'ayant ni festons ni crêtes, et dont par conséquent la lisière est droite, offre à son envers une espèce de dessin; car tandis que les figures sont tracées par le filé à l'endroit, elles sont répétées de l'autre côté par la lame; aussi l'on peut, à la rigueur, retourner ce genre de galon : il est donc, après les galons pleins, celui dont l'usage offre le plus de durée; il en est de même du galon fin, de quelque variété qu'il soit; malheureusement, le prix trop élevé en restreint beaucoup le débit : il en résulte que les fabricants font aujourd'hui beaucoup plus de galons faux que de fins.

J. Odolant-Desnos.

GALOP (*Manége*). Ce mot est affecté à rendre la plus élevée et la plus diligente des allures naturelles du cheval. Les étymologistes s'accordent généralement à le faire venir du grec, κάλπη, que les Latins ont rendu par *calpare*, *calapere*, et dont les Français ont fait *galop*, *galoper*. Cette allure n'est qu'une suite rapide de sauts en avant. On dit le *grand*, le *petit galop*; un galop régulier, rapide, élégant, aisé; un galop irrégulier, défectueux; le galop de manége, le galop de chasse, le galop de course. La vitesse du premier est de 300 à 330 mètres par minute; celle du second, de 550 à 600; celle du troisième, de 800 à 900. Ils varient suivant l'âge du cheval et le poids du cavalier. Virgile a peint admirablement le galop du cheval dans ce vers, modèle d'harmonie imitative :

Quadrupedante putrem sonitu quatit ungula campum.

Un bon cheval galope longtemps sans fatigue pour lui-même, ni pour son cavalier. *Rossinante*, au contraire, patron des coursiers étiques, n'avait, au dire de l'histoire, *galopé qu'une fois dans sa vie*; c'est plus encore que nos chevaux de fiacre.

GALOP (*Danse*). De nos jours, où tout va au galop, la valse elle-même a fini par sembler trop lente aux amateurs du bal. Ils ont été chercher dans le bas peuple de la Hongrie et dans les montagnes de la vieille Bavière une danse plus rapide, plus entraînante, que les uns ont appelée le *galop*, d'autres *la galope*, d'autres encore *la galopade*. Le premier de ces noms, toutefois, est le plus usité. En 1822 cette danse parut pour la première fois, suivant les uns à Vienne, selon d'autres à Berlin, lors du mariage du prince royal de Prusse avec la princesse Élisabeth de Bavière. Ce fut M. Rodolphe d'Appony, fils de l'ambassadeur d'Autriche, qui l'introduisit en France, où elle fut dansée pour la première fois aux bals donnés pendant le carnaval de 1829 par la duchesse de Berry. Deux ans plus tôt cependant, Mazurier, aidé d'une gentille danseuse, l'avait révélée au public parisien dans le ballet de *La Neige*. Les vieux habitués du Grand-Opéra n'ont pas oublié le galop du bal masqué de Gustave III; et aucun étranger n'a voulu passer un hiver à Paris sans voir de ses yeux ce galop furieux, échevelé, infernal, qui termine les bals masqués dirigés par Musard, et qu'Auguste Barbier a si énergiquement stigmatisé dans ses vers.

GALOPADE. En termes de manége, une *galopade* signifie une course d'un espace déterminé fournie au galop par un cheval. *Galopade* se dit encore d'une étendue déterminée de chemin à parcourir en galopant; il n'y a d'ici là qu'une *galopade*.

GALOPIN. Ce nom indique ordinairement un de ces petits commissionnaires que l'on fait *galoper* pour quelques sous dans les rues de la capitale; il s'applique aussi à ces petits vauriens, ces vagabonds en herbe, qui parcourent en oisifs nos promenades publiques et nos boulevards; et dans ce dernier cas il sert à désigner une des variétés du *gamin de Paris*. Ourry.

GALOTTI (Antonio), officier napolitain, originaire des environs de Salerne, et secrétaire d'une vente de carbonari, fit preuve, peu de temps avant qu'éclatât la révolution de Naples de 1820, d'un zèle si inconsidéré, qu'il fut arrêté, condamné. Il allait être conduit au supplice, lorsque la journée du 1er juillet 1820, qui assura le succès du mouvement révolutionnaire, lui rendit la vie et la liberté. Plus tard, après la restauration du pouvoir absolu, il prit encore une part des plus actives à divers complots, dont l'un aboutit à une insurrection presque aussitôt comprimée. Elle coûta la vie à un grand nombre d'individus; mais plus heureux que ses complices, Galotti réussit à s'enfuir à Livourne, d'où il passa en Corse. Il y résidait depuis plusieurs mois, lorsque, sur les réclamations de l'ambassadeur napolitain, prince de Castelcicala, lequel affirmait que Galotti n'était pas poursuivi pour délit politique, mais pour assassinat, le gouvernement français consentit à son extradition. Cet acte de complaisance pour les vengeances de l'absolutisme fit jeter les hauts cris à l'opposition libérale; et le ministre, qui comprit qu'on avait manqué à la France en énonçant faussement la nature de l'accusation au sujet de laquelle Galotti avait à répondre devant la justice de son pays, envoya immédiatement un brick de guerre dans les eaux de Naples réclamer un prisonnier dont l'extradition n'avait été que le résultat d'une erreur. Cette démarche officielle du cabinet français eut du moins pour effet de sauver la vie à Galotti, dont la condamnation à mort, prononcée le 14 octobre 1829, fut commuée en dix années de bannissement dans une des îles de la côte, peine équivalant à celle des travaux forcés. Galotti fut en conséquence conduit dans l'ile de Favignana, près de Palerme, et renfermé dans les casemates de la forteresse. Après la révolution de 1830, le gouvernement de Louis-Philippe fit de la popularité à bon marché en réclamant de nouveau Galotti, dont la peine fut de nouveau commuée en dix années de bannissement pur et simple. Ramené alors en Corse, il y mourut quelques années plus tard, sans qu'aucun des journaux libéraux de Paris, qui avaient si bien exploité ses malheurs et ses tortures pour procurer quelques émotions à leurs abonnés, se souciât de dire un mot de sa fin. Il avait cependant écrit des Mémoires, dans lesquels il s'est complu à retracer tout ce qu'il avait souffert pour la cause de la liberté, et qui ont été traduits en français par S. Vecchianelli (Paris, 1831).

GALOUBET ou **FLUTET**, instrument à vent, dont l'usage est fort ancien en France, mais qui depuis plus de deux siècles n'est cultivé que dans la Provence. Le galoubet est le plus gai des instruments champêtres, et le plus aigu de tous les instruments à vent. Ce n'est qu'à force de travail et de soins que l'on parvient à bien jouer d'un instrument qui n'emploie que la main gauche pour le tenir et le mettre en jeu, afin d'en retirer deux octaves et un ton avec trois trous seulement. L'artifice de l'embouchure supplée à des moyens si bornés. Le ton du galoubet est celui de *ré*. La gamme se fait de trois vents différents : le *ré* d'en bas commence par un vent doux, que l'on augmente jusqu'au *si*; le *si* par un vent modéré, que l'on augmente jusqu'au *fa*; et le *fa* par un vent fort et pincé, qu'on augmente jusqu'au dernier ton.

Le galoubet ne va pas sans le tambourin, sur lequel l'exécutant marque le rhythme et la mesure en le frappant avec une petite baguette d'ivoire ou d'ébène. Ce tambourin d'un mètre d'élévation, sur $0^{m},40$ de diamètre, est taillé dans un bloc de noyer, et par conséquent d'une seule pièce; on le suspend au bras gauche avec un ruban.

Les joueurs de galoubet sont très-communs en Provence, peu sont musiciens; il y en a d'une force prodigieuse, qui exécutent des concertos de violon sur leur flûtet. On en rassemble jusqu'à vingt-cinq dans une fête champêtre, en leur adjoignant une ou deux clarinettistes. Quoique leur musique soit toujours gaie et rapide, l'ensemble le plus parfait ne cesse jamais d'exister entre eux. Je crois en trouver la raison dans les frappements rhythmiques du tambourin, qui les maintiennent constamment dans la mesure. Les joueurs de galoubet, quand ils sont en nombre, jouent à deux parties, et le clarinettiste en improvise une troisième. Leur instinct est si heureux qu'il est rare que leur harmonie ne soit pas aussi bonne qu'on pourrait le désirer. Ce qu'il y a de prodigieux, c'est la vivacité sans pareille de leurs traits, la clarté de leurs gammes chromatiques, la coquetterie de leurs passages en triolets.

Ces troupes de musiciens champêtres sont formées ordinairement dans une même famille : le père, les enfants, le grand-père même, les cousins, vont par caravanes dans les foires, les fêtes, les courses de taureaux, les luttes. Ils se communiquent leurs talents de père en fils, et s'ils ont des descendants, chose qui ne leur manque guère, ils refuseront leur doctrine à des étrangers qui les payeraient bien. Les Labbé de Saint-Remy, les Fournier d'Orange, sont des familles en renom pour le galoubet et la clarinette.

CASTIL-BLAZE.

Joseph-Noël Carbonel, mort pensionnaire de l'Opéra en 1804, parvint à donner à cet instrument tout le développement dont il était susceptible, et à en jouer dans tous les tons sans changer de corps. Carbonel était fils d'un berger de Salon en Provence. Appelé à Vienne en Autriche pour faire entendre son galoubet ou flûtet, il y connut le célèbre Noverre, qui était alors maître de ballets : il fut amené à Paris par Gluck et admis à l'Académie royale de Musique. Son compatriote Hoquet composa pour lui son ouverture du *Seigneur bienfaisant*, qu'il exécutait derrière la toile. Carbonel joua aussi la farandoule, dans l'opéra de *La Prise de Toulon*, en 1793. Plus récemment, Châteauminois a fait entendre le galoubet au théâtre du Vaudeville; il jouait quelquefois des *solos* sur cet instrument, pendant les entr'actes, et il était fort applaudi. Carbonel a donné une méthode du galoubet.

Th. DELBARE.

GALSWINTHE. *Voyez* CHILPÉRIC et BRUNEHAUT.

GALT (JOHN), l'un des écrivains humoristes les plus célèbres de l'Angleterre, né en 1779, à Irvine, dans l'Ayrshire, passa une partie de sa jeunesse à Greenwich, où la fréquentation des classes moyennes et inférieures imprima un cachet tout particulier à son talent d'observation ainsi qu'à la gaieté de son caractère. Après avoir été obligé de renoncer à un commerce entrepris en société avec un certain Mac-Laghlan, il essaya pendant quelque temps de l'étude du droit; puis il se détermina à voyager, et visita en 1809 l'Italie et la Turquie. A son retour en Angleterre, il consigna les résultats de cette tournée dans ses *Voyages and Travels in the years* 1809-1811 (Londres, 1812, in-4°), ouvrage précieux par les aperçus et les renseignements qu'on y trouve sur ce qui a trait à la statistique et au commerce du Levant. L'auteur avait conçu un plan nouveau pour le transit des marchandises du Levant; mais il ne réussit pas plus à faire adopter ses idées par le gouvernement que par le commerce. Après un voyage en Amérique, il revint en Angleterre se consacrer désormais exclusivement à la littérature. Cependant en 1826 il consentit encore à se charger d'aller fonder au Canada, pour le compte d'une compagnie, une colonie nouvelle; mais l'entreprise échoua complétement. Il passa les dix dernières années de sa vie à Greenok, où il mourut, le 11 avril 1839. Parmi ses romans historiques, on peut citer avec éloges *Southennan*, *The Spæwife*, *Stanley Buxton*, *Ringan Gilhaize*, *Rothelan*, *Bogle Corbet*, et *Lairds of Grippy*. Il avait déjà fait preuve antérieurement de talent comme biographe dans sa *Vie et études de Benjamin West*, ainsi que dans sa *Vie et administration du cardinal Wolsey* (Londres, 1812). Comme l'ouvrage de Leigh Hunt, sa *Vie de Byron* fut l'objet d'autant de critiques que de louanges. Dans son Autobiographie (2 volumes. Londres, 1333), il a réussi à mêler la fiction et la vérité d'une manière tout à fait originale. Aux quatre tragédies qu'il publia en 1812, il faut, pour compléter son bagage poétique, ajouter la collection de ses *Poems* (Londres, 1833). Sa grande réputation comme humoriste est fondée sur *The Annals of the Parish*, *Ayrshire Legatees*, *the Prevost* et *Lawrie Todd*, nouvelles dans lesquelles la vie calme et paisible des classes moyennes et inférieures de l'Écosse est décrite avec tant de charmes et de vérité, qu'à cet égard Walter-Scott lui-même, nous ne craignons pas de le dire, lui reste inférieur

GALUCHAT. C'est le nom que reçoit la peau d'une espèce de raie et de diverses espèces de squales lorsqu'elle a été préparée d'une certaine manière et rendue propre à être employée par les gainiers comme couverture de boîtes et d'étuis. Il y a le galuchat à gros grains (c'est le moins estimé), et le galuchat à petits grains, formé par la peau de la raie. Les parties les plus dures de cette peau, l'origine des nageoires, par exemple, sont employées dans diverses industries en guise de râpes fines. La galuchat brut est couvert d'aspérités qu'on fait disparaître à l'aide du grès. On l'amincit ensuite avec la pierre ponce de manière à ce qu'il n'ait plus qu'une demi-ligne d'épaisseur. Réduit à cet état, les gainiers l'appliquent sur les différents objets qui rentrent dans la spécialité de leur profession, et qu'ils ont d'abord revêtus d'un fort papier préalablement trempé dans une dissolution de vert-de-gris, qui communique une belle couleur vert clair au galuchat.

Longtemps l'Angleterre fut en possession de nous fournir le galuchat employé dans notre industrie. Lacépède nous apprit le premier à en fabriquer d'excellent avec la peau de la raie, et ce serait là sans doute aujourd'hui une branche assez importante de fabrication, si la mode toujours tyrannique n'était venue établir l'usage du maroquin dans la gainerie; mais pour tous les ouvrages qui exigent une grande solidité on donnera toujours la préférence au galuchat.

GALUPPI (Baldassaro), dit aussi BURANELLO, compositeur d'opéras, qui jouit de son vivant d'une grande réputation, né en 1703, dans l'île de Burana, près de Venise, fut l'élève du célèbre Lotti. Après avoir débuté dès 1722, à Venise, par un opéra qui n'obtint qu'un médiocre succès, il ne tarda pas à devenir par ses autres compositions l'objet de l'attention générale, et fut nommé maître de chapelle à Saint-Marc en même temps que professeur au *Conservatorio degli Incurabili.* Appelé à Pétersbourg en 1766, comme maître de chapelle, il revint deux ans après reprendre ses fonctions à Venise, où il mourut, en 1785. Le genre dans lequel il réussit le mieux fut celui de l'opéra-comique. Il n'écrivit pas moins de cinquante partitions de ce genre.

GALUPPI (Pasquale), philosophe italien, né en 1774, à Tropea, en Sicile, mort à Naples, en 1846. Sans faire précisément époque dans l'histoire de la philosophie, il a tout au moins le mérite d'avoir su affranchir l'Italie de l'empirisme de Romagnosi et d'avoir initié ses compatriotes à la connaissance des philosophes de l'Allemagne. Comme professeur, ses ouvrages obtinrent un immense succès en Italie, où les propagèrent de nombreuses éditions originales et d'aussi nombreuses contrefaçons. Nous citerons entre autres ses *Elementi di Filosofia* (4e édition. Milan, 1846), ouvrage qui a eu les honneurs de plus de dix contrefaçons; *Filosofia della Volontà* (4 vol., 2e édition, 1846); *Lettere filosofiche su le vicende della filosofia relativamente à principi delle conoscenze umane de Cartesio insina à Kant* (2e édit., Naples, 1838); ouvrage traduit en français par Peissel (Paris, 1847); *Considerazioni filosofiche su l'idealismo transcendentale et sul razionalismo assoluto* (2e édit., Milan, 1845); *Storia de Filosofia* (Naples, 1842); *Elementi de Teologia naturale* (Naples, 1844); etc., etc.

GALVANI (Louis), médecin et physicien célèbre, naquit à Bologne, le 9 septembre 1737. Il est plutôt connu par l'importance que par le nombre de ses travaux, car une seule découverte, due au hasard, mais au hasard attentivement observé, l'éleva soudainement et presque à son insu au plus haut degré d'illustration. Les premières années de la jeunesse de Galvani furent consacrées aux études théologiques; il montra de bonne heure un zèle fervent pour la religion catholique, dont il observa toujours minutieusement les préceptes. Il allait quelquefois dans un couvent habité par des religieux, dont la règle était d'assister les mourants à leur dernière heure. Trouvant leur institution sublime, il recherchait avec passion leur entretien, et voulut même, dans un moment de ferveur et de zèle, prendre l'habit de leur ordre; mais un de ces Pères respectables le détourna de ce projet, et le rendit à l'étude des sciences. Il commença dès lors à s'occuper des différentes branches de la médecine, sous le patronage du savant professeur Galeazzi, qui eut pour lui l'attachement d'un père, et lui accorda en mariage une de ses filles.

En 1762, Galvani soutint avec distinction une thèse savante sur la nature et la formation des os. Il fut bientôt nommé professeur d'anatomie à l'Institut des sciences de Bologne. L'excellence de sa méthode et la facilité de son élocution lui attirèrent un grand nombre d'auditeurs. Les courts loisirs que lui laissaient les devoirs de sa chaire et la pratique habile de la chirurgie et des accouchements, il les employait à l'étude de l'anatomie comparée. L'année 1790 fut la plus douloureuse de sa vie : il perdit son épouse chérie, et ce malheur affreux, qui le rendait inconsolable, fut l'avant-coureur de nouvelles infortunes. La république cisalpine exigea de tous les fonctionnaires un serment que Galvani refusa de prêter. Fidèle à la voix de sa conscience, il sacrifia avec une résignation exemplaire les émoluments attachés à la place qu'il occupait, et, dépouillé de ses dignités, de son état, presque réduit à l'indigence, il se retira chez son frère Jacques, jurisconsulte habile. Bientôt il tomba dans un état de langueur et de marasme, dont les soins, aussi éclairés qu'assidus de ses amis, ne purent arrêter les progrès. Par égard pour sa grande célébrité, le gouvernement cisalpin décréta que, malgré son obstination, sa chaire lui serait rendue ; mais cette faveur fut inutile : tant de coups portés à sa sensibilité étaient irréparables, et la mort, qu'il avait tant désirée, vint à soixante ans (le 4 décembre 1798) terminer cette vie flétrie par l'injustice et le chagrin.

Les travaux, trop peu nombreux, qui ont immortalisé le nom de Galvani sont consignés dans les *Mémoires* de l'Institut des Sciences de Bologne; les plus importants sont : 1° *De renibus atque ureteribus volatilium,* qui donne une description exacte des reins des oiseaux et des variations qu'ils présentent dans les diverses espèces; 2° *De volatilium aure,* qui contient une partie des matériaux importants qu'il préparait pour un grand ouvrage sur la structure et les fonctions de l'oreille. Quand le célèbre Scarpa fit paraître ses *Observations sur la fenêtre ronde*, piqué de voir dans cette monographie la plupart des faits qu'il avait le premier fait connaître dans les séances particulières de l'Institut, Galvani renonça à son projet, et consigna dans cette courte esquisse les remarques qui ne se trouvaient pas dans le livre de Scarpa. 3° *De viribus electricitatis in motu musculari comentarius.* Cet opuscule, qui ne contient qu'une cinquantaine de pages, portera le nom de Galvani à la postérité la plus reculée. Quoiqu'il soit facile de voir que son auteur ne connaissait qu'imparfaitement ce que l'on savait alors sur l'électricité, circonstance qui explique comment il s'est laissé entraîner à des idées systématiques dépourvues de netteté et de rigueur, on admire surtout la sagacité rare et le véritable génie qu'il lui a fallu pour saisir et varier avec tant d'art le phénomène extraordinaire des convulsions en apparence spontanées que les corps mutilés des animaux éprouvent après la mort par le contact des métaux, et en faire sortir une branche nouvelle de la physique, connue sous le nom de *galvanisme.* Andrieux.

GALVANIQUE. (Dorure, Argenture). *Voyez* Dorure.

GALVANISME. On donne ce nom à la cause qui produit certains effets électriques par le simple contact de corps hétérogènes, ou même de corps semblables, mais de température différente. Ce fut en 1789 que les premières observations de ce genre se présentèrent à Galvani, médecin et professeur à Bologne. Il préparait des grenouilles pour des recherches sur l'excitabilité des organes musculaires, et, après les avoir écorchées et coupées par le milieu du corps, il avait passé au travers de la colonne vertébrale un fil de cuivre recourbé en crochet; les suspendant alors par hasard à un balcon de fer, il vit avec étonnement que ces grenouilles mortes et mutilées éprouvaient au même moment de vives convulsions. Un observateur moins habile aurait pu remarquer le fait, mais il en aurait imaginé quelque explication spécieuse, et se serait occupé d'autre chose. Galvani fut moins prompt dans ses jugements : doué d'une rare sagacité, il saisit dans ce phénomène un principe nouveau, et en fit sortir cette branche féconde de la physique à laquelle on a donné son nom. Il remarqua d'abord que les convulsions des grenouilles n'étaient pas permanentes, que pour les produire il fallait que le vent ou une autre cause accidentelle fit toucher quelque point de leurs muscles à la tige de fer qui portait le crochet de cuivre. Il varia beaucoup cette expérience, et reconnut enfin que tout se réduisait à établir entre les muscles et les nerfs de la grenouille une communication par un arc métallique. Il observa que les convulsions s'excitaient encore quand cet arc était d'un seul métal, mais qu'elles étaient alors très-faibles, et que pour les rendre fortes et durables il fallait employer le contact de deux métaux différents; qu'alors on pouvait compléter la communication par des substances quelconques, pourvu qu'elles fussent conductrices de l'électricité. Il fit entrer dans la chaîne de communication d'autres parties animales, et même des personnes vivantes, se tenant par la main, et ces convulsions se manifestèrent encore. Galvani, qui savait alors que l'électricité produisait des effets pareils sur les grenouilles exposées à son influence, aurait dû penser que les convulsions produites par les métaux hétérogènes étaient aussi l'effet de quelque courant électrique, mais il n'en tira pas cette conséquence si simple; il crut y voir l'effet extraordinaire d'une nouvelle source d'électricité, qu'il appela *électricité animale*, et qui, existant primitivement dans les muscles et dans les nerfs, circulait quand on mettait ces parties en communication par un arc métallique.

L'explication est séduisante; elle fut accueillie avec transport, à cette époque de grandes réformes et de grandes découvertes, et le fluide nouveau fut appelé *fluide galvanique*. Mais Volta, en répétant ces expériences, y découvrit des indications toutes différentes; il rechercha d'abord quelle était la quantité d'électricité nécessaire pour faire contracter les muscles de la grenouille en les traversant par décharge, et reconnut que cette quantité était tellement faible qu'elle suffisait à peine pour faire diverger les pailles d'un électroscope très-sensible; rapprochant ce fait de la nécessité du contact de deux métaux hétérogènes pour exciter des convulsions, il en conclut que le contact même des métaux était la circonstance jusque alors inaperçue qui déterminait le développement subit de l'électricité. Cette vérité fut mise hors de doute quand il prouva que deux disques isolés, l'un de zinc et l'autre de cuivre, prennent en se touchant des états électriques opposés, et peuvent charger un électroscope armé d'un condensateur. En continuant ses recherches, Volta découvrit les propriétés de la pile électrique.

Ce qui établit une différence fondamentale entre cette électricité galvanique et celle produite par le frottement, c'est que lorsque deux métaux sont superposés, non-seulement chacun manifeste une certaine charge d'électricité contraire, mais encore, si on enlève cette électricité, elle se reproduit spontanément, et si l'on établit un conducteur entre les faces opposées des deux métaux, il livre passage à un courant continu d'électricité. Il semble donc qu'une puissance inconnue écarte les deux fluides électriques de la surface de contact des métaux, tandis que ces fluides se réunissent sans cesse dans le conducteur intermédiaire : cette puissance a reçu le nom de *force électromotrice*; elle naît du contact de substances hétérogènes, et réside à la surface de jonction : là, elle sépare les deux fluides électriques, faisant passer le résineux sur un des corps et le vitré sur l'autre. Quand on réfléchit au nombre prodigieux de substances différentes mises en contact dans la terre que nous habitons, et même dans les plus petits des êtres organisés, on voit quel rôle immense doit jouer cette force universelle.

Dans les premiers temps du galvanisme, on a fait de nombreuses expériences sur ses effets thérapeutiques; mais ces essais, tentés par des médecins qui connaissaient mal la théorie, alors fort incomplète, de ces phénomènes, ou par des physiciens complétement étrangers à l'art de guérir, ne donnant pas les résultats merveilleux qu'on s'en était promis, le galvanisme fut presque abandonné. C'est cependant un moyen très-puissant, qui seul a le privilége d'agir directement sur les nerfs malades, à quelque profondeur qu'ils soient situés, tandis que les autres médicaments exercent leur action sur la peau ou sur les membranes muqueuses et n'ont sur le système nerveux qu'une action indirecte (*voyez* ÉLECTRO-PUNCTURE). Des expériences curieuses, faites en Angleterre par Wilson Philipps pour étudier les phénomènes de la digestion, montrent jusqu'où va le pouvoir d'un courant galvanique lorsqu'il parcourt les nerfs. Il avait choisi deux lapins : tous deux mangèrent des quantités égales de persil; immédiatement après le repas, les nerfs pneumogastriques furent coupés et renversés sur tous deux. Les extrémités inférieures des nerfs furent chez un seul mises en communication avec le pôle zinc d'un appareil galvanique, dont le pôle cuivre était en rapport avec la région de l'estomac. Quatre heures après, en ouvrant le lapin soumis au galvanisme, on vit que le persil était digéré, tandis que chez l'autre, qui avait subi une mutilation semblable, cet aliment n'avait éprouvé qu'une altération très-légère. Cette expérience, répétée par des observateurs différents, a toujours donné le même résultat, toujours le courant galvanique a suppléé l'action vitale.

Dans les corps récemment privés de la vie, le courant galvanique excite encore des commotions et des mouvements extraordinaires : on dirait que tout l'organisme fait d'incroyables efforts pour se ranimer; mais ces violentes convulsions cessent avec le courant, et tout retombe dans l'inertie de la mort. On a vu en Angleterre un pendu, une heure après avoir subi sa sentence, exécuter, sous l'influence d'un courant galvanique des mouvements respiratoires semblables à ceux d'un homme qui dort profondément, puis rouler les yeux et faire des grimaces effroyables, de manière à donner l'espérance de le rappeler à la vie. Le galvanisme offre le meilleur moyen de décider si la mort est réelle ou apparente, et de rendre à la vie les noyés et les asphyxiés.

Les effets physiques de la pile ne sont pas moins curieux. Si le courant passe à travers un conducteur suffisant, on n'observe aucun phénomène électrique; il n'y a plus aucune tension dans l'appareil, mais ce conducteur présente alors des phénomènes d'attraction et de répulsion; il dévie l'aiguille aimantée. Si le conducteur est insuffisant, si c'est un fil métallique assez fin, il s'échauffe et rougit pendant tout le temps que le courant le traverse. Si le fil est plus fin encore, il est fondu, et quelquefois même volatilisé. Si l'on fait passer le courant entre deux morceaux de charbon placés dans le vide, ces charbons deviennent lumineux, éblouissants, tant que le courant passe, et ne perdent pourtant aucune partie de leur poids. Les effets chimiques de la pile sont plus merveilleux encore : l'eau est décomposée par elle, et l'oxygène se rend à un des pôles et l'hydrogène à l'autre. Les oxydes sont réduits par la pile et décomposés comme l'eau : l'oxygène paraît au pôle zinc et le métal au pôle cuivre. Les acides se décomposent comme les oxydes, et leur oxygène se rend encore au pôle positif. Enfin, tous les sels sont décomposés de la même manière; et tandis que leurs éléments voyagent pour aller au pôle de la pile où ils doivent se rendre, ils peuvent traverser les liquides, pour lesquels ils ont ordinairement la plus grande affinité, sans se combiner avec eux, de sorte que l'affinité chimique change avec l'état électrique des corps dont elle paraît être une conséquence. ANDRIEUX.

Les actions galvaniques ont été mises à profit par l'industrie. On peut en donner comme exemple le *fer galvanisé*.

Ce produit n'est autre chose que du fer zingué par des procédés analogues à ceux de l'étamage. Mais il doit son nom et ses propriétés à l'action galvanique résultant du contact des deux métaux, fer et zinc; le fer, négatif par rapport au zinc, est moins oxydable; le zinc s'oxyde donc dans l'eau et protége le fer; mais, en outre, son oxyde fait vernis, et empêche ainsi l'oxydation de continuer. Les clous galvanisés sont d'une grande utilité dans les constructions navales.

On préserve aussi les surfaces de fer par un enduit formé de zinc en poudre et d'une substance onctueuse, et que l'on appelle *peinture galvanique.*

GALVANOGRAPHIE (de *galvanisme*, et γράφειν, graver). Imaginée par le professeur Kobell de Munich, la *galvanographie* a pour but de reproduire avec du cuivre précipité par voie galvanique des images au pinceau exécutés sur une plaque métallique, de manière à constituer des planches de cuivre qui servent à multiplier les images, de la même manière que les planches gravées au burin. Les procédés de la galvanographie dérivent des mêmes théories que ceux de la galvanoplastie. Cet art a déjà fait des progrès sérieux, car M. Grove s'est occupé de reproduire avec son aide des épreuves daguerriennes. Il a obtenu ainsi des gravures dont on a dit avec justesse : *Dessiné par la lumière, gravé par l'électricité.* Cependant ses procédés laissent encore à désirer sous le rapport de la perfection des résultats.

GALVANOMÈTRE, MULTIPLICATEUR ou RHÉOMÈTRE, instrument imaginé par M. Schweiger pour mesurer l'intensité des courants électriques. Sa théorie appartient à l'électro-magnétisme. Le *galvanomètre* le plus usité maintenant se compose d'un cadre rectangulaire en bois, disposé verticalement dans le méridien magnétique, et de telle manière que ses longs côtés soient horizontaux. Un fil métallique recouvert de soie entoure ce cadre par plusieurs circonvolutions. Il présente à l'extérieur ses deux bouts libres que l'on peut mettre en contact avec la série de conducteurs. Une aiguille aimantée très-fine, suspendue par un fil de coton, occupe le milieu du cadre; lorsqu'elle n'éprouve d'autre influence que celle du globe, elle se dirige parallèlement aux rectangles formés par le fil. Mais quand le fil est parcouru par un courant électrique, l'aiguille est déviée du méridien magnétique par les actions concordantes des longs côtés de tous ces rectangles, qui forment autant de conducteurs rectilignes, et dans cette nouvelle position, elle est perpendiculaire au plan du cadre. Il est facile de voir que les courants inférieurs à l'aiguille, quoique dirigés en sens contraire de ceux qui existent au-dessus d'elle, tendent cependant à faire marcher le pôle austral du même côté; en sorte que tous ces courants partiels s'accordent pour augmenter la déviation. Cette déviation étant d'autant plus grande que le courant éprouvé est plus énergique, peut servir à comparer la force de plusieurs courants. On dispose ordinairement dans le galvanomètre deux aiguilles aimantées, ayant à peu près la même force, traversant parallèlement, et en sens inverse l'une de l'autre, une paille verticale suspendue à un fil de soie sans torsion. L'une de ces aiguilles occupe encore le milieu des rectangles; l'autre est au-dessus du cadre, et éprouve des actions inverses de la part des courants partiels supérieurs et de ceux inférieurs; mais l'action des premiers l'emporte sur celle des seconds, qui sont plus éloignés, et il est facile de comprendre que leur différence tend à faire tourner le système mobile dans le même sens que les actions exercées sur l'aiguille qui occupe le milieu du cadre. Mais ce qui tend surtout à rendre les déviations plus sensibles, c'est la grande diminution de la résistance opposée par l'action du globe, car les deux aiguilles ayant des moments magnétiques à très-peu près égaux, étant parallèles et dirigés en sens contraires, il n'y a que la faible différence des forces directrices que le globe exerce sur elles qui tende à les ramener dans le méridien magnétique. Dans ce galvanomètre, un cercle de carton gradué placé au-dessous de l'aiguille supérieure laisse passer la paille qui traverse d'ailleurs le bord du rectangle par une fente ménagée entre les spires. La déviation de l'aiguille extérieure est alors évaluée facilement par le nombre des divisions du cercle de carton qu'elle parcourt. TEYSSÈDRE.

L'action du courant sur l'aiguille se trouve *multipliée* en quelque sorte par les circonvolutions du fil; de là le nom de *multiplicateur*. Cependant, au delà de quatre à cinq cents circonvolutions la sensibilité du galvanomètre n'est plus susceptible d'augmentation.

Quant au nom de *rhéomètre*, dérivé de ῥέω, couler, et μέτρον, mesure, il rappelle que cet instrument permet de mesurer les courants électriques. Enfin, le mot *galvanomètre* est formé du grec μέτρον, mesure, et du nom de *Galvani* pris pour la science qu'il a fondée.

GALVANOPLASTIE (de *Galvani*, pour *galvanisme*, et πλάσσω, je modèle). Cet art, qu'on appelle encore *électrotypie* (d'ἤλεκτρον, dont on a fait électricité, et τύπος, type), consiste à précipiter, par l'action d'un courant galvanique, un métal en dissolution dans un liquide sur un objet donné, soit pour l'y faire adhérer (*voyez* DORURE), soit pour en obtenir l'empreinte. Ce fut à Dorpat que M. Jacobi, en février 1837, eut la première révélation de la découverte de la galvanoplastie. Ainsi qu'il est arrivé à d'autres inventeurs, ce fut une circonstance presque insignifiante qui donna l'éveil à son esprit et lui suggéra de premières recherches. Il remarqua sur une feuille de cuivre des taches peu apparentes qu'il ne savait à quelle cause attribuer. Il supposa que ces taches équivoques pouvaient avoir une origine galvanique. Pour vérifier cette première vue et la rendre féconde, il fallait que M. Jacobi parvînt à reproduire à volonté ce curieux phénomène, qui ressemblait tant à un caprice du hasard : c'est à quoi il appliqua son zèle. Il soumit à l'action de courants voltaïques des plaques sur lesquelles on avait gravé au burin des caractères ou des figures; et il vit que la décomposition galvanique de la couperose bleue avait donné lieu à des dépôts de cuivre métallique qui venaient s'adapter avec une forte adhérence aux figures tracées sur les plaques, et qu'il en résultait un relief métallique en tout semblable au dessin gravé en creux sur l'original. Il est vrai qu'il n'obtenait d'abord que des fragments minces et très-fragiles; mais ses essais réussirent mieux dès qu'il eut employé des batteries galvaniques à force constante et à cloisons.

MM. Spencer, Smée, Boquillon s'occupèrent de galvanoplastie avec une rare persévérence. Bientôt M. Jacobi ne restreignit plus sa découverte à la reproduction seulement curieuse des médailles et des bas-reliefs; il l'appliqua avec succès à l'art de l'imprimerie, à la stéréotypie; il s'en servit pour faire ou copier des clichés, pour multiplier et solidifier ces assemblages de caractères qu'on appelle des *formes*, en style d'imprimerie; enfin, pour copier des gravures, pour fabriquer des billets de banque, des vignettes, etc. M. Fizeau, de son côté, reproduisit le premier des épreuves de daguerréotype.

Il va sans dire que dans ces différentes opérations il y a des lois à suivre, quelques précautions à prendre, quelques procédés à observer. Ce sont là des soins, et non des difficultés; pour en avoir une idée, il suffira d'en citer quelques-unes: par exemple, le plâtre, pour ne pas se désagréger, doit être préalablement plongé dans un mélange de cire et d'essence; il faut ensuite le rendre conducteur de l'électricité; ce qui s'obtient par un frottis de plombagine (les médailles, les monnaies ne sont pas sujettes à ces deux opérations). On plonge dans le bain le corps dont on veut obtenir l'empreinte *en creux*, et après un séjour plus ou moins prolongé qui varie en général de un jour à huit, suivant les dimensions et suivant l'épaisseur qu'on désire avoir, on l'en retire et il n'y a plus qu'à séparer la copie de l'original, ce qui s'obtient très-facilement. On traite *ce creux* comme on a fait pour l'original et l'on produit enfin une troisième pièce *en relief*, qui est entièrement identique à la première.

MM. Becquerel, Dechaud et Gaultier de Claubry ont appliqué la galvanoplastie à la métallurgie. Cet art, encore tout nouveau, est donc susceptible d'une infinité d'applications industrielles.

GALVANO-PUNCTURE. *Voyez* ÉLECTRO-PUNCTURE.

GALVESTON, importante ville commerciale maritime de l'État du Texas, l'un de ceux qui composent l'Union Américaine du Nord, bâtie à l'extrémité nord-est d'une île aride, voisine de la côte, offre un assez bon port eu égard aux très-mauvais abris que toute cette côte présente en général aux navigateurs, dont la barre, par la marée haute, n'a que quatre mètres, et trois seulement à la marée basse; et en 1852 on y comptait déjà 6,000 habitants. Sa fondation ne remonte qu'à l'année 1835. Dès 1839 on y comptait 2,500 habitants, et le nombre des navires entrés dans son port s'élevait cette année-là à 288, jaugeant ensemble 25,000 tonneaux, ayant importé pour 6 millions et exporté pour 2 millions. Ces chiffres n'ont pu depuis que suivre le mouvement toujours croissant de la population.

GALWAY ou GALLOWAY, comté de la province de Connaught en Irlande, borné au sud et à l'ouest par l'océan Atlantique, qui y forme grand un nombre de baies et d'anses vastes et profondes, et dont les flots viennent battre une suite non interrompue d'îlots et de rochers qui semblent placés là par la nature pour protéger ces côtes contre ses fureurs et ses envahissements. Le comté de Galway est, après celui de Cork, le plus grand qu'il y ait en Irlande; il présente une superficie de 74 myriamètres carrés, dont un tiers en montagnes, marais et marécages, et plus d'un cinquième en lacs et étangs. En fait de cours d'eau, on y remarque surtout le Shannon, qui a pour affluents le Suck et la Clare, le Carnamart, etc. La partie occidentale est couverte par un groupe de montagnes arides et nues; et on en trouve également au sud. La partie orientale forme une vaste plaine, qu'interrompent seulement çà et là quelques collines. A l'ouest et au sud on trouve aussi beaucoup de lacs, d'étangs et de marais; mais à l'est le sol est fertile et couvert en partie de riches pâturages; seulement l'agriculture y est encore fort peu avancée. Il produit surtout de l'avoine et des pommes de terre, et une bonne espèce de froment. On y élève aussi des bêtes à cornes d'une fort belle race et des moutons donnant une excellente laine. La population rurale est très-pauvre; les demeures dans lesquelles elle s'abrite sont les plus misérables qu'il y ait dans toute l'Irlande. Sauf la fabrication des toiles, l'industrie manufacturière n'a aucune importance dans le comté de Galway. La pêche y donne des produits assez considérables, notamment celle du hareng. Ce comté envoie au parlement quatres députés; et en 1841 on y comptait, non compris le chef-lieu, 422,923 habitants; en 1851, ce chiffre se trouvait réduit à 296,129. La diminution était donc de 25 p. 100.

GALWAY, chef-lieu du comté, situé au nord de la baie du même nom et au point de décharge du lac Corrib, qu'un chemin de fer relie à Dublin, possède un port vaste, mais vaseux, et protégé par un fort. On y trouve une cathédrale catholique, une église collégiale protestante, le palais de l'archevêque de Tuam, une bourse, des casernes, et, non compris les faubourgs, une population de 24,700 hab. (en 1841 ce chiffre n'était que de 17,300), que font subsister le travail dans quelques manufactures de draps grossiers et de toiles, ainsi que la pêche du saumon et du hareng. Elle est aussi le centre d'un commerce assez considérable. Il l'était autrefois beaucoup plus qu'aujourd'hui, mais il s'est en partie déplacé pour aller se fixer à Cork, à Limerick et à Waterford. Cette ville est une station de vaisseaux de guerre et de croiseurs contre la contrebande; c'était aussi jadis une des places les plus fortes de l'Irlande. Les villes les plus importantes du comté sont ensuite : *Tuam*, siége d'un archevêque catholique et d'un archevêque protestant, l'un des grands centres du commerce des toiles, avec 5,000 habitants; *Ballinasloe*, sur le Suck, avec 2,000 habitants, le plus important marché qu'il y ait en Irlande pour les bestiaux et les laines; *Loughrea*, avec 6,000 habitants et un grand commerce de toiles. Le bourg de *Clonfert* est le siége d'un évêché catholique et d'un évêché protestant.

GALYZIN ou GOLYZIN, nom que souvent l'on écrit *Galizin, Galitzin, Gallitzin*; l'une des maisons nobles russes qui comptent le plus de branches et qui ont fourni le plus d'hommes célèbres dans l'histoire du nord de l'Europe. Elle descend du prince lithuanien *Gedimin*, tronc commun d'où sont issus aussi les *Jagellons*.

Les princes *Michaïl* et *Dmitri* GALYZIN commandaient les armées russes sous le grand-prince de Varsovie Wassili IV, et furent faits prisonniers par les Polonais, dans la grande bataille livrée à Orscha, en 1514. Dmitri mourut dans les fers, et Michaïl ne fut rendu à la liberté qu'après trente-huit ans de captivité. Il revint alors à la cour de son souverain, dont il fut bientôt l'un des principaux favoris.

Le petit-fils de Michaïl, *Wassili* GALYZIN, fut, après la mort du faux *Démétrius*, au nombre des prétendants à la couronne de Russie. Envoyé en 1610 en Pologne à l'effet d'y annoncer au prince polonais Wladislas son élévation à la dignité de czar, il se vit accuser par des cabales de seigneurs polonais de s'être rendu coupable de trahison à l'occasion du siége de Smolensk, fut retenu prisonnier, et languit dans les cachots jusqu'à sa mort, arrivée neuf ans après.

Son petit-neveu *Wassili* GALYZIN, surnommé le *Grand Galyzin*, fut le conseiller et le favori de la princesse *Sophie*, cette vindicative sœur de Pierre Ier. De même que Pierre le Grand fut constamment obsédé par la noble idée de civiliser sa nation, restée jusque alors plongée dans une profonde barbarie, *Wassili* GALYZIN eut aussi, mais avant lui, l'ambition de mettre son pays en contact avec l'Europe occidentale, unique foyer de la civilisation, et de transplanter les sciences et les arts dans les écoles et jusqu'au milieu même de la cour de Russie. Galyzin ayant échoué dans son projet d'épouser la princesse Sophie et de partager le trône avec elle, fut banni vers la mer Glaciale, où il mourut empoisonné, tandis que Pierre condamnait sa sœur à prendre le voile dans un cloître.

Des deux cousins de ce Wassili, l'un, *Boris* GALYZIN, fut précepteur de Pierre le Grand et chargé de l'administration de l'empire pendant le premier voyage que ce prince fit en Europe; l'autre, *Dmitri* GALYZIN, homme d'État distingué, fut ambasadeur à Constantinople, puis ministre des finances de l'empire, et enfin chef du parti des Galyzin et des Dolgoroucki qui, à la mort de Pierre II, essaya de mettre des limites à la toute-puissance des czars (consultez la *Notice sur les pincipales Familles de la Russie*, par Pierre Dolgoroucki [Bruxelles, 1843]). Le plan de Dmitri Galyzin échoua; les deux familles furent bannies, et lui même expira dans un cachot à Schlusselbourg.

Son frère, *Michaïl* GALYZIN, l'un des meilleurs généraux qu'ait eus la Russie, justement célèbre pour son courage et sa bravoure, fut l'inséparable compagnon de Pierre le Grand dans toutes ses campagnes. Il se distingua surtout à la bataille de Narva, où il sauva le régiment de Séménoff, ainsi qu'à la bataille livrée près du bourg de Liesnaja, où il battit le général Lœwenhaupt et où le czar l'embrassa sur le champ de bataille même; enfin, à Pultawa. La conquête de la Finlande, qu'il opéra en 1714, mit le comble à sa célébrité et à sa gloire. Il mourut en 1730, avec le titre de feld-maréchal.

Son frère, appelé aussi *Michaïl*, fut ambassadeur en Perse sous Pierre le Grand, et grand-amiral.

Des fils laissés par le premier de ces Michaïl, l'un, le feld-maréchal *Alexandre* GALYZIN, se distingua en 1769 par la prise de Choczim en Moldavie; l'autre, *Dmitri* GALYZIN, diplomate habile, fut ambasadeur de Russie à Paris, sous le règne de Louis XV, puis à Vienne auprès de Joseph II, et mourut dans cette capitale, où son tombeau s'élève sur la hauteur dite, d'après lui, Galyzinsberg.

Des fils laissés par Alexandre Galyzin, l'un, *Alexandre* GALYZIN, fut vice-chancelier pendant les premieres années du règne de Catherine II; l'autre, *Pierre* GALYZIN, se distingua par ses talents militaires. Leur cousin, *Dmitri* GA-

Galyzin, fut ministre à La Haye, sous Catherine II, et mourut en 1803. L'épouse de ce dernier, *Amélie*, princesse Galyzin, femme justement célèbre par la haute culture et par la grâce de son esprit, par ses liaisons avec tous les savants et tous les poëtes en renom de son siècle, et surtout par ses tendances au mysticisme, était fille du général prussien comte de Schmettau, et avait passé une partie de sa jeunesse à la cour de la femme du prince Ferdinand de Prusse, frère de Frédéric II. A Munster, où elle résidait habituellement, elle avait réuni autour d'elle un cercle de savants distingués. Furstenberg, Jacobi, Gœthe, etc., etc., y furent pendant plus ou moins longtemps ses fidèles commensaux; mais Hemsterhuys et Hamann restèrent ses amis les plus intimes. C'est elle la *Diotima* à laquelle Hemsterhuys, sous le nom de Dioclas, adressa sa *Lettre sur l'Athéisme* (1795); Hamann mourut chez elle, et fut enterré dans son propre jardin, à Munster. L'influence qu'elle exerçait sur tout ce qui l'entourait fut la cause principale qui détermina Stolberg et sa famille à embrasser la religion catholique; elle provoqua cette surexcitation de la pensée religieuse qui se maintint si longtemps dans beaucoup de cercles, et que Voss, dans son pamphlet intitulé : *Comment Frédéric de Stolberg est devenu un mécréant*, a si rudement stigmatisée. La princesse Galyzin mourut en 1806, à Angelmode, près Munster. Elle avait élevé ses enfants suivant la méthode préconisée par Rousseau dans son *Émile*. Elle décida son fils *Dmitri* Galyzin à se rendre, en qualité de missionaire catholique, en Amérique, où il est mort, en 1840.

Dans ces derniers temps, on peut encore citer parmi les membres célèbres de cette famille *Dmitri Wladimirovitsch* Galyzin, mort en 1844, à Paris, après avoir été depuis l'année 1820 gouverneur général de Moscou, fonctions dans l'exercice desquelles, à l'occasion du choléra, du grand incendie de 1831 et de cent autres circonstances où il s'agissait des plus chers intérêts de cette capitale, il sut acquérir de justes titres à la reconnaissance de ses habitants. Des funérailles presque impériales furent faites à cet homme d'État, qui de son vivant avait été entouré de l'estime et du respect universels, et qui repose aujourd'hui à Moscou, dans le caveau funéraire de sa famille. Nous nommerons encore ici *Sergéi* Galyzin, qui déjà, sous le règne de la grande Catherine, s'était fait un nom comme militaire et qui aujourd'hui, membre du conseil suprême de l'empire, ne néglige rien en sa qualité de grand dignitaire de l'État pour accroître la civilisation et la gloire de sa nation. Une fortune immense lui permet d'exécuter ses nobles et patriotes projets. Dans ses résidences de Kusminski et de Melnitza, près de Moscou, il déploie un luxe tout princier, et il a su en faire autant de temples des arts et des muses. Le prince *Emmanuel* Galyzin, mort à Paris en février 1854, a traduit en français le voyage de Wrangel, *Le Nord de la Sibérie* (2 vol. Paris, 1843), et a publié l'intéressant récit d'un voyage scientifique exécuté par lui même. Cet ouvrage est intitulé : *La Finlande, notes recueillies en* 1848 (2 vol., Paris, 1852).

GAMA (Vasco da), *comte de Vidigueyra*, célèbre amiral portugais et commandant de la flotte qui la première doubla le cap de Bonne-Espérance et ouvrit la voie des Indes par le grand Océan, naquit vers 1469, à Sines, ville maritime de la province d'Alem-Tejo. Issu d'une illustre famille, il reçut dès sa plus tendre jeunesse, dit M. le vicomte de Santarem, l'éducation à la fois guerrière et scientifique à laquelle durant ce siècle le Portugal dut tant de grands hommes. Déjà du temps de Jean II il avait rendu de grands services; tous les écrivains de l'époque s'accordent à dire que sous ce règne il avait acquis une grande expérience de la navigation. Il fut chargé, entre autres missions, de saisir tous les bâtiments français qui se trouvaient dans les ports du royaume, comme représailles de la prise d'un navire portugais, revenant de la Mine, chargé d'or et d'autres marchandises de prix, capturé par des corsaires français en pleine paix. Charles VIII ordonna la restitution du bâtiment, et punit sévèrement les corsaires. Après le retour de Bartolommeo Diaz, Gama fut appelé, en octobre 1495, au commandement de l'expédition chargée de faire le tour de l'Afrique et de pénétrer dans l'Inde; mais la mort de Jean II ajourna le départ de l'expédition. Ce projet fut repris par le roi Emmanuel, qui ne changea rien aux plans de son prédécesseur. Après avoir plusieurs fois réuni à Estremoz les membres de son conseil, il y fit appeler Gama, en janvier 1497. Lorsque l'expédition fut prête à la fin de juin, le monarque se rendit en grande pompe à l'église de Restello, située à une lieue de Lisbonne, sur le bord du Tage, et y remit de sa main au navigateur le grand pavillon royal, plusieurs cartes marines, de nombreuses instructions, des lettres enfin pour les princes d'Asie et le roi de Calicut. Gama avait à peine vingt-huit ans.

Le 8 juillet la flotte, composée de trois vaisseaux et de cent-soixante hommes d'équipage, mettait à la voile. Bartolommeo Diaz, qui dix ans auparavant avait doublé le cap des Tempêtes, accompagnait Gama. Vespuce, parti cinq ans après le premier voyage de Christophe Colomb, découvrait en ce moment l'Amérique méridionale. L'amiral, cinglant d'abord vers le sud, laissa dans l'est le peu qu'on connaissait des bords africains, et vers le couchant, les îles du cap Vert, où il arriva le 3 août. Après les avoir doublées, il porta vers le midi et vint relâcher à la baie de Sainte-Hélène, qu'il avait fait reconnaître par Pedro d'Alemques. Là la flotte, ayant, en signe de reconnaissance, salué le pavillon de l'amiral, relâcha pendant une semaine, que Gama mit à profit pour étudier le pays et les mœurs des habitants. Il fit même asseoir à sa table un de ces nègres. Néanmoins, il y fut blessé d'une flèche à la jambe, ce qui ne l'empêcha pas de partir deux jours après, le 16 novembre, pour l'extrémité de l'Afrique. Le 22 l'expédition doublait le célèbre cap de Bonne Espérance, qui, pour être le point culminant, du voyage, n'en était pas néanmoins le terme. Les matelots, songeant qu'il pouvait n'en pas être même la moitié, commencèrent à murmurer, et l'amiral se trouva dans la position difficile de Colomb, lorsque, touchant aux îles Lucayes, il fut au moment d'être jeté à l'eau par son équipages mutiné. Après le cap de Bonne-Espérance, il fallait encore doubler celui des Aiguilles au pourtour duquel la mer est dure. Les Portugais de nouveau parlaient de rebrousser chemin, mais leur chef parvint encore à les contenir.

On se dirigea ensuite vers l'est, le long de la côte; on relâcha dans la baie de Saint-Blaise; et l'on arriva, le 17 décembre, au rocher de la Cruz, puis à la rivière de l'Infante, limite des découvertes de Bartolommeo Diaz. Gama poussa les siennes plus de mille lieues au delà. En remontant vers le nord, il envoya maintes fois explorer les lieux où il apercevait des habitants. Le 10 janvier il découvrit une rivière, qu'il appela *de Cuivre*, et une terre, qu'il nomma *des Bonnes gens*. Après y avoir relâché cinq jours, il parvint, le jour de l'Épiphanie, à l'embouchure d'un grand cours d'eau, où il mouilla, et qu'il appela le fleuve des Rois; il y fit reposer ses gens, que le scorbut rongeait. La terre leur prodigua des fruits et des plantes salutaires; mais les hommes qu'on rencontra, parlant un langage étrange, étaient pour les voyageurs comme un peuple muet, dont ils ne pouvaient tirer aucun renseignement, et Gama, parcourant, à travers des périls sans cesse renaissants, de nombreux rivages, demandait à tous des nouvelles de l'Inde et n'en recevait jamais. C'est à Sofala, où des vents favorables le conduisirent enfin, que, supérieur au découragement, mais fatigué lui-même et souffrant, il se sentit comme retrempé, en imaginant avoir retrouvé l'antique Ophir. Il n'avait depuis Sines rencontré que des espèces de brutes à figure noire, avec qui nul parmi les siens n'avait pu s'entendre. Il trouvait à Sofala des hommes à demi civilisés, chez qui les navires de La Mecque employés au commerce de l'Orient, avaient une station; la plupart entendaient l'arabe, et cette langue, qui dans leur péninsule et sur les côtes barbaresques, où les Portugais portaient habituellement la guerre, était celle de leurs intimes ennemis, de vint leur consolatrice sur des bords où ils l'entendaient après n'avoir si longtemps pu s'exprimer que par signes.

Dans les premiers jours de mars 1498, la flotte toucha à Mozambique, d'où, se dirigeant droit au nord, elle longea jusqu'à Monbaze la côte de Zanguebar, contrée encore peu connue, quoiqu'elle ait d'assez bons ports et qu'elle produise beaucoup d'ivoire et de poudre d'or. Les Maures étaient nombreux et jouissaient sur les princes du pays d'une grande influence; ils reconnurent aussitôt dans les compagnons de Gama les pareils de ceux qui, vers une autre extrémité de l'Afrique, faisaient à leurs pères une guerre à outrance; et dès lors toute leur astuce fut employée à leur susciter des embarras. Les habitants de chaque pays avec lesquels pouvaient s'entendre les nouveaux venus accueillaient d'abord ceux-ci avec des démonstrations de cordialité; mais ils ne tardaient point, excités par les Maures, à leur tendre des embûches où toute la sagacité de Gama fut nécessaire pour qu'aucun n'y tombât. Il arma deux chaloupes de son navire, dont lui-même monta l'une, et fit tirer sur les embarcations des Arabes, qui prirent la fuite. Ce fut là que pour la première fois il rencontra de grands bâtiments du pays sur lesquels on se servait de boussoles et de cartes marines. Les Portugais capturèrent quelques-uns de ces navires. Le butin fut partagé entre les équipages : le chef ne se réserva que les livres arabes, pour les offrir au roi à son retour. Il se dirigea ensuite vers Monbaze, ville alors fort commerçante, puis vers Mélinde, dont le prince lui fit un accueil affectueux, montant à bord de la flotte, où il fut reçu avec les plus grands honneurs. Le 24 avril, Gama ayant pris la route de la côte de Malabar, jeta l'ancre devant Calicut, le 20 mai 1498. Il envoya deux messagers au Zamorin pour lui annoncer son arrivée comme ambassadeur du roi de Portugal, chargé de lettres pour lui. Les premières négociations eurent tant de succès, que le port fut ouvert immédiatement à la flotte, que le prince vint la visiter de quinze lieues de distance, et que Gama fit son entrée solennelle dans la ville au milieu d'une foule immense. Il avait débarqué avec une suite de treize personnes, laissant à son frère Paul le commandement des vaisseaux, lui recommandant de ne tirer aucune vengence de sa mort s'il tombait victime de quelque perfidie, mais de repartir immédiatement pour aller annoncer au roi la découverte des Indes. Dans son entrevue avec le Zamorin, Vasco montra une dignité parfaite et une grande fermeté. Il se flattait d'obtenir pour le Portugal la faculté de venir commercer à Calicut; mais cet espoir s'évanouit dès la seconde entrevue, quand il se vit traîtreusement arrêté. Les Maures et Arabes, pour la plupart sujets du grand-seigneur, dont les possessions s'étendaient jusque là, redoutant la concurrence des nouveaux venus, les avaient représentés au Zamorin comme n'étant attirés dans ses États que par la soif du pillage. Cependant, grâce à son imperturbable présence d'esprit, Gama parvint à renouer les négociations. Mais à peine de retour à bord, ayant appris que quelques-uns des siens, restés à terre, avaient été arrêtés, il fit jeter dans les fers dix-neuf sujets du Zamorin qui étaient venus visiter la flotte. Tant d'énergie en imposa au prince, et Diégo Diaz revint avec une lettre de sa main pour le roi de Portugal écrite sur des feuilles de palmier.

Gama, ayant atteint le but principal de son expédition, mit à la voile le 27 août 1498 pour retourner en Europe. Il relâcha aux Agendives, jeta l'ancre à Mélinde le 9 février 1499, prit à bord un envoyé du prince du pays, doubla le cap de Bonne-Espérance le 20 mars, mit de là vingt-sept jours pour atteindre les îles du cap Vert, et arriva à Lisbonne au mois de septembre de la même année, plus de deux ans après son départ. Le roi le reçut avec la plus grande magnificence, célébra son retour par des fêtes, le combla de distinctions, et le revêtit en 1502 du titre d'amiral des Indes. Pendant le repos qu'il prit à sa cour, Alonzo de Cabral fut envoyé dans l'Inde avec mission d'y fonder des établissements : celui qu'il créa à Calicut ne prospéra pas, et les Portugais qu'il y laissa furent peu à peu massacrés. Emmanuel, en apprenant cette nouvelle, ordonna l'armement d'une flotte vengeresse, et Gama, avec dix vaisseaux, soutenus par deux escadres composées de dix vaisseaux chacune, reprit, le 10 février 1512, la route qu'il avait frayée. C'est dans ce voyage qu'il établit, non sans combattre, les comptoirs portugais qui subsistent encore si misérablement à Mozambique, ainsi qu'à Sofala. Il venait cette fois avec un système d'intimidation ; et il mit d'abord le feu à l'un des grands navires du soudan d'Égypte, qu'il rencontra, parce que son maître était soupçonné d'avoir trempé dans les machinations dont le désastre de Cabral était résulté. Le bruit des avantages remportés par Gama ayant annoncé son retour au Malabar, Travancor, où il prit terre, le reçut avec soumission. Se rendant alors dans les États du Zamorin, il détruisit tous les navires du pays qu'il rencontra, et dans une seule occasion fit pendre à ses vergues cinquante des matelots qu'il y trouva. Ayant ainsi vengé ses compatriotes, traîtreusement égorgés, et s'étant fait redouter au loin, il revint à ses habitudes accoutumées de douceur, et se fit des alliés de tous ceux qui manifestèrent l'intention d'entrer en rapport avec lui. Il s'unit particulièrement avec le roi de Cochin, rival naturel de celui de Calicut, dont il obtint les plus fructueuses réparations, et mit tant de célérité dans toutes ses opérations, que le 20 décembre 1503 il était de retour en Portugal, ramenant treize vaisseaux chargés de richesses.

Après tant de services signalés, il est cruel d'avoir à remarquer qu'ils ne trouva point dans sa patrie la reconnaissance qu'ils semblaient devoir lui mériter. Il fallut même toutes les sollicitations du duc de Bragance, dom Jaimes, pour lui faire obtenir le titre de *comte de Vidigueyra* avec la grandesse. Puis il fut laissé dans l'inaction pendant vingt-et-un ans, et ne prit part à aucune autre expédition sous le règne d'Emmanuel; mais, après la mort de ce prince, dom Édouard de Ménezès ayant, durant sa gestion, précipité les établissements portugais d'Asie dans une décadance complète, Jean III rappela Vasco de sa retraite de Vidigueyra, et le nomma vice-roi des Indes en 1524. Le noble vieillard partit de Lisbonne le 9 avril, avec une flotte de 10 vaisseaux et de 3 caravelles, pour aller doubler une dernière fois ce cap de Bonne-Espérance, dont le nom est désormais inséparable du sien. Arrivé dans l'Inde, il n'y gouverna les vastes conquêtes du Portugal que trois mois et vingt jours, et mourut à Cochin, le 25 décembre. Même sur son lit de mort il pourvoyait à tout. En 1538 son corps fut transporté dans sa patrie, où le roi lui fit faire de magnifiques obsèques ; il repose dans l'église du couvent des Carmes de la ville de Vidigueyra. Une statue lui a été érigée à Goa, et sa grande expédition à fourni à Camoëns le sujet de ses *Lusiades*.

GAMALIEL, pharisien, contemporain de Jésus-Christ et membre du Sanhédrin, homme d'un esprit conciliant et modéré, eut pour disciple saint Paul, et par ses sages représentations empêcha le grand conseil des Juifs de mettre à exécution les sanglantes condamnations qu'il avait prononcées contre les Apôtres. On suppose avec beaucoup de vraisemblance que c'est de lui qu'il est question dans plusieurs passages du Talmud où on célèbre le fils de Siméon et le petit-fils de Hillel. Les traditions postérieures qui nous le présentent comme ayant professé en secret les doctrines du Christ et comme s'étant fait baptiser, en même temps que son fils et Nicodème, par les apôtres saint Jean et saint Pierre, ne paraissent pas plus fondées que les opinions émises par quelques écrivains modernes qui ont prétendu que Gamaliel n'avait intercédé en faveur des Apôtres qu'en haine des sadducéens ou bien encore pour gagner les chrétiens à ses plans ambitieux.

GAMBA (BARTOLOMMEO), célèbre bibliographe, né le 16 mai 1756, à Bassano, entra à l'âge de dix ans en qualité de commis dans l'imprimerie du comte Remondini, et y trouva le temps et les moyens d'y acquérir de profondes connaissances bibliographiques. Après avoir dirigé jusqu'à la mort de Remondini la succursale établie par cette maison à Venise, il fonda lui-même une librairie à Padoue. En 1811, époque à laquelle il fut nommé censeur pour les provinces adriatiques, il acheta l'imprimerie *di Alvisopoli*, fondée à Venise par Mocenigo; et quelques années plus tard, le gouvernement autrichien le nommait vice-bibliothécaire de Saint-Marc. Il est mort le 3 mai 1841, frappé d'un coup d'apoplexie à l'athénée où il faisait un cours. Son premier ouvrage fut les *Serie dei testi di lingua usati a stampa nel Vocabulario della Crusca* (Bassano, 1805, in-4°), dont une nouvelle édition a paru à Venise en 1818; livre indispensable à ceux qui se livrent à l'étude des sources historiques de la littérature et de la philologie. A cet ouvrage se rattachent les *Serie degli scritti impressi nel dialetto veneziano* (Venise, 1832), le *Catalogo delle più importanti edizioni e degli illustratori della Divina Commedia dell' anno* 1472 *al* 1832 (Padoue, 1832), et la *Bibliografia delle novelle Italiane in prosa* (2° édition, Florence, 1835); on a aussi de lui un grand nombre d'essais biographiques, et des notices, tantôt disséminées dans de grands ouvrages, tantôt publiées isolément.

GAMBADE, espèce de saut, dont quelques dictionnaires donnent une définition assez impropre en le fixant à un mode de mouvements déterminés, c'est-à-dire à l'action de soulever une jambe en arrière, ne se soutenant que sur l'autre, comme si on était prêt à s'enfuir, le tout en guise de mépris ou de moquerie d'une personne ou d'une chose. Nous aimons mieux appliquer ce mot à toutes les espèces de sauts, de mouvements brusques, irréguliers, agiles, plus ou moins bizarres, auxquels se livrent les singes dans les exercices qu'on leur apprend, ou dans les habitudes ordinaires de leur vie. Tous les mouvements que fait alors ce quadrumane, toutes les allures plaisantes ou grotesques qu'il prend, et que caractérise si bien le mot *gambade*, sont un résultat de sa conformation, de son organisation particulière, et surtout de la légèreté, de la mobilité de ses membres et de son extrême agilité.

GAMBARRA (G. DE). Dans la volumineuse correspondance de Voltaire, on rencontre une lettre fort spirituelle adressée à un officier italien qui avait fait hommage au patriarche de Ferney du premier chant d'un poëme intitulé : *Cornéide*. Le savant et laborieux éditeur de Voltaire, Beuchot, écrit, dans une de ses notes, qu'il ignore ce que c'est que la *Cornéide*. Nous sommes plus heureux que lui, puisque nous avons sous les yeux, nous possédons un exemplaire de ce poëme, fort peu connu, de G. de Gambarra. Cette épopée est assurément une des plus étendues qu'il y ait au monde, puisqu'elle ne contient pas moins de soixante-onze chants, parmi lesquels il s'en rencontre d'une taille démesurée; le soixante-dixième comprend 549 octaves, et le soixante-onzième en renferme 875. Le tout remplit sept fort volumes in-8°, imprimés à Livourne en 1781. L'auteur suppose que, s'étant endormi, il a été transporté dans une région peuplée de cerfs, de bœufs et autres animaux cornus; tous les hommes y portent également sur la tête une majestueuse paire de cornes, et il eût été mis en pièces s'il ne se fût empressé de se décorer lui-même d'un semblable ornement. Ce pays est celui de Corniola; les habitants en sont très-nombreux : *ci vorrian tre secoli a contarli*.

Quant au sujet de ce poëme interminable, c'est une plaisanterie beaucoup trop longue contre les maris trompés. Le *poeta cornogrufo* (c'est le titre qu'il se décerne) n'a voulu ni lyre, ni trompette, ni cithare; il a soufflé de toutes ses forces dans une corne, et s'est proposé d'ailleurs de n'oublier aucun *circicornutissimo consorte* qu'il a pu rencontrer dans les récits de l'histoire ou dans ceux de la mythologie. Parmi les saints qu'il célèbre tout aussi bien qu'aurait pu le faire Bussy, nous avons remarqué Philippe de Macédoine, Socrate, Molière, Milton. Les héros de l'histoire romaine, les personnages de la fable, sont le plus souvent en possession de la scène; Ulysse, Marc-Antoine, Ménélas, Auguste, Collatin, Jupiter, Sémiramis, Vénus, Lucrèce, Pénélope, Minerve, Fulvie, Cléopâtre, figurent au premier rang. Tous prononcent des discours extrêmement longs et peu amusants. D'action, il n'y en a guère; les femmes se révoltent, et attaquent la ville de Cornovaglia; le dénombrement des deux armées remplit quatre chants; à la fin de l'ouvrage Caton se tue, Ulysse reçoit force coups de bâton, et Sémiramis triomphe. Tout cela est entremêlé de petits épisodes dont plusieurs ont déjà été traités par La Fontaine. Le chant dix-huit nous offre l'histoire d'*un Becco incornato percosso, e soddisfatto;* le chant vingt-six reproduit le conte du *Rossignol*, et celui du *Bât* s'est déjà montré dans le chant quatorze. A la suite de chacun des soixante-onze chants se rencontrent quelques notes où il n'est guère question que d'histoire grecque ou romaine et d'archéologie. Gambarra nous apprend qu'il était officier dans un régiment au service de l'Autriche, qu'il écrivit son poëme durant un séjour qu'il fit à Naples, et qu'il n'y mit pas plus de douze mois. Nous n'avons d'ailleurs aucun renseignement sur sa vie ni sur l'époque de sa mort.

G. BRUNET.

GAMBESSON ou GANBESSON, espèce de jaque ou de pourpoint à l'usage de la cavalerie légère, imité des Romains, descendant jusqu'aux cuisses, et consistant en une casaque large et cotte-maillée. Il était composé de plusieurs peaux de cerfs, cousues les unes sur les autres, rembourrées en dedans de laine, d'étoupe ou de crin. Il y en avait de plus légers et de mieux ouvragés : ceux-ci prenaient le nom de *cendeaux*. Ce vêtement, en usage pendant toute la durée du moyen âge, était destiné à rompre l'effort de la lance, dont le coup, quoiqu'il ne pénétrât pas la chemise de mailles, aurait meurtri le corps en y enfonçant les mailles de fer dont elle était composée. Le gambesson se mettait sous la chemise de mailles et aussi sous la cuirasse. On le nommait également *gambeson* ou *ganbeson, gambisson, gobisson* et *gambiex*.

GAMBEY (HENRI-PRUDENCE), mécanicien illustre, né en 1789, mort à Paris, en 1847, membre de l'Académie des Sciences et du Bureau des Longitudes, eut aussi ses commencements ingrats, obscurs et pénibles. Il lui fallut d'abord se contenter du poste modeste de contre-maître à Compiègne, puis à l'École des Arts et Métiers de Châlons. A sa sortie de cet établissement, il s'établit dans une rue obscure du faubourg Saint-Denis, et s'y livra à la fabrication des instruments de précision, construisant dès lors des sextants et des cercles répétiteurs qui déjà portaient l'empreinte de la sûreté de sa main et de la rectitude de son jugement. En voyant la supériorité avec laquelle il exécutait les instruments connus, les savants n'hésitèrent pas à s'adresser à lui pour le charger de créer ceux qui n'existaient pas encore. On éprouvait particulièrement le besoin d'un instrument avec lequel il fût possible de mesurer exactement des angles horizontaux et des angles verticaux. Gambey se mit à l'œuvre, et à l'exposition de 1819 on remarqua ses beaux théodolithes. La grande médaille d'or récompensa ce travail, et dans les deux expositions qui suivirent, des chefs-d'œuvre de plus en plus admirés lui méritèrent la même récompense. La construction d'un équatorial ou lunette parallactique appela de nouveau sur cet artiste, vraiment créateur, l'attention du monde savant. On peut admirer à l'Observatoire de Paris ce bel et ingénieux instrument. On a encore dans le même établissement, outre un cercle mural, une lunette méridienne construite par Gambey. Nous citerons aussi, parmi les instruments ou perfectionnés ou inventés par Gambey, le *cathétomètre*, à l'aide duquel on mesure correctement les distances verticales, et son *héliostat*, chef-d'œuvre qui a pour but de donner aux physiciens le moyen de fixer dans une direction constante un faisceau de lumière.

Tant de grands et utiles travaux méritèrent à Gambey les plus flatteuses distinctions. La Légion d'Honneur, si souvent recherchée par la médiocrité vaniteuse, vint le chercher, le découvrir dans son atelier, pour s'illustrer elle-même par un pareil choix. Le ministre de la marine le nomma son ingénieur en instruments de navigation; le Bureau des Longitudes l'appela dans son sein, et l'Académie des Sciences recevait en 1837 dans sa section de mécanique l'ancien contre-maître de Châlons en remplacement de Mollard. Ajoutons qu'au moment où une mort prématurée vint le frapper, Gambey allait entreprendre la construction d'une gigantesque lunette parallactique à l'Observatoire de Paris.

GAMBIE ou GAMBIA, après le Sénégal le plus grand fleuve de la Sénégambie, sur la côte occidentale de l'Afrique, prend sa source dans la contrée qu'on appelle *Fouta-Toro*, arrose les pays de Tenda, de Bondou, de Iani, de Saloum, de Badibou et de Barra, et, après un cours d'environ 92 myriamètres, vient se jeter dans l'océan Atlantique, au cap Sainte-Marie, au-sud du cap Vert, par un grand nombre de bras, qu'unissent divers canaux naturels, qu'on tenait jadis pour autant de rivières distinctes. Des cataractes fréquentes et un grand nombre d'îles y rendent la navigation très-difficile. Il est relié par le Nériko au Sénégal.

La colonie anglaise du même nom, provenant d'établissements et d'acquisitions qui remontent aux années 1618, 1631 et 1816, compte une population de 5,000 âmes sur une superficie de trois myriamètres carrés. Elle se compose de l'île Sainte-Marie, où se trouve le chef-lieu *Bathurst*, de l'île Maccarthy, d'une île artificielle créée dans le fleuve à peu de distance de son embouchure et sur laquelle on a construit le fort Saint-James, et de quelques hameaux voisins.

GAMBIER (Iles), archipel situé dans le Grand-Océan, par 23° de latitude méridionale, et 137° de longitude occidentale, fut découvert en 1777 par l'amiral anglais John Gambier (né en 1756, mort en 1836), que le bombardement de Copenhague en pleine paix, en 1807, a rendu si fameux, et qui, en 1809, détruisit la flotte française avec des brûlots, à l'île d'Aix. Ce groupe se compose de cinq îles fort élevées et de plusieurs autres beaucoup plus basses : une chaîne d'écueils de corail ceint ces dernières. Les habitants, une des races les plus mélangées de la Polynésie, sont généralement d'une haute stature; et le capitaine Beechey, quand il les visita, les trouva singulièrement inhospitaliers. Depuis lors les choses ont bien changé, grâce aux missionnaires catholiques français qui, il y aura bientôt un quart de siècle, vinrent s'établir dans ce petit archipel. En 1844, à l'occasion d'une relâche de la frégate *La Charte*, au mouillage de l'une de ces îles, les principaux chefs se réunirent et manifestèrent au capitaine leur intention de se placer, eux et leur territoire, sous la protection de la France; mais quand ces faits parvinrent à la connaissance du ministre de la marine, celui-ci s'empressa d'adresser au commandant de la station française de la mer du Sud des instructions pour qu'il eût à se bien garder d'aller au-delà du fait accompli, c'est-à-dire de ne rien faire qui pût indiquer de la part de la France l'intention d'y établir une colonie ou seulement un point de relâche : tant le gouvernement de Louis-Philippe eut toujours peur d'éveiller les ombrageux soupçons de l'Angleterre. Le groupe des îles Gambier, situé au vent de l'archipel de la Société, et possédant un bon port, est d'ailleurs peu peuplé. Les missionnaires méthodistes qu'on rencontre de tous côtés en Polynésie n'ont point encore cherché à y pénétrer, et en ont jusqu'à ce jour laissé les habitants livrés sans contestation aucune à l'influence des missionnaires catholiques français.

GAMELLE, grand vase de bois ou de fer-blanc à l'usage des matelots et des soldats. S'il est vrai que les proverbes soient la sagesse des nations, celui-ci : « La soupe fait le soldat, et le soldat mange à la gamelle, » suffit à montrer l'importance de la gamelle dans les armées : les chefs de corps doivent donc veiller à son entretien comme à celui des armes; le succès des campagnes en dépend souvent, car le soldat mal nourri est à demi vaincu. Le soldat est une véritable machine de guerre : on lui pèse son sommeil, et ses jeux, et son pain. Bien qu'élément constituant de toute la puissance militaire, il n'étend guère son horizon au delà de la portée de son bras; sur le champ de bataille, il ne doit songer qu'à sa compagnie, à son drapeau; rentré au camp ou à la caserne, la gamelle devient son signe de ralliement; qu'il ait assez d'intelligence pour reconnaître les huit hommes qui mettent la main au plat avec lui, qu'il sache serrer les rangs avec eux autour de la même gamelle, et son éducation est fort avancée. Au plat comme à l'exercice, le caporal est son chef de file; la soupe est versée dans la gamelle, et de la gamelle dans chaque assiette des huit soldats qui, debout encore, entourent la table oblongue dont la gamelle occupe le centre; puis les portions de viande sont découpées et placées sur la soupe. Chacun doit prendre sans choisir celle qui se trouve devant lui. Autrefois, après avoir posé sur leur pain leur morceau de viande, tous ensemble prenaient la cuillère à la main, prêts à la plonger dans le brouet; il se faisait un silence solennel; le caporal puisait le premier, c'était le signal d'exécution; les autres, tour à tour et par ordre, imitaient la manœuvre du chef de file, et bientôt on n'entendait plus qu'un cliquetis de cuillères et un bruit de mâchoires. La joie et les quolibets n'arrivaient que quand la gamelle commençait à s'épuiser; et cet heureux moment se renouvelait deux fois par jour. Aujourd'hui, chaque soldat mange à table comme un bourgeois, et n'en est pas plus fier pour cela. A la guerre, ou en campagne, les gamelles, marmites et bidons, sont en fer-blanc; on les enveloppe avec soin d'un fourreau de toile, et les soldats les portent sur leur havresac.

Le matelot aussi mange la soupe à la gamelle; sa gamelle à lui est un vase en bois ouvert et plus large par le haut que par le bas; il ressemble à un petit sceau; deux cercles en fer le consolident, et il doit être assez grand pour contenir la ration de huit à dix hommes. Tous ceux qui mangent à la même gamelle sont égaux; les matelots, les quartiers-maîtres, ont leurs gamelles séparées; cependant, toutes ont un chef de plat, désigné pour la police de la table.... Nous disons *table*, parce qu'à bord des grands navires, vaisseaux ou frégates, le matelot mange sur des tables suspendues dans les batteries. Mais à bord des petits bâtiments, le gaillard d'avant est sa salle à manger; le ciel bleu, gris ou brumeux, lui sert de pavillon; le pont, de table; sa nappe est une toile goudronnée; il pose dessus la gamelle et le bidon précieux qui renferme son vin : tout le monde s'assied en rond autour du plat, les jambes croisées ou à demi couchés à la façon des empereurs romains. Le vieux de la bande fait une croix à travers les flots de vapeur qui portent en l'air le parfum de ses fèves, et dit : « Attrape à manger! le branle-bas de la gueule commence. » Puis le bidon passe et repasse à la ronde; bidon chéri! tous le couvent de l'œil dans sa route circulaire : le nectar qu'il verse est si doux au matelot, c'est le baume de toutes ses blessures; c'est son âme! Et il court tant de dangers, ce bidon d'amour! Quand un coup de roulis chavire pêle-mêle gamelles, nappes et matelots, une main protectrice maintient le bidon dans la verticale, suspendu sur toutes les têtes. Quel sombre désespoir si le vin du bon Dieu allait être répandu! La gamelle est moins précieuse; si la vague qui déferle couvre le pont d'une écume salée, nul ne se donne la peine de préserver la soupe de cette assaisonnement imprévu, car l'estomac se fatigue du lard salé et des fèves; on a bien assez de nourriture à bord. Mais du vin! ce vin si cher, qui retrempe les forces, provoque les joyeux propos et les histoires de l'autre monde, qui fait oublier les fatigues, la pluie et les rafales glacées, qui donne des ailes pour grimper dans les cordages, et des griffes pour se cramponner aux mâts quand la mer brise et ébranle le navire, jamais, jamais on n'en a assez! Du reste, gamelles et bidons sont entretenus avec un soin parfait; le bois en est d'un blanc sans tache, ou couvert d'une couche de noir brillante comme du jai; les cercles en fer sont fourbis comme de l'acier poli.

Le mot *gamelle* a pris dans la marine des airs aristocratiques; de la table des matelots il est monté à celle des chefs : on dit *la gamelle des officiers*, la *gamelle du commandant*; et quelque jour l'Académie sera condamnée à enregistrer cette expression dans la langue des marins. C'est une grande affaire que l'administration de la table d'un état-major de vaisseau : l'officier qui en est chargé momentanément prend le nom de *chef de gamelle;* il est élu par acclamation, ou par le sort.

Le mot *gamelle* n'est pas sans illustration ; peut-être se vanterait-il avec raison d'être contemporain de la naissance de la langue latine ? La poésie romaine, sous le stylet d'Ovide, lui conféra, du temps d'Auguste, des titres de noblesse :

> Dum licet apposite, valuti cratere, *camella*
> Lac niveum potes, purpureamque sapam.

Le latin du moyen âge modifia sa première consonne et en fit *gamelle.* Nous sommes tenté de croire que l'armée de terre l'a emprunté à la marine, car le plus ancien ouvrage où il se rencontre est le *Liber vernaculus de contractibus maritimis,* où on lit : *Gameles dicuntur disci lignei in quibus reponuntur obsonia nautarum.*

Théogène PAGE, capitaine de vaisseau.

GAMIN. Ce mot n'est pas français ; mais c'est plus qu'un mot français, c'est un mot parisien. Pour bien dire, il faut dire : *le gamin de Paris.* Gamin est un mot qu'il faut prendre en bonne part. Dans cette grande ville, où toutes les misères viennent aboutir, dans ce rendez-vous général de toutes les infortunes, il arrive souvent qu'un honnête homme, pauvre et ruiné, un vieux soldat, un vieil artiste, laisse après lui un enfant de son nom, pauvre enfant qui, même dans la misère, se sent encore d'une meilleure origine. Tout enfant parisien, fils du peuple, honnête enfant de cette grande ville, né au milieu de l'esprit et de la misère, est un gamin de Paris, en attendant qu'il soit un homme. Le gamin de Paris, avant d'avoir un état à lui, entreprend au hasard tous les états. Il est propre à tout, il sait tout, il est tout. Mais déjà, même dans sa hardiesse la plus hardie, même dans ses espiègleries les plus vives, le gamin de Paris reste, sans le vouloir, sans le savoir peut-être, un honnête homme. Nous n'entendons pas autrement le gamin de Paris.

Le gamin de Paris est un gamin à sept ans jusqu'à quatorze, quelquefois jusqu'à seize ans, jamais plus tard. Le gamin de dix-huit ans n'est plus un gamin, c'est un oisif, un paresseux, un mauvais sujet, un homme qui tournera mal, et qui est attendu sur les bancs de la police correctionnelle, et des assises plus tard. Malheureux ! qui a oublié la bonne, joviale et sincère nature du vrai gamin. Le gamin de Paris a nom Joseph ou Napoléon, comme sa sœur s'appelle Marie ou Paméla. Il se souvient encore avec orgueil de toutes les révolutions auxquelles ont contribué si puissamment les gamins ses prédécesseurs. Il y a en lui quelque chose du héros, en ce sens qu'il est toujours merveilleusement disposé à l'agitation et au tumulte : c'est un héros en herbe et en guenilles, qui se bat à coups de poings, en attendant qu'il se batte contre le canon ; grand joueur à la toupie, illustre goguenard, le fléau de ses voisins, et pourtant la joie de son quartier ; malin, flâneur, vaniteux, taquin, bon fils ; n'ayant peur de rien ni de personne, mais tremblant devant sa bonne grand'mère, très-connu du sergent de ville et du garde municipal ; osant tout, excepté déchirer sa blouse et perdre sa casquette : tel est le gamin de Paris. Il grimpe, il glisse, il saute : c'est une anguille, c'est un lichen. Il est la joie de notre pavé, il est l'éclat de rire de nos carrefours, il est l'ami de tout ce qui souffre, il est le Don Quichotte bienveillant et dévoué de toutes les misères parisiennes. Du reste, l'œil éveillé, la chevelure ébouriffée, le sourire moqueur, une joue rose et lavée, l'autre joue toute noire, peigné à demi, fier et gueux comme un Espagnol, Français déjà au fond de l'âme, portant crânement sur l'oreille un superbe casque en papier, et chantant tout haut les chansons patriotiques de Béranger. Voilà le gamin de Paris : c'est comme la grisette de Paris, il ne se trouve qu'à Paris, c'est un produit de la ville. Dans les autres villes de France, vous n'avez que de méchantes et plates contrefaçons du gamin de Paris.

Le gamin de Paris, par l'esprit, par la grâce, par le courage, par les saillies, par son habitude de vivre de peu, par son insouciance pour l'avenir, est plus qu'un enfant et moins qu'un homme. Les autres enfants sont des enfants ou des hommes, des niais ou des prodiges ; le gamin de Paris, je ne saurais mieux le définir, c'est le gamin de Paris. Il va, il vient, il court, il marche un peu : il obéit à une mère plus souvent qu'à un père ; il est l'appui, le protecteur, le défenseur de sa mère. Toujours sans habits, souvent sans pain, jamais sans joie, il rit toujours. Son grand bonheur, c'est de voir jouer le mélodrame, de tirer des pétards, d'élever des barricades, de sentir l'odeur de la poudre, d'entendre le bruit de l'arme blanche, de rire au nez du commissaire de police. Il est naturellement le fléau des épiciers et l'ennemi des réverbères. Il aime le soldat qui passe ; il est fou de la musique militaire ; il joue du mirliton ; il bat du tambour ; il sonne de la trompette ; il monte à cheval ; il saute, il grimpe ; il ne hait ni le pain d'épices, ni le sucre d'orge, ni le verre de bière ; depuis quelque temps il a acheté une pipe, et il fume.

Chose étrange ! cet élément de discorde dans les rues, ce joyeux émeutier des jours de barricades, ce révolutionnaire espiègle, toujours prêt à remuer les pavés de fond en comble, eh bien ! le gendarme ne le hait pas autant qu'on pourrait le croire au premier abord. Au contraire, le gamin de Paris et le gendarme se comprennent à demi-mot, ils se tutoient. Le gamin de Paris se plaît en la compagnie du gendarme ; marche au pas comme le gendarme ; il admire le gendarme. De son côté, le gendarme reconnaissant veut bien faire la guerre au gamin de Paris quand il est trop familier, mais c'est toujours à armes courtoises. Le gendarme veut bien faire peur au gamin, mais il serait désolé de lui faire du mal. Il n'y a pas de gendarme qui n'ait pour filleul un gamin de Paris. En un mot, si je n'avais pas peur de tomber dans le marivaudage, je dirais que le gamin de Paris est le papillon du gendarme ; le gendarme novice commence par faire la chasse aux gamins, pour la faire plus tard aux voleurs. Quand il a achevé le cours de ses espiègleries, le gamin de Paris prend une femme et un état ; il gagne sa vie, il monte sa garde, il remplit tous les devoirs du citoyen, et, de temps à autre, il s'amuse à mettre au monde de petits gamins de Paris.

Jules JANIN.

GAMME, table ou échelle des notes de musique, disposée selon l'ordre naturel des tons. Le nom de *gamme,* qui a été donné à cette échelle vient du γάμμα, de l'alphabet grec (Γ), que Guy Arétin choisit pour désigner la corde qu'il ajouta au grave du diagramme des Grecs, et dont il fit la base de son système musical. Les anciens se servaient de sept lettres de l'alphabet pour marquer les différents degrés de l'échelle musicale ; et comme le nombre de ces lettres ne suffisait pas à l'étendue de leur gamme, ils les changeaient de forme ou les redoublaient pour indiquer la position respective de chaque degré par rapport aux différentes octaves. Dans notre système musical moderne, nous n'avons également que sept lettres : *c, d, e, f, g, a, b,* ou sept syllabes : *ut, ré, mi, fa, sol, la, si,* pour désigner les 50 degrés appréciables de l'étendue instrumentale comprise entre l'octave grave du *sol* de la contrebasse, et le *sol* aigu de la petite flûte. Mais pour obvier à cet inconvénient et marquer d'une manière indubitable la position relative de chaque degré, on emploie des lignes parallèles qu'on divise de cinq en cinq à l'aide de certains signes appelés *clefs.*

Le mot *gamme,* pris dans un sens moins absolu, s'entend aussi d'une fraction plus ou moins étendue de l'échelle musicale, comme, par exemple, des différents tons renfermés dans l'espace d'une octave, quelle que soit la note par laquelle commence cette octave. On appelle *gamme diatonique* celle qui procède par tons et demi-tons, tels qu'ils se trouvent dans l'ordre naturel du ton et du mode où l'on est, et *gamme chromatique* celle qui n'est composée que de demi-tons. Il y a deux sortes de gammes diatoniques, l'une *majeur* et l'autre *mineur.* Elles se composent toutes deux de six tons ou douze demi-tons, mais dans un ordre différent.

Mode majeur.

	1 ton		1 ton		½ ton		1 ton		1 ton		1 ton		½ ton	
ut		ré		mi		fa		sol		la		si		ut

Mode mineur.

	1 ton		½ ton		1 ton		1 ton		½ ton		1 ½ ton		½ ton	
la		si		ut		ré		mi		fa		sol dièze		la

On voit par le premier exemple que l'échelle ou gamme majeure est composée de cinq tons et deux demi-tons; et par le second, que l'échelle ou gamme du mode mineur est composée de quatre tons et quatre demi-tons. En additionnant les tons et les demi-tons de chacune de ces deux échelles, on verra que les deux sommes sont égales; car il est évident que quatre tons et quatre demi-tons équivalent à cinq tons et deux demi-tons : en d'autres termes, ces deux sommes sont égales à six tons ou douze demi-tons.

Les gammes sont d'un usage fréquent et indispensable en musique. Quels que soient le genre d'un morceau, le sentiment ou la couleur d'une mélodie, il est bien rare d'en parcourir plusieurs mesures sans rencontrer une gamme ou une parcelle de gamme. Les gammes des deux genres sont un excellent exercice pour l'étude de la musique instrumentale ou vocale. Sous le rapport de l'exécution, on ne saurait trop en recommander l'usage aux personnes qui désirent atteindre à un certain degré de perfection. C'est par l'exercice très-fréquent des gammes dans tous les tons que la voix d'un chanteur et les doigts d'un instrumentiste peuvent acquérir cette souplesse, cette flexibilité, cette agilité qui les rendent propres à l'exécution irréprochable des passages les plus difficiles. De nos jours, les cantatrices abusent des gammes chromatiques dans leurs roulades. Elles ont d'autant plus tort, que les gammes de ce genre ne peuvent se rendre d'une manière satisfaisante que sur quelques instruments à clavier, à cordes ou à vent. Quant à la voix, elle se prête peu à une succession rapide de demi-tons, qui exige tant de netteté, de justesse et de précision. BECHEM.

GANACHE, mâchoire inférieure du cheval : ce sont deux os qu'a ce quadrupède de part et d'autre du derrière de la tête, opposés à l'encolure, et qui forment la mâchoire inférieure et la font mouvoir. Dire qu'*un cheval est chargé de ganache*, c'est dire qu'il a la mâchoire grosse et charnue. Certains auteurs ont prétendu que quand l'angle formé par ces deux os était trop resserré, il en résultait un défaut de respiration presque incurable. Le savant professeur Baucher ne partage pas cet avis : il pense que pour remédier à ce défaut il suffit de faire céder les vertèbres de l'encolure les plus éloignées du sommet de la tête. *Ganache* vient de l'italien *ganascia*, ou de l'espagnol *ganassa*, signifiant la même chose. Borel le dérive de *gena*, comme qui dirait *grande* ou *grosse joue*.

GANACHE. Le mot *ganache* n'a guère droit à l'honneur que nous lui faisons, et nous l'aurions complétement passé sous silence, si l'empereur Napoléon ne s'en était servi un jour dans une circonstance importante. « Madame, disait l'empereur à l'impératrice Marie-Louise, *votre père est une ganache!* » L'impératrice, qui ne savait pas assez le français pour comprendre tout ce qu'il y a de sel attique dans cette injure *ganache*, s'en va demander à Duroc ce que veut dire le mot *ganache*, appliqué par l'empereur Napoléon à l'empereur d'Autriche. « *Ganache*, reprend Duroc, cela veut dire *grand homme*. Le père de votre majesté est *un grand homme!* » Voilà l'impératrice qui ne dit mot; mais, à quelques mois de là, un jour que l'empereur Napoléon présentait à l'impératrice un de ces généraux vainqueurs qui lui venaient de toutes les frontières : « Monsieur le général, dit l'impératrice, avec son plus aimable sourire, vous êtes une illustre *ganache!* » Voilà comment les plus petits mots de carrefour peuvent avoir au besoin une existence impériale et royale. Le dictionnaire de l'Académie les rejette, l'histoire s'en souvient. Jules JANIN.

GANCHE. *Voyez* ESTRAPADE

GAND, aujourd'hui chef-lieu de la Flandre orientale, autrefois ville principale de cette Flandre qui faisait trembler ses maîtres et leur dictait des lois, également éprise de l'indépendance et de l'industrie, et vivant de cette vie forte et puissante dont l'exubérance, si elle produit quelquefois le désordre, communique aussi à la société une énergie merveilleuse. Son ancienne grandeur a laissé de nombreux et imposants vestiges : on reconnaît à ses murs la cité d'Arteveld, à la physionomie de ses habitants les bourgeois qui bravèrent Charles-Quint. Mais où fermentaient les passions populaires, on ne remarque plus que l'action pacifique des innombrables machines que remue la vapeur; à la place des édifices bigarrés, des forteresses et constructions variées du moyen âge, s'élèvent partout des habitations d'un style monotone, mais commodes et faites pour une époque plus tranquille et plus positive. Les églises les plus belles sont la cathédrale de Saint-Bavon, Saint-Michel, Saint-Jacques, Saint-Sauveur, Saint-Nicolas; les monuments profanes les plus dignes d'attention, quelques-unes des portes, le beffroi, l'hôtel de ville, et l'université, construite en partie par M. L. Roeland. L'hôpital de la Byloque (ou de l'Enclos) et la maison de détention, commencée en 1773, terminée en 1826, méritent de fixer les regards des philanthropes. Gand possède une citadelle, commencée en 1822, achevée en 1830, et qui fait partie de la 2e ligne de fortification du côté de la France. Cette ville est le siége d'un évêché, d'une cour d'appel, d'un tribunal de première instance, ainsi que d'un tribunal de commerce; elle se trouve au confluent de l'Escaut et de la Lys, et à la tête du canal de Bruges. Coupée par un grand nombre de canaux navigables, qui communiquent à l'Escaut, à la Lys, à la Liève et à la Moere, elle est partagée en vingt-six îles réunies les unes aux autres par une multitude de ponts. Le canal du Sas-de-Gand, qui marie Gand à la mer, y amène des bâtiments d'un tonnage assez considérable. Sa population est de 108,500 habitants.

Le commerce des Gantois, déjà très-célèbre au treizième siècle, reçut un coup funeste au seizième, et ne se releva avec distinction que sous le gouvernement français. Mais en 1819 il prit un accroissement vraiment prodigieux. Les premières tisseranderies furent établies à Grand, en 968. La première filature de coton de la Belgique est due à Liévin Bauwens, qui la créa en 1800, et qui, au péril de sa vie, introduisit sur le continent les mécaniques anglaises. En 1830 Gand possédait dans son enceinte 60 machines à vapeur, de la force moyenne de 13 chevaux et de la force totale de 800; plus de 20,000 ouvriers travaillent dans les filatures, les blanchisseries de coton, ainsi que dans les fabriques de toiles peintes. Ils emploient chaque année environ 40,000 balles de coton, et produisent plus d'un million de pièces de calicots écrus et imprimés. Les capitaux consacrés à transformer le coton en fil et en étoffes s'élèvent à près 44,000,000 de francs. Les autres usines sont des raffineries de sucre de canne et de betterave, des fabriques de bronzes et de cristaux, de garance et de laque, d'acide sulfurique, de coutellerie, de fils de lin, de papiers peints, de voitures, de cire et de bougies, de cordes et de plaques, de pompes à incendie, de balances, de bleu, d'amidon, de toile de lin, de toile rayée, de papier d'impression, de tabac, de pipes, de chapeaux, et en outre des distilleries de genièvre et des brasseries, etc. Gand a de plus un commerce de consommation, de transit et d'expédition fort actif : il s'y trouve neuf armateurs.

Avant le septième siècle, il n'est pas fait mention de Gand, qu'un diplome de Louis le Débonnaire place dans le *Pagus Brachbatensis*. Ce fut vers l'an 636 que saint Amand vint y prêcher le christianisme. Dix-huit ans après, saint Liévin, évêque écossais, arriva à Gand et alla annoncer l'Evangile dans le pays d'Alost, où il reçut le martyre. En 811, Charlemagne vint y inspecter la flotte, composée d'espèces de bateaux plats qu'il avait fait construire pour résister aux irruptions des Normands et des Danois. Il y envoya ensuite Éginhard, son secrétaire, nommé abbé des monastères de

Saint-Pierre et de Saint-Bavon. Vers an 868, Baudoin Bras de Fer, premier comte héréditaire de Flandre, qui succéda à ces gouverneurs appelés en langue teutonique *vorst* (*prince* ou *chef*), dont on aura fait *forestier* en français, voulant défendre son pays contre les Normands, bâtit à Gand le *château du Comte*, dont l'entrée est encore debout; ce qui n'empêcha pas les Normands de venir séjourner à Gand pendant l'hiver de 880. Au milieu du dixième siècle, Gand, déjà peuplé, s'adonnait avec succès au travail de la laine que lui fournissait l'Angleterre.

L'église de Saint-Bavon fut dédiée en 1067. Sous Philippe d'Alsace, vers 1178, Gand reçoit une charte de commune, qui semble confirmer un état antérieur et légaliser des libertés de fait ou leur donner un développement nouveau. Baudoin, comte de Hainaut, successeur de Philippe d'Alsace, accorde aux Gantois des priviléges d'après lesquels tout bourgeois pouvait ouvrir une école publique, vendre ou aliéner ses biens; aucun édit du comte n'avait force de loi sans le consentement de la commune. Cependant la ville ne comprenait encore que l'espace renfermé entre la Lys et l'Escaut. Un règlement de 1202, qui autorisait les bourgeois à exercer exclusivement toute espèce de profession dans un rayon d'une lieue autour de Gand, rayon étendu ensuite à trois lieues en faveur des tisserands et drapiers, devait en peu d'années reculer ses limites. Vers 1252, Pétrarque visita la Flandre, et admira sa richesse et son activité. Déjà se dessinaient dans cette province deux partis distincts, le parti français ou de l'aristocratie, ennemi des priviléges, et le parti flamand ou démocratique, ardent à les défendre. La bataille *des Éperons* ou de Courtrai, livrée le 11 juillet 1302, assura aux communes flamandes un triomphe éclatant. Bientôt, fatigués du gouvernement du comte Louis de Nevers, tout entier à la faction française, elles ne balancèrent pas à élire pour *ruwart*, ou protecteur, le célèbre Jacques d'Arteveld.

Ce grand homme, assassiné par le peuple, qui l'avait idolâtré, eut pour successeur son fils, qu'on arracha à la vie dévote et contemplative pour l'investir du pouvoir. Philippe d'Arteveld perdit la vie à la fameuse bataille de West-Rosebeke, où la féodalité, l'épée au poing, combattit réellement la démocratie corps à corps.

L'opposition que firent les Gantois à une mesure financière du gouvernement de Charles-Quint était d'abord légitime; elle prit ensuite un caractère séditieux. Charles, qui cherchait à centraliser l'autorité, vint dans les murs de Gand en maître irrité; il supprima tous les privilèges dont cette cité avait été si fière, et exigea que les magistrats, trente des citoyens les plus distingués, les doyens de chaque corps de métier, grand nombre de leurs suppôts, et cinquante hommes du peuple, ceux-ci seulement, la corde au cou, vinssent lui demander pardon à genoux. On a dit que le cordon de soie que les magistrats portèrent en écharpe jusqu'en 1791, et dont ils étaient ornés même avant Charles-Quint, était un déguisement de la corde qu'ils avaient été condamnés à porter perpétuellement; mais cette anecdote est controuvée. Pendant les troubles qui marquèrent le règne de Philippe II, le congrès connu dans l'histoire sous le nom de *Pacification de Gand* unit momentanément toutes les provinces des Pays-Bas contre les Espagnols. Mais la paix ne tarda pas à être troublée par les factions de Ryhove et d'Hembyse. La Belgique retomba sous la domination de l'étranger; elle se reposa quelque temps avec délices de ses périls et de ses fatigues dans l'énervante administration des archiducs Albert et Isabelle, puis s'affaiblit de jour en jour. Marie-Thérèse lui rendit un peu de vigueur, qu'elle tourna contre le fils de cette souveraine. En 1789, Gand traita Joseph II en prince déchu, et ouvrit ses portes aux *patriotes*. Réuni à la France, Gand devint le chef-lieu du département de l'Escaut. En 1814 cette ville fut rendue aux Pays-Bas. Un traité de paix y fut signé, qui mit fin à la guerre entre l'Angleterre et les Etats-Unis. Pendant les cent jours, Louis XVIII se retira à Gand, où il tint une sorte de cour, et où parut le fameux *Moniteur* dit de Gand, rédigé par le baron d'Eckstein, M. Guizot, etc. Le 18 octobre 1830, la citadelle de Gand, occupée par les troupes du roi des Pays-Bas, qui subissait la même destinée que Joseph II, se rendit à la légion Belge-Parisienne, et depuis cette ville n'a cessé de faire partie du royaume de Belgique.

DE REIFFENBERG.

GANGANELLI. *Voyez* CLÉMENT XIV.

GANGE (en sanscrit *Ganga*), le plus grand fleuve de l'Hindoustan, prend sa source dans l'une des ramifications que l'Himalaya envoie au sud, et résulte d'abord de la jonction du *Bhagirathiganga* et de l'*Alakanandaganga*. Le premier, situé à l'ouest, provient d'un glacier à pic, de 4,500 mètres d'élévation, et sort déjà en nappe d'une largeur de 50 à 60 mètres d'une immence caverne appelée la *Gueule de Vache*, située au nord du temple de Gangotri; le second, situé à l'est, le rejoint à Deoprag où se trouve l'un des temples les plus en vénération parmi les Hindous. Leur jonction faite, le Gange a déjà 80 mètres de largeur. Après avoir été d'abord un impétueux torrent de montagnes, il abandonne à Hourdvar, à environ 315 mètres au-dessus du niveau de la mer, le plateau de l'Himalaya pour entrer dans la grande plaine qui porte son nom et s'étend depuis les déserts des affluents de l'Indus, entre le mont Viendhya et l'Himalaya, jusqu'au golfe du Bengale, en formant l'un des territoires les plus riches qu'il y ait dans tout l'univers.

Le Gange traverse les provinces de Delhy, d'Agra, d'Oude, d'Allahabad, de Bérar et de Bengale, et, après un cours de 142 myriamètres en ligne droite, mais de 294 myriamètres en tenant compte des nombreuses sinuosités qu'il décrit, se jette par un grand nombre de bras dans le Golfe du Bengale, en formant avec le Brahmapoutra, dont l'embouchure coïncide avec la sienne à l'est, le plus grand delta de la terre. Le bras principal de ce delta, à l'ouest, est le *Hougli*, sur lequel s'élève la ville de Calcutta; celui du milieu est le *Houringotta*, et celui de l'est le *Padna*. Entre eux s'étend une immense contrée marécageuse, traversée par de nombreux canaux et sur beaucoup de points protégée par des digues contre les inondations, cultivée avec assez de soin sur certains points au nord, mais au sud couverte uniquement de la plus luxuriante végétation naturelle, patrie du choléra, qu'on dit être originaire de cette marécageuse région où il se serait développé spontanément pour la première fois au milieu des miasmes putrides qu'exhalent les énormes quantités de débris du règne animal et du règne végétal que le fleuve y charrie incessamment. C'est dans cette partie méridionale du delta, le long des rives de la mer, que la lutte entre les eaux du fleuve et celles de la mer forme un inextricable labyrinthe de marais plus ou moins praticables, entrecoupés de canaux et d'îles au sol tantôt sablonneux, tantôt spongieux, couvertes soit d'épaisses broussailles soit d'impénétrables forêts.

Comme le Nil, le Gange est sujet à des inondations annuelles périodiques, quoique n'offrant pas la même régularité. Il reçoit les eaux de vingt rivières, dont douze sont plus considérables que le Rhin. Le plus important de ces affluents est le *Djoumna*, qui arrive de l'Himalaya par Delhy et Agra, et après s'être grossi des eaux du Tchambal venant du mont Vyndhia, confond ses eaux avec les siennes à Allahabad, et forme avec le Gange le pays qu'on pourrait appeler la *Mésopotamie*, l'*Entre-Rios* de la presqu'île de l'Inde. Le bassin du Gange est de 14,420 myriamètres carrés, et en y comprenant celui du Brahmapoutra, de 21,420. Son volume d'eau est si considérable qu'à Allahabad, à 88 myriamètres de son embouchure, il a une profondeur de 11 à 12 mètres; et sa largeur y est encore telle, qu'on dirait plutôt un lac intérieur qu'une rivière. Dans la saison des sécheresses, il verse dans la mer 22,000 mètres cubes d'eau *par seconde*, et se fait sentir des navigateurs à une distance de plus de 8 myriamètres en pleine mer.

Le Gange est aussi le fleuve sacré des Hindous. Le *Ramayana* raconte qu'il naquit un jour parce qu'à la prière du pieux Bhagyratha, la nymphe *Ganga*, fille aînée de l'Himavân ou Himalaya, consentit à se précipiter sur la terre. C'est la raison pour laquelle son eau est réputée sacrée, et que les habitants de ses rives sont tenus de s'y baigner à de certaines époques. De là aussi les nombreux pèlerinages dont ce fleuve est l'objet, et plus particulièrement au voisinage de ses sources. Celui qui a le bonheur de mourir sur ses rives ou seulement de boire de son eau avant de mourir n'a pas besoin pour revenir sur terre de subir les longues épreuves de la transmigration des âmes. Aussi lui apporte-t-on de toutes parts des malades pour les immerger dans ses flots ou pour y abandonner leurs cadavres quand ils sont morts. Ceux qui habitent loin du fleuve sacré conservent toujours dans de petites fioles de son eau, objet d'un important commerce, afin de pouvoir en boire à l'heure de leur mort. S'ils sont riches, ils ont soin que leurs corps soient brûlés, qu'on recueille précieusement leurs cendres et qu'on les jette dans le Gange.

GANGLION, mot grec (γάγγλιον) adopté par la langue française avec une signification à la fois plus étendue et plus précise qu'il ne l'avait originairement. Le mot *ganglion* est en effet consacré à représenter non-seulement certaines petites tumeurs sur le trajet des tendons et des muscles, qu'il désignait chez les anciens, mais encore il est usité par les anatomistes et les chirurgiens pour indiquer certaines parties du système nerveux et du système lymphatique. Ainsi, en pathologie, le mot *ganglion* a été pris dans la première acception lorsqu'un nerf ou filet nerveux s'enflamme par quelque violence locale qu'il subit. Dans ce sens, un ganglion est une petite tumeur dure, demi-transparente, d'où partent des douleurs lancinantes qui vont s'irradier en différents sens sur le trajet du nerf; on a donné plus récemment à cette tumeur le nom de *névrôme*. Le mot *ganglion* est néanmoins resté; il est plus usité maintenant pour exprimer certaines tumeurs enkystées qui se forment sur le trajet ou dans les gaînes des tendons. Ces kystes, dont la membrane est mince, le liquide visqueux, rougeâtre et filant, sont en général petits, durs, indolores, et ne guérissent que quand on les incise ou qu'on les crève violemment, de manière à déterminer dans leur intérieur une inflammation adhésive qui empêche un nouvel épanchement circonscrit de liquide séreux. Ces tumeurs sont surtout fréquentes vers les articulations des poignets, et vers les tendons qui vont aux orteils. Ils n'ont une certaine gravité que quand on ne peut pas sans inconvénient grave y porter le bistouri, comme dans les gaînes des tendons profonds, ou sous les ligaments antérieurs du carpe.

En anatomie, on désigne par le nom de *ganglions* de petits organes de volume variable, qu'il faut distinguer tout d'abord en deux ordres : les *ganglions lymphatiques* et les *ganglions nerveux*. Les *ganglions lymphatiques*, qu'on appelle aussi *glandes lymphatiques* ou *conglobées*, sont peu nombreux le long des membres, mais très-multipliés dans le ventre et la poitrine; leur volume varie de deux millimètres et moins à trois centimètres et plus de diamètre; ils forment une sorte de réservoir où aboutissent et d'où partent des vaisseaux lymphatiques. A l'extérieur, ils sont quelquefois très-reconnaissables à l'aine, dans l'aisselle, dans les mamelles chez les femmes, au cou, où ils forment chez les scrofuleux des tumeurs plus ou moins considérables. Ils paraissent formés par un entrelacement inextricable des vaisseaux lymphatiques.

Les *ganglions nerveux* sont de petits centres nerveux d'où partent des filets nerveux qui vont se distribuer dans les organes, ou se confondre avec d'autres filets nerveux provenant de quelque ganglion voisin. Ces ganglions et leurs filets de distribution et de communication forment un ensemble auquel on a donné le nom de *système nerveux ganglionnaire*, pour le distinguer du système nerveux auquel président le cerveau et la moelle épinière (*voyez* Cérébral [Système]). On ne trouve de ganglions appartenant à ce système qu'au tronc, et ils forment différents appareils pour les organes de la tête, du thorax et de l'abdomen.

Par analogie, on a donné le nom de *ganglions* à certains amas de *matière grise* qui se trouvent toujours au point où les nerfs cérébro-spinaux doivent subir une division. Dans l'opinion de Gall, ces amas de substance grise sont des appareils de renforcement indispensables pour augmenter le volume du nerf qui va se subdiviser. Cette théorie n'est point généralement admise; néanmoins, il est probable que la dénomination de *ganglions* restera aux différentes parties que Gall a ainsi désignées, quelle que soit la destinée ultérieure de ses opinions. Dr S. Sandras.

GANGRÈNE (du grec γάγγραινα, mortification, dérivé de γράω, manger, consumer), mort d'une partie du corps d'un animal ou d'un homme, c'est-à-dire extinction ou abolition parfaite du sentiment et de toute action organique dans cette partie. Quelques auteurs ont voulu donner au mot *gangrène* un sens plus restreint en l'appliquant à certaines gangrènes spécialement, et en réservant le mot *sphacèle* pour les affections gangréneuses dans lesquelles ou plus particulièrement les os ou un membre dans toute son épaisseur étaient frappés de mort. L'usage a prévalu de donner le nom de *gangrène* indistinctement à tous les états maladifs dans lesquels une partie plus ou moins considérable du corps cesse de manifester les phénomènes propres à la vie, quelle que soit d'ailleurs la cause prochaine et la nature du mal qui donne lieu à la gangrène. Cet état de mort partielle a pour caractères généraux la couleur noire, livide ou plombée de la partie gangrénée, le refroidissement en quelque sorte cadavéreux de la même partie, la cessation complète et absolue des fonctions organiques auxquelles elle servait, et, enfin, l'apparition des phénomènes chimiques propres aux tissus organisés privés de vie, soit que les liquides abondant dans la partie, la fassent entrer en décomposition putride, soit qu'elle se dessèche et se momifie en quelque sorte par l'évaporation des particules liquides qu'elle contenait. Presque tous les autres signes de gangrène laissent jour à des doutes qui ne sont pas une des petites difficultés de l'art quand il faut agir; mais les signes de putréfaction que nous avons mentionnés en dernier lieu ne donnent pas naissance à des méprises quand il s'agit de gangrènes, comme quand il s'agit de décider si l'individu tout entier est bien mort. Pour la gangrène, la putréfaction précise définitivement le diagnostic.

A ces signes généraux, propres en quelque sorte à toute gangrène, quels qu'en soient le siége et la cause prochaine, s'ajoutent presque toujours des signes particuliers, qui diffèrent d'après la nature de l'altération qui donne lieu à la gangrène : ainsi, certaines gangrènes sont accompagnées de contusions très-manifestes, ou de commotion; certaines autres d'infiltration et d'une sorte d'œdème érysipélateux; certaines, de phlyctènes et de taches livides; certaines, de déchirements de parties denses serrées et résistantes, et d'épanchements de liquides plus ou moins irritants dans les tissus gangrénés; certaines, d'inoculation de matière venimeuse, de sécrétion d'un pus tout particulier; d'autres, de la congélation des liquides; dans quelques cas, les limites du mal sont tracées par un cercle légèrement enflammé, d'une teinte variable, depuis le rose pâle jusqu'au violet foncé; dans d'autres cas, la mortification n'est séparée du vif par aucune limite que le praticien puisse saisir; enfin, tantôt la putréfaction accompagne presque immédiatement la gangrène, et tantôt, au contraire, des jours et même des semaines se passent avant que ce signe extrême de mort se manifeste.

On a divisé les gangrènes en *gangrènes humides* et *gangrènes sèches*: par gangrène humide on entend celle dans laquelle il y a engorgement, c'est-à-dire surabondance de sucs arrêtés dans la partie qui tombe en mortification; par gangrène sèche on entend toutes celles qui ne sont point accompagnées d'engorgement, et qui sont suivies d'un dessèchement qui préserve la partie morte de tomber en dissolution putride. Ces deux gangrènes demandent des soins différents du médecin chargé de traiter un individu qui en est atteint. Les gangrènes ont encore été distinguées, sous le rapport de leur cause, en *gangrène sénile*, *gangrénée par contusion*, *par stupéfaction*, *par infiltration*, *par étranglement*, *par inflammation*, *par empoisonnement*, *par congélation*, *par brûlure*, etc., dans chacune desquelles il se présente à remplir des indications curatives toutes particulières, et qu'il est aussi facile que cela est important de distinguer les unes des autres. On comprend très-bien l'importance qu'il y a à prévenir la gangrène quand on peut la prévoir; à la limiter, quand on n'a pas pu l'empêcher de se produire; à en débarrasser le reste vivant de l'organisme quand on est forcé d'abandonner à la mort, qui s'en est emparée, une portion plus ou moins considérable de l'individu. Comme, au reste, dans tous les cas de gangrène ou mort partielle, il arrive toujours de deux choses l'une, ou que le mal ne s'arrête pas et fait des progrès plus ou moins rapides jusque à la mort définitive, auquel cas le médecin n'est guère que le spectateur impuissant de ce qui se passe, ou que le mal tend à se limiter, c'est-à-dire que les tissus vivants subissent une inflammation de meilleure nature qui tend à les débarrasser par la suppuration des parties mortes avec lesquelles ils sont en contact, auquel cas le médecin est appelé à jouer un rôle beaucoup plus actif, la question est presque toujours sur la détermination du moment où il faut intervenir, sur l'appréciation des circonstances qui permettent, ou même qui exigent l'intervention de l'art. Les connaissances plus exactes que nous avons acquises sur les causes de la gangrène, sur les ressources de la thérapeutique et sur la valeur réelle des moyens curatifs en rapport avec les tendances physiologiques de la nature, tout cela a beaucoup simplifié ces questions dans la pratique moderne. La théorie et la pratique la plus justifiée par l'expérience s'accordent maintenant pour engager le chirurgien à ne pas précipiter des secours extrêmes, dont la douleur et les mutilations les plus graves ne sont pas le moindre inconvénient. Tels sont les cas de contusion, d'inflammation, d'étranglement, de congélation, et encore certains cas de gangrènes partielles, comme celles qui forment les escarres, les bourbillons des furoncles, les portions gangrénées des anthrax, des tumeurs charbonneuses, des *pustules malignes*, des bubons pestilentiels ou non. C'est certainement un des points sur lesquels la pratique de la chirurgie a été le plus heureusement simplifiée.

Dr S. Sandras.

GANGRÉNEUX, épithète que l'on applique à certaines affections, qui ont pour effet de déterminer la mortification d'une portion de tissu superficiel, et qui se détache sous forme d'escarre : ainsi, on parle de furoncles, d'anthrax, de pustules auxquelles on trouve pour caractère de gangréner quelques portions de membranes muqueuses, ou de la peau et des tissus sous-jacents, quoiqu'on ne soit pas dans l'usage de donner le nom de *gangrène* proprement dite à la mortification de ces petites portions. On donne encore, par une sorte d'habitude, le nom d'*érysipèle gangréneux* à certains érysipèles qui occupent la peau et beaucoup du tissu cellulaire sous-jacent, quoiqu'il y ait dans ces cas très-rarement gangrène proprement dite, et qu'on appelle mieux cet érysipèle phlegmoneux que gangréneux; de la même manière on donne très-souvent encore le surnom de *gangréneuses* à certaines angines dans lesquelles il y a rarement de la gangrène, mais dans lesquelles on avait toujours cru en voir autrefois, quand on se rendait un compte moins exact des phénomènes locaux d'une maladie. Le mot *gangréneux* doit être plus régulièrement réservé à une sorte d'affection dont la nature particulière est de frapper immédiatement de mort les tissus enflammés. Les furoncles, les anthrax, sont des affections gangréneuses. Les parties sont, dans ces affections, frappées d'une inflammation à laquelle on pourrait étendre l'épithète d'*inflammation morte*, que Quesnay appliquait poétiquement à une sorte d'érysipèle qu'il avait observé, et qui dans certaines années se retrouve plus fréquemment sur des vieillards.

Dr S. Sandras.

GANGUE. Ce mot, d'origine allemande, désigne la substance dans laquelle un minéral est engagé. Autrefois la gangue portait le nom de *matrice* des minéraux, parce que les alchimistes pensaient que les gangues se transformaient en métaux, lorsqu'elles avaient été fécondées par les vapeurs minérales. Aujourd'hui, nous savons qu'il n'en est point ainsi, et nous avons abandonné cette dénomination, aussi absurde que fausse. La gangue est tantôt différente du terrain dans lequel est situé le minerai, tantôt elle est de même nature; elle est quelquefois amorphe, et souvent cristalline. Sa composition est très-variable : c'est rarement une seule espèce minérale qui la constitue; le plus ordinairement elle est formée par la réunion de plusieurs sortes de matières terreuses ou siliceuses, dont l'une est quelquefois dominante. Il arrive très-souvent qu'on ne peut distinguer la gangue du minerai qu'elle renferme. Les substances qui la composent sont ordinairement le quartz, la chaux carbonatée spathique, la baryte sulfatée, la chaux fluatée, le schiste argileux, etc.

L'étude de la gangue des minéraux est une partie essentielle de la minéralogie : elle peut aider dans la recherche et la connaissance des gisements et des localités qui les renferment; et comme la nature de la gangue influe sur le mode de traitement à employer pour l'exploitation du minerai, il est nécessaire de savoir si on doit le bocarder et le laver avant de le soumettre aux opérations métallurgiques. Ce lavage a ordinairement pour but de diminuer la masse à fondre, et de dégager le minerai d'une substance plus ou moins réfractaire qui nuirait à la fusion du métal. Quelquefois la gangue facilite la fusion du minerai, soit parce qu'elle est elle-même très-fusible, soit parce qu'elle se combine avec les substances étrangères, et purifie le métal en formant ce qu'on nomme du *laitier* ou des scories. Souvent, lorsque la gangue n'est pas assez fusible par elle-même, on y ajoute d'autres substances pour augmenter sa fusibilité, faciliter, par conséquent, celle du minerai, et hâter la purification du métal.

C. Favrot.

GANNAL (Jean-Nicolas), chimiste inventif, naquit à Sarrelouis, le 28 juillet 1791. Sa ferme et vive intelligence resta sans culture; son père, architecte de peu d'imagination et valétudinaire depuis des années, avait surtout de fréquentes relations avec les pharmaciens de sa ville, et cela décida de la destinée du jeune homme, qui d'ailleurs avait cinq frères plus âgés que lui et peu de fortune en perspective : dès l'âge de quatorze ans on le plaça dans une pharmacie, sans qu'il eût mis le pied dans aucun collége. Comme il savait l'allemand et déjà un peu de matière médicale, l'Empire utilisa son activité dans plusieurs campagnes d'outre-Rhin. D'abord commissionné pour l'hôpital de Metz dès 1808, il passa de là dans les hôpitaux de Hambourg, de Lubeck et de Mohilow; fit la campagne de Russie en 1812, et eut largement sa part aux désastres de cette expédition héroïque et funeste. A la restauration des Bourbons, Gannal rentra en France, mais non dans la pharmacie. Toutefois, pour s'éloigner le moins possible de son premier état, il accepta de M. Thénard la place de préparateur de chimie, soit à l'École Polytechnique, soit à la Faculté des Sciences, place peu lucrative et peu importante, mais à laquelle le nom du professeur dirigeant prêtait quelque distinction de souvenirs, puisque M. Thénard avait rempli le même rôle près de Fourcroy. En 1815, le 20 mars, la fédération et Waterloo vinrent encore une fois troubler ses études et le jeter dans la vie des camps et l'exaltation des partis, plus tard dans le découragement et la crainte d'être persécuté; mais enfin, après un prudent voyage et un court séjour à Sarrelouis, son pays natal, il reprit ses travaux avec le ferme vouloir de ne plus les quitter et de les rendre effectifs. Il s'est tenu parole.

Ne parlons que des perfectionnements qui lui sont dus. Son procédé pour le raffinage du borax a eu pour effet de réduire de 6 fr. à 80 c. le prix de ce produit, qu'avant lui la France tirait de la Hollande. C'est lui qui eut la première idée de ces cheminées à courants d'air chaud, invention qu'on a dopuis appliquée aux poêles et modifiée de tant de manières. C'est encore à lui qu'on est redevable de ces briquets à étui rouge en carton, briquets dits *oxygénés* ou au chlorate de potasse, que les allumettes chimiques et fulminantes ne vaudront jamais, au moins pour la conservation des yeux et la sécurité. Gannal trouva un mode nouveau pour fondre le suif et le durcir; et telle fut la première origine de la bougie chandelle, qui n'est pas le Pérou. Sa fabrique d'encre et de cirage excellents, vers 1821, eut quelque réputation, mais ne l'enrichit pas. Il se mit alors à fabriquer de la colle forte, qu'on nommait *gélatine*. Gannal contestait dès lors à la gélatine sa propriété nutritive. Gannal a été des premiers à prémunir le gouvernement contre le blanchiment des papiers timbrés et la falsification des actes publics au moyen du chlore; ce fut en 1825 qu'il proposa à M. de Peyronnet, alors ministre de la justice, un moyen de déjouer ces frauduleuses tentatives et de les constater. Mais cette grave question, soulevée il y a vingt-trois ans, est encore à l'étude. L'institut lui décerna un prix de 1,500 fr., pour avoir utilement conseillé et appliqué les vapeurs de chlore dans les catarrhes pulmonaires chroniques; et quoique sans titre légal, il a quelquefois sans intérêt dirigé des traitements de ce genre. Il composa de toutes pièces, probablement avec du chanvre, 6,000 kilog. de charpie vierge pour l'expédition d'Alger en 1830 : cette charpie coûtait à peine le tiers du prix auquel fût revenue la charpie de linge, très-rare en ce temps-là. A la même époque, Gannal modifia les tentes-bâches pour campements et les couvertures des caissons d'ambulance; mais cette fois encore, en gardant le secret de ses inventions. Son projet de panifier la pomme de terre et diverses fécules ne réussit pas complétement. Il pensa trouver la source du cinquième de la chaleur vitale qui dépasse les produits positifs de la respiration pulmonaire, dans cette portion d'air qui précède dans l'estomac chaque bouchée d'aliments. Avec de la gélatine et du sucre il composa économiquement pour les imprimeurs ces rouleaux élastiques qui sont requis par la presse mécanique.

A plusieurs reprises, Gannal renouvela ses études et ses expériences sur la gélatine. Après s'être fait maigrir et dépérir jusqu'à la souffrance en mêlant à sa nourriture journalière des quantités croissantes de gélatine, il finit par démontrer que cette matière, à peu près inerte à ce dernier état, a plusieurs degrés et plusieurs *états*, dans lesquels l'analyse chimique permet de constater des différences fort sensibles. Le premier degré ou *geline* est la matière organisée et primitive; la substance du deuxième degré, ou la *gélée*, n'est que le produit de l'action de l'eau et de la chaleur sur la géline; enfin la *gélatine*, ou troisième degré, n'est que de la gelée desséchée. Le principe primordial est donc la géline. C'est la géline qui se décompose et s'altère par la fermentation putride. Or, Gannal eut le hasard de découvrir que cette géline a la propriété de décomposer tous les sels solubles d'alun, et dès ce jour il avait trouvé la manière de conserver les viandes pour les grandes expéditions et les voyages de long cours, le moyen de conserver les pièces d'anatomie dans les musées sans de coûteuses dépenses d'alcool, le moyen d'assainir les amphithéâtres d'anatomie et de prolonger économiquement et sans danger la dissection d'un même cadavre, enfin le secret, bien autrement important, bien plus inespéré, bien plus fructueux, de conserver sans décomposition les corps ensevelis pendant un temps presque illimité. A partir de ce moment *l'embaumement* devint un art dont Gannal fut l'inventeur et dont il put légitimement s'attribuer le monopole. Voici son procédé : Par une étroite ouverture pratiquée à l'une des artères carotides, on injecte dans l'aorte et l'universalité des artères une solution de sels alumineux. Tous les organes sont imprégnés de ce sel d'alun, qui pourvoit à leur conservation. Ensuite on entoure de bandelettes, à la manière des momies d'Égypte, les membres, le tronc et la tête du corps embaumé, ainsi préservé du contact de l'air, ce subtil élément de toute décomposition. Viennent enfin des essences et des parfums qu'on proportionne au luxe du personnage défunt plutôt qu'à un rigoureux besoin d'éclipser d'autres odeurs. L'opération faite, l'enseveli peut être embarqué pour des rives lointaines et pour l'éternité. On a plusieurs fois exhumé de ces corps embaumés qui n'offraient après des années presque aucune altération visible. A l'exposition de 1839, on voyait une merveilleuse momie de petite fille dont la figure vermeille était découverte, et que des parents inconsolables venaient embrasser tous les huit jours. Avec cet embaumement d'invention nouvelle, les corps restent parfaitement intacts et les organes au grand complet; on n'en distrait ni le cerveau, ni le cœur, ni les entrailles, et rien n'est mutilé. Tout semble réuni pour le jugement dernier. Tandis que par l'embaumement dit à la Louis XIV, les cavités sont vides de leurs viscères, le cerveau détruit, et le corps en lambeaux. Pour réussir, il lui fallait surtout des dépouilles d'hommes illustres, qui pussent motiver de louangeuses réclames : le cadavre de Cuvier lui échappa. Il ne put non plus se faire concéder ni l'embaumement de Talleyrand, ni celui du jeune duc d'Orléans, qui lui avait pourtant promis qu'aucun des siens ne serait embaumé que de sa main et d'après son procédé. Plus tard Châteaubriand et Balzac passèrent du moins par ses mains.

Notre embaumeur obtint l'assentiment des sociétés savantes : l'Institut lui accorda un des grands prix Montyon, comme s'il se fût agi d'une découverte intéressant la santé. Il eut aussi l'approbation de l'Académie de Médecine, malgré les murmures de quelques praticiens qui s'effrayent de toute concurrence. Dès ce moment il fut de mode d'être embaumé. Il restait bien encore certains scrupules en quelques âmes pieuses, craignant de divorcer d'avec le ciel en adoptant des pratiques païennes ayant pour but de perpétuer des restes périssables. Mais l'archevêque de Paris, M. de Quélen, leva ces scrupules en vouant ses mortelles dépouilles aux injections et aux bandelettes de M. Gannal, à qui la famille fit don du magnifique portrait du célèbre prélat. Non content d'exploiter en personne la capitale, Gannal eut des cessionnaires en province et à l'étranger; il embauma par ambassadeurs. Depuis 0 jusqu'à 2,000 fr., c'étaient les limites de ses prix. Cependant la découverte ne passa pas sans objections. On mit en doute non-seulement sa nouveauté, mais son efficacité durable. Durable, il serait regrettable qu'elle le fût trop, car si un grand nombre de morts étaient embaumés et que la conservation en fût sans limites, les défunts prendraient insensiblement la place des vivants, et l'Europe finirait par n'être qu'un vaste cimetière. Gannal eut à souffrir d'autres tourments : lui qui avait eu pour protecteur l'ancien doyen de l'École de Médecine, il le trouva ensuite moins favorable à ses intérêts. Ce médecin dominateur sembla lui susciter des critiques et des rivaux, et parut suggérer ses dépréciateurs, favoriser ses adversaires. On accusait d'ailleurs Gannal d'introduire de l'arsenic dans son liquide d'injection. Des chimistes de Rouen, appelés comme experts près des tribunaux, crurent remarquer que les corps embaumés renfermaient quelquefois de l'arsenic du fait de l'embaumement. Une ordonnance parut interdisant tout embaumement au moyen de l'arsenic. L'Institut s'ingéra de cette question si grave, et déclara que les parcelles d'arsenic qu'on avait pu trouver dans quelques corps embaumés par le procédé Gannal provenaient sans doute de l'impureté des liquides employés. Cette savante compagnie a reconnu que le procédé Gannal n'implique nullement l'intervention de l'arsenic; que sa réussite ne se fonde point sur un poison; elle engagea l'inventeur à surveiller, à analyser plus attentivement que jamais les liquides dont il faisait usage.

Homme d'esprit parfois excentrique, on l'a vu envoyer au jour de l'an jusqu'à 100,000 cartes de visite, où se trouvait mentionnée sa qualité d'*embaumeur*. Sa politesse allait surtout chercher les personnes riches et âgées, auxquelles il semblait dire : *Memento, homo, quia pulvis es.* C'était cruellement anticiper le mercredi des Cendres. Mais la mort vint l'enlever lui-même au mois de janvier 1852. Il laissait ses procédés et sa clientèle à son fils.

Gannal a publié d'innombrables brochures, et les deux ouvrages suivants : *Du chlore employé comme remède contre la phtisie pulmonaire* (Paris, 1822, in-8°); *Histoire des embaumements et des préparations des pièces d'anatomie normale, d'anatomie pathologique et d'histoire naturelle* (2e édit.; Paris, 1841, in-8°).

Dr Isidore BOURDON.

GANNERON (HIPPOLYTE), ancien membre de la chambre des députés, et ancien président du tribunal de commerce de Paris, était né dans cette ville en 1792, d'une famille d'honorables mais modestes marchands. Un oncle, resté célibataire et parvenu à une fortune assez notable dans un commerce peu attrayant, la fabrication et la vente en gros des chandelles, se chargea de son éducation, et le fit élever avec soin au collége Sainte-Barbe. A sa sortie de cet établissement, Ganneron suivit les cours de l'École de Droit, subit avec distinction les examens et autres épreuves d'usage, et, reçu enfin licencié, put faire inscrire au tableau de l'ordre des avocats un nom qui n'avait guère encore brillé qu'au-dessus de la devanture de la boutique, passablement enfumée, où son oncle débitait si fructueusement, rue Montmartre, ses paquets de chandelles. Avocat stagiaire pendant deux années, il fit consciencieusement son apprentissage de défenseur de la veuve et de l'orphelin, puis il s'aperçut un beau jour que tant d'assidu travail n'avait abouti, en définitive, qu'à le classer dans les douze ou quinze cents avocats *sans cause* qui obstruent les avenues du palais de justice. Ce fut là pour Hippolyte Ganneron un instant bien douloureux. Son oncle comprit sa juste tristesse; il reconnut que tous deux avaient fait fausse route, et pour réparer de son mieux sa part dans le tort commun, il lui offrit de céder sa maison de commerce. Ganneron eut le bon sens d'accepter la généreuse proposition de son bienfaiteur, et de faire rayer courageusement son nom du fameux tableau de l'ordre, pour l'inscrire désormais tout simplement dans l'Almanach du Commerce.

A partir du moment où il eut fait le sacrifice de ses pensées de gloire et de succès au barreau, il appliqua aux affaires le bon sens pratique dont il était naturellement doué. Loin de dégénérer entre ses mains, la vieille maison Ganneron prit au contraire une importance nouvelle, grâce aux spéculations aussi hardies que bien combinées qu'il fit sur les suifs de France et de l'étranger. Il était naturel que par la position qu'il occupait dans le monde commercial et par ses études spéciales, Ganneron fût désigné au choix de ses pairs, les négociants notables de la place de Paris, pour les élections au tribunal de commerce. Il faisait donc partie de cette magistrature si populaire et si honorable, qui l'avait même appelé à présider l'une de ses sections, au moment où le ministère Polignac tenta contre la Charte et les libertés publiques l'audacieux coup d'État qui devait en trois jours amener la chute du trône de Charles X. Les fameuses ordonnances de Juillet supprimaient la liberté de la presse, et interdisaient aux journaux la faculté de paraître désormais sans autorisation préalable de l'autorité royale. Les imprimeurs de plusieurs feuilles publiques, quoique tenus par des marchés réguliers passés avec les propriétaires de ces journaux, se hâtèrent de se soumettre aux ordonnances du 25 juillet, en refusant d'imprimer les feuilles qui ne seraient pas autorisées. Les journalistes, dont on anéantissait ainsi, d'un trait de plume, la propriété, traduisirent immédiatement à la barre consulaire leurs imprimeurs pour y voir dire qu'ils eussent à continuer d'exécuter les clauses de leurs divers marchés nonobstant les illégales ordonnances publiées par le *Moniteur* du 26. La fusillade avait déjà commencé rue Saint-Honoré entre le peuple et la garde royale, quand la section du tribunal de commerce présidée par Ganneron rendit un jugement conforme aux conclusions des demandeurs, en le motivant sur l'illégalité, et par suite sur la complète nullité d'ordonnances qui prétendaient substituer à l'avenir le bon plaisir royal à l'empire des lois. Au milieu de l'émotion générale qui régnait dans l'auditoire et que justifiait la gravité des circonstances, on remarqua la noble fermeté avec laquelle Ganneron prononça sa sentence.

La reconnaissance publique n'oublia pas de comprendre Ganneron parmi les hommes qui avaient le plus contribué à la révolution de Juillet, par leur inflexible respect pour la loi et par leur dévouement à la cause de la liberté. Aux premières élections qui eurent lieu, Ganneron n'eut pour ainsi dire qu'à se présenter aux suffrages des électeurs pour obtenir les honneurs de la députation. Malheureusement, comme tant d'autres, il se laissa piper aux belles promesses du prince acclamé roi dans la journée du 7 août par les deux cent vingt-un, et se rangea dans le parti de la résistance contre l'idée du progrès et du perfectionnement successif des institutions. Ganneron, dans la lutte ardente qui s'ensuivit, eut bientôt perdu une popularité si justement et si honorablement acquise. Cependant Ganneron se fit en plus d'une circonstance remarquer à la chambre par la netteté et la lucidité de ses appréciations financières; aussi jouissait-il d'une grande influence dans les comités, qui maintes fois le choisirent pour rapporteur. On ne saurait nier néanmoins que dans la majorité antinationale qui soutint pendant dix-huit ans le système de corruption à l'aide duquel Louis Philippe entendait non pas seulement *régner*, mais *gouverner*, Ganneron n'ait été l'un des représentants les plus compromis de cette bourgeoisie égoïste qui crut un instant que la révolution n'avait détruit les priviléges de la noblesse que pour consolider la prépondérance du haut commerce. Esprit droit et positif, Ganneron ne tarda pas, après d'amers déboires, à prendre la politique en indifférence assez prononcée, c'est-à-dire à attacher fort peu d'importance aux intérêts égoïstes et cupides, qu'elle ne sert que trop souvent à dissimuler. Quoique siégeant au centre, il lui arriva plus d'une fois de ne pas voter avec la majorité compacte enrôlée par le ministère, et de témoigner d'une indépendance qui vers la fin le faisait comprendre dans la partie de l'assemblée désignée sous le nom de *centre gauche*.

En 1844, à une époque où l'essor factice imprimé au commerce et à la spéculation par le système politique de Louis-Philippe avait amené sur la place de Paris un grand déploiement d'activité industrielle, Ganneron fit appel au crédit mérité dont son nom était universellement entouré dans le monde commercial pour fonder, sous le nom de *Comptoir Ganneron*, une banque d'escompte, basée à peu près sur les mêmes principes qu'un établissement du même genre créé, plusieurs années auparavant, par Jacques Laffitte, et que la révolution de Février a entraîné dans une ruine identique. Les capitaux affluèrent pleins de confiance dans la capacité et la haute probité de l'homme qui les appelait à son aide, mais à qui il ne devait pas être donné de mener à bonne fin une entreprise commencée sous de bien trompeurs auspices. Le 24 mars 1847, une dothiénentérie enlevait prématurément le fondateur du comptoir, dont la perte inspira de vifs regrets à tous ceux qui avaient pu apprécier en lui les vertus de l'homme privé.

GANS (ÉDOUARD), représentant de l'école philosophique de jurisprudence et disciple de Thibaut et de Hegel, naquit à Berlin, le 22 mars 1798. Reçu docteur en droit, ce fut à partir de l'année 1820 qu'il commença à Berlin son opiniâtre opposition contre l'école historique de jurisprudence, qui y dominait, et à la tête de laquelle se trouvait Savigny; et il se fit d'autant plus de partisans et d'admirateurs que l'influence de Hegel était alors plus puissante sur la jeunesse des universités et aussi en dehors de ce cercle restreint. Bien que dans les acclamations et les sympathies de la foule, il n'y eut pour bien des gens qu'une affaire de mode, son opposition à l'école historique eut du moins cet avantage qu'elle faisait contre-poids à un système appuyé sur les grands noms de Savigny, de Hugo et de la plupart des juriconsultes allemands.

Après un voyage fait en 1825 à Paris et à Londres, Gans fut nommé professeur agrégé à Berlin; il mourut professeur titulaire en 1839. Dès 1820 il avait publié ses *Scholies sur Gajus* (Berlin, 1827). Mais l'ouvrage qui lui assure une place au premier rang des jurisconsultes est son *Traité historique du Droit de Succession* (4 vol., 1824-35). Il fit paraître ensuite son *Système du droit civil des Romains*. Ce furent ses cours publics qui le rendirent véritablement populaire, notamment ses leçons sur l'histoire moderne, où par sa franchise, par la chaleur de son débit, par ses vues ingénieuses et profondes, il savait électriser un auditoire non pas composé d'étudiants seulement, mais où venaient se confondre des hommes appartenant à toutes les classes de la société; leçons que l'autorité crut devoir suspendre tout à coup, en raison du caractère dangereux qu'elles lui semblaient avoir. Gans répondit aux attaques dont sa doctrine était l'objet de la part de l'école historique dans son livre qui a pour titre : *Essai sur les Fondements de la Possession* (Berlin, 1839), dans lequel il combat Savigny de la manière la plus piquante et la plus spirituelle, réfutant l'opinion de celui-ci d'après laquelle la possession n'est qu'un fait, et s'efforçant de prouver que la possession est un droit, fondé sur des principes philosophiques. En se faisant l'éditeur des leçons de Hegel sur la *Philosophie de l'Histoire*, Gans ne mérita pas moins de la science; on peut même dire qu'il est le véritable auteur de cet ouvrage, car Hegel n'en avait laissé que l'introduction.

GANSE. La passementerie et les tapissiers emploient en assez grande quantité un petit cordonnet rond, carré ou plat, auquel on donne le nom de *ganse*. Il est, suivant le besoin, d'or, d'argent, de soie, de coton ou de fil, et d'une grosseur indéterminée. Les très-petites ganses plates et toutes celles de forme ronde se fabriquent sur le métier à lacets, inventé par Vaucanson; mais les ganses plates, assez larges ou façonnées, c'est-à-dire montrant sur leur endroit des dessins, sont fabriquées sur le boisseau avec des fuseaux, ou bien au crochet des boutonniers, ou sur un métier à tisser avec la navette, comme les rubans et les galons. Les ganses ou tresses en cheveux ont offert dans leur fabrication plusieurs difficultés assez grandes, provenant du peu de longueur de la matière employée; cependant, en modifiant les poupées du métier de Vaucanson, on est arrivé à fabriquer des ganses en cheveux d'une longueur indéfinie, et sans que les raboutages se laissent apercevoir. Les ganses sont employées comme les lacets, ou dans les ornements de passementerie : les tailleurs en placent quelquefois aussi en guise de boutonnières sur les redingotes à la polonaise. Quant aux ganses ou tresses en cheveux, elles sont portées comme souvenir en collier, ou bien en bracelets ou en bagues.

J. Odolant-Desnos.

GANT, partie de nos vêtements servant à couvrir les mains, soit pour les garantir des injures du temps, soit tout simplement par déférence aux décrets de la mode. On fait les gants en fil, coton, soie ou laine, sur le métier à bas, travail qui n'a rien d'extraordinaire et se rattache entièrement aux autres travaux du bonnetier. Mais on fabrique aussi, et même en bien plus grand nombre, des gants en peaux de chevreau, de chèvre, de chamois, de daim, de chien, d'élan, de cerf, d'agneau et de mouton, toutes mégissées à l'huile. Cette fabrication n'est plus aussi simple que celle du bonnetier : d'abord, il faut savoir choisir ses peaux chez le mégissier, puis les dégrossir ou parer, afin de leur donner partout une égale épaisseur, et répartir ces peaux en raison de l'espèce de gants qu'elles sont destinées à fournir. Alors on les met à l'humide, en les humectant avec une brosse trempée dans de l'eau, et on les entasse les unes sur les autres pour les rouler par douzaines et les laisser ainsi pendant une heure environ. Après avoir, par ce repos, pris de la souplesse, chaque peau est ouverte ou débordée par un étirage qu'on lui fait subir de tous côtés sur les bords d'une table. Un autre ouvrier dépèce la peau débordée en la divisant en deux si elle peut contenir deux gants, et il donne à coups de ciseaux une première forme très-grossière à ces gants, qu'il entasse par douzaines devant lui, en mettant sur chacun d'eux un pouce également ébauché, qu'il a pris dans un coin perdu de la peau, ou à défaut dans un autre morceau. Dans les *gants Jouvin*, le pouce fait corps avec le reste du gant. Ces peaux ainsi ébauchées portent le nom d'*étavillons*, et passent à un autre ouvrier qui leur fait subir le *dolage*, dont l'action est d'enlever, avec un couteau de forme particulière, à la peau fortement tendue sur un marbre, assez de chair pour la rendre également mince et souple dans toutes ses parties.

L'opération du dolage terminée, un autre ouvrier reprend ces étavillons, les passe encore un peu à l'humide en les pressant dans une serviette mouillée, et les dresse, c'est-à-dire qu'il leur donne la forme parfaite en les étirant sur sa table, en les pliant de manière qu'il n'y ait pas de couture droite du côté du pouce, et en les ébarbant pour les empiler au fur et à mesure sur une planche et les exposer ainsi sous une faible pression. Enfin, un autre ouvrier raffile ces gants; c'est lui qui enlève la place où se pose le pouce dans les gants où le pouce est à part, coupe chaque doigt à la longueur convenable et en arrondit les bouts. Un dernier ouvrier donne la seconde façon en garnissant le gant de toutes les pièces nécessaires : ainsi, il coupe les fourchettes placées entre les doigts et les carreaux ou petits losanges cousus au bas des fourchettes, pour donner aux doigts l'ampleur suffisante.

Les gants, étant ainsi coupés et préparés, sont livrés aux couseuses, puis à la brodeuse. Cette couture a longtemps été faite simplement à la main; mais dans les grandes fabriques d'Angleterre, on emploie depuis bien des années une machine pour aider à coudre plus vite et plus régulièrement. Ce ne fut que de 1824 à 1825 qu'il nous a été permis de connaître cette invention, qui donnait aux Anglais la possibilité de vendre leurs gants à 30 pour 100 au-dessous des nôtres : cette machine, fort simple, est un étau en bois, dont une des mâchoires mobiles s'approche ou s'éloigne à volonté; le dessus de ces deux mâchoires étant légèrement cannelé, il en résulte que l'ouvrière, en plaçant son aiguille au fond de chacune des cannelures, est toujours certaine de faire ses points à égale distance : aussi ce cousoir facilite beaucoup la couture, surtout en ligne droite.

L'usage fréquent de ce vêtement a fait employer son nom au figuré pour exprimer une foule d'actions dans lesquelles on ne lui fait jouer qu'un rôle supposé. Ainsi, l'on dit que tel fat se donne les *gants* d'une maîtresse qu'il ne posséda jamais; que tel courtisan est souple comme un *gant;* l'on dit en outre, Jeter ou ramasser le *gant*. Cependant, cette dernière acception exprimait autrefois une action véritable : en effet, dans les tournois des temps passés, les chevaliers n'acceptaient pas toujours un défi en allant toucher de leur lance l'écu suspendu de leur adversaire; souvent c'était son gant qu'il avait réellement jeté pour défi au milieu du champ clos, et le combat était accepté par celui qui osait le ramasser.

J. Odolant-Desnos.

Pour donner aux gants ce lustre, ce brillant qui les a fait nommer *gants glacés*, on les trempe dans un mélange de jaunes d'œufs et d'huile d'olive arrosé d'un autre mélange d'esprit-de-vin et d'eau. On calcule qu'il se fabrique à Paris 1,600,000 peaux de chevreau ou agneau pour être converties en gants; à Bruxelles, 800,000; à Grenoble, 800,000; à Annonay, 3,200,000. Ces 6,400,000 peaux exigent le double d'œufs, soit 12,800,000 œufs. Heureusement, ce sont les œufs cassés et gâtés qu'on emploie à cet usage.

Au quinzième siècle, d'après Olivier de La Marche, les dames françaises couvraient leurs mains de gants qui leur venaient d'Espagne, et qui étaient parfumées à la violette. L'Espagne est maintenant tout à fait dépouillée de cette branche d'industrie; et sauf les gants de Suède, que l'on contrefait même parfaitement chez nous, non-seulement la France suffit à sa consommation; mais elle exporte de la ganterie et des peaux ouvrées pour une valeur de 37 à 45 millions de francs par an. En 1851 elle en a exporté 14,683 quintaux métriques, d'une valeur de 37,400,000 fr.; en 1853, 18,517 quintaux métriques, d'une valeur de 45,109,000 fr. Paris et Grenoble sont les deux villes privilégiées pour ces articles de toilette, dont le luxe a fait un besoin, une obligation. Ce sont les États-Unis, l'Angleterre et l'Allemagne qui consomment le plus de nos gants. Jusqu'en 1825 l'Angleterre prohiba l'importation des gants étrangers; depuis cette époque les droits ont été notablement réduits. L. LOUVET.

GANT DE NOTRE-DAME ou GANTELÉE. *Voyez* CAMPANULE et DIGITALE.

GANTELET, espèce de gant très-fort, pièce essentielle de l'armure des anciens chevaliers, dont l'usage se répandit au commencement du quatorzième siècle. Notre gant *à la Crispin* peut en donner une idée, avec cette différence toutefois que les doigts du gantelet étaient recouverts de mailles de fer ou de lames d'acier en forme d'écailles, jouant les unes sur les autres, ce qui permettait au chevalier de mouvoir les doigts comme il voulait. La partie qui recouvrait une portion du bras se composait de pièces d'acier en forme de tuyaux, absolument comme les *brassards*. Le gantelet était de rigueur, ainsi que le casque, dans les anciennes marches en cérémonie. On *jetait* le gantelet pour appeler un ennemi au combat, et le relever c'était accepter le défi.

Gantelet se dit encore, en chirurgie, d'une sorte de bandage employé dans le cas de fracture, luxation ou brûlure de la main : ce bandage enveloppe la main et les doigts comme ferait un gant.

GANTELINE *Voyez* CLAVAIRE.

GANYMÈDE, l'échanson et le favori du maître des dieux, était, suivant la Fable, fils de Tros, roi des Troyens, d'autres disent, fils d'un berger du mont Ida. Sa beauté était si merveilleuse qu'elle frappa Jupiter lui-même, qui voulut l'avoir à ses côtés dans l'Olympe. Il eut bientôt une occasion d'exécuter ce projet. La déesse *Hébé*, au moment de lui présenter la coupe immortelle, fit une chute maladroite, qui provoqua chez les dieux ce rire inextinguible dont parle Homère. Dès ce moment Jupiter, malgré les prières de Junon, ravit à Hébé le ministère qu'elle avait jusque alors rempli avec tant de grâce. Quelque temps après, Jupiter, planant sur le mont Ida, aperçoit Ganymède, et bientôt, descendu sous la forme d'un aigle, il enlève le jeune prince éperdu, qui, transporté dans l'Olympe, versa désormais le nectar à la troupe immortelle, et mérita par ses services d'être placé dans le zodiaque sous le nom de *Verseau*.

GAP, située dans le haut Dauphiné et nommée par les Romains *Vapincum*, était la capitale d'un pays qu'habitaient les *Trinocrii*. Au sixième siècle, lorsque la nation des Lombards franchit les Alpes Juliennes, Gap fut pillée et presque détruite. Elle souffrit plus tard des ravages des Sarrasins. Après avoir suivi le sort du *Dauphiné*, elle devint, lors du démembrement du comté de Bourgogne, au onzième siècle, la propriété des comtes de Forcalquier. Un de ces comtes, Guillaume, *homme dévotieux*, céda la seigneurie de Gap et le Gapençois à son évêque. Les habitants de Gap firent prisonnier l'évêque Othon. Celui-ci, pour les réduire, leur donna un second maître, plus puissant que lui, *Charles* d'Anjou. Les évêques de Gap rendirent hommage aux successeurs de ce prince jusqu'en 1447. A l'extinction de la maison d'Anjou, Gap revint à la couronne de France. Dans le seizième siècle, Gap prit le parti de la ligue; mais elle se soumit une des premières à Henri IV. En 1644 elle éprouva un violent tremblement de terre, qui y renversa plusieurs édifices. Victor-Amédée, duc de Savoie, s'en rendit maître dans l'année 1692. Il la saccagea et la réduisit entièrement en cendres. Cette ville sortit peu à peu de ses ruines.

Elle est dans une large vallée, et forme une ellipse assez bien dessinée. Les collines dont elle est entourée s'étagent comme les degrés des hautes montagnes qui grandissent au delà. L'aspect de la ville, à une certaine distance, est pittoresque et présente des paysages sévères; mais l'intérieur n'est qu'un labyrinthe de rues sales, étroites et mal pavées, bordées de laides maisons; son édifice le plus remarquable est la cathédrale, qui renferme un superbe mausolée en marbre du duc de Lesdiguières, chef-d'œuvre de Jacob Richer. Les bas-reliefs sont d'albâtre, et la masse du sarcophage est en marbre noir.

Gap est le chef-lieu du département des *Hautes-Alpes*. Elle est située sur la rive droite de la Luie, à 659 kilomètres de Paris. Elle est le siége d'un tribunal de première instance et d'un évêché, suffragant de l'archevêché d'Aix. Gap a des fabriques de draps communs, de cadis et de burats en laine et soie; de coutil, de basin, de toiles rousses et de chapeaux; elle a aussi des mégisseries, des chamoiseries et des fabriques de cuirs très-forts. La laine et le suif y sont très-exploités; cette ville ne compte que 8,797 habitants. Elle possède plusieurs églises, dont une de la religion réformée; un collége, une école normale primaire, une bibliothèque publique de 9,000 volumes.

GAPENÇOIS. Ce pays, portant le titre de comté, faisait partie du *Dauphiné*. Il avait pour bornes au nord le Grésivaudan, au sud et au sud-est la Provence, à l'est l'Embrunois, et à l'ouest le Diois et le pays des Baronnies. Il avait 44 kilomètres de long, sur 28 de large, ou environ 20 myriamètres carrés. Sa capitale était *Gap*; ses villes principales Serres et Tallard.

GARAMANTES, peuple indigène de l'Afrique ancienne, qui habitait au sud de l'Atlas le pays de Zab et une assez notable partie du Sahara. Garania (aujourd'hui Gherma) était leur capitale; c'était un rendez-vous de commerce entre les indigènes de la Libye et les Grecs, Phéniciens, Carthaginois et Romains habitants de la côte. Cornelius Balbus fit son expédition célèbre sur le territoire des Garamantes (an 21 av. J.-C.)

Ptolémée fait grand récit des vertus des Garamantes. Les Carthaginois, au temps de leur puissance, entretenaient avec eux des relations commerciales assez suivies, qu'explique facilement la situation géographique de Carthage, grande étape du commerce de l'Afrique. Quoique toujours errants, les Garamantes avaient consacré un temple en l'honneur de Jupiter Ammon, qui y était représenté avec des cornes de bélier, symbole de l'abondance. Leur pays, comme la Libye, nourrissait une immense quantité de brebis, dont le lait servait de nourriture à ce peuple pauvre et frugal.

GARANCE. Cette plante, originaire du midi de l'Europe et de l'Asie, est le *rubia tinctorium* des botanistes, appartenant au genre *rubia* de la famille des rubiacées; elle est, à cause des principes colorants de sa racine, l'objet d'une culture importante dans beaucoup de parties de l'Europe; celle de Zélande est la plus estimée. Les racines de la garance, réunies toutes en un point commun, tracent sous la terre, longues, épaisses et nombreuses; ses tiges, quadrangulaires, articulées et pourvues de pointes courtes et recourbées, portent des feuilles verticillées, sur le milieu desquelles se prolongent les épines qui défendent la tige; les fleurs se composent d'un calice à quatre dents, d'une corolle d'un blanc jaunâtre, campanulée; les étamines sont au nombre de quatre ou cinq; l'ovaire, inférieur et double, fournit deux baies noires et arrondies.

On multiplie cette plante par sa graine et plus souvent par la plantation de jets enracinés; une terre légère et humide, abondamment fumée et amendée, est celle qui lui convient le mieux. Après un labour profond, les plants sont disposés en lignes et espacés de $0^m,60$, en ayant soin de laisser vide une ligne sur quatre ou cinq. La terre de cette ligne sort plus tard pour recharger les plantes développées. La garance, plantée vers le mois de mai, n'a atteint son accroissement complet que dans le courant de la troisième année, et alors elle se récolte avant l'hiver. A la fin de chaque automne, les planches doivent être recouvertes d'une couche de fumier, dont les débris sont jetés après les gelées dans l'excavation de la ligne laissée vide. Les cultivateurs qui ne la laissent que deux ans dans la terre obtiennent un produit moins beau, moins riche en principe colorant, et n'en trouvent pas aussi facilement le débit.

La garance peut être récoltée à la charrue si chaque rayon est isolé; puis la dessiccation doit être opérée dans des lieux aérés et à l'ombre. La racine ainsi séchée reçoit dans le commerce le nom de *garance en branches;* celle qui a été dépouillée de l'épiderme et réduite en une poudre grossière est la *garance robée* ou *en grappes*; enfin, la *garance non robée* est la garance pulvérisée avec son épiderme. La racine de la garance est d'une couleur jaune-rougeâtre, d'une odeur nauséabonde, d'une saveur amère et âpre; elle contient trois matières colorantes, l'*alizarine* ou *garancine*, la *purpurine*, qui sont rouges, et la *xantine*, qui est jaune. Déposée dans l'eau à 100°, elle lui donne une teinte brune foncée. Traitée par l'alun, elle précipite en rouge-brun; par les carbonates alcalins et par l'eau de chaux, en rouge vif et éclatant; par l'acétate de plomb, en brun. Une certaine quantité de sulfate ou d'acétate de fer mêlée au mordant alumineux fait prendre aux tissus des teintes violettes. Elle teint en rouge les os et les urines des animaux qui en sont nourris. Cette singulière propriété a servi de base à plusieurs travaux importants de M. Flourens.

La garance triée, séchée, dépouillée de son épiderme et réduite en poudre, est conservée dans des tonneaux, d'où on la tire pour la teinture. Elle sert ordinairement à teindre le lin, le coton et la laine en rouge; on peut d'ailleurs, en variant le *mordant*, donner aux tissus toutes les nuances entre le rouge clair et le rouge foncé, entre le violet clair et le noir. Après le blanchiment ou le dégraissage, selon la nature des tissus, les étoffes *mordancées* sont soumises à l'immersion dans un bain de teinture. La racine de garance sert encore à préparer une laque d'une belle qualité, qui doit sa coloration à la purpurine seule. P. Gaubert.

A très-peu de chose près, la totalité des *alizaris* (nom commercial de la garance en racine sèche) qui sortent de France se dirigent vers l'Angleterre, où la consommation de la garance de toutes sortes s'est accrue d'une façon remarquable sous l'influence du développement de l'activité industrielle et sous celle de la réduction progressive des taxes d'entrée. En 1820, avec un droit de douane de 5 shellings par quintal sur les alizaris, de 15 shellings sur la garance, l'importation totale dans la Grande-Bretagne fut de 81,209 quintaux. Ces droits furent abaissés en 1825 à 1 shelling 6 deniers et à 6 shellings par quintal, et dès 1828 l'importation atteignit 162,989 quintaux. Les réformes douanières de sir Robert Peel firent descendre cette taxe à 3 deniers et 6 deniers par quintal (32 et 63 centimes les 50 kilogr). Depuis 1843 les garances, ainsi que toutes les autres matières premières nécessaires à l'industrie sont admises en franchise dans le Royaume-Uni. G. Brunet.

GARANCINE. *Voyez* Alizarine et Garance.

GARANTIE, GARANT (*Droit*). Ces mots viennent de l'allemand *Wahren*, garder. La garantie consiste dans l'obligation de defendre une personne d'un dommage éventuel, ou de l'indemniser d'un dommage éprouvé. Le *garant* est celui qui est tenu de *garantir*. La garantie est *de droit* lorsqu'elle est établie par la loi; elle est *de fait* lorsqu'elle résulte des conventions des parties. On distingue encore la garantie en *formelle* et en *simple*. Elle est formelle lorsqu'elle a lieu en matière réelle : telle est la garantie que doit le vendeur à l'acquéreur d'un immeuble qui en est évincé; elle est simple lorsqu'elle a lieu en matière personnelle : telle est celle invoquée par le débiteur solidaire d'un billet contre son co-obligé. Le Code Napoléon règle l'étendue et les effets de la garantie suivant les divers cas qui y donnent lieu. Le Code de Procédure (art. 175 à 184) contient des règles communes aux diverses sortes de garanties.

En matière de commerce la garantie se règle par les dispositions générales du droit civil, toutes les fois que la loi commerciale n'y déroge point. Nous renvoyons à cet égard aux mots Aval, Billet, Commissionnaire, Endossement, Lettre de change, Voiturier.

Dans la langue du droit public on appelle *garanties individuelles* les moyens que la société assure à ses membres pour faire respecter les droits qu'elle leur reconnaît. Ainsi, la liberté de la presse, celle des cultes, l'institution du jury, l'inamovibilité des juges sont des garanties du droit de la liberté des opinions et des consciences et de la sûreté des citoyens.

On appelle encore *garantie des fonctionnaires publics* la protection dont la loi couvre un certain nombre d'entre eux, en défendant de les poursuivre sans une autorisation supérieure.

GARANTIE (Bureaux de). L'ancienne et la nouvelle législation ont, dans l'intérêt général de la société, assujetti les matières ouvrées d'or et d'argent à un contrôle légal, indicatif de la valeur intrinsèque des ouvrages de bijouterie, d'orfévrerie et de plaqué. La première ordonnance connue, et qui a servi de base aux règlements ultérieurs d'administration dans cette partie, a été donnée par Philippe de Valois (1245). La législation antérieure à la révolution n'a été modifiée par une loi du 19 juillet 1791 que quant aux pénalités contre les fraudeurs. Quant à la qualité des objets fabriqués, et à la contrefaçon des marques et poinçons, tous les règlements anciens et les changements que réclamait l'expérience ont été résumés dans la loi du 19 brumaire an VI (9 novembre 1797). Il y a, pour marquer les ouvrages d'or et d'argent, trois espèces de poinçons, savoir : celui du fabricant, celui du titre, celui du bureau de garantie; un autre pour les ouvrages doublés, plaqués d'or et d'argent; un autre, dit de *récence*, qui s'applique par l'autorité publique, pour empêcher l'effet de quelque infidélité, etc. Le poinçon du fabricant porte la lettre initiale de son nom avec un symbole. Les poinçons du titre ont eu différentes empreintes. Les signes caractéristiques de ceux de garantie sont déterminés par l'administration des monnaies. Il y a en outre un petit poinçon destiné aux menus ouvrages d'or; des poinçons pour les ouvrages d'argent; un poinçon pour les ouvrages vieux; un poinçon pour les ouvrages étrangers; le poinçon de doublé ou de plaqué déterminé par l'administration des monnaies doit indiquer par chiffres la quantité d'or ou d'argent qu'ils contiennent et insculpter en toutes lettres sur l'ouvrage le mot *doublé*. Le poinçon de récence est déterminé par l'administration des monnaies. Telles sont les principales dispositions des lois relatives à la garantie des matières d'or et d'argent. Il a été établi des *bureaux de garantie* dans tous les départements, et suivant les besoins et l'importance des localités. Chaque bureau de garantie se compose d'un essayeur, d'un receveur et d'un contrôleur. Dans les communes populeuses, le ministre des finances peut autoriser un plus grand nombre d'employés à raison des besoins du commerce. Il y a à Paris un vérificateur à la fabrication des poinçons, coins et bigornes, un inspecteur des bureaux de la garantie et un vérificateur commis d'ordre. Les attributions de ces préposés, les pénalités prescrites pour les contraventions indiquées dans cette loi n'ont pas reçu depuis de graves modifications.

GARASSE (François), jésuite, dont le nom, comme celui de Zoïle, est resté honteusement célèbre, naquit à Angoulême, en 1585, entra à quinze ans chez les enfants de Loyola, et prononça ses vœux en 1618. Il se livra ensuite à la prédication en France et en Lorraine, où il obtint du succès auprès de la multitude, qu'il charmait en lardant ses sermons de quolibets et de bouffonneries. Tourmenté du désir de faire parler de lui, il prit part aux luttes littéraires et religieuses de son temps, et s'attaqua à toutes les réputations pour essayer de les flétrir en s'illustrant à leurs dépens. Il professait d'ailleurs un attachement fanatique pour son ordre, et s'enflammait de haine contre ses adversaires, distillant contre eux sans relâche le fiel et la calomnie. C'est ainsi qu'il poursuivit l'avocat général Louis Servin, qui n'aimait pas les jésuites, et surtout le célèbre Étienne **Pasquier**, coupable d'avoir, en 1585, plaidé contre eux en faveur de l'université. Il est vrai que le factum de ce dernier avait soulevé l'opinion contre la Société, en dévoilant hautement ses vues ambitieuses et son esprit d'envahissement.

Fatigués des invectives journalières que Garasse ne cessait de vomir contre la mémoire de leur père, les fils de Pasquier y firent répondre par un avocat nommé Remi, qui, dans son *Anti-Garasse*, rendit à l'agresseur outrages pour outrages. Théophile, poëte renommé, fut aussi en butte aux traits de Garasse sans l'avoir provoqué : accusé d'athéisme, il avait tout à craindre des attaques du jésuite, qui pouvaient le conduire au bûcher. Mais les intérêts de la religion ou ceux de ses confrères n'excitaient pas seulement la bile de Garasse; il suffisait de blesser son amour-propre pour qu'elle débordât. Un prédicateur, François Ogier, ayant osé critiquer son livre intitulé *La Doctrine curieuse des beaux esprits du temps*, où il prêchait la morale en style de la foire, tout semé de pointes et de turlupinades, Garasse fit pleuvoir sur lui un déluge d'injures aussi ignobles que violentes; et cependant, s'il faut en croire l'historien de l'institut des jésuites, *il était plein de modestie, de douceur et d'affabilité*. Habitant Poitiers, où il avait, dit-on, été relégué par ses supérieurs, il sollicita, lorsqu'une maladie contagieuse fondit sur cette ville, la faveur d'aller soigner les malades à l'hôpital, et mourut victime de son pieux dévouement, le 14 juin 1631.

Outre ses écrits satiriques contre Servin et Pasquier, il a composé des poésies latines assez estimées, et une *Somme théologique*, qui fut censurée par la Sorbonne, comme renfermant des falsifications des passages de l'Écriture. On a encore de lui plus de vingt volumes d'écrits ascétiques, restés manuscrits. SAINT-PROSPER jeune.

GARAT (DOMINIQUE-JOSEPH, comte), né le 8 septembre 1749, à Bayonne, était fils d'un médecin domicilié à Ustaritz, bourg peu distant de cette ville. Il reçut de son père et d'un parent, qui était curé, une excellente éducation, qu'il alla terminer à Bordeaux, au collége de Guyenne. Après s'être fait recevoir avocat dans cette ville, il vint à Paris, où il se lia avec les philosophes, et se fit bientôt connaître avantageusement par ses *Éloges de L'Hôpital* (1778), *de Suger* (1779), *de Montausier* (1781), *de Fontenelle* (1784), dont les trois derniers furent couronnés par l'Académie Française; il écrivit en même temps dans *le Mercure français*, dans le *Journal de Paris*, et fut chargé au *Lycée* du cours d'histoire qui venait d'y être fondé en 1785. En relation avec **Condorcet** et avec tous les publicistes qui surgirent des assemblées des notables, il habitait Paris au moment de la convocation des états généraux. Le tiers état du bailliage basque du Labour le nomma, lui, son frère et leur cousin d'Iturbide, leurs représentants à l'Assemblée nationale. On fut surpris de voir un orateur d'un pareil mérite monter rarement à la tribune : peut-être la faiblesse de sa voix en fut-elle la cause. Du reste, il servit sans doute plus efficacement le parti des réformes par l'analyse raisonnée qu'il donnait des séances dans le *Journal de Paris*.

Porté deux fois au ministère dans les temps les plus orageux de la révolution (à celui de la justice le 12 octobre 1792, à celui de l'intérieur le 14 mars 1793), il eut, en la première qualité, à remplir le triste devoir de notifier à Louis XVI son arrêt de mort. Peu de jours avant le 31 mai, il ne pouvait croire à la possibilité d'un attentat de la commune de Paris contre la représentation nationale. Il fut pourtant bientôt jeté dans les prisons; on le croyait perdu, des amis le sauvèrent. Après le 9 thermidor, il fut nommé ministre de l'instruction publique sous le titre de commissaire général; et quand l'École **Normale** s'ouvrit, il y fit des leçons brillantes sur *l'analyse de l'entendement*. L'Institut, lors de sa formation, l'admit dans sa section des sciences morales et politiques, et le Directoire le choisit, en 1798, pour ambassadeur à la cour de Naples. Nommé plus tard membre du Conseil des Anciens, il fut porté au Sénat après la révolution du 18 **brumaire**, prononça l'éloge de Kléber et de Desaix lors de l'inauguration du monument élevé à leur mémoire, et, comme président de la seconde classe de l'Institut, répondit, en 1803, au discours de réception de Parny.

Le sénat conservateur avait vu se former dans son sein une opposition fort modérée, composée de **Grégoire**, de **Volney**, de **Destutt de Tracy**, de **Lanjuinais** et de **Sieyès**. Attiré vers l'empereur, qui l'avait fait comte, Garat, qu'on avait appelé jadis *le jacobin malgré lui*, n'osait pas non plus méconnaître ou combattre la vive sympathie qui l'entraînait vers les opinions libérales. Ainsi, quoique admirateur et partisan de Napoléon, il penchait toujours vers l'opposition, et cependant son nom ne se retrouve point sur la liste des sénateurs appelés à la pairie lors de la première Restauration. Sénateur éliminé par les Bourbons, il ne fut pas davantage compris au nombre des pairs des cent jours, lors du retour de l'empereur. Mais, nommé à la chambre des représentants par les Basses-Pyrénées, il laissa de côté Foucher et ses intrigues, La Fayette et son opiniâtre utopie, et se déclara franchement pour Napoléon, dont le maintien lui paraissait indispensable au salut de la France. Il écrivit, au bruit du canon qui tonnait autour de la capitale, une déclaration de principes digne d'un grand peuple et portant l'empreinte d'un grand talent. Aussi, dans la réorganisation de l'Institut, fut-il expulsé de l'Académie Française, comme David de celle des Beaux-Arts.

En 1818, il publia ses *Mémoires sur M. Suard et sur le dix-huitième siècle*. Jamais l'indocile fécondité de son esprit ne s'était dévoilée plus ingénument : il n'avait d'abord voulu composer qu'une simple notice. Ce fut le dernier ouvrage qu'il fit imprimer; il donna seulement depuis quelques articles dans divers recueils littéraires. On lui doit, outre ses Éloges, un travail sur Moreau (1814); des *Considérations sur la Révolution française* (1792), et des *Mémoires sur la Révolution* (1795), dans lesquels il explique sa conduite pendant qu'il était aux affaires. Il a laissé encore un portefeuille riche de travaux importants et variés, tels que des *Éloges de Bossuet, de Condillac, de Montesquieu*, et une *Histoire des Basques*, ses compatriotes, qu'on dit pleine d'intérêt.

Le comte Garat mourut le 9 décembre 1833, à Ustaritz, peu de temps après avoir été réintégré à l'Académie des Sciences morales et politiques, mais sans avoir été rappelé à l'Académie Française. Eug. GARAY DE MONGLAVE.

GARAT (PIERRE-JEAN), neveu du comte **Garat**, né à Ustaritz, le 25 avril 1764, fut le chanteur le plus étonnant que la France ait jamais eu. Fils d'un avocat distingué, il n'était point destiné à la profession d'artiste : guidé par un instinct irrésistible, il fut musicien dès son enfance. Sa mère lui donna les premières leçons; il apprit ensuite la vocalisation d'un Italien nommé Lamberti, qui habitait la ville de Bayonne. François Beck, compositeur d'un grand mérite, directeur de l'orchestre de Bordeaux, perfectionna le goût et le sentiment du beau qui étaient naturels à son élève. A seize ans, il vint à Paris pour y faire ses études en droit : c'est à la musique, au chant, qu'il donna tout son temps. Il se lia avec le chevalier de Saint-Georges, violoniste fameux, prit part aux disputes des gluckistes et des piccinistes, profita des exemples précieux que lui donnaient Mmes Todi et Mara, virtuoses italiennes d'un talent différent, et pour la première fois il eut l'idée d'un chant pur, élégant, correct, d'une vocalisation parfaite et d'une expression naturelle. Son père, voyant qu'il négligeait tout à fait l'étude du droit, supprima la pension qu'il lui payait pour son entretien à Paris. Le comte d'Artois l'indemnisa en le nommant son secrétaire particulier, et le fit entendre à la reine Marie-Antoinette, qui l'admit à l'honneur de faire de la musique avec elle.

Toute relation avait cessé entre Garat et son père, lorsque le comte d'Artois fit un voyage à Bordeaux : son secrétaire l'accompagna, et chanta dans un concert donné au bénéfice de son ancien maître Beck. Garat s'y surpassa, et finit par attendrir celui qui n'avait pas voulu lui pardonner jusque alors. Le père, entraîné par les accents mélodieux de son fils, l'embrassa, et devint l'un de ses plus zélés admirateurs. De retour à Paris, Garat y trouva la troupe italienne connue sous le nom de *troupe de Monsieur :* elle y avait débuté en 1789. Mandini, Viganoni, MM^mes^ Morichelli, Banti, chanteurs admirables, y brillaient au premier rang. Garat, mieux qu'un autre, pouvait apprécier leur mérite. Sa mémoire musicale était prodigieuse : il savait non-seulement les morceaux qu'ils chantaient, mais il retenait encore les inflexions, les fioritures de chaque phrase. Indépendamment de son génie pour l'embellissement du chant, il s'emparait à l'instant et pour toujours de tout ce qui était bon.

Jusqu'à la révolution, Garat n'avait été qu'amateur : la perte de sa fortune le lança parmi les artistes. Pendant le temps de la terreur, il voulut passer en Angleterre avec Rode : leur vaisseau, emporté par les vents, alla aborder à Hambourg, où d'excellents concerts offrirent des ressources aux virtuoses voyageurs. Garat revint en France vers la fin de 1794, et se fit entendre aux concerts du théâtre Feydeau, aux concerts de la salle Cléry : partout on l'accueillit avec des transports d'enthousiasme. Professeur au Conservatoire, Garat y forma des chanteurs pour tous nos théâtres et même pour les théâtres étrangers. Doué d'une chaleur entraînante et de la faculté si rare de communiquer ses propres sensations, il a su, mieux qu'aucun autre, exciter l'émulation des élèves, faire naître en eux le sentiment du beau, et leur inspirer la confiance du talent. Roland, Nourrit père, Despéramons, Ponchard, Levasseur, Rigaut, MM^mes^ Barbier-Valbonne, Branchu, Philis, Duret, Boulanger, Rigaut, Duchamp, et beaucoup d'autres chanteurs, furent élèves de Garat, et lui ont dû la plus grande partie de leurs succès.

La voix de Garat était un ténor élevé, dans le genre de celui de Rubini, moins volumineux pourtant. Il chantait des airs de basse d'une manière très-satisfaisante. Son exécution, pleine de feu, de verve et de vivacité, savait se plier à tous les genres de composition, et donner à chaque ouvrage la couleur et le caractère les plus convenables : entraînant dans le pathétique, élégant, spirituel dans le demi-caractère, d'un comique parfait dans le style bouffe, il a composé des romances et des pièces fugitives qu'il chantait à ravir, et dont le succès a été merveilleux, telles que *Le Ménestrel, Bélisaire, Je t'aime tant !*, etc. C'est lui qui a fait connaître à la France la musique de Mozart, en exécutant d'une manière enchanteresse, et avec cette fougue, ce feu, dont on n'avait pas d'idée encore : *Fin ch'han dalvino, Non so più cosa son, Non più andrai*, etc. Il excellait à chanter la musique simple et sévère de Gluck. Il n'était pas lecteur déterminé, ce qui fit dire à Legros : « Quel dommage que Garat chante sans musique ! — Sans musique ! s'écria Sacchini, Garat est la musique même. »

Dans les dernières années de sa vie, il perdit sa voix : il en fut affligé sensiblement. Le souvenir de sa renommée, loin de charmer sa vieillesse, était un tourment pour lui : il était encore avide des succès qu'il ne pouvait plus obtenir. Il cherchait à se faire illusion et chantait encore; mais il n'était plus que l'ombre de lui-même. L'aspect d'un beau talent dans la décrépitude n'inspirait plus que de la pitié à ses amis. Il s'en aperçut enfin. La conviction qu'il ne vivait que par le passé altéra sa santé, et finit par lui donner la mort, le 1er mars 1823, à l'âge de cinquante-neuf ans. Ainsi se termina la carrière d'un des chanteurs les plus parfaits qu'il y ait eu. Une éducation forte, comme celle qu'on recevait autrefois dans les écoles d'Italie, n'avait point dirigé ses premiers pas : il ne dut son talent qu'à ses propres observations, à son génie. CASTIL-BLAZE.

GARAVAGLIA (GIOVITA), l'un des plus habiles graveurs des temps modernes, naquit le 18 mars 1790, à Pavie, et dès sa plus tendre enfance dessina sous la direction du professeur Faustin Anderloni, qu'à l'âge de seize ans il se trouva en état de pouvoir seconder pour la gravure des grandes planches anatomiques de Scarpa. Heureux des grandes dispositions qu'annonçait un élève à qui il portait une tendre amitié, Anderloni envoya en 1808 le jeune Garavaglia à Milan, où il lui fournit des moyens de subsistance, et où son protégé put suivre les leçons de Longhi. Sur les premiers ouvrages que Garavaglia exécuta dans cette ville, il y en eut déjà deux de couronnés par l'Académie : *La Fille d'Herodias*, d'après Luini, et *Horatius Cocles. La sainte Famille* d'après Raphael, qu'il termina à l'âge de vingt-trois ans, après son retour à Pavie, obtint aussi le même honneur. Il grava en outre les portraits d'un grand nombre de personnages célèbres, soit par leur naissance, soit par la gloire des armes ou par leur génie, et au premier rang desquels il faut citer Charles-Quint. Il exécuta ensuite pour Luigi Bardi le *David* du Guerchin et *L'Enfant Jésus* de Maratta. A l'âge de vingt-trois ans il commença la *Rencontre de Jacob et de Rachel* d'après Appiani, et développa dans ce travail une telle habileté de gravure et une telle grâce de dessin que cet ouvrage serait peut-être celui qu'on préférerait dans toute son œuvre, s'il n'avait pas fait paraître presqu'en même temps *La Madonne à la chaise* d'après Raphael, œuvre encore plus remarquable, et qui ne le cède en rien à tout ce que Morghen a pu graver de mieux. Un autre chef-d'œuvre de cet artiste est sa *Beatrice Cenci* d'après Guido Reni, dont la tête est d'une admirable expression. En 1833, Garavaglia succéda à Morghen comme professeur de gravure à l'Académie de Florence ; mais il mourut dès le 27 avril 1835.

GARAY (JEAN), l'un des meilleurs poëtes hongrois, né en 1812, à Szekssard, dans le comitat de Tolna, fit ses études à partir de 1829, à Funfkirchen, puis à Pesth, où plus tard il obtint à la bibliothèque de la province un petit emploi qui lui permit tout au moins de se livrer sans préoccupations d'avenir à son goût pour la poésie. Préparé par une sérieuse étude des classiques allemands, et excité par les énergiques poésies de Vœrœsmarty, il fit paraître en 1834 son poëme héroïque *Csatar*, dont le succès fut des plus encourageants. Il donna ensuite à de très-courts intervalles les uns des autres plusieurs drames, dont les sujets sont généralement empruntés à l'histoire, et parmi lesquels on remarque surtout *Arbocz* (1837) et *Bathory Erszebet* (1840). De 1834 à 1836, l'un des collaborateurs du *Regelœ*, et de 1838 à 1839 rédacteur en chef du *Hirnok* de Pesth, Garay enrichit en outre un grand nombre d'autres journaux et recueils périodiques hongrois de ses productions lyriques. Il excelle surtout dans la ballade, comme le prouve le cycle de ballades historiques qu'on a de lui sous le titre d'*Arpadok* (Pesth, 1847 ; 2e édit. 1848). Ses poésies lyriques, *Balatoni Kagylok* (1843), sont aussi fort remarquables. Son ouvrage le plus récent est un poëme épique dont saint Ladislas est le héros. En 1843 il a été fait une édition complète de ses œuvres poétiques, et l'année suivante une édition également complète de ses contes et nouvelles.

GARCETTES, cordes faites de fil de caret ou bitord par un agencement alternatif de brins en nombre impair ; elles n'ont jamais plus de 2 mètres à 2 mètres 30 de long. Elles servent à prendre des ris (diminuer l'ampleur des voiles, lorsqu'il fait trop de vent), ou à marier (fixer, attacher) le tournevire (petit cordage) au câble quand on lève l'ancre. La garcette de tournevire est d'égale grosseur ; mais les garcettes de ris sont plus grosses au milieu qu'aux deux bouts, comme elles sont d'inégale grandeur. Dans les anciens usages de pénalité maritime, la *garcette* était l'instrument avec lequel on frappait sur le dos un des matelots qui avaient encouru un châtiment (*voyez* BOULINE).

GARCIA (MANUEL), chanteur célèbre et compositeur habile, né en 1779, à Séville, mort à Paris, en 1832, acquit comme chanteur une grande et juste réputation sur les théâtres de Cadix et de Madrid, et vint en 1808 à Paris, où il se fit entendre avec le plus grand succès à l'Opéra italien. En 1811 il alla en Italie, à Rome et à Naples, où il ne fut pas accueilli avec moins de faveur, et où il étudia la théorie de l'art du chant. Après avoir de 1816 à 1824 alternativement résidé à Londres et à Paris, où, indépendamment de ses travaux comme chanteur, il donnait encore beaucoup de leçons de chant, il partit pour New-York avec une troupe d'opéra qu'il avait formée lui-même, et qui se composait en partie des membres de sa famille, et de là se rendit à Mexico. Au moment de s'en retourner en Europe, il fut attaqué sur la route de la Vera-Cruz, par des brigands qui lui enlevèrent tout le fruit de ses travaux; et à son retour à Paris, il se vit obligé de rouvrir ses cours de chant. Quelques essais tentés pour se faire de nouveau entendre sur le théâtre le convainquirent de l'insuffisance de sa voix, amenée par l'âge; et à partir de ce moment il se borna à composer et à faire des élèves. Dans le nombre nous citerons Nourrit, Mme Méric-Lalande, et surtout sa fille aînée, Marie (*voyez* MALIBRAN). Manuel Garcia a bien moins de réputation comme compositeur que comme chanteur; et cependant quelques-uns de ses ouvrages ont obtenu un véritable succès, par exemple : *El Poeta Calculista* et *Il Califo di Bagdad*.

GARCIA (Mme PAULINE VIARDOT), fille cadette de Manuel Garcia, née en 1821, à Paris, accompagna ses parents à Londres, à New-York et à Mexico, mais ne reçut que beaucoup plus tard, à Paris et à Bruxelles, sa véritable éducation musicale. Son père voulait faire d'elle une pianiste, et elle ne tarda pas à devenir de première force sur l'instrument qu'on lui faisait apprendre. Mais, comme sa sœur aînée, elle faisait preuve de tant de dispositions pour tous les arts en général, qu'il était bien difficile de préciser sa vocation particulière. C'est ainsi qu'à une facilité extrême pour apprendre les langues étrangères, elle joignait des dispositions plus étonnantes encore pour le dessin et une facilité vraiment extraordinaire pour le portrait, faisant de mémoire et d'une ressemblance frappante ceux de gens qu'elle n'avait vus qu'une fois. Ce ne fut que plus tard que se détermina son talent comme cantatrice, et il parvint en peu de temps à toute sa maturité. En 1838 elle entreprit avec son beau-frère Bériot un voyage artistique en Allemagne; et l'année suivante elle alla à Londres, où elle produisit une si vive sensation, qu'elle céda aux offres qui lui étaient faites de toutes parts, et renonça à sa résolution de rester cantatrice de salon, pour monter sur la scène, où elle débuta par le rôle de Desdemona. Un succès d'enthousiasme l'y accueillit. Depuis ce moment son nom est un de ceux qui ont le privilége d'attirer la foule, et les représentations qu'elle a données à Paris et à Saint-Petersbourg ont rappelé la plus belle époque de la carrière théâtrale de sa sœur. En 1840 elle épousa à Paris M. Viardot, qui venait de quitter la direction de la scène des Italiens, où elle avait obtenu des succès. Parmi ses créations on cite surtout celle de Fidès dans *Le Prophète*, qu'elle a joué avec le plus grand succès à l'Opéra de Paris.

Son frère aîné, *Manuel* GARCIA, né à Naples, en 1813, s'est fait, à l'instar de son père, une réputation comme chanteur et comme professeur de chant, à Paris.

GARCILASO DE LA VÉGA, nom que le public et la postérité ont imposé à *Garcias-Laso*, prince des lyriques espagnols.

Il naquit à Tolède, vers 1503. Son père était conseiller d'État de Ferdinand le Catholique et son ambassadeur près de Léon X. Sa mère était dona Sancha, dame de Bertres, terre considérable appartenant à la vieille maison des Guzmans. Quant à leur fils, fondateur d'une nouvelle école poétique, il a tenu l'épée toute sa vie, et n'a pourtant chanté que les douceurs du repos. Il quittait la mêlée ardente, rentrait dans sa tente, et, déposant son épée sanglante et sa cuirasse meurtrie, feuilletait Virgile et Pétrarque, et d'une main noircie par la poudre, traçait des vers délicieux et tendres, qui lui ont survécu. A lire ses œuvres, on le dirait né pour le bonheur champêtre, pour la contemplation triste et solitaire. Ses poésies ne respirent que tendresses et langueurs amoureuses, paix du village, heures charmantes, écoulées sous les ombrages silencieux et frais. Toutes, elles révèlent la douceur plaintive du caractère le plus tendre; et cependant lisez sa vie. Il entre de bonne heure dans les armées de Charles-Quint, fait un long séjour en Italie, voyage en Allemagne pour son maître, porte les armes dans la guerre du Milanais en 1521, et assiste à la bataille de Pavie, où l'on remarque la fougue impétueuse de sa valeur. En 1523 il sert dans le corps espagnol qui, joint à l'armée impériale, se distingue par sa bravoure contre les Turcs. Charles-Quint jette les yeux sur ce vaillant jeune homme, et le décore, à Vienne, de la croix de Saint-Jacques. Bientôt, pour que rien ne manque au roman du poëte-soldat, le monarque s'éprend de la maîtresse d'un cousin de Garcilaso, ou plutôt, selon quelques historiens, le cousin du poëte essaye de supplanter le monarque amoureux, offre sa main à la favorite, et parvient à lui plaire. Placé entre son parent et son souverain, Garcilaso embrasse la cause du plus faible, et conspire contre les amours de l'empereur. Charles-Quint l'apprend : on ne pardonne pas les crimes de ce genre. Le cousin est exilé; Garcilaso est relégué dans une île du Danube. C'est là, dans cette solitude, qu'il prête pour la première fois l'oreille aux douces inspirations de la muse. Rien de plus touchant que la *cancione* où il déplore son malheur : les charmes de la contrée qu'arrose le divin fleuve (*Danubio, rio divino*) le consolent cependant et l'inspirent.

Cet exil n'est pas de longue durée. En 1535 il fait partie de l'expédition que Charles-Quint entreprend contre Tunis; blessé au bras, il vient prendre quelque repos à Naples et en Sicile. Tous ses loisirs, il les voue à la poésie : l'étude de Pétrarque et de Sannazar charme sa convalescence, et cette année voit éclore quelques-unes de ses œuvres le plus justement admirées. Mais à peine guéri, ce jeune homme, qui vient de maudire en vers harmonieux les travaux et les fatigues de la guerre, ce poëte bucolique, dont l'imagination a créé pour son usage une Arcadie romanesque, une région de paix éternelle et d'amour sans regrets, ressaisit l'épée et l'arquebuse. Dès l'année 1536 on le voit entrer en France avec l'armée impériale, et commander trente compagnies de fantassins espagnols. La mort l'attendait devant Marseille. Une vieille tour, bâtie par les Maures, celle de Muy, près de Fréjus, arrête longtemps l'armée castillane. Un groupe de paysans provençaux s'y tient enfermé; de là ils inquiètent, par de vives et fréquentes sorties, les troupes impériales. L'empereur donne ordre d'enlever la tour. Garcilaso s'avance la lance au poing : une grêle de pierres l'accueille; à peine a-t-il posé le pied sur l'échelle, qu'il tombe en arrière, renversé par un quartier de roche. Blessé à la tête, on le transporte à Nice, et vingt-quatre jours après il expire : c'était en novembre 1536. Le poëte soldat n'avait que trente-trois ans. Cette mort glorieuse toucha l'empereur, qui jugea Garcilaso digne d'une hécatombe sanglante. La tour fut emportée, et vingt-huit paysans, débris d'une garnison de cinquante hommes, furent pendus aux créneaux. Le fils unique de Garcilaso et de dona Hélène de Zuniga, dame aragonaise, qu'il avait épousée à vingt-cinq ans, suivit la même route héroïque. Il mourut en 1569, comme son père, à la fleur de l'âge, les armes à la main, dans un combat contre les Hollandais.

Garcilaso a fait époque. Il marque une phase distincte de la littérature espagnole. C'est de lui que datent, à lui que se rapportent tous les écrivains souples et savants qui ont cherché le mérite de la forme et greffé l'élégance de Virgile ou la grâce harmonieuse de Pétrarque sur la vigoureuse végétation de l'Espagne primitive. Fils de l'imitation italienne, Garcilaso a civilisé la ferveur sauvage et passionnée de son pays. Les Italiens furent pour lui ce que les classiques romains et grecs avaient été pour l'Italie moderne. Ce n'est point un *réformateur*, ainsi que les critiques l'ont appelé, c'est un *civilisateur*.

Philarète CHASLES.

L'Espagne a eu un historien de mérite, s'appelant aussi *Garcilaso de la Véga*, surnommé l'*Inca*, parce qu'il descendait par sa mère de cette famille royale du Pérou. Né à Cuzco, en 1540, il se livra de bonne heure à l'étude; l'histoire de la partie de l'Amérique méridionale qui lui avait donné le jour attira surtout son attention, et il s'appliquait avec ardeur à éclaircir toutes les traditions et tous les documents qui pouvaient la faire connaître, lorsque Philippe II, ayant conçu de l'ombrage de ces laborieuses recherches, lui ordonna de se rendre en Espagne. Il se fixa à Valladolid. Ses ouvrages n'en virent pas moins le jour, mais longtemps après sa mort, arrivée en 1620. Ils se composent d'une histoire du Pérou, intitulée *Comentarios reales que tratan del origen de los Incas reyes*, etc. (Madrid, 1723, 2 vol. in-fol.), et de *La florida del Inca* (même date, 2 vol in-fol.). Une édition complète de ses œuvres (1800-1801) a été publiée à Madrid en 13 volumes in-12. On reproche à Garcilaso un style ampoulé, mais on s'accorde à louer la fidélité de ses récits.

GARÇON, enfant mâle, jeune homme. Saint-Évremond nous dit:

On voit arriver d'ordinaire
Qu'un mari souhaite un garçon
Qui voudra la mort de son père
Pour se trouver plus tôt maître de la maison.

Ce mot indique aussi l'homme qui vit dans le célibat, quel que soit son âge. *Garçon* s'emploie aussi pour désigner un serviteur dans un bureau, dans un lieu ou établissement public: Un garçon de bureau, un garçon de théâtre, un garçon de classe, un garçon de bain, un garçon de café, un garçon de salle, etc.; un ouvrier, un apprenti sous un maître, ou chez un marchand: Un garçon tailleur, un garçon de chantier, Un garçon marchand de vin, un garçon épicier. Autrefois on disait un garçon apothicaire, un garçon chirurgien, un garçon peintre. Au dix-huitième siècle on appelait aussi *garçons philosophes*, *garçons encyclopédistes*, le fretin des auteurs de la secte philosophique. Dans la maison de nos rois, au-dessous des valets de chambre et des valets de garde-robe, il y avait des garçons de la chambre, de la garde-robe, qui s'acquittaient des menus détails du service et n'en laissaient que les honneurs à leur chef. Dans les grandes maisons, il y a des garçons d'office, des garçons de cuisine, des garçons d'écurie, etc.

Dans le langage figuré, le mot *garçon* emporte un foule de sens différents, selon l'épithète qui y est jointe. On dit, par exemple, qu'un homme est un *bon garçon*, en deux sens contraires, soit pour dire qu'il est trop facile, qu'il se laisse mener, soit pour exprimer que c'est un bon vivant, aimant les plaisirs et la bonne chère. Un *mauvais garçon* désigne un homme dangereux, toujours prêt à la rapine et au meurtre. De là le nom de *rue des Mauvais-Garçons*, donné, dans Paris, à plusieurs ruelles servant d'habitacle à des bandits, ou qui furent le théâtre de quelque scène sanglante, telle, par exemple, que celle où fut assassiné, en 1407, le duc d'Orléans, frère de Charles VI.

Personne n'ignore ce que veut dire la *vie de garçon*, vie d'indépendance, de plaisir et d'insouciance, tant qu'on est jeune, de délaissement et d'ennui quand on vient sur l'âge. Après avoir été le favori des dames et l'effroi des maris, un garçon, quand ses cheveux ont grisonné, est souvent condamné à languir tristement sous le joug d'un laquais ou d'une servante. Quant aux *maris garçons*, ils sont parfois plus heureux: après avoir fait une victime de leur épouse délaissée, quand l'âge a glacé leur sang, ils retrouvent quelquefois au foyer domestique une compagne généreuse qui les aide à finir doucement leur carrière.

Le mot *gars*, dans le vieux langage, est synonyme de garçon. On l'emploie quelquefois dans la poésie légère, mais en conversation il n'est employé que très-familièrement. En Bretagne, en Lorraine et dans plusieurs provinces, les paysans disent toujours *gars*, pour *garçon*. Il est fâcheux que le féminin, qui se trouve fréquemment dans nos vieux auteurs pour signifier *jeune fille*, ait été profané au point de le faire à jamais bannir du langage décent.

Charles Du Rozoir.

GARD, petite rivière de France, qui donne son nom à un département. Le Gard prend sa source en deux endroits différents dans le département de la Lozère, et forme d'abord deux branches. La branche la plus septentrionale porte le nom de *Gardon d'Alais*, l'autre celui de *Gardon d'Anduze*, et se divise en trois autres branches. Les deux premiers se réunissent entre Mers et Cassagnoles, et ne forment plus qu'une rivière sous le nom de *Gard* ou encore *Gardon*, et qui se jette dans le Rhône au Comps-Saint-Etienne, après un cours d'environ 60 kilomètres. Le Gard charrie des parcelles d'or, et est sujet dans la saison pluvieuse à de grands débordements. Il est traversé par le célèbre pont aqueduc du Gard.

GARD (Département du). Formé des anciens diocèses de Nîmes, d'Uzès et d'Alais, dépendant de la province du Languedoc, il est borné au nord par les départements de la Lozère et de l'Ardèche, à l'est par le Rhône, au sud par la Méditerranée et le département de l'Hérault, à l'ouest par celui de l'Aveyron. Il tire son nom de la rivière du Gard ou Gardon, qui le traverse du nord-ouest à l'est. Sa superficie est de 592,108 hectares, dont 158,058 en landes, pâtis, bruyères; 157,535 en terres labourables; 106,472 en bois; 71,306 en vignes; 58,156 en cultures diverses; 8,382 en prés; 2,776 en étangs, canaux; 2,162 en oseraies, aunaies, saussaies; 1592 en vergers, pépinières et jardins; 1,548 en propriétés bâties; 12,365 en rivières, lacs, ruisseaux; 10,440 en routes, chemins, places publiques, rues; 1,202 en domaines non productifs, 124 en cimetières, bâtiments publics. Le nombre des propriétés bâties est de 66,084, dont 64,669 consacrées à l'habitation, et 754 moulins. Il paye 1,823,795 francs d'impôt foncier.

Il est divisé en 4 arrondissements, dont les chefs-lieux sont Nîmes, Alais, Le Vigan, Uzès, qui forment ensemble 35 cantons, comprenant 348 communes; la population est de 408,163 habitants. Il envoie trois députés au corps législatif, est compris dans la dixième division militaire, le diocèse de Nîmes, le ressort de la cour d'appel de la même ville, et l'académie de Montpellier. On y compte 1 lycée, 4 colléges, 1 école normale primaire, 1 institution, 16 pensions, 462 écoles primaires de garçons, 385 de filles.

Le territoire de ce département est traversé par des montagnes, prolongation de la chaîne des Cévennes, surtout dans la partie de l'ouest et du nord-ouest. Elles renferment d'immenses carrières de schiste, adhérant à un noyau granitique. Du nord à l'est, il n'y a que de petites montagnes et des collines de nature calcaire, qui vont s'abaissant jusqu'à la mer. Le département est arrosé par le Rhône, l'Hérault, la Vidourte, la Dourbie, l'Ardèche; la Cèze, le Gard, etc.

10 routes impériales, 24 routes départementales, 1,591 chemins vicinaux, 5 canaux sillonnent ce département.

Les richesses minerales que renferme le département du Gard sont très-négligées. Les mines de fer y sont presque seules exploitées. Cependant on y trouve de l'argent, du cuivre, du plomb, de la houille, de l'asphalte, du plâtre, de la terre à poterie et de la pouzzolane.

Ce département est riche en productions végétales; on y cultive la vigne avec succès: on y récolte du blé, de l'orge, de l'avoine, du millet noir, des vesces, des pois, des lentilles. Parmi les arbres fruitiers, l'olivier, le châtaignier et le mûrier sont un principal objet de culture. Dans les îles de la Camargue, il y a quelques haras de chevaux d'une race peu estimée, mais qui serait susceptible de grandes améliorations. On y élève encore des taureaux et des moutons.

Les bêtes à laine acquièrent sur ce sol une qualité de laine très-belle; le gibier y est très-abondant, et les rivières généralement poissonneuses. On y fabrique des étoffes de laine, des soieries, des cuirs, et de la poterie; l'industrie des fers est encore considérable.

Les principales villes du département sont: *Nîmes*,

chef-lieu du département; *Alais*; *Uzès*; *Le Vigan*, sur l'Arre, avec 4,993 habitants ; un tribunal de première instance, une chambre consultative des manufactures, une église consistoriale calviniste, un collége, une exploitation de houille, et des filatures de soie ; des blanchisseries, des tanneries, une papeterie, et un monument à la mémoire du chevalier d'Assas; *Aigues-Mortes;* le *Pont Saint-Esprit*, *Beaucaire*, *Bagnols* avec 4,827 habitants, un collége, une récolte d'excellents vins rouges ordinaires et des distilleries d'eaux-de-vie.

GARD (Pont du). *Voyez* AQUEDUC.

GARDA (Lac de), *Lago di Garda,* appelé par les Romains *lacus Benacus*, l'un des plus remarquables lacs des Alpes, situé dans le royaume Lombardo-Vénitien, délégation de Vérone et n'appartenant au Tyrol que par son extrémité septentrionale. Il a 48 kilomètres de longueur, sur 16 de largeur, 298 mètres de profondeur extrême, et tire son nom actuel de l'antique petite ville de Garda, bâtie sur sa rive orientale, célèbre par la victoire que Bonaparte remporta sous ses murs en 1796 sur Wurmser, et où l'on compte une population de 3,000 âmes. Les vents appelés *Sover* et *Ora*, qui soufflent périodiquement sur le lac, y favorisent la navigation, et il y existe aujourd'hui un service régulier de bateaux vapeurs ; cependant il ne laisse pas que d'être beaucoup trop sujet aux rafales et aux grains. Il est d'ailleurs fort poissonneux.

Les ramifications des Alpes qui entourent ce lac sont encore très-élevées, et viennent expirer de la manière la plus abrupte sur ses rives, où elles ne laissent pourtant pas que de former une belle et fertile contrée, animée par un grand nombre de villages, de plantations et de points de débarquement. Les environs des petites villes de Desenzano et de Salo au sud sont vraiment enchanteurs. C'est là qu'est situé le promontoire Sermione, cette presqu'île *Sirmio* dont Catulle célèbre tant les charmes, et où l'on voit encore les ruines de sa maison de campagne. Le lac Garda a pour principal et presque pour unique affluent la Sarca, et son écoulement s'opère à Peschiera, à son extrémite sud, par le Mincio, l'un des affluents du Pô.

GARDAFUI ou GUARDAFUI, cap formant l'extrémité orientale de l'Afrique, sur la côte d'Ajan, dans le pays de Somanlis. C'est l'*Aromatorum promontorium* (promontoire des Aromates) des anciens, qui lui avaient donné ce nom parce qu'il avoisine la côte où se faisait l'embarquement des produits aromatiques de l'Arabie. Ce cap, qui est fort élevé et qu'aperçoivent de fort loin les marins qui se dirigent vers la mer Rouge, est situé par 11° 46 lat. nord et 49° 38' long. est.

GARDE. On donne ce nom à une réunion de militaires désignés pour veiller, pendant un temps déterminé, au maintien du bon ordre, à la conservation d'un monument, prêter main-forte, au besoin, contre les malfaiteurs, etc. Une ordonnance du roi, du 1er mars 1768, a fixé la durée du service de garde, la manière dont il doit être fait, soit dans les places, soit dans les quartiers, en temps de paix, ou en temps de guerre. Les *gardes* prennent des noms différents suivant la mission qu'elles reçoivent au moment du défilé de la *parade*. Ainsi, on distingue *la garde de police*, *la garde d'honneur*, *la garde du champ*, *la garde du drapeau*, etc. : ces diverses gardes sont munies d'instructions ou de consignes différentes, dont leur nom respectif indique suffisamment la nature. *Monter la garde*, c'est faire partie de la garde qui prend le service ; *relever la garde*, c'est remplacer par une nouvelle garde celle dont le service est expiré; *descendre la garde*, rentrer au quartier ou au logement, quand la garde a été relevée.

Lorsqu'un corps ou un détachement militaire, de quelque nombre d'hommes qu'il soit composé, est en route, il doit se faire précéder d'un détachement appelé *avant-garde*, pour éclairer sa marche, et laisser à une distance déterminée sur ses derrières une *arrière-garde*, pour se mettre à l'abri des surprises.

On donne encore le nom de *garde* à une batterie que le tambour de service dans la caserne exécute à une heure prescrite afin de disposer les hommes qui doivent monter la garde. *Battre la garde* se dit du tambour qui exécute cette batterie. On appelle corps de garde tout local occupé par une garde. MERLIN.

La *grand'garde* est un corps assez considérable de cavalerie placé à la tête d'un camp, pour empêcher toute tentative de l'ennemi. La grand'garde est elle-même protégée par une *garde avancée* placée devant elle. De nombreuses sentinelles font la *garde* de tous côtés et veillent à la sécurité générale.

Pris isolément, le mot *garde* désigne aussi un guerrier attaché à la suite des rois. Nous avons des preuves irrécusables de l'existence des gardes dans les siècles les plus reculés. L'Écriture Sainte nous parle des gardes de Saül, et de ceux d'Achis, roi des Philistins. Les rois grecs, depuis les temps fabuleux, les Ptolémées d'Égypte, les rois romains depuis Tarquin le Superbe, ou Romulus, selon Tite-Live, les empereurs enfin, avaient leurs *gardes*. Plus tard, les princes, les généraux, les ministres même, témoins Richelieu et Mazarin, ont eu leurs gardes particuliers. *Garde* a été pris encore comme surveillant, gardien, conservateur : *garde* des archives. *garde-magasin*, *garde-chasse*, *garde-pêche*, *garde d'artillerie*, *garde du génie*, etc., etc.

De ce mot on avait fait encore *gardes de monnaies*, appelés encore *juges-gardes ;* c'étaient les premiers juges des monnaies, dont les appellations ressortissaient aux cours des monnaies. Il y en avait deux établis dans chaque hôtel des monnaies. Il y avait des *garde-marteau*, officiers des eaux et forêts préposés à la garde du marteau avec lequel on marquait les arbres destinés à être coupés dans les forêts royales. Les notaires avaient pris la qualité de *garde-notes du roi*, parce qu'ils gardaient les minutes des contrats passés devant eux par les particuliers, contrats appelés originairement *notæ*, notes. Le *garde-rôle* était un officier de chancellerie préposé à la garde des rôles des officiers de France; il en tenait registre et en faisait sceller les provisions. Le *garde-scel*, ou *garde du petit scel*, était celui qui, dans les anciennes juridictions, scellait les expéditions, etc.

Il y avait encore des *gardes des métiers, maîtres* et *gardes* élus dans les corps de métiers pour veiller à ce que rien n'y fût fait contre les statuts et les règlements, et à ce que rien ne vint porter atteinte à leurs priviléges. Il y avait même des *gardes* des priviléges des universités.

Il existait sous la féodalité un ancien droit appelé *droit de garde;* il était payé tous les ans en grains par les contribuables.

Appliqué aux choses inanimées, comme à un sabre, à un poignard, à une épée, *garde* signifie la partie entre la poignée et la lame qui sert à couvrir la main.

GARDE (*Escrime*). C'est la position offensive ou défensive que l'on prend, l'épée, le sabre, ou le fleuret à la main, pour se battre, ou simplement pour faire des armes. On a raison de tenir à ce qu'on ait, en garde, de la grâce, de la souplesse, de l'aisance dans tout le corps, le regard vif, assuré, imposant même et annonçant de la confiance dans ses moyens. Être bien en garde est d'autant plus nécessaire qu'en se conformant aux principes, le corps, couvert par le fer de l'épée, ou du fleuret, offre moins de prise aux coups. Dans la position d'*en garde*, qui est la deuxième de l'escrime, les pieds sont d'équerre, le talon droit à 65 centimètres et vis-à-vis de la cheville gauche (ou du talon gauche selon quelques maîtres), la pointe du pied droit légèrement tournée en dehors, les jarrets ployés, le genou gauche perpendiculaire à la pointe du pied, le genou droit verticalement au-dessus du cou-de-pied, le corps d'à-plomb et effacé, la tête droite et dégagée, les yeux fixés sur ceux de l'adversaire, le bras gauche formant un cercle gracieux derrière le corps, le bras droit légèrement ployé, le poignet qui tient l'arme maintenu de 10 ou 15 centimètres, le pouce en dessus, les ongles des autres doigts faisant face à gauche, les premiers sentant seulement l'arme que l'annulaire et le petit doigt dirigent, la pointe de l'épée en face de l'œil de l'adversaire, le fer sentant le fer. Placé ainsi, sans que le corps éprouve ni gêne ni contrainte, on est tout disposé à l'attaque, à la parade et à la riposte.

La position d'*en garde*, le sabre en main, diffère peu de la précédente : on est un peu moins fendu; les jarrets sont un peu moins ployés; le corps reste droit et effacé; la main gauche se place derrière la hanche gauche, et le bras de ce côté est entièrement couvert par le corps; le bras droit presque tendu, le coude abattu, le tranchant de la lame touchant le tranchant de la lame adverse, et la pointe dirigée vers les yeux de l'adversaire.

A cheval, le corps reste d'à-plomb et droit, sans être effacé, les rênes dans la main gauche, le poignet à hauteur du coude, les doigts en face du corps, le poignet droit à hauteur et à 8 centimètres du gauche, la lame du sabre dans la direction de l'épaule gauche, couvrant le corps, la pointe à 65 centimètres de la ligne du poignet. Le cavalier part de cette position pour faire le moulinet, pointer et sabrer à droite, à gauche, en avant, en arrière.

GARDE BOURGEOISE. *Voyez* GARDE-NOBLE.

GARDE CHAMPÊTRE, agent de la force publique établi pour la conservation des propriétés rurales. La loi attribue aussi aux gardes champêtres le caractère d'officiers de police judiciaire; elle les charge, comme tels, de rechercher dans le territoire pour lequel ils sont assermentés les délits et les contraventions de police relatifs à ces propriétés qui s'y commettent et d'en dresser procès-verbal. Ils suivent les choses qui ont été enlevées dans les lieux où elles sont transportées, et les mettent en séquestre, sans pouvoir néanmoins s'introduire dans les maisons et autres endroits clos, qu'en présence du juge de paix du canton ou de son suppléant, du maire du lieu ou son adjoint, ou du commissaire de police, lesquels signent dans ce cas les procès-verbaux qui sont dressés par eux. Ils arrêtent et conduisent devant le juge de paix ou devant le maire les individus qui sont surpris en flagrant délit ou dénoncés par la clameur publique, lorsque le délit emporte la peine d'emprisonnement ou une peine plus forte. Ils se font donner main forte pour cet effet par le maire ou par son adjoint, qui ne peuvent la refuser. Ils informent les maires et les officiers et sous-officiers de gendarmerie de tout ce qu'ils peuvent découvrir de contraire au maintien de l'ordre et de la tranquillité publique; ils leur donnent avis des délits commis sur leur territoire, et les préviennent lorsqu'il s'établit dans leur commune des individus étrangers à la localité. En outre, aux termes d'un decret de 1852, ils peuvent être requis par l'autorité militaire pour être employés à l'intérieur comme auxiliaires de la force publique.

Il y a au moins un garde champêtre par commune; tous ceux dont le salaire s'élève au-dessus de 180 francs sont pris parmi les anciens militaires. Ils sont choisis par les maires, sauf l'approbation des conseils municipaux; leur commission leur est délivrée par le sous-préfet de l'arrondissement. Leur changement ou leur destitution ne peut être prononcé que par ce magistrat, sur l'avis du maire et du conseil municipal et avec l'approbation du préfet. Tout propriétaire a le droit d'avoir un garde champêtre particulier, avec l'agrément du maire et du sous-préfet. Les gardes champêtres sont sous la surveillance immédiate des procureurs impériaux et des officiers et sous-officiers de gendarmerie; leurs procès-verbaux, rapports et déclarations font foi en justice pour tous les délits ruraux, sauf la preuve du contraire. La loi règle tout ce qui est relatif à leur costume et à la forme de leurs procès-verbaux, au dépôt qui doit en être fait par eux et à leur affirmation. Il est certains délits de police correctionnelle pour lesquels ils sont passibles, lorsqu'ils s'en rendent coupables, de peines plus fortes que celles prononcées contre d'autres individus qui les auraient commis. Les gardes champêtres sont toujours établis gardiens aux s a i s i e s - b r a n d o n qui ont lieu sur leur territoire, à moins qu'ils ne se trouvent dans les cas d'exclusion prononcés par la loi.

Avant 1789 ils étaient désignés sous le nom de *bangards* et plus généralement de *messiers*, du latin *messis*, moisson.

Un décret de 1854 a créé des gardes champêtres en Algérie; quelques-uns doivent être montés.

GARDE-CHASSE. On appelle ainsi, dans le langage vulgaire, ceux qui sont chargés de veiller à la conservation du gibier et de tenir la main à ce qu'on ne chasse pas sans permission, ou dans les temps prohibés, dans l'étendue des terrains confiés à leur garde. Mais aujourd'hui il n'y a plus de fonctionnaires spécialement chargés de garder les chasses, et la dénomination de *garde-chasse* n'est plus légalement employée; ce sont les *g a r d e s c h a m p ê t r e s* et les *gardes forestiers* qui en remplissent les fonctions.

E. DE CHABROL.

GARDE CONSULAIRE ou GARDE DES CONSULS. Bonaparte, que la garde du Directoire avait aidé à exécuter le coup d'État du 18 brumaire, en fit sa garde particulière, et la porta bientôt de 360 hommes à 2,089. Elle s'accrut, de 1800 à 1803, de corps empruntés à presque toutes les armes spéciales de l'armée. A la bataille de M a r e n g o elle se couvrit de gloire. Lors de l'avénement de Napoléon au trône impérial, cette garde se composait de 3,344 fantassins (grenadiers et chasseurs), 2,154 cavaliers (grenadiers et chasseurs également), 682 artilleurs et 764 marins : total 6,944 hommes. Il fallait pour y être admis avoir fait quatre campagnes, avoir obtenu des récompenses pour actions d'éclat, ou avoir été blessé. Elle devint le noyau de la g a r d e i m p é r i a l e.

GARDE-CÔTES. Avant la révolution de 1789, il existait en France des corps de milices spécialement chargés de la garde des côtes : ces corps portaient le nom de *régiments garde-côtes*. Ils étaient affectés à la défense du littoral et au service de ses batteries. Les régiments *garde-côtes* furent compris dans le licenciement des milices provinciales opéré à la suite du décret du 4 mars 1791. De ce moment la garde et la défense des côtes furent confiées à la garde nationale, concurremment avec la troupe de ligne, jusqu'à la loi du 9 septembre 1799, qui créa trois bataillons de *grenadiers garde-côtes*, et cent trente compagnies de *canonniers volontaires garde-côtes*. Un arrêté des consuls, du 28 mai 1803, modifia et fixa définitivement cette organisation. Les canonniers garde-côtes avaient l'uniforme blanc, avec revers, passe-poils et retroussis rouge clair. Ils ne furent pas plus épargnés par la Restauration que les autres institutions militaires qui pouvaient faire ombrage aux étrangers : une décision royale en prononça la suppression le 4 juin 1814. Un des premiers soins de Napoléon, à son retour de l'île d'Elbe, fut de rétablir ce puissant auxiliaire de son armée; mais une nouvelle ordonnance du 14 août 1815 rapporta bientôt le décret impérial du 15 avril précédent. Le gouvernement de Juillet, en reprenant le principe des *garde-côtes*, dut naturellement se borner à en faire l'application sur les seuls points de la côte exposés à une surprise. En conséquence, une ordonnance du 1er août 1831 créa quatre compagnies de canonniers garde-côtes dans les possessions françaises, au nord de l'Afrique; et le 17 octobre 1833 ce nombre fut porté à six. Ces compagnies, disséminées dans les batteries de la côte, contribuent, avec les croiseurs de la station navale, à écarter toute chance possible de débarquement.

On donne encore, dans la marine, le nom de *garde-côtes* aux croiseurs de diverses dimensions, dont nous venons de parler, et qui sont chargés, tout en veillant à la sûreté du littoral, de protéger les bâtiments marchands contre les corsaires et les pirates et d'empêcher le commerce interlope.

MERLIN.

GARDE DE PARIS. Depuis la domination des Romains dans les Gaules, les villes municipales renfermant une population au-dessus de 6,000 âmes étaient tenues d'avoir, à leurs frais, des gardes de police assez nombreuses pour maintenir dans leur sein l'ordre et la tranquillité. Dès les premiers temps de la monarchie, les habitants de Paris furent protégés par des troupes urbaines, dont l'institution remonte à la première formation des milices gauloises, organisées par les Romains à l'époque de la conquête, ou par d'autres corps préposés à cet effet.

Sous les rois de la seconde race, on composa la garde de police d'hommes d'élite de la milice parisienne : ils furent soldés par la ville, et chargés de garantir ses rues des attaques nocturnes, de surveiller et d'arrêter les malfaiteurs, d'exercer enfin une police active et vigilante. Les chefs de cette troupe prenaient le nom de *miles gueti*, d'où est venue plus tard la dénomination de *guet royal* (*vigiles regii*), donnée à une section de la garde de Paris. Les capitulaires de Clotaire et de Charlemagne s'occupent de la constitution de ce corps. L'histoire ne nous a transmis aucun renseignement précis sur son organisation pendant cette longue période de temps ; on sait seulement qu'il se composait d'infanterie et de cavalerie, qu'il fut successivement muni de javelines, d'arcs et de flèches, d'épées et de pertuisanes, selon les temps et les innovations introduites dans l'armement des troupes. On se rappelle aussi que pendant le siége de Paris par les Normands, en 885, la milice bourgeoise et surtout les gardes de police défendirent ses remparts avec une héroïque bravoure; c'est à leur résistance et à leur courage opiniâtre que l'on dut le succès des négociations qui firent abandonner le siége.

On attribue au roi Jean la création d'une milice plus régulièrement organisée pour le maintien de l'ordre dans la capitale. En 1359, il la composa d'arbalétriers à pied et à cheval, lui assura une solde proportionnée à ses services, et lui accorda des priviléges. Déjà, avant cette époque, saint Louis avait fixé la composition et l'organisation de la compagnie du guet. Au quinzième siècle la garde de police consistait en quatre compagnies, dont une de 120 archers, une de 100 arquebusiers, une de 60 arbalétriers, et une compagnie du guet de 120 hommes. La compagnie d'arbalétriers ayant, un peu plus tard, été armée de pistolets, les hommes qui la composaient prirent le nom de *pistoliers*. En 1594 toutes ces compagnies furent réunies en un seul corps ; on y adjoignit, dans le dix-septième siècle, une compagnie de fusiliers.

Pendant les guerres de religion qui désolèrent la France, et qui amenèrent la perturbation dans la capitale, la garde de Paris fut l'objet de l'attention spéciale des monarques : Charles IX et Henri III s'occupèrent de son organisation, et l'augmentèrent de quelques hommes. Louis XIV, préoccupé de ses projets de conquêtes, des grandes constructions de Versailles et de Marly, n'étendit pas sa sollicitude sur la garde de Paris; ce ne fut que sous les règnes de ses successeurs qu'elle reçut une organisation plus en harmonie avec sa destination. Elle ajouta à ses premières fonctions la garde des ports et des quais, la police des incendies, le service des spectacles, des prisons et des tribunaux. A la révolution de 1789, elle se composait d'un état-major, de huit divisions d'infanterie de forces inégales, formant un effectif de 950 hommes et de deux divisions de troupes à cheval (8 brigades) de 66 cavaliers chacune. La division du guet était la dernière de l'infanterie. Cette garde se recrutait parmi les troupes de ligne et les militaires de vingt-quatre à quarante-cinq ans. Ils n'étaient point casernés, se logeaient et se nourrissaient à leurs frais. Moitié de l'effectif était de service toutes les vingt-quatre heures. Il y avait en outre trois compagnies des *gardes de l'hôtel de ville* (312 hommes) et une compagnie dite du *guet de Paris*, de 100 archers à pied et de 30 à cheval. Cette dernière était attachée au corps du Châtelet, et plus spécialement au service des prisons. Elle occupait une maison de la rue de la Roquette, portant le n° 90, et on lisait sur la porte : *Hôtel de la compagnie royale des chevaliers de l'arbalète et de l'arquebuse de Paris*. Parmi les priviléges dont jouissait le corps entier, on remarquait celui de vendre 4,400 muids de vin sans payer de droit. La ville remplaça ce privilége par une somme annuelle de 3,800 livres à prendre sur la ferme générale.

Cette garde, supprimée en 1792, fut remplacée par la gendarmerie à pied de Paris jusqu'à ce que la loi du 27 juin 1795 eut créé, pour la capitale et la banlieue, une *légion de police générale*, placée sous l'autorité des comités de sûreté générale et militaire. Cette légion se composait de deux demi-brigades (régiments), de trois bataillons chacune; le bataillon avait huit compagnies. Ce corps était complété par une demi-brigade de cavalerie. La force de l'infanterie était de 4,845 hommes, officiers compris; celle de la cavalerie, de 1,260. Cette légion eut à peine un an d'existence, et fut licenciée pour cause d'insubordination.

Les consuls, par arrêté du 4 octobre 1802, dotèrent Paris d'une *garde municipale*, et en la plaçant sous l'autorité du préfet de police et sous la direction immédiate des maires des douze arrondissements, ils la rapprochèrent davantage de son ancienne destination. Deux régiments et un escadron composèrent le nouveau corps; le premier régiment, fort de 1,077 hommes, était attaché au service des ports et des barrières; le deuxième, d'égale force, au service intérieur. Le premier étant vêtu de vert, le second de blanc; l'un et l'autre se signalèrent dans la guerre d'Espagne; leur tenue était magnifique; ils rivalisaient avec la garde impériale. La cavalerie, qui ne comptait que cent quatre-vingts chevaux, avait la surveillance des patrouilles et des postes; celle des prisons était laissée à la gendarmerie départementale. Un décret du 10 avril 1813 remplaça la garde municipale absente par un corps de *gendarmerie impériale de Paris*, dont l'effectif n'était que de 853 hommes.

Celui-ci prit le nom de *garde royale de Paris* à la Restauration. Augmenté de 168 hommes en 1816, il échangea de nouveau son titre pour celui de *gendarmerie royale de la ville de Paris*. Les journées de juillet 1830 furent funestes à ce corps; fidèle à son mandat, il succomba en voulant défendre la vieille monarchie. Mais une ordonnance du 10 août 1830 le remplaça par la *garde municipale de Paris*, que reconstitua une nouvelle ordonnance du 24 août 1838, et qui, composée d'abord de deux escadrons de cavalerie de 400 hommes, officiers compris, et de deux bataillons d'infanterie, formant ensemble un total de 1,043 baïonnettes, fut portée à un effectif de 3,244 hommes, infanterie et cavalerie. Il était commandé par un colonel, ayant sous ses ordres deux lieutenants-colonels, un major, quatre chefs de bataillon ou d'escadron, trois adjudants-majors, un capitaine trésorier, un capitaine d'habillement, un chirurgien-major, deux chirurgiens-aides et un vétérinaire. Chaque bataillon avait quatre compagnies; la compagnie était commandée par un capitaine et deux lieutenants; chaque escadron se composait de deux compagnies, et la compagnie de cavalerie, d'un capitaine et de trois lieutenants. Cette garde était instituée, comme les précédentes, pour le service d'ordre et de police de la capitale, qui pourvoyait aux dépenses de son entretien et de son casernement, lesquelles ne s'élevaient pas annuellement à moins de 1,700,000 fr. Son uniforme se composait d'un habit bleu à revers blancs, passe-poil et retroussis rouges, épaulettes de grenadier pour l'infanterie, contre-épaulettes et aiguillettes oranges pour la cavalerie; schako pour la première, casque tigré pour la seconde, etc, etc.

La révolution de 1848 renversa la garde municipale de Louis-Philippe comme la révolution de 1830 avait renversé la gendarmerie de la branche aînée. Les premiers temps de la république ne furent qu'un pêle-mêle d'uniformes de toutes tailles et de toutes nuances, rappelant tant bien que mal ceux de 1793. L'hôtel de ville, les ministères, l'assemblée nationale, la préfecture de police, eurent leurs gardes particulières, ayant chacune son colonel, quel que fût son effectif, sans compter les *montagnards* du citoyen Caussidière. Plus tard, tout se régularisa en un seul corps, sous le nom de *garde républicaine*. Après le coup d'État du 2 décembre, elle est devenue *la garde de Paris*, forte de deux escadrons de cavalerie, commandés chacun par un capitaine et quatre lieutenants, et de deux bataillons d'infanterie, sous les ordres chacun d'un chef d'escadron, et divisés chacun en huit compagnies, commandées chacune par un capitaine, un lieutenant et un sous-lieutenant. Dans l'état-major, on compte encore un colonel, un lieutenant-colonel, quatre capitaines-adjudants-majors, un lieutenant d'habillement, un chirurgien-major, deux chirurgiens-aides et un vétérinaire. Autrefois la ville de Paris faisait les frais de cette garde, placée sous les ordres du préfet de police. A la fin du règne de Louis-Philippe, l'État accorda une subvention à la ville, en raison de l'augmentation de l'effectif; aujourd'hui la garde de Paris est placée directement sous les ordres du ministre de la guerre. La ville paye à l'État la moitié des frais qu'elle occasionne. Cette moitié pour 1855 est de 1,521,366 fr.

GARDE DES SCEAUX. Sous nos premiers rois, une personne de confiance était chargée d'apposer le sceau des armes du prince sur les lettres ou les actes qu'il n'avait pas le loisir de signer lui-même. Telle fut l'origine de l'office de garde des sceaux, dont les attributions, peu considérables d'abord, ont acquis par la suite une si haute importance. Les premiers gardes des sceaux furent appelés aussi *grands référendaires*. Leurs fonctions à partir des rois de la troisième race se confondirent plusieurs fois avec celles du chancelier de France.

Les gardes des sceaux portaient originairement pendu à leur cou l'unique sceau qui appartenait aux rois de la première et de la seconde race. Cet usage fut ensuite restreint, par l'augmentation du volume et du nombre des sceaux, au simple port de la clef du coffre dans lequel on les tenait renfermés. Depuis, nos rois affectèrent à cette destination une grande boîte recouverte de vermeil, et divisée en trois compartiments, dans lesquels étaient distribués le grand sceau de France, le sceau particulier à la province du Dauphiné, et celui de l'ordre militaire de Saint-Louis, avant qu'il eût été remis au chancelier de cet ordre.

Ce n'est guère que vers 1302, époque où Philippe le Bel rendit le parlement sédentaire à Paris, que l'office de garde des sceaux de France prit une importance marquée. Le monarque assigne à cet officier un rang supérieur à celui de tous les juges, et Philippe le Long, par une ordonnance du 2 décembre 1306, augmenta encore ses droits et ses priviléges. Insensiblement, les pouvoirs du garde des sceaux annulèrent en réalité ceux du chancelier, dont la charge, toutes les fois qu'elle était dépouillée de cette attribution essentielle, paraissait moins une fonction positive qu'une dignité purement honorifique. Cet officier, à la différence du chancelier, n'était point inamovible. Il prêtait serment entre les mains du roi. Le garde des sceaux, dénommé souvent dans les anciens auteurs *procancellarius Franciæ* (prochancelier de France), recevait dans ses provisions le titre de *chevalier*. Son costume et ses armes différaient peu de ceux du chancelier de France; il prenait place à sa gauche, dans les cérémonies publiques, et figurait immédiatement après lui au conseil du roi. Il était juge souverain de la forme et du fond de toutes les expéditions que l'on présentait à la formalité du sceau, exerçait un droit d'inspection sur toutes les chancelleries établies près des cours et tribunaux, nommait aux divers offices qui en dépendaient, et jouissait d'une redevance particulière pour le serment que les titulaires prêtaient entre ses mains. Le garde des sceaux recevait en outre le serment des gouverneurs de toutes les villes du royaume, et accordait les lettres de commission, les titres nobiliaires et toutes les autres faveurs pour lesquelles l'apposition du sceau royal était nécessaire. Parmi les autres priviléges inhérents à son office, on distingue ceux d'avoir un des Cent-Suisses du roi pour garder sa porte, ainsi qu'un lieutenant avec deux hoquetons pour servir près de sa personne.

Parmi les gardes des sceaux qui ont rempli ces fonctions avec éclat, nous nous bornerons à rappeler Matthieu Molé et Voyer d'Argenson. A l'exemple de quelques-uns de ses prédécesseurs, Louis XV jugea à propos de tenir lui-même les sceaux de l'État, depuis 1757 jusqu'en 1761, et ne dédaigna pas de percevoir les rétributions pécuniaires auxquelles cet office donnait droit.

La dignité de garde des sceaux, supprimée durant la révolution de 1789 et l'Empire, fut rétablie le 9 juillet 1815 par Louis XVIII et réunie au ministère de la justice.

A. Boullée.

GARDE DU COMMERCE. C'est un mot terrible à Paris pour le pauvre débiteur que menace la contrainte par corps. La rigueur du ministère que la loi confie aux gardes du commerce est bien propre en effet à entretenir ce sentiment de répulsion, même parmi ceux qui regardent sans émotion la terrible baguette dans laquelle le décret impérial du 14 mars 1808 a placé la manifestation de leur puissance incarcératrice. Retraçons en peu de mots l'historique de l'*institution*. Avant 1769, la mise à exécution de la contrainte par corps était livrée, à Paris comme en province, à de misérables recors, à de pitoyables hères recrutés dans la boue de la société. Leurs actes de brutalité ayant excité dans la capitale une indignation universelle, une ordonnance de Louis XV, publiée en 1772, leur enleva le droit d'arrestation, pour le confier à des gardes du commerce. La Constituante conserva cette institution, ressuscitée plus tard avec la contrainte par corps, et l'Empire la fixa sur les bases qu'elle a encore aujourd'hui.

Les officiers gardes du commerce sont au nombre de dix; ils ne peuvent exercer leurs fonctions qu'à Paris et dans la banlieue. Ils forment une chambre spéciale, à laquelle le débiteur peut faire signifier ses oppositions à la contrainte par corps. Ainsi, les Parisiens, au lieu d'être écroués à la prison pour dettes par les huissiers et leurs recors, ont sur les habitants des autres parties de la France l'avantage d'être incarcérés par des gardes du commerce. Les gardes du commerce ont sous leurs ordres des gardes subalternes, chargés de dépister le pauvre débiteur, limiers de détention, flairant de tous côtés ce qui sent le protêt, l'assignation et le jugement, immense corps d'armée, composé moitié de troupes légères, moitié de grosse infanterie, traînant un matériel effrayant d'habits de toutes formes et de toutes couleurs, de perruques et de lunettes vertes, changeant mille fois de visage pour mieux épier et saisir la victime, battant les rues de Paris depuis le lever jusqu'au coucher du soleil, car aussitôt que l'astre a disparu, le règne de ces hommes finit et celui du débiteur commence. Pour le garde du commerce les dimanches et les jours fériés sont des jours néfastes, pendant lesquels il ne peut pas mettre la main sur la moindre apparence de débiteur. Les jours ouvrables aussi il est pour le débiteur parisien des asiles où le garde du commerce ne pénètre pas. Le gendarme commercial essayerait vainement de franchir tout seuil étranger à l'homme qu'il poursuit : certains lieux publics, tels que le Palais de Justice, le jardin des Tuileries, sont des enceintes inviolables : heureux le débiteur s'il peut y attendre le soir. C'est encore douze heures de liberté.

Napoléon Gallois.

GARDE FORESTIER. Les gardes forestiers sont institués pour la conservation des bois et forêts. On distingue des gardes des forêts de l'État et de la couronne, des gardes des bois des communes et des établissements publics, et des gardes des bois des particuliers.

Les gardes de l'État et de la couronne sont mis par la loi sur la même ligne; leurs attributions et leurs prérogatives sont les mêmes; il n'y a de différence entre eux que relativement au mode de leur nomination. Les premiers relèvent de l'administration des forêts, les seconds se rattachent directement à l'administration de la liste civile.

Les communes et les établissements publics entretiennent, pour la conservation de leurs bois, le nombre de gardes qui est déterminé par le maire ou par les administrateurs des établissements. Le choix de ces gardes est fait, pour les communes, par le maire, sauf l'approbation du conseil municipal, et pour les établissements publics par les administrateurs de ces établissements. Ces choix doivent être agréés par l'administration forestière, qui délivre aux gardes leur commission. En cas de dissentiment, le préfet prononce. L'administration forestière peut suspendre de leurs fonctions les gardes des bois des communes et des établissements publics. La destitution ne peut être prononcée que par le préfet. Le salaire de ces gardes est réglé par le préfet sur la proposition du conseil municipal ou des établissements publics; mais il reste à la charge des communes ou de ces établissements. Les gardes des communes et des établissements publics sont en tout assimilés aux gardes des bois de l'État et soumis à l'autorité des mêmes agents. Leurs procès-verbaux font également foi en justice.

Les bois et forêts dans lesquels l'État, la couronne, les communes ou les établissements publics ont des droits de propriété indivis avec les particuliers sont soumis aux mêmes lois et règlements que les bois de l'État. En conséquence, l'administration forestière nomme les gardes, règle leur salaire et a seule le droit de les révoquer. Les frais de garde sont supportés par le domaine et par les copropriétaires, chacun dans la proportion de ses droits.

Les propriétaires qui veulent avoir, pour la conservation de leurs bois, des gardes particuliers, doivent les faire agréer par le sous-préfet de l'arrondissement, sauf le recours au préfet en cas de refus. Ces gardes doivent prêter serment devant le tribunal de première instance; ils ont, dans les bois qu'ils surveillent, les mêmes devoirs à remplir que les gardes de l'État et des communes; mais leurs procès-verbaux ne font foi en justice que jusqu'à preuve du contraire.

E. DE CHABROL.

GARDE-FRUITS. *Voyez* FRUITIER.

GARDE GÉNÉRAL, GARDE A PIED, GARDE A CHEVAL, dans les forêts. *Voyez* FORÊTS (Administration des).

GARDE IMPÉRIALE. Après l'avénement de Napoléon Ier au trône impérial, la garde consulaire prit la dénomination de garde impériale, et fut spécialement attachée à la personne de l'empereur. Un décret du 29 juillet 1803 la composa comme il suit : *Infanterie*, un régiment de grenadiers à pied et un de chasseurs à pied; *cavalerie*, un régiment de grenadiers à cheval et un de chasseurs, plus une compagnie de mamelucks; *gendarmerie d'élite*, deux escadrons à cheval et un bataillon à pied; *artillerie*, deux compagnies; *matelots*, un bataillon; *vélites*, deux bataillons; vétérans, une compagnie; effectif, 9,775 hommes.

En 1805, la garde impériale comptait de plus 4 bataillons de vélites à pied et huit compagnies de vélites à cheval; effectif, 12,175 hommes. En 1806, on créa un second régiment de grenadiers à pied, un second régiment de chasseurs à pied, deux régiments de fusiliers et un régiment de dragons; effectif, 15,470 hommes, plus deux compagnies d'ouvriers, un régiment de fusiliers-grenadiers et un régiment de fusiliers-chasseurs. En 1807, création d'un régiment de lanciers polonais. On forma la même année deux régiments de tirailleurs-grenadiers, deux régiments de tirailleurs-chasseurs, un bataillon de vélites de Florence, un bataillon de vélites de Turin, deux régiments de conscrits-grenadiers et deux régiments de conscrits-chasseurs. Ces corps prirent le nom de *jeune garde;* les anciens celui de *vieille garde*. En 1810, le régiment de conscrits-chasseurs prit le nom de voltigeurs; le régiment de garde nationale soldée, créé à Lille, entra dans la garde sous le nom de grenadiers des gardes nationales de la garde.

Après la réunion de la Hollande à la France, la garde impériale fut encore augmentée, par l'incorporation d'un régiment de grenadiers de cette nation (supprimé en 1813), et par la création d'un second régiment de chevau-légers-lanciers, appelés lanciers rouges. Mais c'est surtout en 1811 et 1812 que cette garde reçut un prodigieux accroissement. A la fin de cette dernière année, elle se composait de la manière suivante :

État-major général et d'administration			300
Infanterie.	8 régiments de grenadiers à pied	4,800	44,600
	1 bataillon d'instruction (créé en 1811)	2,000	
	1 régiment de fusiliers-grenadiers	1,600	
	6 régiments de tirailleurs-grenadiers	9,600	
	2 — de chasseurs à pied	3,200	
	1 — de fusiliers-chasseurs	1,600	
	6 — de voltigeurs	9,600	
	1 — de gardes nationales	1,600	
	1 — de flanqueurs (créé en 1811)	1,600	
	1 — de pupilles (*id.*)	9,000	
Cavalerie.	1 régiment de grenadiers à cheval	1,250	8,400
	1 — de dragons	1,250	
	1 — de chasseurs à cheval	1,250	
	1 escadron de mamelucks	200	
	3 régiments de chevau-légers-lanciers	4,000	
	2 escadrons de gendarmerie d'élite	450	
Artillerie.	1 régiment d'artillerie à pied		2,100
	1 — d'artillerie à cheval		
	1 compagnie de pontonniers-ouvriers		
	2 bataillons du train		
	1 bataillon du génie		
	1 compagnie de sapeurs		
Marins, train des équipages, vétérans			1,856
		Total	57,346

Les années 1813 et 1814 ne furent pas moins fécondes en créations que les années précédentes. Le régiment des gardes nationales devint le 7e régiment de voltigeurs. Enfin, ces régiments et ceux des tirailleurs-grenadiers furent portés à dix-neuf. Vingt-quatre mille hommes, pris sur l'appel des 80,000 formant le complet du premier ban, fournirent au recrutement de ces nouveaux corps. La force de la garde impériale, qui était de 81,000 hommes à la fin de 1813, aurait été de 102,706 l'année suivante, si l'on avait pu organiser entièrement les 17e, 18e et 19e régiments de tirailleurs et de voltigeurs, dont les cadres seulement étaient remplis au moment de l'abdication de Napoléon.

A la première restauration, on incorpora tous les corps de la jeune garde dans les régiments de ligne. Les troupes polonaises furent licenciées et renvoyées dans leur patrie. L'infanterie de la vieille garde forma deux régiments, qui prirent le nom de corps royal des grenadiers et chasseurs de France. La cavalerie fut maintenue à quatre régiments, que l'on désigna sous les noms de *corps royal des cuirassiers*, des *dragons*, des *chasseurs à cheval* et de *chevau-légers-lanciers de France*.

Au retour de l'île d'Elbe, un décret impérial, daté de Lyon le 13 mars 1815, reconstitua la garde impériale. Le 7 avril suivant, son organisation fut arrêtée de la manière suivante : 18 régiments d'infanterie, dont 3 de grenadiers, 3 de chasseurs, 6 de tirailleurs et 6 de voltigeurs, 4 régiments de cavalerie (grenadiers, dragons, chasseurs, chevau-légers-lanciers), une compagnie de gendarmerie d'élite, 6 compagnies d'artillerie à pied, 4 d'artillerie à cheval, 1 d'ouvriers, 1 de sapeurs-mineurs, 1 escadron du train des équipages. Mais la marche rapide des événements ne permit pas à ce corps d'élite de dépasser un effectif de 26,850 hommes.

Dispersée, après la deuxième abdication, dans les nouveaux corps de la garde royale et dans quelques légions départementales, l'ancienne garde de Napoléon Ier communiqua aux jeunes soldats de la restauration cet esprit d'ordre et de discipline qui, non moins que son héroïsme, lui avait acquis tant de titres à l'admiration de l'Europe.

La *vieille garde* se recrutait parmi les militaires de toutes armes en activité de service ayant fait quatre campagnes. Les candidats devaient, en outre, avoir obtenu des récompenses pour actions d'éclat, ou avoir été blessés, et justifier d'une conduite irréprochable. On fut moins exigeant sur ces conditions depuis la campagne de Russie jusqu'au moment où la garde cessa d'exister. Une partie de la *jeune garde* fut formée de jeunes conscrits des classes appelées; le régiment de flanqueurs fut composé de fils de gardes généraux et de gardes forestiers. Le mode d'avancement des militaires de tous grades de la garde était le même que celui établi pour les régiments de l'armée; les officiers étaient à la nomination de l'empereur, et passaient dans la ligne avec le grade immédiatement supérieur à celui qu'ils occupaient dans la garde. Parmi les prérogatives dont jouissait cette armée d'élite, nous signalerons les suivantes. Elle avait le pas sur tous les régiments de la ligne, et jouissait d'un tiers de solde en sus; son assimilation dans l'armée était ainsi établie: le major avait rang de colonel, le chef de bataillon (lieutenant-colonel), le capitaine de chef de bataillon, le capitaine en second de capitaine en premier, le lieutenant en premier de capitaine, le lieutenant en second de lieutenant, le sergent-major de sous-lieutenant, le sergent et le fourrier d'adjudant sous-officier, le caporal de sergent, le soldat de caporal, le tambour de caporal-tambour. Les titulaires dans la garde portaient les marques distinctives de leur rang dans l'armée.

Les beaux faits d'armes de la garde impériale sont intimement liés à l'histoire militaire de la France. Elle s'immortalisa pendant les campagnes d'Allemagne, notamment à la prise d'Ulm et à la bataille d'Austerlitz, où la cavalerie et l'artillerie légère firent des prodiges de valeur, et où *cette réserve qui valait une armée* fut aux prises avec la garde russe et la défit entièrement. En 1806 et 1807, les *invincibles* se signalèrent à Iéna et pendant toute la durée des deux campagnes; mais c'est surtout à Eylau et à Friedland qu'ils déployèrent leur héroïsme. Dans la première de ces batailles, leur infanterie resta plusieurs heures l'arme au bras sous le feu de la mitraille.

Les campagnes d'Espagne de 1808 et 1809 ouvrirent à la garde une nouvelle carrière de gloire; sa cavalerie se distingua à Sommo-Sierra, à Benavente, et ses marins au siége de Cadix. Dans la guerre d'Allemagne de 1809, après la rupture des ponts du Danube, ce fut elle qui soutint les attaques des colonnes autrichiennes. On connaît sa part glorieuse à la bataille de Wagram. Un corps de diverses armes de la garde, sous les ordres du général Dorsenne, fit encore avec éclat les campagnes de 1810 et 1811 en Espagne.

Il serait trop long de rappeler en détail les brillants exploits de ce corps d'élite, à Witepsk, sur le Borysthène, à Smolensk, à Polotsk, à la Moskowa, et ses actes de dévouement pendant l'incendie de Moscou. Lors de la fatale retraite, la garde soutint par son exemple le moral des autres troupes. Chaque journée fut encore pour elle une victoire de plus; mais son plus beau titre à la reconnaissance de la France, ce sont ses gigantesques efforts pendant l'invasion du sol de la patrie en 1814, quand elle le disputait pied à pied aux nombreuses armées ennemies. Debout sur tous les champs de bataille, à Bar-sur-Aube, à Saint-Dizier, à Brienne, à la Rothière, à Champ-Aubert, à Montmirail, à Vauchamp, à Montereau, à Craonne, elle n'était pas même vaincue à Fontainebleau, et demandait à grands cris à marcher sur la capitale de la France pour en expulser l'ennemi. L'histoire enregistrera aussi sa fidélité à l'île d'Elbe. Waterloo fut le tombeau de cette immortelle phalange, dont la fin fut sublime.

Près de quarante ans s'étaient écoulés depuis cette sanglante hécatombe; à peine voyait-on, depuis le retour des cendres du martyr de Sainte-Hélène, quelques rares débris de la garde, revêtus de leurs vieux uniformes, apparaître aux grands anniversaires napoléoniens, quand, le 1er mai 1854, sur le rapport du maréchal Vaillant, ministre de la guerre, un décret est promulgué par l'empereur Napoléon III, portant que la garde impériale est rétablie, qu'elle formera une division partagée en 3 brigades : 1re, d'infanterie, 2 régiments de grenadiers à 3 bataillons; 2e, d'infanterie, 2 régiments de voltigeurs à 3 bataillons et 1 bataillon de chasseurs; 3e, de cavalerie, 1 régiment de cuirassiers à 6 escadrons, 1 régiment de guides à 6 escadrons; plus, un régiment de gendarmerie à pied de 2 bataillons, un régiment d'artillerie à cheval de cinq batteries et 1 cadre de dépôt, une compagnie du génie et un escadron de gendarmerie à cheval, fort de 6 officiers et de 132 sous-officiers ou soldats, destinés à remplacer les brigades affectées au service de surveillance des forêts comprises dans le domaine de la couronne et des routes fréquentées par l'empereur. Ce corps d'élite a, dans les prises d'armes et les cérémonies, la droite sur toutes les autres troupes, les cent gardes exceptés; il est sous les ordres du grand-maréchal du palais (et à son défaut, de l'adjudant général), pour ce qui concerne le service de la personne de l'empereur, et sous les ordres du ministre de la guerre pour le personnel, la discipline, le service intérieur, l'instruction et l'administration. Les uniformes sont ceux de l'ancienne garde, sauf les modifications introduites par le temps et l'usage, telles que le pantalon bleu large, au lieu de la culotte blanche, et les revers blancs coupés droits, au lieu des revers blancs arrondis, pour les grenadiers et les voltigeurs.

La Russie a aussi sa *garde impériale*, composée de 3 divisions d'infanterie comprenant les régiments de Préobajenski, Séméonofski, Izmaïlofski, des chasseurs de la garde, Moscou, Pavlofski, grenadiers de la garde, chasseurs finlandais, de Lithuanie, chasseurs de Volhynie, grenadiers de l'empereur François Ier, grenadiers du roi de Prusse, régiment de carabiniers d'instruction, régiment-modèle d'infanterie, 2 bataillons de sapeurs, un bataillon de tireurs finlandais, ensemble 43,000 hommes; de deux divisions de cavalerie légère, d'un escadron de Tcherkesses, d'un escadron de Cosaques, de deux escadrons de pionniers à cheval, total 11,520 chevaux; et d'une artillerie nombreuse servant 120 pièces de tous calibres.

L'Autriche n'a point de *garde impériale*, mais des compagnies de gardes du corps ou *gardes nobles*, formant 20 bataillons de grenadiers. Eug. G. de Monglave.

GARDEL, famille célèbre dans les fastes chorégraphiques de l'Opéra français.

GARDEL aîné, directeur des ballets de l'Opéra, fut pour la composition de ses pantomimes l'heureux émule de Noverre: *Mirza*, *La Rosière*, et *Le Premier Navigateur* obtinrent surtout la faveur publique. Une blessure qu'il se fit à la jambe en dansant dans un de ses ballets, et qui avait d'abord paru légère, occasionna sa mort, en 1787.

GARDEL (Pierre-Gabriel), frère du précédent, a joui dans l'art chorégraphique d'une réputation très-supérieure à celle de son aîné. Né le 4 février 1758, à Nancy, où son père était maître des ballets du roi de Pologne Stanislas, il vint débuter à Paris comme danseur en 1774. Nommé bientôt adjoint, puis successeur de son frère, il se livra dès lors entièrement à la composition. Pendant plus de quarante ans on n'a guère dansé que par lui à l'Opéra; et sa fécondité fut presque toujours heureuse. Habile metteur en œuvre de la mythologie, dont il sut rajeunir les antiques fictions, on sait de quels succès éclatants et prolongés ont joui ses ballets de *Psyché*, de *Pâris*, de *Télémaque*, etc. Gardel toutefois ne s'était pas voué exclusivement à la Fable; il *mima* aussi avec talent les naïfs amours de *Paul et Virginie*, l'histoire de l'*Enfant Prodigue*, et fit de sa *Dansomanie* une espèce de comédie muette, pleine d'esprit et de gaieté. La foule de divertissements gracieux dont il enrichit les opéras de son époque atteste également la variété de ses pinceaux et les ressources de son imagination. Retiré de l'Opéra depuis plus de vingt ans, Gardel s'était fixé à Montmartre, où il est mort plus qu'octogénaire, en 1840.

GARDEL (Marie-Élisabeth-Anne HOUBERT, femme), épouse du chorégraphe, née à Auxonne, en 1770, débuta en 1786 à l'Opéra, sous le nom de *Miller*, qui était celui de sa belle-mère, et se montra digne d'y remplacer la célèbre Guimard. La gracieuse agilité de ses pas, le naturel et la vivacité expressive de sa pantomime la mirent bientôt au premier rang. Elle contribua beaucoup aux succès des ouvrages de son mari, et créa surtout avec une grande supériorité les rôles de *Psyché* et d'*Eucharis*. Elle quitta le théâtre en 1816, et mourut à Paris, le 18 mai 1833. L'estime non moins que la faveur publique furent constamment le partage de cette femme, qui montra l'accord assez rare d'un talent plein de séduction et d'une conduite irréprochable. Ajoutons qu'elle donna encore un autre exemple, qui ne sera pas sans doute plus souvent imité, en ne demandant aucun congé pendant une carrière théâtrale de trente ans. OURRY.

GARDE-MAGASIN. *Voyez* MAGASIN.

GARDE-MALADE. On désigne ainsi la personne que l'on place auprès d'un malade pour lui prodiguer les soins qu'exige son état. Pris dans un sens général, ce mot est des deux genres; mais l'usage, non sans raison, ayant consacré ces fonctions aux femmes, plus aptes à tout ce qui concerne l'administration intérieure d'une maison, et douées d'une patience et d'une douceur si rares chez les hommes, il s'ensuit que le genre féminin est plus généralement admis. Les hommes appelés à ces fonctions dans les hôpitaux sont désignés sous le nom d'*infirmiers*.

Les principales qualités qu'on doit exiger chez une garde-malade sont la propreté et la tempérance. On sent combien la première peut réjouir un malade. Elle le dispose d'abord en faveur de la personne à qui il va se confier; le malade conçoit l'espoir d'être tenu plus proprement, et de n'avoir autour de lui ni ces odeurs fétides ni ces miasmes qui le contrarient d'autant plus qu'il est dans un état plus grand de débilité. A cause de ses rapports continuels avec le malade, la garde doit encore avoir deux vertus fort rares, ce sont la douceur et la patience. Tout le monde sentira en outre que la discrétion chez elle ne doit point être une qualité négative. Telles sont ses qualités morales. Ajoutez-y ces petits soins particuliers qui consistent à prévenir les besoins des malades, à aller à leur secours dans les mouvements qu'ils peuvent faire, et vous aurez la femme la plus propre à ces fonctions. Il ne faudrait pas cependant que ces attentions particulières fussent trop multipliées car si elles flattent quelques malades, elles déplaisent à d'autres.

Ce n'est pas sans raison que les praticiens préfèrent une garde-malade jeune ou d'un âge mûr à celles qui ont atteint cinquante-cinq à soixante ans. Outre que les premières peuvent mieux supporter les fatigues attachées à leur état, elles sont aussi plus adroites à arranger les malades dans leur lit et plus agiles pour venir à leur secours. Dans les grandes maladies, ces deux qualités sont très-utiles. Dr GINIEZ.

GARDE-MEUBLES, lieu où l'on garde les meubles. Ce mot signifiait aussi, à la cour, et dans la maison des grands, l'officier qui gardait les meubles du roi ou du prince. Avant 1789, le garde-meubles de la couronne était dans un des bâtiments qui décorent la place Louis XV, aujourd'hui place de la Concorde. Cet édifice renferme maintenant les bureaux du ministère de le marine. A l'ancien garde-meubles il y avait trois salles. Dans la première on voyait, entre autres armures de très-grand prix, celle de François Ier à la bataille de Pavie, et celle de Henri II au tournois où il fut blessé mortellement par le comte de Montgomery. Des tapisseries fabriquées les unes en Flandre, les autres aux Gobelins, d'après des tableaux de Raphael, Lebrun, Coypel, Jouvenet, etc., ornaient la seconde salle. La troisième contenait des objets extrêmement riches, des vases de jaspe ou d'agate, des carquois, des fusils et des pistolets garnis d'or et de perles, la nef d'or du roi, pesant 106 marcs, la chapelle d'or du cardinal de Mazarin, dont presque toutes les pièces étaient couvertes de diamants. En 1789 chaque résidence royale avait un garde-meubles; et un assez grand nombre d'officiers, appelés aussi *garde-meubles*, étaient attachés à cette partie du service. MM. Thierri de Ville-d'Avray et Lemoine de Crécy étaient les deux plus importants de ces officiers. Le littérateur Cazotte était *garde-meubles* de la grande écurie du roi. La vénerie royale avait aussi son garde-meubles. Le comte de Provence, *Monsieur* (Louis XVIII), et le comte d'Artois (Charles X), frères de Louis XVI, avaient chacun leur garde-meubles et les *garde-meubles* qui y étaient attachés. Une partie de ces divers *garde-meubles* fut comprise dans les suppressions opérées en 1787 dans la maison du roi, de la reine et des princes, par Louis XVI. Le pillage du garde-meubles de la couronne est au nombre des infamies qui souillèrent les journées de juillet 1789. Aujourd'hui le garde-meubles de la couronne ne figure dans l'*Almanach impérial* que relégué dans les attributions du ministère d'État et de la maison de l'empereur, sous le titre de *conservation du mobilier impérial*, avec un directeur inspecteur et un inspecteur adjoint. Un décret de juillet 1854 a ouvert au ministre d'État un crédit supplémentaire de 90,000 fr. pour appropriation de l'île des Cygnes au service du garde-meubles. Charles Du Rozoir.

GARDE-MEUBLES (Vol du). *Voyez* DIAMANTS (Vols fameux de).

GARDE MOBILE. Le 25 février 1848, au matin, le gouvernement provisoire fit paraître l'arrêté suivant: « Vingt-quatre bataillons de *garde nationale mobile* seront immédiatement recrutés dans la ville de Paris. Ces gardes nationaux recevront une solde de 1 fr. 50 c. par jour et seront habillés et armés aux frais de la patrie. » L'engagement n'était contracté que pour un an; l'attrait d'une forte paye devait attirer dans les rangs de cette troupe tous les ouvriers sans ouvrage qui remplissaient les places publiques, tous ces enfants armés dont la dangereuse oisiveté menaçait la ville. Ces éléments de désordre allaient, par l'uniforme et la discipline, devenir des garanties de sécurité. La garde mobile reçut un habillement qui ne différait que par quelques détails de celui de la garde nationale sédentaire; son équipement fut celui de la ligne. Les officiers et sous-officiers furent désignés par les suffrages de leurs camarades et ces élections amenèrent des choix assez singuliers. Le général Duvivier fut chargé du commandement de ce corps, et l'on détacha pour son instruction des officiers et sous-officiers de l'armée. Plus tard la commission exécutive organisa aussi deux escadrons de garde mobile à cheval; mais l'Assemblée nationale décida qu'il n'y avait pas lieu de créer de nouveaux corps privilégiés.

Au 15 mai la garde mobile n'était pas encore complétement habillée: elle marcha pour délivrer l'assemblée; mais tout était fini lorsqu'elle arriva. Pendant la terrible insurrection de juin elle combattit du côté de la garde nationale et de l'armée, et se fit surtout remarquer par une audace, une intrépidité et une fureur sans exemple. Aussi, après la victoire, la garde mobile ne fut-elle pas oubliée : beaucoup de ces enfants perdus des faubourgs furent décorés de la croix de la Légion d'Honneur. Les *mobiles* devinrent les héros de la bourgeoisie qu'ils avaient sauvée. Mais cet engouement ne fut pas de longue durée. Le pouvoir qui succéda à celui du général Cavaignac ne crut pas devoir compter sur les bonnes dispositions de cette troupe. A la fin du mois de janvier 1849, le Président de la République, d'accord avec le général Changarnier, rendit un arrêté qui réduisait à douze les vingt-quatre bataillons de la garde mobile. Quelques officiers supérieurs de ce corps cherchèrent alors à entraîner leurs soldats; on devait se réunir au carré Marigny et se porter de là à l'Élysée National et à l'Assemblée. Le général Changarnier fit venir à l'état major de l'armée de Paris les chefs de bataillon de la garde mobile; une scène violente se passa alors, et l'un d'eux, M. Aladenize, jadis compromis dans l'échauffourée de Boulogne, fut conduit à l'Abbaye. Quatre autres commandants furent encore arrêtés le même soir. Pendant la nuit, une certaine fermentation se manifesta dans les casernes occupées par cette troupe; mais elle n'eut aucun résultat. Les bataillons de garde mobile, disséminés sur le territoire français, ne tardèrent pas à être complétement dissous; les rangs de l'armée s'ouvrirent pour ces soldats improvisés, sous certaines conditions. Le produit de la *loterie des lingots d'or* servit à en envoyer bon nombre en Californie, d'autres entrèrent dans les chasseurs à pied, dans les zouaves, etc. W.-A. DUCKETT.

GARDE MUNICIPALE DE PARIS. *Voyez* GARDE DE PARIS.

GARDE NATIONALE. A peine les états généraux de 1789 s'étaient-ils constitués en assemblée nationale, pour exercer l'autorité législative au nom du peuple, que la cour prit l'alarme et s'efforça d'inspirer aux représentants la terreur qu'elle éprouvait. Des régiments d'infanterie et de cavalerie furent acheminés vers Paris et Versailles; des camps d'observation établis aux portes de la capitale, avec une artillerie formidable. L'Assemblée constituante ne pouvait se dissimuler les dangers éminents d'une pareille situation. L'appel à la force pouvait plonger la France entière dans les malheurs de la guerre civile. C'est alors que la pensée de la garde nationale surgit dans l'esprit des citoyens, à Paris surtout, où le danger apparaissait plus imminent. Dès le 8 juillet 1789 Mirabeau proposait aux législateurs de voter l'établissement à Paris d'une *garde bourgeoise*. Cette première proposition n'eut pas de suite au sein du corps législatif; mais elle allait porter ses fruits dans la capitale. Le 11 juillet le comité des électeurs de Paris, puissance politique improvisée à la vue du danger public, demande à l'Assemblée constituante l'institution de la garde bourgeoise qu'avait proposée Mirabeau : la demande est prise en considération. Le 12 le comité des électeurs, forcé d'agir par les demandes réitérées du peuple de la capitale, ordonne qu'on délivre des armes aux citoyens. Le même jour une députation de l'Assemblée constituante va demander au roi l'établissement de la garde bourgeoise; le roi refuse. « Pendant qu'on faisait parler le roi, ainsi le dit Bailly dans ses Mémoires, les citoyens de Paris, recouvrant leur droit naturel et émancipés par le besoin, se donnaient cette garde qu'on leur refusait. » L'Assemblée, apprenant la réponse du monarque, déclare, le 13 juillet que « effrayée des suites funestes que peut entraîner la réponse du roi, elle ne cessera pas d'insister sur l'éloignement des troupes extraordinairement assemblées près de Paris et de Versailles, et sur l'établissement des gardes bourgeoises ». Le même jour les électeurs de Paris, devançant toujours le pouvoir législatif, votent la formation d'une milice parisienne, forte de 16 légions, subdivisées en 60 bataillons. Cette garde se forme, et prend les couleurs rouge et bleu de la ville avec le blanc du drapeau royal; les Parisiens nomment M. de La Salle commandant en chef de leur garde civique improvisée.

Le 14 juillet Louis XVI accepte, comme un fait accompli, l'institution de cette garde, qui vingt-quatre heures après son institution produisait une révolution immense en face de l'armée régulière. Le roi déclare le soir même qu'il mettra des officiers généraux à sa tête : il n'était plus temps! Bailly rapporte dans ses mémoires ces mots, consignés aussi dans l'*Avant-Moniteur* : « M. de La Fayette recommande aux électeurs de Paris de se méfier des officiers généraux que le gouvernement mettrait à la tête de la milice bourgeoise (*Procès-verbal des électeurs*). » Le 15 une députation de l'Assemblée constituante est envoyée au peuple de Paris : on y comptait Bailly, Lafayette, Sieyès, etc. Arrivée à l'hôtel de ville, le comité des électeurs nomme par acclamation Bailly maire de Paris, et La Fayette commandant de la garde parisienne. Le roi n'osa ni désapprouver ni régulariser par un acte officiel cette usurpation de pouvoirs. Les vainqueurs venaient de se donner un chef civil et un chef militaire : il subit l'un et l'autre comme une nécessité. Lorsqu'il vint à Paris deux jours après, et qu'il fut reçu par environ 60,000 hommes de la milice parisienne, il plaça, dans les discours qu'il prononça, les noms de Bailly et de La Fayette avec les titres de maire et de commandant de sa garde. La garde de Paris, instituée pour résister aux agressions du pouvoir royal, n'a bien rempli que ce service. Elle n'a pas empêché les journées du 5 et du 6 octobre 1789 ni d'autres attentats.

Les gardes bourgeoises des diverses villes du royaume s'établirent promptement après le 14 juillet, à l'exemple de la garde parisienne. Enfin, quand cette institution fut devenue générale, elle reçut le nom de *garde nationale*, nom qu'elle a conservé depuis cette époque. Il était d'une haute importance qu'on fixât sur des bases uniformes l'organisation de toutes celles du royaume : c'est ce qu'on fit par une loi de principes, qu'on ne rendit qu'en décembre 1790, c'est-à-dire dix-huit mois après l'établissement qu'elle avait pour objet de régulariser, et par une loi d'exécution, datée seulement du 14 octobre 1791. On y lit : L'Assemblée nationale déclare comme principes constitutionnels : la force publique, considérée d'une manière générale, est la réunion de la force de tous les citoyens; l'armée est une force habituelle, extraite de la force publique, et destinée essentiellement à agir contre les ennemis du dehors; les corps armés pour le service intérieur sont une force habituelle, extraite de la force publique, et essentiellement destinée à agir contre les perturbateurs de l'ordre et de la paix; la nation ne forme point un corps militaire, mais les citoyens seront obligés de s'armer aussitôt que l'ordre public troublé ou la patrie attaquée demandera l'emploi de la force publique, ou que la liberté sera en péril. L'organisation de la garde nationale n'est que la détermination du mode suivant lequel les citoyens doivent se rassembler, se former et agir, lorsqu'ils sont requis de remplir ce service. Les citoyens, requis de défendre la chose publique et armés en vertu de cette réquisition, porteront le nom de *gardes nationales*. Comme il n'y a qu'une nation, il n'y aura qu'une même garde nationale, soumise aux mêmes règles, à la même discipline et au même uniforme. »

Il est remarquable que l'Assemblée constituante, satisfaite d'avoir jeté de tels fondements, ait attendu jusqu'en octobre 1791 pour produire la loi d'organisation des gardes nationales. Une époque aussi rapprochée des grandes commotions par lesquelles fut renversée la monarchie était peu propre à fonder des institutions sagement pondérées. Aussi la loi que nous citons renferme-t-elle des dispositions incompatibles avec une royauté constitutionnelle. Dans cette force immense de la garde nationale, la loi de 1791 ne laisse au roi la nomination d'aucun officier, ni la moindre intervention dans leur choix. Déjà la fougue des passions sanguinaires était empreinte dans la devise donnée aux drapeaux de cette garde : *La liberté, ou la mort!* La Fayette cessa de commander la garde nationale parisienne pour passer au commandement de l'armée du nord. Il eut la douleur de voir cette garde laisser commettre l'attentat du 20 juin; il osa protester contre un tel sacrilége. L'attentat, plus coupable encore, du 10 août ne lui laissa d'autre ressource que la fuite. La garde nationale n'avait plus de force morale. Elle ne prit pas les armes pour arrêter dès le premier cri des victimes les longs assassinats de septembre 1792. Elle les prit le 21 janvier 1793, mais pour border la haie jusqu'au pied d'un échafaud. Elle ne prit pas les armes pour renverser la tyrannie de la Terreur; mais elle les prit quand la Terreur expirait et quand le régime plus doux du Directoire allait commencer : c'était au profit d'une contre-révolution insensée qu'au 13 vendémiaire on égarait son courage. Après ses défaites, on lui retira ses canons, ceux qui, trois ans auparavant, avaient fait feu sur les Tuileries. Trois ans plus tard, la révolution du 18 brumaire an VIII s'accomplit, par l'attentat de la troupe régulière. Bientôt après, le premier consul, l'ex-général du 13 vendémiaire, fit cesser de fait, et par son pouvoir arbitraire, l'existence de la garde nationale.

En 1809, lorsque le débordement du Danube emporta les ponts jetés sur ce fleuve, et que, malgré la victoire d'Esling, on put croire un instant incertain le sort des aigles françaises, les anglais débarquèrent à Walcheren et menacèrent Anvers. Alors Fouché, réveillant ses vieux souvenirs, rétablit et lève les gardes nationales du nord de la France; il les envoie, sous les ordres de Bernadotte, qui repousse les forces britanniques. Quant à la garde nationale de Paris, elle ne put être rétablie sous l'Empire sans que le chef de l'État se réservât la totalité des nominations aux places d'officiers. Il faut être juste envers la nouvelle garde nationale; elle fut patriotique, vaillante, humaine; elle se couvrit de gloire en protégeant la sûreté de la capitale, lors des invasions de 1814 et de 1815. Le gouvernement de Louis XVIII n'osa pas la dissoudre en 1814. Ce gouvernement, qui avait laissé impunément outrager et mettre en question la charte, voulut en vain la placer sous la protection de la garde nationale lorsque Napoléon revenait de l'île d'Elbe : il était trop tard. La garde nationale pensait comme le peuple et l'armée ; elle subit le même entraînement patriotique. A la seconde restauration, la garde nationale n'eut d'autres sympathies que celles de la France, d'autre vœu que celui de la patrie. Lorsqu'un ministère, entraîné par le funeste génie de la contre-révolution, devint insupportable à la France, celle de Paris fit entendre à Charles X, en pleine revue, les cris d'*à bas les ministres*, cris que la discipline militaire réprouve à coup sûr, mais que la politique ne devrait jamais attendre et surtout jamais braver. Le gouvernement de Charles X crut avoir montré sa force en prononçant avec colère la dissolution de la garde nationale parisienne : ce fut la cause de sa perte.

Le second jour des combats de juillet 1830, le 28, les citoyens, réunis en foule à leurs mairies respectives, se constituèrent, comme en 1789, pour défendre la patrie, en gardes nationales régulières. Les troupes de ligne, qui jusqu'à ce moment avaient refusé de reconnaître des combattants isolés, reconnurent les citoyens régulièrement conduits par des officiers citoyens, pour la protection des lois. Elles gardèrent leurs postes, afin de rester fidèles à la religion du drapeau ; mais elles refusèrent de tirer sur la garde nationale. Après la victoire, le commandement de la garde nationale fut confié au général La Fayette, qui crut devoir, de sa pleine autorité, remettre en vigueur la loi de 1791, en attendant la loi organique promise par la charte revisée en 1830. Les travaux législatifs qu'exigea cette loi durèrent près de six mois. Au commencement de la monarchie constitutionnelle, la garde nationale du département de la Seine rendit de nombreux services. Avec un dévouement, avec un courage admirables, sans qu'elle oubliât jamais la modération, la prudence et l'humanité qui conviennent essentiellement à la force civique, cette garde héroïque sauva la paix de la France, l'édifice de nos lois et la cause sacrée de la civilisation. A tous ces titres, elle s'acquit des droits immortels à l'admiration, à la reconnaissance de tous les bons citoyens. C'est principalement sous les ordres du maréchal comte de Lobau qu'elle remporta ses plus belles victoires sur l'anarchie, et conserva son admirable discipline.

Bon Charles Dupin,
Sénateur, Membre de l'Académie des Sciences.

On n'a pas oublié en effet les titres de la garde nationale de Paris à l'estime de la France entière dans les circonstances difficiles du règne de Louis-Philippe. A part le double licenciement que quelques esprits exaltés attirèrent sur son artillerie, elle rendit d'incontestables services par sa fermeté, son zèle infatigable, son courage et sa modération lors du procès des ministres en 1830, le 6 juin 1832, le 13 avril 1834, etc., etc. S'opposer à ce que la lutte intellectuelle des opinions se traduisît dans les rues en actes de violence, prêter main-forte à la puissance légale dans les résistances matérielles qu'elle éprouvait, voilà à quoi se bornait alors la mission politique de la garde nationale de Paris, qui s'en acquittait toujours avec une mesure parfaite. Cette intelligence de ses devoirs ne se rencontra pas toujours, il faut l'avouer, dans celles des départements ; et de fréquentes ordonnances de dissolution durent être lancées contre plusieurs. Mais il est remarquable qu'aucune de ces ordonnances n'éprouva de difficulté sérieuse dans son exécution, et que la résistance au désarmement ne vint jamais aggraver les torts des milices dissoutes.

Les banquets réformistes trouvèrent en 1848 de nombreux partisans dans les rangs de la garde nationale parisienne. Mais en criant *Vive la réforme !* les soldats-citoyens étaient à mille lieues de se douter qu'ils criaient *Vive la république !* Grand fut aussi l'étonnement du plus grand nombre quand ils virent inaugurer *la république une et indivisible*, et écrire sur les murs les trois mots sacramentels *liberté*, *égalité*, *fraternité*. L'ouvrier, l'artisan accourut alors en foule se faire inscrire sur les registres de la garde nationale ; mais en même temps le bourgeois, ancien garde national, vit avec douleur le gouvernement provisoire supprimer les compagnies d'élite de grenadiers et de voltigeurs, et il en résulta, le 16 mars, une ridicule et impuissante manifestation, dite *des bonnets à poil*. Ce premier obstacle franchi, il y eut plus d'homogénéité dans les rangs de la milice parisienne, dont il fallut pourtant dissoudre plusieurs légions. Le restant demeura fidèle à la cause de l'ordre, et se signala particulièrement dans les journées de mai et de juin.

Le 26 juin 1851 l'Assemblée nationale promulgua une loi qui organisa la garde nationale dans toute la France, par communes dans les départements, par arrondissements municipaux à Paris ; les compagnies communales d'un canton ne pouvant être formées en bataillons cantonaux et en légions que par décret du pouvoir exécutif, ni, dans aucun cas, être organisées par département et arrondissement de sous-préfecture, disposition qui n'était pas applicable au département de la Seine. Le droit de suspension et de dissolution restait acquis au président de la république. La garde nationale se composait de l'universalité des citoyens, à partir de l'âge de vingt ans, sauf les ministres des divers cultes, les militaires, les préposés des douanes, les agents de justice et de police, les infirmes et les individus privés de l'exercice de leurs droits civils politiques.

Jusque là, depuis la révolution de février, les officiers, sous-officiers et caporaux de la garde nationale avaient tous été nommés, sans exception, dans la latitude la plus extrême du suffrage universel. On en revint dès lors à un mode d'élection qui se rapprochait de celui du règne de Louis-Philippe. Les gardes nationaux nommèrent bien encore leurs officiers, sous-officiers et caporaux ; mais les chefs de bataillon et les porte-drapeau furent élus par tous les officiers de leur bataillon et par un nombre égal de délégués nommés dans chaque compagnie, et les chefs de légion et les lieutenants-colonels par tous les officiers de la légion réunis aux délégués susdits. Aucun officier supérieur ne fut valablement élu qu'autant que plus de la moitié des électeurs concouraient à l'élection et qu'il réunissait plus de la moitié des suffrages exprimés.

Cette loi resta en vigueur jusqu'au décret du président de la république, en date du 11 janvier 1852, promulgué le 22, et dont les considérants sont basés sur ce que l'ordre est l'unique source du travail, et ne s'établit qu'en raison directe de la force et de l'autorité du gouvernement, sur ce que la garde nationale doit être non une garantie contre le pouvoir, mais une garantie contre le désordre et l'insurrection, sur ce que l'armement de tout le monde indistinctement n'est qu'une préparation à la guerre civile, sur ce qu'enfin une composition de la garde nationale faite avec discernement assure seule l'ordre public et le salut du pays, prévient toute nouvelle tentative de désordre, de pillage, et qu'une récente expérience a prouvé qu'une seule compagnie de bons citoyens, armés pour la défense de leurs foyers, suffisait pour mettre en fuite des bandes de malfaiteurs.

En conséquence de ce décret, les gardes nationales furent dissoutes dans toute l'étendue du territoire français, et réorganisées sur les bases nouvelles, dans les localités où leur concours était jugé nécessaire à la défense de l'ordre public. Dans le département de la Seine, le général commandant supérieur fut chargé de cette réorganisation, qui eut lieu par bataillon. La création des corps spéciaux de cavalerie, artillerie et génie ne put être autorisée désormais que par le ministre de l'intérieur. Sur sa présentation, le chef de l'État nomme maintenant les officiers de tous grades d'après les propositions du commandant supérieur dans le département de la Seine, et d'après celles des préfets dans les autres départements. Les adjudants sous-officiers sont choisis par les chefs de bataillon, qui nomment également à tous les emplois de sous-officiers et de caporaux sur la présentation des commandants de compagnie. La garde nationale prend le rang sur les corps soldés.

GARDE NOBLE. Lorsque les fiefs devinrent héréditaires, l'obligation du service militaire continua à subsister comme auparavant. Or, il pouvait arriver qu'en mourant le vassal ne laissât que des enfants en bas-âge, incapables de servir leur seigneur. Pour suppléer au défaut de l'âge ou du sexe, on conféra au seigneur la surveillance du fief; ce qui lui assurait en même temps le service militaire, jusqu'à ce que les héritiers fussent en âge de satisfaire par eux-mêmes aux charges qui leur étaient imposées. On appela *garde noble* cette espèce de tutelle que le seigneur avait de droit à la mort de son vassal sur ses enfants mineurs, et qu'il conservait jusqu'à leur majorité. La *garde noble*, dans son principe, fut donc une institution toute politique.

Dans notre France féodale, le droit de *garde* ne fut pas admis d'une manière générale, il ne s'établit qu'insensiblement, et il y eut même des provinces où on ne le connut jamais. On croit qu'il est originaire de la Normandie. Mais cette institution ne se maintint pas longtemps dans son intégrité, à cause des énormes abus qu'elle engendrait, et bientôt la garde noble fut retirée aux seigneurs pour être confiée aux plus proches parents. Cependant elle se maintint dans sa forme primitive jusqu'en 1789 dans plusieurs provinces, par exemple la Normandie et la Bretagne. Ses effets étaient d'ailleurs différents d'une province à l'autre : le plus souvent le gardien n'était qu'un administrateur, qui devait rendre compte des fruits qu'il percevait. Les père et mère qui avaient la garde noble de leurs enfants mineurs continuèrent seuls à jouir, dans quelques coutumes, des revenus des biens nobles qui appartenaient à ceux-ci.

Ce qui dans le principe avait été fait pour les nobles, le fut plus tard pour les bourgeois de certaines villes de France. Un édit du roi Charles V, du 9 août 1371, conféra le droit de *garde bourgeoise* aux bourgeois habitants de Paris, Calais, Clermont, et de leur banlieue : « *Item*, dit le vieux Coutumier, par l'usage et coutume notoire en la ville et banlieue de Paris, le survivant des deux mariez, tant soit-il gens de poste, a la garde de ses enfants, et fait les fruits siens de leurs héritages, en les nourrissant tout ainsi comme il est accoutumé entre nobles, et pour raison de la noblesse susdite, et à cause de icelle noblesse, tous bourgeois de ladite ville sont en la sauve-garde du roi. » La *garde bourgeoise*, imitée de la *garde noble*, en différa cependant sous quelques rapports : l'aïeul et l'aïeule ne furent point admis, comme dans la *garde noble*, à prendre la garde de leurs enfants ; le gardien bourgeois devait donner caution, ce qui n'était point exigé du gardien noble. Pour la *garde bourgeoise*, la majorité exigée fut pour les garçons quinze ans au lieu de vingt, douze au lieu de quinze pour les filles. La garde-bourgeoise ne survécut pas à la garde noble, qui lui avait donné naissance : comme elle, elle disparut en 1789. Camille DE FRIESS.

GARDE-PÊCHE. La surveillance et la police de la pêche sont confiées à des agents assimilés de tous points aux gardes forestiers de l'État, et que l'on nomme *garde-pêche*. La loi du 15 avril 1829 reproduit, en les appliquant à la recherche des filets et autres instruments de pêche prohibés, les dispositions du Code Forestier relatives à la poursuite des délits, aux droits des gardes, à leurs attributions, à leur responsabilité, à la rédaction, à la validité, à la remise de leurs procès-verbaux, et à la foi qui leur est due.

GARDE PRÉTORIENNE. *Voyez* PRÉTORIENS.

GARDE-ROBE, chambre voisine de celle où l'on couche, et qui sert à serrer les habits et les hardes, ou à coucher les valets qu'on veut avoir près de soi la nuit. La garde-robe, dans les bonnes maisons, était une pièce assez spacieuse et assez éclairée pour contenir des portraits de famille, à en juger par ce trait de la comédie des *Plaideurs*

> Regarde dans ma chambre et dans ma *garde-robe*
> Les portraits des Dandins, tous ont porté la robe.

Dans les résidences royales ou princières, la garde-robe était un appartement où l'on mettait les habits du roi ou du prince, et tout ce qui était à l'usage de leur personne; les officiers qui y servaient, et qu'on appelait aussi la *garde-robe*, y avaient leur logement : « La garde-robe du roi suit toujours sa personne, » était une règle de l'étiquette. La charge de *grand-maître de la garde-robe*, créée en 1669, était toujours possédée par un des plus grands seigneurs du royaume. En 1789 elle appartenait au duc de Liancourt. Les deux maîtres de la garde-robe étaient alors MM. de Boisgelin et de Chauvelin. La fonction du grand-maître consistait à avoir soin des habits, du linge et de la chaussure du roi, de lui mettre la camisole, le cordon bleu et le justaucorps, quand il s'habillait. Toutes les hardes dont le roi ne voulait plus se servir étaient à la disposition de ce grand officier. Les jours d'audience, il avait place derrière le fauteuil royal, à côté du premier gentilhomme. Sous ces trois officiers étaient quatre premiers valets de garde-robe, un valet de garde-robe ordinaire, seize valets de garde-robe par quartiers, quatre garçons de garde-robe ordinaires, sans compter les titulaires en survivance, et les valets ou garçons retirés, mais ayant conservé les honneurs du service. A la garde-robe étaient attachés porte-malle, cravatiers, tailleurs, etc. On voit par les almanachs jusqu'en 1789 que la garde-robe de la reine et des princes frères du roi ne comprenait pas un personnel moins nombreux. A la garde-robe de la reine et des princesses étaient attachées une femme de garde-robe des atours, puis une porte-chaise d'affaires.

Les maîtres et autres officiers de la garde-robe, supprimés par la révolution de 1789, reparurent avec la cour impériale. La Restauration, en nous rendant une partie de l'ancienne étiquette, rétablit la garde-robe royale dans ses honneurs. Sous le grand-chambellan étaient quatre premiers chambellans, maîtres de la garde-robe; sous ces quatre officiers était un personnel nombreux de valets et de garçons. Louis-Philippe ne conserva pas ce luxe de domesticité. Chez les grands seigneurs, après les valets de chambre, il y avait souvent un valet de garde-robe, chargé de toute la grosse besogne de la chambre et de la garde-robe. Aujourd'hui que la richesse fait en France les grands seigneurs, quelques banquiers enrichis ont leur personnel de garde-robe aussi bien que certaines grandes maisons du noble faubourg Saint-Germain.

Garde-robe se dit encore des hardes et des habits d'un prince ou d'un particulier. La *garde-robe* d'un acteur s'entend spécialement de ses costumes. Dans les couvents, les colléges, aux théâtres, près des cours, tribunaux et assemblées, dont les membres portent un costume particuliers, le lieu qui contient la garde-robe se nomme vestiaire. On connaît l'anecdote de ce Gascon qui, par le plus rude hiver, passait sur le Pont-Neuf très-légèrement vêtu : « Comment fais-tu pour ne pas avoir froid? lui dit Henri IV, qui grelottait sous un bon manteau. — Faites comme moi, sire, mettez toute votre garde-robe. »

Garde-robe a une dernière signification, que nous ne pouvons sérieusement relater ici. On appelle contes, plaisanteries de *garde-robe* certains traits de gaieté qui roulent sur ce sujet : nos bons aïeux les aimaient beaucoup, et l'auteur de *Pourceaugnac* et du *Malade imaginaire* ne les a pas dédaignés. Louis-Philippe lui-même ne les détestait pas, à en juger par le succès du *Maire d'Eu*. Aujourd'hui que la bonne et naïve gaieté française a passé, comme tant d'autres excellentes vieilleries, ces plaisanteries-là ne sont plus de mise : on pardonnerait plus volontiers d'impudiques équivoques, tant les mœurs ont gagné. Les *Mémoires de Saint Simon* nous apprennent que le duc de Vendôme donnait ses audiences dans sa *garde-robe*, étant sur sa chaise percée ; et il n'en fit pas moins bien les affaires de la maison de France en Espagne. Charles DU ROZOIR.

GARDE-ROBE. *Voyez* SELLE.

GARDE-ROBE (*Botanique*), nom vulgaire de la citronelle et d'une espèce du genre *santoline*.

GARDE ROYALE. Les rois de France de la première

race empruntèrent aux empereurs romains l'usage d'entretenir à leur suite une garde prétorienne. Celle de Clovis consistait dans l'élite de sa cavalerie, très-peu nombreuse à cette époque. En 587, Gontran, petit-fils de ce prince et roi d'Orléans, s'occupa plus particulièrement de l'organisation d'une garde, qu'il composa d'infanterie et de cavalerie. En 768, Charlemagne augmenta la sienne sur le modèle de celle-ci, et la forma d'un personnel de choix, pris parmi les hommes d'armes (gendarmes, ou grosse cavalerie) et les troupes féodales, ou infanterie des communes. Il créa en outre un corps, qu'il divisa en deux sections. Les premiers, qui étaient chargés de la garde intérieure du palais, prirent le nom d'*huissiers*; les seconds, appelés *ostiarii* ou *custodes* (portiers), eurent la surveillance extérieure des habitations royales. L'organisation de ces différentes gardes se maintint à peu près sur le même pied jusqu'au règne de Philippe Ier. Quelques légers changements y furent apportés par ce prince en 1060, et par Louis VI en 1108. Lorsque, en 1192, Philippe-Auguste prépara son expédition de Palestine, il se donna une garde particulière de *servientes armorum* (sergents d'armes, sergents à masse). Composée d'environ 200 hommes, elle servait à pied dans l'intérieur du palais, et à cheval à l'extérieur, en marche ou en campagne. Son service était à peu près celui des gardes du corps. On vit les sergents d'armes se distinguer à la bataille de Bouvines, à la tête de la cavalerie de l'armée. Cette garde disparut entièrement sous le règne de Charles VI. Les *ostiarii*, créés par Charlemagne, se trouvent encore en 1261 et 1285, sous le titre de *portiers de la garde du roi*. C'est l'origine de la compagnie des *gardes de la porte*. En 1383, Charles VI créa, pour l'accompagner dans son expédition en Flandre, une garde de 400 hommes d'armes, qui figura avec honneur à la bataille de Rosebèque. Lorsque, en 1425 et 1445, Charles VII forma la gendarmerie en compagnies d'ordonnance, il en prit deux dans sa garde. Les autres entrèrent dans la composition des compagnies de gentilshommes de chevau-légers et de gardes du corps, instituées sous les règnes suivants.

Louis XI ne vivait dans une demi-sécurité qu'au milieu de ses gardes; aussi chercha-t-il à en augmenter l'effectif à diverses époques. En 1473 il créa une compagnie de 100 archers, et en 1474 une compagnie de 100 lanciers gentilshommes, appelés depuis *au bec de corbin*, parce que leur hache d'armes figurait un bec de corbeau. Depuis leur institution, que quelques historiens font remonter à 1414, ces hommes d'armes entretenaient chacun deux archers : Louis XI en forma deux compagnies en 1479. On a souvent confondu cette troupe avec la compagnie de 200 hommes d'armes créée en 1468, et qui plus tard prit le titre de *gendarmes de la garde*. C'est aussi à Louis XI que l'on attribue, en 1478, la création de la compagnie des cent Suisses, qui, en 1498, prit le titre de *compagnie des cent hommes de guerre de la garde*. Lorsque, vers la fin de sa carrière, il habita le château de Plessis-lès-Tours, sa garde se composait d'écuyers du corps, de trois compagnies de gardes du corps (900 hommes), d'une compagnie de lanciers gentilshommes (150 hommes), de deux compagnies d'archers du corps (200 hommes), de quelques autres gardes à cheval, qui avec l'infanterie formaient un effectif d'environ 4,000 hommes. Charles VIII eut aussi l'ambition d'avoir une garde nombreuse, mais elle fut plutôt destinée à le seconder dans ses conquêtes qu'à la conservation de sa personne. Deux cents *crennequiniers*, ou arbalétriers à cheval de la garde, le suivirent dans son expédition de Naples, en 1492. Ces cavaliers, supprimés au commencement du règne de Louis XII, furent remplacés par une garde flamande, très-nombreuse, composée d'infanterie. Elle se signala particulièrement à la bataille de Ravenne. Charles VIII créa une seconde compagnie de lanciers, qui prit le nom de *gentilshommes extraordinaires de la garde du roi*. Alors l'ancienne garde et celle des archers du corps fut appelée *petite garde*, par opposition avec la nouvelle, que l'on nomma *grand' garde*.

De nouvelles créations, faites par François Ier, de 1515 à 1545, portèrent l'effectif de la garde de 8 à 10,000 hommes. Sous ce prince, et surtout à la bataille de Marignan, on remarque encore deux compagnies de crennequiniers de la garde. Le régiment des gardes françaises, appelé à jouer un grand rôle dans nos fastes militaires du règne de Louis XIV, fut créé en 1563 ou 1566; l'institution des chevau-légers de la garde date de 1570 ou 1593, et celle du régiment des gardes suisses de 1589 (quelques écrivains militaires la font remonter à 1478). Louis XIII s'occupa aussi de l'organisation de sa maison militaire; il créa en 1611 la compagnie des gendarmes de la garde, en 1622 la première compagnie de mousquetaires, et forma en 1643 un régiment de gardes écossaises, composé de 13 à 17 compagnies, et de 1,500 à 1,700 hommes. Mais c'est surtout au règne de Louis XIV que l'on doit une garde brillante, bien disciplinée et uniformément habillée, dont l'effectif fut porté à 10,000 hommes. Elle fut divisée en *garde du dedans* et en *garde du dehors*; les gardes du corps, les cent Suisses, les gardes de la porte et de la prévôté faisaient partie de la première; les gendarmes, les chevau-légers, les mousquetaires, les gentilshommes au bec de corbin, les gardes françaises et suisses entraient dans la deuxième division. Une seconde compagnie de mousquetaires fut créée en 1660, époque à laquelle on licencia les gardes écossaises; et en 1676 on forma la compagnie des grenadiers à cheval. Les corps de la garde se distinguèrent dans toutes les campagnes du règne de Louis XIV, particulièrement au passage du Rhin et aux batailles de Leuze et de Malplaquet. Sous le règne suivant, la maison militaire se fit remarquer au siége de Philisbourg en 1735, pendant les campagnes de 1736 et 1737, et enfin à la bataille d'Ettingen, où elle eut 500 hommes hors de combat. Les deux compagnies des mousquetaires et la compagnie des grenadiers à cheval ayant été supprimées en 1775, la garde se trouva réduite de 5,500 hommes. Elle n'était que de 8,155 hommes, y compris la garde des princes, lorsque la révolution de 1789 éclata.

Une partie de cette maison militaire ayant été supprimée en 1791, on créa pour la remplacer une garde constitutionelle, composée de 1,200 hommes d'infanterie et de 600 chevaux, pris parmi les officiers, les sous-officiers et soldats des troupes de ligne. Licenciées les 29 et 31 mai 1792, ces troupes entrèrent dans la composition de la garde de la Convention nationale, à laquelle succéda la *garde du Directoire*, qui devint la *garde consulaire*, noyau de la *garde impériale*. Les ordonnances des 23 mai, 15 juin et 15 juillet 1814, rendues presque aussitôt après que les Bourbons eurent remis le pied aux Tuileries, rétablirent autour de Louis XVIII toute l'ancienne maison militaire, plus somptueuse que jamais, « le trône, disait le préambule, devant être entouré de tout l'éclat qui lui appartient, et le roi devant trouver ainsi le moyen de récompenser d'utiles services. » Les gardes du corps, les chevau-légers, les mousquetaires, les gendarmes de la garde, les grenadiers à cheval, les gardes de la porte et les gardes suisses reparurent plus brillants que jamais. Les régiments de la vieille garde impériale prirent le nom de *corps royaux de France*, qu'ils échangèrent pendant les cent jours pour celui de garde impériale. Au second retour de Louis XVIII, sa maison militaire fut rétablie, et une ordonnance du 1er septembre 1815 institua une garde royale. Mais cette fois on supprima les compagnies de gendarmes, de chevau-légers, de mousquetaires, de grenadiers à cheval et de gardes de la porte. Une autre ordonnance, du 27 avril 1817, supprima les gardes de la prévôté. La maison du roi ne fut plus composée que des 4 compagnies des gardes du corps et de la compagnie des cent Suisses. La garde royale comprit 8 régiments d'infanterie, dont 2 régiments suisses; 8 régiments de cavalerie, dont 2 de grenadiers à cheval, » 2 de cuirassiers, 1 de dragons, 1 de chasseurs à cheval, 1 de lanciers, 1 de hussards, 1 régiment d'artillerie à pied, 1 régiment d'artillerie à cheval et 1 régiment du train. On y ajouta plus tard

2 compagnies de vétérans sédentaires. D'après l'ordonnance constitutive du 27 février 1825, l'effectif de la garde, y compris la maison militaire du roi, devait être de 25,000 hommes sur le pied de paix, et de 33,925 sur le pied de guerre. Elle se recrutait dans l'armée; les officiers étaient au choix du roi. L'uniforme de ces corps était plus brillant que celui des troupes de ligne, leur solde plus forte, leur rang plus élevé, leurs droits plus étendus : le soldat était assimilé au caporal, le caporal au sergent, et ainsi de suite jusqu'aux grades les plus élevés. Cet avantage fut retiré à la garde royale par ordonnance du 9 août 1826, et les titulaires n'eurent plus que le grade de l'emploi dont ils étaient pourvus. Après la révolution de Juillet, une ordonnance du 11 août 1830 prononça la dissolution de la maison militaire et de la garde royale de Charles X. Louis-Philippe n'eut jamais de garde spéciale. Pendant son existence de quinze ans, la garde royale s'était toujours fait remarquer par sa belle tenue et sa parfaite instruction. Elle eut peu d'occasions de se signaler sur les champs de bataille. Des détachements prouvèrent cependant ce dont elle était capable en 1823 en Espagne, et en 1830 en Afrique. Aux journées de Juillet elle fit noblement son devoir.

Beaucoup de souverains de l'Europe ont une garde royale. En Angleterre, il y a 3 régiments d'infanterie de la garde, les *grenadiers-guards*, les *coldstream-guards*, les *fusiliers-guards*, et 10 régiments de cavalerie, 2 de *life-guards*, 1 de *horse-guards*, et 7 de *dragons guards*. La garde prussienne compte 16 bataillons d'infanterie, 24 escadrons de cavalerie, 16 compagnies d'artillerie et 2 compagnies de pionniers, sans compter la *landwehr*. Un bataillon de gardes du corps et un régiment de cuirassiers forment la garde du roi de Saxe. Celle du roi de Hollande se compose d'un régiment de grenadiers et d'un régiment de chasseurs. En Suède, la garde compte 6 bataillons d'infanterie et 2 régiments de cavalerie. Le roi de Naples a pour sa garde 2 régiments d'infanterie et 2 de cavalerie.

GARDES (Cent), corps d'élite créé par décret impérial du 24 mars 1854, et institué pour la garde de l'empereur et le service des palais impériaux. Ce corps qui porte la dénomination d'*escadron des cent gardes à cheval*, est composé de 1 lieutenant-colonel commandant, 1 chef d'escadron, 1 capitaine d'état-major, 1 capitaine, 2 lieutenants, 4 sous-lieutenants, 1 aide-vétérinaire, 1 adjudant sous-officier, 1 maréchal des logis chef, 8 maréchaux des logis, 1 maréchal des logis fourrier, 12 brigadiers, 30 gardes de 1re classe, 80 de 2e, 4 trompettes : total, 137 hommes. Les officiers sont pris dans tous les corps de troupes à cheval; les sous-officiers, brigadiers et gardes également, et il faut qu'ils aient au moins trois ans de service. Les trompettes sont choisis parmi les brigadiers-trompettes de tous les corps de troupes à cheval. Les *cent gardes à cheval* ont la droite sur toutes les troupes.

Leur grande tenue consiste en un casque en acier poli, cimier en or, crinière en gerbe, plumet blanc, tunique bleu de ciel, parements et collet amarante, sur ce dernier une boutonnière en galon d'or; épaulettes et aiguillettes en soie amarante et or, cuirasse en acier poli, ornée d'un écusson aux armes de l'empereur; culotte de peau de daim, bottes fortes, selle à la française, tapis en drap amarante, bordé de trois galons d'or, ayant aux quatre coins l'N et la couronne impériale, brodés en ronde-bosse.

Les armes consistent en un sabre-baïonnette et un fusil, confectionné par les soins de M. Treill, chef d'escadron d'artillerie, d'après la donnée de l'empereur; il se charge par la culasse; sa longueur, avec le sabre, est de 2m,33, et sa portée de 1,200 mètres; le pistolet est de même modèle.

A pied, les cent gardes ont le pantalon amarante, à double bande bleue; la tunique bleu de ciel, avec un plastron en buffle, brodé d'or, aux armes impériales; le chapeau à cornes; l'épée en verrou, le ceinturon noir. La tenue des officiers est la même que celle des gardes, sauf les ornements en or, les épaulettes, aiguillettes, dragonne, massives en or, la ganse du chapeau en torsade, et à chaque corne un gland, avec effilé également en or, le plastron de grande tenue brodé sur drap d'or.

Les cent gardes sont placés dans les attributions du ministre d'État et de la maison de l'empereur. Le ministère de la guerre contribue seulement pour 300,000 fr. par an à leur entretien; pour la première année, il a dû ouvrir un crédit de 400,000 fr.

GARDES DE LA MANCHE. *Voy.* GARDES DU CORPS.

GARDES DE LA MARINE. En 1670, Colbert, songeant à former une pépinière où se recruteraient les officiers de la marine royale, créa, dans les ports de Toulon, Brest et Rochefort, trois compagnies de *gardes de la marine*. Cette qualification fut tirée de l'armée de terre; elle n'avait aucune relation avec le but qu'on se proposait d'atteindre. Le choix des gardes était fait par le roi; nul ne pouvait être admis s'il n'était gentilhomme, et s'il avait plus de seize ans. Le programme de leurs études embrassait l'écriture, le dessin, les mathématiques, la fortification, l'hydrographie, le pilotage, la danse, l'escrime, le maniement de la pique et du mousquet, les évolutions militaires, la manœuvre des vaisseaux, la construction navale, le tir du canon, la levée des plans, etc; le règlement forçait les lieutenants de vaisseau et les enseignes d'assister, pêle-mêle avec les gardes de la marine, aux mêmes leçons.

L'honneur de cette jeune noblesse consistait à servir le roi de son épée, à briller dans un bal, dans un salon : officiers et gardes faisaient galerie et applaudissaient dans les salles de danse et d'escrime; le plus gracieux danseur, l'adroit tireur, étaient des officiers-modèles; l'on n'assistait qu'avec distraction aux leçons, souvent troublées, des maîtres de science, et les conférences où le mérite des jeunes officiers devait être apprécié et jugé restaient dédaignées et désertes; la journée d'étude finissait de bonne heure, bien avant le coucher du soleil, et alors commençaient les longues heures de dissipation, qu'on ne savait remplir que par le jeu ou par des tours d'écolier, dont les bourgeois étaient toujours les victimes. Cette turbulente jeunesse, toute pleine de sa science infuse, croyait savoir tout ce que son programme lui recommandait d'apprendre; elle attaquait les réputations les plus pures, pesait dans sa balance le mérite des capitaines les plus distingués, et, immolant sans pitié tout ce que son étroite intelligence ne pouvait comprendre, colportait la flétrissure contre tout officier dont la capacité avait heurté ses caprices. Salariés à 20 sous par jour, ces jeunes gens, tous nobles, mais presque tous gueux, faisaient des dettes, qu'ils ne payaient pas, jouaient, pariaient sur parole, et rarement terminaient la soirée sans donner le spectacle d'un duel. Le seul temps qu'ils employassent utilement était celui de la navigation, le service du bord ne leur laissant pas tant de désœuvrement; mais alors il n'était guère question pour eux que de discipline et de manœuvres; les bribes de connaissances scientifiques qu'ils avaient pu accrocher à terre dans les leçons des professeurs disparaissaient dans de longues années d'oubli et d'inapplication. Une grâce du roi les faisait officiers: ils allaient à la cour parader, et restaient toute leur vie des écoliers ignares et vantards. Qu'on juge de ce que devint cette pépinière d'officiers de marine, quand Louis XIV n'eut plus de vaisseau qui naviguât! On leur apprit encore à manier l'épée et le mousquet, ils furent capables de conduire au combat des compagnies de mousquetaires; mais battre et prendre un vaisseau anglais avec un vaisseau français, mais mener une flotte à la victoire, cette science-là fut perdue; et si elle reparut quelquefois, ce furent de simples capitaines de corsaires, élevés dans les rangs inférieurs des matelots, qui la firent jaillir et rendirent un peu d'éclat au pavillon de France. Plus tard, une étiquette de cour introduisit le service des *gardes du pavillon amiral*; on destina un certain nombre de gardes de la marine à remplir dans l'antichambre de l'amiral les mêmes fonctions que les gardes du corps remplissaient chez le roi : ils mirent leur gloire à faire rendre un son clair à leur mousquet quand ils présentaient les armes, et à frapper élégamment le parquet du talon pour annoncer un personnage.

Pendant un siècle et demi, l'institution des gardes de la marine se maintint telle que l'avait moulée Colbert, puis vint une révolution qui brisa la monarchie de Louis XIV, et fit bon marché du nom et de la noblesse des *gardes* : elle leur substitua les **aspirants**, qu'elle tira de tous les rangs de la société. L'uniforme des gardes de la marine était de drap bleu, doublé de serge écarlate, parements, veste, culotte et bas rouges, aiguillettes d'or, chapeau bordé d'or. Leur nombre a varié; il y en a eu souvent 900 et même 1,000. Théogène PAGE, capitaine de vaisseau.

GARDES D'HONNEUR. Un sénatus-consulte, du 3 avril 1813, mettant un effectif de 180,000 hommes à la disposition du ministre de la guerre, pour augmenter les forces actives de l'empire, ordonnait, entre autres levées, celle de 10,000 hommes de *gardes d'honneur* à cheval, vêtus d'un brillant uniforme à la hussarde. La création de ces quatre régiments nouveaux a été vivement reprochée à Napoléon, en ce qu'elle appelait au service beaucoup de jeunes gens riches qui avaient déjà satisfait à la loi du recrutement au moyen d'exemptions légales, ou en fournissant des remplaçants; mais la politique de l'empereur était de s'assurer ainsi des espèces d'otages, tirés des nobles familles dont l'attachement lui était suspect. Cette cavalerie dut s'habiller, s'équiper et se monter à ses frais; elle avait le rang et la solde de la **garde impériale**, dont elle faisait partie. Napoléon avait fait insérer dans le sénatus-consulte qui la créait un article ainsi conçu : « Lorsque, après la campagne, il sera procédé à la formation de *quatre compagnies de gardes du corps*, une portion sera choisie parmi les hommes des régiments de gardes d'honneur qui se seront le plus distingués. » La jeunesse française répondit noblement à l'appel de l'empereur; et dans les campagnes de 1813 et de 1814 les gardes d'honneur se couvrirent plusieurs fois de gloire, notamment à Dresde, à Leipzig, à Hanau et à Reims.

GARDES DU CORPS. La dénomination de *gardes du corps* (en anglais *life-guards*, en allemand *leib garde*) se confond dans ces langues, comme en russe, etc., avec ce qu'on appelle chez nous et ailleurs *garde royale* ou *impériale*. En Autriche, on les appelle *gardes nobles*, *trabans*, etc. En France, c'était originairement un corps de gentils-hommes montés, organisés en compagnies et faisant le service dans l'intérieur des châteaux royaux, près de la personne du roi et des princes, qu'ils devaient en outre escorter à leurs sorties, suivre et accompagner dans tous leurs voyages et déplacements. Les gardes du corps tenaient le premier rang dans la brillante maison militaire du roi. A la guerre, ils servaient comme corps de cavalerie, et s'illustrèrent dans plus d'une occasion, surtout pendant les campagnes du règne de Louis XIV. Le capitaine de la compagnie de service ne quittait jamais le monarque, et recevait de lui le mot d'ordre, qu'il transmettait ensuite aux officiers supérieurs des autres corps de la maison du roi. Les gardes du corps furent long-temps composés de quatre compagnies, dont une écossaise et trois françaises. La première compagnie fut créée en 1448 (1423, 1440 ou 1445 selon d'autres. Les réfugiés écossais avaient pris une part active à la guerre que la France avait entretenue contre l'Angleterre au commencement du règne de Charles VII. Ce prince, voulant reconnaître le services que les gentilshommes de cette nation lui avaient rendus, en forma une compagnie, à laquelle il donna le titre de *compagnie écossaise des gardes du corps du roi*. Elle eut plus tard le privilége de prendre la droite sur les trois autres : ses officiers commandaient, à grade égal, les officiers des compagnies françaises. Cette compagnie fournissait vingt-cinq archers, dits et de la *manche*, qui prirent successivement le nom d'*archers du corps* et de *gardes de la manche*. Les fonctions de ces gardes consistaient à veiller constamment sur la personne du roi dans les cérémonies publiques, à ses repas, au spectacle, etc. En 1474 et 1475, Louis XI créa deux nouvelles compagnies de gardes du corps, qui prirent la dénomination de première et deuxième compagnie française; elles furent formées des archers attachés aux deux compagnies de cent gentilshommes, qui avec la compagnie écossaise composaient la cavalerie de sa garde (*voyez* GARDE ROYALE). François Ier institua une troisième compagnie française, en 1514 (ou 1545). Sous le règne de ce prince, et à la même date, la compagnie écossaise conserva son nom et son rang, mais ne fut plus composée que de gentilshommes français. A cette époque, les quatre compagnies, y compris les archers du corps, formaient un total de 430 gardes. Louis XIV éleva cette garde de 680 à 1,600 hommes; à la fin du règne de ce prince, elle était réduite à 1,440. La reine mère et le duc d'Orléans avaient aussi chacun leur compagnie de gardes du corps.

Les gardes du corps portèrent successivement le casque et la cuirasse, le chapeau et l'habit galonnés, l'arc et les flèches, l'arquebuse, le pistolet et la javeline, la carabine et le mousqueton, l'épée et le sabre. Chaque compagnie avait son étendard et sa devise particulière. Avant la révolution de 1789, ils se recrutaient parmi la noblesse du royaume; il arrivait cependant quelquefois qu'après une campagne désastreuse, on remplissait les cadres éclaircis par le boulet avec des cavaliers pris dans les régiments de cavalerie de l'armée. Ces exemples étaient toutefois fort rares, parce que ce moyen déplaisait à la noblesse; et la cour ne l'employait qu'avec la plus grande réserve. Supprimés par la révolution, le 12 septembre 1791, les gardes du corps reparurent avec la Restauration; mais au lieu des quatre compagnies, l'ordonnance du 12 mai 1814 en rétablit six, fortes chacune de 287 hommes, officiers et gardes, non compris l'état-major. La première conserva la dénomination de compagnie écossaise; les cinq autres prirent celle de Gramont, Poix, Luxembourg, Wagram et Raguse. Elles se recrutaient originairement parmi de jeunes nobles, ou prétendus tels, à qui leurs parents assuraient une pension annuelle de 600 fr. A seize ans ils étaient reçus surnuméraires, s'entretenaient deux ans à leurs frais, et prenaient ensuite rang parmi les gardes titulaires. La maison militaire du roi ayant été licenciée au retour de l'empereur de l'île d'Elbe, les six compagnies de gardes du corps subirent la même destinée. Les quatre premières furent rétablies en 1815, et l'on supprima définitivement les compagnies de Wagram et de Raguse. L'ordonnance du 30 décembre 1818 maintint le surplus des gardes du corps sous forme de quatre brigades, représentant deux escadrons et 1,400 gardes, divisés en trois classes, ayant rang de lieutenant en premier, lieutenant en second, et sous-lieutenant. Ceux de troisième classe étaient choisis parmi les élèves des écoles militaires et les sous-officiers de la ligne remplissant les conditions voulues pour devenir officiers. Au-dessus des trois classes de gardes, chaque grade, laissé à l'option du roi, avait son assimilation dans l'armée : le capitaine était lieutenant général; le lieutenant, commandant, et le major, maréchal de camp; le lieutenant, colonel; le sous-lieutenant, lieutenant-colonel; le maréchal des logis chef, chef d'escadron; le maréchal des logis, capitaine-commandant le brigadier, capitaine en second. Une ordonnance du 22 mai 1822 attribue, jusqu'au grade de colonel, le grade supérieur à tout officier employé dans les gardes du corps, du jour où il avait accompli huit années passées dans les fonctions inférieures.

L'uniforme des gardes du corps était magnifique : il se composait d'un habit bleu de roi, avec collet, parements et retroussis écarlates; la poitrine, le collet, les parements, les poches, couverts de brandebourgs et de boutonnières en galon d'argent; le pantalon en drap bleu ou en casimir blanc; le casque formé d'une bombe droite, en plaqué d'argent, entouré d'une peau de veau marin, ainsi que la visière et le couvre nuque; la banderole de giberne en galon d'argent; les épaulettes et aiguillettes, de même; mousqueton à baïonnette, sabre de cavalerie, pistolets. La couleur de la bandoulière, blanche, verte, bleue, jaune, etc., distinguait chaque compagnie.

Monsieur, comte d'Artois, eut aussi, à la Restauration, deux compagnies de gardes du corps, dont l'uniforme vert était d'ailleurs presque le même que celui des gardes du corps du roi. Par ordonnance du 21 avril 1819, ces deux compagnies n'en formèrent plus qu'une, qui, à la mort de Louis XVIII, devint la 5e des gardes du corps du roi. Les cinq furent licenciées en masse par ordonnance du 11 août 1830.

GARDES FRANÇAISES. La création de ce corps d'infanterie d'élite, qui a subsisté dans l'armée française jusqu'en 1790, remonte au seizième siècle. Ce fut Catherine de Médicis qui en ordonna la formation ; il devait être chargé spécialement de la garde du roi. Cette innovation assez coûteuse, parce que le régiment fut tout de suite porté à un effectif considérable, fit jeter les hauts cris à l'opposition d'alors, c'est-à-dire aux huguenots. On se plaignit d'un tel surcroît de dépense, et l'on fut surpris de voir le trône s'entourer d'une force armée aussi considérable. Des conflits d'attribution entre les hommes chargés de commander les gardes françaises donnèrent raison aux mécontents ; et le régiment fut cassé et licencié en 1573. Mais un an après, de nouvelles craintes engageaient Charles IX à le rétablir. A l'origine, le régiment des gardes françaises se composait de 10 compagnies. Sous Henri IV et Louis XIII il en compta 20. De 1635 à 1689, il en eut 30. A cette époque, Louis XIV y ajouta 2 compagnies de grenadiers ; en 1719, le régent y en ajouta une 3e. En 1777, Louis XVI organisa le régiment par bataillons. Le nombre des hommes varia comme celui des compagnies. Dans l'origine, elles étaient de 50 hommes ; sous Henri IV, de 80, puis de 40 ; en 1635, de 300. Cet effectif, conservé longtemps, porta le régiment à la force énorme de 9,600 hommes. Réduit au chiffre de 4,110, il fut porté sous Louis XVI à 4,880 hommes. Outre les soldats, il avait à sa suite des cadets, qui furent même très-nombreux depuis Charles IX jusqu'à l'ordonnance de 1670, qui les réduisit à 2 par compagnie.

Les gardes françaises, comme faisant partie de la maison du roi, jouissaient de nombreux priviléges. Ils avaient le pas sur tous les autres régiments de l'armée, choisissaient leur poste en campagne, et le prenaient d'ordinaire au milieu de l'infanterie. Quand une place assiégée ouvrait ses portes, c'est à eux que revenait l'honneur d'y entrer les premiers, et même seuls, s'ils étaient assez forts pour la garder. Aussi en coûtait-il pour être capitaine dans ce corps d'élite, de 60 à 80,000 francs. Ce fut Louis XIV qui lui donna un uniforme gris-blanc, avec galons d'argent faux sur toutes les coutures du justaucorps ; les officiers étaient vêtus d'écarlate brodée d'argent. Depuis Louis XV l'habit du soldat fut bleu, relevé de rouge, avec des galons de fil blanc aux boutonnières ; celui des officiers, de même couleur, galonné d'argent. Les drapeaux étaient bleus, semés de fleurs de lis d'or sans nombre, avec une croix blanche au milieu, chargée à chaque bout de ses travers d'une couronne d'or. On n'admettait dans les gardes françaises aucun étranger, pas même les hommes nés dans les provinces réunies en dernier lieu à la France, comme l'Alsace. Les soldats et caporaux avaient le droit de suppléer à la modicité de leur solde en exerçant des métiers en ville ; et comme le régiment était caserné dans le faubourg du Temple à Paris, les rapports du soldat avec l'habitant de cette capitale étaient continuels. C'est ce qui explique la part active qu'il prit aux premières scènes de la révolution de 1789. Les gardes françaises furent le premier régiment de l'armée qui embrassa la cause du peuple. A la fin de juin une mutinerie éclata dans ses rangs. Les chefs la punirent en envoyant onze des coupables à l'Abbaye, dont le lendemain le peuple vint briser les portes. La cour, comprenant qu'elle ne devait plus compter sur ce corps pour le maintien de l'autorité royale dans la capitale, fit approcher de Paris quelques autres régiments, dont elle croyait pouvoir être plus sûre. A l'affaire du Pont-Tournant, le régiment royal-allemand, commandé par M. de Lambesc fit feu sur le peuple. Mais alors les gardes françaises, consignés dans leurs quartiers, en brisèrent les grilles, et épousant la cause du peuple, marchèrent vers la place Louis XV pour en expulser les troupes qui venaient de donner un coup de collier au profit de la cour, et qui durent se replier sur Versailles. A quelques jours de là, le régiment tout entier marchait contre la Bastille, et contribuait puissamment à la prise de ce boulevard d'un despotisme caduc. Le 31 août suivant, une ordonnance de Louis XVI cassa les gardes françaises. Officiers et soldats furent alors incorporés, sous la dénomination de *garde nationale soldée*, dans la garde nationale de Paris. Puis un décret du 10 octobre 1792 les répartit dans les divers bataillons de l'armée active, chargée de défendre le territoire de la France.

GARDES SUISSES. *Voyez* SUISSES.

GARDE-TEMPS, nom que l'on donne quelquefois aux chronomètres ou montres marines.

GARDE-VENTE ou FACTEUR. C'est le nom qu'on donne au commis qu'un marchand prépose pour l'exploitation et pour la vente des bois dont il s'est rendu adjudicataire. Les garde-ventes doivent être agréés par l'agent forestier local et assermentés devant le juge de paix. Ils sont autorisés à dresser des procès-verbaux pour les contraventions commises tant dans la vente qu'à l'*ouïe de la cognée*, c'est-à-dire à la distance de 250 mètres, à partir des limites de la coupe. A défaut par le garde-vente de dresser procès-verbal du délit, l'adjudicataire en est responsable. Le garde-vente inscrit jour par jour et sans lacune, sur un registre timbré, coté et paraphé par l'agent forestier, la nature, l'espèce et la qualité des bois et marchandises qui sortent de la vente, ainsi que les noms des voituriers. Il délivre à ceux-ci des certificats ou bulletins énonciatifs de la quantité de pièces qu'ils sont chargés de conduire, de leur dimension et des jour et heure du chargement. Tous autres bois dont les voituriers se trouvent chargés sont réputés bois de délit.

GARDIE (Famille de LA). *Voyez* LA GARDIE.

GARDIEN. En général, ce nom se donne à celui qui garde ou protége, ou qui est commis pour garder ou protéger quelqu'un ou quelque chose : Le *gardien* d'un monument public. Dans les ports, on donne le nom de *gardien* à tout individu chargé de garder un magasin, un bâtiment désarmé, etc. Ce sont ordinairement de vieux matelots ou officiers mariniers. A bord des navires armés, il y a des *gardiens* de la soute aux poudres, de la sainte-barbe, de la fosse-aux-lions, etc. Les curés de paroisse portaient autrefois le titre de *gardiens*, et l'on appelait *gardien du palais* l'archichapelain de la cour. Le *gardien de la régale* était un officier chargé de percevoir au nom du roi les revenus des abbayes et évêchés vacants. Aujourd'hui, en termes de pratique, *gardien* se dit de celui qui est commis par justice pour garder des meubles saisis, des scellés, etc.

Dans les couvents de franciscains, on nomme *gardien*, ou *père gardien*, le supérieur de la communauté : Le père gardien des capucins, des cordeliers. La congrégation de la Sainte-Trinité à Rome, qui remonte à saint Philippe de Néri, et à laquelle est affiliée la plus grande partie de la noblesse romaine de l'un et de l'autre sexe, a pour *gardiens*, ou administrateurs, un conseil de douze prêtres, institué par Innocent XI, en 1677.

En Angleterre, le *gardien souverain de la jarretière* est le grand-chancelier de cet ordre, et le titre en est toujours réservé au roi. On appelle encore dans ce pays *gardien*, ou *gardien de la spiritualité*, c'est-à-dire du spirituel, le dignitaire qui dans un diocèse a la juridiction spirituelle durant la vacance du siége. Ces *gardiens* le sont de droit et par la loi, comme un archevêque dans sa province, ou par délégation, quand un archevêque ou un vicaire général charge pour un temps quelqu'un de ses fonctions. Le doyen et le chapitre de Cantorbéry sont *gardiens du spirituel* dans tout le diocèse pendant la vacance de cet archevêché.

GARDIEN (Ange). La foi catholique nous montre l'homme placé entre deux esprits, qui s'attachent constamment à ses pas : l'un, ange ténébreux, qui l'obsède pour le porter au mal, et qui, selon saint Pierre, tourne sans cesse autour de lui comme un lion rugissant pour le dévorer ; l'autre, esprit céleste, chargé de le conduire à la vertu par ses conseils, de l'éloigner du vice par des remords, de l'éclairer par ses lumières, de le protéger par ses secours. C'est ce mentor céleste que nous nommons *ange gardien*. Il faudrait n'avoir jamais lu les livres saints pour n'y avoir pas rencontré les preuves de l'existence de ces anges tutélaires. Et ce n'est pas là, comme on l'a dit, un emprunt fait par les Juifs aux Chaldéens et aux Perses pendant la captivité de Babylone, puisqu'on trouve l'indication d'anges protecteurs dans les livres de Moïse. Non, elle ne vient pas des ténèbres de la superstition, cette doctrine si consolante, qui nous montre dans l'ange gardien un tuteur dévoué, prêt en toute occasion à prendre nos intérêts et notre défense. L'homme naît : un ange veille auprès de son berceau pour en écarter les périls ; Dieu lui a confié cet enfant pour le *garder* dans toutes ses voies ; il le porte dans ses bras, de peur que son pied ne heurte contre la pierre (*Ps.* 90) ; il veille sur son innocence. Oh ! prenez garde d'y porter atteinte : l'ange de cet enfant voit dans le ciel la face de Dieu (*Matth.*, 18), et lui demande vengeance contre ceux qui voudraient lui enlever ce jeune agneau confié à sa garde. L'homme croît ; les passions grandissent avec lui, et vont bientôt le tyranniser : heureux celui qui, docile aux leçons qu'il reçoit de son guide, a su fermer son cœur aux attraits du plaisir, aux illusions des sens ! Qu'il s'épargne de regrets pour l'avenir ! « Écoute donc, mon fils, avec un religieux respect, la voix de cet ange tutélaire, et garde-toi de le mépriser : c'est au nom de Dieu qu'il te parle ; il ne t'épargnerait pas si tu venais à pécher (*Exod.*, 23). » Le pauvre travaille et souffre, l'affligé pleure et gémit, l'homme vertueux prie et fait le bien : prières, larmes, sueurs, tout est recueilli par l'ange qui en est le témoin, pour être offert au Seigneur (*Tob.*, 12). Le juste va mourir : l'ange se tient auprès de son lit de douleur, pour adoucir ses derniers moments ; il attend son âme au passage, pour la saisir, et la porte comme Lazare dans le sein d'Abraham (*Luc*, 16). L'abbé C. BANDEVILLE.

GARDIEN JUDICIAIRE, celui qui est préposé, au nom de la justice, à la garde d'objets saisis, séquestrés, mis sous les scellés ou confiés de toute autre manière, pour être représentés à qui de droit. Les femmes peuvent être gardiennes, excepté en matière criminelle et correctionnelle. Le gardien répond de la chose qui a été détruite, perdue, endommagée, à moins qu'il ne prouve le cas fortuit. La contrainte par corps peut avoir lieu contre lui. Il reçoit pour la garde des frais fixés par la loi. La peine infligée au gardien coupable de négligence varie suivant la nature des choses mises sous scellé ; mais s'il commet le crime prémédité de b r i s de scellés, il est puni de deux à cinq ans d'emprisonnement, et quelquefois de peines beaucoup plus fortes.

GARDIENS DE PARIS. *Voyez* SERGENTS DE VILLE.

GARDINER (ÉTIENNE), évêque de Winchester et chancelier d'Angleterre, né en 1483, à Saint-Edmundsbury, dans le comté de Suffolk, était fils naturel de l'évêque de Salisbury, Lionel Woodville, et fut élevé à Cambridge, où il se livra avec succès à l'étude des sciences théologiques et politiques. Doué d'une grande aptitude au travail et d'une rare souplesse d'esprit, il obtint toute la faveur du cardinal W o l s e y, dont il était devenu le secrétaire, et qui le recommanda au roi. Quand H e n r i V I I I poursuivit son divorce d'avec Catherine d'Aragon, Gardiner fut envoyé par lui à Rome, en 1528, comme négociateur, et l'année suivante il était nommé membre du conseil d'État, quoiqu'il eût échoué dans cette mission. En récompense de la complaisance extrême dont il fit preuve dans le procès de divorce et lors de l'établissement de la suprématie de la couronne en matières ecclésiastiques, Henri VIII le nomma, en 1544, évêque de Winchester. Un écrit dirigé contre le pape et intitulé *De vera obedientia*, qu'il avait publié en 1536, avait achevé de lui concilier au plus haut degré la faveur de ce prince. Gardiner, qui n'en était pas moins demeuré en secret un adversaire décidé de la réforme religieuse, combattit avec énergie tous les projets de C r a n m e r, contribua activement à la chute du secrétaire d'État Cromwell, empêcha la conclusion d'une alliance entre Henri VIII et les protestants allemands, et réussit à faire poursuivre les protestants anglais par le fer et le feu. Cependant ses relations avec la princesse Marie, déclarée bâtarde, éveillèrent les soupçons du roi. Ayant accusé d'hérésie Catherine Parr, femme de Henri VIII, qui parvint à se justifier aux yeux du tyran, il tomba complétement en disgrâce, et fut expulsé du conseil d'État. Sous le règne d'Édouard VI, le parti protestant le fit languir en prison pendant plusieurs années. La persécution ne refroidit en aucune façon son zèle contre la réforme ; rendu à la liberté, il se remit aussitôt à combattre les nouvelles doctrines ; et en 1551 le parti dominant, après l'avoir d'abord déposé, l'emprisonna de nouveau. L'accession au trône de la reine Marie eut pour résultat immédiat sa mise en liberté et son rétablissement sur son siége épiscopal. Plus tard, il fut placé à la tête des affaires publiques, avec le titre de chancelier. Il conseilla alors à la reine de rétablir le culte catholique en Angleterre, tout en conservant à la couronne le droit de suprématie ; puis, secondé par de nombreux espions, il entreprit contre les protestants la plus sanglante des persécutions. Observateur rien moins que scrupuleux de son vœu de chasteté, il déploya tous les raffinements de la cruauté à l'égard des prêtres mariés et de leurs familles.

Reconnaissant enfin l'impossibilité d'en finir par la force avec les hérétiques, il renonça peu à peu à ce système de violence, et mourut le 12 novembre 1555, après avoir encore assisté sur l'échafaud les évêques Ridley et Latimer.

Gardiner mérita bien de son pays, lors de la rédaction des articles du contrat de mariage de la reine Marie avec le prince Philippe d'Espagne, par le soin qu'il apporta à y sauvegarder les droits et les immunités de sa nation. Indépendamment du traité mentionné ci-dessus, on a de lui : *Necessary Doctrine of a christian man* (1543).

GARDON. *Voyez* GARD.

GARE, bassin naturel ou artificiel qui fait les fonctions de petit port auprès de certaines rivières. Quelquefois un des bras de la rivière sert de gare : dans ce cas, les glaces sont arrêtées ou brisées par une e s t a c a d e en charpente.

Les stations les plus importantes de c h e m i n s d e f e r sont pourvues de *gares*, c'est-à-dire de vastes emplacements pour le chargement et le déchargement des bagages et marchandises ; à ces gares se rattachent des magasins pour le combustible, et souvent des ateliers pour l'entretien et les réparations du matériel roulant. Par extension, on donne souvent le nom de *gare* aux e m b a r c a d è r e s eux-mêmes.

GARENGEOT (RENÉ-JACQUES CROISSANT DE), chirurgien, naquit à Vitré, en 1688. Ses principaux ouvrages sont un *Traité des Opérations de Chirurgie* (Paris, 1720-1749, 3 vol.) ; un *Traité des Instruments de Chirurgie* (1723) ; une *Myotomie humaine et canine* (2 vol.) ; une *planchnologie* (1728) ; etc. Mais le nom de Garengeot a surtout conservé une certaine popularité, grâce à un instrument qui sert à l'extraction des dents, et qui lui doit d'utiles modifications : la *clef de Garengeot* ou *clef anglaise* est encore tous les jours entre les mains des dentistes. Démonstrateur royal aux écoles de chirurgie, membre de l'Académie royale de Chirurgie, et enfin, en 1742, chirurgien-major du régiment du roi, Garengeot occupa un rang distingué parmi les praticiens de son époque. Frappé d'apoplexie, il mourut à Cologne, le 10 décembre 1759.

GARENNE, lieu à la campagne, dit l'Académie, où il y a des l a p i n s et où l'on prend soin de les conserver. On appelle *garenne privée* ou *garenne forcée* un lieu entouré de murailles ou de fossés, où on élève des lapins. L'article 524 du Code Civil considère les lapins de garenne comme immeubles par destination.

Autrefois le mot *garenne* avait une extension plus grande : il signifiait tout bois ou bruyère où il y avait beaucoup de lapins. Le droit de *garenne d'eau* consistait à défendre la pêche dans les étangs, rivières, fleuves, sur lesquels il était établi. Une *garenne* était encore un lieu près du château que l'on soignait d'une manière plus particulière.

GARGANTUA, sorte de géant, héros d'un roman satirique composé par notre immortel *Rabelais*. La plupart des commentateurs s'accordent à penser que sous les traits de *Gargantua* le facétieux écrivain a voulu peindre François Ier, et Henri II sous ceux de *Pantagruel*.

Par antonomase, *Gargantua* se dit substantivement d'un gastronome à outrance, d'un mangeur sans frein ni mesure, d'un être insatiable, d'un homme, en un mot, que la nature a doté d'un appétit extraordinaire.

GARGANTUA (Palais de). *Voyez* DOLMEN.

GARGARISME (de γαργαρίζω, je lave la bouche). On désigne par ce mot une préparation liquide destinée à agir sur les parties internes de la cavité buccale et du gosier. Les gargarismes n'ont ordinairement qu'une action locale ; du moins leurs effets généraux sont peu marqués, quoique la membrane muqueuse qui tapisse la bouche et le gosier soit fort sensible et garnie de pores absorbants très-nombreux ; l'action de ces liquides médicamenteux est toujours trop instantanée pour qu'ils puissent être absorbés et portés dans la circulation.

On prépare des gargarismes d'une foule de manières, et presque toutes les substances pharmaceutiques solubles ou simplement suspendues dans l'eau ou un autre liquide ont été ou peuvent être administrées sous cette forme. Ainsi, il y a des gargarismes émollients, acidulés, astringents, toniques, calmants, détersifs, antisyphilitiques, antiscorbutiques, etc., selon qu'il entre dans leur composition tels ou tels médicaments ayant les propriétés que nous venons d'indiquer. Les maladies qui réclament l'emploi des gargarismes sont les suivantes : les stomatites, les glossites, les inflammations pharyngiennes, aiguës, simples ou couenneuses ; les abcès des amygdales, l'atonie, le relâchement ou la paralysie des organes gutturaux, leurs inflammations, celles du palais, de la luette, la procidence de cet organe, les aphthes, les ulcérations syphilitiques, scorbutiques, scrofuleuses, enfin toutes les affections siégeant dans la bouche et le gosier.

Lorsque les gargarismes sont mis en usage, moins comme médicament que comme préparation hygiénique ou de propreté, on doit alors, pour augmenter leur action, contracter alternativement tous les muscles du pharynx, de même que ceux qui forment les parois des joues, particulièrement le buccinateur. Par ces mouvements et les contractions simultanées ou alternatives des organes bucco-pharyngiens, on fait circuler le liquide dans toutes les anfractuosités de manière à déterger toutes les surfaces gutturales. Mais lorsque les gargarismes sont administrés comme agents thérapeutiques, surtout dans les affections aiguës du gosier, il faut, pour ne pas les rendre plus nuisibles qu'utiles, laisser dans un repos absolu les organes gutturaux. On doit donc se contenter de tenir le gargarisme dans l'arrière-bouche en renversant la tête et en évitant d'agiter le liquide : sans cette précaution, les contractions et les mouvements qu'on a l'habitude de faire augmentent l'irritation des parties enflammées, qui ont besoin de repos. C'est l'oubli de ce précepte qui a fait dire à plusieurs praticiens que les gargarismes étaient souvent plutôt nuisibles qu'avantageux dans les inflammations de la gorge, et qu'ils augmentaient la douleur au lieu de la diminuer. Si le siége du mal se trouvait borné à la cavité de la bouche, le malade, au lieu de renverser la tête, se tiendrait sur son séant, de manière à rejeter plus facilement le liquide et à l'empêcher de pénétrer, soit dans l'œsophage, soit dans les voies aériennes ; on devra surtout éviter d'avaler le gargarisme lorsque les substances qui le composent seront de nature à irriter les organes de la digestion. COLOMBAT (de l'Isère).

GARGOUILLE. Ce mot, employé au singulier, désigne un trou, orné d'un mascaron, par lequel l'eau sort d'une fontaine ou d'une cascade ; c'est aussi une rigole de pierre, par où l'eau coule de bassin en bassin, dans un jardin. Les *gargouilles* sont les trous pratiqués dans la cymaise d'une corniche, et ornés de masques, de têtes d'animaux, particulièrement de lions, par où s'écoule l'eau des petits canaux taillés sur la corniche.

GARGOUILLEMENT. Ce mot se dit du bruissement que fait l'eau dans la gorge, dans l'estomac ou dans les autres viscères. Autrefois le mot *gargouillement* se prenait pour *gazouillement* ; il signifiait le bruit agréable que fait l'eau en coulant sur les pierres et le sable ; cette acception s'est perdue.

GARGOUSSE, autrefois *gargouche* et *gargouge*, cylindre creux, en papier ou en parchemin, destiné à contenir la charge de poudre d'une bouche à feu, de siége, de place ou de côte. Elle est toujours du tiers du poids du boulet. Ainsi, la *gargousse* d'une pièce de douze doit contenir quatre livres de poudre, et celle d'une pièce de dix-huit six livres, etc. Lorsque ce sac est en serge, il prend le nom de *sachet* ; enfin, si le boulet ou la boîte à balles y sont fixés, on nomme cette réunion *cartouche à balles* ou *à boulet*. On confond généralement dans la conversation les *gargousses* et les *cartouches* ; nous venons d'en expliquer la différence. La gargousse n'est absolument qu'un sac en papier collé, disposé au moyen d'un *mandrin* de la même dimension que le calibre de la pièce à laquelle la gargousse est destinée. Le papier fort est préférable au parchemin, qui a l'inconvénient de laisser au fond du canon des culots qu'il faut retirer avec le tire-bourre, pour éviter des accidents graves, tels que l'explosion de la nouvelle charge pendant que les servants refoulent encore. Dans l'origine on introduisait la poudre à nu dans l'âme des pièces, au moyen d'une grande cuiller, nommé *lanterne* ; il en survenait de fréquents accidents, qui y ont fait renoncer.

On donne le nom de *gargousier* ou garde-feu à une boîte cylindrique, en bois léger ou en cuir fort, dans laquelle on renferme la *gargousse* pour l'apporter dans la batterie au premier servant chargé de l'introduire dans l'âme de la pièce. Les gargousiers varient nécessairement de dimension, suivant le calibre de la bouche à feu. Quelquefois on donne encore, mais improprement, le nom de *gargousier* au canonnier chargé d'apporter la *gargousse*. MERLIN.

GARGUILLE (GAUTIER). *Voyez* GAUTIER GARGUILLE.

GARIBALDI (GIUSEPPE), fameux surtout par le rôle qu'il a joué lors de la révolution de Rome, en 1849, est né à Nice, le 4 juillet 1807. Entré de bonne heure dans la marine sarde, il se distingua par la résolution et la constance dont il fit preuve en plusieurs circonstances difficiles. Impliqué dans une conspiration qui devait éclater à Gênes au commencement de 1834, il réussit toutefois à se réfugier encore assez à temps sur le territoire français. Il entra alors au service du bey de Tunis en qualité de capitaine de frégate ; mais il y renonça au bout de quelques mois pour se rendre dans l'Amérique du Sud. Arrivé à Montevideo, il entra au service de la république de l'Uruguay ; et ses talents lui firent bientôt obtenir le commandement supérieur de l'escadre chargée d'opérer contre Buenos-Ayres. Montevideo ayant été bloqué par les forces navales de l'Angleterre et de la France, Garibaldi alla prendre part à la guerre faite sur terre à Rosas, comme commandant d'un corps franc dont l'effectif varia entre 300 et 3,000 hommes, combattant à la tête tantôt d'une cavalerie rapide contre le vent, tantôt d'une inébranlable infanterie. Le genre tout particulier d'opérations qu'il dut exécuter dans ces contrées sauvages et inhabitées fit de lui un excellent chef de guerillas. Sa femme, une créole, partagea les dangers et les fatigues de ses audacieuses entreprises dans l'Amérique du Sud comme en Italie.

La nouvelle de la révolution dont l'Italie était devenue le théâtre ramena en 1848 Garibaldi dans sa patrie ; et dans la guerre du Piémont contre l'Autriche il eut occasion de se distinguer d'une manière toute particulière au sud du Tyrol. Lorsque la république fut proclamée à Rome en 1849, Garibaldi fut admis à défendre le nouvel État avec le grade de général de division; et c'est à lui que fut due la brillante victoire remportée sous les murs de Rome, le 30 avril 1849, par les patriotes sur les troupes françaises. Avec son corps fort de 2,300 hommes, dont la légion Italienne qu'il avait formée constituait la partie la plus importante, il força les Français à battre en retraite après avoir essuyé une perte considérable. Ensuite, le 9 mai, près de Palestrina, à la tête de 3,000 hommes, il mit en complète déroute un corps de 5,000 Napolitains. A la belle affaire qui eut lieu le 19 du même mois à Velletri, c'est, il est vrai, Roselli qui commandait en chef; mais ce fut Garibaldi qui engagea le combat et qui décida de la victoire.

Dans cette journée, comme dans beaucoup d'autres occasions, il s'exposa personnellement aux plus grands dangers, et fut blessé. Lors de l'attaque tentée à l'improviste le 3 juin contre Rome par les troupes françaises, Garibaldi dut encore soutenir les engagements les plus vifs. S'il lui fut impossible de déloger l'ennemi de la position qu'il avait réussi à prendre, il l'empêcha du moins de pousser plus avant, et le contraignit à entreprendre un siége régulier. Pendant la durée de ce siége, Garibaldi fut chargé de défendre le front de la place; et si Rome résista pendant trente jours, c'est uniquement à son énergie et à son courage que les patriotes romains durent ce beau résultat. Garibaldi proposa alors au triumvirat d'évacuer la ville avec la garnison et d'aller continuer la guerre dans d'autres parties de l'Italie; mais son avis fut rejeté. Lui-même il quitta Rome, à la tête de 2,500 hommes d'infanterie et de 400 cavaliers, et se faisant jour à travers les lignes françaises et autrichiennes, il effectua sa mémorable retraite de Rome à San-Marino, où il arriva le 31 juillet. Là, force lui fut de laisser se débander ses troupes, exténuées et désormais hors d'état de résister à un ennemi de beaucoup supérieur en forces. Avec 200 hommes qui s'attachèrent volontairement à sa fortune, il réussit à gagner les côtes de la Méditerranée et à s'y embarquer pour Gênes, d'où il se rendit aux États-Unis.

Après un assez long séjour à New-York, il passa en Californie, d'où en 1852 il partit pour la Chine comme capitaine d'un navire péruvien. Dans l'été de la même année, il était de retour au Pérou, où on l'investit du commandement en chef de l'armée péruvienne. En 1854 il revint à Gênes, et écrivit une lettre aux patriotes italiens pour les engager à rester tranquilles pendant les événements qui se préparaient. Les ennemis de Garibaldi eux-mêmes ne contestent ni sa rare énergie ni ses talents militaires, non plus que le soin qu'il apporta toujours à faire observer aux hommes placés sous ses ordres la plus sévère discipline.

GARIGLIANO, le *Liris* des anciens, fleuve qui prend sa source dans les Apennins, et qui, après avoir arrosé la province du royaume de Naples qu'on appelle Terre de Labour, vient se jeter dans le golfe de Gaëte. Ses eaux bourbeuses coulent avec une lenteur extrême; mais elles sont très-poissonneuses, et abondent particulièrement en anguilles. Ce fut au milieu de ses roseaux, non loin de la ville de Minturnes, que Marius chercha un refuge contre les poursuites de ses ennemis. Notre illustre chevalier sans peur et sans reproche, Bayard, défendit longtemps contre les forces, de beaucoup supérieures, des Génois et des Vénitiens le pont du Garigliano sur lequel passe la grande route de Rome à Naples, et ce fut ce trait d'héroïque bravoure qui seul rendit possible le salut de l'armée française.

GARIZIM. C'est le nom que l'Ancien Testament donne à l'un des sommets du mont Ephraïm, en Palestine, et il dérive probablement des Guérissites, tribu qui l'habitait. Au temps de Néhémie, sous le règne du roi de Perse Darius-Nothus, les Samaritains élevèrent sur le Garizim leur sanctuaire national, construction qui mit le comble au schisme religieux existant entre eux et les Juifs. Manassé, fils du grand-prêtre Jaddou, ayant été excommunié et chassé à cause de son mariage avec la fille de Sanballat, satrape perse de Samarie, fut le promoteur de cette entreprise. Le temple qu'il construisit sur le Garizim fut détruit l'an 129 avant J.-C., par Jean Hyrcan; mais la montagne n'en conserva pas moins toujours un caractère sacré aux yeux des Samaritains, qui ne l'appelaient que le *Mont des Bénédictions*.

GARLANDE (Jean de), poëte et grammairien du commencement du onzième siècle, né en Angleterre, selon Moréri et Du Cange, mais qu'il est plus rationnel de considérer, avec Depping, comme Français, soit qu'il fût issu de la noble famille de ce nom, soit qu'il eût vu le jour au village de Garlande, dans la Brie. Ceux qui le font naître en Angleterre conviennent même qu'il avait fait ses études en France, tandis que ceux qui professent l'opinion contraire pensent qu'après la conquête de l'Angleterre par Guillaume le Bâtard, il passa dans ce royaume, comme beaucoup d'autres savants français, et qu'avec la protection de ce prince il y ouvrit une école, qui devint célèbre. Las enfin d'un long séjour sur la terre étrangère, il serait, à les en croire, revenu, vers la fin du onzième siècle, habiter sa patrie, où il avait des propriétés, et y serait mort, selon les uns, en 1081, suivant d'autres, en 1098.

Un de ses ouvrages les plus curieux est un vocabulaire ou dictionnaire latin (*Libellus de verborum compositione*), donnant des notions quelquefois incomplètes, mais souvent très-intéressantes, sur la rhétorique, la médecine, la navigation, l'architecture, l'industrie, le vêtement, la nourriture. Depping l'a publié à la suite de son *Paris sous Philippe le Bel* (Documents inédits sur l'histoire de France, 1837). On a encore de lui un poëme *De Triumphis Ecclesiæ*, dédié à Foulques, évêque de Londres: on y voit que le onzième siècle, quand il s'avisait d'être pédant, ne l'était pas moins que celui de la Renaissance, et que les poëtes de la première époque, quand ils se piquaient de belle latinité, faisaient entrer aisément Bacchus dans le sacrement de l'Eucharistie: c'est ce que démontre, avec une érudition fort spirituelle, M. Le Clerc dans la notice qu'il a consacrée à Jean de Garlande, dans les tomes XXI et XXII de l'*Histoire littéraire de la France*, publiée par l'Académie des Inscriptions et Belles-Lettres, en 1853.

Ce poëte grammairien a laissé de plus un recueil de distiques sur les devoirs de l'homme, intitulé *Facetus*; un livre sur les *Miracles de la Vierge*; un poëme latin sur le *Mépris du monde* et un choix de centons intitulé *Floretus* ou *Liber Floreti*, réimprimé dix fois en moins de vingt ans: ces deux derniers ouvrages sont fréquemment attribués à saint Bernard; *Metricus de Verbis deponentialibus Libellus*; *Disticha hexametra moralia*; *Opus Synonymorum*; *De Orthographia*; *Compendium Alchymiæ*.

GARNERAY (Ambroise-Louis), peintre de marines, a été célèbre un moment, vers 1830. Il s'était depuis longtemps fait connaître aux expositions du Louvre; en 1817 on avait vu de lui quatre tableaux, et il produisait avec une grande facilité. Sa fécondité et peut-être aussi quelques louanges exagérées lui valurent une notoriété qui ne dura pas; sa gloire avorta en naissant, et pour la génération nouvelle M. Garneray n'est que l'auteur de nombreuses lithographies et de marines plus nombreuses encore et non moins insignifiantes. Il peignit en 1831 la *Bataille de Navarin*, et en 1836 le *Combat naval d'Augusta*; ces toiles sont aujourd'hui dans les galeries de Versailles, avec quelques autres qu'on a peu remarquées. A côté des Isabey et des Gudin même les moins forts, les tableaux de M. Garneray ne font qu'un effet médiocre. M. Garneray fut nommé en 1832 conservateur du musée de Rouen. C'est lui qui, en 1837, a publié le catalogue de cette intéressante collection. Depuis cette époque il n'a pas cessé de travailler; mais nous sommes forcé de dire qu'il a peint un peu, comme saint Jean parlait, c'est-à-dire dans le désert.

GARNERIN (André-Jacques), célèbre aéronaute, qu'on peut regarder comme l'inventeur du parachute, né à Paris, le 31 janvier 1769, fit ses premières ascensions aérostatiques dans des *montgolfières*, au jardin Ruggieri, dans le courant de l'année 1790. Dès 1793, il proposait au comité de salut public l'application des aérostats au service de l'armée, et il appuyait son projet d'une ascension avec ballon à gaz hydrogène, retenu captif, et qu'on faisait manœuvrer dans l'intérieur du jardin du Luxembourg. Cette même année, Garnerin acceptait du comité de salut public une commission hasardeuse, celle d'aller inspecter le corps d'armée du général Ransonnet, et de rendre compte au comité de l'esprit de l'armée et de celui des habitants de nos frontières du nord, alors envahies par l'ennemi. Il se rendit au camp de Marchiennes, fit une proclamation, passa les troupes en revue : on se battait le lendemain, et dans ce combat, de peu d'importance, Garnerin fut fait prisonnier par les Anglais, qui le livrèrent aux Autrichiens. Ces derniers l'envoyèrent à Bude, en Hongrie, dans une forteresse où il subit, comme prisonnier d'État, une captivité rigoureuse de dix-huit mois.

De retour en France à la suite d'un échange de prisonniers, il se livra tout entier à son génie pour l'aérostation. Il ne vit toutefois dans cet art qu'une source de spectacle pompeux, un moyen de frapper vivement l'imagination de la multitude. Mêlant ses périlleuses ascensions aux fêtes brillantes du parc de Monceaux et d'Idalie, il entreprit plus de soixante ascensions, dont quelques-unes durèrent tout un jour et toute une nuit ; à plusieurs reprises, il alla descendre de Paris à Aix-la-Chapelle, de Paris au Mont-Tonnerre, franchissant ainsi par la route des airs une distance de plus de cent lieues. Il avait aussi imaginé les ascensions nocturnes, à *ballon illuminé*. Une expérience vraiment remarquable fut celle de la première descente exécutée au parc de Monceaux, le 22 octobre 1797. Dans un écrit intitulé : *Voyage et captivité du citoyen Garnerin, ex-commissaire de la république, prisonnier d'État en Autriche*, etc., écrit qu'il destinait à se justifier de quelques imputations calomnieuses, Garnerin raconte que l'idée de la descente en parachute lui vint dans les cachots de Bude. L'amour de la liberté, si naturel en prison, lui inspirait souvent les idées les plus extravagantes. Chercher à surprendre des sentinelles, à briser des portes bardées de fer, à percer des murs de dix pieds d'épaisseur, à se précipiter du haut d'un rempart ou d'une tour, telles étaient ses occupations de tous les instants. Ce fut en y réfléchissant que lui vint la pensée d'une descente en parachute. L'idée précédemment émise par divers physiciens, et que Blanchard avait pratiquée déjà, de présenter de grandes surfaces à l'air pour neutraliser, par sa résistance, l'accélération du mouvement dans la chute des corps, lui servit de point de départ et de base. Après avoir déterminé les dimensions d'un parachute, pour se précipiter d'un rempart ou d'une montagne escarpée, il s'éleva, par une progression naturelle, jusqu'aux proportions que devrait avoir le parachute destiné à un voyageur aérien, dont le ballon ferait explosion à 1,000 ou 1,500 toises. L'expérience eut un plein succès. Garnerin coupa courageusement la corde qui le tenait suspendu au ballon, et il descendit à terre, mais rapidement. Le parachute, dans cette première expérience, oscillait considérablement. On reconnut que cela tenait à ce que l'air, refoulé dans la descente, était obligé, en s'échappant, de soulever les bords du parachute ; on n'eut donc, pour compléter l'instrument, qu'à l'ouvrir à son sommet, afin de laisser passage à la colonne d'air, et de lui donner une surface plus considérable que celle qui avait d'abord été jugée nécessaire. Un grand nombre de descentes en parachute ont été exécutées depuis par divers aéronautes, et toujours avec succès.

Nous arrivons au moment ou Garnerin se trouva en contact avec Napoléon. Ce fut lors du couronnement, en décembre 1804. Rien ne fut épargné pour rendre solennelles les fêtes que la ville de Paris offrit en cette occasion. Garnerin avait été mandé à Paris ; il prépara un ballon gigantesque, auquel était suspendue une couronne éclairée par 3,000 verres de couleur ; et quelques instants avant la fin du feu d'artifice, ce ballon, cette couronne, s'élevèrent majestueusement de la place du Parvis Notre-Dame, montèrent dans les cieux aux acclamations de la multitude, et au bruit répété en échos par les deux rives, de 60,000 fusées sillonnant l'air en tous sens. Le ballon cheminait dans les airs, et le lendemain les habitants de Rome voyaient poindre à l'horizon un globe radieux qui, toujours baissant, s'avançait à leur rencontre. Il plana bientôt au-dessus de la coupole Saint-Pierre et du Vatican, veufs du descendant de saint Pierre ; puis, s'affaissant tout à coup, il marqua par des débris son passage dans la campagne de Rome, et vint s'abîmer dans les eaux du lac Braciano. Alors on put savoir ce qu'annonçait ce messager céleste. On le tira de l'eau ; et l'inscription suivante fut imprimée, publiée, lue par toute l'Italie ; *Paris*, 25 *frimaire an* XIII, *Couronnement de l'empereur Napoléon par S. S. Pie VII*.

Une circonstance, fort indifférente en elle-même d'ailleurs, vint donner aux yeux de Napoléon une haute importance et même une tournure politique (le croirait-on ?) au voyage de ce ballon perdu. Le ballon, en rasant la terre, avait rencontré dans les environs de Rome le tombeau de Néron ; il s'y était accroché, et pendant quelques minutes on put croire qu'il avait terminé sa course ; mais bientôt, poussé par le vent, il avait continué sa route, laissant toutefois à l'un des angles du vieux monument une partie de la couronne. Les journaux italiens, qui n'étaient pas soumis à une censure aussi rigoureuse que les feuilles françaises, racontèrent innocemment la chose. Certains y ajoutèrent pourtant des réflexions malicieuses, désobligeantes pour l'empereur. Enfin, cela vint aux oreilles du maître ; on alla jusqu'à en parler un jour devant lui, à l'un de ses levers ; Napoléon témoigna hautement son mécontentement, et demanda avec humeur qu'il ne fût plus question du ballon de Garnerin.

Cette expérience du *ballon du couronnement*, bien conçue, parfaitement exécutée d'ailleurs, comme presque toutes celles qu'entreprit Garnerin, avait été malheureuse pour son auteur sous plus d'un rapport. Déjà, au départ du ballon de la place du Parvis, le 16 décembre 1804 à onze heures du soir, au moment où la couronne dépassa en s'élevant la hauteur des tours Notre-Dame, le vent avait éteint une partie des verres de couleur qui l'éclairaient. On comptait sur un spectacle magnifique, et le ballon ne produisit aucun effet. Puis cette chute sur un tombeau détruisit tout l'effet du miraculeux voyage de Paris à Rome accompli en si peu d'heures. Napoléon, en d'autres temps, avait applaudi au courage de Coutelle, chef des aérostiers militaires ; il avait apprécié et récompensé les efforts de Monge et de Meusnier pour arriver au perfectionnement des aérostats considérés comme machines de guerre ; Napoléon, qui avait fait élever des ballons en Égypte par Conté, ne dédaignant pas ce moyen de montrer aux Arabes la supériorité des arts de l'Europe sur les procédés grossiers de l'Égypte vieillie et dégénérée, Napoléon se laissa influencer par le rapprochement de cette couronne enlevée dans les airs, et qui va se briser sur l'angle du tombeau de Néron, le jour où lui-même, empereur des Français, en plaçait une sur son front.... De ce jour date son indifférence pour l'art aérostatique. L'école de Meudon, ainsi que les essais et les dépenses faites à ce sujet furent abandonnés. Garnerin cessa d'être employé par le gouvernement ; Mme Blanchard le remplaça dans la confiance dont il avait joui jusque alors, et fut chargée de toutes les ascensions qui eurent lieu depuis dans les fêtes publiques.

Garnerin mourut à Paris, le 18 août 1823, des suites d'une attaque d'apoplexie foudroyante dont il fut saisi dans le jardin des Montagnes Françaises, au moment même où il se préparait à faire, avec Blanche Garnerin, sa fille adoptive et son élève, une nouvelle expérience aérostatique.

DUPUIS-DELCOURT.

GARNI. *Voyez* CHAMBRE et HÔTEL GARNI.

GARNIER (ROBERT), auteur dramatique, né en 1534, à La Ferté-Bernard, dans le Maine, remporta le prix de l'églantine aux Jeux floraux, à Toulouse, où il étudiait le droit. De retour dans sa ville natale, il y obtint la charge de lieutenant général du bailliage du Mans. La gravité de ses fonctions ne lui fit point abandonner la littérature théâtrale. Il avait pris pour modèle Sénèque, dont il eut les défauts et les qualités. Moins fécond que Hardi et Jodelle, il les surpassa tous deux. « La tradition, dit l'auteur de l'*Histoire du Théâtre français*, assure qu'il était savant et bon orateur. Il harangua les rois Charles IX et Henri III, qui lui proposèrent d'entrer à leur service. Il refusa, sous prétexte de la faiblesse de sa santé. » Hardi et Jodelle n'avaient imité les poëtes tragiques de la Grèce et de Rome qu'avec une grossière maladresse. Leur poésie sans rhythme, sans énergie, était diffuse et ampoulée. Et cependant, la *Cléopâtre* de Hardi était applaudie comme une merveille. Garnier s'attacha surtout à suivre scrupuleusement la règle des trois unités, et à peindre ses héros tels que les présente la tradition historique. Son style est plus correct, plus cadencé; on lui doit la coupe régulière des rimes masculines et féminines. Sa *Bradamante* est son œuvre la plus remarquable; c'est la première pièce qui ait été intitulée *tragi-comédie*. Il donna successivement *Porcie*, en 1568; *Hippolyte*, en 1573; *Cornélie*, en 1574; *Marc-Antoine*, en 1578; *La Troade*, dans la même année; *Antigone, ou la piété*, en 1579; *Bradamante*, en 1580; *Sédécias, ou les Juives*, la même année. Ces neuf tragédies ont été imprimées en 1580, à Paris.

Ses travaux littéraires ne l'empêchèrent point de remplir avec la plus scrupuleuse exactitude ses devoirs de magistrat, et contribuèrent à son avancement. Il fut élevé par Henri IV au rang de conseiller au grand conseil, et faillit devenir lui-même la victime d'une épouvantable tragédie : « La trahison de ses domestiques, dit Scévole de Sainte-Marthe, fut telle, et leur méchanceté parvint à un si haut point, qu'ils conclurent malheureusement entre eux d'empoisonner Garnier, sa femme et tous leurs enfants, pour piller leur maison, et s'enrichir ainsi lâchement de leurs dépouilles; et ce qui facilitait d'autant plus ce damnable dessein était la peste générale qui courait alors, parce que c'était à sa fureur qu'ils voulaient imputer les effets de leur funeste poison. Mais la justice du ciel en voulut ordonner autrement; car à peine la femme de nostre Garnier eut-elle innocemment pris un breuvage mortel qu'ils lui présentèrent en lui donnant à boire, que les signes du poison parurent d'abord en elle par des pamoisons et des syncopes qui la saisirent incontinent. » Les coupables furent livrés à la justice et punis de mort. Garnier mourut longtemps après ce tragique événement, en 1590.

DUFEY (de l'Yonne).

GARNIER (JEAN-JACQUES, abbé), né à Goron, bourg du Maine, le 28 mars 1729, d'une famille pauvre, vint de bonne heure à Paris, où il fut d'abord employé au collége d'Harcourt. Dans cette position, qu'il n'avait pas espérée, il travailla avec ardeur, et parvint en quelques années à acquérir une connaissance approfondie de la langue hébraïque; le ministre Saint-Florentin, qui le protégeait, lui fit obtenir la chaire d'hébreu au Collége de France. Quelque temps après, il joignit à cette charge les fonctions d'inspecteur du Collége de France; fonctions qu'il exerça jusqu'en 1790. A cette époque, il refusa de prêter serment à la constitution civile du clergé, et quitta l'établissement, dont il avait relevé l'antique splendeur. Lalande, qui était son ami, le protégea dans la tourmente révolutionnaire, et lui fit obtenir une pension de 1,200 livres dans un moment de profonde détresse. Plus tard, il fut appelé à l'Institut, et sa position s'améliora. Garnier était un savant très-versé dans les langues anciennes, et aimant par-dessus tout les philosophes de la Grèce. Dans ses ouvrages d'érudition, il fit preuve d'une grande science et de beaucoup de sagacité; mais comme historien, on pourrait lui reprocher le manque de plusieurs qualités essentielles. Cependant, à la mort de Villaret, continuateur de Velly, il fut choisi pour achever l'*Histoire de France*, qu'avaient déjà considérablement avancée ces deux auteurs. Il fit la moitié du règne de Louis XI, ceux de Charles VIII, Louis XII, François Ier, Henri II, François II, et s'arrêta à la moitié de celui de Charles IX. Garnier avait publié en outre un ouvrage ayant pour titre *L'Homme de lettres*; un *Traité de l'Éducation civile*; *L'Origine du Gouvernement français*, 1765, in-18; des *Éclaircissements sur le Collége de France*, in-12, 1789. Il mourut le 21 février 1805.

GARNIER DE SAINTES (JEAN), avocat au présidial de Saintes avant la révolution, fut nommé député à la Convention nationale. En 1792, il vota la mort Louis XVI sans appel et sans sursis. Lors de la trahison de Dumouriez, il proposa à la Convention de réunir tous ses pouvoirs dans un comité de douze membres, attendu, disait-il, que jusque alors il n'avait vu que des ministres traîtres. Il fut successivement envoyé en mission dans les départements de la Manche, de la Sarthe, de la Vendée et de la Gironde, et se fit remarquer partout par son énergie. Il se prononça contre Danton, qu'il signalait comme l'un des principaux chefs d'une conspiration contre-révolutionnaire ayant de nombreux complices dans les départements de l'ouest. Il avait proposé à la Convention de déclarer, par une loi solennelle, Pitt ennemi du genre humain, et de le désigner au fer vengeur de tous les amis de la liberté et de l'humanité. Après le 9 thermidor il s'était d'abord associé spontanément à tous les actes des réactionnaires; mais il reconnut bientôt son erreur : il était trop tard. Ses efforts pour éclairer la Convention sur les persécutions exercées contre les républicains fidèles à leur serment, à leurs principes, furent inutiles. La réaction marchait hardiment à son but. La contre-révolution prenait chaque jour d'effrayants développements, et ne doutait plus du succès de ses manœuvres.

Garnier, rappelé à la députation après la promulgation de la Constitution de l'an III, et élu membre du conseil des Cinq Cents, accepta plus tard de Napoléon la place de président du tribunal criminel de Saintes avec la croix d'Honneur, et fit partie de la chambre des représentants en 1815. Compris dès lors dans l'ordonnance de proscription du 28 juillet 1815, il resta quelque temps dans les Pays-Bas, d'où il se rendit aux États-Unis avec son fils. Ils y périrent tous deux misérablement dans l'Ohio, presque aussitôt après leur arrivée.

DUFEY (de l'Yonne).

GARNIER-PAGÈS (ÉTIENNE-JOSEPH-LOUIS), longtemps l'un des chefs du parti démocratique en France, et son représentant le plus énergique dans la chambre élective, sous Louis-Philippe, né en 1802, au midi de la France, faisait partie du barreau de Paris au moment où éclata la révolution de Juillet. Inoccupé, comme le sont la plupart des jeunes avocats, il s'était fait affilier, dans le courant de 1829, à la fameuse société *Aide-toi, le ciel t'aidera!* pour avoir ainsi des rapports avec les hommes influents du parti libéral, et dans l'espoir de se lancer, avec leur appui et leur recommandation, dans la politique. Quand la coterie jésuite eut fait son *va-tout* des ordonnances du 25 juillet, et perdu la couronne qui lui servait d'enjeu, les doctrinaires firent bien vite élire roi Louis-Philippe par les députés présents à Paris, puis se partagèrent les portefeuilles et toutes les places les plus importantes; alors, trouvant qu'il y avait assez de révolution comme cela, ils déclarèrent que la société *Aide-toi, le ciel t'aidera*, ayant atteint son but, cessait d'exister. Garnier-Pagès, qui s'était fait remarquer dans les journées de Juillet par son exaltation, et qui avait obtenu, avec cinq ou six mille autres, la fameuse décoration de Juillet, comprit qu'il y avait là un rôle important à saisir pour un homme encore obscur et inconnu, mais à qui ne manquaient ni l'énergie ni la volonté. Il réorganisa aussitôt la société, et s'en établit le *secrétaire*.

Un appartement loué par lui, au deuxième étage d'une maison de la rue Montmartre, située près du passage du Saumon, reçut les bureaux de la société ressuscitée, qui envoya aussitôt force circulaires dans les départements. Les dépenses considérables de propagande faites alors furent amplement couvertes par les nombreuses adhésions qu'on obtint, d'abord parmi les hommes sincèrement patriotes, qui croyaient que la révolution ne devait pas avoir été faite uniquement dans l'intérêt de la famille d'Orléans et qu'il fallait aussi que la liberté y gagnât quelque chose; en second lieu, parmi les ambitieux de bas étage, toujours si nombreux en France à la suite des changements de gouvernement, qu'ils veulent exploiter à leur profit. Grâce à l'impulsion que lui donna Garnier-Pagès, la société *Aide-toi* prit tout de suite un caractère franchement républicain; aussi, lorsqu'en 1831 son fondateur réussit à se faire élire député, Casimir Périer employa-t-il, mais inutilement, toutes les ressources dont il dispoait comme chef du cabinet pour faire casser une élection qui équivalait à une déclaration de guerre ouverte faite à la monarchie par une fraction de l'opinion publique.

Garnier-Pagès apporta à la chambre une éloquence calme, une dialectique pleine de force et de finesse; et, obligé de lutter presque seul pour la défense des idées avancées dont il était le représentant le plus franc, il déploya dans la lutte qui s'engagea tout aussitôt entre lui et une majorité compacte et passionnée une énergie peu commune jointe à une grande habileté pour provoquer ou éviter, suivant l'occasion, les escarmouches parlementaires, qui font quelquefois pour le triomphe d'une opinion plus que de grandes batailles. Malgré ses principes essentiellement antipathiques à à la majorité, il finit par conquérir l'estime personnelle de ses adversaires eux-mêmes, qui ne pouvaient s'empêcher de rendre hommage à sa tenue pleine de dignité et toujours conforme aux plus scrupuleuses convenances. Le *Compte-rendu* qu'il signa au commencement de 1832, avec quarante autres députés de l'extrême gauche, fut le premier acte de sa carrière parlementaire qui le mit en relief. L'insurrection du 5 juin 1832 ayant été comprimée, le pouvoir résolut de le comprendre dans les poursuites qu'il dirigea à cette occasion contre les principaux chefs du parti républicain. Réduit à se cacher tant que dura l'état de siége à Paris, Garnier-Pagès comparut devant la justice régulière aussitôt que la cour de cassation eut contraint le pouvoir à rentrer dans la légalité; et un verdict du jury le renvoya de l'accusation dont il était l'objet.

Quand éclata l'insurrection de Lyon, sa position dans la chambre fut des plus délicates; mais sans désavouer ses amis politiques, sans faire aucun sacrifice à ses opinions, il soutint avec autant de courage que d'habileté le choc des bataillons ministériels qui se ruaient constamment sur lui, dans l'espoir de pourfendre le parti républicain dans la personne de son représentant. On n'oubliera pas de longtemps une séance où, à l'occasion des incessantes accusations élevées contre les sociétés secrètes, il fit remarquer, avec autant d'esprit que d'à-propos, que M. Guizot lui-même avait fait partie d'une de ces sociétés, objet de tant d'attaques, de la société *Aide-toi, le ciel t'aidera!* et que le garde des sceaux, Barthe, chargé de présenter aux chambres les mesures législatives proposées pour les réprimer, avait fait partie, sous la Restauration, d'une vente de carbonari. En toute occasion aussi, Garnier-Pagès fut dans le sein de la chambre l'avocat non-seulement de la réforme électorale, mais encore du suffrage universel. Attaqué depuis longtemps d'une maladie de poitrine, il mourut à Paris, le 23 juin 1841, et ses obsèques fournirent tout naturellement au parti républicain l'occasion de passer une revue générale de ses forces disponibles dans la capitale.

Son frère, ancien courtier de commerce à Paris, et qui aux journées de Juillet s'était signalé par son ardeur à pousser à l'insurrection la population ouvrière du quartier Sainte-Avoye, qu'il habitait alors, recueillit sa succession politique, et ne tarda point à faire comme lui partie de la chambre élective. Membre du gouvernement provisoire, il dirigea le ministère des finances pendant les jours les plus orageux de 1848. Républicain convaincu et honnête, il a emporté dans la retraite à laquelle l'ont condamné les événements l'estime de ceux-là même qui ne pouvaient sympathiser politiquement avec lui.

GARNISAIRE. On appelait ainsi autrefois le *gardien* d'une saisie. Le mot *garnisaire* n'est plus appliqué qu'en matière de contributions. C'est la personne établie chez le contribuable en retard. Les lois fixent son salaire, qui doit être payé par le contribuable; ce qui contraint celui-ci à s'acquitter de ses impositions dans la crainte de frais considérables. Sous la République et l'Empire, des soldats *garnisaires* étaient établis au domicile des parents des conscrits qui n'avaient pas répondu à l'appel de la loi, ou des déserteurs, qui avaient abandonné leur drapeau. Ces soldats devaient être logés et nourris par les parents des *réfractaires*, qui en outre étaient obligés de leur payer par jour une somme déterminée. Des garnisaires ont été imposés dans d'autres circonstances et pour d'autres causes, surtout à l'époque du séquestre des biens d'émigrés, et de la loi des suspects. DUFEY (de l'Yonne).

GARNISON. Voilà un de ces mots dont la définition fait le désespoir des esprits méthodiques; s'agit-il en effet d'expliquer le contenant ou le contenu, de dépeindre une troupe qui réside ou bien le lieu de la résidence de cette troupe? L'élasticité du terme rappelle l'expression *hôte* : habitant qui reçoit et passant qui est reçu. Le mot *garnison* dérive du teuton; il se trouve dans le bas latin *garnisio*; il a eu d'abord pour synonyme *warnesture*, ou attirail qui garnit. Un poste était *warni*, quand il était fortifié, quand il avait ses munitions, ses défenseurs : telle était l'acception à la naissance de la langue française. Une armée aussi avait sa garnison ou ses garnitures; Guillaume de Nangis dit : « Chassés du champ de bataille, ils perdirent non-seulement leur garnison (*garnisionem*, c'est-à-dire leurs vivres), mais toutes leurs machines de guerre. » Au quinzième siècle, le terme *garnison* a commencé à avoir quelque chose de son acception actuelle, et à être synonyme de *establie*, ou lieu d'établissement. Le connétable était roi des *establies* ou *établies*. M. de Barante a traduit cette locution par la qualification : *maître des garnisons*; ainsi s'intitulait Budée en 1413. Les garnisons considérées comme un personnel ne se sont formées d'abord que par la volonté des seigneurs fieffés. Le fief dominant avait droit de *warnir* le castel du seigneur dépendant ou relevant; ce droit s'appelait *rendablette*. Il y avait peu ou point de villes fermées; il n'y avait de garnisons que dans les châteaux. Quand les villes et les communes s'émancipèrent, quand elles purent traiter d'égal à égal avec les castels, avec les personnages puissants, qui jusque là s'étaient uniquement réservé le droit de s'incasteller, les troupes de garnisons passèrent sous les ordres des chefs des conjurés, c'est-à-dire des mayeurs, des fonctionnaires municipaux. La commune était-elle puissante, elle se donnait garnison, mais se refusait à recevoir garnison, si ce n'est en temps de guerre, ou quand elle ne pouvait l'éviter. Toutefois, en temps de paix elle se gardait elle-même, soit par une corvée civique, soit en entretenant des stipendiaires. Le maire ou le chef de la communauté avait seul le droit de monstre, c'est-à-dire que le roi lui-même n'eût pu passer revue que du consentement des citoyens.

Des vestiges de ces droits reparurent quand Metz, consentant à devenir ville française, y mit pour condition qu'elle se garderait elle-même. Charles VII accoutuma peu à peu les villes à admettre de petites garnisons royales, même en temps de paix; mais les communes, en consentant à entretenir de leurs deniers ces troupes, au moyen de l'impôt nommé *taille de gendarmes*, stipulèrent que ces garnisons n'outre-passeraient pas une trentaine de soldats des compagnies d'ordonnances. Quelques villes ne souffriront pas que leur *monstre*, c'est-à-dire le droit de passer revue de ces détachements de l'armée royale, fût confiée à d'autres qu'au maire lui seul. Par là les bourgeois avaient en vue de se soustraire aux exigences, aux extorsions que les hommes de guerre ne sont et n'étaient, surtout alors, que trop disposés à se permettre. Louis XI fit, dans son intérêt et dans celui de la royauté, mieux que son père; il réussit à imposer de grosses garnisons aux villes puissantes. Louis XII parvint à enraciner ces coutumes, et ses successeurs commencèrent à déléguer des commissaires pour passer *monstre* de garnisons. C'était la reconnaissance et l'accomplissement des principes de la centralisation : le pays échangeait de la liberté, mais aussi de l'anarchie, contre une forme plus puissante et meilleure de gouvernement.

« Quand on ne craint pas de guerres, dit Machiavel (*Tableau de la France*), les garnisons (c'est-à-dire le personnel armé et royal) sont d'ordinaire au nombre de quatre, savoir : en Guienne, en Picardie, en Bourgogne, en Provence; elles sont augmentées ou échangées d'un lieu à l'autre, suivant les circonstances. Cependant, les habitants, toujours jaloux d'une ombre d'indépendance, faisaient généralement, dit le même écrivain, fondre à leur compte des canons, pour imposer aux militaires qui se seraient montrés enclins à abuser de leurs armes. » Cette peinture des usages français que trace Machiavel témoigne que le nom *garnison* donnait plutôt alors l'idée d'une division territoriale, d'une grande circonscription politique, qu'elle ne représentait une troupe chargée spécialement de la garde d'une ville. Depuis les guerres de religion et sous Henri IV, au contraire, ce qu'on appelait les *garnisons* étaient les corps de troupes non constitués en régiment, et occupant, sous forme de compagnies, d'enseignes ou de bandes royales, les villes ou les contrées où il ne se trouvait pas de régiments. Les régiments étaient les garnisons portant le nom du pays gardé : ainsi, le régiment de Picardie était primitivement l'armée permanente de Picardie. Les garnisons proprement dites étaient des troupes temporaires, différant par là des régiments; elles portaient le nom de leur chef, et n'étaient pas attachées de préférence à un lieu plutôt qu'à un autre. Un genre différent de garnisons était les m o r t e s - p a y e s, dernière trace de l'anarchie militaire, dont la puissance de Louis XIV a fait raison. C'étaient des ramas de vieux soldats que les gouverneurs de villes et de provinces achetaient et soldaient aux frais de leur gouvernement, et qui étaient comme les gardes du corps, les estafiers de leurs chefs, dont ils épousaient et défendaient les intérêts, fût-ce même en se mettant ouvertement en lutte contre le trône.

Garnison se dit encore d'un ou de plusieurs hommes qu'on établit en quelque maison pour contraindre un débiteur à payer et pour y demeurer à ses frais jusqu'à ce qu'il paye, ou pour veiller à la conservation des meubles saisis chez lui (*voyez* GARNISAIRE). Gal BARDIN.

Dans son acception principale, *garnison* signifie aujourd'hui à la fois et les troupes de toutes armes casernées, cantonnées ou logées dans une ville, ou dans une place de guerre, et la ville ou la place occupée par ces troupes. Chez nous, les troupes en garnison dans l'intérieur sont sous les ordres des généraux de division et de brigade, commandant les divisions et subdivisions militaires territoriales. La *vie de garnison* convient peu au caractère français; la répétition monotone des mêmes exercices, des mêmes devoirs, fatigue et ennuie le soldat, rétrécit et amortit l'esprit, l'imagination et les facultés de l'officier. Celui-ci, trop abandonné à lui-même, ne sait que faire de son temps : il fume, il bâille, il boit du café, de l'eau-de-vie, de la bière, il joue aux dominos et au piquet dans les estaminets et les cafés. On a cherché en haut lieu à utiliser ces loisirs inutiles, on n'a pu y réussir jusque ici. Lorsqu'une nation est en progrès, son armée cependant ne saurait être stationnaire et oisive dans ses garnisons. Du temps du système représentatif, la promesse d'une garnison enlevait souvent bien des suffrages dans un collége électoral.

GARNITURE. Voilà un mot dont les acceptions multiples indiquent, suivant les circonstances, des choses fort éloignées les unes des autres : l'architecte l'applique à tout ce qui lui sert à garnir un toit; pour lui les ardoises, les tuiles, le plomb, les lattes, sont des garnitures; l'artificier le réserve pour les substances dont il remplit ses diverses pièces; dans la marine, c'est la réunion des manœuvres utiles pour mettre une mâture en état de porter la voile; le fourbisseur appelle *garniture* la garde, le pommeau, la branche et la poignée d'une épée; dans les imprimeries, les *garnitures* sont de petites règles carrées plus ou moins épaisses, ou autrement dit des parallélipipèdes, de longueur et de largeur indéfinies en bois ou en alliage d'imprimerie. Ces règles sont pleines, ou le plus souvent aujourd'hui creuses, afin de les rendre plus économiques, et de là est venu leur nom de *garnitures à jour*. Par ce mot de *garniture*, le tapissier exprime les meubles d'une chambre, et plus spécialement l'intérieur et l'entourage d'un lit, tels que matelas, lit de plume, sommier ou paillasse, traversin, oreillers, couvertures et rideaux. Le bijoutier nomme *garniture* la cage, par exemple, d'une tabatière, et plus particulièrement toute fermeture garnie de sa charnière. Les lapidaires et les joailliers font à ce mot beaucoup plus d'honneur. Chez eux, il n'exprime plus une chose secondaire, il forme l'ensemble de ce qu'une femme désire chaque jour, et envie le plus au monde, quelque jolie qu'elle soit, en un mot, d'un écrin complet composé plus ou moins richement. Chez la marchande de modes et la couturière, ce mot ne tient pas un rang si brillant. Cependant il est pour elles la pierre de touche du bon goût : en effet, telle marchande fort habile à la coupe n'obtiendra pas la vogue si elle ne sait point faire avec goût une *garniture*, c'est-à-dire jeter avec grâce un nœud, une plume, une fleur sur un chapeau ou sur une robe, et découper ou chiffonner, au gré du jour, les étoffes qui les ornent. Les garnitures sont donc dans ces deux états tout à fait secondaires, et pourtant elles sont tellement essentielles qu'il serait difficile de calculer le nombre de migraines et de maux de nerfs que peut produire dans une année, surtout à Paris, l'influence des garnitures de modes. Mais c'est en termes de *cuisine* que ce mot, prononcé par un gourmet, prend une grave importance; ainsi, enlevez à un ragoût de godiveau sa *garniture*, autrement dit ses champignons, ses truffes, ses fonds d'artichauts, ses ailerons, crêtes et rognons de coq, le mets ne sera plus présentable. Malheureusement, ces ressources de l'art culinaire ne se vendent guère publiquement qu'à Paris ou dans les grandes villes; et tel cuisinier célèbre, exilé en province, se verra forcé, pour sauver sa réputation, de finir comme Vatel, faute de pouvoir trouver à temps les *garnitures* dont il aura besoin. J. ODOLANT-DESNOS.

GAROFALO ou GAROFOLO (BENVENUTO, *dit* LE), dont le véritable nom était *Benvenuto* TISIO *da Garofalo*, célèbre peintre d'histoire de l'école italienne, né en 1481, à Garofolo, près de Ferrare, étudia les principes de l'art dans sa ville natale, sous la direction de Domenico Panetti, et, à partir de 1498, à Crémone, dans l'atelier de Boccaccino Boccacci. Plus tard, il se rendit à Rome, et s'y perfectionna par l'étude des œuvres des meilleurs maîtres. Après avoir séjourné ensuite pendant quelque temps à Mantoue, il revint de nouveau à Rome, où il s'attacha tout à fait à R a p h a e l, qui se fit souvent aider par lui dans la composition de ses grandes toiles. Chargé avec d'autres artistes par Alphonse Ier de Ferrare de l'exécution de nombreux travaux dans le château de ce prince, ce ne fut que dans les dernières années de sa vie qu'il se retira dans la ville qui l'avait vu naître, et où il mourut, le 6 septembre 1559, quelques années après avoir perdu la vue. Ses toiles témoignent de l'influence de toutes les écoles qu'il avait suivies, notamment de l'école Lombarde et surtout de celle de Raphael, sur son talent. On ne saurait toutefois y méconnaître la manière particulière à l'école de Ferrare, c'est-à-dire son style large et son coloris vif et lumineux. Garofalo a emprunté à Raphael une certaine clarté, une expression de douceur et un type de beauté qui, joints à ses qualités particulières, donnent un grand prix à ses œuvres. C'est à Rome que se trouvent la plus grande partie des toiles laissées par ce peintre; cependant les galeries de Berlin, de Dresde et de Vienne en ont aussi quelques-unes. Notre Musée du Louvre possède de lui plusieurs *Saintes Familles*, *la Circoncision*, *le Mystère de la Passion;* ces deux derniers tableaux ont longtemps été attribués à Doso. Parmi les chefs-d'œuvre de Garofolo, on cite *Le Massacre des Innocents*, *La Résurrection de Lazare* et *La Prise de Jéricho*, qu'il peignit de 1519 à 1524 dans l'église de Ferrare; une *Samaritaine*, un *Martyre de saint Pierre Dominicain*, peint en concurrence avec le célèbre tableau du Titien, et qui, au dire de Vasari, pourrait consoler de la perte de ce chef-d'œuvre du grand peintre vénitien, si jamais il venait à être anéanti.

GARONNE, l'un des plus grands fleuves de la France, prend sa source au fond de la vallée d'Aran, qui appartient à l'Espagne, à environ 8 kilomètres de nos frontières. Après avoir disparu au *toro de Venasque*, ses eaux sourdissent de nouveau au *plan de Goueou*, d'où, grossi par les mille torrents de la vallée, il s'avance vers le territoire français, qu'il atteint au Pont-du-Roi, au-dessus de Fos et de la petite ville de Saint-Béat. Près de là se trouve le *Pic de Gar*, qui s'élève à 1,812 mètres de hauteur absolue, et qui a donné son nom à ce vaste cours d'eau. La Garonne passe successivement par Muret, Toulouse, Grenade, le Mas de Verdun, Agen, Tonnins, Marmande, La Réole, Langon; elle a son confluent avec la Dordogne, au Bec-d'Ambès, et de là jusqu'à la mer prend le nom de *Gironde*. C'est sous ce nom qu'elle arrose Bordeaux, Blaye, etc. Son cours est de 570 kilomètres, dont 75 flottables, des environs de Pont-du-Roi jusqu'à Cazères. De là le fleuve est navigable sur 428 kilomètres. Ses principaux affluents sont à droite, le Salat, la Rize, l'Ariége, le Grand-Lers, le Tarn, le Lot et la Dordogne; à gauche, la Piqué ou l'Onne, l'Ourse, la Neste, le Gers, la Bayse. La largeur moyenne de la Garonne à Toulouse est de 200 mètres; elle est de 205 vers Agen, de 486 à Bordeaux, près des culées du pont; de 3,873 à Blaye. Du Bec d'Ambès jusqu'à son embouchure, elle peut être considérée comme un bras de mer. La marée monte jusque vers Langon. La partie inférieure de la Garonne est bordée des deux côtés par des marais, dont le sol est plus ou moins au-dessous des hautes marées. Par sa jonction avec le canal du Midi, sous les murs de Toulouse, la Garonne établit une communication entre l'Océan et la Méditerranée pour le transport des marchandises.

Alexandre DU MÉGE.

GARONNE (Département de la HAUTE-). Situé au sud-ouest et à l'extrémité de la France, sur la frontière de l'Espagne, ce département est formé d'un démembrement de l'ancien Languedoc, du Nébousan presque entier, et du comté de Comminges. Il a pour bornes au nord le département de Tarn-et-Garonne; au nord-est, celui du Tarn; à l'est, celui de l'Aude; au sud-est, celui de l'Ariége; au sud, l'Espagne; à l'ouest, les départements des Hautes-Pyrénées et du Gers. Divisé en 4 arrondissements, dont les chef-lieux sont Toulouse, Muret, Saint-Gaudens et Villefranche, 32 cantons, 585 communes, il compte 480,794 habitants. Il envoie quatre députés au Corps Législatif. Il est compris dans la douzième division militaire, forme le diocèse de Toulouse et le ressort de la cour d'appel de la même ville. Il fait partie de l'académie de son chef-lieu; on y compte 1 lycée, 1 collége, 2 institutions, 25 pensions, 3 écoles secondaires ecclésiastiques et 899 écoles primaires.

Sa superficie est de 618,551 hectares, dont 452,418 en terres labourables; 87,140 en bois; 48,908 en vignes; 46,194 en landes, pâtis, bruyères, etc.; 39,637 en prés; 5,567 en vergers, pépinières et jardins; 3,723 en propriétés bâties; 3,175 en cultures diverses; 460 en étangs, abreuvoirs, mares, canaux d'irrigation; 39 en oseraies, aunaies et saussaies; 14,289 en forêts, domaines non productifs; 12,355 en routes chemins, places publiques, rues, etc.; 4,677 en rivières, lacs, ruisseaux; 158 en cimetières, églises, presbytères, bâtiments publics. Il paye 2,291,642 francs d'impôt foncier.

Le pays est très-élevé au sud du département, où il est appuyé à la partie culminante du faîte des Pyrénées; il est même couvert en partie des contreforts de cette chaîne. Le point culminant du département est la *Maladetta*, ou Pic Nethou, dont le sommet appartient à l'Espagne, et qui a 3,404 mètres de hauteur. Les cours d'eau qui arrosent ce département sont la Garonne, le Gers, le Salat, la Rize, l'Ariége, le Lers, le Tarn, la Neste, et quelques autres rivières, dont les lits sont souvent à sec. Les ours et les isards habitent les montagnes de la partie méridionale du département; les loups et les renards se rencontrent dans les bois. Le gros et le menu gibier sont abondants, les eaux généralement poissonneuses; le sol recèle beaucoup de richesses minérales: fer, cuivre, plomb, antimoine, bismuth, houille et marbre. On y trouve aussi un grand nombre de sources thermales, entre autres celles de Bagnères de Luchon et d'Encausse. L'agriculture y est avancée, et ses principaux produits sont les céréales, le maïs, le lin et les vins, surtout les vins rouges d'ordinaire. L'élève du bétail est la principale industrie des habitants des montagnes. On récolte aussi beaucoup de truffes.

L'industrie est très-active et très-variée; le travail du fer et de l'acier pour la fabrication des râpes, limes, faux et faucilles en est la branche principale. Viennent ensuite les cuivres laminés, les cuirs, les maroquins, les fils, et les tissus de lin et de coton, la porcelaine, la faïence, les chapeaux de paille, etc.

Le commerce consiste surtout en grains, farines, vins et bois, mulets, volailles grasses et conserves de volailles, produits manufacturés. Il s'y fait aussi un commerce très-actif de transit avec l'Espagne.

Huit routes impériales, 30 routes départementales, 6,594 chemins vicinaux, 2 canaux, le canal du Midi et le canal Saint-Pierre, traversent ce département, dont le chef-lieu est *Toulouse*. Les villes et endroits principaux sont en outre: *Saint-Gaudens*, près de la rive gauche de la Garonne, avec 5,059 habitants, des tribunaux d'arrondissement et de commerce, un collége, des fabriques de porcelaine et de faïence, de rubans de fil, de draps communs, lainages, des moulins à farine, à huile, à foulon, des tuileries, des tanneries, des verreries, 2 typographies; *Muret*, *Villefranche*, *Bagnères de Luchon*, *Grenade*, sur la rive droite de la Save, avec 4,634 habitants et un commerce de grains; *Villemur-sur-Tarn*, *Saint-Bertrand de Comminges*, etc.

GAROU, substance épispastique. C'est l'écorce du *daphne gnidium*. On peut s'en servir sous deux états, soit en ramollissant par une immersion plus ou moins prolongée dans l'eau, et non dans le vinaigre, la petite plaque d'écorce qui doit former l'exutoire, soit en l'employant sèche ou pulvérisée: dans ce cas, l'humidité de la peau suffit pour opérer le même effet que l'immersion, qui nuit toujours plus ou moins à l'activité et à l'énergie du médicament; on renouvelle plusieurs fois la petite plaque, jusqu'à ce que le vésicatoire soit bien formé.

On fait encore une pommade au garou, qui a aussi une propriété vésicante. On employait autrefois le garou en décoction contre les hydropisies et la syphilis, mais l'usage en est maintenant abandonné.

GARRICK (DAVID), l'un des plus grands comédiens dont l'histoire du théâtre fasse mention, né le 20 février 1716, dans un cabaret du comté de Hereford (Angleterre), où son père, capitaine dans l'armée anglaise, se trouvait en ce moment pour affaires de recrutement. Sa famille, originaire de la Normandie, et dont le nom primitif était *La Carrique*, était venue se réfugier en Angleterre à l'époque de la révocation de l'Édit de Nantes. Dès l'âge douze ans, Garrick déploya un remarquable talent de mime en représentant avec ses condisciples une comédie de Farquhart, *L'Officier recruteur*. Plus tard il fut employé comme commis aux écritures par un de ses oncles, riche négociant en vins à Lisbonne; mais fatigué de ce travail, il revint au bout d'une année en Angleterre, et suivit alors dans une école de Lichfield les cours que faisait Samuel Johnson sur les classiques grecs et latins. Il se rendit ensuite avec son professeur à Londres, où il se livra à l'étude du droit, de la logique et des mathématiques. Il ne laissa pourtant pas que d'établir alors avec son frère une maison de commerce de vins, qu'il abandonna bientôt à l'effet de se consacrer à la carrière pour laquelle la nature l'avait fait. Après avoir d'abord joué avec beaucoup de succès, à Ipswich, sous le nom de *Lyddal*, et avoir ensuite fait partie pendant tout un été d'une troupe de comédiens ambulants, il vint à Londres, où, engagé par Gifford, propriétaire du théâtre de *Goodmansfield*, il débuta sur cette scène, au mois de juillet 1741, dans le rôle de *Richard III*, et avec tant de succès que bientôt tous les grands théâtres se trouvèrent vides, tandis que la foule se portait au petit théâtre. Son jeu naturel, et complétement différent de la manière traditionnelle, produisait un effet inexprimable. C'est que depuis longtemps déjà il avait fait une étude spéciale de Shakespare, et que son génie avait reconnu dans les tragédies de ce grand poëte les rôles les plus élevés de l'art dramatique. Toutes les sommités littéraires de l'époque joignirent leurs suffrages aux applaudissements du parterre. Pope, alors sur la fin de sa carrière, vint à Londres exprès pour assister à une représentation de *Richard III*. En 1742 Garrick joua en Irlande; en 1745, sur le théâtre de *Drury-Lane* à Londres, puis encore une fois à Dublin, jusqu'à ce que, en 1747, associé avec Lacy, il acheta un renouvellement de privilége pour *Drury-Lane*, où Fleetwood venait de faire banqueroute; et il eut la direction de la nouvelle entreprise. Dans la troupe avec laquelle il rouvrit ce théâtre brillaient des talents de premier ordre, tels que Barry, Pritchard et Cibber. C'est alors qu'il commença cette réforme complète du théâtre anglais qui lui fait tant d'honneur. Nourri des préceptes de Johnson, qui lui avait communiqué toute la pureté de son goût, et aidé de ses lumières, il commença par bannir de la scène toutes les pièces licencieuses, et purgea les autres de tous les passages qui pouvaient les déparer. En remettant au répertoire tous les ouvrages de Shakrspeare, mais en ayant soin d'y opérer les changements réclamés par le bon goût, il s'attacha à bannir l'emphase de la tragédie et la bouffonnerie de la scène comique. La générosité de ses procédés réveilla l'émulation des auteurs, en même temps que par son exemple, par l'espèce de discipline qu'il réussit à établir parmi ses confrères, la profession de comédien cessa d'être un motif d'exclusion de la bonne compagnie. Aussi peut-on dire avec vérité que son règne fut la période la plus brillante du théâtre anglais. Après trente-cinq années de glorieux travaux, il prit enfin sa retraite, aux grands regrets de tout le public. Ce fut le 10 août 1776 qu'il parut pour la dernière fois sur les planches; et il se retira alors dans la charmante campagne qu'il possédait aux environs de Londres; mais il y mourut, le 20 janvier 1779, en proie aux tortures de la pierre. Son corps fut enseveli dans l'église de Westminster, au pied du monument qu'on y a érigé à la mémoire de Shakespeare. Sa fortune considérable, fruit de ses talents et d'un esprit d'économie qu'il finit par pousser jusqu'à l'avarice, passa partie à sa veuve et partie à ses parents.

Garrick était petit de taille, mais bien fait et bien pris de toute sa personne; il avait des yeux noirs et vifs, une voix pure et mélodieuse. La facilité avec laquelle son visage revêtait alternativement l'expression forte et vraie des passions les plus diverses et des caractères les plus opposés était prodigieuse : tour à tour il savait lui donner l'expression de la majesté royale, de la magnanimité, de l'amour, de la jeunesse, de la vieillesse, de la gaieté, du désespoir et de la folie. Le malheur d'un de ses amis, dont la mort déplorable d'une fille chérie avait altéré la raison, lui procura l'occasion d'observer les signes extérieurs de cette maladie morale, afin d'en offrir la représentation pathétique dans le rôle du roi *Lear*. Après la mort de Fielding, les amis de ce célèbre romancier exprimaient dans un club le regret qu'on eût négligé de transmettre par la peinture à la postérité des traits que sans doute elle aimerait à connaître. Hogarth dit qu'il l'avait plusieurs fois, mais toujours inutilement, pressé de consentir à poser. Garrick observa alors qu'il ne serait peut-être pas impossible de suppléer à cet oubli, et que si Hogarth voulait prendre son crayon, il allait essayer de lui offrir la physionomie de leur ami commun, et sur-le-champ il présenta sur sa propre figure une ressemblance de Fielding qui parut si frappante, qu'Hogarth, bon juge assurément en pareille matière, n'hésita point à tracer à l'aide de ce singulier modèle l'esquisse unique qu'on ait du visage de l'auteur de *Tom Jones*.

La merveilleuse puissance que Garrick exerçait sur chacun de ses gestes, sur toutes les expressions de sa physionomie, explique comment il n'excellait pas moins dans la tragédie que dans la comédie. Cependant, c'est le second de ces genres qui était son triomphe. Sur les vingt-sept comédies dont il est l'auteur, quelques-unes se sont maintenues au répertoire jusqu'au jourd'hui, par exemple : *The lying Valet*, *Miss in her teens*, *High life below stairs* et *The clandestine Marriage*, ouvrage composé en société avec Colman : on les trouvera réunies dans les volumes supplémentaires du *British Theatre* de Bell (Édimbourg, 1786); et elles ont aussi été imprimées à part (3 vol. Londres, 1798). Les *Poetical Works of D. Garrick* (2 vol., 1785) contiennent un choix de ces excellents prologues et épilogues, destinés à être, suivant l'usage du théâtre anglais, récités par un acteur avant et après la pièce, de même qu'un choix de ses épîtres, odes et autres poëmes. Consultez *The Correspondance of David Garrick with the most celebrated Persons of his time* (2 vol. 1832); Davies, *Memoirs of D. Garrick* (1780); Murphy, *The Life of Garrick* (1799).

La femme de Garrick, *Eva-Maria* Veigel, née le 29 février 1724, à Vienne, où elle débuta comme danseuse, sous le nom de *Violette*, et où elle obtint de grands succès, fut engagée en 1744 à l'opéra de Londres. Garrick en était devenu éperdument amoureux, et l'avait épousée en 1749. Il l'accompagna en 1760 dans une tournée sur le continent, et parcourut avec elle la France, l'Allemagne et l'Italie, recevant partout l'accueil le plus flatteur. Devenue veuve, elle repoussa les propositions de mariage de plusieurs grands seigneurs, du savant lord Montboddo entre autres, parce que, aux termes du testament de Garrick, elle eût dû perdre, en convolant à de secondes noces, la plus grande partie de l'importante fortune qu'il lui avait laissée, laquelle s'élevait à plus de 70,000 liv. st.; et elle mourut à Londres, presque centenaire, le 16 octobre 1822. Parmi les nombreux legs qu'elle laissa par son testament, on remarque celui d'une paire de gants qui avait été portée par Shakespeare, et qu'elle légua à la célèbre mistress Siddons, sœur du grand acteur John Kemble.

GARROT, partie du corps de certains animaux, particulièrement du cheval, formée par les apophyses épineuses des huit premières vertèbres dorsales. Il est placé au-dessus des épaules, et termine le col. Pour être bien conformé, il faut qu'il soit haut et tranchant. Il en résulte dans le premier cas que l'encolure est plus relevée, et que la selle a moins de facilité pour couler en avant et incommoder les épaules. Dans le second cas, il est moins sujet à être blessé que quand il est trop garni de chairs.

GARROT, morceau de bois plus ou moins gros passé dans une corde, un lien quelconque, pour le serrer par une série plus ou moins grande de mouvements de torsion. C'est ainsi qu'on serre le garrot d'une malle, d'une scie. Les chirurgiens, avant l'usage du tourniquet, se sont longtemps servi d'un petit instrument du nom de *garrot*, et qui agissait à peu près de la manière que nous venons de dire, pour exercer sur les vaisseaux ouverts une compression capable d'en arrêter l'hémorrhagie. Ce mot est employé aussi dans le jardinage pour désigner un bâton fort court passé entre les deux branches d'un jeune arbre, afin d'en contraindre une troisième qui est au milieu, et qui est le véritable montant de l'arbre; ce qui s'appelle *garrotter un arbre*.

GARROT (*Ornithologie*), sorte d'oiseau du genre *canard*, dont le bec est plus court et plus étroit à sa partie antérieure; il y en a plusieurs variétés. Le *garrot* proprement dit (*anas clangula*, Linn.) a $0^m,46$ ou $0^m,48$ de longueur; il est blanc, a la tête, le dos et la queue noirs; une petite tache en avant de l'œil, et deux bandes à l'aile blanches, avec le bec noirâtre. La femelle est cendrée et a la tête brune. Ces oiseaux, qui habitent pendant l'été les contrées septentrionales des deux continents, nous viennent par troupes du Nord en hiver, et nichent même quelquefois sur nos étangs; mais le plus grand nombre ne se livrent aux soins de la reproduction que dans les régions froides, qu'ils regagnent dès le printemps. Leur nid est formé d'herbes grossières, et leur ponte est de sept, huit, neuf et jusqu'à dix œufs entièrement blancs. Leurs pieds très-courts, leurs doigts réunis par des membranes qui s'étendent jusqu'au bout des ongles, rendent leur marche très-pénible : aussi ne les voit-on quitter l'eau que rarement, et pour peu d'instants. Leur vol est très-rapide, quoique peu élevé, et leurs ailes produisent, en frappant l'air, une espèce de sifflement. Ils sont aussi bons plongeurs que bons voiliers; et ils vont chercher au fond de l'eau les petits poissons dont ils se nourissent; ils mangent aussi des vers et des grenouilles, et sont extrêment gloutons. DÉMEZIL.

GARROTE. L'origine de ce genre de supplice, qui n'est plus en usage qu'en Espagne, remonte fort loin : c'est encore celui que subissent les condamnés à mort dans la Péninsule. L'époque de son origine n'est pas connue. Un major anglais, témoin d'une exécution de ce genre à Grenade, la raconte ainsi : « On vit d'abord, dit-il, au milieu de la *Plaza del Triumpho*, une grande potence avec un escalier pour y monter, et sur la droite une *garrote*, supplice dont le genre d'exécution me frappa. Un certain nombre de tabourets étaient rangés sur une plate-forme et appuyés chacun contre un poteau. Le criminel était assis sur un des tabourets : on lui passa un collier de fer autour du cou, et l'exécuteur, en tournant une vis mit fin en un clin d'œil à l'existence du patient. La mort qui en résulte m'a semblé devoir être assez douce. » DUFEY (de l'Yonne).

GARROTTEURS. *Voyez* CHAUFFEURS.

GARROWS, peuple de l'Inde transgangétique, demeuré encore aujourd'hui à peu près à l'état sauvage, mais dont le dialecte (le *gaura*) n'en est pas moins l'idiome savant des Indous, celui dont on se sert le plus généralement pour l'enseignement, et dans lequel ont été traduits à cet effet un grand nombre d'ouvrages sanscrits.

GARUM, saumure très-précieuse chez les Grecs et les Romains contemporains de Pline. Pour la préparer, on jetait dans un vase profond des maquereaux et des intestins de thons, de sardines et autres poissons; on écrasait grossièrement le tout, et on y ajoutait une grande quantité de sel. On exposait le vase à l'ardeur du soleil, et on remuait de temps à autre. Quand la fermentation était arrivée au point convenable, c'est-à-dire au bout d'environ deux mois, on enfonçait dans le vase un long panier d'osier d'un tissu serré; la portion liquide du mélange passait à travers le tissu du panier, et était recueilli avec soin; c'était le véritable *garum*, liqueur âcre, nauséabonde, à demi putréfiée, mais que les Apicius payaient jusqu'à vingt francs le litre, parce qu'ils lui reconnaissaient la propriété de réveiller l'appétit. La partie ferme qui restait dans le vase avait beaucoup moins de valeur; cependant, vendue sous le nom d'*arec*, elle servait encore à l'assaisonnement de quelques ragoûts.

GARUS (Elixir de). L'*élixir de Garus*, que quelques auteurs désignent sous le nom d'*alcoolat* ou d'*esprit de safran composé*, ne diffère de ce dernier que parce qu'il contient du sirop de capillaire et une matière colorante. Son nom lui vient de celui de son inventeur. Les substances principales qui composent cet élixir sont la myrrhe, le safran, la cannelle, le girofle, l'aloès, l'esprit de vin, etc. Pour le préparer, on fait d'abord macérer toutes ces substances résineuses ou aromatiques dans l'esprit de vin pendant huit jours environ, puis on distille. On obtient une liqueur très-aromatique, mais amère et désagréable. Pour la transformer en élixir de Garus, il suffit d'y ajouter une certaine quantité de sirop de capillaire et d'eau de fleurs d'oranger, dans laquelle on a fait dissoudre un peu de caramel pour lui donner une couleur d'or. M. Fée propose avec raison de remplacer le caramel par une partie du safran que l'on ne met pas en macération, et que l'on conserve pour ajouter à l'*alcoolat* obtenu par la distillation : l'élixir ne perd pas alors de sa suavité, ce qui a lieu lorsqu'on y ajoute du caramel.

Le garus est une liqueur très-douce et très-agréable. Ses propriétés médicales sont toniques et excitantes : il peut calmer les maux d'estomac causés soit par une mauvaise digestion, soit par une irritation de cet organe.

C. FAVROT.

Garus n'était ni médecin ni même apothicaire; c'était tout simplement un épicier de la bonne ville de Paris, qui, dans les premières années de la régence, s'avisa d'aller sur les brisées de messieurs de la Faculté, et se mit à débiter avec grand profit l'élixir auquel son nom est resté depuis. Comme il arrive presque toujours aux charlatans, il fit à ce métier-là une fortune immense, et devint une manière de personnage, qui plus tard, dans l'intérêt de l'humanité souffrante, traita avec le gouvernement de la vente de sa merveilleuse recette, une fois qu'il l'eut bien exploitée.

Lors de la maladie à laquelle succomba, au château de La Muette, la duchesse de Berry, cette fille trop aimée du régent, on se décida à essayer de l'élixir de Garus quand la princesse se trouva une fois réduite à cette extrémité où, les médecins ne sachant plus que faire, on a recours à tout. Garus, mandé à La Muette, trouva la duchesse de Berry si mal, qu'il ne voulut répondre de rien, déclarant gravement qu'on l'avait appelé trop tard : ce qui assurément n'était pas d'un maladroit. Il administra cependant à la malade son élixir, qui cette fois encore, comme toujours, fit merveille. Le docteur-épicier s'était retiré en recommandant bien que rien sans exception ne fût plus donné à la duchesse de Berry. Cependant Chirac, médecin ordinaire, désolé, nous apprend Saint-Simon, de voir un profane guérir ainsi à son nez et à sa barbe un sujet déclaré incurable, profita d'un instant où Garus s'était endormi sur un sopha, pour présenter à la patiente un purgatif que celle-ci avala sans défiance. On devine le reste. La princesse mourut, non pas des suites de sa maladie, dont Garus l'avait déjà aux trois quarts guérie avec son admirable élixir, mais bien de celles du purgatif de cet affreux Chirac, dont l'austère ami du régent trace en maints endroits de ses Mémoires des portraits fort peu flattés. A l'en croire, Chirac, aurait ici commis à dessein, et pour sauvegarder l'honneur de la Faculté, un véritable empoisonnement. Parlez-moi de la haine, et surtout de la haine d'un sage, pour vous noircir un homme!

GASCOGNE, ancienne province de France, située au midi, et comprise entre les Pyrénées au nord, la Guienne au sud, le Languedoc à l'est, et le golfe de l'Océan qui porte son nom, à l'ouest. Elle correspond à la troisième Aquitaine ou *Novempopulanie* de la Gaule romaine. C'est aux Vascons, peuple de la grande confédération cantabrique, ou euscarienne, qui habitait, dans la haute Navarre, les environs de Pampelune, qu'elle doit sa dénomination actuelle. Vers le commencement du sixième siècle, refoulés dans les Pyrénées par les Goths, dont ils repoussaient le joug, les Vascons franchirent cette immense barrière de l'Hispanie et de la Gaule, et se précipitèrent sur l'Aquitaine : ce n'était pas du reste leur première invasion dans ce pays. Les rois francs, qui s'attachaient à affermir leur autorité dans la Gaule méridionale, dirigèrent contre eux plusieurs expéditions. Nos armées furent souvent vaincues par ce peuple belliqueux;

mais, en 602, les deux frères Thierry de Bourgogne et Théodebert d'Austrasie, réunis contre les Vascons ou Euscariens, les défirent et les forcèrent à payer tribut. Un duc et des comtes leur furent imposés ; mais bientôt ils se révoltèrent, et reprirent ce cours de pillages et de dévastations que les Francs avaient un moment interrompu; enfin, vers le commencement du septième siècle, ils s'établirent définitivement dans la *Novempopulanie*, qu'on commença alors d'appeler *Vasconia* ou improprement Gascogne, et s'allièrent avec les Aquitains, soulevés eux-mêmes contre ces conquérants germains qui de leurs capitales d'outre Loire prétendaient gouverner le midi de la Gaule. Ils figurèrent dans cette lutte longue et acharnée que soutinrent les ducs d'Aquitaine, Eudes, Hunald et Waïfre, contre les princes carlovingiens. Ces montagnards alertes et intrépides formaient alors la principale force des armées aquitaniques.

Ce fut, à ce qu'il semble, vers le milieu du huitième siècle que la Gascogne se trouva distincte du reste de l'Aquitaine, et forma un gouvernement séparé. Charlemagne, qui avait achevé l'œuvre de ses ancêtres en affermissant la domination des Francs sur les deux versants des Pyrénées, donna pour chef à cette province un certain Lope ou Lopez, que nos chroniqueurs appellent Loup, et qui était neveu d'Hunald; par cette concession le conquérant crut sans doute s'attacher cette race ennemie; mais ses efforts furent vains, car un peu plus tard on voit un autre Lope, successeur de celui-ci, et qui avait passé ses jeunes ans à la cour du grand monarque, tourner ses armes contre lui et devenir l'auteur principal du fameux désastre de Roncevaux, où le héros de l'Arioste périt sous les traits et les masses de rocher des Euscariens. Charlemagne punit cruellement quelque temps après ce trait d'ingratitude : le duc des Vascons fut saisi par ses ordres et pendu. Adalric, le troisième duc de la même famille, eut une destinée toute semblable : il se révolta plusieurs fois contre les Francs, et subit enfin la mort comme le précédent. Alors, le pays fut pendant un demi-siècle environ soumis à des ducs amovibles, désignés par les rois ; mais les Vascons, obéissant à cette antique race des ducs d'Aquitaine, qui avait si vaillamment combattu pour maintenir leur indépendance contre les hommes du nord, se soulevèrent de nouveau, et au milieu des troubles où l'empire des Francs était alors plongé, allèrent chercher en Espagne, pour régner sur eux, un Sanche Saucion, neveu d'Adalric, qui avait des possessions en Navarre. Un peu plus tard, un autre Sanche, dit *Mitara* (homme du pays), issu de la même famille, devint leur duc de la même manière : celui-ci était contemporain de Charles le Chauve, qui consentit à son élévation et agrandit même le duché jusqu'à la Garonne. Bordeaux, qui avait depuis longtemps ses comtes particuliers, en fut alors la capitale, et la résidence des ducs. Le fleuve formait la limite entre la Gascogne et la Guienne, qui eut Poitiers pour capitale.

La série des ducs de Gascogne, dès lors régulièrement héréditaires, n'offre que peu de faits remarquables. A la fin du dixième siècle, le sixième, Guillaume-Sanche, fonde ou renouvelle l'abbaye de Saint-Séver, dont l'abbé, en qualité de *viguier* de Gascogne, reçut la prérogative de convoquer les états du duché. Elle lui fut accordée pour honorer l'Église en mémoire d'une victoire remportée sur les Normands, qui ravageaient alors la province. Le duc dit dans la charte de fondation, qui a été conservée, qu'il tient ses terres de Dieu *par droit héréditaire*, et qu'il a assemblé ses vassaux, les seigneurs de Bigorre, de Béarn, etc., pour les consulter. Cette pièce est souscrite d'un seul prélat, avec le titre d'*évêque de Gascogne*, ce qui prouve que, par suite des malheurs des temps, un seul des douze siéges épiscopaux de la province était alors rempli. Vers le milieu du onzième siècle, la race des ducs s'étant éteinte, le duché passa à la maison des ducs de Guienne. En 1070, Gui ou Guillaume Geoffroy le conquit sur Bernard, comte d'Armagnac, qui s'en était emparé, et le réunit au duché de Guienne, dont il a depuis suivi les destinées. La Gascogne faisait avant la révolution partie du gouvernement de Guienne. Elle forme aujourd'hui le département des Hautes-Pyrénées, du Gers et des Landes. Dans les limites que nous lui avons données, ce pays pouvait avoir 144 kilomètres de long, sur 220 de large. On y distinguait principalement les trois provinces basques françaises, le Labourd, capitale Bayonne ; la basse Navarre, capitales Saint-Palais et Saint-Jean-Pied-de-Port; la Soule, capitale Mauléon; puis les pays proprement gascons ou aquitains : la Chalosse, capitale Saint-Séver ; le Condomois, capitale Condom ; l'Armagnac, capitale Auch ; le Bigorre, capitale Tarbes ; le Comminge, capitale Saint-Bertrand, et le Couserans, capitale Saint-Lizier. On sait sous quels traits sont représentées en général ces deux races bien distinctes de la population française méridionale, qui emprunte son nom à la province (*voyez* Gascon, Gasconnade). P.-A. Dufau.

GASCON, GASCONNADE. La tradition et les proverbes populaires, qui sont, dit-on, la sagesse des nations, ont assigné quelques bonnes et mauvaises qualités pour caractère distinctif aux habitants de chacune de nos anciennes provinces. Ils ont fait du *Gascon* le type du hâbleur vaniteux, et du mot *gasconnade* le synonyme de *mensonge*, mais de mensonge ingénieux, toujours empreint d'imagination et de poésie. A ce compte on ne voit pas que le lot du Gascon soit le plus mauvais. Au surplus, si les Gascons, que Moréri dit être en général gens d'esprit, adroits, bons soldats, patients et courageux, pèchent parfois contre la modestie, presque toujours ils emploient à commettre ce péché un tact, une finesse, qui le leur fait aisément pardonner. Sous Louis XV, le médecin Sylva était très-considéré à la cour. Un jour, le roi se moquant des Gascons, l'Esculape prit leur défense avec chaleur. « Mais vous ne m'aviez pas dit que vous étiez de Bordeaux, objecta le monarque au docteur. — Sire, répliqua ce dernier, je n'aime pas à me vanter. » Tous nos *Ana* sont remplis de leurs vives et piquantes saillies et de leurs vanteries originales. Que de fois n'a-t-on pas cité, entre autres, la réponse de cet enfant de la Garonne à un Parisien qui lui demandait comment il trouvait le Louvre : « Sandis ! cela n'est point mal : c'est presque aussi beau que le derrière des écuries de feu mon père. » Mais j'aime encore mieux, en fait de *gasconnade*, le mot de cet autre naturel du *pays*, à qui l'on disait : « Voilà deux hommes qui ont bien de l'esprit. — Cadédis ! vous en étonnez-vous ? l'un est de Gascogne et l'autre mérite d'en être. » Le fait est que sur ce point la vanité gasconne a bien quelque fondement. Montaigne et Montesquieu seraient déjà pour elle d'assez belles autorités. L'accent gascon est un de ceux qui se reconnaissent le plus aisément et qui se perdent le plus difficilement. Sous Henri IV, par imitation ou par courtisanerie, toute la cour *gasconnait*, et Malherbe s'était, disait-il, imposé la tâche de la *dégasconner*. On sait le mot du même prince à l'un de ses jardiniers, qui se plaignait d'un terrain où rien ne pouvait venir à bien : « Sèmes-y des Gascons, ils prennent partout. » La révolution de 1789 a fourni à cette assertion de nombreuses pièces justificatives. Les talents oratoires des Girondins ont immortalisé leur nom. Sous la Restauration, les premières places de l'État devinrent le partage d'autres Gascons, tels que Lainé, Peyronnet, Martignac, etc.

Ourry.

GASCONISME. Le gasconisme est quelquefois un solécisme, souvent un idiotisme, et presque toujours un barbarisme, ou un mot auquel on donne une acception inusitée. Un Toulousain, Desgrouais, fatigué d'entendre ses compatriotes attenter continuellement à la pureté de la langue, se prit à recueillir toutes leurs manières vicieuses de s'exprimer. Ses laborieuses élucubrations donnèrent naissance à un gros dictionnaire in-12, intitulé *Les Gasconismes corrigés*, et qui a eu trois éditions. Une personne fort lettrée dit à quelqu'un, à Toulouse : « Le principal de votre collége *donne de l'air* à M. l'archevêque. » Elle voulait dire qu'il lui ressemblait. Les députés des états de Languedoc étant à Versailles, un Gascon du cortége trébucha et tomba. Comme on lui demandait s'il ne s'était point fait mal, il répondit gaiement, en se relevant : *Au contraire*. Cette réponse fit beaucoup rire la cour. Les uns disaient que c'était une gasconnade, les autres un gasconisme : c'était l'un et l'autre. En Gascogne, un curé dira qu'il a *épousé* mademoiselle une telle, pour dire qu'il l'a mariée. Nous n'en finirions pas si nous suivions ce bon Desgrouais dans sa croisade contre le *gasconisme*; mais il a eu beau faire, le gasconisme est resté sur pied comme un fruit du pays.

GASPARD. *Voyez* CRAYER, HAUSER, DUGHET, etc.

GASPARIN (THOMAS-AUGUSTIN DE), général de brigade et membre de la Convention nationale, né à Orange, en 1750, d'une branche cadette d'une famille noble corse, celle des *Gaspardi*, branche devenue protestante par suite du mariage d'un de ses membres avec l'une des filles du célèbre agronome Olivier de Serres, était capitaine au régiment de Picardie en 1789, lorsque éclata la Révolution, dont il embrassa les doctrines avec enthousiasme. Élu membre de l'Assemblée, où il rendit de grands services comme membre du comité militaire, il fut encore chargé par les citoyens du département des Bouches-du-Rhône de les représenter à la Convention, où, dans le procès de Louis XVI, il vota *la mort sans sursis*. Envoyé à quelque temps de là en mission à l'armée du nord, il s'y trouvait lorsque Dumouriez passa à l'ennemi avec le jeune duc de Chartres, fils d'*Égalité*, et il prit immédiatement toutes les mesures que réclamait la gravité des circonstances. De là il fut successivement envoyé en mission en Vendée, à l'armée des Alpes et à Marseille, d'où il se rendit à Toulon. Sa présence au célèbre siége de cette ville, et la part importante qu'il prit à la direction des opérations qui eurent pour résultat de la reprendre sur les Anglais, sont incontestablement la partie la plus saillante de sa vie. C'est alors en effet que, devinant l'homme supérieur dans un jeune lieutenant-colonel d'artillerie, récemment arrivé de Paris pour prendre le commandement de l'artillerie devant la place assiégée, il aplanit toutes les difficultés et tous les obstacles que la routine et l'ignorance opposaient à ses plans hardis, complétement différents de ceux qui avaient été précédemment arrêtés par le comité de salut public. La prise de Toulon fut le résultat de la noble et intelligente confiance qu'il eut dans le génie encore inconnu de Bonaparte; et celui-ci n'oublia non plus jamais que c'était à Gasparin qu'il était redevable du commencement de sa haute fortune. Gasparin d'ailleurs n'avait pas eu la satisfaction d'assister au triomphe de son jeune protégé. Atteint d'une fluxion de poitrine avant la fin même du siége, on dut le ramener à Orange, où il mourut sans avoir pu apprendre que Toulon eût été évacué par l'armée anglaise. A Sainte-Hélène, Napoléon légua une somme de *cent mille francs* aux héritiers du représentant Gasparin, qui, dit-il dans son testament, « l'avait mis, par sa protection, à l'abri des persécutions de l'ignorance des états-majors qui commandaient l'armée de Toulon avant l'arrivée de Dugommier.

GASPARIN (ADRIEN-ÉTIENNE-PIERRE, comte DE), fils du précédent, ex-pair de France, membre l'Académie des Sciences, etc., est né à Orange, en 1783, et embrassa d'abord la carrière militaire. Attaché à l'état-major de Murat, grand-duc de Berg, dans la campagne de Pologne (1806), une infirmité, contractée au service, le força de renoncer à l'avenir brillant qui s'ouvrait devant lui. Retiré alors dans le sein de sa famille, il se livra à l'étude des sciences naturelles, et de nombreux mémoires, adressés à l'Académie des Sciences, lui assurèrent un rang distingué parmi les savants contemporains. Louis-Philippe lui ouvrit la carrière administrative en le nommant préfet, d'abord à Montbrison, puis à Grenoble (1830) et à Lyon (1833), à la suite de la seconde insurrection qui avait éclaté dans cette ville. Les services qu'il rendit dans ces circonstances au gouvernement royal et à la cause de l'ordre public furent récompensés l'année suivante par la pairie. En 1835 il fut appelé à remplir les fonctions de sous-secrétaire d'État de l'intérieur, au moment où se constitua le cabinet présidé par M. de Broglie; et lors de la formation du ministère du 6 septembre 1836, il accepta le portefeuille de l'intérieur. L'avénement du ministère Molé le fit rentrer dans la vie privée, qu'il ne quitta qu'en 1839 pour remplir par intérim les fonctions de ministre de l'agriculture et du commerce. Rendu définitivement à l'étude par la création du ministère du 1er mars 1840, il reprit alors ses travaux scientifiques, et parmi les ouvrages dont on lui est redevable, nons nous contenterons de citer son excellent *Cours d'Agriculture pratique* (Paris, 1845).

GASPARIN (AGÉNOR DE), fils du précédent, né en 1810, se fit remarquer dans les dernières années du règne de Louis-Philippe, par l'ardeur de son zèle à soutenir de sa parole à la tribune et de sa plume dans des brochures et des revues la politique dite *conservatrice*, dont il ne lui est au reste jamais arrivé de nous donner une idée parfaitement nette et claire, en même temps que par la ferveur toute particulière de son protestantisme. En toutes occasions, il s'est posé le champion des droits de ses coréligionnaires; c'est ainsi qu'on l'a vu, en 1853, s'associer aux efforts d'un comité anglo-français pour obtenir du grand-duc de Toscane la grâce des époux *Madiai*, condamnés à mort pour avoir abandonné le giron de l'Église catholique et avoir essayé de faire des recrues aux doctrines du protestantisme. M. Agénor de Gasparin a certes été moins heureusement inspiré quand il s'est mêlé de prendre la défense des tables tournantes, en y rattachant des idées mystiques qui semblent étranges, pour ne rien dire de plus, sous la plume d'un homme ayant la prétention de représenter le *progrès*, la *réforme*, en matières de foi. Sa femme, Mme la comtesse *Agénor* de GASPARIN, brille aussi parmi les orthodoxes les plus ferventes de la communion réformée; bas-bleu puritain, il lui arrive même parfois de se sentir prise d'une pieuse indignation à la vue de la froideur et de l'indifférence des chrétiens d'aujourd'hui; et alors, de sa main gantée et musquée, elle leur lance à la tête quelque bon in-8° où elle les traite de Turcs à Maure, sans se laisser aller, en les flagellant de son mieux, au moindre regret qui ressemble à ce qu'on appellerait vulgairement dans notre camp de la *charité*. Les tendances mystiques de certaines associations protestantes et les tendances *socialistes* de quelques autres n'ont pas non plus d'adversaire plus décidé que Mme la comtesse. En la lisant, on sent qu'elle aussi, le cas échéant, elle n'hésiterait pas à prononcer contre les délinquants *la mort sans sursis*.

GASSENDI (PIERRE GASSEND, plus connu sous le nom de), naquit le 22 janvier 1592, à Chantersier, près de Digne. La puissance du génie que la nature avait déposé en lui comme un germe fécond ne tarda point à se développer. Enfant encore, on le vit se lever pendant les nuits pour épier le cours des astres et méditer l'ordre des cieux. Disposé à l'éloquence comme à l'astronomie, on le vit prêcher de petits sermons, quitter son lit pour aller, à la lueur de la lampe de l'église, étudier seul les leçons que lui donnait le curé de son village. Souvent il ne prenait pas quatre heures de repos. Tant de persévérance et d'ardeur, tant de dispositions extraordinaires devaient amener des résultats extraordinaires aussi. En effet, quand l'évêque de Digne, Antoine de Boulogne, vint à Chantersier, le jeune Gassendi, qui n'avait que dix ans, le harangua en latin avec tant de grâce et de vivacité, que le prélat, surpris, s'écria : « Cet enfant sera un jour la merveille de son siècle ! » Gassendi, noble disciple de Bacon, devait réhabiliter la morale des anciens, si injustement attaquée et méconnue; il devait amener en France une philosophie dont on a, sans raison, attribué la création à Locke et à Condillac. Ses parents, bons et honnêtes paysans de la Provence, charmés de voir tant d'espérances rayonner sur la tête de leur fils, l'envoyèrent au collége de Digne faire ses humanités. Ses progrès furent si remarquables, qu'on ne l'appelait que le *petit docteur*; il composa à cette époque des espèces de comédies, mêlées de prose et de vers, que les jeunes écoliers récitaient au carnaval chez les principaux habitants de la ville.

Cependant Gassendi avait terminé sa philosophie, et il était retourné chez ses parents sans avoir rien décidé sur son avenir. Cette incertitude ne fut pas de longue durée. La chaire de rhétorique de Digne était mise au concours; Gassendi prend part à la lutte, triomphe, et bientôt il est proclamé professeur dans ce collége, où quelques mois auparavant il était encore élève. Il n'avait que seize ans. Ce fut au grand regret de la ville qu'un an après il quitta sa place pour aller à Aix étudier la théologie. Cinq ans d'un travail assidu lui permirent d'apprendre l'hébreu, le grec, et de commenter l'*Ecriture Sainte*. Son éloquence dans la chaire lui fit obtenir alors la *théologale* de Forcalquier. Mais comme sa prébende n'était pas suffisante, le parlement lui accorda 400 livres pour son entretien. Peu de temps après, il occupa la même place à Digne, ce qui le contraignit à prendre, en 1614, le bonnet de docteur dans l'université d'Avignon. Un concours s'étant ouvert deux ans après pour les chaires de philosophie et de théologie, Gassendi les obtint toutes deux; il joignit au succès la générosité, et céda bientôt la chaire de théologie à son ancien professeur. Les arguties, les misérables subtilités de l'école, offraient trop d'antipathie à l'esprit élevé, à la puissante raison de Gassendi; cependant il reçut les ordres en 1617. Dans ce siècle, l'état ecclésiastique était presque le seul qui convenait à l'homme de mérite sans fortune; il lui servait d'arbre contre la persécution, et donnait du poids à sa parole. Son génie l'éleva au-dessus de la profession, et la philosophie rendit le prêtre vertueux. Érudit plein de goût, penseur profond, Gassendi appela le premier l'attention des savants sur le système corpusculaire, redevenu l'une des bases de la physique moderne. Nourri de la morale des sages de l'antiquité, il la mit à la portée de ses contemporains, et la fit sucer comme un lait salutaire à l'élite de la société, qui essayait alors de se débarasser des langes de son enfance gothique. Gassendi s'était surtout livré à l'étude du système d'Épicure, dont il réhabilita la morale. Il aimait la poésie, et l'interprète du philosophe athénien, le plus hardi, le sublime des poètes, Lucrèce, devint son auteur de prédilection.

Selon l'avis de ses amis Peyresse et Gautier, le jeune professeur, renonçant à sa chaire en 1622, voulut se retirer à Digne, pour desservir son bénéfice. Mais un procès qu'eut alors à soutenir son chapitre le força de fixer pendant quelque temps son séjour à Grenoble. C'est là qu'il publia les *Exercitationes adversus Aristotelem*, ouvrage hardi, écrit d'un style vif et mordant, qui remua le monde savant et annonça à la France un profond penseur et un grand philosophe. Ce début indiquait une noble ardeur pour la recherche de la vérité; et on lisait dans la préface ces lignes, admirables, toutes empreintes de conviction et de candeur philosophique : « Je prends Dieu à témoin que j'ai un grand zèle pour découvrir la vérité. Eh, comment ne désirerais-je pas la connaître, moi qui suis dans la joie de mon cœur lorsque je trouve quelque chose de vrai ! » Aussitôt que son livre parut (1624), Gassendi quitta Grenoble pour Paris. On croit que ce fut à l'occasion de la prévôté de Digne, que le chapitre lui avait conférée en son absence, et que lui disputait Blaise Ausset. Après un séjour de quelques mois à Paris, il revint à Digne, puis retourna encore à Paris, visita les Pays-Bas, la Hollande, et se lia avec une foule de savants. La grande admiration de Gassendi pour Galilée établit bientôt entre eux une correspondance active, qu'on aime à relire; mais son amitié avec Descartes dura peu. Le philosophe épicurien attaqua, il est vrai, le premier, l'auteur du *Discours sur la méthode*; mais Descartes, oubliant toutes les convenances, jeta du haut de son orgueilleux dédain les premières injures à son adversaire. Il s'ensuivit une longue polémique, qui donna à la France et au monde savant le plus affligeant spectacle. Heureusement le cardinal d'Estrées parvint à les réconcilier.

Louis de Valois, comte d'Alais, et depuis duc d'Angoulême, vint en Provence, connut Gassendi, se lia intimement avec lui, et le présenta en 1641 pour les fonctions d'agent général du clergé; mais le sage préféra la tranquillité à la richesse, et céda cet emploi à son concurrent, l'abbé Hugues. En 1645, on pensa à le charger de l'éducation du jeune Louis XIV. Il refusa cet honneur, préférant la douce indépendance de l'étude, la vie de famille, aux chaînes brillantes d'une si haute position. Ce fut peut-être un malheur. Qui sait en effet si Louis XIV, instruit à des idées de tolérance par Gassendi, n'eût pas épargné à la grandeur de son règne un déclin qui en ternit l'éclat? La reine de Suède, Christine, rechercha son commerce. Elle lui fit d'abord écrire par Bourdelot qu'elle serait charmée d'entrer en correspondance avec lui, et bientôt on la voit elle-même lui écrire . « Je vous consulterai comme l'oracle de la vérité, pour m'éclaircir de mes doutes, et si vous voulez prendre la peine d'instruire mon ignorance, vous ne ferez autre chose sinon d'augmenter le nombre de ceux qui savent vous estimer dignement. » Quand Christine abdiqua, Gassendi la félicita, et l'on assure qu'en cette circonstance l'admiration du philosophe causa une joie extraordinaire à la reine de Suède.

Le cardinal de Richelieu força, en 1645, Gassendi à accepter une chaire de mathématiques au collége royal. Après y avoir réuni longtemps une foule d'auditeurs, l'auteur de la *Philosophie d'Épicure*, épuisé par le travail, et victime de l'usage immodéré de la saignée, qui était alors devenue une manie, mourut le 14 octobre 1655. Il fut enterré à Saint-Nicolas-des-Champs, dans la chapelle de Saint-Joseph, où sont encore son buste et son tombeau, à côté de la tombe de son oncle Guillaume Budée. Quand il avait senti la vie lui échapper, il avait pris la main de son secrétaire, l'avait posée sur son cœur et lui avait dit: « Voilà ce que c'est que la vie de l'homme. » Ses principaux ouvrages sont (sans parler de ses productions mathématiques et astronomiques) : 1° *Exercitationes paradoxicæ adversus Aristotelem* (Grenoble, 1624); 2° *Disquisitio metaphysica adversus Cartesium* (Paris, 1642); 3° *De Vita et Moribus Epicuri* (Lyon, 1647); 4° *Syntagma Philosophiæ Epicuri* (Lyon, 1649); et quelques écrits polémiques. Les œuvres complètes de Gassendi ont été publiées à Lyon (1658), et à Florence (1728), en 6 volumes in-folio.

De Pongerville, de l'Académie Française.

GASSION (Jean de), maréchal de France, naquit en 1609, à Pau; son père était président du parlement de cette ville, et professait la religion réformée. Jean de Gassion fit ses premières armes en Piémont et dans la Valteline, à l'armée commandée par le duc de Rohan. Il passa ensuite au service de Gustave-Adolphe, roi de Suède, qui lui confia le commandement d'une compagnie destinée à sa garde. Le boulet qui tua ce prince à Lutzen (1632), arrêta Jean de Gassion au milieu de la carrière que lui avait ouverte l'amitié de ce héros. Rentré en France, il alla rejoindre l'armée aux ordres du maréchal de La Force en Lorraine. Le siége de Dôle, les prises d'Hesdin et d'Aire lui fournirent l'occasion de se signaler par sa valeur et par son habileté. En 1639, l'énergique répression d'une insurrection qui avait éclaté à Rouen lui valut le grade de maréchal de camp. A la bataille de Rocroy il commandait l'aile droite, et contribua puissamment au gain de cette journée. Blessé dangereusement au siége de Thionville (1643), il reçut le bâton de maréchal de France. L'année suivante, il fut envoyé avec le titre de lieutenant général à l'armée de Flandre commandée par Gaston d'Orléans, et se signala encore aux siéges de Furnes et de Gravelines. Cette dernière place succomba sous ses efforts combinés avec ceux du maréchal La Meilleraye, malgré la mésintelligence ouverte qui éclata entre les deux maréchaux pendant la durée même du siége, et qui faillit amener une sanglante collision entre les corps placés sous leurs ordres respectifs. Dans la campagne de 1647, ses démêlés avec le maréchal de Rantzau, qui commandait avec lui, empêchèrent l'armé française de se porter à temps au secours de Landrecies, assiégé par l'archiduc Léopold. La place dut capituler. Cependant Gassion vint assiéger Lens. Le 28 septembre 1647, à l'attaque d'une palissade, il fut atteint d'un coup de feu à la tête. Cinq jours après, il succombait à Arras, des suites de cette blessure. Le maréchal de Gassion était resté célibataire; de bonne heure, il avait refusé divers partis avantageux. « Je ne fais pas assez de cas de la vie pour en faire part à quelqu'un, disait-il. »

GASTEIN (Eaux de) ou de *Wildbad-Gastein*, l'une des plus célèbres sources thermales de l'Allemagne, située dans le cercle de Salzach, duché de Salzbourg, Haute-Autriche, était déjà fréquentée du temps des Romains, et fut visitée dès 1436 par le duc Frédéric d'Autriche, devenu plus tard empereur d'Allemagne.

Le village de Gastein, dont la population fixe est d'environ 1,400 habitants, est situé à 1,080 mètres au-dessus du niveau de la mer, au pied du Graukogle, haut de 2700 mètres, dans une étoite vallée des Alpes Noriques arrosée par l'Ache, qui, à peu de distance de l'établissement thermal, forme une des plus magnifiques cascades de l'Europe, et entourée de hautes montagnes parfaitement boisées que dominent au loin les glaciers. Il offre en quelque sorte le panorama complet du caractère imposant des contrées alpestres, mais en revanche est assez peu favorablement situé pour les malades qui viennent y chercher la santé. Le climat, en raison de l'élévation extrême du sol, est âpre et froid.

On y compte six sources, dont les plus bienfaisantes sont *la source des Princes*, *la source du Docteur*, *la source de l'empereur Franz* et *la grande source*. Elles produisent toutes les mêmes effets, et leur température varie de 30 à 38° R. Les eaux de Gastein, qu'on prend soit en boisson, soit sous forme de bains doivent leurs effets aux eaux alcalines et salines; et la cause de ces effets n'est pas claire, puisqu'à l'analyse chimique elles ne diffèrent guère des eaux de source ordinaire. Elles sont légèrement excitantes, vivifiantes et fortifiantes, d'ailleurs calmantes, adoucissantes et apéritives. Aussi les emploie-t-on avec succès dans les affections chroniques des nerfs, dans les maladies des organes génitaux consistant en faiblessse de divers genres, dans les anciennes douleurs rhumatismales et arthritiques, dans les mauvaises suites de blessures, dans les affections de la membrane pituitaire et dans les maladies chroniques de la peau. Il faut se garder d'en faire usage pour les congestions du sang vers la tête et pour la pléthore du bas-ventre. Bien que la situation peu favorable de l'établissement thermal de Gastein appelât depuis longtemps de nombreuses améliorations, ce n'est qu'en 1830 que les plus indispensables ont été effectuées. Elles consistent en une conduite composée de 2335 tuyaux de bois qui amène l'eau de source de Wildbad à *Hofgastein*, gros bourg de 4,000 âmes, situé à trois heures de marche de Wildbad, dans la partie la plus large et la plus basse de la vallée, et où elle arrive encore à une température assez élevée pour que d'ordinaire il faille la laisser refroidir avant de s'en servir pour bains.

GASTÉROPODES (de γαστήρ, ventre, et ποῦς, ποδός, pied). Les gastéropodes constituent une classe très-nombreuse de mollusques, que Cuvier, dans ses travaux sur la classification de ces animaux, a substituée à celle désignée sous le nom de *limaces* par Pallas, et sous celui de *repentia* par Poli et Lamarck. Ces mollusques rampent généralement sur un disque charnu, placé sous le ventre comme un large pied, et formé de fibres qui se croisent en sens divers. La plupart ont une coquille produite par le manteau qui s'étend plus ou moins sur leur dos, de manière à recouvrir presque entièrement le test de l'animal. Il prend diverses formes, et offre des couleurs très-variées; il y en a de symétriques et d'une seule pièce; d'autres sont de plusieurs pièces; il en existe également qui n'offrent aucune régularité. Il y a des espèces dont les coquilles sont tellement concaves et croissent si longtemps qu'elles forment une spirale oblique, produite par un cône dans lequel se lacent successivement d'autres cônes plus larges dans un sens que dans l'autre, ce qui donne à la coquille cette forme dont nous venons de parler. La tête des gastéropodes se montre plus ou moins, quoique placée en avant, suivant son enfoncement sous le manteau; leurs tentacules, au nombre de deux à six, sont petits et placés au-dessus de la bouche sans l'entourer : ces tentacules manquent quelquefois; ils sont tantôt filiformes, comme dans les *mélanies*, tantôt triangulaires, comme dans les *limnées*; il y en a aussi de cylindriques. Tous ces tentacules sont plus ou moins rétractiles; ils servent au toucher et à l'odorat. Leurs yeux, adhérents tantôt à la tête, tantôt à la base, au côté ou à la pointe du tentacule, sont très-petits et toujours au nombre de deux; il est même quelques espèces qui n'ont pas d'yeux; toutes ont un seul cœur, placé entre la veine pulmonaire et l'aorte.

La division des familles a été fondée sur la position, la structure et la nature de leurs organes respiratoires, qui sont très-variables : en effet, les uns respirent par des poumons, d'autres par des branchies. Il en est dont les sexes sont séparés et d'autres qui sont hermaphrodites; il y en a même qui n'ont qu'un seul sexe et qui peuvent se reproduire sans le secours d'un autre individu. Un grand nombre de gastéropodes, principalement de ceux qui sont à coquille spirale, ont un opercule corné ou calcaire, attaché sur la partie postérieure du pied, qui ferme la coquille lorsque l'animal y est rentré; ceux de ces mollusques qui en sont privés ont un organe qui peut remplacer l'opercule, et qu'on nomme *épiphragme* : ces petits corps sont destinés à les préserver de la rigueur des saisons. Toutes les espèces de gastéropodes n'ont pas les coquilles dont nous avons parlé : les unes sont nues; chez quelques autres, le test est caché par le manteau; enfin, il en est, et c'est le plus grand nombre, dont les coquilles sont très-apparentes. C. FAVROT.

GASTÉROSTÉE (en latin *gasterosteus*). *Voyez* ÉPINOCHE.

GASTON. Plusieurs comtes de Foix ont porté ce nom.

GASTON Ier, dit *le Magnifique*, onzième comte de Foix, succéda, en 1302, à Roger Bernard III, son père, et malgré Philippe le Bel, il fit en 1303 la guerre au comte d'Armagnac. Gaston soutint le roi dans ses guerres contre la Flandre, et s'y comporta vaillamment. Il fit en 1308 la guerre au roi de Majorque, conclut la paix en 1308, et se tourna alors une seconde fois contre le comte d'Armagnac; en vain les légats du pape lui enjoignirent de se retirer avec son armée, et le frappèrent d'excommunication; il fallut un arrêt du parlement, une dure captivité au Châtelet, pour que Gaston renouvelât la paix au comte d'Armagnac. Gaston fit ensuite la nouvelle guerre des Flandre, et mourut à Pontoise en 1315.

GASTON II, son fils, lui succéda à l'âge de sept ans. A onze ans il combattait dans la guerre des Flandres, à quinze ans dans celle de Gascogne. Marié alors à une femme qui fut une des femmes remarquables de son époque, Éléonore de Comminges, il soutint d'un côté le roi de France dans les guerres contre les Anglais, à la tête de ses troupes, de façon à mériter le titre de capitaine général du roi en Gascogne, et lui refusa de l'autre des subsides pour cette guerre, afin de bien sauvegarder les droits de sa couronne comtale. Gaston se signala aux prises de Castres, de Bourg, de Blaye, fit la guerre au comte d'Armagnac, alla combattre les Anglais dans la Flandre, et ne respirant que combats, se rendit en Espagne pour aider le roi de Castille à prendre Algésiras aux Maures; il y brilla entre les plus braves, et mourut à Séville, en 1343, laissant la réputation d'un héros, et en même temps d'un sage homme, d'un négociateur habile.

GASTON III, comte de Foix et vicomte de Béarn, surnommé *Phœbus*, soit à cause de sa beauté, soit parce qu'il avait pris un soleil pour devise, le plus fastueux chevalier de son siècle, naquit en 1331. Ayant succédé tout jeune encore à son père Gaston II, il eut bientôt à lutter contre des ennemis puissants et nombreux. Sa vie fut singulièrement agitée et toute guerrière : il combattit d'abord les Anglais en 1345, et les repoussa victorieusement. Il alla ensuite servir en Prusse contre les infidèles. Pendant la *jacquerie*, il contribua puissamment à la délivrance du dauphin à Meaux. Il eut ensuite à combattre le comte d'Armagnac, et cette fois c'était pour repousser les prétentions du comte sur le Béarn. Le roi de France, Charles V, réussit pourtant à réconcillier les deux rivaux, et le fils du comte de Foix épousa la fille de Jean d'Armagnac. En 1380, Gaston Phœbus fut même nommé lieutenant général du Languedoc; mais le roi étant mort un mois après, le duc d'Anjou régent nomma à sa place Jean, duc de Berry. Gaston Phœbus marcha à la rencontre de son compétiteur, le défit complétement, et consentit pourtant à lui accorder la paix. Ce fut à peu près à cette époque (1382) que Gaston Phœbus eut le malheur de tuer son fils unique. Froissart, dont ce prince était le protecteur et l'ami, nous a laissé un émouvant récit de ce tragique événement. Le jeune prince était accusé d'avoir voulu empoisonner son père d'après les conseils de son oncle, Charles le Mauvais. Renfermé dans une tour, il refusait de prendre aucune nourriture; son père, irrité, le frappa involontairement au cou avec un petit couteau qu'il tenait à la main. L'enfant mourut instantanément. En 1390 Gaston Phœbus céda ses États à Charles V, qui pourtant renonça plus tard à cet héritage. Il mourut l'année suivante. Vaillant et magnifique guerrier, il cultiva les lettres et les arts; violent de caractère, il aimait la chasse avec passion; ses équipages de vénerie et de fauconnerie surpassaient ceux des princes les plus riches. Il a laissé un livre qui est un traité complet et méthodique de la chasse. Il est intitulé: *Miroir de Phœbus, des deduicts de la chasse des bestes sauvaiges et des oyseaux de proie.*

GASTON IV, de la maison de Grailly, fils de Jean de Grailly, comte de Foix, lui succéda, en 1436. Fait capitaine général contre les Anglais en 1439, pair en 1358, il se montra dévoué à Charles VII, qui lui donna pour son fils aîné la main de Madeleine de France, et plus tard à Louis XI, son beau-frère, qui avait une grande admiration pour son habileté, et le nomma capitaine général des troupes qu'il envoya en Catalogne. Néanmoins, en 1471, il se laissa entraîner par le duc de Bretagne, qui avait épousé une de ses filles, dans la ligue formée contre ce monarque. Gaston épousa Éléonore de Navarre, et mourut en 1472. Des historiens lui reprochent d'avoir cherché, par une série de forfaits, la possession de la couronne de France. D'autres le représentent comme un grand caractère, franc, loyal, embrassant un parti avec conviction et sans arrière-pensée, ayant beaucoup d'élévation dans l'esprit et d'habileté dans la conduite des affaires. Il eut une grande passion pour les joutes et les tournois; son fils aîné, prince de Viane, fut mortellement blessé dans un de ces tournois qu'il affectionnait tant.

[GASTON DE FOIX, duc de Nemours, fils de Jean de Foix, comte d'Étampes, vicomte de Narbonne, et d'Isabelle de France, sœur du roi Louis XII, fut l'un de plus célèbres capitaines de son temps. A l'âge où les princes font leurs premières armes, il commandait la puissante armée d'Italie. Après avoir battu les Suisses près de Côme et près de Milan, il délivra Bologne, assiégé par l'armée confédérée du roi d'Espagne, du pape et des Vénitiens, et reprit Brescia. Profitant de ses avantages et de la confusion qu'il avait portée dans les rangs ennemis, il se jetta ensuite avec une étonnante rapidité sur la Romagne. Une victoire plus éclatante et plus décisive l'attendait dans les champs de Ravenne. Il justifia dans cette terrible journée le surnom de *foudre de guerre* que lui avaient donné les Espagnols; heureux s'il eût suivi les sages conseils de Bayard, et si, maître du champ de bataille, il ne se fût point exposé comme un simple aventurier, et n'eût pas compromis, par une bravoure irréfléchie, les résultats de la bataille. Ayant aperçu, dit Brantôme, un maraud d'aventurier qui s'enfuyait, il lui demanda ce qu'il avait: « Ah! monsieur, dit-il, ce sont les Espagnols qui nous ont défaits. » A ces mots, le prince s'écria: « Qui m'aime, me suive! » et accompagné d'une vingtaine de braves, il chargea dans un défilé, où il fut enveloppé de toutes parts avec sa faible escorte; elle succomba sous le fer des Espagnols, qui avaient l'avantage de la position et du nombre. Le cheval de Gaston eut les jarrets coupés; le prince tomba criblé de blessures. Bayard, accouru à son secours, le trouva mort. Cet événement rendit la victoire de Ravenne inutile, et eut une funeste influence sur le reste de la campagne. L'Italie fut perdue pour les Français. Gaston n'avait que vingt-quatre ans. Le 17 du même mois (septembre 1512), le corps de ce prince fut transporté à Bologne, environné de tous les drapeaux conquis, inutiles et glorieux trophées de la bataille de Ravenne.

DUFEY (de l'Yonne)].

GASTON D'ORLÉANS, *Voyez* ORLÉANS.

GASTRALGIE, GASTRODYNIE, CARDIALGIE. Ces diverses dénominations, sans être complétement synonymes, désignent une affection nerveuse de l'estomac (γαστήρ) qui, entre autres symptômes, s'accompagne généralement d'une douleur très-vive (ἄλγος). C'est encore le même trouble fonctionnel dont on indique certains caractères, sous les noms de *dyspepsie, aigreurs, pyrosis, soda, fer chaud, passion cardiaque, boulimie, crampes d'estomac, vomissements nerveux, pica, malacie*, etc. Cette affection nerveuse, apyrétique, généralement chronique, et peu dangereuse par elle-même, s'accompagne de symptômes très-divers, il est vrai; mais leur simultanéité ou leur succession, souvent alternative, prouve qu'ils appartiennent à une seule maladie. Toutes les affections nerveuses, du reste, présentent ces mêmes variations, et entre autres l'*entéralgie* ou douleur d'intestin, que nous pourrions confondre sans inconvénient sous le nom de *gastro-entéralgie* avec l'affection qui nous occupe, puisque causes, symptômes et traitements ont de grands rapports dans la plupart des cas.

Autant les causes de l'inflammation de l'estomac (*gastrite*) sont peu nombreuses, autant sont multipliées celles qui produisent la névrose gastro-intestinale. Nous ne pouvons que les énumérer ici: Le tempérament nerveux, la fréquence antérieure des migraines, des névralgies, etc., une constitution frêle et délicate, une irritabilité particulière et congénitale ou acquise de l'estomac, l'habitation des grandes villes, la vie sédentaire, les affections morales vives et prolongées, le travail de cabinet, les fortes contentions d'esprit, particulièrement après le repas et le corps plié, courbé en avant, l'affaiblissement dû aux pertes de sang, à une lactation prolongée, aux excès dans les plaisirs vénériens, plus encore à l'onanisme et aux pertes séminales involontaires, une alimentation insuffisante, le jeûne, le régime maigre et l'abus de certaines boissons, telles que le thé, le café, la bière, le vin blanc, etc. On a encore indiqué comme causes de la gastralgie les grandes chaleurs atmosphériques, les orages fréquents, et surtout certaines constitutions médicales comme celles qui ont été signalées après les épidémies de grippe et de choléra. Certains états maladifs y disposent, ou plutôt la gastralgie est alors *symptomatique*, comme dans la chlorose, la leucorrhée, la goutte, la grossesse, les affections utérines et les déviations de la matrice, les maladies des reins, de la vessie et des testicules. La présence des vers dans les intestins produit encore des douleurs gastralgiques variées. Enfin, souvent la gastralgie succède à l'abus des excitants et à une inflammation de l'estomac, qui en se prolongeant laisse à sa suite un simple trouble fonctionnel. De causes si diverses, peut-on attendre une maladie toujours semblable?

La maladie débute le plus ordinairement par le trouble de la digestion (*dyspepsie*) accompagné de bâillements, de pesanteurs d'estomac, de dévelopement de gaz dans sa cavité, enfin d'un malaise général encore modéré. Parfois une douleur insupportable (*pyrosis* et *soda*) ne tarde point à survenir, et provoque l'expulsion de liquide incolore, âcre et acide qui brûle en remontant vers la bouche. Les mucosités secrétées dans l'estomac, surtout pendant la digestion, prennent une acidité insupportable (*aigreurs*) qui se montre jusque dans l'haleine. Dans un degré plus avancé de la gastralgie la douleur survient, passagère d'abord, puis plus vive, vers l'orifice œsophagien, ou vers l'orifice pylorique, soit encore au-dessous de l'appendice xiphoïde : cette douleur s'étend souvent à la région correspondante du dos et jusqu'aux clavicules. Sous l'influence de la pression, il n'est point rare qu'elle se calme, comme aussi immédiatement après l'ingestion des aliments. Ordinairement intermittente ou plutôt rémittente, elle revient quelquefois par accès soit sous l'influence de la vacuité de l'estomac, ou quelque temps après les repas, ou enfin par des causes très-variées. Cette douleur, de légère et d'obtuse d'abord, devient parfois déchirante et fait ressentir une constriction insupportable, soit avec un sentiment de froid très-vif, soit avec une chaleur brûlante. Cette souffrance peut aller jusqu'à la défaillance (*cardialgie*) : les malades se plaignent de spasmes, d'élancements, de brûlure ou de déchirements pendant les accès, dont la durée varie beaucoup. C'est alors surtout que, pour se soustraire à la souffrance, on voudrait se refuser presque tout aliment; ce qui, du reste, ne fait que rendre la maladie et plus grave et plus douloureuse.

La contractilité modifiée produit des contractions spasmodiques, parfois très-douloureuses (*crampes*) et en même temps lorsqu'il y a un développement anomal de gaz provoque des flatuosités, des éructations, des borborygmes et le hoquet. Il résulte également de cet état de contractions spasmodiques des vomissements, et ceux-ci donnent lieu à une forme particulière de la maladie désignée sous le nom de *vomissement nerveux*. Dans cette forme, que la douleur n'accompagne point toujours, qu'elle se rattache ou non à la grossesse, la maladie résiste parfois à tout traitement, et peut devenir très-grave et même funeste. Comme la contractilité, la sensibilité est modifiée dans la gastralgie : ainsi le goût se déprave particulièrement dans le commencement des grossesses et chez les jeunes filles chlorotiques (*pica* et *malacie*), la faim se perd (*anorexie*), ou devient excessive (*boulimie*). La soif cependant est peu modifiée. Presque toujours il y a constipation, ou s'il survient du dévoiement, il est accidentel et dépend d'une mauvaise digestion. La langue est blanche et humide, à moins de complications, et souvent les malades accusent l'afflux continuel d'une salive claire et fade. Le pharynx est fréquemment le siége d'un sentiment de constriction pénible accompagnée ou non de la boule hystérique. A moins de constipation les urines sont limpides et décolorées. Le pouls est naturel, rarement accéléré, dur ou petit. Cependant à la longue la souffrance et l'épuisement peuvent amener une fièvre hectique et plus encore des accès irréguliers de fièvre. La toux sèche et pénible qui parfois se joint à la gastralgie peut dans ce cas, particulièrement s'il y a de la dyspnée, des douleurs dorsales et du marasme, entraîner des erreurs de diagnostic. D'autres désordres peuvent encore survenir du côté du système nerveux et aggraver l'état des malades : tels sont les vertiges, les bouffées de chaleur au visage, le froid des extrémités, les étourdissements, etc. Le sommeil est alors court et troublé par des rêves pénibles. Enfin, le malade, affaibli, se plaignant des douleurs les plus variées, est trop souvent en proie à l'hypochondrie. Plus généralement l'affaiblissement et la maigreur ne sont point en rapport avec la gravité des symptômes, et la gastralgie peut durer plusieurs années sans les produire et sans amener de danger pour la vie, ce qui doit étonner dans un trouble aussi grave des fonctions digestives.

A l'*entéralgie* proprement dite appartient un sentiment de torsion dans les intestins et particulièrement à l'ombilic, sensation que la pression diminue loin de l'augmenter. Les intestins distendus par des gaz (*tympanite*), semblent souvent au malade contenir une véritable boule. Généralement il y a constipation, et la diarrhée est l'exception. La marche de la *gastro-entéralgie* est variable et sujette à des intermittences et à des retours fréquents. Sa durée généralement très-longue n'a rien de régulier, même abandonnée à elle-même. La gastralgie peut se terminer par la guérison, notamment si l'âge vient émousser la sensibilité. Plus ordinairement elle cède à un traitement suivi avec persévérance; trop souvent cependant, malgré le régime et le traitement, elle se prolonge indéfiniment.

Est-il impossible qu'une affection si douloureuse et souvent si opiniâtre entraîne des dégénérescences et un changement dans la nature même du mal; ou faut-il donc admettre, lorsque après des années de souffrance on voit survenir une affection d'un caractère alarmant, qu'il y a toujours eu erreur dans le diagnostic? On peut tout au moins en douter. La *gastralgie des vieillards* pourrait particulièrement donner lieu à des erreurs de diagnostic à son début; toutefois, à la longue, elle entraîne parfois des modifications évidentes dans les tissus. Par suite des progrès de l'âge, les conditions anatomiques et physiologiques de l'appareil digestif se modifient peu à peu, et ses fonctions deviennent de plus en plus imparfaites. On s'étonnera peu, si l'on passe en revue les divers organes dont l'action indispensable se modifie, les dents, qui sont malades et tombent, l'atonie de l'estomac, qui s'accroît, tandis que l'appétit lui-même diminue et se perd et que la contractilité du gros intestin s'éteint : on s'étonnera peu, disons-nous, qu'une gastro-entéralgie survienne caractérisée par des symptômes particuliers, des aphthes, l'anorexie, la dysphagie, les douleurs cardialgiques, les flatuosités et la constipation. On pourrait ainsi décrire un grand nombre d'autres variétés de la gastro-entéralgie dont les causes très-diverses modifient les caractères : ainsi la chlorose, la grossesse, les affections des reins, de la vessie, de l'utérus, la goutte, le mal de mer, donnent lieu à des symptômes gastralgiques particuliers. Si l'on étudie l'influence du trouble de l'estomac sur le système nerveux et sur l'encéphale en particulier, on comprendra que plusieurs auteurs n'aient point cherché ailleurs la cause de l'*hypochondrie*.

Le diagnostic ne présente guère de difficultés que dans la recherche de la cause qu'il est cependant important de reconnaître pour appliquer un traitement utile. La recherche d'un diagnostic précis est de la plus grande importance, et trop souvent on voit la galtralgie appeler seule l'attention quand des maladies plus graves en sont la cause méconnue. Le prognostic varie également suivant la cause véritable et la nature même de la maladie. Toutefois, il ne faut pas perdre de vue qu'elle peut même sans complication résister au traitement le mieux indiqué. Le traitement doit varier à l'infini, selon la maladie, suivant les périodes et les circonstances. Avant tout, il a pour base l'hygiène et particulièrement un régime de vie sagement ordonné et suivi avec persévérance. On doit s'attacher à fortifier par un alimentation rendue rapidement plus analeptique; toutefois, en observant attentivement ses effets, et si le travail digestif s'accompagne d'assoupissement, de bâillements, d'abattements de corps et d'esprit, de balonnement de ventre, il faut être plus sévère que lorsqu'il survient seulement de la douleur. La surveillance du médecin doit s'étendre jusqu'aux affections de l'âme; il défendra tout écart, tout excès affaiblissant qui contre-balancerait le traitement, prescrira les distractions, la promenade, et l'habitation à la campagne, l'équitation, la gymnastique, les voyages, le séjour aux eaux minérales alcalines, sulfureuses et ferrugineuses, etc., enfin les bains de mer, les affusions froides et les frictions générales : c'est dans le choix opportun de ces moyens que se rencontre la principale voie de guérison.

Quant au traitement des symptômes, la douleur cède assez généralement aux narcotiques pris à petites doses, soit avant, soit après le repas. Les toniques et les excitants rendent la digestion moins laborieuse. La plus grande difficulté consiste à bien étudier et à combattre à propos les états de débilité et d'éréthisme nerveux qui souvent alternent ou se mêlent. Aux aigreurs, aux nausées, aux éructations et aux vomissements on oppose les boissons alcalines et gazeuses. Enfin, la constipation, en général fort opiniâtre, doit être combattue par les lavements laxatifs et même par quelques purgatifs doux. Il est du reste peu de maladies dans lesquelles le médecin soit mieux fondé à espérer des succès assurés, en prescrivant un traitement convenable lorsque le malade par son exactitude lui vient en aide. Dr Auguste GOUPIL.

GASTRÉ. *Voyez* ÉPINOCHE.

GASTRIQUE (de γαστηρ, estomac). Ce mot, qui n'est pas très-ancien dans la science médicale, est employé pour désigner ce qui se rapporte à l'estomac : ainsi, on dit la *cavité gastrique* pour indiquer l'estomac, et quelquefois, par extension, le ventre ; on dit le *suc gastrique* pour signifier les liquides qui sont sécrétés par les membranes qui composent l'estomac (*voyez* DIGESTION, t. VII, p. 586) ; on dit encore *fièvre gastrique* pour indiquer une fièvre dont le point de départ présumé est l'estomac. *Gastrique* s'applique encore comme dénomination propre aux nerfs, aux vaisseaux, aux membranes qui entrent dans la texture de l'estomac. Dr S. SANDRAS.

GASTRIQUE (Embarras). *Voyez* EMBARRAS GASTRIQUE.

GASTRITE. Ce mot représente l'état inflammatoire de l'estomac et ses diverses nuances. On reconnaîtra toujours cet état, non-seulement dans son degré le plus prononcé, comme quand un individu a avalé de l'oxyde blanc d'arsenic, mais on continuera à le retrouver dans ses degrés les moins prononcés, comme quand il succède à une simple indigestion ou à l'ingestion d'un irritant léger ; non-seulement à l'état aigu quand tous les caractères de la gastrite sont réunis sur le même sujet, mais encore à l'état chronique quand la marche lente et insidieuse du mal permet aux symptômes de se prononcer à peine et laisse au médecin pour guide unique l'impossibilité de relever et de nourrir un malade autrement que par les aliments les plus doux et les plus facilement assimilables. Les symptômes en sont bien différents suivant que la gastrite est aiguë ou chronique, légère ou intense.

Dans la gastrite aiguë, il y a tension de l'épigastre, sentiment de plénitude, d'ardeur et de douleur dans l'estomac, douleur qui augmente par la pression exercée sur toute l'étendue de cet organe ; en même temps, on observe des nausées, des efforts pour vomir et des vomissements, de l'anxiété, de la difficulté à respirer, une soif ardente, beaucoup de chaleur à la peau, de rougeur à la langue, de la fatigue dans les membres, une douleur assez vive de la tête, de la fréquence et de la petitesse dans le pouls, et tous ces symptômes augmentent aussitôt qu'on ingère dans l'estomac des substances alimentaires. Dans la gastrite chronique, les symptômes se montrent par moment ; mais quand tous les autres disparaissent, un dernier, l'exacerbation du mal par la nourriture, persiste toujours ; l'affaiblissement graduel, l'amaigrissement, une teinte jaunâtre particulière de la peau, et des phénomènes généraux plus ou moins marqués l'accompagnent ordinairement.

Légère, la gastrite présente tous ces phénomènes dans des degrés plus ou moins prononcés, et peut disparaître en peu d'heures ; intense, elle les offre d'une manière plus complète, plus longue et plus effrayante. La maladie en guérissant s'en va par degrés, de telle sorte que ce n'est jamais que graduellement et avec infiniment de tâtonnements qu'on peut ramener au régime ordinaire les convalescents de gastrite. Quand les malades succombent, on trouve dans l'estomac des désordres anatomiques non douteux, comme la rougeur persistante des membranes, l'ulcération des mêmes parties procédant de dedans en dehors, des ramollissements compliqués ou d'ulcération ou d'injection dans les capillaires.

Le traitement de la gastrite légère est l'affaire d'un peu de diète et de boissons aqueuses ; celui de la gastrite intense ne demande pas moins que toute l'habileté d'un bon médecin, soit quand il y a empoisonnement, soit quand il n'y en a pas. La gastrite aiguë se termine souvent en gastrite chronique, surtout quand elle est incomplétement ou insuffisamment traitée. Celle-ci est presque toujours une affaire de régime. Dr S. SANDRAS.

GASTRO-ADYNAMIQUE (Fièvre). *Voyez* FIÈVRE JAUNE.

GASTRO-DUODÉNITE, l'inflammation de l'estomac et du duodénum, que l'on désigne sous ce nom, ne doit pas être traitée ici avec détail... Elle a été déjà décrite séparément (*voyez* GASTRITE et ENTÉRITE). On a prétendu que lorsque le duodenum est irrité, enflammé, cette phlogose est plus particulièrement accompagnée de soif, de céphalalgie et d'une teinte bilieuse qui peut aller jusqu'à l'ictère. Quelle valeur ont ces assertions et en particulier la croyance à l'ictère, comme résultat inévitable de cette inflammation ? Ne sont-elles pas le résultat de vues théoriques, plutôt que la déduction d'observations exactes ? L'affection isolée du duodenum est très-rare. Elle est presque toujours confondue soit avec la gastrite, soit avec l'inflammation intestinale ; une percussion faite avec le plus grand soin et avec des précautions particulières, jointe à l'observation du siége précis et limité de la douleur, pourrait seule faire reconnaître cette maladie quand elle existe isolément.

Dr A. GOUPIL.

GASTRODYNIE (de γαστήρ, estomac, et ὀδύνη ; douleur). *Voyez* GASTRALGIE.

GASTRO-ENTÉRALGIE (de γαστήρ, estomac, ἔντερον, intestin, et ἄλγος douleur). *Voyez* GASTRALGIE.

GASTRO-ENTÉRITE. Non-seulement ce mot représente l'inflammation simultanée de l'estomac et des intestins (*voyez* GASTRITE et ENTÉRITE), ce qui est sa signification la plus ordinaire, mais encore il a été employé fort souvent pour désigner une maladie particulière qu'on appelait dans la médecine de Galien *fièvre hémitritée*, dans la médecine humorale *fièvre putride*, *fièvre entéro-mésentérique* ou *entéro-mésentérite* dans les commencements de la médecine localisante, *fièvre bilieuse*, *adéno-méningée*, *muqueuse*, etc., dans l'école de Pinel, et que depuis on a nommée *fièvre grave* ou *fièvre typhoïde*, à cause de l'espèce de stupeur qui en forme pour ainsi dire le caractère éminemment distinctif. Nous devons faire remarquer seulement que dans l'école physiologique, à laquelle est dû principalement le nom de *gastro-entérite*, on ne considère pas cette maladie comme un type à part, ainsi que le fait l'école anatomo-pathologique de MM. Chomel, Louis, etc. ; mais on se forme un type de gastro-entérite représenté par l'inflammation des membranes de tout le tube digestif ou de plusieurs de ses parties, avec prédominance des sympathies sur tel ou tel organe. Ainsi, il y a la gastro-entérite avec réaction sur le cerveau, qui est à peu près la fièvre typhoïde des auteurs que j'ai cités ; la gastro-entérite simple, la gastro-entérite intermittente, la gastro-entérite contagieuse, etc., tous ces termes remplaçant les fièvres autrefois reconnues. Dr S. SANDRAS.

GASTRO-HYSTÉROTOMIE. *Voyez* CÉSARIENNE (Opération).

GASTROLIMIQUE, GASTROPATHIQUE (Tempérament). *Voyez* TEMPÉRAMENT.

GASTROMANCIE (du grec γάστρα ou γαστήρ, ventre, et μαντεία, divination). Il y en avait de deux sortes. L'une se pratiquait au moyen de vases de verre ronds, dont le milieu était nommé γάστρα. On les emplissait d'eau claire, et l'on disposait autour un certain nombre de bougies, ou de torches allumées. Pendant qu'on invoquait le dieu ou le démon d'une voix basse, inarticulée, et qu'on lui demandait une réponse à la question qui lui était proposée, un jeune garçon ou une femme enceinte observait attentivement la surface des vases. Ils y voyaient la réponse, qui se manifestait par des images réfléchies dans l'eau, représentant les événements à venir. L'autre espèce de gastromancie était pratiquée à l'aide de la ventriloquie. C'était un devin ventriloque qui faisait la réponse.

GASTRONOMIE, GASTRONOME. Ce n'est point la science des *ventrus*, comme l'étymologie grecque γαστήρ, estomac, et νόμος, loi, semblerait le faire croire ; mais l'art de vivre, de manger dignement, honorablement, en homme de goût, d'esprit et de jugement. Le *gourmand* et la *gourmandise*, c'est le pécheur, c'est le péché dans leur laideur. Le *gastronome* est le type épuré du *gourmand*; l'extrême opposé, l'extrême honteux, c'est le *goulu*. N'est pas *gastronome* qui veut. Le *gastronome* éclairé règle habilement sa vie : il repose et fortifie tour à tour son corps et son esprit par des essais de chimie culinaire, profondément médités, auxquels l'hygiène préside toujours; il n'accueille que ce que la raison accepte; il n'adopte que ce que les convenances ont d'avance sanctionné. Il est lettré, poli, ouvert à sa table ou à celle d'autrui, gai, aimable, plus causeur qu'idéologue. Son appétit connaît des limites; il ne se rendra jamais coupable d'un honteuse indigestion. Si la conversation des convives s'anime au cliquetis des verres; si elle retrouve subitement le feu, l'éclat, la vivacité de l'ancienne conversation française, vous pouvez être sûr qu'il y a là un gastronome de première force qui fait jaillir l'étincelle et qui met tout en train. Sa politesse envers les dames est parfaite; et pourtant, il n'a ni moustaches, ni longs cheveux, ni pantalon zébré, ni redingote contrastant avec son âge. C'est un homme tout simplement convenable, qui vient à nous de trente-cinq à quarante ans, sec, valide, indifféremment grand ou petit, ayant plus de trait que de sarcasme. Le gastronome est presque toujours un sage.

La gastronomie, triple et étrange phénomène, à la fois science, art, religion, a droit à notre respect, à notre amour, à notre foi. Philosophiquement parlant, elle est la seule chose possible dans ce monde; elle dirige les autres sciences, et indique d'une manière positive l'état de civilisation d'une société : c'est même l'unique moyen de connaître, à n'en pouvoir douter, le degré de civilisation d'un pays. Si, dans notre Europe actuelle, la France en est arrivée au point où vous la voyez, il ne faut pas vous imaginer que les sciences ou la gloire en soient la véritable cause. La France n'est à la tête de l'Europe et du monde que parce qu'elle est la plus savante, la plus habile, la plus inventive dans la gastronomie; parce qu'elle a poussé le plus loin et perfectionné le mieux cet art si difficile et si précieux La Russie nous vole nos dessins d'étoffes, la Belgique a longtemps contrefait nos livres, l'Allemagne imite nos modes, l'Angleterre s'approprie nos inventions : on peut se méprendre dans le vol ou l'imitation de ces différentes nations. Mais il est un art sur lequel ni le vol ni l'imitation ne peuvent rien, et qui seul appartient à la France, comme le signe le plus certain de son génie et de son intelligence, c'est la gastronomie. Si l'on veut bien vivre, vivre d'une manière artistique et civilisée : il faut recourir à notre France. Il faut la main d'un de ces cuisiniers civilisateurs, qui, au jour qu'il est, établissent avec tant d'éclat la supériorité de notre nation sur les autres nations du monde. Sous le premier empire et déjà sous celui-ci on a versé beaucoup de sang pour atteindre un but qu'il sera facile de dépasser d'une manière toute pacifique, rien qu'à l'aide de nos habiles cuisiniers.

Nous voudrions pouvoir refaire ici l'histoire de la gastronomie, décrire ses phases brillantes, initier nos lecteurs aux somptueux et élégants dîners de Lucullus et d'Apicius, leur faire sentir la puissante révolution qu'a produite dans les temps modernes la découverte de la muscade et de la cannelle; leur faire ainsi traverser les siècles jusqu'au temps de Cambacérès, l'homme le plus poli, le plus artiste, le plus civilisateur de l'époque, l'intelligence la plus exquise et le produit le plus avancé de la révolution française; mais un autre nous a devancé dans cette tâche (*Voyez* CULINAIRE [Art]).

On ne parle plus longtemps du poëme de la *Gastronomie* de Berchoux, seul titre de gloire de son auteur, qui pourtant a beaucoup écrit. Rabelais personnifie le ventre, l'appétit, la gastronomie, sous le nom de *gaster*, et il appelle *gastrolâtres* les moines, que les satiriques accusent d'être gourmands. « Ils tous, dit-il, tenoient *gaster* pour leur grand Dieu, l'adoroient comme Dieu, lui sacrifioient comme à leur Dieu omnipotent. » (*Pantagruel*, liv. IV, ch. 58. Qu'il y a loin des habitudes brutales que fait supposer cette sortie, à la délicate et intelligente gastronomie du dix-neuvième siècle!

GASTROTOMIE (de γαστήρ, ventre, estomac, et τέμνω, je coupe). Ce nom désigne une opération chirurgicale très-remarquable, que M. le docteur Sédillot, professeur à la Faculté de Médecine de Strasbourg et directeur de l'hôpital militaire, a introduite dans la science. Cette opération consiste à établir aux parois de l'estomac une ouverture permanente, dans le but de fournir à l'alimentation une voie artificielle, chez les malades qu'un rétrécissement complet de l'œsophage condamne à mourir d'inanition. L'opération proposée par M. Sédillot a réussi d'abord sur les animaux, ensuite sur l'homme, et désormais elle prendra rang parmi les plus curieuses conquêtes chirurgicales de notre époque.

GÂTEAU, sorte de pâtisserie, presque toujours de forme ronde, faite ordinairement avec de la farine, du beurre et des œufs. Les petits gâteaux sont le principal objet de la gourmandise des enfants; aussi est-il probable que leur nom dérive de la prodigalité avec laquelle on les *gâte* en leur distribuant cet encouragement ou cette récompense gastronomique. Décrire ici toutes les espèces de gâteaux serait fastidieux. Qu'on nous permette seulement de citer, parmi ceux dont la réputation est le plus répandue : le *gâteau d'amandes*, le *gâteau de riz*, le *gâteau de feuilleté*, le *gâteau au lard*, la *Madeleine*, le *gâteau en losange*, le *gâteau de Savoie*, le *gâteau à la crème*, le *gâteau à la royale* (ou *à l'impériale*, si le cœur vous en dit), le *gâteau de brioche*, la *fougasse* du Midi, le *gâteau au fromage de Brie*, les *gâteaux fourrés*, et, comme productions modernes du premier ordre, rentrant dans la même catégorie, *le Savarin* et le *Saint-Honoré*.

Les *gâteaux de Nanterre* ont longtemps joui d'une renommée égale au moins à celle de la sainte et héroïque vierge originaire de ce lieu. Les quelques marchandes, laides et vieilles, qui nous en offrent aujourd'hui de saupoudrés de poussière, sur le quai des Tuileries, ne sauraient nous donner la moindre idée de cette renommée, autrefois si chère aux enfants parisiens. Mais ce qui, par-dessus tout, a donné au gâteau en général une renommée universelle, c'est l'antique et patriarcale coutume du *gâteau des rois*, ou *du roi de la fève*, conservée dans presque toutes les familles. En certaines provinces, une part en est tirée pour le membre de la famille qui est absent. On la serre avec soin, et, suivant qu'elle se conserve plus ou moins bien, on y trouve un augure favorable ou contraire à la santé du parent éloigné. Combien nous préférons à cet usage superstitieux la touchante habitude où sont d'autres familles provinciales de réserver dans le gâteau des rois *la part du bon Dieu*, qui devient soudain celle de l'indigence. On sait que la personne la plus jeune de la société est toujours chargée de prendre au hasard et de distribuer les parts de ce gâteau. Ce fut pour Barjac, valet de chambre du vieux cardinal de Fleury, l'occasion d'une spirituelle flatterie : il trouva moyen de réunir, le jour des Rois, à la table de son maître, douze convives d'un âge si avancé, que l'Éminence nonagénaire, se trouvant la plus jeune, dut remplir les fonctions ordinairement attribuées à l'enfance.

Avoir part au gâteau est chez nous une locution métaphorique qui n'a pas besoin de commentaire. Lors du premier partage de la Pologne, elle donna l'idée d'une maligne allégorie : c'était une gravure représentant ce malheureux pays sous la forme d'une pièce de pâtisserie : autour de la table sur laquelle elle était posée, se tenaient l'impératrice de Russie, le roi de Prusse et l'empereur d'Autriche, qui en prenaient chacun une part; et on lisait au bas : *Le gâteau des rois*. On sait que les morceaux en parurent si bons aux convives, qu'ils finirent par se partager le *gâteau* tout entier. OURRY.

GATEAU FÉBRILE. *Voyez* FÉBRILE.

GATES (Monts). *Voyez* GHATTES.

GATES (HORACE), né en Angleterre en 1728, embrassa de bonne heure l'état militaire, et fit la guerre en Allemagne sous le prince Ferdinand, depuis duc de Brunswick. De retour dans ses foyers, il partit pour l'Amérique, avec le grade de capitaine d'infanterie dans le corps du général Braddock, et revint dans sa patrie après la paix de 1763. Mais, aimant le séjour du Nouveau Monde, il vendit son brevet pour y retourner, et acheta dans la Virginie une plantation, sur laquelle il vivait tranquille, quand la révolution éclata. Regardant l'Amérique comme sa patrie d'adoption, il prit les armes en faveur de l'indépendance, et parvint bientôt aux premiers grades militaires de l'Union. En 1777 il fut appelé au commandement en chef de l'armée américaine du Nord, réussit par d'habiles manœuvres à cerner le général anglais Burgoyne, son ancien compagnon d'armes des guerres d'Allemagne, et le contraignit à capituler le 13 octobre. Ce fut le premier succès éclatant des patriotes. La générosité de Gates envers ses prisonniers rehausse encore le triomphe des républicains, et contraste singulièrement avec l'inhumanité des Anglais, mettant tout à feu et à sang, et brûlant jusqu'à la dernière maison de la petite ville de Kingston, après une victoire du général Vaughan en Virginie.

Gates, toujours attaché à son pays natal, et voulant forcer le ministère britannique à mettre un terme à ces atrocités, adressa une lettre au comte de Thanet, pair d'Angleterre, son ancien ami, et en chargea le général Burgoyne. Mais les passions étaient trop exaltées dans le cabinet de Saint-James; la guerre continua avec un nouvel acharnement. Le 25 juillet 1780, le congrès nomma Gates général en chef de l'armée du midi. Là il essuya un grand échec dans la Caroline septentrionale : à la tête de 6,000 hommes de milices américaines, mal disciplinées et peu aguerries; il fut complétement battu par lord Cornwallis, qui n'avait sous ses ordres que 1,400 soldats de la ligne et 5 à 600 miliciens. Sans se laisser décourager par ce revers, Gates faisait toutes ses dispositions pour le réparer, quand le congrès lui retira brutalement le commandement suprême. Il n'avait eu d'autres torts que de trop compter sur ses troupes et d'être originaire d'Angleterre. La nouvelle de la mort de son fils unique, jeune homme de grandes espérances, vint encore aggraver ses chagrins. Il se retira dans sa plantation du comté de Berkley, et y mourut, le 13 mars 1806, à l'âge de soixante-dix-huit ans.

GATH, l'une des cinq capitales du pays des Philistins, dont il est souvent fait mention dans l'Ancien Testament. Goliath était originaire de cette ville, où David vint chercher un refuge contre les persécutions de Saül. Quoique les Israélites se fussent à diverses reprises, et notamment sous le règne de David, emparés de Gath, ils ne purent jamais la conserver que passagèrement.

Il y avait une ville du même nom dans la tribu de Sebulon : le prophète Jonas y était né. On en comptait aussi une dans la tribu de Dan.

GATINAIS, ancien pays de France, qui tirait son nom de *gastine*, vieux mot par lequel on désignait l'endroit d'une forêt où le bois avait été abattu. Ce pays s'étendait en partie dans l'Ile-de-France, et en partie dans l'Orléanais, ce qui avait donné lieu à sa division en *Gâtinais français* et *Gâtinais orléanais*. Le premier, qui avait pour capitale Nemours, forme aujourd'hui la partie sud-ouest du département de Seine-et-Marne; Montargis était la capitale du second, actuellement compris dans la partie orientale du département du Loiret, sauf quelques parcelles englobées dans ceux de la Nièvre et de l'Yonne. Au onzième siècle, le Gâtinais avait ses comtes particuliers. Geoffroi le Barbu, fils de Geoffroi Férole, comte du Gâtinais, ayant succédé à son oncle Geoffroi Martel, comte d'Anjou, les deux pays furent réunis. Mais Foulques le Réchin, second fils de Geoffroi Férole, après avoir dépouillé son père de ses possessions, le fit mourir en prison. Ce crime ayant attiré sur lui la colère de Philippe Ier, roi de France, il ne vit d'autre moyen d'apaiser ce prince que de lui céder une partie de ses possessions, acquises au prix du sang. C'est ainsi que le Gâtinais fut réuni à la couronne, à laquelle il est toujours resté annexé depuis. O. MAC-CARTHY.

GATSCHINA, ville de Russie, dans le gouvernement de Saint-Pétersbourg, à environ 40 kilomètres de cette capitale, située d'une façon ravissante au pied des monts Duderhofsch et sur les bords d'un lac formé par l'Ischora, est régulièrement construite et compte 6,000 habitants. On y trouve un hospice d'orphelins, un collége et une école d'arboriculture; mais elle est surtout remarquable par son beau château impérial, édifice d'un style noble et simple, contenant six cent pièces à feu et entouré d'un des plus magnifiques jardins qu'il y ait en Europe. Il fut construit par le prince Grégoire Orloff, et à sa mort, acheté par l'impératrice Catherine II. En 1784, cette princesse en fit présent au grand-duc Paul, qui en fit son séjour favori et qui, en 1797, accorda les droits et les priviléges de ville au bourg qui s'était insensiblement formé près du château. Un traité d'alliance et de garantie fut signé le 29 octobre 1799 à Gatschina entre la Suède et la Russie.

GATTEAUX (JACQUES-ÉDOUARD), né à Paris, le 4 septembre 1788, eut pour maîtres son père, *Nicolas-Marie* GATTEAUX, habile graveur en médailles et mécanicien ingénieux, et le sculpteur Guillaume Moitte. En 1809 il remporta le grand prix de gravure en médailles, et alla se perfectionner à Rome. Revenu en France en 1813, il exécuta les médailles de *Puget*, d'*Edelinck*, de *Varin*, de *Rameau*, et de *Philibert Delorme*, pour les grands prix de sculpture, de gravure en taille douce; d'architecture, de gravure en médailles et de musique, décernés annuellement par l'Académie des Beaux-Arts. De 1816 à 1825, il fournit à la *Galerie numismatique des grands hommes français*, dont il était l'un des fondateurs, les médailles de *Pierre Corneille, La Fontaine, Montaigne, Rabelais, Buffon, Mme de Staël, Saint Vincent de Paul, Cassini, l'abbé Barthélemy, Monge, Masséna*, etc. En 1817, il fit celle du *duc d'Enghien* pour la collection de M. Durand, et celle de *La Paix de* 1814 pour la suite des médailles de la Restauration. Le gouvernement de Louis XVIII le chargea également de trois autres médailles : *La Sainte-Alliance, L'établissement du pont de Bordeaux, Le Rétablissement de la statue de Louis XIII à la place Royale*. En même temps M. Gatteaux exécutait le buste en marbre de *Rabelais*, aujourd'hui à Versailles, et ceux de *Michel-Ange* et de *Sébastien del Piombo* pour le Louvre. Depuis cette époque son burin s'est trouvé associé à un grand nombre d'événements de notre histoire contemporaine.

Quoique plusieurs critiques préfèrent ses médailles à ses statues, M. Gatteaux a eu quelques beaux succès dans la grande sculpture. On peut citer ses statues en bronze du *chevalier d'Assas* (1827), et de l'enseigne de vaisseau *Bisson* (1832), élevées par souscription, l'une au Vigan, l'autre à Lorient. En 1831 on avait remarqué au salon son *Triptolème*, exécuté depuis en marbre. Mais l'œuvre préférée de l'artiste est une *Minerve après le jugement de Pâris* (1836), où il a su s'inspirer des plus belles traditions de l'art antique. Il a été moins heureux dans l'exécution d'une statue en marbre d'*Anne de Beaujeu*, pour le jardin du Luxembourg (1847).

Nommé en 1831 chevalier de la Légion d'Honneur, élu en 1834 membre du conseil municipal de Paris et du conseil général de la Seine, dont il n'a pas cessé de faire partie, M. Gatteaux a été appelé en 1845 à succéder à Galle dans la section de gravure de l'Académie des Beaux-Arts.

GATTILIER, genre d'arbrisseaux de la famille des verbénacées, ayant pour caractères essentiels : Calice court, à cinq dents; corolle à tube grêle et allongé, à limbe plan, partagé en cinq ou six lobes inégaux et disposés en deux lèvres; stigmate bifide; drupe contenant un osselet quadriloculaire et tétrasperme. Ce genre, renfermant environ vingt espèces, a pour type le *gattilier d'Europe* (*vitex agnus castus*, Linné), plus connu sous le nom *d'agnus castus*, agneau chaste, nom qui rappelle les propriétés antiaphrodisiaques que lui attribuaient l'antiquité et le moyen âge. La persuasion où l'on était que ses diverses parties pouvaient amortir les désirs charnels avait fait imaginer aux prêtresses de Cérès, pour se conserver pures, de former leur couche avec les rameaux de cette plante, et d'en joncher les temples de la déesse. « Les dames d'Athènes, dit Brantôme, d'après Pline, pendant les fêtes des Thesmophories en l'honneur de Cérès, couchaient sur des paillasses faites de feuilles d'*agnus castus*, pour se refroidir et ôter tout appétit chaud, et parce qu'elles voulaient célébrer cette fête en plus grande chasteté ». Dans des temps plus rapprochés de nous, ses semences introduites dans les aliments des religieux, son bois porté par eux en manière d'amulette, devaient les mettre à l'abri des feux dévorants de l'amour. Il n'y a pas longtemps encore que l'on trouvait dans toutes les pharmacies, sous le nom *d'agni casti semina*, les fruits du gattilier d'Europe, dont on préparait un sirop appelé *sirop de chasteté*. Et cependant ces fruits, d'une saveur âcre et prononcée, contiennent une huile essentielle que l'on sait aujourd'hui douée de propriétés stimulantes. Leur odeur leur avait déjà fait donner les noms de *petit poivre, poivre sauvage, poivre des moines*. Complétement abandonné par la thérapeutique, le gattilier d'Europe, qui croît dans les lieux secs et arides du midi de la France, a des rameaux grêles et blanchâtres, des feuilles pétiolées, opposées, digitées, cotonneuses en dessous; les fleurs sont violettes, purpurines ou blanches; elles paraissent vers la fin de l'été, disposées en épis verticillés.

GAU, en langue gothique *Gavi*, dans l'ancien haut-allemand *Kouwi*, au moyen âge *Gœuwe*, mot d'origine incertaine, qu'on traduit ordinairement en latin par la mot *pagus* ou bien encore par ceux de *regio* ou *provincia*. C'est la dénomination donnée en Allemagne, et aussi par les Francs dans les provinces Slaves qu'ils soumirent, à certaines circonscriptions dans lesquelles était divisé le territoire sous le rapport de l'administration civile et judiciaire, et aussi sous celui de l'organisation militaire. Il en est fait mention dans l'histoire dès le septième siècle, et il en existe encore aujourd'hui de nombreux vestiges dans les noms particuliers restés à certaines localités, comme *Brisgau*, *Thurgau*, *Sundgau*, *Argau*, *Rheingau*, etc. Les *gaus* eurent naturellement pour délimitations des montagnes, des vallées, des rivières et des forêts. Ce ne fut qu'à une époque de beaucoup postérieure, en Allemagne surtout, que la politique intervint dans la démarcation de leurs frontières. L'administration des *gaus* était confiée, sous l'autorité royale, à un ou plusieurs comtes appelés *Gaugrafen*, et en latin *comites*, d'où le mot *comitatus* employé dans cette langue comme synonyme de *gau*. Dès le douzième siècle, lorsque les feudataires de la couronne eurent réussi à rendre leurs fiefs héréditaires, l'institution des *gaus* tomba en désuétude; aussi serait-il aujourd'hui d'une difficulté extrême, pour ne pas dire impossible, de préciser la ligne de démarcation exacte de certains *gaus* dont il est fait mention dans les chroniques, attendu que dans les grands il arrive souvent d'en rencontrer de moindres qui s'y trouvent englobés.

On peut croire qu'à certains égards le mot *gau* eut à une époque donnée et dans quelques localités les mots *bant* (par exemple *Brabant*) et *Eiba* (par exemple *Wettereiba*, d'où on a fait plus tard *Wetterau* [Wettéravie]) pour synonymes.

GAU (Charles-François), célèbre par ses voyages et ses explorations en Nubie, né à Cologne, le 15 juin 1790, fit ses études à l'École des Beaux-Arts de Paris. C'est à Rome, où il s'était rendu en 1817, qu'il prit la résolution de compléter par un voyage en Nubie les travaux de l'Institut d'Égypte. Après avoir supporté les plus grandes fatigues et les plus grandes privations, il lui fut enfin donné d'apercevoir les Pyramides.

Au Caire, de mesquines rivalités cherchèrent à contrarier l'exécution de ses plans. Mais, grâce à la protection du consul de France Drovetti, il obtint enfin le firman indispensable pour pousser son voyage plus avant; et après trente-trois jours de navigation sur le Nil, il atteignit enfin Thèbes. Là il put se procurer des Arabes pour l'accompagner, une barque, des provisions pour son voyage, quatre matelots et un ancien mamelouck de la garde impériale pour lui servir d'interprète; et avec des vents favorables, il ne tarda pas à atteindre le but de ses efforts. Maître de sa barque, il dépendait de lui de s'arrêter où bon lui semblait, de dessiner et de mesurer à loisir. Il trouva entre la seconde cataracte et Philœ vingt-un monuments qui jusque alors étaient restés complétement inconnus; le choix qu'il en fit, les descriptions qu'il en donna, furent partout approuvés. La vérité et la fidélité de ses dessins, qui n'ont rien perdu à la gravure, l'exactitude de ses mesures et d'autres qualités ont valu à ses *Antiquités de la Nubie* (13 livraisons. Paris, 1821-1828) les suffrages unanimes de la critique. Ce fut Niebuhr qui se chargea en grande partie de la rédaction du texte joint aux planches.

Naturalisé français en 1825, Gau fut nommé l'un des architectes de la ville de Paris, qui lui est redevable de la restauration de Saint-Julien-le-Pauvre et de la prison de la rue de la Roquette; c'est sur ses dessins que s'éleva l'église gothique de Sainte-Clotilde, projetée sur les anciens terrains Belle-Chasse. Malheureusement il dépassa de beaucoup ses devis, et n'arriva qu'à des résultats mesquins, ce qui lui fit retirer la direction des travaux de cette église. Cet artiste estimable mourut à Paris en janvier 1854.

GAUCHE, GAUCHER, termes que l'on fait dériver du grec γαυσός, qui signifie *oblique* ou *de travers*, comme on se sert du verbe *gauchir* pour *biaiser*. Pourquoi signale-t-on la gauche comme maladroite, faible, inhabile ou malheureuse? Pourquoi dit-on d'un individu qui paraît ridicule dans sa tournure ou dans ses actions qu'il est *gauche?* Cependant, il y a des *gauchers* plus adroits que les *droitiers* et que les *ambidextres*. C'est que la nature ou la coutume a donné la supériorité de force et d'habileté aux membres du côté droit. Les physiologistes qui prétendent que l'homme était primitivement formé avec des membres égaux en vigueur et en toutes les aptitudes de leurs actions soutiennent que nous ne devons l'infériorité de la main gauche qu'à l'habitude contractée dès l'enfance de faire emploi toujours de prédilection de la main droite. Ils remarquent que les jambes sont communément de force pareille, et peut-être même que le soldat, qu'on fait toujours partir du pied gauche et tendre le jarret, acquiert plus de vigeur dans cette extrémité. Il est évident que l'accoutumance renforce le membre qui est le plus exercé, fût-il originairement le plus débile.

Mais les naturalistes, étudiant la pondération primitive des forces dans les corps vivants, ont remarqué des *inégalités naturelles de l'organisme*, soit chez l'espèce humaine, soit parmi d'autres genres d'animaux. Prenons l'homme sur tout le globe : par quelle cause les nations les plus diverses se sont-elles accordées à préférer la main droite? Guillaume Dampier, qui fit l'un des premiers le tour du monde, s'étonnait de voir partout chez les sauvages, les nègres, etc., la main gauche moins employée et plus faible, comme chez nous. Presque partout chez les anciens le côté gauche était sinistre, la partie débile, celle du cœur. Le guerrier plaçait au bras gauche le bouclier; aujourd'hui, l'épée, le poignard, sont situés à gauche, afin que la main droite soit plus à portée de les saisir. Le côté sénestre est donc celui qu'on protège, tandis que la dextre est forte et agressive. Quand on veut faire honneur à quelqu'un, jadis comme aujourd'hui, on le place à sa droite : *Dixit Dominus Domino meo : Sede a dextris meis*. Si les anciens Perses attribuaient à cet égard la préférence au côté gauche, ils en donnaient pour motif que c'était la région du cœur et une marque de confiance de livrer ainsi la partie la plus vulnérable à leurs meilleurs amis.

De même, dans nos luttes politiques, le parti qui se présente comme le plus éminemment patriotique ou *libéral* occupe la gauche des assemblées, tandis que le côté droit est préféré par les amis de l'autorité et du pouvoir monarchique.

Personne n'ignore combien les présages obtenus à gauche passaient pour funestes, combien ce côté devenait de mauvais augure en toutes choses chez les Romains superstitieux. La gauche était considérée comme fatale, comme la région femelle, imbécile du corps humain, comme son pôle glacial, comme n'engendrant que le sexe féminin, etc.

Pour trouver une cause précise de la force ou de la faiblesse relative d'un côté du corps sur l'autre, il faut en scruter l'organisation. Le côté droit récèle un viscère volumineux, le foie, qui entraîne de son poids le corps, et qui détermine l'homme et les animaux à se coucher, à dormir de préférence sur ce même côté. D'ailleurs, lorsqu'on se couche sur le côté gauche, le foie pèse sur l'estomac, et aussi le cœur est comprimé; ce qui gêne le mouvement circulatoire et rend la digestion plus pénible. De là viennent encore des rêves fatigants chez quelques personnes; l'instinct du malaise fait qu'elles se retournent même en sommeillant, afin de prendre une posture moins laborieuse pour leurs fonctions vitales. Or, les corps qui passent ainsi plusieurs heures de repos au lit sur le côté droit reçoivent nécessairement dans ses régions déclives une plus riche nutrition, un plus abondant afflux d'humeurs que dans le côté gauche, situé en dessus. Cela seul expliquerait pourquoi les bouchers trouvent toujours que le côté droit des bestiaux est le plus pesant, le plus charnu. En outre, le côté du foie est celui qui recueille presque tout le système vasculaire sanguin noir et l'appareil réparateur, les vaisseaux du chyle, les lymphatiques, pour se rendre dans la veine cave, où vient également aboutir la veine azygos. Il paraît donc évident que les moyens de nutrition étant plus abondants pour le côté droit que pour le côté gauche, lui donnent ainsi une supériorité de force et d'activité. J.-J. Virey.

GAUCHE (*Art militaire*). Voyez Corps d'Armée.

GAUCHE (*Histoire parlementaire*). Voyez Côté Droit, Côté Gauche.

GAUCHERIE, action d'une personne gauche et maladroite. Il faut du temps pour façonner un domestique aux habitudes d'une maison; et jusque là que de gaucheries ne doit-on pas se résigner à lui voir commettre à chaque instant du jour! La gaucherie est aussi un manque d'aisance, d'usage du monde, de grâce et d'adresse. Les provinciaux, longtemps encore après leur arrivée à Paris, ont toute la gaucherie de nouveau-débarqués. Ce mot est familier, sans être trivial.

GAUCHOS. C'est ainsi qu'on appelle dans les provinces de la Plata les paysans fixés dans les pampas, où ils se livrent principalement à l'élève du bétail. Encore bien qu'ils se considèrent comme blancs et soient très-fiers de ce titre, ils appartiennent pour la plupart à la classe des métis, et, par leur commerce avec les femmes indiennes, contribuent à rapprocher de plus en plus la population des provinces intérieures du type des habitants aborigènes. Comme ces rudes enfants de la nature, les *gauchos* n'ont que peu de besoins. Vivant sous un climat qui dispense l'homme de se pourvoir d'une habitation et de vêtements chauds, ils se contentent de misérables huttes construites en roseaux et en argile, contenant peu ou point de meubles en bois, parce que dans ces vastes plaines, où ne s'élève pas un seul arbre, et où la vue se perd comme sur un océan sans rivages, la dépouille des bœufs doit le plus souvent tenir lieu de plancher et d'aire. Au lieu d'objets en fer destinés à consolider, on s'y sert avec beaucoup d'art et d'habileté de lanières de cuir. Un pareil ameublement, on le conçoit, se transporte aisément, ou, s'il vient à se perdre, peut être remplacé partout où l'on se trouve avec les produits même du sol; d'ailleurs, ce que le *gaucho* possède en fait d'objets irremplaçables et tirés des villes ou bien de l'autre côté de la mer, se réduit à si peu de choses, qu'il lui est toujours facile de l'emporter sur son cheval.

Pâtre et chasseur tour à tour, on voit le *gaucho*, tantôt faire paître d'innombrables troupeaux vivant dans un état à demi sauvage, tantôt se précipiter avec délire au-devant des mille périls de la chasse aux bêtes féroces. Sa dévorante activité, ses répugnances pour la vie sociale, son insouciante ignorance, sa taille presque titanique et la maigreur de ses formes, qui font de lui, comme du lion, un être tout force et tout muscles, lui donnent une physionomie des plus originales, qui tient au merveilleux par plus d'un point. Cette misérable hutte où il s'abrite, et qui élève son large cône dans l'immensité de la solitude, est une construction facile en tous lieux. Pourvu qu'il ait un cheval, un *lasso* et une *bola*, le *gaucho* saura toujours bien se procurer d'autres chevaux et s'approvisionner de bétail à demi sauvage, qui servira à sa subsistance. Ce *lasso* est un lacet formé d'une bande de cuir très-fort et présentant à une de ses extrémités un nœud coulant. Du haut de son cheval, le *gaucho* le lancera avec tant d'adresse autour du cou, des cornes ou des jambes de l'animal, qu'il ne manquera presque jamais son coup. La bête enlacée essayera de fuir; mais arrêtée dans son élan par la courroie, dont le bout est solidement fixé à la selle du chasseur, elle s'abattra et roulera à terre. La *bola*, comme son nom l'indique assez, est la boule attachée à l'autre extrémité, et qui sert de contre-poids.

La chasse du *gaucho* a-t-elle été longtemps heureuse, et se sent-il assez riche pour tenter les chances du commerce, il se rend bien vite à San-Miguel de Tucuman. Cette ville est le rendez-vous des *gauchos* que le sort favorise. Mais une fois la vente achevée, la centaure s'évanouit, et le joueur passionné lui succède pour demander aux cartes de poignantes émotions. Alors se déroulent invariablement les péripéties du drame d'un jeu effréné, tandis que l'enivrant *kawa* coule à flots incessants dans d'avides gobelets de corne, et que le plus souvent le sang de l'une des parties ruisselle, pour couronner dignement ces orgies de sauvages. Comme dès sa plus tendre enfance la nourriture du *gaucho* se compose presque exclusivement de viande, comme les pampas sont presque partout imprégnées de sel, le *gaucho* a bientôt fourni aux premiers besoins de son existence, même dans les endroits les plus déserts, si jamais il lui arrive d'être banni et poursuivi.

Familier dès ses premières années avec tout ce qui a trait aux chevaux, à leurs mœurs et à leurs allures, dès lors cavalier par excellence, on peut dire qu'il passe sa vie entière à cheval. C'est à cheval qu'il va chercher l'eau, le maïs, le manioc, le tabac et ses autres provisions; c'est le seul mode de locomotion qu'il connaisse. S'agit-il d'aller à la messe, c'est à cheval qu'il se rendra à l'église. Mais il s'arrêtera religieusement à la porte du temple chrétien, et là, immobile sur sa selle, il priera jusqu'à ce que l'*ite missa est* lui permette de reprendre son éternel galop, qu'il ne modérera vers la fin de la journée que pour considérer encore, du haut de sa selle, les danses lascives dont sont le théâtre les sales stations de postes se succédant le long des grandes routes du commerce qui traversent les pampas. Femmes et enfants sont habitués à partager avec les hommes la plupart des plaisirs et des peines de cette vie. Il est rare de rencontrer des *gauchos* sachant lire; et écrire est pour eux le comble de la science. On peut dire qu'ils ne sont catholiques que de forme, puisqu'ils n'ont pas la moindre idée de ce que peut être une doctrine religieuse, et qu'une foule de superstitions empruntées aux Indiens ont cours parmi eux. Cela ne les empêche pas d'attacher un prix infini à la sépulture ecclésiastique; aussi en temps de paix ont-ils l'habitude de transporter leurs morts de distances très-éloignées jusqu'à la demeure d'un prêtre.

Gai, jovial, bienveillant et hospitalier, le *gaucho*, lorsqu'on l'irrite, est capable des plus affreuses atrocités; et il poursuivra avec la sagacité et la patience de l'Indien un ennemi dont le sang seul peut assouvir sa vengeance. Les uns sont propriétaires de petits troupeaux; les autres se mettent en service dans de grandes métairies comprenant souvent une superficie de six à huit kilomètres. Endurcis par ce genre de vie, incapables de rester un instant en repos, ils sont toujours prêts à s'attacher au premier parti politique venu et à entreprendre à son profit et au leur quelque tentative de brigandage. La guerre civile qui pendant un demi-siècle a désolé les provinces de la Plata leur a longtemps offert des occasions de donner satisfaction à ces instincts ; mais aussi elle a eu pour résultat de propager parmi eux une démoralisation telle, qu'après la chute de Rosas, qui lui-même a été *gaucho*, et l'apparence du rétablissement de l'ordre dans la capitale, il est fort douteux qu'il soit aujourd'hui possible de tenir en bride et de civiliser graduellement cette population à moitié sauvage.

GAUDE, plante tinctoriale du genre *réséda*, vulgairement appelée *herbe à jaunir* ou *herbe aux juifs* (les ordonnances de police du moyen âge les forçaient, comme on sait, à porter une toque jaune, teinte dès lors avec la gaude). Elle fleurit en mai et mûrit en juin et juillet. Quelques auteurs voient en elle le *strathium* des anciens. La gaude (*reseda lutéola*, Linné) croît spontanément sur presque tous les points de la France ; mais dans quelques localités elle est l'objet d'une culture régulière. C'est une herbe haute de 66 centimètres à 2 mètres, qui se plaît dans les terrains incultes et croît spontanément au milieu des décombres et le long des grandes routes, surtout dans les terrains pierreux et sablonneux. Celle qui est cultivée donne au reste des produits plus estimés. Linné a observé, comme l'un des caractères particuliers de cette plante, que l'épi de fleurs très-serrées et jaune verdâtre qui termine sa tige suit exactement le cours journalier du soleil.

La décoction de la gaude dans l'eau produit une belle couleur jaune, et il s'en fait une assez forte consommation pour la teinture des étoffes de soie, de laine et de coton. A cet effet, on l'arrache tout entière avec ses racines à l'époque où ses graines commencent à mûrir. On la fait sécher plus complétement soit sur place, soit dans les greniers, où on la conserve. La matière colorante de cette plante a reçu de M. Chevreul, qui l'a isolée le premier, le nom de *lutéoline*. Elle s'offre en cristaux jaunes, qui s'obtiennent en précipitant par l'acétate de plomb une décoction de gaude. Elle est soluble dans l'eau, dans l'acool et l'éther.

GAUDICHAUD (Charles Beaupré), botaniste et voyageur français, membre de l'Académie des Sciences, naquit à Angoulême, le 4 septembre 1789. D'abord pharmacien de la marine de l'État, il fit plusieurs grands voyages de découvertes, comme MM. Quoy, Gaimard et J. Arago, et plusieurs fois avec eux, sous la conduite des capitaines Freycinet, Durand et de Villeneuve-Bargemont. Mais il ne se borna point à recueillir des collections et des herbiers ; il étudiait les lois de la nature, et des effets essayait de remonter aux causes. Disciple du botaniste Dupetit-Thouars, il adopta et compléta plusieurs de ses théories de physiologie végétale. Par exemple, il n'attribua point l'accroissement des arbres à ce fluide hypothétique que les botanistes appellent *cambium* ; suivant lui, cet accroissement provient du développement des *mérithales* de Dupetit-Thouars, ou de ce qu'il nommait lui-même des *phytons*, ou jeunes pousses ; il regardait chaque bourgeon comme une sorte de jeune tige ou comme la *plumule* d'un nouvel embryon, dont les productions radicales vont accroître l'épaisseur de l'arbre-mère, soit en envoyant des fibres bien évidentes dans la substance même du tronc (comme dans les palmiers), soit en enroulant la surface de ce tronc, comme dans nos arbres ordinaires à couches ligneuses circulaires. Chaque bourgeon, mérithale ou phyton, se compose de fibres ascendantes ou tigellaires, qui servent à l'accroissement en hauteur, et de fibres descendantes ou radicales, qui se juxta-posent aux fibres du phyton précédent et au corps de l'arbre. Le fait est que ces fibres descendantes sont fort ostensibles dans la tige des palmiers et des dattiers, et même assez appréciables sur le tronc de nos arbres communs, où l'on voit chaque bourgeon, chaque rejeton ou écusson nouveau dessiner de sa partie inférieure comme une broderie de petites racines capillaires sur le bois déjà formé qu'elles recouvrent et vont épaissir. C'est ainsi qu'il expliquait l'accroissement des arbres. Toutefois, on a adressé à Gaudichaud une objection qu'il n'a pas assez combattue. On lui a fait remarquer que si vraiment le tronc ligneux ne s'accroissait qu'au moyen des fibres des nouvelles pousses, un jeune arbre, à bois incolore, qui reçoit des écussons de bois rouge ou noir, devrait lui-même rougir ou noicir dans les couches développées postérieurement à l'insertion de cet écusson, hypothèse que des faits n'ont pas justifiée...

Pour être juste envers Gaudichaud, on doit reconnaître qu'il a porté dans ce qu'on peut appeler la philosophie de la botanique une profondeur et une clarté dont cette science n'avait pas l'habitude. C'est ce dont témoignent ses nombreux mémoires et son *Organographie*, qui est son œuvre capitale. En physiologie végétale, Gaudichaud fait tout dériver, comme pour la vie des animaux, des propriétés et des forces vitales, dont des effets physiques, physiquement inexplicables, lui révèlent l'existence. Il est métaphysicien, mais métaphysicien solidiste, si cela peut se dire. Nous avons déjà dit qu'il rejetait le *cambium* de Mirbel : ce fluide plastique lui paraît être une pure fiction. Mais plus tard il tiendra compte de la sève, qui est pour les végétaux ce qu'est le sang dans des êtres plus élevés et plus complexes. Il serait sans cela organiciste jusqu'à l'excès ; car dans les corps organisés vivants tout concourt et conspire pour les manifestations de la vie, les fluides vitaux comme les organes : et dans ce vaste ensemble d'éléments diversifiés, tout est agent ; les organes ne peuvent pas plus sans les fluides, les eussent-ils engendrés, que ne peuvent les fluides sans les organes.

Nous résumerons ainsi qu'il suit la vie scientifique et laborieuse de Gaudichaud. A bord de quatre navires de l'État, *L'Uranie*, *La Physicienne*, *L'Herminie* et *La Bonite*, et sous la conduite de trois différents capitaines, il a fourni trois voyages de long cours, marqués par de terribles événements, par des découvertes nombreuses et d'immeuses récoltes qui ont enrichi la science et le Muséum. C'est dans un de ces voyages que de sa nation il fut le premier, avec le docteur Quoy, à franchir les montagnes Bleues, et qu'il eut la douleur de voir naufrager *L'Uranie*, chargée de ses collections, dans l'archipel des îles Malouines, où ce célèbre navire s'est à jamais abîmé (14 février 1820). Ses herbiers restèrent dans l'eau salée pendant quarante jours, après quoi il réussit à sauver quatre mille plantes, qu'il lui fallut, durant quatre mois, laver une à une à l'eau douce, dessécher, classer, étiqueter, et avec lesquelles il a depuis composé sa *Flore des îles Malouines*, un des meilleurs des trente ouvrages, grands ou petits, que lui doit la botanique. Il a visité tour à tour l'Amérique du Sud, les îles d'Afrique, Bourbon, Maurice et Sainte-Hélène ; le port de Jackson et Botany-Bay, les Sandwich et la Terre de Feu, les Indes orientales et une partie de la Chine ; a vu Singapour peu après l'installation de ses premiers habiants, Calcutta dans sa puissance, Canton avant l'invasion anglaise, et la Nouvelle-Hollande, encore fière des Péron et des Baudin ; a séjourné à cinq reprises différentes à Rio-Janeiro, et doublé trois fois le cap Horn. Il avait perdu à ces glorieux voyages sa bouillante jeunesse, marquée par douze à quinze duels, constamment heureux, son repos, sa fortune patrimoniale et sa santé, qui avaient sombré comme *L'Uranie*. Il est vrai qu'il leur a dû de voir Alexandre de Humboldt attacher à son côté la croix d'Honneur ; d'être associé à vingt-huit compagnies savantes, et d'occuper à l'Institut de France le fauteuil d'Antoine-Laurent de Jussieu, ce prince des botanistes, honorable succession, qui lui fut annoncée à l'île Bourbon, et qui ne coûta aucune démarche à sa juste fierté et à cette ferme indépendance qui se fonde sur le caractère encore mieux que sur la possession. On a souvent accusé les savants de cumuler force places et sinécures : tel ne fut point Gaudichaud. Quoique membre de l'Institut, il resta jusqu'à son dernier jour simple pharmacien de la marine comme en 1820. Ses fortes et constantes études accablèrent par des souffrances les dernières années de sa vie. Il croyait depuis longtemps n'avoir plus qu'un poumon ; et il mourut à Paris, le 15 janvier 1854, des progrès croissants d'un hydrothorax. Il portait au milieu du front une profonde cicatrice, qu'une balle y avait creusée. Sa tombe, au cimetière du Mont-Parnasse, avoisine le tombeau de Dumont-Durville, un de ses capitaines. MM. Quoy et Despretz ont avec larmes et talent retracé ses mérites remarquables, et M. Flourens, qui comme nous regrette en lui un ami, prononcera dans quelques semaines, à l'Institut, son éloge académique. Gaudichaud avait publié en 1850, sous le titre d'*Introduction au voyage de La Bonite*, ouvrage en deux volumes in-8°, la plus grande partie de ses derniers travaux et mémoires. Dr Isidore BOURDON.

GAUDIN (MARC-MICHEL-CHARLES), créé par Napoléon *duc de Gaëte*, était né le 19 janvier 1756, à Saint-Denis, et à l'instar de son père, qui était avocat, se consacra à l'étude de la jurisprudence. Dès l'âge de vingt-deux ans il avait été nommé chef de bureau dans l'administration générale des contributions créée par Necker; et en 1791 il fut appelé à faire partie de la commission de la trésorerie nationale, fonctions qu'il conserva jusqu'en 1794, au milieu de la crise révolutionnaire. Mais alors il crut prudent de se retirer aux environs de Soissons, où vint le surprendre la nouvelle que l'une des premières mesures du Directoire avait été de lui confier le portefeuille des finances. Gaudin refusa le ministère qu'on lui offrait, comme aussi plus tard les fonctions de commissaire près la trésorerie nationale, que lui conféra le Conseil des Cinq Cents. A l'époque de la Terreur, secondé par Cambon, il était parvenu à sauver les quarante-huit anciens receveurs des finances, que par ignorance la Convention avait compris dans son décret qui traduisait les soixante ex-fermiers généraux devant le tribunal revolutionnaire; mesure qui équivalait à une condamnation capitale. Après le 18 brumaire, Bonaparte, qui se connaissait en hommes, choisit Gaudin pour son ministre des finances; et c'est en effet à lui que revient la gloire d'avoir le premier rétabli l'ordre et la régularité dans les finances de la France. Nommé *comte de l'empire* en 1808, il obtint l'année suivante le titre de *duc de Gaëte*, et conserva jusqu'à la chute de l'empire la direction du ministère des finances, qu'il reprit encore pendant les cent jours. A cette époque Napoléon l'appela en outre à faire partie de la chambre des pairs que, par son fameux *Acte additionnel aux constitutions de l'empire*, il avait cru devoir substituer au sénat conservateur, dont les membres l'avaient si indignement trahi l'année précédente. De 1815 à 1818, Gaudin siégea à la chambre des députés. En 1820 le gouvernement royal lui confia les importantes et lucratives fonctions de gouverneur de la Banque de France, qu'il conserva jusqu'en 1834, époque où M. d'Argout lui fut donné pour successeur.

Gaudin mourut le 5 janvier 1841, dans son château de Gennevilliers, près Paris. Les *Mémoires, souvenirs et opinions de M. Gaudin, duc de Gaëte* (2 vol., 1826) sont d'une importance toute particulière pour l'histoire financière de la France de 1800 à 1820. En 1834, il y ajouta un troisième volume comme supplément. On a aussi de lui un *Aperçu sur les emprunts* (1817), une *Notice historique sur les finances de la France depuis* 1800 *jusqu'au* 1er *avril* 1814 (Paris, 1818), et divers essais sur des matières d'économie politique.

GAUDRIOLE. C'est, d'après l'Académie, un propos gai, une plaisanterie sur quelque sujet un peu libre: on dit d'un homme plaisant auprès des femmes, qu'il cherche à égayer, qu'il leur conte des *gaudrioles*; il y a des hommes qui aiment par-dessus tout la *gaudriole*.

GAUDY (FRANÇOIS-BERNARD-HENRI-GUILLAUME, baron DE), poëte allemand distingué, issu d'une famille écossaise, était né le 19 avril 1800, à Francfort-sur-l'Oder, et fils d'un lieutenant-général prussien. Élevé d'abord à Paris, au Prytanée français, il termina ses études à Pforta; et entré en 1818 dans l'armée prussienne comme simple soldat, il ne tarda pas à obtenir les épaulettes d'officier. Fatigué de la vie monotone des petites garnisons de la frontière de Pologne, il donna sa démission en 1833, et s'établit à Berlin, où il se consacra dès lors entièrement à la culture des lettres. Une grande mobilité d'idées et un profond dégoût du monde le conduisirent à diverses reprises en Italie, dans les dernières années de sa vie. Il mourut à Berlin, le 6 février 1840.

Dans ses premières productions poétiques, il s'est montré imitateur de la forme métrique employée par Heine; plus tard il sut donner des formes originales à l'expression de sa pensée, et réussit particulièrement dans la chanson. La verve intarissable de bonne plaisanterie avec laquelle il persiffle les folies du jour, la facilité et le naturel de son vers, rappellent tout à fait la manière de Béranger. Dans les dernières années de sa vie, la cause et les intérêts du progrès trouvèrent en lui un chaud partisan. Tout en regrettant l'irréparable ruine du système féodal, il avait su franchement renoncer aux rêves de ceux qui en croient encore la résurrection possible; et il n'attendait plus le salut de l'avenir que du triomphe des idées d'un sage libéralisme.

Outre un grand nombre de poëmes originaux, de contes et de nouvelles, on a de lui quelques traductions de Niemcewicz et de Mickiewicz, et une traduction des *Chansons* de Béranger faite en société avec Chamisso.

GAUFRAGE, opération par laquelle un ouvrier nommé *gaufreur* imprime des dessins en relief sur une étoffe ou un papier à l'aide de fers chauds ou de cylindres gravés; ces fers sont des *gaufroirs*. Un gaufroir est ordinairement composé de deux parties: le gaufroir proprement dit, et sa contre-épreuve; le premier est en laiton gravé en creux, et sa contre-partie peut être en carton, qui se moule sur le gaufroir; des chevilles de repère servent à les placer l'un sur l'autre sans se tromper. La substance que l'on veut gaufrer étant légèrement humectée, on la place entre le gaufroir un peu échauffé et sa contre-partie, puis on met en presse. Quand le gaufroir est refroidi, la pièce a pris l'empreinte.

Le gaufrage au cylindre résulte de la combinaison de ce système avec celui du calandrage. Le cylindre porte la gravure sur sa surface latérale; on l'échauffe avec des fers placés intérieurement.

GAUGAMÈLE (*Gaugamela*), bourg d'Assyrie, situé au milieu d'une vaste plaine dans laquelle Alexandre le Grand livra à Darius la bataille connue aussi sous le nom d'Arbèles, d'une ville placée à quelque distance.

GAULE (*Gallia*). C'est le nom que les Romains donnaient à toute la contrée s'étendant entre les Pyrénées et le Rhin, qui était habitée par les Gaulois (*Galli*), et située (à l'égard de Rome) au delà des Alpes, d'où le nom de GALLIA TRANSALPINA (*Gaule au delà des Alpes*) qu'ils lui donnaient, de même qu'ils appelaient GALLIA CISALPINA (*Gaule en deçà des Alpes*), la partie septentrionale de l'Italie. Cette dernière dénomination ne fut d'abord appliquée qu'à la partie du territoire italique où étaient venus se fixer des Gaulois émigrés; mais plus tard la *Gaule cisalpine* proprement dite s'étendit depuis les Alpes Cottiennes et Graïennes, à l'ouest, jusqu'à l'Adige, à l'est, qui la séparait de la nation illyrienne des *Veneti*. Au nord, elle confinait aux Alpes pennines et rhétiennes; au sud, le Pô (*Padus*) formait ses limites vers les Liguriens Anamanes à peu près jusqu'au point où ce fleuve reçoit les eaux de la Trebia. De là la Gaule Cisalpine s'étendait au sud du Pô jusqu'aux crêtes des Apennins, et sur les rives de l'Adriatique, du côté de l'Ombrie, d'abord jusqu'au fleuve Aesis, près d'Ancône, puis, par la suite, jusqu'au Rubicon, entre Ravenne et Ariminum (*Rimini*). Mais lorsque la Ligurie, la Vénétie et l'Istrie ne formèrent plus qu'une seule et même province romaine, on la désigna par le nom de cette dernière contrée seulement; nom qui dès lors fut appliqué à toute la haute Italie.

Dans les limites de la Gaule Cisalpine proprement dite, telles que nous venons de les indiquer, habitaient, au delà du Pô, dans la GALLIA TRANSPADANA, tout à l'extrémité nord-ouest, les *Salasses* avec *Eporedia* (Ivrée) pour chef-lieu; puis, à partir à peu près du fleuve *Sessites* (la Sesia) jusqu'à *Brixia* (Brescia), les Insubriens, qui avaient fondé *Mediolanum* (Milan); et au sud du *lacus Benacus* (lac Garda), les Cénomans, sur le territoire desquels on trouvait les antiques cités de Vérone et de Mantoue. Indépendamment de ces tribus gauloises, quelques tribus liguriennes, notamment les *Taurini*, s'étaient aussi fixées dans les contrées qu'arrose le Pô supérieur, aux environs de la ville appelée de nos jours Turin (*Augusta Taurinorum*). La chaîne septentrionale des Alpes était habitée par des tribus celtes et rhétiennes, par exemple les *Lépontiens*, fixés au nord-ouest du *lacus Verbanus* (lac Majeur, *lago Maggiore*); les *Camuni*, au nord-est du *lacus Larius* (lac de Côme), et sur les bords du *lacus Sebinus* (lac Iseo) les *Euganei*. En deçà du Pô, dans la Gallia Cispadana, s'étaient établis les *Boïens*, auxquels appartenait aussi, au delà du Pô, la contrée arrosée par l'*Addua* inférieure (l'Adda), aujourd'hui pays de Parme et de Modène, jusqu'à Bologne (*Bononia*); puis au nord-est de ceux-ci, à l'embouchure du Pô, les *Lingones*, et au sud-est les *Senones*. Les immigrations successives de ces diverses peuplades, qui refoulèrent à l'ouest les Liguriens, et à l'est les Étrusques et les *Ombri*, eurent lieu, à ce que rapporte la tradition, dès une époque contemporaine du règne de Tarquin le Superbe, par conséquent vers l'an 600 avant J.-C., d'abord par les Insubriens, que Bellovèse, fils d'un roi des Bituriges, amena là de leur pays natal. Les hordes gauloises qu'il commandait, arrivées sur les bords de la Saône, s'étaient séparées d'autres hordes avec lesquelles elles avaient fait route jusque alors, et qui obéissaient à un chef appelé *Sigovèse*. Celui-ci se dirigea vers le Rhin, franchit le fleuve; et son expédition aboutit probablement à un établissement sur les bords du Danube et de la Save, où nous trouvons plus tard les Gaulois scordisques; et pendant près de trois siècles il n'en est plus question dans l'histoire. Ce n'est guère que vers l'an 280 avant Jésus-Christ qu'on voit une armée de Gaulois partie des bords du Danube, attaquer d'abord la Macédoine, ravager ensuite une partie de la Grèce et finir par fonder dans l'Asie Mineure un État resté assez longtemps indépendant, sous le nom de Galatie ou *Gallo-Grèce*.

Les immigrations gauloises en Italie ne se terminèrent guère que 200 ans après la première expédition de Bellovèse, par l'arrivée des *Senones*, les derniers venus de tous. Mais il est plus raisonnable d'admettre avec l'histoire qu'elles se succédèrent très-rapidement les unes aux autres, et principalement vers l'an 400 avant Jésus-Christ. Les derniers arrivants, les *Senones*, furent d'ailleurs ceux qui pénétrèrent le plus au sud. En l'an 396, ils saccagèrent *Melpum*, ville des *Ombri*, franchirent ensuite l'Apennin, arrivèrent à *Clusium*, ville étrusque, et après l'avoir assiégée, s'avancèrent, sous le commandement de Brennus, jusqu'à Rome, dont ils se rendirent maîtres (à l'exception du Capitole), après avoir complétement battu les Romains sur les bords de l'Allia (*dies Alliensis*, 18 juillet 390), et qu'ils livrèrent aux flammes. Marcus Furius Camillus chassa leur principal corps d'armée de Rome, où, dit-on, il était resté campé pendant six mois. Il est fort probable que ce fut bien moins les victoires de Camille que leurs divisions et leurs guerres intestines qui empêchèrent les Gaulois de pousser plus au sud. Ce ne fut, à ce qu'il paraît, qu'en l'an 367 qu'on les vit encore une fois s'aventurer à fouler le sol du Latium; et alors Camille, devenu vieillard aux cheveux blancs, leur fit de nouveau essuyer une rude défaite. Dans les années 361, 360 et 358, ils se ruèrent de nouveau sur Rome, et cette fois encore avec tant de fureur, que des efforts prodigieux purent seuls sauver la ville, jusqu'à ce qu'en 349 une victoire remportée par Lucius Furius Camillus, fils du Camille dont il a été fait mention tout à l'heure, eut été suivie d'un traité qui mit fin à leurs expéditions, non-seulement contre Rome, mais aussi dans le reste de l'Italie méridionale. Dans la troisième guerre des Samnites, les Gaulois figurèrent encore au nombre des alliés des Samnites, et partagèrent la déroute que les Romains infligèrent à ceux-ci, à Sentinum, l'an 295. Ensuite, en 283, le consul Dolabella subjugua les *Senones*, pour les punir d'avoir fait cause commune avec les Étrusques; par la suite on fonda, à l'extrémité sud de leur territoire, la colonie de *Sena* (Sinigalia). Les Boïens, qui, la même année avaient été battus avec les Étrusques sur les bords du lac Vadimon, obtinrent la paix.

En l'an 225 éclata une nouvelle guerre, dite par excellence *guerre des Gaulois*. Excités par le partage du territoire des *Senones*, qui avait eu lieu entre les citoyens romains, les Boïens et les Insubriens, renforcés par des Gæsates, venus de la Gaule Transalpine, envahirent l'Étrurie. Rome employa contre eux toutes ses ressources; et une grande bataille rangée, livrée près du cap Télamon, l'an 225, bataille dans laquelle périrent 40,000 Gaulois, fut suivie en l'an 224 de la soumission des Boïens, puis en 223 et 222 de celle des Insubriens. Les colonies de Cremona et de Placentia (*Piacenza*, Plaisance), destinés à tenir en respect cette contrée, venaient à peine d'être fondées, en 219, lorsque Annibal arriva en Italie. Après la bataille de la Trebia, en 218, les Gaulois vinrent à l'envi se ranger sous ses étendarts; et même longtemps après la fin de la deuxième guerre punique, ils opposèrent aux Romains la plus énergique résistance, qui ne cessa qu'en l'an 191, lorsque les Boïens eurent été subjugués et en partie expulsés du pays. Les colonies qu'on fonda alors à Bononia, à Parma et à Mutina eurent pour résultat de romaniser complétement et en fort peu de temps la partie de ce territoire situé au délà du Pô, qu'on appela dès lors Gallia Togata, parce que l'usage de la toge, ce vêtement particulier aux Romains, y devint généralement en usage; et plus tard cette dénomination passa également à la partie du territoire située au délà du Pô. Là, les Salasses finirent, en l'an 143, par être subjugués et soumis, mais seulement en apparence. Leurs incessants brigandages rendaient dangereuse la route conduisant par le Petit Saint-Bernard dans la Gaule Transalpine, à la vallée de l'Isère (*Isara*). Aussi, en l'an 25, Auguste les fit-il presque complétement détruire, en même temps qu'il fondait sur leur territoire la colonie militaire d'*Augusta Prætoria* (Aoste). Les populations habitant la lisière septentrionale des Alpes, à travers lesquelles une route conduisait de *Comum* dans la vallée rhétienne du Rhin, furent également subjuguées l'an 15, sous le règne d'Auguste. Dès l'an 89 les Cispadans avaient obtenu le droit de cité, et les Transpadans le droit des Latins; puis, par une concession de César, ceux-ci avaient aussi obtenu le droit de cité en l'an 49. La Gaule Cisalpine n'en demeura pas moins avec la Ligurie et la Vénétie une province romaine, et comme telle placée sous l'administration d'un proconsul. Ce ne fut que sous les triumvirs (an 43) qu'il cessa d'en être ainsi; dès lors toute cette contrée fut comprise, même politiquement parlant, dans la dénomination d'*Italie*, qui lui avait également été commune autrefois; et l'administration de la justice y fut réglée par une loi, qui s'est en partie conservée jusqu'à nous (*lex Rubria de Gallia Cisalpina*). Quand Auguste partagea l'Italie en onze régions, le territoire des Cénomans forma la dixième, appelée *Venetia*. Le reste de la Gaule Transpadane composa la onzième région; la Gaule Cispadane la huitième, et la Ligurie la neuvième. Déjà à cette époque ces contrées l'emportaient sur toutes les autres parties de l'Italie par l'état prospère de leur industrie, de celle surtout qui avait pour objet le tissage des étoffes de laine et de lin, de leur commerce et de leur agriculture, de même que par l'agglomération compacte de leurs populations.

La Gaule Transalpine avait pour frontières du coté de l'Italie les Alpes, et tout d'abord vers la Ligurie le petit fleuve appelé *Varus* (le Var), qui, prenant sa source dans les lacs des Alpes, vient se jeter dans la Méditerranée à *Nicæa* (Nice, *Nizza*). Sur les côtes de cette même mer, des Grecs de la Phocide, fuyant d'Asie Mineure, lors de l'invasion du roi Crésus, avaient fondé vers l'an 600 *Massilia* (Marseille), dont le commerce n'avait pas tardé à être des plus florissants, et qui était devenue un foyer de civilisation grecque dans ces contrées. Alliée de bonne heure avec les

Romains, *Massilia* avait été secourue par eux dès l'an 154 contre des tribus liguriennes qui, descendant des Alpes maritimes, étaient venues attaquer ses colonies *Antipolis* et *Nicæa*. Mais les conquêtes véritables des Romains dans la Gaule Transpadane ne commencèrent à bien dire que par la soumission des Salyes ou *Saluvii*, peuplade celto-ligurienne que Marcus Fulvius envoya en l'an 125 au secours des habitants de *Massilia*, et dans le territoire de laquelle Caïus Sextius fonda, en l'an 123, *Aquæ Sextiæ* (Aix), la première colonie romaine établie dans la Gaule Transalpine. La soumission des Allobroges fut opérée dans les années 123 et 121 par Cneius Domitius et par Quintus Fabius. Cette contrée fut érigée alors en province romaine, et porta par excellence la dénomination de *Provincia Romana* (Provence). Par opposition à la *Gallia Togata*, et en raison des longues et larges chausses (*braccæ*) que portaient ses habitants, Gaulois d'origine, elle reçut le nom de GALLIA BRACCATA; et le reste de la Gaule Transalpine fut appelé GALLIA COMATA, à cause de l'habitude où étaient les Gaulois de porter leurs cheveux (*Coma*) longs et enroulés sur le sommet de la tête. La Province avait pour limites au nord la Durance (*Druentia*), dans la vallée de laquelle une route conduisait par le mont Genèvre et l'Isère (*Isara*) jusqu'au Rhône (*Rhodanus*), et le lac de Genève (*Lacus Lemanus*). A l'ouest, elle ne tarda pas à s'étendre par delà le Rhône, sur la rive orientale duquel les *Cavares* habitaient le pays où sont situées Arles (*Arelate*) et Avignon (*Avenio*), et au nord de ceux-ci les *Vocontii* jusqu'aux Cévennes (*Sebenna*), dont le versant était habité par les Helviens, et plus au sud encore, d'où les anciennes populations ibériennes avaient été expulsées par les *Volcæ Arecomici* dans les environs de Nîmes (*Nemausus*) et par les *Volcæ Tectosages* aux environs de Carcassonne (*Carcaso*), de Toulouse (*Tolosa*) et dans le Roussillon (*Ruscino*), jusqu'aux Pyrénées et à la Garonne (*Garumna*). En l'an 118, Quintus Martius Rex y fonda la colonie romaine de *Narbo Martius* (Narbonne). Quand Marius eut réussi à arrêter l'invasion des Cimbres et des Teutons, les Romains demeurèrent tranquilles possesseurs de ces contrées. Dans l'espace de huit années (de 58 à 51) Jules César subjugua tout le reste de la Gaule Transalpine, c'est-à-dire la contrée bornée au sud par les Alpes Pennines, la Province et les Pyrenées; et séparée à l'est, de la Rhétie, par la large chaîne alpestre de la vallée du Rhin supérieur, puis par le Rhin et le lac Constance (*Lacus Brigantinus*) de la Vindélicie, et plus loin encore, des Germains, par le Rhin jusqu'à son embouchure.

D'après les trois grands groupes de populations différant les uns des autres par leur langue, leurs mœurs et leurs institutions, que César trouva dans ce pays, il le divise, dans ses Commentaires sur la guerre des Gaules, en trois régions distinctes. La région méridionale, l'Aquitaine, était située entre les Pyrénées et la Garonne, habitée par plus de vingt petites peuplades, se rattachant toutes à la race ibérienne, et différant de la race celte. Les deux autres régions étaient habitées par des populations de race celte, dans le sens que nous attachons aujourd'hui à ce mot, à savoir : les *Gaulois* proprement dits, ou les Celtes, ainsi quils se qualifiaient eux-mêmes au témoignage de César, en se servant d'un nom ne différant de celui-là que par la forme, de même origine d'ailleurs que les Gaulois de la Province et de la Gaule Cisalpine; et les *Belges*, de race très-similaire, mais pourtant assez distincte, même en ce qui était de la langue, pour que les Romains eux-mêmes pussent apprécier ce qui les différenciait les uns des autres. Les Belges, comme les Gaulois proprement dits, se subdivisaient aussi en un très-grand nombre de peuplades diverses, formant autant d'États particuliers, sauf que souvent les plus faibles étaient placés sous la protection d'un plus considérable et plus puissant. Les Gaulois et les Belges étaient une race d'hommes grands et vigoureux, au teint clair, aux cheveux blonds, très-braves, les seconds encore plus peut-être que les premiers. Chez l'une et l'autre de ces nations la caste sacerdotale, ou les druides, exerçait une grande influence, partagée chez les Gaulois avec l'ordre des chevaliers ou la noblesse, du sein de laquelle s'élevaient parfois des chefs qui réussissaient à résumer en eux tous les pouvoirs. La grande masse du peuple était courbée sous un pouvoir oppresseur; tandis que chez les Belges le peuple avait mieux su conserver sa liberté, de même que ses institutions avaient un caractère plus démocratique. En face de l'ennemi commun, les Belges montraient aussi plus d'union. Les coalitions des États gaulois étaient au contraire fort rares; le plus souvent ils agissaient isolément, et parfois même ils étaient en guerre les uns contre les autres; circonstance qui ne put que venir en aide aux Romains pour les subjuguer.

La Gaule Celtique (*Gallia Celtica*) s'étendait depuis la Garonne par delà la Loire (*Liger*) jusqu'à la Seine (*Sequana*) et à la Marne (*Matrona*). Parmi les peuples qui l'habitaient, on remarque surtout, avec des villes fondées pour la plupart à une époque postérieure : 1° Entre la Seine et la Loire, sur les bords de la mer, les *Armorici*, parmi lesquels il faut citer les *Veneti* et les *Unelli*, dans la partie occidentale de la contrée désignée de nos jours sous les noms de Bretagne et de Normandie; à l'est de ceux-ci, les *Aulerci Cenomani* (Maine) et les *Eburovices* (Évreux), avec la ville appelée *Mediolanum;* les *Nanneles*, avec le *Portus Nannetum* (Nantes); les *Andes* (Anjou), avec la ville de *Juliomagus* (Angers); les *Carnutes*, avec les villes de *Genabum*, devenue plus tard *Civitas Aurelianorum* (Orléans), et d'*Autricum* (Chartres); les Parisiens, avec *Lutetia* (Paris); les *Senones*, fixés aux environs d'*Agendicum* (Sens) et de *Melodunum* (Melun). 2° Entre la Loire et la Garonne : les *Pictones* (Poitou); les *Santones* (Saintonge); les *Turones* (Touraine); les *Bituriges* (Berry); avec la ville d'*Avaricum* (Bourges); les *Lemovices* (Limousin); les *Petrocorii*, sur les bords du *Duranius* (Dordogne), avec la ville de *Vesunna* (Périgueux); les *Bituriges Vibisci*, fixés encore par delà la Garonne, avec la ville de *Burdigala* (Bordeaux); les *Cadurci*, avec la ville de *Divona* (Cahors); les *Arvernes* (Auvergne), avec la ville de *Gergovia* (Clermont); les *Rutenii*, avec la ville de *Segodunum* (Rhodez). 3° A l'est : les Ségusiens, sur les rives de la haute Loire, avec la ville de *Lugdunum* (Lyon); les Éduens, entre la Saône (*Arar* ou *Sauconna*) et la Loire, avec les villes de *Bibracte*, appelée plus tard *Augustodunum* (Autun), et de *Noviodunum* (Nevers); les Mandubiens, avec la ville d'*Alesia* (Alise); les *Langones*, avec la ville d'*Andematunum* (Langres); les Séquaniens, entre la Saône et le Jura jusqu'aux Vosges, avec la ville de *Vesontio* (Besançon), sur les bords du *Dubis* (le Doubs); les *Helvetii*, répartis en quatre *gaus :* entre autres, sur les bords de l'Aar, celui des *Tigurini*, avec les villes d'*Aventicum* (Avenches, Wifflisburg), d'*Eburodunum* (Yverdun), de *Vindonissa* (Windisch), depuis le Jura jusqu'au Rhin, à la courbure duquel étaient fixés les Rauraques, ayant pour chef-lieu *Augusta Rauracorum* (Augst).

La Gaule Belgique (*Gallia Belgica*) s'étendait depuis la Seine et la Marne jusqu'au Rhin; et au delà des embouchures de ce fleuve habitaient les Bataves, nation germaine. Sous le nom de *Belgium* César ne désigne que la partie de ce pays située au sud-ouest, où les Bellovaques habitaient aux environs de Beauvais (*Cæsaromagus*) la contrée entre la Seine et la Somme (*Samara*), les Ambiens les environs de *Samarobriva* (aujourd'hui Amiens), en Picardie, les Atrébates l'Artois, et les Velocassiens les environs de Rouen (*Rotomagus*). Sur la côte située au nord de la Seine, on rencontrait les *Caleti* et les Morins, avec la ville d'*Itius Portus* (Boulogne); entre la *Sabis* (Sambre), la *Scaldis* (Escaut), et la *Lego* (Lys) jusqu'à la mer, les Nerviens; au sud de ceux-ci, les *Veromandui* (aux environs de Saint-Quentin); plus loin les *Suessiones*, avec la ville de *Noviodunum*, appelée plus tard *Augusta Suessionum* (Soissons); les *Remi*, avec la ville de *Durocorturum* (Reims); les *Leuci*, avec la ville de *Tullum* (Toul), et les Médiomatrices, avec la ville de *Divodurum*, appelée plus tard *Mettis* (Metz), en Lorraine; sur les bords de la haute Meuse (*Mosa*) et de la Moselle (*Mosella*), de même que dans le cours inférieur de cette dernière, les *Treviri*, ayant pour chef-lieu *Augusta Trevirorum* (aujourd'hui Trèves); au nord de la forêt des Ardennes, dénomination sous laquelle on comprenait en outre des Ardennes les contrées que les Germains désignaient par les noms de Hohen-Veen (*Hautes-Fanges*) et d'Eifel, les Éburons, qui habitaient entre le Rhin et la Meuse, et que César extermina, remplacés par les *Tungri* (chef-lieu, Tongres) : les *Aduatici*, à l'ouest de la Meuse, et les Menapiens, entre la Meuse inférieure, l'Escaut et le Rhin. Les *Tribocci*, les Nemètes et les Vangiens (chef-lieu, *Borbetomagus*, aujourd'hui Worms), qui habitaient le long des rives du Rhin l'Alsace inférieure jusqu'à Bingen (*Bingium*) ; au nord (sous le règne d'Auguste, des peuplades germaines allèrent encore s'établir plus bas), les Ubiens et une partie de la nation des Sicambres, qui, sous le nom de *Gubernii*, habitaient au nord de ceux-ci, étaient peut-être des populations de race germaine.

César, après avoir subjugué les Gaulois, leur avait imposé un tribut et avait laissé des garnisons dans leur pays, qui ne reçut cependant l'organisation propre aux provinces romaines que plus tard, sous Auguste, l'an 27 avant J. C. Auguste le partagea alors en trois provinces, placées chacune sous l'autorité d'un gouverneur impérial, à savoir : 1° l'*Aquitania* (Aquitaine), qui, étendue maintenant au delà de ses limites primitives, comprit tout le pays situé entre les Pyrénées, la Loire et les Cévennes; 2° la *Gallia Lugdunensis* (Gaule Lyonnaise), qui s'étendait entre la Loire, la Seine, la Marne et la Saône jusqu'à Lugdunum; 3° et la *Gallia Belgica*, dans laquelle furent incorporés les Séquaniens et les Helvétiens. L'ancienne Province, désormais désignée d'ordinaire sous le nom de *Gallia Narbonensis* (Gaule Narbonnaise), fut replacée en l'an 22 sous l'administration du sénat. Sur les bords du Rhin, la partie de territoire habitée par des Germains fut, à partir de Tibère, considérée comme séparée de la Gaule et divisée comme Germanie Cisrhénane en deux parties (la *Germania Prima* ou *Superior*, et la *Germania Secunda* ou *Inferior*), dont la Moselle formait la ligne de démarcation, sans d'ailleurs constituer de province particulière. Huit légions y étaient cantonnées et réparties, vers la Germanie Transrhénane, entre un certain nombre de lieux fortifiés et de camps, devenus eux-mêmes par la suite autant de chefs-lieux, par exemple : *Argentoratum* (Strasbourg), *Mogontiacum* (Mayence), *Confluentes* (Coblentz), *Bonna* (Bonn), *Colonia Agrippina* (Cologne), dans le pays des Ubiens, *Castra Veta* (Xanten). Au troisième siècle de notre ère, chaque province fut subdivisée en plusieurs parties; de telle sorte que vers la fin du quatrième siècle on comptait dans les Gaules dix-sept provinces, à savoir :

1° La *Narbonensis Prima* (Ire Narbonnaise), chef-lieu *Narbo*, accrue sous les Visigoths et appelée alors *Septimania* (Septimanie), avec *Tolosa* pour chef-lieu;

2° La *Narbonensis Secunda* (IIe Narbonnaise), avec *Aquæ Sextiæ* pour chef-lieu;

3° Les *Alpes maritimæ* (Alpes maritimes), chef-lieu *Ebrodunum* (Embrun);

4° La *Provincia Viennensis* (la Viennoise), chef-lieu *Vienna* (Vienne);

5° Les *Alpes Graiæ* (Alpes Grecques) et *Penninæ* (Pennines), le Pays de Vaud et le nord-est de la Savoie, provenant toutes les cinq de l'ancienne Province Narbonnaise;

6° La *Novempopulania* (Novempopulanie), située entre les Pyrénées et la Garonne, chef-lieu *Civitas Auscorum* (Auch);

7° L'*Aquitania Prima* (Ire Aquitaine), chef-lieu *Biturigum* (Bourges), partie orientale du pays situé entre la Garonne et la Loire;

8° L'*Aquitania Secunda* (IIe Aquitaine), partie occidentale de ce même pays, chef-lieu *Burdigala* (Bordeaux); toutes trois provenant de l'ancienne *Aquitania*;

9° La *Lugdunensis Prima* (Ire Lyonnaise), chef-lieu *Lugdunum* (Lyon);

10° La *Lugdunensis Secunda* (IIe Lyonnaise), chef-lieu *Rotomagus* (Rouen);

11° La *Lugdunensis Tertia* (IIIe Lyonnaise), chef-lieu *Civitas Turonum* (Tours);

12° La *Lugdunensis Quarta* (IVe Lyonnaise), appelée aussi *Senonia*, chef-lieu *Civitas Senonum* (Sens), provenant toutes les quatre du démembrement de l'ancienne *Gallia Lugdunensis*;

13° La *Belgica Prima* (Ire Belgique), chef-lieu *Civitas Trevirorum* (Trèves);

14° La *Belgica Secunda* (IIe Belgique), chef-lieu *Civitas Remorum* (Reims);

15° La *Germania Prima* (Ire Germanique), chef-lieu *Colonia Agrippina* (Cologne);

16° La *Germania Secunda* (IIe Germanique), chef-lieu *Mogontiacum* (Mayence);

17° La *Maxima Sequanorum* (Grande Séquanaise), chef lieu *Vesontio* (Besançon); provenant toutes les cinq du démembrement de la *Gallia Belgica*.

Sous Constantin, la Gaule constitua un diocèse de la *præfectura Galliarum*.

[Sans être à beaucoup près aussi peuplée qu'au dix-huitième siècle, la Gaule n'était pas un pays à moitié désert, couvert de bois et de marais, comme il a plu à quelques amplificateurs de collége de la peindre, sans réfléchir qu'ils se mettaient en contradiction avec les éloges que Polybe, Strabon, Méla, Suétone, Justin, Pline, donnent à la fertilité de ce territoire. Aujourd'hui, il contient environ quarante millions d'habitants; alors, d'après les inductions et les calculs comparatifs les mieux raisonnés, il en avait à peu près douze millions. La culture étant nécessairement proportionnée à la population, il en résulte naturellement que l'étendue des forêts et celle des terrains marécageux était beaucoup plus grande qu'elle ne l'est de nos jours. Cette masse de forêts se déroulait plus particulièrement à l'est et au nord-est. Celle des Ardennes partait presque des bords du Rhône, et s'élevait au nord jusqu'à l'Escaut et à la Meuse; en largeur, elle occupait tout l'espace compris entre le Rhin et la Meuse, qu'elle passait vers Bavay, en se dirigeant vers la mer du côté de Dunkerque. Il ne faut cependant pas croire que cette étendue de bois, dont le nom gaulois signifie avec raison la *grande forêt*, fût compacte et impénétrable comme celles du Canada au seizième siècle. De larges clairières en interrompaient la continuité, et contenaient des villes, des bourgs et des villages, entourés de terres cultivées.

Les arbres, les plantes et les fruits de la Gaule étaient en général ce qu'ils sont encore aujourd'hui, excepté quelques espèces, qui y ont été apportées de pays plus méridionaux. La culture de l'olivier, du figuier, du citronnier, de l'oranger y fut introduite par les Phocéens de Marseille; la vigne est venue d'Italie. On y trouvait les mêmes espèces d'animaux domestiques que de nos jours; les porcs et les oies s'y rencontraient surtout en abondance. César parle de trois espèces d'animaux sauvages comme étant particuliers à la Gaule; c'étaient l'*urus*, le *bison* et l'*alces*, ou l'élan. Les eaux thermales et minérales abondaient en Gaule, et les monuments qu'on a découverts prouvent que presque toutes celles qui sont fréquentées aujourd'hui l'étaient sous la domination romaine. Les côtes de la Méditerranée et de l'Océan occidental fournissaient du sel en abondance, et les salines de Vic, chez les Médiomatrices, et de Salins chez les Séquaniens, étaient connues. Il y avait des mines d'or et d'argent dans les Alpes, les Pyrénées, les Cévennes et les montagnes de l'Auvergne; le fer était abondant dans plusieurs provinces. Il faut même que leur produit ait été assez considérable, puisque les Romains crurent pouvoir suspendre l'exploitation de leurs mines d'Italie.

La Gaule ne fut jamais, comme on l'a prétendu, un État confédéré : un état pareil suppose nécessairement une organisation générale, un gouvernement central, soit résidant dans un des co-États, soit attenant entre eux ; une assemblée centrale régulière, ayant une autorité reconnue par tous. Rien de tout cela n'a existé dans l'ancienne Gaule proprement dite. Les différentes nations ou tribus qui la composaient étaient indépendantes les unes des autres ; aucun lien ne les unissait que la communauté de langage et d'origine et celle de la religion. Cette dernière paraît même avoir été, pour deux motifs précieux, le lien le plus puissant et ce qui a empêché la nation gauloise de s'éteindre par la destruction réciproque de ses membres. D'après cette organisation générale, il est facile de juger que César avait raison de dire que la Gaule était divisée en *factions* ; et cet esprit de factions ne s'étendait pas seulement dans l'intérieur de chacun des peuples qui composaient la nation, mais même souvent jusque dans l'intérieur des familles. En ce pays il n'y avait que deux classes d'hommes jouissant des honneurs et comptées pour quelque chose : les druides et les chevaliers. Quant au peuple, il était presque considéré comme esclave, n'osait rien par lui-même et n'était admis dans aucun conseil public. La plupart des Gaulois, perdus de dettes, écrasés d'impôts, victimes du caprice des puissants, se vouaient au service des nobles, qui exerçaient sur eux les mêmes droits que les maîtres sur leurs serviteurs. En définitive il y avait égalité de droits ; mais de fait l'inégalité était frappante. Les citoyens puissants, grâce à une fortune héréditaire ou à un crédit et à des richesses acquises et conservées par la valeur et la force, jouissaient sur leurs concitoyens pauvres d'un pouvoir dû à la misère et aux besoins de ces derniers. Mais la volonté du peuple se formulait les armes à la main, et alors l'égalité renaissait. On concevra facilement qu'une situation pareille dut faire tendre continuellement la nation vers sa décadence. Elle s'est soutenue longtemps, et n'a pu être complétement vaincue que par la politique romaine, la classe des puissants, ainsi que le dit César, étant éminemment guerrière. Les hommes qui se mettaient au service des grands étaient de deux espèces : ceux qui se plaçaient librement sous leur protection et donnaient en récompense leurs services, ceux que les Romains appelaient *clientes* ou *ombaètes* (*an*, *baghaidh* très-dévoués) ; et ceux que les grands prenaient à leur solde, et que les écrivains latins appellent *soldurii* (*soldoir*, de *soladh*, *soldh*, gain, émolument, gage). Les uns et les autres (et c'était un des traits caractéristiques des mœurs gauloises) professaient envers leurs patrons une fidélité à toute épreuve ; ils auraient été déshonorés s'ils les avaient abandonnés dans le danger, et bien rarement ils se décidaient à leur survivre.

Nous ne dirons rien de la législation gauloise, parce que nous n'avons aucun monument historique qui s'y rattache : le peu qu'on trouve sur ce sujet dans César et dans d'autres écrivains appartient peut-être autant à l'histoire des mœurs qu'à celle de la législation.

Les trois nations appelées en commun Galates étaient divisées chacune en quatre tétrarchies, ce qui faisait douze cantons, gouvernés chacun par un tétrarque, ayant sous lui un juge, un chef militaire et ses deux adjoints. Chacune des deux nations avait un chef unique pour la religion, un temple commun et des assemblées générales ou *conciles* nationaux. Les Gaulois étaient adonnés aux cérémonies religieuses (*relligionibus*, dit César), et par conséquent superstitieux. Ils étaient dans l'usage de vouer à la Divinité le butin pris sur l'ennemi, et pratiquaient des sacrifices humains, usage malheureusement répandu dans le monde entier, et que les Romains conservèrent durant presque toute la durée de leur république. Nous ne nous étendrons pas sur les divinités que les écrivains romains attribuent aux Gaulois. Le fond de leur religion était le spiritualisme ; elle reposait sur l'immortalité de l'âme. *Des*, *Dé*, *Dio*, était chez eux le nom de l'Être suprême ; les Romains en ont fait Pluton. Dans toutes leurs supputations du temps, la nuit précédait le jour, de même que le néant, la nuit totale, a précédé, pour les mondes créés, la lumière de l'existence. Les Gaulois avaient des temples ; c'est ce dont les monuments historiques les plus anciens ne permettent pas de douter. L'élément de leur année civile était la huitaine, et non la semaine ; aussi le nombre huit était-il sacré parmi eux. Leur langue était celle des Étrusques, celle que parlent encore, sauf les modifications apportées par le temps, les Irlandais et les montagnards écossais (l'erse et le gaélique). Les trois langues diverses que César attribue aux trois divisions de la Gaule étaient : en Aquitaine, le gaulois mêlé de vasque, par l'invasion des Vascons ; en Belgique, le gaulois mêlé de kymre, comme on le parle encore dans la Bretagne armorique ; en Celtique, le gaulois pur, qui s'est conservé en Irlande et chez les Calédoniens ou Écossais montagnards.

Aucun monument historique ne nous apprend à quel point les sciences s'étaient développées chez les Gaulois. Les Romains ne nous ont pas même fait connaître s'ils avaient des caractères pour peindre les mots de leur langue, ou quels étaient ceux qu'ils avaient adoptés. Cependant, ils étaient loin de l'état d'ignorance où il a plu à leurs historiens de les reléguer, par préjugé ou par défaut de jugement. César dit positivement que les druides, en même temps que la théologie, enseignaient à la jeunesse l'astronomie, la cosmographie, la physique et l'histoire naturelle. Cicéron en dit autant. César ajoute que, pour caractères d'écriture, ils se servaient des lettres grecques ; il est probable qu'il entendait par là les anciens caractères pélasgiques, dont se servaient les Étrusques, et qui s'adaptaient assez bien à la langue gauloise. Gal G. DE VAUDONCOURT.]

GAULOIS, *Galli*, habitants de la Gaule. L'origine des Gaulois est couverte d'un voile impénétrable et se perd dans la nuit des temps. Il en est de même de celle des Ibères, des Pélasges, des Slaves, des Finnois, des Arabes, etc., c'est-à-dire des plus anciens peuples. Avant les époques où l'histoire en fait mention pour la première fois, il n'y avait pour eux ni histoire ni monuments historiques, rien, en un mot, qui indiquât s'ils avaient toujours habité la même contrée ou s'ils y avaient remplacé des peuples antérieurs, s'ils étaient *aborigènes* ou *aliénigènes*. Il nous est démontré que le système qui fait descendre les Gaulois des Celtes ne signifie rien, sinon qu'ils étaient des peuples européens ; ou plutôt, ce système n'est fondé que sur un jeu de mots, puisque le nom de *Celtes* ou *Keltes* n'est autre chose que celui de Gaulois (*gail* ou *kail*), habillé à la grecque. Les druides disaient que leur nation était *aborigène*, et peut-être avaient-ils raison. Inutile d'examiner les étymologies qui font venir le nom de *Gaulois* de différents mots prétendus celtiques, dont la plupart sont germaniques ou imaginaires. Nous nous arrêterons cependant un moment au pitoyable calembourg qu'on a fait en latin sur *Gallus*, Gaulois, et *gallus*, coq. Il en est résulté une autre caricature, c'est celle d'avoir donné le *coq* pour emblème à la nation gauloise. L'emblème des Gaulois était un *aigle* aux ailes éployées, qui, placé sur le cimier du casque, était l'ornement exclusif et le signe caractéristique du commandement. Le nom de *Gail*, *Gaul* ou *Kail*, *Kelte* en grec, et *Gallus* en latin, peut avoir une double étymologie. *Gail*, *gas*, *gaul*, *gavil*, signifiaient également *vaillance* et *parenté*. Les Gaulois seraient donc ou les vaillants, ou les peuples descendus d'une même origine.

Les Gaulois étaient en général grands, bien faits et fortement musclés ; les femmes étaient également d'une taille élevée, et selon Athénée, « les plus belles parmi les femmes barbares ». Le caractère de nos ancêtres, si nous n'avions d'autres monuments pour en juger que les portraits que nous ont laissés les écrivains grecs et romains, plus ennemis qu'historiens et plus déclamateurs qu'observateurs, devrait nous paraître inexplicable, ou plutôt les peintures qu'on en a faites sont tellement contradictoires qu'elles deviennent absurdes. Ce qu'on peut dire de plus juste et de plus vrai, après avoir non pas copié les écrivains, mais étudié l'histoire, c'est que le caractère des Gaulois, malgré les vices que l'invasion des Francs essaya d'implanter chez eux, était à peu près le même, au fond, que celui de leurs descendants. Braves, impétueux, actifs, loyaux et plus persévérants que leurs voisins du nord et de l'est, on retrouve dans le fond de leur cœur la sévérité et la pureté de mœurs qui leur faisaient mépriser les ignobles tyrans de Rome dégénérée. Leurs détracteurs mêmes s'accordent à louer en eux la frugalité, l'hospitalité, la bonté, la générosité, la fidélité, la justice, la franchise, l'intelligence, l'aptitude aux arts et aux sciences et l'horreur la plus insurmontable pour tous les vices déshonorants. Les écrivains auxquels nous empruntons cette nomenclature de qualités estimables sont César, Polybe, Ammien-Marcellin, Aristote, Strabon, Diodore, Plutarque, l'empereur Julien et Athénée.

L'habillement des Gaulois consistait dans la *saye*, ou la *blouse* de nos jours. Elle était de toile, d'étoffe de laine, de pelleterie, ou en peau de mouton, selon la saison et la fortune. Sous la saye, ils portaient une tunique, ou chemise, ouverte par-devant, et qui descendait à moitié des cuisses. Un autre vêtement que les anciens attribuent positivement aux habitants de la Gaule Narbonnaise, et qu'avaient peut-être adopté ceux de la Celtique, était la culotte longue ou braie. La coiffure des Gaulois était en temps de guerre un casque orné, pour les chefs, d'un aigle aux ailes éployées; en temps de paix, un bonnet dont la forme variait. Pendant l'hiver ou le mauvais temps, ils portaient des manteaux (*tabar*), ou des surtouts à manches, et avec un capuchon (*carachallamh*) : c'est pour avoir adopté ce dernier que le fils de l'empereur Sévère reçut le surnom de *Caracalla*. Pour chaussure, ils avaient des souliers à peu près de la forme des nôtres : c'était la *caliga*, qui donna son nom à Caligula. L'habillement des femmes, à peu près le même que celui des hommes, n'en différait que par la longueur de la tunique, qui descendait jusqu'aux talons, par un tablier qu'elles portaient sur la jupe, et par l'arrangement des cheveux. Les deux sexes aimaient beaucoup à se parer d'ornements, tels que colliers, bracelets, anneaux. Ces ornements, presque toujours en or, étaient travaillés dans le pays même, avec assez d'élégance pour que les Romains en aient été fort avides, des colliers surtout, qui paraissent avoir été d'un usage assez commun dans les armées. Aucun monument historique n'indique par quelles cérémonies légales le mariage était consacré parmi les Gaulois. Ils brûlaient leurs morts, et célébraient les funérailles de leurs proches avec toute la magnificence possible. Grands chasseurs, ils élevaient pour cet usage des chiens assez renommés, dont Arrien fait l'éloge dans son traité de la chasse.

Les armes ordinaires des Gaulois étaient le bouclier, l'épée, la lance, la massue, les javelots, dont il y avait plusieurs espèces, l'arc et les flèches Mais leur bouclier avait le défaut d'être trop étroit, ce qui laissait une partie du corps à découvert, et leurs épées, longues, plates et émoussées, mal trempées même, ne pouvaient servir que du tranchant, et s'émoussaient contre une armure solide. Une des armes de jet dont ils se servaient portait le nom de *gœzum* (*guasact, gusach*); c'est la guisarme de notre ancienne milice. Nous avons peu de détails sur la manière dont ils faisaient la guerre, sur l'abondance et l'organisation de leurs armées. Il est évident qu'ils étaient inférieurs aux Romains pour l'organisation et la discipline militaire, pour l'ordonnance des armées, et même pour leur armement, beaucoup moins bien entendu. Sans cette infériorité, ils auraient été les vainqueurs du peuple-roi, au lieu d'être les vaincus : leur histoire le prouve suffisamment. Mais vouloir conclure de cette infériorité de tactique que les Gaulois aient été privés de toute idée de guerre, et aient combattu en cohue et sans aucune disposition, c'est tomber dans l'absurdité. L'ordre de bataille de Brennus à l'Allia ferait honneur à un général élevé à l'école moderne. Souvent César, dans ses *Commentaires*, loue la disposition des troupes et le génie militaire de ses adversaires. Il est également faux de dire que la principale force des armées gauloises fût dans la cavalerie, et que l'infanterie était méprisée. Partout nous voyons, au contraire, l'infanterie chez eux être de beaucoup supérieure à la cavalerie, et la grande lutte des batailles reposer sur elle. Il est très-probable que les Gaulois, dans des temps reculés, ont employé les chars de guerre, puisque les Bretons au temps de César en faisaient encore usage; mais depuis longtemps ceux du continent ne s'en servaient plus dans les armées.

Gal G. DE VAUDONCOURT.

Histoire (depuis la conquête romaine).

La Gaule, soumise par César et ayant besoin de se relever du désastre d'une guerre de dix ans, resta à peu près tranquille sous les cinq premiers empereurs; fournissant aux armées romaines de nombreuses cohortes auxiliaires, où la valeur gauloise, tempérée par la discipline et une tactique raisonnée, brilla dans tout son éclat. L'histoire les cite avec éloge dans la belle campagne de Drusus et de Germanicus. Le mouvement de Vindex et des légions gauloises qu'il avait remuées hâta la chute de Néron, et le désastre de cette armée, fruit de rivalités mal éteintes entre les peuples de la Gaule, ne fut qu'une suite de guerres civiles. Les légions du midi, surprises devant Besançon, furent vaincues par celles du nord. Déjà le droit de cité avait été accordé par Claude à la plus grande partie du peuple de la Gaule; étendu par Galba, ce droit fut confirmé par Vespasien. L'exercice du culte des druides fut alors prohibé, et la civilisation pénétra dès lors rapidement bien au delà des limites de l'ancienne Province, mais plus particulièrement dans les régions méridionales de la Gaule. La langue romaine se répandit en dehors des villes, et devint insensiblement, sous la dénomination de *lingua romana rustica*, celle des populations des campagnes, encore bien que des documents authentiques prouvent qu'à la fin du cinquième siècle elle n'avait point encore remplacé partout complétement l'ancienne langue celte ou gauloise. D'ailleurs, on vit dès lors les Gaulois partager avec les Romains toutes les charges de l'Empire, et concourir à l'organisation des légions par la même conscription que l'Italie. Lors de l'insurrection de Civilis, quelques peuples gaulois prirent seuls une part active à la lutte engagée pour les intérêts des Bataves. La grande majorité des nations gauloises restèrent fidèles à l'Empire. Les légions des deux Germanies étaient en grande partie composées de soldats gaulois, en particulier celles que Vitellius conduisit en Italie et celles qui étaient préposées à la garde du Rhin. Après Domitien surtout, la défense de la Gaule fut exclusivement confiée à des troupes levées dans le pays. Les Gaulois fournissaient des contingents dans toutes les autres provinces de l'Empire, et ils furent nécessairement chargés presque seuls de la défense de l'Italie, désarmée et avilie.

Les liens qui unissaient les Gaulois à la métropole n'étouffèrent cependant pas en eux le désir de l'indépendance nationale. Le nom d'Empire Romain était encore, il est vrai, un prestige auquel se rattachait l'idée de la domination du monde connu; mais le secret de l'empire était révélé depuis la mort de Néron. On avait appris que les empereurs pouvaient se nommer hors de Rome : dès lors pourquoi la capitale ne pourrait-elle pas être également établie ailleurs? La valeur des Gaulois, hautement avouée par les services qu'on leur demandait et qu'on tirait d'eux, la richesse de leur pays, qui égalait au moins celle de l'Italie, semblaient leur donner le droit de choisir l'empereur romain dans leur sein, et de le faire résider au milieu d'eux. C'est ainsi qu'ils soutinrent Albinus contre Septime-Sévère, et que la perte de la bataille de Lyon (193 de J.-C.) amena, de la part d'un vainqueur féroce et irrité, une sanglante réaction sur la Gaule. Plus tard, dégoûtés des mœurs vicieuses du jeune César Salonin, que Gallien son père avait établi pour les gouverner, ils s'en défirent et élurent à sa place un empereur gaulois (260), l'illustre Posthumus, jugé par Valérien lui-même le plus digne de gouverner une nation vaillante et distinguée par la *gravité de ses mœurs*. Posthumus, qui mérita d'être appelé le *Restaurateur des*

Gaules, gouverna avec gloire sa patrie, l'Espagne et la Bretagne, vainquit et fit trembler les Germains, et périt après six ans de règne, assassiné par un ambitieux, qui essaya de lui succéder (266), mais dont les armées firent une prompte et sévère justice. Les deux Victorins et Marius ne régnèrent en tout qu'un an environ, et l'empire des Gaules passa au Gaulois Tetricus, auteur caché des intrigues qui l'y portèrent (267). Son caractère, sa conduite, sa cruauté et son avarice, l'exposèrent bientôt à la haine du peuple. Pour s'y soustraire, il trahit sa patrie. Aussitôt qu'Aurélien, vainqueur de Zénobie, put disposer de toutes les forces de l'Italie et de l'Orient, Tetricus l'appela lui-même dans la Gaule, et lui ouvrit le passage des Alpes, en reculant devant l'armée romaine jusque dans les plaines de Châlons-sur-Marne. Là, l'irritation des légions gauloises le força de s'arrêter pour livrer bataille; mais dès le matin, sans faire aucune disposition de combat, le misérable passa à l'ennemi avec ses complices, à qui il avait confié les commandements les plus importants. Les légions gauloises, attaquées dans une position désavantageuse, disputèrent la victoire avec une valeur héroïque; enfin elles succombèrent, et avec elle l'indépendance de leur patrie. Le lâche Tetricus alla jouir en Italie des dépouilles de ses concitoyens.

En l'an 291 Probus parvint à comprimer la révolte de Bonosus et de Proculus; mais les désordres et la confusion générale provoqués par la mauvaise administration des représentants de l'autorité impériale et par les impitoyables exigences des agents du fisc eurent pour résultat d'appauvrir les villes et de dévaster les campagnes, et provoquèrent à l'époque de Dioclétien la ligue des Bagaudes, composée des classes inférieures de la population, que la misère poussa à une insurrection, dont toute la cruauté de Maximien ne put venir à bout, et qui se reproduisit encore avec une violence extrême au cinquième siècle. Au quatrième siècle, Julien, que Constance avait envoyé en Gaule en 355 avec le titre de césar, s'était efforcé de cicatriser les plaies du pays. Lui aussi il guerroya avec succès contre les Francs et les Alemans; et ces derniers, après lui, furent encore battus par Valentinien Ier en 366 et par Gratien en 377. Mais les incessantes irruptions de ces peuples transformèrent à la longue en un vaste désert toute la contrée limitrophe du Rhin; et dans le cours de ce même siècle les Francs prirent possession du territoire gallo-romain au nord, et les Alemans à l'est (jusqu'aux Vosges). Sous le règne d'Honorius, vers la fin de l'année 406, la Gaule fut inondée par d'innombrables hordes de Vandales, de Suèves et d'Alains. Il n'en resta bientôt plus que des débris, notamment des Alains, la plus grande partie ayant poussé jusqu'en Espagne (409). Par contre, les Bourguignons s'y établirent d'une manière fixe, et des territoires qui leur avaient été assignés sur les bords du Rhin supérieur, s'étendirent jusqu'au Rhône et à la Durance, où ils fondèrent le royaume de Bourgogne. Une partie de l'Aquitaine en deçà des Pyrénées fut encore abandonnée aux Visigoths (*voyez* Goths), qui lors de leur expédition en Espagne dévastèrent, en l'an 413, le midi de la Gaule; et leur roi Ataulf s'y fixa, à Tolosa. C'est avec leur secours qu'Aétius, général des armées de Valentinien III, qui exerça encore une fois une prépondérante influence dans les intérêts de la puissance romaine et comprima l'insurrection de l'Armorique, vainquit, en 451, aux champs Catalauniques, Attila, qui avait ravagé une grande partie de la contrée. Valentinien, après avoir fait assassiner Aétius en 454, périt lui-même de la même façon l'année suivante. Dans l'horrible confusion à laquelle le pays se trouva alors en proie, l'Arverne Avitus se fit proclamer empereur en Gaule; mais il fut déposé par Ricimer dès l'an 426. Majorien, à qui celui-ci conféra la pourpre, rétablit encore une fois la tranquilité dans la Gaule. A sa chute, arrivée en l'an 461, l'empire des Visigoths sur la côte fut étendu jusqu'au Rhône, et bientôt après au nord jusqu'à la Loire. L'extrémité occidentale de la Gaule reçut de la Bretagne un accroissement de population celte, et se déclara indépendante (*voyez* Bretagne). Enfin, en 486, le France Clovis ou Chlodwig anéantit les faibles débris de la puissance romaine, qui entre la Somme et la Loire continuaient encore sous Syagrius l'empire romain d'Occident. C'est par ce Chlodwig et ses descendants que la Gaule fut transformée en royaume des Franks. Le christianisme ne commença guère à se propager dans les Gaules que vers le milieu du deuxième siècle; mais ses progrès y furent si rapides qu'au commencement du quatrième siècle il y avait déjà des évêchés à Bordeaux, à Rouen, à Reims, à Cologne. Consultez Walckenaër, *Géographie des Gaules Cisalpine et Transalpine* (2 vol., 1826-1828); et Thierry, *Histoire de la Gaule sous la domination romaine* (Paris, 3 vol., 1828).

GAURA, idiôms des Garrows.

GAURE (Comté de), ancien pays du bas Armagnac, aujourd'hui dans le département du Gers, où il forme l'arrondissement de Lectoure, fut possédé d'abord par des comtes d'Armagnac, puis par la maison de Casaubon. Revenu ensuite aux d'Armagnac, il passa à la famille d'Albret, avec les biens de laquelle il fit retour à la couronne. Par la suite, il fut engagé au duc de Roquelaure. Le comté de Gaure avait pour chef-lieu *Fleuranges*.

GAUSS (Charles-Frédéric), professeur d'astronomie à l'université de Gœttingue, l'un des plus grands mathématiciens de notre époque, est né le 23 avril 1777, à Brunswick. Dès son enfance il annonça de si grandes dispositions pour les sciences, que le duc Charles-Ferdinand de Brunswick voulut se charger seul de pourvoir à tous les frais de ses études. Ce fut en 1807 qu'il obtint sa chaire à l'université de Gœttingue. Dans la thèse qu'il soutint en 1799 pour obtenir le diplôme de docteur, il fit preuve de la sagacité de son esprit en soumettant à la critique les méthodes employées précédemment pour prouver la vérité des axiomes fondamentaux de l'algèbre, dont il donna une démonstration nouvelle et plus rigoureuse. Ses *Disquisitiones arithmeticæ* (Leipzig, 1801, in-4°), ouvrage marqué au coin de la spéculation mathématique la plus élevée, et qui a enrichi la haute arithmétique des plus belles découvertes, signalèrent ses rapides progrès. Quand, au commencement de ce siècle, on découvrit de nouvelles planètes, Gauss trouva de nouvelles méthodes pour calculer leurs révolutions. Il les publia dans sa *Theoria motus corporum cœlestium* (Hambourg, 1809, in-4°), qui contribua beaucoup à donner une juste direction à l'esprit de recherches qui caractérise notre époque dans les observations astronomiques. Sa *Theoria combinationis observationum erroribus minimis obnoxiæ* (Gœttingue, 1823, in-4°) a aussi beaucoup contribué aux progrès de la science.

Une fois que le nouvel observatoire de Gœttingue fut achevé, M. Gauss se consacra également aux observations astronomiques. Chargé par le gouvernement danois de continuer dans le royaume de Hanovre la mesure du degré, il découvrit à cette occasion la manière de rendre visibles les stations les plus éloignées au moyen de la lumière solaire réfléchie par un instrument de son invention, qu'il appela *héliotrope*. Il s'est plus tard activement occupé de recherches relatives à l'action du magnétisme terrestre, et à cet effet le gouvernement hanovrien lui a fait construire dans le voisinage de l'observatoire céleste un petit observatoire magnétique. C'est grâce à ses travaux dans cette partie du domaine de la science, et aussi à ceux de Guillaume Weber, notamment à la théorie qu'il a donnée du magnétisme terrestre, que cette doctrine si difficile a reçu une forme toute nouvelle. Ils sont consignés dans les *Résultats des observations de la Société Magnétique*, ainsi que dans l'*Atlas du magnétisme terrestre*, publiés en société par ces deux savants. Dans ces dernières années, M. Gauss s'est surtout occupé de la théorie de la géodésie, qui lui a fourni matière à publier une série de dissertations. Comme tout ce qui sort de sa plume, elles ne brillent pas moins par la profondeur de la pensée que par la pureté et la clarté du style.

GAUSSIN (Jeanne-Catherine GAUSSEM, *dite*), célèbre actrice de la Comédie Française, naquit à Paris en 1711.

Elle était fille d'un laquais du célèbre **Baron**, et d'une ouvreuse de loges. Le goût du théâtre se développa chez elle dès le plus jeune âge, favorisé par les exemples qu'elle avait sans cesse sous les yeux. Douée d'un organe touchant, d'un regard exprimant la tendresse et d'une physionomie pleine de candeur et d'ingénuité, elle débuta dans la capitale, à l'âge de dix-sept ans, et ravit tous les suffrages dans *Junie*, *Iphigénie*, *Monime*, *Andromaque*, ainsi que dans les amoureuses ingénues; car alors les comédiens ne se renfermaient pas exclusivement dans un genre. Le mérite de la nouvelle débutante n'échappa pas à Voltaire, qui lui confia le rôle de Zaïre, et n'eut qu'à se féliciter de son choix. Le succès de la pièce fut prodigieux : le public courut en foule admirer plus encore le jeu de l'actrice que l'œuvre du poëte, et, soit défaut de goût de la part des spectateurs, soit par la faute de l'acteur chargé de représenter Orosmane, l'amant de Zaïre fut à peine remarqué. Il fallut que **Lekain** le réhabilitât. A partir de cette époque, Mlle Gaussin prit rang parmi les coryphées de la scène, enleva pendant trente ans les applaudissements du public, et reçut les hommages des auteurs empressés de placer leurs ouvrages sous le patronage de son talent. La Chaussée surtout lui dut la plus grande part de ses triomphes.

Mais si Mlle Gaussin était sans égale pour exprimer la tendresse et la modestie, elle ne possédait ni la sensibilité ni l'énergie indispensables à qui veut peindre les fureurs d'Hermione et le courroux de Clytemnestre. Il lui fallut céder ici le pas à Mlle **Dumesnil**, plus tard à Mlle **Clairon**, et son infériorité sur ce point, qu'elle n'osait s'avouer, fit le tourment de sa vie. Marmontel en cite un exemple remarquable au sujet de sa tragédie de *Denys le Tyran* : elle voulut s'emparer du rôle d'Arétée, qu'il destinait à Mlle Clairon. Celle-ci conduisit l'auteur dans la loge de Mlle Gaussin, à qui elle dit : « Tenez, je vous l'amène, pour vous faire voir si je l'ai séduit. Si j'accepte son rôle, ce ne sera que de votre main. » Après un vif débat avec Marmontel et un long combat avec elle-même, Mlle Gaussin finit par aller rendre le rôle à sa rivale. Ne pouvant tenir le premier rang dans la tragédie, où elle était forcée de céder à l'ascendant de talents supérieurs au sien, elle s'en dédommagea dans la comédie : c'est là qu'elle obtint et mérita d'unanimes suffrages, qui se soutinrent jusqu'à sa retraite de la scène. A cinquante ans, elle jouait les amoureuses ingénues, telles qu'*Agnès*, *Nanine*, *Lucinda*, où elle paraissait encore avec les grâces et les charmes de la jeunesse. Sa taille avait conservé toute sa flexibilité, son organe toute sa fraîcheur.

Le talent d'imiter, quoiqu'il ait des bornes, offre de singulières anomalies : c'est ainsi que Mlle Gaussin aimait à jouer en société les rôles de Cassandre, et réussissait à merveille dans un genre si opposé au sien dans le monde. Modeste et spirituelle, elle portait dans sa vie privée une douceur et surtout une facilité de caractère dont on lui faisait un reproche. Les Mémoires du temps assurent même *qu'elle portait cette dernière qualité au point de ne refuser personne*. Quoi qu'il en soit, elle se maria, à la fin de sa carrière en 1759, à un danseur nommé Tavolaigo, qui lui fit expier cruellement cette dernière faute par les plus indignes traitements. Mlle Gaussin quitta le théâtre en 1763, le même jour que la célèbre **Dangeville**, n'emportant que le souvenir de ses succès et 1,500 livres de rente, formant la meilleure partie de sa fortune. Elle mourut en 1767, dans l'oubli et l'isolement. SAINT-PROSPER jeune.

GAUTAMA. *Voyez* BOUDDHA.

GAUTIER I-IV, comtes de Brienne. *Voyez* BRIENNE (Maison de).

GAUTIER (THÉOPHILE). Le nom de cet écrivain restera pour toujours lié au souvenir des luttes littéraires qui éclatèrent en France vers 1830. Très-jeune alors, car il est né à Tarbes, le 31 août 1814, M. Gautier n'avait guère que dix-huit ans le jour de la première représentation d'*Hernani* : il devint bientôt l'un des plus ardents apôtres du romantisme. Dans ce beau temps d'effervescence poétique, les succès de théâtre étaient chaudement disputés, et plus d'une fois il fallait défendre *unguibus et rostro* les hardiesses du chef d'école. M. Gautier, reconnaissable de loin au luxe d'une chevelure abondante, ne fut pas le moins vaillant dans ces héroïques mêlées. Il ne tarda point à se lancer lui-même dans la carrière entr'ouverte. Abandonnant l'atelier du peintre Rioult, chez qui il avait travaillé deux ans, il laissa le pinceau pour la plume, conservant toutefois dans son imagination quelque chose de coloré et de pittoresque qui devait lui valoir son prochain triomphe. Il s'attacha d'une manière toute spéciale à l'étude des rhythmes, et rajeunit, non sans grâce, quelques-unes des formes poétiques du seizième siècle. Là était le véritable talent de M. Gautier. La richesse de la rime, la mélodie de la césure mobile, l'harmonieux mécanisme du vers, furent les plus importants de ses soucis; et dans cet art dificile il fut bientôt passé maître. Malheureusement M. Gautier, sous le rapport du sentiment et de l'invention, est toujours resté fort pauvre. Il se hasarda néanmoins dans le roman. Quelque temps après la publication d'*Albertus*, recueil de poésies, il écrivit un volume de nouvelles, *Les Jeune-France* (1833). *Mademoiselle de Maupin* suivit d'assez près ce premier essai dans la voie de l'imagination. Il y eut à propos de cet ouvrage succès et scandale. L'immoralité du détail, l'extravagance du plan, la verve et l'éclat du style appelèrent sur cet étrange roman l'attention de la critique. Rarement, même en ces années de délire, on avait été plus fou, plus impertinent, plus bravache.

Du reste cette littérature fanfaronne et débraillée avait de tout temps séduit M. Gautier. Déjà avant *Mademoiselle de Maupin* il avait publié dans *La France littéraire* une série d'articles sur les poëtes excentriques du dix-septième siècle, Saint-Amand, Colletet, Scudéry, etc. Ces études, réunies en volumes sous le titre de *Grotesques* (1843), forment une attrayante lecture; mais elles sont sans valeur au point de vue de l'histoire littéraire. Les noms, les dates y sont défigurés à plaisir. D'abord romancier et poëte, M. Gautier devint plus tard journaliste. *La Presse* le chargea du compte-rendu des théâtres, besogne aride, monotone, et qui semble condamner l'écrivain à d'éternelles répétitions. M. Gautier a su pourtant jeter dans le feuilleton assez de style, d'*humour* et de verve paradoxale, pour donner à sa critique sinon beaucoup d'autorité, du moins beaucoup de lecteurs. Toute gravité lui est impossible, sa sérénité rabelaisienne ne s'émeut de rien; mais quand il parle d'une tragédie ou d'une pantomime des Funambules, il abonde en saillies qui font sourire. Son audace imprudente le pousse parfois à aborder des questions sérieuses, à côté desquelles il tombe bientôt vaincu, comme un papillon au pied du flambeau où il a brûlé son aile étourdie. M. Gautier, nous l'avons dit, a fait ses premières armes dans l'atelier d'un peintre : les curieux ont vu de sa main plusieurs eaux-fortes d'un dessin fantasque et qui, moins le piquant de l'exécution, rappelle la manière de Célestin Nanteuil. On retrouvera une de ses vignettes en tête de *La Couronne de Bluets*, roman de M. Houssaye. M. Gautier s'est également essayé dans la peinture; une *Vénus*, production barbare et maladroite, a désenchanté ceux qui, sur la foi de ses amis, croyaient l'artiste aussi habile que le poëte. Passionné pour les arts, il fait tous les ans dans la *Presse* l'analyse des expositions du Louvre, et il y déploie un grand talent descriptif; mais M. Gautier n'est pas un critique, c'est-à-dire un esprit impartial et savant, un *connaisseur*, qui soit à la fois frappé de la beauté d'une œuvre et de ses imperfections. Il raconte plutôt qu'il n'apprécie, et lorsqu'il sort de la description, son éclectisme l'égare, et il reste le plus indulgent, le plus capricieux de tous les juges.

Indépendamment des livres que nous avons cités, M. Gautier a publié : *La Comédie de la Mort* (1838), réimprimée avec *Albertus* dans le recueil de ses poésies complètes; *For-*

tunio (1838); *Une Larme du Diable*, et d'autres contes recueillis sous le titre de *Nouvelles*; *Voyages en Espagne* (*Tra los Montes*); *Les Roués innocents*; *Militona*; *Jean et Jeannette* (1851); *Émaux et Camées* (1852); *Italia* (1853); *Constantinople* (1854); etc. Il faut y ajouter une très-grande quantité d'articles de revues et de journaux. Enfin, M. Gautier a fait jouer quelques pièces de théâtre, qui n'ont eu qu'un faible succès: *Le Tricorne enchanté*, comédie en vers, en collaboration avec M. Siraudin; *Le Voyage d'Espagne*, avec le même; *Ne touchez pas à la Reine*, avec M. Bernard Lopez; *La Juive de Constantine*, avec M. Noël Parfait. Il a été plus heureux dans un genre où l'esprit et la passion sont moins nécessaires; ses ballets, *Giselle*, *Paquerette*, *Gemma*, *La Péri* ont fait longtemps les beaux jours de l'Opéra. M. Gautier, malgré ce que nous avons pu dire, n'en demeure pas moins un écrivain d'une incontestable valeur. Feuilletoniste infatigable, il a montré, il montre encore beaucoup d'esprit. Poëte, il sait mieux que personne les finesses et les délicates roueries du métier. Disciple intelligent d'une école à laquelle on ne contestera pas le mérite d'avoir rendu un peu de couleur et de vie à une langue appauvrie par les rhéteurs de l'empire, il s'est toujours occupé de la forme avec un soin extrême, et souvent au préjudice de la pensée. Dans ses moments perdus (c'est lui-même qui le raconte), M. Gautier étudie le dictionnaire et se meuble la mémoire d'une foule de mots inusités, vieillis, inconnus; de là dans son style ces expressions peut-être correctes, mais bizarres, qui font bondir le lecteur surpris. Il a peur avant tout d'être banal: aussi est-il souvent précieux, archaïque, maniéré. Ses métaphores aventureuses enluminent sa phrase des plus discordantes nuances. Voltaire et les maîtres de la tradition française ne comprendraient rien à ce luxe d'images, empruntées pour la plupart à l'idiome des statuaires et des peintres. Combien on aimerait à trouver sous ce vêtement splendide un fin sentiment, une émotion vraie, un homme enfin avec ses douleurs et ses joies! Dans les poésies de M. Gautier il y a des fragments qui laissent paraître quelque tendresse de cœur; mais on les pourrait compter aisément. Pur fantaisiste, il n'a pas jeté dans son œuvre, volumineuse déjà, une seule idée sérieuse. C'est un de ces chanteurs émérites qui, peu soucieux du sens des paroles qu'ils modulent, se jouent des difficultés de l'exécution, et les multiplient pour avoir le plaisir de les vaincre. Il laisserait un nom respecté si, la pensée faisant défaut, le style suffisait seul à défendre les œuvres littéraires contre les flots envahissants de l'oubli.

GAUTIER GARGUILLE, acteur célèbre sous le règne de Louis XIII. Il consola le public des halles et du Pont-Neuf de la perte de Tabarin, et fit les délices des laquais, des oisifs, des écoliers, des bourgeois, gens peu difficiles en fait d'atticisme. Son véritable nom était *Hugues Guéru* ou *Guérin*; il était natif de Caen, et forma avec *Gros Guillaume* et *Turlupin* un trio de comédiens d'assez bas étage, mais maîtres passés dans l'art de désopiler la rate. Sauval, dans ses *Antiquités de Paris*, et l'abbé de Marolles, dans ses *Mémoires*, donnent à l'égard de Gautier Garguille des détails assez curieux. Malheureusement les lazzi et les saillies de Gautier Garguille sont d'une crudité rabelaisienne, qui nous met dans l'impossibilité absolue d'en rapporter ici le moindre échantillon. Cet admirable farceur voulut être poëte: il le fut; mais ses vers présentent à qui voudrait les citer tout autant de difficultés que sa prose. Il nous reste de lui un petit volume de *Chansons*, dont l'édition originale vit le jour à Paris, en 1632; elle fut reproduite en 1636, 1639 et 1643. Il en existe une réimpression faite à Paris en 1758, et à laquelle on a donné, par motif de prudence, la rubrique de Londres, 1658. Les amateurs ne laissent échapper nulle occasion d'en orner leur bibliothèque, et les *beaux* exemplaires, fort peu communs d'ailleurs, se payent fort cher. Le privilége du roi qui accompagne les éditions primitives de ce *sottisier* contient une observation fort naïve; il annonce qu'il autorise cette impression, *de peur que des contrefacteurs ne viennent adjouster quelques autres chansons plus dissolues*. G. Brunet.

Gautier Garguille excellait, ainsi que ses camarades Turlupin et Gros Guillaume, à imiter l'accent gascon. Il avait commencé par être garçon boulanger à Paris, dans le faubourg Saint-Laurent. Liés d'amitié, mais sans aucune espèce d'études, tous trois s'imaginèrent un beau jour de jouer la comédie, et louèrent à cet effet un petit jeu de paume situé près de l'Estrapade, et qu'ils eurent bientôt transformé en une manière de théâtre. « Ils jouaient, rapporte Dulaure, depuis une heure jusqu'à deux, des scènes qu'on appelait *turlupinades*, pour la somme de deux sols six deniers par personne. *Gautier Garguille* représentait ordinairement le rôle de maître d'école, ceux de savant et de maître de la maison; *Turlupin* jouait les valets, les filous, etc., et *Gros Guillaume* faisait le sentencieux. » Gautier Garguille fut longtemps chargé de débiter les prologues écrits d'un style ridiculement pédantesque, par lesquels il était d'usage, sous Louis XIII, de commencer toutes les représentations théâtrales. Dans le rôles sérieux il prenait le nom de *Fléchelles*.

Le succès toujours croissant du petit théâtre enfumé de l'Estrapade finit par exciter la jalousie des comédiens de l'hôtel de Bourgogne, qui se plaignirent au cardinal de Richelieu des fâcheux résultats qu'avait pour eux cette concurrence. Avant de les condamner, Richelieu, voulut les entendre, rit et fut désarmé. Les trois farceurs, au lieu de se voir enlever la faculté de reparaître sur leurs tréteaux, furent au contraire, appelés à faire désormais partie de la troupe de l'hôtel de Bourgogne. S'il faut en croire une autre anecdote, Gautier Garguille et Turlupin moururent de douleur en apprenant le trépas de leur camarade Gros Guillaume, jeté en prison pour avoir contrefait sur la scène un magistrat puissant. Tous trois furent enterrés dans l'église Saint-Sauveur, sépulture ordinaire des comédiens de l'hôtel de Bourgogne. Gautier Garguille ne jouait jamais sans masque, et paraissait toujours en scène avec le même costume. Il n'y avait jamais de femmes dans ses pièces, ainsi qu'on en peut juger par ces vers de l'épitaphe composée en l'honneur du trio de la farce au dix-septième siècle:

> Gautier, Guillaume et Turlupin,
> Ignorants en grec et en latin,
> Brillèrent tous trois sur la scène
> Sans recourir au sexe féminin.
> . . . .
> Mais la mort, en une semaine,
> Pour venger son sexe mutin,
> Fit à tous trois trouver leur fin.

Sa manière originale de chanter était ce qui attirait le plus de spectateurs à Gautier Garguille; hors du théâtre il était estimé, et on le recevait dans les meilleures sociétés de Paris. Il mourut à l'âge de soixante ans; sa veuve, fille de Tabarin, se remaria à un *gentilhomme* de Normandie.

GAVARNI, pseudonyme sous lequel est connu un célèbre dessinateur contemporain. Son véritable nom est *Paul* Chevalier. Il est né à Paris, en 1801. D'abord mécanicien, ce fut seulement vers 1835 qu'il commença à dessiner des gravures de mode; son crayon léger et facile le plaça aussitôt au premier rang dans cette humble sphère. Mais il n'était pas homme à y rester, et bientôt il publia, dans le journal intitulé *Les Gens du Monde*, dont il était le directeur, une série de compositions lithographiées de son invention, qu'il continua plus tard dans *Le Charivari*. Il y avait dans ces petits dessins une rare fraîcheur d'idées, une originalité d'esprit incroyable; la touche en était si spirituelle, la gaieté y éclatait si franche et si aimable, que leur vogue fut immense, universelle, et que le nom de Gavarni devint populaire d'emblée. Représentant des scènes de la nature la plus diverse, les dessins de Gavarni sont une véritable lanterne magique, qui nous montre sous toutes ses faces et dans tous ses replis la physionomie actuelle du monde parisien, les joies et les misères, les passions et les fantaisies de cette société frivole et charmante. « Dans vingt-cinq ans, dit M. Théophile Gautier, ce sera par Gavarni qu'on apprendra l'existence des duchesses de la rue du Helder, des lorettes, des étudiants. » Quoiqu'il travaille avec la plus grande facilité, il s'astreint toujours scrupuleusement à la réalite; pas un détail, même indiqué par le trait le plus fugitif, qui ne soit juste et vrai; ses personnages ont toujours la mise qui leur convient.

Au nombre de ses dessins, nous nous bornerons à citer les séries suivantes, composées chacune de nombreux sujets : *Les Lorettes; Les Actrices; Les Coulisses; Les Fashionables; Les Gentilshommes bourgeois; Les Artistes; Les Étudiants de Paris; Les Débardeurs; Les Plaisirs champêtres; Les Bals masqués; Le Carnaval; Les Souvenirs du bal Chicard; Les Souvenirs du Carnaval; La Vie de jeune homme; Patois de Paris; Balivernes parisiennes; Clichy; Les Enfants terribles*, une de ses premières créations; *les Parents terribles; Les Fourberies de femmes; La Politique des femmes; Les Maris vengés; Les Nuances du sentiment; Les Rêves; Les Petits Jeux de Société; Les Petits Malheurs du Bonheur; Les Impressions de ménage; Les Interjections; Les Traductions en langue vulgaire*, etc.

Chacune de ces mille compositions est un vaudeville, une comédie, une farce, un tableau de genre, une nouvelle, un roman de mœurs dans toute l'acception du mot. Ce sont de petits chefs-d'œuvre sans prétention, comme tous les chefs-d'œuvre. L'artiste nous transporte toujours au milieu même de l'action, et nous laisse deviner le restant du drame, dont nous ne voyons qu'un fragment, une scène. A chacun de ses dessins il a eu soin d'ajouter une courte légende, qui éclaire complétement la situation représentée; et ces épigraphes, écrites dans le pathos le plus réjouissant, trahissent parfois une incroyable connaissance du cœur humain. On y trouve des mots d'une profondeur qui fait frissonner; on ne sait pas vraiment si c'est le texte qui illustre le dessin, ou si c'est le dessin qui illustre le texte. On a comparé Gavarni à Molière; le plus souvent une telle comparaison porte malheur à ceux qui en sont l'objet; Gavarni pourtant n'en a pas été accablé; que peut-on dire de plus pour faire son éloge?

Gavarni est psychologiste comme Hogarth; mais ce n'est pas un moraliste à la façon de l'auteur anglais. Il ne prêche pas, il décrit, il prend le monde tel qu'il est; en déroulant devant le spectateur son épopée infinie des ridicules et des travers de l'homme, il n'est jamais indigné, emphatique, déclamatoire, mais il a toujours un trait, un bon mot, un mot vif, une épigramme; il sourit même plutôt qu'il ne raille.

En 1849 Gavarni alla habiter l'Angleterre; son séjour dans ce pays eut une grande influence sur son talent. Toujours poétique et profond, il semble avoir perdu sa gaieté au spectacle navrant des horribles misères de Londres. Le peuple des tavernes, les voleurs, les balayeurs, les Irlandais, les mendiants déguenillés de Saint-Giles ou de White-Chapel, tels sont les sujets qu'il s'est plu à retracer de préférence.

Ce que l'œuvre de Gavarni a surtout de remarquable, c'est que dans ses innombrables compositions on n'en trouverait peut-être pas deux qui se ressemblent. L'étude constante de la nature lui a permis de varier ses types à l'infini. La masse d'esprit et de gaieté que Gavarni a dépensée çà et là dans les journaux, les revues, les livres illustrés, est réellement prodigieuse. Ses dessins, si un intrépide amateur s'avisait de vouloir les collectionner, feraient plus de trente in-folios. Il en a paru un choix gravé sur bois, avec un texte par J. Janin, Théophile Gautier, Balzac, etc., sous le titre d'*Œuvres choisies de Gavarni* (Paris, 1845, 4 volumes). Une autre collection est intitulée, *Perles et Parures, par Gavarni* (2 vol., 1850); une dernière, qui a eu moins de succès, a pour titre : *Les Propos de Thomas Vireloque* (Paris, 1853). Il a aussi illustré un grand nombre d'ouvrages, entre autres *Le Juif-Errant* d'Eugène Sue; et a donné quelques dessins au *Diable à Paris*, aux Œuvres complètes de Balzac, etc., etc. W.-A. Duckett.

GAVAUDAN (Jean-Baptiste-Sauveur), acteur de l'Opéra-Comique, naquit à Salon (Bouches-du-Rhône), en 1772, d'un père organiste d'un couvent. Il avait été quatre ans marin, lorsqu'il débuta à Feydeau. Ce théâtre faisait alors les délices de Paris; Martin, Elleviou, Juliette, Lesage, Mlle Regnault, Mlle Saint-Aubin, Mme Boulanger et d'autres artistes formaient une troupe chérie du public, dans laquelle Gavaudan tint bientôt une place honorable. Chanteur convenable, il était excellent comédien, et dans les différents rôles qu'il joua, il montra une grande souplesse de talent. Les belles et heureuses qualités qui le distinguaient, se mûrirent et s'améliorèrent avec l'âge et par l'expérience. Cet acteur eut au théâtre une belle et verte vieillesse, qui n'avait rien perdu des dons de la jeunesse, et dont on retrouvait la trace vive sous les années écoulées. Les *pères nobles* lui fournirent, à cette époque, des personnages auxquels il savait prêter, suivant la situation, la douceur, la sévérité, l'enjouement ou la gravité. Cette race des Gavaudans avait d'admirables instincts scéniques; ce nom était aimé par les spectateurs, auxquels il promettait toujours un sujet d'élite. Le rôle qui fit le plus pour la renommée de Gavaudan fut celui qu'il joua dans l'opéra intitulé : *Le Délire!* Il s'y montra acteur consommé, et jamais on ne poussa plus loin que lui l'illusion de ce caractère : c'était à l'en croire fou; sa folie, dans les accès furieux, laissait percer une manie de charmante et suave sensibilité; il inspirait la terreur et l'attendrissement; il excitait et inspirait les émotions les plus diverses, celles qui touchent et celles qui saisissent le mieux le cœur et l'esprit. Sa perpétuelle aptitude au sentiment, qu'il savait diriger à son gré, était surprenante. Dans *Le Délire*, il passait nécessairement à travers les émotions les plus subites et les plus imprévues, en excitant dans toutes les parties de la salle un enthousiasme auquel personne ne pouvait se soustraire. Ce rôle renferma sa renommée tout entière, et combla d'honneurs les derniers jours de son existence dramatique. Eugène Briffault.

Admis comme sociétaire en 1801, élagué en 1816 pour *opinion politique*, Gavaudan alla diriger, pendant un an, le théâtre royal de Bruxelles, fut rappelé en 1824, obtint sa retraite en 1828, dirigea le théâtre de Liége, et se retira à Montmorency en 1829. Sa femme, *Alexandrine-Marie-Agathe* Ducamel, née à Paris, en 1780, fut élève d'Hérold père, et débuta en 1798 au théâtre Favart, dans les jeunes rôles des dames Dugazon et Saint-Aubin. Malgré sa grâce, sa gentillesse et ses manières naïves, la faiblesse de sa voix, qu'elle conduisait toutefois avec assez d'agilité, fixa d'abord légèrement l'attention; mais d'heureuses dispositions, fortifiées d'un travail assidu, en firent bientôt l'un des premiers soutiens de l'Opéra-Comique. Elle en devint sociétaire après la réunion des deux troupes au théâtre Feydeau. Son talent varié, tout plein de gentillesse, lui permettait d'aborder avec un égal succès les soubrettes, les Agnès, les pages, les garçons villageois, les dames de la halle et celles de la haute société, et d'être tour à tour Agathe dans *L'Ami de la Maison*, Antoine dans *Richard Cœur de Lion*, Margot dans *Le Diable à quatre*, le page dans *Françoise de Foix* et dans *Jean de Paris*, Fanchette dans *Les Deux Jaloux*, Jeannette dans *Joconde*, Colette dans *Jeannot et Colin*, Rose d'Amour dans *Le Petit Chaperon rouge*, rôles qu'elle créa presque tous avec une grande supériorité. Elle prit sa retraite en 1823, après avoir été quinze ans chef d'emploi, et mourut en 1850.

La famille Gavaudan a donné au théâtre plusieurs acteurs et actrices distingués, enfants, sœurs, neveux, nièces du célèbre chanteur. *Constant-Édouard*, son fils, servait comme lieutenant en Afrique dans un régiment d'infanterie, lorsqu'en 1838 il fut assassiné près de Blida, pendant qu'il dessinait un marabout.

GAVAZZI (Alessandro), prêtre Italien, qui s'est fait connaître comme réformateur catholique ainsi que par le rôle qu'il joua dans la révolution de 1848 et 1849, est né à Bologne, en 1809. Entré à l'âge de seize ans dans l'ordre des Barnabites, il devint ensuite professeur de rhétorique à Naples, et par son éloquence ne tarda pas à se faire une grande réputation dans toute l'Italie. Les idées qu'il développait dans la chaire, peu conformes en général aux enseignements dogmatiques de l'Église, lui valurent d'enthousiastes admirations d'une part et des haines ardentes de l'autre. Quand Pie IX monta sur le trône pontifical, en 1846, la politique libérale qu'annonçait le nouveau pape ne rencontra pas de plus ardent panégyriste que Gavazzi. Il se trouvait à Rome quand on y reçut la nouvelle de la révolution de Lombardie. Porté à ce moment en triomphe au Panthéon par le peuple, il y prononça une chaleureuse oraison funèbre en l'honneur des patriotes tués pendant la lutte. Il arbora aussi alors l'étendard aux trois couleurs surmonté de la croix, et pendant plusieurs semaines on le vit chaque jour, devant la foule réunie au Colisée, pérorer sur les devoirs des Italiens et sur l'avenir réservé à la grande patrie italienne. Le pape, qui favorisait ses tendances politiques, le nomma aumônier de l'armée de 16,000 hommes qui marcha sur Vicence.

Gavazzi, qu'on surnomma alors le Pierre l'Ermite de cette véritable croisade contre l'étranger, décida par sa brûlante éloquence le peuple à faire tous les sacrifices possibles pour la cause nationale; et ce fut alors à qui offrirait à la patrie des vivres, des chevaux et des munitions de tous genres. Arrivé à Venise, il y parla tous les jours à des milliers d'auditeurs réunis sur la place Saint-Marc, et ne contribua pas peu de la sorte à faire remplir les caisses de l'éphémère république qui avait surgi dans cette ville. On voyait les dames se dépouiller à l'envi de leurs boucles d'oreilles, de leurs bracelets et autres bijoux en or, et jusqu'à des femmes de pauvres pêcheurs apporter en offrande patriotique, faute d'avoir autre chose à donner, l'aiguille en argent qui soutient l'édifice de leur coiffure. La légion romaine ayant été rappelée par le pape, Gavazzi se rendit à Florence, où il continua à déployer le même zèle pour la cause de l'indépendance. Expulsé de cette ville, il trouva un refuge à Gênes, et ne tarda pas à être appelé à Bologne, dont la population venait de se soulever contre le gouvernement pontifical. Reçu avec enthousiasme, il rétablit en peu de temps le bon ordre dans cette ville; mais, sur l'ordre du premier ministre Rossi, il fut arrêté par le général Zucchi et enlevé pour être jeté dans les affreux cachots de Corneto. En route, les habitants de Viterbe le mirent en liberté; et quand le pape se fut enfui de Rome, le gouvernement républicain le nomma aumônier en chef de l'armée. Pendant la lutte qui ne tarda pas à s'engager, il organisa une association de dames qui se dévouaient à soigner les blessés, et prit lui-même la direction des hôpitaux militaires.

Lorsque Garibaldi entreprit de marcher à la rencontre de l'armée napolitaine, Gavazzi l'accompagna dans cette expédition pour porter secours sur le champ de bataille aux mourants et aux blessés des deux partis. Après la prise de Rome par l'armée française, Gavazzi obtint du général Oudinot un sauf-conduit avec lequel il put aller demander asile à l'Angleterre. Dans l'été de 1850 il donna à Londres diverses séances philosophiques et littéraires, qui attirèrent un grand nombre d'auditeurs; et en Écosse, où il entreprit une tournée l'année suivante, il ne fut pas accueilli avec moins de faveur.

GAVES. Les habitants de la partie occidentale de la chaîne des Pyrénées donnent ce nom à tous les torrents de leur pays. On l'a appliqué ensuite à quelques-unes des principales rivières, à cause de la rapidité qu'impriment à leurs eaux les pentes rapides qu'elles suivent. Les gaves les plus considérables sont le gave de Pau et le gave d'Oloron, son affluent. Le premier, formé des gaves de Héas et de Gavarnie, sortis des flancs de l'énorme pic du mont Perdu, se jette dans l'Adour, après un cours de 168 kilomètres, dont dix navigables et soixante-dix-huit flottables. Les eaux des gaves d'Ossau et d'Aspe, descendues impétueusement de leurs sources élevées, se réunissent avec un fracas épouvantable à Oloron, où elles forment le gave de ce nom. Celui-ci parcourt jusqu'à son embouchure une distance de 71 kilomètres, d'un flottage facile, au moyen de douze pertuis. Un des affluents du gave d'Oloron porte le nom de gave de Mauléon ou de Soule. Il est flottable sur 5 kilomètres.

GAVIAL. Lacépède appelait ainsi une espèce du genre *crocodile*, que Cuvier érigea en sous-genre sous le nom de *longirostre*, qui exprime le grand allongement et l'étroitesse du museau de ces animaux. Le sous-genre de Cuvier a été conservé; mais Geoffroy lui a rendu le nom de *gavial*.

Le *gavial du Gange* (*crocodilus gangeticus* ou *longirostris*) atteint fréquemment cinq ou six mètres. Encore plus aquatique que les crocodiles proprement dits, cet animal est mieux conformé pour vivre de poissons. On le connaît depuis fort longtemps, puisque Élien en fait déjà mention. Ce serait l'unique espèce du sous-genre *gavial* (puisqu'on a reconnu que Cuvier en avait à tort distingué le *petit gavial*), si Müller et Temminck n'avaient constaté l'existence du *gavial de Schlegel* (*crocodilus Schlegelii*), qui vit à Bornéo.

GAVOTS. *Voyez* COMPAGNONAGE.

GAVOTTE, danse qui pendant longtemps ne fut exécutée que par des danseurs de profession et sur le théâtre. On en ajouta une au menuet de *Céphale et Procris*, qui reçut le nom de *menuet de la cour* ou *de la reine*, parce que Marie-Antoinette la préférait et la dansait parfaitement. La *gavotte* prit alors rang dans les bals avec les *tricotés*, la *cosaque* et autres pas réservés aux amateurs en renom. L'air de cette gavotte manquait d'agrément et de vivacité; les pas en étaient difficiles, la figure peu gracieuse. Quand, après la Terreur, le goût des Français pour les plaisirs se manifesta avec redoublement, la musique et les figures de la vieille *gavotte* déplurent; le célèbre Gardel, maître de ballets à l'Opéra, en composa une nouvelle sur un air de *Panurge*. Celle-ci obtint l'assentiment général, et ne fut cependant jamais dansée à la perfection que par un jeune négociant de Bordeaux, nommé Trénis, et par Mme Hamelin, dont la grâce créole ne connaissait pas de rivale. Quelques charmes qu'offrît la *gavotte* aux spectateurs, elle répandait toujours un peu de tristesse dans les bals, parce qu'elle concentrait l'attention sur deux ou trois individus. L'envie générale qu'excitaient quelques danseuses, les grands pieds mal tournés, la tournure commune et les prétentions de la plupart, ne tardèrent pas à nuire à la *gavotte*; on la relégua en province, où elle cessa même bientôt d'être dansée.

Les airs de la *gavotte* étaient à deux temps, se coupant en deux reprises, dont chacune commençait avec le second temps et finissait sur le premier : les phrases et les repos en étaient marqués de deux en deux mesures.

C[sse] DE BRADI.

GAY (JOHN), poëte anglais, naquit en 1688, à Barnstaple, dans le Devonshire. Une bonne éducation était la seule fortune que ses parents pussent lui donner, et ils ne faillirent pas non plus à ce devoir. Toutefois, comme tant d'autres littérateurs, John Gay se trouva d'abord jeté bien loin du chemin qu'il devait suivre plus tard; car au sortir du collége on le plaça à Londres comme apprenti chez un marchand de soie. Cédant à sa vocation véritable, il consacra alors les quelques heures de loisir que pouvaient lui laisser des occupations toutes matérielles, à composer un poëme intitulé *Rural Sports* (1711), dans lequel il décrivait les plaisirs multiples qu'offre la vie des champs, et qui lui valut l'amitié de Pope en même temps que les sympathies et la protection de plusieurs personnages célèbres. En 1712 il devint le secrétaire de la duchesse de Monmouth; et deux ans après il accompagna le comte de Clarendon à Hanovre comme secrétaire de légation.

Ses pièces de théâtre sont assez nombreuses. Le bruit qu'elles ont fait a été de peu de durée : deux n'ont même dû leur célébrité passagère qu'à l'immoralité et au cynisme des scènes dont elles sont remplies; nous voulons parler du *Beggar* (Le Gueux), et de *Polly*, qui n'est que la suite du *Beggar*, espèce d'opéra-vaudeville, dont le héros et l'héroïne sont dignes l'un de l'autre, puisqu'ils sont, le héros, voleur de grand chemin, condamné à être pendu, et l'héroïne, fille publique. On défendit les représentations de *Polly;* mais la pièce imprimée eut un immense débit. *La femme dans l'embarras, La Répétition à Fotham, La Femme de Bath, Trois jours après le mariage,* satire contre le docteur Woodward, à laquelle Pope et Arbuthnot coopérèrent, tombèrent dans l'oubli peu après leur apparition. En revanche, la tragédie burlesque, *Comment l'appelez-vous?* eut un véritable succès. *Les Captifs* et *Diane*, deux autres tragédies, ne sont pas sans mérite, ainsi qu'un opéra intitulé *Achille*.

Mais les meilleurs titres de Gay sont incontestablement les *Fables* qu'il composa pour l'éducation du jeune duc de Cumberland. Si on le compare à La Fontaine, on le trouvera certainement bien inférieur au fabuliste français, surtout pour les difficultés vaincues. La Fontaine a enrichi sa langue, il en a été un des principaux créateurs; Gay trouva la sienne toute faite, et il ne s'en servit pas d'une manière assez originale pour être placé au nombre des auteurs du premier ordre. Il n'est que bon versificateur. La Fontaine est un grand poëte. Ses inventions sont heureuses; il a de la justesse et de l'esprit, de la grâce, de l'enjouement, toutes choses ordinaires chez La Fontaine, qui souvent y ajoute de la profondeur et du génie.

Gay composa une parodie des Idylles d'Ambroise Philipps, qu'il intitula : *La Semaine du Berger*. Ses *Églogues de ville* ne sont aussi que des parodies, mais pétillantes d'esprit comme la précédente; et les mœurs des paysans d'Angleterre y sont peintes avec non moins de vérité. Nous avons encore de lui deux poëmes en trois chants, dont le premier, *L'Éventail*, est au-dessous du médiocre; et le second, *Trivia, ou l'art de se promener dans les rues de Londres*, se fait remarquer par une élégante versification et de charmants tableaux de genre. Les *épîtres, chansons, ballades*, qui composent ses poésies mêlées, attestent seulement la facilité de l'auteur.

La faiblesse de caractère de John Gay le rendit malheureux. Il était trop prompt à concevoir des espérances; il était même ambitieux. Une fois qu'il vit ses rêves d'avenir détruits par l'indifférence que lui témoignèrent sur le trône le prince et la princesse de Galles, qui l'avaient protégé d'abord, le poëte oublia le bonheur de ses jours passés. Au lieu de se renfermer dans les souvenirs de l'amitié et des bienfaits de lord Clarendon et de la reine Anne, au lieu d'écouter les consolations du duc et de la duchesse de Queensberry, qui le recueillirent chez eux, il tomba dans une noire mélancolie, qui le conduisit au tombeau à l'âge de quarante-quatre ans, le 4 décembre 1732. Le duc et la duchesse de Queensberry lui élevèrent un monument dans l'abbaye de Westminster, où il fut enterré; et Pope, exprima dans une touchante épitaphe les regrets que sa mort laissait à tous ses amis. Victor BOREAU.

GAY (SOPHIE), fille d'un agent de change appelé *de Lavalette*, naquit à Paris, en 1776. Mariée à un autre agent de change, du nom de *Liottier*, elle profita, en 1799, du bénéfice de la loi du divorce pour se séparer de lui et épouser M. Gay, associé d'une maison de banque, devenu sous l'empire receveur général du département de la Roër. Ce fut pendant son séjour à Aix-la-Chapelle qu'elle se trouva en relation avec la plus haute société d'alors, réunie aux eaux thermales de Spa, et particulièrement avec Pauline Bonaparte, princesse Borghèse, qui l'honora constamment de son amitié. Ses premiers essais littéraires datent de 1802, époque où elle prit la plume pour repousser une violente attaque dont Mme de Staël absente était l'objet. Puis elle fit paraître *Laure d'Estell*, roman en deux volumes, qu'elle ne crut pas devoir signer; ce fut même le chevalier de Boufflers et le vicomte de Ségur, ses patrons littéraires, qui la déterminèrent à publier cet ouvrage. Dix ans s'écoulèrent entre ce début et l'apparition d'un nouvel écrit, *Léonie de Montbreuse*, roman en deux volumes, qui date de 1813. Deux ans plus tard, elle faisait imprimer un autre roman plein d'intérêt, *Anatole*, simple et naïve histoire des amours d'un pauvre sourd-muet. L'empereur, après sa dernière nuit passée à la Malmaison, donnait, au moment de partir pour l'exil de Sainte-Hélène, cet ouvrage au baron Fain, son secrétaire, en lui disant : « Conservez ce livre en mémoire de moi; il m'a fait oublier un instant mes chagrins. »

En 1817 Mme Sophie Gay publia *Le Valet de chambre d'un aide de camp*, réimprimé en 1824, sous le titre de *Malheurs d'un Amant heureux*. Cette même année parut *Théobald*, épisode de la campagne de Russie, qui a fourni à M. Scribe le sujet d'un de ses meilleurs vaudevilles; et successivement *La Physiologie du ridicule*, *Le Comte de Guiche*, *La Duchesse de Châteauroux*, *La Comtesse d'Egmont* et *Les Souvenirs d'une vieille Femme*, ouvrage extrait des mémoires de l'auteur. Toutes ces publications se recommandent par une pureté, une élégance de style, qu'on rencontre bien rarement dans les romanciers de son époque.

Mme Sophie Gay s'exerça également avec succès dans le genre dramatique. En 1818 elle arrangea pour l'Opéra-Comique *La Sérénade* de Regnard, dont Mme Gail fit la musique. En 1821 elle rendit le même service au *Chanoine de Milan*, d'Alexandre Duval, qui, sous le titre du *Maître de Chapelle*, fournit un délicieux *libretto* à la musique de Paër. Ses autres œuvres dramatiques sont *Le marquis de Pomenars*, comédie en un acte et en prose, jouée en 1819; *Une Aventure du chevalier de Gramont*, trois actes, en vers, 1822; *Marie, ou la pauvre fille*, drame, trois actes, en prose, 1824; enfin, les échos du théâtre de l'hôtel Castellane ont longtemps retenti des bravos prodigués à une de ses plus agréables comédies, *La Veuve du Tanneur*. Mais en 1843 *La Duchesse de Châteauroux* eut peu de succès à l'Odéon. Mme Sophie Gay est morte en 1852.

A la célébrité de la mère se joignit bientôt celle de sa seconde fille, d'abord *Delphine* GAY, devenue ensuite Mme Émile Girardin, dont la sœur aînée, morte il y a quelques années, avait épousé le comte O'Donnell.

GAYAC. *Voyez* GAÏAC.

GAYACINE. *Voyez* GAÏACINE.

GAYAL, GYALL ou BŒUF DES JONGLES, espèce du genre *bœuf*, que les zoologistes nomment *bos gavæus*. Une crête dorsale très-prononcée fait distinguer au premier coup-d'œil le gayal du bœuf commun, dont il a du reste presque tous les caractères, sauf les cornes, qui rappellent celles du buffle. Le bœuf des jongles a le poil ras et noir sur presque tout le corps; ses jambes sont blanches. La couleur du front varie du gris au fauve, de même que celle d'une ligne longitudinale qui s'étend sur le dos. Cette espèce est domestique dans les contrées montagneuses du nord-est de l'Inde.

GAY-LUSSAC (NICOLAS-FRANÇOIS), savant chimiste, naquit à Saint-Léonard (Haute-Vienne), le 6 décembre 1778, et mourut à Paris, le 9 mai 1850. D'abord élève de l'École Polytechnique, où son zèle lui concilia l'amitié protectrice de Berthollet, il entra ensuite dans les ponts et chaussées. Le mode selon lequel se dilatent les gaz fut le premier objet de ses recherches, et il donna la loi de cette dilatation, dont il démontra la constante uniformité. Encore étudiant quand ce travail fut mis au jour, et fort jeune alors, les discussions auxquelles il donna lieu inspirèrent à Gay Lussac la pensée d'une entreprise aussi périlleuse que mémorable. A l'époque dont nous parlons, le physicien Charles exerçait beaucoup d'influence sur les jeunes savants, à cause de son imagination aventureuse et de sa riche collection d'instruments et de machines. On s'occupait alors de la question des ballons, des aérostats, à la théorie desquels se liait tout naturellement le travail de Gay-Lussac sur la dilatation des gaz. « Voilà une belle occasion, disait Charles à Gay-Lussac, d'arriver d'un seul bond à la célébrité et à la fortune : on ne manquerait pas de dire que vous avez démontré votre découverte au péril de votre vie, outre que vous feriez certainement dans les hautes régions de l'atmosphère des constatations singulières sur la chaleur et la pesanteur de l'air, sur l'électricité, sur le magnétisme terrestre, etc. Ce voyage-là vaudrait bien celui des Argonautes; il aurait plus d'utilité et autant de retentissement. » Tentés par d'aussi magnifiques promesses, Gay-Lussac et Biot se décidèrent à entreprendre ce voyage aérien, espèce de croisade scientifique prêchée par le physicien Charles, et que Laplace et Chaptal encouragèrent, ce dernier étant alors ministre de l'intérieur : on était en 1804.

Le 6 fructidor an XII, à dix heures du matin, Biot et Gay-Lussac, placés dans la même nacelle, s'élevèrent en ballon, prenant pour point de départ le Conservatoire des Arts et Métiers : l'expérience eut lieu dans le jardin de cet établissement. Les deux jeunes physiciens (Gay-Lussac avait alors vingt-six ans) parvinrent bientôt vers la première région des nuages, environ à 1,223 mètres d'élévation, après quoi, continuant leur ascension, ils arrivèrent à une élévation de 3,977 mètres au-dessus de la Seine. Alors on les perd de vue. Ils ont emporté avec eux des montres, des thermomètres, des baromètres, des hygromètres, des boussoles, des crayons et du papier; les voilà faisant des expériences comme s'ils étaient tranquillement établis dans le laboratoire du Collége de France ou du collége du Plessis. Voici maintenant ce qu'ils observèrent, ou plutôt ce qu'observa Gay-Lussac, car M. Biot éprouva un étourdissement, d'ailleurs fort explicable. Gay-Lussac trouva donc que l'influence magnétique agissait sur la boussole à peu près comme à terre. Il vit aussi que l'électricité atmosphérique, croissant toujours à mesure qu'on s'élève, avait paru constamment négative; l'hygromètre montra une sécheresse de plus en plus grande, comme on avait pu s'y attendre; et la température, qui était de 14 degrés Réaumur à terre, n'était plus alors que de 8 degrés 1/2. Mais, ne s'étant pas précautionné de tous les instruments nécessaires aux investigations par eux projetées, et d'ailleurs M. Biot se trouvant un peu malade d'émotion, ces messieurs se décidèrent à revenir à terre, afin de porter ensuite leurs explorations beaucoup plus loin. Malheureusement personne ne se trouva là lors de leur descente pour recevoir le ballon; et le gaz hydrogène ayant dû se perdre, il fallut remettre à des temps plus éloignés une ascension nouvelle. Nos deux savants prirent terre à 18 lieues de Paris, à Méréville, village du Loiret.

Cependant, vingt-trois jours plus tard, Gay-Lussac tenta une nouvelle ascension, emportant cette fois avec lui d'excellents instruments; mais, privé de la société de son ami Biot, il s'éleva dans cette deuxième expérience à 6,977 mètres au-dessus de Paris : le thermomètre marquait près de 6 degrés au-dessous de 0 (il était alors trois heures onze minutes). Le ballon se trouvant en partie dégonflé et privé de son lest, Gay-Lussac dut se préparer à descendre : ce voyage de haut en bas dura trente-quatre minutes, et notre physicien mit pied à terre à Saint-Gourgon, hameau situé à sept lieues de Rouen. L'ascension ayant eu lieu à neuf heures et demie du matin, Gay-Lussac put ainsi consacrer près de six heures à ses diverses observations, qui furent nombreuses. Il eut également soin de rapporter plusieurs échantillons de l'air des hautes régions qu'il avait visitées, et l'analyse de cet air le montra si parfaitement semblable à celui que nous respirons, que ce résultat imprévu parut convaincre la chimie d'impuissance. La gêne de la respiration et un froid excessif furent les seules souffrances qu'eut à éprouver l'observateur durant ses explorations quasi célestes. Il résulta de plus de vingt observations thermométriques, effectuées par notre physicien à diverses hauteurs, que l'air perd environ un degré de chaleur par chaque élévation de 174 mètres. Mais ce qui doit paraître singulier, c'est que ces résultats curieux, dont tout le monde alors s'occupa, ne vinrent point jusqu'aux oreilles des princes français, alors exilés à Hartwell. Vers 1820 le duc d'Angoulême, assure-t-on, visitant l'École Polytechnique, alors militairement gouvernée sous le patronage de ce prince, eut la pensée d'entretenir Gay-Lussac, qui terminait une leçon, de son ascension mémorable de 1804 : « Mon Dieu, monsieur, lui dit le dauphin, que vous dûtes être incommodé par la chaleur? — *Certainement*, mon prince, dit Gay-Lussac, qui ne savait que répondre : cependant... — Allons! interrompit le prince, ne me cachez point que vous dûtes endurer une chaleur excessive; si près du soleil!... » Le duc d'Angoulême, comme on voit, avait bravement pris le contre-pied des observations de ce genre. Toutefois, dans cette même entrevue, l'intrépide naïveté du prince prit sa revanche sur le savant : « Monsieur, lui dit-il, quand je suis arrivé, vous parliez du *cinabre;* veuillez donc m'apprendre pourquoi le cinabre est d'un si beau rouge! — J'aurai l'honneur de dire à votre altesse, répondit Gay, que *cela tient à l'arrangement des molécules.* — J'aurais dû m'en douter, répliqua le duc. »

Tant de science unie à tant de courage valut à Gay-Lussac des places, des titres, des honneurs, d'illustres intimités. Il rencontra Alexandre de Humboldt dans cette célèbre société d'Arcueil, instituée en 1804 par Laplace et Berthollet, lesquels utilisèrent ainsi, pour le progrès des sciences, le voisinage tout à fait contigu de leurs retraites. Humboldt et Gay, tantôt séparément, tantôt en commun, insérèrent plusieurs travaux dans les Mémoires de cette société, féconde académie, qui ne se composait d'abord que de neuf membres, auxquels plus tard s'adjoignit Malus, celui par qui fut découverte la polarisation de la lumière. Mais ceux des travaux de Gay-Lussac qui attirèrent surtout l'attention des savants eurent pour objet la pile de Volta et la décomposition des acides et des alcalis. Quand Bonaparte sut la découverte de Volta, il eut hâte de fonder à l'Institut un prix magnifique dont devaient être récompensées les plus importantes découvertes auxquelles aurait servi la pile voltaïque. Il espérait que ce prix serait adjugé à quelqu'un de l'École Polytechnique; mais ce présage de pur patriotisme, l'événement ne le confirma point. Hizenger et Berzélius ayant déjà décomposé, au moyen de la pile, des acides et des oxydes, ces deux savants s'étaient aperçus que tout l'oxygène se portait vers le pôle positif, tandis que le radical allait au pôle négatif. Davy, le célèbre chimiste anglais à qui ce premier fait était connu, soumit à l'action de la même pile voltaïque de la potasse et de la soude, ensuite d'autres alcalis, et il vit avec surprise que ces corps, réputés jusqu'alors élémentaires, se décomposaient à la manière des oxydes. Cette découverte capitale du *potassium* et du *sodium* mérita à ce chimiste le prix de 50,000 francs, fondé par Napoléon et décerné en son nom par l'Institut de France.

L'empereur, s'étant fait rendre compte de la découverte de Davy, demanda avec impatience pourquoi les membres de l'Institut se résignaient ainsi à décerner des couronnes sans prendre soin d'en mériter. Il lui fut répondu que l'on ne possédait point en France de pile assez puissante pour en obtenir de grands résultats. Aussitôt Napoléon donna l'ordre de construire une pile voltaïque colossale, pour laquelle on ne devait épargner ni l'argent ni la main-d'œuvre : il voulut en outre que ce bel instrument fût placé à l'École Polytechnique, et que l'Institut chargeât une commission des expériences auxquelles cette pile devait être consacrée. Gay-Lussac et Thénard furent désignés à cet effet. Leurs expériences furent commencées le 7 mars 1808, et c'est en 1811 qu'ils en publièrent les résultats, dans un ouvrage en deux volumes, intitulé : *Recherches physico-chimiques sur la pile, sur les alcalis, sur les acides, l'analyse végétale et animale*, etc. Les deux chimistes consignèrent beaucoup de découvertes dans ce livre, sur lequel Berthollet fit un rapport des plus honorables. Ils isolèrent le bore de l'acide boracique, et l'obtinrent à un plus grand état de pureté que ne l'avait obtenu Davy. Ils trouvèrent aussi un excellent mode d'analyse pour les corps organiques, en calcinant ces corps au moyen du chlorate de potasse, ou par le deutoxyde de cuivre : ce dernier moyen est de Gay-Lussac, qui depuis ses recherches physico-chimiques n'a plus rien publié conjointement avec Thénard. Un des résultats les plus curieux des expériences que ces deux chimistes firent en commun, c'est que le sucre, l'amidon et le bois contiennent à peu près les mêmes proportions d'hydrogène et d'oxygène que l'eau ; fait qui démontre nettement qu'il y aurait folie à ne juger des corps que d'après les éléments dont la chimie les trouve composés.

La science doit encore à Gay-Lussac d'importantes recherches sur la force d'expansion de la vapeur, sur l'hygrométrie, sur la capillarité, sur le cyanogène et l'acide prussique, sur l'iode principalement, sur la dilatation des gaz, sur le chlore, sur la distinction capitale des oxydes et des hydracides ; à lui seul est due la découverte des acides hydrosulfurique et oxy-chlorique. Ses mémoires sur l'iode et sur le cyanogène sont des chefs-d'œuvre unanimement admirés. Lui pourtant, qui a publié près de cent mémoires, il n'a pas composé un seul ouvrage : le talent d'enchaînement est le moins évident de ses mérites. Toutefois, on a publié en deux volumes son cours de chimie de la Sorbonne, rédaction sténographiée, dont M. Gaultier de Claubry a vérifié l'exactitude.

Remarquons, en finissant, que Gay-Lussac a plus d'une fois rencontré Dalton sur sa route, à peu près comme Lavoisier rencontra Priestley ; plus d'une fois il s'établit de vifs débats entre lui et Davy, comme plus tard entre Biot et Arago. Il s'est montré parfois d'une grande sévérité dans ses jugements, principalement quand il eut à caractériser les paratonnerres végétaux de Lapostolle et la nitrification naturelle de Longchamp, savant profond, mais trop peu maniable et trop abstrait pour être populaire. On reproche aussi à Gay-Lussac d'avoir emprunté à Bunten l'idée d'un baromètre transportable, comme de s'être quelquefois montré susceptible ou partial envers Berzélius. Il est bien vrai que s'il a incontestablement plus de fécondité et plus de hardiesse que Fourier et Dulong, il n'a pas toujours eu autant de sagacité qu'eux, ni surtout autant d'exactitude et de rigoureuse précision. J'ajouterai que le cercle de ses idées a toujours été trop restreint pour que le rejaillissement s'en fasse sentir au-delà de sa science ou de son siècle. Toutefois, Gay-Lussac a mérité la vive estime des savants contemporains et la reconnaissance de sa patrie. Cette patrie elle-même ne s'est pas montrée ingrate envers lui, puisqu'à l'âge de soixante ans Gay-Lussac était membre de l'Académie des Sciences, professeur honoraire de physique à la Sorbonne et professeur de chimie au Jardin du Roi, membre du conseil de perfectionnement des poudres et des salpêtres, membre du comité consultatif des arts et des manufactures, membre de l'Académie de Médecine et de la Société d'Encouragement, chimiste de la direction des tabacs, vérificateur, à la Monnaie, des ouvrages d'or et d'argent ; rédacteur, avec Arago, des *Annales de Physique et de Chimie*, et enfin pair de France. Gay-Lussac cumulait de la sorte pour plus de 50,000 francs de fonctions diverses, places ou entreprises, outre que l'État avait remplacé le splendide logement qu'il avait longtemps occupé à l'Arsenal par un des jolis manoirs du Jardin des Plantes. Dr Isidore BOURDON.

GAY-LUSSITE ou NATROCALCITE, carbonate de soude et de chaux hydraté. La gay-lussite a été ainsi nommée en l'honneur du savant Gay-Lussac ; son autre nom rappelle sa composition. Elle a été trouvée par M. Boussingault, en cristaux disséminés dans l'argile qui recouvre la couche de Trona de Lagumilla en Colombie. Ces cristaux sont des octaèdres obliques rhomboïdaux ; ils sont transparents, quand ils n'ont point subi l'action de l'air ; mais à la longue ils deviennent opaques et blanchâtres.

GAZ (*Chimie, Physique*). Parmi les fluides élastiques, il en est plusieurs qui conservent toujours cet état, quels que soient le refroidissement et la compression auxquels on les soumette. L'air atmosphérique jouit de cette propriété. D'autres, au contraire, par un faible refroidissement ou une faible compression se réduisent à l'état liquide. Quand on chauffe de l'eau, elle se transforme à la température de 100° en un fluide élastique transparent et incolore ; mais par un faible refroidissement ce fluide élastique repasse à l'état liquide. On donne plus particulièrement le nom simple de *gaz* aux fluides élastiques qui jouissent de la première propriété ; les autres sont connus sous le nom de *vapeurs*. Quelquefois les premiers sont désignés sous le nom de *gaz permanents*, ou bien ils sont encore appelés *fluides compressibles*, à cause du changement considérable qui s'opère dans leur volume par la compression ; *fluides élastiques*, à cause de la force de ressort en vertu de laquelle ils tendent toujours à augmenter de volume ; *fluides aériformes*, à cause de leurs analogies physiques avec l'air. La dénomination de *gaz* dérive du mot hollandais *ghoast*, qui signifie *esprit*.

Entre les fluides élastiques qui ne peuvent jamais être liquéfiés et ceux qui le sont par les forces les plus légères, il en est d'autres, tels que le chlore, l'acide sulfureux, l'acide carbonique, qui sont ramenés à l'état liquide par une pression et un refroidissement un peu considérables ; quelques-uns même sont susceptibles d'être solidifiés par l'emploi de ces moyens. Cependant, on applique encore à ces fluides la dénomination de *gaz*, parce qu'ils sont, dans l'état habituel, éloignés de leur point de liquéfaction. Il est très-probable qu'une pression et un froid suffisant liquéfieraient tous les gaz : sous ce point de vue, les fluides élastiques seraient tous des *vapeurs* de liquides.

L'existence de l'élasticité dans les gaz et la pression qui en résulte sur les parois des vases qui les renferment se démontrent en plaçant sous le récipient de la machine pneumatique une vessie fermée, contenant un peu d'un gaz quelconque : à mesure qu'on fait le vide autour de la vessie, la force élastique du gaz intérieur n'est plus équilibrée par la pression atmosphérique ; le volume de ce gaz s'accroît, et finit par remplir tout le récipient, si la vessie est assez grande.

Les gaz sont, comme tous les corps, soumis à l'action de la pesanteur. La découverte de ce principe est due à Toricelli, disciple de Galilée. Il reconnut, en 1643, que la suspension du mercure dans le baromètre et l'ascension de l'eau dans les pompes sont dues à la pression exercée sur la surface de la terre par le poids de l'atmosphère. Pour prouver directement la pesanteur de l'air, on pèse un ballon de verre plein de ce gaz, puis on le pèse de nouveau, après y avoir fait le vide au moyen de la machine pneumatique. Le poids est plus considérable dans le premier cas que dans le second. On peut même, si l'on connaît le volume intérieur du ballon, déduire de la différence des poids fournis par les deux pesées le poids d'un litre d'air. On trouve qu'à la température de 0°, et sous une pression barométrique égale à 76 centimètres de mercure, un litre d'air pèse 1[gr], 2991. Le même procédé sert à reconnaître la pesanteur de tous les gaz.

La force élastique d'un gaz en repos placé à la surface de la terre fait équilibre à la pression qui provient du poids de l'atmosphère ; le baromètre donne, comme on le sait, la mesure de cette pression, et par conséquent il peut également servir à évaluer la force élastique des gaz. Lorsque la pression barométrique est de 76 centimètres de mercure, l'air possède une force élastique capable de produire sur une surface équivalant à un centimètre carré une pression égale au poids de 76 centimètres cubes de mercure ; cela fait un poids d'environ 1 kilogramme. Lorsqu'en employant la machine à compression, on condense un gaz dans un espace inextensible, si l'on fait, par le moyen d'un tube de verre, communiquer le récipient avec une cuvette remplie de mercure, on juge par la hauteur de la colonne de mercure qui s'élève dans le tube de la force élastique du gaz comprimé. Elle est égale à la hauteur de cette colonne de mercure augmentée de la force élastique de l'atmosphère. Supposons, au contraire, qu'au moyen de la machine pneumatique on raréfié un gaz ; si l'on fait communiquer le récipient avec la cuvette d'un baromètre, on jugera, par les hauteurs successives de la colonne de mercure, de l'élasticité du gaz restant : et lorsque cette hauteur passera successivement de 0^{m},76 à 0^{m},38 ou 0^{m},19, on en conclura que l'élasticité du gaz sera devenue deux fois ou quatre fois moins grande. On remarque, en faisant cette expérience, que la colonne de mercure, arrivée à la hauteur d'un ou de deux millimètres, cesse de baisser, en sorte qu'il est impossible de priver complétement de gaz un espace au moyen de la machine pneumatique. Cela tient à ce que le gaz restant, se répandant toujours uniformément dans le récipient, chaque coup de pompe n'en enlève qu'une fraction. Le vide absolu n'existe que dans la chambre du baromètre.

Les gaz transmettent également en tous sens la pression qui est appliquée en un de leurs points : ce principe n'est cependant vrai qu'autant que le fluide est en repos; les gaz doués d'un mouvement rapide produisent sur les parois latérales des tuyaux qui les conduisent une pression moindre que celle qu'ils exercent dans le sens de leur mouvement. Le principe d'hydrostatique découvert par Archimède, qu'*un corps plongé dans un liquide perd de son poids une quantité égale au poids du liquide qu'il déplace*, est encore applicable aux fluides élastiques. Cette perte de poids explique l'ascension des aérostats, dont la densité moyenne est moindre que celle de l'air.

La loi de Mariotte consiste en ce qu'*une même masse de gaz soumise à différentes pressions occupe des volumes successifs qui sont en raison inverse de ces pressions.* On déduit de cette loi que si l'on désigne par v le volume occupé par un gaz à la pression p le volume v' qu'il occupera à la pression p' sera donné par la formule $v = v\,\frac{p}{p'}$. Ce résultat est d'un usage continuel dans toutes les circonstances où l'on a des volumes de gaz à considérer. La pression atmosphérique variant sans cesse, on ne peut comparer les résultats entre eux qu'après les avoir ramenés à une pression commune. La formule de Mariotte peut encore servir à calculer jusqu'à quel point on doit remplir un aérostat pour qu'il ne soit pas déchiré par l'expansion du gaz hydrogène lorsqu'il arrive dans des régions élevées, où la pression est beaucoup moindre qu'à la surface de la terre.

Lorsqu'on mêle entre eux des liquides de densités différentes, et qui n'ont l'un pour l'autre aucune affinité chimique, ils se séparent bientôt, les plus denses vont se réunir à la partie inférieure. Les gaz, au contraire, sans qu'on se donne la peine de les agiter, se mêlent parfaitement et donnent un tout homogène, quelles que soient leurs différentes densités. Vissons l'un sur l'autre deux ballons, le premier rempli de gaz hydrogène, et le second plein de gaz acide carbonique, dont la densité est vingt-deux fois plus considérable que celle de l'hydrogène. Bien que le gaz le plus léger occupe la partie supérieure, et que les deux ballons ne communiquent que par une petite ouverture, le mélange des deux gaz sera parfait au bout de quelque temps; on s'en assurera par l'analyse chimique du mélange contenu dans chacun des deux ballons. Cette propriété des gaz est due à la grande mobilité de leurs particules; elle montre la fausseté des explications qu'on avait données de quelques phénomènes météorologiques, en admettant l'existence de l'hydrogène dans les hautes régions atmosphériques. L'atmosphère est un tout homogène; et comme elle ne contient pas d'hydrogène à la surface de la terre, elle n'en renferme pas non plus dans les régions supérieures.

Les gaz peuvent, en vertu de leur force élastique, s'introduire physiquement entre les molécules des liquides, lors même qu'ils n'ont point pour eux d'affinité chimique. Les eaux qui ont eu le contact de l'air en contiennent toujours une certaine quantité interposée entre leurs particules. Lorsqu'on place ces eaux sous le récipient de la machine pneumatique et qu'on fait le vide, on voit une multitude de petites bulles de gaz s'en dégager dès qu'elles ne sont plus maintenues en dissolution par la pression. Ce phénomène s'observe encore lorsqu'on fait bouillir de l'eau; elle laisse échapper le gaz à la température de l'ébullition. On peut, en recueillant le gaz dégagé dans cette dernière expérience, reconnaître que l'eau à la température de 10° et sous la pression 0^{m},76 dissout la 25e partie d'un volume d'air égal au sien. Cette proportion augmente avec la pression. L'air retiré de l'eau est plus riche en oxygène que l'air atmosphérique. Il contient 22 parties d'oxygène sur 100 d'air, tandis que l'air ordinaire n'en contient que 21.

Les gaz, ainsi que tous les corps élastiques, transmettent le son. La lumière est réfractée par les gaz lorsqu'elle ne les pénètre pas normalement à leur surface. L'indice de réfraction est variable d'un gaz à l'autre, et pour un même gaz il augmente avec la densité. La chaleur se répand avec rapidité dans les gaz, à cause de la grande mobilité de leurs particules. Mais lorsqu'on gêne leurs mouvements par l'interposition de certains corps, ils deviennent de mauvais conducteurs du calorique. La laine, le duvet, par exemple, se laissent difficilement traverser par l'air : aussi les emploie-t-on avec avantage dans la confection des vêtements d'hiver. Les gaz sont en général mauvais conducteurs du fluide électrique. Cela nous explique comment les nuages, qui ne communiquent avec la terre que par l'air atmosphérique, peuvent se charger d'électricité. L'humidité donne aux gaz un pouvoir conducteur assez considérable.

Le volume d'une même masse de gaz augmente par l'effet de la chaleur, et diminue par le refroidissement. La loi de cette variation est la même pour tous les gaz, simples ou composés. Leur coefficient de dilatation est égal à 0,00375. En désignant par v le volume d'un gaz à la température t, son volume v' à la température t' sera donné par la formule $v' = v\left(\frac{1+0,00375\times t}{1+0,00375\times t'}\right)$. Si la pression variait en même temps, il faudrait en tenir compte par la formule donnée ci-dessus. La cohésion étant nulle dans les gaz, leur dilatation s'effectue d'une manière très-régulière à toutes les températures. Les thermomètres à gaz seraient pour cette raison préférés aux thermomètres à mercure, s'ils n'étaient pas soumis à l'influence de la pression atmosphérique, qui en rend l'emploi difficile. Les caloriques spécifiques des gaz simples, sous pression constante, sont égaux. Cette loi ne s'applique point aux gaz composés.

La constitution physique des gaz est due à une certaine quantité de calorique interposée entre leurs molécules, et qui, ne produisant pas d'effet sur le thermomètre, a reçu le nom de *calorique latent*. La chaleur latente nécessaire à l'existence d'un gaz augmente quand la densité de ce fluide diminue; elle diminue, au contraire, quand la densité du gaz augmente. De là l'explication de la grande quantité de chaleur qui se développe lorsqu'on comprime un gaz, soit au moyen de la machine à compression, soit dans un briquet pneumatique, ou enfin dans le réservoir d'un fusil à vent.

Lorsque la pression à laquelle est soumise un fluide élastique vient à changer, la densité de ce fluide change également : les densités d'un même gaz à différentes pressions sont proportionnelles à ces pressions. Les densités successives d'une même masse de gaz qui occupe des volumes différents sont en raison inverse de ces volumes. L'hydrogène est de tous les gaz le moins dense; sa densité n'est que la quinzième partie environ de celle de l'air; ce qui le fait employer dans la construction des aérostats. Le gaz acide iodhydrique est le plus lourd de tous : il pèse 4 fois et demie plus que l'air, et 63 fois plus que l'hydrogène. Connaissant le poids (1^{gr}, 2991) d'un litre d'air à 0° et sous la pression 0^{m},76, il suffira de le multiplier par la densité d'un gaz pour trouver le poids d'un pareil volume de ce gaz. On reconnaît ainsi qu'un litre de gaz hydrogène pèse 0^{gr},0894, qu'un litre de gaz acide iodhydrique pèse 5^{gr},7719.

Pour recueillir un gaz, on adapte à l'appareil qui le fournit un tube recourbé dont l'extrémité plonge sous l'eau.

Au-dessus de cette extrémité, on place une cloche renversée et pleine d'eau ; ce liquide y est maintenu par la pression de l'atmosphère. Le développement du fluide dans l'intérieur de l'appareil y occasionne bientôt un excès de pression, et le gaz est forcé de sortir par l'extrémité du tube ; il va, à cause de sa légèreté spécifique, se loger dans le haut de la cloche. Lorsque le gaz est soluble dans l'eau, on remplace ce liquide par du mercure. Les appareils dans lesquels se développent des gaz sont habituellement munis de tubes dits de *sûreté*.

Les gaz simples sont au nombre de quatre, l'oxygène, l'hydrogène, le chlore et l'azote. Parmi les gaz composés, les plus remarquables sont : les hydrogènes carbonés, les hydrogènes phosphorés, l'hydrogène arséniqué ; l'oxyde de carbone, l'oxyde de chlore, les oxydes d'azote, le cyanogène ; les acides carbonique, sulfureux, fluo-silicique, chlorhydrique, iodhydrique, sulfhydrique (hydrogène sulfuré) ; enfin, l'ammoniaque, connu sous le nom d'*alcali volatil*.

Les différents gaz peuvent, en se combinant entre eux, donner naissance à des corps gazeux, liquides ou solides. La simplicité constante des rapports qui existent entre les volumes des gaz qui entrent dans une combinaison est un des éléments qui ont conduit à la belle théorie chimique des *nombres proportionnels*. Les gaz simples ou composés se combinent en volume dans des rapports simples, et de telle manière que leur contraction est aussi en rapport simple avec le volume primitif. Cette loi est rendue manifeste par le tableau suivant :

10 hydrogène	plus	10 chlore	donnent	20	acide chlorhydrique.
30 *id.*	—	10 azote	—	20	ammoniaque.
10 azote	—	5 oxygène	—	10	protoxyde d'azote.
10 *id.*	—	10 *id.*	—	20	deutoxyde d'azote.
10 *id.*	—	15 *id.*	—		acide azoteux.
10 *id.*	—	20 *id.*	—		acide hypo-azotiq.
10 *id.*	—	25 *id.*	—		acide azotique.
20 hydrogène	—	10 oxygène	—		eau.
10 ac. chlorhy.	—	10 ammoniaque	—		un sel solide.
10 ac. carbon.	—	*id.*	—		un sel solide.

Indépendamment de la loi énoncée ci-dessus, les combinaisons de l'azote avec l'oxygène montrent que si deux gaz s'unissent en diverses proportions et que la quantité 10 de l'un soit constante, les quantités 5, 10, 15, 20, 25 de l'autre, seront des multiples par des nombres entiers de la plus petite d'entre elles. Cette dernière loi est connue en chimie sous le nom de *loi des multiples* ; elle est générale, et s'applique aux combinaisons des corps solides.

Le Verrier, de l'Académie des Sciences.

GAZ (*Éclairage*). Le fait de la combustion de plusieurs gaz était connu depuis longtemps, lorsque, vers 1785, Lebon, ingénieur français, eut l'idée d'appliquer cette propriété à des usages économiques. Il employait les gaz provenant de la distillation du bois. Un peu plus tard, il indiqua la houille comme pouvant remplacer avantageusement le bois. Cependant l'éclairage au gaz n'eut alors aucun succès en France, et ce fut l'Angleterre qui fit les premières grandes applications en ce genre. Taylor en rapporta les procédés en France. La principale matière employée aujourd'hui à la fabrication du gaz d'éclairage est encore la houille ; mais on en retire aussi de l'huile, de la résine, de l'eau, etc. Dans tous les cas, c'est l'hydrogène qui prédomine dans la composition de ces différents gaz bicarbonés. Exposons d'abord le mode de fabrication du gaz de la houille.

Ce gaz se prépare dans des fourneaux construits en briques, dont la plus grande partie doivent être très-réfractaires ; car elles ont à supporter une température fort élevée ; celles surtout qui composent la voûte sous les vases distillatoires. Quatre foyers chauffent quatre ou cinq cornues ; dans ce dernier cas, les cornues sont sur deux rangs superposés. La voûte du fourneau est construite à demeure, de manière que l'on peut enlever les cylindres qu'elle renferme en démolissant seulement la devanture du fourneau, soit quand il est nécessaire seulement de les retourner, afin qu'ils s'usent uniformément, soit lorsqu'il faut les remplacer, parce qu'ils sont altérés par le feu, ou que l'on veut réparer la voûte. La cheminée de ce fourneau doit être commune à tous les fourneaux semblables qui sont réunis dans une halle de l'établissement. Il suffit pour qu'elle puisse servir à tous que le passage dans sa partie la plus étroite soit au moins égal à la somme des passages de tous les conduits de la fumée, particuliers à chaque fourneau.

On nomme *cornues*, *retortes* ou *cylindres*, les vases dans lesquels la distillation ou plutôt la décomposition des substances qui peuvent donner le gaz d'éclairage est opérée. Ces vases sont en fonte. Leur forme a varié bien des fois depuis l'origine de la fabrication du gaz : on a essayé des cornues rectangulaires aplaties ; d'autres cylindriques, posées sur la base du cylindre, et mobiles ; d'autres encore en forme elliptique, dont l'axe était placé horizontalement. Ces dernières réussissent assez bien ; on les emploie en France aujourd'hui. Quant à ceux de ces vases dont une surface plane est exposée au feu, ils sont sujets à casser dans les changements de température ; et ceux dont le diamètre est partout égal n'offrant pas assez de surface à l'action du feu, la décomposition est ralentie. On donne en Angleterre la préférence à la forme de cylindre dont une partie de la paroi est rentrée en dedans : celle-ci réunit les avantages de présenter à la flamme et au charbon à distiller une surface plus étendue que dans les autres formes, et de pouvoir se dilater et se contracter facilement dans les changements de température ; par conséquent d'être moins fragile au feu. L'embouchure de ces cylindres est fermée exactement par un obturateur tourné : cette partie de la cornue est la plus coûteuse de façon ; elle porte l'ajutage en fonte qui offre une issue au gaz, et afin d'éviter qu'elle ne périsse avec le corps de la cornue, elle en est isolée, et s'y adapte à l'aide d'une bride serrée par des boulons, et dans laquelle est interposé un lut de limaille de fer. Les *tuyaux* qui conduisent le gaz des cornues au premier condensateur ou barillet, et de celui-ci aux laveurs et aux gazomètres, sont en fonte. Le barillet lui-même est en fonte, et quelquefois en tôle.

Le gaz provenant de la *distillation des houilles* est toujours plus ou moins souillé de gaz acide carbonique et d'hydrogène sulfuré. On élimine ceux-ci par le moyen de la chaux, qui les absorbe. Cette absorption se fait dans de vastes réservoirs cylindriques en fonte. La chaux éteinte y est interposée dans du foin humide ou dans de la mousse ; on s'assure que le gaz est dépouillé d'hydrogène sulfuré quand il ne noircit plus un papier imprégné d'une solution d'acétate de plomb. De là le gaz se rend dans un ou plusieurs gazomètres, à la partie supérieure de l'un desquels se trouve le tuyau qui prend le gaz pour le conduire aux tuyaux de distribution. Aux premiers embranchements de distribution, les tuyaux principaux peuvent être en fonte ou étirés en plomb. Ceux qui conduisent le gaz dans les maisons sont presque toujours en plomb étiré ; on les contourne avec la plus grande facilité pour leur faire suivre toutes les sinuosités. Arrivé au lieu de la consommation, le gaz va se rendre dans un bec, tantôt simple, tantôt analogue à celui de la lampe d'Argant. Dans le premier cas, le tube à gaz est terminé par une pointe mousse, percée d'un trou qui livre passage au gaz. A peu de distance de la pointe doit se trouver un robinet, qu'on ouvre quand on veut enflammer le gaz. Quelquefois on remplace le trou par une fente, qui présente l'avantage de produire une flamme plus large. Ces dispositions ne sont guère employées que pour l'éclairage des rues ; pour éclairer les maisons, il convient de rendre la flamme plus fixe, et le bec dont on se sert alors est celui de la lampe d'Argant. Le tube qui conduit le gaz est terminé par un anneau dont la face supérieure est formée par une lame d'acier percée de trous d'un très-petit diamètre et très-rapprochés.

La houille que l'on emploie pour charger les cornues

doit être le plus bitumineuse possible; le choix est ici très-important, puisque avec le même feu, les mêmes ouvriers et les mêmes frais de toute nature, on obtient de différents charbons de terre des quantités de gaz fort différentes. On doit aussi tenir compte, dans le choix de la houille, de la quantité et qualité du coke qu'elle peut fournir. Pour que le coke soit bon, il faut surtout qu'il contienne le moins possible de matières terreuses : on en apprécie aisément la proportion par le résidu qu'il laisse en brûlant. Quelle que soit la houille qu'on emploie, la proportion de gaz d'éclairage que l'on peut obtenir dépend du degré de température auquel on la décompose : à une température trop basse ou élevée trop lentement, une partie de l'huile bitumineuse se volatilise sans décomposition, et se condense dans le premier réfrigérant sans produire de gaz ; on obtient de l'acétate d'ammoniaque et du gaz hydrogène peu carboné, de l'eau, etc. Si la température était trop élevée, le gaz hydrogène carboné déposerait une partie de son carbone en touchant les parois trop échauffées, et deviendrait moins *éclairant;* on courrait d'ailleurs le risque d'altérer promptement les retortes en fonte. L'expérience a démontré que le degré de température le plus convenable pour obtenir la plus grande quantité possible de gaz hydrogène le plus chargé de carbone est celle qu'indique le rouge cerise; il faut qu'elle soit le plus égale possible dans toutes les parties de la cornue.

De quelque manière que l'opération ait été conduite, il y a toujours un peu de gaz carboné qui se décompose, et il passe une certaine quantité d'huile bitumineuse à la distillation, environ 1 à 2 kilogrammes par hectolitre de houille carbonisée; on en emploie une partie pour préparer des mastics bitumineux, dont on a commencé à se servir pour couvrir des terrasses en y mêlant environ les deux tiers du poids d'un corps dur en poudre; et un vernis qui sert à enduire les bois, le fer, et principalement la tôle des gazomètres. Il reste aussi dans la retorte, près du tuyau par lequel le gaz se dégage, une certaine quantité de goudron solide; celui-ci peut être employé pour une seconde opération. Il suffit pour cela de le concasser et de le mélanger au charbon de terre avant de charger les retortes. On peut aussi s'en servir comme du goudron liquide mêlé au coke, pour chauffer les cornues.

Toutes les parties de l'appareil étant connues, nous indiquerons la marche de l'opération. Si nous supposons, pour prendre les choses dès leur origine, que l'appareil vient d'être monté et le fourneau construit, on fera sécher celui-ci lentement, en entretenant un peu de feu allumé dans chaque foyer. Lorsque la maçonnerie sera suffisamment sèche et échauffée, on chargera les cornues avec du charbon de terre, et afin d'obtenir une production de gaz à peu près constante, et de répartir le travail également dans la journée, on poussera la distillation seulement dans le sixième du nombre total des vases distillatoires : de cette manière, les ouvriers attachés aux fourneaux auront à décharger et recharger quatre fois par jour un sixième du nombre total des cornues montées dans une halle. Chaque cylindre, dans les dimensions de $1^m,65$ de longueur et $0^m,40$ de diamètre, contient aux deux tiers de sa capacité 100 kilogrammes de charbon de terre. La place laissée vide dans ces vases distillatoires est nécessaire à cause du gonflement du charbon, un hectolitre mesure rase de houille produisant environ 140 litres de coke mesure comble.

Dès que la température est élevée jusqu'au rouge, la décomposition commence à avoir lieu, et les produits gazeux que nous avons énumérés plus haut se dégagent. Ils se rendent, par les tuyaux adaptés aux cornues, dans le barillet. La plus grande partie de l'eau, du goudron, du sous-carbonate d'ammoniaque, se condense. Chaque tuyau adapté à l'un des cylindres plongeant de cinq centimètres environ dans le liquide du barillet, la communication se trouve interceptée entre les diverses parties de l'appareil et l'intérieur des cornues, ce qui est indispensable pour le temps pendant lequel on vide et l'on charge celles-ci, l'air communiquant alors avec l'intérieur de ces vases. Un tuyau adapté à la partie inférieure du barillet sert à faire écouler l'excédant des produits liquéfiés. Ce tuyau, dit *vide-trop-plein*, est disposé de manière à ne vider le liquide que jusqu'à la moitié du barillet, afin que les tuyaux des cornues plongent constamment de la même quantité. Un tuyau unique adapté au barillet conduit tous les produits gazeux non condensés au premier épurateur; celui-ci contient de la chaux hydratée, sous forme pulvérulente, allégée par du foin ou de la mousse. Une portion plus ou moins considérable de l'acide sulfhydrique est retenue, et le gaz hydrogène carboné se rend par un tuyau dans la partie supérieure du gazomètre : ce dernier à ce moment doit être entièrement enfoncé dans la la cuve et rempli d'eau. La légère pression que le gaz lui fait éprouver l'élève au fur et à mesure que ce gaz arrive; et lorsqu'il en est presque entièrement rempli, on ferme le robinet de communication avec l'appareil d'où vient le gaz et l'on ouvre un autre robinet, qui laisse passer le gaz de l'appareil de production dans un second gazomètre. Dès que le premier gazomètre est plein, et le robinet d'arrivée du gaz fermé, on peut, en ouvrant un robinet, établir la communication entre l'intérieur de ce gazomètre et les tuyaux de dépense dans lesquels le gaz passe pour arriver chez les consommateurs.

On doit s'assurer de temps à autre s'il y a quelque fuite de gaz dans les diverses parties de l'appareil; on s'en apercevrait difficilement à l'odeur, parce que d'une part tous les ateliers doivent être tellement aérés, que le gaz ne puisse jamais s'y accumuler, et que d'autre part l'eau des gazomètres, le gaz qui s'échappe dans la manœuvre des cylindres, etc., répandent déjà une odeur assez forte dans les ateliers. On reconnaît les endroits qui perdent en approchant une lumière des joints, des cloures et de toutes les parties où l'on peut soupçonner quelque fuite. Partout où le gaz aura une petite issue, il s'enflammera à l'approche de la lumière. Cette inflammation ne présente aucun danger, puisque l'air des appareils aura été expulsé par le gaz, et que celui-ci, éprouvant partout une certaine pression, ne pourra donner accès à l'air atmosphérique, et que sa combustion ne pourra par conséquent se propager à l'intérieur ; elle n'aura lieu qu'au dehors et à l'endroit de chaque issue. On se hâtera de boucher les issues qu'on aura découvertes, soit en serrant les boulons, si elles se trouvent entre deux brides, soit en posant un peu de lut en tout autre endroit.

Lorsque la décomposition de la houille est achevée, il s'agit de décharger les cylindres et de les recharger : pour cela, on commence par desserrer la vis qui comprime l'obturateur, et l'on enlève la traverse, et pour éviter la petite explosion qui a lieu lorsque le gaz resté dans la cornue et dans le bout du tuyau jusqu'au barillet s'enflamme spontanément, on frappe un coup léger sur l'obturateur; une fissure se détermine tout autour, le gaz en sort; on l'allume avec un bout de mèche; on ôte l'obturateur, on tire le coke dans une brouette dont le coffre est à bascule, que l'on fait rouler d'un cylindre à l'autre; on la vide sur un sol carrelé. Le coke étalé en couches minces s'éteint spontanément. On étend la couche de charbon dans le cylindre; on lute avec de la *terre à four*, dite *terre franche*, les bords de l'obturateur; on se hâte de l'appliquer sur l'embouchure du vase distillatoire, de poser la barre transversale et de serrer la vis. Cette manœuvre, exécutée par des hommes qui en ont l'habitude, dure seulement deux ou trois minutes.

Les circonstances de la production du *gaz de l'huile* sont à peu près les mêmes que celles de la production du gaz de la houille, et la plupart des ustensiles sont semblables. Le fourneau est construit de la même manière; les cornues en fonte ont la même forme. La qualité de la fonte est la même; mais elle s'altère moins, parce que la température est un peu moins élevée; elle excède à peine le rouge naissant (600 degrés centigrades). D'ailleurs, les matières grasses, ne contenant point d'azote, ne peuvent donner lieu à la formation de l'ammoniaque, qui rend le fer cassant. Le premier réfrigérant et les deux épurateurs nécessaires dans la distillation de la houille sont remplacés ici par un seul condensateur, dans lequel le gaz introduit traverse l'huile même qui doit alimenter la décomposition dans les cornues. Il y dépose l'huile qu'il a entraînée en vapeur, et ne contient plus, en sortant de là pour se rendre au gazomètre, que de l'hydrogène carboné et de l'acide carbonique. Ce dernier gaz nuit, à la vérité, au pouvoir éclairant de la flamme, puisqu'il en augmente le volume sans servir à la combustion; mais il n'est pas indispensable cependant de le séparer. Taylor a donc cru devoir éviter la complication de l'appareil. Le gazomètre est entièrement semblable à celui du gaz de la houille; mais sa capacité doit être moindre, puisque sous le même volume ce gaz éclaire trois fois plus; ou, ce qui revient au même, avec un volume trois fois moindre, et la capacité par conséquent trois fois moins grande du gazomètre, on obtient la même quantité de lumière.

Voici la marche de l'opération dans la préparation du gaz de l'huile. On charge les cornues avec du coke en fragments d'une grosseur moyenne, égale à peu près au volume d'œufs de poule. Cette substance est nécessaire pour multiplier les points de contact entre la vapeur huileuse et un corps à la température utile à sa décomposition. A défaut de coke, on pourrait y substituer des fragments de briques, des rognures de tôle, etc. Lorsque les cylindres ont été chargés, lutés et chauffés graduellement jusqu'au rouge obscur, on y laisse couler, en un petit filet, l'huile contenue dans le condensateur; on l'aperçoit couler au moyen d'un petit globe en verre, et on peut en régler la quantité; elle est introduite dans la cornue à l'aide d'un petit tuyau; elle y arrive par l'extrémité opposée à celle où s'opère le dégagement du gaz, afin que, dans le trajet qu'elle a à parcourir, il y ait plus de points de contact entre les surfaces échauffées et l'huile réduite en vapeur, et que la décomposition de celle-ci soit plus près d'être complète. Dans cette opération, il faut éviter que la température soit trop basse ou trop élevée : dans le premier cas, il se volatiliserait une plus grande quantité d'huile non décomposée, qui ne peut faire partie du gaz d'éclairage, et il se produirait, en outre, de l'acide acétique, dont les principes seraient employés en pure perte, et qui d'ailleurs pourrait corroder les appareils; dans le second cas, le gaz hydrogène carboné laisserait une partie de son carbone sur les surfaces trop fortement chauffées, ce qui diminuerait considérablement son pouvoir éclairant. Cette opération marche d'une manière continue pendant au moins quinze jours; ce n'est qu'au bout de ce temps qu'il devient nécessaire de remplacer les fragments de coke ou d'autre matière contenus dans les cornues, et dont les interstices commencent à s'obstruer. Le coke ainsi souillé retiré des cornues peut servir comme combustible. Les autres soins que l'on donne à la conduite de cette opération se bornent à alimenter constamment le condensateur avec l'huile qui est nécessaire pour remplacer jusqu'à la même hauteur celle qui se décompose dans les cylindres, et à s'assurer que les différentes parties de l'appareil ne perdent pas.

La résine, transformée en huile, se traite de la même manière. PELOUZE père.

La production du gaz d'éclairage au *moyen de l'eau* n'est pas une découverte récente : il suffit de faire passer en même temps de l'eau et une certaine quantité d'une huile quelconque au travers d'un tube incandescent, pour obtenir un hydrogène carboné très-éclairant. Cependant cette découverte n'est appliquée en grand que depuis avril 1854. La ville de Madrid a substitué le gaz de l'eau à celui de la houille. Des essais récents ont été faits à l'hôtel des Invalides, à Paris. Cependant, un nouveau traité a été conclu entre la ville de Paris et les six compagnies gazières fusionnées, qui tirent leur gaz de la houille.

Aux termes des conventions nouvelles, le bail de 1846 est prorogé de trente-deux ans, qui ont commencé à courir le 1er janvier 1854 pour expirer le 31 décembre 1885. Les compagnies doivent réunir leurs exploitations et fusionner leurs intérêts de manière, en ne formant plus qu'une seule et même société constituée en société anonyme, à introduire dans l'éclairage de la ville de Paris un système d'unité nécessaire à la bonne organisation de ce service si complexe. La société ainsi organisée doit remplacer, par une ou plusieurs usines qui seront construites *en dehors* du mur d'enceinte, les trois usines et les gazomètres qui existent aujourd'hui dans l'intérieur de Paris.

GAZA (en arabe *Ghazzé*), ville d'une très-haute antiquité, à l'extrémité sud-ouest de la Syrie et à 7 kilomètres environ de la Méditerranée, où elle avait jadis un port appelé d'abord *Majoumas* et plus tard *Constancia*. La ville actuelle, privée de fortifications, n'est plus qu'une place de commerce, que son heureuse situation entre la Syrie et l'Égypte rend sous ce rapport assez importante. On évalue le nombre de ses habitants à 5 ou 6,000. C'est un mélange de Turcs, de Grecs, d'Arméniens et d'Arabes, parmi lesquels on compte tout au plus 200 chrétiens. Elle forme aujourd'hui cinq quartiers. Vers le milieu de son enceinte surgit une colline de médiocre hauteur, sur laquelle s'élève le palais de l'aga qui la gouverne. Ce palais, construit sous les khalifes, est vaste et entouré de beaux jardins; les murs en sont encore incrustés d'or et d'azur; mais il tombe en ruines. On voit aussi dans la ville plusieurs autres palais déserts et presque entièrement détruits par le temps. On y remarque en outre le *mekkemé* ou tribunal, et plus de 30 mosquées, parmi lesquelles se trouve une ancienne et superbe église, dont la construction remonte au temps du Bas-Empire, et que décore une double colonnade, de marbre d'Afrique, composée de 80 colonnes couronnées de riches chapiteaux. La ville possède de plus un vaste et beau karavansérail. Ces divers édifices, les palmiers qui accompagnent chaque maison, les fontaines d'eau vive coulant çà et là et la verte lisiere de nopals, de palmiers et de sycomores entourant la ville, présentent un coup d'œil gracieux et pittoresque, qui forme un frais contraste avec l'ardeur brûlante du climat, et qui tempère la mélancolie des souvenirs inspirés par les ruines séculaires de cette cité, dont l'importance était déjà grande lorsque les Israélites firent la conquête de la terre de Canaan. A l'origine, elle appartenait aux Philistins; et elle joua un grand rôle dans l'histoire de Samson. Adjugée ensuite à la tribu de Juda, elle demeura en sa possession au En 1771 le rebelle Ali-Bey s'empara de cette ville, qui le 25 février 1799 tombait au pouvoir des Français commandés Palestine.

En l'an 333 av. J.-C. elle fut prise d'assaut, après deux mois de siége, par Alexandre le Grand; en 315, par Antigone, dont le fils, Démétrius, fut complétement mis en déroute sous ses murs par Ptolémée; et en 96, à la suite d'un siége d'une année, par le Macchabéen Alexandre Jannée, qui en détruisit les ouvrages de défense. L'an 65 de notre ère, les Juifs révoltés s'en rendirent maîtres. Constantin le grand la fit reconstruire, et l'erigea en siége d'évêché. En l'an 634 les Arabes commandés par Amrou s'en rendirent maîtres. A l'époque des croisades, Gaza acquit une importance nouvelle. En 1100 elle fut prise par les chrétiens, à qui Saladin l'enleva en 1152 et en 1187. En 1239, les croisés éprouvèrent sous ses murs une déroute complète; autant en advint le 18 octobre 1244 aux trois ordres de chevalerie, qui avaient affaire aux Chovaresmes; et le 19 juin 1280 à l'émir de Damas, qui avait les Égyptiens pour adversaires. Le 28 octobre 1516 les Turcs battirent non loin de Gaza les Mamelouks. En 1771 le rebelle Ali-Bey s'empara de cette ville, qui le 25 février 1799 tombait au pouvoir des Français commandés par Kléber.

GAZA ou GAZIS (THÉODORE). Lorsque, en 1429, les Turcs se furent emparés de la ville de Thessalonique, Gaza vint habiter l'Italie. Il enseigna d'abord le grec à Sienne; puis il alla à Ferrare, où il fonda une académie, dont il devint aussitôt recteur. A Ferrare comme à Sienne, il professa avec un succès si prodigieux, une admiration si grande, que les savants ferrarais ne pouvaient passer devant la maison où il avait tenu ses cours sans se découvrir, usage qui se maintint encore longtemps après sa mort. Jusque là son principal moyen d'existence consistait dans l'art calligraphique, où il était habile, comme la plupart des savants grecs d'alors. Le cardinal Bessarion voulut avoir de sa main un exemplaire de l'*Iliade*, que l'on conserve à la bibliothèque de Venise; il en existe un autre dans la Laurentienne, à Florence. En 1450, Gaza fut appelé à Rome par le pape Nicolas V, qui, sachant apprécier son immense mérite et sa connaissance approfondie de la langue latine, l'employa à traduire des livres grecs en langue latine. C'est ainsi qu'il traduisit les *Problèmes* d'Alexandre d'Aphrodise, la *Tactique* d'Élien, le *Traité de la Composition* par Denys d'Halicarnasse, l'*Histoire des Animaux* d'Aristote, etc. Il traduisit également plusieurs ouvrages du latin en grec, tels que le *Traité de la Vieillesse* et le *Songe de Scipion*, de Cicéron. Ces traductions sont loin aujourd'hui d'être aussi estimées qu'elles le furent à leur apparition; mais une œuvre pour laquelle Gaza mérite encore notre admiration, et qui lui appartient tout entière, c'est sa Grammaire Grecque, écrite en grec. Érasme fut le premier qui commença à la mettre en latin; il ne traduisit que les deux premiers livres; d'autres savants ont achevé cette version, qui s'est enrichie de notes et de remarques. Outre ses nombreuses traductions, Gaza a laissé quelques ouvrages inédits, que l'on regarde généralement comme d'un médiocre intérêt. Il est un de ces savants qui, émigrant de la Grèce au quinzième siècle, vinrent apporter à l'Italie le flambeau de la philosophie et des lettres grecques, qui semblait s'être éteint depuis longtemps. Il mourut en 1478, dans les Abruzzes, où il avait obtenu un bénéfice.

GAZE. Ce mot sert à désigner un tissu délicat et léger, fabriqué avec de la soie, ou avec moitié soie et moitié fil de lin. Les caractères particuliers de la gaze sont la transparence et la finesse, ce qui la distingue de toute autre étoffe. Cette transparence et cette finesse s'obtiennent au moyen de l'écartement des fils de la trame, uniformément maintenus à des distances égales par le serpentement de deux fils de chaîne l'un sur l'autre, de telle sorte que, bien qu'elle ne présente qu'un fil à l'œil, la réunion de ces deux fils avec le fil de trame compose un tissu à petits jours ou criblé de trous.

Le nom que porte ce tissu lui vient, suivant Du Cange, de ce qu'il fut dans l'origine fabriqué à Gaza en Syrie. L'ouvrier qui travaille à cette étoffe se nomme *gazier*. On distingue plusieurs sortes de gazes, qui sont généralement connues et rangées sous les dénominations de *gaze de fil* ou *gaze apprêtée*, *gaze façonnée* ou *rayée*, *gaze brochée*, *gaze crème*, *gaze fond plein* et *gaze d'Italie*. Ce qui les différencie, c'est la qualité des matières, la nature des apprêts et la diversité du travail. La *gaze de fil*, dite *apprêtée*, se fait avec de la soie du pays, grège et jaune; mais il faut la blanchir après. La *gaze façonnée* ou *rayée* se fabrique avec le *métier à la Jacquart*, de même que la *gaze* dite *brochée*. La *gaze crème* ou *à la crème* offre entre ses fils de plus grands espaces et des rayures plus marquées que les autres gazes. La *gaze fond plein* est le plus ordinairement unie. Quelquefois, cependant, elle est accompagnée de liteaux près des lisières; quelquefois aussi ces liteaux sont placés à des distances diverses sur la largeur. Dans ce cas, la gaze fond plein prend le nom de *gaze fond plein rayée*. La *gaze d'Italie* est fabriquée comme le taffetas et la toile ordinaire. On emploie pour la confection de cette gaze une soie de Chine appelée soie de *Nankin* ou soie *Sina*, laquelle est naturellement blanche. Nous ne parlerons pas de la gaze nommée *fond floché*, qui n'est plus en usage; elle a été remplacée par le tulle.

Le métier pour fabriquer les gazes ressemble à celui de tisserand, sauf qu'il a trois marches et trois lisses ou lames. Mais la troisième lisse est moitié moins élevée que les autres, et n'a à son extrémité supérieure qu'un liseron. Chacun des fils de cette lisse se termine par une *perle*, petite sphère d'émail percée dans son diamètre horizontal. C'est par le trou de chaque perle que passe alternativement un fil de la chaîne, le fil suivant se trouvant entre deux *perles*; c'est au moyen du poids de la perle que la soie de la lisse est tendue verticalement; enfin, c'est au moyen de l'élévation et de l'abaissement de cette perle, par l'effet de la marche, que le fil de la chaîne qui la traverse se trouve enchaîné.

La gaze est pour le luxe une des plus précieuses conquêtes de l'industrie. Elle se retrouve partout où il y a du brillant et des fêtes; c'est elle qui, dans les réjouissances publiques, prête à ces illuminations connues sous le nom de *transparents* le charme dont tout le monde a pu admirer la magie; elle qui, sous la forme de capricieuses draperies, éclaire nos salons et nos boudoirs d'un demi-jour si coquet; elle qui revêtant, sous les doigts de la mode, mille formes voluptueuses, entoure la beauté d'un prestige d'autant plus puissant, que pour un charme qu'elle nous cache à demi, elle abandonne à notre imagination le soin d'en créer mille.

Ce dernier usage de la gaze justifie bien l'acception métaphorique dans laquelle le mot s'emploie. *Gazer*, dans le sens figuré, c'est adoucir ce que présenterait de trop libre ou de trop choquant ce qu'on a l'intention d'exprimer.

E. Pascallet.

GAZELLE (de l'arabe *algazel*, chèvre), quadrupède du genre *antilope*, ressemblant un peu au daim, d'une légèreté extrême, et franchissant l'espace avec une incroyable rapidité. Ses cornes sont noirâtres, assez grosses, et marquées de douze à quatorze anneaux saillants. Le cou, le dos et la face externe des membres, sont de couleur fauve-clair; la face interne de ces derniers, le ventre et les fesses, sont d'un beau blanc. Une bande brune règne le long de chaque flanc. La tête est fauve, à l'exception du sommet, qui est gris clair, et d'une bande blanchâtre de chaque côté, qui embrasse le tour de l'œil; quelques individus ont la tête marquée de trois bandes brunes, séparées par deux blanches. Cette espèce porte des larmiers, des brosses aux genoux, et à chaque aine une poche profonde, remplie d'une matière fétide. Sa chair est d'un goût fort semblable à celle du chevreuil. Les gazelles vivent dans le nord de l'Afrique et dans l'Asie centrale en troupes nombreuses. Quoique timides, elles forment un cercle quand on les attaque, et présentent à l'ennemi leurs cornes de tous côtés; cependant elles ne peuvent résister aux lions et aux panthères, qui en font leur proie ordinaire. On les chasse avec le chien, l'once et le faucon. Élien a décrit ces animaux sous le nom de *dorcas*, ce qui les a fait dénommer scientifiquement *antilope dorcas* par Buffon. La légèreté des gazelles, la grâce de leurs mouvements, l'élégance de leur taille, la beauté de leurs yeux, la douceur de leurs regards, ont fourni de tout temps des comparaisons et des images à la poésie arabe.

GAZETIER. C'est celui qui rédige une feuille périodique, un journal, une *gazette*; c'est également celui qui la publie; cette dernière acception n'est plus en usage. Le mot *gazetier* a lui-même beaucoup perdu de sa valeur primitive; il ne se prend guère qu'en mauvaise part, et ne s'emploie que par dénigrement. Généralement on le remplace par la qualification de *journaliste*, laquelle n'a pas encore eu à souffrir des caprices qui gouvernent les langues parlées. *Gazetier* s'est dit aussi de celui qui vendait ou qui donnait à lire les gazettes.

GAZETTE, *journal*, écrit périodique, contenant des nouvelles politiques, littéraires ou autres. Le nom de *gazette* a longtemps précédé celui de *journal*. Aujourd'hui il désigne de préférence les feuilles enfermées dans le cercle des vieilles doctrines monarchiques et religieuses. La dénomination de *gazette* dérive d'une petite pièce de monnaie vénitienne (*gazzetta*), qui était le prix de chaque numéro d'un journal qui paraissait à Venise au commencement du dix-septième siècle. On ne saurait douter de la vérité de cette étymologie; il convient donc de l'adopter, car il serait trop beau de la tirer du latin *gaza*, qui signifie un *trésor*, et trop impertinent de la faire dériver de l'italien *gazza*, qui veut dire *pie*. En mai 1631 parut le premier numéro de la *Gazette de France*, de Théophraste Renaudot, laquelle existe encore. Loret, poëte courtisan, publia en 1652 la *Gazette burlesque, ou Muse historique*, pitoyable recueil, qui s'étend de 1650 à 1656 exclusivement. Vint ensuite la *Gazette d'Utrecht*, rédigée en français, laquelle, en 1782, fut arrêtée à la frontière et sévèrement prohibée. Son héritage se vit recueilli en grande partie par la *Gazette ecclésiastique* et la *Gazette littéraire*. La censure sévère à laquelle était soumise la feuille de Renaudot avait fait imaginer, dès le règne de Louis XIV, les *gazettes à la main*, qui s'expédiaient de Paris dans les provinces, et se trouvaient, dit Ménage, remplies de faussetés. On sait que, dans le dix-huitième siècle, la société de Mme Doublet continua et perfectionna l'usage de ces gazettes manuscrites, grand sujet d'inquiétude pour le gouvernement. Plus tard encore, Franklin disait : « Les gazettes ministérielles, de même que la plume et la paille, emportées par le vent, indiquent comme elles d'où il souffle. »

Parmi les journaux qui portent encore avec distinction le titre de *Gazette*, il faut citer en Allemagne la *Gazette d'Augsbourg*, et à Paris la *Gazette des Tribunaux* et la *Gazette des Hôpitaux*.

GAZETTE DE FRANCE. C'est la plus ancienne feuille publique de France. Son premier numéro remonte au mois de mai 1631. Voici comment on raconte son origine : Le célèbre généalogiste d'Hozier, que ses fonctions obligeaient à entretenir une correspondance fort active, tant avec l'intérieur du royaume qu'avec les pays étrangers, en communiquait les nouvelles à son ami Théophraste Renaudot, médecin de Loudun, établi depuis 1623 à Paris, qui après en avoir longtemps amusé ses malades dans ses visites, imagina d'y trouver un objet de spéculation en les faisant imprimer et les vendant à ceux qui se portaient bien. Il parla de son projet au cardinal de Richelieu, qui appréciait le mérite de l'Esculape, son compatriote, et lui demanda l'autorisation nécessaire pour le mettre à exécution. Déjà il devait à l'Éminence le titre de conseiller-médecin du roi, la direction d'un *mont-de-piété*, où il prêtait sur nantissement, les fonctions de commissaire général des pauvres et celles de maître général des bureaux d'adresses et de consultations gratuites. Il avait la vogue, et gagnait beaucoup d'argent. Sur la proposition de Richelieu, Louis XIII lui accorda pour sa feuille un privilége, qui fut confirmé par Louis XIV. Il obtint en outre, comme gazetier, le titre pompeux d'*historiographe de France*.

Le cardinal avait compris de quelle importance serait pour le gouvernement une feuille racontant les événements sous sa dictée et dans le sens du pouvoir. Il en fit un instrument de sa politique : il y rédigeait des articles et y faisait insérer des relations de siéges et de batailles, des traités de paix, des dépêches diplomatiques, quand leur publicité en Europe pouvait servir ses vues. Louis XIII y envoyait lui-même des articles de sa façon. Dans la suite, Renaudot alla plus avant encore dans la faveur de Mazarin que dans celle de Richelieu. Sa feuille ne fut longtemps connue que sous le titre singulier de *Bureau d'adresses*, ou d'*Extraordinaire*, quand elle donnait des nouvelles de l'étranger. Elle paraissait tous les huit jours, en très-petit format in-4°, de huit à douze pages.

Peu touchés de la difficulté et de l'importance des nombreuses missions que leur confrère s'était imposées, les médecins jaloux l'accusèrent de trafic et d'usure, et, à la suite d'un long procès, la faculté obtint du parlement un arrêt rendu par Molé, sur les conclusions de Talon, prononcé en robes rouges, après cinq audiences, lequel, supprimant les priviléges accordés à *la philanthropie* de Renaudot, le réduisait à l'exploitation de celui de la gazette.

Après sa mort, arrivée en 1653, cette feuille, toujours fidèle à son vieux mode de publication, appartint à son fils Isaac, premier médecin du dauphin, décédé en 1679, puis au non moins illustre Eusèbe Renaudot, mort en 1729. Le premier censeur de la *Gazette* fut Bautru, de l'Académie Française, mort en 1665. Héliot la rédigea de 1718 à 1732. Elle eut ensuite pour propriétaires du privilége, censeurs ou principaux rédacteurs, l'abbé Laugier, l'abbé Arnaud, Suard, de Querion, Rémond de Saint-Albine, de Mouhy, Bret, Jallet, Marin, l'abbé Aubert, Michaud, Jouy, Briffaut, Bellemare, Durdent, de La Salle, Sevelinges, de Senonnes, le comte Achille de Jouffroy, de Genoude, de Beauregard, MM. de Lourdoueix, Nettement, Bossange, Delaforest, Brisset, etc., etc.

Voltaire cite fréquemment la *Gazette de France*, qui passait, avant la révolution de 1789, pour être depuis plus d'un siècle mieux écrite et, malgré la censure, plus véridique que toutes les gazettes étrangères. Elle parut journellement à partir de cette époque. Elle dut, sous la Restauration, à sa couleur légitimiste la faveur d'être dispensée de l'embargo mis sur les journaux politiques français par la sainte-alliance, et l'empereur à Sainte-Hélène se plaignait, dit O'Meara, de ne pouvoir lire que le *Times*, la *Gazette de France* et *La Quotidienne*. Sous Louis-Philippe, elle subit bon nombre de saisies, procès et condamnations. Mêlant à ses idées royalistes quelques idées de progrès, elle était et est fréquemment en désaccord avec les organes habituels des vieilles doctrines. Elle prêcha surtout alors vigoureusement en faveur du suffrage universel avec l'élection à deux degrés. Sous la direction de l'abbé Genoude, elle avait donné le jour à une foule de *gazettes* de province. Après la révolution de Février, elle imprima différentes feuilles, dont les titres auraient pu justifier la qualification de révolutionnaire, qu'elle avait reçue autrefois; mais à ce moment tous moyens lui semblaient bons pour propager ses idées. Sous le nouveau régime imposé à la presse, elle s'est fait donner un avertissement au mois d'août 1852.

GAZNA. *Voyez* GHASNA.

GAZNÉVIDES. *Voyez* GHASNÉVIDES.

GAZOGÈNE (de gaz, et γεννάω, engendrer), mélange d'alcool à 98° de l'alcoolomètre centésimal et d'essence anhydre ou de térébenthine, ou de goudron, ou de naphte, ou de pétrole, etc. A l'aide d'un appareil très-simple, on brûle ce liquide à l'état de gaz. Ce mode d'éclairage est loin de valoir l'éclairage à l'huile.

GAZOMÈTRE, appareil dans lequel on reçoit le gaz après sa fabrication. Cet appareil, qui sert à la fois de réservoir et de régulateur, est circulaire, construit en maçonnerie très-solide, et placé en terre; ou bien il consiste en un bassin formé de plaques de fonte assemblées avec des boulons. Pour préserver ces gazomètres de la rouille, on les enduit, à chaud, d'une couche du goudron obtenu parmi les produits de la distillation du charbon de terre, et l'on renouvelle cet enduit une fois chaque année. Le gazomètre est toujours d'un poids considérable, quoique l'épaisseur de la tôle soit au plus de deux millimètres. Il faut éviter que ce poids forme une pression trop forte sur le gaz qui est introduit dans le gazomètre; on y parvient en suspendant ce dernier à l'aide d'une forte chaîne et de poulies; celles-ci sont attachées à la charpente du bâtiment. A l'autre extrémité, on passe dans une forte tige en fer des blocs en fonte, pour faire équilibre avec le poids du gazomètre lorsqu'il est plongé dans l'eau. On conçoit que ce poids augmente à mesure que le gazomètre sort davantage de l'eau dans laquelle il était plongé. Afin que la pression fût égale dans tous les instants, il faudrait donc augmenter graduellement le contre-poids lorsque le gazomètre monte en s'emplissant de gaz, et le diminuer au fur et à mesure qu'il se vide en descendant. Pour éviter cette manœuvre, on a imaginé un moyen fort ingénieux : il consiste à employer une chaîne de suspension fort pesante, et dont le poids est calculé de manière à équilibrer constamment le gazomètre; elle contre-balance son poids, en devenant plus longue au delà de la seconde poulie, à mesure que le gazomètre s'élève, et elle charge au contraire celui-ci en devenant plus longue de son côté, au fur et à mesure qu'il s'enfonce dans l'eau. PELOUZE père.

Avant la découverte de l'éclairage au gaz, on appelait également *gazomètres* tous les appareils destinés à mesurer les volumes de gaz et à régulariser leurs mouvements. Les deux gazomètres que Lavoisier employa dans ses belles expériences sur la recomposition de l'eau sont, comme le gazomètre de l'éclairage, formés d'une cloche cylindrique renversée. Cette cloche est suspendue au-dessus de l'eau par l'effet d'un contre-poids attaché à une chaîne qui passe sur des poulies. L'écoulement du gaz dans ces appareils est déterminé par l'excès de la pression intérieure sur la pression extérieure; il demeure constant et régulier tant que ces pressions ne varient pas.

Connaissant la section intérieure de la cloche, et la quantité dont elle s'est abaissée, on en peut déduire le volume du gaz écoulé. Supposons, par exemple, que la cloche soit circulaire; que son diamètre intérieur soit de 2^m, et qu'elle se soit abaissée de $0^m,4$: on trouvera que la surface de la base de la cloche est égale à $314^{dmc},15$, et que le volume de gaz écoulé pris à la pression qui existe dans l'intérieur de l'appareil est de $1256^{lit},6$. Pour ramener ce volume à ce qu'il serait sous la pression normale $0^m,76$, il faudra appliquer à l'appareil un **manomètre**, afin de connaître la pression intérieure. Soit $0^m,78$ cette pression; on trouvera par la formule donnée à cet effet pour le volume du gaz $1289^{lit},6$. Il resterait encore à opérer les corrections nécessitées par la température et par la présence de la vapeur d'eau. Le volume qu'on obtiendrait ainsi, multiplié par le poids $1^{gr},2991$, d'un litre d'air, et par la densité du gaz, ferait connaître en grammes le poids du gaz employé. Pour mesurer le volume d'une petite quantité de gaz, on le recueille dans une cloche graduée, on plonge la cloche dans le liquide employé, jusqu'à ce que le niveau soit le même à l'intérieur et à l'extérieur, et on note le volume occupé par le gaz. On note en même temps la température et la pression barométrique, et on a tous les éléments nécessaires pour corriger le volume apparent des effets de la pression, de la température, et enfin de la vapeur d'eau, si l'on a opéré au contact de ce liquide. Lorsqu'on veut régler l'écoulement d'une petite quantité de gaz, on se sert d'un appareil très-simple, qui porte le nom de ***flacon de Mariotte***. Seulement on n'emploie pas un ajutage vertical. Cela n'est permis qu'autant qu'il est assez étroit pour que la veine liquide ne se laisse pas diviser par l'air : autrement, il faut le recourber. Le gaz est obligé de sortir avec une vitesse constante. L'écoulement n'est point ici dû à un excès de pression : le gaz s'échappe à mesure que le liquide prend sa place. Lorsque le liquide employé est de l'eau, le gaz est humide. On le dessèche si cela est nécessaire après sa sortie, en le faisant passer dans un tube rempli de fragments de chlorure de calcium fondu. On pourrait aussi employer de l'huile ou bien du mercure. Cette précaution devient indispensable dans le cas où le gaz serait soluble dans l'eau. Le volume du gaz écoulé pendant un temps donné est égal au volume du liquide qui s'écoule pendant ce temps. Pour l'obtenir exactement, on prend le poids du liquide en grammes : ce poids, divisé par la densité du liquide à la température à laquelle on opère, représente en centimètres cubes le volume apparent du gaz. On y apporte ensuite les corrections nécessaires.

Dans les appareils où l'écoulement d'un fluide élastique par un petit orifice est dû à un excès de pression intérieure, on calcule la vitesse du gaz à cet orifice par la formule $V = 394^m,7\sqrt{\frac{1}{D}\,log.\,\frac{P'}{P}}$. Dans cette formule, D représente la densité du gaz à la pression $0^m\,76$; P' représente la pression intérieure; P la pression extérieure; *log.* indique un logarithme népérien. On reconnaît que les vitesses de deux gaz différents sont inversement proportionnelles aux racines carrées de leurs densités; en sorte que dans les mêmes circonstances, la vitesse d'écoulement du gaz hydrogène est quatre fois plus considérable que celle du gaz oxygène. Lorsque l'excès de pression est peu considérable, ainsi que cela a lieu dans les gazomètres et dans les machines soufflantes, la formule se simplifie et devient $V = 394^m,7\sqrt{\frac{1}{D}\,\frac{P'-P}{P}}$. Appliquons à la recherche de la vitesse d'un jet du gaz de l'éclairage. Si nous supposons que le gaz provienne de l'huile, nous pouvons prendre $D = 0,95$ pour sa densité. En admettant que la pression intérieure soit d'un demi-pouce d'eau, ce qui équivaut à $0^m,001$ de mercure environ, et que la pression barométrique soit de $0^m,76$, nous aurons $P' = 0^m,761$; $P = 0^m,76$; $P' - P = 0^m,001$. On en déduira, en effectuant les calculs indiqués, que la vitesse est de $14^m\,7$, parcourus en une seconde. On pourrait penser qu'il suffira de multiplier la vitesse à l'orifice par la surface de cet orifice pour connaître la quantité de gaz écoulée en une seconde. Mais nous ferons remarquer que la direction oblique d'une partie des molécules fluides au moment où elles approchent de l'orifice occasionne dans les veines fluides une **contraction**. Ce serait la surface de la *section contractée* qui devrait être employée si l'on voulait déduire du calcul le produit de l'écoulement.

LE VERRIER, de l'Académie des Sciences.

GAZON, herbe courte et fine qui tapisse la terre, ou naturellement ou par le fait de la culture; nappe de verdure jetée dans les parterres et les jardins anglais; tranche de terre recouverte de graminées. Les gazons s'obtiennent par deux procédés différents : 1° par le placage de mottes garnies de verdure; 2° par le semis.

Gazon plaqué. Les tranches fraîches sont appliqués sur la terre ameublie à sa surface et juxtaposées de manière à former une nappe continue; de petits piquets fixent chaque tranche lorsque le terrain est selon un plan incliné. Indépendamment de la pression exercée sur chaque motte, toute la surface est roulée ou piétinée pour opérer l'adhésion entre les plaques d'une part, et d'autre part avec le terrain qui porte le placage; des arrosements répétés entretiennent l'humidité du sol pendant tout le cours de la première année.

Gazon de semis. Sur une terre plusieurs fois labourée, soigneusement ameublie et fumée, la graine est semée épais, à la volée, puis recouverte à la herse ou au râteau, et roulée, piétinée ou battue : tels sont les premiers soins. Ensuite viennent le sarclage et le fauchage; le rouleau doit passer sur le gazon après chaque coupe. Il est important de ne pas attendre que les graminées soient en fleur pour abattre l'herbe, car la fécondation épuise les plantes et en abrège de beaucoup la durée. De la terre franche ou du terreau semés chaque année sur le champ, à la fin de l'automne ou dans les premiers jours du printemps, donne aux végétaux une nouvelle vigueur. L'arrosage est nécessaire pendant les longues sécheresses. Un gazon semé et dirigé avec tous ces soins peut durer jusqu'à quinze ans. Les graminées doivent varier selon la nature des terrains : aux terres fraîches et de bonne qualité, l'**ivraie** vivace (*lolium perenne*), le **pâturin** annuel (*poa annua*), etc.; aux terrains secs et arides, les **fétuques**, les **houlques**, etc. P. GAUBERT.

GAZOUILLEMENT. On désigne par cette onomatopée le ramage des oiseaux chanteurs, tels que le **rossignol**, la **fauvette**, les pipras ou manakins, les motacilles, le **serin**, le **chardonneret**, le **pinson**, les **linottes**, et une foule d'autres, qui sont de la famille des subulirostres ou du genre *fringilla*. Le plaisir que la plupart des oiseaux éprouvent à gazouiller sans cesse au printemps indique assez que leur chant est l'expression de la tendre et douce émotion qui les agite pendant le temps de leurs amours. Si la force et l'étendue de leur voix dépend de la conformation de leurs organes vocaux, la mélodie et la continuité de leur gazouillement dépend de leurs affections intérieures. Leur voix se modifie donc selon les circonstances, de même qu'elle s'étend, change, s'altère, s'éteint et se renouvelle selon les saisons. Dans les premiers jours du printemps, tous les oiseaux chantent d'abord faiblement; mais lorsque l'amour, cette âme universelle, a ranimé la vie dans tous les êtres organisés, alors la troupe gazouillante, plongée dans un torrent de délices, exprime son bonheur par des concerts mélodieux, qui cessent aussitôt que leurs tendres désirs sont satisfaits.

Nous ajouterons que par le mot *gazouillement* on désigne encore le murmure des ruisseaux ainsi que le langage inintelligible des enfants qui commencent à parler.

COLOMBAT (de l'Isère).

GAZZIAH. *Voyez* RAZZIA.

GEAI, genre d'oiseaux de l'ordre des passereaux conirostres, renfermant une dizaine d'espèces, dont une est indigène et les autres propres aux deux Amériques et aux Indes orientales. Notre geai est à peu près de la taille et de la grosseur d'une perdrix commune d'Europe; il a $0^m,35$ environ, depuis l'extrémité du bec jusqu'à celle de la queue, et déploie en plein vol une envergure de près de $0^m,55$; il a la tête forte, le cou épais et nerveux, le bec robuste, couleur de corne foncée, presque conique, un peu allongé, la mandibule supérieure légèrement recourbée vers le bout. Ses yeux, placés latéralement, et dont l'uvée est d'un gris-bleu argentin, sont larges, arrondis, et entourés d'un cercle étroit d'un brun semblable à la couleur de la prunelle; il a les tarses élevés, d'un gris foncé, un peu rougeâtres, très-élastiques et d'une grande souplesse, armés de quatre doigts, dont trois antérieurs et un postérieur, qui semble faire suite à celui du milieu des trois doigts opposés; ses ongles sont de la couleur du bec, courts, robustes et acérés, et lui sont d'un grand usage pour se procurer et préparer sa nourriture. La teinte générale de son plumage est d'un gris ardoisé, que domine une couleur rose lilas plus ou moins vineuse, qui se change tantôt en violet gorge de pigeon dans les parties les plus foncées, sur le dos et sur le cou, tantôt en gris de perle mat et clair, nuancé légèrement d'un rose violet peu apparent sur les joues, sous le bec, le ventre et à la naissance de la queue. Les pennes étagées de cette queue sont presque noires. Il en est de même de l'extrémité des ailes, décorées de deux larges bandes d'un bleu clair d'azur magnifique, coupées verticalement de petits traits nombreux d'un bleu noir pourpré très-éclatant. La même couleur, mais plus mate, se remarque sur les larges plaques foncées qu'il porte en forme de moustaches de chaque côté du bec, à partir de la naissance des mandibules, et qui se détachent si bien sur le fond gris perlé des joues.

Les habitudes des geais se rapprochent beaucoup de celles des pies et des corbeaux; ils vivent comme eux au fond des bois et des forêts, et n'apparaissent dans les campagnes et les vergers que pour y faire des dégâts. Ils sont également doués d'une grande intelligence, et, quoique d'un naturel fort sauvage, on parvient facilement à les apprivoiser. Pris jeunes dans le nid, on les rend sans peine aussi familiers que des oiseaux domestiques : les chats, les chiens, les habitants des basses-cours, les enfants, tout devient alors l'objet de leurs agaceries; il n'est personne dans la maison qu'ils ne cherchent à persécuter; ils portent l'audace jusqu'à dérober tout ce qu'ils peuvent saisir, des pièces de monnaie, de l'argenterie, des morceaux d'étoffes, tous les objets de luxe qui flattent l'œil ou qui ont de l'éclat. Ils savent fort bien imiter toute espèce de cri et de son, et apprennent facilement à parler.

Les geais passent pour omnivores; ils se jettent sur les grains, les fruits, les légumes, les petits des autres oiseaux, et s'approchent des habitations pour se nourrir des entrailles de volailles, des restes de viandes, et se repaître du sang des animaux tués pour la table. Mais ils préfèrent les glands, les noix et les noisettes; ils en approvisionnent leurs retraites dans le creux des grands arbres, dans de vieux terriers, au milieu des ruines d'anciens édifices. Ils sortent de ces asiles par les jours les plus beaux, les plus doux, et telle est leur prévoyance, qu'ils ont soin de se former plusieurs greniers de réserve, afin de ne pas perdre toutes leurs ressources à la fois. Quatre défauts déparent les qualités du geai : l'avarice, la malpropreté, la pétulance et la colère.

Les geais font leur nid dans les bois, loin des lieux habités : ils le construisent ordinairement sur les chênes les plus touffus, les plus élevés. Leurs petits naissent tellement peu délicats que quelques branches entrelacées grossièrement, en forme de demi-sphère sans duvet à l'intérieur, suffisent pour les recevoir. Le père et la mère se partagent avec un égal empressement les soins de l'incubation et de la famille. Ils ne quittent ordinairement leurs petits, qui commencent à voler vers le mois de juin, qu'au printemps suivant, lorsque ceux-ci se dispersent eux-mêmes pour aller former de nouvelles familles. La femelle pond de quatre à six œufs, de la grosseur de ceux de pigeon, d'un gris plus ou moins verdâtre, avec des petites taches roussâtres faiblement marquées. On la reconnaît à sa tête, plus petite que celle du mâle, et à son plumage, qui est moins vif.

Parmi les espèces ou variétés, la plupart des auteurs ne citent que le *geai noir à collier blanc*, le *geai à joues blanches*, le *geai bleu verdin*, le *geai bleu* de l'Amérique septentrionale, le plus magnifique de tous, le *geai orangé*, le *geai péruvien*, dont l'élégance contraste avec les proportions, un peu fortes, du geai d'Europe, et le *geai brun-roux* du Canada, qui est une simple variété de ce dernier. Nous ajouterons à cette nomenclature le *geai de l'Himalaya*, le *geai à double miroir* (*garrulus bispecularis ornatus*), également de l'Himalaya, et le *geai lancéolé* de l'Inde.

Jules SAINT-AMOUR.

GÉANT, en latin *gigas*, terme d'origine grecque, formé de γῆ, terre, et de γάω, je nais, c'est-à-dire *fils de la terre;* ce qui désigne un homme monstrueux et violent, un ogre, comme les L e s t r y g o n s et les C y c l o p e s d'Homère. Les enfants, se voyant petits et faibles, croient facilement à l'existence des géants.

En général, les animaux et les végétaux à courte durée, dont la texture est serrée, compacte, ne parviennent point à d'aussi vastes dimensions que les races dotées d'une longue vie, ou d'une organisation à mailles plus lâches et plus extensibles. Ainsi, les êtres annuels ou bisannuels, les insectes, les menus herbages, n'égalent point la stature des grands mammifères et des arbres.

Il est reconnu que le froid très-vif des régions polaires, comme une chaleur aride, des déserts sablonneux de l'Afrique, s'opposent au développement complet de la taille chez toutes les créatures, tandis qu'une chaleur tempérée et humide la favorise au contraire considérablement. C'est sous les parallèles des contrées modérément froides et humides que se trouvent les nations de la plus haute taille connue sur le globe. Le partie méridionale de la Suède et du Danemark, la Pologne, la Livonie, l'Ukraine, la Saxe, la Prusse, les comtés du nord de l'Angleterre, présentent en Europe des hommes d'une haute et belle stature, laquelle diminue sensiblement à mesure qu'on redescend vers les régions plus méridionales. Les anciens Germains et les Gaulois étaient plus grands, plus blonds que les Italiens, les Romains, les Ibères. En Asie, la loi de la stature est la même; les Chinois septentrionaux, les Tatars mandchoux, sont beaucoup plus grands, plus gros, plus courageux, plus voraces et mangeurs que les Chinois méridionaux, chétifs et timides sous le bambou de leurs mandarins. Il en est de même dans l'Amérique septentrionale. Les tribus sauvages des Akansas, les peuplades appelées *grandes têtes*, sont de plus belle taille que tous les autres naturels de cette partie du monde. Dans l'Amérique méridionale, qui s'avance vers le pôle austral, au Chili et dans la Patagonie, il existe un climat analogue à celui qui produit des hommes d'une haute stature; aussi les P a t a g o n s passent pour être les plus grands corps et les plus robustes de l'espèce humaine.

C'est au bord des fleuves et des marécages de ces plaines fertiles de l'Asie, où serpentent le G a n g e et la D j u m n a, c'est sur les rives souvent inondées du Zaïre, du Niger, du Sénégal et de la Gambie, en Afrique, que se nourrissent et s'accroissent démesurément les girafes, les hippopotames, les rhinocéros et les éléphants, les vastes serpents et autres colosses du règne animal. C'est également dans ces eaux que se déploient avec tant de liberté les énormes croupes des lamantins, des grands phoques et des éléphants marins, enfin les cétacés, les cachalots, les baleines gigantesques. C'est aussi sur les terrains les plus humides et les plus chauds de l'Afrique et de l'Asie que naît le baobab, arbre de dimensions immenses, à texture molle et presque cotonneuse; le vaste ceiba, les figuiers d'Inde, des pagodes, dont les lourdes branches se recourbent, se repiquent en terre et forment de grands berceaux naturels. Les moindres graminées se développent, sous ces chaudes contrées, dans une boue riche et féconde, comme une forêt, en une taille extraordinaire de six à sept mètres, et les cannes des bambous deviennent des arbres, les flèches des palmiers montent à cinquante mètres, comme le pin araucaria, les casuarina, etc. Le ricin, qui ne s'élève guère en Europe à plus d'un mètre, et y est annuel, devient dans ces chaudes régions un grand arbre vivace, tant la végétation ou la forte croissance déploie d'énergie sous ces températures humides et chaudes!

De même, la plus haute taille humaine connue est celle d'un nègre du Congo, de trois mètres de hauteur, vu par Vanderbroeck; Lacaille cite aussi un Hottentot haut de deux mètres 18 centimètres. Comme les plantes qui naissent à l'ombre humide s'allongent beaucoup, il en est de même de l'homme. Certainement nos campagnards, desséchés à l'ardeur du soleil, dans leurs travaux rustiques, sont généralement de plus courte taille que les citadins, les bourgeois; de même, les habitants des pays boisés ou couverts de forêts sont plus grands, plus blancs ou étiolés que ceux des contrées du même parallèle, mais nues, exposées au vent et au soleil. Aussi, les anciens Germains, les peuplades de la forêt Noire, ou Hercynie, étaient de longs corps blonds, caractères qu'on signale encore en quelques lieux ombragés de Souabe et de Franconie, comme dans les forêts de la Lithuanie.

Si vous prodiguez dès l'enfance des aliments très-humides à un individu, si vous le soumettez à l'usage abondant du lait, de la bouillie et des pâtes, aux boissons mucilagineuses, de bière, d'hydromel, du chocolat oléagineux, aux liquides chauds et délayants; enfin, si vous le bourrez, le gonflez à volonté de tous les aliments propres à engraisser, distendre et ramollir les mailles de ses tissus organiques, il pourra devenir colossal ou gigantesque dans sa stature, relativement à un être nourri d'après une méthode toute desséchante et amaigrissante par ses qualités et sa parcimonie. Watkinson rapporte que le célèbre Berkeley, évêque de Cloyne, voulut essayer sur un enfant orphelin, nommé Macgrath, si l'on pouvait faire parvenir un individu à une taille aussi extraordinaire qu'on assure qu'était celle de Goliath, de Og, roi de Basan, et d'autres géants cités dans la Bible. A seize ans cet enfant avait déjà sept pieds anglais de haut; on le faisait voir comme une merveille; il acquit sept pieds huit pouces anglais, mais ses organes étaient si débiles et si disproportionnés, qu'à vingt ans Macgrath mourut de vieillesse, dans une imbécillité complète de corps et d'esprit. Quoiqu'on ne dise point quels procédés avait employés l'évêque Berkeley, il est certain que des boissons humectantes, mucilagineuses, chaudes, facilitent l'allongement, comme une plante bien arrosée, avec l'aide de la chaleur, pousse rapidement. Les habitants du nord de l'Europe prennent beaucoup de boissons souvent chaudes, ce qui excite l'élongation de leurs corps mous et blonds. Il est remarquable que, sous les mêmes parallèles, les peuples buveurs de vin sont de plus courte taille et plus vifs, comme les Français, que leurs voisins, les Allemands, accoutumés à la bierre et au laitage. Cette observation est commune dans la haute Allemagne: les Saxons, les habitants de la Frise, etc., sont bien plus grands et plus blonds que les Autrichiens, que les riverains du Rhin cultivant la vigne.

Les mêmes nourritures qui ralentissent nos mouvements organiques, qui retardent l'élan de la puberté, allongent et la durée de la vie et la stature. Nous voyons en effet les chevaux d'une haute taille, les plus gros chiens mâtins, moins précoces, mais plus vivaces que les petits roquets, les petits bidets. Plus on vit avec rapidité et intensité, moins on a le temps d'acquérir de vastes dimensions et moins on dure longuement; aussi les nains ont une existence brève pour la plupart; les hommes d'une belle taille peuvent s'en promettre une plus longue. Il est facile de comprendre comment des nourritures stimulantes et des boissons spiritueuses excitant le système nerveux, la sensibilité, avivant la circulation, hâtent le mouvement vital et développent le corps avec une précocité rapide; mais l'époque de la puberté étant d'abord sollicitée, ainsi que l'acte de la génération, la croissance ou la végétation organique est bientôt arrêtée et détournée.

On a dit que la vie civilisée faisait dégénérer la stature et la force du corps chez les nations les plus polies, tandis que l'état sauvage d'indépendance, au milieu des campagnes et des forêts, permettait mieux aux membres de se développer avec toute leur vigueur primitive. De là viennent les séduisants tableaux qu'on a tracés de la vie des barbares, de leur taille colossale, de la santé, du courage, de la longue vie de ces peuples qui se confient aux simples lois de la nature. Mais les observations de plusieurs voyageurs ont détruit aujourd'hui ces prestiges poétiques. Si l'homme, déjà sorti de cette extrême barbarie, sait se garantir de la disette en élevant des bestiaux, s'il vit en pasteur nomade comme les anciens Scythes et les Arabes, il peut acquérir une plus riche stature dans l'innocence de ses mœurs et la simplicité patriarcale de ses goûts. Qui donnait aux Cimbres, aux Germains, cette stature gigantesque dont l'aspect effraya d'abord la valeur des Romains? Nous le verrons dans Tacite et les autres historiens. D'abord, ces contrées humides, couvertes de forêts, attribuaient aux corps une texture molle, un teint blanc. De là cet accroissement facile; et ce qui le facilitait surtout, c'était cette vie inculte, insouciante, adonnée à la bonne chère, aux abondantes boissons de laitage, d'hydromel ou de bière, et au sommeil près du foyer paternel, sous le même toit rustique qui renfermait les bestiaux. « Dans cette nudité indolente et cette incurie, les Germains grandissent en ces vastes corps que nous admirons, disait Tacite. Chaque matin, ils se lavent, le plus souvent dans des bains chauds, puis se mettent à table; ce n'est point chez eux un vice d'y passer le jour et la nuit à boire, à s'enivrer; leurs aliments sont, avec la chair, du laitage et des fruits ou légumes agrestes. Mais rien n'est plus sévère que leurs mœurs, ajoute l'historien. Les jeunes gens ne se livrent à l'amour qu'à un âge bien formé. » D'ailleurs, la puberté était tardive en ces grands corps flasques; la croissance avait tout le temps de se parachever. De là leur jeunesse n'était jamais énervée; tous grands et forts, ils s'unissaient dans un mariage austère. Dans cette chaste union, la mère allaitait longtemps son fils de son propre sein. Leurs exercices étaient la chasse, le maniement des armes, la natation, et l'accoutumance à supporter à nu la froidure de l'air. « Mais ces peuples, poursuit Tacite, quoique impétueux au premier effort, ne soutiennent ni la chaleur, ni la soif, ni le long travail. » Les Calédoniens, ou Écossais, étaient aussi de plus haute taille que les Bretons; les premiers historiens du Danemark et de l'Islande ont cru, d'après d'anciens monuments, que la Scandinavie avait été jadis peuplée de géants. Il faut convenir que toutes ces circonstances étaient très-propres à y constituer de grands corps, et tout fait présumer que la stature a pu diminuer là par l'effet de la civilisation et du genre de vie moderne, si différent de celui les anciens.

Si l'on s'en rapportait aux témoignages historiques, sacrés

et profanes, rien ne serait mieux prouvé que l'existence ancienne des géants. La Bible les cite, et des Pères de l'Église les ont crus produits par l'union des anges avec les filles des hommes. Og, roi de Basan, avait un lit de neuf coudées de long ou de plus de cinq mètres (*Deutéron.*, III, 2); Goliath était haut de six coudées et une palme (*Rois*, I, c. 17, v. 4) : c'était environ 3 mètres, 50. On pourrait rappeler les histoires fabuleuses des Titans, le prétendu squelette d'Oreste, haut de sept coudées, celui du roi Teutobochus, décrit en 1613 par Nicolas Habicot, chirurgien, ou le géant Ferragut, haut de douze coudées, plus robuste que quarante Espagnols, et qui fut tué, suivant nos chroniques, par le fameux Roland, neveu de Charlemagne. Nous rangerons tous ces contes avec ceux de Gargantua. Cependant, il y a des individus de taille gigantesque en assez grand nombre cités par les auteurs, et qu'il serait trop long d'énumérer. Mais en remontant aux causes générales, on a dit : la terre, autrefois plus fertile et plus jeune, portait des animaux plus puissants; ces espèces colossales, dont les ossements fossiles énormes nous étonnent dans les écrits de Cuvier, de Buckland, de Conybeare; ces *megatherium*, ces *megalosaurus*, ces *palæotherium*, et jusqu'à ces débris d'ours, de cerfs gigantesques des cavernes de nos pays. Voyons-nous encore des squales avec les dents aussi grosses que celles des glossopètres, des baleines de cinquante mètres, comme il est avéré qu'il en existait jadis? Il faut convenir que ces colosses ont disparu, et que nos plus vastes espèces actuelles ne présentent plus les dimensions de ces grands ossements dont parlait déjà Virgile :

Grandiaque effossis mirabitur ossa sepultis.

Ce n'est point d'aujourd'hui qu'on se plaint du décroissement des hommes et de toutes les productions du globe. Il est facile cependant de prouver que le genre humain, s'il a pu décroître en quelques âges et sous certains climats, ou par une corruption de mœurs trop grande, n'a pas sensiblement dégénéré depuis quarante siècles. Les sarcophages des anciens Égyptiens, dans la plus haute des pyramides, celle de Chéops, n'annoncent nullement une taille plus élevée que la nôtre. Il en est de même de la généralité des momies mesurées dans les catacombes et les hypogées de l'Égypte. Homère, parlant de la taille d'un bel homme bien proportionné, ne lui donne que quatre coudées de haut et une de large. Or, la coudée grecque et latine était d'un demi-mètre. Vitruve établit que la stature ordinaire du soldat le plus beau est de six pieds romains (5 pieds 6 pouces de France). Enfin, il nous reste des armures, des casques, des cuirasses, des anneaux des anciens qui prouvent que leur taille ne différait pas de la nôtre. Riolan, dans sa *Gigantomachie*, prouve aussi que les doses des médicaments, purgatifs et autres, donnés par les anciens médecins, équivalaient à nos doses actuelles, ce qui prouve l'identité intérieure des organismes. Enfin, les héros antiques n'étaient point de taille supérieure. Alexandre était petit de stature, comme Napoléon; et Charlemagne, d'après son secrétaire Eginhard, n'avait que la taille commune. Les ossements humains les plus antiques, ceux qu'on a trouvés dans un aggloméra calcaire littoral à la Guadeloupe, avaient des dimensions vulgaires. De tous ces faits, on peut conclure que l'espèce humaine n'a pas dégénéré sensiblement depuis plusieurs milliers d'années; que l'existence des races de géants est au moins problématique; qu'il a pu exister des nations d'une taille assez élevée, comme on voit apparaître encore, de temps en temps, des individus très-allongés; enfin, que la stature de la majorité du genre humain se tient entre cinq et six pieds, excepté près des pôles, où elle n'est que de quatre à cinq.

J.-J. Virey.

Les géants étaient regardés par les Hellènes comme les enfants de la terre, cette génératrice des êtres, dont ils avaient fait, avec le ciel, leur première divinité. Ils avaient puisé ce mythe dans la Phénicie, contrée féconde en hommes d'une haute taille. L'Écriture Sainte donne à ces colosses les noms effrayants de *Néphilim*, ceux qui terrassent; de *Réphaïm*, ceux devant lesquels nous tombons en défaillance; d'*Émim*, les terribles; de *Ghibborim*, les forts. Les Néphilim vivaient avant le déluge. Les Émims, anciens habitants du pays de Moab, avaient tous des proportions démesurées; ils faisaient partie intégrante des Réphaïm, les premiers possesseurs connus de la terre de Canaan. Les Énakim ou les fils d'Énak, dans la Palestine, étaient d'une taille si effrayante, que les éclaireurs de l'armée de Josué rapportèrent « qu'ils avaient vu un peuple devant lequel ils n'étaient que comme des sauterelles ». En faisant ici la part de l'exagération des terreurs paniques, il semble, d'après le témoignage de l'Écriture et des historiens, que cette race d'hommes particuliers appartenait presque exclusivement à la Palestine, où naquirent Og, fils d'Énak, roi de Basan, dont le lit avait plus de cinq mètres, et Goliath, haut de six coudées et une palme. Voici à ce sujet le verset précis du Livre des Rois : « En ce temps-là il y avait des géants sur la terre, et aussi depuis que les enfants de Dieu s'allièrent avec les filles des hommes. » Il est des Pères de l'Église qui, dans leurs visions ascétiques, et trompés qu'ils furent par le livre d'Énoch, se sont imaginé que les géants avaient été la production du mariage des anges avec les filles des hommes.

Parmi les géants de l'Écriture, Nemrod, qui fonda Ninive et Babylone, est le plus illustre, après Og; les plus remarquables furent les fondateurs de la ville d'Hébron, surnommée la cité des géants, et les hommes de guerre Achiman, Sisaï, Tholmaï. Il nous faut réduire à cela notre croyance aux géants de l'Écriture, et telle est l'opinion des Pères de l'Église les plus éclairés, entre autres, de saint Chrysostôme. Toutefois, un érudit n'a pas craint, dans un tableau spécial, dressé par dates et générations, d'assigner à Adam 40m,20, et à Ève 38m,60, d'où il établit une règle de proportion entre la taille des hommes et celle des femmes, à raison de 25 à 24. Cette taille démesurée serait allée, selon lui, toujours en dégénérant : Noé aurait eu déjà 6m,50 de moins qu'Adam; Abraham n'en aurait eu plus que 9m,10; Moïse, 4, 20; Hercule, 3,25; et ainsi de suite, jusqu'à Jésus-Christ, époque où, heureusement pour nous et pour notre postérité, s'arrêta cet appauvrissement de l'espèce humaine.

Ce qui fortifiait cette opinion, ce fut sans doute ces monstrueuses images d'hommes, ces statues colossales de rois qui dominaient, comme des montagnes, les avenues des temples de Memphis et de Thèbes : telle était celle d'Osymandyas, dont un pied seul avait sept coudées de longueur. Cependant, ces hommes-colosses, ces phénomènes si communs dans la Phénicie, dont rendaient témoignage les chroniques des Hébreux, frappèrent vivement l'imagination des Grecs, qui n'étaient point assez voisins de cette contrée pour qu'ils ne mêlassent pas impunément le mensonge à la vérité. Ils donnèrent bien vite place aux géants dans leurs mythes. Ces êtres monstrueux sont au premier plan dans l'histoire de leurs dieux. Ils les font enfants du Ciel et de la Terre; et, ce qui revient à peu près au même, leur poëte théologue, Hésiode, les fait naître du sang qui jaillit de la blessure d'Uranus, le Ciel dans leur idiome. Comme les géants de la Bible, ils sont injustes, violents, cruels; comme les géants de la Bible, après leur mort, ils ont pour demeure l'Enfer. Le Tartare, que quelques mythologues, quelques poëtes, leur donnent pour père, justifie cette imitation biblique. Mais bientôt les convulsions géologiques, qui entouraient les colonies d'Agénor, de Cadmus, de Cécrops, de Danaüs, les monts orageux incessamment foudroyés, les îles labourées par les volcans, les antres pullulant de reptiles éclos des fanges d'un déluge, toutes ces terribles images fermentèrent dans les cerveaux helléniques, et les voilà personnifiant jusqu'aux roches inorganiques. Ils assignèrent à plusieurs d'entre elles un être monstrueux dans la nature, malfaisant et furieux. Des pierres, ce peuple de poëtes fit leurs os; des exhalaisons, des flammes souterraines, des vents embrasés, leur haleine; des forêts, leur chevelure; des torrents, leurs cent bras, et des dragons rampants, leurs jambes. Pallène, péninsule sur les côtes de la Macédoine, retraite de Protée et de ses phoques, les champs phlégréens, ce sol de feu, les plaines de la Thessalie, furent, dans leurs bons jours, leurs demeures de prédilection ; c'est de là qu'ils se ruèrent sur le mont Olympe, où ils assiégèrent Jupiter, venu récemment de Crète prendre possession de ces sommets flamboyants. Leurs armes à eux étaient des roches qu'ils détachaient, des arbres qu'ils déracinaient des monts Ossa et Pélion. Celle de Jupiter était la foudre. L'artillerie éthérée ne prévalut pas; les dieux prirent la fuite et se cachèrent en Égypte sous la figure d'animaux.

Ces divinités n'étaient que de faibles chefs que ce roi-dieu avait sous ses ordres; mais bientôt il appela Hercule-Alcide (le chef fort) à son secours; et les géants défaits furent ensevelis sous ces rocs mêmes qu'ils avaient lancés : Encelade, sous les laves coulantes de l'Étna; Typhon, sous les noirs blocs d'Ischion. Éclos pour la plupart du cerveau d'Hésiode, d'Homère et des poëtes théologues, on comptait dix-sept géants : les principaux furent Encelade, Polybotès, Alcyonée, Pophyrion, les deux Aloïdes, Éphialte, Othus, Eurytus, Clytius, Tityus, Pallas, Hippolytus, Agrius, Thaon et Typhon, le plus redoutable. Le berger Polyphème, dans l'*Odyssée*, est un diminutif des géants thessaliens. Polyphème est le type de nos ogres. Orion, Antée, Hercule, Hyllus, son fils, Cécrops, Ajax, Eryx, Oreste, Pallas, fils d'Évandre, Géryon de Gadès, les Cyclopes, dont les monstrueuses constructions, découvertes de nos jours, sont appelées, de leur nom, *cyclopéennes*, passaient, après les incommensurables assaillants de l'Olympe, pour les hommes de la plus haute taille dans l'antiquité.

L'Orient du moyen âge eut aussi ses géants : c'étaient les *Djinns* chez les Arabes, et les Dives chez les Persans ; leurs femmes étaient les Péris, comme eux d'une taille prodigieuse, mais d'une beauté sans pareille. Ainsi que les géants de la Grèce, les Dives gisaient sous d'affreuses montagnes, mais liés et garrottés par *Div-bend* (le lieur de Dives), Thahamurah, troisième monarque de Perse, qui les vainquit. Les roches terribles de ces montagnes forment une chaîne appelée Caf par les Orientaux. Ils prétendent qu'elle est la ceinture de la terre. Demrusch est encore un géant des Indes ; il demeure solitaire au milieu de ses trésors, dont il est l'unique gardien. Notre moyen âge eut aussi ses géants. Il les opposait aux nains, ainsi que la Grèce avait opposé les siens aux Pygmées. Chez nous, ils habitaient des tours noires et isolées, ou des palais merveilleux, peuplés de jeunes et belles femmes captives. Le type de ces géants, à l'âme paisible et bénigne, est Gargantua, cette sublime création de Rabelais. Ses proportions sont appréciables ; car lorsqu'il prenait des bains de pieds, et c'était ordinairement dans la Seine, il s'asseyait sur une des tours de Notre-Dame.

DENNE-BARON.

GÉANTS (Chaussée des). *Voyez* CHAUSSÉE DES GÉANTS.

GÉANTS (Combat des), nom sous lequel est souvent désignée la célèbre bataille de Marignan, gagnée, en 1515, par François Ier sur les Suisses et le duc de Milan.

GÉANTS (Montagne des). *Voyez* RIESENGEBIRGE.

GÉANTS (Palais des). *Voyez* DRUIDIQUES (Monuments).

GÉBELIN (ANTOINE COURT DE). *Voyez* COURT.

GEBER ou GIABER (ABOU-MOUSSAH-DJAFAR-AL-SOFI) se fit un nom célèbre parmi les Arabes en cultivant l'alchimie et en écrivant plusieurs traités sur cet art. Suivant l'historien Aboulféda, il était de Hauran, en Mésopotamie, et vivait dans le huitième siècle. Cardan, partageant l'enthousiasme des adeptes pour Geber, a contribué à lui faire attribuer l'invention de l'algèbre; le nom de cette science dériverait même de celui de l'alchimiste arabe. Cependant rien n'est venu corroborer cette opinion, et les livres qui nous restent de Geber sont exclusivement consacrés à l'alchimie, à la médecine empirique et à quelques notions d'astronomie.

GECKO (onomatopée rappelant imparfaitement le cri de quelques espèces), genre de reptiles sauriens dont on connaît une soixantaine d'espèces, qui habitent les régions chaudes des diverses parties du globe. Leur taille se rapproche généralement de celle de notre lézard commun. Leur corps déprimé est recouvert sur toutes ses parties d'écailles grenues, parsemées de tubercules plus gros, qui lui donnent un aspect chagriné et assez repoussant. En même temps leurs allures pouvant se comparer à celles des salamandres et même des crapauds, les préjugés populaires ont fait des geckos un objet d'horreur, ainsi que le rappelle le nom de *père de la lèpre* que leur avaient imposé les Égyptiens, persuadés que leur contact suffisait pour souiller tout ce qu'ils touchaient. De graves écrivains ont même attribué des propriétés vénimeuses à leur morsure, à leur urine, à leur salive, etc. Cependant Cocteau a établi l'innocence de ces animaux timides, incapables de nuire par leur morsure ou l'action de leurs ongles, vivant d'insectes, qu'ils poursuivent surtout la nuit et que quelques espèces viennent chasser dans les maisons, qu'elles débarrassent ainsi d'hôtes incommodes. D'autres, plus sauvages, préfèrent les lieux déserts et sablonneux; d'autres, enfin, se tiennent sur les arbres, et atteignent leur proie en sautant lestement de branche en branche. Dans leurs diverses manœuvres, les geckos sont favorisés par leurs doigts présentant inférieurement une série de lames articulées et crénelées au moyen desquelles ils font le vide et se maintiennent sur des corps assez lisses. Leurs ongles, ordinairement crochus et rétractiles de diverses manières, les aident aussi beaucoup dans leur mode de locomotion.

GED (WILLIAM), orfèvre écossais, dirigea son attention vers l'art typographique, et arriva l'un des premiers à la découverte des véritables principes de la stéréotypie. En 1725, Ged parvint à mouler des pages, et sur le relief qu'il obtint, il put imprimer en 1739 un Salluste, dont il donna en 1744 un second tirage. C'est un in-18 de 150 pages; il est d'un aspect fort peu agréable. Malgré sa laideur, le Salluste de Ged est recherché des bibliophiles; il est d'ailleurs d'une grande rareté. L'invention de l'orfèvre d'Édimbourg ne lui profita guère; il tomba dans la détresse, et mourut fort misérable; ses presses, ses pages de plomb, tout fut vendu au poids du métal. On a publié en 1781, à Londres, sa vie en un volume in-8°. Son procédé, encore imparfait, fut abandonné après sa mort. G. BRUNET.

GEDDA. *Voyez* DJEDDA.

GÉDÉON, juge d'Israel, fils de Joas, chef de la famille d'Ezri, était occupé, un jour, à moudre du grain, quand un ange lui apparut, et lui dit qu'il délivrerait Israel du joug des Madianites. Puis il lui ordonna de détruire l'autel de Baal : Gédéon, craignant les hommes de sa tribu, exécuta de nuit cette mission ; ce qui lui valut le nom de *Jérobaal*, ou vainqueur de Baal. A la tête de 300 Israélites, il envahit le camp ennemi, à un signal convenu ; 300 trompettes éclatent avec accompagnement de vases brisés. Les Madianites, éveillés en sursaut et saisis d'une terreur panique, s'entretuent au nombre de 120,000, à ce que dit l'Écriture. Les 15,000 qui échappent à cette boucherie sont poursuivis par la tribu de Manassès; et Gédéon, s'emparant d'Oreb et de Zeb, princes de Madian, les fait mourir.

Les Israélites affranchis offrent le sceptre à Gédéon, qui se contente, de 1349 à 1309 avant J.-C., du titre de juge. Il mourut très-âgé, laissant soixante-dix enfants : ils furent tous, à l'exception de Jonathan, tués par Abimelech, leur frère naturel, qui succéda à Gédéon.

GEDIMIN ou GIEDYMIN, grand-duc de Lithuanie, vivait de 1315 à 1340. Il déclara la guerre aux chevaliers de l'ordre Teutonique, et dirigea ensuite ses armes contre les principautés russes du sud. Après la déroute et la mort de Wladimir, prince de Wolhynie, Gédimin s'empara de toute la partie sud-ouest de la Russie, sur la rive droite du Dnieper, et même de Kiew, qu'il unit à la Lithuanie. Il fonda ensuite la ville de Wilna, qui devint la capitale de ses États, et ravagea plusieurs fois le Brandebourg jusqu'à l'Oder. Il périt dans une bataille livrée aux chevaliers de l'ordre

Teutonique. Tous les efforts du pape Jean XXII pour le convertir au christianisme demeurèrent inutiles. Jagellon fut son petit-fils.

GEEFS (Guillaume), le plus distingué des sculpteurs belges aujourd'hui vivants, et d'ailleurs l'un des artistes contemporains les plus remarquables par leur talent, est né en 1806, à Anvers, où son père exerçait une profession manuelle. Après avoir étudié les éléments de son art dans sa ville natale, et s'être ensuite perfectionné à Paris, il revint en Belgique, et s'établit à Bruxelles. Ses principaux ouvrages sont le monument du comte Frédéric de Mérode, dans la cathédrale de Bruxelles; le monument du général Belliard; le grand monument élevé à la mémoire des victimes des journées de septembre 1830, qui orne la place des Martyrs à Bruxelles; la statue de Rubens en bronze, à Anvers, haute de trois mètres; une chaire dans la cathédrale de Saint-Paul, à Liége; la belle statue en pied de l'empereur Charlemagne, dans l'église Saint-Servaas, à Maestricht; enfin la statue colossale en marbre du roi Léopold Ier, pour le grand vestibule du palais national. L'artiste a su s'approprier toutes les qualités de l'école française, et en même temps se préserver de ses défauts. Sa manière est tout à la fois pleine de noblesse et d'originalité; dans sa statue de l'Amour, dans sa *Françoise de Rimini*, dans son *Lion amoureux* (1851), on admire un sentiment vif et profond joint à une indicible douceur d'expression. Sa femme, *Fanny* Geefs, née Corr, s'est fait aussi un nom comme portraitiste et comme peintre de genre.

GEEFS (Joseph), frère cadet du précédent et artiste non moins distingué, habite Anvers. Un prix d'encouragement qu'il remporta lui permit d'aller compléter ses études à Rome. Son œuvre la plus connue est son *Démon;* il a représenté le mauvais esprit sous la forme d'un homme physiquement beau, mais dont toute la figure exprime la plus profonde perversité. Cette statue ornait à l'origine la chaire exécutée par son frère pour l'église de Saint-Paul, à Liége; mais on l'en enleva plus tard, parce qu'elle scandalisait les fidèles.

GEEFS (Aloys), frère puîné des précédents, né en 1816, annonçait un talent de premier ordre. Dès l'âge de douze ans il remporta le prix de sculpture à Anvers; à dix-sept ans, il en gagna un autre à Bruxelles. A l'exposition qui eut lieu en 1837 à Anvers, son *Épaminondas mourant* lui valut un premier prix, et il en obtint encore d'autres chaque année. On a de lui un beau buste de la Béatrice du Dante; et c'est lui qui a exécuté les bas-reliefs de la statue de Rubens de son frère aîné. Malheureusement il mourut dès l'année 1841 à Paris. A ses moments de loisir, il faisait aussi de la peinture.

GEER (Louis De), d'une ancienne famille hollandaise, vint s'établir en Suède, sous le règne de Gustave-Adolphe. Il introduisit dans ce pays les meilleures méthodes pour la fabrication du fer, et y établit des fonderies de canons et une manufacture d'armes. En même temps il y réorganisa l'instruction publique. Sous le règne de Christine, une flotte équipée par De Geer contribua à la défense des côtes.

GEER (Charles, baron De), issu de la même famille que le précédent, naquit à Stockholm, en 1720. Cet entomologiste célèbre a été surnommé le *Réaumur suédois*. Il dut ce titre à ses *Mémoires pour servir à l'histoire des insectes* (Stockholm, 1752-78, 7 vol. in-4°), qu'il publia en français. Membre de l'Académie de Stockholm, maréchal de la cour de Suède et commandeur de l'ordre de Wasa, le baron De Geer fut enlevé aux sciences le 8 mars 1778.

GEES ou GIHZ (Langue de). *Voyez* Éthiopiennes (Écriture, Langue, Littérature).

GEESTLAND. On appelle ainsi, dans le duché de Holstein, en opposition à la Marche, la région élevée, sèche et peu fertile, qui forme la crête de ce pays.

GEFJON, nom d'une divinité scandinave dont l'essence a beaucoup de rapport avec celles de Frigga et de Freya, surtout en raison de la bienfaisante influence qu'elle exerce sur la mise en culture du sol. Protectrice spéciale des vierges, elle recueille auprès d'elle celles qui viennent à mourir. Une vieille tradition rapporte que Gefjon enleva un jour une certaine étendue de terre que Gylfi, le souverain de Suithiod, lui avait donnée à labourer avec quatre bœufs en un jour et une nuit, et qu'elle la plongea alors dans la mer. Telle fut l'origine du lac Mælar, en Suède, et de l'île de Seeland, en Danemark.

Une frégate danoise, du nom de *Gefjon*, portant 46 canons et 480 hommes d'équipage, tomba au pouvoir des Schleswig-Holsteinois, lors du combat livré le 5 avril 1849 dans la baie d'Eckernfœrde. Il fut décidé alors que ce bâtiment ferait partie de la fameuse *flotte allemande* que le pouvoir central devait créer; et plus tard le gouvernement prussien en fit l'acquisition.

GEFLE, ville commerçante de Suède, chef-lieu du bailliage de Gefle ou Gefleborg, et en particulier de la contrée appelée *Gæstrikland*, bâtie sur plusieurs îles, à l'embouchure du large et rapide *Gefle-Au*, dans le golfe de Bothnie, est le siége d'un tribunal supérieur, et possède 8,000 habitants, un gymnase, une bibliothèque assez riche, un des plus beaux hôtels de ville qu'il y ait en Suède, et un port. Cette ville renferme des manufactures de toile à voile, de cuir et de tabac, des raffineries de sucre, etc. Centre d'une active navigation, c'est après Stockholm et Gothenbourg, la cité la plus commerçante de la Suède, et il s'y fait des affaires considérables, surtout en fers, en grains et en bois.

Gefle est la ville la plus ancienne du Nordland suédois, et était jadis en possession exclusive de tout son commerce. Un incendie détruisit en 1727 le vieux château de *Gefleborg*, construit au seizième siècle par le roi Jean III. Au mois de février 1792, le roi Gustave III vint habiter le château neuf pendant la diète tenue dans cette ville, et il y échappa à une tentative d'assassinat, renouvelée à quelque temps de là à Stockholm.

Le bailliage de Gefleborg, divisé en Gæstrikland et Helsingland, compte 111,000 habitants, sur une superficie de 247 myriamètres carrés.

GÉHENNE (*Gehenna*), terme de l'Écriture Sainte, qui a fourni longtemps matière aux investigations des commentateurs, et que les auteurs de la Vulgate ont latinisé, vient des deux mots hébreux, *Gui Hannon*, la *vallée des enfants d'Hannon*, ou la *vallée d'Hannon*. Là les Cananéens et, après eux, les Israélites sacrifiaient des enfants à Moloch, en les faisant brûler sur son autel. On appelait aussi ce lieu *Tophet*, ou *Topheth*, horreur, et l'on y battait le tambour pendant le sacrifice, pour qu'on n'entendît pas les cris des malheureux enfants. Josias, roi de Juda, renversa l'autel de Moloch, que sous Manassès, successeur d'Ézéchias, les Hébreux avaient relevé, et il voulut que la vallée de Topheth, ou d'Hannon, devînt l'horrible réceptacle où seraient déposées et brûlées les immondices de la ville. Les Juifs prirent depuis cette vallée en si grande aversion, qu'ils en firent le lieu où, dans la vie future, seraient punis les méchants et les ennemis de Dieu. Les Arabes et les Mahométans ont pris d'eux cette dénomination. Elle est passée aussi chez les chrétiens comme l'image la plus vive du lieu de supplice destiné aux réprouvés (*voyez* Enfer). Champagnac.

GEIJER (Érik-Gustave), célèbre historien suédois, né le 12 janvier 1783 en Wermland, mort à Stockholm, le 13 avril 1847, était le fils d'un maître de forges, et fit ses études à Upsal, où il obtint, en 1806, le titre de docteur en philosophie. Comme étudiant, il avait remporté dès 1803 le grand prix d'éloquence à l'Académie royale de Stockholm. Le sujet proposé était l'éloge de Steen-Sture, administrateur du royaume à l'une des époques les plus critiques de l'histoire de la Suède. Professeur agrégé d'histoire à Upsal à partir de 1810, il fut nommé en 1815 professeur suppléant, et bientôt après, en 1817, professeur titulaire. Il siégea à deux reprises à la diète, en qualité de représentant de l'université d'Upsal, à savoir dans les sessions de 1828 à 1830 et de 1840 à 1841. Bien qu'il ne fût ni ecclésiastique ni surtout théologien, le clergé de deux diocèses le proposa à deux reprises au choix du roi pour évêque; mais il se déroba à cet honneur, afin de pouvoir poursuivre en toute liberté ses travaux historiques.

Parmi ses nombreux ouvrages, nous citerons d'abord sa *Svea rickes Hæfdar* (Histoire primitive de la Suède), dont il n'a paru qu'un volume (1825). Commencée sur un plan trop vaste, cette histoire est plutôt une large et poétique peinture de la péninsule scandinave, qu'une judicieuse appréciation de ses anciennes choniques et de ses premiers monuments historiques. Si l'auteur avait dû continuer ce travail jusqu'à nos jours dans les mêmes proportions qu'à son début, il eût fait au moins vingt volumes. En 1832, il recommença la tâche qu'il s'était proposée, et adopta cette fois un plan beaucoup plus restreint pour sa *Svenska Folkets Historia* (Histoire du peuple suédois), dont trois volumes seulement ont paru (1836-1842), et qu'il a laissée également inachevée, car elle s'arrête au règne de Christine, mais qui n'en demeure pas moins, tout incomplète qu'elle est, un des ouvrages historiques les plus remarquables de notre siècle, où l'on admire un grand talent de style uni à une grande profondeur d'aperçus et à une rare élévation de pensées. Nous devons encore mentionner son *Histoire de la situation de la Suède*, de 1718 à 1772 (1839); sa *Vie de Charles-Jean XIV* (Bernadotte), et ses Mélanges de politique, d'esthétique, de philosophie, de théologie et de pédagogie, intitulés : *Valda smærre skrifter* (3 vol., 1841-42). En dernier lieu il publia les *Écrits laissés par Gustave III*, et restés pendant cinquante ans sous les scellés (2 vol., 1843). En politique, Geijer avait longtemps appartenu au parti conservateur; il le déserta dans les dernières années de sa vie, et cette éclatante défection eut un immense retentissement. En effet l'homme qui jusqu'alors avait soutenu les principes de l'autorité et du despotisme arborait le drapeau de l'indépendance et proclamait les principes du libéralisme le plus avancé. Ce n'est pas en Suède seulement qu'on a eu de nos jours l'exemple de pareilles transformations.

Geijer n'était pas seulement historien et homme politique, il avait aussi cultivé les beaux-arts et la poésie. Il était tout à la fois poëte et musicien; et plusieurs de ses chants sont devenus nationaux en Suède, tant pour les paroles que pour la musique. Il les publia dans l'*Iduna*, journal littéraire, et dans les *Skaldestycken*, recueil poétique (Upsal, 1835).

GEILER DE KAISERSBERG (Jean), fameux prédicateur allemand, né en 1445, à Schaffhouse, fut, après la mort prématurée de son père, élevé par son aïeul, à Kaisersberg, en Alsace, et mourut en 1510 à Strasbourg. On dit que c'est en son honneur, et pour rappeler le succès prodigieux de ses sermons, que fut construite la chaire magnifique qui orne la cathédrale de cette ville. Ses sermons (qui furent prononcés en allemand, mais qu'il a rédigés en latin) témoignent des peines infinies que se donnait l'orateur pour impressionner vivement son auditoire; afin d'atteindre ce but, il ne dédaignait ni les pointes ni les plaisanteries, pas même la moquerie. Ses sermons sont autant de tableaux de la vie réelle, pleins de chaleur et de coloris; mais son zèle le pousse souvent à employer une satire amère, qui ne saurait se concilier avec les idées que nous nous faisons aujourd'hui de la dignité qui doit caractériser l'éloquence sacrée. Son style est vigoureux, animé, mais quelquefois libre jusqu'à la licence; aussi Geiler peut-il être, à plusieurs égards, considéré comme le précuseur d'Abraham a Sancta Clara. Parmi ses écrits, devenus très-rares aujourd'hui, nous citerons : *Le Navire des Fous* (Das Narrenschiff, *Navicula, sive speculum fatuorum*), ouvrage composé de 142 sermons (Strasbourg, 1510), et auquel il donnait le même titre que celui d'un ouvrage alors en vogue, de Séb. Brandt; *Le Navire de la Pénitence* (Augsbourg, 1511); *Pèlerinage chrétien à l'éternelle patrie* (Bâle, 1512).

GEILNAU, petit village situé près de Fachingen, dans le duché de Nassau, est renommé par ses eaux minérales, qui appartiennent à la classe des eaux acides et ferrugineuses. Comme on n'a encore construit à Geilnau aucun établissement propre à recevoir des baigneurs, ses eaux ne se boivent guère qu'au loin, où on les expédie en bouteilles. On les emploie plus particulièrement contre les faiblesses des organes de la génération, contre les affections de la peau, des glandes lymphatiques, et du système vasculaire, et surtout contre les maladies des reins et les maladies vésiculaires, contre la pierre, la gravelle et les engorgements.

GEISER ou GEYSER, vieux mot islandais, dont la signification est *tourbillon*. C'est le nom donné en Islande à de grandes sources d'eaux jaillissantes et thermales, dont les plus renommées sont le *grand* et le *nouveau Geiser*; toutes deux sont situées au nord du mont Hécla, dans une vallée unie, percée d'une multitude de sources thermales, entourée de toutes parts de montagnes rocheuses, et située à environ 3 myriamètres de Skalholt. Les *Geiser* appartiennent au genre de sources dites *intermittentes*, c'est-à-dire ne lançant de l'eau que de temps à autre; mais contrairement à ce que l'on observe pour cette espèce de sources, ils n'ont rien de bien régulier en ce qui touche la quantité et la durée de leurs éruptions ainsi que l'époque où elles ont lieu. Au sommet de petits monticules hauts de 10 mètres environ et formés par le gravier que dépose l'eau bouillante des sources, ils jaillissent de grands bassins circulaires de 20 à 25 mètres de diamètre, au fond desquels se trouve un canal de conduite, et d'où s'échappent continuellement d'épais nuages de vapeur. A l'approche de l'orifice des sources, on aperçoit d'abord l'étroit bassin, rempli à peu près jusqu'à moitié d'une eau aussi transparente que le cristal, cependant en constante ébullition, et s'élevant insensiblement jusqu'au bord. Quand elle arrive à ce point, et quelquefois plus tôt, on entend un bruissement souterrain et semblable à celui du canon, qui fait trembler le sol, le soulève et menace de le faire entr'ouvrir. En même temps la masse d'eau se gonfle, puis elle est rejetée hors du bassin avec une force énorme, tandis qu'un immense nuage de vapeurs se développe dans les airs. Les jets d'eau ont de deux à trois mètres de diamètre; ils sont entremêlés de graviers et de pierres, et enveloppés d'une vapeur épaisse qui reste longtemps stationnaire. Ils s'élèvent perpendiculairement, d'abord à quatre et cinq mètres de hauteur, puis, aux éruptions qui se succèdent ensuite rapidement, atteignent une élévation de quinze et même quelquefois de plus de trente mètres. Les reflets du soleil et de la lune sur cette masse nébuleuse produisent les accidents de lumière les plus variés et offrent souvent un spectacle vraiment magique. Les éruptions se succèdent tant que le bassin n'est pas complétement vide; alors survient une période de repos et de silence, jusqu'à ce que le phénomène se produise de nouveau.

Le grand Geiser est de la plus haute antiquité; le *Strockr* ou *nouveau Geiser*, situé à peu de distance, ne date que de 1784, et fut produit alors par un tremblement de terre. Si le nouveau Geiser est inférieur à l'ancien sous le rapport de la force et du volume de l'eau, il l'emporte souvent pour la magnificence et la beauté des effets. On explique ce phénomène, sans contredit l'un des plus curieux du globe, puisque c'est là une espèce de volcan d'eau, par la force expansive de la vapeur. L'eau renfermée dans les cavités d'où jaillissent les sources est tellement échauffée par un feu brûlant à l'intérieur, qu'elle se transforme en vapeur. Comprimée d'abord par la masse liquide ainsi que par les parois étroites des conduits d'échappement, cette vapeur s'accumule rapidement, finit par se frayer de vive force un passage, et alors soulève l'eau avec une puissance qui produit d'admirables effets hydrauliques, surpassant mille fois en beauté et en magnificence tout ce que l'art humain pourra jamais imaginer et créer.

GEISMAR (Frédéric, baron de), général russe, né en 1783, aux environs d'Ahlen, dans le ci-devant évêché de

Munster, fit dès 1799 la campagne d'Italie comme cadet dans l'armée autrichienne. Il venait d'obtenir les épaulettes de lieutenant en 1804, lorsqu'il quitta le service autrichien avec l'intention d'aller servir l'Angleterre dans les grandes Indes. Déjà il était arrivé à Corfou, se dirigeant vers Ceylan, quand il accepta les offres qui lui furent faites pour entrer au service de Russie. Nommé enseigne dans le régiment des grenadiers de Sibérie, alors en garnison à Corfou, il fit avec ce corps la campagne de 1805 contre Naples. La bataille d'Austerlitz ayant contraint les Russes à évacuer l'Italie et bientôt après Corfou, Geismar suivit son régiment en Podolie, puis, en 1806, quand éclata la guerre contre les Turcs, en Moldavie et en Valachie. Pendant cette guerre, il eut occasion de se signaler par diverses actions brillantes. Découragé, à ce qu'il paraît, de n'avoir pas obtenu la récompense qu'il jugeait due à ses services, il donna sa démission en 1811, pour se retirer dans un petit domaine situé aux environs de Bucharest, qu'il avait pris à ferme. Mais quand la guerre éclata entre la Russie et la France, Geismar accourut à Saint-Pétersbourg, où il fut placé en qualité d'aide de camp auprès du général Bachmetief. Blessé grièvement à l'affaire d'Ostrowno, il ne put rejoindre l'armée qu'en 1813, à Kalisch. Les nombreux et signalés services qu'il rendit pendant les campagnes de 1813 et de 1814 ne lui valurent d'autre récompense que le grade de colonel et force décorations; ce ne fut qu'en 1820 qu'il obtint les épaulettes de général. A l'époque de la guerre de 1828 contre les Turcs, il fut chargé du commandement de l'avant-garde du 6e corps aux ordres du général Roth. Détaché dans la petite Valachie, il surprit, le 29 septembre 1828, le pacha de Widdin, qui l'avait attaqué deux jours auparavant, et le mit complétement en déroute. La campagne de 1829 lui fournit l'occasion d'exécuter encore avec succès d'autres expéditions sur le territoire turc; au mois de juin il s'empara de la forteresse de Rachowa, et par la rapidité de ses mouvements, ainsi que par la vigueur de son attaque, il déjoua le projet de tomber sur les derrières de l'armée russe conçu, après la signature du traité d'Andrinople, par le pacha de Scutari. L'insurrection de la Pologne en 1830 fournit au général Geismar de nouvelles occasions de se signaler. Il commanda alors un corps de cavalerie légère; mais ce corps, après avoir dû fuir le 19 février 1831 devant les forces aux ordres de Dwernicki, fut presque complétement anéanti le 31 mars suivant à la suite d'une attaque tentée la nuit contre le camp russe par le général Skrzynecki. Le général Geismar demanda et obtint son congé en 1839; mais il reprit du service au moment où l'empereur de Russie se décida à faire envahir par un corps d'armée la Hongrie à l'effet d'y comprimer l'insurrection. Il mourut à Saint-Pétersbourg, en 1850.

GELA, colonie commune des Rhodiens et des Crétois, sur la côte méridionale de la Sicile, et sur les bords du fleuve du même nom, non loin de l'endroit appelé aujourd'hui *Terra Nuova*, fut fondée vers l'an 690 avant J.-C. Dès l'an 582, une colonie nouvelle, partie de Géla, fondait la ville d'Agrigente; l'époque de sa plus grande prospérité fut le temps où, après que Cléandre s'y fut déjà emparé du pouvoir souverain vers l'an 505, elle obéissait aux lois de son frère Hippocrate, lequel soumit presque toute la Sicile jusqu'à Syracuse. Gélon, successeur d'Hippocrate, s'empara de cette dernière ville, et y établit le siége de son gouvernement, abandonnant à son frère Hiéron l'administration de Géla, qui tomba tout à fait en décadence sous la prépondérante influence d'Agrigente et de Syracuse, surtout lorsque Phintias, tyran d'Agrigente, eut fondé et peuplé la ville de Phintiade avec des habitants de Géla.

GÉLASE Ier, pape, fut élevé sur la chaire pontificale en 492, après la mort de Félix II. Ce pontife joignit à une vie sainte et austère un profond savoir et une prudente fermeté pour le maintien de la discipline ecclésiastique. Son zèle s'exerça tour à tour contre les eutychiens, les pélagiens, les ariens, les manichéens, qu'il attaqua dans différents ouvrages. Dans un concile qu'il tint à Rome en 494, il fit régler le catalogue des livres de l'Écriture, pour les purger des apocryphes. Il mourut en novembre 496, après un pontificat de quatre ans, huit mois et dix-huit jours. Il est compté au nombre des saints. Ce pape a écrit plusieurs ouvrages estimés, entre autres des hymnes qui ne sont pas venues jusqu'à nous. Il reste de lui : 1° des *Lettres*; 2° un traité du *Liende l'Anathème*, contre Euphemius de Constantinople; 3° un *Traité contre Andromaque*, pour empêcher les débauches extravagantes des Lupercales, qu'un sénateur de ce nom voulait rétablir; 4° un *Traité contre les Pélagiens*; 5° un livre *Des deux Natures en Jésus-Christ*, contre les hérésies de Nestorius et d'Eutychès; 6° un *Sacramentaire*, sorte de rituel, qui contient un recueil de plusieurs messes et l'ordre des cérémonies pour l'administration des sacrements.

GÉLASE II, appelé auparavant *Jean de Gaète*, du lieu de sa naissance, fut le successeur de Pascal II. Religieux de Saint-Benoît, puis cardinal de la création d'Urbain II, il n'était pas encore prêtre lorsqu'il fut élu pape, en 1118. Un intrigant, qui s'était opposé à son élection, lui suscita des troubles, et le força de se retirer dans sa ville natale, où il reçut la prêtrise et l'épiscopat. De retour à Rome, peu de temps après, il se vit encore chassé par l'empereur Henri V, qui poursuivait la querelle des investitures, et qui lui opposa un prétendu pontife sous le nom de Grégoire VIII. Gélase se réfugia en France, et tint à Vienne un concile contre les fauteurs du schisme. Il mourut à l'abbaye de Cluni, le 29 janvier 1119, après un an de pontificat.

L'abbé C. BANDEVILLE.

GÉLATINE. Ce mot, dérivé du latin *gelu*, gelée, désigne une des substances qui existent dans les matières solides des diverses parties des animaux. La gélatine est, suivant M. Dumas, ainsi composée : Carbone 50,99, hydrogène 7,07, azote 18,72, oxygène 23,22. On l'extrait des matières dont elle est le principe immédiat, en les traitant par l'eau bouillante; elle prend alors la forme d'une gelée demi-transparente, incolore, inodore, insipide, plus pesante que l'eau, d'une dureté et d'une consistance variables. La gélatine solidifiée n'éprouve aucune altération par l'air; elle est insoluble dans l'alcool, dans l'éther et les huiles, mais l'eau chaude la dissout parfaitement. L'extraction de la gélatine des os a été l'objet de l'attention de plusieurs chimistes : Proust est le premier qui ait trouvé le moyen de la solidifier et d'en faire des tablettes. On avait d'abord tenté l'extraction de la gélatine des os en broyant ceux-ci avant de les soumettre à l'ébullition ou à l'action du digesteur ou marmite de Papin. Darcet fils essaya de l'obtenir en séparant le tissu gélatineux des os des matières salines qui entrent dans leur composition, à l'aide de l'acide muriatique, qui a la propriété de détruire ces sels osseux sans attaquer le tissu. Ce procédé a eu un succès complet, et l'on a vu des têtes de bœuf, traitées de cette manière, parfaitement conservées, et formant un squelette entièrement gélatineux. Le tissu gélatineux ainsi préparé se conserve pendant plusieurs années quand on a eu soin de le préserver complétement d'humidité. Cent parties d'os en laissent à nu trente de tissu gélatineux. La gélatine a été préconisée par Darcet comme propre à faire des bouillons économiques. Cependant si l'on veut employer la gélatine à cet usage, on doit ajouter à ce bouillon une partie de viande. Différents observateurs ont prouvé, particulièrement Gannal et après lui M. Donné, et l'Institut a finalement reconnu et fait savoir que la gélatine dont on composait des bouillons économiques pour les malades des hôpitaux et les prisonniers n'est aucunement nutritive; en sorte que de tels bouillons gélatineux n'avaient eu pour effet que de rendre la diète plus expresse. Cela n'ôte pas à la gélatine ses autres propriétés, dont les arts et l'industrie ont su tirer parti. Elle sert à coller et clarifier les vins blancs, à faire une colle forte et une colle à bouche de qualité supérieure, des pains à cacheter, à clarifier le café. La solution alumineuse de gélatine est employée pour coller le papier. Combinée avec le tannin, la gélatine convertit les peaux d'animaux en cuirs imputrescibles. L'art du mouleur lui-même a su tirer parti de cette matière qui permet d'obtenir des épreuves sans *coutures*.

GÉLATINE DE WARTHON. *Voyez* CORDON OMBILICAL.

GELÉE (de *gelu*, froid). Lorsque la température qui maintient certaines substances à l'état liquide vient à baisser d'une quantité suffisante, ces substances se durcissent et passent à l'état solide. Pour exprimer ce changement d'état, on dit alors que ces matières *gèlent* : l'eau, par exemple, gèle lorsque le thermomètre centigrade indique un degré de froid au-dessous de *zéro* de l'échelle de l'instrument ; les eaux stagnantes gèlent plus tôt que les eaux courantes ; les huiles, en général, gèlent par un degré de froid moindre que la température qui fait passer les eaux à l'état de glace ; les liqueurs spiritueuses, telles que les vins, les eaux-de-vie, l'éther, etc., ne gèlent que par un degré de froid très-élevé ; le mercure ne se solidifie que par un abaissement de température de 40 degrés au-dessous de zéro.

Les gelées sont plus ou moins funestes aux végétaux et aux animaux ; mais leurs effets sur les végétaux sont les plus désastreux lorsqu'elles ont lieu immédiatement après un dégel, des pluies, une fonte de neiges, c'est-à-dire lorsque les plantes sont le plus imbibées d'eau, par la raison que ce liquide, ayant la propriété d'augmenter de volume en passant à l'état de glace, l'organisation de la plante se trouve détruite en tout ou en partie par les glaçons interposés entre ses éléments, et qui en ont altéré la contexture. On explique de la même manière la promptitude avec laquelle des fruits gelés entrent en dissolution sitôt qu'ils sont exposés dans un lieu dont la température est élevée.

Les corps des animaux ayant une organisation analogue à celle des végétaux, une forte gelée peut, en solidifiant les liquides qu'ils contiennent, détruire la contexture de leurs fibres, les parois des canaux des vésicules, etc., dans lesquels circulent ou se réunissent ces liquides : aussi un membre est-il perdu pour toujours si, lorsque étant exposé à un très-haut degré de froid, on le laisse se geler sans y apporter d'obstacle ni de remède (*voyez* CONGÉLATION [*Pathologie*]).

TEYSSÈDRE.

GELÉE (*Art culinaire et Pharmaceutique*). On comprend sous ce nom diverses compositions d'office et de pharmacie, qui ont une certaine analogie avec l'eau devenue solide par le froid (*gelée*). Ce sont des liquides qui conservent leur fluidité tant qu'ils sont chauds, et qui acquièrent de la consistance aussitôt qu'il sont refroidis : le bouillon de viande très-rapproché fournit un exemple commun de ces sortes de préparations.

Les gelées sont formées exclusivement de substances animales, ou de substances végétales, ou de mélange des unes et des autres. La base des premières est la gélatine, et surtout celle fournie par la colle de poisson ou la corne de cerf râpée. La solution de ces corps gélatineux procure un liquide qui se prend aisément en gelée transparente ; les pieds de veau sont communément employés pour l'obtenir : on les fait bouillir plus ou moins de temps avec des viandes blanches, telles que celles de veau ou de poulet, et quelquefois de poisson, ainsi qu'avec des légumes doux et sucrés : après avoir suffisamment rapproché le bouillon, on le clarifie avec un blanc d'œuf ; bientôt il acquiert la consistance de gelée, et prend la forme des vases dans lesquels on le verse. Ces préparations, qui ne sont sapides qu'en raison des sucs de viande qu'on ajoute à la gélatine, offrent sous un petit volume une quantité considérable de matière alibile : c'est pourquoi elles sont d'un usage fréquent dans la convalescence, dans diverses maladies chroniques, notamment dans les affections des intestins, surtout la diarrhée chronique.

Les gelées végétales sont plus variées que les précédentes, et ont des avantages certains qui les recommandent, soit pour les malades, soit pour les personnes valides. On les prépare avec différents fruits : les groseilles rouges et blanches, les coings, les pommes, l'épine-vinette, le raisin, etc. (*voyez* CONFITURE). Le suc de groseilles est presque le seul qu'on puisse faire passer sans feu à l'état de gelée avec le sucre, parce qu'il contient beaucoup de matière muqueuse. On est obligé d'ajouter de la colle de poisson, c'est-à-dire de la gélatine, pour faire prendre les autres : elle est indispensable pour le suc de cerises. Toutes ces gelées végétales sont exemptes d'inconvénients, et on les appète plus ou moins vivement : elles sont d'une grande ressource dans la convalescence des malades, et elles figurent très-convenablement dans tous les desserts. On prépare aussi pour les convalescents une gelée avec la mie de pain, ou avec l'émulsion d'amandes douces, qu'on appelle *blanc manger* : l'un et l'autre ont beaucoup d'analogie avec la crème de riz, qui est même préférable, en ce qu'elle est promptement et facilement préparée. On fait bouillir la mie de pain émiettée dans de l'eau en ajoutant un peu de cannelle, du sucre ou du bois de réglisse. On obtient ainsi une sorte de bouillie claire, qu'on passe et qu'on condense avec de la colle de poisson. C'est aussi avec cette dernière substance qu'on fait prendre en gelée le lait d'amandes. La *gelée de choux rouges*, que plusieurs personnes considèrent, malheureusement à tort, comme un moyen efficace dans les maladies de poitrine, s'obtient par un procédé semblable : on fait bouillir les choux, on rapproche le bouillon ; on y ajoute du sucre, et ensuite de la colle de poisson ou toute autre gélatine. Le bouillon de mou de veau et de navets peut être condensé de même. Une préparation pharmaceutique qui était fréquemment employée il y a quelques années est la *gelée de lichen d'Islande* : elle fut réputée comme étant très-efficace dans les maladies de poitrine ; mais l'expérience n'a pas justifié cette réputation, comme celle de tant d'autres médicaments. La mousse de Corse fournit une gelée dont on fait usage pour les enfants qui recèlent des vers dans leurs intestins. Mais ces préparations de lichen d'Islande et de mousse de Corse sont difficilement tolérées par l'estomac chez plusieurs individus : aussi ne doit-on en faire usage qu'avec réserve.

Dr CHARBONNIER.

GELÉE (CLAUDE), plus connu sous le nom de *Claude le Lorrain*, paysagiste justement célèbre, naquit en l'an 1600, au château de Champagne, près de Toul en Lorraine, de parents au service du seigneur de l'endroit, et qui le laissèrent orphelin de bonne heure. Son intelligence, dans les premières années de sa vie, resta longtemps si épaisse et si lourde, qu'il n'apprit absolument rien à l'école où on l'avait placé, qu'il parvint tout au plus à savoir signer son nom, et manqua toute sa vie des notions les plus simples et les plus rudimentaires. En désespoir de cause, ses parents le mirent en apprentissage chez un pâtissier, où il ne fit guère preuve de plus de dispositions. Resté seul et sans appui à l'âge de douze ans, il s'achemina à pied vers la ville de Fribourg, où son frère exerçait la profession de graveur sur bois. Celui-ci lui donna sans succès quelques leçons de dessin. Plus tard, un de ses parents l'emmena à Rome ; suivant une autre version, ce serait comme vagabond et en errant de grande route en grande route avec d'autres jeunes aventuriers de son âge, qu'il serait arrivé dans la ville éternelle. Quoi qu'il en soit de l'exactitude de ce détail, il est facile de concevoir qu'étranger, ignorant la langue et ne sachant absolument rien faire, il dut bientôt s'y trouver dans le plus grand embarras pour subvenir à ses premiers besoins. Sa bonne étoile voulut que dans cette situation critique il fût rencontré un beau jour par un peintre paysagiste, élève de Paul Bril, appelé *Agostino Tassi*, qui le prit à son service pour broyer ses couleurs, apprêter ses repas, panser son cheval et s'acquitter de tous les autres soins de son ménage. En sus de ses gages, il lui donnait quelques leçons de dessin dans le but de tirer le meilleur parti possible de son domestique.

Avec son intelligence bornée, le pauvre Claude Gelée eut d'abord toutes les peines du monde à profiter de ces leçons : cependant, il finit par y prendre goût. Vers cette époque, quelques paysages envoyés de Naples à Rome par Goffredi

Wals, élève de Tassi, achevèrent de lui dessiller les yeux et de lui révéler sa vocation. Il sollicita la faveur d'être admis au nombre des élèves de Wals, resta longtemps dans son atelier, puis rentra dans celui de son premier maître. Plus tard, il se rendit à Naples, puis en Lombardie et à Venise, où il étudia les paysages du Giorgione et du Titien, s'appropriant le faire et le coloris de ces grands maîtres. A force de patience et de travail, il était parvenu à connaître tous les secrets de l'art, et à l'âge de vingt-cinq ans il brillait déjà parmi les grands peintres. Après un rapide voyage fait en France pour revoir une dernière fois les lieux où il était né, il revint en Italie, et s'établit, en 1627, à Rome, où il jouit constamment, jusqu'à sa mort, arrivée en 1682, à la suite d'une attaque de goutte, d'une grande aisance, par suite du prix de plus en plus élevé donné des productions de son pinceau par les admirateurs de son talent.

Les grandes galeries d'Italie, de France, d'Angleterre, d'Espagne et d'Allemagne contiennent beaucoup de tableaux précieux de lui. Quatre de ses plus belles toiles, les quatre paysages qui ont été gravés par Haldenwang sous le titre de *Le Matin*, *Le Midi*, *Le Soir*, et *Le Crépuscule*, ornent aujourd'hui la galerie impériale de Saint-Pétersbourg. Dans l'origine, ils faisaient partie de la galerie de Cassel. Les Français s'en emparèrent, et les emportèrent à Paris, où on les fit servir à orner la Malmaison, domaine appartenant à l'impératrice Joséphine. L'empereur Alexandre en fit l'acquisition en 1814. On ne les estime pas moins de 500,000 francs. Deux autres paysages admirables de Claude le Lorrain ornent la galerie de Dresde; et il y en a aussi dans la galerie Doria, à Rome, deux non moins remarquables, parmi lesquels celui dit *Le Moulin* est regardé comme l'un des plus parfaits de son œuvre. Notre galerie du Louvre possède seize tableaux de ce maître, tous de la plus grande beauté. Lorsqu'il s'en présente dans les ventes publiques, ils sont tout aussitôt couverts d'or, et le prix en va toujours croissant. De toute son œuvre. le tableau que Claude Gelée estimait le plus est celui qui représente un petit bois de la villa Madama. Le pape Clément XI en offrit une somme immense à l'artiste; mais celui-ci préféra garder un paysage qui lui servait comme étude, copié qu'il était d'après la nature.

A une richesse immense d'invention, qui lui permit de varier à l'infini la composition de ses sujets, Claude le Lorrain réunissait une étude sérieuse et approfondie de son art. Pour la vérité avec laquelle il savait rendre les effets du soleil aux différentes heures de la journée, la légèreté des nuages, l'humidité de la rosée, les vapeurs d'une atmosphère embrasée, on ne peut lui comparer que Gaspard Dughet, qui le surpasse peut-être sous le rapport de la beauté et de disposition des masses dans les paysages, mais qui reste bien loin derrière lui pour ce qui est de son incomparable chaleur de coloris et aussi de cette vapeur aérienne, de ces lointains admirables qui semblent être la nature elle-même. Il avait coutume de fondre ses touches et de les noyer dans un glacis qui couvre ses tableaux; art dans lequel il est resté sans rival. Une seule chose est à déplorer dans ses paysages, c'est la faiblesse des figures, quand elles sont de sa main; car la plupart de celles qu'on voit dans ses tableaux sont de Lauri et de Francesco Allegrini, qu'il avait le bon esprit d'appeler à son aide. Les sujets qu'il aimait le mieux à traiter étaient les points de vue sans limites, dans le vague lointain desquels l'œil se perd. Il aimait à orner ses paysages de monuments d'architecture, et aussi à les animer par le représentation de scènes empruntées à la mythologie, à l'histoire ou à la vie champêtre. Il avait appelé *Libri de Verita* les collections des dessins faits par lui pour ses tableaux, et on y retrouve la même entente de couleurs et d'effets que dans ses tableaux. Elles forment six volumes. Deux de ces volumes, contenant 200 dessins qui ont été gravés et publiés en Angleterre par Boydell, sous le titre de *Liber Veritatis* (Londres, 1777), sont aujourd'hui la propriété du duc de Devonshire; lord Holland en possède un renfermant 130 dessins. On dit que les trois autres se trouvent en Espagne.

GELÉE BLANCHE. Au commencement du printemps ou vers la fin de l'automne, il arrive, même par des nuits sereines, et quoique la température de l'air soit au-dessus de zéro, que la surface du sol se couvre d'une couche de petits glaçons très-rapprochés les uns des autres : c'est ce qu'on est convenu d'appeler *gelée blanche*. C'est une sorte de givre, ou, pour mieux dire, c'est de la rosée qui s'est déposée par un plus grand degré de froid.

GÉLIMER, appelé aussi *Gilimer*, se laissa entraîner par une ambition qui devint funeste au royaume des Vandales et à lui. Descendant de Genséric, et destiné par sa naissance à remplacer Hildéric, qui n'avait pas d'enfants, il se montra impatient de régner, et en 530 précipita du trône le confiant Hildéric. Justinien, empereur de Constantinople, voulut venger son allié, ou plutôt il saisit ce prétexte pour attaquer les Vandales, dont il était jaloux. Bélisaire, son général, à la tête des légions qui avaient combattu les Perses, s'empare de Carthage, met en fuite Gélimer à la sanglante bataille de Tricaméron et le fait prisonnier sur une montagne où il s'était fortifié. Le dernier roi des Vandales orna le triomphe de Bélisaire. Sa valeur et son habileté dans les combats, sa fermeté et sa résignation dans la défaite, lui attirèrent les égards du vainqueur. Quoique usurpateur, il fut traité en roi. Justinien lui donna, dans la Galatie, un domaine considérable. Le royaume des Vandales devint une province de l'empire romain; il avait subsisté 134 ans depuis sa fondation par Genséric.

GÉLINOTTE, nom donné à plusieurs oiseaux de l'ordre des gallinacés, compris dans les genres *tetras*, *pterocles* et *perdrix*. Les gélinottes ont beaucoup de rapports avec nos perdrix communes, pour la grandeur, le plumage et la pose. Les principales espèces sont la *gélinotte*, *poule des coudriers* (*tetras bonasia*), un peu plus grosse que la perdrix grise, d'un plumage agréablement varié de brun, de blanc, de gris et de roux, portant une bande noire transversale près du bout de la queue, et une huppe sur la tête : la gorge des mâles est noire ; la *gélinotte noire d'Amérique* (*tetras canadensis*), d'un brun assez foncé et nuancé de roux; la *gélinotte des Pyrénées* (*pterocles setarius*), plus allongée et plus forte que la perdrix, à plumage écaillé de fauve et de brun, la queue en pointe très-longue, par le prolongement des deux pennes du milieu; elle habite le midi de la France. Ces espèces, ainsi que plusieurs autres (*tetras fasianellus*, *senegalus*, *arenarius*, *perdix aragonica*), sont un gibier d'un goût exquis. P. Gaubert.

GELLE (Aulu). Voyez Aulu-Gelle.

GELLERT (Christian-Théotime), naquit en 1715, à Haynichen, dans l'*Erzgebirge*, où son père remplissait les fonctions de pasteur et n'avait pas médiocrement de peine à nourrir ses treize enfants. Aussi dès l'âge de onze ans, le jeune Christian Gellert dut-il par un travail de copiste contribuer à alléger les charges de sa famille. Son éducation, son goût pour la poésie et les lettres, le portèrent à choisir la carrière de l'enseignement, après une tentative malheureuse pour aborder la chaire évangélique. Il donna d'abord ses soins à l'éducation de deux jeunes gentilshommes danois; puis il ouvrit à Leipzig un cours public de littérature et de morale, qui obtint le plus grand succès. Tout en donnant des leçons particulières, il se livrait au travail de la composition littéraire et s'efforçait de doter son pays d'une gloire qui lui fût propre; et on peut dire que la bonté, la candeur, l'honnêteté de son âme, inspirèrent toujours sa muse. Le recueil de ses Fables rendit bientôt son nom populaire. Pleins de naturel et de bonhomie, comme ceux de notre grand fabuliste, d'ailleurs si supérieur à Gellert en génie, les apologues de ce dernier, aisément lus et compris de toutes les classes du peuple, leur faisaient en même temps comprendre et aimer toutes les vertus sociales, et les attachaient à l'auteur; ainsi qu'en témoignent bon nombre de traits naïfs. Gellert publia ensuite des contes, des comédies, et son roman intitulé *La Comtesse suédoise de C****. Ces publications furent toutes très-bien accueillies du public. Son roman était la première œuvre de ce genre qui eût paru en Allemagne. Il donna aussi à son pays le premier modèle du style épistolaire, en publiant le recueil de ses lettres avec une dissertation sur ce genre de style. Ses hymnes et ses odes sacrées suivirent cette publication.

La faiblesse de sa santé, ses habitudes mélancoliques et sa modestie le détournèrent de l'enseignement académique. Mais la cour de Saxe, pleine d'estime pour son mérite, le nomma professeur extraordinaire de philosophie. Son cours public sur la poésie et l'éloquence, et par la suite la lecture de son cours de morale, attirèrent constamment une grande affluence d'auditeurs. Les officiers y accouraient comme auprès de leur général. Gœthe, qui faisait son premier cours universitaire à Leipzig, fut l'un de ses disciples. Mais le génie qui a pris si souvent *Méphistophélès* pour interprète ne pouvait guère s'accommoder de la pure et douce morale professée par Gellert. Aussi la trouvait-il molle, efféminée, et bonne seulement à former des dupes. C'est ainsi qu'il s'en exprime dans ses mémoires, en citant ce mot comme d'un Français, que l'on pourrait fort bien prendre, sans courir grand risque de se tromper, pour un frère jumeau de l'auteur original du *Temple de Cnide*. Quoi qu'il en soit, la morale de Gellert devrait être celle de tout le monde, et restera toujours celle des cœurs que le monde n'aura pas corrompus.

Les travaux de Gellert augmentaient ses souffrances. Souvent, malgré lui, sa mélancolie dégénérait en tristesse et en abattement. Mais jamais ses maux ne furent à charge à ses amis ni à ses élèves. Le prince Henri de Prusse, frère du grand Frédéric, aimait à s'entretenir avec le bon professeur. Frédéric lui-même lui témoignait de l'estime. Plusieurs grands personnages s'empressèrent d'augmenter par des présents et des pensions le médiocre revenu de l'excellent professeur, que sa bienfaisance était toujours prêt à partager avec les malheureux. Ses besoins étaient très-bornés; il s'était habitué à vivre de peu. Il vit approcher avec joie la fin de ses longues souffrances, disant qu'il n'aurait pas cru qu'il fût si difficile de mourir. Sa mort, arrivée le 14 décembre 1769, causa un deuil universel. Peu d'hommes célèbres ont excité des regrets plus vifs et plus sincères. Une reine respectée pour ses vertus, Élisabeth, épouse du grand Frédéric, honora l'estimable écrivain, et s'honora elle-même, en traduisant en français ses *Poésies sacrées* et son *Cours de Morale* (Berlin, 1789). Ce cours avait déjà été traduit par M. Pajon (Utrecht et Leipzig, 1772). Il existe trois traductions de ses fables, de ses contes et de *La Comtesse suédoise*. Ses lettres ont été traduites par Huber et Mme de la Fite (Utrecht, 1775). Ses comédies, *La Fausse Dévote*, *les Tendres Sœurs*, *Le Lot gagné*, ont eu également les honneurs de la traduction. AUBERT DE VITRY.

GÉLON, roi de Syracuse, fils de Dinomène, naquit à Géla, en Sicile, vers 535 avant J.-C. Il se distingua dans les guerres qu'Hippocrate, tyran de sa patrie, eut à soutenir contre ses voisins, qu'il subjugua presque tous; peu s'en fallut même que Syracuse ne tombât alors en son pouvoir. Après la mort d'Hippocrate, Gélon s'empara de sa puissance, et sous prétexte de défendre les droits des enfants du tyran, il prit parti contre les citoyens. Quelque temps après, vers l'an 500 avant J.-C., il s'empara de Syracuse au moyen de quelques bannis qu'il y avait fait entrer, et qui décidèrent le peuple à lui en ouvrir les portes, abandonna Géla à Hiéron, son frère, agrandit, fortifia Syracuse et son territoire, et se créa des forces considérables : plusieurs victoires avaient déjà illustré son nom, et il possédait une marine redoutable, lorsque les Grecs, attaqués par Xerxès, implorèrent son secours : Gélon le promit, à condition qu'il serait général en chef de toutes les forces réunies; les Grecs refusèrent par orgueil. L'habileté de Gélon fut bientôt nécessaire à son pays. Les Carthaginois, voulant faire la conquête de la Sicile, envoyèrent une nombreuse armée, qui assiégea Himère; Gélon la défit, et imposa aux vaincus l'obligation de ne plus immoler de victimes humaines : c'était la première fois que dans un traité de paix on s'occupât des intérêts de l'humanité. Gélon voulut abdiquer; mais ses sujets le supplièrent de rester à leur tête; il travailla sans cesse à leur bonheur, et sa mort, arrivée l'an 477 avant J.-C., fut une calamité publique. Son frère Hiéron lui succéda. Plus de cent trente ans après, Timoléon, ayant rétabli la liberté à Syracuse, fit vendre toutes les statues des anciens rois, après avoir fait à chacune son procès, et avoir fait entendre de nombreux témoins. Celle de Gélon fut seule préservée par la reconnaissance publique. F. HATRY.

GÉMARE ou GHEMARA. *Voyez* TALMUD.

GEMBLOUX ou GEMBLOURS, petite ville wallonne, dans la partie septentrionale de la province de Namur (Belgique), dépendant autrefois de la province de Brabant, compte environ 2,300 habitants, est célèbre par la victoire qu'y remporta sur les Flamands le gouverneur espagnol don Juan d'Autriche, et plus encore par les restes grandioses de la magnifique abbaye de bénédictins qu'elle possédait jadis. Fondée, l'an 922, par saint Gilbert, descendant des rois francs, restée soumise à l'autorité immédiate du saint-siége jusqu'en 1503, époque où elle passa sous la juridiction du chapitre de Bursfeld, et dotée de priviléges importants, elle parvint bientôt à une telle splendeur, que, sous le titre de comté, elle prenait le premier rang parmi les états du Brabant. Cet éclat temporel de l'abbaye de Gembloux n'empêcha point les membres de l'ordre d'acquérir un grand et juste renom de savoir : et c'est leur compagnie qui, vers le commencement du douzième siècle, rédigea la chronique connue sous le nom de *Chronique de Sigebert de Gembloux*, l'une des sources les plus précieuses pour l'étude de l'histoire du moyen âge.

GÉMEAUX. Cette constellation occupe, selon l'ordre des signes septentrionaux, la troisième place dans le zodiaque. Cet astérisme est ainsi figuré dans nos almanachs). (Son nom, chez les Latins était *Gemini*, et chez les Grecs δίδυμοι, deux mots qui l'un et l'autre signifient *doubles* ou *gémeaux*. Cette constellation était l'amie des navigateurs dans l'antiquité; c'était sous son invocation que les vaisseaux étaient mis à la mer. Les Grecs et les Romains l'appelaient généralement *Castor et Pollux*, *Tyndarides*, *Dioscures*. L'existence de ces deux frères inséparables coïncida merveilleusement avec le phénomène de cet astérisme, dont les deux belles étoiles qui formulent la tête de chacun sont disposées de manière que l'une se lève quand l'autre se couche. En effet, les Gémeaux paraissent se tenir embrassés et descendre les pieds droits; ils semblent au contraire inclinés et couchés en se levant, Toutefois, Manilius nomme ce signe *Apollon et Hercule Égyptien*; mais *Horus et Harpocrate*, divinités que ne séparaient jamais les prêtres de Memphis, étaient plus généralement son appellation chez le peuple égyptien. Chez les Grecs, cet astérisme était le symbole de l'amitié; aussi l'appelaient-ils encore *Triptolème et Jasion*, ou *Amphion et Zétus*, et quelquefois *Thésée et Pirithoüs*.

Selon le catalogue de Flamsteed, les Gémeaux sont formulés par un groupe de quatre-vingt-cinq étoiles, dont la plupart ne sont point visibles à l'œil nu. Six d'entre elles seulement brillent d'un éclat plus ou moins remarquable : deux de la seconde grandeur, d'une belle lumière, et près du zénith, sont, l'une à la tête du Gémeau occidental, et l'autre à la tête du Gémeau oriental; à chacun de leurs pieds luisent, mais d'un plus faible éclat, deux autres étoiles placées de même et parallèles aux deux plus grandes; deux autres, indiquant les genoux, sont semblables à ces dernières. En réunissant avec des lignes les têtes et les pieds des Gémeaux, on a un parallélogramme. Les têtes des Gémeaux sont dirigées vers la grande Ourse et les pieds vers le magnifique astérisme d'Orion. Ils occupent l'espace du ciel qui est entre ces deux constellations; enfin, une ligne tirée de la grande Ourse aux Gémeaux, étant prolongée au delà leurs pieds, aboutirait à l'épaule orientale d'Orion, c'est-à-dire à l'étoile la plus orientale et la plus boréale de ce brillant astérisme. C'est du 19 au 23 mai que le soleil semble quitter la constellation du Taureau pour passer dans la partie du ciel occupée par les Gémeaux. Quand le soleil paraît arriver à l'extrême limite des Gémeaux, vers le 20 juin, l'hémisphère septentrional sort du printemps pour entrer en été; et, au contraire, l'hémisphère méridional voit son automne finir et commencer son hiver. DENNE-BARON.

GÉMILAH. *Voyez* DJÉMILAH.

GÉMINÉ (du latin *geminare*, doubler, redoubler, accoupler). En droit, les *actes géminés* et les *commandements géminés* sont ceux qui ont été réitérés. En botanique, l'on donne cette épithète aux parties des plantes qui naissent deux ensemble du même lieu, ou qui sont rapprochées deux à deux. Il y a des étamines, des folioles, des fleurs, des épines *géminées*.

On appelle *lettres géminées* celles qui, dans les inscriptions et les médailles, marquent toujours deux personnes : les lettres S et P dans COSS et IMPP, désignant deux consuls ou empereurs, étaient géminées ; il en était de même de celles IMPPP désignant trois empereurs. Nos deux MM. employés comme abréviation de *messieurs*, sont des lettres géminées, ainsi que LL. MM., LL. AA., *leurs majestés*, *leurs altesses*, etc.

GÉMISSEMENT. C'est une voix plaintive, tendre, pitoyable, inarticulée, qui s'échappe d'un cœur serré et oppressé. Il ne faut pas confondre le *gémissement* et la *lamentation*. La *lamentation*, dont le son est plus élevé et se prolonge davantage, est l'expression d'une affliction plus vive et plus prolongée : ainsi, l'on dit les *lamentations* et non pas les *gémissements* de Jérémie. Le *gémissement* n'annonce que la sensibilité; la *lamentation* marque en général une sorte de faiblesse. C'est ce qui faisait dire à Cicéron : « Le gémissement est quelquefois permis aux hommes, les lamentations ne le sont pas même aux femmes. » Que penser alors de ce pieux Énée, qui ne fait que gémir et qui à la première disgrâce s'abandonne aux lamentations?... Le *gémissement* est la plainte de l'âme ; c'est l'expression vocale de la souffrance, de la douleur, de l'affliction ou du mécontentement (*voyez* CRI). Dr GINIEZ.

GEMMA (REYNIER), surnommé souvent *Frisius*, à cause du lieu de sa naissance, savant physicien et mathématicien hollandais, naquit à Dockum, dans la Frise, en 1508. Il était professeur de médecine à l'université de Louvain ; mais il dut sa grande réputation à ses importants travaux relatifs aux mathématiques et à l'astronomie, parmi lesquels nous citerons les ouvrages suivants : *Methodus arithmeticæ; De usu annuli astronomici; De locorum describendorum ratione, deque distantiis eorum inveniendis; Libellus de principiis astronomiæ et cosmographiæ; Demonstrationes geometricæ de usu radii astronomici*, etc. Gemma jouissait dans le monde savant d'une considération telle que Charles-Quint l'invita souvent à venir à sa cour; mais il eut la modestie de s'y refuser, assez sage pour préférer la tranquillité de sa retraite toute philosophique aux honneurs que lui aurait fait rendre la faveur impériale. Il mourut à Louvain, en 1555.

Son fils, *Cornelius* GEMMA, né à Louvain, en 1535, mourut en 1579, laissant le renom de poëte, de philosophe et de physicien. Il fut professeur de mathématiques à l'université de Louvain. Entre autres ouvrages dont on lui est redevable, nous citerons la savante dissertation qu'il publia en 1573, à l'occasion de la nouvelle et brillante étoile qui apparut l'année précédente dans la constellation de Cassiopée, et qui disparut après être restée visible pendant dix-huit mois. Elle est intitulée : *De stella peregrina quæ superiori anno apparere cœpit*, etc.

GEMMAA GHAZAOUAH. *Voyez* DJEMMAA GHAZAOUAH.

GEMMATION, GEMMIPARITÉ (de *gemma*, bourgeon), reproduction des animaux ou des végétaux au moyen d'une sorte de corps reproducteurs qui ne sont ni des œufs ni des boutures, et qu'on désigne usuellement sous le nom de *bourgeons* (*voyez* BOURGEONNEMENT).

GEMME. *Voyez* PIERRES PRÉCIEUSES.

GEMME (Sel). *Voyez* SEL.

GEMMES ORIENTALES. *Voyez* CORINDON.

GEMMIPARITÉ. *Voyez* GEMMATION.

GÉMONIES (*Gemoniæ scalæ*), lieu où l'on suppliciait ordinairement les malfaiteurs, à Rome. C'était un endroit creux, une espèce de puits dans lequel on avait disposé des marches faites de telle manière, que les coupables une fois lancés roulaient sans pouvoir s'arrêter sur ces échelons rapides, se brisaient inévitablement avant d'arriver au fond du précipice et y trouvaient une mort horrible. Les Gémonies étaient situées dans la treizième région, où se trouvait placé le temple de Junon Reine. L'an de Rome 358, Camille les destina à exposer les corps des criminels à la vue du peuple; des soldats veillaient à ce que l'on n'enlevât pas les cadavres pour leur donner la sépulture, et les traînaient dans le Tibre avec un croc, lorsqu'ils tombaient en putréfaction. Ces horribles précautions inspiraient tant de terreur, que la superstitieuse populace de Rome croyait que les Gémonies étaient hantées la nuit par des esprits malfaisants. Elle jugea plus d'une fois du degré de culpabilité par la corruption plus ou moins rapide des restes des suppliciés.

GEMSCHID. *Voyez* DJEMSCHID.

GENCIVE. Ce mot, dérivé du substantif latin *gingiva*, sert à désigner un tissu rougeâtre et très-serré qui entoure les dents, les maintient en place et les affermit : à cet effet, il adhère fortement d'une part aux bords alvéolaires des mâchoires, et se continue avec la membrane dont l'intérieur de la bouche est revêtu. C'est sur les gencives que se manifestent les premières maladies dont l'homme est affligé. Elles accompagnent plus ou moins le douloureux travail de la *dentition*; à cette époque chanceuse de la vie des enfants, les gencives se tuméfient, rougissent, s'enflent et deviennent le théâtre d'une phlegmasie qui, retentissant au cerveau, cause souvent des convulsions, le délire, etc. Longtemps avant de voir apparaître les dents, les enfants tiennent leurs doigts dans la bouche en raison du prurit et de l'irritation légère qui s'accroît à mesure que l'époque dentaire se rapproche. Il faut dans les cas difficiles recourir à la chirurgie; car il est quelquefois nécessaire d'inciser crucialement les gencives pour favoriser la sortie des dents; dans d'autres cas, il convient de soustraire du sang sur ce tissu enflammé, soit par des scarifications, soit par des sangsues.

Chez les enfants, les gencives, comme la membrane muqueuse, se couvrent souvent d'*aphthes*. Ces inflammations, toutes superficielles et bornées qu'elles soient, mettent assez fréquemment la vie en danger par leur confluence et par la fièvre qui les accompagne. C'est principalement dans les saisons froides et humides, dans les pays marécageux, qu'on rencontre cette irruption confluente d'aphthes; elles sont aussi causées par une alimentation vicieuse ou insuffisante; mais comme cette affection se manifeste sur une surface beaucoup plus étendue que celle des gencives, on la traitera plus tard au mot MUGUET. Chez l'homme adulte, les affections des gencives sont encore communes et variées. On sait comment elles s'amollissent, pâlissent, se rétractent ou se gonflent et s'ulcèrent dans le *scorbut*. La tuméfaction et l'ulcération des gencives sont même considérées à tort par le vulgaire comme constituant cette maladie : elles sont le plus ordinairement des accidents inflammatoires, et elles cèdent plus facilement à une diète adoucissante et à des boissons rafraîchissantes qu'à la tisane et aux sirops antiscorbutiques. L'usage du mercure cause ordinairement un gonflement considérable des gencives, souvent suivi de la destruction de ce tissu et de la chute des dents : c'est un inconvénient très-grave qu'on ne peut quelquefois pas empêcher avec toute la prudence requise. Les gencives sont encore le siége de l'affection appelée *épulie*, qui débute par une tumeur isolée, et dont les terminaisons sont variables : tantôt elle demeure dure et indolente, tantôt elle s'abcède et devient un foyer sanieux, d'autres fois fongueux. La tuméfaction et l'ulcération des gencives, accompagnées d'une chaleur brûlante dans la bouche et de puanteur de l'haleine, sont souvent liées à une maladie de l'estomac, et c'est l'affection de ce viscère qu'il faut combattre pour guérir la bouche. Dr Charbonnier.

GENDARME, mot qui s'est d'abord écrit *gens d'armes*, et qui a été une corruption du terme très-ancien *la gent d'armes* (*gens armata*), c'est-à-dire la partie armée de la nation. Nous ne connaissons jusque ici aucune définition satisfaisante de ce terme, parce que, comme tous les mots fort anciens, moitié latins, moitié patois, celui-ci a changé maintes fois de signification. Les écrivains qui ont essayé de le traduire n'ont parlé que du temps où ils vivaient; ils n'ont donné qu'un chapitre de l'histoire du mot; ils ont laissé confus et presque inintelligible l'ensemble. En parlant de gens d'armes, s'agit-il des cavaliers (*caballarii*), au temps où la France ne parlait que latin, gens d'armes, armures, lances, feudataires, ou nobles, étaient alors même chose. S'agit-il des gens d'armes, nommés *kevaliers, quevaliers*, quand le patois commence à se franciser, ces gens d'armes étaient ce que, par un terme fort confus lui-même, les modernes ont appelé *chevaliers*. S'agit-il de ces gens d'armes combattant aux croisades, comme soldats à cheval, des troupes où les chevaliers étaient officiers ou *chevetains*, c'était le premier essai d'une cavalerie moins mal constituée que celle qui jusque là ne se composait que de gendarmes, ou de chevaliers. S'agit-il de ces gens d'armes devenant *gendarmes*, s'appelant indifféremment hommes d'armes, et servant dans les compagnies d'ordonnance, non plus sous des chevaliers, mais sous des capitaines, et continuant à être armés de fer; s'agit-il des gendarmes chefs de lance garnie, ou de ceux qui, le terme étant tombé en désuétude depuis un siècle, et l'armure ayant disparu pièce à pièce, devenaient cavalerie privilégiée dans la garde du souverain, c'étaient des troupes caractérisées par une dénomination disant le contraire de ce qu'elle voulait dire, puisque ces gendarmes n'étaient plus vêtus que de buffle ou de drap, et que rigoureusement *gens armata* signifiait race habillée de fer. S'agit-il de ces gendarmes dont le titre, succédant, en 1791, à une appellation effacée du vocabulaire depuis 1786, n'avait aucun des caractères des gendarmes de toutes ces différentes périodes? Combien n'est-il pas à regretter que, dans l'armée française, quand une institution nouvelle voyait le jour, il ne fût jamais créé un mot qui en accusât la spécialité; c'est une des causes, c'est la principale cause des erreurs grossières où tombent ceux même qui étudient, et de l'ignorance profonde où restent ceux qui n'étudient pas.

Le ministre Saint-Germain ayant licencié les gendarmes de la maison militaire de Louis XVI, et son successeur presque immédiat ayant réformé ceux de Lunéville, dits *petite gendarmerie*, il n'y avait plus de gendarmes sur pied en 1784. Mais l'Assemblée constituante donna ce nom aux cavaliers de la maréchaussée, ou de la police royale, sans réfléchir qu'elle faisait revivre improprement une qualification qui avait été pendant des siècles uniquement *féodale* et synonyme de *soldat noble*, ou lancier armé de toutes pièces.

En même temps que ces gendarmes, il en existait d'autres, intrépides aventuriers, brillants déserteurs. Ceux-là composèrent une troupe à pied, dont le certificat de vie était un arrêt de mort, puisque le décret d'institution défendait qu'ils se recrutassent; ils étonnèrent l'armée de Sambre et Meuse par des prodiges de valeur; mais ils étaient tellement l'opposé des anciens gendarmes gentilshommes, que l'esprit républicain, en présidant à leur création, avait voulu que tous leurs officiers fussent au choix des soldats, et redevinssent annuellement simples soldats. C'était le chef-d'œuvre de la déraison et le triomphe du chaos.

Il nous est resté de l'organisation de 1791 la gendarmerie chargée de la police de l'empire, cette gendarmerie tour à tour *départementale*, *impériale* et *royale*, puis encore *départementale, nationale* et *impériale*, sage et utile troupe, espèce de magistrature armée, à cheval, pour laquelle il n'y a ni temps de paix ni temps de guerre, et toujours des temps de dangers et des occasions de dévouement. En outre, nous avons aujourd'hui des *gendarmes de la garde impériale* à pied et à cheval. Les colonies, l'Algérie, les corps d'armée en campagne ont aussi leurs *gendarmes*. Gal Bardin.

GENDARMERIE. Les vieux auteurs ont écrit : *gens d'armerie, gent d'armerie*. C'était une locution estropiée et barbare, dont l'usage a repétri en un mot concret la périphrase et prononcé la légitimation; il est beaucoup moins ancien que le mot *gendarme*, et a surtout commencé à se répandre quand les gendarmes, d'abord hommes fieffés, sont devenus guerriers volontaires, sous les noms de compagnies d'ordonnance, compagnies de cent lances, et de gendarmerie de la maison du roi. Ces guerriers ont été au service du monarque, des princes, des dignitaires, et se sont séparés des chevau-légers, qui constituaient jusque là leur lance garnie, leur clientèle, leur suite armée. La gendarmerie a commencé alors à se dessiner sous un titre plus net : c'était la grosse cavalerie du temps, la cavalerie à armure complète, tandis que les chevau-légers, devenus des dédoublements des gendarmes, n'étaient qu'une cavalerie à demi-armure. La gendarmerie de la maison du roi, créée par Henri IV, et admise dans la garde du monarque par Louis XIII, fut une modification de l'ancienne gendarmerie : elle participait plutôt de la cavalerie légère que de l'autre cavalerie; elle n'avait conservé aucune pièce d'armure, pas même le casque. Son uniforme était écarlate, chargé d'agréments et de galons d'or sur toutes les coutures, avec des parements de velours noir. Les étendards étaient de satin blanc, relevés en broderie d'or, portant pour emblème un foudre, avec cette devise : *Quo jubet iratus Jupiter.* Au retour d'une campagne, comme les chevau-légers, elle les déposait dans la ruelle du lit du roi, leur capitaine. Elle fut abolie en partie sous le ministère de Saint-Germain; les ministres qui lui succédèrent en firent disparaître les restes, qu'on appelait *gendarmerie de Lunéville*. Elle reparut un instant en 1814 pour disparaître définitivement en 1815.

Une troupe chargée du maintien de la police de la France échangea, un peu plus tard, son nom de maréchaussée contre celui de *gendarmerie départementale;* elle devint impériale et corps impérial, quoiqu'elle ne fût ni plus ni moins *impériale* que le reste de l'armée; mais tel est l'abus trop fréquent des dénominations vaniteusement sollicitées malgré leur insignifiance, et obtenues en dépit de la logique. Dans le principe, cette gendarmerie, ou du moins la maréchaussée à laquelle elle succédait, était un corps à la fois militaire et civil. Aussi ses officiers n'étaient-ils justiciables que des tribunaux civils; il n'en a plus été ainsi, non que la loi s'en soit expliquée, mais parce que le corps a été considéré positivement comme une partie intégrante de l'armée.

Le décret du 1er janvier 1791 partageait le corps de la gendarmerie en vingt-huit divisions, et en mille cinq cent soixante brigades; chaque division était une réunion de deux compagnies, et obéissait à un colonel; chaque brigade se composait de cinq gendarmes commandés par un maréchal des logis ou par un brigadier; il y avait, sauf quelques exceptions, quinze brigades par département. Huit officiers généraux étaient les inspecteurs du corps. La robe-courte, nommée aussi *gendarmerie judicielle*, se transforma en gendarmerie des tribunaux. Le décret du 5 juin 1792 augmenta les brigades à cheval, reconnut des brigades à pied, et distribua la gendarmerie en légions; la gendarmerie détachée aux armées, pour y maintenir la police, fut placée en 1809 sous les ordres d'un grand prévôt, officier dont le titre, aboli longtemps, a depuis été rétabli, ayant un rang et des fonctions mal connus; il ne se trouve plus en harmonie avec les institutions d'une armée où il n'y a ni prévôts particuliers, ni prévôtés, ni jugements prévôtaux, ni exécuteurs de haute justice. Sous le premier empire, la gendarmerie, partagée en cinquante-huit escadrons, fut augmentée d'une *gendarme-*

rie d'élite faisant partie de la garde impériale. Sous la Restauration, il y eut dans la garde royale un corps de luxe nommé *gendarmerie des chasses*. Gal BARDIN.

Aujourd'hui la gendarmerie chez nous se compose : 1° de vingt-six légions pour le service de nos quatre-vingt-six départements et de l'Algérie ; 2° de la gendarmerie coloniale, comprenant quatre compagnies pour la Martinique, la Guadeloupe, la Réunion, la Guyane, et un poste de trois brigades aux îles Saint-Pierre et Miquelon ; 3° d'un régiment de deux bataillons de gendarmerie de la garde impériale, ancienne *gendarmerie mobile*, puis *gendarmerie d'élite* ; 4° d'un escadron de la gendarmerie à cheval de la garde impériale ; 5° de la garde de Paris, naguère *garde républicaine*, précédemment *garde municipale* ; 6° d'une compagnie de gendarmes vétérans : en tout 25,000 hommes environ. Comme jadis la maréchaussée, la gendarmerie est établie pour veiller à la sûreté publique et pour assurer dans l'empire et aux armées le maintien de l'ordre et l'exécution des lois. « Cette admirable milice, lisons-nous dans un rapport du ministre de la guerre à l'empereur (1854), tête de colonne de l'armée, porte inscrits sur ses drapeaux et étendards les deux mots *Valeur et discipline*. Son service à cheval compte près d'un tiers en plus de sa force totale, et forme le quart à peu près de la cavalerie réglementaire en temps de paix. Cette force de près de 14,000 chevaux est la plus belle, la plus solide, la plus imposante cavalerie du monde ; elle égale en composition, en instruction, en discipline, la gendarmerie de l'empire, si renommée.

« En 1811, alors que la gendarmerie impériale comptait trente-quatre légions, que ces brigades faisaient le service de guerre en Espagne et couvraient les départements lointains du Zuyderzée et de l'Ombrone, son effectif ne s'élevait qu'à 25,513 hommes, dont 15,000 environ de cavalerie.

« Les temps difficiles que nous venons de traverser ont mis en relief le moral militaire de ces soldats et leur inébranlable dévouement à la cause de l'ordre et des lois. Un fait inouï prouve jusqu'à quel point brillent dans ce corps la moralité et l'honneur : des comptes de la justice militaire depuis dix ans il résulte que cette troupe de 20 à 25,000 hommes n'a à traduire annuellement devant les tribunaux qu'un ou deux des siens prévenus d'actions qualifiées crimes ou délits par la loi.

« Napoléon avait donné à la gendarmerie le caractère de magistrature armée, qu'elle a conservé depuis, et qui n'a fait que se développer chez ces hommes d'élite, recrutés parmi les mieux notés et les plus éprouvés de nos régiments. Sentinelle infatigable, elle veille aux intérêts communs ; elle est là où se trouve un droit à défendre, un individu à protéger. Auxiliaire des organes de la loi, son active surveillance est le plus solide fondement du bon ordre ; ses informations promptes et exactes sont la garantie de la sécurité publique.

« L'abnégation du guerrier, a dit un écrivain, est une croix plus lourde que celle du martyr. Qui poussa jamais plus loin cette abnégation que ces hommes esclaves du devoir, qui jouent chaque jour leur vie, soit contre les hasards d'une rencontre avec des malfaiteurs, soit contre le fléau destructeur de l'inondation et de l'incendie ?

« Les magnifiques états de service de ce corps d'élite prouvent à quel point chacun de ses membres a compris qu'il était solidaire de l'honneur de tous. »

Pour coordonner toutes les mesures importantes qui le concernent, un décret du 16 novembre 1851 a rétabli le *comité de la gendarmerie*, chargé d'examiner toutes les questions intéressant l'arme. Un autre, du 1er mars 1854, porte règlement sur l'organisation et le service de la gendarmerie. C'est un code complet de la matière à notre époque.

GENDEBIEN (ALEXANDRE), né à Mons, en 1790, d'une famille honorable, fit ses études à Bruxelles, où il fut reçu avocat ; et par le talent ainsi que par la loyauté dont il fit preuve dans l'exercice de cette profession, il acquit une clientèle aussi étendue que lucrative. De bonne heure aussi il prit part à l'agitation politique provoquée parmi ses concitoyens par les fautes du roi Guillaume ; et ce fut lui qui défendit M. De Potter, lors du second procès que lui fit intenter le pouvoir en 1830. Quand éclata la révolution de Septembre, le souvenir de la part importante qu'il avait prise à la lutte soutenue contre un régime antinational et oppressif était trop récent pour qu'on ne le comprît pas au nombre des membres du gouvernement provisoire qui se constitua alors. Quoique démocrate, il travailla d'abord à faire élire pour roi des Belges un prince de la famille d'Orléans. Les deux missions qu'il vint remplir à Paris en octobre 1830 et celle qu'accepta tout aussitôt après dans le même but M. Van de Weyer, échouèrent également. Cependant, il n'en vota pas moins le 3 février 1831 en faveur de la candidature du duc de Némours. Sous la régence de M. Surlet de Chokier, il accepta le portefeuille de la justice.

Après l'élection du prince Léopold de Saxe-Cobourg, il eut pu, avec moins de désintéressement, se faire adjuger comme tant d'autres quelque bonne et brillante sinécure ou de lucratives fonctions. Mais on vit alors cet homme, de formes si douces et d'un caractère si bienveillant, se distinguer par la violence de ses motions, par l'âcreté de sa parole, et se poser le défenseur *quand même* des principes démocratiques. C'est ainsi que, à l'occasion des premiers discours adressés au roi par M. de Gerlache en qualité de président de la chambre, il lui donna dans les journaux une sévère leçon de dignité. M. de Gerlache avait prosterné la chambre *aux pieds* du monarque ; Gendebien la releva d'une main vigoureuse. En 1833 il proposa de mettre en accusation le ministre de la justice, pour violation de la constitution. Ce fut après une de ces luttes parlementaires, que, quelques mots amers ayant été échangés entre lui et son ancien collègue Rogier, un duel leur mit le pistolet à la main. Il se prononça surtout avec une grande énergie contre toute concession à la diplomatie européenne, et en particulier contre l'abandon du Luxembourg. Enfin, fatigué de frapper dans le vide, il résigna son titre de député, et revint à ses affaires, qu'il avait trop négligées, et que sa nombreuse famille lui faisait un devoir de ne plus sacrifier à des abstractions patriotiques. Il continua seulement de siéger encore pendant quelque temps au conseil municipal, où il fit de l'opposition comme à la chambre ; mais là encore, comme à la chambre, il a fini par abandonner le champ de bataille. M. Gendebien s'est du moins retiré avec les honneurs de la guerre ; il a emporté avec lui la réputation d'une probité sans tache.

GENDRE. La racine de ce nom est grecque ; on le donne à l'homme qui a épousé une fille, par rapport au père et à la mère de celle-ci. Un *gendre* n'est qu'un enfant de plus ; mais les intérêts pécuniaires qu'il lui faut démêler avec les père et mère de sa femme en font souvent un ennemi de ceux-ci, quand la coutume du pays est de doter les filles et qu'elles héritent. Dans les classes élevées, les relations de famille sont accompagnées de formes polies, qui déguisent l'avidité et tous les sentiments bas dont elle est la source, ce qui n'empêche pas les procès d'être assez fréquents entre les *gendres* et les beaux-pères. La Bruyère a dit : *Un beau-père aime son gendre, une belle-mère aime son gendre.* Tous deux commencent, il est vrai, par se dévouer à celui de qui dépend le bonheur de leur fille ; mais si, par ses vices ou ses défauts, il rend l'existence de leur fille insupportable ; si elle est victime de ses désordres, ou de ses violences, au point de ne pouvoir les dissimuler, cette première tendresse des parents pour le *gendre* se change en aversion profonde. Quelquefois les mères persévèrent après le mariage de leurs filles à vouloir les guider dans le monde, et, loin de réprimer la légèreté, l'étourderie, les passions inséparables de la jeunesse, elles les encouragent par leur imprévoyance et leur défaut de principes : c'est le *gendre* alors qui a raison de s'indigner et de rompre tout commerce avec sa belle-mère. Les pères, moins faibles, moins occupés de leurs filles, assez disposés à l'indulgence quand il s'agit de leur sexe, se rendent moins coupables envers leurs *gendres*, et leur pardonnent davantage. Cependant, il est moins rare de voir un gendre d'accord avec les parents de sa femme qu'une bru d'accord avec les parents de son mari.

Csse DE BRADI.

GÊNE, tout ce qui comprime nos mouvements, soit au moral, soit au physique. Dans bien des circonstances, la gêne, sans causer toujours un mal réel, se convertit à la longue en un véritable supplice, et gâte les positions les plus brillantes. Il est des hommes qui, par la sévérité de leur caractère ou la hauteur de leurs manières, mettent à la gêne ceux même qu'ils aiment le plus : le maréchal de Monfluc regrettait vivement un de ses fils, mort jeune à la guerre, et auquel il n'avait jamais permis de s'épancher en sa présence. Dans l'intimité, on est rarement tout à fait heureux avec les gens d'un caractère froid : ils arrêtent toute espèce d'effusion : on peut les aimer pour leurs bonnes qualités, on peut leur devoir de la reconnaissance, mais on est toujours *à la gêne* avec eux.

Comme rien n'embarrasse plus que d'avoir, en fait d'argent, son compte tout juste, on a appliqué à cet état fâcheux le mot de *gêne*. Ce n'est au reste ni pauvreté, ni détresse, car avec d'immenses revenus et certains vices on peut vivre dans une sorte de *gêne continuelle*.

Les hommes qui embarrassent le plus dans le monde sont ceux qui ont pris l'habitude de vivre toujours *sans gêne*. Sous des dehors pleins de franchise et de bonhomie, ils suivent avec persévérance un plan d'égoïsme que rien ne peut troubler : à force de prendre sur les uns, d'usurper sur les autres, ils finissent par posséder tout ce qu'il y a de plus agréable et de plus avantageux; enfin, se dégageant de certaines bienséances, ils restent les maîtres partout où ils sont reçus.

SAINT-PROSPER.

GÉNÉALOGIE. Ce mot, composé de deux mots grecs, γένος, race, et λόγος, discours, signifie histoire des parentés et des alliances d'une famille. On voit dans l'Ancien et le Nouveau Testament quelle importance la généalogie avait chez les Hébreux; les évangélistes nous ont transmis celle de Jésus-Christ. *Généalogie* était jadis synonyme de noblesse. Ainsi, l'on disait, en parlant d'un homme qui voulait se faire passer pour noble : « Cet homme se pique de *généalogie*, cet homme parle toujours de sa *généalogie*, etc. » A cette époque, comme beaucoup de charges et d'emplois, même inférieurs, n'étaient accessibles qu'à ceux qui pouvaient prouver leur noblesse, ou au moins un certain nombre d'aïeux, la *généalogie* était une chose importante. On n'eût pas été reçu, par exemple, dans les chapitres de Lyon, de Vienne, etc., si l'on n'avait démontré qu'on possédait tant de *quartiers*; et pour entrer dans certains ordres militaires, il fallait apporter la même preuve authentique. Nous sommes redevables à cette circonstance d'un des derniers manuscrits sur parchemin qui aient été et seront jamais exécutés, et qui est aussi l'un des plus beaux. C'est le registre généalogique de l'École militaire de Saint-Cyr, actuellement déposé à la Bibliothèque impériale. Par suite de ce que nous venons de dire, il est facile de concevoir que les fonctions de *généalogiste*, loin d'être, sous l'ancien régime, aussi futiles qu'elles nous sembleraient aujourd'hui, qu'il n'y a plus ni noblesse ni généalogie sérieuse, étaient, au contraire, fort importantes. Le célèbre d'Hozier, dernier généalogiste royal, était un homme fort instruit, versé profondément dans la connaissance des vieux titres et des anciens instruments, et qui a rendu de véritables services à la vieille noblesse en l'éclairant souvent sur les limites ou l'origine de ses possessions. Malheureusement, tous les généalogistes n'étaient ni aussi fidèles ni aussi consciencieux. Quelques-uns se laissèrent corrompre par cet amour-propre qui a créé les distinctions parmi les hommes, et qui les engagea à fabriquer des titres de noblesse aux parvenus assez vains pour en vouloir. Ce fut probablement ce qui donna lieu à ce proverbe : « Menteur comme un *généalogiste*. »

On appelle *arbre généalogique* une colonne dont le fût ressemble en effet au tronc d'un arbre dont s'échapperaient des branches marquant dans leur longueur, sous différentes formes, mais le plus souvent en de petits écussons, les divers degrés de parenté et la descendance d'une famille. Ces arbres généalogiques furent jadis un très-grand objet de luxe. On en attribue l'invention aux Arabes, qui s'en servent pour consacrer la généalogie de leurs chevaux.

Achille JUBINAL, député au Corps Législatif.

GÉNÉALOGIE DE JÉSUS-CHRIST. La manière dont cette généalogie est écrite dans les évangiles de saint Matthieu et de saint Luc présente quelques difficultés. Selon saint Luc, Joseph, époux de Marie, est fils d'Héli, et saint Matthieu lui donne pour père Jacob; saint Matthieu fait descendre le Christ de David par Salomon, et saint Luc par Mathan; saint Matthieu promet la généalogie de Jésus-Christ, et il donne celle de Joseph, qui n'est pas son père. Notre intention n'est pas d'examiner à fond toutes ces difficultés, mais seulement d'indiquer les différentes solutions qu'en ont données les écrivains ecclésiastiques.

Ce qui est difficulté pour nous ne l'était pas au temps où les évangélistes écrivaient : les tables généalogiques, conservées religieusement chez les Juifs, étaient là pour justifier l'origine de chaque famille, et pour confondre celui qui aurait osé se donner une noblesse qu'il n'avait pas. Le but des deux écrivains sacrés est de montrer que Jésus descendait de David : si leurs généalogies sont fausses, rien n'était plus facile que de les convaincre d'imposture, ce que les Juifs contemporains n'eussent pas manqué de faire, et leur silence en cette matière est une preuve que les évangélistes ont dit vrai; mais s'ils ont dit vrai, il n'existe entre eux aucune contradiction ou du moins elle n'est qu'apparente.

Mais d'où vient la différence qui se trouve dans les deux généalogies? Des interprètes ont pensé que les deux évangélistes ont donné la généalogie de Joseph, l'un selon la nature, l'autre selon la loi : Jules Africain, dans sa lettre à Aristide, prétend avoir appris des parents mêmes du Sauveur que Mathan, qui descendait de David par Salomon, engendra Jacob, d'une femme nommée Estha; qu'à la mort de Mathan, Melchi, autre descendant de David par Mathan, épousa la même femme, et en eut Héli, autrement Éliachim ou Joachim, d'où il suit que Jacob et Héli auraient été frères utérins. Héli étant mort sans enfants, Jacob, son frère, aurait épousé sa veuve, conformément à la loi de Moïse (*Deut.*, XXV), et en aurait eu Joseph, lequel se serait ainsi trouvé fils de Jacob selon la nature, et fils d'Héli selon la loi. Mais l'opinion la plus naturelle et la plus généralement suivie, c'est que saint Matthieu a donné la généalogie de Joseph, et saint Luc celle de Marie. Le premier, qui fait descendre ses générations d'Abraham à Jésus-Christ, se sert continuellement du mot *engendra*, qui ne peut s'entendre que d'une filiation naturelle : *Jacob engendra Joseph, époux de Marie*, c'est bien la généalogie de Joseph. Le second, qui fait remonter la suite des ancêtres de Jésus jusqu'à Adam, n'emploie en grec qu'un génitif perpétuel, que nous traduisons par : *qui fut fils*, ce qui s'entend aussi bien de l'adoption ou de l'alliance que de la nature : ainsi Joseph, qui fut fils d'Héli, signifie que Joseph fut fils par alliance, ou gendre d'Héli, père de Marie. En faveur de cette opinion, nous pouvons citer le Talmud (titre *Sanhédrin*), où il est dit que Marie mère de Jésus était fille d'Héli. La même solution pourra nous servir à expliquer comment Salathiel, père de Zorobabel, se trouve à la fois fils de Jéchonias et de Néri : il était fils du premier et gendre du second. Ces raisonnements ne sauraient aller jusqu'à la démonstration, aujourd'hui que les titres authentiques n'existent plus; mais ils suffisent pour montrer que les deux évangélistes peuvent être facilement conciliés.

Pour faire la généalogie de Jésus-Christ, dit-on, à quoi bon donner celle de Joseph, qui n'était point son père? Il paraît que cette difficulté n'avait rien de bien grave pour saint Matthieu ni pour ceux auxquels il adressait son Évangile, car, après avoir tracé sa généalogie pour montrer que le Christ était issu de David, il n'hésite pas de nous dire que Joseph n'était pas le père de Jésus; il savait donc aussi bien que nous que Jésus ne descendait de David que par sa mère. — Alors c'était la généalogie de Marie qu'il fallait donner. — Non : prouver que Joseph était du sang de David, c'était le prouver également pour Marie. — Comment? — Parce que, d'après la loi, Marie n'avait pu se marier que dans sa parenté. — Mais cette loi avait souffert plus d'une exception : sans parler de plusieurs étrangères, telles que Rahab et Ruth, qui figurent dans la généalogie de Jésus, combien de femmes s'étaient mariées ailleurs que dans leur tribu! Michol, de la tribu de Benjamin, était la femme de David; Josabeth, du sang royal de Juda, était mariée au grand prêtre Joïada. — S'il était libre aux filles qui n'avaient point de part dans l'héritage de se marier où elles voulaient, celles qui étaient héritières, c'est-à-dire qui n'avaient point de frères, étaient obligées de se marier non-seulement dans leur tribu, mais dans la famille de leur père, afin que l'héritage demeurât dans la famille et qu'il n'y eût point de confusion dans les biens (*Num.*, XXXVI). Or, Marie, unique héritière d'Héli ou Héliachim, n'avait pu épouser qu'un parent; par conséquent, si Joseph descendait de David, Marie en descendait aussi. D'ailleurs, il fallait faire voir en Jésus-Christ l'héritier légitime de David; la généalogie de Marie seule ne pouvait donner cette preuve. Jésus passait pour le fils de Joseph, il l'était aux yeux du public, il l'était aux yeux de la loi, suivant cette maxime : *Pater is est quem justæ nuptiæ demonstrant*. Prouver que Joseph était fils David, c'était donner la preuve légale que Jésus avait droit à l'héritage de ce monarque.

Mais tout cela ne prouve pas que Jésus soit descendu de David. — C'est pour cela que saint Luc a donné la généalogie de Marie. Voulez-vous une filiation légale? Saint Matthieu vous la donne par Joseph, père de Jésus selon la loi; demandez-vous une filiation de sang? vous la trouverez dans saint Luc, par Marie, sa mère selon la nature. Il nous resterait encore à examiner pourquoi saint Matthieu a partagé sa généalogie en trois séries de quatorze générations; comment, pour ne pas déranger son plan, il a rayé, d'un trait de plume, les trois rois Ochosias, Joas et Amasias, de la race de David, et sauté près d'un siècle pour faire Osias fils de Joram. Pour ces questions et d'autres encore, qu'on pourrait soulever, nous préférons renvoyer aux commentateurs, qui les ont toutes résolues; voyez entre autres les *Réponses critiques* de Bullet. L'abbé C. BANDEVILLE.

GENELLI (BONAVENTURA), dessinateur plein d'imagination et d'originalité, est né à Berlin en 1803. Après avoir suivi pendant deux années les cours de l'Académie de cette ville, il se rendit en 1820 à Rome, où il fit un séjour de douze années consécutives, employées à se perfectionner dans son art d'après l'exemple et les conseils des artistes allemands au milieu desquels il y vécut, et notamment de Cornelius. Ce qui dominait chez lui, c'était une hâte extrême dans la production de ses idées et une tendance toute particulière à inventer et à créer; qualités qui s'opposaient à ce qu'il apportât toujours beaucoup de fini dans son exécution, du moins pour les grands sujets. Il le prouva bien à son retour d'Italie à Leipzig, où il entreprit de peindre dans l'édifice appelé *das Rœmisches Haus* une suite de scènes empruntées au mythe de Bacchus, mais où il n'acheva que quelques petites figures placées au-dessus des fenêtres et la composition du plafond (Bacchus et les Muses qui dansent pendant que Comus joue de la musique).

Genelli vint alors se fixer à Munich. Ses nombreux dessins, dont les sujets sont empruntés à tous les ordres d'idées, aux souvenirs classiques, au domaine de l'imagination ou encore aux mille détails de la vie commune, sont aujourd'hui répandus dans toute l'Europe. Nous nous bornerons à mentionner ici les principaux : *Hercule jouant de la lyre; Marche triomphale de Bacchus et d'Ariadne; Un Tigre avec ses petits et des Amours; Eliézer mettant à Rebecca ses bracelets*, figures éminemment orientales et pleines de caractère; *L'Enlèvement d'Europe; Samson et Dalila; La Vision d'Ezéchiel; La Destruction de Sodome; La Vie d'un Prodigue*, en 18 feuilles, qui ont aussi été gravées; une *Tête colossale de don Quichotte*, d'un effet extraordinaire; 25 esquisses pour l'Homère de Voss, gravées par Genelli lui-même; *Jason et Médée*, pour l'Album des artistes allemands; *Esope assis sur un rocher et récitant ses fables au peuple*, œuvre de la conception la plus grandiose; esquisses pour la *Divina Commedia* du Dante, 36 feuilles publiées à Munich, et gravées aussi par Genelli; *la Vie d'une Sorcière*, en 10 feuilles, gravées par Merz et Gouzenbach, texte d'Ulrici. Les compositions de Genelli abondent en idées neuves et frappantes; et quelquefois cette abondance est telle qu'elle leur nuit. Ce qui les distingue éminemment, c'est quelque chose de grandiose et de majestueux, c'est la grâce et la douceur, c'est le sentiment du beau antique.

GÉNÉRAL. Ce titre indique un officier militaire qui commande plusieurs corps de troupes et de différentes armes, sans appartenir à aucun en particulier. Le plus élevé en grade des officiers attachés à une troupe qu'il commande toujours est le colonel; au-dessus de lui viennent les généraux, qui forment eux-mêmes aujourd'hui en France dans l'armée de terre trois degrés hiérarchiques : les *généraux de brigade*, les *généraux de division*, et les *maréchaux*. Dans d'autres pays, on y ajoute différents autres échelons, qui, à les bien considérer, ne sont que des classifications se réduisant en principe aux trois degrés que nous avons indiqués ci-dessus : ce sont les brigadiers, les généraux d'infanterie, de cavalerie, d'artillerie, les capitaines généraux, etc. Nous avons compris les maréchaux au nombre des grades militaires, quoique, selon quelques personnes, le maréchalat soit simplement une dignité, parce que depuis long temps (vers 1200) ils ne sont plus employés qu'aux armées, et qu'ils ne sont choisis que parmi les généraux.

L'origine de l'emploi du titre de *général* comme appellatif des grades supérieurs militaires, quoiqu'elle ne soit pas très-ancienne, ne saurait cependant pas être fixée avec précision. Il n'y a dans la hiérarchie militaire aucun grade qui soit désigné par le titre seul de *général*. Cependant, ce mot était nécessaire, et rien ne peut exprimer plus clairement l'ensemble des officiers supérieurs qui commandent une portion plus ou moins grande d'une armée, formée de plusieurs corps distincts, que le titre d'*officiers généraux*.

L'emploi des officiers généraux a beaucoup varié. Il fut d'abord fixe dans la nature et l'étendue du commandement de chaque grade. Chez les Grecs, les trois grades d'officiers généraux étaient le *mérarque*, le *phalangarque* et le *polémarque*, ou *stratége*, ou *général en chef*. Chaque armée, formée régulièrement, se composait d'un nombre déterminé de phalanges simples, dans l'organisation desquelles étaient compris les deux premiers officiers généraux. Chez les Romains, pendant la durée de la république, les officiers généraux étaient les *tribuns militaires*, au nombre de six dans chaque légion, et dont chacun la commandait à son tour; les *légats*, ou lieutenants généraux, choisis par le général en chef, et qui n'avaient point de commandement fixe; les *questeurs*, majors et intendants généraux; et les généraux en chef, *préteurs* ou *consuls*, et par conséquent magistrats de la république. Sous les empereurs jusqu'à Constantin, les généraux en chef ne furent plus que les légats, ou lieutenants généraux de l'empereur, quoique toujours pris parmi les citoyens qui avaient au moins exercé la questure. Les légions eurent chacune un tribun, ou préfet, pour commandant en chef; la cavalerie fut organisée par ailes ou brigades, ayant chacune son chef. Plus tard, l'emploi dans les armées de corps auxiliaires étrangers, la plupart pris parmi les barbares, tour à tour alliés et ennemis de l'empire, multiplia le nombre des officiers généraux, qu'on pourrait appeler *hors ligne*, puisqu'ils n'appartenaient plus à l'organisation nationale de l'armée en légions : chacun de ces corps eut pour chef un officier général romain, ou étranger. Les officiers généraux commencèrent à être choisis dans la domesticité du palais, soit parmi les gardes du corps, soit parmi les écuyers, notaires, trésoriers ou chambellans du maître. Un très-petit nombre, parmi lesquels il ne faut pas oublier le grand-chambellan Narsès, le vainqueur des Goths, justifièrent l'anomalie; les autres ne firent que hâter la décadence de l'empire. A cette même époque se rapporte la création d'un nouvel ordre d'officiers généraux : ce furent les généraux d'infanterie (*magistri peditum*), ceux de cavalerie (*magistri equitum*), les généraux en chef (*magistri militum*, ou *utriusque militiæ*); les préfets du prétoire, autrefois commandant la garde impériale, furent portés au nombre de quatre, et leurs fonctions devinrent celles de nos ministres de la guerre.

Après la destruction de l'empire romain, on trouve des chefs de corps et des commandants d'armées, mais aucun officier général proprement dit, jusqu'à l'époque où les armées recommencèrent à prendre une organisation régulière ou à peu près, époque qui ne remonte pas plus haut que la fin du douzième siècle. On rencontre bien au dixième siècle (987) un grand-sénéchal, commandant des armées; mais ce n'était dans le fait qu'un office de palais, ainsi que l'indique son titre (*sinist-skalk, magister domesticorum*). C'est à partir du règne de Philippe-Auguste que furent créés les officiers généraux, qu'on vit ensuite à la tête des troupes : ce sont les maréchaux (1185), les grands-maîtres des arbalétriers (1270) et de l'artillerie (1479), les capitaines généraux (1302), les lieutenants généraux (1430), les colonels généraux (1544), les mestres de camp généraux, et les maréchaux de camp (1552). Les fonctions et l'étendue du commandement de ces officiers généraux n'avaient rien de fixe et dépendant de l'organisation des armées, qui était elle-même un chaos. Ce ne fut qu'au commencement de la révolution (1793) que cette organisation reçut la forme régulière qu'elle a encore conservée de nos jours : alors les officiers généraux prirent des dénominations correspondantes à leurs fonctions et à leur commandement, qui devint fixe; alors aussi cessa le chaos de la composition capricieuse des états-majors, avec toutes les petites rivalités et les petites intrigues qu'on n'avait que trop vues jusque là. Le nombre des grades d'officier général fut réduit à deux, *général de brigade* et *général de division*. Celui de *général en chef* ne fut plus qu'une commission temporaire donnée par le gouvernement, celui de *lieutenant général* une autre commission du général en chef, pour le commandement d'une partie de l'armée. Lorsque l'empire vint avec ses besoins monarchiques, on vit reparaître les connétables, les maréchaux, les colonels généraux. En vain chercherait-on dans notre histoire militaire le bien qu'a produit cette nouvelle complication; on y voit bien plutôt ses inconvénients. A la contre-révolution de 1814, revinrent les titres de *maréchal de camp* et de *lieutenant général*.

Ce serait ici le lieu d'indiquer et de développer les connaissances et les qualités nécessaires à un officier général; mais il faudrait pour cela un traité spécial. Nous nous contenterons d'en rapporter la nomenclature que M. de Cessac a consignée dans l'*Encyclopédie militaire* : « 1° Connaissance de soi-même, des hommes de la nation, de ses subordonnés, de la nation qu'il doit combattre, et des généraux ses adversaires; 2° connaissance de l'art de la guerre, des langues, de l'histoire, de la géographie, de la physique, des mathématiques et du dessin, de la politique, de la législation et du droit public; 3° vertus civiques et morales à un degré éminent, justice tempérée par une humanité bienveillante, courage allié à la prudence, perspicacité des vues, activité dans l'exécution, bonne foi, et probité la plus désintéressée et la plus scrupuleuse. » Telle n'est pas l'idée que s'en font bien des gens. A qui la faute? Il ne faut cependant pas croire que l'homme dont M. de Cessac a tracé le portrait soit un être de raison : nous en avons vu des échantillons : les Hoche, les Marceau, les Brune, les Championnet, les Joubert, les Gouvion Saint-Cyr, etc.; auraient pu s'y reconnaître.

Gal G. de Vaudoncourt.

Ce serait une grande erreur que d'attacher toujours une idée belliqueuse au généralat; il y a eu effectivement, et il y encore en Italie, des généraux dont la mission est plus pacifique et moins périlleuse, sans être pour cela moins pénible : ce sont les *généraux* de certains ordres religieux, les chefs de tous les couvents établis sous la même règle. Les ordres de Cîteaux, de Saint-Maur, des Feuillants, des Chartreux, des Pères de l'Oratoire, de Saint-Ruf de Valence, de Saint-Antoine de Vienne, de Prémontré, de Grammont, des Mathurins et de la Congrégation de la Mission en France, etc., avaient leurs généraux particuliers. Il en était de même des Franciscains, des Jésuites, des Dominicains, etc. L'origine du généralat ecclésiastique vient, selon le père Thomassin, des privilèges donnés par les patriarches aux monastères de leur circonscription en échange d'une soumission directe. Ces monastères, à leur fondation, arboraient la croix patriarcale, et s'exemptaient ainsi de la juridiction de l'évêque diocésain.

Anciennement, on appelait également *généraux* des officiers appelés à surveiller la levée et l'administration des finances. Ils étaient nommés par les trois états du royaume et confirmés par le roi. Depuis, les rois seuls les nommèrent; ils en portèrent arbitrairement le nombre à 4, à 5, à 8, et leur attribuèrent le droit de rendre la justice en matière de finances. Cette institution fit plus tard place à la *cour des aides*.

Le mot *général* s'ajoutait encore autrefois à certains noms de charge, d'office, de dignité, comme à celles de *lieutenant général* de province, *contrôleur général* des finances, *trésorier général*. Les *trésoriers généraux* s'appelaient aussi *généraux* des finances, de même que les conseillers aux cours des monnaies portaient le titre de *généraux* des monnaies. Il en est de même aujourd'hui : nous avons nos *procureurs généraux*, nos *avocats généraux*, etc.; l'Espagne a encore des *capitaines généraux*. En nous rapprochant de l'acception de l'adjectif *général*, nous avons appelé *directeurs généraux* les chefs de plusieurs branches d'administration : cette dénomination est plus rationnelle que celles dont nous venons de parler, et qui s'appliquent à des fonctions dont le ressort est vraiment trop circonscrit.

GÉNÉRAL (Conseil). *Voyez* Conseil général.

GÉNÉRALE, batterie d'alarme, servant de signal aux troupes en cas d'alerte : c'est le tocsin de l'armée. Lorsque l'on bat la générale, tous les tambours doivent la répéter à l'instant, et parcourir les rues, accompagnés de deux hommes armés. Le jour de leur arrivée dans une place forte, les troupes sont informées par un ordre du jour des postes qu'elles doivent occuper en cas d'alarme. Elles prennent les armes au bruit de la générale, et se rendent aux lieux indiqués par le commandant supérieur de la place; les gardes forment la haie, chaque régiment se dirige vers le point qui lui a été assigné, et y attend les ordres ultérieurs de l'autorité militaire. La générale ne doit être battue que dans les cas d'incendie ou de révolte : elle se fait également entendre lorsque l'ennemi s'approche d'une ville de guerre et menace de l'investir ou de l'attaquer inopinément. Les commandants de place peuvent faire battre la générale à l'improviste, soit de jour, soit de nuit, pour juger de l'exécution plus ou moins prompte des dispositions ordonnées; cependant, ce moyen est rarement employé aujourd'hui. Dans les camps, cette batterie est presque toujours le signal d'une attaque nocturne de l'ennemi, et le commandant en chef a seul le droit de l'ordonner : elle est aussitôt répétée sur toute la ligne du front de bandière. Des peines graves sont prononcées contre les militaires qui ne se trouveraient pas à leur poste quand la générale se fait entendre. Voici comment s'exprime à ce sujet le Code Pénal de l'armée : « Tout militaire, ou autre individu employé au service de l'armée, qui, lorsque la générale aura été battue, ne se sera pas rendu à son poste, sera pour la première fois puni d'un mois de prison; pour la deuxième, de trois mois, et destitué de son grade ou emploi. Le simple soldat, dans ce second cas, sera puni de six mois de prison; dans le cas d'une seconde récidive, il sera puni de deux ans de fer. » Des peines également très-sévères sont réservées aux individus qui feraient battre la générale sans y être autorisés.

GÉNÉRALISATION, GÉNÉRALITÉ. Ces termes, qui émanent du mot *genre*, en latin *genus*, du grec γεννάω, expriment une sorte de génération intellectuelle. C'est donc ici que commence véritablement le travail de la pensée humaine, laquelle nous distingue de la simple animalité. En effet, l'animal, quelque intelligent qu'on le reconnaisse, le chien, l'éléphant, le singe, non-seulement ressentent comme nous, par leurs organes des sens, des impressions, ou les images des objets extérieurs; mais ils en ont des souvenirs, ils se représentent des idées, même en l'absence des corps qui les ont produites. Cependant, rien ne prouve qu'ils sachent en abstraire des généralités. Ils peuvent bien, par exemple, avoir connaissance de tels ou tels hommes comme individus, mais non pas s'élever à la conception abstraite de l'humanité, à la généralisation de la nature de l'homme. Ils ne sortent jamais de l'ordre physique ou matériel; ils ne créent point ainsi des essences génériques, parce qu'ils ne montrent nullement la faculté de coordonner les rapports d'analogie entre les diverses qualités des êtres. Les idiots, les enfants en bas âge sont réduits encore à cet état d'animalité qui ne leur permet de saisir que des individualités ou de simples faits, sans les comprendre sous un principe commun.

Les véritables généralisations ne sont point des opérations si communes de l'esprit humain, et elles n'appartiennent qu'à un certain ordre d'intelligences réfléchies et méditatives. Rarement les hommes dans les usages de la vie s'occupent de généraliser et de systématiser leurs connaissances sous des principes larges qui les embrassent d'après leurs analogies plus ou moins étroites. Il faut, pour atteindre ce but élevé, avoir longuement comparé les objets les plus divers et observé les liens par lesquels ils s'entretiennent ou se rattachent. Un exemple, le plus illustre de tous peut-être, fera comprendre toute la portée de la véritable généralisation. Certes, un paysan peut voir, comme Newton, une pomme tomber d'un arbre. Ce simple résultat de la pesanteur des corps vers le centre de notre sphère terrestre n'est qu'un fait vulgaire, auquel le commun des hommes ne prête aucune attention. Pour Isaac N e w t o n, c'est l'origine de la plus vaste des généralisations. Il en tire la loi de la g r a v i t a t i o n universelle.

On comprend donc que toutes les découvertes dans les sciences et la philosophie dérivent souvent de ces généralisations, ou d'applications d'un fait à d'autres analogues. Ainsi, James W a t t a su tirer parti de la force de la vapeur de la marmite de Papin en l'appliquant à une multitude d'autres opérations. Déjà Camerarius et Vaillant avaient remarqué des sexes dans les plantes, mais il appartenait à l'esprit perspicace de L i n n é de généraliser ce fait dans tout le règne végétal, par sa dissertation *Sponsalia plantarum* et par son ingénieux système sexuel. C'est donc par la comparaison attentive des faits analogues qu'on parvient à découvrir le lien secret qui les associe, l'harmonie qui les fait jouer de concert. Mais si ces faits rapprochés entre eux ne se trouvent rattachés que par une méthode factice, ou par des apparences mal fondées, on n'arrive, à l'aide de ces généralisations forcées, qu'à construire une hypothèse fragile, que le moindre effort de raisonnement renverse, ou que brisent des observations plus véridiques. Le moyen intermédiaire des généralisations consiste donc dans l'analogie. Tout gît séparé, ou plutôt épars et désordonné, lorsque l'esprit n'entrevoit pas la liaison des effets à leurs causes et la concaténation des vérités à leur plus haute origine dans le grand univers. Mais cette généralisation vaste ne s'acquiert qu'à l'aide d'observations longues et multipliées par la force de la méditation. C'est par celle-ci que l'intelligence humaine s'est exhaussée jusqu'au trône de la Divinité.

Les esprits généralisateurs sont les plus profonds, parce qu'il cherchent les causes des choses: *sapientia est per causas scire*. Lors même qu'ils ne peuvent les trouver ou qu'elles sont supérieures à l'entendement humain, ils aspirent toujours vers ce but; ils ne rencontrent parfois que des vues partielles, des fragments précieux d'une loi inconnue, et comme des rayons de l'immortelle Divinité qui les illumine. Mais dans ces généralisations il y a les germes des découvertes les plus magnifiques de la nature, parce que la nature est conséquente dans ses œuvres et le produit d'une suprême intelligence. Généraliser est alors entrer dans les voies de la Divinité; c'est s'imprégner en quelque manière de sa sagesse et du vrai génie, toutes les fois qu'on écoute ses inspirations pures et natives. Cependant, il n'y faut mêler ni ces opinions basses de l'animalité, ni ces vues étroites de l'égoïsme, qui se rattachent à des particularités périssables. Elles constituent dès lors ces systèmes faux, ces théories sans base solide qu'ont élevés les philosophes. De là résulte aussi le discrédit de ces généralités vagues, incomplètes, incohérentes, que souvent chacun débite, faute de notions exactes, précises, approfondies, et qui semblent tout dire en n'apprenant rien. Néanmoins la tendance à généraliser est l'apanage de la raison humaine, une propriété philosophique appartenant à l'être supérieur, au roi de la création sur ce globe. Il contemple les choses de plus haut que les brutes. Dans la philosophie et les hautes sciences, il faut que l'esprit s'élance vers des considérations générales, universelles. Il rapproche les faits et les compare, afin d'étreindre les causes, de saisir l'ensemble d'un coup d'œil, de s'élever jusqu'aux cieux sur cette mystérieuse échelle de Jacob. Telles sont aussi les inspirations que les poëtes reçoivent au sommet de l'Olympe, puisqu'on ne saurait généraliser les idées ni agrandir le tableau de l'imagination, sans embrasser un champ plus vaste et dérober à cette source sacrée le feu céleste. L'homme alors n'est, par son intelligence, qu'un rayon émané de l'essence divine. Par cette lumière de vérité qui lui fait dévoiler les harmonies de tous les êtres, il participe à la puissance créatrice; il pénètre dans les secrets de la majesté infinie qui préside à cet univers.

Mais, puisque Dieu même est la source primordiale des êtres, puisqu'il déposa sur notre front cette éclatante auréole du génie, ne peut-on pas dire, avec Platon, que l'intelligence humaine, infusée dans nos corps, possède essentiellement en réalité toutes les vérités communes, dont nos études spéciales ne sont que des particularités. Ensuite, celles-ci tendent à s'ouvrir, à se développer, parce qu'elles trouvent dans l'âme humaine les linéaments originaux de ces conceptions générales qui y gisaient enfouies, comme des germes. N'est-il pas vrai d'affirmer que toutes les vérités générales sont ainsi recélées dans notre nature intellectuelle, et qu'il ne faut que des circonstances favorables pour les en faire sortir? Donc, ce n'est point le travail de la combinaison et de la volonté humaine qui crée arbitrairement les vérites générales; elles existaient, soit dans la réalité des choses du monde, soit dans la constitution de notre esprit

Il existe deux sortes d'esprits, les diviseurs et les concentrateurs. Les premiers s'attachent constamment à saisir les différences entre tous les objets; ils en signalent les spécialités caractéristiques; ils écartent, ils dissocient, ils analysent, ils dissèquent les parties. Autant ils gagnent en science de détail, autant ils perdent en vues d'ensemble. Au contraire, les esprits généralisateurs peuvent avoir le défaut de négliger les faits d'observation, pour construire en l'air des théories brillantes : ces deux extrêmes deviennent également vicieux dans leurs résultats. Les uns abusent de la synthèse comme les autres dissolvent trop par l'analyse; c'est pourquoi il faut employer les deux méthodes et contrôler l'une par l'autre. L'analyse chimique, qui décompose les matières organiques sans pouvoir les reconstituer, et l'analyse morale qui éteint par ses subtiles arguties les plus nobles sentiments du cœur humain, seraient des armes pernicieuses si la nature réparatrice ne venait pas reconstruire, dans la source inépuisable de la vie, les êtres physiques et moraux. L'homme isole et Dieu rassemble; il procrée, lorsque nous détruisons : aussi, nous marchons vers la mort, tandis qu'il est l'éternelle source des existences. J.-J. VIREY.

GÉNÉRALITÉS, grandes divisions territoriales de l'ancienne France, adoptées pour l'administration générale des impôts. On n'en comptait que quatre vers le milieu du quatorzième siècle : 1° la Langue d'Oc; 2° la Langue d'Oïl ; 3° la Normandie; 4° le pays d'outre Seine. Les généralités, telles qu'elles existaient avant 1789, furent organisées en 1551. La forme d'administration resta la même. Il n'y eut plus de changements que dans le nombre, qui s'accrut avec le royaume. Les généralités se distinguaient en pays d'*états* et en pays d'*élections*. Le nombre des généralités *pays d'états* était de sept, celles des *pays d'élections* de vingt, celles des *pays conquis*, y compris l'île de Corse, de sept; en tout, vingt-quatre. Chaque généralité se subdivisait en *élections*. Quelques provinces classées dans la dénomination de pays conquis avaient conservé leurs états. Les généralités *pays d'élections* établies les premières, en 1551, sous le règne d'Henri II, étaient celles de Paris, Châlons-sur-Marne, Amiens, Rouen, Caen, Grenoble, Bourges, Tours, Poitiers, Riom, Lyon et Bordeaux. Sous Charles IX, en septembre 1573, furent établies les généralités d'Orléans et de Limoges; sous Henri III, en septembre 1587, celles de Moulins; celle de Soissons sous Henri IV, en 1595. La généralité établie à Grenoble, en 1551, et supprimée depuis, fut rétablie sous Louis XIII en 1627; Alençon, en mai 1636; Montauban, en 1635; Metz, en 1661; Lille, en septembre 1691; La Rochelle, en 1694; Besançon, en février 1696; Auch, sous Louis XV, en 1716. Les généralités *pays d'états* étaient Toulouse, Montpellier, Aix, Rennes, Pau, Dijon et l'île de Corse; les généralités *pays conquis*, les trois évêchés (Metz, Toul et Verdun), l'Alsace, le Roussillon, l'Artois, la Flandre et la Franche-Comté. DUFEY de (l'Yonne).

GÉNÉRATEUR, GÉNÉRATRICE, celui, celle qui engendre. On appelle principe *générateur* celui d'où découlent un grand nombre de vérités, de conséquences importantes. En géométrie, *générateur* se dit de ce qui par son mouvement engendre quelque ligne, quelque surface, quelque solide : *Point générateur* d'une ligne; *ligne génératrice* d'une surface; *surface génératrice* d'un solide.

Employé substantivement, *générateur* se dit de la partie d'une chaudière à vapeur, où se forme la vapeur.

GÉNÉRATION. On entend par *génération* la faculté que possède un être vivant de produire d'autres êtres semblables à lui; on donne aussi ce nom à l'acte en vertu duquel a lieu cette reproduction. Cette faculté n'appartient qu'aux êtres *organisés*, eux dont la vie est plus ou moins indépendante des lois générales de la matière. Ces êtres sont divisés en une multitude presque innombrable de types distincts, et ce sont ces types primitifs et inaltérables qui se reproduisent indéfiniment au moyen de la génération. L'individu périt et l'espèce se perpétue, la vie individuelle n'a qu'un temps, celle de l'espèce n'a pas de limites. Pour chaque espèce, la vie éprouve un nombre incalculable de transmissions successives, sans cesser un seul instant d'exister; et c'est au moyen de la génération que se succèdent des familles différentes, composées d'individus toujours semblables. C'est là un phénomène plus réel et tout aussi merveilleux que celui du phénix qui renaît de ses cendres. La nature semble avoir attaché peu d'importance à l'existence des individus, l'espèce seule importait à ses vues; c'est à la conservation de l'espèce qu'elle a donné tous ses soins; les êtres animés ne semblent avoir reçu la vie que pour la transmettre à d'autres êtres; et plus leur vie est active, plus ils sentent le besoin de la communiquer. La vie ressemble au mouvement qu'un corps mu transmet aux corps qui l'approchent; et comme le mouvement aussi, la vie s'use en se communiquant. Il fallait donc que la nature incitât les êtres à la reproduction de leur espèce par un attrait bien puissant, par une force bien irrésistible, pour les porter à s'engendrer au détriment de leur propre existence. Cette force irrésistible, cette passion par excellence, c'est l'*amour*, l'amour pris dans l'acception la plus large de ce mot, l'amour inspiré par Dieu même à toutes les créatures douées de vie, quand il leur commanda à l'origine du monde de croître et de multiplier; l'amour, cause toujours agissante, et que les anciens, ces grands observateurs de la nature, regardaient comme la manifestation la plus évidente et la plus admirable de Dieu, comme le principe et la fin de l'univers.

Dans ce sens, l'amour est commun à tous les êtres organisés; c'est le principe même de la vie, qui tend sans cesse à animer de nouveaux êtres. Chez les êtres organisés, privés même de l'instinct, comme les végétaux et quelques animaux inférieurs et équivoques, la vie engendre par sa seule et propre force : dès qu'elle est plus que suffisante pour l'achèvement de l'individu, elle tend à produire des êtres nouveaux, en tout semblables à celui-ci. Chez les êtres d'un ordre plus élevé, chez la plupart des animaux, il devient nécessaire que l'individu contribue à la génération par un acte spontané. Bien plus, le concours de deux individus est presque toujours indispensable à la production d'un nouvel être. Chacun de ces individus contribue d'une manière différente à la génération; et tel est le motif final de la différence des sexes. Quand les sexes sont séparés, la femelle contient le germe du nouvel être, mais ce germe ne se développe que quand le mâle l'a fécondé. Voilà la cause et les conditions les plus générales de la génération; mais ensuite les moyens et les circonstances de ce grand phénomène varient à l'infini dans chaque espèce.

Chez la plupart des animaux et même des végétaux, il existe des organes particuliers nécessaires à la génération; mais chez quelques-uns ces organes sexuels n'existent pas. Chez d'autres, un grand nombre de végétaux par exemple, bien qu'il existe des organes reproducteurs, la reproduction peut s'accomplir sans leur concours. Ainsi, des plantes, quoique pourvues de fleurs, peuvent se reproduire au moyen de *boutures* : de simples fragments, détachés de la plante, se transforment en une autre plante identique à la première. Le même phénomène a lieu pour quelques animaux. Les plantes *acotylédones* n'ont pas d'organe de la génération, et ne se reproduisent pas non plus par boutures. Ces espèces de végétaux se perpétuent par des *germes* ou rudiments dont la forme varie pour chacun, et auxquels on a donné les noms de *propagines* (pour les mousses), de *conides* (pour les lichens), etc. On peut considérer ces germes comme des plantes en miniature qui n'ont plus qu'à se développer.

Parmi les animaux, les *polypes* n'ont pas non plus d'organes particuliers de reproduction; ils perpétuent leur espèce de deux manières différentes. D'abord, ils ont des *gemmes*, espèce de germes qui, développés dans l'intérieur de leurs membranes, font saillie au dehors et au dedans de leur corps; et lorsque ces gemmes sont parvenus à une certaine grosseur, ils se détachent de l'animal pour former autant de polypes nouveaux. L'autre manière dont ces êtres se reproduisent, c'est par boutures, par divisions spontanées ou artificiellement opérées : il pousse de la surface de leur corps des espèces de bourgeons qui quelquefois s'en détachent pour donner lieu à de nouveaux polypes semblables au polype principal. Même chose arrive lorsqu'on les coupe par fragments, petits ou gros; chaque tronçon devient un animal entier, et bientôt il naît de nouveaux animaux de chacun des bourgeons dont ils se recouvrent.

Tous les autres êtres organisés se reproduisent par l'intervention d'organes sexuels, mâles et femelles, soit réunis dans un même individu, soit répartis chez deux êtres différents. Les plantes, à l'exception des *cryptogames*, sont pourvues d'organes sexuels, absolument comme les animaux (*voyez* FÉCONDATION), la plupart sont hermaphrodites. Chez les animaux, les moyens de reproduction et la manière dont ce phénomène s'accomplit offrent encore plus de diversité que dans les plantes. Parmi les vers et les animaux radiaires, les uns sont unisexuels, et d'autres hermaphrodites; quelques-uns sont androgynes, c'est-à-dire qu'un même individu réunit les organes des deux sexes comme les hermaphrodites, mais a besoin, pour être fécondé, d'un accouplement réciproque. Les lombrics, ou vers de terre, sont de ce dernier genre ainsi que les sangsues. Plusieurs espèces de vers intestinaux ont individuellement des sexes distincts. Les araignées ont des sexes séparés. Les *crustacés* sont unisexuels, mais les organes sexuels extérieurs sont doubles chez chaque individu. Les femelles de ces animaux collent leurs œufs, quand ils sont pondus, aux membranes dont le dessous de leur queue est garni, comme on a occasion de le constater sur les écrevisses. Les huîtres, parmi les mollusques, n'ont d'évidents que les organes du sexe femelle, et elles se fécondent sans accouplement, de sorte qu'une seule huître suffirait pour perpétuer l'espèce entière : leurs œufs sont rejetés sous forme de frai ou d'une sorte de fluide blanc, assez semblable à une goutte de suif; c'est au milieu de cette liqueur qu'on aperçoit, au microscope, une quantité innombrable de petites huîtres. Les *poissons* ont des sexes séparés; ils sont ovipares, c'est-à-dire que le produit de la génération se détache de la femelle à l'état d'œuf, et cet œuf éclôt au dehors. La plupart engendrent sans accouplement : la femelle, chargée d'une masse d'œufs souvent énorme, les dépose dans la vase ou sur le rivage des eaux; le mâle, poussé par un utile instinct, vient ensuite répandre sur eux l'humeur de la laite : ces œufs se trouvent ainsi fécondés, et des petits en naissent dans l'espace de quelques jours. Quelques poissons, cependant (comme les raies, les squales, les requins), font des petits vivants; par conséquent, leurs œufs ne peuvent être fécondés que dans le corps de la femelle, et ces poissons doivent s'accoupler.

Chez les *reptiles*, les sexes sont séparés, et l'accouplement pour eux est nécessaire. Les serpents s'accouplent en s'entrelaçant. Leurs œufs sont encroûtés, et la chaleur du soleil suffit, chez un grand nombre d'espèces, pour les faire éclore sans incubation. Quelques espèces, cependant, comme les vipères, ne pondent pas leurs œufs, mais elles les conservent dans leurs entrailles jusqu'à ce que les petits soient éclos. Les serpents pithons et les couleuvres couvent leurs œufs, comme les oiseaux. L'accouplement des grenouilles et celui des crapauds offre des phénomènes curieux. Les *oiseaux* ont toujours des sexes séparés; ils sont ovipares. La fécondation s'opère par accouplement, mais chez la plupart sans intromission. Les femelles n'ont qu'un seul ovaire, le gauche, où sont renfermés tous les œufs qu'elles doivent pondre en plusieurs années : ces œufs sont de différentes grosseurs. Ceux qui sont le plus près de sortir sont beaucoup plus gros que les autres, et déjà jaunâtres, et ils sont seuls susceptibles d'être actuellement fécondés par le mâle. Fécondés ou non, les œufs des oiseaux se revêtent d'une enveloppe calcaire et sont pondus au dehors; mais ceux qui ont reçu l'influence du mâle peuvent seuls se développer par l'incubation, et donner naissance à un nouvel animal.

Chez les *mammifères*, les organes génitaux de la femelle se composent de deux *ovaires* et de la *matrice*; les ovaires se rattachent à la matrice par deux *trompes* ou canaux de communication, dont le pavillon libre peut s'allonger jusquà eux. La matrice communique au dehors par un seul conduit, nommé *vagin* : à l'extrémité de celui-ci, plusieurs organes accessoires constituent la vulve. La matrice est bifurquée ou double dans les animaux qui portent plusieurs petits, toujours simple chez ceux qui n'en portent qu'un à la fois. Les organes essentiels du mâle sont deux glandes qui sécrètent l'humeur destinée à la fécondation, et un organe extérieur proéminent destiné à féconder la femelle dans l'acte de l'accouplement. Comme celui des autres animaux et des plantes, l'ovaire de la femelle des mammifères renferme un certain nombre de petits globules, ou rudiments d'œufs. Ces germes d'œufs, invisibles dans les premiers temps de la vie, n'apparaissent et ne se développent que vers l'époque de la puberté; leur volume varie suivant l'espèce des mammifères, et suivant l'âge et l'état de santé de l'individu. Il n'y a rien de constant dans leur nombre : par exemple, dans l'ovaire de la femme, on en a compté depuis deux seulement jusqu'à cinquante. Le nombre de ces petits corps diminue dans les femelles qui ont eu des petits, non-seulement parce que plusieurs de ces œufs ont été employés aux fécondations précédentes, mais aussi parce que les autres se rapetissent et s'effacent même jusqu'à disparaître entièrement. Il est certain qu'il ne se forme jamais de nouveaux globules dans l'ovaire. Lorsqu'on examine les ovaires de vieilles femelles, on n'y trouve que des grains miliaires solides, sans fluide intérieur, souvent même ils sont endurcis et comme cartilagineux. Peu de temps après la fécondation, une ou plusieurs vésicules de l'ovaire se gonflent et finissent par se détacher. Il s'en échappe un ou plusieurs germes qui descendent par les trompes jusque dans la cavité de la matrice et se fixent à ses parois. Si on examine alors ce nouveau corps dans la matrice, on trouve qu'il a la plus grande analogie avec l'œuf des oiseaux. Il en diffère cependant en un point essentiel : l'œuf des oiseaux, avant même de se détacher du corps de la femelle, en est complétement isolé; il renferme tout ce qui doit suffire aux besoins de l'embryon, lequel ne conserve avec sa mère aucune attache. Il n'en est pas de même pour l'œuf des mammifères : celui-ci, renfermé dans la matrice jusqu'au dernier moment de son expulsion au dehors, communique avec sa mère au moyen d'un corps charnu composé d'un grand nombre de vaisseaux pleins de sang, et qui prend les noms de *placenta* ou de *cotylédon*. Cette sorte d'œuf n'éclôt jamais au dehors; mais le fœtus parvenu au terme de son existence intra-utérine traverse ses enveloppes, et sort vivant du sein de sa mère. Voilà pourquoi les mammifères ont été surnommés *vivipares*.

Ce que nous venons de dire de la génération des mammifères, peut presqu'en tous points s'appliquer à l'homme en particulier. Cependant l'espèce humaine présente sous ce rapport quelques phénomènes qui lui sont propres. L'homme est pubère vers sa quinzième année, et la femme un peu plus tôt : chez tous deux à cette époque les organes sexuels prennent un développement marqué; et toute l'économie subit une profonde modification. La femme peut concevoir dès que le flux menstruel est établi d'une manière régulière; mais ce n'est ordinairement que vers sa vingtième année que l'homme est capable d'engendrer. Cette faculté cesse chez les femmes avec la menstruation; chez l'homme elle se conserve beaucoup plus longtemps, jusqu'à soixante ans à peu près pour la plupart; et il n'est pas rare de voir des hommes plus que septuagénaires encore capables d'engendrer. On cite même quelques exemples de paternité non douteuse d'hommes âgés de cent ans et plus. Thomas Parre, cet Anglais qui vécut un siècle et demi, se maria à cent vingt ans, et s'exposa jusqu'à cent quarante ans aux risques d'une tardive paternité. Les animaux en général ne sont portés à l'acte de la reproduction qu'à une certaine époque de l'année; il n'en est pas de même pour l'homme : sa puissance génératrice est bien plus étendue que celle des autres êtres organisés, et il peut l'exercer en tout temps pendant plus de quarante ans de sa vie. La femme ne conçoit ordinairement qu'un enfant à la fois, quelquefois deux, et très-rarement jusqu'à quatre ou cinq, jamais davantage. On ne croit pas que la superfétation soit possible, c'est-à-dire qu'un enfant puisse être conçu quand déjà un autre existe dans la matrice. On cite cependant l'exemple de cette femme qui reçut le même jour dans sa couche son mari, homme de race blanche comme elle, et un nègre son esclave, et qui neuf mois après accoucha de deux enfants, l'un blanc et l'autre noir. On sait qu'il n'en est pas de la femme comme des femelles des animaux qui repoussent le mâle aussitôt qu'elles ont conçu. En ces derniers temps deux physiologistes ont paru prouver que les femmes étaient soumises à une sorte de ponte régulière, à la suite de chaque époque menstruelle temps marqué en effet par une fécondité plus expresse.

Ce n'était pas assez que la nature eût fixé à leur origine la limite des espèces pour tous les êtres organisés, il fallait encore qu'elle les empêchât de se mêler et de se confondre par des accouplements contraires à ses fins. Elle y a pourvu par une loi générale : c'est que deux êtres d'espèces différentes ne peuvent jamais engendrer ensemble, bien qu'ils soient de sexes différents et féconds l'un et l'autre. C'est même là ce qui établit la règle la plus certaine pour la distinction des espèces. Aussi jamais, dans l'état de nature, des animaux d'espèces différentes ne cherchant à s'unir entre eux ; ce n'est que chez les animaux réduits en captivité que l'on est parvenu à apparier des êtres qui naturellement ne produisent jamais ensemble ; et encore n'a-t-on réussi que dans les cas où les espèces n'étaient pas trop différentes. C'est ainsi qu'on a réuni la louve et le chien, l'ânesse et le cheval, etc. Mais les animaux métis nés de ces unions adultérines sont inféconds, sont impropres à perpétuer leur espèce bâtarde. Il en est de même pour les végétaux : les graines provenant du croisement de deux espèces, ou ne mûrissent point, ou sont improductives.

Mais si la volonté de l'homme ne peut pas renverser cette loi naturelle en créant de nouvelles espèces, son industrie est parvenue à suppléer la nature dans l'acte de la fécondation. On sait qu'il est possible de féconder les plantes en répandant sur une fleur femelle la poussière des étamines d'une plante de même espèce ; des expériences ont prouvé que la même fécondation artificielle pouvait être produite chez plusieurs espèces d'animaux. Spallanzani et après lui d'autres naturalistes sont ainsi parvenus à féconder artificiellement des grenouilles, des crapauds et jusqu'à des chiens. Le même phénomène peut aisément se produire chez les poissons ; on a pu repeupler des étangs et des viviers en y jetant les œufs ainsi fécondés, des poissons qu'on avait pêchés et détruits.

Il nous reste à parler des différents systèmes proposés pour expliquer le mystère de la génération ; car l'homme ne s'est pas borné à connaître les lois de la nature, il a voulu en découvrir le principe et la fin. Ceux qui ont prévalu dans l'antiquité, et même dans les temps modernes jusqu'au dix-septième siècle, sont les systèmes d'Hippocrate et d'Aristote. Suivant le premier, il existe une humeur fécondante chez la femelle comme chez le mâle ; cette humeur provient de toutes les parties du corps, se concentre vers le cerveau et descend de là, par l'épine du dos et les lombes, jusque dans les organes sexuels ; ces semences, par leur mélange, donnent naissance au nouvel être. D'après Aristote, la femelle fournit le principe matériel de la génération, et c'est le sang de la matrice qui constitue ce principe. Quant au mâle, il ne fournit rien de matériel au nouvel être ; ce qui émane de lui n'est qu'une sorte d'esprit aussi peu matériel que la lumière des étoiles, et c'est cet éther qui donne la vie et le mouvement à la trame du fœtus. Ainsi, la femelle donne la *matière*, et le mâle la *forme* ; la femelle fournit le bloc de marbre ou la toile, le mâle fait l'office de sculpteur ou de peintre, et le fœtus est ou le tableau ou la statue produit de ce commun travail. Vers le commencement du dix-septième siècle, Harvey, l'illustre observateur de la circulation du sang, proposa aussi un nouveau système de la génération : ce médecin pensait que la liqueur fécondante du mâle laisse exhaler un principe subtil, qui se répand par une sorte d'imbibition dans tout le corps de la femelle, et à peu près comme un atome de fluide variolique inoculé au bras d'un enfant communique la variole à la personne entière ; seulement, dans cette contagion séminale et universelle de l'économie, la matrice seule reçoit la faculté de concevoir un nouvel être ; et c'est là que l'embryon apparaît et se développe.

Depuis lors, et par suite des travaux de Haller, de Swammerdam, de Spallanzani et d'un grand nombre d'autres observateurs, on a reconnu que la plupart des êtres organisés, plantes et animaux, ont un œuf pour origine, *omne vivum ex ovo*. On est à peu près d'accord sur ce point ; il ne reste plus qu'à déterminer quelle est la part du mâle et de la femelle dans la formation et le développement de cet œuf. Or, il est certain que l'ovaire des femelles renferme les œufs, ou du moins leur principe ; mais l'embryon ou le germe d'un nouvel être préexiste-t-il dans ces œufs ? C'est ce que l'on croit assez généralement aujourd'hui ; et dans cette hypothèse, la semence du mâle ne sert qu'à déterminer le développement de l'embryon. Mais d'autres naturalistes n'admettent pas cette opinion : ils pensent bien aussi que l'œuf est le point de départ et le berceau de tout l'être organisé ; mais ils croient que le germe de cet être préexiste dans la semence du mâle, et est apporté par celui-ci dans l'acte de la reproduction. Ce système est celui de Leuwenhoëk ; il est fondé sur une découverte de ce naturaliste. A l'aide du microscope, Leuwenhoëk aperçut dans l'humeur fécondante des mâles un nombre prodigieux de petits animaux ; il en vint même à supputer que la laite d'un seul poisson, par exemple, renferme un nombre plus grand de ces animalcules qu'il n'existe d'hommes sur la surface de la terre. De cette découverte singulière, il conclut que ces petits corps animés sont les germes d'êtres semblables à celui qui les contient, et que dans l'acte de la reproduction un ou plusieurs de ces germes vont se loger dans l'ovaire de la femelle, où ils prennent ensuite leurs accroissements. La plupart des partisans de ce système croient que l'embryon n'existe d'abord qu'à l'état le plus simple d'organisation ; qu'il se transforme ensuite et s'accroît jusqu'à ce qu'il ait revêtu la forme qu'il doit conserver pendant la vie. Mais quelques naturalistes ont été plus loin : ils ont cru reconnaître que ces animalcules avaient déjà la forme et l'organisation de l'espèce à laquelle ils appartiennent ; ils ont cru découvrir là de petits hommes en miniature, auxquels il n'aurait manqué qu'un peu de volume et d'embonpoint ; ajoutons que cette opinion bizarre a trouvé peu de partisans.

Reste un dernier système, qui a dû surtout sa fortune à l'immense réputation et au talent de son auteur ; c'est le système des *molécules organiques* de Buffon. Ce grand naturaliste observa que dans toutes les humeurs ou parties fluides des êtres organisés, il existait des globules mouvants ; que si l'on mettait infuser dans un liquide des organes d'animaux, ou des portions de plantes, on retrouvait encore ces globules ; il en conclut qu'il existe dans la nature une immensité de ces globules animés, qui composent tantôt des plantes, et tantôt des animaux ; que cette matière première des corps organisés passe ainsi d'un de ces corps à un autre sans s'altérer ; et il leur donna le nom de *molécules organiques*. Tant qu'un corps vivant continue de s'accroître, les molécules organiques ne sont employées qu'à leur accroissement ; mais quand le corps est accru, les molécules nouvelles fournies par les aliments sont mises en réserve pour servir à la production d'êtres nouveaux. Dans l'acte de la reproduction, le mâle et la femelle, selon Buffon, fournissent chacun leur contingent de molécules organiques, qui en se combinant donnent naissance à l'être nouveau. Ces molécules proviennent de toutes les parties du corps, et les parties similaires du mâle et de la femelle se réunissent et se combinent ensemble : par exemple, les molécules provenant de l'œil du père se combinent avec des molécules venues de l'œil de la mère, et de même pour tous les autres organes non sexuels. (Voir nos *Éléments de Physiologie comparée* [1 vol. in-8°]).

Dans ce rapide examen des nombreux et importants phénomènes de la génération, on a pu voir que la science des temps modernes s'est enrichie d'un grand nombre de faits nouveaux et qu'elle est parvenue à soulever un coin du voile qui cache le mystère de la reproduction des êtres; mais on est loin de l'avoir dévoilé tout entier, et jamais sans doute la nature ne laissera découvrir aux hommes son secret le plus impénétrable. Dr Isidore BOURDON.

Par extension, *génération* signifie la chose *engendrée*, la postérité, les descendants : La *génération* de Noé; ou chaque filiation ou descendance de père à fils : Depuis Hugues Capet jusqu'à Louis IX, il y a huit *générations*. La chronologie n'a quelquefois pas d'autres guides pour établir les dates des faits anciens; les auteurs grecs qui comptent par générations font varier la valeur de cette unité de vingt-sept à trente-trois ans (*voyez* CYCLE). *Génération* se dit aussi de la réunion, de la collection de tous les individus du même âge, vivant dans le même temps : La *génération* présente, les *générations* futures.

GÉNÉRATION DES IDÉES. On nomme ainsi en psychologie un phénomène intellectuel, consistant en ce qu'une idée en procrée, en engendre une autre, sans que cette transmission opérée la première conserve aucune relation avec la seconde, laquelle, à son tour, peut en engendrer une troisième dans les mêmes circonstances et aux mêmes conditions; ainsi de suite, autant que la pensée humaine peut s'étendre sans s'affaiblir. *La génération des idées* diffère de l'association des idées en ce que, dans cette dernière opération de l'esprit, les idées, loin de rester indépendantes, leur révolution accomplie, ainsi que dans la première, s'unissent, au contraire, de telle sorte, qu'elles se présentent ensuite toujours ensemble à l'esprit, comme si elles ne formaient qu'une seule et même idée.

GÉNÉRATIONS SPONTANÉES. Si le mot *génération* doit se prendre, ainsi que l'enseigne l'Académie, pour « l'acte d'engendrer ou de procréer son semblable », *génération spontanée*, c'est-à-dire sans acte copulateur préalable, impliquerait contradiction ou serait un non-sens; cependant, cette locution est maintenant adoptée dans les sciences naturelles pour désigner soit qu'on en conteste, soit qu'on en soutienne l'évidence, la production fortuite d'une créature organisée que d'autres créatures pareilles et antérieures n'auraient point engendrée. Les *générations spontanées* étaient considérées comme incontestables chez les anciens, qui à ce sujet poussaient la crédulité jusqu'à l'absurde, d'après leur principe que la corruption d'une chose est la génération d'une autre. » Ainsi, Aristote avance que les aphies, sorte de très-petits poissons, naissent du limon de la mer, ce dont osait cependant douter Rondelet. Hérodote fait naître les rats qui infestent l'Égypte du limon de ce même Nil d'où Moïse avait fait naître des grenouilles et des moucherons. Plutarque nous conte, dans la vie de Cléomène, « comment des bœufs, quand ils viennent à se pourrir, engendrent des abeilles; des chevaux, des mouches-guêpes; et, semblablement, des ânes, quand ils viennent aussi à putréfaction, des escarbots : ainsi, les corps des hommes, quand la liqueur de la moëlle vient à se fondre et à se figer ensemble au dedans, produisent des serpents. » Qui ne connaît l'histoire d'Aristée avec son taureau pourri, auquel Virgile fait produire aussi des abeilles. Le vulgaire croit encore que les vers naissent de la pourriture, et qu'un champignon sort de la terre ou du fumier par hasard.

Je ne saurais cependant m'étonner que quelques bons esprits nient la possibilité de toute création de ce genre, en songeant à la manière dont on les admit jusqu'à l'instant où le microscope, interrogeant la nature, dans les limites où elle touche pour ainsi dire au néant, découvrit dans le sein de notre mère commune un nouvel univers animé. Cet instrument révélateur fournit au philosophe les moyens de sonder un abîme. Pour ceux qui surent y pénétrer, éclairés par le flambeau du raisonnement, les *générations spontanées* devinrent évidentes; mais tous les micrographes ne sont pas bons raisonneurs et philosophes.

BORY DE SAINT-VINCENT, de l'Académie des Sciences.

Parmi les savants qui ont soutenu la génération spontanée des êtres vivants, les uns ont agi par système, et ceux-là se sont beaucoup moins préoccupés des preuves avérées de leur opinion que de ses conséquences philosophiques quant à la création. Les autres, adoptant cette doctrine sans calcul délibéré, ont curieusement recherché sur quels faits elle se fondait. Ces faits, pour qui les examine sans prévention, n'inspirent que de l'incrédulité.

Ces corpuscules innombrables que Leuwenhoëk, aidé d'un microscope, a vus dans des infusions organiques, pour tout signe de vie n'ont que le mouvement : or, combien de corps se meuvent qui ne sont pas vivants! Le mouvement a d'autres causes que la vie : la chaleur, l'électricité, ce qu'on nomme l'attraction. Ces êtres infinis pour le nombre et la petitesse diffèrent peu les uns des autres; c'est avec peine que O. Fr. Müller a pu en former quelques groupes contrastants. Cependant, ils devraient d'autant plus différer que la production en serait spontanée; car là où toute parenté disparaît, la constante ressemblance des individus n'est plus possible. Spallanzani, qui croit sincèrement à l'existence des êtres infusoires et même à leur *résurrection*, affirme les avoir vus se reproduire, les uns comme vivipares, d'autres comme ovipares. Ce ne serait donc plus une reproduction spontanée. Buffon, qui avait un peu regardé au microscope du crédule Needham, ne pensa point comme cet Anglais que le premier homme ait pu naître de l'aggrégation de quelques infusoires; il ne vit dans ces petits corps mouvants que de simples *molécules organiques* tout à fait inertes; et très-vraisemblablement il avait raison. Dr Isidore BOURDON.

GÉNÉRAUX (États). *Voyez* ÉTATS GÉNÉRAUX.

GÉNÉROSITÉ, sentiment qui consiste à s'oublier soi-même pour ne songer qu'aux autres. Il est vrai que dans le sens ordinaire on n'entend par *générosité* que l'action de donner souvent et beaucoup; mais ce n'est là qu'une des acceptions les plus restreintes de ce mot. La générosité d'un général, comme d'un homme politique, consiste dans le pardon complet des injures : ainsi, César, soit lors de la conquête des Gaules, soit lorsqu'il exerça le pouvoir souverain à Rome, ne chercha jamais, même au détriment de ses propres intérêts, qu'à faire du bien à ceux qui lui avaient fait du mal; d'un autre côté, jamais homme ne répandit l'argent avec plus de facilité. Aussi est-il resté le caractère le plus généreux de l'antiquité; on peut même dire qu'il tranche avec ceux qui l'ont précédé, comme avec ceux qui pendant plusieurs siècles l'ont suivi. C'est le christianisme qui a infusé au monde moderne cette masse de générosité qui lui assurera une place à part : d'un côté, il prescrit qu'on donne à tous ceux qui ont besoin; d'un autre, il ordonne la remise des injures : c'est non-seulement une société toute nouvelle qui succède à une autre, mais une société qui est encore meilleure. En effet, la générosité a pénétré non-seulement dans les rapports de la famille, mais même dans l'état de guerre; aujourd'hui, on traite les prisonniers comme des gens de cœur malheureux; autrefois, on en faisait des esclaves. Il arrive à certains personnages, qui d'ailleurs sont incapables de plaindre ou de soulager ceux qui souffrent, de jeter l'argent à pleines mains dans quelques circonstances d'éclat : alors, les regards sont tournés sur eux. Ces circonstances, dues à leur position, se renouvellent-elles souvent, ils passent pour être pleins de générosité, mais ils n'ont que le luxe de cette qualité, sans en posséder les vertus. SAINT-PROSPER.

GÊNES (en italien *Genova*, au moyen âge *Janua*), capitale de l'ancienne république du même nom, aujourd'hui chef-lieu du *duché de Gênes*, l'une des provinces dont se compose la monarchie sarde.

Le navigateur qui dans la Méditerranée cingle droit au nord, en côtoyant les îles de Sardaigne et de Corse, voit la chaîne des Apennins se recourber vers l'intérieur du continent, et renfermer dans une enceinte demi-circulaire le vaste golfe ligurien appelé aussi *Golfe de Gênes*. A mesure qu'il approche, l'immense amphithéâtre formé par les flancs de la montagne se dessine plus nettement à ses regards. Ce sont des collines, des vallons charmants, des rochers changés en terre par la puissance de l'art. De brillants édifices, entremêlés de bosquets et de jardins élégants, descendent de terrasse en terrasse jusqu'au bas de la montagne, et semblent se presser les uns sur les autres, en s'approchant des rivages de la mer. Au fond du golfe, et entre deux petites rivières, on voit comme sortir des flots une forêt d'aiguilles étincelantes: c'est là que se trouve la *Cité des Palais*. C'est *Genova la Superba*, Gênes la *Superbe*, la *Riche*; elle est fière encore de son antiquité, de ses victoires et de l'empire qu'elle exerça autrefois sur les mers. Les marbres précieux de ses milliers de colonnes, de ses frontispices, de ses portiques élevés, ses riches églises, suffiraient pour attester qu'elle fut l'un des gouffres de la fortune du monde. Rivale de Venise par la richesse de ses constructions, elle l'est de Naples par la beauté de son site. Il y a dans les constructions de Gênes du goût, de la noblesse et de l'élégance. Sortie presque tout entière des écoles de Michel-Ange et de Bernino, elle n'offre aucune de ces conceptions bizarres qui se trouvent fréquemment dans les villes d'Italie.

La ville est renfermée dans une double enceinte de remparts. La première, qui a six milles de circuit, contient la ville proprement dite, et la seconde, qui en a huit, s'élève de rocher en rocher jusqu'au sommet de la montagne. L'espace qui sépare ces deux lignes de défense est couvert de campagnes élégantes, de jardins délicieux, de riches églises, de points de vue admirables. Ses remparts, ses forts nombreux et bien placés, en font une ville forte, qui a toujours été regardée comme la clef de l'Italie.

Avant que la révolution française y eût désorganisé les institutions de bienfaisance et englouti une partie considérable de la fortune des pauvres, tous les malheureux étaient assurés de trouver à Gênes des secours dans les revers aussi bien que dans les infirmités de la vieillesse. Pas un genre de besoin n'avait été oublié. Il y avait un magistrat qui était l'avocat, le juge des veuves, des orphelins, des pupilles; un magistrat de la *miséricorde*, chargé de veiller à ce que les revenus des pauvres ne fussent jamais détournés de leur véritable destination; un magistrat des *pauvres*, qui pourvoyait de nourriture et d'habillements tous ceux qui en manquaient; un magistrat des *artisans*, chargé de procurer des matières premières aux ouvriers qui n'avaient pas le moyen d'en acheter; un magistrat du Mont-de-Piété, pour avancer de l'argent à ceux qui en avaient besoin; un magistrat pour présider au rachat des esclaves; un magistrat chargé de faire payer le salaire des ouvriers; un magistrat *conservateur de la paix*, chargé d'apaiser les rixes, d'arranger les procès, de réconcilier les ennemis et de faire régner la paix dans les familles.

Jusqu'aux envahissements de la république française, et ensuite de l'Empire, Gênes avait été capitale et souveraine d'un petit État, qui s'étendait le long de la Méditerranée, depuis le Var juqu'à la Magre. Il était connu sous le nom de *République* ou *Rivière de Gênes*. Quand, en 1797, elle fut asservie à la république française, on lui donna le nom de *République ligurienne*, parce que son territoire faisait partie du pays habité par les anciens Liguriens.

L'histoire de Gênes, comme beaucoup d'autres, commence par des récits fabuleux, et présente beaucoup d'incertitude. Ce qu'il y a de plus sûr, c'est qu'après avoir fait partie des conquêtes de Rome, ainsi que le restant de l'Italie, elle passa sous l'empire des Lombards, qui plus tard occupèrent toute la Gaule cisalpine. Dès le commencement du septième siècle, l'Italie, presque abandonnée par les faibles empereurs d'Orient à la fureur des barbares qui l'infestaient, sentit la nécessité de chercher d'autres protecteurs: c'est aux Français que les pontifes romains s'adressèrent. Pepin le Bref et ensuite Charlemagne défirent les Lombards, et en récompense devinrent empereurs d'Occident. Gênes et les pays qui l'environnent furent soumis à leur puissance, et gouvernés par un comte. Après avoir passé de la domination des Français sous celle des empereurs d'Allemagne, il paraît que Gênes profita, pour se rendre indépendante, des troubles qui régnaient dans toute l'Italie pendant le onzième siècle. Ce n'est qu'en 1099 que l'histoire la montre gouvernée démocratiquement par des *consuls*. Alors Gênes était encore pauvre, peu étendue, simple dans ses mœurs; le gouvernement populaire pouvait lui convenir; elle le garda près d'un siècle. Avec la fortune naquit l'ambition, et avec l'ambition, les intrigues pour arriver au pouvoir; chaque citoyen voulait devenir consul. Pour arrêter ce mal, on résolut de se faire gouverner par des étrangers. On choisit donc chez une autre nation une espèce de dictateur à qui l'on remit le soin de gouverner l'État. Il était aidé par un conseil de huit citoyens. Cette bizarre constitution eut d'heureux résultats, et dura jusqu'en 1270. On donnait à ces espèces de rois mercenaires le nom de *podestà*.

Pendant cet espace de temps, les Génois ne restèrent pas inactifs. Ils battent les Sarrasins, s'emparent de l'île de Corse et d'une partie de la Sardaigne, soutiennent les croisés, prennent d'assaut les villes d'Almeria et de Tortose sur les Maures d'Espagne, tiennent tête à l'empereur Fréderic Ier et ensuite à Fréderic II, volent au secours du saint-siége, imposent à Pise des traités humiliants, se vengent de Venise, et jettent les fondements de leurs colonies d'Asie et de la mer Noire. Quand on songe qu'il n'y avait pas deux siècles que Gênes avait conquis son indépendance, on est forcé d'admirer la rapidité avec laquelle elle marche à l'empire de la Méditerranée.

En 1270, deux hommes remarquables par leur courage et leurs talents s'emparèrent de l'autorité, et gouvernèrent pendant vingt-et-un ans avec le titre de *capitaines de la liberté*. En se résserrant sur deux *têtes*, la puissance de Gênes devient plus redoutable pour ses rivaux. Ces monarques contiennent le peuple par une espèce de tribun qui a le titre d'*abbé du peuple*, répriment les factions intérieures, et au dehors remportent des victoires qui élèvent la république à l'apogée de sa puissance. Cependant, une époque de malheurs va succéder à cette époque de gloire. La république et la ville de Gênes vont être en proie aux plus funestes dissensions. On va voir se retracer dans un cercle plus étroit toutes les discordes qui couvrent l'Italie de meurtres, d'incendies et de guerres civiles.

Les gibelins, qui combattaient pour les empereurs, étaient représentés dans la république de Gênes par les Doria et les Spinola; les guelfes, qui étaient partisans du pouvoir pontifical, étaient soutenus par les familles de Fiesque et Grimaldi. Les autres familles influentes se rangeaient ensuite du côté qui convenait le mieux à leurs intérêts ou à leurs affections. Les intrigues, les divisions, les haines de familles, les ambitions immodérées, entrèrent dans la république avec ces partis, et commencèrent dès l'an 1241 à l'ensanglanter. La première victoire fut pour les guelfes; alors trois membres de la famille Doria, un Spinola et plusieurs de leurs partisans furent envoyés en exil. Ils ne perdirent pas pour cela leur temps; comme le font d'ordinaire les proscrits, ils intriguèrent au dehors, tandis que leurs amis intriguaient au-dedans. C'est à ce moment que les deux Oberdi, l'un Doria et l'autre Spinola, s'emparent de l'autorité et gouvernent avec le titre de *capitaines de la liberté*. A leur tour, les chefs du parti guelfe sont exilés, et vont chercher la protection de Charles d'Anjou, devenu roi de Naples et l'allié de Rome. Ces deux partis maintinrent la république dans un état de guerre à peu près perpétuel. Les vaincus ne traitaient que dans l'espérance de gagner du temps, pour se préparer à la guerre. Dans l'espace d'un demi-siècle, la guerre cinq fois arrêtée par des traités de paix, qui dans le fait n'étaient que des trêves, recommença cinq fois à dévaster ce malheureux pays, depuis 1317 jusqu'en 1338. A la funeste rivalité des guelfes et des gibelins vint se joindre la haine du peuple contre la noblesse, qui depuis longtemps jouissait de tout le pouvoir. C'est à ces deux sources de discorde qu'il faut remonter pour comprendre tout ce que l'histoire de cette ville contient de discordes, de guerres civiles, d'exils et de crimes publics et particuliers.

Il fallait que l'on fût bien malheureux pour consentir à choisir un moyen de gouvernement dont aucune autre nation ne fournit d'exemple, et qui paraît même aux yeux d'un véritable patriotisme contenir quelque chose de honteux. Pour arrêter cette ambition, qui changeait chaque jour la république en un foyer d'intrigues, pour arracher à quelques familles privilégiées le pouvoir dont elles se servaient ensuite pour opprimer le parti qui leur était opposé, on résolut de choisir hors du pays ceux qui devaient le gouverner. Les *capitaines* étrangers qu'on introduisit dans la république devaient appartenir à un pays éloigné d'au moins 100 milles de Gênes. Malgré ces précautions étranges, qui suffiraient pour donner une juste idée de la jalousie et de l'ambition qui fermentaient dans la république, le gouvernement ne cessa pas d'être au pouvoir des factions. On essaya de tout : après les *capitaines* on eut le gouvernement des *douze*, puis des *vingt-quatre*, puis la domination d'un *empereur*, celle de Robert, roi de Naples, et enfin celle du pape Jean XXII. Comme cela arrive toujours, les partis se servaient du peuple pour arriver au pouvoir. Ils le flattaient tour à tour et lui promettaient de la liberté contre la puissance dont ils avaient besoin. Mais à force de servir d'instrument aux ambitieux, le peuple devint ambitieux lui-même, et voulut essayer de ce pouvoir qu'il avait jusque là donné à quelques familles puissantes, qui se le disputaient. En 1339 il créa un magistrat auquel il donna le nom de doge, et les nobles furent exclus de cette dignité. Le doge était nommé pour toute sa vie; mais les passions populaires, qui n'eurent jamais de respect pour les lois, firent et défirent les doges toutes les fois que cela leur convint. On en voit parraître jusquà quatre dans la même année. Il en est même dont l'autorité cessa le jour même qui la vit naître. Pendant les deux siècles que dura cette institution, la république fut le théâtre d'un combat perpétuel. Ce ne sont plus les Fieschi, les Grimaldi, les Doria, les Spinola, qui agitent l'Etat, c'est l'ambition de quatre familles populaires qui s'arrachent l'autorité. Les guelfes et les gibelins sont remplacés par les Adorni, les Fregose, les Guarca et les Montalda. Pour se soustraire aux calamités qu'enfantaient leurs divisions, la république fut encore obligée de se réfugier, comme autrefois, sous l'autorité des ducs de Milan et des rois de France (1396-1409).

Un gouvernement populaire, quel qu'il soit, n'existe qu'en attendant un homme fort qui s'en empare. Pour Gênes, cet homme fut André Doria. Il ne voulut être que le restaurateur et le législateur de sa patrie; mais il n'eût tenu qu'à lui d'en être le roi. Cet homme d'un génie extraordinaire, après s'être distingué sur terre comme militaire, devint encore le plus grand amiral de son siècle. Il vendit successivement ses services à Clément VII, à Charles-Quint et à François Ier. Couvert d'honneurs et de richesses, ayant à lui une flotte de 22 galères, il était compté au nombre des puissances maritimes. Son nom serait resté pur de toute tache, s'il n'avait pas prêté sa puissance pour aider les Français à conquérir la ville qui lui avait donné le jour. Mais le génie qui suffit pour les grandes choses ne donne pas toujours la vertu. Cependant, en apprenant que François Ier voulait faire de Savone une ville importante et rivale de Gênes, André Doria sentit le patriotisme revivre dans son âme, se détacha de la France, seconda le mouvement de ses compatriotes, débarqua dans Gênes et en chassa les Français, le 11 septembre 1528. Le lendemain le conquérant se transforma en législateur, et donna à sa patrie une constitution qui lui valut plus de deux siècles de prospérité. Son premier soin fut d'exclure le peuple de toute participation au pouvoir, parce qu'il était persuadé que le peuple, qui ne gouverne jamais et qui ne gouverna jamais nulle part, ne peut être, quand il a le droit de gouverner, que l'instrument de ceux qui ambitionnent le pouvoir. Un coup d'œil perçant lui fit comprendre que les interminables querelles qui n'avaient pas cessé d'exister entre la noblesse et le peuple ne descendaient pas jusqu'à celui-ci, mais se bornaient à cette classe intermédiaire, séparée du peuple par sa fortune, ses talents, son éducation, ou par des services rendus à l'État, mais qui veut paraître y tenir encore toutes les fois qu'elle a besoin de la force du peuple contre ceux dont elle envie les prérogatives. Espérant donc couper le mal à la racine, André Doria réunit en un seul corps de noblesse toutes les familles marquantes de Gênes, quelle que fût la classe à laquelle elles appartinssent, et leur confia le droit de gouverner la république, en nommant des doges dont le pouvoir ne durerait que deux ans. On résolut de transmettre à la postérité le souvenir de cette époque mémorable en établissant une fête nationale qui se renouvellerait toutes les années, sous le nom de l'*Union*.

Cette *union* cependant ne fut pas complète; la suite prouva que Doria ne s'était pas trompé en regardant le peuple comme parfaitement étranger aux dissensions qui troublaient la république; elles tentèrent de se renouveler, et cette fois ce n'était plus entre les nobles et le peuple, mais entre les nobles anciens et les nobles nouveaux, entre les nobles du Portique Saint-Cyr et ceux du portique Saint-Pierre, comme qui dirait entre la Bourse et le faubourg Saint-Germain. Cette fusion que l'on avait espérée ne s'opéra pas; et après un demi-siècle, les deux partis, encore en présence avec les mêmes jalousies, faillirent plonger la république dans de nouvelles guerres civiles, tant il est vrai que les lois sont impuissantes pour détruire des institutions qui sont dans les mœurs! Cependant le règne de l'aristocratie génoise dura jusqu'à l'instant où les généraux et les commissaires de la république française vinrent l'anéantir sous le nom de *République Ligurienne* (1797). Trois ans plus tard, la ville de Gênes, réduite à n'être plus que le chef-lieu d'un département, fit partie de l'empire français, et en 1815 elle fut réunie au Piémont.

La position de Gênes en fit une puissance maritime, et la nécessité en fit une nation commerçante. Placée au bord de la mer, sur des rochers stériles, elle fut réduite à demander à l'art ce que lui refusait la nature. Elle n'eut pas à délibérer sur sa vocation : la mer était le seul chemin qui lui fût ouvert pour s'approvisionner et s'enrichir. Elle fit des vaisseaux. Les Génois furent donc des marins et des marchands. Les premiers qui se furent enrichis formèrent l'ancienne noblesse, ou notabilité, et les derniers parvenus formèrent la nouvelle noblesse, qui eut longtemps autant de peine à pardonner à la première son ancienneté que celle-ci en eut à pardonner sa nouveauté à sa rivale. Les Génois ont prouvé que le courage et la valeur pouvaient s'allier avec l'esprit mercantile. Obligés de trafiquer sur des mers infestées par la piraterie, parcourues par des milliers de petites puissances rivales, il fallait ou renoncer à la fortune, et même à la vie, ou se résoudre à tenir sa pacotille d'une main et de l'autre une épée : c'est ce dernier parti que prirent les Génois, et, on peut le dire, avec un succès étonnant. Leurs galères chargées de marchandises ne marchaient que sous la protection d'autres galères chargées de soldats. Les guerres des Génois ont un caractère particulier, qui ne se retrouve nulle part. Le commerce en fut toujours la cause ou le but. Après leurs victoires, les conquérants veulent garder des provinces; les guerriers de Gênes se contentaient d'un comptoir, de la libre entrée dans un port, de la diminution d'un droit sur leurs marchandises, ou d'un impôt frappant les vaisseaux étrangers; souvent même ils se contentaient de grosses sommes d'argent. Ils se distinguèrent dans les croisades; ils s'emparèrent seuls de plusieurs villes importantes, et pour tous ces exploits reçurent du roi de Jérusalem des tributs levés sur les villes qu'ils avaient conquises, et des établissements de commerce à Jérusalem et à Joppé. Ils obtinrent des privilèges semblables des rois d'Arménie, des empereurs de Constantinople et de plusieurs autres princes chrétiens. Les princes sarrasins eux-mêmes durent leur ouvrir les ports et les établissements de commerce qu'ils possédaient à la fin du douzième siècle, et qui s'étendaient depuis le détroit de Gibraltar, en suivant les côtes d'Afrique, jusqu'à Bagdad, capitale de la Turquie d'Asie. Déjà possesseurs des îles de la Corse et de Cabri et de l'île Gorgone, ils obtinrent encore des faibles empereurs grecs la ville de Smyrne et le bourg de Péra, aux portes mêmes de Constantinople. Ils exploitaient presque seuls le littoral de la mer Noire, et pénétraient jusque dans les Indes orientales, par la mer Rouge et le golfe Persique Ce peuple avait le génie du trafic, et, en pourvoyant à ses besoins, le trafic était lui-même devenu le premier de ses besoins. A Gênes, on continuait à trafiquer même après avoir acquis la fortune, l'opulence, la noblesse et tous les honneurs que pouvait donner la république.

Les trois parties de l'ancien monde, séparées par la Méditerranée, avaient un lien commun, et ce lien était uniquement dans les flottes de Gênes, de Pise, de Venise. Ces trois nations étaient un canal par lequel les produits de l'Europe s'écoulaient en Afrique et en Asie, et par où les richesses de l'Asie et de l'Afrique venaient en Europe. Jusqu'à la découverte de la boussole, Gênes ne partagea qu'avec les Vénitiens et les Pisans le monopole du commerce universel; mais quand cette aiguille mystérieuse eut conduit la cupidité humaine dans le Nouveau-Monde et par-delà le cap de Bonne-Espérence, l'Espagne, le Portugal, la Hollande, devinrent des nations commerçantes, et ne tardèrent pas à l'emporter sur les républiques italiennes. Dès lors Gênes n'est plus qu'un entrepôt secondaire, réduite à puiser dans les magasins de Lisbonne ou d'Amsterdam les articles qu'elle achetait naguère sur les côtes de Malabar. Habituée à borner ses courses dans les limites de la Méditerranée, qu'elle put longtemps regarder comme une partie de son domaine, on dirait qu'elle hésite à lancer ses vaisseaux sur l'Océan. Mais depuis que cette ville a vu son commerce placé sous le pavillon sarde, elle a franchi sans crainte le détroit de Gibraltar pour aller elle-même s'approvisionner sur les rivages du Nouveau Monde et jusque dans les îles les plus reculées de la mer du Sud. Sans doute ses bénéfices étaient plus considérables au temps du monopole; mais son commerce ne fut jamais aussi étendu qu'il l'est de nos jours. Avec ses nombreux vaisseaux, elle parcourt toutes les mers, visite toutes les régions et rapporte à l'Italie, à la Suisse, à la Savoie, les productions de tous les climats.

Gênes avait pour rivale dans le commerce du monde les villes de Pise et de Venise; et comme elle ne fit jamais la guerre que dans l'intérêt de son commerce, il est tout naturel de la retrouver souvent aux prises avec ces deux républiques. On dirait que chacune de ces villes, jalouse de posséder seule l'empire de la mer, ne visait qu'à la destruction des deux autres. Chaque guerre n'est séparée d'une guerre nouvelle que par le temps nécessaire pour en faire les préparatifs. Quand un intérêt commun semble unir les Vénitiens et les Pisans contre la république de Gênes, on voit que ces deux peuples voudraient se détruire mutuellement en détruisant leur ennemi. Le même intérêt qui les unit contre les Génois les divise entre eux. Gênes en profite habilement pour détruire Pise, humilier et rabaisser Venise.

La jalousie commerciale fut la cause de ses guerres contre Venise, comme elle l'avait été de ses guerres contre Pise. Dès le commencement du treizième siècle les Vénitiens avaient fait de tels progrès en Orient que le doge de Venise se regardait comme possédant un quart de la souveraineté de l'empire grec. Depuis Venise jusqu'au Pont-Euxin, ils possédaient une ligne non interrompue de villes, d'îles, de comptoirs, de factoreries. Ils étaient maîtres d'une partie considérable de Constantinople et de toute l'île de Crète. Il n'en fallait pas tant pour enflammer la jalousie des Génois, et leur faire trouver des prétextes pour faire la guerre. Ils se liguèrent avec les empereurs d'Orient, bien moins dans l'intention de les soutenir que dans l'espérance de nuire aux Vénitiens, et ne furent pas déçus de cette espérance, car en peu d'années ils parvinrent à posséder en Orient des avantages qui balançaient la prépondérance vénitienne. Ils se croyaient tranquilles possesseurs des nombreux établissements que leur avait cédés Michel Paléologue, quand tout à coup ils apprirent que les généraux de Venise avaient surpris, incendié, ruiné tous leurs établissements de Constantinople et des îles de l'Archipel. A Gênes, cette nouvelle fut un appel aux armes; une armée de 45,000 combattants, portée par une flotte de deux cents galères, se mit en mer pour aller dans les murs de Venise venger l'honneur et l'intérêt liguriens. Ce ne fut pourtant que deux ans plus tard que Lomba Doria defit la flotte de Venise, commandée par André Dandolo, qui se donna la mort pour échapper à l'humiliation d'être conduit dans les prisons de Gênes. Par une des conditions du traité de paix qui suivit cette bataille, les Vénitiens furent chassés de la mer Noire (1299).

En 1346 les hostilités recommencèrent. La paix qui suivit cette troisième guerre des deux républiques marchandes dura dix-sept ans; après quoi elle recommença, pour la possession de l'île de Ténédos, qui est comme la porte des Dardanelles. Ce coin de terre fut pour les deux républiques comme un mauvais procès, qui ruine également les deux parties. Les Génois, soutenus par de nombreux alliés, battent leurs adversaires sur terre et sur mer, s'emparent du port de Chioggia, qui touche à Venise, et, au lieu de profiter de la victoire pour conclure une paix avantageuse, ils rendent du courage à leurs ennemis en les poussant au désespoir par des propositions honteuses. Dans cette crise, qui semblait ne laisser que la mort ou le déshonneur au choix de l'orgueilleuse reine de l'Adriatique, le patriotisme des Vénitiens se montra sous l'aspect le plus beau et le plus touchant. Si la fortune ne favorise sur leurs efforts, ils sont décidés à abandonner Venise à leurs ennemis, et à aller avec leurs femmes et leurs enfants se bâtir une autre cité dans l'île de Candie. Pour eux, c'eût été transporter la patrie, plutôt que l'abandonner. Aujourd'hui que les peuples ont échangé le sentiment de la *patrie* contre l'intérêt du *pays*, je doute qu'ils soient à même d'apprécier la résolution des Vénitiens. Après des combats sanglants, des villes pillées, incendiées, des victoires et des revers, les deux républiques rivales se soumirent à la médiation du duc de Savoie, Amédée VI, que sa sagesse, aussi bien que sa valeur, faisait regarder comme l'arbitre de toute l'Italie. C'est en 1381 qu'il dicta des conditions de paix, qui furent bien reçues de chaque partie. Depuis cette époque, la puissance navale de Gênes alla toujours en déclinant. Les deux dernières victoires qu'elle remporte sur mer sont celles de Ponza, en 1435, et celle de Salerne, en 1528; mais alors ses flottes n'étaient déjà plus que l'ombre de celles qu'André Doria conduisait à la victoire.

Dès le milieu du seizième siècle, cette république cessa d'être comptée parmi les puissances maritimes, et les corsaires purent impunément exercer leurs brigandages dans une mer qu'elle regardait pourtant encore comme sa propriété. Son port n'a repris de la vie que quand il a vu flotter les étandards de la maison de Savoie.

L'abbé Rendu, *évêque d'Annecy*.

Après la chute de Napoléon, en 1814, et lorsque la garnison française demeurée à Gênes eut été contrainte de capituler aux mains d'un corps d'armée anglais, lord Bentinck, qui le commandait, consentit à ce qu'on remit en vigueur l'ancienne constitution républicaine de Gênes. Mais en 1815 le congrès de Vienne réunit la ville et le territoire de l'ancienne république, sous le nom de *duché de Gênes*, aux États du roi de Sardaigne. En 1821 Gênes ne se rattacha que temporairement à la révolution. Pendant les dernières agitations révolutionnaires dont l'Italie a été le théâtre à la suite de notre révolution de Février, Gênes resta assez tranquille jusqu'au moment où l'on y reçut la nouvelle de l'armistice conclu entre l'Autriche et la Sardaigne et de la dissolution de la chambre des députés à Turin, vers la fin de mars 1849. L'agitation populaire y alla dès lors toujours croissant. Le peuple uni à la garde nationale s'empara des ouvrages de défense qui entourent la ville, que la garnison sarde fut réduite à évacuer.

Le 2 avril on établit un gouvernement provisoire composé du général Avezziana et des citoyens Davide Marchio et Constantino Reta, dont le premier acte fut de proclamer de nouveau l'indépendance de la république de Gênes. Mais dès le 4 du même mois le général de la Marmora arriva sous les murs de la ville à la tête de forces imposantes; et à la suite de divers engagements sanglants, interrompus par des armistices, il reprit possession des forts et des points les plus importants de la ville. Les négociations entamées pendant ce temps-là à Turin, par une députation spéciale des habitants de la ville, eurent pour résultat de déterminer le roi à proclamer une amnistie générale, dont furent seuls exceptés les individus les plus gravement compromis dans l'insurrection. En conséquence, le 10 avril Gênes fit sa soumission complète; la population fut désarmée, et depuis lors la tranquillité n'y a plus été troublée. Mais dans la présente année 1854 le choléra est venu exercer d'affreux ravages parmi une population qu'il semblait avoir jusque là oubliée dans ses rigueurs.

Bien que ce soit la *cité des palais*, la *ville de marbre*, Gênes n'est point à vrai dire une belle ville. En raison de l'exiguïté de l'espace qu'elle occupe et de sa situation sur le flanc d'une montagne, la plupart de ses rues sont étroites, sombres, et généralement si escarpées qu'il n'y en a qu'un fort petit nombre dans lesquelles on puisse se sevir de chevaux et de voitures. Aussi l'usage des chaises à porteur, vulgairement appelées en France des *vinaigrettes*, s'y conservera-t-il très-longtemps encore. Cependant il existe à Gênes un certain nombre de rues larges, droites et unies, qui peuvent soutenir avantageusement la comparaison avec celles des plus belles villes de l'Europe, par exemple : la *strada Balbi*, la magnifique *strada Nuova*, la *strada Novissima*, la *strada Carlo-Felice* et la *strada Giulia*, toutes ornées d'un grand nombre de palais. En fait de promenades publiques, on peut citer celles de la *piazza dell' Acqua-Verde*, d'*Acqua-Sola* et du Rempart. Parmi les nombreux palais qui ont rendu Gênes si justement célèbre, on remarque surtout le *palazzo Ducale*, ancien palais des doges, aujourd'hui siége du sénat, avec sa grande salle du conseil, décorée autrefois des statues des hommes les plus célèbres auxquels la république avait donné le jour, mais qui furent brisées lors de la révolution de 1797; le palais Brignole-Sale, ordinairement appelé *il palazzo Rosso*, à cause du marbre rouge dont il est recouvert, où se trouve une riche galerie; les palais d'Andræ et de Tursi Doria (ce dernier sert aujourd'hui de collége aux jésuites), Pallavicini, Filippo et Marcello Durazzo (aujourd'hui Palazzo reale), Serra, Carego, Negroni, Grillo Cataneo, Massimo Spinola, Cambiaso, di Negro, etc., etc. Mentionnons encore les bâtiments du port franc, l'arsenal, ancien couvent, l'arsenal de la Marine (la *Darsena*, où Fiesque se noya), la Monnaie et la Boggia di Lanchi, construite par Galeazzo Alessi, l'un des architectes qui ont le plus contribué a enrichir Gênes de leurs œuvres. Un gigantesque aqueduc fournit à la ville l'eau potable dont elle a besoin, et alimente un grand nombre de fontaines jaillissantes; son vaste port, l'un des plus importants de la Méditerranée, et qui reçoit des navires de toutes grandeurs, est entouré par la ville en demi-cercle et protégé par deux moles. Malheureusement, il n'est point à l'abri du vent du sud-ouest, qui y commet parfois de grands dégâts. Un *port franc* y est annexé depuis 1751.

Gênes ne contient pas moins de cent églises, en y comprenant celles qui servent de chapelles à des couvents. Les plus remarquables sont : la cathédrale, San-Lorenzo, construite à partir du douzième siècle, à l'époque la plus brillante de la république, dans le style germano-lombard, dans la sacristie de laquelle on conserve, entre autres reliques précieuses, un saint Gréal; ensuite, les églises de San-Siro, ancienne cathédrale de la ville, où avaient lieu les assemblées du peuple et les élections de doges, reconstruite au dix-septième siècle. Santa-Maria di Carignano, bâtie par Alessi, sur le plan du Saint-Pierre de Michel-Ange; San-Sebastiano; L'Annunziata et San-Stefano.

En fait d'établissements publics, qui presque tous datent des temps de la république, on remarque surtout le grand hôpital de Pammatone, l'un des plus vastes et des plus magnifiques qui existent en Europe, recevant en moyenne mille malades par jour, et orné d'une foule de statues représentant les bienfaiteurs de l'institution, et qui avant d'être spolié par le gouvernement français, possédait 500,000 liv. de rente; ensuite l'*Abergo dei Poveri*, l'un des plus grands et des plus beaux hôpitaux de l'Italie, construit au dix-septième siècle, et où sont logés 2,500 pauvres; le *Fieschine*, institution pour 600 jeunes filles pauvres, qu'on y emploie à la fabrication des fleurs artificielles : l'Institut des Sourds-Muets et l'hospice *degli Incurabili*. La *Banque de Saint-Georges*, fondée à Gênes dès le quinzième siècle, a servi de modèle aux tontines, caisses d'épargne et de prévoyance, qui n'ont été connues que si tard dans d'autres pays. C'était tout à la fois une banque de prêt, une banque de dépôts et une banque nationale. Elle fut supprimée lors de l'incorporation de Gênes à la France, qui s'empara de son actif, représentant une valeur de plus de 250 millions de francs et solda son passif en inscriptions sur le grand livre de la dette publique.

Gênes compte aujourd'hui 120,000 habitants; elle est le siége d'un archevêque, des autorités civiles et militaires supérieures, et d'une université, qui occupe un superbe édifice et possède une bibliotèque de 45,000 volumes. Ses différents palais renferment de précieuses collections de tableaux et de sculptures. La ville possède aussi une Académie des Beaux-Arts. Parmi ses théâtres, celui de *Carlo-Felice* occupe le premier rang; c'est aussi l'un des plus beaux qu'il y ait en Italie. *San-Agostino* et *Delle-Vigne* ne sont que des scènes secondaires. En février de la présente année 1854 a eu lieu l'ouverture du chemin de fer qui unit désormais Gênes à Alexandrie et à Turin. Les travaux d'art qu'il a fallu exécuter pour frayer passage à la voie ferrée à travers les rochers de l'Apennin sont au nombre des plus beaux et des plus difficiles auxquels la construction d'un chemin de fer ait pu encore donner lieu, en quelque pays que ce soit.

Gênes est toujours le centre d'un commerce immense, quoiqu'il soit bien déchu de ce qu'il était jadis, alors que cette ville formait un État indépendant. Les huiles d'olive et les fruits secs en forment la branche la plus importante.

On y trouve aussi beaucoup de fabriques considérables de soieries, notamment d'étoffes noires, de velours, de damas et de bas de soie, d'articles de bijouterie et de joaillerie, de papiers, de draps, de bas de coton, de fleurs artificielles, de chapeaux, de macaroni, de fruits confits, de chocolat, de céruse, etc. La soie employée par les manufactures provient en partie de la séricículture locale et en partie du reste de l'Italie, notamment de la Calabre et de la Sicile, ainsi que de la Syrie et de l'île de Chypre.

Le *duché de Gênes*, ou la ci-devant république de ce nom, compte sur une superficie de 77 myriamètres carrés, une population de 655,500 habitants, répartie en 20 villes et 725 bourg ou villages. Il confine à l'ouest et au nord à la Savoie, au Piémont et à la Lombardie; à l'est au duché de Lucques et au grand-duché de Toscane; au sud à la Méditerranée. Son territoire est divisé en deux parties, l'une à l'est, appelée *Riviera di Levante*, l'autre à l'ouest, dite *Riviera di Ponente*. A la première appartiennent Gênes, Sestri di Levante, etc.; à la seconde Savone, Finale, Oneglia, San-Remo, Vintimiglia, etc. Les Apennins s'étendent le long de toute la partie septentrionale, et se prolongent même par quelques ramifications jusqu'à la côte : mais en dépit de le nature montagneuse de son sol, toute cette contrée est d'une admirable fertilité. Les classes populaires s'y distinguent par leurs habitudes laborieuses et par leur courage; les classes élevées, par leur instruction et par l'élégante politesse de leurs mœurs.

GÊNES (Siége de). En 1800, la cour de Vienne, espérant pouvoir profiter de la situation critique de l'armée d'Italie pour conquérir Gênes, résolut de porter ses forces sur le Var, d'entrer en Provence, de combiner leurs opérations avec celles de 15,000 anglais débarqués à Mahon et de 20,000 Napolitains, puis de soulever en faveur des Bourbons les populations du midi. Bonaparte confia à Masséna le soin de déjouer ces projets à la tête de 37,000 hommes. Il avait, en outre, sous ses ordres, Soult, Gazan, Thurreau et Oudinot. Arrivé dans la place le 18 février, il la trouva livrée à une désorganisation complète : il y institua aussitôt une administration ferme et amie des Français; les campagnes environnantes étaient soulevées : il les fit rentrer dans le devoir. On annonçait de France 22 bataillons; il en reçut mille officiers sans troupes. Cependant, il lui fallait défendre toutes les avenues du Dauphiné et de la Provence, depuis le mont-Cenis jusqu'à Gênes. Pour surcroît de malheur, la disette commençait à se faire sentir, quand la ville fut bloquée : l'armée n'avait pas de pain pour vingt-quatre heures et l'on attendait trois demi-brigades d'infanterie, trois régiments de cavalerie. On annonçait aussi, il est vrai, 18,000 quintaux de blé.

Les Autrichiens enlevèrent aux assiégés cette dernière espérance en attaquant la place le 5 avril : Mélas avait réuni 10,000 hommes devant Bobbio, autant devant Tortone, 30,000 à Acqui et Alexandrie, et il se présentait devant la ville, laissant en Piémont toute sa cavalerie, une artillerie magnifique, et 20,000 fantassins. En ce moment, Masséna n'avait que 15,320 hommes, exténués par la maladie. Il ne lui restait qu'un parti à prendre : masser ses forces pour les précipiter sur des groupes d'ennemis épais; et les montagnes qui environnent Gênes favorisaient singulièrement ce genre de défense. Dès le second jour de l'attaque, son aile droite, qu'il commandait en personne, se trouvait isolée et chargée seule de protéger la place, le reste devant couvrir les avant-postes, qui n'embrassaient pas moins de 60 milles d'étendue. Au moment de l'apparition des Autrichiens une flotte anglaise, coupant toutes les communications par mer, interrompit les arrivages de vivres; l'ennemi occupait le lendemain Monte-Cornua, Torriglia, Scoffera, Cadibona et Monte-Moro; beaucoup de combattants étaient tombés de part et d'autre dans ces rencontres, à coups de fusil, de pierres et de baïonnette. En outre, les vaisseaux britanniques lançaient force bombes et boulets sur la place.

Masséna, las de cette position, reprit le lendemain l'offensive, culbuta les assiégeants sur tous les points, et leur fit 1,500 prisonniers. Le 8 avril, l'armée française ayant été partagée en deux corps, le premier resta chargé de la défense de Gênes sous les ordres de Miollis, le second forma deux divisions, commandées, l'une par Soult et Gazan, l'autre par Gardanne et le général en chef. Cette division avait pour but de débloquer Savone et de rétablir les communications de la place avec Suchet. Elle s'accomplit heureusement, en face d'un ennemi cinq ou six fois plus nombreux; mais le 30 avril, à deux heures du matin, 25,000 Autrichiens attaquèrent la place, tandis que la flotte anglaise, rasant la côte, cherchait à exciter la population à la révolte. Après plusieurs combats acharnés, par une pluie battante, où la lutte eut presque toujours lieu à coups de pierres et de crosses de fusil, les assiégeants furent obligés de battre en retraite, avec une perte de 4,000 hommes, dont 1,600 prisonniers.

Mélas, voulant essayer de repousser notre armée de réserve qui s'avançait triomphante, céda la direction du siége au général Ott, qui ne tarda pas à être attaqué dès le 11 mai. L'adjudant général Gautier lui enleva son camp de Baverie; mais Miollis, ayant échoué sur le Monte-Saccio, fut rejeté sur la Sturla. Toutefois, Soult exécuta avec succès son mouvement, culbutant tous les postes autrichiens et forçant leur camp de Monte-Cretto. Plus de 800 de leurs soldats restèrent dans les abîmes, et le double au moins fut pris dans les retranchements, tandis que le général Darnaud s'emparait de Nervi. Restait à prendre le Monte Cretto lui-même. Le début de la journée du 12 était déjà marqué par des succès, lorsqu'un violent orage fondit sur les combattants. On ne s'apercevait plus qu'à la lueur des éclairs, et Soult resta au pouvoir de l'ennemi, nos soldats, exténués de fatigue, n'ayant pu l'arracher de ses mains.

A la suite de cette malheureuse affaire, qui fit perdre aux assiégés tout espoir de rompre la ligne de blocus, 4,000 Génoises s'ameutèrent sur les places de la ville, avec des sonnettes à la main, demandant du pain et la fin de leurs maux. On réussit à dissiper cet attroupement au moyen de quelque argent distribué à propos.

Au milieu de la nuit du 17, les Anglais et les chaloupes napolitaines bombardèrent le quartier de la marine, et le peuple recommença à murmurer. Enfin, le 20, une dépêche de Bonaparte annonça que le 30, on serait débloqué. 900,000 francs arrivèrent; on fit face aux besoins les plus urgents. Mais le bombardement ne discontinuait pas, la misère augmentait, les rues étaient jonchées de morts et de mourants; on se disputait les chevaux tombés de maladie, les animaux domestiques en putréfaction; on mangeait des serins, des rats, de l'herbe, des souliers, des havre-sacs et des gibernes. Le 21 mai, il n'existait plus que de quoi faire pour deux jours de mauvais pain pour la troupe. Masséna ordonna qu'on ramassât dans la ville tout ce qui restait d'amandes, de graine de lin, d'amidon, de son, d'avoine sauvage, de cacao et qu'on en confectionnât un mastic noir, pesant, et qui n'était pas susceptible de cuisson.

Le 28 on annonça un mouvement rétrograde des Autrichiens, puis on parla d'une grande victoire remportée par Bonaparte; mais le découragement succédait à ces trompeuses espérances. Le 30 les généraux Keith, Ott et Saint-Julien firent demander une entrevue à Masséna. Ils lui offraient la capitulation la plus honorable. Le général français rejeta d'abord cette ouverture; mais le terme où Bonaparte avait promis de débloquer la place était passé; au 4 juin il ne devait plus rester par homme qu'une ration de l'horrible mortier noir; il fallait sauver 6,000 malades ou blessés; les Anglais recommençaient chaque nuit le bombardement; nos soldats étaient hors d'état de supporter le poids de leur fusil. On ne reçut aucune nouvelle du dehors les 1er et 2 juin; alors le peuple en masse se souleva, et il fallut pour l'apaiser lui promettre de négocier si dans les vingt-quatre heures il n'arrivait pas du secours.

Ce délai expiré, Masséna se décida enfin à traiter. Lord Keith consentait à ce que l'armée assiégée rentrât en France, pourvu que son chef, qui valait, disait-il, 20,000 hommes, restât prisonnier. Masséna refusait de se prêter à toute négociation où le mot *capitulation* serait employé. Enfin, il fut décidé que les Français prendraient la route de leur patrie avec leur artillerie et leurs munitions, aux dépens de l'Angleterre, et que la liberté des Italiens nos alliés serait assurée. Masséna signa ces conventions le 5 juin à sept heures du soir. Quelques jours après Bonaparte, vainqueur à Marengo, stipulait l'évacuation de Gênes par les Autrichiens, et Suchet y faisait son entrée solennelle le 24 du même mois.

GENÈSE, le premier des livres de Moïse et de la Bible, est nommée par les Juifs *Berezith*, c'est-à-dire *Au commencement*, d'après leur méthode de citer les livres du Pentateuque par les premiers mots. Le nom de *Genèse* (du grec γένεσις, naissance) a été donné à ce livre par les Grecs, parce que Moïse y fait remonter l'histoire à la naissance du monde. Les autres livres de Moïse sont regardés comme une sorte de journal, écrit au temps et sur les lieux des événements qu'il raconte; mais pour la *Genèse*, histoire des temps qui ont précédé la naissance de l'auteur, rien n'en fait connaître la date. Des critiques prétendent qu'elle fut écrite dans le pays de Madian, dans les quarante ans que Moïse y passa au service de Jéthro, son beau-père; d'autres veulent qu'elle ait été composée dans le désert, après la promulgation de la loi.

La Genèse, en 50 chapitres, renferme l'histoire des premiers siècles, depuis la création du monde jusqu'à la mort du patriarche Joseph, c'est-à-dire une période de 2370 ans. On y trouve donc l'histoire des patriarches, l'histoire du déluge, de la tour de Babel, de la ruine de Sodome, etc.

Il se trouve dans les différents textes de la *Genèse* des variantes chronologiques qui ont beaucoup occupé les savants, et qui ont même fourni aux incrédules des objections contre la vérité du récit de Moïse (comme si Moïse devait répondre des erreurs de ceux qui le copient!). Le texte hébreu, suivi par la Vulgate, compte 1656 ans depuis la création jusqu'au déluge, et 292 du déluge à la naissance d'Abraham; les Septante mettent le déluge à l'an 2242 du monde, et donnent 942 ans entre le déluge et Abraham; ce qui ajouterait 1236 ans à l'antiquité du monde. Le Pentateuque samaritain ne trouve que 1307 ans avant le déluge; mais il est d'accord avec les Septante, sur le nombre d'années écoulées depuis cette époque jusqu'à Abraham. Quelques interprètes, par respect pour les livres saints, ont cherché à concilier toutes ces dates, ce qui paraît assez difficile; les autres, sans s'écarter du respect dû à l'Écriture, n'ont pas hésité à déclarer que des erreurs s'étaient glissées dans les copies. Mais quels sont les textes fautifs? Où est la véritable chronologie de Moïse? L'Église, en adoptant la Vulgate, s'est prononcée pour le calcul des Hébreux, sans pour cela condamner les autres.

L'abbé C. Bandeville.

GENESIUS (Joseph), historien du Bas-Empire, qui florissait vers le milieu du dixième siècle. Le livre qui porte son nom fut entrepris par ordre de Constantin Porphyrogénète; il ne doit pas être confondu avec la *chronique* imprimée dans les *Scriptores post Theophanem*; Paris, 1685. *L'Histoire de l'Empire Grec*, de Genesius, qui commence en 813, comprend les règnes de Léon l'Arménien, Michel le Bègue, son fils Théophile et Basile le Macédonien, mort en 886. L'*Histoire* de Genesius fut publiée pour la première fois en 1733, à Venise.

GENESTROLLE. *Voyez* Genêt.

GENET. On désigne ainsi une espèce particulière de chevaux d'Espagne, généralement petits et très-bien conformés. Il y a aussi des *genets* de Sardaigne, de Portugal, et de quelques autres provinces d'Europe. Quelques personnes font venir ce mot du grec εὐγενής (en latin *bene natus*), comme pour désigner les belles proportions de l'animal qui porte ce nom. On en retrouverait plus vraisemblablement l'étymologie dans le mot espagnol *ginette*, qui veut dire *cavalier*, *homme de cheval*.

GENÊT, genre d'arbrisseaux de la famille des papilionacées, portant des feuilles alternes, simples pour la plupart, et des fleurs offrant une carène tombante, qui laisse en partie à découvert les étamines et le pistil. Le fruit est une gousse oblongue renfermant une ou plusieurs semences.

Les nombreuses variétés de ce genre se ressemblent presque entièrement. Parmi les plus remarquables, on distingue le *genêt d'Espagne* (*genista juncea*), qui s'élève en buisson à la hauteur de trois à quatre mètres; ses fleurs exhalent une légère odeur de fleurs d'oranger : on leur attribue des propriétés diurétiques. Dans les Cévennes, aux environs de Lodève, on cultive le genêt d'Espagne pour en retirer la filasse, en lui faisant subir une sorte de rouissage; les paysans de cette contrée en font de la toile qui rivaliserait avec celle faite avec le chanvre, si le travail en était confié à des mains plus habiles. Les jeunes rameaux peuvent servir à des objets de vannerie, comme l'osier. Les moutons et les chèvres en font leur principale nourriture pendant l'hiver; le genêt produit quelquefois chez ces animaux, et surtout lorsqu'ils mangent les semences de la plante, des inflammations des voies urinaires, que l'on guérit à l'aide de boissons rafraîchissantes. Cette espèce de genêt croît abondamment en Espagne, en Italie, et dans le midi de la France : elle se plaît dans les terres légères et bien labourées.

Vient ensuite le *genêt commun* (*genista scoparia*). Cet arbrisseau, qui s'élève à une hauteur de 1m,30 à 1m,60, a des rameaux grêles, verdâtres et très-flexibles. Il croît en Europe, dans les terrains secs et arides, et fleurit au mois de mai; ses fleurs jaunes, disposées une à une le long des tiges, produisent un très-bel effet. Dans la Belgique, on en fait confire les boutons dans le sel et le vinaigre pour les servir sur les tables, comme les câpres. Par le rouissage des jeunes rameaux, on peut en retirer une filasse, dont on fait des cordes et de la grosse toile. Il peut aussi servir d'aliment aux bestiaux : dans quelques pays, on l'emploie au tannage des cuirs; mais le principal usage que l'on en fait, c'est pour la fabrication des balais grossiers; aussi lui donne-t-on vulgairement le nom de *genêt à balais*.

Le *genêt des teinturiers*, ou genestrolle (*genista tinctoria*, Linné), est un petit arbuste, commun dans les bois, les haies et les champs de toute l'Europe, où il fleurit dans les mois de juin et de juillet. Il ne s'élève qu'à une hauteur de 0m,60 à 1 mètre; ses fleurs jaunes croissent au sommet de la tige et de ses ramifications sous forme d'épis clairs. La genestrolle fournit une couleur jaune moins belle que celle de la gaude, mais plus solide quand on la fixe par l'alun : les teinturiers la nomment *herbe à jaunir*. Ses fleurs sont légèrement purgatives.

Il y a encore d'autres variétés de genêt dont les unes ne diffèrent des précédentes que par la disposition et la couleur de leurs fleurs : les unes sont blanches, comme dans le *genêt de Portugal*; les autres violettes, comme dans le *genêt effilé*. Il n'y a que ces deux espèces qui présentent des fleurs de couleur différente; toutes les autres ont des fleurs jaunes, mais varient par leur port et la disposition de leurs feuilles.

C. Favrot.

GENÊT ÉPINEUX. *Voyez* Ajonc.

GENÉTHLIAQUE. Ce nom, emprunté à la langue grecque et dérivé de γενέθλη, naissance, désigne un poëme composé à l'occasion de la naissance d'un enfant, comme c'était l'usage chez les Grecs d'abord, et plus tard chez les Romains. Le chef-d'œuvre des poëmes genéthliaques est l'églogue de Virgile adressée à Pollion : *Sicelides Musæ*. Dans les Sylves de Stace, il y en a aussi un fort remarquable, dont Lucain est le héros. On appelait encore ainsi, chez les anciens, l'astrologue qui tirait l'horoscope d'un nouveau-né, en interrogeant les astres, ainsi que le pratiquaient les Chaldéens. Il y a dans Aulu-Gelle un beau discours de Favorinus, contre les genéthliaques et l'astrologie judiciaire.

GENETRIX, surnom donné à Vénus, comme souche du peuple romain, et en particulier de la famille *Julia* par Énée. Pour accomplir un vœu qu'il avait fait pendant la bataille de Pharsale, César lui éleva un temple dans son propre forum. On l'adorait aussi comme la déesse de l'amour conjugal et légitime, basé sur le désir d'avoir des enfants. Les artistes représentaient *Vénus Genetrix* toute vêtue; elle ne porte cependant d'ordinaire qu'un mince *chiton* couvrant imparfaitement son corps. Comme mère des Romains, on lui donne souvent la pomme, et quelquefois aussi une lance.

GENETTE, tribu d'animaux du genre civette, particulièrement caractérisés par leurs ongles rétractiles, par leur pupille verticale, et par la simplicité de leur fente périnéale, qui conduit à un enfoncement léger formé par la saillie des glandes et presque sans excrétion sensible.

Nous citerons comme type de cette tribu la *Genette commune* (*viverra genetta*). Son pelage gris est tacheté de noir et de blanc; la queue, aussi longue que le corps, est annelée des mêmes couleurs; un museau noirâtre, des taches blanches aux sourcils, sur la joue et de chaque côté du bout du nez, complètent les caractères de ce pelage, qui forme un article de pelleterie assez important. On chasse donc cette espèce le long des ruisseaux, où elle vit ordinairement, dans les parties méridionales de l'Europe, et particulièrement en France, dans le département de la Gironde, où elle est très-commune.

GENÈVE, l'un des cantons de la Suisse, à l'extrémité sud-ouest de ce pays, entre le canton de Vaud, le département français de l'Ain et le territoire sarde, comprend une superficie d'environ 4 myriamètres carrés; son sol montagneux, médiocrement fertile, est admirablement cultivé par ses industrieux habitants. D'après le recensement de 1850, la population se compose de 64,764 habitants, dont 29,764 professent la religion catholique et 170 appartiennent à la religion juive. Dans la majorité réformée, les *momiers* ou méthodistes forment une secte particulière. L'agriculture, l'éducation du bétail et la pêche, mais plus particulièrement le commerce et l'industrie, notamment la fabrication des montres et des articles de bijouterie, bien que diminuée dans ces derniers temps, constituent les principales ressources de cette population. Le budget avait été fixé pour l'exercice 1851 à 1,392,000 fr.; et l'excédant des recettes sur le chiffre des dépenses était évalué à 17,000 fr. Le droit français, modifié par quelques lois particulières ultérieurement rendues, y est en vigueur. Le canton a pour chef-lieu la ville de *Genève* (*voyez* ci-après). Il est arrosé par le Rhône, qui sort du lac Léman, traverse la ville de Genève, coule vers le couchant et se dirige vers la France; par l'Arve, torrent qui sort des Alpes de Savoie et se jette dans le Rhône, près de Genève; et par plusieurs petites rivières, qui viennent du Jura ou de la Savoie, et qui se jettent dans le lac, dans le Rhône ou dans l'Arve. Son territoire est divisé en 38 communes, dont 13 entre l'Arve et le Rhône, 12 entre le lac et le Rhône, et 13 entre le lac et l'Arve. De ces trente-huit communes, quinze appartenaient à l'ancienne république. On trouve à 20 minutes de Genève la petite ville de *Carouge*, située sur la rive gauche de l'Arve. C'est une ville neuve, régulière, et qui s'embellit de jour en jour. En 1780 ce n'était encore qu'un chétif village, quand le roi de Sardaigne en fit le chef-lieu d'une nouvelle subdivision territoriale du duché de Savoie. Elle communique avec Genève par un beau pont en pierre.

A l'époque des luttes entre les Helvétiens et les Romains, Genève appartenait aux Allobroges; et déjà César en avait fait une de ses places d'armes. Plus tard, elle appartint à la province romaine appelée *Provincia Maxima Sequanorum*. Elle fit partie de l'empire pendant plus de cinq siècles, et fut le centre d'une province considérable; en 426 elle passa sous la domination des Bourguignons, qui en firent une des capitales de leur royaume; les Ostrogoths, qui s'en emparèrent au siècle suivant, la gardèrent pendant quinze ans et la cédèrent en 536 aux Francs. Ceux-ci y dominèrent pendant trois siècles et demi, jusqu'au partage de l'empire, qui eut lieu sous les successeurs de Charlemagne. Genève dépendit successivement du royaume d'Arles et du second royaume de Bourgogne. Au commencement du onzième siècle, elle se trouvait sous la domination d'un évêque et d'un comte, qui se disputaient la suprématie dans ses murs, et qui l'emportaient tour à tour l'un sur l'autre. Dans le treizième siècle, les comtes de Savoie ayant acquis des possessions considérables aux environs de Genève, finirent par devenir redoutables aux évêques et aux comtes de cette ville et les habitants surent profiter des embarras de leurs seigneurs pour acquérir certains privilèges, devenus plus tard la base même de leur indépendance. Ces privilèges furent confirmés, en 1387, par l'évêque Adhémar Fabri, qui en forma un recueil désigné sous le titre de *Franchises*.

En 1401 le comté du Genevois fut réuni au comté de Savoie, et dès lors les princes de la maison de Savoie exercèrent dans Genève une autorité prépondérante, et ne respectèrent que bien faiblement les droits des habitants. Pendant le quinzième siècle et la première partie du seizième, ils disposèrent presque toujours du siége épiscopal de Genève en faveur de princes de leur famille. Charles III surtout s'efforça de soumettre complétement Genève à sa domination; mais les Genevois demandèrent des secours à leurs voisins. Ils contractèrent des alliances avec les cantons de Fribourg et de Berne; et ceux-ci, malgré les intrigues de Charles, protégèrent efficacement leurs alliés. Tandis que Genève luttait ainsi pour assurer son indépendance politique, elle accueillait les premiers prédicateurs de la réforme : Farel, Froment, Saunier, Viret, qui lui apportaient la liberté religieuse. Après bien des hésitations, bien des incertitudes, occasionnées par le triomphe alternatif de deux partis dont l'un voulait rester fidèle au culte de ses pères et reconnaissait les droits que le duc de Savoie avait sur la ville, et dont l'autre avait adopté les principes de la réforme, principes qui avaient pour conséquence nécessaire la liberté civile et religieuse, les citoyens réunis dans la cathédrale, le 21 mai 1536, déclarèrent à l'unanimité qu'ils voulaient *vivre selon la loi évangélique et la parole de Dieu*, et consommèrent ainsi l'affranchissement de leur patrie. Quelques mois après, Calvin, passant par Genève pour se rendre à Strasbourg, céda aux instances de Farel et consentit à y rester pour donner des leçons de théologie; son mérite fut bientôt reconnu, et en peu de temps il devint le législateur de Genève et le conducteur de son église. L'établissement de la réforme avait causé l'éloignement de plusieurs familles qui étaient attachées à l'ancien culte et à la maison de Savoie; mais ces citoyens furent remplacés par des réformés de différents pays, d'Italie, de France, d'Allemagne, qui vinrent en foule chercher un asile à Genève. Les ducs de Savoie ne pouvant se déterminer à reconnaître l'indépendance de la nouvelle république; lui firent une guerre constante et plus ou moins active pendant près de quatre-vingts ans. Les Genevois soutinrent avec courage une lutte aussi difficile, et ne reculèrent devant aucun sacrifice pour la conservation d'une liberté dont ils appréciaient tous les jours davantage le prix inestimable. Ils signèrent, en 1584, un traité d'alliance avec les cantons de Zurich et de Berne, repoussèrent, au mois de décembre 1602, une attaque nocturne du duc de Savoie, attaque connue sous le nom d'*escalade;* et, forts de l'appui de Henri IV et de celui des cantons suisses, ils conclurent, en 1603, avec Charles-Emmanuel, un traité de paix, en vertu duquel tous actes d'hostilité devaient cesser pour toujours, et quiconque troublerait le repos général devait être regardé comme violateur dudit traité.

La constitution de l'ancienne république était un mélange de démocratie et d'aristocratie. Les bourgeois formaient le conseil général et souverain : ce conseil avait le pouvoir législatif; il élisait les magistrats et décidait des affaires les plus importantes, mais il ne délibérait pas. L'examen et la discussion des lois appartenaient à un conseil composé de 250 citoyens ou fils de bourgeois, parmi lesquels on choisissait les 21 membres du petit conseil et les 4 syndics qui les présidaient. Le petit conseil avait le pouvoir exécutif, l'administration des deniers publics et la direction des affaires journalières. Cette constitution satisfit pendant longtemps les Genevois; mais quand les lumières furent plus répandues, que l'aisance fut devenue plus générale, et le nombre de ceux qui s'intéressaient aux affaires publiques, et qui étaient capables de s'en occuper, plus considérable, elle parut trop oligarchique; en effet, les premières places de l'État étaient le privilége exclusif d'un petit nombre de familles, et celles-ci se montraient très-jalouses de leurs droits. Le mécontentement éclata plusieurs fois dans le cours du dix-huitième siècle, et l'on réclama souvent, mais en vain, des changements à la constitution. Cette lutte donna naissance à deux partis : celui des *représentants*, qui appuyaient la demande d'une révision de la constitution, et celui des *négatifs*, qui repoussaient cette demande. La division de la population en *quatre classes* aggravait beaucoup le mal : en effet, les uns, les *citoyens* et les *bourgeois*, prenaient seuls part aux affaires publiques, et les autres, les *habitants* et les *natifs*, n'avaient que le droit d'habitation, supportaient une partie des charges de l'État, ne pouvaient pas exercer certaines professions, et restaient tout-à-fait étrangers à l'administration. Ces diverses classes de citoyens avaient toutes des sujets de mécontentement, et le petit conseil profita de la diversité de leurs intérêts pour se maintenir longtemps dans la jouissance de ses priviléges. Enfin, en 1781, on en vint à une rupture éclatante; mais la France, la Savoie et Berne, firent avancer des troupes contre Genève; les citoyens qui s'étaient emparés du gouvernement capitulèrent; les trois puissances rétablirent l'ancienne constitution; plusieurs familles de *représentants* s'expatrièrent alors, et s'en allèrent porter leur industrie à Constance, à Neufchâtel, en Angleterre ou en Amérique.

En 1789, une nouvelle constitution ayant étendu les droits des *bourgeois*, et les ayant déterminés d'une manière plus précise, la plupart des exilés revinrent; mais la révolution française ne tarda point à faire sentir sa funeste influence : pendant la terreur, en 1793, de mauvais citoyens, soutenus par le comité de salut public de Paris, commirent à Genève les mêmes horreurs qui se commettaient alors dans toute la France. Plusieurs citoyens recommandables furent mis à mort, d'autres furent dépouillés de leur fortune en tout ou en partie, et un grand nombre furent bannis. A ces temps d'orages succéda un intervalle de repos, pendant lequel le Directoire français inquiéta de toutes les manières les Genevois pour les obliger à demander leur réunion à la France. Enfin, les troupes de la république entrèrent à Genève, le 15 avril 1798; et cette ville, réunie à la France le 17 mai suivant, devint dès lors le chef-lieu du département du *Léman*.

Le 30 décembre 1813 elle ouvrit ses portes aux alliés et recouvra son indépendance; en 1815 elle fut agrégée à la Confédération Suisse, à titre de 22e canton; le congrès de Vienne et les traités de Paris et de Turin lui procurèrent un agrandissement de territoire par l'adjonction du petit pays de Gex, des villages de Versoy et de Carouge, et lui donnèrent une libre communication avec la Suisse. Une nouvelle constitution, qui établissait l'égalité des droits de tous les citoyens, et qui donnait au gouvernement une forme représentative, fut préparée sous l'influence des puissances étrangères par une commission de citoyens genevois, et acceptée par la nation au mois d'août 1814.

Aux termes de cette constitution de 1814, la puissance législative était confiée à un *conseil représentatif* composé de 278 membres, dont 30 sortaient chaque année. Les élections pour ce conseil étaient faites par un corps électoral dont faisaient partie tous les citoyens âgés d'au moins vingt-cinq ans et payant 25 florins d'impôt direct. Le conseil représentatif nommait le *conseil d'État* exécutif, composé de 4 syndics et de 24 autres membres, et investi du droit exclusif d'initiative en matière de législation. Une partie de ces membres avaient même droit de séance et voix délibérative dans les tribunaux. Le conseil d'État pouvait aussi décider en dernier ressort sur certaines questions administratives, et être tout à la fois juge et partie dans sa propre cause, quand il estimait qu'on avait manqué au respect qui lui était dû. Enfin, la constitution consacrait formellement la liberté de la presse, mais en même temps investissait le conseil représentatif du droit d'en limiter l'exercice. On comprend qu'avec ses tendances restrictives et conservatrices une telle constitution devait amener bien des conflits et provoquer de vives résistances; et pour qu'elle pût demeurer aussi longtemps en vigueur, il fallut que les hommes qu'elle investissait des pouvoirs fissent preuve de l'esprit le plus conciliant et de libéralisme dans la direction des rapports politiques du canton avec la Confédération. Mais par la fondation d'un comité radical, qui eut lieu le 3 mars 1841, l'opposition trouva le moyen d'organiser sa résistance et de donner de l'unité à ses efforts jusque alors divisés. Dans une assemblée populaire tenue le 18 octobre de la même année, qui se prononça en faveur de la suppression des couvents décrétée par le gouvernement du canton d'Argovie, il fut aussi question des vices de la constitution. A une pétition que lui adressa le comité pour réclamer d'importantes réformes, le conseil d'État ne répondit que d'une façon évasive, renvoyant la question à l'examen du conseil représentatif dans sa plus prochaine session, tandis que l'opposition réclamait la convocation extraordinaire d'un conseil constituant. Quand les représentants se réunirent, le 22 novembre, le conseil d'État avait convoqué la milice; mais peu d'hommes se rendirent à son appel, et ils se dispersèrent bientôt en présence de la foule demandant à grands cris la convocation d'une assemblée constituante. Sous la pression de ces menaçantes démonstrations, le conseil céda. Enfin, le 7 juin 1842, sur 11,500 citoyens ayant le droit de voter, plus de la moitié adoptèrent la constitution nouvelle, qui fut acceptée à une grande majorité.

Cette constitution nouvelle divisa la ville en quatre arrondissements électoraux, et le reste du canton en six, les uns et les autres chargés de choisir, au prorata du chiffre de leur population respective, 176 membres d'un conseil représentatif se renouvelant tous les deux ans par tiers, et participant au droit d'initiative en matière de législation. Ensuite, le nombre des membres du conseil d'État élus pour six ans fut réduit à 13; la ville obtint un conseil municipal propre, et l'administration de l'Église protestante fut confiée à la *Compagnie des pasteurs* déjà existante, ainsi qu'à un consistoire composé pour un tiers d'ecclésiastiques et pour les deux autres tiers de laïcs; ce dernier chargé en outre de nommer aux fonctions ecclésiastiques vacantes. Mais alors les *conservateurs* étant parvenus à obtenir la majorité dans le conseil de constitution, dans le conseil représentatif et dans le conseil d'État, tandis que les radicaux restaient les plus nombreux dans le conseil municipal, de nouvelles collisions s'ensuivirent; et le 13 février 1843 éclata une insurrection armée ayant pour but l'établissement d'un gouvernement provisoire. Mais cette fois les milices de la ville et de la campagne se réunirent en assez grand nombre pour que force restât à l'autorité; et le gouvernement ayant proclamé le lendemain une amnistie générale, les insurgés mirent bas les armes. Ensuite, le 12 janvier 1844, le grand conseil se prononça en faveur de l'introduction du jury, de sorte que pour l'adoption de cette utile institution c'est le canton de Genève qui a donné l'exemple à tous les autres cantons.

Lorsqu'en 1846 surgit la question de l'expulsion des jésuites et de la dissolution du *sonderbund*, le conseil d'État de Genève crut pouvoir se maintenir dans une politique d'hésitation et de temporisation à laquelle se rallia aussi la majorité du conseil représentatif. Mais l'assemblée populaire tenue le 5 octobre protesta contre cette attitude, en même temps que de son côté le gouvernement jugeait prudent de réunir des troupes. A la nouvelle que la force armée se disposait à arrêter quelques-uns des chefs du parti populaire, les mécontents s'emparèrent du faubourg Saint-Gervais, qui fut attaqué le 7 octobre par les troupes du gouvernement. La fusillade et la canonnade devaient encore recommencer le lendemain; mais alors une assemblée populaire tenue dans le principal quartier de la ville somma le conseil d'État d'avoir à résigner ses pouvoirs. Cette abdication eut lieu; et le 9 on nomma un gouvernement provisoire composé de neuf membres, de même que le 25 on procéda à l'élection d'un nouveau grand conseil, composé de quatre-vingt-dix membres seulement, par conséquent de moitié moindre que le précédent. Ce grand conseil fut chargé en même temps de fonctionner comme assemblée constituante, et c'est de ses délibérations qu'est sortie la constitution encore en vigueur aujourd'hui, constitution démocratique dans toutes ses dispositions. L'une des mesures les plus importantes votées par la nouvelle autorité populaire a été la démolition des fortifications de Genève, ainsi que la fondation d'un Institut national des sciences, des arts, de l'industrie et du commerce.

GENÈVE, chef-lieu du canton du même nom, sur le lac de Genève, à l'endroit où le Rhône en sort, la plus peuplée, mais non pas la plus grande ville de la Suisse, comptait en 1850 31,238 habitants. Elle est bien bâtie, et jouit d'une grande prospérité, à cause de son commerce et de son industrie; et le budget des dépenses communales s'y élève à 430,000 fr. par an. Le Rhône sépare Genève en trois parties inégales, unies par des ponts. L'île qu'il forme en sortant du Léman ne contient guère qu'un millier d'habitants. Une machine hydraulique, placée dans cette île, alimente les fontaines du haut de la ville comme celles du bas. Le plus beau quartier est la ville haute, ou vieille ville, où l'on remarque surtout la Grande Rue à cause de sa largeur des riches magasins dont elle est bordée; cependant le grand centre d'activité du commerce est dans la partie basse de la ville, le long des bords du Rhône. Le *Malard*, *le Bourg de Four* et la place Saint-Pierre sont ses places publiques les plus vastes. La situation de Genève est une des plus belles qu'on puisse voir en Europe. Elle occupe une colline, qui du côté du nord-est domine le lac Léman, et du côté du sud-est la vaste plaine qui s'étend entre les monts de Salève, de Sion et du Jura. A l'époque la plus florissante de son commerce, on y comptait sept cents maîtres horlogers, occupant environ 6,000 ouvriers; mais depuis ce chiffre a diminué de moitié. Les joailliers et les bijoutiers de Genève livrent à la circulation des produits parfaitement fabriqués. Cette ville possède aussi des manufactures de toiles perses, de draps et d'étoffes de laine, de mousseline, de galons d'or et d'argent, de soieries et de porcelaine. Sa situation avantageuse sur le lac y favorise le commerce de transit, et le voisinage de la frontière de France le commerce de contrebande. La population ne brille pas moins par son instruction que par son patriotisme; et c'est merveille de voir comment des associations particulières, telles que la *Société de Lecture* et bien d'autres encore, suppléent largement à l'insuffisance des ressources publiques pour favoriser la propagation de l'instruction dans toutes les classes de la population. L'université fondée à Genève en 1368 fut réorganisée en 1538, par Calvin et par Théodore de Bèze. Il en dépend une bibliothèque de 31,000 volumes avec de précieux manuscrits, un muséum d'histoire naturelle contenant la collection minéralogique de Saussure, l'herbier de Haller et le cabinet de physique de Pictet, enfin l'Observatoire, créé en 1829. Nombreuses sont les institutions de charité que possède la ville de Genève : les voyageurs vont aussi visiter le Pénitentier, maison de travail et de correction fondée en 1820 sur le modèle de l'établissement de New-York. En fait de curiosités à voir, tant à Genève que dans les environs, il faut citer la maison où naquit Rousseau, la maison et le tombeau de Calvin, l'église cathédrale de Saint-Pierre, sur l'emplacement de laquelle s'élevait au temps des Romains un temple consacré à Apollon, l'hôtel de ville, l'hôtel appartenant à M. Eynard, les deux ponts suspendus; Ferney, situé sur le sol français et célèbre par le long séjour qu'y fit Voltaire, les glaciers de Chamouny, situés à une journée de Genève, etc., etc. Le 23 août 1835 les catholiques ont été, en dépit des clameurs de l'opposition, autorisés à célébrer publiquement leur culte à Genève, et le même jour les méthodistes y célébrèrent le troisième jubilé séculaire de l'introduction de la Réformation dans cette ville; solennité à laquelle vinrent assister de nombreux représentants des églises réformées de France, d'Angleterre, d'Allemagne et des États-Unis.

GENÈVE (Lac de). Le lac de Genève ou *lac Léman*, en latin *lacus Lemanus* ou *genevensis*, a la forme d'un croissant échancré vers l'extrémité méridionale de sa circonférence intérieure; sa plus grande longueur, depuis la baie de Chillon jusqu'aux chaînes du port de Genève, dans la direction la plus droite par eau, est de 71 kilomètres; sa plus grande largeur (entre Ouchy et Évian) de 14 kilomètres. Ce vaste bassin, dont la surface est de 170 kilomètres carrés, s'étend de l'est au sud-ouest. Son élévation au-dessus de la mer est de 360 mètres; sa plus grande profondeur de 318 mètres. On y compte 21 espèces de poissons, dont quelques-unes sont très-recherchées par les amateurs de la bonne chère, entre autres la truite et ses variétés, l'omble-chevalier, la loche, la perche, le brochet. Quarante-neuf espèces d'oiseaux vivent sur le lac et ses rives. Les vents dominants sur le lac de Genève sont le vent du nord-est, appelé la *bise*, et le vent du sud-ouest; ils sont quelquefois très-violents et même dangereux.

Les eaux du lac de Genève, qui ne gèle jamais entièrement en hiver, sont d'une extrême limpidité et sujettes à une espèce de flux et de reflux, sensible surtout aux environs de Genève et qu'on appelle *seiches*; de savants physiciens expliquent ce phénomène par les pressions inégales de la colonne atmosphérique sur la surface du lac. La beauté des rivages, dans le canton de Vaud, est célèbre à bon droit; ceux du littoral savoisien, où l'on remarque les romantiques rochers de la Meilleraie avec les gigantesques montagnes de la Savoie pour encadrement, ont quelque chose de plus sévère et de plus sombre. Le lac de Genève reçoit les eaux du Rhône, qui y entre à l'extrémité orientale, et qui en sort à l'extrémité opposée, et celles de 25 petites rivières qui y ont toutes leurs embouchures, savoir : 5 sur la rive gauche et 20 sur la rive droite. Le volume d'eau que toutes ces rivières versent dans le bassin du Léman est, selon les saisons, plus ou moins considérable; et en tout temps le Rhône en fournit plus de la moitié. Il n'y a point d'île proprement dite dans le lac de Genève. La navigation y est en général sûre et facile; elle se fait au moyen de barques pontées et garnies de voiles, et de bateaux de différentes grandeurs. Des entreprises de bateaux à vapeur desservent depuis 1823 les principales localités du littoral.

GENEVIÈVE (Sainte). Cette patronne de Paris naquit à Nanterre, vers l'an 423, de Sévère et Géronce, riches habitants de ce village. Elle n'était âgée que de sept ans lorsque saint Germain d'Auxerre, traversant cette localité, la distingua dans la foule qui s'était portée sur son passage, lui imposa les mains, et attacha à son cou une médaille en cuivre, sur laquelle était gravée une croix, en lui enjoignant de ne jamais porter d'autres bijoux. Jalouse de mériter la distinction de Germain, Geneviève vécut retirée, uniquement occupée à servir Dieu. A quinze ans, elle fit vœu de virginité, et ayant perdu ses parents, elle vint habiter chez sa marraine à Paris. Sa piété, sa charité, lui attirèrent le reproche d'hypocrisie. Lorsqu'à l'approche d'Attila elle assura les Parisiens qu'ils n'auraient rien à souffrir de ce barbare, ils s'irritèrent de sa prétention à prophétiser et voulurent attenter à ses jours; mais la patience de Geneviève et l'accomplissement de sa prédiction calmèrent cette fureur. Elle devint bientôt l'objet de la vénération publique; on la consulta dans les occasions importantes, et l'esprit de Dieu l'éclairant, elle rendit les plus grands services à la ville de Paris, qu'elle parvint à approvisionner à ses frais pendant un blocus, en y faisant entrer onze bateaux de vivres venus de Bourgogne, qu'elle distribua aux habitants. Était-ce donc une bergère comme le rapporte la légende? Sans doute elle a pu garder à Nanterre les troupeaux de ses parents; mais celle qui fut en relation avec les princes et les personnages les plus marquants de son époque, celle qui fit de si grands sacrifices pour ses compatriotes affamés, était assurément une des femmes les plus distinguées et les plus riches de son temps.

D'après quelques écrivains, la conversion de Clovis fut en partie son ouvrage, et ce monarque fit bâtir à sa prière la basilique des Apôtres, dédiée à saint Pierre et à saint Paul, où, en 512, on enterra Geneviève, morte cette année à quatre-vingt-six ans. Les vertus qu'elle pratiqua pendant sa vie, les miracles opérés sur son tombeau et par son intercession, la firent mettre au nombre des saints, et la basilique qui contenait ses restes prit son nom. Les corps de Clovis et de sa femme *Clotilde*, qui avait fondé auprès de cette église une abbaye dont les chanoines réguliers s'appelèrent *génovéfains*, furent déposés dans la *crypte* où était celui de Geneviève, que l'on en retira pour l'enfermer dans une châsse en argent, œuvre, dit-on, de saint Éloi. Il ne reste plus maintenant des anciennes constructions qu'une haute tour carrée, bâtie en 511 sous Clovis, qui se trouve engagée dans les bâtiments de l'abbaye, maintenant lycée Napoléon. La rue de Clovis occupe aujourd'hui l'emplacement de l'ancienne église. En 1212 la châsse de saint Éloi fut remplacée par une autre, beaucoup plus riche, en vermeille. On employa 193 marcs d'argent et 8 marcs et demi d'or pour la dorer. Les princes se plurent à l'orner de pierres précieuses; Marie de Médicis y ajouta un bouquet en forme de couronne, monté en diamants.

Cette châsse était derrière le maître autel, soutenue par quatre statues de vierges plus grandes que nature; et elle était placée si haut, que ce n'était qu'au moyen d'une longue perche qu'on pouvait l'atteindre pour y faire toucher les objets présentés par les fidèles. C'étaient le plus souvent des bagues, des chapelets, ou des chemises, des draps destinés à couvrir les malades, dont on espérait ainsi obtenir la guérison. Lorsqu'un péril menaçait, ou pendant la maladie d'un prince, on découvrait une partie de la châsse; si le danger augmentait, elle était découverte en entier, et dans les grandes calamités elle était promenée par la ville. Cette procession assez rare n'avait guère lieu que tous les vingt ans. Les autres châsses des diverses églises l'accompagnaient, suivies d'un grand nombre de fidèles, dont quelques-uns n'étaient vêtus que de leurs chemises, auxquelles étaient attachées des pierres, soit par pudeur, soit pour rendre la pénitence plus forte. On peut évaluer à cent le nombre de sorties de la châsse. On la promena pour le succès de nos armes contre les Anglais, souvent aussi dans nos guerres de religion; quelquefois pour obtenir de la pluie, mais plus souvent pour avoir du beau temps; elle était considérée enfin comme le talisman de la capitale : les génovéfains ne la remettaient aux échevins et magistrats de la ville que contre des otages.

Au commencement du douzième siècle, devant Notre-Dame, sur l'emplacement occupé aujourd'hui par l'administration des hospices et où avait été la demeure de Geneviève, on érigea une seconde église à la sainte. Elle fut nommée d'abord Sainte-Geneviève-la-Petite, et plus tard Sainte-Geneviève des Ardents; ce fut à l'occasion d'un miracle. Paris était en proie à une maladie cruelle et contagieuse que l'on appelait *le feu des Ardents*. Tout secours humain était impuissant; alors on invoqua la protection du ciel, et la châsse de sainte Geneviève fut descendue de l'autel et portée en procession. La nef et le parvis Notre-Dame étaient remplis de malades. Tous ceux qui approchèrent de la patronne de Paris furent guéris instantanément, à l'exception de trois incrédules. Au mois de décembre 1206 eut lieu une inondation plus forte que toutes celles de mémoire d'homme; des villages entiers avaient été submergés, les arbres emportés, et ce n'était qu'en bateau qu'on pouvait aller dans les rues de Paris. Toutes les églises et leurs châsses se réunirent à Sainte-Geneviève, et de là, escortant la châsse de la patronne, se rendirent en procession à Notre-Dame. Il fallait traverser le Petit-Pont, dont les arches étaient ébranlées, quoique construites en pierre : rassurés par la présence de la châsse, les fidèles affrontèrent le danger, ils passèrent le pont, pour l'aller et le retour; aucun accident n'eut lieu. Une demi-heure après la rentrée de la châsse, trois arches du pont s'écroulèrent et entraînèrent les maisons qui étaient dessus. C'est à la protection de la sainte que l'on attribua que personne n'eût péri dans cet accident; la pluie cessa et les eaux commencèrent à décroître, ce qui redoubla la confiance dans les mérites de la vierge de Nanterre.

La basilique de Sainte-Geneviève tombait en ruines : en 1757 on commença, sur les dessins de Soufflot, un nouvel édifice à l'occident de l'ancienne église; les frais en furent prélevés sur les billets de la loterie qu'à cette occasion on éleva de vingt sous à vingt-quatre; sous le dôme de ce monument devaient être placées les reliques de la vierge de Nanterre. L'édifice n'était pas achevé lorsque éclata la révolution de 1789. En novembre 1793, la châsse fut retirée à l'église et portée à la Monnaie. *Le Moniteur* du temps contient le procès-verbal de l'ouverture qui en fut faite par les commissaires de la commune. Les ossements de la sainte avaient-ils échappé aux profanations des Normands? les moines de Sainte-Geneviève, donnant un démenti à plusieurs historiens, ont prétendu avoir à chaque danger emporté avec eux dans la Cité leurs précieuses reliques; ce qui est certain, c'est que le 1er frimaire an II (23 novembre 1793), elles furent brûlées en place de Grève, en présence de tout le peuple et devant la troupe rangée en bataille. On lit dans l'arrêté qui ordonne cette exécution : « Le conseil de la commune entend la lecture du procès-verbal de dépouillement de la châsse de sainte Geneviève, et arrête que ce procès-verbal sera envoyé à toutes les sections, ainsi qu'au pape. Arrête en outre que les ossements et les *guenilles* qui se sont trouvés dans cette *boîte* seront brûlés sur-le-champ en place de Grève, pour y expier le crime d'avoir servi à propager l'erreur et à entretenir le luxe de tant de fainéants. La dépouille de cette châsse a produit 23,830 livres. Sur l'observation d'un membre que ce produit lui paraît bien médiocre, attendu que l'on pouvait à peine supporter l'éclat du brillant de cette châsse, le rapporteur répond que tous les objets qui l'ornaient sont encore en nature à la Monnaie; que la plupart des diamants sont faux, et notamment le fameux bouquet, dont le prix serait inestimable s'il était en pierres fines. »

Une partie des cendres fut-elle sauvée par une pieuse fraude, comme quelques-uns l'ont dit? Les commissaires de la commune constatèrent que tous les ossements du corps ne se trouvaient pas dans la châsse. Si l'on songe qu'il y avait Sainte-Geneviève la Petite, et plus tard Sainte-Geneviève des Ardents, qui relevait de l'abbaye Sainte-Geneviève, on comprendra très-bien qu'on ait pu donner à cette autre église une faible partie des reliques de la sainte, et qu'après la destruction de cette basilique ces reliques aient été en la possession de Notre-Dame. Ainsi s'explique l'absence possible d'une portion des reliques venant de la métropole. Il est vrai qu'en 1793 les reliques furent fort peu respectées dans le *temple de la Raison*. L'église de Saint-Étienne du Mont n'a jamais possédé la châsse de sainte Geneviève. La châsse qu'on voit au-dessus du maître autel est celle de saint Pierre et saint Paul, patrons de cet ancien monument.

En 1803, ainsi que le constate une inscription placée sur un pilier, on retrouva dans les caveaux de l'ancienne église Sainte-Geneviève la pierre provenant du sépulcre de la sainte. On réédifia son tombeau dans celle de Saint-Étienne du Mont. Là le pape Pie VII vint prier quand il se rendit à Paris pour sacrer Napoléon. Devant la chapelle, sous une voûte ogivale, basse et très-enfumée, est ce tombeau vide, sans ornements, consistant en une simple pierre entourée d'une grille massive en fer avec un fort grillage. Sur cette grille il y a deux cents piquets destinés à recevoir les cierges qu'on y brûle. Une porte pratiquée à l'une des extrémités de cette grille permet de poser sur la pierre les couronnes blanches et les bouquets que les fidèles y apportent en grand nombre, ou de faire toucher la pierre du tombeau aux objets qu'on veut sanctifier. Un prêtre est toujours près du tombeau, auquel il fait toucher les objets qu'on lui présente, et il récite l'évangile de sainte Geneviève en étendant son étole sur la tête des fidèles agenouillés. Les murs de cette chapelle sont couverts d'un grand nombre de tableaux, d'ex-voto, de cannes ou de béquilles déposées par les infirmes qu'a guéris l'intercession de la sainte. Une chapelle dédiée à Geneviève à Nanterre, lieu de sa naissance, contient encore un bien plus grand nombre de tableaux et d'inscriptions établissant les guérisons et les miracles opérés par la sainte.

Pendant la neuvaine de la sainte, qui commence le 3 janvier, sa chapelle de Saint-Étienne du Mont est étincelante de cierges allumés par les fidèles; les deux cents piquets ne suffisent plus. Au dehors de l'église, au loin sur la place et dans la rue de la Montagne-Sainte-Geneviève, s'établissent en plein vent de petits marchands qui vendent les images de la vierge de Nanterre, sa vie, des livres d'église, des chapelets, des rosaires, des croix, des bagues et tous les objets de piété auxquels, en donnant son obole, on va faire toucher le tombeau de la sainte. Le nombre de ces boutiques va maintenant toujours en augmentant; il y a quelques années, on en comptait quarante ou cinquante; il y en eut près de cent vingt en 1853. Plusieurs de ces marchands vendent la complainte de Geneviève de Brabant; ils croient de bonne foi vendre la vie de sainte Geneviève, et c'est avec la même confiance que les fidèles la leur achètent.

Le monument de Soufflot, élevé pour remplacer l'ancienne église Sainte-Geneviève, avait été, par un décret du 4 avril 1791, érigé en *Panthéon* destiné à la sépulture des *grands hommes*, et avait reçu les dépouilles mortelles de Voltaire, Mirabeau, Marat, etc. Menaçant ruine dès son élévation, il fallut sacrifier à sa solidité l'admirable élégance de l'intérieur, et malgré tout ce qu'on a pu faire, l'inclinaison de cet édifice est sensible à l'œil. Le 20 février 1806, Napoléon le rendit au culte. Une loi du 26 août 1830 le rétablit *Panthéon;* aujourd'hui la croix le surmonte de nouveau. Par décret du 6 décembre 1852, l'empereur Napoléon III l'a restitué au culte sous l'invocation de sainte Geneviève. Le nouveau temple fut rouvert à la piété des fidèles le 3 janvier 1853. La chapelle du sud, consacrée à la vierge de Nanterre, rappelle l'ornementation de l'ancienne église, avec les quatre vierges soutenant la châsse. Pendant la neuvaine, la nouvelle châsse apportée de Notre-Dame fut placée au milieu du temple sous le dôme. Là aussi elle est entourée de près de 200 bougies toujours allumées, et l'on peut compter par milliers les fidèles qui viennent s'agenouiller à Saint-Étienne du Mont et à Sainte-Geneviève; car le Parisien qui a conservé la foi de ses pères ne déserte par le culte de sa patronne, soit qu'il se la représente, d'après les vieux tableaux, sous les traits d'une pauvre bergère, filant au fuseau en gardant quelques moutons, soit qu'il la considère au milieu de sa pompe céleste, telle que l'a montrée Gros dans la coupole de l'église qui lui est consacrée. Une des plus curieuses bibliothèques de Paris, appartenant jadis à l'abbaye de Sainte-Geneviève, porte aussi son nom.

GENEVIÈVE DE BRABANT, fille d'un duc de ce pays, fut mariée au commencement du huitième siècle à Siffroi ou Siffrid, palatin d'Offtindink, dont le château, nommé Hohen-Simmeren, s'élevait dans le canton de Meifeld, au pays de Trèves. Geneviève était enceinte sans le savoir, lorsque Siffroi la quitta pour suivre Charles Martel contre les Sarrasins. L'intendant Golo, chargé de veiller sur elle, n'ayant pu la séduire, l'accusa d'infidélité à ses devoirs et d'avoir mis au jour le fruit de son adultère. Siffroi, sans rien examiner, écrivit à Golo de faire noyer la mère et l'enfant. Mais les serviteurs chargés d'exécuter cette cruelle sentence ne furent pas insensibles à la pitié, et abandonnèrent Geneviève et son fils dans le lieu sauvage où ils devaient les faire périr. Geneviève y resta, dit-on, depuis le 6 octobre 732 jusqu'au 6 janvier 737, que Siffroi la découvrit en poursuivant, à la chasse, la biche qui fournissait à la malheureuse princesse une partie de sa nourriture. Siffroi vit le doigt de Dieu marqué dans cet événement; il reconnut l'innocence de sa femme, et fit écarteler le perfide Golo par quatre taureaux indomptés; tandis que, moins pressée de se venger que d'exprimer sa reconnaissance, Geneviève, à l'endroit même où elle avait été trouvée, bâtissait à la Vierge la chapelle de Frauenkirchen, dont les ruines existent encore et attirent beaucoup de pèlerins.

Telle est cette aventure, plus intéressante que vraisemblable, dont le fond se retrouve dans le roman du *Chevalier au cygne*, où la reine Béatrix, calomniée par la très-inique Matabrune, est placée dans les mêmes circonstances que Geneviève. Quoique la canonisation de celle-ci ne soit pas un fait bien établi, elle figure au nombre des saints admis dans le calendrier de Belgique, et sa fête y est marquée au 2 avril. Des écrivains graves ont regardé sa légende comme véritable. Freher, Aubert Le Mire, Molanus, Matthieu Rader, Erycnis Puteanus, Brower, les bollandistes, dans le tome Ier du mois d'avril, l'ont racontée avec tout le sérieux de l'érudition; mais l'imagination avait encore plus de droits à s'en emparer. En 1647, le jésuite Cérisiers publia sur Geneviève de Brabant un assez méchant livre, revu et corrigé depuis par l'abbé Richard. MM. Duputel et Louis Dubois ont composé chacun un roman sur ce sujet en 1805 et 1810. Cérisiers, d'Aure, Corneille Blessebois, la Chaussée, Cicile, ont voulu, bien ou mal, mettre sur le théâtre ces touchantes infortunes. En Allemagne, Tieck et le peintre Müller, avec plus de talent, leur ont consacré deux tragédies. Enfin, outre plusieurs gravures et tableaux, nous avons encore sur Geneviève des cantiques populaires, une romance en hollandais de Van Someren, et une autre en français, de Berquin, en trois parties.

DE REIFFENBERG.

GENÈVRE (Mont), le *mons Janus* des Romains, situé sur la frontière de France et du Piémont, et haut d'environ 1,800 mètres, est traversé par la grande route de Briançon (Basses-Alpes) à Turin, et appartient à la chaîne des Alpes Cottiennes. Cette route, qui avait déjà été pratiquée par les anciens, et que la tradition dit même avoir été celle que choisit Annibal lorsqu'il franchit les Alpes pour envahir l'Italie, a été rendue plus praticable par les travaux considérables qui y furent exécutés en 1802, et que rappelle un obélisque élevé en 1807 dans le village de Genèvre. La Doire-Baltée, qui va se jeter dans le Pô, et la Durance, qui porte ses eaux à la Méditerranée, ont leur source au mont Genèvre.

GENÉVRIER, genre d'arbres et d'arbustes de la famille des conifères, fort rapprochés des cyprès et des thuyas; on en connaît un assez grand nombre d'espèces. Le type de ce genre est le *genévrier commun* (*juniperus communis*), arbrisseau toujours vert, de 2 mètr. à 2^{m},50 de hauteur, qui pousse de préférence dans les lieux arides et pierreux; il a une tige rougeâtre, tortue, à rameaux nombreux; ses feuilles sont étroites, roides et piquantes; à l'aisselle des feuilles sont des fleurs dioïques, les mâles disposées en petits chatons ovoïdes, à écailles membraneuses, portées sur un pédicelle, à quatre, à huit anthères uniloculaires; les femelles, formées d'écailles opposées en croix, portant chacune à sa base un ovaire surmonté d'un stigmate ouvert; le fruit est une baie d'un noir bleu, de la grosseur d'un petit pois, qui a reçu le nom de *genièvre*. Toutes les parties de cette plante ont des propriétés stimulantes, dues à une huile volatile et à de la résine. Le genièvre, qui renferme des principes actifs concentrés, sert à préparer un thé en Hollande et ailleurs; on l'emploie encore pour faire l'*eau distillée*, le *vin* et l'*eau-de-vie de genièvre*. En médecine, on administre ces baies comme diurétiques, toniques et diaphorétiques, triturées avec du sucre à la dose de un gramme à un gramme et demi; sous forme d'extrait, à la dose de quatre grammes; leur huile, à la dose de quelques gouttes, et la teinture, mêlée à quelque infusion, à la dose d'une cinquantaine de gouttes. Le bois et les baies, à la dose de trente grammes, sont employées en infusion. Toutes les parties servent à faire des fumigations aromatiques.

Le *genévrier sabine* (*juniperus sabina*, Linné) est un poison âcre; ses feuilles, réduites en poudre, sont un emménagogue puissant (*voyez* SABINE).

Le *genévrier oxycèdre* ou *genévrier cade* (*juniperus oxycedrus*, Linné) se rapproche beaucoup du genévrier commun : il fournit une huile empyreumatique (*huile de cade*), employée dans les maladies cutanées des bestiaux.

Le *genévrier de Phénicie* (*juniperus phœnicea*, Linné) a des propriétés analogues à celle des précédents.

P. GAUBERT.

GENGA (ANNIBALE DELLA). *Voyez* LÉON XII.

GENGIS-KHAN. *Voyez* DJINGHIZ-KHAN.

GENGIS-KHANIDES. *Voyez* DJINGHIZ-KHANIDES.

GÉNIE, l'un des mots dont l'acception est la plus vague et l'usage le plus étendu dans les idiomes modernes. On le retrouve sous la même forme, et changeant seulement de désinence, chez tous les peuples de l'Europe. Malgré son origine romaine, il a pénétré parmi les races teutoniques. Les Allemands, dont le dictionnaire renferme assez peu d'emprunts faits à l'idiome latin, lui ont donné droit de bourgeoisie; les Anglais s'en servent fréquemment; les Italiens lui ont conservé sa signification primitive et romaine. En France, il s'est paré d'un éclat nouveau, d'un sens presque merveilleux. Rien de plus incomplet que le dictionnaire qui semble le plus complet; rien de moins exact que l'exactitude des lexiques; jamais ils ne rendent les nuances presque infinies que les diverses races prêtent à la même parole; ce sont les mêmes sons, mais non plus le même sens. On se trompe si l'on croit avoir exprimé la même idée en se servant des mots *genius* (latin), *genio* (italien), *genius* (anglais), *genius* (allemand), et *génie* (français).

Pour les anciens Romains (et il est difficile de remonter plus haut), le mot *génie* se confondait avec les idées théogoniques qui présidaient à toute la religion de l'ancien monde. Le *genius* était l'esprit élémentaire qui avait présidé à la création, qui avait concouru à enfanter l'univers, et qui, mêlé aux éléments et aux actions des hommes, jouait un rôle invisible et puissant dans le drame du monde. Parmi ces forces élémentaires et créatrices, il y en avait dont l'existence s'associait à celle des fleuves, des ruisseaux, des montagnes; d'autres, qui protégeaient la fondation des empires; d'autres, enfin, qui couvraient de leurs ailes divines la destinée de chaque homme, depuis son berceau jusqu'à sa mort. A l'idée de création s'associait l'idée de protection et d'inspiration pour les faibles mortels. Ce génie, l'ange gardien du paganisme, formait la pensée de son protégé, enfantait, pour ainsi dire, son âme (*gignebat*). Ainsi, toutes les inspirations philosophiques de Socrate étaient dues à son génie; le génie du second Brutus lui apparut la veille de sa mort et de sa défaite. Le génie était associé au caractère, aux penchants bons ou mauvais, aux désirs et aux passions; c'était une espèce de second instinct. On disait d'un homme qui se livrait à ses penchants, et qui, loin du bruit des affaires et des sévérités de la discipline, choisissait pour délassements la chasse, la pêche, ou la culture des arts: *Cet homme cède à son génie* (*genio indulget*). Tel est encore l'acception que le même mot a conservée chez les Italiens: *donna di genio volubile* signifie: *femme aux penchants capricieux, à l'âme et à la pensée mobiles*.

Les Français, beaucoup plus éloignés des Latins que les Italiens, fils du *Latium*, n'ont conservé qu'une partie de cette acception. A leurs yeux, le *génie* a été spécialement élémentaire et créateur: il a représenté la force intellectuelle qui enfante, dirige, organise. Les Français, amoureux du succès, lui attribuant toujours la supériorité, ont reconnu chez le conquérant, le législateur, le grand poëte, les attributs du *génie*. Toute espèce de puissance intellectuelle, accomplissant de grandes œuvres a été désignée par le mot *génie*. Il a été l'auréole divine parmi les hommes: il a séparé les intelligences supérieures de la foule des mortels. Il a indiqué l'enfantement, la création, l'instinct presque céleste confié à la pensée humaine. Pendant que le christianisme triomphant rejetait dans l'ombre et dans l'oubli l'être surnaturel et protecteur que Socrate avait adoré, l'inspiration de toutes les grandes choses était attribuée à ce mot vague *génie*; et l'extrême indécision de cette parole en augmentait le prestige. Charlemagne, qui reconstruit l'Europe; Napoléon, qui la bouleverse; Corneille le tragique, Bossuet, l'orateur chrétien, sont des *hommes de génie*, au même titre et au même niveau. La nation française, peuple d'action, et qui va toujours au fait, veut que le génie fasse ses preuves, et qu'il se consacre lui-même par des actes visibles: il ne reconnaît guère les génies inconnus; il s'attache moins à la puissance même que Dieu a confiée à l'homme, à sa valeur intrinsèque et réelle, qu'aux résultats obtenus par cette puissance. Au contraire, parmi les peuples du Nord, le génie est considéré en lui-même et pour lui-même. Chez les Anglais, le mot *génie* a étrangement dégénéré. Pour eux un homme de génie est plutôt celui qui a des dispositions naturelles que celui qui marque son passage sur le globe par des actions mémorables.

Ce n'est que du milieu du dix-huitième siècle que date définitivement l'acception que reçoit ce mot aujourd'hui parmi nous, et dont plusieurs écrivains ont fait abus: pendant le seizième et le dix-septième, on l'employait beaucoup plus fréquemment dans le sens du génie propre, individualité de caractère. Il fallut une nouvelle expression qui donnât l'idée des conquêtes de l'intelligence, et de l'extrême supériorité conquise par la pensée sur la force brute, lorsque toute la hiérarchie féodale de Louis XIV fut sur le point de crouler à la fois. Mais la pensée, comme toutes les conquérantes, ne manqua pas de s'exagérer à elle-même sa propre victoire: elle se proclama créatrice, et choisit à dessein, pour exprimer l'orgueil de son pouvoir, le mot qui exprimait la faculté d'enfantement et de création, *génie*. Une fois ce terme accepté, beaucoup de difficultés et des questions à peu près insolubles se soulevèrent: comment distinguer le *talent* du *génie?* faut-il admettre sur la même ligne que les génies cultivés le génie sauvage et inculte? Cette inspiration qui préside soit aux grandes œuvres d'art, soit aux prodiges des législateurs et des guerriers, se développe-t-elle par un instinct spécial, par une grâce d'en haut ou par une meilleure conformation des organes? Les honneurs du génie appartiennent-ils seulement aux orateurs et aux poëtes? ou peut-on les décerner à l'inventeur d'une machine, à l'industriel qui a enrichi son pays? La perfection laborieuse de Virgile trahit-elle l'homme de génie? et si ce titre est accordé au chantre d'Énée et de Didon, le donnerez-vous également à l'exagération déclamatoire et puissante de Lucain? Ces différents problèmes et beaucoup d'autres prouvent jusqu'à l'évidence le vague et l'incertitude du mot éclatant dont nous essayons l'histoire. *Génie* signifie-t-il *inspiration créatrice*, sa définition la plus vulgaire? Parcourons la liste des hommes de génie incontestés: nous les trouvons tous, non pas *créateurs*, mais *imitateurs*. Virgile copie Homère; la vision du Dante est empruntée mot à mot aux pieuses fictions du moyen âge; il n'y a pas une seule pièce de Shakspeare dont le plan, les situations et les caractères ne se trouvent dans les contes italiens du quinzième siècle; les trois plus beaux ouvrages de Corneille sont des imitations de l'espagnol; Bossuet a mis à contribution les Pères de l'Église; Racine est l'enfant des Grecs; le second Bacon a volé sans pudeur le premier Bacon; toutes les idées de l'*Émile* de Jean-Jacques se trouvent chez Locke; Voltaire a puisé à pleines mains chez les Anglais; Byron a pillé non-seulement Montaigne et Spenser, mais Gœthe et Châteaubriand. Expliquons-nous!

Dans l'atmosphère d'un homme supérieur, tels que Shakspeare et Dante, mille éléments confus et errants flottent au hasard. Ils sont dus au passé, à la nationalité spéciale des peuples, et aux circonstances dans lesquelles ces peuples se trouvent: tels sont les éléments de la création; tout le monde les possède, personne ne peut se les attribuer en propre. Du temps de Shakspeare, les contes d'Italie ont frappé l'imagination populaire. On les traduit, on les imprime, ils se vendent dans tous les carrefours; c'est l'amusement des oisifs, c'est le délassement des femmes, c'est la ressource des pauvres auteurs. Il y a des manœuvres littéraires qui les exploitent de leur mieux; d'autres qui les élaborent patiemment, qui en font des sonnets, des élégies, des drames: quelquefois on trouve du talent dans ces ouvrages; mais à tous il manque quelque chose: à ceux-ci l'étude du caractère, à d'autres la moralité; à la plupart, l'ensemble, l'énergie, la poésie, l'observation. Que Shakspeare vienne à s'emparer précisément des mêmes matériaux; en se servant d'un travail absolument identique à ses contemporains, il accomplit tout autre chose. Leur œuvre était à leur siècle, et son œuvre n'est qu'à lui; il a puisé tous les éléments qu'il emploie chez le peuple, qui est le premier des hommes de génie; mais ces matériaux deviennent sa propriété. Il a si bien l'air de ne faire que tout ce que le monde fait, que ses contemporains ne s'aperçoivent pas qu'il est un grand homme. Richesse de poésie méridionale, imitée de l'Italie; traditions septentrionales, que le peuple a conservées; mouvements passionnés, empruntés aux contes italiens; analyse des caractères, qui a toujours fait les délices de l'intelligence britannique; caricature populaire, transformée en admirables portraits : tout cela se trouve réuni et concentré dans l'œuvre shakspearienne. C'est cette même fusion de ce qu'il y a de plus grand et de plus fort dans les éléments contemporains qui distingue spécialement Dante, le représentant de l'Italie républicaine et catholique au moyen âge; Corneille, qui a donné une voix si grandiose à la France espagnole du dix-septième siècle; Rousseau, le précurseur de la révolte du dix-huitième siècle; Racine, qui représente la perfection de la littérature et de l'art composites que la France emprunta à la civilisation grecque et à la foi catholique; Gœthe, qui concentra dans ses œuvres toute l'intelligence poétique de l'Allemagne; Walter Scott, qui satisfit les goûts bizarres d'une époque fatiguée, en lui donnant de l'histoire dans le roman, et du roman dans l'histoire. Toutefois, deux remarques importantes restent à faire : c'est que l'homme de génie inspiré par les passions de la masse, par ses souvenirs, ses études, surtout par ses désirs, qu'il devine, ne marche jamais servilement à sa suite, et n'est point son flatteur; il le guide, comme Moïse, vers le pays inconnu que son âme espère. Philarète CHASLES.

GÉNIE (*Art militaire*), mot qui a succédé aux anciens termes *engigneie*, *enginerie* (construction des engins, art de s'en servir, lieu de leur fabrication); mais s'il les a remplacés, ce n'est pas directement; le terme *ingénieur* a été leur intermédiaire. Ce qu'au moyen âge l'italien appelait *ingegno* se rendait en français par *engin*. Les *angigunors*, les *inglgnours*, mots qui, ainsi que quantité d'autres, représentaient *l'ingegniere* des Italiens, indiquaient un directeur des machines. Quant aux constructeurs de forteresses, ils s'appelaient positivement *architectes*, car c'est aux usages militaires que les usages civils ont emprunté le mot *architecte*. Depuis la grande révolution de l'architecture militaire, la construction des villes fortifiées, les travaux de siége, les fortifications de campagne, ont regardé exclusivement les ingénieurs. Ceux-ci, pour se distinguer des ingénieurs civils, ont voulu s'appeler *officiers du génie* : le ministère y a donné les mains, en se laissant guider, comme il l'a fait en tout ce qui intéresse la langue militaire. L'esprit d'abréviation a appelé *génie* l'ensemble des ingénieurs : telle est la filiation qui a francisé le mot *génie militaire*, vieux à peine d'un siècle. Le *génie* est un de ces termes de difficile traduction, qui nécessite cette question préalable : de quel génie voulez-vous parler? car il se prend tantôt comme une branche de science et d'art, tantôt comme un personnel d'armée. Dans le premier cas, il a été appelé par quelques écrivains modernes *hercotectonique*; il a été regardé par d'autres comme une partie de la science qu'ils ont dénommée *areotectonique*. Le mot *génie*, considéré comme une partie du personnel des armées est synonyme de *corps du génie* : c'est à cette dernière acception que répondent les observations qui vont suivre.

Les opérations actuelles du génie ont regardé jadis le grand-maître des arbalétriers; à des époques plus rapprochées, elles ont concerné les maîtres et le grand-maître de l'artillerie : ce grand-maître décidait, en temps de guerre, des travaux de fortification à exécuter, ordonnait les ponts de campagne à établir. Henri IV n'avait point de corps du génie, mais Sully sentit la nécessité de cette institution; il encouragea des officiers d'infanterie à se livrer à des fonctions d'ingénieurs militaires, et il appela à ce genre de service des Italiens. Louvois et Colbert cessèrent d'avoir recours au savoir des étrangers; Vauban fut le fondateur du corps des ingénieurs civils et militaires. Ce corps prit naissance en 1668, et eut pour chefs des directeurs : la séparation de la branche civile et de la branche militaire s'opéra en 1750, peu après l'établissement de l'École de Mézières. On peut regarder cette époque comme celle de la naissance d'une arme qui, par conséquent, n'est vieille que d'un peu plus d'un siècle. Jusque là le mot *génie*, employé dans le sens actuel, n'était pas encore pratiqué. De 1755 à 1758 l'artillerie et le génie furent fondus en un seul corps, qui se partagea de nouveau sous le ministère du comte de Belle-Isle. Le génie eut alors dans ses attributions les fortifications, la castramétation et les mines. Mais au commencement de la guerre de la révolution, cette dernière branche passa dans le service de l'artillerie, et maintenant la castramétation semble plutôt ressortir du corps d'état-major que de celui du génie; mais à cet égard la loi se tait, et la science du campement est si peu avancée que personne ne s'en dispute les soins et les travaux. Le génie a fait longtemps les fonctions du corps de l'état-major. Il a été, suivant les temps, ou séparé du corps des ingénieurs-géographes, ou fondu avec ce corps. Long-temps formé d'un simple cadre, il est devenu une arme qui a son état-major général, son comité, ses généraux, ses régiments, son arsenal, ses écoles, son train. Cette troupe, qui en 1668 ne comptait que 55 individus, était le 10 brumaire an IV de 20,272 hommes, et en 1854 de 8,200. Les avantages, les priviléges dont elle jouissait n'ont pas été sans éveiller quelque envie : elle a concouru à enlever à l'infanterie la fleur de la conscription; ses officiers ont joui d'avantages marqués pour l'obtention de la retraite; et, par une anomalie que rien ne justifie, pour eux la classe est un grade. Gal BARDIN.

GÉNIE (École d'Application du). *Voyez* APPLICATION (Écoles d').

GÉNIE MARITIME. La dénomination même de ce corps indique suffisamment sa sphère d'action. La construction de nos vaisseaux de guerre et tous les détails qui se rattachent directement ou indirectement à cette importante partie du service de nos ports rentrent dans ses attributions. Avant les dernières années du règne de Louis XV, nos bâtiments de guerre étaient ou achetés en Hollande, ou construits dans nos ports par des maîtres charpentiers, venus pour la plupart d'Amsterdam, et dont une ordonnance, à la date de 1689, réglait le service et les émoluments. Les progrès de l'architecture navale ayant fait reconnaître la nécessité d'exiger de la part de ces constructeurs des connaissances plus étendues, une ordonnance de Louis XV, en date du 26 mars 1765, accorda le titre d'*ingénieur* aux maîtres charpentiers-constructeurs les plus instruits. Un ingénieur en chef, avec deux ou trois ingénieurs ordinaires, quatre ou six sous-ingénieurs et quelques élèves sous ses ordres, était établi à Brest, à Toulon et à Rochefort; et des ingénieurs constructeurs ordinaires étaient détachés dans nos autres ports, comme Lorient, Nantes, Bayonne, Marseille, etc., pour y diriger les travaux de construction. Les places d'ingénieurs en chef se donnaient aux plus capables, sans égard aux droits de l'ancienneté. Les sous-ingénieurs concouraient pour les places d'ingénieurs ordinaires; et les places qu'ils laissaient vacantes appartenaient aux plus anciens élèves. On recrutait ceux-ci parmi des jeunes gens de seize à vingt ans, sortis avec honneur d'un examen spécial subi après deux années de travail sur les chantiers. Une fois admis, les élèves étaient tenus d'étudier l'arithmétique, la géométrie, l'hydraulique, l'algèbre, l'application de l'algèbre à la géométrie, et étaient classés suivant leur mérite.

Cette organisation du génie maritime dura à peu près intacte jusqu'en 1789, sauf des modifications diverses opérées en 1774 et 1776. A cette époque les ingénieurs cessèrent d'être placés sous les ordres des officiers de marine; une loi de brumaire an IV fixa leurs grades et leurs attributions par des dispositions presque toutes en vigueur encore aujourd'hui. Maintenant le corps du génie maritime se recrute exclusivement parmi les élèves de l'École Polytechnique. Une ordonnance du 2 mars 1838 fixait à 65 le nombre total des officiers qui le composent, à savoir : 1 inspecteur général, 5 directeurs, 24 ingénieurs et 35 sous-ingénieurs. Une autre ordonnance, à la date du 16 juin, éleva à 82 le chiffre de ce personnel, qui en 1846 fut fixé à 99; mais les réductions imposées à tous les services en 1849 firent abaisser ce nombre à 95, chiffre qui figure encore aux budgets de 1853 et 1854. Un décret du 11 avril de cette dernière année le porta définitivement à 110, dans lesquels se trouvent compris les 4 ingénieurs et les 8 sous-ingénieurs préposés à la surveillance des quatre grands bassins forestiers de la France et des fournitures de bois de la marine.

Des ordonnances royales de 1765, 1780 et 1791 disposaient que l'École des *constructions navales* serait établie à Paris; elle y a existé en effet jusqu'au 3 vendémiaire an X; et c'est à ses leçons que s'est perfectionné l'illustre Sané, dont on consulte encore aujourd'hui avec respect les chefs-d'œuvre d'architecture navale. A cette date, elle fut transférée à Brest, et plus tard, le 28 mars 1830, à Lorient. Déjà à cette époque l'enseignement y était peu satisfaisant, et on songeait à ramener l'École dans la capitale, au lieu de la placer à Lorient. Cette décision a été prise par le décret susdit du 11 avril 1854; et l'*École d'application du génie maritime* a été transférée dans un local dépendant de l'hôtel du dépot des cartes et plans de la marine. Les élèves s'occupent pendant les six mois d'hiver de questions théoriques pures, et vont durant les six mois d'été dans les ports suivre et étudier les travaux qui s'y exécutent. Le même décret, comblant une lacune des actes précédents, ouvre aux officiers du génie maritime la faculté de se faire détacher au service des entreprises particulières d'intérêt privé, avec l'agrément du ministre de la marine.

GÉNIE MARITIME (École d'application du). *Voyez* l'article précédent et APPLICATION (Écoles d').

GÉNIES. Outre le *génie* particulier que les anciens attachaient à chaque personne, espèce d'ange gardien; outre ceux qu'ils vénéraient comme les protecteurs de leurs cités, il est une classe de *génies* qu'on ne saurait passer sous silence et qui ressemblent fort aux *djinns* de l'Inde. La lecture de ces contes des *Mille et une Nuits*, où les Orientaux se sont laissés aller à leur imagination brillante, aura déjà fait connaître à la plupart de nos lecteurs ces génies fantastiques esclaves tout-puissants du possesseur d'un anneau, d'une lampe magiques, etc.; véritables divinités, obéissant aux caprices de leur maître mortel, réalisant en un clin d'œil les plus grands prodiges, les merveilles les plus incroyables, les travaux les plus gigantesques. Salomon aurait été le chef suprême de ces génies; tous, bons ou méchants, étaient subordonnés à sa puissance, car parmi eux il y en avait qui s'intéressaient au bien de notre pauvre humanité, et d'autres qui lui faisaient supporter tout le poids de leur haine implacable. La manière dont ces êtres surnaturels, qui se rapprochaient tant des *fées*, se manifestaient à nous n'était pas moins miraculeuse que la puissance qui leur était attribuée. Ils apparaissaient soudain et remplissaient de leur majesté le lieu où les appelait celui aux ordres duquel ils se trouvaient, et disparaissaient de même; d'autres s'évanouissaient comme ils étaient venus, en colonnes brumeuses, semblables à des trombes, qui abandonnaient le forme gigantesque dont elles avaient été revêtues un instant. De toutes ces illusions, qui ont captivé longtemps tant de peuples, et dans lesquelles notre enfance a su trouver des charmes dont le souvenir s'efface lentement, il ne nous est plus resté, à nous, hommes froids et positifs, que le nom, dépouillé de la grandeur et de la gracieuseté qui l'accompagnaient chez les Orientaux.

Naguère, à une époque où l'on voulait tout régénérer, jusqu'aux mots, on avait remplacé ces innocents rois de cartes, dont la toute-puissance est même quelquefois subordonnée à celle d'un as, par des génies assez prosaïques. Ainsi, le roi de cœur ou le roi de trèfle étaient détrônés par le *génie* du commerce ou des arts. Il a même été permis de détourner davantage le mot *génie* de sa signification primitive, en l'appliquant au caractère propre et distinctif, à la manière de voir, de penser d'un peuple : c'est ainsi qu'on a dit : Le *génie* d'une langue, le *génie* d'un peuple, etc.

Dans les arts du dessin, on donne le nom de *génies* à de petits enfants ailés employés dans les ornements. On voit souvent dans les frontispices des petits *génies* portant les attributs de la gravure, de la sculpture, de l'astronomie, de la musique, etc. D'autres fois les génies sont de grandes figures personnifiant des vertus, des passions, des arts, etc. La colonne de la Bastille est surmontée du *génie de la liberté*.

GENIÈVRE, fruit du *genévrier*. On en fabrique une liqueur qui porte le même nom. La plus estimée vient de Hollande, où on la prépare ainsi : On fait fermenter à la manière ordinaire un moût composé de deux parties de seigle de Riga et d'une partie de malt d'orge (drêche), puis on le distille. On a ainsi une eau-de-vie de grain faible, que l'on soumet à une seconde distillation, en ajoutant dans l'alambic des baies de genièvre vieilles de quatre à cinq ans et du sel marin. Un hectolitre de grain ainsi traité donne de 28 à 33 litres de genièvre.

GÉNISSE, jeune *vache* qui n'a pas encore porté.

GÉNITIF (en latin *genitivus*, de *gignere*, engendrer, produire). *Voyez* CAS (*Grammaire*).

GENLIS (STÉPHANIE-FÉLICITÉ DUCREST DE SAINT-AUBIN, comtesse DE). Quel silence après tant de bruit? Quel oubli profond, immense! Après avoir fatigué les cent bouches de la renommée, cette femme, dont l'élève a passé dix-huit ans sur le trône de France, et qui joua un rôle si brillant dans les plus grandes affaires de ce monde, nous l'avons vue mourir sans que personne s'informât comment elle était morte. Au contraire, ceux qui apprirent cette mort s'étonnèrent de ce que Mme de Genlis eût vécu si longtemps, quatre-vingt-cinq ans!

Mme de Genlis naquit près d'Autun, en janvier 1746, et mourut à Paris, en décembre 1830, presque dans la misère. Son père était gentilhomme et pauvre; deux ou trois fois il voulut refaire sa fortune, deux ou trois fois il la perdit. Cependant, la jeune fille était belle, intelligente, d'un esprit aussi vif que ses yeux. Le comte de Genlis l'épousa sans fortune; une fois qu'elle eut un nom et un état dans le monde, elle en eut bientôt tous les honneurs. Par son mariage elle se trouva la nièce d'une très-grande dame. Mme de Montesson qui fut plus tard duchesse d'*Orléans* : ce fut une protection toute trouvée. Bientôt Mme de Montesson donna sa nièce à la jeune duchesse de Chartres, qui fit de madame de Genlis le *gouverneur* de ses enfants. Voilà donc cette jeune femme gouverneur de fils de prince, et jouant au Palais-Royal le rôle qu'avaient joué Bossuet et Fénelon à Versailles. C'était vraiment une époque hardie, et qui ne reculait devant aucune étrangeté. Le grand esprit de Mme de Genlis la soutint longtemps dans cette difficile position. Ses livres, dont le succès fut très-grand, lui firent un nom populaire : *Adèle et Théodore*, le *Théâtre d'Éducation*, *Les Veillées du Château*, ce furent là d'immenses succès, auxquels on ne peut guère comparer que le succès de l'*Émile* de J.-J. Rousseau. Mme de Genlis était donc entourée de gloire, de triomphes et d'éloges, lorsque la révolution française s'en vint disperser de son souffle toutes ces superfluités inutiles. Naturellement, Mme de Genlis prit le parti du duc d'Orléans; elle voulut défendre de sa plume le prince qu'elle avait servi de son épée? mais les plumes les plus fortes se seraient brisées à cette œuvre : Mme de Genlis fut trop heureuse de s'en tirer la vie sauve. L'émigration la trouva toujours aussi futile. C'était une pauvre tête, qui se consolait de toutes les faiblesses et de tous les écarts en écrivant de méchants livres. Bonaparte eut pitié de cette femme, comme il avait pitié de toutes les grandeurs déchues : il lui donna une pension et un logement à l'Arsenal. Là elle voulut refaire ce qu'on appelait autrefois un *salon*. Elle croyait qu'il suffisait d'être une femme d'esprit pour ranimer en France cette causerie toute puissante qui s'est perdue à jamais dans ce grand bruit de chaque jour, qu'on appelait la *tribune* et le *journal*.

A défaut de l'influence qu'elle n'eut pas dans son salon, Mme de Genlis voulut recommencer sa renommée d'autrefois ; mais, hélas ! elle se trouva en présence d'une renommée impitoyable, la renommée de Mme de Staël. De ce côté-là encore il fallut qu'elle courbât la tête. Elle se mit alors à écrire des satires contre les hommes et les choses : on lui répondit en écrivant sa biographie. Ce fut la femme la plus tourmentée et la plus malheureuse. Seule, sans appui, perdue dans une société qui n'était pas la sienne, réduite à flatter et à maudire, sans conviction dans ses flatteries, sans passion dans ses haines, s'occupant de cent mille petites choses, élevant au jour le jour cent mille châteaux de cartes, qu'un souffle faisait crouler, tuant sa vie comme elle pouvait ; jalouse de Voltaire, de J.-J. Rousseau, de Mirabeau, de Mme de Sévigné, de Mme de Staël, de tout le monde. Ce qui la sauva de l'ennui, c'est qu'elle écrivait sans fin et sans cesse, et à tout propos et sur toutes choses. Le nombre des ouvrages qu'elle a laissés est immense : outre ses livres sur l'éducation, qui sont encore entre beaucoup de mains, elle a écrit bien des romans, bien des discours, bien des comédies, bien des poëmes. Elle a parlé de tout, de la grammaire et de la philosophie, de l'agriculture et de l'histoire, et surtout elle a beaucoup parlé d'elle-même. Elle a écrit des *Mémoires*, remplis de faits curieux ; elle a fait des *Heures* pour l'église, des comédies pour les théâtres, des devises pour les gentilshommes, et le *La Bruyère des Domestiques* ; elle a laissé des fables et des voyages. Que n'a-t-elle pas fait ? Elle a fait même un chef-d'œuvre d'esprit, de cœur et de style, qui vivra aussi longtemps que vivra la langue française : *Mademoiselle de Clermont*. Jules Janin.

GÉNOISE (École). *Voyez* Écoles de Peinture (tome VIII, p. 314).

GENOU (du latin *genu*). Passé sans changement dans la langue française, ce mot sert à indiquer l'articulation de la jambe sur la cuisse. L'os de la cuisse et l'os principal de la jambe se touchent au genou par des surfaces articulaires peut-être les plus larges qui soient dans le corps humain, et un troisième os, la rotule, complète, en avant, l'articulation. L'extrémité inférieure du fémur, l'extrémité supérieure du tibia, placées ainsi bout à bout, peuvent rouler et s'infléchir angulairement l'une par rapport à l'autre, et la rotule, sorte de noyau osseux développé dans l'épaisseur du tendon commun aux muscles du devant de la cuisse, en même temps qu'elle borne et consolide les mouvements de l'articulation, fait l'office d'une sorte de poulie de renvoi pour rendre plus efficaces les forces musculaires qui meuvent la jambe sur la cuisse ou celle-ci sur la jambe. Outre ces os, des parties nombreuses et merveilleusement disposées concourent à former cette importante articulation : tels sont les tendons des muscles supérieurs et inférieurs, qui viennent s'épandre dans l'enveloppe fibreuse et résistante du genou en totalité ; les ligaments dits *croisés*, qui maintiennent si solidement en rapport les extrémités osseuses naturellement destinées à n'avoir des mouvements étendus que dans un certain sens ; les tendons et ligaments droits latéraux et postérieurs, qui permettent la flexion de la jambe dans le sens du jarret, mais qui opposent une résistance invincible à la flexion en sens inverse ; les fibro-cartilages inter-articulaires, qui complètent les rebords de l'espèce de fossette dans laquelle se meut chacun des condyles, c'est-à-dire des têtes lisses et arrondies qui terminent inférieurement le fémur ; enfin, les membranes dites *synoviales*, qui revêtent et rendent glissantes les portions osseuses destinées aux frottements, et pour cet effet revêtues d'une couche cartilagineuse lisse, polie, peu sensible dans l'état ordinaire, et, grâce à ces admirables précautions, glissant sans efforts l'une sur l'autre, et se prêtant sans difficulté à toute la mobilité et en même temps à toute la résistance qu'il fallait à une articulation destinée à porter sans fléchir tout le poids du corps et de tous les fardeaux dont on peut le surcharger.

Le genou n'a pas la même conformation dans toutes les personnes ; plus ou moins volumineux, plus ou moins infléchi pendant la marche, plus ou moins rentrant, plus ou moins sortant suivant les tempéraments, les forces, le sexe, les habitudes, etc., il est proportionnellement plus gros chez les femmes, les scrofuleux ; plus mince et plus sec chez les individus forts ; plus fléchi en dedans chez les femmes et chez les hommes qui ont comme elles le bassin large ; presque toujours fléchi en dehors chez les hommes condamnés à de grands efforts portant sur les jambes, chez les cavaliers, chez les enfants en bas âge qui commencent à marcher.

Comme la station à genoux diminue quelque chose de la taille, cette attitude a été partout considérée comme une marque de soumission, d'abaissement, de prière (*voyez* Génuflexion), et on a transporté l'expression de l'attitude matérielle à l'état moral qu'elle représente : ainsi on dit : Il a plié les *genoux* devant lui ; pour dire : Il s'est humilié, abaissé, etc., devant lui ; Il a refusé de fléchir le *genou*, pour dire : Il a refusé d'adorer, etc.

On a donné dans les arts le nom de *genou* à l'articulation de différentes pièces d'un système mécanique quelconque, quand il en résulte pour ce système une apparence de flexion comparable à celle qui a lieu à la réunion de la jambe avec la cuisse, et dans d'autres circonstances quand l'articulation de deux pièces d'une machine forme une sorte d'emboîtement analogue à l'image erronée que l'on se fait vulgairement de l'emboîtement du genou.

GENOUDE (Antoine-Eugène de), écrivain *religieux et monarchique* contemporain, qui longtemps s'appela Genou tout court, naquit en 1792 à Montélimart (Drôme), où son père était cafetier. Plus tard celui-ci transféra à Grenoble le siége de son établissement, qu'il réussit à parfaitement achalander ; et alors ambitieux, non pas pour lui-même, mais pour l'héritier de son nom, il voulut que son fils, au lieu de le seconder dans son industrie comme premier garçon, pût, grâce à l'éducation qui se donne dans les lycées, s'élever quelque jour au-dessus de sa modeste condition. Vers la fin de 1811, et après avoir terminé ses études au lycée de Grenoble, Eugène Genou, philosophe à la façon du baron d'Holbach et d'Helvétius, dont il avait déjà dévoré les livres, s'en vint chercher fortune à Paris, où bientôt il obtint une place de précepteur dans une famille du noble faubourg, en prenant intrépidement, comme font tant d'autres en cas pareil, l'engagement d'enseigner à ses élèves une foule de choses qu'il se réservait *in petto* de commencer par apprendre lui-même. D'ailleurs, il était doué de trop de souplesse dans l'esprit, pour, dans ce cercle si nouveau, ne point se créer bien vite d'utiles et influentes relations ; aussi, favorisé par l'embarras extrême que l'université impériale éprouvait alors à recruter son personnel enseignant, en raison de la disette absolue de sujets capables, avait-il obtenu dès 1813 une place d'agrégé de sixième au lycée Bonaparte, en même temps qu'il suppléait à l'insuffisance du traitement attaché à sa chaire, en rendant à un sénateur quelques menus services à titre de secrétaire particulier.

C'est dans cette position que la Restauration surprit Eugène Genou, en 1814 ; et à ce moment il se signala entre tous les fonctionnaires du lycée Bonaparte (métamorphosé en *collége royal de Bourbon*) par son ardeur à applaudir au renversement de l'empire. L'enthousiasme des partisans du nouveau régime tenait de la frénésie ; aussi quand arriva la journée du 20 mars 1815 (*voyez* Cent Jours), fut-ce un sauve-qui-peut général parmi les plus compromis. Genou, qui s'était fait inscrire quelques jours auparavant sur la liste des *volontaires royaux*, s'offrant à l'envi pour *courir sus à l'usurpateur*, jugea prudent d'aller se cacher dans son département, et bientôt, ne s'y croyant même plus suffisamment en sûreté, il gagna le sol suisse. Recommandé alors à M. de Polignac, qui résidait à Chambéry avec des pouvoirs extraordinaires de Louis XVIII, Genou, en sa qualité de volontaire royal, fut pris pour *aide de camp* par ce champion de la légitimité, qui, à l'aide de cette qualification quelque peu ambitieuse, mais au fond très-innocente, attribuée à un simple *secrétaire*, comptait donner un caractère militaire à une mission toute d'observation et ayant pour principal objet de fournir à l'armée austro-sarde, qui se réunissait en Savoie à l'effet d'envahir à un moment donné le sol français, des renseignements sûrs et exacts sur l'effectif réel et les mouvements du corps d'armée que de son côté Napoléon s'occupait de rassembler au pied des Alpes et qui avait son quartier général à Grenoble.

A la nouvelle du désastre de Waterloo, les royalistes réfugiés à Chambéry se ruèrent bien vite sur le sol français; et quelques jours plus tard le *capitaine* Genou brillait parmi ceux qui arboraient le drapeau blanc à Grenoble, d'où, comme on pense bien, il accourut à Paris solliciter les récompenses dues à ses services. Avec ses antécédents éminemment monarchiques et la protection de M. de Polignac, son ancien *général*, il ne lui fut pas difficile de se lancer dans une sphère d'intrigues plus élevée que celle dans laquelle il lui avait été donné jusque alors de se mouvoir. Dès l'année précédente, il avait compris que la philosophie du dix-huitième siècle n'était plus de saison. Il s'était donc converti avec éclat à la religion révélée, avait pris bien ostensiblement un confesseur; puis faisant un auto-da-fé des œuvres de Rousseau, de Voltaire, de Montesquieu, de Diderot, etc., qui seules composaient auparavant sa bibliothèque, il les avait remplacées par des livres ascétiques et par les ouvrages des principaux apologistes du catholicisme. Cette mise en scène, qui de la part d'un jeune homme de vingt-deux ans annonçait une habileté peu commune, une fois achevée, il pensa avec raison que le moyen le plus sûr d'être remarqué au milieu des si nombreux dévouements qui après les cent jours exploitèrent le gouvernement de la Restauration, était de se lancer dans la polémique politico-religieuse. Il annonça donc l'intention de contribuer à la régénération religieuse et monarchique de la France en dotant son pays d'une nouvelle traduction de la Bible; et pour donner un avant-goût de son savoir-faire en ce genre, il publia en 1816 une traduction d'Isaïe, saluée tout aussitôt dans les journaux de l'époque, par des amis complaisants, comme un chef-d'œuvre, comme un véritable tour de force. Tous les livres de la Bible y passèrent les uns après les autres; l'industrieux traducteur y joignit même une traduction de l'*Imitation de Jésus-Christ* de sa façon, et tout cela trouva des acquéreurs empressés, surtout parmi les fonctionnaires publics.

Cependant, grâce au jeu naturel des institutions représentatives imprudemment octroyées à la France par un pouvoir qui avait espéré n'en faire jamais qu'un leurre, le parti national, écrasé à Waterloo, puis décimé par les proscriptions de 1815, commençait à relever la tête; et le journalisme lui fournissait les moyens de lutter plus ou moins ouvertement contre le régime imposé au pays par l'étranger. De son côté, le parti monarchique, divisé déjà en royalistes satisfaits ou *modérés*, c'est-à-dire nantis de bons emplois ou de lucratives sinécures, et en royalistes *purs*, c'est-à-dire oubliés dans le partage du gâteau, employait la même arme que les libéraux, la presse, pour combattre ses adversaires et faire le siége en règle du pouvoir. A *La Minerve*, par exemple, il opposait *Le Conservateur*; et Genou, déjà posé par ses nombreuses publications ascétiques, était admis à y rompre de temps à autre des lances en faveur du principe monarchique, à y pourfendre du même coup la révolution et l'esprit de doute, d'examen et d'incrédulité. En vertu d'une *savonnette à vilain*, gracieusement accordée déjà par Louis XVIII, son nom roturier y brillait non pas seulement *précédé* mais encore *suivi* de la particule aristocratique, qu'aucuns usurpent avec si peu de vergogne. On raconte à ce propos que le vieux roi, au moment de signer les lettres patentes qui d'un fils de cafetier allaient faire un gentilhomme d'aussi bon aloi que si ses aïeux avaient été à la croisade, dit en riant que, pour combler les vœux de l'impétrant, pour que plus tard on ne pût jamais songer à chicaner sur sa noblesse ce défenseur si intrépide et si désintéressé du trône et de l'autel, il allait lui *flanquer du* DE *par devant et par derrière*, entendant et voulant que le chevalier *Genou* s'appelât dorénavant DE *Genou* DE. L'esprit éminemment sceptique et railleur de l'auteur de la Charte se retrouve dans cette saillie.

La discorde finit par se glisser dans les rangs des rédacteurs du *Conservateur*. C'est aussi qu'il y avait là des tendances et surtout des amours-propres inconciliables. Genoude, avec une petite pleïade de *purs*, qui se groupa alors autour de lui, n'hésita donc point à élever autel contre autel, en fondant *Le Défenseur*, recueil qui n'eut au reste qu'une existence éphémère; et vers la fin de 1820 on le voit créer un journal du soir, *L'Étoile*, qui tout aussitôt devint un redoutable engin de guerre aux mains de la fraction du côté droit, reconnaissant Villèle, Corbière, etc., pour chefs de file. Les hommes placés à la tête des affaires essayèrent d'en finir avec cette petite conspiration permanente, au moyen de quelques procès bruyamment intentés au journal qui osait leur faire la leçon en matières monarchiques. L'éditeur responsable de *L'Étoile* (qui cumulait avec ces fonctions celles de valet de chambre de Genoude) comparut donc à diverses reprises en police correctionnelle aux lieu et place de son maître. C'est dans l'une de ces occasions qu'à l'interpellation d'usage: « Êtes-vous l'auteur de l'article incriminé? « Ce brave homme répondit avec une délicieuse naïveté: « Non, monsieur le président; seulement on me l'envoyaT et je lA corrigeA. »

Quand Villèle, Peyronnet, Corbière et consorts eurent enfin réussi à enlever le pouvoir d'assaut, *L'Étoile* servit d'organe semi-officiel au ministère qu'ils constituèrent, et que l'histoire a stigmatisé de l'épithète de *déplorable*. Les encouragements et les récompenses furent alors prodigués par ce cabinet reconnaissant au journaliste qui, avec une vigueur et une résolution remarquables sous plus d'un rapport, le défendait aussi bien contre les libéraux de la gauche que contre les *pointus* de la droite; nuance nouvelle survenue parmi les *purs*, fraction du parti royaliste composée d'hommes oubliés encore une fois en 1821 dans la répartition des grandes ou lucratives positions, allant à l'origine prendre le mot d'ordre au pavillon Marsan, et demeuré jusqu'à la fin de la Restauration sous la bannière de M. de la Bourdonnaie. Ces récompenses, ces encouragements, étaient de plus d'un genre, et la caisse des fonds secrets n'en faisait pas seule tous les frais. C'est ainsi qu'un beau jour l'écrivain bien pensant se trouva gratifié, sans bourse délier, d'un brevet d'imprimeur à la résidence de Paris, enlevé par décision ministérielle à un sieur Constant Chantpie, coupable de prêter d'habitude ses presses pour l'impression de pamphlets et d'ouvrages hostiles au gouvernement royal. C'était là une audacieuse violation d'un article bien formel de la Charte, une odieuse confiscation, dont Genoude ne se fit pas scrupule de profiter, sans se soucier le moins du monde de la clameur et de l'indignation universelles qu'elle souleva, non plus que de savoir comment le malheureux industriel, dépouillé de son gagne-pain, pourrait maintenant nourrir sa femme et ses enfants.

En 1825, Genoude fut encore de la part de ses patrons l'objet de munificences autrement importantes. Ils réunirent à *L'Étoile* le *Journal de Paris* et la *Gazette de France*, l'un et l'autre récemment achetés par le gouvernement. Cette fusion avait lieu gratuitement, c'est-à-dire que Genoude profitait seul de l'accroissement du nombre d'abonnés et de lecteurs qui en résultait pour une feuille dont il continuait à être le propriétaire pour ainsi dire unique (22 parts sur 24). La seule obligation qu'on lui imposa fut de la faire paraître désormais sous le titre de *Gazette de France*, par égard pour la vénérable antériorité d'existence du plus ancien des journaux de Paris, dont on constituait son *Étoile* héritière bénéficiaire; et encore Genoude, autant par orgueil qu'en raison de l'intérêt qu'il pouvait avoir à toujours conserver son individualité et sa personnalité bien distinctes, eut-il soin de flanquer le nouveau titre que force lui était de prendre de son titre primitif, placé désormais en sous-titre; et le journal ainsi reconstitué, s'appela GAZETTE DE FRANCE, *Étoile*, journal du soir. Le ministère, pour assurer le succès de la *Gazette*, placée maintenant sous la direction de l'homme investi de sa confiance, fit plus et mieux encore que de lui accorder une large subvention sur les fonds secrets; il y joignit un privilége important, celui de pouvoir partir avec les courriers du soir au moment de la dernière levée des lettres, alors que pour être expédiés dans les départements, les autres journaux devaient être remis à la direction des postes cinq heures plus tôt. Cette exception faite à la règle générale en faveur de la feuille ministérielle du soir, permettait à la *Gazette* de devancer ses concurrents de vingt-quatre heures pour la transmission en province et à l'étranger de toutes les nouvelles reçues dans la matinée et des faits importants qui pouvaient s'être passés à Paris dans la journée. Il y avait là, à part le caractère semi-officiel donné à ce journal, les éléments d'un fructueux succès, et il ne manqua pas non plus d'être obtenu. Il faut dire aussi que Genoude sut fort habilement tirer parti de la position privilégiée qui lui avait été ainsi faite. Au moyen des extraits très-étendus que, dans sa *Revue des journaux*, et sous prétexte de les réfuter, il publiait chaque jour les articles les plus saillants des journaux libéraux de Paris, il donnait à sa feuille un intérêt tout particulier aux yeux d'un nombre immense de lecteurs. La *Gazette de France* n'inscrivait pas sur son titre qu'elle était *journal reproducteur*, mais elle agissait tout comme. Elle compta donc des abonnés non pas seulement en province parmi les partisans des vieilles idées monarchiques, ou encore parmi les fonctionnaires publics secrètement hostiles aux hommes placés à la tête des affaires, et qui se seraient compromis en s'abonnant au *Courrier français*, au *Constitutionnel* ou au *Journal des Débats*, etc., rien même qu'en les lisant dans leurs cercles, mais encore et surtout dans les pays étrangers, où la presse demeurait soumise à une sévère censure, où la lecture de quelques bribes d'articles tirées des journaux constitutionnels de Paris constituait une friandise des plus recherchées. Les réclamations unanimes de la presse de Paris furent, il est vrai, prises en considération par le ministère Martignac, et la *Gazette de France* dut alors, pour quelque temps, rentrer à cet égard dans le droit commun. Mais sa clientèle ne diminua pas pour cela; et la nouvelle législation intervenue à ce moment, en introduisant l'annonce dans la constitution générale de la presse périodique, valut à la *Gazette*, comme aux autres journaux qui possédaient notoirement de nombreux abonnés, un surcroît de bénéfices nets, allant, pour certains, à plus de 200,000 francs par an. En raison de la spécialité de sa clientèle, la *Gazette de France* passait pour l'un des journaux où l'annonce devait être la plus fructueuse; aussi y afflua-t-elle pendant longtemps. M. de Polignac, en prenant la direction des affaires, s'empressa de faire rendre à Genoude son privilége postal, et celui-ci ne le perdit plus qu'au 27 juillet 1830. Après ces détails, on ne sera pas surpris d'apprendre que la *Gazette de France* fût parvenue à compter de 13 à 14,000 abonnés, et que son principal propriétaire se trouvât alors seigneur suzerain d'une magnifique terre aux environs de Paris, valant plus de douze cent mille francs.

La révolution de Juillet faillit emporter la *Gazette de France* avec le trône de Charles X. Genoude dès que la résistance aux ordonnances s'était traduite en barricades et en coups de fusil était allé se cacher dans son château féodal du Plessis les Tournelles, dont il avait fait lever les ponts-levis, et où il s'était barricadé de son mieux contre les tentatives de pillage à main armée qu'il redoutait de la part de tous ces manants révoltés contre le roi légitime. Heureusement pour lui, l'un de ses collaborateurs, homme de tête et de résolution, resté à Paris pendant la lutte, M. Lubis, jugea que si la partie était perdue sans retour pour la légitimité, il fallait du moins songer à sauvegarder l'importante entreprise commerciale qui avait été si longtemps un instrument politique et qui pouvait encore le redevenir. Il prit donc sur lui de faire reparaître la *Gazette de France* dès le 29 au soir, sans attendre l'aveu de Genoude, dont il sauva ainsi la propriété. Faute d'un homme doué d'autant de sang-froid, l'organe de M. de Polignac, *L'Universel*, disparut dans la tourmente, et jamais depuis on n'entendit reparler d'une feuille qui, par sa rédaction littéraire, avait su en très-peu de temps se faire un rang distingué dans la presse parisienne.

Si la révolution de Juillet avait renversé le trône de la branche aînée, en revanche elle porta au comble la fortune de Genoude, qui avec son journal se trouva tout à coup le personnage le plus important, le plus influent d'un parti qui n'avait vu en lui jusque alors qu'un agent salarié. Avec sa *Gazette*, dont le chiffre d'abonnés resta encore pendant quelques années stationnaire, Genoude pesa bientôt sur toutes les décisions qui se prenaient dans la petite cour du roi déchu. Tous ces cordons bleus, tous ces gentilshommes datant des croisades, qui traitaient naguère avec tant d'arrogance et persistaient à regarder comme autant d'*intrus* les roturiers parvenus à se faire une position dans le parti légitimiste, durent s'humilier devant l'écrivain dont le journal, sous un régime de libre discussion, était encore une puissance; quelques-uns, dont la marmite avait été fatalement renversée par l'émeute triomphante, s'estimèrent même alors trop heureux de devenir les parasites et les flatteurs d'un homme que quelques mois auparavant chez eux ils eussent volontiers envoyé dîner à l'office.

A ce moment, il faut l'avouer, Genoude déploya un talent qu'on ne lui connaissait pas encore, et prouva qu'il y avait en lui surtout l'étoffe d'un écrivain d'opposition. Louis-Philippe et le système qu'il s'efforça si inutilement de faire prévaloir n'eurent pas d'adversaire plus redoutable ni plus opiniâtre. La plupart des hommes qui entouraient le nouveau roi, Genoude les avait vus dans les rangs, d'abord si pressés, des amants de la légitimité, et bon nombre aux gages de la police de Louis XVIII. Avec lui, ils avaient insulté à toutes les gloires, à toutes les grandeurs de la France républicaine et impériale; avec lui, ils avaient été les instruments d'un gouvernement réacteur et anti-libéral; autant et même plus que lui, ils s'étaient compromis au service de l'absolutisme. Il avait dès lors beau jeu à leur reprocher leur passé, à mettre en contradiction leurs discours actuels avec leurs actes et leurs dires antérieurs; et il se montrait inexorable dans ces incessants appels à des souvenirs que les intéressés eussent bien voulu anéantir à tout jamais. La police de Louis-Philippe essaya de moyens indirects pour déterminer Genoude à se montrer plus oublieux du passé, plus circonspect dans ses allures; on organisa de petites émeutes ayant pour but de briser les presses de sa *Gazette*. Loin d'être dupe de ces démonstrations, dont il connaissait parfaitement la source, Genoude abandonna le dédale de ruelles infectes où il avait un instant cru habile de transférer sa *Gazette* et ses presses, aux abords du Louvre et du Palais-Royal, et s'en vint planter sa tente en pleine place du Carrousel, en face même du château des Tuileries; calculant avec raison que le jour où une véritable émeute parviendrait jusque là son but serait atteint, et que la royauté des barricades aurait vécu. C'est en raison de ce singulier voisinage qu'un article de fondation, publié pendant longues années dans son journal par M. de Beauregard, porta le titre de *Lettres de la Voisine*. Quelques-unes de ces lettres sont de mordants et spirituels pamphlets ; ils ne contribuèrent pas peu à maintenir la vogue de la *Gazette* et surtout son chiffre d'abonnés.

Mais pour les journalistes, comme pour les rois, il arrive un moment fatal, qu'on a si bien nommé le *commencement de la fin*. Ce moment-là sonna de bonne heure pour Genoude. Enivré de la position que les événements lui avaient faite, son orgueil ne connut plus de bornes ni de mesure. Il prétendit régenter en pédagogue hautain le parti dont il était l'organe le plus influent, lui imposer ses prédilections et ses haines, et surtout ses idées particulières sur toutes les questions politiques qui se présentaient. L'insuffisance de la réforme électorale opérée en 1830 par l'abaissement du cens de 300 à 200 francs fut une de celles qui surgirent le plus vite, soulevée qu'elle fut par les républicains en même temps que par les partisans de la légitimité, les uns et les autres espérant rencontrer dans une extension quelconque donnée au droit de suffrage les moyens de faire prédominer leurs préférences particulières en matière de principe gouvernemental. Genoude le premier posa nettement, carrément, la question du suffrage universel, et s'efforça de prouver que le salut du pays, ce qui sous sa plume voulait dire rétablissement de la légitimité, était dans l'adoption de ce principe ; et les républicains n'eurent garde de ne point faire chorus avec la *Gazette de France* prêchant le suffrage universel, convaincus que l'adopter c'était proclamer la république. Les journaux à la solde du gouvernement, comprenant tout ce qu'il y avait de dangers publics au fond des doctrines prêchées sur cette brûlante question par la *Gazette*, les attaquèrent avec une violence extrême, et rencontrèrent alors des auxiliaires inespérés dans les autres feuilles légitimistes, heureuses de trouver l'occasion de pouvoir enfin secouer un joug que le despotisme acerbe de Genoude avait fini par leur rendre intolérable. Les idées de la *Gazette* sur le suffrage universel (modifié par un système d'élection à deux degrés) furent formellement désavouées et condamnées par le représentant de la branche aînée. Mais ce désaveu ne fit qu'irriter et blesser au vif l'intraitable orgueil de Genoude, qui se piqua au jeu, et de sophisme en sophisme en vint à défendre son système à l'aide d'arguments que dans le camp légitimiste on déclara tout d'une voix infectés au plus haut degré du venin révolutionnaire. Aussi les gouvernements étrangers, déjà très-mal disposés par l'article *Revue des journaux* de la *Gazette*, à l'aide duquel la contagion et la pestilence morales pénétraient chaque jour en contrebande sur leurs territoires respectifs, finirent-ils un beau jour par en interdire l'accès à cette feuille quasi-révolutionnaire, et à leurs yeux d'autant plus perfide dans ses tendances réelles, qu'elle affectait de défendre le principe et l'idée monarchiques. Successivement prohibée dans le royaume de Naples, dans les États de l'Église, dans le grand-duché de Toscane, à Modène, en Piémont, en Autriche, en Russie, etc., à l'instar du *National* ou de tout autre journal franchement révolutionnaire, la *Gazette de France* perdit en moins de six mois plus de la moitié de ce qui lui restait encore d'abonnés ; et en 1836, la création des journaux à 40 francs vint lui porter le coup de grâce, en réduisant à peu près à rien le produit de sa page d'annonces, désormais complétement discréditée.

Tout autre que Genoude se fût arrêté à ce moment. Lui, il persista à vouloir avoir raison envers et contre tous. Sa grande ambition maintenant fut même d'arriver à la chambre des députés, afin d'y protester à la tribune contre le monopole électoral. Mais sa candidature, cause perpétuelle d'effroi pour les ministres, qui la combattaient à l'aide de tous les moyens licites ou illicites dont ils pouvaient disposer, n'avait peut-être pas d'adversaires plus acharnés que les légitimistes demeurés purs de tout pacte, de tout compromis avec le génie de la révolution, et aux yeux de qui l'inventeur du suffrage universel était, malgré ses semblants de royalisme, le plus dangereux des jacobins. Genoude ne fit que se roidir contre tant d'attaques et tant de haines. Ses parasites et ses thuriféres (tout journaliste influent en a de nos jours autant et peut-être plus qu'un ministre) n'eurent pas de peine à lui démontrer qu'il était le Galilée de la politique moderne ; qu'il en avait trouvé les véritables bases, et que toutes les persécutions que sa découverte lui vaudrait de la part des esclaves de la routine et de l'ignorance n'aboutiraient qu'à faire très-prochainement briller sa gloire d'un plus vif éclat. Aussi bien une transformation nouvelle s'était pendant ce temps-là opérée en lui. Devenu veuf en 1834, il avait pris les ordres sacrés et s'était fait conférer la prêtrise avec les pouvoirs qu'elle implique.

Cet acte de sa vie a été diversement apprécié. Ses admirateurs l'on présenté comme une détermination pieuse de renoncement au monde et à ses œuvres, inspirée par une profonde et inconsolable douleur. Ses ennemis n'ont voulu y voir que le fait d'un incommensurable orgueil, croyant s'assurer de la sorte une domination incontestée sur un parti aux yeux duquel *l'ordre du clergé* continue à avoir la prééminence sur *l'ordre de la noblesse*, et à plus forte raison sur le *tiers état*. Si tel fut réellement le calcul de Genoude, ses ennemis devraient tout au moins convenir qu'il fit fausse route comme prêtre, en adoptant les doctrines de l'Église gallicane. En les défendant contre l'ultramontanisme, ainsi qu'il le fit constamment et avec beaucoup de verdeur dans son journal, il courait grand risque d'être interdit.

Quoi qu'il en ait pu être, le caractère nouveau dont Genoude se trouva dès lors revêtu, nuisit encore à sa *Gazette*, dont il conservait toujours la direction suprême, en le forçant à apporter maintenant dans le choix des matières qu'il y faisait entrer une reserve assez peu du goût de la grande masse du public, qui s'abonne à un journal moins pour y trouver des lectures édifiantes que pour être toujours tenu au courant de ce qui se passe dans ce bas monde, et qui malheureusement n'a le plus souvent rien d'édifiant.

Au vide et à la solitude que le désabonnement faisait insensiblement autour de la petite mais très-remuante coterie dont l'*abbé* de Genoude était depuis si longtemps le soleil, on imagina d'opposer la création, dans les départements, d'un certain nombre de journaux de localité, humbles satellites de la *Gazette de France*, mais s'inspirant de ses doctrines, réfléchissant ses idées, servant ses rancunes et ses vengeances, et surtout célébrant constamment sur tous les tons l'incomparable talent de son rédacteur en chef, en faveur de qui ils constitueraient une candidature perpétuelle aux plus prochaines élections. Ainsi naquirent successivement une vingtaines de Gazettes de province, toutes prêchant invariablement aux Français le même thème : « Adoptons le suffrage universel. C'est le seul système politique qui puisse nous rendre libres et heureux, et l'abbé de Genoude en est le prophète. Donc nommons-le député ! »

On ne peut disconvenir que le moyen était assez bien imaginé ; malheureusement il était héroïque et coûta gros. La belle et rapide fortune que l'*abbé* de Genoude s'était faite *par* le journalisme, il la perdit presque aussi rapidement *dans* le journalisme. Sans doute les soixante-trois procès intentés à sa *Gazette* par le parquet et les cent et quelques mille francs d'amendes dont on mulcta son langage irrévérencieux à l'endroit de l'ordre de choses *bâclé* le 7 août 1830 furent bien pour quelque chose dans sa déconfiture ; mais c'étaient là des pertes qui eussent passé inaperçues dans un grand mouvement d'affaires, si la nécessité de faire vivre un nombreux personnel d'employés de toutes espèces, n'ayant guère d'autres ressources que les libéralités d'un patron généreux du moment où l'on savait caresser son amour-propre, n'était pas venue agrandir de plus en plus le gouffre du déficit. De désastreuses opérations de librairie aggravèrent encore la position ; et la ruine de Genoude, longtemps dissimulée à l'aide des ressources d'un crédit dont il n'abusa sans doute que parce qu'il se faisait illusion à lui-même, était à peu près irréparable à moins de quelque chance heureuse inopinément fournie par une révolution politique, quand il lui fut enfin donné de voir son nom sortir de l'urne électorale, à Toulouse, en 1846. Nous ne pouvons dissimuler qu'à la chambre, le bouillant journaliste fit *fiasco*.

La révolution de Février 1848 se montra bien ingrate à l'égard de l'inventeur du suffrage universel. Le nom de Genoude ne fut pas même prononcé à l'occasion des élections pour l'Assemblée constituante ; et on peut croire qu'un poignant découragement s'empara alors de cet homme, qui ne s'était mêlé à tant d'intrigues et à tant d'agitations, dont la vie, on peut le dire, n'avait été qu'un combat, que pour arriver, au déclin de sa carrière, à se trouver en présence de la ruine des siens et de l'irréparable naufrage des intérêts politiques à la défense desquels il avait voué toutes ses forces et toute son activité.

Genoude mourut à Hyères, le 17 avril 1849. Comme à propos de tant d'autres acteurs de la comédie contemporaire qui, après avoir fait ici-bas beaucoup de bruit pour pas grand' chose, *much noise about nothing*, manquent aujourd'hui à l'appel, nous entendons souvent demander ce que dirait, ce que ferait, où serait l'*abbé* de Genoude, s'il vivait encore; et à ces questions, il en est qui répondent que, suivant toute apparence désabusé, il se fût rallié avec empressement à la généreuse mais utopique idée de la réconciliation des partis, et que dès lors il serait à l'heure qu'il est archevêque, sénateur, et en train de passer cardinal. Au fait, les restrictions mentales n'ont-elles pas été inventées à l'usage de ces sortes de gens, pour leur permettre de concilier en toute sécurité de conscience les urgentes nécessités du moment avec les véritables vœux de leur cœur, avec leurs secrètes mais indestructibles sympathies? Bien fol qui s'y fie!

GENOUILLÈRE, partie de l'armure des anciens chevaliers et gendarmes, couvrant le vide laissé entre les cuissards et les grèves ou jambières, et s'adaptant sur le genou de manière à le défendre sans en comprimer les mouvements. Dans certaines armures, elle formait sur le devant du genou un coin tranchant, et était garnie sur le côté extérieur d'une pointe longue et aiguë, pour empêcher l'homme d'armes d'être serré de trop près par d'autres cavaliers, dont les chevaux auraient alors été blessés par le tranchant ou la pointe de la genouillère.

En artillerie, la *genouillère* est la partie du revêtement intérieur d'une batterie à embrasures, comprise entre le sol et l'arête horizontale intérieure de l'embrasure. Sa hauteur est, au-dessus du terrain, de $1^{m},19$ pour les batteries de plein fouet, et de $1^{m},33$ pour celles à ricochet.

GÉNOVÉFAINS, chanoines réguliers de Sainte-Geneviève, connus également sous le nom de *chanoines de la Congrégation de France*, furent précédés dans ce monastère par des chanoines séculiers, que l'invasion des Normands en chassa en 845 et 846. Ils y rentrèrent cependant; mais le relâchement introduisit peu à peu de tels abus au milieu d'eux, qu'en 1148 Eugène III n'hésita pas à renouveler cette maison. Il y appela des religieux de Saint-Victor, et l'érigea en abbaye. Odon, élu premier abbé, y rétablit la discipline. Mais quand les guerres des Anglais vinrent de nouveau jeter la désolation dans les environs de Paris, l'oubli de la règle pénétra avec elle dans l'abbaye, et parut pendant fort longtemps devoir résister aux efforts tentés pour l'extirper. Le parlement eut beau informer sous François Ier, le désordre ne persévéra pas moins ; il parut même jeter des racines d'autant plus profondes que l'abbé de l'ordre, Benjamin de Brichanteau, fils du marquis de Nangis, était aussi évêque de Laon, et que l'administration de son diocèse, en l'éloignant de son abbaye, lui rendait impossible une surveillance active. A sa mort, en 1619, Louis XIII donna Sainte-Geneviève au cardinal de La Rochefoucauld, dont le zèle rencontra d'abord des obstacles, mais qui, en 1624, put enfin appeler de Senlis douze religieux, auxquels cinq seulement des anciens consentirent à se joindre, pour devenir avec eux le noyau d'une sage et pieuse réforme, qu'autorisèrent des lettres patentes de 1626. Le père Faure fut nommé supérieur, et contribua par sa modestie, sa douceur et sa piété, à seconder les vues du cardinal-abbé jusqu'à sa mort, en 1644.

Depuis cette époque, la congrégation de France devint une des plus nombreuses et des plus distinguées de toutes celles des chanoines réguliers : elle eut à la fois plus de cent maisons, répandues dans les différentes provinces de France. Elle comptait dans le royaume vers le milieu du siècle dernier, 67 abbayes, 28 prieurés conventuels, 2 prévôtés et 3 hôpitaux de cet ordre; et dans les Pays-Bas, 3 abbayes, 3 prieurés, et un assez grand nombre de cures. Le chancelier de l'université de Paris était toujours pris parmi ses membres. C'est à l'un d'eux, le père Jean Fronteau, nommé en 1648, que l'on doit la fondation de la Bibliothèque de Sainte-Geneviève, à laquelle le cardinal Le Tellier, archevêque de Reims, légua tous ses livres par son testament. Parmi les autres génovéfains littérateurs, il ne faut pas oublier les père Lallemand, Du Molinet, Le Bossu, Mercier de Saint-Léger, etc. La tourmente de 1793 ne respecta pas plus la congrégation de France que les autres maisons religieuses. Sa bibliothèque, riche d'ouvrages précieux, tant ascétiques que dogmatiques et de controverse, est tout ce qui reste de cette pieuse institution; elle se compose de 150,000 volumes imprimés et de 3,000 manuscrits.

Quelques privilèges, assez singuliers pour mériter d'être cités, avaient été accordés à l'abbé de Sainte-Geneviève : ainsi, il donnait des monitoires comme les évêques, et quand, dans une calamité publique, on portait processionnellement la châsse de la patronne de Paris, non-seulement il avait, ainsi que ses religieux, la droite sur l'archevêque et sur le chapitre, mais il bénissait le peuple comme le prélat. Les armes des génovéfains étaient d'azur à une main tenant un cœur enflammé, et pour devise : *Super emineat charitas*. Ils portaient habituellement une soutane de serge blanche, avec un collet fort large, et un manteau noir quand ils sortaient de l'abbaye; au chœur, pendant l'été, un surplis de toile, l'aumusse sur le bras gauche, et le bonnet carré; l'hiver, un long camail noir avec un capuchon à peu près semblable à celui encore en usage à Paris, et une chape également noire. Leurs constitutions ne les avaient pas tellement éloignés du clergé séculier, qu'ils n'en partageassent encore les sollicitudes et les fonctions. Ils desservaient les paroisses, administraient spirituellement les hôpitaux et les maisons de charité, dirigeaient les séminaires, et rendaient aux fidèles tous les services du ministère actif. L'abbé J. DUPLESSIS.

GENOVINO D'OR. *Voyez* FLORIN D'OR.

GENRE (en latin *genus*, en grec γένος, race, famille, espèce). Ce terme désigne, dans les sciences, un groupe ou collection d'espèces analogues entre elles, et qui peuvent se réunir sous des caractères communs. L'*espèce* est constituée par l'identité des formes; le *genre* s'établit par leurs degrés de similitude. Sans doute, comme Buffon le reprochait à Linné, l'âne n'est pas un cheval, mais il s'en rapproche par ses caractères plus que tout autre animal; il appartient non à la même *espèce*, mais au même *genre*. Pareillement, le lion, le tigre, le léopard, etc., sont de gros chats : formes du corps, dents, griffes, yeux brillants de nuit, instincts sanguinaires, rien d'essentiel ne leur manque, ni l'art de guetter leur proie, ni le saut foudroyant pour la saisir. Toute la nature se trouve ainsi composée d'une infinité d'autres espèces d'animaux (oiseaux, reptiles, poissons, coquillages, insectes, vers), et de plantes innombrables, ayant plus ou moins de ressemblances fraternelles, constituant une multitude de genres et de familles naturelles, qu'on sait même reconnaître à la première vue, pour peu qu'on s'habitue à cette charmante étude. C'est ce que les naturalistes appellent aussi *habitus* (l'aspect). Quel plaisir en effet de rencontrer dans telle fleur des Indes ou d'Amérique une *congénère*, et pour ainsi parler une parente, une sœur de telle autre espèce de nos climats? Ainsi, des roses, des chênes, habitent diverses régions de l'univers : famille dispersée sur le globe comme les enfants du premier père, et peut-être modifiée, dégénérée par la misère, ou enrichie par un sol fécond et prospère. Qui pourrait nous dire toutes les aventures par lesquelles a passé sans doute cette immense variété d'espèces pour qu'elles différassent autant entre elles du type primordial? Ou bien ont-elles été créées originairement diverses comme aujourd'hui et dans des formes fixes, inaltérables? Toujours est-il certain qu'on voit plantes, animaux, se grouper en *familles naturelles*, qui décèlent une origine commune, incontestable. Voilà ce qui forçait l'illustre Linné à soutenir què les *genres sont naturels.*

Et en effet, comment dix insectes ou plantes, dont l'un habite le Japon, l'autre la terre de Diémen, l'autre le nord de l'Europe, celui-ci le Chili, celui-là le Cap de Bonne-Espérance, etc., auraient-ils des caractères analogues du papillon ou d'une bruyère, s'ils ne sortaient pas d'un moule analogue, sans être pourtant semblable? Il y a donc des genres. Mais parmi ces groupes plus ou moins nombreux en espèces (car on a vu des genres qui en contenaient plusieurs centaines), il est utile d'établir des subdivisions, des *sous-genres* ou sections, afin de mieux distinguer leurs caractères et d'arriver plus aisément à la distinction des espèces. Or, c'est dans cette découpure de genres, que font plus ou moins arbitrairement les botanistes, les entomologistes surtout, que réside la dispute. Sans doute, à mesure que des espèces nouvelles viennent enfler immensément les catalogues, il convient de discipliner ces recrues en nouveaux bataillons et de leur nommer un chef; cependant, on doit conserver toujours l'uniforme du régiment ou le titre primitif de la famille. La dispute sur la fixité ou la mobilité des genres cessera, pourvu qu'il soit bien établi que, sauf les subdivisions fondées sur l'utilité de l'étude et livrées à l'arbitraire des auteurs, il existe de vrais genres ou familles d'êtres, voisins, alliés, analogues entre eux, soit pour les caractères de l'organisation, soit pour les propriétés et les attributs.

Ce n'est pas toutefois un travail stérile que cette classification des espèces en genres. D'abord, on apprend ainsi à les rattacher à un plan d'organisation; l'on voit quelles parties sont plus fixes : par exemple, celles de la fructification chez les plantes, celles de la nutrition dans les animaux. On étudie ainsi la marche de la nature, les causes des déviations des races et espèces, les affinités ou rapports qui rattachent entre elles les familles de ces créatures, les modifications dues au climat ou à la température, au sol, à la station montagnarde ou des bas-fonds, etc.; comment les géraniées du Cap de Bonne-Espérance portent deux pétales plus longs; pourquoi les herbes aquatiques submergées présentent des feuilles subdivisées, laciniées ou fenestrées; comment des animaux des déserts sablonneux et arides ont les jambes conformées pour y courir, etc. Il en naît autant de caractères distinctifs capables de motiver des sections génériques.

J.-J. Virey.

GENRE (*Grammaire*). Il n'est peut-être pas dans toutes les choses humaines une question qui ait été aussi fréquemment et aussi inutilement discutée dans tous les temps que le *genre des noms*. On doit remarquer d'abord qu'aucun des grammairiens de Rome et d'Athènes ne nous offre une solution du genre des noms de sa propre langue. Aussi, dans notre France, toute grecque et toute romaine au quinzième, au seizième, et au dix-septième siècle, grande fut la peine de nos grammairiens, qui, embarrassés de la triple difficulté du genre des noms grecs, latins et français, voulaient trouver une solution qui expliquât d'un seul coup le genre dans les trois langues. Chaque fois qu'ils abordent cette grande question, comme irrités de l'inutilité de leurs efforts, ils manifestent leur mauvaise humeur par les mots sans cesse répétés d'*absurdité*, de *sottise*, d'*arbitraire*, etc. C'est dans un de ces moments de mauvaise humeur que Duclos a dit, dans son commentaire sur *Port-Royal* : « L'institution ou la distinction des genres est une chose purement arbitraire, qui n'est nullement fondée en raison, qui ne paraît pas avoir le moindre avantage, et qui a beaucoup d'inconvénients. » Ne trouvant de lumière nulle part, les auteurs de l'article *Genre des noms* dans la grande *Encyclopédie* ont été forcés de faire cet aveu : « Ce serait une peine inutile, dans quelque langue que ce fût, que de vouloir chercher ou établir des règles propres à faire connaître le genre des noms. » Depuis cette époque nos grammairiens n'ont pas été plus heureux dans leurs recherches. Notre grammaire générale n'offre pas plus une solution du genre que la simple grammaire des écoles; et si l'une ou l'autre donne quelques règles, on peut presque toujours démentir ces règles par une foule d'exemples tirés de nos plus grands écrivains. L'*Encyclopédie moderne* a donc résumé la longue histoire de cette grande question de notre grammaire, quand elle a dit : « L'irrégularité et l'arbitraire qui règnent dans la distribution du genre, surtout en français, font de cette partie de notre grammaire une des plus grandes difficultés... Les maîtres semblent désespérer de la lever. »

Heureusement ceci n'est plus aussi vrai. L'erreur de nos grammairiens était de vouloir expliquer par le même moyen le genre des noms dans toutes les langues. Il semblaient ignorer que chacune a des secrets qui n'ont leur solution que dans les mœurs du peuple qui la parle, et que si un principe explique le genre dans une langue, ce sera souvent un principe tout opposé qui l'expliquera dans une autre. Toutefois, nos grammairiens ont généralement senti qu'en français il doit exister une relation immédiate entre le genre d'un nom, sa signification et sa forme; mais avaient-ils jamais soupçonné qu'il pouvait exister le moindre rapport entre le genre d'un nom et la pensée qui domine dans la phrase où il se trouve? Et cependant, c'est dans ce rapport si méconnu qu'est tout le secret du genre des noms français. L'homme, comme on le sait, s'assimile dans sa nature tout ce qui est fort; il se l'approprie, il en fait son domaine. Mais ce n'est point assez pour le Français de s'emparer de la force partout où elle se décèle; par un travail bizarre, mais réel, de son imagination, il veut que tout *être fort* lui ressemble et soit *masculin* comme lui. Ainsi, lorsque Voltaire, dans *La Henriade*, veut peindre Élisabeth, tous les mots qu'il emploie sont masculins, et il finit par ce dernier trait, qui caractérise sa pensée :

Et l'Europe vous compte au rang des plus grands hommes.

Ce vers prouve mieux que tout raisonnement que la masculinité accompagne le penchant de l'homme à s'approprier tout ce qui annonce de la grandeur, de la force, et de la supériorité. L'exemple suivant nous prouvera, à son tour, que la féminité exprime cette douceur, cette grâce, cette bonté, cette touchante faiblesse, qui rendent la femme si intéressante. Châteaubriand, dans le *Génie du Christianisme*, a dit : « Il n'appartenait qu'à la religion chrétienne d'avoir fait deux sœurs de l'Innocence et du Repentir. » Ce bel exemple, qui n'a jamais était cité, met dans tout son jour la vérité que nous essayons d'exposer. Elle brille ici du plus grand éclat! *Le Repentir, sœur de l'Innocence!* Vérité touchante! beauté admirable, mais qui eût pourtant écrasé nos grammairiens matérialistes, s'ils eusssent osé l'attaquer! C'est à cette harmonie qu'il faut rapporter le double genre des noms *aigle, amour, automne, couple, orgue*, etc.

Édouard Braconnier.

GENRE (Peinture de). Pris d'une manière absolue, ce terme comprend la bambochade, les scènes de la vie qui n'ont pas le caractère du style assigné à celles du genre historique; la représentation, même de grandeur naturelle, des animaux considérés isolément, et non comme accessoires du paysage et du tableau d'histoire; les vues d'édifices aussi prises isolément, les intérieurs, les fleurs, les instruments, les ustensiles, enfin ce qu'on appelle *la nature morte*. Longtemps les tableaux de cette dernière espèce ont été seuls compris sous la dénomination de *tableaux de genre*; les autres s'appelaient *tableaux de chevalet*.

La définition que nous venons de donner de la peinture de genre, n'est pas de celles qu'on accepte sans conteste, et on disputera probablement longtemps encore sur la question de savoir s'il convient ou non de comprendre sous cette dénomination telle ou telle production se rattachant peut-être plus directement à une spécialité nettement tranchée de l'art. La difficulté consiste en effet à bien déterminer, par exemple, le point de départ qui sépare la peinture historique de la peinture de genre, définie comme nous venons de le faire, alors qu'elle comprend des figures humaines. Ne peut-on pas, au reste, dire qu'en représentant une figure humaine, un artiste a un but double : qu'il veut nous la montrer ou comme manifestation purement physique, dans cet état où tout individu ne vaut que ce qu'il est réellement, ou bien comme expression de l'âme humaine relativement à un fait au-dessus de la portée des sens? Dans le premier cas il fait, suivant nous, de la peinture de genre, et dans le second, de la peinture historique. Ainsi, lorsqu'il arrive à Beukelaer de nous peindre le Sauveur que Pilate montre au peuple, non pour nous le représenter dans ses souffrances, mais au milieu d'un grand marché, où sur le premier plan nous apercevons des marchands de légumes et de poissons, tandis que le divin Rédempteur est relégué tout au fond du tableau; et quand Paul Véronèse nous représente les noces de Cana comme un grand banquet, sans que rien y mette en saillie la présence de Jésus-Christ, qui doit cependant opérer des miracles, nous disons que l'une et l'autre de ces toiles n'appartiennent pas au genre historique, mais bien à la peinture de genre. Le peintre de batailles qui traite un sujet conformément aux règles de ce genre, comme Van der Meulen, nous fait apercevoir la bataille complète avec tous ses incidents; tandis que, comme peintre d'histoire, Raphael, dans la bataille de Constantin, nous peint le vainqueur avec son céleste secours au moment où son adversaire est vaincu; et c'est sur ce moment que l'artiste fait coopérer tous les autres groupes de son tabeau à l'expression de cette pensée. La peinture de genre s'accommode par conséquent tout aussi bien de scènes accidentelles de la vie que d'importantes situations historiques; elle n'a pas besoin de les traiter conformément aux règles élevées du beau, mais elle les représentera accidentellement telles qu'elles sont. Pour elles aussi les accessoires n'ont pas moins d'importance que le sujet principal. Aussi le plus souvent les détails d'architecture ou de paysage occuperont-ils plus de place dans les tableaux de genre, tandis que les figures y seront de petite dimension.

L'antiquité avait déjà établi en peinture une classification analogue à celle qui est comprise aujourd'hui sous la dénomination de *peinture de genre*, laquelle a pour berceau le Nord et surtout les Pays-Bas. Après que l'école d'Eyck en traitant les sujets pieux eut montré du penchant à y représenter la nature vulgaire, sans pourtant négliger pour cela le caractère religieux et les exigences de la peinture poétique, Lucas de Leyde et Albert Dürer commencèrent à représenter dans leurs tableaux et leurs gravures de véritables scènes populaires. L'aîné des Breughee se servit de scènes triviales pour des allégories burlesques, et les sujets empruntés par Téniers l'aîné à la vie populaire des Pays-Bas ne tardèrent pas à être généralement goûtés. La réformation ayant porté par tous pays un grave préjudice à la peinture religieuse, l'art divisa alors ses forces entre la représentation des paysages et celle de scènes de la vie ordinaire. Les bambochades de Pierre van Laar ou Bamboche firent d'abord en Italie la fortune de cette branche de l'art, qui parvint à une rare perfection en Hollande et en Flandre, grâce aux travaux de maîtres tels que Terburg, Brauwer, Van Ostade, Rembrandt, Téniers le jeune, Metzu, Gérard Dow, etc. Quel que soit, sous le rapport de la manière caractéristique et joviale dont la vie commune y est représentée, le mérite d'un grand nombre d'ouvrages de ces artistes, d'autres prouvèrent aussi que par une grande délicatesse d'imitation et une certaine habileté de pinceau on peut communiquer un charme indéfinissable aux figures et aux scènes les plus indifférentes; et comme il y avait là de quoi satisfaire un grand nombre d'amateurs et d'artistes, cette espèce de peinture perdit de plus en plus toute portée intellectuelle jusqu'à ce que dans ces derniers temps elle eut pris un nouvel essor, grâce à une observation plus exacte et à une conception plus spirituelle de la nature. Cependant, après une courte période de transition, l'école de Dusseldorf s'est hardiment jetée dans la représentation de la vie populaire, tant de l'Allemagne que des autres contrées; et dans cette voie nouvelle, elle a produit de grandes et impérissables œuvres. Sans doute, au point de vue purement technique, elle est inférieure à la peinture française de genre, mais elle a en revanche un sens bien autrement profond. En France la peinture de genre a déjà produit plus d'un chef-d'œuvre, et on peut citer de nos jours Drolling, Biard, Meissonnier, Diaz, Decamps comme des maîtres inimitables.

GENS, mot latin qui signifie *famille* ou plutôt *race*. La *gens* chez les Romains comprenait ordinairement plusieurs familles, *familiæ*, toutes gouvernées par un chef particulier (*pater-familias*). Tous les membres d'une même *gens*, portaient le même nom commun principal (*nomen gentile*), toujours terminé par la syllabe adjective *ius*, et se distinguaient entre eux par le surnom (*cognomen*). C'est ainsi, par exemple, que dans la *gens Cornelia* on distinguait les familles des Scipions, des Sylla, des Lentulus, des Cethegus, des Dolabella, des Cinna, etc. Selon l'opinion commune, les familles appartenant à la même *gens* avaient des liens de parenté entre elles, comme descendant d'un même ancêtre; ce qui, dans les *gentes* patriciennes, les faisait remonter à l'époque mythologique. Mais il est plus vraisemblable que de même que dans les familles où venaient se confondre les phratries attiques, cette parenté ne constituait pas une condition essentielle de *gentilité*, et, comme le pense Niebuhr, que les vieilles *gentes* patriciennes de Rome étaient, comme ces phratries attiques, des associations toutes politiques de familles, dont l'union, consacrée par l'État et par la religion, devait être regardée comme aussi sacrée que la parenté naturelle, et qui en conséquence recevaient la dénomination de *gentes*. Il est à présumer aussi qu'à Rome le nombre en était déterminé. Peut-être au nombre de dix formaient-elles les sous-divisions des curies, dans lesquelles étaient venues se confondre les anciennes *tribus*. On rapporte même que la troisième et dernière de ces tribus, celle des *luceres*, comprenait les *patres minorum gentium*. Elles furent ainsi, à l'origine, la base fondamentale de l'antique corporation patricienne. Les clients et les affranchis appartenaient à la *gens* de leur patron, sans participer aux droits politiques que conférait la *gentilité*, à savoir le droit de vote dans les comices des curies et celui de représentation dans le sénat.

La constitution de Servius Tullius, qui donna des droits politiques aux habitants non patriciens de l'État romain, reposait sur de tout autres conditions que la constitution de la *gentilité*, dont la décadence commença avec celle-ci, et fut décidée quand les comices des curies perdirent tout pouvoir. Quant aux *gentes* plébéiennes qui se formèrent alors, on ne saurait dire si, semblables d'origine aux patriciennes, elles perdirent, lors de leur incorporation dans l'État romain, les droits politiques dont elles avaient joui précédemment comme faisant partie des communes latines, ou bien si elles étaient fondées sur une descendance réelle d'une même souche. S'il n'est pas rare de rencontrer dans la même *gens* des familles patriciennes et des familles plébéiennes, cette circonstance s'explique par le fait qu'une famille obtenait le patriciat, ou bien qu'un patricien entrait dans la *plebs*, tantôt par mésalliance, tantôt par adoption, soit encore parce que le citoyen nouvellement admis prenait le nom de l'homme qui lui avait fait obtenir le droit de citoyen. Toutes les *gentes*, patriciennes ou plébéiennes, avaient de commun le droit de succession particulier aux *gentes*, dont les effets commençaient lorsqu'un membre de la *gens* mourait sans laisser de testament ou de proches parents, et le droit de curatèle à l'égard des dissipateurs et des aliénés, quand il n'existait pas d'agnats. Les *gentes* avaient aussi des sanctuaires communs, avec des sacrifices communs offerts à certains jours et en certains lieux. Aussi quand il est question de l'expulsion prononcée contre l'un des membres d'une *gens*, est-il fait mention de la renonciation solennelle aux sanctuaires communs, nécessairement faite alors, et appelée *detestatio sacrorum*, ainsi qu'aux tombeaux communs. De même, toute *gens* était tenue de prendre des résolutions sur les affaires communes, et, le cas échéant, chacun de ses membres pouvait invoquer le secours de ses parents, *gentiles*. Ces conditions du droit privé (*jus gentilitium*) se maintinrent jusque dans les premiers temps de l'empire. Gaius en fait mention comme étant déjà tombées en désuétude.

GENS, GENT. En ce sens, ce mot ne s'emploie au singulier que figurément : la *gent* moutonnière, les moutons, ou ceux qui se laissent mener comme eux. Au pluriel, il n'est d'usage que dans cette locution : le *droit des gens*. Hors de là, il signifie *personnes*, et n'a point de singulier. L'adjectif qui précède est féminin, celui qui suit est masculin : quelles méchantes *gens!* voila des *gens* bien fins. Les vieilles *gens* sont soupçonneux. Suivi de la préposition *de* et d'un substantif qui désigne une profession, un état quelconque, *gens* signifie tous les membres d'une nation, tous les habitants d'une ville qui exercent cet état, cette profession, soit qu'ils forment un corps particulier dans la société générale, soit que l'esprit les rassemble sous une seule et même idée : les *gens* de robe, d'église, d'épée, de loi, de mer, de finance, d'affaires, de pied, de cheval : Les *gens de lettres*; les *gens* d'armes (*voyez* GENDARMES). *Gens* se dit encore de ceux qui sont d'un parti, par opposition à ceux qui sont de l'autre : Nos *gens* ont battu l'ennemi ; de ceux qui sont d'une même partie de plaisir : Nos *gens* arrivèrent au rendez-vous ; des domestiques, des hommes à gage : Il a appelé ses *gens*. On entendait naguère par *gens du roi* les procureurs et avocats généraux, les procureurs et avocats du *roi*.

GENS (Droit des). *Voyez* DROIT DES GENS.

GENS DE LETTRES. *Voyez* LETTRES.

GENSÉRIC, roi des Vandales, partage avec Alaric, roi des Goths, et Attila, roi des Huns, la gloire d'avoir été un des plus grands conquérants du cinquième siècle. Il naquit en 406, à Séville, et était fils du roi Godégisile. L'Espagne était alors divisée entre les Alains, les Suèves, les Visigoths et les Vandales, qui se disputaient par les armes leur commune conquête. Appelé en Afrique par le comte Boniface, qui voulait se venger d'une disgrâce, il se brouilla aussitôt avec cet allié, qu'il vainquit, et, maître de Carthage, en 430, il y établit le siége de son empire. Son pouvoir était déjà très-étendu ; il avait surtout une marine redoutable, lorsque l'impératrice Eudoxie implora son secours contre Maxime, qui l'avait épousée, après avoir assassiné son premier mari, Valentinien III. En 455, Genséric arrive à Rome, livre la ville au pillage, charge ses vaisseaux de butin, et emmène un grand nombre de captifs, parmi lesquels était la malheureuse Eudoxie. Non content de cette facile victoire, il envoie ses flottes ravager les côtes de l'Espagne, de la Gaule, de l'Italie, et fait trembler les empereurs Léon et Zénon, derrière les murs de Constantinople. Genséric mourut en 477, laissant un empire qui paraissait inébranlable, et qui, cinquante-huit ans plus tard, devait tomber sous les coups de Bélisaire. On reproche à ce prince, qui était arien, d'avoir persécuté les catholiques avec acharnement. F. HATRY.

GENSONNÉ (ARMAND), né à Bordeaux, en 1753, fut destiné au barreau dès sa jeunesse, et devint un des avocats les plus distingués de sa ville natale : ses connaissances en législation le firent nommer membre du tribunal de cassation, lors de sa fondation. Élu à l'Assemblée législative, il y forma, avec ses collègues Vergniaud et Guadet, le noyau du parti qui, du département de la Gironde, prit le nom de *Girondins*. Avant son élection, Gensonné s'était fait connaître par la publication d'un mémoire dans lequel il demandait l'émancipation des hommes de couleur. Vers la fin de sa longue session, l'Assemblée constituante le chargea d'aller, en qualité de commissaire, dans les départements de l'ouest, chercher à vaincre la résistance que les prêtres apportaient à la mise en œuvre de la constitution civile du clergé. Le 9 octobre 1791 il aborda pour la première fois la tribune, où il vint lire son rapport sur cette mission. On lui confia, comme membre du comité diplomatique, la rédaction du rapport à la suite duquel, le 1er janvier 1792, un décret d'accusation fut rendu contre les deux princes frères de Louis XVI, le prince de Condé, l'ex-ministre de Calonne et le vicomte de Mirabeau. Président de l'Assemblée, le 16 mars, il proposa et fit adopter, à l'unanimité moins une voix, le 21 avril, le décret portant déclaration de guerre à l'Autriche. Dans la séance du 25 mai, Brissot dénonça formellement avec lui l'existence du *comité autrichien*, et demanda qu'au décret d'accusation rendu, le 10 mars, contre le ministre de l'intérieur Delessart on en joignît un autre, contre les ex-ministres Montmorin et Bertrand de Molleville. L'assemblée se borna à ordonner une enquête contre ces derniers.

Après la destitution de Roland, de Clavière et de Servan, c'est-à-dire après l'expulsion des Girondins du ministère, le 13 juin, Gensonné redoubla d'énergie contre la cour jusqu'à la journée du 20 juin, où les Girondins laissèrent agir le peuple. Ce mouvement n'ayant pas répondu à leur attente, ils continuèrent à poursuivre le ministère feuillant ; mais bientôt, effrayés des progrès du parti montagnard et prévoyant que la chute du trône profiterait plus à leurs rivaux qu'à eux-mêmes, ils firent une nouvelle halte dans leur course républicaine. Des négociations s'ouvrirent entre le roi et les Girondins par l'intermédiaire du peintre Boze, qui remit à Louis XVI un mémoire rédigé par Gensonné. Le monarque ayant cru trouver un plus solide appui dans la Montagne, Gensonné, Guadet et Vergniaud secondèrent alors, avec leurs collègues de la Gironde, le mouvement qui devait aboutir au 10 août. Dans cette journée, où périt la monarchie, les trois amis présidèrent successivement l'assemblée, et ce fut sur la proposition de Vergniaud qu'elle régla et décréta les attributions du conseil exécutif, destiné à remplacer provisoirement le gouvernement royal. Sans doute ils restèrent étrangers aux massacres de septembre ; mais on peut leur reprocher de n'avoir rien fait pour les empêcher.

Élu député à la Convention par la ville de Bordeaux, Gensonné demanda sur-le-champ à l'Assemblée vengeance des attentats qui avaient ensanglanté Paris ; mais les massacreurs lui répondirent en l'accusant lui-même d'avoir été l'un des agents de la cour, stipendiés par le ministre Narbonne. A cette imputation le Girondin opposa une profession de foi républicaine explicite, et la corrobora bientôt de son vote pour la mort de Louis XVI et contre le sursis. Cependant, il avait été un des plus ardents promoteurs de l'appel au peuple. Après le lugubre drame du 21 janvier, il demanda que la Commune répondît à la France de la sûreté de la reine, du dauphin et de tous les membres survivants de la famille royale. Président de la Convention le 7 mars 1793, il n'arriva au fauteuil que pour être témoin des attaques de la Montagne contre la Gironde, et fut alors l'un des plus infatigables athlètes qui prirent part à cette lutte.

Marat et Drouet le dénoncèrent comme le confident et le complice du transfuge Dumouriez. D'étroits rapports avaient existé, il est vrai, entre eux ; mais c'était avant la défection du général. Sa conduite n'en fut pas moins déférée à l'examen d'une commission. Bientôt les événements du 31 mai et le décret du 2 juin vinrent encore aggraver sa position. Mis en surveillance dans sa demeure, comme ses collègues, il refusa les moyens d'évasion que lui offrait le ministre de l'intérieur Garat. Décrété d'accusation le 3 octobre 1793, sur le rapport d'Amar, il parut le 24 devant le tribunal révolutionnaire, avec Vergniaud, Brissot, et dix-huit autres conventionnels. Condamné à mort, il périt le 31 octobre, à l'âge de trente-cinq ans. Eug. G.; DE MONGLAVE.

GENTIANE, genre de la classe des dicotylédones monopétales, de la famille des gentianées. Il en existe un assez grand nombre d'espèces. La *gentiane jaune* (*gentiana lutea*, Linné), *grande gentiane*, est une plante vivace des pays montueux; sa racine est allongée et cylindrique, marquée de rides annulaires, brune à l'extérieur et jaunâtre à l'intérieur; sa tige est droite et simple; ses feuilles radicales sont ovales, d'un vert pâle, marquées de cinq ou six nervures longitudinales; les fleurs, jaunes et grandes, verticillées à l'aisselle des feuilles supérieures, ont un calice membraneux à cinq lobes, une corolle en forme de roue, cinq étamines insérées au tube de la corolle, un ovaire surmonté de deux stigmates; le fruit est une capsule à une loge, à deux valves. La racine, employée en médecine comme tonique, fébrifuge et stimulant, renferme un principe amer (*gentianine*) qui lui est propre; on l'administre en poudre, en infusion, en vin, en extrait ou en élixir. La racine en poudre, à la dose d'un gramme, est un tonique propre à activer les fonctions de l'estomac; on l'associe à d'autres substances pour former l'*électuaire de gentiane*, qui se donne à la dose de quatre grammes, et le *vin de gentiane composé*, prescrit à la dose de quelques cuillerées. Les autres espèces, telles que la *gentiane purpurine* (*gentiana purpurea*, Linné), la *gentiane ponctuée* (*gentiana punctata*, Linné), la *gentiane croisette* (*gentiana cruciata*, Linné), etc., jouissent de propriétés amères et toniques, et peuvent servir à remplir les mêmes indications. P. GAUBERT.

GENTIANÉES, famille naturelle de plantes, dont les caractères sont : Corolle monopétale, régulière, à cinq lobes; cinq étamines alternant avec ces lobes; capsule à une ou deux loges, s'ouvrant en deux valves, renfermant les graines attachées à des placentas pariétaux. Elle a pour type le genre *gentiane*. P. GAUBERT.

GENTIL, GENTILLE, GENT, GENTE, joli, aimable, gracieux, agréable, du latin *gentilis*, dérivé de *gens, gentis* parce que, dit Ménage, d'après Charles Loiseau, ce qui est à la mode chez un peuple est trouvé joli, aimable, *gentil*. Faire le *gentil*, c'est affecter des manières *gentilles*, agréables. Vous faites là un *gentil* métier, se dit en mauvaise part, ironiquement; Vous êtes un *gentil* personnage, s'emploie dans le même sens. Jadis cette épithète fut donnée à la noblesse par préférence. Il n'est guère de terme plus usité chez nos vieux romanciers que celui de *gentil* chevalier. Dans les deux derniers siècles, un auteur était flatté d'entendre vanter la *gentillesse* de son style, et Gentil Bernard, baptisé ainsi par Voltaire, en eut une vive reconnaissance pour son parrain littéraire. Nos poëtes ont aujourd'hui de plus grandes prétentions. Aucun ne s'accommoderait de ce surnom, et c'est tout au plus à un vaudeville qu'il est permis encore d'appliquer cette modeste louange.

GENTIL (Bois). *Voyez* DAPHNÉ.

GENTIL BERNARD. *Voyez* BERNARD.

GENTILE DA FABRIANO, peintre italien, qui vivait au commencement du quinzième siècle. Michel-Ange disait de lui : «Les toiles de Gentile sont comme son nom. On dirait le frère de Fiesole, tant il lui ressemble; mais un frère qui a pris la cape et l'épée, tandis que l'autre a pris le froc. Gentile naquit, on ne sait pas précisément à quelle époque, à Fabriano, petite ville de la Marche d'Ancône, et apprit de son père les mathématiques et la physique, tandis que son premier maître de peinture semble avoir été Allegretti di Nuzio. Toutefois, il ne tarda pas à se rendre à Florence, où il fréquenta l'atelier de Fiesole. L'un de ses premiers ouvrages fut une fresque de la cathédrale d'Orvieto représentant une Madone. Il peignit ensuite pour l'église de la *Santa-Trinita* de Florence une *Adoration des Mages*, qu'on voit aujourd'hui dans la galerie de l'Académie de cette ville. Cette toile porte la date de 1423; c'est l'une des plus remarquables productions sorties des écoles qui se rattachent à celle du Giotto. De la même année date aussi une autre Madone de cet artiste, que possède le musée de Berlin, ainsi que *La Présentation au Temple* qui orne le Musée du Louvre. Dans les années suivantes Gentile travailla pour les églises de Sienne, de Pérouse, de Gubbio et de sa ville natale; mais il ne s'est presque rien conservé des tableaux qu'il y exécuta. Il se rendit ensuite à Venise, où il travailla avec beaucoup de succès à l'ornementation de divers édifices publics et particuliers, et où il finit par être admis à prendre part aux travaux de peinture exécutés au palais des doges, dans la salle du grand conseil. Il représenta avec tant de bonheur la sanglante bataille livrée à la hauteur de Pirano entre la flotte de la république et celle de l'empereur Frédéric Barbe-Rousse, que le sénat le décora de la toge patricienne et lui assura une pension d'un ducat par jour pour le restant de sa vie. Il y a longtemps aussi que cette toile n'existe plus. Mais elle fit parvenir le nom de son auteur jusqu'à Rome, où il fut appelé en même temps que Vittore Pisanello, par le pape Martin V, pour orner l'église Saint-Jean de Latran. Gentile y peignit des scènes de la vie de saint Jean-Baptiste, cinq prophètes et le pape Martin avec dix cardinaux. Rogier de Bruges l'y vit encore travailler en 1450. Il n'avait pas achevé la tâche dont il s'était chargé, lorsque la mort le surprit, à l'âge de quatre-vingts ans, dit-on. Les toiles de Fabriano sont pleines d'une douce gaieté; l'air et le jour y abondent. L'artiste prend un plaisir naïf à y représenter des objets d'une grande magnificence, et à les orner d'or, sans jamais tomber cependant dans l'exagération.

GENTILHOMME. Ce mot vient de *gentilis homo*, terme qui s'employait à Rome pour désigner des gens nobles, nés de parents libres, et dont les ancêtres n'avaient été ni esclaves ni repris de justice. Ménage et Loiseau le font dériver, au contraire, du mot *gentil*, pris dans le sens d'idolâtre, de païen, parce que les Francs, qui n'étaient point encore chrétiens lorsqu'ils conquirent la Gaule, reçurent ce nom des habitants, qui professaient déjà le christianisme. On a donné encore une autre origine à ce terme : Comme il y eut sur la fin de l'empire deux compagnies de guerre, l'une appelée *gentilium*, et l'autre *scutariorum*, on prétend tirer de ce fait les deux noms d'*écuyers* et de *gentilshommes*. Chez nous, un gentilhomme fut un homme né de race noble, et dont la noblesse n'avait été ni achetée ni donnée comme accessoire d'un emploi. Longtemps cette particularité, due au hasard de la naissance, procura des priviléges que le temps et la raison ont enfin abolis, en substituant pour tous les citoyens d'un même pays l'égalité devant la loi. Mais ce progrès a été lent, et ce ne fut pas sans peine qu'on y arriva.

D'après les idées d'honneur répandues dans la caste des gentilshommes, celui d'entre eux qui dérogeait, c'est-à-dire qui s'alliait à une famille roturière, ou se livrait au commerce, était regardé comme indigne. Un gentilhomme devait rester pauvre plutôt que de *s'avilir* en travaillant, et on en a vu, sous l'ancienne monarchie, qui croyaient s'honorer beaucoup en vendant aux caprices des rois et des ministres leurs femmes et leurs filles, destinées ainsi à remplacer le produit, toujours engagé par avance, de leurs terres et de leurs manoirs. C'est ce qui a tant contribué, surtout dans les deux derniers siècles, à amener enfin le renversement de la noblesse. Dans le système féodal, *un ber baron, un nobile baron*, comme disent nos vieux poëmes, ne devait point savoir lire. Ceci était un *art de clergie*, regardé comme étant au-dessous d'un chevalier et d'un homme d'armes. On avait alors ordinairement avec soi un chapelain, qui lisait et écrivait pour son seigneur. Les gentilshommes étaient quelquefois pourtant assez instruits pour leur temps, et bon nombre d'entre eux nous ont laissé des compositions qui ne sont pas sans charmes. Dans la suite, quand les lumières eurent fait plus de progrès, ils eurent honte de leur ignorance, et ne s'avisèrent plus de déclarer qu'ils ne signaient point les actes qu'on leur présentait, attendu qu'ils étaient nobles. Ils étudièrent et s'instruisirent; mais cette nouvelle direction donnée à leur esprit fit crouler peu à peu le système féodal, qui n'était basé que sur du fer, et où l'éclat des hauberts, des écus et des masses d'armes, fut remplacé par les vives lumières que jetèrent partout sur leur passage les sciences, les lettres et la civilisation. Le motif de dérogation tiré du trafic fut plus difficile à déraciner que l'indignité résultant de l'étude. Pour renverser ce dernier préjugé, il ne fallait chez une nation polie, douce et galante, comme le fut toujours la nôtre (relativement du moins au temps et à ses voisines), qu'un peu plus de réflexion et un peu moins de barbarie. On commença à faire ce qui aurait dû toujours exister chez tous les peuples : on déclara que l'*agriculture* était chose honorable, et qui n'emportait point indignité. C'est alors qu'on vit des gentilshommes s'y livrer; seulement, comme il faut que chez nous le ridicule soit toujours mêlé à ce qui est bien, les nobles que le mauvais état de leur fortune força à s'occuper de culture portèrent dans les soins de leur nouvelle profession les manières et le ton de la cour. C'est ainsi qu'on en vit qui ne labouraient qu'en grand costume et l'épée au côté. D'autres se firent accompagner aux champs par des laquais. Nous préférons de beaucoup à cette affectation puérile le trait de ce vieux noble breton, qui, obligé par le délabrement de ses affaires à se livrer au commerce, assembla sa famille. « Mes enfants, leur dit-il, voici mes titres de noblesse, que je remets en vos mains; voici l'épée de mes pères, qui a vu tant de batailles. Appendez cette dernière aux murs de ma maison; gardez-moi fidèlement les autres. Aujourd'hui, je ne suis plus qu'un roturier, qu'un trafiquant; mais lorsque je serai devenu riche, et que je reviendrai dans ma patrie, alors je me *referai* noble de nouveau, et je vous redemanderai ces gages de l'antiquité de ma race. »

On a employé le mot de *gentilhomme* dans un sens dérisoire. Ainsi l'on a dit : *C'est un gentilhomme de Beauce*, *c'est un gentilhomme bas-breton*, *c'est un gentilhomme à lièvre*, pour dire un *gentilhomme pauvre*. Les gentilshommes *verriers*, qui avaient été établis par François Ier, prêtèrent également à la plaisanterie. Maynard, pour se moquer de Saint-Amand, dont le père était gentilhomme de cette façon, parce qu'il exerçait la profession de verrier, alors regardée comme un art, a écrit de lui :

> Gentilhomme de verre,
> Si vous tombez à terre,
> Adieu vos qualités !

On employait également, dans le style satirique, le mot de *gentilhommerie*. Dans le style familier, on disait d'une petite maison de gentilhomme : *C'est une gentilhommière*. Enfin, on se servait encore, pour exprimer un homme de noblesse douteuse, ou qu'on dédaignait, du terme de *gentillâtre*. Mme du Noyer a dit, dans une lettre : *Votre amie fut visitée, l'autre jour, par un gentillâtre campagnard.*

Achille JUBINAL, député au Corps législatif.

GENTILHOMME DE LA CHAMBRE, titre honorifique en usage à la cour des anciens rois de France, et attaché à une charge dont la création remonte à François Ier, qui remplaça le grand chambrier de France par un *gentilhomme de la chambre*. Il existait à la cour de Versailles deux catégories de *gentilshommes de la chambre*. L'une ne comprenait que quatre dignitaires, qualifiés de *premiers gentilshommes;* on n'en comptait d'abord que deux. Leur service se faisait par quartier; ils jouissaient des grandes entrées; leurs fonctions étaient tout intérieures. En l'absence du grand-chambellan, ils servaient le roi quand il mangeait dans sa chambre, et suppléaient aussi, dans leurs fonctions domestiques, les princes du sang et les princes légitimés. Quand ils étaient présents au petit lever, ils avaient alors *l'honneur* de présenter au roi sa chemise; tous les officiers de la chambre recevaient d'eux leur certificat de service; ils avaient sous leurs ordres les intendants, les trésoriers généraux des menus plaisirs, la haute police des théâtres royaux de Paris en tout ce qui concernait le personnel, les débuts et le répertoire de ces établissements. Les gentilshommes de la chambre de la deuxième catégorie, dits *gentilshommes ordinaires*, furent créés par Henri III, au nombre de quarante-cinq, réduits à vingt-quatre par Henri IV, portés par Louis XIV à vingt-six, remplissant leurs fonctions par semestre. Leur nombre devint plus tard illimité. Ils étaient chargés d'apporter aux parlements, aux états généraux, aux cours souveraines, les compliments du roi, ou les marques de dignité qu'il leur réservait. Ils devaient assister au lever et au coucher du monarque, pour lui rendre compte des ordres qu'ils avaient reçus de lui et en recevoir de nouveaux. Ils étaient envoyés quelquefois dans les cours étrangères, avec le titre de ministre extraordinaire, pour y notifier les naissances, les mariages ou les décès des princes de la famille royale, ou pour y remplir des missions secrètes. Aux funérailles des enfants de France, quatre gentilshommes ordinaires tenaient les quatre coins du poêle, et le corps était porté par quatre autres. Ils avaient ce qu'on appelait *bouche à la cour*, et ne prêtaient point serment de fidélité. Cette charge n'était pas interdite aux simples roturiers : Malherbe, Racine et Voltaire reçurent le titre de gentilshommes ordinaires de la chambre du roi; mais ces titres, qu'ils anoblissaient par leurs talents, étaient purement honorifiques. La Restauration n'eut garde de ne point rétablir les *gentilshommes de la chambre* et leurs importantes attributions; c'était même là un titre fort recherché sous Louis XVIII et sous Charles X, et qu'ambitionnaient vivement tels et tels hommes politiques, transformés plus tard en austères et incorruptibles *républicains*. Le costume officiel des *gentilshommes de la chambre* était des plus galants : Frac à la française, couleur bleu barbeau, brodé or sur toutes les coutures; culotte et gilet de casimir blanc; chapeau à plumes blanches.

DUFEY (de l'Yonne).

GENTILLY, village situé au sud de Paris, en partie dans son enceinte continue, sur la Bièvre, avec 13,877 habitants, un hospice de la vieillesse (hommes) et d'aliénés à Bicêtre, une exploitation de pierre, des glacières, des blanchisseries, des filatures de laine et de soie, une imprimerie sur étoffes, des fabriques de cuirs et cartons vernis, de souliers, de tissus de soie pour chapeaux, de noir animal, de sel ammoniac, de colle-forte, de semoule de riz, de maïs, de farine de légumes cuits, salep, manioc, sagou, arrow-root; il y existe un puits artésien. Une partie importante de la commune de Gentilly porte le nom de *la Glacière*. Les rois de la première race y avaient leur résidence d'été. Il s'y tint un concile sous Pepin en 767.

GENTILS (en latin *gentes*, en hébreux *goïm*). Ce nom, par lequel les Hébreux désignaient tous ceux qui n'étaient point Israélites, avait d'abord été employé comme distinctif des païens adorateurs des idoles. Dans l'histoire et dans le droit romain, on le prit pour synonyme de *barbares*, alliés ou non à l'empire, d'*étrangers*, en opposition à *provinciales* (habitants des provinces), et enfin, après l'établissement du christianisme, on l'appliqua aux infidèles qui n'étaient ni juifs ni chrétiens. Rien de plus commun dans l'Écriture Sainte que l'opposition de *Gentil* à *Juif* ou à *Hébreu* : ce sont constamment deux peuples séparés, dont l'un, exclusivement composé d'Israélites, est choisi, par une prédilection toute gratuite, pour recevoir la loi sur le mont Sinaï, tandis que l'autre, formé de diverses nations, ne semble persévérer dans son aveuglement et dans son opposition à la loi que pour faire éclater le magnifique triomphe du christianisme. On a cru pouvoir attribuer à plusieurs causes l'origine de la haine des Juifs contre les Gentils. Ce qu'il y a de plus naturel, c'est de la faire remonter à la dévastation de la Judée par les rois d'Assyrie, à la persécution d'Antiochus et aux vexations des soldats romains.

Les préjugés nourris par les dissensions politiques, et fomentés par l'orgueil dont le peuple privilégié n'avait pas su se défendre, avaient tellement effacé de la mémoire des Juifs toutes les anciennes prophéties annonçant clairement la vocation des Gentils, qu'ils se croyaient pour toujours exclusivement en possession des priviléges dont ils avaient joui jusqu'à la naissance de J.-C. Aussi les voyons-nous, quand saint Paul, autant par humanité que pour désigner le ministère dont il était plus spécialement chargé, se fait appeler l'*apôtre des Gentils*, tandis que les autres disciples se disent *apôtres de la circoncision*, c'est-à-dire des Juifs, se scandaliser, puis s'élever contre l'admission des nations à la loi nouvelle, prétendre leur imposer mille pratiques judaïques et obliger les apôtres réunis en concile dans Jérusalem à prononcer l'inutilité de ces observances qu'ils voulaient allier aux cérémonies de la loi chrétienne. Un des premiers miracles de l'établissement du christianisme fut, sans nul doute, cette admirable fusion de tous les peuples dans une même croyance, malgré les antipathies jusque alors insurmontables qui les avaient divisés. L'abbé J. DUPLESSIS.

GENTILSHOMMES (*Métallurgie*). Voyez FONTE.

GENTLEMAN, mot anglais répondant à notre mot *gentilhomme*, ou mieux à notre expression *homme comme il faut*, mais auquel nos voisins d'outre Manche attachent en outre certaines nuances qui s'opposent à ce qu'on lui substitue son équivalent dans notre langue, et qui durent même décider la partie de notre société française qui se préoccupe avant tout de courses de chevaux, de chasses et de *Sport*, à l'adopter dans son jargon usuel, dont la moitié se compose, comme on sait, de mots anglais, impitoyablement écorchés d'ordinaire.

Le *gentleman*, de l'autre côté du détroit, est l'homme qui a reçu une éducation libérale, qui jouit d'une position indépendante, et dont la tenue, la conduite en public, témoignent de son respect de lui-même d'abord et ensuite des convenances sociales. Un anglais vous pardonnera de le tenir pour un homme sans foi ni mœurs, pourvu que vous reconnaissiez qu'il n'est point un mal appris, un homme sans éducation. Cette phrase : *You are not a gentleman* (Vous n'êtes point un gentleman), est à ses yeux la plus cruelle insulte qu'on puisse lui adresser, une de ces insultes qui ne peuvent se laver que dans le sang. En revanche, cette autre phrase : *You are a true gentleman* (Vous êtes un vrai gentleman), est un compliment qui pour lui résume toute espèce d'éloges possibles. Sa plus grande ambition est de vous forcer à la lui adresser. On peut aussi établir, comme règle générale, que tout Anglais qui passe le détroit et gagne le continent devient par grâce d'état un *gentleman*, sans doute en vertu de cet adage : Les voyages sont le complément obligé de toute bonne éducation.

Au pluriel, ce mot devient *gentlemen*, et répond alors de tous points à notre expression *messieurs*, dont le singulier *monsieur* a pour équivalent en anglais *sir*. A ce propos, nous noterons une nuance dans les usages propres aux deux langues, qui prouve tout à fait en faveur de la politesse anglaise. *Messieurs et Mesdames!* ne manquera jamais de dire chez nous l'homme qui aura à parler devant un auditoire composé d'individus des deux sexes. Plus révérencieux, plus poli, l'Anglais dira en pareil cas : *Ladies and gentlemen*, Mesdames et messieurs! Ce n'est là, objectera-t-on peut-être, qu'une affaire d'habitude ; en tout cas, il faut convenir que l'habitude est bonne.

Le mot *gentleman* s'associe parfois aussi en anglais à d'autres substantifs pour former des mots géminés ayant des acceptions qui en font des idiotismes. Ainsi, *gentleman-commoner*, dans les universités anglaises, désigne un étudiant qui suit les cours à ses frais, sans avoir obtenu de bourse ou de prébende.

GENTOUS ou GENTOUX, nom donné quelquefois aux populations indigènes de l'Inde, ou Hindous, par opposition aux Turcs, Guèbres, Mongols, Européens et autres étrangers si nombreux dans la péninsule.

GENTRY. Les Anglais se servent de ce mot pour désigner la petite noblesse, à la différence de la haute noblesse, pour laquelle ils réservent le mot *nobility*. Les chevaliers, les *squires* (écuyers), les fils cadets de lords, les fils aînés de baronets, du vivant de leur père, et les *gentlemen* qui par leurs richesses et leur position approchent de la noblesse, sont compris sous la dénomination de *gentry*. Quelquefois aussi on l'applique à toutes les classes de la société placées au-dessus de la simple bourgeoisie. Du reste, la *gentry* ne jouit de privilèges particuliers d'aucune espèce, et ne constitue qu'une classification purement sociale.

GENTZ (FRÉDÉRIC DE), publiciste allemand, né en 1764, à Breslau, entra en 1802 dans les bureaux de la chancellerie de Vienne, et quand les Français marchèrent sur Ulm, fut envoyé en Saxe et de là au quartier général prussien, où, en 1806, il rédigea le manifeste de la Prusse contre la France. Plus tard il retourna à Vienne, où, en 1809 et en 1813, il fut encore chargé de la rédaction de divers manifestes du cabinet autrichien contre la France. Au congrès de Vienne, aux conférences ministérielles tenues à Paris en 1815, et plus tard aux congrès d'Aix-la-Chapelle, de Laybach et de Vérone, ce fut lui qu'on chargea d'en rédiger les protocoles. C'est dire que Gentz (né aussi roturier que pas un, mais à qui l'empereur de Russie avait octroyé une savonnette à vilain, qui vous en avait fait un gentilhomme) fut un des agents les plus actifs de la politique dont M. de Metternich a été si longtemps la personnification toute-puissante en Autriche. Ce ministre le chargea de la direction supérieure de *L'Observateur autrichien*, son Moniteur officiel, comme on sait. Il faut reconnaître d'ailleurs que Gentz avait un talent de style remarquable, beaucoup d'acquis, une rare sagacité, une grande expérience et une admirable intelligence des affaires. Nul mieux que lui ne savait tourner avec adresse les positions difficiles, dénaturer les faits, pallier les torts, en un mot mettre en pratique le fameux axiôme suivant lequel la parole n'a été donnée à l'homme que pour qu'il dissimulât sa pensée. Défenseur intrépide *du trône et de l'autel*, Gentz n'en était pas moins homme ; aussi dans les dernières années de sa vie, et même jusqu'à sa mort, arrivée le 9 juin 1832, entretint-il publiquement et assez grassement la danseuse Fanny Elssler.

Outre un grand nombre de traductions d'ouvrages politiques, anglais et français, on a de lui divers factums relatifs aux événements contemporains, ainsi que des considérations sur leurs causes et leurs résultats. Après sa mort, on a publié ses *Œuvres choisies* (5 vol., Stuttgard, 1836-1838).

GÉNUFLEXION, acte du culte religieux qui se fait en fléchissant le genou. C'est une manière de s'humilier ou de s'abaisser devant les choses saintes, une espèce de révérence à laquelle se soumettent les ministres des autels dans les cérémonies de l'église, et particulièrement en passant devant le saint-sacrement quand il est exposé. De tout temps, ce signe d'humilité a été d'usage dans la prière. A la consécration du temple de Jérusalem, Salomon fit sa prière à deux genoux et les mains étendues vers le ciel. Dans une cérémonie semblable, Ézéchias et les lévites se mirent à genoux pour louer et adorer Dieu ; un officier d'Achab se mit à genoux devant le prophète Élie ; Jésus-Christ fit sa prière à genoux dans le Jardin des Olives, saint Paul fléchit les genoux devant saint Joseph. Ainsi, dit le père Rosweyd, jésuite, dans son *Onomasticon*, la génuflexion dans la prière est un usage très-ancien dans l'Église et même dans l'Ancien Testament. Saint Irénée, Tertullien et d'autres Pères nous apprennent que le dimanche et depuis Pâques jusqu'à la Pentecôte on s'abstenait de fléchir les genoux ; on priait debout, en mémoire de la résurrection de Jésus-Christ. Quelques auteurs prétendent que cela fut ainsi ordonné par le concile de Nicée. Les Éthiopiens, les Russes et les Juifs font leurs prières debout. Au huitième siècle, il y eut une secte d'*agonyclites* qui soutenaient que c'était une superstition de se mettre à genoux pour prier. Baronius remarque que les saints avaient porté si loin l'usage de la génuflexion, que quelques-uns avaient usé le plancher à l'endroit où ils se mettaient. Saint Jérôme et Eusèbe disent de saint Jacques le Mineur, évêque de Jérusalem, que ses genoux s'étaient endurcis comme ceux d'un chameau. L'usage de la génuflexion passa d'Orient en Occident ; Dioclétien l'y introduisit, et Constantin l'adopta. Plusieurs rois exigèrent qu'on fléchît les genoux en leur parlant, ou en les servant. Les députés des communes ont parlé à genoux aux rois de France. Les vassaux ont rendu hommage à leurs seigneurs à genoux, et aujourd'hui même, dans une grande partie de l'Amérique, les enfants et les esclaves implorent chaque matin à genoux la bénédiction de leurs pères et mères, de leurs maîtres et maîtresses.

L'abbé J. Duplessis.

GÉOCENTRIQUE (de γῆ, terre, et κέντρον, centre) se dit du lieu qu'occupe une planète lorsqu'on considère sa position relativement à la terre. On considère une planète relativement à la terre 1° par rapport à la latitude, 2° par rapport à la longitude. La *latitude géocentrique* d'une planète est mesurée par l'angle que formerait une ligne tirée de la planète à la terre, avec le plan de l'écliptique ou l'orbite terrestre. La *longitude géocentrique* est le lieu auquel répond la planète vue de la terre. Teyssèdre.

GÉODES, On rencontre assez fréquemment dans la nature des pierres arrondies ou ovoïdes dont la surface extérieure est couverte d'aspérités plus ou moins saillantes. Si on les brise, on trouve à l'intérieur une cavité plus ou moins spacieuse, dont les parois sont pour l'ordinaire tapissées de cristaux. On a donné à ces coques pierreuses le nom de *géodes*. La croûte extérieure des géodes est ordinairement siliceuse; mais les cristaux diffèrent selon les localités. On peut distinguer deux espèces de géodes : celles qui ont été formées par la voie ignée et celles qui ont été formées par la voie humide. Les premières se rencontrent dans les anciennes laves des volcans. Leur formation paraît facile à concevoir. On sait que les substances volcaniques sont toujours mêlées de différents gaz, et ce sont ces gaz qui occasionnent les soufflures qui se rencontrent dans les laves, les ponces, les scories volcaniques. Supposez qu'une certaine quantité de matière identique ou susceptible de s'unir par affinité vienne à se durcir dans un milieu qui lui permette de prendre une forme qui résulte des lois les plus générales de l'affinité, cette forme, sans qu'il soit ici besoin d'en développer les raisons, sera un sphéroïde plus ou moins parfait. Les fluides intérieurs, se réunissant par l'effet du rapprochement des parties solides, forment vers le centre un espace vide ou du moins rempli de substances vaporisées. Supposez encore que ces substances passent à l'état solide, elles tapisseront les parois intérieures de petits cristaux : c'est là ce qui se voit le plus habituellement. Les géodes d'agate, que l'on trouve dans le pays de Deux-Ponts et aux environs d'Oberstein sont d'une grande beauté, et ont quelquefois $0^{m},33$ de diamètre. On en trouve aussi dans les laves du Vicentin, qui sont très-petites et ne contiennent souvent qu'une goutte d'eau.

Les géodes que je crois formées par la voie humide sont plus nombreuses et plus variées. On en trouve dans les dépôts crétacés, dans les couches de carbonate calcaire, dans beaucoup de terrains métallifères, dans un grand nombre de roches, et souvent aussi parmi les cailloux roulés des terres alluviales. Dans les mines de Chessy, département du Rhône, on découvre assez fréquemment des géodes de cuivre carbonaté aussi précieuses par la beauté des cristaux que par la richesse des couleurs. Les couches crayeuses de l'ouest de la France contiennent des géodes d'un silex parfaitement semblable au silex des pierres à fusil; en avançant vers l'intérieur de la pierre, on la voit passer à la calcédoine. Il y a dans les environs de Besançon des géodes siliceuses qui contiennent du soufre pulvérulent. Dans les mines d'asphalte qui sont sur les bords du Rhône, dans le département de l'Ain, il y a de petites géodes quartzeuses qui ne contiennent que de l'eau. C'est dans les montagnes granitiques que l'on rencontre les belles géodes qui renferment des cristaux d'améthyste. Dans les montagnes de Saint-Innocent, près du lac du Bourget, en Savoie, il y a un grand nombre de géodes quartzeuses, que l'on trouve parmi les cailloux qui ont été détachés de la montagne. Après avoir fait beaucoup de recherches pour les voir en place, j'ai réussi à en découvrir un certain nombre dans la substance même des strates calcaires dont se compose la montagne. Ces pierres, raboteuses, arrondies, sont tellement moulées dans la pâte du calcaire compacte, qu'elles y laissent une empreinte bien dessinée, quand on est parvenu à les extraire. La cavité intérieure contient des cristaux de chaux, tantôt cubiques, tantôt métastatiques. S'il n'y a pas de chaux, le quartz est terminé par des cristaux, ou passe à la calcédoine ou à l'opaline.

Beaucoup d'auteurs ont cru trouver des traces d'organisation dans les géodes des couches crayeuses, et les ont regardées comme un fossile, en attribuant le vide intérieur à la disparition de la substance animale. Je ne crois pas qu'il soit nécessaire de faire ressortir tout ce qu'il y a d'invraisemblable dans ce système, mais seulement d'assurer que dans les centaines de géodes quartzeuses que j'ai examinées, brisées et vues dans toutes leurs parties, je n'ai pas trouvé la moindre apparence d'organisation animale. Quant au mode de leur formation, voici l'idée que je m'en suis faite, en ne l'appliquant cependant qu'à celles dont je viens de donner la description. Les strates jurassiques de la montagne sont d'un calcaire légèrement argileux. Il contient assez de silice pour rendre des étincelles sous le fer des tailleurs de pierre. Sa couleur est le gris jaunâtre; les fossiles qu'il contient en abondance sont la gryphée, les bélemnites, les nautiles, les oursins et les ammonites. C'est pendant que le dépôt était récent, et les substances dans un état de mélange à peu près liquide, que se sont formées les géodes. Trois causes ont simultanément concouru à leur formation : le dessèchement, le retrait et la loi puissante de l'assimilation. Par l'assimilation, les parties identiques répandues dans le fluide se sont recherchées dans leur sphère d'attraction, comme on le voit dans un grand nombre de produits chimiques, et se sont unies plus intimement à mesure que le principe humide a disparu. Le retrait a produit le vide intérieur. La portion de calcaire qui s'y est trouvée renfermée, de même qu'une portion de celle qui a été repoussée par la substance quartzeuse de la géode, a formé les cristaux de chaux qui tapissent pour l'ordinaire l'intérieur des géodes. Je ne vois pas pourquoi cette théorie ne pourrait pas s'appliquer aux géodes siliceuses qui se rencontrent dans les couches crayeuses de l'ouest de la France, et même à beaucoup d'autres.

L'abbé Rendu, évêque d'Annecy.

GÉODÉSIE (de γῆ, terre, et δαίω, je divise). Au siècle dernier, ce mot était encore généralement regardé comme synonyme d'*arpentage*. La science moderne l'emploie dans un sens beaucoup plus étendu : la géodésie est aujourd'hui cette partie de la géométrie pratique, qui a pour objet la mesure de la terre et de ses parties, la détermination de sa forme, celle des arcs de méridiens, de parallèles, etc. « Les *opérations géodésiques*, dit Puissant, sont donc celles par lesquelles on détermine les positions respectives des principaux lieux d'un pays dont on se propose de lever la carte. L'ensemble de ces opérations forme ce que l'on appelle un *canevas trigonométrique*, parce que les positions dont il s'agit représentent les sommets des angles des triangles qui, par leur enchaînement, composant un réseau continu dans tous les sens » (*voyez* Triangulation).

Les progrès des méthodes trigonométriques ont eu une grande influence sur la géodésie : on peut en donner pour exemple la belle théorie donnée par Legendre pour la résolution des triangles sphériques très-peu courbes. L'invention du cercle répétiteur et le perfectionnement général de nos instruments d'optique permettent d'obtenir des résultats de la plus grande exactitude. Avant même que les méthodes de calcul et les instruments que nous venons de signaler fussent connus, Bouguer et les autres académiciens français chargés de la mesure des trois premiers degrés au Pérou avaient trouvé seulement $0^{m},65$ de différence entre la mesure et le calcul, sur la dernière base déduite d'une série de 28 triangles étendus sur un arc de plus de 350,000 mètres. Delambre et Méchain n'ont pas trouvé une différence de $0^{m},33$ dans la longueur de la base de Perpignan, conclue de celle de Melun par une chaine de 60 triangles, quoique la distance de ces deux bases surpasse 900,000 mètres. E. MERLIEUX.

GEOFFRIN (MARIE-THÉRÈSE RODET, Mme), naquit à Paris, le 2 juin 1699, et mourut dans le mois d'octobre de l'année 1777. Elle était fille d'un valet de chambre de la dauphine, et épousa, à quinze ans, un des fondateurs de la manufacture de glaces du faubourg Saint-Antoine. La fortune de son mari pouvait s'élever à 40,000 livres de rente; tout en l'accroissant par l'ordre et l'économie, elle en fit l'emploi le plus honorable.

On doit avoir peine à comprendre, de nos jours, la réputation de Mme Geoffrin, et s'étonner que des gens de lettres tels que Thomas, D'Alembert, Morellet, La Harpe, Suard, Delille, aient célébré son nom dans leurs écrits. Pour mériter de semblables panégyristes, quels ouvrages a produits Mme Geoffrin? Aucun : nous n'avons d'elle que quelques fragments et quelques lettres; et encore, avant d'arriver au prote, ces opuscules ont-ils eu besoin qu'une main complaisante corrigeât les nombreuses fautes d'orthographe qui s'y trouvaient. « Mme Geoffrin, dit Marmontel, écrivait en femme mal élevée et qui s'en vantait. » Ses seules qualités à louer, c'est la finesse des aperçus et la justesse des pensées. Mais ce n'est point à cela que Mme Geoffrin a dû son illustration. Son plus grand mérite, son seul mérite littéraire, fut d'être une excellente *maîtresse de maison*. C'est là un mérite fort ignoré aujourd'hui, et qui doit nous paraître ridicule, mais fort goûté au dix-septième et au dix-huitième siècle. Les habitudes littéraires de notre époque ont changé; les gens de lettres ne forment plus une corporation comme jadis : l'indifférence a fermé ces cénacles, ces salles à manger, ces salons, ces boudoirs, où s'agitaient jadis les questions littéraires.

Mme Geoffrin possédait au plus haut degré toutes les qualités nécessaires pour cette position. Amie des lettres et des arts, douce d'un jugement exquis, qui remplaçait chez elle l'étude, elle prit au sérieux, comme il le fallait, son rôle de maîtresse de maison, et elle en fit l'occupation de toute sa vie. Elle le continua jusqu'à la vieillesse la plus avancée. Assise dans un fauteuil, les mains presque recouvertes de longues manches plates, elle faisait les honneurs de son salon toujours avec grâce, dirigeant la conversation, accordant, pour ainsi dire, la parole à tour de rôle, et cherchant à faire briller les mérites de chacun dans tout leur jour. Ses soins ne s'arrêtaient pas là : elle aida souvent de sa bourse et de son crédit les artistes et les gens de lettres en les mettant en rapport avec les grands. Aussi ses salons eurent-ils une si grande vogue, que les étrangers croyaient n'avoir pas vu Paris entièrement s'ils n'avaient passé une soirée chez Mme Geoffrin. Tous les voyageurs illustres, et même des princes, visitèrent Mme Geoffrin, dont le nom alors était européen. Elle fut l'amie du comte Stanislas Poniatowski, qui monta plus tard sur le trône; et leur intimité devint telle, qu'il l'appelait sa mère. Aussi, lorsqu'il fut nommé roi, lui écrivit-il : « Maman, votre fils est roi », en l'engageant à venir à Varsovie. Mme Geoffrin, bien qu'âgée de soixante-seize ans, entreprit ce voyage, où elle recueillit partout d'honorables marques de distinction. De retour à Paris, elle rouvrit ses salons; mais à la suite d'une maladie, et par les avis de personnes timorées, elle éconduisit les encyclopédistes, qui ne lui gardèrent pas rancune; car elle obtint les éloges de tous ceux qui l'avaient connue. Quelle vie plus fêtée et plus heureuse que celle de Mme Geoffrin! Rien n'en altéra la limpidité; car elle avait pris pour maxime de conduite de conserver toujours le plus grand calme et la plus parfaite modération, ce qui fit dire qu'elle n'aimait rien passionnément, pas même la vertu. JONCIÈRES.

GEOFFROI I-V, comtes d'Anjou. *Voyez* ANJOU.

GEOFFROI, ducs de Bretagne.

GEOFFROI Ier, fils de Conan, comte de Bretagne, succéda à son père en 992 : il prit le titre de duc de Bretagne. Il convoitait les États du comte de Nantes, et lui fit une guerre longue et cruelle, mais sans résultats. Revenu plus tard à des sentiments plus pacifiques, il se rendit à Rome, en pèlerinage, et fut tué d'un coup de pierre en revenant dans ses États. La cause de cet assassinat, telle que la rapportent les historiens, est si bizarre, que nous devons la signaler ici. Une femme qui avait logé précédemment le roi et sa cour avait eu la douleur de voir une de ses poules chéries dévorée par un de ces oiseaux de proie que tous les grands seigneurs faisaient porter à leur suite par ostentation; le ressentiment qu'elle en conçut fut si grand, que le duc de Bretagne dut être sacrifié aux mânes de la poule.

GEOFFROI II était fils de Henri II d'Angleterre. A peine son père lui eut-il fait épouser la fille de Conan IV, duc de Bretagne, dont elle était l'héritière, qu'il dépouilla son beau-père de ses États (1166). Un de ses cousins lui disputa pendant trois ans un duché dont la possession ne coûtait à Henri II, son père, qu'un acte de traîtreuse déloyauté, mais depuis 1169 il n'eut à lutter contre aucun compétiteur. Geoffroi rendit une loi célèbre, et que de son nom on appela l'*assise de Geoffroi*, par laquelle les biens des barons et chevaliers passaient à leurs fils aînés, au détriment de leurs autres enfants. Il fut un allié fidèle de Philippe-Auguste contre les ducs de Bourgogne et les comtes de Flandre et de Champagne; il se distingua vaillamment dans les guerres que le monarque français soutint contre eux, et vint mourir malheureusement à Paris, dans un tournois que Philippe-Auguste donnait en son honneur.

GEOFFROY (ÉTIENNE-LOUIS), fils d'*Étienne-François* GEOFFROY (célèbre médecin et professeur de chimie au Jardin des Plantes, de médecine et de pharmacie au Collége de France), naquit à Paris en 1725. Médecin distingué comme son père, Geoffroy s'est surtout fait un nom dans les sciences naturelles : l'entomologie lui doit d'heureuses modifications, entre autres la distribution des ordres de coléoptères d'après le nombre des articles des tarses. Il exposa sa méthode dans une *Histoire abrégée des insectes qui se trouvent aux environs de Paris* (Paris, 1762, 2 vol. in-4°). La conchyliologie fut pour Geoffroy l'objet d'un travail analogue, dont il publia une partie en 1767. Il se montra anatomiste de premier ordre dans ses *Dissertations sur l'organe de l'ouïe de l'homme, des reptiles et des poissons* (1778, in-8°). Il avait aussi des connaissances littéraires, ainsi qu'en témoigne le poëme qu'il publia en 1771, sous le titre de *Hygiene, sive ars sanitatem conservandi*, traduit en prose française par le docteur Delaunay. Geoffroy mourut au mois d'août 1810. Il était alors doyen d'âge et de réception de l'ancienne Faculté de Médecine de Paris.

GEOFFROY (JULIEN-LOUIS), l'un des créateurs du *feuilleton*, et des plus ingénieux critiques de notre époque, était né à Rennes, en 1743. Écolier distingué, d'abord des jésuites de cette ville, puis de ceux du collége de Louis le Grand, dans la capitale, les bons Pères, suivant leur usage, avaient eu soin de s'assurer une si excellente recrue. Lors de leur suppression, conservant seulement le petit collet, il entra, comme maître d'études, au collége de Montaigu, et devint ensuite précepteur des enfants du banquier Boutin, le riche et voluptueux sybarite. Les goûts assez mondains de l'instituteur, qu'on appelait à tort *l'abbé* Geoffroy, s'accommodaient fort bien d'un emploi dont une des fonctions était de conduire souvent ses élèves au spectacle; elle lui procura en même temps l'occasion d'acquérir des connaissances dramatiques, qu'il sut depuis mettre à profit. Cette éducation finie, Geoffroy, agrégé à l'université, entra au collége de Navarre, puis au collége Mazarin, comme professeurs de rhétorique. Trois années de suite il avait obtenu un prix de l'université pour le meilleur discours latin : ce qui lui valut une honorable exclusion des concours futurs; mais à l'Académie Française son *Éloge de Charles V* n'obtint qu'une mention honorable, et celui de La Harpe fut couronné. *Indè iræ* de l'un de ces célèbres critiques contre l'autre, qui s'accrurent plus tard par la jalousie de métier.

Geoffroy avait été jugé digne de succéder à Fréron dans la rédaction de l'*Année littéraire*. Dans les premieres années de la révolution, ses opinions monarchiques s'associèrent à celles de Royou pour rédiger *L'Ami du Roi*. Toutefois, il ne portait pas le dévouement à cette cause aussi loin que les martyrs de la légitimité ; car lors de la Terreur de 93 il alla cacher sa tête proscrite dans un village, où il se fit maître d'école. En revanche, sa femme montra un admirable courage, en refusant aux menaces des assassins du 2 septembre la révélation du lieu de retraite de son mari. Revenu à Paris après le 18 brumaire, Geoffroy fut choisi pour rendre compte des théâtres dans le *Journal des Débats*. Un de nos collaborateurs, un de ceux qui ont le plus de droits à son héritage, a déjà dit combien ajoutèrent à l'immense vogue de cette feuille ces comptes-rendus, remplis d'une érudition sans pédantisme, de la critique la plus mordante et la plus spirituelle ; mais dans cette biographie spéciale, où le mal doit entrer comme le bien, il faut reconnaître que cette censure fut souvent injuste et partiale ; qu'elle le fut surtout à l'égard des acteurs les plus remarquables de son temps : Talma, Mme Contat, Mlle Duchesnois, etc., etc. ; que la guerre déclarée à Voltaire par Geoffroy fut aussi acharnée que ridicule, et que ses louanges pour les auteurs vivants furent plus d'une fois très-suspectes de vénalité. On peut aussi lui reprocher sa continuelle adulation pour Napoléon, signalée dans cette épigramme à deux tranchants, dont l'énergie ingénieuse peut faire excuser le cynisme :

> Si l'empereur faisait un p.. ,
> Geoffroy dirait qu'il sent la rose ;
> Et le sénat *aspirerait*
> A l'honneur de prouver la chose.

Geoffroy mourut septuagénaire, le 28 février 1814. La reconnaissance des propriétaires du *Journal des Débats* assura à sa veuve une pension viagère de 2,400 francs. Sa traduction de *Théocrite*, son *Commentaire sur Racine*, œuvres fort négligées, avaient obtenu peu de succès. On accueillit avec plus de faveur le choix de ses plus piquants feuilletons, publié après sa mort, sous le titre de *Cours de Littérature dramatique*, et qui eut, en 1825, une seconde édition. Geoffroy vécut et mourut à temps. Le calme des esprits sous l'empire lui procura des lecteurs attentifs ; sous la Restauration, ses malices littéraires auraient pâli devant les passions politiques. OURRY.

GEOFFROY SAINT-HILAIRE (ÉTIENNE), né à Étampes (Seine-et-Oise), le 15 avril 1772, fut destiné par ses parents à l'état ecclésiastique, et pourvu d'un canonicat en 1784. Envoyé au collége de Navarre pour y faire ses etudes philosophiques, il se sentit entraîné sympathiquement vers cet excellent Brisson, qui alors y professait la physique expérimentale, et la sympathie qu'il ressentait pour le professeur fit dévier son activité intellectuelle de l'étude de la théologie à l'étude des sciences naturelles. Quand il eut fait sa philosophie, il supplia son père qu'il lui permit de diriger vers un autre but que la théologie son ardeur d'apprendre : il voulait venir à Paris et suivre les cours du Collége de France, afin de *tâter*, ainsi qu'il le disait lui-même, quelle était la spécialité scientifique qui cadrait le mieux avec ses aptitudes intellectuelles. Il vint donc à Paris : il se fit pensionnaire libre au collége du cardinal Lemoine ; et le hasard voulut qu'il rencontrât au réfectoire du collége le célèbre cristallographe Haüy, qui le prit en amitié. Cette circonstance le décida, et il suivit le cours de Daubenton, qui professait alors la minéralogie au Collége de France, parce qu'il lui était facile de soumettre à Haüy les difficultés, les doutes, les aperçus synthétiques que ses études faisaient naître en lui. Mais le mode que Daubenton avait adopté dans ses cours devait établir un autre ordre de rapports entre lui et le jeune Geoffroy. En effet, Daubenton avait pour habitude de donner, après sa leçon faite, à ses élèves tous les éclaircissements qu'ils pouvaient demander, et les questions de Geoffroy, tout imprégnées qu'elles étaient des idées générales de Haüy, paraissaient souvent étrangement nouvelles au vieux Daubenton. Il le distingua donc de ses autres élèves ; et si Geoffroy avait trouvé un ami dans Haüy, il put espérer de rencontrer un protecteur dans Daubenton.

Les événements du 10 août 1792 déterminèrent les conséquences des rapports que nous venons d'indiquer : Haüy fut arrêté comme prêtre réfractaire, et son jeune ami ne voulut se donner ni paix ni trêve qu'il ne fût parvenu à délivrer de prison son excellent maître. Il s'adressa donc, et tout d'abord, à Daubenton : l'énergie de ses supplications fut grande ; et Daubenton, ému, fit agir l'Académie des Sciences ; enfin, tant furent pressantes les instances du jeune Geoffroy, que Haüy fut, presque en un seul jour, incarcéré comme réfractaire, réclamé au nom de l'Académie et remis en liberté, comme utile aux intérêts de la science. Cet épisode eut une influence marquée sur la vie de Geoffroy ; car, encore inconnu à la science, il devint connu de la plupart des savants. Haüy avait écrit à Daubenton : « En retour de tous les services que je vous ai rendus, aimez, aidez, adoptez mon jeune libérateur. » Et le 13 mars 1793 Daubenton le fit nommer démonstrateur au cabinet d'histoire naturelle, à la place de Lacépède, qui s'était démis de ses fonctions ; et plus tard lorsque la Convention nationale, au sortir d'une de ces luttes terribles dans lesquelles elle usa son existence, érigea, par la loi du 10 juin 1793, le Jardin du Roi en une école de haut enseignement, appliqué à toutes les branches des sciences naturelles, Geoffroy, à peine âgé de vingt-et-un ans, fut pourvu, par les soins de Daubenton, de la chaire de zoologie des vertébrés, qu'il partagea plus tard avec Lacépède ; et ce fut encore Daubenton qui, après lui avoir frayé la route au professorat, lui fit accepter les fonctions qu'il ne s'estimait pas encore capable de remplir : « J'ai sur vous, lui dit-il, l'autorité d'un père, et je prends sur moi la responsabilité de l'événement. Nul n'a encore enseigné à Paris la zoologie proprement dite ; à peine s'il existe de loin en loin quelques jalons pour la science ; tout est encore à créer : osez le tenter, et faites que dans vingt ans d'ici on puisse dire : La zoologie est une science, une science toute française. »

Ce fut à cette époque qu'un jeune naturaliste inconnu, qui s'occupait sur les côtes de la Normandie de faire des recherches sur la structure anatomique des mollusques, envoya quelques travaux manuscrits à l'inspection de Geoffroy, déjà puissant dans la science, et celui-ci lui répondit aussitôt : « Venez vite à Paris, venez remplir parmi nous le rôle d'un nouveau Linné, d'un nouveau restaurateur des sciences naturelles. Et il recueillit chez lui cet enfant perdu de la science : deux années (1795-96), ils vécurent ensemble à la même table, dans les mêmes collections publiques, qu'ils étudiaient ensemble ; dans les mêmes travaux, qu'ils signaient ensemble ; dans ce cabinet zoologique du Jardin des Plantes, qu'ils fondèrent ensemble, et dont l'Europe ne connaît pas le pareil. Dans une monographie manuscrite d'un jeune homme inconnu, placé presque par hasard sous ses yeux, Geoffroy Saint-Hilaire avait reconnu Cuvier, et il fit tous ses efforts pour produire au grand jour ce trésor alors perdu pour la science : il en est qui l'eussent enfoui.

En 1798, Geoffroy Saint-Hilaire, désigné pour faire partie de cette grande expédition d'Égypte, qui pourrait suffire seule à la gloire scientifique d'une nation, concourut à la fondation de l'Institut des Sciences et des Arts au Caire : alors il voulut explorer tout entière cette terre antique où dorment tant de générations, tant de peuples ensevelis ; il remonta le Nil par delà ses cataractes ; il s'assit sur les ruines de Memphis l'éternelle ; il s'isola dans la désolation de Thèbes la superbe ; il fouilla jusque dans leurs entrailles ces géants, les Pyramides ; il recueillit avec dévotion toutes ces saintes reliques sur lesquelles tant de siècles se sont éteints ; et il revint à Alexandrie chargé des dépouilles de tous les âges. Là, il se livra à l'étude avec une exaltation qui compromit gravement sa santé : il avait hâte de conquérir par l'intelligence tous ces matériaux, tous ces documents, qu'il possédait matériellement, et le bombardement de la ville, que les Anglais assiégeaient, ne put le distraire de ses recherches sur la structure anatomique de l'appareil électromoteur chez la raie-torpille et le silure électrique. Alexandrie capitula, et la commission d'Égypte, qui, fuyant les désastres militaires du Caire, avait voulu y chercher un abri pour ses richesses, abandonnée par le général en chef, et livrée par un article formel de la capitulation, allait être spoliée de tous ces trésors qu'elle avait recueillis au prix de tant de sacrifices, et que le vainqueur qualifiait déjà de *dépouilles opimes*. Et certes, si la France possède aujourd'hui toutes ces richesses, c'est à l'énergie du savant qu'elle les doit, car le général les avait livrées et l'ennemi, s'apprêtait à les recueillir : « Hamilton, répondit Geoffroy Saint-Hilaire au fondé de pouvoirs du général Hutchinson, qui exigeait l'accomplissement rigoureux des conditions stipulées par les deux armées, vos baïonnettes ne doivent entrer dans la place que dans deux jours; dans deux jours nous vous livrerons nos personnes; d'ici là, ce que vous exigez n'existera plus; notre sacrifice va s'accomplir, mais cette odieuse spoliation ne s'accomplira jamais : nous-mêmes nous brûlerons toutes nos richesses. Oh! c'est de la célébrité que vous voulez! Eh bien! comptez sur les souvenirs de l'histoire : vous aussi vous aurez brûlé une bibliothèque d'Alexandrie! »

De retour en France, Geoffroy reprit au Jardin des Plantes ses leçons orales. Le 14 septembre 1807 il fut nommé membre de l'Institut, et le 20 juillet 1809 professeur de zoologie à la Faculté des Sciences. Chargé en 1810, par le gouvernement impérial, d'une mission scientifique en Portugal, il y porta une multitude d'objets que le muséum de Paris possédait en double, et il reçut en échange ces richesses brésiliennes dont les musées du Portugal regorgeaient, et qui manquaient à nos collections. Il en usa de même avec les bibliothèques publiques; car sa mission, disait-il aux moines étonnés, était d'organiser les études publiques en Portugal, et non pas d'en enlever les premiers éléments. » Et cependant, après la capitulation en vertu de laquelle les armées françaises évacuèrent la Péninsule, Geoffroy eut encore à défendre contre la rapacité des Anglais des collections aussi loyalement acquises : lord Proby et le général Beresford déclarèrent formellement qu'ils ne rempliraient les conditions du traité que lorsque ces collections leur seraient remises; et le duc d'Abrantès souscrivit à leurs exigences. Ce fut encore au savant qu'il appartint de donner la leçon de courage national à un général français. Geoffroy refusa net : il déclara que ces collections lui appartenaient en propre; et les membres de l'Académie de Lisbonne, et les conservateurs du musée d'Ajuda, vinrent déclarer à leur tour que Geoffroy avait en effet acheté ces objets, et qu'il les avait payés et au delà par les minéraux qu'il leur avait donnés en échange, et par les soins qu'il avait mis à organiser leurs bibliothèques et leurs musées. Les commissaires de l'armée anglaise se virent forcés de céder : ils demandèrent seulement que pour apaiser la clameur populaire, quatre caisses sur dix-huit leur fussent remises; du reste, ils en laissaient le choix à Geoffroy lui-même; et Geoffroy trouva dans ce choix l'occasion d'un nouveau sacrifice : les caisses qu'il abandonna renfermaient tout ce qui lui appartenait en propre, tout, jusqu'à ses livres et ses effets; celles qu'il conserva ne contenaient que les objets qu'il avait recueillis pour les musées de France.

En 1815, Geoffroy fut nommé membre de la chambre des représentants par les électeurs d'Étampes; mais il ne prit aucune part à des discussions politiques complétement étrangères aux études scientifiques que jusque là il avait exclusivement poursuivies. Nommé membre de la Légion d'Honneur dès la création même de cet ordre, officier en 1838, associé libre de l'Académie royale de Médecine, et membre de la plupart des sociétés savantes de l'Europe, Geoffroy Saint-Hilaire, frappé de cécité, mourut à Paris, le 20 juin 1844, à la suite d'une longue maladie.

Il professait à la Sorbonne un cours de philosophie anatomique, au Jardin des Plantes un cours de zoologie philosophique. Du reste, la direction de ses études passées l'entraînait constamment vers les discussions les plus ardues, les questions culminantes de la science des corps organisés, et ce n'était qu'accidentellement, et en quelque sorte par épisode, qu'il s'occupait de dissertations zoologiques proprement dites. Esprit essentiellement synthétique, ses travaux de détail, quelque indépendants qu'ils pussent paraître, tendaient éternellement vers un but unique, et reposaient sur une même pensée : nous n'en voulons pour preuve que ses *Études sur l'orang-outang observé vivant à Paris en 1836*.

Les travaux scientifiques de Geoffroy sont extrêmement nombreux, et se trouvent disséminés dans une multitude de recueils périodiques. Il est dans l'histoire anatomique du règne animal peu de points qu'il ne se soit efforcé d'élucider, et nous citerons en preuve cette riche collection de monographies disséminées dans la *Décade philosophique*, dans la *Décade égyptienne*, dans les *Annales du Muséum d'Histoire Naturelle*, dans les *Annales des sciences physiques*, etc. La science lui doit encore une histoire naturelle des mammifères, qu'il a publiée avec F. Cuvier; une anatomie comparée du système dentaire chez les mammifères et chez les oiseaux, une anatomie philosophique du système respiratoire, un cours d'histoire naturelle des mammifères, etc., etc. Mais de tous ses travaux le plus important sans contredit, puisque là se trouve développée la pensée synthétique qui domine son œuvre tout entière, c'est la *Philosophie anatomique*, œuvre pleine de vues neuves, d'aperçus ingénieux, et dans laquelle l'auteur se révèle tout entier, avec toutes ses sympathies, tout son enthousiasme scientifique; mais aussi, car il nous faut le dire, œuvre dangereuse à l'extrême à placer entre les mains de l'élève, qui ne saurait mettre à nu le sophisme fondamental qui y est renfermé, et qui s'il était exposé au grand jour, ouvrirait à la science une voix fatale, dans laquelle elle tournerait sans cesse, et sans issue possible. En effet, la *Philosophie anatomique* repose tout entière sur cette proposition fondamentale que « L'organisme des animaux est soumis à un plan général, modifié dans quelques points seulement pour différencier les espèces; » proposition que Geoffroy érige en principe, qu'il dénomme le principe d'*unité typéale*.

La vérification de ce principe axiomatique suppose la vérification de quatre principes secondaires, qu'il définit ainsi : 1° la théorie des analogues; 2° le principe des connexions; 3° les affinités électives des éléments organiques; 4° le balancement des organes; et c'est dans le but de vérifier ces quatres principes secondaires que Geoffroy s'est livré à l'étude des monstruosités; car, pour l'intégrité de sa démonstration, il lui fallait nécessairement établir que les aberrations organiques les plus monstrueuses, les plus bizarres, les plus désordonnées, pouvaient toutes se déduire comme des conséquences de son principe général. Toutes les études qu'il a faites, soit sur l'anatomie anormale des animaux, soit sur l'anatomie normale des monstres, n'ont jamais eu d'autre but que celui de vérifier, directement ou indirectement, le principe qu'il a énoncé sous le nom de « principe d'unité typéale ». Or, nous disons que ce principe, tel que Geoffroy le conçoit, est essentiellement faux, et que le sophisme fondamental qui le rend tel dépend de ce que son auteur suppose l'existence d'un rapport matériel là où il n'existe en effet de rapport que vis-à-vis de l'intelligence. En effet, en admettant, comme il le fait, « que l'organisme de tous les animaux est soumis à un plan uniforme, » Geoffroy admet en même temps que toutes les espèces actuelles descendent d'une espèce antédiluvienne primitive par voie continue de génération, et que les modifications imprimées à cette espèce primitive par les changements survenus dans les milieux ambiants ont seules déterminé la diversité et la multitude des espèces actuelles. Il admet donc qu'une *espèce* peut toujours se déduire *charnellement*, *matériellement*, d'une espèce voisine, et il établit, par conséquent, le rapport matériel de toutes les espèces entre elles. Telle fut aussi la pensée de Buffon dans ses *Époques de la Nature*, de Lamarck dans son *Hydrogéologie*, de Maillet dans son *Telliamed*, œuvre parfaitement logique dans la conception qui nous occupe, mais que l'école renie, parce que les conséquences de sa doctrine y sont poussées jusqu'à l'absurdité évidente.

Cuvier, au contraire, affirmait, et tous ses admirables travaux ont eu pour but de démontrer, « que la nature avait pris un soin extrême d'empêcher l'altération des espèces, de maintenir fixes les formes dans les corps organisés, de telle manière que les espèces actuelles ne pussent jamais être des modifications des espèces détruites. » Cette proposition peut évidemment être généralisée ainsi : « Une *espèce* ne peut jamais être déduite matériellement (c'est-à-dire par voie de génération) d'une espèce voisine » ; et, par conséquent les rapports qui existent entre les diverses espèces animales n'existent qu'au point de vue de l'esprit. Ainsi, Cuvier et Geoffroy Saint-Hilaire admettaient tous les deux l'*unité typéale*, mais l'un l'admettait comme une conception synthétique de l'esprit, et l'autre comme un fait existant matériellement dans la chair. C'est là, suivant nous, l'erreur fondamentale de Geoffroy, et ce fut là aussi la cause de ces graves dissidences qui éclataient si souvent, et avec tant de violence, entre ces deux antagonistes dans le sein de l'Académie des Sciences. On comprendra la fréquence de ces discussions, si l'on fait réflexion que les règlements de l'Académie ne permettaient pas la discussion formelle des principes, et que par conséquent cette discussion devait nécessairement se reproduire à propos de chaque petite proposition de détail, puisque cette proposition, qu'elle fût émise par Cuvier ou par Geoffroy Saint-Hilaire, était toujours une conséquence du principe général où chacun d'eux était placé.

On comprendra aussi l'aigreur de ces disputes si l'on fait réflexion que dans chacune d'elles il s'agissait de nier ou d'accepter la base de toute science, de toute philosophie, de toute morale, puisqu'il s'agissait en principe de *l'existence même de Dieu*. En effet, si les espèces animales ne peuvent pas être déduites l'une de l'autre, puisqu'il est démontré qu'il a paru dans la succession des âges géologiques des espèces animales nouvelles, il faut nécessairement admettre que ces espèces nouvelles ont été créées : donc l'activité créatrice (Dieu) est intervenue directement et successivement dans la formation de notre globe, et il a manifesté son intervention d'une manière irrécusable par la création de formes organiques nouvelles : *donc Dieu existe*. Si, au contraire, toutes les espèces existantes peuvent être déduites *générativement* d'une espèce primitive, il serait absurde d'admettre l'intervention de la puissance créatrice dans la succession des époques géologiques, puisque cette intervention eût été complétement inutile; c'est aussi ce qu'affirme positivement Geoffroy Saint-Hilaire. Mais il va plus loin encore, en adoptant avec Lamarck et toute l'école du progrès continu, l'hypothèse émise par Pascal, « que les êtres animés étaient au principe des individus informes et ambigus » ; ce qui revient à dire qu'il existait dès le principe de la matière organisée et de la matière inorganique; enfin, Geoffroy affirme en dernier lieu que ces deux formes de la matière sont *co-éternelles avec Dieu;* donc Dieu n'a pas créé la matière brute, puisqu'elle lui est co-éternelle; donc Dieu n'a pas créé la matière organisée, puisqu'elle est co-éternelle à la matière brute; donc Dieu n'a pas créé les formes organiques qui ont successivement paru à la surface du globe, puisque ces formes sont déduites de la matière organisée primitive; donc Dieu, l'activité créatrice, n'a rien créé; *donc Dieu n'existe pas*.

Nous donnons cette argumentation comme inexorable, et nous disons positivement que la conclusion que nous venons de formuler dans toute sa netteté est virtuellement renfermée dans les travaux de Lamarck, de Geoffroy Saint-Hilaire, Pierre Leroux, etc., et de tous les philosophes de cette école : non pas que nous prétendions affirmer que Geoffroy ait lui-même déduit la conclusion de ses prémisses: car sa vie tout entière, laborieuse, chrétienne, et dévouee aux meilleurs intérêts de la science, prouve surabondamment le contraire; mais nous voulons affirmer que si les prémisses sont exactes, la conclusion est forcée, et qu'une logique plus inexorable que celle de Geoffroy Saint-Hilaire, la logique humaine, la déduira inévitablement. C'est pour cela qu'il importe d'apporter toute l'attention possible à la discussion des prémisses elles-mêmes. Nous disons donc, en résumé, que lorsque les philosophes qui admettent la théorie générale du progrès continu affirment l'existence de Dieu, ils affirment un être auquel *logiquement* ils ne doivent pas croire, puisqu'ils admettent une existence qu'ils démontrent être inutile. Nos lecteurs possèdent maintenant la véritable clef des discussions qui du vivant du grand Cuvier faisaient retentir l'Académie des Sciences ; ils possèdent aussi une indication qui doit leur suffire pour lire avec fruit tous les travaux de Geoffroy Saint-Hilaire, et pour distinguer ce qu'il faut admettre de ce qu'il faut rejeter. BELFIELD-LEFÈVRE.

GEOFFROY SAINT-HILAIRE (ISIDORE), fils du précédent, a personnellement montré assez d'aptitude et travaillé avec assez de zèle pour se faire un nom, s'il n'eût pas hérité d'un nom tout fait. Jeune encore, il fut nommé, en 1833, membre de l'Académie des Sciences, où il succéda à Latreille. Comme son père, il est professeur de zoologie au Muséum d'Histoire Naturelle (mammifères et oiseaux). Il a été quelque temps inspecteur général de l'université. Il a composé plusieurs ouvrages estimés. Nous citerons au premier rang sa *Tératologie* (en 3 volumes in-8°, avec 20 planches), ou traité des monstruosités, expliquées et classées d'après les lois d'organogénésie à la fondation desquelles Étienne Geoffroy, son père, a consacré les dernières années de sa vie. Il s'est aussi beaucoup occupé de la classification des animaux vertébrés, et plus particulièrement des mammifères, ainsi que de la *domestication* de quelques animaux sauvages que l'homme pourrait avoir intérêt à rapprocher de lui et à s'assujettir. Il a fait sous ce rapport des efforts qui tiennent du prodige et que le succès a plus d'une fois couronnés. M. Isidore Geoffroy a tant d'heureuse bonhomie, tant de douceur et de mansuétude, et son excellent caractère le rend si compatissant à tous les instincts dont la contrariété engendrerait la souffrance, que sans doute il a tiré plus de secours de ces qualités que de sa volonté même pour dompter des natures farouches. Le langage de la bonté, qui attire, est en effet plus simpathique et généralement mieux obéi que celui de la rigueur, qui inspire l'éloignement et l'effroi. Jusque alors on connaissait quarante espèces d'animaux que l'homme avait réduites en domesticité. M. Isidore Geoffroy, aidé de son prosecteur, M. Florent Prévost, travaille avec zèle à augmenter le nombre de ces animaux *domestiqués*, et non-seulement il s'applique à rendre domestiques des animaux sauvages, ce qui n'est pas facile; mais il s'attache également à cosmopoliser des animaux qui, comme le chien, la vache et le cheval, ne sont domestiques que dans leur patrie. Ses tentatives dans le premier genre ont surtout réussi à l'égard de l'hémione ou dziggétaï, et pour l'oie d'Égypte ou bernache armée. Le gouvernement encourage ces essais nouveaux, qu'une société spéciale, récemment organisée, s'applique à généraliser. M. Isidore Geoffroy a encore publié : 1° des *Essais de Zoologie générale* (Paris, 1841, in-8° avec 8 planches); 2° *Acclimatation et domestication de quelques espèces d'Animaux;* 3° quelques *Dissertations* et *Mémoires*; 4° un ouvrage remarquable *Sur l'Homme*; 5° un volume in-12 intitulé: *Vie, travaux et doctrine scientifique d'Étienne Geoffroy Saint-Hilaire*, avec cette épigraphe tirée de Gœthe, alors qu'il parle des mêmes doctrines: « Je ne juge pas, je raconte. » On peut voir dans ce dernier ouvrage que la vie d'Étienne Geoffroy, quoique contemplative, fut souvent fort agitée.

Né en 1805, et livré dès l'enfance à l'étude de l'histoire naturelle, M. Isidore Geoffroy composa un premier mémoire sur les mammifères en 1826, commença à professer à l'âge de vingt-quatre ans, et il n'avait que vingt-sept ans quand il fut nommé membre de l'Académie des Sciences de l'Institut. Ce jour-là son père présidait; et ce dut être pour lui une des grandes joies de sa vie que de proclamer le résultat du scrutin.

Dr Bourdon.

GÉOGÉNIE (de γῆ, terre, et γεννάω, engendrer), ou *génération de la terre*, est un mot qui a été employé dans l'école wernérienne pour désigner la science qui a pour objet de rechercher ce qui a rapport à la formation du globe terrestre. La géogénie n'est, à proprement parler, qu'une sous-division de la cosmogonie, qui veut remonter à la formation de tout l'univers. Si l'on prétend s'élever à la cause première, qui ne saurait être que Dieu, la géogénie devient une science religieuse, qui appartient aux théologiens avant d'appartenir aux savants. Pour l'ordinaire, la géogénie ne remonte pas si haut, en admettant le premier fait de la création, ou du moins en prenant l'existence de la matière comme un fait dont elle n'a point à s'occuper, pour ne point s'exposer à reculer encore jusqu'à la folie des atomes; elle examine les phénomènes présents et passés, et cherche à en trouver la cause dans les lois communes de la nature. En se renfermant dans un système de causalités secondaires, elle s'efforce d'enchaîner les uns aux autres tous les phénomènes qu'elle rencontre, et les considère tantôt comme effet d'un premier phénomène, tantôt comme cause des phénomènes subséquents. Dans ce dernier cas, c'est-à-dire quand la géogénie part d'un phénomène parfaitement connu et dont l'existence est démontrée, elle marche avec l'assurance et la certitude des sciences exactes. Voici quels sont alors les objets dont s'occupe la géogénie : elle examine la formation des terrains, remonte à l'origine des sources, aux causes qui font si prodigieusement varier la nature des eaux qui en découlent. Elle cherche à deviner la cause des volcans, la nature des substances qu'ils vomissent, à reformer pour ainsi dire les roches qui ont été fondues, altérées et décomposées par l'action du feu et la présence des agents atmosphériques. Elle veut savoir comment ont été formées ces montagnes qui dépassent souvent de huit kilomètres le niveau naturel tracé par la surface des eaux, comment se sont formés ces vallées, ces fentes, ces grottes, ces cristaux; comment des rochers étrangers ont été transportés à de si grandes distances du lieu de leur origine; pourquoi les cavernes de certaines montagnes calcaires sont remplies d'ossements de divers animaux, qui, dans la nature, ne sont pas habitués à se trouver ensemble. Comment se fait-il que l'on rencontre au sommet des montagnes des tourbes, qui n'appartiennent qu'aux terrains marécageux? D'où viennent ces forêts que l'on trouve enfouies dans des terres alluviales? ces houilles, ces amas de végétaux, que l'on exploite sous le nom de *lignites*? Quelle est la grande révolution qui a laissé sur les continents actuels cette épaisse couche d'animaux marins que l'on voit dans le cœur des rochers, au sommet et dans toute la profondeur des montagnes ammonéennes?... Si la terre entière s'est vue quelque temps couverte par les eaux de la mer, quelle cause a pu produire un trouble aussi extraordinaire?... Il suffit de cette courte énumération pour comprendre que la géogénie doit plus souvent se composer de conjectures que de réalités.

L'abbé Rendu, évêque d'Annecy.

GÉOGNOSIE (de γῆ, terre, et γνῶσις, connaissance). Faire connaître le globe terrestre, sa masse solide, les eaux qui le recouvrent, le fluide aérien qui l'enveloppe et les rapports que toutes ces parties ont entre elles; pénétrer l'écorce du globe aussi loin qu'il est possible à l'homme de le faire, examiner sa structure, énumérer les substances qui entrent dans sa composition; rechercher dans quel ordre elles sont groupées et disposées; classer tous les êtres organisés dont la terre garde les vestiges, décrire tous les phénomènes qui se passent à sa surface ou dans son intérieur, tel est l'objet de la géognosie. La géognosie se lie à la zoologie, à la botanique, à l'astronomie, à la géographie physique, et surtout à la minéralogie; mais elle laisse à chacune de ces sciences le soin d'entrer dans tous les détails des connaissances qui les intéressent, et, les embrassant dans leurs généralités, elle en compose la *science de la terre*. La minéralogie, par exemple, examine chaque substance, ses propriétés, ses caractères, l'ordre qu'elle occupe dans la nature, sa composition chimique, tandis que la géognosie étudie les masses, leur position dans l'ensemble et les rapports qu'elles semblent avoir avec d'autres masses de même ou de différente nature. La géognosie est une science d'observation; elle explore les faits, les enregistre, les classe, d'après leur liaison ou leur analogie. Quoique rien de ce qui se passe dans la nature ne doive rester étranger au géognoste, cependant il s'applique principalement à l'examen des diverses couches qui s'appuient les unes contre les autres dans toute la partie connue de l'écorce du globe terrestre. Les terrains, les roches, les métaux, sont l'objet de son attention spéciale; il veut connaître leur composition, leurs mélanges et leur gîte; s'ils sont en place ou s'ils ont été transportés d'un lieu à l'autre; s'ils ont été soulevés ou s'ils conservent une position originelle; s'ils sont isolés ou s'ils font partie de grandes masses; s'ils sont en couches, en filons, ou en amas; s'ils sont en agglomérations ou en cristaux; s'ils ont été formés sous l'action du feu ou sous l'influence de l'eau. On sent qu'aucune de ces circonstances ne saurait être indifférente à ses yeux. C'est lui qui fournit à la géogénie tous les éléments dont elle se sert pour construire la théorie du monde, et cette théorie ne peut acquérir de probabilité que par la justesse des observations géognostiques.

Cette partie de la géologie est sans contredit la plus importante et en même temps la plus digne d'occuper l'esprit humain. Il semble que l'un des premiers besoins de l'homme doit être de connaître sa demeure, d'en étudier toutes les parties, afin d'en tirer le meilleur parti possible pour l'accroissement de son bien-être. Elle fournit à l'histoire des éclaircissements utiles; elle dirige la main de l'ouvrier qui va chercher dans le sein de la terre les métaux qui alimentent l'industrie : l'agriculture, l'économie politique, l'art militaire, l'architecture, la statistique, lui empruntent des documents indispensables.

Depuis de Saussure, la géognosie a fait des progrès qui rendent incomplète la série des questions les plus essentielles. Les travaux de Cuvier et ceux de Brongniart sur les terrains, et plus encore sur les fossiles, ont fait de ces deux articles des parties importantes de la science. Les inductions que l'on tire des fossiles pour la paléontologie des montagnes leur donnent maintenant une importance telle que leur connaissance devient pour le géognoste d'une nécessité première. Les travaux de Werner sur les roches ont considérablement étendu cette partie de la géognosie : leur variété, leur division, leur importance comme élément premier de la composition du globe, en rendent l'étude indispensable. Le géognoste ne peut pas, non plus, rester étranger à l'oryctognosie, soit à la connaissance des minéraux, qui sont si fréquemment mêlés aux roches. Enfin, la géognosie s'est encore étendue de l'examen de la température comparée. Le feu joue un rôle trop important dans la nature pour n'être pas l'objet d'une étude spéciale dans la cosmographie et dans la géognosie. Il faut donc connaître toutes les expériences faites sur la chaleur solaire, la chaleur stellaire, la température des mers, des lacs, des fleuves, celle de l'atmosphère, celle de la surface et celle du fond des eaux; les observations faites sur les progressions de température qui se manifestent presque régulièrement à mesure que l'on se rapproche du centre de la terre, dans les mines et les puits artésiens, la température des eaux thermales, minérales, glaciales, et enfin celle des volcans, autant qu'il est possible de l'apprécier en la comparant à la température de nos foyers artificiels, comme l'a tait Spallanzani, l'observateur le plus judicieux et en même temps le plus complet pour tout ce qui tient aux volcans. L'abbé RENDU, évêque d'Annecy.

GÉOGRAPHE DE NUBIE (Le). *Voyez* EDRISI.

GÉOGRAPHES (Les petits). On désigne ainsi les géographes grecs (*geographi græci minores*) qui ne nous ont donné que des descriptions particulières de certaines contrées, des périples, à la différence des *grands* géographes, *Strabon*, *Ptolémée*, *Pausanias*, *Étienne de Byzance*, dont les travaux embrassent l'ensemble du monde connu au temps où ils florissaient. Hannon de Carthage, Scylax de Caryande, Isidore de Charax, Artémidor, Agathémère, Dicéarque, Denys le Périégète, Scymnus de Chios, Arrien, Marcien d'Héraclée, sont les principaux d'entre les petits géographes grecs. Il existe diverses éditions de la collection plus ou moins complète de leurs ouvrages.

GÉOGRAPHIE (de γῆ, terre, et de γράφειν, décrire; mot à mot *description de la terre*). Ce terme est généralement employé pour désigner la description de la surface de la terre, et dans ce cas elle est dite *géographie descriptive ;* science positive, qui considère la terre comme un monde à part, pourvu d'une organisation particulière, qui le rend éminemment propre à servir d'habitation et de pépinière au genre humain ; science ayant pour point de départ le développement rationnel et l'exposition systématique de cette donnée. Quoique la géographie, en tant que science, ait pour objet de toujours se rattacher rigoureusement à l'idée du monde et de ses fins, on est dans l'usage, pour en exposer systématiquement le sujet d'après les trois points de vue sous lesquels la terre peut être considérée, de la diviser en *géographie mathématique*, *physique* et *politique*.

La *géographie mathématique* considère la terre comme une partie du monde ou *cosmos*, c'est à dire comme un membre du système solaire, comme une planète. Comme membre d'un tout plus grand, la terre n'a de véritable existence que dans l'unité idéale de tous les membres du même tout, et elle se rapporte au tout ainsi qu'à ses parties, de même qu'elle en subit les influences. La géographie s'occupant alors du système du monde, et des rapports cosmiques qui en résultent pour la terre, semble, il est vrai, constituer une partie de la cosmographie ou *description du monde*; mais, à moins de risquer de perdre de vue son but et son caractère indépendant comme science, en se chargeant d'un lourd bagage astronomique, elle maintient toujours l'individu terrestre comme centre d'observation et de description, de telle sorte que ce n'est point la terre qui tourne, mais le soleil, la lune, etc. Elle nous apprend quelles sont la configuration et la grandeur de la terre, quels sont le mode et les lois de ses mouvements; en quoi consistent les phénomènes du mouvement régulier de la voûte céleste et de ses constellations, de l'horizon, ce qu'on entend par points du ciel, etc.; elle nous explique les vicissitudes des jours et des saisons, les éclipses de soleil et de lune, les divisions du temps et de l'espace, etc. ; les moyens employés pour observer la position cosmique de la terre, son mouvement, etc., en même temps que l'utilité de ces diverses notions ; les instruments inventés à cet effet (*sphère armillaire, planétaire, globe céleste* et *globe terrestre*), ainsi que les cartes géographiques employées dans le même but. Les beaux travaux des savants français, par exemple ceux des Maupertuis, des La Condamine et des Delambre, n'ont pas peu contribué aux progrès de la géographie mathématique.

La *géographie physique*, fondée en 1745 par Buache, vit singulièrement agrandir son domaine par Bergmann, et a d'immenses obligations aux savantes recherches de De Luc, de Saussure, de Buffon, de Werner, de Léopold de Buch et surtout d'Alexandre de Humboldt. Elle considère la terre comme un tout à part et indépendant, comme un organisme particulier, comme un corps naturel existant pour lui même avec des formes, des états et des qualités qui lui sont propres ; comme le fond et le tréfond de la nature, soit inorganique, soit organique et animée, des phénomènes s'enchaînant les uns les autres, des forces et des lois de la nature avec leurs influences sur l'existence, la vie, la propagation des plantes, des animaux et des hommes. Abandonnant à la géognosie et à la géologie les questions préalables relatives à la structure intérieure de la terre et à l'histoire de sa formation, elle s'occupe :

1° De la surface de la terre suivant les rapports de son existence immédiate, tout au plus d'après ses variations reposant sur des causes élémentaires ; et alors elle traite, sous la dénomination de *géistique* ou d'*épirographie*, des masses solides de la surface terrestre, non-seulement d'après son vaste fractionnement en continents, îles et presqu'îles, mais encore, comme *orographie*, de la configuration et de la division de cette surface en plateaux et en terres basses, en montagnes et en vallées, ainsi que des phénomènes produits par les nombreux volcans que recèle l'intérieur de la terre. Comme *hydrographie*, elle traite des parties liquides de la surface terrestre, des fleuves, des lacs, des sources et, comme *océanographie*, de la nature et de la distribution de la mer.

2° Comme *atmosphérographie*, elle traite de l'atmosphère qui enveloppe le globe terrestre, des météores dont il est le théâtre, et plus particulièrement, sous le nom de *climatologie*, du climat particulier de chacune des contrées de la terre, lequel est déterminé par la coopération des météores et des rapports de température.

3° Comme *géographie des produits du sol*, elle a pour objet les diverses productions des trois règnes de la nature par rapport à leurs conditions naturelles de propagation, et se subdivise dès lors en *géographie minéralogique* ou des minéraux, *géographie botanique* ou des végétaux, et *géographie zoologique* ou des animaux.

4° Enfin, comme *anthropogéographie* ou *ethnologie*, elle s'occupe de l'homme, comme d'un être naturel appartenant à la création organique; de la propagation du genre humain, d'après ses races ou gradations physiques; et des contrées de la terre ou lieux d'habitation, qui déterminent sa vie physique.

A la différence de l'anthropogéographie, la *géographie politique* ne considère pas seulement la terre comme le lieu d'habitation de l'homme, être physique, mais comme la demeure qui lui est assignée conformément à sa nature intellectuelle, pour son développement moral; comme le théâtre des peuples groupés et réunis par les liens moraux de la langue et de la religion, des usages et des lois; en d'autres termes, comme le théâtre des agglomérations sociales ou États; comme celui de toute activité humaine, de tout travail et de tout développement de civilisation, c'est-à-dire de l'histoire et des révolutions qui se sont produites sur sa surface même, ainsi que dans la vie et les conditions d'existence des différents peuples et États. Suivant qu'elle s'attache plus particulièrement à la description des peuples et de ce qui les différencie les uns des autres, ou bien à celle des États et de leurs conditions politiques d'existence, on la divise en *ethnographie* et en *statistique;* mais elle diffère alors de l'histoire proprement dite en ce qu'elle considère avant tout l'élément géographique, le sol, comme la base réelle de l'existence des divers peuples et des divers États. Les écrivains qui se sont occupés avec le plus de succès de la *géographie politique* sont jusqu'à ce jour Busching, d'Anville, Gaterer, Norman, Malte Brun, Balbi, etc.

Indépendamment de ces divisions introduites dans la géographie, suivant les objets dont elle s'occupe plus particulièrement, on en a encore établi d'autres, basées sur l'étendue avec laquelle son sujet se trouve traité. On la divise donc aussi en *géographie générale* et en *géographie particulière* ou *chorographie*. La première considère le globe terrestre entier, dans toutes ses conditions cosmiques, physiques, d'espace, et politiques, comme formant un tout organique; et elle s'attache surtout à signaler tout ce qu'il y a de constant et de régulier dans le jeu alternatif de tous les phénomènes et de tous les rapports, comme aussi la liaison réciproque qui unit entre eux les éléments divers de la matière géographique. La seconde, au contraire, se borne à la simple description des circonstances géographiques des diverses contrées, et aboutit à la description détaillée des diverses localités isolées ou *topographie*.

D'autres par *géographie générale* entendent la partie mathématique et physique de la géographie, et par *géographie particulière* la géographie politique, que beaucoup d'auteurs subdivisent encore en *géographie agricole et commerciale*, et en *géographie statistique*. Il en est aussi qui établissent une différence entre la *géographie pure* et la *géographie politique* ou *statistique*, et qui par la première de ces dénominations ou géographie basée sur les limites naturelles, entendent la description de l'état physique du sol d'après ses circonstances orographiques et hydrographiques, prises alors pour base de la division qu'on fait de la surface terrestre en pays et en États, de même que de la géographie en général. On a encore poussé la méthode analytique plus loin : ainsi on a composé des traités de géographie ecclésiastique, ou encore militaire, commerciale, forestière, etc., suivant la classe particulière de lecteurs auxquels on s'adressait.

On voit tout de suite que la *géographie mathématique et physique* traite de ce qu'il y a dans cette science d'immuable et de basé sur les lois éternelles de la nature, tandis que la géographie politique s'occupe de ce qu'elle présente d'essentiellement mobile et d'astreint par la marche même de l'histoire des peuples et des États à de perpétuelles vicissitudes. En ce qui touche la *géographie historique*, on la subdivise encore en géographie *ancienne*, géographie *du moyen âge*, et géographie *moderne*; dénominations sous lesquelles on comprend en général la description de la surface de la terre suivant les divers états où elle s'est trouvée aux principales époques de l'histoire de l'humanité, attendu qu'on a alors surtout en vue les rapports géographiques des habitants de la terre, les déterminations des peuples et des États, les divisions qui se sont formées entre eux, la diversité de noms des pays et des provinces, des montagnes, des cours d'eau, des lieux d'habitation, etc. Au domaine de la *géographie ancienne* appartiennent tous les peuples de l'antiquité, dont une partie constitue la *géographie biblique*, science accessoire de l'interprétation scientifique de la Bible. La *géographie du moyen âge* comprend l'intervalle qui s'écoula entre la chute de l'Empire d'occident et la découverte de l'Amérique (476-1492), et la *géographie moderne*, la période qui s'étend depuis cette époque jusqu'à nos jours, dont les rapports statistiques et géographiques forment constamment le sujet des publications les plus récentes de la géographie politique, laquelle n'a jamais égard au passé.

L'*histoire de la géographie* se rattache d'une manière intime aux découvertes géographiques. Dans les temps les plus reculés, les notions géographiques de chaque peuple se bornaient à la localité ou à la contrée qu'il habitait. Ce fut seulement longtemps après que les hasards de l'émigration, les rapports qui s'établirent de peuple à peuple, les guerres, les voyages entrepris dans un but mercantile, et la réunion de plusieurs États sous un seul et même gouvernement, contribuèrent à accroître la somme des connaissances géographiques. Il est probable que dans la plus haute antiquité c'est aux Phéniciens qu'on fut redevable de la propagation des premiers renseignements acquis sur les contrées étrangères; renseignements défigurés d'ailleurs, tantôt à dessein, tantôt par des exagérations sans but. Les livres religieux et historiques des plus anciens peuples contiennent quelquefois des observations géographiques; c'est par exemple le cas dans les livres saints des Hébreux, notamment dans les livres de Moïse et de Josué. On prétend que les Égyptiens possédaient des ouvrages géographiques composés par Hermès Trismégiste. En raison de leur goût particulier pour les aventures et les expéditions militaires, les Grecs ne tardèrent point, comme on peut le voir dans Homère, à acquérir une connaissance assez exacte des contrées avoisinant leurs territoires respectifs, notamment de la Grèce, de l'Asie Mineure, et de quelques parties du littoral de la Méditerranée.

Anaximandre, né vers l'an 610 avant J.-C., essaya le premier, dit-on, de dresser une carte géographique, qu'Hécatée corrigea et perfectionna. Les émigrations parties successivement des diverses colonies, de même que les incessants progrès d'un commerce de plus en plus florissant, et les voyages entrepris par divers hommes dévorés du désir de s'instruire, par exemple Hérodote, ajoutèrent aux connaissances qu'on possédait alors sur les terres habitées par des hommes.

Les ouvrages d'**Hérodote** nous offrent le premier corps complet de géographie qui nous soit parvenu. C'est le résultat de ses recherches et de ses voyages en Asie et en Égypte. Il lut son livre à la Grèce assemblée pour les jeux qui signalèrent la 84ᵉ olympiade, l'an 444 avant J.-C. Ses écrits nous semblent fixer l'état des connaissances géographiques de son siècle, et cependant on n'y découvre rien qui puisse faire deviner comment il entendait l'arrangement des diverses parties du globe. Aristote, si bien servi par les conquêtes de son illustre élève, auquel la géographie des anciens dut ses progrès les plus remarquables, s'explique à cet égard d'une manière très-précise. Les limites qu'il assigne aux trois parties de la terre, l'Europe, l'Asie, la Lybie ou l'Afrique, sont restées à peu près les mêmes; et cette division du globe, si largement tracée, demeura celle de tous les écrivains jusqu'à la découverte de l'Amérique.

Après Scylax et Hannon, Pythéas, le plus ancien écrivain qui parle des Gaules, écrivit à la fin du quatrième siècle avant J.-C. sa *Description de l'Océan* et son *Périple*, résultat de ses voyages dans le nord de l'Europe, et ne contribua pas peu à accroître ainsi la somme des notions géographiques. Les expéditions militaires d'Alexandre, les voyages entrepris plus tard sur mer par ordre des Ptolémée, y contribuèrent encore bien autrement que tout ce qui avait été fait jusque alors, ainsi qu'en témoignent les différents fragments d'écrivains grecs parvenus jusqu'à nous sous les titres de *Periplus*, *Paraplus*, *Periegesis*, *Geographica*, *Indica* et *Scythica*. Au nombre des plus célèbres géographes de cette époque, on compte Néarque, qui reconnut tout le littoral du golfe Persique, et Dicéarque, l'auteur d'une espèce de description de voyage en Grèce.

Ératosthène, né l'an 276 avant J.-C., fut, à bien dire, le premier qui éleva le géographie à l'état de science. Adoptant la méthode de démonstration scientifique indiquée par Aristote, il fut le premier à exposer et à développer un système de géographie mathématique et empirique; il essaya de mesurer la terre, calcula la situation des lieux par leur latitude et leur longitude, et fonda ainsi, on peut le dire, la géographie astronomique. Les ouvrages d'Ératosthène, comme ceux de Pythéas, ne nous sont du reste connus que par les fragments qu'en citent Hipparque, Pline et Strabon.

Hipparque, le plus grand astronome de l'antiquité, comprit que la géographie ne pourrait faire de progrès qu'autant qu'elle serait soumise aux observations astronomiques. Cependant il paraît qu'il ne tira pas grand parti d'une pensée si juste; car, dans la discussion qu'il entreprit des ouvrages d'Ératosthène, il ne fit guère qu'y ajouter des erreurs ou bien en substituer à celles qu'il combattait. Au reste, c'est à lui que l'on doit la méthode des projections de cartes, découverte de la plus haute importance dans ses conséquences.

Posidonius, contemporain de Pompée et de Cicéron, entreprit une nouvelle mesure de la terre. Cette tentative prouverait que l'on avait peu de confiance dans celle d'Ératosthène; mais le mélange qu'il fit du résultat des observations de ce dernier et des siennes l'amena à commettre des fautes encore plus graves.

Mettant à profit les travaux antérieurs de l'École d'Alexandrie et un ouvrage aujourd'hui perdu de Marinos, Ptolémée contribua ensuite singulièrement à fonder la science géographique, en complétant et rectifiant les notions déjà acquises, surtout en déterminant avec plus de précision les longitudes et les latitudes. Agathodæmon dressa des cartes pour son ouvrage, et Agathéméros en fit un abrégé.

Après eux, l'asservissement de la Grèce, la cessation des longs voyages, soit de commerce, soit de navigation, qui en fut la suite, amenèrent dans ce pays une longue léthargie de la science géographique.

En s'occupant de géographie, les Romains n'eurent d'autre but pratique que l'utilité au point de vue de la politique, et ne prirent aucun souci de la partie mathémathique et politique de cette science. La géographie politique seule pouvait leur offrir quelque intérêt, et ce fut la seule qu'ils cultivèrent avec succès. La partie de l'univers qui leur était soumise fut mieux examinée et connue avec plus de détail. Leur géographie dut ses premiers progrès à leurs expéditions militaires, qui les conduisirent successivement dans les différentes parties du globe. Jules César, au milieu de ses triomphes, s'en occupa avec zèle, et ses *Commentaires* fournissent sur la Gaule et la Bretagne des détails précieux. Denys, surnommé *le Périégète* ou *le Voyageur*, fut chargé par Auguste de faire, en étendant ses voyages et ses recherches, une description du monde alors connu; il l'écrivit en vers grecs. Mais Strabon, mettant à profit les vastes conquêtes des Romains, la fit bientôt oublier, en rédigeant sa *Géographie*, qui fait de lui le premier géographe de l'antiquité. Cet ouvrage est orné d'une foule de détails historiques sur l'origine des villes et l'antiquité des nations, qui y répandent le plus vif intérêt. Strabon connaissait la forme sphérique de la terre, et indique la manière de construire les globes. Pline l'ancien, qui écrivait sous Vespasien, a consacré les six premiers livres de son histoire à exposer le système du monde et la géographie telle qu'elle était connue de son temps. Dans le grand nombre d'extraits qu'il a rassemblés, il fait entrevoir quel fut le premier essai de système géographique des Romains, entrepris par Agrippa et terminé, par ordre d'Auguste, sur les mémoires qu'Agrippa avait laissés. Charax, ville de la Susiane, qui vit naître Denys le Périégète, donna aussi naissance à Isidore, autre géographe grec, contemporain, comme l'Espagnol Pomponius Mela, du grand naturaliste. On a de Mela une géographie abrégée, intitulée : *De Situ Orbis*. Maxime de Tyr vivait vers la fin du premier siècle de notre ère. L'étendue de ses travaux géographiques paraît lui avoir acquis une grande réputation. Il avait écrit un traité complet de géographie, dans lequel il discutait les bases des nouvelles cartes qu'il construisait. Cet ouvrage précieux ne nous est connu que par la critique qu'en a faite Ptolémée. Celui-ci, en voulant le rectifier, en voulant tout réduire en positions astronomiques, a enfanté l'ouvrage le plus étrange qui existe. Autant il aurait servi la géographie, en conservant intact l'ouvrage du Phénicien, autant il l'a obscurcie. Ce n'est qu'avec le plus grand soin qu'il faut s'engager dans ce dédale d'erreurs, qu'à première vue on prendrait pour un trésor.

Pendant la longue agonie de l'empire romain, la géographie partagea le sort de toutes les sciences. Cette époque de décadence ne nous offre que deux ouvrages remarquables : le premier *Dictionnaire géographique*, par Étienne de Byzance, et la *Topographie chrétienne*, de Cosmas Indicopleustes, moine voyageur d'Alexandrie, en Égypte. Ils furent écrits l'un et l'autre au sixième siècle (505 et 534). Les bons principes des anciens étaient alors totalement tombés dans l'oubli, ainsi que le prouve la théorie de la terre de ce dernier, qui est au-dessous de toute critique. Il prétend que c'est une vaste plaine, longue de 400 journées de l'est à l'ouest, large de 200 journées du nord au sud, et qui est entourée d'un mur sur lequel repose le firmament. Les ouvrages géographiques postérieurs de Julius Honorius, d'Éthicus, de l'Anonyme de Ravenne, ainsi que les *Itineraria* encore aujourd'hui existants, ne sont guère pour la plupart que des catalogues contenant les noms des lieux les plus importants avec l'indication de leurs distances respectives.

Au huitième siècle, les Arabes firent refleurir la science géographique, qui leur avait été transmise par les Grecs. A l'exemple de Ptolémée, la g ographie empirique demeura dans d'étroites relations avec la géographie mathématique, et elle s'enrichit notablement de notions et de recherches jusque alors inconnues sur le nord, l'est et l'ouest de l'Afrique, ainsi que sur toute la côte occidentale de l'Asie. Ibn-Haoukal, au dixième siècle, laissa une description détaillée des pays mahométans; El-Édrisi, Aboulféda, etc., donnèrent d'excellents ouvrages d'une portée plus générale. Vers la même époque, les Normands entreprirent de remarquables expéditions maritimes, mais ils négligèrent d'en consigner le récit. Plus tard la géographie profita bien autrement des croisades et des voyages d'un Plano Carpini (1246), d'un Rubruquis (1253), d'un Marco-Polo, etc., dans l'est et dans l'intérieur de l'Asie. La découverte du Nouveau Monde par Colomb, les découvertes des Vénitiens, des Génois, des Florentins et des Portugais, jointes à la rénovation de la géographie mathématique opérée par Copernic, imprimèrent à cette science un essor complétement nouveau. Dès la fin du quinzième siècle, il existait à Milan une chaire particulière de géographie. En 1484, Martin Behaim de Nuremberg dressa une bonne carte géographique. Petrus Apianus donna, au commencement du seizième siècle, la première carte sur laquelle l'Amérique se trouva dessinée, et Sébastien Müller une *Cosmographia* avec atlas. Le Hollandais G. Mercator introduisit sur les cartes géographiques la division en degrés encore en usage aujourd'hui, et l'Anglais Ed. Wright donna des cartes marines plus exactes. Abraham Ortelius, mort en 1598, entreprit le premier grand atlas, *Theatrum Mundi* (Anvers, 1603), auquel sont adjointes des notices fort étendues. Au dix-septième siècle, Philippe Cluwer commença même à débrouiller la géographie ancienne, et le laborieux graveur Mérian, de Bâle, qui publia des descriptions détaillées des principaux pays de l'Europe, ornées de gravures, rendit d'importants services à la topographie. Vers la même époque, les Académies de Paris, de Londres, ainsi que les savants Snell, Mouton, Piccard et Cassini, qui améliora surtout essentiellement la méthode, déployaient aussi une extrême activité. L'astronomie et l'histoire naturelle furent rattachées toujours plus étroitement à la géographie, en même temps qu'on les y appliquait avec toujours plus de bonheur. L'art de dresser et de graver des cartes de géographie se perfectionna extraordinairement; les découvertes, que bientôt l'on cessa de pouvoir compter, agrandirent le cercle d'observation, et dans différents États le trésor public fit les frais de nombreuses expéditions de découvertes.

Dans ces derniers temps, les *Sociétés géographiques* qui se sont créées en divers pays, à l'instar de la *Société de Géographie* fondée à Paris en 1819, par Malte-Brun et Barbié du Bocage, n'ont pas peu contribué aux progrès de la science, en devenant autant de centres communs pour d'importantes explorations entreprises souvent à leurs frais, de même que par la publicité qu'elles ont donnée à leurs nombreuses correspondances. De toutes les sociétés de ce genre qui existent aujourd'hui, la *Royal geographical Society*, fondée à Londres en 1830, est celle qui possède les plus vastes ressources, et dont l'organisation a les bases les plus larges. Les fonds considérables dont elle dispose la mettent à même d'envoyer en missions d'exploration dans les contrées de la terre encore le moins connues des hommes spéciaux, hardis voyageurs, versés dans la connaissance des sciences mathématiques et naturelles, dont les rapports sont publiés dans le *Journal* et dans les *Transactions* de la Société.

GÉOGRAPHIQUES (Cartes). *Voyez* Carte.

GEOLE, GEOLIER. *Geôle* signifiait autrefois *prison*, et *geôlier* désigne encore dans le langage vulgaire celui qui est préposé à la garde intérieure d'une prison. Le langage officiel n'admet plus que des directeurs, des gardiens et des surveillants. On croit que ce mot vient d'un vieux mot, *gayola*, qui signifiait cage. On nomme encore aujourd'hui *geôle* le logement des gardiens de prison. Il y avait aussi jadis un droit de *geôlage*, qui était dû au *geôlier* par chaque prisonnier pour le soin qu'il prenait de le garder.

GÉOLOGIE (de γῆ, terre, et λόγος, discours). La géologie est la *science de la terre;* elle embrasse plus ou moins directement toutes les connaissances qui ont rapport à ce globe. Elle se subdivise ordinairement en trois parties. Quand elle traite de la forme extérieure de la planète que nous habitons, de ses dimensions, de la position qu'elle occupe dans l'espace, des mouvements qui lui sont propres, de ceux avec lesquels elle se trouve en rapport, de sa densité et de sa division en liquide et solide, elle prend le nom de *géographie physique*. Quand elle traite des matériaux qui composent le globe, de leur position relative, de leur nature, des phénomènes qui se passent à sa surface ou dans son intérieur, elle prend le nom de *géognosie*. Enfin, quand elle combine les faits de la nature matérielle pour s'élever à leurs causes, quand elle veut trouver les lois qui ont présidé *à la formation des différentes* parties de la terre ; quand, s'appuyant sur les connaissances positives que lui fournissent la physique, la chimie, la mécanique, l'hydraulique et l'astronomie, elle veut expliquer tous les phénomènes et même l'origine du globe terrestre, elle s'appelle *géogénie*.

La *Genèse* est le premier monument qui fournisse à la géologie des documents utiles; et la science aurait fait des progrès rapides si, au lieu de parcourir le cercle de toutes les possibilités avant d'être forcé d'arriver à la *Genèse*, on avait commencé par prendre la *Genèse* pour guide dans toutes les recherches géologiques. On se serait épargné bien du temps et des erreurs. On peut, sans sortir de l'orthodoxie religieuse et sans se mettre en opposition avec les observations que possèdent les sciences géologiques, considérer les *jours* de la création comme des alternatives de lumière et de ténèbres d'une longueur indéterminée, ou comme des époques dont la durée nous est inconnue. Buffon, De Luc, le père Bertier, ont été de ce sentiment : c'est aussi celui de tous les savants anglais qui ont toujours concilié leur amour pour la science avec leur respect pour l'Écriture.

A l'exception des idées vaguement répandues chez les anciens sur la création, le chaos, le déluge universel; à l'exception encore de quelques passages d'Hésiode, d'Ovide et de Virgile, on ne voit rien dans l'antiquité qui puisse faire croire que l'on s'occupât de la connaissance du globe terrestre. A la vérité, Thalès, le plus ancien physicien, regardait l'eau comme le principe constituant de la terre, et son opinion avait été renouvelée chez les Grecs par Épicure et ensuite par Lucrèce; mais il y avait loin d'un système à de la science. Strabon est le premier qui fasse mention des fossiles, si généralement répandus. Pline, dont les connaissances sont si variées, a consigné dans son ouvrage un grand nombre d'observations qui appartiennent à la géologie. Depuis cette époque jusqu'à la fin du quinzième siècle, on ne trouve rien qui puisse nous apprendre ce que pensaient les hommes sur l'origine et l'architecture du globe terrestre. Au commencement du dix-septième siècle, Georges Agricola mit au jour deux ouvrages, dont l'un avait pour titre : *De Re Metallica*, et l'autre : *De Ortu et Causis Subterraneorum*. Ces productions, qui ont servi ensuite à beaucoup de savants, commencèrent à montrer l'intérêt que peut offrir l'étude de la terre. Mais, au lieu d'étudier la nature, on voulut l'expliquer, et l'on vit paraître avec le dix-septième siècle la série des systèmes qui ont dès lors envahi et souvent étouffé la science. En 1681 Burnet publia en Angleterre sa *Théorie du Monde*. En 1708 Guillaume Whiston la détruisit, pour en donner une autre. Scheuchzer, Bourguet, Swedenborg, publièrent leurs hypothèses, toujours en réfutant celles de leurs devanciers. Tous ces constructeurs de mondes avaient pris l'eau pour agent principal dans toutes les perturbations dont ils avaient besoin. Ce moyen commençant à s'épuiser, on eut recours au feu. Le fameux Leibnitz, dans son *Protogæa*, représenta le globe terrestre comme une masse vitrifiée par un feu ardent; Buffon, en partant du même principe, lui assigna, dans ses *Époques de la Nature*, une manière d'agir différente. Stenon et Ray cherchèrent dans les volcans la cause de toutes les révolutions du globe. Mais on ne tarda pas à revenir à l'eau : l'Anglais Whiturst et le Suédois Wallerius représentèrent la terre comme un dépôt aqueux et non comme une soufflure.

Tous ces édifices, conçus par l'imagination et renversés aussitôt qu'ils étaient construits, firent sentir la nécessité d'imprimer une autre marche à l'esprit humain. On comprit qu'avant de construire le monde, il fallait connaître les matériaux à employer, il fallait l'analyser et, autant que possible, examiner pièce à pièce toutes les parties de sa structure. Bacon traça la marche à suivre dans l'étude de toutes les sciences, et une foule de savants se mirent à la suivre. Tandis que Newton jetait la lumière dans les sciences physiques et astronomiques, Bergman publiait sa *Géographie physique*, Fuchsel donnait à l'Allemagne son *Historia Terræ et Maris*, etc., qui serait encore un bon manuel de géologie. Pourtant, ce n'est qu'à la fin du dix-huitième siècle que les sciences géologiques sortent pour ainsi dire des entrailles de la terre, sous les immortelles investigations d'une foule d'hommes distingués. Saussure étudie les Alpes, et va peser l'atmosphère au sommet du mont Blanc. Werner classe les roches, montre la place que chaque substance minérale occupe dans l'écorce du globe terrestre, et par ses travaux nombreux mérite d'être appelé le créateur de la géognosie. Dolomieu interroge les volcans; Voigt décrit les basaltes; Spallanzani, le célèbre professeur de Pavie, descend dans les cratères de la Sicile, analyse toutes les laves, et, par ses expériences ingénieuses, mesure l'intensité des feux souterrains. De Luc, Pallas, Patrin, Ramond, enrichissent la science d'une foule d'observations utiles. Peu à peu, les différentes parties du globe se rapprochent, pour laisser voir leurs analogies et leurs dissemblances. Grâce aux nombreux voyages entrepris et exécutés depuis cinquante ans, chaque savant peut maintenant, sans sortir de son cabinet, examiner les sommités des Andes, le pic de Ténériffe, les feux du mont Hécla, les pays de l'Auvergne, les rochers soulevés de la Westphalie et les cratères de l'Etna. Brochant de Villiers, Mohs, Escher, Ébel, ont analysé les Alpes, Ramond les Pyrénées, d'Engelhardt le Caucase; Omalius d'Halloy a décrit la Belgique et la France; Freiesleben, Heim, Voigt, de Hoff, ont exploré la Franconie et quelques autres provinces du Nord; de Raumer la Saxe et la Silésie; D'Aubuisson et Charpentier ont parcouru différentes parties de l'Europe; de Buch a interrogé les montagnes de la Norvège, celles de l'Italie et de plusieurs îles de l'Afrique; la Hongrie et la Transylvanie ont été décrites par Esmark; la Suède l'a été par Haussmann, et l'Angleterre par une foule de savants anglais; Humboldt, le savant universel, la plus vaste intelligence du dix-neuvième siècle, a poursuivi la nature dans toutes les parties du monde, et, après avoir examiné les sommités des Cordillères, les mines des montagnes de la Sibérie et les volcans de l'intérieur de l'Asie, a livré aux savants une foule de matériaux capables de les étonner.

Ces études si multipliées ont donné lieu à la découverte d'un fait d'une grande importance pour la géologie, c'est l'existence de différentes espèces de fossiles dans différentes couches terrestres. Jusque là les débris de corps organisés rencontrés dans les masses minérales n'étaient regardés que comme un accident qui accompagnait le dépôt général. Mais dès que les observations les plus multipliées eurent démontré qu'en s'enfonçant vers le centre de la terre on trouvait des restes d'animaux qui différaient des espèces vivantes, ou même qui étaient entièrement disparues, on en conclut que la seule inspection d'un fossile pouvait servir à déterminer la profondeur du terrain dans lequel il avait été trouvé. Dès lors la connaissance des fossiles est devenue nécessaire à tous ceux qui s'occupent de la connaissance de la terre. Cuvier et Alexandre Brongniart, qui peuvent être considérés comme les créateurs de cette nouvelle branche de la géologie, ont tracé la marche à suivre dans l'étude des fossiles, et l'ont enrichie d'une foule de travaux importants. Blumenbach et de Schlottheim en Allemagne, Buckland, Mac-Culloch et Conybeare, en Angleterre, ont rivalisé avec leurs modèles. Bientôt nous posséderons les matériaux nécessaires pour compléter la zoologie et la botanique antédiluviennes. Sans parler des travaux géologiques auxquels on se livre en Angleterre, en Prusse, en Russie, en Allemagne et en Italie, la France possède un grand nombre de savants uniquement voués à cette science. Férussac, Bouée, Rozet, Jobert, Omalius d'Halloy, MM. Élie de Beaumont, Adolphe Brongniart et beaucoup d'autres ont travaillé avec autant de zèle que de succès à la propagation des sciences géologiques.

La masse de la terre n'est pas composée de parties homogènes; la chimie porte à près de soixante le nombre des substances simples et pondérables qui entrent dans sa composition. En se combinant entre eux, ces éléments premiers forment de petites masses qui, agglomérées entre elles, constituent les roches dont se compose le globe. La chimie remonte aux éléments, la géologie s'arrête aux roches et aux terrains.

Les montagnes connues, qui s'élèvent jusqu'à 5,900 mètres au-dessus du niveau de la mer, les mines, qui s'abaissent jusqu'à 414 mètres au-dessous, ont fourni à l'homme le moyen d'observer une croûte du globe dont l'épaisseur équivaut à 5,900 + 414 = 6,314 mètres, c'est-à-dire à un millième environ du rayon terrestre. C'est trop peu pour donner une grande confiance aux jugements que nous portons sur la partie inconnue. En étudiant la structure de cette croûte terrestre sur le flanc des montagnes, dans les grottes, au milieu des éboulements, dans les fentes des rochers, dans les vallées profondes, au fond du lit des torrents, dans les mines et dans les substances que l'on retire des puits artésiens, on a reconnu dans sa formation une régularité qui a permis de diviser cette croûte en plusieurs couches distinctes. Ces couches, qui diffèrent les unes des autres, ou par leur composition, ou par leur texture, ou par les êtres organisés qu'elles contiennent, ou par un âge évidemment différent, ou enfin par des principes générateurs qui n'ont pu être les mêmes, semblent se correspondre sur les différentes parties de la terre, et lui former chacune une enveloppe particulière. Quoique en général on puisse considérer ces enveloppes comme concentriques, il arrive souvent que, par l'effet des inégalités de la surface du globe, ces enveloppes se dépassent les unes les autres, soit en descendant, soit en montant. Ainsi, l'enveloppe granitique, qui est assez enfoncée dans la série des terrains qui forment la croûte visible, perce toutes les enveloppes supérieures, et souvent s'élève aux plus grandes hauteurs. Malgré cette irrégularité dans leur marche, on les a retrouvées placées dans le même ordre, partout où les observations ont été faites sur une surface étendue. La reconnaissance de cette loi de la nature est extrêmement favorable aux progrès de la géologie; elle fournit au géologiste le moyen de reconnaître avec rapidité la nature du terrain qu'il observe. Par-là même qu'il a déterminé une roche, il sait quelles sont les roches supérieures et celles qui doivent se trouver au-dessous. Pourtant il est bon d'observer que pour ce qui concerne les détails des formations géognostiques il serait téméraire d'affirmer que l'on ne se trompe point en assignant le rang que doit toujours occuper dans un groupe telle ou telle roche particulière. Les observations que nous possédons sont loin d'être assez étendues pour donner lieu à des inductions qui soient tout à fait à l'abri de l'erreur. Quand on connaîtrait tous les continents, ce ne serait encore que la plus petite portion du globe, et l'on sait que l'analogie tire sa force de la multitude des comparaisons; mais il n'y a sur ces continents que quelques points qui aient été soumis à un examen complet; les parties les plus étendues n'ont pas été décrites, ou ne l'ont été que par peu de voyageurs, qui ont vu en général trop rapidement, et peut-être avec la préoccupation d'un système déjà arrêté. Cependant, tout en portant la défiance dans la classification admise pour chaque couche, ou même pour chaque groupe, nous croyons qu'en se bornant à un petit nombre de formations, il n'est pas facile de se tromper en assignant l'ordre de leur superposition. Les divisions générales ont des caractères frappants, et d'ailleurs se montrent sur des étendues assez considérables pour exclure l'erreur; mais il n'en est pas ainsi des subdivisions, dont les caractères sont souvent équivoques.

En partant d'un point quelconque de la surface du globe terrestre, et en descendant vers le centre, on trouve souvent une série de petites couches qui, quoique composées de différentes substances, paraissent cependant avoir été formées par le concours des mêmes circonstances, dans une même révolution ou du moins dans l'une de ses crises. On juge de cette identité d'origine par le mode de formation, par la présence des mêmes corps organisés, par le parallélisme des couches, et quelquefois aussi par les alternances des diverses substances qui se retrouvent dans le même groupe. On a donné à ces séries de couches liées entre elles par des rapports d'origine les noms de *formations*, *terrains* ou *groupes*. Ces groupes ne sont pas formés par une même espèce de roches : s'il en était ainsi, leur étude serait facile; mais chaque groupe contient souvent de toutes ou presque toutes les roches qui entrent dans la composition de l'enveloppe terrestre. Ainsi le groupe liasique, par exemple, contient du calcaire, des marnes, du grès, des arkoses, etc., et les couches de chacune de ces roches se montrent souvent plusieurs fois dans le même groupe, et dans un ordre qui n'est pas constamment le même. Ce n'est pas tout, la transition d'un groupe à l'autre, soit en montant, soit en descendant, n'est pas tellement marquée, que l'on puisse assigner le point précis qui les sépare. Si l'on examine le point central d'un groupe, A, et qu'on le compare au point central du groupe B, qui vient à la suite, la différence peut être frappante par tous les signes caractéristiques; mais à mesure qu'on s'éloigne de ces deux centres pour arriver au point de réunion, les différences s'effacent, les caractères particuliers à chaque groupe se mêlent, de telle sorte que sur une certaine étendue on rencontre alternativement des couches qui appartiennent aux deux groupes. On peut donc poser en principe que dans la partie solide du globe la transition d'un terrain à l'autre est insensible, à moins que des circonstances accidentelles n'aient interverti cette loi de la nature.

La partie la plus considérable de la croûte du globe terrestre est stratifiée; les couches, strates, bancs ou lits, varient pour l'épaisseur et la position. Quoique les géologistes représentent les différents groupes géognostiques comme des enveloppes superposées, qui entourent le globe, il ne faut pas en conclure que les couches sont toujours horizontalement placées les unes au-dessus des autres. L'observation prouve, au contraire, que les strates, de quelque nature qu'ils soient, font le plus ordinairement avec l'horizon un angle plus ou moins aigu, et qu'ils arrivent quelquefois jusqu'à la verticale. De sorte que s'il est possible d'assigner une loi à la position des couches terrestres, c'est qu'elles sont toujours plus ou moins inclinées. La position horizontale est si rare, qu'on peut la considérer comme un accident. C'est précisément le contraire de ce que l'on a cru jusqu'à présent. Mais, il faut le dire, on ne s'est pas attaché à l'examen de ce grand fait géognostique. Si l'on avait des atlas bien faits, indiquant l'inclinaison des principales masses stratifiées du monde, le degré, la direction de cette inclinaison, ses rapports avec la nature des terrains et avec l'axe des principales chaînes de montagnes, nous regardons comme infiniment probable que cette connaissance donnerait lieu à la découverte de plusieurs lois importantes pour la théorie de la terre. L'inclinaison des strates a fait naître la théorie des soulèvements; et partout où l'on voit inclinaison, on conclut qu'il y a eu soulèvement; mais, quoique sur certains points l'existence des soulèvements soit démontrée, qui sait si le phénomène de l'inclinaison, mieux examiné et mieux connu, ne servira pas à démontrer l'impossibilité du soulèvement pour le plus grand nombre des montagnes?.... Ce fait, l'un des plus importants des sciences géologiques, mérite toute l'attention des savants, et tant qu'on ne l'aura pas étudié sur les différents points du globe, nous sommes persuadé que l'on doit regarder comme très-suspectes toutes les théories que l'on fera sur la formation de la terre.

Il arrive souvent que les couches de terrains sont coupées dans divers sens par des masses minérales auxquelles on donne les noms de *filons*, de *veines*, de *dykes* ou même de *couches*, selon leur forme ou leur direction. Quelquefois aussi les minéraux sont comme parsemés dans la masse, et agglomérés avec la substance des couches rocheuses, et souvent même dans un état de combinaison chimique. Les nombreuses substances contenues dans les filons s'y montrent pour l'ordinaire à l'état cristallin. C'est là que l'on trouve tous les métaux qui sont d'un si grand usage dans les arts. Quoique les métaux ne se trouvent qu'accidentellement dans la masse stratifiée, cependant il en est qui ne se rencontrent pour l'ordinaire qu'avec certains groupes de l'écorce terrestre.

Les corps organisés qui se rencontrent dans l'enveloppe solide de la terre, ces débris d'êtres vivants, dont un grand nombre ont été contemporains des révolutions qui ont changé plusieurs fois la face de la planète que nous habitons, semblent devoir être des témoins qu'il faut interroger sur l'âge et les vicissitudes du monde. Les êtres organisés qui sont mêlés à la partie solide du globe y forment une masse considérable.

Chaque géologiste a une méthode particulière pour étudier et présenter aux yeux la forme de l'écorce terrestre. Cette écorce se divise pour l'ordinaire en plusieurs tranches ou étages pris dans son épaisseur; mais comme les points de section ne sont pas parfaitement marqués dans la nature, il arrive que les divisions admises par les savants peuvent être différentes, et cependant assez justes. Il est des auteurs qui ont pris pour base de leur classification l'ordre purement chronologique, et d'autres qui se sont appuyés sur le mode de formation. Comme ces méthodes tiennent plus ou moins à des hypothèses, elles ne paraissent pas avoir des caractères de fixité. Avant de donner la division que nous avons adoptée, nous croyons devoir faire connaître celle de deux savants géologistes : ces comparaisons sur les différentes méthodes jetteront plus de jour sur la forme de l'écorce terrestre que ne pourrait le faire une longue discussion sur les motifs qui ont guidé ces auteurs. Commençons par celle de M. d'Omalius d'Halloy :

CLASSE.	ORDRES.	GROUPES SPÉCIAUX.	CLASSE, MÉTHODE ACCESSOIRE.
TERRAIN NEPTUNIEN.	Terrains MODERNES.	Ter. madréporique.	Terrains secondaires.
		Terrain tourbeux.	
		Terrain détritique.	
		Terrain alluvien.	
		Terrain tufacé.	
	Terrains TERTIAIRES.	Terrain diluvien.	
		Terrain nymphéen.	
		Terrain tritonien.	
	Terrains AMMONÉENS.	Terrain crétacé.	
		Terrain jurassique.	
		Terrain liasique.	
		Terrain keuprique.	
		Terrain pénéen.	
	Terrains HÉMILYSIENS. (demi-dissous.)	Terrain houiller.	Terrains primordiaux.
		Terr. anthracifère.	
		Terrain ardoisier.	
		Terrain talqueux.	
TERRAIN PLUTONIEN.	Terrains AGALYSIENS. (dissous).	Terrain granitique.	
		Terrain porphyriq.	
	Terrains PYROÏDES	Terrain basaltique.	Terrains pyroïdes.
		Terrain trachitique.	
		Terrain volcanique.	

Dans la méthode de M. d'Omalius, les groupes spéciaux se subdivisent encore en un grand nombre d'*étages*, *systèmes*, *membres* ou *modifications principales*; mais il nous paraît que l'abrégé de son tableau suffit pour donner l'idée de sa théorie, sur laquelle nous ne nous permettrons qu'une seule observation, qui a rapport à sa méthode accessoire. Cette méthode comprend sous une seule dénomination de *terrains secondaires* toute la série qui s'étend depuis le terrain de formation actuelle jusqu'au point où commence le terrain que l'on appelait de *transition*. Or, il y a dans cette série un passage assez marqué, des changements de caractère assez frappants pour admettre une troisième classe, comme l'ont fait un grand nombre de géologistes. La division entre le terrain tertiaire et le secondaire serait aussi frappante que celle qui existe entre ce dernier et les terrains primordiaux : rien donc n'empêchait de l'admettre. Voici maintenant la méthode de M. Rozet, professeur de géologie, etc., qui divise l'écorce terrestre entre deux séries, dont la première se subdivise en six époques.

PREMIÈRE SÉRIE.	1re ÉPOQUE.	Terrain POST-DILUVIEN.		
	2e ÉPOQUE.	Terrain DILUVIEN.		
	3e ÉPOQUE.	Terrain SUBATLANTIQ.	1re Formation.	Calcaire et silex lacustre.
			2e Formation.	Grès, sable, calcaire. Marne bleue, macignos. Calcaire, etc.
	4e ÉPOQUE.	Terrain CRAYEUX.	1re Formation.	Craie blanche. Craie tufeau. Glauconie crayeuse.
			2e Formation.	Gault. Grès vert.
			3e Formation.	Argile de veald, sables, calcaire, etc.
		Terrain JURASSIQUE.	1re Formation.	Oolithe de Portland. Argile de Kimmeridge. Calcaire marneux.
			2e Formation.	Calcaire compacte. Calcaire oolithique. Calcaire siliceux, sables ferrugineux.
			3e Formation.	Marne bleue. Calcaire marneux.
			4e Formation.	Cornbrash, forest marbre. Marne bleue, grande oolithe. Terre à foulon, oolithe inférieure.
			5e Formation.	Marnes schisteuses. Calcaires à gryphées.
		Terrain VOSGIEN	1re Formation.	Grès keupérien supérieur. Marnes irisées. Grès keupérien inferieur. Gypse et sel gemme.
			2e Formation	Muschelkalk.
			3e Formation.	Grès bigarré. Grès vosgien. Zechstein. Grès rouge.
	5e ÉPOQUE.	Terrain CARBONIFÈRE.	1re Formation.	Grès et schistes houillers. Arkoses et schistes.
			2e Formation.	Calcaire gris. Calcaire noir.
			3e Formation.	Psammites, etc. Grès rouge.
		Terrain SCHISTEUX.	Formation unique.	Quartzites et psammites. Calcaires. Phyllades, etc.
	6e ÉPOQUE.	Terrain PRIMITIF.	1re Formation.	Fulschistes.
			2e Formation.	Micaschistes.
			3e Formation.	Gneiss.
SECONDE SÉRIE.		Terrain PLUTONIEN.	1re Formation.	Leptinite.
			2e Formation.	Granit, siénite, protogine. Roches granitoïdes.
			3e Formation.	Porphyres.
			4e Formation.	Eurites, diorites, aphanites.
			5e Formation.	Trachytes.
			6e Formation.	Basaltes et dolérites.
			7e Formation.	Laves des volcans.

L'ordre le plus naturel d'une description géognostique nous paraît consister à prendre un rayon terrestre par l'extrémité qui nous est connue, et à le suivre aussi loin qu'il est possible de le faire, en décrivant toutes les différentes substances qui se présentent dans les différentes profondeurs. Mais comme ces substances se présentent sous une variété infinie, cette description se réduirait à une nomenclature sans intérêt, et par là même inutile, puisqu'elle n'aurait pas pour but de montrer les rapports qui se trouvent entre certains dépôts, les liens qui forment les groupes. La géologie doit essentiellement tendre à découvrir les lois qui ont présidé à la formation de l'écorce du globe, sans quoi elle serait une science stérile : or, elle ne le peut qu'en étudiant les rapports. Il faut donc grouper les substances en réunissant entre elles toutes les parties qui ont un assez grand nombre de caractères communs pour faire croire qu'elles appartiennent à un même ordre de choses, sans trop se mettre en peine de la cause qui a pu produire ces analogies.

Structure intérieure de la terre.

ENVELOPPES TERRESTRES.	CLASSES DES ÉLÉMENTS.	GENRES.	ESPÈCES ET VARIÉTÉS.	RESTES ORGANIQUES.
1re ENVELOPPE.	Éléments fluides.	Fluide aériforme.	Air pur. Air nébuleux.	
		Fluide aqueux.	Eau en glace, Eau liquide, Eau minéralisée.	
2e ENVELOPPE.	Éléments en activité.	Produits ignés.	Laves, boues, tufs, bitumes. Basaltes, trachytes.	Cette enveloppe contient des restes de l'industrie humaine et tous les êtres actuellement vivants.
		Produits animaux.	Madréporites.	
		Produits végétaux.	Détritus. Tourbes.	
		Produits fluviatiles.	Alluvions récentes. Tufs.	
3e ENVELOPPE.	Éléments mêlés	Meubles.	Depôt arénacé. Graviers, cailloux. Falun. Ossements des cavernes. Blocs erratiques. Fer d'alluvion. Lignites et marnes.	Débris des grands mammifères terrestres. Les animaux et les plantes nombreuses qui se trouvent dans cette enveloppe ne s'éloignent que très-peu des espèces actuelles. Les premiers ne sont point encore fossiles ou ne font que commencer à le devenir. On y trouve aussi des restes de l'industrie humaine.
		Cohérents.	Argiles. Gypses. Mollasses. Grès. Agglomérats. Brèche osseuse. Calcaire grossier.	
4e ENVELOPPE.	Éléments stratifiés.	Roches brutes.	Terrain crétacé. Terrain jurassique. Terrain vosgien. Terrain carbonifère.	Zoophytes : gryphées, peignes, térébratules, bélemnites, spires, dents des poissons, mollusques, reptiles, etc. Végétaux : cycadéens, conifères, sigillaires.
		Roches cristallines.	Terrain anthracifère. Terrain schisteux. Terrain talqueux. Terrain granitoïde.	Equisetum, calamites, fucoïdes, lépidodendrons, et autres végétaux. Plus de trace de vie.
5e ENVELOPPE.	Éléments solides.	Granitoïdes.	Leptinites. Syénites. Eurytes. Granits, etc. Diorites.	La plupart des géologistes regardent ces substances d'apparence cristalline et souvent vitreuse comme ayant été soumises à l'action du feu.
		Porphyroïdes	Aphanites. Porphyres, etc.	

Nous avons cherché les caractères de la division que nous avons admise dans les formes extérieures, dans la position, la manière d'être des substances, en un mot, dans des modifications purement descriptives. Nous avons divisé la croûte terrestre qui nous est connue en cinq enveloppes, entre lesquelles les transitions nous paraissent assez bien marquées. Comme la géologie doit s'occuper de tout le globe, notre tableau commence par l'enveloppe des fluides, qui forment une partie si considérable de l'écorce du globe. Les produits volcaniques ont toujours embarrassé les divisions géognostiques, et pour deux raisons, parce qu'en même temps qu'ils se trouvent à la surface du globe, où ils se forment encore chaque jour, ils se retrouvent à toutes les profondeurs de la masse, et appartiennent à tous les âges et à toutes les révolutions; c'est pour cela qu'un certain nombre d'auteurs en ont fait une classe à part. Pour nous, sans nous inquiéter des différences d'âge de ces produits, ni même de leur élévation ou de leur profondeur dans la masse géognostique, nous les avons tous placés au-dessus de tous les produits modernes, et c'est là en effet qu'on les retrouve le plus habituellement. Il en est de même des tourbes et des madréporites, qui tiennent en même temps aux terrains modernes et à presque tous les groupes des premières enveloppes terrestres. Pour donner une idée des rapports qui existent entre la zoologie et la géologie, nous avons placé dans notre tableau une colonne où sont indiqués les fossiles qui accompagnent ordinairement chaque enveloppe de l'écorce du globe.

La seule inspection de la série des éléments qui entrent dans la composition de l'écorce terrestre suffit pour montrer qu'il y a progression de densité en allant vers le centre : depuis l'éther jusqu'au porphyre, qui est la dernière limite de nos connaissances dans l'intérieur du globe. Cette progression est à peu près constante, de telle sorte que si tous les éléments qui forment cette masse avaient été mélangés dans un liquide, le dépôt se serait formé dans l'ordre qui nous est connu. N'est-il pas bien probable que la progression de densité continue jusqu'au centre de la terre? N'est-ce point par l'effet de cette densité que les éléments fluides sont maintenus à la surface? S'il y avait un vide intérieur, les eaux y parviendraient par les fentes, les fissures, les ouvertures des tremblements de terre et les conduits volcaniques.

Quoique, dans le tableau qui précède, comme dans tous ceux des autres géologistes, les éléments soient superposés dans le sens du rayon terrestre, il ne faut pas en conclure qu'ils sont ainsi disposés dans la nature. Peut-être n'est-il pas un seul point de la terre où l'on pût retrouver la série tout entière; mais on les voit pour ainsi dire affluer, chacun à son tour, à la surface du globe, et y occuper des espaces plus ou moins étendus. On suppose que l'ordre naturel a été détruit par les cataclysmes et les perturbations que la terre a éprouvés. Les inclinaisons des couches stratifiées, les éboulis, les corrosions, les dépôts de tous les genres, ont altéré la forme qui semble la plus analogue aux lois connues de la nature, et ce n'est qu'à force de travaux et d'examens attentifs que les savants parviennent à rétablir l'échelle géognostique en assignant à chaque pays le degré qu'il doit y occuper.

Quoique la paléontologie soit la partie la plus conjecturale de la géologie, cependant il est impossible de ne pas admettre une chronologie relative des diverses formations. Quand on se borne à diviser l'écorce du globe en un petit nombre de groupes, comme nous l'avons fait, leur différence d'âge saute aux yeux. On ne peut mettre en doute qu'il ne s'opère sur le globe une révolution constante, qui renouvelle sans cesse la dernière croûte de la terre. Si l'on passe de la troisième enveloppe à celle qui suit, c'est-à-dire du terrain appelé *diluvien* au terrain *ammonéen* (d'Omalius), la différence est tout aussi frappante. Dans le premier, on trouve un mélange désordonné de toutes les substances qui apparaissent à la surface de la terre, et l'on voit aussi clairement que possible qu'avant d'avoir été déposées, ces substances ont été mêlées, déplacées, roulées, altérées par une inondation qui a couvert toutes les terres connues. Il est encore évident que cette révolution est postérieure à la révolution qui a donné lieu aux montagnes ammonéennes. C'est une chose bien digne de remarque que les terrains de la dernière grande révolution contiennent des roches de toutes les montagnes actuellement existantes, tandis que les montagnes calcaires qui forment un grand système de formation ordinairement appelée *secondaire* ne contiennent presque pas de roches primitives. Ceci semblerait d'accord avec l'opinion qui place l'origine des montagnes primitives à une époque plus rapprochée que celle des montagnes secondaires.

Chaque phénomène de la nature a donné lieu à des systèmes particuliers, et le monde, qui est le premier et le plus grand des phénomènes, a donné lieu à plus de systèmes que n'en ont fourni toutes ses parties. Les faits principaux dont se sont occupés les géologistes sont les montagnes, les vallées, les cavités souterraines, les dépôts diluviens, les sources thermales, les volcans, et enfin le globe dans son ensemble. Ces masses de terres, de rochers, de débris organisés, qui s'élèvent si fort au-dessus du niveau des eaux, et que l'on appelle *montagnes*, offrent pour l'ordinaire des caractères non équivoques d'une origine aqueuse. On a cru longtemps que ces vastes dépôts avaient été laissés dans leur position actuelle par une vaste révolution opérée dans la position des eaux du globe. Mais dans ces derniers temps on a supposé qu'après avoir été formées par dépôt au-dessous des eaux, ces masses ont été soulevées par des forces intérieures. La vue des montagnes volcaniques, de quelques montagnes et de quelques îles formées depuis les temps historiques, l'inclinaison des couches, l'ordre de superposition des terrains, l'exemple de quelques rochers qui portent des traces évidentes de soulèvement, ont servi de preuves à ce système, qui n'a peut-être d'autre tort que la généralité qu'on a voulu lui donner.

Les premiers systèmes sur les vallées les présentaient comme des lits creusés par les eaux descendues des grandes sommités pendant que ces dépôts étaient encore récents et peu cohérents. Les directions transversales, les angles rentrants correspondant avec les angles saillants, les eaux qui y coulent encore, favorisaient cette opinion; mais elle a dû tomber avec le système des soulèvements, qui présente les vallées comme une conséquence nécessaire des soulèvements; car une surface horizontale ne peut être soulevée sans éprouver un déchirement au point du soulèvement, et par conséquent laisser voir des fentes, et ces fentes seraient les vallées. On ne peut nier qu'il n'y en ait de cette espèce; mais les grandes vallées, celles des Alpes, par exemple, portent dans leur structure et leur stratification des preuves mathématiquement évidentes de l'impossibilité de cette origine.

Les **cavernes**, ces vastes souterrains qui se présentent dans toutes les montagnes et souvent dans un prolongement de plusieurs lieues, qui montrent aux curieux des cristaux, des stalactites, des eaux dormantes et des eaux courantes, des ossements d'animaux et des substances métalliques, offrent de grandes difficultés. Les grottes volcaniques sont suffisamment expliquées par l'éjaculation des substances auxquelles elles ont donné passage; mais les autres grottes restent sans explications satisfaisantes. Ni les bouleversements survenus dans les soulèvements, ni l'éruption des eaux intérieures, ni l'éruption des gaz acidulés provenant de l'intérieur de la terre, ne peuvent satisfaire des esprits un peu habitués à ne demander aux causes que les effets qu'elles peuvent produire.

Tout le monde convient que la présence sur toute la terre d'un grand dépôt de substances mêlées est un témoin irrécusable de la présence des eaux sur tous les continents; mais en admettant un **déluge** universel, on est peu d'accord sur les causes. On assigne un changement de l'axe terrestre, qui aurait en partie déplacé l'Océan; une contraction subite du globe, qui aurait ouvert les abîmes et vomi sur la terre toutes les eaux intérieures; un changement en eau de tous les fluides aériformes, qui aurait précipité sur la terre les cataractes des cieux; enfin, un soulèvement subit des montagnes trachytiques du Nouveau Monde, qui aurait refoulé la mer sur l'ancien. Il me semble que parmi toutes ces causes, qui ne sont que des possibilités, il eût été facile d'y ranger une loi ou volonté particulière de celui qui peut tout sur les éléments.

La chaleur des eaux des sources thermales était regardée comme un effet de la chaleur produite par l'oxydation des métaux intérieurs, et en général par l'action d'un calorique provenant des combinaisons chimiques, qui doivent être fréquentes dans l'intérieur de l'écorce terrestre. Maintenant on trouve dans la chaleur centrale un moyen extrêmement simple de rendre raison des eaux thermales, des évaporations gazeuses, des eaux minérales, et même des fontaines ardentes. Sans nous étendre ici sur les **volcans**, nous nous contenterons de répéter que l'on trouve leur cause dans la **chaleur terrestre** centrale, qui tient les substances intérieures dans un état de fluidité et dans une contraction lente que doit éprouver le globe par le refroidissement successif.

Venons aux hypothèses faites sur la formation du globe. La géologie a donné lieu à plus de systèmes que toutes les autres sciences à la fois : on dirait que l'homme, jaloux de la puissance de Dieu, veut essayer ses forces pour deviner au moins la manière dont il s'y est pris pour créer. Chaque géologiste a son monde à lui. Dans un rapport que Cuvier a fait, en 1806, à l'Institut de France, ce célèbre savant dit que le nombre de ces systèmes s'élève à plus de quatre-vingts. De La Métherie en classe et en analyse plus de soixante dans ses *Leçons de Géologie*. Plusieurs philosophes anciens ont pensé que la terre était un animal recouvert d'autres animaux. Kepler, Lehmann et Gatrin, parmi les modernes, se sont beaucoup rapprochés de cette idée. Tantôt les faiseurs de systèmes supposent que tout a commencé par la terre et le feu; que le dernier, en agissant sur l'autre, a dégagé l'air et l'eau, qui ont pris position, et en même temps fait cristalliser la plus grande partie de l'écorce terrestre; tantôt ils supposent que tout était dans un état aériforme, et que la condensation n'est venue que lentement à la suite des siècles; tantôt que les corps de tout notre système planétaire ne sont que des portions arrachées à l'atmosphère du soleil, et ensuite devenues solides par condensation; tantôt on suppose que le globe a commencé par un état de fusion ignée, tantôt qu'il a commencé par un état de liquidité aqueuse. Les partisans du fluide gazeux sont Herschell, Laplace, De La Métherie, Vaumons, et même quelques philosophes anciens. Les partisans de la liquidité ignée sont Kircher, Descartes, Leibnitz, Buffon, Hütton, Playfer, sir James Hall, Fleurieu de Bellevue et Breislak. Enfin, les principaux partisans de la fluidité aqueuse primitive, qui semble plus d'accord avec les paroles de la *Genèse*, sont Thalès, Platon, et en général les plus anciens philosophes de toutes les nations, et parmi les modernes Brunet, Woodvard, Wiston, Scheuchzer, Swedenborg, Linné, Maillet, Pallas, Dolomieu, André de Gy, De Luc et Werner. La plupart des savants ont pris la narration de l'Écriture pour point de départ, et en laissant à Dieu la création de la matière, et même la première configuration du globe, ils ont cherché dans les lois de la nature le moyen d'achever l'œuvre, ou du moins de lui donner les formes que nous lui voyons. Ils supposent donc qu'un grand espace de temps s'est écoulé entre la création de la matière et ces époques divisées en *jours*, où Dieu la rend habitable et la couvre d'êtres animés. Walcrius s'attache à suivre l'œuvre des *six jours* avec la plus scrupuleuse exactitude, et se contente d'appliquer les lois de la physique et de la chimie aux différentes opérations que l'Écriture se contente d'énoncer.

Il est impossible de raconter tous les subterfuges inventés par l'imagination pour se passer de l'action directe de Dieu dans la formation du monde et la production des divers phénomènes qui se montrent à sa surface. Changement de figure du globe, changement d'état, augmentation et ensuite diminution de son volume, transposition de son centre de gravité, déplacement de son axe, diminution dans l'obliquité de l'écliptique, divagation du globe dans l'espace, voyage des comètes qui viennent choquer la terre, etc., etc. Tout ce qui est possible, et même ce qui ne l'est pas, se trouve à la disposition des géologues, quand ils ont un monde à construire. Rien n'est plus risible ou mieux plus pitoyable que cette facilité de l'esprit humain à admettre toutes les suppositions qui sont utiles à ses conceptions. Chaque géologue a pour lui l'évidence et la clarté quand il détruit les systèmes des autres, puis il rentre sans scrupule dans les ténèbres dont il a voulu nous faire sortir. Saussure, qui avait étudié la nature partout où l'on peut la voir, assure qu'aucun système ne peut expliquer les phénomènes géologiques d'une manière satisfaisante. Ce qui paraît vrai dans une localité devient faux ou douteux dans une autre : « On pourrait presque assurer, dit-il, qu'il n'y a rien de constant dans les Alpes que leur variété. » En se pressant de faire des systèmes, on fait grand tort aux sciences ; on arrête les esprits confiants, on use les esprits forts, qui au lieu d'avancer, sont obligés de s'épuiser à détruire des édifices construits sur des fondements trompeurs ; on vicie les observations les plus nécessaires, parce que les esprits prévenus par un système adopté sont plus ou moins portés à faire plier la nature à l'idée qui les préoccupe ; ils ne voient que le côté favorable à leur théorie, et, au lieu d'être une instruction, leurs observations ne sont qu'un plaidoyer. Les vérités géologiques que le créateur de la *géognosie* admet comme prouvées sont si réduites, qu'elles doivent mettre en défiance contre la sécurité des systèmes les mieux démontrés. Ces vérités admises par Werner sont : 1° que les terrains qui forment l'enveloppe supérieure du globe sont le produit d'une précipitation aqueuse ; 2° que le mode et l'ordre de superposition de ces terrains indiquent leur ancienneté relative, et constituent une espèce de chronologie géologique ; 3° que les terrains les plus anciens forment les montagnes les plus élevées. De ces trois propositions, il tire ensuite des conséquences qui rentrent plus ou moins dans la voie des systèmes, et par conséquent des probabilités.

L'abbé Rendu,

évêque d'Annecy, membre de l'Académie des Sciences de Turin.

GÉOMANCIE (du grec γῆ, terre, et μαντεία, divination), divination qui se pratiquait de plusieurs manières : tantôt on traçait sur la terre des lignes ou cercles sur lesquels on croyait pouvoir deviner ce qu'on voulait apprendre ; tantôt on faisait des points au hasard, sur la terre, ou sur des matières propres à l'écriture ; les figures que formaient fortuitement ces points servaient à prévoir des événements à venir. D'autres fois on observait les fentes et les crevasses qui se font naturellement à la surface de la terre. Polydore-Virgile attribue l'invention de la géomancie aux mages. Robert Flud, savant anglais, qui vivait au seizième siècle, a composé un gros traité sur ce sujet. Quelques sectes de musulmans attribuent à Édris, c'est-à-dire à Énoch, l'invention de la plume, de l'aiguille, de l'astronomie, de l'arithmétique et de la *géomancie*.

GÉOMÉTRAL. Les architectes, les charpentiers, etc., appellent plan *géométral* (par terre) le tracé qui indique les proportions, la configuration, etc., que doivent avoir les fondations d'un édifice, d'un ouvrage de charpente. Tout dessin qui représente un objet avec sa forme et ses proportions réduites de la même quantité, sans dégradations ni perspectives, etc., est dit *géométral* : ainsi, l'image qui représente les fenêtres, les colonnes, l'entablement d'une façade de palais, avec les dimensions réduites sur la même échelle de tous ces divers membres, s'appelle *plan géométral en élévation*, ou *élévation géométrale*.

GÉOMÈTRE, celui qui sait et pratique la géométrie. Ce mot est aussi synonyme de *mathématicien*. Platon appelle Dieu l'*éternel géomètre*. Les géomètres sont beaucoup moins connus du vulgaire que les littérateurs, par la raison que la science qu'ils professent, qui est une de nos connaissances véritablement dignes de ce nom, est sévère, d'un accès assez difficile, et ne procure des jouissances qu'à ceux qui ont le bonheur d'en apprécier toute l'importance.

Des ignorants ont dit et répété cent fois que les géomètres sont inaccessibles aux grâces, qu'ils sont incapables d'écrire avec élégance, soit en prose, soit en vers ; cependant Platon, dont les Grecs ont dit que si Jupiter voulait parler aux hommes, il emploierait son style, était, chez les anciens, un grand géomètre ; Virgile, *le prince des poëtes latins*, savait très-bien pour son temps l'astronomie ; il était donc géomètre. Parmi les bons écrivains modernes figurent avec honneur les géomètres Descartes, Pascal, D'Alembert, Buffon, etc.

Teyssèdre.

GÉOMÉTRIE (de γῆ, terre, et μέτρον, mesure). On nomme ainsi la science qui a pour objet la mesure et les propriétés de l'étendue, considérée simplement comme étendue et figurée. C'est à tort que quelques auteurs ont écrit que la géométrie est la science qui traite de la *mesure* de l'étendue. « On serait tenté de croire, dit M. Chasles, que cette définition nous vient de quelque arpenteur romain, si elle ne remonte pas aux Égyptiens, qui, selon la tradition historique ou fabuleuse, auraient créé cette science pour retrouver l'étendue primitive de leurs terres après les inondations du Nil. » C'est à cette tradition que l'on rapporte communément l'étymologie du mot qui nous occupe. Mais combien la véritable géométrie est au-dessus de ces procédés pratiques, qui n'en constituent qu'une des moindres applications ! Les lignes, les surfaces, les corps eux-mêmes, auxquels la géométrie applique ses méthodes, sont autant d'abstractions ; les vérités géométriques sont, en quelque sorte, suivant l'heureuse expression de D'Alembert, l'*asymptote* des vérités physiques, c'est-à-dire le terme dont celles-ci peuvent indéfiniment approcher, sans jamais y arriver exactement. « Pour démontrer des vérités en toute rigueur, ajoute l'illustre encyclopédiste, lorsqu'il est question de la figure des corps, on est obligé de considérer ces corps dans un état de perfection abstraite qu'ils n'ont pas réellement : en effet, si on ne s'assujettit pas, par exemple, à regarder le cercle comme parfait, il faudra autant de théorèmes différents sur le cercle qu'on imaginera de figures différentes plus ou moins approchantes du cercle parfait ; et ces figures elles-mêmes pourront être encore absolument hypothétiques et n'avoir point de modèle existant dans la nature. Les lignes qu'on considère en géométrie ne sont ni parfaitement droites ni parfaitement courbes, les surfaces ne sont ni parfaitement planes ni parfaitement curvilignes ; mais plus elles approcheront de l'être, plus elles approcheront d'avoir les propriétés qu'on démontre des lignes exactement droites ou courbes, des surfaces exactement planes ou curvilignes. »

La définition que nous avons donnée de la géométrie indique deux divisions principales de la science : les questions qui ont rapport à la *mesure*, c'est-à-dire à l'évaluation de la longueur des lignes, de l'aire des surfaces, du volume des corps, peuvent être distinguées des recherches sur les propriétés résultant des formes et des proportions relatives des figures. Mais cette seconde partie de la géométrie prête un secours constant à la première, en lui fournissant des méthodes de décomposition. On ne peut donc étudier l'une sans l'autre.

Quant aux procédés qu'elle emploie, la géométrie est dite ou *élémentaire*, ou *analytique*, ou *transcendante*. Il suffit d'avoir poussé l'étude de l'arithmétique jusqu'à la théorie des proportions et à l'extraction de la racine carrée, pour être à même d'établir et d'appliquer toutes les vérités qui sont du ressort de la *géométrie élémentaire*. Son cadre, il est vrai, n'embrasse que la ligne droite et le cercle, le plan, le cylindre et le cône droits à bases circulaires, et la sphère. Elle se subdivise naturellement en *géométrie plane* et en *géométrie de l'espace*. Dans la première section, on ne considère que des figures tracées sur un plan. Après avoir établi les propriétés des droites concourantes ou parallèles, et posé les premiers jalons de la théorie des triangles, on fait intervenir la circonférence pour mesurer les angles. Ces données suffisent pour passer à la mesure des polygones, et pour établir la théorie des triangles semblables, base de celle de la similitude, et dont un corollaire célèbre est relatif au carré de l'hypoténuse d'un triangle rectangle. Les polygones réguliers nous font passer des figures rectilignes au cercle et à sa circonférence. Mais si la géométrie élémentaire veut conserver l'esprit qui l'a guidée jusque alors, force lui est de s'en tenir au mode de démonstration que l'on appelle *réduction à l'absurde*, mode entièrement synthétique, et qui ne met pas sur la voie de nouvelles découvertes. L'enseignement moderne lui a substitué tantôt l'emploi des infiniment petits, tantôt celui des limites; le calcul infinité simal s'introduit forcément avec les figures curvilignes.

La géométrie de l'espace fait d'abord pour le plan ce que la géométrie plane a fait pour la ligne droite. Les propriétés des plans, de leurs angles dièdres, trièdres, polyèdres, des droites non situées dans un même plan, servent d'introduction à la mesure des polyèdres, entre lesquels on distingue les prismes et les pyramides. Parmi les prismes, le parallélipipède joue le même rôle que le parallélogramme dans les figures planes; de même, on voit une certaine analogie entre la pyramide et le triangle. La théorie de la similitude revient s'appliquer aux polyèdres, comme elle l'a été précédemment aux polygones; mais il s'en présente une autre, que ne pouvait offrir la géométrie plane; nous voulons parler de la symétrie. Les corps que nous venons de nommer étant mesurés, la méthode infinitésimale qui nous a fait passer des polygones réguliers au cercle, nous conduit du prisme régulier au cylindre, de la pyramide régulière au cône et au tronc de cône, et enfin du cylindre, du cône et du tronc de cône, à la sphère, dont nous mesurons le volume et la surface.

Toutes les vérités relatives aux points que nous venons d'indiquer s'établissent à l'aide des plus simples méthodes. Le principe de superposition, la théorie des limites employée chaque fois qu'apparaissent des grandeurs incommensurables, la réduction à l'absurde pour la démonstration des réciproques, tels sont les moyens d'action de la géométrie élémentaire. Si on ajoute à ces moyens l'emploi des notations algébriques, la généralité qui en résulte caractérise une nouvelle branche de la science, à laquelle on donne ordinairement le nom de *géométrie analytique*, quoiqu'il soit plus convenable de l'intituler *application de l'algèbre à la géométrie*. Cette application n'aurait pas la fécondité qui la distingue si elle ne pouvait atteindre que les questions déterminées; elle eût servi seulement à faciliter quelques démonstrations et à simplifier la trigonométrie. Mais l'introduction faite par Descartes du système des coordonnées lui donne une bien autre importance : avec elle il n'est pas de figure définie qui puisse échapper aux investigations de la géométrie. La géométrie analytique est dite *à deux* ou *à trois dimensions*, suivant qu'elle traite des figures planes ou des figures considérées dans l'espace.

Dans le siècle dernier, la géométrie analytique portait les noms de *geométrie transcendante*, *géométrie des courbes*. La partie relative aux courbes mécaniques reçevait le nom de *géométrie sublime*. Cette appellation a vieilli, et a été remplacée par celle de *géométrie transcendante*. Notre géométrie transcendante ne diffère de la géométrie analytique qu'en ce qu'elle appelle à son aide les procédés du calcul intégral : la construction des courbes transcendantes et de leurs tangentes, et surtout les rectifications des lignes, les quadratures des surfaces et les cubatures des solides, sont les principales questions dont elle s'occupe.

Nous n'avons pas parlé de la géométrie descriptive, qui n'est qu'une application continuelle des principes de la géométrie de l'espace. Mais nous ne pouvons passer sous silence une branche nouvelle de la science, qui, sous le nom de *géométrie supérieure*, fait partie de l'enseignement officiel, en France, depuis 1846. La géométrie supérieure, sans recourir aux calculs souvent compliqués de la géométrie analytique ou de la géométrie transcendante, aborde les mêmes sujets : elle se distingue de la géométrie élémentaire par l'introduction des signes et des imaginaires, et aussi par un principe de dualité qui lui permet de déduire des propositions concernant des droites de celles qui concernent des points, et réciproquement.

C'est à Hérodote que remonte la tradition qui attribue l'invention de la géométrie aux Egyptiens; Thalès (639-548 av. J.C.) l'importa en Grèce, et l'enrichit de plusieurs découvertes. Pythagore, né environ 580 ans avant J.C., trouva, dit-on, la proposition du carré de l'hypoténuse, et aussi la propriété qu'ont le cercle et la sphère d'être des *maxima* parmi les figures de même périmètre ou de même surface, premier germe de la doctrine des isopérimètres. Hippocrate de Chio, quadrateur des lunules, précéda Platon, qui donna une solution très-simple du fameux problème de la duplication du cube; deux des disciples de Platon, Menechme et Eudoxe de Cnide, traitèrent le même sujet; Architas, dont Platon avait suivi les leçons, en avait précédemment donné une solution purement spéculative, mais remarquable en ce qu'il faisait usage d'une courbe à double courbure. La solution de Platon est le premier exemple de la construction mécanique d'un problème de géométrie. C'est encore dans l'école de Platon que furent développées les principales propriétés des sections coniques : Aristée écrivit sur ce sujet cinq livres, qui ne nous sont pas parvenus. A peu près à la même époque, Dinostrate découvrit la quadratrice qui porte son nom, quoique Proclus en accorde l'invention à Hippias, géomètre et philosophe contemporain de Platon. C'est encore à ces premiers temps de la géométrie qu'il faut rapporter les travaux de Perseus sur des courbes classées aujourd'hui dans les lignes du quatrième degré, et dont il donna une théorie purement géométrique.

Euclide, qui vivait environ cinquante ans après Platon, composa ses *Éléments*. Hippocrate de Chio, Léon, Theudius de Magnésie, Hermotime de Colophon, l'avaient précédé dans cette voie, mais sans arriver à la perfection d'Euclide, qui ajouta aux découvertes d'Eudoxe et de Thœtète. Le géomètre d'Alexandrie introduisit dans les éléments la méthode appelée *réduction à l'absurde*. Euclide avait aussi écrit le livre des *Données*, quatre livres sur les sections coniques, deux livres sur les lieux à la surface, trois livres sur les porismes.

La plus belle époque de la géométrie chez les Anciens est celle d'Archimède et d'Apollonius de Perge. La quadrature de la parabole par Archimède est la première quadrature rigoureuse d'un espace compris entre une courbe et des lignes droites. Archimède traita également les spirales; il donna le centre de gravité d'un secteur parabolique quelconque; les volumes des segments des sphéroïdes et des conoïdes paraboliques et hyperboliques; une approximation du rapport de la circonférence au diamètre. Il se servit des procédés qui constituent la méthode d'exhaustion.

Apollonius fit un traité en huit livres sur les sections coniques. Il les considéra le premier, dans un cône oblique quelconque à base circulaire, et leur donna les noms d'*ellipse*, *hyperbole* et *parabole*. On trouve dans son traité les plus belles propriétés de ces courbes, telles que celles des foyers, des diamètres conjugués, des asymptotes, etc. Les 23 premières propositions du livre IV sont relatives à la division harmonique des lignes droites menées dans le plan d'une conique. Apollonius traita également des *maxima* et *minima*. Il appliqua la géométrie à l'astronomie, et c'est peut-être à lui que l'on doit la théorie des épicycles.

Ératosthène, contemporain d'Archimède et d'Apollonius, inventa pour la solution de la question des deux moyennes proportionnelles, l'instrument appelé *mésolabe*, qu'il décrit dans une lettre adressée au roi Ptolémée, où il fait l'histoire du problème de la duplication du cube.

L'époque qui suivit Apollonius et Archimède fut celle des grands progrès de l'astronomie. C'est vers ce but que se tournèrent les esprits des géomètres. On peut citer Nicomède (150 ans avant J.-C.), inventeur de la conchoïde; le célèbre Hipparque; Geminus (100 ans avant J.-C.), auteur d'un ouvrage sur diverses courbes, entre autres sur l'hélice; Théodose (100 ans avant J.-C.), auteur des *Sphériques*; Ménélaüs (80 ans après J.-C.), qui traita le même sujet que Théodose, et fit avancer la trigonométrie sphérique; Ptolémée, non moins savant géomètre qu'illustre astronome, etc. On le voit, les Grecs continuaient à cultiver la géométrie sous la domination romaine. Quant aux Romains, ils ne se distinguèrent pas dans cette science. Vers la fin du quatrième siècle, Pappus rassembla une foule de découvertes importantes dans ses *Collections mathématiques*. Au milieu du siècle suivant, Proclus, chef de l'école platonicienne d'Athènes, commenta Euclide. Parmi les autres commentateurs ayant rendu de véritables services à la géométrie, il faut mettre au premier rang Eutocius, qui vivait en 540.

Au moyen âge, la géométrie fut, comme toutes les autres sciences, couverte d'un voile épais. La bibliothèque d'Alexandrie était détruite. Les Arabes ne purent même nous conserver intactes les connaissances acquises par les Grecs. La géométrie ne reprit naissance qu'avec Viète et Képler. La fameuse règle donnée par Guldin fut bientôt effacée par la méthode que Cavalleri publia sous le titre de *Géométrie des indivisibles*. Presque au même instant, Descartes, Fermat et Roberval abordaient le problème des tangentes. Pascal, démontrant rigoureusement la méthode de Cavalleri, donna les propriétés de la cycloïde; il découvrit son *hexagramme mystique*. Desargues écrivit sur les coniques. Grégoire de Saint-Vincent appliqua, comme Cavalleri et Roberval, mais d'une manière qui lui était propre, les méthodes d'Archimède pour la quadrature des espaces curvilignes; c'est à lui que l'on doit les propriétés remarquables des espaces hyperboliques entre les asymptotes, qui sont les logarithmes des abscisses.

En 1637, Descartes avait ouvert à la géométrie une ère nouvelle. Sluze (1623-1685) et Hudde (1640-1704) perfectionnèrent ses méthodes. De Witt simplifia la théorie analytique des lieux géométriques. Wallis écrivit le premier traité analytique des sections coniques, suivant les doctrines de la géométrie de Descartes. Huyghens, van Heuraet et Neil furent également les promoteurs de sa méthode. Huyghens rectifia la cissoïde, détermina les surfaces des conoïdes paraboliques et hyperboliques, donna des théorèmes curieux sur la logarithmique, résolut le problème de la chaînette posé par Galilée, etc.

Cependant Barrow, perfectionnant la méthode des tangentes de Fermat, avait imaginé son triangle différentiel. L'*Arithmétique des infinis* de Wallis fut appliquée aux figures géométriques par Mercator, Brouncker, Jacques Gregori, Huyghens et quelques autres. Une révolution nouvelle, dont Leibnitz et Newton se disputent la gloire, eut pour résultat la création du calcul différentiel, avec lequel apparurent Maclaurin, Cotes, les Bernoulli, Euler, Clairaut, Cramer, Waring, Halley, Tschirnhausen, etc., pendant que De La Hire continuait à cultiver la méthode des anciens, objet des spéculations de Mathieu Stewart et de Robert Simson. La fin du siècle dernier vit briller parmi les géomètres D'Alembert, Lagrange, Lambert. Carnot et Monge ouvrirent à la science de nouveaux horizons. La géométrie, transformée par eux, a été cultivée avec succès par Legendre, Laplace, Poisson, Hachette, Brianchon, et l'est encore par MM. Poinsot, Gergonne, Poncelet, Quételet, Chasles, Cauchy, Charles Dupin, etc.

La géométrie occupe dans le livre de Montucla la place importante à laquelle elle avait droit. Depuis, elle a eu son histoire spéciale dans le savant ouvrage que M. Chasles a publié sous le titre modeste d'*Aperçu historique sur l'origine et le développement des méthodes en géométrie*, etc. (Paris, 1837, in-4°). E. MERLIEUX.

GÉOMÉTRIE ANALYTIQUE. *Voyez* GÉOMÉTRIE et APPLICATION.

GÉOMÉTRIE DESCRIPTIVE. Monge a donné ce nom à une partie de la géométrie, ou plutôt à une application de quelques-uns de ses principes, dont l'objet est de représenter sur un plan, surface à deux dimensions, les corps qui en ont trois. En d'autres termes, la géométrie descriptive réunit dans une figure plane tous les éléments nécessaires pour faire connaître la forme et la position d'une figure quelconque dans l'espace. Elle permet de résoudre par des constructions planes les problèmes de la géométrie à trois dimensions. Elle s'applique continuellement à la coupe des pierres, à la charpente, à la perspective, à la construction des reliefs, à la détermination des ombres; le percement des routes et des canaux dans les pays accidentés, les constructions navales, la direction des mines souterraines, le défilement dans la science des fortifications, empruntent également son secours. Certains procédés de la géométrie descriptive étaient donc connus avant Monge; Philibert Delorme, Mathurin Jousse, le P. Deran, Delarue, avaient même écrit sur ce sujet; Desargues avait ramené les différentes questions traitées par eux à des principes communs; Frézier avait suivi la même voie; mais ce fut Monge qui le premier rattacha toutes ces questions à un petit nombre d'opérations abstraites et élémentaires, et les présenta dans un traité spécial et sous le titre particulier de *Géométrie descriptive*, leur donnant un caractère de doctrine indépendant des pratiques d'où il les fit sortir.

Les principes de la géométrie descriptive sont ceux du livre des plans de la géométrie élémentaire. On représente toutes les figures géométriques par leurs projections orthogonales sur deux plans rectangulaires, dont l'intersection reçoit le nom de *ligne de terre*. On distingue ces plans de projection l'un de l'autre par les dénominations souvent arbitraires de *plan horizontal* et de *plan vertical*. Enfin on suppose que celui-ci ait tourné autour de la ligne de terre et soit venu s'appliquer sur le plan horizontal, qui renferme alors les projections horizontales et verticales de tous les points de l'espace. Les problèmes sont donc ramenés à des constructions planes.

Telle est la méthode de Monge. On peut la modifier de diverses manières, soit en remplaçant les projections orthogonales par d'autres, soit en ne conservant qu'une seule projection avec quelque autre donnée qui supplée à la seconde, etc. E. MERLIEUX.

GÉOMYS (de γῆ, terre, et μῦς, rat), genre de mammifères rongeurs, dont, suivant Cuvier, on ne connaît qu'une espèce, de la taille du rat, à pelage gris roussâtre, à queue nue, de moitié plus courte que le corps. Elle habite des terriers profonds, dans l'intérieur de l'Amérique du Nord.

GÉOPHAGES (de γῆ, terre, et φάγω, je mange), c'est-à-dire *mangeurs de terre*. On a donné ce nom à certaines peuplades qu'on a vues, dans les moments de disette, avaler une quantité plus ou moins considérable de terre. Cette terre est-elle un aliment véritable, comme se le figurent les misérables qui s'en remplissent l'estomac, ainsi que Humboldt le rapporte des Otomaques. L'usage de ces peuplades semble d'abord soutenir cette opinion; mais en examinant la chose de plus près, on voit bientôt le merveilleux d'une terre immédiatement nourrissante faire place à une assez triste réalité : les *géophages* n'avalent de la terre que quand ils n'ont rien de plus nutritif; la terre dont ils sont censés se nourrir n'est que de l'argile; cette argile, légèrement détrempée, ne les nourrit pas, mais en chargeant et en occupant l'estomac, elle étouffe en quelque sorte ses cris, sans réparer les forces. Réduits à cette prétendue nourriture, les géophages ne manquent pas de mourir de faim. A cet égard, les sauvages ne sont pas plus privilégiés que les habitants des pays civilisés, dans lesquels on trouve de temps en temps des exemples de *géophagie*, parmi les hommes obligés de vivre hors du commerce de leurs semblables, et réduits à calmer, de quelque manière que ce soit, le sentiment de la grande faim qui les tourmente.

La *géophagie* se rencontre encore dans certaines maladies nerveuses qui dépravent le goût et font rechercher comme aliment savoureux des mets extraordinaires ; il n'est pas rare alors de rencontrer des malades qui avalent de la terre et de l'argile avec avidité.

GÉOPITHÈQUES (de γῆ, terre, et πίθηκος, singe). *Voyez* SINGE.

GÉORAMA (de γῆ, terre, et ὅραμα, vue), c'est-à-dire *vue de la terre*. Le but de ce spectacle n'est point de nous montrer la terre étalée comme sur une carte ni de nous l'offrir comme sur les globes de nos cabinets de physique et de nos observatoires. Le géorama présente la terre à contre-sens : c'est le monde renversé. Le spectateur est dans l'intérieur du globe, et la terre se déroule sous ses pieds, s'arrondit autour de lui et sur sa tête; les parois du globe montrent tous les accidents que l'on voit à la surface de la terre : les montagnes se dressent, les vallées se creusent, les fleuves serpentent en longs rubans, les volcans vomissent des flammes. Delanglard, inventeur du premier géorama, ouvert à Paris en 1823, avait fait construire un vaste globe de plus de 30 mètres de circonférence, dans l'intérieur duquel on pénétrait par un escalier conduisant à deux galeries circulaires, d'où le spectateur avait la vue entière des continents et des mers ; celles-ci étaient représentées par une toile vernissée au travers de laquelle pénétrait la lumière qui éclairait l'intérieur et les parties opaques représentant en couleur la carte de diverses régions de la terre. L'établissement de Delanglard périt faute d'encouragement. Charles-Auguste Guérin reconstruisit un géorama en 1844, sur les mêmes principes, aux Champs-Élysées. Seulement, au lieu de deux galeries, il n'y en avait qu'une, placée à la hauteur de l'équateur et à laquelle on parvenait par un double escalier. Une carcasse en fer formée par les méridiens et les parallèles avait été recouverte d'une vaste enveloppe de calicot vernissé sur laquelle était appliquée une carte exécutée à l'aquarelle. Ce nouveau géorama n'eut aussi que quelques années de durée.

On a encore donné le nom de *géorama* à une sorte de carte en relief du globe terrestre exécutée sur un vaste terrain, comme celui qu'avait dressé le géographe Sanis au château de Montrouge. L. LOUVET.

GEORGES (Saint), de γεωργός, *cultivateur*, ordinairement appelé le *chevalier saint Georges*, était, suivant la légende, un prince de Cappadoce, qui vivait vers le milieu du troisième siècle et souffrit le martyre à l'époque de la grande persécution des chrétiens, sous Dioclétien. Son exploit le plus fameux est la victoire qu'il remporta sur le dragon (ou encore le crocodile) qui menaçait d'avaler une fille du roi appelé Aja.

Cette légende, originaire de l'Orient, fut rapportée en Occident par les croisés, qui ne tardèrent pas à représenter sur leurs bannières le *chevalier* saint Georges transperçant le dragon, monstre emblématique par lequel ils entendaient désigner les musulmans qu'ils étaient allés combattre. La puissance merveilleuse qu'on attribuait à cette bannière détermina le grand prince de Moscou et plus tard l'empire russe à placer au centre de leur écusson le *chevalier* saint Georges occupé à terrasser le dragon. Les Anglais et les Génois l'adoptèrent également pour patron; au quatorzième siècle, la noblesse de Franconie forma une confrérie particulière sous l'invocation de ce saint, et ayant pour but de combattre les mécréants; exemple imité plus tard par la noblesse de Souabe. Au quinzième siècle, le droit de porter la bannière de saint Georges fut l'objet d'une longue contestation entre ces deux confréries; contestation à laquelle on ne put mettre un terme qu'en décidant que chacune des deux aurait le droit de la porter à son tour. L'Église célèbre la mémoire de saint Georges le 13 avril.

Un ordre de chevalerie, dit de *Saint-Georges*, institué vers l'an 1448, par l'empereur Frédéric III, en l'honneur de Dieu, de la très-sainte Vierge, de la foi catholique et de la maison d'Autriche, confirmé par le pape Paul II, avait pour siége la ville de Muhlstædt, en Carinthie. En entrant dans l'ordre, les chevaliers faisaient vœu d'obéissance et de chasteté, et de défendre les frontières de l'Empire contre les irruption des Turcs. Ils jouissaient d'ailleurs des mêmes droits et prérogatives que les chevaliers de l'ordre Teutonique. Le costume particulier de l'ordre consistait en un grand manteau blanc, sur lequel était brodé une croix rouge. Sous le règne de Maximilien il subit une grande décadence, et ne tarda point à disparaître. Son principal couvent fut attribué en 1598 à l'ordre des Jésuites en toute propriété; et les autres biens furent réunis au domaine impérial. En revanche, l'*ordre de Saint-Georges* fleurit encore de nos jours en Bavière, où, dit-on, il fut fondé par les ducs Othon III et Eckhard, aux premiers temps des croisades. Après deux éclipses successives, il fut renouvelé en 1729 par l'électeur Charles-Albert (plus tard empereur d'Allemagne, sous le nom de Charles VI), qui lui donna la qualification de *protecteur de l'immaculée conception de la très-sainte Vierge*. Le pape Benoît XIV confirma cet ordre, et lui accorda divers priviléges. Quand la ligne bavaroise vint à s'éteindre, l'électeur palatin Charles-Théodore l'adopta en 1778, pour constituer désormais un ordre de Bavière. Afin d'y être admis, il faut préalablement faire preuve de *seize* quartiers de noblesse. Le costume en est d'une grande richesse. Le grand-maître porte un manteau de velours bleu de ciel magnifiquement brodé en argent. Le manteau des autres officiers de l'ordre est plus court que celui du grand-maître et seulement brodé en soie blanche. La croix de l'ordre, bleu de ciel par devant et rouge par derrière, représente la Vierge Marie, assise sur une lune au milieu des nuages. Aux quatre pointes de la croix se trouvent les lettres V. I. B. I. (*Virgini immaculatæ Bavaria immaculata*). Au revers est représenté le dragon terrassé par saint Georges, avec les quatres lettres J. U. P. F. (*Justus ut palma florebit*). Les jours fériés par l'ordre sont le 24 avril, jour anniversaire de sa fondation, et le 8 décembre, fête de l'*Immaculée Conception*. Cet ordre de chevalerie est hiérarchiquement le second de la Bavière.

En Russie, l'impératrice Catherine II institua, le 28 novembre 1796, un *ordre militaire de Saint-Georges*, dont les membres reçoivent des pensions, variant de quotité suivant les classes entre lesquelles il est partagé.

Le feu roi de Hanovre, Ernest-Auguste, institua également dans son royaume, le 1er janvier 1839, un ordre civil et militaire de *Saint-Georges*.

GEORGES LE SYNCELLE, historien grec, qui florissait vers la fin du huitième siècle et dont on a une *chronographie* allant jusqu'à l'an 284 de notre ère ; ouvrage que Théophraste l'Isaurien continua jusqu'à l'an 813. Comme la *Chronique* d'Eusèbe, la chronographie de Georges le Syncelle paraît avoir été faite d'après l'ouvrage de Jules Africain. Ce surnom de *le Syncelle* a été donné à cet historien parce qu'il remplissait à Constantinople les fonctions de *syncelle*, ou clerc qui habitait la même cellule que le patriarche et qui était chargé de l'accompagner partout.

GEORGES PHRANZA ou PHRANTZÈS, historien byzantin, né en 1401, à Constantinople, remplit divers emplois à la cour de l'empereur Michel Paléologue. Pris par les Turcs en 1453, il fut vendu par eux comme esclave, puis mis en liberté, et mourut dans un couvent à Corfou. On a de lui une *Chronique de Constantinople* allant de 1259 à 1477.

GEORGES PISIDA ou PISIDÈS, auteur d'un poëme iambique sur la création du monde, jadis célèbre sous le titre de *Hexameron*, mais oublié aujourd'hui, et dont il ne nous reste plus que quelques centaines de vers, était diacre, et remplissait les fonctions de gardien des chartes et de référendaire de l'église de Constantinople. Il florissait vers l'an 630. On a aussi de lui un récit de l'*Expédition d'Héraclius contre les Perses*, un poëme *Sur la vanité de la vie* et divers autres ouvrages qui ont été recueillis dans la belle collection connue sous le nom de *Byzantine*. Comme poëte, Georges Pisidès jouit de son temps d'une grande réputation; mais il y a longtemps que personne ne le lit plus.

GEORGES DE TRÉBIZONDE, écrivain grec, né en 1396, en Crète, qui se disait de Trébizonde parce que c'était la patrie de ses ancêtres, vint en Italie vers l'an 1420, à l'époque de la tenue du concile de Florence, lorsqu'il était question de la réunion de l'Église grecque à l'Église latine. Il s'établit d'abord à Venise, où il enseigna la langue grecque, la philosophie et la rhétorique; puis il passa à Rome, où l'appelait le pape Eugène IV, qui le chargea de traduire divers ouvrages grecs en langue latine. Mais il s'acquitta avec assez peu de soin de cette mission, dans l'exécution de laquelle Valla et Th. Gaza ne tardèrent pas à le surpasser. C'est ainsi qu'on a de lui, entre autres, une traduction des *Problèmes* et de la *Rhétorique* d'Aristote, et de l'*Almageste* de Ptolémée. Mais c'est moins comme traducteur que comme défenseur du philosophe de Stagyre et de ses idées qu'il s'est fait un nom. Péripatéticien ardent et convaincu, il écrivit force dissertations remplies de fiel et d'aigreur contre ceux de ses contemporains qui en philosophie prenaient fait et cause pour Platon contre Aristote. Sa polémique dégénéra en personnalités tellement blessantes, que le pape Nicolas V, son protecteur, tout partisan d'Aristote qu'il était en secret, dut blâmer l'exagération de son zèle. L'un de ses plus redoutables adversaires fut le cardinal Bessarion, qui le réfuta en le désignant sous le nom de *calomniateur de Platon*. Le fait est que dans sa traduction des livres de Platon Georges de Trébizonde s'était permis d'étranges licences, ajoutant au texte ou le modifiant, suivant qu'il convenait à ses idées particulières. Il mourut à Rome, en 1486, en proie à une misère profonde.

GEORGES ou GEORGE. Quatre princes de ce nom ont régné en Grande-Bretagne et en même temps en Hanovre.

GEORGES Ier, roi de la Grande-Bretagne (1714 à 1727) et électeur de Hanovre à partir de 1698, naquit à Hanovre, le 28 mai 1660. Il eut pour père Ernest-Auguste, duc de Brunswick-Lunebourg, devenu plus tard électeur de Hanovre, et pour mère la spirituelle Sophie, petite-fille du roi Jacques Ier d'Angleterre par sa fille Élisabeth, mariée au malheureux électeur palatin Frédéric. En 1682 Georges Ier épousa Sophie-Dorothée, fille du dernier duc de Celle; mariage qui, en 1705, fit de lui l'héritier des possessions de la maison de Lunebourg-Celle. Cette union, de laquelle naquit Georges II et *Sophie*, mère de Frédéric le Grand, fut des plus malheureuses. En effet, ce prince vécut tout d'abord avec une extrême liberté, et sa femme se laissa aller à commettre des imprudences par suite desquelles elle fut condamnée, en 1694, à une détention que l'arrêt déclarait devoir être perpétuelle. En 1698 Georges succéda à son père en qualité d'électeur.

En vertu de l'acte de succession protestante de 1701, la succession au trône de la Grande-Bretagne et de l'Irlande, dans le cas où la reine Anne mourrait sans laisser de postérité, avait été assurée à l'électrice Sophie de Hanovre, en sa qualité de petite-fille de Jacques Ier, ainsi qu'à sa descendance protestante. Mais cette princesse mourut le 8 juin 1714; et la reine l'ayant suivie neuf semaines plus tard dans la tombe (12 août 1714), le lendemain même l'électeur, en sa qualité de fils aîné de Sophie, fut proclamé roi de la Grande-Bretagne et de l'Irlande, quoiqu'il n'eût encore jamais mis le pied en Angleterre. Ce fut seulement le 14 septembre que Georges Ier quitta son château de Herrenhausen, près de Hanovre, pour se rendre dans ses nouveaux États, où il débarqua le 29 du même mois. Le 1er octobre il fit son entrée solennelle à Londres, et son couronnement eut lieu le 31 du même mois. Aussitôt après son arrivée, il renvoya le ministère tory présidé par lord Oxford, parce que ce parti lui était hostile; et le parti whig, qui lui était dévoué, arriva à la direction des affaires sous la présidence de Walpole. Georges prononça en même temps la dissolution du parlement, où le parti tory était en forte majorité: et le 28 mars 1715 il en ouvrit un nouveau, dans lequel la majorité était whig. Les persécutions dont le ministère tory fut l'objet, sous prétexte des conditions auxquelles il avait signé la paix d'Utrecht, et d'autres mesures illégales et oppressives, provoquèrent une coalition des tories et des jacobites; et des mouvements insurrectionnels ne tardèrent point à éclater en Angleterre et en Écosse. Au mois de décembre 1715, le prétendant Jacques III parut en Écosse, où le comte Karr avait réuni une armée, et s'y fit proclamer roi des trois royaumes. Georges ayant obtenu du parlement non-seulement la suspension de l'*habeas corpus*, mais encore des subsides considérables, n'eut pas de peine à réprimer cette dangereuse levée de boucliers, et à cette occasion il déploya la plus grande sévérité. Pour conserver la chambre des communes qui lui était toute dévouée, il fit passer en 1716 un bill qui fixait à sept années la durée, jusque alors triennale, des parlements; et en même temps il donna plus de force à l'autorité royale par l'entretien d'une armée permanente. A la suite d'un voyage fait à Hanovre en 1716, il fit effacer de l'acte de succession la gênante clause aux termes de laquelle le roi ne pouvait pas quitter le sol anglais sans l'assentiment préalable du parlement. Il s'attacha ensuite à défendre sa jeune royauté contre les intrigues des jacobites à l'étranger. Au mois de janvier 1717 il conclut avec la France et la Hollande une triple alliance, en même temps qu'une alliance défensive avec l'empereur. Déterminé surtout par les intrigues du cardinal Alberoni, premier ministre en Espagne, il prit part en 1717 à la guerre qui éclata entre l'Espagne et l'Autriche au sujet de la Sardaigne; résolution qui eut pour résultat la destruction complète des forces navales de l'Espagne en même temps qu'un accroissement considérable de la puissance maritime de l'Angleterre, et en 1719 l'accession de l'Espagne au fameux traité de la quadruple alliance. Par la politique qu'il suivit, tant à l'intérieur qu'à l'extérieur, Georges était bientôt parvenu à exercer une prépondérance telle qu'il put dès lors peser avec beaucoup de profit personnel sur toutes les affaires du nord de l'Europe. A l'instigation de la Russie et de la Prusse, il conclut avec la Saxe et le Danemark un traité aux termes duquel les principautés de Brême et de Verden, enlevées aux Suédois par les Danois, lui furent cédées, moyennant six tonneaux d'or, pour être désormais réunies au Hanovre. Par son habileté diplomatique, il lui fut aisé de terminer les différends survenus parmi les puissances du Nord, surtout après la mort de Charles XII, roi de Suède. Tout en s'occupant ainsi de politique étrangère, Georges Ier, secondé par son ministre Walpole, s'efforça de diminuer la dette, dès lors toujours croissante, de l'Angleterre. La première mesure à laquelle il eut recours à cet effet fut d'en réduire l'intéret de 8 à 5 pour 100 par an; ensuite il accueillit et mit à exécution un projet présenté par sir John Blunt, directeur de la *Compagnie de la mer du Sud*. Ce projet, qui offrait beaucoup d'analogie avec le système financier introduit en France par Law, aboutit aux mêmes résultats. En 1722, informé par le duc d'Orléans, régent de France, d'une conspiration jacobite tramée contre lui par les principaux membres de l'aristocratie anglaise, il en profita pour décourager cette orgueilleuse noblesse à force d'incarcérations et de confiscations; toutefois, un seul individu, l'avocat Layer, paya de sa vie sa participation à ce complot. Par suite d'un traité secret conclu, en 1725, à Vienne entre l'Espagne et l'Autriche, et en vertu duquel la seconde de ces puissances promettait à la première la restitution de Gibraltar et de Minorque, Georges Ier conclut, le 3 septembre 1725, à Herrenhausen, avec la France et la Prusse, un traité d'alliance auquel accédèrent plusieurs autres princes allemands. L'Europe presque tout entière prit parti pour l'un ou l'autre des intérêts en présence; et Georges Ier fit les préparatifs les plus formidables pour dégager Gibraltar, déjà bloqué par les forces espagnoles. Mais le cardinal de Fléury réussit, en 1726, à faire signer à Paris les préliminaires d'une paix dont Georges Ier ne devait pas voir s'accomplir la ratification (*voyez* GRANDE-BRETAGNE). Il mourut pendant une tournée qu'il était allé faire dans ses États Allemands, frappé d'apoplexie foudroyante, le 22 juin 1727, à Osnabruck, et fut enterré à Hanovre. Bien qu'il n'eût jamais pu s'habituer aux mœurs de l'Angleterre ni à sa langue, à ce point qu'il ne pouvait se faire comprendre de son premier ministre Walpole qu'en lui parlant en fort mauvais latin, il avait fini, grâce aux qualités élevées qui le distinguaient, par acquérir l'amour et l'estime de la nation anglaise, laquelle avait cependant beaucoup de peine à lui pardonner ses maîtresses et surtout ses voyages si fréquents en Hanovre. Heureux dans ses entreprises à l'extérieur, il triompha des partis à l'intérieur par sa loyauté et son esprit de conciliation. Dans sa vie privée, il était fort parcimonieux.

GEORGES II (AUGUSTE), roi de la Grande-Bretagne et d'Irlande, électeur de Hanovre (1727 à 1760), fils et successeur du précédent, naquit à Hanovre, le 30 octobre 1783, et lors de l'accession de sa maison au trône d'Angleterre reçut le titre de *prince de Galles* et de *comte de Chester*. La dureté extrême avec laquelle son père le traita constamment lui valut de bonne heure les sympathies de la nation anglaise. Sans doute il n'avait ni les grandes qualités ni la rare habileté politique de son père; mais ses intentions étaient excellentes, il avait beaucoup de fermeté dans le caractère, et il sut se composer un ministère d'hommes sages et dévoués. Dès 1708 il avait fait preuve de bravoure et d'esprit militaire dans la guerre des Pays-Bas, sous Marlborough. Cependant, pendant les douze premières années de son règne il s'efforça de maintenir l'état de paix; politique qui eut les conséquences les plus favorables pour le développement de la prospérité de ses États. En 1739 il se vit dans la nécessité d'envoyer une flotte considérable dans la Méditerranée pour contraindre l'Espagne à consentir à la liberté du commerce dans les mers de l'Amérique. A cette guerre, au total assez peu heureuse, vinrent se joindre les embarras de la succession d'Autriche. En 1741 Georges II s'engagea vis à vis Marie-Thérèse à maintenir la pragmatique-sanction, obtint du parlement des subsides considérables, et prit ensuite lui-même les armes. La victoire de Dettingen, qu'il remporta le 27 juin 1743 sur les Français, sauva peut-être l'impératrice de sa ruine. En 1746, lors de la levée de boucliers, du parti jacobite et de la descente en Écosse du jeune prétendant Charles-Édouard, le roi fit preuve d'une grande résolution. A la suite de la bataille de Culloden, son fils le duc de Cumberland ayant déployé une rigueur extrême dans la recherche et la poursuite des jacobites, Georges II désapprouva ces vengeances inutiles et odieuses, et s'efforça d'en réparer les résultats. Après la paix conclue à Aix-la-Chapelle en 1748, il s'attacha à rétablir les finances ruinées; mais bientôt la querelle survenue entre la France et l'Angleterre au sujet de la délimitation de leurs frontières respectives en Amérique provoqua de nouvelles hostilités, par suite desquelles il fut amené à prendre part à la guerre de sept ans dans l'intérêt de Frédéric II. Il n'en vit pas la fin, et mourut subitement, le 25 octobre 1760, à Kensington (*voyez* GRANDE-BRETAGNE). La nation le regretta. En Angleterre on ne le désignait le plus ordinairement que sous le nom de *l'honnête homme*, et force était à ses ennemis eux-mêmes de rendre hommage à sa sévère loyauté et à sa sage prudence. Sa politique, comme celle de son père, eut constamment pour but de rendre l'Angleterre la terreur des autres nations par ses forces navales et de devenir lui-même l'arbitre de la paix en Europe. Comme son père aussi, il avait pour le Hanovre une prédilection particulière, préjudiciable aux intérêts de l'Angleterre. Il n'avait pas le goût des lettres et des sciences; mais ce qui prouve bien qu'il savait les apprécier, c'est la fondation de l'université de Gœttingue, qu'il ordonna en 1734; trois ans plus tard, cette institution était en pleine activité. C'est à lui aussi qu'on doit la fondation du *British Museum*. En 1705, il avait épousé la princesse Caroline, fille du margrave Jean-Frédéric d'Anspach, femme distinguée à tous égards, qui exerça constamment sur lui la plus grande influence, mais qui mourut dès 1737. Huit enfants naquirent de ce mariage. Il vécut dans une désunion extrême avec son fils aîné, *Frédéric Louis*, prince de Galles, qui mourut avant lui, en 1751.

[GEORGES III, roi de la Grande-Bretagne et d'Irlande (1760 à 1820), jusqu'en 1815 *électeur* et ensuite *roi de Hanovre*, né le 24 mai 1738, était le petit-fils du précédent et le fils du prince de Galles, *Frédéric-Louis*, et de la princesse Auguste, fille du duc Frédéric II de Saxe-Gotha. Il perdit son père à l'âge de douze ans, et, placé sous la tutelle de sa mère, qui dès sa première jeunesse lui inculqua les maximes du pouvoir absolu, il eut pour gouverneur lord Bute, homme qui sans caractère public exerça toute sa vie, dans l'ombre du cabinet, une influense souveraine sur les affaires. Son éducation, qui répondait aussi peu à ses heureuses dispositions naturelles qu'au rôle qu'il était appelé à remplir un jour, fut restreinte à quelques détails d'histoire, encore limités à tels et tels pays, et on les lui fit puiser aux sources les moins suspectes de vérité et d'indépendance. Plus tard il y joignit la connaissance assez imparfaite de la langue française, celle de la langue allemande et une teinture de l'italien. Il se passionna, dit-on, vers cette époque pour la culture des beaux-arts, tout-à-fait négligée jusque alors dans sa famille; et cette circonstance intéressa en faveur du jeune prince. Généralement on est porté à attendre davantage d'un prince qui protège les arts et qui arrive au trône avec le culte de quelques sentiments élevés. L'isolement presque claustral dans lequel il vécut pendant sa jeunesse développa en lui une extrême opiniâtreté de caractère, qui n'influa pas peu sur les luttes si longues et si périlleuses où il engagea la couronne pendant son règne et qui en définitive agrandirent tant sa puissance. Quand il monta sur le trône, en octobre 1760, il était âgé de vingt-deux ans. L'année d'après, il épousa la princesse Charlotte de Mecklembourg-Strelitz. Le premier usage qu'il fit de sa puissance fut de proclamer l'inamovibilité des juges et l'indépendance absolue des élections; ce furent là deux mesures qui lui concilièrent au plus haut degré les sympathies de l'opinion publique. Le parlement lui accorda une liste civile de 800,000 liv. st. et douze millions de livres sterling pour la continuation de la guerre de sept ans, qui prit à ce moment la tournure la plus favorable pour l'Angleterre. Les possessions françaises de l'Inde et de l'Amérique du Nord, entre autres le Canada, tombèrent au pouvoir des Anglais; et dans la guerre faite à l'Espagne à partir de 1762, on s'empara de l'île de Cuba en même temps qu'on faisait des prises immenses. Toutefois, les armes victorieuses de la Grande-Bretagne, qui portaient la terreur jusqu'au fond des deux Indes, réussirent assez mal sur le continent. Pendant ce temps-là lord Bute avait remplacé Chatam à la direction des affaires; et ce fut par son influence que, le 10 février 1763, fut signée la paix de Paris, au vif mécontentement du peuple anglais, qui en trouva les conditions onéreuses et nullement en proportion avec l'importance de ses succès sur mer. La conclusion de ce traité, la constante tendance de Georges III à l'absolutisme politique et les atteintes profondes portées par ce prince aux libertés publiques sous l'influence de son ancien gouverneur et favori, ne tardèrent pas à les rendre l'un et l'autre fort impopulaires. Il parut alors contre le roi et lord Bute une foule de pamphlets où l'on réclamait une réforme parlementaire, et dont les plus remarquables furent ceux de Wilkes et les célèbres *Lettres de Junius*. L'arrestation illégale de Wilkes et son expulsion du parlement allumèrent dans la Cité un esprit de mutinerie et de sédition qui en vint un jour jusqu'à promener sous les fenêtres du roi une charrette sur laquelle était représenté le supplice de Charles Ier. Georges III refusa de faire la moindre concession au peuple irrité, et celui-ci mit plusieurs fois, à cette époque, en péril sa couronne. Réduit là, ce prince étouffa dans le sang toutes les résistances qu'on lui suscita, quelque juste et légal qu'en fût le principe. Il lutta même contre le parlement, qui voulait lui imposer des ministres; mais cette lutte dévoila la pensée du gouvernement et l'avilit. Ce fut encore l'opiniâtreté qu'il mit, sous l'administration de lord North, à établir dans les colonies anglaises de l'Amérique septentrionale un nouveau système fiscal qui provoqua dans cet hémisphère une guerre dont le résultat pour l'Angleterre fut les dures conditions de la paix de 1783 et la reconnaissance de l'indépendance des États-Unis de l'Amérique du Nord (*voyez* ÉTATS-UNIS). A cette occasion le mécontentement populaire ne se fit pas seulement jour dans le parlement au moyen d'une violente opposition, dont Burke était le chef, mais encore en 1780 par une menaçante révolte, commencée par lord Gordon, et pendant laquelle le roi courut maintes fois le danger de perdre la vie. A partir de septembre 1783, Georges III eut dans le jeune William Pitt un prudent interprète de sa politique, quoique lord Bute et la reine continuassent toujours à exercer une puissante influence sur ses déterminations.

Dès 1765 on avait pu remarquer chez le roi quelques traces passagères d'aliénation mentale. En 1787, au retour des eaux de Cheltenham, les symptômes se représentèrent avec une gravité nouvelle. On appela sa maladie *fièvre de cerveau*, et le célèbre Willis fut chargé de la traiter. Dans une telle situation, où il y avait forcément interruption de l'exercice des droits de la royauté, le parti de l'opposition voulut faire déférer la régence au prince de Galles, en sa qualité de plus proche héritier de la couronne, dans l'espoir que de l'accession aux affaires de ce prince, qui avait constamment montré de l'hostilité aux hommes dont son père était entouré, résulterait un changement de ministère et de système politique. Mais Pitt, qui partageait avec la reine la direction suprême du gouvernement, chercha à éluder la question de la régence, et présenta au parlement un acte particulier et transitoire, que l'assemblée adopta effectivement, mais qu'il n'y eut pas lieu de mettre à exécution parce qu'en février 1789 on vint annoncer que le traitement du docteur Willis avait été couronné d'un complet succès, et que le roi avait entièrement recouvré l'usage de la raison. La joie du peuple fut sans bornes, quand il apprit cette guérison, qui ne devait pas tarder à exercer une si décisive influence sur la marche générale des événements politiques en Europe. La révolution française, dont le contrecoup se fit violemment sentir aussi en Angleterre, trouva dans le roi Georges III et son ministre Pitt ses adversaires les plus implacables et les plus énergiques (*voyez* GRANDE-BRETAGNE). L'opiniâtreté sans bornes de Georges, qui heureusement se trouva d'accord avec les instincts et les intérêts de la nation, influa puissamment sur la destinée de Napoléon en particulier. Pour comprimer à l'intérieur l'agitation démocratique, le gouvernement fit adopter par la législature en 1793 le bill relatif aux étrangers (*alien-bill*) et le *treacherous-correspondence-bill;* et l'année suivante, indépendamment de divers statuts ayant pour but la sécurité personnelle du monarque, on vota la suspension de *l'habeas corpus act*; mesures qui enlevaient à la constitution britannique son caractère éminemment libéral et toute puissance à l'opposition parlementaire. La malheureuse Irlande eut surtout à souffrir de la politique absolue de Georges III; aussi était-elle à chaque instant prête à se jeter dans les bras de la France. Enfin, à la suite des mesures les plus sévères et même les plus sanglantes, l'union définitive de l'Irlande avec la Grande-Bretagne fut législativement opérée en 1800; mais le roi, anglican zélé, ne put jamais prendre sur lui de consentir à l'abolition du serment prescrit par l'acte du *test*, quoique Pitt eût formellement promis l'émancipation politique des catholiques. L'impopularité de Georges III dans les classes inférieures provoqua contre sa personne un grand nombre d'attentats, qui lui fournirent l'occasion de montrer toujours le plus grand calme uni à un rare courage, sans que jamais on pût remarquer chez lui la moindre pensée de vengeance personnelle. En 1786, une folle, appelée Marguerite Nicholsen, le frappa d'un coup de couteau au moment où il se disposait à monter en voiture; en 1796, comme il se rendait au parlement, la foule accueillit le cortége royal à coups de pierres; et en 1800 un certain Hatfield, que le jury déclara également atteint d'aliénation mentale, tira en plein théâtre un coup de pistolet sur la loge royale.

Dans sa vie privée, Georges III mena toujours une conduite exemplaire. La régularité de ses mœurs était extrême; aussi bon époux que bon père, il aimait à vivre de la vie intime de la famille; et les travaux de l'agriculture formaient la plus douce de ses récréations aux heures de repos qu'il pouvait gagner sur les devoirs de la royauté. A partir de 1804, son état mental éprouva de fréquentes rechutes, et vers la fin de 1810 sa raison s'éteignit complétement; de sorte qu'il fallut alors renoncer pour lui à tout espoir de guérison. En conséquence, le 10 janvier 1811, le parlement déclara le prince de Galles régent du royaume pendant la maladie de son père, qui fut confié aux soins et à la surveillance de la reine sa femme et du duc d'York.

Georges III vécut encore dix années. Il passa cette triste et dernière partie de sa vie dans son palais de Windsor, dont il avait de tout temps affectionné le séjour, séparé de sa cour et même de sa famille; et pour comble d'infortune, à la perte de sa raison était venue s'ajouter vers la fin de son existence une cécité complète. Dans les premiers temps on le retenait renfermé dans une chambre à coucher; mais cette mesure lui causait un vif chagrin, et influait de la manière la plus fâcheuse sur sa santé. Il fallut enfin lui rendre la jouissance de ses spacieux appartements; on les disposa toutefois de manière à ce qu'en marchant aucun objet ne pût le blesser. Pour cela on fit garnir de coussins moelleux les murs, les portes, les meubles et jusqu'aux parquets des salles qui lui étaient rendues. Une solitude complète régnait dans ces appartements, éclairés seulement par quelques faibles rayons du jour, et dans cette demi-obscurité l'ombre du vieux malade rappelait involontairement à la pensée de ceux qui le voyaient l'image du roi Lear. Il s'était laissé croître une longue barbe, qui lui retombait sur la poitrine; ses cheveux avaient entièrement blanchi. La musique exerçait encore une influence visiblement agréable sur les traits de ce prince. Et ce léger remède, ce vain palliatif contre de si déplorables maux, n'était pas non plus négligé! Un vieux serviteur, un compagnon de l'enfance de Georges III, exécutait devant lui, et à des moments assez rapprochés, les airs qu'il avait aimés et chantés autrefois; on le surprit quelquefois à en fredonner quelques sons.

Lorsque sous les voûtes noires du vieux Windsor on était témoin de cette fin d'une existence royale, du terme d'une longue vie, de cette fin d'un règne illustre, et qu'on se rappelait les vertus de celui qui était là errant, les différentes secousses de la couronne sur son front, et qu'on voyait après nombre d'années les soins toujours pieux de quelques vieux serviteurs, on était touché par une scène aussi belle que rare dans la demeure des princes; et puis aussi on était involontairement remué devant ces vains restes d'un souverain fort ordinaire, mais qui pourtant avait voulu Pitt au pouvoir, qui l'y avait maintenu malgré sa propre désaffection, lui ce Pitt, ce représentant actif, grand, infernal des vieilles idées, leur dernier génie et le seul homme qui tînt Bonaparte en échec.

Georges III mourut le 29 janvier 1820, dans sa quatre-vingt-deuxième année, après un règne de soixante ans, pendant la durée duquel la puissance britannique prit dans toutes les directions le plus menaçant accroissement. La perte des colonies de l'Amérique du Nord fut amplement compensée par l'acquisition de soixante millions de sujets dans les Indes orientales, les plus riches et peut être les plus belles contrées du globe, par l'adjonction aux possessions de l'Angleterre du Cap de Bonne-Espérance, de Malte, de l'Ile Maurice, des îles Ioniennes. Le système politique intérieur suivi par ce prince, ou plutôt par ses ministres, a été l'objet des plus vives et des plus justes censures. Il eut constamment pour objet d'étendre de plus en plus, au moyen d'une corruption éhontée, l'influence ministérielle dans les chambres. Six parlements différents furent convoqués sous ce règne, au début duquel la chambre haute ne comptait pas plus de 180 membres, tandis qu'à la fin de ce même règne ce nombre atteignait déjà le chiffre de 580 ; comme il est facile de le penser, tous ces pairs de création récente furent à peu près invariablement choisis parmi les créatures de la famille régnante.

Georges III eut de sa femme Sophie-Charlotte (morte seulement deux années avant lui, le 17 novembre 1818) *sept* fils : 1° *Georges-Frédéric Auguste*, qui régna après lui sous le nom de Georges IV; 2° *Frédéric*, duc d'York; 3° *Guillaume-Henri*, duc de Clarence, qui régna plus tard sous le nom de Guillaume IV; 4° *Édouard-Auguste*, duc de Kent, père de la princesse qui règne aujourd'hui en Angleterre sous le nom de Victoria; 5° *Ernest-Auguste*, duc de Cumberland, devenu plus tard *roi de Hanovre*; 6° *Auguste-Frédéric*, duc de Sussex; 7° *Adolphe-Frédéric*, duc de Cambridge; et *six* filles. La paix intérieure de sa famille fut plusieurs fois troublée par les différends survenus entre le prince et la princesse de Galles. Il travailla inutilement à rétablir l'harmonie entre les deux époux; mais il paraissait pencher pour sa belle-fille, et s'était ouvertement déclaré son protecteur. En 1829 une statue équestre a été érigée à ce prince sur une hauteur qui domine Windsor. Consultez Aikin, *Annals of the reign of King George III* (2 vol, 1820); Hughes, *History of England, from the accession of George III* (7 vol., 1836); Brougham, *Historical Sketch of Statesmen who flourished in the time of George III* (1839.)

Frédéric Fayot.]

GEORGES IV (Frédéric-Auguste), roi de la Grande-Bretagne, d'Irlande et de Hanovre (1820-1830), fils du précédent, né le 12 août 1762, porta d'abord le titre de *prince de Galles*. Doué des plus heureuses dispositions de l'esprit et d'une remarquable beauté physique, il reçut avec une excellente et sévère éducation une instruction solide. Échappé à la surveillance de ses maîtres et de ses gouverneurs, il montra toutefois combien peu il avait profité de leurs leçons; et celui qui devait être un jour appelé à gouverner une grande nation mit toute son ambition à passer pour le type le plus accompli de l'élégance et du bon goût, ce qui ne l'empêcha pas toutefois de se jeter dans des débauches de tous genres. Dès l'âge de dix-huit ans il conçut une violente passion pour une jeune et belle actrice, mistriss Robinson; retenu dans une de ses résidences, il employa Fox pour captiver le cœur de la jolie actrice; celui-ci réussit dans la honteuse mission qu'il n'avait pas rougi d'accepter, et mistriss Robinson reçut pendant quelque temps les hommages publics du prince de Galles. Mais une courte possession suffit pour amortir la passion de Georges, et il abandonna en proie à la misère celle qui avait été l'objet de son premier amour.

Oisif, prodigue, débauché, joueur, parieur, avide de jouissances dégradantes, pour répéter les qualifications sévères d'une biographie anglaise, Georges avait déjà dépensé en moins de quatre années depuis sa majorité, outre une somme annuelle de 2,500,000 fr., et 3,000,000 votés pour son premier établissement par le parlement, 4,841,200 fr. de son revenu particulier; il avait de plus contracté pour 4,020,100 fr. de dettes. Le prince de Galles, fidèle à ce système convenu d'opposition que semblent avoir adopté tous les fils de monarques constitutionnels, affectait de se placer au premier rang des défenseurs des libertés nationales. Fox, Burke et Shéridan étaient de sa société intime. Georges profita de cette position qu'il s'était faite pour demander au parlement, où ses amis whigs le soutenaient, des millions pour payer ses créanciers, ses maîtresses, et fournir à ses besoins immenses et à ses plaisirs. Le roi augmenta alors sa pension de 250,000 fr.; mais l'héritier présomptif n'en continua pas moins à mener une vie scandaleuse. A l'occasion d'une course de chevaux, dans laquelle il était intéressé, il fut accusé publiquement de friponnerie; la presse anglaise tout entière se leva pour le blâmer, et un journal, *Le Monde* (World), s'écria : « Que pouvons-nous attendre d'un fripon sur le trône? » Une liaison sérieuse que Georges avait contractée avec mistriss Fitz-Herbert occupa longtemps l'attention publique; on prétendit même que le prince avait été jusqu'à l'épouser, et un pamphlet qu'on lui attribua le donnait à entendre : les documents auxquels nous avons puisé pour cette biographie nous ont confirmé ce fait. Georges a été réellement marié secrètement à lady Fitz-Herbert; ce mariage a été conclu devant l'église catholique, à laquelle appartenait cette dame, ce qui, d'après les lois anglaises, aurait fait déchoir le prince héréditaire de ses droits à la couronne. Aussi Georges ne se fit-il pas scrupule de nier cette union; Fox et Shéridan suivirent sincèrement son exemple, et le premier ne lui pardonna jamais de l'avoir trompé à cet égard. Pressé par le besoin d'argent, accablé de dettes, Georges se décida en 1796, malgré ce mariage, à épouser sa cousine la princesse Caroline de Brunswick; mais cette union n'exerça aucune influence sur sa conduite. Il ne rougit pas d'introduire auprès de la princesse son épouse deux de ses anciennes passions; au bout de quelques mois, il avait même déjà cessé de la voir pour vivre de nouveau avec ses maîtresses.

Le prince de Galles avait eu l'humiliation de voir son frère, le duc d'York, commander des armées, tandis que lui demeurait simple colonel d'un régiment de dragons. En 1805, quand l'expédition de Boulogne menaçait l'Angleterre d'une ruine complète, il se décida à demander au roi un avancement en harmonie avec sa qualité de prince royal; mais Georges III se refusa constamment à accéder aux vœux de son fils aîné. Lorsqu'en 1811 il fut appelé à la régence, il était déjà usé par les excès de touts genres auxquels il s'était livré; il accepta les hommes et les doctrines politiques contre lesquels il avait toujours protesté jusque là. Prince régent, il oublia tous les principes et tous les amis du prince de Galles, et laissa, dans son ingratitude, Shéridan, qui avait pour lui sacrifié jusqu'à son honneur, expirer sur un misérable grabat. Georges avait besoin de repos; aussi s'abandonna-t-il aveuglément à ceux qui avaient la direction du gouvernement; la table, les femmes et le jeu, étaient devenus pour lui des habitudes enracinées. Sa régence fut signalée par une grande misère dans le peuple; les dragons et les échafauds apaisèrent les mouvements auxquels la faim poussait ce que les ministres appelaient la *canaille anglaise*. On connaît assez quelle fut envers Napoléon la conduite de celui auquel il venait se confier comme au plus constant et au plus généreux de ses ennemis. Les six fameux actes contre la presse, contre la liberté du commerce, les associations populaires, les attroupements, les pétitions et les adresses; les troubles incessants de l'Irlande, le scandaleux procès intenté à sa femme la princesse Caroline sont les faits les plus remarquables de la régence de Georges.

A la mort de son père, le 29 janvier 1820, Georges prit le titre de *roi*, et s'abandonna, comme il l'avait fait jusque là à la direction de l'aristocatie. Le roi Georges IV, en montant sur le trône, y apporta ses goûts de débauches, ses monstrueux caprices et l'exemple de tous les genres de vices. La nation eut à supporter les dépenses ruineuses des frais de son sacre, qui eut lieu le 19 juillet 1821, à Westminster, des constructions qu'il avait la manie d'élever; la liberté de la presse fut étouffée par des jurys composés par les ministres, et si le roi ne chercha pas à la détruire entièrement, c'est qu'il craignit pour sa couronne. Il voyageait en Écosse, lorsqu'il y reçut la nouvelle du suicide de Castlereagh; et aussitôt il s'empressa de revenir à Londres. Il fit alors partir le duc de Wellington pour le congrès de Vérone, en même temps qu'afin de témoigner de quelque condescendance pour les réclamations unanimes de l'opinion publique, il confiait à Canning le ministère des affaires étrangères. Peu de temps après Robinson fut nommé ministre des finances, et Huskisson ministre du commerce;

l'arrivée de ces deux hommes d'État aux affaires ne tarda point à être suivie d'importantes réformes économiques. A la mort de Canning et par suite de la démission de Robinson, le roi confia la présidence du conseil à Wellington; et en même temps que celui-ci se décida à faire adopter par la chambre haute la grande mesure de l'Émancipation des catholiques, ainsi qu'à opérer une modification sensible dans l'esprit qui jusque alors avait présidé à la politique extérieure du cabinet anglais.

En 1820 il avait octroyé à son royaume de Hanovre une constitution représentative, et en 1823 il avait restitué au duc Charles de Brunswick, dont jusque alors il avait été le tuteur, l'exercice de son droit de souveraineté, auquel l'appelait alors son arrivée à l'âge de majorité.

Dans les dernières années de sa vie Georges IV souffrit cruellement des tortures de la goutte et aussi des progrès d'une ossification du cœur. Ses douleurs le condamnèrent à vivre dans un isolement profond à Windsor, où il mourût le 26 juin 1830, couronnant par une vieillesse sans dignité une jeunesse sans moralité. Il n'a laissé aucun monument digne d'immortaliser sa mémoire. Georges était l'âme de la résistance des tories aux demandes du parti populaire; tous ses ministres repoussèrent constamment cette réforme parlementaire, qui n'attendait que sa mort pour triompher du mauvais vouloir de la royauté et de l'aristocratie anglaise. Peut-être trouvera-t-on trop rigoureux le jugement que j'ai porté sur le roi qu'on a appelé le premier *gentleman* de la Grande-Bretagne; que je me suis trop appliqué à délayer les taches d'une jeunesse orageuse. Malheureusement l'histoire privée de ce monarque n'offre rien d'honorable qui puisse réhabiliter des erreurs qui ont duré autant que sa vie. D'ailleurs, la sévérité qui doit présider aux jugements portés sur nos contemporains ne saurait être palliée sans que celui qui s'en écarte ne devienne responsable de ce qu'il a voulu cacher; et pour un roi, placé à la tête d'une nation qu'il lui est donné de moraliser, cette sévérité doit être inexorable. Sa fille, la princesse *Charlotte*, et son frère puiné, le duc d'York, étant morts sans laisser de descendance, il eut pour successeur son second frère, lequel régna sous le nom de Guillaume IV. Consultez Wallace, *Memoirs of the life and reign of George* IV (2 vol, 1832) et Charlotte Bury, *Diary illustrative of the times of George* IV (1838).

Napoléon Gallois.

GEORGES V (Frédéric-Alexandre-Charles-Ernest-Auguste), roi de Hanovre depuis le 18 novembre 1851, est le fils du feu roi Ernest-Auguste et de *Frédérique*, princesse de Mecklembourg-Strélitz (morte le 29 juin 1841). Né le 27 mai 1839, en Angleterre, où son père vivait alors comme duc de Cumberland, il vint au monde *trois jours* seulement plus tard que la princesse qui règne aujourd'hui sous le nom de *Victoria*, et perdit ainsi le droit d'hériter de la couronne de la Grande-Bretagne. En revanche, il eut de bonne heure, en raison des prescriptions de la loi salique, la perspective d'être appelé un jour à régner sur les États héréditaires allemands de sa maison, et se prépara à la tâche qui devait alors lui incomber par des études faites sous la direction et la surveillance de sa mère, femme distinguée à tous égards et sœur de la feue reine Louise de Prusse. En 1837 il arriva en Allemagne avec son père, appelé à régner en Hanovre par suite de la mort de Guillaume IV. Malheureusement une affection des yeux se déclara de bonne heure chez ce prince, et une opération tentée en 1840 par le célèbre Dieffenbach, loin d'y porter remède, aggrava encore le mal, et lui enleva à peu près complétement la puissance visuelle de ses deux yeux. C'est à la suite de ce malheur, et aussi en raison de dispositions particulières des plus remarquables, que ce jeune prince, outre les études sérieuses qu'on lui fit faire, se livra de préférence et avec un remarquable succès à l'étude de la musique. Il s'est même essayé avec bonheur comme compositeur. La question de savoir si son infirmité ne le rendait pas incapable de succéder à la couronne ne fut soulevée par aucune des parties intéressées à ce qu'elle fût résolue dans un sens négatif. Mais de bonne heure le roi Ernest-Auguste se préoccupa des précautions à prendre pour que cette infirmité de l'héritier présomptif de sa couronne ne pût être soit une cause d'incapacité, soit un motif d'arguer ses actes de nullité. Par ses lettres patentes en date du 3 juillet 1841, il ordonna que tant que le souverain du royaume se trouverait privé de la vue, les signatures qu'il serait appelé à apposer aux actes du gouvernement pour leur donner force d'exécution, seraient authentiquées par la présence de deux personnes choisies sur une liste de douze individus désignés à cet effet par le roi, et astreints par un serment préalable à lui donner lecture à haute et intelligible voix de chacun des actes qu'ils soumettraient à son approbation. Pendant une absence que son père fit en Angleterre, dans le cours de l'année 1843, le prince royal fut chargé de la direction suprême des affaires, sous l'observation de ces formalités et précautions; en outre, il prit part aux travaux du conseil d'État et aux séances de la première chambre des états. Au mois de février 1843, il épousa la princesse Marie, fille aînée du duc de Saxe-Altenbourg, qui le 21 septembre 1845 accoucha d'un fils, le prince héréditaire *Ernest*, et plus tard encore de deux filles.

Le 18 novembre 1851, il monta sur le trône de Hanovre, et par deux lettres patentes du même jour il prit le nom de *Georges V*, en même temps qu'il prêtait serment de fidèlement observer et maintenir la constitution du pays. A l'article Hanovre on trouvera le récit des principaux actes de son règne.

GEORGES CADOUDAL. *Voyez* Cadoudal.

GEORGESTOWN, chef-lieu de la Guyane anglaise et en particulier de la colonie de Demerara.

GEORGES WEYMER (Marguerite), actrice célèbre, plus généralement connue sons le nom de *Mlle Georges*, est née en 1786. Son père était chef d'orchestre, et sa mère soubrette du théâtre d'Amiens. Dès l'âge de douze ans ils lui firent jouer quelques rôles tragiques; dans une de ses tournées départementales, Mlle Raucourt fut frappée de ses rares dispositions pour la tragédie, et la signala au ministre de l'intérieur, qui lui fournit les moyens de venir se perfectionner au Conservatoire. La protection de Mlle Raucourt et celle de Mme Louis Bonaparte (Hortense de Beauharnais, mère de l'empereur Napoléon III) lui ouvrirent en 1802 les portes du Théâtre-Français, malgré l'éclat des débuts récents de Mlle Duchesnois. Le parterre fut frappé de la beauté majestueuse de Mlle Georges, de ses formes pures et correctes de sa taille noble et imposante; mais ceux des habitués qui se laissent moins impressionner par les avantages physiques trouvèrent qu'il y avait dans son jeu plus d'intelligence et d'imitation que d'âme et de chaleur. Il s'engagea alors entre elle et Mlle Duchesnois une des luttes les plus ardentes et les plus passionnées dont les annales du théâtre aient conservé le souvenir; le parterre, d'abord indécis, finit par se partager en deux camps irréconciliablement ennemis. A la tête des partisans de Mlle Georges était Geoffroy, qui apporta dans cette petite guerre la vivacité âpre et caustique avec laquelle il soutenait toutes ses opinions. Des scènes violentes et tumultueuses s'ensuivirent en plein parterre; et plus d'un amateur dut aller expier au violon le tort de s'être montré trop démonstratif dans son partial enthousiasme. La Comédie Française, en les accueillant l'une et l'autre, mit fin à ces débats. On eut soin de tracer entre les rôles assignés aux deux rivales une ligne de démarcation qui prévînt à l'avenir toute usurpation, et par suite toute collision d'amour-propre.

A partir de ce moment, toutefois, on ne remarqua aucun progrès dans le jeu de Mlle Georges, qu'enivraient les adulations de Geoffroy et l'encens, plus productif, de ses nombreux adorateurs. Elle en était là de ses triomphes dramatiques, et à la veille de jouer le rôle qui lui avait été confié dans la tragédie d'*Artaxerce* (1808), lorsqu'elle quitta furtivement Paris pour se rendre à Vienne, et de là à Saint-Pétersbourg. Les véritables motifs de cette fugue n'ont jamais été bien connus, et l'anecdote suivant laquelle ce serait l'empereur lui-même qui l'aurait fait chasser de France, pour la punir d'une bien involontaire indiscrétion commise dans une de ces liaisons passagères qu'expliquent les caprices du maître et que justifiait la beauté exceptionnelle de l'actrice, ne paraît rien moins que prouvée. En 1812, au contraire, Mlle Georges joua à Dresde et à Erfurt, en présence de Napoléon et de ce parterre de rois et de princes qui s'y étaient réunis afin de lui offrir leurs hommages avant son départ pour la fatale expédition de Russie. L'intervention de l'empereur triompha cette fois de l'inflexibilité opiniâtre de messieurs les comédiens ordinaires de sa majesté; et l'ostracisme prononcé quatre ans auparavant contre la belle délinquante fut enfin levé. Il lui fut donc permis de remonter, en 1813, sur les planches du Théâtre-Français; mais, à trois ans de là, une nouvelle incartade, à l'égard de laquelle on n'a aussi que des données vagues, lui ferma irrémissiblement les portes du cénacle de la rue de Richelieu. Mlle Georges s'en consola en allant montrer dans les départements les nombreuses et magnifiques parures de diamants qu'elle devait à la *munificence de ses adorateurs*, et exploiter le répertoire du théâtre où Mlle Duchesnois régnait désormais seule et sans rivale. Après une absence de plusieurs années, elle revint à Paris avec Harel, directeur nomade, au sort duquel elle avait fini par s'attacher, et qui venait d'obtenir le privilége de l'Odéon. Mais hélas! à ses admirateurs de 1804 combien elle parut changée! Une obésité vraiment monstrueuse l'avait transformée. Sur la scène du second théâtre français, elle trouva néanmoins une position digne de son talent. Elle y créa les rôles de *Jeanne d'Arc*, dans la tragédie de Soumet; d'Agrippine, dans *Une Fête de Néron*, du même auteur; de *Christine*, dans le drame d'Alexandre Dumas; de *la maréchale d'Ancre*, dans celui d'Alfred de Vigny. Puis, Harel ayant abandonné l'Odéon pour prendre la direction de la Porte-Saint-Martin, Mlle Georges l'y suivit, et y devint l'interprète du drame romantique échevelé. Pendant dix années, elle y soutint, avec une force vraiment prodigieuse, la fatigue à laquelle eût succombé toute autre artiste chargée de commettre chaque soir tant de crimes, de pousser tant de cris, de râler tant de spasmes et d'agonies. Harel succomba enfin sous les charges d'une administration ruineuse, et Mlle Georges resta longtemps sans autre asile théâtral que celui que lui offraient de temps à autre des directions de province, ou bien encore des représentations à bénéfice organisées à Paris, tantôt sur une scène, tantôt sur une autre.

Depuis, ayant éprouvé des pertes considérables, elle a reparu à la Comédie-Française et à l'Odéon, et après de nouveaux repos elle est rentrée à la Porte-Saint-Martin. Son obésité n'a fait que s'accroître; et quant au talent dramatique, la pauvre vieille actrice n'est plus que l'ombre d'elle-même, ce qui n'a pas empêché la presse d'accueillir généralement avec sympathie ces dernières lueurs d'une lampe qui s'éteint.

GEORGEY. *Voyez* GOERGEY.

GÉORGIE, en langue persanne *Gourdjistân*, en russe *Grousie* ou *Grousinie*, appelée *Ibérie* par les aborigènes. Cette contrée est ainsi dénommée en raison du grand nombre de rois du nom de *Georges* qu'elle compte dans son histoire, ou peut-être bien à cause de saint Georges, son patron. Elle occupe une partie considérable de l'isthme qui sépare la mer Noire de la mer Caspienne, entre le Caucase et les montagnes d'Arménie, et confine au nord aux montagnards du Caucase, au sud à l'Arménie, à l'ouest à la mer Noire, à l'est à la province de Chirwân. Après avoir jadis compris un grand nombre de parties des contrées adjacentes, elle se compose aujourd'hui des provinces de Kacheth, de Karthli (ou *Karthalinie*), d'Iméreth, de Mingrélie et de Gourie, dont les trois premières forment ce qu'on appelle la Géorgie proprement dite. Par conséquent, toute la Géorgie comprend les anciens royaumes de Colchide, d'Ibérie et une partie de l'Albanie. Sa superficie est d'environ 1300 myriamètres carrés, dont plus de 600 appartiennent à la Géorgie proprement dite, avec une population de plus de 800,000 âmes, dont 600,000 environ de race géorgienne proprement dite (y compris les Mingréliens et les Lases); le reste composé de Turkomans, d'Ossètes, d'Arméniens et de Juifs émigrés. Des cours d'eau qui l'arrosent, on ne peut guère mentionner que le Kour (le *Kyros* ou Cyrus des anciens), le seul qui soit navigable, et qui, après avoir reçu les eaux de l'Aras (l'*Araxès* des anciens), va se jeter dans la mer Caspienne, et le Rion ou Phase, important par les souvenirs de l'antiquité qu'il rappelle, et qui se jette dans la mer Noire. Le climat est au total tempéré et sain; mais d'une chaleur étouffante et malsain dans les parties de la contrée les plus basses, notamment en Mingrélie et sur les côtes de la mer. La nature particulière de son sol fait de la Géorgie une des plus belles et des plus riches contrées de l'Asie. Ses montagnes recèlent une foule de richesses métalliques et minérales, fort peu exploitées jusqu'à présent, il est vrai, et tout couvertes de forêts du plus beau bois de construction. La vigne et autres arbres fruitiers, ainsi que le cotonnier, y croissent spontanément; le riz, le froment, l'orge, l'avoine, le maïs, le millet, le s o r g h o, les lentilles, le tabac, les fruits de toutes espèces, la garance, le chanvre et le lin viennent presque sans culture dans les fertiles plaines; et les vallées offrent les plus riches pâturages. Indépendamment d'une grande quantité d'espèces de petit gibier, on y trouve des cerfs, des daims, des sangliers, des renards et des chakals. Des abeilles sauvages confectionnent un miel doué de propriétés enivrantes; on y rencontre aussi beaucoup de serpents et d'animaux venimeux. L'industrie viticole, bien que les procédés en soient encore des plus arriérés, est la grande occupation des populations, qui s'adonnent aussi à la sériciculture et à l'apiciculture; et cette dernière branche d'industrie donne lieu à une production considérable d'excellent miel et de cire. L'élève du bétail y est tout aussi imparfaite que la culture de la vigne et des céréales, ou que la sériciculture et la culture des fruits en général. En fait de gros bétail, on y trouve aussi des buffles d'une race beaucoup plus vigoureuse que celle d'Italie, et qui, comme bêtes de somme et de trait, sont d'une grande utilité. En revanche, les habitants possèdent d'immenses troupeaux de moutons, appartenant pour la plupart à l'espèce désignée sous le nom de moutons *à la queue grasse*, dont la chair est délicieuse, mais ne produisant qu'une très-mauvaise laine, qu'on serait souvent tenté de prendre pour du crin. Avec le poil des chèvres, qui y sont extrêmement nombreuses, on fabrique des étoffes et plus particulièrement des manteaux. On y donne toujours beaucoup de soins à l'éducation des chevaux, quoique la race n'en soit pas très-recherchée; ils sont petits de taille, mais solides à la fatigue.

Les Géorgiens appartiennent à la race caucasienne, et sont célèbres pour leur beauté; aussi, sous la domination mahométane, était-ce, après la Circassie, de la Géorgie qu'on tirait surtout les esclaves blancs qu'on envoyait dans les déserts de l'Asie et en Égypte. Quoique aussi heureusement doués par la nature du côté de l'intelligence qu'au physique, la longue oppression sous laquelle ils ont gémi les a singulièrement dégradés sous le rapport intellectuel et plus encore sous celui de la moralité. Ils ont une noblesse particulière, qui autrefois opprimait beaucoup les classes populaires. En dépit de la longue domination et de la cruelle tyrannie que firent peser sur eux les conquérants mahométans, ils sont demeurés fidèles à la religion chrétienne et à la communion grecque, quoiqu'il y ait eu parmi eux beaucoup d'apostasies en faveur du mahométisme, qui n'a pas laissé que de faire quelques progrès parmi eux, puisque aujourd'hui près de la moitié des habitants de la Géorgie professent l'islamisme. Au total, on peut dire que la situation de toutes ces populations, encore bien que sous la domination russe elle se soit très-certainement améliorée quelque peu, est toujours encore fort misérable. Les différents métiers y sont encore dans l'enfance. Cependant ils font un commerce de transit assez considérable, qui a pour grand centre Tiflis, chef-lieu de cette province. On peut encore mentioner *Iélisabethpol*, ville de 17,000 habitants, aux environs de laquelle on trouve deux colonies allemandes, d'immenses ruines et la remarquable colonne de Schamkor.

L'histoire primitive des Géorgiens, qui font remonter leur origine jusqu'à *Thargamos*, arrière-petit-fils de Japhet, est complétement fabuleuse. Mtskhethos, qui, dit-on, fut le fondateur de *Mtskhetha*, ancienne capitale du pays, et dont on voit encore les ruines près de Tiflis, y joue un grand rôle. Leur histoire authentique ne commence qu'à l'époque du règne d'Alexandre, qui les subjugua; mais après la mort du conquérant macédonien, Pharnawas les affranchit du joug de l'étranger, et les constitua en royaume indépendant. C'est avec ce Pharnawas que commence la série des *Mephé*, ou rois de Géorgie qui gouvernèrent ce pays pendant près de vingt-et-un siècles sans interruption, en formant diverses dynasties. Vers la fin du quatrième siècle de notre ère, le christianisme y pénétra, et peu à peu y remplaça l'ancienne religion du pays, qui vraisemblablement avait beaucoup d'analogie avec le culte du Mithra des Perses. Le christianisme établit naturellement de nombreux rapports entre la Géorgie et l'Empire d'Orient, avec lequel il combattit les irruptions des Sassanides. Après la destruction de l'empire des Sassanides par les Arabes, aux irruptions de ces envahisseurs ne tardèrent point à succéder, et avec plus de succès encore, celle des Persans. En effet, sous la dynastie des Bagratides, branche de la dynastie arménienne qui était montée sur le trône de Géorgie, cette contrée devint une des provinces de l'empire des Arabes; et il n'y eut que les pays de montagnes où se réfugièrent les rois de Géorgie, qui réussirent à conserver une espèce d'indépendance. Sans doute à l'époque de la décadence du khalifat arabe, vers la fin du neuvième siècle, les Géorgiens réussirent à regagner temporairement leur indépendance; mais au dixième siècle ils devinrent encore tributaires des dynasties qui remplacèrent en Perse la domination des Arabes. Ce fut seulement sous le règne de Bagrat III, vers la fin du dixième siècle, qu'ils recouvrèrent leur indépendance, et ils la conservèrent jusqu'à l'époque de la domination des Mongols, au treizième siècle. C'est là l'époque la plus brillante de l'histoire de la Géorgie; en effet, bien que pendant cette période les Géorgiens aient eu beaucoup à lutter et guerroyer contre les Seldjoucides, qui parfois les vainquirent et leur imposèrent tribut, l'avantage, en définitive, n'en resta pas moins de leur côté; et c'est aussi alors que le royaume de Géorgie eut ses plus grands rois, qui l'agrandirent et le portèrent au comble de ses prospérités et de son éclat. Les plus importants de ces princes furent *David III* (1089 à 1126), qui rappela en Géorgie les habitants, émigrés ailleurs, reconstruisit leurs villes et leurs villages détruits, recouvra Tiflis, vainquit les États mahométans limitrophes, battit les armées des Seldjoucides, conquit le Chirvan, une partie de l'Arménie et diverses autres contrées adjacentes, et étendit sa domination jusqu'à Trébizonde; et la reine *Thamar*, autrement célèbre encore (1184-1206), qui régna sur toute la contrée s'étendant entre la mer Noire et la mer Caspienne, qui propagea le christianisme parmi les montagnards du Caucase, les soumit à sa puissance, et rendit tributaires un grand nombre de princes chrétiens et mahométans. Nous citerons encore son fils *Georges IV* (1206-1222), qui vainquit les Persans et en convertit en grand nombre au christianisme, et qui se mit en outre en rapport avec les princes et les chefs de croisés venus en Palestine, à l'effet de s'unir à eux pour refouler l'invasion de l'islamisme. Mais cette période de gloire pour la Géorgie dura peu, d'une part à cause des troubles intérieurs provoqués par l'usurpation et les mœurs dissolues de la reine *Rousoudân* (1223-1248), et de l'autre par suite des invasions, de plus en plus fréquentes, des Mongols, qui finirent par complétement subjuguer la Géorgie, et l'incorporèrent à leur immense empire comme État vassal. La décadence de la puissance mongole vers le milieu du quatorzième siècle fournit, il est vrai, aux Géorgiens, sous le règne de leur roi *Georges VI*, une occasion de se rendre encore une fois indépendants; mais cette indépendance fut de courte durée, et dès la fin de ce même quatorzième siècle, la Géorgie passait sous les lois de Tamerlan.

Ce fut seulement dans les premières années du quinzième siècle que le roi *Georges VII*, qui s'était retiré dans les montagnes, réussit à expulser de nouveau les musulmans du pays et à y rétablir le christianisme. Mais son successeur, *Alexandre I*[er], commit la grande faute de partager son royaume entre ses trois fils. *Wachthang* eut pour sa part l'Iméreth (*Imérétie*), la Mingrelie et la Gourie; *Demetrius* ou *Constantin*, le Karthli (*Karthalinie*), et *Georges* le Kacheth (*Kachétie*). Chacun de ces États, à son tour, se subdivisa; et il y eut un moment où l'on ne comptait pas moins de vingt-six princes souverains en Géorgie.

A partir de l'époque où nous sommes arrivés, l'histoire de la Géorgie forme deux parties principales et bien distinctes: celle des deux États de Karthli et de Kacheth, situés à l'est, et celle des États de l'ouest. Dans les premiers, les rapports plus nombreux avec la Perse déterminèrent le courant commercial et politique; et pareil résultat se produisit dans les seconds pour la Turquie. Dès les premières années du quinzième siècle, le Kacheth et le Karthli, déjà maintes fois réduits par les envahissements des souverains de la Perse, passèrent complétement sous la domination persane. Les chahs de Perse firent lourdement peser leur autorité sur ces contrées, qui cependant souffrirent encore bien davantage des incessantes luttes et usurpations réciproques de leurs différents princes indigènes. Cependant, à cette époque où le Kacheth et le Karthli formaient deux États distincts vassaux de la Perse, il s'y développa peu à peu un élément qui devait y exercer plus tard une influence prépondérante, l'élément russe.

Dès l'annés 1579 les Géorgiens, dans l'espoir de parvenir à secouer le joug des musulmans, recherchèrent l'alliance du tsar Jwan Wassiljewitch; mais ils échouèrent dans leurs tentatives et leurs négeciations avec ce prince. Le tsar Fedor Iwanowitch au contraire, en 1585, prit formellement sous sa protection le roi de Kacheth, *Alexandre III*. Plus tard, vers l'an 1660, le roi de Kacheth *Héraclius I*[er] épousa une fille du tsar Alexis. Les rapports avec la Russie devinrent encore plus intimes à la période suivante, qui commence avec le roi *Theimouraz II*, lequel, en 1740, réunit les deux royaumes de Karthli et de Kacheth en un seul, et réussit à secouer presque complétement le joug de la Perse; après quoi, son fils *Héraclius* fut formellement déclaré l'un des vassaux de l'empire de Russie. Il est vrai qu'en punition de cette défection le chah de Perse, Agh Mohammed, l'expulsa, en 1795, de ses États; mais l'intervention armée de la Russie les lui fit restituer. Toutefois, la situation du pays était devenue si précaire que *Georges IX*, successeur d'Héraclius, en fit formellement cession à l'empereur de Russie Paul Ier, par un traité signé le 5 décembre 1799. *David* fils de Georges, y demeura encore avec le titre de gouverneur russe jusqu'en 1802, époque où l'empereur Alexandre l'incorpora à l'empire comme formant désormais une province russe, et fit transférer les différents princes de la famille royale en Russie, où ils obtinrent des pensions et des grades dans l'armée russe.

Dans la Géorgie occidentale, la Mingrelie et la Gourie se séparèrent, dans la seconde moitié du quinzième siècle, de l'Imereth, qui demeura cependant l'État prédominant et s'efforça de maintenir sa suzeraineté sur les *Dadidns* de Mingrélie, de même que sur les *Gouriele* de Gourie, comme se qualifiaient les princes respectifs de chacun de ces deux États. Des guerres sans nombre furent le résultat des liens et des rapports si compliqués existant entre les différentes dynasties qui laissèrent envahir le pays par les montagnards du Caucase et surtout par les Turcs. Ceux-ci s'emparèrent successivement de différentes parties du territoire, rendirent tributaire toute la portion occidentale de la Géorgie, et y exercèrent longtemps une décisive influence. L'histoire particulière de cette contrée présente d'ailleurs à peu près les mêmes phases et les mêmes péripéties que celle de la Géorgie orientale; et la grande lutte qui eut lieu vers le milieu du dix-septième siècle entre les dynasties de l'Iméreth et de la Mingrélie, lutte à laquelle les Turcs, les Persans et les *Gouriele* prirent part pour l'une ou l'autre des rivalités en présence, offre un tableau d'horreurs tel qu'en fournit rarement l'histoire. La Gourie, qui vers la fin du dix-septième siècle se trouvait encore dans des rapports de vassalité à l'égard des rois de l'Iméreth, se rendit indépendante au commencement du dix-huitième, grâce à l'appui de la Turquie, sous la protection de laquelle elle se plaça aussitôt; mais vers le milieu du dix-huitième siècle le roi d'Iméreth *Salomon* réussit encore à la replacer sous son autorité; et il continua d'en être ainsi jusqu'en 1801, époque où les Russes s'en emparèrent. Par un traité conclu en 1810, elle passa formellement sous la souveraineté russe. D'abord les Russes reconnurent le fils encore mineur laissé par le dernier *Gouriel* en qualité de prince vassal de l'empire; mais en 1838, par suite des intrigues de sa mère et tutrice, *Sophie*, qui s'était enfuie chez les Turcs avec son fils, ils réunirent formellement ses États à l'empire russe. La Mingrélie, elle aussi, demeura vassale de l'Iméreth jusqu'en 1803, époque où le *Dadián* Georges se soumit comme vassal au sceptre de la Russie, qui lui reconnut, comme à ses successeurs, la jouissance de tous ses droits.

En Imérétie, principale contrée de la Géorgie orientale, brilla, dans la seconde moitié du siècle dernier, un roi brave et généreux, *Salomon Ier*, qui, indigné du honteux tribut imposé par la Porte à ses prédécesseurs et consistant à lui fournir chaque année quarante jeunes garçons et quarante jeunes filles, prit les armes, et, secouru par la Russie, réussit, en 1774, à complétement affranchir son pays de la domination des Turcs. Malgré les services essentiels que la Russie lui avait rendus dans cette lutte, il refusa de reconnaître sa suzeraineté. Ce fut *Salomon II* qui le premier consentit à placer ses États dans des rapports de vassalité à l'égard de la Russie; mais, accusé d'avoir manqué à ses obligations, il fut arrêté à Tiflis, et ses États furent alors formellement incorporés à l'empire russe. C'est ainsi qu'à la suite de la guerre qui eut lieu en 1828 et 1829 entre la Russie et la Porte, toute la partie de la Géorgie jusque alors immédiatement soumise à la Turquie, après avoir été cédée à la première de ces puissances par la seconde, se trouve maintenant, avec la place forte d'**Akhalzikh**, placée sous la domination russe; et qu'elle fut alors réunie aux autres possessions transcaucasiennes de la Russie, pour former un gouvernement général, dont le titulaire cumule l'autorité militaire avec l'autorité civile, et exerce le commandement supérieur de toutes les forces russes dans le Causase.

La *langue des Géorgiens*, rude, mais énergique et régulière, d'une construction toute particulière, compte cinq dialectes, et n'appartient point à la famille des langues indo-germaniques. Elle possède une *littérature* qui ne laisse pas que d'avoir une certaine importance, qui date de l'introduction du christianisme dans ces contrées, et se compose en grande partie d'ouvrages de piété, de traductions de la Bible, des Pères de l'Eglise, de Platon, d'Aristote et de leurs commentateurs. En ce qui touche la littérature profane, laquelle fleurit plus particulièrement au dix-septième siècle, les poésies et les chroniques, notamment celles qui ont trait à l'histoire de l'Eglise, en constituent la partie la plus importante. La composition de quelques poëmes héroïques remonte jusqu'aux temps de la reine *Thamar*. Les ouvrages relatifs aux sciences sont encore bien moins nombreux, et, sauf quelques ouvrages historiques, insignifiants. Il faut cependant reconnaître que dans ces derniers temps les Géorgiens ont commencé à faire preuve de bien autrement de zèle et d'ardeur pour les sciences que par le passé, et que sous la domination russe l'état intellectuel du pays et son instruction générale se sont quelque peu améliorés. En revanche, on peut considérer comme une perte irréparable pour les lettres et les sciences géorgiennes le transfert qui eut lieu en 1807, à Pétersbourg, des archives et des trésors scientifiques et littéraires de la Géorgie. L'érudit qui possède le mieux de nos jours la connaissance de la langue, de la littérature et de l'histoire de la Géorgie est M. Brosset. On a de lui, outre une traduction de la *Chronique de Géorgie* (Paris, 1831), des *Eléments de la Langue Géorgienne* (Paris, 1837), un *Rapport sur un Voyage archéologique dans la Géorgie et dans l'Arménie exécuté en* 1847 et 1848 (Saint-Pétersbourg, 1850-1851), une *Histoire de la Géorgie* (tome Ier, Saint-Pétersbourg, 1850, avec textes géorgien et français en regard), et des *Additions et éclaircissements à l'histoire de la Géorgie* (Saint-Pétersbourg, 1851) :

GÉORGIE ou GEORGIA, l'un des États-Unis de l'Amérique du Nord, situé entre le 30° 21′ et le 35° de latitude septentrionale, borné au nord par l'état de Tenessee et par celui de la Caroline du nord, au nord-est par la Caroline du sud, à l'est par l'océan Atlantique, au sud par la Floride, et à l'ouest par l'État d'Alabama, présente une superficie de 1,916 myriamètres carrés, avec une population de 524,318 hommes libres et de 381,681 esclaves, répartie en 76 comtés. En 1800, la Géorgie ne comptait que 162,100 habitants, dont 29,264 esclaves; en 1840, 691,392 habitants, dont 280,944 esclaves. Elle reçut sa première constitution politique en 1777; constitution dont la dernière modification est celle qui fut opérée en 1839. Cet État envoie au congrès dix représentants. On y compte 51,759 fermes ou plantations. Ses principales productions sont le coton, le riz, le maïs, le pastel, le tabac, les fruits et un peu de sucre. Dans ces derniers temps on y a essayé avec succès de la séricicultura. A l'est le Savannah le sépare de la Caroline du sud, et à l'ouest le Chattahouchi de l'Alabama. Quand il a réuni ses eaux à celles du Flint, le Chattahouchi prend le nom d'Apalachicola. L'intérieur de cet État est aussi arrosé par un certain nombre de cours d'eau susceptibles d'être parcourus par des bateaux à vapeur, tels que l'Oconi, le Saint-Mary's River, etc.

Savannah, ville de 16,000 habitants, bâtie au point où le fleuve du même nom se jette dans l'Atlantique, est la ville la plus peuplée et en même temps le centre commercial le plus important de cet État. Un service régulier de bateaux à vapeur la relie à New-York et aux stations intermédiaires. La ville la plus considérable et la plus industrieuse, après Savannah, est *Augusta*, située également sur le Savannah; la population en est presque entièrement allemande. On peut encore citer *Milledgeville*, avec 8,255 habitants, siége du gouvernement de l'État, bâtie sur l'Oconi.

Il existe en Géorgie quelques lavages d'or assez importants; on y compte quatorze cents usines, dont la moindre produit au de la de 300 dollars de marchandises, et comme dans tous les autres États de l'Union, la construction des chemins de fer y a pris un remarquable développement.

GÉORGIE (Nouvelle-). *Voyez* NOUVELLE-GÉORGIE.

GÉORGIE MÉRIDIONALE, île inhabitée, située à l'est de la Terre-de-Feu, à l'extrémité sud de l'océan Atlantique, par 20° long. O. et 54° latit. S., et visitée uniquement par des pêcheurs de baleines. Au sud-est de cette île on rencontre les *Iles du Marquis de Traverse* dont la plus grande a un volcan, et la *Terre de Sandwich*, groupe d'îles presque constamment entourées de brouillards, qui sont traversées par des montagnes encore plus élevées que celles de la Nouvelle-Géorgie, et dont le climat est encore plus âpre.

GÉORGINE, nom donné par Wildenow, en l'honneur de *Georgi*, professeur de botanique à Saint-Pétersbourg, à la plante que nous appelons en France D a h l i a. La dénomination de *géorgine* a prévalu dans le nord de l'Europe et en Allemagne, parce qu'on a dit qu'elle aidait à établir une distinction entre le *dahlia* et le *dalea*, genre de papilionacées.

GÉORGIQUES (du grec γῆ, terre, ἔργον, œuvre). La poésie géorgique est, comme son nom l'indique, celle qui retrace les travaux de la terre. En Grèce, Hésiode, qui vivait, à ce qu'on croit, cent ans après la prise de Troie, écrivit, sous le titre *Des Travaux et des Jours*, un poëme des champs. La description des cinq âges et l'immortelle fable de *Pandore* ont mis au rang des plus beaux présents que nous ait légués l'antiquité cet ouvrage didactique, où Virgile a puisé la première idée de ses *Géorgiques*. Démocrite, Xénophon, Aristote, Théophraste, ont aussi parlé de l'agriculture. A Rome, le sévère Caton composa sur les travaux de la campagne un livre imité après lui par le savant Varron. Dans l'ouvrage de Caton, on reconnaît que cet ennemi acharné de Carthage avait cultivé la terre avec amour; il en parle en homme qui sait appliquer les maximes qu'il recommande comme des conquêtes de sa vieille expérience. Varron montre dans ses écrits plus de théorie que de pratique : ce savant homme recherche l'étymologie des mots, l'origine des usages et des choses, et nous donne un catalogue des auteurs qui ont avant lui traité de l'agriculture. L'ouvrage de Columelle, *De Re Rustica*, est le travail le plus complet que l'antiquité nous ait transmis sur ce sujet.

« Les *Géorgiques* de Virgile, dit Jacques Delille, ont toute la perfection que peut avoir un ouvrage écrit par le plus grand poëte de l'antiquité, dans l'âge où l'imagination est la plus vive, le jugement le plus formé, et toutes les facultés de l'esprit dans toute leur vigueur et dans leur entière maturité. » Virgile employa sept années à la composition de ce poëme, qu'il considérait comme son chef-d'œuvre. La traduction des *Géorgiques*, dans laquelle Frédéric II voyait comme l'ouvrage le plus original de l'époque, passe aussi pour le chef-d'œuvre de Delille. L'étude des *Géorgiques* a inspiré au P. Vanière le *Prædium Rusticum*. Le poëte toulousain ne sait pas rester dans de sages limites, et se préserver du défaut de la profusion ; mais son ouvrage respire l'amour de la campagne, et ne peut qu'en inspirer le goût aux lecteurs. René Rapin, de la compagnie de Jésus, publia, en 1665, le poëme des *Jardins*, dont l'idée paraît lui avoir été fournie par les derniers vers du poëme des *Géorgiques*. Entre tous les ouvrages de ce poëte latin moderne, *Les Jardins* ont conservé le plus de réputation. *Les Saisons* de Thompson, composées de grands tableaux, font époque dans l'histoire de la poésie. A peine le chant de *L'Hiver* parut, qu'il produisit une sensation extraordinaire; *L'Été* n'obtint pas moins de succès; enfin le poëme entier s'empara de l'admiration publique.

Après leur Thompson, mais à une grande distance de ce poëte, les Anglais citent avec plaisir Bloomfield, simple garçon tailleur, qui du fond d'une chétive boutique produisit un poëme intitulé *Le Valet de Ferme*, et où les quatre saisons forment aussi quatre chants. Ce fut vers la fin du dix-huitième siècle que Londres lut avec étonnement des vers élégants, harmonieux, pittoresques, pleins d'expression, composés par un jeune homme entouré d'artisans comme lui. L'ouvrage respirait surtout un amour vrai de la campagne. Quoique nous n'ayons rien d'égal à Thompson dans notre langue, on trouve cependant des traces de poésie géorgique dans Du Bartas, qui jeta des éclairs de génie parmi de grands et insupportables défauts. Saint-Lambert, poëte assez faible, mais vanté par toute l'école philosophique, dont il portait la bannière, a composé sur les saisons un poëme froid et sans couleur, dont Diderot, avec sa verve habituelle et son sentiment d'artiste, a fait une sage et mordante critique. Pourtant, quelques morceaux de cet ouvrage sont restés célèbres et ne périront point. L'abbé Delille, traducteur de Virgile, essaya de lutter avec son maître dans deux poëmes géorgiques, *Les Jardins* et *L'Homme des Champs*. Le premier de ces ouvrages, singulièrement rabaissé par les aristarques, n'offre ni une belle ordonnance, ni une vaste composition; la flamme du génie de Thompson ne brille nulle part dans ce travail, mais il est souvent riche de poésie, et contient des choses que la langue française revendiquera toujours comme des modèles de l'art d'écrire en vers. *L'Homme des Champs* qu'on aurait pu caractériser par ce titre : *le Parisien aux Champs*, n'est pas un ouvrage. On n'y sent nulle part cet amour vrai de la campagne, si fortement exprimé en Lucrèce, en Virgile, en Thompson. Comment a-t-il pu penser au Tytire des *Bucoliques*, au vieillard du Galèse, sans nous montrer le bonheur habitant dans une chaumière, environnée d'un jardin et bordée par une saussaie en fleurs. Le petit cultivateur, contemplant son petit domaine avec ravissement sur le déclin du jour, la famille contente qui couronne son foyer, la table qui rappelle à l'esprit celle de Philémon et de Baucis offrant l'hospitalité aux dieux, l'agneau chéri, la perdrix privée qui se réfugie auprès de Jupiter, la chèvre qui folâtre autour du plus petit enfant de la maison, les innocentes amours, la prière du soir, qui met la maison sous la garde du père commun de tous les hommes, voilà l'essence et les ornements du poëme géorgique. Tout cela manque dans l'œuvre de Delille; mais son talent s'y révèle par des beautés de style dignes des grands maîtres, et que lui seul pouvait prêter à notre langue.

Malgré le poëme des *Mois* de Roucher, annoncé dans le temps comme une merveille dans le monde, et rabaissé depuis avec un excès d'injustice, nous n'avons pas de géorgiques dans notre langue. *Le Verger* de Fontanes, *Les Fleurs* de Castel, tous deux remarquables par le talent de la versification, *Le Potager* de Lalanne, appartiennent au genre géorgique. Les Italiens du seizième siècle, émules des Grecs et des Latins dans l'épopée et dans les compositions dramatiques, n'ont pas négligé le genre géorgique. Le joli poëme des *Abeilles* par Rucellai, imitation heureuse et libre du quatrième livre des *Géorgiques* de Virgile, est rempli d'idées ingénieuses et d'agréables images. *La Coltivazione*, ou *l'Agriculture*, a placé le Florentin Alamanni au premier rang des poëtes de son pays. Ce poëme est l'un des plus vantés qui existent dans la langue italienne, mais ce n'est pas un de ceux qu'on lit le plus; l'austérité du sujet et la trop grande fréquence des préceptes sont sans doute la cause de cette espèce d'indifférence.

P.-F. Tissot, de l'Académie Française.

GÉPIDES, peuplade germanique, de même origine que les Goths, et dont il est pour la première fois fait mention dans l'histoire vers l'an 280 de l'ère chrétienne. Partis des rives de la Vistule, ils s'étaient dirigés vers le sud et s'étaient d'abord fixés dans la partie septentrionale de la Pannonie, où ils avaient pour voisins à l'ouest les Visigoths des monts Carpathes et à l'est les Ostrogoths. Mais lorsqu'après la mort d'Attila (453), de l'armée duquel ils avaient aussi fait partie, leur roi Aderich tenta pour la première fois de secouer le joug des Huns, ils s'établirent dans le pays d'où leur chef venait d'expulser leurs adversaires, c'est-à-dire depuis la Theiss jusqu'au Danube, et même plus loin encore, jusqu'à la Drau et à la Save, où en 488 ils essayèrent vainement à *Sirmium* de barrer le passage aux Ostrogoths se dirigeant vers l'Italie. Leur empire fut détruit en l'an 566 par les Lombards, leurs ennemis et leurs voisins occidentaux, lesquels, sous le commandement d'Alboin, s'étaient ligués contre eux avec les Avares, qui habitaient la contrée s'étendant à l'ouest de leur territoire. Cunimond, roi des Gépides, succomba dans la bataille avec un grand nombre de guerriers de sa nation. Ceux qui échappèrent au carnage, ou s'adjoignirent aux Lombards et les accompagnèrent dans leur expédition en Italie, ou, et ce fut le plus grand nombre, se confondirent avec les Avares, dont ils acceptèrent la domination.

GÉRA, seigneurie d'un revenu annuel d'environ 400,000 fr. et appartenant aujourd'hui au prince Henri LXII de *Reuss-Schleitz-Géra-Lobenstein*. Son territoire, dont l'étendue totale, y compris une enclave située à 36 kilomètres plus loin, dans le territoire de Schleis-Greitz et Lobenstein-Ebersdorf, peut être evaluée à 5 myramètres carrés, avec une population de 34,000 âmes; il est borné à l'est et à l'ouest par le pays de Saxe-Altenbourg, au sud par le pays de Saxe-Weimar, au nord par la Saxe prussienne.

Le chef-lieu, *Géra*, ville de 13,000 habitants, située sur les bords de l'Elsler blanc, a été reconstruite avec assez de régularité, à la suite de deux incendies qui la détruisirent presque complétement, l'un en 1450 et l'autre en 1780. Les environs en sont fort agréables. Les rues sont droites et les places au nombre de six. On y remarque trois églises, le palais des princes de Reuss, une machine hydraulique et une usine à gaz. Siége du gouvernement commun aux possessions respectives de diverses branches de la maison de Reuss, de la cour de justice et de la diète, elle témoigne aussi d'un certain degré d'activité industrielle et possède dans ses murs des tanneries, des chamoiseries, des teintureries, des fabriques d'étoffes de laine et de coton, de voitures, de tabac, de savon, d'*harmonicas*, ainsi qu'un gymnase, un école d'industrie et un asile parfaitement organisé pour les enfants en bas âge. A peu de distance de la ville existe une assez importante manufacture de porcelaine.

GÉRAMB (FERDINAND, baron DE), procureur général de l'ordre des Trappistes, descendait d'une ancienne famille hongroise, et naquit à Lyon, en 1770. Plusieurs duels qu'il eut a Vienne, et le zèle enthousiaste avec lequel, en 1805, il appela la jeunesse autrichienne aux armes contre les Français, témoignent du peu de dispositions qu'il eut d'abord pour la vie ascétique. Quand la terre manqua autour de lui pour combattre les Français et leur empereur, objet de sa haine toute particulière, il passa en Espagne, où il se remit à faire le coup de fusil au milieu des guérillas aux ordres des cortès, et ne les quitta que pour aller à Londres y réunir les moyens nécessaires pour continuer la lutte acharnée dont la Péninsule était alors le théâtre. Frappé, par suite de dettes qu'il contracta dans cette mission, d'une condamnation par corps, il résista pendant douze jours, dans une maison de campagne qu'il habitait, aux officiers de justice chargés d'exécuter le jugement; et il fallut recourir à l'emploi de la force pour l'expulser d'Angleterre en 1812. S'étant fait débarquer dans le petit port danois de Husum, il s'y vit arrêter par ordre de Napoléon, qui ne pouvait lui pardonner ses proclamations furibondes de 1807, et fut conduit à Paris, où, par une mesure de haute police, il subit une rigoureuse détention. On suppose que c'est en grande partie à la solitude à laquelle il fut alors condamné, et aussi aux entretiens de l'évêque de Troyes, qui partagea plus tard sa captivité, qu'il faut attribuer la direction religieuse, mais toujours exaltée, que prirent ses idées. Rendu à la liberté lors de la prise de Paris par les armées alliées, il se rendit en 1816 à Lyon, devenu le grand centre des intrigues ecclésiastiques qui signalèrent la Restauration, passa quinze mois au noviciat de la maison des Trappistes de cette ville, et fit ensuite ses vœux dans le couvent du *Port du Salut*, près de Laval. A cette occasion, il prit le nom de Père *Marie-Joseph*. Le zèle avec lequel il se soumit aux règles sévères de l'ordre dans lequel il venait d'entrer, le mit bientôt en grande considération parmi ses frères en religion, qui l'élurent procureur général, et en odeur de sainteté dans la gent dévote, dont il devint l'un des héros. La révolution de 1830 et les idées qu'elle fit prévaloir furent une grande douleur pour le révérend Père de Géramb, qui résolut de les expier en ajoutant encore à la rigueur des pénitences qu'il s'imposait. En 1831 il se décida à entreprendre le pèlerinage de la Terre Sainte, et à son retour il eut avec Méhémet-Ali un entretien très-remarquable. En 1837 il alla aussi à Rome présenter ses hommages au successeur de saint Pierre; et depuis ce moment sa vie ne fut plus qu'un continuel va-et-vient entre la capitale du monde catholique et les diverses maisons de son ordre en France et en Allemagne. Il se trouvait à Rome lorsque la mort vint l'y surprendre, le 15 mars 1848. On a de lui un grand nombre d'ouvrages ascétiques, que rien d'ailleurs ne permet de signaler dans la foule de livres de ce genre qu'on possédait déjà, ainsi qu'un *Pèlerinage à Jérusalem et au mont Sinaï en 1831-1833* (Paris, 1836), et un *Voyage de la Trappe à Rome* (en allemand; Ratisbonne, 1839).

GÉRANDO (DE). *Voyez* DÉGERANDO.

GÉRANIACÉES, famille de plantes dicotylédones polypetales hypogynes, ayant pour caractères : calice libre, persistant, à cinq pétales, dont l'un est quelquefois prolongé en éperon; corolle à cinq pétales alternant avec les sépales du calice; dix étamines; cinq ovaires offrant chacun une seule loge, contenant un ou deux ovules attachés à leur angle interne; cinq styles terminaux, soudés entre eux; stigmate simple; embryon dépourvu d'endosperme. Les géraniacées sont, en général, des plantes herbacées ou sous-frutescentes, quelquefois à feuilles charnues. On y compte les genres *erodium*, *geranium*, *monsonia* et *pelargonium*. Les racines et les tiges de ces diverses plantes sont riches en tannin et en huiles essentielles.

GÉRANIUM, genre de la famille des géraniacées. Les jardiniers et les amateurs appliquent indifféremment ce nom aux véritables géraniums et aux pélargoniums. Cependant, rien de plus facile que de distinguer ces deux genres l'un de l'autre : la corolle du géranium est régulière; celle du pélargonium est irrégulière. Les espèces du genre *erodium* se confondraient plutôt à première vue avec celles du genre *geranium;* mais les premières n'ont que cinq étamines fertiles, tandis que toutes le sont dans les autres; dans les pélargoniums, il n'y a constamment que sept étamines anthénifères. Ces caractères distinctifs ont été établis par L'Héritier. Avant lui, toutes ces plantes ne formaient qu'un seul genre, dont le nom *geranium*, dérivé du grec γέρανος, grue, indiquait ce caractère commun qu'offre leur fruit de rappeler la forme d'un long bec effilé. Les mots *pelargonium* (de πελαργός, cigogne) et *erodium* (de ἐρωδιός, héron) rappellent la même idée.

Les espèces du genre *geranium* ainsi restreint sont au nombre d'environ soixante-dix. Parmi celles qui appartiennent à l'Europe, l'une des plus belles est le *geranium sanguin* (*geranium sanguineum*, Linné), à grandes fleurs d'un rouge de sang, portées sur de longs pédoncules, la plupart uniflores. Au mois de juin, dans les prés un peu humides, brille, par ses grandes fleurs bleues, à pétales arrondis, le *géranium des prés* (*geranium pratense*, Linné). Dans les lieux montueux, secs et arides, on trouve le *géranium velouté* (*geranium molle*, Linné), à fleurs rougeâtres, à feuilles molles, velues, palmatifides, arrondies, portées sur de longs pétioles. Au commencement du printemps, l'*herbe à Robert* (*geranium robertianum*, Linné) montre ses petites fleurs rouges et ses tiges velues, noueuses et rougeâtres.

Si les géraniums que nous venons de nommer viennent sans culture dans nos climats, il n'en est pas de même des pélargoniums, auxquels des soins particuliers sont nécessaires, tant pour les conserver que pour obtenir des fleurs nombreuses, grandes et éclatantes. Une serre tempérée, bien éclairée doit abriter ceux-ci depuis le 15 septembre jusqu'à la fin de mai. Les arrosements doivent être ménagés suivant les circonstances atmosphériques. La taille et le rempotage sont deux opérations indispensables. Quant au mode de multiplication, on emploie les semis si l'on veut obtenir des variétés nouvelles, les boutures pour conserver celles de choix.

Les pélargoniums que recherchent les amateurs sont des petits arbrisseaux à bois mou, herbacés dans la jeunesse, au premier rang desquels il faut placer le *pelargonium inquinans*, type de ces plantes à fleurs écarlates, qui, réunies en groupes ou en massifs, font depuis le mois de juin jusqu'aux gelées le plus bel ornement des jardins. Le *pelargonium zonale* présente des feuilles arrondies en cœur à la base, marquées en dessus d'une bande d'un vert-brun suivant les contours du limbe; dans quelques variétés, les feuilles sont panachées de blanc ou de jaune, ou bordées de blanc; les fleurs sont d'un écarlate brillant, passant, suivant les variétés, au rose et au blanc pur. Citons encore le *pelargonium odoratissimum*, dont les feuilles froissées entre les doigts exhalent une odeur agréable, et le *pelargonium capitatum*, qu'une propriété analogue à fait désigner par les jardiniers sous le nom de *geranium rosat*. Le genre *pelargonium* compte encore beaucoup d'autres espèces; quant aux variétés et aux hybrides, elles sont innombrables.

GÉRANT, GESTION (du latin *gerere*, administrer). Le *gérant* est le plus souvent un mandataire qui administre pour autrui, et qui a un compte à rendre de sa gestion ou administration. Mais il y a aussi le gérant volontaire, celui qui gère l'affaire d'autrui sans *mandat*, celui que le droit romain appelait *negotiorum gestor*. Celui qui gère volontairement l'affaire d'autrui, soit que le propriétaire connaisse la gestion, soit qu'il l'ignore, contracte l'engagement tacite de continuer la gestion commencée, jusqu'à ce que le propriétaire puisse y pourvoir. Il doit se charger également de toutes les dépendances de cette affaire. Il est soumis à toutes les obligations qui résulteraient pour lui de l'acceptation d'un mandat exprès. Il est tenu d'apporter à la gestion de l'affaire tous les soins d'un bon père de famille, et doit en rendre compte. Néanmoins les circonstances qui l'ont conduit à se charger de l'affaire peuvent autoriser le juge à modérer les dommages-intérêts qui résulteraient des fautes et de la négligence du gérant. De son côté, le maître dont l'affaire a été bien administrée doit remplir les engagements que le gérant a contractés en son nom, l'indemniser de tous les engagements personnels qu'il a pris, et lui rembourser toutes les dépenses utiles ou nécessaires qu'il a faites.

Dans les sociétés civiles ou commerciales on appelle *gérants de la société*, ou simplement *gérants*, ceux qui sont chargés de l'administration. Dans les sociétés commerciales en commandite, les associés commanditaires seuls peuvent être gérants.

D'après la législation actuelle (1855) sur la presse, tout journal ou écrit périodique publié par une société doit présenter à l'agrément du gouvernement parmi les associés un, deux ou trois *gérants responsables* qui ont chacun individuellement la signature. Si l'entreprise est formée par une seule personne, elle en sera nécessairement le gérant, pourvu que le gouvernement l'y ait autorisée. Chaque numéro du journal ou de l'écrit périodique doit être signé, en minute, par un gérant, qui répond de son contenu et devient passible des peines portées par la loi à raison de la publication des articles qui seraient incriminés.

GÉRARD DE ROUSSILLON, l'un des preux qui, vers le milieu du neuvième siècle, repoussèrent les invasions normandes, et que les romanciers du cycle carlovingien ont placé dans l'épopée populaire du moyen âge comme l'un des plus brillants héros de son siècle et comme un type de l'héroïsme féodal aux prises avec l'autorité royale. Nous n'avons toutefois sur lui que des renseignements aussi confus qu'incomplets. Tout ce que nous en savons à peu près, c'est qu'il fut le père d'une grande partie de l'aventureuse famille des paladins, qu'il fonda force églises et force monastères, et qu'il construisit une multitude de châteaux; c'est que, sous le titre de *comte*, il exerça pendant longtemps une souveraineté absolue sur le royaume de Provence; qu'il réunit à ses vastes domaines le comté de Bourges; mais qu'ayant pris le parti de Lothaire, puis celui de son fils contre Charles le Chauve, il finit par perdre ses États, ses domaines et jusqu'à ses dignités; et que, vers l'an 872, il se retira à Avignon.

Une chanson de gestes, intitulée *Gérard de Roussillon*, célèbre les hauts faits d'un autre preux du même nom, qui vivait un siècle auparavant et qui eut de longs démêlés avec Charles-Martel. Ce poëme ne contient pas moins de huit mille vers à rimes consécutives : son action dure vingt-deux ans.

GÉRARD (Le Père). Ce n'était qu'un honnête laboureur de Montgermont en Bretagne, et cependant, lui aussi, a eu sa célébrité dans la majestueuse période de 1789. Un jour, le suffrage des citoyens de sa sénéchaussée le députa aux états généraux, et, renonçant à ses habitudes simples, il s'achemina vers Versailles pour prendre sa place parmi ses collègues du tiers état. Au milieu de tant d'hommes qui venaient offrir à la patrie des talents, un courage et une énergie extraordinaires, son tribut, à lui, fut un grand bon sens, une simplicité patriarcale, une franchise d'homme du peuple. Au jour de l'ouverture, le père Gérard se présente, vêtu de son vieil habit vert à la française et de ses culottes de nankin des jours de fête ; mais le maître des cérémonies lui barre l'entrée de la salle, déclarant qu'il n'entrera que vêtu, comme les autres députés, du triste costume officiel emprunté à 1614. L'idée de quitter un moment son habit vert l'affecta douloureusement. Son bon sens se révolta contre l'idée de soumettre à la vieille étiquette monarchique son caractère solennel d'envoyé du peuple; il refusa avec une obstination toute bretonne ; le peuple et ses collègues applaudirent à sa résistance, et l'étiquette fut foulée aux pieds. L'honnête cultivateur alla fièrement s'asseoir à sa place, s'inquiétant peu de ce que son habit vert jurait avec le costume officiel et le mantelet noir des autres députés. La conduite du père Gérard pendant la durée de l'Assemblée nationale fut sage, droite, loyale comme son caractère. Son nom devint populaire. Collot d'Herbois en revêtit un almanach, dans lequel il publia un catéchisme républicain. Après cette laborieuse session, le père Gérard retourna, comme Cincinnatus, à ses bœufs et à sa charrue laissant parmi nos renommées de la révolution, une renommée que notre insouciance génération a presque oubliée.

GÉRARD (François-Pascal-Simon, baron). Ce peintre célèbre était né à Rome, en 1770, dans l'hôtel de l'ambassade, où son père occupait la place de concierge. Ses parents le conduisirent très-jeune à Paris, où il travailla d'abord dans l'atelier de sculpture de Pajou, et où il apprit à modeler. De là il passa dans l'Atelier de Brenet, peintre de l'académie, où ses premiers essais furent remarqués; mais, lorsqu'en 1786 le tableau des *Horaces* excita l'enthousiasme général des jeunes artistes, Gérard devint élève de David. Par suite des premiers événements de la révolution et de la mort de son père et de sa mère, Gérard se trouva chargé de deux frères et d'une jeune parente dont il était l'unique appui; il épousa celle-ci, et pourvut à l'éducation des autres; mais tandis qu'il remplissait si généreusement ses devoirs, il semblait avoir abandonné son art, et ce ne fut qu'en 1795 qu'il rappela le jeune élève de David, distingué par ses camarades dès l'âge de dix-huit ans, en exposant *Bélisaire*; ce tableau, qui orne aujourd'hui la galerie de Munich, et qui fit la plus grande sensation, n'aurait pu être entrepris ni exécuté si Gérard n'avait accepté les secours que lui offrait un jeune peintre de ses amis, Isabey. La *Psyché* vint ensuite. Ces deux compositions d'un genre si différent donnaient la mesure du génie varié et indépendant de Gérard : celui qui savait exprimer les douleurs du vieux guerrier réduit à mendier, et la surprise de l'innocence que l'amour charmait et effrayait pour la première fois, celui-là était vraiment le peintre des passions dans ce qu'elles présentent de plus cruel et de plus séduisant. *Psyché*, ce chef-d'œuvre qui retrace tout ce que l'âme peut contenir d'affection et de pudeur, ce tabeau si sublime d'amour et de chasteté, qu'il équivaut à une bonne action, demeura trois ans dans l'atelier du peintre, pour ensuite passer de main en main, et être vendu près de 30,000 fr. à la vente du général Rapp.

Tandis qu'on admirait la *Psyché*, Gérard, pour vivre et soutenir sa famille, faisait les dessins dont les frères Didot ornaient les éditions de luxe de Virgile et de Racine : *Chacune de ces compositions*, disait David, *renferme un beau tableau*, et l'artiste se consolait avec ces paroles du maître. Plusieurs portraits demandés à Gérard, et entre autres celui de Bonaparte revenant de Marengo, produisirent un tel enthousiasme que le peintre d'histoire se trouva entraîné à travailler dans ce genre plus que les amis de l'art et lui-même ne l'eussent désiré. Mais Napoléon avait apprécié son talent; les comices de Lyon, qu'il l'avait d'abord chargé de représenter, n'ayant point été exécutés, il lui ordonna de peindre la *Bataille d'Austerlitz*, magnifique tableau de 10 mètres sur 5m 30, et lui destina une partie des peintures qui devaient orner le Louvre. Une maladie d'yeux interrompit les travaux de Gérard à cette époque, et quand on considère les retours fréquents de cette maladie, ainsi que l'étude et les soins qu'il a donnés à chacun de ses ouvrages, on ne s'explique leur nombre que par l'amour du peintre pour son art et la persévérance de son activité. Desservi auprès de Louis XVIII, en 1816, Gérard répondit à la dénonciation dont il avait été l'objet en exposant l'*Entrée de Henri IV*; et le roi saisit cette occasion de lui donner une preuve publique d'estime aussi flatteuse pour sa personne que pour ses talents : il le nomma son premier peintre, et lui conféra le titre de baron, que l'on ne prodiguait pas encore. Mais Gérard, décoré de l'ordre de la Légion d'Honneur depuis sa création, chevalier des ordres du roi, membre de l'Institut et de toutes les académies de l'Europe, n'usa de sa faveur qu'avec une extrême réserve. Échanger sa vie d'artiste contre celle de courtisan ou d'homme politique ne le tenta jamais : aussi Louis XVIII, ce roi si habile, se plaisait-il à répéter que *Gérard était l'homme le plus spirituel de France.*

Les principaux tableaux de Gérard, outre *Bélisaire* et *Psyché*, sont *Les Trois Ages*, *Le Songe d'Ossian*, *Homère*, *Corinne*, *Philippe V*, *Thétis*, *Le Tombeau de Sainte-Hélène*, *Daphnis et Chloé*, *Sainte Thérèse*, *Le Sacre de Charles X*, *La Peste de Marseille*, et *Louis-Philippe acceptant la lieutenance générale du royaume*. Aucun maître ne demande une étude plus approfondie de ses intentions que Gérard. Sa juste et brillante renommée, des circonstances singulières, ont amené dans son atelier presque tout ce que l'Europe a reconnu de grand par le rang ou l'illustration : dans un même jour, les rois de France et de Prusse, l'empereur Alexandre, vinrent successivement lui donner séance. La mère de Napoléon, sa femme, Joséphine, la baronne de Staël, Mme Récamier, Canova, la Pasta, Mlle Mars, tout ce qui a été célèbre, n'importe à quel titre, a posé devant Gérard, et son œuvre, gravé par les plus habiles maîtres, offrira la galerie la plus intéressante de son époque. Desnoyers a gravé le *Bélisaire*, et les portraits de *Napoléon* et de *Talleyrand*; Massard, l'*Homère*; Godefroy, la *Psyché* et la *Bataille d'Austerlitz*; Morghen, *Les Trois Ages*; Girard, *Louis XVIII dans son cabinet*; Toschi, le portrait du *duc Decazes*, etc. En ce moment, M. *Henry* GÉRARD, neveu du célèbre peintre, publie l'œuvre de son oncle, gravé à l'eau forte.

Gérard accueillait avec empressement les artistes qui recherchaient ses conseils. Cependant il est mort sans laisser d'école, le 11 janvier 1837. Ctsse DE BRADI.

GÉRARD (MAURICE-ÉTIENNE, comte), maréchal de France et ancien pair, naquit, le 4 avril 1773, à Danvilliers (Meuse). Engagé volontaire à l'armée du Nord dès 1791, il fit ses premières armes à la bataille de Fleurus, sous les ordres de Jourdan. Il ne tarda pas à passer capitaine, et devint aide de camp de Bernadotte, qu'il suivit dans ses campagnes sur le Rhin et en Italie. Après la paix de Campo-Formio, il l'accompagna encore dans son ambassade à Vienne, où il lui sauva la vie dans une sédition excitée par la police autrichienne. En l'an VII il fut nommé chef d'escadron, et en l'an IX chef de brigade, grade avec lequel il fut employé dans les armées de l'ouest. A partir de cette époque jusqu'à l'an XII il resta en non-activité; mais le 2 fructidor un décret impérial l'éleva au grade d'adjudant-commandant, et le rétablit, en qualité de premier aide de camp, près de Bernadotte, créé maréchal d'empire. Nommé bientôt colonel, il fit avec ce grade la campagne de 1805, fut grièvement blessé à Austerlitz, et reçut, sur le champ de bataille, la croix de commandeur de la Légion d'Honneur. Promu l'année suivante au grade de général de brigade, il fit avec distinction la campagne de Prusse; et après la paix de Tilsitt fut nommé chef de l'état-major du 9e corps d'armée, aux ordres de Bernadotte. Dans la guerre qui éclata de nouveau avec l'Autriche en 1809, il fut chargé des mêmes fonctions; et à la bataille de Wagram Bernadotte lui confia le commandement de la cavalerie saxonne.

Il fut ensuite attaché au 9e corps de l'armée d'Espagne, depuis juillet 1810 jusqu'à octobre 1811, époque à laquelle il fut mis en disponibilité. Mais dès l'année suivante il était rappelé sous les drapeaux et attaché à la grande armée qui entrait en Russie. Le 19 août 1812, il assista à la sanglante affaire de Valoutina, et contribua activement à la prise de Smolensk. A la bataille de la Moskowa, il commandait les troupes à la tête desquelles avait été tué le général Gudin; et cette division se couvrit de gloire. Pendant la retraite de Moscou, Gérard fut investi du commandement en second, sous les ordres du maréchal Ney, du corps chargé de protéger la marche des débris épars de la Grande Armée. La bravoure dont il donna des preuves lors du passage de la Bérézina, où, ainsi que Ney, il soutint, à diverses reprises, avec quelques régiments affaiblis, le choc de corps d'armée entiers, eut pour résultat de sauver la vie de plusieurs milliers de nos soldats. Le vice-roi Eugène ayant succédé au roi de Naples, Murat, dans le commandement en chef de l'armée française, en rallia les débris sur les bords de la Vistule, et confia à Gérard le commandement de l'arrière-garde, composée de 12,000 Napolitains et de trois bataillons de recrues. Avec ces faibles moyens, il parvint en bon ordre jusqu'à Francfort-sur-l'Oder, où il se trouva en face de forces supérieures prêtes à lui barrer le passage, et d'une population en insurrection ouverte contre les Français. Sa position à ce moment était si critique, que l'empereur Alexandre, qui survint en personne avec des renforts considérables, le fit sommer d'avoir à mettre bas les armes. Gérard s'y refusa, et manœuvra avec tant d'habileté, que, trois jours après, il était en paisible retraite sur les bords de l'Elbe, où, le mouvement de retraite s'arrêtant, il fit volte-face et se trouva aux avant-postes de notre armée.

La campagne de 1813 s'ouvrit alors. Gérard y fut chargé du commandement d'une des divisions du onzième corps, aux ordres du maréchal Macdonald; et à la bataille de Bautzen, par une marche hardie, opérée en avant, contrairement aux ordres du maréchal, il arracha des mains des alliés une victoire déjà à peu près gagnée. Blessé grièvement, à peu de jours de là, dans une affaire d'avant-postes, il dut s'éloigner quelque temps de l'armée. Mais quand l'armistice de Plezwitz fut dénoncé, il était de nouveau à la tête de sa division; et à l'affaire de Golberg, il lui arriva encore, contrairement aux ordres de Lauriston, investi, en l'absence de Macdonald, du commandemant en chef, de charger avec vigueur les Prussiens aux ordres du prince de Mecklembourg, et de les mettre en déroute. A la suite de ce brillant combat, l'empereur l'appela au commandement du onzième corps, quoiqu'il fût le général de division le plus récemment promu, préférence qu'il justifia et sut se faire pardonner par ses camarades. Blessé déjà à la bataille de la Katzbach, il le fut de nouveau très-dangereusement, à la tête, dans la seconde journée de Leipzig, ce qui l'obligea encore une fois à quitter l'armée. Mais dès la fin de l'année 1813 il se trouva assez rétabli pour pouvoir prendre une part active à la campagne de France. Avant d'aller se mettre à la tête de l'armée concentrée dans la Bourgogne et la Champagne, Napoléon avait voulu créer une réserve composée de trente-huit bataillons, destinée à mettre Paris à l'abri d'un coup de main. Ce fut sur Gérard qu'il jeta les yeux pour la commander. Celui-ci arriva à la tête de ses troupes le 30 janvier à Dienville, où il devait former l'aile droite. Ses instructions lui enjoignaient de garder à tout prix le pont jeté sur l'Aube. Attaqué, deux jours après, dans cette position par l'Autrichien Giulay, il y résista quarante-huit heures à un ennemi supérieur en forces, qu'il empêcha de franchir la rivière, et ne l'abandonna qu'après en avoir reçu l'ordre exprès de l'empereur, qui, couvert par l'intrépidité de son lieutenant, avait pu pendant ce temps-là librement manœuvrer sur la rive gauche de le Seine. A quelques jours de là, Gérard prenait part à l'affaire de Montereau et, par sa froide intrépidité, contribuait puissamment au succès de cette journée.

Après l'abdication de Fontainebleau, il reçut du gouvernement provisoire la délicate mission de ramener en France la garnison de Hambourg. Puis il fut chargé de l'inspection générale de la cinquième division militaire et du commandement du camp de Belfort. Au retour de l'île d'Elbe, l'empereur se hâta de l'appeler auprès de lui. Nommé au commandement en chef de l'armée de la Moselle, il se couvrit de gloire, le 16 juin, à la bataille de Ligny. A Waterloo il se trouvait placé, avec son corps, sous les ordres de Grouchy et posté sur la route de Wavres. Quand le bruit du canon se fit entendre dans la direction de la forêt de Soignies, le maréchal réunit ses officiers généraux en conseil de guerre, et Gérard ouvrit l'avis de marcher immédiatement dans la direction du canon, en passant la Dyle sur le pont de Munster. L'avis contraire ayant prévalu, le corps de Grouchy se porta en masse sur Wavres, et à ce moment une balle prussienne vint traverser la poitrine de Gérard et le mettre hors de combat. Malgré la gravité de sa blessure, il tint à honneur de ne point se séparer de ses compagnons d'armes. Après la prise de Paris, il accompagna sur les rives de la Loire l'armée qui avait voulu défendre la capitale, et que la réaction triomphante qualifiait de *brigands de la Loire*. Elle ne tarda pas à être licenciée, et Gérard obtint la permission d'attendre à Tours la complète guérison de sa blessure. A son retour à Paris, le ministre de la police Decazes et Clarke, duc de Feltre, ministre de la guerre, le prièrent d'aller voyager quelque temps hors de France. Il se soumit, et se réfugia en Belgique, où il se maria, en 1816, avec la fille du général comte de Valence. L'année suivante, il rentra en France, et se retira dans sa terre de Villers-Creil (Oise), où, en 1822, les suffrages des électeurs de la Seine vinrent le chercher pour l'envoyer à la chambre des députés. Fidèle à ses précédents, il y prit place dans les rangs de la courageuse minorité qui essayait de lutter contre la contre-révolution. En 1824, un accident de chasse lui coûta l'œil gauche, perte d'autant plus déplorable que son œil droit était déjà d'une faiblesse extrême. En 1827, les électeurs de la Dordogne et ceux de l'Oise se disputèrent l'honneur de l'avoir pour député; et dans la session de 1829 il fut nommé membre de la commission chargée de l'examen du Code Pénal militaire.

Un rôle politique plus important lui était réservé par la révolution du 1830, à laquelle il se hâta d'offrir son concours et son épée. Il fut tout aussitôt désigné comme commissaire provisoire à la guerre, et Louis-Philippe, dès qu'il eut été nommé roi par les *deux cent vingt-et-un*, s'empressa de lui confier le portefeuille de ce département. Quelques jours après, le 17 août 1830, en le nommant maréchal de France, il réalisait les intentions de Napoléon, qui dès 1814 lui en avait destiné le bâton. Ses efforts eurent pour but principal de reconstituer sur un pied respectable notre armée, que l'incurie et le mauvais vouloir de la Restauration avaient laissée tomber dans une désorganisation presque complète. Mais la faiblesse de sa santé ne lui permit pas de garder le ministère de la guerre plus de trois mois. Il dut alors le remettre au maréchal Soult; et en octobre 1831, les circonstances politiques ayant pris l'aspect le plus menaçant, il fut nommé au commandement en chef de l'armée qui avait été concentrée dans nos départements du nord à l'effet de prêter aide et appui contre la coalition européenne à la révolution belge, sœur de la nôtre. Une campagne de treize jours lui suffit pour forcer les troupes hollandaises, qui avaient envahi la Belgique, à regagner leur territoire. Le 15 novembre 1832 il rentra de nouveau en Belgique, avec la même armée, pour aller forcer les Hollandais à évacuer la forteresse d'Anvers; et après vingt-quatre jours de tranchée ouverte le général Chassé, qui commandait la place, fut contraint de capituler. En 1833 le maréchal fut admis à la chambre des pairs. L'année suivante il acceptait, encore une fois, le portefeuille de la guerre, avec la présidence du conseil; mais trois mois plus tard il résignait l'un et l'autre. Après la mort du maréchal Mortier, victime de l'attentat Fieschi, il le remplaça à la grande-chancellerie de la Légion d'Honneur. En 1838, à la mort du maréchal Lobau, il lui succéda dans le commandement supérieur des gardes nationales de la Seine, qu'en 1842 l'affaiblissement toujours croissant de sa vue le força de résigner entre les mains du général Jacqueminot. Un des premiers actes du gouvernement provisoire qui s'installa à l'hôtel de ville, le 24 février 1848, fut d'enlever au maréchal les fonctions de grand-chancelier de la Légion d'Honneur. Gérard est mort à Paris, le 17 août 1852, et a été inhumé aux Invalides.

GERBE. Ce mot s'emploie dans plusieurs acceptions différentes. En agriculture, il désigne du blé ou d'autres céréales coupées, réunies par un lien, toutes parallèles et ayant leurs épis tournés du même côté. C'est précisément cette disposition symétrique qui distingue la *gerbe* de la *botte*, dont les épis sont rassemblés confusément au hasard. La grosseur des gerbes varie; mais comme leur objet principal est de faciliter le transport de la récolte, il faut, pour qu'elles atteignent ce but, avoir soin de ne les faire ni trop petites ni trop grosses. Il est encore moins aisé qu'on ne pourrait le croire de confectionner avec célérité une bonne et belle gerbe; l'opération, assez simple par elle-même, demande plus d'habitude qu'on ne pense. Quant aux matières employées pour lier les gerbes, les plus communes sont ou de jeunes pousses de bois flexibles, comme le chêne à grappes, le châtaignier, le noisetier, le saule-marceau, l'osier, la viorne, etc., ou l'écorce de tilleul; de la paille de seigle, de froment, d'avoine battue, etc. Lorsque la récolte est achevée, et que les gerbes sont faites, on les serre dans les granges, jusqu'au moment où elles doivent être battues, et on les y bat même le plus souvent. Dans beaucoup de pays, on supplée en partie aux granges par des amoncellements de gerbes en plein air, auxquels on donne les noms de *meules* ou de *gerbiers*, et qu'on recouvre de paille ou d'un toit fixe ou mobile, durable ou seulement temporaire. La gerbe jouait anciennement un grand rôle dans les redevances et impositions féodales; on sait qu'avant la révolution de 1789 le curé de chaque paroisse prélevait sur la récolte des céréales *une* gerbe sur *treize* (*voyez* DIME).

Dans l'art du fontainier, on donne le nom de *gerbe* à un faisceau de plusieurs petits jets d'eau qui forment une girande de peu de hauteur. Il y a des gerbes qui s'élèvent par étages, en pyramides, au moyen d'autant de conduits que forment plusieurs rangs de tuyaux, autour du gros jet du milieu. La *gerbe d'eau* est d'un très-bel effet; c'est pour les grands jardins et pour les lieux publics un ornement qui de tout temps a été fort goûté. Il n'est pas rare de voir, dans nos villes, jaillir des gerbes d'eau du milieu des places publiques, qu'elles embellissent, tout en contribuant à leur assainissement, et il n'existe pas de château, de maison de campagne *confortable* qui n'ait la sienne. Nous pourrions citer à Paris celles du Palais-Royal, des Tuileries, du Luxembourg et bien d'autres encore, si elles n'étaient pas trop rapprochées de la luxueuse féerie aquatique qu'une fantaisie du *grand roi* fit jaillir des jardins enchantés de Versailles.

Le mot de *gerbe* ou son synonyme *girande*, que nous avons emprunté à l'italien *giranda*, désigne, en termes de pyrotechnie un grand nombre de fusées volantes qui s'élancent en même temps d'un pot ou d'une caisse, et dont l'expansion figure une gerbe lumineuse. On renferme habituellement ces fusées dans des caisses de sapin, de formes carrées, qu'on divise en parties égales, et dans lesquelles on introduit une planche percée, qui prend le nom de *grille*, et sur laquelle on place des fusées volantes. Du reste, il faut avoir soin de percer les trous à égale distance et de les proportionner à la grosseur des baguettes, comme on proportionne la caisse à leur longueur, afin que les fusées y soient exactement enfermées; puis on répand à la surface de la caisse du poussier ou toute autre composition vive qui détermine l'inflammation simultanée de la batterie, et on la ferme pour ne l'ouvrir qu'au moment du feu d'artifice. On a tiré, dans des réjouissances publiques, des *gerbes* ou *caisses* qui contenaient plus de 1,200 fusées de grosseurs variables. On place au milieu les plus grosses pièces, les moyennes viennent ensuite, et les petites garnissent les bords. Cet arrangement donne à leur assemblage, lorsque l'appareil a pris feu, la forme d'un bouquet: aussi a-t-on donné ce nom au groupe de fusées dont l'explosion simultanée termine ordinairement les feux d'artifices. V. DE MOLÉON.

GERBE D'OR, nom vulgaire du *solidago Canadensis*. *Voyez* VERGE D'OR.

GERBERT. *Voyez* SYLVESTRE II.

GERBIER. *Voyez* MEULE.

GERBIER (PIERRE-JEAN-BAPTISTE), célèbre avocat, né à Rennes, le 29 juin 1725, était fils, frère, neveu et cousin de jurisconsultes distingués. Après avoir fait de brillantes études à Paris au collège de Beauvais, inscrit au tableau des avocats en 1745, il commença sa carrière sous le patronage du vénérable Guéaux de Reverceaux, et s'acquit bientôt une réputation qui n'a cédé peut-être qu'à celle de Cochin. Il possédait au plus haut degré cette action oratoire qui, suivant Cicéron, est toute l'éloquence: *Actio in dicendo una dominatur*. Mais ce n'est pas au seul travail qu'il dut tous ses succès. Delamalle a dit, dans une Notice sur Gerbier: « La nature, qui voulait en faire l'orateur le plus séduisant, l'avait comblé de ses dons. Il en avait reçu une figure noble, un regard plein de feu, une voix étendue et pénétrante, une diction nette, une élocution facile, une grâce infinie, un charme inexprimable répandu dans toute sa personne. Son teint brun, ses joues creuses, son nez aquilin, son œil enfoncé sous un sourcil éminent, faisaient dire de lui que l'aigle du barreau en avait la physionomie. »

Cependant, l'esprit de parti, auquel Gerbier se laissa passagèrement, il est vrai, entraîner, attira contre lui de rudes représailles. Il s'était d'abord conquis la faveur populaire en prononçant au parlement, lors de la présentation par le chancelier Maupeou des lettres patentes de 1763, un discours mémorable, où il donnait le premier signal de l'expulsion des jésuites. Il avait fait condamner l'abbé et les religieux de Clairvaux à 40,000 écus de dommages et intérêts au profit d'une pauvre femme et d'une fille dont le mari et le père avaient été illégalement séquestrés dans un couvent de bernardins. Cette cause est connue sous le nom de *procès de la bernardine*. Il avait aussi plaidé dans un procès janséniste, celui du testament de Nicole, et révélé les secrets de la *boîte à Perrette*. Voici ce que Voltaire a dit de cet illustre orateur: « Il y a dans le monde un maître Gerbier qui défend la cause de la veuve et de l'orphelin opprimés sous le poids d'un nom sacré: c'est celui-là même qui a obtenu au barreau du parlement de Paris l'*abolissement* de la Société de Jésus. Écoutez attentivement la leçon qu'il a donnée à la Société de Saint-Bernard, conjointement avec maître Loiseau, autre protecteur des veuves. »

Gerbier se montra malheureusement dévoué au chancelier Maupeou dans une circonstance plus délicate. Lorsque les parlements eurent été cassés par un coup d'État et remplacés par des cours souveraines, Target et la plupart des célébrités du barreau s'abstinrent de toute plaidoirie. Gerbier eût peut-être donné l'exemple, il refusa de les suivre. En 1774, lorsque Louis XVI eut commencé son règne par le rappel des parlements, on ne pardonna point à Gerbier sa défection. Une action en subornation de témoins ayant été intentée dans le procès du comte de Guignes, Gerbier, qui s'y trouvait impliqué fort mal à propos, au lieu d'une éclatante réparation, fut simplement mis hors de cour. Linguet, qui le regardait comme l'auteur des persécutions dirigées contre lui, l'accabla de sarcasmes et même d'invectives dans ses nombreux écrits, qui furent, sous un gouvernement absolu, malgré la censure et en quelque sorte malgré les douanes établies à la frontière contre l'introduction des pamphlets imprimés en pays étranger, le prélude de la liberté de la presse. Aussi Gerbier ne fut-il élu bâtonnier qu'en 1787. Il mourut quelques mois après, le 26 mars 1788, âgé de soixante-trois ans, empoisonné par le vert-de-gris de quelque vase mal étamé.

Il est peu de contemporains qui aient pu entendre les admirables improvisions de Gerbier. Les jeunes stagiaires, eux-mêmes pour venir écouter leurs maîtres dans l'art de la parole, étaient obligés de se presser dès six heures du matin à la grille de la cour du Harlay. On a donc cru longtemps qu'il ne s'était conservé aucun de ses plaidoyers; Mme la comtesse de la Saumès, sa fille et unique héritière, aidée des soins de Bellart, Delacroix-Frainville et Chauveau-Lagarde, fit pour cela d'inutiles recherches. Heureusement, Delamalle conservait dans sa bibliothèque des plaidoiries entières et des fragments précieux qui, à la vérité, ne sont pas de la main de Gerbier, mais de celle du fameux Hérault de Séchelles, son élève et son ami. Il paraît que dans son cabinet Gerbier dictait les exordes, les péroraisons et les morceaux à effet, en indiquant, par des notes plus ou moins étendues, les divers points de la discussion. C'est ce travail que Hérault de Séchelles compléta par une espèce de sténographie à l'audience; et il se procura ainsi, notamment, le discours de 1763. BRETON.

GERBILLE, sous-genre établi par A.-G. Desmarest dans le genre *gerboise*, et ayant pour type le *dipus pyramidum* de Ét. Geoffroy. La taille de cet animal est celle d'une souris; sa queue est brune et terminée par des poils assez longs; ses jambes postérieures sont aussi longues que son corps. On le trouve communément en Égypte, principalement dans les environs des pyramides.

GERBOISE, genre de petits mammifères rongeurs qui ressemblent beaucoup au rat, avec lequel les anciens, qui l'appelaient *rat à deux pieds* (*mus bipes*), l'ont confondu à tort, puisque les gerboises diffèrent des rats par leur queue, qui est d'une grande longueur et très-touffue à son extrémité, et aussi par leur pelage, qui dans la plupart des espèces est, sous le ventre, d'un fauve clair blanc. Shaw en compte six espèces, et Gmelin dix.

La *gerboise* de Buffon (*dipus sagitta*, Pallas; *dipus gerboa*, Gm.), d'un naturel très-timide, vit dans les terriers qu'elle se creuse elle-même au milieu des plaines désertes de l'Afrique, de l'Asie et de l'Amérique. Par la conformation de ses membres postérieurs, beaucoup plus grands que les antérieurs, cet animal, dans ses postures et ses mouvements, ressemble beaucoup à un oiseau. Aussi Sonnini n'hésite-t-il pas à dire qu'il est le chaînon intermédiaire entre les quadrupèdes et les oiseaux. Il se tient habituellement sur ses pieds de derrière, et ne se sert guère de ses pieds de devant que pour porter ses aliments à sa bouche, à la manière du kangourou.

GERÇURE, fente superficielle ou crevasse qui survient à la peau ou à une membrane muqueuse voisine de la surface cutanée. Cette légère lésion reconnaît pour cause tantôt l'action du froid, tantôt l'application d'un corps irritant; quelquefois la distension des téguments par suite d'une grossesse ou d'une hydropisie. Il en est qui se forment à l'anus (*fissure*); elles sont extrêmement douloureuses et réclament souvent une opération. On en voit enfin dans diverses régions du corps, qui dénotent l'existence d'une infection virulente, notamment la syphilis. Souvent aussi elles accompagnent les engelures. De toutes les gerçures, les plus douloureuses sont celles du mamelon, chez les nourrices. Elles peuvent devenir assez profondes pour entraîner la chute de la partie malade. Irritées sans cesse par les efforts de la succion, ces petites plaies finissent ordinairement par déterminer des souffrances intolérables, de la fièvre, de l'insomnie, et par nécessiter la suspension de l'allaitement. Il est bon pour prévenir cet accident, si commun chez les primipares, de former le mamelon dans les premiers temps de la grossesse, en faisant opérer la succion par une femme, en le couvrant d'un petit chapeau en buis, pour que la pression du corset ne l'aplatisse pas ; en l'affermissant à l'aide de lotions faites avec une infusion vineuse de sauge. Une fois déclarées, on y appliquera de la crème fraîche, du mucilage de pepins de coings, etc. On se servira d'un bout surmonté de tétine de vache. Quand rien en réussit, que l'enfant tette du sang avec le lait, et que la santé de la mère en souffre, il faut suspendre l'allaitement. Quant aux autres gerçures, il faut autant que possible les soustraire à l'action d'un air froid ou de substances irritantes, et laisser la partie malade en repos, afin que rien ne s'oppose à la cicatrisation, qu'on favorisera à l'aide de pommades adoucissantes et dessiccatives, telles que la pommade de concombre, le beurre de cacao, l'onguent rosat, le cérat de saturne. Dr SAUCEROTTE.

GERDY (PIERRE-NICOLAS), professeur en chirurgie à la Faculté de Médecine de Paris, membre de l'Académie de Médecine, chirurgien de l'hôpital de La Charité, fut aussi membre en 1848, de l'Assemblée nationale pour le département de l'Aube, sa patrie. M. Gerdy aîné est le fils de ses œuvres. Il doit à ses efforts personnels et persévérants non-seulement sa réputation et sa fortune, mais son instruction. Quant à quelques défauts d'éducation, dont certains yeux peuvent être frappés et qui causèrent tant de surprise au sein de l'Assemblée nationale, ils proviennent beaucoup moins d'une originalité native que des dures circonstances qu'a eu à traverser sa jeunesse. Né en 1795, à Loches, M. Gerdy vint à Paris dès 1814, à l'âge de dix-neuf ans. Il avait pour compagnons un fervent amour pour l'étude, un grand fonds d'enthousiasme pour l'indépendance et la vérité, un entier renoncement aux plaisirs, un courage à l'épreuve des privations et des dégoûts, une patience incomparable, et de plus une infirmité comme Boerhaave : il portait alors une tumeur blanche au genou. Il passa d'abord quatre années à étudier les sciences, les lettres, la médecine, quatre ans à se traiter, à s'inquiéter, à se priver, à souffrir; et au bout de ce temps, il s'était fait à lui-même une orthographe, une rhétorique, une philosophie, une esthétique, une physiologie et même une religion. Son style s'est toujours fait remarquer par quelque excentricité. Dès l'origine de ses études, M. Gerdy se prépara à la carrière des concours, et s'exerça à porter la parole en public. Il avait fondé une conférence d'élèves avec MM. Deroisin, Démarais, Isidore Bourdon et Ségalas, et discutait chaque dimanche avec deux étudiants en droit. Son élocution était sans charme, mais non sans abondance et sans chaleur. Sa voix sourde et ses doctrines excentriques donnaient à ses discours une étrangeté saisissante, que l'enthousiasme de l'orateur ne sauvait pas toujours du ridicule. Il échouait presque constamment dans les concours; mais ces insuccès réitérés ne purent lasser sa persévérance, et c'est finalement aux concours qu'il a dû ses principales fonctions, sa place de chirurgien d'hôpital, sa chaire de professeur, tout ce qu'il est en un mot. Il a dû, pour ces résultats, affronter dix-sept ou dix-huit concours. Son animation était telle, quand il commençait à parler, qu'il fournissait rarement toute sa carrière, une excessive émotion l'arrêtant tout à coup au milieu de la lice par des palpitations qui allaient presque jusqu'à l'évanouissement. L'Académie, dont il est membre, a été plusieurs fois témoin de faits analogues. Il y combattit la candidature de M. Jobert de Lamballe en 1839, et en 1841 les expériences erronées d'Orfila sur l'arsenic avec une passion peu didactique. Orfila sortit de cette discussion tout meurtri, humilié et vieilli de dix ans. M. Gerdy a montré le même emportement à l'Assemblée nationale, surtout dans son attaque contre les inspecteurs d'aliénés; discussion dans laquelle le président Marrast le rappela au calme, en lui reprochant de se livrer à la passion.

M. Gerdy a publié plusieurs ouvrages, dont voici les principaux : 1° *Essai d'analyse et de classification naturelle des phénomènes de la vie* (Paris, 1823); 2° *Traité des bandages, des appareils et des pansements* (1838-1839, 2 vol.); 3° *Anatomie des formes extérieures, à l'usage des peintres, sculpteurs et dessinateurs* (1830). Cet ouvrage, et surtout le cours qui l'avait précédé, concilia à M. Gerdy les sympathies des artistes, en sorte qu'ils se montrèrent contrariés qu'on leur eût donné au musée des Petits-Augustins un autre professeur d'anatomie que M. Gerdy. Mais le docteur Suë eut là pour successeur le docteur Émery, parent de la famille Hersent, et aujourd'hui médecin du prince Jérôme, lui-même un peu artiste; 4° *Traité de Physiologie didactique* (2 vol. in-8°); 5° *Des Polypes et de leur traitement* (1838); 6° *Physiologie de l'Intelligence* (1847); 7° Divers rapports et discours, entre autres l'éloge, fort critiqué, du chirurgien Sanson, et quelques articles de dictionnaires. M. Gerdy appartint autrefois à l'école des naturalistes que fondèrent, en 1819, Mirbel et Cuvier. Il dut suivre la direction de ce dernier savant, qui le dispensa de voyager à l'étranger.

M. *Vulfranc* GERDY, cadet du précédent, est lui-même un homme de mérite. Il est le médecin inspecteur des eaux minérales d'Uriage, dans l'Isère, sources importantes, dont il a décrit les propriétés dans plusieurs bons mémoires.

GERFAUT, espèce du genre *faucon*. Le *gerfaut* (*falco islandicus*, Lath.; *falco rusticolus*, Gmel.), géant de ce genre, est gros comme une poule de Caux. Il habite en été toutes les contrées circumpolaires, et en hiver ne descend jamais plus bas que le 60e degré de latitude Nord. Cependant, il en fut tué un en Suisse, en 1644. Autrefois on dressait le gerfaut à la chasse du lièvre.

GÉRICAULT (JEAN-LOUIS-THÉODORE-ANDRÉ), peintre, né à Rouen, en 1790, mort le 18 janvier 1824, était fils d'un ancien avocat. Il fit ses premières études au collége de Rouen ; mais il en sortit bientôt, n'ayant pu y rien apprendre. Il ne réussit pas mieux chez Carle Vernet, sous lequel il commença à étudier la peinture. Entré plus tard chez Guérin, qui peut passer pour son seul maître, il était regardé par ses camarades d'atelier comme un jeune homme sans moyens et sans avenir. Le temps s'avançait où Géricault devait faire mentir tous ces sinistres pronostics. Ce fut en 1812 qu'il exposa une figure en pied assez remarquable, *Le Chasseur*; en 1814, il exposa une seconde figure en pied, *Le Carabinier*. Découragé du peu de succès qu'il obtenait, séduit d'un autre côté par l'espoir d'une gloire plus rapide, il s'engagea dans les mousquetaires; mais là aussi le dégoût l'attendait : on le vit bientôt mettre bas l'uniforme et reprendre les pinceaux. En 1815 il travailla avec une nouvelle opiniâtreté, et fit de nombreuses esquisses d'après les premiers maîtres. En 1816 il partit pour l'Italie, où pendant un an il peignit de grandes études.

De retour en France, il exposa, en 1819 une magnifique page, fruit de sa noble persévérance, le *Naufrage de La Méduse*, qui doit immortaliser son nom. Cette toile émouvante fut diversement jugée par les artistes; mais son étrangeté impressionna vivement le public. Géricault s'y montrait aussi chaud coloriste que puissant dessinateur.

Avec le radeau de *La Méduse* commence et finit la vie artistique de Géricault, de ce Michel-Ange des temps modernes, comme se plaisaient à l'appeler ses élèves, en tête desquels nous placerons Delacroix. Il était parti pour l'Angleterre. Il en revint presque aussitôt, courbé par une sciatique douloureuse, dont il venait d'être atteint sur la Tamise. On employa tous les remèdes pour le guérir, et on y avait à peu près réussi, lorsqu'une chute de cheval amena un abcès au côté droit, qui le conduisit au tombeau après dix mois de souffrances. Après la mort de Géricault, on vendit toutes ses peintures. *La Méduse* fut achetée par M. Dedreux d'Orcy 6,000 fr., et revendue au Musée pour le même prix. Géricault a fait beaucoup d'études de chevaux : il excellait dans ce genre. On cite de lui, en Angleterre, une aquarelle représentant une course : elle est d'une vérité surprenante. Ses élèves ont fait placer sur son tombeau un bas-relief dû au ciseau de M. Etex et représentant la scène du *Naufrage de La Méduse*.

GÉRID ou GIRID. *Voyez* DJÉRID

GERLACH (Ernest-Louis de), président de la cour supérieure d'appel de Magdebourg (Prusse), est né le 7 mars 1795, à Berlin, où son père mourut *premier bourgmestre*, en 1813. Ses études juridiques terminées, il embrassa la carrière de la magistrature, et obtint en 1844 les fonctions élevées qu'il occupe encore aujourd'hui. A la suite de la révolution de 1848, il devint l'un des collaborateurs les plus actifs de la *Juncker Zeitung* (Gazette des Gentilshommes), dont le titre seul indique suffisamment les tendances réactionnaires, et à laquelle le gouvernement prussien s'est vu tout récemment dans la nécessité d'adresser un *avertissement*, à cause de ses articles perfidement et systématiquement hostiles à l'empereur des Français et à son gouvernement. Tous ces articles avaient été accueillis avec la plus grande faveur dans le monde officiel; mais il fallait bien les désavouer, pour ne rien précipiter à propos de la lutte armée à laquelle on se prépare depuis longtemps de part et d'autre (décembre 1854). M. de Gerlach ne se contente pas d'enrichir de sa prose les colonnes de la *Gazette des Gentilshommes*, il trouve encore le temps de rédiger à lui presque tout seul un recueil mensuel ayant pour titre *Rundschau* (La Ronde), et de tendances non moins réactionnaires que le journal des hommes à seize quartiers. Membre de la première chambre, en 1849, il y siégea à l'extrême droite, et s'y fit constamment remarquer par son zèle à défendre les antiques priviléges de la noblesse et à combattre tous les efforts du parti libéral pour doter la Prusse d'un veritable gouvernement constitutionnel. Malheureusement, dans ses discours, si spirituels et si brillants qu'il puissent être, on sent qu'il manque un élément essentiel du succès : *la sincérité des convictions*. L'esprit qu'il veut avoir gâte souvent aussi celui qu'il a, et sa parole est quelquefois tellement recherchée, que cela touche à l'affectation. En outre, il ne s'aperçoit pas qu'il se répète beaucoup trop souvent. En 1850, il fit partie du parlement d'Erfurt, et en 1851 de la diète de Brandebourg.

GERLACHE (Étienne-Constantin de) est né dans le Luxembourg, en 1785. Sa famille avait été anoblie en 1751. Elève de l'École de Droit de Paris, il fit son stage chez l'avocat Hennequin, connu par ses sympathies jésuitiques. Lorsque le gouvernement des Pays-Bas fut institué, il revint en Belgique. Le roi Guillaume le nomma conseiller à la cour d'appel de Liége et chevalier de son ordre du Lion de Belgique. Ses concitoyens, de leur côté, l'envoyèrent en 1824 à la seconde chambre des états généraux, où il ne cessa pas de siéger jusqu'en 1830. L'opposition le comptait vers cette époque parmi ses membres les plus éclairés, quoique déjà il avouât pour les prétentions temporelles du clergé cette partialité qui n'a fait par la suite qu'augmenter. La révolution accomplie, il fut désigné par le gouvernement provisoire comme membre de la commission chargée d'élaborer un projet de constitution, et contribua plus que personne à y introduire les articles sur lesquels le parti clérical a fondé sa domination en Belgique. Élu memdre du congrès par l'arrondissement de Liége, il en fut le premier vice-président, et dès que le baron Surlet de Chokier eut été élevé à la régence, il le remplaça au fauteuil.

Avant tout, M. de Gerlache voulait deux choses : affranchir le clergé du pouvoir civil, et affaiblir autant que possible les tendances démocratiques. Ennemi des résolutions violentes, quoique souvent indécis, principalement dans les moments de crise, il eut le courage de voter contre l'exclusion des Nassau. Pendant l'interrègne, il se vit quelque temps à la tête du conseil des ministres. Il proposa d'appeler au trône de Belgique le duc de Nemours, et fit partie de la députation qui alla offrir la couronne à ce prince, ignorant sans doute le mot de cette petite comédie politique convenue entre le cabinet de Paris et celui de Londres. Il se montra ensuite partisan du duc de Leuchtemberg, puis préconisa le prince Léopold de Saxe-Cobourg, auquel il alla également offrir le sceptre. Ce fut lui qui reçut le nonveau roi à Lacken, lorsqu'il débarqua en Belgique. Nommé, par arrêté royal du 4 octobre 1833, premier président de la cour de cassation, il dut renoncer à ses fonctions législatives, et revint alors avec satisfaction aux lettres, qui avaient toujours eu des charmes à ses yeux. En 1839 il se rendit à Londres, dans l'espoir de faciliter les négociations relatives au Luxembourg, et publia alors une brochure dans le but d'établir la nécessité pour la Belgique de renoncer à cette province : elle est intitulée : *Quelques mots sur la question des territoires*. M. de Gerlache passe pous avoir le secret de l'épiscopat belge, lequel forme un véritable gouvernement à côté de l'État; mais il est moins propre au rôle de chef de parti qu'aux vertus paisibles de la famille et aux études spéculatives. En 1852 il se laissa encore aller à publier un pamphlet contre le *libéralisme officiel*; et le succès en fut tel dans les masses ignorantes et dévouées au parti prêtre, qu'on peut lui attribuer une bonne partie des pertes si notables que le parti libéral subit aux élections générales qui eurent lieu au mois de juin de la même année. C'est, du reste, un honnête homme et, de plus, un homme de talent. Ses ouvrages en fournissent la preuve. En voici la liste à peu près complète : *Traduction du Catilina* de Salluste (Paris, 1812); *Essai sur Grétry* (1821, réimprimé en 1843); *Les Guerres d'Awons et de Waroux*, épisodes de la chevalerie liégeoise aux XIIIe et XIVe siècles (1828); *Révolution de Liége sous Louis de Bourbon* (1831); *Histoire du royaume des Pays-Bas* de 1815 à 1830 (2 vol., 1839); *Histoire de Liége depuis César jusqu'à Maximilien de Bavière* (1843). M. de Gerlache a été créé baron par le roi Léopold.

GERLE (Dom Antoine-Christophe), chartreux et membre de l'Assemblée constituante, fut du nombre des premiers ecclésiastiques qui se joignirent au tiers état, et figurèrent au serment du Jeu de Paume. Né dans la province d'Auvergne, vers 1740, il y avait la réputation d'un homme d'esprit. Il fut nommé à Riom député suppléant aux états généraux, et admis dans l'Assemblée constituante en remplacement de M. de La Bastide. C'était déjà une révolution que la présence dans une assemblée délibérante d'un moine d'un ordre aussi austère. Il faut croire cependant qu'il avait été sécularisé longtemps avant 1789; car dom Gerle a dit de lui-même : « On me présente comme un homme bilieux, dont le cloître a creusé le cerveau. Mais si j'ai pendant *dix ans* pensé dans le cloître à des choses sérieuses, j'en ai passé ensuite *vingt dans le plus grand monde et les plus grandes occupations*. » Quoi qu'il en soit, il ne jeta pas tout d'abord le froc aux orties; son costume de chartreux le rendait chaque jour, à l'Assemblée nationale, l'objet de la curiosité universelle; il ne le quitta qu'après l'abolition des ordres monastiques, qu'il provoqua lui-même par une motion célèbre, du 12 décembre 1789.

Lié avec des femmes mystiques, et se livrant avec elles aux rêveries les plus absurdes, il crut bientôt voir la religion de l'État sur le bord de l'abîme. Aussi demanda-t-il la parole, le 13 juin 1790, pour proclamer les extravagantes prophéties de Susanne Labrousse, morte depuis à Rome, dans un hospice d'aliénés. Son discours, prononcé d'une voix débile, fut à peine écouté; mais le côté droit en saisit avec avidité la conclusion, qui était la proclamation du culte catholique comme la seule religion de l'État. Cazalès et Bonnal appuyèrent cette motion, et furent bien étonnés lorsque le lendemain ils la virent retirer par son auteur. Après avoir prêté tous les serments de l'époque, dom Gerle abdiqua les fonctions sacerdotales, et refusa le grand-vicariat de l'archevêché de Meaux; il aurait préféré être évêque par la nomination du peuple. Sa position fort précaire, comme ex-religieux et ex-constituant, le força de s'adresser à Robespierre, à Chaumette, à Gobel, évêque de Paris, et aux autres puissants du jour, pour obtenir un certificat de civisme. Un malheureux incident le tira de l'oubli : Une femme, plus imbécile encore que fanatique, Catherine Théot, dont on changea le nom en celui de *Théos* (c'est-à-dire de la Divinité elle-même), aspirait à devenir la fondatrice d'une secte nouvelle, sorte d'alliance entre le déisme et la religion révélée. On lui donnait les qualifications bizarres de *Mère de Dieu* et de *nouvelle Ève*. Cette femme proclamait comme prophètes de sa religion Robespierre, qui ne l'y avait point autorisée, et dom Gerle, qui s'y prêtait complaisamment. Dom Gerle et d'autres personnages, que l'on supposait d'un rang très-élevé, assistaient aux conciliabules dans un taudis de la rue Contrescarpe, à l'extrémité du faubourg Saint-Jacques. Il avait recueilli dans Isaïe plusieurs fragments qui lui semblaient annoncer l'avénement de la *Mère de Dieu*. Il avait aussi adressé à Catherine Théot une pièce, moitié mystique, moitié galante, où se trouvaient ces deux vers :

> Ni culte, ni prêtres, ni roi.
> Car la nouvelle Ève, c'est toi.

Vadier présenta à la Convention un fougueux rapport contre Catherine Théot, dom Gerle et leurs adhérents, qu'il fit décréter d'accusation. Il les présentait comme agents d'une vaste conspiration, dont faisaient partie le baron de Batz, soi-disant émissaire de Pitt et Cobourg, la duchesse de Bourbon, la marquise de Chastenai, Lamothe, médecin du duc d'Orléans, le célèbre Bergasse et, qui le croirait? le pape lui-même. Catherine Théot mourut, cinq semaines après, à la Conciergerie, au moment de comparaître devant le redoutable tribunal.

La pensée secrète de Vadier, d'Amar et des autres membres du comité de sûreté générale, était de présenter ces sectaires comme des séides de Robespierre, qui n'aurait pas été fâché de matérialiser sous des formes positives le culte de l'Être suprême, dont il voulait se proclamer le souverain pontife. Robespierre dénonça le rapport de Vadier, et la discussion qui en avait été la suite, comme une *farce ridicule*. Payan, agent national, déclara à la Commune que les poursuites contre la *Mère de Dieu* étaient une tentative contre-révolutionnaire. Vadier en fit d'amers reproches à Robespierre, dans l'orageuse séance du 9 thermidor. Il en résulta qu'après cette journée dom Gerle n'obtint pas sa liberté. Il était encore enfermé à la prison dite de l'*Égalité*, dans le collége Du Plessis, lors du célèbre rapport de Courtois à la Convention, en date du 16 nivôse an III (6 janvier 1795). On trouve dans les pièces jointes à ce rapport un mémoire apologétique fort curieux de dom Gerle, et dont aucune biographie n'a parlé. Nous en extrayons les passages suivants : « J'ai été arrêté chez Catherine Théot le 28 floréal (17 juin 1794) par Senart et Héron (agents du comité de sûreté générale), avec grand éclat dans le quartier. Je connaissais cette femme depuis plus de deux ans, et le matin, quand je sortais, j'entrais chez elle pour lui dire bonjour ; j'y restais une grande heure, et me retirais. Quand il m'arrivait d'apercevoir du monde, je m'en retournais. Voilà comment se faisaient mes visites. L'occasion de la connaissance de cette femme, la voici : Déclaré apostat par le général de mon ci-devant ordre, j'entendis parler d'une femme qui combattait depuis nombre d'années la doctrine des prêtres et leur présageait leur chute prochaine. Je voulus la connaître. J'ai trouvé en elle un mélange de vrai et de faux, comme nous le voyons partout et dans tout. Pour ce qui est de ces puérilités de *baisers des sept dons*, du *sucement de menton*, etc., cela est si ridicule que je n'ai rien à répondre : je me réduis à dire que quand j'y allais, je la baisais, ou au front, ou sur les joues, voilà tout ; s'il y en a davantage pour les autres, cela les regarde. Suivant Vadier, cette Ève que j'ai célébrée dans mes vers est Théot, tandis que je les appliquais à la *Vérité*, comme devant nous donner une nouvelle vie. J'ai recueilli quelques versets d'Isaïe concernant l'*unité de Dieu*, et cela dans un temps où la nation voulait déclarer qu'elle reconnaissait l'Être suprême. Je crois en *Dieu seul*, j'aime mes semblables : voilà mon fanatisme. Je prie ceux qui liront ce petit exposé de considérer qu'une conduite un peu imprudente, dans laquelle il n'y a pas eu l'ombre de conspiration, m'a occasionné bien des tourments ; bientôt sept mois de prison, avec des accompagnements épouvantables, la vue d'une mort certaine pendant plus de quarante jours, une véritable agonie de quarante-huit heures au Luxembourg, les horreurs de mon séjour à la Conciergerie, la plus grande confusion lors de mon transfèrement au Plessis. Je les prie de juger maintenant si, après une telle correction, il y a du danger à me rendre la liberté. »

Dom Gerle vit enfin tomber ses fers. Sous le Directoire, il remplissait au ministère de l'intérieur une place de rédacteur de correspondance dans le bureau qui s'occupait plus spécialement de la propagation de la secte des théophilanthropes. Il est mort depuis dans la plus profonde obscurité.

BRETON.

GERMAIN. On appelle *frères germains*, sœurs *germaines*, ceux qui sont nés du même père et de la même mère, par opposition aux *consanguins* et aux *utérins*. On nomme *cousins germains* les enfants de deux frères ou sœurs ; les enfants de ceux-ci sont dits *cousins issus de germains*.

GERMAIN (Saint), évêque d'Auxerre, naquit vers l'an 380, d'une famille noble de cette cité. Après avoir fait ses premières études dans les Gaules, il étudia le droit à Rome, et y plaida avec distinction. Il épousa dans cette ville une femme de haute naissance, et se produisit à la cour de l'empereur Honorius. Son mérite le fit élever à différents postes honorables, puis au gouvernement de la province d'Auxerre, ce qui le ramena dans sa patrie. Sans être vicieux, Germain n'avait pas les vertus qu'il fit paraître dans la suite : il aimait passionnément la chasse, et se plaisait à suspendre aux branches d'un arbre, au milieu de la ville, les têtes des animaux qu'il tuait, parade que les fidèles voyaient avec peine, parce qu'ils y trouvaient une imitation des usages païens. Amator, évêque d'Auxerre, lui adressa à cet égard des représentations inutiles ; il fit même couper l'arbre sujet de scandale, et s'attira ainsi l'animadversion de Germain. Rien n'annonçait alors dans le chasseur vaniteux un futur apôtre. Cependant Amator, qui vieillissait, désirait en faire son successeur. Il demanda, dans ce but, à Jules, préfet des Gaules, l'autorisation de l'admettre au nombre des clercs ; et l'ayant obtenue, il assembla le peuple à l'église, en fit fermer les portes, se saisit de Germain, et lui donna la tonsure avec l'habit clérical, sans qu'il osât opposer la moindre résistance. Amator étant mort en 418, le clergé et le peuple mirent Germain à sa place. Dès lors ce ne fut plus le même homme : on le vit renoncer au luxe qu'il avait étalé jusque là, donner tous ses biens aux pauvres, ou en doter les églises de son diocèse, se condamner à la vie la plus austère, porter habituellement le cilice, se nourrir de pain d'orge, se couvrir de vêtements grossiers, s'appliquer enfin à donner l'exemple de toutes les vertus.

L'hérésie de Pélage, née à Rome, au commencement du cinquième siècle, faisait de rapides progrès dans la Grande-Bretagne, patrie de l'hérésiarque. A la prière des fidèles du pays, le pape Célestin chargea l'évêque d'Auxerre d'aller la combattre ; et les prélats des Gaules lui adjoignirent saint Loup, évêque de Troyes. Les deux missionnaires partirent en 429. Leur prédication fut couronnée de succès : les hérétiques, confondus en plus d'une occasion, furent réduits au silence. De retour à Auxerre, Germain trouva son diocèse écrasé d'impôts ; il se rendit à Arles, auprès d'Auxiliaris, préfet des Gaules, pour en demander la diminution, qui lui fut accordée. Il fit un nouveau voyage dans la Grande-Bretagne, quelques années après, pour achever d'y détruire le pélagianisme, qui y avait reparu, et coupa court au retour de l'erreur en donnant au clergé les moyens de s'instruire dans les écoles publiques qu'il fonda. Les Armoricains, qui s'étaient révoltés, implorèrent sa protection contre les vexations d'Éocaric, roi des Alains, qui s'était fait l'instrument de la vengeance des Romains. L'évêque mit tout en œuvre pour fléchir le roi barbare ; ne pouvant y réussir, il osa saisir la bride de son cheval et l'arrêter à la tête de son armée. Éocaric, étonné d'une telle hardiesse, consentit à épargner le pays, si les rebelles obtenaient grâce de l'empereur. Germain n'hésita pas à entreprendre le voyage de Ravenne pour aller la demander lui-même à Valentinien III. L'accueil bienveillant qu'il reçut de ce prince lui faisait espérer le succès de sa médiation, lorsque les Armoricains se révoltèrent pour la seconde fois. Lui-même mourut peu de jours après, à Ravenne, le 31 juillet 448. Son corps fut ramené pompeusement à Auxerre, aux frais de l'empereur. La vie du saint a été écrite par Constance, prêtre de Lyon, qui était presque son contemporain. L'abbé C. BANDEVILLE.

GERMAIN (Saint), évêque de Paris, naquit à Autun, vers l'an 496. Un saint prêtre, Scopilion, lui donna, avec les leçons de piété, la connaissance des lettres. Agrippin, son évêque, le fit entrer dans le clergé, l'ordonna diacre, prêtre, et le successeur d'Agrippin lui confia la direction du monastère de Saint-Symphorien d'Autun. Eusèbe, évêque de Paris, étant mort, on lui donna Germain pour successeur, en 555. Simplicité de mœurs, austérité de vie, piété fervente, zèle prudent, fermeté sage, charité sans bornes, libéralité inépuisable, telles furent les vertus du nouveau prélat. Elles le firent aimer de Childebert, roi de Paris, qui le chargea de la distribution de ses aumônes. « Ne cessez point de donner, lui disait le prince ; j'espère que la Providence me fournira des fonds dont la source ne tarira pas. » Il s'occupait aussi avec ardeur du rachat des captifs. Il fit pour les funérailles de Childebert la dédicace d'une église que celui-ci avait fait bâtir, sous l'invocation de saint Vincent, et qu'il avait décorée avec magnificence pour y placer l'étole du saint diacre, qu'il avait obtenue de l'évêque de Saragosse. Pour desservir cette église, le même prince avait fondé un monastère, qu'il avait doté d'une assez vaste étendue de terrain : ce monastère et la plus grande partie des terres qui en formaient la dotation devinrent plus tard l'abbaye et le faubourg de Saint-Germain. Le saint prélat fut également vénéré de Clotaire, qui régna à Paris, après Childebert. Mais sous les successeurs de Clotaire ses avis étaient trop sages pour être écoutés. Il fut obligé d'excommunier Caribert pour ses honteux débordements ; il s'interposa vainement entre les deux frères Sigebert et Chilpéric, pour faire cesser leurs dissensions et prévenir la guerre civile ; il essaya tout aussi inutilement d'arrêter le premier, qui courait assiéger le second à Tournay. « Si vous pardonnez, lui disait-il, vous reviendrez vainqueur ; mais si vous voulez ôter la vie à votre frère, la justice de Dieu vous frappera, et la mort vous empêchera d'exécuter votre dessein. » En effet, la mort de Sigebert, assassiné dans sa route par ordre de Frédégonde, délivra Chilpéric de sa rivalité. Saint Germain, après avoir assisté à plusieurs conciles, mourut en mai 576, et fut enterré près de l'église de Saint-Vincent, où ses reliques furent transférées en 754. Dom Martène a publié, d'après d'anciens manuscrits, un ouvrage de saint Germain, qui a pour titre *Explication de la Liturgie*, ouvrage plein de détails curieux sur les cérémonies qui étaient alors en usage.

L'abbé C. BANDEVILLE.

GERMAINS. *Voyez* GERMANIE.

GERMANDRÉE, genre de plantes de la famille des labiées. Ce genre est composé d'herbes, d'arbustes, et même d'arbrisseaux, dont les feuilles sont opposées et les fleurs axillaires ou terminales ; ces dernières ont un calice monophylle persistant, à cinq dents, une corolle monopétale à deux lèvres, l'une supérieure, fendue profondément, l'autre inférieure, à trois lobes, dont le moyen est plus grand que les deux autres ; les étamines sont saillantes, didynames ; au centre des ovaires, qui sont au nombre de quatre, comme les étamines, se trouve un style filiforme de la longueur de ces dernières, terminé par un stigmate bifide ; dans le fond du calice, on voit quatre graines nues. On en connaît plus de quatre-vingts espèces, qui croissent dans les lieux incultes, pierreux et montagneux de l'Europe méridionale. Les principales sont : la *germandrée d'Espagne* (*teucrium fruticans*), que l'on cultive dans les jardins comme plante d'ornement ; la *germandrée musquée* ou *ivette musquée* (*teucrium iva*), remarquable parce que toute la plante possède une odeur résineuse, qui dans les chaleurs se rapproche plus ou moins de celle du musc ; la *germandrée à odeur de pomme* (*teucrium massiliense*), dont les fleurs sont en grappes terminales, tournées d'un seul côté ; elle se trouve sur les bords de la Méditerranée, et répand lorsqu'on la frotte une odeur de pomme de reinette, d'où vient le nom qu'elle porte ; la *germandrée aquatique* (*teucrium scordium*), à racines rampantes et vivaces, à fleurs rougeâtres : sa saveur est très-amère ; son odeur se rapproche de celle de l'ail ; elle est tonique, fébrifuge et antiscorbutique ; elle sert en pharmacie à préparer le *diascordium*, auquel elle a donné son nom ; lorsque les bestiaux en mangent, leur lait a une odeur d'ail très-prononcée ; la *germandrée femelle* (*euritum botrys*), à laquelle on attribue les mêmes propriétés qu'à la précédente, mais à un degré moindre ; la *germandrée maritime* (*teucrium marum*), qui croît sur les bords de la mer : son odeur est agréable et pénétrante ; on la regarde comme tonique et antihystérique ; on prétend que sa poudre, mêlée avec du tabac, calme les maux de tête ; elle porte le nom d'*herbe aux chats* ; parce que son odeur les attire fortement ; cette germandrée entre dans plusieurs préparations pharmaceutiques, entre autres la thériaque ; la *germandrée chênette* ou *petit-chêne* (*teucrium chamædris*), qui se trouve dans toute la France, sur les coteaux secs et arides : c'est la *germandrée officinale* proprement dite ; elle a une odeur aromatique et une saveur très-amère : elle s'emploie, soit en infusion, soit en poudre, contre les fièvres intermittentes, les pâles couleurs et la goutte. Son nom de *petit-chêne* vient de la forme de ses feuilles, qui ressemblent à celles du chêne. Cette dernière plante offre une singularité qu'il est bon d'indiquer ici. Les galles qu'elle présente quelquefois sont placées sur la fleur, au lieu d'être sur les feuilles ou toute autre partie du végétal, et l'insecte qui les produit est une punaise qui se forme et croît dans ces tubercules monstrueux. En naissant, il est niché dans la fleur jaune du chamœdris ; il la suce avec sa trompe ; le bouton augmente alors beaucoup de volume sans s'ouvrir, et la petite nymphe de punaise y conserve son logement.

C. FAVROT.

GERMANICUS (CÆSAR), célèbre comme général d'armée et remarquable par la noble élévation de son caractère, de même que par son instruction littéraire, était fils de Nero Claudius Drusus et d'Antonia, et naquit l'an 15 avant J.-C. Il était petit-fils de Marc Antoine, et petit-neveu d'Auguste par Octavie, son aïeule maternelle. Pour se conformer à la volonté d'Auguste, qui un moment avait même songé à le désigner pour son successeur, Tibère, déjà père pourtant d'un fils adulte, l'adopta, l'an 4 après J.-C., et il se fit accompagner par lui, de l'an 7 à l'an 10 de notre ère, dans la guerre qu'il fit en Pannonie et en Dalmatie, ainsi qu'en l'an 11 dans l'expédition que, après la défaite de Varus, il entreprit pour défendre les frontières de l'empire du coté de la Germanie. Après avoir rempli, en l'an 12, les fonctions de consul à Rome, Germanicus obtint l'année suivante le commandement des huit légions campées le long des rives du Rhin. Quand on y apprit, en l'an 14, la mort d'Auguste, ce fut en vain que les soldats le supplièrent de se saisir du pouvoir suprême ; et dans la répression de la révolte des quatre légions du bas Rhin, il apporta autant de modération et de clémence que le légat Cæcina d'impitoyable rigueur. Germanicus fit ensuite franchir à ses troupes le Rhin au-dessous de Wesel, attaqua à l'improviste les Marses, dans le territoire actuel d'Osnabruck, au milieu d'une fête qu'ils célébraient de nuit, et détruisit le temple fameux qu'ils avaient élevé, ou *Tanfana*. En même temps que Cæcina était envoyé par lui contre les Marses et les Chérusques, il quittait Mayence pour envahir le territoire des Cattes, dont il détruisit le chef-lieu, *Mattium*, sur l'Eder. Au retour de cette expédition, il rencontra les envoyés de *Segestes* venant implorer son secours contre *Hermann* (Arminius), son gendre, qui le tenait assiégé. Germanicus revint en toute hâte sur ses pas, délivra *Segestes*, et fit prisonnière

Thusnelda, épouse de *Hermann*. Apprenant que *Hermann* provoquait à la guerre les Chérusques et les peuplades voisines, Germanicus entreprit une nouvelle campagne. Avec une flotte, il pénétra par le canal de Drusus dans la mer du Nord, puis remonta le cours de l'Ems, où il opéra sa jonctions avec Cæcina et avec la cavalerie. Il dévasta ensuite la contrée environnant la forêt de Teutoburg, y pénétra et rendit les honneurs de la sépulture aux ossements, déjà blanchis, des légionnaires morts avec Varus. Une victoire remportée par *Hermann* sur sa cavalerie et ses alliés, le détermina à une prompte retraite, dans laquelle il perdit une partie de sa flotte, par suite d'une tempête; et Cæcina, qui s'en revenait par la voie de terre, éprouva, lui aussi, de grosses pertes de la part des Germains, qui le poursuivirent ans relâche pendant cette retraite. Avant que la flottille de mille petites embarcations qu'il faisait construire par les Bataves, fut complétement armée et équipée, le siége mis par les Germains devant la forteresse d'Aliso sur la Lippe, dont les Romains venaient à peine de reprendre possession, le rappela précipitamment de l'autre côté du Rhin, en l'an 16. Les Germains furent repoussés, et les Romains rétablirent leurs retranchements dans la forêt de Teutoburg. Alors Germanicus, remontant encore une fois le cours de l'Ems avec sa flotte, pénétra sur le territoire des Chauces et des Angrivarii sur le Weser, franchit ce cours d'eau et battit Hermann en deux rencontres, la première dans les plaines d'*Idistavisus*, aux environs de Minden. Toutefois, il se décida de nouveau à battre en retraite, et perdit encore une fois une très-grande partie de sa flotte dans une tempête. Pour que ce désastre ne relevât point le courage des Germains, il envahit encore une fois dans le courant de la même année le territoire des Marses et fit marcher son légat Silius contre les Cattes. Il se proposait de poursuivre l'année suivante les avantages qu'il venait de remporter; mais Tibère, jaloux de la gloire qui s'était attachée à son nom, le rappela, et, en lui prodiguant les hypocrites démonstrations d'une feinte bienveillance, il lui accorda les vains honneurs du triomphe. Dans cette circonstance solennelle Thusnelda figura au milieu des captifs qu'on fit défiler devant le peuple romain.

Pour se débarasser de Germanicus, que l'affection du peuple rendait dangereux à ses yeux, pour le séparer des troupes dont il s'est concilié l'affection, Tibère se décide à l'envoyer en Orient. Cette contrée, lui dit-il, a besoin de son expérience; la Syrie et la Judée murmurent contre la pesanteur des impôts; une défiance mutuelle menace de mettre aux mains l'Arménie et les Parthes; la Cappadoce n'est pas encore faite aux idées d'une province, les esprits sont divisés en Cilicie et dans la Comagène: les uns veulent un roi, les autres une administration romaine. En même temps qu'il se couvre de ces prétexes, le tyran ôte le gouvernement de la Syrie à Silanus, parent de Germanicus, et le confie à Pison, homme au caractère hautain et dominateur, qui bientôt s'attache à contrecarrer en toute circonstance le fils de Drusus; car il a compris ou plutôt deviné les intentions secrète, de Tibère.

Germanicus mourut à l'âge de trente ans à peine, l'an 19 de J.-C., vraisemblablement des suites du poison, à Épidaphné, près d'Antioche, hautement regretté par les provinciaux comme par les habitants de Rome, où son épouse Agrippine rapporta ses cendres pour les déposer dans le tombeau d'Auguste. Tibère ne tarda pas non plus à la faire perir, ainsi que deux de ses fils; le troisième seul, C a l i g u l a, trouva grâce à ses yeux. Des trois filles de Germanicus qui lui survécurent, l'une, A g r i p p i n e, fut aussi célèbre par ses crimes que sa mère l'avait été par ses vertus.

La vie de Germanicus n'était pas tellement remplie par les armes, qu'une place n'y fût laissée aux Muses. Pline vante les vers qu'il avait composés sur le cheval d'Auguste. Suétone rapporte qu'il écrivit des tragédies en grec. Ovide range son nom parmi ceux des poëtes distingués, et lui dédie ses *Fastes*. Les œuvres oratoires de Germanicus sont à jamais perdues; et nous ne possédons non plus de lui, en fait d'œuvres poétiques, qu'une épigramme, une imitation des *Phænomena* d'Aratus, et des fragments d'un poëme du même genre, imité également d'un poëme grec, *Diosemea* ou *Prognostica*; le tout imprimé pour la première fois à Bologne, en 1474. L'édition la plus correcte et la plus complète est celle qu'en a donnée Orelli, à la suite de son *Phèdre* (Zurich, 1831).

GERMANIE (*Germania*). Les Romains appelaient ainsi le pays habité par les *Germains* ou *Teutons*; il était borné à l'ouest, vers la Gaule celtique, par le Rhin; au sud, par le Danube, depuis sa source jusqu'à Grân (*Granua*), au delà de la March (*Marus*), vers la Vindélicie et le Noricum, contrées habitées toutes deux par des Celtes, et vers la Pannonie. A l'est, on lui reconnaissait pour ligne de démarcation la Vistule (*Vistula*); cependant au delà de ce fleuve habitaient encore des peuplades germaines, voisines de populations wendes, sarmates et esthes. Au nord, les limites en étaient formées par la mer que la Chersonnèse cimbrique partage en mer Germanique (*mer du Nord*) et mer Suève (*Baltique*). A l'égard de cette dernière, on croyait qu'elle se rattachait à la mer Glaciale du Nord. Quant à la partie la plus méridionale de la Scandinavie, on croyait que c'était une île; et avec les îles danoises on la comprenait sous le nom de *Scandie* ou de *Scandinavie*. Quand les Romains eurent érigé en *province* la partie de la Gaule riveraine du Rhin, qu'ils désignèrent sous les noms de *Germania Prima* et de *Germania Secunda*, la Germanie proprement dite fut souvent désignée plus particulièrement par l'addition de l'épithète de *Magna* ou encore *Barbara* et *Transrhenana*. On désignait sous le nom de *Forêt Hercynienne* la région montagneuse et boisée s'étendant depuis l'angle formé au sud-ouest par le Rhin jusqu'aux monts Carpathes; c'était là, du reste, une dénomination générique que souvent on appliquait à des parties isolées, dont les dénominations particulières étaient, par exemple, l'*Arnoba* ou Forêt Marcianique (aujourd'hui la *Forêt-Noire*), le Taunus, la montagne boisée du Teutoburg à l'ouest du Weser, le Bacenis (*Harz*), les monts Sudètes (*Forêt de Thuringe*, *Fichtelgebirge* et *Erzgebirge*), la montagne Asciburgienne ou Vandale (*Riesengebirge*) et le mont Gabreta (les montagnes de l'ouest et du sud de la Bohême). Les affluents germains du Rhin, que le canal de *Drusus* unissait au Flevus (*Fly*), devenu plus tard le Zuydersée, étaient tous connus des Romains. Il est mention, par exemple, du Neckar (*Nicer*), du Main (*Mænus*) et de la Lippe (*Luppia*). De bonne heure aussi ils connurent les fleuves qui vont se jeter dans la mer du Nord, l'Ems (*Amisia*), le Wéser (*Visurgis*) et l'Eder (*Adrana*), ainsi que l'Elbe (*Albis*) dont Dion Cassius le premier place bien la source, avec la Saale (*Sala*), cours d'eau jusqu'aux bords desquels pénétra Drusus. Ptolémée mentionne l'Oder sous le nom de *Viadrus*; et Pomponius Mela ainsi que Pline parlent déjà de la Vistule (*Vistula*).

Ce pays, dont la partie nord-ouest fut celle où les Romains pénétrèrent pour la première fois, leur parut sauvage et inhospitalier, abondant en marécages, couvert sur d'immenses superficies de forêts épaisses où le chêne et le hêtre étaient les essences dominantes, richeen gibier de toutes espèces, où l'on ne trouvait pas seulement des ours, des loups et des lynx, mais encore l'aurochs (*Urus*) et l'élan (*Alces*), espèces étrangères à ces climats. Les habitants se livraient à l'élève des porcs, des oies et des abeilles; et ils savaient trouver de bons pâturages pour leurs nombreux troupeaux de bêtes à cornes d'assez chétive apparence, et pour leurs chevaux dont on vante la solidité. Ils cultivaient l'orge et le froment, qui leur servaient à fabriquer une espèce de bière, l'avoine, le milet et le chanvre. Ce furent les Romains qui introduisirent chez eux le plus grand nombre des arbres fruitiers; et les premières plantations de vignes sur les coteaux du Rhin eurent lieu sous l'empereur Probus, l'an 281 après J.-C. Déjà le Massilien Pythéas avait parcouru, vers l'an 320 avant J.-C., les rivages de la Baltique à la recherche de l'ambre. Au temps de Néron, un chevalier romain entreprit par terre ce voyage, aussi pénible que dangereux, et partit à cet effet de la Pannonie. En l'an 39 de notre ère les Cattes et les Hermundures guerroyèrent entre eux pour la possession de certaines sources salines; autant en firent les Alemans et les Bourguignons au quatrième siècle. Les sources thermales qui avoisement les rives du Rhin étaient mises à profit par les Romains, celles d'*Aquæ Mattiacæ* (Wiesbaden) et celles de *Civitas Aurelia aquensis* (Baden-Baden) surtout.

La première rencontre des Romains avec les Germains remonte à l'an 113 avant J. C., au moment où les hordes des Cimbres et des Teutons apparurent à l'improviste dans la contrée qu'on désigne aujourd'hui sous le nom de Styrie, où elles battirent le consul Papirius. Rome dut alors son salut aux victoires remportées par Marius sur les Teutons en l'an 102, et sur les Cimbres en l'an 101. Longtemps après, l'an 58 avant. J.-C., Jules César, au début de ses campagnes des Gaules, dut commencer par combattre et vaincre, dans Arioviste, chef et général des Marcomans suèves, un redoutable compétiteur à la domination des Gaules. Il soumit à la puissance romaine en même temps que le reste de la Gaule les peuplades germaines fixées sur la rive gauche du Rhin et distinguées par les noms de *Triboci*, de *Vangiones* et de *Nemetæ*. Les Usipiens et les Teuctères ayant envahi la Belgique, il les rejeta de l'autre coté du Rhin, sur le territoire des Sicambres. Le premier de tous les généraux romains, il effectua à deux reprises le passage de ce fleuve, d'abord l'an 55, puis l'an 53 avant J.-C.; et la partie du sol de la Germanie qu'il envahit fut le pays des Ubiens, peuple que plus tard, l'an 39 avant J.-C., Agrippa transféra sur la rive gauche du Rhin. Ce sont d'ailleurs les celèbres commentaires de César qui nous fournissent les plus anciens renseignements que nous possédions sur la Germanie et sur ses habitants.

La paix qui régnait depuis César sur les bords du Rhin, dont il avait fait la ligne de démarcation de l'Empire Romain, fut troublée l'an 16 avant J.-C. par les Sicambres, les Usipiens et les Tenctères, qui franchirent le fleuve et battirent le gouverneur romain Lollius. On fut encore assez heureux pour réparer cet échec sans combattre. Mais Auguste, qui était accouru de sa personne dans les Gaules, reconnut l'indispensable nécessité de prendre des mesures de précaution contre les Germains. Huit légions reçurent donc ordre d'aller établir leurs quartiers dans la partie de la Germanie située à l'ouest du Rhin; et après avoir subjugué les contrées situées au sud du Danube, Drusus commença avec bonheur, en l'an 12 avant J.-C., une série d'expéditions militaires destinées à soumettre à l'autorité de Rome, au nord, la contrée où déjà du temps de César les Bataves étaient pour les Romains d'incommodes voisins, et à l'est du Rhin celle qui s'étend jusqu'au Main. Ses expéditions et celles des généraux qui lui succédèrent furent dirigées tantôt contre les Celtes, en partant du Rhin central; tantôt contre les peuplades fixées sur la rive droite de l'Ems, en partant de la Frise et par mer, où les flottes romaines purent arriver plus commodément au moyen d'un canal qu'il fit construire; tantôt contre les populations riveraines du Weser, en partant des contrées du Bas-Rhin et de la Lippe, où il fonda la forteresse d'Aliso qu'une route militaire reliait au camp le plus septentrional occupé en Gaule par les légions (*Castra vetera*, Xanten). Drusus mourut en l'an 9, après avoir construit un grand nombre de forteresses sur les bords du Rhin ainsi que dans les localités les plus importantes du Taunus; dans sa dernière expédition, il s'était même avancé jusqu'à l'Elbe. Son œuvre fut continuée en l'an 8 et en l'an 7 par Tibère, qui transporta 40,000 Sicambres en Gaule, et de l'an 6 à l'an 1 par Domitius Ahenobarbus, qui, parti du Haut-Danube, traversa toute la Germanie jusqu'à l'Elbe et construisit à travers la contrée marécageuse située au nord de la route militaire d'Aliso, une belle et solide route dans les Ponts-Longs (*Pontes longi*). Sous lui et ses successeurs, Marcus Vinicius et Tibère, qui l'an 5 après J.-C. pénétra avec l'armée et la flotte des Romains jusqu'à l'Elbe, après la soumission des Caninéfates et des Bructères, la tranquillité se trouva assurée dans le pays situé entre le Rhin et le Wéser, et où dès lors aussi des légions romaines occupèrent des camps et des stations fixes. On était en paix avec les Frisons, avec les Chauces et avec les Chérusques. C'est vers cette époque que le Marcoman Marbod fonda au sud-est un puissant État, qui sembla compromettre la domination des Romains au sud du Danube. Une tentative faite simultanément l'an 6 après J.-C. par Sextius Saturninus, parti des bords du Rhin, et par Tibère, parti des bords du Danube, pour détruire cette puissance naissante, échoua, parce que la révolte des Pannoniens et des Illyriens contraignit Tibère à traiter de la paix avec Marbod. L'organisation en province romaine de la partie de la Germanie conquise au sud-ouest, organisation dont avait été chargé Quintilius Varus, devait y consolider la puissance romaine; mais le Chérusque Arminius ou Hermann sauva la liberté de ses compatriotes par la victoire qu'il remporta dans la forêt de Teutoburg sur les légions de Varus. Ce désastre, dans lequel périrent trois légions de Varus et leur général lui-même, eut pour résultat d'anéantir momentanément la puissance romaine dans les contrées de la Germanie où elle avait déjà pénétré, de la refouler jusqu'à la ligne des forteresses construites sur le Rhin, et d'assurer de nouveau l'indépendance des populations germaines demeurées libres jusqu'alors.

Germanicus, envoyé dans ces contrées en l'an 14, dut recommencer entièrement l'œuvre de la conquête. Ses victoires rétablirent, il est vrai, la domination romaine dans la contrée située entre le Rhin et le Weser, de même qu'il reprit aux Germains la forteresse d'Aliso; mais la jalousie de Tibère l'empêcha de consolider sa conquête; et il se vit rappelé peu de temps après la victoire qu'il venait de remporter sur Arminius (*Hermann*) à Idistavisus (an 16 de J.-C.).

Tibère renonça au projet d'étendre davantage en Germanie la puissance romaine par la force des armes; mais il réussit à lui assurer dans ce pays une influence considérable en mettant habilement à profit les divisions intérieures des Germains et en sachant les entretenir. Dès l'année 17 la lutte éclata entre Arminius et Marbod. C'est ce dernier qui eut le dessous. Le Goth Çatualda, qui le força à se réfugier chez les Romains, fut à son tour contraint par les Hermundures à en faire autant. Le royaume ou État qui, des débris de la puissance de ces deux chefs, se forma sous le Quade Vannius, entre le March et Grân, dépendit des Romains jusqu'à ce qu'il eut succombé, en l'an 50, sous les attaques des Hermundures et autres nations germaines. Au nord-ouest, la puissante influence d'Arminius avait aussi fini par provoquer des jalousies; on l'accusait de viser à la souveraineté et en l'an 21 il périt assassiné par des hommes de sa tribu. Depuis lors, la décadence de la nation chérusque fut rapide; mais en revanche on vit s'élever et grandir la puissance des Longobards et des Cattes. Les armées romaines triomphèrent encore une fois en pays ennemi, sous les ordres de Domitius Carbulo; il châtia les Frisons révoltés; il combattit avec succès les Chauces, qui, anciens alliés des Romains, étaient maintenant leurs ennemis et venaient commettre sur les côtes de la Gaule des déprédations de tous genres. Un ordre de l'empereur Claude, qui lui enjoignait d'avoir à ramener sur la rive gauche du Rhin tout ce qui se trouvait de troupes romaines sur la rive droite, l'arrêta brusquement au milieu de ses succès.

Dès lors les Romains se bornèrent à conserver et à défendre la frontière que le Rhin constitua depuis son embouchure jusqu'à Cologne; contrée qui se trouvait couverte et protégée d'un côté par l'alliance des Bataves et de l'autre par un système de places fortes. Un rempart fortifié partait des bords du Rhin, à Cologne, et s'étendait jusqu'au mont Taunus; en deçà de cette ligne de défense habitaient les *Mattiaci*, débris des Cattes qui s'étaient soumis à la puissance romaine. Une ligne partant du mont Taunus, et se dirigeant au sud-est jusqu'au Danube, à Ratisbonne, séparait la contrée tributaire des Romains (*voyez* DÉCUMATES [Champs]) de la Germanie proprement dite. Au nord-ouest, quelques luttes interrompaient bien encore de temps à autre la tranquillité générale; la plus importante de toutes fut celle à laquelle donna lieu l'insurrection du Batave Civilis, que les Romains parvinrent à réprimer. Depuis Trajan, qui apporta une grande sollicitude à toujours améliorer la ligne de défense, une paix non interrompue, pour ainsi dire, régna dans ces contrées jusqu'au commencement du troisième siècle. Au sud-est, il s'écoula également un siècle avant que de sérieuses hostilités y eussent lieu; mais sous le règne de Marc-Aurèle, il y éclata, en l'an 166, une guerre furieuse, connue dans l'histoire sous le nom de guerre des Marcomans, et dans le cours de laquelle les hordes germaines et sarmates purent s'avancer jusque sous les murs d'Aquilée. L'empereur mourut en l'an 180, après avoir, notamment dans les dernières années de son règne, combattu avec tant de succès que les principaux peuples germains, les Marcomans et les Quades, réduits au dernier degré d'épuisement, durent conclure avec son successeur Commode une paix qui assura désormais aux Romains une autorité incontestée sur eux. Au commencement du troisième siècle, les luttes acharnées dont les rives du Rhin devinrent le théâtre commencèrent par la confédération des Alemans, qui dans les dernières années de l'autre siècle s'étaient déjà emparés du territoire tributaire des Romains. De même que les Francs, qui, vers le milieu du troisième siècle, se joignirent à eux pour attaquer la puissance romaine, ils rencontrèrent une résistance opiniâtre et souvent heureuse, quand le trône impérial se trouva occupé par des princes capables, tels notamment que Maximin, Aurélien, Probus, Maximien, Constance et Canstantin, et plus tard encore Julien. Quand, en l'an 360, ce dernier alla en Orient s'assurer la couronne impériale, les Romains abandonnèrent la Germanie à elle-même; et c'est aussi à partir de ce moment que l'Empire Romain se trouva attaqué et envahi sur tous les points par des peuples germains, et que les Alemans, les Francs, les Vandales, les Suèves, les Hérules, les Goths, les Longobards ou Lombards, fondèrent autant d'États particuliers dans les pays romains.

Ce que nous connaissons des antiquités germaines, c'est-à-dire de l'époque où la Germanie et ses populations, non encore converties à l'Évangile, étaient plongées dans les ténèbres du paganisme, provient de sources soit contemporaines, mais étrangères (grecques et romaines), soit indigènes, mais en ce cas de beaucoup postérieures et de la nature la plus diverse. Pendant des siècles cette contrée sauvage, pauvre, éloignée du mouvement commercial de la Méditerranée, resta étrangère et indifférente aux Grecs et aux Romains, jusqu'à ce que l'effroyable attaque des Cimbres et des Teutons attira pour toujours les regards inquiets des Romains terrifiés. A peu de temps de là les Romains étaient entraînés à y entreprendre des guerres offensives, moins dans un esprit de conquête, que pour défendre leurs frontières menacées; et dans les luttes séculaires où ils se trouvèrent dès lors engagés, ils eurent assez occasion de connaître, si non la totalité, tout au moins d'importantes parties de ce territoire et leurs habitants. Pourtant ils n'observèrent qu'au point de vue romain, n'écrivirent que pour des lecteurs romains; et ce sont précisément leurs écrits les plus complets, les plus détaillés sur ce sujet, qui ne sont pas parvenus jusqu'à nous. Ainsi, nous n'avons plus les livres de Tite-Live qui avaient rapport à la Germanie, l'histoire des guerres d'Aufidius Bassus, et surtout l'ouvrage de Pline l'Ancien, en vingt livres, sur les guerres des Teutons. Parmi les ouvrages arrivés jusqu'à nous, mais qui pour la plupart ne parlent qu'accidentellement et très-succinctement de la Germanie, il faut mentionner en première ligne les œuvres historiques de César, de Dion Cassius, des écrivains désignés sous le nom de *Scriptores Historiæ Augustæ*, d'Ammien Marcellin, de Priscus et de Procope; les ouvrages géographiques de Strabon, de Pomponius Méla et de Ptolémée, la carte routière militaire connue sous le nom de *Tabula Peutingerana*, et la *Notitia dignitatum*, espèce de manuel politique de l'Empire Romain, composé vers l'an 400 de l'ère chrétienne. Mais tous ces ouvrages sont éclipsés par la *Germania* de Tacite, description des pays et des peuples Teutons, écrite avec une rare impartialité et d'après des recherches consciencieuses, ouvrage d'une inestimable valeur, qui commande la confiance, et où l'auteur fait preuve de la plus admirable sagacité. Que si toutes ces différentes sources, Tacite lui-même y compris, sont loin encore de nous offrir un tableau complet de l'ancienne Germanie, si ce ne sont qu'autant de fragments ou tout au plus d'esquisses reproduisant à grands et rapides traits les principaux contours du sujet, on doit dire que les sources indigènes offrent des renseignements encore autrement vagues et obscurs. En effet, appartenant généralement à l'époque chrétienne placée dans un perpétuel antagonisme à l'égard de l'époque païenne qui l'a précédé, elles n'en peuvent guère faire mention que très-sommairement, et ne traitent que de ce qui s'en est conservé en dépit du christianisme ou à l'aide d'un déguisement chrétien. A cette catégorie appartiennent, en fait de sources écrites, les chroniques, les décrets des conciles, les descriptions des anciens droits populaires, enfin les poëmes, surtout les poëmes épiques, qui traitent de la tradition mythologique et héroïque; et en fait de sources non écrites, les traditions, les fables, les mœurs, les usages, les formes revêtues par la superstition, les symboles et les formules de droit qui disparurent en partie à une époque postérieure ou bien qui subsistent encore de nos jours; enfin, les ustensiles conservés dans les tombeaux et ailleurs, et quelques autres objets encore, mais surtout la langue germanique dans tout son développement suivant les temps et les lieux. Les sources écrites de ceux des pays germaniques où le christianisme ne pénétra que beaucoup plus tard et seulement avec plus ou moins de difficulté, des pays scandinaves et anglo-saxons, nous offrent aussi à cet égard de précieux secours; et on ne laisse pas que d'obtenir encore de vives lumières d'un examen comparatif fait avec soin de la situation respective des populations appartenant à la même race.

Aux yeux des Romains, du moins depuis l'époque de Jules César, les Germains constituaient un peuple divisé en un grand nombre de tribus, sans doute, mais étroitement uni par les lois d'une commune nationalité; aussi les désignèrent-ils par un nom générique, appliqué dans l'origine à une seule peuplade, celle des *Tungres*, par une peuplade celte, sa voisine, laquelle habitait la contrée que nous appelons aujourd'hui la Belgique. C'est par conséquent à la langue celte qu'il faut demander l'explication d'un nom dont l'étymologie se trouve dans le mot *Gairin* (cri, invocation), de telle sorte que ce mot *Germani* répondait à l'idée de guerriers fougueux, faisant beaucoup de bruit; étymologie parfaitement conforme à ce qu'on connaît du caractère de ce peuple. Mais les Germains n'avaient alors et n'eurent pas encore pendant plusieurs siècles de dénomination commune pour désigner comme nation leurs diverses tribus, de même qu'aucun lien extérieur ne les réunissait en unité nationale et politique. Toutefois, la similitude existant entre leurs langues, leurs croyances religieuses, leurs lois et leurs mœurs, les portait à penser qu'ils provenaient d'une même souche. Tacite nous apprend qu'ils faisaient naître de la terre un Dieu appelé *Tuisco*, lequel engendra de lui-même un fils appelé *Mannus*, qui fut le premier homme, et dont les trois fils donnèrent leur nom à chacune des trois grandes divisions qui à la longue s'étaient constituées dans la nation Germaine, et habitant la Germanie proprement dite, c'est-à-dire le territoire compris entre l'Océan, le Rhin, le Danube et la Vistule : les ***Ingévons***, les plus rapprochés de l'Océan; les ***Herminons***, fixés au centre du pays, et les *Iscévons*, occupant les autres parties du territoire. Il n'est point fait ici mention des Goths, qui à cette époque semblent avoir résidé plus au voisinage des populations septentrionales, et qui plus tard périrent loin des frontières de la Germanie. La même remarque est à faire au sujet des tribus septentrionales ou scandinaves, que Pline désigne sous le nom d'*Hillévions*, et chez lesquelles on ne trouve pas non plus la moindre trace qu'elles aient jamais eu la conscience de leur proche affinité avec les Teutons. Quant à savoir dans quelles proportions et jusqu'à quel point toutes les autres peuplades germaines habitant la Germanie proprement dite figuraient parmi les descendants de ce *Mannus*, c'est là une question qu'on ne saurait espérer résoudre, à cause des renseignements contradictoires ou insuffisants qu'on peut à cet égard trouver dans les sources historiques; il règne même beaucoup d'incertitude et d'obscurité sur les dénominations particulières à chacune de ces tribus, de même que sur le nom de la portion de territoire qu'elles habitaient. Parmi celles dont fait mention Tacite, les plus importantes, au centre et au sud de la Germanie, sont les *Hermundures*, les *Marcomans* et les *Quades;* au nord-ouest, entre le Rhin et l'Elbe, les *Frisons*, les *Usipètes* et les *Tencères*, les *Bructères*, les *Chauces*, les *Cherusques*, les *Cattes*, les *Marses* et les *Sicambres*; au nord est, entre l'Elbe et la Vistule, les *Cimbres*, les *Angles* et *Verini*, les *Suèves*, les *Semnones*, les *Longobards* et les *Vandilii*. La tradition nous a transmis bien d'autres noms encore, mais sans que le même sens y fût toujours attaché, s'appliquant, au contraire, tantôt à de populeuses tribus tout entières, tantôt à certaines de leurs subdivisions (*voyez* Gau [géographie]). La difficulté qu'il y a à les désigner d'une manière bien fixe et bien précise s'accroît et se complique à l'infini en raison des continuelles modifications subies par elles à la suite des siècles dans leur composition et dans leurs tendances, et en raison aussi de leurs luttes et de leurs émigrations incessantes. Après l'événement désigné dans l'histoire par les noms d'*invasion des barbares* ou de *grande migration des peuples*, la plupart de ces dénominations disparaissent, les peuplades auxquelles elles appartenaient s'étant fondues dans de plus grandes associations politiques, dont les unes allèrent périr bien loin du sol de la Germanie et dont les autres réussirent à s'y maintenir. Du nombre des premières sont les *Goths*, les *Vandales*, les *Longobards;* et du nombre des secondes, les *Francs*, qui des deux rives du Rhin s'étendirent jusqu'à la Seine; les *Alemanni*, fixés avec les *Souabes* entre le Neckar et la Limmat; les *Bajuvarii*, généralement regardés comme d'origine marcomanne, établis entre le Lech et l'Ens, les Fichtelgebirge et les Alpes; les *Saxons* et les *Westphaliens*, depuis le bas Rhin jusqu'à la basse Elbe et au delà; les *Frisons*, sur les côtes de la mer du Nord; les *Burgundions*, fixés d'abord aux environs de Worms, et dont plus tard une partie disparut en Gaule, tandis que quelques débris de l'autre subsistent encore dans la Suisse occidentale; enfin les *Thuringiens*, sur les bords de la haute Saale.

Les Romains, gâtés, à vrai dire, par le beau ciel de leur Italie, et qui ne voyaient et ne connaissaient guère de la Germanie que la partie nord-ouest, celle qui s'étend entre la Lippe et la mer du nord; les Romains nous dépeignent le pays des Germains comme inhospitalier et sauvage, comme formant une suite non interrompue de steppes sablonneuses et de plaines marécageuses, toutes couvertes de bruyères et de joncs, se terminant sur les bords de l'Océan par une côte plate et désolée, sur laquelle la mer en fureur empiète continuellement, et dont les habitants, vivant misérablement sur quelques hauteurs (appelées aujourd'hui *Warfen*), ne subsistent que du produit de leur pêche, et pour faire cuire leurs aliments brûlent de la terre. Un ciel toujours gris et nébuleux, des brouillards fréquents, des pluies torrentielles, des vents d'une violence extrême, enfin des hivers aussi longs que rigoureux, complètent la peinture d'une contrée qui ne pouvait plaire qu'à celui qui avait le droit de lui donner le nom si doux de patrie. Sous le rapport des produits du sol, Pline la trouve fort pauvre. L'or y manquait complétement; l'argent y était d'une rareté excessive, mais le fer l'était un peu moins. En revanche, on y trouvait du cuivre et du plomb, et on obtenait du sel en faisant réduire l'eau de la mer par l'action du feu; depuis un temps immémorial l'ambre y constituait aussi un article de commerce très-recherché. Le règne végétal semblait offrir plus de richesses. Pline vante les pâturages de la Germanie, et Tacite la fécondité de ce sol, qu'il dit être éminemment favorable à la culture des céréales. Et en effet, outre l'élève du bétail, les Germains pratiquaient l'agriculture sur une vaste échelle, encore bien que les Romains, jugeant au point de vue de l'agriculture si perfectionnée et si savante de l'Italie, ne parlent d'eux sous ce rapport qu'avec le plus grand mépris; jugement qui contribua pendant longtemps à fausser à cet égard l'opinion des générations suivantes. A cette époque en effet il s'en faut que la Germanie fût parcourue par des hordes nomades, et une population fixe était, au contraire, répartie sur toute l'étendue de son territoire. Sans doute il arrivait bien de temps à autre à quelques peuplades d'être expulsées des contrées qu'elles habitaient par des peuplades plus puissantes; et tantôt la manie de l'émigration, tantôt le goût pour la vie militaire, ou encore la misère, portaient certaines autres à abandonner les parties de territoire qu'elles occupaient pour aller s'établir ailleurs; mais ce qu'elles demandaient avant tout aux Romains, quand elles faisaient invasion sur leur territoire, c'était de leur assigner des terres à cultiver.

Il n'existait point dans l'ancienne Germanie de villes, avec le sens particulier que les Romains attachaient à ce mot, et pendant plusieurs siècles encore les Germains les envisagèrent comme autant d'entraves à la liberté; mais on y rencontrait deux espèces de bourgades : les bourgades fermées par une enceinte, où les habitations se trouvaient agglomérées et juxta-posées; et les bourgades de culture, composées de métairies isolées. Or, c'est encore ce qui se voit de nos jours en Allemagne, où dominent, suivant les provinces, tantôt l'un, tantôt l'autre de ces modes de groupes de population. Il devait nécessairement en dépendre des terres à blé, et l'étendue en était d'autant plus grande, qu'on employait alors moins d'art et moins de forces de travail à la mise en valeur du sol. Les pâturages, les pacages et les forêts étaient généralement la propriété commune de tous les habitants d'un ou de plusieurs villages ; mais pour les terres labourables, du moins dans les bourgades fermées, on répartissait chaque année entre les différents membres de la commune, et au prorata de leurs droits respectifs, l'étendue de terrain que chacun d'eux était tenu de mettre en culture, vraisemblablement de la même manière que de nos jours encore, dans certains villages de la Thuringe, à chaque maison d'habitation est attachée la possession d'une pièce de terre. Les maisons étaient petites, construites en pisé, couvertes en paille ou en jonc, et décorées, tout au moins sur certaines de leurs parties, d'un enduit blanc; des espaces souterrains, recouverts de fumier, servaient de retraite pendant l'hiver et aussi à la conservation des approvisionnements. Des étables, des granges et des hangars mettaient à l'abri les bestiaux, le produit des récoltes et les outils contre les intempéries de l'hiver, et toutes les constructions étaient entourées d'un espace de terrain jouissant à peu près des mêmes priviléges d'inviolabilité que de nos jours la maison d'un Anglais. En fait de céréales, on cultivait l'avoine, qui servait à faire de la bouillie; l'orge, dont on préparait une bière sans houblon, et peut-être bien aussi le froment, cependant beaucoup moins. En revanche, le seigle était inconnu aux Germains comme aux Romains; l'usage ne s'en introduisit chez eux que beaucoup plus tard, à une époque qu'on peut avec certitude fixer aux temps du premier Clotaire frank; et il y vint des contrées slaves du nord-est. La culture du chanvre dut dès une époque très-reculée y donner des produits importants. Il est en outre fait mention de raiforts d'une très-grande espèce et d'asperges d'assez médiocre qualité. Toutes les autres plantes de grande culture ou d'horticulture, si la nature ne les faisait pas croître d'elles-mêmes sur le sol de la Germanie, notamment la plupart des espèces d'arbres fruitiers et la vigne, n'y furent introduites que par les Romains ou par les Celtes, et les Germains se montrèrent à cet égard leurs très-habiles élèves dans les contrées limitrophes de l'Empire. La culture de l'orge implique, pour tout agronome, la conséquence que les Germains connaissaient déjà la pratique des jachères et du fumage; et il est formellement fait mention d'un engrais minéral dont faisaient usage les Ubiens, la marne. Il est probable qu'on donnait peu de soins aux prairies et aux jardins. La vaste étendue du territoire, jointe à l'excellence des pâturages, permettait de nourrir presque sans peine d'immenses troupeaux. La race chevaline, surtout chez les Chauces, donnait des produits remarquables; on excellait à les dresser et à les monter, et on en mangeait aussi la chair. Faute d'être l'objet d'assez de précautions contre les gelées, l'humidité ou l'extrême chaleur, l'espèce bovine n'y acquérait que de frêles proportions, et les Romains en faisaient peu de cas, à cause de l'exiguité de ses cornes. On y élevait aussi des moutons, des chèvres et des porcs. Dès cette époque le lait de vache et le lait de brebis, agités dans de longs vases pourvus d'un orifice à leur extrémité supérieure, servaient à confectionner des fromages et du beurre; et il se peut qu'on expédiât même jusqu'à Rome des jambons marses (par conséquent des jambons de Westphalie). En fait de volailles, on sait, à n'en pas douter, qu'il y avait en Germanie des canards et surtout des oies, dont les plumes étaient fort recherchées et payées très-cher par les Romains, qui les regardaient comme les meilleures qu'on pût se procurer. A l'agriculture et à l'élève du bétail venait s'ajouter la chasse, qui se pratiquait à l'aide de chiens, peut-être même déjà à l'aide de faucons, et qui avait aussi pour objets le buffle et l'élan, espèces qui n'existent plus de nos jours en Allemagne. Enfin, il faut encore mentionner la pêche, tant celle des fleuves et rivières, que celle des côtes de la mer; et de la pratique de cette dernière résultait pour les populations riveraines de la mer une habileté assez grande dans l'art de la navigation. Parmi les produits du règne animal, il ne faut pas non plus oublier le miel. (Consultez l'*Histoire de l'Agriculture en Allemagne*, de Langethal [2 vol., Iéna, 1847-1850]).

La *famille* du Germain était close à l'instar de sa métairie; rattachée par des rapports étroits à la liberté civile, elle formait une communauté réglée par des mœurs sévères; et la juridiction domestique qui en résultait explique comment, pour des questions rentrant dans le cercle des affaires de la famille, aucune difficulté ne pouvait être soumise à l'appréciation de la justice populaire, de même que les anciennes lois nationales n'offrent aucune prescription à leur appliquer. Dans cette famille, la différence établie par la nature entre les sexes était consacrée par la coutume, qui voulait qu'à l'homme seul appartînt le pouvoir exécutif, tandis que depuis sa naissance jusqu'à sa mort la femme demeurait sous sa tutelle. Mais cette infériorité relative était compensée par le caractère de sainteté attaché à l'union conjugale, par le respect dont toujours le sexe le plus fort faisait preuve pour le sexe le plus faible, enfin par la consciencieuse sollicitude dont en toute occasion on témoignait pour les femmes faisant partie d'une famille. D'ordinaire, l'homme ne contractait pas mariage avant vingt ans, ni la femme avant quinze; partout l'égalité de conditions était exigée en pareil cas, c'est-à-dire que le mariage contracté par un homme libre avec une femme esclave emportait pour lui la perte de sa liberté, et même parmi certaines tribus impliquait la peine de mort, tandis que le mariage d'un noble avec une femme du commun n'était point partout prohibé. Un mariage n'était réputé légitime que lorsque le mari avait acheté sa femme à son tuteur, que ce fût son père, son frère ou tout autre membre de la famille, au prix d'un certain nombre d'esclaves, de chevaux, de bêtes à cornes, d'armes, de biens immobiliers, d'anneaux et autres objets dont la valeur pouvait s'élever juqu'à environ 1,200 francs de notre monnaie actuelle ou représenter celle de 300 bœufs de seize mois. Le mariage tantôt conclu sans désemparer, tantôt convenu provisoirement (d'où la cérémonie des fiançailles), pour être solennellement ratifié à une époque dite, par devant des témoins pris dans la famille des deux conjoints, se célébrait comme tous les actes auxquels on voulait imprimer un caractère légal, en employant des symboles, dont les uns avaient trait à la domination immédiatement constituée en faveur de l'homme, et les autres aux attributions d'ordre et d'économie qui incombaient désormais à la femme. Ces idées continuèrent à faire partie des mœurs populaires de l'Allemagne jusqu'à une époque fort avancée du moyen âge. Que si en effet, au huitième siècle, l'État et l'Église tombèrent d'accord pour faire désormais dépendre la légitimité du mariage de la présence et de la bénédiction d'un prêtre, ce fut seulement au quinzième siècle que dans ce pays la célébration du mariage fut exclusivement réservée, en tant que sacrement, au ministère du clergé. Si en vertu du pacte d'achat, la femme était devenue la propriété de mari, celui-ci, par contre, avait pris l'engagement de la protéger. Il est vrai de dire qu'il avait acquis en même temps le droit de la châtier, de la vendre, et de la répudier en cas d'infidélité, et même alors de la tuer avec son complice. Mais la chasteté des Germains, reconnue tout d'une voix et hautement vantée par les Romains, n'était pas seulement l'apanage de la femme; elle était strictement observée aussi par l'homme, et l'on ne trouvait d'exemple de polygamie que parmi les chefs, qui par là cherchaient à se donner pour beaux-frères d'autres chefs puissants. La femme, d'ailleurs, était dans toute la force du terme maîtresse au logis; et le mari s'occupait peu ou pas du tout des soins du ménage.

L'autorité du mari s'étendait de même sur les enfants, qu'on pouvait exposer, tant qu'ils n'avaient point encore pris le sein, mais qui devenaient membres de la famille du moment où le père se décidait à les garder, tout en conservant cependant le droit de pouvoir, en cas de nécessité absolue, les vendre comme valets et hommes de peine. Si les enfants étaient à l'égard de leur père dans les mêmes rapports que les serfs à l'égard de leur maître, il était naturel que les enfants du maître de la maison fussent élevés sans la moindre différence, pendant leur première jeunesse, avec les enfants de ses esclaves et de ses domestiques, partageant leurs jeux et leurs travaux. Jusqu'à l'âge de dix ans, les fils restaient sous la garde des mères, qui les nourrissaient, les élevaient et instruisaient. En effet, de même que jadis la connaissance des runes avait été un des avantages possédés par la femme, celle de l'écriture constitua longtemps encore dans le moyen âge l'un des attributs de la mère de famille. Au treizième siècle, le *Miroir de Saxe* mentionne le psautier et le livre des prières comme faisant partie des apports matrimoniaux de la femme; et dans ses sermons Frère Berchthold s'adresse toujours aux femmes, comme chargées du soin de donner lecture du psautier à la famille. Les enfants apprenaient ensuite le maniement des armes; à l'âge de quinze ans, ils acquéraient dans une assemblée publique le droit de marcher armés (d'où, parmi les nobles, l'usage des réceptions dans l'ordre de la chevalerie); et à l'âge de vingt-et-un ans, le jeune homme cessait d'être soumis à l'autorité paternelle, pour se trouver une femme et devenir chef d'une famille nouvelle, ou bien encore pour gagner d'abord sa vie au service d'un autre chef de famille en le secondant, soit à la guerre, soit dans ses travaux agricoles. Mais à leur tour, quand ils avaient dépassé l'âge où l'homme perd de sa force et s'avance vers sa tombe, une fois qu'ils avaient plus de la soixantaine, les pères cessaient d'être les chefs de la famille. C'était alors le fils dans la force de l'âge qui devenait le tuteur de son père ou de sa mère, et qui était libre de les employer aux travaux des champs ou de l'intérieur de la maison, suivant son caprice. Aussi le vieillard, las de la vie, et imbu en même tamps de cette idée que ceux qui mouraient dans leur lit n'entraient point dans le *Walhalla*, se donnait-il lui-même la mort; et même chez certaines peuplades il était mis à mort, comme ayant assez vécu. Étaient considérés comme faisant partie de la famille les vassaux et les serfs : les premiers placés dans une dépendance très-douce et établis sur les domaines du maître moyennant une redevance en nature; les seconds, employés au service personnel de leur maître et retenus dans la plus sévère dépendance; les uns et les autres, d'ailleurs, ne possédant point de propriétés personnelles, ne pouvant jamais faire acte de volonté individuelle, et incapables d'ester en justice.

Chez lui, le père de famille vivait en maître absolu, suivant que le lui permettait sa fortune. Habitué à se lever tard, il prenait d'abord un bain chaud; puis il vaquait aux soins de sa longue et blonde chevelure et de sa barbe, dont il secondait la croissance et avivait la couleur au moyen d'une pommade composée de suif et de cendre de hêtre. Il faisait ensuite un premier et léger repas, puis s'en allait vaquer aux occupations de la journée, à la bataille, à l'assemblée du peuple, à la chasse, ou encore aux travaux qu'exigeait l'exploitation rurale à la tête de laquelle il se trouvait; travaux qui ne paraissaient point indignes d'un homme libre. Mais en quelque lieu qu'il allât, ses armes ne le quittaient jamais. Il n'existait point de gens de métier chez les Germains. Il n'y avait qu'un seul métier qui fût exercé pour le compte d'autrui et moyennant salaire; et encore le considérait-on plutôt comme un art. C'était celui qui consiste à forger et à fondre le fer et les métaux précieux. Le commerce était aussi chez eux sans importance et restreint à des matières brutes, parmi lesquelles l'ambre et les pelleteries tenaient le premier rang. Les cheveux blonds étaient vivement recherchés aussi, parce qu'ils servaient à confectionner des perruques pour les dames romaines. C'est seulement sur les frontières méridionales et occidentales qu'il existait des marchés établis dans les possessions romaines; et c'est là aussi seulement qu'on rencontrait quelques marchands romains ambulants, lesquels cependant s'aventuraient parfois dans l'intérieur de la Germanie. La monnaie romaine avait également cours dans ce rayon des frontières, tandis que vraisemblablement il ne pénétra pas de grandes masses de numéraire dans l'intérieur de la Germanie avant les guerres faites aux Marcomans dans le cours du second siècle de l'ère chrétienne. De ce que nous venons de dire il résulte que tout ce qui était nécessaire à une maison, nourriture, vêtements, ustensiles, construction, était l'ouvrage de la famille même. La construction de la maison, la fabrication des ustensiles et des armes rentraient dans les attributions du mari; tout le reste, soins à donner aux bestiaux, aux champs et au jardin, filage, tissage et travaux de couture, incombait aux femmes, aux vieillards et aux serfs. Pour vêtements on se servait de pelleteries et d'étoffes de lin ou de laine. Le vêtement le plus ordinaire consistait en une peau ou bien un morceau d'étoffe pendant sur le dos et attaché sur la poitrine au moyen d'une épine, d'une aiguille ou d'une agrafe. Les grands personnages portaient en outre des vêtements qui leur serraient étroitement le corps; et le costume des femmes ne différait de celui des hommes que parce qu'il laissait nus les bras et le haut de la poitrine. L'atelier de tissage était un de ces réduits souterrains comme on en avait pour habitation d'hiver et pour magasin d'approvisionnement. Les mets consistaient en produits des champs, des prairies, des forêts, des rivières et de la mer : viande fraîche et gibier, poissons, herbes comestibles, orge mondé, bouillie, lait, beurre, miel, bière, hydromel, et même vin, au voisinage des frontières romaines. Le travail culinaire était confié à des hommes; mais quand il ne s'agissait que de repas donnés de un à quatre ou cinq hôtes, les femmes suffisaient à ce soin. C'étaient elles qui offraient aux convives la corne à boire; et à cet effet dans les bonnes maisons on se servait de préférence de cornes de buffle incrustées d'ornements en argent. Ces festins fournissaient une occasion toute naturelle aux divertissements favoris des populations germaines; boire jusqu'à s'enivrer et jouer jusqu'à risquer sur un coup de dé le fonds et le tréfonds, femmes, enfants, et jusqu'à sa propre liberté. Mais on y tenait aussi de graves délibérations, de même qu'on y faisait entendre des chants à la louange des ancêtres et des héros (dans les solennités religieuses, d'autres chants célébrant les hauts faits des dieux), pendant que les jeunes gens, déjà assez avancés en âge pour cela, donnaient des représentations de leur habileté dans des exercices dangereux. Nombreuses d'ailleurs étaient les occasions de festins et de réjouissances. Tantôt les choses se passaient en public, par exemple à l'occasion des grandes fêtes expiatoires; tantôt elles avaient pour théâtre le sein même de la famille. Survenait-il un étranger, on lui offrait avec empressement l'hospitalité; il pouvait en outre demander à titre de présent ce qui lui était agréable; et son hôte lui faisait ensuite la conduite jusqu'à quelque autre habitation, où il était comme lui l'objet de la même hospitalité et des mêmes prévenances. A la naissance d'un enfant, on le baignait en présence de témoins invités à cet effet; le plus considérable d'entre eux le plongeait dans l'eau et lui donnait un nom, emprunté le plus souvent aux témoins eux-mêmes, ou bien au frère de la mère, et encore au grand-père. On y ajoutait aussi un cadeau de parrain, renouvelé encore plus tard, à l'apparition de la première dent. Naturellement un gala était l'accompagnement obligé de cérémonies de ce genre. A la mort du chef de la famille, les solennités célébrées à l'occasion de ses funérailles duraient quelquefois plusieurs semaines. La sépulture constituait en effet un devoir élevé, se rattachant à la croyance en l'immortalité de l'âme; et celui qui dans les bois ou dans les champs trouvait un cadavre, était tenu de lui donner la sépulture : le guerrier lui-même ne pouvait la refuser à l'ennemi qui venait de succomber sous ses coups. On abandonnait ce cadavre à un des éléments, à la terre, au feu, ou bien aux ondes de la mer; et quelquefois on ne le lançait sur les flots qu'après l'avoir placé sur une embarcation à laquelle on avait mis le feu. On plaçait à côté de lui ce qu'il avait le mieux aimé de son vivant; à l'enfant on donnait son jouet, à la femme ses parures, à l'homme ses armes, quelquefois aussi son cheval et ses ustensiles de forgeron, parfois même quelques serviteurs des deux sexes. Quant aux pauvres, on avait soin de leur donner tout au moins une paire de souliers neufs pour pouvoir entreprendre le voyage de Walhalla. Puis, quand on plaçait en terre le défunt ou une urne contenant ses cendres, on rangeait des pierres tout à l'entour, et on recouvrait cet endroit de terre qu'on accumulait souvent de telle sorte qu'il en résultait un petit monticule, tantôt isolé, tantôt situé au voisinage d'autres tombeaux, et de préférence sur les collines et les isthmes. Au retour des funérailles d'un père, la famille célébrait un repas où, soit le fils aîné, soit l'héritier le plus proche prenait la première place naguère occupée par le défunt, auquel il succédait dans ses droits de même que dans ses obligations comme tuteur de tous les autres membres de la famille, des plus pauvres d'entre lesquels il était tenu de prendre plus particulièrement soin. A ce moment aussi avait lieu le partage de l'héritage du défunt, par parts égales, entre tous ses frères ou entre ses différents héritiers mâles légitimes : son épée seule passait de droit au plus âgé. Quant aux sœurs et autres héritières féminines, elles ne recevaient que ce que le tuteur voulait bien leur accorder; les veuves mêmes, lorsqu'on ne les enterrait pas toutes vivantes avec leur époux, ainsi que cela arrivait souvent dans les temps les plus reculés, ne recevaient rien que leur dot et leur cadeau de noces. En déposant leurs clefs sur le corps du défunt, elles avaient déjà symboliquement exprimé qu'elles n'avaient plus la même position dans la maison, et l'usage était qu'elles ne convolassent pas en secondes noces. (Consultez *Le droit et la Vie de famille des Germains*, par Wackernagel, dans le *Manuel d'Histoire et d'Archéologie de l'Allemagne du sud*, de Schreiber [Fribourg, 1846]).

La commune ou village se composait d'un certain nombre de familles liées entre elles par les liens alors très-solides et très-puissants de la parenté et de l'affinité, comme si elles n'eussent formé qu'une seule et même grande famille où les divers propriétaires fonciers avaient les uns à l'égard des autres les mêmes droits, et étaient chargés de faire les affaires de la commune dans des assemblées. De même, en remontant de proche en proche, plusieurs villages formaient un groupe désigné sous le nom de centaine (*hundertschaft*), plusieurs centaines un *gau*, et un ou plusieurs *gaus* une tribu ou peuplade. Tous ces fractionnements nous montrent ce qu'il y a d'essentiellement germanique et de basé sur la famille même dans ce caractère de la commune, association ayant surtout en vue le maintien de la paix et l'assistance mutuelle. Il en résultait que si dans l'État germain chacun jouissait de la plus grande somme possible de liberté et d'indépendance personnelles, chacun aussi savait faire partie d'un tout ayant des droits et des attributions plus élevées encore, à l'égard duquel il ne devait pas seulement faire abnégation de ses caprices personnels, mais encore était tenu d'apporter sa coopération personnelle dans la poursuite du bien-être général. L'organisation et l'administration d'un tel État, ayant pour forme la plus essentielle la division en *gaus*, étaient donc toutes démocratiques; et la puissance, tant législative qu'exécutive, résidait dans l'assemblée de tous les propriétaires fonciers libres du *gau*, se réunissant à certaines époques fixes, sous la présidence d'un *furst* ou président élu du *gau*. L'existence d'une antique noblesse, qui, il est vrai, commençait alors à disparaître peu à peu, ne nuisait en rien à cette organisation sociale, parce que cette noblesse ne possédait de priviléges politiques d'aucune espèce; et on en peut dire autant de la royauté qui existait chez quelques tribus et se trouvait en rapports étroits avec cette noblesse de race. Ce ne fut qu'à une époque de beaucoup postérieure, à la suite de guerres incessantes et de l'initiation des populations germaines aux idées romaines et bibliques, que la royauté en vint à gagner et plus d'éclat extérieur et plus de pouvoir intérieur, en même temps que d'importantes restrictions et diverses gradations étaient introduites dans le principe de la liberté et de l'égalité de droits des libres possesseurs du sol. (Consultez les ouvrages allemands de Eichhorn et de Waitz sur l'histoire de la constitution de l'Allemagne; le premier publié à Berlin [5 vol.] en 1844; le second [2 vol.], à Kiel, en 1847).

La *constitution militaire* des Germains avait d'étroites relations avec leur organisation civile et politique, car, en raison même de leurs dispositions naturelles, développées encore par l'éducation et les mœurs, le caractère des Germains était essentiellement militaire; et les occasions de se produire et d'agir ne lui manquaient pas, tantôt contre quelque ennemi extérieur, Romain ou Gaulois, tantôt dans leurs fréquentes guerres et querelles intérieures. Cette constitution militaire paraît remonter aux temps les plus reculés, à l'époque même de la première immigration, car la *centaine*, qui dans la constitution politique formait un élément essentiel, moins apparent dans la répartition de la propriété du sol, reposait, suivant toute apparence, sur l'antique et primitive division de l'armée, dont la base était le système décimal, pour lequel les Germains montraient beaucoup de prédilection. En général, il faut bien se garder de juger d'après notre point de vue actuel et avec nos opinions d'aujourd'hui les divers états et expressions de la vie sociale des Germains. La nation tout entière, dans ses paisibles occupations, cultive le sol, garde et soigne ses troupeaux, à cette seule exception près que ses véritables représentants, les chefs de famille, prennent le moins de part possible à ces occupations, qu'ils regardent comme au-dessous d'eux; la nation tout entière encore s'administre et se juge, mais seulement par l'intermédiaire de ces représentants naturels dont nous venons de parler, de ces chefs de famille, à qui seuls convient ce rôle supérieur. Dans les guerres nationales, c'est aussi la nation tout entière qui forme l'armée, dont chacun fait partie suivant sa position, mais où le principal rôle revient encore naturellement à ces mêmes représentants de l'ensemble de la nation, et aussi, suivant les idées guerrières de ces peuples, à la jeunesse mâle en état porter les armes. C'est dans l'assemblée du peuple que la guerre était mise en délibération et décidée; et comme ici le prêtre avait mission d'interroger les dieux en consultant le sort, comme il garantissait la paix de Dieu et en avait le pouvoir, toutes les fois qu'on s'en allait en expédition, on tirait du bois sacré les figures d'animaux et les enseignes symboliques; on interrogeait la volonté des dieux au moyen de présages, et le prêtre, en sa qualité de ministre de la divinité, de la divinité qu'on s'imaginait toujours n'être pas loin de tout endroit où le peuple se trouvait réuni, exerçait en outre dans l'armée le pouvoir de châtier. Il y avait aussi certaines autres guerres au sujet desquelles on ne délibérait point dans les assemblées nationales, mais qu'on se bornait à y approuver, alors qu'un chef se présentait, proposait une expédition et ralliait volontairement sous ses ordres un grand nombre d'hommes et de jeunes gens. Arioviste était un chef ainsi improvisé, et il en fut de même de son armée. Ce qu'on appelait le *gefolge* ou bande, troupe d'élite, qui contribuait beaucoup à refréner les dispositions querelleuses et guerrières des tribus juxtaposées, en différait essentiellement, en même temps que dans les batailles elle constituait toujours un corps compacte et solide combattant autour du chef. Enfin, quand il s'agissait de repousser une invasion subite de l'ennemi, à un signal donné la nation tout entière se levait comme un seul homme, et courait aux armes avec une rapidité presque incroyable. Ces masses étaient mal armées et mal vêtues. Faute de fer, les grandes lances et les grandes épées étaient rares; les cuirasses l'étaient encore plus, et un petit nombre de chefs portaient seuls des casques. Généralement la tête restait nue, et le corps était protégé par un bouclier de branchages entrelacés ou encore de planches peintes d'une couleur foncée. L'arme principale était la *framée*, consistant en une hampe garnie d'un morceau de fer étroit, court et effilé, également propre à servir d'arme d'estoc, de taille et de jet. Beaucoup portaient de longues lances, mais le plus grand nombre seulement des gourdins, dont on durcissait l'extrémité en la soumettant à l'action du feu, et des pierres propres à être projetées au moyen de la fronde. Il est à présumer toutefois que cet armement défectueux ne tarda point à être amélioré, par suite de leur contact avec les Romains, de même qu'on voit que leur tactique, art dans lequel les Chaucés se distinguaient plus particulièrement, n'avait pas peu gagné non plus à ce voisinage. Les Tenctères brillaient par leur habileté à guider des chevaux sans selle ni étriers; mais la principale force de l'armée consistait dans l'infanterie, qui souvent attaquait avec des cavaliers mêlés dans ses rangs. On allait à la bataille au bruit rauque des cornets, au fracas des boucliers frappés les uns contre les autres, aux accents de chants de guerre, dont le mode, appelé *barditus*, était rendu encore plus effrayant au moyen du bouclier qu'on se plaçait en l'entonnant devant la bouche, enfin au retentissement des cris et des gémissements des femmes et enfants. La première attaque était terrible, mais soutenue avec peu de persévérance et d'opiniâtreté. Les Germains n'enlevaient le plus ordinairement que d'assaut les places fortes et les camps retranchés des Romains, car l'art de construire des machines de siége ou encore des places fortes pour eux-mêmes leur demeura toujours inconnu. (Consultez Stenzel, *Essai historique sur l'organisation militaire de l'Allemagne* [Berlin, 1820.])

Les notions des Germains sur la *justice* et l'*administration de la justice*, étaient déterminées par la prééminence qu'avait à leurs yeux la liberté personnelle sur toute autre idée, par un caractère national dont la franchise, l'orgueil et un vif sentiment d'honneur constituaient les traits principaux, et en outre par une énergie particulière provenant des habitudes de la vie de famille. Il en résultait que l'assemblée du peuple n'avait à apprécier que des questions et des faits échappant à la juridiction de la famille; de même, le droit pénal ne trouvait d'application proprement dite que là où il y avait crime commis contre l'ensemble de la nation, ou bien lorsque l'intérêt général semblait l'exiger. La commune politique ne pouvant subsister qu'autant qu'il y régnât un ordre de choses régulier, en d'autres termes, la paix, comme disent les plus anciennes sources du droit germanique, toute violation grave et intentionnelle du droit constituait une atteinte portée à la paix publique; celui qui s'en rendait coupable était exclu de la paix de la commune. Déclaré à l'état de *wargus*, de loup, animal objet des poursuites et de la guerre de tous, personne ne lui venait en aide, et chacun avait le droit de le tuer là où il le rencontrait. Ces idées sauvages ne tardèrent pas cependant à se modifier; on établit des catégories de crimes et de pénalités. L'exclusion de la société humaine fut commuée en un bannissement du pays avec possibilité de retour. On offrit des moyens d'expiation, et l'emploi en fut même exigé. Les crimes commis contre la nation, portant atteinte à l'existence même de la commune, entraînaient la peine de mort. La commune intervenait sans doute encore dans les cas de crimes contre le corps, la vie, l'honneur ou la propriété d'un particulier; mais elle ne les punit plus de la peine capitale, et pour combattre l'esprit de vengeance elle essaya d'établir des compensations pécuniaires. Une partie de ces compensations, dites *argent de paix*, était attribuée à la commune où à son chef à titre de réparation pour le trouble apporté à la paix publique; l'autre partie, ou amende, et le *wehrgeld*, revenaient à titre de réparation de l'offense et du dommage à l'offensé ou à ses héritiers. Peu à peu la législation en vint à décider que l'offenseur, pas plus que l'offensé, n'aurait le droit de choisir entre une vengeance personnelle et une réparation judiciaire, et que tous deux, au contraire, seraient mis hors de la paix publique s'ils négligeaient de s'adresser à la justice. Or, ici la famille reprenait l'exercice de ses droits. Comme elle avait une part dans les biens et héritait de ce que laissait le défunt, elle héritait aussi, d'après les anciennes coutumes, de la vengeance, ou bien elle y participait et se partageait le produit du *wehrgeld*. En général son devoir était défendre et de représenter chacun de ses membres vis-à-vis de la commune comme à l'égard des individus. L'assemblée du peuple ne connaissait, en fait d'affaires de famille, que de celles qui intéressaient la commune même, et qui avaient besoin de garanties d'authenticité, comme l'acte qui déclarait les jeunes gens en état de porter des armes ou la vente de parcelles de terre faite à des hommes d'autres familles, attendu que des droits politiques se rattachaient à la propriété territoriale. Un trait remarquable de l'ancien droit germanique, c'est sa vigueur, sa franchise, et malgré sa barbarie, l'absence de toute cruauté. On ne trouve non plus dans cette antique législation aucune trace de la loi mosaïque du talion; en revanche, tous les actes juridiques y sont accompagnés de symboles qui souvent ont un sens profondément poétique; et la langue judiciaire elle-même présente ce caractère jusqu'aux temps chrétiens. (Consultez J. Grimm, *Antiquités judiciaires de l'Allemagne* [Gœttingen, 1828]); et Wilda, *Le droit des Germains* (Halle, 1842]).

Il n'est pas de partie de l'archéologie allemande qui soit demeurée entourée de plus d'obscurité que la *religion des Germains*. Ceci tient, d'une part, à ce que comme toutes les religions païennes, elle ne se composait que de mythes; de l'autre, cette difficulté est encore accrue par la très-minime quantité de traditions mythologiques qui nous sont parvenues directement, et aussi à l'insuffisance des sources postérieures. Les Germains apportèrent de l'Asie, leur patrie primitive, leur langue, les rudiments de leur civilisation et les bases de leur croyance en des dieux; et ce furent les peuplades scandinaves qui, sous l'influence des conditions physiques de leur nouvelle patrie, des progrès de leur propre intelligence et des vicissitudes aux quelles se trouvèrent soumises leurs diverses tribus, développèrent ces bases de la manière la plus large et sans antagonisme (voyez MYTHOLOGIE DU NORD). Leurs idées en matières de religion étaient surbordonnées à une *cosmogonie* ou à un mythe relatif à la création du monde et à l'origine des dieux, ayant ses racines en Asie, mais modifié suivant les races et suivant les temps. Ce mythe nous représente les dieux, non pas semblables au Jéhova des Hébreux, non pas comme *créateurs*, mais seulement comme *régulateurs* du monde, sorti en même temps qu'eux du chaos. Aussi ne sont-ce pas des êtres purement esprits et en dehors de la nature physique, mais au contraire les forces mêmes de la nature personnifiées; et ils sont divisés en trois classes, dont les limites ne sont pas toujours très-rigoureusement tracées, à savoir : les *géants*, ou les forces furieuses, violentes de la nature, et les masses informes; les *dieux* proprement dits, ou les grandes forces élémentaires sans cesse agissant; enfin, les *essences divines secondaires* agissant dans le calme, limitées par l'espace et rattachées davantage aux localités. Mais ces formes ne purent pas se conserver longtemps dans la pureté originelle de leur signification physique. A l'époque de Tacite, elles avaient déjà envahi le monde moral; cependant les divers dieux continuèrent à prendre des formes différentes chez chaque peuple. Les uns dégénérèrent, et ne furent plus que de simples héros, ou bien disparurent complétement, pour être remplacés par de nouveaux êtres; et chaque tribu en arriva de la sorte à avoir son principal dieu particulier. Tous n'en conservèrent pas moins un type essentiellement germain, de même que tous ils exercèrent une influence plus ou moins visible sur la guerre, sur la bénédiction attachée aux travaux du sol, aux troupeaux, à la famille, à l'État. Parmi ces dieux germains, incontestablement d'origine scandinave et représentés comme en lutte perpétuelle avec les géants, on aperçoit tout d'abord : *Wuotan*, l'Odin du Nord, divinité aérienne d'après son origine, le dieu principal des Iscévons; *Ziou*, le *Tyr* du Nord, que Tacite appelle Mars, à l'origine la personnification du ciel, dieu principal des Irminons; *Fro* (Freyr), probablement divinité maritime, à l'origine le dieu principal des Ingévons, dont le temple ou sanctuaire principal était situé chez les *Reudingen*, à peu de distance de la côte, ou dans quelque île, soit de la mer du Nord, soit de la Baltique. Au point de vue moral, Wuotan était le protecteur de l'ordre politique, le directeur de la guerre; Ziou, l'impétueux dieu des combats, tandis que Fro, plus calme, avait plutôt le caractère du dieu présidant à la paix. Tous trois étaient sur tous les points de la Germanie l'objet d'une profonde vénération. On trouve ensuite généralement honorés, quoiqu'il soit impossible de préciser les lieux où se trouvaient leurs principaux sanctuaires, *Donar*, le Thor du Nord, protecteur de l'agriculture et de la famille; et, à la place de l'antique dieu du feu, *Loki*, dont la forme a complétement disparu, des formes plus récentes de cet être divin, *Paltar* ou *Phol* (Balder) et *Fosite* (Forseti), dont le dernier était surtout adoré chez les Frisons et avait son principal sanctuaire dans l'île d'Helgoland (c'est-à-dire *terre sainte*). Des figures dont les traits se sont encore bien plus profondément effacés que ceux des Dieux, ce sont les déesses, en raison même de leur cercle d'activité plus restreint. Il s'est conservé quelques traces de *Fria* (Frigga), l'épouse de Wuotan, dans laquelle il est permis de voir la *Tanfana* dont nous parle Tacite, et de *Frouwa* (Freyja), l'épouse de Fro, et qui rappelle la Nerthus de Tacite. Toutes deux président à la fécondité et à tout ce qui regarde la famille et la maison. On trouve ensuite les noms de beaucoup d'autres déesses exerçant des influences analogues, mais toutes d'origine plus récente et substituées à des divinités antiques, dont les traits ont à la longue fini par s'effacer et devenir complétement méconnaissables. Enfin, des êtres divins d'un ordre secondaire président au ciel et à la terre, à l'air et à l'eau, aux plaines et aux forêts, et même à la maison et à la métairie, sous les noms de *fées*, de *nains*, d'*ondines*, de *vierges-cygnes*, de *farfadets*, etc., etc. Quelques-unes de ces divinités ont fini par revêtir un caractère moral élevé, telles que les *Nornes*, comparables aux Parques des Grecs, et les *Walkyries*. A l'existence de ces dernières se rattache la croyance à l'immortalité de l'âme. Toutefois, l'idée que se firent les Germains du séjour futur des âmes ne fut pas la même dans tous les temps et dans tous les lieux. En effet, la *Walhalla* n'est qu'une forme particulière et postérieure du domaine général de la mort, qu'on se représentait, soit comme une prairie toujours verte, placée sous les eaux, ou bien comme un espace effrayant situé au plus profond de la terre et où règne *Hel*. Cette immortalité n'avait pas non plus une éternelle durée; car les dieux mêmes, en expiation de leurs actions coupables, finiront par se livrer une bataille générale, à la suite de laquelle l'univers périra dans un immense incendie d'où sortiront une nouvelle terre et une nouvelle race de dieux, plus brillante, plus parfaite que la précédente et pure de toute faute.

Les dieux étaient honorés au moyen de chants, de prières et de sacrifices. Indépendamment de fruits et de certains animaux, en première ligne desquels venaient les chevaux, on leur sacrifiait aussi des hommes, dans certaines grandes occasions, telles que les solennités célébrées avant et après une expédition pour invoquer le secours des dieux ou les remercier, et aussi de grandes fêtes célébrées à l'époque du renouvellement des saisons; et à cet effet on choisissait soit de grands criminels, soit des prisonniers faits sur l'ennemi, soit des esclaves achetés dans ce but. Il n'est point fait mention de sacrifices dans lesquels les victimes aient été brûlées vives, mais seulement de libations. Au temps de Tacite, il n'existait pas de temples, non plus que d'images représentant les dieux; peut-être même n'en exista-t-il que tout à l'origine, et ils ne purent jamais acquérir d'importance en Germanie. Il est bon de remarquer aussi qu'on admettait bien que les dieux prissent de temps à autre la forme de certains animaux, mais qu'en général on leur attribuait une conformation purement humaine et exempte de tous défauts. Les bois sacrés étaient les endroits où se trouvaient les centres les plus importants du culte; et on y conservait des symboles consistant très-vraisemblablement en figures d'animaux, qui servaient aussi d'enseignes et de signes de ralliement dans les expéditions. C'est dans ces mêmes bois sacrés qu'on appendait à des poteaux les animaux donnés à titre d'offrandes ou tout au moins leurs têtes. Il existait sans doute des prêtres; mais ils ne formaient point une classe à part et privilégiée, ayant dans ses attributions exclusives les actes relatifs au culte, soin réservé à chaque père dans le cercle de la famille. On cherchait à connaître l'avenir et la volonté des dieux en interrogeant le vol des oiseaux, le murmure des ruisseaux, le hennissement des chevaux blancs consacrés, et au début d'une guerre, en faisant combattre un prisonnier avec un des guerriers de la nation, enfin au moyen des runes. Les femmes étaient d'une habileté toute particulière pour interpréter les runes et les présages; quelques-unes d'entre elles arrivaient ainsi à jouir d'une telle vénération, qu'il en est dont les noms sont même parvenus jusqu'à nous, par exemple *Veleda* et *Albruna* (Aurinia). Consultez Grimm, *Mythologie allemande* (2e édition; Gœttingue, 1844); et Muller, *Histoire et Système de l'ancienne Religion germaine* (Gœttingue, 1844).

GERMANIQUE (Confédération). *Voyez* CONFÉDÉRATION GERMANIQUE.

GERMANIQUE (Empire). *Voyez* EMPIRE D'ALLEMAGNE.

GERMANIQUES (Langues). C'est ainsi qu'on appelle les langues parlées chez les peuples d'origine germanique et formant l'une des branches de la grande famille des langues indo-germaniques. Ce sont par conséquent l'islandais, le danois, le suédois, l'anglais, le hollandais, le flamand, l'allemand, et leurs nombreux dialectes.

GERMANISME, façon de parler propre à la langue allemande ou encore empruntée à la langue allemande et transportée dans un autre idiome. Les *germanismes* que commettent le plus ordinairement nos voisins d'outre-Rhin, quand ils se servent de notre langue, proviennent de ce qu'ils traduisent littéralement des idiotismes particuliers à l'allemand, au lieu d'employer les formes de phrases propres au français. Ainsi, tandis que nous disons : *sortons-nous?* l'Allemand, traduisant cette interrogation de sa langue en français, ne manquera pas de dire *voulons-nous sortir?* (Wollen wir ausgehen). On n'attend sans doute pas de nous une liste des principaux *germanismes*. Le génie des deux langues diffère trop pour qu'une pareille nomenclature ne soit pas fastidieuse et inutile; nous renverrons donc nos lecteurs allemands à quelque bonne grammaire spécialement composée à leur usage, à celle de Meidinger par exemple.

GERME. On entend par *germe* les premiers linéaments, le principe originaire de tout être organisé. Le *germe* est le premier point et l'indispensable exorde de la génération.

Les animaux comme les plantes ont un germe, et chaque espèce a le sien, différent de celui des autres. Mais d'où viennent ces germes, et comment sont-ils produits? Le premier lieu où notre observation puisse les découvrir est l'ovaire, soit qu'il s'agisse des plantes ou des animaux. Chacun des ovules qui composent l'ovaire renferme l'embryon ou le germe d'un être nouveau; mais on ne peut le voir, même avec l'aide du microscope, qu'après l'acte de la fécondation; jusque là on n'aperçoit dans l'ovule qu'un fluide transparent et homogène, sans aucune trace d'organisation. Les organes n'apparaissent même et l'embryon ne devient appréciable que quelque temps après que l'ovule a été fécondé. Il se présente donc une première question : le germe préexiste-t-il dans l'ovaire des plantes et des animaux, ou est-il le résultat de l'acte de la fécondation? Et ensuite, s'il est le produit de la fécondation, provient-il du mâle ou de la femelle, ou de tous les deux à la fois? L'opinion la plus probable et la plus généralement admise, c'est que le germe préexiste dans l'ovaire et que la fécondation n'a pour but que de déterminer son développememt.

De l'adoption de ce système résulte une conséquence assez embarrassante au premier abord : si l'ovaire de la femelle contient les germes de tous les êtres qui doivent naître d'elle, il faut que ceux-ci renferment le germe d'autres ovaires, qui à leur tour en renferment d'autres, et ainsi de suite à l'infini. Il en résulte encore que la première femelle de chaque espèce contenait les germes de tous les individus qui ont existé et qui existeront, jusqu'à l'extinction de son espèce; c'est ce qu'on a nommé le *système de l'emboîtement des germes*. Un tel résultat effraye l'imagination; il n'a cependant rien de plus extraordinaire qu'une foule d'autres phénomènes naturels qu'on ne peut révoquer en doute; il s'accorde même avec cette simplicité et cette unité de moyens qui caractérise les œuvres de la nature. Le Créateur des mondes aurait ainsi produit pour chaque espèce un germe qui ne fait que se développer dans l'espace et dans le temps; et l'univers animé ne serait que le résultat de cette cause première toujours en activité. D'ailleurs, qu'y a-t-il d'impossible pour celui qui dispose de l'infini et de l'éternité? Les anciens avaient été plus loin; ils pensaient que la terre elle-même et tout ce qu'elle porte n'est qu'un germe qui se développe incessamment sous l'influence du souffle divin.

[D'autres, reconnaissant la fausseté des théories de l'*emboîtement* et de l'évolution des germes, furent conduits à penser que les germes ne préexistant pas depuis le premier moment de la création, ils devaient être produits soit par des organes spéciaux, soit par un tissu fondamental et germinatif dans les corps organisés les plus inférieurs des deux grands règnes des êtres vivants. C'est ce fait vrai et parfaitement démontré, c'est-à-dire cette production successive de germes nouveaux *sur* ou mieux *dans* le corps de parents, plus ou moins avant l'époque de leur puberté, auquel on a donné le nom d'*épigénèse* (de ἐπί, sur, et γένεσις, naissance). Il est bien entendu que la reproduction, toujours *épigénétique* dans tous les êtres vivants, végétaux et animaux, se fait non-seulement au moyen de germes nouveaux contenus dans les œufs ou dans les graines, mais encore au moyen 1° de quelques portions du tissu vivant plus ou moins hypertrophié qui bourgeonne sur divers points déterminés ou indéterminés; 2° de fragments détachés d'un individu entier, connus sous le nom de *boutures*, et 3° de la division naturelle ou artificielle d'un organisme vivant en deux ou trois portions à peu près égales ou inégales. Les faits qui prouvent la vérité de la théorie de l'*épigénèse* sont maintenant si nombreux, si faciles à recueillir et à constater, et par conséquent si avérés, qu'il ne peut plus y avoir le moindre doute ni aucune objection un peu valable à lui opposer. Il reste à expliquer le mécanisme physiologique suivant lequel s'effectue l'épigénèse des êtres vivants. Des savants qui ont cherché à l'indiquer s'en sont préoccupés seulement à l'égard de la reproduction qui s'opère au moyen de produits fournis par deux sexes différents. Voici les explications qu'ils en ont données : 1° pour les uns, le mélange des humeurs prolifiques du mâle et de la femelle (Hippocrate) ou l'union des molécules organiques de ces humeurs dans des moules de formes typiques (Buffon) donne et soutient l'impulsion nécessaire au développement épigénétique et à toutes ses conséquences ; 2° pour d'autres, toute épigénèse animale ou végétale se fait au moyen d'un *primordium vegetale* auquel Harvey, auteur de l'aphorisme *omne vivum in ovo*, donne le nom d'*œuf* à défaut d'autre terme plus général, puisqu'il est forcé de renfermer dans sa signification non-seulement les œufs véritables, mais encore les bourgeons, les fragments détachés ou boutures, même les corps en putréfaction, et les matériaux hétérogènes considérés comme transformables en germes de *générations* dites *spontanées*.

L. LAURENT.]

La manière d'être et le développement des germes ont été l'objet d'un grand nombre d'observations, qui ont beaucoup éclairé cette partie de l'histoire naturelle Que l'on admette ou non la préexistence du germe dans l'ovaire, il est certain qu'on le découvre dans cet organe peu après la fécondation. Ce point de départ est le même pour tous les êtres organisés, végétaux ou animaux; tous prennent naissance dans une des petites vésicules contenues dans l'ovaire des femelles de leur espèce; et leur développement ne commence qu'après la fécondation, soit individuelle et spontanée, s'il s'agit d'êtres androgynes renfermant à la fois les organes des deux sexes, soit subséquemment à l'advention du mâle, lorsque les sexes sont séparés. Dans les végétaux, c'est l'ovaire tout entier qui se développe sous l'influence de la fécondation, et qui prend alors le nom de *fruit*.

GERME (Vésicule du). *Voyez* BLASTOCYSTE.

GERME DES DENTS ou PULPE DENTAIRE. *Voyez* DENT.

GERMERSHEIM, petite ville de 3,000 habitants, dans le cercle du Palatinat bavarois, à l'embouchure du Queich dans le Rhin, célèbre parce que c'est dans ses murs que mourut l'empereur Rodolphe Ier. D'abord ville libre impériale, elle passa dès le règne de Charles IV sous la puissance de l'électeur palatin Robert. Dans les dernières années du dix-septième siècle, la France en revendiqua à diverses reprises la possession comme dépendant de l'Alsace; mais elle dut y renoncer aux termes du traité de Ryswick. Une nouvelle tentative faite dans le même but en 1705 ne fut pas plus heureuse.

Les traités de 1815 assignèrent à la Bavière une somme de 15 millions de francs, à prendre sur la contribution imposée alors à la France, pour être employée à la construction des fortifications destinées à faire de Germersheim un point stratégique important et rentrant dans le système général de défense adopté alors pour l'Allemagne. Toutefois, les travaux n'en commencèrent qu'en 1835. Avec Landau, qui n'en est éloignée que de deux myriamètres environ, Germersheim, de laquelle dépend aussi une grande tête de pont jeté sur le Rhin, constitue une forte position.

GERMINAL, septième mois de l'année dans le calendrier républicain. Il était ainsi nommé parce qu'il tombait à l'époque où la nature développe le *germe* de la semence qui lui a été confiée.

GERMINAL an III (Journée du 12). *Voyez* BOISSY D'ANGLAS.

GERMINATION, développement d'un germe ou mieux d'une graine. Adrien de Jussieu distingue dans la germination deux périodes, savoir : la première, pendant laquelle l'embryon continue croître au dedans de la graine devenue libre ; la seconde, où l'embryon s'étant fait jour à travers les enveloppes de cette graine, mais y tenant encore, se développe en dehors d'elle. Suivant ce botaniste, la première période correspond aux changements survenus dans l'intérieur de l'œuf des animaux pendant leur incubation, et la seconde correspond à l'éclosion. L'étude comparative de la germination embrasse un très-grand nombre de faits qu'on peut réduire à trois principaux chefs : 1° La durée et l'énergie de la force germinative des plantes; 2° les conditions physico-chimiques de ce phénomène; et 3° les caractères communs et différentiels que présentent les végétaux dicotylédonés, monocotylédonés et acotylédonés pendant cette phase de leur développement. L. LAURENT.

GERMON. *Voyez* BONITE.

GÉROFLE. *Voyez* GIROFLE.

GÉROFLIER. *Voyez* GIROFLIER.

GERONA. *Voyez* GIRONE.

GÉRONDIF, mot particulier à la langue latine, et dont la théorie est bien simple d'après Beauzée, qui l'a exposée dans l'*Encyclopédie* : tout le monde sait que l'infinitif est un véritable substantif dans le verbe; tout le monde sait aussi que chez les Romains les substantifs se déclinaient, mais que l'infinitif ne se déclinait pas, quoique substantif verbal. Cependant, comme la construction de la phrase pouvait l'appeler au génitif, au datif, à l'accusatif, à l'ablatif, ainsi que tout autre nom, les Romains le remplaçaient dans ces cas par ce qu'ils nommaient les gérondifs en *di*, *do*, *dum*, *do*, de sorte que le gérondif est, de même que l'infinitif, un véritable substantif verbal, qui a ses cas aussi bien que les substantifs ordinaires. En voici la déclinaison complète dans des exemples tirés des auteurs latins :

Nominatif,	*Nunc est bibendum*	(Horace).
Génitif,	*Non est narrandi locus*	(Térence).
Datif,	*Vallis auscultando operam dare*.	(Plaute).
Accusatif,	*Ad audiendum parati sumus*. . . .	(Cicéron).
Ablatif,	*Ab ædificando sunt deterriti*. . .	(Sulp.-Sévère).

On a voulu faire passer le gérondif dans la grammaire française. Parce que nous traduisons le plus souvent le gérondif en *do* des Latins par la préposition *en* suivie du participe présent, quelques auteurs ont nommé *gérondif* cette combinaison de mots : *il se promène en lisant*; *en lisant* faisait pour eux un gérondif. C'est une mauvaise analyse; dès qu'il y a deux mots, il faut rendre séparément compte de l'un et de l'autre. L'abbé d'Olivet a fait du gérondif une autre distinction, que la plupart des grammairiens ont adoptée, quoiqu'ils n'aient pas conservé sa dénomination. Il avait remarqué que le participe présent de nos verbes reste le plus souvent invariable, comme dans cette phrase : *Plusieurs hommes se promenant ensemble*; *plusieurs femmes chantant en chœur*, et que cependant il y a des cas où il varie, comme : *des enfants charmants*; *une personne intéressante*, etc. Il appelle *gérondif*, dans ses *Essais de Grammaire*, la forme invariable; il laisse le nom d'*adjectif verbal* ou de *participe* à la forme variable. D'après lui, les grammairiens auraient le plus souvent réservé le nom de *participe présent* pour la forme invariable, et auraient nommé l'autre *adjectif verbal*.

Bernard JULLIEN.

GÉRONTE, mot dérivé du grec γέρων, γέροντος, et qui signifie *ancien*, *vieillard*. C'est le nom que portaient à Sparte les membres du sénat institué par Lycurgue; ce nom leur avait été donné, soit parce qu'il fallait avoir soixante ans pour entrer dans le sénat, soit parce qu'ils en faisaient partie jusqu'à la fin de leurs jours, et que la plupart y arrivaient à une extrême vieillesse. Le nombre des *Gérontes* était de 28 à 32, et leurs fonctions avaient beaucoup de rapport avec celles des *Aréopagites* d'Athènes. Ils balançaient l'autorité des rois, et veillaient aux intérêts du peuple. On ne pouvait les destituer que lorsqu'ils s'étaient rendus coupables de quelque crime. Le sénat des Gérontes s'appelait *gérusie* (γερουσία), assemblée des vieillards, conseil des anciens. Ils furent supprimés dans la suite et remplacés par les Éphores, dont la cruelle sévérité affaiblit l'autorité royale et prépara la chute de la république de Lacédémone.

Géronte est aussi le nom que se donnaient les moines pour s'attirer plus de respect, dans les premiers siècles du christianisme, et l'on appelle *Gérontique* un livre célèbre parmi les Grecs, qui contient la vie des Pères du désert, et qui a été traduit en latin.

C'est en raison de la signification littérale du mot *géronte*, que les auteurs comiques français ont donné ce nom à un personnage qu'ils n'ont pas trouvé dans les auteurs grecs et latins ; mais en adoptant le nom de Géronte, ils en ont totalement dénaturé le caractère. Autant les *Gérontes* spartiates étaient respectables, autant le *Géronte* de notre comédie est voué au ridicule. C'est pour l'ordinaire un vieillard dur, avare, entêté, et pourtant d'un esprit très-borné, crédule à l'excès et facile à tromper. Ce personnage ressemble beaucoup à ceux de *Cassandre* et de *Pantalon*, qui nous sont venus de l'Italie. Mais ces derniers sont généralement plus bêtes et moins méchants. Rotrou paraît être le premier de nos auteurs dramatiques qui ait introduit sur la scène française le personnage de *Géronte* dans sa comédie *La Sœur*, en 1647 ; il lui a conservé une sorte d'origine orientale, en le faisant arriver de Constantinople, sous le costume turc. Mais c'est Molière qui a fixé le caractère de *Géronte* dans son *Médecin malgré lui* et ses *Fourberies de Scapin*, en 1666 et 1671 ; et Regnard l'a employé avec succès dans *Le Joueur*, dans *Le Retour imprévu*, et surtout dans *le Légataire*.

GÉRONTOCRATIE (du grec γέρων, γέροντος, géronte, et κράτος, pouvoir), mot nouveau, introduit dans le langage politique, et emprunté à la langue grecque. Il signifie littéralement *gouvernement des vieillards*. On est convaincu de nos jours que la sagesse et la maturité du talent sont le privilége exclusif de la jeunesse; les idées sont si bien arrêtées à cet égard, que, dans nos assemblées délibérantes, on a longtemps entendu des orateurs en cheveux blancs, lorsqu'ils ne portaient pas perruque, déblatérer intrépidement contre la *gérontocratie*, en d'autres termes contre le gouvernement des ganaches, ou des vieillards. Pendant plus de trente ans, ils ont répété les mêmes déclamations, sans paraître se douter que, le temps ayant marché aussi pour eux, ils se trouvaient compris, tous les premiers, dans l'ostracisme qu'ils prononçaient contre les anciens assez osés pour croire qu'ils pouvaient être encore utiles à leurs pays. Ce que c'est que la force de l'habitude! Orateurs et auditeurs, personne ne riait. Et pourtant, la gérontocratie est aussi vieille que le monde : vous la retrouvez sous la tente des patriarches, dans les législations de Minos et de Lycurgue, en Crète comme à Sparte, dans le sénat de Rome, dont les membres se nommaient *Patres*, dans le *bilçar*, conseil des vieillards, chez les Cantabres, dans les tribus arabes, chez des peuplades du Nouveau-Monde, dans le Conseil des Anciens du Directoire, dans le sénat de nos deux empires, dans le *senior*, seigneur, dans la maire, maïeur, *major natu*, *alderman*, etc., etc. « Rien, a dit Montesquieu, n'entretient plus les mœurs et les lois qu'une extrême subordination des jeunes gens aux vieillards. »

GERS (l'*Ergicius* des Romains). Cette rivière, qui donne son nom à l'un de nos départements, le traverse dans sa partie centrale et y a presque tout son cours, qui est de 130 kilomètres. Sa source se trouve dans le département des Hautes-Pyrénées, près de Lannemazan, et son embouchure dans celui de Lot-et-Garonne, à 7 kilomètres d'Agen, au sud.

GERS (Département du). L'un des quatre formés de la Guienne, il est borné au nord par le département de Lot-et-Garonne et partie de celui des Landes, à l'est par ceux de Tarn-et-Garonne et de la Haute-Garonne, au sud par la Haute-Garonne et les Hautes-Pyrénées, à l'ouest par les Basses-Pyrénées et les Landes.

Divisé en 5 arrondissements, dont les chefs-lieux sont Auch, Condom, Lectoure, Lombez et Mirande, 29 cantons et 467 communes, il compte 307,479 habitants. Il envoie trois députés au corps législatif, est compris dans la treizième division militaire, le diocèse d'Auch, l'académie de Toulouse, et le ressort de la cour impériale d'Agen. On y compte 1 lycée, 2 colléges, 1 école normale primaire, 10 pensions et 679 écoles primaires.

Sa superficie est de 626,399 hectares, dont 333,585 en terres labourables; 87,772 en vignes; 60,866 en prés; 59,276 en bois; 35,711 en landes, pâtis, bruyères, etc.; 20,65. en cultures diverses; 6,101 en pépinières, vergers, jardins; 4,515 en propriétés bâties; 261 en oseraies, aunaies, saussaies; 233 en étangs, abreuvoirs, mares, canaux d'irrigation; 13,581 en routes, chemins, places publiques, rues, etc.; 2,285 en forêts, domaines non productifs; 1,456 en rivières, lacs, ruisseaux; 123 en cimetières, églises, presbytères, bâtiments publics. Le département paye 1,654,359 francs d'impôt foncier.

Ce département, qui repose sur les dernières pentes des Pyrénées, est couvert de chaînes de collines peu élevées, et disposées comme les branches d'un éventail ouvert. Cette disposition se fait remarquer d'une manière bien plus frappante dans ses principales rivières. Les unes, telles que la Baïse, le Gers, la Gimone, la Save, le traversent dans toute sa largeur; les autres, telles que la Losse, l'Adour, l'Arros, la Nidou, la Douze, etc., n'y ont qu'une partie de leur cours. La Baïse est la seule qui soit navigable, et encore est-ce sur une très-petite étendue. Le nord-ouest du département, qui participe un peu de la nature des landes, renferme un assez grand nombre d'étangs. Le sol des collines et des coteaux est peu fertile; mais celui des terres qui s'étendent à leur base donne de bonnes récoltes de blé, de maïs, d'orge, d'avoine, d'épeautre, de légumes et de lin, ainsi que d'excellents fruits. Au reste, l'agriculture est assez avancée Les pâturages naturels y sont excellents et nourrissent des bêtes à cornes d'une petite espèce, beaucoup de moutons, peu de chevaux, très-petits et pleins de vigueur, des ânes et des mulets en grande quantité. On élève aussi quantité de volailles et surtout d'oies et de canards. Les énormes foies de canard entrent dans la confection de pâtés renommés. Les produits des vignobles sont médiocres et presque tous convertis en eau-de-vie, bien connue sous le nom *d'eau-de vie d'Armagnac*. Parmi le peu de vins qui méritent une mention particulière sont ceux de Mazère et de Vertus.

Les principales essences des bois sont le sapin et le chêne. La masse la plus remarquable est la forêt de Grésigne. Le gibier n'est pas très-commun, et le poisson ne se trouve avec quelque abondance que dans les étangs.

L'exploitation minérale y est presque nulle. Cependant on signale dans quelques localités des mines de fer et d'autres de plomb aurifère et argentifère. On exploite dans un grand nombre d'endroits le plâtre, la pierre à chaux, les terres à potier, à brique et à foulon, de beaux marbres, de la pierre à bâtir, de la marne. Il existe en outre quelques mines de houille. Il y a des sources minérales en plusieurs endroits, notamment à Castéra, à Barbotant et à Encausse.

L'industrie manufacturière y est peu développée. Ses principales branches sont la minoterie, la tannerie et la préparation des conserves de volailles. On y trouve encore des scieries de planches, quelques fabriques de toile, de cotonnades, de rubans de fil, quelques verreries, faïenceries et poteries. Les eaux-de-vie, la laine, les plumes, le blé, les bêtes à cornes, les mulets, les vins, sont les principaux objets qui alimentent le commerce.

8 routes impériales, 17 routes départementales et 6,000 chemins vicinaux sillonnent ce département, dont le chef-lieu est *Auch*. Les villes et endroits principaux sont, en outre : *Condom; Lectoure*; *Mirande*, sur la rive gauche de la Baïse, avec 3,454 habitants et une coutellerie renommée. Elle est petite, bien percée, et assez régulièrement bâtie. C'était jadis une ville forte; il ne reste plus de ses fortifications qu'un vieux château en ruines; *Lombez*, sur la rive gauche de la Save, avec 1,677 habitants, qui doit son existence à une abbaye de l'ordre de Saint-A. us-

tin dont Jean XXII fit ensuite un évêché. L'*Ile-Jourdain*, petite ville, avec 4,491 habitants, ainsi appelée de sa situation dans une île de la Save, et du nom d'un de ses comtes, qui se la fit confisquer par Charles le Bel, en 1324; *Vic-Fezensac* ou *Vic-sur-Losse*, ancienne capitale du comté de Fezensac, sur la rive gauche de la Losse. Elle a deux fabriques de crème de tartre et 4,157 habitants; *Fleurange*, sur la rive gauche du Gers, avec 4,309 habitants; son commerce consiste surtout en plumes d'oies; *Eauze*, sur la Gélize, avec 4,082 habitants : c'est l'ancienne *Elusa* des Romains; elle fut depuis chef-lieu du pays d'Ausan. Elle a été saccagée par les Goths et les Sarrasins. L'emplacement de l'ancienne ville porte encore le nom de la *Ciutat; Montréal; Casaubon; Aignan; Mauvesin; Segun; Nogaro; Sametan*, etc.

GERSAU, petit village de 1,400 âmes environ, situé au bas du versant méridional du Righi et sur les bords du lac de Lucerne, était autrefois la plus petite des républiques de l'Europe, et comme telle alliée à la confédération Suisse. En 1390, Gersau se racheta de son seigneur, Moos de Lucerne, et avec l'appui des trois cantons et de Lucerne il réussit à conserver son indépendance jusqu'en 1798, époque à laquelle la Suisse subit une transformation politique et où il fut incorporé dans le canton de Lucerne. Il dépend aujourd'hui du canton de Schwytz.

GERSON (JEAN CHARLIER, *dit*), célèbre chancelier de l'église et de l'université de Paris, surnommé *le docteur évangélique et très-chrétien*, fut un de ces hommes privilégiés qui formulent en eux toute la pensée d'un siècle. Né le 14 décembre 1363, d'une famille de cultivateurs, au hameau de Gerson, près de Rhetel, dans le diocèse de Reims, il était l'aîné de douze enfants; trois de ses frères et quatre de ses sœurs se vouèrent à la vie religieuse, et ses parents sacrifièrent une partie de leur héritage pour lui faire apprendre la sainte Écriture. A quatorze ans, ils l'envoyèrent au collége de Navarre, où il fit ses études sous Gilles Deschamps et Pierre d'Ailly. Au bout de cinq ans, après avoir été reçu licencié ès arts, il se livra avec tant d'ardeur à la théologie, que, quoique simple bachelier, il fut, dans la controverse au sujet de l'immaculée conception de la Vierge, choisi par l'université pour faire partie de la députation qu'elle envoyait à Avignon auprès du pape. Promu, à son retour, en 1392, au grade de docteur en théologie, il devint curé de Saint-Jean en Grève, et trois ans après chancelier de l'université de Paris, en remplacement de son maître Pierre d'Ailly, appelé successivement aux évêchés du Puy et de Cambray. Il se voua dès lors tout entier à la réforme des études théologiques. Il avait été nommé par le duc de Bourgogne, dont il était aumônier, doyen du chapitre de Bruges. Des idées de démission lui vinrent à l'esprit pendant une retraite qu'il y fit; mais il était trop nécessaire à l'Église : il céda aux supplications qui lui furent adressées, et ne quitta pas son poste. Enfin, la fuite de Benoît XIII, le 12 mars 1403, le ramena à Paris.

Un schisme désolait alors l'Église; et la mort d'Innocent II n'avait pu y mettre un terme. Les premiers théologiens de l'époque demandaient à hauts cris la réunion d'un concile général. Gerson joint sa puissante voix à celles de ces hommes d'élite, et le concile est convoqué à Pise. Le chancelier de l'université de Paris s'y rend comme un des députés de ce corps; cependant, l'assemblée trompa l'espoir de la chrétienté, qui n'y gagna que d'avoir trois papes au lieu de deux. Il fallut réunir un nouveau concile à Constance; mais la réforme n'en sortit pas davantage, et tout le fruit que l'Église en retira, ce fut de n'avoir plus enfin qu'un chef unique. Ce fut là que Gerson prononça son célèbre discours de la supériorité des conciles généraux sur le pape, qui eut un si grand retentissement au dedans et au dehors de l'assemblée. Il fut avec d'Ailly l'inspiration, la lumière, l'âme de ces grandes assises de la chrétienté : il prêchait ou discutait le jour, il écrivait la nuit; il semblait se multiplier; son activité tenait du prodige.

De sanglantes factions se disputaient à cette époque les lambeaux de la France. Le duc de Bourgogne, Philippe le Hardi, avait été le protecteur de Gerson, qui avait voué à cette famille une reconnaissance bien naturelle; mais il s'en était détaché aussitôt le meurtre du duc d'Orléans par ordre du fils de ce prince. Il avait fait plus : il avait attiré sur sa tête la colère de celui-ci, en foudroyant du haut de la chaire l'assassinat politique, en réfutant Jean Petit, qui s'en était constitué le panégyriste, et en prononçant dans l'église de Notre-Dame l'éloge de la victime. Aussi sa maison fut-elle pillée, et il faillit lui en coûter la vie; il n'osa même plus rentrer en France après la clôture du concile; il errait en pèlerin dans les montagnes de la Bavière, lorsque le duc Albert, admirateur de son talent, lui offrit un asile dans le Tyrol. De là il se rendit à Vienne, où l'archiduc voulut l'attacher à son université; mais Gerson ne pouvait oublier sa patrie; et lorsque l'assassinat de Jean sans Peur, duc de Bourgogne, lui en rouvrit les portes, il courut à Lyon chercher une retraite chez son frère, prieur des Célestins de cette ville. Là il s'éteignit obscurément, le 12 juin 1429. Les petits enfants, auxquels l'ancien chancelier de l'université enseignait le catéchisme, et à qui il légua son beau travail *De Parvulis ad Christum trahendis*, répétaient à sa demande, la veille encore de sa mort, sa dernière prière : « Dieu de miséricorde, aie pitié de ton pauvre serviteur Jehan Gerson! »

Il reste de lui une foule de traités mystiques, qui résument à eux seuls les doctrines ascétiques des Jean Climaque et des Bonaventure. Son mysticisme n'est pas le mysticisme sentimental, qui se contente d'adorer l'Être en renonçant à l'action, et qui tombe dans le quiétisme. Sa philosophie s'élève de la forme à la substance, de l'idée à l'être, du contingent à l'absolu, du subjectif à l'objectif, et elle se fonde pour cela sur l'intuition appliquée aux choses célestes. Ses traités de toutes sortes sont trop nombreux pour être énumérés ici.

[De nombreux manuscrits de l'*Imitation de Jésus-Christ* portant son nom, dont celui de *Gersen* n'est évidemment qu'une corruption; l'analogie de certains passages de ce livre célèbre avec des morceaux avoués de Gerson; certains faits de sa vie auxquels semblent se rapporter quelques endroits de l'ouvrage; sa doctrine et sa piété, qui le faisaient regarder par Bossuet comme digne d'avoir composé ce livre plein de sagesse et d'onction; l'impossibilité d'accorder ce chef-d'œuvre à Thomas à Kempis, qui n'était qu'un habile copiste, et dont les autres œuvres sont loin de refléter la vigueur de style et la hauteur de pensée du livre dont l'auteur a voulu rester inconnu, ni à Gersen, prétendu moine de Verceil, dont rien ne prouve seulement l'existence, tout cela conduisit M. Gence à ressusciter, avec une grande apparence de raison, une ancienne opinion qui attribuait à Gerson le plus beau livre qui soit sorti de la main des hommes, au dire de Fontenelle, l'Évangile n'en étant pas. L. LOUVET.]

GERTRUYDENBERG (Conférences de). C'est sous cette dénomination qu'est connue dans l'histoire une espèce de congrès tenu en 1710 entre le maréchal d'Uxelles et l'abbé de Polignac, plénipotentiaires français, d'une part, et deux délégués hollandais, d'autre part, chargés de leur transmettre les réponses de Marlborough et du prince Eugène à leurs propositions. Il s'agissait d'ouvertures de paix faites à ses ennemis par Louis XIV à la suite de cette série de revers qui signalèrent la fin de son règne. Marlborough, représentant le gouvernement anglais, et le prince Eugène, représentant de l'empereur, s'étaient établis à La Haye, où se trouvaient réunis les états généraux; mais les plénipotentiaires français avaient dû s'arrêter à *Gertruydenberg*, petite ville de la Hollande située à l'embouchure de la Douge, à 12 kilomètres de Bréda, par suite du refus des plénipotentiaires alliés et des états généraux de s'aboucher directement avec eux. L'orgueil de Louis XIV fut obligé de dévorer cet affront, et les négociations se suivirent au milieu de ces allées et venues continuelles des deux délégués hollandais portant à La Haye les humbles propositions de la France, et rapportant à Gertruydenberg les arrogantes réponses et les hautaines prétentions des vainqueurs. L'*ultimatum* signifié par la coalition fut que Louis XIV s'engagerait à obtenir, soit par la voie des négociations, soit par la force des armes, du duc d'Anjou, son petit-fils, devenu roi d'Espagne sous le nom de Phillippe V, qu'il renonçât à toute prétention au trône d'Espagne. C'était abuser sans pitié des revers et de l'humiliation du grand roi. Louis XIV, en prenant connaissance des insolentes conditions qu'on mettait à la cessation des hostilités, puisa un nouveau courage dans les insultes dont on l'abreuvait. Il rappela ses plénipotentiaires; et la fortune des armes lui étant devenue moins contraire, il put signer la paix d'Utrecht, dont les conditions honorables pour la France effacèrent la honte des conférences de Gertruydenberg.

GÉRUSIE. *Voyez* GÉRONTE, CARTHAGE, etc.

GERVAIS (Saint), dont le corps, ainsi que celui de saint Protais, son frère, fut trouvé à Milan, en 380, par saint Ambroise, souffrit le martyre vers 304, pendant la violente persécution dont l'Italie fut ensanglantée. On croit que ces deux saints, surnommés, par le grand archevêque de Milan, *les premiers martyrs de cette ville*, étaient fils de saint Vital et de sainte Valérie, dont l'inébranlable fermeté au milieu des tortures qu'ils endurèrent, l'un à Ravenne, l'autre à Milan, avaient été pour leurs fils une leçon qui devait plus tard les appeler à marcher sur leurs traces. Un vague souvenir de leurs souffrances existait à peine dans la mémoire de quelques vieillards, lorsqu'une vision indiqua à saint Ambroise qu'il trouverait, en faisant des fouilles dans l'église de Saint-Nabor et de Saint-Félix (plus tard de Saint-François), les reliques dont il désirait enrichir la basilique élevée par ses soins, et connue depuis sa mort sous le nom d'*Ambrosienne* d'abord, puis de *Saint-Ambroise le Grand*. En butte à cette époque aux persécutions des ariens et aux menaces de l'impératrice Justine, veuve de Valentinien Ier, dont le dessein bien connu était de le chasser de son siége, le pieux archevêque comprit aussitôt que le ciel venait à son aide contre ces sacriléges tentatives : il se rendit sans hésiter au lieu indiqué, fit creuser la terre en sa présence, et découvrit un tombeau qui contenait deux corps mutilés, deux têtes séparées des deux troncs, et des traces encore visibles du sang qui avait été répandu. Toutes ces circonstances répondant à l'avis mystérieux qui lui avait été donné, il fit transporter ces restes précieux dans l'église de Fauste (depuis de Saint-Vital et de Sainte-Agricole), où ils furent exposés pendant deux jours à la vénération des fidèles. Le 18 juin, leur translation solennelle fut signalée non-seulement par des réjouissances publiques, mais par des guérisons nombreuses. On plaça les deux corps dans une voûte pratiquée sous l'autel principal, à droite; et dès lors leur fête fut célébrée le 19 juin en Afrique et dans tout l'Occident : les Grecs seuls l'ont fixée au 14 octobre, jour présumé du supplice des deux martyrs.

Plusieurs églises ont été successivement érigées sous l'invocation de ces deux saints, qu'on n'a plus séparés, ni dans le culte dont ils sont l'objet, ni dans les chefs-d'œuvre nombreux que leur martyre a inspirés. Dès le sixième siècle Paris en possédait une, qui fut rebâtie en 1212, dédiée en 1480, et qui maintenant est une cure de deuxième classe. En 1616 seulement on éleva, sur les plans et sous la direction de Jacques de Brosses, le portail, dont la célébrité n'est due sans doute qu'à la singulière réunion des trois ordres d'architecture superposés, et au contraste formé par sa masse imposante, mais lourde et sans grâce, rapprochée des proportions si délicates du gothique. Devant ce portail, on voyait encore avant la révolution un orme magnifique (Guillot l'appelle *ourmeciau*), qu'on renouvelait avec soin, bien que sa présence masquât la façade et gênât la voie publique. C'était sous son ombrage que les habitants se réunissaient autrefois après l'office; que les juges *pédanés*, qu'on appelait aussi pour cette raison *juges de dessous l'orme*, rendaient leurs sentences, et que les vassaux payaient leurs redevances aux seigneurs. L'église, autrefois remarquable par ses vitraux de Jean Cousin, et par ses sculptures et ses tableaux de divers grands maîtres, est presque nue aujourd'hui, quoiqu'elle soit la paroisse de l'hôtel de ville. Le musée du Louvre s'est enrichi des toiles de Lesueur, de Sébastien Bourdon et de Philippe de Champagne, qui fut inhumé dans ce temple, ainsi que Le Tellier, Du Cange, Scarron, etc. Ces toiles représentaient le *refus des deux saints de sacrifier aux idoles*, leur *apparition à saint Ambroise*, l'*invention de leurs reliques* et la *translation de leurs corps*. Quelques tableaux donnés par la ville de Paris, un *Père éternel*, peint par Pérugin, un tableau sur bois d'Albert Durer, représentant en neuf compartiments neuf scènes de la passion; un *Ecce homo* en marbre blanc, une descente de croix en plâtre et un mausolée en marbre, forment aujourd'hui à peu près toute la richesse de cette église; car à peine peut-on parler de ses vitraux, dont il ne reste que quelques parties, tout au plus suffisantes pour donner une idée de l'effet admirable qu'ils devaient produire. Dans ces derniers temps, la chapelle de la Vierge a été richement peinte et ornementée.

L'abbé J. DUPLESSIS.

GERVINUS (GEORGES-GEOFFROY), homme politique et historien allemand contemporain, est né en 1805, à Darmstadt. Appelé en 1836 à occuper une chaire d'histoire à Gœttingue, il la perdit dès l'année suivante pour s'être associé à la protestation des principaux professeurs de cette université contre l'abolition de la constitution hanovrienne, prononcée par le roi Ernest-Auguste. En 1844, il fut nommé professeur à Heidelberg, et fonda dans cette ville, en 1847, la Gazette allemande (*Deutsche Zeitung*), qui se posa tout de suite comme l'organe du parti constitutionnel en Allemagne, et qui devait bientôt exercer une grande influence sur la direction des idées au milieu des agitations qui signalèrent les années 1848 et suivantes. Elu à ce moment par les villes anséatiques leur représentant près de la diète, il prit part aux travaux du fameux comité des *dix-sept* chargé de préparer un projet de constitution commune pour l'Allemagne. Envoyé à l'assemblée nationale par un des districts électoraux de la Saxe, il ne brilla point comme orateur dans cette assemblée; et bientôt même, découragé par la triste tendance que les idées et les choses avaient fini par prendre en Allemagne, il sembla renoncer alors à la politique active pour se consacrer de nouveau à ses belles études sur l'histoire, qui lui assurent un rang si éminent parmi les historiens de notre temps. On a de lui : *Coup d'œil sur l'histoire des Anglo-Saxons* (1830); *Histoire moderne de la littérature poétique allemande* (3 vol., 1835; 3e édition, 1852), ouvrage dont il a publié un Abrégé, qui dès 1853 en était arrivé à sa 5e édition; des études sur Shakspeare (5e édition, 1850), et une *Introduction à l'histoire du dix-neuvième siècle* (1853), que la police badoise fit saisir pour crime de *haute trahison*, qu'on serait dès lors tenté de regarder comme un violent pamphlet, plein d'allusions plus ou moins piquantes et hardies aux derniers événements dont l'Allemagne a été le théâtre, tandis que le lecteur impartial et philosophe n'y trouvera que l'exposition calme et raisonnée des grands principes qui doivent présider au gouvernement des sociétés humaines.

GÉRYON, monstre à trois têtes ou à trois corps, fils de Chrysaor et de Callirhoé, descendant d'Encelade, selon d'autres, régnait dans l'île d'Érythie. Propriétaire d'un magnifique troupeau de bœufs, qu'il nourrissait de chair humaine, il avait préposé à la garde de ce trésor un géant, appelé Eurytion, un chien à trois têtes, nommé *Orthus*, frère de Cerbère et de l'hydre de Lerne; enfin, un dragon à sept têtes. Envoyé par Eurysthée, roi de Mycènes, Hercule arrive, terrasse, en trois coups de massue, le géant, le chien et le dragon, en vient aux mains avec son triple adversaire, qui, sur l'avis d'un pâtre, accourait à sa rencontre; puis, malgré l'intervention de Junon, il dompte Géryon, et l'étend sans vie sur la rive du fleuve Anthème. Les bœufs sont enlevés, et vont être conduits dans les gras pâturages de la Grèce. Mais avant de quitter ces lieux Hercule veut y laisser un monument qui éternise sa mémoire. Il coupe le mont qui unissait l'Espagne à l'Afrique et qui séparait l'Océan de la Méditerranée. Les interprètes ne sont pas d'accord sur la position du royaume de Géryon, que les uns placent aux Baléares, les autres aux environs de Cadix. Il avait pour aïeule la *tête de Méduse*, et pour oncle le *cheval Pégase*. Or, voici comment la chose était advenue, suivant Hésiode : un beau jour, Persée triomphait de la Gorgone... A peine lui eut-il coupé la tête qu'il en sortit un cheval ailé et un géant armé d'un glaive : l'un était Pégase, l'autre Chrysaor ! Il y avait autrefois à Pavie un oracle de Géryon. Tibère le consulta en partant pour l'Illyrie. MONDELOT.

GÉSÉNIUS (FRÉDÉRIC-HENRI-GUILLAUME), savant orientaliste, regardé à bon droit comme le fondateur de l'explication critique et linguistique de l'Ancien Testament, naquit en 1785, à Nordhausen, et fit ses études à Helmstædt et à Gœttingue. En 1809, Jean de Muller, alors ministre de l'intérieur en Westphalie, le nomma professeur de littérature ancienne au gymnase d'Heiligenstadt. Mais dès l'année suivante on l'appelait, avec le titre de professeur suppléant de théologie, à Halle, où en 1811 il fut nommé professeur titulaire. Il conserva sa place lors du rétablissement de cette université en 1814, se fit recevoir docteur en théologie la même année, et entreprit en 1820 un voyage scientifique à Paris et à Oxford, à l'effet surtout d'y recueillir des matériaux lexicographiques pour les langues sémitiques. Malgré les attaques nombreuses dont il a été l'objet de la part du parti luthérien orthodoxe, on ne peut nier qu'il n'ait rendu à la science, et comme écrivain et comme professeur, des services signalés. Ses travaux ont en effet ouvert une ère nouvelle pour l'étude des langues sémitiques. Il mourut le 23 octobre 1842. Ses principaux ouvrages sont : *Dictionnaire abrégé, hébreu et chaldéen, pour l'étude de l'Ancien Testament* (4e édition, 1834 ; en latin ; 2e édition, 1846) ; *Eléments d'hébreu* (seizième édition, 1851) ; *De Pentateuchi Samaritani origine, indole et auctoritate* (Halle, 1815) ; *Traduction d'Isaïe*, avec un commentaire historique et philologique (2e édition ; Leipzig, 1829) ; *Thesaurus philolog. critic. linguæ hebr. et chald. Veteris Testamenti* (3 vol. in-4°, 2e édition ; Leipzig, 1829-42).

GÉSIER. La digestion des oiseaux s'effectue d'une manière particulière. C'est dans l'estomac de ces animaux que les substances alimentaires doivent être décomposées mécaniquement et chimiquement. A cet effet, le conduit alimentaire ou l'œsophage se dilate à deux reprises chez un très-grand nombre d'individus : d'abord, pour former une première cavité appelée *jabot*, ensuite une seconde, appelée *ventricule succinturié* ; enfin succède l'estomac proprement dit, où les aliments doivent principalement être dénaturés. Cet organe est surtout remarquable chez les oiseaux granivores, les pigeons, les poules, les dindons, etc. C'est lui qui est connu vulgairement sous le nom de *gésier*. Cet estomac, situé à gauche et au-dessus du foie, d'une forme irrégulièrement arrondie, se compose de deux disques musculaires d'autant plus épais et puissants que l'oiseau est granivore, et d'autant plus mince qu'il est carnivore. Les fibres musculaires, ainsi que la membrane interne, aboutissent à un centre tendineux, dont la texture devient même quelquefois cornée. Ce viscère, ainsi organisé, agit avec une force très-énergique : il brise et broie des corps très-durs, et son action n'est pas comparée sans raison à celle des dents molaires. Les oiseaux qui ont un tel gésier avalent sans inconvénient des pierres, des fragments de verre, des portions de métaux aiguës ; ces corps finissent par s'émousser et s'arrondir. Chez l'autruche d'Afrique (*struthio camelus*), le ventricule succinturié est très-large, le gésier est petit, mais très-musculaire ; aussi sa puissance est grande. Mais chez l'autruche de l'Amérique (*rhea americana*), la disposition est inverse ; il fallait qu'il en fût ainsi, et cette différence est encore une preuve de cette prévision de la nature qu'on ne saurait trop admirer. Placés dans des climats différents, ces deux oiseaux, d'espèce semblable, n'ont pas à leur disposition les mêmes substances alimentaires.

C'est très-probablement par un mouvement de rotation que les corps étrangers sont détruits dans le gésier. On peut le croire d'après la forme ronde des chairs qui n'ont pas été digérées dans l'estomac des oiseaux de proie, comme aussi d'après la même forme des égagropiles.

Le gésier communique avec les intestins, et n'en est point séparé par la valvule qu'on appelle *pylore* ou *portier* chez l'homme. D'après une telle disposition, plusieurs substances passent dans le tube intestinal sans avoir été altérées. Par ce fait l'oiseau seconde la nature ; il disperse sur la terre des grains de divers végétaux propres à le nourrir : il favorise d'autant mieux leur reproduction que ces graines qui ont traversé le conduit digestif germent promptement et très-activement. Dr CHARBONNIER.

GÉSITAINS. *Voyez* CAGOTS.

GESPANSCHAFT ou plutôt ISPANSCHAFT, mot que les Allemands ont forgé du hongrois *ispán*, comte, pour désigner les divisions géographiques et administratives du royaume de Hongrie, que nous appelons, nous autres français, des *comitats*, de la basse latinité *comitatus*, au lieu de nous servir tout simplement du mot *comté*.

GESSE. Ce genre de plantes, de la famille des légumineuses, renferme un assez grand nombre d'espèces, dont plusieurs sont cultivées ou pour l'agrément dans les jardins, ou pour a nourriture des bestiaux. Il a pour caractères : Calice à cinq découpures, dont deux supérieures, plus courtes ; ailes et carène moins grandes que l'étendard ; dix étamines diadelphes ; style plan, élargi au sommet ; gousse oblongue, polysperme ; tiges anguleuses, grimpantes ; feuilles alternes ; folioles peu nombreuses, une ou deux paires opposées ; pétioles terminés en vrille. Les principales espèces sont : 1° la *gesse cultivée* ou *pois-gesse*, *pois breton*, *lentille d'Espagne* (*lathyrus sativus*, Linné), à fleurs violettes ou blanches, à graine comprimée, quadrangulaire, cunéiforme, alimentaire, cultivée surtout comme fourrage ; 2° la *gesse chiche* ou *jarosse* (*lathyrus cicera*, Linné), moins haute que la gesse cultivée, à fleurs rouges, à graines anguleuses, noirâtres ; elle se sème seule ou mêlée à la précédente ; 3° la *gesse sans feuilles* (*lathyrus aphaca*, Linné), à fleurs jaunes, nuisible aux blés ; 4° la *gesse angulaire* (*lathyrus angulatus*, Linné) ; 5° la *gesse sans vrille* (*lathyrus nissolia*, Linné) ; 6° la *gesse odorante* (*lathyrus odoratus*, Linné), ou *pois de senteur*, *pois à fleurs*, cultivée dans les jardins à cause de la beauté et de la bonne odeur de ses fleurs ; 7° la *gesse velue* (*lathyrus hirsutus*) ; 8° la *gesse tubéreuse* (*lathyrus tuberosus*, Linné) ; 9° la *gesse des prés* (*lathyrus pratensis*, Linné), qui donne un bon fourrage ; 10° la *gesse sauvage* (*lathyrus sylvestris*) ; 11° la *gesse à larges feuilles* (*lathyrus latifolius*), ou *pois vivace*, *pois éternel*, *pois à bouquets*, rencontrée dans les bois des montagnes, haute de 1m, 60 à 2 mètres, cultivée pour la beauté de ses fleurs rouges, réunies au nombre de dix ou douze sur chaque pédoncule, fort rapprochée de la *gesse des bois*. La gesse à larges feuilles pourrait être cultivée pour ses feuilles, qui sont du goût de tous les bestiaux, et pour ses graines, que les volailles recherchent. P. GAUBERT.

GESSLER (ALBERT), dit GESSLER DE BRUNECK, issu d'une vieille famille allemande, fut, dit-on, nommé bailli impérial à Uri, vers l'an 1300. La tradition porte qu'ayant soulevé par ses actes de violence et de despotisme les populations de la Suisse, il fut tué d'un coup d'arquebuse, en 1307, dans un chemin creux près de Kussnacht, par Guillaume Tell. Il s'en faut de beaucoup, au reste, que ce soit là un fait bien avéré et historiquement prouvé. Que si, d'une part, il est impossible de nier qu'un nommé Gessler existait à cette époque, et si la tradition suivant laquelle Guillaume Tell aurait tué un bailli est généralement admise, de l'autre, cependant, le doute est bien permis quand on voit par les *Documents pour servir à l'histoire de la Confédération* (Lucerne, 1835), publiés par Kopp, que dans la liste des baillis de Kussnacht ne figure pas un seul individu du nom de Gessler. Peut-être bien pourtant n'y a-t-il là qu'une erreur de nom.

GESSNER (SALOMON), poëte et artiste allemand, né à Zurich, en 1730. Son père était libraire dans cette ville, et membre du grand conseil. La première éducation de Gessner fut des plus défectueuses, et était si loin de faire bien augurer de ses facultés qu'en desespoir de cause on le confia aux soins d'un curé de campagne. Celui-ci discerna mieux, à travers cette timidité trompeuse qui donne souvent aux enfants un air stupide, la vive sensibilité et l'intelligence de son élève. Cet homme de sens sut stimuler l'imagination craintive de Gessner, par l'aspect des beautés pittoresques de la nature, et, en fixant son attention sur les heureuses imitations de Théocrite et de Virgile, il éveilla en lui le goût de l'étude. Celle du dessin avait déjà exercé l'enfance de son disciple; il ne cessait pas de s'essayer en modelant d'instinct des figures en cire : la lecture de *Robinson* les lui fit bientôt remplacer par des inventions multipliées de voyages et d'aventures analogues à celles de son héros. Les *Pastorales* de Brockes tournèrent ensuite son imagination vers ce genre, auquel l'appelaient ses facultés instinctives. L'amour lui inspira aussi bientôt des chansons et des odes. Cette muse nouvelle, l'objet de ses vœux, était la fille de son instituteur.

Envoyé par son père à Berlin (1749) pour y apprendre la profession de libraire, et promptement rebuté de ne pouvoir qu'empaqueter et colporter ces chers livres qu'il dévorait en idée, le jeune apprenti ne tarda guère à quitter la boutique pour se livrer à ses inclinations et fréquenter ceux qui les partageaient. Dépourvu de ressources, il imagina de s'en procurer à l'aide du dessin. Après avoir peint force paysages, il fit voir ses nombreux essais au peintre de la cour Kempel, qui l'avait pris en amitié. L'inexpérience évidente de l'élève-artiste n'empêcha pas Kempel de discerner dans ces ébauches le germe d'un vrai talent. Salomon s'étonnait de ce que ses peintures ne séchaient pas. Kempel, tout en riant de la méprise de l'apprenti, qui, au lieu d'huile de lin, avait employé l'huile d'olive pour broyer ses couleurs, le consola en lui disant : « Que ne fera pas dans dix ans celui qui compose de pareils ouvrages, tout en ignorant les premiers procédés mécaniques de l'art? »

Cependant, Gessner, revenu dans le sein de sa famille, était retourné aux essais du poëte. Les conseils de Ramler le décidèrent à adopter pour ses compositions une prose poétique. Le poëme de *La Nuit* fut son début, qui fit peu de sensation. Celui de *Daphnis* (1755) eut plus de succès. Des détails pleins de grâce et d'intérêt commencèrent la renommée de l'auteur; son premier recueil d'idylles le plaça, en 1756, au premier rang des poëtes modernes dans le genre pastoral. *La Mort d'Abel* (1758) mit le sceau à sa gloire. Mais, par une singularité remarquable, la célébrité du poëte allemand eut plus d'éclat en France et dans les autres pays de l'Europe que dans sa patrie; ce phénomène durerait même encore si ce qu'on appelle le *romantisme* ne s'était pas étendu fort loin des bords du Rhin.

L'année 1762 vit paraître le premier recueil de ses œuvres, accrues de plusieurs idylles, du poëme intitulé *Le premier Navigateur*, et des pastorales dramatiques, sous les titres d'*Éraste* et d'*Évandre*. C'est à celle d'*Éraste* que Marmontel a emprunté le sujet de son opéra de *Sylvain*, si longtemps populaire, grâce à la charmante musique de Grétry. Le second recueil des idylles, qui détermina l'adoption complète du poëte suisse par la France, ne parut qu'en 1772, avec sa *Lettre sur le Paysage*.

Gessner ne s'était pas livré avec moins de passion à son goût pour le dessin et pour la gravure qu'à son génie poétique. Il dut à ce goût une compagne aimable, qui fit le bonheur de sa vie, Mlle Heidegger, fille d'un amateur, que sa collection de tableaux, de gravures et de dessins, avait fait rechercher par le poëte, et dont celui-ci avait obtenu l'amitié.

Gessner, grâce à son talent de dessinateur et de graveur, aux produits de la librairie héréditaire dont il était l'un des gérants en titre, mais surtout aux soins assidus et au dévouement de son épouse, toujours attentive à le suppléer dans cette gestion, goûta avec elle les douceurs d'une honnête aisance. Il fut jusqu'à la mort, arrivée le 2 mars 1787, à la suite d'une attaque d'apoplexie, un centre de réunion pour tous ceux que distinguaient, à Zurich, l'esprit, le goût des arts, l'amour de la raison et de la vertu. Le tableau de sa vie intérieure et de son ménage a été reproduit heureusement par Mme de Genlis, dans ses *Souvenirs de Félicie*.

Les Allemands, pour qui (le croira-t-on?) Gessner est surtout renommé par son talent dans la gravure à l'eau-forte, reprochent à ses pastorales le défaut de couleur locale et de vérité dans les mœurs : ils réprouvent aussi son style, comme dépourvu d'élégance et entaché d'idiotismes suisses.

AUBERT DE VITRY.

GESTA ROMANORUM ou HISTORIÆ MORALISATÆ. Tel est le titre sous lequel les littérateurs connaissent une collection d'historiettes et de récits passablement apocryphes, empruntés pour la plupart à l'histoire des Romains les plus célèbres. C'est un des nombreux ouvrages qui furent composés pour offrir aux moines une lecture tout à la fois instructive et intéressante, et qu'on lisait dans les réfectoires aux heures des repas. Ces narrations sont courtes, dépourvues de toute pompe oratoire, de toute description prolixe, de tout dialogue, de toute mise en scène tragique. Elles empruntent leur charme à leur naïveté, à leur simplicité presque puérile, mais tournant parfois au mysticisme. On attribue la rédaction de cette compilation à un moine de l'ordre des bénédictins et du nom de Bercheur, né aux environs de Poitiers, dans le treizième siècle, et mort à Paris, prieur de l'abbaye des bénédictins de Saint-Éloi. Elle obtint durant plus de deux cents ans une vogue immense; les manuscrits s'en multiplièrent; dès son début, l'imprimerie se hâta d'en répandre réimpressions sur réimpressions; des traducteurs la firent passer dans toutes les langues de l'Europe; les prédicateurs la citèrent avec honneur dans leurs sermons; plusieurs conteurs italiens et Shakespeare lui-même ont placé dans leurs écrits des incidents empruntés aux *Gesta*. Oubliés lorsque survint l'époque de la renaissance, ces récits naïfs attirent l'attention depuis que d'infatigables érudits fouillent en tous sens les annales littéraires du moyen âge. Douce et Swan les ont fait connaître à l'Angleterre; Græsse en a donné une traduction allemande, accompagnée d'un ample commentaire (Dresde, 1843, 3 vol. in-12); suivant lui, le véritable auteur ou compilateur des *Gesta* ne serait pas Bercheur, mais bien un certain Elinandus, duquel nous ne savons rien, si ce n'est que ce devait être un moine anglais ou allemand, autant qu'on peut en conclure des germanismes et des anglicismes qui fourmillent dans les *Gesta*. A. Keller a publié, en 1844, à Tubingue, une édition fort soignée du texte latin, et il a promis d'y joindre un volume d'introduction et de notes. En France, nul travail spécial n'a jusque ici été consacré à l'ouvrage dont Bercheur ne fut que le metteur en œuvre, et qui tel qu'il est, malgré ses longueurs et ses puérilités, mérite d'être connu du public français. Les *Gesta* se composent de 180 à 200 chapitres; les éditions les plus anciennes sont les moins complètes; chaque chapitre contient une histoire, qui s'appuie toujours de l'autorité de quelque écrivain de l'antiquité; c'est principalement le témoignage des auteurs de second ou de troisième ordre, tels qu'Aulu-Gelle, Hygin, Macrobe, qu'invoque le narrateur; et d'ordinaire, en l'auteur qu'il cite, on ne trouve rien qui se relate au récit qu'il déroule. Les personnages historiques se présentent maintes fois sous un aspect tout autre que celui que nous leur connaissons; Domitien se montre sous les traits d'un prince juste et clément; des empereurs imaginaires, tels que Golimon et Licinius, sont offerts à notre admiration. Chaque histoire est accompagnée d'une explication religieuse et morale, chargée d'interpréter les allégories du texte. S'agit-il des aventures d'une fille de Pompée, que son père mit sous la garde de trois dames des plus respectables, et qui devint toutefois la victime des machinations d'un chevalier, on nous explique qu'elle est l'emblème de l'âme; les trois dames représentent les trois vertus théologales, et dans le chevalier il est impossible de méconnaître le démon.

Parfois les *Gesta* mettent en scène des personnages grecs, ou bien ils racontent des traits de sorcellerie, des paraboles dont l'origine remonte aux conteurs orientaux que le grand mouvement des croisades fit connaître à l'Europe.

G. BRUNET.

GESTATION (de *gestare*, porter). Ce mot peut être pris comme synonyme de celui de *grossesse* : tous deux expriment l'état d'une femme qui porte un fœtus dans son sein; mais chacun de ces mots présente cette idée sous une image différente. *Grossesse* peint l'état apparent de la femme enceinte, et *gestation* offre l'idée d'un fardeau que cette femme est obligée de porter. Ajoutons que le mot *grossesse* ne s'applique qu'aux femmes, tandis que celui de *gestation* peut s'appliquer aux femmes tout aussi bien qu'aux femelles des animaux. L'état de gestation peut être considéré sous deux points de vue : sa durée et les phénomènes auxquels il donne lieu.

La durée de la gestation varie beaucoup chez les différentes espèces d'animaux. Il en est un certain nombre chez lesquels le temps de la gestation n'est pas connu; on ne peut même le fixer d'une manière positive que pour les espèces qui vivent sous nos yeux, soit à l'état de domesticité, soit dans les ménageries où on les tient captifs. Il faut distinguer d'abord les animaux *ovipares* des animaux *vivipares* : chez les premiers il n'y a pas de gestation proprement dite, puisque le produit de la conception se détache de la mère à l'état d'œuf, lequel, sauf quelques exceptions, n'éclôt qu'au dehors. Il n'y a donc de vraie gestation que chez les vivipares, eux dont les femelles portent leurs petits pendant un temps plus ou moins long. La femelle de l'éléphant, du rhinocéros, du chameau, la jument, l'ânesse, portent onze mois; la vache, les grandes espèces de singes, neuf mois, et les petites espèces sept et huit mois; pour les cerfs, les rennes, les élans, la durée de la gestation est de huit mois; les chamois, les gazelles, les chèvres, les brebis, portent cinq mois; la laie ou femelle du sanglier, et la truie, quatre mois; la lionne porte 110 jours, la louve 73 jours, la chienne 63, la chatte 56, les lièvres et les lapins 30 jours, les rats de 35 à 42 jours.

Une espèce d'animaux, les *didelphes*, offrent un mode de gestation particulier et très-curieux : le fœtus se détache de sa mère longtemps avant d'être en état de se passer d'elle; aussi se tient-il enfermé dans une poche située sous le ventre de la femelle, poche qui renferme les mamelles. Là commence une nouvelle gestation, qui ne cesse qu'au moment où le petit a pris les forces et l'accroissement nécessaires à son existence individuelle.

Tout le monde sait que pour la femme le temps de la gestation est de neuf mois, ou plus exactement de 270 jours. Cette durée de la gestation, soit pour les animaux, soit pour l'espèce humaine, reste en général dans les limites fixées pour chaque espèce; elle s'en écarte pourtant quelquefois, et nous ne parlons pas seulement d'une différence de quelques jours, mais de variations qui peuvent être d'un ou de plusieurs mois, soit en plus, soit en moins. Ainsi, pour ne parler que de notre espèce, on a vu des femmes n'accoucher qu'au bout de dix mois; et la loi reconnaît comme légitime l'enfant qui naît 310 jours après la mort du mari. Toutefois, il est vrai de dire que chez les femmes surtout le terme de la gestation est plus souvent anticipé que retardé : ainsi l'accouchement a souvent lieu après sept ou huit mois de gestation. On a cru longtemps, et c'est encore une opinion vulgaire, qu'au terme de sept mois le fœtus est plus viable qu'à huit mois; c'est une erreur : plus l'enfant est resté de temps dans le sein maternel, plus il a acquis de force, et plus il a de chances pour échapper aux dangers qui le menacent à l'entrée de la vie. Aussi est-il très-rare de voir survivre un enfant venu au jour à sept mois, tandis que l'on peut ordinairement conserver celui qui vient au monde après huit mois de gestation.

Dr Isidore BOURDON.

On donnait aussi le nom de *gestation* (*gestatio*) à une sorte d'exercice en usage chez les Romains, et qui consistait à se faire bercer dans un lit, porter en chaise ou en litière, traîner rapidement dans un bateau, un chariot, afin de donner au corps un mouvement et des secousses salutaires. Asclépiade avait mis en vogue la friction et la gestation. Celse prétend que la *gestation* est fort utile à la santé. Elle avait surtout pour but de faire recouvrer les forces.

GESTE, mouvement extérieur du corps, servant à exprimer nos sentiments, nos désirs, nos craintes, toutes les sensations diverses enfin que nous pouvons éprouver. Quelques traités sur l'art du comédien, sur l'art du danseur, indiquent bien certaines *attitudes* académiques; mais ces préceptes n'ont fait que consacrer une *tenue*, une *manière*, tandis que le *geste* proprement dit, expression de la nature seule, doit être compris non-seulement des initiés, mais même de cette immense classe d'ignorants qui ne jugent que par leurs impressions. Il est évident que le langage des gestes a dû être d'autant plus en usage que le langage parlé était plus imparfait. Le geste a été certainement perfectionné, même avant la parole; mais pour remplacer ce dernier don, que le Créateur a réservé à l'homme seul, il fallait que le geste eût atteint une grande vérité d'expression, et c'est à reproduire cette vérité que s'attachera d'abord le véritable acteur pantomime, le véritable danseur mimique. A cette première condition se joindra celle de la grâce et de la beauté. « Les règles du *geste*, dit Quintilien, sont nées dans les temps héroïques; elles ont été approuvées des plus grands hommes de la Grèce, de Socrate lui-même. Platon les a mises au rang des qualités, des vertus utiles, et Chrysippe ne les a pas oubliées dans son livre *De l'Éducation des Enfants*. » La grâce, la naïveté, la noblesse, sont des avantages de tous les temps; et si les qualités du corps peuvent se corrompre ou s'aliéner, s'il est un temps où le geste peut être sans dignité et sans vérité, c'est lorsque les mœurs s'altèrent, que les nations abandonnent leur simplicité primitive, lorsqu'une manière, une *pose* de convention, remplace le *maintien* naturel qui résulte d'une heureuse conformation. Les monuments plastiques, les peintures étrusques qui nous sont restés, prouvent à quel point l'art du geste était apprécié dès la plus haute antiquité. La puissance seule du geste y reproduit toute l'intention que l'artiste a voulu donner à ses personnages. Nous savons qu'Aristote avait terminé sa *Poétique* par différents livres qui traitaient de la *mimique* : ces livres sont perdus, mais lui-même nous apprend que Glaucon avait déjà traité cette matière.

Le geste n'est qu'un *moyen* d'indiquer l'expression : ce n'est point un *but*. Il ne suffit donc pas de plaire seulement à l'œil par une *pose* plus ou moins gracieuse, plus ou moins étudiée, il faut encore qu'elle parle à la pensée. Aussi voyons-nous que les statuaires grecs, ayant remarqué que le mouvement général d'une figure entière frappe les yeux avec plus de puissance que la tête seule, se sont attachés à rendre l'attitude expressive bien plus qu'à faire grimacer les visages; c'est encore pour cette raison qu'ils ont préféré le nu à l'ampleur des vêtements cachant une partie des signes caractéristiques qui doivent concourir à l'unité de l'expression. De ce principe il faut conclure que le geste est ce qui frappe au premier abord. La nécessité de gesticuler avec justesse est donc la première étude à laquelle l'acteur doit se livrer, et c'est peut-être celle à laquelle il pense le moins. Pour donner une idée de la perfection inouïe à laquelle les Grecs avaient porté l'art du geste, ajoutons qu'ils possédaient une musique nommée *hypocritique*, c'est-à-dire qui imite, laquelle était notée, et les auteurs tragiques indiquaient entre leurs vers, au moyen de ces notes, le geste que devait faire l'acteur, en même temps que ces notes correspondaient à la musique qui l'accompagnait, comme on sait. Le peuple athénien avait acquis une telle habitude de cette musique et du geste qui y avait nécessairement rapport, que la moindre infraction commise par l'acteur était était aperçue et huée. C'est de là qu'était venu le proverbe : « Faire un solécisme avec le bras. » Cet exemple et celui des *lanistæ*, qui à Rome enseignaient aux gladiateurs, en même temps qu'à se servir de leurs armes, l'art de tomber et de mourir avec grâce, prouvent à quel point les anciens étaient sensibles à la beauté du geste et à sa convenance.

L'acteur doit subordonner son geste au degré poétique de l'ouvrage qu'il représente : il doit planer même au-dessus de la nature, et se mettre en harmonie avec l'exagération du sentiment qu'il peint et l'élévation de son organe. On comprend qu'il ne soit pas possible de débiter des phrases pompeuses ou énergiques, de faire résonner des mots choisis volontairement par le poëte, avec l'intensité nécessaire dans un grand théâtre, sans accompagner ces efforts de poitrine de gestes analogues, et sans faire participer sa pantomime aux mêmes efforts. L'acteur doit communiquer vivement au spectateur les pensées du poëte. S'il les sent avec force, il les exprimera de même, et se fera comprendre, dût-il ne pas être entendu. Il faut que le milieu à garder entre cette exagération obligée et le geste outré et disgracieux soit l'objet des constantes études du comédien. L'acteur n'ignore pas que la *manière* et le mauvais goût, que les cris et les mouvements désordonnés, excitent souvent les applaudissements du public, tandis que le comédien véritablement passionné pour son art préfère le suffrage de l'homme de goût, instruit et sage, aux transports d'une multitude souvent gâtée par de mauvais exemples, mais que le talent simple et vrai, beau surtout, ramène tôt ou tard. Les vieux portraits d'acteurs que la gravure nous a transmis nous les montrent pour la plupart, nonobstant toute l'idée que la tradition nous a laissée de leurs talents, gourmés, apprêtés et fanfarons. Talma cependant nous a prouvé qu'il était possible d'obtenir un succès plus mérité en adoptant un autre système, auquel il a fini par accoutumer le public. Par son geste, non moins que par son costume, il rappelait souvent les mœurs antiques, qu'il avait profondément étudiées sur les monuments.

Les qualités du geste théâtral se réduisent à deux principales, la *vérité* et la *beauté*. La force significative du geste tient à la vérité. Ce qui constitue cette force significative est moins la violence qu'exigent quelques situations véhémentes, que cette éloquente clarté qui ne laisse aucun doute au spectateur sur le sentiment que l'acteur est censé éprouver. Ce qui nous fait goûter la vérité, la simplicité, la naïveté, ce sont les affectations, les recherches de l'art qu'amènent la civilisation, l'habitude de la société. Les efforts de l'acteur pour secouer ces habitudes laissent toujours quelques traces. La véritable naïveté n'existe jamais quand on la cherche, mais seulement toutes les fois que la volonté de l'artiste, poëte ou mime, n'y a point de part, c'est-à-dire toutes les fois que les actions ou les mouvements ont lieu sans que l'artiste se préoccupe du moyen de les exécuter. Le geste naïf dans l'acteur est une marque de confiance en lui-même, qui prouve combien il s'est pénétré de la situation qu'il veut rendre. On aurait d'ailleurs le plus grand tort de penser que la naïveté ne s'applique qu'à l'expression des sentiments doux et calmes ; elle s'étend aux mouvements les plus énergiques, les plus passionnés, qui sont mieux exprimés encore par elle que par les efforts et la violence. L'écueil du naïf est le niais. Tel mouvement qui serait naïf dans la représentation d'un esclave deviendra niais s'il est prêté à un héros ; il n'y a qu'une grande justesse de discernement qui puisse faire distinguer à l'acteur ce qui convient à chaque personnage : tout précepte est impuissant à cet égard. C'est par les *mœurs*, les habitudes de l'individu représenté que l'on peut faire juger de son caractère : or, comment peindre ses mœurs sans la convenance? Mais c'est la nature alors qu'il faut consulter pour surprendre son secret, et non tel ou tel personnage, qui peut être une inconvenance dans sa propre classe. Le choix à faire, toujours à l'aide du jugement, ne doit porter que sur les traits qui conviennent au caractère qu'on veut reproduire. Là est le mérite et le talent.

Reste la condition de la *beauté*. Il n'est pas permis de douter que les Grecs n'eussent un principe universel, à l'aide duquel leurs artistes, leurs écrivains, imitaient la beauté. Ce grand principe des Grecs, par lequel ils embellissaient la disposition d'un tout et de chacune de ses parties, c'était l'*unité*, et cette loi était devenue si familière dans leurs écoles, que nous la voyons diriger l'étude de la philosophie, de la morale et de la littérature, depuis Platon jusqu'à saint Augustin. Si l'ordre, la symétrie, les proportions enfin, sont agréables dans toutes choses, en ce qu'elles donnent la faculté à l'esprit de saisir, à l'œil d'apercevoir un ensemble, c'est un effet de l'unité ; si le simple est préféré en toutes choses, c'est qu'il est *un*. L'acteur doit donc s'attacher à conserver dans son geste cette unité indispensable, sans laquelle il n'existe point de grâce dans les mouvements du corps humain, et point de beauté. Or cette unité est fondée d'abord et principalement sur les lois de la *pondération*, qui exigent qu'un mouvement s'exécute simultanément d'un bras et d'une jambe par exemple. Tout le monde a remarqué que dans la marche les bras se balancent alternativement d'une manière opposée aux jambes : ainsi, quand la jambe gauche avance, le bras droit suit le même mouvement, pour former comme un contre-poids ; si un bras soulève un fardeau verticalement, le bras opposé s'élève horizontalement. Ces mouvements, que nous signalons au hasard, s'exécutent machinalement ; mais l'observation de la nature indiquera qu'il n'est pas un seul geste, plus ou moins composé, qui n'exige également le concours des autres parties du corps, sous peine de paraître gauche et disgracieux. Un dernier conseil en finissant. L'acteur qui, par suite d'une conformation vicieuse, ou de mauvaises habitudes contractées, aurait des gestes gauches ou défectueux au lieu de s'étudier d'une manière factice à donner de l'action à ses mouvements, doit s'efforcer, au contraire, de les réprimer. S'il ne s'agit que de représenter le drame tragique ou comique, parlé ou chanté, son application doit se tourner tout entière du côté de la déclamation ou de la récitation, qu'il tentera de porter au plus haut degré de vérité possible. S'il parvient à déclamer dans l'enthousiasme des tons de l'âme, alors il gesticulera involontairement, et ses gestes ne porteront point à faux.

VIOLLET-LE-DUC.

GESTES (Chansons de). On appelle ainsi d'anciens poëmes qui traitent des actions, *de gestis*, des héros du temps passé. Composés en grands vers de dix ou douze syllabes, rangés par couplets monorimes, ils étaient chantés par les jongleurs et jongleresses. Cette division est celle des stances de l'Arioste, du Tasse, de Camoëns, dans leurs poëmes de *Roland*, de *La Jérusalem* et des *Lusiades*, qui se chantent encore en Italie et en Portugal, comme les rhapsodes chantaient en Grèce les poëmes d'Homère. Plus tard, les chansons de gestes firent partie du répertoire poétique des aveugles, qui les chantaient en s'accompagnant de la *chifonie*. Les plus anciennes *chansons de gestes* que nous possédions remontent au onzième siècle ; l'une d'elles fut chantée à la bataille de Hastings ; une des dernières paraît avoir été composée vers la fin du quatorzième siècle ; car il y est question de Bertrand du Guesclin, dont on y célèbre la glorieuse mémoire. On a lieu de croire que la plupart des romans de chevalerie étaient destinés à être chantés, et rentrent par conséquent dans la catégorie des *chansons de gestes*. M. Paulin Paris a combattu avec succès l'opinion de Fauriel, qui donnait à ces chansons une origine provençale.

GESTION. *Voyez* GÉRANT.

GÉTA (PUBLIUS SEPTIMIUS), empereur romain, naquit à Milan. Il était le second fils de l'empereur Sévère et de Julia

Domna, et avait Caracalla pour frère. Bon, affable, affectueux, il faisait les délices du peuple et de l'armée. Gratifié, comme son indigne frère, du titre d'auguste, il suivit l'empereur dans son expédition contre les Calédoniens, dans la Grande-Bretagne, et assista à la construction de la grande muraille à laquelle Sévère donna son nom. Pour lui, il reçut du sénat, en cette occasion, le surnom de *Britannicus*. Tout à coup Sévère meurt à York, en 211, et Caracalla, qui l'accompagne aussi, tente inutilement de gagner les légions et de se faire reconnaître seul souverain. Les volontés de l'empereur sont sanctionnées : il a institué conjointement ses deux fils héritiers du pouvoir; ils régneront l'un et l'autre. Après une prolongation de séjour, rendue nécessaire par le renouvellement des hostilités, Géta et Caracalla reprennent avec l'impératrice Julie le chemin de Rome, où ils déposent l'urne qui renferme les restes de Sévère. Les honneurs funèbres sont rendus à la cendre impériale, et l'on décrète solennellement l'apothéose de l'ancien dieu de la terre. En concourant à cette exaltation, l'infâme Caracalla espérait bien que ce ne serait pas pour lui la dernière. *Sit divus, dum non sit vivus!* disait-il en jetant un regard de colère sur Géta, sur ce frère qu'il avait déjà essayé d'empoisonner pendant le retour de la Grande-Bretagne. La haine s'éveille aussi chez Géta. La querelle s'envenime. Il est question de partager l'empire. Géta, néanmoins, toujours modéré dans ses prétentions, se contentera de l'Asie et de l'Égypte; mais, l'impératrice et le sénat s'y opposant, ce projet ne se réalise pas. Enfin, de contestation en contestation, on en vient à un divorce complet, et ce divorce, c'est la mort; mais quelle mort! Caracalla veut, dit-il, se réconcilier avec son frère. Cédant à ses instances réitérées, la vertueuse Julie mande Géta dans son appartement : c'était le 27 février 212. Le malheureux prince n'y arrive que pour y être assailli par les poignards de lâches centurions, et aller expirer, à l'âge de vingt-trois ans, sur le sein de sa mère, qui, inondée du sang de son fils, est elle-même blessée à la main en s'efforçant de le défendre. MONBÉLOT.

GÈTES (*Getæ*), peuple de la Thrace, qui au cinquième siècle avant J.-C. habitait la contrée située au sud de l'embouchure du Danube. A l'époque d'Alexandre le Grand, comme les Daces, dont l'origine était la même, ils avaient franchi ce fleuve et possédaient à l'est de ceux-ci la partie du littoral qui s'étendait jusqu'à l'embouchure du *Tyras* (le Dniestr), c'est-à-dire la Bessarabie actuelle et la partie orientale de la Moldavie. C'est là qu'Ovide, exilé au milieu d'eux, eut occasion de les connaître. Au temps où régnait Auguste, le Gète Borrebistès fonda un empire gétodace qui, après une courte durée, disparut pour toujours. Les Gètes se virent alors de plus en plus refoulés au sud par les Bastarnes, les Sarmates, les Roxolans et les Jazyges. Les Romains en transportèrent 500,000 au sud du Danube, dans la Mœsie inférieure (Bulgarie), et la contrée qu'ils abandonnaient reçut alors le nom de *Désert des Gètes*. Quant à la partie de la population qui ne s'associa pas à cette émigration, elle se confondit peu à peu avec les nouveaux arrivants (*voyez* GOTHS).

GÉTULIE, GÉTULES. On donnait le nom de *Gétulie* (*Gœtulia*), à cette contrée de l'Afrique, située au sud de l'Atlas, bornée au nord par la Numidie et les Mauritanies; à l'est par le pays des Garamantes; au sud par la Nigritie; à l'ouest par l'océan Atlantique, et comprenant une partie du Bilédulgérid, du Seldjelmesse et du Sahara actuels. Ses principaux peuples étaient les *Gétules* proprement dits, les *Mélano-Gétules*, ou *Gétules noirs*, les *Dares*, les *Autololes*, et les *Natembles*. On prétend que ces divers peuples furent des premiers à entrer en Afrique. Ils vivaient, dit-on, de chair crue, et menaient une existence tout à fait sauvage. Iarbas, que l'on fait contemporain de Didon, fut le plus célèbre de leurs rois. Carthage avait beaucoup de Gétules parmi ses mercenaires. Jugurtha vaincu s'enfuit chez eux, et en forma d'excellents soldats, avec lesquels il prolongea la guerre contre les Romains, qui finirent par les subjuguer. Ils avaient les mœurs des Kabyles modernes, qui passent pour en être les descendants.

GÉVAUDAN, ancien pays de France, qui faisait partie du bas Languedoc et forme aujourd'hui le département de la Lozère. Il avait pour chef-lieu Mende, pour villes principales Marvejols, Javoulx, Espaguac, La Canourgue, Langoghe, Florac, Barre, Grisac ou Roure, Quézac, et était divisé, par suite de sa constitution physique, en haut et bas : le premier dans les monts de la Margevile et d'Aubrac, le second dans les Cévennes.

Le Gévaudan tirait son nom des *Gabali* ou *Gavales*, ancien peuple de la première Aquitaine, dont la principale ville était *Anderitum* ou *Civitas Gabalum*. Ce pays fit ensuite partie du royaume d'Austrasie et du duché d'Aquitaine, et devint un comté sous les Carlovingiens. Du dixième au onzième siècle, il fut possédé par les comtes de Toulouse. A cette époque, l'un d'eux, Raymond de Saint-Gilles, l'aliéna pour subvenir aux frais de la guerre sainte. On ignore la date précise de sa réunion au Languedoc. Il ne faut pas confondre le comté de Gévaudan, avec le vicomté du même nom. Celui-ci, dont le chef-lieu était Grezès, fut possédé au dixième siècle par Besnard, vicomte de Milhaud en Rouergue. Il passa ensuite dans la maison de Barcelone, puis dans celle d'Aragon, et Jacques Ier, roi d'Aragon, le céda à saint Louis en 1258.

GÈVRES ou GESVRES (Marquis et Marquise de). Le marquis de Gèvres était fils aîné du duc de Tresmes, lequel appartenait à la noblesse de robe et descendait d'un premier président au parlement de Paris, appelé *Potier*. Le marquis de Gèvres, après avoir appartenu quelque temps à l'édilité parisienne, laissa son nom à l'un des quais de la grande ville. Toutefois, ce n'est pas à ce quai qu'il est redevable de sa célébrité, mais bien à un fort vilain procès que lui intenta la marquise sa femme, et qui fut le dernier exemple de cette procédure bizarre connue sous le nom de congrès. Le scandale et le ridicule furent si grands cette fois, que nul depuis n'osa s'y exposer. Si les rieurs y perdirent, la décence publique y gagna. Voici le fait : Le duc de Tresmes avait marié l'héritier de son nom à la fille unique d'un maître des requêtes appelé Maserani. C'était un fort gros parti, et la mariée apportait des biens immenses aux Potier, dont elle devait continuer l'illustre souche. Par malheur cette union, contractée sous les plus heureux auspices, demeura stérile. On était alors en 1712. Un beau matin, on apprit que la marquise de Gèvres avait déserté le domicile conjugal et s'était retirée chez la présidente Vertamont, sa grand'mère, d'où elle avait fait signifier à son mari une demande en nullité de son mariage pour cause d'impuissance. Impossible de se figurer le bruit que fit ce procès dans toute cette société si élégante et si polie; c'était à n'en pas croire ses oreilles; et cependant, la chose n'était que trop vraie. Au lieu de chercher à étouffer cette sale et ridicule affaire, les Tresmes se piquèrent au jeu, et acceptèrent le procès avec tous les brocards qu'il devait leur valoir. L'affaire se plaida à l'officialité. Le marquis de Gèvres prétendit n'être point impuissant; et comme c'était chose de fait, il fut ordonné qu'il serait visité par des chirurgiens, et la marquise par des matrones. L'archevêque de Paris et son chapitre avaient un bien singulier cas à décider; et on a peine à comprendre qu'à une époque où Fénelon vivait encore, où Bossuet ne pouvait être oublié, des prêtres aient pu consentir à jouer un rôle dans cette farce honteuse. L'affaire, cependant, suivit régulièrement son cours; on allait, dit Saint-Simon, s'en divertir aux audiences. On y retenait les places dès le grand matin, et de là des récits qui défrayaient toutes les conversations. Ce procès dura quatre années avec le cortége obligé de mémoires, de consultations et de factums. Enfin, le vacarme s'apaisa en 1716. La marquise de Gèvres se lassa; peut-être bien aussi, sur ces entrefaites, son amant vint-il à mourir. Bref, elle donna son désistement en bonne forme au cardinal de Noailles (Monseigneur de Paris), moyennant un compromis, aux termes duquel il fut convenu qu'elle réintégrerait le domicile conjugal, mais à la condition d'habiter seule désormais avec son mari un hôtel particulier, et non de vivre dans la famille des Tresmes, comme elle avait fait au commencement de son mariage, d'avoir chevaux, carrosse, femme de chambre et laquais pour aller et sortir où bon lui semblerait, plus 8,000 livres, bien exactement payées, pour sa toilette et ses menus plaisirs. Quelques lecteurs s'étonneront sans doute de notre réserve à l'endroit du marquis de Gèvres; ils voudraient savoir au juste à quoi s'en tenir sur les accusations de la marquise. Tout ce que nous pouvons leur dire, c'est que, demeuré veuf, le marquis se garda bien, pendant les trente années qu'il survécut à sa chaste moitié, de songer à convoler à de secondes noces. Était-ce juste défiance de lui-même, ou bien philosophie? *Adhuc sub judice lis est.* Un frère cadet, marié à la fille aînée du maréchal de Montmorency, se chargea de continuer en son lieu et place la lignée des Tresmes, laquelle pourtant s'éteignit longtemps avant la fin du règne de Louis XV.

Un duc de Gesvres, gouverneur de Paris, et ami de Mme Dubarry, assista à l'inauguration de la statue de Louis XIV sur la places des Victoires.

GEX. Le pays de Gex, borné à l'est par le lac Léman, et par le Rhône, qui le sépare de la Savoie; à l'ouest, par le mont Jura et l'ancienne Franche-Comté, par la rivière de la Valserine, qui le sépare du territoire de Saint-Claude; au midi, par le Bugey; au nord, par la partie du pays de Vaux qui dépend du canton de Berne, avait 47,522 hectares de superficie : ses principales communes étaient la ville de Gex et les bourgs de Collonges et Versoix. La maison des comtes de Genève posséda ce pays jusqu'à la fin du treizième siècle. Amédée V, comte de Savoie, dit le *comte vert*, s'en empara au treizième siècle; mais cette seigneurie lui fut enlevée en 1556, par la république de Berne : elle fut rendue à Emmanuel-Philibert, duc de Savoie, par le traité de Lausanne, en 1564. Henri IV s'en rendit maître en 1589. Le duc de Savoie la reprit quelques mois après : il démantela le château de Gex, et livra la ville au pillage et aux flammes. Alliés de la France, les Genevois enlevèrent le territoire au duc de Savoie : ils en restèrent maîtres jusqu'en 1601. Ce pays, la Bresse et le Bugey furent cédés à la France par le traité de Lyon de la même année, en échange du marquisat de Saluces.

La population du pays de Gex, composée en majorité de protestants, avait beaucoup souffert pendant le long cours des guerres de religion. Un arrêt du conseil de 1662 ordonna la démolition de vingt-trois prêches, et cet arrêt fut exécuté avec la plus impitoyable rigueur. Deux temples restaient encore debout, ils furent détruits lors de la révocation de l'édit de Nantes. Tous les biens du consistoire et de tous les protestants furent confisqués. Les Gexois, depuis la réunion de leur pays à France, avaient conservé leur administration; mais la ferme française des gabelles fut si onéreuse pour ce petit territoire que Voltaire, qui était venu habiter Ferney et prenait volontiers le titre de *Capucin du pays de Gex*, obtint en 1775 un arrêt du conseil qui l'affranchissait de toutes vexations au moyen d'un abonnement annuel de 30,000 livres.

Sous la Révolution le pays de Gex fit partie du département du Léman. En 1814 il fut réuni à celui de l'Ain.

La ville de *Gex*, chef-lieu d'arrondissement du département de l'Ain, située au pied du Jura, sur le torrent de Jornant, se divise en trois parties : la première occupe la hauteur où s'élevait jadis un château fort; la seconde, formant la ville proprement dite, est fermée par d'anciennes murailles, en partie détruites, et par des jardins particuliers; la troisième au nord du château et à la distance de deux cents pas, peut être considérée comme un faubourg. La population est de 2,874 habitants. On y fabrique des fromages façon Gruyères et l'on y fait aussi un commerce de bois et de vins. DUFEY (de l'Yonne).

GEYSER. *Voyez* GEISER.

GHASEL, nom d'une espèce de poëme lyrique fort en vogue chez les Turcs et chez les Persans. Il se compose de cinq strophes au moins, de sept au plus, chacune de deux vers, et réunies toutes par la même rime revenant au deuxième vers. La dernière strophe contient toujours le vrai nom ou le nom d'emprunt (*tachallus*), de l'auteur. Les sujets que traite le ghasel sont de nature érotique et bachique, ou bien allégorique et mystique; on peut dire que c'est le sonnet des Orientaux. Chez les Persans, Hafis excelle à traiter ce genre de poésie.

GHASNA ou GHASNI, qu'on écrit aussi quelquefois *Ghisnī* ou *Ghisnèh*, ville située dans la partie du Kaboul dépendant de l'Afghanistan, sur la grande route des caravanes conduisant de la Perse aux Grandes-Indes par Hérat, Kaboul, Ghasna et Kandahar, est sans doute singulièrement déchue aujourd'hui de son antique splendeur, mais est encore d'une grande importance pour les relations de l'Afghanistan, ainsi que le prouve le soin qu'ont eu les Anglais de s'en rendre maîtres, le 23 juillet 1838, lors de leur dernière guerre contre les Afghans, sous les ordres de lord Keane. On y compte encore environ 1,500 maisons; et malgré sa basse latitude, c'est une des villes de l'Asie où règne la température la plus froide, en raison de la grande élévation du sol sur lequel elle est bâtie. C'est sous la dynastie des Ghasnévides qu'elle atteignit l'apogée de sa prospérité; elle était à cette époque l'une des plus grandes et des plus belles villes de l'Asie. Mais tous les monuments construits par le célèbre Mahmoud, ses bains somptueux, ses magnifiques mosquées, ses splendides palais, ses riches et nombreux bazars, ont disparu. Sauf les nombreuses ruines qu'on trouve encore dans ses environs, il n'y existe plus aujourd'hui que deux hauts minarets, les tombeaux de Mahmoud, de Belholi le Sage, de Hakim-Sounaï, ainsi que la digue de Mahmoud, pour témoigner de son antique magnificence. Elle n'en est toujours pas moins en grand renom dans le monde de l'islamisme, à cause de la foule de saints mahométans qui sont enterrés dans ses environs, ce qui l'a fait surnommer par les musulmans *la seconde Médine*, et la rend l'objet de nombreux pèlerinages.

GHASNÉVIDES ou GAZNÉVIDES, la première dynastie musulmane qui ait régné aux Indes orientales. Elle tire son nom de la ville de Ghasna ou de Ghasni, dans le Kaboulistan, où *Alp-Tekin*, Turc horike d'origine, d'abord prisonnier de guerre et esclave à Boukhara, puis parvenu par ses talents à de hauts emplois sous le prince samanide de la Transoxane, se retira par suite des querelles qui surgirent parmi les Samanides pour la succession au trône, et où, après avoir battu les troupes envoyées contre lui par Mansour, prince samanide, il se maintint indépendant, jusqu'à sa mort, arrivée en 975. On l'appelle d'ordinaire le fondateur de la dynastie des Ghasnévides; mais on ne doit réellement regarder comme tel que son gendre et successeur *Sebek-Tekin*, comme lui esclave turc d'origine, qui hérita de la puissance de son beau-père et l'accrut encore par sa bravoure et par son zèle pour la propagation de l'islamisme. Il s'empara de Bost dans le Séistan, vainquit Djaipal, roi de Lahore, et conquit Kaboul et Peïchour. Reconnu comme prince indépendant par l'émir samanide Nouh II, qu'il avait secouru contre ses ennemis, il reçut en outre de lui le gouvernement du Khoraçan, et mourut en 999.

Après sa mort, son fils cadet, *Ismael*, s'empara du trône, mais ne le garda que peu de temps, parce qu'il fut fait prisonnier par son frère aîné Mahmoud. Il finit ses jours dans la prison où on lui faisait expier son usurpation. Ce *Mahmoud*, le plus célèbre et le plus puissant des Ghasnévides, parvint aussi, après la ruine et la chute de la dynastie des Samanides, à se rendre maître du Khoraçan et du Séistan; et le khalife Kadher-Billah lui en confirma la possession en lui conférant le titre de sultan et le surnom de *Yemin-Eddaulah*, c'est-à-dire *main droite de l'État*. Son beau-père Ilek-Khan, roi du Turkestan, qui, après la chute des Samanides, s'était emparé de la Transoxane, lui céda en outre une partie de cette contrée. En l'an 1001, il commença ses irruptions dans l'Indoustan, et ne tarda pas à se trouver maître du Kachemyr, du Pendjab et du Moultan. Une irruption faite par son beau-père dans le Khoraçan vint l'arrêter dans le cours de ses triomphes et le forcer à retourner sur ses pas. Après l'avoir expulsé du Khoraçan et l'avoir battu, l'an 1007, à Balkh, dans une bataille où les éléphants qu'il avait ramenés de l'Inde lui furent d'un grand secours, il marcha contre les Guèbres ou Gaures, dans les montagnes de Ghour, et les dompta; mais la manière cruelle dont il traita leur prince en fit un ennemi irréconciliable de sa dynastie. En 1018, il réunit à ses États le Djousdhân et le Kharizm; l'année suivante, il revint dans l'Inde, et pénétra jusqu'à Kanodje, grande ville bâtie sur les rives du Gange, à l'ouest de Benarès, massacrant sur sa route tous les hommes qui refusaient d'embrasser le mahométisme et emmenant avec lui comme esclaves les femmes et les enfants. Au retour de cette expédition, il battit sous les murs de Balkh Arslan-Khan, successeur d'Ilek-Khan, roi du Turkestan. Avec le butin qu'il fit à cette occasion et celui qu'il ramena de l'Inde, il fonda à Ghasna une magnifique mosquée, à laquelle étaient adjointes une école et une bibliothèque, car il ne laissait pas d'ailleurs que de protéger les sciences et les lettres. En l'an 1025, il entreprit la dernière et la plus brillante de ses campagnes dans l'Indoustan, et s'empara du Gouzourate, emportant d'assaut et livrant aux flammes la ville de Somnath avec son célèbre temple. Cet édifice, le plus renommé et le plus riche des temples indous, renfermait d'énormes richesses; cinquante-six colones d'or massif, ornées de perles et de pierres précieuses, en soutenaient le faîte. Plusieurs milliers de statues d'or et d'argent entouraient la statue colossale de Siwa, dans l'intérieur de laquelle les prêtres de l'idole avaient caché une énorme quantité de diamants. Mahmoud la brisa lui-même, et en rapporta les débris ainsi que les portes du temple en bois de sandal massif, à Ghasna, comme trophées de sa conquête. Dans leur dernière guerre contre les Afghans, les Anglais à leur tour se sont emparés de ces portes célèbres dans tout l'Orient et les ont ramenées à Somnath après u ne absence de plus de huit cent ans. Mahmoud entreprit encore en 1029 une expédition contre le roi de Perse, prince de la dynastie des Bowaïdes, et s'empara de sa personne ainsi que de la partie septentrionale de ses États, sans avoir même besoin de tirer l'épée. L'année suivante, une mort prématurée vint mettre un terme à ses conquêtes. Indépendamment de son courage héroïque, les historiens louent en lui une profonde connaissance des hommes, l'amour de la justice et de la vérité; ils lui reprochent en revanche son insatiable avidité, son ambition de conquêtes, et la cruauté que lui inspirait à l'égard de ceux qui ne partageaient pas ses doctrines religieuses un zèle ardent pour l'orthodoxie musulmane.

La puissance des Ghasnévides commença à décliner sous le fils et successeur de Mahmoud, *Masoud Ier*, prince remarquable par sa force athlétique et la rudesse de ses mœurs. Sa première expédition fut dirigée contre son frère, qu'il vainquit et à qui il fit crever les yeux. Cela ne l'empêcha pas de perdre l'Irak et une partie de la Transoxane, par suite d'une insurrection, et en 1040 le Khoraçan, qui lui fut enlevé par les Seldjoukides. L'année d'après, il périt assassiné par son neveu *Ahmed*. Les règnes de *Mohammed*, de *Modoud*, de *Masoud II*, d'*Aboul-Hassan-Ali*, sultans qui se succédèrent jusqu'en l'an 1052, ne présentent que le tableau de la continuelle décadence de l'empire, surtout par suite des incessantes compétitions pour la puissance souveraine qui perpétuaient les guerres civiles et signalaient la race des Ghasnévides par les plus horribles forfaits de tous genres. Ces déchirements intérieurs favorisèrent les insurrections tentées par les Indous, ou par les divers gouverneurs de province, ainsi que les irruptions des Seldjoukides. Ce ne fut qu'avec le règne paisible et prospère de *Firokh-Sad* (1052-59), que commença une ère nouvelle de tranquillité pour le pays. Il en fut de même sous le règne de ses deux successeurs, son frère le sage et vertueux *Ibrahim* (1029-1099) et son fils *Masoud III* (1099-1115). Celui-ci battit les Seldjoukides en Perse, conclut avec eux une paix honorable, et soumit ensuite l'Indoustan révolté. En même temps il s'efforçait de toute manière d'assurer le bien-être de ses peuples, fondait des villes et des institutions de bienfaisance de toutes espèces. *Masoud III* s'occupa surtout de législation. Sa mort fut le signal du retour des calamités dont on avait perdu le souvenir. Son fils et successeur, *Schir-Sad*, fut détrôné et tué par son frère *Arslan-Chah*, lequel fut à son tour détrôné par son troisième frère, *Bahram-Chah*, puis périt assassiné en l'an 1120. Le règne de ce dernier prince, qui se distingua par sa générosité ainsi que par les encouragements qu'il donna aux sciences et aux lettres, fut brillant et prospère, à l'exception de ses dernières années, où il eut à soutenir contre Aladdin-Hussein, prince de Ghour, son vassal, une guerre opiniâtre à la suite de laquelle il perdit Ghasna. Il mourut en 1152, après avoir été obligé d'abandonner pour la seconde fois cette capitale de ses États et de se retirer dans ses possessions de l'Inde.

Son fils, *Khosrou-Melik*, le dernier des Ghasnévides, fut un prince aussi bon et aussi juste que son père, mais faible et adonné aux plaisirs. Après de longues guerres contre les Turcomans, qui pendant quinze années restèrent en possession de Ghasna, mais finirent par en être expulsés, il put y rentrer; cependant il ne tarda pas à en être chassé par *Gaïath-Eddin*, prince de Ghour. Celui-ci conquit ensuite tout l'Afghanistan jusqu'à l'Indus par son frère *Schehab-Eddin-Mohammed*, lequel traversa alors l'Indus, et alla assiéger Khosrou-Melik à Lahore, dont il s'empara par trahison en 1186. Khosrou fut conduit à Firoz-Khou, et y fut mis à mort, après un règne qui avait duré vingt-six ans. Ainsi finit la dynastie des Ghasnévides, dont les États démembrés formèrent par la suite divers États indépendants.

GHASNI. *Voyez* Ghasna.

GHATTES ou GATES (Monts). C'est le nom d'une double chaîne de montagnes qui parcourent toute la longueur de la presqu'île du Gange, et constituent le système indien. On les divise en Ghattes orientales et en Ghattes occidentales.

Les *Ghattes occidentales*, qu'on peut considérer jusqu'à un certain point comme le noyau de toutes les montagnes de l'Inde, commencent au Tapty, et suivent la côte jusqu'au cap Comorin. On n'estime pas que leur plus grande élévation dépasse 3,000 mètres au-dessus du niveau de la mer. Elles sont séparées du grand massif de l'Altaï Himalaya, à l'ouest par la grande vallée de l'Indus, et au nord par celle du Gange et de la Djemna.

Les *Ghattes orientales* traversent les provinces de Salem, le Carnatik et le Balaghat, et se prolongent jusqu'au Krichna. Les monts *Nilgherri* ou *montagnes Bleues*, qui s'élèvent au nord de Coïmbetore, peuvent être considérés comme l'anneau de jonction entre les Ghattes orientales et les Ghattes occidentales. Les montagnes de l'île de Ceylan paraissent aussi se rattacher au système indien ou des Ghattes.

GHÈBRES. *Voyez* Guèbres.

GHEDIMINE. *Voyez* Gedimin.

GHEES ou GEES (Langue de). *Voyez* Éthiopiennes. (Écriture, Langue, Littérature).

GHELMA ou GUELMA, ville de l'Algérie, dans la province de Constantine, est située au sud et à 2 kilomètres de la rive droite de la Seybouse supérieure, et à 2,500 mètres au nord du pied de la haute montagne de Maouna. Une vaste plaine descend doucement en glacis depuis les limites inférieures de cette montagne jusqu'à la rivière. En cet endroit, placée à peu près à égale distance de Cirtha et d'Hippone, s'élevait la formidable citadelle de *Suthul*, dépôt des trésors de Jugurtha, et sous les remparts de laquelle le prince numide fit éprouver un grave échec aux aigles romaines. Le peuple-roi se vengea plus tard en faisant disparaître le nom et les monuments de la ville numide, pour y substituer la colonie militaire de *Calama*, détruite à son tour par les Vandales. La Ghelma des Arabes fut formée avec des matériaux provenant de l'ancienne *Calama*, mais son emplacement n'était pas celui de la cité romaine. Après la destruction de celle-ci, les habitants tracèrent une nouvelle ville, plus restreinte, mieux placée pour la défense, et ils l'entourèrent de murailles : l'ancienne *Calama* ne fut plus pour eux qu'une vaste carrière. Avec les pierres, sculptées ou non, avec les marbres polis ou précieux, qui composaient les temples, les théâtres, les monuments, les tombeaux, etc., ils construisirent leur citadelle. L'emplacement choisi paraît avoir été celui de la métropole. On y trouvait aussi un immense bâtiment destiné aux thermes. Treize tours furent en outre construites autour de l'enceinte. Un puits profond fut creusé dans l'intérieur de cette forteresse, que le temps, la main des hommes et les tremblements de terre endommagèrent. Plusieurs routes reliaient Calama à Constantine, à Bône, etc.

Arrivé en 1836 auprès de ces ruines, le maréchal Clausel, frappé de l'importance stratégique de la position, y établit un camp permanent, destiné à surveiller le bassin de la Seybouse et à préparer la conquête définitive de la province de l'est. Cette prise de possession avait en outre pour but de contrebalancer dans l'opinion des indigènes l'insuccès de la première expédition contre Constantine. Quoique peu nombreuses et dépourvues de tout, les troupes qu'on y laissa s'y maintinrent avantageusement, réparèrent les fortifications, et construisirent plusieurs casernes en maçonnerie. Attaquée en 1839 par les Kabyles, la garnison de Ghelma, très-inférieure en nombre aux assaillants, soutint avec courage un combat de plusieurs heures, et repoussa l'ennemi après lui avoir fait éprouver de grandes pertes. En 1852, un nouveau soulèvement eut lieu dans le cercle de Ghelma, et fut également réprimé.

Ghelma présente des pierres taillées en immense quantité, des carrières de bon calcaire de construction, des pierres à plâtre et du bois de chauffage à proximité. Le bois de construction et la terre à brique y manquent. Elle possède de belles casernes, un hôpital, des places publiques, des fontaines, etc. Un marché important s'y tient deux fois par semaine, et donne lieu à d'importantes transactions sur les bestiaux, les laines, les huiles et les céréales. La nature généreuse du sol seconde merveilleusement les efforts des colons. Ghelma fut légalement constituée comme centre de population en 1840. Elle devint le chef-lieu d'un district administré par un commissaire civil et le siége d'une justice de paix. En 1854, Ghelma a été érigée en commune, ayant pour annexes les colonies agricoles d'*Héliopolis*, de *Millesimo* et de *Petit*. La population de la circonscription communale montait alors à 2,580 habitants, dont 1650 Français, 470 Européens, 580 indigènes musulmans et 180 indigènes israélites. Les revenus municipaux étaient évalués à 70,000 francs.

L. Louvet.

GHEMARA ou GEMARE. *Voyez* Talmud.

GHERARDESCA (Famille). Elle joua un rôle important dans l'histoire des républiques italiennes au moyen âge, et était originaire de la Toscane, où elle possédait les comtés de Gherardesca, de Donavatico et de Montescudaio, dans les Maremmes, entre Pise et Piombino. Vers le commencement du treizième siècle, les comtes Gherardesca s'allièrent à la riche et puissante république de Pise, et embrassèrent le parti du peuple dans la lutte que celui-ci commençait à engager contre une aristocratie de plus en plus usurpatrice. Dans la grande lutte qui éclata entre les Gibelins et les Guelfes, ils épousèrent la cause des premiers.

Deux membres de cette famille, les comtes *Gérard* et *Galvano Donavatico* Gherardesca, accompagnèrent Conradin de Hohenstaufen dans son expédition contre Naples, et périrent avec lui sur l'échafaud. Par suite de leur attachement à la maison de Hohenstaufen, les Gherardesca étaient dès 1237 en hostilité déclarée avec les Visconti, qui appartenaient au parti des Guelfes; et la ville de Pise se trouva ainsi partagée en deux camps.

Enfin, le chef de cette ambitieuse famille, *Ugolino* Gherardesca, résolut de s'emparer du pouvoir absolu sur Pise, la ville qui l'avait vu naître. A cet effet, il se réconcilia avec les Guelfes, et donna sa sœur en mariage à Giovanni Visconti, grand-juge à Gallura et chef du parti guelfe à Pise. D'après son plan, Visconti ne devait pas seulement lui assurer l'appui des Guelfes en Toscane, mais introduire subrepticement dans la ville des mercenaires enrôlés en Sardaigne pour ses projets. Les Pisans découvrirent la conjuration, et Visconti ainsi qu'Ugolino Gherardesca furent bannis. Le premier mourut à quelque temps de là; le second fit alliance avec les Florentins et les Lucquois, et par plusieurs victoires remportées, grâce à ces auxiliaires, sur les Pisans, les contraignit à le rappeler, en 1276. Il était loin d'avoir renoncé à ses projets d'usurpation, et n'attendait, au contraire, que l'instant favorable pour les mettre à exécution. L'occasion si ardemment souhaitée se présenta enfin, quand la guerre éclata en 1282 entre Pise et Gênes. En prenant à dessein la fuite dans une bataille navale livrée le 6 août 1284, à la hauteur de l'île de Malora, il causa la déroute complète de la flotte dont le commandement lui avait été confié; désastre dont le résultat fut, outre la destruction des forces navales des Pisans, la perte de 11,000 hommes de leurs meilleures troupes, et à la première nouvelle duquel les vieux ennemis de Pise, les Florentins, les Lucquois, les Siennois, les villes de Pistoie, de Prato, de Volterre, de San-Germiniano et de Colla, espérant triompher sans peine de Pise et anéantir à jamais le foyer de la faction gibeline en Italie, coururent aux armes. Ainsi placée sur le bord de l'abîme, il ne restait plus à la république d'autre ressource que de se jeter dans les bras de l'homme dont la perfidie avait préparé cette crise. Depuis longtemps en secrète intelligence avec les Guelfes, Gherardesca se chargea de négocier avec les ennemis de la ville, réussit à les satisfaire moyennant l'abandon de divers châteaux et forteresses, et fort désormais de leur appui, régna en maître sur sa patrie abaissée. Tous les ennemis qu'il avait à Pise furent proscrits, et afin que les Pisans prisonniers des Génois ne fussent pas rendus à la liberté, il se refusa à traiter de la paix avec Gênes. Une insurrection à la tête de laquelle était son propre neveu, Nino de Gallura, avec quelques membres des familles guelfes et gibelines les plus considérables, ne tarda pas à éclater contre lui; mais après trois années de luttes, Gherardesca en sachant habilement employer tantôt la force, tantôt la ruse, triompha de tous ses ennemis. Alors sa soif de vengeance ne connut plus de bornes : plus que jamais il s'abandonna à ses tyranniques fureurs, ne respectant pas plus la vie de ses amis que celle de ses ennmis. Tant de violences et d'attentats révoltèrent enfin contre lui tous les esprits, et il s'ourdit en secret une nouvelle conspiration, à la tête de laquelle se trouvait l'archevêque de Pise lui-même, Ubaldini. Le 1er juillet 1288, le tocsin fut tout à coup sonné par ordre d'Ubaldini; et Gherardesca, après une résistance désespérée, fut fait prisonnier avec deux de ses fils, Gaddo et Uguccione, et deux de ses petits-fils, Nino, surnommé *le Brigata*, et Aurelio Nuncio. Ubaldini fit enfermer ces malheureux dans la tour de Gualandi, appelée depuis *Torre di Fame*, et après avoir fait jeter dans l'Arno les clés de cette prison, les condamna à y périr tous de faim.

C'est cette mort si tragique d'Ugolino Gherardesca et des siens, que le Dante a décrite dans sa *Divina Commedia*. Ce sujet, éminemment dramatique, a depuis été traité dans la plupart des langues par des poëtes qui se sont tous plus ou moins inspirés de ce poëme immortel.

Les fils et les petit-fils d'Ugolino qui ne partagèrent point son misérable sort parvinrent bientôt à jouir de nouveau d'un grand crédit à Pise et dans d'autres villes. Ainsi, dès 1329 on trouve un *Rieri Donavatico* Gherardesca à la tête de l'administration de Pise. Un fils naturel de ce dernier, *Manfred* Gherardesca, général des Pisans, défendit avec une poignée d'hommes Cagliari contre Alphonse IV d'Aragon, et lui disputa vivement la victoire dans une bataille livrée le 28 février 1324, près de Luco-Cisterna. Les Aragonais ne réussirent à s'emparer de Cagliari que lorsque Manfred eut trouvé la mort dans une sortie. *Bonifazio* GHERARDESCA était *capitano* de Pise (1329) lorsque cette ville secoua le joug du célèbre Castruccio Castracani et de l'empereur Louis de Bavière. Administrateur aussi intègre que prudent, il conclut une paix avantageuse avec les Guelfes, ces vieux et constants ennemis de Pise, et déjoua une conspiration tramée contre la liberté de ses concitoyens. Il mourut de la peste, en 1340. Les Pisans reconnaissants lui donnèrent pour successeur dans sa charge de *capitano* son fils *Rainero* GHERARDESCA, bien qu'il n'eût encore que onze ans; mais celui-ci mourut de la peste dès l'année 1348, et alors la famille GHERARDESCA se retira dans ses domaines des Maremmes.

De nos jours, un *Filippo* GHERARDESCA, né en 1730 à Pistoie, mort à Pise en 1808, s'est distingué comme pianiste et comme compositeur.

GHERARDI (ÉVARISTE), acteur du Théâtre-Italien, né à Prato, en Toscane, vers 1670, mort à Paris en 1700. Son père, *Giovanni* GHERARDI, faisait partie de la même troupe, et son nom de comédien était *Flautin*. Il fit donner à son fils une éducation distinguée, bien qu'il le destinât à la carrière qu'il avait suivie. Après avoir fait de bonnes études, il parut pour la première fois sur la scène, le 1er octobre 1689, dans l'emploi d'Arlequin, vacant depuis la mort de Dominique. Ses débuts furent brillants; et bientôt il ne compta plus ses triomphes. Quand le Théâtre-Italien fut fermé, en 1697, pour cause d'allusions prétendues à Mme de Maintenon dans une pièce intitulée *La Prude*, Gherardi essaya vainement par ses réclamations de faire révoquer l'ordre fatal. Il employa dès lors ses loisirs à recueillir les meilleures comédies ou scènes françaises du Théâtre-Italien, recueil charmant, plein de verve et d'*humour*, où l'on a toujours puisé, où l'on puisera toujours à pleines mains, sans en rien dire. Quelques mois avant la publication de ce curieux répertoire, Gherardi avait fait une chute à Saint-Maur, dans un divertissement qu'il jouait avec la Thorillière et Poisson. Il négligea la blessure qu'il s'était faite à la tête; une vive inflammation ne tarda pas à s'y porter, et fut suivie d'un délire violent qui l'emporta en moins d'une heure. Il était à peine âgé de trente ans. *Le retour de la foire de Bezons* est la seule pièce qu'on lui attribue. Elle fut jouée en 1695, et figure dans son recueil.

GHIAOUR. *Voyez* GIAOUR.

GHIBERTI (LORENZO), l'un des plus grands artistes du quinzième siècle, naquit à Florence, en 1378. Il fut dès son enfance guidé dans l'étude de l'art par son beau-père, Bartoluccio, qui lui-même était un orfèvre d'un rare savoir. L'orfèvrerie occupa d'abord Ghiberti, mais de plus difficiles travaux tentèrent bientôt son audace. Déjà il imitait avec bonheur les médailles antiques, et il commençait à s'exercer dans la peinture, lorsque la peste ayant éclaté dans Florence (1400), Ghiberti se réfugia à Rimini. Associé avec un peintre dont le nom ne nous a pas été conservé, il y décora un salon chez le prince Malatesta (1401). Encouragé par ce premier succès, il serait sans doute resté longtemps en Romagne, s'il n'eût été tout à coup rappelé à Florence par un événement qui conservera toujours dans l'histoire de l'art italien une considérable importance. La Seigneurie de Florence et la corporation des marchands avaient résolu de faire exécuter, pour l'église de San-Giovanni, des portes de bronze destinées à servir de pendant à celle qu'Andrea de Pise avait faite pour ce monument. Un solennel concours fut ouvert. Après une épreuve préparatoire, dont Ghiberti se tira avec honneur, sept sculpteurs furent admis à disputer le prix; les uns, illustres déjà, les autres jeunes encore, mais non moins dignes de la gloire qui leur était promise. Lutter avec Brunelleschi, Donatello, Jacopo della Quercia, Valdambrina, Nicolo d'Arezzo et Simone da Colle, c'était lutter avec les plus forts; et cependant Ghiberti fut jugé digne de cet honneur. Un délai d'un an fut donné aux concurrents pour mener à bien l'entreprise. Chacun ayant exécuté un bas-relief sur un sujet indiqué, *Le Sacrifice d'Isaac*, Ghiberti fut proclamé vainqueur, de l'aveu même de ses rivaux, Donatello et Brunelleschi. Chargé dès lors de cet immense travail, il répondit par un chef-d'œuvre aux défiances qu'inspirait sa jeunesse. Cette porte, divisée en vingt panneaux, dont les sujets sont empruntés à la vie du Christ, ne fut posée qu'en 1424. « Toutes les figures, dit l'enthousiaste Vasari, ont une grâce indicible : les unes offrent des beautés merveilleuses; les draperies tiennent encore un peu de l'ancienne manière particulière à Giotto, mais néanmoins dénotent un profond sentiment du grand style moderne. »

Ghiberti exécuta une statue de saint Jean-Baptiste, en bronze, pour la communauté des marchands (1414), deux bas-reliefs pour la cathédrale de Sienne (1417), un Saint Matthieu (1420), un Saint Étienne (1422), et à Sainte-Marie-Nouvelle le mausolée de Leonardo Dati, général des Frères prêcheurs. Nous ne pouvons mentionner tous les chefs-d'œuvre que Ghiberti produisit comme en se jouant. L'un des plus applaudis fut la châsse que Cosme et Laurent de Médicis lui firent faire pour les reliques de trois martyrs (1428). Les marguilliers de Sancta-Maria del Fiore lui confièrent aussi le soin d'exécuter celle de saint Zanobi, évêque de Florence (1430). Ghiberti a également ciselé des cachets, des boutons, et même une mitre pour le pape Eugène IV. Mais, tout en revenant de temps à autre à son premier métier d'orfèvre, Lorenzo ne négligeait pas l'art sévère. Peintre, il termina la plus grande partie des vitraux de Santa-Maria del Fiore : sculpteur, il achevait à peine la porte dont nous avons parlé, lorsque la Seigneurie de Florence lui en commanda une autre. Dix bas reliefs, dont les sujets sont tirés de l'histoire de l'Ancien Testament, véritables tableaux encadrés dans une bordure ornée de figures en pied, et presque en ronde-bosse, composent cette œuvre magnifique. Ces portes, dont Michel-Ange a pu dire, dans un élan d'admiration, qu'elles étaient dignes d'être celles du Paradis, ont été plusieurs fois gravées, et notamment, en 1807, par Théodore, dit le Kalmuk. Mais il n'est pas donné à la gravure, si exacte qu'elle soit, de rendre la puissante énergie du grand sculpteur florentin.

Comme la plupart des artistes de cette époque, Ghiberti avait étudié toutes les branches de l'art. Il avait quelque connaissance de l'architecture. Lorsqu'on voulut construire la coupole de Santa-Maria del Fiore, et que Brunelleschi, après de longues hésitations, eut été chargé de ce travail, si nouveau alors et si peu conforme aux traditions admises, on craignit que l'illustre artiste n'eût trop présumé de sa science, et comme on redoutait sa hardiesse d'innovation, on jugea nécessaire de lui adjoindre un collaborateur ou plutôt un surveillant. Ghiberti fut choisi pour cette mission difficile. Mais comme Brunelleschi seul avait su résoudre le problème architectural dont la recherche préoccupa si longtemps le quinzième siècle, Ghiberti ne put lui être d'aucun secours. Il faut lire dans Vasari l'histoire des tribulations de Brunelleschi, douloureux martyre de l'inventeur qu'on méconnaît. Il semblerait résulter de son récit que dans ce long drame le rôle le plus honorable n'aurait pas toujours appartenu à Ghiberti. Couvert de dignités et d'honneurs par ses compatriotes, qui en 1443 l'avaient élu au nombre des douze magistrats dont se composait la Seigneurie de Florence, Ghiberti mourut vers l'année 1455. Il avait écrit quelques traités sur les arts; Vasari en parle, mais avec peu de respect. Un de ces manuscrits, longtemps ignoré, a été publié en partie par Cicognara dans son *Histoire de la Sculpture*, et les derniers éditeurs de Vasari l'ont reproduit, en y ajoutant un nouveau fragment. C'est un des plus précieux documents qui nous restent sur la renaissance des arts en Italie.

Le Musée du Louvre possède un curieux dessin qu'on attribue à Ghiberti ; c'est le projet ou plutôt la copie d'un bas-relief d'une des portes de San-Giovanni. Il représente à la fois, comme cela se rencontre souvent dans les œuvres de ce temps, plusieurs scènes de la vie d'Isaac et de Jacob. L'imitation de l'antiquité y est manifeste, surtout dans les plis simples et larges des étoffes.

Ghiberti donna à l'art florentin une irrésistible impulsion. Il semble résumer d'avance, dans son œuvre variée, les qualités distinctives de cette école, qui fut celle de la passion, du mouvement et de la vie. Ghiberti ouvre glorieusement l'ère moderne. C'est avec lui que le sentiment de l'art antique reparait dans la sculpture : « Il fut le premier, dit Vasari, qui imita les chefs-d'œuvre des anciens Romains. » Il avait réuni une précieuse collection de vases grecs et de fragments de statues, et si ce fait ne nous était pas attesté par les biographies, l'examen seul du style de Ghiberti suffirait pour nous apprendre quelle intelligente étude il avait dû faire des maîtres éternels. La statuaire sous sa main savante se dégage des formes roides et mesquines de l'art gothique; le corps humain s'anime et respire ; l'ornementation même devient vivante et passionnée. L'autorité de Ghiberti sur ses contemporains fut considérable : il eut pour élèves Masolino da Panicale, qui devait être le maître de Masaccio; Finiguerra, qui trouva l'art de graver en creux; Paolo Uccello, qui fit faire à la perspective des progrès immenses; enfin Antonio Pollaiuolo, qui introdusit dans la sculpture la science anatomique, et dont l'exemple, on le sait, ne fut pas sans influence sur l'éducation de Michel-Ange.

Paul MANTZ.

GHIKA (Les princes). Cette famille, qui a donné un grand nombre d'hospodars à la Moldavie et à la Valachie, est originaire d'Albanie. Elle a pour souche *Georges* GHIKA, Albanais de naissance, qui parvint à la dignité d'hospodar de Valachie et régna de 1661 à 1662. Son fils, *Grégoire* GHIKA, lui succéda, et régna jusqu'en 1673, après avoir été dans cet intervalle plusieurs fois déposé, puis rétabli en possession de l'autorité souveraine. Parmi ses successeurs nous ne mentionnerons que *Grégoire* GHIKA, hospodar de Moldavie en 1726 et de Valachie en 1733, puis de nouveau hospodar de Moldavie en 1747, alternatives qui ne furent que le résultat naturel des troubles intérieurs dont les principautés étaient le théâtre et aussi des caprices du gouvernement turc ; ensuite *Grégoire* GHIKA, d'abord interprète auprès de la Porte, puis à partir de 1761, par conséquent pendant la guerre entre la Porte et la Russie, hospodar de Valachie, fonctions dans l'exercice desquelles il acquit, à force d'exactions, d'immenses richesses, et qui périt exécuté en 1777 pour s'être opposé à la cession de la Bukowine à l'Autriche ; enfin, *Alexandre* GHIKA, né en 1795, et devenu en 1834 hospodar de Valachie, lequel rendit en cette qualité de grands services au pays et lui en aurait rendu de bien plus grands encore si ses bonnes intentions n'avaient pas rencontré un insurmontable obstacle dans l'appui prêté par la Russie à l'opposition des boyards. Il s'était attiré le mauvais vouloir du cabinet de Saint-Pétersbourg en cherchant à suivre un système politique à lui et basé sur les véritables intérêts du pays, sans se préoccuper de savoir si ces intérêts pouvaient être contraires à ceux de la Russie, qui dès lors jura sa perte. En 1842, la Porte avait tout récemment envoyé à Alexandre Ghika un sabre d'honneur en témoignage de sa haute satisfaction ; mais alors la crainte de voir le gouvernement russe intervenir dans les affaires de Servie détermina le divan à faire droit aux instances réitérées du cabinet de Saint-Pétersbourg et à prononcer sa révocation. Depuis, le prince Ghika a presque toujours résidé en Allemagne.

En 1852, le prince *Constantin* GHIKA fut appelé à la présidence du divan de la Valachie, poste qu'il occupe encore; le 16 juin 1849, le prince *Grégoire* GHIKA fut nommé hospodar de Moldavie à la place du prince Stourdza. Au commencement de 1853, ce prince fut atteint d'une attaque d'aliénation mentale, pendant laquelle il tenta de se suicider. Il était néanmoins encore en Moldavie lorsque les Russes occupèrent cette principauté. Il signifia alors à la Porte l'ordre qu'il avait reçu de lui refuser désormais l'impôt. Cependant, à la fin de cette même année, l'empereur de Russie remplaça les hospodars par un gouvernement à la tête duquel était le général Budberg; mais à la suite de l'entrée des Autrichiens en Moldavie, le prince Ghika, qui s'était réfugié à Vienne, fut rétabli dans l'hospodarat de la Moldavie à la fin de 1854.

GHIRLANDAJO (DOMENICO), l'un des plus grands artistes de son siècle, naquit en 1551, à Florence, et était fils d'un orfèvre appelé Corradi et surnommé *il Ghirlandajo*, c'est-à-dire *le Faiseur de guirlandes*, à cause de son extrême habileté à confectionner des guirlandes pour la coiffure des dames florentines. Domenico Ghirlandajo, lui aussi, comme Lorenzo Ghiberti, commença par être orfèvre; mais il ne tarda pas à se consacrer à la peinture, sous la direction de Baldovinetti. C'est dans l'école qu'il fonda à Florence que de grands peintres, entre autres Michel-Ange, s'initièrent aux principes de l'art. Il mourut en 1495. Le premier il essaya d'imiter la dorure à l'aide de la couleur, et de donner de la profondeur aux tableaux par la distinction des plans et la gradation des teintes. Parmi les œuvres les plus remarquables de cet artiste, il faut citer les fresques qu'il exécuta dans la chapelle et dans le réfectoire de l'abbaye d'Ognissanti, dans la chapelle Sasseti, dans l'église de La Trinité, et dans le chœur de Santa-Maria Novella de Florence où l'on admire son *Massacre des Innocents*. Il y a dans sa manière et dans sa conception quelque chose d'essentiellement réaliste, mais joint à beaucoup de douceur et de dignité. Il aimait à placer dans des tableaux représentant des scènes de l'Écriture Sainte les figures de ses concitoyens les plus considérés, qui, revêtus du beau costume de leur époque, assistent pieusement aux événements et aux miracles qu'il reproduit. Ses grandes toiles sont moins bien réussies que ses fresques, parfaites au point de vue technique ; en effet, on y remarque une certaine dureté de modelage et de couleurs qui est le défaut à peu près général des peintres de fresques. Quelques-unes sont cependant des œuvres de la plus haute distinction, par exemple l'*Adoration des Rois*, dans l'église *Agli Innocenti* de Florence, plusieurs tableaux à l'académie de cette ville, au musée de Berlin et dans d'autres collections. Le musée de Londres, par exemple, possède de lui la *Visitation de sainte Anne à la Vierge*.

Ses frères, *Davide* et *Benedetto* GHIRLANDAJO, n'atteignirent pas, à beaucoup près, à la hauteur de son talent. Son fils *Ridolfo* GIRLANDAJO devint plus tard l'élève de fra Bartolommeo et l'ami de Raphael. Il y a de lui à Florence deux tableaux remarquables, représentant des scènes de la vie de saint Zénobius et où on reconnait tout de suite le faire d'un maître ; mais son talent ne tarda pas à dégénérer complétement en médiocrité de pur métier.

GHISEH. *Voyez* GIZEH.

GHISI, famille d'artistes dont les membres comptent au nombre des successeurs de Marc-Antoine dans la gravure, et portent chacun le surnom de *le Mantouan*. Elle eut pour chef *Giovanni Battista* GHISI, qui pratiqua tous les arts du dessin et d'imitation. Né vers l'an 1525, il eut pour maîtres Jules Romain et Raimondi. Cependant, il jouit plus tard de plus de réputation comme architecte que comme peintre, et il a même écrit sur l'architecture. A Mantoue, ils construisit la belle église de *Santa-Barbara* avec son couvent, ainsi qu'un grand nombre d'édifices publics, qu'il orna aussi de tableaux exécutés par lui-même, ou bien à l'ornementation desquels il présida. On peut dire qu'après la mort de Jules Romain, il fut l'un des artistes les plus féconds, les plus actifs de Mantoue. Dans ses planches gravées, on trouve beaucoup correction de dessin jointe à des imitations de Marc-Antoine, et plus encore du Maître au Dé. On ignore l'époque de sa mort. La dernière date indiquée sur ses gravures est 1540.

GHISI (GIORGIO), comme graveur le plus célèbre de tous

les Ghisi, naquit en 1520, et prit également les leçons de Jules Romain pour la peinture et celles de Raimondi pour la gravure. Bon nombre de ses planches peuvent avantageusement soutenir la comparaison avec celles de son maître. Celles qu'il exécuta d'après Raphael et Michel-Ange sont remarquablement belles et d'une grande vigueur. Il travaillait encore en 1578; mais on ignore la date de sa mort.

GHISI (ADAMO). Vraisemblablement frère du précédent, florissait de 1566 à 1570, avait comme graveur le faire de Giorgio, sans posséder la sûreté et la délicatesse de son burin.

GHISI (DIANA), fille de *Giovanni-Battista*, née en 1536, fût d'abord l'élève de *Giorgio*, mais à partir de 1585 devint celle d'Augustin. Carrache. Son burin est ferme et vigoureux; mais elle pèche sous le rapport du dessin. Elle épousa l'architecte Francisco, de Volterra. On ignore aussi la date de sa mort. La plupart de ses planches portent l'adresse d'*Horatius Pacificus*; et on les regarde alors comme de bonnes épreuves.

GHISNI ou GHISNEH. *Voyez* GHASNA.

GIABER. *Voyez* GEBER.

GIAFAR ou DJAFAR. *Voyez* BARMÉCIDES.

GIANBELLIN. *Voyez* BELLINI.

GIANIBELLI ou GIAMBELLI (FEDERICO), né à Mantoue, ingénieur distingué, s'est fait un nom par sa défense d'Anvers contre le duc Alexandre de Parme. D'abord ingénieur en Italie, il alla plus tard offrir ses services au roi d'Espagne Philippe II. Mais comme on se bornait à l'amuser avec de vaines promesses, il s'éloigna, profondément blessé dans son amour-propre, et s'établit à Anvers, où il jouit bientôt d'une grande considération comme physicien et mécanicien. Là il se mit en rapport avec la reine d'Angleterre Élisabeth, qui, après s'être convaincue par diverses expériences de ses rares talents, lui accorda une pension. Quand, en 1584, le duc de Parme, en sa qualité de gouverneur général des Pays-Bas pour le roi d'Espagne, menaça de venir mettre le siége devant Anvers, Gianibelli fut chargé par Élisabeth de venir en aide aux habitants de cette ville.

Tandis que le duc de Parme s'occupait, au printemps de 1585, de rétablir le pont jeté sur l'Escaut, à Calloo, afin de couper les communications des Anversois, tant par terre que par mer, Gianibelli songeait aux moyens de détruire cette œuvre gigantesque. Il n'obtint pas cependant sans peine du conseil municipal pour réaliser ses projets deux petits navires de soixante-dix à quatre-vingts tonneaux et quelques bateaux plats. Dans chacun de ces navires, Gianibelli fit disposer un grand emplacement vide avec des revêtements extérieurs en pierres de taille, puis le remplit de la meilleure poudre, fabriquée par lui-même, en couvrant le tout d'énormes massifs en pierre. Le reste du navire était également rempli de pierres, de boulets et de mitraille, et le pont était couvert d'une toiture en pierres. Des mèches étaient disposées de manière à y communiquer le feu au moment utile; dans la nuit du 4 au 5 avril, on fit d'abord avancer les bateaux plats chargés des matières incendiaires auxquelles on avait mis le feu, et que suivaient à quelque distance les deux batiments recélant chacun une mine dans leurs flancs. Une tempête qui s'éleva à ce moment favorisa les Espagnols. Les bâtiments plats furent successivement jetés à la côte, et s'y éteignirent. L'un des grands navires sombra avant d'avoir produit aucun effet; mais l'autre fit explosion au moment même où il venait se heurter contre les pilotis du pont. L'effet en fut terrible. Toute l'armée fut jetée à terre par suite de l'ébranlement communiqué au sol par l'explosion. En se relevant, on put apercevoir les eaux de l'Escaut soulevées dans leurs plus grandes profondeurs, et les fortifications qui bordaient les rives du fleuve complétement envahies par les eaux. Le côté gauche du pont, avec tout ce qui se trouvait dessus, avait sauté en l'air, et les débris, ainsi que la mitraille du navire, avaient produit d'énormes ravages dans toutes les directions. Sans compter les blessés, plus de huit cents hommes avaient été tués dans les circonstances les plus diverses. Les chefs les plus distingués de l'armée étaient au nombre des victimes, et un grand nombre de vaisseaux espagnols avaient ou pris feu ou sombré.

Pendant deux jours les Anversois, qui avaient entendu l'effroyable détonation, restèrent dans l'ignorance sur l'effet réel qu'elle avait pu produire. Ils eussent pu, s'ils avaient été mieux renseignés par leurs espions, tenter avec succès quelque chose contre l'ennemi; et pendant le temps précieux qu'ils perdirent de la sorte, le duc de Parme put rétablir l'ordre dans son armée et reconstruire le pont, du moins en apparence. La populace d'Anvers, furieuse de l'insuccès de l'entreprise, menaçait déjà de mort Gianibelli et le bourgmestre Philippe de M a r n i x, quand un hasard fit connaître la vérité sur l'étendue de la catastrophe qui était venue frapper les Espagnols. Alors les bénédictions et les hommages de la foule succédèrent à ses cris menaçants. Tout aussitôt on mit à la disposition de Gianibelli un certain nombre de bateaux plats, qu'il arma comme il avait fait des autres, et qui, lancés sur le pont avec une irrésistible force, l'eurent bientôt brisé. Toutefois, les vents contraires empêchèrent la flotte zélandaise d'opérer de concert, et le duc de Parme eut encore une fois le temps de faire réparer les avaries de son pont. Gianibelli arma alors de crocs et de piques deux grands navires pour essayer de le briser encore une fois. Ce moyen réussit; le pont fut encore une fois détruit, mais sans grand profit pour les Anversois, et toujours parce qu'ils avaient agi sans en prévenir les Zélandais. Divers modes de destruction furent proposés, discutés, puis finalement écartés; enfin, on s'arrêta au parti de diriger tous les efforts de l'attaque contre la digue de Lœwenstein, conduisant au pont, parce que cette digue une fois détruite, l'armée espagnole eût été contrainte d'abandonner ses positions. Gianibelli aida à la mise à exécution de ce projet en armant quatre brûlots, dans lesquels il cacha des hommes armés, et qu'il lança, le 16 mai 1585, contre la digue. Après une lutte terrible, la digue fut rompue en treize endroits différents; mais les Anversois, manquant de constance et d'union, ne surent pas non plus tirer parti de cet avantage.

Quand, le 17 août, s'ouvrirent les conférences entamées avec le duc de Parme pour la reddition de la ville, Gianibelli passa en Angleterre. Il y fut employé jusqu'en 1588 à fortifier Greenwich et plusieurs autres points où on redoutait de voir la flotte espagnole tenter un débarquement. Quand la grande *a r m a d a* parut dans le canal, Gianibelli arma huit brûlots, que, dans la nuit du 7 au 8 août, l'amiral anglais Howard lança contre la partie la plus compacte de la flotte ennemie, à la hauteur de Dunkerque. En les apercevant, les Espagnols s'écrièrent : « Voici le feu d'Anvers ! » et essayèrent de prendre la fuite; mouvement qui jeta dans leur flotte la confusion la plus grande, qu'augmenta peu de temps après une violente tempête. Quand le jour parut, les quelques vaisseaux de l'orgueilleuse armada demeurés là furent pourchassés sans relâche par la flotte anglaise, qui les prit ou les coula tous bas. L'histoire ne nous apprend plus rien de Gianibelli. Tout ce que nous savons, c'est qu'il mourut à Londres.

GIANNONE (PIETRO), célèbre historien italien, né à Ischitella, dans la Capitanate, province du royaume de Naples, le 7 mai 1676, fut redevable de la direction élevée que prirent ses idées à la fréquentation de la maison du savant jurisconsulte Gastano Argento, à Naples, alors le rendez-vous de tout ce que cette capitale comptait de littérateurs et d'esprit distingués. Le grand titre de Giannone à la renommée, c'est son Histoire civile de Naples (*Storia civile del regno di Napoli* [dern., édit., 13 vol.; Milan, 1823]), où il a dévoilé et attaqué avec un rare courage les abus de la puissance sacerdotale et les usurpations de la cour de Rome. Aussi le compte-t-on parmi les hommes illustres dont le zèle a été payé par d'implacables persécutions. Souvent détourné par ses occupations au barreau, il mit vingt ans à composer cet ouvrage, qui parut en 1723. On a toujours admiré dans l'historien de Naples le labeur consciencieux de l'érudit, et une profonde instruction mise en œuvre par une raison franche et libre : les lois, les coutumes de ce royaume, sa constitution ecclésiastique, y sont exposées avec une fidélité hardie. Mais en vain le cardinal vice-roi de Naples et la magistrature municipale protégèrent-ils le véridique et courageux historien, l'autorité ecclésiastique, irritée, ameutait contre lui une multitude ignorante et fanatique. Son livre fut mis à l'*index;* l'auteur fut excommunié et obligé de se réfugier à Vienne. A dater de ce moment la vie de Giannone sembla vouée au malheur. La haine de ses puissants ennemis ne cessa pas de le poursuivre. Le prince Eugène et quelques autres personnages en crédit à la cour de Vienne prêtaient leur appui à l'historien exilé. On lui fit avoir une pension de cent florins. Le cardinal Pignatelli, archevêque de Naples, le releva de l'excommunication. Giannone, fidèle à la mission qu'il s'était donnée, profita de cet appui pour travailler pendant douze années à l'histoire du pontificat romain. Son livre, qu'il n'eut pas le temps d'achever, et qui s'arrête au neuvième siècle, avait pour titre. *Il triregno, ossia del regno del cielo, della terra e del papa.* Mais il perdit sa pension, et fut obligé de se retirer à Venise, où il trouva un nouveau patron dans le sénateur Angelo Pisani, qui le logea chez lui. Modeste et désintéressé, comme tous les amis de la vérité, il refusa la charge de consulteur de la république et la chaire de droit romain qu'on lui offrait. Il ne se croyait pas au niveau de ces fonctions. Ses visites aux ambassadeurs de France et d'Espagne le rendirent suspect au plus ombrageux des gouvernements, quoique tout récemment encore il eût publié un ouvrage intitulé : *Lettera intorno al dominio del mare Adriatico ed ai trattati seguiti in Venezia ha papa Alessandro III, l'imperador Federico Barba-Rossa,* dans lequel il plaidait en faveur du principe de la domination de Venise sur la mer Adriatique. En conséquence, au mois de septembre 1735, il fut enlevé par des sbires et conduit dans une barque sur les frontières du duché de Ferrare. Ce fut à Genève qu'il chercha un asile : il y trouva des amis; mais, confiant comme tous les gens de bien, il tomba dans le piége d'un misérable, qui, sous le masque de l'amitié, le trahit en l'entraînant sur le territoire sarde, où il fut saisi, en 1736. Se constituant le sbire et le geôlier de la cour romaine, le gouvernement de Sardaigne s'empara ainsi de la personne et des manuscrits de Giannone. Ses manuscrits furent envoyés à Rome, où le *Triregno* est resté aux archives de l'inquisition; Giannone fut enfermé d'abord au château de Miolan, puis au fort de Ceva, et enfin dans la cidatelle de Turin, où il passa douze ans et où il mourut, le 7 mars 1748. Inutilement s'était-il soumis à une rétractation, on ne lui rendit point la liberté. Ses impitoyables persécuteurs lui avaient refusé jusqu'à la consolation d'avoir près de lui son fils, qui voulait partager sa captivité. Ce fils généreux avait été chassé des États du roi de Sardaigne. AUBERT DE VITRY.

GIAOUR et aussi, en arabe, KIAFIR. C'est le terme injurieux dont les musulmans se servent pour désigner ceux qui ne font pas profession de l'islamisme; il est synonyme d'*infidèles*, de *mécréants*. Le mot turc *giaour* est dérivé du persan *Geber* (Guèbre).

GIBBAR. *Voyez* BALEINE.

GIBBON, genre de singes dépourvus de queue, ayant un sternum aplati comme celui de l'espèce humaine, et pourvus de trente-deux dents, de formes à peu près semblables aux nôtres. Les gibbons prennent place dans l'échelle animale immédiatement après les chimpanzés et les orangs. Comme ces derniers, ils ont le corps court, et leurs membres postérieurs sont de petite dimension, tandis que les antérieurs, fort longs, au contraire, sont très-appropriés à leur genre de vie. Les gibbons sont en effet essentiellement grimpeurs. Ils s'accrochent aux branches des arbres au moyen de leurs mains, et cheminent ainsi avec rapidité dans les grandes forêts de l'Inde et de ses îles. Leurs tubérosités ischiatiques sont garnies de callosités, comme dans les autres singes de l'Ancien Monde. Si ce n'était la forme du nez, la grandeur des lèvres et la petitesse du menton, la figure des gibbons ressemblerait assez à celle de l'homme par l'ensemble des traits et surtout par l'expression intelligente des yeux. Tout le visage de ces singes est encadré de poils qui recouvrent même le front, et sont souvent de couleur blanche. Le corps est garni de poils abondants de couleur grise-brune ou noire, quelquefois tout à fait blanche ou blanchâtre. La tête est assez grosse, le cou court, la poitrine large. La faiblesse relative de leur train de derrière permet aux gibbons de s'appuyer sur le sol par leurs extrémités antérieures et postérieures sans quitter la station droite ou légèrement inclinée, qui leur est ordinaire. Les paumes des quatre mains sont nues, ainsi que le dessous des doigts, dont la peau est calleuse et dure.

Le *gibbon siamang* (*hylobates syndactylus*), très-commun dans les forêts de Sumatra, a le pelage entièrement noir. Comme l'orang-outang, ce gibbon offre une énorme poche gutturale communiquant avec son larynx, et dans laquelle il peut faire entrer l'air de manière à la renfler comme un goître. Son nom spécifique rappelle l'union jusqu'à la phalange onguéale de son second et son troisième orteil. Le gibbon siamang a dans la physionomie quelque chose du nègre; sa face est d'ailleurs d'un noir profond.

Le *gibbon lar* (*hylobates lar*), ou *grand gibbon* de Buffon, a été observé par ce naturaliste d'après un individu vivant que lui avait rapporté Dupleix. A peu près de la taille du précédent, ce gibbon est de couleur noire ou brun-noir, avec l'encadrement de la face et les quatre extrémités de couleur blanchâtre. Sa patrie est la presqu'île de Malacca et le royaume de Siam. Le *petit gibbon* de Buffon n'est qu'un jeune individu de la même espèce.

Le *gibbon de Rafflers* (*hylobates Rafflesii*, E. Geoffroy), assez souvent confondu avec le précédent, a le pelage noir, avec le dos et les lombes d'un brun roussâtre. Il vit principalement à Sumatra. C'est l'*ounko* de F. Cuvier.

Parmi les autres espèces, une des mieux connues est le *gibbon cendré* (*hylobates leuciscus*), *wouwou* de Campe, *moloch* d'Audebert. Il a le pelage uniformément gris cendré, avec le dessus de la tête gris foncé, et le tour du visage gris clair. Il vit aux îles de la Sonde, principalement à Java.

Plusieurs naturalistes ont reproché aux gibbons leur stupidité. D'autres ne voient dans le fond dominant de leur naturel que douceur et apathie. Ils sont faciles à conserver en domesticité, à cause de cette douceur, qui ne les abandonne jamais; les adultes, même les mâles, paraissent aussi traitables que les jeunes.

GIBBON (ÉDOUARD), célèbre historien anglais, rival heureux d'Hume et de Robertson, naquit en 1737 d'une famille distinguée. Son éducation première fut très-négligée, à cause de sa mauvaise santé; mais quand sa constitution se fut raffermie, il recommença de lui-même ses études demeurées inachevées et imparfaites. Il avait d'abord été élevé à l'école de Westminster; dès l'année 1752 il suivait les cours de l'université d'Oxford. Il n'avait que quinze ans et déjà il était vivement préoccupé, quoiqu'il eût une âme froide, de ces controverses théologiques si attachantes pour les esprits qui ont quelque force et quelque curiosité : ses lectures l'avaient amené à l'*Histoire des Variations des Églises protestantes*, de Bossuet; cet ouvrage entraîna complétement ce jeune homme, d'une imagination mobile et plein de zèle pour ce qui lui semblait la vérité. Il fit abjuration du protestantisme à Londres, le 8 juin 1753, entre les mains d'un prêtre catholique. Singulier début, on en conviendra, pour une carrière toute de scepticisme! Cette conversion chagrina beaucoup son père, élevé dans les croyances de l'Église établie. Pour le punir, l'enlever à l'influence de quelques docteurs catholiques de Londres et le remettre dans le sein de l'Église protestante, il l'envoya à Lausanne; et, dès le mois de décembre 1754, Gibbon revint ou se laissa ramener à son ancienne foi. Son âme était peu faite pour la résignation aux sacrifices pénibles et à la résistance à l'autorité. Il nous dit lui-même dans ses Mémoires que la vie assez triste et même la table assez mauvaise de la maison où il était retenu hâtèrent sa conversion. Cependant il demeura quelque temps encore à Lausanne; il était reçu dans la meilleure société de la ville, qui raffolait de lui et de sa conversation enjouée et spirituelle. L'amour d'ailleurs l'y retenait; il s'était épris d'une jeune fille, Mlle de Curchod, qui fut depuis Mme Necker, et avait demandé sa main. Mais le père de Gibbon, qui avait d'autres projets, ne voulut point consentir à ce mariage. Le jeune *gentleman*, qui ne brillait pas par la force de caractère, se soumit de bonne grâce aux volontés paternelles; et retourna dans sa famille en 1758. Dès lors le travail l'occupa tout entier; et l'année suivante il fit paraître son *Essai sur l'étude de la littérature*, écrit en français avec une rare correction; car il possédait cette langue à l'égal de la sienne. Dans ce livre il révélait une partie des qualités qu'il devait réunir plus tard, et se montrait penseur original et souvent profond. En 1763, il se rendit à Paris, et, après y avoir séjourné quelques mois et avoir passé encore une année à Lausanne, il partit pour l'Italie. Enfin, le voilà à Rome; et c'est alors que cette studieuse ardeur qui depuis dix ans le préparait à l'intelligence de l'antiquité, que ces lectures de tous les hommes qui avaient fouillé dans les décombres de Rome agissent en lui, et qu'en présence des lieux la pensée de décrire la décadence et la chute de cette ville s'éleva tout à coup dans son esprit. Après avoir encore visité Naples, il revint en Angleterre en 1765, et renonça alors à la position qu'il occupait dans la milice pour se livrer sans contrainte à la composition d'une Histoire de la Suisse, qu'il anéantit plus tard, parce qu'il en fut mécontent, mais surtout pour pouvoir faire les longues et studieuses recherches qu'exigeait le grand ouvrage dont il avait conçu le plan. Dans cet intervalle, il prit part à une compilation intitulée *Memoires littéraires de la Grande-Bretagne*, et publia des *Observations sur le sixième livre de l'Enéide*, le premier essai qu'il ait écrit en anglais.

La mort de son père, survenue sur ces entrefaites, le laissa maître d'une assez belle fortune. L'ambition lui vint alors et il se fit élire au parlement. Mais il n'y fit pas grande figure pendant les huit années qu'on lui continua son mandat. Il se borna à voter silencieusement tantôt avec l'opposition, tantôt avec le ministère, car il n'était pas né orateur. La vie politique ne semblait même pas faite pour lui, tant il manquait d'énergie, sans néanmoins manquer de chaleur et de talent dans l'âme; son hésitation persévérante était plutôt de la timidité ou une prudence modeste. Sous le ministère de lord North, il accepta la productive place de lord du commerce (*lord of trade*), qui fut supprimée après le renvoi de lord North. En 1783, il alla s'établir à Lausanne, où, en juin 1787, il publia le sixième et dernier volume de son *History of the Decline and Fall of the Roman Empire*, dont le premier volume avait paru dès l'année 1776, et qui a été traduite dans toutes les langues de l'Europe. Le succès de ce premier volume avait été prodigieux : trois éditions se succédèrent rapidement; mais bientôt la critique passionnée se déchaîna contre lui. Tout le clergé anglican protesta contre ses tendances irréligieuses et impies; l'intolérance cria à l'athéisme; l'auteur fut décrié dans les journaux, décrié en pleine chaire. Gibbon, quoique étonné et effrayé de cet orage, persévéra dans une opinion qu'il avait soutenue avec trop de partialité peut-être, mais avec sincérité, et publia sa *Défense des quinzième et seizième chapitres de la Décadence et de la Chute de l'Empire Romain*. Cette défense victorieuse prouvait cependant toute l'humeur que ces attaques avaient causée à Gibbon; et il publia les volumes suivants dans le même esprit.

Les mérites qui distinguent l'*Histoire de la Décadence et de la Chute de l'Empire Romain* sont assez puissants pour lui assurer une durée aussi longue que celle de la langue anglaise. On y remarque une science profonde sans morgue et sans pédantisme; une rare hauteur de vues et d'idées, et le talent plus rare encore de frapper l'esprit du lecteur et de lui entr'ouvrir à chaque instant tout un monde de pensées. Ajoutez à cela l'éclat d'un style vif et précis qui charme toujours et ne fatigue jamais. Le seul reproche que l'on puisse faire à Gibbon, c'est de se montrer trop sceptique en toutes choses, de ne pas s'échauffer assez en présence du vice et de contempler la vertu avec une indifférence trop philosophique. Souvent même il y a parti pris chez lui d'être excentrique et paradoxal. « Après s'être efforcé de rabaisser le courage héroïque des martyrs chrétiens, dit M. Guizot, il prend plaisir à célébrer les féroces exploits de Tamerlan et des Tartares. » Julien l'Apostat est son héros favori; il lui a consacré quelques-unes des pages les plus éloquentes de son livre, tandis que Rienzi, cette dernière étincelle de la liberté romaine, cette ombre magnanime du moyen âge, qui prenait les souvenirs pour de l'espérance, est écrasé par les observations sardoniques, indignes de l'historien, qui n'avait point puisé à des sources authentiques pour ce sujet.

En 1793, Gibbon entreprit un voyage en Angleterre, où il mourut, à Londres, le 16 janvier 1794. Lord Sheffield, son plus intime ami, publia les *Œuvres diverses* de Gibbon, dont il donna une nouvelle édition en 1815. On y trouve ses *Mémoires*, sa *Correspondance*, ses *Extraits de lectures*, un *Essai sur la Monarchie des Mèdes*, quelques morceaux sur Blackstone, et les opuscules que nous avons déjà mentionnés.

GIBBOSITÉ. Ce mot, traduction littérale du latin *gibbositas*, a la même signification que la dénomination de *bosse*, par laquelle on désigne vulgairement une déformation commune de la colonne vertébrale : il n'est cependant point synonyme; il sert à spécifier, dans l'acception qu'on lui accorde en chirurgie, une affection grave, que nous ferons apprécier en quelques lignes. Le mot *bosse* désigne la saillie plus ou moins prononcée de l'épine dorsale, accompagnée de la déviation de la poitrine et des épaules, de cette déformation enfin qui caractérise les bossus, et qui n'est point incompatible avec la santé. Le mot *gibbosité* spécialise un écartement des apophyses épineuses de quelques vertèbres; effet produit par un état morbide de ces os, et dont le résultat est ordinairement funeste s'il n'est prévenu en temps opportun.

La *gibbosité* advient principalement chez les enfants chétifs, scrofuleux, mal nourris, habitant des lieux froids, humides et obscurs. Elle se manifeste le plus ordinairement avant la puberté, et souvent à l'époque du sevrage; toutefois, elle est encore à craindre dans l'âge adulte, étant provoquée par des causes insalubres, notamment par une habitude pernicieuse trop commune chez les jeunes gens. Quand on la rencontre dans l'âge moyen de la vie, elle se lie à une myélite méconnue, à un état scrofuleux, ou à une lésion extérieure. Ce n'est guère que sur la région dorsale qu'on observe la gibbosité, considérée sous le rapport de la maladie qui la constitue essentiellement, l'altération du tissu osseux; on la rencontre aussi sur la région lombaire, et c'est là où principalement elle est connue sous la dénomination de *mal de Pott*, nom d'un chirurgien anglais, qui le premier la fit distinguer. Cette déformation naît insensiblement, et il est souvent trop tard de la traiter quand on la reconnaît : de là vient l'urgence d'en exposer les premiers symptômes ainsi que le développement.

Avant que rien d'insolite apparaisse sur l'épine dorsale, on remarque que les enfants ont les jambes extrêmement débiles, et ceux qui sont très-jeunes ne marchent point au temps accoutumé : cette débilité est accompagnée d'une sensation pénible dans les cuisses, et comparable à des pincements. Les fonctions de la circulation, de la respiration et de la digestion se troublent. Ces derniers désordres sont même si communs que les affections du tube digestif ont été considérées depuis longtemps comme causes primitives de la maladie : les uns l'attribuent à un état de débilité et d'autres en accusent une irritation anormale.

Mais d'après les travaux importants de M. Serres sur les fonctions de l'appareil nerveux, et les enseignements pathologiques qui en dérivent, il est plus probable que l'origine de la maladie est une affection de la moelle épinière, affection qu'on nomme *myélite* ou *spinite*. Le cerveau même peut être le point de départ, car on observe souvent chez les enfants affectés de gibbosité une intelligence précoce, une mobilité extrême, quelquefois une somnolence constante, et des mouvements convulsifs. Comme le cœur, les poumons, les intestins, reçoivent des nerfs rachidiens, il n'est point étonnant que les fonctions de ces organes soient troublées dans les premiers temps. C'est ainsi que des palpitations du cœur précèdent souvent et longtemps la déviation de l'épine du dos. Il faut alors examiner soigneusement si la colonne vertébrale ne présente rien d'extraordinaire dans sa conformation. Ce n'est pas seulement par la vue qu'il faut procéder à cette inspection, il faut de plus appuyer le doigt un peu fortement tout le long et de chaque côté de la colonne vertébrale : si cette pression détermine de la douleur, et surtout si les yeux font reconnaître en même temps la saillie des apophyses épineuses, le danger devient pressant. Bientôt la gibbosité se prononce, et quand la région dorsale est le siége de la maladie, la poitrine se déjette en avant. Ces sujets se tiennent couchés sur un des côtés, ayant les jambes plus fléchies, plus rapprochées des cuisses que dans le décubitus durant l'état de santé. Ils rejettent la tête en arrière, et la renversent même au point de porter la nuque entre les épaules ; leur marche est gênée, peu sûre, les mouvements des bras ne s'équilibrent pas avec ceux des jambes.

Dans un degré plus avancé, les malades, courbés en avant, appuient leurs mains sur leurs cuisses pour marcher plus facilement ; pour s'asseoir, ils s'efforcent autant que possible de conserver la rectitude du corps. Veulent-ils ramasser quelque chose à terre, ils écartent les extrémités inférieures, fléchissent les jambes et les cuisses, soutiennent le haut du tronc en appuyant une main sur la face antérieure de la cuisse correspondante, et ils saisissent l'objet de l'autre ou entre leurs genoux, mais jamais devant eux. La débilité des jambes augmente de plus en plus, et finalement les malades ne peuvent plus marcher. Avant d'arriver à ce point, l'affection paraît consister dans une modification de la vitalité du rachis, qu'on exprime souvent par le mot *irritation*, mais dont la portée est loin d'être nettement déterminée. Toutefois, aucun désordre considérable ne s'est encore effectué, la maladie est encore curable. Plus tard elle s'aggrave au point d'être sans ressource. Les corps des vertèbres se tuméfient, se ramollissent, et passent enfin à l'état de suppuration et de carie. Cette portion du squelette, destinée à protéger une portion importante du système nerveux, ne remplit plus sa destination, et si la moelle épinière n'était déjà pas affectée, comme on peut présumer qu'elle l'était dès l'origine de la maladie, en jugeant d'après les troubles fonctionnels, on peut croire qu'elle l'est maintenant. L'appareil qui unit les vertèbres entre elles prend part aussi au travail destructeur qui s'opère sur la partie affectée. La carie des vertèbres lombaires entraîne les mêmes accidents. Les malades demeurent paralysés, et la mort termine leur existence après une série de maux prolongés, l'incontinence ou la suppression des urines, la constipation ou la diarrhée, l'ulcération des parties sur lesquelles le corps repose, enfin le marasme, et tous ces maux sont irrémédiables.

C'est seulement avant que la suppuration s'établisse qu'on peut espérer de guérir la gibbosité ou d'en prévenir les tragiques conséquences. D'abord il faut obvier aux vices des habitations et rendre l'alimentation salubre, etc... La faiblesse des malades, toutefois, ne doit pas induire à les nourrir exclusivement avec des viandes noires, des bouillons rapprochés, et à leur donner pour boisson des vins généreux ; l'état des organes digestifs ne permet pas ordinairement un semblable régime, et des aliments légers sont la plupart du temps plus convenables. Les sirops et les tisanes antiscorbutiques, dont on fait un usage banal en pareil cas, loin d'être efficaces, sont, au contraire, nuisibles. Il n'y a pas d'inconvénient à faire coucher les malades sur des feuilles de fougère, mais c'est une coutume qui est encore sans utilité : un sommier de crin est préférable. Outre ces moyens généraux, il faut agir directement sur le point de l'épine qui est affecté, y appliquer des sangsues, des topiques réfrigérants, des moxas, etc. Si le corps des vertèbres est tuméfié, si la colonne vertébrale est déviée, si la paralysie s'est manifestée, il faut alors agir le plus promptement possible : on ne peut se flatter qu'on corrigera la déformation, mais il est encore possible d'en arrêter les progrès, et de prévenir la suppuration ; la médication doit être alors énergique. Il faut en ce cas, à l'aide de cautères renouvelés, entretenir longtemps et constamment une suppuration profonde dans le tissu cellulaire qui avoisine la gibbosité. Divers exemples ont démontré la puissance de ce traitement chirurgical, qu'il nous suffit d'indiquer ; il est la seule ressource de l'art, et il faut s'empresser de le saisir comme une ancre de miséricorde. Dr CHARBONNIER.

GIBECIÈRE, espèce de bourse large et plate, que l'on portait anciennement à la ceinture. Aussi dans les sujets tirés du moyen âge, et reproduits sur nos différentes scènes, voit-on toujours les personnages porter à leur ceinturon une *gibecière*, qui n'est autre chose que leur *bourse*. Aujourd'hui on entend par ce mot une bourse de cuir où les chasseurs mettent les différents objets dont ils se servent à la chasse. La gibecière du chasseur, plus vulgairement connue sous le nom de *carnier* ou *carnassière*, peut avoir différentes formes ; elle s'ouvre tantôt par le côté, tantôt par le haut ; mais dans tous les cas elle renferme divers petits compartiments, qui ont chacun leur destination spéciale. Lorsque la gibecière se resserre à l'aide d'un cordon, c'est-à-dire sur le côté, elle a véritablement la forme d'une bourse allongée. Enfin, le mot *gibecière* sert encore à désigner l'espèce de bourse ou de sac dont les joueurs de gobelets se servent pour enfermer leurs instruments. C'est dans ce sens qu'on dit le *sac magique* et les *tours de gibecière* ou *de gobelets*, etc. La gibecière ainsi entendue est en effet une espèce de sac, d'environ 32 centimètres de long, sur 22 à 27 de profondeur, garnie intérieurement de plusieurs petites poches, dans lesquelles l'escamoteur place les diverses pièces d'amusement qu'il veut trouver promptement et facilement sous sa main ; il l'attache devant lui au moyen d'une ceinture. Les pièces d'amusement qui ont rapport à la *gibecière* sont en grand nombre ; mais le jeu des *gobelets*, qui consiste à faire disparaître des *muscades*, ou des boules de liége, du gobelet sous lequel on les a placées, et à les faire reparaître sous un autre, jeu dont l'antiquité se perd dans la nuit des temps, restera toujours le plus populaire des tours d'adresse exécutés par l'escamoteur.

GIBEL (Mont). *Voyez* ETNA.

GIBELINS. C'est le nom qu'au moyen âge on donnait en Italie aux partisans de l'empereur, par opposition aux *Guelfes*, partisans de la suprématie des papes et dès lors adversaires de la puissance impériale. L'origine de ces surnoms donnés aux deux partis dont les luttes occupent une si grande place dans l'histoire du moyen âge est différemment expliquée par les auteurs. En Italie, on les fait venir de deux frères allemands, appelés l'un *Guelf* et l'autre *Gibel*, qui habitaient Pistoie, dont le premier avait embrassé avec chaleur les intérêts du pape, tandis que le second tenait ferme pour l'empereur. En Allemagne, on les dérive du prétendu cri de guerre de l'armée du roi Conrad III : « *Voici Gieblingen !* » et de celui de la troupe du duc Welf (en latin *Guelfus*) IV de Bavière : « *Voici Welf !* » à la bataille de Weinsberg, en 1140.

Gieblingen, et aussi *Waiblingen*, était le nom d'un château-fort appartenant aux Hohenstaufen et situé sur les rives du Kocher, en Souabe ; et effectivement les Hohenstaufen et leurs partisans furent primitivement désignés en Allemagne sous la dénomination de *Waiblingen*. Il est vraisemblable que ce furent les empereurs Frédéric Ier et II qui, à l'occasion de leurs longues querelles avec les papes au sujet de la question des investitures, donnèrent lieu à l'introduction en Italie de ce surnom, dont on fit *Ghibellini*, et qu'on ne tarda pas à employer pour désigner le parti hostile à la suprématie de l'autorité pontificale.

La lutte acharnée des deux partis, lutte dont la haute Italie fut surtout le théâtre, et qui pendant si longtemps entretint entre les habitants des diverses villes des haines si ardentes et si implacables, qui les portaient tour à tour à s'entr'égorger, se prolongea, non-seulement pendant la durée de la domination de la maison des Hohenstaufen, mais encore pendant le moyen âge tout entier. En vain le pape Benoît XII, en l'année 1334, prononça la peine de l'excommunication contre quiconque à l'avenir se servirait de ces dénominations haineuses ; elles se maintinrent en Italie longtemps encore après avoir cessé complétement d'être en usage en Allemagne.

Comme symbole, les *Gibelins* avaient adopté la rose blanche et le lis rouge, et les *Guelfes* une aigle déchirant de ses serres un dragon bleu, dont la tête, au lieu de couronne, était surmontée d'un lis rouge.

GIBÉON, c'est-à-dire *montagne*, nom d'une ville de la tribu de Benjamin dont il est question dans l'Ancien Testament, et dont les habitants primitifs appartenaient aux Héfites, peuplade de la Terre de Canaan. Pour échapper à la destruction dont les menaçait l'approche de Josué, ils se travestirent en étrangers, s'introduisirent comme tels dans le camp des Israélites, et réussirent par cette ruse à gagner leur amitié. Quand on sut qu'ils étaient du voisinage, Josué, pour les punir, les partagea entre les lévites, pour fendre leur bois et porter leur armes. Cependant, il protégea leur ville contre une attaque des cinq rois de Canaan, qu'il défit en bataille rangée.

Il ne faut pas confondre *Gibéon* avec Gibéa, autre ville de la tribu de Benjamin, célèbre pour avoir donné le jour à Saül et avoir été sa capitale.

GIBET, instrument qui sert au supplice de la pendaison : ce mot est donc synonyme de *potence* et de *fourches patibulaires*. L'*Encyclopédie* le fait venir de l'arabe *gibel*, montagne, parce que l'on choisissait pour dresser les gibets le sommet d'un monticule ou tout autre lieu apparent.

GIBIER s'applique à tout ce qu'on a pris en chassant, quel qu'ait été d'ailleurs le mode de cette chasse, au fusil, avec des chiens, des oiseaux de proie, etc., quoique ces derniers aient passé presque complétement de mode aujourd'hui. Les sangliers, les cerfs, les daims, et autres animaux semblables, sont ce qu'on appelle le *gros gibier ;* le *menu* se compose des animaux plus petits, tels que lièvres, lapins, perdrix, etc.

On dit proverbialement : ce n'est pas là votre *gibier*, en parlant d'une chose qui ne vous regarde pas, dont vous ne devez pas vous mêler :

> Les œuvres de Clément Marot
> Ne sont pas *gibier* de dévot.

La même locution s'emploie aussi pour les choses qui passent la capacité de quelqu'un, qui ne lui conviennent pas : on dit que ce n'est pas de son *gibier*. On nomme *gibier* de galère, de potence, des hommes qu'on présume devoir expier tôt ou tard par un de ces supplices les habitudes vicieuses et criminelles de leur vie.

GIBOULÉE. C'est communément le nom qu'on donne à des pluies subites, et surtout aux neiges, grésil, etc., qui tombent dans les mois de mars et avril.

GIBRALTAR, dont le nom est dérivé de la dénomination arabe *Gebel-al-Tarik*, c'est-à-dire *rocher de Tarik*, est un promontoire de nature rocheuse, d'environ 5,000 mètres de long sur 1,500 de large, situé à l'extrémité méridionale du royaume d'Andalousie (Espagne), à environ 433 mètres au-dessus du niveau de la mer, formant une forteresse rendue inexpugnable par la nature et par l'art, reliée au continent par une étroite langue de terre d'environ 900 mètres de longueur, et qui appartient aux Anglais. La crête du rocher, longue, étroite, à dos d'âne, et composée de pierre calcaire, est garnie d'une quadruple rangée de lignes fortifiées, parmi lesquelles se trouve un vieux château mauresque, et va en s'abaissant au nord vers le promontoire plat dont nous avons parlé, vaste surface sablonneuse, n'ayant guère au-delà de trois mètres d'élévation au-dessus de la mer, et bornée au point où elle se rattache à la terre ferme par ce qu'on appelle *les lignes espagnoles*, suite de retranchements élevés jadis par les Espagnols contre les Anglais, mais aujourd'hui en ruines. La plus grande partie des ouvrages de défense sont creusés dans le roc vif, et ils sont garnis de plus de six cents pièces de canon du plus gros calibre. Les casemates offrent assez de place pour toute la garnison, ordinairement forte de 3,500 à 4,000 hommes, et sont en outre si élevées qu'on y peut aller partout à cheval. Ce rocher est inabordable à l'est, au sud et au nord ; et ce n'est qu'à l'ouest, où se trouve la ville, sur un lit de galets et de sable rougeâtre, au pied même du rocher, qu'on pourrait espérer s'en rendre maître par surprise ou par force. Huit citernes, à l'abri de la bombe, d'une contenance de 40,000 tonnes, où l'on recueille précieusement toute l'eau de pluie descendant du rocher et qu'on a soin de filtrer, et un puits d'eau douce qui se trouve dans le rocher même, protègent, en cas de siége, la ville contre le manque d'eau. La ville s'élève à l'extrémité occidentale du rocher, et compte 17,000 habitants ; réduite en cendres, lors du dernier siége, elle a été entièrement reconstruite depuis. Favorisée par son excellent port, elle fait un commerce considérable, et surtout celui de la contrebande avec l'Espagne ; aussi n'évalue-t-on pas à moins de deux millions sterling le chiffre de ses importations et exportations annuelles.

La vieille ville était d'abord située sur la côte occidentale de la baie, près de *Jesira Alhadra*, ou *l'Ile verte*, au lieu où est aujourd'hui *Algesiras :* ce fut plus tard seulement, et après l'expulsion complète des Maures, que les habitants transportèrent leur ville sur le flanc du célèbre promontoire ; ils la fortifièrent alors, et en firent une place de guerre redoutable : comme le rocher sur lequel elle est bâtie, elle se nomme *Gibraltar*.

Une particularité de cette ville, c'est que toutes ses maisons sont peintes en noir, d'une part pour adoucir aux yeux l'effet de la réverbération des rayons du soleil, et de l'autre pour, en cas d'attaque, en rendre plus difficile à l'ennemi la vue distincte. C'est à Gibraltar que règne le climat le plus chaud de l'Europe. Une chaleur tout africaine, tempérée pourtant par les vents rafraîchissants de la mer, permet d'y cultiver toutes les plantes méridionales. Il s'en faut que ce soit un rocher nu et stérile. Dans ses anfractuosités, les vaches, les moutons et les chèvres trouvent au contraire une nourriture toujours verte, et il n'y a pas un pouce de terre qui n'y soit couvert d'arbres fruitiers de toutes espèces, les uns croissant spontanément, les autres provenant de plants et appartenant à des espèces perfectionnées par la culture. Gibraltar est aussi le seul point de notre continent où l'on trouve des singes ; et la tradition veut qu'ils y soient venus par la Grotte de Saint-Michel, profonde cavité toute recouverte de stalactites, située près du sommet du rocher, dont on n'a pas rencontré le fond, et qu'on croit constituer une voie de communication souterraine avec le continent africain.

Dans l'antiquité, le rocher de Gibraltar, qui dépendait de l'*Hispania Bætica*, s'appelait *Calpe*. Avec Abila, près de Ceuta, sur la côte d'Afrique, il formait ce qu'on appelait les *colonnes* d'Hercule, et le bras de mer qui les séparait s'appelait le *détroit de Gadès*. Là s'embarquèrent les hordes des Vandales, premiers conquérants de l'Espagne, quand une nouvelle irruption de barbares les poussa sur les rivages de l'Afrique et les imposa à toute la Mauritanie ; là encore, à la base de ce rocher noir, en l'an 92 de l'hégire (711 de notre ère), Tarik-Abenzaca, lieutenant du khalife Walid, vint débarquer avec une bande d'Arabes ; il y construisit un château-fort, destiné à protéger à l'avenir les débarquements de nouveaux corps d'armée arabes. Et le promontoire de Calpé, où le croissant brilla pour la première fois sur la péninsule espagnole, prit le nom de l'heureux général, *Gebel-al-Tarik* (rocher de Tarik), dont la postérité a fait *Gibraltar*. Le roi de Castille Ferdinand II réussit, il est vrai, à enlever aux Maures cette importante position, en l'an 1302; mais dès l'an 1333 ceux-ci s'en rendirent maîtres de nouveau, et ils la conservèrent jusqu'à ce que, sous le règne de Henri IV de Castille, Guzman, duc de Medina Sidonia, la leur prit pour toujours. Gibraltar dépendit ensuite des couronnes de Castille et de Léon. Charles-Quint, qui comprit toute l'importance de cette place, en fit refaire et agrandir les vieilles fortifications mauresques par le célèbre ingénieur Speckel, de Strasbourg, d'après les règles de l'art moderne. A l'époque de la guerre de la succession d'Espagne, cette forteresse fut enlevée par les Anglais aux Espagnols, qui la gardaient mal. Le 21 juillet 1704, une flotte anglaise aux ordres de l'amiral Rook, qui parut tout à coup dans les eaux de Gibraltar, mit à terre un petit corps d'Anglais et de Hollandais, fort de 1,800 hommes au plus, mais troupes d'élite, commandé par le prince Georges de Hesse-Darmstadt, feld-maréchal-lieutenant au service de l'empereur, et chargé, en interceptant cette unique voie de communication, d'empêcher que la ville pût être secourue par terre. Tous les vaisseaux de la flotte allèrent ensuite s'embosser sous les murailles de la ville, et en quelques heures y lancèrent plus de quinze mille boulets : la garnison se rendit avant l'assaut. Elle n'était que de cent cinquante hommes.

Pour reprendre cette place, le roi Philippe d'Anjou la fit attaquer par terre, le 12 octobre de la même année, par une armée de dix mille hommes, tandis que du côté de la mer l'amiral Poyez l'investissait avec vingt-quatre bâtiments de guerre. Mais l'entreprise échoua, tant par suite de la solidité de la place, défendue par de nombreuses batteries, qu'à cause de l'assistance que la flotte anglo-hollandaise vint prêter à temps aux assiégés. Une tentative nouvelle faite en 1705, à l'instigation du maréchal de Tessé, n'eut d'autre résultat que de faire battre l'amiral Pontis dans le port même de Gibraltar. Le traité de paix d'Utrecht adjugea définitivement la possession de ce rocher à l'Angleterre, qui depuis a tout fait pour rendre inexpugnable une position dont elle a fait le boulevard de son commerce dans la Méditerranée. Mais comme, à mesure que cette place prenait des proportions plus formidables, l'intérêt qu'avait l'Espagne à la récupérer s'accroissait, le 7 mars 1727 un nouveau siége s'ouvrit; il échoua, comme le précédent, par suite de l'arrivée d'une flotte anglaise de onze vaisseaux de ligne, aux ordres de l'amiral Trager. L'Espagne offrit alors à l'Angleterre une indemnité de deux millions de livres sterling pour que celle-ci consentît à lâcher sa proie; mais tous ses efforts furent inutiles, et, en vertu du traité de paix conclu en 1729 à Séville, elle dut même renoncer solennellement pour toujours à ses prétentions sur Gibraltar. En 1779, les Espagnols l'investirent de nouveau, tant par terre que par mer, et à cet effet établirent un camp retranché près de Saint-Roch. Mais l'amiral anglais Rodney réussit à introduire dans la place menacée les troupes de renfort nécessaires à sa défense, ainsi que les vivres et les munitions dont elle avait besoin pour soutenir un long siége. Alors la garnison non-seulement opéra le 27 novembre 1781, sous les ordres de l'amiral Elliot et du général Ross, une sortie victorieuse du côté de la terre contre les Espagnols, mais encore, par son feu bien dirigé, elle réussit à détruire les batteries et autres travaux élevés par les Espagnols. Le plan audacieux conçu par ceux-ci d'enlever la place du côté de la mer à l'aide de batteries flottantes échoua également contre les mesures habiles du brave général Elliot (13 septembre 1782); et bientôt après la paix de 1783 assura à jamais aux Anglais la possession de cette place forte, dont l'investissement et le siége avaient de 1779 à 1783 coûté aux puissances belligérantes près de 300 *millions de francs*. Depuis, dans toutes les guerres qui ont eu lieu entre les Anglais et les Espagnols, ou les Français et les Anglo-Espagnols, Gibraltar n'a plus été investi que du côté de la terre. Après la restauration de Ferdinand VII sur son trône, et surtout à partir de 1821, Gibraltar devint un centre d'action pour les libéraux mécontents du gouvernement de ce prince; et dans les dernières guerres civiles qui ont désolé la Péninsule, ç'a toujours été une place d'armes pour les *christinos*.

Le *Gibraltar* d'Amérique est un gros bourg de la Venezuela, devenu célèbre par les expéditions des flibustiers, et surtout par le fameux tabac de Maracaïbo, que l'on recueille dans les plaines qui l'avoisinent.

GIBSON (John), l'un des sculpteurs les plus remarquables de notre époque, est né à Liverpool, vers la fin du siècle dernier. Une vocation décidée pour les beaux-arts l'amena de bonne heure à Londres, où il suivit les cours de l'Académie; mais il ne tarda point à se rendre à Rome (1820), où il commença d'abord par fréquenter l'atelier de Canova, et où il s'établit plus tard tout à fait. Dans ses premiers travaux il se montra le fidèle disciple de ce maître, dont il réussit à s'approprier complétement la gracieuse mollesse. Mais il n'en resta pas là. Peu à peu l'antique l'emporta dans son esprit; et en suivant cette direction il s'éleva à une pureté tout idéale de la forme, ainsi que le prouve la comparaison attentive de ses travaux postérieurs. Son premier ouvrage important fut une *Nymphe déliant ses sandales*. On a prétendu que la nature était mal comprise dans ce travail; cependant, on ne peut nier que ce ne soit un délicieux morceau. Vint ensuite un groupe, *Psyché portée par des Zéphyrs*, que l'artiste exécuta pour le duc de Leuchtenberg, et dont il a fait depuis de nombreuses copies, comme il en a agi du reste pour plusieurs autres de ses ouvrages. Il fit ensuite pour un tombeau placé dans l'église Saint-Nicolas, à Liverpool, un bas-relief représentant un *Ange gardien* guidant dans le périlleux chemin de la vie un voyageur déjà dans la force de l'âge. Pour lord Townshend il exécuta une *Aurore*, au moment où elle sort des flots pour annoncer le jour; œuvre d'une grâce peu commune. Le marquis de Westminster lui commanda une *Amazone blessée*. A deux reprises, il fut chargé de la statue du ministre Huskisson; et la seconde de ces statues, celle qu'il exécuta pour être placée dans le cimetière de Liverpool, marque un important progrès sur la première. Un *Chasseur avec son chien*, groupe dont l'exécution annonce un artiste consommé, porte l'empreinte d'une profonde étude de la nature. Nous citerons encore de lui un *Narcisse*, appuyé sur le bras gauche et regardant son visage dans le miroir de l'onde. En 1845 Gibson vint à Londres, où il modela d'après nature le portrait de la reine Victoria pour une statue qui doit être placée a Windsor, où elle fera pendant à la statue en pied du prince Albert par Émile Wolff. La figure est conçue à l'antique; et les draperies, de même que les attributs royaux, sont aussi exécutés à l'antique. L'artiste a encore été chargé de l'exécution du monument voté par le parlement à sir Robert Peel dans l'abbaye de Westminster.

GIBSON (Thomas MILNER), membre du parlement anglais, où il représente la ville de Manchester, est le fils d'un major de l'armée anglaise, et est né en 1807. Après avoir fait ses études à Cambridge, il épousa en 1832 la fille de sir Thomas Cullum, et entra au parlement en 1837 comme député d'Ipswich. Il avait été élu par les conservateurs; mais reconnaissant qu'il ne pouvait sans mentir à sa conscience défendre plus longtemps la politique de ce parti, il résigna son mandat en 1839, et exposa à ses commettants les motifs qui lui avaient fait prendre cette détermination. La nouvelle élection ne lui fut pas favorable, et peu de temps après il ne fut pas plus heureux à Cambridge. Mis de la sorte en dehors du mouvement parlementaire, il se jeta de cœur et d'âme dans l'agitation qui avait pour but l'abolition des impôts perçus sur les objets de première consommation, et ne tarda point à être compté parmi les orateurs les plus populaires de l'*anti-corn-law-league*. Lors des élections générales qui eurent lieu en 1841, on l'invita à se mettre sur les rangs dans l'importante ville de Manchester; et, après une lutte opiniâtre, il l'emporta sur sir George Murray, ministre de la guerre dans le cabinet présidé par Robert Peel. Dès lors Gibson figura en première ligne avec Cobden parmi les partisans du *libre échange*, jusqu'à ce qu'on eut obtenu, en 1846, l'abolition des lois sur les céréales. Lord John Russell ayant alors constitué un cabinet qui se donna pour mission de développer les conséquences de la politique libérale en matières commerciales qui venait de l'emporter, offrit à Gibson une place dans le nouveau ministère. Celui-ci accepta, et fut nommé vice-président du bureau de commerce. Mais très-peu de temps après on put remarquer de profondes dissidences politiques entre lui et ses collègues. A Manchester, où Gibson avait été réélu en 1847, la tiédeur témoignée par les ministres pour l'exécution des réformes financières et leur résistance systématique à une nouvelle réforme électorale avaient excité un vif mécontentement. En conséquence, en mai 1848, Gibson résigna son portefeuille. Depuis lors il n'a pas cessé d'être l'un des chefs du parti radical dans la chambre basse; et malgré les efforts des conservateurs, la ville de Manchester lui a encore renouvelé son mandat électoral en 1852.

GICHTEL, GICHTÉLIENS. *Voyez* BOEHME (Jacob).

GICQUEL, inscrit en 1777 au tableau des avocats au parlement de Paris, et mort avocat de la cour royale, en 1827, vit encore dans la mémoire des *dilettanti* du Palais par son austère franchise et l'esprit d'originalité qui animait ses brusques reparties. Dès les premiers orages de la Révolution il s'abstint de la plaidoirie. On avait imaginé en 1791 de créer des avoués, qui n'étaient pas ce qu'ils sont aujourd'hui : tout ancien juge, avocat, procureur ou greffier, avait droit de se faire inscrire en prêtant serment comme *avoué* près un tribunal; mais c'était un titre insignifiant, qui ne conférait aucun privilége, puisque tout mandataire d'une partie avait droit de prendre et de signifier des conclusions écrites, ou de présenter une défense orale. On lit dans les *Souvenirs* de Berryer père qu'il eut le premier le courage de plaider devant les nouveaux tribunaux, dans une affaire qui intéressait la trésorerie nationale. Gicquel était présent comme curieux; peu s'en fallut qu'il ne l'apostrophât rudement comme renégat ou parjure. Gicquel consentit à rentrer au barreau sous le Consulat et l'Empire; mais il ne voulut point abjurer les anciennes traditions. Une messe solennelle eut lieu dans la grande salle du Palais-de-Justice, en 1803, pour l'installation de la nouvelle cour de cassation. Les magistrats y assistaient pour la première fois en robes rouges; le premier président Muraire et le procureur général étaient revêtus de l'épitoge. Les avocats avaient repris la robe noire, la toque et la chausse. « Voilà, dit tout haut Gicquel, un *superbe buisson d'écrevisses;* mais cela ne vaut pas notre ancienne *messe rouge!* Ces gens-là ne me persuaderont jamais, les uns qu'ils sont les héritiers de l'ancien parlement, les autres qu'ils sont les successeurs des Gerbier, des Tronchet et des Bonnieres. » Un jour qu'il devait plaider devant Seguier à la cour impériale, il se fit longtemps attendre. En arrivant, il s'excusa sur ce qu'il venait de défendre à la cour de cassation un arrêt de la cour d'appel. « Les arrêts de la cour, répondit Seguier, se défendent d'eux-mêmes. — Je l'avais cru jusqu'ici, répliqua vertement Gicquel; mais l'arrêt que moi-même je trouvais excellent a été cassé tout d'une voix. » BRETON.

GIDDAH. *Voyez* DJEDDAH.

GIEBICHENSTEIN, village situé d'une manière ravissante sur les bords de la Saale, à cinq kilomètres au nord de Halle, l'un des plus riches domaines de la couronne de Prusse, est célèbre par les ruines de son château-fort et les traditions populaires qui s'y rattachent. Vers la fin du onzième siècle, l'empereur Henri IV y retint longtemps prisonnier le duc Geoffroy de Thuringe, qui parvint à recouvrer sa liberté en s'élançant hardiment du haut d'une de ses fenêtres, qu'on montre encore aujourd'hui, dans les flots de la Saale. Cette fenêtre n'est pas à moins de 40 mètres au-dessus du niveau de cette rivière, qui ne coule point immédiatement au-dessous du roc sur lequel est construit le château; circonstance qui permet de douter que ce soit accompagnée de telles circonstances qu'ait eu lieu la miraculeuse évasion du duc de Thuringe.

A partir du seizième siècle, ce manoir tomba de plus en plus en ruines; et en 1636, à l'époque de la guerre de trente ans, il fut détruit de fond en comble. Les quelques débris de murailles qui en subsistent encore, et qui menaçaient à chaque instant de s'écrouler, ont été en 1844 étayés et repris en sous-œuvre par ordre de l'administration prussienne. La tour qui y est adossée est de construction moderne.

Les bains thermaux de *Wittekind*, qu'on y a ouverts en 1846, n'y attirent pas seulement chaque année beaucoup de malades, mais aussi un grand nombre de voyageurs, qui s'y rendent en parties de plaisir, notamment de Leipzig.

GIEDYMIN. *Voyez* GEDIMIN.

GIELGUD (ANTOINE), général polonais, né vers 1792, en Lithuanie, appartenait à l'une des familles les plus considérées de cette province, dont son père était staroste. En 1812 lui et un autre gentilhomme lithuanien vinrent se joindre à la grande armée, chacun à la tête d'un régiment d'infanterie, qu'il avait levé à ses propres frais. C'était bien le moins assurément que Napoléon donnât le grade de colonel aux deux braves qui répondaient ainsi à l'appel qu'il avait adressé aux populations de la Lithuanie. Ces deux régiments furent préposés à la garde de la forteresse de Modlin, dont ils formèrent la garnison. Ce service ne fournit point à Gielgud d'occasions de s'initier à l'art de la guerre, les Russes, lors de la retraite de l'armée française, s'étant bornés à bloquer la place, qui ne se rendit qu'à la fin de 1813. Cependant, quand le grand-duc Constantin s'occupa de l'organisation d'une armée polonaise, il n'en conféra pas moins à Gielgud le grade de général de brigade.

Au moment où éclata la révolution de novembre 1830, Gielgud suivit l'élan général : toutefois, il ne manqua pas dès lors de patriotes qui tinrent son zèle et son dévouement pour suspects. Lorsque Diebitsch entra en Pologne, la sanglante bataille d'Ostrolenka donna à Gielgud le temps de quitter le 25 mai Lomza, qu'il occupait, pour franchir le Niémen et se jeter en Lithuanie à l'effet d'appuyer les insurgés de cette province. Son corps d'armée ne rencontra d'abord aucun obstacle sérieux; il put opérer sa jonction avec Sierakowski, et le 29 mai il remporta un avantage décisif sur le général Sacken, qui dut se replier sur Kauen et Wilna. Après cette affaire, Gielgud marcha vers la Samogitie, pour s'y réunir aux insurgés. Chlapowski, qui pendant la bataille d'Ostrolenka avait aussi pris la direction de la Lithuanie, opéra sa jonction avec lui sur l'autre rive du Niémen, où Dembinski, à la tête d'une division de cavalerie, vint encore grossir son armée. L'entreprise débutait sous les plus heureux auspices. Malheureusement Gielgud perdit tout par son irrésolution et son manque d'expérience militaire. Après un sanglant combat livré le 19 juin, il dut se retirer le long de la Wylia. Il avait perdu la confiance des soldats, et tous les liens de la discipline se trouvèrent bientôt rompus dans les débris de son armée. Pressé de toutes parts par les Russes, et toute retraite lui étant coupée, il tint un conseil de guerre dans lequel il fut décidé qu'on se réfugierait sur le territoire prussien. Chlapowski se soumit à la décision du conseil; mais Sierakowski et Dembinski refusèrent d'y obtempérer, et se séparèrent du gros de l'armée pour se frayer de vive force avec une poignée de braves un passage à travers l'ennemi. Le 12 juillet le corps d'armée aux ordres de Gielgud atteignit la frontière prussienne à Schlaugtten, près de Langallen. La marche rapide des Russes hâta la conclusion de la convention signée le jour suivant avec les autorités prussiennes. Déjà une division commandée par Chlapowski avait passé la frontière et déposé ses armes, quand l'approche de l'armée russe força Gielgud à la franchir à son tour. Cependant une partie de ses troupes fit volte-face, et au lieu de le suivre alla rejoindre la division aux ordres du général Rohland, qui venait immédiatement après. Dans ce moment critique Gielgud à cheval au milieu de son état-major parcourait les lignes, quand un officier du corps de Rohland appelé Slaski lui déchargea un pistolet à bout portant dans le cœur, en s'écriant : « Ainsi meurent les traîtres! » fin déplorable et qualification odieuse que n'avait point méritées Gielgud. Il n'était pas à la hauteur du rôle que les événements lui avaient assigné, et dans les temps de révolution on paye souvent les fautes plus cher que les crimes.

Deux jours après, la division aux ordres du général Rohland, et forte encore à ce moment de plus de 2,500 hommes, accablée de toutes parts par les forces russes, était contrainte à son tour de se réfugier sur le territoire prussien et d'y déposer aussi les armes.

GIESSEN, ville du grand-duché de Hesse-Darmstadt, chef-lieu de la province de la Hesse-Supérieure, est située sur la Lahn, à l'embouchure du Wieseck, dans une belle et fertile plaine entourée de collines couvertes de bois, et compte environ 9,000 habitants. Elle est le siége d'une université qui compte plus de soixante professeurs et agrégés, et fréquentée, année commune, par sept à huit cents étudiants. L'université, qui comprend une faculté de théologie catholique, possède une riche bibliothèque, un amphithéâtre d'anatomie, une clinique médicale, une école d'accouchement, un laboratoire de chimie, un riche cabinet de physique, un jardin botanique, un observatoire, de belles collections de technologie, d'architecture, de zoologie, de pathologie, de minéralogie, de médailles et d'antiques, ainsi qu'une école vétérinaire. Il y a en outre à Giessen une école forestière, un *pædagogium* ou école normale pour les instituteurs primaires, et un institut philologique.

GIFFORD (WILLIAM), fondateur du *Quarterly Review*, né en 1757, à Ashburton, dans le Devonshire, devint orphelin de très-bonne heure, ne reçut en conséquence qu'une très-insuffisante éducation; et ses tuteurs ne tardèrent pas à se débarrasser de lui en le faisant embarquer comme mousse à bord d'un bâtiment caboteur. Au retour de sa première campagne, il fut placé en apprentissage chez un cordonnier, et là il mit à profit tous les instants qu'il pouvait avoir de libres pour satisfaire son goût pour l'étude des mathématiques et aussi pour tenter quelques essais poétiques, mais sans pouvoir, faute d'encre et de papier, les mettre par écrit. Il était déjà arrivé à l'âge de vingt ans, quand un chirurgien bienfaisant résolut de se charger de lui, et, après l'avoir confié pendant deux ans aux soins d'un ecclésiastique, lui fit obtenir à Oxford une bourse dont le revenu, joint aux secours que continuèrent de lui faire passer des amis bienveillants, le mit à même de subvenir à tous ses besoins. Un heureux hasard lui fit obtenir la protection de lord Grosvenor, avec le fils duquel il parcourut pendant plusieurs années les diverses contrées de l'Europe. A son retour en Angleterre, il s'occupa d'une traduction de Juvénal, qui parut en 1803. Il avait déjà publié auparavant une imitation de la première satire de Perse, *The Baviad* (1794), et une satire dirigée contre les poëtes dramatiques de l'époque (1795); puis il avait été attaché à la rédaction du *The Anti-Jacobin*, recueil périodique, dans lequel étaient violemment combattues les doctrines de la démocratie. Quand il cessa de paraître, Gifford consacra ses loisirs à des travaux de critique, et publia en 1805 une nouvelle édition des œuvres de Massinger, et en 1806 de celles de Ben Johnson. Ses éditions des théâtres de Ford et de Shirley ne parurent qu'après sa mort.

En 1809, il fonda le *Quarterly Review* (Revue trimestrielle), dont il resta l'un des collaborateurs les plus distingués et les plus actifs jusqu'en 1824, époque où l'affaiblissement de sa santé le força d'en abandonner la direction. Les services qu'il trouva moyen de rendre dans son recueil aux hommes d'État du parti tory, alors aux affaires, furent récompensés par l'octroi d'une sinécure. Gifford, qui n'avait jamais été marié, institua pour héritier de sa fortune, assez considérable, le fils de son premier bienfaiteur. Il mourut le 31 décembre 1826.

GIGANTESQUE. *Gigantesque* et *colossal* expriment tous deux une merveilleuse élévation; mais celui-là représente une idée simple, celui-ci une idée composée. *Colossal* signifie une grandeur extraordinaire combinée avec une grosseur étonnante; *gigantesque*, une élévation prodigieuse, abstraction faite de la grosseur. Ce qui se projette en hauteur est du gigantesque; ce qui non-seulement se projette par la cime, mais se distend par le volume, est du colossal. *Gigantesque* signifie donc la grandeur immense; *colossal* exprime la grandeur énorme, et c'est par la conséquence naturelle de ces idées que les Romains avaient nommé *Colosseum* ce vaste, massif et monstrueux amphithéâtre que nous appelons *Colisée*. H. FAUCHE.

GIGELLY. *Voyez* DJIDJELLY.

GIGLI (GIROLAMO), poëte et littérateur italien, né à Sienne, le 14 octobre 1660, dont le nom véritable était *Renci*, mais qui prit ce nom de Gigli en l'honneur d'un riche parent qui l'avait adopté. Il se sentit de bonne heure une vocation secrète pour la poésie, et ses œuvres lyriques et dramatiques obtinrent un succès général, bien qu'on ne puisse pas y méconnaître l'influence de la poésie française, qui alors commençait à gagner l'Italie. Son penchant pour la satire et ses mordantes plaisanteries contre l'hypocrisie lui firent de nombreux ennemis. Une traduction du *Tartufe* de Molière, publiée par lui sous le titre de *Don Pilone*, lui attira la haine du clergé et de la gent dévote. Gigli ne s'épargna pas du reste lui-même ni les siens plus que les autres; et dans la pièce de théâtre intitulée : *La Sorella di don Pilone*, non-seulement il se persifla lui-même, mais encore sa femme, dont la rigide économie dégénérait parfois en avarice, ainsi que ses parents et ses meilleurs amis. Lors de la publication qu'il fit des *Œuvres de sainte Catherine*, ayant critiqué dans un vocabulaire joint à cet ouvrage les prétentions de l'Académie *della Crusca*, l'orage, longtemps contenu, éclata enfin contre lui; et alors, attaqué et même calomnié de toutes parts, il succomba sous le nombre de ses ennemis, parmi lesquels figuraient surtout les jésuites. Son nom fut rayé de la liste des professeurs de l'université de Sienne et de celle des membres de l'Académie *della Crusa*; et on l'exila même de sa ville natale. Tombé bientôt dans une profonde misère, à cause de sa vie insouciante et dissipée, il fut réduit à faire amende honorable à Rome, obtint par cette démarche humiliante l'autorisation de rentrer à Sienne, mais ne réussit pas pour cela à rétablir ses affaires. Contraint de s'en retourner à Rome, il y mourut, le 4 janvier 1722, dans un dénuement tel, qu'une confrérie pieuse dut se charger des frais de son enterrement. Il n'existe point d'édition complète de ses nombreux ouvrages.

GIGUE, air d'une danse du même nom, dont la mesure est à six-huit et d'un mouvement vif et gai. Les gigues de Correlli ont été longtemps célèbres; mais ces airs ont entièrement passé de mode avec la danse qu'ils accompagnaient.

Les danseurs de corde se servent encore du mot *gigue* pour désigner une espèce de danse anglaise, composée de toutes sortes de pas et qui se danse sur la corde.

Dans les ouvrages français du moyen âge, on parle souvent d'un instrument de musique nommé *gigue*. Les uns veulent que ce soit une espèce de flûte; d'autres le donnent comme un instrument à cordes.

GIHED (AL). *Voyez* AL-DJIHED.

GIHOUN. *Voyez* DJIHOUN.

GIHZ ou GEES (Langue de). *Voyez* ÉTHIOPIENNES (Écriture, Langue, Littérature).

GILBERT (NICOLAS-JOSEPH-LAURENT) naquit en 1751, à Fontenoi-le-Château, près de Remirémont, dans les Vosges. Ses parents, cultivateurs pauvres, eurent bientôt épuisé leurs minces ressources pour les frais de son éducation au collége de Dôle. Toutefois, les dispositions éminentes, le zèle de cet enfant justement aimé, avaient en peu de temps mis un terme à ces sacrifices, car Gilbert sortait à peine de sa douzième année que toutes ses études classiques étaient achevées. L'écolier-poëte tourna d'abord ses regards vers Paris. Sitôt arrivé dans la capitale, il demanda naïvement protection aux hommes puissants, aux lettrés, aux académiciens; mais son indigence, qu'il pensait être une vertu antique, un louable motif pour mériter l'intérêt, lui ferma toutes les portes. Cette première et triste épreuve du monde, cette espèce d'outrage, lui tournèrent sur le cœur, l'aigrirent et lui ravirent à jamais son parfum de jeunesse, car il serait difficile de rencontrer dans ses ouvrages un seul vers tendre, une seule plainte d'amour. Si ce ne sont quelques strophes qu'il composa huit jours avant sa mort, tout est dur, rude et hérissé dans ce poëte.

Cependant, chaque année la lice était ouverte aux poëtes, dans l'Académie : le sombre et vigoureux Gilbert se sentit de force à y descendre. En 1772 il envoya au concours sa pièce intitulée : *Le Poëte malheureux*, titre lugubre, qui fut repoussé de prime-abord les heureux de l'Académie; ils ne le mentionnèrent même point : ils n'avaient pas été seulement émus de ce vers si touchant, si noble, naïf préambule de la pièce :

> Savez-vous quel trésor eût satisfait mon cœur ?
> La gloire ! . . . . . .

L'année d'après, en 1773, Gilbert hasarda une pièce de haute poésie, une ode; il envoya son *Jugement dernier* au concours; cette pièce eut le même sort que sa sœur aînée : elle tomba au sein de l'Académie comme la feuille séchée d'un arbre mort. Cette ode est certainement loin d'être sans défauts; toutefois, on y remarque déjà des beautés lyriques; l'image surtout qui la termine est peut-être une des plus belles qu'on ait hasardées dans notre langue :

> L'Éternel a brisé son tonnerre inutile;
> Et d'ailes et de faux dépouillé désormais,
> Sur les mondes détruits le Temps dort immobile.

Cette injustice, ou plutôt ce mépris, décida du genre de poésie auquel le jeune poëte doit son illustration, la **satire**. Il publia presque immédiatement *Le Dix-huitième Siècle*, dédié à **Fréron**, et *Mon Apologie*, satires auxquelles il attacha l'épouvantail de son nom, jusque alors dédaigné. Ce fut de là que, sous le bouclier de Fréron, il décocha cette nuée de traits sur l'Académie et la société d'alors, qui presque tous ont porté. Nombre de vers de ces deux pièces sont demeurés proverbes. Voltaire, qui ne lui pardonnait pas d'y être appelé simplement par son mononyme *Arouet*, et dans *Le Carnaval des Auteurs*, *Vol-à-Terre*; Sautereau (*Sot-Trop*), Durozois, *Rudozoi*); Saint-Ange, Marmontel, Thomas, le *lourd* Diderot, le *vain* Beaumarchais, le *froid* D'Alembert (telles sont les épithètes que le poëte leur donne); Saint-Lambert, qui

> En quatre points mortels a rimé les saisons;

La Harpe,

> Qui, sifflé pour ses vers, pour sa prose sifflé,
> Tout meurtri des faux-pas de sa muse tragique,
> Tomba, de chute en chute, au trône académique;

tous, enfin, cherchèrent à débusquer ce tirailleur obscur qui leur tuait tant de monde. L'aristocratie des philosophes surtout, race vaniteuse, égoïste et implacable, trembla pour son existence. Le faible La Harpe se chargea de l'affaire dans *Le Mercure*; mais plus tard, dans un rabâchage analytique sur les odes et satires de Gilbert, mauvais lambeau rattaché à son *Cours de Littérature*, le pédant moqué finit par dire : « Il y avait là le germe d'un talent. »

Toutefois, Gilbert s'honorait de l'estime de d'Arnaud, auquel il adressa une ode, *La Reconnaissance*; des suffrages et des bienfaits de l'abbé de Crillon, et de la protection de l'archevêque de Paris, de Beaumont, qui lui fit obtenir du roi une pension modique, il est vrai, mais suffisante aux premiers besoins de la vie. Voilà ce que La Harpe appelait ignoblement « être au pain d'un archevêque ». Mais il arriva qu'un jour, Gilbert pénétra à toute force dans les appartements de l'archevêché, criant : « Je suis perdu ! je suis damné ! » Le malheureux était tombé en démence à la suite d'une chute : une blessure qu'il avait reçue à la tête se présentait si grave, qu'elle nécessitait le trépan, opération alors difficile et dispendieuse, dont le succès pouvait être plus sûr et plus prompt à l'Hôtel-Dieu. C'est donc avec raison, et par un motif d'humanité, que l'archevêque y fit placer son protégé, qui y fut traité sur sa recommandation, et sous ses yeux même. Une fièvre cérébrale presque continue laissait à peine quelque espoir de guérison, quand, dans un de ses accès, il avala, à l'insu des surveillants, la petite clef d'une cassette où il avait quelque argent : vainement montrait-il par signes sa gorge, le siége de sa douleur; on attribuait ces démonstrations violentes à la folie, lorsqu'enfin il expira dans d'horribles angoisses, le 12 novembre 1780, à l'âge de vingt-neuf ans. Après sa mort, on trouva cette clef arrêtée dans les tendons de l'œsophage.

Ce fut huit jours avant cette fin déplorable que, dans un intervalle lucide, *le poëte malheureux*, justifiant le titre lugubre de sa première pièce académique, composa les strophes si touchantes et si connues, dont l'une commence par ces vers :

> Au banquet de la vie, infortuné convive,
> J'apparus un jour, et je meurs ! etc.

Quelques odes et deux satires ont à elles seules fait l'illustration de Gilbert; mais ces satires sont un grand pas dans la carrière. Le correct, le pur Boileau, s'est plu à imprimer son stigmate sur chaque mince auteur, tandis que Gilbert a lancé le premier chez nous la satire générale, la satire de mœurs. Cependant, il faut avouer que le poëte doit sa célébrité plutôt à ce qu'il promettait de faire qu'à ce qu'il a fait.

DENNE-BARON.

GILÉAD (Baume de), espèce de térébenthine que l'on extrait par incisions du tronc ou des branches du **balsamier de Giléad**. Son odeur, d'abord vive et piquante, diminue par l'exposition à l'air. Sa saveur est âcre et rude. Dans l'antiquité, le baume de Giléad était regardé comme un remède universel. Encore aujourd'hui les Arabes s'en servent dans toutes les affections de l'estomac et des intestins; ils le rangent au nombre des plus puissants antiseptiques, et le croient un préservatif assuré contre la peste. Cependant son principal usage est comme cosmétique, pour la toilette des dames turques.

Le baume de Giléad a reçu ce nom parce que c'était autrefois de Giléad, en Judée, que les marchands apportaient ce produit en Égypte. La même substance a aussi porté les noms de *baume blanc*, *baume de Judée*, *baume de La Mecque*, *baume de Syrie*, *baume vrai*, *baume de Constantinople*, *baume du grand Caire*, *baume d'Égypte*.

GILLE est un vieux mot qui signifie *tromperie*, *mensonge*; mais il paraît qu'un bouffon, nommé Gille, a transmis son nom à cet emploi. *Faire Gille*, en locution proverbiale, c'est faire banqueroute, en langage populaire *lever le pied*. Gille est le niais, le bouffon des tréteaux et de la parade. Ce mot a quelque chose de méprisant, d'injurieux; mais le gille dans les farces n'est pas toujours un imbécile, c'est quelquefois un tracassier, un faiseur de cancans.

H. AUDIFFRET.

GILLES (PIERRE), en latin *Gillius*, naquit en 1490, à Albi. Passionné pour la science, il visita tout le littoral italien de l'Adriatique et de la Méditerranée, puis il revint en France auprès de l'évêque de Rodez, Georges d'Armagnac, son protecteur, rédiger son traité *De Vi et Natura animalium*. Dans son épître dédicatoire au roi François Ier il emettait le vœu de voir confier par le prince à des savants le soin d'explorer et de décrire les contrées redevenues barbares qui avaient été le théâtre de la civilisation antique. Cette pensée fut comprise du roi, qui le chargea de visiter tous les pays soumis aux Turcs. Gillius partit aussitôt, mais à peine était-il en Asie Mineure qu'il vit ses ressources complétement épuisées. N'osant ou ne pouvant recourir à la générosité du roi, le savant prit un parti héroïque; il s'engagea dans les troupes de Soliman II qui guerroyait alors contre la Perse. Pendant cette guerre, il eut la douleur de perdre ses collections. Heureusement pour lui, ses amis qu'il avait informés de sa détresse lui firent tenir des secours; il acheta son congé et gagna Constantinople. Après avoir fouillé les ruines de Chalcédoine, non sans profit pour la science, il revint en France avec le baron d'Aramont, ambassadeur de François Ier auprès du sultan. Puis il alla retrouver à Rome son protecteur d'Armagnac qui avait été fait cardinal, et mourut peu de temps après dans cette ville, en 1555.

On a de lui, outre l'ouvrage mentionné ci-dessus : 1° deux discours latins, dans lesquels il invite Charles-Quint à relâcher le roi de France, sans rançon, et trois autres, où il invite le roi d'Angleterre à renoncer au titre de roi de France; 2° *Ex Æliani historia latini facti, itemque ex Porphyrio, Heliodoro, Oppiano, libri XVI*; 3° *De gallicis et latinis nominibus piscium*; 4° *De Bosphoro Thracio, libri III*; 5° *De Topographia Constantinopoleos et de illius antiquitatibus, libri IV*; 6° une description latine de l'éléphant; 7° des traductions latines du traité de Démétrius de Constantinople *De Cura Accipitrum Canumque*, et du Commentaire de Théodoret, évêque de Cyr, *Sur les douze petits prophètes*.

GILLIES (JOHN), helléniste célèbre et historien érudit, naquit en 1747, dans l'ancienne ville épiscopale de Brechin, comté d'Angus, en Écosse. Ses études, commencées au collége de sa ville natale, s'achevèrent avec succès à l'université de Glasgow. Une éducation particulière dont il fut alors chargé lui fournit l'occasion de visiter une grande partie de l'Europe, et d'acquérir ainsi une connaissance parfaite des langues française et allemande. De retour en Angleterre, il se décida à reprendre ses travaux littéraires trop longtemps abandonnés. Ses premiers ouvrages se ressentirent de la nouvelle direction donnée à ses études et du goût ardent qui s'était ranimé en lui pour les littératures anciennes. Ce fut d'abord une éloquente *Défense de l'étude et de la littérature classique*, puis une traduction des *Harangues de Lysias et d'Isocrate*. Il fit ensuite paraître son principal ouvrage, c'est-à-dire son *Histoire de l'ancienne Grèce, de ses conquêtes, jusqu'à la division de l'empire macédonien* (1785, 2 vol. in-4°), qui en moins de quatre ans obtint cinq éditions. Ce beau livre, que la traduction défectueuse du Girondin Carra fit fort imparfaitement connaître en France, est toujours en grand crédit auprès des savants d'Angleterre et d'Allemagne. Vingt ans après, Gillies voulut donner une suite à ce grand ouvrage, mais il échoua; son *Histoire du Monde depuis Alexandre le Grand jusqu'à Auguste* (1807, 2 vol. in-4°) ne mérita ni n'obtint le même succès. Cependant Gillies avait reçu la récompense de ses travaux; après la mort de Robertson, le roi l'avait nommé son historiographe pour le royaume d'Écosse, avec un traitement de deux cents livres sterl. Pour justifier l'octroi de cette gracieuse sinécure, il donna alors un recueil assez intéressant d'anciennes poésies et chansons gaéliques : *Collection of ancient and modern gaelic poems and songs.* Gillies, que l'étude des temps anciens préoccupait toujours, même en présence des grands événements contemporains, fit encore paraître l'ouvrage ayant pour titre : *Aperçu du règne de Frédéric II, roi de Prusse, et parallèle de ce prince avec Philippe II, roi de Macédoine.* Ce livre, fait par Gillies d'après ses souvenirs d'un voyage à Potsdam et à Berlin, est instructif et intéressant. Aristote considéré dans ses ouvrages de politique et de morale fut aussi l'objet de ses études. En 1797 il donna une traduction des œuvres morales de ce grand philosophe; et cherchant, dans les notes savantes et l'analyse générale dont il accompagna ce travail, à montrer la solidité et la profondeur de ce vaste génie, il tenta un dernier effort pour réhabiliter le péripatétisme déchu. Une *Traduction de la Rhétorique d'Aristote*, en 1823, fut le dernier ouvrage de Gillies, qui mourut le 15 février 1836, âgé de quatre-vingt-dix ans.

Son neveu, *Paul* GILLIES, est l'auteur de divers poëmes et romans estimés, entre autres de *Childe Alarique* (Londres, 1813) et de *The Confessions of sir Henri Longueville* (Londres, 1814). Il a aussi traduit avec un rare talent des tragédies des théâtres allemand et danois pour le *Blackwood's Magazine*. ÉDOUARD FOURNIER.

GILLRAY (JAMES), célèbre artiste anglais, pendant trente ans la terreur de ses contemporains. Aristophane-dessinateur, à peu près inconnu en France, il éleva la caricature au rang d'une véritable puissance, et a eu de nombreux successeurs qui parfois l'ont peut-être égalé, mais qui jamais ne l'ont surpassé.

Gillray naquit en Écosse, vers 1750, et vint de bonne heure chercher fortune à Londres; il entra dans l'atelier d'un graveur, et ne tarda pas à fixer l'attention par des croquis spirituels et mordants, où paraissaient les personnages les plus célèbres de l'époque, fort irrévérencieusement mis en scène. L'opposition est la ligne tracée d'avance à tout débutant dans la satire; il lui faut, coûte que coûte, agacer la malignité publique. Gillray choisit pour le but de ses coups la cour, les ministres et leurs champions. Le gouvernement redouta ce nouvel et terrible ennemi; un émissaire lui fut expédié : « Une large gratification, si vous nous ménagez, nous et les nôtres, si vous dirigez vos traits sur les gens qui vous seront désignés; sinon, procès sans fin, prison, amendes : choisissez! » Gillray mit dès lors son crayon au service de ceux qui le payaient. Il lui échappa cependant parfois des caprices d'opposition; un jour, sous les traits d'un amateur regardant une miniature, il montra Georges III attachant son œil hagard et effaré sur un petit portrait de Cromwell. N'oublions pas que c'était en 1793, lorsque les théories républicaines répandaient l'effroi autour de tous les monarques. Il fallut doubler la pension de Gillray pour qu'il ne se permît plus de semblables incartades. Il fit d'ailleurs un assez mauvais emploi de cet argent, s'abandonnant à l'intempérance et à de fâcheux écarts de conduite. Six ans avant sa mort, survenue en 1815, il avait perdu la raison. L'aristocratie, les gens à la mode, les gens en place, tout ce qui fit du bruit de 1780 à 1805 se retrouve dans les caricatures de notre artiste, ébauches à peine indiquées, coups de crayon vigoureux toutefois, d'où jaillit une verve amère et inépuisable. Pitt, Fox, Sheridan, Erskine, reviennent souvent dans ces croquis énergiques. Gillray, nous l'avons dit, ne respecta pas toujours le roi; il lui advint, pour se moquer de la parcimonie qui régnait à la cour, de représenter Georges III apprêtant lui-même des légumes de l'espèce la plus infime, tandis que la reine fait griller des harengs, ou bien recommandant à ses enfants de servir à déjeûner. Sous l'inspiration des subsides ministériels, il soutint une guerre acharnée contre le chef du gouvernement français. Il montra un jour Napoléon sous les traits d'un boulanger mettant au four, sur une large pelle, une fournée de rois; par terre est un panier rempli de petits rois corses en pain d'épice, et Talleyrand, les manches retroussées, pétrit la pâte dont on va confectionner d'autres souverains.

Gillray, ainsi que les caricaturistes de la vieille roche, frappait fort, ne reculant pas devant l'indécence, cherchant du neuf et l'exprimant crûment. Son œuvre se compose de plus de huit cents pièces. Elle fut publiée après sa mort sous ce titre : *The Carricatures of Gillray, with historical and political illustrations* (Londres, 1815-1826). Il en a été reproduit à Londres, en 1830, un choix assez bien fait en deux volumes in-folio. G. BRUNET.

GIL POLO (GASPARD), poëte espagnol, né à Valence, dans la première moitié du seizième siècle, fut d'abord employé au greffe de sa ville natale. Mais sa rare habileté ne tarda pas à le faire connaître du roi Philippe II, qui en 1572 le nomma vice-président de la cour des comptes du royaume de Valence, et qui en 1580 l'envoya à Barcelone pour y régulariser la comptabilité des domaines royaux. Il y mourut, en 1591. Avant de consacrer toute son activité à ces importantes fonctions, il s'était aussi beaucoup occupé de poésie. Outre quelques poëmes lyriques, il publia une suite à la *Diana* de Montemayor (Valence, 1564), restée supérieure dans ses parties versifiées au poëme de Montemayor, et qui occupe un rang tellement distingué dans les œuvres de ce genre, que l'éloge qu'en fait Cervantès dans son *Don Quichotte* est parfaitement fondé. Des nombreuses éditions qu'a eues la *Diana enamorada*, la meilleure et la plus récente est celle qui a été publiée avec un commentaire par Cerda (Madrid, 1802). Gil Polo eut un fils, fort estimé de son vivant comme jurisconsulte, et avec lequel presque tous les biographes l'ont jusqu'à présent confondu.

GIL VICENTE, le père du théâtre portugais, naquit vers 1470, à ce qu'on suppose; mais on ignore en quelle ville. Guimaraes, Barcellos et Lisbonne se disputent cet honneur. Ses parents voulurent en faire un légiste : la chicane le révolta; ses dispositions éminemment poétiques, sa vive et riche imagination, son insouciante gaieté, se conciliaient mal avec cet aride métier, auquel il renonça bientôt pour se vouer entièrement au culte des muses. Peut-être bien l'accueil favorable que fit à ses premiers essais poétiques la cour du roi Emmanuel contribua-t-il beaucoup à cette détermination. A l'occasion de la naissance du prince qui régna plus tard sous le nom de Jean III, il avait composé et fait jouer en présence de la cour un poëme pastoral en langue espagnole, qui plut tellement à la reine Béatrice, mère d'Emmanuel, qu'elle souhaita en voir une seconde représentation aux réjouissances de la fête de Noël suivante. Gil Vicente, au lieu de se conformer purement et simplement aux désirs de la princesse, composa en espagnol une autre pièce (*auto*), relative à la circonstance, qui n'était plus un simple monologue, mais avait, au contraire, une forme plus dramatique. Depuis lors Gil Vicente continua à composer, pendant tout le règne d'Emmanuel et celui de son successeur, de semblables ouvrages dramatiques à l'occasion des diverses grandes fêtes de l'année ou bien des galas de la cour; et non-seulement il y remplissait un rôle avec sa fille Paula, mais le roi Jean III lui-même ne dédaignait pas de concourir à leur représentation. Le nom de Gil Vicente devint célèbre dans toute l'Europe ; Érasme apprit, dit-on, le portugais, afin de pouvoir lire le texte original de ses écrits. Malgré cela, Gil Vicente ne manqua pas dans sa propre patrie d'envieux prêts à lui contester son talent; et ce fut pour répondre à ceux qui lui déniaient toute invention qu'il improvisa un jour en société, sur un proverbe donné, la farce d'*Inez Pereira*, regardée comme son meilleur ouvrage. Au reste, on doit conclure de divers passages où il déplore sa pauvreté, qu'il n'était guère généreusement récompensé, et que la cour qu'il amusait ne songea même pas à assurer sa vieillesse contre le besoin. Les biographies lui font ordinairement terminer ses jours à Évora, en 1557; mais l'on doit conclure de ses ouvrages qu'il mourut en 1556. Son fils, Luis, recueillit une portion de ses écrits, et les publia à Lisbonne en 1562 (1 vol. in-folio). Cette édition, qui contient dix-sept *autos*, trois comédies, dix tragi-comédies et douze farces, est si rare, qu'à peine en connaît-on deux ou trois exemplaires; il en existe une réimpression (Lisbonne, 1582), mais mutilée par l'inquisition.

La langue portugaise est si peu répandue, que les œuvres du *Plaute lusitanien* (ainsi fut-il surnommé) n'obtiendront jamais en Europe qu'un fort petit nombre de lecteurs. Ses *autos* offrent un bizarre mélange d'idées religieuses et d'allégories païennes. L'*auto du Feyra* est un des plus remarquables. Après un prologue où figure la planète Mercure, s'ouvre une foire d'un nouveau genre : des anges y débitent des marchandises d'un nouveau genre aussi, comme de la crainte de Dieu en paquets de tant de livres pesant et toutes sortes de vertus ; le diable de son côté a ouvert une boutique ; il est assailli par une foule d'acheteurs : ce n'est point surprenant ; car il leur offre les vices et les moyens de satisfaire leurs passions. Une femme, qui se défie de lui, le met en fuite, en prononçant le nom de Jésus. Cette composition originale semée de traits hardis contre la cour de Rome, se termine par un hymne en l'honneur de la Vierge.

Vicente introduit dans la plupart de ses pièces un personnage bavard, menteur, gourmand, poltron, qui place à côté de scènes souvent tragiques des plaisanteries de mauvais goût et des querelles avec des gens de la profession la plus humble. Les ridicules des nobles, qui, malgré leur peu de fortune, avaient la manie de s'entourer d'une multitude de domestiques ; la sottise des amants, qui ennuient de leurs sérénades nocturnes de dédaigneuses maîtresses; les habitudes grossières des gens de la campagne, telles sont les données sur lesquelles roulent plusieurs de ses farces. Il a largement puisé aussi dans l'Histoire Sainte, afin d'avoir les matériaux de quelques drames assez semblables à nos vieux *mystères;* là encore il réunit sans façon les personnages les plus disparates ; et il amène Jupiter, afin de le faire prosterner devant la crèche à côté des rois mages. Chez lui le dialogue est vif et vrai, l'invention d'une richesse étonnante, le langage harmonieux et d'une incontestable beauté poétique. Il abonde en traits piquants; il est toujours original, et se montre bon observateur des travers de ses contemporains, à qui il inspira un enthousiasme que nous ne pouvons partager aujourd'hui, mais que nous devons trouver fort excusable.

Il est possible que les *mystères* latins et français lui aient servi de modèles pour ses autos, que dans ses pastorales (*autos pastoris*) il ait imité son contemporain espagnol Encina, et que les farces françaises n'aient pas été sans influence sur ses *farzas*; mais dans tous ses ouvrages il y a toujours un cachet éminemment national. Il fut le chef d'une école dramatique toute populaire à laquelle appartint le grand Camoëns, après lui le plus national des poëtes portugais; école que détruisit Sà de Miranda en introduisant presqu'à la même époque l'imitation servile des vieux auteurs classiques.

GIL Y ZARATE (Don Antonio), l'un des plus remarquables dramaturges espagnols contemporains, est né en 1793, à l'Escurial. Dès l'âge de huit ans, ses parents l'envoyèrent à Paris pour y faire son éducation; mais il y oublia si bien sa langue maternelle, qu'à son retour dans sa patrie, en 1811, il la lui fallut apprendre de nouveau. Six ans plus tard, il vint encore une fois en France, afin de s'y livrer à l'étude des sciences physiques et mathématiques. A son retour à Madrid, en 1819, il obtint un emploi au ministère de l'intérieur, et y parvint jusqu'à la position de chef de bureau des archives. Ayant fait preuve d'attachement aux principes constitutionnels, il perdit cette place lorsque l'absolutisme l'emporta, et dut alors rester à Cadix. C'est dans cette ville qu'il débuta comme poëte, par trois comédies : *El Entremetido, Cuidado con las novias* et *Un año despues de la Roda ;* la première est en prose, les deux autres en vers. L'une fut représentée à Madrid, en 1825, pendant que le séjour de cette capitale lui était encore interdit ; les deux dernières en 1826, année où il obtint l'autorisation d'y revenir. L'année suivante, il traduisit la tragédie de *Dom Pedre de Portugal*, qu'il parvint, non sans peine, à faire représenter sur le théâtre de la Cruz. En 1832 il devint l'un des rédacteurs du *Boletin de Comercio*, journal fondé par la junte de commerce, et qui par la suite changea son titre en celui d'*Eco de Comercio*. Mais trois ans après il renonça à la rédaction de cette feuille, dont l'opposition devenait de plus en plus violente, et entra de nouveau comme chef de bureau au ministère de l'intérieur. Il reprit alors ses travaux dramatiques, et dès 1838 sa tragédie de *Doña Blanca de Borbon* fut représentée à Madrid. Cette pièce, bien qu'écrite dans toute la sévérité de l'ancien goût classique, obtint un grand succès. Pour repousser les critiques des partisans de la nouvelle école romantique et prouver que ce n'était pas le talent qui lui manquait pour composer un ouvrage suivant les idées et les principes qu'elle proclame en matière de goût, il écrivit à peu de temps de là sa tragédie romantique intitulée *Carlos II el Hechizado*, ouvrage qui lui assure un rang distingué parmi les auteurs dramatiques espagnols. Depuis, il est resté fidèle à cette direction nouvelle donnée à son talent. Seulement, il s'est efforcé de se rapprocher toujours davantage du vieux goût national, notamment dans ses tragédies de *Rosmunda*, *Don Alvaro de Luna*, *Masanielo* et *Guzman el Bueno*; dans la comédie *Carlos V en Ajofrin*, et dans le mélodrame *Cecilia la Ciequecita*. On a en outre de lui : *Un monarca y su privado*, *Matilde* et *Don Trifon*. On trouvera des extraits de ses œuvres lyriques et dramatiques dans la collection d'Eugène Ochoa : *Apuntes para una biblioteca de escritores esp. contemporaneos* (Paris, 1840). Une collection de ses œuvres dramatiques a paru à Paris, en 1850.

GIMIGNANO (VINCENZO DA SAN-), fut l'un des élèves les plus distingués de Raphael, sous la direction duquel il travailla aux loges du Vatican Il exécuta aussi tout seul plusieurs fresques qui ont péri depuis. Il s'était approprié avec beaucoup de bonheur la manière de Raphael, et travaillait avec une ardeur incomparable. Lors de la prise et du sac de Rome, en 1527, il perdit tout ce qu'il possédait. Découragé, il s'en revint alors aux lieux de sa naissance, à San-Gimignano, en Toscane, et y exécuta encore quelques tableaux, mais qui ne répondirent point à sa réputation. On ignore l'époque précise de sa mort. Ses œuvres sont devenues fort rares. Il y a de lui une Sainte Famille dans la galerie de Dresde.

GIMIGNANO (GIACINTO DA), né en 1711, à Pistoie, mort en 1681, se forma à Rome à l'école du Poussin, puis entra dans l'atelier de Pietro de Cortona, sans pour cela renoncer à la manière du Poussin et à ses principes de dessin. Il peignit beaucoup de fresques, notamment à Saint-Jean-de-Latran, à Rome, et dans le palais Niccolini, à Florence. On a aussi de lui, entre autres gravures recherchées, une suite de vingt-sept planches fort remarquables et représentant des paysages. Son fils, *Lodovico* DA GIMIGNANO, né à Rome, en 1644, mort en 1697, se fit aussi un nom comme peintre. Il réussit particulièrement dans la peinture des fresques. Dans l'église *Delle Virgine*, à Rome, les artistes ne manquent pas d'aller étudier ses têtes d'anges ainsi que ses effets de nuages et d'air.

GIN, liqueur alcoolique qui se fabrique en Angleterre, où il s'en fait une grande consommation dans les tavernes. Le gin diffère peu du genièvre.

> Sombre génie, ô dieu de la misère !
> Fils du genièvre et frère de la bière,
> Bacchus du Nord, obscur empoisonneur...

C'est ainsi que Barbier interpelle le gin dans son poëme de *Lazare*. Cette boisson fait les délices de la populace anglaise, qui la recherche à cause de son bon marché, et sans doute aussi parce que, comme le dit plus loin le poëte,

> Auprès du gin le vin n'est que de l'eau.

GINGEMBRE, genre de plantes de la famille des amomées. L'espèce la plus intéressante est le *gingembre officinal* (*zingiber officinale*). Cette plante offre une tige cylindrique garnie de feuilles alternes, uniformes, étroites, terminées par une gaîne longue et fendue : cette tige part d'une racine irrégulièrement coudée et tuberculeuse; à côté d'elle s'élève la hampe qui supporte les fleurs : elle est garnie d'écailles aiguës et engaînantes, offrant une disposition analogue à celle des feuilles. Entre chaque écaille naissent des fleurs jaunâtres, qui paraissent successivement. Ces fleurs présentent un calice double, l'extérieur tridenté, l'intérieur pétaloïde coloré, quadripartite, à divisions inégales, la supérieure longue, étroite et un peu concave, les deux latérales étroites et ouvertes; enfin, l'inférieure, large, bifide, est colorée de pourpre, bigarré de brun et de jaune. L'étamine unique est pétaloïde, roulée autour d'un style filiforme. Le fruit est une capsule triloculaire polysperme; les graines sont irrégulières et noirâtres.

Le gingembre est originaire des Indes orientales. Il est probable que son nom lui vient de *Gingi*, ville dans les environs de laquelle on le rencontra pour la première fois. Il croît à Malabar, à Ceylan, à Amboine, à la Chine, et il a été transporté à la Nouvelle-Espagne par François de Mendoze; de là il s'est répandu dans une partie de l'Amérique méridionale, aux Antilles, et ce sont aujourd'hui ces contrées qui fournissent le gingembre qu'on trouve dans le commerce. La racine est la seule partie employée. C'est un rhizome ou tige souterraine : telle que le commerce nous la présente, elle est sèche, tuberculeuse, aplatie, de la grosseur du doigt, recouverte d'un épiderme grisâtre, ridé, et offrant des anneaux peu apparents ; un léger effort suffit pour la rompre, et alors on voit son intérieur, qui est blanchâtre ou quelquefois tacheté de brun et de jaune, ce qui lui donne un aspect résineux. On a observé que le principe odorant était d'autant plus développé que la matière colorante était plus abondante. La récolte de la racine de gingembre se fait tous les ans. Arrachée de terre, on l'expose au soleil pour la sécher; puis, afin de la conserver saine, on l'immerge dans une lessive de cendres ou de chaux. Malgré ces précautions, il est très-rare de la garder longtemps sans qu'elle devienne la proie des dermestes, et surtout du *ptinus pertinax*. Quand elle a subi cette altération, elle a perdu une partie de ses propriétés, et doit être rejetée. Le gingembre a une odeur forte, aromatique, une saveur brûlante, âcre, qui détermine rapidement la sécrétion d'une abondante quantité de salive : sa mastication, un peu prolongée, produit une sensation analogue à celle qu'occasionne le poivre : elle tient fortement à la gorge. Ces propriétés sont dues évidemment en grande partie à l'huile essentielle que renferme le gingembre. Différents chimistes, Bucholz, Planche, Morin, se sont occupés de l'analyse du gingembre : de leurs travaux il résulte que cette racine renferme une huile volatile d'un bleu verdâtre, de l'acide acétique libre, de l'acétate de potasse, de l'osmazome, de la gomme ; une matière résineuse âcre, aromatique; une matière végéto-animale, du camphre, de l'amidon analogue au mucilage végétal en grande quantité, et du ligneux.

Le gingembre est employé en médecine, mais c'est surtout dans l'art culinaire que l'on en fait, dans certaines contrées, une consommation considérable. Dans les deux Indes, on se sert du gingembre comme assaisonnement, en l'associant à certains mets; dans quelques localités, on mange cette racine verte en salade, ou bien on la conserve confite. Ces condits nous arrivent par voie commerciale, et sont consommés en grande quantité surtout en Angleterre, en Allemagne et en Hollande. Cette espèce de confiture se sert après le repas : c'est un aliment agréable, stomachique, qui produit une excitation favorable à la digestion. Pour confire les racines de gingembre, on suit le même procédé que pour confire l'angélique; c'est-à-dire que par des lavages répétés on commence par débarrasser la racine d'une partie de son principe âcre, puis on la fait cuire dans du sirop de sucre, concentré suffisamment pour qu'à l'étuve il puisse cristalliser sur les racines. Ce mode opératoire, que l'on pratique aux Indes sur les racines fraîches, a été répété en Europe sur des racines sèches, mais le produit ainsi obtenu est de bien moindre valeur. La poudre de gingembre est d'un blanc grisâtre : c'est elle que dans certains pays on emploie à la manière du poivre. Cette poudre, en contact avec la pituitaire, produit de violents éternuments. La pulpe fraîche de gingembre appliquée sur la peau produit une rubéfaction analogue à celle qu'occasionnent les sinapismes. Ces différentes propriétés s'expliquent très-bien par la présence d'une grande quantité d'huile volatile. Le suc de la racine fraîche est employé aux Indes comme purgatif. En Europe, lorsqu'à certains purgatifs on associe le gingembre, c'est plutôt pour masquer un goût désagréable que pour ajouter aux propriétés du médicament. On se sert en médecine du gingembre sous divers états; on l'administre sous forme de sirop, de poudre : cette dernière entre dans la composition d'un grand nombre de préparations officinales, telles que la thériaque, le diascordium, etc. En Angleterre, où on en consomme beaucoup plus qu'en France, on l'a préconisé à haute dose dans du lait, comme un spécifique contre la goutte.

On trouve dans le commerce un gingembre beaucoup plus blanc que le gingembre ordinaire; il provient du même végétal; mais, grâce à des soins de culture et de récolte particuliers, il a acquis des propriétés qui le font préférer au gingembre ordinaire. Ce gingembre a été importé de la Jamaïque par les Anglais. Il a reçu le nom de *gingembre blanc*, par opposition au précédent, que l'on désigne sous le nom de *gingembre noir*. BELFIELD-LEFÈVRE.

GINGKO, genre de la tribu des taxinées, famille des conifères, établi par Kæmpfer, pour un grand arbre originaire du Japon ou de la Chine, et ainsi caractérisé : Fleurs dioïques; les mâles disposées en chatons spiciformes à pédoncules nus; les femelles solitaires, ou réunies de deux à quatre à l'extrémité d'un pédoncule; fruit pulpeux, entouré à sa base par une sorte de capsule. La seule espèce connue (*gingko biloba*, Linné) acquiert dans sa patrie des dimensions gigantesques. Naturalisé depuis longtemps en Europe, le gingko croît avec vigueur sous notre climat; seulement il faut le protéger contre le froid pendant sa jeunesse. On l'appela, lors de son introduction en France, vers le milieu du dix-huitième siècle, *l'arbre aux quarante écus*, à cause de son prix élevé. On l'avait aussi nommé *noyer du Japon*, à cause de la forme de son fruit; mais l'amande de ce fruit, que l'on peut manger crue ou cuite, rappelle plutôt le goût de la châtaigne que celui de la noix. Le fruit du gingko est assez agréable pour que l'on cherche à répandre la culture de cet arbre dans le midi de la France, où il vient très-bien; son bois blanc, comme satiné, pourait être employé avec avantage par les ébénistes et les tourneurs.

GINGLYME (du grec γιγγλυμός, charnière, articulation). *Voyez* DIARTHROSE.

GINGUENÉ (PIERRE-LOUIS), littérateur, né à Rennes, en 1748, mort le 16 novembre 1816, à l'âge de soixante-huit ans. Sa probité comme particulier, et comme homme politique sa constance dans ses opinions, toutes inspirées par un amour sincère et éclairé du bien public, son désintéressement, ne le recommandent pas moins que ses talents à l'estime de tous ceux qui aiment à reconnaître un honnête homme dans un bon écrivain. Ginguené fit ses études au collége de sa ville natale; il y était condisciple de Parny au moment où les jésuites en furent expulsés. De bonne heure, il se fit connaître par un essai poétique dans un genre frivole, mais très-joli. Le succès de la *Confession de Zulmé* fut populaire, et ne pouvait manquer de l'être à l'époque où cette petite pièce parut. L'élégie sur la mort du duc Léopold de Brunswick, ce héros de l'humanité, qui périt dans les flots de l'Oder en voulant sauver des infortunés près de s'y noyer (1786), un Éloge de Louis XII (1788), des *Lettres sur les Confessions de J.-J. Rousseau* (1791), revélèrent dans l'auteur de *Zulmé* un talent d'une plus haute portée. Sa brochure spirituelle : *De l'autorité de Rabelais dans la révolution présente*, signala bientôt en lui le patriote consciencieux et éclairé. Les travaux modestes et utiles l'attirant de préférence, il se livra avec zèle à la rédaction de la *Feuille villageoise*, recueil intéressant, destiné à faire apprécier par les habitants des campagnes les avantages de la grande réforme qui s'opérait alors, et à les prémunir contre les suggestions de toutes les factions. Des écrivains célèbres, tels que Chamfort, Mme de Genlis et Condorcet, ne dédaignaient pas de concourir, avec leur compatriote breton, à cette œuvre respectable, dont Mme Roland n'eût pas dû méconnaître le but et les heureux effets. Mais les partis ne pardonnent guère la modération, et Ginguené fit la triste épreuve de leur colère. Sans le 9 thermidor, il eût probablement péri sous la hache révolutionnaire, comme Roucher et André Chénier, avec qui il avait été incarcéré.

Échappé à la prison, et appelé successivement à diverses fonctions publiques, il persévéra avec une fermeté courageuse dans la ligne que sa raison et sa conscience lui avaient tracée. Comme directeur de l'instruction publique, et membre de l'Institut, comme ambassadeur en Sardaigne, et enfin comme membre du tribunat, après le 18 brumaire, il ne cessa jamais de se montrer à la fois patriote zélé et fonctionnaire fidèle à une sage politique. Compris, en 1802, pour sa vigoureuse opposition à l'institution de tribunaux spéciaux, dans l'*élimination* qui débarrassait le pouvoir des tribuns indépendants, il reprit avec ardeur et ne discontinua plus ses travaux littéraires. Depuis la fondation de la *Décade philosophique*, transformée d'abord en *Revue philosophique*, etc., puis finalement réunie au Mercure de *France*, il fut l'un des principaux collaborateurs de ce recueil. Un grand nombre de bons articles y attestèrent son goût et son éminente capacité comme littérateur et comme critique. Mais le grand titre de Ginguené à une estime et à une renommée durables, c'est son *Histoire littéraire de l'Italie*, monument digne d'éloges, et qu'il n'eut malheureusement pas le temps d'achever. Ce livre est le premier qui nous ait fait connaître amplement les richesses de la littérature italienne. Les grands écrivains et surtout les poëtes célèbres de l'Italie ont trouvé dans Ginguené un historien familiarisé avec leur langue et leurs ouvrages, un critique impartial, et souvent un habile et éloquent interprète. Pétrarque et le Tasse principalement ne nous avaient pas encore été dépeints avec un intérêt aussi vif, et en traits aussi fidèles. Un grand nombre d'écrivains italiens ont aussi été appréciés avec autant d'exactitude que de talent par Ginguené dans la *Biographie universelle* de M. Michaud. On lui doit encore divers écrits en prose et en vers, qui font honneur à l'esprit et à l'habileté de l'auteur. Nous citerons : 1° ses *Fables nouvelles* (1811); 2° ses *Fables inédites* (1812, in-18); à ce dernier recueil sont joints son poëme d'*Adonis*, avec les *Noces de Thétis et de Pélée*, cette belle œuvre de Catulle, traduite en vers, etc.; 3° une *Notice* très-intéressante *sur la vie et les ouvrages de Piccini*; 4° enfin, une autre *Notice sur la vie de Lebrun* (Écouchard), dont il publia les Œuvres en 1811. AUBERT DE VITRY.

GINNES ou GINNS. *Voyez* DJINNS.

GINSENG ou SCHIN-SENG, racine d'un arbuste (*panax schin-seng*) de la famille des araliacées, qui vient naturellement au centre et à l'est de l'Asie, et paraît varier d'essence suivant les lieux où il croît. En Chine, le *ginseng* est un remède souverain contre toutes les maladies imaginables, surtout contre l'épuisement corporel et intellectuel; par suite, il y est d'un prix fort élevé. En Europe aussi on l'a longtemps vendu au poids de l'or, puis il a fini par tomber dans un oubli profond. Une autre espèce de *ginseng*, originaire de l'Amérique septentrionale (*panax quinquefolium*), fournit une racine bien moins volumineuse, mais dont on trouve encore le placement avantageux en Chine, et qui à l'ouest des États-Unis est un des remèdes dont la pharmacie domestique fait grand usage.

GIOBERTI (VINCENZO), considéré par ses compatriotes comme le plus grand penseur que l'Italie ait produit au dix-neuvième siècle, naquit le 5 avril 1801, à Turin. La pauvreté de sa famille le détermina de bonne heure à embrasser la carrière ecclésiastique; et il s'y voua avec un enthousiasme ardent et convaincu. Après avoir terminé ses cours à l'Athénée de Turin et obtenu le titre de docteur en théologie, il passa plusieurs années dans sa ville natale au sein d'une calme retraite, tout entier à l'étude des anciens, de l'histoire et de la philosophie religieuse. Il se trouvait alors si heureux, qu'il ne souhaitait que de pouvoir passer ainsi le restant de ses jours. Mais ce fut précisément sa réputation de savant, d'ami dévoué et éclairé de l'Église, qui l'arracha à cette existence douce et tranquille, si bien appropriée à ses goûts. A l'avénement de Charles-Albert au trône, chaudement recommandé par ses supérieurs au jeune roi, celui-ci le nomma chapelain de sa cour, fonctions qu'il remplit jusqu'en 1833. A ce moment Gioberti se vit tout à coup enlevé du logement qu'il occupait dans le palais du monarque, puis jeté dans un étroite prison. Des courtisans jaloux étaient parvenus à le faire regarder comme complice de l'agitation politique qui se manifestait alors sur divers points de l'Italie; et après quatre mois d'emprisonnement, Gioberti dut s'estimer heureux d'échapper à des poursuites criminelles et d'en être quitte pour l'exil. Jusqu'à la fin de 1834, il séjourna à Paris : mais alors une bien modeste place de professeur dans une institution particulière lui ayant été offerte à Bruxelles, il passa en Belgique, où pendant onze années, c'est-à-dire jusqu'à l'automne de 1845, il enseigna à des enfants les simples éléments de l'histoire, de la morale et la religion. L'exil ne changea rien à sa vie calme et studieuse; et c'est dans cette retraite de Bruxelles que Gioberti publia ses principaux ouvrages. Pour mettre nos lecteurs à même de les bien apprécier, nous croyons devoir rappeler ici le jugement qu'en a porté l'un de nos collaborateurs, M. le Dr Cerise, dans un éloge funèbre de l'illustre publiciste :

« Restaurer pour l'Italie, en les renouvelant, la philosophie catholique des Pères et la politique guelfe des papes, telle est la haute pensée qui s'y fait jour. Philosophe, il entreprend devant le siècle de défendre la foi au nom de la raison. Publiciste, il entreprend devant son pays de défendre l'Église romaine au nom de la liberté italienne. Dans cette double entreprise, à travers des périls d'un terrain bien glissant, il aborde les choses spirituelles et temporelles de la religion avec l'intention sincère de faire triompher la foi et la nation. D'abord il combat les doctrines extrêmes de MM. de Bonald et de Maistre, applaudies, comme cela devait être, au delà des Monts; et, après avoir assuré à la raison ses droits légitimes en matière de foi, il n'hésite pas à discuter l'usage, l'abus et l'insuffisance de la science humaine contre les doctrines cartésiennes, contre le *sensisme* (Ce mot a été substitué avec raison par les Italiens au mot *sensualisme*, pour désigner la théorie de Condillac) et le psychologisme français, contre le panthéisme et le rationalisme allemands. Sa discussion atteint même les systèmes émanés d'une pensée qu'il sait sincèrement catholique, lorsqu'il croit y apercevoir des tendances dangereuses à l'orthodoxie. Abordant ensuite le domaine temporel ou politique des choses de l'Église, il rappelle à la papauté ses droits méconnus, ses devoirs empêchés, sa liberté enchaînée; il lui montre quelle salutaire influence l'Église de Rome doit exercer sur les destinée de l'Italie au sein de laquelle Dieu l'a placée; il lui fait voir combien la politique traditionnelle des Césars, en conférant cette influence à son profit, met en continuel péril l'indépendance, le repos et l'union des princes et des peuples de la Péninsule. Grégoire XVI, informé de ces hardiesses du prêtre exilé et des soupçons d'hérésie qu'on faisait planer sur elles, voulut les juger lui-même après un loyal et consciencieux examen. Son jugement fut un éloge, et le suffrage flatteur donné par ce pontife, moine peu rompu aux choses du monde, mais théologien d'un grand savoir, s'il n'apaisa point la haine des critiques, put au moins apaiser l'anxiété de l'écrivain.»

Ses premiers écrits : *Teorica del sovranaturale* (1838); *Introduzione allo studio della Filosofia* (1839); une réfutation en langue française des erreurs politiques et religieuses de l'abbé de La Mennais (Paris, 1840); un discours sur le Beau (*De Bello*, 1841) et les *Errori filosofici di Antonio Rosmini* (1842) passèrent à peu près inaperçus de la grande masse du public lettré italien, mais ne laissèrent pourtant pas que d'être dignement appréciés par les savants de ce pays. Le premier ouvrage de lui qui répandit réellement son nom dans toutes les parties de l'Italie, fut son *Il Primato civile e morale degli Italiani* (Paris, 1842). L'apparition de ce livre fut un véritable événement; il en est peu, dans aucune langue, qui aient exercé une si profonde influence sur leur époque et laissé après eux un si long retentissement; et il est peu d'écrivains qui aient excité dans leur nation un enthousiasme aussi vif et aussi général que Gioberti. Voici le programme qu'il développe dans son *Il Primato* : « Il faut à l'Italie une confédération d'États (l'*union* au lieu de l'*unité*); à ces États, des réformes; à cette confédération, un chef religieux, le pape; un chef militaire, le gardien des Alpes, le roi de Sardaigne; une capitale : Rome; une citadelle, Turin; et avant tout il faut aux princes italiens le sentiment de la nationalité et aux provinces possédées par l'étranger, les forces réunies à l'exemple, de la patience et du temps! » On voit que les exigences de Gioberti en fait de liberté et de progrès se réduisaient au fond à bien peu de chose; il se bornait à demander des gouvernements monarchiques *éclairés*, appuyés sur des corporations *consultatives*, et un exercice *modéré* de la liberté de la presse. Quelque chimérique que dût sembler cette idée de résurrection de l'Italie par la puissance du pape, quelque insuffisant qu'un tel programme dût paraître aux patriotes italiens professant des principes plus avancés, il n'en devint pas moins en peu de temps la formule définitivement arrêtée par le parti modéré comme l'expression de ses vœux en matière de réformes politiques; et d'illustres et fermes intelligences, comme les Manzoni, les deux d'Azeglio, les Balbo, les Ridolfi, les Pepe et tant d'autres encore, s'y rallièrent avec la plus patriotique abnégation.

Quand Pie IX, l'un des hommes sur qui l'ouvrage de Gioberti avait produit l'impression la plus vive, monta sur le trône pontifical, et par ses tendances libérales, par son empressement à donner satisfaction aux vœux d'un peuple généreux, sembla vouloir réaliser les rêves du philosophe piémontais, le nom de Gioberti devint pour la nation italienne tout entière l'objet d'une vénération aussi profonde que celle qui s'attache aux noms des prophètes inspirés par la Providence. Il fit bientôt suivre son *Il Primato* de ses *Prolegomena* (1845), ouvrage dans lequel il expose les plaies et les souffrances de l'Église catholique. Les jésuites n'avaient pas été des derniers à célébrer le mérite et les services de Gioberti; ils avaient en effet compris tout le parti qu'ils pouvaient tirer en faveur de leurs doctrines ultramontaines des idées émises par l'écrivain sur le rôle réservé à la papauté dans nos sociétés modernes. Mais à son tour Gioberti vit bien vite ce qu'il y avait de compromettant pour sa cause dans l'accession de tels alliés. Il savait bien qu'ils étaient les ennemis naturels de l'idée au triomphe de laquelle il avait voué toutes les forces de son intelligence. Il se hâta donc de les désavouer; et son célèbre ouvrage *Il Gesuita moderno*, dont 8 volumes parurent en 1847, lui fournit l'occasion de porter au célèbre institut d'Ignace de Loyola de ces coups et de ces blessures profondes au défaut de la cuirasse, dont il avait perdu l'habitude depuis les *Provinciales* de notre Pascal. C'est assez dire que dès lors les jésuites et tous leurs suppôts figurèrent au premier rang parmi les plus implacables et les plus perfides adversaires de Gioberti.

La révolution de Février surprit Gioberti à Paris, où il s'était rendu de Bruxelles au commencement de l'année 1846 pour assister de plus près au renouvellement de l'Italie qui commençait alors. On n'a pas oublié sans doute le remarquable spectacle qu'offrait la Péninsule à ce moment. Jamais le cabinet autrichien n'avait été plus inquiet pour ses possessions d'au-delà des Monts. Les rapports de sa police lui signalaient l'influence des idées de Gioberti comme gagnant de plus en plus dans les masses, et cette influence comme une de ces puissances qui font à la longue triompher les plus faibles en les fortifiant par l'union et la concorde. Le progrès de ces idées avait été si rapide, qu'avant même que la révolution de Février eût éclaté à Paris, Naples, Florence, Turin avaient déjà leur constitution; Rome avait déjà sa consulte d'État et ne devait pas tarder à avoir sa constitution aussi, tandis que Milan et Venise voyaient, sous la main adoucie de l'Autriche, grandir l'importance de leurs assemblées provinciales. Le coup de foudre qui surprit la France au 24 février eut immédiatement son contre-coup au-delà du Rhin, comme par delà les Monts. Les journées de Vienne et de Milan provoquèrent des espérances immenses, mais aussi des tentatives extrêmes. Le 25 avril Gioberti quitta Paris pour se rendre à Turin, où son retour après quinze années d'absence, fut salué avec des transports de joie et d'enthousiasme par toutes les classes de la population, par l'aristocratie, par la bourgeoisie, par la portion libérale et éclairée du clergé, par le peuple, et où il donna lieu aussi à des discours sans fin et passablement oiseux. La ville fut illuminée pendant plusieurs nuits de suite. Charles-Albert le nomma sénateur du royaume, dignité qu'il pria le roi de lui retirer. Gênes et Turin se le disputèrent pour leur représentant dans le parlement. Alors Gioberti s'abandonna, erreur bien naturelle et bien excusable, à toutes les illusions, du moment et se jeta corps et âme dans le mouvement. A chaque instant on voyait le grave écrivain apparaître dans les clubs, tous constamment en proie à la plus violente surexcitation, ou bien au milieu des groupes stationnant sur les places publiques ; ici et là il prêchait toujours sur le même thème : l'indépendance de la grande patrie italienne et la nécessité de l'union ; partout et toujours, il s'enivrait des bruyantes démonstrations de la faveur populaire. Il partit ensuite pour Milan, pour le quartier général de Charles-Albert, pour Parme, pour Gênes, pour Livourne, accueilli partout avec le même enthousiasme que dans sa ville natale. On dételait ses chevaux, on jetait des fleurs sur son passage, on le portait en triomphe. Gioberti n'eût pas été homme s'il avait résisté à tant d'entraînements. Pour la première fois de sa vie, l'ambition politique sembla alors le guider dans ses déterminations. Dans la chambre, il se posa bientôt en chef de l'opposition. La chambre des députés le nomma par acclamation son président. Au mois de juillet, il fit partie du ministère Collegno, qui après la défaite de l'armée piémontaise se retira. C'était le 16 août. Le ministère Pinelli-Revel lui succéda. Plein de défiances injustes à l'égard de ce nouveau cabinet, coupable à ses yeux de tendances plus piémontaises qu'italiennes, Gioberti se joignit à ses adversaires du parti démocratique extrême, et ne contribua pas peu à le renverser. En cela, il faut le dire, il commit plus qu'une faute ; c'est à cette immorale coalition qu'on peut à bon droit attribuer la perte de la cause de l'indépendance italienne. Le 16 décembre, le roi appela Gioberti à la présidence d'un cabinet décidément démocratique ; mais de profondes divergences d'opinion survenues entre lui et ses collègues, qui refusèrent de s'associer au plan qu'il avait conçu pour rétablir par la voie de la diplomatie et au besoin par l'intervention d'une armée piémontaise, l'autorité du pape à Rome et celle du grand-duc de Toscane à Florence, furent cause qu'il ne garda le pouvoir que pendant quelques semaines. Au commencement de 1849, le nouveau ministère Pinelli envoya Gioberti à Paris, pour y solliciter l'appui de la France dans la lutte nouvelle qui allait s'engager entre le Piémont et l'Autriche. Toutefois, on crut alors généralement que la mission confiée par le cabinet à Gioberti n'avait été qu'un prétexte pour se débarrasser de la présence à Turin d'un adversaire gênant. Résolu de ne plus quitter Paris, il y rentra avec bien des illusions de moins, et si non découragé, du moins ne voulant plus vivre que dans la société chérie de ses livres et de ses amis ; cette fois il ne devait plus les quitter que pour un monde meilleur. Le mandat de député vint pourtant encore l'y trouver en juillet 1849 ; mais il le refusa. En 1851, il fit paraître en deux gros volumes son *Il Rinnovamento civile degl' Italiani*, ouvrage qui n'a pas été moins lu au delà des Monts que ses diverses productions précédentes, et dans lequel on retrouve l'expression touchante de ses regrets amers de s'être laissé un instant égarer, comme tant d'autres cœurs honnêtes, par les sophismes d'un parti dont l'orgueil sacrifierait au besoin la patrie elle-même au désir de voir triompher ses absurdes utopies.

C'est à Paris, au milieu de ses travaux philosophiques et littéraires, repris avec plus d'ardeur que jamais dans l'espoir d'y trouver l'oubli et la consolation de ses douleurs morales, et occupé d'un *Traité du souverain Pontife*, d'un livre sur la *Protologie* ou science première, que la mort vint le frapper à l'improviste. Le 26 octobre 1853, une attaque d'apoplexie foudroyante l'enleva à ses nombreux amis. Tous les partis, ceux-là même qui avaient montré le plus d'acharnement à accuser ses doctrines religieuses d'hétérodoxie, se sont accordés pour rendre hommage à ses vertus privées et à la pureté extrême de ses mœurs.

GIOBERTITE, carbonate de magnésie, ainsi composé : Acide carbonique, 51,7 ; magnésie, 48,3. Sa densité est 3 ; sa dureté, 4,5. Douée d'un éclat vitreux, la giobertite se trouve disséminée en cristaux dans les roches magnésiennes, et en filons dans les roches serpentineuses, où elle accompagne fréquemment la magnésite. Le Salzbourg, le Tyrol et la Styrie sont les pays dans lesquels on la rencontre le plus communément. On observe la giobertite en masses compactes ou terreuses, au milieu des roches ophiolithiques de Hrubschitz en Moravie, de Baldissero et de Castellamonte en Piémont. La giobertite se dissout lentement à froid, et avec une faible effervescence, dans l'acide azotique. Quand les cristaux de giobertite sont purs, ce qui arrive rarement, ils ressemblent beaucoup à ceux de la d o l o m i e ; mais ils n'offrent point la courbure qui distingue souvent ces derniers ; de plus, ils ne renferment pas de chaux. Souvent ils contiennent quelques centièmes d'oxydule de fer, qui leur donnent une teinte grise ou brunâtre ; ils appartiennent alors à la sous-espèce nommée *breunérite*.

GIOCONDO (GIOVANNI Fra), l'un des plus savants et des plus remarquables architectes de l'école vénitienne au quinzième siècle. Tout ce qu'on sait des circonstances particulières de sa vie, c'est qu'il était né à Vérone. Il possédait à fond les langues anciennes et les antiquités classiques ; et il nous reste, comme monument remarquable de l'activité qu'il déploya dans le domaine particulier de la science, une collection d'anciennes inscriptions dédiée par lui à Laurent de Médicis. Comme architecte, il travailla à Vérone, à Venise, à Rome et en France ; mais on ignore combien de temps et à quelle époque précise il séjourna dans notre pays. A Paris, il construisit le pont Notre-Dame. Dans les autres édifices qu'il y exécuta, il mélangea le style complétement italien de la renaissance, qu'il n'avait point encore osé aborder, avec des éléments français et allemands d'une époque plus récente, et fit usage des pignons en pointes, des ogives et des tourelles. A Venise, il mérita la reconnaissance publique en mettant à exécution les plans qu'il avait proposés pour donner une autre direction au cours de la Brenta, à l'effet de prévenir ainsi l'engorgement des lagunes. Irrité d'avoir vu la reconstruction du pont du Rialto, à la suite de l'incendie qui l'avait détruit, confiée à un autre architecte, malgré le beau plan qu'il avait composé par ordre du sénat, il se rendit à Rome, où il appert d'une lettre de Raphael qu'il travailla à la construction de l'église de Saint-Pierre. Cette lettre parle de lui comme d'un vieillard alors âgé de quatre-vingts ans ; et il est vraisemblable que c'est à Rome que mourut le frère Giocondo. Enfin, à Vérone, il construisit un pont massif et le palais du Conseil, monument très-remarquable à tous égards. Giocondo, tout en se livrant à ses travaux d'architecture, ne laissait point que de s'occuper en même temps de science et de littérature. C'est ainsi qu'une heureuse trouvaille lui permit de combler une grave lacune dans Pline le jeune. Il donna aussi une nouvelle édition de Vitruve, et des anciens auteurs qui ont écrit sur l'agriculture.

GIORDANO (Luc), peintre, naquit à Naples, en 1632, et fut élève de Joseph R i b e r a. Il reçut de très-bonne heure le sobriquet de *Fapresto*, soit à cause de la facilité avec laquelle il travaillait, soit plutôt parce que son père ne cessait de l'exhorter à *faire vite*. Enthousiasmé par tout ce qu'il entendait dire des chefs-d'œuvre qui décoraient la ville de Rome, il s'échappa de la maison paternelle, et vint dans la capitale des arts. Il s'y lia d'amitié avec Pierre Berettini, qui avait aussi une grande facilité. Giordano fit ensuite des voyages à Bologne, à Parme, à Venise et à Florence ; partout il exécuta de nombreux travaux, et sa réputation prit un tel accroissement que le roi d'Espagne, Charles II, le fit venir et lui ordonna plusieurs tableaux destinés à embellir le palais de l'Escurial.

La facilité de Giordano le portait à imiter la manière des autres peintres, et on raconte que le roi d'Espagne, lui montrant un tableau de Bassan, exprimait quelques regrets de ne pas en avoir un second de ce même maître. Dès le lendemain, Giordano, prenant une vieille toile, peignit un tableau tellement dans la manière de ce peintre, que lorsqu'il fut placé dans les appartements du monarque, on le prit pour un tableau de Bassan lui-même. On a reproché à Giordano sa trop grande facilité : en effet, son dessin n'est pas toujours correct, mais sa couleur est si brillante qu'elle mérite bien d'être admirée. Cet artiste a souvent signé ses tableaux du nom latin *Jordanus*, ce qui l'a quelquefois fait confondre avec le peintre flamand Jacques Jordaens. Nous avons de lui au Musée du Louvre : *La Présentation de Jésus au temple ; Jésus se soumettant à la mort pour le salut des hommes*, et *Mars et Vénus*. Luc Giordano mourut à Naples, le 12 janvier 1705 ; il est enterré dans l'église de Sainte-Brigitte. DUCHESNE aîné

GIORGIONE (GIORGIO BARBARELLI, *dit* LE), naquit en 1478, à Castel-Franco, dans la Marche Trévisane. Venu très-jeune à Venise, il commença par s'occuper à la fois de peinture et de musique, et, passant ses jours et ses nuits dans les fêtes, il fut célèbre par ses galanteries et sa bonne mine avant de l'être par son talent. L'école vénitienne en était alors à ses premiers pas ; admis dans l'atelier de Giovanni Bellini, qui avec son frère Gentile résumait pour ainsi dire les forces naissantes de cette école encore indécise, Giorgione ne tarda pas à dépasser son maître. Il élargit sa méthode, il mania le pinceau avec plus de liberté, sans cependant enlever à la touche son caractère de précision et de sincère exactitude. Il parvint surtout à donner aux carnations plus de vie et de morbidesse. Au dire de Vasari, Giorgione ayant étudié quelques ouvrages de Léonard de Vinci, dut beaucoup à ce maître élégant et fin ; divers critiques, et entre autres Raphaël Mengs, se sont inscrits en faux contre cette assertion, trompés sans doute par la diversité des procédés qu'emploient le Vinci et Giorgione dans la coloration des chairs. Pour nous, nous ne voyons rien d'invraisemblable à ce que Giorgione ait appris dans les tableaux de Léonard les secrets du modelé, mais nous croyons qu'original dans son imitation même, le peintre vénitien a eu le mérite de faire pour la coloration du ton local ce que le Vinci avait fait pour la science des clairs et des ombres.

Au début de sa carrière, Giorgione peignit des Vierge et beaucoup de portraits. L'un des premiers, il s'avisa de décorer de fresques les façades des maisons. Grâce à la fermeté de l'exécution, ces peintures se sont conservées longtemps ; et au commencement de ce siècle Lanzi a pu en reconnaître les derniers vestiges. Un incendie ayant consumé l'entrepôt des Allemands, près du Rialto, Giorgione fut chargé avec Zarato (qu'on appelle aussi Luzzo de Feltre) d'orner de fresques l'une des façades du monument reconstruit (1506). L'autre façade fut confiée à Titien, qui s'acquitta de sa tâche avec un grand succès. Son œuvre ayant même été préférée par quelques juges à celle de Giorgione, ce dernier se piqua de jalousie, et, à ce que rapporte Vasari, rompit toute relation amicale avec Titien, son ancien élève. Il produisit successivement des tableaux fort applaudis : au Mont-de-Piété de Trévise un *Christ mort*, à l'école de Sarti, à Venise, un *Sant'Omobono*, à celle de Saint-Marc, une importante composition représentant une *Tempête* apaisée par ce même saint, et à Milan, un *Moïse sauvé des eaux*. Giorgione mourut à la fin de 1511 ; mais les circonstances qui précédèrent sa mort sont diversement racontées. Vasari assure qu'atteinte de la peste, une maîtresse de Giorgione succomba à ce mal terrible, et que frappé lui-même, il lui survécut peu. Ridolfi prétend que son collaborateur Luzzo de Feltre lui ayant enlevé une femme qu'il aimait éperdument, l'excès de sa douleur le tua.

Giorgione a laissé de nombreux élèves. Sans parler de Titien, qui avait travaillé avec lui dans l'atelier de Bellini, et qui parfois imita tellement sa manière, que beaucoup s'y trompaient, Giorgione eut pour disciples ou pour imitateurs Jean d'Udine, Loronzo Luzzi, Torbido, surnommé *il Moro*, le Pordenone, et le plus habile de tous, Sébastien del Piombo, qui reçut plus tard des leçons de Michel-Ange. Citer ces noms, c'est montrer quelle fut sur le seizième siècle l'influence de Giorgione.

Le Musée du Louvre ne possède que deux tableaux de sa main : *Jésus sur les genoux de sa Mère*, et *Le Concert champêtre*. Les plus beaux ouvrages de ce maître sont aujourd'hui au musée del Rey, à Madrid, au palais Pitti, et au musée degl'Uffizi à Florence, au musée du Capitole à Rome, etc. Paul MANTZ.

GIOTTO, dont le véritable nom était *Ambrogiotto* BONDONE, l'un des plus célèbres parmi les anciens peintres italiens, et qui ne fit pas preuve de moins de talent comme architecte et comme sculpteur, naquit vers 1270, d'un père simple paysan à Vespignano, village situé à quelques lieues de Florence. La pénétration de Cimabue devait bientôt l'arracher du cercle étroit qu'il semblait destiné à parcourir et de l'humble profession qu'il devait exercer : il gardait en effet les troupeaux de son père. Un jour, ce grand peintre venant à passer au moment où le jeune berger dessinait sur une roche quelques-uns des animaux confiés à sa garde, est saisi d'étonnement à la vue de ces lignes tracées avec nature et vérité ; aussi conçoit-il dès ce moment le projet d'en faire un peintre, et lui propose-t-il de l'emmener à Florence : Giotto accepte avec joie, et profite si bien des leçons et des conseils de l'artiste florentin qu'il ne tarde pas à dépasser ce maître, dont la manière était, comme on sait, rude, sèche, et dépourvue de ces formes gracieuses dont Giotto devait donner l'exemple, et que plus tard Raphael devait rendre immortelles.

Giotto s'attacha surtout à prendre la nature pour modèle et pour guide ; et c'est ainsi que la faisant poser devant lui, il lui a été donné de découvrir cette route dont la trace était perdue depuis tant de siècles. La résurrection du portrait devait être la conséquence d'un pareil système, et Giotto en a fait plusieurs, parmi lequels nous nous contenterons de citer celui de son ami Dante. Toute la vie de ce peintre est une longue succession de travaux, souvent de la plus haute importance. Ses premiers ouvrages sont des fresques pour le chœur de Sainte-Croix de Florence et un tableau pour le maître-autel de cette église. Notre Musée du Louvre possède le tableau qu'il fit pour les Franciscains de Pise : le sujet est la vision où le fondateur de cet ordre reçoit les stigmates ; c'est un chef-d'œuvre, que les Pisans admirèrent tant, qu'ils voulurent multiplier chez eux les ouvrages de cet artiste. C'est ainsi que conjointement avec Occagna et plusieurs autres, il contribua à orner le Campo-Santo. Les six fresques qu'il y exécuta ont trait à la misère de Job. On voit aujourd'hui dans Saint-Pierre de Rome la mosaïque qu'il fit en 1298 ; elle représente saint Pierre marchant sur les eaux.

L'énumération de toutes les peintures de Giotto serait beaucoup trop longue : il laissait des ouvrages dans toutes les villes qu'il traversait. Dans le courant de 1853, on a découvert dans l'église Sainte-Croix de Florence des tableaux faits par lui dans la chapelle de Bardi. Le badigeon dont les murs de cette chapelle étaient couverts et deux cénotaphes de marbre cachaient, outre quatre figures de saints de grandeur naturelle, quatre fonds avec des peintures symboliques et un Saint François dans une voûte étoilée, en outre six grandes compositions dans lesquelles le Giotto avait représenté le Départ de saint François de la maison paternelle, l'Approbation de la première règle des Frères mineurs, l'Apparition du docteur séraphique pendant une prédication de saint Antoine, le Saint en présence du sultan Saladin, la Bénédiction donnée à Assise par le saint Père près de mourir, et la Vision presque simultanée de l'évêque de cette ville, enfin les Funérailles du saint.

Giotto est beaucoup moins connu comme sculpteur ; cependant Florence a conservé pendant longtemps de ses ouvrages en ce genre, où l'on remarquait une grande connaissance des statues de l'antiquité, dont cette ville était déjà riche. C'est en 1334 que Giotto, peintre et sculpteur, fut nommé architecte de Florence, et c'est là qu'il mourut, le 8 janvier 1336, après avoir dirigé en cette qualité les travaux des fortifications de la ville, et fait à Santa-Maria une tour de 82 mètres de haut, que Charles-Quint aurait voulu mettre dans un étui, tant il la trouvait belle. Il fut inhumé dans cette même église de Santa-Maria Maggiore ; et plus tard la république lui fit élever une statue en marbre.

Le nom de Giotto ne serait point appuyé sur des ouvrages aussi durables qu'il serait cependant destiné à traverser bien des siècles : l'immortel Dante, dont il était l'ami, ne lui a-t-il pas consacré en éloge quelques vers de *La Divine Comédie*? Pétrarque, dans son testament, ne lègue-t-il pas à un ami une Madone de Giotto, comme la chose la plus précieuse qu'il puisse lui offrir? Plusieurs graveurs ont reproduit l'œuvre de Giotto : Béatricet la mosaïque de Saint-Pierre, Molini et Landi les fresques du Campo-Santo.

GIOVANNI (Fra). *Voyez* FIESOLE.

GIOVINI (ANGELO-AURELIO-BIANCHI), publiciste italien, né en 1799, à Côme, embrassa d'abord la carrière commerciale, mais ne tarda point à y renoncer pour se livrer sans contrainte à son goût pour les lettres. En 1830 il s'établit dans le canton du Tessin, où il publia un journal, l'*Ancora*. Après un assez long séjour à Capolago, où il dirigea la *Typografia helvetica*, il se rendit, en 1836, à Lugano pour y prendre la rédaction en chef du *Republicano della Svizzera*. La même année, il fit paraître sa *Biografia di Fra Paolo Sarpi* (dernière édition, Turin, 1850) qui obtint de nombreuses éditions, mais qui excita contre lui le courroux de la cour de Rome et du clergé catholique. La hardiesse avec laquelle Giovini jugeait les affaires intérieures de la petite république dans le sein de laquelle il avait trouvé l'hospitalité, et surtout ses attaques contre le parti clérical, lui valurent d'incessantes persécutions de la part du clergé ; et en 1839 il finit même par être expulsé du Tessin. Après être resté deux ans à Zurich, Giovini se rendit à Milan, où jusqu'en 1848 il vécut dans une profonde retraite, uniquement occupé de travaux historiques et d'économie politique. C'est dans cet intervalle qu'il écrivit, entre autres ouvrages, son essai *Sulle origine italiche di Angelo Mazzoldi* (Milan, 1841), auquel se rattache ses *Nuove Osservazione sulle opinione di Mazzoldi* (1841) : sa *Storia degli Ebrei e delle loro sette e doctrine religiose durante il secondo templo* (1844) ; son *Dizionario corografico della Lombardia* (1844) ; son *Dizionario storico filologico della Bibblia* (1845) ; son *Esame critico degli atti e documenti relativa alla favola della Papessa Giovanna* (1845), ouvrage dont une seconde édition a paru à Turin en 1849, sous le simple titre de *La Papessa Giovanna ;* ses essais historiques intitulés : *Pontificato de Sainto-Gregorio Grande* (Turin, 1844) et *Idee sulla decadenza del Impero romano in Occidente* (3 vol., Milan, 1846), enfin, pour faire suite à l'*Histoire universelle de Cantù*, sa *Storia dei Longobardi* (1848).

Dans la plupart de ces ouvrages Giovini a fait preuve d'une connaissance approfondie de la littérature romaine, de même qu'il y a trouvé l'occasion d'en faire l'éloge bien senti. Son style est d'une grande originalité, plein de vivacité et d'énergie ; dans la polémique il n'est pas seulement mordant, on peut dire qu'il est écrasant. Parmi tous les littérateurs italiens aujourd'hui vivants, il n'en est pas qu'on puisse lui comparer pour la connaissance de l'histoire ecclésiastique et des sciences théologiques.

En 1848 Giovini vint à Turin prendre la rédaction en chef de l'*Opinione*. Les violentes attaques auxquelles il se livrait dans cette feuille contre le clergé et contre l'Autriche lui attirèrent, dans l'été de 1850, deux mois de bannissement en Suisse. Depuis lors, il s'occupa à Turin de terminer son grand ouvrage. *Storia dei Papi*, dont cinq volumes avaient déjà paru en 1852, à Capolago.

GIRAFE (*giraffe* dans les anciens auteurs, de l'arabe *zerapha, girnafa, jeruffa*). La girafe constitue dans l'ordre des ruminants un genre distinct, que Cuvier classe dans la série animale entre les cerfs et les antilopes ; et ce genre, qui ne renferme jusqu'à présent qu'une seule espèce (*camelopardalis giraffa*, Linné), s'éloigne assez de ses congénères du même ordre pour que quelques naturalistes aient voulu l'ériger en une famille distincte. La girafe en effet présente dans tous les détails de son organisation des singularités qui frappent l'observateur le plus superficiel par leur étrange nouveauté : la petitesse de la tête et la brièveté excessive du tronc, alors qu'on les compare avec la longueur démesurée du col et des membres, la disproportion apparente des membres entre eux, et en général la prédominance anormale des parties antérieures sur les parties postérieures, sont des caractères qui ont frappé tous les voyageurs, tous les naturalistes, et que la plupart d'entre eux se sont plu singulièrement à exagérer. Michel Baudier, gentilhomme languedocien, qui en 1623 dessina d'après nature une girafe, à Constantinople, ne craint pas d'avancer, en présence même de son dessin, qui le réfute, que le jambes de devant de la girafe sont de quatre à cinq fois plus longues que ses jambes de derrière ; et Buffon lui-même, suivant en cela trop fidèlement les erreurs des naturalistes ses prédécesseurs, affirme que chez la girafe les membres postérieurs sont de moitié plus courts que les membres antérieurs. Or, il résulte de mensurations exactes que chez la girafe le garrot est plus élevé que la croupe de 0^m,48 seulement ; et dans cette différence de niveau, la longueur inégale des jambes elles-mêmes entre pour fort peu de chose, car l'humérus et le fémur sont sensiblement égaux, et si le radius dépasse de 0^m,10 le tibia, le canon postérieur est de 0^m,05 plus long que le canon antérieur : ainsi, somme toute, la différence de longueur des membres antérieurs et postérieurs serait de 0^m,11 au plus, différence minime chez un animal qui porte de 5^m,25 à 6^m,50. Aussi, pour expliquer l'élévation anormale du train de devant, il faut tenir compte d'une multitude de circonstances concurrentes ; la hauteur des apophyses épineuses des premières vertèbres dorsales, la longueur démesurée de l'omoplate, la flexion habituelle des membres postérieurs et la tension constante des membres antérieurs, leur différence réelle de longueur, etc.

La tête de la girafe, petite, fine et allongée, rappelle assez, par ses formes générales, la tête du chameau, mais elle offre aussi des caractères distinctifs très-saillants ; deux prolongements frontaux solides, non caducs, constants chez les deux sexes, et recouverts par une peau velue qui se continue avec celle de la tête, s'élèvent parallèlement sur le front, et forment à la girafe des organes spéciaux, qui ne sont véritablement ni des cornes ni des bois : ces prolongements frontaux sont formés dans le jeune âge de deux portions, l'une interne et spongieuse, l'autre externe et compacte, portions qui se confondent plus tard en une substance unique éburnée, percée à sa base par des ouvertures qui livrent passage aux artères nourricières : un troisième tubercule osseux, formé par une excroissance spongieuse de l'os frontal, et quelquefois calleux, occupe le milieu du chanfrein, de telle sorte que la tête de la girafe paraît réellement tricorne. La mâchoire supérieure compte 12 molaires seulement, la mâchoire inférieure 12 molaires, plus 8 incisives, comme chez les chameaux, le chevrotain et quelques cerfs : toutes deux sont dépourvues de canines. La lèvre supérieure est très-mobile, très-allongée, mais entière et sans muffle, et la langue est couverte de papilles cornées. Le pelage de la girafe, ras et blanchâtre, est tout parsemé de larges taches phéniciées, triangulaires, trapézoïdes, pentagonales ; fauves chez les femelles et les jeunes individus, ces taches deviennent presque noires chez les vieux mâles. Une petite crinière, droite et composée alternativement de poils noirs et jaunes, naît un peu au-dessous des oreilles, et se termine vers l'épaule. La queue, qui descend à peine jusqu'au canon, se termine par une touffe épaisse de crins d'une dureté extrême; les genoux sont calleux, ainsi que la poitrine; les mamelles sont inguinales et au nombre de quatre.

Les mouvements de la girafe lorsqu'elle marche ou qu'elle va l'amble ne sont en aucune façon disgracieux; mais lorsqu'elle accélère sa course pour échapper à la poursuite, elle déplace en même temps les deux jambes du même côté; et l'excessive brièveté de son corps, la longueur démesurée des jambes, la rapidité de ses mouvements, et le balancement qu'elle imprime à son col, qui se meut entre ses deux épaules comme un pendule inflexible, donnent à sa course un caractère particulier, qui rappelle assez celle de l'autruche et du casoar. Au reste, cette course est rapide à l'extrême, et la girafe a bien vite dépassé les chevaux les plus légers; mais l'étroitesse de sa cavité thoracique ne lui permet pas de ménager suffisamment sa respiration : aussi ne peut-elle fournir une longue carrière.

La girafe broute la sommité des arbres, préférant d'ordinaire les mimeuses, dont elle enlace les branches avec sa langue, étroite, longue, rugueuse et noire. Son organisation tout entière prouve qu'elle était prédestinée à paître les hautes branches des arbres, et non à brouter l'herbe des prairies : aussi fait-elle des façons infinies lorsqu'il lui faut fléchir son long col, et étendre sa lèvre mobile et sa langue flexible pour ramasser quelques jeunes pousses appétissantes de mimeuses et d'acacias qu'elle a maladroitement laissées tomber à ses pieds; et la gaucherie de ses gestes, et le temps qu'elle y met, et les précautions qu'elle est forcée de prendre, montrent bien qu'elle agit alors contre les allures habituelles de son organisation.

La girafe habite exclusivement les déserts qui occupent l'axe central de l'Afrique, depuis les cataractes du Nil jusqu'au voisinage du Cap de Bonne-Espérance; du moins Marco Polo est-il le seul voyageur qui affirme positivement avoir rencontré la girafe dans l'île de Zenzibar, aux environs de Madagascar. Il ne faut pas croire toutefois que les girafes errent à l'aventure dans l'immensité de ces mers de sable; elles se réunissent d'habitude en petites bandes de cinq à sept, qu'accompagnent souvent des troupes de gazelles et d'antilopes; et elles rôdent ainsi tout autour de ces terres arrosées et riches en puissante végétation, ces oasis qui s'élèvent au-dessus du niveau des sables, comme des îles au milieu de l'Océan : c'est là qu'avec des précautions inouïes et une défiance extrême, elles s'abattent de temps en temps pour faire leur curée de feuillage et de verdure; puis la curée faite, elles s'enfuient aussi vite qu'elles peuvent vers le désert, tant elles savent combien sont perfides pour elles ces bosquets frais et verdoyants, ces séjours de délices et de dangers; tant elles savent qu'il n'y a pour elles de sûreté que dans les plaines arides et sablonneuses du désert, là où elles peuvent dominer de leur grande hauteur toutes les petites inégalités du sol; là où leurs regards peuvent se promener sur un horizon immense; là où leur active surveillance et leur course légère peuvent rendre impossibles toutes les surprises et se jouer de toutes les attaques. Quoique d'un naturel fort doux, elles se défendent, dit-on, par de vigoureuses ruades, même contre le lion. La Bible cite, dans le *Deutéronome*, parmi les animaux dont on peut manger, un ruminant appelé *zamer*, nom que nos traducteurs rendent à tort par *chamois*, et qui a été traduit dans la version chaldaïque par *deba;* dans la version arabe, tantôt par *saraphah*, tantôt par *jeruffa;* dans la version persanne, par *seraphah;* dans la traduction des Septante, par *camelopardalis*. Si cette version est exacte, et elle est aujourd'hui généralement admise, la girafe aurait été connue et employée comme aliment dès la plus haute antiquité. Quoi qu'il en soit, MM. Lancret et Jomard ont retrouvé sur les bas-reliefs des temples égyptiens des girafes parfaitement caractérisées. Ptolémée Philadelphe fit promener dans Alexandrie une girafe et un rhinocéros : Agatharchide (180 avant J.-C.) en a donné une description courte, mais exacte; Arthémidore (100 avant J.-C.) en fait mention; Strabon le géographe prouve qu'elle lui était parfaitement connue; et Horace la désigne évidemment dans ce vers:

> Diversum confusa genus panthera camelo.

En l'an 708 de la fondation de Rome, César, voulant effacer jusqu'au souvenir des fêtes brillantes données par Pompée au peuple romain, déploya un luxe inouï dans les spectacles de ce genre : alors parut pour la première fois en Europe le *chameau-léopard*, amené à grands frais du port d'Alexandrie, et ainsi nommé par le peuple romain parce qu'il ressemblait au chameau par ses formes, à la panthère par son pelage (*figura ut camelus*, *maculis ut panthera*, Varron). Plus tard, en l'an de notre ère 248, Philippe Ier, successeur de Gordien III, fit promener dans le cirque dix girafes à la fois; en 274, Aurélien célébra son triomphe sur Zénobie par des fêtes où les girafes, les rhinocéros, les crocodiles, etc., parurent en grand nombre. Enfin, pour ne pas multiplier inutilement les citations, nous dirons que Cosme le voyageur, Philostorge, qui écrivait au quatrième siècle, Héliodore, dans son roman des *Éthiopiques*, Antonio Constanzio et Cassanius Bassus, auteur d'une compilation intitulée *Les Géoponiques*, nomment et décrivent la girafe; et s'il faut en croire une chronique du moyen âge, une girafe fut envoyée, en l'an 1486, à un duc de Médicis, prince de Florence; et l'hôte du désert s'apprivoisa si bien dans la cité des hommes, qu'elle se promenait seule dans les rues de la ville, et venait prendre aux blanches mains des dames florentines assises aux balcons de leurs fenêtres ses repas quotidiens de feuilles, de fleurs et de fruits.

Belfield-Lefèvre.

C'est en 1827 que parut pour la première fois une girafe vivante en France. Elle était envoyée au roi par le pacha d'Égypte, et fut remise au Jardin des Plantes. On se souvient encore du succès phénoménal qu'elle y obtint. Jamais la ménagerie n'avait reçu tant de visiteurs : pendant des mois la girafe fut l'objet de toutes les conversations : on ne parlait que d'elle sur la scène; on la chanta sur les orgues de Barbarie, et la mode donna son nom à une foule de créations fantasques. Cette jolie girafe, dont on eut un soin extraordinaire, a vécu dix-huit ans sous notre climat; emportée par une maladie de poitrine, elle figure maintenant, dûment empaillée, dans les galeries de zoologie du Muséum, où sa tête, haute de près de 3^{m},50, plane au-dessus de celles des autres grands quadrupèdes. Un mâle qu'on avait amené en même temps périt presque aussitôt son arrivée. Londres, qui avait reçu à la même époque un couple de ces mêmes animaux, a vu naître un petit, que la mère a refusé d'allaiter et que le lait de vache n'a pu sustenter. La Rotonde du Jardin des Plantes abrite encore un couple charmant de jeunes girafes à pelage ras, gris, parsemé de taches fauves anguleuses d'une grande régularité. De grandes attentions sont nécessaires pour préserver du froid et de l'humidité ces délicats enfants de l'Afrique. L. Louvet.

GIRAFE (*Astronomie*). *La Girafe* est une constellation boréale, située entre la Grande Ourse, Cassiopée, Persée et le Cocher. Le Catalogue britannique y compte 58 étoiles.

GIRANDE. *Voyez* Feu d'Artifice et Gerbe.

GIRANDOLE. Le fontainier et l'artificier se servent également du mot *girandole*, le premier pour désigner un assemblage de tuyaux d'où l'eau jaillit (*voyez* Gerbe), et le second la réunion d'une certaine quantité de fusées volantes qui partent en même temps (*voyez* Feu d'Artifice). Entendu dans ce dernier sens, le mot *girandole* est synonyme de *girande*. Le mot *girandole* désigne encore un chandelier à plusieurs branches, dont on se sert dans les grands festins et les soirées, pour orner les tables d'un salon ou les guéridons : c'est ainsi que l'on dit une *girandole* en cristal, une *girandole* d'argent, etc. Enfin, on donne le nom de *girandole* à un assemblage de diamants ou de toutes autres pierres précieuses qui servent à la parure des femmes et qu'elles portent ordinairement à leurs oreilles.

V. DE MOLÉON.

GIRANDOLE (*Botanique*), nom vulgaire d'une espèce du genre *amaryllis*. C'est l'*amaryllis orientalis* de Linné. Son oignon est fort gros. La hampe, rouge de sang, haute de 0^{m}, 35, porte en octobre et novembre des fleurs nombreuses, rouges, disposées en girandole. Cette plante, originaire des Indes, est de serre tempérée.

GIRARD (ALBERT), géomètre hollandais, et l'un des précurseurs de Descartes, naquit vers la fin du seizième siècle, et mourut en 1634. Dans son ouvrage intitulé : *Nouvelle invention en algèbre* (Amsterdam, 1629), il publia des aperçus aussi ingénieux que profonds sur les racines négatives des équations et la mesure des angles solides.

GIRARD (JEAN-BAPTISTE), né à Dôle en 1680. Ses parents qui étaient pauvres lui firent pourtant donner une excellente instruction dans un collége de la société de Jésus. Le jeune Jean-Baptiste, quand il eut achevé ses études, embrassa la carrière qui se trouvait alors ouverte aux hommes d'intelligence qui n'avaient ni fortune, ni naissance. Il entra dans les ordres sacrés et s'enrôla sous les drapeaux des bons pères qui l'avaient élevé. Successivement régent de basses classes, d'humanités et de philosophie, le père Girard ne tarda pas à se faire distinguer comme l'un des sujets les plus remarquables de la compagnie. Doué d'un extérieur avantageux et d'un organe accentué, ayant une éloquence naturelle et une vive chaleur dans le regard et dans la voix, ses supérieurs songèrent à utiliser ses talents enfouis dans une chaire obscure. Dès lors le père Girard se voua à la prédication pour laquelle il semblait être né. Il réussit tout d'abord, et sa réputation devint très-grande dans le midi de la France. Il séjourna tour à tour dans les principales villes du Languedoc et de la Provence, et surtout à Aix qu'il habita pendant dix années.

Nommé supérieur du séminaire royal de la marine à Toulon, le père Girard devint le confesseur à la mode de cette cité dévote. Au nombre de ses pénitentes était une belle jeune fille de dix-huit ans, appelée Marie-Catherine Cadière, d'une dévotion exaltée et mystique, qui s'imaginait être en rapport avec les anges et faire des miracles. Le père Girard était au mieux avec cette sainte personne; mais une pieuse supercherie dont elle se rendit coupable lui dessilla probablement les yeux. Elle prétendait avoir reçu dans une de ses extases des stigmates à côté du cœur; son directeur fut assez imprudent pour s'enfermer avec elle; ayant constaté la fraude, et craignant que le ridicule et l'odieux de cette affaire ne retombassent sur lui, il rompit avec Catherine. Celle-ci par dépit alla aussitôt trouver un carme, janséniste fervent, qui l'ayant entendu en confession l'exhorta à publier ce qui s'était passé entre elle et son ancien directeur. On conçoit facilement l'émoi des Jésuites à cette nouvelle; ils crurent étouffer le bruit en faisant renfermer Catherine aux Ursulines. Cette usurpation de pouvoir eut précisément un effet tout contraire à celui qu'ils en attendaient; elle fut dénoncée au conseil d'État et l'affaire portée devant le parlement d'Aix. Catherine Cadière accusait le père Girard d'avoir abusé d'elle par enchantement et sortilége, et de lui avoir fait perdre son fruit. Il fut acquitté à la majorité d'une seule voix, après de longs et passionnés débats. Aussitôt il quitta Toulon où le peuple menaçait sa vie et revint à Dôle. Il y mourut, deux ans après, en 1733, en odeur de sainteté, s'il faut en croire ses confrères.

GIRARD (GABRIEL), né à Clermont, en Auvergne, vers 1677, et mort en 1748, grammairien distingué, s'est fait un nom durable par son *Dictionnaire universel des Synonymes français* (Paris, 1736), dont la première édition (1718) avait paru sous ce titre : *La Justesse de la Langue française*. Ce livre, le premier de ce genre qui eût encore été publié en France, a longtemps et à bon droit passé pour classique. Il a depuis été augmenté par Beauzée (1769), Roubaud (1808), et M. Guizot (1829). L'abbé Girard était secrétaire général du roi pour les langues esclavonne et russe, chapelain de la duchesse de Berry, fille du régent, et membre de l'Académie Française.

GIRARD (PHILIPPE DE), mécanicien célèbre, inventeur de la machine à filer le lin, naquit en 1775, à Lourmarin, village riverain de la Durance. Il montra dès son enfance une vocation décidée pour la mécanique, s'amusant dès lors tantôt à construire de petites roues que faisait mouvoir le ruisseau du jardin paternel, tantôt à observer avec curiosité les formes que donnait au plomb en fusion l'eau dans laquelle il le faisait couler, essayant même d'y mouler des empreintes de médailles. D'autres goûts encore, la botanique, la peinture et la poésie se disputaient cette intelligence, qui cherchait son milieu. La révolution vint arracher le jeune de Girard à cette vie paisible et studieuse. Il se fit soldat pour combattre les terroristes du midi; forcé de fuir la France avec sa famille, il se fit peintre, à Mahon, pour la nourrir; enfin, le malheur fit de lui un industriel, et, émigré à Livourne, il y établit une fabrique de savon. Rentré en France après le 9 thermidor, il créa une fabrique de produits chimiques sur les débris de l'abbaye Saint-Victor, à Marseille. Le 13 vendémiaire amena de nouvelles persécutions, qui obligèrent la famille de Girard à s'éloigner encore une fois du sol français. Réfugié à Nice, Philippe de Girard y obtint, à la suite de deux brillants concours, la chaire de chimie et d'histoire naturelle, qu'on venait d'y créer. Il avait alors dix-neuf ans à peine.

Le Consulat lui ayant rouvert les portes de la patrie, Philippe de Girard revint à Marseille, et après y avoir fait, dans une des salles de l'académie, un cours de chimie qui réunissait autour de lui un grand nombre d'auditeurs, il ne tarda pas à se rendre à Paris; car il comprenait que ce grand foyer des sciences et de l'industrie devait offrir de vastes ressources à son activité intellectuelle. L'exposition de 1806 témoigna de la puissance et de la diversité d'invention qui le caractérisaient. On y vit de lui une lunette achromatique, où le *flint-glass* était remplacé par un liquide, et des lampes hydrostatiques à niveau constant (imaginées en compagnie avec son second frère, *Frédéric* DE GIRARD). Ces lampes, que les carcels ont sans doute fait oublier depuis, produisirent une véritable révolution dans notre éclairage domestique, resté à peu près stationnaire depuis Quinquet et son invention de la lampe à courant d'air intérieur, qui a immortalisé son nom. Des globes de verre dépoli, imaginés alors pour la première fois, et qui aujourd'hui sont répandus dans le monde entier, contribuèrent à la fortune des lampes de l'invention des frères Girard. Vers le même temps, Philippe de Girard perfectionnait la machine à vapeur par diverses innovations d'une haute importance, par exemple l'emploi de l'expansion de la vapeur dans un seul cylindre, et la production du mouvement rotatoire sans l'intermédiaire d'un balancier. Un brevet pris en 1806, la grande médaille d'or décernée cette même année sur le rapport de M. de Prony, sont là pour attester en sa faveur la priorité de cette belle invention, dont la gloire a été usurpée en 1815 par un Américain, et en 1819 par un Anglais.

Mais de toutes les inventions dues au génie de Philippe de Girard, la plus importante est incontestablement sa machine à filer le lin. En 1810, Napoléon, pour porter un coup de plus à l'industrie cotonnière des Anglais, aux produits de laquelle, par son système continental, il fermait tous les ports de l'Europe, en favorisant et excitant les progrès des manufactures dont le lin est la matière première, proposa, par un décret inséré au *Moniteur* du 12 mai, un prix d'*un million de francs* à l'inventeur, de quelque nation qu'il pût être, de la meilleure machine à filer le lin. Quelques jours après la publication de ce décret, Philippe de Girard, alors âgé de trente-cinq ans, se trouvait chez son père, à Lourmarin. Pendant le déjeûner de famille, on apporta le journal qui contenait ce magnifique défi jeté à l'esprit d'invention. Le père passa le journal à son fils, en lui disant : « Philippe, voilà qui te regarde! » Après le déjeûner, celui-ci se promenait seul, décidé à résoudre le problème. Jamais il ne s'était occupé de quoi que ce fût qui eût rapport à l'industrie dont il s'agissait. Il se demanda d'abord s'il ne devait pas étudier tout ce qui avait été tenté sur le sujet proposé; mais bientôt il se dit que l'offre d'un million prouvait qu'on n'était arrivé à rien de satisfaisant. Il voulut donc tout ignorer pour mieux conserver l'indépendance de son esprit. Il rentra, fit porter dans sa chambre du lin, du fil, de l'eau, une loupe, et regardant tour à tour le lin et le fil, il se dit : « Avec ceci il faut que je fasse cela. » Après avoir examiné le lin à la loupe, il le détrempa dans l'eau, l'examina de nouveau, et le lendemain à déjeûner il disait à son père : « Le million est à moi ! » Puis il prit quelques brins de lin, les décomposa par l'action de l'eau, de manière à en séparer les fibres élémentaires, les fit glisser l'une sur l'autre, en forma un fil d'une finesse extrême, et ajouta : « Il me reste à faire avec une machine ce que je fais avec mes doigts; la machine est trouvée. » Elle l'était en effet pour lui. Le germe de la découverte était alors dans sa pensée; mais que d'efforts patients, que d'essais ingénieux avant de parvenir à exécuter en grand ce qu'il avait conçu d'un trait! Deux mois après (18 juillet 1812), Philippe de Girard avait pris son premier brevet d'invention, brevet qui contenait tous les principes essentiels de la filature mécanique du l i n.

Philippe de Girard employa deux années à compléter et perfectionner ses procédés, et en 1813 il avait fondé à Paris une filature de lin à la mécanique. Les conditions du programme impérial étaient dès lors remplies, et la promesse de Napoléon l'eût été sans doute également sans les événements qui, dans cette même année, amenèrent l'invasion du sol français et la ruine de l'empire. La Restauration était peu disposée à acquitter les dettes de l'empire ; et la filature du lin à la mécanique ne put en obtenir même une misérable somme de 8,000 fr. Philippe de Girard, qui avait sacrifié toute sa fortune à ses essais, accepta les offres du gouvernement autrichien, qui lui proposait de faire les fonds d'un grand établissement monté d'après son plan, et partit pour Vienne, où il tint tout ce qu'il avait promis, mais où il fut loin d'obtenir à son tour tout ce qu'on lui avait fait espérer. Et cependant il complétait ses travaux sur la filature mécanique du lin par une machine à peigner, qu'il devait plus tard perfectionner encore. Devançant la navigation à vapeur établie aujourd'hui sur le Danube, il faisait remonter ce fleuve depuis Pesth jusqu'à Vienne par un bateau que poussait une machine dans laquelle il avait employé le premier les générateurs de vapeur composés de tubes étroits pour rendre les explosions impossibles. Ces générateurs sont maintenant partout en usage. En 1826, Philippe de Girard fut appelé à Varsovie par l'empereur de Russie. Une grande filature mécanique de lin fut alors établie par le concours des fonds du gouvernement et d'une société d'actionnaires. Autour de cet établissement modèle se forma bientôt une petite ville, qui prit le nom de *Girardof*, et qui figure sur les nouvelles cartes de Pologne.

Pendant les vingt ans environ que Philippe de Girard passa au service de Russie, son génie inventif, loin de s'endormir dans la routine toute tracée d'une occupation spéciale et constamment la même, sembla au contraire lutter d'activité avec les progrès faits en même temps par la mécanique dans les divers pays de l'Europe. Il ne pouvait en effet s'occuper d'un sujet quelconque sans être conduit à quelque idée nouvelle ; aussi produisit-il encore en dehors de son service une foule d'inventions plus utiles les unes que les autres, telles qu'un appareil pour l'extraction et l'évaporation du jus de la betterave, une nouvelle roue hydraulique propre à utiliser les grandes chutes d'eau, des machines à fabriquer les boi. de fusil, et à creuser l'encastrement de la platine et de la sous-garde dans huit bois de fusil à la fois, etc., etc. Malgré sa reconnaissance pour les bontés du gouvernement russe, Philippe de Girard désirait ardemment revoir sa patrie et sa famille. Il fit en 1844 le voyage de Lourmarin, pour aller se retremper aux doux souvenirs de son enfance; puis il vint à Paris au moment de l'exposition, solennité industrielle à laquelle il était si digne d'assister, puisqu'il retrouvait dans chacune de ses salles quelqu'une de ses inventions. Le gouvernement français et le monde industriel reconnaissaient si bien qu'il était de toute justice d'accorder à Philippe de Girard une récompense nationale de nature à tenir lieu à sa famille de la fortune qu'il avait généreusement sacrifiée à ses glorieux essais, qu'une proposition formelle fut faite dans ce sens à la chambre des députés; mais moins heureux que D a g u e r r e et M. V i c a t, Philippe de Girard eut la douleur de voir un étroit et mesquin esprit d'opposition faire rejeter une proposition dont l'adoption eût encore plus honoré le pays que le citoyen qui en était l'objet.

En 1845, Philippe de Girard, alors âgé de soixante-dix ans, mourut à Paris; la croix de la Légion d'Honneur ne brilla même point sur sa modeste bière. En 1853, un projet de loi tendant à accorder une récompense nationale aux héritiers de Philippe de Girard a été remis au conseil d'État.

GIRARDIN (Famille). C'est au siècle dernier seulement qu'il est pour la première fois question dans nos annales de cette famille, qui prétend rattacher son origine aux Gherardini de Florence.

GIRARDIN (René-Louis, marquis de), né à Paris, en 1735, obtint une charge à la petite cour que l'ex-roi de Pologne Stanislas tenait à Nancy. Plus tard, la guerre de sept ans lui fournit l'occasion d'entrer dans les rangs de l'armée française et d'y obtenir le grade de colonel de dragons. Il utilisa les loisirs que lui faisait la paix pour mettre à exécution dans sa terre d'Ermenonville (Oise) un plan pour l'embellissement des jardins, qu'il développa ensuite dans un ouvrage spécial. Ce fut aussi à Ermenonville qu'il put offrir à J.-J. R o u s s e a u le dernier asile où le morose philosophe put achever de mourir en paix, et où plus tard il éleva un monument à sa mémoire, dans la célèbre île des Peupliers. La révolution de 1789 trouva dans le marquis de Girardin un admirateur enthousiaste; mais quand vint le règne de l'anarchie et de la terreur, il perdit ses illusions, et alla les regretter dans la solitude et l'isolement. Une inondation et les dévastations qu'elle causa dans la propriété qu'il s'était plu à tant embellir, puis les nombreux actes de vandalisme que se permettaient les autorités révolutionnaires du temps, le forcèrent de s'éloigner d'Ermenonville, dont il ne put s'occuper de relever les ruines qu'au rétablissement de la paix générale. C'est dans cette philosophique retraite que la mort vint le surprendre, en 1808. Son livre intitulé : *De la Composition des Paysages, ou des moyens d'embellir la nature par des habitations, en y joignant l'utile et l'agréable* (Paris, 1777; 4e édition, 1805), a été traduit dans la plupart des langues de l'Europe. On a aussi de lui un *Discours sur la nécessité de la ratification de la loi par la volonté générale* (Paris, 1791). Il laissait trois fils : l'aîné, à qui revenait de droit son titre de marquis, ne le prit point lors de la Restauration, et préféra garder celui de comte qu'il tenait de Napoléon.

GIRARDIN (Louis-Stanislas-Cécile-Xavier, comte de), fils aîné du précédent, naquit en 1768, à Lunéville, eut pour parrain le roi Stanislas, et parvint très-jeune au grade de capitaine dans un régiment de dragons. Pendant les six semaines que Jean-Jacques Rousseau passa à Ermenonville, le jeune Stanislas eut avec lui de fréquents entretiens et l'accompagna dans la plupart de ses herborisations; circonstance qui a autorisé les biographes à lui donner le philosophe de Genève pour précepteur et à attribuer à l'influence exercée sur son esprit par J.-J. Rousseau la direction de ses idées, qui en politique furent toujours des plus avancées. Ce qu'il y a d'incontestable, c'est qu'il partagea l'enthousiasme de son père pour le mouvement régénérateur de 1789. Député du tiers à l'assemblée du bailliage de Senlis, il s'efforça de lui faire donner un nombre de représentants égal à celui des deux autres ordres, et fut chargé par ses collègues de la rédaction des cahiers où devaient se trouver exposés les griefs auxquels l'Assemblée nationale aurait mission de donner satisfaction. Il s acquitta de cette tâche avec une franchise que le ministère voulut punir par une *lettre de cachet*, l'une des dernières sans doute qu'il ait osé lancer, mais qui ne put être mise à exécution, tant la rapidité de événements le débordaient et se jouaient de ses résolutions. En 1790 le département de l'Aisne le choisit pour président de son administration centrale ; l'année suivante le département de l'Oise lui conféra le même honneur, en même temps qu'il l'élisait pour son représentant à l'Assemblée législative, où il prit place d'abord dans les rangs de l'extrême gauche. Mais son aversion pour l'anarchie, qu'il ne confondit jamais avec la liberté, modifia assez ses opinions pour le décider à siéger à la droite avec le parti constitutionnel. Il se montra fidèle à ses convictions en votant, même après le 10 août 1792, pour le maintien du trône. Devenu par ce vote suspect aux jacobins, il sollicita, pour échapper aux dangers dont il était menacé, une mission près le cabinet de Saint-James. Mais les dispositions de plus en plus hostiles du gouvernement anglais ne lui permirent pas de rester longtemps à Londres. Le 31 janvier 1793 il rentrait à Paris, pour aller se cacher, d'abord à Ermenonville, chez son père, puis chez son oncle maternel, à Sézanne. Mais les agents du comité de sûreté générale ne tardèrent pas à l'y découvrir, et le firent jeter, avec ses frères, dans la prison de cette petite ville. Fidèle aux enseignements de Rousseau, il se fit menuisier, et, après un court apprentissage, se trouva, ainsi que ses frères, en état de travailler au fond de sa prison pour les entrepreneurs de menuiserie de la localité.

En 1798 il fut nommé aux fonctions d'administrateur central du département de l'Oise ; mais, soupçonné de tendances royalistes, on ne tarda pas à le destituer. Il se retira alors à Ermenonville, où il eut occasion de faire la connaissance de Joseph Bonaparte, qui venait d'acquérir dans le voisinage la belle terre de Mortefontaine ; et une grande intimité, qui dura plusieurs années, s'établit entre eux. L'amitié de Joseph le fit désigner, peu de temps après la journée du 18 brumaire, pour la préfecture de l'Oise, et bientôt pour une place au Tribunat, assemblée dans laquelle il seconda activement les projets de la famille Bonaparte. En 1804 un décret impérial ordonna sa réintégration sur les cadres de l'armée, avec le grade de capitaine au quatrième régiment d'infanterie, commandé par Joseph ; et le 14 juin de la même année, au camp de Boulogne, la croix de commandeur de la Légion d'Honneur récompensait le zèle et l'habileté dont il avait fait preuve comme orateur dans le corps législatif, lors de la discussion du projet de la loi relatif à la création de cet ordre. Quand, en 1806, Joseph Bonaparte monta sur le trône de Naples, Stanislas Girardin le suivit dans ses États avec le titre d'écuyer et le grade de chef de bataillon. Deux ans plus tard, il accompagna encore Joseph en Espagne, et prit part, avec le grade de général de brigade, aux premières campagnes dont la Péninsule fut le théâtre. Revenu ensuite à Paris, il entra au corps législatif, et en 1812 Napoléon lui confia la préfecture de la Seine-Inférieure. Son adhésion à la déchéance de l'empereur porta la Restauration à le maintenir dans ses fonctions, qu'il perdit après les cent jours. On lui laissa cependant l'emploi d'inspecteur des haras.

En 1819 le ministère Decazes appela Stanislas Girardin à la préfecture de la Côte-d'Or ; et peu de temps après, les électeurs de la Seine-Inférieure, qui avaient conservé le souvenir de son administration intelligente et éclairée, lui confièrent le mandat de les représenter à la chambre des députés. Il vint s'y asseoir dans les rangs du côté gauche, votant constamment avec cette partie de l'assemblée dans les sessions de 1819 à 1821. Un des premiers actes de l'administration qui, à la mort du duc de Berry, remplaça le cabinet Decazes fut de destituer Stanislas Girardin ; mais, en dépit de toutes les intrigues ministérielles, les électeurs lui conservèrent jusqu'à sa mort, arrivée en 1827, son mandat législatif. Stanislas Girardin fit partie, sous le ministère Villèle, Corbière et Peyronnet, de cette glorieuse minorité réduite à sept membres qui, ayant pris au sérieux la charte octroyée en 1814, en défendit pied à pied la lettre et l'esprit contre les tendances absolutistes du pouvoir et de la majorité. Comme celles de Foy et de La Rochefoucauld-Liancourt, ses obsèques attirèrent un innombrable concours de citoyens. On a publié : *Discours, journal et opinions de Stanislas Girardin* (5 vol. in-8°, 1828, Paris).

GIRARDIN (ERNEST-STANISLAS, comte DE), sénateur, fils du précédent, propriétaire actuel du domaine d'Ermenonville, né en 1803, a épousé une fille du duc de Gaëte et a été en 1831, 1839, 1840 et 1842, désigné par les électeurs de Ruffec (Charente) pour défendre leurs droits et leurs intérêts dans la chambre élective. Malgré l'ancienne intimité de son père avec le duc d'Orléans, il fit partie de l'opposition, et siégeait à côté de MM. Dupont (de l'Eure) et O. Barrot. Il se signala surtout dans la fameuse séance où M. Guizot fut si rudement interpellé pour son voyage à Gand. Nommé à l'Assemblée constituante après la révolution de Février par le département de la Charente, il fit partie de la réunion de la rue de Poitiers, vota contre l'amendement Grévy, pour deux chambres, pour la proposition Rateau, pour la suppression des clubs, et pour l'ordre du jour sur les affaires de Rome. Réélu à la Législative, il appuya de toutes ses forces la politique du président. Au 2 décembre 1851, il fit partie de la commission consultative, et fut appelé au sénat lors de sa création.

GIRARDIN (ALEXANDRE, comte DE), lieutenant général, ancien grand-veneur de Charles X, le plus jeune des frères de Stanislas, est le seul survivant des enfants laissés par le marquis de Girardin. Après avoir longtemps ambitionné la pairie sous la dynastie *légitime*, et l'avoir alors assurément bien méritée par l'orthodoxie de ses idées politiques, il la refusa, en 1846, lorsqu'on la lui offrit, sans doute sous l'influence que lui donnaient ses relations très-étroites avec le rédacteur en chef de *La Presse*, M. Émile Girardin. Il fut aussi grandement question à cette époque de confier le portefeuille de la guerre au lieutenant général Alexandre de Girardin, qui, en attendant que le *Moniteur* se chargeât de faire passer à la postérité ses vues et ses plans pour améliorer la condition de nos soldats, s'est souvent servi des complaisantes colonnes de *La Presse* pour donner un avant-goût de toutes les améliorations qu'il projetait de réaliser en faveur de notre armée, dès qu'on lui aurait fait l'honneur de le placer à sa tête.

GIRARDIN (FRANÇOIS-AUGUSTE SAINT-MARC), un des esprits les plus distingués et des écrivains les plus remarquables de notre époque, se recommande spécialement par des qualités qui chaque jour deviennent plus rares et plus précieuses : l'extrême justesse et la pénétration. Né en 1801, il a fait ses études à Paris, au collége Henri IV, avec beaucoup d'éclat. Il unissait dès lors à une laborieuse et attentive persévérance la vivacité et les grâces de l'intelligence. En 1827 il avait concouru pour l'éloge de Bossuet, proposé par l'Académie Française, et remporté le prix. Tous les gens de goût avaient dès lors signalé chez le jeune lauréat une originalité exquise, composée de lucidité familière dans l'expression et d'une exactitude souvent profonde dans la pensée. Nommé professeur de rhétorique au collége Louis-le-Grand, il donnait en 1828 des articles aussi spirituels que puissamment raisonnés et élégamment écrits au *Journal des Débats*, et remportait, en partage avec l'auteur de cet article, le prix d'éloquence de l'Académie Française *sur l'histoire de la littérature française au seizième siècle*. La révolution de Juillet ne laissa pas de côté ce brillant écrivain, dont les travaux avaient révélé tant de justesse, un bon sens si mordant et si pratique. Nommé maître des requêtes au conseil d'État, il remplaça M. Guizot comme suppléant à la Faculté des Lettres ; une nouvelle carrière fut alors parcourue par lui avec le même succès. Sa parole facile, épigrammatique et vibrante, fut attentivement écoutée et applaudie avec transport par la jeunesse.

Aussi la Faculté le proposa-t-elle à l'unanimité, en 1834, pour remplacer Laya. Cette même année, il fut nommé membre de la chambre des députés, dont il n'a cessé de faire partie qu'en 1848. Outre ses prix d'Académie, il a écrit un rapport sur l'*État de l'instruction publique dans le midi de l'Allemagne*; un volume d'*Essais sur l'Allemagne*; deux volumes de *Mélanges de Littérature et de Morale*; un volume sur *L'Instruction intermédiaire en France*; un *Cours de Littérature dramatique*, et *De l'usage des passions dans le drame*. M. Saint-Marc Girardin a dû son avancement à son talent, ses succès à son caractère et à son esprit, c'est-à-dire à sa propre valeur. Philarète CHASLES.

M. Saint-Marc Girardin, élu membre de l'Académie Française à la place de Campenon en 1844, fut reçu en 1845. M. V. Hugo répondit à son discours, qui parut au-dessous de la réputation du récipiendaire. A la chambre des députés, il se fit remarquer par une proposition pour régler l'entrée et l'avancement dans les fonctions publiques, que le ministère fit repousser. On se rappelle qu'il rédigea la malheureuse adresse qui *flétrissait* les pèlerins de Belgrave-Square. En 1846 il perdit son père, Antoine-Barthélemy Girardin, greffier du contentieux et secrétaire du comité de législation au conseil d'État. Il ne fit point partie de nos Assemblées nationales après la révolution de Février, et n'en eut que plus de loisir pour continuer son cours de poésie française à la Sorbonne et travailler au *Journal des Débats*. Conseiller titulaire de l'université, il devint en 1850 membre d'une commission chargée de préparer un projet de loi sur l'enseignement professionnel, projet dont on ne parla bientôt plus. En 1852, il a fait paraître des *Souvenirs de voyages et d'études* dans lesquels on trouve un voyage dans les principautés Danubiennes. Depuis les complications des affaires d'Orient il a écrit plusieurs articles en faveur des populations grecques contre le despotisme musulman, qu'il accuse de tout le mal. A l'ouverture de son cours, en 1853, il traita de l'indépendance littéraire, et soutint que les lettres dépendent des sociétés, et non pas des princes qui gouvernent. Le cours de M. Saint-Marc Girardin est du reste un des plus fréquentés, non que le professeur brille par la grandeur des idées ou par la beauté de la diction; mais parce qu'il s'occupe surtout de l'analyse des sentiments et des passions, sujets bien faits pour plaire à de jeunes étudiants pressés de briller. L. LOUVET.

GIRARDIN (ÉMILE), journaliste contemporain, qui a fait beaucoup de bruit, provoqué des haines ardentes et de basses jalousies, est né vers 1808, en Suisse, de parents que son acte de naissance déclarait être *inconnus*. Cependant, le mystère dont on avait voulu envelopper son origine était facile à percer; et M. Émile Girardin, inscrit aux registres de l'état civil sous le nom d'Émile *Lamothe*, qui n'était celui ni de son père ni de sa mère, ne fit qu'user d'un droit naturel, légitime, en répudiant à l'âge de raison le nom de convention qu'il avait plu aux auteurs de ses jours de lui imposer pour détruire toutes traces d'une faute que malheureusement ils ne pouvaient jamais être admis à réparer. Dans un opuscule intitulé : *Émile*, et qu'il publia à dix-huit ans, il fait, dit-on, allusion aux circonstances qui se rattachent à son entrée dans la vie. En 1827, la *protection* du comte A. de Girardin, grand-veneur du roi Charles X, lui valut un emploi d'inspecteur des musées, aux appointements de 1,500 fr. par an. L'année suivante, M. Émile Girardin fonda, sous le titre passablement risqué de *Le Voleur*, un journal paraissant tous les cinq jours, et ayant pour spécialité de reproduire la physionomie générale de la presse parisienne. A ce moment la propriété littéraire, encore très-vaguement définie, n'avait point reçu l'extension qu'elle a de nos jours. Aucun des écrivains dont M. Émile Girardin jugeait à propos de réimprimer dans son *Voleur* les articles, soit de pure fantaisie, soit relatifs aux sciences, aux lettres ou aux arts, publiés déjà cinq, dix et souvent même quinze jours auparavant dans le journal quotidien à la rédaction duquel il était attaché, ne s'avisa d'élever la moindre réclamation. Beaucoup même s'estimèrent fort honorés de voir leurs élucubrations sortir ainsi du cercle nécessairement restreint de lecteurs auquel les avait tout d'abord condamnées la spécialité ou la couleur politique du journal qui le premier les avait accueillies. Pour le plus grand nombre d'ailleurs, n'était-ce pas la plus inattendue, la plus inespérée des résurrections? L'idée de M. Émile Girardin était aussi simple qu'heureuse : le format dont il fit choix pour l'exécuter (ce n'était pas même celui que les journaux quotidiens ont fini depuis par adopter) parut colossal, monstrueux, et ne contribua pas peu au succès du *Voleur*, qui bientôt compta jusqu'à 2,000 abonnés; chiffre considérable pour l'époque, et auquel, en raison du prix comparativement fort élevé de l'abonnement, l'entrepreneur réalisait de notables bénéfices. M. É. Girardin avait instinctivement et du premier coup deviné sa véritable vocation : l'industrie du journalisme; et on ne saurait sans injustice nier qu'il lui ait fait faire des progrès véritables.

En 1829 il créa encore *La Mode*, revue hebdomadaire, imprimée avec le plus grand luxe et publiée sous le patronage de la duchesse de Berry. Son fondateur, dont toutes les aspirations étaient alors royalistes, en voulait faire le régulateur du monde élégant. Les armoiries de la princesse, placées en vertu d'une autorisation expresse sur la couverture de chacune des livraisons de ce recueil *fashionable*, témoignaient de la protection élevée que M. Émile Girardin avait obtenue pour sa nouvelle entreprise. Les abonnés arrivaient déjà, non pas sans doute avec le même empressement que naguère au *Voleur;* mais enfin il y avait encore là tout au moins le commencement d'un succès, lorsque la révolution de juillet 1830 vint renverser cette fortune naissante.

M. Émile Girardin en prit bravement son parti. Il comprit tout de suite que c'en était fait pour longtemps, pour toujours peut-être, de la royauté légitime; et après avoir vendu sa *Mode* à un partisan de la famille déchue, doué d'une foi plus robuste que la sienne, il se rallia avec empressement à la monarchie des barricades. Comme déjà il s'était défait du *Voleur*, feuille désormais sans aucune importance, à cause des besoins de plus complète et de plus rapide publicité qu'avait provoqués la révolution, il n'avait pas alors de journal à mettre au service de la royauté nouvelle; mais il eut bientôt fait d'en créer un, et *Le Garde national* parut en octobre 1830. Le titre était bien choisi; il *répondait à une des nécessités du moment*, comme disaient alors les *prospectus*. Malheureusement, le fondateur du *Garde national* fut mal secondé, et son journal mourut d'inanition au bout de quelques semaines.

Vers le même temps, un événement important s'accomplit dans la vie intime de M. Émile Girardin. Il épousa celle qui s'était proclamée elle-même *la Muse de la patrie*, Melle Delphine Gay, alors dans tout l'éclat de son talent et de sa beauté, et âgée de quatre à cinq années plus que lui. On le voit, à moins de se condamner irrévocablement à n'être plus jamais autre chose que le *mari d'une muse*, de toutes les positions sociales la plus sotte et la plus ridicule assurément, il y avait pour lui urgence de se créer au plus vite un rôle particulier, complétement distinct de celui qui était assigné à sa femme dans la vie commune. Il sollicita donc alors bien humblement une sous-préfecture, et se vit fort rudement éconduit par Casimir Périer, homme d'État arrivé aux affaires par l'appui de la presse, mais qui prisait assez peu les hommes de presse en général et ne faisait pas mystère de ses sentiments à leur égard. Solliciteur malheureux, M. Émile Girardin ne tarda point à prendre avec éclat sa revanche des dédains du pouvoir. Dans les derniers mois de 1831 il fondait, à grands renforts d'annonces et d'affiches, son fameux *Journal des Connaissances utiles*, recueil dont le titre parle assez de lui-même pour nous dispenser de l'expliquer, qui en vint un moment à compter jusqu'à 140,000 abonnés, mais dont on ne saurait lui attribuer le mérite de l'invention première, puisque l'analogue existait déjà depuis plusieurs années en Angleterre. Le côté vraiment neuf et original de cette spéculation, ce fut de la présenter comme émanant d'une association philanthropique dont les membres gardaient le plus strict incognito, et qui, suivant ce que les prospectus et les réclames affirmaient avec la plus étourdissante intrépidité, s'était constituée à Paris dans le but unique de faire le bonheur de l'humanité en général et du peuple français en particulier, en enseignant à chacun, moyennant la bagatelle d'un abonnement de *quatre francs* par an, *par an* quatre francs ! la manière de faire mieux valoir son héritage qu'il n'avait pu le faire jusque alors sous l'empire des préjugés et de la routine. M. Émile Girardin, avec une grande et rare habileté, reconnaissons-le, s'était contenté du titre modeste de *secrétaire général* de cette prétendue société, qui siégeait tout entière dans son cerveau, et des deniers de laquelle il ne tarda point à s'acheter, dans la rue Saint-Georges, une élégante et coquette habitation, au-dessus de la porte de laquelle tout Paris put encore voir pendant plusieurs années, sur une tablette en marbre noir, cette inscription de bon goût et en lettres d'or : *Hôtel de la Société nationale.*

L'immense succès du *Journal des Connaissances utiles* ne se soutint pas, soit qu'on n'ait réellement rien fait pour le justifier et le mériter, soit qu'ici encore la pensée créatrice et organisatrice ait été fort mal secondée ; aussi trois ou quatre années après n'en était-il plus déjà question. Cependant, il avait tout au moins produit ce résultat, que le nom de M. Émile Girardin était maintenant dans toutes les bouches et avait acquis dans le monde des affaires une notoriété d'habileté, qui devait singulièrement lui faciliter l'accès des hautes sphères industrielles. La fatalité voulut encore que dans cette direction nouvelle, où il ne manqua pas non plus de se jeter à corps perdu, et dans le choix des affaires auxquelles il se décida à attacher son nom, devenu maintenant une manière de puissance, il ne fût pas plus heureux qu'il ne l'avait été jusque ici dans le choix des hommes à qui il donnait mission d'exécuter ses idées. Il fit preuve d'un manque absolu de discernement en prêtant son concours le plus actif à des opérations industrielles de la nature la plus équivoque, et en mettant à leur disposition, comme champ d'exploitation, sa nombreuse, mais fort peu intelligente clientèle. *L'Institut de Coëtbo*, le *Physionotype*, le *Papier de sûreté*, le *Musée des Familles*, le *Panthéon littéraire*, les *Mines de Saint-Bérain*, etc., furent autant de spéculations qui n'aboutirent qu'à la ruine des trop crédules actionnaires, et dont quelques-unes eurent pour épisodes de liquidation de flétrissants procès en escroquerie intentés en police correctionnelle aux gérants. Ces désastres successifs n'avaient point abattu l'énergie morale de M. É. Girardin ; au contraire, il y avait puisé, pour ainsi dire, un nouveau courage. Comme il s'était enfin aperçu que le grand marché, la foire privilégiée de l'époque, c'était la chambre des députés ; que là seulement un homme nouveau comme lui, uniquement fils de ses œuvres, pouvait espérer de se faire admettre à avoir part aux *grandes affaires*, il s'était mis sur les rangs pour la députation dans un coin ignoré de la France ; et en 1834 il avait vu son nom sortir de l'urne électorale à Bourganeuf (Creuse). Un esprit médiocre se fût alors hâté d'aller prendre place parmi les députés de l'opposition la plus avancée : c'était un moyen infaillible de se faire tout aussitôt pardonner des antécédents que ses ennemis (il en comptait déjà beaucoup, car il avait réussi !) qualifiaient sévèrement. Lui, il résolut de se roidir contre l'hostilité de plus en plus patente de l'opinion publique et de s'enrôler dans les rangs du parti conservateur. Il est vrai de dire que sans aucun doute son espoir secret était d'arriver quelque jour à en être l'un des meneurs, et qu'il jugeait qu'il lui serait autrement difficile de jouer ce rôle dans l'opposition. Ce ne fut pas sans peine, d'ailleurs, qu'il parvint à faire valider son élection. A gauche, à droite, au centre, il était l'objet des plus vives répugnances ; comme si, en vérité, tous ces gens-là avaient eu le droit de faire les difficiles et les dédaigneux à l'égard d'un collègue qui n'avait fait ni plus ni moins que les trois quarts d'entre eux ! On essaya donc bien sournoisement de faire annuler son élection, sous prétexte qu'elle avait eu lieu par erreur de personne, le nom sorti de l'urne n'étant pas le sien, et aussi sans qu'il eût encore l'âge voulu par la constitution (trente ans). Ces objections ne manquaient pas de portée ; mais le nouvel élu, au moyen d'un acte de notoriété par lequel il fit complaisamment rectifier un acte de naissance contenant des énonciations évidemment fausses, trouva moyen de les réduire à néant ; et, l'influence du château aidant, il fut à la fin admis, envers et contre tous, au Palais-Bourbon. Il n'avait jamais compté sur des succès de tribune, car mieux que personne il savait sous ce rapport se rendre justice ; mais du moins il n'y eut pas là d'échec proprement dit, puisque personne n'attendait un orateur, et sa déconvenue passa inaperçue. La suite de ses affaires industrielles fut pour lui une source de déboires autrement réels. Une subvention de 150,000 fr. promise par le ministère à son *Panthéon littéraire* n'en put empêcher la ruine complète ; et l'affaire des *Mines de Saint-Bérain*, qui se termina par une condamnation à cinq ans de prison contre le gérant, un sieur Clécmann, à qui dans le cours des débats il avait plusieurs fois donné avec une imprudente affectation la qualification d'*ami*, lui avait valu de la part du président une sévère admonestation. Il expiait donc bien cruellement à ce moment les entraînements et les illusions d'une position qui, si elle lui avait déjà donné des flatteurs et des parasites, lui avait en revanche fait force envieux. Nous ne craignons pas de le dire, vingt autres à sa place eussent alors été irrémissiblement perdus, coulés. Et pourtant lui quelques mois plus tard il était devenu aussi puissant, aussi redoutable que pas un de ses adversaires ! C'est que, voyez-vous, il avait maintenant un journal à lui ; non plus un journal pour rire, comme celui des *Connaissances utiles*, ou bien encore comme le *Musée des Familles*, mais un vrai journal, un ournal quotidien et politique, La Presse, dont le premier numéro, si nous avons bonne mémoire, parut le 15 juillet 1836, juste quinze jours après Le Siècle. Le prix d'abonnement des deux nouveaux journaux était le même : 40 francs par an ; tandis que celui des anciens journaux était de 80 francs. L'indication de ces deux chiffres nous dispense de tout commentaire.

Dans *La Presse*, M. E. Girardin continua à tenir haut et ferme le drapeau du parti conservateur, et devint aussitôt l'objet des attaques les plus passionnées de la part de toutes les nuances de l'opposition ; attaques auxquelles applaudissaient bassement en secret les vieux organes de son propre parti. Il y avait là en effet une *question de boutique*, dont on n'avait garde de dire un mot, et qui cependant dominait en réalité toutes ces discussions si irritantes, toutes ces personnalités si injurieuses. C'était bien moins le conservateur (médiocrement convaincu) qu'on poursuivait en lui, que l'homme qu'on accusait de venir causer une profonde perturbation dans l'organisation de la presse en général. L'initiative de cette réforme économique ne lui appartenait pourtant pas plus qu'au fondateur du *Siècle*, puisqu'elle avait été tentée par d'autres dès la fin de 1831 ; mais on se plaisait à faire de lui le bouc émissaire d'une innovation appuyée cette fois sur les capitaux nécessaires, et dont la conséquence infaillible devait être un déplacement complet de l'axe des influences dans le monde de la politique. Jusqu'alors l'exploitation de l'opinion publique avait constitué le plus fructueux des monopoles au profit de quelques privilégiés, qui persistaient à ne voir que des *usurpateurs*, des *intrus*, dans les journalistes du *Rabais*. Ces haines, ces rancunes industrielles, dissimulées sous un vernis de politique, expliquent le duel que M. Émile Girardin eut à soutenir, quelques jours après l'apparition du premier numéro de sa *Presse*, contre Armand Carrel, le dictateur du *National*. On sait l'issue fatale qu'eut cette rencontre. Si M. Émile Girardin eut le malheur de tuer son adversaire, lui-même reçut une blessure des plus graves et qui pendant longtemps fit craindre pour sa vie. Au lieu de s'apaiser en présence d'une tombe à peine refermée et devant le lit d'un moribond, les passions sordides qui étaient au fond de ce débat se déchaînèrent avec encore plus de violence contre celui des deux adversaires qui avait survécu. Témoins impartiaux et désintéressés, nous ne pûmes alors refuser nos sympathies à l'homme que nous voyions tenir seul tête à tant d'ennemis.

La nécessité où se trouva dès lors M. Émile Girardin de défendre chaque matin sa réputation et son honneur eut un résultat que ses adversaires n'avaient guère prévu. Il n'était entré dans la presse militante qu'à titre d'industriel et de *faiseur;* on fit de lui, malgré qu'il en eût, un *écrivain*. Aussi quand M. Molé, arrivé à la direction des affaires, eut à lutter contre les embarras de tous genres que suscita à son administration la plus immorale et la plus révolutionnaire des coalitions, trouva-t-il dans le rédacteur en chef de *La Presse* un avocat non moins disert, non moins perfide, que pas un de ceux qui étaient aux gages de ses adversaires.

A l'article que nous consacrerons à *La Presse*, nous aurons à apprécier la facture et les tendances générales de cette feuille. Nous nous bornerons ici à constater son succès. Elle était arrivée à compter déjà de 14 à 15,000 abonnés, quand, par une de ces fatalités dont on trouve tant d'exemples dans la carrière industrielle de son fondateur, ce puissant lévier faillit échapper des mains de M. Émile Girardin. Le journal avait été fondé au capital de 800,000 fr. Une clause de l'acte de société stipulait imprudemment, mais expressément, l'obligation pour les gérants de liquider l'entreprise dès que les trois quarts du fonds social seraient absorbés. On n'avait pas pu arriver sans de grands sacrifices au magnifique résultat obtenu en moins de deux années; mais le plus vulgaire bon sens indiquait qu'en présence d'une situation évidemment si prospère, il n'y avait pas lieu d'appliquer une clause insérée dans le pacte social en prévision d'une ruine et pour l'empêcher d'être complète. Cependant alors, à la grande surprise de tous les intéressés, un actionnaire nouveau, Dujarrier, insista sur l'exécution littérale de l'acte constitutif. La dissolution de la société fut donc prononcée, et le journal, qui composait tout l'actif social, mis en vente, fut adjugé moyennant *douze cents et quelques francs* à Dujarrier lui-même. La responsabilité de cette désastreuse liquidation pesa tout de suite sur le rédacteur en chef, que ses ennemis accusèrent, avec une certaine apparence de raison, de s'être complaisamment prêté à une comédie dont le résultat devait être de lui donner à peu près pour rien une propriété qui avait coûté 600,000 fr. à ses confiants actionnaires, et qui en réalité valait au moins ce qu'elle avait coûté. Ce qu'il y a d'avéré dans tout cela, c'est que le désastre de la première société de *La Presse*, loin de rien changer à la position politique qu'avait su se faire M. Émile Girardin, ne fit que la consolider; et quelques années après le nombre des abonnés de son journal avait doublé, en même temps que l'annonce était enfin arrivée à donner les magnifiques produits sur l'évaluation desquels on avait à l'origine basé le succès financier de l'entreprise.

La Presse était devenue, ce qu'elle est encore aujourd'hui, une véritable puissance. Son fondateur avait fait preuve de trop d'habileté pour ne pas avoir le droit d'être enfin compté pour quelque chose dans les hautes régions de la politique. Il se bornait alors à convoiter la direction générale des postes; mais il rencontra ici des répugnances encore plus vives que celles dont il avait autrefois été l'objet à la chambre élective. On consentait bien à faire de lui un instrument, on ne demandait même pas mieux que de le salarier largement, mais on refusait obstinément de lui un concours plus direct. *Risum teneatis!* Les vertueux collègues de cet honnête M. Teste trouvaient le député de Bourganeuf par trop compromettant! C'est ce qui explique comment le publiciste qui jusque alors avait défendu avec tant de vigueur les principes du parti conservateur finit par se trouver rejeté dans l'opposition, non pas dans cette vulgaire opposition qui posait pour les niais et les badauds sur les bancs de l'extrême gauche, mais dans une opposition d'autant plus redoutable qu'elle était conservatrice et monarchique, et qui pendant longtemps se composa de M. Emile Girardin tout seul. Insensiblement, pourtant, on la vit se grossir; et le moment vint où elle fut le cauchemar de M. Guizot. On jugea dans le camp ministériel que s'il était impossible de réduire au silence le rancuneux journaliste, qui prenait la liberté grande de ne pas faire invariablement chorus avec les *satisfaits*, avec les admirateurs, généralement fort peu désintéressés, des hommes alors au pouvoir, il n'en était que plus urgent d'annihiler à tout prix une feuille où chaque matin plus de trois cent mille lecteurs étaient sûrs de trouver la critique la plus âpre et souvent la plus juste des actes d'une administration dont l'impopularité allait toujours croissante. Puisqu'on s'apercevait enfin que l'exploitation de l'opinion publique, telle qu'on l'avait laissée s'organiser sous l'empire de la plus illibérale, de la plus confuse et de la plus absurde des législations; que le journalisme, arrivé à constituer dans l'État un quatrième pouvoir, dominant complétement les trois autres, rendait tout gouvernement si non impossible, du moins d'une difficulté extrême, de véritables hommes politiques eussent compris que l'abolition du monopole et du privilége était le meilleur moyen à employer pour faire rentrer cette envahissante industrie dans les limites et l'esprit de la constitution du pays, constitution toute de liberté et d'égalité. Au lieu de cela, on n'imagina rien de mieux que de susciter à *La Presse* une formidable concurrence par la création d'un nouveau journal conservateur au capital de *deux millions*, et d'un format presque double : *L'Époque*, avouée tout aussitôt par le ministère pour organe semi-officiel. Rien n'y fit. *L'Époque* dévora ses deux millions (il y avait là en effet de gros mangeurs : le ban et l'arrière-ban des écrivains de police!), puis disparut un beau jour sans avoir pu seulement ébranler le journal de M. Émile Girardin. Tout au contraire, celui-ci sortit de cette redoutable lutte singulièrement grandi dans l'esprit même de ses adversaires, et plus influent que jamais. Dans les derniers mois de 1847, les amis du ministère essayèrent pourtant encore de le *démolir* à l'aide du *Conservateur;* mais le temps leur manqua.

M. Émile Girardin ne cessait de répéter que M. Guizot conduisait la monarchie de Juillet à sa ruine, et les *satisfaits* refusaient d'ajouter foi aux lamentables prédictions de cette autre Cassandre. Dans la discussion de la fameuse adresse de 1848, où pendant un grand mois on batailla à la chambre sur l'expression de *passions aveugles et ennemies* (quatre mots qui renfermaient une révolution!), saisi d'un profond dégoût à l'aspect de tout ce parlage si inutile, si imprudemment irritant, il donna avec éclat sa démission de député.

A quelques jours de là, le trône de Louis-Philippe était renversé et la république proclamée. Peu de minutes encore avant l'instant fatal, M. Émile Girardin, qui depuis longtemps avait ses entrées privées aux Tuileries, avait essayé de dessiller les yeux du vieux roi. Il était trop tard maintenant pour qu'on pût espérer de lui conserver sa couronne; et il fallait s'estimer trop heureux si on parvenait encore à sauver celle de son petit-fils. Le rédacteur en chef de *La Presse* reçut l'acte d'abdication de l'élu des 221, et courut le porter à la chambre. On sait le reste.

La révolution du 24 Février mettait le pouvoir précisément aux mains des hommes que M. Émile Girardin était habitué de longue main à trouver parmi ses plus implacables ennemis. Nous ne serons que justes en proclamant ici avec la France entière que, loin alors d'avoir peur, ou seulement de paraître intimidé en présence d'une situation qui avait tant de périls pour lui-même, il fut admirable de courage, de patriotique énergie. Un article intitulé *Confiance*! par lequel, en portant à la connaissance de ses lecteurs les faits dont les journées des 23 et 24 février avaient été témoins, il apprenait à la France à regarder résolument en face les hommes qui lui imposaient la république, ne fut pas seulement un morceau de véritable éloquence, ce fut encore une belle et noble action. Tandis que tous les publicistes naguère aux gages la police du château ou se cachaient ou se taisaient comme des lâches, lorsqu'ils ne désertaient pas comme des infâmes, avec armes et bagages, pour se faire maintenant les souteneurs de la république, M. Emile Girardin, loin de mettre son drapeau dans sa poche, le relevait d'une main plus ferme que jamais. Le 23 février, *La Presse* tirait au plus à 30,000 exemplaires; un mois après, son tirage atteignait le chiffre presque fabuleux de 70,000 !

M. Émile Girardin était arrivé à l'apogée de ses succès; désormais il ne pouvait plus que déchoir. Cependant, il faut le dire, c'est en grande partie à lui-même qu'il doit attribuer le déclin, dès lors si rapide, de son influence. Les trop brusques exemples de versatilité d'opinion qu'il donna à ce moment lui firent bientôt perdre tout le mérite de sa conduite et de son attitude en Février. A la suite des journées de Juin, le général **Cavaignac**, usant des pouvoirs dictatoriaux dont il avait été investi par l'Assemblée nationale, suspendit pendant six semaines *La Presse*, et fit mettre son rédacteur en chef au secret pendant une couple de jours, en même temps qu'en faisant revivre l'obligation du cautionnement il détruisait vingt autres feuilles non moins hostiles que *La Presse* aux hommes du *National*. Dès qu'il put faire reparaître son journal, M. Girardin se livra contre le chef du pouvoir exécutif à des attaques dont la violence dépassait tout ce qu'on avait encore pu lire et ouïr de plus extrême en ce genre, même aux plus mauvais jours de la première révolution; et cette polémique, à laquelle *la Muse de la patrie* vint se mêler avec des vers qui étaient autant de coups de poignard, fut désavouée par tous les honnêtes gens. Il appuya ensuite très-chaudement la candidature de Louis-Napoléon à la présidence de la république; mais il est permis de croire que ce fut surtout en haine du général, car deux mois à peine après l'élection du 10 décembre, *La Presse* figurait déjà au nombre des adversaires du président. Cette évolution nouvelle avait été trop rapide pour ne pas donner lieu à de malignes interprétations; aussi beaucoup n'y virent-ils que le désappointement d'un ambitieux. Depuis longtemps en effet le rédacteur en chef de *La Presse* posait sa candidature aux fonctions de ministre en chef, ou plutôt de ministre unique. S'offrit-il alors à l'Élysée, et fut-il éconduit? Ses services furent-ils oubliés, ou seulement mal appréciés? A ces questions pourront seuls répondre les faiseurs de *Mémoires secrets*, les Bachaumont de notre époque; car ce n'est qu'avec le temps que la lumière pourra se faire sur tous ces petits mystères de la grande politique. Quoi qu'il en ait pu être, convenons que la médiocrité de tous les hommes qu'on vit alors se succéder à la direction des affaires était bien faite pour justifier, si non ses rancunes, du moins ses prétentions.

L'opposition de M. É. Girardin au gouvernement de Louis-Napoléon devint de plus en plus systématique et personnelle. Cependant, l'avenir se présentait encore à lui d'une manière si vague et si confuse, qu'à certains moments sa polémique, quelque acerbe qu'elle fût, trahissait un visible découragement. On répétait partout qu'il était fatigué de la lutte, disposé par conséquent à vendre son journal et à dire un éternel adieu à la politique. Ce sera vraisemblablement dans un de ces moments là que M. le comte de Chambord fit offrir 600,000 fr. de *La Presse*, qui valait hardiment le double. On devine quelle réponse dut être faite à une proposition évidemment dérisoire.

Nature essentiellement mobile, mais extrême en tout, M. É. Girardin ne pouvait plus s'arrêter sur la pente rapide où il était arrivé; et bientôt sa transformation fut complète. Il se fit plus républicain cent fois qu'on ne l'était au *National*, embrassa avec son ardeur habituelle les doctrines les plus désorganisatrices du socialisme, et, rénégat conservateur, mérita d'aller s'asseoir sur les bancs les plus élevés de la Montagne en qualité de représentant des *socialistes* du Bas Rhin. Nous ne nous chargerons pas d'ailleurs d'expliquer comment deux années plus tard, malgré de si ardentes aspirations démocratiques, il put inventer et soutenir avec la passion qu'il apporte en toutes choses la candidature de M. le prince de Joinville pour les élections à la présidence de la république qui devaient avoir lieu en mai 1852.

M. Émile Girardin fut un des représentants du peuple que le nouveau pouvoir crut devoir momentanément éloigner de France, à la suite du coup d'État du 2 **décembre** 1851; mais dès le mois de février suivant il revenait à Paris et y reprenait la direction de son journal. Le **Siècle**, devenu depuis 1849 le concurrent de *La Presse*, ne continuait-il pas à paraître comme s'il n'y avait eu rien de changé en France? Pourquoi donc M. Émile Girardin se serait-il montré plus scrupuleux, et pour mériter les suffrages de quelques exaltés montagnards, qui en parlent fort à leur aise, eût-il de gaieté de cœur renoncé à un commerce valant cent bonnes mille livres de rente? Grâce au monopole et au privilége plus inébranlablement constitués que jamais, *La Presse* est toujours un des journaux les plus répandus de France, et il n'y a pas d'exagération à évaluer le nombre de ses lecteurs à plus de 500,000. C'est toute une armée; armée dévouée, patiente, intelligente, comprenant jusqu'au silence même. Avec un tel levier, que ne peut-on pas encore attendre, à un moment donné, d'un homme doué en affaires de tant d'esprit d'initiative et de résolution?

L'ancien représentant du Bas-Rhin, grand'-croix de l'ordre de Charles III, est décoré de la Légion d'Honneur et chevalier d'un grand nombre d'ordres étrangers.

GIRARDIN (Mme Émile), connue avant son mariage sous le nom de *Delphine* Gay, est née au commencement de ce siècle, à Aix-la-Chapelle, où son père était receveur général. Elle débuta de bonne heure dans la carrière poétique. Son talent précoce et sa beauté, tout contribua à exciter l'enthousiasme pour ses poèmes religieux et nationaux. En 1822 elle remporta un prix à l'Académie Française, et elle alla ensuite voyager avec sa mère, madame *Sophie* **Gay**. Mme Émile Girardin a chanté dans de beaux vers toutes les gloires de la France; aussi n'a-t-elle pas hésité à prendre elle-même le titre de *Muse de la patrie*, que lui ont malignement reproché certains critiques, qui précédemment pourtant lui avaient pardonné de se féliciter en vers harmonieux du *bonheur d'être belle*. En 1825, le roi Charles X, à l'occasion d'un poëme qu'elle avait composé sur le sacre, lui accorda une pension sur sa cassette. En 1831 elle épousa M. Émile **Girardin**, qui déjà avait acquis une certaine notoriété dans la presse, et qui depuis est parvenu à jouer un rôle si considérable en politique. La grande et juste réputation dont Mme Émile Girardin jouit depuis longtemps dans notre littérature contemporaine a surtout pour bases ses nombreuses poésies, qui ont été réunies et publiées sous le titre de *Poésies complètes*. Pendant longtemps elle a rédigé dans le journal de son mari un feuilleton hebdomadaire, qu'elle signait du pseudonyme de Vicomte Delaunay, et qui fut pour beaucoup dans le succès de *La Presse*. On a d'elle quelques romans ingénieux et des recueils de nouvelles, écrits avec un grand charme, parmi lesquels on remarque *Le Lorgnon* et *La Canne de M. de Balzac*. Elle a aussi abordé la scène et fait représenter au Théâtre-Français deux tragédies : *Judith* et *Cléopâtre*, quelques comédies, entre lesquelles on cite *L'École des Journalistes* et *La Joie fait peur*; et tout récemment (1855), au Gymnase, *Le Chapeau de l'Horloger*, qui a obtenu un succès de fou rire, après le succès de larmes de la pièce précédente.

GIRARDON (François). Cet habile statuaire naquit à Troyes, en 1630. Son père, fondeur de profession, ne croyait pas la carrière des arts aussi lucrative que celle des affaires; aussi le destinait-il à devenir procureur; mais l'antipathie que le jeune Girardon montra pour la chicane engagea le père à céder aux instances de son fils, qui fut alors placé chez une espèce de menuisier sculpteur, à qui on recommanda d'employer son élève aux travaux les plus pénibles et les plus désagréables, afin de parvenir à le dégoûter; mais il en fut tout autrement. Le maître fut si content du talent du jeune homme, qu'il finit par obtenir du père la permission de le laisser suivre la carrière des arts.

Girardon s'inspira en voyant dans les églises de Troyes les travaux qu'y avaient exécutés un Champenois nommé Gentil et Dominique, sculpteur florentin, amené en France par Rasot. Le chancelier Seguier, ayant eu occasion de voir les travaux de Girardon, l'envoya à Rome à ses frais, et là il gagna l'amitié et la protection du peintre Charles Lebrun. Lors de son arrivée à Paris, il fit pour les Capucins de la rue Saint-Honoré deux statues de grandeur naturelle, et pour le roi un groupe, en marbre, de sept figures, dont six font partie du même bloc; il représente Apollon chez Thétis, et se voit à Versailles dans un rocher factice qui orne l'un des bosquets du jardin. Le groupe de Pluton enlevant Proserpine fut aussi placé à Versailles, ainsi que l'Hiver. Girardon fit plus tard la statue équestre de Louis XIV en bronze sur la place Vendôme, le mausolée du cardinal de Richelieu à la Sorbonne, et celui de Louvois aux Capucines. Après avoir exécuté de nombreux travaux, Girardon mourut à Paris, en 1715. DUCHESNE aîné.

GIRARD ROUSSIN. *Voyez* CABARET (*Botanique*).

GIRASOL, un des noms vulgaires de l'opale. On appelle *girasol oriental* une variété du corindon.

GIRATOIRE (Mouvement). Cette expression, qui désigne un mouvement de rotation (de γῦος, tour, cercle, mouvement circulaire), est surtout employée en physiologie végétale. Certaines plantes offrent en effet un tel mouvement dans le suc nutritif que renferment les utricules de leur tissu cellulaire. Les plantes sur lesquelles on peut le plus facilement faire cette observation sont celles du genre *chara*, vulgairement *lustre d'eau;* c'est sur elles qu'elle fut faite pour la première fois par Bonaventura Corti. On sait que la tige des *chara* est formée d'un tube central entouré d'une sorte d'étui composé de tubes plus petits réunis entre eux. Chacun de ces tubes est un cylindre dont la paroi est formée d'une membrane simple, incolore, et dont la cavité ne présente ni cloison ni diaphragme. Leur surface interne est tapissée de granules verts, d'une grosseur très-uniforme, disposés en séries longitudinales, parfaitement parallèles. Ces séries couvrent toute la surface interne du tube, à l'exception de deux bandes qui leur sont parallèles, et qui sont complétement dépourvues de granules.

Si l'on isole un des tubes dont nous venons de parler, et qu'on le soumette à l'action d'un bon microscope avec une lumière suffisante, on peut alors parfaitement constater qu'il y a un courant continu descendant le long d'une des parois couvertes de séries de granules, et remontant en sens inverse le long de la paroi opposée, après avoir passé d'une paroi à l'autre le long des bouts du tube qui correspondent aux articulations de la tige. L'immobilité la plus complète règne dans les deux bandes dépourvues de granules. Si un granule flottant y est porté accidentellement, il reste stationnaire, ou, se rapprochant insensiblement de l'un des deux courants, il est bientôt entraîné par lui.

M. Amici attribuait ces phénomènes à une action électrique; MM. Becquerel et Dutrochet ont démontré qu'il n'en pouvait être ainsi. L'examen de la question a été repris par M. Donné, et ses observations personnelles l'on conduit à comparer les granules des *chara* aux spores doués de mouvements spontanés des conferves. Il en a conclu que c'est plutôt par une contraction successive des diverses parties de ces granules, par un changement de forme, analogue à une sorte de mouvement péristaltique, que le fluide ambiant ou le granule lui-même, est mis en mouvement. E. MERLIEUX.

GIRAUD (JEAN, comte), célèbre auteur dramatique italien, né à Rome, en 1776, d'une famille d'origine française, fut élevé sous les yeux d'un père d'une sévérité outrée et d'une dévotion monastique. Une semblable éducation eût desséché dans leur germe ses heureuses dispositions, si l'indulgence de son précepteur, en lui permettant de lire Goldoni, n'avait éveillé son penchant pour le théâtre.

Ne pouvant approcher d'aucun théâtre, Giraud s'en dédommageait en donnant, au logis paternel, des représentations : les acteurs n'étaient que des marionnettes; mais Giraud et ses trois frères leur servaient d'interprètes. Celui-ci charmait surtout l'auditoire, composé exclusivement d'ecclésiastiques et d'amis de la maison. Les éloges dont il était l'objet l'encouragèrent si bien, qu'il se mit à composer des tragédies. A seize ans, ayant perdu son père, il embrassa la profession des armes, et se livra à tous les plaisirs dont il avait été sevré. Il fréquenta surtout assidûment le théâtre, et finit par se consacrer entièrement à la littérature dramatique. Sa première pièce, *L'Onesta non si vince*, fut représentée à Venise; l'auteur avait vingt-six ans. Elle réussit, malgré l'étourderie d'un acteur qui, ayant à dire qu'on venait de l'éveiller en sursaut au milieu de la nuit, et qu'il avait quitté son lit en toute hâte, se présenta au public dans une toilette des plus recherchées. Malgré cette bévue, l'œuvre arriva à bon port et fut représentée à Bologne et à Ferrare. Nommé en 1809 par Napoléon inspecteur général des théâtres de l'Italie, il alla, après les événements de 1814, se fixer en Toscane, où il s'enrichit dans le commerce. Il ne s'abandonna pas moins pour cela à sa vocation, et composa un grand nombre de comédies, qui furent presque toutes accueillies avec faveur. Bientôt sa renommée se répandit dans toute l'Italie, et pénétra même en France, où l'une de ses productions les plus amusantes, *L'Aio nel imbarazzo* (le Précepteur dans l'embarras), arrangée pour notre scène, a popularisé son nom parmi nous. Il faut cependant avouer que ses caractères sont souvent forcés, ainsi que ses dénouements. Le premier de ces défauts est surtout remarquable dans *L'Inamorato al tormento*. Quoi qu'il en soit, son répertoire offre une lecture aussi variée qu'attachante; il intéresse et fait souvent rire. Le comte Giraud est mort en 1834, laissant un assez grand nombre d'ouvrages inédits. SAINT-PROSPER jeune.

GIRAUD (JEAN-BAPTISTE), sculpteur distingué, membre de l'ancienne Académie de Peinture et de Sculpture, mort le 13 février 1830, dans un domaine qu'il possédait près de Nangis, était né à Aix en Provence, en 1752. Un oncle maternel, riche négociant, se chargea de son avenir, et voulut le mettre à même de lui succéder dans la direction de sa maison de commerce; mais bientôt, frappé des rares dispositions qu'il annonçait pour les arts du dessin, il tint à honneur de ne pas contrarier une vocation vraie, l'envoya se perfectionner en Italie par l'étude réfléchie des chefs-d'œuvre de l'antiquité, en lui promettant de lui léguer toute sa fortune s'il parvenait à l'Académie. Giraud n'avait certes pas besoin d'un motif intéressé pour se livrer avec ardeur à la culture de l'art; en 1789 les portes de l'Académie s'ouvraient devant lui, et il obtenait le titre tant envié pour lui par son généreux protecteur, en récompense de diverses statues dans lesquelles brille une connaissance approfondie de l'anatomie et revit en quelque sorte l'art antique. Nous nous contenterons de citer de lui un *Mercure*, dont le marbre est aujourd'hui en Angleterre, un *Achille mourant*, dont il fit présent à sa ville natale, un *Baigneur endormi* et un *Soldat laboureur*. Fidèle à sa promesse, son oncle lui légua en totalité sa grande fortune. Giraud, alors encore dans la force de l'âge, repartit pour l'Italie, et il y resta pendant huit années consécutives, résidant tantôt à Florence, tantôt à Rome, ou à Naples, faisant mouler à grands frais, dans ces diverses capitales et sous ses yeux, les monuments les plus précieux de l'art antique, dont il expédia les plâtres à Paris. Il ne consacra pas moins de 200,000 francs à cette œuvre si digne d'un véritable ami de l'art; et cette collection unique orna le bel hôtel qu'il possédait place Vendôme, transformé ainsi en un véritable musée, dont il mettait généreusement les trésors à la disposition des artistes. Giraud a fourni les notes et les idées techniques à l'auteur de l'excellent ouvrage intitulé : *Recherches sur l'art statuaire chez les Grecs*.

GIRAUD (PIERRE-FRANÇOIS-GRÉGOIRE), né le 19 mars 1783, au Luc (Var), sculpteur distingué, avait été d'abord destiné au commerce, comme son homonyme et compatriote, puis s'était senti entraîné vers la culture des arts par une vocation puissante. Il se lia avec Jean Giraud, qui lui donna les premières leçons de son art, et en mourant lui laissa aussi toute sa fortune. Pierre-François Giraud n'en jouit pas longtemps; il mourut le 19 février 1836, après avoir vu s'éteindre entre ses bras sa femme et ses deux filles uniques. Il laissait à M. Vatinelle la riche collection de Jean Giraud. Il y a de lui, au musée du Luxembourg, un chien de grandeur naturelle, morceau aussi finement senti que délicatement rendu.

GIRAUDET. *Voyez* CHANTERELLE (*Mycologie*).

GIRAUMONT. On donne ce nom à diverses variétés de la citrouille, parmi lesquelles on distingue : le *giraumont vert bosselé*, énorme en grosseur, égal à ses deux extrémités; le *giraumont noir*, à peau fort lisse, à pulpe ferme; le gros *giraumont rond*, de forme peu constante; les *giraumonts moyens*, à bandes et mouchetures, nommés communément *concombres de Malte* ou *de Barbarie*, et par d'autres *citrouilles iroquoises*. La pulpe est employée aux mêmes usages que celle des potirons. Elle est plus dense, plus fine, et a généralement plus de saveur.

GIREL. *Voyez* FALTE et CUIRASSE.

GIRGENTI. *Voyez* AGRIGENTE.

GÉRID. *Voyez* DJÉRID.

GIRO (Banques de). *Voyez* BANQUE.

GIROD DE L'AIN. La famille Girod jouissait d'une juste considération dans le pays de Gex, lorsque éclata la première révolution. Plusieurs de ses membres se firent remarquer dans nos assemblées délibérantes.

GIROD (JEAN-LOUIS), né à Thoiry, en 1753, avocat, fut nommé maire perpétuel de la ville de Gex par Louis XVI. Appelé successivement au Conseil des Cinq Cents, à celui des Anciens, à la chambre des députés de 1818, il crut, à l'instar de beaucoup d'hommes politiques de la France nouvelle, pouvoir joindre à son nom de famille celui du département d'où il était originaire. Napoléon l'avait nommé conseiller à la cour des comptes en 1807, et lui avait en 1809 octroyé le titre de baron de l'empire. Il continua ses fonctions jusqu'en 1827, où il fut mis à la retraite. Il mourut en 1839.

GIROD DE L'AIN (LOUIS-GASPARD-AMÉDÉE, baron), député, pair de France et ministre sous Louis-Philippe, fils du précédent, naquit à Gex, en 1781. En 1806 il devint substitut à Turin en 1807; procureur impérial à Alexandrie en 1809; substitut du procureur général près la cour d'appel de Lyon; en 1810 auditeur au conseil d'État, et l'année suivante avocat général à Paris. Louis XVIII le maintint dans ces fonctions. Durant les cent jours, Napoléon lui confia la présidence du tribunal de première instance de la Seine, et les électeurs de Gex l'envoyèrent à la chambre de 1815. Ayant signé la protestation faite par cette assemblée contre sa dissolution violente, opérée sur l'ordre de M. Decazes par un piquet de cosaques, la contre-révolution le tint pour suspect, et le destitua. Ce ne fut qu'en 1819 que le gouvernement de la Restauration, revenu à des idées plus modérées, le nomma conseiller à la cour royale de Paris. Nommé en 1827 député à Chinon, il devint l'un des membres les plus influents de l'assemblée devant laquelle se retira le ministère Villèle, et qui en 1829 le choisit pour l'un de ses vice-présidents. Réélu en 1830, il vota la célèbre adresse des *deux cent vingt-et-un*. Si pendant les journées des 27 et 28 juillet on n'entendit pas parler de lui, en revanche il fut un des premiers dans la soirée du 29, quand la victoire du peuple fut décidée, à courir à l'hôtel de ville pour y signer l'adresse au duc d'Orléans et l'arrêté qui conférait à ce prince les fonctions de lieutenant général du royaume. Nommé préfet de police le 1er août suivant, il ne répondit pas dans ces fonctions à ce qu'on attendait de lui, et trois mois après on l'y remplaçait par M. Baude, l'un des rédacteurs en sous-ordre du *Temps*, mais en ayant soin de le caser au conseil d'État. Nommé de nouveau député, lors des élections de 1831, il fut porté à la présidence en concurrence avec Laffitte, et l'emporta sur lui à une seule voix de majorité. A la mort de Casimir Périer, en mai 1832, il remplaça M. de Montalivet à l'instruction publique et aux cultes; mais dès le 11 octobre de la même année il cédait ce portefeuille à M. Guizot. Une ordonnance en date du même jour le nommait pair de France. A l'époque de la dissolution du cabinet Molé, en 1839, il fit partie depuis le 31 mars jusqu'au 12 mai du ministère dit de *transition*, dans lequel il eut le département de la justice et des cultes. Il mourut en 1847, vice-président du conseil d'État.

GIROD DE L'AIN (FÉLIX), frère du précédent, général et ancien député, est né en 1789. En 1805 il entra au service, et fit, en qualité de sous-lieutenant, de lieutenant et d'adjudant-major, les campagnes de 1806 et 1807 en Prusse et en Pologne, de 1808, 1809, 1810, 1811 en Espagne, et comme capitaine, puis chef d'escadron, celle de 1812 en Russie, 1813, 1814 et 1815 en Allemagne et en France. Après la promotion de son frère aîné à la pairie, il devint député de l'arrondissement de Nantua, et fut réélu en 1834, 1837 et 1839. Il était en 1830 colonel d'état-major. Nommé maréchal de camp en 1842, il commandait le département du Jura à la révolution de Février. Mis à la retraite par le gouvernement provisoire, il fut réintégré dans l'armée par suite d'un décret de l'Assemblée législative.

GIRODET (ANNE-LOUIS DE ROUSSY) naquit à Montargis, le 5 janvier 1767. Son père était directeur des domaines du duc d'Orléans. Ses parents eurent d'abord la pensée d'en faire un architecte, puis un soldat; mais sa mère étant venue à Paris pour soumettre des dessins de son fils au célèbre peintre David, qu'elle connaissait, celui-ci lui dit : « Votre fils sera un peintre. » Girodet entra dans l'atelier de David, où il excita l'admiration de ses condisciples. La troisième année du concours, Girodet remporta le grand prix de peinture : le chemin de Rome lui fut ouvert. C'était en 1789. Son tableau représentait *Joseph vendu par ses frères*.

A Rome, Girodet ne fréquentait pas les salles de l'Académie, et travaillait presque toujours chez lui, isolément. *Endymion*, composé ainsi dans sa chambre, fut exposé à l'École, et plut prodigieusement au public romain; puis on l'envoya à Paris. *Hippocrate refusant les présents d'Artaxercès* vint ensuite : il fut peint pour son père adoptif, Trioson (alors médecin de *Mesdames* de France, tantes du roi). Depuis, Trioson l'a légué par testament à l'École de Médecine de Paris, où il se trouve aujourd'hui.

Au moment où le peintre y mettait la dernière main, notre révolution prenait un développement qui frappait de stupeur l'Europe. Le consul de France, Basseville, ayant reçu l'ordre de remplacer l'écusson aux fleurs de lis par les armes de la république, l'écusson fut retiré. Cette circonstance excita aussitôt un grand tumulte dans la populace de Rome : les prêtres la soulevèrent. Les élèves de l'Académie s'enfuirent à Naples; Girodet refusa de les suivre, et resta avec son ami Péquinot pour terminer l'écusson républicain; ce qu'ils firent en un jour et une nuit. Ils avaient encore le pinceau à la main lorsque le peuple fit irruption dans l'hôtel de l'Académie, et détruisit tout ce qu'il y trouva. Nos deux jeunes gens voulurent se réfugier chez Basseville; mais en arrivant à sa porte ils rencontrèrent la populace qui égorgeait le malheureux consul; ils rentrèrent dans la foule pour échapper au même traitement. Un *modèle* les reconnut, et leur donna un asile. Quelques jours après, ils quittèrent Rome pour rejoindre la colonie académique à Naples; mais avant d'y arriver ils faillirent encore être assassinés dans une écurie des marais Pontins, où ils passèrent une nuit.

A Naples, Girodet s'occupa de paysages, peignit de beaux sites, et vécut dans une intimité charmante avec Péquinot, paysagiste distingué; il y promena ses jeunes rêves d'artiste, et reprit sérieusement ses études. Il fit connaissance de Cirilla, médecin, qui fut plus tard président de la commission législative parthénopéenne. C'est pour lui que Girodet exécuta, à la suite de soins qu'il en avait reçus, un tableau de *Stratonice et Antiochus*, qui ne s'est pas retrouvé après la mort de Cirilla. La rupture entre Naples et la République française lui fit quitter Naples. Il séjourna quelque temps à Venise, où les événements le jetèrent. La tempête grondait de toutes parts; il se réfugia obscurément dans les monts Euganéens. Abano lui fournit des esquisses charmantes. Il y fut découvert et arrêté.

Rendu à la liberté, Girodet parcourut, en voyageur attentif et enthousiaste, les chaînes alpestres qui séparent l'État de Venise de la Carinthie; il revint ensuite à Paris, en traversant Florence et Gênes. Il tomba malade dans cette dernière ville. Gros, qui s'y trouvait, le soigna comme un frère; ses courses et ses travaux à Rome et à Naples avaient duré cinq ans. A Paris, Girodet reçut un logement au Louvre, et s'y établit. Pendant les trois années qui suivirent son retour, il ne fit que des recherches, des études, des ébauches et des portraits. Pourtant sa réserve fit dire à ses rivaux que le peintre avait donné l'idée de sa force par sa *figure d'étude*, qui était *Endymion*. Ces assertions furent démenties par l'exécution du superbe tableau d'*Ossian*. Il peignit ensuite un délicieux tableau de *Danaé*, et quatre autres, où sont représentées *Les Saisons* : il fit une seconde *Danaé*, qui ne fut plus un simple tableau, mais une satire amère et puissante. Il y a dans le tableau de *Fingal* beaucoup de verve et des beautés difficiles; quelques parties même y enlèvent les suffrages par des choses finies, délicates, énergiques et bien harmoniées. C'est à Gênes, dans sa convalescence, qu'il avait conçu l'ébauche de cette *Scène du déluge*, qui mérite l'admiration. Il mit quatre années à préparer et à exécuter ce tableau : c'est un pur et consciencieux chef-d'œuvre. Il exposa au salon de 1806. En 1808 il fit paraître les *Funérailles d'Atala*. Le public reçut encore de lui *L'Empereur au moment d'entrer dans Vienne*. La *Révolte du Caire* vit le jour deux ans après.

Lorsqu'on songea à ces prix décennaux (1809) qui ne furent point distribués, le tableau du *Déluge* fut désigné pour le grand prix. Après tous ces travaux, Girodet se sentit épuisé, et se trouva dans l'impossibilité de les poursuivre; ne pouvant définitivement recouvrer la santé, il s'imposa le repos. De 1810 à 1822, il n'a plus repris aucune de ces créations qui demandent tant d'études et d'efforts. En 1812, il mit au salon une *Tête de Vierge*, qui est un des diamants de la peinture. En 1819, *Galatée* fut achevée et exposée dans son atelier : ce fut son dernier grand tribut. Il ne fit plus que des dessins, quelques esquisses parfaitement étudiées, et quelques portraits qu'il travailla longtemps, entre autres ceux de *Cathelineau, Bonchamp, Merlin de Douay* et *Mme Reizet*. Ces ouvrages consumèrent ses dernières forces; il ne put aller plus loin, et sa longue maladie prit tout à coup un caractère alarmant : il vit venir sa fin, et se résigna. Pourtant il voulut dire adieu au théâtre des travaux qui avaient rempli d'illusions et de tourments ses jours et ses nuits; sur son désir, on le porta dans son atelier; il y toucha en tremblant ses dernières toiles, et ramena sous ses yeux presque éteints ses plus récentes ébauches. Après avoir contemplé ces objets avec l'émotion d'une éternelle séparation, il s'écria : « Adieu, je ne vous reverrai plus ». Il mourut le 19 décembre 1824. Les esquisses, ébauches et dessins qu'il laissait étaient fort nombreux.

Après sa mort on publia les vers inédits qu'il avait laissés. Ils occupèrent quelques moments le public, surtout son poëme du *Peintre*, qui a des beautés sages et élégantes, et ses traductions d'*Anacréon*, de *Musée*, de *Lucain*. Ces essais sont excellents, mais un peu laborieux; le feu d'une première originalité leur manque. Pourtant Girodet a traduit avec de la verve et de l'harmonie le poëme de *Héro et Léandre*. Sa *correspondance* montre la haute culture, la netteté rapide, la politesse de son esprit.

Frédéric FAYOT.

GIROFLE ou **GÉROFLE** (Clous de). On désigne sous ce nom les fleurs non encore épanouies du *giroflier*. C'est ordinairement aux mois de septembre et d'octobre qu'a lieu la récolte; elle se fait soit avec la main, soit en abattant avec des roseaux les girofles qui tombent sur des toiles que l'on a eu soin d'étendre au pied de l'arbre. Après cette première opération, on ecueille les clous et on les fait sécher en les exposant au soleil. Tels que le commerce nous les livre, les clous de girofle offrent une tête renflée formée par les pétales non encore développés, et bordée par les divisions calicinales. On connaît quatre espèces de girofles, qui toutes proviennent du *caryophillus aromaticus*, L., et ne diffèrent que par leur mode de préparation ou les influences climatériques sous lesquelles elles se sont développées; deux seulement sont intéressantes : ce sont les *girofles anglais* et les *girofles de Cayenne*. Les premiers sont les plus estimés; ils viennent des Moluques, et ont reçu la dénomination de *girofles anglais* parce que c'est la Compagnie anglaise des Indes qui en fait le commerce; ils sont gros, obtus, pesants, d'un noir huileux à la surface, d'une saveur âcre et brûlante. Leur couleur noire a fait présumer à quelques personnes qu'on avait l'habitude de les faire sécher en les exposant à la fumée. Cette opinion est peu probable; car un tel mode opératoire serait plus nuisible qu'utile aux propriétés aromatiques du girofle. La seconde espèce est le *girofle de Cayenne;* il est plus grêle, plus aigu, plus sec, moins noir et moins aromatique que le girofle des Moluques. Les deux autres espèces sont les *girofles de l'île Bourbon*, puis les *girofles hollandais*.

Soumis à la distillation avec de l'eau chargée de sel marin, afin de retarder son point d'ébullition, le girofle donne une huile volatile plus pesante que l'eau : c'est à cette huile volatile qu'il doit sa propriété aromatique et sa saveur âcre et brûlante. L'huile essentielle de girofle donne une couleur rouge par l'acide nitrique; elle partage cette propriété avec la morphine et la brucine : aussi cette considération est-elle du plus haut intérêt en médecine légale. L'analyse des clous de girofle a fourni à Tromsdorff, sur 1,000 parties, 180 d'huile volatile, 170 de tannin, 170 de gomme, 130 de résine, 60 de fibre végétale, 280 d'eau, perte 10. MM. Laudibert et Bonastre ont trouvé dans le girofle des Moluques seulement une substance blanche cristalline de nature particulière, à laquelle le dernier de ces chimistes a donné le nom de *caryophilline*. L'eau distillée de girofle laisse déposer au bout de quelque temps une matière qui apparaît sous forme de lames minces, blanches et nacrées. M. Persoz, qui l'a découverte, lui a donné le nom d'*eugénine*. On croit aussi avoir rencontré dans cette eau distillée de l'acide benzoïque, mais le fait n'est pas encore positif.

Le girofle est employé en médecine comme excitant : on administre soit sa poudre, soit son huile essentielle; dans quelques cas, cette dernière sert à calmer, par une espèce de cautérisation, les douleurs causées par une dent cariée. L'art culinaire fait une grande consommation du girofle; ordinairement on l'associe à des viandes noires et lourdes, afin de faciliter par une stimulation vive la digestion, qui serait trop laborieuse. L'essence de girofle, mélangée à d'autres huiles volatiles, est fréquemment employée comme parfum. Les fruits du giroflier, appelés *anthofles*, sont, à l'état frais, confits dans du sucre, et servent, après le repas, à faciliter la digestion. De même que les fleurs, les feuilles, l'écorce, les pédoncules, et surtout le calice, renferment une grande quantité d'huile volatile. On désigne sous le nom de *griffes de girofles* les pédoncules brisés; leur prix moins élevé que celui des girofles, les fait employer de préférence pour préparer l'huile essentielle.

BELFIELD-LEFÈVRE.

GIROFLÉE, genre de plantes de la famille des crucifères, ayant pour caractères : Silique cylindrique ou comprimée; stigmate bilobé ou en tête; calice bigibbeux à la base; graines unisériées, ovales et comprimées.

La *giroflée jaune* (*cheiranthus cheir*, Linné) ou *violier*, commune dans toute l'Europe jusqu'au 50e degré de latitude, croît sur les rochers et les vieux murs. C'est la seule espèce indigène que De Candolle ait laissée dans le genre *cheiranthus*. Il range les autres dans le genre *matthiola*, qui s'en distingue par des stigmates connivents et par des graines entourées d'un rebord membraneux. On cultive dans les jarans une de ses variétés, sous le nom de *bâton d'or*.

La *giroflée des jardins* (*matthiola incana*, D. C.) est une plante bisannuelle, remarquable par ses variétés blanche, rose, couleur de chair, rouge, violette, etc. Ses fleurs sont d'une odeur suave, très-agréable. Ses feuilles obtuses, allongées, diversement découpées, sont plus ou moins soyeuses ou blanchâtres.

La *quarantaine* ou *giroflée quarantine* (*matthiola annua*) est un peu plus petite que la précédente. On en connaît une trentaine de variétés, distinguées par leurs couleurs. La plupart sont à fleurs doubles.

GIROFLÉE DE MAHON, JULIENNE DE MAHON ou MAHONILLE, noms vulgaires du *malcolmia maritima*, plante annuelle de la famille des crucifères. Linné l'avait classée avec toutes les giroflées dans le genre *cheiranthus*. On en fait des massifs et des bordures. La fleur, d'une odeur agréable, est lilas, ou rouge, puis devient violette ou blanche.

GIROFLIER ou GÉROFLIER, genre de la famille des myrtinées de Jussieu, de l'icosandrie monogynie de Linné. Le genre *giroflier* renferme plusieurs espèces, dont la plus importante est le *giroflier cultivé* (*caryophyllus aromaticus*, L.). C'est un grand arbrisseau toujours vert, dont la forme est pyramidale, et qui constamment offre des fleurs roses disposées en corymbes terminaux et trichotomes. Ces fleurs, décrites avec soin par Linné et Tournefort, offrent les caractères suivants: Calice adhérent à l'ovaire, infundibuliforme, à 4 divisions aiguës; corolle à 4 pétales arrondis; étamines en nombre indéterminé, insérées, ainsi que la corolle, sur un disque qui surmonte l'ovaire: celui-ci est infère; sur le disque qui le domine s'élève un stigmate capitulé. Le fruit est un drupe ovoïde couronné par des divisions calicinales. Les feuilles du giroflier sont opposées, obovales, lisses, portées sur un long pétiole canaliculé et articulé à sa base.

Le giroflier est originaire des Indes orientales; il croît spontanément aux îles Moluques: c'est de là que, en 1619, des voyageurs anglais en firent passer dans leurs îles quelques pieds, qui y vinrent à merveille. Privés d'une branche de commerce qui pour eux était très-lucrative, les Hollandais, vainqueurs des Portugais, et devenus maîtres des îles Moluques, firent égorger, en 1623, tous les Anglais qui se trouvaient dans leur pays, et forcèrent les peuples qui étaient sous leur domination à détruire tous leurs girofliers, afin de concentrer toute la culture de ce végétal dans les îles de Ternate et d'Amboine.

Ce fut en 1770 que Poivre, intendant des îles de France et de Mascareigne, parvint, par son zèle, à s'en procurer quelques pieds, qu'il fit cultiver dans les colonies françaises, et qui maintenant nous fournissent assez de girofles pour nous affranchir de l'impôt qu'autrefois nous étions obligés de payer. Il envoya, en 1769, aux rois de Guéby et de Patany, deux vaisseaux qui, après avoir vaincu de nombreux obstacles, revinrent l'année suivante avec une cargaison d'arbres à épices, parmi lesquels se trouvaient quelques pieds de girofliers. Une température douce, un sol légèrement humide, un lieu abrité du vent, sont les circonstances les plus favorables au développement du giroflier. Il a été transplanté dans une foule de localités, telles que les îles de Maurice, Mascareigne, à la Guyane, aux Antilles, etc. De tous ces climats, celui de l'île Mascareigne a paru le mieux lui convenir. BELFIELD-LEFÈVRE.

GIROLE ou GIROULE. *Voyez* BOLET et CHANTERELLE (*Mycologie*)

GIRON (*Blason*). Cette pièce honorable est de forme triangulaire. Sa base a pour largeur la moitié de celle de l'écu. Son sommet est au centre de l'écu.

GIRON (Don PEDRO), marquis *de las Amarillas*, duc d'*Ahumada*, issu d'une des plus anciennes familles d'Espagne, qui a pour chefs les ducs d'Ossuna, entra de bonne heure comme officier dans la garde royale. Pendant la guerre de l'Indépendance, il rendit les plus importants services comme chef de l'état-major général de l'armée d'Espagne, quoique son orgueil ne se pliât qu'avec répugnance à recevoir des ordres du duc de Wellington. Après le retour de Ferdinand VII dans ses États, il vécut loin de la cour et de ses intrigues, mais éveilla les défiances du roi en ne dissimulant pas ses sympathies pour un gouvernement représentatif modéré. A la suite de la révolution de 1820, il fut chargé du ministère de la guerre, mais ne répondit point aux espérances qu'on avait placées en lui, et fut exilé en Provence après l'infructueuse tentative d'insurrection faite par la garde royale. A l'époque de la réaction, son oncle, l'évêque de Tarrogone, essaya vainement de le faire rentrer au ministère. Le roi répondit: « Je ne veux pas de ministère Giron; car il serait roi, et moi je ne serais plus que ministre. » Néanmoins Ferdinand finit par avoir plus confiance en lui, et par son testament il le nomma membre du conseil de régence qu'il instituait pendant la minorité de sa fille Isabelle. En cette qualité, il protesta contre les mesures prises par le ministère Martinez de la Rosa à l'égard des provinces insurgées. Aristocrate de naissance et de sentiment, il combattit l'admission des grands d'Espagne en cette seule qualité dans la chambre des *Procérès* jusqu'au moment où l'ambassadeur de France, le comte de Rayneval, parvint à changer ses convictions et à faire de lui un zélé défenseur d'une première chambre composée de membres héréditaires. Considéré dès lors comme le représentant de la politique française, si, comme président de la chambre des *Procérès*, il exerçait une grande influence sur cette assemblée, et si la reine le créait *duc d'Ahumada*, en revanche il perdait tout son crédit dans le reste de la nation. Quand, en 1835, Toreno fut appelé à la tête des affaires, Giron prit le portefeuille de la guerre. Les améliorations qu'il projetait dans l'armée ne demeurèrent pas moins inutiles que ses efforts pour rattacher les Basques au nouvel ordre de choses; et l'accusation de népotisme qui pesa sur lui acheva de le rendre de plus en plus impopulaire. Il avait donné sa démission, avant que les juntes s'insurgeassent contre Toreno: et dans la session de 1835 à 1836, il se posa en adversaire acharné de Mendizabal. Sous l'administration d'Isturiz et après sa retraite, il garda la neutralité. Mais dans l'automne de 1837 il eut occasion de quitter l'Espagne, et se rendit alors en France.

GIRONDE, rivière. *Voyez* GARONNE.

GIRONDE (Département de la). Le département de la Gironde, l'un des quatre formés de la Guienne, appartient à la partie S.-O. de la France. Il est compris entre l'Océan à l'ouest, la Charente-Inférieure au nord, et les Landes au sud; il est borné à l'est par les départements de la Dordogne et de Lot-et-Garonne.

Divisé en 6 arrondissements dont les chefs-lieux sont Bordeaux, Bazas, Blaye, La Réole, Lesparre et Libourne, 58 cantons, 844 communes, il compte 614,387 habitants; il envoie cinq députés au corps législatif. Il est compris dans la quatorzième division militaire, l'académie et le diocèse de Bordeaux et le ressort de la cour d'appel de la même ville. Il possède 1 lycée, 3 colléges, 1 école normale primaire, 5 institutions, 24 pensions, 591 écoles primaires de garçons, 496 de filles.

Sa superficie est de 1,082,552 hectares, dont 326,411 en landes, pâtis, bruyères; 28,356 en terres labourables; 138,823 en vignes; 106,709 en bois; 64,606 en prés; 27,470 en cultures diverses; 7,437 en propriétés bâties; 7,000 en vergers, pépinières, jardins; 6,664 en oseraies, aunaies, saussaies; 6,653 en étangs, abreuvoirs, mares, canaux d'irrigation; 31,500 en routes, chemins, places publiques, rues, etc.; 18,538 en rivières, lacs, ruisseaux; 4,184 en forêts, domaines non productifs; 499 en cimetières, églises, presbytères, bâtiments publics. Il paye 3,034,477 d'impôt foncier. Le département de la Gironde se compose de deux fractions bien distinctes. Sa partie sud-ouest n'est qu'une vaste plaine de sable, à l'aspect triste et monotone, où quelques forêts de pins, quelques broussailles, offrent à peine une misérable pâture à des troupeaux de brebis; la lisière de ces landes du côté de l'Océan est même couverte de dunes, dont la superficie est évaluée à 25,850 hectares. Le surplus du département est d'une tout autre nature. Le sol n'y offre pas, il est vrai, de ces accidents fortement caractérisés; on n'y trouve pas de montagnes proprement dites, de ravins déchirés, de profondes vallées, mais cependant les beaux fleuves de la Garonne, de la Dordogne, grossie par l'Isle de de la Gironde, vaste canal qui reçoit leurs eaux réunies et les porte à la mer, forment d'immenses bassins bordés sur plusieurs points de collines élevées. Toute cette partie du département est de la plus grande fertilité; les bas-fonds, qu'on appelle *palus*, sur lesquels viennent presque annuellement se répandre les dépôts limoneux, roulés par les eaux des fleuves, sont couverts de riches prairies, de champs cultivés en céréales, de vignes du plus grand produit, de toutes les plantes, enfin, nécessaires à la vie de l'homme ou des animaux; les plateaux, composés en grande partie de terrains calcaires, mais quelquefois aussi de terres argileuses, de gravier, de sable, sont chargés de vignobles, de bois de toutes natures, et tout cela produit l'aspect le plus riche et le plus agréable à l'œil.

Le gibier abonde dans les terres et le poisson sur les côtes. Les essences dominantes des forêts sont le chêne et le pin. L'olivier y vient en pleine terre, quoiqu'il ne soit pas l'objet d'une culture en grand. L'exploitation minérale y a peu d'importance. Ses principaux produits sont le sel marin et de belles pierres de construction, le sable à verrerie et de la terre à poterie.

C'est un pays essentiellement agricole, et la vigne en est la principale culture. Les célèbres vins de Bordeaux font la richesse du département. La récolte annuelle en est évaluée à 2,500,000 hectolitres, dont 3 à 400,000 suffisent à la consommation locale : la même quantité, ou environ, est convertie en eaux-de-vie, et le surplus est livré au commerce et s'exporte dans presque toutes les parties du globe.

Sept routes impériales, dix-neuf routes départementales, 10,543 chemins vicinaux sillonnent ce département, où l'on compte douze ports de mer, grands ou petits.

Parmi les localités remarquables, nous mentionnerons *Bordeaux*, chef-lieu du département; *Libourne; Bazas*, sur la Beuve, avec 4,627 habitants, une fabrication de cuirs et de droguets, des cireries, un commerce de bétail, bois à brûler, résine et cuirs. C'est une ville très-ancienne, où l'on voit une belle cathédrale gothique. *Blaye; La Réole*, sur la rive droite de la Garonne avec 4,080 habitants, un collége, une typographie, des fabriques de toiles de chanvre, de peignes, de vinaigre, des tanneries, des teintureries, un commerce en vins, eaux-de-vie, graines et bétail; *Lesparre*, entre l'Océan et la rive gauche de la Gironde, avec 1,625 habitants, une typographie, une filature de laines, des fabriques de draps communs et un commerce considérable en grains, bois et bestiaux; *Langon*, qui remonte à une haute antiquité, et compte 3,953 habitants; *La Teste de Buch; Pauillac*, petite ville maritime, avec 3,900 habitants; *Saint-Émilion*, remarquable par ses ruines gothiques, par un temple monolithe, et par une flèche d'une grande hardiesse; *Coutras*, *Castillon*, fameux par deux batailles. On peut citer encore le fort *Médoc*, le phare de *Cordouan*, construit par Louis de Foix à l'embouchure de la Gironde.

GIRONDE, GIRONDINS, parti célèbre de la révolution française. Brissot et quelques-uns de ses amis en furent les fondateurs dans le sein de l'Assemblée nationale; il se composa d'abord de ces défenseurs ardents et purs de la liberté, qui la voulaient sans excès et repoussaient de la manière la plus absolue l'intervention du peuple dans la marche de cette grande régénération politique. Plus tard, les brissotins, ainsi les appela-t-on dans le principe, se confondirent avec les membres de cette députation du département de la Gironde à l'Assemblée législative, qui brilla d'un si grand éclat par le talent oratoire; le parti girondin se trouva ainsi constitué. Il domina d'abord l'assemblée, où les hommes qui formèrent depuis la Montagne n'étaient encore qu'en minorité, et signala sa puissance en renversant le ministère formé par Louis XVI après l'acceptation de la constitution. Le nouveau cabinet se composa sous son influence; on y vit particulièrement figurer Roland, dont l'épouse était comme l'âme du parti; et Dumouriez, recommandé par ses connaissances diplomatiques et ses plans guerriers à des hommes appartenant pour la plupart au barreau. Peu après, la guerre fut déclarée à l'Autriche, et la nation se précipita avec un admirable élan dans cette longue lutte continentale, qui devait, après des succès inouïs, se terminer par les catastrophes de 1814 et 1815. Cependant, Louis XVI, toujours le cœur saisi d'effroi à chaque pas en avant qu'il faisait dans les voies révolutionnaires, ne tarda pas à être en lutte avec ses nouveaux ministres. En juin 1792, quelques décrets, auxquels il refusait sa sanction, amenèrent la dissolution du cabinet, dont trois membres furent remplacés par des hommes du parti feuillant, ou constitutionnel. Alors les hostilités des girondins éclatèrent; quelques rapprochements avec la cour furent en vain essayés, et bientôt leur union momentanée avec les jacobins contre celui que les uns et les autres regardaient comme l'ennemi commun, entraîna la chute du trône. Il n'avait été qu'ébranlé au 10 juin; il fut complétement renversé au dix août.

La participation des girondins à ces journées, surtout à la dernière, ne saurait être douteuse : ils s'en sont fait plus tard, à la tribune ou dans des écrits qui sont restés, un titre de gloire. Mais il arriva alors que les girondins, en mettant un terme à une puissance qu'ils croyaient ennemie irréconciliable de la révolution, en développèrent une autre qu'il leur fut impossible de contenir, l'anarchie sanglante, qui devait tout perdre, après avoir dévoré tant de victimes : les premières furent celles que frappèrent, aux 2 et 3 septembre suivant, les meneurs de la Commune de Paris et du club des Jacobins, avec le terrible Danton pour chef. Les girondins eurent horreur de ces effroyables massacres, auxquels ils étaient complétement étrangers; et ils ne cessèrent, avec une généreuse persistance, dans cette assemblée comme dans la nouvelle qui s'ouvrit quelques semaines après, d'en réclamer le châtiment. Ainsi commença la lutte entre eux et les jacobins, qui voulaient qu'on jetât un voile sur ces actes de la justice populaire. Le procès de Louis XVI, dont s'occupa d'abord la Convention, suspendit un moment les hostilités. Dans le cours de ce procès mémorable, les girondins, rendus à l'individualité de la conscience, cessèrent pour ainsi dire de former un parti : leurs votes furent très-divers. Quelques-uns refusèrent de juger; plusieurs, en reconnaissant la culpabilité de Louis, voulurent que sa liberté fût seule atteinte; d'autres, en prononçant contre lui la mort, essayèrent de le sauver par l'appel au peuple. Ces tentatives, qui restèrent vaines, animèrent davantage encore contre eux les passions des démagogues. Toutefois, puissants par la parole, ils conservaient encore une haute influence sur la Convention; ils en usèrent le 8 avril 1793 pour faire rendre un décret qui leur devint bientôt fatal à eux-mêmes : il portait que les députés convaincus d'un délit national seraient sur-le-champ livrés au tribunal révolutionnaire. La mesure était dirigée contre Marat, qui chaque jour distillait le fiel contre la Gironde, dans son ignoble *Ami du Peuple*. Peu de jours après, Marat fut en effet décrété d'accusation; mais il fut acquitté et ramené en triomphe sur son siége, la tête couronnée de lauriers, qui devaient être bientôt teints du sang de ses adversaires.

Après cette attaque infructueuse contre l'idole des faubourgs, les girondins devinrent en butte à la vindicte populaire, excitée contre eux par la Commune de Paris et par le club des Jacobins. Le 15 avril, des commissaires de section se présentèrent à la barre de la Convention pour réclamer la mise en accusation de vingt-deux d'entre eux. L'agitation s'accrut de jour en jour, et le projet fut même, assure-t-on, formé par les furieux de massacrer ces députés, qui trouvaient encore un suffisant appui dans le sein de l'assemblée; les girondins, redoublant d'énergie, dénoncèrent l'odieux complot, et parvinrent à obtenir qu'une commission de douze membres fût instituée pour entreprendre des recherches à ce sujet; mais au moment où cette commission se préparait à faire un rapport qui semblait devoir mettre au grand jour les plus coupables menées, la salle de la Convention fut envahie par une foule nombreuse, et au milieu d'un affreux tumulte, qui se prolongea jusqu'à la nuit, la minorité, restée seule dans l'enceinte, cassa la commission. Ceci se passait le 27 mai; trois jours après, eut lieu la crise qui détermina le triomphe du parti jacobin et consomma la ruine de la Gironde.

Vingt-neuf députés appartenant à cette portion de l'assemblée furent mis en état d'arrestation par décret du 2 juin; de ces vingt-neuf députés, la plupart furent arrêtés à Paris et enfermés à la Conciergerie : c'étaient Brissot, Vergniaud, Gensonné, Lasource, Fonfrède, Duperret, Ducos, Carra, Fauchet, etc.; d'autres, tels que Pétion, Guadet, Buzot, Barbaroux, Salles, Louvet, etc., avaient trouvé le moyen d'échapper au sort de leurs collègues, et s'étaient réfugiés dans les départements de l'Eure et du Calvados, qui devinrent le centre d'une insurrection, un moment redoutable, contre les nouveaux chefs de la Convention. Déjà, avant le 31 mai, les plus importantes villes du midi s'étaient énergiquement prononcées en faveur des girondins. Après leur proscription, on courut aux armes de toutes parts, et l'on envoya des commissaires à Caen, où les députés s'étaient constitués en commission de gouvernement, sous le titre d'*assemblée des départements réunis*. Une armée se forma même, sous la conduite du général Wimpfen; mais, à peine organisée et composée de jeunes recrues inhabiles au service militaire, elle se dispersa promptement à Vernon devant les bandes organisées et disciplinées du Comité de salut public. Alors les députés cherchèrent un asile dans le département de la Gironde. Les commissaires de la Convention les y précédèrent; d'actives recherches furent dirigées par Tallien : cachés par les soins généreux de quelques habitants de la petite ville de Saint-Émilion, où Guadet, l'un d'eux, avait reçu le jour, ils parvinrent quelque temps à se dérober aux poursuites du proconsul; mais enfin Salles et Guadet furent saisis et conduits à Bordeaux; ils y subirent courageusement la mort. Grangeneuve les avait précédés de quelques jours sur l'échafaud. Pétion, Buzot et Barbaroux eurent une fin plus déplorable; le dernier se brûla la cervelle; les cadavres des deux autres furent trouvés dans les bois, dévorés par les loups. Quant à ceux que recélait la Conciergerie, après plusieurs mois de captivité, ils furent enfin renvoyés par la Convention devant le tribunal révolutionnaire, qui les condamna à mort. La défense de quelques-uns d'entre eux fit plus d'une fois pâlir et trembler leurs juges; ils entendirent leur arrêt avec calme. Valazé seul se frappa d'un poignard qu'il tenait caché dans son sein. Les derniers moments des autres furent pleins de dignité : ils montèrent sur l'échafaud le 31 octobre 1793.

Ainsi finirent ces hommes dont les talents oratoires et les vertus patriotiques parent de quelque éclat la plus triste de nos phases révolutionnaires, et qui furent, selon toute apparence, les seuls et vrais républicains de l'époque. La proposition qu'ils firent de confier la garde de l'assemblée à un corps composé de citoyens appartenant aux quatre-vingt-trois départements fut le prétexte de cette vaine accusation de fédéralisme, au nom de laquelle on les envoya à la mort. On sait aujourd'hui que si quelques-uns d'entre eux professaient une sincère admiration pour les institutions américaines, et même les croyaient seules susceptibles de s'adapter au gouvernement régulier et définitif d'une vaste république, telle que la France, du moins aucun n'émit alors le vœu de rompre cette unité indispensable en ce moment au maintien de l'indépendance nationale, menacée par l'Europe. Ce point est formellement établi par plusieurs passages des Mémoires de Buzot, publiés en 1823. Comme parti politique, la Gironde a été et est encore très-diversement appréciée dans les votes et dans les actes qui ont marqué sa courte et brillante carrière. Avec un roi dont elle ne se fût pas défiée, elle eût peut-être sauvé la monarchie; tout au moins, amenant par degrés sa chute, eût-elle préservé la France de la tyrannie odieuse qui succéda à son brusque renversement. En s'unissant au parti jacobin pour perdre le malheureux prince, elle montra, dans le fait, plus de passion que de sens; car elle savait par avance quelle alliance elle acceptait, et si l'on pouvait attendre d'un tel auxiliaire autre chose qu'un régime atroce. Elle céda à un entraînement généreux, sans songer que la liberté ne pouvait jamais être plus compromise que par les hommes dont elle rendait ainsi le triomphe inévitable; erreur fatale, payée bien cher par elle-même et par la France, et qui, dans les crises révolutionnaires, doit servir d'éternelle leçon aux partis.

P.-A. Dufau.

GIRONE (*Gerona*, la *Gerunda* des anciens), place forte et chef-lieu de la province espagnole du même nom, en Catalogne, à l'embouchure de l'Onhar dans le Ter, à quelques dixaines de kilomètres de la Méditerranée, admirablement située, en partie sur le versant d'une hauteur, et siége d'un évêché, compte une population de 15,000 âmes. En tous temps elle passa pour un point stratégique d'une grande importance; et il en est fréquemment fait mention à l'époque des luttes contre les Maures, du séjour desquels il reste encore des traces, notamment des bains magnifiques. Mais c'est surtout à partir de la domination des rois d'Aragon, qui l'ornèrent d'une superbe cathédrale et d'un grand nombre de couvents, et qui avaient l'habitude de l'appeler leur *fille aînée*, qu'il en est question dans l'histoire. Plus tard, à l'époque des guerres de Louis XIV, Girone joua un grand rôle. Vainement assiégée en 1684 par les Français, elle tomba en leur pouvoir en 1694. La paix de Ryswick la leur enleva; mais ils s'en emparèrent de nouveau en 1710. Lors de la guerre de l'empire, en 1809, 600 Espagnols s'y défendirent pendant sept mois avec un incomparable courage contre une armée française forte de 18,000 hommes. De nos jours encore Girone a maintes fois servi de pivot aux opérations stratégiques nécessitées par la guerre civile.

GIRONNÉ (*Blason*) se dit d'un écu où il y a quatre girons d'un émail et quatre d'un autre.

GIROUETTE. Ce mot vient du vieux français *girer*, *virer* : c'est donc une chose qui tourne. En effet, une girouette, dont le nom scientifique est *anémoscope*, n'est qu'une feuille de métal disposée sur les toits, les tours et les clochers, de manière à pouvoir tourner au moindre souffle, autour d'un pivot vertical. La girouette, qui a quelquefois la forme d'un coq, d'une tête de loup, ou de quelque autre animal, indique de quel côté vient le vent, et pour le faire reconnaître plus facilement, on dispose d'ordinaire au-dessous les quatre lettres E. S. O. N. (est, sud, ouest, nord), placées dans le méridien du lieu et le plan parallèle à l'équateur, de façon à former un carré dont les diagonales se coupent au point d'appui du pivot. Ces quatre lettres, indiquant les quatre points cardinaux, forment une rose des vents tout à fait grossière, mais qui peut suffire à ceux qui demandent *d'où vient le vent* pour savoir *s'il pleuvra*. S'il s'agit d'observations météorologiques, il est clair qu'il faut obtenir une plus grande précision; on y parvient en divisant la rose en trente-deux parties, comme on le fait dans le compas de mer, ou, ce qui vaut mieux encore, en désignant par des degrés, ou par des *grades* (degrés centésimaux), l'angle que fait la girouette, ou la direction du vent avec le méridien. Mais on conçoit qu'on ne peut avoir en l'air, et surtout à la hauteur où sont ordinairement placées les girouettes, la moindre exactitude. Pour y parvenir, il convient de prolonger le pivot, que l'on rend mobile, jusque dans une chambre, où son extrémité inférieure viendra reposer sur le centre d'un cercle gradué et exactement orienté. Une aiguille, attachée au pivot, parcourra, en tournant, le timbre du cercle sur lequel elle marquera, avec une grande exactitude, la direction de la girouette, et par conséquent aussi celle de vent. Il y a des girouettes au moyen desquelles on peut connaître la force et la vitesse du vent; mais cela demande un mécanisme particulier, qu'on nomme *anémomètre*.

La lourde et criarde girouette était autrefois un attribut féodal, qui ne pouvait figurer que sur les châteaux, et dont le vilain n'eût osé se permettre de décorer son humble toit. La girouette a donné lieu à quelques allusions; celle de Bayle a joué un grand rôle dans la philosophie : on sait que la question du franc arbitre a divisé, divise et divisera probablement à tout jamais les philosophes; Bayle fournit aux fatalistes une nouvelle arme par l'ingénieuse hypothèse d'une girouette qui, étant douée de la seule faculté de *vouloir* se mouvoir, s'imaginerait, toutes les fois que le vent la pousse à droite ou à gauche, qu'elle se meut par sa propre force, par une vertu innée en elle. Il en est de même de l'âme, dit-il : l'âme a la faculté de vouloir ce qui lui fait plaisir; elle veut donc en conséquence de la manière dont elle a été précédemment, ou dont elle est encore affectée : c'est là le vent qui la pousse; elle est effet et se croit cause; elle obéit et croit commander; elle se persuade que tout ce qu'elle veut, tout ce qu'elle exécute, est libre et volontaire, tandis que les circonstances antérieures, les jugements qu'elles ont déterminés, les affections que l'âme a reçues, rendent sa détermination nécessaire et fatale. On sait comment cette hypothèse a été depuis développée et renforcée par les raisonnements des philosophes du siècle dernier, et ce que les spiritualistes ont répondu.

Le mot *girouette* a été encore appliqué à ces hommes qu'on a vus si souvent, dans les événements politiques, changer de couleur et d'attachement, selon que le vent de la faveur soufflait d'un côté ou d'un autre. On a même publié depuis 1815 plusieurs *Dictionnaires des Girouettes.* Dans un des derniers on avait eu soin d'indiquer par le nombre de girouettes, placé à la suite du nom de chaque individu, le degré de son *girouettisme*. C'est encore un livre à refaire aujourd'hui. Bernard JULLIEN.

Sur les vaisseaux, la *girouette* est une bande de toile légère ou d'étamine, cousue et montée sur l'équinette, ou espèce de bâti en bois, placé à la tête des mâts, et plus généralement au grand mât seulement. La *girouette* indique la direction et la durée du vent. Celle des grands bâtiments est d'une laize d'étamine, et a souvent de 2 mètres à 2^{m}, 30 de longueur. On en fait de toutes couleurs, mais plus ordinairement en blanc, en bleu et en rouge : la girouette, montée sur le fer du paratonnerre, qui lui sert d'axe, tourne autour pour indiquer la direction du vent. La partie cousue et encadrée à la moitié de la longueur totale; l'autre est pendante ou flottante au gré du vent. Les *girouettes* sont un ornement pour les vaisseaux : elles servent encore, par leur variété de couleurs, à les faire reconnaître dans les escadres d'après le rang qu'ils tiennent dans la ligne de leur division. MERLIN.

GISEMENT ou GISSEMENT (*Marine*), situation des côtes, direction qu'elles suivent par rapport aux différents points de la boussole. On applique ce mot à toutes espèces d'objets, en les comprenant toujours dans le sens de leur longueur : ainsi le *gisement* d'une île est nord et sud, si la ligne qui joint les deux points les plus éloignés de cette île est dans cette direction d'après la boussole. Le *gisement* d'un écueil est l'aire de vent sur lequel il est relevé de deux points différents. Le *gisement* de deux îles, de deux écueils, de deux points quelconques, c'est la direction indiquée par le *compas* de la ligne qui passe par ces deux points. Lorsque les navigateurs font quelques découvertes, ils ont soin, à leur retour, d'en indiquer le *gisement*, afin d'éclairer ceux qui les suivent. MERLIN.

GISEMENT (*Géologie*). On donne ce nom à toute masse minérale contenant quelque substance utile, que l'on cherche à en extraire. Les filons, les amas, les couches, les rognons, etc., sont autant de dénominations différentes s'appliquant aux principales formes de gisements des substances minérales.

GISORS. *Voyez* EURE

GISQUET (JOSEPH-HENRI), ancien préfet de police à Paris, né dans cette ville, en 1792, entra de bonne heure au service; mais, par suite d'une blessure qu'il reçut à la chasse et qui nécessita l'amputation d'un avant-bras, il fut bientôt renvoyé dans ses foyers. Admis alors comme commis dans la maison de banque des frères Périer, il obtint, par son zèle et son activité, la protection de ses patrons, qui le mirent à même de fonder, en 1826, à Saint-Denis, une grande usine pour son compte. Sous sa direction intelligente, cette opération prospéra si bien, qu'en peu d'années il était parvenu à être compté parmi les négociants notables du département de la Seine, lesquels lui conférèrent les honneurs de la magistrature consulaire. A la suite de la révolution de Juillet, il fut élu membre du conseil général de la Seine. A ce moment, une crise commerciale des plus graves pesait sur la place de Paris; et sans une importante fourniture de fusils qu'il alla négocier en Angleterre pour le compte du gouvernement, fourniture adjugée sans publicité ni concurrence, dans des conditions excessivement onéreuses pour le trésor public, on a tout lieu de penser qu'il eût été impossible à la maison Gisquet de soutenir le choc des nombreux sinistres qu'elle éprouva. Un procès fameux fit, quelques années plus tard, connaître une partie de la vérité au sujet de cette affaire des *fusils-Gisquet*, demeurée l'un des plus scandaleux tripotages d'une époque si féconde en ce genre.

Casimir Périer, nommé premier ministre en mars 1831, désirant avoir à la préfecture de police un homme complétement à lui, obtint de Louis-Philippe qu'on en renvoyât Vivien, qui avait succédé à M. Baude, et qu'on y appelât M. Gisquet, son ancien commis et son constant protégé. Dans l'exercice de ces fonctions, M. Gisquet, on ne saurait le nier, apporta la fermeté, la vigilance et l'activité qui avaient fait défaut à ses prédécesseurs. Les insurrections de 1832 et de 1834 ne le surprirent point, et grâce à ses mesures, aussi promptes qu'énergiques, elles purent être comprimées. Les divers attentats dirigés contre la vie de Louis-Philippe lui fournirent également l'occasion de faire preuve de présence d'esprit et de sang-froid, comme aussi de déployer un grand zèle monarchique. Son nom, naturellement lié à toutes les mesures de répression auxquelles le pouvoir dut recourir pour se maintenir en présence de partis qui conspiraient son renversement, devint bientôt aussi impopulaire que ceux des Delavau, des Franchet, des Mangin, et de tous les autres exécuteurs des vengeances de la Restauration. De vagues rumeurs de concussions commises dans l'exercice de ses fonctions vinrent se joindre aux reproches d'actes arbitraires et illégaux qui s'élevaient de toutes parts contre lui; et lors du changement de cabinet qui eut lieu en 1835, le ministère dut donner à l'opinion publique la juste satisfaction d'une destitution. M. Gisquet, désormais usé et inutile, fut remplacé à la préfecture de police par M. Gabriel Delessert, et reçut comme fiche de consolation sa nomination aux fonctions de conseiller d'État en service extraordinaire. Il était difficile que M. Gisquet ne gardât pas rancune aux ministres qui l'avaient ainsi sacrifié; aussi, élu député à la chambre de 1837, profita-t-il de la discussion des fonds secrets pour faire sur leur emploi des révélations qui achevèrent de le perdre dans l'esprit des gouvernants, sans qu'il réussît pour cela à se faire pardonner son passé par le parti libéral.

En 1838, *Le Messager*, journal qui avait momentanément cessé d'être l'organe de l'administration, publia un article dans lequel on faisait allusion, en termes très-diaphanes, à une mystérieuse histoire d'alcôve où il était question d'une femme mariée séduite, du silence et de la disparition du mari obtenus à prix d'argent et d'un duel lâchement refusé. Clairement désigné dans cet article, M. Gisquet porta plainte en calomnie contre le journaliste : le procès qui s'ensuivit fut un de ceux qui percèrent à jour la politique de roueries et de corruptions sur laquelle s'appuyait le gouvernement de Louis-Philippe, et qui permirent de sonder toute la profondeur de la démoralisation administrative. En présence du texte précis de la loi, le jury fut forcé de rendre un verdict de culpabilité contre l'éditeur responsable du *Messager*, et la cour dut le condamner à une amende insignifiante, parce que la participation directe de M. Gisquet aux tripotages honteux dénoncés dans l'article ne put être prouvée. Toutefois, de l'ensemble des faits il résulta, de la manière la plus évidente, que pour satisfaire sa lubricité M. Gisquet n'avait pas seulement dissipé une partie de sa fortune, mais qu'il avait encore fait illicitement gagner des sommes considérables à sa maîtresse, à ses amis et à ses parents, en leur ménageant des *pots-de-vin* sur différentes entreprises et adjudications publiques. L'avocat du roi blâma de la manière la plus sévère la conduite de l'ex-préfet de police, et reconnut expressément qu'en signalant les faits en question, le journaliste de l'opposition n'avait fait que remplir un devoir. Avant même le prononcé du jugement, une ordonnance royale avait rayé M. Gisquet de la liste des conseillers d'Etat en service extraordinaire, et enlevé les fonctions de receveur général de l'Aube à son gendre, dont le nom s'était trouvé compromis dans cette sale affaire.

Aux élections de 1839, M. Gisquet fit publier que, lors même que ses électeurs le nommeraient de nouveau député, il refuserait cet honneur. C'était savoir se rendre justice. Rentrer dans l'obscurité et tâcher de se faire oublier était en effet ce que M. Gisquet avait désormais de mieux à faire. Il n'en fut pourtant pas ainsi : il publia, vers la fin de la même année, ses *Mémoires*, apologie complète de sa vie, qui contient force accusations et critiques, parfaitement fondées d'ailleurs, à l'endroit de l'administration supérieure. Plus tard, il entreprit un voyage en Égypte et en Orient, et crut devoir, à cette occasion, nous faire part de ses impressions de touriste. L'indifférence absolue du public pour ses ouvrages, annoncés avec fracas, aurait dû lui faire comprendre quel rôle lui convenait le mieux. Cependant, on vit encore son nom figurer sur des listes électorales en 1849. Maintenant M. Gisquet est redevenu, comme en 1826, manufacturier à Saint-Denis. A la bonne heure !

GITANOS. *Voyez* BOHÉMIENS.

GITSCHIN, chef-lieu du cercle du même nom, en Bohême, compte près de quatre mille habitants. Cette ville possède un gymnase, une école militaire, une caserne, jadis collége appartenant aux jésuites, etc., et elle est le centre d'un commerce de céréales assez étendu. C'était autrefois la capitale du duché de F r i e d l a n d. Quand, en 1627, Wallenstein choisit Gitschin pour en faire le chef-lieu de sa principauté, ce n'était qu'une misérable bourgade, comptant à peine deux cents maisons couvertes en chaume; mais, grâce aux sommes considérables qu'il employa en secours et en encouragements à tous ceux qui voulurent y élever des constructions nouvelles, la pauvre bourgade ne tarda pas à être transformée en une jolie petite ville, bien propre et régulièrement construite, accrue d'un château magnifique qu'il y fit élever à grands frais.

En 1636, on déposa les restes mortels de W a l l e n s t e i n dans la chartreuse de Walditz, voisine de Gitschin; mais en 1639 Baner, le général suédois, envoya en Suède la tête et la main droite du héros, comme trophées des victoires remportées par l'armée sous ses ordres. Après cette profanation, les restes de Wallenstein demeurèrent oubliés dans cette chapelle, jusqu'à ce que le comte Vincent de Waldstein les fit transférer à Munchengrætz, dans le caveau de sa famille, où le tombeau de son glorieux ancêtre est maintenant orné d'une inscription qui rappelle ses hauts faits.

Le cercle de Gitschin, sur une superficie de 105 myriamètres carrés, compte une population d'environ 900,000 âmes.

GIULAY. *Voyez* GYULAY.

GIULIO ROMANO. *Voyez* JULES ROMAIN.

GIUNTI ou GIUNTA, célèbre famille d'imprimeurs, qu'on appelle en Espagne *Junti*, *Junta* ou *Juncta* et aussi *Jouta*, et en France les *Junte*. Elle n'était point originaire de Lyon, ainsi qu'on l'a imprimé, mais bien de Florence, où il en est fait mention dès l'an 1354, et où, en 1489, elle fut, par un décret, promue au rang des familles patriciennes. A partir de la fin du quinzième siècle, on voit les *Junte* figurer comme libraires et comme imprimeurs à Venise, à Florence, plus tard à Lyon, et enfin à Burgos, à Salamanque et à Madrid. La plus ancienne de leurs maisons paraît avoir été celle de Venise, qui fut fondée par *Luca Antonio* GIUNTA, venu de Florence s'établir dans cette ville vers l'an 1480, et qui d'abord, de 1482 à 1498, se borna à faire de la librairie, mais qui à partir de 1499 eut une imprimerie à lui, dont le premier produit fut : *J. Mar. Politiani Constitutiones ordinis Carmelitarum* (in-4°). Ses dernières impressions sont de 1537, l'année même de sa mort.

L'imprimerie continua de marcher après lui, sous la raison de *Hæredes L. A. de Giunta*, d'abord sous la direction de son fils *Tommaseo* GIUNTA, dont un incendie dévora les ateliers en 1557. De 1644 à 1648 on voit les *Heredi di Tommaseo Giunta* figurer comme actionnaires de la maison de commerce de F. Baba, et le dernier ouvrage sorti des presses des Juntes à Venise paraît être de 1657.

Les *Junte* de Venise, uniquement préoccupés de la partie commerciale de leur art, n'ont rien qui les distingue des autres imprimeurs de Venise leurs contemporains, et en ce qui touche les caractères et le papier qu'ils emploient, ils sont infiniment inférieurs aux Manuce et au Giolito. Il ne paraît pas qu'ils aient rien imprimé sur parchemin; et leurs éditions grecques sont en très-petit nombre. L'édition du Cicéron de Victorius (1534) est presque le seul ouvrage important sorti de leurs presses. Leurs missels ne sont cependant pas sans mérite.

Filippo GIUNTA, neveu de Luca Antonio Giunta, fonda aussi à Florence, sa ville natale, une imprimerie, dont les premières productions furent *Zenobii Proverbia* (1497, in-4°) et l'édition de 1488 de l'Homère de Florence. Après la mort de *Filippo*, arrivée le 16 septembre 1517, ses deux fils *Benedetto* et *Bernardo* GIUNTA, puis leurs héritiers, continuèrent de faire marcher son imprimerie. Les *Rime* de Buonarotti (1623, in-4°) paraissent être le dernier ouvrage sorti des presses de la maison de Florence. Les types qu'elle employait soutiennent avantageusement la comparaison avec ceux des Manuce, et l'emportent même pour ce qui est des caractères italiques. Ce n'est que sous le rapport de la variété, qu'ils sont inférieurs à ceux des Manuce; de même qu'ils le cèdent aux éditions des Alde pour ce qui est du papier, de l'encre et du tirage. La maison de Florence a d'ailleurs livré beaucoup d'éditions sur grand papier, et plusieurs belles impressions sur parchemin. Il est à présumer que les Giunta de Florence possédaient une fonderie de caractères qui alimentait aussi les autres imprimeries de leur ville. Quoique ce ne soit pas, en général, sous le rapport de la pureté des textes que les éditions sorties des presses des Juntes jouissent d'une grande réputation, il est facile de s'apercevoir qu'à l'instar des Manuce ils savaient mettre à profit leurs relations avec les savants et les lettrés de leur temps, pour les améliorer autant que possible. C'est là un éloge qu'on ne saurait faire des ouvrages sortis des presses de la maison de Lyon, fondée par le fils de Francesco Giunta, *Jacobo* GIUNTA de Florence, qui en 1519 était encore établi à Venise, mais qu'on retrouve dès 1520 à Lyon, où il ne paraît d'abord que comme libraire-éditeur, mais où à partir de 1527 il imprima lui-même les ouvrages qu'il éditait. A sa mort, arrivée en 1548, ses héritiers continuèrent avec succès sa maison, dont on retrouve des traces jusqu'en 1592.

Il est plus difficile de débrouiller les relations qui ont existé entre les Giunta d'Italie et les Giunta d'Espagne, et encore les rapports ayant existé entre ceux-ci. Ainsi, on trouve un *Juan* JUNTA imprimeur à Burgos en 1526, 1528 et 1551, et de 1382 à 1593 un *Filippo* JUNTA, lequel est peut-être le même personnage que le Filippo Giunta jeune, de Florence. A Salamanque, nous voyons de 1534 à 1552 un *Juan* DE JUNTA qui très-vraisemblablement est le même que le Juan Junta de Burgos précité; et en 1582 un *Luca* JUNTA. A Madrid il y avait en 1595 un *Giulio* JUNTA, qui mourut en 1618; puis *Thomas* JUNTA ou JUNTI, de 1594 à 1624, et qui à partir de 1621 prend le titre d'imprimeur du roi.

GIURGEWO, ville fortifiée de la Turquie d'Europe, dans le pachalik de Roumélie, bâtie sur une île du Danube, compte environ 15,000 habitants, et est le centre d'un commerce fort actif avec la mer Noire. Elle est célèbre par la victoire que les Rusess, commandés par Romanzoff, y remportèrent sur les Turcs, le 3 février 1773. Les Russes s'en emparèrent en 1810; et ce fut dans ses murs qu'en 1811 s'ouvrirent pour la conclusion de la paix des conférences, transférées l'année d'après à Bucharest. Les Russes prirent encore Giurgewo en 1828, et, aux termes du traité de paix intervenu alors entre la Porte et la Russie, les fortifications durent en être rasées. En 1854, les Russes occupèrent de nouveau cette place; mais après la levée du siége de Silistrie les Turcs attaquèrent les troupes russes à Giurgewo, et à la suite de combats renouvelés du 5 au 7 juillet, les Russes durent battre en retraite et évacuer la ville.

GIUSTI (GIUSEPPE), l'écrivain politique et satirique le plus célèbre de la moderne Italie, né en 1809, à Monsuannano, bourg situé entre Pistoie et Pescia, étudia le droit pour complaire aux désirs de son père, bien qu'il ne se sentit qu'une médiocre vocation pour la carrière du barreau. Reçu docteur en droit, il se rendit à Florence, où pendant quelque temps il travailla dans le cabinet de l'avocat Capoquadri, devenu plus tard ministre de la justice. Mais alors il acquit de plus en plus la conviction, partagée du reste par tous ses proches et amis, qu'il n'était rien moins que fait pour la profession qu'on lui avait fait embrasser. A son aversion pour les travaux du barreau se joignait un état valétudinaire, en même temps qu'un amour malheureux avait laissé une ineffaçable empreinte sur la direction naturellement mélancolique de ses idées. Uniquement occupé de ses poésies, les soins exigés par son état de souffrance habituel le condamnaient à vivre dans l'isolement, sans autre distraction que des rapports soit directs, soit épistolaires avec quelques-uns de ses plus illustres contemporains, tels que Manzoni, d'Azeglio, et surtout avec son ami Capponi. Dès 1835 il circula un grand nombre de copies manuscrites d'un poëme qu'il avait composé à l'occasion de la mort de l'empereur François Ier. Il y avait longtemps qu'on n'avait entendu en Italie une voix si courageuse et si libre s'affranchir, et quant au fond même des idées et quant à la forme, des entraves de la crainte et des préjugés. On vit à peu de temps de là paraître le *Dies iræ* et le *Tumulto d'apatia*, œuvres conçues dans le même esprit. Un poëme qui fit encore plus de sensation fut *Il Brindisi di Girella*, dans lequel il stygmatisait les renégats et flagellait les hommes qui font profession de n'avoir pas de principes en politique.

Les œuvres poétiques de Giusti ne tardèrent point à être les ouvrages les plus recherchés et les plus lus depuis les Alpes jusqu'au pied de l'Etna; et cependant il n'avait pas encore attaché son nom à la moindre de ses productions. Le *Girella* fut suivi du *Stivale* et de l'*Incorazione*, poëmes dans lesquels il célébrait l'indépendance nationale de l'Italie; puis de *Ballo*, de *Scritta*, de *Reuma d'un cantante* et de *Brindisi*, compositions dans lesquelles il faisait bonne justice de la gallomanie et de la tendance de certaines gens à s'assimiler les mœurs et les idées qui ont cours au delà des Monts. Vinrent ensuite *Vestizione d'un cavaliere*, satire contre la manie des titres et des décorations; *Gli Umanitari* et *Gli Immobili ed i Semoventi*, satires des utopistes tant humanitaires que socialistes; *Legge sugl' impiegati*, contre les usurpations incessantes de la bureaucratie; *La Terra de' Morti*, contre M. de Lamartine.

Dans l'été de 1844, Giusti se trouvait aux bains de mer de Livourne, quand il parut sans son aveu une édition fautive et mutilée de ses œuvres poétiques sous le titre de *Poesie d'un Italiano*; de sorte qu'il se vit alors forcé de publier lui-même une édition de ses *Versi* (Bastia, 1845). Dans un séjour qu'il alla faire à Colle di Val d'Elsa, il composa son *Gingillino*, ouvrage où se trouve racontée la vie d'un bureaucrate depuis son berceau jusqu'à sa tombe. Partisan d'un libéralisme sage et modéré, il foudroya dans une satire les tendances et les aspirations de la *Jeune Italie*, orgueilleuse et impuissante coterie, qui a peut-être retardé d'un siècle l'avénement du règne de la liberté dans la péninsule. Quand l'exaltation de Pie IX sur la chaire de Saint-Pierre sembla annoncer une ère nouvelle pour l'Italie, les vers de Giusti devinrent plus rares. Cependant son *Congresso de' Birri* et ses *Spettri del 4 settembre* produisirent encore une profonde impression. La constitution octroyée le 15 février 1848 à ses sujets par le grand-duc de Toscane Léopold II lui fournit le sujet d'une ode adressée à ce prince. Élu à deux reprises membre de la chambre des députés, et la seconde fois contre son gré, il parla peu dans cette assemblée, mais toujours à propos et avec justesse. La seule production qu'on puisse citer de lui dans cette période est son célèbre Sonnet sur les majorités. A la chute du ministère de son ami Capponi, et quand commença la domination des radicaux et de la populace, Giusti écrivit contre l'absolutisme, aussi bien celui d'en haut que celui d'en bas, son *Delenda Cartago* et l'*Arruffa-popoli*, productions qui le firent ranger parmi les *réactionnaires* et lui valurent un arrêt de proscription. Dans l'été de l'année 1849, l'aggravation de son état de souffrance le décida à essayer des bains de Viareggio, et il mourut le 31 mars 1850, à Florence, dans le palais Capponi.

Quoique Giusti ne doive guère qu'à des poésies satiriques et politiques la réputation qui est demeurée attachée à son nom, quelques épanchements poétiques datant d'une époque où son cœur s'occupait de sujets d'une nature plus tendre et plus intime prouvent que son talent eût été susceptible de s'élever bien au-dessus de la simple négation ou encore de la poésie politique et sociale de circonstance. L'édition complète des *Versi* de Giusti (Florence, 1852), comprenant en tout 87 morceaux, n'eut pas plus tôt paru qu'elle fut sévèrement prohibée et que la police en fit saisir chez l'éditeur tous les exemplaires sur lesquels il lui fut possible de mettre la main. En fait d'ouvrages en prose, on n'a de lui que son *Discorso su Parini* (Florence, 1846).

GIUSTINIANI, ancienne famille italienne, qui a fourni plusieurs doges aux républiques de Venise et de Gênes, et à laquelle appartenait le marquis de Giustiniani qui vivait à Rome dans les dernières années du seizième siècle et au commencement du dix-septième. C'est lui qui, sur les ruines des bains de l'empereur Néron, fit construire l'un des plus grands palais qu'il y ait dans la capitale du monde chrétien, et il y réunit l'une des plus belles collections de tableaux qu'on n'avait jamais vues. En 1807 la famille Gustiniani fit transporter cette collection à Paris, et après en avoir fait vendre aux enchères plusieurs des plus belles toiles, traita du reste, qui se composait encore de 170 tableaux, avec le peintre Bonnemaison, lequel, en 1815, le revendit au roi de Prusse. La galerie Giustiniani fait aujourd'hui partie du musée de Berlin. Le palais Giustiniani ne possède plus qu'un très-petit nombre des antiques qui l'ornaient autrefois; mais on continue à ajouter le nom de ce palais à beaucoup d'œuvres ayant fait partie jadis de sa collection, par exemple à la *Minerva medica*, dans le *Braccio nuovo* du musée Chiaramonti, au Vatican, à la *Vesta* de la même collection, etc., etc.

GIVET, ville du département des Ardennes, sur la Meuse, qui la sépare de Charlemont, compte une population de 5,689 habitants; elle possède une bibliothèque publique de 5,000 volumes. Il s'y fait un commerce important de transit; on y trouve des corroieries, des tanneries, des brasseries, des fabriques de céruse, de cire à cacheter, de crayons, de plumes à écrire, de colle forte de pipes façon de Hollande et autres; des usines à cuivre et à zinc, des fonderies, des laminoirs, des tréfileries. On y fabrique des ustensiles de cuisine. Placé au point de jonction de plusieurs routes importantes, à 20 kilomètres de Namur, Givet forme avec Charlemont une des places les plus fortes de la France et une des plus importantes au point de vue stratégique.

GIVRE (*Météorologie*), espèce de gelée blanche qui se dépose à la fin de l'automne, en hiver et au commencement du printemps, sur les habits du voyageur, les vitres des appartements, etc. Le givre se produit de deux manières : 1° l'air atmosphérique, tenant toujours en suspension une certaine quantité d'eau à l'état de vapeur, si, par une cause quelconque, l'atmosphère éprouve un abaissement de température, les vapeurs d'eau se congèlent, acquièrent un poids spécifique supérieur à celui de l'air, et tombent à la manière de la neige, sur les objets qui sont à découvert; 2° le givre se manifeste sur un corps lorsque la température de celui-ci est beaucoup plus basse que celle de l'air ambiant : en hiver, par exemple, il arrive que les vitres se couvrent du côté de l'intérieur de l'appartement d'une couche de givre. Ce phénomène s'explique facilement : la température de l'atmosphère étant beaucoup plus basse que celle de l'air de la chambre, les vapeurs que cet air tient en suspens, se trouvant en contact avec le carreau froid, passent à l'état de petits glaçons, etc. On a pu faire l'observation que les murs se couvrent de givre par un temps de dégel. Cela se comprend facilement encore : les murs, s'échauffant moins rapidement que l'air ambiant, gèlent, par leur *froideur*, les vapeurs aqueuses qui se mettent en contact avec leur surface. Enfin, on produit du givre artificiellement, même par un temps chaud, en exposant à l'air une bouteille pleine de glace ou de matières frigorifiques, des sels, par exemple : la bouteille se couvre d'abord d'une couche d'eau, ensuite de très-petits glaçons, qui ne sont que le résultat de la congélation des vapeurs que l'air ambiant met en contact avec la surface froide de la bouteille. TEYSSÈDRE.

GIVRE ou GUIVRE (*Blason*), grosse couleuvre, vipère, ou serpent à la queue ondée ou tortillante. Quand elle est en fasce, on l'appelle *rampante*; quand elle est droite, on la dit *en pal*. Les armes des ducs de Milan consistaient en une *givre* à l'enfant nu hissant des gueules. Le *Dictionnaire de Trévoux* dérive ce mot de *vivere*; mais tous les étymologistes n'adoptent pas cette origine très-contestable, et quelques-uns le font venir du latin *vipera*.

GIZEH ou GHISEH, gros bourg situé sur la rive gauche du Nil, en face du vieux Caire, et autrefois fortifié par les Mameloucks. C'est là que débarquent tous les voyageurs qui du Caire s'en vont visiter les grandes pyramides, qu'à cause de cela on est aussi dans l'habitude de désigner sous le nom de *Pyramides de Gizeh*, bien qu'elles en soient distantes d'environ 1 myramètre, et même de 2, à l'époque de l'inondation, où l'on est obligé de suivre la digue. Il conviendrait dès lors beaucoup mieux de leur donner le nom d'un village situé immédiatement à côté d'elles, *Kafr-el-Batran*.

GLABER (RAOUL), bénédictin de Cluny, historien. On sait peu de choses sur lui, sinon qu'il naquit en Bourgogne, que, malgré le caractère sacré dont il était revêtu, il mena toujours une vie joyeuse et dissolue, et qu'il mourut en 1050. La chronique dont il est l'auteur comprend tout le dixième siècle et les quarante-six premières années du onzième. Elle a été imprimée dans les *Historiæ Francorum* de Pithou et dans les *Scriptores Francorum coætanei* de Duchesne.

GLACE (*Physique*), du latin *glacies*, état solide de l'eau. La glace a plus de volume que l'eau. À poids égal, quinze litres d'eau, par exemple, produisent seize litres de glace. Beaucoup de substances, au contraire, occupent moins d'espace étant à l'état solide qu'à l'état liquide : le cuivre, le plomb, l'étain, remplissent imparfaitement le moule dans lequel on les coule; le fer, le soufre, participent sous ce rapport des qualités de l'eau, et remplissent très-bien le moule qui les reçoit.

On a longtemps agité la question de savoir si la glace se formait au fond ou à la surface des eaux des fleuves. Plusieurs physiciens ont avancé et soutenu que les glaçons que charrient les rivières partent d'abord du fond. Suivant leur opinion, le fond de l'océan est recouvert d'une couche de glace. Cette hypothèse n'est plus soutenable, depuis surtout que la théorie du feu central, la plus vraisemblable de toutes, est basée sur des observations plausibles; d'où il suit que les eaux qui occupent les parties inférieures des abîmes des mers doivent avoir une température plus élevée que celles qui se trouvent à leur surface. D'ailleurs, une masse d'eau est un préservatif du froid; une maison de neige offre, dans les pays très-froids, un excellent abri : tout porte donc à croire que les glaçons se forment à la surface des eaux. La congélation commence vers les bords, dans les endroits où l'eau est tranquille.

Si la glace était plus pesante que l'eau, dans les froids de longue durée, les rivières, les étangs gèleraient jusqu'à fond, et tous les poissons qui s'y trouveraient périraient infailliblement, attendu que les glaçons tombant au fond des eaux à mesure qu'ils se formeraient, toute la masse du liquide se solidifierait : cela se conçoit. Or, la glace se tenant à la surface devient un préservatif contre le froid pour les eaux qui sont au-dessous.

Dans les pays très-froids, on peut faire avec de la glace des carreaux de vitre. En 1740, on construisit avec des quartiers de glace à Saint-Pétersbourg un palais de 17 mètres de long sur 7 mètres de haut; quatre canons aussi en glace furent placés au devant de cet édifice : on les chargea avec de la poudre, et ils chassèrent le boulet sans crever. Des curieux ont fait avec de la glace des lentilles qui avaient les mêmes propriétés que celles en cristal : elles concentraient les rayons du soleil et mettaient le feu à des matières combustibles exposées à leur foyer.

Les glaces couvrent les mers et les régions polaires et le sommet de certaines montagnes; elles vont toujours en augmentant. Néanmoins, de temps à autre il se détache des régions polaires des quartiers énormes de glace, qui ont quelquefois plusieurs kilomètres de circonférence : ils voyagent ordinairement en s'éloignant du pôle, et se fondent entièrement.

En se servant d'un appareil d'une assez grande dimension, dans lequel se fait le vide par le moyen de la vapeur, on peut obtenir de la glace en toute saison dans des pays où jamais il ne s'en forme naturellement, et dans lesquels par conséquent il est plus à désirer que l'on puisse s'en procurer. On a expédié d'Angleterre dans plusieurs possessions des Indes des machines de ce genre, qui ont été un bienfait pour le pays. On obtient encore de la glace à l'aide d'autres appareils frigorifiques.

Outre la propriété qu'a la glace de rafraîchir les boissons et de servir à la confection de certaines préparations culinaires (*voyez* l'article suivant), elle est employée avec succès pour garantir les corps organisés de la corruption : un poisson que l'on enveloppe de glace au moment où il est encore frais se conserve pendant plusieurs jours, même en été, sans donner aucun signe de putréfaction. Si l'on parvient à l'envelopper d'une croûte de glace bien compacte, il sera bon à manger au bout de plusieurs siècles. Tout le monde a entendu parler de cet énorme quadrupède, espèce d'éléphant, que les Russes appellent *mammouth*, et qui fut trouvé dans un bloc de glace sur les côtes de la Sibérie; il y avait peut-être dix, vingt mille ans que cet animal avait péri, car on n'en trouve plus de son espèce en aucune contrée du globe; néanmoins, il était si bien conservé que des ours blancs en mangèrent la chair.

Depuis long-temps, les médecins emploient la glace comme réactif ou comme sédatif, pour neutraliser les effets de certaines maladies, telles que les fièvres cérébrales, etc.

Disons en terminant un mot de la *glace inflammable*. A

proprement parler, ce n'es qu'un jeu de physique, dont l'invention est due à Bosc. Voici la manière de le composer : on prend de l'huile de térébenthine distillée ; on l'expose dans un vaisseau à une chaleur douce, et l'on jette dans le vase, et à plusieurs reprises, du *spermaceti*. Si le mélange est fait dans des proportions convenables, il aura la transparence de l'eau. Placé dans un lieu frais, ce mélange se congèlera en quelques minutes, et l'on aura une imitation parfaite de la glace d'eau ordinaire. Pour enflammer cette composition, on l'expose à une température un peu chaude, et au moment où elle se fond, et tandis que des petits glaçons flottent sur le liquide, on y verse de l'acide nitrique de bonne qualité ; le tout s'enflamme et se consume en un instant. TEYSSÈDRE.

GLACE (*Art culinaire*). Les habitants des pays chauds ont de tout temps recherché les boissons fraîches : l'eau à la glace fait les délices d'un Persan, d'un Italien. La gourmandise et l'art ont trouvé les moyens de se procurer en toute saison des boissons et des friandises *glaciales*. C'est, au reste, dans les pays chauds que l'art du glacier a pris naissance : on employa d'abord pour rafraîchir les boissons les neiges qui couronnent les sommets des hautes montagnes. Au siècle dernier, l'évêque de Catane tirait vingt mille francs de rente d'un monceau de neiges qu'il possédait sur l'Etna.

Les glaces proprement dites ne furent, dit-on, connues en France que vers 1660 : ce fut un Florentin, Procopio *Cultelli*, qui le premier fit goûter aux sujets de Louis XIV les attrayantes douceurs de ces sortes de confitures. Le café qu'il fonda à Paris existe encore, et porte son nom.

Les glaces prennent les noms de *sorbets* ou de *crèmes*. Les sorbets se composent de sucs de fruits, de sucre bien purifié, et de matières aromatiques, etc. Les crèmes se font avec de la crème de lait, des jaunes d'œufs, du sucre, des amandes douces ou amères, des pistaches, du thé, du chocolat, du café, de la vanille, du safran, de la cannelle, etc., etc. Pour former une masse à peu près solide de ces diverses substances, on les introduit dans une sorte de boîte d'étain appelée *sabot ;* on la ferme avec soin, après quoi on la plonge dans un mélange de glace pilée et de sel marin ou de salpêtre ; on tourne et retourne le sabot jusqu'à ce que les matières qu'il contient soient congelées. On détache de temps en temps, au moyen d'une spatule, la croûte glacée qui se forme sur la surface intérieure des parois du sabot. La température de l'appareil descend ordinairement à 22° centigrades.

Les *fromages à la glace* se préparent d'une manière analogue. Dans un demi-litre de crème double on met $0^l,25$ de lait, un jaune d'œuf, 375 grammes de sucre ; on fait faire cinq à six bouillons, et on retire du feu : on peut, *ad libitum*, aromatiser avec la fleur d'oranger, de la bergamote, du citron ; on met ensuite dans un moule de ferblanc, et on fait prendre à la glace.

Aujourd'hui, tous les citadins des deux hémisphères qui jouissent de quelque aisance se donnent, surtout en été, la satisfaction de savourer des glaces. Quant à l'action favorable ou défavorable de ces mets sur l'économie animale, les médecins sont grandement en désaccord : s'il faut en croire les conseils de ceux qui paraissent les plus raisonnables, l'homme faible, dont le tempérament est lymphatique ou ruiné par des excès, s'abstiendra de prendre des glaces ; les vieillards en feront autant, et les femmes se garderont bien d'user de cette gourmandise, à moins qu'elles ne jouissent d'un état de santé parfait ; mais si vous êtes jeune, robuste, la glace que vous aurez trouvée froide en la prenant provoquera dans votre estomac une sorte de réaction chaleureuse, qui vous fera éprouver un sentiment de vigueur et de bien-être. Il faut dire aussi que les effets d'une glace dépendent beaucoup de la qualité des matières qui entrent dans sa composition, de l'état de santé et de la manière de vivre de la personne qui la prend. Si vous êtes habitué aux boissons spiritueuses, des glaces au citron, à l'ananas, vous feront tousser ; vous ne tousserez point si les glaces sont aux fraises, aux framboises, etc., des glaces au chocolat, au café, à la vanille, sont les plus innocentes de toutes. On ne doit pas prendre de boissons glacées lorsqu'on est échauffé par un exercice violent : Regnard mourut pour avoir bu un verre d'eau à la glace au retour de la chasse. Les médecins ne veulent pas que l'on prenne des glaces tant que la digestion n'est pas faite. TEYSSÈDRE.

GLACE (*Technologie*). Lorsqu'on eut trouvé le moyen de fondre certains sables pour en former des masses homogènes et diaphanes, on eut trouvé le secret de fabriquer ces tables que, par analogie avec la croûte solide qui se forme par des temps froids au-dessus des eaux, on est convenu d'appeler *glaces*. On peut distinguer deux sortes de glaces, celles qui sont *soufflées* et celles qui sont *coulées*. Les glaces soufflées se font à peu près comme le verre à vitre, c'est-à-dire qu'en soufflant dans un tube de fer, on fait prendre à une masse de verre fondu, qui est adhérente au bout opposé, la forme d'un cylindroïde, dont on retranche les bouts, après quoi on fend le tube ou manchon qui reste, dans le sens de sa longueur ; on l'étale, on le dresse aussi exactement que possible pour en former une table régulière.

Les glaces *coulées* sont des tables de verre composé de : Soude artificielle, 1 partie sable siliceux, 3 chaux éteinte à l'air, $\frac{2}{7}$ du sable ; vieux verre, ravivé par $\frac{2}{100}$ de soude, en quantité indéterminée. On fait d'abord liquéfier ces matières dans des creusets faits d'argile et de tessons broyés de vieux creusets, dans lesquels on les jette en trois reprises différentes ; seize heures après, on verse le tout dans des *cuvettes*, espèces de creusets ayant la forme d'une auge rectangulaire ; on l'y laisse pendant seize heures, ce qui s'appelle *faire la cérémonie ;* après quoi, les matières se trouvant combinées au degré convenable, on procède au *coulage*. Une table de bronze d'environ 2 décimètres d'épaisseur est établie sur un bâti de charpente, lequel est porté sur trois roues en fonte de fer. On place sur ses bords deux règles parallèles, dont l'épaisseur détermine celle qu'on se propose de donner à la glace ; un cylindre de bronze de 3 à 4 décimètres de diamètre roule sur les deux règles, etc. Tout l'appareil étant amené auprès du fourneau, on saisit, au moyen de tenailles, les cuvettes qui contiennent le verre en fusion ; on les suspend à des potences tournantes, ce qui permet de les amener facilement auprès de la table de bronze ; enfin, après avoir enlevé les crasses qui couvrent le verre fondu, on le verse sur la table, le rouleau passe dessus, lui fait prendre une épaisseur égale, et la table de verre qui en résulte est propre à faire une glace. La glace étant coulée, on la met dans un four, appelé *carcaise*, pour l'y laisser refroidir lentement, ce qui la rend moins cassante. En sortant de la *carcaise*, les glaces sont susceptibles de recevoir le poli, perfectionnement qu'on leur donne en deux opérations, qui sont le *dégrossi* et le *poli* proprement dit. Pour dégrossir la glace, on la fixe avec du plâtre sur une table de pierre, celle de ses faces la moins irrégulière étant en dessous. Une autre glace, beaucoup plus petite, est fixée au dessous d'un cône de pierre, lequel porte une sorte de roue en bois. La petite glace étant placée sur la grande, on projette sur celle-ci du grès pilé et imbibé d'eau ; deux hommes saisissent, l'un d'un côté, l'autre de l'autre, la roue que porte le cône de pierre, poussent et tournent cette espèce de molette en tous sens, de façon que le grès use en même temps la grande et la petite glace, et leurs faces, qui sont en contact, s'usent et se régularisent progressivement. Quand les deux glaces sont dégrossies, on procède au poli définitif : dans cette opération, la petite glace est remplacée par un feutre fixé sur une semelle de bois chargée de plomb : on fait mouvoir le tout au moyen de manches que porte la semelle de bois. Dans les diverses manœuvres du poli, on remplace le grès d'abord par de la poudre d'émeri un peu grosse ; on lui en substitue successivement de plus fine à mesure que l'ouvrage avance, et l'on termine enfin avec du *rouge d'Angleterre* sulfate de fer rouge). Aujourd'hui, le dégrossi et le polissage des glaces s'effectuent en très-grande partie à l'aide de machines.

Lorsque la glace est destinée à réfléchir les objets ou à servir de miroir, on est obligé de couvrir une de ses faces d'une couche de matières opaques : cette couche, qu'on appelle *le tain*, se compose d'une feuille très-mince d'étain, que l'on fixe sur la glace au moyen du mercure. Cette opération, fort délicate, est néanmoins facile à comprendre : la glace est couchée sur une table de pierre dure, qui, portée sur une espèce d'essieu, prend tous les degrés d'inclinaison qu'on veut lui donner ; on étend la feuille d'étain sur la pierre : on fait en sorte qu'elle s'y applique bien en tamponnant ; après quoi on verse du mercure dessus. Ce métal dissout l'étain tellement, que celui-ci s'accroche, pour ainsi dire, aux aspérités du verre ; on couvre le tout de flanelle, que l'on charge de poids ; cela fait, on incline successivement la table qu'on met dessus, afin de déterminer l'écoulement du mercure qui est en excès, etc. Quand la couche d'étain a recouvré toute sa siccité, la glace est propre à réfléchir les rayons lumineux.

Les glaces soufflées se dressent, se polissent, s'étament, etc., de la même manière que les glaces coulées : elles sont moins coûteuses que celles-ci ; mais comme le verre dont elles sont faites a pu recevoir diverses altérations dans sa contexture quand on les a soufflées, dressées, etc., ces glaces sont sujettes à avoir plus de défauts que les autres. TEYSSÈDRE.

Depuis quelques années, l'industrie des glaces a pris un grand développement, et s'est fait remarquer par ses progrès matériels et financiers. Ce qui naguère semblait être uniquement une affaire de luxe est devenu non-seulement un besoin pour toutes les classes, mais en quelque sorte un objet de première nécessité. Aussi la fabrique de Saint-Gobain, qui, seule il y a trente ans, fournissait alors annuellement 20,000 mètres carrés de glaces de toutes dimensions, a dû pousser sa fabrication à plus de 50,000 mètres, et ses actions, qui en 1830 avaient une valeur d'émission de 10,000 fr., s'étaient élevées en 1845 à plus de 30,000 fr. La fabrique de Saint-Quirin et Cirey, créée plus tard, et qui depuis s'est réunie à Saint-Gobain pour la vente, a suivi les mêmes phases. En Belgique, la manufacture de Sainte-Marie-d'Oignies présente les mêmes résultats. Enfin, dans l'Allier, la fabrique de Montluçon, venue la dernière, a obtenu dès son début de beaux succès.

GLACIÈRE, lieu ou l'on conserve de la g l a c e. Depuis qu'il existe des caves, on a pu faire l'observation qu'à une profondeur de quelques mètres au-dessous du sol la température est constante, à peu de chose près, pendant toute l'année, d'où on a dû conclure qu'à une certaine profondeur la glace ne fondrait que très-lentement.

Une bonne glacière doit être inaccessible aux courants d'air chaud et à l'humidité. Aussi établit-on, autant qu'on le peut, les glacières sur le flanc d'un coteau qui regarde le nord. Si la nature du terrain le permet, une simple excavation couverte d'un toit de chaume ombragé par des arbres conservera bien la glace. Au reste, voici en peu de mots la description d'une glacière ordinaire : l'excavation étant pratiquée, on soutient les terres par des murs en maçonnerie, ou bien on les recouvre d'une couche épaisse d'argile ; le tout est couvert d'un toit conique en chaume ; un conduit long, bas, étroit, tortueux, coupé de distance en distance par trois ou quatre portes, afin que l'air extérieur pénètre difficilement dans la cavité, permet d'arriver jusqu'à la glace. Le fond de la cavité est recouvert de paille, sur laquelle on range les morceaux de glace. L'eau qui se forme descend à travers la paille, et va former une petite mare au dessous, ou bien elle s'écoule au dehors par un petit conduit ; car la glace doit être toujours à sec autant que possible.

Il faut quelques années pour qu'une glacière acquière toutes les qualités dont elle est susceptible : dans la première année sa température n'est pas aussi froide que pendant les suivantes. TEYSSÈDRE.

On appelle aussi *glacières* certains appareils f r i g o r i f i q u e s employés à faire des g l a c e s dans l'art culinaire.

GLACIÈRE (La). *Voyez* GENTILLY.

GLACIÈRE (Massacres de La). *Voyez* JOURDAN COUPE-TÊTE.

GLACIERS. On appelle ainsi tantôt les pics les plus élevés des montagnes, que couvrent des neiges et des glaces éternelles, tantôt des amas de glaces qui se sont formés successivement, par la suite des temps, dans les vallées des hautes montagnes. On en trouve dans les Alpes qui ont 15 kilomètres d'étendue, avec une épaisseur de glace de plus de 350 mètres ; tel est, par exemple, le glacier de l'Ara, dans l'Oberland Bernois. Les glaciers sont formés de neiges congelées et des eaux de pluie qui s'y sont infiltrées. Leurs masses acquièrent avec le temps beaucoup de dureté, soit par l'effet du poids que les couches supérieures exercent sur les inférieures, soit par rapport à l'intensité du froid qui règne dans la région où se trouve le glacier. On trouve des glaciers qui contiennent des couches horizontales de sable et de cailloux, ce qui s'explique facilement : en effet, supposons qu'à une certaine époque, en été par exemple, le glacier était dominé par le sommet d'une montagne sablonneuse, et qu'à la suite de fortes pluies les torrents en sillonnèrent les flancs, entraînèrent et répandirent sur le glacier des sables, etc. : dans la suite des temps, cette couche de matières solides fut couverte par de nouvelles neiges, de nouvelles glaces. Comme il se fond toujours une quantité quelconque des matières qui composent un glacier, ces amas de glaces donnent souvent naissance à des ruisseaux, des rivières : le R h ô n e et le G a n g e sortent des glaciers. C'est encore à eux qu'il faut rapporter le transport des b l o c s e r r a t i q u e s. M. A g a s s i z attribue la formation des glaciers primitifs à un refroidissement subit de la terre dû à une évaporation considérable, lors de l'émersion du continent. TEYSSÈDRE.

GLACIS. C'est le nom qu'on donne à une pente de terre, ordinairement revêtue de gazon. Les *glacis* qui se trouvent dans les jardins prennent le nom de *talus* ; cependant, la pente des talus est beaucoup moins douce que celle des glacis : c'est donc à tort qu'on a confondu deux expressions qui auraient dû demeurer distinctes.

En termes de fortification, *le glacis de la contrescarpe*, ou simplement *le glacis*, est une pente douce qui part de la crête du chemin couvert, et s'étend de 40 à 50 mètres jusqu'à sa rencontre avec la campagne. En allongeant ainsi le glacis, les défenseurs du chemin couvert fournissent un feu plus rasant et plus rapproché des attaques que celui des remparts. Dans l'attaque des places, l'assiégeant, après avoir établi des c a v a l i e r s de tranchée sur le haut du glacis, chasse l'assiégé du chemin couvert et vient y établir ses batteries de brèche. De son côté, l'assiégé, qui a d'avance préparé des galeries de mines sous le glacis du chemin couvert, s'occupe de diriger ses fourneaux de manière à bouleverser les travaux de l'assiégeant.

En peinture, on appelle *glacis* la couche de couleurs légères et transparentes que les peintres appliquent quelquefois sur les couleurs déjà sèches d'un tableau, pour leur donner plus d'éclat et de ton.

GLAÇON, petit morceau de glace, ou, absolument parlant, petit cristal qui est comme l'élément d'une masse quelconque de glace. Les glaçons présentent diverses formes, qui sont tantôt celles d'aiguilles, de pyramides, etc.

GLAÇURE. Dans les arts céramiques on donne ce nom à une sorte de c o u v e r t e légère.

GLADIATEUR (de *gladius*, glaive). Les gladiateurs étaient des hommes qui, pour amuser le peuple romain, combattaient dans l'a r è n e, les uns contre les autres ou contre des bêtes féroces : dans ce cas, pourtant, on les appelait plus particulièrement *bestiaires*. Ce spectacle ne s'introduisit point à Rome dans les cinq premiers siècles de son existence, mais à une époque où la civilisation grecque avait pu adoucir déjà les mœurs grossières et farouches. Il est évident néanmoins que les combats de gladiateurs procèdent des sacrifices humains aux dieux, et surtout de cet usage, général dans la haute antiquité, d'immoler des esclaves aux funérailles des riches et des puissants. Les Étrusques et les Campaniens, au lieu d'égorger silencieusement les victimes, avaient coutume de les faire combattre et s'entretuer autour des bûchers : ces malheureux s'appelaient *bustuarii*. On croit généralement que Decimus et Marcus Brutus, en l'an 488 de Rome, furent les premiers qui firent combattre en public des gladiateurs aux funérailles de leur père. Le peuple en vint bientôt à tellement s'engouer de ces jeux sanglants, qu'ils cessèrent d'être l'accessoire des cérémonies funèbres, et qu'on en fit un divertissement public. Ils se donnèrent d'abord dans le Forum, puis dans une partie du Cirque, puis enfin dans des amphithéâtres particuliers.

Les gladiateurs apprirent à se battre; on les exerça, on les dressa; ils reçurent des noms différents, suivant les armes dont ils se servaient et leur mode de combattre. Les *secutores* avaient un casque, un bouclier et une épée ou une sorte de massue dont le bout était plombé, on les opposait invariablement aux *retiarii*, vêtus d'une tunique courte et coiffés d'un bonnet qui s'attachait sous le menton. Ceux-ci portaient une arme appelée *fuscina*, assez ressemblante à un trident, et un filet avec lequel ils cherchaient à enlacer leur adversaire. Lorsqu'ils avaient manqué leur coup, ils n'avaient d'autre chance de salut qu'une prompte fuite à travers l'amphithéâtre, afin de se ménager le temps de disposer leur filet pour une nouvelle attaque. Les *Thraces* avaient une dague, un poignard et un petit bouclier rond, à la manière des peuples de la Thrace. Hommes féroces et cruels, presque tous de cette nation, ils passaient pour les plus redoutables des gladiateurs. Les *Mirmillones*, qu'on appelait aussi *Galli*, avaient une faux, un bouclier et un casque surmonté d'une figure de poisson; on chantait sur eux, dans l'amphithéâtre, une chanson populaire dont voici le refrain : *Non te peto, piscem peto; quid me fugis, Galle?* Les *Samnites* ou *hoplomachi* (armés de toutes pièces) portaient un baudrier, un bouclier d'argent ciselé, une botte à la jambe gauche, un casque à aigrette. L'origine de cette dénomination de Samnites vient, suivant Tite-Live, des Campaniens, qui, dans leur haine impuissante, avaient donné aux gladiateurs le costume et le nom de leurs belliqueux voisins. Les *essedarii* combattaient sur des chariots; les *andabatæ*, à cheval et les yeux bandés; les *dimachæri*, avec une épée dans chaque main. Suivant les circonstances, les gladiateurs recevaient encore différents autres noms : dans l'arène, on les appelait *meridiani* lorsqu'ils étaient réservés pour l'heure de midi; *supposititii*, lorsqu'ils remplaçaient leurs camarades fatigués ou vaincus; *postulatitii*, lorsqu'ils étaient particulièrement demandés par le peuple; *catervarii*, lorsqu'ils combattaient par troupes. Enfin, les *fiscales* ou *cæsariani* étaient ceux qui étaient entretenus aux frais du trésor public.

Les gladiateurs se recrutaient de prisonniers de guerre, ou d'esclaves condamnés, ou enfin d'hommes libres que leur extrême indigence portait à exercer ce dangereux métier. Parmi ceux qui combattaient dans l'arène par suite d'une condamnation, les uns étaient condamnés *ad gladium*, et devaient périr dans l'année; les autres, seulement *ad ludum*, et ils étaient libérés au bout de trois ans. Les gladiateurs libres s'appelaient *auctorati*. On choisissait toujours des hommes robustes et en général d'une stature élevée; des entrepreneurs les logeaient et les nourrissaient dans des maisons appelées *ludi*, où des maîtres de pugilat et d'escrime, qu'on nommait *lanistæ*, les exerçaient par principes et leur enseignaient l'art de se défendre noblement et de mourir avec grâce. Leurs maîtres leur faisaient prêter un serment que Pétrone nous a rapporté : « Nous jurons, en répétant les paroles d'Eumolpus, de souffrir la mort dans le feu, dans les chaînes, sous le fouet ou par l'épée; nous jurons, en un mot, quelle que soit la volonté d'Eumolpus, de nous y soumettre en vrais gladiateurs, corps et âmes. » Ces entrepreneurs les louaient ou les vendaient aux magistrats qui donnaient des jeux et aux citoyens jaloux de popularité. On vit les premiers de la république, Jules César entre autres, avoir des gladiateurs à eux.

Les édiles eurent d'abord l'intendance de ces sortes de jeux; ensuite, les préteurs y présidèrent; enfin, Commode en attribua l'inspection aux questeurs. Les combats de gladiateurs étaient annoncés par des affiches plusieurs jours à l'avance; elles indiquaient ordinairement les noms et les signes distinctifs des combattants, ainsi que la durée de la représentation. Souvent même elles étaient *illustrées*, comme nos modernes affiches de pièces à succès, et représentaient les principales scènes qu'on se proposait de donner au public. C'était le *villicus*, directeur de l'amphithéâtre, ou l'*editor* des jeux qui les faisait apposer. M. de Clarac a vu sur un mur de Pompéi une affiche d'amphithéâtre ainsi conçue : « La troupe de gladiateurs de Numerius Festus Ampliatus combattra pour la seconde fois. Combats, chasses, *velarium* (voile tendu au-dessus des spectateurs pour les garantir du soleil). Le 16 des calendes de juin. »

Au centre de l'arène était dressé un autel consacré à Diane, à Junon ou à Jupiter protecteur du Latium; les combattants, divisés par paires, défilaient d'abord devant les spectateurs; en passant près de la loge de l'empereur, ils s'inclinaient devant lui, en disant : *Morituri te salutant!* Puis ils préludaient avec des bâtons (*rudis*) et des armes de bois ou de fer émoussé (*arma lusoria*). Mais bientôt, au son des trompettes de l'orchestre, ils saisissaient les armes meurtrières, qu'on avait auparavant soigneusement visitées pour en constater le fil et le tranchant.

Au premier sang qui coulait, le peuple s'écriait : *Hoc habet!* (Il en tient!) Si le blessé baissait ses armes, c'était un aveu de sa défaite, et sa vie dépendait des spectateurs ou du président des jeux; néanmoins, lorsque l'empereur survenait dans cet instant, il accordait au vaincu sa grâce, quelquefois avec la liberté, quelquefois à condition de combattre encore un autre jour. Si le gladiateur s'était conduit avec courage, sa vie était presque toujours épargnée; mais s'il s'était comporté lâchement dans le combat, son arrêt de mort n'était pas douteux. Le peuple faisait connaître sa volonté par un signe : baissait-il le pouce, l'homme était sauvé; fermait-il au contraire la main droite en levant le pouce, c'en était fait de lui, et la victime n'avait plus qu'à présenter la gorge à son vainqueur. Aussitôt que le gladiateur avait été mis à mort, on enlevait son cadavre. La permission donnée au vaincu de se retirer de l'arène s'appelait *missio* (congé); il y avait autrefois des combats *sine missione*, c'est-à-dire où la vie de ces malheureux n'était jamais épargnée; Auguste les interdit.

Pour récompense, on donnait aux gladiateurs victorieux soit une somme d'argent, soit une palme ou une guirlande de lauriers enrubannés, soit enfin le bâton nommé *rudis*, qui les réintégrait dans leur condition première. Étaient-ce des hommes libres qui avaient combattu dans l'arène, il leur restait une note d'infamie qui les empêchait d'entrer par la suite dans l'ordre équestre; étaient-ce au contraire des esclaves, et avaient-ils en même temps reçu la liberté, cet affranchissement leur permettait de tester, mais ne les rendait pas citoyens; ils entraient dans la classe des *déditices*.

Hercule était le dieu particulier des gladiateurs; les *rudiarii*, c'est-à-dire ceux qui quittaient le métier, suspendaient leurs armes dans son temple.

Sous la république, les Romains aimaient déjà tant les combats de gladiateurs, que nous voyons la loi *Tullia* défendre à tout citoyen qui briguait les magistratures de donner de ces sortes de spectacles au peuple. Mais ce fut sous l'empire surtout, quand il n'y eut plus qu'une multitude dégradée, que cette passion atteignit son plus haut période. Les empereurs donnaient de ces jeux aux jours de leur naissance, aux dédicaces des édifices publics aux triomphes, avant qu'on partît pour la guerre, après des victoires et dans d'autres occasions solennelles. Suétone rapporte que Tibère donna deux combats de gladiateurs, l'un en l'honneur de son père, l'autre en celui de son aïeul Drusus. Néron, au rapport du même auteur, fit un jour combattre dans l'amphithéâtre quatre cents sénateurs et six cents chevaliers; même il se trouva dans ces deux ordres des hommes assez avilis pour descendre volontairement dans l'arène, afin d'attirer sur eux les regards complaisants du tyran. Commode fit mieux encore : il exerça lui-même la gladiature. Telle était devenue la fureur pour ces hideux spectacles, qu'on vit jusqu'à des femmes, et des plus illustres familles, combattre entre elles et chercher dans le meurtre des émotions nouvelles pour leurs sens flétris et blasés. Et qu'on ne s'imagine pas que la populace seule assistât à ces combats; les ordres les plus distingués s'y trouvaient toujours au complet; les vestales elles-mêmes y avaient la place d'honneur, au premier degré de l'amphithéâtre, et ces vierges timides, nous dit Prudence, sentaient leurs esprits défaillir aux coups les plus sanglants et se ranimer chaque fois que le couteau se plongeait dans une poitrine humaine. Enfin, après l'établissement de la religion chrétienne et le transport du siége de l'empire à Byzance, les mœurs s'adoucirent peu à peu. Constantin défendit de faire combattre les criminels, et enjoignit au préfet du prétoire de les envoyer aux mines. En l'an 404 de J.-C., raconte Gibbon, l'empereur Honorius célébrait par des fêtes magnifiques la retraite des Goths et la délivrance de Rome; au milieu d'un combat de gladiateurs, un moine d'Asie, nommé Télémaque, descendit dans l'arène et sépara les combattants; mais le peuple furieux le lapida sur-le-champ. Bientôt cependant il se repentit de ce crime, et honora Télémaque comme un martyr. Honorius profita de ce revirement de l'esprit public pour abolir cette sanglante coutume. Toutefois, elle ne cessa complétement qu'à la destruction de l'empire d'Occident par Théodoric, roi des Goths.

Les gladiateurs, dont le nombre était considérable à Rome, prirent quelquefois part aux mouvements politiques. Sous la république, les citoyens puissants qui en entretenaient des *familles* (suivant l'expression consacrée), sous prétexte de les faire servir aux plaisirs de la foule, n'avaient en réalité d'autre but que de s'en faire un corps de sicaires, toujours prêts à soutenir leurs prétentions par le meurtre et la violence. On éprouva leur valeur dans la guerre de Spartacus; et lorsque Catilina tenta une révolution sociale, les prudentes mesures de Cicéron les empêchèrent seules de se joindre à lui. Ils jouèrent encore un rôle important dans les guerres civiles du triumvirat. Othon, allant combattre Vitellius, en enrôla deux mille dans son armée. Marc-Aurèle les emmena tous dans sa guerre contre les Marcomans, au grand désespoir de la plèbe romaine. En 281, au triomphe de Probus, quatre-vingts gladiateurs refusèrent d'entrer dans l'arène et de s'égorger pour amuser le peuple; ils tuèrent leurs gardiens, brisèrent leurs portes, et se répandirent dans la ville, en exerçant de terribles représailles contre leurs bourreaux; on fut obligé de faire marcher les troupes contre eux, et ce ne fut pas sans peine qu'on les extermina.

Les Grecs, ce peuple doux et humain, qui n'avait jamais eu que des athlètes, les Grecs, une fois soumis à la domination romaine, se familiarisèrent peu à peu avec ces horreurs. Les Athéniens seuls ne voulurent jamais admettre de gladiateurs dans leur ville; et quelqu'un ayant un jour proposé publiquement d'établir de ces jeux, afin, disait-il, qu'Athènes ne le cédât point à Corinthe : « Renversez donc auparavant, s'écria un citoyen, l'autel que nos pères ont érigé à la miséricorde! »

On a donné improprement le nom de *gladiateurs* à un assez grand nombre de statues antiques, pour la plupart dans l'attitude du combat et remarquables par le développement du système musculaire. Ainsi, l'on connaît *le gladiateur Borghèse*, découvert à Antium, dans le dix-septième siècle, et qui fut plus tard transféré à Paris. Il est signé d'Agasias; une imitation en bronze en existe aux Tuileries. Une opinion très-vraisemblable, émise par Heyne, y voit la représentation d'un guerrier combattant un adversaire à cheval; c'est une des plus belles œuvres de l'art grec et peut-être la seule qui rende d'une façon saisissante un mouvement passionné de l'âme. On connaît aussi *le gladiateur mourant*, également reproduit en bronze aux Tuileries. Visconti croit que cette figure est celle d'un soldat barbare, blessé à mort et expirant sur le champ de bataille, semé d'armes de guerre. Puis le *gladiateur rudiaire*, personnage nu qui tient une épée. On n'avait pas réfléchi que les gladiateurs romains ne combattaient jamais nus, mais presque toujours avec des armures aussi complètes que nos chevaliers du moyen âge. Cependant, il nous reste quelques représentations certaines de gladiateurs; tel est le cippe de Baton, célèbre gladiateur sous Caracalla, qu'on voit à la villa Pamphili; telles sont quelques mosaïques de la villa Albani, les peintures d'un tombeau étrusque à Cometo et les bas-reliefs du tombeau de Scaurus à Pompéi.

W.-A. Duckett.

GLADSTONE (William Ewart), homme d'État anglais, est le fils de sir John Gladstone, riche négociant de Liverpool, où il est né, en 1809. Élevé à Éton, il acheva ses études avec une rare distinction, à Oxford, et après avoir fait sur le continent la tournée d'usage, il entra au parlement en 1834 comme député de Newark. Son origine roturière, son instruction classique, ses opinions conservatrices et le talent qu'il déployait dans la discussion des affaires pratiques, rappelèrent aux vétérans de la chambre des communes les débuts de Robert Peel. Celui-ci reconnut bien vite aussi l'utilité dont le jeune Gladstone pouvait être à son parti, et pendant son court passage aux affaires, en décembre 1834, il le nomma d'abord l'un des lords de la trésorerie, et à quelque temps de là il lui confia les fonctions de sous-secrétaire d'État pour les colonies, en remplacement de Stuart Wortley, que les électeurs n'avaient pas réélu membre du parlement. La démission donnée par Peel en avril 1835 amena aussi celle de Gladstone, qui dès lors appartint au parti de l'opposition. Animé de convictions religieuses profondes, il se rattacha en même temps au mouvement *puséyte*, et publia deux ouvrages : *The State in its relations with the Church and Church principles considered in their results*, où il proclamait le principe de la séparation absolue de l'Église et de l'État. Quand, en 1841, Peel revint au timon des affaires, Gladstone fut nommé vice-président du *board of trade* (bureau de commerce), position qui faisait de lui, dans la chambre des communes, le défenseur naturel de la politique commerciale adoptée par le cabinet, et dont son chef immédiat, lord Ripon, était l'interprète dans la chambre haute. Il s'acquitta de cette mission, qui était entourée de difficultés de tous genres, avec une extrême habileté, et passa alors à juste titre pour le bras droit de Peel. Au mois de mai 1843 il fut nommé président du bureau de commerce, avec une place dans le cabinet; mais en février 1845 il donna sa démission de ces fonctions, pour ne point s'associer par son vote au bill de dotation du collége catholique de Maynooth, fidèle en cela au principe qu'il avait posé dans ses écrits que ce n'est point à la puissance temporelle qu'il appartient de fonder et de doter des établissements religieux. Cette dissidence n'amena nullement la rupture de ses rapports d'amitié avec Robert Peel, et au mois de décembre de la même année il rentra dans l'administration comme ministre des colonies. Dans la grande lutte parlementaire qui s'engagea sur la question de la liberté du commerce, Gladstone demeura le soutien fidèle et dévoué de Robert Peel. Avec lui il quitta le ministère en juillet 1846; et aux élections générales qui eurent lieu l'année suivante, les électeurs de Newark ne lui ayant plus continué leur mandat, il eut l'honneur d'être choisi par l'université d'Oxford pour la représenter dans la chambre des communes. En 1850 il entreprit en Italie un voyage que vint bientôt interrompre une invitation que lui adressa lord Stanley, en février 1851, de faire partie de la nouvelle administration qu'il s'occupait à ce moment de constituer. Mais la combinaison projetée échoua, par suite du refus de de lord Stanley d'abandonner la cause du *Protectionisme*, Gladstone ayant alors rompu les négociations ouvertes entre ces deux hommes d'État. Il publia ensuite sa lettre à lord Aberdeen sur les persécutions politiques dans le royaume de Naples, sorte de manifeste qui produisit une sensation extrême, et que lord Palmerston eut soin de faire adresser à toutes les cours de l'Europe. Une grande popularité s'attacha dès lors au nom de Gladstone; et si elle a diminué depuis, il ne faut l'attribuer qu'aux tendances manifestement catholiques qu'il a montrées dans ces derniers temps. Pendant son voyage en Italie, il traduisit l'Histoire de Rome moderne par Farini, *History of the Roman State* (3 vol., Londres, 1851-1852). Dans le cabinet du 28 décembre 1852, M. Gladstone devint chancelier de l'échiquier, et c'est lui qui a dû pourvoir aux mesures financières destinées à alimenter la guerre que la Grande-Bretagne soutient en Orient avec la France et l'empire ottoman contre la Russie.

GLAGOL, GLAGOLITZA ou GLAGOLITIQUE (Alphabet), ancien alphabet slave, singulièrement conformé, différent complétement du *kyrillitza*, employé surtout par le clergé catholique slave en Dalmatie, et sur l'origine, l'antiquité et les noms duquel les savants n'ont pas encore pu s'accorder. A toutes les époques, les hypothèses les plus diverses ont été hasardées sur ce sujet. La plus ancienne, mais aussi la moins soutenable de toutes, est celle qui donne à cet alphabet saint Jérome pour inventeur, et qui par conséquent fait de lui le créateur de la littérature *glagolitique*. Grubissitsch, Dobner, Schimek, Anton, Alter, Linhard, Durich, Frisch, Kohl, Voigt, Schlœzer, Karamsin, etc., etc., ont publié à ce sujet des dissertations plus ou moins bien fondées. Dobrowski se livra ensuite à un examen critique et approfondi de la question; et Kopitar, Jacob Grimm, Ivan Preis, vinrent après lui, chacun avec un système différent. Ce qui paraît résulter de positif de ces débats, et surtout de la découverte d'un manuscrit *glagolitique* du onzième siècle, appartenant au comte Kloz et publié par Kopitar sous le titre de *Glagolita Clozianus* (Vienne, 1846), c'est que les caractères *glagolitiques* sont d'une date bien plus ancienne que le treizième siècle, ainsi qu'a essayé de le prouver Dobrowski dans ses *Glagolitica* (Prague, 1807).

Kopitar fait dériver les dénominations de *glagol, glagolitsa, glagolitique, glagolita*, du mot *glagoliti*, qui revient si souvent dans les textes liturgiques, complétement inconnu aux Serbo-Croates, et signifiant dans la langue ecclésiastique « parler », tandis que *glagol* signifie « la parole, le discours ». L'opinion émise par Jacob Grimm que quelques caractères runiques se trouvent reproduits dans les caractères glagolitiques, la plupart s'ouvrant à gauche, et que par conséquent le *glagol* doit avoir une haute antiquité, présente beaucoup de vraisemblance. Ivan Preis révoque en doute cette antiquité, et prétend tout au contraire que l'alphabet glagolitique n'est pas plus ancien que l'alphabet cyrillien ou *kyrillitza*, et que c'est celui-ci qui a évidemment servi de modèle à celui-là.

GLAIRES. On a donné ce nom à une sorte d'humeur blanche, gluante et visqueuse, à peu près comme le blanc d'œuf dans l'état liquide. Le liquide fourni par les membranes muqueuses, comme celle du nez par exemple, est *glaireux*. Dans une certaine médecine humorale, les glaires jouaient de grands rôles; les enfants particulièrement étaient supposés tourmentés par des glaires, et les adultes n'étaient point à l'abri des ravages que pouvaient produire ces mucosités, engendrées dans le corps humain sous l'influence de mille causes morbifiques. Pour répondre à ces idées théoriques, on avait une médecine et une thérapeutique surtout appropriées : ainsi, on tâchait de rendre les humeurs moins épaisses, moins visqueuses; on avait des atténuants, des dissolvants, des incisifs, qui hachaient les humeurs épaisses, etc.; ou bien, au contraire des incrassants, des invisquants, pour leur donner la viscosité, la ténacité qui leur manquait. On pense bien que les progrès de la philosophie ne pouvaient pas refluer jusque dans la médecine sans y détruire ces chimères; on ne nie point aujourd'hui que dans quelques cas les mucosités ne prennent plus ou moins de consistance, ne soient versées dans les cavités en plus ou moins grande quantité qu'à l'ordinaire, et avec des propriétés plus ou moins différentes de celles qui leur sont habituelles; mais on ne fait plus de ces glaires le point de mire de toute médecine. Dr SANDRAS.

GLAISE. La glaise, *terra pinguis* des anciens, est une terre grasse, qui a été désignée par les minéralogistes modernes sous le nom d'*argile figuline*. Cette matière se délaye facilement dans l'eau; sa couleur est foncée; elle devient rouge par la cuisson, en se vitrifiant à demi. On s'en sert principalement pour faire des poteries et de la faïence en y ajoutant du sable. Ce n'est même que la finesse du sable que l'on ajoute à l'argile et l'émail blanc dont on la couvre qui distinguent la faïence de la poterie grossière. Les usages de la glaise ne se bornent point aux poteries; on s'en sert aussi pour cimenter les bassins et empêcher l'infiltration des eaux; les sculpteurs l'emploient pour modeler leurs ouvrages. Elle résulte du mélange de plusieurs terres ; mais la silice y domine, ce qui ne l'empêche pas d'être ductile, tenace et homogène; le fer oxydé y existe toujours en quantité variable : aussi les teintes de la glaise sont-elles très-diverses; elle ne fait pas effervescence avec les acides. Les terres glaiseuses ne sont pas bonnes à la végétation ; mais elles possèdent, comme la marne, la propriété de dégraisser les étoffes. On rencontre la glaise à la surface de la terre, et quelquefois à une très-grande profondeur; c'est elle qui forme ordinairement le sol des réservoirs, des sources, des fontaines et des puits artésiens.

C. FAVROT.

GLAIVE (en latin *gladius*), arme dont l'origine se perd dans la nuit des temps, et qui a laissé dans l'imagination des peuples une profonde impression de terreur. C'était chez les anciens une épée à lame courte, large et à deux tranchants. Dans le moyen âge, les chevaliers s'en servaient pour se battre en champ clos. Il y avait aussi une autre *épée-glaive*, dont la lame était mince, légère et à pointe aiguë. Cette dernière, en usage chez les Grecs et chez les Romains, ne paraît pas avoir été adoptée par les Francs, lorsqu'ils se furent nationalisés dans les Gaules. L'ancien *carlet*, ou épée mince, à lame effilée, portée par les officiers de l'armée française sous la République, le Consulat et l'Empire, était du genre du glaive des anciens. Le sabre-poignard, que porte aujourd'hui notre infanterie, ressemble au glaive du moyen âge. Les lances minces, armées d'une pointe longue et aiguë, portaient aussi le nom de *glaive*.

Au figuré, ce mot n'est plus employé aujourd'hui que dans la prose héroïque ou dans la poésie. On dit *le glaive de Dieu, le glaive de la Justice, le glaive vengeur*, pour indiquer une punition du ciel, le verdict d'un tribunal qui condamne un coupable, un grand criminel. L'on disait autrefois que *le souverain avait la puissance du glaive*, que *Dieu avait mis le glaive entre les mains du prince*, pour indiquer qu'il avait le pouvoir de vie et de mort. On appelait *glaive spirituel* la juridiction de l'Église, le pouvoir que l'Église avait d'excommunier. On disait que Dieu avait frappé de son *glaive* le prince, la province, le royaume qui venait d'encourir l'excommunication. L'Écriture dit *que celui qui frappera du glaive périra par le glaive*.

GLAMORGAN, l'un des comtés de la principauté de Galles, situé entre ceux de Monmouth, de Bricknock et de Cærmarthen et le canal de Bristol, présente une superficie de 26 myriamètres carrés. Sa côte, riche en baies, plate et unie jusqu'à une profondeur de quelques myriamètres dans l'intérieur, est fertile et tempérée. Plus loin commence la région montagneuse; et aux limites du comté, où elle se rattache à la chaîne des monts Brecow, elle atteint une élévation de six à sept cents mètres. Une foule de petites rivières y produisent par leurs sinuosités de multiples alternatives de crêtes et de vallées et un grand nombre de chutes d'eau. L'agriculture, l'élève de la race ovine et de la race bovine, y donnent d'importants produits; mais la principale richesse du comté consiste dans ses productions minérales. C'est dans le comté de Glamorgan que se trouvent les mines les plus importantes et les plus nombreuses de toute la Grande-Bretagne, tant pour la houille que pour le fer. L'exploitation de la grande houillère de Swansea a pris dans ces dernières années une telle extension, qu'à elle seule elle égale toute la production houillière de la Belgique, et indépendamment de l'immense consommation qui s'en fait sur les lieux mêmes pour alimenter ses hauts fourneaux, etc., il s'expédie encore au loin d'énormes chargements de ces *welsh-coals* (houille galloise), qu'on recherche surtout pour les machines à vapeur. Cette exploitation minière et métallurgique, avec le commerce auquel elle donne lieu, développe dans ce pays la vie la plus active; aussi chaque année voit-il s'augmenter sensiblement le chiffre de sa population et le bien-être de ses habitants. En 1840 ils étaient au nombre de 173,500. Le recensement de 1850 a constaté que le chiffre de la population était déjà de 240,000 âmes.

Cardiff, avec le port de Pennarth, est le chef-lieu du comté de Glamorgan. Cette ville est reliée par un chemin de fer et par le canal de Cardiff ou de Glamorgan aux houillères et aux mines de fer de *Merthyr-Tydvil*, sur Taff, qui n'était d'abord qu'un misérable bourg, et qui aujourd'hui est l'une des plus importantes localités du comté. On y comptait dès 1851 au-delà de 50,000 habitants, tandis que en 1801 sa population n'était encore que de 7,700 âmes. Aux environs de Merthyr on trouve les colossales forges de *Dowlais*, avec dix-huit, de *Cyfartha* avec onze, de *Plymouth*, avec huit, de *Pennydarran*, avec sept hauts fourneaux, produisant ensemble 2,400,000 quintaux de fer brut chaque année, et dont la première à elle seule occupe plus de 7,000 ouvriers. A la grande et principale industrie locale, la fonte du minerai de fer, se joignent aussi la fonte du minerai de cuivre venu de l'étranger et la fabrication du fer-blanc.

La ville principale et le port de mer le plus important du comté de Glamorgan est Swansea. Le siége épiscopal, *Llandaff*, n'est qu'un misérable village, où se trouvent les ruines d'une superbe cathédrale, dont la construction remonte à l'année 1120, et celles du palais épiscopal.

GLANAGE. *Glaner*, c'est ramasser à la main les épis restés isolément sur un champ, après le bottelage dans certains pays, et seulement après l'enlèvement des gerbes dans d'autres. On nomme *glane* une collection d'épis aussi nombreuse que la main peut la contenir. Les *glaneurs* et les *glaneuses* sont les hommes, femmes et enfants pauvres, qui dans chaque pays viennent après le bottelage, ou après l'enlèvement des gerbes, recueillir les épis laissés à la surface des champs.

Le glanage est-il une habitude bonne en elle-même et utile aux populations pauvres? Quoique l'ancienneté de cet usage établisse une sorte de prescription en sa faveur, quoiqu'à la première vue il semble naturel que les pauvres gens viennent prendre leur part, une faible part, des biens de la terre, est-il dans l'intérêt véritable de ceux qui s'y livrent? Que dit l'expérience à cet égard? J'ai vu dans plusieurs pays des filles de service rompre des engagements contractés à une époque de l'année où les travaux deviennent plus pénibles, s'exposer à rester sans place pendant l'hiver, pour prendre part au glanage, toujours peu productif pour ceux qui s'y livrent honnêtement, pour mener pendant quelques semaines une vie aventureuse. Tel est le résultat moral pour cette première classe de glaneurs. Souvent les jeunes enfants qui glanent passent une partie du jour à jouer; ils craignent le châtiment à leur retour : les gerbes et les javelles sont là... Les hommes et les femmes gagneraient beaucoup plus en prenant à la récolte une part active. Pour les campagnes des environs des villes, elles sont inondées d'une foule de populace qui force les consignes, entre dans les champs en pleine récolte, et souvent intimide les fermiers par leurs menaces et leurs violences. Enfin, les ouvriers qui fauchent les moissons et ceux qui mettent en javelles s'entendent souvent avec les glaneuses, et laissent perdre une partie notable de la récolte. Les cultivateurs qui par négligence ou par faiblesse permettent le glanage avant l'enlèvement des gerbes se font un tort réel, créent pour eux et leurs voisins une servitude qu'il n'est pas toujours possible d'éteindre, et donnent aux ouvriers des habitudes mauvaises.

Les considérations qui précèdent me conduisent à dire que le glanage devrait être aboli, ou du moins restreint aux vieillards et aux enfants, trop jeunes pour prendre part aux travaux de la ferme, et seulement après l'enlèvement de la dernière gerbe.

Les glanes recueillies dans des champs convenablement moissonnés produisent un blé de peu de valeur; le nombre des mauvais épis est supérieur à celui des épis pleins et nourris; le grain qui en provient donne peu de farine.

P. Gaubert.

D'après l'article 471 du Code Pénal, ceux qui glanent dans les champs non encore entièrement dépouillés et vidés de leur récolte, ou avant le moment du lever ou après celui du coucher du soleil sont punis d'une amende de un à cinq francs. De plus, la peine d'emprisonnement pendant trois jours au plus peut être prononcée selon les circonstances. Le glanage avec des rateaux de fer dans les champs ensemencés est punissable, aux termes des anciens règlements.

GLAND (du latin *glans*). On donne ce nom à différents fruits ayant une substance ferme, farineuse, et couverte d'une enveloppe coriace, tels que ceux du hêtre, du châtaigner, du charme, etc.; mais il sert à désigner plus particulièrement le fruit du chêne. Les glands qui proviennent du chêne roure, du chêne pédonculé, du chêne de Bourgogne, sont très-communs en France : leur saveur est âpre, acerbe, et ils causent dans la bouche une striction désagréable. Ce ne sont point ces fruits qui ont pu servir à la nourriture de l'homme avant qu'il eût reçu les bienfaits de Cérès et de Triptolème. Cependant, on a tenté de les employer comme aliment dans des temps de disette. En 1709, par exemple, on les réduisit en farine, qu'on mêla avec celle du blé; mais le pain résultant de ce mélange est tellement insalubre, qu'on ne peut s'en nourrir impunément, et il a toujours fallu y renoncer. Comme c'est au principe astringent du gland qu'on attribue ses inconvénients, on a essayé de le corriger en le torréfiant : ces essais ont été peu satisfaisants; on a même reconnu que le feu, loin de détruire la propriété astringente, ne fait que l'accroître. Si cette cause a fait abandonner les glands dont nous nous occupons comme aliment, elle a engagé à les employer en médecine. La décoction faite avec ces fruits torréfiés et moulus à la manière du café a été préconisée par plusieurs médecins, Linné, entre autres, pour remédier à diverses maladies. Cette boisson, à laquelle on peut associer le lait, est, ont-ils dit, propre à réveiller et accroître les forces digestives; à guérir les scrofules, les diarrhées chroniques et même la phthisie pulmonaire. En Espagne, on compose avec les glands une sorte de chocolat en broyant ces fruits torréfiés avec du sucre et un peu de chaux : cette préparation est efficace, dit-on, dans les crachements de sang. On a présenté comme étant douée des mêmes qualités médicales une eau de glands non torréfiés, obtenue par la distillation. Les glands pilés ont été employés très-anciennement sous forme de cataplasme pour résoudre des tumeurs indolentes. On a annoncé aussi que ces fruits décortiqués, pilés et lavés, fournissent par la fermentation dans l'eau une boisson analogue à la bière et très-salubre. Enfin, on fait un *café* de glands, et on le présente comme un excellent analeptique : quelques personnes le recommandent dans la convalescence même de diverses maladies.

Les glands qui tombent sur la terre après leur maturité servent d'aliments aux hôtes des bois, les cerfs, les daims, les chevreuils, les sangliers, les écureuils, les mulots, etc. On les recueille pour nourrir et engraisser les porcs élevés dans nos basses-cours; et c'est une ressource précieuse d'économie domestique pour les habitants des campagnes. Non-seulement ces fruits ne coûtent que la peine nécessaire pour les récolter, mais encore ils contribuent à améliorer la chair d'un animal dont on fait une consommation très-considérable. L'excellence du porc de certaines contrées paraît dépendre des glands qu'on ajoute à d'autres substances pour le nourrir : la propriété astringente de ce fruit doit effectivement avoir une influence marquée sur la qualité des chairs; elle doit donner plus de fermeté à leur texture et augmenter leur saveur.

Quelques espèces de glands sont mangeables, et n'ont point la saveur amère et acerbe des précédentes. Tels sont les glands fournis par le chêne bellote (*quercus bellota*), qui croît sur les rives de la Méditerranée, sur le mont Atlas et autres régions d'Afrique, en Corse, en Espagne, etc. : ce fruit est gros et allongé; sa saveur a quelque analogie avec celle de la châtaigne; on le mange de même bouilli ou rôti, et il est recherché d'un grand nombre d'individus; les riches mêmes ne le dédaignent pas. Cette espèce a principalement reçu l'épithète d'*esculente* ou mangeable, et c'est principalement elle qui servait de base à la nourriture des hommes avant qu'ils connussent les céréales. Les glands fournis par le chêne grec (*quercus esculus*), plus petit que les précédents, ont à peu près la même saveur : on en fait une assez grande consommation en Asie et même en Italie. Le chêne castillan (*quercus hispanica*), et le chêne yeuse (*guereus pseudo-ilex*); fournissent aussi des glands comestibles; mais le goût s'en accommode moins que des précédents. Dans l'Amérique septentrionale, le chêne blanc, le chêne châtaignier (*quercus prinus*), le chêne de montagne (*quercus montanea*) et plusieurs autres ont aussi des fruits qu'on peut manger. Dr CHARBONNIER.

GLAND (*Technologie*). On désigne par ce mot certains ouvrages en fil, laine, coton, soie, etc., qui dans le principe avaient ordinairement la forme d'un gland de chêne. Mais depuis on s'est singulièrement écarté de cette première origine, et on a donné à ce genre d'ornements mille formes variées, dont plusieurs ne se rapprochent guère de celle du gland naturel.

En termes de marchand de modes, le gland désigne deux branches faites en demi-cercle de *souci d'honnelon*, de *nœuds de soie* de *bouclés*, etc., que l'on met dans les garnitures, aux creux ou vides formés par les festons, ou bien une espèce de bouton couvert de filet d'or, d'argent, de soie, etc., et quelquefois même de perles avec une tête ouvragée de la même matière et des filets pendants. Ce sont les *rubaniers* et les *tissutiers-rubaniers-frangiers* qui les fabriquent.

On porte encore quelquefois des glands d'émail et autre matières précieuses. V. DE MOLÉON

GLANDE. On a donné ce nom à un grand nombre de différentes parties des corps organisés : les plantes ont leurs glandes comme les animaux. Aujourd'hui ce mot désigne les organes chargés de sécréter les principales humeurs servant à l'entretien de la vie. Les aliments solides ou liquides, introduits dans l'estomac, sont bientôt convertis en *chyle* par le travail des intestins; et ce chyle, versé dans la masse du sang, renouvelle et reconstitue ce fluide, indispensable à la vie. Mais ce n'est pas assez; il faut que le sang à son tour se transforme en lait pour fournir à l'enfant qui vient de naître une nourriture appropriée à sa molle constitution; il faut qu'il se change en salive pour humecter les aliments et en rendre la digestion plus facile; en bile, fluide nécessaire à l'assimilation des aliments, etc. C'est dans des glandes que le sang subit ses principales transformations. Les glandes sont des espèces de filtres vivants qui, avec une matière identique, le sang, composent et élaborent un grand nombre d'humeurs de natures fort diverses. Leur action va plus loin que de séparer du sang ces humeurs. Ainsi la *glande lacrymale*, qui est contiguë au globe de l'œil, et qui se trouve cachée entre lui et l'orbite, du côté des tempes, cette glande compose les larmes aux dépens du sang. Les glandes salivaires, au nombre de six (les deux parotides, les deux maxillaires et les deux sublinguales), sans compter les buccales, les labiales, les linguales, les palatines, les amygdales, qui ne sont que des glandes équivoques sans conduits excréteurs, versent dans la bouche la salive qu'elles ont de même tirée du sang. La glande *mammaire*, occupant le milieu du sein, choisit dans le sang les principes du lait, aliment nécessaire au nouveau-né. Le *foie* et le pancréas, deux autres glandes, dont l'une est énorme, fabriquent autant de bile et de salive pancréatique que les besoins de la digestion en réclament. D'autres glandes puisent dans le sang le principe même de la vie, et distillent dans des milliers de canaux la précieuse humeur qui doit animer des êtres nouveaux. Enfin, les reins, par un travail moins utile, mais sans doute plus simple, purifient le sang, attendu qu'ils transforment en urine des substances, qui, très-altérables et très-animalisées, deviendraient nuisibles à l'économie.

Tous ces organes sécréteurs sont dans une continuelle activité : les uns, comme les glandes salivaires, le foie, les reins, bien qu'indépendants de la volonté, modifient cependant leur travail suivant les besoins de la vie. Si la bouche et l'estomac sont vides, la salive et la bile ne coulent qu'en petite quantité; mais que l'estomac réclame le secours du foie, aussitôt la bile chemine et flue en aussi grande abondance qu'il est nécessaire. Chez la jeune fille, de même que chez la femme qui n'est pas mère, la glande mammaire reste inactive; mais dès que la conception est accomplie, les seins, par une puissance inconnue et merveilleuse, commencent à préparer la nourriture de l'être qui n'a pas encore vu le jour. Le sang, changé en lait, sait prendre des qualités différentes, suivant l'âge et les forces du nouveau-né : c'est d'abord une liqueur fade et purgative, sans doute parce que l'enfant doit rejeter le méconium; c'est ensuite un aliment qui prend chaque jour plus de consistance à mesure que l'enfant a besoin d'une nourriture plus substantielle. Et tout cela se fait dans une glande, sans que la volonté de la femme soit mise en jeu, sans que cette mère en ait la moindre conscience! Si la mère refuse de nourrir l'être qu'elle a mis au monde, la glande reste quelque temps résistante et gonflée, et elle n'interrompt son travail que difficilement et comme à regret. D'autres glandes, comme la glande lacrymale, sont quelquefois soumises à l'empire de la volonté et à l'influence de l'imagination. On sait que chez quelques personnes sensibles ou passionnées les larmes peuvent couler volontairement, à la sollicitation de quelques vifs sentiments, émotions, regrets ou souvenirs. Ces organes ne fournissent habituellement qu'une petite quantité de larmes destinées à humecter le globe de l'œil et à l'empêcher de se dessécher au contact de l'air; mais une affection morale, le chagrin ou la joie, ont le pouvoir d'augmenter en un instant la sécrétion de cette humeur, et de faire répandre une quantité de pleurs, quelquefois assez considérable pour que les poëtes, amis de la vraisemblance, en aient fait un torrent. Le récit d'une grande infortune ou d'une action généreuse a quelquefois suffi pour remplir les yeux de larmes. La même influence se fait sentir sur les glandes salivaires; et il n'est pas besoin d'être gastronome pour l'avoir éprouvé. L'imagination n'a pas moins d'influence sur le travail de la glande mammaire : le lait d'une nourrice peut être empoisonné par un accès de colère ou une grande frayeur.

Les glandes sont douées d'une telle puissance de sécrétion, que dans certaines circonstances elles peuvent appauvrir la masse entière du sang. C'est ainsi qu'une salivation excessive, un allaitement forcé, l'incontinence, épuisent le sang et peuvent causer la mort; c'est ainsi que des purgatifs violents et réitérés ont quelquefois des suites funestes. Dans une maladie singulière, nommée *diabètes*, les reins changent le sang en un liquide sucré, dont la quantité s'est quelquefois élevée jusqu'à plusieurs kilogrammes dans un jour. Nous signalerons ici une erreur assez fréquemment commise par les gens du monde : s'ils voient apparaître aux environs de la mâchoire et du cou une tumeur dure et mobile, ils disent alors qu'il leur est venu une glande ! Non, il n'est pas poussé de glande : ces petits corps glanduleux, soit glandes, soit ganglions (les *glandes lymphatiques*), existent constamment et doivent exister; ils prennent seulement un accroissement plus ou moins considérable alors qu'ils deviennent le siége d'une inflammation, qu'ils servent à manifester une affection scrophuleuse ou syphilitique ou après l'absorption d'un fluide malfaisant.

Nous devons dire un mot de quelques organes qui ont abusivement reçu le nom de glandes. De ce nombre est la glande *thyroïde*, corps sans usage connu, situé au-dessous du larynx, où il arrondit le cou; son volume s'accroît parfois jusqu'à former *goître*, infirmité dont cette prétendue glande est le théâtre. On ne lui voit sécréter que l'humeur laiteuse dont ses mailles sont quelquefois remplies. Toutefois, on rencontre cet organe chez tous les vertébrés. L'organe, temporaire et peu connu, qui a reçu ce nom de *ris* (dans le veau) ou de *thymus*, a de même été rangé par quelques auteurs parmi les glandes. On trouve un thymus dans l'enfance de tous les animaux qui respirent par des poumons. Les prétendues *glandes de Pacchioni*, que les anatomistes Fantoni, Willis et Vésale avaient déjà vues et décrites, sont des corpuscules qui s'attachent à la dure-mère, à la pie-mère, et dont on ne connaît pas l'usage. Ces corps sont plus nombreux et plus évidents après une fièvre cérébrale; et il est remarquable qu'on ne les trouve point sur les méninges des enfants.

La prétendue *glande pituitaire*, à laquelle les anciens ont gratuitement conféré le rôle de fabriquer la pituite, est un petit corps rouge qui remplit la selle turcique, ou cavité interne et médiane du sphénoïde dans l'intérieur et à la base du crâne. Entourée du sinus coronaire et comme baignée de sang, on a pu croire à ses communications avec le ventricule central du cerveau et les ventricules latéraux. Quelques personnes l'ont envisagée comme un organe nerveux, comme un ganglion du nerf grand sympathique. On a dit que, servant de lien d'unité aux deux nerfs sympathiques à leur origine encéphalique, ce corps maintenait entre les yeux l'harmonieuse synergie de leurs mouvements contrastés. Le fait est qu'on ne connaît les usages ni du corps pituitaire ni de son infundibulum ou tige. Mais comme cette prétendue glande existe dans tous les animaux ayant cervelle, il est permis de croire qu'elle remplit une charge quelconque, surtout dans les animaux qui, comme les poissons et quelques mammifères, ont une glande pituitaire plus volumineuse que celle de l'homme.

Et quant à la *glande pinéale* ou *conarium*, en qui Descartes faisait résider les esprits et l'âme, c'est un tout petit corps grisâtre et mollasse. Situé en arrière du cerveau, au voisinage du corps calleux et des couches optiques, on le trouve plus volumineux chez divers mammifères que chez l'homme. Grosse comme un pois ordinaire, et voilée à demi par la toile choroïdienne, cette glande a comme des prolongements ou câbles qui l'attachent aux tubercules quadrijumeaux et aux couches ou lits optiques : ces prolongements ou processus ont reçu dérisoirement le nom de *rênes de l'âme*. La glande pinéale, qu'on trouve aisément chez les reptiles, ne se rencontre que dans peu de poissons, et elle est bien peu évidente dans la plupart des oiseaux. Mais la marmotte, le castor, le porc et le cheval en sont proportionnellement mieux pourvus que l'homme. Les carnassiers l'ont plus petite que les herbivores, et l'homme est le seul être en qui elle présente des concrétions, des graviers. Elle n'est donc bien vraisemblablement ni une glande à sécrétion ni surtout le siége de l'âme. Dr Isidore Bourdon.

GLANDÉE. Ce mot signifie proprement la récolte des glands, et en particulier la faculté d'introduire les porcs dans les bois pour en manger le gland. La durée de la glandée ne peut excéder trois mois.

GLANDS DE MER. *Voyez* Balanes.

GLANE, GLANEUR. *Voyez* Glanage.

GLARIS, canton de la Suisse qui dans l'ordre de la confédération occupe le septième rang, borné par ceux de Saint-Gall, des Grisons, d'Uri et de Schwitz, compte, sur une superficie totale d'environ 9 myriamètres carrés, une population de 30,213 habitants, qui, à l'exception de 3,932 catholiques, professent tous la religion réformée. Le sol se compose en général de hautes montagnes, dont quelques-unes, comme le Dœdi, le Kistenberg, le Hausstock et le Glærnisch, sont couvertes de neiges éternelles, et séparées les unes des autres par une vallée principale, trois vallées secondaires et plusieurs vallées de moindre étendue. Le canton de Glaris tout entier appartient au bassin du Rhin, et ses différents cours d'eau viennent tous aboutir à la Linth, rivière que le canal d'Escher conduit, au-dessous du bourg de Mollis, dans le lac de Wallenstædt, dont une partie est comprise dans la circonscription du canton même. On y trouve en outre le lac de Klœnthal et divers autres de moindre étendue, ainsi que plusieurs sources d'eaux minérales, dont les plus en renom sont les eaux sulfureuses de Stachelberg. Dans les vallées on récolte beaucoup de fruits, jusqu'à des pêches, des marrons, des noix et même un peu de vin. Pendant la belle saison, 8 ou 10,000 vaches paissent dans les beaux pâturages (appelés ici *montagnes*) des Alpes, au nombre de 88, et qui sont l'objet de toute l'attention des lois et de l'autorité. Un de leurs principaux produits est le fromage vert, particulier au pays, et connu sous le nom de *schabsigre*. On élève aussi des chevaux, estimés pour leur vigueur et pour la sûreté de leur allure, des bœufs et des porcs. Il n'y a pas de si petit village qui ne possède plusieurs centaines de chèvres. La plupart des bêtes fauves ont disparu, et on s'est même vu forcé d'accorder sur le *Freiberg* une espèce d'asile au chamois, afin d'arrêter l'entière destruction de cette espèce. Une grande partie de la population, surtout celle qui appartient à la religion réformée, demande à l'industrie, et plus particulièrement à celle de la fabrication des étoffes de coton, ses moyens de subsistance. Mais dans ce canton, généralement assez peu fertile, il existe à côté d'une classe de fabricants fort aisés une nombreuse population pauvre. En 1852, on y a fondé une banque, comme moyen de favoriser les développements du commerce. C'est à la sollicitude dont on y fait constamment preuve pour venir en aide à la partie indigente de la population qui témoigne le désir d'émigrer, que les trois communes de *New-Glaris*, de *Bilten* et de *New-Elm*, dans l'état de Wisconsin (Amérique septentrionale), doivent leur fondation.

Compris jadis tantôt dans la Rhétie, tantôt dans la Souabe, et peuplé par des colons allemands, le canton de Glaris devint en partie plus tard la propriété des religieuses du couvent de Seckingen; cependant, un certain nombre de familles libres paraissent y avoir été de bonne heure distinguées et séparées du gros de la population. La partie basse du canton dépendait d'un autre couvent de femmes, celui de Schœnnis. Cédée plus tard à l'Autriche, et alors fort durement traitée par ses nouveaux maîtres, la grande majorité de la population aspirait vivement à faire partie de la confédération helvétique; cependant, avant de jouir des mêmes droits que les autres Suisses, les habitants de Glaris durent encore attendre près d'un siècle. Les glorieuses victoires qu'ils remportèrent à Næfels, en 1352 et 1388, les affranchirent de la domination de l'Autriche, et alors force fut bien à l'abbaye de Seckingen de consentir soit à l'abolition, soit à la restriction de ses priviléges. Les habitants de Glaris obtinrent aussi, à la suite de l'ancienne guerre de Zurich, des conditions d'alliance plus favorables avec les sept cantons qui existaient à ce moment. En 1517 ils firent l'acquisition de la seigneurie de Werdenberg, la seule terre féodale qu'ils possédassent et où ils eurent à réprimer, en 1525 et en 1721, des révoltes ouvertes de la part de leurs vassaux. Après la réformation, dont les doctrines furent embrassées par une grande partie de la population, les réformés et les catholiques se divisèrent, pour la plupart des affaires intérieures, en deux administrations distinctes, mais n'en continuèrent pas moins à former un seul et même canton; et de bonne heure, mais plus particulièrement vers la fin du dix-huitième siècle, cette scission administrative provoqua de regrettables conflits. A l'époque des guerres de la révolution française, en 1799 notamment, le canton de Glaris fut le théâtre de la retraite de Souvarow, et il n'accepta qu'avec une répugnance prononcée la constitution nouvelle imposée alors à la confédération helvétique. Mais à la Restauration, la constitution du 21 juin 1814 y rétablit les choses sur le pied où elles étaient autrefois. Dès lors aussi catholiques et réformés eurent chacun leur administration, leurs tribunaux et leurs droits particuliers; et indépendamment de la commune cantonale, il y eut encore une commune catholique et une commune réformée, avec beaucoup d'attributions indivises, par exemple la nomination du *landamman*, etc. Mais avec la prépondérance toujours croissante que les réformés arrivèrent à acquérir, non pas seulement sous le rapport du nombre, mais encore sous celui de l'instruction et de la richesse, prépondérance par suite de laquelle les catholiques ne contribuaient plus guère que pour un cinquantième dans les dépenses générales et communes du canton, il était difficile que la fausseté d'une telle situation ne finît pas par frapper tous les yeux. En conséquence, le 2 octobre 1836, la population réformée se donna une constitution nouvelle, à laquelle les catholiques finirent également par se soumettre, après que la résistance organisée et nourrie par une partie du clergé eut été vaincue au moyen de la rupture formelle qui eut lieu alors de tous rapports hiérarchiques entre le canton de Glaris et l'évêché de Coire, et aussi au moyen de la déposition de quelques prêtres obstinément réfractaires au nouvel ordre de choses.

Aux termes de cette constitution de 1836, qui fut revisée en 1842, mais ne subit alors que quelques modifications peu importantes, le canton de Glaris est de tous ceux dont se compose la confédération celui où le principe de la démocratie pure a été le plus franchement mis en pratique. Tous les citoyens actifs, âgés de dix-huit ans, constituent la commune (*landsgemeine*), laquelle se réunit régulièrement une fois par an et fonctionne comme autorité souveraine, en confirmant, rejetant ou modifiant après libre discussion les décisions prises par les trois assemblées dont se compose le conseil (*landrath*). Celui-ci compte en tout cent dix-sept membres, et a pour principale mission la préparation des projets de loi à soumettre à l'assemblée générale de la commune. La puissance exécutive est confiée à un conseil de quarante-cinq membres, partagé en plusieurs commissions, et à une haute commission de neuf membres, présidée par un *landamman*; quant au pouvoir judiciaire, il est fort exactement séparé du pouvoir exécutif, circonstance qui donne à cette constitution une grande supériorité sur toutes celles des autres petits cantons. L'organisation communale, pareillement, y est excellente; toute différence entre les diverses confessions a disparu, chacune d'elle restant d'ailleurs libre, sous la haute surveillance de l'État, d'administrer ses affaires intérieures comme bon lui semble. La publicité est la base de l'administration; la liberté de la presse est garantie, et toutes les facilités désirables ont été données à ceux qui veulent s'établir dans le canton et y acquérir les droits de citoyen.

Le chef-lieu du canton, où se réunit l'assemblée communale, est *Glaris*, ville située à cinq myriamètres au sud-est de Zurich, qui compte 4,082 habitants, et où l'on voit une église de style gothique dont Zwingle fut curé pendant dix ans, de 1506 à 1516. Les autres localités les plus importantes sont *Schwanden*, au confluent de la Sernft et de la Linth, et *Ennedæ*, charmant pays de près de 2,500 habitants, fort aisés et fort industrieux. La vallée de la Sernft est dominée par le village d'*Elm*, qui offre cette particularité, assez curieuse, qu'il est à son tour dominé par le pic ou l'aiguille de Segnes, de 2,990 mètres d'élévation et percée d'un trou dit *Trou de Martin*, par lequel les rayons du soleil viennent éclairer le clocher du village cinq jours de l'année seulement (les 13, 14 et 15 mars, et les 24 et 25 septembre).

GLAS. On nomme ainsi le tintement lugubre, lent, mesuré, et sur une seule note uniforme, d'une cloche qui annonce l'agonie ou la mort d'une personne : quand elle tinte l'agonie, elle demande des prières. *Glas* se prend quelquefois pour la cloche elle-même; on dit communément *sonner un glas*. L'usage et le nom de cette sonnerie viennent du Nord, dont les hautes cathédrales ont les premières suspendu des carillons dans les nues. Le mot *glas*, à cela près des modifications de lettres voulues par les idiomes et leurs dialectes, est général chez les peuples septentrionaux de la France : il paraît venir du celtique. DENNE-BARON.

GLASGOW, dans la hiérarchie administrative, la seconde, mais pour les développements de l'industrie et l'importance du commerce la première ville de l'Écosse, chef-lieu du comté de Lanark ou de Clydesdale, reliée à Édimbourg par un canal et par un chemin de fer, se compose d'une vieille ville, d'une ville neuve et de plusieurs faubourgs. Ces derniers, ainsi que la partie basse de la vieille ville, d'un aspect généralement sale et misérable, où le jour est obscurci par la fumée épaisse de la houille en combustion et l'air tellement vicié par les émanations délétères des fabriques de produits chimiques et autres, que souvent on ne peut pas le respirer sans courir risque d'être asphyxié, produisent sur le voyageur avec leurs masures et leur population en guenilles l'impression la plus triste. Le quartier où est située la nouvelle grande bourse est déjà plus sain et plus élevé; les rues en sont grandes, droites, propres, bien bâties et presque complétement exemptes de fumée. Mais la plus belle partie de la ville est la ville neuve, qui domine les deux autres quartiers, avec ses grandes et larges rues garnies de belles maisons en pierres de taille, et avec ses charmants *squares*. En fait d'édifices publics, il faut plus particulièrement mentionner la superbe cathédrale, dont la construction remonte à l'an 1123, les bâtiments de l'université, l'hôpital royal, assez vaste pour contenir de 12 à 1,500 malades, une maison d'aliénés parfaitement organisée, la prison avec une cour à colonnade semblable au Parthénon d'Athènes, l'hôpital de la Madeleine, le *Toetme Koffee House*, avec une galerie ouverte, où les négociants viennent traiter de leurs affaires de bourse; l'observatoire, construit en 1811, et l'école d'équitation, bâtie presque tout entière par Stark, d'après des modèles antiques. On voit aussi à Glasgow une statue en marbre de Pitt, une statue en bronze de John Moore sur le *Green-Place*, très-jolie promenade publique, un obélisque de 47 mètres d'élévation en l'honneur de Nelson et un monument à la mémoire du réformateur Knox.

La ville est située de la manière la plus favorable pour le commerce, dans le voisinage des riches gisements houillers du Lanarkshire et de ses importants hauts fourneaux; elle est reliée à l'Atlantique par la Clyde et à la mer du Nord par le canal de la Clyde ainsi que par la rivière de Forth. Le commerce actif qu'elle fait avec l'Amérique du Nord et avec les Indes occidentales commença tout aussitôt après l'acte de réunion des deux royaumes, en 1707, et provoqua les rapides développements de sa prospérité. Depuis lors le chiffre de ses importations de denrées coloniales et celui de ses exportations de houille et de produits de l'industrie locale ont été chaque année en grossissant; aussi la ville de Glasgow est-elle à bon droit regardée comme le grand centre de l'activité commerciale de l'Écosse. Les vaisseaux d'un fort tonnage ne peuvent cependant pas arriver jusqu'aux quais de la ville; et comme la Clyde offre ici beaucoup de bas-fonds, force leur est de s'arrêter à *Port-Glasgow*, situé à environ 4 kilomètres plus bas que Glasgow.

Dans le cours du siècle dernier, Glasgow s'est créé dans son sein même une nouvelle source de richesses par ses nombreuses fabriques; et on peut dire que sous le rapport de la diversité des produits, son activité industrielle et manufacturière dépasse celle de toutes les autres villes de la Grande-Bretagne. En effet, on rencontre réunies dans les murs de cette ville les filatures de coton et les fabriques de cotonnades de Manchester, les fabriques d'impression sur calicot du Lancashire, les fabriques de lainage de Norwich, les fabriques de châles et de mousselines de la France, les filatures de soie et les fabriques de soieries de Macclesfield, les filatures de chanvre de l'Irlande, les fabriques de tapis de Kidderminster, les forges et les fabriques de machines de Wolverhampton et de Birmingham, les fabriques de poteries et de verreries du Staffordshire et de Newcastle, et la construction de navires de Londres. On y trouve en outre d'immenses distilleries et brasseries, de grandes manufactures de produits chimiques, des teintureries, des blanchisseries, des tanneries, des papeteries, etc :, etc. C'est à Glasgow que, en 1793, Cartwright essaya pour la première fois d'employer la vapeur comme force motrice pour les métiers à tisser. En 1845 on y comptait 1,800,000 broches et 25,000 métiers à la mécanique, produisant en moyenne 625,000 aunes de cotonnades; plus 5,000 métiers allant à la main, tant dans la ville que dans ses environs. On estime à 22,500,000 kilog. pesant la quantité de coton brut nécessaire chaque année pour alimenter les diverses manufactures de Glasgow. Le développement magnifique qu'y ont pris le commerce et l'industrie depuis une quarantaine d'années explique l'accroissement presque incroyable du nombre de ses maisons et du chiffre de sa population. Tandis que ce dernier n'était encore en 1801 que de 77,345, il s'élevait déjà en 1850 à 367,000 âmes.

Glasgow peut d'ailleurs s'enorgueillir à bon droit des importants établissements scientifiques qu'elle possède. Son université, fréquentée chaque année par environ 1,400 étudiants, fut fondée en 1450 par le roi Jacques II d'Écosse et par l'évêque Turnbull; comme celle d'Édimbourg, son organisation est la même que l'organisation des universités d'Allemagne. Dans ces derniers temps, elle a été considérablement accrue par les testaments de John Anderson et de W. Hunter. Dans l'établissement académique créé en 1796 par Anderson, et auquel il légua sa collection de livres, son musée et toute sa fortune, des cours publics d'histoire naturelle ont lieu à l'usage des dames et de ceux qui veulent avoir une idée générale des sciences sans pour cela avoir la prétention de les cultiver spécialement. Un cours particulier de ces mêmes sciences y est fait aussi pour les ouvriers. Hunter légua à l'université son musée, qui ne renfermait pas seulement des échantillons en minéraux, des préparations anatomiques et des médailles de toutes espèces, mais encore toute sa bibliothèque, remarquablement riche en livres et en manuscrits et contenant une foule de tableaux originaux des premiers maîtres. On estime à 150,000 liv. sterl. (3,750,000 fr.) l'importance totale du legs de Hunter, qui a été placé dans un édifice de bon goût, construit à cet effet. Glasgow possède en outre un séminaire où sont instruits cinq cent vingt jeunes gens, une académie des beaux-arts, un grand établissement typographique, exclusivement consacré à l'impression de la Bible, et depuis 1819 un magnifique jardin botanique.

GLATZ (Comté de), situé dans la Silésie prussienne, où il forme aujourd'hui les cercles de Glatz et d'Habelschwerdt, de l'arrondissement de Breslau, comprend une superficie d'environ 21 myriamètres carrés et une population de 144,000 habitants, professant pour la plupart la religion catholique. Il changea jadis fréquemment de maîtres, parmi lesquels on voit figurer des rois de Hongrie et de Bohême. En 1453, Ladislas, roi de Bohême, permit à Georges Podiebrad, qui en était alors gouverneur, et qui plus tard devint roi, de racheter la seigneurie de Glatz à Guillaume de Leuchtenberg; et en 1462, l'empereur Ferdinand III l'érigea en comté en faveur des fils de Podiebrad. Ces derniers ayant partagé l'héritage paternel, le comté passa rapidement d'un seigneur à un autre jusqu'en l'année 1561, où l'empereur Ferdinand le réunit à la couronne de Bohême, dont il continua toujours depuis de faire partie jusqu'en 1742, époque où Frédéric le Grand s'en empara. Après en être momentanément rentrée en possession en 1760, l'Autriche dut se résigner à le céder définitivement à la Prusse par le traité de paix d'Hubertsbourg.

Le chef-lieu du comté de Glatz est la ville du même nom, que protègent une citadelle et une enceinte fortifiée. Elle a environ 10,000 habitants, et fait avec l'Autriche un commerce très-actif de toiles, de cuirs, de draps et de linge damassé. Dans la guerre de Silésie, une capitulation la fit tomber, en 1742, au pouvoir des Prussiens. Dans la guerre de sept ans, Loudon s'empara de sa citadelle par surprise. En 1807, les troupes bavaroises et wurtembergeoises avaient déjà enlevé le camp retranché qui en défendait l'accès, et, malgré la brillante défense de son commandant, le comte Goetz, qui avait épuisé toutes ses munitions, elles allaient s'en emparer, quand la signature de la paix de Tilsitt vint mettre un terme aux hostilités.

GLAUBER (JEAN-RODOLPHE), chimiste allemand, né en 1604, à Karlstadt, vint se fixer en Hollande, à Amsterdam, où il tint une école publique d'alchimie, et mourut en 1668. Il n'en a pas moins droit à ce titre de *chimiste* que nous lui donnons, à cause des nombreuses expériences qu'il fit et qui le conduisirent à de beaux résultats, entre autres à la découverte du sel auquel est resté son nom. La plupart de ses ouvrages, d'ailleurs, sont plutôt d'un charlatan que d'un savant. Tels sont : *Furni novi philosophici* (Amsterdam, 1648), où l'auteur traite de la transmutation des métaux; *De Medicina universali, sive de auro potabili vero* (Amsterdam, 1658), dont il suffit d'énoncer le titre; *Miraculum mundi*, etc.

GLAUBER (Sel de). C'est ainsi qu'on désigne encore très-fréquemment aujourd'hui le *sulfate de soude*, en commémoration du chimiste allemand qui le trouva le premier en examinant le *caput mortuum*, ou, comme on le disait encore, la *terra damnata*, résidu de la décomposition du sel marin par l'acide sulfurique. Glauber fut si enchanté de sa découverte, qu'il nomma ce sel le *sel admirable* en y ajoutant son propre nom, pour le distinguer, sans doute du sel simplement admirable, qui n'était rien que le sel ammoniac. Le sel de Glauber a encore porté d'autres noms : on l'a appelé *vitriol de soude, soude vitriolée*, et enfin *sulfate de soude*, parce qu'il est une combinaison de soude et d'acide sulfurique. On le trouve dans le commerce cristallisé d'une manière très-confuse en prismes allongés, transparents, à six pans, ordinairement cannelés, terminés par un sommet dièdre. Il est soluble dans moins de trois fois son poids d'eau, fusible au-dessus de la chaleur rouge; et comme il renferme dans l'état de cristal à peu près 0,56 de son poids d'eau de cristallisation, qu'il perd à l'air, il en résulte qu'il est fort efflorescent. Sa saveur, qui a d'abord quelque chose de frais et d'analogue à la saveur du muriate de soude, finit par devenir très-amère. Il existe en assez grande quantité dans la nature, où il se trouve dans les états les plus variés; on le rencontre en dissolution dans les eaux de quelques fontaines, particulièrement dans celles qui contiennent du sel marin, ou bien combiné avec le sulfate de chaux, ou enfin dans les plantes qui viennent au bord de la mer. Suivant Kirwan, il est composé de 23,52 d'acide et de 18,48 de base, avec 58,00 d'eau; anhydre, il est formé, suivant le même chimiste, de 51 d'acide et 44 de base. On obtient le sulfate de soude dans les arts en décomposant le sel marin par l'acide sulfurique. Il est très-employé, surtout dans la fabrication de la soude artificielle; journellement, en médecine, on donne comme purgatif le sel de Glauber, quoiqu'on ne se fie plus guère aux propriétés rafraîchissantes que Cullen lui attribuait, ni aux vertus fondantes que lui reconnaissait la vieille médecine. C'est un des sels neutres les plus usités, soit qu'on le prenne plusieurs jours de suite en dissolution, à la dose de 8 ou 10 grammes, soit qu'on aille d'un seul coup jusqu'à 20, 30 ou 60 grammes. Le sel de Glauber est un purgatif fort innocent, qui serait encore plus employé sans l'amertume désagréable qu'il laisse dans la bouche. Dr Sandras.

GLAUBÉRITE. Cette substance saline, ainsi nommée en l'honneur du chimiste Glauber, a été découverte par M. Duméril, et décrite et analysée par Al. Brongniart; ce qui lui a valu aussi la dénomination de *brongniartine*. Elle s'offre en cristaux semblables à ceux de l'axinite. Elle est composée d'un atome de sulfate de chaux et d'un atome de sulfate de soude, tous deux à l'état anhydre. On rencontre la glaubérite dans le sel gemme ou dans les argiles salifères de Villarubia, près d'Ocaña (Espagne), et d'Aussec et Ischl (Autriche).

GLAUCUS, dieu marin, dont le nom, tout grec, signifie *bleu*, dans notre vieux langage, *glauque*. D'abord simple pêcheur à Anthédon, en Béotie, il bâtit le fameux navire *Argo*, servit de pilote aux argonautes dans leur expédition à la recherche de la toison d'or, eut le malheur de tomber à la mer pendant un combat, et devint alors une des divinités dont les Hellènes peuplèrent les ondes riantes de leur Méditerranée. Ils en firent un fils de Neptune et de Naïs (une naïade); selon quelques autres, son père fut *Polybius* et sa mère Alcyone. Le nom de son père justifie en quelque sorte l'immortalité dont jouit depuis Glaucus; car il veut dire *longue vie*. Un jour ce célèbre pêcheur, ayant vidé ses filets sur le rivage herbu de la mer, vit avec stupeur tous les poissons bondir et se rejeter dans les flots. Curieux de connaître par lui-même la vertu de l'herbe particulière qui croissait en cet endroit, il en goûta, et suivit l'exemple et le chemin de sa pêche miraculeuse. Les humides berceaux des naïades lui plurent tant qu'il y resta. L'Océan et Téthys l'oignirent d'ambroisie; l'immortalité lui entra par tous les pores, et il respire encore, du moins dans la fable. Nérée, le dieu spécial de la Méditerranée, lui donna l'office de prédire, en sa place, l'avenir aux habitants des ondes. C'est lui qui apparut aux Argonautes pendant leur navigation. Les uns veulent qu'il ait appris d'Apollon la science des choses futures; d'autres, que ce soit le dieu de la lumière qui l'ait tenue de ce dieu-poisson. Les Grecs lui élevèrent des temples, dont les oracles furent très-révérés des matelots. Il venait souvent s'ébattre dans la mer de Sicile : ce fut dans ces parages qu'il devint épris de la belle Scylla, qui en eut peur. Le vindicatif Glaucus obtint de Circé qu'elle changeât cette nymphe, célèbre par ses charmes, en un monstre aboyant. Quant à Glaucus, jugez si la nymphe eut raison de s'en épouvanter : voici le portrait qu'en trace un ancien : son corps est replet, quoique nerveux; ses bras, larges et aplatis, ressemblent, par les extrémités, à des nageoires; au lieu de jambes, une queue de poisson se recourbe au bas de ses reins; ses yeux sont bleu de mer, et mouvants comme les vagues; sa barbe longue dégoutte d'eau salée; ses cheveux tombent épars sur ses fortes épaules; ses sourcils touffus se touchent et n'en font qu'un; des algues vertes flottent autour de son ventre, et des mouettes rasent les flots autour de lui; enfin, à cela près du nez épaté et d'une conque à la bouche, on dirait d'un triton. On montrait du temps de Pausanias le saut de Glaucus, comme le saut de Leucade.

De la famille du dieu marin sortit un homme historique, célèbre par sa force, par les palmes qu'il remporta et les statues qu'on lui érigea. Natif de l'Eubée, un de ses poings lui servit d'enclume et l'autre de marteau pour redresser le soc de sa charrue. A la sollicitation de son père, Glaucus se fit athlète, fut une fois vainqueur aux jeux olympiques, deux fois aux jeux pythiens, et huit fois aux néméens et isthmiques. Une île dans l'Archipel, où il fut enterré, porta longtemps son nom.

Un autre Glaucus, dont parle Virgile, vécut dans les temps héroïques. Fils de Sisyphe, roi d'Éphyre, depuis Corinthe, il fut mis en pièces par ses cavales furieuses d'amour, excitées par Vénus elle-même, auxquelles il refusait des étalons. Il était père de Bellérophon, dont un troisième Glaucus, fils d'Hippolochus, fut le petit-fils. L'un des chefs lyciens, sous les ordres de Sarpédon, il vola à Troie, au secours de Priam. Homère le peint comme un guerrier plein de générosité, issu d'une famille si estimée dans toute la Grèce, qu'il avait partout le droit d'hospitalité. Diomède, qui le reconnut dans la chaleur d'une bataille, abaissa sa pique devant lui; ils se jurèrent de s'éviter l'un l'autre dans la mêlée, et ils échangèrent leurs armes. Celles du Lycien étaient d'or, celles du Grec d'airain. De là le proverbe chez les anciens, lorsqu'un échange était défavorable : « C'est le troc de Diomède et de Glaucus. » Ce généreux guerrier fut tué par Ajax.

Un autre Glaucus, fils et successeur d'Épytus, roi de Messénie, vers le dixième siècle avant J.-C., fut célèbre par sa piété, et releva le culte de Jupiter. Un autre, artiste à Chio, inventa le soudage du fer. Un autre, qui était médecin d'Alexandre le Macédonien, fut mis en croix par l'ordre de ce prince, pour n'avoir pu sauver les jours d'Éphestion, celui de ses généraux auquel il portait la plus d'affection.

Denne-Baron.

GLAYEUL, genre de plantes de la famille des iridées. Son nom (en latin *gladiolus*, petit glaive) est justifié par la forme des feuilles de ces végétaux, assez semblable à celle d'un sabre. On compte plusieurs espèces de glayeuls, remarquables par l'élégance de leur port ainsi que par la variété et l'éclat de leurs couleurs. Leurs caractères génériques sont : Racine bulbeuse; fleurs sessiles, disposées en épi terminal, munies chacune d'une spathe lancéolée, persistante; le tube de la corolle très-court, découpé en six divisions profondes, inégales, les trois divisions supérieures droites et souvent conniventes, les trois inférieures étalées et rabattues; trois stigmates; capsule trigone.

La plupart des glayeuls sont originaires du Cap de Bonne-Espérance. Cependant le *glayeul commun* (*gladiolus communis*, Linné) est indigène dans les contrées méridionales de l'Europe. C'est en mai et juin qu'il montre ses fleurs roses, carnées, blanches ou rouges, suivant la variété.

Les espèces exotiques que recherchent les amateurs demandent de la terre de bruyère ou une terre légère mêlée de bon terreau de feuilles. On les plante en pleine terre dans le courant de mars ou d'avril. Leur floraison a lieu en juillet ou en août. On relève les oignons en octobre, et on les conserve dans du sable fin et sec, à l'abri de la gelée, jusqu'au printemps suivant. Parmi ces espèces, les plus belles sont le *glayeul cardinal* (*gladiolus cardinalis*), dont les épis donnent plus de quarante fleurs d'un écarlate vif et brillant, avec trois pétales marqués dans leur milieu d'une grande tache blanche oblonge; le *glayeul tricolore* (*gladiolus versicolor*), où le bas du tube de la fleur est jaune, les divisions rouge écarlate, ces deux couleurs étant séparées par du pourpre noir; le *glayeul magnifique* (*gladiolus pulcherrimus*), à fleurs rose lilacé, à pétales inférieurs marqués au centre d'une tache blanche entourée d'azur; le *glayeul rose* (*gladiolus blandus*), l'un des plus hauts de tous, puisque sa hampe atteint jusqu'à 1m,50; le *glayeul perroquet* (*gladiolus psittacinus*), aux nombreuses fleurs jaunes marquées de taches mordorées; le *glayeul de Gand* (*gladiolus Gandavensis*), l'un des plus beaux de tous, à fleurs d'un vermillon brillant, nuancé de jaune, d'amarante et de vert; etc.

GLAYEUL DES MARAIS, nom vulgaire de *l'iris pseudo-acorus*. Cette plante commune orne les bords des rivières, des ruisseaux, des fossés, des étangs, et de tous les lieux aquatiques en général : les feuilles, en forme de glaive, larges de 3 centimètres environ, s'élèvent à la hauteur de 0m,60 à 1 mètre. La tige, qui acquiert la même élévation, est feuillée et fléchie en zig-zag; elle se termine par trois ou quatre fleurs d'un jaune vif et agréable. Il leur succède une enveloppe triangulaire, renfermant un nombre considérable de graines plates, appliquées les unes contre les autres dans trois divisions séparées par des cloisons. On attribue à la racine une propriété purgative, mais elle est inusitée. Le glayeul des marais n'est aujourd'hui considéré que comme une décoration agréable des localités humides où il prend naissance, mais sans utilité pour les agronomes ni pour les médecins; cependant, sous le règne de Napoléon Ier on essaya de l'utiliser. A cette époque, il fallait remplacer les produits des colonies, que le système continental avait fait monter à un prix excessif; c'était le café surtout qu'on s'efforçait de suppléer, et ce fut alors que la racine de chicorée torréfiée prit un crédit qu'elle n'a point encore perdu : mais s'il avait été possible d'obtenir une décoction dont la couleur rappelle celle de l'hypocrène de Voltaire, comme disent les poëtes, il n'en était pas de même de l'arome ou parfum qui fait le charme principal de cette boisson. On désespérait de trouver aucun végétal indigène qui pût fournir une telle émanation odorante ; cependant, on y parvint au moyen du glayeul des marais. On découvrit que les graines, après leur maturité, et étant torréfiées, exhalent un arome qui rappelle celui du café; mais les organes de l'odorat seuls en profitent, la saveur ne rappelant nullement celle des fèves exotiques; toutefois, on en fit usage pour aromatiser le café de chicorée et pour joindre l'odeur à la couleur. On s'en servit aussi pour composer une boisson assez agréable au goût. Voici quelle est cette composition, dont peuvent se servir, soit à l'eau, soit au lait, les personnes que le café incommode : on torréfie et on réduit en poudre la graine de glayeul suffisamment mûre, tout à fait comme le café, mais seulement à mesure qu'on a besoin de l'employer, parce que l'arome se perd facilement : on en prend une quantité égale à celle du café et on la fait bouillir, suivant le procédé ordinaire, dans une décoction d'avoine; cette céréale, bien lavée et mondée, communique à l'eau un goût de vanille assez prononcé pour être agréable, et de plus charge l'eau de principes nutritifs.

Dr Charbonnier.

GLAYEUL PUANT, nom vulgaire de l'*iris fetidissima*.

GLÈBE (du latin *gleba*, dérivé lui-même du celtique *gleb*, ou plutôt de *globus*, motte de terre). En droit, cette acception a pris une plus grande extension: elle a désigné le fonds d'une terre, la terre elle-même. Chez les Romains, il y avait des esclaves nommés *servi glebæ adscriptitii* (attachés à la glèbe) : c'étaient ceux qui étaient attachés à une metairie, à un domaine; l'usage de vendre ces esclaves avec le fonds auquel ils étaient incorporés passa du droit romain dans le nôtre, et les serfs de la glèbe suivaient le sort de l'héritage auquel ils appartenaient. Le propriétaire de la glèbe jouissait des droits de justice et de patronage. La révolution a balayé de chez nous le droit de *glèbe*, avec tous les autres droits féodaux; mais, il faut le dire à honte de l'humanité, ce droit humiliant a existé jusqu'à ces dernières années dans nos colonies, et existe encore chez les Russes, les Allemands et les Américains.

GLEICHEN (Charles-Henri, baron de), envoyé de Danemark à Paris de 1763 à 1770, période pendant la durée de laquelle son nom se trouve souvent mêlé au récit des petits événements dont se préoccupait alors la société française, fut lié avec tous les hommes remarquables de cette époque, et réussit notamment à se faire admettre et compter pour quelque chose dans la coterie philosophique, alors toute puissante, et où d'habitude on n'admettait et on ne comptait pour quelque chose que des gens d'esprit. Né en 1733, à Remersdorf, dans le pays de Baireuth, il avait fait de solides études à Leipzig ; et à peine sorti de l'université, il était entré au service du margrave de Baireuth, son souverain. Il était venu ensuite, en 1754, à Paris ; et pendant son séjour dans cette capitale il lui avait été donné de vivre dans le cercle élégant et spirituel dont le salon de Mme de Graffigny était le centre. L'année d'après, il alla voyager en Italie, où il retourna encore en 1756, chargé par la margrave de Baireuth, sœur aînée de Frédéric le Grand, d'y faire pour elle l'acquisition de divers objets d'art. C'est à cette occasion qu'il se lia avec M. de Choiseul, alors ambassadeur de France à Rome, qui l'invita à venir passer les deux derniers mois de l'été à la villa qu'il habitait à Frascati. Il arrivait parfois à l'ambassadeur, que des raisons diplomatiques contraignaient encore à s'observer quand il était question du roi de Prusse, de s'exprimer assez irrévérencieusement au sujet de la margrave de Baireuth ; et toujours alors le baron de Gleichen savait prendre la défense de sa souveraine avec autant de tact que d'à-propos. Un jour cependant, à diner, M. de Choiseul l'ayant poussé à bout, Gleichen lui répliqua d'un ton si mordant et si hautain, que le duc, rejetant loin de lui sa serviette en la froissant, se leva brusquement de table. Gleichen aussitôt de demander sa voiture et de se disposer à quitter une maison où on semblait prendre plaisir à le blesser. Mais Mme de Choiseul intervint avec de pressantes instances pour le retenir; et son mari, loin de garder rancune au baron de ce mouvement de juste susceptibilité, lui en sut gré, et le prit plus en amitié que jamais. Un mois plus tard, Frédéric le Grand avait complétement levé le masque, et jeté le gant à la France en envahissant inopinément la Saxe. M. de Choiseul n'avait plus alors de ménagements à garder; mais quand il se disposait à dire du mal du roi de Prusse, il avait grand soin d'en demander préalablement à son hôte la permission en souriant. En 1758, Gleichen fut accrédité près le gouvernement français en qualité de ministre plénipotentiaire; et cet avancement lui fut donné par sa cour, à la recommandation expresse de M. de Choiseul lui-même, devenu alors premier ministre. Deux ans après, en 1760, Gleichen, toujours secondé par la même influence, entrait au service d'une puissance plus importante, et allait représenter le roi de Danemark à Madrid. Il ne resta dans cette capitale que trois années, et obtint alors de permuter avec la légation de Paris, dont il resta titulaire depuis 1763 jusqu'en 1770. Les Mémoires de l'époque citent un grand nombre de fines reparties et de mots heureux du baron de Gleichen. Nous nous bornerons à citer celui-ci : c'était en 1768, à Compiègne, où se trouvait alors la cour. Gleichen, qui revenait de Calais, où il avait accompagné le roi de Danemark, Christian VII, se rendant de là à Londres, faisait la partie d'échecs avec Mme de Choiseul. Les salons avaient fini par se dégarnir peu à peu. Mme de Choiseul, croyant être seule, dit alors à Gleichen : « Savez-vous bien, baron, qu'on dit que votre roi est une tête.... » A ces mots, le ministre de Danemark, lève la tête de dessus l'échiquier, aperçoit quelqu'un placé derrière la duchesse, et se hâte d'ajouter... « Couronnée, Madame! » Mme de Choiseul devine ce qu'elle n'a pu voir, et qu'il y a dans l'entretien un tiers dont elle ne soupçonnait pas la présence : « Ah, pardon, reprend-elle alors, vous ne m'avez pas laissée achever... Je voulais dire que votre roi est une tête... qui annonce les plus belles espérances... »

En 1770 Paris n'avait plus le même charme aux yeux de Gleichen, car les Choiseul, ses amis intimes, avaient perdu leur grande position et étaient exilés à leur terre de Chanteloup. Il accepta donc les fonctions de ministre à Naples, et continua à les remplir dans cette capitale jusqu'en 1779, époque où le gouvernement danois le mit à la retraite. Il se retira alors à Ratisbonne, où, sauf d'assez fréquents voyages, il continua de séjourner depuis et où il mourut, le 5 avril 1807, laissant sur les hommes et les choses de son temps des *Mémoires* fort curieux, qui n'ont vu le jour qu'en 1847.

GLEIG (George-Richard), écrivain anglais contemporain, auteur de divers romans, et à qui on est redevable de nombreux ouvrages théologiques et historiques, est né en 1794, à Sterling, en Écosse. En 1812, il interrompit ses études, commencées à Oxford, pour s'en aller avec un brevet d'enseigne faire la guerre en Espagne, et à l'âge de vingt ans il était parvenu au grade de capitaine. Lorsque la bataille de Waterloo rétablit la paix sur le continent, il céda aux instances de son père, et alla achever ses études à Oxford. A quelque temps de là, il prit les ordres dans l'Église épiscopale, et fut nommé vicaire à Ash, dans le comté de Kent. En 1834 il fut nommé chapelain de l'hôpital militaire de Chelsea, près de Londres; puis, en 1844, chapelain en chef de l'armée; enfin, deux ans apres, inspecteur général des écoles militaires. On a de lui *Histor of the Bible; Guide to the* ord's supper, et *Sermons for plain people;* ouvrages ns lesquels il s'est montré théologien instruit. On trouve s matériaux aussi curieux qu'importants pour l'histoire ns ses *Campaigns of the british army in Washington nd New-Orleans* (4 volumes), dans son *History of British India* (4 volumes), dans ses *Lives of British military ommanders;* enfin, dans l'histoire nationale et populaire qu'il publiée sous le titre de : *The family History of England.* ais c'est surtout comme conteur qu'il a montré le plus de condité. Nous mentionnerons plus particulièrement de lui ce genre : *The Subaltern, The Chelsea Pensioners, The Hussar, The Chelsea Hospital and its traditions, Allan reck, Chronicles of Waltham,* enfin *Stories of Waterloo,* romans qui ont tous obtenu un grand succès.

GLEIM (Jean-Guillaume-Louis), ordinairement appelé *e Père Gleim,* poëte allemand, qui de son vivant parvint un certain renom, naquit en 1719, et mourut le 18 février 803, à Halberstadt, où pendant la plus grande partie de sa vie avait rempli les fonctions de secrétaire du chapitre. Ses œures, en dépit de l'éloge qu'en fait Klopstock dans une de es odes, sont à peu près oubliées aujourd'hui. Ce n'est pas ourtant qu'elles manquent toutes de mérite, elles ne sont énuées ni de grâce ni de finesse; mais ses poésies anacréoniques dégénèrent trop souvent en fadeurs. On répétait parout en Allemagne ses *Chants de Guerre* (Berlin, 1778), à 'époque de la guerre de sept ans. Frédéric II en est le héros; nais il prisait peu, comme on sait, la poésie du terroir, et *e Père* Gleim, appelé par quelques critiques le Tyrtée de 'Allemagne, n'obtint pas même de lui un sourire. Le propre des rois, en tous temps et par tous pays, c'est n'être que d'illustres ingrats.

Frédéric le Grand une fois mort, la patrie allemande et ses plus nobles intérêts inspirèrent seuls la muse du poëte. Ses *Fables et récits, sentences d'or et chants pour les enfants,* ne manquent pas de naïveté, et ses fables sont même en général préférables à celles de Gellert. Son *Alladat, ou le Livre rouge* est un poëme didactique sur la religion naturelle, dans lequel il s'est efforcé d'imiter le style du Koran, fort à la mode de son temps en Allemagne, mais où la monotonie de la forme finit par devenir fatigante.

GLÉNOÏDE (Cavité), surface articulaire de l'omoplate, qui s'articule avec la tête de l'humérus.

GLIADINE (de γλία, γλίας, glu, colle, matière gluante). *Voyez* Gluten.

GLINKA (Feodor-Nikolajewicz), écrivain russe, né en 1788, dans le gouvernement de Smolensk, fit en 1805 la campagne d'Autriche avec le grade d'officier. A la paix, il prit son congé, et se retira dans une terre aux environs de Smolensk, à l'effet de s'y livrer à la culture des lettres. En 1812, quand une armée française envahit le territoire russe, il reprit du service, et resta dans les rangs de l'armée active jusqu'en 1814, d'abord en qualité d'aide de camp du général Miloradowitch, puis dans la garde impériale. Il fut ensuite placé avec le grade de colonel sous les ordres du gouverneur militaire de Pétersbourg. Compromis dans une affaire de société secrète, il fut exilé à Petrosawodsk, où cependant on lui confia les fonctions administratives de conseiller de collége. Il a été pendant quelque temps président de la Société libre des Amis de la Littérature russe, fondée en 1816, dans la capitale.

Glinka est un des meilleurs écrivains militaires qu'ait produits la Russie. On doit sous ce rapport une mention toute spéciale à ses *Lettres d'un Officier russe sur les campagnes de* 1805, 1806, 1812 *à* 1815 (8 volumes; Moscou, 1815). Nous citerons encore de lui : *Chmjelnicki, ou délivrance de la Petite-Russie* (2 vol; Pétersbourg, 1818), et *Présent aux soldats russes* (1818). Comme poëte, Glinka ne mérite pas moins d'attention. A l'époque des guerres napoléoniennes, il sut inspirer de l'enthousiasme à ses compatriotes par ses poëmes, où l'amour de la patrie trouve les plus chaleureux accents et puise le plus souvent une force nouvelle dans l'esprit religieux.

GLINKA (Michel) s'est fait un nom dans ces derniers temps comme compositeur, et notamment par son hymne national russe, paroles de Chukowski. Son opéra *Notre Vie pour le Czar!* représenté pour la première fois en 1837, sur le théâtre de Saint-Pétersbourg avec un grand succès, offre le premier exemple d'un opéra vraiment russe, tant pour les paroles que pour la musique.

GLISSON (Capsule de). *Voyez* Foie.

GLOBE (du latin *globus*). Les géographes sont convenus d'appeler *globes* les sphères sur lesquelles sont tracées les positions des étoiles, ou bien des terres, des mers, etc. L'invention des globes remonte indubitablement à des temps anciens. Le premier observateur intelligent qui voulut faire comprendre d'une manière facile et prompte à ses élèves la position, les mouvements des astres, ne dut pas être longtemps à s'apercevoir qu'un petit modèle du monde (un globe) serait un instrument excellent pour servir de base à ses démonstrations. La sphère terrestre occupant en apparence le centre du monde, l'homme est censé habiter entre deux sphères, l'une convexe, la terre, l'autre concave, la voûte céleste. Qui le croirait? celle-ci ayant été plus tôt et mieux connue que l'autre, la construction du globe céleste a dû précéder l'invention du globe terrestre. Quoi qu'il en soit, la théorie des globes céleste et terrestre est basée sur les mouvements, soit apparents, soit réels, des astres, de la terre, etc. On peut les construire indifféremment suivant l'un et l'autre système, le résultat sera toujours le même.

Quoique la théorie et l'utilité des globes fussent connues depuis longtemps, ce ne fut qu'au seizième siècle, lors de la renaissance des sciences et des arts, époque aussi du développement que commencèrent à prendre les applications des théories de la mécanique, que l'on construisit des globes avec précision, et d'une grosseur inaccoutumée. On remarqua d'abord ceux de Tycho-Brahe, un en cuivre, de 1^m,50 de diamètre, et un autre dont les proportions énormes fixèrent l'attention de Pierre le Grand, qui le fit acheter et transporter à Saint-Pétersbourg. Douze personnes peuvent s'asseoir commodément dans son intérieur autour d'une table, et y faire des observations. Il fut construit par Brousch, de Limbourg : il était céleste à l'intérieur et terrestre à l'extérieur. La Bibliothèque impériale de Paris possède deux globes qui ont 4^m,25 de diamètre. Le cardinal d'Estrées les avait fait construire par Coronelli; dans la suite, il en fit hommage à Louis XIV. On voit encore à Paris deux globes magnifiques en cuivre, et d'un grand diamètre : celui de la bibliothèque Mazarine, exécuté aux frais et par les ordres de l'infortuné Louis XVI; l'autre, chef-d'œuvre d'exécution mécanique, dessiné par Poirson, à qui, dit-on, il avait été commandé pour servir à l'instruction du roi de Rome, fut acheté 36,000 francs par Louis XVIII. On le voit au milieu de la grande galerie de tableaux du Musée du Louvre.

On distingue deux sortes de globes, ceux dits *manuscrits* (tracés à la main), et ceux que l'on couvre de feuilles imprimées. Tous les globes de grand diamètre sont manuscrits. Les globes imprimés sont ordinairement d'un petit volume. Les plus gros que l'on connaisse sont ceux que Coronelli fit exécuter, l'un en France et l'autre à Venise : ils ont 1^m,20 de diamètre; on en voit des exemplaires dans la bibliothèque de Sainte-Geneviève à Paris.

Quant à la construction des globes, elle varie suivant la matière qu'on y emploie. Si le globe doit être en cuivre, par exemple, le chaudronnier en façonnera la sphère. Mais voici le procédé le plus habituel : On fait tourner une demi-sphère en bois dur, aussi exactement que possible, ayant un diamètre un peu moindre que celui du globe que l'on veut exécuter : sur cette demi-sphère, on forme une calotte en cartons superposés et fixés avec de la colle. La taille de ces cartons, appelés *fuseaux*, n'est pas indifférente; c'est même une des opérations de la confection des globes les plus importantes. La demi-sphère en bois étant enduite de savon, on place dessus une couche formée de fuseaux humectés, que l'on assujettit en saisissant leurs pointes par un aiguillon que porte le sommet du moule; sur cette couche, on en fixe une autre, au moyen de bonne colle de farine, et l'on fait en sorte que les fuseaux de celle-ci croisent ceux de la première; on forme et on fixe une troisième couche de la même manière: cela fait, on serre le tout sur le moule au moyen d'un cordon; lorsque la colle est sèche, on enlève le moule, et l'on a une calotte ou demi-moule de carton très-solide. Deux de ces calottes fabriquées sur des moules égaux, étant jointes, forment une sphère entière. On les soude l'une contre l'autre avec de la colle-forte et des bandes de papier; on les retient en cette état au moyen d'un morceau de bois que l'on appelle, à cause de sa forme, *os de mort* : cette pièce sert comme d'axe au globe; ses deux bouts, qui ressemblent à des champignons, en occupent intérieurement les pôles, où ils sont fixés avec de la colle-forte et de petites pointes. Lorsque la sphère est faite, on la couvre de plusieurs couches de blanc d'Espagne délayé avec de l'eau, dans laquelle on a fait dissoudre de la colle de Flandre bien pure. On régularise ces couches de blanc, qu'il faut étendre bien minces, au moyen d'un calibre. Ce calibre est divisé en 180 degrés : en plaçant un crayon sur le 90°, et faisant tourner le globe, on trace sur celui-ci un cercle qui représente son équateur, lequel étant divisé, par exemple, en 24 parties égales, il est facile, en amenant chacune de ces divisions auprès du calibre, de tracer autant de méridiens, en faisant couler une pointe le long de sa surface. Ces divers cercles servent de guides pour mettre à leur place les fuseaux imprimés qui contiennent les configurations des pays, les positions des villes, etc. On fixe ces fuseaux sur le globe avec de la colle d'amidon. Le globe étant fini et verni, on le place dans un méridien de cuivre ou de carton, on l'entoure d'un horizon, etc. On fait aussi des globes imprimés sur des étoffes rendues imperméables, et que l'on gonfle d'air.

Lorsqu'un *globe céleste* est construit avec beaucoup de soin, ce qui est fort rare, on peut par son moyen répondre à un grand nombre de questions sur le mouvement, la position, etc., des étoiles sans le secours d'aucun calcul. Pour cela il suffit de fixer au méridien en carton un petit cercle de même matière, dont le plan soit parallèle à celui de l'équateur, et dont le centre est au pôle élevé. Le limbe de ce cercle est divisé en 24 heures. A l'axe de la sphère est fixée une aiguille dont la pointe se meut sur ce limbe. Donnons quelques exemples des problèmes que l'on peut alors résoudre : 1° *Un jour et une étoile étant désignés, trouver l'heure à laquelle celle-ci passera au méridien*. Pour répondre, voyez sur quel degré de l'écliptique se trouve le soleil ce jour-là; amenez, en faisant tourner le globe, ce point de l'écliptique sous le méridien; mettez l'aiguille de la rosette sur midi; amenez enfin l'étoile sous le méridien : l'aiguille de la rosette indiquera l'heure à laquelle l'étoile doit arriver au méridien; mais il est bon de faire remarquer que si l'étoile doit passer par le méridien avant le soleil, il faut retrancher de 12 heures celle qui est indiquée par l'aiguille, ou bien l'ajouter si l'étoile se lève après le soleil. 2° *Trouver la longitude et la latitude d'une étoile*. Fixez l'extrémité du quart de cercle mobile sur celui des pôles de l'écliptique qui appartient à l'hémisphère dans lequel se trouve l'étoile; tournez le globe jusqu'à ce que l'étoile arrive contre le bord du quart de cercle, l'arc de l'écliptique compris entre le premier point d'arrêt et le quart de cercle mesurera la longitude de l'étoile, et le nombre de degrés comptés sur le quart de cercle, depuis l'écliptique jusqu'à l'étoile, désignera la latitude de celle-ci.

On peut résoudre un grand nombre de problèmes au moyen du globe terrestre, en y adaptant un cadran semblable à celui que nous avons décrit plus haut. Nous n'en citerons qu'un exemple : *Quelle heure est-il à Vienne lorsqu'il est midi à Paris?* Réponse : Comme Vienne est située à l'orient de Paris, il est évident que le soleil arrive dans le plan de son méridien avant d'atteindre celui de Paris : cela entendu Paris étant amené sous le méridien, mettez l'aiguille du petit cadran sur midi, amenez ensuite Vienne sous le méridien, l'aiguille indiquera l'heure qu'il est à Vienne lorsqu'il est midi à Paris. TEYSSÈDRE.

GLOBE (Le). C'est là un titre qu'ont souvent adopté des journaux qui avaient la prétention de tenir leurs lecteurs au courant de tout ce qui arrivait d'important dans les diverses parties du monde et encore ailleurs. Mais de toutes ces spéculations de presse, celle qui a laissé le plus de traces dans les souvenirs contemporains, fut une feuille bis-hebdomadaire, format in-4°, fondée en 1825 par quelques anciens élèves ou professeurs de l'École Normale, détruite peu d'années auparavant par le ministre Corbière. La plupart étaient des hommes complétement inconnus, à qui la vieille presse libérale barrait systématiquement le passage, et qui avaient la prétention, assez fondée, d'être plus aptes à représenter les générations nouvelles, à exprimer leurs idées et leurs aspirations, que les écrivains qui monopolisaient alors à leur très-grand profit l'exploitation de l'opinion libérale, après avoir fait leur apprentissage de la liberté aux gages de la police impériale. La publication du *Globe*, en dépit de la conspiration du silence tout aussitôt ourdie contre les intrus par les différents organes de la vieille presse, ne laissa point que de faire une vive sensation. On n'y traitait pourtant que des questions purement philosophiques ou littéraires et scientifiques; mais les idées qu'on mettait à ce propos en circulation avaient l'avantage d'être neuves, jeunes et quelquefois bien autrement hardies que celles auxquelles la vieille presse avait habitué ses lecteurs. Sous le ministère Martignac, *Le Globe* put, moyennant un cautionnement, aborder le terrain de la politique, et devint alors plus particulièrement l'organe de la coterie connue sous le nom de doctrinaires, composée d'hommes qui croyaient à la monarchie constitutionnelle, mais qui entendaient l'appliquer dans notre pays *à l'anglaise*, sans se soucier des différences profondes existant dans les mœurs et les idées respectives des deux peuples. La révolution de Juillet une fois accomplie, la plupart des rédacteurs du *Globe* se rallièrent au nouveau gouvernement, qui leur distribua force places et force rubans. Dès lors tout dans ce bas monde fut pour le mieux aux yeux de ces journalistes transformés tout à coup en hommes d'État. Ils pensèrent même que la continuation de la publication à laquelle ils devaient leur fortune était maintenant inutile; et, vers la fin de 1830, l'école saint-simonienne acheta à vil prix le fonds de 12 à 1,500 abonnés qu'en cinq années d'existence *Le Globe* était parvenu à recruter. A partir de cette acquisition jusqu'à l'époque de sa mort, arrivée au commencement de 1832, *Le Globe*, rédigé en chef par M. Michel Chevalier et placé sous la haute direction d'abord de Bazard et d'Enfantin, puis d'Enfantin tout seul, servit d'organe aux doctrines politiques et sociales des disciples de Saint-Simon.

GLOBE DE COMPRESSION, fourneau de mines en usage dans les attaques de places, et inventé par le célèbre ingénieur Bélidor, pour crever les contremines de l'assiégé, ou pour faire sauter la contrescarpe et combler ainsi le fossé qui défend l'approche de l'escarpe. Les terres qu'il soulève et rejette au pied de l'escarpe y forment une rampe naturelle, qui permet de tenter l'assaut avec toutes chances de succès.

GLOBE IMPÉRIAL. On appelle ainsi le globe surmonté d'une croix qui sur les monnaies, les médailles, les sceaux, etc., se trouve dans la main des empereurs, et qu'on considère comme un emblème de la souveraineté. La première idée s'en retrouve chez les Romains, qui par là entendaient désigner leur droit de souveraineté sur tout l'univers, comme le prouve une médaille de l'empereur Auguste, sur laquelle on voit trois globes, dont l'un présente cette inscription ASI., le second AFR., le troisième EUR.; syllabes qui correspondent exactement aux trois parties du monde alors connues. Ce globe se retrouve dans la main de l'empereur sur les nombreuses monnaies et médailles des empereurs romains postérieurs, tantôt avec un gouvernail, tantôt avec une corne d'abondance, plus tard orné d'une figure de la Victoire. Le globe lui-même est tantôt entouré d'une ceinture, tantôt sans ceinture. A la déesse de la Victoire on substitua plus tard le signe de la rédemption, la croix chrétienne, qui passa également aux empereurs romains allemands. Dans les occasions solennelles, le globe impérial était porté devant le souverain par un fonctionnaire spécial, l'écuyer tranchant.

GLOBULE. Ce mot, diminutif de *globe*, est souvent employé en physiologie. Il est à remarquer que la forme sphérique exprimée par le mot *globe* se retrouve d'une manière remarquable dans les matériaux qui concourent à la formation des animaux : ainsi, la trame du système nerveux se compose d'une série de points globuleux ; ce sont aussi des lignes également ponctuées qui forment les fibres dont les muscles se composent; le sang, la lymphe, etc., contiennent une quantité de globules si considérable, que ces liquides semblent en être formés en majeure partie. Il en est de même du lait (*voyez* GALACTOMÈTRE). La même organisation se retrouve dans les plantes (*voyez* GIRATOIRE [Mouvement]). Quelquefois le mot *granule* est employé pour *globule;* ce dernier mot sert aussi à désigner le conceptacle de certains lichens.

Dans l'homœopathie, le nom de *globule* a été adopté pour désigner des préparations pharmaceutiques destinées à administrer des substances médicamenteuses à des doses infiniment petites. On prend un grain des substances solides ou une goutte de celles qui sont liquides, et on mêle cette quantité avec 30 grains de sucre de lait pulvérisé préalablement dans une capsule de porcelaine non vernissée ou dont on a dépoli le fond avec du sable mouillé. Le sucre ordinaire ne peut suppléer le sucre de lait, parce qu'il contient plus ou moins de chaux. Le mélange s'opère d'abord avec une spatule en os, ensuite pendant six minutes avec un pilon de porcelaine, qui est également déverni : on détache alors la poudre attachée à la capsule et au pilon, et on la laisse reposer pendant quatre minutes; on recommence cette trituration à deux autres reprises, avec les mêmes intervalles; alors on ajoute 30 grains de sucre de lait aux précédents, et on renouvelle l'opération ci-dessus. Enfin, on ajoute encore 30 autres grains de sucre de lait, ce qui fait 90 en tout. On conserve cette poudre dans un bocal, soigneusement fermé, portant le nom du médicament ainsi divisé avec le signe 100, indiquant que la substance est à son centième degré de puissance : pour porter son énergie à 10,000, on prend un grain de la poudre 100 qu'on ajoute à 90 grains de sucre de lait, comme on l'a détaillé ci-dessus. Pour arriver à un millionnième et plus, on procède de même. Cette extrême division, loin d'atténuer l'énergie des médicaments, l'augmente selon Hahnemann : le changement qu'une trituration prolongée avec une poudre non médicamenteuse ou une longue agitation avec un liquide qui ne l'est pas davantage, produit, dit-il, dans les corps naturels, spécialement dans les substances médicinales, est tellement considérable, qu'il tient presque du miracle. Quoi qu'il en soit de cette assertion, la poudre qu'on a obtenue avec des soins si minutieux sert à composer des globules d'un volume égal à celui des graines de pavot. Telles sont les pilules de la pharmacie homœopathique. Ces médicaments sont d'un transport si facile, qu'on peut porter toute une pharmacie dans sa poche ; et ils permettent en outre, en raison de leur solubilité, d'administrer en liqueur des substances qu'on ne peut employer que sous forme solide. Dr CHARBONNIER.

GLOCESTER (On prononce *Gloster*). *Voy.* GLOUCESTER.

GLOCKNER ou GROSSGLOCKNER, montagne haute de 4,052 mètres au-dessus du niveau de la mer, et située en Autriche, sur les limites du Tyrol et de la Carinthie. Elle se rattache au système des Alpes Noriques, et fait partie du groupe principal de ces montagnes. On n'a souvenir que de deux ascensions du *Glockner*, l'une exécutée au commencement de ce siècle par un géologue autrichien, M. Warlopf; l'autre, en janvier 1853, par deux touristes anglais, MM. Sharpe et Thompson, favorisés dans leur expédition par la douceur exceptionnelle de la température qui régna cet hiver-là dans ces montagnes, les plus élevées qu'il y ait dans tous les États autrichiens.

GLOGAU, appelée aussi *Grossglogau* (Grand-Glogau), pour la distinguer d'*Oberglogau* (Haut-Glogau), dans la Haute-Silésie, place forte importante de Silésie (Prusse), dans l'arrondissement de Liegnitz, sur la rive gauche de l'Oder, compte 12,500 habitants, dont 10,300 protestants et 1,000 juifs, et est le siége de l'administration supérieure de la province, mais n'a point d'importance commerciale ou industrielle : un embranchement du chemin de fer de la Basse-Silésie la relie, à Hansdorf, au grand chemin de fer de la Marche et de la Silésie. Elle est le siége d'une cour d'appel; il y existe un collége catholique et un collége protestant, une école pour les sages-femmes, une école primaire et un beau château.

Glogau, autrefois capitale d'une principauté indépendante, joua un rôle important dans la seconde partie de la guerre de trente ans. En 1741 Frédéric le Grand la prit d'assaut, dans la nuit du 9 au 10 mars, et ajouta alors par des travaux considérables à son système de fortifications. Après la bataille d'Iéna, Glogau fut investie par un corps wurtembergeois aux ordres des généraux Vandamme et Seckendorf; et après une courte résistance elle ouvrit ses portes à l'ennemi. Depuis lors Glogau ne cessa d'avoir une garnison française qu'au 14 avril 1814, jour où, en vertu d'une convention signée par le comte d'Artois, elle fit retour à la Prusse.

GLOIRE. Qu'est-ce donc la gloire, cet attribut de la Divinité, que l'homme a voulu rapetisser à sa taille mortelle, elle, dont la majesté et la durée n'a point de limites? Consiste-t-elle seulement dans un concert unanime d'estime et de louanges, ainsi que le dit le *Dictionnaire de l'Académie*? ou bien est-ce quelque chose de plus indéfinissable. La gloire est plus que de la célébrité; car la célébrité est éphémère, contestable, et s'attache aux bonnes comme aux mauvaises actions; et la gloire, qui serait passagère, contestable, ou établie sur des bases contraires à la morale, cesserait de porter ce beau nom; la gloire est plus qu'un concert de louanges et d'estime, qu'une admiration enthousiaste, car elle pourrait alors être l'ouvrage d'une camaraderie adulatrice. La gloire d'un citoyen, c'est-à-dire cette renommée inattaquable qui donne durant des siècles une puissance prodigieuse et un noble retentissement à son nom, doit être pure et brillante comme le disque du soleil : que l'œil y découvre une tache, quelque minime qu'elle soit, et tout son prestige tombe soudainement; elle a cessé d'exister dès ce moment. Où se trouve donc ce mobile puissant, dont le nom a tant de fois été blasphémé? Dirons-nous, avec le savant, qu'elle est dans une science étroite; avec le poëte, qu'elle est dans ses vers; avec l'artiste, qu'elle est sur la toile, ou dans la pierre, qu'il a animée; avec le navigateur, qu'elle est dans ces découvertes qui ont transporté sur d'autres continents les vices de notre civilisation? Dirons-nous avec les guerriers et les conquérants qu'elle est dans le sang qu'ils ont vainement répandu? Aucun d'eux n'y atteint cependant; car, ainsi que la fortune, la gloire accompagne rarement la mémoire de ceux qui ont usé leur vie à la chercher, et elle vient s'asseoir sur la tombe modeste de celui qui l'a fuie. Sanction de toutes les vertus utiles, de toutes les actions désintéressées, qui ont signalé un citoyen à la postérité, la gloire individuelle ne saurait être renfermée dans la ville, dans le pays qui lui a donné le jour : elle est cosmopolite. Aussi est-il peu de mots que l'on devrait être plus jaloux d'appliquer à propos, car c'est prostituer la gloire que de la prodiguer.

On conçoit dans combien de cœurs l'*amour de la gloire* a dû germer, ne fût-elle, comme tant l'ont dit, qu'une illusion d'autant plus chère qu'elle est plus insaisissable. Malheur à qui n'y a pas rêvé une fois dans sa vie! car son âme est sèche et égoïste; malheur aussi à qui s'est complu à la rêver sans cesse! car chez lui ce beau mobile de toutes les grandes choses a dégénéré en ambition : ce nom troublera sans relâche son bonheur. C'est presque toujours un excessif désir de gloire qui a engendré tous les fanatismes; et les partis, il faut l'avouer, n'ont pas peu contribué à lui enlever son éclat en s'en faisant les distributeurs. Qu'on ne pense pas, d'après ce que nous venons de dire, que la gloire ne puisse être l'apanage que de quelques hommes privilégiés : elle est aussi la récompense de peuples entiers. Leurs succès dans les batailles, leur moralité dans la paix, leurs progrès dans les sciences et les arts, constituent en leur faveur une gloire qui est pour une nation ce qu'est l'honneur pour un particulier.

Gloire se prend quelquefois pour l'honneur et les hommages que l'on rend à Dieu, pour la béatitude céleste dont on jouit dans le paradis. Cette gloire aérienne a été représentée par les peintres et par les sculpteurs. Les premiers ont appelé *gloire* la représentation du ciel ouvert, avec les êtres divins, les anges et les saints; les derniers ont donné ce nom à un assemblage de rayons divergents, entourés de nuages, et au centre desquels on aperçoit un triangle, symbole de la Trinité.

Enfin, les machinistes des théâtres ont désigné ainsi une machine suspendue, entourée de nuages, sur laquelle se placent les acteurs qui doivent monter aux cieux, ou en descendre. Ces *gloires* massives s'enlèvent ou s'abaissent à l'aide de contre-poids.

GLOIRE DE LA MER. *Voyez* CONE (*Histoire naturelle*).

GLORIA IN EXCELSIS, ou *grande doxologie*. C'est une hymne que, dans la liturgie catholique, on chante à la messe. Les premières paroles sont celles du Cantique des Anges dans l'Évangile selon saint Luc. Il les adressèrent aux bergers en leur annonçant la naissance de Jésus-Christ. On ne sait à qui en attribuer la suite, qui est fort ancienne. Quoiqu'on désigne l'ensemble sous le nom d'*hymne angélique*, les Pères de l'Église s'accordent à reconnaître que cette seconde partie est l'œuvre des hommes. Suivant saint Chrysostome, les Ascètes chantèrent cette hymne à l'office du matin; mais de toute antiquité on l'a chantée principalement à la messe, avant la lecture de l'épître, non pas cependant tous les jours : on ne la chantait que le dimanche, à Pâques et aux autres fêtes les plus solennelles. Encore aujourd'hui, dans l'Église romaine, on ne la dit point à la messe les jours de férie et de fêtes simples, non plus que dans l'Avent et depuis la Septuagésime jusqu'au samedi saint exclusivement.

GLORIA PATRI, ou *petite doxologie*, verset par lequel, dans l'Église catholique, on termine le chant ou la récitation de chaque psaume durant l'office divin. Ce sont des paroles de gloire, de glorification; c'est une prière célébrant la grandeur de Dieu et la majesté de la Trinité divine. Elle a en outre pour but de confirmer les fidèles dans la foi du dogme le plus important du christianisme et de les prémunir contre les hérésies. Philostorge, historien du quatrième siècle, donne trois formules du *Gloria Patri* : la première est *Gloire au Père, au Fils et au Saint-Esprit*; la seconde, *Gloire au Père par le Fils dans le Saint-Esprit*; et la troisième, *Gloire au Père dans le Fils et le Saint-Esprit*. Sozomène et Nicéphore en ajoutent une quatrième : *Gloire au Père et au Fils dans le Saint-Esprit*.

La première, qui est en usage dans les églises d'Occident, fut instituée, selon certains auteurs, vers 350 par les catholiques d'Antioche; mais saint Basile, dans son livre *Du Saint-Esprit*, remarque que cet usage était beaucoup plus ancien, quoiqu'il ne fût pas universel. Les trois autres furent composées par les ariens. La seconde était commune à Eunomius, à Eudoxe et à Philostorge. Toutes trois furent rédigées, vers l'an 341, au concile d'Antioche, où les ariens, qui commençaient à ne plus être d'accord entre eux, voulurent avoir des formules conformes à leurs divers sentiments. Les catholiques ortodoxes conservèrent seuls la première. Saint Basile pourtant essaye de justifier la seconde.

Du reste, la formule elle-même des catholiques n'a pas toujours été uniforme. Le quatrième concile de Tolède, tenu en 533, ajouta au mot *gloria* le mot *honor*, et omit les paroles aujourd'hui et depuis longtemps reçues : *Sicut erat in principio, et nunc, et semper*. Cette forme n'était point d'ailleurs particulière à l'Église d'Espagne; l'Église grecque s'en était servie quelque temps, comme il résulte du traité de saint Athanase *Sur la Virginité*. Plus tard, elle a dit : *Gloria Patri, et Filio, et Spiritui Sancto, et nunc, et semper, et in sæcula sæculorum. Amen.* Mais on ignore l'époque de ce changement. Au second concile de Vaison, près de Vaucluse, tenu en 529, il paraît que les mots *Sicut erat in principio* n'étaient pas encore universellement adoptés par l'Église gallicane, puisqu'on y proposa de les introduire dans le *Gloria Patri*, pour prémunir les fidèles contre l'erreur des ariens, qui prétendaient que le Fils n'avait pas existé de toute éternité.

GLORIEUX, qui s'est acquis, qui mérite beaucoup de gloire, beaucoup de louange et d'honneur. Substantivement, ce mot sert à désigner celui qui est plein de vanité, de bonne opinion de lui-même, qui se donne personnellement ce qu'il devrait attendre et mériter des autres. Ce n'est pas tout à fait le fier, ni l'avantageux, ni l'orgueilleux. Le fier tient de l'arrogant et du dédaigneux et se communique peu. L'avantageux abuse de la moindre déférence qu'on a pour lui. L'orgueilleux étale l'excès de la bonne opinion qu'il a de lui-même. Le glorieux est plus rempli de vanité, il cherche plus à s'établir dans l'opinion des hommes; il veut réparer par les dehors ce qui lui manque en effet. L'orgueilleux se croit quelque chose, le glorieux veut paraître quelque chose. Les parvenus sont ordinairement plus glorieux que les autres.

GLORIOLE. C'est en quelque sorte une parodie de la gloire; c'est une excessive vanité, appliquée à de mesquines choses. La gloriole est florissante dans les villes de troisième et quatrième ordre; elle s'épanouit dans les classes moyennes et bourgeoises; c'est aussi le péché mignon des rimeurs subalternes et des vaudevillistes. Paris est pavé d'hommes incompris que la gloriole étouffe. Cette manie douloureuse en a conduit et en conduira beaucoup à Charenton. C'est aussi une cause fréquente d'apoplexies foudroyantes. Quand, après de longues années d'attente, une faveur du pouvoir tombe subitement sur un de ces hommes si satisfaits d'eux-mêmes, les familles ne sauraient trop redoubler autour d'eux d'attention et de vigilance.

GLOSE. Ce mot dérivé du grec γλῶσσα, langue, a plusieurs acceptions différentes, tant au point de vue littéraire que dans l'usage familier. Il signifie l'interprétation de quelques mots obscurs d'une langue par d'autres mots, plus intelligibles, de la même langue. Les gloses dans les anciennes éditions des classiques grecs ou latins étaient ou marginales ou placées dans des notes au bas des pages. Fort souvent ces gloses n'étaient pas plus claires que le texte : c'est ce qu'on a prétendu de la glose du droit romain faite par Accurse. On disait dans ce sens la *glose d'Orléans*, pour indiquer un méchant commentaire plus obscur que le texte, parce que dans l'université de cette ville l'interprétation des lois était plus difficile à comprendre que le texte. Sous ce rapport, les gloses latines qui sont au bas des éditions *Variorum ad usum delphini*, et même dans les *classiques Lemaire*, méritent souvent la qualification de *gloses d'Orléans*. La *glose* diffère du commentaire en ce qu'elle est plus littérale et se fait presque mot à mot. Il est assez ordinaire aux glossateurs, ainsi qu'aux commentateurs, d'être diffus sur ce qui s'entend aisément, et de garder le silence sur les endroits difficiles. Montesquieu a été jusqu'à dire que ces gens-là peuvent se passer de bon sens. Quelquefois la glose d'un auteur ne s'étend pas à certains passages, elle comprend le texte tout entier. Ainsi nous avons des éditions de Virgile, d'Horace et de Juvénal avec des gloses qui embrassent toutes les œuvres de ces poëtes : on y retrouve tout au plus la lettre expliquée, mais jamais l'esprit; et nulle publication ne favorise d'une manière plus funeste la paresse des étudiants.

Dans la conversation, *glose* signifie *critique*. *Gloser* sur le prochain est synonyme de *médire*; *gloser* sur quelqu'un, c'est critiquer sa figure, ses actions.

La *glose* d'un fait exprime des additions faites au récit véridique d'un événement, certaines circonstances inventées par la malignité, et qui courent le monde.

Dans nos vieux poëtes, une *glose* était une sorte de commentaire, ou de parodie d'un auteur, dont on répétait un vers à la fin de chaque sixain ou strophe.

Charles Du Rozoir.

GLOSSAIRE (du grec γλῶσσα, langue), dictionnaire servant à l'explication des mots obscurs ou barbares d'une langue corrompue. Rien de plus célèbre dans la république des lettres que le *Glossaire* ou plutôt les *Glossaires* de Du Cange, l'un de la basse latinité, l'autre de la langue grecque du moyen âge. Après le *Glossaire* de Du Cange, on peut citer le *Glossarium latino-barbarum* de Spelmann, ouvrage excellent, bien que son auteur n'eût commencé à étudier qu'à cinquante ans; le *Glossaire* de Linderborg sur les lois de Charlemagne et de Louis le Débonnaire; le *Glossaire* de François Pithou sur la loi Salique; le *Glossaire* alphabétique de La Monnoie, pour l'intelligence des mots bourguignons et autres qu'il avait employés dans ses Noëls; enfin, de nos jours, le *Glossaire de la Langue Romane*, de Rochefort, qui a tant contribué à mettre en honneur l'étude de l'idiome des troubadours de la langue d'Oc. Aucun ouvrage ne serait plus nécessaire qu'un glossaire général de l'ancienne langue française; mais pour accomplir une telle œuvre il faudrait qu'à toute la patience, à toute l'érudition d'un bénédictin, un homme pût joindre l'heureux loisir dont jouissaient ces doctes cénobites. Charles Du Rozoir.

GLOSSOLOGIE (de γλῶσσα, langue, et λόγος, discours), partie de la médecine et de l'histoire naturelle qui traite de la langue.

GLOSSOPÈTRES (de γλῶσσα, langue, et du latin *petra*, pierre). Ce nom, qui signifie *langues pétrifiées*, a été donné à tort à des dents fossiles de plusieurs espèces de poissons. On les trouve dans plusieurs parties de l'Europe et de la France, ainsi qu'aux environs de Paris.

GLOTTE (du grec γλωττίς, languette, diminutif de γλῶσσα, langue). Les anatomistes donnent ce nom à une ouverture mobile, de forme oblongue, et située à la partie supérieure du larynx. Cette ouverture, comprise entre les cordes vocales, est destinée à donner passage à l'air qui s'échappe ou qui pénètre dans le larynx, soit dans l'acte de la respiration, soit lorsqu'on parle ou qu'on chante. La fente que présente la glotte offre chez l'homme adulte environ 22 à 25 millimètres de longueur dans son diamètre antéro-postérieur, et 4 à 6 millimètres de largeur dans son plus grand diamètre transversal. Ce dernier, très-variable, est moins considérable en avant, où les cordes vocales se rapprochent au point de se toucher vers leur insertion au cartilage thyroïde. L'angle rentrant que forme ce cartilage constitue les limites antérieures de la glotte, qui est bornée en arrière par les deux cartilages arythénoïdes, et sur chaque côté par les muscles thyro-arythénoïdiens ou *cordes vocales*. Ces muscles, que nous trouvons plus rationnel de désigner sous le nom de *lèvres du larynx*, se contractent pendant la formation de la voix, et se rapprochent plus ou moins suivant que le son est grave ou aigu.

Chez la femme et les enfants, les dimensions de la glotte sont beaucoup moins grandes que chez l'homme, et, comme l'a déjà fait observer notre savant confrère le docteur Bourdon, c'est à ce peu de largeur de l'ouverture supérieure du larynx dans le premier âge de la vie qu'est dû l'extrême danger des angines et du croup dans l'enfance. Les dimensions de la glotte peuvent, au reste, varier chez le même individu par les mouvements que les divers cartilages du larynx exécutent les uns sur les autres pour la formation de toutes les variétés de tons dont la voix humaine est susceptible.

Les anciens désignaient aussi par le mot *glotte* une certaine partie de leurs flûtes. Pollux et Hésychius disent que les glottes étaient des languettes ou petites langues qui s'agitaient par le souffle des musiciens. Il paraîtrait d'après cela que les flûtes des anciens étaient des espèces de hautbois, dont les glottes étaient des anches.

Dr Colombat (de l'Isère).

GLOUCESTER ou GLOCESTER, comté d'Angleterre, portant aussi le titre de *duché*, qui est borné par les comtés de Wilts, de Sommerset, de Berks, d'Oxford, de Warwick, de Worcester, de Hereford et de Monmouth. Il forme avec le comté de Worcester la large et fertile vallée de la Saverne, et présente une superficie de 42 myriamètres carrés, dont plus de 40 en terres à blé, pâturages et pacages, naturellement divisée en districts de montagnes, de vallées et de forêts. Le premier, ou *Costwoldistrict*, comprend les montagnes de ce nom, et se prolonge en suivant le bief de partage de la Saverne et de la Tamise, depuis Chipping-Cambden jusqu'à Bath. Le climat en est froid, et le sol léger, naturellement peu fertile, ne laisse pas que de récompenser largement les soins donnés à sa culture en même temps qu'il offre de bons pâturages à d'innombrables troupeaux de moutons. Le district des vallées comprend les terres basses situées le long de la Saverne et de la frontière du nord, jusqu'à Bristol. Le district des Forêts, nommé aussi *Forest of Dean*, d'après une forêt de ce nom, jadis bien plus considérable qu'aujourd'hui, mais toujours riche en hautes futaies, comprend la partie de territoire située à l'ouest de la Saverne jusqu'à Gloucester, puis à l'ouest du Ledden jusqu'à la limite de comté du Hereford, et on y trouve du bois, du fer et de la houille. Les vallées forment la région la plus fertile et la plus riche en herbages; elles nourrissent, celle du Berkeley notamment, les vaches dont le lait sert à la fabrication des célèbres fromages de Gloucester. Les fruits aussi y sont fort abondants. A chaque ferme se trouve joint un verger, dont les produits servent surtout à faire du cidre et du poiré. L'industrie manufacturière et le commerce figurent en outre au nombre des éléments de prospérité du comté; *Stroud* est le grand centre de la fabrication des draps et des étoffes de laine fine. A *Bristol* et dans ses environs on fabrique des articles en étain, en laiton et des verroteries; à Gloucester, des aiguilles. *Cheltenham*, avec ses eaux minérales, est en possession d'attirer chaque année les baigneurs du bon ton. *Tewkesbury*, célèbre à cause de son abbaye, possède d'importantes manufactures de bas de coton, des clouteries, des tanneries, et fait grand commerce en malt et en savon. *Erencester* vante à bon droit ses antiquités romaines. Le comté de Gloucester, divisé en 28 *hundreds*, envoye 15 députés au parlement et compte 431,000 habitants.

GLOUCESTER, chef-lieu du comté, sur la rive gauche de la Saverne et siége d'un évêché, est au total très-régulièrement bâtie. Parmi les édifices remarquables qu'elle renferme, il faut citer surtout la cathédrale, dont la construction remonte à l'année 1047, et qui ne fut terminée qu'au treizième siècle. On y admire, outre une fenêtre qui a plus 27 mètres d'élévation, et qui est garnie des plus magnifiques vitraux qu'on puisse voir, les tombeaux des deux fils de Guillaume le Conquérant, d'Édouard II, de l'évêque Warburton, de Jenner, de Flaxmann, etc. On doit encore une mention particulière au palais de justice, à la nouvelle prison, qui n'a pas coûté moins d'un million de francs à construire, au théâtre et à l'hôpital de cette ville. Gloucester compte plus de 32,000 habitants, dont la fabrication des aiguilles est une des principales industries. Elle s'y fait sur la plus vaste échelle, et on n'estime pas la valeur de ses produits annuels à moins de 25 millions de francs. A cette spécialité il faut ajouter la fabrication des cloches et des articles de verroterie, la pêche, et aussi le commerce, dont les relations sont facilitées d'une manière toute particulière par le canal de Berkeley, d'une profondeur assez grande pour admettre des navires de long cours jusqu'au-dessus de Gloucester, par l'embranchement qui le relie au canal de Bristol, par le canal de la Tamise et de la Saverne, par le *Stroudwatercanal* et enfin par des embranchements de chemins de fer.

Gloucester possède de trois à quatre cents navires et plusieurs bâtiments à vapeur. Jadis station romaine, sous le nom de *Glevum*, désignée plus tard sous celui de *Castra Claudia*, cette ville obtint du roi Jean les droits et priviléges de bourg, et était autrefois fortifiée. L'assemblée du parlement qui s'y tint en 1272, sous le règne d'Édouard Ier, y rédigea les *Statuts de Gloucester*. C'est dans cette ville que Henri III fut couronné. Richard III prenait le titre de *duc de Gloucester*. Lors du siége qu'elle soutint en 1643, la moitié de ses églises furent détruites.

GLOUCESTER (Comtes et ducs de). Parmi ceux qui portèrent le titre de *comtes* ou de *ducs de Gloucester*, les plus remarquables sont :

Robert, comte de GLOUCESTER, fils naturel de Henri Ier, qui pendant la guerre civile remporta, en l'année 1139, sur Étienne de Blois, et au profit de sa sœur la reine Mathilde, l'importante victoire de Lincoln, dans laquelle Étienne de Blois fut fait prisonnier. Il gagna une seconde victoire non moins importante à Wilton, et mourut en 1146.

Jean, comte de GLOUCESTER, fils de Jean sans Terre et frère de Henri III, combattit à la bataille de Lewes, aux côtés de Simon de Montfort, comte de Leicester, beau-frère de Henri III, qui s'était révolté contre ce prince. Plus tard, s'étant brouillé avec lui, il délivra le prince royal Édouard de la prison dans laquelle le comte le détenait. Puis il se plaça à la tête du parti royal, et en 1265 défit à Évesham Leicester, qui périt dans la mêlée. Plus tard une révolte, dans laquelle il échoua, lui coûta une amende de 20,000 marcs d'argent. Peu de temps avant la mort de Henri III, il fut désigné par ce prince comme administrateur du royaume, en l'absence d'Édouard.

Humphry (Onfroy), duc de GLOUCESTER, fils de Henri IV, fut à la mort de son frère Henri V, en 1422, nommé avec le duc de Bedford tuteur du fils encore mineur laissé en mourant par ce prince, qui régna sous le nom de Henri VI ; puis, pendant que Bedford faisait la guerre en France, il resta administrateur du royaume en Angleterre, et à la mort de son collègue, arrivée en 1435, seul tuteur du jeune roi. Le mariage qu'il contracta, en 1425, avec Jacqueline de Hollande, et qu'un divorce rompit en 1430, amena des hostilités entre l'Angleterre et la Bourgogne; et Henri VI n'eut pas plus tôt épousé Marguerite d'Anjou, que l'évêque de Winchester en profita pour, de concert avec Marguerite et le favori du roi, Guillaume de La Pole, devenu ensuite *duc de Suffolk*, renverser Gloucester. Il fut accusé de haute trahison, et le lendemain de son arrestation on le trouva mort dans son lit.

Guillaume-Henri, duc de GLOUCESTER, né en 1743, fils de l'électeur de Hanovre Ernest-Auguste, frère de Georges III, créé duc de Gloucester en vertu d'une proclamation royale en date de 1764, contracta, en 1775, avec la comtesse douairière de Waldgrave un mariage secret, qui donna lieu à des discussions animées dans le parlement. Il mourut en 1807.

Guillaume-Frédéric, duc de GLOUCESTER, son fils, né à Rome, en 1776, fut reconnu comme enfant légitime, et, à l'occasion de son mariage avec une des filles de Georges III, en 1816, obtint le titre d'*altesse royale*, avec droit de préséance sur tous les autres ducs, après les princes du sang royal; ce qui ne l'empêcha pas de continuer à voter avec le parti de l'opposition, notamment lors du procès de la reine Caroline. Il mourut en 1834.

GLOUTERON. *Voyez* BARDANE.

GLOUTON. C'est l'homme qui mange avec avidité, avec excès, par opposition au *gastronome*, qui mange avec goût, esprit et jugement; au *gourmand*, qui mange avec une sensualité de bon ton; au *goulu*, qui ne peut se passer de manger, qui mange honteusement, avec excès. Il y a, on le voit, entre ces quatre mots, assez proches parents du reste, des nuances frappantes, qu'on serait inexcusable de méconnaître. Classons donc d'abord tout à fait à part le *gourmand*, qui n'est qu'un être élégamment sensuel. Nous restons en présence de ses deux excès, le *glouton* et le *goulu*. Le simple adverbe *honteusement* nous suffira pour les différencier. Le *glouton* est un *goulu excessif;* le *goulu* est un *glouton repoussant*. Tous les deux mangent avidement, vite, avec excès et par habitude. Mais le premier étonne, le second répugne. A toute force on se résigne à s'ouffrir l'un; jamais on n'a le courage de supporter l'autre.

Les loups mangent *gloutonnement*,

a dit La Fontaine. A cet égard, que d'hommes seraient dignes d'être loups !

GLOUTON (*Zoologie*), genre voisin des ours, ne renfermant qu'une espèce, le *glouton* de Buffon (*gulo anticus*, A.-C. Desmaret), ayant pour principaux caractères : Pieds pentadactyles, semi-plantigrades, armés d'ongles forts et non rétractiles ; oreilles assez semblables à celles des chats, tête forte ; corps couvert de poils longs et abondants, d'un brun maron ; 38 dents. Cet animal est presque exclusivement carnassier, et doit son nom vulgaire à sa gloutonnerie. Il attaque même les grands ruminants : grimpé sur un arbre, il les attend au passage, s'élance sur eux, les saisit au cou, leur ouvre les gros vaisseaux de cette région, puis, une fois maître de sa proie, la mange avec un tel acharnement, que souvent il s'étrangle. Cependant Buffon, qui avait possédé un glouton vivant, remarque que la captivité change beaucoup leur naturel.

GLU. La glu est une substance visqueuse et tenace, que l'on tire de l'écorce du *houx*, de la racine de *viorne*, et quelquefois des fruits du gui et des sébestes; on en extrait également de la chondrille des vignes. La glu extraite du gui est une des plus anciennes, quoique celle du houx soit connue depuis plusieurs siècles. Nos pères préparaient cette glu avec les baies du gui sacré, tant vénéré par les druides. Ils faisaient bouillir ces fruits dans l'eau, les pilaient, et passaient la liqueur chaude pour en séparer les semences et la peau; ils attribuaient à cette glu des propriétés résolutives et émollientes. Cette méthode est presque généralement abandonnée aujourd'hui, d'abord parce que le gui est plus rare, les forêts étant beaucoup moins nombreuses qu'autrefois, et que l'on préfère employer à cet usage l'écorce de la plante au lieu des baies. Le procédé mis en pratique dans ce dernier cas est assez semblable à celui que l'on emploie pour la préparation de la glu du houx. On fait pourrir l'écorce de gui dans des pots pendant dix à douze jours, dans un lieu humide; on la pile ensuite, et on en fait une bouillie sur laquelle on verse de temps en temps de l'eau de fontaine fraîche; puis on remue souvent le tout avec un bâton jusqu'à ce que la glu y adhère; on la place alors dans des pots que l'on recouvre d'eau que l'on a le soin de renouveler souvent. Cette glu est de beaucoup inférieure à celle du houx, connue sous le nom de *glu anglaise*. Pour obtenir cette dernière, on récolte le houx vers les mois de juin et de juillet; on le fait bouillir dans de l'eau, pour pouvoir le décortiquer plus facilement; après avoir enlevé l'épiderme, on prend ce que l'on nomme la seconde écorce, que l'on fait bouillir pendant plusieurs heures avec de l'eau : elle s'attendrit, et finit par se réunir en masses, que l'on met dans la terre, et que l'on recouvre de cailloux; on en met ainsi plusieurs, couches qu'on laisse pourrir jusqu'à ce qu'elles soient transformées en mucilage, ce qui exige environ quinze jours. On pile alors ces masses dans un mortier; et quand elles sont bien battues, on les lave dans une eau courante, pour enlever les ordures qui peuvent y adhérer; on la conserve ensuite dans des pots. Il n'est pas nécessaire de mettre ainsi les masses en terre pour les transformer en bonne glu, il suffit de les faire fermenter dans des pots, où cela s'opère très-bien, en ayant soin de les placer dans un lieu dont la température soit moyenne. Quand on veut s'en servir, il faut avoir soin de se mouiller les doigts, et mieux, de se les graisser avec de l'huile d'olive, pour que la glu ne s'y attache pas.

Comme toutes les espèces de glu perdent promptement leur force, on en a inventé une artificielle, qui peut se conserver longtemps sans altération; elle consiste dans un mélange d'une livre de glu de houx bien lavée et bien battue avec une certaine quantité de graisse de volaille, de manière à la rendre fluide; on incorpore dans cette masse 30 grammes de bon vinaigre, 15 grammes d'huile, et autant de térébenthine; on fait chauffer le tout jusqu'à l'ébullition à petit feu, en ayant soin de bien remuer; on la conserve ensuite comme les précédentes. Lorsqu'on veut s'en servir, il faut la faire chauffer légèrement; on y ajoute aussi de l'huile de pétrole pour l'empêcher de geler pendant les rigueurs de l'hiver. Cette glu est employée, comme les autres, pour la chasse à la pipée; mais on s'en sert également pour préserver les arbres des insectes et des chenilles qui les dévorent; pour cela, il suffit d'en enduire le pied des arbres.

La glu de bonne qualité, quelle qu'en soit la source, doit avoir une couleur jaune, légèrement verdâtre; cette couleur devient brune en vieillissant, et se fonce de plus en plus avec le temps, qui fait perdre à la glu presque toutes ses propriétés.

Les Américains retirent d'un arbre appelé *glutier* une sorte de glu qui découle naturellement du tronc de l'arbre, auquel ils font des incisions; ils l'emploient comme la glu de France, pour prendre des oiseaux. C. Favrot.

GLUCINE, GLUCINIUM. *Voyez* Glucyne et Glucynium.

GLUCK (Jean-Christophe), compositeur célèbre, naquit à Weissenwangen, dans le haut Palatinat, le 4 juillet 1714. Son père était garde général des forêts du prince de Lobkowitz. De bonne heure il se voua à l'étude de la musique, pour laquelle il annonçait de grandes dispositions. Après avoir appris les principes de cet art à Prague, il se rendit en 1738 en Italie, où Martini lui enseigna les règles de la composition. Son premier opéra, *Artaxercès*, fut composé et représenté à Milan; un autre, *Démétrius*, fut joué en 1742 à Venise. Il en composa un troisième, *La Chute des Géants*, pour l'opéra italien de Londres, où il fut représenté en 1745. Les rapports qu'il eut dans cette capitale avec Arne et avec sa femme, cantatrice de premier ordre, exercèrent une influence décisive sur la simplicité si remarquable de ses ouvrages. Cette première période de sa vie en fut la plus féconde, du moins pour ce qui est de la quantité, car dans un espace de dix-huit années il n'écrivit pas alors moins de quarante-cinq partitions. Mais il s'en faut que toutes témoignent de la grandeur et de la profondeur qui sont le cachet des ouvrages qu'il composa plus tard. Gluck ne fut pas longtemps à reconnaître que les libretti italiens, tels qu'on les fabriquait de son temps, n'étaient pas faits pour supporter de grande musique. Aussi se lia-t-il intimement à Vienne avec un Italien nommé Ranieri di Calzabigi, qui, sortant du sentier battu, composa pour le musicien des drames d'un intérêt suivi. Les opéras d'*Alceste*, d'*Orphée*, et d'*Hélène et Pâris*, que Gluck composa à Vienne de 1762 à 1769 dans le nouveau système, obtinrent un immense succès, et devinrent avec les quelques autres partitions qu'il écrivit encore plus tard la base de l'impérissable célébrité qui s'attache à son nom. Le style noble et élevé du musicien allemand ne rencontra pas moins d'admirateurs enthousiastes à Parme, à Naples, à Rome, à Milan et à Venise, qu'à Vienne. On s'empressa en effet de monter son *Hélène et Pâris* sur les théâtres de ces différentes villes; et le succès qu'il y obtint augmenta encore sa réputation. Le bailli du Rollet, qui s'était lié d'amitié avec Gluck à Vienne, entreprit de transformer l'*Iphigénie* de Racine en opéra, et proposa à Gluck d'en composer la musique. Cette proposition, l'auteur d'*Alceste* l'accepta avec d'autant plus d'empressement qu'il avait fait une étude toute particulière du génie de la langue française. A cette époque il était seul à croire non-seulement qu'un musicien peut en tirer un bon parti, mais encore qu'elle convient peut-être mieux que la langue italienne pour exprimer des sentiments profonds et énergiques. Gluck, voulant léguer à la postérité un monument immortel, passa une année entière à composer la musique de cet ouvrage; mais quand il l'eut terminé, tout ne fut pas fini pour lui. On peut dire, au contraire, que jamais homme ne fut plus abreuvé d'injures et de dégoûts. Le peuple musicien était contre lui, et il ne fallut rien moins qu'un ordre supérieur de son ancienne élève, la reine Marie-Antoinette, pour que son opéra fût reçu. En 1774, le célèbre Allemand vint à Paris, à l'âge de soixante ans, et le 19 avril de la même année on représenta pour la première fois son *Iphigénie*. On accourut en foule à cette solennité. L'ouverture, contre l'usage, fut recommencée à la demande générale. Enfin, l'œuvre entière obtint le plus brillant succès. La même année, son *Orphée* fut représenté, et non moins bien accueilli. Le 23 avril 1776 parut l'*Alceste*, mis en français par du Rollet. Quelques autres opéras qu'il fit représenter ensuite sur la même scène, *L'Arbre enchanté* et *Cythère assiégée*, eurent moins de succès; mais Gluck prit en 1777 une éclatante revanche de ces quasi-échecs en faisant représenter son *Armide*.

Un autre opéra magnifique, et qui fut très-critiqué, malgré le beau succès qu'il obtint, vint terminer sa glorieuse carrière. *Iphigénie en Tauride* fut représentée en 1779. Cet opéra n'a point d'ouverture; et la pièce commence au premier coup d'archet. Peut-être est-ce plus raisonnable que cette table des parties musicales que l'usage place en guise de préface au commencement d'un opéra. La même année on représenta de lui un ouvrage très-secondaire : *Écho et Narcisse*. Il est vrai que le poëme est détestable. On ne sait en vérité quelle raison a pu déterminer Gluck à composer de la musique sur un sujet aussi pauvre et aussi pauvrement traité. Il devait faire encore un opéra de *Roland;* mais, apprenant que Piccinni traitait le même sujet, il jeta au feu sa partition, et ce fut peut-être un grand malheur. Il laissa inachevé l'opéra des *Danaïdes*, que Salieri a terminé d'une manière si remarquable.

On a reproché à Gluck de manquer d'âme, de chant; sa musique, disait-on, n'était qu'un bruit assourdissant. Une opinion qui n'est pas à mépriser, ce nous semble, répondra à cette accusation, renouvelée de nos jours contre Rossini : Jean-Jacques reconnaissait à Gluck le mérite du chant poussé à un très-haut point. Burney, en lui donnant le nom de Michel-Ange de la musique, a tout à fait caractérisé le talent de ce grand compositeur; car si le célèbre peintre a su vivement frapper les yeux par sa touche sévère et énergique, Gluck remue le cœur par sa mélodie toute semée d'inspirations délicieuses. N'oublions pas non plus que c'est à lui qu'on est redevable de l'introduction du trombonne dans l'orchestre; employé avec discernement, cet instrument a produit depuis lors le plus grand effet dans les masses d'harmonie.

En 1787, Gluck était retourné dans son pays natal. Il mourut à Vienne, d'une attaque d'apoplexie, le 15 novembre. On évalue à plus de 600,000 fr. l'importance de la fortune qu'il laissait à ses héritiers. Son buste en marbre, commandé par Louis XVI à Houdon, fut placé l'année suivante dans le foyer de l'Opéra. Gluck a produit d'excellents élèves, parmi lesquels on doit citer Méhul.

GLUCKISTES et des **PICCINNISTES** (Querelle des). Si la politique fait chaque jour éclore des révolutions, le domaine des arts n'est pas non plus exempt de troubles; l'histoire a dû enregistrer la guerre qui surgit de l'antagonisme des systèmes suivis par Gluck et Piccinni dans la composition musicale. On avait répandu que Gluck travaillait en même temps que Piccinni à un opéra de *Roland*. « Tant mieux, dit un gluckiste fanatique, nous aurons un *Orlando* et un *Orlandino*. » Ce mot fut le signal de la guerre qui éclata, en 1778, entre les gluckistes et les piccinistes. Plusieurs fois, les deux partis en vinrent littéralement aux mains.

Le fanatisme musical, l'intolérance artistique, bouleversaient toutes les têtes. Et pourtant, il faut le dire, parce que c'est la vérité, les deux chefs d'école avaient leur part de gloire bien large et bien distincte. Si Piccinni se faisait remarquer par la suavité de sa mélodie, Gluck attachait par l'harmonie puissante de ses chants grandioses.

Les gens de lettres ne restèrent pas étrangers à cette querelle. L'abbé Arnaud et Suard étaient *gluckistes;* Marmontel, La Harpe, Framery, Ginguené, appartenaient aux *piccinistes*. Chaque matin les feuilles publiques débordaient d'injures et d'épigrammes. Cette guerre ne cessa que lorsque Gluck fut retourné à Vienne.

GLUCKSBJERG (Duc de). *Voyez* DECAZES.

GLUCKSBOURG, bourg d'environ 700 habitants, avec un vieux château féodal, construit dans les premières années du seizième siècle, sur les ruines d'une ancienne abbaye de bernardins, à un myriamètre environ de la ville de Flensbourg, dans le duché de Schleswig, fut jadis le siége d'une des nombreuses branches de la maison ducale de *Schleswig-Holstein*. Les ducs de *Schleswig-Holstein-Glucksbourg*, souverains indépendants, avaient le droit de battre monnaie. Le dernier prince de cette maison étant mort sans héritiers, vers 1770, ses possessions firent retour au Danemark. Frédéric VI fit revivre ce titre en faveur d'un duc de *Schleswig-Holstein-Beck*, qui épousa en 1837 sa fille cadette, la princesse Wilhelmine, quand elle eut divorcé d'avec son cousin le prince Frédéric, aujourd'hui roi de Danemark (*voyez* FRÉDÉRIC VII). C'est le plus jeune des trois frères de ce duc de Holstein-Beck ou Glucksbourg qui, de l'agrément des grandes puissances, a été désigné pour hériter de la couronne de Danemark à la mort du roi aujourd'hui régnant, lorsque s'éteindra avec lui la branche mâle *aînée* de la ligne *royale* de la maison de Holstein; les droits incontestables que la branche mâle *cadette* de cette famille, la maison de Holstein-Augustenburg, avait à hériter de la souveraineté, non pas du Danemark, mais seulement des duchés de Schleswig et de Holstein, ayant été mis à néant en 1850, par une décision de ces mêmes grandes puissances, dans l'intérêt du maintien de l'équilibre européen.

GLUCKSTADT, jolie petite ville de 6,000 habitants environ, sur la rive droite de l'Elbe, à l'embouchure d'une petite rivière appelée le Rhinn, est le chef-lieu du duché de Holstein et plus particulièrement de ce que l'on appelait autrefois la *partie royale* de ce duché; aussi la ligne royale des ducs de Holstein prenait-elle le titre de *Holstein-Gluckstadt* dans les diètes de l'Empire, pour se distinguer de la ligne ducale, ou de *Holstein-Gottorp*.

Gluckstadt est le siége de diverses administrations; elle possède un collége réorganisé en 1835, une école de marine, une maison de correction et de travail pour les duchés de de Schleswig-Holstein, un grand dépôt de mendicité, un théâtre (depuis 1841), ainsi qu'un bon port, déclaré port franc dès l'origine de la ville et capable de contenir 200 bâtiments. Les habitants trouvent dans le commerce et la navigation de précieuses ressources. Chaque année ils envoient des navires à la pêche de la baleine, et le profit de ces expéditions est souvent très-considérable.

Ce fut le roi de Danemark Christian IV qui, en 1616, fonda Gluckstadt; plus tard il l'entoura de fortifications et lui accorda d'importants priviléges commerciaux, dans l'espoir d'y attirer une partie du commerce de Hambourg, ce qui ne contribua pas peu à la faire prospérer. Elle tira aussi de grands avantages d'une déclaration qui, en 1623, en fit l'entrepôt du commerce de l'Islande, et d'ordonnances royales en date de 1630 et 1631 qui autorisèrent d'abord les juifs portugais, puis les mennonites, à s'y établir et à y faire le commerce.

Pendant la guerre de trente ans, Gluckstadt fut inutilement assiégée à deux reprises, en 1627 et 1628; en 1643 elle résista également à une attaque de Torstenson. Mais en 1814 elle tomba au pouvoir des alliés, qui ne la restituèrent au roi de Danemark qu'aux termes du traité signé à Kiel. En 1815 ses fortifications ont été rasées.

GLUCOSE (de γλυκύς, doux), nom donné par M. J.-B. Dumas au sucre de raisin, plus connu maintenant sous le nom de *sucre de fécule*. La glucose contient 3 molécules d'eau de plus que le sucre de canne. Elle est ainsi composée: Carbone, 36,3; eau, 63,7.

GLUCYNE ou GLUCINE (de γλυκύς, doux, parce que les sels de glucyne ont une saveur sucrée), substance minérale découverte par Vauquelin dans l'émeraude et le béryl, et qu'on a reconnue, en 1828, être composée d'oxygène et d'une substance métallique simple, le *glucynium*. La glucyne est blanche, sans odeur ni saveur; elle est infusible à un feu de forge, insoluble dans l'eau, mais soluble dans la soude et la potasse caustiques. Elle absorbe l'acide carbonique à la température ordinaire, et, de même que les terres, n'a point d'action sur les couleurs bleues végétales. On l'obtient en pulvérisant le béryl ou l'émeraude, puis en le faisant fondre dans un creuset avec trois parties de carbonate de potasse; après quoi on traite la masse par l'acide chlorhydrique, puis par le carbonate d'ammoniaque; on filtre, on fait bouillir, et la glucyne se dépose à l'état de carbonate.

Dr SAUCEROTTE.

GLUCYNIUM, GLUCYUM, GLUCINIUM, GLUCIUM, ou BERYLLIUM, métal que l'on retire de la glucyne, et qui se présente sous la forme d'une poudre d'un gris foncé, très-difficilement fusible, mais qui à la chaleur rouge se transforme en oxyde blanc, ou glucyne. Cette combustion est accompagnée d'un vif dégagement de lumière. Ce métal se dissout dans les acides forts. Il est sans usages.

GLUTEN, substance d'origine végétale, qui doit son nom à sa propriété glutineuse. Le gluten a été découvert par Baccario, chimiste italien; le procédé de Kessel-Meyer est celui que l'on suit ordinairement pour le préparer : il consiste à prendre de la farine de froment, à la transformer en pâte à l'aide d'une petite quantité d'eau, puis à malaxer cette pâte sous un filet d'eau très-délié; l'eau qui s'écoule d'abord est laiteuse; peu à peu elle devient moins opaque, et finit par sortir limpide : alors l'opération est terminée, et il ne reste plus dans la main que le gluten, dans le tissu duquel un peu de sucre, d'huile et de fécule sont bien demeurés, mais qu'il est impossible d'en séparer. Dans cet état, le gluten est gris blanchâtre, mou, collant, insipide, d'une odeur spéciale, qui tient au mode opératoire employé pour le préparer; il est élastique et peut, comme le caoutchouc, se prêter à de légères tractions, et revenir à son état primitif quand la force qui sollicitait la rupture de son tissu a cessé son action : ajoutons encore que ses particules adhèrent les unes aux autres par leurs bords déchirés, et non par leur surface lisse. Si à l'état humide on l'abandonne à lui-même à la température ordinaire, il ne tarde pas à répandre une odeur infecte, à se putréfier et à devenir filant. Si, avant de l'abandonner ainsi à lui-même, il a été préalablement mélangé avec du sucre, le produit de la fermentation est d'abord de l'alcool, sur lequel plus tard il réagit pour le transformer en acide acétique.

Desséché lentement sous forme de lames minces, il devient d'un gris jaunâtre, brillant, translucide, cassant, et perd son odeur; dans cet état, il peut se conserver indéfiniment. Si on élève la température suffisamment pour le décomposer, il donne, comme les substances organiques d'origine animale, des produits ammoniacaux; il laisse un charbon azoté, brillant et spongieux, qui, calciné avec la potasse, donne du cyanogène. L'eau bouillante fait perdre au gluten ses propriétés glutineuses, le rend plus spongieux et le coagule. L'alcool sépare le gluten en deux parties : 1° l'une qui se dissout : c'est le *gluten* de Berzélius et Einhof, ou la *zymôme* de Taddeï; 2° l'autre qui se coagule : c'est la *gliadine* de Taddeï et l'*albumine végétale* de Berzélius et Einhof. Mais si l'on considère que la zymôme, ou partie dissoute, est acide, que la partie non dissoute, la gliadine, ne l'est point, mais peut, sous l'influence d'un acide, se dissoudre facilement, on arrive à cette conclusion : que la gliadine est la même substance que la zymôme, moins une certaine quantité d'acide nécessaire à sa dissolution. L'éther n'enlève rien au gluten, seulement il le coagule. Les acides acétique, phosphorique, chlorhydrique, sont les seuls qui dissolvent le gluten ; ils le dissolvent avec d'autant plus de rapidité qu'ils sont plus concentrés. L'acide sulfurique absorbe toute l'eau qu'il contient, détermine la formation d'eau aux dépens de ses propres éléments, et met son carbone à nu. L'acide nitrique le décompose avec dégagement de gaz nitreux et production d'acides malique, oxalique, d'amer de Welter et d'une espèce de suif qui surnage la liqueur. L'ammoniaque et la potasse concentrée le dissolvent : ces alcalis précipitent le gluten tenu en dissolution à la faveur d'un acide, et *vice versa*. Le tannin précipite le gluten, et forme avec lui un composé analogue au cuir (tannate de gélatine). M. Braconnot a donné le nom de *légumine* au gluten des légumineuses.

La nature du gluten n'est point encore parfaitement déterminée : on le considère généralement comme composé d'oxygène, d'hydrogène, de carbone et d'azote. Beaucoup d'auteurs sont portés à admettre plusieurs espèces de gluten ; mais il est plus rationnel de penser avec M. Raspail que le gluten de tous les végétaux est le même, et que l'état différent des combinaisons dans lesquelles il est engagé lui imprime des caractères variés : ainsi, par exemple, dans la préparation du gluten, si, au lieu de pétrir la pâte avec les mains, on la pétrit avec un instrument de fer, l'odeur particulière disparaît ; donc elle avait été communiquée par le contact des mains de l'opérateur : en outre, si à l'aide d'un instrument on triture la pâte sous l'eau distillée, le gluten que l'on obtient, abandonné à la décomposition, ne donne plus de produits ammoniacaux, mais acides ; donc l'azote a disparu : dans ce second cas, il paraît probable que pendant la préparation, de l'air a été interposé et de l'azote absorbé par le tissu glutineux. Dans l'hypothèse de la préexistence de l'azote dans le gluten, on peut facilement concevoir l'introduction de sels ammoniacaux par les spongioles, et l'absorption de l'azote atmosphérique par les stomates pendant la végétation. Le lieu qu'occupe le gluten dans la plante est le périsperme : là, il forme des cellules régulières, hexagonales, dans lesquelles sont réunis les grains de fécule ; on n'en rencontre ni dans l'embryon ni dans le péricarpe. Le gluten est donc, pour ainsi dire, le tissu cellulaire du périsperme des céréales. On ne le trouve point partout identique, et quelques graines paraissent fournir, selon les circonstances où elles se sont développées, tantôt de l'albumine végétale, tantôt du gluten. Mais si l'on considère d'une part l'analogie qui existe entre le gluten rendu soluble par les acides acétique, phosphorique, chlorhydrique, avec l'albumine végétale ; si l'on considère d'autre part que partout où on trouve de l'albumine végétale on trouve un acide libre, on ne tardera point à présumer que l'albumine végétale n'est que du gluten modifié et rendu soluble par la présence d'un acide. C'est, du reste, ce que rendent très-probable une foule d'expériences de M. Raspail.

Le gluten est presque inusité en médecine : quelquefois cependant on l'associe au sublimé corrosif, avec lequel il forme une combinaison insoluble dans l'eau, mais soluble dans l'albumine : ce composé, moins actif que le deutochlorure de mercure, agit avec plus d'efficacité que le protochlorure de même base. On se sert avec avantage du gluten filant, ayant déjà subi un commencement de décomposition, pour réunir les morceaux des poteries cassées. Mais le rôle le plus important du gluten est sans contredit celui qu'il joue dans la f e r m e n t a t i o n panaire, la fermentation alcoolique et la g e r m i n a t i o n. Le gluten est le principe le plus nutritif de la farine ; c'est à lui qu'elle doit la propriété de faire pâte avec l'eau : sous son influence, l'amidon, pendant la panification, est transformé en matière sucrée, celle-ci en alcool, et l'alcool lui-même en acides acétique et carbonique. Du gluten, de l'eau, une matière sucrée et une température de 15 à 25°, telles sont les circonstances les plus favorables à la fermentation alcoolique, dont les produits sont de l'alcool et de l'acide carbonique. Enfin, dans la germination, c'est sous l'influence du gluten que les grains de fécule éclatés fournissent une matière sucrée, spécialement destinée à nourrir le jeune embryon pendant les premiers moments de son existence. BELFIELD-LEFÈVRE.

GLUTIER, GLUTTIER ou ARBRE A SUIF. Cet arbre remarquable, qui croît en abondance sur presque tous les points de la Chine, a été ainsi appelé parce qu'il produit une substance qui a toute l'apparence du suif, et qui sert aux mêmes usages. Il atteint à peu près la hauteur d'un cerisier ordinaire : ses feuilles, d'un rouge foncé et éclatant, ont la forme d'un cœur, et son écorce est très-douce. Son fruit est renfermé dans une espèce de cosse ou d'enveloppe assez semblable à celle de la châtaigne, et se compose de trois graines rondes et blanches, de la grandeur et de la forme d'une petite noix, ayant chacune leur capsule particulière, et pourvues intérieurement d'un noyau. Ce noyau est enveloppé d'une pulpe blanche, qui a toutes les propriétés du vrai suif, en ce qui est de la couleur, de la consistance et même de l'odeur : aussi les Chinois s'en servent-ils pour confectionner des chandelles, qui sans aucun doute seraient aussi bonnes que les nôtres, s'ils savaient aussi bien purifier leur suif végétal que nous notre suif animal. Toute la préparation qu'ils lui font subir consiste à le liquéfier et à le mélanger d'une petite quantité d'huile, afin de le rendre plus doux et plus souple. A la vérité, les chandelles qu'ils fabriquent avec cette substance répandent une fumée plus épaisse et projettent une lumière moins brillante que les nôtres ; mais ces défauts tiennent en grande partie à la mèche qui n'est point en coton, et consiste simplement en une petite tige de bois sec tout entourée de moelle de roseau, matière poreuse qui sert à faire filtrer les menues parties du suif attirées par le morceau de bois enflammé, et qui en favorise l'ignition. Le glutier est le *croton sebiferum* des botanistes.

GLUTINE. On a donné le nom de *glutine* à la matière que l'alcool dissout quand on traite le g l u t e n brut par ce véhicule, et qui ne se précipite pas par le refroidissement de la liqueur. Pour l'obtenir pure, on évapore la dissolution alcoolique à siccité ; on la dessèche et on la lave avec de l'éther bouillant. Desséchée à 140° dans le vide, elle offre la même composition que la caséine et l'albumine. Moyenne des analyses de glutine : Carbone 53,27, hydrogène 7,17, azote 15,94, oxygène 23,62.

J.-B. DUMAS, de l'Académie des Sciences, sénateur.

GLYCÉRINE (de γλυκύς, doux), nom donné par M. Chevreul au *principe doux des huiles* de Scheele, produit de la saponification de la plupart des h u i l e s ou des g r a i s s e s. C'est un liquide incolore, inodore, transparent et facilement soluble par l'alcool. La saveur en est sucrée et la consistance sirupeuse. A l'état naturel, la glycérine existe combinée avec les acides oléique, stéarique et margarique.

GLYCINE, genre de plantes exotiques de la famille des papilionacées. L'une de ses plus jolies espèces, la *glycine de la Chine* (*glycine sinensis*) réussit très-bien en pleine terre dans nos contrées. C'est un arbrisseau à tige sarmenteuse, à feuilles ailées, composée de onze à treize folioles lancéolées. Quand cet arbrisseau a atteint toute sa force, un seul pied peut offrir successivement jusqu'à six ou sept cents grappes de fleurs de l'aspect le plus élégant. Il est difficile d'imaginer rien de plus gracieux que ces grappes inclinées, longues de 20 à 25 centimètres, d'une couleur lilas plus ou moins foncé et d'une odeur suave.

GLYCONIEN ou GLYCONIQUE, terme de poésie grecque et latine. Le vers glyconien se composait, selon les uns, de trois pieds, un spondée et deux dactyles, ou d'un spondée, un c h o r i a m b e et un iambe, ou un pyrrhique. C'est l'opinion la plus suivie. Le *sic te diva potens Cypri* est un vers glyconien. Suivant d'autres, il se composerait de deux pieds et d'une syllabe. C'est le sentiment de Scaliger, qui prétend qu'il fut appelé aussi *euripidien*.

GLYKAS (MICHEL), historien byzantin, qui habita la Sicile et l'Italie, vivait au douzième siècle selon les uns, au quinzième, suivant d'autres. Il a composé, en grec, des *Annales*, qui contiennent l'histoire du monde depuis sa création, d'après Moïse, jusqu'au règne d'Alexis Comnène, mort en 1118. Leunclavius, qui a publié cet ouvrage, en latin (Bâle, 1572, in-8°), y a ajouté une cinquième partie, qui le conduit jusqu'au siége de Constantinople. Meursius donna une partie du texte grec, de César à Constantin. Enfin, le livre entier, grec et latin, fut publié par le père Labbe (Paris, 1660, in-folio). Cette édition, la seule complète, fait partie de la *Byzantine* du Louvre et de la nouvelle collection de Bonn. On doit encore à Glykas quelques épîtres intéressantes sur des matières théologiques.

GLYPHE, mot dérivé du grec γλυφίς, et qui s'applique dans un sens très-général, en architecture, à tout trait gravé en creux, à tout canal creusé dans les ornements. Le mot *glyphe* est moins usité que son composé *triglyphe*, qui désigne l'ornement de la frise dorique, consistant en deux glyphes et deux demi-glyphes, séparés entre eux par trois listels.

GLYPTIQUE, mot employé, pour désigner l'art de graver sur pierre fine, et qui pourtant semblerait ne pas devoir s'appliquer aux camées, mais seulement aux intailles, puisque le mot grec γλύφειν signifie *creuser*. On comprend aussi sous la même dénomination l'art de graver sur acier les coins destinés à frapper des médailles. Les anciens ont atteint dans cet art une perfection dont nous sommes encore éloignés. Ils ne nous ont pourtant pas laissé de traités de glyptique, mais seulement dans les ouvrages de Pline on trouve quelques traits relatifs à cet art. Mariette et Natter ont publié à cet égard des traités fort intéressants; on peut aussi recueillir quelques détails sur ce sujet dans plusieurs ouvrages publiés par Winckelmann, Caylus, Eschenburg, Ernesti et Martini; Millin a aussi publié un ouvrage, devenu rare, sur la *glyptographie*, ou étude des pierres gravées.

On voit un grand nombre de monuments de cette nature dans les musées publics, dans les cabinets particuliers; et beaucoup de personnes même possèdent quelques pierres gravées pour leur parure; mais elles ne sont pas toujours antiques, ni d'un beau travail, et on rencontre difficilement des yeux assez exercés pour n'être pas dupes de la friponnerie des marchands. On peut dire que les plus belles pierres gravées sont antiques; pourtant, dans le quinzième et le seizième siècle, on s'est occupé de la glyptique bien plus qu'on ne le fait maintenant. Mais le travail des graveurs de cette époque n'a pas atteint la perfection à laquelle étaient parvenus les artistes grecs.

Parmi les substances sur lesquelles on s'est exercé à la glyptique, les plus nombreuses appartiennent au règne minéral : cependant, on en trouve aussi dans les deux autres, puisqu'on a gravé sur l'ivoire, sur le corail et sur des coquilles, ainsi que sur du citronnier, du buis, de l'ébène, et sur le figuier, *sycomore* des Égyptiens. On a aussi gravé des noyaux de divers fruits. Les pierres ont été employées plus fréquemment qu'aucune autre matière, et les plus précieuses sont les plus dures, puisqu'elles permettent plus de délicatesse dans le travail, un poli plus parfait et dont la pureté se conserve sans altération. L'agate, la calcédoine, la sardoine, la cornaline, sont les pierres dont on a fait le plus d'usage; on a cependant aussi gravé le quartz hyalin, ou cristal de roche, ainsi que des améthystes, des émeraudes, et même du diamant; les Égyptiens ont souvent employé le granit, la basalte, le jaspe, pour leurs scarabées. Parmi les pierres moins dures, on doit citer le lapis-lazuli, la turquoise, la malachite et la stéatite, ou pierre de lard, si fréquemment mise en usage par les Chinois. Les graveurs anciens choisissaient souvent des pierres qui par leur couleur avaient du rapport avec les sujets qu'ils voulaient traiter : ainsi, ils gravaient une figure de Proserpine sur une pierre noire, Neptune et les Tritons sur de l'aigue-marine, Bacchus sur une améthyste, Marsyas écorché sur du jaspe rouge.

Les anciens ont connu l'art d'imiter les pierres précieuses avec du verre coloré. Ils appliquaient aussi des figures blanches sur un fond de couleur, donnant alors au verre un degré de feu suffisant pour les coller sans le faire fondre; c'est ainsi qu'a été fabriqué le vase de Barberin, maintenant à Londres, dans le cabinet du duc de Portland, morceau précieux à la fois par son travail, qui est très-beau, et par sa dimension, qui est de plus de $0^m,30$ de haut : sa conservation parfaite lui donnait aussi un prix immense; mais il a été brisé par la maladresse d'une personne qui, en l'examinant, le laissa tomber. Les modernes se sont aussi exercés dans ce genre de tromperie, et y ont eu même assez de succès; souvent on présente pour une sardonyx ce qui n'est autre chose qu'une coquille gravée et appliquée sur une pierre dure. Les procédés pour graver sur pierres dures sont les mêmes que ceux que l'on voit si fréquemment employer pour la gravure sur verre.

Parmi les pierres gravées des anciens, on remarque surtout celles qui portent le nom de l'artiste par qui elles ont été exécutées; mais on ne doit pas laisser ignorer que souvent des brocanteurs et des faussaires se sont servis de ce moyen pour tromper les amateurs, et cette supercherie n'est pas nouvelle; car elle était déjà employée au temps de Phèdre, qui s'en plaint dans une de ses fables. Ce n'est donc qu'avec la plus grande réserve que l'on doit croire à l'authenticité des noms qui se trouvent sur d'anciennes pierres. Des noms d'artistes célèbres ne doivent se trouver que sur des pierres d'une belle nature et d'un beau travail. La forme des lettres est aussi d'un grand secours pour démêler la vérité d'avec l'imposture. Dans celles des premiers temps, la forme des lettres n'est pas aussi belle que dans celles des graveurs du siècle d'Auguste. Le mélange des lettres grecques et latines, la même lettre figurée de deux manières différentes dans le même mot, sont des marques évidentes de fausseté. On peut en dire autant de l'oubli d'une lettre ou d'une faute grammaticale dans un mot. Des erreurs de cette nature sont très-fréquentes sur les pierres où les inscriptions ont été ajoutées par des graveurs modernes. Il est encore nécessaire de faire remarquer ici que les graveurs romains ont presque toujours écrit leur nom en caractères grecs, et que les graveurs modernes ont suivi le même usage. Ils ont même été plus loin, et ont quelquefois traduit leur nom : ainsi, le graveur Natter, dont le nom en allemand signifie *vipère*, a écrit ΥΔΡΟΣ (hydre), et le savant Winckelmann a cru que c'était le nom d'un artiste grec inconnu.

On s'est aussi mépris sur le sujet de certaines pierres. Ainsi, pendant les siècles de barbarie qui suivirent la décadence de l'empire romain, quelques-unes furent conservées dans les trésors des églises, et une piété peu éclairée donna le nom de saint Jean à un Germanicus, sur un aigle qui indiquait son apothéose; l'impératrice Julie passa pour la Vierge Marie; Caracalla pour saint Pierre; l'apothéose d'Auguste pour le triomphe de Joseph, etc. DUCHESNE aîné.

GLYPTOGRAPHIE. C'est la description des pierres gravées, dont elle suppose la connaissance préalable (*voyez* GLYPTIQUE).

GLYPTOTHÈQUE. Ce mot, composé à l'aide du grec, si on le traduit littéralement, signifie *boîte aux pierres gravées*, comme bibliothèque veut dire *boîte aux livres*. C'est le nom que les savants donnent aujourd'hui aux cabinets de pierres gravées ou de sculptures, et c'est sous cette dénomination qu'est généralement connue la célèbre galerie d'antiques construite à Munich, de 1816 à 1830, sur les dessins de l'architecte Klenze. Voici en peu de mots l'histoire de ce monument.

L'ex-roi de Bavière, Louis Ier, alors qu'il n'était encore que prince royal, avait réuni en Italie une remarquable collection de sculptures anciennes, et c'est pour la recevoir que fut construite la *Glyptothèque*. C'est un parallélogramme avec un portique à huit colonnes d'ordre ionique en marbre rougeâtre : l'édifice comprend une cour intérieure. Il se compose de douze salles éclairées, les unes par le haut, les autres par les côtés, mais toujours de telle façon que les statues soient toutes placées sous un jour favorable. Dans la classification des objets dont se compose la collection, on s'est efforcé de suivre un ordre qui permet d'étudier le point de départ et les progrès successifs de l'art. C'est ainsi qu'on voit l'art grec provenir d'Égypte, progresser, atteindre à une élévation sublime, se maintenir à Rome, puis finir par déchoir pour se relever plus tard.

Les murs de la Glyptothèque sont en pierres de taille, et garnis intérieurement de briques revêtues de stuc, dont la couleur change dans chacune des salles. Les ornements des voûtes sont également variés; les pavés ont été faits avec des marbres du Tyrol et de la Bavière, et les dessins qu'ils représentent ont tous été tracés avec goût.

GMELIN (JEAN-GEORGES), l'un des plus grands botanistes de son époque, né à Tubingen, en 1709, était fils de *Jean-Georges* GMELIN, chimiste distingué (né en 1674, mort en 1728). Après avoir fait ses études à Tubingen, il se rendit à Saint-Pétersbourg, où il prit une part des plus actives aux travaux de l'Académie des Sciences, et où, en 1731, il fut nommé professeur de chimie et d'histoire naturelle. En 1733 il fit partie de la commission envoyée par l'impératrice Anne Ivanovna pour explorer les vastes provinces de la Sibérie et du Kamtchatka; avec lui se trouvaient Delisle, l'historien Müller, et le capitaine Bering. Ce voyage, long et pénible, dura de 1733 à 1744 : publié et bientôt traduit dans toutes les langues, c'est le premier ouvrage qui fournisse de justes notions sur la Sibérie. Gmelin, qui la parcourut en savant naturaliste, en a fait connaître, dans sa *Flora Sibirica* (publiée par Pallas; 4 vol., Saint-Pétersbourg, 1749-1770; édtion du plus grand luxe et devenue aujourd'hui extrêmement rare), les plantes nombreuses, qui y sont classées selon la méthode de *Van-Royen*. Il a aussi donné le récit de son *Voyage en Sibérie* (4 vol., Saint-Pétersbourg, 1742), où sont peints avec la plus scrupuleuse exactitude les lieux qu'il visita, les mœurs de leurs habitants, les riches productions qu'ils recèlent. Il avait quitté la Russie en 1749; il mourut dans sa ville natale, en 1755, et Linné crut devoir honorer la mémoire du plus illustre de ses émules en donnant le nom de *gmelina* à un genre d'arbres épineux de la famille des pyrénacées.

GMELIN (SAMUEL-GEORGES), neveu du précédent, né à Tubingen, avait également été attiré à Saint-Pétersbourg, d'où il partit, en 1768, pour Astrakhan. Dans les années 1770 et 1771 il visita les ports de la mer Caspienne, explora avec soin les provinces de la Perse situées sur les bords de cette grande masse d'eau, et en publia une exacte description. L'amour de la science et l'intrépidité qu'il inspire le conduisirent dans les parties occidentales de ces contrées, infestées de nombreuses troupes de bandits. Parti en avril 1772 d'Enzelli, petite ville de la province de Ghilan, il ne put arriver qu'en décembre 1773 à l'embouchure du Kour, et pénétra jusqu'à Bakou, où il fut très-bien accueilli par Ali-Feth, khan de ce pays. Rejoint alors par une vingtaine de Kosaks de l'Oural, il poursuivait sa route, et n'était plus qu'à quatre journées de Kislar, forteresse appartenant aux Russes, lorsque lui et son escorte furent arrêtés par ordre d'Ourmoï, khan d'un territoire qu'il lui avait été conseillé de ne point traverser, et ce prince se crut le droit de les retenir tous comme otages jusqu'à ce qu'on lui eût rendu ses sujets fugitifs, accueillis par les Russes. Gmelin éprouva la plus dure captivité, ce qui, joint aux fatigues qui avaient déjà altéré sa santé, aux vives inquiétudes dont il était agité, à l'intempérie du climat, à une mauvaise alimentation, hâta sa mort, arrivée à Achmetkent, en juillet 1774. De toutes les peines qu'il essuya, la plus douloureuse fut d'avoir perdu la plus grande partie de ses papiers et de ses collections. Quelques-uns de ces trésors scientifiques furent pourtant envoyés à Kislar, et ce qu'il en restait fut confié, pour les mettre en ordre, à son compatriote Guldenstædt; mais celui-ci étant mort avant d'avoir terminé ce travail, il fut achevé et publié par le professeur Pallas. Ses ouvrages les plus importants sont : *Historia Fucorum* (Saint-Pétersbourg, 1768) et le récit de ses *Voyages en Russie* (4 vol.; 1770-1784).

GMELIN (JEAN-FRÉDÉRIC), autre neveu de Jean-Georges, né en 1746, à Tubingen, mort en 1804, professeur de médecine et de chimie, fut l'un des naturalistes les plus féconds et les plus célèbres du siècle dernier. Indépendamment de quelques dissertations savantes, les ouvrages complets qu'il publia forment huit volumes in-4° et trente-quatre volumes in-8°, tant en allemand qu'en latin.

Cte Armand D'ALLONVILLE.

GNATHODONTE (de γνάθος, mâchoire, et ὀδούς, dent). Blainville désigne sous le nom de *gnathodontes* les poissons dont les dents sont implantées dans les mâchoires, pour les distinguer des *dermodontes*.

GNEISENAU (AUGUSTE NEIDHARD, comte DE), feldmaréchal général prussien, né le 28 octobre 1760, à Schilda, dans la Saxe prussienne, s'appelait originairement *Neidhard;* Gneisenau est un nom emprunté à une terre appartenant à sa famille, et sous lequel il fut anobli. Son père était capitaine au service d'Autriche. Envoyé en Amérique en 1782 comme lieutenant au service d'Anspach-Bayreuth avec un détachement de 400 hommes de renfort, que son souverain louait à l'Angleterre pour lui aider à comprimer l'insurrection de ses colonies, il n'y arriva que fort peu de temps avant la conclusion de la paix, et n'eut pas dès lors occasion d'y prendre part à la lutte. Plus tard il entra au service de Prusse, et passa capitaine en 1789; mais ce fut seulement dans la campagne de 1806 que ses talents commencèrent à être appréciés. Promu alors au grade de major, il fut nommé en 1809 colonel, chef du corps des ingénieurs, et inspecteur des places fortes du royaume. Chargé ensuite d'importantes missions secrètes à Vienne, à Pétersbourg, à Stockholm et à Londres, il rentra en 1813 dans les rangs de l'armée active, et fut alors placé, avec le grade de général major et de quartier-maître général, sous les ordres de Blücher. Après la bataille de Leipzig, il fut créé lieutenant général. Dans la campagne de 1814, il se distingua aux affaires de Montmirail, de Brienne et de Paris. Dans le grand conseil de guerre tenu au quartier général des coalisés, afin de décider si, en présence des prodiges de génie et de tactique que faisait chaque jour Napoléon pour défendre le sol français, et des périls auxquels une bataille perdue exposait l'armée alliée, il ne convenait pas de battre en retraite sur le Rhin, ce fut lui qui fit prévaloir l'avis de marcher droit sur Paris.

Après la paix de Paris, le roi de Prusse le créa comte et lui fit don d'un domaine rapportant 10,000 thalers (40,000 fr.) par an. En 1815 il fut de nouveau chef d'état-major de Blücher. Après la malheureuse bataille de Ligny, il dirigea la retraite de l'armée prussienne de telle sorte que ses divisions réorganisées et prêtes à donner, dont la réapparition sur le champ de bataille dut paraître impossible à Napoléon, décidèrent du succès de la journée de Waterloo. En récompense de ce service, il reçut la grande décoration de l'Aigle Noir appartenant à Napoléon, qui fut prise dans ses bagages. Gneisenau fut alors nommé au commandement du corps d'armée du Rhin, et prit part, comme ministre, aux négociations suivies pour le second traité de paix signé à Paris.

A la mort de Kalkreuth, en 1818, il fut nommé gouverneur de Berlin, et en 1825 feldmaréchal général. Quand, en mars 1831, un corps d'insurgés polonais menaça les frontières de Prusse, Gneisenau fut appelé au commandement du corps d'observation qu'on y réunit. Il succomba le 31 août de la même année à une attaque de choléra, à Posen, où se trouvait établi son quartier général.

GNEISS. Le gneiss est une roche schistoïde à feuillets tantôt plans et tantôt ondulés : sa couleur est variable; elle est formée par le mélange de trois espèces minéralogiques, le mica, le feldspath et le quartz. Le mica forme la base du gneiss : il y est généralement disséminé en lamelles blanches, grises ou nacrées, qui donnent à la roche sa texture fissile ou feuilletée. Le feldspath se subordonne et se soumet en quelque sorte à la disposition lamellaire du mica ; car le plus fréquemment il se présente aussi en lamelles ou en veinules minces, planes ou ondulées, qui suivent avec une grande régularité les incurvations et les inflexions du mica. Mais quelques fois aussi le feldspath est irrégulièrement disséminé en granulations fines et arénacées ; d'autres fois il est déposé en nodules, et d'autres fois il forme de gros cristaux, qui dérangent la stratification du mica, et qui le contraignent à s'infléchir pour embrasser et étreindre leurs contours anguleux. La présence du quartz est en quelque sorte accidentelle ; car il existe des roches nombreuses et puissantes de gneiss parfaitement caractérisées, dans lesquelles l'élément quartzeux ne peut être distingué à l'œil nu. Ainsi deux caractères différentiels distinguent le gneiss du granit. Le premier se déduit de l'aspect physique : c'est la texture feuilletée ou schisteuse de l'un, la texture grenue ou compacte de l'autre ; le second se rapporte à la composition minéralogique : c'est la présence du quartz, arbitraire et accidentelle dans le gneiss, essentielle et constante dans le granit. Cependant, ces caractères, qui paraissent si tranchés, s'éliminent quelquefois par des nuances tellement insaisissables, que toute ligne de démarcation devient impossible à établir : ainsi, la texture du gneiss, d'abord nettement feuilletée, devient lamellaire, puis schistoïde, puis sensiblement compacte ; le quartz, d'abord invisible, s'introduit et s'accumule par degrés, jusqu'à prédominer d'une manière remarquable, et le gneiss ne peut plus être séparé par définition du granit. Toutes ces nuances se présentent souvent dans une seule et même masse minérale parfaitement continue dans toute son étendue. Ou bien encore le mica, d'abord dans des proportions relatives assez modérées, s'accumule et prédomine jusqu'à l'exclusion presque complète du feldspath et du quartz ; alors le gneiss devient micaschiste, et il n'existe pas de distinction possible à établir entre ces deux roches. Ce sont ces modifications dans les proportions relatives des trois éléments constitutifs du gneiss, ce sont les modes variés suivant lesquels ces éléments sont distribués dans la masse même de la roche, ce sont, enfin, les nombreuses substances minérales qui s'y trouvent disséminées, et qui altèrent la pureté du type, ce sont toutes ces circonstances, disons-nous, qui donnent naissance aux innombrables variétés du gneiss.

Le gneiss forme un vaste système de terrains, répandu avec profusion sur la surface du globe, et qui partout se montre à découvert. On peut l'étudier à nu en France, en Allemagne, dans les Alpes, la Norvège, la Saxe, la Suède, la Silésie, l'Indoustan, les monts Himalaya, l'Amérique équatoriale, le Brésil, le Grœnland, etc. Il forme partout des chaînes de montagnes puissantes, qui obtiennent parfois des hauteurs absolues que n'atteignent jamais les autres roches stratifiées, et remarquables surtout par leurs cimes escarpées, qui se dressent en l'air comme des crêtes, déchirées, lacérées par la tempête, et déchiquetées en aiguilles. Tantôt le gneiss est subordonné au granit, tantôt il le domine : dans le premier cas, ces deux roches paraissent de formation contemporaine ; dans le second, le gneiss est probablement postérieur ; dans tous les deux, il forme d'immenses couches stratifiées et parallèles aux couches de micaschiste et de granit avec lesquelles elles se trouvent associées.

Les roches subordonnées au gneiss sont extrêmement nombreuses : c'est la pegmatite, la leptinite, le micaschiste, l'amphibole schisteux, le fer oxydulé, le calcaire primitif. Le gneiss est aussi traversé par de nombreux filons, les uns pyrogènes, les autres métallifères : filons qui tantôt sont nettement séparés de la roche, et qui tantôt, au contraire, semblent s'unir complétement avec elle et s'y confondre ; ils renferment assez généralement de la galène, du cuivre gris ou pyriteux, de l'argent natif ; et la grande formation du gneiss primitif qui s'étend sur la France, l'Allemagne, la Grèce et l'Asie Mineure, a longtemps été regardée comme la roche la plus riche du monde en minerais d'or et d'argent. Enfin, le grenat, le graphite, les pyrites de fer et de cuivre, le pyroxène, le corindon, l'émeraude, sont disséminés en abondance dans la masse même du gneiss.

On distingue dans le gneiss trois variétés principales : le *gneiss commun*, dans lequel le quartz n'est pas visible à l'œil nu ; le *gneiss quartzeux*, dans lequel le quartz commence à dominer ; le *gneiss talqueux*, dans lequel le talc a en grande partie remplacé le mica. BELFIELD-LEFÈVRE.

GNESEN, chef-lieu du cercle du même nom, dans l'arrondissement de Bromberg, grand-duché de Posen, est le siége d'un archevêché, d'un chapitre richement doté, d'une officialité générale, et compte 8,000 habitants. On y voit dix églises catholiques, un temple protestant, et un séminaire catholique, qui est toujours très-fréquenté. Dans l'antique cathédrale reposent les restes de saint Adalbert. Gnesen est la plus ancienne ville de la Pologne ; la tradition porte qu'elle fut fondée par Lech. Elle fut pendant longtemps, au moyen âge, la résidence des rois de Pologne, qui jusqu'en 1320 s'y faisaient toujours couronner.

L'archevêque de Gnesen était jadis, comme primat de Pologne et comme le personnage le plus important du pays après le roi, chargé du gouvernement intérimaire du royaume, lorsque le trône venait à vaquer et en attendant que la diète eût procédé à une élection nouvelle.

GNIDE ou **CNIDE**, ville ancienne et célèbre sur la côte occidentale de l'Asie Mineure, dans la Carie. Bâtie dans une petite presqu'île, près de la pointe du promontoire *Tropium* (aujourd'hui *Crio*), elle avait un aspect riant et animé. Avec l'Hexapole, ou les *Six-Villes*, dont elle était une des principales, elle formait une colonie grecque faisant partie de la Doride asiatique, alors enclavée dans la Carie, malgré les Cariens eux-mêmes. Vénus fut particulièrement adorée à Gnide, qui, avec Cythère, Amathonte, Paphos et Idalie, était, au dire des poëtes, le seul lieu qui eût droit de remiser le char et les colombes de la déesse lorsqu'elle descendait de l'Olympe sur la terre. Elle avait plusieurs temples dans cette ville : le plus célèbre était celui de *Vénus-Doris* ou *Doritis*, du nom de la mère-patrie ; un autre, plus modeste, s'appelait *Vénus Euplæa* ou de la bonne navigation, sans doute la Vénus des matelots. Dans le grand temple, une statue de la déesse nue, le chef-d'œuvre de Praxitèle, faisait l'admiration des trois parties du monde alors connu, qui affluaient dans la presqu'île pour rassasier leurs regards de ces beautés divines. Pour qu'on pût les voir de tous les côtés, des colonnes à jour, bien espacées, formaient l'enceinte du temple, sans doute d'architecture dorique. Nicomède, roi de Bithynie, offrit de payer les dettes de Gnide, qui étaient considérables, si elle voulait lui céder cette statue, connue dans les arts sous le nom de la *Vénus de Gnide*. la ville refusa ; elle préféra à un bénéfice immense l'immortalité que lui donna la mère des amours ; beau choix, auquel Pline rend hommage. On célébrait aussi à Gnide des jeux en l'honneur d'Apollon. Aujourd'hui, plus d'hymnes à la génératrice des êtres ni à l'astre conservateur de la vie ; sur cette côte, seulement le gémissement du flot se fait entendre, et quelquefois le sillage d'un navire qui entre dans son ancienne rade, aujourd'hui *Porto Genovese* (port génois). Au-dessus s'aperçoit à peine un misérable village, *Crio*, près du promontoire de ce nom. On a reconnu sur le sol où gisent les ruines de Gnide les traces de plusieurs édifices publics, de divers temples et de trois théâtres, dont un de 130 mètres de diamètre. Gnide ou plutôt ses décombres touchent presque à *Boudroun*, l'ancienne Halicarnasse, où les marbres brisés et pleins de figures funèbres du tombeau de Mausole, une des sept merveilles du monde, qui exista jusqu'au moyen âge, font aujourd'hui partie intégrante de la citadelle. DENNE-BARON.

GNOMES, peuple fantastique, invisible, d'une nature bénigne, mais plein de sagacité, éclos du cerveau des cabalistes. Chercherons-nous la source de son nom dans le mot grec γνώμη, connaissance ? Cette étymologie, qu'on a omise, paraît probable, tous les génies étant doués dans les mythes d'une certaine prescience. Les thaumaturges assurent que l'air, la terre, l'eau et le feu, fourmillent d'êtres raisonnables, qui par leur nature, leur âme, leurs penchants, participent en toutes ces choses de l'homme, dont ils sont les amis, la sauvegarde, souvent les ministres secrets, quelquefois même les esclaves, sitôt que le créateur, devant lequel ils se tiennent dans une obéissance respectueuse, le leur commande. C'est le bon démon de Socrate. Selon les cabalistes, l'empire du feu aurait été assigné par Dieu aux **salamandres**, celui de l'air aux **sylphes**, celui des ondes aux **ondins**, enfin, celui de la terre, non de sa surface, mais à partir des limbes au centre, aux gnômes. Ces génies, d'une petite stature, dont l'échelle descendante peut aller jusqu'aux proportions les plus minimes, sont quelque peu difformes, les femmes exceptées. Ils se tiennent dans les fissures métalliques du globe, dans les grottes cristallines, sous les roches sous-marines, étincelantes de vertes stalactites; ils ne font que sommeiller légèrement sous les voûtes d'or et d'argent des mines dont ils sont les gardiens. Leurs femmes, les *gnomides*, sont d'une taille d'environ 27 centimètres, mais d'une grâce et d'une perfection indicibles. Un doux sourire tient leur petite bouche toujours éclose; leur voix argentine est comme la vibration de la plus déliée des cordes d'une harpe; elles sont vêtues d'habits étranges, bizarres comme ceux d'un autre monde, mais à mille reflets, et d'un ravissant éclat. Très-silencieuses, leur présence souterraine est quelquefois révélée par le léger bruissement de leurs babouches, dont l'une est une émeraude, et l'autre un rubis creusé. Ainsi que leurs maris, ces charmantes créatures ont leur office : elles sont commises à la garde des diamants, des pierres précieuses, des cristaux que la terre recèle dans son sein. Dieu seul sait de quelle profusion, de quelle variété de pierreries, de toutes couleurs, sans prix, la plupart inconnues aux hommes, leurs robes sont émaillées. Elles ont pour lapidaires les gnômes leurs maris. Les gnomides se pressent en foule sous le sol doré du Mexique, du Chili, sous les sables opulents de Golconde, du Visapour; on assure avoir entendu sous les fondements des palais du Mogol leurs rondes nocturnes : tels sont les contes bleus de l'Orient.

Mais ce n'est pas tout; le peuple gnôme est chargé d'un office bien plus actif : les cabalistes prétendent que toutes les bêtes, depuis le palæothère, le mastodonte, jusques aux atomes microscopiques vivants, sont des machines, des jouets d'enfant, mus, les mâles par les gnomes, et les femelles par les gnomides. C'est aussi un gnome qui vit dans chaque arbre, chaque plante, chaque fleur. Dès qu'un de ces végétaux meurt, c'est que son gnôme s'en est allé : ce sont les hamadryades. Chacun de ces génies se fait, selon ses penchants, ses mœurs, éléphant ou ciron, condor aux ailes de quatre à cinq mètres d'envergure, ou oiseau-mouche, nichant dans une rose. Sophie DENNE-BARON.

GNOMON (en grec γνώμων, indicateur, dérivé de γινώσκω, je connais), instrument propre à mesurer la **hauteur** du soleil. C'est ordinairement un pilier, une colonne, ou une pyramide élevée verticalement. Pour connaître la hauteur méridienne du soleil, il suffit de mesurer la longueur de l'ombre projetée par le gnomon lorsque cette ombre tombe exactement sur la méridienne du lieu. On connait en effet deux côtés dans le triangle rectangle formé par le gnomon, son ombre et le rayon lumineux qui passe par le sommet de l'instrument; on peut donc calculer l'angle de l'ombre et du rayon, qui mesure précisément la hauteur du soleil. C'est ainsi qu'opéra Pythéas, trois cent vingt ans avant notre ère, pour trouver le jour du solstice d'été à Marseille.

Ce mode d'observation est sujet à plusieurs inconvénients, dont le plus grave consiste dans le vague de la terminaison de l'ombre. On a cherché à y remédier en adaptant au sommet du gnomon une plaque percée d'un trou circulaire, au moyen duquel l'image brillante du soleil est projetée sur la méridienne. Mais on a encore une **pénombre** considérable; c'est pourquoi on a muni le gnomon de l'église Saint-Sulpice à Paris, d'un trou en face duquel est placé un verre lenticulaire dont le foyer se trouve sur la méridienne, et qui sert seulement au solstice d'été. Les observations faites à l'aide du gnomon ont permis de constater la diminution progressive de l'obliquité de l'**écliptique**.

GNOMONIQUE, art de tracer les **cadrans solaires** sur une surface quelconque. Cet art est très-ancien : les uns en attribuent l'invention à **Anaximène** de Milet, d'autres à **Anaximandre**, d'autres encore à **Thalès**. Le mot *gnomonique* est dérivé de **gnomon**, parce que les Grecs distinguaient les heures par l'ombre d'un instrument de cette nature.

GNOSE, mot formé du grec γνῶσις, qu'on trouve dans les épîtres de saint Paul, comme dans les dialogues de Platon, et qui signifie à la fois *connaissance* et *science*. Dans les écoles *gnostiques*, qui ont fleuri du deuxième au sixième siècle de l'ère chrétienne, le mot *gnose* désignait une doctrine philosophique et religieuse supérieure à celle du vulgaire, secrètement ou mystérieusement communiquée à un certain nombre d'adeptes et à des degrés très-divers. Quelques écrivains modernes ont appliqué ce mot à l'étude approfondie du christianisme, à peu près dans le sens de saint Paul.

GNOSTICISME. Cet ensemble de doctrines à la fois religieuses et philosophiques est devenu depuis quelque temps l'objet d'études spéciales en France, en Allemagne, en Angleterre, etc. Décrié à titre d'hérésie, à une époque où il suffisait qu'un monument fût peu connu pour être attribué aux gnostiques, le gnosticisme était à peu près abandonné. Sur la fin du siècle dernier, Münter, évêque de Copenhague, y ramena l'attention du monde savant. Bientôt le gnosticisme s'éleva du rang d'une hérésie à celui d'un système de philosophie religieuse d'un caractère et d'une importance propres. Tant qu'à l'exemple de saint Irénée, de saint Épiphane, on jugeait ce système sous le seul point de vue de l'Église, on ne pouvait que le condamner; tous les *gnostiques* étaient autant de Julien l'apostat. Du moment, au contraire, qu'on se fut décidé à voir en eux d'anciens élèves de la Perse, de la Palestine, de l'Égypte et de la Grèce, rendant à certaines idées chrétiennes un hommage sincère, mais ne pouvant pas se détacher entièrement des doctrines, non moins sacrées à leurs yeux, qu'ils avaient puisées dans d'autres écoles et dont ils cherchaient à fortifier la vieillesse par la nouveauté de l'Évangile, un point de vue nouveau était acquis à l'histoire du *gnosticisme*. Dès ce moment, ce système n'était plus une hérésie, il était une transition naturelle du monde ancien au monde moderne; il était, entre le monothéisme et le polythéisme, une de ces combinaisons éclectiques qu'on ne pouvait pas ne pas tenter.

Le gnosticisme était dans le génie du temps où il vint éclore. Dans ce temps, dans les premiers siècles de l'ère chrétienne, l'intelligence humaine cherchait avant tout le mystère, la science cachée, le secret de Dieu et du monde inconnus. L'Égypte, la Perse, la Judée, la Grèce et Rome revenaient à leurs anciens mystères ou en fondaient de nouveaux avec une ferveur extrême. Les générations venaient en effet se ranger sous les bannières des **Plotin**, des **Jamblique** et des **Proclus**, après avoir parcouru avec les **Pyrrhon**, les **Enésidème** et les **Sextus Empiricus** toutes les régions du scepticisme et même de l'incrédulité. Le **christianisme**, loin de combattre ce penchant pour les mystères, devait lui-même le nourrir. Non-seulement sa doctrine renfermait beaucoup de **mystères**, mais ses partisans s'assemblaient d'une manière mystérieuse, ses premiers apôtres avaient formé sous le nom d'*Église* une sorte d'association mystique, et dans les destinées de son auteur tout était mystère : son entrée dans ce monde, sa vie, sa résurrection, son retour auprès du Père qui l'avait envoyé. Dans l'excitation générale où étaient les esprits, cet exemple devait avoir de nombreuses imitations. Vingt ans après la mort de Jésus-Christ, **Apollonius** de Tyane parcourut le monde avec ses disciples, demandant l'initiation à tous les mystères, et s'attribuant le don de faire des miracles. Bientôt suivirent en Judée, en Samarie, en Perse, en Égypte, en Grèce e en Italie une foule de chefs de secte. L'Espagne et la Gaule eurent elles-mêmes leurs associations mystiques. Le premier des gnostiques, Simon le Magicien, après avoir demandé inutilement aux apôtres du christianisme la communication des dons spirituels, se constitua hardiment chef de doctrine et intelligence supérieure.

Nous ignorons ce qu'il se disait bien au juste, soit l'esprit, soit la première puissance du Dieu suprême, mais il est certain qu'il se prétendait son envoyé chez les Samaritains à peu près comme Jésus-Christ l'était auprès des Juifs, et qu'il attribuait également un rôle extraordinaire à sa femme Hélène. Sa doctrine était un reflet du dualisme de Zoroastre. Deux principes, la lumière pure et la ténébreuse matière, présidaient, suivant lui, à toutes choses. De la lumière était émanée, avant que fût le temps, une série d'*éons* ou de génies divins. Des ténèbres ou de la matière, un de ces éons, le *Démiurge*, avait fait le monde et l'homme. Cependant, pour achever la création de l'homme, le Dieu suprême était intervenu. Au corps et à l'âme (considérée comme principe de vie et de sensibilité), il avait ajouté la raison (le principe spirituel). Mais de là même, de cette diversité d'éléments et d'origines, était née une lutte, celle des sens et de la raison, qui fait la base de toute religion et de toute morale. Pour que l'humanité pût atteindre à ses hautes destinées, il fallait que le principe de lumière l'emportât sur celui des ténèbres. La lutte était grave, car elle n'était pas dans l'homme seul; toutes les existences y prenaient part, surtout les éons. Auteurs du genre humain, les éons s'en étaient fait adorer; usurpateurs des hommages dus à l'Être suprême, pour continuer à jouir de ces hommages ils avaient cherché sans cesse à maintenir leur domination par la terreur. Le dieu des Juifs était l'un d'eux. Mais, d'un autre côté, le Dieu suprême était venu au secours des âmes engagées dans cette lutte. Aux Grecs il avait envoyé le *Saint-Esprit* (singulière opinion, mais opinion reçue), aux Juifs *Jésus-Christ :* aux Samaritains il envoya le premier et le plus pur des éons, *Simon*, la grande manifestation de sa puissance.

Un disciple de Simon, *Ménandre*, Samaritain comme lui, se présenta sous le voile des mêmes fictions, et eut un plus grand nombre de partisans. Mais dès la fin du premier siècle on renonça chez les gnostiques à des prétentions aussi extraordinaires, et que Montanus et Manichée purent à peine faire agréer auprès de leurs adeptes. Le juif Cérinthe, qui avait connu saint Jean dans sa vieillesse, se rapprocha, au contraire, du christianisme, tout en expliquant d'une manière nouvelle l'origine et le succès de cette religion. Au Juif Jésus, dit-il, le plus parfait des hommes, s'est uni le premier des éons, le Christ, puissance du premier ordre, sauveur surnaturel, qui est descendu sur lui au baptême du Jourdain, a guidé toute sa carrière terrestre, ne l'a quitté qu'au moment de la passion, et reviendra s'allier à lui de nouveau après la résurrection, pour l'établissement du règne mystique des mille ans.

Sorti de la Samarie et de la Judée, transplantée en Syrie, la *gnose* se présenta sous une face nouvelle. *Saturnin*, qui s'en constitua l'organe, profita d'un mot dit par saint Paul pour rattacher tout un système à cette idée d'un Dieu inconnu, que l'apôtre signalait aux Athéniens. Les sept éons qui ont créé le monde, disait-il, et dont un d'eux se fit adorer par les Juifs sous le nom de *Jéhovah*, ont laissé ignorer leur maître aux mortels; ils leur ont appris, au contraire, à connaître le mal. Ils allaient sans cesse les pervertissant, lorsque le Dieu suprême résolut d'envoyer aux mortels un sauveur qui les relevât de leur chute. Ce sauveur, le *Christ*, apparut chez les Juifs sous une forme humaine; mais son corps n'était nullement de chair (doctrine appelée *dokétisme*). Révélant aux mortels le Dieu inconnu, il leur apprit à se rapprocher de lui par la vertu, la prière, le jeûne et l'abstinence, par tous les moyens de purification.

Les partisans de ce théosophe furent nombreux. Deux de ses compatriotes, Tatien et Bardesanes, en développant quelques-unes de ses idées, fondèrent des écoles nouvelles, et communiquèrent leurs spéculations à une multitude de fidèles. Les mœurs des Tatianistes ou Encratites et celles des Bardesanites étaient d'une pureté qui touchait au rigorisme : leurs théories n'en étaient que plus entraînantes. Bientôt un gnostique d'Alexandrie, Basilides, qui florissait au commencement du deuxième siècle, présenta un système de philosophie religieuse bien plus développé que celui de Saturnin. Au Dieu suprême il adjoignit tout un *plérôme* d'intelligences célestes, émanées les unes des autres et se réfléchissant les unes les autres, au nombre de 365. Ce nombre est exprimé par ces lettres grecques ΑΒΡΑΞΑΣ (*abraxas*), mot mystérieux chez les gnostiques, surtout chez les basilidiens, qui le placèrent sur un grand nombre de pierres gravées. Les moyens d'initiation qu'employèrent les basilidiens, et les riches développements que Basilides et son fils Isidore donnèrent au gnosticisme; la brillante théorie qu'ils posèrent sur la chute des intelligences pures et la carrière des migrations qu'elles ont à parcourir pour opérer leur purification (*lytrosis*) et leur palingénésie, leur valurent un grand nombre de partisans.

Cependant, un autre théosophe d'Alexandrie, plus savant et plus habile, vint bientôt, en posant la gnose sous sa forme la plus complète, préparer la chute du système de Basilides. *Valentin*, qui vécut dans les premières années du troisième siècle, donna non-seulement l'arbre généalogique du *plérôme* céleste et du monde des éons; il expliqua encore les destinées de ces éons et celle des hommes, destinées passées et futures, aussi bien que destinées présentes, et le tout d'une manière si complète, qu'après lui la gnose elle-même n'avait plus rien à enseigner. Ses prédécesseurs s'étaient attachés principalement au système de la Perse, au dualisme et à la doctrine de l'émanation; Valentin s'attacha surtout à la théogonie égyptienne et à la théosophie kabbalistique. Son plérôme se composait de trente éons, ou de quinze couples, distingués en trois classes, de telle sorte qu'il y en avait quatre dans la première, cinq dans la seconde, six dans la troisième. C'étaient l'ogdoade, la décade et la dodécade de la théogonie égyptienne. Mais les éons dont il composait ces trois classes étaient calqués sur les sephiroth de la kabbale; et comme dans la théogonie égyptienne ce sont quelques agents secondaires qui s'occupent le plus des destinées de l'homme, tels que Horus et Hermès-Psychopompe, dans la pneumatologie de Valentin, ce sont aussi quatre agents secondaires, *Horus*, le *Christ*, le *Saint-Esprit* et *Jésus*, qui président au sort de l'espèce humaine. Le rôle d'Isis, au contraire, est échu en partie à Sophia Achamoth. La psychologie de Valentin est aussi riche que sa théogonie. Des hommes, il fait trois classes : les pneumatiques, les psychiques, et les hyliques (ὕλη, matière]). Le principe pneumatique qui anime les premiers est seul destiné, lors de la grande palingénésie, à rentrer dans le plérôme. Les psychiques s'arrêteront dans la région planétaire. Les hyliques ne sont pas immortels; ils ne sauraient recevoir l'initiation aux mystères de la gnose, et les psychiques ne sauraient obtenir des génies stellaires la permission de traverser la région planétaire pour passer dans la sphère des intelligences supérieures. Valentin exposa ses doctrines en Chypre et à Rome comme en Égypte, et se fit partout de nombreux adeptes.

Une école qui se détacha de la sienne, mais dont le fondateur est inconnu, celle des *ophites*, l'éclipsa avec d'autant plus de succès qu'elle employa plus de moyens extérieurs. Dans ses initiations figuraient non-seulement des peintures allégoriques (le diagramme, que nous dépeint Origène), mais des serpents vivants étaient dressés avec soin pour ajouter à la magie de ce culte secret. En Cyrénaïque, la gnose, enseignée par Carpocrate, se présenta avec d'autres séductions, celle des plus licencieux principes de morale. Des théories contraires, théories d'un rigorisme exalté, furent présentées par Marcion et Cerdon, qui vinrent en Italie. L'un et l'autre enseignaient un christianisme enfin épuré, disaient-ils, des grossières erreurs dont quelques apôtres, incapables de se détacher du judaïsme, l'avaient entaché. Ils proposaient même un Nouveau Testament entièrement revu! Présentées à Rome, où prévalaient déjà des doctrines nettement arrêtées, ces idées ne pouvaient qu'échouer; mais les marcionites furent nombreux en Asie, en Afrique, dans les îles. D'autres gnostiques, les *marcosiens*, inondèrent le diocèse de Lyon, et les *priscillianistes* l'Espagne. Mais le temps de la spéculation théosophique et mystique était passé. Au cinquième siècle, la législation impériale, qui ferma les dernières écoles de la philosophie, ferma aussi les dernières écoles de la gnose. Les débris des gnostiques se refugièrent chez les *manichéens*, les *pauliciens* et d'autres sectes analogues. On peut suivre les traces de leurs doctrines jusque chez les *bogomiles*, les *catharins*, les *albigeois*, les *stadinguiens*, etc.. MATTER.

GNOSTIQUES. Nous donnons aujourd'hui ce nom à tous ceux qui ont fait partie d'une des nombreuses écoles de la *gnose*; mais en cela notre langage diffère beaucoup de celui des gnostiques eux-mêmes. Une seule de leurs sectes portait chez eux le nom spécial de *gnostiques*, et celle-là était loin d'être soit la plus nombreuse, soit la plus célèbre de toutes; les autres se désignaient, comme les écoles des anciens philosophes, d'après le nom de leur chef. Quel qu'il soit, notre langage a peu d'inconvénients; car, malgré les divergences profondes qui distinguaient les diverses doctrines des *gnostiques*, ces doctrines avaient toutes quelques principes communs, et leur ensemble peut convenablement être désigné sous le nom de *gnosticisme*, qu'on leur a donné.

GNOU, espèce du genre *antilope*. Le gnou (*antilope gnu*, Gm.) vit dans les montagnes, au nord du Cap, en troupes nombreuses. Ses cornes, élargies et rapprochées à leur base, descendent d'abord obliquement en devant et se redressent ensuite brusquement. Son mufle, large, aplati, est entouré d'un cercle de poils. Le pelage est brun, excepté à la base de la crinière et à la queue, garnie de longs poils blancs. Le chanfrein est orné d'une touffe de poils longs, roides, dirigés vers le front. Une barbe, un fanon avec crinière, complètent les caractères du gnou, dont le corps est assez semblable à celui d'un petit cheval à jambes fines.

GOA, île située sur la cote occidentale du Dekkan, dans la presqu'île du Gange, par 15° 29' 30" de latit. N., et 71° 33' 0' de long. E., s'appelait autrefois *Tissouari*, et à l'époque où Albuquerque en fit la conquête, en 1503, était habitée par une population d'origine arabe. Le fleuve sacré, *Mandava*, qui descend des monts Ghattes et se jette par plusieurs embouchures dans le golfe de Goa, la sépare de la terre ferme; et des autres cotés, deux bras de mer l'entourent.

Le *gouvernement de Goa* actuel, dépendance du royaume du Portugal, et composé des provinces de Salsete et de Bardes, pays de nouvelle acquisition jusqu'au Bonhulo, avec les sous-gouvernements de Damao et de Diu, dans la province de Goùzourate, comprend une superficie de 155 myriamètres carrés et une population totale de 440,000 âmes. En 1807, les Anglais s'emparèrent de cette île; mais, à la paix de 1814, ils la restituèrent aux Portugais. Quand dom Miguel usurpa la souveraineté en Portugal, le gouvernement de Goa se déclara en faveur de dona Maria.

La *ville de Goa*, qui depuis 1559 est le siége du gouverneur général et de l'archevêque primat des possessions portugaises dans les Indes orientales, a le port le plus spacieux qu'on trouve dans toute l'Inde. Il est bien fortifié, et l'accès n'en est permis qu'aux navires portugais. Mais il offre peu de sécurité, à la saison des pluies; on se sert alors d'un port appelé *Marmugon*, et situé non loin de là. L'air est très-mal sain à Goa; et on est obligé d'aller chercher sur la terre ferme l'eau douce nécessaire à la consommation des habitants. A l'époque de la domination des Portugais dans l'Inde, et surtout lorsqu'ils eurent perdu Malakka, Goa devint le grand centre de leur commerce. Les édifices publics, en ruines pour la plupart, mais parmi lesquels les églises de Saint-Cajetan, de Saint-Pierre et de Saint-Dominique, le couvent des Dominicains et le palais de l'Inquisition sont encore en assez bon état, et témoignent de la grandeur et de la prospérité aujourdhui disparues de cette ville, où indépendamment du vice-roi, auquel obéissaient toutes les possessions portugaises depuis le Cap de Bonne-Espérance jusqu'à Macao, siégeaient aussi toutes les autres autorités supérieures. La juridiction du tribunal de l'inquisition établi à Goa, supprimé définitivement en 1815, après avoir déjà été l'objet de restrictions successives, s'étendait sur tous les Indiens convertis au christianisme et sur tous les Portugais établis aux Indes, le vice-roi, l'archevêque et son coadjuteur seuls exceptés. Une fois la plus grande partie des possessions portugaises dans les Indes tombées au pouvoir des Hollandais et des Anglais, la décadence de Goa fut rapide; et une épidémie qui la ravagea au comment cement du dix-huitième siècle la réduisit à n'être plus qu'un désert. La plupart des Portugais l'abandonnèrent pour aller fonder à l'embouchure du Mandava la Nouvelle-Goa, *Villa nova de Goa*, appelée aussi *Pandgim*, de sorte que la Vieille Goa, comme on appela dès lors cette ville, ne contient plus guère aujourd'hui que quelques centaines d'Hindous catholiques et un petit nombre de moines et de religieux; tandis que la nouvelle Goa, ville parfaitement bâtie et devenue la résidence du vice-roi des possessions portugaises dans les Indes et de toutes les autorités supérieures, ainsi que la cour suprême de justice (*Casa de relaçao*), compte environ 20,000 habitants. Ses distilleries d'arak sont en grand renom. Quant au primat des établissements portugais, il réside actuellement à *San-Pedro*, ville située à peu de distance.

GOBBE. *Voyez* ÉCAGROPILE.

GOBBO. *Voyez* ARTICHAUT.

GOBBO (IL). *Voyez* BONZI.

GOBEL (JEAN-BAPTISTE-JOSEPH), premier évêque constitutionnel de Paris, naquit à Thann (Haut-Rhin), le 1er septembre 1727. Il fut élevé à Rome, au collége germanique, où il se distingua par son application et sa conduite. L'évêque de Porentrui se l'attacha, et le nomma chanoine de son chapitre. Le 27 janvier 1772, il devint évêque de Lydda, *in partibus*, et suffragant de l'évêque de Bâle pour la partie française de ce diocèse. Il résidait en France en cette qualité, lorsque, en 1789, le clergé de Belfort le députa aux états généraux. Il prêta le serment à la *constitution civile du clergé*. Élu à la fois aux évêchés du Haut-Rhin, de la Haute-Marne et de la Seine, il choisit ce dernier, et en prit possession le 27 mars 1791.

Bon pasteur peut-être dans des temps calmes, Gobel, à qui le courage manquait, devait servir d'instrument de désordre au milieu des orages. Le jour de l'Ascension, en 1793, on le vit installer comme curé de Saint-Augustin, ou des Petits-Pères, Aubert, prêtre marié, dont la femme assistait à la cérémonie. Brugière, curé de Saint-Paul, et trois autres curés de Paris, Beaulieu, Lemaire et Mahieu, vengèrent contre leur évêque la discipline violée. On sait le scandale du 7 novembre suivant. Comme les fautes de Gobel sont assez graves sans qu'on les exagère, écoutons Grégoire, qui a recueilli les circonstances atténuantes. « La veille, Clootz et Pereira vont, à onze heures du soir, chez l'évêque de Paris, qui était couché et qui se lève pour les recevoir. Ils lui proposent de se rendre à la Convention et d'abjurer ses erreurs. Il répond : « Je ne connais point d'erreurs dans ma religion, et je n'en ai point à abjurer. — Il ne s'agit pas, lui dirent-ils, de discuter vos principes, mais de vous sacrifier à la chose publique, de céder au vœu du peuple, en abdiquant vos fonctions, dont il ne veut plus. — Si tel est, répond-il, le vœu du peuple, c'est lui qui m'a élu, c'est lui qui me renvoie. Mais je demande à consulter mon conseil. » Au conseil tenu le lendemain matin se trouvent dix-sept votants, dont quatorze opinent pour la démission, et trois s'y opposent. D'après la majorité, on se rend à l'Hôtel-de-ville, où Chaumette expose les motifs sur lesquels il prétend fonder la nécessité d'abdiquer. Là Gobel, subjugué par la terreur, est traîné, plutôt que conduit, par une bande de forcenés à la barre de la Convention, où, d'une voix tremblante, il déclare que, cédant à la voix impérieuse de l'opinion publique, qui repousse son ministère, il abdique, sans ajouter un seul mot qui froisse le dogme ni la morale. Mais sur-le-champ son discours est falsifié par l'orateur de la troupe, qui s'est chargé du commentaire. « *Abdication* signifie *abjuration* du charlatanisme, hommage à la raison, qui s'élève triomphante au-dessus des momeries religieuses. » Le fracas des applaudissements est interrompu pour entendre la réponse de Laloi, président; et cette réponse, assortie à la harangue de Chaumette, provoque une salve d'applaudissements nouveaux. Gobel, attristé, troublé, presque anéanti, se retire. Aussitôt à la tribune s'élancent des ecclésiatiques catholiques, des ministres protestants, qui se félicitent « d'assister aux funérailles des préjugés, de voir luire enfin le jour de la raison, et qui désormais ne veulent plus d'autre culte que celui de la liberté. » C'est à cette séance que Grégoire tint un langage digne de son ministère.

« D'après ce qui précède, ajoute Grégoire, on voit que les paroles et les sentiments de Gobel furent mensongèrement dénaturés par les misérables qui l'avaient entraîné à la Convention. Les journaux firent écho : presque tous étaient rédigés sous l'influence de la même faction. La conformité de conduite et de langage est en général un moyen sûr d'apprecier les hommes. Ceux qui depuis longtemps avaient connu Gobel, alors âgé de soixante-six ans, s'accordaient à dire que sous ce double aspect il pouvait défier la critique. Quelques jours avant sa comparution à la barre, j'avais eu occasion de m'entretenir avec lui sur des matières religieuses; il en parlait comme à l'ordinaire, avec le respect et la gravité que commande un tel sujet. Il y a plus : instruit du chagrin que m'avait causé la séance déplorable du 7 novembre, il m'envoya un de ses vicaires pour m'assurer qu'il s'était borné à se démettre, et qu'en donnant à son abdication le sens d'abjuration, on le calomniait. Je le crois, car dans le cours de la persécution qui a désolé la France, on peut compter non-seulement par centaines, mais par milliers, les fourberies du même genre de la part des administrateurs qui opprimaient tous les départements. On sait d'ailleurs que Gobel continua de professer hautement les principes religieux. Et lorsqu'il fut traduit au tribunal révolutionnaire, il protesta énergiquement contre l'accusation d'athéisme dont on voulait le charger. Chaumette, impliqué avec lui le même jour, dans la même cause, avait été un des plus ardents promoteurs du *culte de la Raison;* au reproche d'avoir conspiré contre la république, et d'avoir voulu anéantir toute morale par l'athéisme, il répond : *Dieu m'en préserve!* Je me rappelle que dans les registres on a souligné ces trois mots qui sans doute avaient excité l'étonnement; tous les accusés, au nombre de dix-sept, furent condamnés à mort, le 24 germinal an II (14 avril 1794). Le tribunal qui les dévoua au supplice comme athées était le même qui avait égorgé tant d'innocents accusés d'être *fanatiques*, c'est-à-dire chrétiens. »

De la Conciergerie, Gobel fit parvenir, dit-on, à Lothringer, un de ses anciens vicaires, la lettre suivante : « Je suis à la veille de la mort. Je vous envoie ma confession par écrit. Dans peu de jours, je vais expier par la miséricorde divine tous mes crimes et les scandales que j'ai donnés. J'ai toujours applaudi dans mon cœur à vos principes. Pardon, cher abbé, si je vous ai induit en erreur. Je vous prie de ne pas me refuser les derniers secours de votre ministère, en vous transportant à la Conciergerie, sans vous compromettre, et à ma sortie, de me donner l'absolution de mes péchés, sans oublier le préambule : *ab omni vinculo excommunicationis*. Adieu! priez Dieu pour mon âme, afin qu'elle trouve miséricorde devant lui. » En allant du cachot à l'échafaud, l'attitude de Gobel manifesta une résignation chrétienne; et lorsque la populace criait : *Vive la république!* élevant la voix, il s'écria : *Vive Jésus-Christ!* On a dit que dans la lettre précédente il signait évêque de *Lydda*, ce qui, avec quelques termes de cette lettre, semblerait indiquer qu'il avait rétracté son serment à la constitution civile du clergé. Rien là de surprenant de la part d'une si faible nature. BORDAS-DEMOULIN.

GOBELET ou GOBEAU, synonyme de vase à boire. Quelques étymologistes le font dériver du bas-breton *gob;* Ménage et Saumaise, de *cupa*, coupe. Rabelais, Montaigne et quelques vieux auteurs emploient souvent le mot de *gobeau*. Montaigne rappelle à ce sujet un vieil usage féodal du treizième siècle, qui se maintint jusqu'à la fin du seizième. « Le duc de Moscovie, dit-il, devoit anciennement cette révérence aux Tatars, quand ils envoyoient vers lui des ambassadeurs, qu'il leur alloit au-devant à pied, et leur présentoit un *gobeau* de laict de jument (breuvage qui leur est en délices). Et si en beuvant quelques gouttes, en tombait sur le crin de leurs chevaux, il estoit teneu de les lécher avec la langue. » On appelait *gobelet*, ou *timballe*, le vase dont on se servait généralement. Il était d'or, de vermeil, chez les princes et les grands seigneurs; d'argent, chez les bourgeois : celui des père et mère et des grands parents était plus haut et plus large, très-évasé; la base, plus étroite, reposait sur un pied très-peu élevé et tourné en forme de base de colonne. Les gobelets des enfants et des convives, appelés plus ordinairement *timballes*, étaient moins larges, moins élevés, et sans support par le bas. Les grands gobelets étaient des meubles de famille, et dans la classe bourgeoise ils se transmettaient de génération en génération. Leur forme était absolument la même que celle des gobelets des marchands de *coco*. L'usage des gobelets est passé depuis qu'on y a substitué les *verres*. On avait cependant coutume d'appliquer le mot *gobelet* aux verres à pied dont on ne se servait que pour les vins fins et les liqueurs. Mais aujourd'hui ces sortes de verres sont d'un usage général.

Jouer des gobelets, c'est, au positif, escamoter, parce que les escamoteurs se servent dans leurs tours de trois gobelets de fer-blanc, d'égale dimension, qui au besoin s'emboîtent l'un dans l'autre, et sous lesquels ils font passer la petite boule qu'ils appellent *muscade*, et qui a la forme de ce fruit. Dans le sens figuré, on appelle *joueurs de gobelets* les gens qui, par ruse et par fraude, s'étudient à tromper les autres en affaires. DUFEY (de l'Yonne).

GOBELET (*Pyrotechnie*), enveloppe cartonnée et fortement serrée, dont se servent les artificiers pour contenir la fusée. Ces espèces de gargousses, assujetties à l'extrémité des baguettes, doivent être inégales en diamètre ou en hauteur.

GOBELET (Service du). C'était un des sept offices de la maison du roi. Il se subdivisait en deux parties, la *paneterie-bouche*, chargée de préparer le couvert du roi, le linge, le pain, le fruit; et l'*échansonnerie-bouche*, chargée de disposer le vin et l'eau, etc. Le chef de ce service était qualifié *chef du gobelet;* il servait le roi l'épée au côté. Les officiers de l'une et l'autre partie de ce service étaient obligés de faire, en présence du premier valet de chambre, l'essai de tout ce qu'ils apportaient pour le repas du roi. L'empereur Napoléon Ier, en organisant la domesticité de sa maison, avait réduit les *sept services de bouche* de l'ancienne maison royale à trois : *cuisine, office, cave*. Le budget de chaque service était fixé par lui-même sur une large échelle, mais avec défense d'excéder d'un centime le chiffre fixé. La cave figurait pour 120,000 fr. dans le budget impérial de 1805; l'office, pour 150,000 fr.; la cuisine, pour 360,000 fr. DUFEY (de l'Yonne).

GOBELINS (Manufacture des). L'emplacement où a été élevée cette célèbre manufacture était occupé dès le quatorzième siècle par des drapiers et des teinturiers en laine : ils avaient choisi cette partie du Paris actuel à cause du voisinage de la rivière de Bièvre, dont les eaux sont excellentes pour le lavage et la teinture des laines. Sous le règne de François Ier, un de ces teinturiers, Gilles Gobelin, de Reims, fit en ce lieu des acquisitions considérables, que ses successeurs augmentèrent encore; et c'est sans doute là ce qui a fait croire à quelques historiens que Gilles Gobelin était le fondateur de la manufacture qui porte son nom. Quoi qu'il en soit, la fortune rapide de Gobelin et de ses successeurs donna de la célébrité au quartier qu'ils habitaient, et le peuple appliqua leur nom et à la rivière de Bièvre, qui traversait l'établissement, et à l'établissement lui-même. Les Gobelins n'étaient pas encore manufacture royale; et les ouvriers qui s'y trouvaient travaillaient pour le public. Il en fut ainsi pendant longtemps encore. En 1655, un Hollandais, appelé Gluck, et un ouvrier haute-licier de Bergues, nommé Jean Liausen, plus connu sous le nom de *Jans*, accrurent encore la renommée de l'établissement, où l'on ne se bornait plus à faire de la teinture écarlate, comme sous Gilles Gobelin.

La perfection des ouvrages qui en sortaient fixa l'attention de Colbert : ce grand ministre porta le roi à acquérir toutes les maisons et tous les jardins qui forment aujourd'hui le vaste emplacement sur lequel il fit élever, en 1662, l'hôtel actuel, de 88 toises de long sur 76 de large, qui prit le titre de *Manufacture royale des Gobelins pour les meubles de la couronne*. Il y fit bâtir des logements convenables pour les plus habiles ouvriers et artistes en tous genres. Des ateliers de bijouterie, d'horlogerie, d'ébénisterie, de peinture, de sculpture, de marqueterie, etc., s'ouvrirent dans cet établissement, dont la direction fut confiée, en 1667, au célèbre peintre L e B r u n. Toutefois, malgré la beauté des produits d'autres espèces qui en sortaient, la fabrication des tapisseries de haute et basse lisse fit toujours le fond de l'établissement. Aussi, en 1694, les prodigalités ruineuses de Louis XIV ayant nécessité des économies, on supprima les allocations destinées aux ouvriers autres que ceux qui fabriquaient de la tapisserie; on les congédia, et dès lors les Gobelins redevinrent ce qu'ils avaient été, une manufacture royale de tapisseries, dont la réputation s'est toujours soutenue. Une école de dessin et de tissage pour les ouvriers et un atelier de teinture dirigé par d'habiles chimistes, où l'on donne à la laine toutes les teintes et dégradations de teintes que le peintre trouve sur sa palette, ont été annexés de nos jours à cet établissement.

La réputation des ouvrages exécutés aux Gobelins est devenue universelle : il est impossible de rendre avec autant d'exactitude la pureté du dessin et la magie du coloris des plus beaux tableaux. L'art d'égaler le pinceau avec des fils de laine y a été porté à la plus haute perfection, et sous ce rapport nous n'avons rien à envier à aucune autre nation. Les sujets tirés des plus grands peintres anciens et modernes, que les tapissiers des Gobelins reproduisent si fidèlement, sont exposés au public certains jours de la semaine; le nombre des étrangers qui profitent de ces moments privilégiés pour visiter les salles et ateliers de cette grande manufacture, est un hommage rendu à notre industrie nationale.

Suivant Dulaure, la famille des Gobelins devrait son origine à un *Jean* GOBELIN, teinturier, qui, vers le milieu du quinzieme siècle, avait su pratiquer la teinture des étoffes sur une large échelle et la transformer en une belle et grande industrie toute locale, source de travail et par suite d'aisance pour tout un quartier de la grande ville. Les descendants de ce Jean Gobelin, qui inventa, dit-on, un procédé nouveau pour obtenir en teinture un beau rouge écarlate, continuèrent encore pendant une ou deux générations à faire de la teinture leur principale affaire; puis le moment vint où, après avoir acquis dans cette honorable industrie une grande et belle fortune, ils aspirèrent à vivre *noblement*, c'est-à-dire à ne plus rien faire, ou tout au moins à échanger leurs occupations, jusque alors manuelles pour ainsi dire, contre celles du légiste ou du financier bien autrement prisées du vulgaire. Dès 1544 on trouve un *Jacques* Gobelin correcteur des comptes, puis un *Balthasar* Gobelin trésorier de l'épargne, dont la fille, *Clauda*, épousa en 1594 Raymond Phelippeaux, président au parlement de Paris. Les Gobelins finirent par rougir d'un nom qui rappelait forcément leur origine plébéienne. Ils s'*emmarquisèrent* (à beaux deniers comptant, cela va sans dire), et ainsi apparut un beau jour au milieu de la cohue nobiliaire et féodale du dix-septième siècle la très-noble maison des marquis *de Brinvilliers*. Arrivée à un tel degré de splendeur, la descendance directe de Jean Gobelin ne pouvait plus désormais que déchoir. Une fois sur la pente fatale, la marche fut rapide, et en 1662, quand Colbert fondait la manufacture des Gobelins, le dernier descendant survivant de Jean Gobelin, le marquis de B r i n v i l l i e r s, fils d'un président à la cour des comptes, héritier d'une trentaine de mille francs de rente et mestre de camp au régiment de Normandie, avait épousé par amour, depuis une dizaine d'années, Marie-Marguerite d'Aubray, fille du lieutenant civil de Paris, laquelle déjà déshonorait son nom par le scandale de ses mœurs, et devait à peu d'années de là le rendre à jamais fameux dans les annales du crime.

GOBE-MOUCHES, genre d'oiseaux de l'ordre des passereaux dentirostres. Ils ont pour caractères : Bec déprimé horizontalement, un peu trigone et garni de soies à sa base, grêle, subulé; mandibule supérieure échancrée et courbée vers le bout; l'inférieure plus courte, un peu aplatie au dessous et à droite; narines presque rondes, glabres, ou couvertes plus ou moins par les soies; langue aplatie, terminée par des poils courts et roides; ailes des uns à penne bâtarde courte; deuxième et troisième rémige les plus longues; d'autres sans penne bâtarde; quatre doigts, trois devant, un derrière, réunis à leur base. Ces oiseaux, dont les variétés sont très-nombreuses, sont d'un naturel sauvage et solitaire, ont un air triste, dur et inquiet. Leur vraie patrie est le Midi, où se trouvent le plus de mouches et d'insectes, auxquels ils font la chasse; et l'on ne saurait croire, au rapport de Buffon, quel service ils rendent à l'homme sous ce point de vue. Les plus grandes espèces sont en Amérique, où on les connaît sous le nom de *tyrans*, la nature ayant cru devoir opposer de plus forts ennemis dans le Nouveau Monde aux insectes, qu'elle y a multipliés et agrandis. Comme tout degré de froid qui abat les insectes volants prive ces oiseaux de nourriture, ceux de nos climats partent pour le Sud avant les premiers froids, et l'on n'en voit plus dès la fin de septembre. Quelques auteurs réunissent aux gobe-mouches les oiseaux du genre *m o u c h e r o l l e*.

Gobe-mouches est aussi le nom vulgaire de quelques plantes dont la tige visqueuse ou certaines parties irritables retiennent ou emprisonnent les mouches et autres insectes qui viennent s'y poser (*voyez* APOCYN, DIONÉE, etc.).

Gobe-mouches, au figuré, sert à désigner un homme qui n'a point d'avis à lui, et qui paraît être de l'avis de tout le monde; ou celui qui croit sans examen toutes les nouvelles qu'on débite. Les *gobe-mouches* sont communs en France, à Paris surtout, où ils forment une variété importante du genre *b a d a u d*.

GOBERT (Fondations). *Napoléon* GOBERT, mort âgé de vingt-sept ans, vers la fin de 1833, au Caire, pendant un voyage en Égypte, où il était allé chercher des distractions analogues à la tournure sérieuse et méditative de son esprit, était le fils d'un général français qui s'était distingué en Italie en 1800, puis à l'expédition de la Guadeloupe, à la campagne d'Allemagne de 1806, et qui avait été tué à la bataille de Baylen, au moment où il s'efforçait d'imprimer un nouvel élan à nos troupes. Son fils fut un des douze enfants de maréchaux ou généraux qui furent baptisés avec le fils du roi de Hollande, et à qui l'empereur servit de parrain. Possesseur, à sa majorité, d'une fortune considérable, et orphelin, il combattit avec les Parisiens en juillet 1830. Atteint, de bonne heure, d'une maladie de langueur dont les progrès lui faisaient entrevoir sa fin prochaine, ce noble jeune homme fit son testament à Vitré, le 2 mai 1833. Indépendamment d'une somme de 200,000 francs, consacrée par la piété filiale à la construction d'un monument en l'honneur de la mémoire du général, le jeune Napoléon Gobert, après d'autres legs particuliers, faisait don, par ce testament, à ses fermiers et métayers de Bretagne, des diverses fermes et métairies qu'ils tenaient de lui à loyer, sans autre obligation de leur part que de faire apprendre à lire et à écrire à leurs enfants; puis il léguait à l'Académie des Inscriptions et belles-lettres, ainsi qu'à l'Académie française, le capital nécessaire pour leur constituer à chacune une rente annuelle de 10,000 francs, à la charge par l'Académie des Inscriptions de consacrer chaque année les neuf dixièmes de la rente à elle afférant à l'auteur du travail le plus savant, ou le plus profond, sur l'histoire de France et les études qui s'y rattachent, publié dans l'année, et l'autre dixième à celui dont le mérite en approcherait le plus. L'Académie Française était chargée de conférer chaque année la somme à elle léguée à l'auteur du *morceau le plus éloquent d'histoire de France*, écrit ou publié pendant l'année, sous la restriction que l'écrivain couronné jouirait de son prix tant qu'un rival ne se présenterait pas avec un travail plus méritant.

Il se sentait déjà mourir lorsqu'il traçait, en tête de son testament, ces lignes, si remarquables par la haute raison et la touchante résignation dont elles sont empreintes : « J'aurais voulu rendre ma vie utile à mon pays : j'ai fait des projets, et le courage ne m'aurait pas manqué; mais la santé n'allume pas le flambeau de mon intelligence, et toutes mes facultés, grandes peut-être, languissent éteintes. L'étude est une lutte qui m'épuise et où je succombe. Que ma mort du moins soit utile à ma patrie, et puissé-je faire avec mes biens ce que je n'ai pu faire avec mon esprit! » Napoléon Gobert, malgré la faiblesse de sa constitution, eût peut-être réussi avec des soins à prolonger son existence bien au delà du terme qu'il entrevoyait lui-même; mais après s'être un jour baigné sans précaution dans le Nil, il fut saisi d'un accès de fièvre auquel il succomba rapidement.

GOBI. *Voyez* KOBI.

GOBIÉSOCES. *Voyez* DISCOBOLES.

GOBIOÏDES, famille de poissons acanthoptérygiens qui, dans la classification de G. Cuvier, est ainsi nommée en raison de ce que le genre *gobies* a été pris pour type. Ses caractères sont : Épines dorsales grêles, flexibles; canal intestinal égal, ample, sans couennes; point de vessie natatoire. Les genres qu'elle contient sont les blennies, les gobies, gobioïdes, tenioïdes et béniophtalmes, éléocris, callionymes, platyptères et chirus. L. LAURENT.

GOBLET (ALBERT), *comte d'Alviella*, général belge, né à Tournay, le 26 mai 1790, sortit en 1811 de l'École Polytechnique pour entrer dans le corps du génie. Envoyé alors en Espagne, la part qu'il prit en 1813 à la défense de Saint-Sébastien lui valut sa promotion au grade de capitaine. Après la chute de l'empire, il fut incorporé dans l'armée hollando-belge, et combattit dans ses rangs à Waterloo. Plus tard il coopéra à l'élévation de cette ceinture de forteresses qui menacent la France sur sa frontière septentrionale, et notamment à la construction des fortifications de Nieuport et de Menin. Quand éclata la révolution belge de 1830, le gouvernement provisoire le nomma colonel et directeur général du génie, puis bientôt après commissaire général des guerres. Au commencement de 1831, accusé de tendances *orangistes*, il fut obligé de donner sa démission du portefeuille de la guerre que lui avait confiée Surlet de Chokier. Mais quelque temps après la ville de Tournay le choisit pour représentant, et le 26 août le roi Léopold le nomma inspecteur général des places fortes et du génie fonctions qu'il remplit encore aujourd'hui. L'année suivante il fut accrédité près de la conférence de Londres, en remplacement de Van de Weyer; et le 18 septembre il fut appelé à se charger du portefeuille des affaires étrangères dans un nouveau cabinet. La Hollande s'étant refusée à donner suite aux négociations ouvertes, il fallut adopter à son égard des mesures coercitives; de là le traité du 21 mai 1833, qui garantit à la Belgique le maintien du *statu quo*, et dont la conclusion fut en grande partie due aux efforts du général Goblet. Non réélu à la chambre des représentants, à cause des calomnieuses accusations d'orangisme dont il continuait d'être l'objet, il dut quitter le cabinet le 25 décembre 1833. On le nomma alors plénipotentiaire à Berlin; mais le gouvernement prussien ne l'ayant point agréé, il fut envoyé en 1837 à Lisbonne en la même qualité. Les services importants qu'il rendit dans ce poste à la reine dona Maria déterminèrent cette princesse à lui conférer le titre de *comte d'Alviella*. Sous le ministère Nothomb, le ministère des affaires étrangères lui fut encore une fois confié; mais à cette administration succéda en 1845 un cabinet exclusivement catholique et présidé par M. de Thury.

GODDAM, abréviation des mots *god damn* (que Dieu damne!), et que la personne qui la profère applique soit à elle-même, soit à une autre. Le puritanisme britannique regarde ce mot comme un épouvantable blasphème; les gens moins religieux y voient seulement un juron populaire, et n'y attachent pas plus d'importance qu'on n'en met chez nous au dicton familier : *le diable m'emporte!* C'est Beaumarchais qui a fait en France la réputation du *goddam*, et qui l'a francisé en quelque sorte par sa tirade si connue du *Mariage de Figaro*; aussi, concluant, d'après son assertion, que ce terme est le *fond de la langue* chez nos voisins, le peuple ne manque guère, surtout à Paris, d'affubler de ce sobriquet tout habitant de la Grande-Bretagne, à moins que celui-ci ne l'éblouisse par son faste. Dans ce dernier cas, c'est un *mylord anglais*; dans le premier, ce n'est qu'un *goddam*. OURRY.

GODDARD (Gouttes de). *Voyez* GOUTTE.

GODEAU (ANTOINE), évêque de Grasse et de Vence, naquit à Dreux, en 1605, et mourut à Vence, le 21 avril 1672. Sa vie se divise en deux parties distinctes. Pendant la première période, il fut le type de ces petits-collets si communs dans le temps où le clergé était une puissance. Il débuta fort jeune en province par des pièces de vers qu'il envoyait à Paris à Conrart, son parent. Celui-ci les lisait aux amis qu'il réunissait. Ces vers furent merveilleusement goûtés; on l'engagea à venir à Paris. Là, il fut accueilli comme devait l'être un poëte qui chante *Iris* : on l'admit à l'hôtel de Rambouillet, où il gagna la faveur de tous ceux qui le fréquentaient. « Il y a ici, dit dans une de ses lettres à Voiture Julie d'Angennes, un homme plus petit que vous d'une coudée, et je vous jure mille fois plus galant. » Cette phrase inquiéta sérieusement Voiture, qui craignit d'être supplanté dans l'amitié de Mlle de Rambouillet : en effet, la faveur de Godeau était devenue si grande dans cette noble maison, qu'on ne l'appelait plus que *le nain de Julie*. Un jeu de mots enleva Godeau à cette position : Ayant composé une paraphrase du *Benedicite*, il en fit l'hommage à Richelieu : « Monsieur l'abbé, lui répondit gracieusement le cardinal, vous m'avez donné *Benedicite*, et moi je vous donnerai *Grasse*. » Il fut en effet promu à l'évêché de cette ville, et dans ce poste élevé il se fit remarquer par ses vertus chrétiennes. Il donna tous ses soins à son diocèse, abandonnant encore quelques heures aux lettres, mais aux lettres sacrées. Il composa un grand nombre d'ouvrages religieux, où l'on trouve toujours des idées saines et justes, mais exprimées avec diffusion. Quant à ses poésies, elles sont presque toutes oubliées, et l'on ne se souvient de quelques-unes que par leur étrangeté et leur mauvais goût; il faut cependant en excepter quelques odes. Godeau fut l'un des premiers académiciens. JONCIÈRES.

GODEFROID DE BOUILLON, chef de la première croisade, une des plus hautes renommées du moyen âge et que la poésie a consacrée comme l'histoire. On n'est pas d'accord sur le lieu où naquit ce prince : il est probable que ce fut à Boulogne-sur-Mer. Quoi qu'il en soit, le père de Godefroid fut Eustache II, comte de Boulogne, et sa mère Ide de Bouillon, fille de Godefroid le baron, duc de la Basse-Lorraine; de sorte que par les hommes il descendait de la race des Carlovingiens, et par les femmes de celle des rois lombards. Godefroid le Bossu, frère d'Ide, ayant adopté Godefroid de Bouillon, l'aîné de ses neveux, lui transmit le duché de Lothier. L'empereur Henri IV, qui contraria d'abord cette disposition, finit par investir Godefroid des États qu'il avait voulu lui enlever. La reconnaissance le forçait à cet acte de justice; car le duc lui avait rendu les plus signalés services dans différentes expéditions, surtout contre l'anti-césar Rodolphe, et au siége de Rome en 1083. L'an 1095, ayant pris la croix pour la délivrance de la Terre Sainte, il vendit son château de Bouillon à l'évêque de Liége, Otbert, afin de subvenir aux frais de son voyage.

Sa brillante réputation, le sang dont il sortait et son exemple, attirèrent sous ses drapeaux un grand nombre de chevaliers français et allemands. A Constantinople, l'empereur Alexis fit revêtir Godefroid du manteau impérial, le déclara son fils adoptif et mit l'empire sous sa protection. Ce ne fut que sur la terre d'Asie pourtant qu'il fut reconnu comme le chef de l'expédition par les autres grands seigneurs, ses égaux. L'ascendant de son caractère et la nécessité d'apporter de l'unité dans le commandement lui valurent cette distinction, qu'il n'avait pas cherchée.

Après la prise de Jérusalem, Godefroid fut à l'unanimité élu roi par les princes frères d'armes; mais, refusant de porter un diadème là où le Sauveur du monde n'avait reçu qu'une couronne d'épines, il accepta seulement le titre de *duc* et d'*avoué* du saint-sépulcre. Les plaines d'Ascalon furent témoins de son dernier triomphe. Il mourut dans sa capitale, le 18 juillet 1100, après avoir doté d'un code de lois les nations diverses rangées sous son sceptre. Ce code est connu sous le nom d'*Assises de Jérusalem*. On a encore de Godefroid quelques lettres en latin, langue qu'il possédait, ainsi que le français et le teuton; de plus, quelques chartes recueillies par Aubert le Mire, dom Martène et dom Calmet. DE REIFFENBERG.

GODEFROID DE STRASBOURG, très-vraisemblablement natif de cette ville d'Alsace, bien que le fait ne soit attesté par aucun document et qu'on manque de toute espèce de renseignements sur sa vie privée, fut un des poëtes les plus remarquables de l'Allemagne au moyen âge. Simple bourgeois, il n'est désigné nulle part par la qualification de *messire*, réservée aux chevaliers et aux gens d'église, mais seulement par celle de *maître*, qu'on lui donne pour honorer son talent. Il composa, vers l'année 1207, *Tristan*, son principal ouvrage, qu'il n'eut pas le temps de finir, après avoir déjà consacré cependant près de 20,000 vers au récit de plus des deux tiers de la tradition qui en est le sujet. Deux continuateurs essayèrent de le terminer; l'un, Ulric de Turheim, gentilhomme de Souabe, se contenta de mener le récit jusqu'à la fin d'une façon fort sèche, vers l'an 1210; l'autre, Henri de Freiberg (de l'Erzgebirge saxon), doué de plus riches facultés poétiques, s'efforça avec assez de succès, au commencement du quatorzième siècle, d'imiter le style du poëte dont il continuait l'œuvre. On a encore de Godefroid un certain nombre de poëmes lyriques, dont le plus important est une hymne en l'honneur de la Vierge Marie et de Jésus-Christ; œuvres plus riches en figures et en expressions recherchées qu'en pensées et en sentiments. Le principal mérite de Godefroid de Strasbourg consiste dans les brillants ornements dont il revêt ses récits. Une grande délicatesse de pensées, une grâce aimable d'expression, un tour vif et gai de la période, qualités grâce auxquelles ce poëte n'est jamais plus heureux que lorsqu'il a une histoire d'amour à conter, lui assurent la première place après Hartmann von der Aue, dont il n'a ni la grâce si pure ni la simplicité si suave; de même que la gaieté, la profondeur et la richesse d'idées de Wolfram d'Eschenbach, qui fut aussi son contemporain, lui font défaut. Godefroid de Strasbourg était bon latiniste. Malgré l'éclat de son style, on voit qu'il ne possède qu'incomplétement le langage des cours, c'est-à-dire la langue déjà assujettie à des règles grammaticales. La construction de son vers n'est pas non plus d'une irréprochable pureté.

GODEGISÈLE, le premier roi connu des Vandales, que, à l'incitation de son compatriote Stilicon, administrateur de l'empire d'Occident, il conduisit de la Pannonie, qu'ils habitaient, vers les régions occidentales de l'Europe; mais arrivé sur les bords du Rhin, il y fut attaqué par les Francs, et périt avec 20,000 des siens dans cette bataille. Gondicaire se mit alors à la tête des Vandales, et, avec l'appui des Alains et des Suèves, parvint à forcer l'entrée des Gaules.

GODÉGISILE ou GODÉGISÈLE, second fils de Gondioch, roi de Bourgogne, hérita, après la mort de son père, arrivée vers l'an 470, du territoire qui forme aujourd'hui la Franche-Comté et les cantons de la Suisse française qui en sont limitrophes. Il réussit d'abord à se tenir en bons rapports avec son frère aîné, Gondebaud, qui avait dépouillé ses deux frères puînés de leur part dans l'héritage commun; mais bientôt la supériorité des forces dont disposait Gondebaud lui inspira de sérieuses inquiétudes pour son indépendance, et alors il conclut avec Clovis, roi des Francs, un traité secret, qui fut le premier coup porté à la grandeur de sa maison. Dans la guerre qui en résulta entre les Bourguignons et les Francs, son éclatante défection sous les murs de Dijon (an 500) assura la victoire à ceux-ci; mais il ne recueillit pas le fruit qu'il avait espéré tirer de sa trahison. En effet, Gondebaud fit tout pour obtenir la paix des Francs, et se trouva de la sorte libre de punir son frère. Godégisile se renferma avec une poignée de Francs dans les murs de Vienne, et lors de l'assaut donné à cette ville par les troupes bourguignonnes, il fut tué dans une église où il avait espéré trouver un abri. Gondebaud se trouva ainsi de nouveau souverain unique de la Bourgogne.

GODERICH (Lord). *Voyez* RIPON.

GODIVA, épouse du duc Leoffrick de Mercie, affranchit au onzième siècle les habitants de Coventry d'une amende qui leur avait été imposée par son mari, se soumettant à cet effet à une assez bizarre condition, mise à sa miséricorde par son gracieux seigneur et maître: c'était de parcourir à cheval la ville de Coventry, complétement nue, et sans autre voile pour abriter sa pudeur que ses longs cheveux flottant au hasard sur son corps. Sous peine de mort il avait été, du reste, défendu aux bourgeois et manants de Coventry de paraître dans les rues pendant cette exhibition, ou seulement de mettre le nez à leur fenêtre. La curiosité l'emporta chez un boulanger sur l'instinct de la conservation; en punition duquel délit il fut sans rémission pendu par son cou. Aujourd'hui encore, une tête en pierre sculptée indique la fenêtre où le pauvre diable commit son crime; et il n'y a pas longtemps qu'au jour anniversaire de leur délivrance les habitants de Coventry promenaient encore processionnellement par les rues de leur ville la statue de Godiva couronnée de fleurs.

GODOÏ. *Voyez* GODOY.

GODOLIN. *Voyez* GOUDOULI.

GODOUNOF ou plutôt GODUNOF, nom d'une grande famille russe, d'origine tatare, et dont le membre le plus célèbre a été *Boris Féodorowitsch* GODUNOF, né en 1552, qui passa sa jeunesse à la cour du czar Ivan IV ou *le Terrible*, et qui fut désigné par ce prince pour faire partie du conseil qu'il préposa à la tutelle de son fils mineur Féodor Ier. Pendant le règne de Féodor, Godunof, dont le czar avait épousé la sœur Irina, gouverna l'empire. Doué de grands talents comme homme d'État, par sa politique sage et habile, il releva la puissance de la Russie, acheva la conquête de la Sibérie, et en construisant un rempart en terre, comme avaient fait jadis les Romains contre divers peuples, notamment contre les Pictes, chercha à mettre l'empire à l'abri des invasions des Tatares, qui, sous son administration, essuyèrent une sanglante défaite devant Moscou. Enfin, il s'efforça de mettre la Russie en rapport avec l'Europe civilisée. Féodor étant mort sans laisser d'héritiers, Godunof, après de longs refus, consentit à monter sur le trône de Russie à la prière des boyards et de tous les habitants de Moscou. Il put dès lors exécuter sans obstacle les plans qu'il avait conçus pour l'agrandissement de la Russie; il ouvrit les ports de l'empire aux navigateurs étrangers, notamment à ceux de la Hanse, et songea même à fonder une université à Moscou.

Mais sa sévérité à réprimer l'ivrognerie, ses innovations et sa prédilection trop marquée pour les étrangers finirent par exciter le mécontentement des populations, de sorte que le premier des faux Démétrius, qui se fit passer pour le frère de Féodor, mort en 1591, à Ouglitsch, et, suivant un bruit populaire, assassiné par ordre de Godunof, trouva facilement créance. Il avait pénétré en Russie en 1604, et déjà une partie de la Russie méridionale s'était déclarée en sa faveur, lorsque Godunof mourut subitement, le 13 avril 1605. Le poète russe Pouschkine a trouvé là le sujet d'un drame qui a obtenu un immense succès parmi ses compatriotes.

Son fils, *Féodor* GODUNOF, qui à la mort de son père se fit proclamer czar par l'armée, dut, après deux mois de règne, fuir devant le faux Démétrius, et périt étranglé la même année.

GODOY (MANUEL DE), *duc de l'Alcudia* et *prince de la Paix*, naquit à Badajoz, le 12 mai 1767, d'une famille noble mais pauvre. Sans autre ressource que sa guitare, une jolie voix, une figure agréable et une belle prestance, *Manuel* Godoy vint avec son frère aîné, *Louis*, chercher fortune à Madrid. Un aubergiste lui fit crédit pendant un an, et prit en payement de son mémoire des romances que le jeune Manuel lui chantait après le repas en s'accompagnant de la guitare. Il parvint enfin, en 1787, à entrer dans les gardes du corps. Son frère Louis, à la faveur de son talent musical, fit la connaissance d'une femme de chambre de la reine, qui le recommanda vivement à sa maîtresse. La reine apprit de lui que son frère Manuel chantait et jouait de la guitare encore mieux, et fut curieuse de l'entendre. Le roi lui-même parut enthousiasmé de son jeu, et trouva un vif plaisir dans sa conversation. Il y avait dans l'heureux aventurier quelque chose de si séduisant, un si rare talent d'intrigue, une telle facilité d'élocution, et sa conversation était si attrayante, qu'on le vit successivement et rapidement devenir (1788) adjudant de sa compagnie, puis (1791) adjudant général des gardes du corps et grand'-croix de l'ordre de Charles III, lieutenant général (1792), *duc de l'Alcudia*, major des gardes du corps, premier ministre, en remplacement d'Aranda, chevalier de la Toison d'Or; enfin (1795), en récompense du zèle prétendu qu'il avait montré dans la conclusion de la paix avec la France, prince de la Paix (*principe de la Paz*) et grand d'Espagne de première classe, avec une dotation territoriale de 50,000 piastres fortes de revenu. Le 19 août 1796, il signa à Saint-Ildefonse un traité d'alliance offensive et défensive avec la république française. En septembre 1797, il épousa donna Maria-Theresa de Bourbon, fille naturelle de l'infant don Louis, frère du roi Charles III. Il quitta, il est vrai, le ministère en 1798, mais il fut nommé la même année *capitaine général*, dignité qui équivaut à celle de maréchal de France. En 1801, il commanda l'armée qui marcha contre le Portugal, et signa le traité de Badajoz, qui, en vertu d'un article secret, lui valut la moitié des trente millions de francs que le prince de Brésil dut payer. Un décret du 1er octobre 1804 l'éleva à la dignité de généralissime des armées de terre et de mer de l'Espagne. Il eut dès lors une compagnie de gardes du corps à lui, et ses revenus annuels montèrent à plus de cinq millions de francs. Un autre décret lui attribua en 1807 la qualification d'*altesse sérénissime*, avec les pouvoirs les plus illimités dans toute l'étendue de la monarchie espagnole.

Godoy n'était cependant arrivé si rapidement au faîte de la puissance que pour en tomber avec plus de rapidité encore. Sa chute fut le résultat d'influences intérieures et extérieures. Il s'était attiré au plus haut degré la haine de la nation espagnole, obligée de guerroyer contre l'Angleterre par suite de l'alliance intime contractée avec la France par le cabinet de Madrid, et malgré ses immenses sacrifices d'argent pour pouvoir conserver la neutralité. Le désastre de Trafalgar, qui anéantit les derniers débris de la puissance navale de l'Espagne, le blocus continental qui ne tarda point à être mis en vigueur et bien d'autres circonstances accessoires encore lui aliénèrent de plus en plus l'opinion; et bientôt un redoutable parti se forma contre lui à la cour même, sous le patronage du prince des Asturies (*voyez* FERDINAND VII).

Comprenant bien que tous les griefs qu'on élevait contre son administration et sa personne avaient surtout leur source dans les résultats de l'alliance française pour l'Espagne, Godoy, en 1806, peu de temps avant la campagne de Prusse, crut le moment venu de secouer enfin le joug de la France. En conséquence, il appela la nation aux armes, et mit sur le pied de guerre une armée de 40,000 hommes, en même temps qu'il entamait des négociations secrètes avec la cour de Lisbonne. Quoiqu'il essayât de donner pour prétexte aux armements de l'Espagne des mesures défensives prises contre les États barbaresques, Napoléon, qui reçut sur le champ de bataille même d'Iéna la première nouvelle de l'attitude que le cabinet de Madrid venait de prendre si inopinément, ne s'y laissa pas tromper, et devina tout de suite la pensée secrète de Godoy. Dès lors le détrônement des Bourbons d'Espagne fut chose arrêtée dans son esprit.

Pendant ce temps-là, le procès criminel intenté à l'instigation de Godoy au prince des Asturies par Charles IV, son père, avait porté à son comble la haine de la nation pour un insolent favori. Godoy reconnut trop tard l'abîme entr'ouvert sous ses pas. L'insurrection qui éclata le 18 mars 1808 à Aranjuez eut pour résultat d'empêcher la mise à exécution du projet qu'il avait formé d'aller se réfugier en Amérique avec la famille royale. Godoy, qui s'était caché dans un grenier, fut trouvé et traité de la manière la plus cruelle; les instances du roi, de la reine et du prince des Asturies purent seules sauver sa tête; et pour apaiser la fureur du peuple, il fallut lui promettre que la justice aurait à prononcer sur son sort. Les événements de Bayonne empêchèrent seuls ce procès. Napoléon, qui savait quelle profonde influence Godoy exerçait sur l'esprit de Charles IV, obtint son élargissement, et l'appela à Bayonne, où il dirigea alors toutes les pensées et toutes les actions du roi et de la reine d'Espagne; et jusqu'à la mort de l'un et de l'autre il ne cessa pas un seul instant de posséder leur confiance la plus entière. Après sa chute, Godoy résida d'abord en France, puis à Rome, où, avec l'agrément du pape, il prit le titre de *prince de Passerano*, d'une terre qu'il avait achetée dans les États de l'Église. Tout ce qu'il possédait en Espagne de biens meubles et immeubles fut confisqué. Sa femme, qui à partir de 1808 cessa de cohabiter avec lui, pour résider à Tolède, où demeurait sa mère, habita ensuite Paris, sous le nom de *duchesse de Chinchon*. Elle y mourut le 23 novembre 1828, un an environ après avoir obtenu du gouvernement espagnol une pension de 25,000 francs sur le revenu des biens enlevés à son mari. Godoy n'avait eu d'elle qu'une fille, mariée, en 1820, au prince romain *Ruspoli*.

La haine vouée par le peuple espagnol à Godoy a vraisemblablement eu pour résultat d'entremêler l'histoire de sa vie d'un grand nombre de faits ou faux ou exagérés. On l'accusa généralement, par exemple, de s'être rendu coupable de bigamie. Ainsi, il aurait épousé bien secrètement, en 1796, la fille d'un vieil officier appelé Tudo, dont il était devenu éperdument épris; et c'est lorsque la reine aurait connu son secret, que, par jalousie, cette princesse l'aurait contraint à épouser la fille naturelle de l'infant don Louis. Ce qu'il y a de certain, c'est qu'à la mort de la duchesse de Chinchon, Godoy rendit public son mariage avec cette *Josèpha Tudo*, qu'au temps de sa puissance il avait fait nommer comtesse de *Castello-Fiel*.

Le prince de la Paix est un de ces hommes dont on a dit trop de mal pour qu'une foi entière puisse être ajoutée à ses ennemis. Maître absolu de la monarchie espagnole pendant vingt ans, le clergé, dont il avait voulu diminuer l'influence, sut soulever contre lui les passions populaires. Ferdinand VII, par son odieuse tyrannie, l'a bien vengé depuis des injustices dont il a pu être l'objet de la part de l'opinion publique. En précipitant des marches du trône un insolent favori, on oublia que ce même homme s'était occupé de réformes utiles, et qu'il avait sauvé nombre de victimes du tribunal de l'inquisition.

Après la révolution de Juillet, Godoy, qui jusqu'aux derniers moments de l'existence de Charles IV et de la reine Marie-Louise ne les avait pas quittés d'un instant, vint s'établir à Paris, où pendant près de dix-huit ans il vécut dans un état voisin de l'indigence et réduit à recevoir une pension de Louis-Philippe, qui n'avait pas oublié les quelques services qu'il avait été donné jadis au tout-puissant ministre d'Espagne de lui rendre. En 1844, Godoy obtint l'autorisation de rentrer en Espagne, où bien des haines s'étaient éteintes à la suite d'un exil de trente-six ans. Ceux de ses biens dont l'État n'avait pas disposé lui furent même restitués en 1847. Il est mort à Paris, en octobre 1851. De 1836 à 1838 il avait fait paraître dans cette ville : *Mémoires du prince de la Paix, don Manuel Godoy, duc de l'Alcudia*, etc. (4 vol. in-8°).

Son frère, don *Louis*, premier auteur de sa fortune, mourut en 1801, capitaine général de l'Estramadure.

GOD SAVE THE KING! C'est à dire : *Dieu sauve le roi!* C'est tout à la fois le refrain et le titre d'un chant national anglais. Ce chant grave, qui trouve des sympathies dans l'humeur anglaise, est d'un merveilleux effet. Le roi, d'après l'étiquette de la cour, doit faire acte de présence au moins une fois l'année à *Covent-Garden*, à *Drury-Lane*, à l'Opéra. Aussitôt qu'il paraît dans sa loge, le *God save the king* remplit la salle de sa mélodie majestueuse, exécuté par une voix solo, des instruments et des chœurs. Dès la première mesure, tous les spectateurs, loges et parterre, se lèvent spontanément, par un sentiment unanime de respect. Maintenant, sous le rapport des curiosités, des progrès et de l'histoire de la musique, reste à savoir quel est l'auteur de cet air célèbre; or, force nous est de confesser qu'à cet égard il règne toujours la plus grande obscurité. On a cherché à rendre vraisemblable que le texte et la mélodie auraient pour auteur le poëte Harry Carrey, fils naturel du comte Halifax, qui se brûla la cervelle en 1744; on a dit que, ignorant les principes de la composition, il s'était adressé à Harrington, et suivant d'autres à Smith, secrétaire-copiste de Hændel, pour corriger ce que son premier essai avait d'informe, et pour y ajouter la basse. C'est là probablement ce qui aura fait dire que cet air était de Hændel; et on a même prétendu que celui-ci l'aurait, sans en rien changer, emprunté à un mottet de Lulli sur une *Invocation aux dieux* de Quinault, en cinq ou six vers. Ce qu'il y a d'avéré, c'est qu'il fut publié pour la première fois, à ce qu'il paraît, paroles et musique, en 1745 dans le *Gentleman's Magazine*, peu de temps après le débarquement du Prétendant, et qu'il devint tout de suite populaire, quand Arne, l'auteur du chant patriotique *Rule Britannia*, l'eut transporté sur la scène. Divers compositeurs en perfectionnèrent depuis la mélodie; mais le rhythme est toujours resté tel qu'il était à l'origine, sauf les légères modifications qu'il a fallu y introduire par suite du changement survenu dans le nom du souverain, à l'avénement d'abord de Guillaume IV et ensuite de Victoria. (Le titre et le refrain de la chanson, depuis le règne de cette princesse, sont *God save the Queen!*).

D'autres prétendent que cet hymne n'avait point été primitivement composé en l'honneur d'un roi Georges, et que les plus anciennes leçons portaient : *God save great James, our king!* (Que Dieu conserve le grand Jacques, notre roi!); qu'il fut composé et mis en musique pour la chapelle catholique du roi Jacques II; mais qu'après la chute de ce prince, personne n'osa plus le chanter, jusqu'à ce que, soixante ans plus tard, on trouva moyen de l'accommoder à la nouvelle dynastie. W. Clarke, qui a combattu l'opinion qui l'attribue à Carrey, le fait dater du dix-septième-siècle. Il lui donne pour auteur un certain John Bull, né en 1563, attaché en 1591 à la chapelle de la reine Élisabeth en qualité d'organiste, professeur de musique au collége de Gresham en 1596 et sous Jacques Ier devenu musicien de la chambre de ce prince, enfin, qui en 1613 aurait quitté l'Angleterre pour aller s'établir à Lubeck où il serait mort en 1622. Clarke a cherché à démontrer, à l'aide de documents remontant à cette époque, que ce John Bull aurait exécuté pour la première fois sur l'orgue le *God save the king* en 1607, en présence du roi et de son fils, à l'occasion de la découverte de la conspiration des poudres. En 1841, cet écrivain a même été jusqu'à en produire le manuscrit original; mais nous devons dire que l'authenticité de cette pièce probante a paru des plus suspectes.

GODUNOF. *Voyez* GODOUNOF.

GODWIN (WILLIAM), historien et philosophe anglais, fils d'un ministre dissident, était né à Wisbeach, dans le comté de Cambridge, le 3 mars 1756. Il fut élevé au collége des dissidents de Hoxton, près de Londres, et en 1778, ayant été reçu membre de l'Église non conformiste, il commença à prêcher à Stowmarket, dans le comté de Suffolk. Au collége, il suivait les opinions d'Arminius; comme prédicateur, il embrassa celles de Calvin, et plus tard, sa doctrine ayant subi quelques altérations, qui déplurent à ses co-sectaires, il abandonna la chaire en 1783. La même année il vint à Londres, où il publia des *Esquisses historiques* sous la forme de sermons. Cet ouvrage n'eut qu'un faible succès, et Godwin demeura plusieurs années sans rien offrir de nouveau au public. En 1793 il fit paraître *La Justice politique*, ouvrage dont le but est de prouver que la vertu consiste à faire le bonheur de la société, et dans lequel, pour la première fois, il déploya ce style vigoureux, cette force de conception et cette richesse d'images qui formaient le caractère distinctif de son talent. L'époque était bien choisie pour la publication d'un livre à idées paradoxales, où l'auteur s'efforçait de prouver que l'institution du mariage est nuisible et absurde. Aussi obtint-il un succès immense dans les classes inférieures; toutes les personnes attachées aux doctrines de l'Église anglicane le blâmèrent hautement. Godwin crut sans doute, lui-même, qu'il avait été trop loin, car dans la troisième édition de son ouvrage, imprimée en 1797, il rétracta quelques-unes de ses opinions.

Trois ans avant cette époque, Godwin avait publié un roman, son chef-d'œuvre et son véritable titre de gloire auprès de la postérité : *Caleb Williams*. Ce n'est pas que, même dans cet ouvrage, on ne trouve l'empreinte de cette misanthropie haineuse, qui trop souvent entraîna l'auteur dans une critique injuste des lois de son pays et des règles fondamentales sur lesquelles reposent les sociétés; mais les caractères principaux, ceux de Falkland et de Caleb, sont dessinés avec tant de force et de vérité, leurs sentiments sont si naturels, les incidents de leurs positions réciproques sont si bien amenés et développés avec tant d'art, la curiosité et l'intérêt sont si parfaitement soutenus jusqu'au dénouement, que ce roman compte avec raison parmi les meilleurs que l'Angleterre ait produits. Après *Caleb Williams*, Godwin composa encore trois romans : *Fleetwood*, *Mandeville* et *Cloudesley*; mais ils sont loin de valoir le premier. Il serait trop long d'énumérer ici tous les opuscules publiés isolément, ou insérés dans les recueils du temps, à l'aide desquels cet écrivain donnait son opinion sur les diverses questions politiques qui s'agitaient; mais trois ouvrages plus considérables ne doivent point être passés sous silence : ce sont les *Mémoires de Mary Wollstonecraft*, qui devint plus tard sa femme; l'*Histoire de la Vie et du Siècle de Geoffroi Chaucer*, et enfin l'*Histoire de la république d'Angleterre*. Ce dernier ouvrage, quoique empreint de la partialité que les opinions de l'auteur devaient nécessairement y mettre, est précieux par les recherches qu'il a dû exiger, et attachant par la chaleur du style et l'intérêt de la narration.

Nous venons de dire que Godwin épousa miss Wollstonecraft, dont il avait publié les Mémoires : ce mariage fut un des traits les plus caractéristiques de sa vie. Mary Wollstonecraft avait eu plusieurs liaisons intimes; elle avait mené une vie extrêmement agitée. Trahie par ses amants, elle avait voulu se suicider, puis elle s'était jetée dans la Tamise. Sauvée encore une fois, elle s'était retirée à Pentonville, dans les environs de Londres, où elle vécut longtemps avec Godwin. Nous avons vu plus haut combien celui-ci était opposé à l'institution du mariage; il crut cependant, dans cette circonstance, devoir sacrifier ses propres idées à celles du monde, en épousant une femme qui avait suffisamment prouvé par ses écrits et sa conduite qu'elle partageait ses opinions. Elle ne survécut que peu de temps à la cérémonie, et mourut en couches, le 10 septembre 1797, après de vives souffrances. Quatre ans après la mort de sa première femme, Godwin en épousa une seconde, et s'établit libraire à Londres. Depuis cette époque, il publia plusieurs livres d'éducation sous le pseudonyme d'Edouard Baldwin. Il mourut le 7 avril 1836. Léon GALIBERT.

GOËLAND.

Goëlands, goëlands!
Ramenez-nous nos maris, nos amants,

Ainsi chantent la femme et les filles du pêcheur breton, quand le soir, sur la grève, elles cherchent à distinguer une voile bien aimée de l'écume des vagues qui blanchit à l'horizon. Pourquoi la famille du pêcheur redemande-t-elle ainsi son chef aux blanches m o u e t t e s qui s'ébattent sur les plages, et dont les aigres cris répondent seuls à sa prière? C'est qu'elle ignore leurs habitudes féroces. Ah! si elle savait qu'à cette heure même où elle invoque leur protection, une bande de ces oiseaux s'acharnent peut-être sur le cadavre du pêcheur naufragé! Mais la fille du marin aime l'inexprimable douceur de la figure du goëland, et sa robe veloutée et éblouissante, et son vol si gracieux et si léger; elle sait (car son père et son amant le lui ont souvent répété dans les longues causeries du soir), elle sait que quand le navire déploie ses voiles pour franchir l'Océan, le goëland déploie ses longues ailes, et part avec lui, tantôt poussé par le souffle de la tempête, tantôt balancé par la lame où il se repose et l'attend. Doué d'un appareil de vol puissant, le goëland reste l'infatigable compagnon du matelot; il fait avec lui des traversées de sept à huit cents lieues sans toucher la terre du pied; comme lui, il va pêcher sur les bancs poissonneux qui bordent les rivages de l'Amérique; comme lui encore, il s'assied sur les glaces flottantes qui descendent du pôle, car il ne craint pas la rigueur des frimas : son plumage épais l'enveloppe d'un impénétrable manteau. Souvent, sur le sable, la jeune fille des bords de la mer a lutté en vain à la course contre le goëland, et le souvenir même de sa défaite lui est agréable; car plus d'une fois elle lui a enlevé les deux ou quatre œufs qu'il dépose dans un nid à peine abrité par un caillou, et quand elle suit dans les airs les évolutions de ces oiseaux, qu'elle les voit tantôt raser comme un éclair la surface des eaux, tantôt s'élever tout d'un trait, ou tomber soudain comme une masse de plomb, se croiser, se heurter, elle applaudit à leurs jeux. Mais ces jeux sont féroces; tout ce qui flotte sur la mer, petit poisson ou charogne infecte, est pour eux sujet de guerre à mort, et le juge de la querelle dévore le prix du combat; le vaincu lui-même, mis en pièces par ses propres frères, devient la pâture de leur insatiable gloutonnerie et un nouveau sujet d'extermination. Du reste, s'ils sont voraces quand la proie s'offre à eux, s'ils se gorgent outre mesure quand ils ont franche lippée, ils supportent aussi de longs et pénibles jeûnes; et quelquefois des semaines entières s'écoulent sans qu'ils puissent apaiser par le moindre aliment les cris de leur estomac affamé. Les goëlands font des apparitions dans l'intérieur des terres, sur le bord des lacs; l'habitant des campagnes les regarde comme les précurseurs de la tempête ou de l'ouragan. Dans la nomenclature de l'histoire naturelle des oiseaux, le goëland n'est qu'une *mouette* de grosse espèce. Théogène PAGE.

GOËLETTE. Tout est coquet, tout est séduisant dans ce joli navire; nul autre ne se balance aussi gracieusement sur la surface ondulée des rades, nul ne revêt des formes plus amincies, plus légères, plus élégantes; sa coque repose sur l'eau comme le dauphin endormi sur la vague; ses deux mâts, capricieusement inclinés en arrière, portent des voiles diversement taillées : les deux inférieures et les plus grandes, trapézoïdales, du genre de celles qu'on nomme *latines;* celles de l'avant, triangulaires : ce sont les *focs*, et pour aller saisir dans les régions élevées de l'air la brise, qui parfois s'y maintient, elle hisse au sommet de ses mâts de légères voiles carrées. Tous ses mouvements sont vifs et rapides; dès que le vent gonfle ses voiles, elle semble glisser sur l'écume des lames plutôt qu'y tracer des sillons; quand elle louvoie, on dirait qu'elle remonte dans le lit même du vent; veut-elle s'abandonner au courant de la brise, elle déploie sur son avant une grande voile carrée, qui l'emporte comme un oiseau; et si la tempête la surprend en pleine mer, elle ne fuit pas : les vagues qui la poursuivent la briseraient en déferlant sur sa poupe, trop faible; elle appareille des voiles très-basses, présente le nez au vent et à lame, et souvent enveloppée d'un manteau d'écume, parfois même de nappes d'eau, elle résiste et défie leur furie. C'est en Amérique qu'il faut aller chercher des modèles parfaits de ce genre de bâtiments : notre construction française, trop sévère et trop lourde, ne nous offre rien de comparable aux goëlettes des États-Unis. Leurs *pilotboats* (bateaux-pilotes), qui font presque tout le commerce de cabotage du Mexique, des Antilles et des bancs de Bahama, ont une allure charmante aux yeux du marin. Toutefois, la goëlette, si brillante, douée de si précieuses qualités à la mer, ne doit être confiée qu'à des hommes expérimentés; ce qui fait son mérite fait aussi son danger : l'officier maladroit ou négligent, qui se laisse surprendre par un grain, est perdu, et avec lui l'équipage et le navire entier, qui s'incline sous le vent qui le presse en flanc, chavire et sombre sous ses voiles démesurées. Qu'on parcoure les annales des naufrages de notre marine militaire, et l'on verra que les goëlettes sont presque les seuls navires qui courent encore le danger d'être engloutis en pleine mer. L'hélice, qu'on commence à ajouter aujourd'hui à ces navires, leur donnera sans doute le moyen de lutter avec plus d'avantage contre les éléments.

D'où vient le mot *goëlette?* Il est une hirondelle de mer, vagabonde et suivant le soleil, toujours rasant les flots d'un vol rapide, souvent se jouant autour des navires comme pour se rire de leur marche trop lente; on la nomme *goëlette...* Aurait-on trouvé quelque rapport entre cet oiseau plein de vivacité et le joli navire dont nous venons de parler? Théogène PAGE, capitaine de vaisseau.

GOËMON. *Voyez* ALGUES, HYDROPHYTES.

GŒRGEY (ARTHUR), après K o s s u t h la figure la plus saillante que présente l'histoire de la révolution de H o n g r i e, né le 5 février 1818, à Toporcz, comitat de Zips, dans la haute Hongrie, fut destiné par son père à l'état militaire, et entra en 1832 à l'école de pionniers de Tuln en qualité de cadet. Après quatre années d'études passées à cette école, il revint en 1836 à son régiment. En 1837 son père réussit à le faire admettre dans le régiment noble des gardes du corps du royaume de Hongrie, et au printemps de 1842 il fut incorporé avec le grade de premier lieutenant au régiment de hussards du Palatinat. La mort de son père, arrivée en 1843, le délia de l'obligation de persévérer dans une carrière qu'il n'avait embrassée que par déférence pour ses vœux; aussi bien les tendances particulières de son esprit le rendaient de plus en plus impropre à la vie de garnison. Dans l'été de 1845 il quitta donc les rangs de l'armée, et dans l'automne de la même année il se rendit à Prague pour y suivre les cours de l'École des Arts et Métiers. Mais déçu dans l'espoir qu'il avait conçu de voir abréger en sa faveur le nombre d'années d'études voulu par les règlements, il renonça aussitôt à son projet, et se décida à suivre exclusivement le cours de chimie théorique et pratique fait à l'université. Jusque alors l'attrait particulier qu'avait pour lui la carrière de l'enseignement n'avait point exercé d'influence sur le choix de sa carrière; car, en raison de l'état de choses qui existait en Hongrie avant les événements de mars, il regardait comme impossible son admission au nombre des professeurs attachés à un établissement d'instruction publique. Mais au printemps de 1848, l'esprit libéral du premier ministre des cultes et de l'instruction publique en Hongrie, le baron Eœtvœs, lui permit d'espérer obtenir une chaire dans sa patrie; et quand, invité par une proche parente à se charger momentanément de l'administration de ses terres, situées près de son pays natal, il revint dans ses foyers, le ministre lui renouvela encore à Pesth l'assurance que sa qualité de protestant non plus que l'absence de titres académiques réguliers ne feraient obstacle à ce qu'il pût occuper une chaire de chimie. En mai 1848 Gœrgey écrivit une dissertation *Sur les acides solides, volatiles et gras de l'huile de noix de cocos*, qui obtint les honneurs de l'impression dans les comptes-rendus de l'Académie de Vienne (1848, 3e cahier).

En même temps Gœrgey suivait sans cesse avec une plus attentive anxiété la tournure que prenaient les affaires de son pays. Quand il devint évident pour tous qu'une lutte était désormais inévitable, il demanda à être admis dans les rang de l'armée, et entra avec le grade de capitaine dans le corps des *Honveds*. Promu chef de bataillon, Gœrgey, lorsqu'on apprit que le ban J e l l a c h i c h marchait sur la Hongrie, fut envoyé à l'île de Csepel, où, le 2 octobre 1848, il fit traduire devant un conseil de guerre et fusiller le comte Eugène Zichy, arrêté porteur de dépêches du ban. La vigueur de résolution, peu commune encore pour l'époque, dont il avait fait preuve en cette circonstance, le blâme complet qu'on lui entendit émettre et qu'il n'hésita pas à consigner par écrit au sujet de l'armistice intervenu à peu de temps de là entre Perczel et Jellachich, mais surtout les succès obtenus par l'armée hongroise lorsqu'elle contraignit le corps du général Roth à mettre bas les armes, succès qui ne purent être attribués qu'aux mesures prises par Gœrgey contrairement aux ordres formels de Perczel, général commandant en chef, attirèrent sur lui l'attention des chefs du parti extrême de la révolution hongroise. Ils crurent avoir trouvé en lui l'homme qui réussirait bien vite à faire prendre une attitude plus résolue aux troupes placées sous les ordres de Moga, et qui depuis quelque temps restaient dans l'inaction, sur les rives de la Leitha, sans oser franchir la frontière. Gœrgey fut envoyé au camp avec le grade de colonel; mais il n'y fut pas plus tôt arrivé que des considérations stratégiques le firent se prononcer également contre tout mouvement en avant. Cependant, lorsqu'un décret formel de la diète, en date du 17 octobre, eut ordonné de franchir la frontière, et après la perte de la bataille de Schwechat, due surtout aux mauvaises dispositions prises par Moga, celui-ci se vit retirer son commandement, qu'on confia à Gœrgey en même temps qu'il était promu au grade de général. Gœrgey, se défiant de la levée en masse produite par l'*agitation* de Kossuth, commença par une épuration sévère de son armée; mais alors, contrairement à l'attente et aux désirs du gouvernement hongrois et de la nation, il demeura dans l'inaction; et même quand, le 16 décembre suivant Windischgrætz commença son mouvement agressif, il se retira par Raab jusqu'à Pesth, ne suivant en cela que ses vues personnelles. Pendant ce mouvement de retraite, il publia à Waitzen, le 2 janvier 1849, la fameuse *Déclaration de l'armée du haut Danube*, dans laquelle il promettait de défendre la monarchie hongroise et la constitution sanctionnée par le roi Ferdinand V. Après la division de l'armée en différents corps, on lui confia l'importante mission d'empêcher, par une pointe sur les villes des montagnes, l'ennemi de marcher droit sur Debreczin, alors siége du gouvernement; et il s'en acquitta de la manière la plus satisfaisante. Dans le cours de cette expédition, il eut constamment à combattre les corps commandés par Schlick et Nugent, et de beaucoup supérieurs en force au sien; il eut même à diverses reprises complétement le dessous, et se trouva maintes fois acculé dans des positions d'où il semblait impossible qu'il parvînt à s'échapper; mais il n'en réussit pas moins à tenir toujours la campagne, et il finit, en enlevant à la baïonnette les hauteurs du mont Brangisko, considéré jusque alors comme imprenable, par se frayer passage et par opérer sa jonction avec l'autre corps d'armée qui s'était avancé jusque sur les rives de la Theiss.

Les défiances dont Gœrgey était devenu l'objet de la part du comité national de défense et du gouvernement, défiances qui n'avaient pu que s'accroître depuis sa proclamation de Waitzen, eurent pour résultat de faire déférer le commandement en chef au général polonais D e m b i n s k i. Gœrgey reçut le 5 février à Éperiès la nouvelle de cette détermination. Profondément blessé dans son orgueil, la rancune qu'il gardait au nouveau général en chef se manifesta d'abord à Kapolna (26-28 février), où il arriva trop tard avec son corps; de sorte que si le plan de bataille conçu par Dembinski n'aboutit point à un désastre complet, du moins il ne produisit point de résultats décisifs. Cette circonstance, jointe aux dispositions malhabiles prises alors par Dembinski pour effectuer sa retraite par delà la Theiss, excita dans l'armée et dans la nation un mécontentement universel; aussi Dembinski, mal vu déjà comme étranger, dut-il donner sa demission. Il fut remplacé dans son commandement en chef par Vetter. Mais celui-ci, à son tour, et sous prétexte de maladie, s'en démit dès les premiers jours d'avril; et alors Gœrgey, en qualité de général le plus ancien en grade, fut appelé à le remplacer.

La campagne d'avril, qui commença sur ces entrefaites et fut signalée par une série non interrompue de victoires, telles que les affaires de Gœdœlœ (7 avril), de Waitzen (9 avril), de Nagy-Sarlo (19 avril), l'occupation de Komorn (24 avril), la bataille d'Acs (28 avril) ou de Waitzen, par suite de laquelle Welden fut contraint de se replier sur Presbourg, fournit de brillantes preuves des talents de Gœrgey comme général. Mais, au lieu de reprendre l'offensive et d'envahir le sol autrichien, il marcha sur Ofen, qu'occupait encore un corps autrichien commandé par Hentzi. Après un siége qui dura trois semaines, et après avoir opposé aux assiégeants la plus intrépide résistance, cette ville ouverte fut prise d'assaut le 21 mai. Gœrgey refusa alors la dignité de feldmaréchal que Kossuth lui offrit en récompense de ses services; cependant, il consentit à se charger du portefeuille de la guerre dans le ministère Szemere. Par cet acte, de même que précédemment par une proclamation publiée le 26 avril à Komorn, Gœrgey manifestait tout au moins l'intention d'accepter les conséquences de la déclaration d'indépendance faite par le diète nationale le 14 avril, encore bien qu'il soit avéré que cette mesure avait été désapprouvée par lui et qu'il n'attendit qu'une occasion favorable pour la faire révoquer.

Tandis que Gœrgey, après la prise d'Ofen, laisait écouler trois semaines dans une complète inaction, par suite d'obstacles insurmontables, dont le gouvernement lui renvoyait la responsabilité, les Russes avaient pénétré par divers côtés à la fois sur le sol hongrois, aux termes d'un traité officiellement publié le 1er mai, mais qui depuis longtemps était l'objet de négociations actives entre les gouvernements russe et autrichien. Les forces russes et autrichiennes avaient utilisé de leur mieux l'inaction des Hongrois; et dès lors Gœrgey regarda comme impossible la résistance aux forces combinées des deux empires. Pour pouvoir tout au moins se venger de l'Autriche, il exigeait de Kossuth qu'il n'opposât aucun obstacle à l'invasion de la Hongrie par l'armée russe, et qu'il concentrât à Komorn toutes les forces hongroises disponibles. Mais Kossuth, de son côté, dans l'espoir d'une intervention venant de l'ouest, ayant décidé la concentration provisoire de toute l'armée nationale sur les rives de la Theiss, l'ordre fut donné à Gœrgey d'avoir à se conformer à ce plan et d'évacuer Komorn avec le gros de l'armée. Gœrgey résolut alors de regarder cet ordre comme non avenu, et d'agir seul contre les Autrichiens. Par suite de cet acte patent d'insubordination, le gouvernement national enleva à Gœrgey son commandement en chef, qui fut partagé entre Messaros et Dembinski ; mais le corps d'armée aux ordres de Gœrgey protesta contre la révocation de son général. Le gouvernement n'osant pas prendre un parti énergique, transigea et laissa le commandement en chef à Gœrgey, à la condition qu'il évacuerait immédiatement Komorn, pour venir le rejoindre sur les rives de la Theiss. La marche en avant des Russes ayant eu pour résultat de couper à Gœrgey la route de la capitale ainsi que celle de Szegedin, siége du gouvernement national, il risqua encore, le 11 juillet 1849, une bataille sous les murs Komorn; mais il la perdit, se vit rejeté dans la place, et ce ne fut que le 13 qu'il put commencer son mouvement de retraite sur la Theiss. Les Russes le suivirent pas à pas, sans réussir pourtant à l'entamer, jusqu'à ce qu'enfin, après avoir été très-affaibli par la déroute que l'ennemi lui avait fait essuyer le 2 août à Nagy-Sandor, pres de Debreczin, il atteignit le 8 août Arad, où déjà le gouvernement national avait dû se réfugier. Au lieu de se conformer, lui aussi, aux ordres du ministère de la guerre et de converger sur Arad, Dembinski s'était dirigé sur Temesvar et y avait essuyé une déroute complète, le 9 août. La nouvelle officielle de ce désastre arriva à Arad le 10. Gœrgey jugea dès lors qu'il était impossible de continuer à lutter davantage ; déjà, en face de Kossuth, il avait déclaré que, si la nouvelle de la déroute de Dembinski venait à être confirmée, il mettrait bas les armes aussitôt. Peu de temps auparavant, et surtout d'après les instances de Gœrgey, le gouvernement national avait résolu d'offrir la couronne de Hongrie à l'empereur de Russie. Gœrgey, qui dès le 21 juillet s'était mis en rapport avec les Russes, sans pourtant entamer avec eux des négociations formelles, devait être chargé de l'exécution de ce décret. Mais le désastre essuyé par Dembinski ayant rendu impossible toute défense ultérieure, et comme il ne restait plus à l'armée nationale d'autre ressource que de déposer les armes, Kossuth, qui ne trouva rien à objecter à une semblable détermination et refusa seulement de présider l'accomplissement de cette mesure, fut sommé par Gœrgey de donner sa démission et de lui abandonner la puissance suprême.

Le 11 août Gœrgey fut investi de la dictature, et deux jours après, à Villagos, toute l'armée hongroise, forte encore à ce moment de 20,000 hommes d'infanterie et de 2,000 hommes de cavalerie, avec 130 bouches à feu, se rendait sans conditions aux Russes commandés par Rudiger (*voyez* Hongrie).

Gœrgey, après sa soumission, fut gracié et interné à Klagenfurt, où il réside depuis lors comme simple particulier, consacrant ses loisirs à des travaux de chimie. Il a aussi écrit des Mémoires, qui ont paru en 2 vol., à Leipzig (1852), sous ce titre : *Ma vie et mes actes en Hongrie, dans les années* 1848 et 1849. On peut à bon droit dire de ce livre que c'est un des plus intéressants et des plus instructifs qui aient été publiés jusqu'à ce jour sur la révolution hongroise. Il a eu pour résultat de démontrer que la capitulation de Villagos ne fut point un acte de trahison, puisqu'elle eut lieu au vu et su et du consentement de Kossuth ainsi que du gouvernement national; mais que par toute sa conduite antérieure (la question de préméditation ou de non-préméditation restant d'ailleurs complétement réservée), Gœrgey avait rendu inévitable ce dénoûment du drame révolutionnaire hongrois.

GOERITZ ou GORICE, en allemand *Gœrtz*, en italien *Gorizzia*. Ainsi s'est appelé, de 1814 à 1849, un cercle de l'arrondissement de Trieste, dans le royaume d'Illyrie, mais qui depuis cette époque a été de nouveau réuni avec Gradiska, et sous l'ancienne dénomination de *comtés princiers de Gœrtz et de Gradiska*, au margraviat d'Istrie, pour former un domaine propre de la couronne, composé de deux districts, divisés chacun en quatre capitaineries (celles du district de Gœrtz et de Gradiska sont *Gœrtz, Gradiska, Tolmein et Sessana*).

Cette contrée, généralement montagneuse, est arrosée par un grand nombre de cours d'eau aboutissant à la mer en formant de belles cataractes, et plus particulièrement par l'Isonzo. Sur une superficie de 37 myriamètres carrés, elle compte une population de 193,000 habitants, dont 122,400 appartenant à la race slave, et 70,800 à la race italique du Frioul. Cette dernière partie de la population habite surtout les régions occidentales et méridionales, sur les frontières de l'État vénitien et le long des côtes de la mer. Cependant la langue italienne et même la langue allemande sont souvent comprises et parlées dans les parties nord-est du pays, où domine généralement la race slave.

Ce pays faisait jadis partie de l'*Illyricum*, dont il partagea toujours les destinées jusqu'au onzième siècle, époque où il fut érigé en comté particulier par l'empereur Henri IV, qui en gratifia, à titre de fief héréditaire, les comtes de Tyrol. La descendance de cette maison s'étant éteinte en l'an 1500, le comté de Gœritz fit retour à l'empereur Maximilien Ier.

Son chef-lieu, *Gœritz*, ville bâtie sur l'Isonzo, compte une population de 11,000 âmes, et est le siége d'un évêché. Ses principaux édifices sont une cathédrale, remarquable par son architecture; l'église dépendant de l'ancien collége des jésuites, transformée de nos jours en caserne; l'hôtel de ville, le couvent des frères de la miséricorde, le joli théâtre du faubourg de Stadenitz, le palais épiscopal, et quelques hôtels particuliers appartenant à des familles nobles. On trouve à Gœritz un séminaire épiscopal, un gymnase, un collége, une école de sourds-muets, etc. L'industrie des habitants consiste surtout dans le raffinage des sucres, la fabrication du rosoglio et de toutes sortes d'étoffes de soie, la préparation des cuirs, le blanchiment des toiles et la teinturerie. En 1836, les princes de la branche aînée de la maison de Bourbon, expulsés de France par la révolution de Juillet, choisirent Gœritz, pour le lieu de leur résidence. Le roi Charles X y mourut, le 6 novembre 1837, et son fils, Louis-Antoine, duc d'*Angoulême*, en 1844.

GOERLITZ, chef-lieu de cercle dans l'arrondissement de Liegnitz, province de Silésie (Prusse), sur la rive gauche de la Neisse, la deuxième de ce qu'on appelait jadis *les six villes* de la haute Lusace, station principale du chemin de fer saxon-silésien, était déjà une place importante au douzième siècle. Sa population s'élève aujourd'hui à 20,000 âmes; la fabrication et le commerce des toiles, des draps, des rubans et des cuirs forment la principale industrie de ses habitants. En 1851 on y a construit une jolie salle de spectacle. Une des principales curiosités à voir à Gœrlitz est l'imitation du Saint-Sépulcre de Jérusalem, qui se trouve devant la porte Saint-Nicolas, sur une hauteur voisine de la petite église de la Sainte-Croix. Le dévot fondateur de ce monument fut un bourgmestre de Gœrlitz, appelé Emmerich, qui, en 1465 et 1476, allait en pèlerinage à Jérusalem avec quelques artistes. A son retour, ayant cru trouver dans sa ville natale un endroit qui avait quelque ressemblance avec celui où est situé à Jérusalem le tombeau de Jésus-Christ, il y fit élever, de 1480 à 1498, un monument qui est la reproduction exacte du Saint-Sépulcre. La piété des descendants du fondateur a jusqu'à ce jour fait tous les frais de l'entretien et de la conservation de cet édifice. Dans un des cimetières de Gœrlitz reposent quelques hommes aux noms desquels s'attache une grande célébrité, entre autres Jacob Bœhme, qui à partir de 1594 exerça dans cette ville la profession de cordonnier.

GOERRES (Jacques-Joseph de), écrivain remarquable dont les travaux ont eu tour à tour la politique, l'histoire et la mythologie pour objet, et qui donna à l'Allemagne le curieux spectacle d'un abandon complet des doctrines et des principes qu'il avait d'abord professés en religion comme en politique, naquit à Coblentz, le 25 janvier 1776, et mourut à Munich, le 29 janvier 1848. Il avait commencé par étudier la médecine à Bonn, lorsque les événements de 1793 le firent renoncer à cette carrière. Comme toutes les têtes ardentes de cette époque, il se jeta avec passion dans la politique, embrassa les idées dont la révolution française était le symbole, et fit preuve de talent comme orateur dans les clubs et les assemblées populaires. Il publia aussi à cette époque *La Feuille rouge,* journal supprimé bientôt par l'électeur de Hesse, qui se crut offensé dans un de ses numéros, et que Gœrres ressuscita tout de suite après sous un titre analogue. En novembre 1799, il fit partie d'une députation envoyée à Paris par le parti auquel il appartenait, afin de demander l'incorporation immédiate des provinces du Rhin à la république française. Cette députation n'arriva qu'après la révolution du 18 brumaire, et ne put pas même obtenir une audience du premier consul. A son retour en Allemagne, Gœrres accepta une place de professeur d'histoire naturelle et de physique à l'école secondaire de Coblentz. En 1806, il fit à Heidelberg des cours qui attirèrent un grand nombre d'auditeurs, et publia alors, en société avec Brentano et Arnim, *La Gazette des Ermites.* Il fit ensuite paraître ses Livres populaires de l'Allemagne (*Die deutschen Volksbücher* [Heidelberg, 1807]), recueil de légendes, de romans et de traductions poétiques destiné à retremper l'esprit public et à ranimer le patriotisme des masses. Revenu en 1808 à Coblentz, où on lui avait conservé sa chaire, il donna la preuve de l'étude approfondie qu'il avait faite de la langue persane par la publication des *Histoires mythiques du monde asiatique* (Heidelberg, 1810, 2 vol.). La poésie du moyen âge fut aussi de sa part l'objet de travaux sérieux, dont témoignent les aperçus ingénieux qu'on trouve dans l'introduction à l'édition qu'il a donnée du *Lohengrin* (Heidelberg, 1813).

La tournure prise par les événements politiques à la suite de la retraite de Russie réveilla le patriotisme de Gœrres; il s'affilia au *Tugendbund,* et dans le but de réveiller l'esprit allemand, particulièrement dans les provinces rhénanes, il publia à partir de 1814 *Le Mercure rhénan*, feuille rédigée à un point de vue tout démocratique. Lorsqu'elle fut prohibée, en 1816, il alla s'établir de nouveau avec sa famille à Heidelberg. Plus tard il revint encore à Coblentz. C'est à cette époque qu'il fit paraître ses *Vieux Chants populaires allemands* (Francfort, 1817). Nommé directeur de l'instruction publique dans la province du Rhin central en 1818, il encourut la disgrâce du gouvernement prussien, qui donna l'ordre de l'arrêter lorsque deux années plus tard il fit paraître *L'Allemagne et la Révolution* (Coblentz, 1820), ouvrage d'une énergie remarquable, écrit dans l'esprit de la démocratie pure, éloquente protestation contre la politique de plus en plus rétrograde adoptée par les différents cabinets de l'Allemagne à la suite de l'assassinat de Kotzebue par Sand. Gœrres se réfugia alors en France, où il résida pendant quelque temps à Strasbourg; puis il se rendit en Suisse. C'est alors qu'il fit successivement paraître *Le Livre héroïque d'Ivan,* d'après *Le Chah Nameh* de Firdusi (2 vol., 1820), traduction libre de ce vieux poëme, à l'usage des lecteurs allemands; *L'Europe et la Révolution* (Stuttgard, 1821), livre où on aperçoit les premiers signes de cette tendance au mysticisme qui devait conduire l'écrivain démocratique à devenir quelques années plus tard l'avocat du parti ultramontain; *Des Affaires des provinces rhénanes* (1822); *La Sainte-Alliance et les peuples au congrès de Vérone* (1822), publications présentant un bizarre pêle-mêle d'allusions érudites empruntées à toutes les branches de la science humaine, et empreintes d'une teinte de mysticisme de plus en plus prononcée. Il publia ensuite à Spire : *Emmanuel Swedenborg, ses visions et son rapport avec l'Église* (1827).

En 1827, il fut nommé professeur d'histoire générale et d'histoire littéraire dans la nouvelle université fondée à Munich; et à partir de ce moment on le vit à la tête du parti rétrograde combattre en toutes occasions l'esprit de progrès, et présenter l'histoire au point de vue du mysticisme religieux.

Gœrres fut incontestablement l'un des publicistes les plus ingénieux et les plus originaux de l'Allemagne; son côté fort, c'était une inépuisable verve d'ironie contre la constitution administrative des États modernes, et le système tout artificiel de politique qui en est le résultat. Mais il ne s'apercevait pas que souvent sa raillerie provoquante était un arme dont on pouvait se servir contre lui-même; car, en définitive, c'est toujours uniquement avec des phrases sonores, mais creuses, qu'il attaquait ce libéralisme, qu'il déclarait n'être et ne savoir faire que des phrases, *prætereaque nihil.*

GOERTZ. *Voyez* Goeritz.

GOERTZ (Famille de SCHLITZ de). Cette famille allemande, dont il est question dès le neuvième siècle comme possédant la seigneurie immédiate de Schlitz sur la Fulda, fut élevée en 1617 au rang des barons, puis en 1726 à celui des comtes de l'Empire. En vertu de l'acte constitutif de la confédération du Rhin, elle fut placée avec ses domaines sous la souveraineté du grand-duc de Hesse. En 1829 une décision de la diète germanique accorda à son chef la qualification honorifique d'*Erlaucht* (illustrissime), pour laquelle nous n'avons pas d'analogue en français.

La famille de Gœrtz forme aujourd'hui deux branches : l'aînée est celle dont les possessions sont situées sous la souveraineté du grand-duc de Hesse; la cadette est établie dans le royaume de Hanovre, et ajoute à son nom celui de *Wrisberg.* Un membre de cette famille mérite une mention particulière.

GŒRTZ (Georges-Henri de SCHLITZ, baron de) fut d'abord conseiller intime et maréchal de la cour du duc de Holstein-Gottorp, et vint au nom de son maître trouver à Stralsund Charles XII, quand, en 1714, ce prince se fut décidé à quitter Bender pour retourner dans ses États, après cinq années environ de quasi-captivité chez les Turcs. Le duc de Holstein-Gottorp avait intérêt à savoir au juste quelles dispositions d'esprit Charles XII rapportait de sa longue absence, et si sa politique remuante et guerroyante n'avait pas été modifiée par l'adversité. Il ne pouvait confier une mission de cette nature à un homme plus capable de la remplir que le maréchal de sa cour, baron de Gœrtz. Charles XII, frappé des ressources d'esprit dont ce négociateur fit preuve dans les divers entretiens qu'il eut avec lui, lui proposa d'entrer à son service, et ne tarda pas à le nommer son principal ministre. La Suède se trouvait alors dans une situation presque désespérée; les plans conçus par Gœrtz pour lui rendre sa prépondérance dans les affaires de l'Europe n'en furent que plus vastes, et ses efforts pour les mettre à exécution, que plus infatigables. Dès 1716 on le voit cherchant à exciter de nouveaux troubles en Angleterre, dans l'espoir de rallumer la guerre à laquelle avait mis fin le traité d'Utrecht. Son plan consistait à mettre à la disposition du prétendant une somme d'argent considérable et un corps de dix mille hommes de troupes levées en Allemagne et en Suède, qu'on ferait débarquer en Écosse. Le cabinet anglais en fut instruit par ses agents à l'étranger, et méprisa d'abord ce qui lui parut n'être qu'une intrigue vulgaire et sans portée. Mais le baron de Gœrtz s'étant rendu en 1717 à La Haye, afin de pouvoir mieux tenir et diriger tous les fils du complot, l'Angleterre sortit de son indifférence, et obtint du grand-pensionnaire Heinsius qu'il fît arrêter, sous un prétexte quelconque, le brouillon dont les menées n'allaient à rien moins qu'à faire remanier une seconde fois la carte de l'Europe. Cette arrestation, faite en dehors des règles ordinaires du droit des gens, produisit un grand scandale; aussi, en 1718, les états de la province de Gueldre se lassèrent-ils de servir de geôliers à l'Angleterre, et, sans même consulter les états généraux, remirent-ils en liberté le baron de Gœrtz, dont la détention n'avait en rien modifié les idées ou plutôt les illusions. Il se hâta en effet de retourner auprès de Charles XII, après avoir sur sa route négocié à Berlin un traité dirigé tout à la fois contre la Russie et le Danemark. Charles XII se décida alors à attaquer sans plus tarder le Danemark, et envahit la Norvége à la tête d'une nombreuse armée. Chacun sait qu'il trouva la mort le 11 décembre 1718, sous les murs de la ville de Frédéricsham, frappé d'une balle, qu'on supposa n'être pas partie des rangs de l'ennemi. Sa sœur, Ulrique-Éléonore, lui succéda. Cette princesse partageait l'aversion générale de la nation suédoise pour un ministre sur qui on rejetait toute la responsabilité de l'état déplorable où le royaume se trouvait réduit, par suite des héroïques folies de Charles XII. Aussi bien, Gœrtz était étranger; qui ne sait que c'est toujours là un crime irrémissible aux yeux des peuples? Il fut donc, tout aussitôt après la mort du roi, arrêté sous la prévention d'avoir tenté de rendre le sénat et les divers colléges odieux au feu roi, de l'avoir poussé par ses perfides conseils dans de pernicieuses entreprises, notamment d'avoir été le principal instigateur de la malheureuse guerre de Norvége, où ce prince devait si fatalement périr, d'avoir en outre introduit dans le royaume de la monnaie de mauvais aloi, enfin de s'être rendu coupable de diverses malversations, bien ou mal fondées. Après une procédure expéditive et de pure forme, le baron de Gœrtz fut condamné à mort, et eut la tête tranchée, le 28 février 1719. Il mourut avec la plus stoïque intrépidité, après avoir composé lui-même sa propre épitaphe, ainsi conçue : *Mors regis, fides in regem, est mors mea* (La mort du roi, ma fidélité envers le roi, telles sont les causes de ma mort).

GOES (HUGO VAN DER), célèbre peintre flamand, élève et successeur de Jan van Eyck. On n'a que des renseignements très-vagues sur sa vie. La ville de Gand paraît avoir été le principal théâtre de son activité. Entre autres tableaux, il y peignit si bien à l'huile l'histoire de la sage Abigail sur une muraille, dans la demeure du bourgeois Jacob Weytens, que celui-ci lui donna en mariage sa fille, belle personne, qui avait servi de modèle à l'artiste pour le personnage d'Abigaïl. La douleur qu'il éprouva de la mort prématurée de cette compagne adorée le détermina à se confiner dans le monastère de Rodendale, près de Bruxelles, où il mourut revêtu de la dignité de chanoine. Le principal tableau de Hugo van der Goes se trouve dans l'église Santa-Maria Nuova de Florence; il représente l'enfance du Christ avec les bergers en adoration et un groupe d'anges. Dans les *Uffizi*, on voit de lui une madone entourée d'anges qui font de la musique. La pinacothèque de Munich possède un tableau sur lequel se trouvent le nom de ce peintre et la date de 1472, représentant saint Jean dans le désert, près d'une source. On lui attribue aussi les peintures intérieures du grand reliquaire de la cathédrale d'Aix-la-Chapelle. Parmi les tableaux du musée de Berlin qu'on lui attribue de même, figure un *Ecce homo*, d'un fini remarquable, mais exprimant d'une manière vulgaire les souffrances physiques. Ce sentiment très-limité du beau est le trait caractéristique du talent de van der Goes; et c'est là un défaut que ne rachètent ni le fini de l'exécution ni l'intelligence des détails.

GOETHALAND. *Voyez* GOTHLAND.

GOETHE (JEAN-WOLFGANG), le plus grand nom de l'Allemagne moderne. Fils d'un conseiller impérial qui jouissait d'une fortune assez considérable et d'une haute considération, Gœthe naquit le 28 août 1749, à Francfort-sur-le-Main, point central et neutre entre la France et la Germanie proprement dite. A peine ouvre-t-il les yeux, l'art antique et moderne, la pompe des cérémonies impériales, attirent les regards de l'enfant. Les belles vues de Rome tapissent les appartements de son père. Les accents de la belle langue italienne arrivent à son oreille; ses parents lui vantent tout ce qui a rapport à l'Italie, surtout les poëtes italiens et le divin Torquato Tasso. La bibliothèque de la famille est pleine des meilleures éditions hollandaises des auteurs latins et d'ouvrages sur les antiquités romaines. Le conseiller impérial possède une collection d'histoire naturelle et un jardin botanique; ses occupations favorites sont le jardinage, la peinture, la musique; il se fait souvent aider par son jeune fils. Voilà les premières impressions qui se développent dans une existence simple et unie. L'enfant grandit; le cerveau le mieux organisé pour tout comprendre éclôt et rayonne sous ces influences. Les belles marionnettes de sa grand'mère lui apprennent l'art dramatique. Il observe ensuite la ville où il a vu le jour. Là, les couvents entourés de murs et ressemblant à des châteaux forts; plus loin l'hôtel de ville antique et les curiosités qu'il renferme : monuments historiques de l'élection des empereurs, escalier impérial, salle impériale, statues des empereurs germaniques, tombeau du brave Gunther, également respecté de ses amis et de ses ennemis; salle du conclave, sénat religieux qui a exercé tant d'action sur les annales du pays; la Bulle d'Or, enfin, qu'on lui montra, et que sa vénération poursuivit longtemps d'un regard idolâtre. La religion du passé s'empare de lui à cet aspect; et ce goût passionné des choses anciennes s'accroît encore par la lecture de vieilles chroniques et la vue de vieilles gravures sur bois. L'heureux garçon, qui n'avait rien à faire que de se préparer à être un grand homme, recueillait mille observations sur la route de son adolescence insouciante. Dans les foires, il contemplait tous les objets que le monde produit, dont les hommes ont besoin, et que les habitants des diverses latitudes échangent entre eux. Les sculptures des cathédrales et des palais lui offraient la représentation symbolique des cérémonies du moyen âge. Elles faisaient renaître comme par enchantement devant les yeux de sa pensée la variété des siècles éteints; sa curiosité s'émut. Il étudia l'histoire; il voulut connaître les noms, les coutumes et les opinions du temps passé. Le couronnement d'un empereur, spectacle majestueux, vint achever cet enseignement historique. Il nous dit lui-même quel fut son enthousiasme lorsqu'il fut témoin de ce grand souvenir du moyen âge.

Ainsi, les circonstances continuaient pour Gœthe ce que la nature avait commencé. Une intelligence prompte, un travail assidu, une mémoire facile, concouraient à cette belle et noble éducation. Les nombreuses maladies de l'enfance lui facilitèrent les moyens de digérer ses lectures, en augmentant sa disposition naturelle à la méditation. Il subit aussi une influence religieuse toute spéciale. La tolérance et l'impartialité présidèrent à ses premières pensées.

Il venait d'entrer dans sa huitième année lorsqu'en 1756 la guerre de sept ans éclata. Quelques années après, les Français occupèrent Francfort : l'un de leurs officiers, le comte de Thorane, fut logé dans la maison des parents de Gœthe, et se prit d'une vive affection pour l'enfant, dont l'imagination fut singulièrement éveillée par ces relations de tous les jours avec un étranger, bon connaisseur et grand amateur des beaux-arts. Bientôt il se fit auteur dramatique, pour les marionnettes, il est vrai, mais elles lui donnèrent la connaissance technique de la scène.

A ce moment un théâtre français s'établit à Francfort : il en devint le spectateur assidu, se fortifia dans la connaissance de cet idiome, conçut un nouveau système dramatique, et dépouilla les préjugés de son pays et de son temps. La paix fut conclue : Gœthe, adolescent, perfectionna son éducation. Le dessin, la musique, l'observation des objets naturels, les éléments de la jurisprudence et l'étude des langues modernes l'occupèrent alternativement. Le patois allemand des juifs lui donna l'idée d'apprendre l'hébreu, étude qu'il ne poussa jamais fort loin, mais qui eut pourtant pour lui l'avantage d'arrêter son esprit sur les livres saints. Il se plut à détailler la peinture historique de certains caractères bibliques, et l'histoire de Joseph fut son premier ouvrage poétique. Il y représenta tous les événements jusque dans leurs moindres détails, et s'imposa l'étrange tâche de les raconter avec la plus grande exactitude : apprentissage d'artiste gothique, auquel il se soumettait. Il s'habitua dès lors à dicter, méthode qu'il aima jusqu'à la fin de sa vie, ainsi qu'on le voit par ses périodes. La facilité qu'il trouvait à rassembler et à conserver ses idées augmenta en lui la faculté innée de création et d'imitation. L'expérience, à la vérité, lui manquait encore, mais il l'acquit bientôt. Le commerce de plusieurs hommes distingués, différentes affaires dont le chargea son père, l'initièrent à la connaissance des choses et des événements de la vie réelle. Telles furent à la fois la poésie et la philosophie qui dirigèrent la vie du jeune poëte. L'amour vint lui donner, pour ainsi dire, le dernier fini, la perfection suprême. Ces amours durèrent peu, leur dénoûment fut triste et pénible ; mais l'impression n'en resta pas moins dans le cœur du poëte. Elle lui fit faire plus d'une découverte importante. Les portraits de femmes qu'il eut occasion de tracer en reçurent l'ardent reflet. La jeune fille de la tragédie d'*Egmont* n'a pas d'autre modèle. Elle se nommait Marguerite : la *Marguerite* de Faust illustra et immortalisa ce nom. Quelques moments pleins de charmes passés près d'elle avaient laissé dans son âme une passion violente, qui ne lui laissait ni repos, ni sommeil, ni santé. Il se guérit lentement et avec peine; la paix ne rentra dans son cœur que lorsqu'il alla terminer ses études à l'université.

Conformément au plan que son père avait tracé pour lui, il se rendit à Leipzig, où régnait le pédant Gottsched, mais où Ernesti et Gellert attirèrent principalement ses regards. L'université lui déplut singulièrement. Elle lui faisait refaire un peu plus mal tout ce qu'il avait déjà fait. L'histoire de la philosophie lui prouvait le vide et le vague des systèmes. Tout ce qu'on lui disait sur la logique lui paraissait extraordinaire; il ne concevait pas que ces opérations de l'esprit, que depuis sa jeunesse il avait exécutées avec la plus grande facilité, on le contraignît à les isoler, à les morceler, à les démolir pièce à pièce pour en apprendre le véritable usage. Quant aux choses invisibles, au monde surnaturel, il croyait en savoir à peu près autant que son professeur; et il trouva bien des côtés faibles dans la science théologique. L'étude du droit lui offrit les mêmes incertitudes, et lui inspira l'opinion qu'il exprima plus tard avec tant de talent dans une scène de Faust.

L'époque littéraire dans laquelle il se trouvait jeté se développait et naissait de l'époque précédente par la contradiction, comme il arrive toujours. Tout était encore obscur dans la partie théorique de la poésie : les questions secondaires absorbaient tout. Cependant, l'esprit de liberté et de hardiesse allemande s'agitait déjà, et faisait éclore des morceaux pleins de mérite et d'inégalité. On avait imité l'Espagne, puis l'Italie, enfin la France; on commençait à prendre pour modèle l'Angleterre. Le sentiment et la réflexion de Gœthe le mêlaient à ce mouvement : il transformait tout en poésie, et son plus grand chagrin, comme il le dit, c'était de ne pouvoir multiplier les sources de son inspiration par de lointains voyages, de ne pouvoir sortir du cercle qui l'entourait immédiatement.

Alors commença pour lui l'habitude, qu'il conserva pendant toute sa vie, de donner à toutes ses émotions une teinte littéraire et artistique. Dès qu'une chose lui causait du plaisir ou du chagrin, il transformait ce sentiment en un poëme; et cette contemplation intérieure le rendait à la tranquillité : tout ce qu'il a composé, poëmes lyriques, drames, élégies, romans, doit être regardé comme appartenant à une vaste confession qui complète sa biographie. La méditation des arts l'attirait aussi. Il s'attacha spécialement à leur partie historique. Il étudia avec ardeur Winckelmann et les collections de Huber, de Kreisshauf, de Richter : elles exercèrent son jugement, formèrent son goût, et le familiarisèrent avec toutes les écoles. Un voyage qu'il fit plus tard à Rome acheva de le perfectionner sous ce rapport. Gœthe s'exerça aussi dans la gravure, et poussa ce talent fort loin; mais les exhalaisons dangereuses de l'eau-forte, jointes à quelques erreurs de régime, lui causèrent une maladie dangereuse, qui se prolongea jusqu'à l'année 1768. A cette époque il quitta Leipzig, où il avait appris fort peu de droit, mais où il avait posé les bases profondes et larges de sa gloire.

Son retour dans la maison paternelle ne le guérit pas complètement. Très-souffrant et accablé des soins d'une lente et triste convalescence, il attira l'attention d'une jeune personne, dont la sensibilité mystique modifia beaucoup sa vie intérieure. On retrouve les intentions et les expressions de cette jeune personne dans les *Confessions d'une belle âme*, que Gœthe a placées dans son *Wilhelm Meister*. Sa liaison religieuse avec cette âme si pieuse, si tendre, si exaltée, lui donna l'idée d'étudier les mystiques, même les alchimistes des époques diverses : il s'attacha surtout à Jacob Bœhme. A ces études, il joignit des expériences qu'il fit lui-même. Entraîné dans cette sphère ardente et invisible, il ne s'arrêta pas : il voulut se créer une religion par la seule force de sa pensée; le platonisme en formait la base; la philosophie hermétique, mystique et cabalistique y contribuait pour une partie; et tout un monde de rêverie l'enveloppait. Formée des éléments que nous venons de détailler, elle ne laissait pas que d'être assez étrange.

On ne s'étonnera pas si Gœthe, s'étant rendu à Strasbourg pour y achever l'étude du droit et y prendre le bonnet de docteur, négligea le bonnet et la jurisprudence pour s'en tenir à la chimie et à l'anatomie. Mais l'événement le plus remarquable de sa vie pendant cette époque, celui qui devait avoir pour lui les suites les plus importantes, ce furent des rapports avec Herder, rapports qui devinrent plus tard de l'intimité. Dès cette époque Herder s'était déjà placé au rang des hommes les plus distingués par ses *Fragments*, ses *Sylves antiques* et d'autres ouvrages. Ses grandes et belles qualités, ses hautes connaissances, la profondeur de ses vues, lui donnèrent beaucoup d'empire sur Gœthe. Celui-ci apprit en outre de Herder à mieux juger les nouveaux efforts de la poésie et les tendances nouvelles qu'elle semblait vouloir prendre. Il y avait quelquefois dissidence entre l'élève et le maître. Herder poursuivait de ses railleries les innovations auxquelles Gœthe aspirait : ce dernier fut donc obligé de lui cacher avec soin ses espérances et l'intérêt qu'il prenait à un nouvel art dramatique, à une nouvelle poésie. Déjà il avait l'intention de transformer en figures poétiques plusieurs personnages dont Herder se serait moqué, tels que *Gœtz* et *Faust*. Mais ce qu'il cacha avec le plus de soin à son maître, ce fut son goût pour l'alchimie, le mysticisme et la cabale, dont il continuait toujours à s'occuper en secret. Singulière éducation d'une grande pensée!

Le séjour de Gœthe à Strasbourg produisit un autre résultat étrange : au lieu de le franciser, il le rendit plus allemand. Aux frontières même de la France, il rejeta violemment ses antécédents d'éducation française. La civilisation de Louis XIV et de Voltaire avait dominé la Germanie : Gœthe et un petit cercle d'amis trouvèrent le joug trop pesant. Ils rêvèrent une Allemagne vraiment allemande, une poésie plus teutonique, une philosophie plus poétique, une civilisation moins élégamment assortie aux formes convenues. Ce fut à Shakspeare qu'ils se rattachèrent. Il devint le dieu de cette coterie, qui devait agir si vivement sur la patrie entière.

Une fois docteur, en 1771, Gœthe ne prolongea pas son séjour en Alsace. Il rentra de nouveau dans la maison paternelle, en meilleure santé, plus fort, plus libre d'esprit, plus énergique de pensée que la première fois; il ne tarda pas à recomposer son cercle de personnes pensant comme lui. Au nombre de ces associés il faut compter Herder, qui venait d'obtenir une place dans les environs de Francfort. Gœthe les quitta momentanément pour aller à Wetzlar, où il apprit les circonstances qui lui fournirent la première idée de son roman de *Werther*. On sait que le jeune Jérusalem, type de ce héros devenu populaire, s'était suicidé par amour pour une jeune personne. La *Lotte* de Werther, Charlotte Buff, épousa plus tard son fiancé Albert, personnage réel, qui s'appelait Albert Kessner. Elle mourut en 1828.

A son retour à Francfort, Gœthe y publia, sous le voile de l'anonyme, d'abord *Gœtz* (1773), puis *Werther* (1774) : ces deux livres fixèrent les yeux de l'Allemagne entière sur leur auteur. Le duc de Saxe-Weimar ayant fait alors un voyage à Francfort, M. de Knebel lui présenta le jeune poëte, sur l'existence duquel cet événement eut une influence décisive. Le prince héréditaire se lia d'amitié avec l'écrivain, et quelque temps après, ayant pris en main les rênes du gouvernement, il invita Gœthe à venir à sa cour. Gœthe, qui venait de faire une tournée en Suisse avec les frères Stolsberg, se rendit à cette invitation. En 1776 il fut nommé conseiller de légation, avec droit de séance et voix dans le collége des conseillers privés; en 1779 il reçut le titre de conseiller privé. Pendant le cours de la même année, il fit avec le prince un second voyage en Suisse. En 1782 il fut nommé président des finances, et reçut des lettres de noblesse. En 1786 il voyagea en Italie, qu'il habita pendant deux années (jusqu'en 1788), qu'il parcourut tout entière, et dont il visita les provinces les plus éloignées. Toutefois, c'est plus particulièrement à Rome qu'il séjourna. En 1792 il fit la campagne de Champagne avec le duc de Saxe-Weimar. En 1806 il épousa une demoiselle Valpius, avec laquelle il avait pendant longues années entretenu des relations intimes. En 1807 il obtint de l'empereur Alexandre l'ordre de Saint-Alexandre-Newsky, et fut nommé par Napoléon *grand-aigle* de la Légion d'Honneur. L'année d'après il fut autorisé à s'abstenir de prendre part à l'expédition ordinaire des affaires; et après la représentation du *Chien d'Aubry*, il renonça aussi à la direction du théâtre de la cour. En 1815 le duc de Saxe-Weimar lui décerna le titre de premier ministre.

On aurait tort de regarder ces détails comme superflus: les aveux biographiques de Gœthe prouvent qu'il attachait beaucoup d'importance à sa vie publique, et qu'il s'estimait autant comme ministre d'un petit prince d'Allemagne que comme créateur de *Faust*.

Trois époques bien marquées ont divisé sa carrière. Nous avons déjà vu se développer la première de ces époques, toute de formation : il nous reste à analyser les deux autres.

La seconde est l'époque de création idéale et poétique. Elle fait éclore les premiers fruits de cette longue fécondation à laquelle nous venons d'assister : *Werther* d'abord, né de la fougue mélancolique de la jeunesse; puis *Gœtz de Berlichingen*, drame shakspearien. Dans l'un et dans l'autre de ces ouvrages, il put se livrer sans réserve à ses goûts les plus chers, à son inclination ardente pour les antiquités allemandes, et à la peinture de l'amour, grand mobile de la vie morale. En écrivant *Werther*, il avait sous les yeux les dernières lettres et la fatale destinée du jeune Jérusalem. En composant le drame de *Gœtz*, il suivait à la trace l'autobiographie de ce brave et terrible héros; et l'on y retrouve des passages entiers des *Mémoires de Gœthe*. Ainsi, le drame de *Clavijo* renferme des passages entiers pris dans les Mémoires de Beaumarchais; *Le Tasse*, tragédie, est semé de passages empruntés au grand poëte, à ses lettres, à ses biographes; *Faust* n'est qu'une amplification de la tradition populaire; *Iphigénie, Egmont, Le grand Cophte* ou reposent sur des bases historiques, ou contiennent des imitations. *Hermann et Dorothée* est tiré d'un livre intitulé : *Histoire détaillée des Luthériens émigrés ou expulsés de l'évêché de Strasbourg* (Leipzig, 1732). Faut-il prétendre que la faculté inventive ait manqué à Gœthe? Ce serait une erreur. Tous les personnages de Gœthe offrent une ressemblance parfaite avec la nature; ils sont vrais dans les moindres traits; les détails se développent et se coordonnent si exactement que vous les croiriez nés d'un seul jet. Cette faculté de s'oublier complétement soi-même pour se pénétrer des sentiments d'autrui est accompagnée chez Gœthe d'une facilité extraordinaire à saisir l'idiome propre des passions et des mœurs, à s'approprier la manière dont elles s'expriment : non-seulement ses œuvres dramatiques en font foi, mais ses chansons populaires, ses imitations de *la manière de Hans Sachs*, ses Études sur Shakspeare et du moyen âge, son *Gœtz*, son *Faust*, son *Iphigénie*, modelée sur la Grèce antique; ses élégies romaines, qui rappellent si vivement Properce, et ses épigrammes, qui semblent traduites de Martial. C'est dans ses chansons (le premier recueil en fut publié dès 1770 par son ami Breitkopf) que son âme respire tout entière. Ces chants ne sont pas fils de l'étude, enfants du travail; ils émanent librement du caractère distinctif et spécial du peuple germanique. Le peuple les a gardés comme sa propriété, et il les redit sans cesse avec un naïf orgueil; ils élèvent et ennoblissent sa vie ordinaire. Cette nationalité profonde de Gœthe, alliée à un esprit vaste, qui comprend les chefs-d'œuvre étrangers, est une des merveilles de son existence intellectuelle.

Douze années s'écoulèrent pendant lesquelles Gœthe ne fit parler de lui par aucun ouvrage très-neuf ou très-important. Il avait senti le besoin d'échapper aux dangers et au ridicule de cette fausse énergie que Werther avait servie, et que le développement de la révolution française favorisait. De là cet état intermédiaire et transitoire qui sépare la première de la seconde époque de sa vie. L'auteur se purifie lui-même par l'ironie; il s'efforce de mettre de l'harmonie entre la force ardente de sa première jeunesse et le calme de son âge mûr. C'est à cet état transitoire qu'il faut rapporter plusieurs productions satiriques, par exemple, *Le Triomphe de la sensibilité* (1777), excellente parodie de Diderot et de Kotzebue : c'était une issue qui lui était offerte pour sortir des préjugés philosophiques et des crises violentes de l'époque précédente, et s'élever à une position plus haute. Ainsi, par des efforts constants et multipliés, il approchait toujours davantage du vrai beau, de cet idéal sublime, qui devait couronner sa statue dans l'avenir. *Iphigénie* est un chef-d'œuvre de délicatesse et de grandeur antique. A.-W. Schlegel a eu raison de dire que cette tragédie n'est point une imitation d'Euripide, mais un souvenir puissant de la poésie grecque. *Le Tasse* se place à côté d'*Iphigénie*, et ne lui est peut-être inférieur que comme composition. *Le Tasse* n'est pas un drame, dans le sens rigoureux de ce mot, mais c'est un admirable poëme, un tableau de caractère achevé, un commentaire profond : il n'y avait qu'un poëte qui pût comprendre ainsi le poëte. La petite cour de Weimar ressemblait, sous quelques rapports, à celle de la maison d'Este. On ne voyait dans aucune capitale d'Europe une réunion aussi brillante de hautes intelligences et d'artistes distingués que dans la petite ville de Weimar, transformée par eux en paradis des arts. Ce fut là que Gœthe trouva le modèle du monde au milieu duquel vivait le Tasse, et du style qu'il convenait de lui prêter. Assurément, Gœthe courtisan et homme d'État, a dû influer sur Gœthe artiste et poëte. Cette influence, qu'on ne saurait nier, a été souvent favorable. La gravité, la tenue que sa position exigeait, et qui d'ailleurs ont plus d'une fois fait méconnaître son vrai caractère d'homme, corrigeaient la fougue et l'entraînement naturel de l'auteur de *Werther*. Son long séjour en Italie modifia aussi les penchants de sa première époque. Le moyen âge seul l'avait d'abord séduit; jamais, pendant sa longue carrière, il n'a cessé de lui rendre un hommage poétique. Mais l'Italie découvrait à ses yeux un nouveau monde, celui de l'antiquité hellénique, qui embrassait à la fois les idées les plus élevées et la simplicité la plus douce. Son amour tendre et profond pour la nature et l'art acquirent donc une tendance nouvelle et plus sublime. Son ancien système, fondé sur la naïveté, fut remplacé par un mélange du *naïf* et de *l'idéal*.

Les grands ouvrages qui appartiennent à cette époque, de laquelle date aussi son étroite liaison avec Schiller (*voyez* la Correspondance, de 1794 à 1805 [6 vol., 1828-1830]), *Wilhelm Meister* (1794-1896), *Hermann et Dorothée* (1797), portent l'empreinte de cette idéalité naïve. *Wilhelm Meister*, merveilleux de détails, laisse beaucoup à désirer quant à l'ensemble, où certaines tendances de la franc-maçonnerie apparaissent de la manière la plus visible. On attend le couronnement de l'œuvre, et l'esprit n'est pas satisfait : l'apprentissage et les ouvrages de l'artiste ne devraient-ils pas être suivis de sa vie de maître? Malgré ce défaut d'unité, *Wilhelm Meister*, l'une des plus remarquables productions de Gœthe, renferme toute l'énigme de son génie. L'émotion y est puissante, l'exécution parfaite, le développement et la peinture du caractère merveilleux. Partout on y trouve un style également pur, brillant, doux et profond. Dans *Werther*, l'écrivain luttait encore contre la vie et la destinée; la philosophie de *Meister* est une espèce d'optimisme poétique. Le poëte, qui dans *Werther* s'était laissé séduire à une misanthropie farouche, impatiente, frénétique, s'élevait à l'idée d'une théosophie consolante. Le même esprit se retrouve dans *Faust* (1808).

Faust n'est pas un simple drame, mais une pièce philosophique, religieuse, didactique même. C'est de tous les monuments littéraires qu'il a élevés le plus profond, le plus aimable et le plus touchant. Tout ce qui peut émouvoir le cœur de l'homme s'y trouve consacré par une admirable poésie, une poésie variée comme la vie ellé-même, et qui saisit l'âme comme le feraient des paroles magiques. Aussi toutes les personnes qui sont en état de comprendre et de sentir un pareil ouvrage n'ont à cet égard qu'une seule voix. On a blâmé l'ensemble, oubliant que cet ensemble n'était réellement qu'une moitié. Ici un idéal immense, là des scènes hollandaises; puis des tableaux d'une pureté divine. Les deux époques de l'auteur, son époque idéale et son époque d'imitation naïve, s'y touchent et s'y rencontrent : aussi cet ouvrage appartient-il à l'une et à l'autre. Nous ne dirons plus qu'un mot sur ce drame, qui pourrait fournir la matière de tant d'observations : même dans le fantastique, le poëte reste fidèle à la nature; son démon est de chair et d'os comme nous : on assure que le baron de Merk, ami de Gœthe, homme d'esprit, a posé pour Méphistophélès.

Après la création de *Faust*, Gœthe fut le roi de la sphère intellectuelle en Allemagne. La publication des *Affinités de choix* (*Wahlverwandschaften*, 1809) ne put que consolider cette royauté du génie. On le plaça non-seulement à la tête de la poésie allemande, mais encore de l'art en général, de la philosophie, de la religion, de la physique, de la médecine et de quelque chose encore. Rien de trop grand ou de trop beau, rien de trop absurde ou de trop ridicule pour que Gœthe n'en fût pas proclamé le défenseur. Quant à lui, il gardait le silence : avant de lui en faire un reproche, il est bon de se rappeler que ce silence faisait partie du système de toute sa vie. Il voyait avec une calme ironie toutes ces bannières agitées, toutes ces espérances, tout ce désordre. Dans le grand nombre des aberrations contemporaines, au milieu des changements que l'on proposait dans la philosophie, la physique, la poésie, les arts, beaucoup de données s'accordaient avec la manière de voir personnelle de Gœthe; mais cette sympathie naturelle pour ses élèves ne l'empêchait pas de s'amuser de bien des choses et de se moquer de bien d'autres. Pourquoi aurait-il fait entrer le public dans le secret de ses pensées? Pourquoi aurait-il repoussé la foule qui s'appuyait de son nom, même pour soutenir des absurdités? Il se tut, et resta mystérieux : on l'admira davantage.

C'est bien à tort que Gœthe a été soupçonné d'avoir favorisé le catholicisme philosophique d'une nouvelle école. Le prétendu catholicisme caché de la cour de Weimar, de Gœthe et de Schiller, est un conte ridicule. Gœthe était poëte avant tout, chrétien dans *Faust*, païen dans ses Élégies romaines, mahométan dans son *Divan*. Après avoir, dans sa jeunesse, préféré l'Ancien Testament au Nouveau, il était devenu fort indifférent dans son christianisme. Au même moment où le public l'accusait de favoriser la religion catholique, les hommes religieux lui reprochaient de ne pas être assez chrétien. C'est dans ses *Mémoires* (*Aus meinem Leben, Dichtung und Warheit* [1811]) que Gœthe, pour la première fois, paraît prendre parti en faveur du catholicisme. Jamais d'ailleurs il n'avait manqué de sympathie pour les opinions exaltées, et son penchant l'entraînait vers ce qui tient de l'enthousiasme ou de la singularité.

Dans sa dernière époque, il n'est pas resté, comme poëte, à l'abri de l'influence redoutable des années; son énergie productrice s'est affaiblie sur ses derniers jours, et depuis *Mahomet* il n'a rien publié, à l'exception de quelques chansons et romances, qui rappelât son ancienne vigueur. Il avait formé le plan d'une trilogie à la manière du *Wallenstein* de Schiller; mais, soit que le public se montrât indifférent, soit que Gœthe perdît l'envie de continuer son ouvrage, il n'en écrivit que la première partie; c'est le drame d'*Egmont*.

L'abstraction domine les dernières créations de Gœthe; la réalité s'enfuit, l'idéal absorbe le vrai. On reconnaît bien Gœthe de temps à autre, mais son esprit ne plane pas sur l'ensemble, et l'élégance l'emporte sur la beauté. Dans sa première époque, son style est grand, mais dur et incorrect; dans la seconde il est vrai, profond et grandiose; dans la troisième il devient élégant. Sympathiser également avec toutes les productions de ces trois époques n'est pas chose facile; mais toutes offrent des parties admirables. Celle qui, publiée dans ces derniers temps, mérite le plus de reconnaissance est son autobiographie. Tant de franchise, tant de vérité, tant de raison et de simplicité étonnent et captivent.

Nous n'avons guère parlé de Gœthe que comme d'un grand écrivain : que n'a-t-il pas fait cependant pour les arts d'imitation, pour le théâtre, pour l'observation de la nature? Ce n'est pas seulement comme écrivain qu'il a été utile, mais par sa protection pour les artistes, par ses encouragements de toutes espèces. On doit regarder comme d'une haute importance les représentations qui avaient lieu à Weimar, sous la direction immédiate de Gœthe : plus d'un édifice, plus d'un jardin de cette ville, attestent l'influence de Gœthe. En un mot, Gœthe a exercé l'action la plus variée, la plus civilisatrice, sur la nation allemande.

La postérité a commencé pour Gœthe le 22 mars 1832. Il mourut à onze heures et demie du matin, des suites d'une fièvre catarrhale de trois jours, dégénérée en catarrhe suffoquant. Il était âgé de quatre-vingt-deux ans sept mois; sa mort fut douce. L'Allemagne entière s'émut à cette nouvelle : l'écrivain de l'Allemagne, le guide du siècle disparaissait. Le public depuis cette époque n'a cessé de prendre intérêt aux moindres particularités de sa vie. Parmi les biographies qui ont abondé, signalons l'ouvrage de Falk, intitulé : *Gœthe peint d'après une familiarité personnelle et intime*. Là se révèlent une foule de nuances profondément cachées au fond de ce cœur noble et de ce vaste génie.

Pendant ses dernières années, Gœthe ne cessait de travailler sans relâche; et jusqu'à son dernier soupir il corrigea ses écrits, qu'il voulait léguer au public dans la plus grande perfection et le meilleur ordre possibles. La dernière édition de ses Œuvres complètes, publiée par lui-même à Stuttgard (1828-1831), se compose de 40 volumes, et contient quelques ouvrages inédits : l'*Intermède de Faust*, la seconde partie de son *Voyage en Italie*, etc. La publication de ses Œuvres posthumes augmente considérablement les richesses intellectuelles prodiguées par Gœthe à son époque. On y trouve la seconde partie de *Faust*, que Gœthe avait achevée peu de mois avant sa mort, ainsi que la quatrième et dernière partie de son autobiographie. Il publia en 1831 l'*Essai sur les Métamorphoses des Plantes*, auquel il ajouta des notes historiques. Il s'occupait beaucoup aussi d'anatomie comparée, et fit insérer dans les cahiers de mars 1832 des *Annales de Critique scientique* un essai sur les théories de Geoffroy Saint-Hilaire, en faveur duquel il se prononça. Un intérêt particulier se rattache à cet écrit, qui est, selon toute apparence, le dernier morceau sorti de la plume de Gœthe. Ses *Métamorphoses des Plantes* trouvèrent en France l'accueil le plus flatteur, et Geoffroy Saint-Hilaire en fit le sujet d'un rapport à l'Académie des Sciences. En général, les relations de Gœthe avec les pays étrangers ont toujours été les plus flatteuses dont jamais écrivain ait pu se glorifier. Ses ouvrages se sont répandus en France, en Angleterre et en Italie, où ils ont été traduits avec succès. La reproduction la plus fidèle et la plus spirituelle de ses traits est due au ciseau du sculpteur français David, qui a fait son buste, placé dans la bibliothèque de Danneker, à Weimar, à côté de celui de Schiller. Sur le piédestal on lit des vers de Schiller, dont voici la traduction : « Heureux celui que les dieux ont choisi avant sa naissance, qui a été bercé dans les bras de Vénus, à qui Apollon a ouvert les yeux et les lèvres, et sur le front de qui Jupiter a imprimé le sceau de la puissance. »

Il faut réunir mille détails, combiner mille traits divers, rapprocher et comparer plusieurs époques pour former une appréciation approximative du vrai caractère de Gœthe.

Gœthe aimait par-dessus tout le calme et l'ordre ; il les faisait régner autour de lui. Il fallait à son intelligence profonde une harmonie souveraine, un accord parfait de toutes les pensées et de toutes les actions, non l'ordre de la médiocrité, de la nullité, mais l'arrangement dans la richesse et l'ordre dans le luxe. Courtisan, poëte, historien, ministre d'État, directeur de théâtre, savant critique, homme du monde, homme de rêverie et de solitude, il sut tellement unir et balancer toutes les parties constitutives de sa vie que nulle dissonnance, nulle incohérence n'y apparurent jamais. Son âme tranquille et froide redoutait les orages, et ne se mêlait point avec passion aux événements de la vie : il les contemplait en spectateur paisible, quelquefois attendri, souvent ironique ou rempli de pitié. Conserver la *netteté* du jugement en établissant la paix dans son intérieur, et chercher la vérité en toutes choses, telles furent les bases sur lesquelles Gœthe fit reposer son bonheur. Il leur dut le développement de son génie. Le talent qui se plaît au milieu du désordre et de la violence ne se soutient que par un élan fugitif. Il n'arrive jamais à un développement total et ne saurait conserver l'équilibre nécessaire à des études suivies, à des observations profondes. C'est une corde trop tendue, qui finit par se rompre. La conduite sage et modérée de Gœthe lui assura une existence indépendante ; il ne prit aucune part aux disputes politiques et religieuses dont l'Allemagne était le théâtre. Dès qu'une impression intense menaçait de le dominer, il y échappait par instinct, comme les feuilles de la sensitive se dérobent au doigt qui veut les toucher. Jeune encore, il eut des moments de désespoir, de marasme, de de dégoût : pour les bannir, il écrivit *Werther*. Une fois libre et débarrassé de ces pensées turbulentes, qui l'auraient absorbé et subjugué s'il avait eu la faiblesse de se livrer aux passions qu'elles provoquent, il retrouva sa tranquillité habituelle, et n'eut plus qu'un seul mot d'ordre : ce mot était l'*équilibre*. Son esprit souple semblait se prêter à tout sans peine, et embrassait à la fois plusieurs genres de spécialités qui se trouvent rarement réunis. Toujours maître de lui-même, il dominait ses émotions : il savait combien la quiétude des sens et de l'esprit sont nécessaires pour que l'intelligence prenne son essor ; il s'était fait une vie méthodique et des habitudes régulières que rien ne pouvait déranger. Les occupations de sa journée, sa bibliothèque, ses papiers, tout était classé avec soin. Sa vénération pour l'ordre et la paix lui firent redouter le chagrin et comprimer ses affections ; aussi fut-il souvent accusé d'égoïsme. Il refusa de suivre le convoi du célèbre **Wieland**, se consola de la mort de son fils en se livrant à l'étude, et de la perte de Schiller, son rival et son ami, en faisant des vers.

Gœthe, qui s'était appliqué à la recherche de la vérité, ne pensait pas que la poésie fût mensonge ; il croyait au contraire que toute vérité est poésie. Ainsi, il voyait dans l'étude du dessin non le symbole et l'ombre des idées représentant les choses, mais l'apparence exacte des objets eux-mêmes. « Nous devrions moins parler, disait-il, et dessiner davantage. » Pour Gœthe, l'harmonie était la loi de la nature, la grande loi littéraire, politique, religieuse. Il ne voulait pas croire que la plus grande de nos facultés, celle qui les gouverne toutes, l'âme, l'intelligence enfin, fût destinée à périr un jour. Selon son système, les germes d'une existence à venir plus parfaite que celle de ce monde se trouvaient renfermés dans les phénomènes de la nature.

On pourrait dire de Gœthe qu'il fut l'ami de la nature : sa sympathie pour les objets naturels se montra dès sa première jeunesse, et c'est de là qu'il fut conduit à sa théologie véritable, au panthéisme. Les feuilles, les fleurs, les fruits, les animaux sauvages, furent pour lui des objets d'études profondes. Il conservait sur sa cheminée un serpent vivant qu'il observait avec soin chaque jour. Dans sa vieillesse, cette disposition, loin de s'affaiblir, se fortifia tellement chez lui qu'on était sûr d'en être bien accueilli si on lui apportait en tribut quelques curiosités d'histoire naturelle, coquillages rares, oiseaux d'Amérique, ce qui était devenu une puérilité d'enfant.

« Il y a, dit-il, dans le siècle où je vis une ardeur d'action qui se prend à tout, et qui contrarie la pensée : une dispute, une guerre, une révolution naissent d'un malentendu. Je me tiens à l'écart autant que je puis. » En effet, Gœthe, fidèle à ce système, porta un peu trop loin son indifférence et son athéisme politiques. Son habitude de rêverie et de méditation a laissé bien du vague dans ses opinions, et l'on chercherait en vain dans ses ouvrages un système politique déterminé, une théorie religieuse bien évidente. Tour à tour les protestants et les catholiques l'ont regardé comme des leurs. Tantôt vous le prendriez pour un ultra-rationaliste, tantôt pour un partisan du pontificat. Le fait est que nulle de ses théories ne s'est jamais complètement élaborée dans son esprit, que les pensées les plus diverses l'ont traversé comme des nuages traversent le ciel, et qu'il n'a pu les concilier entre elles que grâce à ce vaste panthéisme et à cette indifférence systématique qui offrent une place à toutes les idées et un autel à toutes les croyances. Quoi qu'il en soit, c'est le plus grand poëte de son pays, un des plus élégants prosateurs de notre siècle, celui qui a présidé à toute la civilisation de l'Europe septentrionale dans ces derniers temps, dieu intellectuel de l'Allemagne moderne, le père de ses nouvelles destinées.

Philarète Chasles.

Le fils unique de Gœthe, *Jules-Auguste-Walther de Gœthe*, né en 1791, mourut pendant un voyage en Italie, à Rome, le 30 octobre 1830. Il avait le titre de chambellan et de conseiller intime du grand-duc de Saxe-Weimar. Sa femme, *Ottilie de* Goethe, née baronne de *Pogwisch*, après avoir passé les premières années de son veuvage à Weimar, s'est depuis longtemps retirée à Vienne. De ses trois enfants, le plus jeune, *Alma de* Goethe, mourut du typhus à Vienne, le 29 septembre 1844, avant d'avoir seize ans accomplis. Des deux petits-fils de l'immortel Gœthe, l'aîné, *Walter-Wolfgang de* Goethe, s'est voué à la musique, qu'il a étudiée à Leipzig, sous Mendelsohn et Weinlig, puis à Stettin, sous Lœwe ; et il vint ensuite se perfectionner à Vienne, où il a depuis lors fixé son séjour. Son frère cadet, *Wolfgang-Maximilien de* Goethe, après avoir étudié le droit à Bonn, à Berlin, à Iéna et à Heidelberg, fut reçu docteur dans cette dernière université, devant laquelle il soutint une thèse ayant pour titre : *De fragmento Vegoiæ*. En 1848 il publia un ouvrage intitulé : *L'Homme et la nature élémentaire*, dans lequel il s'est montré tout à la fois philosophe, jurisconsulte et poëte. En 1851 il fit paraître *Erlind*, poëme (Stuttgard et Tubingen). Depuis 1852, il est attaché à la légation prussienne à Rome.

GŒTHITE. La *gœthite*, aussi nommée *lépidokrokite*, *pyrosidérite*, *stilpnosidérite*, est une variété de **fer** hydroxydé. Elle se présente cristallisée quelquefois en prismes courts, terminés par des sommets dièdres, le plus souvent en aiguilles allongées. Ses cristaux ont un éclat assez vif, sont transparents, en lames minces et d'une couleur rouge hyacinthe, qui paraît d'un brun noirâtre en masse. La gœthite accompagne souvent une autre variété de fer hydroxydé, la **limonite** : toutes deux sont quelquefois recherchées comme minerai de fer. Les cristaux nets de gœthite viennent des environs de Bristol et de Lostwithiel (Cornouailles) ; les variétés aciculaires et capillaires, de Sibérie, de Bohême et du pays de Siegen ; les variétés écailleuses et amorphes, de Westerwald et de la Forêt-Noire.

GOÉTIE (du grec γοητεία, magie, sorcellerie), divination par les esprits infernaux ; elle se faisait la nuit, autour des tombeaux, avec des gémissements et des lamentations. Cette magie infâme avait pour but de faire du mal, de séduire le peuple, d'exciter des passions déréglées, de porter au crime. Plotin, Porphire, Jamblique, la définissent l'invocation des démons malfaisants pour nuire aux hommes avec plus de sûreté. Les ministres de cet art funeste et ridicule se vantaient aussi de tirer par leurs enchantements les mânes de leurs sombres demeures (*voyez* ÉVOCATION). Ils employaient dans leurs cérémonies tout ce qui pouvait redoubler la terreur des esprits faibles, nuit obscure, cavernes souterraines à proximité des tombeaux, ossements de morts, sacrifices de victimes noires, herbes magiques, lamentations, gémissements. L'appareil ordinaire de leurs cérémonies avait même fait croire qu'ils égorgeaient de jeunes enfants et cherchaient dans leurs entrailles l'horoscope de l'avenir. Il faut avoir bien soin de distinguer cette magie *goétique*, ou sorcellerie odieuse, de la magie théurgique. Dans cette dernière, on n'invoquait que les dieux bienfaisants, pour qu'ils procurassent du bien aux hommes et les portassent à la vertu. Les magiciens théurgiques se trouvaient offensés qu'on les rangeât dans la classe des *goétiques*, qu'ils regardaient avec horreur (*voyez* THÉURGIE).

GOETTINGUE, jolie ville du royaume de Hanovre, dans la partie de l'Allemagne qu'on désignait jadis sous le de *basse Saxe*, bâtie au pied du Hainberg, sur la rive droite de la Leine, et dont la population s'élève à environ 12,000 âmes, est célèbre par son université, fondée en 1734 par le roi Georges II, dont l'inauguration eut lieu en 1737 et dont les cours attirent chaque année de 900 à 1,000 étudiants. Dans le nombre des savants distingués qui l'ont illustrée comme professeurs, on cite Tychsen, Ewald, Meister, Bergmann, Bauer, Blumenbach, Langenbeck, Schlœzer, Osiander, Gauss, Harding, Heeren, Saalfeld, Reuss, Wendt, Mitscherlich, O. Muller, Siebold, Dahlmann, Stromeyer, les frères J. et W. Grimm, etc. La bibliothèque de l'université de Gœttingue se compose de 300,000 volumes et de 5,000 manuscrits; et pour ce qui regarde la littérature moderne, elle est sans conteste la plus riche qu'il y ait en Allemagne. La Société royale des Sciences, fondée en cette ville en 1751, est une des plus célèbres compagnies savantes de l'Europe. De magnifiques établissements affectés à l'étude des sciences se trouvent réunis à Gœttingue, et font de cette petite ville un des principaux foyers de lumière du monde civilisé : tels sont un observatoire, qui est fourni d'excellents instruments; un jardin botanique, l'un des plus riches de l'Europe; un musée, précieux dépôt d'objets d'histoire naturelle et de médailles; une galerie de tableaux, un musée anatomique, de beaux hôpitaux, un superbe cabinet d'histoire naturelle, la belle collection de crânes formée par le célèbre professeur Blumenbach, etc. etc.

GOETZ DE BERLICHINGEN. *Voy.* BERLICHINGEN.

GOËZMAN (Affaire). *Voyez* BEAUMARCHAIS.

GOG et **MAGOG** sont les noms d'un prince et d'un peuple fabuleux, contre lesquels le prophète Ézéchiel (chapitres 38 et 39) prophétise. Il les représente comme venant du nord, et leur prédit qu'ils seront complétement anéantis lorsqu'ils envahiront Israel. Il est aussi question de Gog et de Magog dans les écrivains arabes et dans l'Apocalypse de saint Jean (ch. 20, v. 8), mais ici de telle façon que Gog y est seulement le nom d'un peuple.

Deux statues colossales en pierre ornant la grande salle de *Guildhall* (l'hôtel de ville), dans la cité de Londres, sont aussi désignées sous les noms de *Gog* et de *Magog*. La tradition veut qu'elles représentent la victoire d'un géant saxon sur un géant de Cornouailles. Elles sont armées de pied en cap; l'une a sur la tête une couronne de chêne, et l'autre une couronne de laurier. On présume qu'elles datent de l'époque de la domination romaine, et qu'elles avaient pour but de perpétuer le souvenir de la complète égalité de droits avec les Romains, obtenue par les Bretons. Tous les ans, lors de l'installation du nouveau lord maire, qui a lieu le 9 novembre, deux mannequins figurant les statues de Guildhall, grotesquement ornés, et portés à bras d'hommes, font partie du brillant cortége avec lequel le premier magistrat de la ville de Londres va prendre possession des fonctions auxquelles l'a appelé le suffrage de ses concitoyens.

GOGOL (NICOLAI-WASSILJEWICZ), l'un des poëtes les plus remarquables qu'ait encore produits la Russie, naquit en 1808, à Wassiljewka, village du gouvernement de Pultawa. Son père, propriétaire peu aisé, mais grand amateur de l'art dramatique, fut le premier qui l'initia aux règles de la déclamation et de la représentation mimique; et il était encore sur les bancs du Collége du prince Besborodsko lorsqu'il s'essaya comme auteur et comme acteur. Au commencement de l'année 1829, il tenta de débuter au théâtre de Saint-Pétersbourg : cet essai ayant été malheureux, il voulut voyager; mais, faute d'argent, il ne put pas aller plus loin que Hambourg, et dut alors s'en revenir en Russie. Après avoir pendant assez longtemps battu le pavé à Saint-Pétersbourg, il finit par attraper, en avril 1830, dans un ministère, un petit emploi, auquel il renonça bientôt; et l'année suivante la protection de Pletnew, alors inspecteur général de l'Institut patriotique, lui fit obtenir une place de professeur d'histoire. En même temps son protecteur lui faisait avoir des leçons particulières dans les familles Wassiltschikow et Balabin, avec lesquelles il continua toujours depuis d'avoir les meilleurs rapports. A quelque temps de là, il se lia aussi avec Delwig et Pouschkin, qui s'intéressèrent vivement à ses premiers essais littéraires. Une chaire d'histoire générale qu'il obtint en 1834 à l'université de Saint-Pétersbourg, par la protection d'Ouwarof, améliora beaucoup sa position; mais il n'en remplit guère les fonctions que pendant six mois, et s'en alla alors voyager. Ce fut en Italie qu'il séjourna le plus longtemps, et de là il entreprit même plus tard un voyage à Jérusalem. Nicolas Gogol mourut à Moscou, le 21 février 1852.

Cet écrivain est un Petit-Russien pur sang; rien de plus original que la manière dont il comprend et décrit les mœurs russes, et la peinture amusante des trivialités de la vie est le principal caractère de sa poésie. Ses ouvrages les plus en renom sont : *Les Soirées de la ferme voisine de Ditanka*, créations d'un talent déjà remarquable, mais encore jeune, et où l'on trouve des descriptions des mœurs de la Petite-Russie d'une grande valeur ethnographique; *Mirgorod*, nouvelles pleines de poésie, parmi lesquelles on remarque surtout celle qui a pour titre : *Tarass Bulba*, œuvre où l'on admire la puissance des idées, la peinture des caractères, et une incomparable habileté à brouiller et à débrouiller les nœuds d'une intrigue; le *Revisor*, très-certainement la meilleure comédie du théâtre russe, où sont peintes de main de maître les petites misères de la vie des chefs-lieux de province et les habitudes de corruption des fonctionnaires russes : pièce dont le théâtre de la Porte-Saint-Martin nous à donné une imitation en 1854 sous ce titre, assez maladroit : *Les Russes peints par eux-mêmes*; enfin *Les Trépassés*, tableau satirique et comique des abus et des préjugés sous la tyrannie desquels croupit la province, ainsi que de la vie grossière et matérielle des provinciaux, de leurs idées étroites et de leur naïf égoïsme.

GOGUETTE, propos ou chant joyeux, familier, pimpant, fougueux, pétillant, et même sans réserve, que, le bonnet sur l'oreille ou par-dessus les moulins, de gais et francs buveurs échangent sous la treille, au choc des verres et au glouglou des bouteilles. *Conter goguette*, c'est s'en donner à cœur joie sur ce chapitre. *Être en goguette*, *se mettre en goguette*, c'est se laisser aller, à toutes voiles, aux propos et aux chants joyeux qu'inspire et que provoque cette situation excentrique. On appelle aussi *goguettes* les lieux où l'on se réunit pour se livrer à ce passe-temps, et les recueils de chansons grivoises qui y prennent naissance. Les gentilshommes ont fréquenté jadis le cabaret, jamais la goguette. La *goguette*, fille du peuple, nargue les talons rouges.

GOHIER (LOUIS-JÉRÔME), membre de la première Assemblée législative, ministre de la justice, l'un des cinq membres du Directoire, etc., naquit en 1746, à Semblancey, en Touraine, et fut élevé au collége des jésuites de Tours. Après avoir étudié le droit à Rennes, il s'y établit comme avocat, et ne tarda pas à s'y faire une réputation d'orateur et de jurisconsulte. Elle s'accrut encore lorsqu'il prit courageusement le parti des parlements dans leur lutte contre le chancelier Maupeou, et fit jouer à cette occasion une pièce allégorique, intitulée : *Le Couronnement d'un Roi*. Entouré de l'estime publique, il vit les clients affluer dans son cabinet, et ce fut à lui que les états de Bretagne confièrent la défense de leurs droits, violés à diverses reprises par le pouvoir royal, notamment sous le ministère de Loménie de Brienne. Lors de la suppression des parlements, en 1790, il devint membre supérieur de la cour provisoire de Bretagne. Le département de l'Ille-et-Vilaine le choisit, en 1791, pour son représentant à l'Assemblée législative, et il y fit preuve d'autant de modération que de zèle pour toutes les réformes praticables. Quand, le 30 août 1792, l'Assemblée nomma une commission chargée d'inventorier et d'examiner les papiers trouvés aux Tuileries, il fut désigné pour en faire partie. Dans la séance du 16 septembre suivant, il présenta le rapport de cette commission, et dans ce document il dévoila avec franchise et modération les intelligences et les intrigues secrètes de la cour avec les puissances étrangères. Cette modération bien connue l'empêcha d'être élu député à la Convention. En octobre 1792, Garat, nommé ministre de la justice, l'appela près de lui en qualité de secrétaire général; et plus tard Gohier remplaça Garat au ministère de la justice, lorsque celui-ci passa à l'intérieur. Par suite de la tendance de plus en plus prononcée des comités de la Convention à absorber en eux toute la puissance exécutive, le rôle des ministres se trouvant réduit à rien, Gohier donna sa démission, et devint président de l'un des tribunaux civils de Paris. Il fut ensuite successivement président du tribunal criminel de la Seine et du tribunal de cassation. C'est dans ce poste important qu'on vint le prendre, en 1799, après la journée du 30 prairial, pour faire de lui un des cinq membres du Directoire, en remplacement de Treilhard.

Il s'en fallait de beaucoup qu'il fût à la hauteur d'une telle situation. Sincèrement républicain, il se trouva alors le chef du parti qui voulait à tout prix conserver la constitution de l'an III. Lui et son collègue Moulins devinrent dans le Directoire le centre autour duquel se groupèrent tous les débris de l'ancien parti de la Montagne, tandis que Syeyès et Roger-Ducos méditaient déjà le renversement du gouvernement dont ils faisaient partie, et que Barras, le cinquième directeur, se tenait incertain et irrésolu entre les deux partis. C'est dans de telles circonstances que la présidence du Directoire fut déférée à Gohier, au moment où se préparait la fameuse journée du 18 brumaire, qui devait rendre Bonaparte l'arbitre des destinées de la France. La femme de Gohier était liée avec Joséphine, et Gohier raconte lui-même naïvement dans ses Mémoires le parti que Bonaparte tira de cette liaison pour l'endormir, après avoir vainement essayé de l'enrôler parmi les hommes qui se vouaient à sa fortune. La veille même du 18 brumaire, Bonaparte jouait à Gohier le tour sanglant de lui écrire qu'il s'invitait à dîner chez lui pour le lendemain; et le président du Directoire attendait impatiemment la venue de son convive, lorsqu'on vint en son nom lui demander une renonciation expresse à la première magistrature de la république.

Si Gohier manqua de cette sûreté de coup d'œil, de cette force et de cette énergie de caractère qui seules font les hommes d'État, s'il se laissa faire échec et mat comme un conscrit, on ne saurait nier qu'il sut du moins honorer sa défaite par la manière digne dont il la supporta. Il refusa de donner la démission qu'on exigeait de lui, protesta au contraire hautement contre l'attentat dont la constitution venait d'être l'objet et contre les violences dont la représentation nationale était menacée. Vains efforts d'un pouvoir depuis longtemps usé! la révolution du 18 brumaire s'accomplit en dépit de l'opposition et des protestations de Gohier et de son collègue Moulins, qui, après avoir été retenus quelques instants prisonniers au Luxembourg, durent abandonner ce palais, où naguère ils exerçaient l'autorité souveraine, pour rentrer dans la vie privée. Gohier, apprenant qu'il continuait d'être un objet d'inquiétude pour Fouché, qui faisait exercer autour de lui une surveillance rigoureuse, se retira dans une petite propriété qu'il possédait à Eaubonne, près de Montmorency, et y passa deux années dans un isolement profond. Il céda alors aux instances réitérées du premier consul, et accepta de lui les fonctions de consul général en Hollande, qu'il conserva jusqu'à la réunion de ce royaume à l'empire. Il fut désigné à cette époque pour aller remplir un poste analogue aux États-Unis : mais la faiblesse de sa santé l'empêcha de s'y rendre, et il revint se renfermer dans son ermitage d'Eaubonne, où il mourut, le 29 mai 1830, à quatre-vingt-cinq ans, dans un état voisin de la pauvreté, après avoir été pendant sept années, ou ministre, ou directeur de la république, et être jusqu'au dernier instant de sa vie resté fidèle aux convictions qui l'avaient guidé dans toutes les grandes déterminations de sa carrière politique. Rien moins qu'homme d'État, mais homme franc, honnête et loyal, il avait publié, cinq années auparavant, des *Mémoires* où se trouvent de curieux documents pour l'histoire de la révolution.

GOINFRE, mot populaire, qui sert à désigner le bipède bestial qui s'acharne à dévorer gloutonnement. *Goinfrer*, c'est manger beaucoup et avidement. La *goinfrerie* est une gourmandise brutale, sans goût, sans esprit, sans la moindre sensualité intelligente. *Goinfrade* s'est dit burlesquement d'un repas de goinfres.

GOIRAN. *Voyez* Bondrée.

GOITO, village de Lombardie, situé sur la rive droite du Mincio, que traverse en cet endroit un pont en pierre. Il s'y livra, le 30 mai 1848, entre les Piémontais et les Autrichiens, une bataille qui amena la reddition de Peschiera. Les forces des Piémontais consistaient en vingt-quatre bataillons d'infanterie, six compagnies de *bersaglieri* (chasseurs à pied), formant un effectif d'environ dix-huit mille baïonnettes, deux mille chevaux et quarante pièces d'artillerie. Le général Bava commandait en chef, le général d'Avrillars avait l'aile droite sous ses ordres, le général Ferera l'aile gauche. L'aile droite s'étendait dans la direction de Callapane, le centre s'appuyait au carrefour des routes de Cerlungo, Santo-Lorenzo, Gazzoldo et Mantoue, l'aile gauche, enfin, occupait le village de Goito.

L'armée autrichienne, forte de dix-huit mille combattants, était commandée par le feldmaréchal Radetzki. Son avant-garde engagea le combat sur les trois heures et demie avec une telle vigueur, que bientôt il devint général. La victoire parut se décider d'abord pour les Allemands; les Piémontais pliaient déjà, quand un régiment de la garde du roi Charles-Albert, à la tête duquel se mit le duc de Savoie, arrêta le choc de l'ennemi; une batterie légère, démasquée à propos et l'entrée en ligne de la brigade Cunéo, décidèrent le gain de la journée en faveur de l'armée sarde. Le roi Charles-Albert fut légèrement blessé d'un éclat d'obus. Consultez les *Souvenirs de la guerre de Lombardie* par M. de Talleyrand-Périgord (Paris, 1851).

GOITRE, tumeur qui résulte du développement trop considérable, autrement dit de l'hypertrophie du corps thyroïde. Des médecins ont proposé de remplacer le mot *goître* par celui de *bronchocèle* : bien qu'il ait été admis dans le langage médical, il n'est pas rationnel, parce qu'il comporte indûment l'idée d'une hernie ou du déplacement des bronches.

Le corps thyroïde, siége de l'affection morbide dont nous allons nous occuper, concourt à former cette grosseur située à la partie antérieure du cou, que le vulgaire nomme *pomme d'Adam* : il est composé d'un cartilage ainsi que de deux masses latérales analogues aux glandes sous le rapport du tissu, et unies par une languette de même nature. La fonction de ce corps n'est pas connue, mais elle doit avoir quelque importance, parce qu'il reçoit beaucoup de vaisseaux sanguins. C'est le développement anormal des parties glanduleuses qui produit le goitre et les différences qu'on remarque dans la forme de cette tumeur : si une seule masse latérale grossit outre mesure, le goître est partiel ou à un seul lobe ; si les deux le sont à la fois, il est bilobé ; enfin, si la languette intermédiaire participe à l'affection, il est alors total ou trilobé. Cette tuméfaction est toujours un accident fâcheux ; non-seulement elle déforme une partie qui importe surtout à la beauté chez les femmes, mais, apportant encore obstacle au passage de l'air dans les poumons, elle gêne la respiration ainsi que l'action de parler. Ces effets peuvent être tels, que dans des cas extrêmes on l'a vue causer la suffocation. D'ailleurs, une fois formée, cette tumeur, qui peut rester indolente, inerte et bornée à un vice de nutrition, peut aussi s'enflammer et devenir le foyer d'un abcès ou d'un squirre ; le tissu dont elle est formée peut dégénérer au point de devenir variqueux, cartilagineux, tophacé et même osseux. Sous plusieurs rapports, le goître est, comme on voit, une affection redoutable, surtout quand il est complexe, ancien et volumineux.

Les sujets lymphatiques, prédisposés aux scrofules, ou humeurs froides, sont plus que tous autres affectés de cette maladie ; on sait que les femmes y sont beaucoup plus sujettes que les hommes ; que l'âge où elle se manifeste presque exclusivement est depuis dix ans jusqu'à quarante. On a reconnu aussi que le goître est une maladie propre aux vallées des hautes montagnes, et souvent alliée au crétinisme. C'est une remarque faite dans les Pyrénées comme dans les Alpes. On sait aussi que le goître, ainsi que beaucoup d'autres affections, est transmissible par hérédité. On a vu même des enfants en être porteurs dès leurs naissance.

On a prétendu que l'hypertrophie du corps thyroïde pouvait provenir d'un exercice intempéré et excessif des instruments de la voix. Les cris, les chants, les vociférations qui ont exigé de grands efforts de la part des organes vocaux engendrent, il est vrai, quelquefois une tumeur sur la partie antérieure du col ; mais celle-ci est produite par une sorte de hernie de la membrane qui revêt les voies aériennes à travers l'espace des anneaux cartilagineux du larynx ; elle n'est point le goître. On la reconnaît à la promptitude de son apparition, à son peu de volume, à sa mollesse, à son indolence, à ses modifications subordonnées à la respiration. Sa guérison est d'ailleurs facile à obtenir par la cessation de la cause et par une légère compression. C'est pour cette affection que la dénomination de *bronchocèle* est convenable. La rupture de cette tumeur permettant à l'air de s'introduire dans le tissu cellulaire, elle peut causer ainsi un emphysème. Le goître, au contraire, dans son premier développement présente la forme du corps thyroïde en totalité ou en partie : un ou deux ovoïdes réunis par leur grosse extrémité et quelquefois bosselés. La tumeur se développe lentement et offre une résistance élastique ; elle est mobile et suit tous les mouvements du larynx : c'est ce qui la distingue des tumeurs enkistées ou des glandes lymphatiques engorgées qui avoisinent le corps thyroïde, ainsi que des dépôts qui se forment dans l'œsophage. On distingue aussi le goître d'une affection œdémateuse, en ce que la tumeur ne conserve pas l'impression du doigt. Son développement est ordinairement lent, et reste très-souvent stationnaire quand il a acquis un certain degré : c'est ce qui le fait moins craindre dans les lieux où il est endémique. Quelquefois il acquiert un volume très-considérable. On a remarqué aussi que son volume diminue ou augmente un peu selon certains états de l'atmosphère.

Au nombre des causes du goître, on a aussi compté l'extension violente ou trop répétée du cou, comme celle qu'on opère quand on éprouve de vives douleurs et quand on laisse les enfants renverser habituellement leur tête, ce que les nourrices ne font que trop souvent. Mais les travaux récents de M. Chatin semblent avoir établi qu'on ne doit rapporter la cause des goîtres endémiques à certaines contrées qu'à l'absence de principes iodurés dans les eaux de ces contrées.

Beaucoup d'efforts ont été tentés et quelquefois avec succès pour guérir le goître quand il est formé. La première indication curative est de se soustraire autant que possible aux causes qui ont été indiquées précédemment ; la seconde est d'invoquer les secours thérapeutiques aussitôt que possible, car plus la maladie est récente et bornée, plus elle cède facilement. Quand elle est très-ancienne et quand le tissu du corps thyroïde est dénaturé, il serait à peu près inutile de tenter de rétablir l'état normal : chercher à prévenir une désorganisation est tout ce qu'on peut entreprendre. Les médicaments qui ont été employés pour obtenir la résolution de ces tumeurs du col sont nombreux : les uns sont employés extérieurement, les autres intérieurement. Les moyens externes sont l'application constante, sur la tumeur, de l'emplâtre vigo, dont l'efficacité est due principalement au mercure ; des topiques composés avec différentes substances toniques et excitantes, telles que le muriate d'ammoniaque, la folle farine de tan, les cataplasmes formés de farines dites résolutives et de lessive de sarment, etc. Ce traitement surtout, s'il n'est point joint à des médications internes, agit lentement, et il faut le continuer avec constance. Ce n'est souvent qu'au bout d'un an qu'on en aperçoit les effets. On emploie aussi extérieurement des onctions avec des liniments excitants et surtout avec une pommade dont l'iode fait la base. A l'intérieur, on a préconisé les amers unis avec des préparations de fer. Le soufre, le mercure, le savon, substances auxquelles on attribue une propriété fondante ; divers purgatifs, agissant comme dérivatifs, ont été aussi recommandés. En général, on a eu recours aux agents pharmaceutiques employés pour combattre les scrofules. On a aussi vanté l'alun de Rome à la dose de 3 décigrammes par jour. Certains remèdes ont été long-temps et empiriquement usités comme spéciaux : telle est surtout l'éponge marine, qu'on a administrée sous diverses formes et unie à d'autres substances, après l'avoir réduite en cendre ou en charbon, et pulvérisée ; on en a composé des électuaires et des pilules. Le remède de Planque n'est autre que cette même poudre, mêlée avec du miel qu'on a fait cuire avec de la sauge : l'efficacité de l'éponge ayant été éprouvée assez de fois pour être incontestable, on a recherché à quel principe on devait attribuer cette propriété. Les expériences entreprises à ce sujet ont appris qu'elle provenait de l'iode, qui se trouve en plus ou moins grande quantité dans diverses productions marines. Depuis cette découverte, on a attaqué le goître par cette substance, qu'on doit aux travaux modernes des chimistes. Comme on s'en est également servi pour combattre la maladie scrofuleuse, ce remède a souvent mérité sa réputation, mais il a occasionné de graves inconvénients : il en est un inhérent à son mode d'action qu'il est difficile d'éviter, c'est celui de diminuer, de fondre en grande partie les glandes mammaires, et d'effacer ainsi presque entièrement les seins. Néanmoins, l'iode est un médicament précieux pour combattre la difformité qui nous occupe.

Avant d'employer les préparations d'iode, on pourra tenter de résoudre le goître par un traitement exempt d'inconvénients : tel serait celui consistant en de fréquentes applications de sangsues autour du corps thyroïde tuméfié, de glace directement posée sur la tumeur, et de cataplasmes émollients. L'auteur de cet article a réussi par ce seul moyen à faire disparaître un goître dont une jeune fille du Valais était affectée, et dont le développement était formidable. Un rapport très-favorable sur un remède anti-goîtreux, appelé *poudre de Sancy*, a été fait à l'Académie de Médecine, et des épreuves tentées par différents médecins ont recommandé ce remède.

Quand les goîtres sont anciens et ont acquis un développement assez considérable pour gêner l'exercice des organes vocaux et faire craindre la suffocation, quand ils sont passés à un état cancéreux, la maladie est grave, et, disons-le, l'art est à peu près impuissant. On a conseillé en de tels cas l'extirpation de la tumeur ; mais c'est une opération dangereuse, et dont les suites sont aussi à craindre, si ce n'est même plus, que celle de l'affection abandonnée à elle-même.

Dr Charbonnier.

GOLBÉRY (Marie-Philippe-Aimé de), archéologue, magistrat et député, naquit à Colmar, le 1er mai 1786. Un de ses parents avait entrepris et publié un *Voyage en Afrique* par ordre de Louis XVI. Son père était membre du conseil souverain d'Alsace. Après avoir fait ses premières études en Allemagne, il suivit à Paris les cours du collége des Quatre-Nations, puis ceux de l'École de Droit, et s'enrôla, sous l'Empire, dans une des cohortes mobilisées de la garde nationale, où il conquit l'épaulette de lieutenant. S'étant néanmoins fait recevoir avocat en 1808, il devint en 1811 substitut du procureur impérial à Aurich (Ems oriental), puis procureur impérial à Stade (Bouches-de-l'Elbe), et encore à Aurich, où il épousa, en 1812, la fille de Merlin de Thionville. Enfin, en 1813, il fut nommé procureur impérial à Colmar. En 1814, à la première invasion du sol français, il prit les armes, pour la défense du pays, dans un corps franc levé par son beau-père, et ne les déposa qu'après la capitulation de Paris. Son dévouement à une cause malheureuse ne lui fut pas funeste cette fois; mais après le désastre de Waterloo, comprenant qu'il ne pouvait pas sous un gouvernement réacteur continuer à faire partie du ministère public, il donna sa démission pour rentrer au barreau.

Sur la fin de 1816, de Serre, premier président de la cour de Colmar, le fit pourtant nommer substitut du procureur général de ce siége; et devenu garde des sceaux en 1820, il lui donna une place de conseiller à cette même cour. Golbéry présida souvent en cette qualité les assises de Strasbourg, et utilisa ses loisirs en publiant un grand nombres d'ouvrages sur la jurisprudence, la littérature et l'archéologie, entre autres *Les Villes de la Gaule rasées par Dulaure et rebâties par Golbéry* (1821); un Mémoire *Sur les anciennes fortifications des Vosges*; une *Carte des routes romaines de la haute Alsace*, qui lui valut de l'Académie des Inscriptions et belles-lettres une médaille et le titre de correspondant; un Mémoire *Sur l'état de la Gaule avant la domination romaine*, auquel l'Académie de Toulouse décerna une autre médaille, en 1826; une édition de Tibulle pour les classiques latins de Lemaire; un grand ouvrage *Sur les Antiquités de l'Alsace* (1827); une suite de lettres *Sur la Suisse et la Lombardie* (1828); et parmi de nombreuses traductions de l'allemand et du latin, celles de *l'Histoire universelle de l'Antiquité*, par Schlosser (1828, 3 volumes in-8°); de *l'Histoire Romaine* de Niebuhr (1829 et années suivantes, 6 volumes in-8°); de Suétone; du Dialogue de Cicéron intitulé : *Brutus sur les orateurs illustres*; etc., etc. Enfin il fut un des plus actifs rédacteurs du *Bulletin des Sciences* de Férussac, de la *Revue Encyclopédique*, de la *Revue Germanique*, du *Dictionnaire de la Conversation* et de l'*Encyclopédie des Gens du Monde*.

La révolution de 1830 lui ouvrit l'arène politique. Élu président du collége électoral de l'arrondissement de Colmar (*extra muros*), puis, en 1833, membre du conseil général du Haut-Rhin, il fut élu député en 1834, dans le même collége comme représentant le parti de l'opposition. Son mandat lui fut continué aux deux élections générales ordonnées sous le ministère du 15 avril 1837. Avant et après la chute de ce cabinet, il inclina vers le centre gauche pour devenir ministériel peu de temps après l'avénement du cabinet du 29 octobre. Nommé en 1841 procureur général à la cour royale de Besançon, il siégeait encore à la chambre en 1848, lors de l'avénement de la république, qui lui enleva ses fonctions. Plus tard il reçut, comme fiche de consolation, le titre de premier président honoraire de la cour d'appel de Besançon. La mort vint le frapper à Kientzheim, le 5 juin 1854.

GOLCONDE (altération de *Golkhanda* des indigènes), forteresse de l'Hindostan, jusqu'au dix-septième siècle capitale d'un royaume du même nom : alors sa position insalubre la fit abandonner par les souverains pour le séjour d'Hyderabad, chef-lieu de la province du même nom, dans la *présidence* de Calcutta, qui en est éloigné d'environ 4 kilomètres à l'ouest, et dont elle est regardée comme la citadelle. C'est là en effet que les marchands et les principaux habitants de cette ville se retirent en cas de danger. Golconde est bâtie sur un rocher, et regardée comme imprenable par ses habitants. Depuis fort longtemps, c'est le lieu où sont travaillés les diamants que l'on trouve avec tant d'abondance dans les régions moyennes de l'Inde. De là ce caractère de richesse emphatique dont on a revêtu son nom, et de là aussi ce renom d'opulence et de splendeur qui en a fait l'un des termes comparatifs de la richesse, comme celui de *Potosi* et d'autres lieux. On a vu des mines à Golconde, où il est prouvé qu'il n'en a jamais existé, et son nom, que l'on a fait si sonore, n'apparaît plus aujourd'hui que de loin en loin, pour se prêter aux ornements du style, pour servir l'auteur de quelque livre aux formes orientales.

Un charmant opéra-comique, le chef-d'œuvre de Berton, est intulé : *Aline, reine de Golconde*.

GOLDAU. Ainsi s'appelait autrefois un village du canton de Schwitz, situé entre le mont Rigi et le mont Ruffi, à une demi-lieue au sud d'Arth, et dont une horrible catastrophe a effacé toute trace. A la suite de pluies continuelles, le pic du mont Ruffi se détacha de sa base le 2 septembre 1806, vers cinq heures du soir, et s'effondra dans la direction sud-ouest de la vallée. En quelques minutes, les villages de Goldau, Businger et Rothen se trouvèrent complétement ensevelis sous les gigantesques débris de la montagne; une partie du lac de Lauwerz était comblée; et le débordement de ses eaux, qui en résultait, dévastait tout le pays d'alentour jusqu'à Seewen. Deux églises, cent onze maisons, deux cent vingt granges et étables contenant de nombreux bestiaux, étaient écrasées sous les décombres de la montagne avec 400 habitants. Il n'y en eut qu'un petit nombre qui échappèrent à ce désastre : ce furent ceux que le hasard avait éloignés à ce moment de leurs demeures, mais ils perdirent tout ce qu'ils possédaient au monde. Au milieu de la solitude pierreuse, toute couverte d'herbe et de mousse où furent jadis les florissants villages que nous venons de mentionner, et que traverse la grande route d'Arth à Schwitz, on a érigé une chapelle, destinée à rappeler le souvenir de ce funeste événement.

GOLDONI (Charles), le premier auteur comique de l'Italie, naquit à Venise, en 1707. Sa famille était noble et aisée : ce fut dans la maison de son grand-père, homme d'esprit, et qui aimait les fêtes et les spectacles, que Goldoni manifesta d'abord son goût pour l'art dramatique. Afin d'amuser son petit fils, le vieux Goldoni avait fait arranger un théâtre de marionnettes, et le dirigeait lui-même; mais la raison n'avait pas réglé la conduite du vieillard, et quand il mourut, sa famille se trouva à peu près ruinée. Le père de Goldoni se fit médecin, et Charles étudia successivement la médecine, le droit et la théologie; mais, toujours entraîné par son amour de la scène, dès l'âge de huit ans il écrivait des comédies, et continua de s'exercer dans ce genre, si bien qu'il en négligea toutes ses autres occupations. Pour assister aux représentations d'une fort mauvaise troupe qui de Rimini s'en allait jouer à Chiozza, il quitta furtivement son père, et, s'embarquant avec les comédiens, arriva dans cette dernière ville, où sa mère le reçut, et lui pardonna une équipée qui le ramenait auprès d'elle. Son père, peu de temps après, l'envoya à Milan, d'où le marquis Goldoni, son parent, avait obtenu pour Charles une bourse dans le collége du pape, à Pavie. Quoique ce collége fût composé de jeunes tonsurés, on s'y appliquait plus à la danse, à l'escrime et aux arts mondains qu'à la science et à la piété. Charles Goldoni goûta fort des études qui convenaient à ses seize ans : cependant, il fit pour un ami, deux ans après, un sermon très-applaudi; mais, le sermon ayant été suivi de quelques satires assez scandaleuses, dont on ne lui garda pas le secret, Charles fut chassé du collége et de la ville. Un moine le reconduisit chez son père, qui l'emmena dans le Frioul.

En 1729 il fut nommé coadjuteur en chef du chancelier de Feltre, et eut le plaisir de joindre à ce titre celui de directeur d'un théâtre de société, dans le palais du gouverneur. Il arrangea pour sa troupe des pièces de Métastase, et en composa lui-même. Ses parents, qui ne pouvaient vivre sans lui, le rappelèrent à Bagnacavalli, où il perdit son père. Songeant sérieusement à sa fortune, dont la médiocrité l'effrayait, il se fit recevoir avocat à Venise, en 1732; mais sa clientelle étant peu nombreuse, il employa son temps à faire des almanachs en vers et en prose, qui eurent beaucoup de succès. Une cause importante gagnée lui donnait la vogue, quand des intrigues amoureuses et un mariage manqué l'engagèrent à quitter Venise. Errant dans le nord de l'Italie pendant la guerre de 1733, pillé par des déserteurs, il trouva heureusement à Vérone des comédiens dont le chef était son ami, et qui représentèrent sa mauvaise tragédie de *Bélisaire*, que l'on voulut bien applaudir. Sa mère, tout en regrettant qu'il abandonnât le barreau, finit par approuver la carrière vers laquelle un penchant irrésistible semblait l'entraîner, et il ne s'appliqua plus qu'à travailler pour le théâtre. Ses relations intimes avec les comédiens le jetèrent dans un genre de vie assez dissipée, jusqu'à l'année 1736, qu'il épousa la fille d'un notaire de Gênes, avec laquelle il vécut dans une union parfaite, et dont la famille le fit nommer consul de Gênes à Venise, en 1739. Deux ans après, certains accidents le forcèrent à quitter cette place, et il voulut aller tenter la fortune ailleurs. Il parcourut avec sa femme le nord de l'Italie, désolé par la guerre, et se vit dépouiller de tout ce qu'il possédait par des hussards autrichiens; voulant demander au prince Lobkowicz, qui commandait l'armée impériale, la restitution de ses bagages, il est abandonné sur la route de Pesaro par son postillon : cheminant péniblement avec sa femme, la portant sur son dos à travers deux torrents, courant mille dangers dans un pays couvert de soldats ennemis, il arrive enfin à Rimini, où le prince fait un accueil plein de grâce à l'auteur de *Bélisaire*, du *Cortesan*, et d'autres comédies qu'il a souvent applaudies. On lui rend ses effets; on lui confie la direction du spectacle; il gagne de l'argent et s'amuse, chose qui lui étaient également nécessaires.

En visitant Florence, il s'y fit pour amis Cocchi, Gori, Lami, et tout ce que cette ville comptait alors d'hommes célèbres : il en fut ainsi à Rome et dans toute l'Italie. En 1753 on le critiquait encore beaucoup, mais sa gloire était assurée, et sur tous les théâtres de l'Italie on représentait ses pièces, qui n'avaient pas moins de succès à la lecture qu'à la scène. Goldoni avait fait une étude particulière de Molière, et pour introduire dans son pays la comédie de caractère, il luttait courageusement contre ses compatriotes, qui préféraient les farces et les pièces à canevas, dont les acteurs improvisaient leurs rôles. Il était difficile de détrôner Pantalon, Arlequin, le Docteur : c'était attaquer Venise, Bergame, Bologne, dont ces masques semblaient les représentants : aussi Goldoni se fit-il beaucoup d'ennemis, à la tête desquels on doit placer le comte Gozzi, auteur comme lui, et qui dressa un théâtre rival du sien. Des comédiens italiens ayant joué à Paris *l'Enfant d'Arlequin perdu et retrouvé*, pièce à canevas, qu'il avait faite pour le célèbre mime Sacchi, les gentilshommes de la chambre lui proposèrent de venir en France pour deux ans. Il arriva dans ce pays, qu'il avait toujours désiré connaître, en 1761; il allait le quitter, à son grand regret, lorsqu'il fut nommé maître de langue italienne de Mesdames, filles de Louis XV. Pendant plusieurs années, ce poste ne lui valut qu'un logement au château de Versailles, et l'agrément d'être des voyages et d'assister aux fêtes et spectacles de la cour : on oubliait de payer des appointements à celui qui n'en demandait point. Enfin, Mesdames obtinrent pour lui une pension de 3,600 livres, qui, jointe à l'argent qu'il recevait d'Italie pour les représentations et les impressions de ses pièces, suffit à lui procurer toute l'aisance que la modération de ses goûts lui faisait désirer. La suppression de cette pension en 1792 laissa Goldoni et sa femme dans un état voisin de la misère : il tomba malade. Un rapport de Joseph Chénier à la Convention fit rétablir la pension du vieil auteur en 1793, la veille même de sa mort, et on se borna à en accorder une de 1,200 francs à sa veuve, âgée de soixante-seize ans.

Goldoni, malgré la finesse et la vivacité de son esprit, avait le caractère le plus doux, le plus aimable; il était aussi probe que désintéressé, et, quoique fort sensible aux louanges, ne concevait aucune inimitié contre ceux qui le critiquaient. Dans ses comédies, il a poursuivi impitoyablement les vices et les travers ; il n'y en a pas une qui ne soit morale. Si la lecture de ses pièces était moins entraînante, on remarquerait que son langage n'est correct et élégant que lorsqu'il écrit dans le dialecte vénitien ; mais l'intérêt est si vif, on prend tant de part à l'action, les personnages se sont tant emparés de l'imagination, que l'on ne s'arrête plus au style dans lequel ils s'expriment : leur sort, leur passion, voilà ce qui occupe. La modestie de Goldoni nuisit à sa célébrité. Bien qu'il soit l'auteur d'une comédie restée au Théâtre-Français, honneur singulier pour un étranger, sa réputation est de beaucoup au-dessous de son mérite; et le *Bourru bienfaisant* est loin de pouvoir donner une idée du charme, du piquant, de l'originalité avec lesquels il peint les mœurs et les hommes de toutes les classes de la société en Italie, à l'époque où il y vécut. Il a composé cent cinquante comédies au moins; les éditions de son théâtre sont sans nombre: ses *Mémoires*, écrits en 1787 (Goldoni avait alors quatre-vingts ans) sont aussi amusants que sincères.

C^sse^ DE BRADI.

GOLDSCHMIDT (Mme). *Voyez* LIND (Jenny).

GOLDSMITH (OLIVIER), historien et romancier anglais, né le 10 novembre 1728, à Pallas ou Pallice, dans le comté de Longford (Irlande), était fils d'un pauvre ministre de campagne qui, au moyen d'un fonds commun fait dans la famille, l'envoya en 1745 étudier la théologie à Dublin. Un soufflet qu'il reçut un jour de l'un de ses professeurs le détermina à quitter cette ville; mais la faim ne tarda pas à l'y ramener, et alors son frère le réconcilia avec son maître. Après avoir ensuite rempli pendant un an l'emploi de précepteur, il s'était décidé à partir pour l'Amérique. Mais le capitaine mit à la voile sans l'attendre, et emportant avec lui la modeste valise qui contenait tout son bagage. Olivier Goldsmith dut donc s'en revenir auprès de sa pauvre mère, qui, à force de sacrifices et de privations, parvint encore à l'envoyer étudier la médecine à Édimbourg. Mais s'étant imprudemment porté caution pour un ami, il dut fuir de cette ville, et s'en alla alors à Leyde, où pendant une année il se livra à l'étude de la chimie et de l'anatomie. Il finit pourtant par y renoncer pour se faire voyageur, comme si ç'eut été là une carrière. Il partit donc à pied le sac au dos, se remettant du reste à la Providence. Du courage, sa voix, une flûte, tels étaient ses seuls trésors. Les airs qu'il jouait ou chantait lui valaient un gîte pour la nuit et du pain pour la journée. « Quand, au tomber du jour, dit-il, j'approchais des chaumières, je jouais un de mes airs les plus joyeux, et cela me procurait non-seulement un logement, mais encore ma nourriture pour le lendemain. » C'est surtout en France qu'il employait ces moyens; ailleurs, il en mettait de plus difficiles en pratique. Dans toutes les universités étrangères et les couvents, on soutenait alors à certaines époques des thèses philosophiques contre les premiers venus qui voulaient les attaquer, et celui qui avait fait preuve d'habileté pouvait réclamer une gratification pécuniaire, un dîner et un lit pour une nuit. Goldsmith parcourut ainsi la Flandre, la France, l'Allemagne et la Suisse, où il composa une partie de son poëme *The Traveller*. A Genève, il devint le guide d'un jeune Anglais; mais l'avarice extrême de son patron le décida à l'abandonner à Marseille. De là il se rendit à Padoue, où, dit-on, il se fit recevoir docteur en médecine. Revenu en Angleterre en 1756, la misère le réduisit à accepter dans une école de Peckham les rudes fonctions de *pion*, qu'il échangea plus tard contre celles de garçon apothicaire. Enfin, un de ses anciens camarades de l'université d'Édimbourg l'encouragea à aller s'établir comme médecin praticien à Londres.

Les malades ne venant pas, Goldsmith mourait de faim, quand il lui arriva de faire la connaissance de Griffith, alors l'éditeur du *Monthly Review*, qui lui donna quelque travail; mais au bout de huit mois, croyant pouvoir désormais voler de ses propres ailes, il se brouilla avec lui. Après avoir publié son *Enquiry into the present state of taste and literature in Europe* (Londres, 1759), il se livra désormais avec une ardeur extrême aux travaux de la vie littéraire, récoltant dans cette carrière beaucoup de gloire sans doute, mais fort peu d'argent. C'est ainsi qu'il donna, entre autres, ses *Lettres Chinoises*, qui parurent d'abord dans le *Public Ledger*, et qu'on réimprima ensuite sous le titre de *The Citizen of the World* (1762). Vers le même temps il termina son poëme *The Traveller* (Le Voyageur). Vinrent ensuite : *Letters on English history* (1765); *The Vicar of Wakefield* (1766); sa première pièce de théâtre, *The good natured man* (1767); son poëme, *The deserted Village* (1770); *Roman History* (1770); son *History of England* (1772); sa seconde pièce de théâtre, *She stoops to conquer* (1773); *History of Greece* (1773); enfin, d'après Buffon, son *History of the earth and animated nature* (6 vol., 1774), ouvrage demeuré inachevé. Il travaillait à un dictionnaire universel des arts et des sciences, lorsque la mort le surprit, le 4 avril 1774.

Après les étranges vicissitudes dont la vie de Goldsmith avait été semée, il ne faut pas s'étonner que ses poésies aient des couleurs locales si vives, qu'il décrive, par exemple, son Village abandonné avec une vérité si naïve et si touchante, et que dans son Voyageur (*The Traveller*) il deploie, avec les observations les plus fines, toutes les ressources de la plus poétique imagination. « Douce poésie, vierge charmante, s'écrie Olivier Goldsmith à la fin d'un de ses poëmes, trop pure pour un siècle dégénéré et corrompu, où tu ne trouves plus un cœur capable de battre à tes généreuses inspirations; déesse aimable, trop négligée, trop décriée, orgueil de ma solitude, source de tous mes plaisirs comme de tous mes maux, toi qui m'as laissé dans la pauvreté où tu m'as trouvé, adieu! » Et en effet il dut lui en coûter de renoncer aux douces rêveries du poëte, pour se livrer au rude travail de l'écrivain condamné par son étoile à gagner avec sa plume son pain de chaque jour.

Ses œuvres dramatiques lui assurent un rang distingué dans le théâtre anglais. Son *Vicaire de Wakefield*, que toute l'Europe a lu, relit encore, et lira toujours, et qui est devenu un livre classique, a fait sa réputation comme prosateur. En tenant compte de tous ses autres travaux, si nombreux et si divers, on comprend qu'il n'y a rien d'exagéré dans les éloges que les meilleurs critiques lui ont donnés. Jamais poëte depuis Pope n'a eu plus de correction et d'élégance. Il possédait d'ailleurs ce qui manquait à Pope, un rare bonheur d'expression et des traits pleins de naturel et de naïveté. Samuel Johnson a dit de lui : « Olivier Goldsmith, poete, philosophe et historien, propre à tous les genres, sut orner tous les sujets : habile tantôt à nous faire rire et tantôt à nous faire pleurer, son génie exerçait sur les affections du cœur une douce tyrannie, et rien ne manquait à son expression, à la fois noble, pure et délicate. »

GOLDWASSER. *Voyez* EAU-DE-VIE DE DANTZIC.

GOLFE. Admettons avec la science moderne les divers âges de la terre, la formation lente de son écorce en stratifications successives sur un noyau inconnu : ne peut-on pas dire que dans le dernier cataclysme qui donna à notre globe sa forme actuelle, les eaux de la mer, oscillant dans un bassin fraîchement creusé, heurtant des rivages mal affermis, les déchirèrent en mille lieux et y creusèrent des détroits, des golfes, des baies? Y eut-il alors vers le pôle arctique une crépitation extraordinaire, dont l'histoire est restée empreinte sur le littoral, taillé et coupé en mille dentelures bizarres par des golfes? La plus considérable de ces trouées est la mer **Blanche**, véritable golfe, au fond duquel le tsar Pierre jeta le port d'**Archangel**; position maritime singulière, où le commerce ne pénètre que pendant six mois de l'année, et d'où la marine militaire de la Russie ne peut menacer notre Europe que pendant le même temps, car le reste de l'année elle est bloquée et retenue prisonnière par les glaces. Plus bas, et tout à fait dans l'intérieur des terres, les golfes de **Bothnie** et de **Finlande** marquent la limite extrême de la mer **Baltique**; la nature y est austère et froide; le dieu des nations du Nord dut y poser ses premiers temples au milieu d'âpres rochers, au faîte desquels flottent des brumes glacées comme des ténèbres visibles.

Sur nos côtes occidentales, l'océan Atlantique fit un pas dont le golfe de Gascogne est la trace; les noires pierres de Penmark le limitent au nord, au sud le dernier cap de l'Espagne : parages dangereux aux navigateurs quand l'hiver y apporte ses brumes, ses tempêtes et ses frimas; car alors ce n'est plus dans le ciel que le marin cherche sa route; l'œil fixé sur le fond, la sonde à la main, il marche à tâtons. La Méditerranée écorna la côte de Provence, et creusa le golfe de Lion; son nom indique son caractère, *mare Leonis*; on trouvait autrefois que la mer y était furieuse comme un lion. De là, ébranlant l'Italie, elle étendit le golfe de Venise comme un bras, puis, par une oscillation contraire, frappant la côte septentrionale de l'Afrique vers la régence de Tripoli, elle s'engouffra dans le golfe de la Sidre, redoutable à cause des courants et des vents qui y battent en côte, redoutable surtout à cause des féroces nations qui peuplent ses rivages. La côte occidentable de l'Afrique, moins ciselée, moins tourmentée, s'infléchit cependant devant l'énorme masse des eaux de l'Atlantique et ouvrit le golfe de Guinée, région des longs calmes, des chaleurs étouffantes : malheur au marin maladroit qui, pour se rendre au Cap de Bonne-Espérance, s'engage dans cette atmosphère immobile! ballotté par les longues et éternelles vagues que l'Océan roule depuis les régions australes, il voit avec un impuissant désespoir ses vivres inutilement s'épuiser et le scorbut décimer son équipage. Le cap Negro borne au midi ce grand golfe; sol horrible, volcanique et calciné, sans ombrages, sans verdure, sans eau : ses habitants rabougris, à peine doués d'un langage, vont chaque matin, avec des plumes d'autruche, éponger la mince couche de rosée que les nuits éclatantes déposent sur ses pointes rocailleuses.

L'océan Indien rudoya les rivages de l'Asie. Du premier bond, il ouvrit le golfe du Bengale, où le génie commercial de l'Angleterre attire aujourd'hui les marchands de tout l'univers; le Gange l'arrêta; il donna une autre secousse au continent, et creusa profondément le golfe Persique. La masse d'eau fluviale que l'Euphrate et le Tigre charrient des sommets du Taurus le fit reculer; il déposa dans sa retraite des bancs de pintadines, ou huîtres à perle : là, l'Arabe tend sa tente sur une faible barque; ses tribus errent au gré des vagues, toujours ardentes au pillage, toujours en guerre, et nomades encore sur l'eau comme au milieu des sables du désert; enfin, par un dernier effort, il voulut se joindre à la Méditerranée, il franchit le détroit de Bab-el-Mandeb (Porte de la Mort), se traîna sur les roches madréporiques dont ce méridien est hérissé, et traça du sud au nord le golfe Arabique, appelé aussi *mer Rouge*; mais la force lui manqua au milieu des sables : il s'arrêta à quelques lieues du but, laissant seulement un long et étroit sillon, où pendant six mois de l'année souffle le vent du midi, et le vent du nord pendant les six autres mois; rivages célèbres, berceau des deux religions qui partagent aujourd'hui l'univers, ancienne route du commerce de l'Inde, que l'Angleterre a su de nos jours ressusciter par la toute-puissance de la vapeur.

Toute la bande orientale de l'Asie, depuis la presqu'île de Malacca jusqu'aux limites de la Sibérie, vers la mer d'Ochotsk, est coupée de nombreux golfes : tels le golfe de Siam, le golfe de Tonquin, la mer **Jaune** et plusieurs autres, toutes communiquant à une méditerranée particulière, dont l'une des barrières, compacte et sans solution de continuité, est le continent lui-même ; l'autre, percée à jour, se compose des îles du Japon et de tous les archipels qui longent la côte de la Chine.

Le seul grand enfoncement de la Nouvelle-Hollande est le golfe de Carpentarie : il doit son nom au voyageur qui le découvrit. Sur la rive occidentale de l'Amérique septentrionale, le grand Océan déchira une langue de terre, et jeta sur une profondeur de 500 lieues le golfe si étroit de la Californie : Cortez fut le premier qui l'aperçut ; il le prit pour une mer, et l'appela *mer Vermeille ;* mais ici, non plus qu'ailleurs, le nom n'est point l'expression de la couleur des eaux. Plus au sud est le golfe de Panama, si célèbre par ses perles et par les conquêtes des Espagnols. Mais c'est surtout sur la côte orientale de l'Amérique qu'on rencontre de vastes golfes. Le fameux golfe du Mexique est une méditerranée où le Mississipi déverse ses eaux et son limon. Au-dessus du fleuve Saint-Laurent la grande baie d'Hudson, puis l'enfoncement connu sous le nom de mer de Baffin, où tant d'aventuriers se jetèrent à travers les glaces à la recherche d'un passage au Cathai par le nord-ouest du monde ; enfin, au fond de cette nappe d'eau hérissée de glaçons, le golfe de Boothia, découvert et exploré par le capitaine Ross, en cherchant cette route aux Indes par le Nord que Cabot avait prédite à l'Angleterre. Tels sont les principaux golfes que nous présente aujourd'hui notre globe.

Le mot *golfe* signifie un *profond enfoncement* de la mer dans l'intérieur des terres ; il ne diffère de la *baie* que par l'étendue. Quant à son origine, nous la trouvons dans l'italien *golfo* ; le latin du moyen âge en avait d'abord fait *gulphus*, puis *gulfus*. Peut-être reconnaîtrait-on sa racine primitive dans le grec κόλπος (en latin *sinus*).

Théogène PACE, capitaine de vaisseau.

GOLGOTHA. *Voyez* CALVAIRE.

GOLIATH était de la ville de Geth, une des cinq satrapies des Philistins ; sa taille gigantesque, qui était de près de quatre mètres ; sa force, l'excellence de son armure et de son épée, le rendirent d'une insolence insupportable pendant la guerre que les Hébreux soutinrent contre les Philistins. Se promenant entre les deux camps, il appelait en combat singulier les guerriers israélites, qui, effrayés de ses proportions, souffraient ses insultes sans oser se mesurer avec lui. Sorti à peine de l'enfance, David, jusque alors employé à conduire au pâturage les troupeaux de son père, ayant été envoyé au camp des Hébreux porter des provisions à ses frères, s'indigna de l'audace de Goliath ; il offrit de le combattre, et Saül, roi d'Israel, admirant tant de courage, le fit revêtir de ses propres armes, quoiqu'il ne doutât pas de sa défaite. Mais le jeune berger, embarrassé de ces armes, qu'il n'avait jamais portées, ne voulut se servir que de son épieu et de sa fronde. Après avoir choisi cinq pierres dans un torrent, il s'avança vers Goliath, et, l'ayant renversé d'un coup de pierre lancée au milieu du front, il se précipita sur lui, s'empara de son épée et lui trancha la tête. Cette victoire répandit la joie dans tout Israel, et David l'a célébrée dans le 143e de ses Psaumes.

L'Écriture parle d'un autre Goliath, qui fut tué par Elchanan, fils de Jaïr de Bethléem. C[sse] DE BRADI.

GOLO (Département du). *Voyez* CORSE.

GOLTZIUS (HENDRIK), célèbre graveur hollandais, naquit en 1558, à Mulebrecht, où son père était bon peintre sur verre. L'aider dans ses travaux fut la première occupation artistique du jeune Goltzius. Plus tard, son père ayant dû se rendre en Allemagne, il fut placé en apprentissage dans l'atelier de maître Léonhard d'Harlem, et ses facultés s'y développèrent bientôt de la façon la plus brillante. A l'âge de vingt-et-un ans, il épousa une vieille veuve dont la fortune le mit à même d'acheter une bonne imprimerie en taille douce. Le fils que sa femme avait eu de son premier lit, Jacob Matham, devint son meilleur élève. Il déploya une activité extrême ; mais bientôt le sentiment de la grande disproportion d'âge existant entre lui et sa compagne lui inspira une tristesse qui influa tellement sur sa santé que pour la rétablir force lui fut, à l'âge de vingt-quatre ans, d'entreprendre un long voyage à l'étranger. Et comme il était déjà très-connu, ce fut sous un déguisement et un faux nom qu'il parcourut l'Allemagne et l'Italie. Ce voyage le remit et en même temps fortifia son talent. Il observa beaucoup sur toute la route, infatigable à étudier et à dessiner partout où il passait. Mais à son retour au foyer domestique, la maladie le reprit ; et ce ne fut qu'à l'aide des plus grands soins qu'on lui conserva encore assez de forces pour entreprendre et terminer de grands travaux. Il mourut en 1617.

Goltzius perfectionna singulièrement la gravure, en ce qui est de la partie technique. Sans doute pour ce qui est du choix des sujets, son œuvre a peu d'importance. Mais peut-être est-ce à cette circonstance qu'il faut attribuer les progrès si notables qu'il fit faire aux procédés pratiques.

GOMAR (FRANÇOIS), célèbre chef d'un parti théologique protestant, naquit à Bruges, en 1563, et mourut à Groningue, en 1641, après avoir exercé le ministère sacré à Francfort, et le professorat de dogme à Leyde, à Middelbourg et à Groningue. Gomar fut un des savants théologiens et un des bons orientalistes du dix-septième siècle. Mais ses écrits théologiques, dont la collection fut publiée à Amsterdam, en 1645, ne sont guère lus ni même consultés aujourd'hui. Gomar dut principalement sa réputation à la guerre acharnée que son intolérante orthodoxie déclara aux doctrines arminiennes et à leur fondateur, Jacques Arminius, son collègue à Leyde. Il figura dans le trop fameux concile protestant de Dordrecht, et s'y distingua par la chaleur de son zèle contre les arminiens ou *remontrants*, qui avaient reçu ce nom à cause des remontrances qu'ils adressèrent, en 1610, aux états de Hollande ; de là le nom de *gomaristes* ou *contre-remontrants*, qui devint celui des partisans de Gomar, ou des idées rigides de Calvin sur la grâce et la prédestination. Ajoutons encore ici deux vers latins extrêmement plaisants, par lesquels les beaux esprits latinistes du temps stigmatisèrent le concile de Dordrecht, et qui vivront sans doute aussi longtemps que le souvenir de François Gomar et de cette intolérante assemblée :

> Dordrechti sy*nodus*, NODUS ; chorus in*teger*, ÆGER ;
> Con*tentus*, VENTUS ; sessio, stra*men*. AMEN.

CH. COQUEREL.

GOMARISME, GOMARISTES ou CONTRE-REMONTRANTS. *Voyez* REMONTRANTS.

GOMBAUD ou GOMBO, nom vulgaire de la *ketmie comestible*.

GOMBAUD (JEAN OGIER DE), né à Saint-Just de Lussac, en Saintonge, d'une famille protestante, s'attacha tout d'abord à Malherbe ; un sonnet sur la mort de Henri IV attira sur lui l'attention. Ce fut bientôt un des assidus de l'hôtel de Rambouillet. Gombaud n'était pas un poëte courtisan, quoique le cardinal-ministre l'eût fait entrer à l'Académie Française. Il avait présenté à son éminence des vers : « Voilà, lui dit le cardinal, des choses que je n'entends pas. — Ce n'est pas ma faute, » répondit avec franchise le poëte saintongeois. Si ces vers ressemblaient à ceux qui composent les centuries de Gombaud, ils ne devaient pas être du goût du cardinal. Dans ses épigrammes, il frondait les vices des grands avec une audace et une précision qui supposent autant de talent que de courage. Il mourut presque centenaire, en 1666, après avoir depuis longtemps perdu ses pensions. Ses vers ne manquent ni de pureté ni d'harmonie ; il a fait une tragédie, *Danaïde*, qui ne réussit pas. DUFEY (de l'Yonne).

GOMBETTE (Loi), ainsi appelée du nom de son auteur, *Gondebaud* ou *Gombaud*, roi de Bourgogne. Elle est au moins aussi ancienne que la loi salique, et elle a sur celle-ci l'avantage d'une date certaine et authentique. Cette loi fut rédigée à Château d'Amberieu, dans le Bugey, promulguée à Lyon, en 502, dans une assemblée des *optimates*, et souscrite par trente-deux comtes. Elle était divisée en 49 titres, sans y comprendre les additions faites depuis par Sigismond, fils et successeur de Gondebaud. Les Gallo-Romains conservèrent le droit qui les régissait avant l'invasion des Bourguignons dans les Gaules. La loi Gombette tendait, par ses dispositions relatives aux mariages, à favoriser la fusion des familles indigènes et des familles bourguignonnes. La majorité était fixée à quinze ans. Les filles ne concouraient pas avec leurs frères au partage des terres. La justice était administrée gratuitement. Il était défendu aux juges de recevoir des présents ou des gratifications, sous quelque prétexte que ce fût. Les magistrats qui, après en avoir été requis trois fois, ne décidaient pas les procès en état de recevoir jugement étaient condamnés à une amende de 12 sous d'or, et à 36 sous d'or si, par inadvertance ou négligence, ils n'avaient pas jugé conformément aux lois. Les condamnations, quant aux personnes libres, se résumaient en pénalités pécuniaires. C'est surtout de la loi des Bourguignons, qui défère le duel au lieu du serment, que nous vint l'usage du combat judiciaire. Comme dans la loi salique, la peine de mort était appliquée au meurtre et au vol même sur les grands chemins, l'enlèvement de bestiaux excepté. Les délits relatifs à la chasse étaient punis avec une excessive sévérité : celui qui avait volé un chien de chasse était condamné à baiser publiquement le derrière de l'animal (*Coram omni populo posteriora ipsius osculetur*), ou à payer sept écus d'or. Le vol d'un épervier était plus rigoureusement puni : le voleur devait payer huit écus d'or, ou se laisser manger par l'oiseau six onces de chair sur la poitrine.

Le mariage était un véritable marché. Le mari achetait sa femme cent-soixante écus d'or, si elle appartenait à une famille notable, et la femme son mari, cent-cinquante écus d'or. Si le mari surprenait sa femme en délit flagrant d'adultère, il pouvait la tuer sur-le-champ avec son complice; mais s'il ne tuait que l'un des deux, il en devait le prix. Tirer son épée dans une rixe était un délit passible de peines rigoureuses. Les articles relatifs à l'hospitalité, au divorce, au culte des tombeaux, sont très-remarquables. Nul Bourguignon ne pouvait sans être coupable refuser à l'étranger ou au voyageur le feu et le couvert. La loi Gombette protégeait les tombeaux contre la cupidité qui aurait soustrait les objets précieux qu'on y enfermait avec les défunts. Le coupable était puni d'un bannissement à perpétuité : nul ne pouvait lui donner ni asile ni vivres, mais la loi n'en fut pas moins violée, et l'on fut obligé d'affranchir les esclaves sous la seule condition de garder les tombeaux de leurs anciens maîtres. Il y avait égalité devant la loi pénale entre le Burgonde et le Romain du même rang, et la même composition était due pour les mêmes violences commises envers l'un ou l'autre. Cette loi réglait aussi les partages de terres et de serfs faits avec les anciens habitants. Un Bourguignon ne pouvait vendre ses biens, s'il en avait d'ailleurs de suffisants; il devait préférer pour acquéreurs les indigènes aux étrangers. La loi gombette contient beaucoup de dispositions du Code théodosien, qui était alors le droit commun des Gaules. Les anciennes lois bourguignonnes furent abrogées en 840 par l'empereur Louis le Débonnaire; cependant la Bourgogne en conserva quelques fragments.

Dufey (de l'Yonne).

GOMER ou GOMERIG. C'est le nom qu'on a donné à la langue de l'ancienne tribu celtique des Cimmériens ou Cimbres, et qui s'est conservée jusqu'à nos jours, tout en subissant de notables modifications de formes, dans le pays de Galles et dans notre basse Bretagne. Elle offre de grandes analogies avec l'hébreu.

Gomer est aussi le nom du fils de Japhet, dont les descendants furent appelés *Gomérites*, et à qui les peuples de la Galatie, de même que les Cimbres, faisaient remonter leur origine.

GOMERA. *Voyez* Canaries.

GOMES (Joao-Baptista), le meilleur tragique portugais des temps modernes, quoique sa réputation ne soit fondée que sur une seule tragédie, *Inez de Castro*, qui, représentée sur le théâtre de Lisbonne, au commencement de ce siècle, excita tout aussitôt un enthousiasme sans pareil dans la nation et eut sept éditions successives en fort peu de temps. C'est évidemment l'œuvre d'un jeune homme, mais d'un jeune homme qui promet beaucoup. Cette tragédie fait surtout époque en ce que le poëte s'y est affranchi de la tyrannie des règles surannées du goût français, pour puiser ses inspirations aux sources du génie national. Malheureusement Gomes mourut trop tôt pour réaliser les espérances que faisait concevoir son brillant début. Sa tragédie a été traduite par M. Ferdinand Denis dans les *Chefs-d'œuvre du théâtre portugais* (Paris, 1823).

GOMIS (José-Melchior), né à Anteniente, près de Valence, en 1793, était de bonne heure enfant de chœur dans la cathédrale de cette ville. Déjà à seize ans il suppléait son maître de musique auprès de ses condisciples. A vingt-et-un ans, nommé chef de musique d'un régiment d'artillerie, il se voyait à regret lancé dans une sphère d'activité complétement étrangère à ses études. Il écrivit plusieurs marches militaires. Mais sa prédilection pour Haydn le portait à arranger en pas ordinaires et accélérés plusieurs de ses symphonies et jusqu'à son oratorio *Les sept Paroles sur la croix*. En 1817 il se démit de ses fonctions, et se rendit à Madrid, où il réussit à faire représenter différents petits opéras, parmi lesquels celui de *La Aldeana* surtout reçut un accueil favorable. On le nomma alors chef de musique de la garde royale; mais, à la suite de la contre-révolution opérée en 1823, il dut s'expatrier, et se rendit à Paris, avec le projet de s'y consacrer exclusivement à la composition dramatique. De cruels déboires l'y attendaient. En trois années il lui fut impossible d'obtenir d'un seul auteur français le canevas d'un poëme; il se décida à suivre les conseils de Rossini, et se rendit à Londres, où il se fit tout de suite une position agréable comme professeur de chant et comme compositeur de romances et de boléros. Sa vocation pour la musique dramatique le ramena en 1827 à Paris. Il réussit enfin alors à obtenir un poëme qu'il remporta bien vite à Londres, et peu de temps après il expédiait une partition complète au directeur de l'Opéra-Comique. On l'invita à venir diriger lui-même ses répétitions; mais dès la première le directeur refusa de continuer les études de la pièce et de la représenter. Gomis l'attaqua en justice, obtint 3,000 fr. de dommages-intérêts, mais ne put le faire condamner par la justice à représenter son œuvre. Les lenteurs de ce procès et ses fréquents voyages à Paris lui firent perdre la position qu'il avait conquise à Londres, et le jetèrent dans une situation critique. Enfin, après huit années d'attente, il vit représenter, en 1831, sur le théâtre Ventadour, son opéra *Le Diable à Séville*, qui réussit, mais popularisa bien plus son nom parmi les amateurs que dans la masse du public. Il fut ensuite chargé d'écrire un opéra pour l'Académie royale de Musique; mais là encore des intrigues s'opposèrent à la représentation de sa pièce. Enfin, il parvint en 1833 à faire représenter avec succès un nouvel opéra-comique *Le Revenant*. Les tracasseries auxquelles il n'avait cessé d'être en butte avaient porté à sa santé un coup tel qu'il en perdit la voix. Dans cet état, il écrivit encore la partition du *Portefaix*, qui obtint moins de succès, quoique les connaisseurs l'eussent plus goûtée que ses autres productions. Une pension que le gouvernement français lui accorda sur la fin de sa vie le mit du moins à l'abri des besoins les plus pressants. Il mourut à Paris, le 30 août 1836.

GOMM (sir William MAYNARD), général commandant en chef des forces britanniques dans l'Inde, né en 1780, fit sa première campagne, à l'âge de quatorze ans, comme enseigne, en Hollande, puis entra l'École militaire, où il acheva ses études avec la plus grande distinction. Plus tard il assista aux affaires de Copenhague et de Flessingue, en 1808 à celles de Roleja et de Vimiera, en 1809 à celle de la Corogne; et de 1810 à 1814 il fut attaché avec le grade de lieutenant-colonel à l'état-major général du duc de Wellington. A la bataille de Waterloo, il remplit les fonctions de quartier maître général de la division Picton, reçut la décoration de l'ordre du Bain en récompense de la bravoure qu'il avait déployée dans cette journée; puis, en raison de sa capacité militaire, il fut nommé chef de bataillon dans le régiment *Colstream* de la garde, dont plus tard il obtint le commandement. Promu général major en 1837, il fut nommé écuyer du duc de Cambridge, et en 1839 commandant militaire à la Jamaïque. A son retour en Angleterre, il commanda pendant quelque temps le district militaire du nord; puis, en 1842, créé lieutenant général, il fut envoyé à l'île Maurice en qualité de gouverneur. Il y fit preuve de grands talents administratifs, et on conçut alors en Angleterre une telle idée de sa capacité, qu'en 1849 la Compagnie des Indes jeta les yeux sur lui pour remplacer lord Gough dans le commandement supérieur de l'armée indienne. Cependant, pour en finir avec la guerre périlleuse que l'Angleterre soutenait depuis si longtemps contre les Sikhs, l'opinion réclamait hautement la nomination de sir Charles Napier à ces fonctions. Il fallut donc attendre que sir Charles Napier eût accompli ses trois ans de service dans l'Inde et fût revenu en 1851 en Europe, avant de lui donner pour successeur le général Gomm.

GOMME. Ce nom est donné à des choses qui ne se ressemblent pas toutes par des caractères chimiques bien dessinés : ainsi, on donne le nom de *gomme-copal* à une véritable résine, le nom de *gomme gutte* à un mélange d'une très-petite quantité de gomme, et d'au moins 80 ou 90 pour 100 de résine; de *gomme ammoniaque* à une autre substance qui ne contient pas plus de gomme; de *gomme de Bassora* à un principe particulier de certaines *gommes-résines;* de *gomme laque* à une sorte de résine déposée par l'insecte *coccus lacca* sur plusieurs arbres des Indes orientales; enfin, de *gomme-résine* à des mélanges de substances immédiates découlant ensemble, sous forme d'un suc laiteux, des incisions faites à quelques végétaux, et qui paraissent formés de résine et d'huile essentielle, en suspension dans de l'eau chargée de gomme et de matière végétale. Nous laisserons de côté ces autres gommes qui n'en sont pas, pour nous occuper ici exclusivement de ce qu'on doit entendre par le mot *gomme*.

La gomme est solide, incristallisable, incolore, insipide ou très-fade, inodore, soluble dans l'eau, qu'elle transforme en une sorte de gelée, insoluble dans l'alcool. Quel que soit le dissolvant de la gomme, elle en est séparée sous forme de flocons par l'alcool. La gomme est insoluble dans l'éther et dans les huiles. Elle se combine avec les alcalis, donne avec l'acide sulfurique concentré une matière sucrée qui ne fermente pas, et avec l'acide sulfurique étendu une matière qui a beaucoup de rapport avec la dextrine, mais qui donne de l'acide mucique par l'acide nitrique. Sa composition est, suivant Gay-Lussac : oxygène, 50,84; carbone, 42,23; hydrogène, 6,93.

La gomme est un des corps immédiats des végétaux les plus répandus; on la rencontre dans toutes les parties des plantes herbacées, dans tous les fruits, dans un assez grand nombre de tiges ligneuses, enfin dans toutes les fécules. On tire principalement celle qu'on emploie en médecine et dans les arts des arbres à fruits à noyau de notre climat; de plusieurs espèces de mimeuses d'Arabie et des bords du Nil; de quelques espèces d'arbres qu'on appelle *uereck* et *nebueb* du Sénégal (cette gomme contient un peu plus d'eau hygrométrique que la gomme d'Arabie), de l'*astragalus tragacantha* de Crète, et enfin, de toutes les plantes mucilagineuses. La gomme reçoit de tout cela les noms de *gomme du pays*, de *gomme arabique*, de *gomme du Sénégal*, *gomme adragante*; les autres prennent leurs noms de la plante qui les fournit.

On connaît sous le nom de *gommes artificielles* celles qui résultent de la torréfaction ou de la fermentation des fécules; les gommes qui se forment alors, et dans quelques autre expériences sur les matières végétales, paraissent jouir de propriétés chimiques très-analogues à celles des gommes naturelles; il faut seulement remarquer que les gommes artificielles ne se transforment point en acide mucique par l'action de l'acide nitrique. Dr SANDRAS.

GOMME ADRAGANTE. *Voy.* ADRAGANTE (Gomme).

GOMME AMMONIAQUE. *Voyez* AMMONIAQUE (Gomme).

GOMME ANIMÉ, nom impropre d'une espèce de résine.

GOMME ARABIQUE. Cette gomme que produisent l'*acacia vera* et l'*acacia nilotica*, arbres de la Thébaïde, du Darfour et de l'Abyssinie, se trouve dans le commerce en morceaux arrondis, tantôt amorphes, tantôt tout à fait sphériques, parfois ovoïdes ou sous forme de larmes, de grosseur variable, d'une blancheur plus ou moins grande, quelquefois jaunâtre, solides et fort durs, rarement friables, translucides et opaques, à fractures planes, luisantes et vitreuses. L'odeur en est nulle, la saveur douce et légèrement sucrée. La gomme arabique est très-soluble dans l'eau, avec laquelle elle forme un mucilage. On peut la mêler à l'huile par la trituration, et rendre ainsi les substances huileuses miscibles à l'eau. Mêlée au sucre, elle forme une pâte solide et transparente.

La pharmacie et la confiserie consomment une grande quantité de cette gomme : elle est la base des pâtes pectorales; on en prépare des pastilles, des sirops. La médecine l'utilise comme émollient dans les phlegmasies du tube digestif. L'industrie en tire parti pour l'apprêt des étoffes et des chapeaux, et aussi pour donner du brillant à l'encre.

Les chimistes ont donné le nom d'*arabine* à la matière qui constitue la gomme arabique pure. Sa composition atomique est la même que celle du sucre de canne.

GOMME DE BASSORA, espèce de gomme-résine, qui se trouve en Arabie. C'est le produit de l'*acacia gummifera*, ou, suivant Martius, de l'*acacia leucophlæa.* Son odeur est nulle, sa saveur insipide. Elle se comporte dans l'eau à peu près comme la gomme adragante; mais elle y reste suspendue en flocons. Les chimistes y ont trouvé pour la première fois la substance qu'ils ont nommée *bassorine*.

GOMME DES FUNÉRAILLES. *Voyez* BITUME DE JUDÉE.

GOMME DE SIAM. *Voyez* GOMME-GUTTE.

GOMME DU PAYS, GOMME DE CERISIER. On nomme ainsi la gomme fournie par les cerisiers, les pruniers, les abricotiers, et généralement les arbres fruitiers de la famille des rosacées. Elle diffère de la gomme arabique en ce qu'elle ne se dissout qu'imparfaitement dans l'eau et y forme un mucilage épais. Sa partie insoluble a reçu le nom de *cérasine*. La gomme du pays n'a encore été utilisée que dans la chapellerie.

GOMME DU SÉNÉGAL. Cette gomme, produite par le *mimosa Senegal*, est identique avec la gomme arabique. Elle a les mêmes usages, et même elle est préférable pour faire un mucilage épais. Il s'en expédie chaque année plus de 500 milliers pesant, des comptoirs établis sur les bords de la Gambie.

GOMME ÉLASTIQUE. *Voyez* CAOUTCHOUC.

GOMME ÉLÉMI. *Voyez* ÉLÉMI.

GOMME EUPHORBE. *Voyez* EUPHORBIUM et EUPHORBE.

GOMME-GUTTE, GOMME DE SIAM, GOMME VÉRITABLE, suc concret que l'on obtient par incision de plusieurs guttifères, principalement du *stalagmitis cambogioides*, qui croît à Siam et à Ceylan. Il se présente en masses brillantes, à cassure plane, complétement inodores. Sa saveur, nulle d'abord, laisse au pharynx une sensation d'âcreté assez prononcée. Employée en peinture comme un des plus beaux jaunes végétaux, la gomme-gutte est un drastique violent qui entre dans la composition des pilules purgatives et du fameux purgatif de Leroy. L'empoisonnement par la gomme-gutte se combat au moyen d'eau chaude, qui facilite les vomissements, et de café noir auquel on ajoute quelques grains de camphre.

GOMME LAQUE. *Voyez* Laque.

GOMME-RÉSINE. Les *gommes-résines* sont des mélanges bruts, en proportions variables, d'huiles volatiles, de substances gommeuses et résineuses, ainsi que de quelques autres sucs végétaux, qui découlent par excision de la plante qui les produit. Les principales sont l'aloès, la gomme ammoniaque, l'assa-fœtida, le bdellium, l'euphorbium, le galbanum, la gomme-gutte, le labdanum ou ladanum, l'oliban, l'opoponax, le sagapenum, la scammonée.

GOMME VÉRITABLE. *Voyez* Gomme-Gutte.

GOMORRHE (en hebreu, *Amora* ou *Homora*), l'une des cinq villes de la Pentapole que le feu du ciel détruisit l'an 2138 du monde (1897 avant J.-C.), la dépravation de ses habitants et la révoltante brutalité de leurs passions ayant mérité ce châtiment épouvantable (*voyez* Sodome). On croit que Gomorrhe était la plus septentrionale des cinq villes, et que les ruines qui s'élèvent au-dessus des eaux de la mer Morte, près d'Engaddi, sont tout ce qui reste de cette ancienne cité. Consultez de Saulcy, *Voyage autour de la mer Morte et dans les terres bibliques* (2 vol., Paris, 1852).

GOND, morceau de fer coudé en équerre, sur lequel tournent les pentures d'une porte ou d'une fenêtre. Au figuré, *faire sortir quelqu'un des gonds*, c'est exciter chez lui un vif mouvement de colère.

GONDAR, nom de l'un des États indépendants qui se sont formés à la suite de la dissolution de l'empire d'Abyssinie, tombé de nos jours dans la plus horrible anarchie. Ce nom est emprunté à la capitale même du royaume, ville de 50,000 habitants environ, suivant Bruce, et au plus de 6,000, suivant Rüppel, située au milieu d'une vaste plaine, et autrefois chef-lieu de toute l'Abyssinie. La différence si notable qui existe entre ces deux évaluations provient peut-être de ce que toutes les maisons de la ville étant isolées et entourées d'épais massifs d'arbres, il doit être difficile d'en estimer au juste la population. Ensuite, la guerre civile a dû singulièrement contribuer à la réduire. Un voyageur qui l'a visitée en 1838, M. d'Abbadie, rapporte que les débris de ses maisons et de ses palais jonchent ses vastes rues ou restent cachés sous l'herbe; qu'on a promené la charrue sur sa grande place, et que chaque soir tous les lieux et voies publics sont abandonnés aux hyènes et aux chacals. Une telle description ne se concilie guère avec la réunion de 50,000 êtres humains sur un même point. Quoi qu'il en puisse être aujourd'hui, les anciennes relations présentent la ville de Gondar comme une vaste agrégation de maisons aux toits de chaume et assez misérablement construites. Les églises sont les seuls édifices qui portent un certain cachet de grandeur, encore bien que construites avec des matériaux tout aussi défectueux que les maisons de la ville. La principale, appelée *Quosquam*, ne laisse pas que d'offrir certaines traces d'art. L'intérieur en est tapissé de soie bleue et orné de glaces. Le vieux palais du roi ressemble à un château-fort du moyen âge, mais, inhabité depuis fort longtemps, il est aujourd'hui dans le délabrement le plus complet.

Le royaume de Gondar est aussi appelé quelquefois, mais improprement, *royaume d'Amhara*, à cause du dialecte particulier qu'on y parle. Il comprend les provinces centrales de l'Abyssinie et le grand lac Dembea ou Tzana, qui en occupe presque tout le milieu. Son *negus* ou empereur a récemment été détrôné par les Gallas, dont le *ras* demeure aujourd'hui près du lac de Tzana, à trois journées de marche de la ville de Gondar, où réside toujours cependant, avec un clergé nombreux, l'*itchègue* ou chef des prêtres, lequel a conservé toute son influence sur le peuple.

GONDEBAUD, troisième roi de Bourgogne, fils de Gondicaire. Dans le partage des États paternels, il avait eu pour lot les pays qui formaient la première Lyonnaise. Mais bientôt il s'unit à son frère Godégisile contre les deux autres, Chilpéric et Gondemar. Chilpéric tomba d'abord sous le fer fratricide de Gondebaud; sa veuve fut jetée dans le Rhône avec une pierre au cou. Quelques années après, Gondemar fut assiégé à son tour dans Vienne; la ville fut prise d'assaut, et ce malheureux prince périt au milieu des flammes. Gondebaud prit le titre de roi vers 491. Il céda ensuite Genève à Godégisile, son frère, et fixa sa principale résidence à Lyon. Il agrandit ses États par la conquête de la Ligurie, de Turin, et s'avança en vainqueur jusqu'à Pavie, dont il s'empara. Bientôt ces belles contrées ne furent plus qu'un vaste désert : Gondebaud en ramena les populations en esclavage. Aussi ambitieux et presque aussi puissant que lui, Clovis convoitait le royaume de Bourgogne; il s'allia d'abord avec Gondebaud, et lui fit demander la main de Clotilde, sa nièce. Gondebaud la lui promit; mais il différait autant que possible de remplir sa promesse. Clotilde fut enlevée par Aurélien, ambassadeur de Clovis, qui l'avait fiancée au nom de ce prince. Gondebaud ne songea plus qu'à s'assurer de puissants alliés : il maria son fils Sigismond avec la fille de Théodoric, roi d'Italie. Mais Clovis se ligua avec ce même prince et avec Godégisile par un traité secret.

Gondebaud ayant appelé son frère à son secours, les armées se trouvèrent en présence à Fleury-sur-Ouche, à quelques kilomètres de Dijon. Mais Godégisile tourna ses armes contre son frère : cette défection imprévue jeta la confusion dans l'armée bourguignonne, et Gondebaud s'enfuit. Clovis et ses alliés le poursuivirent jusqu'à Avignon, où il s'était réfugié. Les conditions de la capitulation furent que le royaume de Bourgogne devait être tributaire du roi des Francs. Godégisile fut maintenu en possession de Vienne en Dauphiné et de quelques autres places; mais à peine l'armée de Clovis avait-elle passé les frontières de Bourgogne, que Gondebaud marcha sur Vienne. Godégisile, après une lutte opiniâtre et sanglante, fut égorgé dans une église avec l'évêque qui lui avait donné asile; tous ses officiers, tous les membres de son conseil subirent le même sort. Demeuré seul souverain de tout ce qui restait du royaume de Bourgogne, Gondebaud fit rédiger et publier dans ses États le code connu sous le nom de *Loi Gombette*. Il parut vouloir faire oublier par la sagesse et l'équité de son administration les crimes qui avaient souillé les premières années de son règne; il mourut regretté, après avoir occupé le trône de Bourgogne pendant vingt-cinq ans. Zélé arien, il fut du moins tolérant, et laissa sans nul obstacle ses sujets et ses enfants adopter une autre croyance que la sienne. Il laissa deux fils, Sigismond et Gondemar qui régnèrent tous deux après lui.

Dufey (de l'Yonne).

GONDI (Famille de). L'apparition dans notre histoire des membres de cette famille, originaire de Florence, où elle subsiste encore de nos jours, après y avoir joué dès le treizième siècle un rôle important, ne date que de l'arrivée de Catherine de Médicis en France. Au nombre des gentilshommes florentins attachés au service personnel de cette princesse, se trouvait un *Antonio* Gondi, qui devint maître d'hôtel du roi Henri II, et qui acquit la terre du Perron. *Albert de* Gondi, son fils, épousa, en 1565, Claude-Catherine de Clermont-Tonnerre, veuve d'un baron de Retz, et devint l'un des favoris de Charles IX, qui érigea en sa faveur la terre de Retz en duché, et qui le créa en outre pair et maréchal de France. Il mourut en 1602, chargé d'années et de richesses, mais généralement accusé d'avoir été, avec Tavannes, l'un des principaux instigateurs de la *Saint-Barthélemy*. Il avait deux frères : l'un, *Charles*, fut général des galères et maître de la garde-robe, et mourut en 1574; l'autre, *Pierre*, entra dans les ordres, et, grâce à la protection de Catherine de Médicis, fit une rapide fortune dans l'Église. Nommé à l'âge de trente-deux ans, en 1565, évêque de Langres, il fut cinq ans après transféré sur le siége de Paris, et obtint le chapeau en 1588. Il mourut en 1616 laissant une fortune immense. Son siége passa à son neveu *Henri de* GONDI, qui depuis longtemps lui avait été adjoint comme coadjuteur, puis à son petit-neveu *Paul de* GONDI, nommé en 1633 coadjuteur de *Henri*. *Charles de* GONDI, fils aîné d'Albert, né en 1569, fut tué en 1596 sous les murs du Mont-Saint-Michel, dans une attaque qu'il dirigeait contre cette forteresse. *Philippe-Emmanuel de* GONDI, fils puîné d'Albert, né en 1581, lui succéda dans sa charge de général des galères, et mourut en 1662, quelques années après être entré dans la congrégation de l'Oratoire, laissant deux fils, *Pierre de* GONDI, duc de Retz, né en 1602, mort en 1676 sans laisser d'héritiers, et *Paul de* GONDI, né en 1614, à Montmirail, dont le nom est inséparable de l'histoire des troubles dont la France fut le théâtre sous la régence d'Anne d'Autriche et le règne du cardinal Mazarin, mais qui est plus généralement connu sous celui de cardinal de *Retz*, mot auquel nous renvoyons le lecteur.

GONDOLE, GONDOLIER. Ce fut un pur caprice qui créa la gondole. Quel besoin pourrait rendre compte de sa forme amincie et allongée outre mesure? Que signifie sa poupe repliée en l'air comme la queue d'un poisson fabuleux, et sa proue élancée et recourbée ainsi que le cou d'un cygne? Dans quel but porte-t-elle en l'air un grand fer plat et menaçant? Il faut être à Venise, au fond des lagunes de l'Adriatique, dans les canaux qui servent de rues à cette reine déchue de la Méditerranée, au milieu de ses palais, de son architecture fantasque, sous son ciel enivrant, parmi son peuple étourdi des nuits du carnaval, pour comprendre cette bizarre création. La gondole, frêle et légère, ornée pour la parade, est la barque du bal masqué. Son fond est plat; il lui faut une mer unie, une atmosphère calme; il lui faut ses lagunes. Il y a plaisir à la voir le soir glisser en silence à travers les longues ombres que projettent sur les flots les antiques demeures des sénateurs vénitiens; elle vogue avec une mystérieuse rapidité; une curiosité inquiète la suit toujours; les glaces et les jalousies de son carrosse sont rigoureusement baissées; on se demande quels personnages occupent le sofa intérieur; on veut deviner le but de sa course si rapide : l'imagination à Venise voit partout une intrigue d'État, un rendez-vous d'amour. Sur les barques ordinaires, les rameurs occupent l'avant, mais la gondole s'est plue dans les contrastes; elle place ses gondoliers sur l'arrière, elle en a deux placés l'un au-dessus de l'autre, et faisant face à la proue; le plus élevé domine de l'œil par-dessus le carrosse; chacun d'eux porte une longue rame, et, comme pour dérouter toutes les idées reçues, les deux rames s'appuient sur le même montant, l'inférieure à fleur du bord, la supérieure contre un croissant, où aucune cheville ne la fixe. La gondole n'a pas de timon; la rame est à la fois sa nageoire et son gouvernail. Trop légère pour se fier au vent, jamais elle n'appareille de voiles : la moindre brise la ferait incliner ou la renverserait. Les savants ont fait dériver le mot *gondole* du grec κόνδυ, vase, à cause de sa prétendue ressemblance avec quelque vase antique : on pourrait lui trouver une autre origine, grecque aussi, et fondée non-seulement sur la grammaire, mais aussi sur sa propre histoire. La gondole est un héritage du Bas-Empire; son premier type est la barquette, ou caïque des Grecs de Constantinople, à fond plat, aux deux extrémités élancées et recourbées, à la coupe longue et mince; les Vénitiens la transportèrent dans leur ville, et firent quelques changements à sa forme extérieure et à ses ornements : chaque peuple a son goût. Les Grecs appelaient leur barquette *countelada*, les Vénitiens la nommèrent *gondola*.

Théogène PAGE.

GONDWANA. *Voyez* GOUNDWANA.

GONFALON. C'était une bannière civile, religieuse et guerrière tout à la fois, que certaines villes populaires de l'Italie avaient coutume d'arborer à certaines époques; le *gonfalonier* était celui qui portait cette bannière. Machiavel raconte ainsi l'origine de cette institution à Florence : « Les guerres au dehors et la paix au dedans avaient en quelque sorte éteint dans cette ville les factions guelfes et gibelines; il n'y restait plus que cette espèce de fermentation qui semble exister naturellement dans toutes les villes entre les grands et le peuple. Celui-ci, voulant être gouverné par les lois, et les autres se mettre au-dessus, il est impossible que l'accord règne entre eux. Cette humeur inquiète n'éclata point tant qu'on craignit les gibelins; mais lorsqu'ils furent abattus, elle se manifesta dans toute sa force. Chaque jour chacun du peuple était insulté. Les magistrats et les lois ne pouvaient venger ces injures, parce que chaque noble, soutenu par ses parents et amis, se défendait contre le pouvoir des prieurs et des capitaines. Animés du désir de mettre un terme à ces abus, les chefs des corps de métiers arrêtèrent que chaque *seigneurie* en entrant en charge nommerait un *gonfalonier*, ou officier de justice, choisi parmi le peuple, qui aurait à ses ordres un corps de mille hommes, enrôlés sous vingt bannières, avec lesquels il serait prêt à protéger l'exécution des lois toutes les fois qu'il en serait requis par elle ou par le capitaine. Ubalda-Ruffoli fut le premier *gonfalonier* élu; mais bientôt on dut modifier encore cette institution. On ordonna, sur la proposition de Giano della Bella, que le *gonfalonier* résiderait avec les prieurs, et aurait quatre mille hommes sous ses ordres. »

Tant que le gouvernement républicain fut en vigueur à Florence, le *gonfalonier* jouit d'une grande autorité. Plus tard, ce nom changea entièrement de son acception première; après différentes vicissitudes, il signifia *officier de police*; c'est cette dernière acception qu'il avait à Sienne au moment de la révolution française.

La France a eu aussi son *gonfalon* ou *gonfanon*, et ses *gonfaloniers*. Le *gonfalon* était plus spécialement chez nous une bannière d'église, qu'on arborait pour lever des troupes, afin de défendre les biens ecclésiastiques. Selon le patron, la bannière variait de couleur : pour un martyr, elle était rouge; pour un évêque, elle était verte. Ceux qui portaient le *gonfalon* en France étaient des *avoués* ou défenseurs des abbayes. Il y eut plusieurs règlements aux Assises de Jérusalem qui établirent de quelle manière le connétable et le maréchal devaient, chacun à son tour, porter le *gonfalon* devant le roi, lorsque, dans les jours de cérémonie, il passait à cheval.

GONFLEMENT. Ce mot, qui est à peu près synonyme d'*enflure*, désigne l'augmentation d'une partie du corps produite, soit spontanément, soit par l'action des corps extérieurs et sans altération de tissu. Le changement partiel qui est ainsi exprimé annonce toujours un état morbide, et s'il en est souvent l'effet, il en est aussi parfois le précurseur.

GONG, instrument de musique en usage en Chine, fait avec un alliage métallique dans la composition duquel il entre de l'argent, du plomb et du cuivre, et dont la forme est une concavité circulaire. Le son en est clair, dur et retentissant. On ne s'en sert jamais que pour donner un caractère tout national à la musique dans laquelle on le fait figurer, ou encore pour exciter la surprise et éveiller l'attention de l'auditoire. Dans les demeures aristocratiques du nord de l'Europe, on se sert aujourd'hui de *gongs* de la Chine, en guise de cloches, pour avertir les commensaux du noble châtelain que le déjeûner ou bien le dîner sont servis.

GONGORA Y ARGOTE (LOUIS DE), poète espagnol, né le 11 juin 1561, à Cordoue, alla à l'âge de quinze ans étudier le droit à Salamanque. C'est de cette époque que datent la plupart de ses poëmes érotiques, de ses romances et de ses *lettrilles* satiriques, œuvres dans lesquelles son génie revêt les formes les plus fraîches et les plus suaves. Ces distractions l'empêchèrent de faire les études nécessaires pour occuper des emplois publics, comme sa haute naissance semblait l'y convier; aussi à l'âge de quarante-cinq ans se vit-il réduit à embrasser l'état ecclésiastique, et dut-il alors s'estimer heureux d'obtenir une prébende à la cathédrale de Cordoue. Plus tard, cependant, il fut nommé chapelain d'honneur du roi Philippe; mais il était déjà trop avancé en âge pour aller plus loin. Une maladie le força à s'éloigner de la cour, et quelque temps après il mourut dans sa ville natale, le 24 mai 1627.

Dans l'appréciation de ses œuvres, il faut distinguer deux périodes. Jeune, Louis de Gongora s'inspira complétement de son génie et de l'esprit de sa nation. Les poëmes et les romances qu'il composa alors sont encore de l'ancien style national, et appartiennent aux meilleures productions de ce genre. Malheureusement, il voulut faire du nouveau, de l'extraordinaire à tout prix, et introduire dans la poésie sérieuse un style plus raffiné (*estilo culto*). C'est dans ce but qu'il écrivit son *Polifemo*, ses *Soledades* et la fable de *Pyrame et Thisbé*, compositions pleines de pédantisme et de mauvais goût, pauvres d'invention et de pensée, mais riches en phrases creuses et sonores, en images fausses et exagérées, en allusions mythologiques, le tout présenté dans un style obscur et recherché, en parfait unisson avec des formes de langage calquées sur les anciennes langues classiques, et si peu naturelles, qu'il lui fallut imaginer un système de ponctuation à son usage particulier. Mais c'est précisément pour cela qu'il fait époque dans l'histoire littéraire de l'Espagne; car ses défauts trouvèrent d'ardents prôneurs et de nombreux imitateurs, et il fonda une école nouvelle, à laquelle est resté le nom de *gongorisme* ou *cultorisme*. Le gongorisme et son influence sur la littérature espagnole sont contemporains de l'influence très-analogue exercée sur la littérature italienne par le *marinisme*. Plusieurs des disciples de Louis de Gongora tinrent à honneur de commenter les œuvres du maître, mais firent preuve d'encore plus de mauvais goût que lui, par exemple Salcedo Coronel, dans son Commentaire du *Polifemo* (1629), et Pellicer de Salas dans ses observations sur les *Soledades* (1636), ainsi que dans ses *Lecciones solemnes à las obras de Gongora* (1630).

La plus ancienne édition des Œuvres complètes de Gongora est celle de J. Lopez de Vicuna (Madrid, 1627). Ramon Fernandez, dans sa *Colleccion* (Madrid, 1780), a donné un choix fait avec goût des meilleures productions de ce poëte.

GONGORISME. *Voyez* GONGORA et CULTORISME.

GONIOMÈTRE (de γωνία, angle, et μέτρον, mesure), instrument spécial dont se servent les minéralogistes pour mesurer les angles des cristaux. Le plus simple est le *goniomètre ordinaire* ou *goniomètre d'application*, qui ne se compose que de deux règles mobiles à l'aide desquelles on prend l'ouverture de l'angle que l'on veut mesurer; il suffit de porter ensuite ces règles sans altérer leur position, sur un rapporteur pour évaluer l'angle en degrés et fractions de degrés. Mais ce procédé est trop grossier pour mesurer les angles de petits cristaux. On se sert alors de *goniomètres à rotation* et *à réflexion*. Parmi ces derniers, les plus parfaits sont le *goniomètre de Wollaston* et le *goniomètre de M. Babinet*.

GONIOMÉTRIE (de γωνία, angle, et μέτρον, mesure). Quelques auteurs, et particulièrement Francœur, ont donné ce nom à l'art de mesurer les angles au moyen d'instruments, tels que le graphomètre, le rapporteur, le sextant, etc.

GONORRHÉE. *Voyez* BLENNORRHAGIE.

GONSALVE DE CORDOUE (GONSALVO HERNANDEZ PAGUILAR), surnommé *le grand Capitaine*, naquit le 16 mars 1443, à Montilla, petite ville dans le voisinage de Cordoue. Il était issu d'une des plus illustres familles d'Espagne. Ce fut contre les Maures, et ensuite contre les Portugais, qu'il commença à faire remarquer ses talents militaires. La conquête du royaume de Grenade, sous le règne de Ferdinand dit *le Catholique* et d'Isabelle, acheva de le mettre tout à fait en évidence, et les succès qu'il obtint dans diverses rencontres déterminèrent ses souverains à lui confier le commandement d'une expédition dans le royaume de Naples. Le prétexte de cette expédition, qui eut lieu en 1501, était de porter secours à Frédéric, dernier roi de Naples de la branche bâtarde d'Aragon; son but réel était de dépouiller ce malheureux prince, car Ferdinand s'était uni avec Louis XII, roi de France, pour conquérir et partager les États de son parent, qu'il feignait de prendre sous sa protection. Le pays de Naples n'était point un théâtre nouveau pour la valeur de Gonsalve de Cordoue. Déjà, en 1496, il avait aidé ce même Frédéric à balayer de son royaume toute cette armée française qui l'avait envahi si étourdiment sous la conduite de l'aventureux Charles VIII. Dans cette seconde guerre, Gonsalve poussa les hostilités avec vigueur et ne tarda pas à se rendre maître de Tarente, qu'il contraignit à capituler. Mais bientôt ses troupes manquèrent de tout; mécontentes, elles murmurèrent d'abord, puis se mutinèrent. La plupart des soldats se présentèrent à leur général, en ordre de bataille, réclamant à grands cris leur solde. Un des plus hardis poussa l'audace jusqu'à menacer Gonsalve de sa hallebarde. Celui-ci, sans s'émouvoir, saisit le bras du soldat, et, d'un air riant : « Prends garde, camarade, lui dit-il, de te blesser en badinant avec cette arme. » Dans cette mutinerie, un capitaine porta l'outrage encore plus loin : Gonsalve lui témoignant son regret de ne pouvoir procurer à l'armée les choses dont elle avait besoin, il osa lui répliquer : « Eh bien, si tu manques d'argent, livre ta fille, tu auras de quoi nous payer. » Ces paroles insolentes avaient été proférées au milieu des clameurs de la sédition : Gonsalve feignit de ne les avoir pas entendues; mais la nuit suivante il donna l'ordre de mettre à mort celui qui avait si gravement enfreint la discipline, et fit attacher son cadavre à une fenêtre, où toute l'armée le vit exposé le lendemain.

Cependant, l'alliance des Français et des Espagnols avait été rompue. Ferdinand venait de s'entendre avec le pape Alexandre VI pour enlever à Louis XII sa part du royaume de Naples. Gonsalve reçut des instructions à cet égard, et se mit en devoir d'agir en conséquence. Il lui fallait tromper les Français avant de les vaincre. Sa situation exigeait de l'adresse et de la ruse. Le duc de Nemours, commandant de l'armée française, l'appelle vainement en duel; Gonsalve ne lui répond qu'en battant plusieurs fois ses troupes, surtout à Cerignola, dans la Pouille, où Nemours périt avec quatre mille des siens. Après cette bataille, qui, dit-on, ne lui coûta que neuf soldats, tant était avantageuse la position qu'il avait choisie, le général espagnol s'empare de Naples sans coup férir, emporte les châteaux forts l'épée à la main; et toutes les richesses qu'on y avait amassées deviennent la proie du vainqueur. Quelques soldats se plaignant de n'avoir pas assez de butin : « Je veux bien réparer votre mauvaise fortune, leur dit Gonsalve; allez dans mon logis, je vous abandonne tout ce que vous y trouverez. » Cependant, une nouvelle armée, arrivée de France, menaçait d'écraser les Espagnols. Malgré l'infériorité numérique de ses troupes, Gonsalve se retranche à la vue de l'ennemi. Plusieurs officiers espagnols trouvant quelque témérité dans la conduite de leur chef, il leur adresse cette réponse héroïque : « J'aime mieux trouver mon tombeau en gagnant un pied de terre sur l'ennemi que prolonger ma vie de cent années en reculant d'un pas. » Cette résolution hardie fut couronnée de succès : Gonsalve, à l'aide d'habiles manœuvres, battit les Français en détail, et dissipa entièrement leur armée; il assura enfin à l'Espagne la possession du royaume de Naples, dont il fut nommé connétable. Mais la gloire et le pouvoir qu'il venait d'acquérir excitèrent bientôt l'envie. Ses ennemis l'accusèrent de vouloir se constituer souverain du royaume qu'il avait conquis. Ferdinand, prince ingrat, feignit d'ajouter foi à ces rumeurs; il se rendit à Naples, et ordonna à Gonsalve de quitter ce beau pays, dont sa valeur avait enrichi la couronne d'Espagne. De retour dans sa patrie, Gonsalve se retira à Grenade, où il mourut, le 2 décembre 1515, à l'âge de soixante-deux ans. Il était duc de Terra-Nueva et prince de Venosa.

Tous les historiens qui ont parlé des guerres de Naples s'accordent à faire un brillant éloge de Gonsalve. On le place au-dessus de tous les généraux de son siècle; il y a unanimité sur sa rare prudence, sur son coup d'œil, sur son courage à toute épreuve. Ce surnom de *grand capitaine*, avec lequel il passera à la postérité, lui avait été décerné non-seulement par ses soldats, mais encore par les Français, qu'il avait vaincus. Sa générosité ne lui faisait pas moins d'honneur que ses vertus guerrières. La république de Venise lui ayant fait présent de vases d'or, de tapisseries magnifiques et de martres zibelines, avec un parchemin sur lequel était écrit, en lettres d'or, le décret du grand-conseil qui le créait noble vénitien, il envoya le tout à Ferdinand, à l'exception du parchemin, qu'il ne retint, disait-il, que pour montrer à son concurrent, Alfonse de Silva, qu'il n'était pas moins gentilhomme que lui. Il est pourtant un point sur lequel la réputation de Gonsalve n'est pas intacte : l'histoire lui reproche avec raison d'avoir livré au roi Ferdinand Alfonse, fils de Frédéric, roi de Naples détrôné, manquant ainsi au serment solennel qu'il avait fait sur l'hostie de laisser à ce jeune prince la liberté s'il mettait bas les armes.

Gonsalve de Cordoue est le héros d'un roman ou plutôt d'un poëme en prose de Florian. CHAMPAGNAC.

GONTAUT (Famille de). Cette ancienne maison, une des plus illustres de France, s'est fait un nom dans les armes depuis les temps de la chevalerie. On fait remonter son origine à la ville et baronnie de Gontaut, dans l'Agénois, d'où elle se serait répandue dans le Périgord et le Béarn. Il en est question dans une charte de 926. Au douzième siècle, elle figure parmi les barons et princes de la cour de Guillaume, duc d'Aquitaine. Dès 1180 ses membres prennent le titre de seigneurs de Biron. Ils ont pour devise : *Perit, sed in armis*. Le plus ancien d'entre eux dont l'histoire fasse mention est *Gaston de* GONTAUT, baron de Biron, mort en 1374. Parmi ses successeurs, on distingue *Pons de* GONTAUT, baron de Biron, seigneur de Montferrand, Carbonnières, etc., qui se trouva à la journée de Fornoue ; *Jean de* GONTAUT, baron de Biron, seigneur de Montault, de Montferrand et de Puybeton, gentilhomme de la chambre du roi, qui fut envoyé en ambassade et chargé de négociations auprès de l'empereur Charles-Quint et du roi de Portugal ; il se trouva à la bataille de La Bicoque et à celle de Pavie, où il fut blessé et fait prisonnier ; il servit au siége de Metz, et mourut à Bruxelles, des blessures qu'il avait reçues à la journée de Saint-Quentin, le 10 août 1557. Son fils et son petit-fils furent maréchaux de France. Le premier mourut sur le champ de bataille ; le second périt misérablement à la Bastille, de la main du bourreau (*voyez* BIRON).

Le maréchal de Biron ne laissa pas d'enfant légitime, mais de son frère naquit *Charles-Armand* de GONTAUT-BIRON, maréchal de France, né le 5 août 1663, mort à Paris, en 1756. Le fils de ce dernier, *Louis-Antoine de* GONTAUT-BIRON, né le 2 février 1701, mort en 1788, maréchal de France aussi et colonel des gardes françaises, introduisit dans ce corps une discipline admirable, fut considéré longtemps comme le patriache et le modèle de l'armée, et laissa en manuscrit un traité de la guerre. Son neveu et héritier, *Armand-Louis de* GONTAUT, duc de BIRON, ne fut connu jusqu'en 1788 que sous le nom de duc de *Lauzun*.

Une autre branche de la même famille, celle de *Saint-Blancard*, a donné naissance à *Jean-Marie-Alexandre de* GONTAUT-BIRON, né en 1746, entré dans les gardes françaises en 1762, emprisonné pendant la révolution, ayant refusé de Napoléon un grade élevé dans la garde nationale, et ayant été fait lieutenant général par Louis XVIII ; et à *Armand-Louis-Charles*, marquis de GONTAUT-BIRON, né le 11 septembre 1771, ayant émigré et fait la campagne de 1792 à l'armée des princes et nommé pair de France par Louis XVIII. De son mariage avec Élisabeth-Charlotte de Damas-Crux sont issus quatre enfants. La femme de l'un fut la vicomtesse, puis duchesse de GONTAUT-BIRON, qui fut gouvernante des enfants de France sous la Restauration.

GONTHIER (FRANÇOISE CARPENTIER, veuve), célèbre actrice de la Comédie-Italienne et de l'Opéra-Comique, naquit à Metz, le 4 mars 1747. Elle avait déjà acquis quelque réputation en province, quand elle vint débuter, en 1778, au premier de ces théâtres. Jeune encore, elle s'était consacrée à l'emploi des duègnes. Le succès qu'elle obtint à ses débuts fut tel, que, reçue par acclamation, elle devint dès 1779 sociétaire. Elle réussissait à la fois dans la comédie et dans l'opéra-comique. Comprise en 1801 dans la nouvelle société dramatique chantante composée des meilleurs acteurs des salles Favart et Feydeau, elle continua d'être applaudie sur cette dernière scène jusqu'au jour où elle y fit ses adieux au public, en 1812. Dans le grand nombre de rôles qu'elle joua ou créa, on cite la vieille Bobi dans *Rose et Colas*, Alix dans *Les Trois Fermiers*, la mère dans *Blaise et Babel*, la vieille paysanne dans *Adèle et Dorsan*, et surtout Babet dans *Philippe et Georgette*.

GONTRAN, second fils de Clotaire Ier, obtint en partage le royaume d'Orléans et la Bourgogne, depuis la Saône et les Vosges jusqu'aux Alpes et à la mer de Provence, et fixa sa résidence tantôt à Chalon-sur-Saône, tantôt à Orléans. Bientôt ses États s'augmentèrent encore d'une part dans l'héritage de Caribert, son père. Après avoir vu battre ses troupes par les Lombards dans une première invasion, il fut plus heureux lorsqu'il eut pris pour général le Romain Mummolus. Les Saxons furent également repoussés.

Dans les longues guerres causées par la rivalité de Brunehaut et de Frédégonde, Gontran embrassa tour à tour l'un et l'autre parti, suivant ses craintes et ses intérêts. Après le meurtre de Sigebert, il adopta son fils Childebert. A la suite d'une guerre où les succès furent balancés, Gontran et Chilpéric conclurent une trêve. Quand ce dernier eut été assassiné, Gontran se déclara le protecteur de son fils Clotaire II. Il combattit ensuite Gondebaud, fils naturel de Clotaire Ier, qui s'était fait proclamer roi d'Aquitaine avec l'appui de Gontran-Boson et du duc Mummolus ; ce jeune prince lui fut livré par la trahison de ces deux personnages. Mais Gontran les punit de leur double félonie en les faisant périr. Il envahit ensuite sans succès la Septimanie et la Bretagne, puis il signa avec Brunehaut et son fils Childebert le traité d'Andelot. Il mourut en 593, à Chalon. Childebert II lui succéda. C'était un homme assez débonnaire, bien qu'il gardât encore un fonds de cruauté inhérent au barbare ; M. Michelet en fait le personnage comique du sombre drame des Mérovingiens. Le clergé l'a canonisé, et saint Grégoire lui attribua même le don d'avoir fait des miracles de son vivant. Il se montra toujours très-dévot et très-généreux envers l'Église.

GONTRAN-BOSON, guerrier de race franque ; il commandait les Austrasiens envoyés en Aquitaine par Sigebert contre Théodebert. Il avait épousé une Gallo-Romaine, d'une famille riche et puissante. Après la mort de Sigebert, il fut un des leudes qui prirent la tutelle de son fils. Lorsque Gondebaud, fils naturel de Clotaire Ier, fut appelé de Constantinople par les Austrasiens, comme un prétendant à opposer soit à Gontran, soit à Chilpéric, Gontran-Boson, qui était du complot, trahit le prince pour lui voler son or. Gontran le fit arrêter ; aussitôt il rejeta tout sur le compte du patrice Mummolus, et s'offrit, pour sauver sa tête, de l'aller combattre ; mais cette expédition échoua. Après la mort de Chilpéric et la chute de Frédégonde, ce leude devint un zélé Austrasien. Mais un crime que les lois barbares punissaient de mort, la violation d'un tombeau, causa sa perte. Livré par Childebert à Gontran, il fut condamné au dernier supplice, et brûlé vif dans une maison où il s'était enfermé.

GONZAGUE (Maison de). Famille de princes italiens, qui remonte à l'empereur Lothaire, dont l'arrière-petit-fils, Hugues, épousa une princesse lombarde, nommée *Gonzingine* ou *Gonzaghi*, d'où le nom de *Gonzaga*, gardé par ses descendants. *Ludovico* GONZAGA termina la longue querelle existant entre sa famille et celle des Bonacossi (Benacorsi), au sujet de la souveraineté de Mantoue, en s'emparant de cette ville, le 14 août 1328, avec l'aide de son fils, le courageux *Philippino* GONZAGA, et, obéissant à ses instincts de vengeance, il tua en combat singulier Passerino de Bonacossi, magistrat suprême de Mantoue, dont tous les adhérents furent exilés. C'est ainsi que devenu *capitano* de Mantoue, puis confirmé dans cette dignité, et nommé en outre vicaire de l'Empire, par l'empereur Louis de Bavière, *Ludovico I*er de Gonzague établit la souveraineté de sa famille sur Mantoue et son territoire, souveraineté en possession de laquelle la maison de Gonzague demeura jusqu'en 1707 : à partir de 1432, avec le titre de marquis, et à partir de 1530 avec celui de duc.

Ludovico III eut trois fils, Federico, Giovanni-Francisco, et Rudolfo, qui partagèrent la maison de Gonzague en trois lignes. *Federico* fut la souche des marquis de Mantoue, créés ducs en 1530, par Charles-Quint, et éteints en 1726; de *Giovanni-Francisco* et de *Rudolfo* descendent les ducs de Sabionetta et de Castiglione, dont les principautés furent confisquées par l'empereur en 1692. Une nouvelle ligne se forma lorsque *Federico*, frère de *Federico II*, eut en partage Guastalla; mais elle s'éteignit en 1746.

Les membres les plus remarquables de la maison de Gonzague furent : *Guido*, fils de *Ludovico I*er, qui en 1360, par suite de la mort de Filippino, qui ne laissait pas d'enfants, devint le second *capitano* de Mantoue; *Petrino* ou *Feldrino*, frère cadet de Guido, fut la souche des comtes de Novellara, famille qui s'éteignit en 1728. Après Guido régnèrent; *Ludovico II* (1379-1382), *Francesco* (1382-1407), *Giovanni Francesco* (1407-44), qui, ayant rendu de grands services à l'empereur Sigismond, fut en récompense élevé par ce prince au titre de marquis de Mantoue; *Ludovico III* (1444-1478), surnommé *le Turc*, à cause des luttes heureuses que, comme général des Florentins et des Vénitiens, il soutint contre les infidèles; *Federico I*er (1478-1484); *Francesco II* (1484-1539), créé le 25 mars 1530 duc de Mantoue, par Charles-Quint, qui en 1536 lui conféra le marquisat de Montferrat, dignités devenues héréditaires dans sa famille; *Francesco III* (1540-1550); *Guillemo*, son frère (1550-1587); *Vincenzo I* (1587-1611), qui fortifia Mantoue et se distingua dans les guerres de Hongrie contre les Turcs; et ses trois fils, *Francesco IV* (1611-1612), *Fernando IV* (1612-1626), et *Vincenzo II* (1526-1627). La ligne régnante s'éteignit en la personne du dernier de ces princes.

L'héritier le plus proche était alors le duc de Nevers, Charles Ier, fils de Louis de Gonzague, duc de Nevers (*voyez* Nivernais [ducs de]), et de Henriette de Clèves, et petit-fils de Frédéric II, duc de Mantoue. Il se trouvait à Rome, dans les intérêts de la France, lorsqu'il y apprit la mort de son cousin Vincent II. Il eut pour concurrent César de Gonzague, duc de Guastalla, qui lui disputa cette succession, et le duc de Savoie saisit cette occasion pour réclamer le Montferrat. Ce dernier mit le siége devant Casal. Le roi de France, Louis XIII, prit fait et cause pour le duc de Nevers; il força le Pas de Suze en 1629, et fit lever le siége de Casal. L'Espagne et l'Autriche prirent parti pour le duc de Savoie; mais le traité de Cerasco, conclu le 29 juin 1631, assura au duc Charles, dont les intérêts avaient aussi été épousés par le pape et par les Vénitiens, la possession des duchés de Mantoue et de Montferrat. Ce prince mourut en 1637.

A *Charles I*er succéda, en 1637, son petit-fils *Charles III*; car *Charles II* était déjà mort du vivant de son père, en 1631. Les sœurs de Charles II furent *Marie de Gonzague*, morte en 1667, qui épousa en premières noces le roi de Pologne, Ladislas IV, puis en secondes noces son frère, le roi Jean-Casimir (consultez sur son voyage en Pologne, les *Mémoires de l'abbé de Marolles*), et *Anne de Gonzague*, morte à Paris, en 1684. Elle avait épousé le prince palatin du Rhin, Édouard; et sous le nom de *princesse palatine*, elle joua pendant quelque temps un rôle important à la cour de France. Elle a laissé des mémoires fort curieux (Paris et Londres, 1686). Charles III mourut en 1665. Son fils et successeur, *Charles IV*, mort en 1708, reçut une garnison française dans Mantoue, et lors de la guerre de la succession d'Espagne, prit parti pour la France. L'empereur Joseph l'ayant pour ce fait mis au ban de l'Empire, le duc de Savoie prit possession de Montferrat, tandis que l'Autriche s'emparait du duché de Mantoue : acquisitions qui leur furent confirmées à l'une et à l'autre par la France en 1707. Les domaines héréditaires appartenant à la ligne cadette, les duchés de Guastalla, Solferino et Sabionetta, ainsi que la principauté de Castiglione, furent, après la mort du duc Philippo, acquis par l'impératrice Marie-Thérèse moyennant un apanage de 10,000 florins, d'un proche parent du défunt, le prince *Luigi de* Gonzaga, sans l'acquiescement du fils mineur de Philippo, qui alors habitait l'Espagne.

En 1853, le tribunal de police correctionnelle de la Seine condamna à deux années d'emprisonnement, comme coupable d'usurpation de nom et d'escroquerie, un aventurier qui depuis plusieurs années parcourait les grandes villes de l'Europe sous le nom de *Alexandre, duc de Gonzague*. Né à Dresde, en 1799, il se prétendait petit-fils du duc Philippe de Gonzague, de la branche de Guastalla; et en attendant le résultat d'une réclamation qu'il avait adressée en 1841 à toutes les têtes couronnées de l'Europe, à l'effet d'être remis en possession des États *appartenant* à sa maison et *usurpés* par l'Autriche (*voyez* l'ouvrage intitulé *Esquisse biographique d'Alexandre de Gonzague*, par un diplomate [Paris, 1844]), son Altesse Sérénissime, afin de récompenser dignement le zèle des vaniteux imbéciles qui consentaient à faire des vœux pour le triomphe *du droit sur la force*, leur vendait à beaux deniers comptant la magnifique décoration de l'ordre de chevalerie qu'avaient jadis institué ses nobles ancêtres.

GONZALVE DE CORDOUE. *Voyez* Gonsalve de Cordoue.

GOODALL (Frédéric), peintre anglais, est né le 17 septembre 1822, à Londres. Il commença ses études artistiques dès l'âge de treize ans, sous la direction de son père, *Édouard* Goodall, graveur en grand renom. Dès 1836 la *Society of Arts* lui décernait une médaille d'honneur pour une esquisse du palais de Lambeth; et au bout de quelque temps la même société lui accordait un prix pour son premier tableau à l'huile : *Le Cadavre d'un Mineur, trouvé à la lueur des torches*. En 1838 il parcourut la Normandie, et revint en Angleterre avec un portefeuille plein d'esquisses et de croquis; puis à l'exposition de l'Académie de 1839 il exposa un second tableau : *Des Soldats français buvant dans un cabaret*, toile dans laquelle il manifestait pour la représentation des mœurs populaires un talent qui depuis n'a fait que s'accroître. Postérieurement il entreprit de nombreuses tournées artistiques en Bretagne et dans d'autres parties de la France, en Irlande et dans le pays de Galles, à la recherche de sujets de tableaux. Parmi ses productions qui ont obtenu le plus de succès nous citerons : *La Fête du Village, La Halte de Bohémiens, Le Rêve du Soldat, Hunt the slipper, Le Bureau de poste* et *Paris en 1848*.

GOODALL (Frédéric-Auguste), frère cadet du précédent, s'est aussi fait un nom comme peintre de genre.

GOOLE. *Voyez* Hull.

GOPLO (Lac), le plus grand qu'il y ait en Pologne, est situé dans le grand-duché de Posen, non loin de la petite ville de Kruszwice, la plus ancienne résidence des rois de Pologne. Il a environ cinq kilomètres de large sur trente de long; mais au dire de Dlugosz il était autrefois beaucoup plus considérable, puisqu'il servait à relier la Warthe à la Vistule, et qu'il était le centre d'un commerce des plus actifs.

On voit encore sur ses bords un donjon où, suivant une tradition populaire, le roi Popiel fut dévoré par des rats provenus du cadavre d'un de ses oncles qu'il avait fait assassiner et laissé sans sépulture. Il se rattache encore à cela d'autres antiques traditions polonaises, par exemple celle de *Piast*.

GORALES, c'est-à-dire *habitants des montagnes*. Ainsi sont appelés les habitants slaves des monts Karpathes, particulièrement ceux de la chaîne la plus élevée du Tatra. C'est une belle race d'hommes, vigoureux, gais et hospitaliers, s'adonnant moins aux travaux de l'agriculture, qu'à des industries mécaniques, notamment aux ouvrages de menuiserie, à la fabrication des vases et ustensiles en bois dont ils trouvent le placement avantageux à Cracovie.

On les divise en Gorales *russes* et *polonais*. Parmi les premiers, qui habitent la partie méridionale des Karpathes et qu'on appelle aussi *Houkouls*, se recrutaient autrefois de nombreuses bandes de brigands dont les faits et gestes sont encore aujourd'hui célébrés dans une foule de chants populaires des Gorales.

GORDIEN (Nœud), expression proverbiale, empruntée à l'histoire pour indiquer dans toute entreprise, dans toute affaire, le point de la difficulté. Un certain Gordius, tiré des travaux champêtres par les Phrygiens pour être leur roi, avait consacré à Jupiter la charrette sur laquelle il était monté lors de son élévation au trône. Le lien qui en attachait le joug au timon était si compliqué, qu'on ne pouvait en découvrir le nœud. L'oracle promit l'empire de l'Asie à celui qui parviendrait à le délier. Quelques siècles après, Alexandre, passant dans la ville de Gordium, ancienne résidence du roi Midas, fils et successeur de Gordius, essaya vainement de défaire ce nœud, et, craignant que ses soldats n'en tirassent un mauvais augure : « Il n'importe, dit-il, comment on le dénoue. » Puis, de son épée ayant coupé le nœud, dit Quinte-Curce, il éluda ou accomplit l'oracle. En guerre comme en politique, et souvent aussi dans les relations privées, malheur à celui qui ne sait pas trancher le *nœud Gordien!* mais pour cela il faut avoir l'œil juste et la main ferme. Charles Du Rozoir.

GORDIEN. Il y a eu trois empereurs de ce nom, le père, le fils et le petit-fils, qui en moins de huit années (de 237 à 244 de notre ère), périrent de mort violente, tant le trône impérial de Rome abîmait promptement à cette époque ceux qui osaient s'y asseoir! Maximin avait remplacé, en 235, Alexandre-Sévère. Ce tyran, qui prétendait réformer l'empire par des supplices, et qui affectait de braver le sénat, voyait chaque jour éclater contre lui des conspirations, qu'il étouffait dans des flots de sang. Il venait de vaincre les Sarmates et les Germains, et se croyait bien maître de l'empire, lorsque les habitants de Tysdrus, en Afrique, écrasés par les exactions d'un receveur des domaines particuliers de l'empereur, se soulevèrent, menacèrent cet agent trop digne de son maître, et proclamèrent augustes les deux Gordiens père et fils. Le vieux Gordien (Marcus-Antonius Gordianus), né à Rome, l'an 157, descendait des Gracques par sa mère, et de Trajan par son père. Son bisaïeul, son aïeul, son père, et lui-même, avaient été consuls. « Ses richesses, dit Châteaubriand, ne se pouvaient compter ; on citait ses jeux, ses palais, ses bains, ses portiques; c'était bien des prospérités pour mourir : il est vrai que l'empire l'atteignit malgré lui. » Gordien, alors âgé de quatre-vingts ans, gouvernait l'Afrique en qualité de proconsul. Il avait si bien mérité l'amour du peuple, que lorsqu'il paraissait en public, on le saluait par ces acclamations : *Au nouveau, au vrai Scipion l'Africain!* Lorsque la multitude vint le revêtir des insignes de l'empire, il les repoussa, et se roula par terre en pleurant. Le sénat confirma l'élection des deux Gordiens, et déclara ennemi de la république Maximin, dont les statues furent renversées. Cependant, Capellien, gouverneur de Munda, fidèle à l'empereur déposé, marche contre le jeune Gordien, qui est vaincu et tué près de Carthage.

Jules Capitolin nous donne des détails curieux sur cet empereur. Marcus Antonius Gordianus, âgé de quarante-six ans, était aussi sensuel et voluptueux que son père était sobre et chaste. Il avait vingt-deux concubines. Héliogabale lui avait conféré la questure sur l'éloge qu'on lui fit du goût du jeune Gordien pour le plaisir. Du reste, il était d'un naturel aussi bon qu'équitable; il s'honora dans sa préture à Rome, et fut élevé au consulat sous Alexandre Sévère. Comme son père il cultivait les lettres, et passait pour un assez bon poëte. « La vie molle que menait ce jeune prince, dit l'historien Jules Capitolin, ne lui fit pas négliger pourtant les vertus des gens de bien. » Son père lui avait dit souvent qu'il mourrait jeune dans un rang illustre. Le vieux Gordien ne voulut pas survivre à son fils; il s'étrangla avec sa ceinture, et échappa ainsi à la vengeance de Maximin. Le sénat, qui avait rompu sans retour avec ce dernier, désigna deux nouveaux empereurs, Maximus Pupienus et Claudius Cœlius Balbinus; mais le peuple et l'armée, qui avaient en vénération le nom du vieux Gordien, proclamèrent César son petit-fils, Marcus-Antonius Gordianus, âgé de treize ans, surnommé *le Pieux*. Il était fils selon les uns, neveu selon les autres, de Gordien II.

Cependant, tandis que Maximin se prépare à marcher contre Rome (même année, 237), une sédition y éclate. Il y a lutte entre le peuple et les prétoriens. Le sang inonde les rues, l'incendie les dévaste. La présence de l'enfant Gordien apaise seule le tumulte : « Les deux partis se calment, dit Châteaubriand, à la vue de la pourpre ornée de l'innocence et de la jeunesse. » Bientôt Maximin est égorgé devant Aquilée. Élus du sénat, Maximus Pupienus et Claudius Balbinus, ne sont point agréés par les troupes, qui les massacrent dans Rome, en 238, et proclament Auguste le petit César Gordien. Ce prince régna trop peu : il eut pour beau-père l'habile et vertueux Mysithée, dont il fit son préfet du prétoire et son premier ministre. Attaqué, sur la frontière d'Orient, par le roi de Perse Sapor, il sortit de Rome en 242, après avoir ouvert le temple de Janus : c'est la dernière fois qu'il est question de cette cérémonie dans l'histoire. Gordien remporta sur les Perses quelques avantages, et eut la candeur de rapporter la gloire de ses succès à Mysithée, que le sénat honora du titre de tuteur de la république. Cependant, celui-ci mourut, empoisonné, à ce que l'on soupçonna, par l'Arabe Julien Philippe, qui lui succéda dans la charge de préfet du prétoire. Cet ambitieux ne regarda le rang où il venait de monter que comme un échelon vers le trône. Philippe, d'abord associé à Gordien, finit par l'immoler. Le jeune empereur s'abaissa à demander successivement le partage égal du pouvoir, le rang de césar, la charge de préfet du prétoire, le titre de gouverneur de province, enfin la vie : Philippe lui refusa tout, excepté un tombeau de marbre, que les soldats lui élevèrent au confluent du Chaboras et de l'Euphrate. Gordien III périt au commencement de mars 244, ayant à peine atteint son quatrième lustre : il avait régné cinq années et huit mois. Capitolin ajoute que les assassins de Gordien furent réduits dans la suite à se percer de leur épée : on en avait dit autant des meurtriers de César. Le même auteur rapporte que Gordien Ier rappelait les traits d'Auguste, Gordien II ceux de Pompée, Gordien III ceux de Scipion l'Asiatique. Il y a des médailles des trois Gordiens : celles des deux premiers sont rares, mais celles de Gordien III sont assez communes en tous métaux. Charles Du Rozoir.

GORDON, ancienne famille écossaise, sur l'origine de laquelle il règne beaucoup d'obscurité. Il est probable que les Gordons arrivèrent de Normandie en Angleterre avec Guillaume le Conquérant, et que plus tard ils s'établirent dans le comté de Berwick, en Écosse. La principale ligne s'éteignit déjà en la personne d'*Adam* Gordon, chevalier de *Huntley*, lequel fut tué en 1402, à la bataille de Homildon. Sa fille unique épousa Alexandre *Seton*, arrière-petit-fils de Christal *Seton*, l'un des compagnons de Wallace et de Bruce, dont les descendants continuèrent à porter le nom de leur mère; ils furent la souche des *ducs de Gordon*. Les comtes actuels d'Aberdeen ne descendent point de cette ligne féminine, et prétendent remonter à une branche mâle collatérale, ayant pour souche *Patrick* Gordon, mort en 1445, à la bataille d'Arbroath. Après les Douglas, les Gordon de Huntley étaient autrefois les seigneurs qui par leurs alliances et leurs richesses exerçaient le plus d'influence en Écosse. C'étaient des catholiques et des jacobites ardents; aussi prirent-ils une part des plus actives aux guerres de religion et aux luttes soutenues dans les intérêts des Stuarts.

Georges GORDON, 4e comte de Huntley, chercha, après la mort de Jacques V, à empêcher le mariage de la reine Marie avec Édouard VI d'Angleterre; et en 1546 il fut nommé chancelier du royaume d'Écosse. En cette qualité il fit tout pour combattre les progrès de la réformation dans ce pays. Plus tard, il résolut de s'emparer de vive force de la reine et de lui faire épouser son fils. Murray déjoua ses projets en le faisant arrêter. Il fut étranglé, le 28 octobre 1562. Un de ses petits-fils, *Georges* GORDON, marquis de Huntley, se ligua en 1594 avec divers autres seigneurs pour extirper le protestantisme, battit le comte d'Argyle, qui avait été envoyé contre les révoltés, mais finit par être vaincu et banni du royaume. Rentré en Écosse en 1596, il abjura le catholicisme, et mourut en 1635.

Sous Charles Ier, trois Gordon perdirent la vie pour la cause des Stuarts. *Sir Georges* GORDON fut décapité en 1644, à Édimbourg; *Georges*, marquis de GORDON, eut le même sort, en 1649, et *Georges*, vicomte de GORDON, périt en 1645, à Alford, à la tête de la cavalerie royale.

Pendant la révolution de 1688, le duc *Georges de* GORDON tint occupé avec des catholiques le château fort d'Édimbourg au nom de Jacques II, tandis que le Covenant, réuni dans la ville, se prononçait en faveur de Guillaume d'Orange. Sans tirer sur ces concitoyens, il rendit la forteresse, après y avoir subi les plus cruelles extrémités.

Lors des soulèvements jacobites de 1715 et de 1745, les Gordon demeurèrent fidèles aux Stuarts. Ce fut un Gordon qui à la bataille de Sheriffmuir battit l'armée royale à la tête des clans de l'ouest; plusieurs Gordon se signalèrent aussi aux journées de Falkirk et de Culloden; puis ils se soumirent au fait accompli, et reconnurent la nouvelle dynastie.

Vers la fin du dix-septième siècle, sir *Patrick* GORDON entra au service du czar de Russie Pierre Ier, dans les armées duquel il introduisit la tactique européenne. En 1688 il fut nommé général en chef, mais à peu de temps de là il fut renversé par Galyczin, l'amant de la sœur de l'empereur. Gordon s'en vengea en aidant à la révolution qui jeta la grande-duchesse dans un cloître et condamna son amant à l'exil. En 1696 il dirigea comme feldmaréchal les opérations de la guerre contre les Turcs, et fut ensuite nommé gouverneur de Moscou. Il mourut le 9 décembre 1699. Son Journal (publié pour la première fois par le prince Obolenskji et Posselt [2 vol., Moscou, 1849]) est d'une importance toute particulière pour l'histoire de Russie.

Alexandre GORDON, neveu et gendre du précédent, servit d'abord en France, puis alla en Russie, où on le fit colonel. Après être resté huit ans prisonnier de guerre en Suède, il revint en Écosse; et on présume qu'il y mourut, vers 1752. Il est auteur d'une histoire de Pierre le Grand.

Lord *Georges* GORDON, né le 19 décembre 1750, fils du 3e duc Georges-Cosmes Gordon, est connu comme l'instigateur de la formidable émeute qui éclata dans les rues de Londres, en 1780. Il avait d'abord été officier de marine; plus tard, il se fit remarquer dans le parlement par la vivacité de son zèle contre le papisme, et, à la suite du bill de tolérance accordé, en 1778, aux catholiques, il fonda une association protestante. Le gouvernement jusque alors n'avait point attaché d'importance aux discours incendiaires de lord Gordon, quand, en 1780, celui-ci annonça que le 2 juin il présenterait au parlement une pétition signée par 120,000 personnes contre le bill de tolérance, et qu'il viendrait accompagné par 20,000 hommes. Il entra effectivement au jour indiqué dans le parlement à la tête d'un rassemblement tumultueux qui maltraita quelques-uns des membres de l'assemblée. Malgré cette démonstration populaire, le parlement n'en adopta pas moins, à une majorité de 192 voix contre 6, la loi qui rendait aux catholiques une partie de leurs droits. Le 4 juin la populace commença à détruire dans divers quartiers de la capitale les habitations et les chapelles des catholiques. Le 6 les séditieux marchèrent sur Newgate, y mirent le feu, et délivrèrent 300 détenus. Le lendemain les prisons du Kingsbench et de Fleet furent forcées et incendiées; on réduisit en cendres un grand nombre de maisons, ainsi que des distilleries d'eau-de-vie appartenant aux catholiques; et on tenta même une attaque contre la banque et la douane. Ce ne fut que le 8, après des hésitations difficiles à comprendre, que le ministère se décida à comprimer l'émeute à l'aide de 15,000 hommes de troupes. Lord Georges Gordon fut arrêté sous l'accusation de haute trahison; mais Erskine le fit acquitter par ce motif, qu'aucune disposition de la loi ne prohibait la présentation de pétitions par des masses de citoyens. Excommunié en 1786 par l'archevêque de Canterbury pour faits d'injures, il vint en France, où, en 1788, il fut condamné à cinq ans de prison, à l'occasion d'un pamphlet qu'il y publia contre la reine. Il se réfugia alors en Hollande, où l'on dit qu'il embrassa le judaïsme. Au mois de décembre, le gouvernement anglais le fit arrêter, et conduire à Newgate, où il mourut, en 1793.

Georges, 5e duc DE GORDON, né le 1er février 1770, à Édimbourg, créé pair en 1807, du vivant même de son père, sous le titre de marquis *de Huntley*, fut nommé général en 1819, et plus tard chancelier d'Écosse. Dans la chambre haute, il se montra orangiste zélé et adversaire opiniâtre du cabinet Melbourne. À sa mort, arrivée le 28 mai 1836, la ligne mâle des ducs de Gordon s'est éteinte. Le titre de marquis de Huntley et de comte d'Enzie passa alors au comte *Georges d'Aboyne* (né le 28 juin 1761), qui descendait de lord *Charles* GORDON, fils cadet du marquis décapité en 1649; et qui avant la révolution de 1789 était connu à la cour de Versailles sous le nom de lord *Strathaven*.

Sir *Robert* GORDON, diplomate distingué, frère puîné du comte d'Aberdeen, né en 1791, étudia à Oxford, et fut attaché en 1810 à la légation anglaise en Perse. Plus tard il fut nommé secrétaire de légation à La Haye, puis, en 1826, ministre plénipotentiaire au Brésil; en 1829, ambassadeur à Constantinople, où il rétablit les bons rapports que la fatale (*untoward event*) bataille de Navarin avait brisés entre l'Angleterre et la Porte. Rappelé par le ministère whig, il resta en inactivité jusqu'à ce qu'en 1841 Peel lui confia l'ambassade de Vienne, poste dans lequel il fut remplacé par lord Ponsonby en 1846. Rentré alors en Écosse, il mourut subitement, le 8 octobre 1847, à Balmoral, près d'Aberdeen.

GORE (CATHERINE FRANCIS), née, en 1799, dans le comté de Nottingham, et mariée en 1823 au capitaine Gore, écrivit d'abord *The two broken hearts* et le poëme dramatique *The Bond* (1824). Elle se rendit ensuite sur le continent, et consacra alors son activité littéraire au roman et à la scène. Nous citerons plus particulièrement d'elle, en fait de romans : *Lettre de cachet* (1827); *Hungarian Tales; Women as they are* (1830); *Manners of the day; Mothers and Daughters, a tale of* 1830 (1831); *The Hamiltons; Mistress Armitage, or female domination; The Opera; Polish Tales; Sketch Book of Fashion; Tuileries, a Tale; Mary Raymond, and other tales; The Heirs of Selwood* (1838); *The Cabinet Minister* (1839); *Greville* (1841); *Fascination; The manœuvring Mother; The Moneylender, The Banker's Wife* (1842); *The Birthright* (1844); *Peers and Parvenus; The Debutante* (1846); et *Castles in the air* (1847). En 1848 elle publia, sous le voile de l'anonyme, *Cecil*, roman tour à tour attribué à diverses notabilités. On a aussi d'elle un livre ravissant sur la culture des fleurs : *The Book of Roses, or rosefancier's manuel* (1838) et une foule de Nouvelles disséminées dans les revues, les Keepsakes, etc. Elle a écrit pour le théâtre : *The King's Seal, King O'Neil* et *Lords and Commoners*, drames; *The School of Coquettes* (1831), comédie : le drame historique *Dacre of the South* (1841); enfin *The Queen's Champion* et *The Maid of Croissy*, pièces traduites ou imitées du français. Elle a fait preuve aussi d'un vrai talent comme musicienne dans la composition d'airs pour les mélodies de Burns, par exemple *And ye shall walk in silk attire*, et devenus tout aussitôt populaires.

GORÉE, établissement français de l'Afrique orientale, sur la côte de la Sénégambie, à 167 kilomètres au sud-ouest de Saint-Louis. Il s'élève dans un îlot séparé de la presqu'île du cap Vert par un canal de trois kilomètres, et dont il n'occupe guère que les deux tiers. Un rocher peu élevé couvre le reste de sa surface et le domine au sud. C'est une petite ville où l'on comptait en 1837 223 maisons et 151 cases. La population de l'îlot tout entier était évaluée à la même époque à près de 10,000 âmes. La ville ne présente d'autre édifice un peu remarquable qu'une caserne, pouvant contenir trois cents hommes. Les rues sont droites, mais peu larges, d'ailleurs toujours d'une grande propreté. Les seuls lieux de distraction qu'offre Gorée sont le jardin du gouvernement et le débarcadère.

Gorée est l'entrepôt d'un commerce important d'or et d'ivoire avec les indigènes des contrées environnantes, qui la nomment *Bir*. Le nom qu'elle porte est une altération de celui de *Goeree* (Gourée, île de la Hollande méridionale), qui lui fut donné par les Hollandais lorsqu'ils l'occupèrent au commencement du dix-septième siècle. En 1667, elle leur fut enlevée par l'escadre de l'amiral d'Estrées, et la possession en fut confirmée à la France par le traité de Nimègue. Les fortifications qu'on y a élevées en ont fait le point principal de nos possessions dans ces régions.

Aux termes d'un décret impérial du 1er novembre 1854, le commandement et l'administration de Gorée et des établissements français au sud de cette île sont confiés à un commandant résidant à Gorée et placé sous les ordres du commandant de la division navale des côtes occidentales d'Afrique. Un sous-commissaire de la marine et le magistrat chargé du ministère public dirigent le service administratif et judiciaire. Ces autorités, avec un contrôleur colonial, l'officier le plus élevé en grade de la garnison et deux habitants, composent un conseil d'administration, qui est consulté dans les affaires déterminées par le règlement et qui statue comme conseil de contentieux administratif. Dans ce dernier cas le commandant y adjoint un magistrat.

GORGE. Ce mot sert à désigner vulgairement et tout à la fois la partie antérieure du cou, ainsi que l'arrière-bouche. Dans son acception scientifique, il dénomme seulement la cavité formée par le p h a r y n x. Ainsi compris, le mot *gorge* est synonyme de *g o s i e r*. La destination de la gorge chez l'homme est des plus importantes. Cette cavité admet d'abord l'air nécessaire pour la respiration, et concourt pour beaucoup à la vocalisation ; ensuite, elle livre passage aux substances alimentaires et aux boissons qui servent à la nutrition : devant remplir des fonctions aussi variées, elle a une organisation très-complexe et douée d'un haut degré d'irritabilité. Ce sont des causes qui la disposent à plusieurs maladies. Ainsi, elle est souvent lésée par l'air que nous aspirons, qui peut l'irriter par une température excessive, soit en chaud, soit en froid, et en outre être chargé de principes corrosifs. Elle peut l'être aussi mécaniquement et chimiquement par les substances alimentaires solides et liquides dont nous faisons usage : aussi les inflammations de cette partie sont-elles communes et donnent-elles lieu à des ulcérations, des abcès et diverses affections chroniques. Mais ce n'est pas seulement en raison de son organisation et de sa sensibilité exquise que la gorge est souvent affectée, elle l'est encore par ses nombreuses sympathies avec différents viscères : c'est souvent sur ce lieu que les affections de l'œsophage se manifestent. Voisine de l'orifice supérieur de l'estomac, elle reflète souvent le mode de l'irritabilité dépravée de ce principal organe de la digestion. Cette même cavité est aussi le siége de la sensation pénible que cause la s o if, quand elle est extrême, comme dans plusieurs maladies. Souvent aussi ses fonctions sont perverties ou abolies par les affections de l'estomac, du cerveau et du rachis. La dysphagie ou difficulté d'avaler est un exemple assez commun. Il suffit de considérer les changements qui s'opèrent dans la voix à l'époque de la puberté pour concevoir quel lien sympathique unit cette partie avec les organes sexuels. C'est encore sur la gorge que vient s'allumer l'ardeur qui dévore dans l' h y d r o p h o b i e. Certains poisons admis dans l'estomac y déterminent tout de suite pour effet principal une constriction extrême dans la gorge. Il en est de même de divers miasmes, celui de la petite vérole, par exemple, et surtout celui de la scarlatine.

Le mot *gorge* est aussi employé pour désigner le sein, et surtout celui des femmes.

En parlant des animaux, le mot *gorge* a souvent la même acception que chez l'homme : il indique l'arrière-bouche. Cependant, pour les oiseaux, il désigne souvent la partie autour du cou, d'où sont nés différents noms spécifiques, tels que ceux de *r o u g e - g o r g e*, de *gorge-blanche* (fauvette grisette et mésange nonette), de *gorge-jaune* (le figuier trichas), de *gorge-nue* (une espèce de perdrix).

Les botanistes emploient aussi le mot *gorge* pour signaler l'ouverture d'une corolle tubulée ou d'un calice ayant la même forme, etc.

En termes de fortification, la *gorge* d'un bastion ou d'une demi-lune est l'entrée du côté de la place. Les *gorges* des Pyrénées, des Alpes, sont des passages entre deux de ces montagnes. Cette dénomination est encore employée au figuré dans diverses locutions, comme *rendre gorge*, *dégorger*. On dit aussi *se gorger*, pour indiquer une intempérance dans l'acte de manger et de boire, ou une accumulation d'or ou d'autres richesses. *Prendre à la gorge* signifie une action violente exercée envers quelqu'un ; *se couper la gorge* est synonyme de se battre en duel ou de se suicider ; *rire à gorge déployée*, c'est donner, quand on rit, au pharynx toute la latitude possible ; *faire des gorges chaudes*, c'est s'irriter, par conséquent s'échauffer le pharynx à force de parler de quelqu'un pour s'en moquer.

Dr CHARBONNIER.

GORGE (Mal de). *Voyez* ESQUINANCIE.

GORGERIN, partie de l' a r m u r e des anciens chevaliers et hommes d'armes, tenant au heaume ou salade, en faisant même souvent partie, et destinée à protéger la gorge contre les coups ou les traits de l'ennemi. Elle se composait d'une ou de plusieurs pièces mobiles, afin de ne pas gêner les mouvements du cou.

En termes d'architecture, c'est la petite frise du c h a p i t e a u dorique, entre l'astragale du haut du fût de la colonne et les annelets.

GORGIAS naquit vers le milieu du cinquième siècle avant J.-C., à Leontium (aujourd'hui Lentini), en Sicile, d'où il a été surnommé *le Léontin*, pour le distinguer d'un autre Gorgias, général syrien du onzième siècle avant J.-C., et du riche Gorgias, l'ami d'Alcibiade et l'Apicius d'Athènes. Lorsqu'au milieu de la guerre du Péloponnèse, quelques villes de Sicile demandèrent aux Athéniens du secours contre la tyrannie de Syracuse, Gorgias *le Léontin* fut député par ses concitoyens. L'effet de sa parole fut prodigieux : non-seulement on lui accorda par acclamation l'objet de sa demande, mais on le supplia de rester dans la ville où il avait conquis tant d'admiration. C'est ainsi que Gorgias fut enlevé à sa patrie et à la tribune : dans les écoles des philosophes, aux jeux publics de la Grèce, il se soutint à la hauteur de son début, par sa facilité à improviser sur tous les sujets. Il eut pour disciples I s o c r a t e et E s c h i n e. On lui reproche toutefois de l'emphase et de l'exagération. Il prolongea sa carrière au delà de cent ans. On trouve dans les *Orateurs grecs* de Reiske deux discours qui lui sont attribués, l'*Apologie de Palamède* et l'*Éloge d'Hélène*. Platon a donné, sous le titre de *Gorgias*, un dialogue où il se moque des sophistes et des orateurs, en se montrant grand orateur lui-même, ainsi que le remarque Cicéron. F. HATRY.

GORGON, espèce de genre *a n t i l o p e*. Le *gorgon* (*antilope gorgon*) a les cornes semblables par la courbure à celles du g n o u, mais dirigées latéralement, en sorte que les pointes se rapprochent l'une de l'autre. Un peu plus grand que le gnou, son pelage est de couleur gris-brun, avec des taches transversales noires, dans le genre de celles du zèbre, mais moins régulières. Sa barbe est noire. Une crinière de la même couleur s'étend jusqu'au milieu de son dos.

GORGONE, genre de polypiers, dont les espèces avaient été regardées comme des plantes par les anciens naturalistes, qui les avaient décrites sous le nom de *kératophytes*, *coralloïdes*, *lithophytes*, etc. Ces polypiers, ou loges de polypes, ont pour caractère une tige branchue ou flabelliforme, épatée et fixée à sa base, formée d'une substance cornée, pleine et flexible, striée à sa surface et recouverte, ainsi que ses rameaux, d'une enveloppe corticiforme, charnue, friable dans l'état sec et parsemée de cellules polypifères. Les gorgones ressemblent à des arbrisseaux. Elles adhèrent aux rochers et autres corps solides par leurs bases épatées en forme de racines. Les branches en sont quelques fois distinctes et divergentes, et d'autres fois anastomosées au point de former comme un filet. Ces dernières se nomment *éventail de mer*. Elles diffèrent des coraux en ce que leur intérieur est formé d'une substance cornée et flexible, au lieu de l'être d'une substance calcaire cassante. L'écorce, quand on la brûle, répand une odeur semblable à celle de la corne. Si on l'examine attentivement, on la voit parsemée de pores rangés régulièrement, qui ne sont autres que les loges des polypes qui l'ont formée. On a vu des gorgones qui avaient jusqu'à trois et quatre mètres de haut. Nous n'en détaillerons pas ici les variétés, qui sont très-nombreuses. Lamouroux, dans son *Traité des Polypiers coralligènes*, en décrit cinquante-deux espèces.

GORGONES, trois sœurs, filles de Phorcys, dieu marin, et de Céto : leurs noms étaient *Sthéno*, *Euryale* et *Méduse*. Les deux premières étaient nées immortelles ; Méduse, au contraire, était tributaire de la vieillesse et de la mort. Les Gorgones ne sont pas moins connues dans l'antiquité que Pallas elle-même, qui portait en relief sur son égide et sur le plastron de sa cuirasse la tête coupée de la plus horrible des trois sœurs, de Méduse. Le surnom de *Gorgonienne* lui en est resté chez les poëtes. Les Grecs, de concert avec leurs poëtes, nous ont laissé de ces filles un tableau plein d'épouvante. Selon eux, elles avaient un regard effroyable, qui lancé dans leur courroux pétrifiait hommes et végétaux ; une chevelure de serpents sifflait hérissée sur leurs têtes ; leurs mains et leurs ongles étaient d'airain ; leur bouche était armée d'une dent longue et tranchante comme la défense d'un sanglier, dent unique, qui, avec un œil unique, leur servait tour à tour ; enfin, de courtes ailes frémissaient horriblement sur leur dos. Virgile les place, avec les Harpies et autres monstres, à la porte du palais de Pluton. Les Gorgones sont liées à la fameuse excursion du roi pirate Persée dans la Méditerranée jusqu'aux bords de l'océan Atlantique. Hésiode, qui vivait près de cette époque, l'imagination pleine du bruit qui courait encore dans la Grèce de ces expéditions maritimes, nous apprend que les Gorgones habitaient au bout de la terre, non loin du jardin des Hespérides, près des royaumes de la Nuit, où les astres se couchent. Les côtes occidentales de l'Afrique et de la mer Atlantique ne peuvent être mieux décrites et déterminées. Persée, après avoir écumé toute la Méditerranée, depuis l'Argolique jusqu'aux bords de la mer d'Atlas, découvrit les régions littorales de l'Afrique, où il trancha la tête de Méduse.

Phorcys de Cyrène, son père, fut mis depuis au nombre des dieux de la mer, parce qu'il possédait dans l'Atlantique trois fortes îles, nommées *Gorgades*, qui toutes trois ont sans doute passé pour ses filles, à cause des soins et de l'affection qu'il leur portait. Persée s'empara de la plus considérable d'entre elles, de Méduse, dont le nom grec signifie la *commandante*; et parce que les deux autres îles ne furent point soumises, on les crut douées de l'immortalité. Leur nom a rapport à la mer : celui d'Euryale veut dire *au large dans les flots*, et celui de Sthéno, *la fortifiée*. Elles avaient pour sœurs aînées les *Grées*, ou *vieilles*, qui naquirent avec les cheveux blancs. Persée, dans son expédition, parcourut encore les plus prochains parages de la Libye : aussi place-t-on encore les Gorgones aux bords du lac Tritonis, lac de Minerve, qui leur fut associée, en ajoutant pour épouvantail à son égide la tête de Méduse, qu'Hercule et Agamemnon portaient aussi sur leurs boucliers.

Le nom de Gorgones paraît avoir été affecté à tous les monstres enfants de l'Afrique. Hannon, général carthaginois, en prit deux, dit-on, dont le corps était velu, et dont les peaux furent pendues dans le temple de la Junon Phénicienne. C'étaient sans doute des femelles d'orang-outang, ce qui est d'autant plus vraisemblable que le mot γοργός en grec signifie *prompt*, *actif*. Dans la guerre de Marius contre Jugurtha, les soldats romains tuèrent une gorgone, mais de loin et avec leurs javelots, car ils croyaient son regard empoisonné : ce n'était pourtant qu'une énorme brebis d'Afrique, dont ils prirent les flocons de laine qui pendaient sur ses yeux pour des serpents.

Voici encore une explication de la fable des Gorgones, qui toujours se rattache aux courses célèbres de Persée dans la Méditerranée : Homère parle d'un port d'Ithaque dédié au dieu marin Phorcys C'est lui qui le premier jeta des colonies phéniciennes dans Céphalonie, Ithaque, Corcyre, dans les îles Ioniennes. Selon quelques auteurs, le royal pirate Persée lui aurait pris trois de ses navires du nom de Méduse, Sthéno et Euryale, avec lesquels ce chef commerçait jusque sur les côtes de la Guinée d'aujourd'hui ; et comme ces navires étaient ordinairement chargés, par échange, de dents d'éléphants et d'yeux d'hyène, voilà l'échange merveilleux, entre les Gorgones, d'une dent et d'un œil qu'elles se prêtaient tour à tour. Mais le reste des accessoires de l'histoire des Gorgones ne coïncide pas avec les Gorgones-navires. La seule découverte de l'Afrique, ses monstres, ses pétrifications, ses îles, l'extrémité occidentale de son continent, si bien assigné par Hésiode à la demeure de ces êtres allégoriques, ne permettent aucun doute sur notre première explication. Laissons donc Diodore de Sicile nous conter que les Gorgones étaient des femmes guerrières, habitantes des bords du lac Tritonis, rivales des Amazones et exterminées par Persée ; Héraclide nous assurer qu'elles furent des filles d'une beauté merveilleuse, mais hideuses par le trafic honteux qu'elles faisaient de leurs charmes ; Eschyle les faire morfondre en Scythie, et d'autres les reléguer dans les brumes de la mer d'Écosse, aux Orcades, où elles seraient nées, et où, si l'on veut, les navires phéniciens qui commerçaient, dans les temps les plus reculés, avec la Grande-Bretagne les auraient rejetées, comme des bêtes fauves.

DENNE-BARON.

GORILLE, singe anthropomorphe, que l'on rencontre au Gabon, où les naturels le nomment *gina* ou *engina*. Buffon, qui n'en avait pas vu d'individu complet, le confond avec le chimpanzé. Mais aujourd'hui qu'on en a rapporté plusieurs en France, on a reconnu que le gorille forme une espèce bien distincte, à laquelle M. Savage a imposé le nom de *troglodytes gorilla*. La hauteur du gorille est celle d'un homme de moyenne taille ; mais ses membres postérieurs étant relativement très-courts, le corps est beaucoup plus long et en même temps d'un diamètre beaucoup plus considérable que celui d'un homme. Voici les mesures que donne M. Isidore Geoffroy Saint-Hilaire d'un des individus envoyés en France : Hauteur, $1^m,67$; circonférence au col, $0^m,75$; circonférence à la poitrine, $1^m,35$; envergure, $2^m,18$. Les bras du gorille sont plus longs que ceux du chimpanzé. Ses canines et ses molaires sont bien plus développées. Ce qui distingue surtout le faciès du gorille de celui du chimpanzé, ce sont ses naseaux, qui approchent plus de la forme du nez humain, et ses oreilles, qui, au lieu d'être étalées comme celles du chimpanzé, sont petites et bordées à peu près comme chez l'orang-outang.

Les mœurs du gorille offrent certaines analogies avec celles du chimpanzé. Cependant il semble plus sauvage « Les indigènes du Gabon, dit M. Richard Owen, le redoutent plus que le lion. Ses canines sont si grandes et ses mâchoires si puissantes, que les blessures qu'elles font sont très-dangereuses et souvent mortelles. Mais la principale force de ce géant des quadrumanes réside dans l'étreinte de ses longues mains, avec lesquelles il étrangle rapidement son ennemi. »

Les zoologistes n'ont pas encore exactement déterminé la place que doit occuper le gorille dans l'échelle animale. Par l'ensemble de ses caractères organiques, le gorille semble être le second des primates. Cependant certains traits tendraient à le faire mettre le premier. Si, par exemple, on ne consulte que l'organisation de la main, on constate que celle du gorille se rapproche plus que toute autre de celle de l'homme par sa largeur, par la forme aplatie des ongles et par l'existence de huit os carpiens. Au premier aspect, on croirait voir la main d'un géant, comme l'a fort bien dit M. Duvernoy, et les différences qu'un examen plus approfondi fait ensuite apercevoir sont d'un ordre très-secondaire relativement à celles que présente le chimpanzé lui-même.

GORITZ. *Voyez* GOERITZ.

GORJU (GUILLOT). *Voyez* GUILLOT-GORJU.

GORKUM ou GORINCHEM, ville et place forte de la Hollande méridionale, à l'embouchure de la Linge dans la Merwe, compte 9,000 habitants, est le centre d'un commerce fort actif de grains, beurre, poissons et chanvre. La pêche, notamment celle du saumon, constitue l'industrie principale d'une partie de sa population. Indépendamment de vastes casernes et d'un bel hôtel de ville, Gorkum possède un collége ainsi qu'une église remarquable par son architecture, et où se trouve le tombeau des seigneurs d'Arkel, qui autrefois jetèrent les fondements de cette ville en transplantant sur le sol qu'elle occupe les habitants de Wolfort, petit village de pêcheurs.

GOROSTIZA (Don MANUEL EDUARDO DE), diplomate et poëte comique espagnol, est né le 13 novembre 1790, à la Vera-Cruz, où son père, général espagnol de distinction, était gouverneur. Il débuta en 1815 comme écrivain dramatique à Madrid, où ses comédies, devenues plus tard si célèbres, *Indulgencia para todos*, *Don Dieguito*, *Las costumbres de antaño*, et *Tal cual para cual*, se succédèrent à peu de distance, et furent accueillies avec un succès toujours croissant. Partisan zélé de la constitution de 1812, il dut en 1823 se réfugier en Angleterre. Ses compatriotes, les Mexicains, vinrent l'y chercher pour confier à ses talents la conduite des négociations avec les cours européennes par lesquelles ils désiraient voir reconnaître leur indépendance. M. de Gorostiza se chargea en effet de la défense de leurs intérêts avec tant de talent, en Prusse, en Hollande et dans d'autres contrées, que quelques années après on le nomma ambassadeur à Londres, et qu'on l'envoya avec le même titre deux fois à Paris, où il conclut avec le gouvernement français un traité d'alliance et un traité de commerce. Au milieu de ces graves occupations, il employait ses heures de loisir à composer une pièce nouvelle, *Contigo pan y cebolla*, qu'on regarde comme son meilleur ouvrage, et à laquelle M. Scribe a emprunté l'idée d'un de ses plus charmants vaudevilles, *Une chaumière et son cœur*. Plus tard il retourna à Mexico, où il fut nommé conseiller d'État et chargé de la direction du théâtre de cette capitale, pour lequel il a composé depuis un grand nombre d'ouvrages. On a publié, sous le titre de *Teatro escogido*, un choix de ses premières productions dramatiques (2 vol. in-12, Bruxelles, 1825). Il a pris pour modèle M o r a t i n le jeune, qu'il surpasse en verve et en esprit, et qu'il égale sous le rapport de la langue et de la versification, classiques chez l'un et l'autre écrivain.

GORTSCHAKOFF, famille russe, qui par saint Michel de Tschernigoff (né en 1246) fait remonter son origine jusqu'à Rourik et à Wladimir le Grand.

Le prince *Pierre* GORTSCHAKOFF, woïwode de Smolensk, défendit cette ville de concert avec le boïard Schéin, de 1609 à 1611, contre le roi de Pologne Sigismond III, qui la prit enfin d'assaut après un siége qui avait duré plus de deux années.

Le prince *Dmitri* GORTSCHAKOFF, né en 1756, poëte russe estimé, est auteur d'odes, de satires et d'épîtres poétiques, et mourut en 1824.

Le prince *Alexandre* GORTSCHAKOFF, né en 1764, servit en Turquie et en Pologne sous les ordres de son oncle Souvarof, fit preuve de la plus grande bravoure à l'assaut de Praga, et passa lieutenant général en 1798. Dans la campagne de 1799, il commandait à la bataille de Zurich une division sous les ordres de Korsakoff; il fut ensuite nommé gouverneur militaire de Viborg, et obtint en 1807, dans l'armée aux ordres de B e n n i g s e n, le commandement d'un corps à la tête duquel il repoussa le maréchal Lannes à Heilsberg, et forma l'aile droite à la bataille de Friedland. En 1812 il remplaça B a r c l a y d e T o l l y comme ministre de la guerre; et il conserva ce portefeuille jusqu'à la fin de la guerre, époque où il fut nommé général d'infanterie et membre du sénat. Il mourut vers l'année 1825.

Le prince *André* GORTSCHAKOFF servit en 1799 sous les ordres de Souvarof en Italie, avec le grade de général major. En 1812 il commandait une division de grenadiers, et fut blessé à l'affaire de Borodino. Dans les campagnes de 1813 et de 1814, il commandait un corps d'infanterie, et se distingua d'une manière toute particulière aux affaires de Leipzig et de Paris. En 1819 il passa général d'infanterie; en 1828 il prit sa retraite, et depuis lors il habite Moscou.

De nos jours, trois frères, fils de *Dmitri* GORTSCHAKOFF, se sont particulièrement distingués.

Pierre GORTSCHAKOFF, né vers 1790, fit les campagnes d'Allemagne et de France, puis fit la guerre dans le Caucase, sous les ordres du général Yermoloff, et en 1826 il fut quartier-maître général de l'armée commandée par Wittgenstein. En 1829 il fut appelé à commander une division d'infanterie, avec laquelle il battit un corps turc à Aïdos, et ce fut lui qui signa les préliminaires de la paix d'Andrinople. Promu alors au grade de lieutenant général, nommé en 1839 gouverneur général de la Sibérie orientale, il passa en 1843 général d'infanterie. Il prit sa retraite en janvier 1851.

Michel GORTSCHAKOFF servait dans l'artillerie de la garde impériale lorsqu'en 1828 il fut nommé chef de l'état-major du corps aux ordres de Rudsewitch (et plus tard de Krassowski), et dirigea en cette qualité les opérations des siéges de Silistrie et de Schumla. Dans la campagne de Pologne en 1831 il remplit les fonctions de chef d'état-major près du comte Pahlen, fut blessé à la bataille de Grochow, et récompensé de la bravoure dont il y avait fait preuve par le grade de lieutenant général. Comme commandant en chef de l'artillerie, il se distingua d'une manière toute particulière à l'affaire d'Ostrolenka et surtout à la prise de Varsovie; et quand le comte de Toll, chef de l'état-major général de l'armée entière, prit sa retraite, il le remplaça dans ces fonctions, qu'il occupe encore aujourd'hui. En 1843 il avait été nommé général d'artillerie, et en 1846 gouverneur militaire de Varsovie. En 1849 il avait pris une part importante à la campagne de Hongrie. Chargé du commandement de l'armée russe qui envahit les principautés en juillet 1853, il conduisit les opérations jusqu'au siége de Silistrie : alors le prince Paskiéwitsch vint diriger les opérations ; mais ayant été blessé au côté, le généralissime remit le commandement de l'armée au prince Gortschakoff. Celui-ci dut bientôt évacuer les principautés devant les mouvements équivoques de l'armée autrichienne, et il occupe en ce moment (Janvier 1855) la Bessarabie.

Alexandre GORTSCHAKOFF, le plus jeune des trois frères, est né vers 1800, et se destina à la carrière diplomatique. En 1824 il fut nommé secrétaire de légation à Londres, et en 1830 chargé d'affaires à Florence. Conseiller d'ambassade à Vienne à partir de 1832, il eut dans l'exercice de ces fonctions de fréquentes occasions d'intervenir dans les grandes affaires de la politique, en raison de nombreuses absences de son poste auxquelles le mauvais état de sa santé condamnait l'ambassadeur Tatitscheff. En 1841, il fut envoyé à Stuttgard avec le titre d'envoyé extraordinaire, et il y négocia le mariage de la grande-duchesse Olga avec le prince royal de Wurtemberg, négociation qui lui valut, en 1846, le titre de *conseiller intime*. Au commencement de 1850, tout en conservant son poste à Stuttgard, il fut accrédité en qualité de ministre plénipotentiaire de Russie près la diète germanique réorganisée. Le 8 juillet 1854 il fut envoyé à Vienne comme ministre plénipotentiaire, et il ne paraît pas jusque ici qu'il ait eu plus de succès que son prédécesseur.

GOSIER, nom vulgaire du pharynx ou arrière-bouche, qui forme une espèce de sac à deux ouvertures, servant d'origine commune aux voies digestives et respiratoires. Dans l'art vétérinaire, le mot *gosier* a mal à propos reçu une plus grande extension, de manière qu'il désigne non-seulement le canal musculo-membraneux dont nous venons de parler, mais encore le renflement cartilagineux que présente l'extrémité supérieure du conduit par lequel l'air inspiré peut sans cesse s'insinuer dans les vaisseaux aériens des poumons et en sortir lors de l'expiration. C'est cette extrémité supérieure de la trachée-artère formant le larynx que les marchands de chevaux et les vétérinaires ont l'habitude de comprimer avec force pour exciter les chevaux à tousser.

Sous le nom de *gosier* ou *grand-gosier*, quelques naturalistes ont désigné un oiseau, qui porte généralement aujourd'hui le nom de *pélican*.

Enfin, dans l'art du luthier, le mot *gosier* désigne la partie par où le vent passe du soufflet de l'orgue dans le porte-vent; cette portion du tuyau est pourvue en dedans d'une soupape qui permet le passage de l'air, mais qui s'oppose à la rentrée de ce fluide. COLOMBAT (de l'Isère).

GOSLAR, vieille et sombre ville du royaume de Hanovre, autrefois ville libre impériale, située dans le gouvernement d'Hildesheim, au pied du versant nord-est du Harz, est bâtie sur l'Œker, petite rivière qui se jette dans la Gose. Sa population est d'environ 7,500 habitants, et elle est le siége de l'administration des mines du Rammelsberg qui appartiennent en commun au roi de Hanovre et au duc de Brunswick. La principale industrie des habitants consiste dans la fabrication d'une bière grandement prisée des amateurs, sous le nom de *gose*, le commerce des grains et l'exploitation des mines de cuivre argentifère du Rammelsberg, faite pour quatre septièmes au profit du roi de Hanovre et trois septièmes à celui du duc de Brunswick.

GOSPORT, ville fortifiée et port de mer du comté de Southhampton ou Hampshire, situés en face de Portsmouth à l'ouest, et reliés par des chemins de fer à Southhampton, à Winchester et à Salisbury. L'origine en est toute moderne. Les chantiers de construction et les magasins d'approvisionnement pour la marine qui avoisinent le port; les industries que ces établissements ont naturellement appelées et fait prospérer, et surtout les fonderies de fer, les brasseries, sont l'origine de cette petite ville, où l'on ne comptait encore que 6,500 habitants en 1831, et qui en possède aujourd'hui au delà de 20,000.

GOSSEC (FRANÇOIS-JOSEPH), compositeur de musique, fondateur de l'école française moderne, était fils d'un laboureur. Privé des avantages de la fortune et du secours des maîtres, il se forma seul, et s'achemina vers une route pure et classique, dont il semblait devoir être écarté par tout ce qui l'entourait. Il naquit à Vergnies, petit village du Hainaut, le 17 janvier 1733; ses heureuses dispositions pour la musique se manifestèrent de bonne heure. A sept ans il était enfant de chœur à la cathédrale d'Anvers. Il y passa huit années, en sortit pour étudier le violon et la composition, et vint à Paris en 1751; il avait alors dix-huit ans. Gossec n'eut d'abord d'autres ressources que d'entrer chez La Popelinière, fermier général, pour diriger l'orchestre que ce financier amateur entretenait à ses frais. Rameau tenait alors le sceptre de l'empire musical en France. Le style instrumental fixa d'abord l'attention de Gossec; il comprit tout ce qu'il y avait à réformer dans la musique française; la symphonie était inconnue à Paris. Gossec l'inventa, en même temps que Haydn tentait la même innovation en Allemagne. Les succès qu'il obtint dans ce genre nouveau lui valurent la direction de la musique du prince de Conti. Cette position était avantageuse; Gossec profita de ses loisirs pour se livrer au travail. Ses premiers quatuors parurent en 1759, sept ans après la publication de ses symphonies, et n'eurent pas moins de succès. Il fonda sa réputation par sa *Messe des Morts*, qui fut exécutée à Saint-Roch et reçue avec enthousiasme. Philidor, qui était alors le musicien le plus estimé, dit qu'il donnerait tous ses ouvrages pour avoir fait celui-là.

Ce ne fut qu'en 1764 que Gossec débuta dans le genre dramatique par *Le Faux lord*. *Les Pêcheurs*, joués deux ans plus tard, eurent tant de succès que ce fut l'opéra favori de l'époque. *Le double Déguisement*, *Toinon et Toinette*, les suivirent de près. *Sabinus*, *Alexis et Daphné*, *Philémon et Baucis*, *Hylas et Sylvie*, *La Fête du Village*, *Thésée*, *Rosine*, représentés à l'Académie royale de Musique, achevèrent de classer Gossec parmi les compositeurs dramatiques les plus distingués de l'école française. En 1770 il fonda le Concert des Amateurs; il écrivit pour cette société sa vingt-unième symphonie en *ré*, dans laquelle il ajouta aux parties de violon, de viole, de basse, de cor et de hautbois, seuls instruments employés jusque alors dans la symphonie, des parties de clarinette, de flûte, de basson, de trompette et de cymbales. L'effet en fut prodigieux. Il composa aussi sa symphonie de la chasse, qui plus tard servit de modèle à Méhul pour son ouverture du *Jeune Henri*. Gossec se chargea du Concert spirituel, en 1773, en société avec Legros et Leduc. Il fonda en 1784 l'École royale de Chant et de Déclamation, première origine du Conservatoire de Musique. Il en avait conçu le plan, le baron de Breteuil lui en donna la direction. Il y donnait des leçons de composition, et Catel se distingua parmi ses élèves.

Gossec écrivit beaucoup de musique pour les fêtes républicaines : on remarque parmi ces ouvrages des symphonies pour instruments à vent, les violons produisant peu d'effet en plein air. *Le Camp de Grand-Pré*, *La Reprise de Toulon*, opéras, se firent remarquer par la vigueur du style. C'est dans *Le Camp de Grand-Pré* qu'il introduisit *La Marseillaise*, arrangée à grand chœur en symphonie, avec une harmonie élégante et d'une grande énergie.

Membre de l'Institut et de la Légion d'Honneur, Gossec est mort à Passy, le 16 février 1829, âgé de quatre-vingt-seize ans. Il avait vu toutes les révolutions de notre musique. Témoin des triomphes de Rameau, de Gluck, il avait pu assister aux victoires de Rossini. Gossec avait composé la musique des chœurs d'*Athalie*, plusieurs motets, le trio *O salutaris hostia*, improvisé à Chenevières, et des ouvrages élémentaires destinés à l'enseignement des élèves du Conservatoire, dont il avait été nommé inspecteur.

CASTIL-BLAZE.

GOSSELIN (PASCAL-FRANÇOIS-JOSEPH), savant géographe, né le 6 décembre 1751, à Lille, d'une famille de riches commerçants, mort à Paris, le 7 février 1830, membre de l'Institut (Académie des Inscriptions et belles-lettres), dont il faisait partie depuis l'origine, avait été destiné au commerce, et fut pendant plusieurs années le représentant de sa province auprès du conseil supérieur de commerce siégeant à Paris, dont en 1791 Louis XVI le nomma membre. La même année, l'Académie des Inscriptions, en l'admettant dans son sein, récompensait la manière brillante dont il avait débuté, en 1789, dans le monde savant à l'occasion d'un concours ouvert par elle sur la comparaison à faire de l'état de la science géographique sous Strabon et sous Ptolémée. De nombreux voyages effectués dans un but scientifique lui avaient antérieurement permis de recueillir de précieux matériaux relatifs à la géographie ancienne, science vers l'étude de laquelle il se sentait plus particulièrement porté. Le mémoire qu'il envoya à l'Académie des Inscriptions fut imprimé en 1770, sous le titre de *Géographie des Grecs analysée, ou les système d'Erastosthène, de Ptolémée et de Strabon, comparés entre eux et avec nos connaissances modernes.* Outre un grand nombre de mémoires insérés dans le recueil de l'Académie des Inscriptions et dans le *Journal des Savants*, dont il était l'un des rédacteurs depuis 1816, on a de lui des *Recherches sur la Géographie systématique et positive des Anciens* (4 vol. in-4°, avec 54 cartes, 1798-1813), vaste et important ouvrage, qui le classe incontestablement au premier rang des géographes, encore bien qu'on puisse lui reprocher de s'y être trop souvent laissé entraîner par l'esprit de système. Il supposait en effet qu'un peuple primitif avait légué aux anciens la connaissance de la mesure exacte de la terre, et expliquait les erreurs apparentes et les contradictions qu'on trouve dans les auteurs anciens sur les distances des lieux entre eux, en prétendant qu'il y avait eu diverses espèces de stades, toujours confondus jusqu'à lui. Quoi qu'il en soit, ce livre est incontestablement celui qui jette le plus de lumières sur les connaissances que les anciens possédaient en géographie, et ne pouvait être composé que par un érudit de premier ordre. En 1799 Gosselin avait été nommé un des conservateurs du cabinet des médailles, à la Bibliothèque nationale. En 1793, quand on jugea à propos de détruire les académies, comme inutiles, il avait été mis en réquisition comme savant pour exécuter des travaux au bureau de la guerre.

GOSZCZYNSKI (SÉVÉRINE), poëte polonais contemporain, est né en 1806, en Ukraine. De bonne heure son génie poétique fut éveillé par la nature âpre et sévère qu'il avait sous les yeux.

Encore enfant, il aimait à s'arrêter dans l'humble cabane du paysan, pour écoute ses chants et ses récits, toujours empruntés aux vieilles traditions nationales. Après avoir suivi les cours de l'université de Varsovie, il s'enrôla dans la pléiade de jeunes poëtes groupée déjà autour de Mickiewicz. Le premier poëme de quelque importance qu'il publia fut son *Zameck Kaniowski* (Le Château de Kaniow; Varsovie, 1828), récit poétique à la manière de Byron, dont le sujet est un épisode de la guerre entreprise, à l'instigation de l'impératrice Catherine II, par les Kosaks de l'Ukraine contre les Polonais. Ce fut là de part et d'autre comme une lutte d'horreurs et d'atrocités. Dans la description qu'il en fait, son style a toute l'exubérance de la jeunesse, mais offre du moins le mérite de l'originalité.

L'invention chez Goszczynski est quelquefois bizarre, défaut que rend plus sensible encore l'exagération habituelle de son coloris. Mais ses tableaux, quelque fantastiques qu'ils puissent être, sont pourtant vrais au fond; et on se laisse aller à tout le charme d'une poésie triste et rêveuse toutes les fois que le poëte essaye de peindre la vie intime du Kosak et le caractère grandiose de la contrée encore vierge qu'il habite.

A l'époque de la révolution de 1830, Goszczynski fut au nombre de ceux qui, dans la nuit du 29 novembre, assaillirent le grand-duc Constantin dans son palais du Belvédère. Il entra ensuite dans les rangs des défenseurs de la patrie; et, non content de payer largement de sa personne en toute occasion, il composa en outre des chants destinés à faire partager aux masses l'enthousiasme patriotique dont il brûlait lui-même. On doit une mention toute spéciale à son chant : *Marchons au delà du Boug!* hymne sublime, sans cesse répété dans les camps, au feu du bivouac. La Pologne ayant succombé, Goszczynski se retira en France, et de là passa en Suisse, où il composa et publia diverses nouvelles en prose, notamment *Oda*, *Straszny Strzelec*, *Krol zamczyska*. Il y entreprit aussi une traduction d'Ossian, et fit paraître en outre ses principaux chants patriotiques, sous le titre de *Trzy Struny* (3 vol. in-32).

ZADIK-PACHA (Michel CZAYKOWSKI).

En 1848, Goszczynski, qui à la suite de Mickiewicz s'était jeté dans le mysticisme, se rattacha à la secte fondée par Towianski, et cessa alors de faire des vers. Mais après l'avortement complet des espérances que 1848 avait provoquées parmi les Polonais, il demanda de nouveau des consolations à la poésie. Dans la nouvelle édition de ses *Dzieta* (Breslau, 3 vol. 1852), on trouve plusieurs poésies qu'il a composées depuis la publication de la première édition, ainsi qu'un poëme épique, *Sobotka*, où il chante les patriotiques populations des monts Karpathes et leurs hauts faits. Mais on voit que chez lui l'enthousiasme est désormais éteint. Ce poëte habite aujourd'hui la France.

GOT ou GOTH (BERTRAND DE). *Voyez* CLÉMENT V.

GOT (EDMOND), acteur de la Comédie-Française, est né à Lignerolles (Orne), le 1er octobre 1823. Après avoir fait d'excellentes études au collége Charlemagne, et s'être même distingué dans les luttes du concours général, il abandonna l'étude du droit pour l'art dramatique, et entra au Conservatoire. Elève de Provost, il obtint en 1841 un second prix, et l'année suivante le premier prix de comédie. Il débuta aux Français le 14 juillet 1844, dans l'emploi des valets; on lui trouva un jeu naturel, un débit franc, de la verve, une physionomie expressive et mobile. La presse lui fut généralement favorable, et Jules Janin le Terrible eut pour le débutant narquois et imperturbable toutes sortes d'égards et de mots gracieux. Edmond Got fut aussitôt engagé, et depuis lors il s'est toujours montré comédien spirituel, original, amoureux de son art, soigneux des détails et des nuances, chargeant peut-être un peu parfois, mais rachetant ce défaut par la souplesse et la variété de son talent. Reçu sociétaire en 1850, il se place aujourd'hui à côté de Samson, de Provost, de Régnier, et l'avenir le plus brillant lui semble réservé. Entre mille créations charmantes qu'on lui doit, nous citerons seulement les rôles du capitaine Beaudrille dans *Le Cœur et la Dot;* de Spiegel, dans *La Pierre de touche*, et de l'Abbé, dans *Il ne faut jurer de rien*. Il faut le voir encore dans *La Coupe enchantée*, *Les Fourberies de Scapin*, *Les Femmes savantes*, *L'Epreuve*, *Le Mariage de Figaro* et *Bertrand et Raton*.

W.-A. DUCKETT.

GOTHA, capitale de la principauté de Saxe-Gotha, jusqu'en 1825 la résidence d'une ligne particulière de la branche ernestine de la maison de Saxe, aujourd'hui comprise dans le duché de Saxe-Cobourg-Gotha, sur une hauteur que domine la Leine, dans une ravissante contrée, est une jolie ville, où l'on compte aujourd'hui 15,000 habitants, non compris la garnison. Le château ducal est bâti sur le point le plus élevé, et forme un carré régulier, avec une vaste cour intérieure. Indépendamment d'une chapelle renfermant les tombeaux de divers princes de la maison de Saxe, il contient une salle de spectacle et un musée comprenant une bibliothèque, un cabinet de médailles, une collection de tableaux et de gravures, un cabinet d'histoire naturelle, une collection de chinoiseries et une collection de plâtres d'après l'antique. La bibliothèque, riche de plus de 150,000 volumes, contient au-delà de 1,600 *editio princeps* et environ 6,000 manuscrits, dont 2,000 en langue arabe et 3 à 400 en langues persane et turque. Le cabinet de médailles est un des plus riches de l'Europe. Il contient plus de 80,000 médailles, 13,000 empreintes et 9,000 dessins. La collection de tableaux se compose de plus de 800 toiles; celle des gravures, de 800 dessins et de 48,000 gravures, tant sur bois que sur cuivre. Le cabinet d'histoire naturelle compte près de 18,000 articles. A la collection de chinoiseries se rattache une riche collection de porcelaines anciennes, de terres cuites et de porcelaines modernes. En fait d'édifices publics, on remarque surtout à Gotha les deux églises Notre-Dame et du Cloître, la salle de spectacle, la caserne, le collége (*Gymnasium illustre*), l'école des arts industriels (*Gymnasium Ernestinum*), fondée en 1836, et un séminaire pédagogique, le plus ancien établissement de ce genre qu'il y ait en Allemagne. Située à proximité d'un chemin de fer, la ville possède des fabriques de porcelaine de papier, de toile, de tabac, de papiers peints, des raffineries de sucre, des tanneries, etc.

Avant d'arriver à Gotha on trouve *Friedrichsthal*, château de plaisance ducal, avec une belle orangerie et un beau parc, et non loin de là, sur le *Seeberg*, un observatoire, construit en 1787 par le duc Ernest II, et qui sous la direction de De Zach et de Lindenau a acquis un juste renom dans la science.

GOTHENBOURG, en suédois *Gœthaborg*, port de mer et chef-lieu du bailliage du même nom, appelé aussi bailliage de Bohus, dans la Westrogothie, sur les rives du Gœthaelf, à deux myriamètres environ de son embouchure dans la mer du Nord, en face de l'île d'Hisingen, est, après Stockholm, la ville la plus considérable de la Suède. Siége d'une préfecture, établie dans un palais qu'habita jadis le roi Charles X, mort en cette ville, en l'an 1660, et d'un évêché, elle ne compte pas moins de 30,000 habitants. Il s'y trouve de grandes manufactures de toiles à voiles, de cordages et de cuir, ainsi que des raffineries de sucre importantes. On y fabrique aussi des étoffes de soie, des bas, des rubans, du savon et du tabac. Ses exportations consistent principalement en fers et aciers, bois de construction, goudron, poix, alun et poissons, notamment en harengs. La pêche du hareng, jadis source de profits considérables, après avoir sensiblement décru d'importance au commencement du siècle, y a repris dans ces derniers temps une nouvelle activité. Au moyen du canal de Gœtha, aujourd'hui complétement achevé, les navires du commerce peuvent venir de Sœderkœping sur la Baltique, jusqu'à Gothenbourg, sans avoir besoin de passer par le détroit du Sund. Le port de Gothenbourg est sûr et vaste; il est visité chaque année par plus de douze cents bâtiments, tant suédois qu'étrangers. La ville elle-même en possède au-delà de cent.

Une compagnie des Indes fondée à Gothenbourg en 1732 s'est dissoute en 1817, après s'être vue forcée de suspendre ses payements.

Gothenbourg fut originairement fondée, en 1607, par Charles IX dans l'île d'Hisingen. Après avoir été brûlée en 1611 par les Danois, Gustave-Adolphe la fit rebâtir là où elle est aujourd'hui située. La cessation du blocus continental lui a fait perdre une grande partie de son importance commerciale; et elle eut beaucoup à souffrir de divers incendies, notamment en 1802 et 1804. A l'exception de deux bastions, ses fortifications ont été rasées. Ses rues sont larges, propres et régulièrement bâties. On y remarque quelques beaux édifices, tels que la Bourse, l'église de Gustave, la grande église et l'hôpital.

GOTHIE. *Voyez* Gothland.

GOTHIQUE (Art). La dénomination de *gothique*, appliquée d'abord à tout genre d'architecture qui s'éloignait des principes de l'architecture grecque et romaine, dut sans doute son origine à ce que les Goths, qui s'emparèrent de l'Italie au quatrième siècle, furent regardés comme les auteurs de la corruption du goût. Elle passa en suite à l'architecture dont l'ogive est le principal caractère. Aujourd'hui elle sert presque toujours à désigner l'art du moyen âge : ce terme, quoique employé généralement, ne laisse pas que d'être très-impropre, car les Goths n'ont jamais créé de style architectural, et d'ailleurs ils avaient tout à fait cessé d'occuper la scène du monde quand le système ogival s'y montra. La question de l'origine de l'ogive a donné lieu à beaucoup de controverses; les uns la font venir de l'Orient, rapportée en Europe par les croisés; les autres pensent que les Maures avaient introduit l'ogive en Espagne avant les croisades; enfin, une dernière opinion la fait naître dans l'Europe occidentale. On ne peut affirmer rien de positif à ce sujet; seulement, les faits historiques sur lesquels s'appuie la première opinion rendent celle-ci plus probable. En effet, il est certain que l'arc en tiers-point existait en Égypte, vers le huitième siècle; il se retrouve au palais de la Ziza, construit à Palerme, par les conquérants arabes, dans le dixième. La chapelle royale bâtie par les rois normands dans la capitale de la Sicile, et qui date de la première moitié du douzième, nous la montre encore; de là à son apparition dans le Nord, il n'y a qu'un pas; seulement elle n'y arrive pas tout à coup : elle y fut naturalisée peu à peu par les dessins des étoffes, les récits des voyageurs, et les voyages des artistes. L'architecture romaine régna longtemps concurremment avec ce nouveau style, et ce ne fut que vers la fin du douzième siècle que l'ogive remplaça partout le plein cintre. Depuis lors elle régna presque sans partage en France jusqu'au seizième siècle. Pendant cette période, l'art ogival subit diverses modifications et passa par plusieurs états successifs qu'il importe de classer. Nous adoptons avec M. de Caumont les classifications suivantes : la première époque sera appelée *primitive* : elle comprendra le treizième siècle; la deuxième, *secondaire* (quatorzième siècle); la troisième, *ternaire* (quinzième); la quatrième, *quaternaire* (première moitié du seizième).

Le beau temps de l'époque primitive ne date guère que de la deuxième moitié du treizième siècle. Pendant la première moitié de ce siècle et la dernière du précédent, l'architecture nouvelle est encore empreinte d'une physionomie qui rappelle le style romain. Voici les principaux caractères de l'art ogival primitif : le chœur des églises devient plus long que dans les siècles précédents, les collatéraux règnent jusqu'autour du sanctuaire, ils sont bordés de chapelles; quelquefois même la chapelle terminale, placée derrière le rond-point du chœur, est plus grande que les autres. Cet usage n'est général que dans les églises du quatozième siècle. Au treizième, on ne garnit pas de chapelles les bas-côtés de la nef. Beaucoup d'églises de cette époque sont aussi sans absides, et terminées par une muraille plate, percée de deux ou trois fenêtres; d'autres ont des absides anguleuses ou à pans coupés; un trait hardi du nouveau style est de projeter en l'air des arcs-boutants qui s'appuient d'un côté sur les contre-forts des collatéraux, et de l'autre vont soutenir les murs du grand comble. On les couronna de clochetons tantôt carrés, tantôt octogones; quelquefois d'un fronton aigu ou d'un toit à double égout. Sur les pieds-droits on pratique des niches dans lesquelles on place des statues. Les fenêtres sont étroites et allongées; elles ressemblent à un fer de lance; c'est pour cela que les antiquaires anglais leur ont donné le nom de *lancettes*. Leurs proportions et leurs ornements sont très-variables : les unes sont couronnées d'un simple cordon, les autres offrent des voussures cannelées, soutenues par des colonnes appliquées sur les parois des ouvertures. Dans les édifices peu élevés, elles sont isolées; dans les monuments plus considérables on les trouve réunies deux à deux et encadrées dans une arcade principale. Entre les sommités des fenêtres et cette arcade principale reste un espace dans lequel on a pratiqué une rosace. Les portes ont leurs tympans et leurs voussures enrichis d'une quantité considérable d'ornements et de figurines; les parois latérales sont décorées de colonnes et de statues de plus grandes proportions. Les portes se présentent ordinairement au nombre de trois au milieu des façades des églises importantes. Quelques portails sont précédés d'un porche plus ou moins saillant.

C'est surtout la construction des voûtes et des tours qui excite l'admiration et révèle une grande habileté. Il y a des voûtes qui n'ont que 0,^{m}16 de hauteur et qui sont jetées d'un mur à l'autre à plus de 32 mètres d'élévation; les tours sont percées de fenêtres longues et étroites, et assez souvent couronnées par des flèches octogones. Les espaces triangulaires qui existent entre les quatre angles de la tour et la base de la pyramide octogone sont remplis par quatre clochetons, et les quatre pans de l'octogone qui correspondent aux quatre faces de la tour sont percés de fenêtres ou de lucarnes. Beaucoup de tours ne sont pas terminées, et s'arrêtent là où eût dû commencer la pyramide octogone; on en voit des exemples, notamment à Paris et à Reims. De même qu'au onzième siècle, les tours sont placées à droite et à gauche du portail de l'ouest; une autre tour moins haute s'élève sur les piliers des arcades qui occupent le centre des transepts; ceux du nord et du midi sont aussi quelquefois flanqués chacun de deux tours carrées, qui sont presque toujours demeurées imparfaites.

Les ornements le plus souvent employés à la décoration des édifices du treizième siècle sont : les trèfles, les quatre feuilles, les violettes, les fleurons, les rosaces, les feuilles entablées, les guirlandes de feuillage, les crochets, les arcades simulées, les pinacles, les dais, les bas-reliefs, les colonnes et les pilastres. Ces ornements sont les mêmes que ceux des siècles suivants; mais avec quelque modification dans leur forme. Parmi les plus beaux édifices dus aux architectes du treizième siècle, nous citerons les principales églises de Chartres, Reims, Paris (Notre-Dame), Rouen, Amiens, Sens, Dijon, Strasbourg. Le système ogival était arrivé à son apogée, il s'était mis admirablement en harmonie avec le spiritualisme chrétien, dont il était l'interprète. Les temples antiques avaient résumé le paganisme; les églises gothiques complétèrent la révolution qui s'opéra dans les esprits par le catholicisme. Les trois époques qui suivirent le treizième siècle ne changèrent pas le caractère de l'art; mais elles lui firent subir des modifications assez importantes pour que le classement en soit nécessaire.

Pendant l'époque du style secondaire, un changement remarquable s'établit dans la forme des églises : on ajouta un rang de chapelles à chacun des bas-côtés de la nef, la chapelle terminale du rond-point fut partout agrandie; des aiguilles garnies de crochets furent substituées aux clochetons qui couronnaient les contre-forts. Les sculptures acquirent plus de hardiesse, mais perdirent de leur grâce en devenant trop maigres; les ciselures furent moins profondément fouillées; les fenêtres devinrent plus larges, et furent divisées par plusieurs colonnettes; les rosaces eurent un plus grand diamètre; les toits pyramidaux des tours furent percés de trous découpés en trèfles; il n'y eut pas d'autres changements essentiels dans l'architecture.

Le quinzième siècle continua cette décadence. Les églises sont moins grandes, elles sont décorées avec profusion de pinacles, de figures pyramidales, de découpures de feuillages, de crochets. Au reste, le temps des grandes constructions était passé; ce fut celui des raccommodages et des restaurations. Toutefois, le style ternaire offre de grandes beautés, et il a élevé quelques monuments qui se distinguent par la richesse et l'élégance.

Pendant la quatrième époque de l'art, ce qui n'était qu'accidentel devint un système. On se mit à surcharger les édifices de ciselures, et à substituer aux colonnes et aux entablements un nombre considérable de nervures et de filets. On couvrit les voûtes de culs-de-lampe, quelquefois très-volumineux, et qui retracent l'image des stalactites dont la nature tapisse certaines grottes. Les arcades, au lieu de s'élever comme dans le style primitif, s'inclinaient vers la terre. Cette dépression se montre aussi à l'extérieur des voûtes; au lieu de tours élancées en forme de flèche, on trouve assez souvent des pyramides tronquées, carrées ou octogones, et parfois des coupoles hémisphériques. On trouve dans quelques églises de cette époque, sur les angles de la tour qui supporte la pyramide, des obélisques ou clochetons qui se rattachent au corps du clocher par des arcs-boutants d'une extrême légèreté. Voici le nom de quelques monuments du quinzième siècle et de la première moitié du seizième qui réunissent ces divers caractères : à Rouen, le portail de l'ouest de Saint-Ouen, le grand portail et la tour de beurre de la cathédrale; la flèche de Caudebec, Notre-Dame de Brou, et la principale église d'Argentan.

Le style ogival avait parcouru les diverses périodes de progrès et de décadence; une nouvelle révolution allait s'opérer dans l'architecture, le plein cintre devait bientôt être repris; la renaissance commença. A. de Beaufort.

GOTHIQUE (Écriture). L'écriture gothique a été imitée des caractères employés dans le beau manuscrit in-4° contenant les quatre Évangiles traduits en langue gothique par l'évêque Ulfilas. Ce manuscrit date du sixième siècle de notre ère. Ce qu'on appelle aujourd'hui, dans l'écriture et la typographie, *lettres gothiques* n'est qu'un assemblage bizarre de lettres carrées et anguleuses, assez semblables aux caractères allemands.

GOTHIQUE (Langue). Tout ce que nous savons de la langue que parlaient les Goths n'a guère d'autres bases que la traduction de la Bible par *Ulfilas* en langue gothique. On possède cependant encore quelques fragments d'une traduction de l'Évangile de Saint-Jean (publiée par Maßmann; Munich, 1834), d'un calendrier gothique, et quelques titres et suscriptions de documents. Ces débris sont les plus anciens monuments écrits qui existent d'un dialecte germain dont les qualités distinctives sont une grande énergie, une richesse de racines immense, une remarquable pureté d'intonations, une diversité extrême de tournures et d'idiotismes, enfin la facilité avec laquelle il se prête à des combinaisons de mots. Les règles générales de la langue gothique ont été exposées par Grimm dans sa *Deutscher Grammatik*; et Gabelenz et Lœbe ont ajouté à leur édition d'Ulfilas un glossaire des mots d'origine gothique qui existent encore dans la langue allemande.

GOTHLAND ou **GŒTHALAND**, appelée aussi *Gothie*, située entre la Norvège, la Suède proprement dite, la Baltique et le Kattégat, est la plus peuplée des trois grandes divisions territoriales qui forment aujourd'hui le royaume de Suède, et compte près de deux millions d'habitants sur un territoire d'environ 1,400 myriamètres carrés. Elle se compose des provinces d'Ostrogothie (*Ostgothland*) et de Smoland, qui, avec les îles d'Œland et de Gottland, forment l'*Ostrogothie* proprement dite, de Blekingen, de Scanie et de Halland (*Gothie méridionale*), de Gothenbourg et de Dalsland (*Westrogothie*), dont la plupart sont montagneuses, arrosées par de nombreux cours d'eau, riches en forêts, fertiles et bien cultivées, notamment l'Ostrogothie et la Scanie. Les principales villes sont Norrkjœping, Calmar, Borgholm, Wisby, Gothenbourg, Karlstadt, Malmœ et Karlskrone.

GOTHS. Au voisinage des Germains orientaux, dans les contrées désignées aujourd'hui sous les noms de Transylvanie, de Moldavie et de Valachie, habitaient, au rapport des écrivains grecs et romains du premier siècle de notre ère, les Daces et les Goths, tribus issues d'une souche commune et appartenant à une seule et même nationalité, désignée de préférence par les Grecs sous la première de ces dénominations, et par les Romains sous la seconde. Quoique dans les documents datant des deux premiers siècles, les Gètes soient toujours présentés comme une peuplade thrace, ils n'en furent pas moins les ancêtres immédiats des Goths, dont le nom remplaça plus tard presque complétement le leur. Grimm a démontré l'identité de forme des noms *Gètes* et *Goths*. Les poëtes et les historiens du quatrième siècle et des siècles suivants emploient indifféremment ces deux noms pour désigner une seule et même nation. Hérodote assigne pour demeure aux Gètes la rive droite du Danube, dans la Thrace proprement dite; c'est là que les rencontra, en l'an 513 avant J.-C., Darius, dans son expédition contre les Scythes. Environ cent ans plus tard, ils habitaient encore aux mêmes lieux, entre le mont Hæmus et l'Ister; dans la suite des temps, par exemple, à l'époque d'Alexandre, devenus plus puissants, ils se répandirent plus au nord, sur la rive gauche du Danube, jusqu'au Tyros. En l'an 292 avant J.-C., Lysimaque fut complétement mis en déroute par leur roi Dromichætès. Environ cinquante ans avant J.-C., toutes les villes situées sur la rive gauche du Pont, depuis Olbia jusqu'à Apollonia, furent prises et dévastées par leur roi Boroistès. Au temps de Tacite, leur domination dans ces contrées était encore entière; tandis que les Daces, si rapprochés d'eux par leur origine, continuaient sous leur roi Décébale à étendre toujours plus à l'ouest leur domination, arrivée alors à son apogée. Trajan, il est vrai, avait soumis la Dacie; mais il avait si peu ébranlé la puissance des Gètes, que lors de la décadence de l'empire romain on les vit reparaître régénérés dans les mêmes contrées; et bientôt, sous le nom de *Goths*, ils remplirent le monde du bruit de leurs exploits.

Ce fut en l'an 237 de notre ère qu'ils envahirent pour la première fois le territoire de l'Empire Romain; et ils avaient déjà dévasté toute la Thrace, lorsqu'en l'an 251 l'empereur **Décius** mourut en Mésie, dans l'expédition qu'il entreprit contre eux; et son successeur **Gallus** fut réduit à leur acheter la paix. Mais déjà sous **Valérien** (247 à 260) ils commencèrent leurs expéditions maritimes, auxquelles s'associèrent d'autres peuplades d'origine soit sarmate, comme les Boranes, soit germaine, comme les **Hérules**. Ils dévastèrent alors, sur la côte septentrionale de l'Asie Mineure, Pityus et Trébizonde; dans une seconde campagne, ils firent éprouver le même sort à Chalcédoine, à Nicomédie, et à Nicée, sur le Bosphore et sur la Propontide. Sous **Gallien** ils parurent dans l'Archipel avec 1,000 vaisseaux, pillèrent Athènes, Corinthe, Argos, Sparte, et ravagèrent toutes les contrées environnantes. En l'an 269 ils revinrent encore plus nombreux, poussèrent jusqu'à l'île de Rhodes et à l'île de Crète, puis infestèrent la Macédoine et la Thrace, jusqu'à ce que l'empereur **Claude II** les vainquit à Naissus, dans la haute Mésie. Aurélien les rejeta de l'autre côté du Danube, mais leur abandonna la Dacie. Depuis lors ils renoncèrent à leurs expéditions maritimes; et ce ne fut qu'en l'an 321 qu'ils s'aventurèrent à franchir de nouveau le Danube, qui les séparait des Romains. L'empereur **Constantin** les rejeta encore une fois de l'autre côté de ce fleuve; et il tira vengeance de l'appui qu'ils avaient prêté contre lui à Licinius, en entreprenant une expédition sur leur propre territoire. Il conclut pourtant la paix avec eux, comme fit plus tard aussi, en l'an 369, **Valens**, qui deux ans auparavant avait porté la guerre chez eux pour les punir d'avoir secouru Procope, son concurrent à l'empire. C'est vers ce temps-là que le christianisme, représenté par l'arianisme, pénétra parmi eux, après avoir d'abord jeté d'assez profondes racines parmi les peuplades germaines. Vers l'an 370, l'évêque **Ulfilas** traduisit la Bible dans leur langue, dont le premier il fit une langue écrite; et par ce travail il contribua plus que personne à la propagation du christianisme parmi ses compatriotes, de même qu'à leur moralisation et à leur instruction.

A partir de cette époque, deux grandes divisions s'établissent dans le peuple goth: à la première appartiennent les *Terwinges*, ou Goths de l'ouest (*Westgothen*, Visigoths), avec la tribu des *Thaïfales*, qui plus tard les suivit aussi en Gaule, répandus depuis le Danube jusqu'aux monts Carpathes et au Dniestr, dans la partie orientale de la Hongrie, la Transylvanie, la Valachie, la Moldavie et la Bessarabie; à la seconde, les *Greutunges*, ou Goths de l'est (*Ostgothen*, Ostrogoths), répandus dans la Russie méridionale, entre le Dniestr et le Don. Le roi de ces derniers, Ermanrich, de la race royale des Amales, régnait sur l'une et l'autre de ces divisions de la nation; et d'autres peuples encore, habitant fort loin dans l'intérieur de la Russie, reconnaissaient également son autorité, quand en l'an 375 de notre ère la formidable invasion des **Huns** vint se heurter à son royaume et le briser en morceaux. Ermanrich, âgé de cent-dix ans, se donna la mort. Son successeur, Withimir, mourut les armes à la main. Alors les Visigoths, refoulés par leurs compatriotes orientaux, émigrèrent: une partie, aux ordres d'Athanarich, pour se réfugier dans les montagnes; une autre partie, forte de 20,000 hommes en état de porter les armes, sans compter les femmes et les enfants, sous les ordres de Friedigern et d'Alaviv, franchit le Danube, et se dirigea vers la Mésie inférieure, en suppliant l'empereur Valens de leur accorder des terres à cultiver. La manière cruelle et insultante dont les commandants romains, Lupicinus et Maximus, procédèrent à leur colonisation, les poussa à la révolte; des bandes de Goths, à la solde des Romains, de même que des bandes d'Ostrogoths, commandées par *Safrach* et *Alatheus*, et que les Romains avaient repoussées de leur territoire, vinrent se joindre à eux. Valens périt le 9 août, dans la grande bataille qu'il leur livra sous les murs d'Andrinople. Ils portèrent alors le fer et le feu dans toutes ces contrées, et restèrent en possession définitive de la Mésie et de la Thrace. Après qu'*Athanarich*, qui alors vint faire cause commune avec eux, eut traité de la paix avec Théodose le Grand, 40,000 Goths entrèrent au service des Romains.

Alaric, de la race royale des Baltes, réunit sous ses lois les diverses tribus qui après la mort d'Athanarich s'étaient rattachées à des chefs particuliers. En l'an 395 il rompit le traité; et ses expéditions, qui embrassèrent toute la péninsule de l'Hæmus, eurent à partir de l'an 402 l'Italie pour but. Alaric mourut en 410, peu de temps après la prise de Rome. Depuis l'an 408 il s'était solidement établi en Italie. Son beau-frère *Ataulf* conduisit, en 412, la nation dans la Gaule méridionale, puis en Espagne, après avoir épousé, en l'an 414, Placidie, sœur de l'empereur Honorius; et il périt assassiné dans ce pays, après la prise de Barcelone, en 415. Un ennemi des Baltes, qui après lui s'empara du pouvoir suprême, périt assassiné sept jours plus tard; et la souveraineté fut alors déférée à Wallia, qui combattit avec succès en Espagne les Alains, les Vandales et les Suèves. Il refoula ces derniers dans les montagnes du nord-ouest de la péninsule; et les Romains lui témoignèrent leur reconnaissance en lui faisant abandon d'une partie de l'Aquitaine, où *Tolosa* (Toulouse) devint alors la capitale de l'empire des Visigoths, qui fut consolidé par Théodoric Ier, lequel trouva la mort en 451, dans les champs Catalauniens, où il vainquit Attila, et par son fils Thorismund. Celui-ci fut assassiné par ordre de son frère Théodoric II, lequel à son tour périt de la même manière par ordre de son frère Eurich, qui du moins racheta ce forfait en gouvernant la nation avec autant de sagesse que de vigueur, de l'an 466 à l'an 484. Le premier il fit rédiger par écrit les lois du peuple goth; et il étendit son empire en Gaule jusqu'à la Loire et au Rhône, puis sur la côte (Provence) jusqu'en Italie. *Arelate* (Arles) devint sa capitale.

Son successeur, Alaric II, qui fit rédiger à l'usage de ses sujets romains un abrégé du droit romain (*Breviarium Alaricianum*), périt en l'an 507, à la bataille de Vouglé, près Poitiers, livrée au Frank Clovis, confédéré avec les Bourguignons, lequel lui enleva la plus grande partie de la Gaule. L'Ostrogoth Théodoric III, son beau-père, qui incorpora la Provence et Arles à son propre empire, conserva cependant aux Visigoths la possession de la *Septimanie* sur laquelle régna le fils d'Alaric, Amalaric, d'abord sous la tutelle de l'Ostrogoth Theudes. A sa mort, arrivée l'an 531, dans une bataille contre les Franks, l'antique race royale des Baltes s'éteignit; et à partir de ce moment la souveraine puissance devint élective, ce qui provoqua souvent de grands troubles intérieurs. Le premier que l'élection en revêtit fut Theudes.

En l'an 554, Athanagild, secondé par une flotte byzantine, vainquit Agila, qui s'était emparé du trône; mais les Byzantins s'établirent alors à demeure fixe sur la côte qui s'étend depuis Carthagène jusqu'à Lagos, et parvinrent à s'y maintenir. Léovigild régna avec vigueur, de 569 à 586. Il fut victorieux dans sa lutte contre les *Vascones* (habitants de la Biscaye et de la Navarre), dont un grand nombre, fuyant devant lui, se réfugièrent au delà des Pyrénées (dans la Gascogne), et il comprima par la force une révolte des partisans de la foi catholique, qui à l'époque des Romains s'était propagée en Espagne, qui commençait maintenant à se répandre aussi parmi les Goths ariens, et que son propre fils, Herménégild, avait lui-même embrassée. Celui-ci fut fait prisonnier à Séville, après un siége de deux années. Relégué à Valence, il essaya de s'enfuir de cette ville, mais fut arrêté; et alors, ayant refusé d'abandonner le catholicisme, son père l'envoya au supplice. Les Suèves qui avaient fait cause commune avec lui furent soumis en

585, et les Bourguignons expulsés de la Septimanie. Reccared, second fils de Léovigild, qui succéda à son père en 586, se convertit à la foi catholique, ainsi que les Goths et les Suèves. Sous son règne calme et paisible et sous celui de ses successeurs, la fusion de la population germaine avec la population romaine du pays s'effectua rapidement; la langue latine fut remplacée par la langue gothique, de sorte que plus tard celle-ci contribua beaucoup à la formation de la langue espagnole. Reccasuinth (649-672) acheva la compilation de lois commencée par Eurich. Le code rédigé en latin, et appelé *Forum Judicum* (*Lex Visigothorum*), contint un droit commun pour les Goths et pour les provinciaux romains; au treizième siècle, il fut traduit en espagnol, sous le nom de *Fuero Juzgo*, et forme la base du droit espagnol. L'empire visigoth s'affaiblit, à cause de la puissance que les grands s'arrogèrent et de la prépondérance que les évêques parvinrent à exercer même au temporel, et dont ils usèrent notamment dans leurs conciles tenus à Tolède. Cet affaiblissement eut lieu quoique la conquête de l'extrémité septentrionale de l'Afrique (où s'élevait *Septum*, aujourd'hui *Ceuta*) en 616 et l'expulsion des Grecs en 624 l'eussent encore agrandi. A la mort du roi Witiza (710), ses fils, que l'élection de Roderich avait exclus du trône, appelèrent à leur secours les Arabes d'Afrique, à l'instigation du frère de Witiza, Oppas, archevêque de Séville, et de son gendre, Julien, comte de Septum. Mousa, lieutenant de Walid, Khalife ommêiade, leur envoya son général Tarik. Celui-ci sortit vainqueur de la bataille livrée en juillet 711 à Xérez de la Frontera, et qui dura neuf jours consécutifs; Roderich y trouva la mort, et cet événement décida de la ruine de l'empire des Visigoths. Mousa lui-même acheva ensuite, en 713, la conquête du pays, à l'exception de la Galice et de l'Asturie, où un grand nombre de Goths purent se réfugier, sous les ordres de *Pelayo*. Cependant la Galice leur fut encore enlevée en 734; et il n'y eut que l'Asturie qui échappa à la domination des Arabes (*voyez* Espagne).

Les *Ostrogoths*, à l'exception des bandes qui s'étaient réunies aux Visigoths, se rattachèrent aux Huns, après que le passage du Danube leur eût été interdit en l'an 386, sous Idothius Théodosius. Après la chute d'Attila, qu'ils avaient suivi dans ses expéditions, ils se fixèrent dans la Pannonie (Hongrie, au sud du Danube), d'où ils firent de fréquentes incursions dans le *Noricum* et dans l'empire Byzantin, sous les ordres de trois frères, *Walamir*, *Théodomir* et *Widimir*, de la race des Amales, et où ils résistèrent aux attaques des Huns, de même qu'en 470 à celles des Suèves et des Alemans, ligués contre eux, et encore à celles des Sarmates, des Skires et des Rugiens habitant au nord du Danube. A la mort de Walamir, Widimir conduisit les siens en Italie, et trouva la mort dans cette expédition. En 473, son fils, qui portait le même nom que lui, se laissa déterminer par l'empereur Glycère à se rattacher aux Visigoths. En 460 l'empereur avait acheté la paix de Théodémir. Son fils Théodoric, roi à partir de 473, et qui mérita d'être surnommé *le Grand*, avait été élevé à la cour de Constantinople. Quand il en fut revenu, Théodémir, qui mourut à peu de temps de là, envahit de concert avec lui l'empire Byzantin. Les Ostrogoths ravagèrent alors la Macédoine et la Thessalie, et obtinrent des établissements dans la haute et la basse Mésie, à côté de ceux des Visigoths qui y étaient restés depuis longtemps ainsi qu'en Thrace, et qui s'y maintinrent jusqu'au sixième siècle sous le nom de *Petits Goths* (*Gothi Minores*), et aussi de *Méso-Goths*. La politique de l'empereur byzantin Zénon s'efforça de désunir les deux nations et leurs princes, qui tous deux s'appelaient *Théodoric*. N'ayant qu'imparfaitement réussi dans ses projet, Zénon détermina, en 488, l'Ostrogoth Théodoric à passer avec sa nation, à laquelle se rattachèrent les Rugiens, en Italie, où régnait Odoacre. Les Gépides, qui essayèrent de leur barrer le passage à Sirmium, furent repoussés. Odoacre fut vaincu, en 489, d'abord à Aquilée, puis à Vérone; en 490, sur les bords de l'Adda. Mais, tandis que Théodoric conquérait le reste de l'Italie et la Sicile, il réussit à se maintenir jusqu'en 493 à Ravenne, où il finit par capituler et où il fut assassiné. Théodoric exerça alors aussi sa souveraineté dans la plus grande partie des contrées riveraines du Danube, et que son frère Honulf administrait en son nom; de sorte qu'indépendamment de la Sicile et de l'Italie, son empire comprenait la Pannonie, la Savie (la contrée riveraine de la Save), la Dalmatie, une partie du Noricum, la Rhétie supérieure et même la Provence à partir de l'an 507. La souveraineté nominale de l'empereur, que reconnaissait Théodoric, ne l'empêchait pas d'exercer dans ses États une autorité entière et illimitée. Sa gloire et son influence s'étendirent au loin dans les régions germaniques. Il prit le titre de *roi des Goths et des Italiens*, et habita tantôt Ravenne et tantôt Vérone; dans le gouvernement intérieur de ses États, il fit preuve de sage modération, ne toucha point aux institutions existantes, et en même temps veilla attentivement à ce que les Goths, dont deux cent mille guerriers avaient obtenu le tiers du sol de l'Italie à titre de dotation, conservassent intactes leur foi arienne, leurs mœurs germaines et leur valeur. Sous sa domination, l'Italie vit refleurir son ancienne prospérité; l'agriculture même y fit de nouveaux progrès; et pour la décision des discussions judiciaires qui survenaient journellement entre Goths et Italiens, parut en l'an 500 l'*Edictum Theodorici*. Après la mort de ce prince, arrivée en 526, sa fille *Amalasuintha* gouverna pendant la minorité de son fils *Athalarich*; mais celui-ci étant venu à mourir, en 534, son cousin Théodat la fit assassiner. C'est à ce moment que l'empereur Justinien envoya Bélisaire reconquérir l'Italie. Quand celui-ci pénétra dans la Basse-Italie, Théodat fut déposé et tué par son armée, après qu'elle eut proclamé roi Vitigès en 536. Les Italiens catholiques firent cause commune avec les Grecs; les Goths perdirent Rome et Ariminum, que Vitigès assiégea inutilement; en revanche Vraias, son neveu, s'empara, en 539, de la ville de Milan, qui avait fait défection, et y commit les plus affreuses dévastations. En cédant la Provence aux Franks, Vitigès s'était créé là des alliés sur lesquels il ne pouvait compter, et qui, sous les ordres de l'Austrasien Théodebert, parcoururent l'Italie et finirent par s'établir sur le versant méridional des Alpes. Une tentative ayant été faite pour déterminer le roi de Perse, Chosroès, à envahir les contrées orientales de l'empire Byzantin, Justinien, effrayé, offrit de traiter; mais Bélisaire refusa d'y consentir. Il dédaigna aussi la couronne que les Goths lui offrirent, contraignit Vitigès à se réfugier dans les murailles de Ravenne, et après s'être emparé de cette ville, en 540, le ramena avec lui captif à Constantinople.

Les Goths, qui jusque alors n'avaient point encore été entamés dans la haute Italie, élurent pour roi Ildibad, et après sa mort, le généreux Totila, qui commandait à Trévise. Ils eurent bientôt reconquis la péninsule; toutefois, les grandes villes résistèrent. Rome, assiégée pendant longtemps par Totila, tomba enfin en son pouvoir, à l'aide d'un stratagème, en l'an 546; mais Bélisaire ne tarda point à la reprendre. Envoyé en Italie en 546 avec des forces insuffisantes, il ne put que s'y maintenir jusqu'en 549, sans rien faire de décisif. Cette mission était réservée à Narsès que Justinien, après avoir rejeté les ouvertures de paix de Totila, envoya en Italie, en l'an 552, à la tête d'une immense armée, composée surtout de Huns, d'Hérules et de Lombards. On en vint aux mains à Teginæ, entre Gubbio et Nocera, dans les Apennins, et Narsès sortit victorieux de cette bataille, où Totila trouva la mort. Téjas, que les Goths lui donnèrent pour successeur, descendit dans la basse Italie pour occuper Cuma, où se trouvait le trésor de Totila; et, de Rome, reprise pour la sixième fois pendant cette guerre des Goths, Narsès marcha à sa rencontre. Il corrompit le commandant de la flotte des Goths; de sorte que Téjas, faute de recevoir ses convois, dut abandonner la forte position qu'il avait prise sur le Vésuve et s'enfoncer davantage dans les montagnes. Téjas mourut les armes à la main; mais ses soldats continuèrent à se battre ; le troisième jour, ce qui en restait encore obtint par capitulation libre retraite. Alors, de Pavie où elle se trouvait, l'une de leurs bandes appela à son secours deux ducs des Alemans, qui ravagèrent encore une fois l'Italie, jusqu'à ce que Narsès, après s'être successivement rendu maître de toutes les places fortes, les vainquit en 554, sous les murs de Capoue. En 555, sept mille Goths qui se trouvaient à Conza se livrèrent à lui. Vidin, autre chef goth, fut encore battu en 536 ; et ce dernier désastre mit fin à la guerre des Goths. Beaucoup de Goths prirent alors du service militaire à Byzance ; d'autres émigrèrent, et allèrent se fixer dans la Rhétie et dans le Noricum ; ceux qui restèrent, en Toscane notamment, se confondirent bientôt avec le reste de la population.

Des Ostrogoths, désignés sous le nom de *Goths tétraxitiques*, étaient demeurés, depuis une époque extrêmement reculée, sur les bords de la mer Noire, en Crimée et sur le Kouban, où à l'époque de Justinien on les trouve alliés avec les Huns outourgouriques ; et quelques débris semblent s'en être conservés jusqu'au seizième siècle dans les montagnes de la Crimée. Plusieurs autres nations orientales avaient les plus grandes affinités d'origine avec les Goths ; aussi les comprend-on ordinairement sous l'appellation de *peuples Goths*. De ce nombre étaient incontestablement les *Bastarnes*, les *Peucins*, les *Gépides*, les *Rugiens*, les *Hérules* les *Avions*, les *Vandales*, qui tous ont disparu comme les Goths, et ne se sont pas même continués sous un autre nom. Ce sont des Slaves et des Hongrois qui les ont remplacés, du Pont-Euxin à la Baltique, sur les bords de la Vistule et du Danube, où ils habitaient autrefois.

La tradition qui veut que les Goths de la Scandinavie (où l'on trouve une tribu de Goths qui donna son nom à la province de Suède encore appelée aujourd'hui *Gothland* ou *Gœthaland*) aient aussi pénétré dans les régions du Sud ne repose sur aucune espèce de document historique.

GOTTLAND, la plus grande des îles de la Baltique proprement dite, distante de 6 à 7 myriamètres de la côte de Suède, et séparée de l'île d'Œland par un bras de mer de 4 à 5 myriamètres de large, avec une profondeur de 50 brasses au plus, forme avec les îlots qui l'avoisinent un évêché et un bailliage particulier portant le nom de *Wisby* ou de Gottland, dont la superficie est de 40 myriamètres carrés et la population de 45,000 âmes. C'est un plateau calcaire, avec une hauteur moyenne de 30 à 165 mètres d'élévation au-dessus du niveau de la mer et des côtes généralement fort escarpées, dont le climat tempéré permet la culture du noyer et du mûrier. Le sol en est fertile, mais mal cultivé, produisant des plantes qui lui sont propres, et couvert de vastes forêts de sapins justement célèbres par la grosseur et la dureté de leur bois. On y récolte des blés, des légumes et surtout des pommes de terre. L'horticulture y est très-répandue ; mais l'éducation des bestiaux, sauf l'élève des moutons, y est peu importante. La pêche, l'exploitation des carrières de pierres à bâtir, et les chaufours y sont des industries importantes ; le commerce et la navigation y sont aussi très-actifs, tandis que l'industrie y est demeurée fort arriérée. Les mœurs, les coutumes, l'organisation administrative et militaire, diffèrent complétement de celle des Suédois. On ne trouve pas de grandes fermes dans ce pays ; la plupart des maisons, et jusqu'aux simples habitations de paysans, sont construites en pierres. L'île a pour chef-lieu Wisby, ville commerçante, située sur la côte occidentale. Depuis un temps immémorial elle appartient à la Suède, et fait partie de la contrée qu'on désigne sous le nom de Gothaland. Longtemps elle eut des rois particuliers et un code de lois à elle ; plus tard elle porta le titre de comté. De 1361 à 1645, sauf de courtes interruptions, elle fit partie des États des rois de Danemark. En 1394, une partie de l'île de Gottland, et notamment Wisby, fut conquise par les *Vitaliens*, aux pirateries desquels elle offrait un sûr refuge. Quand le roi Albert de Suède et son fils Éric, qui avaient été faits prisonniers en 1389 par les Danois, recouvrèrent leur liberté, en 1394, ils s'efforcèrent de faire rentrer l'île sous leur obéissance. Éric y débarqua à la tête d'une armée, et réussit à s'y maintenir. Ce fut lui, dit-on, qui vendit l'île entière au grand maître de l'ordre Teutonique, lequel en expulsa les Vitaliens en 1398. Plus tard, la reine Marguerite la racheta de l'ordre. Après la dissolution de l'union de Calmar, Charles VIII chercha à l'enlever aux Danois, qui s'y maintinrent cependant jusqu'en 1645, époque où ils la rendirent à la Suède, en vertu des stipulations du traité de Brœmsebro. Le Danemark s'en empara cependant encore plus tard, et la garda de 1676 à 1679. Depuis elle n'a plus cessé d'appartenir à la Suède.

GOTTORP ou GOTTORF (*Castrum Gothorum*), château féodal, qui domine la ville de Schleswig, est situé dans une île formée par la Schley, entre les deux quartiers de cette ville désignés sous les noms de *Friedrichsberg* et de *Lollfuss*. Il fut reconstruit de 1159 à 1161, pour servir de résidence à l'évêque, qui jusque alors avait habité un vieux château appellé *Grossgottorf*, à deux kilomètres plus loin ; et les évêques de Schleswig en demeurèrent en possession jusqu'à l'an 1268, époque où, en vertu d'un échange, le duc Érich l'érigea en place forte. Plus tard ce manoir féodal fut habité par les ducs de Holstein-Gottorp (*voyez* HOLSTEIN) depuis 1544 jusqu'en 1713, époque où le roi de Danemark Frédéric III en prit possession. Le souvenir de nombreux faits de guerre se rattache, dans l'histoire du moyen âge et dans l'histoire moderne, au château de Gottorp. En 1749 le roi de Danemark en fit transferer à Copenhague la précieuse bibliothèque, fondée en 1606 par le duc Jean-Adolphe de Holstein-Gottorp.

GOTTSCHED (JEAN-CHRISTOPHE), savant, qui, malgré les services incontestables qu'il rendit à la littérature allemande, devint ridicule par son pédantisme et sa fadeur. Il était né en 1700, près de Kœnigsberg. Afin d'échapper à l'obligation du service militaire, il se réfugia en 1724 à Leipzig, où il fut chargé d'une éducation particulière. Bientôt après il ouvrit dans cette ville des cours publics, où il combattit le mauvais goût qui dominait alors dans la littérature allemande, recommandant l'imitation des anciens, et par suite celle des auteurs français, continuateurs, suivant lui, de la tradition classique. Notre critique chercha ensuite à agrandir sa sphère d'influence en fondant diverses sociétés littéraires destinées à la propagation de ses doctrines en matière de goût. Dès 1730 l'université de Leipzig l'avait admis dans ses rangs comme professeur agrégé de poésie et de philosophie. Quatre ans plus tard, il y devenait titulaire de la chaire de logique et de métaphysique. Il mourut le 12 septembre 1765, doyen de la faculté de philosophie.

Gottsched est considéré aujourd'hui en Allemagne comme la personnification du pédantisme ; cependant ceux qui ont une connaissance exacte de l'état où se trouvait alors la littérature allemande ne laissent pas que de rendre justice à son mérite. Hoffmannwalsdau, Lohenstein et leurs successeurs avaient fait de la poésie allemande le type de l'enflure, de l'exagération, et en même temps de la trivialité ; quant à la prose, il serait difficile de dire ce qu'ils en avaient fait et de la reconnaître dans leur jargon, tout farci non-seulement de mots et même de phrases entières empruntés aux langues étrangères, à la langue française surtout, mais encore des plus intolérables grossièretés ; jargon qu'ils avaient réussi à mettre à la mode, et qu'ils plaçaient même dans la bouche de ce digne *Hanswurst*, l'arlequin national, dont le rôle était jadis si important, et dont ils faisaient consister uniquement le comique dans la gloutonnerie et dans de vulgaires équivoques, le tout rehaussé par force coups de pied et coups de poing reçus et distribués avec une monotone prodigalité. Retrouver dans les modèles antiques les règles du goût, revenir aux productions de l'ancienne littérature allemande, comme source inépuisable de données historiques et littéraires, voilà ce qui ne venait à l'idée de personne. Pour opérer la cure radicale d'un si déplorable état de choses il fallait un homme instruit, positif, sans imagination, mais doué d'un grand bon sens pratique uni à un esprit naturellement critique. Personne mieux que Gottsched ne convenait à un rôle pareil. Son mérite est donc d'avoir introduit dans la littérature allemande la critique et la polémique de la raison, du gros bon sens; s'il ne lui fut pas donné de pouvoir relever et ennoblir le goût, il réussit du moins à détruire les principaux obstacles qui s'opposaient en Allemagne à son épuration.

GOUACHE (de l'italien *guazzo*, flaque d'eau), espèce de peinture en détrempe, qui exige plus de soin et plus de précision que les autres. On y emploie de même des couleurs broyées et délayées à l'eau gommée. Elle diffère de l'aquarelle en ce que les couleurs sont en pâte et se posent par couches successives comme dans la peinture à l'huile. On doit modérer l'emploi de la gomme ou de la colle de peau de gants, épurée, dont on peut aussi se servir; autrement, la peinture sècherait trop vite et finirait par s'écailler. L'emploi de la gouache donne de la douceur à la peinture et au coloris : elle est fraîche, éclatante, et charme la vue par le velouté qu'elle reçoit de la lumière qu'elle absorbe. On l'emploie ordinairement à l'exécution des tableaux de moyenne proportion, soit du genre historique ou familier, soit des paysages, des fleurs ou des fruits. On s'en sert aussi pour peindre les décorations de théâtre. Les religieux, qui ornaient les manuscrits qu'ils faisaient de sujets tirés de l'Ancien, du Nouveau Testament, ou de la Passion de Jésus-Christ, les peignaient à la gouache. Ces productions des cloîtres du moyen âge sont très-recherchées.

Nos grands peintres ont quelquefois employé la gouache, soit à de petits ouvrages, soit à des esquisses qu'ils reproduisaient ensuite dans un format plus grand. On voit au Musée deux tableaux allégoriques peints à la gouache, remarquables autant par le mérite et la beauté de l'exécution que par leur dimension extraordinaire : ce sont les plus grands que nous connaissions; ils ont 1m,65 de haut, et sont sous verre. Ces deux tableaux d'Antoine Corrége, représentent *La Vertu victorieuse des Vices*, et *L'Homme sensuel attaché au Plaisir par l'Habitude*. Jean-Guillaume Bawr, né à Strasbourg, en 1610, a peint le paysage, la perspective et l'architecture à la gouache, dans laquelle il excellait. On voit au Musée deux jolis tableaux de cet artiste, désignés sous les noms de *Cavalcade du Pape* et de *Marche du Grand-Seigneur*. Bawr s'était acquis une grande réputation auprès du duc de Bracciano et à la cour de l'empereur Ferdinand III.

Les Persans, les Chinois et les Indiens ont aussi parfaitement réussi dans la gouache. A la Bibliothèque impériale se trouve une suite de portraits en pied des empereurs persans ou indiens, d'une grande finesse de dessin et d'une rare perfection de peinture. On y voit également des sujets familiers, peints par les Chinois, dont l'exécution a quelque chose de surprenant.

Nos peintres français ont produit de très-belles gouaches. On cite Baudoin, gendre de Boucher, premier peintre de Louis XV, comme le plus habile en ce genre; il fut reçu à l'Académie de Peinture, et produisit dans le genre libre et familier une suite de tableaux d'une grande beauté : *Le Coucher de la mariée* est regardé comme son chef-d'œuvre. Noël a peint à la gouache des marines dans le genre de Vernet, qui sont très-estimées. Cher Alexandre Lenoir.

GOUDA, en hollandais *Ter Gouwe*, ville bâtie sur les rives du Gouwe, dans la Hollande méridionale, ne compte pas moins de 16,000 habitants. On y voit la plus grande place de marché qu'il y ait en Hollande, et son église de Saint-Jean est célèbre par les belles peintures sur verre que Philippe II et Marguerite d'Autriche y firent exécuter par Dirk et Wouter Crabeth. La principale industrie des habitants consiste dans la fabrication des pipes en terre; et quoiqu'elle ait beaucoup perdu de nos jours de son ancienne importance, elle n'y occupe encore pas moins de deux cents fabriques, qui tirent leurs matières premières des environs de Liége, Cologne et Coblentz. Il y a aussi dans le voisinage de Gouda, notamment au village de Moor, des briqueteries considérables, qui tirent leurs matières premières du lit de l'Yssel et de celui de la mer de Harlem.

GOUDELIN. *Voyez* Goudouli.

GOUDIMEL (Claude), compositeur français, dont le nom a été transfiguré en *Gaudiomell*, *Gaudimel*, *Gaudinel*, *Guidomel*, *Godmel*, *Gudmel*, *Gondimel*, naquit vers 1520, en Franche-Comté, et fut vraisemblablement l'un des élèves du célèbre Josquin Desprès. Baïni affirme que ce fut lui qui initia Palestrina à la connaissance de la musique. Il avait fondé, en 1540, une école de musique à Rome. Il périt à Lyon, dans la nuit de la Saint-Barthélemy, victime de la fureur populaire soulevée contre les huguenots. Les airs qu'il composa pour les psaumes de l'église réformée, traduits en français par Marot et Théodore de Bèze (Paris, 1565), sont remarquables. Plusieurs des mélodies chorales en usage encore de nos jours dans l'église protestante sont de lui. Une partie de ses chants à plusieurs voix ont été publiés avec d'autres d'Orlando Tasso, sous le titre de *La Fleur des Chansons* (1576). Ses lettres écrites en fort bon latin, et publiées par Paul Melinus à la suite de ses poésies, témoignent de l'éducation littéraire qu'il avait reçue. Il a laissé un grand nombre d'ouvrages sur la musique, et on lui en attribue tout autant qui ne lui appartiennent pas réellement. On regarde cependant comme authentiques les suivants : *Quinti Horatii Flacci odæ ad rhythmos musicos reductæ* (Paris, 1555, in-4°); *Chansons spirituelles de Marc-Antoine de Muret*, mises en musique (Ibid.); *Les Psaumes de David mis en musique; Les Psaumes mis en rimes françaises par Clément Marot*, *mis en musique;* enfin des *Messes*, des *Mottets* et des *Chansons*.

GOUDJERATE ou GOUDZERAT. *Voyez* Guzerate.

GOUDOULI ou GOUDELIN (Pierre de), le plus célèbre des poëtes languedociens, naquit, en 1579, à Toulouse, étudia la jurisprudence et fut reçu de bonne heure avocat; mais une irrésistible passion pour la poésie, accrue encore par la lecture des poëtes latins, ne tarda pas à le détourner des travaux de sa profession. Quoique déjà de son temps la langue d'Oïl, ou dialecte du nord de la France, fût devenue langue écrite, sa suprématie n'était pas encore complétement décidée dans le midi de la France; et comme la langue d'Oc, dialecte populaire dans ces contrées, était plus sonore, plus harmonieuse, plus riche en voyelles, Pierre de Goudouli la choisit pour composer ses poésies. On y remarque quelques chants d'amour d'une fraîcheur exquise, des idylles pleines de grâce, des épigrammes spirituelles et mordantes, un *chant royal* en vers français qui remporta le prix aux jeux floraux, enfin une ode sur la mort de Henri IV, regardée à bon droit comme un chef-d'œuvre, et que l'auteur du *Prædium Rusticum*, le père Vanière, traduisit en latin. Elles ne furent pas seulement accueillies avec faveur par ses compatriotes; on les traduisit plusieurs fois en italien et en espagnol. Comme, dans sa jeunesse, Pierre de Goudouli avait dissipé son patrimoine dans une vie de plaisirs, il en vint, vers la fin de ses jours, à se trouver dans la misère; alors le conseil municipal de Toulouse, prenant en considération le glorieux reflet que sa grande réputation projetait sur sa ville natale, décida qu'il serait à l'avenir nourri et entretenu aux dépens de la cité. Lorsqu'il sentit la mort s'approcher, Pierre de Goudouli entra dans un couvent de carmes, où il voulait être enterré, et y mourut, le 16 septembre 1649. Après la destruction de ce couvent, ses restes mortels furent, en 1808, transférés dans l'église de la Daurade. La première édition de ses œuvres parut à Toulouse, sous le titre de *Las obros de Pierre Goudeli*, avec un dictionnaire des mots languedociens les plus difficiles à comprendre (1649, in-4°); celle qui a pour titre : *Ramelet moundi, ou la floureto noubelo del ramelet moundi* (3 vol. in-12; Toulouse, 1693), est plus complète, ainsi que celle qui a été publiée en 1700 à Amsterdam, sous le titre de : *Lou trionfo de la lengouo* *gascono*, laquelle contient aussi les œuvres de quelques autres poëtes du midi de la France. La dernière édition est celle de Delboy (Toulouse, 1843).

GOUDRON, substance oléo-résineuse noirâtre que l'on retire de certains végétaux ou minéraux. La distillation, à une très-haute température, des bois résineux est toujours la méthode d'obtenir le goudron végétal; le goudron de houille se retire de la distillation du charbon de terre lorsque l'on veut en faire simplement du coke ou faire du gaz pour l'éclairage. Quant au goudron minéral, c'est un bitume connu sous le nom de *pissasphalte*. De ces trois espèces de goudron, celui qu'on obtient des substances résineuses est le seul auquel on applique ce nom générique, sans addition explicative : on le prépare aujourd'hui à peu près de même que jadis, ni mieux ni plus mal que les anciens. C'est le pin maritime qui fournit la plus grande partie du goudron du commerce; pourtant, on fait servir aussi à cet usage les pins sauvage, cembro, mugho, d'Écosse, austral, et le pin d'Alep.

Habituellement, pour retirer le goudron, on recouvre un trou fait en terre, d'un plancher légèrement creusé en forme de cône renversé, au centre duquel on perce un trou de manière que tout liquide qui viendrait à tomber sur ce plancher pût s'écouler vers cette goutière et se rendre dans le caveau. Ce plancher étant ainsi disposé, et formant alors une espèce de sole, on bouche le trou central avec une perche; puis on amoncelle obliquement et par rangées, autour de cette perche, toutes les bûchettes et copeaux provenant des arbres qui ont fourni la térébenthine. Lorsque ces bûchettes sont élevées à la hauteur habituelle d'un fourneau à charbon, on recouvre le tout avec du gazon; on retire la perche dont l'absence forme un tuyau de cheminée, et on allume ce tas de bois en six ou huit endroits. Dès lors l'habileté de l'ouvrier consiste à régulariser, comme le font les charbonniers, la chaleur, et à la distribuer, suivant le besoin, sur tel ou tel point de la masse, en ouvrant un trou ou évent au-dessus de ces endroits, dans la couverture, ou bien en fermant les trous qui s'y trouvent. Le difficile est d'arriver à obtenir un juste degré de chaleur, car trop de chaleur décompose le goudron en gaz et en charbon, tandis qu'une trop basse température ne retire pas du bois tout le goudron qu'il pourrait fournir. La mise en feu d'un fourneau ordinaire dure soixante à soixante-douze heures; mais toutes les quatre ou cinq heures on descend dans le caveau, et l'on ouvre le trou central, qui laisse alors tomber dans un cuvier le goudron que la chaleur a fait se distiller et s'amasser sur la sole du fourneau.

Cette méthode grossière, employée dans les Landes, et que dans le Valais on a perfectionnée en couvrant le fourneau d'un chapeau métallique mobile, a subi aussi en Suède quelques améliorations. L'on pourrait remplacer la construction des anciens par la distillation en vases clos et *per descensum* plus ou moins analogue à celle dont on se sert pour l'extraction du goudron de l'écorce de bouleau, propre à la préparation du cuir de Russie. Mais il ne faut pas croire que ces améliorations soient aussi faciles à apporter dans cette fabrication que l'on pourrait d'abord se l'imaginer : l'indépendance, le préjugé, l'intérêt mal entendu, l'ignorance et la pauvreté de la plupart des ouvriers fabricants de goudron, sont autant de causes qui empêcheront d'ici à longtemps ces perfectionnements d'être adoptés dans nos forêts; car en France c'est le temps qui seul peut les importer dans les mains de nos paysans.

Quelle que soit la manière dont le goudron soit obtenu, il sert dans les ports de mer à enduire les carènes des vaisseaux; mais pour cette application, appelée *calfatage*, on a besoin de faire chauffer le goudron, d'en faire évaporer une partie de l'huile essentielle qu'il contient, et de le réduire, en le desséchant ainsi, en une substance qui porte alors le nom de *brai gras*, substance que l'on fait souvent plus vite en ajoutant au goudron chaud un peu de résine ou brai sec; quelquefois même on le fabrique directement en distillant le goudron en vases clos. Le goudron sert aussi à enduire les cordages, afin de les rendre plus durables à l'eau.

J. ODOLANT-DESNOS.

GOUDRON (Eau de). *Voyez* EAU DE GOUDRON.

GOUDRON MINÉRAL. *Voyez* PISSASPHALTE.

GOUET. *Voyez* ARUM.

GOUFFÉ (ARMAND), célèbre chansonnier, naquit à Paris, le 22 mars 1775, et mourut le 19 octobre 1845, dans la ville de Beaune (Côte-d'Or), qu'il habita vingt ans, quand il eut obtenu sa retraite, près de sa fille, mariée à un notaire de cette ville. Son père, *Louis-Charlemagne* GOUFFÉ DE BEAUREGARD, gentilhomme, lui fit donner une éducation distinguée; et le collége d'Harcourt, à Paris, retentit chaque année des succès éclatants du jeune lettré, qui devait plus tard s'illustrer en abordant de la littérature le côté qui voit, peint et raille les ridicules. Vaudevilliste et chansonnier plein de verve et d'esprit, il mérita d'être surnommé *le Panard du dix-neuvième siècle*. Parmi ses meilleures chansons, on cite *Saint-Denis* et le *Corbillard*. Comme Béranger, il répand quelquefois une agréable teinte de philosophie sur son enjouement. Quelquefois ses plaisanteries rappellent l'entrain et la verve de Désaugiers, avec qui il fonda le Caveau moderne. Il recevait les visites de la muse dans le moins poétique de tous les ministères, celui des finances. Encouragé par de gais et spirituels amis, il réunit ses premières chansons en un volume, qu'il intitula : *Ballon d'Essai* (Paris, 1802). L'accueil que reçut ce petit livre engagea l'auteur à publier les *Ballons perdus*, que tout le monde retrouva, puis *Encore un ballon*, qui fut, comme ses aînés, accueilli par le public avec faveur; ce qui engagea l'auteur à donner *Le dernier ballon* (Paris, 1812), où se trouve la fameuse chanson : *Plus on est de fous, plus on rit*. Auteur et collaborateur d'un grand nombre de vaudevilles, parmi lesquels il faut citer *Les Deux Jocrisses*, *Le Chaudronnier de Saint-Flour*, *Le Bouffe et le Tailleur*, *Le Duel et le Déjeuner*, etc., etc. Armand Gouffé termina sa carrière littéraire par la composition de *Contes-charades*, pleins de grâce. On peut dire qu'il s'éteignit avec toute la fraîcheur de son talent de conteur, aimé et respecté d'une population qui le voyait avec plaisir au milieu d'elle. On a dit que Désaugiers faisait des *ponts-neufs*, Béranger des *odes* et Armand Gouffé des *chansons*.

Jules PAUTET.

GOUFFRE. *Voyez* PRÉCIPICE.

GOUGES (Jean de). *Voyez* COMPAGNIES (Grandes).

GOUGES (MARIE-OLYMPE DE), *bas-bleu* qui a laissé un nom fameux dans l'histoire de notre première révolution, était née en 1755 à Montauban. Fille d'une revendeuse à la toilette, elle avait épousé un sieur Aubry. Ce mariage ne paraît pas avoir été heureux, et de bonne heure Olympe de Gouges s'en vint à Paris, où sa beauté ne tarda pas à la faire remarquer, et où, après avoir traversé les aventures réservées d'ordinaire aux jolies femmes qui savent se mettre au-dessus des préjugés, elle finit, comme tant d'autres, quand elle eut atteint la trentaine, par se jeter dans les hasards et les luttes de la vie littéraire. Elle débuta en 1785, au théâtre, par une petite comédie intitulée : *Le Mariage de Chérubin;* l'année suivante elle donna *L'Homme généreux*, drame en cinq actes; en 1787, *Molière chez Ninon*, gracieux petit acte épisodique, et le *Philosophe corrigé*. Dans l'intervalle, elle avait publié un roman épistolaire (genre alors à la mode), intitulé : *Mémoires de Mme de Valmont*. En 1788 la chose publique était si malade, que c'était à qui proposerait des remèdes pour la sauver : Olympe de Gouges fut du nombre de ceux qui, à partir de ce moment jusque longtemps après la réunion des états généraux, ne laissèrent point passer un fait important sans l'élucider et le commenter à l'usage des masses. Elle rêva l'émancipation des femmes, disant qu'elles avaient bien le droit de monter à la tribune, puisqu'elles avaient celui de monter à l'échafaud.

Avec la mobilité d'idées particulière à son sexe, Olympe

de Gouges franchit rapidement les barrières qui séparaient nettement les grandes fractions entre lesquelles se partageait l'opinion publique. Après avoir été d'abord l'admiratrice passionnée de Necker, puis celle de Mirabeau, elle devint l'organisatrice et l'âme d'une société populaire de femmes, nous devrions dire de Mégères, qui s'en venaient régulièrement occuper les premiers rangs des tribunes publiques à la Convention, jetant de là l'insulte et l'injure aux membres de l'Assemblée qui défendaient des opinions contraires à celles de la *Montagne*. Ce fut le noyau des *tricoteuses*, sobriquet donné à ces forcenées, et provenant de ce qu'elles suivaient les discussions de l'assemblée tout en tricotant. On ne se rappelle que trop l'influence qu'elles exercèrent sur les événements de cette époque. Enfin, au milieu de cette immense orgie, vint le moment du réveil et du repentir : Olympe de Gouges se sentit émue de pitié à l'aspect de Louis XVI, traduit à la barre de la Convention sous une accusation capitale. Abjurant alors les idées qu'elles préconisait naguère, elle prit hautement la défense du monarque déchu ; puis quand le couteau de la guillotine eut fait rouler sa tête sur la place de la Révolution, elle se mit à attaquer le régime affreux qui pesait sur la France, et à poursuivre les hommes de la Terreur de ses énergiques invectives et de ses brûlants pamphlets. Un jour, un groupe l'entoure dans la rue : un brutal lui serre la tête sous son bras et lui arrache son bonnet, criant : « Qui veut la tête d'Olympe pour quinze sous? — Mon ami, j'y mets la pièce de trente, » dit-elle, sans se troubler. La foule se prit à rire, et la laissa s'esquiver. Mise au nombre des suspects par un arrêté du Comité de salut public, elle fut décrétée de prise de corps vers la fin de 1793, et traduite devant le tribunal révolutionnaire. Du prétoire de ce tribunal de sang à la guillotine il n'y avait qu'un pas : Olympe le franchit sans sourciller, et subit son sort avec courage.

GOUGH (Hugh GOUGH, baron et vicomte), général anglais, est le fils de *Georges* Gough, de Woodstown, dans le comté de Limerick, où il est né en 1779. Dès 1791, il entra dans l'armée ; en 1795, il assista à la prise du Cap de Bonne-Espérance, puis dans les Indes occidentales aux attaques de Porto-Rico, de Sainte-Lucie et à la prise de Surinam. Envoyé en Espagne en 1809, il y commanda le 87ᵉ régiment aux batailles de Talavera, de Barossa, de Vittoria et de Nivelle, ainsi qu'aux siéges de Cadix et de Tarifa, où il reçut une grave blessure à la tête. Devenu en 1830 général major et propriétaire du 99ᵉ régiment, il reçut en 1841 le commandement des troupes anglaises envoyées en Chine. Le 25 mai de cette même année, il battit complétement l'armée chinoise, et par suite de cette victoire il contraignit le gouverneur de Canton à capituler. Au mois d'août, il partit de Hong-Kong, et débarqua dans l'île d'Amoy, dont il s'empara après une courte résistance. Le 30 septembre il prenait possession de l'île de Chusân, et en octobre des îles Ching-Haï et Ning-Po. Sa nomination au grade de lieutenant général et la grand' croix de l'ordre du Bain furent la récompense de ces victoires. Le 15 mars 1842, il battit à Tsé-Kih les Chinois commandés par Yh-King, et leur fit éprouver des pertes énormes, tandis que les siennes se bornèrent à trois morts et à vingt blessés ; et après être parti de Ning-Po le 7 mai, il s'empara le 18 de la grande ville de Tcha-Pou, força l'entrée de Yang-sé, s'empara le 19 juin de Shang-Haï, et le 21 juillet prit d'assaut Tshing-Kiang-Fou, où les Tatares lui opposèrent la résistance la plus opiniâtre. Arrivé devant Nanking, il se disposait à attaquer cette ville, quand il reçut la nouvelle de l'armistice conclu par Pottinger, suivi bientôt après de la signature de la paix avec la Chine.

Au mois de décembre de cette même année 1842, le général Gough fut créé *baronet* et appelé au commandement en chef des forces britanniques dans l'Inde. Son premier exploit dans ce pays fut une attaque qu'il tenta le 29 décembre 1843, à Marahajpour, contre les Mahrattes insoumis. Il les mit en déroute, et les força à reconnaître de nouveau la souveraineté de l'Angleterre. Il obtint des succès encore plus glorieux dans son expédition contre les Sikhs. Le 18 décembre 1845, il les battit dans la sanglante affaire de Moudky ; et trois jours après, à la tête de 17,000 hommes, il s'empara du camp retranché de Ferozeshah, défendu par 50,000 hommes ; enfin, le 10 février 1846, il fit essuyer à l'ennemi une déroute complète à Sobraon. Les Sikhs perdirent dans cette affaire 67 pièces de canon, 200 bouches à feu pour chameaux, un matériel immense et 10,000 hommes tués. La perte des Anglais se borna à 2,400 morts et blessés. Le 22 février, Gough, à la tête de son armée victorieuse, entrait à Lahore, et la paix qui fut conclue alors valut aux Anglais tout le territoire situé entre le Setledge et le Beas. Le parlement vota des remerciements au général, qui fut créé pair, sous le titre de lord Gough de Tshing-Kiang-Fou en Chine, Maraharjpour et de Setledge dans l'Inde.

Dans l'automne de 1848, les Sikhs ayant recommencé les hostilités et envahi le territoire anglais, Gough rejoignit l'armée, le 21 novembre, et, à la suite de diverses escarmouches, dans lesquelles il tua beaucoup de monde à l'ennemi, franchit le Tshenab. Le 15 janvier 1849, il livra le sanglant combat de Chillianwallah, où l'armée anglaise resta, il est vrai, maîtresse du champ de bataille, mais à la suite duquel elle se trouva tellement affaiblie, qu'elle ne put poursuivre les Sikhs et qu'elle leur abandonna même quatre canons. La nouvelle de ce désastre produisit la plus vive émotion en Angleterre, où tout aussitôt on accusa Gough d'imprudence et où la Compagnie des Indes résolut de lui enlever son commandement pour le confier au général Napier. Mais dès le 21 février suivant Gough avait attaqué de nouveau les Sikhs à Goudzerate, et, après une résistance héroïque, il avait été assez heureux pour exterminer à peu près complétement leur armée. Entourés de toutes parts, les quelques débris qui en restaient encore durent mettre bas les armes, le 4 juin 1849 ; il fut créé vicomte de Goudzerate et de Limerick ; et après avoir remis à son successeur le commandement de son armée, il revint en Europe jouir de sa gloire et de la pension de 2,000 liv. st. que la Compagnie des Indes lui a votée. Il réside tantôt à Londres et tantôt dans le domaine de Sainte-Hélène près de Dublin ; au mois de juin 1854, il a été promu *général*, grade supérieur en Angleterre à celui de *general-lieutenant*.

GOUHENANS (Affaire des mines de). *Voyez* Teste.

GOUJAT. Vers le milieu du moyen âge, lorsque les armées commencèrent à s'organiser plus régulièrement, on attacha à leur suite des domestiques chargés des offices les plus bas, et on leur donna le nom de *goujats* (valets de l'armée). C'étaient eux qui entretenaient les objets d'habillement des soldats, qui leur préparaient à manger, qui nettoyaient leur habitation. Il y avait parmi eux une espèce de hiérarchie qui les divisait en trois classes distinctes : la première, chargée de tout ce qui avait trait à la propreté du corps et des hardes ; la seconde, affectée à la direction de la partie culinaire ; la troisième, formant la troupe, plus modeste, des marmitons. Sous le règne de Philippe-Auguste, on donna également la dénomination de *goujats* aux paysans armés qui suivaient l'infanterie dans les expéditions militaires, et que l'on avait jusque alors désignés sous le nom de *piquichins*, *pétaux* et *bidaux*. Lorsque, dans le onzième et le douzième siècle, des bandes d'aventuriers se formèrent en France, une grande partie des goujats de l'armée passa dans leurs rangs, et commit dans les provinces les plus grands désordres. Dès lors leur nom devint un terme de mépris, synonyme de *gueux*, *bandits*, *mauvais sujets*. Disons pourtant, à l'éloge de cette troupe si méprisée, qu'elle n'était pas uniquement une pépinière de pillards et de *mauvais garçons*. Brantôme, écrivant la biographie d'un vaillant homme de guerre, qui avait fait parmi eux son apprentissage, le baron de Lagarde, général des galères, ne peut s'empêcher de s'écrier : « Ah ! qu'on en a vu sortir de bons soldats de ces goujats ! »

Le mot *goujat*, dans le sens militaire, est aujourd'hui inusité : la colère seule le fait quelquefois employer contre la classe la plus grossière du peuple. Il peut s'entendre aussi d'un homme qui, grossier par caractère ou par habitude, apporte dans le commerce du monde une rudesse de manières et de mœurs qui lui fait méconnaître tout ce qu'il se doit à lui-même et aux autres.

GOUJON, genre de poissons de la famille des cyprinoïdes, offrant pour caractères : Nageoires dorsale et anale sans épines ; barbillons labiaux, dont un à chaque angle de la bouche ; dents pharyngiennes, coniques et crochues sur deux rangs. Les goujons se distinguent des tanches par les écailles de leur corps, qui sont plus grandes. L'espèce commune, dont la chair est très-estimée et qui sert à faire d'excellentes fritures, passe l'hiver dans les lacs ; au printemps, elle remonte les rivières pour frayer. On la rencontre alors en petites troupes dans toutes les eaux douces de l'Europe.

GOUJON (Jean). C'est à Paris que naquit Jean Goujon, le premier sculpteur dont la France puisse se glorifier. On ne connaît pas la date de sa naissance, on ignore où et comment il apprit son art ; mais ce qu'il n'est pas permis d'ignorer, c'est son génie extraordinaire. On peut dire que pendant que Michel-Ange enrichissait l'Italie des fruits de son génie, Jean Goujon offrait des chefs-d'œuvre à la France étonnée, non pas qu'il eut jamais l'énergie et la force qui caractérisent le talent du sculpteur florentin ; mais il mettait tant de grâce et d'élégance dans le mouvement et les attitudes des femmes qu'il dessinait, et tant de perfection dans le maniement de son ciseau, qu'on peut le placer à côté des plus habiles artistes de l'antiquité, surtout si on observe ses bas-reliefs, la partie de la sculpture dans laquelle il excellait. Peu de sculpteurs ont compris aussi bien que Goujon les règles de l'optique et du bas-relief. Il avait l'art de modeler un corps peu saillant et *méplat* de façon à lui donner de la rondeur par la manière dont il fixait la lumière sur les parties saillantes, et dont il savait la faire glisser sur celles qu'il voulait sacrifier. Rien n'est plus beau que la fontaine des Nymphes, dite des *Innocents*. Dans cet ouvrage, un de ceux qui honorèrent le plus l'école française, il règne entre la sculpture et l'architecture dont le monument se compose une harmonie qui charme la vue, et qui provoque d'aimables sensations. On y voit des naïades dessinées correctement, dans des proportions élégantes, et dans des attitudes animées par les grâces ; leurs draperies légères laissent suffisamment apercevoir le nu qu'elles cachent, et elles y sont adhérentes avec une discrétion qui pourtant inspire un sentiment de volupté. Dans les bas-reliefs du soubassement, on voit aussi le triomphe de Vénus. La déesse des amours, mollement couchée sur les eaux, folâtre avec de petits enfants qui l'accompagnent, et qui s'amusent avec des poissons qu'ils ont retirés de l'eau. Les archivoltes de ce joli monument, dont l'architecture est de Lescot, sont ornées de plusieurs renommées dans des attitudes différentes, sculptées par Goujon.

Le grand artiste, lié d'amitié avec Pierre Lescot, se plut à enrichir le palais du Louvre des plus belles sculptures. Les frontons circulaires sont peuplés de ses figures en demi-relief : on y voit Mercure, l'Abondance, et au milieu deux génies qui soutiennent des cartels aux armes de Henri II. Les entre-pilastres offrent des traits relatifs à la prudence et à la valeur du roi, avec des trophées et des esclaves enchaînés. On lui doit encore toutes les figures iconologiques qui embrassent les croisées circulaires formées en œil de bœuf. Ces femmes élégamment dessinées, qui expriment les principales vertus d'un pouvoir, ont de l'analogie avec les sculptures de la Fontaine des Innocents. Dans la salle des Cent-Suisses, on admire de lui quatre caryatides de quatre mètres de haut, taillées en ronde bosse ; elles soutiennent une tribune enrichie des plus beaux ornements. Dans l'une des salles du Musée, on s'arrête également devant une grande et riche cheminée où il a sculpté deux magnifiques statues colossales, qui s'appuient sur une niche circulaire qui contient un buste.

Je ne passerai pas sous silence le bel hôtel de Carnavalet, qu'il enrichit de bas-reliefs magnifiques : d'un lion, d'un léopard, de plusieurs enfants qui soutiennent des cartouches ; d'une Renommée et des figures de la Force et de la Vigilance. Précédemment, il avait déjà orné la Porte Saint-Antoine de quatre petits bas-reliefs en pierre, dont la finesse égalait les plus beaux camées : ils représentaient la Seine, la Marne, l'Oise, et Vénus sortant des ondes. Ces petits chefs-d'œuvre sont maintenant au Musée. Dans la même salle est un bas-relief représentant Jésus au tombeau, qu'il avait sculpté pour les Cordeliers de Paris : je l'ai sauvé de la destruction de 1793, ainsi que les précédents. Citons encore de ce grand maître un petit bas-relief en marbre d'une perfection extraordinaire, représentant Diane, ses chiens et un cerf.

Jean Goujon a fait très-peu de statues. On a vu longtemps au Musée des Monuments français la belle statue nue et couchée de François Ier, qui ornait son tombeau, et qui est maintenant dans l'église de Saint-Denis : ce chef-d'œuvre de l'art français peut être comparé aux belles productions grecques ; on voyait aussi à ce musée une statue de Diane, qui passa à la Malmaison.

Si Jean Goujon, après tant de monuments admirables, eût fui, le 24 août 1572, comme on le lui conseillait, une cour fanatique et perfide ; s'il eût abandonné son travail dans ce moment de crise, il aurait enrichi la France d'un plus grand nombre de chefs-d'œuvre ; mais, voulant retoucher quelque chose à la Fontaine des Innocents, il fut tué sur son échafaud même, d'un coup d'arquebuse : il était protestant. D'autres prétendent que ce fut au Louvre qu'il périt, le jour de la Saint-Barthélemy.

Ch^er^ Alexandre Lenoir.

GOUJON (Jean-Marie-Claude-Alexandre), membre de la Convention, né en 1766, à Bourg-en-Bresse, occupa d'abord un petit emploi dans l'administration départementale à Versailles, et fut après le 10 août nommé aux fonctions de procureur général syndic, puis, peu de temps après, élu député suppléant à la Convention. Dans cette assemblée, il se fit constamment remarquer par l'exaltation de son civisme, qui le porta à diverses reprises à refuser d'importantes fonctions administratives, afin de pouvoir conserver son mandat de représentant du peuple, pour le cas où la mort de celui dont il était le suppléant viendrait à lui donner le droit de voter et de parler, ainsi qu'il arriva quand Hérault de Séchelles fut envoyé à l'échafaud avec Danton et Camille Desmoulins. Il était en mission à l'armée du Rhin et Moselle quand eut lieu la journée du 9 thermidor, qui débarrassa la France de Robespierre et de son parti. De retour à Paris peu de temps après, Goujon eut le courage de ne point déserter ses amis maintenant vaincus, et de relever dans la Convention le drapeau de la Montagne contre la réaction thermidorienne. Dans les journées des 1, 2 et 3 prairial an III, lorsque la populace des faubourgs, soulevée par les derniers tronçons de la queue de Robespierre, envahit la salle de la Convention, présidée par Boissy-d'Anglas, et massacra le député Féraud, Goujon fut du petit nombre de députés qui se montrèrent favorables à l'insurrection. Délivré par l'armée des sections après avoir été prisonnière des insurgés pendant une séance de dix heures, la Convention ordonna l'arrestation et la mise en jugement de trente de ses membres. Goujon fut du nombre des proscrits qui ne parvinrent pas à se cacher. Dès qu'il eut connaissance de l'arrêt rendu par la commission militaire devant laquelle lui et ses amis avaient été traduits, il résolut d'échapper au bourreau par une mort volontaire, et fit partager son dessein à ses collègues au nombre de treize. Le premier il se frappa avec un couteau, qui passa successivement dans les mains de chacun des condamnés. Goujon était lié d'amitié et d'opinions politiques avec Babœuf.

GOULBURN (Henri), ancien ministre anglais et chancelier de l'échiquier, est né en 1784, d'une riche famille de la gentry, et entra en 1821 au parlement comme représentant de l'université de Cambridge. Comme il appartient à l'opinion tory la plus avancée, et qu'il compte au nombre des champions les plus ardents de l'Église dominante, il a toujours fait partie de l'administration, lorsque les tories ont été aux affaires. C'est ainsi qu'il fut pendant quelque temps secrétaire général pour l'Irlande, puis ministre de l'intérieur, chancelier de l'échiquier de 1828 à 1830, secrétaire d'État en 1835, et encore une fois chancelier de l'échiquier en 1841, lors de la rentrée au ministère de sir Robert Peel, avec lequel il s'est retiré des affaires quand la majorité a passé aux whigs. En 1852 l'université de Cambridge l'a de nouveau choisi pour son représentant à la chambre basse.

GOULES ou GHOLES, êtres surnaturels et malfaisants, appartenant à la mythologie des Arabes, des Persans et de quelques autres peuples musulmans, dans laquelle ils jouent le même rôle que les vampires dans les traditions populaires de la Hongrie, de la Pologne, de l'Esclavonie et des îles de la Grèce. Les goules habitent des lieux souterrains, d'où elles ne sortent qu'à l'heure de minuit, pour nuire aux pauvres mortels et les tourmenter de mille façons. Les Afghans croient que chaque solitude, chaque désert de leur pays, est habité par un démon qu'ils appellent *Gouli-Binbau*, ou le spectre de la solitude. Ils désignent souvent la férocité d'une tribu en disant qu'elle est sauvage comme *Gouli-Binbau*, c'est-à-dire comme le démon du désert. Dans les contes arabes, la goule est représentée se repaissant des lambeaux de cadavres qu'elle a exhumés.

GOULIARDS ou CLERCS RIBAUDS. *Voyez* CLERC.

GOULU. L'Académie définit le *goulu* celui qui aime à manger, celui qui mange d'ordinaire avec avidité, et elle se hâte d'ajouter : « Le loup est un animal *goulu*; le canard est un oiseau très-*goulu*. » Elle eût pu accroître sa nomenclature incomplète de l'autruche, qui dévore avidement et sans choix tout ce qu'elle trouve à sa portée. Elle n'eût pas pas dû oublier non plus certains serpents qui ne divisent pas leurs aliments, qui ne les triturent pas par la mastication, mais qui les engloutissent.

Mais, de tous les animaux *goulus*, le plus voracement, le plus bestialement *goulu*, c'est l'homme, quand il se dégrade au point d'engloutir des aliments sans choix. Le gastronome mange en homme de goût, d'esprit, de jugement; c'est le type épuré du gourmand, le *goulu* en est l'extrême opposé, l'extrême honteux.

GOUM, nom que l'on donne en Algérie à une sorte de milice arabe que les bachagas, les agas et les caïds lèvent à notre réquisition dans toutes les tribus où ils commandent. Les goums forment une sorte de société militaire placée sous l'action incessante des bureaux arabes. D'abord employés comme auxiliaires de l'armée et attirés surtout par l'ardeur du butin, les goums font aujourd'hui isolément des expéditions importantes sous la conduite de leurs chefs dirigés par nos officiers, et ils ont puissamment contribué à assurer la tranquillité de l'Algérie et la soumission des autres Arabes. L. LOUVET.

GOUNDOUANA, GONDWANA ou GUNDOUANA, ancienne province de l'Indostan, qui avait pour chef-lieu *Gharra*, ville aujourd'hui déserte, comprise maintenant dans le royaume de Wagpour, l'une des possessions immédiates de la Compagnie des Indes, et ayant pour chef-lieu *Djabbalpour*.

GOUNONG-API. *Voyez* BANDA.

GOUPIL (AUGUSTE), médecin distingué de Paris, où il naquit, en 1796, fut reçu docteur-médecin dès 1818, à l'âge de vingt-deux ans. Fils et gendre de praticiens distingués, il s'adonna lui-même sans partage et avec zèle, avec de vrais succès, à la médecine pratique. N'accordant à la science que les courts moments dont l'art ne disposait pas, dans le jour il n'écrivait jamais que des ordonnances; et lorsqu'il fallait enregistrer ou publier quelque fait curieux ou important tiré de sa pratique, il ne l'écrivait que pendant la nuit, tant ses heures étaient comptées et remplies. Si en effet il est une profession qui s'empare d'un homme tout entier, de ses pensées, de son activité, de tout son temps et de tout son génie, et même de ses rêves, sans laisser repos ni trêve à ses forces et à son esprit, cette profession, c'est celle du médecin. Écrire est la manie du temps, et M. Goupil a fait acte d'excellent jugement en sachant se soustraire à cette faiblesse. L'art médical a été le but constant de sa vie; et déjà assez lourds sont les devoirs de ceux qui l'exercent avec conscience, pour n'y joindre aucun de ces fardeaux superflus qui feraient perdre à l'athlète de sa puissante énergie, de sa présence d'esprit et de son agilité. Toutefois M. Goupil a publié quelques bons mémoires, en s'inspirant de la crainte de laisser perdre pour l'art ou pour la science les faits nouveaux et intéressants dont sa féconde pratique l'avait rendu témoin. On a de lui des opuscules *Sur la coqueluche* (sa thèse), *Sur la goutte*, *Sur le rhumatisme*; des dissertations *Sur la phegmatia alba dolens* (affection assez rare chez nous pour n'avoir pas encore reçu de nom français), *Sur l'acupuncture* (expédient thérapeutique maintenant fort délaissé, après quelques instants de vogue); enfin des observations pratiques *Sur le nitre* (azotate de potasse) *à hautes doses*, *Sur le seigle ergoté*, substance dont les propriétés, en fait de grossesse, comportent assez de périls pour que le gouvernement s'en soit ému, etc. Nos lecteurs ont pu apprécier les excellents mais trop rares articles, dont le docteur Goupil a enrichi ce Dictionnaire.

GOUPILLON, aspersoir depuis fort longtemps en usage dans l'église catholique, petit bâton au bout duquel il y a des soies de porc, retenues par des fils d'archal, et qui sert, dans les cérémonies de la liturgie chrétienne, à prendre de l'eau bénite, ou à la présenter à quelqu'un, ainsi qu'à l'aspersion. C'est aussi un instrument destiné au même usage, consistant en une boule de métal creuse, percée de petits trous et placée au bout d'un manche de même métal, ou de bois. Il y en a d'argent, de cuivre, d'argent doré et de cuivre argenté. La littérature portugaise possède sous ce titre un poëme héroï-comique, de Diniz da Cruz e Silva, égal et supérieur peut-être au *Lutrin*.

Goupillon se dit dans certains arts de brosses qui ressemblent au premier de ces instruments. Les cartiers et les chapeliers surtout en font un fréquent usage.

GOUR, nom d'une variété du bœuf ordinaire, propre à l'île de Ceylan. Le gour se distingue de notre bœuf commun par de plus grandes proportions, et encore mieux par la forme de la crête occipito-frontale qui se porte en avant, et par le grand développement des apophyses épineuses de ses vertèbres dorsales.

GOURA. *Voyez* COLOMBE.

GOURBI, cabane en pisé ou en pierre des Berbères. La réunion en un point de plusieurs gourbis appartenant à une même tribu constitue le *kebila*, d'où on a fait le nom de kabyles, donné aux peuples d'Afrique qui vivent sous des gourbis.

GOURDAN (La). Nous sommes en pleine fange, ou plutôt en plein Louis XV. La Gourdan, dont le nom joue un si grand rôle dans les Mémoires secrets du dix-huitième siècle, et revient à chaque page dans les romans orduriers qui servaient de pâture à une génération corrompue, tenait, de 1745 à 1755, dans le faubourg du Roule, une de ces maisons consacrées à la débauche que de tout temps la police a tolérées dans les grandes villes. Casanova, le *chevalier* Casanova de Seingalt, dans ses *Mémoires*, consacre un chapitre entier à décrire le mystérieux hôtel, caché au fond d'ombreux jardins, où la Gourdan consentait à recevoir les amis de ses amis et à les présenter à ses trop faciles pensionnaires. Il ajoute que sur une plaque de marbre noir, placée au-dessus d'une seconde porte intérieure, apostée là comme mesure de précaution, à l'extrémité d'une avenue conduisant à l'hôtel, on lisait en lettres d'or ce vers de Virgile :

Sunt mihi bis septem præstanti corpore nymphæ;

et que la dame du lieu, fidèle observatrice de la règle posée dans cette espèce d'enseigne, n'avait jamais consenti à admettre à la fois plus de quatorze *pensionnaires* dans son établissement, où les places se retenaient à l'avance et se payaient même fort cher. C'était sans aucun doute à cause des chances qu'avaient les femmes perdues d'y rencontrer des protecteurs généreux, magnifiques. Et de fait on retrouve dans le cours des Mémoires du cynique Gil Blas vénitien plusieurs femmes à qui le lecteur a déjà été présenté par Casanova dans le somptueux lupanar du faubourg du Roule, et qui n'en occupent par moins quelques années plus tard, dans le vrai monde, des positions auxquelles ne semblaient guère les destiner leurs honteux antécédents.

Ce qu'il y a de plus extraordinaire, selon nous, dans tout ce détail, c'est que le fameux vers de Virgile avait été, sur ses instances pressantes, fourni à la Gourdan par Voltaire... Oui par Voltaire, qui avait eu la curiosité de vouloir apprendre par lui-même à quoi s'en tenir sur les merveilleux récits qu'il entendait faire de tous côtés de la Gourdan et de sa facile hospitalité. Du reste, la visite furtive qu'il y fit serait restée à jamais inconnue sans l'indiscrétion posthume du chevalier d'industrie auteur de ces Mémoires. Quant au nom de Gourdan, c'était probablement, selon l'usage, un *nom de guerre*, pris successivement et même à d'assez longs intervalles par différentes entremetteuses, en possession, sous Louis XV, de pourvoir aux infâmes plaisirs d'une classe profondément pervertie et de racoler pour le service du Parc aux Cerfs.

GOURDE, nom donné à une espèce de bouteille faite d'une calebasse séchée et vidée, dont les soldats, les pélerins, etc., se servent pour porter de l'eau ou du vin.

GOURGANNE ou FÈVEROLLE. *Voyez* FÈVE.

GOURDJISTAN ou GOURGISTAN. *Voyez* GÉORGIE et CAUCASE, tome IV, page 689.

GOURGAUD (GASPARD, baron), aide de camp de Napoléon et l'un des compagnons de sa captivité à Sainte-Hélène, naquit, le 14 septembre 1783, à Versailles, où son père était attaché, en qualité de musicien, à la chapelle du roi Louis XVI. Reçu en 1799 élève de l'École Polytechnique, il en sortit au bout de deux ans pour aller passer quelque temps à l'École militaire de Châlons. Il fut alors adjoint au professeur de fortification à l'École de Metz, puis entra, avec le grade de lieutenant en second, au 6e régiment d'artillerie à cheval, avec lequel il passa en Hanovre. Son corps ayant été désigné pour faire partie du camp de Boulogne, il y devint aide de camp du général d'artillerie Foucher. Pendant l'immortelle campagne de 1805, il eut occasion de donner de nombreuses preuves de courage et d'intelligence, et fut blessé dangereusement d'un éclat de mitraille sur le champ de bataille d'Austerlitz. Comme dans ce temps-là on était avare de la croix de la Légion d'Honneur, il n'obtint cette distinction que deux années plus tard, dans la campagne de Prusse, à la suite des affaires de Saalfeld et d'Iéna. A Friedland, il passa capitaine. Envoyé en Espagne en 1808, avec le 5e corps, il se distingua au siége de Saragosse; mais il ne tarda pas à être rappelé de la Péninsule, avec son régiment, pour faire partie de la nouvelle armée que les armements de l'Autriche obligeaient Napoléon à réunir en Allemagne, et il prit part alors à la campagne de 1809, payant largement de sa personne aux affaires d'Abendsberg, d'Eckmuhl, d'Essling et de Wagram. Chargé, en 1811, par l'empereur, d'aller reconnaître l'état véritable de la place de Dantzig, pour le cas où une guerre nouvelle viendrait à éclater entre la France et la Russie, et d'y préparer en secret des équipages de pont et de siége, il s'acquitta de cette mission avec tant d'intelligence et en présenta le rapport en termes si nets, que Napoléon l'en récompensa en l'attachant à sa personne, avec le titre d'officier d'ordonnance, et en l'emmenant dans son voyage de Hollande.

Envoyé, vers la fin de la même année, inspecter nos côtes de l'ouest, ses rapports et ses observations lui valurent le titre de chevalier de l'empire, avec une dotation annuelle de 2,000 francs. Après avoir accompagné l'empereur au congrès de Dresde, il le suivit, avec le grade de chef d'escadron, dans son expédition de Russie, entra le premier au Kremlin, et fut assez heureux pour y découvrir quatre cents milliers de poudre destinés par Rostopchin à anéantir, d'un seul coup, par leur explosion le quartier général. Au milieu de l'incendie qui dévorait la ville, on put encore mettre en lieu de sûreté ce terrible dépôt; et Napoléon paya ce service signalé par la collation du titre de baron de l'empire. Pendant la fatale retraite dont il partagea toutes les fatigues et tous les périls, il traversa, à deux reprises, la Bérézina, avec son cheval, pour y présider à la construction du pont sur lequel devaient passer les derniers débris de la grande armée. Au terme de ce grand désastre, Napoléon lui conféra le titre de son premier officier d'ordonnance, fonctions qui l'attachaient directement au service de son cabinet particulier. Pendant l'armistice de Pleswitz, conclu à la suite des batailles de Bautzen et de Lutzen, il fut préposé à la surveillance du matériel de l'artillerie. Le rapport qu'il adressa à Napoléon pour démontrer qu'on pouvait tenir dans Dresde, rapport à la suite duquel l'empereur, au lieu de marcher sur Kœnigsberg, comme il en avait l'intention, changea de direction et arriva assez à temps sous les murs de la capitale de la Saxe pour empêcher les coalisés d'enlever cette ville, lui valut une nouvelle dotation de 6,000 francs et le brevet d'officier de la Légion d'Honneur. A la bataille de Brienne, il sauva encore une fois la vie de Napoléon en tuant d'un coup de pistolet, au moment où il tenait déjà sa lance levée sur l'empereur, un Cosaque faisant partie d'un détachement qui, à dix heures du soir, se rua à l'improviste sur la colonne au milieu de laquelle Napoléon regagnait son quartier général à Mézières. L'empereur, à cette occasion, lui fit présent de l'épée qu'il avait portée dans toutes ses campagnes d'Italie.

Gourgaud ne se sépara de Napoléon que le 20 avril 1814, jour de son départ pour l'île d'Elbe; et la Restauration le nomma chef de l'état-major de la première division militaire. Pendant les cent-jours, il reprit son service auprès de l'empereur en qualité de premier officier d'ordonnace; et à la suite de la bataille de Fleurus, Napoléon le nomma son aide de camp et le fit général. Après le désastre de Waterloo, où les derniers coups de canon furent tirés par son ordre, il obtint de l'empereur la permission de l'accompagner à Sainte-Hélène, où il resta jusqu'en 1818; mais à cette époque une maladie à la suite de laquelle les médecins ordonnèrent son prompt retour sous le ciel natal, ou, suivant une autre version, une mésintelligence fâcheuse survenue entre lui et l'un des compagnons d'exil du grand homme, le ramena en Europe au moment où les souverains alliés étaient réunis en congrès à Aix-la-Chapelle. Un mémoire qu'il leur adressa pour leur exposer l'état misérable dans lequel se trouvait l'homme que naguère encore ils s'honoraient tous de pouvoir appeler leur frère, fut suivi de quelques adoucissements apportés à la rigoureuse captivité de Napoléon. A son retour de Sainte-Hélène, Gourgaud avait été réduit à s'asseoir aux foyers du peuple britannique, à cause de l'interdiction mise à sa rentrée en France par le gouvernement de la Restauration. Une brochure qu'il publia à Londres sur la bataille de Waterloo, brochure où se trouvent des détails de stratégie alors inconnus ou niés, blessa profondément l'amour-propre du duc de Wellington, à la demande de qui application de l'*alien-bill* fut faite par le ministère anglais à Gourgaud, dont on saisit les papiers et qu'on transporta sans autre forme de procès à Cuxhaven.

Le général y résida jusqu'en 1821, époque où enfin il obtint la permission de revoir le sol de la patrie. Fidèle à ses rancunes, le gouvernement de la Restauration maintint rigoureusement contre lui l'exclusion des rangs de l'armée dont on avait puni en 1815 son dévoûment à l'égard de Napoléon. Il se serait dès lors trouvé dans une situation financière très-précaire, sans les nobles libéralités contenues en sa faveur dans le testament de l'empereur. Il publia, avec le général Montholon, un ouvrage écrit en commun à Sainte-Hélène sous la dictée de Napoléon lui-même, et intitulé :

Mémoires pour servir à l'Histoire de France sous Napoléon (8 volumes, 1823; 2e édition, 1830). L'*Histoire de la grande armée en Russie*, par M. de Ségur, fut de la part du général Gourgaud l'objet d'une réfutation, à la suite de laquelle les deux généraux échangèrent des coups de pistolet. Cet écrit intitulé : *Examen critique, etc.* (Paris, 1825; 4e édition, 1826), en raison même du grand succès qu'il obtint, l'engagea aussi dans une polémique animée avec Walter Scott, contre les attaques injustes et passionnées de qui il crut devoir défendre la mémoire de l'empereur, non moins que son propre honneur, indignement calomnié par le romancier anglais, qui, dans sa *Vie de Napoléon*, n'avait pas craint d'avancer qu'à Sainte-Hélène le général Gourgaud avait été auprès de Napoléon l'espion du gouvernement anglais.

A la révolution de Juillet, le général Gourgaud fut immédiatement rétabli sur le cadre d'activité de l'armée et nommé commandant de l'artillerie de Vincennes et de Paris. Promu, en 1835, au grade de lieutenant général, Louis-Philippe l'attacha à sa personne, avec le titre d'aide de camp. En 1840, il fit partie de la commission chargée d'aller chercher à Sainte-Hélène la dépouille mortelle du grand capitaine. L'année suivante il fut appelé à la chambre des pairs, où il vota toujours pour le ministère. Un décret du gouvernement provisoire, rendu à la suite de la révolution de Février, le raya du cadre des officiers généraux en disponibilité, pour le ranger parmi ceux qui furent alors mis à la retrait. Après les événements de juin, il devint colonel de la première légion de la garde nationale de Paris, et le 13 mai 1849 le département des Deux-Sèvres l'envoya à l'Assemblée législative. Il s'y fit remarquer par ses tendances réactionnaires, et soutint maladroitement la fameuse expédition contre l'imprimerie Boulé, le soir du 13 juin 1849. Le coup d'État du 2 décembre lui enleva ses fonctions. Il mourut à Paris, le 25 juillet 1852, à la suite d'une longue maladie.

GOURGON. *Voyez* Flèche et Dard.

GOURIE ou GOURIEL, subdivision administrative et politique de la Russie asiatique, dans le gouvernement des pays du Caucase, province d'Iméreth, avec une population d'environ 40,000 âmes, répartie sur une superficie de 45 myriamètres carrés. C'est la partie méridionale de l'ancienne Colchide. On la divise en *Gourie russe* et en *Gourie turque*; la première a pour chef-lieu *Poti*. La seconde, comprise dans le pachalik de Trébizonde, a pour chef-lieu *Batoun*.

GOURMAND, GOURMANDISE. Quelque agrément que l'on ait voulu répandre sur la gourmandise, en la célébrant dans quelques livres, et en faisant en son honneur des chansons, des odes et même des poëmes, elle demeurera un vice bas et dangereux, fort justement classé par les théologiens dans les *péchés capitaux*, car pour la satisfaire on vole, et l'ivresse, cause de tant de crimes, ne provient que d'elle. L'avantage de la sobriété sur la gourmandise est immense dans les temps de guerre, ou de révolution, et l'on peut prédire la victoire au peuple ou au parti qui se soucie le moins de ce qu'il mange. La gourmandise consiste en un désir immodéré bien plus qu'en un besoin de nourriture : elle est avide d'aliments recherchés et dédaigneuse de mets simples. L'honneur, la délicatesse, cèdent à la gourmandise; l'on devient le parasite de l'homme que l'on méprise le plus; l'on affronte le mépris de ses laquais pour faire bonne chère. Tel ne sait pas résister à un certain gibier; tel autre, à tel ou tel fruit; celui-ci compromettrait sa femme pour du macaroni; celui-là vendrait son âme pour une soupe à la tortue. Les uns s'avouent coupables de cette intempérance, et en rient; les autres ont fait de leur estomac un sanctuaire : tout ce qui entre là est important, sacré; il faut s'en occuper gravement. On s'endette pour avoir une table somptueuse, des primeurs et un bon cuisinier. On oublie en se gorgeant de mets coûteux et venus de loin, de vins fins, de liqueurs rares, que dans le voisinage, dans la maison peut-être que l'on habite, plusieurs familles meurent d'inanition. Et la gourmandise, qui rend égoïste, inhumain, ne serait qu'un travers ! Non, J.-J. Rousseau le dit : «La *gourmandise* est le vice des âmes sans étoffe. » Et celui qui pense trop souvent à contenter la sensualité de son palais doit sur-le-champ se condamner à l'abstinence.

Il ne faut pas confondre avec la gourmandise la sensation agréable que l'on éprouve en réunissant dans un festin de nombreux amis, dont on s'efforce de contenter les goûts : la générosité, l'hospitalité, justifient dans ce cas l'abondance et la recherche. La préférence que l'on accorde à quelques aliments, le plaisir qu'en cause la saveur, n'ont rien de commun avec la gourmandise : elle commence quand on mange ou boit avec excès, quand on dépense pour se nourrir une somme prélevée sur les besoins de sa famille. La gourmandise est une passion, un vice, quand elle met obstacle à l'aumône, indispensable devoir des riches; elle l'est encore quand enfin elle provoque des maux physiques. La *Biographie des Gourmands* renferme des noms plus fameux qu'illustres : on ne peut se rappeler sans dégoût Vitellius et Apicius, qui se tuait ne pouvant vivre avec les 500,000 francs qui lui restaient des 5 millions dépensés pour sa table; Domitien, Héliogabale, et tant d'autres qui engraissaient leurs murènes avec des esclaves. En vain a-t-on voulu modernement ennoblir, par des dérivés grecs, la plus matérielle des passions, la gastronomie : le *gastrolâtre* est demeuré le *gourmand*, c'est-à-dire l'être le plus bas placé sur l'échelle du vice. Les moines, dans le moyen âge, les financiers, avant la révolution, avaient une réputation de *gourmandise*, qui passa aux représentants du peuple dans les assemblées nationales. Il n'y a plus, que nous sachions, de corporation qui se distingue en ce genre, et l'on ne cite aujourd'hui que des individus.

Le *gourmand* est celui qui est adonné à la *gourmandise*, qui professe cette science de *gueule*, comme l'appelle Montaigne. Un homme qu'aucun mérite ne distingue a un titre, s'il est *gourmand*, à l'attention des sots. Ainsi devint célèbre, sous l'empire, d'Aigrefeuille, ami de Cambacérès, l'archichancelier. Il s'occupait chez ce dernier de tous les détails relatifs à la cuisine, et l'on citait la table de Cambacérès comme la meilleure de l'époque. C'était dans l'ordre, car l'archichancelier traitait pour Napoléon, à qui ses habitudes laborieuses et son admirable sobriété rendaient insupportable le temps passé à manger. On n'est pas un gourmand pour trop manger une fois, ou pour dîner, en passant, à dix louis par tête : la fréquence de ces excès constitue seule le *gourmand*. Le gourmand est sujet aux migraines, aux coliques, aux gastrites, et, bravant ces maux, il meurt le plus souvent d'indigestion ou d'apoplexie. Son caractère est nul : la passion qui l'absorbe ne laisse guère place à d'autres passions, si ce n'est par exception; il est aussi incapable du mal que du bien, et mérite la désignation de *pourceau d'Epicure*, qu'on lui donne généralement. Sous le nom d'*Almanach des Gourmands*, La Reynière a publié plusieurs petits volumes aussi gais que spirituels. La *Gastronomie* de Berchoux est un des poëmes les plus amusants que nous possédions; la *Physiologie du Goût* de Brillat-Savarin est un livre plein d'érudition; les œuvres de Carême, *Le Cuisinier royal*, *La Cuisinière bourgeoise*, sont dans toutes les mains. On n'en estime pas plus le gourmand, et il est impossible de ne pas regretter des frais de science et d'esprit faits pour des gens qu'un des plus beaux génies du monde, Dante, a placés dans la fange. « Tout ce que j'ai donné à mon ventre a disparu, disait Callimaque, et j'ai conservé la nourriture donnée à mon esprit. »

Csse de Bradi.

GOURMAND (*Culture*), jeune pousse d'arbre fruitier ou d'arbuste soumis à la taille, qui, se développant avec trop de vigueur, attire à elle la sève, épuise ainsi les branches voisines, et souvent même les fait périr. Quelle est la cause la plus fréquente de la production des *branches gourmandes*? Si l'on remarque d'un côté la rareté de ces déviations de la sève sur des arbres abandonnés à eux-mêmes, de l'autre leur fréquence sur les arbres taillés, rabattus, assujettis à une forme donnée, on sera conduit à considérer leur évolution comme le résultat de la taille, et en général de toutes les opérations qui contrarient le développement naturel du sujet. L'évolution des gourmands est toujours fâcheuse sur les arbres jeunes et bien portants. Le jardinier qui les détruit lorsqu'ils sont faibles encore arrête souvent la direction vicieuse des sucs nourriciers; mais lorsqu'ils sont forts et vigoureux, la section brusque n'est pas sans danger pour le sujet qui les porte; aussi est-ce avec raison que l'on conseille alors d'y ralentir la vie par un des nombreux procédés connus des jardiniers (amputation ou torsion de l'extrémité, inclinaison vers la terre, etc.). Les gourmands qui poussent sur des arbres déjà vieux, sur ceux qui ont été contrariés par le voisinage d'autres arbres, servent souvent à rajeunir ou à régulariser les sujets. Ainsi je me rappelle avoir déplanté un prunier de neuf à dix ans, contrarié dans sa croissance et jeté d'un seul côté par un abricotier qui le dominait; je l'ai placé dans un carré où rien ne gênait l'évolution de ses branches : j'ai déterminé l'apparition de quelques gourmands vers les parties dégarnies, et en moins de trois ans, cet arbre, plein de vie, était d'une forme très-régulière. P. GAUBERT.

GOURME. C'est le nom d'une maladie particulière également à l'enfance des hommes et des chevaux. Chez les premiers, elle porte aussi le nom de *rache*, de *croûte laiteuse*. Alibert, qui dit l'avoir aussi rencontrée chez les adultes, l'a décrite sous le nom d'*achore*. Le siége en est derrière, et quelquefois sur toute la surface de l'oreille externe. Elle paraît tantôt sous la forme de simple exsudation puriforme, tantôt sous celle de croûtes plus ou moins épaisses, jaunâtres, à l'époque de la première dentition, qui paraît influer beaucoup sur son développement : les enfants d'un tempérament lymphatique, scrofuleux, mal nourris, habitant les lieux bas et humides, y sont particulièrement sujets. Elle affecte parfois le caractère de teigne muqueuse. On considère ordinairement la gourme comme une espèce d'émonctoire, de dépuration salutaire de la nature, dont le traitement doit se borner à un bon régime, des soins de propreté, etc., mais en évitant surtout l'emploi des répercussifs.

La gourme affecte ordinairement les chevaux de deux à cinq ans et quelquefois plus tard. Elle se manifeste par un engorgement des glandes maxillaires, sublinguales, et même des parotides, par un écoulement d'humeur visqueuse, gluante, rousse ou blanchâtre, fluant des naseaux, ou enfin par des tumeurs, des abcès, sur diverses parties du corps. Le traitement doit en varier suivant ces divers cas. Le plus souvent cette éruption ne réclame que des soins de propreté, des lotions et des applications émollientes, des bains, un régime sobre, quelques boissons légèrement amères. On la nomme *fausse gourme* quand elle paraît à l'âge de sept à huit ans. Elle se complique alors de symptômes plus ou moins graves, dégénère souvent en *morve* quand l'écoulement a lieu par le nez, et entraîne fréquemment la mort.

GOURMETTE. C'est une partie du mors du cheval, composée de mailles, de maillons, d'un S et d'un crochet, le tout formant une chaînette qui tient à l'un des côtés du mors, et qu'on attache de l'autre en la faisant passer sous la barbe du cheval. La gourmette était inconnue des anciens, et n'a été adoptée que par suite de l'addition des branches, qui seraient inutiles, si l'on ne fournissait au levier qui en résulte un second point d'appui, sans lequel l'embouchure ne pourrait exercer une impression suffisante sur les barres. Cette chaînette a aussi l'avantage d'opérer une action plus ou moins vive sur la partie avec laquelle elle se trouve en contact. La forme des gourmettes a beaucoup varié depuis leur origine. Les éperonniers en comptent deux autres espèces, nommées *fausses gourmettes*, qui ont à peu près le même but, et dont nous ne ferons pas l'historique.

Gourmette, en termes de marine, s'applique à un garde qu'on met sur un navire pour veiller aux marchandises et en avoir soin. Les Provençaux appellent du même nom un valet de bord chargé de toute espèce de travail, surtout du nettoyage du bâtiment et du service de l'équipage.

GOURNAY (MARIE LE JARS DE), née à Paris, en 1566, d'une famille distinguée. Elle était encore toute jeune lorsqu'elle vint à perdre son père, qui était trésorier de la maison du roi. Son esprit ferme et sérieux l'attira de bonne heure vers des études toutes viriles. Elle apprit le latin sans maître. Les *Essais* de Montaigne lui étant par hasard tombé entre les mains, elle conçut pour l'auteur un vif enthousiasme. Et lorsque Montaigne, en 1588, se rendit aux états de Blois, où il était député, elle quitta sa terre de Gournay pour venir avec sa mère rendre hommage au philosophe. A Paris elle ne vit que lui, et Montaigne, charmé de l'aventure et de son esprit, lui voua une réelle affection. Il ne l'appelait que sa *fille d'alliance*. Mlle de Gournay avait alors vingt-deux ans, et Montaigne cinquante-cinq. Elle l'emmena avec elle à Gournay, et il y séjourna trois mois. De son côté Mlle de Gournay s'éprit de plus en plus du vieux philosophe, qu'elle appelait son second père, et à qui, disait-elle, elle avait autant d'obligations qu'au premier.

Dans ses *Essais*, cependant, Montaigne parle rarement de Mlle de Gournay : « Il faut, disait-il, craindre d'éveiller la méchanceté toujours en quête auprès des femmes. » Mais il lui donna une grande preuve d'estime et d'attachement en lui léguant ses manuscrits. Voici ce que Pasquier rapporte à ce sujet : « Cette vertueuse demoiselle, avertie de la mort du seigneur de Montaigne, traversa presque toute la France, tant par son propre vœu que par celui de la veuve de Montaigne et de Mme d'Ehisac, sa fille, qui la convièrent d'aller mêler ses pleurs et ses regrets, qui furent infinis, avec les leurs. » Plus tard, ayant perdu elle-même sa mère, elle revint habiter Paris, où sa maison devint le rendez-vous des savants et des gens de lettres.

Elle eut des amis illustres, les cardinaux du Perron, Bentivoglio, Richelieu, saint François de Sales, Godeau, Dupuy, Balzac, Maynard, Heinsius, etc. Le roi lui fit une pension. Elle prit parti mal à propos dans une querelle pour le père Cotton, et publia à ce sujet l'*Adieu de l'ami du roi pour la défense des pères jésuites* (Paris, in-8°, 1610), auquel on répondit par un libelle intitulé : *Remercîment des beurrières* (Niort, 1610), et par l'*Anti-Gournay*, qui ne vaut guère mieux. Les adversaires des enfants de Loyola la firent, du reste, cruellement repentir de son intervention intempestive.

Après la fondation de l'Académie française, elle reçut chez elle une partie des membres de cette compagnie, et lorsqu'ils annoncèrent l'intention d'élaguer de la langue un grand nombre de mots vieillis, Mlle de Gournay protesta contre cette réformation. Elle disait des puristes, « que leur style était un bouillon d'eau claire, sans impureté et sans substance. » Elle a publié deux éditions de Montaigne : la première en 1595; la seconde, qui lui est bien supérieure, en 1635. Celle-ci est dédiée au cardinal de Richelieu, qui en fit les frais. Elle est enrichie d'une préface curieuse où Pascal a pris cette idée ingénieuse de la Divinité : « C'est un cercle dont la circonférence est partout, et le centre nulle part. »

Mlle de Gournay, surnommée par ses galants contemporains *la Sirène française* et *la dixième Muse*, a composé *Le Promenoir de M. de Montaigne, par sa fille d'alliance*; une traduction en vers du second livre de l'*Énéide*; *Le Bouquet poétique*; des versions de fragments de Virgile, Tacite et Salluste; un *Discours pour la défense de la poésie*; *L'Égalité des Hommes et des Femmes*; *L'Ombre de la Dlle de Gournay*; *Les Avis et les Présents de la Dlle de Gournay*. On trouve dans ce dernier ouvrage sa vie, racontée par elle-même avec une grâce et une naïveté qui rappellent quelquefois son père adoptif. Elle mourut à Paris, le 13 juillet 1645, à soixante-dix-neuf ans, et fut inhumée à Saint-Eustache. Elle avait légué sa bibliothèque à Lamothe-Le-Vayer.

GOURVILLE (JEAN HÉRAULD, sieur DE), auteur de curieux Mémoires sur l'histoire de son temps, qui vont de

1642 à 1698, et que plus d'une fois Voltaire a mis à contribution pour son *Siècle de Louis XIV*, naquit en 1625, à La Rochefoucauld, en Poitou, de parents faisant depuis longtemps partie de la basse domesticité de la maison de La Rochefoucauld. Après avoir été d'abord palefrenier, puis valet de chambre et enfin secrétaire de l'illustre auteur des *Maximes*, il devint son confident et son intime ami. La Rochefoucauld, s'étant bien trouvé de lui pour ses affaires domestiques et aussi pour ses menées et ses intrigues politiques, le *donna*, comme on disait dans ce temps-là, au prince de Condé, à qui Gourville rendit d'importants services pendant la guerre de la Fronde; et à partir de ce moment jusqu'à sa mort, arrivée en 1703, Gourville ne cessa pas un instant d'être plus maître à l'hôtel de Condé que les deux princes de Condé eux-mêmes, lesquels mirent d'ailleurs en lui toute leur confiance. On comprend que dans une pareille position Gourville voyait naturellement la meilleure et la plus grande compagnie de France. Doué de beaucoup de sens et d'un rare esprit de conduite, il réussit à se gouverner dans ce milieu, si difficile pour un parvenu, avec tant d'adresse et de convenance, sans jamais manquer à ce qu'il se devait à lui-même, sans jamais oublier non plus combien obscurs avaient été ses débuts, ni donner à qui que ce soit le droit ou l'envie de le lui rappeler, qu'il se fit les amis les plus considérables, et finit par être un véritable personnage, avec lequel les seigneurs les plus huppés étaient obligés de compter, car le grand roi lui-même le traitait avec distinction.

Après l'édit de pacification qui mit fin aux troubles de la Fronde, Gourville profita de ses brillantes et utiles relations pour se lancer dans les affaires de finances et y faire une grande et rapide fortune. D'abord intendant des vivres à l'armée de Catalogne, il fut ensuite nommé receveur général des tailles en Guienne. Ami intime du surintendant Fouquet, et enveloppé dans sa disgrâce, il resta fidèle au malheur et aida l'ex-ministre de son argent et du crédit qu'il conservait encore à la cour. Obligé de fuir, il se retira à Londres, puis à Bruxelles, et alla séjourner à Bréda lors du congrès tenu dans cette ville en 1666. Mieux éclairé sur son compte, probablement grâce aux bons offices des La Rochefoucauld, Louis XIV confia alors à Gourville une mission secrète auprès du duc de Brunswick, Frédéric-Guillaume, au moment même où Colbert, poursuivant le cours inflexible de sa vengeance contre Fouquet, le faisait condamner à Paris comme concussionnaire. Le zèle intelligent avec lequel Gourville s'acquitta de sa mission et, par-dessus tout, l'active intervention du prince de Condé, qui négocia sa grâce au prix de 600,000 livres, lui permirent bientôt de rentrer à Paris.

Saint-Simon, qui l'avait connu dans sa vieillesse, rapporte que c'était un homme fort grand et fort gros, qui avait été très-bien fait, et qui jusqu'à la fin conserva sa bonne mine, une santé parfaite, et sa tête entière. Il ajoute qu'il avait épousé secrètement l'une des sœurs du duc de La Rochefoucauld, son premier protecteur; que c'était là un fait parfaitement connu de chacun à l'hôtel de La Rochefoucauld, où les trois sœurs du duc, restées filles, logeaient ensemble dans un corps de logis séparé, tandis que Gourville demeurait à l'hôtel de Condé. Mais à les voir, dit-il encore, personne ne s'en serait jamais douté. Gourville à l'égard de tous les La Rochefoucauld, voire de celle qu'il avait épousée, garda constamment en public une attitude de déférence et de respect qui prouvait qu'il ne se méconnaissait pas, et qu'il se rappelait parfaitement avoir été *à eux* dans sa jeunesse. Saint-Simon nous apprend qu'il avait peu de domestiques, mais qu'il savait les bien choisir. « Lorsqu'il se vit vieux, dit-il, il les fit tous venir, un matin, dans sa chambre; là, il leur déclara qu'il était fort content d'eux, mais qu'ils ne s'attendissent pas à ce qu'il leur laissât quoi que ce fût par testament; seulement il leur promettait d'augmenter à chacun ses gages tous les ans d'un quart, s'ils le servaient bien et avec affection; que c'était à eux à avoir soin de lui, et à prier Dieu de le leur conserver longtemps, que par ce moyen ils auraient de lui, s'il vivait encore quelques années, plus qu'ils n'en auraient pu espérer par testament. Il leur tint exactement parole. Il n'avait point d'enfants, mais des neveux et des nièces qu'on ne voyait pas, hors un neveu qui même se produisit peu. Ils furent ses héritiers, et sont demeurés dans l'obscurité. »

GOUSSE. En botanique, on appelle *gousse* ou *légume* un fruit sec, ordinairement allongé, un peu irrégulier, à deux valves et à deux sutures longitudinales opposées, portant les graines le long d'une des sutures, qui correspond plus directement que l'autre au pédoncule, et qui est un peu plus saillante à l'extérieur. Ces graines sont attachées alternativement à l'une et à l'autre valve. La gousse n'a ordinairement qu'une loge, comme dans le haricot, le pois, et généralement toutes les papilionacées. Cependant elle est *biloculaire*, c'est-à-dire à cavité intérieure divisée en deux loges, dans l'astragale; *multiloculaire* dans la sensitive, le tamarinier, la casse; *articulée*, ou ayant de distance en distance des articulations ou étranglements qui la divisent en plusieurs parties, dans l'*hedysarum*.

L'architecture s'est appliquée à l'imitation des gousses naturelles; et ces ornements, qu'on voit principalement dans le chapiteau ionien, ont pris le nom des objets qu'ils représentaient, et se sont appelés également *gousses*.

Les jardiniers et les cuisiniers ont appelé *gousse d'ail* une petite tête d'ail : cette acception, tout opposée qu'elle est à la signification scientifique de ce mot, n'en est pas moins aujourd'hui usitée partout.

GOUSSES. (*Ethnographie*). *Voyez* Comans.

GOUSSET. Dans le blason on donne ce nom à une pièce irrégulière qui ressemble à un gousset d'armure (partie de l'armure, qui avait la forme d'un triangle, et qui garantissait le dessous du bras), et qui prend en haut des deux angles de l'écu pour venir se terminer en pal à la pointe.

GOUST ou BOUST, la plus petite république qui soit au monde, et située dans les Pyrénées, entre les frontières de la France et celle de l'Espagne, a été oubliée dans tous les traités de paix relatifs à la démarcation des frontières de ces deux puissances, et jouit par suite, depuis un temps immémorial, d'une complète indépendance. Elle se compose d'un hameau dont les chaumières, éparses çà et là, contiennent à peine cinquante bâtiments, et occupe le point culminant d'une montagne qui s'élève à 1,200 mètres au-dessus des sources thermales des Eaux-Bonnes. La république de Goust est gouvernée par un conseil des anciens, composé de cinq membres, et sous le rapport spirituel dépend de la paroisse de Laruns, petit bourg des Basses-Pyrénées. Elle n'a point de lois écrites.

GOÛT (*Physiologie*). On donne ce nom à celui des sens qui juge des saveurs et qui les discerne, le cerveau aidant, c'est-à-dire l'âme, le rendez-vous final de toutes les impressions de peine ou de plaisir. Le goût est le sens de l'appétit et de la gourmandise : aussi la nature l'a-t-elle judicieusement placé, comme en sentinelle, à l'origine des voies digestives. Lui et l'odorat soumettent à une sorte d'inspection les substances servant à nous nourrir, et comme tous les inspecteurs, ceux-là sont sujets à la partialité et à l'erreur. Complaisants pour ce qui les flatte et leur agrée, ils repousseraient souvent des choses utiles, si l'expérience n'interposait son autorité. L'estomac, moins susceptible qu'eux, se trouve bien des alliacés, qui répugnent à l'odorat, et il fait bon accueil aux amers, eux dont le goût se trouve offensé.

Le siége de ce sens est tout à la fois la membrane de la langue et celle du palais. Quelques personnes pensent que la langue en est l'unique organe; mais c'est une erreur : on a vu des hommes privés de langue qui jouissaient de la faculté d'apprécier les saveurs. Essayez de goûter seulement avec la pointe de la langue, à peine sortie de la bouche, une substance savoureuse quelconque, vous verrez combien l'impression en sera faible, à moins que cette substance n'ait le mordant d'un agent chimique, à moins que ce ne soit un sel, par exemple, un alcali ou un acide. La langue n'est donc pas le seul instrument du goût; je ne sais même si elle en est l'instrument principal; et cette vérité est si évidente que le langage vulgaire l'a dès longtemps consacrée. On dit un *palais délicat*, quand on veut exprimer l'aptitude à savourer des choses d'un goût délicieux, des breuvages recherchés, des mets exquis. Au reste, il ne faut pas croire que cette remarque soit sans importance. Songez donc qu'on dispute depuis Galien, et peut-être avant lui, sur la question de savoir lequel des nerfs de la langue, l'*hypoglosse* ou le *lingual*, est le plus spécialement affecté au sens du goût. A l'appui des deux opinions, on allègue des faits nombreux; on cite de part et d'autre des expériences de galvanisme, des sections, des blessures de toutes espèces, et des maladies; et ces preuves, crues péremptoires, se détruisent l'une par l'autre. Outre que je ne vois pas pour quelle nécessité le sens du goût aurait un nerf spécial plutôt que le toucher, outre qu'un même nerf peut faire agir des muscles et servir à la fois aux sensations, il suffit que le palais participe à la dégustation pour montrer que le sens du goût n'a pas de nerf unique et spécial, et que des filets nerveux provenant de diverses sources concourent à la perception des saveurs.

Pour discerner les saveurs, il faut que la langue soit mobile, qu'elle et le palais soient sensibles, et parfaitement humectés des sucs provenant de la membrane muqueuse qui revêt le palais et la langue; il faut que ces organes continuent de se nourrir aux dépens du sang dont leurs vaisseaux les pénètrent; il faut que les issues veineuses de ce sang restent libres, aussi bien que son accès par les artères. Il leur faut encore, à la langue et au palais, des nerfs pour la nutrition, des nerfs pour la sécrétion des sucs lubréfiants, des nerfs pour le simple toucher, qui juge de la présence même du corps à savourer; de plus, il leur faut des nerfs pour le mouvement qui leur fait palper, une à une, les molécules de ce corps sapide, et enfin, d'autres nerfs pour discerner les saveurs elles-mêmes. Supposez maintenant qu'on vienne à détruire un de ces nerfs qui président aux conditions indispensables à la sensation du goût, un seul, n'importe lequel, aussitôt vous verrez cesser cette sensation. Si vous empêchez la nutrition, plus de goût; la sécrétion des fluides, plus de goût; la sensation même, à plus forte raison, plus de goût. Vous voyez qu'il ne suffit pas que la sensation cesse après qu'un nerf a été détruit pour qu'on ait le droit d'en inférer que ce nerf est l'agent essentiel de cette sensation. Peut-être l'est-il, mais nous n'en pouvons rien savoir, surtout pour un sens aussi compliqué que le goût. Si vous liez et comprimez les artères de la langue et du palais, le sens du goût sera dès lors aboli, tout comme si les nerfs de ces organes étaient altérés; et pourtant vous ne direz pas que ce sont les artères qui apprécient les saveurs! Concluons donc que nous savons peu de choses concernant les nerfs des sens, et encore moins sur ceux du goût.

On regarde communément les papilles de la langue comme les instruments essentiels de la perception des saveurs; et comme le palais n'offre aucun de ces petits prolongements manifestes, c'est sans doute à cause de cela qu'on lui a refusé sa juste part dans la sensation du goût. Mais où est la preuve que des papilles sont plus indispensables au goût qu'aux autres sens? est-ce qu'il existe des papilles pour l'odorat? Les fiévreux et les vieillards, eux dont la langue est souvent hérissée de papilles jusqu'à ressembler à celle des chats, en ont-ils pour cela le goût moins émoussé?..... Renonçons donc à donner aux papilles un pouvoir que rien n'atteste. Comment goûteraient beaucoup d'animaux, si la langue et ses papilles étaient essentielles au sens du goût? La plupart des oiseaux ont une langue cornée et les poissons n'ont point de langue du tout; et cependant beaucoup d'entre eux se laissent prendre à des appâts qui, privés d'odeur, ne les attirent que par leurs qualités sapides. Les grenouilles et les rainettes, dont la langue a sa pointe tournée en arrière, vers le gosier, néanmoins ne se méprennent point quant à leurs aliments. Les mollusques n'ont ni palais ni langue, et pourtant il est des saveurs qu'ils affectionnent. Les mouches, qui n'ont qu'une trompe indistincte pour juger des saveurs, n'en sont ni moins gourmandes ni moins constantes quant au choix des mêmes aliments.

Il existe entre le goût et l'odorat un concours visible, une solidarité irrécusable. Leur alliance est aussi évidente que leur voisinage : l'odorat prévient le goût et le complète. La perception des plus agréables saveurs correspond à l'instant où les corps sapides passent de la bouche dans le pharynx. C'est l'odorat qui ajoute au goût ce qu'il a de plus délicieux. Le voile du palais forme les confins et pour ainsi dire les Pyrénées de ces deux sens contigus : c'est en ce lieu que les deux sensations se confondent. Voilà même pourquoi on multiplie les aspirations par les narines lorsqu'on ne veut rien perdre d'une saveur agréable : l'enfant respire plus vite et bien plus profondément quand il est appendu au sein de sa mère. Il en est de même des gourmets qui dégustent un vin délicat. Par la même raison, on ferme les narines au moyen du voile du palais, ou l'on suspend la respiration en fermant la glotte, quand on veut affaiblir la détestable saveur de certains remèdes.

Remarquez que tout état de fièvre ou d'inflammation, de même qu'un long sommeil ou l'abus des boissons gommeuses ou de l'opium, font perdre au sens du goût toute sa finesse; tandis que les acides, les remèdes toniques et amers, les condiments épicés, l'éveillent et l'excitent. En général, le sens du goût est subordonné à l'état sain ou morbide de l'estomac. Il a à son tour beaucoup d'influence sur les digestions : flatté par d'agréables saveurs, l'espèce de volupté dont il est l'instrument rejaillit sur les glandes salivaires, sur l'estomac; le cœur alors accélère ses mouvements, l'esprit devient plus vif, l'humeur plus enjouée, et les digestions sont plus parfaites.

On dit souvent qu'*il ne faut pas disputer des goûts*, non que la chose n'en vaille pas la peine, mais parce que le goût diffère en chaque homme, condition indispensable à l'égale consommation des produits de la terre.

Un reproche que s'est attiré le sens du goût, c'est qu'il est stérile pour l'intelligence : il peut l'exciter, non l'agrandir. Quelque délicieux que soit un mets, c'est à peine si l'on en garde le souvenir, et la masse des idées n'en est point accrue. Ceux qui s'adonnent aux plaisirs de la table sont ordinairement paresseux, grands dormeurs, gais et conteurs, mais incapables de toute contention d'esprit.

Dr Isidore Bourdon.

GOÛT (*Esthétique*). Ce mot signifie d'abord en philosophie *sens du beau*. C'est cette faculté dont nous sommes doués, d'être modifiés d'un sentiment agréable ou pénible quand nous sommes en présence d'un objet beau ou laid, de quelque nature qu'il soit. Le sens du beau est bien différent du *goût jugement*, *judicium*, comme l'appelaient les Latins, et qui est une faculté tout intellectuelle, dont la fonction consiste à démêler le rapport qui existe entre un objet et l'impression qu'il nous a causée, de manière à pouvoir déterminer si cet objet est beau ou ne l'est pas. On peut dire encore que cette faculté consiste à comparer un objet sous son côté esthétique avec un certain type de beauté, à l'apprécier d'après certaines règles formulées d'avance, et à juger ainsi s'il est beau ou non.

Un oiseau à la forme élégante, au plumage nuancé de couleurs brillantes et harmonieuses, se présente à nos regards : non seulement nous *percevons* sa forme et ses couleurs, mais en même temps nous éprouvons un sentiment de plaisir plus ou moins vif, selon l'énergie de notre sensibilité. Ce pouvoir d'être ainsi affecté d'une émotion agréable à la suite d'une perception, d'une vue de l'esprit, appartient en propre à la sensibilité, et non à l'intelligence. Le fait de l'émotion agréable naît bien à la suite d'un fait intellectuel, a bien pour cause ce même fait mais il est de sa nature purement affectif : c'est un plaisir si l'objet agrée, une peine si l'objet déplaît. Les philosophes ont donné à ce pouvoir le nom de *goût*, et ils ont eu tort. Ils eussent mieux fait, pour éviter la confusion, de se contenter des mots *sens du beau, sens esthétique*. Mais le rôle de l'esprit à l'égard du beau ne se borne pas au sentiment. Nous ne pouvons avoir conscience de cette modification de plaisir sans l'attribuer à rien, et sans lui assigner pour cause la perception, ou, ce qui revient au même, l'objet perçu qui la fait naître. Nous sommes conduits nécessairement à supposer dans l'objet perçu la propriété de nous agréer, et cette propriété, nous l'appelons *beauté*. Cette espèce de jugement, par lequel nous concluons du plaisir éprouvé par nous à l'existence d'une qualité correspondante dans les objets est le fait de la raison, et non plus du principe affectif, et c'est au pouvoir de porter de tels jugements que nous donnons proprement le nom de goût, *judicium*. C'est cette faculté du goût considérée comme pouvoir de l'entendement dont l'examen offre le plus d'intérêt, parce que c'est elle que l'étude et l'exercice peuvent développer, diriger et perfectionner.

Si nous n'avions à juger que sur les œuvres de la nature, cette espèce de faculté attirerait bien moins notre attention, parce que, à quelques exceptions près, elle s'exerce d'une manière assez uniforme dans les différents individus, et que d'ailleurs les différences qui peuvent exister dans les esprits à cet égard ne donnent pas lieu à des discussions bien importantes. Ainsi, tous les hommes sont à peu près d'accord sur la beauté de la voûte des cieux, d'un arbre majestueux, d'un noble coursier ; sur la laideur de certains animaux, comme d'une chauve-souris, d'un poisson difforme, etc.; la vertu excite parmi les hommes la même admiration, le mal inspire la même horreur; la dépravation seule peut les rendre indifférents à ce sujet, de même que l'état morbide rend un malade impropre à juger des saveurs. S'il y a des différences dans les goûts des peuples sur certaines formes, ces différences sont conformes aux desseins de la nature, et ne troublent pas la paix du monde. Nous laissons les nègres aimer les cheveux crépus, les grosses lèvres et les nez épatés, et ce n'est pas pour cette raison que cette espèce est l'objet de nos persécutions et de nos iniquités. Mais le goût n'a pas seulement affaire à la nature, il s'exerce encore sur les œuvres de l'art, c'est-à-dire sur ces imitations par lesquelles l'homme cherche à reproduire les beautés dont le Créateur lui a fourni le modèle. C'est alors que le goût nous apparaît davantage comme faculté intellectuelle, parce que l'intelligence dans ce cas s'exerce aussi bien davantage. Nous n'avons plus seulement à juger ici de la beauté des œuvres de la nature, il nous faut comparer à celles-là les œuvres de l'homme, et comme celles-ci sont toujours composées d'un assez grand nombre de parties, discerner quelles sont celles qui s'éloignent du modèle, quelles sont celles qui en approchent, à quel degré elles en sont encore éloignées, etc. On voit que la faculté du goût ne peut s'exercer dans ce cas qu'au moyen d'une foule de comparaisons ou jugements portés sur les diverses parties de l'œuvre que nous devons apprécier; il ne suffit pas ici du sentiment du beau, il faut encore une grande justesse d'esprit, un coup d'œil exercé, qui n'omette rien, une raison dégagée de préjugés, d'idées mal faites, etc. En un mot, il faut d'abord avoir des notions justes et complètes, arrêtées, sur l'espèce de beauté qui a été prise pour type, et ensuite comparer l'œuvre et ses diverses parties avec ce modèle.

C'est ainsi que s'exerce ou doit s'exercer le goût dans les arts d'imitation. Dans ceux où l'imagination fait plus de frais, comme dans la musique, la composition pittoresque, la littérature, le goût a encore plus à faire. En effet, ce ne sont plus de simples imitations qui sont offertes à la critique, ce sont des compositions dont les diverses parties, quoique existant toutes dans la nature, sont combinées dans un autre ordre, et réunies entre elles de manière à converger avec le plus d'ordre et d'harmonie possible vers une idée principale, qui sert pour ainsi dire de clef à la voûte, comme une idée morale, un fait historique intéressant, une situation de la vie, un caractère, etc. Il faut donc ici non-seulement comparer chaque partie avec ce qui lui correspond dans la nature, mais encore apprécier la convenance ou les rapports de ces parties entre elles, et de ces parties relativement à l'idée principale vers laquelle elles doivent tendre toutes. C'est cette appréciation de l'harmonie d'un ensemble qui exige de la part de l'esprit le plus de jugement.

Mais, dira-t-on, bien des gens ont l'esprit juste, parfaitement exercé à saisir à la fois une multitude de rapports, comme les géomètres, par exemple, et souvent ces mêmes personnes ont fort peu de goût, quelquefois n'en ont point. Le jugement ne suffit donc pas. Cette objection va nous amener à reconnaître ce qu'il y a de plus dans le goût que dans le jugement proprement dit. Le savant, quand il considère des rapports ou un enchaînement de rapports, n'a pour objet que leur évidence. Le poëte ou le critique les envisage encore sous un autre point de vue, sous celui de leur beauté, et il ne se demande pas seulement si la raison les admet, il se demande encore quelle impression ils produisent; il consulte le sentiment qu'ils font naître dans l'âme, il interroge son cœur. Or, il peut se faire qu'un homme comprenne très-bien ce qu'il y a de justesse et d'évidence dans une série de rapports, mais qu'il ne *sente* pas ce qu'il y a de beau, s'il n'est pas doué d'une sensibilité assez délicate pour que leur perception l'affecte d'une émotion agréable. Il demandera ce que le poëte a voulu *prouver*, tandis que le poëte n'a rien voulu prouver, mais seulement *toucher* et *plaire*. On voit donc que pour juger en matière de goût, il ne suffit pas d'être frappé de l'évidence des rapports, il faut encore être organisé de manière à *sentir* ce que la convenance de ces rapports a de flatteur pour l'âme qui les perçoit. Cependant, la justesse de l'esprit, l'exactitude du raisonnement, sont presque aussi nécessaires pour apprécier convenablement les œuvres de l'art, qu'une sensibilité vive. Qu'on place une page de poésie d'une certaine étendue, comme un poëme, un vaste tableau, devant les regards d'une personne dont l'esprit n'a point été cultivé, c'est-à-dire point exercé à l'analyse : quelles que soient la vivacité et l'énergie de ses sentiments, elle ne comprendra pas tout ce qu'il y a de beau ou de défectueux dans cette composition, parce qu'elle sera mal habile à distinguer toutes les parties de l'ensemble, tous les termes des rapports, et qu'avant de *sentir* ces rapports, il faut nécessairement les avoir perçus. Mais celui dont l'esprit est accoutumé à saisir rapidement les différentes parties d'un objet, à les comparer entre elles, à juger de la convenance ou de la disconvenance des rapports qui les unissent, celui qui a beaucoup observé, beaucoup étudié, celui-là seul peut être juge du mérite d'un grand ouvrage, en apprécier les divers éléments, les comparer avec les types qui leur correspondent dans la nature, et prononcer sur leur harmonie ou leur incohérence. Voilà comment il s'explique que le goût peut se développer et se perfectionner par l'exercice du jugement. Un jeune homme a plus d'imagination et une sensibilité plus active qu'un homme d'un âge fait; il a presque toujours moins de goût. Voilà aussi pourquoi nous goûtons davantage une belle composition, plus notre attention reste fixée sur elle, et pourquoi une œuvre qui au premier coup d'œil n'avait point séduit nos regards finit à la longue par mériter notre admiration.

On peut encore expliquer par là pourquoi la même composition est goûtée différemment par diverses personnes; car si l'une n'y aperçoit pas ce que l'autre a considéré, et que celle-ci néglige ce qu'a examiné celle-là, les jugements, quoique portés en apparence sur le même objet, pourront ne pas se rencontrer, parce qu'ils auront été réellement portés sur des choses différentes. Mais les différences dans les goûts ont encore d'autres causes que nous devons signaler. Nous placerons au premier rang la fausseté ou la justesse de l'esprit; car un esprit faux aura toujours le goût faux, par la raison qu'il apprécie mal les rapports qui unissent les parties d'un même objet, et que c'est précisément l'appréciation de ces rapports qui constitue le goût. L'autorité a aussi sur le goût une influence remarquable. Il suffit bien souvent que nous ayons entendu vanter tel ou tel auteur, pour que nous nous extasions sur le mérite de ses œuvres, et que nous admirions même ses défauts. L'esprit de parti, de coterie, contribue aussi à fausser nos jugements. Nous nous passionnons pour telle ou telle école, et rien n'est beau qui n'est point sorti d'elle; toutes ses productions, au contraire, sont marquées au cachet du génie. L'imagination n'est pas la dernière à vicier le goût. Tout ce qui la frappe vivement en étalant aux regards d'éclatantes couleurs surprend et entraîne notre approbation, et souvent empêche nos yeux éblouis d'apercevoir des défauts qui n'échappent point à un esprit sage et exempt de prévention. Les habitudes elles-mêmes, les circonstances au milieu desquelles nous vivons, influent sur notre goût. Un peuple dont l'imagination est réjouie par le spectacle d'une nature riche et variée ne goûtera pas une poésie triste et chargée de sombres couleurs. Une personne éminemment préoccupée d'idées religieuses ne trouvera rien de beau dans la peinture d'objets dont la beauté toute terrestre ne reporte pas l'esprit à l'idée de l'infini. Enfin, la passion est aussi en matière de goût, comme en toute autre chose, une cause d'erreur bien puissante. Une mère trouvera toujours beaux ses enfants, une femme s'estime toujours plus d'attraits qu'elle n'en a, un auteur ne tarit jamais d'admiration pour ses ouvrages, et ne manque pas de juger détestables ceux qui sont sortis d'une plume rivale.

Quant à la dépravation du goût, elle tient à la corruption du cœur ou à l'abus des émotions, qui émousse la sensibilité et en accroît les exigences, de telle sorte que pour la satisfaire il faut avoir recours à des peintures forcées et à une exagération de coloris toujours ennemie de la vérité, et par conséquent du beau; de même qu'un palais blasé a besoin de mets épicés et de liqueurs fortes qui réveillent et surexcitent des organes que les excès ont énervés.

En voyant régner une si grande diversité de goûts parmi les hommes, on se demande naturellement s'il existe des règles pour le goût qu'on soit en droit d'assigner à tous, et d'après lesquelles on puisse contrôler tous les ouvrages. Est-il un critérium auquel on reconnaisse ce qui est vraiment beau, et que l'on puisse appliquer à toutes les œuvres de l'art? Cette épineuse question, qui a déjà soulevé de si grands débats parmi les hommes, a été résolue de diverses manières. Quelques-uns ont prétendu qu'il n'est point de règles possibles en matière de goût, par la raison que les hommes, étant différemment organisés, n'éprouvent pas le même sentiment en présence des mêmes objets, et que le beau étant ce qui plaît, chacun a droit de proclamer beau ce qui lui plaît davantage. Cependant, des faits importants s'élèvent contre cette opinion. En effet, si chacun a un sentiment différent de la beauté, comment arrive-t-il qu'il y ait dans la nature et dans les œuvres des hommes, des choses qui excitent une admiration générale, un enthousiasme unanime? Il faut qu'il y ait dans ces choses un certain caractère de beauté bien évident pour tous, et qui prouve que le beau n'est pas aussi relatif qu'on le pense. D'un autre côté, si le goût ne pouvait avoir ses règles, l'art du critique serait quelque chose de ridicule et d'insensé, puisqu'il consisterait à discuter gravement avec des gens sur des questions impossibles à résoudre. Cependant nous lisons avec intérêt les ouvrages des critiques; nous avouons qu'ils servent à éclairer le goût, et nous reconnaissons qu'ils s'appuient sur des principes au moyen desquels nous démêlons ce qu'une œuvre a de beau et de défectueux. Quels sont donc ces principes au nom desquels un homme s'arroge le droit de contrôler et de réformer le goût de ses semblables? Pour les arts de pure imitation, il est évident que ce contrôle est bien simple à exercer, car il consiste uniquement à comparer la copie à l'original, l'œuvre de l'art à celle de la nature: rien n'est beau que le vrai. Mais dans les arts où l'imagination s'écarte davantage de la réalité et où elle combine ses matériaux de manière à offrir des espèces de créations, comme en architecture, en musique, en poésie, ces principes semblent plus difficiles à établir. On a dit que l'assentiment général était la meilleure preuve de la beauté d'un ouvrage; mais cette manière de résoudre la question la laisse indécise dans la plupart des cas; car s'il ne s'agissait que des œuvres pour lesquelles l'admiration des hommes est unanime on n'aurait pas besoin de règles de critique, tandis que si nous cherchons ces règles, c'est pour savoir à quoi nous en tenir sur les ouvrages qui sont un sujet de dissentiment parmi les hommes. Les règles d'après lesquelles nous devons les apprécier ne sont point si difficiles à signaler qu'elles le paraissent au premier abord. Toute vaste composition se rattache nécessairement à une grande idée qui doit avoir un profond retentissement dans l'âme humaine, et qui a inspiré le poëte, présidé à tout son travail, enfin dont la mise en lumière est le but de tous ses efforts. Pour l'exprimer, il est obligé d'employer une foule de matériaux divers qu'il va prendre dans la nature, et qu'il dispose le plus heureusement possible de manière à exprimer l'idée qu'il a choisie. Nous avons donc d'abord à examiner si cette idée est réellement digne, par sa grandeur et sa beauté d'être proposée aux hommes par l'artiste qui consacre son talent à la faire briller aux regards. Quant aux matériaux qu'il emploie, comme il va les prendre dans la nature, nous devons examiner s'ils sont de bon aloi, c'est-à-dire si la copie est fidèle, et nous n'avons pour cela qu'à les comparer avec la réalité. Enfin, il faut considérer non-seulement si chaque partie est dans un rapport convenable avec les parties environnantes, mais encore si elle est en rapport avec l'idée principale à laquelle toutes doivent aboutir; car c'est de cette relation des parties entre elles et des parties avec l'unité à laquelle elles se rattachent que résulte l'harmonie, c'est-à-dire la beauté de l'ensemble. Or, le travail qu'exige cet examen est un travail de raisonnement; et comme la raison est commune à tous les hommes, c'est-à-dire qu'il est loisible à tous de remarquer si une chose convient à une autre ou ne lui convient pas, on voit par là que tous les hommes sont appelés à juger sur les œuvres de l'art et que leur goût peut être dirigé et éclairé par certains principes.

Après cette règle, la plus importante de toutes, et qu'on peut appeler fondamentale, il en est encore d'autres, qui sont toutes également basées sur les lois de l'esprit humain. Telle est la règle de la variété, celle de la gradation dans l'intérêt, etc., parce que c'est une loi de l'esprit humain, que la monotonie fatigue, et que le sentiment languisse et perde de son intensité s'il n'est nourri et vivifié par des beautés toujours croissantes. Or, ce ne sont point là des règles arbitraires et variables, puisqu'elles reposent sur la nature humaine, qui est constante et uniforme dans ses lois. Qu'y a-t-il donc de mieux à faire pour former et développer le goût? Étudier la nature pour en apprécier les beautés et les harmonies; étudier l'esprit humain pour en connaître les exigences.

C.-M. Paffe.

Outre son emploi en physiologie et en esthétique, ce mot, dans le langage des beaux-arts, comporte une multitude d'acceptions qui ne sauraient être passées sous silence. Ainsi, comme synonyme de *jugement*, il est fréquemment employé par les amateurs de tableaux et de statues, et par les gens du monde pour exprimer certain sentiment, moins raisonné qu'instinctif, des convenances, certaine faculté de discerner les notions du beau et du vrai. Une autre acception, plus particulière aux artistes, consiste dans la manière de voir, de sentir, d'imiter la nature, ou d'exécuter un travail d'après les règles acceptées et qui font loi. Suivi des épithètes *sublime* ou *burlesque*, etc., etc., il peint le faire de tel ou tel artiste. La troisième acception, corollaire de la première, invoque comme règle à suivre, ou à rejeter, la physionomie particulière, la méthode d'un siècle, d'un pays, d'une école, d'un maître. Le goût, au reste, ne peut ni se définir, ni s'analyser, ni s'enseigner, ni s'acquérir ; il se développe par l'étude, mais ne se donne pas. Ce qu'on appelle *bon goût* est le goût général, le goût surtout des hommes d'expérience.

Considéré comme se rattachant au choix, à l'exécution d'un sujet, le *goût* semble se rapprocher du style, mais il s'en éloigne en réalité. Le *style* dans les arts est l'ensemble du faire ; tandis que le goût préside à la conception, la guide, la suit, lui imprime telle forme, lui donne tel caractère, lui enlève tel ou tel défaut. Envisagé comme manière de sentir la nature et d'exécuter un travail suivant les conventions d'une époque, le *goût* se subdivise en trois parties principales : *le goût naturel, le goût artificiel* ou *d'imitation*, et enfin le *goût national*, le goût traditionnel d'un pays, sans compter le *goût particulier* de chaque artiste, son faire instinctif de prédilection. Considéré comme physionomie particulière, comme caractère distinctif, comme méthode, le goût se rapporte aux siècles et aux époques : nous avons, dans ce sens, *le goût italien, le goût flamand, le goût français, le goût espagnol*, etc. Mme Dacier appelle le goût une harmonie, un accord de l'esprit et de la raison ; et Rollin, un discernement délicat, vif, net et précis de toute la beauté, la vérité et la justesse des pensées.

Le *goût* se dit aussi du plaisir qu'on éprouve à manger et à boire : Les malades ne trouvent goût à rien, ne prennent goût à rien, perdent entièrement le goût. Ils commencent à rentrer en goût, le goût commence à leur revenir, dès qu'ils sont convalescents.

Il se prend aussi pour *saveur :* Une sauce de *haut goût* est une sauce salée, épicée. Il devient encore synonyme d'*odeur :* Cet appartement a un goût de renfermé, ce tabac a un goût de pourri.

Goût se rapprochant d'inclination, on dit : Faire une chose par goût, pour exprimer qu'on la fait avec plaisir ; les *ouvrages de goût* sont ceux qui ne sont exécutés que pour l'agrément, pour l'ornement. Il se dit enfin de la manière agréable ou désagréable dont une chose nous frappe, au physique ou au moral : un livre, un tableau, une statue, un mobilier, une toilette de bon goût, de mauvais goût, d'un goût nouveau ; des ornements d'un goût recherché, d'un goût mesquin ; le goût du jour ; une plaisanterie de mauvais goût ; une galanterie de bon goût.

Goût dans ses diverses acceptions entre dans une foule de façons de parler proverbiales : *Des goûts et des couleurs, il ne faut pas disputer. Tous les goûts sont dans la nature*, auquel dit-on, on peut opposer le proverbe espagnol : *Il y a des goûts qui méritent des coups de bâton. Le coût en fait perdre le goût*, signifie qu'une chose dont on a envie est trop chère. *Le morceau avalé n'a plus de goût*, indique qu'on ne doit plus songer à une affaire fâcheuse, quand elle est passée.

GOÛTER. *Voyez* Collation.

GOUTTE (du latin *gutta*). Ce mot désigne en général une très-petite portion d'un liquide quelconque. Dans la conversation familière, on dit *boire la goutte* pour prendre une petite quantité de liqueur spiritueuse. *Goutte à goutte* signifie qu'il faut verser très-lentement. Par *mère-goutte* on désigne le vin qu'on tire de la cuve, sans pressurer, par opposition à celui qu'on tire du pressurage (vin de première goutte). *Faire la goutte* se dit du sirop qui coule en formant des gouttes séparées.

Goutte, en termes de fondeur, est une petite partie tirée d'une fonte d'or ou d'argent, et qu'on remet à l'essayeur pour qu'il en constate le titre. En architecture, ce sont de petits ornements coniques placés dans le plafond de l'ordre dorique, ou sous les triglyphes.

Tout le monde a pu remarquer que les gouttes d'un fluide quelconque affectent constamment la forme sphérique : ce phénomène a longtemps embarrassé les physiciens, qui en ont cherché l'explication dans différentes hypothèses ; on l'attribuait autrefois à la pression du fluide environnant ou de l'atmosphère, qui, étant uniforme sur tous les points, nécessitait, disait-on, la figure sphérique dans la goutte ; mais cette explication tomba d'elle-même, du moment qu'on eût fait l'observation que la forme des gouttes dans le vide était la même que dans quelque milieu que ce fût. Les disciples de Newton attribuent ce phénomène à l'attraction, qui, étant mutuelle entre toutes les parties du fluide, les concentre, les rapproche les unes des autres, et les oblige ainsi à s'arrondir. « L'attraction mutuelle des parties de tout corps fluide, dit Newton, les force à prendre une figure sphérique, de la même manière que la terre et les mers sont réunies sur tous les points en globe, par l'attraction mutuelle de leurs parties, qui n'est autre chose que la gravité. » Du moment qu'on imagine en effet des molécules semblables qui s'attirent réciproquement et qui se réunissent en corps, en vertu de cette force attractive, on aperçoit tout de suite qu'elles doivent affecter la forme sphérique, car, il n'y a pas de raison pour qu'une de ces molécules soit placée à la surface de la goutte d'une autre manière que toute autre, et la figure ronde est la seule qui puisse maintenir en équilibre toutes les parties du fluide.

Le mot *goutte* s'emploie encore dans le langage pharmaceutique pour désigner la mesure de certaines liqueurs qui se prennent à très-petites doses. La goutte est évaluée à peu près au poids d'un demi décigramme ; toutefois, on conçoit que ce poids doit varier suivant la pesanteur spécifique ou la densité de chaque liquide. Il est certaines liqueurs dont l'usage est intérieur et qu'on prescrit par gouttes : tels sont les baumes, les huiles essentielles, les élixirs, les mixtures, les esprits alcalis volatils, certaines teintures. Plusieurs liqueurs composées de cette classe ne sont administrées que par *gouttes*, d'où leur est venu ce nom. C'est ainsi que les *mixtures magistrales*, qui agissent à très-petites doses, sont ordonnées communément, bien que l'on puisse déterminer par grammes et même par cuillerées la quantité de ce remède excédant trente ou quarante gouttes. Les pharmacopées décrivent sous le nom de *gouttes* plusieurs compositions : telles sont, par exemple, les *gouttes d'Angleterre anodines*, les *gouttes d'Angleterre céphaliques*, les *gouttes du général Lamotte*, etc. Les *gouttes de Goddard* ont fait beaucoup de bruit dans un temps ; on leur attribuait des vertus presque miraculeuses dans les faiblesses, l'assoupissement, la léthargie et plusieurs autres maladies fort graves. Goddard, qui en est l'inventeur, exerçait avec éclat la médecine à Londres, sous le règne de Charles II. Sollicité par ce prince à lui vendre son secret, il résista longtemps, et consentit enfin, par déférence et par égard, à le lui livrer pour une somme de 25,000 écus. Le prince en fit part à ses médecins, et, malgré cette confidence, la composition des *gouttes de Goddard* demeura longtemps un mystère entre quelques Anglais. Mais enfin, le célèbre Lister, persuadé que cet esprit de nationalité exclusive et jalouse était un préjugé nuisible au genre humain, communiqua la recette de la médecine de Goddard à Tournefort, qui l'a rendue publique. On sait aujourd'hui que cette sorte de panacée n'était autre chose que le produit de la distillation de la soie écrue, rectifié avec l'huile essentielle de lavande. Quant aux gouttes d'Angleterre anodines, c'était une décoction d'écorce de sassafras, de racine de cabaret, d'opium, de *sels volatils de crâne humain et de sang humain*, d'alcool, etc. Les gouttes d'Angleterre céphaliques différaient peu des gouttes de Goddard. V. De Moléon.

GOUTTE (*Médecine*). Cette dénomination, qui paraît avoir été employée pour la première fois vers 1720, est due à l'humorisme, et suppose le dépôt d'une goutte de quelque humeur âcre sur les surfaces articulaires. On a cherché à expliquer l'origine de cette affection par les théories les plus singulières. Hippocrate la plaçait dans la bile et la pituite ; Paracelse l'attribua à l'acrimonie de la synovie ; Fernel à une humeur s'écoulant de la tête vers les articulations ; Rivière suppose l'altération du sang par un sel corrosif ; plus nouvellement, Hérissant et Berthollet ont cherché à prouver que la matière arthritique se séparait des os. Broussais voyait dans la goutte une inflammation articulaire sous l'influence d'une gastrite chronique.

Quoi qu'il en soit, toujours on a tenu compte et de la lésion locale et d'une affection générale s'étendant à toute l'organisation. C'est dans l'âge de transition entre la virilité et la vieillesse, que surviennent les premières attaques. Le fait souvent cité de Franklin, souffrant d'une première attaque de goutte à soixante-quinze ans, est une exception très-rare. Les femmes n'en sont point exemptes, surtout après l'âge critique. Bien que l'hérédité ait été mise en doute, une grande masse de faits semble rendre cette cause incontestable. La migraine, la gravelle, les hémorrhoïdes, certaines dyspepsies, une tendance hypochondriaque, l'irritabilité extrême du caractère, une susceptibilité excessive pour la douleur et le spasme, un teint couperosé, etc., indiquent une disposition à la goutte : qu'il s'y joigne une vie sédentaire, sensuelle, ou seulement une disproportion entre l'alimentation et la fatigue, et cette maladie ne tardera point à se manifester. Aussi se rencontre-t-elle plus fréquemment dans la classe aisée (*morbus dominorum*). On ne peut pas plus nier l'influence du défaut d'exercice, surtout après une vie active, que celle d'un travail intellectuel trop assidu. De là cet axiome : la goutte tue plus de gens d'esprit que de stupides (Sydenham). La colère, les affections morales tristes y disposent comme tous les excès qui portent leur influence sur le système nerveux : Hippocrate dit : *puer podagra non laborat ante veneris usum*, et il ajoute : *Eunuchi podagra non laborant.*

Souvent précédée de malaises, de flatuosités, de troubles digestifs, d'engourdissements, de fourmillements et de crampes dans les membres, la *goutte aiguë* débute d'ordinaire au milieu de la nuit et réveille le malade subitement ; une douleur vive se fait sentir au gros orteil (70 fois sur 100, Scudamore) ; d'autres fois c'est à la cheville, au talon, etc. Cette douleur est comparée à une dislocation, à un déchirement, à une brûlure ; le frisson survient bientôt, puis la souffrance augmentant toujours s'accompagne d'une grande agitation et de chaleur générale, souvent d'un sentiment marqué de pulsations. Le mal atteint dans la soirée son plus haut degré d'accroissement, et disparaît presque complétement après vingt-quatre heures de durée, parfois avec des phénomènes critiques, tels que des sueurs générales ou partielles : celles-ci sont visqueuses, ont une odeur forte et noirciraient l'argent s'il fallait en croire Hoffmann, Coste et M. Guilbert. Dans quelques cas une vive démangeaison les remplace ; mais le gonflement, la rougeur et la douleur de l'articulation reparaissent dans la soirée et durent ainsi sept à huit heures pendant quelques jours ; puis ces accès disparaissent et font place à des accès semblables sur d'autres articulations. Leur réunion constitue une attaque qui dure quinze à vingt jours et se prolonge d'autant plus que les douleurs sont moins violentes. La maladie disparaît ensuite, parfois entièrement, et ne revient qu'après une intervalle plus ou moins long et souvent périodiquement.

Les attaques répétées, en se rapprochant les unes des autres, envahissent un plus grand nombre d'articulations et produisent un état maladif général permanent et local des altérations qui constituent la *goutte chronique, atonique.* Dans des cas assez rares on a vu celle-ci être *primitive*, c'est-à-dire n'être point précédée par la forme aiguë. Les douleurs sont vagues, elles envahissent les genoux et d'autres jointures ; des nodus, des tumeurs tophacées, volumineuses, entourent les articulations. Elles commencent toutes par le dépôt d'une liqueur visqueuse qui durcit d'abord au centre. Lorsque mécaniquement elles enflamment la peau, celle-ci peut s'ulcérer et donner issue à une sérosité abondante, même à des fragments plus ou moins volumineux de ces concrétions. L'anatomie montre souvent de très-grandes altérations morbides, particulièrement à l'extérieur des membranes synoviales, à l'origine des tendons et autour des ligaments. En 1802 Percy a déposé à l'École de Médecine de Paris le squelette du goutteux Simorre, remarquable par une soudure complète de toutes les articulations, même des mâchoires. L'analyse des concrétions donne beaucoup d'urate de soude, d'urate et de phosphate de chaux unis à une matière animale. Toutefois, beaucoup de concrétions désignées comme goutteuses sont dues à d'autres causes. C'est surtout dans la goutte chronique que la plupart des fonctions participent à la maladie locale, tandis que les phénomènes locaux sont moins douloureux. Ainsi à ces souffrances locales viennent se joindre la tristesse, la morosité, un sommeil troublé, des crampes, des mouvements convulsifs qui agitent les membres, les tintements d'oreille, la céphalalgie frontale, le trouble grave des fonctions digestives, une gastralgie particulière, la constipation, la dyspnée, la toux, enfin l'œdème des membres.

On attribue trop volontiers à la *goutte* dite *irrégulière, interne, répercutée, rétrocédée*, tous les accidents pathologiques qui surviennent chez les goutteux. Cette explication manque de preuves, et lorsqu'une maladie grave survient après la disparition brusque d'une attaque de goutte, on doit bien plutôt admettre que le mouvement inflammatoire qui s'est développé détourne, dérive la fluxion goutteuse préexistante, comme aussi une maladie inflammatoire peut être supprimée par l'apparition d'un accès de goutte aiguë. Nous ne prétendons point cependant que la diathèse goutteuse soit sans influence sur la forme, l'aspect des maladies ; cette altération de toute l'économie, cette surcharge de sucs nourriciers (Roche) doit agir de la même façon que toute autre diathèse.

Doit-on considérer comme des complications de la goutte la gravelle et les troubles des fonctions digestives ? Ne sont-ce pas là bien plutôt des dépendances immédiates d'une même cause ? Il en est de même de la néphrite, dans certains cas du moins.

Le diagnostic de la goutte offre peu de difficultés : cependant sa ressemblance, son identité même, suivant beaucoup d'auteurs, avec le rhumatisme, méritent la plus sérieuse attention. Si des rapports nombreux les rapprochent, d'un autre côté ils diffèrent. Ainsi la goutte affecte primitivement les petites articulations et en particulier le gros orteil ; le rhumatisme siége d'ordinaire dans les grandes articulations. Celui-ci débute avec de la fièvre et les signes d'une inflammation souvent très-aiguë ; la goutte s'annonce communément par des troubles dans les fonctions digestives. Dans cette dernière il se fait un dépôt, une sécrétion de produits salins autour des articulations et plus tard des incrustations, quand dans le rhumatisme le gonflement d'abord considérable, tendu, intra-articulaire disparaît complétement après l'attaque ou fait place à des produits inflammatoires. Celui-ci, s'il est aigu, est continu ; celle-là est remittente ou même intermittente. Le premier semble commencer à la peau et dépendre de causes extérieures, tandis que l'état goutteux commence aux voix digestives et tend à se terminer aux reins. Après l'attaque de goutte le malade, loin de rester souffrant, faible, anémique, comme dans le rhumatisme, revient promptement à ses occupations, à un état de santé meilleur qu'avant l'attaque, et même à sa pléthore habituelle. Dans les deux cas, il est vrai, l'urine pendant l'attaque est rouge, chargée d'acide urique, mais elle conserve plus ou moins ce caractère après l'attaque de goutte, et les perd entièrement après le rhumatisme ou plutôt quand la fièvre a disparu. Nous pourrions encore chercher une différence dans l'augmentation de la fibrine dans le sang des rhumatisants : bornons-nous à rappeler et les complications graves du rhumatisme s'étendant aux enveloppes séreuses du cœur, à la plèvre et même aux méninges, et enfin les différences considérables qui séparent le traitement des deux maladies.

Il existe cependant, il faut se le rappeler, un état intermédiaire, une affection mixte, que l'on a désignée sous le nom de *rhumatisme goutteux*, dans lequel les douleurs sont rarement périodiques, les nodosités se forment difficilement. La tuméfaction loin de précéder la diminution de la douleur, comme dans la goutte, s'accompagne de souffrances très-vives. Pourquoi s'étonnerait-on de cette union mixte? Les causes extérieures du rhumatisme doivent, en agissant sur les sujets prédisposés à la goutte, provoquer une forme particulière du rhumatisme.

Si l'on cherche à pénétrer la nature de la goutte ou mieux de la diathèse goutteuse, on reconnaît que sa cause réside d'une part dans une nourriture surabondante, trop animalisée, et d'autre part dans l'oisiveté, par suite dans une déperdition insuffisante. Le sang puise dans les aliments trop succulents, trop azotés, un excès d'urée ou d'acide urique; et si les reins, qui ont pour fonction de recueillir et d'éliminer l'urée ou l'acide urique provenant de la décomposition de nos tissus et aussi des aliments introduits dans l'économie (Dumas), si les reins, dis-je, sont insuffisants pour cette élimination, l'acide urique en excès donne lieu à la gravelle et à la diathèse goutteuse. La fatigue et le travail activent la circulation, la respiration, et secondairement la proportion de l'urée dans l'urine. Ainsi s'explique la rareté de la goutte dans la classe pauvre, habituée aussi à des excès d'aliments, mais en même temps à des travaux pénibles et peu interrompus. Cette explication théorique par la disproportion entre la dépense et la recette alimentaire n'est sans doute pas irréprochable, mais elle s'accorde avec les faits et certainement met sur la voie d'un traitement préservatif et même curatif rationnel. Elle ne répond pas, il est vrai, à cette vaine recherche d'une formule unique ou d'un spécifique contre une maladie qui n'en comporte point; mais, de tout temps on l'a reconnu, c'est à l'hygiène et à la diététique qu'il faut recourir pour modifier la diathèse goutteuse. Lucien fait dire à la goutte qu'elle n'obéit point aux pharmaciens, et le fabuliste, complétant cette pensée, ajoute :

> Goutte bien tracassée
> Est, dit-on, à demi pansée.

Les conseils à donner pour combattre la diathèse goutteuse doivent tendre en effet à prévenir la réplétion gastrique en diminuant la quantité des aliments azotés et des boissons alcooliques, ensuite à entretenir la liberté du ventre et à activer les sécrétions urinaires et cutanées; enfin, à prescrire un exercice journalier et une vie active. Tissot et Cullen ont peut-être exagéré les bons effets de la diète lactée et végétale, mais la convenance de ce régime n'est pas douteuse.

La goutte aiguë est-elle annoncée par quelques signes, le repos, un régime doux, des boissons délayantes, nitrées ou alcalines, laxatives, seront prescrits. Des organes importants à la vie sont-ils menacés, on facilitera l'invasion sur les articulations par des cataplasmes un peu excitants. La douleur est-elle fixée, on se contente, si elle est modérée, de prescrire des cataplasmes émollients, la flanelle recouverte de taffetas gommé, enfin quelques antispasmodiques. On a recours aux émissions sanguines, s'il y a une inflammation un peu vive. Peut-on sans imprudence essayer au début des méthodes perturbatrices, du froid, d'une forte chaleur, des quarante-huit verrées d'eau chaude conseillées par Cadet de Vaux, pratiquer une large saignée, etc.? S'il est permis d'espérer ainsi un trouble favorable, on n'est pas, d'un autre côté, assuré de ne point exposer le malade à de fâcheux accidents.

Plus les attaques se répètent, et moins le traitement devra être affaiblissant. Parfois même il sera bon de recourir à quelques toniques, au gaïac, à la squine, au bois de Surinam ou à la poudre du duc de Portland, surtout si avec un appareil digestif sain il y a faiblesse et langueur. C'est particulièrement dans la goutte atonique qu'il faut éviter le froid. Les tumeurs, nodus, concrétions tophacées réclament quelques soins particuliers pour en faciliter la résolution ou même la sortie dans quelques cas d'ulcérations, etc.

Les eaux alcalines, celles de Vichy, par exemple ont obtenu des succès avérés; mais une grande prudence doit être apportée dans leur emploi, si l'on ne veut exposer le malade à des congestions inflammatoires et hémorrhagiques. Du reste, sous l'influence des eaux, les articulations s'assouplissent et se fortifient, le gonflement diminue et les douleurs disparaissent dans le plus grand nombre des cas. Passerons-nous en revue l'interminable liste des spécifiques vantés contre la goutte? Ce serait temps perdu, car chaque jour en voit naître de nouveaux, aussi impuissants que les anciens, et la crédulité publique ne s'en lasse point : l'intensité insupportable des douleurs l'explique suffisamment. Mieux vaut, en terminant, répéter le conseil le plus utile aux goutteux : la sobriété et la frugalité, jointes à un exercice suffisant sont les meilleurs préservatifs de la goutte. On parviendra ainsi à éloigner et à modérer les accès; à bien plus forte raison à écarter un danger, beaucoup moindre il est vrai, que ne le feraient supposer la violence des douleurs et la gravité apparente des attaques : tous les bons observateurs sont d'accord en ce point. Dr Auguste Goupil.

GOUTTE ROSE ou COUPEROSE. *Voyez* Dartre.

GOUTTE SCIATIQUE. Ce nom vague a été donné à une maladie qui a son siége dans le nerf sciatique et aussi à la douleur arthritique de l'articulation iléo-fémorale. Elle devrait être bannie du langage comme vicieuse (*voyez* Névralgie).

GOUTTE SEREINE (*gutta serena*), nom que l'on donnait autrefois à l'a m a u r o s e, et qui lui vient de ce que dans cette affection le fond de l'œil paraît diaphane.

GOUTTES NOIRES. *Voyez* Black-Drops.

GOUTTIÈRE. On appelle ainsi, en termes d'architecture, un canal de plomb ou de bois destiné à déverser dans une rue ou dans une cour les eaux du chéneau d'un comble. Dans les bâtiments gothiques, on leur donne la forme de chimères, de harpies et d'autres animaux fabuleux, et elles prennent alors plus particulièrement le nom de *gargouilles*. Les ordonnances de la police moderne ont proscrit dans les grandes villes l'emploi de cet ornement architectural; elles exigent aujourd'hui, à Paris notamment, que l'eau pluviale soit, à sa descente des combles, reçue dans des gouttières en zinc ou en fer-blanc, et conduite dans la rue par un conduit métallique appendu le long de l'édifice, de sorte qu'elle ne jaillisse pas sur les passants.

GOUVERNAIL, pièce de bois attachée à l'arrière d'un navire ou d'un bateau, et qui, tournant sur des gonds, s'oppose à l'action de l'eau, tantôt d'un côté, tantôt de l'autre, et imprime au bâtiment la direction convenable. La *barre du gouvernail* est une longue pièce de bois horizontale qui le fait mouvoir. Dans l'usage ordinaire, *gouvernail* se dit des deux pièces de bois réunies, tant de celle qui est en dehors du navire et qui descend dans l'eau, que de la barre ou timon qui le fait mouvoir, et qui est dans l'intérieur. Le gouvernail primitif, fort peu semblable au nôtre, était placé de côté à l'arrière du navire; il consistait en une pelle large et courte, en forme d'aviron, manié par le timonnier. Dès le treizième siècle, le gouvernail s'attachait, comme aujourd'hui, juste à l'arrière du bâtiment. Au quinzième siècle cependant, on s'aide encore du gouvernail de côté. Dans les grands navires, la barre du gouvernail, ne pouvant être dirigée à la main, est manœuvrée à l'aide de palans, ou d'une corde très-solide, souvent en cuir tressé, qu'on nomme *la drosse* du gouvernail, laquelle s'enroule sur le tambour d'une roue qui est maniée par les timonniers et se trouve placée sur le pont du bâtiment. Perdre son gouvernail est un si grand malheur en pleine mer, que les efforts de beaucoup d'officiers distingués tendent depuis longtemps à imaginer un *gouvernail de fortune* qui puisse se fabriquer à bord avec les ressources que le navire présente et s'appliquer immédiatement au bâtiment désemparé.

En numismatique, un gouvernail posé sur un globe accompagné de faisceaux marque la puissance souveraine.

Ce mot s'emploie figurément pour exprimer le gouvernement de l'État. Charles Du Rozoir.

GOUVERNANCE, mot conservé par l'Académie, désignait autrefois une juridiction établie dans certaines villes de Flandre et des Pays-Bas, et à la tête de laquelle était le gouverneur. Selon l'édit de Louis XIV, de mars 1693, la *gouvernance* de Lille était composée, outre le gouverneur, d'un lieutenant général, civil et criminel, d'un lieutenant particulier, de six conseillers, d'un avocat et d'un procureur du roi.

GOUVERNANTE. On donne ce titre à l'épouse de l'homme qui porte celui de *gouverneur*, et auquel le soin d'une province a été confié. Une femme peut être *gouvernante* de son chef : Marie-Christine, archiduchesse d'Autriche, était *gouvernante* des Pays-Bas lorsqu'en 1793 elle vint mettre le siége devant Lille en Flandre.

On donne à ce nom une extension considérable, puisqu'il désigne les femmes chargées d'élever des enfants : la femme à qui l'on confie dès sa naissance un enfant au maillot, et celle qui dirige l'éducation de la jeune personne qui va se marier, sont toutes deux appelées *gouvernantes*, bien que, l'une soignant le corps, l'autre l'intelligence, la même désignation ne devrait point leur convenir. Mais arrêtons-nous à ce que l'on entend par *gouvernantes* le plus communément. C'était avant 1789 une personne d'une conduite régulière, qui menait à l'église, à la promenade, en visite chez des amies de son âge, la jeune personne auprès de laquelle on l'avait placée; elle assistait à ses leçons, lui recommandait de les étudier, et ne quittait sa chambre ni le jour ni la nuit. Des principes religieux, de la patience, de la fermeté, mais une vigilance attentive suffisaient. Aussi Mme de Genlis dit-elle que l'on faisait souvent des gouvernantes avec les femmes de chambre dont l'âge avait roidi les jambes et vieilli le goût. Les *gouvernantes* mangeaient dans leur chambre, où elles commandaient au laquais et à la femme de chambre de leur *demoiselle;* on ne les voyait guère dans le salon, où peu de personnes étaient polies pour elles; et ce n'était que l'été, quand on menait la vie de château, qu'elles faisaient partie de la société.

Si l'état de *gouvernante* est plus honoré aujourd'hui, il est devenu bien autrement pénible. L'on exige en général de la femme qui s'offre pour le professer l'enseignement de l'orthographe, de l'histoire, de la géographie, de l'anglais, de la musique, du dessin, et des petits ouvrages à l'aiguille; quant aux vertus et à l'excellence du caractère, cela va toujours sans dire; la *gouvernante* est donc devenue une institutrice.

La place de *gouvernante* auprès des enfants des rois et des princes du sang était une fort grande dignité autrefois. On ne pouvait être nommée sans l'agrément du roi, et l'on ne pouvait être destituée. Lorsque le prince de Guéménée fit une banqueroute de vingt-huit millions, on eut beaucoup de peine à obtenir que sa femme, gouvernante des enfants de France, donnât sa démission. Mme de Miossens, *gouvernante* de Henri IV, se fit beaucoup d'honneur par l'éducation qu'elle donna à ce prince, *le laissant courir pieds nus dans les montagnes du Béarn, manger du pain noir, et visiter les paysans dans leurs chaumières.* Les fonctions de *gouvernante* auprès des princes cessaient quand ceux-ci avaient atteint l'âge de sept ans. Les princesses gardaient leurs *gouvernantes* jusqu'à l'époque de leur mariage ou de leur majorité. La duchesse de Ventadour, en qualité de *gouvernante* de Louis XV, assista, sur un tabouret, au bas des degrés du trône, au lit de justice tenu par ce monarque âgé de cinq ans. Le duc d'Orléans, ayant choisi pour gouvernante de sa fille (plus tard Mme Adélaïde) la comtesse de Genlis, la nomma quelque temps après, avec l'agrément du roi, *gouvernante* de ses fils. Cet exemple unique fut justifié par l'instruction extraordinaire que la comtesse de Genlis fit acquérir aux jeunes princes dont elle dirigea l'éducation, et par la vie laborieuse de l'aîné, depuis le roi Louis-Philippe, qui pendant l'émigration aima mieux longtemps professer les mathématiques que recourir aux souverains étrangers. La *gouvernante* du roi de Rome, la comtesse de Montesquiou, ne fit sans doute que son devoir en conduisant cet enfant à Vienne, et en ne le quittant qu'à l'époque où son éducation devait être confiée à un *gouverneur;* mais elle montra en accomplissant ce devoir, qui l'exposait à plus d'un danger, tant de courage et de délicatesse, qu'elle peut être donnée pour exemple à toutes les femmes revêtues d'une semblable charge.

Les femmes qui soignent le ménage des célibataires sont appelées *gouvernantes.* Celles des curés et ecclésiastiques doivent avoir l'âge canonique, c'est-à-dire quarante ans. Les *gouvernantes* des vieux garçons ont souvent été mises en scène : on les peint altières, aigres, avides, particulièrement inquiètes des dispositions testamentaires de celui dont elles gouvernent la maison. Les parents et les amis de leurs maîtres les redoutent, et parfois les envient, sans considérer ce que leur a coûté d'assiduité, d'adresse, de résignation, le legs qui leur est toujours promis et pas toujours donné.

C^sse de Bradi.

GOUVERNEMENT. Ce mot, dérivé du latin *gubernatio*, qui désigne l'action du timonnier qui tient la barre du gouvernail, signifie en politique la manière dont la souveraineté s'exerce dans les États. C'est un terme générique, qui a la double acception du principe et du résultat. On dit dans ces divers sens : un *gouvernement monarchique*, *aristocratique*, *démocratique*, etc., pour exprimer la nature d'un gouvernement. On dit encore un *gouvernement doux* ou *modéré*, *dur* ou *tyrannique*, pour en exprimer les effets. « J'appelle gouvernement, ou suprême administration, dit J.-J. Rousseau, l'exercice légitime de la puissance exécutive, le prince ou magistrat, l'homme ou le corps chargé de cette administration » (*Contrat social*). Le gouvernement diffère de l'administration en ce que le gouvernement ordonne, et que l'administration exécute; et en effet ce dernier mot, en latin *administratio*, dérivé de *minister*, ministre, exécuteur, signifie littéralement *exécution*.

D'après tous les auteurs qui ont écrit sur cette matière, l'origine primordiale des gouvernements remonte à la famille. Plus tard, plusieurs familles, réunies par le hasard, se soumirent, soit spontanément, soit en cédant à la force, à l'homme le plus capable de les diriger et de les défendre. C'est ainsi que les Éthiopiens choisissaient pour roi tantôt l'homme le plus robuste, tantôt le berger le plus habile, quelquefois l'homme le plus riche, tandis qu'après avoir secoué le joug des Assyriens, les Mèdes, pour arrêter les désordres que causait chez eux l'*anarchie*, se soumirent aveuglément à l'autorité absolue de Déjocès, parce qu'ils avaient reconnu en lui l'homme le plus juste. Ainsi, dans l'ordre de la nature, la puissance à laquelle la direction des forces de la société est confiée prend naturellement la place de l'autorité paternelle. Elle est donc sans restriction, sans conditions : voilà pourquoi dans les sociétés naissantes l'autorité nous apparaît absolue, c'est-à-dire despotique (*voyez* Despotisme). Mais alors le despotisme se montre d'abord paternel. Dans d'autres localités, où la souveraineté a commencé par la force, le despotisme a dû se présenter dès l'origine escorté de ses abus. Qui pourrait dire avec certitude, puisque les traditions historiques nous font partout faute, comment la souveraineté s'est modifiée, comment dans certaines localités elle est devenue aristocratique ou démocratique? Quelle que soit au reste la forme du gouvernement, elle ne remplit sa destination qu'autant qu'elle exerce à l'égard des sujets et citoyens tous les devoirs de protection et de justice distributive. Que le souverain soit le peuple, un monarque, une assemblée, ou bien un corps aristocratique, en lui réside le pouvoir légitime du gouvernement, en d'autres termes, l'autorité qu'exige le bien de l'État. Montesquieu a établi que la corruption des gouvernements commence toujours par celle des principes; ainsi, dans une démocratie, lorsqu'on perd l'esprit d'égalité; dans l'aristocratie, lorsque le pouvoir des nobles devient arbitraire, etc. La seule voie pour prolonger la durée d'un gouvernement florissant est donc de le ramener, à chaque occasion favorable, aux principes sur lesquels il a été fondé.

Puffendorf a établi entre les gouvernements une singulière distinction : il appelle *réguliers* les gouvernements monarchique, aristocratique et populaire; et *irréguliers* les gouvernements mixtes, c'est-à-dire composés d'un certain mélange de formes simples des gouvernements réguliers. Ainsi, le gouvernement de Sparte, composé des trois éléments de la monarchie, de l'aristocratie et de la démocratie; ainsi, le gouvernement aristo-démocratique de Rome, apparaissent à ce publiciste comme des gouvernements irréguliers, ou plutôt comme des corruptions de gouvernements. Qu'eût-il dit des gouvernements constitutionnels modernes, fondés, comme celui de Sparte, sur la pondération des trois pouvoirs?

Quelle est la meilleure forme de gouvernement? Question toujours posée, jamais résolue, parce que ceux qui l'ont agitée ont commencé par prendre quelques faits pour ou contre telle ou telle forme de gouvernement, et de ces faits particuliers ils ont tiré une conclusion générale. La marche contraire ne conduirait pas plus sûrement au but, parce que les théories, si puissantes sur le papier ou dans les discours de tribune, échouent devant la pratique des hommes et des affaires. Aussi, depuis la discussion des chefs qui mirent sur le trône des Perses Darius, fils d'Hystaspe, la question n'a pas fait un pas. Tout gouvernement a ses inconvénients, aussi bien que ses avantages; et comme on ne saurait faire de si bonnes lois fondamentales que le gouvernement le plus capable par lui-même de mettre les citoyens en sûreté ne tombe en de mauvaises mains, il en résulte que tout gouvernement a ses phases de bonheur et de calamité. On avait cru quelque temps que les gouvernements soi-disant *représentatifs*, dont l'Europe était si entichée, pourraient, si l'on résolvait dans leur sens, le problème d'un système électoral équitable, prévenir beaucoup d'abus et mettre les divers pouvoirs gouvernementaux dans l'impossibilité de se livrer à de fréquents excès. On commence à revenir de cette erreur : les pires des tyrans ne sont pas peut-être les rois : quels tyrans, à Athènes, que ces simples citoyens qui bannissaient Aristide le juste! Quels tyrans que ces éphores de Sparte qui faisaient traquer et détruire les ilotes comme des bêtes fauves! Quels tyrans que certains orateurs, soi-disant démagogues, dans nos dernières réunions délibérantes! C'est bien un vieil axiome en politique, que le gouvernement doit être différent selon le caractère des peuples. Cette vérité n'a pas besoin de démonstration; il suffit de comparer les gouvernements asiatiques aux gouvernements européens.

Nous lisons dans la *Polysynodie* de l'abbé de Saint-Pierre, commentée par J.-J. Rousseau : « Si, par miracle, quelque grande âme peut suffire à la pénible charge de la royauté, l'ordre héréditaire, établi dans les différentes successions, et l'extravagante éducation des héritiers du trône, fourniront toujours cent imbéciles pour un vrai roi : il y aura des minorités, des maladies, des temps de délire et de passions qui ne laisseront souvent à la tête de l'État qu'un simulacre de prince. Il faut cependant que les affaires se fassent. Chez tous les peuples qui ont un roi, il est donc absolument nécessaire d'établir une forme de gouvernement qui se puisse passer du roi; et dès qu'il est posé qu'un souverain peut rarement gouverner par lui-même, il ne s'agit plus que de savoir comment il peut gouverner par autrui. » C'est à résoudre cette question qu'ont tendu nos législateurs depuis 1789. La route suivie par eux a été souvent orageuse, parfois rétrograde, mais on ne peut nier qu'ils aient fait du chemin. Certains hommes, qui depuis quarante ans voudraient tout voir renouveler sur la face de l'univers politique, nous parlent sans cesse de la lutte des gouvernements contre les peuples, de la ligue européenne des vieux gouvernements contre les nations qui veulent s'affranchir et se régénérer : il peut y avoir sous certains rapports du vrai dans ce point de vue de la question. Néanmoins, immuables dans leurs théories, les théologiens répètent encore que le *gouvernement* n'est point fondé sur un contrat libre, révocable ou irrévocable, mais sur la même loi par laquelle Dieu, en créant l'homme, l'a destiné à la société, puisqu'il est impossible qu'une société subsiste sans subordination. Aussi saint Paul a-t-il posé en principe *que toute puissance vient de Dieu*, sans distinguer si elle est juste ou injuste, acquise par justice ou par force, etc. On sent combien cet axiome, poussé à ses dernières limites, conduirait à d'absurdes conséquences.

Les gouvernements anciens s'occupaient peu des détails de l'administration. Il n'en est plus de même chez les modernes, depuis Louis XIV. L'administration naquit sous ce roi. Jusque alors le champ des affaires publiques avait été une arène confuse, où combattaient pêle-mêle la violence, la ruse et le hasard. Louis XIV, aidé de Colbert, mit l'ordre dans ce chaos. La France ne profita pas seule du mouvement régulier qu'il imprima aux fonctions publiques. L'Europe se régit désormais par ce système, qu'elle emprunta de lui. La France a vu depuis dans Napoléon un homme non moins appliqué, non moins ami des détails; et si comme conquérant le vainqueur d'Arcole et de Marengo a fait couler bien du sang et bien des larmes, partout sur son passage il a su répandre, comme dédommagement, les bienfaits de l'administration française. Les peuples ne sont jamais plus heureux que lorsqu'à l'exemple de Louis XIV, de Pierre le Grand, de Napoléon, un souverain sait à la fois régner, gouverner et administrer. Toutefois, il est encore un degré que la sagesse défend de dépasser; car si les anciens gouvernements avaient le défaut de ne pas administrer assez, on peut reprocher aux gouvernements modernes, à celui de France surtout, depuis Napoléon, le travers d'administrer beaucoup trop.

Gouvernement signifie, dans des acceptions particulières, la surveillance, la direction générale d'une chose.

Gouvernement se dit particulièrement de la charge de gouverneur dans une province, dans une place forte, dans une ville, dans une maison royale. Il signifie aussi la ville et le pays sous le pouvoir du gouverneur; enfin, l'hôtel ou le palais où il réside. On peut lire dans le voyage de Chapelle et Bachaumont d'excellentes plaisanteries sur le gouvernement de Notre-Dame-de-la-Garde, dont était si fier le sieur de Scudéri. Charles Du Rozoir.

GOUVERNEMENTAL, mot souvent employé depuis la révolution de 1789, et auquel le *Dictionnaire de l'Académie* n'a pas encore donné droit de bourgeoisie. Il est très-expressif, et se comprend assez de lui-même : Un *acte gouvernemental* n'est pas un coup d'État : un coup d'État est une mesure essentiellement violente; l'acte gouvernemental est, au contraire, une mesure sage et ferme dans l'intérêt du pouvoir. On dit aussi un *homme gouvernemental*, pour désigner un homme naturellement ami du pouvoir, et porté par caractère à le soutenir. Charles Du Rozoir.

GOUVERNEMENT PROVISOIRE. Celui qui s'institue provisoirement, dans l'attente d'un gouvernement définitif. Quatre figurent dans ces quarante dernières années de l'histoire de France.

Le premier est celui de 1814. Les souverains alliés ayant fait, le 31 mars, à la tête de leurs armées, leur entrée dans Paris, des conférences s'ouvrirent aussitôt chez Talleyrand. L'empereur Alexandre fit, au nom des alliés, une déclaration dans laquelle il proclamait qu'il ne traiterait plus avec Napoléon Bonaparte, et engageait le sénat à nommer un gouvernement provisoire. Le lendemain le conseil municipal de Paris, exprimait dans une proclamation ses vœux pour le rétablissement des Bourbons. Le même jour soixante-quatre sénateurs se réunissaient sous la présidence de Talleyrand, et sous la protection du czar ils décrétaient l'établissement d'un *gouvernement provisoire*, composé de Talleyrand, du comte de Beurnonville, du comte de Jaucourt, du duc de Dalberg, de l'abbé de Montesquiou, et de Dupont (de Nemours), secrétaire. Ce gouvernement, chargé de l'administration du pays, devait aussi préparer un projet de constitution. Le commandement de la garde nationale fut déféré au général Dessoles, la déchéance de l'empereur et de sa famille prononcée; et les soixante-dix-sept membres du Corps législatif qui étaient restés à leur poste adhéraient aux mesures du Sénat.

Le gouvernement provisoire constitué créa un nouveau ministère, mit le pape en liberté, changea un certain nombre de fonctionnaires, et adressa au peuple et à l'armée des proclamations, dans lesquelles n'était pas épargné Napoléon, qui n'avait point pourtant encore abdiqué. Le 4, il chargea une commission de la rédaction d'un acte constitutionnel; la discussion se prolongea jusque dans la nuit du 5, et, par un décret du 6, le Sénat appela au trône Louis XVIII et la famille de Bourbon. Il promulgua, en outre, une constitution, que le nouveau roi ne devait point accepter. Puis il envoya en Angleterre, à Hartwell, une députation chargée de lui offrir la couronne; mais déjà deux membres de sa famille avaient pénétré en France, à la suite des étrangers : le duc d'Angoulême, par les frontières d'Espagne, avec les Anglais, et le comte d'Artois, par la Franche-Comté, avec les Autrichiens. Dès le 12 celui-ci avait fait une entrée solennelle dans Paris, sous le titre de *lieutenant général* du royaume. Deux jours après le sénat lui déférait, sous le même titre, le gouvernement provisoire de la France, en attendant Louis XVIII.

Le second gouvernement provisoire, celui de 1815, suivit de près le désastre de Waterloo et l'abdication de Napoléon en faveur de son fils. Il fut nommé par les deux chambres des pairs et des représentants. Fouché en avait fait espérer la présidence à La Fayette; mais c'eût été pour lui un témoin incommode : il eut le talent de l'écarter et de se faire élire à sa place. Il avait aussi promis le commandement de la garde nationale au *vétéran de la liberté*, et il le fit donner à Masséna, qui ne le demandait point. Les autres membres du gouvernement provisoire furent les représentants Carnot et Grenier, et les pairs Caulincourt et Quinette. Nonobstant la proclamation faite de Napoléon II par les deux chambres, deux jours après les actes du gouvernement provisoire étaient rendus au nom du peuple français, et nullement au nom du nouvel empereur. Le 21 juin il envoyait des plénipotentiaires aux souverains alliés traiter des conditions de la paix et réclamer pour la France la liberté de se donner un gouvernement de son choix. Cette démarche échoua, par la trahison de Fouché : on traîna les négociations en longueur, on donna des espérances, mais, en définitive, on n'accorda rien. Une autre ambassade, envoyée le 27 à Wellington et à Blücher, n'eut pas plus de succès pour le même motif.

Après le départ de l'empereur, après la retraite forcée de l'armée française derrière la Loire, avec l'appui des baïonnettes étrangères, le rétablissement des Bourbons n'était plus pour Fouché qu'un jeu d'enfant : il lève le masque, et dépose sur le bureau de la chambre des représentants les proclamations de Louis XVIII : *A bas les Bourbons! A bas les traîtres! A bas Fouché!* crie la grande majorité. Le lendemain il a rejoint Wellington, qui le présente, près de Saint-Denis, à Louis XVIII, lequel le choisit pour un de ses ministres. Le 6 juillet les ennemis font leur entrée dans la capitale. Fouché réunit ses collègues du gouvernement provisoire : il leur déclare sans détour que les souverains alliés se sont engagés à replacer Louis XVIII sur le trône, et que ce prince fera le jour suivant son entrée dans Paris. Les membres, s'apercevant qu'ils sont joués par leur président, lui expriment dans les termes les plus durs l'indignation que leur inspire sa perfidie. Le 7 les Prussiens occupent les Tuileries, le Luxembourg et le palais Bourbon. Le gouvernement provisoire, déclarant alors que ses délibérations ne sont plus libres, se sépare, et en instruit la chambre des représentants par un message. Cette assemblée devait prendre le lendemain des mesures de salut public; mais en se rendant au lieu de ses séances, elle le trouva occupé par la *landwehr*. L'œuvre de trahison était accomplie.

Le troisième gouvernement provisoire est celui de 1830. Le 29 juillet, après trois jours de combats dans les rues de Paris, Charles X, ouvrant enfin les yeux, révoque les fatales ordonnances, et charge le duc de Mortemart de composer un nouveau ministère. Il n'était plus temps : la commission municipale, composée de Mauguin, Audry de Puyraveau, de Schonen et Lobau, rejette les ouvertures de la cour. Un gouvernement provisoire, à la tête duquel est mis le général La Fayette, s'installe à l'hôtel de ville, et son premier acte est de rétablir officiellement la garde nationale. Pendant qu'on délibère sans pouvoir s'entendre, le vieux chef de 1789 et quelques députés vont offrir au duc d'Orléans la *lieutenance générale du royaume*. Il hésite, puis se décide : Le 30, à dix heures du soir, il revenait de Neuilly au Palais-Royal. Le 31 il était proclamé à l'hôtel de ville, et le gouvernement provisoire cessait d'exister.

Le quatrième gouvernement provisoire fut celui de 1848. Installé à l'hôtel de ville aussitôt après la révolution de Février, il nomme les ministres, proclame la république, fait les élections, et gouverne jusqu'au moment de la réunion de l'Assemblée constituante, qui déclare qu'il a bien mérité de la patrie, et le remplace par une commission exécutive.

GOUVERNEUR. On a donné ce nom à un officier général qui commande une province ou une place de guerre. On distingue quatre sortes de *gouverneurs :* les gouverneurs généraux des provinces et des villes, les gouverneurs des colonies, les gouverneurs particuliers dans les places de guerre, et les gouverneurs des maisons impériales ou royales.

Les ducs et les comtes qui commandaient dans les provinces dans les premiers temps de la monarchie française sont l'origine de l'emploi de *gouverneur*. Vers la fin du règne de Louis XIV et pendant le règne de Louis XV, la France se divisait en trente-neuf grands *gouvernements* militaires; sous le règne suivant, ils s'augmentèrent de la Corse et du comtat Venaissin. Un décret de l'Assemblée nationale de 1790 en réduisit le nombre à trente-et-un. Les *gouverneurs* avaient été supprimés le 20 février 1791 : on les rétablit dans les divisions militaires le 21 juin 1814. Déjà sous le consulat et l'empire on en avait nommé dans les colonies, dans les places et dans les pays conquis. Nos colonies sont encore régies par des *gouverneurs* (*voyez* Coloniale [Législation]). Le titre de *gouverneur des divisions militaires* fut définitivement supprimé par ordonnance du 15 novembre 1830. Sous le gouvernement monarchique absolu de la France, les pouvoirs des gouverneurs étaient très-étendus : ils recevaient les mêmes honneurs que les généraux commandant en chef, mais seulement pour leur première entrée dans les villes de leur gouvernement. Sicard.

Dans une place de guerre, jadis, le *gouverneur*, en qualité de représentant du roi, commandait non-seulement à la garnison, mais aussi aux bourgeois. Selon la vieille tactique, il était obligé de soutenir trois assauts avant de se rendre. Dans les provinces, les *gouverneurs* étaient à la fois gouverneurs et lieutenants généraux : en qualité de gouverneurs, ils commandaient pour le civil; en qualité de lieutenants généraux ils commandaient le militaire. De là de fréquents conflits entre le *gouverneur* et l'intendant de la province. Avant Louis XIV, les gouverneurs de province levaient des troupes et en disposaient arbitrairement. Ils étaient perpétuels : ce roi les rendit triennaux. Les gouverneurs de provinces prêtaient serment de fidélité entre les mains du roi, qui pouvait les révoquer à volonté. Leurs provisions étaient vérifiées au parlement de leur province, où ils avaient séance après le premier président, excepté en Dauphiné et en Franche-Comté, où ils le précédaient. Les gouverneurs des provinces avaient une compagnie de gardes. Ils accompagnaient le roi au parlement de leur province, toutes les fois qu'il s'y rendait. Lorsque le monarque voulait faire enregistrer de force un édit par une cour souveraine, c'était presque toujours le gouverneur qui exécutait cet acte d'autorité.

Outre les gouverneurs de province, il y avait, avant la révolution de 1789, neuf gouverneurs de colonies.

Les gouverneurs des maisons royales ne dépendaient

point des gouverneurs des provinces où ces maisons étaient situées. Outre les gouverneurs des palais des Tuileries, du Louvre et du Luxembourg, il y avait neuf gouverneurs de maisons royales : Versailles et Marly, Saint-Germain-en-Laye, Compiègne, Fontainebleau, Chambord, Blois, Meudon, Vincennes et Montceau. L'hôtel royal des Invalides avait et a encore un gouverneur. On connaît le sort funeste du marquis de Launay, capitaine gouverneur de la Bastille. La Bastille n'est plus, mais, dans ce siècle où l'argent est estimé si haut, la Banque de France a son *gouverneur*, ainsi que la Société du crédit foncier.

N'oublions pas une dernière acception du mot *gouverneur*. C'est celle qui s'applique à l'homme qu'on charge de surveiller l'éducation d'un jeune seigneur, d'un jeune prince. Le maréchal duc de Villeroi était gouverneur de Louis XV enfant, comme son père l'avait été de Louis XIV. Montausier remplit les mêmes fonctions près du grand-dauphin, et Beauvilliers près du duc de Bourgogne. L'Assemblée législative voulut donner un gouverneur au fils de Louis XVI. Parmi les candidats proposés, nous citerons Berquin, Condorcet, Bernardin de Saint-Pierre. Le duc de Bordeaux eut successivement pour gouverneurs Matthieu de Montmorency et le duc de Rivière, qui moururent dans l'espace de deux années. Les fils de Louis-Philippe n'eurent point de gouverneurs, mais des *précepteurs*. Au-dessous du gouverneur des princes était, sous l'ancien régime, un *sous-gouverneur*.

Les pages des rois de France, comme ceux de Napoléon, avaient un gouverneur et un sous-gouverneur.

Charles Du Rozoir.

GOUVION SAINT-CYR (Laurent), pair et maréchal de France, né à Toul, le 13 avril 1764, d'une famille peu aisée, qui le destinait à l'école d'artillerie de cette ville, préféra aller étudier la peinture à Rome, où il arriva en 1782. Il y passa quatre années, pendant lesquelles il visita une grande partie de l'Italie et fit une excursion en Sicile. De retour à Paris, il y fréquentait l'atelier du peintre Brunet, quand l'envie lui prit de s'enrôler, en septembre 1792, dans le 1er bataillon de chasseurs volontaires de cette capitale, qui se rendait à l'armée du Rhin. Élu capitaine par ses camarades, il fut, lors du licenciement de ce corps, placé dans la ligne avec les autres officiers. Custine le rencontra dessinant les positions des Prussiens, et le soir il était adjoint à l'état-major, où il se faisait estimer par ses talents et ses services. En septembre 1793, une division ennemie étant parvenue à séparer l'armée de la Moselle de celle du Rhin et à menacer Weissembourg, Gouvion, chargé par les représentants du peuple de diriger, avec le titre de chef d'état-major, le général Férey, reprit le camp de Nothweiler. Hoche, près duquel il fut ensuite détaché, le nomma, le 9 janvier 1794, adjudant général, chef de brigade. Le 5 juin il était général de brigade, et le 14 général de division. En cette qualité, il dirigea les opérations qui refoulèrent l'armée prussienne sur Mayence. En octobre 1795, dans l'affaire des lignes de cette place, il sauva les divisions du centre et de la gauche du désastre de la droite, et rallia les troupes.

Pendant la campagne de 1796, il se signala à la tête du centre de l'armée du Rhin sous les ordres de Moreau, déploya une rare capacité au passage du Knubis, aux combats de Rothenzohl, Stuttgard, Freysing, Neubourg, et gagna seul la belle bataille de Biberach, qui couronna cette campagne. Durant l'hiver, il partagea avec Desaix la gloire de la défense de Kehl, et commanda l'aile gauche, l'année suivante, pendant les courtes opérations que vint arrêter l'armistice de Léoben. Moreau ayant été éloigné du commandement par sa conduite douteuse, et Hoche lui ayant succédé, Saint-Cyr le remplaça, quand un crime eut privé la France du héros de la Vendée. A la suite de la paix de Campo-Formio, il fut chargé de réunir à la république le canton de Porentruy, qui devint la base du département du Mont-Terrible. Il eut ensuite le commandement de l'armée de Rome. Ayant voulu faire restituer par les commissaires du Directoire un ostensoir de 400,000 francs qu'ils avaient dérobé à la famille Doria, il fut destitué; mais ce gouvernement corrompu eut lui-même tellement honte de son injustice, qu'au commencement de 1799, Gouvion était renvoyé à l'armée du Rhin, dont il commandait la gauche sous les ordres de Jourdan ; il passait ensuite sous ceux de Moreau à l'armée d'Italie, dont il dirigeait la droite à la bataille de Novi, défendait Gênes et son littoral, remportait de brillants succès à Bosco et à Albaro, et retenait sous les drapeaux une armée exaspérée par le dénuement et les dilapidations.

Au commencement de 1800, il passa, sur la demande de Moreau, à l'armée du Rhin, gagna la seconde bataille de Biberach, mais, ne pouvant s'entendre avec un chef jaloux de sa gloire, demanda son rappel et entra au conseil d'État. L'année suivante, il fut envoyé en Espagne, pour diriger les opérations du corps de Leclerc, et y resta en qualité d'ambassadeur. En 1803, il fut mis à la tête du corps franco-italien qui devait occuper la Pouille, Tarente, Otrante, et fit prisonnière, en 1805, une division autrichienne de 8,000 hommes, commandée par un prince de Rohan, qui menaçait de détruire nos magasins dans l'Italie centrale.

Il fit la compagne de Prusse et de Pologne en 1807, et fut nommé gouverneur de Varsovie. En 1808, il reçut le commandement de l'armée de Catalogne, où il se distingua dans plusieurs rencontres. Apprenant, en 1809, qu'il était remplacé par Augereau, il quitta l'armée, sans l'attendre, fut mis aux arrêts dans sa propriété à son arrivée à Paris, et y resta jusqu'au 14 avril 1811, où il reçut le commandement d'un corps bavarois. Ayant été blessé le 16 août, ainsi que le maréchal Oudinot, à la bataille de Polotzk, et ce dernier ayant dû quitter l'armée, Saint-Cyr, réunissant les deux corps, remporta, le 18 août, sur les Russes, une victoire qui lui valut le bâton de maréchal. Vainqueur de nouveau à la seconde bataille de Polotzk, il ne put retirer d'autre avantage de cette bonne fortune que celui d'assurer sa retraite. Mais, grièvement blessé, il dut se retirer sur les derrières de l'armée et résigner son commandement.

A peine rétabli, il prit, au commencement de 1813, celui du onzième corps sous les ordres du prince Eugène. Le typhus, dont il fut atteint, le mit hors de combat jusqu'au mois de mai. Après la rupture de l'armistice, l'empereur lui confia le commandement du quatorzième corps, qui formait la réserve. Les fortifications dont il entoura Dresde préparèrent les victoires des 26 et 27 août. Napoléon en octobre ayant réuni toutes ses forces pour une dernière tentative, qui échoua devant Leipzig, laissa dans Dresde Saint-Cyr, qui battit l'armée russe de Tolstoy par laquelle il était bloqué. Il fut pourtant contraint de signer une capitulation honorable, dont les clauses furent violées, au mépris du droit des gens, et se vit retenu prisonnier avec ses troupes. D'un autre côté, la faction des valets de l'empire l'accusait d'avoir capitulé sans nécessité. Heureusement l'ordre de Napoléon qui lui donnait carte blanche, et qui avait été intercepté par l'ennemi, est connu aujourd'hui.

Rentré en France après la paix, le maréchal Gouvion Saint-Cyr se tint éloigné de tous les emplois jusqu'à la catastrophe de 1815. Au conseil des officiers généraux à la Villette, il insista vainement pour qu'on profitât du faux mouvement de Blucher sur la rive gauche de la Seine. Le 8 juillet, Louis XVIII lui confia le portefeuille de la guerre. Son premier soin fut de poser les bases de l'organisation d'une nouvelle armée, en remplacement de celle que les Bourbons avaient licenciée. Ce premier ministère de Saint-Cyr fut court; le traité du 20 novembre lui paraissant blesser l'honneur de la France, il refusa, avec ses collègues, d'y apposer sa signature, et donna sa démission. Le roi le nomma membre de son conseil privé, gouverneur de la cinquième division militaire et pair de France avec le titre de marquis. Devenu ministre de la marine en 1817, il reprit le portefeuille de la guerre le 12 septembre 1819. On doit à son administration la loi du recrutement, les dispositions relatives à l'avancement et aux pensions de retraite, l'institution des vétérans, etc. La marche du gouvernement le força de nouveau à donner sa démission, en novembre, et à rentrer dans la vie civile, pour n'en plus sortir.

Il mourut à Hyères (Var), le 17 mars 1830; il avait été frappé d'apoplexie le 12. Il a laissé un *Journal des Opérations de l'armée de Catalogne en* 1808 *et* 1809 (1 vol. in-8°, avec atlas, Paris, 1821); des *Mémoires sur les Campagnes des armées du Rhin et de Rhin et Moselle* (4 vol. in-8°, avec atlas, Paris, 1829) et des *Mémoires pour servir à l'histoire militaire sous le Directoire, le Consulat et l'Empire*, dans lesquels la mort qui vint le surprendre le força de laisser des lacunes (4 vol., grand in-8°, avec atlas; Paris, 1831). Eug. G. de Monglave.

GOWER, vieux poëte anglais, issu d'une fort ancienne famille, remontant, suivant toute apparence, à *Allan Gower*, seigneur de Sittenham, dans le Yorkshire, à l'époque de la conquête Normande, naquit en 1325, par conséquent avant Chaucer, et comme lui fut l'un des fidèles partisans du duc de Lancastre, Jean de Gand. On a de lui un ouvrage poétique en trois parties, intitulées : *Speculum Meditantis*, *Vox Clamantis* et *Confessio Amantis*, mais dont la dernière seule a été traduite en anglais. Le sujet qu'il traite, c'est l'amour considéré au point de vue métaphysique et à celui de la rhétorique; et bien que pour la valeur poétique il n'approche pas des *Canterbury Tales*, on ne laisse pas que d'y trouver souvent des traces de sensibilité et d'un grand bon sens. Chaucer l'appelle le *Sentencieux Gower*. Il mourut en 1408, après avoir perdu la vue depuis quelques années.

A la même famille, qui, au reste, s'est distinguée dans ces derniers temps par ses richesses et par ses brillantes alliances, appartenait encore sir *John* Gower, porte-bannière du prince Édouard à la bataille de Tewkesbury (4 mai 1471). Fait prisonnier en même temps que son maître, il fut mis à mort par le vainqueur. Un de ses descendants, sir *Thomas* Gower de Sittenham, fut créé *baronet* en 1620 par Jacques Ier. Le petit fils de celui-ci, sir *William* Gower, hérita des immenses propriétés de son oncle, sir Richard Leveson de Trentham, et prit dès lors le nom de *Leveson-Gower*. Il épousa lady Jane Granville, fille du comte de Bath et l'une des héritières de cette riche famille. Après quoi, en 1703, son fils *John* fut créé baron *Gower de Sittenham*. Lord Gower mourut en septembre 1709, laissant de son épouse, fille du duc de Rutland, un fils, *John*, qui épousa une fille du duc de Kingston, fut nommé lord chancelier en 1742, créé en 1746 vicomte Trentham, et comte Gower, et mourut en 1754. Son fils aîné, *Granville*, né en 1721, entra en 1747 au parlement comme représentant de Westminster, et plus tard devint lord chancelier, grand-chambellan, président du conseil privé, et joua un rôle considérable dans les luttes politiques de son temps. En 1786 il fut *créé marquis de Stafford*, et mourut en 1803. Par son mariage avec la sœur de Bridgewater, de laquelle il eut un fils, *Georges Granville* (*voyez* Sutherland), la famille Gower se trouva plus tard appelée à hériter d'une partie des immenses richesses de cette maison. C'est de son *second mariage avec une* fille du comte Galloway que naquit le fils connu plus tard sous le nom de *comte* Granville.

GOYA Y LUCIENTES (Francisco), le plus original sinon le plus savant des peintres de l'Espagne moderne, naquit le 31 mars 1746, à Fuente de Todos, dans le royaume d'Aragon. On a peu de détails sur les événements de sa vie : élève de Francisco Bayeu et de José Lusan, il fit, jeune encore, le voyage de Rome, et remporta en 1771 le second prix de peinture proposé par l'Académie de Parme. A son retour en Espagne, il fut chargé de composer des modèles pour la manufacture royale de tapisseries, et ces dessins furent les premières œuvres qui attirèrent sur lui l'attention publique. Le talent dont il y fit preuve, la rapidité incroyable avec laquelle il les exécuta, lui méritèrent les éloges de Raphael Mengs, sous la direction de qui étaient placés ces travaux. La grâce et le naturel qu'il apportait dans la peinture des scènes populaires, genre nouveau, où il se distingua constamment, excitèrent l'admiration des connaisseurs. C'est à cette époque qu'il peignit le tableau du maître-autel et le *Christ* placé à l'entrée du chœur de l'église de San Francisco el Grande de Madrid. Cette belle toile valut à Goya, en 1780, sa nomination de membre de l'Académie de San-Fernando et de peintre ordinaire du roi. Après la mort de Charles III, Goya fut également protégé par Charles IV; et les grands seigneurs de cette cour corrompue, le comte de Benavente, et surtout la duchesse d'Albe, le traitèrent avec honneur. Il devint même l'ami et le pensionnaire de la duchesse, et bientôt il la servit dans ses rancunes et dans ses jalousies.

Peintre et caricaturiste, Goya a beaucoup produit. Il a peint à fresque la chapelle de San-Antonio de la Florida, situé à une demie-lieue de Madrid, *Sainte Rufine et sainte Marine*, dans la cathédrale de Séville, *Saint Louis de Borgia* et *un Possédé*, dans celle de Valence. Il y a de la main de Goya, dans les musées d'Espagne, des œuvres importantes. A Madrid, au musée del Rey, on voit les portraits équestres de Charles IV et de la reine Maria-Luisa, et le tableau intitulé le *Dos de Mayo*, curieuse scène de l'invasion française. Il faut citer aussi la *Loge au Cirque des taureaux* (musée national); une *Maja*, un *Auto-da-fé*, une *Procession*, la *Course de taureaux* et la *Maison de fous* (Académie nationale). Indépendamment de son portrait, peint par lui-même, le Musée du Louvre a possédé sept tableaux de Goya, que les héritiers de Louis-Philippe ont repris à la France. Il y a du sentiment et de la verve dans son ébauche, *Dernière prière d'un condamné; Les Forgerons* sont pleins de mouvement, mais l'exécution en est à peine supportable. En revanche, il y a une coquetterie charmante dans *Les Manolas au balcon*. Goya peignait comme dans le délire de la fièvre. Il affecte souvent pour la forme le dédain le plus parfait; chez lui, c'est à la fois ignorance et parti pris. Et cependant ce maître bizarre, qui semble se complaire dans la laideur, avait un vif sentiment de la grâce féminine et des piquantes attitudes des belles filles de l'Espagne.

Quoi qu'il en soit, Goya, si égaré, si fou, si incomplet dans sa peinture à l'huile, a laissé des caricatures d'un très-haut prix. Il nous reste de lui la *Tauromaquia*, suite de trente-trois planches, vingt dessins sous le titre de *Scènes d'invasion* et enfin son chef-d'œuvre, les *Capriccios*, qui se composent de quatre-vingts gravures y compris le portrait de l'auteur. Ses caricatures sont exécutées à l'aquatinta et repiquées à l'eau-forte. En combinant ces deux procédés, l'artiste est arrivé à des résultats merveilleux; la finesse et la transparence du clair-obscur y sont rendues avec une perfection qui fait presque songer à Rembrandt. De toute l'œuvre de Goya, la Bibliothèque impériale ne possède que les *Capriccios*. Son exemplaire est précédé d'un manuscrit de quelques pages, qui donne la clef de plusieurs des énigmes que renferme ce précieux volume. Goya avait épousé les intérêts et les petites passions de sa protectrice, la duchesse d'Albe. La duchesse et la reine, fort occupées toutes deux de galanterie, s'entendaient très-bien, mais des rivalités, des jalousies, ne tardèrent pas à éclater; Goya poursuivit alors de son crayon moqueur les amants de Maria-Luisa et sa Majesté elle-même. Plusieurs de ses caricatures ont un sens politique qu'il nous est déjà difficile de saisir, mais que la malignité des contemporains commentait aisément. Les autres sont des peintures de mœurs, et c'est là surtout que la fantaisie de Goya s'exerce librement. Il se plaît à représenter les *manolas* de Madrid dans toute leur grâce provoquante; il aime aussi les excursions dans le monde fantastique et c'est là qu'il triomphe. Son crayon facile a créé tout un peuple de démons, dont l'étrangeté n'a pas d'égale, et qui sont souvent d'une grande hardiesse de dessin. Goya a poussé très-loin l'expression. Ses compositions sont terribles ou charmantes ; il en est peu de médiocres. Le dur génie de l'Espagne respire tout entier dans ces caricatures irritées, dans ces débauches de la pensée et de la ligne, et même dans ces poétiques croquis, où le sourire garde toujours quelque chose de sérieux et de réfléchi. Goya mourut à Bordeaux, dans la nuit du 15 au 16 avril 1828, très-vieux, très-triste et très-oublié. Paul MANTZ.

GOYAVIER, nom vulgaire du *psidium*, genre très-remarquable de la famille des myrtacées, renfermant plusieurs arbres à fruits mangeables et des plus recherchés dans les Indes orientales et occidentales. On n'en connaît pas moins de soixante-quatre espèces, originaires pour la plupart des régions intertropicales. Les plus recherchées sont le *goyavier-poire* (*psidium pyriferum*), vulgairement *goyavier blanc*, arbre fruitier commun à toutes les contrées de la zone équatoriale, dont le fruit, de la forme d'une poire et de la grosseur d'un œuf de poule, jaune à l'extérieur, renferme une pulpe succulente, tantôt blanchâtre, tantôt verdâtre ou rougeâtre, et passe pour un aliment sain et agréable, bien que le goût n'en convienne pas d'ordinaire aux personnes qui n'en ont pas l'habitude ; le *goyavier-pomme*, dont les fruits ne sont guère mangés qu'en confiture et en compote, en raison de leur nature astringente, et qui est moins cultivé ; enfin, le *goyavier de la Chine*, qui produit un fruit du volume d'une pêche, à la pulpe tout à la fois sucrée et acidulée, et d'une saveur plus recherchée que les autres.

GOYEN (JEAN VAN), paysagiste hollandais, né à Leyde, en 1596, mort à La Haye, en 1656, apprit son art sous différents maîtres, et en dernier lieu dans l'atelier d'Isaïe Van der Veld, à Harlem. Il peignit avec une rare vérité et une grande facilité d'exécution des paysages et des vues de la Hollande, surtout les rives des fleuves et des canaux, qu'il anime par un grand nombre de figures et de barques, en laissant apercevoir dans le lointain quelque petite ville ou quelque village. Ses tableaux, qui sont assez répandus, sont d'une exécution fort inégale, tantôt finis, tantôt touchés seulement, mais toujours traités avec esprit. Bien qu'ils aient perdu de leur couleur, on les recherche encore partout avec empressement et surtout dans les Pays-Bas. Van Goyen est l'un des fondateurs de l'école paysagiste hollandaise. Il intéresse toujours par la vérité immédiate de sa touche; mais il ne saurait soutenir la comparaison avec Ruysdaël, qui vint après lui, et qui, sous le rapport de l'élément poétique de la composition et du fini de l'exécution, a atteint le faîte de l'art.

GOZE (Ile de), en italien *Gozzo*, et appelée par les Romains *Gaulus*. Elle appartient à l'Angleterre, et est située dans la Méditerranée. On présume que dans les temps antiques elle ne faisait qu'un avec Malte, dont elle est séparée aujourd'hui par l'île Comino, qui a dû aussi en être violemment arrachée par quelque cataclysme, et que des tremblements de terre l'ont successivement réduite à n'avoir plus, comme aujourd'hui, qu'une superficie d'environ 10 kilomètres carrés. Les restes de civilisation phénicienne (murs cyclopéens), et les ruines plus modernes de constructions romaines qu'on y remarque, n'offrent pas moins d'intérêt à l'antiquaire que n'en présente au naturaliste ses riches productions végétales, et surtout son excellente agriculture, grâce à laquelle elle peut suffire à nourrir ses 16,000 habitants. On y récolte beaucoup de grains et de coton, et on y élève une grande quantité de bétail. Goze contient aussi une race d'ânes remarquables par leur grandeur et leur vigueur. Son chef-lieu est *Rabato*. C'est une petite ville située sur son versant sud. Le gouverneur civil anglais réside au centre de l'île, à *Castel del Gozzo*.

GOZLAN (LÉON), l'un des plus spirituels romanciers de ce temps, est né à Marseille, en 1806. Moins bien partagé du côté de la fortune que du côté de l'intelligence, il fut d'abord sous-maître dans une pension de sa ville natale, et lorsqu'il arriva à Paris, en 1828, après un voyage au Sénégal resté sans résultat pour son avenir, il dut se résoudre à accepter une place de commis chez un libraire. Une irrésistible volonté le poussait vers la littérature; il y entra bientôt par une porte dérobée, celle du journalisme satirique. Son talent vif, souple, mordant, le rendait merveilleusement propre à ce genre de travail, et cette production quotidienne et rapide fut pour sa plume déliée la meilleure des éducations. Il devint l'un des plus actifs collaborateurs du *Figaro*. Plein de saillies, original sans aller jusqu'à l'excentricité, il excellait dans le paradoxe, et mieux que personne il faisait l'*article de genre*. Déjà habile dans l'art de raconter, il publia dans *L'Europe littéraire* et dans la *Revue de Paris* des nouvelles qui attirèrent sur son nom l'attention sympathique des bons juges. M. Gozlan, qui jusque là n'avait montré que de l'esprit, laissa dès lors paraître dans ses contes un sentiment passionné et une remarquable délicatesse d'observation. Bien qu'il n'eût pas beaucoup d'haleine, bien qu'on lui eût conseillé de s'en tenir aux courtes historiettes, il se hasarda dans le roman. On vit successivement paraître : *Le Notaire de Chantilly* (1836); *Washington Levert et Socrate Leblanc* (1838); *Le Médecin du Pecq* (1839); *La Dernière Sœur grise* (1842); *Le Dragon rouge* (1843); *Aristide Froissart* (1844); *Les Nuits du Père-Lachaise* (1845); *Le Lilas de Perse* (1853), et *Georges III* (1854).

M. Gozlan avait dès sa jeunesse conçu le dessein de retracer, dans une série de romans qui devaient porter le titre général des *Influences*, le tableau des mœurs de certains hommes que leur condition dans le monde appelle à exercer sur ceux qui les entourent une domination avouée ou secrète. C'était certes un vaste cadre, et depuis le prêtre jusqu'au marchand, depuis le banquier jusqu'au journaliste, tous les acteurs de la comédie sociale auraient pu y figurer. Deux portraits de cette galerie seulement ont paru : *Le Notaire de Chantilly* et *Le Médecin du Pecq*. Tout en écrivant ces livres, il n'a pas cessé d'enrichir les revues de petits romans, qui, pour être d'une dimension moindre, n'en furent pas moins applaudis. Quelques-unes de ces nouvelles ont été recueillies dans *Les Méandres* (1842); *La Nuit blanche* (1844); *Les Vendanges* (1853); *Le Tapis vert* (1855). On relira toujours avec un intérêt nouveau la *Frédérique*, *Comment on se débarrasse d'une maîtresse*, *Un Homme arrivé*, et cette amusante suite d'articles qu'il a rattachés par l'invisible lien d'une pensée commune, *Les Petits Machiavels*, contes charmants, où la réalité de l'observation le dispute à la saveur piquante du style. Mais ce qui le distingue surtout, c'est une implacable ironie. Jamais la fausse érudition ne fut aussi bien raillée que dans son *Histoire de quatre Savants*. Nous avons dit aussi quelle verve entraînante l'auteur des *Méandres* a su mettre dans le récit. Cette facilité de talent s'est fait principalement remarquer dans un genre de travail un peu plus sérieux, tâche infinie qu'il a entreprise depuis vingt ans, et qui sera aux yeux de plus d'un son titre le plus honorable. Je veux parler de son *Histoire des Châteaux de France*. Deux volumes seulement de cet ouvrage ont paru, sous le titre des *Tourelles* (1839); mais les revues en contiennent encore de brillants chapitres, qui bientôt sans doute seront recueillis. *Le Château de Luciennes* entre autres, quoique quelque peu entaché de manière, est un petit chef-d'œuvre. Ce livre, s'il s'achève, ne sera ni de l'histoire, ni du roman, ni de l'archéologie, et il sera pourtant tout cela, avec quelque chose de plus, le pétillant de la forme.

Doué de qualités si diverses, M. Gozlan a voulu s'essayer au théâtre. On pouvait craindre que la finesse de son dialogue ne fût pas à sa place sur la scène, qui demande avant tout des nuances tranchées, et qui s'accommode bien plus de celui qui frappe fort que de celui qui frappe juste. Il donna à l'Odéon *La Main droite et la main gauche* (1842), drame en cinq actes, qui obtint un succès légitime. Il fut moins heureux avec *Ève* (1843), et avec *Notre-Dame des Abîmes* (1845). Deux autres drames, *Le Livre noir* (1848), et *Louise de Nanteuil* (1854), n'ont pas été jouées longtemps. Il a continué cependant de plus belle, et il a même daigné faire des vaudevilles : *Trois Rois*, *trois*

Dames (1847); *Un Cheveu blond* (1847); *Le Lion empaillé* (1848); *Le Coucher d'une étoile* et *Dieu merci le couvert est mis!* (1851). *Une tempête dans un verre d'eau*, *La Queue du Chien d'Alcibiade*, et *La Fin du Roman* ont égayé le répertoire du Théâtre-Français. La critique désarmée a ri de grand cœur à ces lestes comédies. Pourquoi faut-il que, dans un jour d'erreur, M. Gozlan ait imprimé quelques vers, des vers de prosateur à coup sûr, et qui ne valent ni plus ni moins que ceux de Fénelon ou de Malebranche?

L'ironie, nous l'avons dit, est le caractère distinctif de M. Gozlan. Quand il raconte une tendre histoire, on sent qu'il reste en dehors de son œuvre, et que tout en faisant soupirer les amoureux, il sourit de leur ivresse naïve ou de leur douleur. Aussi y a-t-il chez cet écrivain quelque chose qui arrête à moitié chemin l'émotion du lecteur et l'empêche de lui être tout à fait sympathique. Ses romans sont pleins d'interruptions désespérées et d'amers sarcasmes. Dans ce genre, rien n'est triste comme l'article qu'il a jadis publié sur la Morgue, dans le livre des *Cent-et-un*. Il est des choses qu'on ne doit point railler. Mais M. Gozlan sait la vie, et il la sait trop. Il a lui-même fait sa profession de foi littéraire, lorsque, dans la préface du *Notaire de Chantilly*, il s'est écrié : « Plus de héros... des hommes! » Quant au style, M. Gozlan n'appartient pas à une école très-pure; sa vivacité méridionale ne hait ni le clinquant ni les paillettes. Mais sa plume a des ressources infinies et sait prendre tous les tons.

Paul Mantz.

GOZZI (Gasparo, comte), célèbre littérateur italien, né à Venise, en 1713, éprouva dès sa plus tendre jeunesse la passion la plus vive pour les poésies de Pétrarque, et fut porté à essayer de les imiter, quand il eut fait la connaissance de Louise Bergalli, célèbre par ses ouvrages poétiques et par les grâces de son esprit. Il l'épousa, et à son instigation consentit à se charger de la direction du théâtre de San-Angelo, qui finit par lui valoir tant de désagréments, quoique tout le poids en retombât sur sa femme, qu'il résolut de rentrer à tout prix dans le calme et le repos. Il loua un logement bien isolé, et s'y réfugia au milieu de ses livres. Quelques ouvrages dramatiques qu'il livra à la publicité n'obtinrent qu'un succès médiocre; par contre, ses dissertations critiques et morales et la *Gazetta Veneta*, qu'il rédigeait presque seul, attirèrent l'attention générale. On ne tarda pas à le regarder comme l'un des critiques les plus distingués et l'un des écrivains les plus élégants et les plus purs de l'Italie. En toute occasion il prit la défense des saines doctrines littéraires contre le mauvais goût. Après avoir pendant longtemps rempli les fonctions de censeur et d'inspecteur des imprimeries à Venise, il fut appelé, en 1774, à Padoue pour y présenter un plan de réforme de l'université. C'est là qu'il mourut, en 1786. Comme critique, il brillait par la finesse et la profondeur de ses aperçus, par la modestie et l'impartialité de ses jugements. Sous ce rapport, son *Giudicio degli antichi poeti sopra la moderna censura di Dante*, etc. (Venise, 1758, in-4°), est resté un véritable modèle. Son *Osservatore veneto periodico* (Venise, 1768), est une imitation assez heureuse du *Spectateur* d'Addison. On a aussi de lui une imitation des satires de Boileau en langue italienne. Une nouvelle édition de ses Œuvres complètes a paru en 20 volumes à Bergame (1825-1829).

GOZZI (Carlo, comte), frère du précédent, né à Venise, en 1722, entra au service dès l'âge de seize ans, par suite de la pauvreté profonde de sa famille; et trois années qu'il passa dans un régiment cantonné en Dalmatie interrompirent des études qu'il reprit avec une nouvelle ardeur lorsqu'il lui fut donné de revenir à Venise. Le succès qu'obtenaient les mauvais ouvrages dramatiques de Chiari l'excita à combattre cette aberration du goût. Bientôt même il ne craignit pas de s'attaquer à G o l d o n i lui-même, coupable à ses yeux de contribuer par ses ouvrages à la ruine de l'ancienne *Commedia dell' arte*. Sa *Tartana degli influsti per l'anno bisestile* (1757) excita contre lui des clameurs universelles; et Goldoni crut devoir lancer contre ce piquant pamphlet un grand poëme qui ne lui valut que de nouvelles épigrammes de la part de Gozzi. Cette lutte littéraire eut pour résultat de pousser Gozzi vers un nouveau genre d'œuvres dramatiques. Goldoni avait presque complétement ruiné Sacchi, ce remarquable arlequin, ainsi que sa troupe, qui excellait dans la *Commedia dell' arte*. Gozzi prenant fait et cause pour ces artistes, écrivit pour eux gratis à partir de 1761. Au lieu d'emprunter ses sujets à la vie bourgeoise, il alla les demander aux contes de fées; et Schiller a arrangé pour la scène allemande l'un de ces ouvrages intitulé : *Turandot, princesse de Chine*. Toutes les pièces de Gozzi visent à l'effet. Pleines de hardiesse et de fantaisie, elles répondaient au goût alors dominant en Italie, mais elles n'ont pas pu se maintenir au répertoire. Toutefois, sous l'influence d'une actrice appelée *la signora* Ricci, et, pour lui faire des rôles tragiques plus convenables à ses moyens, il se mit à traduire plusieurs pièces françaises et autres. Carlo Gozzi présida lui-même à l'impression d'une édition de ses Œuvres complètes (10 volumes, Venise, 1792), et mourut le 4 avril 1806. On trouve dans son autobiographie, intitulée *Memorie della vita di Carlo Gozzi*, de précieux renseignements sur ses travaux littéraires.

GOZZO. *Voyez* Goze.

GOZZOLI (Benozzo), célèbre peintre toscan, dont le véritable nom était vraisemblablement *Benozzo di Lese*, naquit vers 1400, à Florence, et fit partie de la nombreuse pléiade d'artistes du quinzième siècle qui contribuèrent à élever la peinture toscane à ce degré de perfection dont les toiles de Léonard de Vinci et de Michel-Ange nous fournissent de si admirables exemples. Il y a toute apparence qu'il fut l'élève de F i e s o l e; mais il ne continua pas la manière pieuse et dévote de son maître. Cédant au contraire à l'impulsion d'un caractère naturellement gai, il revêtit les sujets bibliques de l'expression de bonheur et de joie particulière au milieu dans lequel il vivait. Dans sa tendance à entourer ses figures de plantureux paysages et d'édifices somptueux, il est jusqu'à un certain point comparable à ses contemporains flamands; et il fut le premier en Italie qui osa donner à ses tableaux un riche fond. Comme dessinateur et comme coloriste, il est plus habile que Fiesole, moins pourtant que Masaccio, à l'instar de qui il prit l'habitude de mettre dans ses toiles des portraits de contemporains. Ses principaux ouvrages se trouvent au palais Riccardi à Florence, et au Campo-Santo de Pise, qu'il a orné de vingt-trois grands tableaux, dont les sujets sont tous empruntés à l'Écriture Sainte. Le premier, *Les Vendanges de Noé*, fut exécuté par lui en 1469; le dernier, *La Reine de Saba*, est de 1485 : de sorte qu'il consacra seize années à l'œuvre entière. On présume qu'il mourut peu de temps après l'avoir terminée.

GRAAL. *Voyez* Gréal.

GRABAT. On nommait ainsi autrefois un mauvais lit suspendu, étroit, sale, et sans rideaux, où couchaient les esclaves, les pauvres gens et les philosophes cyniques. De ce mot se forma celui de *grabataire*, nom de sectaires qui différaient de recevoir le baptême jusqu'à la mort, ou jusqu'au moment où tout espoir de vivre les avait quittés, dans la persuasion où ils étaient que ce sacrement effaçait tous leurs péchés. On a dit figurément *être sur le grabat*, pour désigner quelqu'un d'alité et de très-malade.

GRACCHUS. *Voyez* Gracques.

GRÂCE (du latin *gratia*). Ce mot, en général, emporte une idée de faveur bénévole, de complaisance volontaire; c'est ainsi que l'on dit : Je vous demande cette *grâce*; Il m'a comblé de *grâces*. Être en *grâces* auprès de quelqu'un, ou être dans les *bonnes grâces* de quelqu'un, c'est posséder entièrement sa confiance, son amitié, être dans sa faveur.

Grâce signifie aussi remercîment, témoignage de reconnaissance; il est alors ordinairement précédé du verbe *rendre*: c'est dans le même sens qu'on dit rendre des actions de *grâces*. *Grâce* s'emploie encore pour pardon, indulgence.

On appelait autrefois, dans le commerce, délai ou jour,

de *grâce* un délai de dix jours qu'on accordait à celui sur lequel une lettre de change était tirée. *An de grâce* se dit de chacune des années de l'ère chrétienne. *Grâce expectative* se dit des provisions que la cour de Rome donne par avance du bénéfice d'un homme vivant.

On nomme *chevaliers de grâce,* dans les ordres de chevalerie où il faut faire preuve de noblesse, ceux qui ne pouvant faire cette preuve, sont reçus par *grâce.* Les *commanderies de grâce* sont celles dont le grand-maître d'un ordre a la libre disposition.

Nous avons parlé ailleurs du *coup de grâce.*

La *bonne* ou la *mauvaise grâce* s'entend de la bonne ou de la mauvaise volonté, de l'élégance ou du manque d'élégance, de la raison qu'on a de faire une chose, etc.

Les Anglais ont fait du mot *grâce* un titre d'honneur qu'ils donnent aux ducs.

Enfin *grâces,* au pluriel, se dit d'une prière que l'on fait à Dieu après le repas pour le remercier de ses biens.

GRÂCE, faculté indéfinissable, mystérieuse même, plutôt innée qu'acquise, par laquelle l'être heureux qui en est doué séduit instantanément les yeux et les cœurs. La grâce est en même temps la puissance et l'envie de plaire. Son étymologie vient du mot latin *gratus,* agréable, dont la source détournée est dans le mot grec χαίρειν, se réjouir, parce que le contentement intérieur, la conscience des bonnes actions, laissent sur le visage une joie douce qui se change en une grâce permanente. La grâce est presque toujours la compagne de l'enfance, souvent celle de la jeunesse, et, à quelques bien rares exceptions près, jamais celle de la vieillesse. Tout est grâce dans l'enfance, ses joies et ses colères, ses rires et ses pleurs, ses jeux et son sommeil, son activité et son repos; plus tard, les passions, l'intérêt, les chagrins, l'étiolent, et, pour peu qu'elle cherche, par artifice, à raviver ses couleurs primitives, elle n'est plus, comme on la nomme vulgairement, qu'une *grâce affectée.*

La grâce est la beauté des laides; les Grecs l'avaient bien senti, eux qui enfermaient dans de vilains satyres creux de jolies statuettes représentant les Grâces. Socrate, par une juste appréciation de lui-même, se comparait à un de ces satyres. « La grâce est ce qui plaît avec attrait », a dit Voltaire; mais qu'est-ce qui plaît avec attrait? La Fontaine nous répondra : c'est :

...... la grâce, plus belle encor que la beauté.

DENNE-BARON.

GRÂCE (*Esthétique*). L'être privilégié auquel la nature, ainsi que les fées de Perrault, a fait ce don au berceau, s'il est écrivain, poëte ou artiste, doit bientôt la voir éclore sous sa plume ou ses pinceaux, sous son ciseau ou sa lyre. La grâce fuit qui la cherche; le travail, les élucubrations, l'odeur de la lampe, fanent ses roses : c'est ce qu'on appelle une *grâce étudiée.* Les lettres de Mme de Sévigné doivent à la nature et à un mol *abandon* tous leurs charmes, ainsi que cette philosophie populaire et profonde du bon gentilhomme Montaigne, qu'il n'appelle que des *essais.* Les *Odes* d'Anacréon sont les fruits mûrs de la paresse, du plaisir et de la volupté; il est le seul des poëtes grecs chez lequel l'helléniste le plus subtil ne saurait trouver un seul mot, une seule particule même, affectés. Le doux murmure de la source dans un rocher est moins égal que son style, qui berce, mais jamais n'endort. Il y a aussi des *grâces sévères :* telles sont toujours celles de Dante, souvent celles d'Homère et de Milton; les *grâces riantes* se sont presque toutes données à Catulle, à Horace, au Tasse, à Racine et à La Fontaine, qui, joignant l'exemple et le précepte, a écrit :

Ne forçons point notre talent,
Nous ne ferions rien avec grâce.

Les *grâces mélancoliques* sont celles qui agissent le plus profondément sur l'âme : Le seul Virgile chez les anciens, Fénelon dans *Télémaque,* Châteaubriand dans les *Martyrs* et dans *Atala,* nous en laissent des modèles à chaque page.

Comme l'éloquence, l'élocution a aussi sa *grâce* : elle doit être naturelle, mais l'étude la rend parfaite; témoins Démosthène et Talma.

Dans l'architecture, la statuaire, la sculpture et la peinture, la grâce ne peut exister sans les proportions, non mathématiques, mais naturelles à tous les êtres. Avec toute sa belle figure asiatique, Artaxerxès *Longue-Main* ne pouvait avoir de *grâce* à cause de ce manque d'harmonie dans ses membres, tandis qu'Alexandre, célèbre aussi par sa petite taille, semblait être né pour le pinceau d'Apelles. Dans ces quatre arts, la *grâce* affectionne les lignes courbes et les formes rondes. Aucune nation n'est absolument dépourvue de toute *grâce* dans les arts. Cependant, le vrai sentiment de la grâce était réservé aux Grecs; dans tous les arts ils sont restés des modèles. Ils ont arrondi les angles du pilier égyptien et en ont fait les colonnes, qu'ils savaient si bien proportionner aux lieux et à l'espace. L'architecture géante, la gothique, a aussi ses *grâces,* mais dans les détails. Dans la statuaire des Grecs, c'est encore la *grâce* qui domine. La nature, les bois, les champs seuls, fournirent aux ornements simples de la plupart de leurs figures.

Quant à la peinture, la *grâce* était aussi, disent les auteurs anciens, l'expression du pinceau d'Apelles, quoique nos riches palettes, chargées de couleurs et de nuances, lui manquassent. La *grâce* naît de la pureté du dessin, qui seule la rend complète. Témoin ce jeune Raphael, qui rêva Bethléem, Jésus enfant, sa crèche, son agneau et ses anges, et dont il laissa la croix et le tombeau au sombre Dominiquin, au terrible Michel-Ange. Quant à la musique, les Grecs semblent avoir ignoré la science de l'harmonie : leurs chants étaient simples, et qui dit *simples* dit *gracieux :* tels devaient être les hymnes d'Orphée, d'Homère, de Pindare, de Simonide, chantés en l'honneur des dieux. Haydn, Mozart, Beethoven, Weber, si profonds harmonistes, dans leurs morceaux les plus gracieux, les plus suaves, posaient, sans s'en apercevoir, la science des accords. Boïeldieu, le chantre de la grâce par excellence, n'était point grand harmoniste, non plus que Grétry. La danse, esclave de la musique, la suit pas à pas, elle est le triomphe de la grâce; fille de la nature, elle demande plus d'exercice que d'étude. Concluons de tout cela que la grâce du corps, des manières, de l'esprit, du génie est, comme la grâce d'en haut, un don.

DENNE-BARON.

GRÂCE (*Théologie*). Peu de matières religieuses ont donné lieu à tant de discussions entre les théologiens, peu ont fait naître tant de divisions dans les rangs des catholiques, et même dans ceux des hérétiques. Par *grâce* on entend généralement un don que les hommes tiennent de la pure libéralité de Dieu, sans qu'ils l'aient mérité, soit que ce don s'applique à la vie présente, soit qu'il regarde la vie céleste. De là on a établi une première division de la grâce en grâce *naturelle* et en grâce *surnaturelle.* Parmi les grâces *naturelles* se trouvent le don de la vie, les facultés, les qualités que Dieu nous donne dans tout ce qui est d'un ordre physique, naturel ou moral. Aux yeux de quelques-uns, ce sont là plutôt des bienfaits que des grâces : cependant, saint Jérôme dit bien : *Gratia Dei est quod homo creatus est.* La grâce *surnaturelle,* la seule qu'on appelle *grâce* dans la rigueur théologique, comprend tous les secours et tous les moyens propres à nous conduire au salut éternel; Dieu l'accorde gratuitement et en vue des mérites de Jésus-Christ, aux personnes intelligentes. Ce point de départ une fois établi, on reconnaît plusieurs sortes de grâces. La grâce *extérieure* consiste dans les secours extérieurs qui peuvent porter l'homme à faire le bien : la prédication de l'Évangile, la loi divine, les exhortations pieuses, l'exemple des saints, rentrent dans cette catégorie. La grâce *intérieure* est dans les saints désirs, les bonnes pensées, les résolutions louables que Dieu nous inspire intérieurement, et qui ne viendraient pas de nous-mêmes. Mais parmi ces dons, il en est qui sont accordés directement pour l'utilité et la sanctification de celui qui les reçoit, comme ceux dont il vient d'être question, et d'autres, qui le sont surtout pour l'utilité du prochain, comme le don des langues : les théologiens ont appelé les premiers *gratia gratum faciens*, et les derniers *gratia gratis data*.

La grâce *habituelle*, appelée encore *sanctifiante* ou *justifiante*, est celle qui demeure toujours dans l'âme tant que celle-ci n'est pas en état de péché mortel : elle est inséparable de la charité parfaite, et nous rend saints et justes devant Dieu; les sacrements la produisent en nous et l'accroissent quand elle s'y trouve déjà; elle renferme les dons du Saint-Esprit et les vertus infuses. La grâce *actuelle*, nécessaire pour commencer, entreprendre et finir une bonne œuvre, est un don passager que Dieu nous donne à l'effet de faire quelque bien, quelque bonne œuvre, pour nous convertir, pour résister à une tentation. Envisagée dans la manière dont elle agit en nous, et dont elle nous prévient, la grâce actuelle s'appelle *grâce actuelle prévenante;* on la nomme *coopérante* et *subséquente*, parce qu'elle agit avec nous. La nécessité de la grâce pour une bonne œuvre, et la liberté qu'a l'homme de la rejeter, ont fait diviser la grâce *actuelle opérante* en grâce *efficace* et en grâce *suffisante :* elle est *efficace* quand elle a son effet, elle est *suffisante* quand elle ne l'a pas, par suite de la résistance même de l'homme qui la reçoit, bien qu'elle puisse l'avoir. Nous ne saurions de nous-mêmes et par nous-mêmes mériter la grâce efficace ; c'est par la prière que nous l'acquérons, et que nous devons la demander. Cette grâce éclaire l'entendement, nous fait connaître ce que nous devons faire, et, s'emparant aussi de notre cœur, nous porte à le faire.

Les pélagiens, les semi-pélagiens, les arminiens, les sociniens, ont contesté la nécessité et l'influence de la grâce, sous le prétexte de défendre le libre arbitre. Les premiers se sont refusés absolument à reconnaître la *nécessité de la grâce intérieure*. Les pélagiens, comme les sociniens et les arminiens, ne trouvant pas dans l'Écriture Sainte cette nécessité de la grâce intérieure et prévenante, ne l'admettaient pas. Saint Augustin leur a démontré la fausseté de leur système en leur citant les textes mêmes. A leurs yeux encore cette nécessité détruisait le libre arbitre, qu'ils définissaient un pouvoir égal de choisir entre le bien et le mal; mais ce Père leur a aussi prouvé que leur notion du libre arbitre était inexacte; que depuis le péché d'Adam l'homme se trouvait plutôt porté au mal qu'au bien, qu'en conséquence la grâce lui était nécessaire pour rétablir l'équilibre. Les semi-pélagiens, sans nier absolument la nécessité de la grâce, comme présidant aux bonnes œuvres, ne la considéraient point comme *prévenante*, mais bien comme *prévenue*, ou, pour mieux nous faire comprendre, méritée par les bonnes dispositions de l'homme; ils ne la trouvaient pas nécessaire pour le commencement du salut, et, toujours d'après eux, la grâce habituelle une fois reçue pouvait être conservée jusqu'à la mort sans aucun secours particulier. Pour mettre un terme à toutes ces erreurs, l'Église a décidé, d'après saint Augustin, que la grâce intérieure était nécessaire à l'homme, non-seulement pour faire une bonne œuvre méritoire, mais même pour avoir le désir de la faire, et que le simple désir de la grâce était déjà une grâce; la conséquence de ce principe est que toute grâce est gratuite. L'Église a aussi proclamé que pour persévérer dans la grâce habituelle l'homme avait besoin d'un secours spécial de Dieu, appelé *don de la persévérance*. D'où il suit que Dieu prédestine à la grâce.

La grâce est *gratuite* en ce sens qu'elle n'est point le salaire ou la récompense des bonnes dispositions ou des efforts de l'homme pour la mériter, ce que prétendaient les pélagiens; non cependant qu'elle ne soit jamais pour l'homme la récompense, le salaire du bon usage d'une *grâce* précédemment reçue, et que la grâce ne mérite pas d'être augmentée, mais bien parce que, comme dit saint Paul : « Si c'est une grâce, elle ne vient point de nos œuvres; autrement, cette grâce ne serait plus une grâce. » D'ailleurs, Dieu n'est point déterminé à l'accorder par le bon usage qu'il prévoit qu'on en fera, et, comme le remarque Bossuet, Dieu voyant, dans toutes les circonstances, que le pécheur se convertirait en recevant telle ou telle grâce, se verrait obligé d'accorder des *grâces* efficaces à tous les hommes, dans toutes les circonstances de leur vie.

La distribution universelle de la *grâce actuelle* a fourni matière à beaucoup de controverses. Après avoir proclamé la nécessité de ce don divin pour tous les hommes, il eût été impie de prétendre que Dieu ne le distribuait pas à tous : c'eût été contre l'évidence, car nul homme n'en est privé. Il y a, il est vrai, inégalité dans la distribution des dons de la grâce; mais ceux qui voient dans cette inégalité une injustice de la part de Dieu se trompent grandement; car, ainsi que le fait observer saint Augustin, l'inégalité des dons de la *grâce* ne doit pas plus nous étonner que l'inégalité des dons de la nature; ils sont également gratuits, et Dieu dispose également des uns et des autres.

L'homme peut-il résister à la *grâce intérieure*, et y résiste-t-il souvent en effet? La solution de cette question est très-simple : il suffit à chacun de nous de scruter sa conscience pour être convaincu que nous avons souvent commis quelque faute, non parce que la *grâce* nous manquait, mais parce que nous y avons résisté de notre propre volonté. Les Écritures, saint Paul, saint Étienne, saint Augustin, l'attestent hautement. Cependant l'une des cinq propositions de Jansenius disait que *dans l'état de nature tombée*, *on ne résiste jamais à la grâce intérieure;* doctrine qui a été notée d'hérésie, et qui avait déjà été proscrite par le concile de Trente.

Enfin, l'efficacité de la grâce a été aussi l'objet de vives discussions. Les uns ont voulu que cette efficacité vînt du consentement de la volonté, et n'ont envisagé la grâce que comme cause morale de nos actions; d'autres ont prétendu qu'elle résidait dans la grâce elle-même, et ils l'ont considérée comme en étant la cause physique.

GRÂCE (Droit de). Ce privilége de remettre la peine à un criminel légalement condamné par les tribunaux du pays dérive incontestablement du droit de vie et de mort, du caractère de juge suprême, attribués aux souverains absolus par la loi des monarchies primitives. Les monarques d'Israël s'appelaient *juges* avant de s'appeler *rois*, et ils jugeaient comme rois après avoir gouverné comme juges. Ce droit de rendre la justice, usurpé par cette foule de petits despotes que la féodalité avait fait éclore, eût encore été exercé par Louis XIII dans le procès de La Valette, si le président de Bellièvre ne l'eût fait rougir de cette prétention, en lui faisant observer qu'en abandonnant aux magistrats le pénible devoir de condamner, nos rois ne s'étaient réservé que le droit de faire grâce. On ne retrouve plus le droit de vie et de mort que dans les monarchies orientales, et cette prétendue émanation de la puissance divine est une de ces vieilles coutumes qui distinguent encore la barbarie de la civilisation. Il reste seulement en Europe des rois, sans la signature desquels un arrêt de mort ne peut être exécuté; mais il est probable qu'ils tiennent moins à cette prérogative pour maintenir leur droit de confirmer la sentence que pour avoir l'occasion de pardonner, s'ils le jugent convenable.

Les seigneurs ecclésiastiques avaient profité, comme les laïques, de la confusion de tous les pouvoirs pour s'emparer de ce noble privilége. Sous Innocent III, à l'apogée de la puissance pontificale, les cardinaux l'exerçaient partout au mépris de l'autorité souveraine des lieux qu'ils visitaient; et la présence d'un légat du saint-siége était un brevet d'impunité pour tous les criminels qui se rencontraient sur son passage. Le droit d'asile, accordé aux églises par Théodose, s'était pour ainsi dire incarné dans la personne des princes de l'Église; et cette usurpation des cardinaux s'est prolongée sans contestation jusqu'au milieu du seizième siècle. C'est à cette époque que les parlements la combattirent, comme tous les abus dont ils avaient entrepris la réforme, pour justifier ceux dont ils avaient composé leur autorité. Celui de Paris fit exécuter, en 1547, un clerc qui avait tué un soldat, malgré le pardon qu'avait osé lui déférer le cardinal de Plaisance. Les rois de France et d'Angleterre ont lutté pendant trois siècles contre les usurpateurs d'une prérogative qu'ils voulaient exclusivement attacher à leur couronne. Les rois saxons, ancêtres des Anglais, professaient déjà cette maxime : que le pouvoir de pardonner dérivait de leur dignité même; et les statuts d'Édouard III, de Richard II, de Henri VIII, ne faisaient que la rétablir. Mais l'abus était si général, si enraciné dans les mœurs, surtout en France, que les grands-officiers de la couronne, le connétable, les maréchaux, le maître des arbalétriers, les gouverneurs des provinces, en avaient fait un des priviléges de leur charge. Charles V le leur interdit vainement par son édit du 13 mars 1359. Louis XII fut obligé, en 1499, de réitérer la défense. Nos rois avaient d'ailleurs sur le gouvernement des États, sur la royauté même, des principes si peu arrêtés, si variables, qu'on les voit déléguer d'eux-mêmes ce droit de grâce à leurs parents, à certains autres de leurs officiers, après avoir employé toute leur politique à en déposséder leurs vassaux. Ainsi, Charles VI le concède au duc de Berri et au chancelier de France; Louis XI à Charles d'Angoulême; François Ier à Louise de Savoie, sa mère. Des communes même s'emparèrent de ce privilége. A un certain jour de l'année, les villes de Rouen et de Vendôme faisaient grâce à un criminel; mais le plus tenace de ces usurpateurs était sans contredit l'évêque d'Orléans, qui, en prenant possession de son siége, libérait tous les criminels écroués dans les prisons de la ville avant son entrée. Il en arrivait de tous les points de la France, et l'on a peine à concevoir qu'un pareil droit ait survécu à la puissance de Louis XIV. Sous son règne, en 1700, l'évêque d'Orléans fit grâce à neuf cents de ces misérables ; et en 1733 le nombre de douze cents parut si extraordinaire qu'un édit de la même année restreignit l'exercice du droit à l'étendue du diocèse. On ne voit plus maintenant de ces bizarreries politiques que dans les É t a t s - U n i s . Ce n'est pas seulement le droit de grâce qui est attribué par la constitution au gouverneur particulier de chaque État; ce fonctionnaire peut en outre dispenser un criminel de l'obligation d'être jugé.

Le droit de grâce a été soumis, comme tous les droits possibles, aux investigations des publicistes, des jurisconsultes et des philosophes, qui depuis le seizième siècle ont exploré l'art de gouverner les hommes. On trouve dans Charron une dissertation sur la clémence, qu'il appelle une *vertu principesque*, et dont il semble même étendre le privilége en l'appliquant avant le jugement. Jusqu'au milieu du dix-huitième siècle, personne ne s'avise de contester le droit. Montesquieu n'essaye pas même d'en rechercher l'origine ; il le considère comme le plus bel attribut de la souveraineté, et, loin d'essayer d'en modérer l'exercice, il s'en rapporte à la prudence du prince, dans les cas où la clémence aurait des dangers. Beccaria et Blackstone sont les premiers publicistes qui aient cherché à lui imposer des limites. L'auteur anglais, tout en reconnaissant que le droit de grâce est l'acte du roi qui lui est le plus personnel et le plus entièrement de lui, n'en approuve pas moins les formes qui l'ont subordonné à la loi de la responsabilité ministérielle. Beccaria va plus loin; il regarde cette belle prérogative du trône comme une improbation tacite des lois existantes. Elle nourrit, dit-il, l'espérance de l'impunité dans l'esprit des criminels. Il voudrait la bannir de la législation, et pose en principe qu'un adoucissement des lois pénales serait plus efficace et plus avantageux à la société. Les publicistes sont peu d'accord entre eux sur cette question; mais les partisans du système pénitentiaire déclarent presque tous que le droit de grâce serait dans ce régime un puissant obstacle aux progrès du repentir.

Quoi qu'il en soit, cette prérogative est bien restreinte dans son exercice. En Angleterre où depuis Édouard III elle a subi tant de modifications diverses, le roi ne peut pardonner ni les injures et préjudices soufferts par les particuliers, ni les crimes dévolus à la justice du parlement, ni les emprisonnements illégaux. L'expédition de la grâce est faite sous le grand sceau ; les lettres qui la donnent doivent, à peine de nullité, désigner la nature du crime ou de l'offense. Il y a nullité nouvelle si le gracié n'en fait pas usage dans un temps donné; dans tous les cas, le magistrat est admis à prouver que le roi a été trompé, et il suffit d'une présomption raisonnable pour casser un acte que Blackstone regarde comme l'acte le plus personnel au souverain. Le parlement s'est arrogé lui-même cette prérogative royale, et l'effet des grâces qu'il accorde ne souffre pas de restriction. Il n'y a pas même de prescription pour elles comme pour les pardons de la royauté. Bien plus, le roi ne purifie pas un criminel en lui remettant les peines corporelles et les confiscations : il ne le fait point rentrer dans ses anciens droits : il en fait un homme nouveau ; il lui confère de nouveaux droits civils et politiques. La grâce du parlement emporte au contraire une réhabilitation tout entière. C'est l'homme ancien qui reparaît entièrement purgé de ses souillures.

En France, la prérogative de la couronne est plus large : elle s'étend à tous les crimes privés, comme aux crimes publics; mais elle a aussi ses formes restrictives. Sous l'ancien régime, le roi faisait grâce; mais elle était nulle si avant six mois le brevet n'en était expédié par la chancellerie. Les lettres qui en émanaient étaient de trois sortes. On les distinguait en lettres d'a b o l i t i o n, de r é m i s s i o n ou de p a r d o n . L'abolition faisait plus que remettre la peine, elle effaçait le crime, autant du moins que les mœurs pouvaient se prêter à ce dernier effet, car dans ce cas le préjugé a toujours été plus fort que la loi. La rémission n'était ordinairement appliquée qu'à l'homicide involontaire ou dans le cas de légitime défense, et la peine seule était remise par la clémence royale. Les lettres de pardon effaçaient enfin toutes les peines autres que la peine de mort. D'autres distinctions existaient entres les graciés. Les lettres de grâce qui concernaient les roturiers étaient adressées aux baillis et aux sénéchaux. Celles des gentilshommes leur étaient remises par les cours souveraines. Le criminel se présentait à genoux, tête nue et sans épée. Il était interrogé sur la sellette; et si ses réponses établissaient quelque différence entre les charges réelles et les motifs imprimés dans les lettres de grâce, la cour, suspendant l'entérinement, en référait au chancelier, qui prenait de nouveau les ordres du roi. Ces distinctions ont disparu ; il n'en existe plus que dans la nature des grâces, sans acception de rangs ni de crimes. Le souverain remet la peine, ou la commue ou en diminue la durée; mais quoique cet acte soit censé une émanation pure de sa volonté, les formalités le soumettent, comme en Angleterre, au contre-seing du chef de la justice. Une ordonnance du 6 février 1818 a réglé l'exercice de ce droit à l'égard de la population des bagnes et des prisons. Cette ordonnance est basée sur le principe que la grâce doit être la récompense de la bonne conduite des détenus. Il faut donc qu'ils aient subi une assez longue détention pour donner des preuves d'un repentir sincère; et de là vient cette règle qu'on semble se faire aujourd'hui, de n'accorder de grâce entière que lorsque les condamnés ont subi la moitié de leur peine.

Les gouvernements monarchiques et républicains semblent tous marcher au même but, en écartant l'arbitraire et le caprice de la distribution d'une faveur qui peut avoir tant d'influence sur les mœurs des prisons. Le roi de Prusse a établi une commission qui est chargée d'éclairer sa clémence dans la c o m m u t a t i o n ou l'atténuation des peines. A Genève, un conseil semblable a été institué sous le nom de *commission de recours;* elle agit souverainement, et n'est pas obligée de recourir à l'autorité du magistrat suprême. Mais tous les publicistes s'accordent sur ce point, que dans une monarchie le droit de faire grâce ne peut appartenir qu'au monarque, au nom duquel se rend la justice. Je terminerai cet article par l'opinion d'une grande autorité dans les matières de gouvernement. « Pour ne pas discréditer le droit de grâce, écrivait, le 3 avril 1808, Napoléon à son frère le roi de Hollande, il ne faut l'exercer que dans le cas où la clémence royale ne peut déconsidérer l'œuvre de la justice; dans le cas où elle doit laisser, après les actes qui émanent d'elle, l'idée de sentiments généreux.... C'est plus particulièrement dans les condamnations pour délits politiques que la clémence est bien placée. En ces matières, il est de principe que si c'est le souverain qui est attaqué, il y a de la grandeur dans le pardon. Au premier bruit d'un délit de ce genre, l'intérêt public se range du côté du coupable. Si le prince fait la remise de la peine, les peuples le placent au-dessus de l'offense, et la clameur s'élève contre ceux qui l'ont offensé. S'il suit le système opposé, on le répute haineux et tyran; s'il fait grâce à des crimes horribles, on le répute faible ou mal intentionné. La société le blâme lorsqu'il pardonne à des scélérats, à des meurtriers, parce que ce droit devient nuisible à la famille sociale. » Si maintenant quelqu'un voulait se tromper au sens de ces paroles, nous en trouverions le commentaire dans le jugement des auteurs de la machine infernale et du fanatique de Schœnbrunn, et en définitive nous en reviendrions au mot de Montesquieu : Que la prudence du monarque en décide. VIENNET, de l'Académie Française.

La constitution de 1848 donnait au président le droit de faire grâce; mais il ne pouvait exercer ce droit qu'après avoir pris l'avis du conseil d'État, nommé comme on sait par l'assemblée. Les amnisties ne pouvaient être accordées que par une loi; le président, les ministres et toute autre personne condamnée par une haute cour ne pouvaient être graciés que par l'assemblée nationale. La constitution de 1852 a rendu le droit de grâce entier au chef de l'État.

GRÂCE DE DIEU (Par la). *Voyez* DEI GRATIA.

GRÂCES. Ainsi s'appelaient trois déités écloses de la riante imagination des Hellènes, et qui n'avaient point d'analogue dans la théogonie des peuples de l'Orient. Toutes trois furent non moins célèbres que Vénus elle-même, dont elles étaient les compagnes, et dont elles attachaient la merveilleuse ceinture. Leur nom chez les Grecs était les Charites (Χαριτες), mot qui enferme le double sens de *joie* et d'*aménité*. Ces déités sont vierges, au moins une, dans la théogonie grecque; elles sont filles ou de Jupiter et de la nymphe Eurynome, ou de ce dieu et de Junon, ou du Soleil et d'Églé, ou de Bacchus et de Vénus, ou du Plaisir et de la Beauté. Les poëtes les nomment *Aglaé* ou *Églé* (la splendeur), *Thalie* (la floraison), et *Euphrosyne* (la bonne pensée). *Pasithée* (la déesse universelle) est le nom qu'Homère et Stace, après lui, donnent à l'une des trois. Les Lacédémoniens, laconiques même en religion, n'en admettaient que deux. *Kleita* (l'illustre) et *Phaenna* (la brillante). Les Athéniens les imitèrent: ils n'en reconnurent que deux aussi, *Auxo* et *Hégémone*, appellations d'une signification vague pour nous, et non sans doute à leur égard. La première se traduit par *celle qui accroît*, et la seconde par *celle qui guide*. Hésiode, le poëte de la raison, adjoint au trio charmant *Peitho* (la persuasion). Au nombre de quatre, on les prenait pour les Saisons, comme elles filles de la Nature. Homère osa marier deux de ces vierges: il donna l'une à Vulcain, l'autre au Sommeil. Toujours unies, riantes, se tenant par la main, elles dansent en cercle.

Étéocle, roi d'Orchomène, la ville de la danse, fut, dit-on, le premier qui leur éleva un temple; mais les Spartiates revendiquaient cet honneur : ils l'attribuaient à Lacédémon, leur quatrième roi. On n'entrait dans leurs sanctuaires que couronné de fleurs: le Printemps leur était consacré. Ces déesses avaient des temples à Élis, à Delphes, à Perge, à Périnthe, à Byzance, et un autel particulier à Paros, dont le marbre blanc et pur était si digne d'elles. Les durs Spartiates sacrifiaient à l'Amour et aux Grâces avant de combattre; ils demandaient à celles-ci d'adoucir la première furie du vainqueur, quel qu'il fut, et à l'autre, de remplacer par sa vertu fécondante les braves tombés sur le champ du carnage. De ces scènes de mort, on les appelait aux banquets, où trois coupes couronnées de roses étaient vidées en leur honneur, comme filles de Bacchus et comme modératrices des plaisirs. Là, ainsi que dans les temples, on leur associait les Muses. Parmi les images des Grâces, on citait entre les plus célèbres leurs statues en or par Bupalus, celles de Socrate, fils de Sophronisque, et les beaux tableaux d'Apelles et de Pythagore. Dans les premiers temps, ces déesses furent représentées vêtues, mais légèrement. Leurs statues étaient de bois avec des mains, des pieds de marbre, et des robes dorées; dans la suite, elles furent toujours reproduites nues. L'une tenait une rose, l'autre un dé à jouer, la troisième une branche de myrte, trois emblèmes de plaisir et de joie. La Grèce fut la patrie des Grâces; elles s'y sont tenues cachées pour toujours; elles eurent à peine des autels dans cette Rome, qui ne pouvait oublier que son fondateur suça l'âpre mamelle d'une louve. Elles permirent au seul Horace de délier leurs ceintures. Dans une *villa* d'Italie, il y a un groupe antique et charmant des Grâces, modèle et désespoir de nos peintres et sculpteurs. Ces déesses sont nues et se tiennent par la main; une simple bandelette très-étroite retient leurs cheveux : à deux de ces figures ils sont rassemblés en un nœud derrière le cou. Un air de satisfaction, une douce sérénité, sont répandus sur leurs traits et sur leurs lèvres. DENNE-BARON.

GRACIAN (BALTASAR), prosateur espagnol, né vers la fin du seizième siècle, à Calatayud, en Aragon, appartenait à la compagnie de Jésus, et fut d'abord recteur du collége de Tarragone, puis transféré à Tarazona, où il mourut, en 1658. Son vaste savoir et son esprit le mirent en relation avec les savants les plus distingués, et lui valurent la protection toute spéciale du vice-roi d'Aragon. Il est célèbre dans l'histoire de la littérature espagnole, pour avoir introduit l'*estilo culto* dans la prose, pour avoir été le *Gongora* du discours libre d'entraves métriques. Spirituel et ingénieux comme Gongora, non moins vain que lui et désireux de faire du neuf à tout prix, il sacrifia au mauvais goût de son siècle par une obscurité visant à la finesse, par l'affectation la plus ridicule et le pédantisme le plus absurde. Non-seulement il écrivit de ce style plusieurs ouvrages de théologie, de morale et de philosophie, comme son *Criticon*, si célèbre de son temps, tableau allégorique et didactique de la vie humaine, divisé en *crises*, et ayant la forme du roman, comme son *Oraculo manual*, recueil de préceptes moraux, ou bien son *El Discreto*, traduit en français par Amelot de la Houssaie, exposition des qualités qu'on exige d'un véritable homme de cour; ou encore son *El Comulgatorio*, livre de communion. Mais il prétendit en outre faire de cet art nouveau un système régulier, et publia une introduction à cet *Estilo culto* sous le prétentieux titre de : *La Agudeza, y arte de ingenio*. C'est ainsi que par ses préceptes et ses exemples, il devint le chef des gongoristes en prose; et son *Art de penser et d'écrire avec esprit* resta pendant presque tout le dix-septième siècle le code du détestable goût alors à la mode. Il ne trouva pas seulement des imitateurs en Espagne; de nombreuses traductions propagèrent ses écrits en France, en Italie et en Allemagne.

Si on devait se borner à apprécier Baltazar Gracian uniquement comme moraliste, on ne pourrait mieux faire que de citer le jugement que Bayle a porté sur lui, à propos de son *El Discreto* : « On peut regarder ce livre, nous dit-il, comme la quintessence de tout ce qu'un long usage du monde et une réflexion continuelle sur l'esprit et le cœur humain peuvent apprendre pour se conduire dans une grande fortune, et il ne faut pas s'étonner si la savante comtesse d'Aranda, dona Luisa de Padilla, se formalisait de ce que les belles pensées de Gracian devenaient communes par l'impression; en sorte que le moindre bourgeois pouvait avoir pour un écu des choses qui, à cause de leur excellence, ne sauraient être bien en telles mains. On pourrait appliquer à cet auteur l'éloge qu'il a donné à Tacite : *de n'avoir pas écrit avec de l'encre, mais avec la sueur précieuse de son esprit.* » Dans cette dernière phrase, empruntée à Baltasar Gracian lui-même, le lecteur a un exemple de l'*Estilo culto*, autrement dit du *cultorisme*, que cet écrivain introduisit dans la prose espagnole. A l'exception de son *El Comulgatorio*, ou livre de communion, il publia tous ses autres ouvrages sous le nom de son frère *Lorenzo ;* d'où on lui donne souvent à tort ce second nom de baptême.

GRACIEUX, est l'adjectif de *grâce*. Vainement l'eût-on cherché dans nos lexiques avant Ménage, qui en fut l'inventeur. De *gracieux* on a fait *disgracieux*. La *gracieuseté* consiste en des manières gracieuses, mais non habituelles. On dit notre *gracieux* prince, notre *gracieux* souverain ; c'est même une formule des nations du Nord, parce que là l'autocrate, l'empereur, le roi, tiennent dans leurs mains les grâces, les faveurs, les dispenses, les bienfaits. Sur le champ du carnage, un soldat terrassé crie *grâce* ou *merci ;* un criminel qui s'attend à être *gracié* n'obtient pas toujours son *graciement*. Il existe une assez forte nuance entre *gracieux*, *aimable* et *agréable* : ce qui est l'un n'est pas toujours l'autre. Une bayadère qui divinement chante ou joue des instruments est seulement *agréable ;* si elle danse avec mollesse, elle est de plus *gracieuse*, et si sur le divan elle cause avec délicatesse, esprit et décence, elle est *aimable* aussi ; et c'en est assez pour rendre fou un grave misselum.

DENNE-BARON.

GRACIOSO est le surnom de théâtre du farceur, ou masque comique, qui apparaît, sous différents noms, dans les trois espèces de comédies du théâtre espagnol, et plus particulièrement dans les pièces à intrigues (*comedias de capa y espada*). L'origine même du mot indique que la grâce, la douceur, l'amabilité et la légèreté doivent former les traits distinctifs du jeu du *gracioso ;* et de fait le *gracioso* de Calderon, de Lope de Vega et de Moreto, n'a guère d'affinité avec le *clown* si rude des Anglais, non plus qu'avec le lourd et grossier *hanswurst* des Allemands, quoique la couardise forme souvent le fond de son caractère. Il y a des pièces où l'on voit deux, trois *graciosos*, et même plus. Le type antique de ce rôle, tel que nous le montrent les grands poëtes nommés plus haut, a disparu aujourd'hui de la scène ; mais le mot est resté pour désigner en général le genre comique.

GRACQUES. C'est sous ce nom francisé que sont connus les deux tribuns qui, par une réforme aussi nécessaire qu'elle fut malheureuse, ébranlèrent la vieille aristocratie romaine. Ces deux frères eurent pour père Tiberius Sempronius Gracchus, de la famille plébéienne *Sempronia*, qui, malgré son opposition au parti patricien, mérita de devenir l'époux de *Cornélie*, fille du grand *Scipion* Ier Africain. On sait comment cette illustre Romaine dirigea leur éducation ; elle fut secondée par des précepteurs stoïciens. « Ces stoïciens, dit M. Michelet, élevèrent les deux enfants comme ils avaient élevé Cléomène, le réformateur de Sparte, et leur inculquèrent cette politique de nivellement qui sert si bien la tyrannie. » Neuf années séparaient la naissance des deux frères : Tiberius était né l'an de Rome 591 (avant J.-C., 163), et Caius l'an de Rome 600 (avant J.-C., 154).

A l'âge de seize ans, Tiberius suivit en Afrique Scipion Émilien, son beau-frère ; il se distingua au siége de Carthage, et monta le premier à l'assaut. Au retour de cette expédition, il fut admis au collége des augures, et, sans avoir sollicité ce choix, il vit un des plus illustres patriciens de Rome, Appius Claudius, lui offrir sa fille en mariage. Élu questeur l'an 617 de Rome (138 avant J.-C.), Tiberius accompagna le consul Mancinus devant Numance. Battu par les Numantins dans toutes les rencontres, ce général inhabile lève le siége pendant la nuit, se laisse enfermer dans un défilé, et n'en sort que par une honteuse capitulation, qui ne fut pas observée par les Romains, bien que les Numantins, qui avaient appris à se défier de leur mauvaise foi, eussent exigé que Tiberius Gracchus se rendît garant du traité. Le sénat ne manqua pas de désavouer Mancinus, qui fut livré aux Numantins. Tiberius Gracchus aurait éprouvé le même sort, si le peuple ne s'y fût opposé : de là la haine de ce plébéien contre le sénat. Mais la vue des maux qui accablaient le peuple lui fournit bientôt matière à attaquer avec justice cette aristocratie romaine, si cupide et si profondément immorale, en politique du moins.

Tout appelait une réforme dans la république. A la faveur des guerres perpétuelles qui avaient constitué la grandeur de Rome, l'autorité du sénat s'était élevée sans contre-poids au-dessus de tous les pouvoirs de l'État. Le peuple avait perdu par désuétude une partie des droits que les tribuns avaient autrefois conquis pour lui. Les familles sénatoriales et consulaires, quelle que fût leur origine, formaient une aristocratie dont les richesses et la puissance contrastaient d'une manière révoltante avec la situation misérable et précaire des dernières classes de la société. Une des plaies les plus profondes de l'État était l'immense étendue des propriétés territoriales que de tout temps les patriciens n'avaient cessé d'usurper sur le domaine public, tandis que les plébéiens ne possédaient pas un pouce de terre. Le mal eût porté avec lui le remède si les citoyens libres se fussent adonnés, moyennant salaire, à la culture de ces vastes propriétés ; mais leurs possesseurs cupides, pour n'en partager le revenu avec personne, et les plébéiens orgueilleux, pour vivre dans une oisiveté séditieuse, laissaient des mains serviles cultiver les terres romaines de l'Italie et de la Sicile. De là cet innombrable peuple d'esclaves de tous les métiers, qui dans les temps de calme était un élément toujours actif de dépravation ; car la servitude a le privilége de corrompre le maître et l'esclave. Mais de quels dangers l'État n'était-il pas menacé, quelles terribles réactions n'attendaient pas les maîtres, s'il arrivait que tant d'hommes, destitués des droits de l'humanité, vinssent à se compter, à comparer leur multitude au petit nombre de leurs oppresseurs !

De là la première révolte des esclaves en Sicile, qui devint pour les Gracques un des plus puissants arguments qu'ils eussent à faire valoir contre l'inégalité des fortunes romaines et contre le despotisme cupide des patriciens. Et en effet, les premiers troubles élevés par Tiberius Gracchus coïncident avec la dernière année de la première guerre des esclaves en Sicile. Nommé tribun l'année même de la prise de Numance, il reproduisit en l'amendant toutefois l'antique loi *agraire* de Licinius Stolon. Le sénat s'opposa à cette loi, et gagna à sa cause Octavius, un des tribuns. Après avoir vainement essayé de vaincre l'opposition de son collègue, Tiberius suspend toutes les magistratures, ferme le trésor, et fait destituer Octavius par les tribuns assemblés, chose, dit Plutarque, qui n'était ni honnête ni légale. Ainsi fut portée une atteinte mortelle à l'inviolabilité du tribunat. La loi Licinia est renouvelée : pour l'exécuter, on nomme trois commissaires, qui sont Tiberius Gracchus lui-même, son frère Caius Gracchus, et son beau-père Appius Claudius. Par d'autres lois, Tiberius fait adjuger au peuple les richesses provenant de la succession d'Attale, roi de Pergame, diminue le temps du service militaire, et autorise l'appel au peuple des jugements de tous les tribunaux.

Le triomphe de Tiberius fut de courte durée : les patriciens, et particulièrement le grand pontife *Scipion Nasica*, l'un des principaux détenteurs du domaine, l'accusèrent d'aspirer à la tyrannie, et cette imputation produisit assez d'effet sur le peuple pour que Tiberius eût besoin de recourir à des apologies. Le peu de partisans qui lui restaient dans les tribus rustiques étant éloignés pendant l'été pour les travaux de la campagne, il resta seul dans la ville avec la populace, qui devenait chaque jour plus indifférente à son sort. N'ayant plus de ressource que dans la pitié de cette multitude contre les embûches des riches, il parut sur la place en habits de deuil, tenant en main son jeune fils et le recommandant aux citoyens. Après avoir soulevé tant de haines, il était perdu s'il n'obtenait un second tribunat, qui lui permît d'exécuter sa loi. Le jour de l'élection, il occupa de bonne heure le Capitole avec la populace. Appuyés de quelques-uns des tribuns, les riches veulent troubler les suffrages qui le portent à un second tribunat. Alors il donne aux siens le signal dont ils étaient convenus. Lui-même portait sous sa robe un *dolon*, sorte de poignard des brigands d'Italie. Ses partisans se partagent les demi-piques dont les licteurs étaient armés, s'élancent sur les riches, en blessent plusieurs et les chassent de la place. Des bruits divers se répandent : les uns disent qu'il va faire déposer ses collègues, les autres, le voyant porter sa main à sa tête, pour indiquer qu'on en veut à sa vie, s'écrient qu'il demande un diadème. Alors Scipion Nasica s'élance à la tête d'une partie des sénateurs contre Tiberius et ses partisans. Le tribun est massacré au pied de la tribune, avec trois cents de ses amis. Leurs corps furent refusés à leurs familles et précipités dans le Tibre. Les vainqueurs poussèrent la barbarie jusqu'à enfermer un des partisans de Tiberius dans un tonneau avec des serpents et des vipères. Cependant, ils respectèrent la fidélité héroïque du philosophe Blosius de Cumes, l'ami de Tiberius, et son principal conseiller. Il déclarait qu'il avait en tout suivi les volontés de Tiberius. « Eh quoi! dit Scipion Nasica, s'il t'avait dit de brûler le Capitole? — Jamais il n'eût ordonné une pareille chose. — Mais enfin, s'il t'en eût donné l'ordre? — Je l'aurais brûlé. »

La mort de Tiberius n'entraîna point l'abrogation de la loi agraire : le sénat se vit obligé d'adjoindre à la commission chargée du partage des terres deux nouveaux membres à la place de Tiberius, puis d'Appius Claudius, qui venait de mourir. On leur substitua Fulvius Flaccus et le tribun Papirius Carbon. Ce dernier, soutenu et dirigé par son jeune collègue Caius Gracchus, propose deux lois dont le résultat est de mettre l'anarchie dans l'État : la première, qui est adoptée, admet pour le vote des lois le scrutin secret; la seconde tend à autoriser le peuple à proroger pendant plusieurs années un tribun dans sa magistrature : elle est rejetée par le crédit de Scipion Émilien. Cependant Carbon, Caius Gracchus et Fulvius Flaccus, commissaires pour la loi agraire, se mettent en devoir d'accomplir leur mandat; le sénat se sert habilement de quelques difficultés qui s'élèvent au sujet de l'exécution de la loi pour enlever leurs pouvoirs aux triumvirs, comme suspects à ceux qu'il s'agissait d'évincer. Scipion Émilien paye cher ce triomphe : il est trouvé mort dans son lit; et personne ne douta qu'il ne fût victime de la haine de Carbon et de Fulvius Flaccus. On soupçonna même Cornélie et sa fille Sempronia, épouse de Scipion, enfin Caius d'avoir trempé dans cette vengeance politique et domestique. Il est certain que dans une occasion récente Caius Gracchus s'était écrié publiquement, en parlant du vainqueur de Carthage : « Il faut se défaire du tyran. » Satisfait de cette vengeance, et menacé par les Italiens, que le consul Fulvius avait proposé d'introduire dans les tribus, le peuple laissa le sénat suspendre l'exécution de la loi agraire, et éloigner Caius Gracchus, qui fut envoyé dans la Sardaigne révoltée comme questeur du consul Aurelius. Il déploya dans cette magistrature des talents administratifs et une sollicitude pour les besoins de l'armée qui le rendirent encore plus cher au peuple. Le sénat profita de ce moment pour bannir les Italiens de la ville, et frappa les alliés de terreur en rasant la ville de Frégelles, qui, disait-on, méditait une révolte. Caius passa pour n'être pas étranger au complot; ou tel était son crédit sur les villes d'Italie, qu'elles accordèrent à ses sollicitations personnelles les vêtements que la province de Sardaigne refusait à l'armée.

La seconde année de la questure de Caius étant révolue, le sénat veut le retenir encore en Sardaigne sous le titre de proquesteur. Il revient à Rome briguer le tribunat. Le sénat l'accuse d'avoir quitté sans permission son général, et d'avoir fomenté la révolte de Frégelles. Caius repousse avec succès cette double accusation. Il est nommé tribun (124 av. J.-C.). Le peuple revoit en lui Tiberius, mais plus véhément, plus passionné. Sa pantomime était vive et animée; en parlant il parcourait à grands pas la tribune aux harangues. Sa voix puissante emplissait tout le Forum, et il était obligé d'avoir derrière lui un joueur de flûte, qui le ramenait au ton convenable et en modérait les éclats. Ses premières lois furent données à la vengeance de son frère. Non content de renouveler la loi agraire, il fait ordonner, par diverses lois, la vente à vil prix du blé au profit du peuple, l'établissement de plusieurs colonies, la défense de poursuivre criminellement aucun citoyen sans y être autorisé par un plébiscite, et celle d'élever à aucune charge un magistrat déposé par le peuple. Continué dans le tribunat l'année suivante, Caius est obligé d'invoquer à son aide des intérêts contradictoires. Il frappe le sénat au profit des chevaliers, en leur conférant l'administration de la justice, jusque alors attribuée au sénat. Mais il frappe les chevaliers en même temps que les nobles, par l'exécution de la loi agraire, qui tombe principalement sur ces riches détenteurs des biens confisqués aux Italiens. Il propose encore de faire participer les Italiens au droit de cité romaine; mais ceux-ci ne sont pas plus reconnaissants que les chevaliers, car la loi agraire menace de leur enlever les terres qui leur restent. Enfin, le peuple de Rome, en attendant les terres qui lui sont promises, maudit celui qui lui ôte la souveraineté en accordant le suffrage aux Italiens, dont le nombre doit le tenir désormais dans la minorité et la sujétion.

Outre l'établissement de plusieurs colonies dans la Campanie (à Capoue, Tarente, etc.), Caius en fait voter une à Carthage. Son pouvoir est immense : arbitre du gouvernement de Rome et des provinces, un simple tribun avait gagné par la puissance de la parole cette domination absolue que le vainqueur de Pompée n'eut qu'à cinquante ans. En même temps qu'il occupait les pauvres par toute l'Italie à ces voies admirables qui perçaient les montagnes, comblaient les vallées, il s'entourait d'artistes grecs, il accueillait les ambassadeurs étrangers; en un mot, il était roi. Le sénat prit un moyen sûr pour le dépopulariser : ce fut de le surpasser en démagogie. Il suscite contre lui le tribun Livius Drusus, qui parvient à contre-balancer le crédit de Caius en proposant des lois encore plus populaires que toutes celles qu'a fait passer celui-ci. Caius, sentant décroître son crédit, se charge lui-même de conduire une colonie à Carthage. Dès lors, l'histoire de Caius reproduit celle de son frère. De retour à Rome, il échoue dans la demande d'un troisième tribunat. Le consul Opimius, son ennemi personnel, entreprend de faire abroger plusieurs de ses lois. Caius, simple particulier, prétend les défendre à main armée. Vaincu avec ses partisans dans l'émeute qu'il a excitée, il se retire dans le bois des Furies, et il reçoit la mort d'un fidèle affranchi, qui se tue sur le corps de son maître. La tête de Caius avait été mise à prix par Opimius, qui promettait d'en donner le poids en or. Un certain Septimuleius en fit sortir la cervelle, et la remplaça avec du plomb fondu. Trois mille hommes furent tués avec Caius; leurs biens furent confisqués, et l'on défendit à leurs veuves de porter leur deuil. Pour consacrer le souvenir d'une pareille victoire, le consul Opimius éleva un temple à la Concorde.

On porte sur les Gracques les jugements les plus opposés. Cicéron, dans ses divers écrits, tantôt les loue, tantôt les blame. Il est certain qu'on n'a aucun élément pour porter à cet égard un jugement positif, puisqu'ils n'ont pas réussi. Or, ni l'un ni l'autre ne parvint à établir ses lois et sa puissance d'une manière durable; et l'usage seul du pouvoir met à même d'apprécier le véritable caractère de ceux qui entreprennent la réforme d'un État. Les Gracques sont devenus un texte pour la poésie et pour l'éloquence. Qui ne connaît ce vers de Juvénal :

> Quis tulerit Gracchos de seditione querentes ?

et ce beau trait de Mirabeau : « Le dernier des Gracques périt de la main des nobles; mais, frappé du coup mortel, il jeta de la poussière contre le ciel, et de cette poussière naquit Marius. » Plutarque a écrit la vie de Caius et de Tiberius Gracchus. Nous avons la *Conjuration des Gracques* par Saint-Réal, et le *Tiberius Gracchus* de Chénier.

Charles Du Rozoir.

GRADATION. C'est, d'après le *Dictionnaire de l'Académie*, une augmentation successive et par degrés. Par analogie, la *gradation* représente aussi une diminution successive et graduelle. Ainsi, la lumière, qui croît par *gradation* le matin, décroît également par *gradation* le soir.

La *gradation* est une figure de rhétorique nommée aussi autrefois *climax*; elle se manifeste quand l'orateur donne des preuves s'enchaînant les unes aux autres, et acquérant par degrés une plus grande force, lorsqu'il se sert de plusieurs idées, de plusieurs expressions, qui enchérissent les unes sur les autres. Pour en donner un exemple, cette phrase : « *Va! cours! vole!* » renferme une gradation.

En peinture, on se sert du même mot pour indiquer le passage insensible d'une couleur à une autre : les lois de la *gradation* doivent être sévèrement respectées dans les tons différents d'un tableau. Les peintres et les sculpteurs appellent encore *gradation* un heureux artifice de composition, consistant à représenter d'une manière saillante le groupe ou le personnage principal d'un tableau, en affaiblissant graduellement l'expression, la lumière, etc., dans les autres personnages, à mesure qu'ils s'éloignent du centre de l'action.

La gradation a aussi, en architecture, une grande importance et des règles invariables. « Il y a gradation dans le système des ordres de l'architecture, dit Quatremère de Quincy, lorsqu'on considère les ordres, soit sous le rapport des proportions, soit sous celui des ornements. Le dorique, qui est le plus fort et le plus simple, est suivi de l'ionique, plus élégant et plus varié, après lequel vient le corinthien, plus svelte encore et plus riche. »

GRADE. Quelque temps encore avant la première révolution, le mot *grade* ne s'employait que pour désigner une élévation à un degré d'honneur, et ne se disait guère que de la prêtrise et des autres dignités ecclésiastiques immédiatement supérieures; il s'employait aussi en parlant des différents degrés que l'on prenait dans les universités, et l'on disait, ainsi qu'aujourd'hui, le *grade* de bachelier, de licencié, de docteur.

De nos jours, le mot *grade* a pris un sens nouveau, dans lequel il est généralement usité : il indique la position respective d'avancement, ou plutôt le rang occupé par les militaires, soit de l'armée de terre, soit de l'armée navale. Les grades militaires sont : le caporal (brigadier dans la cavalerie), le caporal-fourrier (brigadier-fourrier dans la cavalerie), le sergent-fourrier (maréchal-des-logis-fourrier dans la cavalerie), le sergent (maréchal-des-logis dans la cavalerie), le sergent-major (maréchal-des-logis-chef), l'adjudant sous-officier, le sous-lieutenant, le lieutenant, le capitaine, le chef de bataillon ou d'escadron, le major, le lieutenant-colonel, le colonel, le général de brigade, le général de division, et enfin le maréchal de France. Sous le premier empire on avait fait revivre la dignité de connétable; à la fin du règne de Louis-Philippe, on imagina de donner au maréchal Soult le titre de *maréchal général* pour lui rendre moins amer le départ du ministère. Dans l'armée navale, les grades sont ainsi établis : quartier-maître (caporal), second maître (sergent), premier maître (sergent-major et adjudant-sous-officier), aspirant de 2e et 1re classe (sous-lieutenant), enseigne (lieutenant), lieutenant de vaisseau de 2e et 1re classe (capitaine), capitaine de corvette de 2e et 1re classe (lieutenant-colonel), capitaine de vaisseau de 2e et 1re classe (colonel), contre-amiral (général de brigade), vice-amiral (général de division), amiral (maréchal de France). En outre, sous la Restauration, on donna le titre de *grand-amiral* au dauphin. Plusieurs ordonnances ou décrets ont aussi fait correspondre les fonctions d'intendant et sous-intendant militaires, autrefois inspecteur aux revues et commissaire des guerres, à différents grades de l'armée.

Le grade constitue l'état de l'officier. L'emploi est distinct du grade; il ne peut y avoir de grade sans emploi; mais la privation de l'emploi n'emporte par la perte du grade. Les causes de la perte du grade, les cas de retrait, de suspension et de suppression de l'emploi, sont prévus par la législation, qui règle également tout ce qui concerne l'avancement des caporaux ou brigadiers, sous-officiers, officiers et l'état de ces derniers. Aux termes de la loi de 1832, il faut six mois de service actif avant de pouvoir être nommé caporal ou brigadier, six mois encore suffisent pour être nommé sous-officier; il en faut six de plus enfin pour devenir sergent-major, maréchal-des-logis-chef, ou adjudant-sous-officier. La nomination à ces divers grades est faite par les chefs de corps, soit directement, soit sur des états de propositions présentés par les capitaines, mais en observant, dans l'un et l'autre cas, de ne prendre que des sujets portés sur les tableaux d'avancement arrêtés par les inspecteurs généraux. Toutes les promotions aux grades d'officiers sont faites par le chef de l'État sur la présentation du ministre de la guerre. Les grades de sous-lieutenant sont donnés un tiers aux sous-officiers de l'armée ayant servi deux ans au moins comme sous-officiers, et deux tiers aux élèves des écoles militaires. Les grades de lieutenant et de capitaine sont conférés aux sous-lieutenants et aux lieutenants ayant deux ans de grade, un tiers au choix, deux tiers à l'ancienneté. Les capitaines ne peuvent être promus chefs de bataillon, chefs d'escadron, ou majors, qu'après quatre ans de grade; moitié des places, au choix, moitié à l'ancienneté. Les grades plus élevés sont au choix de l'empereur; il faut trois ans de grade pour être lieutenant-colonel, deux ans encore pour devenir colonel, et pour tous les autres grades supérieurs, trois ans au moins de service dans le grade immédiatement inférieur. Le temps exigé pour passer d'un grade à un autre peut être réduit de moitié à la guerre et dans les colonies. Devant l'ennemi, il ne revient à l'ancienneté que la moitié des grades de lieutenant et de capitaine; la totalité des nominations au grade de chef de bataillon et d'escadron appartient alors au chef de l'État. Dans les corps spéciaux d'état-major, d'artillerie et du génie, les grades de capitaine, de chef de bataillon, d'escadron et de major ne peuvent être conférés qu'aux lieutenants et capitaines faisant partie de la première classe de leur grade. Les officiers employés près de la personne de l'empereur, de celle des princes, ou attachés à l'état-major du ministère de la guerre, sont dispensés de figurer sur les tableaux pour participer au tour de l'avancement au choix.

N'oublions pas de faire remarquer, en passant, que les candidats proposés dans les corps de l'armée pour les grades de caporal, de sous-officier, de sous-lieutenant, ne peuvent être portés sur les tableaux d'avancement qu'après un examen subi devant l'inspecteur général; mais pour l'inscription des candidats aux grades supérieurs, il n'est plus question d'examen ni de concours; l'inspecteur général se détermine *proprio motu*, sur les notes des chefs de corps. Dans l'état-major, l'artillerie, le génie et la gendarmerie, les sous-lieutenants, ou lieutenants en second, sont nommés lieutenants ou lieutenants en premier du jour où ils ont complété leurs années de grade, tandis que dans l'infanterie et la cavalerie ils n'obtiennent le grade supérieur qu'à mesure des vacances.

GRADIN. Ce mot, dans son acception primitive et la plus générale, était communément affecté à désigner les marches d'un escalier. On s'en sert le plus ordinairement aujourd'hui au pluriel pour désigner toute espèce de bancs, de degrés ou de marches disposés graduellement les uns au-dessus des autres en forme d'escaliers, comme objets d'utilité ou d'agrément; on dit aussi les *gradins* d'une salle de spectacle, d'un amphithéâtre; des *gradins de gazon*, pour désigner, en termes de jardinage, des degrés ou marches de terre, revêtus de gazon.

GRADISKA, petite ville de 1,100 habitants et place forte, chef-lieu de la capitainerie du même nom, dans le domaine de la couronne (*Kronlande*) de Gœritz et de Gradiska, est bâtie sur l'Isonzo, près des frontières de l'État vénitien. Le dévidage des soies est la principale industrie de ses habitants. On y trouve un tribunal de cercle de première classe. C'était autrefois le chef-lieu d'un comté du même nom, érigé en 1641 par l'empereur Ferdinand III en faveur du prince d'Eggenberg. A l'extinction de cette maison (1717), il passa aux comtes d'Althann. *Alt-Gradiska* ou *O-Gradiska*, bourg à marché et place forte, sur le territoire des Frontières militaires d'Esclavonie et de Servie, avec 2,300 habitants, est situé sur la rive gauche de la Save, en face de la forteresse turque de *Barbir* ou *Turkisch-Gradiska*, en Bosnie, et au sud-ouest d'un bourg autrichien, *Neu-Gradiska* ou *Uj-Gradiska*, dépôt du *régiment* de Gradiska, avec 2,000 habitants.

GRADUATION (Bâtiments de). Quand l'économie et la disposition des localités ne permettent pas d'extraire avantageusement certaines substances tenues en dissolution dans une grande quantité de liquide au moyen de la chaleur ou de l'évaporation à l'air libre, on peut faciliter singulièrement l'évaporation en multipliant le contact de l'air et du liquide. Pour cela, on fait couler celui-ci sur des cordes, qui pendent en grand nombre dans l'intérieur d'un bâtiment à claire-voie, et dont la plus grande surface est exposée à l'action du vent le plus habituellement régnant dans cette localité, ou bien on le fait tomber d'une certaine hauteur, et dans un état de grande division, sur des fagots d'épines placés dans la même condition. Dans l'un et l'autre cas, le liquide s'évapore avec une rapidité qui dépend de sa division, de la température et de la vitesse du courant d'air. En le portant de nouveau à plusieurs reprises à la partie supérieure du bâtiment, on arrive à un degré de concentration qui permet d'évaporer avantageusement le liquide par l'action de la chaleur.

Les bâtiments de graduation ont été appliqués aussi à l'évaporation du sang destiné à la clarification du sucre. M. Derosne, qui a fait usage de ce procédé, a pu obtenir par ce moyen du sang susceptible d'être transporté dans les îles, où la fabrication du sucre exige de grandes quantités de ce produit. H. GAULTIER DE CLAUBRY.

GRADUEL, répons chanté alternativement à la messe, antienne intermédiaire entre l'épître et l'évangile, et qui se chantait pendant que le diacre montait les marches (*gradus*) du jubé. Telle est l'étymologie la plus satisfaisante du mot *graduel*, et c'est celle qui est formellement consignée dans l'*Ordo Romanus*. D'autres ont voulu expliquer ce mot par la gradation de voix qui distingue le chant de cette antienne. Quoi qu'il en soit, l'usage du graduel remonte aux papes saint Célestin ou saint Grégoire; il est en vigueur dans le plus grand nombre des liturgies, quoiqu'il n'y porte pas toujours ce nom.

On appelle aussi *graduel* le livre de chant qui renferme les messes notées, pour le distinguer de l'*antiphonaire*.

Les psaumes que les Hébreux chantaient sur les degrés du temple se nommaient *psaumes graduels*.

GRADUS AD PARNASSUM, mot à mot: *degré pour atteindre le Parnasse*, nom sous lequel a été connu dans nos écoles, pendant plus d'un siècle, un dictionnaire poétique latin, donnant la quantité de chaque mot, ses divers synonymes, ou bien les périphrases poétiques à l'aide desquelles on peut le remplacer, enfin les différentes épithètes dont il est possible de l'accompagner, le tout à l'usage des écoliers à qui l'on fait faire des vers latins; exercice classique destiné, dit-on, à développer l'intelligence de l'enfant en lui apprenant à apprécier la valeur d'une épithète heureuse, ou d'une périphrase de bon goût. Dès la renaissance des lettres, cet exercice si utile fut introduit dans les écoles et donna lieu à la publication de divers recueils ayant le même but que le *Gradus ad Parnassum*, et désignés tantôt sous le nom de *Trésor des Épithètes*, tantôt sous celui de *Coffre-fort de la Poésie*, et sous une foule d'autres encore. En 1710, le père Vanière, le célèbre auteur du *Prædium Rusticum*, publia un *Dictionnarium Poeticum*, qui fut réimprimé, quelques années après, sous le titre de *Gradus ad Parnassum*, adopté primitivement par un autre jésuite, le père Paul Aler. Ce lexique est resté jusqu'en 1835 à peu près en possession exclusive de fournir à la consommation d'épithètes et de synonymes faite dans nos classes depuis la quatrième jusqu'à la rhétorique inclusivement. Sous l'Empire, un faiseur universitaire, fort habile homme, Noël, avait fait de l'œuvre du père Vanière chose sienne, en y ajoutant force fragments empruntés aux divers poëtes latins, et très-propres, en définitive, quoi qu'on en ait dit, à former le goût et à mûrir l'esprit des élèves. Le *Gradus* de Noël était, pour le libraire qui l'exploitait, bien mieux que deux ou trois fermes dans la Beauce; rien de plus naturel dès lors qu'une telle propriété fût enviée. La supplanter n'était pas facile; on y est cependant parvenu dans ces dernières années en faisant adopter, pour les classes où régnait jadis sans partage le *Gradus* de Noël, un nouveau dictionnaire poétique, baptisé du nom de *Thesaurus poeticus*, et, comme de juste, bien préférable au rival qu'il est venu sournoisement détrôner après plus de trente années d'un règne paisible et incontesté.

GRÆBERG DE HEMSOE (JACOB), polygraphe érudit, né en 1776, à Gannarfve, dans l'île de Gottland (Suède), où son père remplissait les fonctions de juge provincial, reçut une éducation distinguée. Dès l'âge de seize ans, il fit à bord d'un vaisseau marchand une tournée dans différents ports d'Angleterre, de Portugal et d'Amérique, et il entra ensuite dans la marine anglaise. Après divers voyages exécutés en Italie, en Allemagne et en Hongrie, Græberg, qui crut alors pouvoir ajouter à son nom de famille celui de *Hemsoe*, qu'il emprunta à un village de l'île de Gottland, fut nommé, en 1811, vice-consul de Suède à Gênes, puis envoyé, en 1815, en la même qualité à Tanger. En 1823, il fut nommé consul à Tripoli. En 1828, il se rendit en Italie avec la permission de son gouvernement, et depuis lors résida toujours à Florence, où il mourut le 29 novembre 1847. Il avait constamment consacré les loisirs que lui laissaient ses fonctions à l'étude de la géographie et de la statistique, de l'histoire, de la numismatique et de la philologie. Parmi ses nombreux ouvrages, écrits dans les langues les plus différentes, nous citerons son *Essai historique sur les Skaldes* (en allemand; Pise, 1811); sa *Théorie de la Statistique* (en allemand; Gênes, 1821), et sa *Scandinavie vengée* (en français; Lyon, 1822), ouvrage dans lequel, après avoir repoussé le reproche fait aux Scandinaves d'avoir été au nombre des peuples barbares qui détruisirent l'Empire Romain, il prétend qu'à l'époque de la grande migration des peuples, les contrées du Nord jouissaient déjà d'une véritable civilisation. Son *Essai statistique et géographique sur la régence d'Alger* (en allemand; Florence, 1830), est un des livres qui contribuèrent le plus à faire mieux connaître cette contrée. Sa *Notizia interna alla famosa opera d'Ibn Khaldun*; Florence, 1834, et surtout son *Specchio geographico e statistico dell' impero di Marocco* (1833), sont également des travaux d'un haut intérêt. On a aussi de lui, outre une excellente carte de l'empire de Maroc, jointe à l'ouvrage que nous avons cité en dernier lieu, de nombreuses dissertations éparses dans divers recueils italiens, notamment dans l'*Antologia* de Florence, dans le *Progresso* et dans le *Giornale dei Litterati*, ainsi que dans les mémoires de diverses académies. Il était en effet membre de plus de soixante sociétés savantes, et ses relations, aussi nombreuses qu'étendues, lui avaient permis, avec la fortune considérable dont il jouissait, de réunir une collection extrêmement précieuse de médailles, de pierres gravées et autres antiquités. Sa bibliothèque surtout était remarquable; elle ne contenait pas moins de 400 manuscrits, pour la plupart orientaux.

GRÆFE (CHARLES-FERDINAND DE), l'un des plus célèbres chirurgiens qu'ait produits l'Allemagne, naquit le 8 mars 1787, à Varsovie, de parents allemands, et fut reçu docteur en médecine à l'université de Leipzig dès 1807. La même année, il refusa une chaire de chirurgie à Krzeminiec pour devenir médecin particulier du duc Alexis d'Anhalt-Bernbourg, et s'établit en cette qualité à Ballenstedt. La direction de l'hôpital qu'il y fonda en 1808, et où sa réputation toujours croissante attirait des malades de très-loin, ainsi que la direction de l'établissement thermal d'Alexisbad, qu'il créa dans la vallée de la Selke, et où affluèrent bientôt les malades, le mirent en grand renom. Après avoir refusé des chaires de chirurgie à Kœnigsberg et à Halle, il accepta, en 1811, la direction de la clinique chirurgicale et la place de professeur de chirurgie à l'université de Berlin. Lorsqu'en 1813 la Prusse se souleva contre Napoléon, il fut chargé, comme chirurgien en chef, de l'administration des hôpitaux militaires de Berlin, puis de la surveillance de tous les lazarets créés entre la Vistule et le Weser, et en 1815 de celle des lazarets établis dans le grand-duché du Rhin et dans les Pays-Bas. La guerre une fois terminée, il reprit sa chaire à Berlin. Les nombreux services qu'il rendit à la science répandirent sa réputation au loin, et des élèves accoururent de tous les pays étrangers suivre sa savante clinique. En 1833, quand il alla visiter l'Angleterre, le roi Guillaume IV l'invita plusieurs fois à sa table, au palais de Saint-James et à Windsor. A Paris, Dupuytren lui fit dignement les honneurs de l'Hôtel-Dieu; il le pria de le remplacer dans sa chaire et de consentir à faire la leçon en son lieu. Il mourut inopinément, le 4 juillet 1840, à Hanovre, où il était venu pour tenter d'opérer le prince royal, affligé, comme on sait, de cécité.

Quoiqu'on ne puisse nier que de nombreux défauts de caractère contribuèrent beaucoup à obscurcir l'éclat de son immense talent, la science le comptera toujours parmi ceux qui ont le plus fait pour elle et qui l'ont le plus illustrée. Il inventa ou perfectionna une foule d'instruments et de méthodes opératoires, et remit en usage, après l'avoir singulièrement perfectionné, un procédé fort ancien, mais depuis longtemps abandonné, pour restaurer les nez détruits (*voyez* RHINOPLASTIE). Parmi les grands ouvrages qu'on a de lui, nous mentionnerons plus particulièrement ses *Études sur la nature et le traitement rationnel des dilatations vasculaires* (Leipzig, 1808) et sa *Rhinoplastie* (1818).

GRÆFENBERG, village de la Silésie autrichienne, dans l'arrondissement de Freiwaldau et au voisinage de cette petite ville, est célèbre par la méthode curative dite *hydrothérapie*, que feu Priesnitz y mit en pratique vers 1828. Situé à 400 mètres au-dessus du niveau de la Baltique, sous un âpre climat qui y appauvrit la végétation, il se prolonge depuis le fond d'une vallée jusqu'à mi-côte de la montagne dite *Græfenberg*, où se trouvent les bâtiments de l'établissement de bains, lequel est organisé à peu près comme tous ceux qu'on connaît. A partir de là, on donne au reste de la montagne le nom de *Hirschbadkamm*. C'est plus loin que sont situées les sources d'où provient l'eau employée pour bains à l'établissement. Les malades se logent soit à l'établissement même, soit dans les maisons voisines, dont le nombre, la commodité et l'élégance augmentent chaque année, ou bien encore à Freiwaldau, qui n'en est guère qu'à un kilomètre de distance, et où existait déjà autrefois un établissement de bains. Depuis 1839, l'affluence de plus en plus grande des baigneurs y a nécessité la construction d'une vaste hôtellerie; et cette même année des baigneurs hongrois, enthousiastes admirateurs de l'Hippocrate aquatique, firent ériger à sa gloire un monument dont ils confièrent l'exécution à Schwanthaler. Depuis, des Français reconnaissants ont fait élever à Græfenberg une pyramide en l'honneur de Priesnitz, avec cette inscription : *Au génie de l'eau froide!*

GRÆTZ ou GRATZ, chef-lieu du duché de Styrie (Autriche), sur la rive gauche de la Mur, station principale du chemin de fer de Vienne à Trieste, dans l'une des plus belles contrées de ce pays, si riche en beautés naturelles, est bâti autour de ce qu'on appelle le *Schlossberg*, hauteur jadis fortifiée, du sommet de laquelle on aperçoit le plus admirable panorama, et qui forme une magnifique promenade. La ville est elle-même entourée par de vastes faubourgs, se prolongeant jusqu'aux collines qui bornent son horizon. Quatre ponts, dont deux suspendus, la mettent en communication avec ceux de ses faubourgs qui sont situés sur la rive droite de la Mur. Elle compte 63,000 habitants, et est le siége du gouvernement général de la Styrie, d'un grand nombre d'autorités administratives et judiciaires, et du prince-évêque de Seckau. On y compte 23 églises, 9 couvents et un temple protestant. On doit une mention particulière à la cathédrale, bâtie dans le style gothique par l'empereur Frédéric III, qui compte un grand nombre de tableaux d'autels peints par les maîtres les plus célèbres, et où les ornements en marbre sont prodigués. Il faut aussi citer l'église de Sainte-Catherine, où se trouve le mausolée dans lequel reposent l'empereur Ferdinand II et son épouse. La même église renferme depuis 1805 le tombeau de la princesse Marie-Thérèse de Savoie, femme de Charles X. Parmi les monuments dignes d'être visités que renferme encore la ville de Grætz, nous mentionnerons l'église paroissiale, dont le maître-autel est orné d'un beau tableau du Tintoret; le château impérial, l'hôtel de ville, le théâtre, etc. Grætz est le siége d'un commerce fort important et d'une active fabrication d'objets de quincaillerie, d'étoffes de laine et de coton, de cuirs, etc. Parmi les établissements scientifiques que possède cette ville, on remarque surtout son université, fondée en 1585, par l'archiduc Charles; elle compte 20 professeurs titulaires et est fréquentée par environ 500 étudiants. Elle possède aussi une bibliothèque riche en manuscrits et contenant près de 50,000 volumes.

GRÆVIUS (JEAN-GEORGES) dont le nom véritable était *Græfe*, philologue et critique distingué, né en 1632, à Naumbourg-sur-Saale, commença d'abord par étudier le droit à Leipzig, mais plus tard se voua exclusivement à l'étude des belles-lettres à Deventer. Nommé en 1661 professeur d'histoire à Utrecht, sa réputation d'érudit devint si grande que les villes de Leyde et d'Amsterdam, l'électeur palatin, l'électeur de Brandebourg et la république de Venise lui firent à l'envi es offres les plus brillantes pour le déterminer à venir s'établir sur leur territoire. Grævius préféra garder sa chaire à Utrecht, et mourut dans cette ville, en 1703. Guillaume III d'Angleterre l'avait nommé son historiographe; et Louis XIV, pour lui témoigner le cas qu'il faisait de son savoir, lui avait adressé un riche présent. D'excellentes éditions d'Hésiode, de Cicéron, de Catulle, de Tibulle, de Properce, de Justin, de Suétone, de César, de Florus et d'autres classiques encore, témoignent de la profondeur et de la variété de ses connaissances philologiques. Son *Thesaurus Antiquitatum Romanarum* (12 vol.; Utrecht, 1694-1699) et son *Thesaurus Antiquitatum et Historiarum Italiæ*, publié après sa mort, par Burmann (45 vol.; Leyde, 1704-1725) lui assignent un rang distingué parmi les archéologues et les critiques.

GRAFF (ANTOINE), l'un des plus célèbres portraitistes de son temps, né en 1736, à Winterthur, en Suisse, se forma à la peinture du portrait sous la direction de Schellenberg, et, après avoir résidé à Augsbourg depuis 1758, fut appelé en 1766, avec le titre de peintre de la cour, à Dresde, où il perfectionna son talent et mourut en 1813. On doit louer également dans ses ouvrages le dessin, l'expression et le coloris. Le nombre de ses portraits (ceux d'hommes sont les meilleurs) et de ses tableaux de famille ne s'élevait pas à moins de 1,100 en 1796. On en peut voir une collection intéressante (22 toiles) dans la bibliothèque de l'université de Leipzig, à qui elle fut léguée par le libraire Reich.

Son fils, *Charles-Antoine* GRAFF, né à Dresde, en 1774, mort en 1832, s'est fait un nom comme paysagiste.

GRAFF (EBERHARD-GOTTLIEB), savant philologue allemand, né en 1780, à Elbing, en Prusse, mort à Berlin, en 1841, fut attaché à divers établissements d'instruction publique, et notamment, à partir de 1824, à l'université de Kœnigsberg, en qualité de professeur de l'histoire de la langue allemande. On a de lui un précieux Dictionnaire des mots de l'ancien *haut-allemand*, publié avec les secours du gouvernement prussien et l'appui tout spécial du prince royal de Prusse. Il est intitulé : *Althochdeutscher Sprachschatz*; et le septième et dernier volume en fut publié par Massmann, après la mort de l'auteur, et d'après les notes et les travaux qu'il avait laissés, en 1844. Deux années plus tard, en 1846, son continuateur y a ajouté un huitième volume contenant une table générale et raisonnée des matières. Graff a aussi donné des éditions de quelques anciens auteurs allemands du dixième au treizième siècle.

GRAFFIGNY (Françoise d'Issembourg d'Apponcourt, dame de), naquit à Nancy, en 1694, d'un major de gendarmerie du duc de Lorraine et d'une petite-nièce du fameux Callot. Elle fut mariée fort jeune à Hugues de Graffigny, chambellan du duc de Lorraine, homme emporté, avec lequel elle courut plusieurs fois risque de la vie. Après bien des années, elle obtint d'être juridiquement séparée de cet homme, qui finit ses jours dans une prison, où sa mauvaise conduite l'avait fait renfermer. Mme de Graffigny vint à Paris, avec Mlle de Guise, qui allait épouser le duc de Richelieu. Plusieurs beaux esprits, réunis dans une société où elle avait été admise, l'engagèrent à fournir quelque chose au *Recueil de ces messieurs* (1745), et elle lui donna une nouvelle, intitulée *Nouvelle espagnole; le mauvais exemple produit autant de vertus que de vices*. Elle n'avait pas alors moins de cinquante-et-un ans. Bientôt après elle publia les *Lettres d'une Péruvienne* : c'est le véritable et presque le seul titre de sa réputation. Elles eurent un succès prodigieux, qui est peut-être difficile à comprendre aujourd'hui. L'idée et le cadre de cet ouvrage sont, il est vrai, ingénieux : l'auteur a su tirer parti de la situation bizarre de la jeune Zilia, transportée tout à coup au milieu d'un monde où tout lui est étranger. Il y a des descriptions charmantes, des sentiments délicats, naïfs, quelquefois passionnés; mais le dénouement ne satisfait personne : l'infidélité d'Aza, l'abandon de Zilia, indisposent. Les lettres à Déterville sont insipides; les traits métaphysiques et les idées philosophiques y sont prodigués à l'excès. Enfin, l'illusion est sans cesse détruite par les anachronismes de l'auteur, qui nous peint les usages et les mœurs de son temps, assurément fort ignorés dans celui où elle place le voyage de la jeune Péruvienne. Mme de Graffigny donna ensuite *Cénie*, comédie en cinq actes et en prose, qui eut un grand succès. C'est un de ces petits romans qu'on appelle *comédies larmoyantes*. En revanche, *Une Fille d'Aristide*, drame en cinq actes et en prose, ne réussit pas du tout.

Mme de Graffigny, ayant longtemps vécu à la cour de Lorraine, y fut connue de l'empereur, qui, après avoir lu avec plaisir ses *Lettres péruviennes*, la fit prier de faire quelques comédies propres à être jouées par les jeunes princesses de la cour et les dames qui approchaient de l'impératrice. Mme de Graffigny fit cinq ou six petits drames, qui furent envoyés et joués à la cour de Vienne. Elle reçut pour récompense un brevet de pension de 1,500 livres. Elle mourut à Paris, le 12 décembre 1758, à l'âge de soixante-quatre ans. L'Académie de Florence se l'était associée. Les dernières années de sa vie ne furent point heureuses. Elle n'avait ni ordre ni économie, et laissa des dettes énormes. Quoiqu'elle fût modeste, son amour-propre était excessif : une critique, une épigramme, lui causaient un véritable chagrin. Sa réputation d'esprit et de talent eut un peu à souffrir de la publication de ses lettres, datées de Cirey, que l'on publia en 1820, dans un ouvrage intitulé : *La Vie privée de Voltaire et de Mme Du Châtelet, avec des notes, par A. Dubois*. Ces lettres ne contiennent qu'un commérage insipide, qu'aucune grâce de style ne rachète. Les ouvrages antérieurs de Mme de Graffigny ont eu de nombreuses éditions. Les *Lettres d'une Péruvienne* ont été traduites plusieurs fois.

Csse de Bradi.

GRAHAM, famille écossaise, qui fait remonter son origine jusqu'au héros calédonien *Graeme*, qui en 404 commandait l'armée de Fergus II, et qui fut gouverneur d'Écosse pendant la minorité d'Eugène II. En l'an 420, à la tête de ses hordes sauvages, il franchit la grande muraille que l'empereur Sévère avait fait construire entre la Clyde et le Forth, et que depuis lors les populations écossaises ont coutume de désigner sous le nom de *Graemes' Dyke*. Cette généalogie est évidemment fabuleuse; mais les Graham n'en appartiennent pas moins aux plus anciennes familles d'Écosse. Dès le douzième siècle ils possédaient d'immenses domaines aux environs de Dumbarton et de Stirling.

Sir *John* Graham ou Graeme, le compagnon fidèle du célèbre Wallace, fut fait prisonnier en 1298, à la bataille de Falkirk. Autant en arriva, en 1346, à sir *David* Graham *de Montrose*, pris sous les murs de Durham avec le roi David Bruce. Son fils, *Patrick* Graham, épousa en secondes noces Égidia Stuart, nièce du roi Robert II, de laquelle il eut quatre fils, dont l'aîné, *Robert* Graham, créé comte de Strathern, fut le grand-père de sir *Robert* Graham, qui, en 1437, assassina le roi Jacques Ier, et devint la souche des Graham d'Esk et de Netherby dans le Cumberland. Le fils de Patrick, issu du premier lit, sir *William* Graham, gendre de Robert III, fut le grand-père de *Patrick* Graham, qui, membre de la régence pendant la minorité de Jacques II, fut créé, en 1445, baron Graham et mourut en 1465, et dont le petit-fils, *William* lord Graham, reçut le titre de comte de Montrose. Le troisième fils de sir William Graham, *Robert*, fut l'arrière-grand-père du célèbre général des Stuarts, *John* Graham de Claverhouse. Né en 1650 il apprit l'art de la guerre sous le grand Condé, et se fit bientôt un nom par ses talents militaires et par sa bravoure à toute épreuve. En 1679 il commanda un corps de cavalerie contre les *Covenantaires*, qui le battirent, il est vrai, à Loudon-Hill; mais il fut pour la meilleure partie dans la déroute qu'ils essuyèrent ensuite à Bothwell-Bridge; et après la victoire il les poursuivit avec la plus implacable rigueur. En récompense de ses services, Jacques II le créa vicomte *Dundee*. Peut-être ses conseils eussent-ils encore sauvé ce malheureux prince. Quand Jacques se fut décidé à fuir, Graham se rendit en Écosse, et réunit dans les *Highlands* une armée à la tête de laquelle il résolut de défendre les droits de la famille royale détrônée. Le 17 juillet 1689 il n'hésita point, malgré l'infériorité de ses forces, à attaquer à Killicrankie le général Mackay, et trouva la mort dans cette affaire.

De *William*, cinquième fils de sir *William* Graham, descend la ligne des *Graham de Balgowan*.

Thomas Graham, lord Lynedoch, l'un des généraux anglais les plus distingués de l'époque moderne, naquit en 1750, et était le fils de Thomas Graham de Balgowan et d'une fille du comte de Hopetown. Jusqu'à l'âge de quarante-deux ans, il avait toujours vécu de la vie paisible du gentilhomme campagnard, quand, pour tromper le chagrin qu'il ressentait de la mort de sa femme, il se fit attacher au corps d'armée du général O'Hara; et en 1793 il prit part comme volontaire à l'expédition de Toulon. Revenu en Écosse, il recruta à ses propres frais un bataillon qu'on incorpora dans le 93e régiment, dont le commandement lui fut confié en même temps qu'on lui accordait le grade de colonel. A quelque temps de là, il fut élu membre de la chambre des communes par la ville de Perth, qu'il continua d'y représenter jusqu'en 1807. Il fit comme volontaire les campagnes de 1796 et 1797, en Italie, dans les rangs de l'armée autrichienne sous les ordres de Wurmser, et commanda ensuite le blocus de Malte. En septembre 1800, cette place se rendit après un siége de deux années. En 1808, il servit en Espagne sous les ordres de sir John Moore, et en 1810 il fut promu au grade de lieutenant général. En février 1811 il reçut l'ordre d'attaquer, à la tête d'une division, le corps d'armée commandé par le maréchal Victor; c'est ainsi qu'eut lieu la bataille de *Barossa* (5 mars 1811), pour le gain de laquelle le parlement vota des remerciements publics au général Graham. A la bataille de Vittoria, c'est lui qui commandait l'aile gauche; mais après le passage de la Bidassoa force lui fut de quitter provisoirement l'armée, par suite du mauvais état de sa santé. En janvier 1814, il débarqua à la tête de 10,000 hommes en Hollande, livra, avec le général prussien Thumen, le combat de Merxhem, qui fut heureux pour les coalisés; mais le 8 mars, ayant essayé d'enlever la place de Berg-op-Zoom, il se vit repousser avec perte par la garnison française. Au mois de mai de la même année, il fut promu à la pairie sous le titre de lord Lynedoch de Balgowan, et en 1821 nommé général en chef. Il passa dès lors la plus grande partie de sa vie en Italie, et mourut à Londres, en décembre 1843, dans un âge extrêmement avancé.

Les *Graham d'Esk et Netherby* ont également produit un certain nombre d'hommes distingués.

Sir *Richard* Graham *d'Esk*, né en 1648, envoyé de Charles II en France, obtint en 1680 le titre de *vicomte Preston*, et remplit sous Jacques II les fonctions de secrétaire d'État. Après la révolution de 1688, il fut enfermé à la Tour, et gracié en 1691, par Guillaume III, après avoir été déclaré coupable de haute trahison. Pendant sa captivité, il traduisit en anglais le livre *De Consolatione Philosophiæ* de Boèce; et cette traduction lui fait, comme écrivain, le plus grand honneur. Il mourut en 1695. La pairie de cette famille s'éteignit en 1739, en la personne du troisième vicomte; mais, en vertu du testament laissé par lady Widdrington, fille de Richard, les biens des Graham d'Esk passèrent aux Graham de Netherby, qui, en décembre 1782, obtinrent le titre de *baronet*.

Sir *James Robert George* Graham, *baronet*, de Netherby, dans le Cumberland, célèbre comme homme d'État et comme orateur parlementaire, naquit en juin 1792, épousa, en 1819, la fille de sir James Campbell, et succéda à son père, en 1824, dans la possession du titre et des propriétés de sa famille. Il entra d'abord au parlement, en qualité de représentant de la ville de Carlisle, en 1820; et en 1830 il y fut élu par le comté de Cumberland, où il l'emporta sur la puissante et influente famille tory des Lowther; et peu après il fut appelé à remplir dans le cabinet présidé par lord Grey les fonctions de premier lord de l'amirauté. Il introduisit de notables améliorations dans l'administration de la marine, tout en réduisant d'environ un million sterling les dépenses de ce département. Comme administrateur et comme orateur, Graham fit preuve de grands talents, et passait alors pour l'une des colonnes du parti whig. C'est ainsi, par exemple, qu'il fut pour beaucoup dans le succès du bill pour la réforme du parlement. Mais en 1834, ses collègues ayant annoncé l'intention d'opérer également une réforme dans l'Église officielle d'Irlande, Graham, qui ne partageait point leurs idées à cet égard, se sépara du parti whig pour se rapprocher dès lors de plus en plus du parti conservateur. Il perdit à cela, en 1837, son siége dans le parlement comme représentant du Cumberland; mais dès l'année suivante l'appui des tories le faisait élire par le comte de Pembroke, après qu'il eut publié une profession de foi politique dans laquelle il se déclarait le champion de la religion protestante, l'adversaire de toute extension nouvelle à donner au droit électoral, du vote secret et de toute usurpation de la démocratie sur les droits de la couronne, enfin le partisan du système de protection en matières commerciales. En septembre 1841, il entra dans le cabinet présidé par Robert Peel comme ministre de l'intérieur, et en cette qualité il contribua à introduire le système commercial qui en finit avec les *droits protecteurs*. La mesure qu'il prit en 1844 de faire saisir et ouvrir la correspondance de Mazzini, acte par lequel le gouvernement autrichien eut connaissance de l'entreprise des frères B a n d i e r a, provoqua les attaques les plus vives contre sir James Graham, qui, pour se justifier, répondit qu'il n'avait fait que ce que ses prédécesseurs avaient cru devoir faire en vingt circonstances analogues, et que c'était là un de ces menus services qu'on ne peut pas se refuser entre gouvernements qui sont en bons termes. La dissolution du cabinet Peel, en 1846, amena la retraite de sir James Graham. Repoussé alors par les conservateurs comme *libre-échangiste*, il réussit, lors des élections générales de 1847, et grâce à l'influence de lord Grey, à être élu député par la ville de Ripon. Depuis lors, et surtout après la mort de Peel, ses opinions politiques subirent de grandes modifications. Jadis protestant zélé, il combattit avec la plus grande énergie dans la session de 1851 le bill des dîmes ecclésiastiques; et après l'insuccès d'une négociation entamée en janvier 1852 par lord John Russell, ainsi qu'après l'arrivée aux affaires du ministère présidé par lord Derby, il se prononça, dans un discours aux électeurs de Carlisle, en faveur d'une nouvelle réforme électorale, et même sous certaines réserves pour l'adoption du *ballott ;* aussi, en juillet 1852, la ville de Carlisle l'élut-elle pour son représentant au parlement. Le 28 décembre de la même année, le ministère de lord Derby ayant dû se retirer, sir Graham entra dans le cabinet formé par le comte Aberdeen, le vicomte Palmerston, lord John Russell, etc., en qualité de premier lord de l'amirauté, poste qu'il occupe encore (janvier 1855).

GRAILLY, nom d'une antique maison de Guyenne; celui de ses membres qui paraît le premier dans l'histoire est *Jean* de Grailly, le fameux c a p t a l de Buch qui suivit le parti des Anglais pendant la détention du roi J e a n. Il désolait les rives de la Seine, entre Paris et Rouen, quand Bertrand D u g u e s c l i n lui offrit le combat à Cocherel et le fit prisonnier. Plus tard C h a r l e s V, pour se l'attacher, lui rendit la liberté, et lui donna en même temps la seigneurie de Nemours; mais, à la reprise des hostilités, il renvoya cette donation au roi, et suivit de nouveau la bannière des Anglais. Il assistait à la bataille de Navarette, où Duguesclin, qui commandait les auxiliaires français au service d'Henri de Transtamarre, fut fait prisonnier. Le captal de Buch en eut la garde, et le traita avec une grande courtoisie. En 1371, il fut nommé connétable d'Aquitaine; tombé de nouveau, l'année suivante, au pouvoir des Français, il ne consentit jamais à abandonner la cause de l'Angleterre, et mourut au Temple à Paris, après cinq ans d'emprisonnement.

Son fils *Jean IV*, captal de Buch, se voyant sans enfants de Rose d'Albret, légua tous ses biens à son oncle *Archambault* de Grailly, qui devint comte de F o i x. Jean V, son fils, comte de Foix, soutint Charles VI contre le comte d'Armagnac et contre les Anglais, fut nommé capitaine général du roi pour la Guyenne et le Languedoc, essuya des revers et fit la paix en 1415. Ménagé par le parti du roi et par celui du dauphin, nommé à la fois par les deux princes leur lieutenant et gouverneur général en Languedoc, il fit avec éclat la guerre au prince d'Orange, prit une part active aux guerres civiles de l'époque, et finit par soutenir vigoureusement la cause du dauphin, devenu Charles VII, qu'il avait d'abord paru abandonner. Jean est comparé par les historiens à Roger Bernard, pour l'éclat de ses victoires, et à Gaston Phœbus pour la sagesse et la droiture de son administration; il mourut en 1436. Son fils aîné, *Gaston IV*, fut le dix-septième comte de Foix. Le dernier de cette race fut G a s t o n d e F o i x, le héros de Ravenne.

GRAIN. Ce mot, synonyme de *g r a i n e*, emporte cependant avec lui une signification tout à fait distincte : *grain* désigne tout à la fois la semence et le fruit d'une plante, comme du froment, du blé, etc.; *graine*, au contraire, désigne bien la semence, mais non le fruit lui-même qui doit en provenir : ainsi, l'on sème des *graines* de melons pour avoir des melons. *Grain* désigne le fruit de certains arbrisseaux : c'est ainsi que l'on dit : un grain de poivre, de moutarde, de sureau, de grenade, de raisin, de groseilles; par analogie, on le dit de choses à peu près faites en forme de *grains :* les grains d'un collier, d'un chapelet, etc.

Grain désigne encore une partie très-minime de certains amas ou monceaux : un *grain* de sable, de sel, de poudre

On appelle *grains* d'or des morceaux d'or très-pur qui se trouvent soit dans les rivières, soit à la surface de la terre. Les grains d'or peuvent néanmoins avoir un certain volume.

Le mot *grain* s'applique encore à certaines aspérités qu'on trouve sur le cuir, sur certaines étoffes : de la soie d'un beau *grain*. On appelle toile, linge de *grain d'orge*, toute espèce de toile ou de linge semée de points ressemblant à des grains d'orge. Enfin le *grain* d'une pierre, d'un métal, désigne les parties ténues et serrées entre elles, de cette pierre, de ce métal, qui en forment la masse, et que l'on voit distinctement à l'endroit où ils sont coupés ou cassés.

On emploie aussi le mot *grain* au figuré, comme quand on dit : cette femme a un *grain* de coquetterie.

GRAIN (*Métrologie*). L'habitude de comparer les plus petites choses à un grain de blé, à un grain de senevé, a peut-être fait donner le nom de *grain* au plus petit poids admis par nos pères. Le grain était la 9216e partie de la livre de Paris, ou la 72e partie du gros ; il valait donc environ 531 dix-millièmes du gramme. Au reste, cette évaluation n'est exacte que pour le grain donné par la livre de Paris.

Le mot *grain* était encore employé anciennement pour exprimer non un poids absolu, mais le degré de pureté de l'argent; on l'évaluait d'abord en douzièmes qu'on appelait *deniers*; chaque denier se divisait ensuite en 24 grains; les écus de six livres étaient par exemple au titre de 10 deniers 22 grains, ou, ce qui est la même chose, au titre de 131/144e ; c'est-à-dire à peu près 10/11e. Bernard JULLIEN.

GRAIN (*Marine*). Vous qui, abandonnant vos pénates pour la première fois, vous confiez à un léger navire, balancé au gré des flots, vous ignorez encore ce que c'est qu'un grain. Mais arrivez dans ces parages de la ligne où le soleil darde sur vous des rayons d'à-plomb; traversez ces mers de l'Inde où règnent les vents alizés, au moment du renversement de la mousson, et vous ne tarderez pas à l'apprendre. Peut-être, appuyé tranquillement sur le pont du vaisseau, admirerez-vous la beauté, la pureté du ciel équinoxial, riant du capitaine, des matelots qu'effraye un point imperceptible à l'horizon; mais un instant encore, et vous verrez ce point monter rapidement sous la forme d'un nuage noir et épais, et envahir ce beau ciel; vous verrez au loin la mer moutonner et s'agiter autour de vous; tout à coup un vent furieux la soulèvera en montagnes écumantes; votre navire sera brusquement enlevé; les voiles qu'on aura eu l'imprudence de ne point carguer, seront emportées; le mât qui les supporte se brisera peut-être; la pluie tombera par torrents, le tonnerre grondera, et puis dans quelques minutes les éléments auront repris leur calme; le vent ne soufflera plus, le ciel sera pur et la mer bénigne. Une *grain* sera passé sur vous. Les *grains* sont d'autant plus dangereux que leur vitesse et leur violence prennent au dépourvu l'officier peu expérimenté : le marin devra donc se bien tenir sur ses gardes dans les parages sujets aux grains; il en est même qui, s'il ne sait pas les deviner à l'aspect de la mer qu'ils agitent au loin, le prendront au dépourvu : ce sont ceux que rien n'annonce dans le ciel, et que pour cette raison on a appelés *grains blancs*.

GRAINE. En botanique, on définit la *graine* comme étant la partie d'un fruit parfait qui se trouve contenue dans la cavité intérieure du péricarpe. A son origine le corps contenu dans le péricarpe est désigné sous le nom d'*ovule*. Celui-ci n'est d'abord autre chose qu'une vésicule ou cellule simple, dont les développements successifs font arriver l'ovule à son état parfait et même à la première apparition du sac embryonnaire. La graine doit donc être regardée comme l'embryon végétal plus ou moins avancé dans son évolution et protégé par un grand nombre d'enveloppes et de parties que, en raison de leurs usages très-variés, les botanistes ont désignées sous les noms de *épisperme, testa, tegmen, funicule, arille, chalase, hile, micropile, périsperme, sac embryonnaire* et *embryon*. L. LAURENT.

GRAINE D'ÉCARLATE. *Voyez* COCHENILLE.

GRAINE DES MOLUQUES. *Voyez* CROTON.

GRAINES DE PARADIS. On donne ce nom aux graines anguleuses et noirâtres contenues dans le fruit d'une espèce du genre *amome*, l'*amomum granum paradisi*, indigène de la Guinée et de Madagascar. Ce fruit est une capsule arrondie, triloculaire. Les Indiens font des graines de paradis un commerce considérable. Ils en mêlent avec le bétel. Ils les vendent débarrassées de leur coque. L'amande est très-blanche, et produit sur la langue une sensation de brûlure comme le poivre; aussi s'en sert-on pour falsifier cette denrée.

GRAINES DE PERROQUET. *Voyez* CARTHAME.

GRAINS. Ce mot, synonyme de *céréales*, en diffère cependant en ce qu'il ne s'entend guère que des graines farineuses employées à l'alimentation de l'homme, tandis que *céréales* peut se dire à la fois des graines et des plantes qui les produisent. C'est surtout au point de vue économique que nous en traiterons ici.

La France est un des États qui produisent la plus grande quantité de grains; on les cultive sur près de 14 millions d'hectares, dont environ 5,600,000 en froment. La production moyenne était évaluée en 1841, par la statistique du ministère du commerce, à 182,500,000 hectolitres, dont 70,000,000 en froment, 10,000,000 en méteil ou épeautre, et 23,000,000 en seigle, semences déduites; mais ces évaluations paraissent inférieures à la réalité, car, d'après M. Royer et d'autres auteurs, le rendement du blé, par exemple, au lieu d'être de 12 hectolitres 45 litres par hectare, comme le constate la statistique de 1841, s'élèverait à 15 hectolitres 56 litres; pareille augmentation existerait sur les autres céréales, en sorte que les produits peuvent être évaluées aujourd'hui : le froment, à 82,000,000 d'hectolitres; le seigle, à 28,000,000 d'hectolitres; le méteil, à 12,000,000 d'hectolitres; l'épeautre, à 136,000 hectolitres; l'orge, à 20,000,000 d'hectolitres; l'avoine, à 50,000,000 d'hectolitres; le maïs et le millet, à 16,000,000 d'hectolitres; le sarrazin, à 8,500,000 hectolitres.

D'après la statistique officielle, le froment, le seigle, le méteil et l'épeautre laisseraient disponibles pour la consommation un peu plus de 90,000,000 d'hectolitres, tandis que M. Royer croit qu'on peut porter cette quantité à 113,000,000 environ, ou l'équivalent de plus de 100,000,000 d'hectolitres de froment, ce qui donnerait près de 3 hectolitres par habitant. En 1846, le ministre du commerce évaluait à ce chiffre de 100,000,000 d'hectolitres la quantité de grains (froment, méteil et seigle) nécessaire à l'alimentation ordinaire des habitants, et à 20,000,000 la quantité employée à la nourriture des animaux, aux semences et aux divers usages industriels, et il disait : 1° que dans les bonnes années 30 à 35 départements ont une récolte excédant leur consommation, 25 à 30 une récolte égale, et 20 à 25 une récolte insuffisante; 2° que le maïs, le sarrasin et les châtaignes entrent pour plus de 1/10e dans la consommation générale; 3° que dans les plus mauvaises années, la France n'emprunte au dehors que de 25 à 30 jours de nourriture, soit environ 6,000,000 d'hectolitres. On sait que le déficit laissé par les mauvaises récoltes de 1845 et 1846 a été de plus du double; c'est du reste le plus grand dont la France ait gardé le souvenir depuis longtemps; ainsi, en 1846 nous achetions à l'étranger pour 100 millions de céréales, et en 1847 pour plus de 200 millions.

Selon M. Dezeimeris, la France récoltait dans la seconde moitié du dix-septième siècle près de 90,000,000 d'hectolitres de blé, et au commencement du dix-huitième siècle elle n'en récoltait plus que 50 à 60,000,000, par suite de son mauvais système de culture. M. Moreau de Jonnès dit que cette production était réduite à 40,000,000 en 1784; notre produit depuis lors a donc doublé, et il est encore susceptible d'une bien plus grande augmentation

La production des diverses céréales attribuait à chaque

habitant en 1760 450 litres de grains, tandis qu'elle en fournit aujourd'hui 541, bien que la population ait augmenté de 13 millions en quatre-vingt-six ans. Ce qui fait surtout ressortir les progrès de notre agriculture depuis cinquante ans, c'est que cette augmentation de produit a été obtenue sans, pour ainsi dire, que la superficie annuellement consacrée aux céréales ait changé depuis Louis XIV. Sous Louis XIV, Louis XV et Louis XVI, il fallait en moyenne 60 ares de terrain pour nourrir un habitant, tandis qu'il n'en faut plus aujourd'hui que 40, et seulement 30 en Angleterre et en Belgique. La même quantité de terrain nourrit donc un tiers de plus d'habitants et mieux qu'avant 1789. La récolte de froment qui en 1700 ne donnait à chaque habitant que 118 litres, et en 1760 108, en donne aujourd'hui 208.

Aucune consommation connue n'est aussi grande en Europe qu'en France : en Angleterre, compris l'Écosse et l'Irlande, elle est de 163 litres ; en Espagne, de 127 litres ; en Autriche, de 62 litres ; en Belgique et en Hollande, de 57 litres ; en Prusse, de 46 litres ; en Pologne, de 25 litres ; en Suède, de 8 litres.

Il importe de remarquer que la consommation du froment se fait irrégulièrement, c'est-à-dire qu'une partie plus ou moins nombreuse de la population s'en nourrit dans des proportions différentes, et que le reste en est encore privé. Ainsi, en 1700 39 habitants seulement sur 100 vivaient de pain blanc ; en 1784, on en comptait 41 ; aujourd'hui il y en a plus de 65 sur 100, et le nombre d'individus vivant de blé plus ou moins pur est bien supérieur aux individus qui consomment des grains inférieurs, contrairement à ce qui avait lieu dans les siècles précédents ; cependant on compte encore plus de 10 millions de Français qui en sont réduits au régime des céréales inférieures, des pommes de terre et des châtaignes. Sous ce rapport l'Angleterre est plus avancée que nous, car on n'y mange guère que du pain blanc. L.-N. Gellé.

L'estimation approximative de la nourriture individuelle est basée sur le besoin journalier d'une livre et demie de pain, obtenu avec de la farine purgée de dix livres de son seulement par quintal; car si dans les villes on purge cette farine de 25 p. 100, on laisse ces 25 p. 100 de son à la farine consommée dans la plupart de nos campagnes. Si les erreurs des états de récolte fournis par les préfets ont souvent entraîné les ministres et les législateurs dans de plus graves erreurs, il en a été de même de leur versatilité à propos de cette base : ainsi, les uns, en la contestant, n'ont voulu attribuer qu'une livre de pain par jour, comme nécessaire à la nourriture de chaque habitant, et d'autres, par ignorance ou mauvaise foi, tout en admettant la base précédemment posée, n'ont pas pris garde que le poids spécifique des grains est variable chaque année, variation qu'il est très-important pourtant de prendre en considération quand on veut calculer la nourriture des populations. En effet, si l'on admet, par exemple, que 3 hectolitres de froment, du poids de 75 kilogrammes chaque, suffisent pour nourrir un homme pendant une année, l'on doit pourtant reconnaître qu'il faudra augmenter d'un huitième d'hectolitre ce chiffre, lorsque la pesanteur de cette mesure descendra à 72 kilogrammes, comme elle le fit en 1816 ; puisque si vous ne donnez toujours à un homme que 3 hectolitres de ce poids, il n'aura mangé en réalité que 216 kilogrammes de grain au lieu de 225.

La législation, par suite de cette indécision sur le chiffre positif de la base indispensable à la nourriture de l'homme, a dû nécessairement souvent varier en raison des séries de bonnes ou mauvaises années qui, s'étant succédé, ont effrayé ou l'agriculture, arrivant à vendre ses grains trop bon marché pour le prix de ses fermages, ou les populations, forcées, dans les autres circonstances, de les acheter beaucoup trop cher relativement au prix du loyer de la force de l'homme. Aussi, l'on voit les règlements sur les grains varier à l'infini depuis Louis IX jusqu'à Henri III, et l'on compte plus de 160 actes sur le commerce des grains depuis Henri IV jusqu'à Louis XVI. En 1789, l'Assemblée constituante décréta, le 29 août, la vente libre et la libre circulation des grains et farines dans toute l'étendue du royaume ; mais elle excepta de cette liberté le commerce extérieur, et prohiba toute exportation, comme pouvant devenir dangereuse à la sûreté publique. Bientôt la Convention, en 1792, reconnut aux cultivateurs et fermiers le droit de vendre leurs grains; mais elle les assujettit à faire la déclaration de ceux qu'ils possédaient, défendit toute vente ailleurs que sur les marchés, et posa, le 1er septembre 1793, des limites au prix des grains ; en 1794, l'on réunit en une seule loi ces diverses mesures, et l'on fixa même un *maximum* sur les grains, qui fut de 14 livres le quintal marc de froment. Plus tard, sous le Directoire, le retour du numéraire et de meilleures récoltes permirent d'adoucir ces mesures coërcitives, et il en fut de même sous le Consulat et sous l'Empire ; après avoir protégé la liberté du commerce intérieur, le gouvernement impérial revint cependant, lors de la disette de 1811, à des mesures prohibitives, et, par la loi de 1812, défendit les approvisionnements, et fixa le prix *maximum* du froment à 33 francs l'hectolitre.

La législation relative au commerce extérieur des grains fut tout aussi variable : ainsi, en 1790, l'on suspendit le droit d'exportation des grains, puis on ne permit cette exportation que lorsque le prix des grains fut à 16 francs l'hectolitre dans le nord, et à 20 francs dans le midi ; en 1806, on l'autorisa tant que ce prix ne s'élevait pas au delà de 24 francs, en chargeant seulement cette exportation d'un impôt progressif de sortie ; mais des abus étant survenus, ainsi que de mauvaises récoltes, l'exportation des grains fut interrompue en 1810, et ne fut rouverte qu'en 1814 par Louis XVIII ; seulement elle fut soumise à la condition de n'avoir lieu qu'autant que le prix des grains ne s'élèverait pas au delà de 19, 21 et 23 francs l'hectolitre dans les départements frontières par lesquels on devait faire cette exportation, et que l'on divisa en trois classes.

Cependant, la consommation en France s'étant prodigieusement augmentée, par suite de l'envahissement des armées étrangères, le vide s'étant accru par une excessive exportation, et des années médiocres ou mauvaises s'étant succédé, l'on fut obligé en 1816 non-seulement de suspendre l'exportation, mais d'encourager l'importation par des primes. Bientôt on supprima ces primes ; mais les importations continuèrent, et la quantité des grains finit par excéder de beaucoup les besoins de la population, surtout après la belle récolte de 1818. Alors, on dut agir d'une manière contraire à celle que l'on avait suivie en 1816 : ainsi, l'on mit en 1819 des conditions restrictives à l'importation des blés, en prenant les mêmes bases que pour l'exportation, et l'on prohiba toute introduction de blés exotiques tant que les froments français resteraient au-dessous de 20, 18 et 16 francs l'hectolitre ; en même temps, on ne permit cette introduction qu'en soumettant les blés étrangers à un droit, qui fut augmenté en 1820, et modifié en 1821 par la Chambre des Députés. En effet, pour accorder les intérêts de certaines villes frontières avec ceux des agriculteurs de l'intérieur, elle fit quatre classes de départements frontières au lieu de trois, et prohiba l'introduction tant que les prix du froment descendraient, dans ces départements, au-dessous de 24, 22, 20 et 18 francs l'hectolitre ; enfin, en 1832, l'administration et les législateurs, voulant entrer dans une voie d'économie politique plus large, abandonnèrent la prohibition et adoptèrent un système législatif protecteur ; alors, ils cherchèrent à maintenir continuellement en rapport les intérêts du commerce, des consommateurs et des agriculteurs ; pour cela ils permirent l'importation et l'exportation, en les soumettant à un impôt proportionnel, en raison de l'espèce des grains. Depuis lors, l'importation et l'exportation des grains sont soumis au système de l'*échelle mobile*. Mais en 1853 et 1854, comme en 1846 et 1847, le gouvernement a dû prohiber l'exportation des grains et affranchir de tous droits l'entrée des céréales. J. Odolant Desnos.

Les grains redoutent plusieurs maladies : la *carie*, la

rouille, l'ergot du seigle, etc. Les soins attentifs de l'agriculture sont-ils parvenus à les en préserver jusqu'à l'époque de la récolte, leur conservation demande encore certaines précautions, dont il est donné une idée aux articles Blé (Chambre à), Silo, Grenier, etc. Outre la chaleur et l'humidité qui leur sont également funestes, il faut les garantir des attaques des insectes, tels que la calandre du blé.

GRAINS DE SANTÉ. *Voyez* Émétique.

GRAINVILLE (Jean-Baptiste-François-Xavier COUSIN de), né au Havre, le 3 avril 1746, fut destiné à l'état ecclésiastique, ainsi que son frère aîné, qui parvint à l'épiscopat. L'un des émules les plus distingués de l'abbé Siéyes au séminaire Saint-Sulpice, mais ne partageant par ses doctrines politiques, il concourut pour cette question posée par l'Académie de Besançon : *Quelle est l'influence de la philosophie sur le dix-huitième siècle?* et obtint le prix. En butte, par suite de ce triomphe, aux tracasseries des hommes qui dirigeaient alors l'opinion, il renonça à la chaire pour le théâtre, et présenta à la comédie française une pièce en cinq actes et en vers *Le Jugement de Pâris*, dont le clergé parvint à empêcher la représentation. Battu de ce côté, il reprit à Amiens l'exercice de la prédication et des fonctions ecclésiastiques; mais, quoique se soumettant à la constitution civile du clergé, il professa un tel respect pour les dogmes fondamentaux du christianisme, que les puissants du jour le firent jeter en prison. Le représentant du peuple André Dumont, en mission dans la Somme, s'intéressa à lui, et lui conseilla un mariage civil comme sa seule ancre de salut. Grainville céda, et contracta, pour la forme seulement, un simulacre d'union conjugale avec une vieille parente. Pour vivre, il fonda une école, dans laquelle il réunit à grand' peine une trentaine d'élèves. Mais, au retour des idées religieuses, son caractère de prêtre marié jeta sur son établissement une défaveur telle, qu'il perdit à peu près tous ses écoliers.

Plus que jamais pressé par le besoin, il écrivit alors, en moins de six mois, *Le Dernier Homme*, poëme en dix chants. Sa sœur avait épousé au Havre un frère de Bernardin de Saint-Pierre; il soumit à celui-ci son œuvre, écrite d'abord en prose. L'auteur de *Paul et Virginie* en fut émerveillé, et trouva un éditeur qui offrit 800 francs de ce travail; mais les hostilités de la critique furent cause qu'il ne s'en vendit que trente-six exemplaires, et que Grainville, ayant à peine touché le quart du prix convenu, alla, dans la nuit du 1er février 1805, en proie à une attaque de fièvre chaude, se précipiter dans le canal de la Somme, qui coulait au bas de son jardin.

Le nom de Grainville, ainsi que son œuvre, serait resté dans l'oubli, si en 1810 un érudit anglais, le chevalier Croft, qui le premier avait signalé au monde le génie de l'infortuné Chatterton, ne fût venu passer quelques jours à Amiens, et n'eût eu connaissance de la belle composition qui avait longtemps occupé le beau-frère de Bernardin de Saint-Pierre. La regardant comme une magnifique ébauche, comparable aux épopées de Milton et de Klopstock, il exprima le vif regret, dans ses *Remarques sur Horace*, de n'avoir pas connu plus tôt l'existence et le génie d'un homme dont il eût été facile d'améliorer le sort. Bernardin de Saint-Pierre, de son côté, loua tellement le poëme, que le libraire Déterville se décida à l'imprimer. Cependant, il fut peu lu; mais dès l'année suivante Charles Nodier en publia une nouvelle édition, avec une notice qui fit sa réputation, aidée par les articles des journaux.

Grainville avait commencé en 1805 à versifier son poëme; il en avait même terminé le premier chant. Nodier pourtant ne cite aucun vers de lui. En 1814, Creuzé de Lesser se mit à son tour à en versifier une imitation, qui parut en 1831, et dont l'exécution est loin de répondre à la grandeur de l'esquisse primitive. *The last Man*, roman en trois volumes de Campbell, publié plusieurs années après la mort de Grainville, n'offre aucun point de comparaison avec l'œuvre épique de celui-ci. L'auteur du *Dernier Homme* a laissé en outre quelques morceaux de poésie, entre autres une fable allégorique : *Le Plaisir, l'Espérance et la Pudeur*, insérée dans la correspondance de Grimm. On lui fait également honneur de plusieurs autres ouvrages longtemps attribués à *Christophe* Grainville, le traducteur de *l'Araucana*.

GRAISIVAUDAN ou GRÉSIVAUDAN. C'est le nom que portait dans l'ancienne division territoriale de la France une partie du Dauphiné s'étendant entre les montagnes, le long du Drac et de l'Isère, ayant environ huit myriamètres de longueur sur sept de largeur, et dont Grenoble, capitale de tout le Dauphiné, était le chef-lieu. C'est l'un des plus beaux et des plus riches pays qu'on puisse voir. Le Graisivaudan, au dixième siècle, était possédé en franc-alleu par les évêques de Grenoble, auxquels il avait été donné par les derniers rois de Bourgogne; au onzième siècle, il passa sous la domination des dauphins de Viennois, pour former ensuite le Dauphiné, dont il partagea toujours depuis le sort. Il était borné au nord par la Savoie, à l'est par le Briançonnais, au sud par l'Embrunois, le Gapençois et le Diois, à l'ouest par le Viennois et une partie du Diois. Il fait aujourd'hui partie du département de l'Isère.

GRAISSE, substance neutre, blanchâtre, plus ou moins dure, toujours susceptible de se ramollir et de se fondre par la chaleur, faisant tache sur le papier, c'est-à-dire le rendant *gras*; insoluble dans l'eau, soluble dans l'alcool, surtout à chaud; brûlant avec flamme, et se combinant aux bases de manière à former des savons. On a consacré le nom de *graisse* aux substances grasses solides; le nom d'*huile*, au contraire, a été réservé aux substances grasses liquides. Il est digne de remarque que les premières sont presque exclusivement fournies par les animaux; le *croton sébiforme* est le seul végétal qui fournisse de la graisse. La graisse présente des caractères variables, quant à sa densité, à son odeur, à sa couleur, etc. Celle du porc (*voyez* Axonge) n'offre ni la blancheur ni la dureté de celle du mouton (*voyez* Suif); celle du bouc répand une odeur hyrcique des plus intenses.

La graisse est renfermée dans un tissu particulier, qu'on nomme *tissu adipeux*. Si ayant pris un morceau de ce tissu adipeux, provenant du veau, du mouton ou du bœuf, on le soumet à la malaxation, sous un filet d'eau, et à la surface d'un tamis à mailles étroites, on observe bientôt qu'il se détache du tissu adipeux des myriades de granules, qui passent à travers les mailles du tamis et se rendent à la surface de l'eau du vase placé sous le tamis : dans les mains de l'opérateur, il ne reste plus que le tissu membraneux, dans lequel précédemment étaient renfermés les granules. Ces granules séchés donnent une poudre blanche, douce au toucher, moins brillante que celle de la fécule; ils sont insolubles dans l'alcool froid. Examinés au microscope, ceux du veau, du mouton, offrent un aspect cristallin, et présentent des facettes taillées très-régulièrement; ceux qui proviennent du porc ont un aspect réniforme; dans la graisse humaine, les granules se voient avec plus de difficulté, mais on parvient à les isoler à l'aide de la potasse ou de l'acide nitrique. Si, poussant l'observation plus loin, on cherche à voir la structure de ces granules, on reconnaît qu'ils sont formés d'un sac membraneux et d'une substance incluse soluble dans l'alcool. L'analogie qui existe entre la fécule et les granules adipeux est extrêmement curieuse; là encore l'organisation végétale présente de nombreux points de connexion avec l'organisation animale : développement de granules dans un tissu analogue; granules dans les deux cas formés d'un sac membraneux et d'une substance incluse; disparaissant également partout où il y a une grande activité vitale, pour reparaître quand le repos est un peu prolongé. La graisse dans les animaux affectionne certaines localités : abondante généralement dans les régions rénales et épiploïques, elle ne se montre point dans la peau des paupières et du scrotum. Elle est ordinairement plus abondante chez les jeunes animaux que chez les vieux. Blanche dans le jeune âge, elle devient jaune et acquiert une rancidité marquée dans l'âge avancé. Elle constitue à peu près la vingtième partie du corps de l'homme. Au point de vue physiologique, la graisse paraît destinée à maintenir constante la température des corps, au milieu des changements qui surviennent dans la température ambiante ; à servir à la nutrition, comme on l'observe chez les animaux hibernants, qui, grâce à une abondante quantité de substance graisseuse, peuvent passer plusieurs mois sans avoir besoin de manger ; enfin, à protéger contre les agents extérieurs les organes qu'elle enveloppe. On a de cette assertion une preuve irrécusable dans ces trous creusés par des souris sur les flancs de quelques cochons, assez peu sensibles pour ne s'en être point aperçus.

C'est ordinairement en soumettant à l'action de la chaleur le tissu graisseux, et en l'exprimant à travers un linge, que l'on obtient la graisse. Ainsi préparée et abandonnée au contact de l'air, elle ne tarde pas à augmenter de dureté; elle jaunit à la surface, acquiert une saveur âcre, une odeur forte et désagréable, en un mot, elle devient *rance*. A une température modérée, la graisse est susceptible de dissoudre le soufre et le phosphore : on a profité de cette propriété pour employer ce dernier corps en thérapeutique. Les acides en faible proportion mis en contact avec les corps gras, les saponifient, c'est-à-dire les rendent miscibles à l'eau, et, comme les alcalis, donnent lieu à la formation des acides gras. Si les acides sont concentrés et en proportion convenable, ils détruisent les corps gras, les charbonnent : tels sont les acides sulfurique et chlorhydrique. L'acide nitrique étendu les convertit, à l'aide d'une ébullition prolongée, en acides malique et oxalique; concentré, il donne lieu à de l'acide nitropicrique ; quelquefois la réaction est tellement vive, qu'il y a inflammation.

Les corps gras d'origine végétale sont formés généralement d'oléine et de margarine; ceux d'origine animale renferment un principe de plus, la stéarine; cependant il y a quelques exceptions : ainsi, le beurre ne contient point de stéarine, tandis que l'huile épaissie de muscade renferme ce principe. Parmi les graisses, les unes, plus solides, contiennent plus de stéarine; les autres, au contraire plus liquides, contiennent plus d'oléine. Les différents principes que l'on rencontre dans les corps gras peuvent être isolés les uns des autres à l'aide de procédés particuliers ; par expression pour l'oléine, par l'alcool pour les deux autres : en traitant la stéarine de M. Chevreul par l'éther, M. Lecanu en a retiré deux substances, l'une soluble dans ce véhicule, l'autre insoluble; à la première il a donné le nom de *margarine*, à la seconde celui d'*éthéarine*.

Les graisses soumises à l'action des bases sous l'influence de la chaleur et de l'eau (comme cela se pratique pour la préparation des savons et des emplâtres proprement dits employés en médecine), donnent lieu à des acides oléique, margarique, stéarique et à de la glycérine. Les trois premiers corps se combinent à la base employée, pour former un sel; quant à la glycérine, dont la présence est une preuve certaine de la saponification, elle reste en dissolution dans l'eau qui fait bain-marie, et lui communique une saveur sucrée. Dans cette action des bases sur les graisses, qui est le phénomène essentiel de la saponification, il y a en outre fixation d'une certaine quantité des éléments de l'eau, ainsi qu'on peut s'en convaincre par l'examen de la composition atomique des principes qui entrent en réaction, et des produits nouveaux qui se sont formés.

Les graisses soumises à l'analyse élémentaire fournissent de l'oxygène, de l'hydrogène et du carbone; Saussure est le seul qui y ait trouvé de l'azote. Leur composition est telle qu'elles peuvent être représentées par de l'eau et du gaz oléfiant (hydrogène bicarboné).

Les usages de la graisse sont très-nombreux en médecine : on s'en sert comme d'excipient et l'on y incorpore certaines substances médicamenteuses destinées à l'usage externe. Quelques graisses étaient autrefois prônées comme des spécifiques merveilleux contre certaines affections : telles étaient les graisses d'ours, de blaireau, et même la graisse humaine; aujourd'hui toutes ces substances ont été à juste titre bannies des formulaires. Dans les arts, on fait usage de la graisse dans une foule de circonstances, soit comme combustible, soit comme moyen de faciliter le glissement des surfaces. Enfin tout le monde connaît leur emploi pour l'assaisonnement de certains comestibles.

BELFIELD-LEFÈVRE.

GRAL (Saint). *Voyez* GRÉAL.

GRAMEN, plante graminée, fromentacée, telle que le chiendent : ce mot, d'une signification mal déterminée, sert à désigner les plantes qui appartiennent à la famille des graminées.

GRAMINÉES. C'est une des familles végétales les plus nombreuses et les plus naturelles : les plantes qu'elle renferme sont annuelles ou vivaces, à tige herbacée (chacune offrant plusieurs nœuds pleins, d'où partent des feuilles alternes engaînantes). La gaîne est fendue dans les graminées; elle est pleine dans les cypéracées, autre famille naturelle, qui présente avec celle que nous examinons ici une grande analogie. Les fleurs, en épi ou en panicule, se composent de deux écailles (la *glume*), autre caractère qui sert à distinguer ces plantes des cypéracées, qui n'ont qu'une écaille pour chaque fleur : elles ont de deux à quatre ou cinq étamines, deux styles terminés par deux stigmates poilus et glanduleux, un ovaire uniloculaire avec un sillon longitudinal sur un de ses côtés. Beaucoup de graminées offrent en dehors de l'ovaire deux petites écailles qui forment la *glumelle*. Le fruit (*cariopse* ou *akène*) est nu ou enveloppé dans la glume, formé de l'embryon et d'un endosperme farineux.

Les différentes parties des graminées forment pour l'homme et les animaux la base de l'alimentation; les graines des céréales, l'orge, le froment, le seigle, l'avoine, le riz, le maïs sont nos plus précieuses ressources ; les pailles de ces plantes et les herbes des prés, qui presque toutes appartiennent à la famille des graminées, sont encore dans la plus grande partie de la France l'unique nourriture du bétail.

Les graminées peuvent se reproduire par boutures ; car les racines se forment facilement de leurs nœuds mis en terre. C'est à cette propriété des nœuds dans les graminées que l'on doit les effets excellents du hersage pour les céréales et du roulage pour les prairies naturelles, puisque par ces deux opérations les nœuds sont mis en contact avec la terre, et produisent le tallement des pieds isolés. Il serait à désirer, dans l'intérêt de l'agriculture, que ce double procédé fût plus répandu.

Paul GAUBERT.

GRAMMAIRE, science qui apprend à peindre la pensée par des sons ou par des caractères. Le mot *grammaire* est tiré du grec γράμμα, qui signifie *lettre*, origine tout à fait rationnelle, puisque les lettres ou caractères sont les principaux éléments du langage, soit parlé, soit écrit. On distingue la *grammaire générale* des *grammaires particulières*. La *grammaire générale*, faisant abstraction de tout ce qui est particulier aux langues, enseigne les moyens dont tous les peuples se sont servis pour exprimer la pensée par la parole, et pour la peindre par l'écriture. On la regarde comme une *science*, parce qu'elle n'a pour objet que la spéculation raisonnée des principes immuables et généraux de la parole. Une *grammaire particulière*, au contraire, ne renferme que les règles propres à une langue; elle enseigne à décliner les noms, à conjuguer les verbes, à construire toutes les parties du discours et à orthographier; elle apprend aussi à connaître la valeur naturelle et la propriété des mots, la raison de leurs terminaisons et de leur arrangement dans le discours. On a donné le nom d'*art* à toute grammaire particulière, qui n'est en effet qu'un recueil de règles. De là cette définition qu'on lit au commencement de toutes les grammaires élémentaires : « La grammaire est l'*art* de parler et d'écrire correctement. »

C'est, dit Voltaire, l'instinct commun à tous les hommes qui a fait les premières grammaires sans qu'on s'en aperçût.

Les Lapons, les Nègres, aussi bien que les Grecs, ont eu besoin d'exprimer le passé, le présent, le futur; et ils l'ont fait; mais comme jamais il n'y a eu d'assemblée de logiciens qui ait formé une langue, aucune n'a pu parvenir à un plan absolument régulier.

La grammaire est une science dont l'importance n'a pas été assez généralement appréciée dans les temps modernes; c'est à tort qu'on ne lui a laissé qu'un rôle fort secondaire à remplir dans les études classiques. Les anciens cultivaient la grammaire avec un soin tout particulier; ils la regardaient comme le premier degré d'initiation à l'étude des sciences et des arts. Curieux de la rendre inventive et féconde, ils observaient avec soin les rapports qu'elle peut avoir avec la métaphysique, la morale, la politique, la philosophie, l'histoire et la poésie.

Il ne serait pas sans intérêt de tracer ici une esquisse historique des travaux relatifs à la science grammaticale. Les Indiens citent des grammairiens, et possèdent des grammaires du sanskrit. Il n'apparaît aucune idée de grammaire générale dans ces livres; mais, en revanche, on remarque qu'ils contiennent une partie qui manque à toutes les grammaires connues, un traité de la formation des mots, enseignant non-seulement l'analyse ou l'étymologie des termes usuels dérivés et des mots composés, mais encore le moyen de créer tous les mots nouveaux dont on peut avoir besoin. Chez les Grecs, **Platon** passe pour être le premier qui se soit occupé de recherches grammaticales, témoin son *Cratylus*, qu'il semble avoir consacré uniquement à cet objet. Après lui, Aristote, son disciple, répand ses idées grammaticales dans sa *Rhétorique*, sa *Poétique* et son *Traité de l'interprétation;* malheureusement il a eu le tort grave de multiplier à l'excès les divisions systématiques dans les mots. Les premiers stoïciens suivirent la route déjà frayée, et Denys d'Halicarnasse assure qu'ils ajoutèrent beaucoup aux travaux de leurs devanciers.

La célèbre école d'Alexandrie dut une partie de sa gloire à d'habiles grammairiens, parmi lesquels brillèrent Démétrius de Phalère, Philétas de Cos, Aristarque, Aristophane de Byzance, etc. En donnant au mot grammairien un sens plus étendu, on peut l'appliquer encore à Athénée, Proclus, Aulu-Gelle, Macrobe, etc.

Le goût de l'étude de la grammaire fut apporté à Rome par Cratès de Mallum, ambassadeur d'Attale II, roi de Pergame. La jeunesse romaine s'y adonna avec ardeur, malgré les édits du sénat qui bannissaient les philosophes et les rhéteurs du territoire de la république. Bientôt de nouveaux maîtres arrivèrent, parmi lesquels on cite le Gaulois M. Antoine Gniphon, maître de Cicéron; des écoles s'ouvrirent : la langue latine, jusque alors inculte et sauvage, fit d'immenses progrès, et l'on vit poindre l'aurore de la plus brillante époque littéraire de Rome. Varron et Cicéron s'occupèrent de recherches grammaticales avec une studieuse sollicitude; et Jules César lui-même, au milieu du tumulte des camps, écrivit un traité sur l'analogie des mots. Sous Auguste, les écoles des grammairiens furent encore plus florissantes; les savants les plus renommés de la Grèce vinrent se fixer à Rome, et parmi eux Denis d'Halicarnasse, dont les écrits sont remplis de détails précieux pour l'étude de la langue grecque et pour la grammaire comparée. Mais, à la suite du règne d'Auguste, la décadence de la littérature commence à se faire sentir; les écoles dégénèrent. Quintilien leur rend un moment leur première splendeur; mais, après Apollonius d'Alexandrie, auteur d'un excellent traité philosophique sur la syntaxe, les irruptions des barbares du Nord renversent tout, détruisent tout; plus d'études, plus de travaux littéraires! De longs siècles d'ignorance devaient peser sur l'Europe entière.

Avant de passer à la renaissance des lettres, remarquons à quel point la qualification de grammairien (*grammaticus*) était en honneur dans l'antiquité grecque et romaine; les écrivains les plus illustres se glorifiaient de ce titre. Pour le mériter, il fallait posséder de grandes connaissances dans toutes les branches de la littérature : l'histoire, la philosophie, l'éloquence, étaient de leur domaine, et leur jugement s'exerçait sur les ouvrages des poëtes, comme le prouve ce vers d'Horace, si fréquemment cité :

> *Grammatici* certant, et adhuc sub judice lis est.

On se tromperait étrangement, du reste, si l'on confondait ces grammairiens (*grammatici*), qui firent la plus belle gloire de la Grèce et de Rome, avec ces obscurs pédagogues appelés *grammatistes*, qui enseignaient les éléments de la grammaire comme on enseigne à lire et à écrire. Nous l'avons déjà dit, les anciens s'étaient formé une plus haute idée de la grammaire que les modernes; ils ne la distinguaient pas de la philosophie; et Quintilien dit dans ses *Institutions oratoires* « que la grammaire est, au fond, bien au-dessus de ce qu'elle paraît être d'abord ».

Hâtons-nous d'arriver à des temps plus rapprochés de nous. Après Cassiodore, après Isidore de Séville, citons Bède le Vénérable et son disciple Alcuin, qui donna des leçons à Charlemagne. Le grand empereur, qui, dans ses Capitulaires, prescrit aux scribes et aux chanceliers *d'écrire correctement*, ne dédaigna pas de composer lui-même une grammaire de la langue germanique. Le quinzième siècle, avec l'invention de l'imprimerie, donne une nouvelle vie aux lettres. Si la grammaire ne prend pas d'abord dans les études le rang qu'elle y occupait autrefois, elle est du moins l'objet des méditations d'un grand nombre d'esprits distingués. Théodore de Gaza, et un peu plus tard Buxtorf, Turnèbe, les Étienne, Érasme, Budé, Scaliger, Casaubon, Vossius, et Sanchez ou Sanctius, furent tous de profonds grammairiens et d'habiles critiques. Vinrent ensuite Vaugelas et Joachim Du bellay. Au commencement du dix-septième siècle, l'illustre Bacon indiqua sur la grammaire quelques vues profondes, qui donnèrent bientôt naissance à la grammaire générale. Dès lors s'ouvrit pour cette science une ère nouvelle. Les solitaires de Port-Royal publièrent leur *Grammaire générale* et leur *Logique*, dont les principaux auteurs furent Arnauld, Nicole et Lancelot. L'abbé Dangeau, le père Lami, le père Buffier, Bouhours, Regnier-Desmarais, l'abbé Girard, d'autres encore, montrèrent une grande habileté dans les principes généraux de la grammaire, et beaucoup de talent dans la manière de les présenter. L'Anglais Harris publia, sous le titre d'*Hermès*, une grammaire générale, qui, bien qu'obscure en plusieurs endroits, mérite d'être consultée. Nous citerons aussi les travaux remarquables des d'Olivet, des Dumarsais, des Beauzée, des Pluche, des Duclos, etc. Le président de Brosses doit être mentionné pour la manière neuve et l'étonnante sagacité avec lesquelles il a posé les bases de la science étymologique. Le grammairien qui eut ensuite le plus de renommée fut Court de Gébelin, auteur de l'*Histoire naturelle de la Parole* et du *Monde primitif*. Enfin, la Grammaire de Condillac obtint un grand succès, à cause de sa première partie, qui est un bel essai de grammaire générale.

Nous voudrions pouvoir citer ici les noms de tous les auteurs de ces derniers temps qui ont rendu des services dans la carrière grammaticale. Nous regrettons de ne pouvoir indiquer que les plus célèbres : les Anglais Beattie et lord Monboddo; les Allemands Adelung, Vatter, Bernhardi, Reinbeck, Jacob, Buttmann, Matthiæ, Grimm, Becker; et chez nous Urbain Domergue, l'abbé Sicard, Destutt de Tracy, Degérando, Sylvestre de Sacy, Lemare, Girault-Duvivier, auteur de la *Grammaire des Grammaires*, Gueroult, Burnouf et Egger. On consulte avec fruit la *Bibliothèque grammaticale abrégée, ou Nouveaux mémoires sur la parole et l'écriture*, par Changeux (1773, in-12). Nous terminerons cette revue rapide par quelques considérations empruntées à Lanjuinais : « La conclusion qui sort, dit-il, de nos recherches sur la grammaire générale est celle-ci : les modernes ont infiniment surpassé les Grecs et les Romains dans la science des faits grammaticaux et dans celle de la théorie du langage. En voici, croyons-nous, la raison : l'étude de l'entendement humain, autrement de la nature de nos idées et de leur formation et l'étude des langues comparées sont les deux ailes de la grammaire. Ces deux études manquaient également aux anciens. Quand même ils eussent davantage cultivé la première, leur mépris, soi-disant patriotique, mais injuste et insensé, pour les nations qu'ils appelaient *barbares*, les aurait seul empêchés de s'élever jusqu'à la grammaire générale. Au contraire, les modernes, éclairés par une métaphysique plus exacte, animés par la morale divine et toute fraternelle de l'Évangile, ont été plus sages et plus heureux dans la science des langues. Bacon leur indiqua les routes de la vraie philosophie; Messieurs de Port-Royal, maîtres habiles dans beaucoup de langues mortes et vivantes, avaient recueilli des faits, des matériaux pour la science, et ils excellèrent à les mettre en œuvre. Leurs successeurs les ont surpassés dans le dernier siècle et dans celui-ci, tant pour la multitude des faits rassemblés que pour le perfectionnement de la théorie. Cependant, il reste encore beaucoup à faire si l'on veut achever l'édifice de la science grammaticale. » CHAMPAGNAC.

GRAMMATISTE, du grec γραμματιστής, pédagogue, maître d'école, par opposition à γραμματεύς, grammairien, homme lettré. Ce mot est passé dans notre langue; il se dit, par mépris, de ces grammairiens uniquement préoccupés de distinctions futiles et de discussions oiseuses, maîtres redresseurs de phrases, orthopédistes du langage, qui jettent de la boue à l'homme de génie; s'il a commis la moindre infraction à la syntaxe ou manqué de déférence pour le dictionnaire de l'Académie. A Constantinople on appelait autrefois *grammatistes* les *Fanariotes* qui remplissaient des emplois de drogmans ou de secrétaires auprès de la Sublime Porte ou chez de riches particuliers.

GRAMME. Le gramme est aujourd'hui notre unité systématique et théorique de poids. C'est ce que pèse un centimètre cube d'eau distillée prise à son maximum de densité. Ses multiples sont le *décagramme* (ou dix grammes), l'*hectogramme* (ou cent grammes), le *kilogramme* (ou mille grammes); il a pour sous-multiples le *décigramme* (ou dixième de gramme), le *centigramme* (ou centième de gramme), le *milligramme* (ou millième de gramme). Ces diverses unités sont employées selon l'espèce des pesées que l'on veut faire : le kilogramme et ses multiples, pour la plupart des transactions commerciales, les chargements de voitures, etc.; les parties de kilogramme pour les achats journaliers du ménage; le gramme, enfin, et ses subdivisions, pour les pesées plus exactes, celles surtout qui se rapportent aux sciences. La loi du 3 nivose an II reconnaissait jusqu'à trois unités de poids : le *gravet*, qui était le gramme actuel; le *grave*, qui était notre kilogramme; et le *bar*, qui valait mille kilogrammes : c'était le millier actuel, ou le poids du tonneau de mer. On compte aussi quelquefois par quintal métrique, qui répond à cent kilogrammes.

Le gramme, comparé aux anciennes mesures de poids, vaut environ 19 grains ou un peu plus du quart d'un gros. D'où il suit que 30 grammes font à très-peu de chose près une once; l'once vaut 30gr,69. Il s'agit, bien entendu, de l'once ancienne, car si l'on applique ce nom à la seizième partie de la livre métrique, comme on le fait journellement encore, cette once vaut 31gr,25.

GRAMMONT (Famille de). Cette ancienne maison de Franche-Comté, qu'il ne faut pas confondre avec celle des *Gramont* en Basse-Navarre, est originaire du comté de Bourgogne, et formait l'une des branches collatérales de la maison des barons de *Granges*, depuis longtemps éteinte. Elle tire son nom d'un ancien château fort, situé entre Vesoul et Montbéliard et ruiné par Louis XI. Cette seigneurie avait été achetée, au treizième siècle, par l'un des fils du sire de Granges, et fut érigée en comté par le roi d'Espagne Philippe IV, en 1656. Les Grammont ne servirent en effet la France qu'après la conquête et l'incorporation de la Franche-Comté à ce royaume par Louis XIV. Jusque alors ils avaient successivement été placés, avec la province à laquelle ils appartenaient, sous la suzeraineté des comtes de Montbéliard, des ducs de Bourgogne, et enfin des rois d'Espagne. Les barons de *Granges* figurent avec éclat dans les annales du moyen âge. Saint Théodule, évêque de Sion sous Charlemagne, appartenait à cette famille. En 1162, un sire de Granges fut préposé à la garde des fameuses reliques des trois rois mages, envoyées par l'empereur Frédéric-Barberousse de Milan à Cologne, où on les tient encore en grande vénération. Le zèle dont il fit preuve dans l'accomplissement de cette pieuse mission fut récompensé par la permission que lui octroya l'empereur d'écarteler ses armes *d'azur à trois têtes couronnées d'or à trois pointes*, et c'est à ce fait, dont sa famille conserve les divers documents, qu'elle a emprunté sa devise : *Dieu aide au gardien des rois*. De là aussi le privilége que ses divers membres partageaient avec les princes souverains, d'entrer l'épée au côté dans la chapelle de la cathédrale de Cologne où sont déposées les reliques en question.

En 1718 la terre de Villersexel, touchant à celle de Grammont, fut érigée en marquisat en faveur de *Michel* DE GRAMMONT, mort doyen des lieutenants généraux, et à qui Louis XIV, en récompense de sa belle défense de la petite place de Rheinstein, sur le Rhin, donna en outre six pièces de canon. Son fils mourut également doyen des lieutenants généraux, en 1795. Cette famille a donné plusieurs archevêques au siége métropolitain de Besançon, savoir : *Antoine-Pierre* DE GRAMMONT, mort en 1698; *François-Joseph* DE GRAMMONT, frère de *Michel*, mort en 1717, et *Antoine-Pierre* DE GRAMMONT, son neveu, mort en 1754. C'est à ces trois prélats, qui occupèrent presque consécutivement le siége de Besançon, que la famille de Grammont est surtout redevable de la grande popularité dont elle a longtemps joui parmi les Francs-Comtois reconnaissants, qui leur tenaient compte des monuments utiles et des institutions de bienfaisance dont ces dignes archevêques avaient doté la province.

Sous le gouvernement constitutionnel, le marquis *Théodule* DE GRAMMONT, né en 1766, beau-frère de Lafayette, dont il partageait les principes politiques, fut constamment envoyé à la chambre élective par les électeurs de l'arrondissement de Lure (Haute-Saône), où est située la terre de Villersexel. Il est mort en 1841. Son fils, *Ferdinand* DE GRAMMONT, né en 1803, député de 1839 à 1848, représentant à l'Assemblée législative, a épousé la fille du duc de Crillon; et sa fille, le comte de Mérode, ancien membre du gouvernement provisoire de Belgique, et ancien ministre du roi Léopold.

GRAMMONTINS, ordre religieux fondé, vers l'an 1076, par saint Étienne, fils d'un vicomte de Thiers en Auvergne, qui dans sa jeunesse avait suivi son père en Italie, où des ermites calabrais lui inspirèrent le goût de la vie cénobitique. Il se retira d'abord sur la montagne de Muret, dans le Limousin. L'exemple de ses vertus et de ses austérités lui ayant amené quelques disciples, il obtint du pape Grégoire VII une bulle qui l'autorisait à fonder un ordre monastique de la règle de Saint-Benoît. « Nous sommes des pécheurs conduits dans ce désert par la miséricorde divine pour y faire pénitence, » dit-il un jour à deux cardinaux venus l'y visiter. A sa mort, arrivée en 1124, ses disciples, tourmentés par les moines d'Ambazar, prirent avec eux le corps de leur fondateur, et allèrent s'établir une lieue plus loin, au milieu des montagnes et des bois, à Grand-Mont; de là leur nom. L'ordre des Grammontins avait une règle extrêmement sévère, qui fut adoucie, en 1247, par Innocent IV, et, en 1309, par Clément V. Les premiers, ils usèrent de la flagellation par esprit de pénitence. Cet ordre fut supprimé en 1769. Au bas de l'ancienne abbaye s'est formée une petite ville, du nom de Grandmont, ayant fait partie de la Marche limousine, et dépendant aujourd'hui du département de la Haute-Vienne, avec une population de 2,500 âmes, à 15 kilomètres de Limoges.

GRAMONT (Famille de). Cette maison est redevable de son nom à une petite ville du département des Basses-

Pyrénées, appelée aussi *Bidache*, sur la Bidouze, à 25 kilomètres de Bayonne, et dont la population est de 6,450 âmes. C'était jadis la capitale de la seigneurie indépendante que cette famille possédait entre le Labourd et la basse Navarre. Les Gramont font remonter leur origine à Sanche-Garcie Agramonte d'Aure, vicomte d'Arboust, seigneur de Montalban et de Salles, lequel, en 1381, rendit hommage pour ces divers fiefs au comte de Foix. Ils se divisent depuis longtemps en deux branches, bien distinctes : celle de *Gramont-d'Aure* ou d'*Aster*, et celle de *Gramont-Caderousse*.

Les Gramont-d'Aure, branche aînée de la maison, descendent en ligne directe de ce Sanche Garcie Agramonte d'Aure, dont nous venons de parler. La vicomté d'*Aster*, en Bigorre, passa en 1460, par acquisition, dans leur famille, qui depuis en a conservé le nom.

Les Gramont-Caderousse, autrement dits *du Dauphiné*, descendent d'un cadet des Gramont de Navarre qui, au quinzième siècle, vint s'établir dans cette province, où il acquit la seigneurie de *Vachères*. En 1767, *Marie-Philippe* de Gramont-Vachères hérita par le testament d'André-Joseph d'Ancezune, *duc de Caderousse*, son parent maternel, de tous les biens de la maison d'Ancezune, et notamment du duché de Caderousse, dont le titre a été porté depuis par ses descendants. Une ordonnance royale de 1826 confirma au duc de Gramont-Caderousse, né en 1783, et appelé alors à la pairie, la possession du titre de duc.

Les Gramont-d'Aure sont évidemment ceux qui ont le plus de droit d'occuper l'histoire. Voici les personnages les plus célèbres dont elle fasse mention :

Roger de Gramont, sieur de Bidache, fut ambassadeur à Rome sous Louis XII. Deux de ses fils suivirent la carrière ecclésiastique ; l'un devint archevêque de Bordeaux ; l'autre, *Gabriel* de Gramont, mort en 1534, après avoir été chargé par François Ier de diverses missions délicates, d'une, entre autres, auprès du roi d'Angleterre Henri VIII, dont il devait hautement approuver le projet de divorce avec Catherine d'Aragon, dans l'espoir de lui faire ensuite épouser la duchesse d'Alençon, fut récompensé de ses services d'abord par l'ambassade de Rome, puis par l'évêché de Poitiers, d'où il ne tarda pas à être promu à l'archevêché de Toulouse. En 1525, la petite-fille de *Roger*, unique héritière de la maison de Gramont, épousa un de ses cousins, Menand d'Aure, vicomte d'Aster. Le fils issu de ce mariage, *Antoine* d'Aure, fut substitué aux noms et armes de Gramont, et servit les rois Henri II et Henri III.

Philibert de Gramont, comte de Guiche, épousa Diane d'Andouins, *la belle Corisande*, qui devint l'une des maîtresses de Henri IV. On sait que ce fut par impatience d'aller déposer aux pieds de la belle Mme de Gramont, comtesse de Guiche, alors à Bidache, les vingt-deux drapeaux enlevés à l'ennemi dans la bataille de Coutras, que ce prince perdit tout le fruit de cette grande victoire, dont les résultats, dit Sully, s'en allèrent au vent et en fumée. Ajoutons que *la belle Corisande* était veuve lorsque Henri IV en devint éperdûment amoureux, et qu'elle racheta sa faiblesse en vendant ses diamants, en engageant ses biens, pour pouvoir, à diverses reprises, lui envoyer des renforts de Béarnais et de Basques enrôlés à ses frais. Henri IV, ne se piquant pas plus de fidélité envers ses maîtresses que de reconnaissance envers ses serviteurs, oublia, comme tant d'autres, *la belle Corisande*, dont les lettres à ce prince sont conservées à la Bibliothèque de l'Arsenal, après avoir été publiées dans le *Mercure de France* de 1765. Un de ses petits-fils, le fameux comte de Gramont, beau-frère d'Hamilton, regrettait amèrement un jour, en présence de Louis XIV, la folie qu'avait faite son père en refusant de se laisser reconnaître pour fils de Henri IV ; acte dont l'idée première venait du roi lui-même, qui eût, il est vrai, déshonoré son grand-père, mais qui lui aurait, tout au moins, valu l'avantage d'être déclaré de sang royal, et qui eût dès lors assuré à sa descendance la préséance, à titre de premier-venu, sur César de Vendôme et autres bâtards.

Le comté de Gramont fut érigé en duché, en 1643, en faveur d'*Antoine II*, vicomte d'Aster et de Louvigny, qui avait épousé une nièce de Richelieu. Son fils *Antoine*, troisième du nom, maréchal de France et vice-roi de Navarre, avait été compris dans le même brevet, et fut, en 1648, créé duc et pair, pour ce titre passer à ses hoirs mâles. On a de lui des *Mémoires*, bien moins intéressants que ceux de son frère, dont Hamilton s'est fait l'éditeur, mais où on ne laisse pas que de trouver de curieux renseignements sur ses négociations en Allemagne et en Espagne, ainsi que sur les événements militaires de cette époque.

C'est son frère *Philibert* qui tenait le propos que nous avons raconté plus haut, et que Louis XIV exila un instant pour avoir osé lui disputer le cœur de Mme de Lamothe-Houdancourt. Ce comte de Gramont avait d'abord servi sous les ordres de Condé et de Turenne. Les loisirs de la paix lui avaient ensuite permis de mener la vie la plus épicurienne, et l'exil dont le frappa la rancune du grand roi n'apporta pas de changement à sa manière de vivre. Il retrouva en effet à la cour de Charles II des amours tout aussi faciles et des aventures non moins éclatantes ; son beau-frère Hamilton s'est chargé de nous en transmettre l'histoire dans un livre resté l'un des chefs-d'œuvre de la prose française. Ce comte Philibert de Gramont, qui fut le *Fronsac*, le *Richelieu* de son époque, mourut en 1707, à l'âge de quatre-vingt-six ans. Saint-Simon dit de lui qu'il excellait à saisir et à peindre, en deux coups de langue irréparables et ineffaçables, le mauvais, le ridicule, le faible de chacun. « C'était, ajoute-t-il, un chien enragé, à qui rien n'échappait. Sa poltronnerie reconnue le mettait au-dessus de toutes suites de ses morsures ; avec cela, escroc avec impudence, et fripon au jeu à visage découvert, et jouant gros jeu toute sa vie. Tombé assez gravement malade, un an avant de mourir, sa femme s'avisa de représenter à ce pécheur endurci, qui n'avait pas la moindre teinture d'aucune espèce de religion, la nécessité de faire sa paix avec Dieu. L'oubli entier dans lequel il en avait été toute sa vie le jeta dans une étrange surprise quand il entendit sa femme essayer de lui faire comprendre les grands et augustes mystères bases du christianisme. A la fin, se tournant vers elle : « Mais, comtesse, me dis-tu là bien vrai ? » Puis, lui entendant réciter le *Pater*, « Comtesse, lui dit-il, cette prière est belle ; qui est-ce qui a fait cela ? » La comtesse lui survécut peu ; elle mourut en 1708, âgée de soixante-sept ans. Mme de Maintenon avait un instant été inquiète des attentions que lui témoignait Louis XIV, quand ce prince s'était mis à aimer les beautés déjà mûres.

Armand de Gramont, comte de Guiche, fils aîné d'Antoine, troisième du nom, fut un des premiers qui, se jetant dans le Rhin, en 1672, traversèrent ce fleuve à la nage, et par leur exemple entraînèrent toute l'armée, tandis que Louis XIV, demeuré prudemment sur le bord, y maugréait, nous assure Boileau, contre sa grandeur, qui l'attachait au rivage. Douze ans auparavant, le comte de Guiche avait été exilé en Hollande par son royal maître pour s'être mêlé à une intrigue d'alcôve, dont le but était de faire renvoyer Mlle de Lavallière. Son exil n'avait pas duré moins de huit ans ; car sur le chapitre de ses amours Louis XIV était impitoyable. Il mourut en 1773, de douleur d'avoir été battu dans la conduite d'un convoi qu'il avait été chargé d'escorter.

Louis de Gramont, colonel des gardes françaises et gouverneur de Navarre, fut tué d'un coup de canon sur le champ de bataille de Fontenoy.

Antoine-Louis-Marie, duc de Gramont, né le 17 août 1755, avait été fait pair par Louis XVIII en 1814. Il était en outre capitaine d'une des compagnies des gardes du corps, nommée d'après lui *compagnie de Gramont*. Il mourut à Paris, en août 1836. Son fils aîné, qui de son vivant prenait le titre de *duc de Guiche*, était l'un des *menins* du duc d'Angoulême, et fut longtemps à la cour *légitime* des Tuileries le modèle de l'élégance et du goût. Devenu à son tour duc de Gramont, il ne paraît pas qu'il ait imposé à sa descendance le culte exclusif de la légitimité. Dans les dernières années du règne de Louis-Philippe, la présentation officielle du duc de Guiche, son fils aîné, à la cour *intruse* des Tuileries, fit scandale parmi les fidèles de la branche aînée; scandale d'autant plus grand, qu'il fut en même temps fortement question d'un mariage d'argent négocié pour ce jeune homme par Louis-Philippe en personne avec la fille d'un banquier juif des plus influents. Mais longtemps avant la révolution de Février on ne parlait déjà plus de ce projet matrimonial, dont la réalisation n'eût sans doute pas peu contribué, par le fumier dont il eût engraissé ses terres, à relever l'éclat de la maison de Gramont. Le duc de Guiche, non moins dévoué aujourd'hui à l'empire qu'il l'était avant 1848 à la royauté des barricades, est depuis 1853 ministre de France à Turin. Il s'était rallié à la république, qui d'emblée l'avait nommé son envoyé à Stuttgard.

GRAND, GRANDS. Habitués que nous sommes à rapetisser toutes choses à notre taille exiguë, nous avons trouvé extraordinaire, majestueux, distingué, tout ce qui dépasse les dimensions étroites que notre esprit a données aux objets comme aux idées : le mot *grand* a été employé par nous pour indiquer cette supériorité, et nous l'avons appliqué à tout ce qui dépasse la hauteur, la largeur, la profondeur moyennes avec lesquelles nous sommes familiarisés. Les choses ne sont donc grandes à nos yeux que proportionnellement à d'autres qui le sont beaucoup moins, et l'on peut dire qu'il en est de même pour les personnes : les catégories qu'on pourrait établir pour les grandes choses comme pour les grands hommes varieraient à l'infini.

Grand s'emploie aussi quelquefois pour *magnanime, généreux, noble* : c'est en ce sens qu'on dit un *grand* cœur, une *grande* résolution. Il s'emploie encore pour *principal*, *important*, pour désigner ce qui ressort dans une chose : Le *grand* point de cette affaire.

La position de l'adjectif *grand*, soit avant, soit après le mot *homme*, influe beaucoup sur sa signification. Un *homme grand* est un homme de taille colossale, un *grand homme* est un homme célèbre. Placé devant un petit nombre de mots féminins, *grand* perd sa voyelle, que remplace une apostrophe : ainsi, l'on dit *grand'mère*, *grand'tante*, *grand'croix*. Quel est le motif de cette élision? est-ce que l'on aurait craint qu'en prononçant *grande mère, grande tante*, on ne blessât des oreilles habituées à plus d'harmonie dans les mots? on dit bien cependant *grande mer*, *grande tente, grande croix* : c'est donc un vieil usage, respecté jusqu'à nos jours, et rien de plus.

Appliqué à un peuple, à une nation, l'adjectif *grand* indique en eux quelque chose de remarquable, de hors ligne. Ce n'est qu'après avoir bien pesé tous ses mérites qu'on peut dire d'un homme qu'il est *grand homme* : le grand homme en effet est une exception rare, apparaissant de temps à autre, pour nous rappeler la petitesse originelle de notre esprit et de nos facultés; il doit réunir d'autant plus de capacité, de prudence, de pénétration, de magnanimité, de vertus et d'amour de l'humanité, que tous les regards sont fixés sur lui. Celui qui n'a jamais dévié du droit chemin où l'œil d'un peuple tout entier l'épiait, celui qui a bien mérité de la patrie par la marche qu'il a imprimée aux arts, aux sciences, à l'agriculture, celui qui l'a servie d'une manière éclatante dans les combats, et a exposé vingt fois sa vie pour ses concitoyens, ne sont-ils pas en droit d'espérer que l'histoire les classera un jour parmi les grands hommes? Hors de là, il peut bien y avoir des hommes puissants qu'on appellera les *grands*; mais jamais la patrie reconnaissante ne consacrera leurs noms dans ses fastes.

Les *grands* (pris substantivement) ont longtemps formé une classe à part : les aristocrates étaient les grands de la Grèce, les p a t r i c i e n s ceux de Rome. En France, sous le régime féodal, le peuple, voyant dans les d u c s, b a r o n s, c o m t e s, c h â t e l a i n s, qui le tenaient sous le joug, des hommes d'autant supérieurs qu'ils étaient plus puissants, leur décerna le titre de *grands*, si propre à flatter leur orgueil en même temps qu'il constatait l'abaissement de ceux qui le leur donnaient. A la mort de Richelieu, les grands du royaume n'existaient plus; mais, en revanche, les antichambres royales et ministérielles étaient encombrées de c o u r t i s a n s serviles, de valets à couronnes ducales, de nobles sans noblesse, qu'on appelait encore les *grands;* dérision honteuse, qualification mensongère, que Voltaire lui-même a gravement employée; car il n'y avait de grand dans les roués de la régence, dans les libertins de la cour de Louis XV, que leur bassesse et leur corruption. Aussi quand la révolution vint à poindre, et que les idées d'égalité pénétrèrent dans les esprits avant de pénétrer dans les lois, la tourbe courtisanesque était devenue tellement odieuse que l'on applaudit beaucoup à cette heureuse épigraphe d'un publiciste révolutionnaire : « Les grands ne nous paraissent grands que parce que nous sommes à genoux : levons nous! »

GRAND AUMÔNIER DE FRANCE. *Voyez* AUMONIERS et ESPRIT (Ordre du Saint-).

GRAND-BASSAM, petit État du royaume des Achantis, sur la côte d'Ivoire, dans la Guinée supérieure, à l'ouest et près de l'embouchure de l'Assinie dans l'océan Atlantique. Les Français y ont récemment fondé un comptoir. Chez les habitants du Grand-Bassam, la viande du bouc et celles du cochon sont fétiches; leurs souverains le sont également. Chaque semaine a son jour dans lequel on ne peut manger ni même traverser la rivière.

GRAND-BOUTEILLER. *Voyez* BOUTEILLER.

GRAND-CHAMBELLAN. *Voyez* CHAMBELLAN.

GRAND'CHAMBRE. C'était ainsi qu'on nommait la chambre principale de chaque p a r l e m e n t, où toute la compagnie se rassemblait et où le roi tenait ses l i t s d e j u s t i c e. C'était là que se faisaient les enregistrements et que l'on plaidait les appellations verbales, les appels comme d'abus, les requêtes civiles et autres causes majeures. La grand'chambre du parlement de Paris était nommée aussi *chambre dorée*, à cause de son plafond. La cour de cassation y siège aujourd'hui.

GRAND-CHANCELIER. *Voyez* LÉGION D'HONNEUR.

GRAND CONSEIL. *Voyez* CONSEIL D'ÉTAT.

GRAND'CROIX, grade le plus élevé dans la plupart des o r d r e s d e c h e v a l e r i e. Dans la L é g i o n d'H o n n e u r, les grand's-croix se sont d'abord appelés *grands-aigles. Grand'croix* était aussi le titre des principales charges de l'ordre de M a l t e, des baillis capitulaires qui composaient le conseil du grand-maître. L'évêque de Malte, le prieur de l'église et les *piliers* des huit *langues* étaient les grand's-croix de l'ordre.

GRAND-DUC. Les grands-ducs occupent, dans la hiérarchie des souverains, le rang intermédiaire entre les r o i s et les simples d u c s; on leur donne la qualification d'*Altesse royale*. Le duc de Florence, Cosme 1er de M é d i c i s, fut le premier souverain qui, en 1569, se fit octroyer par le pape Pie V ce titre, mais sans en obtenir de l'empereur la confirmation. Son fils et successeur, François, fut plus heureux; en 1575, l'empereur Maximilien II le lui accorda à l'occasion du mariage que sa sœur allait contracter avec ce prince. C'est à partir de 1699 seulement que la qualification d'*Altesse royale* fut jointe à ce titre de grand-duc, de même que le nom de la Toscane y fut désormais substitué à celui de Florence.

Napoléon créa un second grand-duc, en octroyant en 1806 à son beau-frère M u r a t le duché de Berg; et bientôt après, par suite de leur accession à la Confédération du Rhin, l'électeur de Hesse-Darmstadt et l'électeur de Bade échangèrent leur ancien titre, comme souverains, contre celui de *grand-duc*. Conformément aux stipulations arrêtées au congrès de Vienne, il est porté aujourd'hui, indépendamment des souverains de la Toscane, de Hesse-Darmstadt et de Bade, par ceux de Saxe-Weimar, de Mecklembourg-Schwerin, de Mecklembourg-Strelitz et d'Oldenbourg (ce dernier ne l'a pris officiellement qu'en 1829). A ses autres titres le roi de Prusse ajoute encore celui de *grand-duc du Bas-Rhin et de Posen*, le roi des Pays-Bas celui de *grand-duc de Luxembourg*, et l'électeur de Hesse celui de *grand-duc de Fulda*.

On est aussi dans l'usage de donner aux princes de la famille impériale de Russie le titre de *grand-duc*, tandis que leur qualification officielle, en russe, est grand-prince.

GRAND-DUC (*Ornithologie*). *Voyez* Duc.

GRANDE ARMÉE, locution par laquelle on désignait, sous le premier empire, l'armée française quand elle était commandée par Napoléon Ier en personne. On connaît les *Bulletins de la grande armée.*

GRANDE-BRETAGNE ET IRLANDE, *United Kingdom of Great-Britain and Ireland. Royaume-Uni de la Grande-Bretagne et d'Irlande*, telle est aujourd'hui la dénomination officielle sous laquelle on comprend l'ensemble des possessions dont se compose l'empire britannique. Le nom de *Grande-Bretagne* ne s'applique, à bien dire, qu'à la grande île divisée en Angleterre, Pays de Galles et Écosse (*Great Britain*); et c'est en ce sens que le mot *Britannia* se trouve déjà employé par les anciens écrivains classiques. Une grande quantité d'îles voisines en dépendent; les plus considérables sont : *Anglesey*, séparée du *North-Wales* (Galles du Nord) par le *Menai-Channel* (Canal de Menai); *Man*, placée entre l'Angleterre et l'Irlande; le groupe des nombreuses îles Scilly ou *Sorlingues*, en avant de l'extrémité occidentale du comté de Cornouailles; et les *Iles Normandes*, situées près des côtes de la Normandie, les unes et les autres formant autant de dépendances immédiates de l'Angleterre. De l'Écosse dépendent les *Hébrides*, les îles du golfe de la Clyde, parmi lesquelles on remarque surtout *Arran*, *Bute*, *Isla* et *Jura;* plus, les îles Orkney ou Orcades; enfin, tout à l'extrémité septentrionale, les îles *Shetland*, au nombre de cent environ. L'Irlande n'est flanquée d'aucune île de quelque importance.

La situation de ce groupe d'îles, le plus considérable de l'Europe, est éminemment favorable au développement d'une puissance maritime. A l'est, la mer du Nord avec les nombreux éléments de commerce et de civilisation qu'y déversent les grands fleuves de l'Allemagne : au sud, les États d'origine romane avec leur perpétuelle mobilité, et dont le sépare seulement un canal de peu de largeur; à l'ouest, l'océan Atlantique, limité par l'immense développement de côtes du continent américain. Ainsi placée, libre dans tous ses mouvements, la Grande-Bretagne domine toutes les voies maritimes de l'univers. Ses côtes, profondément échancrées sans être hérissées de rochers d'un accès difficile, sont merveilleusement propres au rôle qui lui est assigné. Quoique située entre le 50° et le 61° de latitude septentrionale, l'île de la Grande-Bretagne jouit d'un climat tempéré, analogue à celui du centre de l'Allemagne et même à celui de la Crimée, quoique située bien plus au Sud. En Irlande, la température est en moyenne sensiblement plus basse.

Séparée de l'Irlande par la mer d'Irlande, la Grande-Bretagne s'étend entre 49° 55' et 61° de latitude nord, et 0° 15' et 12° 55' de longitude est. Sa plus grande longueur à partir du cap Dunnet, au voisinage des Orcades, ou du cap Wrath dans le comté de Sutherland en Écosse, jusqu'au cap Lizard, à l'extrémité sud-ouest de l'Angleterre, sur les bords du Canal, est de 84 myriamètres; et sa largeur extrême, entre le cap Landsend (un peu à l'ouest du cap Lizard) et Yarmouth (à l'est de Norwich), en Angleterre, est de 56 myriamètres. Abstraction faite du point septentrional extrême de l'Écosse, sa moindre largeur, au nord de l'Angleterre, est entre le golfe de Solway et Tynemouth, non loin de Newcastle, où elle n'est que de 11 myriamètres; et en Écosse, entre le *Frith of Clyde* et le *Frith of Forth*, où elle ne dépasse même pas 7 myriamètres. Mais ce qu'on appelle indifféremment tantôt *Royaume-Uni de la Grande-Bretagne et d'Irlande*, tantôt *Royaume-Uni* tout court, ou encore *empire Britannique*, s'étend sur toutes les parties du globe. Ainsi, indépendamment de son principal groupe insulaire, il comprend encore en Europe quelques-uns des points les plus importants pour le commerce et pour la navigation; en Asie, la plus belle, la plus riche portion de cette partie du monde; en Afrique, un important développement de côtes et diverses îles; en Australie, d'immenses territoires, riches en or et en bestiaux, mais n'offrant que sur quelques points des frontières bien sûres; et dans l'Amérique du Nord, des régions pour ainsi dire sans limites. On évalue l'ensemble de la superficie des diverses possessions britanniques à 175,448 myriamètres carrés; chiffre dans lequel le royaume-uni proprement dit n'entre guère que pour un peu plus de 5,000 myriamètres. Voici quelles sont en Europe les parties de territoire qui dépendent encore de la Grande-Bretagne : *Helgoland*, dans la mer du Nord; et dans la Méditerranée, *Gibraltar*, *Malte* et *Goze*, les Iles Ioniennes (à savoir : *Corfou*, *Céphalonie*, *Sainte-Maure* [Leucade], *Théak* [Ithaque], *Zante* [Zakynthos], *Cerigo* [Cythère], *Paxo*, *Cerigotto* et quelques petits îlots, formant ensemble une superficie de 35 myriamètres carrés). Parmi ses possessions et ses colonies situées en dehors de l'Europe, les plus anciennes sont celles de l'Amérique du Nord (à partir de 1583). Le courant de l'occupation britannique se porta ensuite, soit par les voies pacifiques du commerce et de la colonisation, soit par les voies guerrières de la conquête, vers l'Amérique centrale; et un peu plus tard, vers l'Afrique. En Asie, après que la Compagnie des Indes se fut solidement établie à Bombay, en 1688, la puissance britannique en est venue peu à peu à s'étendre sur un territoire de près de 50,000 myriamètres carrés. C'est en Australie qu'ont eu lieu ses plus récents accroissements.

La nature du sol de la Grande-Bretagne n'est pas la même en Angleterre qu'en Écosse; et on peut dire, généralement parlant, que l'Angleterre est un pays de collines, l'Écosse un pays de plateaux, et l'Irlande un pays plat. Cependant, dans certaines parties de l'ouest de l'Angleterre, le sol ne laisse pas que d'atteindre encore des altitudes assez considérables. De l'élévation générale de la Grande-Bretagne il résulte que tous les fleuves, lors même que le cours en est peu étendu, offrent assez de profondeur et sont naturellement navigables, ou bien le deviennent aisément par la main de l'homme, de même que leurs embouchures, ordinairement vastes et spacieuses, forment autant de ports naturels. Voilà aussi pourquoi la Grande-Bretagne et l'Irlande présentent bien plus de ports et de havres que la France sur ses côtes baignées par l'Atlantique, où il a fallu que l'art vînt au secours de la nature. Ainsi on n'y compte pas moins de *cent* ports de premier ordre, pouvant abriter des bâtiments de guerre et des bâtiments de commerce du plus fort tonnage, et environ *cinq cents* rades. Parmi ses fleuves, naturellement très-bornés dans leur cours, la Tamise est le plus long (35 myriamètres) et en même temps le plus important. Les lacs d'Angleterre, d'Écosse et d'Irlande offrent proportionnellement des masses d'eau beaucoup plus considérables; et partout où il pouvait importer d'établir des communications entre les fleuves, les lacs et la mer, on n'a pas non plus manqué de le faire; tâche dans l'accomplissement de laquelle il a été déployé autant d'habileté que d'énergie. Il est donc exact de dire qu'il n'y a pas au monde de pays qui offre une aussi admirable quantité d'éléments de prospérité politique et commerciale que la Grande-Bretagne.

Les *Tables of revenue, population and commerce*, publiées par le Bureau de Statistique, fournissent sur la population de la Grande-Bretagne des renseignements exacts et basés sur les recensements généraux qui ont lieu tous les dix ans, depuis 1801, par ordre du parlement. Le recensement de 1851 donnait à l'Angleterre et au Pays de Galles 17,905,831 habitants; à l'Écosse, 2,870,784; aux îles qui en dépendent, 142,916; par conséquent à la Grande-Bretagne proprement dite, 20,919,531 habitants; et il portait la population de l'Irlande à 6,515,794 âmes; total général pour le *Royaume-Uni* : 27,435,325 habitants. Si on compare ces résultats avec ceux qu'avait donnés le recensement de 1841, ils ne présentent d'augmentation que pour la Grande-Bregne. Cette augmentation est de 2,268,566 âmes, tandis que pour l'Irlande il y a une diminution de 1,659,339 habitants. D'après les indications détaillées fournies par le recensement de 1841, on comptait en Angleterre 6,305 habitants par mille géographique carré; 5,436 en Irlande; 2,600 dans le pays de Galles, et 1,726 en Écosse. Jusque alors l'accroissement de la population pour chaque période de dix années avait été de 13,18 pour 100 dans la Grande-Bretagne, et seulement de 5,25 en Irlande.

Sous le rapport des races, la population du Royaume-Uni se partage en deux groupes bien distincts : la race germaine et la race celte. Cette dernière, aujourd'hui complétement asservie et subjuguée, est la plus ancienne. Elle se compose de deux familles fort proches parentes, celle des *Kymrs* ou *Brites*, et celle des *Erses* ou *Gaels*. Les Gallois et les Cambriens du Westmoreland et du Cumberland appartiennent à la plus ancienne race celte, et sont proches parents des habitants de notre Bretagne. La famille gaélique se divise en deux branches : celle des Erses ou Ires, en Irlande, et celle des Gaels en Écosse, dans l'île de Man et les Hébrides. De ces deux races distinctes, les *Ires* forment les 3/8, les *Kymrs* 1/35, et les *Écossais* 1/27 de la population totale. Les Anglais, race d'origine germaine, forment au delà de la moitié. Provenus, immédiatement après la chute de la domination romaine, du mélange des Anglo-Saxons et des Scandinaves, ils furent remplacés plus tard avec beaucoup de bonheur par les Normands-Français, de sorte qu'il en résulta un mélange de peuples parfaitement tempéré. Outre ces nationalités dominantes, il existe encore dans la Grande-Bretagne 18,000 Bohémiens ou *Gitanos*, et 130,000 juifs dans les grandes villes. Le partage de la population en castes a ses racines profondément implantées dans la constitution anglaise même (*voyez* ci-après, page 448, le chapitre du présent article consacré à la *constitution politique* de la Grande-Bretagne); or, cette expression a ici une tout autre signification qu'ailleurs. En effet, ce n'est pas la loi qui a établi ces différences de castes; mais ce sont les mœurs, toujours autrement fortes que les lois, qui les maintiennent inébranlablement. Cette circonstance imprime des caractères bien distincts à l'État essentiellement commercial qu'on appelle la *Grande-Bretagne* et à celui qu'on désigne sous le nom d'*Union Américaine du Nord*. Tout y pivote sur le sentiment impérieux du devoir, sur le noble et orgueilleux respect de soi-même; et ce sont là des idées qui y ont pris de si puissants développements, qu'il en est résulté une saisissante unité dans tout ce qui constitue la nationalité britannique, unité offrant le plus saillant contraste avec la grandeur propre aux États-Unis de l'Amérique du Nord, produits du mélange de toutes les nations du globe. L'Anglais quand il fait du commerce est toujours et partout négociant; l'Américain du Nord, lui, n'est jamais qu'un brocanteur, alors même qu'il se trouve mêlé aux plus importantes transactions commerciales.

De même, les Anglais ont dû donner à leur Église une forte et grande position. Quand, après la restauration des Stuarts, l'Église épiscopale (*voyez* ANGLICANE [Église]) fut rétablie complétement dans ses droits comme Église officielle pour l'Angleterre et l'Irlande, l'Église presbytérienne obtint en Écosse les mêmes droits et priviléges. Le catholicisme demeura, jusque dans ces derniers temps, tout à fait en dehors du droit commun; et le gouvernement fit d'autant plus preuve de rigueur à son égard, qu'après la chute des Stuarts on soupçonna en lui un dangereux partisan de l'ancienne maison royale et presque un révolutionnaire. En ce qui est des dissidents protestants, de ceux qui au sein même de l'Église officielle, en repoussaient certains dogmes, certaines doctrines, l'esprit de tolérance trouva une bienfaisante expression dans l'édit de Guillaume III de 1689. Dans son culte et dans sa discipline, l'Église officielle a conservé beaucoup de traces du catholicisme; tandis que le caractère de ses dogmes est essentiellement protestant. Ses 4 archevêques et ses 27 évêques ont siége et voix délibérative dans la chambre haute. L'État leur a constitué une magnifique dotation; mais le bas clergé, en général, est demeuré dans une position misérable. Le primat de toute la monarchie est l'archevêque de Cantorbéry; celui d'York est le primat particulier de l'Angleterre. Il existe en outre un archevêque de Dublin et un archevêque d'Armagh; toutefois, celui-ci ne siége point à la chambre haute. Sur les 27 évêques, il y en a 24 dont les siéges sont situés en Angleterre : Londres, Durham, Winchester, Lincoln, Bangor, Carlisle, Rochester, Bath et Wells, Gloucester et Bristol, Exeter, Ripon, Salisbury, Peterborough, Saint-Davids, Worcester, Chichester, Lichfield, Ely, Oxford, Saint-Asaph, Manchester, Hereford, Norwich, Llandaff; et trois en Irlande : Meath, Tuam, Cashel. Dans les recensements officiels de la population, on évite de la diviser au point de vue des croyances religieuses. Dès lors on ne peut parler qu'approximativement en disant que l'Église officielle compte environ 15,000,000 d'adhérents. Après elle, vient l'Église catholique, longtemps opprimée, qui a vu peu à peu briser ses fers, et qui aujourd'hui jouit d'une liberté complète. Elle compte environ 9,500,000 adhérents, dont la grande majorité sont Irlandais. Depuis son émancipation, un grand nombre de couvents ont été fondés. Le pape a divisé l'Angleterre en douze diocèses, un archevêque à Westminster (depuis 1852, c'est Mgr Wiseman), et douze évêques suffragants. En Irlande même résident quatre archevêques, ceux d'Armagh, de Cashel, de Dublin et de Tuam, auxquels se rattachent dans les possessions extérieures de la Grande-Bretagne les trois archevêques de Malte, de Québec et de Sidney. Il en dépend en outre 18 évêchés. L'Église d'Écosse ou presbytérienne (plus spécialement constituée en Écosse) compte au delà de 2,000,000 d'adhérents. Le reste de la population du Royaume-Uni se partage entre les nombreuses sectes de dissidents, dont la plus importante est celle des *wesleyens* ou méthodistes. D'ailleurs dans toute la nation, dans les hautes comme dans les basses classes, c'est pour chacun une affaire capitale que tout ce qui a trait à la religion, à l'église, et à leurs intérêts respectifs.

L'*instruction générale* ne répond pas à beaucoup près au brillant développement que l'*Église* en général a pris dans la Grande-Bretagne. On doit même reconnaître que l'instruction élémentaire y est extrêmement négligée. Deux circonstances expliquent comment il a pu arriver qu'on fît si peu de chose sous ce rapport. D'une part, les tendances conservatrices propres au génie britannique, qui l'attachaient trop servilement aux formes et aux traditions reçues, de telle sorte que les progrès réalisés dans la science et dans l'éducation lui semblaient non avenus; de l'autre, sa tendance à appliquer immédiatement toutes les forces actives afin d'en tirer tout de suite tout le parti possible. C'est là aussi ce qui explique que dans la partie la plus éclairée, la plus civilisée du royaume, en Angleterre et dans le pays de Galles, les choses en aient pu arriver à ce point que plus de la moitié des enfants (9/14) ne recevaient en 1818 aucune espèce d'instruction. En 1846 on estimait encore qu'un tiers environ des enfants qui eussent dû fréquenter les écoles restaient privés de tout genre d'enseignement. Ce fut en 1833 que pour la première fois le gouvernement, dans le but d'améliorer la situation des écoles élémentaires, accorda une subvention annuelle de 2,000 liv. st. à la *National Society* et à la *British and foreign Society*. En 1849 cette subvention fut portée jusqu'à la somme de 125,000 liv. st. Ce fut en 1846 que, pour la première fois, le gouvernement songea sérieusement à réformer le système de l'instruction primaire; et le *Comittee of council on éducation* en fut chargé. On fonda alors des séminaires et des écoles normales, pour lesquels les établissements analogues existants en Allemagne servirent de modèles. Les villes et les particuliers riches rivalisèrent à qui fonderait des écoles élémentaires et des écoles du dimanche. En 1850 il existait 24 écoles normales appartenant à l'Église anglicane, et on ne peut nier que sous ce rapport il n'y ait progrès véritable et constant. En 1850 la somme totale des fonds assignés par l'État à l'entretien des écoles élémentaires et des institutions scientifiques, ainsi qu'à l'encouragement des beaux-arts, s'élevait à 378,957 liv. st., dont 230,000 pour l'éducation populaire seulement dans la Grande-Bretagne et en Irlande, et 46,314 liv. sterl. appliqués au *British Museum*. Le bon sens pratique particulier aux populations anglaises a d'ailleurs été ici un auxiliaire aussi puissant qu'utile. C'est d'Angleterre que proviennent non-seulement les écoles lancastériennes, mais encore le développement des écoles du dimanche; et il n'est pas de pays au monde où existent un si grand grand nombre d'associations pour l'éducation du peuple. Les *grammar schools* et les *colleges* ont pour but de donner un degré d'instruction supérieur. Parmi ces derniers, où l'on peut acquérir une instruction classique assez élevée, on distingue surtout Eton, Westminster, Harrow et Winchester. Ces *colleges* sont pour les classes élevées de la société ce que les *académies* sont pour les classes moyennes. La fondation des universités de la Grande-Bretagnes remonte en grande partie aux temps les plus reculés. Les deux plus importantes qu'il y ait en Angleterre, *Oxford* et *Cambridge*, datent du treizième siècle. Vinrent après celles de Dublin (1320) et d'Édimbourg (1581); toutefois, la première ne s'ouvrit qu'en 1591. Les universités de Glasgow, d'Aberdeen et de Saint-Andrews sont d'une création plus récente. De nos jours (le 1er octobre 1828) a eu lieu l'ouverture de l'université de Londres, de l'enseignement de laquelle la théologie est expressément exclu, et dont les principaux fondateurs furent lord Brougham et lord John Russell. Plus tard a également eu lieu dans la capitale la fondation du *King's college*, la contrepartie de cette institution à tendances toutes modernes, et placé sous le patronage spécial du haut clergé et des tories. Les antiques universités de la Grande-Bretagne ne ressemblent d'ailleurs en rien à celles de l'Allemagne ou de la France. Celles d'Écosse présentent à cet égard plus d'analogies; quant à l'université de Londres, les établissements de l'Allemagne lui ont servi de modèles.

On se tromperait toutefois si de l'état d'infériorité où est restée en Angleterre l'instruction élementaire on voulait induire que l'instruction générale de la nation est aussi fort arriérée. L'erreur ne serait pas moindre si le caractère grandiose des universités était un motif pour croire à l'existence de connaissances scientifiques étendues dans les classes supérieures ou au dévouement de celles-ci aux intérêts de la science. Le génie éminemment pratique des Anglais a été un préservatif contre le premier de ces résultats, en même temps qu'un obstacle au second.

Le *caractère moral* de la nation est d'ailleurs extrêmement respectable. Malgré les progrès toujours croissants du luxe et des richesses, l'insécurité des personnes et des propriétés a toujours été en diminuant. Circonstance bien remarquable, l'augmentation du nombre des crimes ne s'est pas produite là où la population est devenue de plus en plus agglomérée et l'industrie de plus en plus active, mais là où la population est restée le plus clair-semée, là où le travail manuel, et notamment le travail agricole, est demeuré prédominant. Ainsi, tandis que depuis le commencement du siècle la moyenne annuelle des crimes s'est accrue en Irlande d'un septième, cet accroissement n'a été que d'un sixième en Écosse, et d'un cinquième seulement en Angleterre et dans le pays de Galles. Les enfants naturels sont plus nombreux dans les endroits de fabriques, là où existe une population compacte; et voici dans quelles proportions ils se trouvent en Angleterre et dans les Pays de Galles par rapport aux naissances légitimes : En 1830, la proportion était de 1 à 18, en 1840 de 1 à 14, en 1848 de 1 à 16. Consultez à cet égard Fletcher, *Summary of the moral Statistics of England and Wales* (Londres, 1849).

Si on prend d'autres pays pour points de comparaison, on peut dire qu'il n'est pas de contrée en Europe où le peuple jouisse de plus de bien être réel qu'en Angleterre; résultat que prouve le chiffre de la mortalité, plus favorable de beaucoup que partout ailleurs la Norvège et la Suède seules exceptées. On n'a à cet égard de données positives que pour l'Angleterre et le pays de Galles, et ici encore il y a de grandes variations, suivant les différentes régions, du nord-ouest au sud-ouest. Dans le Cheshire et le Lancashire, le chiffre de la mortalité est de 1 à 38,7; dans les comtés de Wilts, de Dorset, de Cornwall, de Somerset et de Devon, comme 1 à 53,4; à Londres, comme 1 à 42,7; de sorte que la moyenne générale est de 1 à 46,2. Ce rapport favorable est la preuve la plus convaincante qu'on puisse fournir du bien-être dont jouissent les populations britanniques; ce bien-être n'est pas le partage des seules classes riches, et il s'en faut que le pauvre lui-même vive aussi misérablement en Angleterre et en Écosse qu'en Allemagne, par exemple. Mais les développements immenses que prennent le commerce et l'industrie ont l'inconvénient de rendre autrement visible le paupérisme là où il se produit, et de lui prêter de plus grandes proportions. Que si dans ces derniers temps l'état des choses n'a fait à cet égard qu'empirer, ceci s'explique par l'immigration de plus en plus considérable des Irlandais, populations restées au plus bas degré de l'échelle sociale; car cette immigration a eu pour conséquence de provoquer la concurrence des forces mécaniques. Du reste, les communes, l'État et les associations particulières ont pris les mesures les plus propres à prévenir l'extension indéfinie du prolétariat. Dès l'époque d'Élisabeth, à l'aurore même de la grandeur britannique, la loi des *Poor rates* imposait aux communes l'obligation de n'avoir pas de pauvres dans leur sein; et cette loi a reçu de nos jours une extension nouvelle, d'abord en 1834 par le *Poor rates amendement act*, et surtout en 1847 par le *Poor law extending act* applicable à l'Irlande. Comme il serait impossible d'établir une maison de pauvres dans chaque localité, les indigents sont envoyés dans les maisons de pauvres de district (*Union workhouses*), dont il existait déjà 607 au commencement de 1851 en Angleterre et dans le pays de Galles. Deux années plus tôt, en 1849, on en comptait 131 en Irlande. Il existe en outre une foule d'associations ayant pour but de venir au secours des indigents, les unes fondées au sein de l'Église, les autres dans le monde des fabriques, ou encore par de simples particuliers. Le gouvernement fait du paupérisme l'objet de ses plus constantes sollicitudes, ainsi qu'on en a la preuve au budget. C'est ainsi qu'on y voit figurer une dotation de 305,684 liv. st. attribuée à des établissements de bienfaisance en général; 89,000 liv. st., attribuées sous forme de traitement aux individus chargés de l'administration de l'assistance publique; 90,000 liv. st. pour dépenses médicales dans les maisons de pauvres; 35,000 l. st. pour les maîtres d'école qu'on y entretient, etc. Les effrayantes peintures que certains écrivains se plaisent à faire de la profonde misère à laquelle sont en proie les classes pauvres de la Grande-Bretagne sont en général fort exagérées, et n'ont guère de vérité que lorsqu'elles se rapportent à l'Irlande, pays où la misère n'est pas moins poignante que dans certaines parties de la Silésie prussienne et de l'Erzegebirge saxon. Toutes proportions gardées, il y a bien plus de pauvres en Belgique que dans la Grande-Bretagne. Consultez à cet égard l'ouvrage intitulé : *On cases of death and starvation among the humbler classes* (Londres, 1840); Chadwick, *Report on the sanitary condition of the labouring population of Great-Britain* (1843); Gilbert, *Summary of the occupation of the people of England* (1844); Thornton, *Over population and its remedy* (1846).

L'*émigration* fournit un excellent dérivatif pour un pareil état de choses; et c'est là un topique dans l'emploi duquel les Anglais apportent des idées toutes différentes de celles des autres peuples, des Allemands par exemple. Les premiers abandonnent le sol de la patrie pour aller fonder au loin un nouvel élément de la puissance nationale; les seconds, dans l'espoir de se confondre avec les populations au milieu desquelles ils comptent s'établir. Chaque année aussi le mouvement d'émigration s'accroît dans la Grande-Bretagne. En 1849, le chiffre total des émigrations fut de 299,498 individus, dont 41,367 pour les possessions anglaises de l'Amérique du Nord, 219,450 pour les États-Unis, 32,091 pour l'Australie, 6,590 pour le Cap, l'Afrique méridionale, etc. En 1850, il y eut une légère diminution, et le chiffre de l'émigration redescendit à 276,843 individus. En 1852 il fut de 368,767 ; un peu plus de 1,000 par jour : dont 87,881 pour l'Australie et la Nouvelle-Zélande; 32,876 pour les possessions anglaises de l'Amérique du Nord; 244,261 pour les États-Unis, et 3,749 pour d'autres endroits. Le produit total de l'émigration pendant les années 1825 à 1849, c'est-à-dire pendant une période de vingt-cinq ans avait été de 2,285,184 individus; et dans les années 1847 à 1850 de 1,082,690, dont les deux tiers d'Irlandais, partis le plus grand nombre par la voie de Liverpool. De grandes associations se sont formées, surtout depuis 1848, à l'effet de favoriser l'émigration; et en 1849 il s'en est constitué une à Londres, dont le but est de faciliter plus particulièrement l'émigration des femmes. Le gouvernement vient en général en aide à l'émigration pour les colonies britanniques; c'est ce qui fait que nous voyons aujourd'hui l'élément et la puissance britanniques prendre sur tous les points du globe une extension presque illimitée.

Quand on s'avise de décomposer la population pour la diviser d'après la nature spéciale des travaux auxquels elle se livre, on arrive à des résultats tout autres que ceux auxquels on se serait attendu d'après la première impression que produit l'ensemble. En 1831 voici comment se décomposait encore le chiffre total de la population : 31,51 sur 100 individus s'occupant de travaux agricoles; 39,65, de commerce et de travaux de fabriques; 28,84, professions diverses. Mais dans les années suivantes on voit les forces vives de la nation abandonner toujours de plus en plus les travaux de la terre pour ceux du commerce et de l'industrie, de sorte qu'en 1841 déjà les rapports ci-dessus indiqués se trouvaient modifiés comme suit : La population agricole de l'Angleterre et du pays de Galles était de 25,65 sur 100; la population industrielle et commerçante, 43,08; professions diverses, 31,27; en Écosse, 27,88, 46,60, et 25,52; pour la Grande-Bretagne en général, 25,98, 43,53 et 30,54. En 1841 on comptait dans la Grande-Bretagne et les îles qui en dépendent (l'Irlande exceptée) 1,499,278 individus s'occupant d'agriculture, dont 1,261,448 en Angleterre et dans le pays de Galles, et 237,850 en Écosse, dans les îles de Man, de Jersey, etc. Toutefois, en Irlande, sur 1,472,787 familles il y en a encore 974,788 qui s'adonnent à l'agriculture. Le rapport des individus du sexe masculin et du sexe féminin travaillant dans les fabriques et les manufactures de tissus présentait cette même année les résultats suivants : on comptait en Angleterre, dans le pays de Galles et en Écosse 1,465,485 individus (ou 54 pour 1,000) employés spécialement à la fabrication du coton; 167,251, à la fabrication des laines; 83,818, à celle de la soie; 85,213 à celle des toiles; total : 800,246, dont 181,738 pour l'Écosse. En Irlande, on comptait 665,239 travailleurs, dont 138,609 occupés à la fabrication des toiles; 177,746, à la fabrication des lainages; et 6,415 à celle des cotonnades. On comptait 16,350 ouvriers employés à la fabrication des machines, dont 14,362 en Angleterre et 2,188 en Écosse. Le chiffre total de la population ouvrière s'occupant de travaux métallurgiques (fer, cuivre, plomb, étain, etc.) était de 36,209, dont 32,124 pour l'Angleterre et 4,085 pour l'Écosse. Sur ces chiffres, l'industrie du fer absorbait 29,497 travailleurs (dont 25,878 pour l'Angleterre et 3,619 pour l'Écosse). On comptait dans les différentes mines 193,831 travailleurs, dont 173,275 en Angleterre et dans le pays de Galles, et 20,556 en Écosse. L'exploitation des mines de houille absorbait la plus grande partie de ces chiffres, à savoir, 118,233 individus. Venaient ensuite les mines de cuivre occupant 15,407 travailleurs; les mines de plomb, 11,419; et les mines de fer, 10,949.

On voit par les chiffres ci-dessus indiqués que l'*agriculture* est loin de jouer un rôle secondaire et subordonné à celui de l'industrie; et il est encore exact de dire que l'agriculture anglaise peut servir de modèle à l'univers entier. Trois cinquièmes de la superficie du sol de la Grande-Bretagne, de l'Irlande et des îles, ou lui sont immédiatement consacrés, ou sont utilisés comme pâturages et pacages. L'esprit inventif et le bon sens pratique du peuple anglais se sont déployés merveilleusement dans cette voie, et tous les jours on trouve les moyens de restituer à la culture, surtout dans l'est, des portions du sol qu'on n'y avait point encore appropriées. On évalue de 45 à 50 millions de *quarters* le produit des récoltes de la Grande-Bretagne et de l'Irlande, ensemble d'une valeur de 6 à 7 millions st., dont 18 à 20 millions de *quarters* de froment, 15 à 20 d'avoine et 8 à 10 d'orge. Toutes proportions gardées, c'est l'Irlande qui fournit la plus grosse part dans ces résultats. En 1846 cette île a fourni à sa voisine 1,814,802 *quarters* de froment, d'orge et d'avoine, et en 1848, 1,496,814 quintaux de farine. Le froment est un objet de grande consommation, car l'usage du pain blanc est général dans les populations. Chaque année les produits du sol augmentent de quantité, par suite des soins toujours plus grands apportés à sa mise en valeur, des efforts tentés par les sociétés économiques, etc. Toutefois, en raison de l'agglomération si compacte de la population, dont une grande partie se trouve absorbée par les travaux de l'industrie et du commerce, il y a nécessité de recourir pour son alimentation à l'introduction des céréales étrangères; et le gouvernement de même que les particuliers y pourvoient. L'abolition complète, qui a eu lieu le 1er février 1849, de la taxe que depuis 1775 on prélevait à l'entrée sur les grains étrangers, et qui dès 1846 avait été singulièrement abaissée, a produit au total les plus heureux résultats. Peu de temps avant l'adoption de cette mesure, la valeur des céréales importées dans la Grande-Bretagne s'élevait annuellement à 5 millions sterling. Tout aussitôt après elle fut poussée à 19 millions. En 1850 la Grande-Bretagne reçut de l'étranger 7,999,435 *quarters* de grains et 3,873,908 quintaux de farine. Sur les importations de céréales faites en 1849, la plus grande partie du froment venait de la Prusse : 616,914 *quarters*; et la majeure partie de l'orge, du Danemark : 671,665 quarters. Les États-Unis avaient fourni la plus grande partie de la farine de froment : 1,779,362 quintaux ; venait ensuite la France, pour 1,013,373 quintaux. La mesure qui exonérait désormais de tous droits l'introduction des grains étrangers causait naturellement un tort immense aux fermiers (qui forment les deux septièmes de la population agricole, et qui pour la moitié environ occupent des travailleurs); elle provoqua dès lors de leur part les plus violentes démonstrations. Mais il est exact de dire qu'au total elle a profité à la nation tout entière, et plus particulièrement à la grande majorité des classes ouvrières, en rendant bien moins onéreuses les bases mêmes de leur alimentation. Consultez sur cette question, *A Letter from lord Western to lord John Russell, on his proposed alteration of the corn-law* (1841); Grey, *Agriculture and the Corn-Law* (1842); Macqueen, *Statistics of Agriculture, Manufacture, and Commerce* (1850).

L'*élève du bétail* n'a pas fait moins de progrès que l'agriculture; peut-être même a-t-elle pris des développements encore plus larges. On calcule qu'il existe dans tout le Royaume-Uni 14 millions de têtes de gros bétail, 18 millions de porcs, 50 millions de moutons, etc., et le poids moyen de ces animaux dépasse de beaucoup celui auquel on arrive sur le continent. La moyenne du poids du bœuf est 400 kilogr., celle des veaux 150, celle des moutons 125. En 1849, la valeur des bestiaux amenés sur les grands marchés de Londres s'éleva à 6 millions sterling. La consommation de la viande a d'ailleurs considérablement augmenté aussi en Angleterre; elle va aujourd'hui à 67 kilogr. par tête. Aussi depuis la suppression des droits y a-t-on fait entrer une grande quantité de bestiaux étrangers, tirés notamment du Holstein et de la Hollande. Les importations d'Irlande, qui pour l'année 1849 s'étaient élevées à

201,811 bœufs et vaches, 241,061 moutons, 18,055 porcs et 9,831 veaux, avaient été insuffisantes pour la consommation de l'Angleterre et de l'Écosse; et en 1850 il avait fallu demander à l'importation étrangère 46,708 bœufs et vaches, 137,646 moutons et 19,754 veaux, sans parler d'énormes quantités de viandes salées ou seulement mi-sel. Toutefois, dans ces derniers temps la baisse survenue dans le prix de la viande a quelque peu diminué les importations étrangères.

L'*industrie minière* dépasse à beaucoup d'égards tout ce qui existe en ce genre dans d'autres pays, notamment comme application à l'industrie manufacturière et au commerce. Ce n'est pas que la Grande-Bretagne soit riche en ce qu'on appelle *métaux précieux;* mais en revanche les minéraux utiles au travail y abondent. Les *gisements houillers,* surtout, y sont aussi nombreux que puissants. Le produit de leur exploitation va croissant d'année en année. En 1850 il s'est élevé à 31 millions de tonnes ou 621 millions de quintaux, c'est-à-dire à 272 millions de quintaux de plus que l'ensemble de la production houillère en Belgique, aux États-Unis, en France, en Prusse et en Autriche. L'Angleterre et le pays de Galles fournissent la majeure partie de cette production, à savoir 25 millions de tonnes par an; et les grands centres en sont Newcastle, Sunderland et Stockton, ainsi que les mines voisines de Manchester. Le charbon du pays de Galles convenant d'une façon toute particulière pour la navigation à la vapeur, l'extraction en prend des développements de plus en plus considérables. L'envoi des charbons à Londres a lieu dans de si vastes proportions, qu'en 1849 une *bourse* spéciale a été instituée pour les négociants intéressés dans ces sortes d'affaires; et dans cette même année il n'était pas entré dans le port de Londres moins de 11,798 bâtiments chargés de houille. On compte aujourd'hui en Angleterre plus de 1,100 houillères en exploitation et montées sur un capital de 11 millions sterling. La plus ancienne exploitation que l'on sache est celle de Newcastle, et date de l'année 1232. En 1850, l'exportation totale des houilles s'est élevée à 3,347,707 tonnes, dont la plus grande partie a été absorbée par la France; viennent ensuite, dans l'ordre d'importance de la consommation, le Danemark, la Russie et la Prusse. La valeur déclarée s'en était élevée à 1,230,341 livres sterling (consultez Taylor, *Statistics of Coal;* Londres, 1848).

En ce qui est de l'*industrie des fers*, la Grande-Bretagne l'emporte également sur toutes les autres nations. L'extraction du fer y commença de très-bonne heure; et des hauts fourneaux y étaient déjà en activité avant la venue de Guillaume le Conquérant. Cette exploitation ne devint pourtant réellement productive qu'à partir de l'an 1619, lorsque lord Dudley eut appris à traiter le minerai de fer par la houille. Aujourd'hui cette industrie est en grande partie concentrée en Écosse et dans le pays de Galles. En 1849 on comptait 20 hauts fourneaux en activité en Écosse. Le plus important de ces établissements était celui de *Coalbridge*, qui produit 34,000 quintaux de fer brut par semaine ou par an 1,800,000 quintaux. Celui de *Dowlais*, dans le pays de Galles, qui fournit chaque semaine 30,000 quintaux de fer brut à la consommation, ne lui cède guère en importance. Dans cette usine, comme dans celles du pays de Galles en général, on fabrique surtout des *rails* pour les chemins de fer. En 1848, la production totale du fer pour l'Angleterre et l'Écosse avait été de 2,043,736 tonnes, dont 626,138 avaient été livrées à l'exportation, et le reste consommé à l'intérieur. Il faut remarquer toutefois que si le fer anglais revient à extrêmement bon marché, parce qu'il est traité à la houille, les fers d'Allemagne, traités au bois, lui sont préférables sous plus d'un rapport. En 1848 il fut importé en Angleterre 53,547 quintaux de fers et aciers étrangers. N'oublions pas non plus de dire que ces matières, par les nombreuses préparations qu'elles reçoivent dans les manufactures anglaises, acquièrent une grande valeur et deviennent encore l'objet d'importantes exportations.

Il en est de même du *cuivre*, dont on importe d'immenses quantités (1,002,960 quintaux, en 1848) rien que pour y être affinées; car la Grande-Bretagne ne consomme pas plus de cuivre que ne lui en fournit l'exploitation de ses propres mines. Les magnifiques usines où l'on affine le cuivre sont situées dans le golfe de Bristol, sur la côte méridionale du pays de Galles, notamment dans la presqu'île de Cornouailles, sur les rives du Swansea. Les importations de ce métal proviennent de la Norvège, de la Toscane, du Chili, de Cuba, de l'Australie, de la Nouvelle-Zélande, et surtout de l'Amérique, mais rien que pour y être affiné; elles en sont venues à présenter une si grande importance, que depuis 1842 elles ont pu être frappées d'un léger droit d'entrée. Le grand profit de cette industrie provient de la division du travail qui s'est faite, il y a plus d'un siècle, entre l'extraction du minerai de cuivre et son affinage. Sur la production totale du minerai de cuivre dans le monde entier, qu'on peut, d'après une moyenne de dix années, évaluer à 52,400 tonnes, il en arrive 28,600 aux fonderies de la Grande-Bretagne, dont 13,100 tonnes provenant des mines de Cornouailles et du Devonshire, 2,700 des autres parties du Royaume-Uni, et 12,800 de l'étranger. La Grande-Bretagne n'en emploie pas elle-même au delà de 10,000 tonnes: sa consommation reste donc à cet égard inférieure à sa production. C'est depuis environ vingt-cinq années, depuis 1835 surtout, qu'a lieu l'importation du minerai de cuivre pour y être soumis à l'opération de l'affinage; cependant on a pu depuis 1844 remarquer dans cette industrie une tendance à se restreindre dans ses proportions.

L'exploitation des *mines d'étain* était autrefois bien plus importante que celle des mines de cuivre; l'une et l'autre ont d'ailleurs les plus étroits rapports. La production de l'étain a beaucoup varié dans ces derniers temps. L'exportation, qui en 1827 s'était élevée à 49,744 tonnes, était tombée en 1835 à 7,775. On la voit ensuite monter, en 1842, jusqu'à 61,783 tonnes pour redescendre, en 1849, à 35,292. La valeur déclarée pour cette dernière année était de 727,825 liv. st.

On manque de renseignements positifs sur la production du *plomb;* mais en tenant compte de la consommation intérieure, elle ne laisse pas que d'être considérable, à en juger par le chiffre de l'exportation de ce métal en 1848, 74,960 quintaux, tandis que l'importation du plomb étranger ne s'était élevée qu'à 70,140 quintaux.

Enfin, pour ce qui est de la production du *sel*, les salines de la Grande-Bretagne sont aussi au nombre des plus importantes qu'il y ait en Europe; et sur les 50 millions de quintaux de sel que produit annuellement notre continent, l'Angleterre à elle seule en fournit le quart. Les principaux gisements de sel sont situés sur la côte occidentale, dans les comtés de Chester et de Worcester. L'exportation s'en était élevée en 1848 à 18,959,322 boisseaux, dont la plus grande partie était allée aux États-Unis de l'Amérique du Nord. En 1850 le chiffre de cette exportation n'avait été que de 15,824,780 tonneaux.

Ce sont ces divers éléments de prospérité, mais plus particulièrement la houille, qui constituent la base, aussi vaste que sûre, de l'*industrie britannique*, dont les gigantesques développements datent surtout de l'invention de la machine à vapeur, qui depuis l'année 1769, époque où James Watt la fixa dans ses parties essentielles, n'a point subi de changements importants; de même que l'extension prodigieuse qu'a prise l'industrie du coton date de l'invention de la machine à filer par Hargreaves et Arkwright. Malgré le riche système de voies de communication existant en Angleterre et dans le pays de Galles, les diverses industries y ont toutes tendu à se localiser. Par exemple, les manufactures de cotonnades, de lainages, de toiles et de soieries dans les comtés du nord, où des ports et des canaux nombreux facilitent la rapidité des échanges et des transactions. Les districts du centre semblent avoir accaparé la fabrication des machines et des articles en fer et en acier; la raison en est qu'ils possèdent de grandes richesses minérales.

Mais les *filatures* et les *fabriques de tissus* occupent incontestablement le premier rang dans l'industrie manufacturière. Les usines de ce genre existant en Angleterre disposent, tant en chutes d'eau qu'en machines, d'une force de 134,217 chevaux et occupent 939,519 ouvriers. En 1850 le nombre des métiers à tisser s'élevait à 300,000, et celui des broches à 25,638,716. En 1851 on importa dans la Grande-Bretagne 330 millions de kilogrammes de coton, dont 66 millions furent réimportés, après avoir reçu par la main-d'œuvre une énorme augmentation de valeur (un demi-kilogramme de coton brut, représentant une valeur de *trois shillings*, vaut jusqu'à *vingt-cinq livres sterl.* quand on l'a converti en fil). Le surplus de cette quantité de coton fournie par l'importation ne restait d'ailleurs pas dans le pays; et il en sortait encore de temps à autre des parties considérables sous forme de tissus. A l'aide des machines, on obtient un fil tellement délié, qu'un demi-kilo de coton produit une longueur de fil de 238 milles, mesure d'Angleterre. D'un autre côté, le prix des étoffes de coton a tellement baissé, tant à cause du bas prix auquel est arrivée la matière première que par suite de la substitution des machines aux bras de l'homme comme force motrice, qu'en 1849 la pièce de calicot imprimée aunant 28 *yards* 1/2 valait de trois *shillings* et six *pence* à six *shillings*, tandis qu'en 1810 l'*yard* se vendait deux *shillings* six *pence*. Le capital employé dans les filatures de coton est évalué à 59 millions de livres st., et la valeur totale de la fabrication annuelle des étoffes de coton à 36 millions de livres sterl. Les principaux centres de cette industrie sont : *Manchester*, où l'on ne compte pas moins de 200 filatures, et où au commencement de ce siècle il n'y avait encore que 30 petites machines à vapeur employées comme force motrice pour le filage du coton; puis les localités voisines, *Bolton*, *Bury*, *Staleybridge*, *Stockport*, et en général tout le comté de Lancastre.

La fabrication des *tissus de laine* n'atteint que le tiers de l'importance de celle des *tissus de coton*, aussi bien pour la quantité des matières premières que pour la valeur que leur donne la main-d'œuvre, ou que pour l'exportation. Sa réputation est plus ancienne; mais, malgré ses développements toujours croissants, elle est en réalité beaucoup moins importante. La laine mise en œuvre est en grande partie fournie par la production indigène; et les moutons de la Grande-rBetagne produisent en moyenne plus de laine que ceux d'Espagne et d'Allemagne, mais la qualité de cette laine varie beaucoup. L'espèce ovine à longue laine domine en Angleterre, surtout dans les comtés de Kent, de Leicester et de Lincoln; l'espèce à laine courte se trouve plus particulièrement en Écosse et en Irlande. Toutefois, la plus belle laine d'Angleterre n'approche pas encore pour la finesse des laines d'Espagne et de Saxe. On estime la valeur annuelle de la laine employée à 12 millions de livres sterl., son poids à 80 millions de kilogrammes, et la valeur qu'elle reçoit par la main-d'œuvre à 25 millions de livres sterl. Les grands centres de cette industrie sont : *Leeds*, ville peu éloignée de Manchester, la partie occidentale du comté d'York, et les villes de Bradford, de Halifax et de Huddersfield. D'après des renseignements sur l'exactitude desquels on peut compter, le nombre des fabriques de lainages s'élevait en 1843 à 1,334. Il faut d'ailleurs remarquer qu'il y a dans cette partie quelque chose de beaucoup plus stable et plus fixe que dans la partie des cotons, dont le sort tient à tant de circonstances fortuites et d'événements politiques. Toutes proportions gardées, les ouvriers en laine souffrent bien moins que les ouvriers en coton des vicissitudes et des fluctuations des affaires; et, au total, ils jouissent d'un bien-être modeste, mais assuré, comme en offrent la preuve à première vue les principaux centres de cette fabrication que nous venons d'énumérer.

La fabrication des *toiles* a son grand centre en Irlande, puis subsidiairement en Écosse et au nord de l'Angleterre. Au dix-huitième siècle, on s'est efforcé d'en favoriser les développements dans la première de ces îles au moyen de primes. Cependant la grande prospérité de cette industrie, prospérité à laquelle il n'y a rien à comparer dans les autres pays, ne date, à bien dire, que de l'invention de la machine à filer le lin. On évalue aujourd'hui à deux millions le nombre des broches qu'elle emploie. En Irlande, où au total les tendances industrielles sont très-faibles, on estime que le nombre des ouvriers employés à la fabrication des toiles s'est augmenté dans ces dix dernières années de 52 pour 100; cette augmentation n'a été que de 30 en Angleterre et que de 15 en Écosse. Aujourd'hui l'importance des produits fabriqués s'élève à 100 millions de livres pesant, dont 17 millions sont livrés à l'exportation et le reste consommé dans la Grande-Bretagne même. L'accroissement qu'a pris la fabrication des toiles dans la pauvre Irlande a eu cet heureux résultat que, grâce aux efforts tentés par une *association linière* fondée en 1840 et répandue aujourd'hui dans toute l'île (*Belfast flax improvement Society, for the promotion and improvement of the growth of flax*), une superficie de 60,000 acres de terre a été appropriée dans ces dix dernières années à la culture du lin.

La fabrication des *soieries*, jadis singulièrement entravée par des droits de douanes, s'est relevée dans ces dernières années, grâce aux importations de soie grège venant de Chine, à l'introduction du métier à la Jacquard, et aux modifications introduites par Peel dans le tarif des douanes (1845). On estime à 4 millions et demi de livres pesant la masse de soie grège introduite chaque année dans la Grande-Bretagne. Londres, Manchester, Glasgow, Coventry, Macclesfield sont les principaux centres de cette industrie; et la fabrication s'est tellement améliorée, que les foulards anglais l'emportent aujourd'hui sur ceux qu'on fabrique dans les Indes orientales. En 1841 on évaluait à 12 millions de livres sterling la valeur des étoffes de soie fabriquées en Angleterre ou importées de l'étranger. Consultez sur ces diverses branches de l'industrie des tissus, entre lesquelles celle des cotons occupe naturellement le premier rang, Baines, *History of the Cotton Manufacture in Great-Britain* (Londres, 1835); Head, *A home tour through the manufacturing districts of England* (1836); Senior, *Letters on the factory act, as its affects the cotton manufacture* (1837).

La fabrication des *articles en métal* et la *construction des machines* n'occupent pas un rang moins distingué que l'industrie des tissus ou que la filature, et trouvent dans l'extrême richesse des produits minéraux de la Grande-Bretagne de singulières facilités pour se développer. Sheffield et Birmingham en sont les grands centres. La première consomme annuellement en articles dits d'acier 250,000 quintaux de fer et 6 millions de quintaux de houille. Les grandes pièces proviennent de *Colebrook-Dale* et du Staffordshire, dans le pays de Galles. Depuis 1825 le prix des articles communs a diminué de moitié, sans que pour cela la qualité en ait sensiblement souffert. Les fabriques de plumes d'acier de Birmingham sont justement célèbres; elles en livrent à la consommation au delà de 300 millions, et en fournissent l'univers entier. On évalue à 17 millions de liv. sterling la valeur annuelle des articles fabriqués en métal, non compris celle des machines, pour la fabrication desquelles chaque localité d'une certaine importance possède les usines nécessaires, et dont il s'exporte annuellement à l'étranger pour plus d'un million sterling. En revanche, la mise en œuvre des métaux précieux, auxquels dans l'usage on substitue de plus en plus des articles en plaqué, va toujours en perdant de l'importance qu'elle avait autrefois.

La production des *articles en terre de pipe*, *grès*, *faïence* et *porcelaine*, dont le centre est situé dans la partie du Staffordshire qu'on désigne sous le nom de *district des poteries*, est autrement importante. Les côtes méridionales et orientales de l'Angleterre fournissent de l'argile très-fine. On estime à 1 million sterling la valeur des exportations annuelles de ces divers produits. Du moins en 1850 elle s'était élevée à 999,354 liv. ster.; ce qui était 100,000 liv. en sus de la moyenne des années précédentes. C'est du reste dans ces proportions qu'a lieu le développement général des diverses branches de l'industrie britannique.

Un vaste et admirable système de *voies de communications* a d'ailleurs été organisé pour contribuer à la mise en valeur de ce riche ensemble de produits naturels et industriels; et le gouvernement s'applique sans cesse à le développer ainsi qu'à le perfectionner. C'est plus particulièrement l'Angleterre qui se distingue sous ce rapport. Ainsi, au commencement de l'année 1840 on comptait tant en Angleterre que dans le pays de Galles un développement de 100,000 *milles* (mesure anglaise) de grandes routes, dont l'entretien exigeait une dépense annuelle de 1,408,750 liv. st.; plus, 19,942 *milles* de routes construites aux frais d'associations particulières, et coûtant 1,378,352 liv. st. d'entretien par an. Ces routes ont sans doute bien moins d'importance que les *chemins de fer*, dont pas un seul du reste n'appartient à l'État. Dès le commencement du dix-huitième siècle, d'informes essais de construction de voies ferrées avaient eu lieu à Newcastle. Le premier acte que rendit le parlement pour réglementer cette matière date de 1801. Depuis cette époque jusqu'en 1849, il en avait été rendu 1,111, dont 615 pour la création de lignes nouvelles et 496 relatifs à la continuation ou à l'entretien de lignes déjà existantes; et de 1826 à 1849 le parlement avait voté pour cet objet une somme totale de 348,012,183 liv. sterl. En 1853 les lignes nouvelles dont la construction avait été autorisée par le parlement présentaient un développement total de 940 milles, dont 589 milles en Angleterre, 80 milles en Ecosse, et 272 milles en Irlande. La longueur totale des chemins de fer autorisés par la législation depuis l'origine était de 12,688 milles, dont 7,686 ont été ouverts à la circulation. Restait donc à exécuter 5,002 milles; mais comme les concessions accordées sur une longueur de 2,838 milles se trouvaient périmées à la fin de 1850, il ne restait en réalité en voie d'exécution que 2,164 milles. Sur les 7,686 milles de chemins de fer à ce moment (1853) ouverts à la circulation, on en comptait 5,848 en Angleterre, 995 en Écosse et 842 en Irlande. En 1853 il y en avait eu d'ouverts sur un développement de 350 milles. On estime que les frais de construction de cet immense réseau ont été en moyenne de 33,000 liv. st. par mille.

Le capital engagé dans tous les chemins de fer du Royaume-Uni s'élevait à la fin de 1852 à la somme totale de 6 *milliards* 604 *millions* 518,875 francs, dont 4 milliards 35 millions en actions de capital ordinaires; 967 millions 518,875 fr. en capital privilégié ou obligations, et 1 milliard 601 millions 616,700 fr. d'emprunts.

La quantité de milles de chemins de fer en cours de construction au 30 juin 1853 était de 682, et le nombre des ouvriers de 37,764. Le nombre des employés de toutes espèces sur les chemins ouverts à la circulation s'élevait à la même époque à plus de 80,000.

Le nombre des voyageurs transportés sur tous les railways du Royaume-Uni dans l'année 1853 s'était élevé à 102 millions 286,660; en 1852, il n'avait été que de 89 millions 135,729. En 1849 il n'était encore que de 60 millions 398,159. L'augmentation du chiffre des voyageurs, qui en 1849 avait été de 11,450 par mille, avait été en 1853 de 14,695. Les recettes de tous genres, qui dans cette même année 1849 n'avaient été que de 11,200,901 liv. st., s'étaient élevées pour 1853 à 18 millions 35 mille 179 liv. st. Notons encore que sur ce chiffre de 102 *millions de voyageurs* transportés en 1853, il y avait eu 305 individus tués et 449 blessés. Observons d'ailleurs, en terminant ce que nous avions à dire ici au sujet des chemins de fer du Royaume-Uni, que les colonies de la Grande-Bretagne ne sont pas restées étrangères aux bienfaits de ces rapides voies de communication; il en a été construit jusqu'au Bengale et dans l'île de Ceylan.

Le *système de canalisation* a pour point de départ l'acte du parlement de 1755, en vertu duquel commença la construction du *canal de Sankey-Brook*, que suivit bientôt après la construction du *canal de Bridgewater*. Le développement total des canaux existants en Angleterre et dans le pays de Galles est de 2,300 *milles*; il dépasse par conséquent de 200 *milles* le développement de la navigation fluviale. Consultez Petermann, *Hydrographical Map of the British Isles* (Londres, 1849); Francis, *History of the English Railway* (2 vol., 1851). Toutes les localités de quelque importance sont aujourd'hui reliées entre elles par des chemins de fer ou par des canaux. Ces derniers passent devant des entrepôts et des fabriques; et tout récemment un vaste système de correspondance télégraphique est venu rendre aussi rapides qu'il est possible les communications des diverses localités entre elles.

Toutes les ressources que possédait la Grande-Bretagne ont été utilisées sur la plus vaste échelle pour favoriser les développements de son *commerce* et de sa *navigation* : aussi a-t-elle depuis longtemps complétement dépassé sous ce rapport les Espagnols et les Hollandais, qui l'avaient précédée dans cette voie. C'est la Grande-Bretagne qui la première est parvenue à réaliser le projet d'un commerce embrassant tout l'univers. La base et le point de départ en furent l'*acte de navigation* rendu par Cromwell à la date du 9 octobre 1651, qui procura immédiatement à l'Angleterre d'énormes avantages, mais qui naturellement dut aussi donner naissance à de nombreux embarras. On chercha à y porter remède à partir de 1735 au moyen des *warehouses* ou entrepôts; puis, après avoir subi en 1824 d'importantes modifications en vertu des lois nouvelles rendues sur la matière, cet *acte de navigation* a fini par être complétement abrogé en 1849, à la grande terreur des patriotes à courte vue. Mais dans l'intervalle l'éducation commerciale de la Grande-Bretagne s'était faite, de sorte qu'on put proclamer alors en principe la liberté absolue du commerce, tout en sachant en réalité la limiter d'après les exigences des circonstances. Le nombre des vaisseaux du commerce s'accroit dans une progression merveilleuse. En 1824 le jaugeage des navires déclarés comme devant être employés au long cours s'élevait à 2,348,314 tonneaux. En 1850 (vingt-cinq ans plus tard) il s'élevait à 3,665,153. Dans ce nombre on comptait à la fin de cette même année 1,185 bâtiments à vapeur, jaugeant ensemble 168,342 tonneaux, et 24,819 bâtiments à voiles, jaugeant 3,396,791 tonneaux. L'activité la plus grande régnait en outre dans les divers chantiers de construction.

En 1849 le *cabotage* occupait 309,049 bâtiments, jaugeant 27,522,070 tonneaux. Dans la même année le nombre des entrées de bâtiments à vapeur employés au cabotage avait été de 18,343, jaugeant 4,283,505 tonneaux, et celui des sorties à 18,302, jaugeant 4,203,202 tonneaux. Quant au nombre des bâtiments entrés dans les ports de la Grande-Bretagne et venant soit des colonies, soit de l'étranger, il avait été en 1848 de 27,786, jaugeant 5,578,461 tonneaux; et celui des navires partis à même destination, de 24,893, jaugeant 5,051,327 tonneaux. Parmi les marines étrangères qui fréquentent les ports de la Grande-Bretagne, la marine danoise occupe le premier rang pour ce qui est du nombre des navires. Viennent ensuite les marines française, norvégienne et américaine. Sous le rapport du tonnage, c'est la marine américaine qui passe en première ligne; viennent après la Norvège, le Danemark, la Prusse et la France. En 1850 le tonnage des navires nationaux sortis des ports de la Grande-Bretagne s'est élevé à 3,960,754 tonneaux. La liberté que la Grande-Bretagne concède aux navires étrangers d'entrer dans ses ports a eu pour résultat d'y produire une diminution de la navigation nationale; mais par compensation ses relations avec les ports étrangers se sont accrues. Le chiffre des *importations* et des *exportations* va toujours croissant. Du 5 janvier 1849 au 5 janvier 1850, l'importation dans le Royaume-Uni et en Irlande s'était élevée à 105,874,607 liv. st., et sans l'Irlande, à 99, 843,038 liv. st., valeur déclarée. D'après la taxe officielle, il avait été exporté dans le même laps de temps, en produits tant naturels que fabriqués, 164,539,504 liv. st. (et sans l'Irlande, 164,275,454); en denrées coloniales et produits étrangers, 25,561,890 liv. st. (sans l'Irlande, 25,557,729); en tout, par conséquent, 190,101,394 liv. st. (sans l'Irlande, 189,832,783). D'après les valeurs déclarées, l'exportation des produits du royaume, tant naturels que fabriqués, s'était élevée pendant le même espace de temps à 63,596,625 liv. st. (et sans l'Irlande, 63,319,937 liv. st.).

Dans les années 1850, 1851 et 1852, la progression n'a été ni moins constante et ni moins notable. Le chiffre des exportations s'était élevé en 1853 à 98,933,781 liv. st., tandis que l'année précédente il n'avait été que de 78,076,854 liv. st. Cet accroissement si brusque s'expliquait par les demandes de plus en plus considérables des Indes, du Canada, de Maurice et des colonies britanniques de l'Afrique méridionale, mais surtout par celles de l'Australie, qui dans ce chiffre de près de 99 millions st. figuraient à elles seules pour plus de 10 millions st. Au moment où nous imprimons (janvier 1855), les comptes de l'année 1854 n'ont point encore été rendus publics; mais on doit s'attendre à ce qu'ils présentent un mouvement de recul, causé par la perturbation générale que la guerre d'Orient, encore à ses débuts, a dû provoquer dans toutes les transactions commerciales. Les ports principaux sont Londres, Liverpool, Hull, Southampton.

L'importation consiste surtout en matières premières : coton, laine, soie, chanvre, lin, bois de construction, sucre, café, sel, goudron, poix, céréales, etc.; l'exportation, en fer, étain, cuivre, houille, et surtout en objets fabriqués, cotonnades, articles en fer et en acier, etc. On évalue le bénéfice net produit annuellement par ce mouvement commercial à 22 millions de liv. st. Parmi les articles d'exportation figurent en première ligne les cotonnades et les cotons filés (22,681,200 liv. st. en 1848; 28,552,878 liv. st. en 1850); les lainages et les laines filées (6,510,803 liv. st. en 1848, et 10,045,952 liv. st. en 1850); les toiles et fils (3,296,238, liv. st. en 1848, et 4,845,030, liv. st. en 1850); les soieries et fils de soie (587,917 liv. st. en 1848, et 1,265,451 liv. st. en 1850).

Sur la totalité des exportations faites en 1849, il y en avait eu 13,957,465 liv. st. pour le nord de l'Europe, dont 3,386,246 pour les villes anséatiques; 3,499,937, pour la Hollande; 1,951,269, pour la France; 1,451,584, pour la Belgique; 1,379,179, pour la Russie. Les exportations pour les contrées méridionales de l'Europe s'étaient élevées à 11,168,467 l. st.; celles pour l'Asie, à 10,931,302 l. st.; celles pour l'Afrique, à 2,464,811; celles pour les colonies anglaises de l'Amérique du Nord et des Indes occidentales, à 1,552,308; celles pour l'Amérique Centrale et pour l'Amérique du Sud, à 7,242,538; celles pour les États-Unis, à 11,971,028 liv. sterl. Parmi les articles d'importation provenant surtout des colonies, il en est beaucoup qu'on réexporte avec de grands profits. Ainsi, par exemple, dans l'année 1850 il fut importé 50,809,521 livres pesant de café, dont 12,069,806 furent réexportés; ainsi encore 6,286,031 quintaux de sucre brut; 5,934,793 quintaux de coton; 4,942,407 livres pesant de soie grège; 72,674,483 toisons de mouton; 3,873,908 quintaux de farine; 217,247 têtes de gros bétail; des soies ouvrées et des satins pour une valeur de 309,214 liv. st.; 3,658,464 paires de gants de peau; des cotonnades pour une valeur de 682,042 liv. st.; tous articles dont à beaucoup près la consommation ne fut pas faite pour moitié par la Grande-Bretagne elle-même.

Le commerce et la navigation sont favorisés par un grand nombre de compagnies, parmi lesquelles figure en première ligne la *Compagnie des* Indes orientales; vient ensuite, au point de vue de l'importance politique, la *Compagnie de la baie* d'Hudson. Consultez Martin, *The passed and present State of the Trade for England* (Londres, 1832); Craik, *History of the British Commerce* (1844).

L'Irlande, si méconnue, est d'une grande importance pour le commerce intérieur, et Liverpool doit en grande partie sa prospérité aux relations commerciales qu'elle entretient avec ce pays. L'Irlande exporte en Angleterre des grains, de la farine, des bestiaux, de la viande et du beurre en quantités immenses. Dans la seule année 1847, il entra dans les ports d'Irlande 20,251 bâtiments, jaugeant 2,183,608 tonnaux; et il en sortit 11,537, jaugeant 1,488,625 tonneaux. 499 navires jaugeant 120,734 tonneaux y arrivèrent des colonies, et il en partit à cette destination 647, jaugeant 176,955 tonneaux. Dans cette même année il partit des ports d'Irlande pour l'étranger 1038 navires anglais, jaugeant 183,318 tonneaux; et il y en entra 857, jaugeant 188,141 tonneaux.

Il va sans dire que dans les encouragements et la protection accordés au développement de cette immense activité commerciale, on veille attentivement, d'une part, à ce que les intérêts généraux soient toujours sauvegardés, et de l'autre à ce qu'il en soit de même pour les intérêts particuliers, qui disparaissent et s'effacent si facilement dans un aussi immense tourbillon d'affaires. La célèbre *Banque d'Angleterre*, dont le siége est à Londres, la plus ancienne et en même temps la plus puissante de toutes les banques existant dans la Grande-Bretagne, est le point central auquel vient aboutir l'énorme mouvement d'espèces auquel donne lieu le commerce national. En 1850 la valeur de ses billets en circulation s'élevait à plus de 30 millions de livres sterling, et un grand nombre de succursales entretiennent avec elle les rapports les plus étroits. Une foule de compagnies et de banques particulières viennent en aide au crédit des particuliers et le maintiennent, en même temps qu'elles favorisent les relations et les transactions avec les régions situées au delà des mers.

Pour seconder cet immense développement des intérêts industriels et commerciaux de la Grande-Bretagne, des *postes d'observation* ont été jugés nécessaires à l'étranger et au delà des mers; de même qu'on peut dire que c'est ce développement qui détermine toujours la conduite que le gouvernement de ce pays observe dans ses rapports avec les puissances étrangères.

Les principaux *postes d'observation diplomatique* de la Grande-Bretagne sont Paris, Vienne, Saint-Pétersbourg, Constantinople, et aussi depuis ces derniers temps Berlin. Ses possessions extérieures sont toutes, en Europe, plus que des *postes d'observation*; ce sont en outre des points militaires et maritimes d'une haute importance, à savoir : Helgoland, Gibraltar, Malte avec Goze, et les îles Ioniennes.

Le *système colonial* de la Grande-Bretagne n'a point son pareil; sous beaucoup de rapports, il offre une grande analogie avec celui des Romains. Certains publicistes ont, à la vérité, cru pouvoir signaler une différence essentielle entre ces deux systèmes; différence fondée, suivant eux, sur ce que toujours Rome accorda le droit de cité à ses colonies, encore bien que celles-ci n'eussent aucun rapport de nationalité avec leurs conquérants et leurs dominateurs; tandis précisément que l'Angleterre le refusa aux siennes, quoique sorties de son propre sein; tandis qu'elle les traita toujours avec une extrême rigueur et en véritable marâtre, par exemple autrefois l'Amérique du Nord, et comme c'est encore aujourd'hui le cas au Canada. Cette assertion n'a pour elle que l'apparence de la vérité; et, à ne considérer les choses qu'extérieurement, on peut même dire qu'il n'y a pas d'État qui occupe plus d'hommes que la Grande-Bretagne au développement de la prospérité de ses colonies, qui fasse des dépenses aussi considérables à l'effet de favoriser et d'assurer leur bien-être; enfin, qui autorise et encourage plus libéralement dans ses colonies un développement intellectuel accommodé aux mœurs nationales des pays soumis. Or c'est là, suivant nous, ce qui établit une grande analogie entre le système colonial moderne des Anglais et l'ancien système des Romains. Ainsi, pour favoriser la civilisation indigène, l'étude des langues indigènes, et le maintien des lois et de la religion indigènes, il a été fait dans les Indes des efforts tels, que l'administration anglaise a pu encourir à bon droit le reproche de profonde indifférence en matière de religion; politique que la France a suivie depuis, et par les mêmes motifs, en Afrique. En outre le gouvernement anglais n'a pas hésité à doter ses lointaines possessions de tous les éléments de prospérité matérielle dont l'efficacité avait été reconnue dans la mère patrie; c'est ainsi qu'au Bengale et dans l'île de Ceylan il a été procédé à la construction de voies ferrées avec tout autant d'ardeur que dans la Grande-Bretagne même. La question de la manière dont s'acquièrent les colonies, et par suite la lamentable histoire des crimes de lèse-humanité qui s'y rattachent, reste d'ailleurs complétement en dehors de nos appréciations. Il ne s'agit ici que d'économie sociale; nous constatons des faits, sans prétendre en apprécier philosophiquement les causes.

Dès l'an 1502 le roi Henri VII avait accordé des priviléges spéciaux à une compagnie de marchands de Bristol et de navigateurs portugais, qui s'était constituée à l'effet d'entreprendre des voyages de découvertes et de fonder des établissements coloniaux. Sous le règne d'Élisabeth et à sa mort, arrivée en 1603, les possessions extérieures de la Grande-Bretagne s'étendirent plus particulièrement à Terre-Neuve et dans la partie de l'Amérique du Nord qui forme aujourd'hui le territoire de l'Union-Américaine, où elles comprenaient déjà une superficie d'environ 1,300 myriamètres carrés. La fondation de la *Compagnie des Indes orientales* par Élisabeth, le 31 octobre 1600, eut aussi les résultats les plus importants. Sous le règne de Jacques II, en 1606 et en 1609, les colonies anglaises reçurent un accroissement notable, et dont plus tard on reconnut aussi l'importance politique, par suite des établissements qu'on fonda alors en Virginie (Amérique du Nord), à la Barbade, aux îles Bermudes, à la Nouvelle-Belgique et en Acadie (Nouvelle-Écosse); toutefois, sous le règne de Charles Ier cette dernière contrée fut restituée à la France. Le règne de ce malheureux prince ne laisse pas que d'occuper une grande place dans l'histoire des colonies anglaises, parce qu'on voit alors un système régulier d'administration s'y établir pour la première fois. La Compagnie des Indes orientales fit vers le même temps ses premières grandes acquisitions au Bengale, à savoir le territoire qui plus tard a été désigné sous le nom de Madras; de telle sorte qu'à ce moment l'ensemble des possessions extérieures de la Grande-Bretagne offrait déjà une surface de 8,000 myriamètres carrés.

L'Acte de navigation de Cromwell eut pour le commerce de même que pour le développement du système colonial de l'Angleterre les plus incalculables conséquences. Le fait dominant de cette époque, c'est d'ailleurs l'extension de plus en plus rapide que la puissance britannique prend dès lors constamment dans les Indes occidentales, où elle introduit la culture des plantes propres aux climats tropicaux, et notamment la conquête qu'elle y fait de l'île de la Jamaïque (1655), précédemment possédée par les Espagnols. Quand les Stuarts remontèrent sur le trône, les possessions extérieures de la Grande-Bretagne s'élevaient à 8,600 myriamètres carrés. C'est sous le règne de Charles II qu'eut lieu sur la côte occidentale d'Afrique la fondation des premiers établissements anglais dans ces parages; et en 1673 on enleva aux Hollandais l'île Sainte-Hélène, poste d'une importance toute particulière pour le commerce de la Grande-Bretagne avec les Grandes-Indes, alors que le Cap de Bonne-Espérance ne faisait point encore partie des possessions britanniques. Les comptoirs fondés précédemment sur les côtes de l'Amérique du Nord en vinrent alors à prendre les proportions les plus grandioses. La fondation de la Compagnie de la baie d'Hudson fut le point de départ d'une extension de territoire presque illimitée; et la puissance britannique s'y trouva encore mieux consolidée quand on fut parvenu à chasser les Hollandais des districts, alors encore sans importance, de New-York et de New-Jersey, lesquels dans les dernières années du règne de Charles II reçurent une organisation et une constitution analogues à celles dont jouissaient déjà les autres établissements fondés dans ces contrées. Des acquisitions nouvelles furent faites aussi dans les Grandes-Indes en même temps qu'on prenait possession des îles Bahama, si riches en produits tropicaux. Pendant ce temps la Compagnie des Indes orientales s'arrondissait de plus en plus : en 1668 elle obtint, moyennant le payement d'une rente perpétuelle, la toute propriété de l'île de Bombay, dont les Portugais avaient gratuitement fait don à Charles II, et devenue ainsi l'origine première de la division territoriale à laquelle on a donné plus tard la dénomination de *présidence de Bombay*. En 1681 un *gouverneur* fut envoyé à Hughly, au Bengale, où depuis 1632 la compagnie était autorisée à trafiquer. La puissance britannique prit également pied à Sumatra. A la mort de Charles II (16 février 1685) les possessions extérieures de la Grande-Bretagne comprenaient déjà ensemble une surperficie d'environ 18,100 myriamètres carrés.

Dans la déplorable époque de troubles qui succéda à celle-ci, il n'y eut guère d'efforts tentés que par la Compagnie des Indes orientales, dans le sein de laquelle une compagnie nouvelle, portant la même dénomination et poursuivant le même but, fondée en 1689, mais au total assez peu viable, succomba en 1709. Le chah mongol Aureng-Zeib permit à l'ancienne compagnie de fortifier Calcutta (1696), devenu ainsi un centre d'action pour la fondation d'un empire britannique dans l'Inde. Par suite du nouvel équilibre politique que la paix d'Utrecht (11 avril 1713) constitua en Europe, tout le territoire baigné par la baie d'Hudson ainsi que celui de la Nouvelle-Écosse furent, indépendamment de divers points importants en Europe, adjugés à la Grande-Bretagne, dont les possessions territoriales extérieures reçurent ainsi un accroissement de 16,000 myriamètres carrés, d'un sol le plus généralement rebelle à la culture, et se trouvèrent de la sorte portées à un total de 36,000 myriamètres carrés. C'est vers le milieu du siècle dernier, sous le règne de Georges II, que la puissance britannique commença à prendre dans les Indes orientales l'extension à laquelle elle est arrivée de nos jours; et l'accroissement de 4,082 myriamètres carrés de territoire que la Grande-Bretagne reçut sous le règne de ce prince l'emportait de beaucoup comme importance réelle sur l'accroissement de 16,000 myriamètres carrés qui avait eu lieu sous le règne de la reine Anne. Le nabab du Bengale Mir-Djafer céda en 1757 à la Compagnie les vingt-quatre *pergunnahs*, district voisin de Calcutta; la même année Masulipatam fut conquis par la force des armes. Le nabab de Karnate Mohamed-Ali abandonna en 1761 à la Compagnie, entre autres territoires, celui de Madras. Dans la guerre de 1756, la France s'était déjà vu enlever le fort Victoire, près de Bombay. Dans l'Amérique du Nord, ce furent surtout les territoires de Michigan, d'Illinois et d'Indiana qui vinrent s'ajouter aux possessions anglaises; dans cette partie du monde elles s'élevaient à l'accession de Georges III au trône (25 octobre 1760) à 10,680 myriamètres carrés. Le règne de ce prince fut d'une importance décisive pour le développement du système colonial de l'Angleterre : d'une part la défection et la séparation violente de la meilleure partie de ses possessions de l'Amérique du Nord, et de l'autre l'accroissement gigantesque que la puissance britannique prit dans l'Inde, durent forcément avoir pour conséquence la création d'une administration plus spécialement chargée de veiller sur les divers intérêts qui se rattachent à l'existence du système colonial.

A partir de ce moment l'histoire des colonies se confond dans ce qu'elle a de plus important avec l'histoire générale de la Grande-Bretagne, comme aussi avec celle de l'Amérique du Nord, des Indes orientales et de la Compagnie des Indes. La destruction de la puissance française dans les Grandes-Indes eut les conséquences les plus fatales pour les souverains indigènes. L'autorisation de trafiquer librement dans toute l'étendue du Bengale, que dès l'année 1652 la Compagnie des Indes avait obtenue, grâce à l'adresse d'un médecin heureux dans les cures dont il avait été chargé à la cour du Grand-Mogol, en vint insensiblement à acquérir un caractère politique. Dès le mois d'août 1765, le chah Alem concédait à la Compagnie les revenus du Bengale, du Behar et d'Orissa; ce qui était en fait lui en abandonner la souveraineté. Déjà précédemment, en 1761, le nabab du Bengale avait cédé à la Compagnie les districts de Burdwan, de Midnapour et de Djittagong; en 1765 il renonça même en sa faveur à tous ses droits de souveraineté. La conséquence immédiate de ces divers actes de cession fut la prise de possession des Circars du nord (1766); et la route conduisant dans l'intérieur de l'Inde se trouva dès lors ouverte à la Compagnie. Assaf-ad-Dauleh, qui par là fut amené à soutenir une guerre contre elle, perdit, en 1775, une grande partie du district d'Allahabad et, désastre bien autrement irréparable pour la nationalité indoue, le gouvernement de Bénarès ainsi que cette ville sainte elle-même. La guerre entreprise contre les Mahrattes valut ensuite l'acquisition, assez peu importante par elle-même, de l'île de Salsette (1776). Mais de tout cela résulta pour la puissance britannique dans les Grandes-Indes un accroissement de territoire de 6,300 myriamètres carrés.

Pendant ce temps-là les progrès de la Grande-Bretagne avaient continué aussi en Amérique. La paix de Paris de 1763 lui valut les deux Canadas, le cap Breton et quelques-unes des Antilles, enlevés aux Français, et les deux Florides enlevées aux Espagnols. En y comprenant quelques acquisitions faites amiablement et un district enlevé également aux Français sur les rives du Sénégal, il en résultait pour la Grande-Bretagne un accroissement de territoire de 10,294 myriamètres carrés. Il est vrai qu'à partir de 1776 la guerre d'Amérique lui fit reperdre une bonne partie de ces acquisitions; et la fortune voulut cette fois que la jalousie de la France, le mercantilisme de la Hollande et la vanité de l'Espagne vinssent en aide à la cause de la liberté, contre la toute-puissance anglaise. Cependant, en dépit de toutes les pertes qui résultèrent pour elle de la signature de la paix de Versailles (1783), la Grande-Bretagne se trouvait encore à ce moment en possession hors d'Europe d'un territoire d'environ 65,000 myriamètres carrés, indépendamment du droit de libre navigation dans les mers méridionales de l'Inde, dont les Hollandais s'étaient montrés jusque alors si jaloux.

La perte d'une partie notable de l'Amérique du Nord eut pour conséquence en Angleterre d'appeler maintenant l'attention publique sur l'Afrique et sur l'Australie. Sierra-Leone fut fondée dans le premier de ces continents, et la Nouvelle-Galles-du-Sud dans le second, en 1788. Les extensions de territoire dans les Indes orientales allaient d'ailleurs pendant ce temps-là d'un pas toujours plus rapide; en 1786 les Anglais prenaient possession de Poulo-Pinang, appelée plus tard *île du Prince de Galles;* en 1788, de Gantur-Circar; en 1792, à la suite de la guerre contre Tippou-Saïb, de la plus grande partie de ses États, du Malabar, de Salem, de Calicut, etc.; et en 1799, à la suite d'une lutte opiniâtre et de la mort de Tippou-Saïb, du restant du beau royaume de Mysore. En 1795, le radjah de Travancore se soumit volontairement à la Grande-Bretagne, et en 1799 celui de Tandjore; soumissions qui accrurent les domaines de la Compagnie d'une superficie d'environ 1,700 myriamètres carrés. La paix d'Amiens valut ensuite à l'Angleterre quelques districts de Ceylan, possédés jusque alors par les Hollandais. Aux termes de la paix conclue le 12 octobre 1800 à Hyderabad, le nizam de Dekkan céda à la Compagnie la portion des États de Tippou-Saïb qui lui était échue en partage. L'année suivante les États du nabab Asem-ad-Daulah, c'est-à-dire à peu près tout le Karnatik, vinrent s'y ajouter, moitié par voie de négociations, moitié par voie de contrainte. La même année (1801), aux termes du traité de Lucknow, en date du 10 novembre, tout le royaume d'Aoude fut acquis de la même façon; et par suite de la soumission des radjahs voisins, obtenue moyennant l'engagement pris de leur fournir des pensions, le territoire britannique dans l'Inde arriva à avoir les dimensions les plus gigantesques. La guerre soutenue en 1802 contre les Mahrattes eut pour résultat la conquête de Bundelkund; à la fin de l'année 1803, le Grand-Mogol lui-même devenait l'un des pensionnaires de la Compagnie des Indes; et c'est de la sorte, de même que par la soumission successive de divers autres souverains, que dès 1805 les territoires de Delhi, de Koultaka, le haut Duab, Balasore, Gouzerate, etc., étaient venus accroître les possessions de la Compagnie. Tels furent à ce moment les accroissements de territoire que la Grande-Bretagne prit dans les Indes orientales, pendant que l'Europe s'épuisait dans des luttes meurtrières et acharnées : 8,056 myriamètres carrés, rien que dans les premières années du dix-neuvième siècle! Mais elle ne s'en tint pas là. Depuis la grande perte que lui avait fait essuyer le divorce de ses anciennes colonies, elle avait su y trouver d'assez notables compensations. Sur la côte nord-ouest, là où se trouve aujourd'hui New-Albion, etc., l'Espagne lui avait abandonné un territoire de 7,800 myriamètres carrés; et elle avait en outre pris possession du Labrador. Les grands traités de 1814 et de 1815 lui adjugèrent encore, aux dépens des Hollandais, diverses petites îles, mais surtout l'importante colonie du cap de Bonne-Espérance (plus de 4,000 myriamètres carrés) et quelques autres districts situés en Afrique. Quoique la paix conclue à Gand en 1814 l'eût contrainte à restituer aux États-Unis une superficie d'environ 10,000 myriamètres d'un territoire d'assez peu d'importance réelle, la Grande-Bretagne à ce moment possédait en dehors de l'Europe une superficie de 103,300 myriamètres carrés.

Dans les six années qui s'écoulèrent ensuite jusqu'à la mort de Georges III (29 janvier 1820) eut lieu la conquête du royaume de Candy, dans l'île de Ceylan (1815), laquelle dès lors se trouva complétement soumise à l'Angleterre, mais à titre de dépendance immédiate de la couronne, et non plus de la Compagnie des Indes. La même année (1815) la Compagnie des Indes enleva au radjah de Népal un grand territoire (plus de 700 myriamètres carrés) situé entre les fleuves Djoumna et Setledge, d'où résulta encore l'acquisition postérieure de quelques territoires d'importance moindre, mais formant ensemble une superficie de 320 myriamètres carrés. En 1817 se termina la guerre, heureuse au total, soutenue par la Compagnie contre le radjah de Nagpour, et qui valut à la Grande-Bretagne l'adjonction à ses possessions d'une partie notable de Gondwana (environ 1,500 myriamètres carrés) et d'Orissa (428 myriamètres carrés). Dans la même année, Houttah, Danvar et Sagour furent enlevés aux Mahrattes; et ceux de leurs princes qui étaient jusque alors demeurés indépendants, de même que ceux du Népal et quelques seigneurs radjpoutes, devinrent les tributaires de la Compagnie. En 1818 eut encore lieu la soumission de quelques districts du Nerbuddah, de Patna, d'Adjmir, de Pounah, de Konkoun, de Kandish, etc., etc.; de sorte que l'accroissement de territoire obtenu par la Compagnie dans ce court espace de temps s'élevait à plus de 7,000 myriamètres carrés.

Pendant les dix années du règne de Georges IV, les principales acquisitions faites en dehors de l'Europe par la Grande-Bretagne eurent également lieu au sud de l'Asie. Dès 1820 les districts du Konkoun méridional, et vers la fin de 1822 des parties de Bidjapour et d'Ahmednagar passaient sous la domination de l'Angleterre, qui en 1824 s'emparait encore de Singapore et de ses îles. Les guerres acharnées soutenues contre les Birmans se terminèrent également par des accroissements de territoire avantageux à la Compagnie. En 1825, par suite d'un traité d'échange intervenu entre les deux gouvernements, les Hollandais cédèrent à l'Angleterre Malacca contre l'abandon de la partie de Sumatra qu'elle avait jusque alors possédée. En 1826 eut lieu la conquête, aux dépens du royaume d'Ava, des importants territoires d'Arracan, de Tenasserim, de Javoï, etc.; et l'empire d'Assam fut contraint de se reconnaître tributaire de l'Angleterre. Quelques districts furent en outre cédés par les radjahs de Béhar et de Bérar. Dans les années 1828 et 1829 d'importants essais de colonisation furent encore tentés hors de l'Asie méridionale, dans l'ouest de l'Australie, sur les bords du Swan-River.

Pendant le règne si court de Guillaume IV (1830-1837), les seules acquisitions nouvelles de territoire faites par la Compagnie furent Katschar, l'une des principautés qui dépendaient précédemment de l'empire birman; en 1832 et 1834, Kourg, *radjahiat* du Malabar, et Loudhiana avec son territoire situé dans le district de Dehli qu'on appelle Sirhind.

Le règne de Victoria (elle occupe le trône d'Angleterre depuis le 20 juin 1837) a été beaucoup plus fécond sous ce rapport. Aden, sur la côte sud-ouest de l'Arabie, fut conquis en 1839 et soumis à la Compagnie des Indes; en 1840 il en fut de même du district de Kournal, situé non loin de Loudhiana. En 1841 et 1842 eut lieu une expédition sur le Niger, qui a procuré de précieux renseignements commerciaux sur l'intérieur de l'Afrique; en 1843, à la suite d'une guerre opiniâtre, furent conquis les divers territoires des émirs du Sindh. Le traité conclu le 9 mars 1846 avec le maharadjah de Lahore remit la Compagnie des Indes en possession des territoires sur le Setledge, le Bias et l'Indus, dont elle avait autrefois été maîtresse; cependant le 16 mars de cette même année elle abandonna au Ghoulâb-Singh la partie de ces territoires située dans l'est de l'Inde. Le traité intervenu le 9 mars 1846 entre la Grande-Bretagne et l'Union-Américaine agrandit encore le territoire de la Grande-Bretagne en lui adjugeant la possession de la partie du territoire de l'Orégon déterminée par le 49° de latitude, ainsi que les îles Vancouver. Une guerre nouvelle qui éclata dans l'Inde contre le prince sikh Dhoulip-Singh a eu pour résultat la soumission (1849) de tout le Pendjab, à l'exception du Ghoulab-Singh, dont nous parlions tout à l'heure. En 1850, sur la côte d'Afrique, les forts danois voisins de Cape-Coast-Castle furent achetés au prix de 10,000 livres sterling.

C'est ainsi que, d'après les dernières évaluations statistiques publiées par Mac-Culloch, toutes les possessions britanniques dans les diverses parties de la terre, l'Europe exceptée, présentaient ensemble une superficie 82,030 myriamètres carrés, avec une population de 144 millions d'habitants. Il faut remarquer toutefois que dans ces supputations les terres baignées par la baie d'Hudson figurent pour un chiffre comparativement peu élevé, et qu'avec d'autres territoires encore moins cultivés de l'Amérique du Nord on pourrait les estimer à 70,000 myriamètres carrés. Cependant, de ces immenses possessions, il n'y a guère que 32 millions de myriamètres carrés, avec une population de 134 millions 360,000 âmes, qui soient placés directement sous la suzeraineté de la Compagnie des Indes, à savoir : possessions réelles, 16,102 myriam. carrés, avec 99,760,000 habitants; et États à l'état de vasselage et de protection, 16,430 myriam. carrés, avec 34,600,000 habit. Consultez Mountgommery-Martin, *History of the British Colonies* (nouvelle édition, Londres, 1849); Bannison, *British Colonization and coloured tribes* (1838); *England and her Colonies considered in relation to the aborigènes* (1841); mais surtout *The Colonial Magazine*, publié d'abord par Mountgommery-Martin, et enfin plus tard par Summonds (1840 et années suivantes); depuis 1849, *The Colonial Magazine and East-India Review*. Les débats du parlement relatifs aux colonies contiennent aussi de précieuses indications.

Certes il n'y a rien que de fort naturel à ce que l'administration d'un si immense territoire colonial soit chose assez compliquée. Sinon la plus grande partie, du moins la plus peuplée, en est placée sous la direction de la Compagnie des Indes orientales, à l'exception de l'île de Ceylan, laquelle dépend immédiatement de la couronne, comme toutes les autres possessions britanniques (*her majesty's colonial possessions*). La direction suprême de cette Compagnie a son siége à Londres, où existe en outre un bureau particulier du gouvernement, chargé d'en surveiller les actes (*board of countrol of commissioners of India*). Des gouvernements particuliers ont d'ailleurs été institués dans l'Inde, même pour le Bengale, Bombay et Madras. Jusqu'en 1814 la Compagnie avait eu le monopole du commerce de l'Inde; mais lors du renouvellement de la charte de la Compagnie, qui eut lieu cette année-là, il fut déclaré qu'il deviendrait libre à partir de 1853 pour tous les négociants sans distinction, et que la Compagnie ne conserverait que jusqu'en 1833 le monopole du commerce de la Chine. Quant aux autres colonies, on y a institué des *gouverneurs généraux* résidants (comme au Canada et dans la Nouvelle-Galles-du-Sud, ou bien des *gouverneurs* et des *commandants supérieurs* (comme au Cap, à Terre-Neuve, dans les grandes Antilles et sur tous les points les plus importants), ou bien encore des *lieutenants-gouverneurs* (comme à la Nouvelle-Écosse, au Nouveau-Brunswick, etc.). Les terres baignées par la baie d'Hudson sont placées vis-à-vis de la couronne dans des rapports de sujétion moins directs, en raison des priviléges tout particuliers concédés à la Compagnie de la baie d'Hudson.

Dans les documents officiels, les diverses colonies et possessions extérieures de la Grande-Bretagne sont divisées en trois catégories : 1° les stations militaires et maritimes (*military and maritime stations*), dont, indépendamment des différents points de l'Europe dont il a déjà été fait mention, font aussi partie la ville du Cap, Maurice, Bermudes, les îles Falckland, l'Ascension, Sainte-Hélène, et Hong-Kong; 2° les colonies et les établissements coloniaux proprement dits (*plantations and settlements*), qui se composent de toutes les autres possessions britanniques; 3° les colonies pénales (*penal settlements*), la Nouvelles-Galles du Sud et la Terre de Van-Diemen. Les colonies pénales ont donné lieu à de vives discussions entre la mère patrie et les colonies.

Que si dans les seules années 1847 et 1848 la Grande-Bretagne a encore dû dépenser une somme de 3,804,138 liv. sterl. pour venir en aide à ses colonies, le bénéfice qui résulte de leur existence pour le développement commercial et industriel de toute la nation est évident; car en Angleterre la base de toutes les prospérités, l'élément essentiel de la puissance maritime, c'est l'heureux rapport existant entre l'importation des matières premières et des produits coloniaux et l'exportation des produits fabriqués.

En 1850 il fut expédié des ports de la Grande-Bretagne pour ses colonies 4,741 navires sous pavillon britannique, jaugeant ensemble 1,385,488 t., et 302 sous pavillon étranger, de 92,434 t.; soit en tout 5,043 navires, jaugeant ensemble 1,477,902 tonneaux. A ces chiffres de sortie viennent encore s'ajouter 369 bâtiments à vapeur anglais, ensemble de 72,267 tonneaux.

Des diverses colonies il arriva pendant cette même année 1850 dans les ports de la Grande-Bretagne 5,126 bâtiments sous pavillon anglais, jaugeant 1,531,068 t., et 237 bâtiments étrangers, jaugeant 82,052 t.; total égal, 5,363 navires, jaugeant ensemble 1,613,153 tonneaux; plus, 369 bâtiments à vapeur anglais, ensemble de 72,267 tonneaux. En 1849 le nombre total des navires qui avaient quitté les ports de la Grande-Bretagne pour se rendre aux colonies avait été de 5,929, jaugeant ensemble 1,691,447 tonneaux, et emportant des chargements en produits fabriqués d'une importance de 15,712,595 liv. sterl., valeur déclarée.

En 1819 les colonies anglaises possédaient par elles-mêmes 8,188 navires de commerce, jaugeant ensemble 658,157 tonneaux, et montés par 45,000 hommes d'équipage. D'après les états officiels publiés pour l'année 1845, l'exportation pour les colonies asiatiques s'était élevée cette année-là à une valeur de 9,711,379 liv. sterl., dans laquelle les Indes orientales figuraient à elles seules pour 6,703,778 liv. sterl.; l'Afrique (plus spécialement la colonie du Cap), pour 938,737 liv. sterl.; l'Amérique du Nord, pour 3,490,018 liv. sterl.; les Indes occidentales, pour 2,789,121 liv. sterl.; l'Australie, pour 1,201, 076 liv. sterl. Les colonies des Indes occidentales ne laissèrent pas que de souffrir sensiblement de l'abaissement des droits sur le sucre et de l'abrogation de l'Acte de navigation ; mais ces pertes ne tardèrent point à être compensées par les développements de plus en plus grands que prit dès lors le commerce maritime. Parmi les articles expédiés dans ses colonies par la Grande-Bretagne, de ses cinq grands ports : Londres, Liverpool, Bristol, Hull et Glasgow, figurent en première ligne pour l'année 1850 : 227,743,490 *yards* d'étoffes de coton blanc pour les Indes orientales ; 4,867,918 *id.*, pour Ceylan ; 2,273,868 *id.*; pour l'Afrique occidentale; 6,771,505 *id.*, pour l'Australie ; 15,328,222 *id.*, pour les possessions anglaises de l'Amérique du Nord ; 3,169,720 *id.*, pour le cap de Bonne-Espérance. Cotonnades imprimées et teintes : 41,615,899 *yards* pour les Indes orientales ; 1,182,832 *id.* pour Ceylan ; 11,333,846 *id.* pour la côte occidentale de l'Afrique ; 7,273,714 *id.* pour l'Australie ; 17,830,300 *id.* pour les possessions anglaises de l'Amérique du Nord ; 3,505,049 *id.* pour le cap de Bonne-Espérance. Ces chiffres démontrent que ce seul article, d'une importance majeure il est vrai, trouve son principal débouché dans les colonies, et notamment aux Indes orientales. Dans cet aperçu général nous n'avons pas fait figurer les ressources, jusqu'à présent assez mal exploitées d'ailleurs, de l'Australie, où la recherche de l'or est au moment où nous écrivons l'objet des préoccupations générales. On consultera avec fruit sur les colonies australiennes de Sidney, *The three colonies of Australia : New-South-Wales, Victoria, South-Australia : their pastures, coppermines and goldfields* (Londres, 1852); ouvrage où abondent les renseignements nouveaux.

Les *forces de terre et de mer* ayant pour mission de servir de sanction aux résolutions prises par le gouvernement de cet empire aux membres si disséminés, et en même temps de garantir son existence en formant comme une chaîne qui entoure l'univers presque tout entier, sont très-inégalement constituées.

Les *forces de terre* ne jouent qu'un rôle secondaire dans le système général de défense de la Grande-Bretagne ; et grâce à sa position insulaire, ce pays se trouve presque complétement exonéré des charges immenses qui incombent aux puissances continentales par suite de la nécessité où elles sont d'entretenir de ruineux cordons de places fortes, etc. Elles comprennent trois éléments distincts : l'armée permanente, les milices et la population tout entière. L'armée permanente se compose des gardes et des troupes de ligne. Les premières (*Household's troops*) comprenaient, d'après le budget voté pour l'exercice commençant le 1er avril 1851 jusqu'au 1er avril 1852, un effectif de 6,568 hommes, à savoir : 1,308 cavaliers, formant deux régiments de cuirassiers et un régiment de *horseguards*, dit les Bleus (*the Blues*). Les 5,260 fantassins étaient répartis en trois régiments : les grenadiers de la garde, le régiment *Colstream* de la garde, créé jadis par le général Monk, et les fusiliers écossais. Les troupes de ligne forment deux catégories bien distinctes : les troupes du royaume et les troupes de la Compagnie des Indes. Le gouvernement a directement à sa solde 7,090 hommes de cavalerie, et 84,452 hommes d'infanterie, dont 6,166 appartenant au corps colonial. La Compagnie des Indes entretient sur pied 3,957 hommes de cavalerie et 27,144 hommes d'infanterie ; total, 31,101 hommes. L'effectif complet des troupes de ligne de tous genres est donc de 115,553 hommes. A ce chiffre il faut encore ajouter l'artillerie, le corps du génie et celui des pionniers, présentant ensemble un effectif de 14,410 hommes. La force normale de l'armée anglaise est donc en troupes de ligne de 129,963 hommes ; chiffre très-faible si on le compare à celui de la population du pays, puisqu'il ne fournit guère qu'un soldat pour 390 habitants, tandis qu'en Prusse, par exemple, le rapport est d'un soldat sur 81 habitants, sans compter la *landwehr*. Le temps de service dans l'armée de ligne est fixé à quatorze ans. La milice se compose d'individus âgés de dix-sept à quarante-cinq ans, recrutés par la voie du tirage au sort, et dont le gouvernement détermine le nombre. La durée de son service est fixée à cinq ans seulement, et elle ne peut être employée hors du territoire continental du royaume. Enfin, si le pays se trouvait en danger, la population tout entière serait susceptible d'être appelée sous les drapeaux, et tous les individus âgés de dix-sept à soixante ans seraient astreints à prendre les armes. Les hommes compris dans cette levée en masse reçoivent la même solde et les mêmes prestations en nature que les troupes de ligne. C'est le lord-lieutenant de chaque comté qui préside à leur enrôlement, à leur armement et à leur équipement. Du reste, sauf les cas d'urgente nécessité, aucun citoyen anglais ne saurait être astreint à servir contre son gré. Dans l'armée anglaise, les grades d'officiers, jusqu'à celui de colonel exclusivement, s'achètent ; ce sont là, encore aujourd'hui (1855), des transactions fort communes ; mais il y a tout lieu de croire qu'avant peu le corps d'officiers sera complétement réorganisé et qu'il ne se recrutera plus alors que par voie d'avancement accordé au mérite. L'armée est, sous tous les rapports, l'objet de la plus grande sollicitude ; en campagne, les troupes ne bivouaquent jamais que sous la tente. Des pensions considérables sont assurées aux militaires qui ont accompli leur temps de service, à leurs veuves et à leurs orphelins. L'établissement des Invalides de Chelsea est célèbre entre tous ; et on y a adjoint une grande école pour les orphelins de militaires. Les écoles militaires sont, toutes proportions gardées, fort peu nombreuses, à savoir : *Sandhurst*, *Chatham* et *Woolwich*. Une école régimentaire à l'usage des enfants de troupe et des sous-officiers est en outre attachée à chaque régiment. Consultez sur ces matières les *Estimates*, dans les actes du parlement ; et Hart, *The new Annual Army* (1841).

Les *forces de mer* de la Grande-Bretagne se présentent d'une manière autrement imposante aux yeux de l'observateur qui habite le continent. Longtemps avant que le gouvernement eût songé à fonder une marine nationale, la Grande-Bretagne en possédait déjà une dans le grand nombre de navires que possédaient les particuliers, et qu'en cas de besoin le roi avait la faculté de noliser. Le premier roi qui fit construire un navire pour le compte de l'État fut Henri VII ; mais ce furent surtout les efforts que la reine Élisabeth dut faire pour se défendre contre les projets hostiles de l'Espagne qui fondèrent la marine nationale. L'*Acte de Navigation* rendu par le protecteur Olivier Cromwell lui imprima en fait et aussi en principe un grand et rapide essor ; et les progrès qu'elle fit encore dans le cours du dix-huitième siècle ne furent que la conséquence nécessaire de la direction une fois donnée. Les prodigieux développements qu'elle prit au dix-neuvième siècle furent en partie nécessités par l'extension de plus en plus vaste des possessions transmarines de la Grande-Bretagne ainsi que de ses intérêts industriels et commerciaux, de même qu'ils ne furent en partie possibles que par suite des immenses progrès réalisés par l'architecture navale. On a fini par soumettre à la puissance de la vapeur un élément toujours mobile et souvent en révolte furieuse contre les téméraires qui essayent de le dompter. C'est à la suite de travaux incessants, exécutés par la plus opiniâtre constance, qu'au mois de juillet 1850 la *Navy List* en était venue à pouvoir présenter l'état général de la flotte britannique comme suit : 99 grands bâtiments de guerre de 70 à 120 canons (vaisseaux de premier, de second et de troisième rang ; vaisseaux à deux et à trois ponts, yachts, avec des équipages variant entre 600 et 750 hommes) ; 115 bâtiments de guerre, de grandeur moyenne, armés de 26 à 70 canons (bâtiments de quatrième, de cinquième et de sixième rang, avec des équipages variant de 200 à 600 hommes) ; 187 bâtiments de guerre moindres, c'est-à-dire cutters, bricks, sloops, portant depuis 25 jusqu'à 3 canons seulement, et comprenant aussi les bâtiments employés pour la police des côtes et pour le service des douanes ; enfin, 170 bâtiments de guerre mus par la vapeur, dont les plus grands ont une force de 800 chevaux et 80 bouches à feu. Le nombre des bouches à feu qui se trouvent à bord de ces différents vaisseaux de guerre est d'environ 18,000 ; et les immenses magasins de Woolwich sont en mesure de remplacer immédiatement toutes les parties de l'armement de ces bâtiments qui peuvent se trouver hors d'usage ou venir à manquer.

En 1849 l'effectif de la flotte ne se composait encore que de 89 vaisseaux de guerre de premier rang, 112 de moyenne grandeur et 153 moindres, avec 16,023 canons, y compris 125 bâtiments de guerre à vapeur. D'ailleurs, il ne faut pas perdre de vue qu'en tout temps l'effectif réel de la flotte peut être instantanément augmenté dans les plus vastes proportions au moyen du grand nombre de yachts armés en guerre et appartenant à des particuliers, dont beaucoup servent à naviguer dans les mers de l'Inde.

En 1850 les équipages de la flotte, y compris tous les soldats de marine, se composaient de 11,000 soldats de marine proprement dits (*marines*); de 25,776 matelots (appelés *seamen* par excellence); et d'un peu plus de 2,000 mousses. On aura une idée des efforts faits par l'Angleterre pour la double campagne de 1855 qui se prépare en ce moment même (février), et dont la Baltique et la mer Noire doivent être le théâtre, quand on saura que le total des budgets de la marine, de l'armée et de l'artillerie pour le prochain exercice (avril 1855 à avril 1856) s'élève à 935 millions 495,075 fr., tandis que la moyenne des dix précédentes années variait entre 350 et 400 millions de francs.

Indépendamment des quatre grandes stations que nous avons déjà mentionnées, voici celles que la marine britannique possède encore en Europe : *Deptford*, *Falmouth*, *Pembrocke*, *Queenstown*, *Sheerness*, enfin Lisbonne et les stations de la Méditerranée. Les stations précitées et situées dans les îles Britanniques sont en même temps, comme on peut bien le penser, d'importants ports militaires. On peut encore citer, en fait de ports militaires : en Angleterre, *Yarmouth* et *Mildfordhaven*; en Écosse, *Leith* et *Inverness*; en Irlande, *Galway*, *Cork*, *Limerick*, *Bantry* et *Waterford*.

A la tête de la marine britannique se trouve l'*admiralty-office*, commission de six à sept fonctionnaires, qualifiés de *lords commissaires*, dont le premier est en même temps membre du cabinet. Ses fonctions répondent à beaucoup d'égards à celles de *ministre de la marine*, titre qui n'existe pas en Angleterre.

Toute la marine forme trois grandes divisions, la rouge, la blanche, et la bleue (*red*, *white*, *and blue*), lesquelles prennent aussi rang dans cet ordre. Les forces de mer l'emportent à tous égards sur les forces de terre. Les troupes y sont mieux payées, et les grades d'officiers ne peuvent pas y être acquis à prix d'argent. Il faut observer toutefois qu'on nomme toujours beaucoup plus d'officiers que n'en exigent les besoins du service. Il n'existe qu'un très-petit nombre d'écoles spéciales à l'usage des marins. Les plus importantes sont les deux *Royal Naval College* de Plymouth et de Portsmouth. A la vérité, c'est la mer tout entière qu'on considère en Angleterre comme la meilleure des écoles de marine.

Il a été pourvu avec la plus généreuse sollicitude aux besoins des marins congédiés et de leurs familles, notamment au moyen du *Royal Hospital* de Greenwich, qui existe depuis 1694, et qui en 1849 pourvoyait aux besoins de 14,900 *out-pensioners* (invalides externes, logeant hors de l'établissement) et de 2,710 *in-pensioners* (invalides logés à l'établissement même); en outre, depuis 1801, par le *Royal Naval Asylum*, situé à peu de distance de là; par le *Royal Naval School* depuis 1833, et par le *Trinity Hospital*, situés tous deux à Deptford; par la *Royal Naval Female School* de Richmond; par le *West-India Naval School* de Blackwall. La Compagnie des Indes orientales a aussi à cet effet ses fondations particulières, par exemple *Almshouses* à Poplar, etc. Le parlement fournit sans cesse, en votant des sommes vraiment colossales, les moyens d'entretenir toujours les ports en bon état, d'en créer de nouveaux, de construire des phares, etc. En ce qui est du développement successif de la marine britannique et de son état actuel, consultez, indépendamment du *Royal Calender* et de la *Navy List*, Lediard *Naval History of England* (Londres, 1735; traduit en français; Lyon, 1751); Campbell, *Lives of the Admirals and other eminent British Seamen* (Dublin, 1748); Southey, *Lives of the British Admirals, with an introductory view of the naval history of England* (4 vol., Londres, 1833-1837); Nicolas, *History of the Royal Navy* (2 vol., Londres, 1847).

Après ce que nous venons de dire, les proportions grandioses qu'a prises le *système financier* de la Grande-Bretagne n'auront plus rien qui surprenne. Voici l'indication sommaire des chapitres généraux dont se composait le budget arrêté pour l'année commençant le 5 avril 1854, et finissant le 4 du même mois de l'année 1855 : La somme totale des *recettes* était évaluée à 53,349,000 liv. st. (1,333,725,000 francs), dont 20,175,000 liv. st. fournis par les droits de douane; 14,505,000 liv. st., par l'*accise*; 7,000,000 liv. st., par le timbre; 6,275,000 liv. st., par la taxe sur les revenus, etc., etc. Les *dépenses* étaient fixées à la somme totale de 56,189,000 liv. st. (1,404,725,000 francs) : Dans ce chiffre, les dépenses nécessitées par l'expédition d'Orient étaient évaluées à 1,250,000 liv. st. Le budget de l'exercice 1854-1855 se soldait dès lors en déficit de 2,840,000 liv. st.; tandis que le budget de l'exercice 1853-1854 avait présenté un excédant de 2,854,000 liv. st. à 1,890,000 liv. st. C'est ici qu'on s'aperçoit tout de suite de ce qu'il y a de colossal et de vraiment unique en son genre dans la dette publique de la Grande-Bretagne. Le premier accroissement sensible qu'elle éprouva provint des subsides fournis à la Prusse pendant la guerre de sept ans; puis des suites de l'insurrection des colonies de l'Amérique du Nord et des efforts faits pour la comprimer; enfin, des guerres auxquelles donna lieu la révolution française, et qui entraînèrent une dépense de 102,200,000 liv. st. Rien que dans la dernière année de cette longue guerre (1814), il fut dépensé en subsides fournis aux puissances continentales 8,442,578 liv. st. (211,064,450 francs), et en armes, équipements, matériel de guerre, 1,582,045 liv. st. (39,551,125 fr.). Les excédants annuels de recette sont employés à l'amortissement de la dette publique. Au 5 janvier 1853 elle s'élevait à la somme de 764,541,295 liv. st. (*dix-neuf milliards treize millions* 532,375 francs). Le service des intérêts de cette dette exige chaque année une somme de 26,501,778 liv. st. (*six cent soixante-deux millions* 544,450 francs). Consultez sur ces matières les *Financial Reports* et les *Tables of Revenue*; Sinclair, *History of the public Revenue of the British Empire* (1786); Browning, *Domestic and financial Conditions of Great-Britain* (1834); Pablo de Pebler, *Histoire financière et statistique générale de l'Empire Britannique* (Paris, 1834 et 1849); Doubleday, *Financial, monetary and statistical History of England* (Londres, 1847).

Constitution.

Le sol anglais contient en lui-même tous les germes de la vigueur et de la grandeur qui caractérisent le développement de la puissance britannique. C'est à l'Angleterre que tous les pays qui en dépendent aujourd'hui sont redevables des institutions qui leur ont permis de participer à ses prospérités. En scrutant les origines de cette nationalité si profondément caractérisée, on ne tarde point à reconnaître que c'est encore le génie de la constitution anglo-saxonne qui vivifie aujourd'hui le peuple anglais et ses institutions politiques. Après avoir absorbé et effacé, sauf un bien petit nombre de vestiges, tout ce qui restait dans le pays d'anciens éléments bretons, le génie anglo-saxon a fini par triompher aussi bien des rudes envahisseurs danois que de la chevalerie normande, qui à la longue se l'est complétement assimilé. C'est au caractère de liberté dont sont empreints tous les détails de la vie politique de la nation, que la Grande-Bretagne doit non-seulement sa prospérité et sa puissance, mais encore la facilité avec laquelle ses institutions ont pu successivement prendre racine et se développer là où elle les a transportées et établies à l'instar de la mère patrie. Les institutions politiques les plus essentielles de la Grande-Bretagne ne sont pas les fruits de la guerre et de la conquête, mais bien, au contraire, les filles de la paix. Elles remontent à une lointaine époque, et au lieu de naître au milieu des luttes et des dissensions intérieures de la nation, elles y survécurent. Pour la plupart, elles ont encore de nos jours le caractère de l'époque rude et grossière où elles prirent naissance; et toujours on a vu la nation se résigner à supporter les inconvénients les plus graves, de criants abus même et de révoltantes injustices, plutôt que d'oser se risquer dans des innovations n'ayant pas pour elles la sanction de l'expérience. La modération est dès lors le caractère qui domine dans la politique intérieure de la Grande-Bretagne, et qu'on retrouve jusqu'à un certain point dans sa politique extérieure. Après être restée pendant trente ans à la tête de toutes les coalitions contre la France révolutionnaire, on l'a vue renoncer à recueillir le fruit de ses efforts et de ses victoires. Abandonnant à d'autres grandes puissances la direction des affaires du continent, elle s'est bornée à exercer la plus stricte neutralité, ne sortant de ce rôle tout passif que lorsque les événements prenaient un caractère de gravité alarmante pour ses intérêts commerciaux, et persistant toujours alors à se poser en médiatrice. Les événements auxquels nous assistons en ce moment même (février 1855) semblent d'ailleurs donner raison à l'opinion des publicistes qui ont prédit que, quelque tournure que prennent désormais les choses en Europe, l'Angleterre y exercera bien autrement d'influence par la force latente de ses institutions, objet d'envie pour toutes les nations intelligentes, et encore par le rayonnement des idées de progrès et de liberté dont elle est le foyer, que par l'emploi des armes et de la force physique.

La constitution de la Grande-Bretagne, comme celles de beaucoup d'autres pays, a pour base l'existence politique de trois ordres ou classes bien nettement distinctes et séparées : la haute noblesse (*nobility*), la chevalerie ou petite noblesse (*gentry*), et la bourgeoisie (*commonalty*). Le clergé ne forme point de caste à part, et à ses divers degrés participe également de chacun des trois ordres. Toutefois, les lois anglaises ne reconnaissent que deux classes : la *noblesse* (sous cette dénomination on ne comprend que la haute noblesse), et les *communes*, dont fait également partie la petite noblesse. Cette distinction de classes ne provoque pas de divisions ni de luttes non plus que d'antagonisme dans les relations intérieures de la nation, parce que les familles de la noblesse n'en demeurent pas moins tout à fait confondues dans les rangs de la bourgeoisie; parce que les droits et priviléges de la noblesse passent uniquement au fils aîné de la famille; parce que la route qui conduit aux emplois les plus importants, aux dignités les plus élevées, reste légalement ouverte à tous, comme celle des diverses fonctions publiques l'est en fait; enfin, parce que la haute noblesse ne possède aucun privilége qui puisse blesser les autres classes dans le sentiment de leur propre dignité ou qui porte atteinte aux lois de l'égalité dans ce qui a trait aux intérêts généraux. La position des divers ordres est telle qu'ils ont tous besoin les uns des autres, et que le grand seigneur ne peut parvenir à remplir la plus belle partie des priviléges qui lui sont réservés, que s'il obtient la faveur et la confiance des classes inférieures. Quant à la petite noblesse, qui en d'autres pays se trouve placée dans une position tout à fait hostile au peuple en raison des intérêts particuliers et des priviléges dont elle est investie, en Angleterre elle n'est séparée de la bourgeoisie ni en fait ni légalement. L'une et l'autre se trouvent confondues dans la chambre des communes, au parlement; et quiconque par son talent, par son travail, par son intelligence ou par l'influence de son heureuse étoile, parvient à s'élever au-dessus de la multitude, est immédiatement admis de droit et en vertu de son propre mérite dans les rangs de cette *gentry* ou petite noblesse, sans avoir besoin pour cela de lettres d'anoblissement ou de la faveur des grands. Jamais il ne vint à la tête d'un Anglais que l'accession aux hautes dignités de l'Église pût dépendre de la naissance. Jamais non plus la noblesse anglaise n'essaya de se séparer de la nation, en exigeant, par exemple, qu'il y eût aussi origine noble du côté de la mère, et en faisant dépendre de cette condition la capacité de succéder et d'hériter des biens de famille, ou encore l'accession aux hautes dignités nobiliaires. Au dix-septième siècle, l'Angleterre vit encore les reines Marie et Anne s'asseoir sur le trône, encore bien que leur mère, *Anna Hyde*, fût la fille d'un simple avocat. Il n'y a pas en Angleterre d'exemptions de charges et d'impôts, d'inégalité devant la loi, pour rendre la noblesse une cause de dommage, un objet de haine et d'envie pour le reste des citoyens. Les lords, c'est-à-dire un nombre d'individus extrêmement restreint, sont seuls exemptés de quelques-unes des charges communes; quant au privilége dont ils jouissent, en matière criminelle, de n'être justiciables que de la chambre haute du parlement, personne ne le leur envie; car il entraîne des frais immenses, ruineux. Cependant on n'a pas laissé que d'en attaquer maintes fois l'existence et d'en réclamer la suppression.

Dans l'histoire de la formation de la noblesse anglaise, on retrouve la même loi fondamentale qui sert de base à toute la constitution et à toutes les institutions de la Grande-Bretagne : un respect religieux pour les anciennes lois et les anciens usages uni à un esprit de progrès, lent sans doute dans le choix des déterminations qu'il est appelé à prendre, mais en somme répondant aux besoins de chaque époque; assez semblable, sous ce rapport, à l'esprit qui dominait à la belle époque de la république romaine, tout à la fois vraiment conservateur et progressif. La noblesse actuelle présente encore beaucoup de traces de ce qu'elle était sous les rois saxons. Sans doute ceux-ci n'avaient point de noblesse héréditaire, dans le sens qu'on attache aujourd'hui à ce mot. Il n'y avait alors, en fait de noblesse de naissance proprement dite, que les *Athelinges*, les fils et les plus proches parents du roi. L'archevêque du pays avait le même rang et le même privilége qu'eux, non point comme propriétaire foncier, mais en vertu de sa dignité ecclésiastique. Le pays fut d'abord divisé en *shires* et plus tard en *counties* (comtés), à la tête de chacun desquels était placé un *ealdorman* ou *alderman*, appelé *earl* par les Danois, mais uniquement comme fonctionnaire royal et sans droits héréditaires. Les serviteurs du roi, les seigneurs, les *thanes*, possédaient, parmi les hommes libres, de notables priviléges. Mais leur ordre était loin d'être isolé et exclusif en raison du droit d'hérédité; le simple cultivateur (*ceorl*) pouvait y parvenir, moyennant qu'il satisfît à certaines conditions et qu'il possédât une propriété d'une étendue déterminée. Le marchand acquérait le titre de *thane* dès qu'il avait fait à ses frais trois voyages par mer; et quiconque était en état de se procurer les armes dont faisaient usage les chevaliers, afin de pouvoir accompagner et escorter le roi quand il se rendait d'une de ses résidences à une autre, occupait déjà un rang intermédiaire entre celui de simple bourgeois, de vilain, et celui de *thane*, sans être tenu pour cela de posséder une propriété foncière. Le reste de la masse de la nation se composait de paysans (appelés *ceorls* ou *cotsets*, et encore *bures*, c'est-à-dire paysans), placés dans des conditions à peu près semblables à celles des colons romains, et de serfs attachés aussi bien à la culture de la terre qu'au service personnel du seigneur, et appelés *theownan* et *esne* chez les Saxons, *thraels* chez les Danois. Mais ces différences s'effaçaient d'autant plus l'une par l'autre, que chacun pouvait devenir de serf homme libre, et d'homme libre *thane* et *ealdorman*. Il se peut que vers la fin de la période anglo-saxonne toutes ces différences de classes et de dignités se soient beaucoup rapprochées de l'isolement, de la séparation héréditaires, qu'acheva la conquête normande. Peu à peu les gouvernements des *shires* devinrent héréditaires et formèrent autant de fiefs, mais par cela même, dans l'espace d'un siècle, de simples dignités. Sous le roi Jean les *earls* n'étaient plus déjà que la première classe des *barons* transplantés en Angleterre par Guillaume le Conquérant, possédant ordinairement, il est vrai, de grands domaines, mais n'exerçant pas le pouvoir des comtes. On en investit à ce moment des fonctionnaires jusque alors secondaires des *shires*, les chefs, les juges ou les échevins des *shires*, dits *shire-gerefan* (*vice-comites* ou encore *exactores*), devenus plus tard les *s h e r i f f s* anglais, lesquels en sont demeurés en possession jusque de nos jours. Toute la propriété foncière fut forcée de reconnaître la suzeraineté des rois normands; tous les rapports civils et politiques se rattachèrent à l'hérédité. Les évêques et les abbés mitrés entrèrent aussi dans les rangs des barons. Les différents propriétaires fonciers, à qui leurs biens rendaient le service militaire obligatoire, composèrent l'ordre de chevalerie, du sein duquel sortit une noblesse divisée en deux classes : les *comtes* et les *barons*, seule investie du droit de figurer en personne dans la diète du royaume (le parlement), tandis que l'ordre de chevalerie n'avait que le droit de s'y faire représenter. Il était tout naturel qu'au milieu de ces changements le nombre des cultivateurs libres diminuât et que des tenanciers libres fussent transformés en serfs asservis à la glèbe. Toutefois, la bourgeoisie, notamment à Londres, était déjà devenue trop puissante, et la classe des vassaux tenanciers (*freeholders*) trop nombreuse, pour que la direction opposée ne l'eût pas bientôt emporté. L'insurrection populaire contre la tyrannie des barons, sous Richard II (1381), où il fut question de la suppression complète du servage et de tout ce qui s'y rattachait, était un signe avant-coureur; moins de deux siècles après, toute trace de servage avait à peu près disparu, excepté de la mémoire des érudits. Les propriétaires fonciers de toutes classes participèrent alors, en qualité de *freeholders*, aux élections de la chevalerie pour les députés au parlement; et plus tard il en fut de même aussi des fermiers. Il n'y eut plus d'exceptés que les paysans héréditairement censitaires (*copyholders*), lesquels demeurèrent encore astreints à toutes sortes de corvées et de prestations en nature, jusqu'à ce que la réforme du parlement opérée en 1832 leur eut rendu commun l'exercice de ces droits.

Aux deux classes de seigneurs dont il a été fait mention plus haut, les comtes et les barons, il vint plus tard s'en adjoindre encore trois autres, à savoir : les *ducs*, les *marquis* et les *vicomtes*. En effet, Édouard III, en 1355, créa son fils Édouard, le prince Noir, duc (*duke*) de Cornouailles; et, en 1362, ses deux plus jeunes fils, ducs de Clarence et de Lancastre. Richard II, lui aussi, créa ses jeunes oncles ducs d'York et de Gloucester, et, en 1386, son favori Robert de Vère duc d'Irlande. Depuis lors la dignité de duc est demeurée le degré hiérarchique le plus élevé dans la grande noblesse anglaise. Mais il n'y eut que le duc de Lancastre seul qui possédât un véritable duché, le quatrième fils d'Édouard III, Jean de Gand, ayant obtenu le comté de ce nom à titre d'apanage avec droits complets de souveraineté. Quoique dès l'année 1461 ce duché eût fait de nouveau retour à la couronne, la constitution particulière dont il jouissait alors à titre de comté palatin (*county palatine*) s'est conservée jusqu'à nos jours, de même qu'un des membres du cabinet anglais continue toujours à exercer la dignité de *chancelier du duché de Lancastre*. Un grand nombre de familles obtinrent successivement la dignité de *duc*; mais dans les luttes sanglantes qui eurent lieu, pour la possession de la couronne, entre les maisons d'York et de Lancastre, de même qu'à la suite de condamnations capitales prononcées pour crimes politiques, la plupart des titres de duc concédés alors sont depuis longtemps éteints. Il n'existe plus aujourd'hui en Angleterre que deux titres de ducs antérieurs à l'époque de Charles II, à savoir celui des ducs de Norfolk, datant de 1483, et celui des ducs de Sommerset, datant de 1547. Charles II conféra la dignité ducale surtout à ses enfants naturels. Depuis le règne de Georges III, le gouvernement sembla adopter pour principe de ne plus désormais conférer le titre de *duc* à d'autres qu'à des princes de la famille royale. Depuis l'année 1766, W e l l i n g t o n fut le premier qui, en 1814, vit renouveler ce titre en sa faveur. Après lui on créa encore les ducs de Buckingham (1822), de Cleveland et de Sutherland (tous deux en 1833). La plupart des ducs possèdent en même temps des titres de marquis, de comtes, de vicomtes et de barons; et on peut dire, en général, que les titres supérieurs impliquent la possession de quelques autres titres inférieurs.

Comme degré intermédiaire entre les ducs et les comtes, Richard II institua encore les *marquis*, en créant d'abord, en 1385, marquis de Dublin, Robert de Vère, promu ensuite à la dignité de duc. Le titre de marquis n'a jamais été commun, et même il n'en existait qu'un seul avant 1789. En style de chancellerie, les ducs et les marquis sont qualifiés de *princes*. L'ancien droit anglais qualifiait tous les lords indistinctement de *reguli* ou *dynastæ*.

Après les marquis viennent aujourd'hui, comme formant le troisième degré de la noblesse, les *comtes* (*earls*); après ceux-ci, les *vicomtes*, dont la création première remonte à Henri VI, et qui ne furent jamais très-nombreux; enfin, et comme formant la dernière classe de la haute noblesse anglaise, les *barons*. Chaque membre de la haute noblesse reçoit en outre la qualification de *lord* et est pair du royaume (*baron of parliament*). Le titre de *lord* attaché aux fonctions de maire, à Londres et à Dublin, est purement honorifique et ne se prolonge pas au-delà du temps d'exercice de ces fonctions. Les archevêques et évêques ont pour leur personne le rang et les privilèges de la haute noblesse, lesquels consistent plus particulièrement dans le droit de séance au parlement; droit que les seuls pairs anglais exercent tous indistinctement, tandis que les pairs d'Écosse et ceux de l'Irlande n'en jouissent que par représentation, les premiers au moyen de *seize* pairs qu'ils désignent entre eux, et les seconds par vingt-huit élections faites de même.

Les fils aînés seuls, dans la haute noblesse, héritent de toutes les dignités appartenant à leurs familles; et du vivant de leur père ils portent ordinairement le second de ses titres. Si leur père n'en a pas d'autres, quand il n'est, par exemple, que comte, ils reçoivent la qualification de *lord*. Les fils aînés des vicomtes et des barons ne jouissent pas de distinctions honorifiques de ce genre, tandis que les fils puînés des ducs ont le droit de faire précéder leur nom de famille du titre de *lord*. Quant aux autres privilèges de la haute noblesse, ils sont de peu d'importance. En matière criminelle, ils ne sont justiciables que de la chambre haute; mais en matière civile ils sont justiciables des tribunaux civils. Quand ils comparaissent en justice, on ne les astreint pas à la formalité du serment; on ne l'exige d'eux que lorsqu'ils figurent dans un procès comme témoins. Quelques anciennes lois punissent de peines particulières les diffamations dont ils peuvent être l'objet et qu'on qualifie de *scandalum magnatum*; mais on a peu d'exemples de leur application.

La petite noblesse (*g e n t r y*), à ne considérer le sens de ce mot qu'au point de vue ordinaire, se compose de tous ceux qui n'exercent pas de professions manuelles ou ne vivent point d'un commerce de détail. Mais dans le sens légal ceux-là seuls appartiennent à la *gentry*, ou la classe des *gentlemen*, qui sont de naissance noble, par conséquent tous les fils puînés de pairs et leurs descendants, ainsi que ceux qui par leurs fonctions et leurs dignités ont obtenu une espèce de noblesse personnelle. Par conséquent, dans l'usage ordinaire, la noblesse inférieure n'est point le résultat d'un octroi spécial; c'est la suite naturelle d'une certaine position obtenue dans la vie civile. Elle n'est désignée par aucun titre spécial, et ne prend d'autre qualification que celle de maître (*master*), qui ne peut se refuser à personne. Des degrés particuliers ont été institués par la royauté dans la *gentry*, savoir : les *b a r o n e t s*, en première ligne, puis les *knights* (chevaliers), et enfin les *e s q u i r e s*.

La différence existant entre la *gentry* et la bourgeoisie est si minime que, par exemple, Blackstone lui-même, dans ses *Commentaries on the law of England*, assimile complétement la seconde à la première. Rigoureusement parlant, on comprend dans la classe de la bourgeoisie, autrement dite des *commoners*, d'abord tous les propriétaires fonciers, dont la propriété rapporte un revenu net d'au moins 40 shillings par an (*yeomen*), puis tous les ouvriers et journaliers (*tradesmen, artificers and labourers*). Comme partout, ils constituent la grande masse de la nation; mais il n'est pas de pays au monde où l'abondance et la poignante détresse juxta-posées offrent un plus frappant constraste que dans le Royaume-Uni. Une des conséquences de cette grande disproportion entre la richesse et la misère, c'est que la classe intermédiaire des petits propriétaires va en diminuant de plus en plus tous les jours, et que toute la propriété territoriale arrive de la sorte à se trouver concentrée entre un petit nombre de mains; de même que dans le commerce et les manufactures le nombre des mercenaires travaillant pour autrui s'accroît sans cesse et que leur situation va toujours en empirant. Quant aux formes que revêt la propriété foncière, et qui exercent une si profonde influence sur les rapports intérieurs de la nation, il faut d'abord observer que la classe des propriétaires fonciers libres, possédant leurs domaines d'après le droit féodal, bien qu'ils fussent tenus en raison de ces mêmes domaines à certains services de cour ou de guerre (*knight service, grand serjeanty*), ou encore qu'ils dussent acquitter tous autres impôts et redevances (*free socage, villain socage*), ne fut jamais complétement anéantie en Angleterre. C'est de cette classe que proviennent les *freeholders* actuels; car dès le règne de Charles II on transforma tous les fiefs de chevalerie en fiefs libres héréditaires (*free and common socage*), en même temps qu'on abolit complétement toutes les servitudes et corvées féodales, à l'exception de celles appartenant à l'Église (*frank-almoigne*) et des services de cour, comme, par exemple, à l'occasion du couronnement des rois. Mais les cultivateurs (*villains*) astreints à des redevances et à des corvées, desquels proviennent les paysans censitaires actuels (*copyholders*), étaient toujours considérés comme des hommes libres, sauf l'obligation de remplir ces diverses charges et corvées. C'est ce qui résulte de la manière la plus évidente de la triple juridiction en présence de laquelle on se trouvait dans les seigneuries féodales, et qui de nos jours subsiste encore légalement, bien qu'on ne la rencontre plus que très-rarement en fait. En effet, dans les affaires civiles, les possesseurs de francs-alleux composent le tribunal (*court baron at common law, baron's court, freeholder's court*) à titre d'échevins, sous la présidence du seigneur du domaine ou sous celle du bailli. Mais dans les affaires intéressant des paysans corvéables, le seigneur du domaine est le juge et applique les prescriptions du droit particulier de l'arrondissement dont dépend le domaine (*customary court*). En matières pénales, au contraire, tout ceux qui sont domiciliés dans la circonscription de la seigneurie, les possesseurs de francs-alleux comme les paysans corvéables, tiennent au nom du roi le tribunal d'enquête (*court leet*, chez les Anglo-Saxons *folkright*), sous la présidence du bailli (*steward*), qui à cet effet doit être un jurisconsulte. Les accusations de félonie et de trahison doivent être portées devant les juges royaux. Dans les causes d'importance moindre, au contraire, il soumet lui-même la connaissance du fait à un autre tribunal d'échevins (*jury*) et applique la peine suivant la décision rendue par le tribunal.

Montesquieu a beau répéter que ce qui fait la grande force de la constitution britannique, c'est la séparation exacte qui y existe entre les trois pouvoirs, l'exécutif, le judiciaire et le législatif, il n'y a rien de moins fondé que cette assertion. Ainsi, le parlement participe d'une manière aussi essentielle qu'active à toutes les affaires du gouvernement de même qu'aux affaires judiciaires : dans la chambre des communes par la constante surveillance qu'il exerce sur toute l'administration publique, et au moyen de ce qu'on appelle les *private bills* ayant rapport à des établissements publics, à des déclarations de majorité, à des divorces, etc.; et dans la chambre haute, comme cour suprême de justice de la nation. De même le roi, dans son conseil privé, rend tout à la fois des décisions législatives et des décisions judiciaires. Enfin, les trois hautes cours de justice exercent une autorité assez semblable à celle des préteurs romains, puisque leurs décisions ont jusqu'à un certain point force de loi. Mais on peut dire en général que les trois branches distinctes dont la puissance publique se compose en Angleterre sont si étroitement liées, qu'il n'en est point qui, à bien dire, ait un organe qui lui soit exclusivement propre. Il faut donc considérer la position respective du roi et des deux chambres dont se compose le parlement, comme un mélange de monarchie, d'aristocratie et de démocratie. Quoique les propriétaires fonciers continuent toujours à exercer une puissante influence dans la chambre des communes, force leur est d'avoir constamment égard aux besoins et aux sentiments des masses en raison de la vaste extension donnée à la capacité électorale comme aussi à cause de la facilité qu'ont les masses de s'organiser pour la défense de leurs intérêts, vrais ou supposés, tant par la voie directe de l'association que par la voie indirecte de la presse.

La *puissance royale* porte aujourd'hui en Angleterre les signes originels qui la rattachent à l'ancienne constitution des populations germaniques. D'abord simples chefs d'une libre association de guerriers, les rois devinrent à la longue les seigneurs suzerains du pays, ses législateurs et ses juges. En effet les décisions prises par le parlement continuent à avoir la forme d'humbles suppliques, que le roi est libre de repousser rien qu'en se servant de cette vieille formule *Le roi s'avisera*; et pendant longtemps les juges supérieurs de Westminster ne dépendirent que du roi, qui seul pouvait les destituer. Mais l'autorité royale est restreinte par une foule de précédents et d'usages. Il est déjà arrivé plusieurs fois que le parlement empiétât violemment sur les prérogatives et les droits de la couronne; mais quelque grande que soit la puissance du parlement, il ne peut cependant rien contre l'opinion publique, quand elle est nettement et clairement exprimée. Dès lors les Anglais ont parfaitement raison de dire qu'il y a dans leur constitution trois points dont il est extrêmement difficile d'exposer au juste la nature, de même que d'en tracer les limites d'une manière bien précise, à savoir : les prérogatives de la couronne, les priviléges du parlement, et les libertés du peuple. Ici encore on retrouve la constitution anglo-saxonne pour base. Sans doute elle fut modifiée par ce qu'on appelle la *conquête* de Guillaume Ier (1066); mais elle ne subit point de changements essentiels. Les principales modifications introduites alors consistèrent dans l'application générale du système féodal, dans une extension plus grande donnée aux droits seigneuriaux, et dans l'introduction de l'organisation judiciaire jusque alors particulière à la seule Normandie. On conserva d'ailleurs tout ce que l'ancienne constitution avait de plus essentiel, par exemple la puissance législative exercée par la nation dans une double assemblée : le *Witenagemote*, c'est-à-dire l'assemblée des plus sages, en d'autres termes des évêques et des grands, et l'assemblee générale du peuple, le *micelgemote*, ou grande assemblée : et la puissance judiciaire dont le peuple était investi à l'égard des individus appartenant à sa classe dans le *court-baron*, et dans le *court-leet* sur les individus domiciliés dans la circonscription d'une seigneurie, dans le tribunal du comté ou *county-court*, et dans le *sheriff's turn*, ou tribunal criminel du comté, dans les assises et dans le jury, enfin dans la chambre haute sur les pairs. Des lettres royales successivement rendues jusqu'à Henri III diminuèrent peu à peu ce qu'il y avait d'odieux et d'exagéré dans les droits seigneuriaux. En Angleterre il n'y a point, à bien dire, de ces lois fondamentales systématiques devenues si fort en usage sur le continent depuis une soixantaine d'années; et les innombrables lois qui forment ce qu'on appelle le *droit statutaire*, ont toutes une valeur égale aux yeux du jurisconsulte. Toutefois, il est possible d'établir les divisions principales suivantes, comme formant les grandes lois fondamentales : 1° l'ancienne charte de liberté (*Charta libertatum*) du roi Henri Ier ; 2° la *Magna charta* ou grande charte, de 1215 ; 3° la *Petition of rights*, de 1627 ; 4° l'acte d'*Habeas corpus*, de 1679 ; 5° la *declaration of right*, ainsi que la capitulation que Guillaume III fut obligé d'accepter en 1689 pour obtenir la couronne ; 6° l'Acte de Succession (*Act of Settlement*) de 1701 et celui 1705 ; 7° l'Acte d'Union entre l'Angleterre et l'Écosse, de 1707 ; 8° l'Acte d'Union entre la Grande-Bretagne et l'Irlande, de 1800 ; 9° l'Acte d'*Émancipation*, du 13 avril 1829 ; 10° l'Acte de Réforme parlementaire pour l'Angleterre, en date du 7 juin 1832, celui du 17 pour l'Écosse, et celui du 8 août de la même année, pour l'Irlande.

La couronne du roi de la Grande-Bretagne est héréditaire, d'après des lois spéciales que le parlement a le pouvoir de changer. Elle se transmet dans l'ordre et d'après le droit de *primogéniture*. A cet égard on suit rigoureusement l'ordre des lignes, de telle sorte que les femmes de la ligne aînée l'emportent sur les mâles des lignes cadettes ; mais entre sœurs et frères, ce sont les frères qui, bien que puînés, obtiennent la préférence et montent sur le trône. La couronne passe immédiatement à l'héritier légal, sans qu'il soit pour cela nécessaire de procéder à une prise de possession particulière. Il n'y a pas d'interrègne, et en Angleterre, comme en France, on reconnaît ces deux principes : « Le roi ne meurt pas », et « Le mort saisit le vif ». Le roi est majeur à dix-huit ans. Par son testament, le roi règle la régence pendant la minorité ; et s'il a omis de le faire, c'est au parlement qu'incombe ce soin. L'héritier du trône, quand il est le fils aîné du roi, porte le titre de *prince de Galles*, que d'ordinaire le roi ne lui confère que quelques années seulement après sa naissance. Ce fils aîné vient-il à mourir avant d'avoir ceint la couronne, son titre de prince de Galles passe au fils aîné qu'il laisse, mais jamais à des frères ou à des cousins. Le premier qui porta ce titre fut le prince devenu plus tard roi sous le titre d'Édouard II. Aux termes d'une décision rendue par Édouard III, le fils aîné du roi reçoit à sa naissance les titres de duc de Cornouailles, comte de Chester, duc de Rothesay et comte de Flint, de grand-écuyer d'Angleterre et de comte de Carrick. Le couronnement du roi a lieu dans l'abbaye de Westminster, par l'entremise de l'archevêque de Cantorbéry, et celui de la reine par l'entremise de l'archevêque d'York. Les grandes charges de la couronne, dont le roi dispose toujours suivant son bon plaisir, sauf deux, demeurées héréditaires, sont celles de : 1° grand-chancelier (*lord High Chancelor*), en même temps garde du grand sceau (*keeper of the great seal*) ; 2° grand-trésorier (*lord High-Treasurer*), président de la trésorerie, dont les fonctions depuis Georges Ier sont remplies par cinq commissaires, auxquels on donne la qualification de *lords de la trésorerie* ; le premier exerce en même temps les pouvoirs de président du conseil ou de premier ministre ; 3° président du conseil d'État ou conseil privé (*lord President of the privy Council*) ; 4° lord du sceau privé (*lord privy-seal*), chargé d'apposer le sceau privé sur tous les priviléges, donations et autres documents émanant du roi, et qui sont ensuite, si cela est nécessaire, revêtus du grand sceau ; 5° grand-chambellan (*lord High Chamberlain*) ; 6° grand-maréchal (*lord earl Marshal*), qui connaît en même temps comme juge de toutes les disputes et contestations qui surviennent en matières généalogiques et héraldiques ; charge restée héréditaire dans la maison des ducs de Norfolk, lesquels, étant catholiques, la firent toujours exercer par un représentant jusqu'à l'année 1829, époque où eut lieu l'émancipation des catholiques ; 7° grand-amiral (*lord High-Admiral*), ou juge suprême de toutes les questions relatives à la navigation sur les mers et sur les rivières, charge aujourd'hui remplie par cinq commissaires, dont le premier porte le titre de *premier lord de l'amirauté*. Il existe en outre en Écosse, depuis la réunion de ce royaume avec l'Angleterre, cinq hauts fonctionnaires de la couronne. Dans la Grande-Bretagne le roi ne fait qu'un avec tous ses prédécesseurs, de même qu'avec tous ses successeurs futurs ; il constitue à lui seul une *corporation*. Le parlement a fait usage de son droit de changer l'ordre de succession au trône, à l'époque des luttes entre les maisons d'York et de Lancastre et surtout lors de la révolution de 1688, d'abord en excluant du trône Jacques II et les descendants issus de son second mariage, et par l'*Act of Settlement* de 1700, qui restreignait le droit de succession à la descendance protestante de la princesse Sophie, fille cadette de l'électrice palatine Élisabeth, fille du roi Jacques Ier d'Angleterre.

L'autorité du roi est limitée par celle des lois, quoique la question de savoir si elle dérive d'un contrat primitivement intervenu entre le peuple et la couronne, ou bien si elle repose sur un droit de souveraineté provenant immédiatement de Dieu lui-même (la première de ces opinions est celle des *whigs*, et la seconde celle des *tories*), ait été plutôt esquivée que décidée constitutionnellement. Mais comme, surtout depuis la restauration, il est passé en principe qu'il ne saurait y avoir dans l'État de pouvoir supérieur à la royauté, que les actes du roi ne sont soumis à aucun contrôle, et que le roi doit être placé au-dessus de toute espèce de responsabilité, d'où la célèbre maxime : « Le roi ne saurait mal faire », devenue l'un des premiers principes du droit politique, il a fallu trouver les moyens de retenir le gouvernement dans les limites de la légalité ; et de cette nécessité il est résulté un système des plus habiles. Ainsi, tous les actes de la royauté sont déclarés et supposés conformes à l'esprit de la loi, de même qu'il est admis qu'il ne saurait entrer dans les intentions du roi de rien faire de contraire aux lois. Ce n'est point au monarque, mais seulement à ses conseillers, qu'on attribue toute illégalité flagrante ; aussi ses conseillers, de même que tous ceux qui concourent à l'exécution d'un acte contraire à la loi, peuvent-ils être pris à partie et poursuivis, sans qu'il leur soit permis de se retrancher derrière les ordres du roi. Ce système de responsabilité est une des bases essentielles de la constitution Britannique ; nulle part il n'est aussi complétement développé et mis en pratique ; nulle part le respect pour la personne du monarque ne s'allie à autant de garanties pour la liberté des citoyens qu'en Angleterre. C'est en vertu de ces principes qu'il est loisible de regarder comme non avenus les ordres du roi qui sont en opposition avec la lettre de la loi, par exemple une grâce accordée en violation de la constitution ou toute autre concession analogue ; attendu qu'en pareil cas on oppose une exception légale, par exemple que la grâce accordée ne saurait entraver le cours de la justice ni préjudicier au droit d'autrui, ou bien on suppose que le roi a été trompé. Le parlement et les cours de justice ont également le droit de discuter librement la légalité d'un tel acte de gouvernement ; et le parlement en particulier de même que tout membre de la chambre haute individuellement ont le droit d'adresser des représentations au roi à ce sujet. Tout pair est en effet un conseiller né du monarque ; à ce titre, il a le droit de lui demander une audience particulière pour lui donner son avis sur ce qu'il convient de faire pour le bien et la prospérité de l'État. Les lois anglaises ne contiennent aucune disposition en prévision de l'intention où serait le roi de détruire la constitution, attendu que la maxime : « Le roi ne saurait mal faire », n'admet même pas la possibilité d'une telle supposition. Il est admis et reconnu en principe que toute tentative directe et avérée de mettre la constitution à néant équivaut à un acte d'abdication ; toutefois, la question de savoir quels sont les actes qui peuvent constituer une attaque à la constitution est demeurée jusque aujourd'hui sans solution. Enfin, les simples particuliers ont d'efficaces garanties contre les abus de pouvoir dans l'acte d'Ha-

beas corpus, dans le droit de prendre à partie les fonctionnaires, dans celui d'exposer leurs griefs au parlement, et surtout dans l'exercice de la liberté de la presse. Il n'y a pas de tribunal qui puisse connaître de réclamations personnelles élevées contre le monarque; en pareil cas, les plaignants n'ont pas d'autre ressource que de s'adresser au lord chancelier, pour que celui-ci, après avoir pris connaissance des faits, donne son avis au roi et l'engage à faire droit à une juste réclamation. Toutefois, dans les plaintes réelles dont la couronne peut être l'objet, il existe des moyens de droit d'une nature spéciale.

En ce qui est des limites fixées à l'autorité royale dans les diverses branches de l'administration, par exemple en ce qui est de la distribution de la justice, dont le rôle est de servir de médiatrice entre la puissance publique et la liberté individuelle, il n'est guère possible au roi, non plus qu'à ses ministres, d'en arrêter le cours. Le roi n'a d'autre rôle que celui de protecteur de l'ordre légal, mais il n'a pas le pouvoir d'en exécuter les prescriptions. Il ne saurait imposer à aucun fonctionnaire public des obligations plus étendues que celles qui sont déterminées par la loi; et tous les ordres relatifs à la situation légale des citoyens sont nuls en fait comme en droit quand ils n'émanent pas directement des cours de justice ou des tribunaux. Le droit de faire grâce dont la royauté est investie est d'ailleurs soumis à de nombreuses et importantes restrictions. L'exercice de ce droit de grâce ne saurait préjudicier aux droits particuliers des citoyens, ni arrêter le cours d'une instance une fois commencée, quand c'est la chambre basse qui se porte accusatrice contre de hauts fonctionnaires publics. Le jugement une fois rendu, le roi peut bien remettre ou mitiger la peine; mais il ne saurait relever de l'incapacité de remplir désormais aucune fonction publique qu'implique toute condamnation prononcée à l'occasion de certains crimes et délits politiques dont la liste est assez longue, et notamment en matière d'abus de pouvoir. Aussi, en cas de plaintes portées pour violation de l'acte d'*Habeas corpus*, le roi ne fait-il jamais usage de son droit de grâce, non plus que lorsqu'il y a plusieurs prévenus en cause, tant que l'affaire n'est point définitivement jugée; de même qu'il est de principe en matière de lettres de grâce que les tribunaux ne sont pas tenus d'y avoir égard quand ils ont lieu de croire qu'elles ont été surprises à l'aide d'un faux exposé des faits.

C'est également dans la période anglo-saxonne qu'on trouve la base de la composition du *parlement*. Aux premiers temps de la période normande, cette institution reçut du système féodal une forme particulière, parce qu'en général il n'y avait alors que les vasseaux immédiats de la couronne qui se rendissent à la cour trois fois dans l'année, à Noël, à Pâques et à la Pentecôte. Sous le règne de Henri III, l'usurpateur Simon de Montfort, comte de Leicester, eut de nouveau recours à une assemblée générale de la nation pour laquelle il convoqua en 1265 deux députés de la chevalerie de chaque comté et deux députés de chaque ville ou bourg royal (*cities and boroughs*). Sans examiner si ce fut là réellement une innovation, et non pas la remise en pratique d'un antique usage, nous nous bornerons à constater que Henri III, dès qu'il eut récupéré sa liberté et fut arrivé au pouvoir, s'empressa d'imiter cette mesure. Ces assemblées d'états se réunissaient le plus souvent dans le même local. C'était seulement dans les cas difficiles que les prélats, les barons et la chevalerie formaient une assemblée distincte de celle des représentants des villes et des bourgs; mais ils présentaient en commun leurs réponse aux questions qui leur étaient posées par la couronne. Ce fut sous le règne d'Édouard III (1327-1377) qu'eut lieu pour la première fois la division en *chambre haute* (*House of peers*), composée des prélats et des seigneurs temporels, et en *chambre basse* ou des *communes* (*House of commons*), dans laquelle la chevalerie se réunissait avec les députés des communes; séparation restée depuis lors une institution permanente. Les archevêques et les évêques, en vertu de leur dignité ecclésiastique, étaient de droit membres de la chambre haute; sans compter qu'après la conquête normande, tous les domaines dépendant de leurs siéges respectifs avaient été érigés en fiefs et soumis à toutes les obligations des fiefs. Avant Henri III, vingt-sept abbés mitrés et deux prieurs faisaient partie de la chambre des lords; la suppression des couvents mit fin à un tel état de choses. Les pairs séculiers n'étaient pas toujours de droit membres du parlement; il fallait encore que le roi les y eût appelés. Toutefois, la pairie, c'est-à-dire la dignité de *lord*, devint à la longue inséparable du droit de siéger au parlement et l'impliqua même. Mais de son côté le roi conserva le droit d'augmenter le nombre des pairs suivant son bon plaisir, quoiqu'il ne puisse plus aujourd'hui enlever la pairie à celui qui en a une fois été investi. Sous le règne de Georges Ier, la chambre haute adopta un bill qui limitait le nombre des pairs nouveaux que le roi aurait, à l'avenir, le droit de créer; mais la chambre des communes reconnut la tendance aristocratique d'une loi de cette nature, et la rejeta. Il n'y a pas de roi d'Angleterre qui ait fait un aussi large usage de cette prérogative que Georges III. De 1760 à 1820 ce prince créa, rien qu'en Angleterre, et sans compter l'Écosse ni l'Irlande, 2 ducs, 16 marquis, 47 vicomtes et 186 barons; de sorte qu'à sa mort le nombre des pairs d'Angleterre s'élevait à 291, tandis que, sous Henri VII on ne comptait encore que 29 lords temporels, sous Jacques Ier que 106, et en 1673 que 154. La réunion de l'Écosse avec l'Angleterre eut pour résultat d'augmenter la chambre haute de 16 pairs représentants de la pairie écossaise, élus par elle dans son sein, et conservant leur mandat jusqu'à leur mort. La réunion de l'Irlande l'accrut encore de 16 membres à vie, choisis parmi leurs collègues par les pairs d'Irlande, et de quatre évêques irlandais. En vertu du bill d'émancipation, sept pairs catholiques vinrent le 23 avril 1829 reprendre leur siége au parlement, à savoir le duc de Norfolk, le comte de Shrewsbury, les lords Clifford, Arundell, Dormer, Stafford et Petre. A la fin de 1852 la chambre haute se composait de 3 princes du sang, 20 ducs, 21 marquis, 116 comtes, 22 vicomtes, 201 barons, 26 archevêques et évêques anglais; par conséquent, y compris les représentants de la pairie écossaise et de la pairie irlandaise, elle comptait en tout 457 membres.

Jusqu'à la réforme parlementaire, la *chambre des communes* se composa de 658 membres, à savoir: 513 pour l'Angleterre et le pays de Galles, 45 pour l'Écosse, et 100 pour l'Irlande. Mais la répartition en avait lieu de la manière la plus inégale, aussi bien eu égard au chiffre de la population que sous le rapport de la propriété territoriale. En vertu des droits conservés par les *bourgs-pourris*, 354 individus y nommaient à eux seuls 56 députés à la chambre des communes, par conséquent la onzième partie de cette assemblée. Dans le comté d'York on comptait une population d'un million d'âmes, tandis que le comté de Rutland n'avait que 20,000 habitants; et cependant l'un et l'autre envoyaient chacun au parlement deux députés choisis parmi les propriétaires fonciers. Chacun des 21 comtés du pays de Galles et des 33 comtés d'Écosse nommait un député; cependant les six plus petits comtés d'Écosse étaient reunis sous ce rapport, de sorte que Caithness et Bute, Clackmannan et Kinross, Cromarty et Nairn élisaient toujours ensemble un député. Les 32 comtés d'Irlande envoyaient chacun deux députés. Tous les possesseurs de fiefs (*freeholders*) d'un produit annuel de 40 shillings et au-dessus prenaient part aux élections. Mais comme le nombre des propriétaires fonciers varie beaucoup dans les différents comtés, on comptait, dans le comté d'York par exemple, jusqu'à 16,000 électeurs. Dans quelques autres, au contraire, la propriété foncière se trouve tellement concentrée entre un petit nombre de familles, qu'à elles seules elles nommaient *le* ou *les* députés du comté. C'est ainsi que 11,000 individus environ se trouvaient investis du droit de nommer la moitié de tous les représentants de l'Angleterre et du pays de Galles.

En Écosse, les 30 députés de comtés n'étaient élus que par 2,767 propriétaires fonciers. Il n'y avait en effet d'électeurs dans ce pays que les vassaux immédiats de la couronne, et il n'y avait pas de comté où l'on en comptât plus de 220; dans le plus grand nombre, ce chiffre n'allait même pas à 100. Dans le comté de Clackmannan, il n'était que de 16; dans celui de Nairn, que de 20; dans celui de Peeble, que de 34; dans celui de Sutherland, que de 35. En Irlande, on s'était vu forcé de déclarer de simples fermiers électeurs à vie, parce que sans cela le nombre des propriétaires fonciers aurait été beaucoup trop faible pour figurer une assemblée électorale. En revanche, en 1829 le cens électoral fut abaissé en Irlande de 40 shillings à 10. Quoique sur les 92 députés des 40 comtés d'Angleterre et des 12 comtés du pays de Galles, il y en eût 46 d'élus par un petit nombre de grands propriétaires, appartenant pour la plupart à la haute noblesse, ces membres du parlement désignés sous la dénomination de *knights of shires* (chevaliers de comtés) n'en étaient pas moins considérés comme les membres de l'assemblée les plus indépendants. En effet, en ce qui est de la représentation des villes et bourgs, pour laquelle l'Angleterre fournissait 405 membres, le pays de Galles 12, l'Écosse 15 et l'Irlande 35, l'état des choses était encore autrement vicieux. La représentation des villes s'était constituée au hasard. A l'origine, toutes les localités pourvues de lettres royales d'affranchissement, les *boroughs* aussi bien que les villes chefs-lieux de province (siéges d'évêché, *cities*), étaient tenues d'envoyer des députés au parlement, alors même qu'elles se trouvaient placées immédiatement sous l'autorité du roi. Mais elles cherchaient, autant qu'elles le pouvaient, à s'affranchir d'une obligation qui à leurs yeux était une charge des plus onéreuses, un service, et non un droit ou un privilége. Aussi, à l'avénement au trône de Henri VIII, le nombre des députés des villes n'était-il plus que de 269. Par suite de la remise en vigueur d'antiques franchises électorales, et aussi en vertu de concessions nouvelles, ce nombre s'accrut successivement de plus d'une centaine jusqu'en 1678. L'incorporation du pays de Galles à l'Angleterre l'augmenta encore de 12; et celle des anciens comtés palatins de Chester et de Durham, de 4. Beaucoup d'entre ces localités investies de franchises électorales avaient perdu tout ou la plus grande partie de l'importance qu'elles avaient autrefois; et comme quelques-unes étaient même devenues complétement désertes (c'est ce qu'on appelait des *rotten-boroughs*) le droit de nommer un membre du parlement y était attaché à un petit nombre de maisons seulement (à cet égard on citera toujours *Old Sarum* pour exemple), ou bien se trouvait concentré aux mains de quelques familles. Dans certaines grandes villes, le droit électoral n'était attribué qu'aux francs-tenanciers (*freeholders*), ou même à un certain nombre de mouvances du fief originaire (*bourgage tenures*), de telle sorte que le nombre des électeurs y était extrêmement restreint. Or, ces quelques électeurs étaient le plus ordinairement placés sous la dépendance ou tout au moins sous l'influence de quelque grande famille d'Angleterre: c'est là ce qui explique comment une douzaine de familles aristocratiques disposaient à elles seules de plus de cent siéges dans le parlement. Quant au petit nombre de siéges demeurés en dehors de ces influences, pouvant par conséquent être occupés par des membres indépendants, ils donnaient ordinairement lieu au plus ignoble des trafics. Le prix fait pour une place de représentant d'une petite localité était 5,000 liv. sterl. (125,000 fr.) Et pendant ce temps-là des cités d'une importance immense, telles que Manchester, Birmingham, Leeds, Sheffield et une foule de villes de 10 à 40,000 âmes, ne participaient en aucune façon à la représentation nationale.

Il ne faut donc pas s'étonner qu'une meilleure organisation du système électoral, que la réforme parlementaire, fussent au nombre des vœux le plus généralement partagés dans le pays. En revanche, on n'a pas de peine à comprendre quels pouvaient être les motifs qui s'opposaient à une telle réforme; car ce n'était plus la couronne, mais une oppressive aristocratie dont il s'agissait de diminuer l'influence. Enfin, en 1832, après avoir occupé les esprits pendant près de cinquante ans, la réforme parlementaire fut consacrée sous le ministère de lord Grey par les lois du 7 juin pour l'Angleterre et le pays de Galles, du 17 du même mois pour l'Écosse, et du 8 août pour l'Irlande. Son principal résultat fut de replacer les droits électoraux dans les mains des classes moyennes; que si les provinces manufacturières du nord et de l'ouest y ont gagné en influence, les comtés agricoles du sud et de l'est ont vu celle qu'ils avaient exercée jusque alors diminuer dans les mêmes proportions. Le nombre total des représentants n'a d'ailleurs point changé; seulement, pour l'Angleterre il a été réduit de 513 à 500; tandis que pour l'Écosse on l'élevait de 45 à 53, et pour l'Irlande de 100 à 105. Le résultat vraiment important de la réforme parlementaire, c'est que le droit de représentation a été enlevé à de petites localités pour être attribué à de grandes villes dont les populations étaient restées jusque alors non représentées; c'est que la choquante inégalité qui existait, même au sein de certaines villes, pour l'exercice du droit électoral a été abolie; c'est qu'aujourd'hui tous les véritables habitants d'une ville possédant une maison ou un logement d'un produit annuel d'au moins 10 liv. sterl., et qui ne sont point inscrits au bureau de charité, jouissent des droits électoraux; c'est que dans les comtés populeux, le nombre des représentants a été porté de 1 à 2 et 3, et même à 6 dans l'important comté d'York; enfin, que le droit électoral, précédemment réservé aux seuls possesseurs de francs-alleux (*freeholders*), a été étendu aux possesseurs de biens corvéables (*copyholders*) et aux fermiers (*leaseholders*). Par suite de la réforme, le droit de représentation fut enlevé à 56 localités; mais, en revanche, 22 villes, comme Manchester, Leeds, Sheffield, Davenport, etc., obtinrent le droit d'envoyer chacune deux députés au parlement, en même temps que 20 villes moins importantes obtenaient celui d'y en envoyer chacune 1. En résumé, 26 comtés envoient aujourd'hui au parlement 144 représentants; 133 villes et bourgs, chacun 2; 53 bourgs, chacun 1; la ville de Londres, 4, et les universités d'Oxford et de Cambridge, chacune 2; total général pour l'Angleterre: 471 représentants. Dans le pays de Galles, trois comtés ont chacun 2 députés, et neuf en ont chacun 1. Quatorze bourgs en ont aussi chacun 1; ce qui porte le nombre total des représentants du pays de Galles à 29.

Le *parlement* n'est pas constamment réuni; à la royauté, seul pouvoir permanent, appartient de le convoquer ou de le dissoudre. Le terme le plus long assigné à son existence, est sept années; et à l'expiration de ce délai, il y a obligation pour la couronne de le dissoudre et d'appeler la nation à élire une nouvelle chambre des communes. La convocation d'un nouveau parlement a lieu au moyen de lettres closes adressées à chaque lord individuellement, et en vertu d'ordres donnés aux comtés et aux villes d'avoir à élire leurs députés respectifs. Le parlement tient ses séances dans le nouvel et magnifique édifice construit à Westminster en remplacement de celui qu'un incendie détruisit presque entièrement en 1834, et dont l'inauguration a eu lieu en 1852. Sur le premier plan de la salle où se réunit la chambre haute se trouve le trône royal, d'où un couloir conduit au fond de la salle entre deux rangs de sophas, ayant la forme de sacs de laine et rouges, où prend place le lord chancelier. Des deux côtés du trône sont disposés les siéges des pairs; à la droite sont les archevêques, les ducs, les marquis, etc.; à la gauche, les évêques; en face, les barons. Sur le premier plan de la salle des séances de la chambre basse se trouve le fauteuil de l'*orateur* ou président, fauteuil surmonté de l'écusson aux armoiries royales. Le président porte un costume antique et suranné, ainsi qu'une immense perruque. Il a devant lui une table, sur laquelle on dépose les actes et à laquelle prennent place les secrétaires sténographes de la chambre. Les siéges des membres de l'assemblée forment plusieurs rangs autour de la salle. A la droite s'asseoient ceux des députés qui soutiennent l'administration, et à la gauche ceux qui font partie de l'opposition. En face de l'*orateur* ou président est la loge ou tribune destinée au public, lequel, en général, ne se compose guère que des sténographes attachés à la rédaction des divers journaux. Les membres de l'assemblée, loin de porter un costume officiel, assistent parfois aux séances vêtus de la manière la plus négligée, et d'habitude gardent leur chapeau sur la tête : chacun parle de sa place et sans la moindre gêne; car c'est chose une fois pour toutes admise et convenue que les paroles, même les plus amères, qui s'échangent dans cette enceinte ne peuvent jamais avoir rien d'intentionnellement blessant et doivent s'oublier aussitôt la séance levée. Chaque membre a le droit d'introduire des auditeurs. Cependant, à bien dire, les séances d'aucune des deux chambres ne sont publiques; ce n'est même qu'au moyen d'une fiction que des étrangers sont admis à y assister. Cette fiction consiste à supposer qu'il n'y a de présents dans la salle que les membres de l'assemblée, et à considérer tous autres individus comme n'existant pas. L'ouverture du parlement a lieu par le roi (ou la reine) en personne, qui à cette occasion s'y rend en grand apparat, prend place sur le trône et prononce un discours; quelquefois aussi cette formalité est accomplie par des commissaires. La séance royale se tient dans le local de la chambre haute, à la barre de laquelle les membres de la chambre basse ont été mandés. Chacune des deux chambres, une fois réunie dans le local particulier de ses séances, répond au discours du trône par une adresse qui est votée sans désemparer. Quand les membres (sauf ceux qui professent la religion catholique) ont prêté le serment de suprématie (*Oath of supremacy*) introduit par Henri VIII, et consistant à reconnaître le roi comme chef de l'Église, plus le serment du *Test;* puis, quand ceux de la chambre basse ont en outre prêté le serment de fidélité à la couronne (*Oath of allegiance*), la chambre des communes procède à l'élection de son orateur (*speaker*) ou président, et à la formation d'un comité de cinq membres, chargés, l'un du maintien des droits et des priviléges de la chambre, l'autre d'examiner les griefs du peuple, un troisième les élections contestées, un quatrième l'état du commerce dans le pays, et le cinquième enfin les affaires ecclésiastiques. Le lord chancelier préside de droit la chambre haute. Chacun des membres du parlement a le droit de présenter des propositions de loi et des motions d'ordre ; mais elles ne sont prises en considération qu'autant que quelque autre membre de l'assemblée les appuie. Les lords seuls, s'ils sont absents, ont droit de voter par l'intermédiaire d'un collègue auquel ils confient leurs pouvoirs; c'est ce qu'on appelle des *proxies*. Le parlement prend d'ailleurs une part des plus importantes à l'administration du pays et à la distribution de la justice.

La *chambre haute*, en tant qu'ancienne cour des barons du royaume, et de laquelle les trois cours supérieures siégeant à Westminster n'ont fait que se séparer, forme toujours le degré de juridiction le plus élevé que possède la nation. En matières civiles, elle juge en dernier ressort, et fonctionne en même temps comme cour de cassation, investie qu'elle est de la prérogative de connaître des instances en annulation élevées contre les décisions rendues par les cours supérieures d'Angleterre, d'Écosse et d'Irlande. Les appels et instances en annulation (*writs of error*) des arrêts rendus par les cours des îles de Man, Jersey, Guernesey, etc., et du Canada, ressortissent au conseil privé du roi. En matières criminelles, les lords siégent comme juges ou jurés, et forment une cour de justice sous la présidence du lord grand-intendant (*lord High-Stewart*), ce qui arrive toutes les fois que le prévenu est un lord. La dignité de lord grand-intendant était autrefois héréditaire; mais aujourd'hui on n'en revêt jamais quelqu'un que temporairement et pour le jugement de chaque affaire spéciale. Lorsque le parlement est réuni, la cour de justice se trouve constituée ou, comme on dit, le roi est en parlement (*the king in parliament*), sans qu'il soit absolument nécessaire de nommer un lord grand-intendant. D'autres que des lords peuvent être traduits devant la chambre haute, notamment quand c'est la chambre basse qui se porte accusatrice. On observe alors rigoureusement toutes les formes de la procédure criminelle, et l'arrêt ne peut être rendu qu'à la majorité d'au moins douze voix. Ces sortes de causes sont plaidées avec la plus grande solennité; mais elles entraînent d'interminables lenteurs, et occasionnent des frais énormes. Les procès les plus remarquables de cette nature dont on ait conservé le souvenir furent celui du gouverneur général des Grandes-Indes, Warren Hastings, accusé de concussions et d'actes de cruauté, et qui ne dura pas moins de sept années; celui du ministre de la guerre Dundas, vicomte Melville, accusé de malversations; celui du duc d'York, accusé d'avoir, en sa qualité de généralissime de l'armée, vendu des brevets d'officier; enfin, celui de lord Cochrane. Les arrêts de la cour des lords reçoivent des dénominations différentes, suivant la gravité des condamnations qu'ils prononcent. Ainsi, on les appelle *Acts of attainder* quand ils contiennent une condamnation capitale, et *Bills of pains and penalties* quand il s'agit de peines moindres. Le droit de traduire un accusé devant cette juridiction exceptionnelle peut être exercé par chacune des deux chambres. La cour n'est point tenue d'observer les formes ordinaires de la procédure, non plus que d'appliquer les pénalités voulues par les lois existantes; mais pour recevoir son exécution, l'arrêt qu'elle rend doit être approuvé par les deux chambres et sanctionné par le roi. C'est ainsi que furent jugés Anne Howard, femme de Henri VIII; Thomas Wentworth, comte de Strafford, ministre de Charles Ier, etc., etc.

Au treizième siècle, au temps du roi Édouard Ier (1272), les lois étaient encore rédigées en latin. Plus tard, vers l'époque de Richard III (1483), elles le furent en français normand; mais depuis cette époque elles l'ont été en langue anglaise. Le nombre des lois publiées depuis la douzième année du règne de Henri III jusqu'à la fin de celui de Charles Ier, c'est-à-dire pendant une période d'environ quatre siècles, a été de 3,316. Les lois et ordonnances promulguées sous la république et sous le protectorat, ayant été abolies à l'époque de la restauration, il a été difficile d'en retrouver les traces; mais d'après un ouvrage de ce temps-là, on estime à quelques centaines la quantité de lois, décrets et ordonnances, publiés dans le cours de ces onze années. Un grand nombre de ces pièces curieuses affectaient le ton des édits impériaux de la vieille Rome. Depuis la mort de Cromwell jusqu'à la fin du règne de Georges II (1660-1760), 5,844 lois ont été rendues sur toutes espèces de sujets. Pendant le long règne de Georges III (soixante ans), il en parut 14,800; sous celui de Georges IV, 3,223; sous Guillaume IV, 1,802; et dans les seize années du règne de Victoria, 5,334. Total depuis Henri III (1225) jusqu'à nos jours, 34,319.

La liberté est revendiquée par les Anglais comme un droit de naissance (*Birth right*). C'est la source du ferme attachement qu'ils ont tous pour les institutions de leur pays; et cependant les droits dont ils jouissent ne sont que ceux que tout bon gouvernement devrait assurer aux citoyens d'un État. Mais ce qu'il y a surtout de remarquable dans la constitution anglaise, ce sont les moyens qu'elle fournit à chacun de faire respecter son droit et d'invoquer l'appui des lois. Une maxime de droit public universellement reconnue en Angleterre, c'est que chacun est libre de faire ce qui n'est point formellement interdit par la loi. Il en résulte que les citoyens ne sont pas tenus d'obéir sans réserve au gouvernement, c'est-à-dire à toute la hiérarchie des fonctionnaires publics; ils ne doivent obéissance qu'aux ordres donnés dans les limites de la constitution. Les inconvénients et les abus de la bureaucratie sont évités par l'esprit même de la constitution, qui s'en remet pour une foule d'affaires administratives à l'intervention directe de la nation. Nous citerons à cet égard les justices de paix, les jurys, le grand jury; l'organisation municipale, et surtout le droit qu'ont les citoyens de se réunir et de s'associer pour tout ce qui se rapporte aux intérêts communs. Cette liberté individuelle est garantie aux citoyens anglais par la responsabilité des fonctionnaires publics, et l'acte d'*Habeas corpus* les protége contre toute arrestation arbitraire. Il faut le dire cependant, la véritable clef de voûte de l'édifice social en Angleterre, le palladium de toutes les libertés publiques et particulières, c'est la liberté de la presse. Consultez Hallam, *Constitutional History of England* (1829).

L'*administration* anglaise présente encore de nombreuses traces du passé. Ce qui s'est perdu de l'organisation des communes à l'époque anglo-saxonne a bien moins été aboli par les lois ou remplacé par des institutions différentes, que simplifié. Le trait saillant de cette forme de gouvernement, c'est la manière dont se sont formés les deux organes de la puissance publique, de même que leurs rapports mutuels et leur position à l'égard du peuple. Sous ces différents aspects, rien de plus original que l'Angleterre. On voit tout d'abord qu'une partie essentielle de ce qui ailleurs est opéré par le représentant suprême de la puissance publique a été abandonné en Angleterre au peuple lui-même; on remarque ensuite que la rigueur de l'organisation hiérarchique de l'administration est singulièrement tempérée par une certaine indépendance accordée à chaque fonctionnaire public, sous la garantie de sa responsabilité personnelle.

A la tête de l'administration se trouve *le roi*, investi, comme chef de l'État, du droit de faire la guerre et la paix, réglant et dirigeant les affaires spirituelles et temporelles avec le concours de ses ministres, de ses secrétaires d'État et de son conseil privé, avec celui du parlement, des grands officiers de la couronne et des cours de justice. Jadis considéré comme le seigneur foncier universel du pays et comme le suzerain suprême (*lord paramount*), le roi en exerçait si rigoureusement les droits, qu'il ne lui était pas loisible d'y renoncer, et que toute concession qu'il se fût avisé de faire d'un domaine affranchi d'obligations féodales, eût été radicalement nulle. Comme il était la source de toute justice (*fons justitiæ*), les juridictions patrimoniales demeurèrent toujours inconnues en Angleterre; la seule chose qui pût y ressembler, mais de fort loin, c'était le droit de juridiction qu'exerçait le propriétaire de ce qu'on appelait un bien noble (*lord of the mannor*) sur quelques menus délits, avec l'assistance d'un certain nombre de francs-tenanciers (*freeholders*). En outre le roi était considéré comme le protecteur nécessaire de tous les mineurs et de tous les incapables, d'où résultait pour lui le droit de percevoir les revenus de ses pupilles pendant tout le temps que durait soit leur minorité, soit leur incapacité. Enfin, il est la source de toutes les dignités, de tous les honneurs, de tous les priviléges. Depuis Henri VIII, l'Église reconnait en lui son chef suprême; et c'est en vertu de cette qualité que tous les règlements (*canones*) qu'elle peut avoir à rendre dans son parlement ecclésiastique (*convocation*) doivent être soumis à son approbation, de même que c'est lui qui nomme à tous les archevêchés et évêchés, encore bien que ces nominations soient déguisées sous la forme de recommandations faites aux chapitres d'avoir à élire les individus qui en sont l'objet. Il est le gardien suprême de la paix, et tous les crimes et délits sont considérés comme autant d'actes de félonies, de violations de la paix du roi, ou tout au moins d'offenses à la dignité royale et à ses droits. La paix, la guerre, les rapports avec les puissances étrangères dépendent de lui seul, tant que pour exécuter ses volontés il n'a pas besoin que la nation lui fournisse des subsides. Il est le dispensateur de la plupart des emplois publics, sans pouvoir toutefois en agrandir ou en réduire les attributions. Il est le chef de toute autorité donnant des ordres; mais il ne saurait être donné d'ordres là où existe un représentant de l'autorité administrative, que par l'intermédiaire de ce fonctionnaire.

Le mot *ministère* se prend dans une acception large et dans une acception étroite. Interprété de cette dernière façon, on entend par *ministère* les ministres du cabinet, parmi lesquels le secrétaire d'État de l'intérieur, celui des affaires étrangères et celui des affaires coloniales sont, avec le chancelier de la cour féodale de l'échiquier (*exchequer*), ou trésorerie, les quatre qui seuls aient de véritables départements ministériels. Le lord chancelier est, par la nature même de sa charge, en rapports intimes avec la puissance judiciaire. Il préside la chancellerie du royaume (*Court of chancery*), considérée comme la juridiction la plus élevée après le parlement. Tous les juges de paix et beaucoup d'autres fonctionnaires sont à sa nomination. Mais le véritable ministre de la justice et de la police, c'est bien plutôt le secrétaire d'État de l'intérieur, par l'intermédiaire de qui ont lieu les nominations de juges, les confirmations ou atténuations des condamnations prononcées par les tribunaux, comme aussi les actes de graciement; et qui a plus spécialement dans ses attributions le maintien de la tranquillité et de la sécurité publiques. Dans un sens plus large, on comprend aussi dans l'être collectif appelé *ministère* le directeur général des postes, l'avocat général de la couronne et divers autres hauts fonctionnaires. Tous les ministres sont nommés ou destitués, suivant qu'il plaît au roi; et l'usage veut que lorsqu'un ministre est renversé par le parti de l'opposition, celui qui le remplace confère à ses créatures tous les emplois secondaires dépendant de son département.

Le conseil privé (*Privy council*) se compose des princes de la famille royale, des ministres en fonctions et de quelques autres personnages désignés par le roi. Les titulaires des deux archevêchés, les grandes charges de la couronne, l'*orateur* de la chambre basse, quand ils n'en sont pas membres nés, font partie, en vertu des fonctions qu'ils exercent, du conseil privé de la couronne; et il est d'usage aussi qu'on y appelle les hommes d'État les plus éminents de chacun des deux partis entre lesquels se partage le parlement. Le roi destitue d'ailleurs les membres de son conseil privé quand bon lui semble; et quand il vient à mourir, leurs fonctions cessent *ipso facto*; cependant, aux termes d'une loi rendue en 1708, le conseil privé d'un roi reste encore en fonctions six mois après la mort de ce prince, quand dans l'intervalle le nouveau souverain n'en a point reconstitué un autre. Tous les ans, il est publié une liste officielle des membres du conseil privé; ceux dont le nom s'y trouve omis se trouvent par cela même prévenus que le roi a cessé de les tenir pour agréables. Dans la plupart des cas, le conseil privé n'est que consultatif; toutefois, dans les affaires coloniales il exerce une espèce de juridiction, et fonctionne alors comme tribunal de première instance dans les affaires ayant trait aux intérêts généraux de la province, ou bien comme dernier degré de juridiction et comme cour d'appel dans les causes jugées par les hautes cours des dépendances de l'Angleterre, comme les îles de Man, de Jersey, de Guernesey, etc.

L'*administration intérieure* a pour base l'ancienne organisation germanique des comtés. Tous les hommes libres étaient alors groupés en dizaineries (paroisses et seigneuries), centaineries et comtés; et chacun de ces groupes avait son administration communale propre, son organisation militaire et son organisation judiciaire particulières. A cet effet l'Angleterre avait été divisée en quarante et le pays de Galles en douze *shires* ou comtés, dont quelques-uns, tels que ceux de Chester, de Durham, de Pembroke, de Hexam (compris aujourd'hui dans le comté de Northumberland), ou encore comme celui de Lancastre, portaient le titre de comtés palatins (*counties palatine*), parce que leurs comtes y avaient exercé des droits analogues à ceux de la royauté, à l'instar des anciens ducs de l'Allemagne (*duces palatini*) ou encore des grands fiefs de Normandie, de Bretagne, de Bourgogne, de Guyenne, etc., en France. Ils avaient leurs autorités supérieures particulières, et leurs possesseurs y exerçaient tous les droits et prérogatives de la souveraineté; aussi ne participaient-ils en rien à la représentation nationale par le parlement. Le comté de Durham existe encore tel qu'il était constitué alors; et l'évêque y est considéré comme l'unique seigneur du sol. Toutefois, depuis Henri VIII, ses prérogatives de souveraineté ont été singulièrement réduites. Les comtés de Chester et de Lancastre ont également conservé beaucoup de leur ancienne constitution de comtés palatins. En outre douze villes (*cities*), anciens chefs-lieux d'évêché, et cinq autres ont le privilége de constituer entre elles un comté à part (*county corporate*), exerçant ses droits de comté par ses magistrats. Depuis que les pouvoirs attachés autrefois à la dignité de comte ont disparu, ce sont les *sheriffs* qui les ont remplacés dans chaque comté comme premiers fonctionnaires; mais ils sont subordonnés au lord lieutenant, devenu depuis l'époque de Charles II le commandant de la milice locale. A l'origine, fonctionnaires de la commune avant tout, leur nomination fut plus tard attribuée au roi. Il n'est cependant pas exact de dire que c'est lui qui les nomme; on tient même jusqu'à un certain point pour illégitime le shériff que le roi nomme directement (*pocket sheriff*), et tous les ans le lord chancelier et quelques autres membres de l'administration supérieure lui présentent une liste de candidats parmi lesquels il doit choisir. Le sheriff est autorisé à se faire suppléer dans l'exercice de ses fonctions par des sous-sheriffs (*undersheriffs*) : c'est lui qui nomme les baillis (*bailiffs*) des différents arrondissements du comté, mais il demeure personnellement responsable de leurs actes. Le second fonctionnaire public du comté est le *coroner*; il a pour principale attribution de faire les enquêtes nécessaires pour constater les faits qui peuvent donner naissance à une action publique. Le grand-juge de la cour (*lord chief-justice of the King's Bench*) est le premier *coroner* du royaume, et peut en exercer les fonctions partout où il le juge à propos. On compte aujourd'hui dans chaque comté de quatre à six *coroners*; et ils sont élus à vie par la population des localités où ils exercent leurs fonctions. Mais ces fonctions ont beaucoup perdu de leur ancienne importance et surtout de la considération qui s'y rattachait, parce qu'elles sont recherchées par des gens de bas étage, en vue des émoluments qui y sont joints. De tous les fonctionnaires publics qu'il y ait en Angleterre, les plus importants incontestablement sont les juges de paix (*custodes* ou *conservatores pacis*), aux mains de qui se trouvent confiées la police et d'autres branches essentielles de l'administration. Le roi lui-même, on peut le dire, n'est que le premier juge de paix du royaume. De même, la plupart des hauts fonctionnaires de l'État, le lord chancelier, le lord de la trésorerie, le lord maréchal, le lord *high-constable*, les douze grands-juges, et d'autres encore, ont, en vertu de leurs charges, le droit de fonctionner comme juges de paix dans toute l'étendue du royaume; le sheriff et le coroner, dans les limites de leurs comtés respectifs; les fonctionnaires inférieurs, dans la circonscription territoriale à laquelle ils sont attachés. De tous temps on trouve en Angleterre de ces magistratures de paix et de conciliation. A l'origine, les titulaires en étaient élus dans le tribunal du comté, et il en fut ainsi jusqu'à l'époque d'Édouard III, qui s'arrogea le droit de les nommer. C'est aussi sous le règne de ce prince qu'ils reçurent la dénomination de juges de paix; et en 1351 on ajouta à leurs attributions le pouvoir de connaître des faits de *félonie* ou simples délits. D'abord on ne compta qu'un ou deux juges de paix par comté; mais avec le temps leur nombre alla toujours en augmentant, et aujourd'hui ce sont là des fonctions honorifiques fort recherchées par tous ceux qui peuvent y prétendre. A cet effet, il faut être domicilié dans le comté et posséder un revenu d'au moins 100 liv. st. en fonds de terre. Le lord chancelier expédie de temps à autre des lettres patentes collectives pour tous les juges de paix d'un même comté, dont le nombre va quelquefois jusqu'à 5 et 600. Mais tous n'exercent pas en réalité leurs fonctions; celui qui désire le faire doit préalablement obtenir de la chancellerie un diplôme qualifié de *dedimus potestatem*, et prêter, indépendamment du serment général, un serment spécial. Certaines affaires peuvent être expédiées par un seul juge de paix; pour d'autres, il faut la présence de deux de ces magistrats. Enfin, il en est qui ne peuvent être décidées que par la réunion de tous les juges de paix du comté, qui a lieu tous les trimestres et constitue alors une cour de justice, avec droit d'archives particulières (*court of record*). Jadis dans cette foule de juges de paix on en choisissait un certain nombre, devant l'un desquels devaient toujours être portées certaines causes d'une nature particulière et déterminée. Ces magistrats étaient désignés par le nom de *quorum*, d'après les mots par lesquels commençait l'acte même de leur investiture : *Quorum aliquem vestrum A. B. C. D. unum esse volumus*, etc. Mais cette distinction est complétement tombée en désuétude de nos jours. Le cercle d'attributions des juges de paix dépend de la teneur de leurs lettres-patentes collectives, pour la rédaction desquelles s'est conservée une formule générale datant de 1592. Mais une foule de statuts postérieurs sont venus depuis l'élargir considérablement. Le meilleur manuel à consulter pour l'exercice de ces fonctions est l'ouvrage de Burn, intitulé *Justice of the Peace* (1755). Les juges de paix sont les *conservateurs* de la paix publique, en ce sens qu'ils sont appelés les premiers à connaître de tous les délits; que c'est à eux qu'il appartient d'ordonner la mise en état d'arrestation des prévenus, et de les mettre en liberté sous caution ou bien de les envoyer en prison pendant la continuation des poursuites. Ils prononcent, avec l'assistance d'un jury, sur tous les troubles apportés avec violences à l'exercice du droit de propriété, et rétablissent le possesseur légitime dans ses droits; ils punissent ou éloignent du comté tous mendiants et vagabonds; c'est à eux qu'incombe la mission de prendre soin des pauvres dans chaque localité, de leur distribuer des secours, et de recueillir les enfants nés d'un commerce illégitime. Ils veillent partout au maintien de l'ordre, à l'exécution des lois. Il dépend d'eux d'autoriser ou d'interdire l'ouverture de nouvelles auberges, de nouveaux cabarets, débits de bière et de liqueurs spiritueuses. Toute réunion de plus de dix personnes ayant pour but la signature de pétitions, d'adresses, etc., doit, pour être légale, avoir été préalablement autorisée par deux juges de paix. Le sheriff, les coroners, les *high-constables*, les baillis, les directeurs des prisons et tous les juges de paix assistent à ces réunions trimestrielles; cependant, il n'y a que le très-petit nombre de ces derniers qui s'acquittent de ce devoir. L'un des juges de paix, ordinairement un des hommes les plus considérés du comté, est nommé par le roi, dans les lettres patentes collectives, garde des actes (*custos rotulorum*). Les juges de paix élisent eux-mêmes leur président (*chairman*). C'est dans leurs sessions qu'on s'occupe de la fixation des dépenses communes à faire pour le comté; des allocations nécessaires pour l'entretien des routes, ponts, prisons et palais de justice; des émoluments à accorder à ceux qu'on emploie à cet effet; de répartir des dépenses entre les diverses paroisses; de nommer les inspecteurs des pauvres, les administrateurs des paroisses et autres fonctionnaires. Les délits minimes, les vols de peu d'importance, les filouteries, les rixes, les injures, les menaces, y sont jugés avec l'intervention d'un grand jury, et l'on y porte les appels des sentences rendues par un seul juge de paix. Le grand-juge Coxe disait déjà, du temps de Jacques Ier, que « dans toute la chrétienté il n'y a rien de comparable aux fonctions de juge de paix consciencieusement remplies ».

Les *constables* forment le dernier degré de la puissance exécutive. A l'exception des agents salariés par la police, on retrouve encore là le caractère essentiel de chacune des institutions de l'Angleterre, où tout est rapporté à la commune; et bien loin de paralyser l'action de la royauté par celle de la démocratie, c'est au contraire ce caractère qu'on peut considérer comme la base fondamentale de la grandeur et de la puissance du trône.

Le système de la *responsabilité des fonctionnaires publics* se rattache étroitement à ce caractère essentiellement communal qu'a en Angleterre l'administration publique. Son principe, c'est que les attributions et les devoirs de chaque fonctionnaire public soient tellement bien déterminés par la loi, qu'ils ne puissent être changés, étendus ou restreints que par une autre loi. Tout fonctionnaire public, du premier au dernier, ne tient ses pouvoirs que de la loi, et non de la volonté d'un chef; et c'est surtout vis-à-vis de la communauté ou association politique qu'on appelle l'*État* qu'il est responsable de l'usage qu'il en fait. Il en résulte que celui qui se rend coupable d'une illégalité ne saurait invoquer pour excuse les ordres qu'il aurait reçus de son supérieur, et que la responsabilité administrative commence précisément à partir du fonctionnaire infime; or, qui ne sait qu'à l'égard d'un subalterne il est toujours plus facile de faire triompher et appliquer les principes, que si l'on avait tout d'abord affaire à des hommes puissants et haut placés. Quiconque croit avoir à se plaindre d'un fonctionnaire public dans l'exercice de ses fonctions a le droit de le poursuivre en dommages-intérêts, sans qu'il soit pour cela besoin de l'autorisation des supérieurs de ce fonctionnaire. La loi a dans beaucoup de cas précisé à l'avance les dommages-intérêts; quand il n'en est pas ainsi, l'appréciation en est soumise à un jury, qui les détermine d'après les circonstances de la cause. Tout abus de pouvoir entraîne en outre des peines plus ou moins graves, qui dans beaucoup de circonstances ne sauraient être mitigées par la clémence royale. Ainsi, par exemple, le roi ne pourrait point faire remise de peines pécuniaires prononcées contre le coupable à titre de réparation envers le plaignant. Le détenu qui a été transféré dans une autre prison sans un motif prévu par la loi a une action aussi bien contre l'exécuteur que contre le signataire d'un tel ordre. De même le détenu qui six heures après l'avoir demandé ne reçoit pas une copie exacte du mandat d'amener dont il a été l'objet a droit de réclamer du signataire ou de l'exécuteur de l'ordre d'arrestation une indemnité de 100 livres sterling, et une autre de 300 livres sterling du lord chancelier ou de celui que le représente, s'il y a de sa part refus de délivrer le mandat d'*habeas corpus* qu'on lui réclame. Pour mieux assurer la répression de tels abus de pouvoir, il est beaucoup de circonstances où la loi autorise non-seulement la victime, mais des tiers, à poursuivre et à réclamer l'application de la loi. Tels sont notamment les cas où quelqu'un remplit un emploi sans avoir les qualités requises, sans avoir préalablement satisfait à toutes les conditions posées par la loi, prêté le serment qu'elle exige, etc. Quiconque vient prendre place au parlement sans posséder la fortune exigée à cet effet par la loi s'expose à se voir réclamer 500 livres sterling d'indemnité par le premier citoyen venu. Tout sheriff qui, lors des élections pour le parlement, agit contrairement à ses devoirs encourt la même pénalité. Les ministres eux-mêmes ne sont point à l'abri de semblables réclamations d'indemnités pour la suspension de l'acte d'*habeas corpus*, à laquelle ils ont ordinairement recours dans les moments de troubles. En effet, le terme fixé pour cette suspension une fois écoulé, il leur faut par une loi nouvelle (*indemnity bill*) se mettre à couvert de toute réclamation en dommages-intérêts pour faits se rattachant à l'exécution de cette mesure exceptionnelle. Or, jamais ils ne l'obtiendraient du parlement s'il y avait véritablement eu abus. La pierre angulaire de ce système de responsabilité, c'est le droit qu'a la chambre des communes de mettre en accusation les plus hauts fonctionnaires publics. Quelque fondées que puissent être certaines objections qu'on élève contre l'institution du jury, on ne saurait disconvenir que le jugement par jurés, auquel ne peuvent point participer des fonctionnaires publics, et au moyen duquel le peuple lui-même est appelé à les juger, ne contribue pas peu à fortifier le système de la responsabilité des agents du pouvoir et à maintenir dans le gouvernement de l'État le caractère de la constitution communale. Il faut d'ailleurs se garder de croire que ces institutions paralysent en rien la force du pouvoir. La pensée seule de la responsabilité personnelle qui leur incombe empêche ces agents de donner lieu à de telles plaintes en outre-passant la lettre de la loi. D'ailleurs, les demandes en dommages-intérêts auxquelles peuvent donner lieu les dénis de justice commis par les juges de paix, sont toujours repoussées par le tribunal supérieur quand il n'y a pas contre eux preuve évidente d'animosité personnelle, de vengeance, de satisfaction donnée à des intérêts personnels. Tout ce qu'on considère, c'est la question de droiture, de loyauté et de probité.

L'esquisse que nous venons de tracer de l'organisation du gouvernement intérieur de la Grande-Bretagne serait incomplète si nous n'y ajoutions pas un mot sur *l'organisation municipale*, grâce à laquelle tout ce qui intéresse la vie publique est bien plutôt abandonné à la libre volonté des citoyens que placé sous la haute direction de l'État. Il est dans la nature humaine que chacun témoigne d'un zèle et d'un attachement tout particuliers pour ce qu'il considère comme une création de son intelligence et de sa volonté. Le gouvernement anglais a donc raison de laisser libre carrière à cette action commune; mais une condition indispensable pour qu'elle puisse avoir lieu, c'est qu'il soit loisible aux citoyens de se réunir pour conférer sur tout ce qui a trait à leurs institutions; et voilà aussi pourquoi il suffit à cet effet en Angleterre du consentement de deux juges de paix qui fixent l'heure et le lieu de la réunion. Il est vrai que ce droit de se réunir pour délibérer sur des intérêts publics a été modifié par un acte du parlement de 1820; mais il n'a point subi d'altérations essentielles. La loi déclare seulement que ceux-là seuls peuvent assister à une réunion de ce genre qui sont domiciliés dans le comté; ils doivent s'y rendre sans armes. Les sheriffs, les juges de paix et les maires ne peuvent jamais en être exclus.

Enfin, en ce qui est de *l'administration de la justice*, on peut dire que la constitution anglaise n'est pas moins remarquable dans tout ce qui a rapport au droit privé, alors même qu'on élargirait assez ce terme pour y comprendre la législation criminelle, que dans ce qui se rapporte au droit public. Ici encore on se trouve en présence d'un imposant édifice, parvenu à une certaine perfection bien plus tôt que les monuments du même genre dans les autres parties de l'Europe, et qui, par cela même que depuis lors le reste de l'Europe a maintes fois complétement bouleversé ses divers systèmes judiciaires, a conservé beaucoup d'éléments non-seulement antiques, mais même surannés. Encore bien qu'au total le développement du droit y ait suivi la même marche que dans d'autres États (puisque là aussi le plus ancien droit populaire succomba de bonne heure, de même qu'on ne saurait méconnaître dans le droit nouveau, datant du onzième siècle, une influence considérable exercée par le droit romain), une circonstance qui assura plus d'originalité au droit anglais, c'est que jamais le droit romain ne fut généralement reconnu en Angleterre, à l'exception des tribunaux ecclésiastiques et pour les affaires de mariage et de testament qui y ressortissaient. Dans les cours d'amirauté on ne l'a jamais appliqué non plus qu'avec de grandes restrictions. Comme en Angleterre la législation expresse et positive ne fut jamais abandonnée au gouvernement seul, il en résulta qu'elle s'y montra beaucoup moins féconde que dans d'autres pays. Jamais on n'y rédigea de code civil ou pénal de quelque étendue; jamais il n'y fut question d'une ordonnance, d'un code de procédure, comme en possédaient déjà au quinzième siècle les moindres États de l'Allemagne. La formation du droit en Angleterre demeura surtout le résultat des décisions juridiques; et c'est uniquement pour un très-petit nombre de points importants que des règles positives ont été tracées par des lois pénales et positives reconnaissant et consacrant presque toujours les modifications survenues dans les rapports juridiques des citoyens, sans pour cela avoir été le fait de la législation. Sous ce rapport le règne d'Édouard Ier (1272—1307) fut l'époque la plus féconde pour la formation du droit de la Grande-Bretagne; aussi les Anglais ont-ils l'habitude de surnommer ce prince leur Justinien.

Le système de *droit* anglais repose sur une double base : le droit commun (*common law*), expression par laquelle on comprend tout ce qui dans la théorie et la pratique des cours de justice s'est développé comme droit naturel et convenu; le droit statutaire (*statute law*), consigné dans des lois positives, et notamment dans les lois les plus récentes rendues par le parlement. C'est une idée complétement erronée de croire que cette diversité ait pour base une différence de nationalité, que le droit commun soit d'origine anglo-saxonne, et une fois la conquête des Normands opérée, n'ait plus été en vigueur qu'à l'égard des anciens habitants du pays; que le droit statutaire, au contraire, n'ait été qu'à l'usage des Danois d'abord, et ensuite des vassaux normands français de Guillaume Ier. Il n'existe pas la moindre trace d'une semblable différence. Bien au contraire, le droit féodal franco-normand devint tout aussitôt après la conquête la loi générale du pays, même celle des vassaux anglais; et quand Guillaume II et Henri Ier restituèrent à la nation une partie de ses antiques libertés anglo-saxonnes, les seigneurs normands participèrent également à ce bienfait. On peut dire que l'élément des institutions anglo-saxonnes continua de subsister, et ne fit que s'accommoder à la langue et aux formes de la Normandie. Pendant longtemps le français fut la langue en usage à la cour, au parlement, dans les tribunaux. Sous le règne d'Édouard III (1327 — 1377), le latin devint la langue judiciaire; et il en fut ainsi jusqu'à l'année 1730, où une loi introduisit pour la première fois l'usage de la langue anglaise dans les cours de justice. C'est là pourquoi aujourd'hui encore toutes les formules judiciaires (*writs*) sont désignées par les premiers mots latins de leur texte primitif. Les modifications opérées à la suite des temps dans les parties essentielles des institutions nationales proviennent surtout de l'*organisation judiciaire*, dont les institutions en usage en Normandie devinrent le modèle. Ce qui les différenciait des institutions judiciaires anglo-saxonnes, c'est que chez les Saxons le pouvoir judiciaire appartenait aux communes même, et surtout aux associations de communes formant ce qu'on appelait un *gau* ou comté, sous la présidence commune de l'evêque et du comte; tandis qu'après la conquête normande il fut compris au nombre des prérogatives royales, et le plus souvent confié en première instance aux barons, mais exercé en dernière instance par les représentants de l'autorité royale. La connaissance des causes civiles et criminelles les plus importantes fut enlevée aux tribunaux de comté; précisément comme en France, à la même époque, les procès appelés *cas royaux* furent soustraits à la compétence des tribunaux inférieurs, sous prétexte qu'il s'agissait tantôt des droits féodaux de la couronne, tantôt de la dignité royale.

L'ancienne cour du roi (*aula regis*) se composait des grands officiers de la couronne, ayant à leur tête un grand-juge (*justitiarius capitalis*), dont le roi lui-même, pour les procès dans lesquels il figurait comme partie, était justiciable; mais il résulta de là que cette juridiction ne tarda point à être supprimée. On la remplaça alors par trois cours de justice permanentes, composées d'hommes versés dans la connaissance du droit, d'abord la haute cour du pays (*court of common pleas, curia communium placitorum*), pour les procès en matières civiles entre sujets, à laquelle le roi Jean, dans sa Grande Charte de 1215 promit déjà d'assigner une résidence fixe; puis la haute cour du roi (dite *King's* ou *Queen's Bench*, parce qu'autrefois le roi la présidait, assis sur un banc élevé), chargée de connaître des atteintes portées à la paix publique et de délits plus graves, considérés alors comme autant de violations de la fidélité due au seigneur suzerain (félonie), et qui de nos jours encore accompagne à bien dire la cour du monarque; enfin, pour les causes relatives aux droits et redevances dûs au roi, la cour du fief ou de l'Échiquier (*curia Scaccarii*). Chacune de ces cours se compose d'un grand-juge (*chief-justice*) et de trois conseillers : et ces douze juges supérieurs réunis forment un collége ayant pour mission de décider les questions de droit douteuses. A cette cour du fief ou de l'Échiquier, dont les conseillers portent le titre de *barons*, de même que l'on donne celui de *chief-baron* au grand-juge, appartient en outre le chancelier du fief, (*chancellor of the Exchequer*), lequel remplit en même temps les fonctions de ministre des finances. On peut appeler de la haute cour du pays à la haute cour du roi, et de celle-ci à la cour de la chambre du fief (*court of Exchequer chamber*), laquelle se compose du chancelier du royaume, du grand-trésorier ou premier lord de la trésorerie et des membres des deux autres hautes cours; enfin, dans tous ces cas, et comme dernière et suprême instance, à la chambre des lords. A côté et jusqu'à un certain point au-dessus de ces divers degrés de juridiction, existe encore la chancellerie du royaume (*court of chancery*) sous les ordres du grand-chancelier, composée d'un vice-chancelier et de douze conseillers rapporteurs (*masters of chancery*). A la juridiction du chancelier appartiennent exclusivement les causes qui regardent le roi personnellement ou qui intéressent le domaine royal, les affaires de faillites, les tutèles et les causes qu'il convient de juger, non en droit strict, mais d'après les principes de l'équité. A la suite des temps, les autres cours ont également vu comprendre dans leurs attributions le droit de fonctionner, à l'occasion, comme tribunaux d'équité (*courts of equity*); et peu à peu la chancellerie du royaume (*court of chancery*) a fini aussi par étendre sa compétence sur les questions de droit proprement dites. Comme dans les causes de cette dernière espèce on n'est jamais admis à invoquer la preuve testimoniale, attendu que devant cette cour les décisions du jury sont sans autorité, les causes vont en appel de ses décisions devant la haute cour du roi. Bien qu'à l'origine la compétence de chacune de ces différentes cours de justice eût été très-exactement déterminée, toute affaire civile peut aujourd'hui, au choix des parties, être indifféremment portée devant chacune de ces trois hautes cours de justice. Seulement, on se sert à cet effet d'une fiction de droit. Ainsi, par exemple, pour saisir la haute cour du roi (*King's* ou *Queen's Bench*) d'une cause, on suppose que le défendeur est détenu dans la geôle de la conciergerie du château (*Marshalsea*) ou bien est devenu le débiteur du demandeur par suite d'infractions à la paix publique. Pour invoquer la compétence de la haute cour du fief ou de l'Échiquier (*Exchequer's court*), le demandeur suppose qu'il est lui-même le débiteur du roi, et qu'il ne demanderait pas mieux que de s'acquitter envers lui, si le défendeur ne le mettait pas dans l'impossibilité de le faire par son refus de lui payer ce qu'il lui doit. Les affaires ecclésiastiques, les contestations relatives aux mariages et aux testaments, quand il s'agit d'objets mobiliers, ressortissent aux cours épiscopales. Les causes concernant le commerce de mer, les prises, les assurances ressortissent à la cour d'amirauté. Il existe en outre une foule de juridictions inférieures pour certaines causes et certains lieux, par exemple les comtés palatins de Chester, de Durham et de Lancastre, les tribunaux de mines (*stannaries*) dans le pays de Cornouailles, et un grand nombre de tribunaux secondaires à Londres. Toutefois, les trois cours supérieures dont il a été fait mention plus haut, et qui siégent à Westminster, sont chargées d'exercer une haute surveillance sur les actes de la plupart de ces tribunaux inférieurs. Comme il était très-difficile aux plaideurs habitant les parties les plus éloignées du royaume de venir à Londres invoquer l'appui de la justice dans leurs contestations judiciaires, on organisa dès le règne de Henri II (1154-1189) des tournées faites dans le pays par les juges; et cette institution, les assises à tenir annuellement dans les comtés, a toujours été en se perfectionnant avec le temps. Dans les foires, on établit un tribunal temporaire, dont l'origine toute normande se retrouve dans la dénomination de *pieds poudreux* (les Anglais écrivent aujourd'hui *piepoudre*) : c'est une espèce de magistrature de prud'hommes désignés par l'autorité locale. Ils prononcent sur toutes les contestations entre les marchands ou colporteurs et leurs pratiques, dont les pieds sont naturellement couverts de poussière. On traduit aussi à leur barre, pour être jugés sommairement, les auteurs de vols, mouteries, rixes et autres délits commis en champ de foire. Il existe, en outre, des cours locales tenues par des magistrats inférieurs, qui ont le titre de *sergeants*, c'est-à-dire sergents ès lois ou sous-juges. Ils tiennent les cours de *nisi prius*, où l'on prononce sur toutes les causes en état, *à moins* que le président de la session trimestrielle ne soit arrivé avant la décision ; de là est venue la dénomination latine de ces tribunaux inférieurs.

L'action du ministère public n'est pas la même ici qu'en France, où l'on peut dire que cette institution est admirable et presque unique en Europe. L'attorney général, le solliciteur général et leurs substituts, qu'on appelle les *conseils de la couronne*, n'ont rien ou presque rien à voir dans les procès civils ordinaires ; car, s'il s'agit de divorces, de réclamations d'état, d'interdiction, ou de deniers pupillaires, ou de faillites, ces causes sont portées devant un autre ordre de juridiction. Les conseils de la couronne, aujourd'hui conseils de la reine, n'ont même pas d'attributions et d'émoluments fixes. Ils sont à peu près chez nos voisins ce que sont parmi nous les juges suppléants, les avocats du trésor, des douanes, des hospices, des contributions indirectes ; mais ils conservent, même en plaidant pour les particuliers, la marque distinctive de leur grade ; ils ont, au lieu d'une robe de laine noire bordée en soie, la robe entièrement de soie noire.

La perruque est de rigueur pour les avocats et les avoués comme pour les juges ; ceux-ci ont toujours la perruque poudrée et bouclée ; les avocats mettent ordinairement une perruque sans poudre, et quelquefois noire sur une chevelure blonde ; et les favoris, dépassant les dernières ondulations, donnent à la physionomie d'un avocat ainsi affublé le caractère le plus grotesque. Quelques jeunes *barristers* ou stagiaires ont voulu innover en ce genre ; mais ils ont succombé contre les préventions des magistrats ; chacun d'eux est, comme Nestor, *laudator temporis acti*, et voit une révolution sociale imminente dans la moindre dérogation aux vieilles routines.

Celui qui est poursuivi en payement d'une lettre de change ou de toute autre obligation clairement libellée est saisi dans ses biens ou même dans sa personne, sur une simple autorisation du juge ; s'il a des moyens à faire valoir, il faut qu'il se constitue demandeur sur son opposition à la sentence de *nil dicit*. Les cours ordonnent presque toujours la comparution des parties en personne ; le demandeur et le défendeur ont toujours droit de produire leurs témoins ; celui qui ne se présenterait pas courrait grand risque d'être emprisonné pour mépris envers la cour, *contempt of the court* ; il devrait en outre des sommes énormes pour les frais d'assignation, de déplacement et de présence de témoins ; il devrait aussi le remboursement des souverains d'or, payés à titre d'indemnité aux douze jurés spéciaux. Cette somme est toujours distribuée à l'audience même, par l'avoué du demandeur.

La juridiction pour les banqueroutes est fort simple ; il n'y a point ici de distinction entre la faillite provenant de causes accidentelles, la banqueroute simple provenant de pure négligence, et la banqueroute frauduleuse ; tout négociant qui se trouve hors d'état de payer ses dettes est traduit à la *court of bankruptcy*. Sur la constatation de la suspension de payements, la cour nomme des *assignées* ou syndics, qui s'emparent de toute la liquidation et en rendent compte.

L'institution d'une cour de cassation manque à l'Angleterre comme à bien d'autres pays. Le seul recours ouvert contre les violations de forme, l'inobservation ou la fausse application des lois, ressemble beaucoup à notre *requête civile*. Le plaideur qui a succombé assigne son adversaire pour voir dire (*to show cause*) que le jugement a été incompétemment rendu, ou que la décision est contraire aux preuves qui ont été produites devant le jury. On obtient ainsi un *writ of error*, un jugement reconnaissant qu'il peut y avoir eu erreur, et l'on plaide de nouveau la cause devant les mêmes juges. L'appel est alors porté devant la cour de chancellerie, et en dernier ressort, mais dans des cas rares et extrêmes, devant la chambre des lords. La cour de chancellerie, la cour du vice-chancelier et la cour secondaire, dite des *secondaries*, qui en est une section, jugent sans jurés ; mais alors la procédure prend un caractère de complication tel qu'il en coûte beaucoup de temps et d'argent avant d'obtenir justice ou d'acquérir par un arrêt la preuve qu'on a eu tort de plaider. Ces inextricables difficultés sont passées en proverbe, même dans la classe populaire. Lorsque deux boxeurs, dans une lutte opiniâtre, sont tellement engagés que la tête de chacun d'eux est prise sous l'un des bras de l'adversaire, de telle façon que ni l'un ni l'autre ne peuvent agir, on dit qu'ils sont en *vraie cour de chancellerie*.

En ce qui est de la formation d'un système de droit, cette rapide esquisse de l'organisation judiciaire de la Grande-Bretagne fait comprendre comment, malgré toutes ses bizarreries surannées et en dépit des nombreuses lacunes qu'y présente la distribution de la justice, elle a dû tout au moins produire dans les principes du droit une grande simplicité unie à une rare fixité. Ce qui ajoute encore à cette invariabilité de la jurisprudence, c'est que les cours qui ont le droit d'avoir des archives à elles (*courts of records*), sont tellement liées par leurs décisions précédentes, qu'elles ne sauraient s'en écarter sans introduire un motif de nullité dans les décisions nouvelles qu'elles sont appelées à rendre. C'est ainsi qu'a pu se créer une jurisprudence tellement vaste et en même temps si précise qu'à elle seule elle compose la science du droit anglais presque tout entière. Cette jurisprudence forme ce qu'on appelle en Angleterre le droit commun (*common right*) ; sans doute il n'a jamais pu prévaloir directement contre une loi expresse et positive ; mais au moyen d'interprétations, de distinctions subtiles, et surtout à l'aide de fictions, on parvient à l'éluder et à la faire considérer comme non avenue. Cette partie du droit n'a pas d'ailleurs été seulement à l'origine un *droit coutumier* ; on y a en outre compris les lois expresses des époques antérieures. Quand, peu de temps après la conquête par les Normands, la connaissance du droit romain fut aussi introduite en Angleterre, surtout par des savants appartenant à l'ordre du clergé, tels que Lanfranc et autres, les jurisconsultes nationaux l'empêchèrent de prévaloir, parce qu'ils eurent l'habileté de s'emparer de ses formules et de ses principes généraux pour perfectionner le droit indigène. L'Angleterre est de tous les pays de l'Europe celui qui eut le plus tôt des codes en propre. Ranulph de Glanville composait déjà vers l'an 1189 son ouvrage intitulé *De Legibus et consuetudinibus Angliæ* ; et celui de Bracton, qui, sous un titre identique, est un système très-détaillé de droit, date de l'époque de Henri III. Les lois d'Édouard Ier achevèrent de faire triompher le droit national, et à l'instar de ce qui se faisait en France par les soins de saint Louis, ce prince établit un meilleur ordre dans les tribunaux. Les ouvrages de droit qui proviennent de cette époque, Britton, Fleta, Hengham, le Miroir des Juges, etc., contiennent en grande partie un droit qui continue à être encore en vigueur de nos jours, et forment le point de départ du droit commun. Celui-ci est entièrement contenu dans les décisions des cours de justice, que pour cette raison on s'occupa de bonne heure à recueillir avec le plus grand soin en Angleterre, et qui pour la première fois furent publiées à partir du règne d'Édouard II (1307-1327) dans les anciens registres annuels des tribunaux, puis plus tard par d'autres. Ces recueils (appelés *records*) ont été en prenant toujours plus d'étendue, de même que le nombre en est devenu de plus en plus considérable. A la fin du règne de Georges III, on n'en possédait déjà pas moins de 256. Ils ont eu pour résultat de rendre la science du droit de plus en plus embrouillée et compliquée, d'autant plus que jusque dans ces derniers temps l'enseignement en était demeuré exclu du programme d'études des deux universités existant en Angleterre. Comme ces universités étaient des institutions essentiellement ecclésiastiques, on n'y enseignait que le droit romain, auquel le clergé demeura toujours fort attaché et dont les prescriptions ont encore force de loi devant les tribunaux ecclésiastiques. Peut-être aurait-il de la sorte fini par prévaloir tout à fait en Angleterre, si une circonstance heureuse n'était pas venue en aide au droit national. Ce fut la création à Westminster d'une cour de justice suprême et permanente, création consignée dans la grande charte du roi Jean. Les jurisconsultes dont on la composa formèrent entre eux une espèce de corporation savante; ils conçurent bientôt la pensée de communiquer leur science par la voie de l'enseignement et de conférer à ceux de leurs élèves qui s'en rendraient dignes le droit d'enseigner à leur tour, avec des titres répondant à nos titres académiques, tels que *barrister* (bachelier ou licencié en droit) et *serjeant at law* (docteur en droit). De jeunes hommes se réunirent alors à l'effet d'apprendre la théorie dans des habitations communes, dans ce qu'on appelle encore les *auberges* de la chancellerie (*Inns of chancery*), et la pratique dans les *Inns of court*.

Ces prétendues *auberges* sont l'origine des fondations et des associations qui existent encore de nos jours, mais à peu près pour la forme seulement; de telle sorte pourtant que personne n'est admis en Angleterre à exercer la profession d'avocat sans avoir fait son stage pendant le temps voulu comme membre des *auberges* ou *hôtelleries* de la cour (*Inns of court*), à savoir *Inner Temple*, *Middle Temple*, *Lincoln's Inn* et *Gray's Inn*. Il y a longtemps que l'enseignement savant de ces établissements a cessé; en revanche des legs particuliers ont créé, en 1758 à Oxford, et à Cambridge en 1800, des chaires de droit commun (*common right*) anglais. Le premier professeur qui occupa la chaire fondée à Oxford fut le célèbre Blackstone, dont les *Commentaries on the laws of England*, demeurés l'ouvrage le plus important qu'on possède sur ces matières, sont remarquables surtout par les idées profondément philosophiques et pratiques qui y dominent. D'ailleurs la littérature juridique de l'Angleterre est assez pauvre en traités systématiques.

Le *droit commun* anglais n'embrasse pas seulement le droit civil, mais encore le droit criminel. Il n'est guère facile d'en indiquer l'esprit sous ces deux rapports. Le système de la propriété foncière a pour base en Angleterre la féodalité; et bien que sous Charles II on ait aboli toutes les prestations en nature, à l'exception de certains services de cour, une foule de détails portent encore la trace visible des idées qui dominaient à l'époque de la féodalité, par exemple ce qui a trait aux successions. Une grande anomalie qu'offre encore ce droit, c'est la faculté qu'il laisse aux Anglais de disposer de leurs biens par testament comme ils l'entendent. Le principe fondamental du droit criminel anglais, c'est que tous les crimes sont autant de délits commis à l'égard du roi, en sa qualité de seigneur suzerain et de gardien suprême de la paix publique. Les crimes graves sont qualifiés de *violation de la fidélité due par le vassal* (*felony*); ceux d'importance moindre, d'offense à la personne du roi (*misdemannour*). Le crime de *haute trahison* est encore distingué du crime de *félonie* par une peine plus compliquée. L'application, jadis beaucoup trop fréquente, de la peine de mort est mitigée par le privilége de clergie (*benefit of clergy*), dont le bénéfice a été de plus en plus étendu; de telle sorte qu'à la peine de mort on a fini par substituer la peine, beaucoup plus douce, de la transportation; de même que par l'exercice de plus en plus fréquent du droit de grâce, enfin par l'habitude qu'ont prise les jurés d'atténuer la nature du délit, par exemple, en matière de vol, la valeur de l'objet volé, on en a beaucoup restreint l'emploi. La législation écrite n'ayant que rarement empiété sur le système du droit commun, et les modifications que celui-ci a pu successivement subir n'ayant été que le fait des influences directes exercées par la nation elle-même, il y a déjà là quelque chose qui semblerait impliquer l'éloge du droit statutaire (*statute law*). Mais il s'en faut qu'il en soit ainsi. Cette même législation écrite fournit la preuve qu'un concours partiel de sa part eût été insuffisant, et n'eût abouti qu'à provoquer une plus grande confusion dans le système tout entier. On n'ose pas remédier à ses vices les plus choquants, dans la crainte de ne réussir par là qu'à ébranler davantage l'ensemble. On estime que des modifications, des rectifications, des additions, ne feraient qu'aggraver encore le mal; car pour harmoniser une législation il faut pouvoir l'embrasser dans son ensemble aussi bien que dans ses détails et savoir tout ramener à des principes nouveaux et plus simples. Ce n'est donc pas sans raison qu'on adresse à la législation écrite de l'Angleterre le double et contradictoire reproche d'être tout à la fois beaucoup trop en arrière et beaucoup trop en avant de l'esprit du siècle, de pécher par trop de timidité et par trop de précipitation. On hésite à en faire disparaître les imperfections les plus criantes, par exemple à abréger les interminables lenteurs de la procédure en matières civiles, et surtout à simplifier le mode d'acquisition de la propriété foncière; on n'ose pas effacer de la loi pénale des dispositions barbares ayant leur source dans un état social qui n'est plus depuis longtemps; en même temps, chaque session parlementaire voit adopter une foule de dispositions législatives isolées, sans plus de rapport avec le passé qu'avec l'avenir; et ces brusques innovations se font avec une légèreté qui touche à l'étourderie. Aussi la législation parlementaire prend-elle d'année en année des proportions plus volumineuses, tandis que l'étude scientifique de l'interprétation des lois devient toujours chose plus compliquée et plus difficile. La langue des lois, comme celle des tribunaux, est tellement prolixe, embarrassée et remplie de pléonasmes, qu'à force de vouloir être clair et précis on devient inintelligible, et qu'on omet les choses les plus essentielles. Au lieu de lois générales, il paraît des dispositions si locales et si étendues, que ce n'est qu'à la longue et bien rarement que l'ensemble du pays peut en recueillir le bénéfice. On est en présence d'une masse indigeste et confuse de lois, et non point d'une législation. Ce vice a d'ailleurs pour compensation l'un des grands avantages du droit anglais : l'importance extrême qu'il attache à l'interprétation littérale de toutes les lois, qui souvent conduit à de singulières conséquences, mais qui repose sur cet axiome de liberté : « Tout ce que la loi ne défend pas est permis. » La collection des lois rendues par le parlement, commencée en 1765 par Ruffhead, continuée ensuite par année, comprend l'ensemble de la législation depuis la grande charte du roi Jean jusqu'en 1786, et forme 32 forts volumes in-4°. Un autre recueil par Thomlins et Raithby, imprimé en plus petits caractères, contient en 16 volumes in-4° les lois rendues de 1215 à 1817. La collection de Pakering, embrassant la même période de temps, forme 34 volumes in-4°. Le besoin d'une rédaction nouvelle, tant du droit commun contenu dans les ouvrages de jurisprudence que des statuts codifiés, en d'autres termes le besoin de nouveaux codes résumant et fixant les principes de l'ancien droit, s'est donc fait aussi vivement sentir en Angleterre qu'ailleurs. Mais il a fallu bien du temps à l'opinion publique pour triompher des préjugés aristocratiques et des préjugés des corporations en ce qui a trait à l'amélioration de la jurisprudence. Romilly, Peel et Mackintosh sont les hommes qui ont incontestablement le plus contribué à la réforme de la législation criminelle. De 1823 à 1830, il ne fut pas abrogé complétement moins de 1,126 anciens actes du parlement (*statute laws*), et partiellement moins de 443, les uns et les autres comme ne répondant plus aux exigences et à l'esprit de l'époque actuelle. Cette grande œuvre fut continuée avec encore plus d'énergie et de rapidité quand lord Brougham eut été appelé, en novembre 1830, aux fonctions de lord chancelier. Depuis cette époque il a encore été fait beaucoup, ce qui n'a pas seulement été un grand progrès, mais a en outre ouvert la voie à d'autres réformes, non moins utiles. Un grand nombre de lois surannées ont encore été complétement abrogées, et la sévérité de beaucoup d'autres singulièrement adoucie; c'est ainsi, notamment, que les cas entraînant une condamnation capitale ont été réduits à un petit nombre. Si le progrès s'est fait lentement, il n'en a été que plus sûr; et en dépit des efforts sytématiques tentés par la chambre haute pour écarter de judicieux projets de réforme, on a toujours vu la constance apportée par la chambre basse dans son œuvre l'emporter à la longue.

Histoire.

C'est à l'accession de la maison des Stuarts au trône d'Angleterre que commence l'histoire de la Grande-Bretagne.

La maison de Tudor s'éteignit en la personne d'Élisabeth, fille de Henri VIII (1603). En mourant, cette princesse désigna pour lui succéder un petit-fils de Henri VII, Jacques VI d'Écosse, fils de Marie Stuart, qui réunit alors sur sa tête les trois couronnes sous le titre de *roi de la Grande-Bretagne et d'Irlande* (1603-1625), et prit le nom de Jacques Ier. Quoique la nation anglaise eût vu de bon œil l'accession des Stuarts au trône d'Angleterre, parce qu'elle comprenait que l'Écosse, gouvernée désormais par le même prince, ne pouvait qu'ajouter à son influence en Europe, le parlement refusa en 1606 de consentir à la fusion des deux pays et à ce qu'ils n'eussent plus désormais qu'une seule et même administration ainsi qu'un même parlement. Jacques Ier fut moins un tyran qu'un pédant couronné, infatué de l'étendue de ses prérogatives, dès lors en hostilité constante avec une nation décidée maintenant à tracer d'une manière bien précise les limites du pouvoir royal. Les discordes religieuses avaient donné naissance à des partis et imprimé quelque chose de sombre et de résolu au caractère des masses, lesquelles avaient en horreur l'arbitraire. Le nombreux et ardent parti des puritains se faisait surtout remarquer par son opposition à tout ce qui lui paraissait entaché d'arbitraire et de despotisme. Ces hommes graves, chez qui la piété touchait au fanatisme, avaient embrassé avec enthousiasme les doctrines du presbytérianisme, et considéraient l'épiscopat et la suprématie royale en matières de foi comme une abomination. Avec leurs mœurs et leurs maximes républicaines, ils ne pouvaient que détester tout ce qui ressemblait à l'esclavage spirituel. A ces éléments de troubles il faut encore ajouter cette circonstance que les classes moyennes parvinrent à ce moment à exercer une décisive influence sur la composition de la chambre des communes, dans le sein de laquelle il se forma bientôt une redoutable opposition, comptant dans ses rangs des patriotes tels que Coke, Digges, Elliot, Philipps, Selden, Sandys, Pym, etc., lesquels s'étaient de bonne heure promis de rétablir en vigueur la grande charte du roi Jean, en lui faisant subir les modifications réclamées par l'esprit du temps. En présence de ces embarras, Jacques n'hésita point à se jeter dans les bras de l'Église épiscopale, qui à ses yeux avait le grand mérite de sympathiser avec ses idées politiques. Il toléra les catholiques; mais il persécuta ouvertement les puritains. Les jésuites, qui espéraient beaucoup d'un changement de souverain, organisèrent en 1605 la fameuse conspiration des poudres, dirigée tout autant contre le monarque que contre une chambre des communes infectée de puritanisme. Leurs menées déterminèrent le parlement à rendre une loi qui, indépendamment du *serment de suprématie*, imposait aux ecclésiastiques l'obligation de prêter un serment de fidélité à la couronne (*oath of allegiance*); serment devenu à partir de 1610 obligatoire pour tous les fonctionnaires publics. C'est aussi de cette même année 1610 que date la mésintelligence profonde qui depuis lors ne cessa de régner entre le roi et le parlement. Aux demandes de subsides que lui adressait Jacques, cette assemblée répondait par des refus jusqu'à ce qu'il eût été fait droit aux griefs du peuple. Jacques, voyant dans ces votes systématiques une atteinte à ses prérogatives, ne voulut point céder; et les communes ne lui accordèrent plus que d'insignifiants subsides, dont l'exiguïté était rendue encore plus sensible par l'esprit de profusion qui régnait à la cour. Les taxes arbitraires de tous genres auxquelles le gouvernement avait recours pour fournir à ses prodigalités portèrent au comble le mécontentement, en même temps que l'alliance contractée par Jacques Ier avec l'Espagne, et l'indifférence avec laquelle il vit son gendre l'électeur palatin, prince protestant, succomber en Allemagne dans sa lutte contre l'élément catholique, le firent tomber dans le plus complet mépris.

Jacques Ier n'avait pas à lutter contre moins de difficultés en Écosse, où il s'était profondément aliéné la partie presbytérienne de la population en rétablissant de son autorité privée la dignité épiscopale, et en contraignant le parlement à introduire dans le culte des changements conformes à l'esprit de l'Église épiscopale.

La situation de l'Irlande était tout aussi menaçante. Jacques s'était proposé d'opérer la réconciliation de ce pays avec l'Angleterre au moyen de réformes politiques, en tête desquelles figuraient des garanties pour la liberté individuelle et une entière sécurité à donner à la propriété. A cet effet, il supprima les rapports de féodalité existant entre les seigneurs et leurs tenanciers, dont il fit de la sorte des hommes libres et égaux à tous égards aux Anglais. Mais la façon arbitraire dont il fut procédé à cette mesure véritablement émancipatrice n'aboutit qu'à provoquer un profond mécontentement, suivi d'une insurrection qu'il fallut réprimer par la force. Toute résistance ayant cessé, Jacques, sans se soucier des représentations et des protestations du parlement irlandais, procéda alors à ces confiscations de la propriété en masse dont l'odieux souvenir pèse encore aujourd'hui sur l'Irlande comme une malédiction. Dans les provinces du nord, on n'y confisqua pas moins de deux millions d'acres de terre aux seigneurs; et la province d'Ulster tout entière fut abandonnée en proie à des colons anglais.

C'est à l'époque où ces troubles intérieurs étaient à leur apogée qu'eut lieu le premier essai de véritable colonisation tenté par les Anglais dans l'Amérique du Nord. Déjà, sous Élisabeth, Walter Raleigh y avait fondé, en Virginie, un premier établissement, qui, faute d'hommes et d'argent, avait complétement échoué. Mais l'extension toujours plus grande des relations commerciales, et surtout les persécutions religieuses, y conduisirent alors de nombreux aventuriers, qui bientôt firent avec la mère patrie un important commerce de pelleteries et de tabac.

Charles Ier, fils et successeur de Jacques Ier (1625-1649), partageait de tous points les idées de son père. Les Anglais et les Écossais le soupçonnaient même d'avoir de secrètes tendances catholiques; aussi le parlement lui déclara-t-il tout d'abord la guerre en lui refusant les subsides dont il avait besoin, et en le sommant d'avoir à faire droit aux griefs de la nation. Comme son père, Charles Ier vit là une attaque directe à sa prérogative; il eut recours à des emprunts, à des dons volontaires, à des concussions de tous genres, et surtout à la création de taxes illégales. C'est dans cet état d'hostilité flagrante entre lui et le parlement que ce prince ne craignit point de se jeter dans les aventures d'une guerre contre la France et l'Espagne; mais les armements qu'elle nécessita et les pertes qu'il essuya au siége de la Rochelle en 1627, le jetèrent dans de tels embarras financiers, que force lui fut de finir par céder; et en échange de la sanction qu'il donna en 1628 au célèbre *bill of rights*, devenu l'une des bases les plus essentielles des libertés publiques de la nation anglaise, le parlement lui vota d'importants subsides. Mais le roi donna la mesure du mépris qu'il persistait à faire des droits du parlement, en prononçant avec colère la dissolution de cette assemblée au milieu de ses travaux législatifs, parce qu'elle avait refusé de sanctionner un impôt arbitrairement établi sur les poids et mesures et sur le tonnage. Quinze années s'écoulèrent alors sans que Charles Ier songeât à convoquer un autre parlement; et pendant ce long espace de temps ses ministres dirigeants furent Thomas Wentworth, comte de Strafford, pour les affaires politiques, et l'évêque William Laud pour les affaires ecclésiastiques. Les taxes arbitrairement établies alors ne purent être perçues chez certains contribuables réfractaires qu'avec l'assistance de la force armée; et pour donner à la violence une apparence de légalité, les juges de la chambre étoilée décidèrent qu'en procédant ainsi le roi avait agi dans les limites de ses droits. Cette blessure si profonde faite au sentiment de la légalité rendait désormais impossible toute réconciliation entre le roi et son peuple. Une fermentation, telle qu'il s'en déclare toujours à la veille des grandes révolutions, se manifesta dans toutes les classes de la population. Toutefois, la tempête vint du point de l'horizon d'où elle était le moins attendue. Le roi, voulant anéantir en Écosse le presbytérianisme, qui lui était odieux, imposa dans ce pays, en 1637, l'usage d'une liturgie de la façon de Laud, qui n'était autre qu'une traduction de la liturgie épiscopale anglaise. Les Écossais ayant fait entendre d'inutiles doléances contre cet acte tyrannique, qui les violentait dans leur conscience, établirent en 1638 à Édimbourg un gouvernement révolutionnaire, dont la première démarche fut de rédiger et de publier ce qu'on appela le *covenant*; acte qui contenait l'ancien symbole de foi des presbytériens de 1580, et qui fut adopté par toute la nation. Après d'inutiles négociations, on prit les armes des deux côtés. Les Écossais envahirent l'Angleterre, battirent en août 1640 les troupes royales sur les bords de la Tyne, et conclurent avec les pairs anglais un traité aux termes duquel le parlement d'Angleterre fut constitué arbitre du différend. Ce parlement ouvrit ses séances le 3 octobre 1640. Sauf les individus placés dans la dépendance personnelle des évêques, les membres de l'une et de l'autre chambres, épiscopaux, presbytériens et puritains, étaient tous d'accord pour réclamer qu'il fût mis fin à l'état d'illégalité où on se trouvait depuis si longtemps, et insistaient pour qu'il fût enfin fait droit aux griefs de la nation. Les communes débutèrent par demander la mise en accusation des ministres, dont deux, Laud et Strafford, périrent plus tard sur l'échafaud; et en même temps elles déclarèrent coupables de trahison tous fonctionnaires publics, officiers royaux, etc., qui essayeraient de faire exécuter les actes illégaux ordonnés par le roi, et les rendirent personnellement responsables des réparations civiles qu'entraîneraient les actes illégaux auxquels ils auraient participé, indépendamment des fortes amendes prononcées contre eux au profit du trésor public.

Ce fut là un rude coup porté à l'autorité royale. Charles, en voyant le parlement en agir avec lui avec tant de résolution, perdit courage, et sanctionna non-seulement un bill qui fixait à trois années la durée de chaque parlement, mais encore, en mai 1641, une autre loi qui rayait du nombre de ses prérogatives celle de dissoudre la législature.

Un gouvernement révolutionnaire se trouva de la sorte constitué en fait. Après la suppression de la haute commission et de la chambre étoilée, et après l'abolition de l'odieux impôt de tonnage prélevé sur les navires, le parlement conclut avec les Écossais, à la date du 7 août 1641, un arrangement qu'on n'avait tant retardé que pour pouvoir profiter de la présence de l'armée écossaise et exercer avec son appui une pression de plus sur l'autorité royale. Les Écossais obtinrent 300,000 livres sterling d'indemnité; le *covenant* fut maintenu et une amnistie générale publiée. Le péril n'eut pas été plus tôt détourné de ce côté qu'éclata en Irlande une effroyable conspiration, qui exerça sur le cours des événements une influence décisive.

Charles Ier avait suivi aussi dans ce malheureux pays la politique de son père. A l'aide du serment de suprématie qu'on rattachait à l'exercice du droit de succession, les plus révoltantes confiscations avaient eu lieu aux dépens des grands propriétaires catholiques; et le gouverneur Strafford avait même été jusqu'à tenter de confisquer la province de Connaught tout entière, pour la transformer en domaine de la couronne. Les victimes de ces affreuses violences mirent alors à profit les troubles intérieurs auxquels la Grande-Bretagne étaient en proie pour secouer le joug, et prirent les armes, le 23 octobre 1641, sous les ordres de Roger More et d'O'Neale. Environ 50,000 Anglais protestants périrent égorgés dans l'espace de quelques jours, sur les divers points de l'île. A la réception de cette affreuse nouvelle, le roi se vit contraint d'abandonner au parlement la direction des mesures à prendre contre l'Irlande révoltée, car il manquait tout à fait des ressources qui lui eussent été nécessaires pour organiser et mettre sur pied une armée. Alors le parlement leva des troupes et vida les arsenaux; mais il se garda bien d'envoyer en Irlande les troupes qu'il se trouva avoir ainsi à sa disposition, car en ce moment même la cour et le haut clergé méditaient évidemment une violente réaction. Au mois de décembre 1641, une scission profonde ayant éclaté entre le roi et le parlement au sujet de l'exclusion des évêques de la chambre haute, la cour se retira à York, où la noblesse vint se grouper autour du trône et se préparer à la guerre civile, qui effectivement éclata dans l'été de 1642, et qui fut d'abord entremêlée de revers et de succès pour chaque parti, les troupes royales manquant de vivres et de munitions, et l'armée du parlement d'habitude de la guerre. En juin 1643, les Écossais, restés jusqu'alors spectateurs passifs du conflit, conclurent avec le parlement une convention aux termes de laquelle le maintien de la royauté était à la vérité garanti, mais qui stipulait en même temps en faveur des libertés nationales et assurait à l'Église presbytérienne le libre exercice de son culte dans chacun des trois royaumes. La constitution presbytérienne de l'Église fut ensuite introduite même en Angleterre, et au mois de janvier 1644 un corps écossais considérable vint grossir les rangs de l'armée du parlement. De son côté, le roi avait essayé de renforcer l'armée rangée sous ses drapeaux en convoquant à York, en janvier 1644, un parlement composé de ceux des membres de la chambre haute et de la chambre basse sur le dévouement desquels il croyait pouvoir compter. Mais en dépit des sacrifices immenses faits en sa faveur par la noblesse et par le clergé, il lui fut impossible de continuer à lutter contre le parlement, appuyé sur les masses populaires. D'ailleurs, l'esprit qui régnait dans les deux armées différait de point en point. Dans le camp des troupes royales, les excès, le maraudage, l'insouciance chevaleresque; dans celui des parlementaires, la discipline la plus sévère, l'intime conviction qu'on ne combattait que pour la plus grande gloire de Dieu et pour obéir à un devoir de conscience. Le 2 juillet 1644 les troupes royales, commandées par le prince Ruprecht, fils de l'électeur-palatin Frédéric, essuyèrent une déroute complète dans les plaines de Marstonmoor. La discorde, qui à ce moment se glissa dans les rangs de l'armée parlementaire, et qui gagna même le parlement, sauva seule l'armée de Charles Ier et sa cause d'une ruine complète. C'est à ce moment qu'on vit pour la première fois se produire dans le parlement et dans son armée un parti encore peu nombreux, dont les adhérents, désignés sous le nom d'Indépendants, songeaient déjà à pousser les changements politiques et ecclésiastiques bien plus loin que la foule ou ce qu'on appelait les *presbytériens* et ne rejetaient pas seulement tout symbole de foi et tout culte, mais encore la royauté et toute distinction sociale entre les hommes. Olivier Cromwell, Vane, Fiennes et Saint-John étaient les chefs de ce parti. Une fois qu'ils eurent réussi à éloigner de l'armée les comtes d'Essex, de Manchester, de Warwick, de Denbigh et autres presbytériens zélés, ce fut Thomas Fairfax qu'ils appelèrent à en prendre le commandement; et Cromwell, lieutenant général, se trouva alors libre d'inculquer aux soldats le fanatisme religieux et politique dont il était lui-même animé. Cette redoutable armée battit encore complétement les troupes royales, le 14 juin 1645, à Naseby; de sorte que dans le cours de cette même année les différents corps isolés qui tenaient encore pour le roi se trouvèrent complétement dissous, et que toutes les places fortes tombèrent les unes après les autres aux mains des parlementaires. En mai 1646 il ne restait plus à Charles Ier d'autre ressource que d'aller se réfugier parmi les Écossais, qui, en janvier 1647, le livrèrent au parlement contre le payement des subsides qui leur étaient dus.

Une fois le roi prisonnier, la guerre civile se trouvait, à bien dire, terminée. Le parlement chercha donc à se débarrasser de l'armée; mais, à l'instigation de Cromwell, celle-ci s'organisa pour la résistance; et en août 1647, en violation formelle de toutes les lois, elle occupa Londres. Le fanatisme qui se développa alors dans ses rangs était de la nature la plus effrayante; une nouvelle secte religieuse, celle des *levellers* ou niveleurs, compromit tellement la discipline, que Cromwell lui-même dut la noyer dans le sang. L'armée avait su s'emparer de la personne du roi: elle négociait avec lui le rétablissement du trône; mais Charles Ier refusait toujours de donner aux officiers des garanties contre toutes recherches ultérieures au sujet de leurs actes. Pendant la crise révolutionnaire, ces négociations se trouvèrent rompues, et elles n'aboutirent en définitive qu'à accroître encore les haines qui régnaient dans l'armée contre la personne du monarque. C'est alors que la mort du roi fut résolue. Au mois de janvier 1648, sous la pression de la soldatesque et des Indépendants, le parlement dut déclarer que toute négociation nouvelle qu'on ouvrirait avec le roi constituerait un acte de haute trahison. A la nouvelle de cette menaçante résolution, diverses provinces et les Écossais eux-mêmes coururent aux armes. Tandis que Cromwell marchait à la rencontre de ces derniers, le parlement, redevenu libre de ses mouvements, entamait avec le roi de nouveaux pourparlers, qui se prolongèrent beaucoup trop, par suite des scrupules théologiques que manifesta Charles Ier. Cromwell trouva ainsi le temps d'envoyer le général en chef Fairfax occuper de nouveau Londres, le 6 décembre, à la tête de forces imposantes. Le 6, deux régiments, commandés par le colonel Pride, assaillirent le parlement. Quarante-sept de ses membres, appartenant au parti presbytérien, furent jetés en prison, et quatre-vingt-seize autres mis à la porte; de sorte que la chambre basse ne se composa plus guère que de soixante membres, tous Indépendants exaltés. C'est devant ce parlement, surnommé le parlement *croupion*, que les officiers, maintenant maîtres absolus de la position, instruisirent le procès du roi. Les seize pairs de la chambre haute ayant repoussé le bill d'accusation, on établit une commission de cent-cinquante membres, entièrement composée d'Indépendants, et qui, le 27 janvier 1649, condamna le roi à mort, comme coupable de tyrannie et de haute trahison. Charles Ier mourut le 30 janvier, non moins victime de ses propres imprudences que d'une soldatesque fanatique et de l'astucieuse politique de Cromwell.

Le gouvernement militaire se trouva alors tout fondé. La chambre haute fut abolie; on institua un conseil d'État, composé de quarante et un membres, et dont faisaient partie les plus influents d'entre les officiers; enfin, le 7 février 1649 une décision du parlement abolit la royauté. L'attention des hommes qui occupaient le pouvoir se porta tout d'abord sur l'Irlande, jusqu'à présent à peu près oubliée, et où le marquis d'Ormond continuait à tenir pour la cause royale. Les Irlandais se disposant à proclamer le prince de Galles roi sous le nom de *Charles II*, Cromwell partit pour l'Irlande, au mois de septembre 1649, avec le titre de lord-lieutenant, et comprima ce mouvement en versant des torrents de sang. Les Écossais, à qui les tendances des Indépendants répugnaient souverainement, entrèrent en négociations avec Charles II; puis, ce prince ayant juré le *covenant* et fait d'importantes concessions, ils le proclamèrent roi d'Écosse en juin 1650. Le parlement nomma alors Cromwell général en chef des armées républicaines; et celui-ci, après avoir envahi l'Écosse à la tête d'un corps d'élite, battit les Écossais le 3 septembre 1650, à Dunbar, puis un an plus tard, à Worcester, Charles II, qui dans l'intervalle avait à son tour envahi l'Angleterre. L'Écosse fut alors traitée tout à fait en pays conquis. On l'incorpora à la république; cependant on lui permit d'envoyer ses représentants à Londres. L'Irlande, où Ireton et après sa mort Ludlow achevèrent l'œuvre de la répression, éprouva le même sort. Les colonies d'Amérique, Terre-Neuve exceptée, reconnurent la république; et beaucoup de puissances continentales recherchèrent l'alliance et l'amitié de ce riche et puissant État, que de simples bourgeois gouvernaient avec une si étonnante énergie. Les Provinces-Unies, faisant mine de vouloir épouser les intérêts de Charles II, alors errant en Europe, il en résulta avec eux une collision par suite de laquelle fut publié, en octobre 1651, à l'instigation de Cromwell et de Saint-John, le célèbre *acte de navigation*, qui à l'origine n'était dirigé que contre le commerce des Hollandais. En mai de l'année suivante éclata entre les deux pays une guerre acharnée, dans laquelle Blake fonda la gloire et la puissance de la marine britannique. En dépit de son heureuse activité, le parlement n'en restait pas moins pour le peuple un objet de défiances, parce que ses membres se montraient en même temps trop préoccupés du soin de consolider de plus en plus leur influence personnelle. Enfin, au commencement de l'année 1653, le parlement résolut de se débarrasser de l'armée, devenue plus que jamais pour lui un embarras. Il ordonna son licenciement, et décida que son personnel serait réparti entre les divers équipages de la flotte. Ce coup d'audace ne put dissimuler sa faiblesse. Cromwell convoqua aussitôt tous les officiers en conseil de guerre, et on y rédigea une adresse par laquelle le parlement était sommé d'avoir à se dissoudre pour laisser à d'autres le soin de prendre les mesures réclamées par l'intérêt général.

Les membres du parlement ayant menacé les pétitionnaires d'un procès de haute trahison, Cromwell, le 20 avril 1653, entra en compagnie d'un certain nombre de soldats dans la salle des séances, et, sans autrement de façons, en expulsa les députés « pour la plus grande gloire de Dieu ». Le peuple ne comprit pas tout ce qu'il y avait d'odieux dans cet attentat; il ne vit dans ce premier acte de la dictature militaire que l'aurore de la liberté publique. Alors, aux termes d'un décret du conseil de guerre, une assemblée de cent trente-neuf individus, dont cinq pour l'Écosse et six pour l'Irlande, fut convoquée pour le 4 juillet suivant, à l'effet d'exercer pendant une durée de quinze mois la puissance législative. Cette convention, appelée, du nom d'un de ses membres, le parlement *Barebone*, se composait d'un ramassis d'enthousiastes imbéciles et ignorants, la fine fleur du fanatisme. Comme elle se disposait à constituer la république en lui donnant pour base la loi de Moïse, Cromwell la dispersa dès le 12 décembre. Le conseil de guerre décréta alors une constitution qui accordait à Cromwell, pour le restant de sa vie, l'autorité d'un roi constitutionnel, sous la dénomination de lord *Protecteur*, et le libre exercice de leur religion à tous les partis, sauf les papistes et les épiscopaux.

Cromwell, ayant conclu la paix avec les Provinces-Unies le 5 avril 1654, réunit un nouveau parlement, qui, aux termes de la constitution nouvelle, se trouva composé de quatre cents Anglais, de trente Écossais et de trente Irlandais; mais après cinq mois à peine d'existence cette assemblée fut également dissoute, parce qu'elle faisait mine de vouloir discuter et contrôler les actes du Protecteur. Alors se développa un effroyable système d'oppression. Les individus désignés par la notoriété publique comme royalistes se virent confisquer la dixième partie de leurs propriétés; l'Angleterre tout entière fut divisée en douze cantons, à la tête de chacun desquels on plaça un gouverneur militaire, investi de pleins pouvoirs pour les affaires civiles comme pour les affaires militaires. Ces majors généraux (*general majors*), comme on les appelait, tous créatures du Protecteur et à sa dévotion, levaient les impôts, confisquaient les propriétés des suspects, et ordonnaient des exécutions capitales suivant que bon leur semblait. A l'effet de détourner l'attention de la nation vers ses intérêts extérieurs, Cromwell, d'accord avec la France, commença en 1655 contre l'Espagne une guerre dans laquelle les Anglais s'emparèrent de la Jamaïque, et en 1658 de Dunkerque, l'une et l'autre enlevés aux Espagnols, indépendamment de richesses immenses. Cependant le mécontentement du peuple contre la dictature allait toujours croissant, en raison surtout de ce que du second parlement, qu'il réunit en septembre 1656, Cromwell exclut encore, à l'aide de la force armée, cent soixante presbytériens ou républicains rigides. Au mois de mars 1657, cette assemblée mutilée offrit la couronne à Cromwell; et celui-ci n'ayant pas osé l'accepter, une constitution nouvelle fut rédigée, qui donnait au lord Protecteur le droit de désigner son successeur. Cette nouvelle constitution ordonnait en outre la création d'une chambre haute, dans laquelle vinrent siéger les officiers supérieurs. Mais comme ce parlement, d'après l'interprétation qu'il donnait à la constitution, se disposait à accueillir les cent soixante membres qui en avaient été précédemment exclus, il fut dissous tout à coup par le Protecteur irrité. Les républicains méditèrent dès lors une révolution nouvelle, pendant que les royalistes et les catholiques, réduits à dissimuler leur foi, organisaient une insurrection générale des provinces, et que l'armée elle-même ne faisait pas mystère de son profond mécontentement. Les officiers supérieurs qui avaient quelque ambition ou étaient doués de quelque résolution de caractère, ou encore ceux que leur ardent républicanisme rendait peu commodes à manier, furent ou congédiés ou commissionnés, soit en Écosse, soit en Irlande. En outre, la situation de l'Écosse était toujours des plus critiques, et il ne fallait pas moins qu'une armée considérable pour l'empêcher de se proclamer indépendante. Quant à l'Irlande, depuis longtemps ce n'était plus qu'un monceau de ruines; aussi la profonde exécration dont le Protecteur y était l'objet ne pouvait-elle guère être réellement dangereuse. Après la pacification de cette île, ou mieux, après sa *conquête*, environ quarante mille individus dans la force de l'âge et en état de porter les armes s'étaient vus condamnés à s'expatrier; des provinces entières avaient été dépeuplées, et abandonnées en proie à des soldats et à des colons anglais. Enfin, Cromwell en était venu jusqu'à former le projet de concentrer toute la population de l'Irlande sur la rive droite du Shannon, projet qui échoua malgré l'impitoyable rigueur avec laquelle on tenta de l'exécuter.

Cromwell n'eut pas le temps d'assister à l'explosion de la fermentation générale. Il mourut le 3 septembre 1658, et le conseil d'État confirma son incapable fils, Richard, dans la dignité de *Protecteur*. A peine celui-ci eut-il convoqué le parlement, que les chefs de l'armée se liguèrent contre lui et cette assemblée; et le 25 mai 1659 ils le contraignirent à abdiquer. Le beau-frère du *Protecteur*, le général Fleetwood, républicain ardent et de plus millénaire, qui attendait de la meilleure foi du monde la venue de la cinquième monarchie ou la domination des Saints, joua dans cette nouvelle révolution le rôle le plus important avec l'ex-général Lambert, homme profondément ambitieux. Les officiers, ayant résolu de donner à la nation une autre forme de gouvernement, commencèrent par convoquer le 8 mai l'ancien parlement *croupion*, dont le 13 octobre suivant ils prononcèrent encore une fois la dissolution, parce qu'il parut vouloir en finir avec la dictature militaire. Fleetwood, Lambert et Desborough s'emparèrent alors des grandes charges, et pour donner quelque durée au despotisme militaire, instituèrent une commission de sûreté (*Committee of safety*), chargée du gouvernement suprême. L'intervention inattendue du général Monk mit enfin un terme à cette anarchie, objet d'étonnement et d'horreur pour le peuple. Monk était gouverneur en Écosse; décidé en secret à rétablir Charles II sur son trône, il marcha, à la tête de six mille hommes de troupes choisies, sur la capitale, accompagné dans sa route par les vœux et les encouragements de toute la population. Le 3 février 1660 il occupa, sans avoir eu besoin de brûler une amorce, Londres, où était réuni le parlement *croupion*. Monk feignit de vouloir s'entendre avec cette assemblée; mais le 21 février il y fit rentrer les presbytériens expulsés en 1648, mesure qui enleva aux Indépendants la majorité qu'ils y avaient jusque alors conservée, et qui les détermina à s'éloigner. Aussitôt après, le parlement rapporta les lois d'exclusion et d'exil portées contre la famille des Stuarts, élut un conseil composé de trente et un individus dévoués au roi, et prononça le 17 mars sa propre dissolution, après avoir convoqué un nouveau parlement pour le 25 avril suivant. Les partisans que les Indépendants comptaient dans l'armée n'osèrent rien tenter contre cette manifestation imposante de la volonté nationale, surtout parce que les troupes se trouvaient disséminées sur une foule de points. Le nouveau parlement entra donc en négociations avec Charles II, alors à Bréda; et quand ce prince eut promis une amnistie générale, de même que de respecter les droits nouveaux acquis par la nation, il fut proclamé solennellement à Londres, le 8 mai, en qualité de roi des trois royaumes. Comme tous les partis étaient las de l'anarchie et du despotisme militaire, la restauration fut accueillie avec une joie aussi générale que sincère. Le parlement, qui avait abrogé toutes lois rendues au détriment du trône pendant le cours de la révolution, négligea même de bien tracer les limites de cette autorité royale qui avait donné lieu à tant de débats. Dans cette omission se trouvait le germe de nouveaux orages comme aussi d'une nouvelle révolution, qui devait profiter davantage aux intérêts généraux de la nation. Quelque peu de profit que l'Angleterre et l'Écosse eussent tiré, au point de vue général de la politique, de la douloureuse révolution par toutes les phases de laquelle il leur avait fallu passer, on ne saurait contester que les événements que nous venons de raconter développèrent d'une manière extraordinaire les forces vitales intérieures du pays. La prépondérance prise par l'élément démocratique adoucit les aspérités provenant de la différence des nationalités, des mœurs et des castes; elle fusionna des intérêts jusqu'alors ennemis, et la lutte passionnée engagée au nom de l'intérêt public eut pour résultat de réveiller et de raffermir l'énergie politique de la nation. C'est à partir de ce moment que le zèle jaloux pour le maintien des libertés publiques devient le trait distinctif du caractère britannique. Ajoutons pourtant que la vie politique n'avait pas pu se développer sans accroître les dépenses de l'État. A la mort de Cromwell les revenus publics s'élevaient à deux millions de liv. st., et suffisaient à peine pour couvrir les dépenses.

La restauration procéda d'abord avec une modération relative. Il n'y eut guère plus d'une dizaine des plus compromis d'entre ceux qui avaient joué un rôle dans la condamnation de Charles Ier qui expièrent sur l'échafaud leur participation au régicide. L'armée fut licenciée, et la liturgie et l'épiscopat furent rétablis avec quelques modifications. On rendit à l'Écosse son indépendance politique; il est vrai que cette mesure n'avait d'autre but que de pouvoir mieux tenir le pays en bride. Le commissaire royal Middleton détermina le parlement d'Écosse à annuler par son acte rescisoire (*rescissory act*) tous les décrets, lois et arrêtés rendus depuis 1633, qui avaient pu porter atteinte aux prérogatives royales; mesure qui eut pour conséquence d'abolir le *covenant* presbytérien et d'introduire l'épiscopat en Écosse. Mais le nouveau parlement anglais de 1661, où le gouvernement avait su assurer la majorité aux épiscopaux, se montra impitoyable dans la réaction. Après avoir rappelé les évêques dans la chambre haute, et après avoir rendu l'acte dit *de corporation*, qui, par l'obligation qu'il imposait aux presbytériens et aux républicains de prêter un serment répugnant à leur conscience, les déposséda même des simples fonctions municipales dont ils pouvaient encore être revêtus, il vota le fameux acte d'uniformité (*Act of uniformity*). Cette loi odieuse, qui contraignait le clergé anglais à déclarer sous la foi du serment qu'il pensait en matière d'articles de foi comme la haute Église, remit en pleine vigueur les anciennes et affreuses lois de persécution rendues par Élisabeth contre les non-conformistes, et jeta de nouveau le pays dans les dissensions religieuses. En un seul jour 2,000 presbytériens abdiquèrent leurs fonctions ecclésiastiques. Le chancelier **Clarendon** fut le promoteur principal de cette persécution. En même temps le catholicisme se produisait ouvertement et de la façon la plus menaçante à la cour, commençant déjà à se mêler aux intrigues de la politique, tant intérieure qu'extérieure. Des sympathies catholiques, des besoins d'argent et des plans secrets de révolution jetèrent le roi dans les bras de Louis XIV, qui, en 1662, réussit même à obtenir la cession de Dunkerque moyennant une somme de cinq millions de livres. Des motifs analogues portèrent Charles II à déclarer, en 1664, à la république protestante des Provinces-Unies une guerre impolitique, à laquelle mit fin, le 21 juillet 1667, le traité de paix de Bréda. La conclusion, en 1668, d'une triple alliance protestante entre l'Angleterre, la Suède et les Pays-Bas, contribua à calmer jusqu'à un certain point les inquiétudes que le peuple éprouvait pour le maintien du protestantisme dans la Grande-Bretagne; mais en 1669 on vit arriver tout à coup à la direction des affaires, sous la présidence de Shaftesbury, le ministère entièrement vendu à Louis XIV et si odieusement fameux sous le nom de ministère de la *cabale*, qui, d'accord avec le duc d'York, frère du roi, poursuivit systématiquement l'exécution d'un vaste plan tramé pour la restauration du catholicisme et du pouvoir absolu en Angleterre. Conformément à un traité secret conclu avec la France, le roi, à la surprise de toute la nation, déclara de nouveau en 1672, et sans motifs, la guerre aux Pays-Bas; mais dès le mois de février 1674 les défaites successivement essuyées par les armées anglaises amenaient la conclusion de la paix.

Cependant les discussions les plus violentes avaient aussi éclaté entre le parlement et la *cabale*. Dans la session de 1673, le roi se vit forcé de retirer un édit de tolérance rendu en faveur des catholiques et d'accorder au peuple le célèbre acte dit du test (*Test act*), aux termes duquel tous le fonctionnaires publics et tous les officiers de l'armée durent déclarer sous la foi du serment qu'ils ne croyaient point au mystère de la transsubstantiation dans la communion. Les catholiques, et jusqu'au duc d'York, qui avait publiquement abandonné le protestantisme, durent donner leur démission, et le ministère de la *cabale* se trouva dissous. Un certain Titus Oates, homme d'ailleurs méprisable à tous égards, vint alors faire devant le parlement des révélations sur une conspiration catholique, qu'on prétendait avoir pour but l'assassinat du roi et en même temps de faire arriver le duc d'York au trône. En dissolvant le parlement, le roi coupa court à de plus amples révélations sur une intrigue dans laquelle lui-même et toute la cour se trouvaient mêlés; mais la nouvelle chambre des communes fit preuve d'encore plus de résolution et d'énergie que la précédente, et proposa formellement d'enlever au duc d'York ses droits d'héritier présomptif de la couronne; projet qui n'échoua que contre la fermeté du roi et de la chambre haute. Avant que Charles II eût eu le temps de dissoudre le parlement, celui-ci rendit encore, en 1679 le célèbre acte de l'*Habeas corpus*, qui mettait désormais la liberté personnelle des citoyens à l'abri des persécutions et de l'arbitraire de la cour. C'était là une mesure d'autant plus urgente, qu'en 1680 la cour jeta complétement le masque, et qu'en l'absence du parlement commença alors une effrayante réaction catholique et royaliste. Le duc d'York remplaça en fait son faible frère à la direction des affaires, et prit aussitôt une foule de mesures qui portaient atteinte à l'indépendance des tribunaux, traitaient les presbytériens à l'égal de criminels politiques, et enlevaient à Londres ainsi qu'à d'autres grandes villes leurs franchises et leur administration municipale. Des conspirations, tant réelles que supposées, furent découvertes; et on condamna à mort, à la suite de scandaleux procès, des coupables et des innocents, tels que lord Russell, Algernon Sidney, Essex, Shaftesbury. Malgré ces troubles intérieurs, le genie de l'industrie nationale et l'esprit de colonisation notamment ne laissèrent point que de faire de notables progrès pendant la restauration.

C'est de cette époque, où les haines de partis étaient devenues si ardentes et si profondes, que date l'emploi des dénominations de *whigs* et de *tories*. Les partisans du protestantisme et de la constitution reçurent de leurs adversaires le sobriquet de *whigs*, tandis que les hommes dévoués à la cour recevaient celui de *tories*. Cependant peu à peu on en est venu à réserver ces dénominations aux deux partis aristocratiques, et plus ou moins conservateurs, qui, suivant la faveur de la cour ou de l'opinion publique, se succèdent alternativement à la direction des affaires. Les sanglantes persécutions qui signalèrent les dernières années du règne de Charles II intimidèrent tellement les whigs, qu'ils n'osèrent point, au mois de février 1683, s'opposer à l'avénement de **Jacques II** au trône. Mais tous les partis s'attendirent alors à voir éclater bientôt la plus violente réaction dans l'Église comme dans l'État, surtout le parlement qui se rassembla en mai suivant étant entièrement composé de tories et d'hommes dévoués à la cour. Après avoir cruellement réprimé l'insurrection tentée par le duc de Monmouth, fils naturel de Charles II, la cour commença à démasquer hardiment ses projets. La dissolution du parlement eut lieu; des catholiques furent appelés à occuper la plupart des hauts emplois, et on suspendit les lois précédemment rendues contre eux. Le catholicisme, avec ses évêques et ses jésuites, se montra partout à visage découvert, et on essaya même de nommer des jésuites aux chaires qui vinrent à vaquer dans les deux universités. Enfin, en 1687, le roi imposa aux Écossais, et une année plus tard aux Anglais, un *acte de tolérance* qui accordait aux catholiques complète égalité de droits avec les épiscopaux. Cette loi avait pour but de légitimer l'exécution des mesures réactionnaires qu'on méditait et de préparer les voies à un retour complet de la nation à la foi catholique. La fermentation, la haine pour le gouvernement, et la confusion que l'*acte de tolérance* provoqua en Écosse et en Irlande furent sans bornes. L'espoir de voir l'influence catholique diminuer à l'avénement d'un nouveau roi parut perdu à jamais quand il naquit à Jacques II un fils, dont la tardive survenue fut d'ailleurs considérée alors par tout le monde, à l'exception des catholiques, comme une de ces grandes fraudes que la raison d'État autorise et justifie quelquefois, à ce qu'on prétend. Les filles de Jacques II, princesses toutes deux protestantes, dont l'aînée, Marie, avait épousé le *stathouder* de Hollande, le prince Guillaume d'Orange, et l'autre le prince Georges de Danemark, se voyaient ainsi dépouillées de leurs droits successifs éventuels. Tel fut le motif qui détermina enfin le prince Guillaume d'Orange, auquel les protestants s'étaient depuis longtemps adressés, à débarquer le 5 novembre 1688 à Torbay à la tête d'une flotte de 500 voiles et d'une armée de 15,000 hommes, à l'effet d'intervenir dans les affaires de la Grande-Bretagne pour la défense des droits de sa femme. Après quelques hésitations, il fut accueilli avec enthousiasme non-seulement par le peuple, mais encore par l'armée et la flotte. Dès le 18 décembre il faisait son entrée solennelle à Londres, sans avoir eu besoin de brûler une amorce, tandis que Jacques II, abandonné maintenant de tous, était réduit à prendre la fuite. Aux termes d'une décision rendue par la chambre haute, le prince d'Orange prit alors la direction des affaires, puis convoqua le dernier parlement qui s'était trouvé réuni sous Charles II, et auquel on remit la décision à rendre sur la question de la vacance du trône. Cette assemblée, après avoir déclaré que Jacques II avait perdu tous ses droits à la couronne, attribua le trône à la princesse Marie, conjointement avec son époux, mais en stipulant que celui des deux qui gouvernerait serait le prince Guillaume, et que s'ils venaient à mourir sans laisser d'enfants, la couronne ferait retour à la princesse Anne. En même temps Guillaume dut donner sa sanction à une loi qui, sous la désignation de *Declaration of rights* (Déclaration des droits), traçait des limites bien précises à l'exercice de l'autorité royale, et qu'on a considérée depuis comme le pilier soutenant tout l'édifice des libertés du peuple anglais. La Convention nationale écossaise, elle aussi, le 11 avril 1689, fit proclamer Guillaume roi, mais sous la réserve que l'épiscopat, la suprématie de l'Église anglicane et le droit du roi de nommer aux fonctions ecclésiastiques seraient abolis à jamais. C'est alors seulement, après cette seconde catastrophe de la royauté, que la révolution se trouva définitivement close, le droit public fondé, et une conciliation pacifique assurée aux intérêts religieux.

La grande influence que l'avénement de Guillaume III donna aux whigs dans les affaires désaffectionna plus particulièrement les *tories*, et accrut le nombre des partisans de la dynastie déchue, qu'on désigna dès lors sous le nom de *jacobites*. En 1689 le parlement rendit un grand acte de tolérance, en vertu duquel tous les dissidents (*dissenters*), les sociniens exceptés, obtinrent le libre exercice de leur culte. Les catholiques, il est vrai, restèrent encore en dehors de la loi commune; mais on cessa du moins de les persécuter. Dans cette session il fut aussi rendu un *bill* relatif aux céréales (*cornbill*), qui permettait la libre exportation des grains à certains prix et qui même l'encourageait au moyen de primes. Enfin, on opéra une importante modification dans la loi de finances, en séparant pour toujours la liste civile des autres dépenses de l'État et en accordant au roi pour sa vie durant un revenu annuel de 700,000 liv. st. (17,500,000 fr.). La nation et le roi portèrent alors toute leur attention sur les affaires de la politique extérieure. Sous le règne des Stuarts, la France était devenue la rivale de l'Angleterre sur les mers, et par sa politique de conquêtes Louis XIV menaçait les intérêts anglais en même temps qu'il soutenait la cause de Jacques II. Or, avant que Guillaume III, d'accord avec l'empereur et les Provinces-Unies, pût commencer la guerre, Jacques II débarqua en Irlande à la tête de 5,000 Français, et soumit toute cette île. Ce ne fut qu'avec une extrême difficulté qu'on parvint à faire rentrer les Irlandais dans le devoir et à les contraindre à reconnaître pour roi Guillaume III, après que le maréchal de Schomberg leur eût fait essuyer une déroute complète en juillet 1690, sur les rives de la Boyne. Ils ne se soumirent que parce qu'on leur garantit le libre exercice de leur culte comme avant Charles II. A ce moment seulement l'Angleterre se trouva en mesure de commencer tout à la fois par terre et par mer la lutte contre la France. La paix de Ryswick, que la France épuisée fut réduite à signer en septembre 1697, ne fut cependant guère qu'une satisfaction personnelle donnée aux rancunes de Guillaume III, et les avantages qu'elle valut à l'Angleterre ne furent nullement en rapport avec l'immensité des efforts que la nation avait dû faire; aussi fut-elle généralement mal vue. Le parlement chercha en conséquence à limiter de plus en plus l'action de l'autorité royale. Dès 1694 il avait réussi à établir la triennalité des parlements; maintenant il réduisit à un effectif de 10,000 hommes l'armée nationale, considérée comme un instrument de despotisme. Toutefois, la haine que la nation anglaise portait à Louis XIV était trop profonde pour que Guillaume III, lorsque la lutte recommença à propos de la succession d'Espagne, ne pût pas compter sur l'appui du parlement. Ce prince mourut au milieu des préparatifs qui se faisaient pour la guerre, et légua le soin d'humilier la France à sa belle-sœur, la reine Anne (1702-1714).

En effet, peu après les armées anglaises recommencèrent avec succès la lutte tout à la fois dans les Pay-Bas, en Allemagne et en Espagne. Pendant ce temps-là s'effectua aussi un important changement intérieur : la réunion complète de l'Écosse à l'Angleterre, opérée le 6 mai 1707, en vertu d'un acte d'union à la rédaction duquel participèrent les parlements respectifs des deux pays, qui sous le nom de *Grande-Bretagne* ne formèrent plus dès lors qu'un seul et même royaume, régi par la loi de succession protestante. Bien que depuis ce traité l'Écosse ait fait de rapides progrès dans le développement de ses forces nationales, cet acte demeura longtemps l'objet des regrets et de la haine des *jacobites*. La France, profitant de cette situation des esprits, mit des secours de tous genres à la disposition du prétendant Jacques III, qui se faisait appeler maintenant *le chevalier de Saint-Georges*, et en mars 1708 ce prince tenta un débarquement en Écosse avec des forces imposantes. Toutefois, l'amiral Byng fit avorter cette entreprise, qui eût pu avoir des suites si fatales. Toutes les tentatives faites jusque alors pour arriver à la conclusion de la paix avaient échoué, quand survint un événement qui pour le moment modifia complétement la politique de l'Angleterre. Une cabale de cour amena la disgrâce complète de la famille de Marlborough, et par suite celle de tout le parti *whig*. A l'administration du comte Godolphin succéda, en 1710, un ministère *tory*, dont les chefs étaient Harley, le comte d'Oxford et Saint-John, vicomte de Bolingbroke. Un parlement nouveau fut également convoqué, dans lequel les tories obtinrent une majorité décidée. Les négociations suivies avec la France pour le rétablissement de la paix prirent notamment la tournure la plus sérieuse, quand lord Oxford vint remplacer Marlborough dans le commandement de l'armée des Pays-Bas. Le 11 avril 1713 la paix fut signée à Utrecht avec la France, et le 13 juillet suivant avec l'Espagne. La France céda à l'Angleterre la baie d'Hudson, une partie de l'île Saint-Christophe, Terre-Neuve et la Nouvelle-Écosse tout entières, et reconnut la succession protestante. L'Espagne, de son côté, fut obligée d'abandonner Gibraltar et Minorque et de confirmer le traité d'*Assiento*. La marine française, d'ailleurs, n'était plus que ruines, tandis qu'à la fin de cette guerre la marine de la Grande-Bretagne se composait de 232 bâtiments de haut bord, portant 9,954 bouches à feu, et montés par 54,000 matelots. Depuis lors l'Angleterre est demeurée la dominatrice des mers; et son commerce, son industrie, prirent tout aussitôt le plus gigantesque développement.

A la mort de la reine Anne (1714), l'électeur de Hanovre fut appelé à monter sur le trône de la Grande-Bretagne, conformément à l'acte de succession protestante de 1701, qui assurait la couronne d'Angleterre aux descendants protestants de Jacques Ier, et prit le nom de Georges Ier (1714-1727). Les *tories* furent alors remplacés à la direction des affaires par les *whigs*. Walpole prit les rênes de l'administration; et pour donner satisfaction à l'opinion publique, un compte sévère fut demandé aux derniers ministres à l'occasion de la signature du traité d'Utrecht. Cette mesure accrut le nombre et la force du parti jacobite; des troubles graves éclatèrent au nord de l'Angleterre. En Écosse le comte de Marr, à la tête de 1,500 jacobites, leva l'étendard de l'insurrection; au mois de décembre 1715 le prétendant s'y rendit même de sa personne et se fit proclamer roi. Tous ces efforts, dans lesquels l'intérêt catholique jouait un grand rôle, échouèrent cependant contre le dévouement dont le parlement fit preuve pour la dynastie nouvelle; ils n'aboutirent qu'à faire écraser le parti qui osait les tenter et à consolider la dynastie en la rattachant de plus en plus à l'intérêt national. En considération du dévouement dont le parlement venait de faire preuve dans cette crise redoutable, la cour fit adopter en 1715, mais non pas sans difficulté, une loi qui prolongeait jusqu'à sept années la durée de cette assemblée et celle de toutes les assemblées nouvelles du parlement qu'on pourrait convoquer par la suite. Cette loi importante imprima à la législation un remarquable caractère de fixité, et contribua essentiellement à consolider la couronne, tout en la rendant plus dépendante de la volonté nationale. A partir de ce moment le rôle joué par la politique anglaise dans les complications extérieures fut tout pacifique, car la dette publique en était arrivée déjà au chiffre de 54 millions de livres st. avancés par les diverses compagnies commerciales. En 1719 la Compagnie de la mer du Sud obtint du parlement l'autorisation d'acquérir à certaines conditions tout le capital de la dette publique, et de créer à cet effet des actions représentant des parts d'intérêts dans les opérations commerciales entreprises par elle dans la mer du Sud. Un agiotage effréné ne tarda point à s'établir sur ces actions, qui émises au capital de 130 liv. st. atteignirent le cours de 1,000 liv. st., pour retomber presque aussi vite; d'où une perturbation générale dans les affaires.

L'avénement de Georges II (1727-1760) au trône n'amena point de changement dans la situation respective des partis. Les whigs ne négligèrent rien pour maintenir l'état de paix; mais en 1739, par suite d'intérêts commerciaux qui se trouvaient vivement froissés, le ministère se vit forcé de commencer contre l'Espagne une guerre, qui ne fut conduite de part et d'autre qu'assez mollement. Enfin, la guerre de la succession d'Autriche appela la Grande-Bretagne, comme garante de la pragmatique sanction, à prendre les armes dans ce grand débat. Elle commença par soutenir pendant longtemps Marie-Thérèse au moyen de subsides, puis, à la suite d'une révolution ministérielle provoquée par la retraite de Walpole, lord Carteret, du parti tory, fut nommé chancelier de l'échiquier; et la nouvelle administration qui se constitua alors déclara formellement la guerre à la France. Pendant que le roi en personne commandait avec succès sur le continent une armée anglo-allemande, la flotte anglaise battit la flotte française, le 22 février 1744, dans les eaux de Toulon. Dans la même année, la France tenta encore d'opérer un débarquement en Écosse avec une flotte nombreuse à bord de laquelle se trouvait le jeune prétendant Charles-Édouard, petit-fils de Jacques II; et cette fois encore la tentative ne fut point couronnée de succès. Toutefois, en juillet 1745, le jeune aventurier royal réussit à descendre en Écosse et à y déterminer une insurrection des jacobites, qui prit tout de suite le caractère le plus menaçant, parce que le pays se trouvait entièrement dégarni de troupes. Force fut au duc de Cumberland d'accourir en toute hâte des Pays-Bas avec des forces imposantes; et il comprima l'insurrection par la victoire qu'il remporta, le 27 avril 1746, à Culloden. Aux termes de la paix que la France, complétement épuisée, signa avec la Grande-Bretagne à Aix-la-chapelle, les deux parties belligérantes se restituèrent réciproquement leurs conquêtes. Mais les deux nations n'eurent pas plus tôt déposé les armes, que les hostilités recommencèrent sur les frontières de la Nouvelle-Écosse, et, pour la première fois dans l'histoire, sans déclaration de guerre préalable.

Georges III (1760-1820), avec le règne duquel commence l'époque la plus importante de l'histoire de la Grande-Bretagne, hérita de cette guerre commencée par son grand-père, et la termina le 10 février 1763, par l'avantageux traité de paix signé à Paris. La France fut forcée d'abandonner à l'Angleterre, le Canada, le cap Breton, les îles de Saint-Vincent, de la Dominique et de Tabago; l'Espagne, de son côté, dut lui céder la Floride; et l'Angleterre se fit en outre concéder par l'une et l'autre puissance d'importants avantages commerciaux. C'est de la guerre de sept ans que datent également les débuts des immenses conquêtes faites par les Anglais dans les Grandes-Indes, où lord Clive sut mettre à profit les déchirements intérieurs auxquels était en proie le Bengale pour soumettre à la domination de la Compagnie des Indes les trois royaumes de Bengale, de Bahar et d'Orissa. Cet événement eut pour résultat de faire refluer, vers la mère patrie des torrents de richesses, qui contribuèrent à y développer encore plus puissamment le commerce et l'industrie. Toutefois, ces avantages particuliers ne modifièrent en rien l'état de délabrement profond dans lequel les finances nationales étaient tombées depuis le commencement de la guerre. A ce moment déjà la dette publique se montait à 184 millions de livres sterling, et le peuple murmurait hautement de ce qu'on n'eût pas imposé à la France des conditions de paix autrement onéreuses, comme c'avait été le dessein de Chatam, qui de 1756 à 1761 avait eu la direction des affaires. C'est dans ces circonstances que le ministère Grenville eut l'idée de se créer des ressources nouvelles dans les colonies anglaises de l'Amérique du Nord; entre autres mesures, il augmenta les droits à l'importation, et résolut d'introduire l'impôt du timbre. C'étaient là assurément des charges qui n'avaient rien d'excessif; mais les colonies de l'Amérique du Nord, si elles étaient riches et florissantes, étaient animées aussi d'un vif sentiment d'indépendance. Jusqu'à ce moment elles avaient légalement exercé par l'intermédiaire de leurs assemblées provinciales le droit de s'imposer elles-mêmes; elles repoussèrent avec indignation le mode de taxation arbitraire dont on essayait à leur égard. Dans la métropole, tous les hommes animés de sentiments libéraux et patriotiques approuvèrent leur résistance, car ils devaient redouter que dans l'oppression des colonies le gouvernement trouvât les ressources nécessaires pour essayer de saper les bases mêmes de la constitution anglaise. Les ministères Grenville, Rockingham et Grafton se brisèrent l'un après l'autre contre les difficultés de cette grave question. En 1770 North arriva à la direction des affaires, et il supprima aussitôt toutes les taxes nouvelles, à l'exception de celle du timbre, que l'on s'acharna à maintenir. Dès lors l'aigreur et la violence allèrent toujours croissant de part et d'autre. Le 4 septembre 1774 se réunit à Philadelphie un congrès des colonies, qui interdit l'importation des marchandises venant de la métropole ou des Indes occidentales. A ce moment on prit les armes de chaque côté; et quand, le 4 juillet 1776, le congrès eut déclaré l'indépendance des treize États-Unis, la lutte sembla tout d'abord prendre une tournure favorable à la mère patrie. Cependant, la face des choses changea lorsque les colonies mirent en usage toutes les forces et toutes les ressources dont elles pouvaient disposer, et en 1778 une alliance intime qu'elles contractèrent avec la France fournit à cette puissance l'occasion de prendre sa revanche de ses récents désastres. En 1779 l'Espagne suivit son exemple, et vint faire cause commune avec les insurgés. Les puissances maritimes du Nord avaient en outre, pour la défense de leur commerce, conclu un traité de neutralité armée; et cette mesure irrita si vivement le gouvernement anglais, qu'il déclara la guerre à la Hollande quand il vit cette puissance y adhérer. Quelque immenses que fussent les ressources dont disposait l'Angleterre, il lui était impossible, sans exposer son propre territoire et ses colonies à de graves périls, de continuer la lutte contre presque toutes les puissances maritimes réunies. Au mois de mars 1782, North dut abandonner la direction des affaires à Rockingham, qui dès le mois de juillet suivant était remplacé par Shelburne. Celui-ci conclut le 30 septembre 1782 avec les colonies un traité séparé qui assurait leur complète indépendance. Au mois de septembre 1783 la paix générale fut signée à Versailles; elle rendit à la France Tabago, Gorée, Saint-Pierre et Miquelon, et à l'Espagne la Floride.

Au milieu de ces efforts extérieurs, l'Angleterre avait eu aussi à traverser de redoutables crises à l'intérieur. En 1779 l'Irlande se souleva, à l'instar des colonies de l'Amérique du Nord, en revendiquant la liberté du commerce et la liberté de conscience; ses populations s'armèrent en masse, sous prétexte de défendre le pays contre le débarquement d'une expédition française. Enfin, en 1782, après que les ministres eurent inutilement cherché à conjurer le danger par des avantages commerciaux, le gouvernement se vit réduit à consentir à l'abrogation de l'acte de 1720 en vertu duquel toutes les décisions du parlement d'Irlande étaient soumises à la sanction du parlement d'Angleterre. En même temps des restrictions importantes furent apportées à l'autorité du vice-roi ou gouverneur général, et l'Irlande acquit ainsi un peu plus d'indépendance politique.

Des troubles d'un autre genre éclatèrent en Angleterre et en Écosse. En 1778 le gouvernement avait enfin réussi à obtenir du parlement son consentement à l'abrogation des lois sévères portées dans les deux pays contre les catholiques. Le peuple y vit la menace et le péril d'une réaction catholique, et lord Gordon fonda en Écosse une association protestante, dont les menées provoquèrent en 1780, à

Londres même, la plus grave des révoltes de la part de la populace. La paix de Versailles ne blessa pas moins profondément les susceptibilités de l'opinion publique que celles du parlement. Cette guerre malheureuse, conduite d'un bout à l'autre avec le plus rare aveuglement, avait fait monter la dette publique à un total de 235 millions de livres sterling. Encore bien qu'on vît tout de suite qu'en réalité la perte des colonies ne préjudicierait nullement au commerce, cette dette ne laissait pas que de peser d'une manière effrayante sur la situation; en outre, à la paix, il avait fallu renoncer à tous les biens appartenant aux sujets britanniques, à ceux qu'on appelait les *loyalistes*, et situés dans les colonies. C'est dans ces circonstances qu'au mois de décembre 1783 Shelburne se vit contraint de céder la place à Pitt, qui resta longtemps à la tête des affaires au milieu des plus graves complications politiques.

Pendant les quelques années de paix dont il fut alors donné à la Grande-Bretagne de jouir, une foule d'idées réformatrices, tant dans la politique que dans le domaine de la philanthropie, se produisirent au sein du parlement, où les whigs, avec Fox et Burke à leur tête, formaient la plus remarquable opposition qu'on eût encore vue. Mais ce mouvement progressif s'arrêta brusquement, dès qu'on put s'apercevoir que les idées et les événements de la révolution française excitaient au sein des populations anglaises les plus vives sympathies. Les deux partis aristocratiques, *whigs* et *tories*, à qui une modification dans la constitution de l'État eût fait perdre les avantages de leur position politique et sociale, se coalisèrent aussitôt pour combattre l'esprit démocratique à l'intérieur et à l'extérieur. L'exécution capitale de Louis XVI fit éclater la crise. Quand on en reçut la nouvelle, l'ambassadeur français eut ordre de quitter sur le champ le sol anglais; et le 1er février 1793 la Convention nationale française déclarait la guerre tout à la fois à la Grande-Bretagne, à la Hollande et à l'Espagne. La lutte commença dans les Pays-Bas, où les Anglais partagèrent les chances des coalisés, et sur mer, où le pavillon anglais maintint sa suprématie. La flotte française de la Méditerranée fut aux trois quarts anéantie par Hood et Howe. Pour lui aider à triompher de la fermentation intérieure, le parlement accorda au gouvernement la suspension de l'*Habeas corpus*, le bill des étrangers et d'autres lois d'exception; ce qui, joint à des taxes de plus en plus écrasantes, porta l'exaspération du peuple à son comble. Mais dès 1795 la Prusse et l'Espagne concluaient la paix avec la république française; la dernière de ces puissances et la république batave signèrent même avec la France une alliance défensive et offensive. Par le traité de Campo-Formio, en 1796, l'Autriche se retira également du nombre des puissances belligérantes, et l'Angleterre se trouva alors réduite à un isolement presque complet. Des accidents intérieurs de la nature la plus menaçante vinrent encore aggraver sa position; l'esprit d'insubordination et de révolte se manifesta à bord de la flotte du Canal, et gagna bientôt jusqu'aux flottes des Indes. La disette et la cherté des vivres firent éprouver de cruelles souffrances aux populations, et la banque de Londres se vit tout à coup réduite à suspendre ses payements. Si à un tel moment la victoire remportée par Nelson dans les eaux d'Aboukir (1-3 août 1798) put diminuer l'effroi causé en Angleterre par l'expédition française en Égypte, et si la Porte, la Russie, la Sardaigne et Naples vinrent alors successivement s'allier avec la Grande-Bretagne, d'un autre côté l'état où l'Irlande se trouvait à cet instant même faisait redouter les plus terribles catastrophes. Depuis longtemps une grande Union catholique s'était propagée dans toutes les parties de cette île et, secondée par la France, menaçait d'y mettre fin à la domination de l'Angleterre. Après l'insuccès de diverses tentatives de débarquement faites par des expéditions françaises, le gouvernement anglais se décida à désarmer l'Union et à punir ses meneurs; or, cette politique eut précisément pour résultat d'y provoquer pendant plusieurs mois la plus affreuse des guerres civiles en même temps que de nouvelles tentatives de débarquement de la part de la France. Ces événements forcèrent le gouvernement et le parlement à prendre enfin un parti décisif, et qui dans des circonstances moins périlleuses eût été impossible, à cause de la vivacité de l'antagonisme religieux existant entre les deux pays. Dans l'automne de 1800, un acte des deux parlements opéra la réunion complète et définitive de l'Irlande avec la Grande-Bretagne. Il fut stipulé que vingt-trois lords irlandais, dont quatre évêques, siégeraient dorénavant dans la chambre haute d'Angleterre, et que l'Irlande serait représentée à la chambre basse par cent députés; qu'il y aurait en outre désormais entière liberté de commerce entre les deux pays, qui jouiraient l'un et l'autre de la plus complète égalité de droits politiques. Il est vrai de dire que ce grand changement ne modifiait en rien la position de plus des sept huitièmes de la population de l'Irlande, à qui l'obligation du serment du *test* continuait d'interdire l'exercice de toute espèce de droits politiques.

Cependant, la Grande-Bretagne avait réussi à maintenir presque toute l'Europe coalisée contre la France. Les conquêtes opérées par les armées françaises appelèrent aux armes la Russie, l'Autriche et les princes allemands; et en 1799 la Hollande fut même le but d'une expédition maritime anglo-russe, aux ordres du duc d'York, mais dont le résultat fut négatif. A tous ces efforts l'ennemi répondait par des efforts peut-être plus grands encore. Aussi dès 1801 l'empereur et l'Empire se décidaient-ils à conclure à Lunéville leur paix particulière avec la France; Naples ne tarda point à en faire autant, et la Grande-Bretagne se trouva encore une fois dans l'isolement Elle n'en rejeta pas moins les conditions de paix que lui fit offrir son puissant ennemi, et même elle considéra comme une déclaration de guerre le traité de neutralité que la Russie, la Suède et le Danemark conclurent alors pour protéger leur commerce contre les actes de violence de la marine anglaise. En conséquence, Nelson reçut l'ordre, en 1801, de forcer le passage du Sund et d'aller attaquer la flotte danoise; mais la Prusse pendant ce temps-là occupa militairement le Hanovre. L'avénement de l'empereur Alexandre au trône de Russie mit fin à ces tiraillements entre les coalisés. Dès le mois de juin 1801 le cabinet britannique concluait avec la Russie un traité de navigation, auquel le Danemark et la Suède accédèrent peu de temps après; et des tendances à traiter de la paix se manifestèrent en même temps du côté de la France. Sans doute jusqu'à présent le commerce britannique n'avait en rien souffert de l'état de guerre où se trouvait l'Europe; mais sous l'administration de Pitt la dette publique, de 232 millions sterling, avait fini par atteindre le chiffre de 490 millions; et le budget annuel des dépenses publiques, de 12 millions de livres sterling, était arrivé à 28 millions. Pour faciliter la conclusion de la paix, Pitt, au mois de mars 1801, céda le ministère à Addington (Sidmouth); et le 27 mars 1802 celui-ci réussit enfin à amener la signature du traité d'Amiens. A l'exception de l'île de la Trinité et d'une partie de l'île de Ceylan, l'Angleterre restitua à la France, à la Hollande et à l'Espagne tout ce qu'elle leur avait enlevé pendant la guerre. La nécessité seule avait pu faire accepter les conditions de cette paix; les Anglais ne tardèrent point à comprendre quelle pression la France exerçait sur le continent avec son effrayante prépondérance, qui menaçait de leur fermer tous les ports de l'Europe. La nation, le parlement, l'aristocratie et le ministère s'aperçurent alors qu'il ne s'agissait plus seulement d'un principe politique, mais du commerce du monde et de l'existence même de l'empire britannique. Aussi la guerre fut-elle de nouveau déclarée à la France dès le 18 mai 1803, aux applaudissements de tous les partis. Toutefois, les premières hostilités ne furent pas suivies de grands résultats, parce que toute la puissance britannique dut se concentrer dans le Canal, à l'effet d'empêcher la tentative de descente dont l'Angleterre était alors menacée par la France. Aucun événement ne pouvait être plus conforme aux intérêts de l'Angleterre que les armements commencés par la Russie et la Suède peu de temps après l'avénement de Napoléon au trône. Le ministère Addington, dépopularisé par suite de son manque d'énergie, dut en mai 1804 céder la place à Pitt. Celui-ci déclara tout aussitôt la guerre à l'Espagne, qu'un traité secret liait à la France; et au mois d'avril 1805 il conclut avec la Russie un traité d'alliance offensive et défensive, tandis que Napoléon voyait repousser ses ouvertures de paix. Au commencement de l'année 1805 l'effectif de la marine britannique se composait de 907 bâtiments de guerre de haut bord, dont les moindres étaient armés de plus de dix canons. Le nombre des matelots s'élevait à 165,000; l'armée d'Europe, non compris les milices, à 143,000 hommes sous les armes. L'entretien de forces si imposantes accrut démesurément les charges de l'État; aussi Pitt se trouvait-il dans la situation la plus critique. Le budget de l'exercice 1805 évaluait la recette à 54 millions sterling, et la dépense à 74 millions. Tandis qu'au mois d'août de cette même année l'Autriche et la Suède accédaient enfin à l'alliance anglo-russe, et que commençait la lutte la plus gigantesque, Nelson anéantissait, le 21 octobre 1805, à Trafalgar les flottes française et espagnole. Mais ce triomphe fut impuissant à compenser les désastres que les coalisés essuyèrent dans la campagne d'Autriche, et après la paix de Presbourg (26 décembre 1806) Napoléon menaça plus que jamais la Grande-Bretagne. Celle-ci avait tout au moins besoin de repos pour réparer ses forces, sinon épuisées, du moins fatiguées. Le nouveau ministère qui se forma sous la présidence d'Addington, à la mort de Pitt (janvier 1806), ouvrit en conséquence tout aussitôt des négociations pour la paix; mais elles échouèrent, au très-grand détriment des intérêts britanniques. La lutte malheureuse engagée contre la France par la Prusse et par la Russie, qui se termina en juillet 1807 par la paix de Tilsitt; la dissolution de l'Empire d'Allemagne et la création de la Confédération du Rhin, enfin l'alliance de la Russie avec la France, ôtèrent encore une fois à la Grande-Bretagne tout appui sur le continent. Pour conserver tout au moins l'alliance de la Porte, l'amiral Duckworth reçut en février 1807 l'ordre d'entreprendre une démonstration formidable dans les Dardanelles; mais cet acte produisit précisément tout le contraire de l'effet qu'on s'en était promis. Les mêmes motifs amenèrent en septembre de la même année dans les eaux du Sund une flotte anglaise aux ordres de l'amiral Gambier, qui, conformément à ses instructions, réduisit en cendres une partie de la ville de Copenhague et enleva la flotte danoise. Cet attentat, qui souleva contre l'Angleterre l'indignation de toutes les nations, fut suivi de la part de la Russie et du Danemark d'une déclaration de guerre, à laquelle le gouvernement britannique répondit par la destruction d'une escadre russe et par la prise de possession des diverses colonies danoises. A ce moment, la Grande-Bretagne avait à lutter contre toute l'Europe, sauf le Portugal et la Suède; et au blocus continental elle ne put opposer qu'un vaste système de contrebande, impuissant toutefois à préserver son commerce d'une rapide décadence. Voyant bien où était le péril pour elle, l'Angleterre, quoi qu'il pût lui en coûter, n'hésita point à persévérer dans la lutte. De 1806 à mars 1807, c'est lord Howick (Grey) qui avait dirigé les affaires. A cette administration succéda le ministère Portland, dans lequel Canning déploya une rare énergie comme ministre des affaires étrangères.

Le nouveau cabinet essaya de rattacher les intérêts britanniques à ceux de la péninsule Pyrénéenne, devenue complétement la proie de la politique et des armes de la France. En même temps qu'il repoussait les ouvertures de paix de Napoléon et de la Russie, il envoyait en Portugal un corps de troupes anglaises aux ordres d'Arthur Wellesley, devenu plus tard duc de Wellington, et un autre en Espagne aux ordres de John Moore. Dès 1808 il est vrai celui-ci se voyait expulsé de la péninsule. Toutefois, la guerre qui en 1809 éclata entre la France et l'Autriche eut pour résultat d'affaiblir l'effectif des forces françaises en Espagne; et cette circonstance permit à Wellesley, agissant de concert avec les insurgés espagnols, de prendre un ascendant décisif sur les événements de la guerre dont ce pays était le théâtre. Non content de fournir des subsides considérables à l'Autriche, le cabinet de Saint-James avait en outre tenté pendant ce temps-là, avec un corps de 50,000 hommes, une diversion redoutable sur les côtes de la Hollande. Ces troupes débarquèrent le 30 juillet 1809 dans l'île de Walcheren, détruisirent Flessingue, mais se virent bientôt contraintes à se rembarquer. La paix conclue à Vienne en octobre 1809 porta, malgré tous les efforts de l'Angleterre, la puissance de Napoléon et la grandeur de la France à leur comble. Le système continental, auquel la Suède, après son changement de souverain, avait également fini par accéder, ne pouvait guère être maintenu avec une grande rigueur qu'en apparence. En revanche, la fortune des armes se déclara alors dans la Péninsule contre les troupes anglaises, qui vers la fin de l'année 1810 en étaient réduites à l'occupation de Cadix et de Lisbonne. C'est sur mer seulement que la Grande-Bretagne conservait toujours sa formidable supériorité vis-à-vis de la France, à qui elle enleva à ce moment ses dernières colonies. Les changements de personnes qui s'étaient affectués depuis la fin de 1809 dans les hautes sphères du pouvoir n'amenèrent point de modifications dans les opérations militaires. Après la mort de Portland, arrivée en décembre, Perceval prit avec Liverpool la direction des affaires; et par suite de l'incurable état de démence dans lequel tomba alors Georges III, la régence fut déférée en 1811 au prince de Galles, d'abord sous certaines restrictions, mais à partir de 1812 avec tous les pouvoirs de la royauté. Au moment où ce changement s'accomplissait, les whigs avaient espéré arriver au pouvoir; mais, contre toute attente, le prince régent s'appuya alors sur les tories, et après l'assassinat de Perceval, en mai 1812, il appela lord Liverpool à la présidence du cabinet, en même temps que Castlereagh prenait le portefeuille des affaires étrangères. Peut-être bien à ce moment, en raison de la misère de plus en plus grande à laquelle la Grande-Bretagne était en proie, l'étoile de Napoléon l'eût-elle emporté en dépit de tous les efforts du plus acharné de ses adversaires, si le conflit qui survint entre la France et la Russie n'avait pas complétement modifié la position. Le cabinet de Saint-James profita bien vite des dispositions d'esprit où se trouvait l'empereur Alexandre pour conclure, au mois de juillet 1812, un traité d'alliance offensive et défensive avec la Russie, avec laquelle elle était en état de guerre depuis 1808; et la Porte ottomane, de son côté, accéda à ce traité. La lutte colossale que Napoléon engagea en 1812 contre la Russie amena enfin pour la puissance française cet instant fatal de la décadence dont tous les efforts tentés jusqu'alors par l'Angleterre n'avaient pu hâter la venue. Après la retraite de Moscou, le ministère anglais redoubla, s'il est possible, d'efforts pour décider les puissances continentales humiliées à se coaliser une fois de plus contre la France. La lutte générale ne put recommencer que grâce aux subsides fournis par le cabinet anglais; mais bientôt le théâtre des opérations militaires se trouva transporté sur le sol même de notre pays. Enfin, la Grande-Bretagne vit le traité de paix signé à Paris (30 mai 1814) couronner de résultats aussi brillants que solides ses vingt années d'efforts et de sacrifices. Napoléon et la révolution avaient été entraînés dans la même ruine; la France était vaincue et pour longtemps humiliée. Toutes les mers, tous les ports, toutes les côtes étaient de nouveau accessibles aux navires de l'Angleterre. Désormais il ne pouvait plus surgir en Europe de question politique qui pût être tranchée d'une manière contraire à ses intérêts. Les agrandissements de territoire que cette paix valut à l'Angleterre, indépendamment de ses conquêtes dans l'Inde, furent énormes. La France dut lui abandonner Malte, Tabago, Sainte-Lucie, l'île de France et les Séchelles; la Hollande, Démérary, Esséquébo, Berbice, le cap de bonne Espérance et toute l'île de Ceylan; le Danemark, l'île d'Helgoland. Les îles Ioniennes furent en outre placées sous son protectorat. Le retour de Napoléon de l'île d'Elbe et la guerre qui s'en suivit ne valurent à l'Angleterre d'autre profit que la gloire de Waterloo. Le rétablissement de la paix générale amena aussi la cessation des hostilités avec les États-Unis, qui à partir de 1812 s'étaient opposés aux actes de violence que les bâtiments de guerre anglais se permettaient à l'égard des neutres. De part et d'autre la guerre avait été conduite sans succès bien décisifs, lorsque la paix fut conclue à Gand, à la fin de 1814. Aux termes de ce traité, les États-Unis demeurèrent exclus du commerce des Indes orientales.

Quelque puissante que l'Angleterre fût sortie de cette véritable lutte de géants, quelque inépuisables que parussent les ressources dont elle avait fait usage, tout aussitôt après la conclusion de la paix un état de malaise profond se manifesta au sein des populations britanniques, en proie à la famine et à la misère. La guerre avait eu pour résultat de porter le chiffre de la dette publique à plus de 800 millions st., et le poids écrasant de cette dette se faisait sentir jusque dans les classes inférieures. De mauvaises récoltes firent hausser le prix des grains, que déjà la nouvelle législation sur les céréales avait contribué à surélever. Enfin, le système du blocus continental avait provoqué sur le continent une plus grande activité industrielle; et les marchandises anglaises, dont il avait été fabriqué des masses énormes, ne trouvaient point de débouchés suffisants. Les tumultueuses assemblées populaires, les émeutes et les actes de violence commis par les prolétaires affamés, se succédaient sans cesse; et l'administration tory ne savait opposer à ces manifestations du malaise social que la suspension de l'*Habeas corpus*, des restrictions à la liberté de la presse, l'interdiction des réunions publiques et du port d'armes. Le parlement ne sanctionna d'ailleurs qu'à contre-cœur ces diverses mesures. Les ministres ayant fait disperser par la force une assemblée populaire des ouvriers de Manchester tenue le 16 août 1818, plusieurs centaines d'hommes périrent dans cette tragique collision. Cette répression impitoyable surexcita encore davantage la haine des classes laborieuses pour les tories, et une formidable agitation se produisit parmi les classes moyennes elles-mêmes. Le 13 février 1820 on découvrit une conspiration tramée par un certain *Thistlewood* dans le but d'assassiner les ministres.

C'est au milieu de cette agitation des esprits que Georges IV monta sur le trône, le 16 janvier 1820. Tandis que le procès de divorce intenté par ce prince à sa femme, née princesse Caroline de Brunswick, augmentait encore l'irritation populaire contre la cour et les ministres, les complications produites par les révolutions d'Espagne, de Piémont, de Naples et de Portugal menaçaient de troubler aussi la paix à l'extérieur. Les tories étaient restés fidèles à la politique continentale. S'ils n'avaient point osé adhérer à la Sainte-Alliance, ils n'en avaient pas moins appuyé les résolutions prises par les congrès de Troppau et de Laybach, parce qu'ils voyaient dans la force prêtée au principe de la légitimité la consolidation de l'aristocratie britannique. A la mort de Castlereagh (12 août 1822), Canning fut appelé à prendre le portefeuille des affaires étrangères. Au principe d'intervention des puissances continentales cet homme d'État opposa tout de suite le système de la non-intervention, et il s'efforça, quoiqu'en vain, de mettre obstacle à l'entrée en Espagne d'une armée française, chargée de détruire dans ce pays le gouvernement constitutionnel. Par la déclaration de neutralité de l'Angleterre, il prépara les voies à la reconnaissance de l'indépendance de la Grèce; et le 1er août 1825 il reconnut officiellement celle des nouvelles républiques qui avaient surgi dans l'Amérique espagnole. En ce qui touche la politique intérieure, l'administration nouvelle manifesta aussi une tendance visible à donner satisfaction aux besoins et aux vœux de l'opinion publique. Déjà, pendant la guerre, la traite des nègres avait été abolie et prohibée; en 1824 le ministère proposa et fit adopter une loi qui assimilait ce trafic infâme au crime de piraterie. C'était là un acheminement à l'émancipation des esclaves. Canning et le premier lord de la trésorerie, Huskisson, déployèrent la plus active sollicitude pour favoriser les développements du commerce et pour amener des réductions dans les dépenses publiques; aussi le calme se rétablit-il peu à peu dans le pays, en même temps que les sessions parlementaires devenaient moins orageuses. Une effroyable crise commerciale provoquée par l'agiotage effréné qui s'était établi sur les actions, de même que par les résultats des premières opérations commerciales engagées avec les nouvelles républiques de l'Amérique du Sud, amena vers la fin de 1825 d'énormes faillites, mais passa sans exciter de troubles publics, surtout parce que le gouvernement eut en 1826 le bon esprit d'abaisser les droits à l'importation des grains étrangers, quand les grains produits en Angleterre atteignaient un certain prix. Toutefois, la situation de l'Irlande, où le nombre des crimes politiques semblait s'accroître en proportion de la misère des populations, était toujours des plus alarmantes, en même temps qu'elle excitait les sympathies de tous les hommes modérés. Peu de temps après le rétablissement de la paix générale, Daniel O'Connell avait déjà fondé parmi les Irlandais une Association catholique ayant pour but d'obtenir l'émancipation politique des catholiques, toujours systématiquement repoussée par les tories. En 1824 Canning ne craignit pas non plus de proposer au parlement un bill qui rétablissait les catholiques dans l'exercice de leurs droits; mais ce projet fut rejeté par la chambre haute. La retraite de Liverpool en avril 1827 et son remplacement comme premier ministre par Canning ne purent donc qu'accroître les espérances que nourrissaient les catholiques de se voir enfin rendre justice. La modification survenue dans le cabinet entraîna la retraite de Wellington, de Peel, de Bathurst, etc.; et Canning se trouva ainsi libre de constituer une administration dont fit partie le libéral duc de Clarence, héritier présomptif de la couronne. Pendant que la chambre haute se prononçait aussitôt avec passion contre ce nouveau ministère et apportait des restrictions à l'importation des grains étrangers, la chambre basse le saluait comme le précurseur de grandes et salutaires réformes. Mais Canning étant venu à mourir en août 1827, après avoir signé au mois de juin précédent avec la France et la Russie un traité relatif à l'émancipation de la Grèce, un temps d'arrêt eut lieu alors dans le mouvement réformateur.

Lord Goderich, qui prit les rênes de l'administration, dut se retirer dès le mois de janvier 1828 à la suite des désagréments que lui valurent la direction imprimée aux affaires du Portugal et la bataille de Navarin; et Wellington fut appelé à constituer un nouveau cabinet, dont Robert Peel fut la pensée directrice. La politique d'hésitation et d'impuissance qu'il suivit dans les affaires gréco-turques de même que dans celles du Portugal, où dom Miguel, tout aussitôt après le départ d'un corps de troupes que Canning y avait envoyé, renversa le trône et la constitution, excita un profond mécontentement. En outre, à la seule nouvelle du changement ministériel qui avait eu lieu, une vive agitation avait éclaté en Irlande, où chacun comprenait qu'il ne fallait plus espérer des réformes, mais s'attendre à de nouveaux actes de compression. L'Association catholique, qui s'était dissoute, s'y reconstitua immédiatement, tandis que de leur côté les protestants y organisaient des associations orangistes et des clubs de Brunswick. Dans cette situation critique, Wellington, pour empêcher ses adversaires de donner à l'émancipation des catholiques un caractère plus large et plus vraiment libéral, quand ils seraient au pouvoir, se décida à présenter lui-même cette mesure au parlement. Au mois de février 1828, Peel commença par proposer à la chambre des communes l'abrogation de l'acte du *Test*; et cette mesure une fois adoptée, il présenta un bill qui accordait aux catholiques, sous l'obligation d'un serment de fidélité, l'égalité des droits politiques, en ce sens qu'ils pouvaient désormais être admis à siéger dans le parlement. Ce bill, qui ne passa d'ailleurs qu'avec une difficulté extrême et qui excita le plus vif mécontentement dans le parti tory, fut accueilli par des démonstrations d'enthousiasme dans toutes les classes du peuple.

Depuis l'époque de la révolution française, les idées libérales en matières politiques s'étaient d'autant plus largement développées en Angleterre, que la constitution essentiellement aristocratique de ce pays formait un plus frappant contraste avec la grande liberté personnelle dont les classes moyennes y ont toujours joui. La situation opprimée des classes inférieures, l'état misérable de l'Irlande, et la longue durée d'une administration tory, constamment hostile à toute réforme, ne pouvaient que donner plus de force à ces tendances réformatrices. Dès l'époque de Pitt, l'organisation et la constitution décrépites du parlement avaient été l'objet de nombreux plans de réforme. Pour que les intérêts généraux de la nation s'y trouvassent véritablement représentés, pour qu'une administration plus exempte de préjugés, moins préoccupée d'intérêts privés, pût se produire, il fallait que la chambre basse subit une complète transformation. Dans la chambre haute, les pairs siégeaient non point à titre de représentants de la nation, mais bien comme représentant chacun individuellement ses intérêts propres, sauf les pairs écossais et irlandais, lesquels n'agissaient que comme délégués de leur ordre. Dans la chambre basse, on voyait bien les députés des bourgs et des comtés, et ils exerçaient même exclusivement le droit de consentir l'impôt, mais le mode d'élection et la composition de cette assemblée en étaient arrivés à un tel état de corruption, que le vrai peuple avait complétement perdu toute participation à l'œuvre législative. Quand le peuple, dans des circonstances importantes, voulait faire connaître ses vœux et ses besoins, il lui fallait recourir à la voie des pétitions, à la presse, à d'imposantes réunions, qui fournissaient facilement au gouvernement des prétextes pour appliquer dans toute leur rigueur les lois existantes, et pour empêcher ainsi qu'il fût autrement question des griefs qui avaient donné lieu à ces démonstrations. Dans les comtés, les élections étaient complétement livrées aux influences aristocratiques. La haute noblesse, propriétaire de la plus grande partie du sol et en même temps pourvue dans les provinces de toutes les fonctions de quelque importance, en profitait pour faire élire ses fils cadets ou ses créatures en qualité de membres de la chambre des communes; et de la sorte les siéges au parlement étaient devenus pour ainsi dire héréditaires dans certaines familles. La représentation des villes n'était pas moins vicieuse. Un grand nombre de villes, et des plus importantes du pays, ne possédaient pas le droit de nommer un député au parlement, parce qu'elles n'existaient point encore à l'époque où les priviléges électoraux avaient été concédés; ou bien, le nombre de leurs représentants n'était nullement en rapport avec leur importance actuelle. Beaucoup de villes, réduites par l'effet du temps à ne plus être que de petits bourgs (*rotten boroughs*), envoyaient au parlement un et quelquefois plusieurs députés, parce que ce droit leur avait été concédé jadis en raison de la population qu'elles avaient alors. En outre, dans les petites villes et dans les bourgs, la population dépendait ordinairement d'un seigneur foncier, à qui sa position permettait ainsi de disposer d'une place au parlement et même de la vendre. Beaucoup de ces bourgs *pourris* ne comptaient que *cent*, souvent même que *cinquante* électeurs, tous placés d'ailleurs sous la dépendance absolue du seigneur foncier. L'influence électorale exercée par l'aristocratie en était venue à ce point que sur les 513 députés envoyés au parlement tant par l'Angleterre que par le pays de Galles, il n'y en avait guère que *soixante-dix* qui tinssent leurs pouvoirs d'électeurs libres et indépendants! Grâce à ces abus d'influence et à d'autres encore, l'administration tory, malgré la haine dont elle était l'objet dans les masses, parvenait à conserver la majorité dans la chambre des communes.

Les whigs, devenus en général moins hostiles à la démocratie, parce qu'ils avaient plus longtemps siégé sur les bancs de l'opposition, se coalisèrent alors avec les défenseurs du peuple, à l'effet d'amener la réforme parlementaire et surtout la réforme de la loi électorale. Mais cette coalition semblait ne devoir être que temporaire. Tandis que les whigs, eux-mêmes partie intégrante de l'aristocratie, n'avaient en vue que la suppression des plus criants abus, un parti populaire nombreux projetait déjà une réorganisation radicale de la chambre basse. On demandait que les parlements fussent rendus annuels, le suffrage universel, le vote au scrutin secret, etc., et encore ne voyait-on là que les préliminaires de changements plus considérables. L'agitation produite dans le pays par la question de la réforme discutée dans de grandes assemblées populaires, acquérait des proportions de plus en plus menaçantes. Le parlement s'étant ouvert en février 1830, lord J. Russell présenta le 23 dans la chambre des communes une motion relative à la réforme parlementaire, qui fut rejetée par une majorité de 23 voix; mais cet échec même prouvait que le moment du triomphe n'était pas éloigné. L'irritation produite dans les classes populaires par le rejet de cette motion fut si grande, que le ministère essaya vainement de la faire cesser en abaissant sensiblement des taxes oppressives perçues sur certains objets de consommation de première nécessité. O'Connell, qui depuis l'émancipation des catholiques avait pris place dans la chambre des communes, présenta alors une motion tendant à améliorer la situation de l'Irlande au moyen du rappel de l'acte d'Union de 1800. Telle fut l'origine de la fameuse association du Rappel (*Repeal-Association*) en Irlande.

Georges IV mourut au milieu de cette surexcitation générale des esprits, le 26 juin 1830; et son frère, le duc de Clarence, que, en raison des principes qu'il avait jusque alors professés, on devait croire sympathique à la réforme parlementaire, monta sur le trône, sous le nom de Guillaume IV. Contre l'attente générale, Wellington conserva la direction des affaires; mais à quelque temps de là eut lieu la reconnaissance du gouvernement de Juillet en France par l'Angleterre, et cette concession faite à l'opinion produisit une heureuse influence sur le pays. Le parlement ayant été ouvert le 2 novembre 1830, la discussion relative à la fixation de la liste civile, par laquelle commença la session, laissa le cabinet en minorité, et il dut en conséquence se retirer. Le roi chargea alors Grey, whig modéré, mais homme ferme, de composer une nouvelle administration, dans laquelle entrèrent Palmerston, Brougham, Melbourne, Goderich, Althorp, etc. Dès le 3 février 1831 Grey proposa un bill pour la réforme du parlement, adopté plus tard il est vrai dans ses principales dispositions, mais qui fut rejeté alors à la suite d'une longue et violente discussion. Les ministres voulaient se retirer; mais le roi refusa leur démission, et prononça la dissolution du parlement le 22 avril. A la suite d'une lutte électorale des plus vives qu'on eût encore jamais vues, et dans laquelle le parti populaire l'emporta, le bill de réforme revint le 4 juillet devant la nouvelle chambre, et, après y avoir été l'objet de quelques amendements, passa à une majorité de 109 voix. Cependant, le 7 octobre la chambre haute le rejetait, et ce vote provoquait dans les masses une irritation qui dégénérait en redoutable émeute à Bristol. En novembre 1831, il se forma à Londres, sous la présidence de Burdett, une association dite *nationale*, devant servir de centre à toutes les autres associations politiques, et que son caractère dangereux décida le roi à dissoudre. Après une assez longue prorogation, pendant laquelle on négocia avec les tories modérés, le parlement reprit ses travaux en novembre, et le 23 mars 1832 la chambre basse adopta pour la seconde fois, à 116 voix de majorité, le bill, auquel on avait fait subir de légères modifications. La chambre haute ayant encore persisté dans son opposition, et s'étant mise à mutiler le bill par ses amendements, les ministres donnèrent leur démission. Wellington essaya bien de constituer une nouvelle administration; mais le 15 mai force lui fut de déclarer que tous ses efforts avaient été inutiles, et les whigs reprirent leurs portefeuilles. Enfin le 4 juin, en présence de l'attitude de plus en plus menaçante des masses, la chambre haute se décida à adopter le bill, et trois jours après, le 7, la sanction royale en faisait la loi du pays. Par la réforme, le nombre des électeurs se trouva porté à un *million*; 56 bourgs pourris perdirent leurs franchises électorales; dans les comtés, tous les francs-tenanciers (*freeholders*) à vie, possédant 10 liv. sterl. de revenu net, tous les propriétaires de baux (*copyholders*) et tous les fermiers ayant des baux de vingt ans et de 50 liv. sterl. de rente, furent déclarés électeurs. Dans les villes, le droit électoral était de même conféré à tout habitant payant soit un impôt pour maison, soit un impôt de portes et fenêtres, soit la taxe des pauvres, ou encore propriétaire d'une maison rapportant 10 liv. sterl. de revenu.

Les whigs auraient bien voulu s'en tenir à cette réforme, déjà si grande à leurs yeux et pourtant si modérée; mais les réformateurs appartenant aux classes populaires, les radicaux, qui, à bien dire, en avaient seuls rendu le triomphe possible, voulaient qu'on procédât sans désemparer aux réformes réclamées dans les autres parties de l'organisme social. Les ministres ne virent donc pas sans une vive inquiétude un assemblée nouvelle sortie pour la première fois du nouveau système électoral, remplacer l'ancien parlement. La session s'ouvrit le 5 févrięr 1833, et le déplorable état de l'Irlande fut la première question dont s'occupa la chambre nouvelle. Il s'était formé en effet dans ce pays des associations de catholiques qui refusaient systématiquement le payement de la dîme aux ministres de l'Église épiscopale, et qui employaient même la violence pour empêcher ceux qui avaient droit au payement de cette dîme de porter plainte devant la justice. Ces illégalités et d'autres encore déterminèrent Grey, qui d'ailleurs partageait tous les préjugés des tories à l'égard de l'Irlande, à présenter le bill dit de *coërcition*, qui, autorisait le lord lieutenant de ce pays à appliquer à certains cas d'émeutes les dispositions de la loi martiale. Les ministres eux-mêmes n'étaient point d'accord sur cette mesure; cependant le bill fut adopté après une vive discussion. Alors, pour donner aux esprits le temps de se calmer, le ministère soumit aux chambres le bill de réforme de l'Église protestante d'Irlande, qui supprimait les taxes ecclésiastiques, diminuait les revenus des bénéfices, affermait les propriétés foncières des évêchés, et supprimait un certain nombre d'évêchés et d'églises déclarés inutiles; et ce bill, qui blessait si profondément l'Église anglicane dans ses intérêts temporels, fut adopté avec quelques modifications de détail par les deux chambres. L'abolition du privilége de la Compagnie des Indes ne rencontra pas plus de difficultés; il fut décidé que le commerce de l'Inde et de la Chine serait désormais libre, et qu'aucune restriction ne serait apportée aux projets d'établissements dans les Indes orientales que des sujets anglais viendraient à former. Les ministres saisirent ensuite le parlement d'un bill relatif aux dîmes en nature, qu'on transformait, tant en Angleterre qu'en Irlande, en une redevance en argent. Ce bill ordonnait aussi qu'en Irlande les excédants du revenu des églises seraient employés à des dépenses d'utilité publique, notamment à l'entretien des écoles et au soulagement des pauvres. Cette dernière clause, dite *clause d'appropriation*, rencontra une vive résistance, non pas seulement parmi les tories, mais chez les protestants en général. Elle avait même choqué quelques-uns des ministres. Grey ayant appris alors que certains de ses collègues étaient entrés en négociations avec O'Connell au sujet du *bill de coërcition*, désapprouva cette démarche, et donna sa démission. Il fut remplacé par Melbourne. Ce changement de personnes n'entraîna pas la dislocation du cabinet; seulement, le *bill de coërcition* fut retiré. Le 16 août le parlement fut prorogé, à la suite du rejet par la chambre haute du *bill des dîmes* que la chambre basse avait adopté. Les tories mirent à profit cet intervalle pour irriter le peuple contre les ministres, en faisant appel à ses haines religieuses pour les catholiques et en lui représentant comme suspectes les relations du cabinet avec O'Connell. Ces dénonciations effrayèrent tellement le roi, que le 14 novembre 1834 il congédia brusquement ses ministres. Dans l'impossibilité de rallier autour de lui quelques whigs, Peel dut constituer alors un cabinet entièrement tory, et le 30 décembre la dissolution du parlement fut prononcée. Mais le nouveau parlement, qui se réunit le 19 février 1835, montra dès ses premières discussions que le cabinet ne possédait point sa confiance. Quelques propositions libérales de Peel, telles que la suppression des cours ecclésiastiques locales, l'autorisation donnée aux *dissenters* de se faire marier par d'autres que par les prêtres de l'Église épiscopale, furent bien adoptées; mais dans la discussion d'un autre bill des dîmes, lord J. Russell proposa qu'on y ajoutât la *clause d'appropriation*, et cet amendement ayant été adopté malgré la vive résistance des tories, les ministres déposèrent leurs portefeuilles en avril. Le roi recourut alors à Melbourne, qui reconstitua le cabinet avec ses anciens collègues. Le nouveau ministère puisa dans les dispositions que manifestait la chambre basse l'énergie nécessaire pour saisir le parlement d'une mesure de la plus haute importance. L'administration municipale se trouvait en Angleterre dans le plus déplorable état. Le plus souvent, les corporations municipales se nommaient et se recrutaient elles-mêmes, établissant des taxes arbitraires sur les habitants et mettant obstacle à ce qu'ils exerçassent leurs droits politiques. Russell présenta un bill qui soumettait les corporations municipales à la libre élection des populations et conférait le droit électoral municipal à quiconque payait un impôt municipal. Cette loi ne rencontra pas beaucoup d'opposition dans la chambre basse; mais les lords, voyant, comme toujours, dans les vieux abus un appui pour l'aristocratie, recoururent à une foule de voies détournées pour la mutiler dans ses principales dispositions. Cependant le peuple ayant fait les plus violentes démonstrations et ayant même parlé de supprimer la chambre haute comme un rouage inutile dans la constitution, celle-ci s'exécuta malgré qu'elle en eût, et adopta la loi. D'ailleurs, il fut impossible de la décider à sanctionner un troisième *bill des dîmes* adopté par la chambre des communes. En dépit de l'habileté déployée par les tories pour représenter au peuple les ministres comme faisant cause commune avec les catholiques, la session de 1836 prouva que les whigs n'avaient rien perdu de la confiance publique, quoique peut-être l'opinion eût voulu leur voir adopter des mesures plus énergiques. Quand la chambre basse eut adopté une motion ayant pour but la suppression des loges orangistes, dont les intrigues en étaient venues jusqu'à menacer le trône même, Russell la saisit d'un bill de réforme pour les corporations municipales de l'Irlande, au sein desquelles existaient des abus encore autrement criants que ceux auxquels on avait mis fin en Angleterre. Les lords se montrèrent extrêmement hostiles à ce bill, qui reproduisait les dispositions les plus essentielles du bill des corporations municipales d'Angleterre et confiait désormais l'administration des villes à des fonctionnaires tenant leurs pouvoirs de la couronne. Après de vives discussions, les ministres se virent obligés de retirer ce projet et quelques autres encore. Mais ce fut la direction donnée à la politique étrangère qui provoqua le plus d'attaques contre le cabinet. Dès le 22 avril 1834, un traité de quadruple alliance avait été signé entre l'Angleterre, la France, l'Espagne et le Portugal à l'effet de protéger l'ordre de choses existant dans la péninsule pyrénéenne contre les projets tout à la fois de don Carlos et de dom Miguel. A ce moment même, le colonel Évans fut autorisé à recruter une légion anglaise et à entrer avec elle au service du gouvernement constitutionnel de l'Espagne; or, les tories voyaient dans ce fait la négation du principe de la légitimité. La session parlementaire de 1837 s'ouvrit par de nouvelles discussions sur les affaires d'Irlande. La loi des pauvres proposée par Russell pour ce pays fut, il est vrai, adoptée par l'une et l'autre chambre à une grande majorité; mais la lutte recommença avec plus de vivacité que jamais au sujet du bill des corporations municipales et de celui des dîmes d'Irlande. C'est au moment où les passions étaient le plus excitées par ces débats, que mourut (20 juin 1837) le roi Guillaume IV; et cet événement, qui faisait perdre aux tories leur plus ferme appui, amena une trêve momentanée entre les partis. L'héritière du trône était la princesse *Victoria*, fille du feu duc de Kent, autre frère puîné de Georges IV, âgée alors d'à peine dix-huit ans.

Rarement avénement au trône avait encore eu lieu dans des circonstances aussi difficiles que celui de la reine Victoria (1837-1855); il fut cependant accueilli par toutes les classes de la population avec les démonstrations d'une joie vive et sincère, et il est exact de dire que depuis plusieurs siècles on n'avait pas vu de nouveau règne provoquer en Angleterre d'aussi vives sympathies. La nouvelle reine apportait au trône le renom d'une excellente éducation, du caractère le plus bienveillant, de l'esprit le plus distingué. Les amis de la liberté plus particulièrement espéraient beaucoup du nouveau règne, parce qu'il était de notoriété que toutes les affections privées de la reine la rattachaient au parti whig. A la suite des modifications profondes opérées depuis quelques années dans les institutions du pays, les vieux partis avaient subi une transformation complète. Il n'existait plus de *whigs* ni de *tories* dans l'ancienne acception de ces dénominations; et dans le parlement comme dans la nation, la lutte était bien moins entre des partis qu'entre des nuances d'opinions.

Le cabinet whig que la reine trouva aux affaires s'appuyait sur une majorité de coalition, dont les anciens whigs constituaient la principale force. Il crut pouvoir profiter de la disposition des esprits pour s'assurer une majorité plus homogène, et la dissolution du parlement fut prononcée. Les nouvelles élections, qui devaient assurer son triomphe, donnèrent lieu toutefois à une lutte des plus vives; et les tories firent de tels efforts pour paralyser dans cette circonstance l'influence ministérielle, que la majorité de 150 voix que le cabinet comptait dans l'ancienne chambre se trouva réduite à 30 ou 40 voix dans la nouvelle, dont l'ouverture eut lieu par la reine le 19 novembre 1837.

Le gouvernement avait à lutter contre d'immenses difficultés, provenant des complications d'événements des années précédentes. Un conflit des plus graves, auquel venaient en aide des antipathies nationales et religieuses, avait surgi au Canada entre le parlement local et la métropole. Le ministère sanctionna les mesures extrêmes que crut devoir prendre le comte Durham, envoyé sur les lieux avec des pouvoirs extraordinaires. Celui-ci déploya dans sa mission autant d'habileté que de vigueur; mais la tactique de l'opposition trouva dans ses actes l'occasion de déverser le blâme sur le ministère; et elle ne manqua pas non plus de le faire. En août 1838, une motion présentée à la chambre haute par lord Brougham pour faire déclarer que lord Durham, en condamnant à la peine de la déportation quelques-uns des chefs de l'insurrection, avait outrepassé ses pouvoirs fut adoptée par la chambre. Durham, en apprenant cette manifestation de la chambre des lords, donna sa démission, et revint en Angleterre se plaindre amèrement du défaut de concours de la part du cabinet qui l'avait, disait-il, indignement sacrifié. Trois questions étaient restées pendantes : la réforme de l'Église, le bill des dîmes et celui des corporations municipales en Irlande. Le ministère les présenta de nouveau, et y ajouta un quatrième projet de bill, intitulé *bill des pauvres pour l'Irlande* et ayant pour objet de créer dans ce pays cent *workhouses* ou maisons de travail forcé, chacun avec une dotation de 7,000 livres sterling. Ce dernier bill fut adopté, malgré l'opposition d'O'Connell. Celui des corporations municipales, voté de nouveau par les communes, échoua pour la seconde fois à la chambre haute. Le bill de la réforme de l'Église aurait éprouvé le même sort, si le ministère n'en avait pas sacrifié la clause essentielle, la *clause d'appropriation*, ordonnant l'application intégrale de l'excédant des revenus de l'Église à l'éducation du peuple. C'est dans cette même année qu'eurent lieu aussi les fêtes pour le couronnement de la reine; et à cette occasion nous remarquerons, comme le trait le plus curieux et le plus caractéristique de cette solennité, la véritable ovation décernée par toutes les classes de la nation à l'envoyé de la France, au maréchal Soult; manifestation qui s'adressait bien moins au ministre de Louis-Philippe, qu'au lieutenant du grand Napoléon, à l'un des derniers acteurs survivants de cette héroïque épopée impériale, pour laquelle l'Angleterre témoignait maintenant une enthousiaste admiration, après en avoir combattu autrefois le principal héros avec une inébranlable et victorieuse constance.

Si le vieux parti tory continuait toujours à embarrasser la marche de l'administration whig, celle-ci eut alors à triompher de dangers dont l'origine et la nature étaient diamétralement opposés. Il s'était formé en effet au sein du parti radical une fraction extrême, qui, dans la *charte du peuple* qu'elle développait (*voyez* CHARTISTES), réclamait hautement le droit de suffrage universel, le vote au scrutin secret, des parlements annuels, et qui proclamait *le droit de l'ouvrier à un travail assuré en tout temps, avec un salaire élevé*; idées dans lesquelles il n'est pas difficile de reconnaître le point de départ des principes du socialisme français. A partir de l'automne 1838, cette fraction extrême du parti radical s'agita démesurément, provoquant des réunions dans lesquelles on signait des pétitions-monstres; et au commencement de l'année 1839, elle en vint même à convoquer à Londres une soi-disant *Convention nationale*, destinée à servir de centre commun d'action aux délégués des diverses associations ouvrières des villes manufacturières. Mais ces tentatives ne firent que démontrer combien est profond l'attachement que la grande masse du peuple anglais professe pour ses institutions politiques. Les troubles auxquels elles donnèrent lieu dans le courant de l'été de 1839 furent comprimés avec une grande facilité. Une bande d'insurgés, recrutée dans le pays de Galles, fut dispersée par quelques baïonnettes, et ses chefs, *Frost Williams* et *Jones*, traduits devant la justice du pays, furent condamnés à la transportation.

La politique du ministère obtint aussi à ce moment d'importants succès à l'extérieur. La rivalité de l'Angleterre et de la Russie en Orient, déjà manifestée en maintes circonstances, éclata plus patente que jamais, quand le chah de Perse, soutenu par les souverains de Kaboul et de Kandahar, et agissant sans aucun doute à l'instigation de la Russie, en vint à menacer Hérat. Cette levée de boucliers fournit à l'Angleterre, dans les premiers mois de 1839, l'occasion de déjouer par une heureuse expédition une tentative évidemment dirigée contre sa domination dans l'Inde.

La situation n'en demeurait pas moins toujours extrêmement tendue. L'Irlande continuait à être un embarras et un danger; l'état des finances n'était rien moins que satisfaisant; le renchérissement des moyens de subsistance provoquait un vif mécontentement, et par suite de la défection des radicaux, la majorité soutenant le ministère était devenue plus incertaine que jamais. Un bill relatif à la Jamaïque fit éclater la crise. Des différends étaient survenus en effet entre le pouvoir législatif de la métropole et la population de cette colonie au sujet de la question de l'esclavage; et les intérêts effrayés et compromis menaçaient d'amener dans cette île un conflit aussi grave que celui qu'on avait eu tant de peine à terminer au Canada. Dans ces circonstances, le ministère proposa de suspendre la constitution particulière de la Jamaïque pendant quelques années. L'opposition tory et l'opposition radicale se coalisèrent pour combattre ce projet de loi, et le ministère s'étant trouvé en minorité dans la séance du 6 mai, donna sa démission. Wellington et Peel, chargés de constituer un nouveau cabinet, n'y purent réussir ; et l'ancien ministère reprit la direction des affaires. Le bill de la Jamaïque fut présenté de nouveau, avec quelques modifications de détails, et cette fois adopté. De nouveaux désordres causés dans le courant de l'été par les chartistes furent alors, comme nous l'avons déjà dit, réprimés facilement.

La session nouvelle du parlement (janvier 1840) s'ouvrit par l'annonce officiellement faite aux représentants de la nation que la reine allait épouser le prince Albert de Saxe-Cobourg; et ce mariage fut en effet célébré le 10 février suivant. La popularité de la jeune reine allait toujours croissant. Aussi ne faut-il voir, et c'est ce que fit la justice, que l'acte d'un homme en démence dans la tentative de meurtre commise contre cette princesse au moyen d'une arme à feu, le 10 juin 1840, par un nommé *Oxford*.

L'opposition échoua dans ses efforts pour faire rendre au parlement un vote de défiance contre le gouvernement, de même que pour lui attribuer la responsabilité de la fâcheuse situation financière où se trouvait le pays. Mais les questions de politique extérieure ne tardèrent pas alors à accaparer toute l'attention publique. L'Angleterre avait signé, le 15 juillet 1840, avec la Russie, l'Autriche et la Prusse un traité ayant pour objet de régler et terminer les différends survenus entre la Porte-Ottomane et son redoutable vassal, le vice-roi d'Égypte; la France ne fut point appelée à prendre part à la conclusion de ce traité, car depuis quelques années déjà un visible refroidissement s'était opéré entre le cabinet des Tuileries et le cabinet de Saint-James, comme en témoignaient les négociations épineuses auxquelles avaient donné lieu les difficultés faites à la France pour l'interprétation du traité qui avait restitué en 1814 le Sénégal à la France (*Affaire de Portendick*) et le refus de donner une juste satisfaction au pavillon français pour une insulte dont il avait été l'objet dans le port de l'île Maurice. Le traité du 15 juillet fut tenu secret jusqu'au moment où le gouvernement anglais apprit que la Syrie, où ses agents prêchaient la révolte contre l'autorité de Méhémet-Ali, était en pleine insurrection. Alors il envoya sur-le-champ une flotte avec quelques troupes de débarquement s'emparer des principales villes du littoral. En quelques jours en effet Beyrouth, Saint-Jean-d'Acre, Sidon et les autres villes ou forts, depuis Tripoli jusqu'à l'extrémité de la Syrie, tombèrent au pouvoir de l'escadre anglaise. Toutefois, ces succès n'avaient point amené la soumission du vice-roi; et la mauvaise saison, qui approchait, pouvait faire perdre tout le fruit de l'expédition. Le commodore Napier, en face de ce danger, prit sur lui de se rendre à Alexandrie et de signer avec le pacha, au nom de son gouvernement, un traité qui lui assurait l'Égypte à titre héréditaire, mais qui lui enlevait toutes les conquêtes faites depuis 1832 en dehors de son pachalick. La France était en droit de se sentir profondément blessée; les puissances signataires du traité du 15 juillet 1840 n'avaient eu évidemment en vue que de restreindre par là sa croissante et naturelle influence dans les affaires de la Méditerranée. L'opinion, en France, s'indigna de voir qu'on fît si peu de cas d'un grand pays qui jusque alors avait entouré la civilisation renaissante de l'Égypte d'une notoire protection. Il y avait là un cas de guerre flagrant. Louis-Philippe, après avoir fait beaucoup de bruit avec ses armements et ses préparatifs pour venger l'honneur du pays insulté, recula quand l'instant décisif arriva; et la flotte française, dont les équipages brûlaient du désir de se mesurer avec leurs rivaux britanniques, reçut l'ordre de rentrer à Toulon.

Pendant que l'Angleterre donnait cette nouvelle et éclatante preuve de sa prépondérance dans les affaires de l'Europe, ses armes recevaient un échec cruel dans l'Afghanistan, où une expédition avait été entreprise à l'effet de détrôner Dost-Mohamed, prince hostile aux intérêts anglais. L'expédition avait réussi. Dost-Mohamed avait été détrôné, et une créature anglaise, Shah-Soudjah, mise à sa place, quand une insurrection terrible éclata soudainement dans le pays et eut pour résultat de bloquer étroitement les diverses divisions du corps expéditionnaire dans les villes qu'elles occupaient. Force leur fut alors de signer une capitulation, par laquelle elles se réservaient le droit de libre retraite. Mais à peine l'armée eut-elle commencé son mouvement, qu'elle fut attaquée, au mépris de la foi jurée, et complétement détruite. Sur 15,000 hommes, il n'en revint pas 300. Un autre orage grondait encore à l'horizon : les États-Unis élevaient les réclamations les plus pressantes au sujet de l'incendie de *La Caroline*, dans l'un des lacs, par un navire anglais; et les manifestations belliqueuses des populations de l'État du Maine au sujet de la délimitation des frontières du Nouveau-Brunswick, étaient de nature à donner au cabinet les plus graves inquiétudes. La question se compliqua encore autrement. Un Anglais, appelé *Mac-Leod*, fut arrêté dans l'État de New-York, sous la prévention d'être l'auteur de l'incendie de *La Caroline*, jeté en prison, et mis en jugement, au mépris des réclamations du gouvernement anglais. En cas de condamnation, un conflit était inévitable; et déjà une flotte anglaise était partie pour l'Atlantique avec les instructions les plus énergiques, quand on reçut la nouvelle de l'acquittement de Mac-Leod; et cet incident n'eut pas de suites pour le moment.

A l'intérieur, le cabinet whig touchait à sa dernière heure. Battu à l'occasion du rejet de la clause la plus importante d'un bill sur la franchise électorale en Irlande, il veut livrer une dernière et éclatante bataille, et saisit le parlement d'un bill qui diminuait les droits sur les céréales. Cette attaque tardive et désespérée contre l'aristocratie anglaise fut suivie d'un vote négatif rendu à une forte majorité. Cet échec devait renverser le ministère; sir Robert Peel lui donna le coup de grâce, en faisant adopter un bill de *non-confiance*. La démission du cabinet suivit de près cette dernière et suprême manifestation de la majorité. Le 3 septembre la couronne forma un ministère tory, composé de sir R. Peel, lord Lyndhurst, lord Stanley, sir James Graham et lord Wellington.

A l'extérieur, le premier soin du nouveau cabinet fut de renouer l'alliance française. Après, sir Robert Peel songea à terminer le conflit américain, et il envoya à Washington un plénipotentiaire qui réussit complétement dans cette difficile mission. A l'intérieur, il restait à parer au grave déficit qui se manifestait depuis quelques années dans les finances anglaises. Peel, sûr de la majorité, n'hésita pas à proposer le rétablissement, pour un temps limité, de l'impôt de guerre connu sous le nom d'*income tax*, ou taxe du revenu. La nouvelle taxe frappait de sept pence par livre sterling tout revenu au-dessus de cent cinquante livres. Convaincu de la nécessité de modifier la loi sur les céréales, il proposa et fit adopter le plan d'une échelle de droit mobile (*sliding scale*) à peu près semblable, quant au principe, au tarif français. Par le même bill, les droits sur l'importation de la plupart des autres denrées alimentaires furent diminués. Remarquons que ces divers bils étaient autant de victoires de sir Robert Peel sur son propre parti. L'avénement du régent Espartero en Espagne avait été considéré comme le triomphe de la politique anglaise sur la politique française, et en effet le régent s'était empressé de faire éclater son mauvais vouloir pour la France par de tracassières mesures de douane. Toutefois, l'Angleterre intervint entre les deux gouvernements, et amena une tentative de rapprochement, qu'une question d'étiquette fit échouer, l'ambassadeur français ayant voulu présenter ses lettres de créance à la reine seulement, et le régent s'y étant opposé. C'est à peu près à cette époque que la guerre de la Chine fut terminée par un traité. L'Angleterre, au lieu d'exploiter son succès à son profit exclusif, comme on devait naturellement s'y attendre, stipula dans l'intérêt de toutes les puissances, et obtint que quatre des principaux ports de l'empire seraient désormais ouverts au commerce du monde entier.

L'insuffisance des mesures destinées à opérer la répression de la traite des noirs avait décidé le cabinet à proposer au ministère français de modifier le traité de 1831 et la convention de 1833, en étendant les zones dans lesquelles le droit de visite pourrait être pratiqué, et le ministre des affaires étrangères en France avait adhéré à cette proposition, lorsqu'une manifestation des chambres françaises, dont la sollicitude s'était éveillée au bruit de graves abus commis par les Anglais dans l'exercice du *droit de visite*, l'obligea à retirer sa signature. Cette décision n'amena pour le moment aucun refroidissement sérieux entre les deux pays.

Saisissant l'occasion de resserrer l'alliance de l'Angleterre avec le continent par des relations personnelles entre les souverains, le cabinet obtint du roi de Prusse qu'il donnerait suite à son projet de voyage en Angleterre, et lui fit une magnifique réception. L'année d'après (1843), il céda avec empressement au désir manifesté par la jeune reine de visiter le roi des Français et le roi des Belges, et parut s'associer franchement, au nom du peuple anglais, aux sentiments d'affection mutuelle manifestés dans ces solennelles entrevues. On n'a sans doute pas oublié qu'en 1844 Louis-Philippe alla en Angleterre rendre à la reine Victoria la visite de bonne amitié qu'il avait reçue l'année précédente à son château d'Eu.

Tout réussissait au cabinet tory, qui venait encore d'apaiser une courte insurrection des colons hollandais au cap Bonne-Espérance et les troubles, plus graves, suscités dans le pays de Galles par une troupe d'incendiaires connus sous le nom de *Filles de Rébecca*. Si les conditions de son existence ministérielle lui eussent permis de faire droit à quelques-uns des griefs de l'Irlande, alors exaspérée par le bill des armes, et au milieu de laquelle O'Connell triomphant promenait le drapeau du rappel, rien n'aurait troublé cette carrière de glorieux succès. Malheureusement, enchaîné par le parti de l'Église et par les profondes antipathies de la nation anglaise pour cet infortuné pays, il ne pouvait que doter l'Irlande d'une administration tolérante et conciliatrice; or ce n'était pas assez. Les *meetings* provoqués par O'Connell prenant un caractère menaçant, le cabinet s'arrêta à la grave détermination de le faire arrêter et juger ainsi que ses principaux adhérents. La politique suivie à l'extérieur donna lieu aussi à de vifs débats dans le parlement, dont la session finit en août 1843. L'expédition entreprise dans l'Afghanistan par lord Ellenborough, à l'effet de venger les désastres de l'armée anglaise, et les impitoyables cruautés auxquelles elle donna lieu; les étranges proclamations de lord Ellenborough au sujet des portes du temple de Somnath, y furent énergiquement blâmées; mais le résultat de cette expédition n'en avait pas moins été d'accroître encore considérablement les possessions, déjà si vastes, de l'Angleterre dans les Indes. Il en fut de même des expéditions du Sindh et des victoires de Napier; aussi, avec sa prudence habituelle, l'esprit essentiellement mercantile de l'Angleterre finit-il par concevoir des doutes sur l'utilité réelle de ces ruineuses guerres de conquêtes. Partout ailleurs, la politique anglaise se montra pacifique; et les déclarations publiques de lord Aberdeen durent même donner à croire au rétablissement complet de l'*entente cordiale* entre la France et l'Angleterre, encore bien que la politique suivie par la France en Espagne et la chute d'Espartero, résultat de cette politique, dussent singulièrement contrarier les vues du cabinet de Londres.

A l'ouverture de la session, en février 1844, la situation semblait encore plus favorable que l'année précédente. Il y avait accroissement notable dans le produit des diverses branches du revenu public, le commerce était en voie de prospérité, et depuis le procès intenté à O'Connell, l'agitation avait sensiblement diminué en Irlande, bien qu'il fût facile de prévoir que ce procès, mesure toute d'intimidation, n'aurait pas de résultat sérieux pour le célèbre agitateur. En effet, on l'instruisit et on le conduisit avec toute la lenteur et toutes les formalités qui sont le propre de la procédure anglaise. A la suite de nombreux ajournements un verdict de culpabilité fut enfin rendu contre O'Connell; mais quand le jugement vint en révision devant la chambre haute, il y fut cassé (septembre 1844) pour vice de formes; et le gouvernement ne jugea pas à propos de recommencer une nouvelle instance. Il avait tout au moins réussi par son attitude à contraindre l'*agitation pour le rappel* à prendre un caractère plus modéré, et O'Connell lui-même à agir désormais avec une réserve évidente. L'état de l'Irlande n'était pas le seul embarras du pouvoir, et il avait encore à lutter contre les difficultés de tous genres que lui créait à l'intérieur une agitation des esprits de plus en plus prononcée contre la législation existante au sujet du commerce des grains. Une majorité de 224 voix contre 133 avait repoussé, il est vrai, en mars, une motion présentée par Cobden, et ayant pour objet l'abolition complète des droits perçus à l'entrée des grains étrangers; une motion analogue, présentée en juin par un autre membre de la chambre des communes, avait eu le même sort, et avait fourni à Robert Peel l'occasion de déclarer à maintes reprises que le gouvernement ne reconnaissait ni la nécessité ni l'utilité de modifier la législation en vigueur au sujet des céréales. Il était facile de s'apercevoir qu'au dehors du parlement l'*agitation* contre le monopole constitué en faveur de l'aristocratie propriétaire du sol par la loi de douanes qui rendait impossible l'importation des céréales étrangères, gagnait de plus en plus du terrain, et même que dans la chambre des communes les rangs des libres échangistes allaient toujours grossissant davantage. Peel lui-même commençait à montrer quelque sympathie pour ces idées de la nouvelle école économiste; et les plus violentes attaques qu'il eut à repousser ne lui venaient pas maintenant des disciples de l'école de Manchester ou de la part des whigs, mais bien de celle des représentants de l'aristocratie foncière, par l'appui de laquelle il était arrivé à la direction des affaires, et qui déjà l'accusait de déserter ses intérêts. Un bill que lord Ashley (devenu plus tard comte Shaftesbury), connu par ses tendances philanthropiques, réussit à faire adopter, et qui réduisait à dix heures de travail la journée des ouvriers travaillant dans les manufactures, prouva que la majorité se déplaçait, et que l'instant approchait où le ministère serait obligé, pour la réussite de ses mesures et de ses projets, d'obtenir un autre appui que celui des hommes qui avaient jusque alors voté pour lui. Après le vote de diverses lois financières, toutes de plus en plus empreintes de tendances libre-échangistes, la clôture de la session fut prononcée en septembre. Au total, elle avait été assez tranquille; et les seules discussions orageuses qui l'eussent signalée, avaient eu lieu à propos d'une révélation de laquelle il résulta que le ministre de l'intérieur, sir John Graham, avait fait usage d'une antique loi pour violer le secret des lettres au profit d'une puissance étrangère. D'ailleurs, en ce qui touche les relations extérieures, la situation était toujours à peu près la même qu'en 1840, et l'*entente cordiale* avec la France n'était rien moins que rétablie. Les efforts faits par cette puissance pour étendre son influence à Otaïti, ses différends avec l'empire de Maroc et les progrès toujours croissants de l'influence française au nord de l'Afrique étaient évidemment de la part de l'Angleterre l'objet de jalouses défiances. Toutefois, le conflit que l'affaire Pritchard menaçait d'amener fut évité, parce que le gouvernement français fit des concessions qui lui furent vivement reprochées par l'opposition. Un changement notable eut lieu aussi alors dans la direction des affaires de l'Inde. Au mois de décembre 1843, le gouverneur général, lord Ellenborough, avait entrepris une heureuse expédition contre Gondwana, au nord de l'Indostan, et les Marattes avaient essuyé de sanglantes défaites à Maharadjpour et à Pounniar (29 décembre); mais l'administration guerrière de lord Ellenborough, son népotisme et son mépris pour les intérêts civils, avaient profondément déplu à la Compagnie, qui, usant de son droit, le rappela en avril 1844; et le gouvernement se vit forcé de sanctionner cet acte, qui produisit la sensation la plus vive. En conséquence, Hardinge alla remplacer Ellenborough.

La session de 1845 s'ouvrit dans des circonstances plus

favorables, et prépara les voies à l'importante réforme opérée l'année suivante par sir Robert Peel dans la plupart des tarifs de douanes. Profitant de l'amélioration toujours croissante du revenu public, arrivé à présenter un excédant notable de la recette sur la dépense, Peel proposa au parlement d'opérer de nouvelles réductions sur les droits perçus à l'entrée des sucres et la suppression complète des taxes dont étaient grevées à l'entrée diverses matières premières alimentant les manufactures du pays. Sur huit cent treize articles portés au tarif des douanes, il proposait d'en affranchir désormais quatre cent trente de toute espèce de droits, et notamment le coton brut. Ces propositions, vivement combattues par les tories et par la propriété foncière, furent, en revanche, chaleureusement appuyées par les diverses fractions de la chambre des communes qui avaient jusque alors constitué l'opposition, et furent adoptées grâce à leur concours. C'était là évidemment un acheminement au triomphe des principes proclamés par les partisans du *libre échange*; et si la proposition relative à l'abolition complète des droits d'entrée sur les grains étrangers, reproduite suivant l'usage dans le cours de cette session, y fut encore une fois repoussée, la majorité se trouva bien moins forte que de coutume : circonstance qui, jointe à l'*agitation* toujours croissante causée dans le pays par la ligue fondée par Cobden pour obtenir la réforme de la législation sur les céréales, était de nature à faire prévoir que le moment approchait où le fructueux monopole assuré à la propriété foncière aurait vécu. Une crise matérielle vint encore à ce moment donner plus de force à l'agitation; la maladie des pommes de terre causa en Irlande une horrible disette. Des troubles accompagnés de scènes de meurtre, de pillages et de dévastations, furent la suite de la famine à laquelle les populations pauvres de ce pays furent en proie; et naturellement on accusa de tout ce mal une législation qui condamnait le peuple à mourir de faim. L'*agitation* contre le tarif protecteur de la production nationale en grains arriva alors à son apogée; et les vieux whigs eux-mêmes, lord John Russell à leur tête, n'hésitèrent plus à faire cause commune avec Cobden.

Sir Robert Peel comprenait qu'il n'y avait plus à reculer, et que le moment était venu de rompre ouvertement avec son propre parti pour arborer la bannière du libre échange. Aussi dès la fin de l'année 1845 prévoyait-on comme imminente une crise ministérielle, quand, le 10 décembre, le pays apprit avec la plus vive surprise que Peel avait été obligé de se retirer, et que lord John Russell avait reçu mission de constituer une administration nouvelle. Mais les difficultés n'étaient pas moindres pour le chef des anciens whigs, divisés eux-mêmes sur la grande question des droits sur les céréales étrangères; aussi échoua-t-il dans ses efforts pour constituer un cabinet homogène.

Peel dut en conséquence reprendre son poste; et dans le cabinet qu'il forma alors se retrouvèrent la plupart de ses anciens collègues. Seulement, lord Stanley (devenu plus tard comte de Derby) fut remplacé par Gladstone; le duc de Buccleuch fut nommé président du conseil, au lieu de lord Wharncliffe, décédé; le comte Haddington eut les sceaux, et lord Ellenborough la présidence de l'amirauté. Le ministère ainsi reconstitué, la session s'ouvrit le 21 janvier 1846.

Dès la discussion de l'adresse Peel déclara nettement que les idées qu'il avait autrefois émises en matière de protection commerciale s'étaient depuis lors complétement modifiées, et qu'il avait reconnu l'impossibilité de persister dans les errements suivis jusque alors. Dès le 27 janvier il développa son plan de réforme en matière de douanes, lequel consistait à réduire notablement ou même à supprimer complétement un grand nombre de taxes existantes et à permettre l'entrée en franchise de tous droits des différents objets nécessaires à l'alimentation, à l'exception des céréales, pour lesquelles il proposait l'établissement d'une échelle mobile extrêmement basse pendant l'espace de trois années, délai à l'expiration duquel les grains de toutes provenances seraient exempts de tous droits d'entrée. Si la propriété foncière jeta les hauts cris en se prétendant victime des réformes économiques annoncées par le ministre, en revanche elles furent accueillies avec enthousiasme par l'industrie, qui voyait abolir les droits onéreux dont avaient jusque alors été frappées à l'entrée ses matières premières, notamment le coton, la laine et le lin. En compensation du sacrifice que le ministre réclamait de la propriété foncière, il déclarait d'ailleurs qu'à l'avenir l'État prendrait à sa charge une grande partie de l'entretien des pauvres qui jusque alors avait presque exclusivement pesé sur la propriété. L'annonce de ce nouveau système amena la dissolution du vieux parti tory. Quelques-uns de ses membres passèrent avec armes et bagages dans le camp du libre échange, et firent cause commune avec Cobden, tandis que les autres essayaient d'organiser à leur tour, dans le pays un système d'*agitation* et de résistance violente contre les réformes annoncées. Ce fut le 9 février 1846 que s'ouvrirent les mémorables discussions auxquelles donnèrent lieu les propositions de Robert Peel. La seconde lecture du *cornbill* eut lieu le 28 mars à la majorité de 88 voix, en même temps que tous les amendements proposés par les *protectionnistes* étaient successivement rejetés. Les autres modifications proposées au tarif des douanes par le ministère donnèrent lieu à des débats moins animés et furent également adoptées. Dans la chambre haute, dont l'hostilité était à redouter, le *cornbill* passa aussi le 29 mai, à 211 voix contre 104, de même que les divers amendements essayés par l'opposition étaient tous repoussés.

Malgré le triomphe des plans de Peel, on s'attendait généralement alors à lui voir donner sa démission, par suite de la position difficile où il se trouvait, irrémissiblement brouillé avec le plus grand nombre des hommes avec qui il avait jusque alors marché en politique, et ne pouvant guère se fier à ses nouveaux alliés et amis. La présentation d'un *bill de coërcition* présenté par le ministre pour l'Irlande, et contenant des mesures de protection pour les personnes et les propriétés, en même temps que des restrictions à la liberté individuelle, amena la coalition des diverses nuances de l'opposition. Le 25 juin ce bill fut rejeté, à une majorité de 292 voix contre 219. Le ministère, resté en minorité, se trouvait dissous de fait; et le 19 Peel vint prononcer à la chambre des communes le discours, à bon droit si célèbre dans l'histoire parlementaire de la Grande-Bretagne, où il reportait spontanément à l'énergie et au patriotisme de Cobden presque tout l'honneur et le mérite du coup mortel porté au système de monopole par le nouveau tarif des douanes.

Le nouveau ministère whig qui se constitua alors entra en fonctions le 3 juillet 1846. Il se composait comme suit : premier ministre, lord John Russell; président du conseil, le marquis de Lansdowne; garde des sceaux, le comte Minto; lord chancelier, lord Cottenham; secrétaire d'État des affaires étrangères, lord Palmerston; sir Ch. Wood, chancelier de l'échiquier; les autres siéges y étaient occupés par lord Campbell, lord Morpeth, le comte Clarendon, Maculay, le marquis de Clanricarde, Hobhouse, Labouchère et le comte Auckland, tous appartenant au parti whig. Le seul membre qui eût fait partie de l'ancien cabinet était le duc de Wellington, en sa qualité de général en chef de l'armée. La première mesure soumise au parlement par la nouvelle administration fut un bill relatif à l'abaissement du tarif des sucres, et Peel avec ses amis ne contribua pas peu à la faire adopter. La session touchait à son terme, quand le ministère eut à lutter contre des difficultés telles que jamais peut-être cabinet n'en avait encore eu à combattre. Comme toujours, c'est la situation de l'Irlande qui les fit naître. A la suite de la famine et de la misère générale, des crimes contre les personnes et les propriétés s'accroissaient en ce malheureux pays dans la plus effrayante des progressions. O'Connell prêtait bien son appui à l'administration whig; mais le parti de la *Jeune Irlande* avait rejeté la vieille souveraineté du grand *agitateur*, et continuait à exalter les passions en prêchant le *rappel de l'union*. Dans ces circonstances, le cabinet demanda à la législature de sanctionner le *bill de coërcition*, dont le rejet avait amené quelques mois auparavant la chute du ministère Peel, mais auquel diverses modifications avaient été faites; puis il le retira en présence des hésitations du parlement. Il se trouva donc démuni des armes qui lui auraient été indispensables pour conjurer les périls de cette redoutable crise intérieure. Sa seule ressource fut de demander au parlement, qui se réunit en janvier 1847, de consacrer une somme d'environ dix millions de livres sterling tant en secours directs aux localités les plus souffrantes, qu'en travaux publics pour donner de l'occupation à la population pauvre. Ces immenses sacrifices eurent pour résultat de maintenir la tranquillité publique dans ce pays en proie à la famine; et la mort d'O'Connell, arrivée à Gênes, le 15 mai de cette même année, pendant un voyage à Rome entrepris par le grand agitateur, délivra le gouvernement d'un de ses plus grands embarras. Parmi les fils et les amis d'O'Connell, il ne s'en trouva pas un seul capable de recueillir sa succession politique et de le remplacer dans l'œuvre du Rappel, qui ne tarda point alors à tomber en oubli.

La direction donnée à la politique extérieure de l'Angleterre par les ministres whigs fut moins pacifique et moins brillante que celle qu'avaient su lui imprimer leurs prédécesseurs. L'affaire des *mariages espagnols* amena la rupture complète de la bonne intelligence entre la France et l'Angleterre; bonne intelligence déjà si fort ébranlée par les événements de 1840 et si péniblement rétablie depuis. Quand Louis-Philippe eut réussi dans ses projets matrimoniaux à l'égard de la reine Isabelle et de sa sœur, l'Angleterre cria à la perfidie et à la trahison; et dès lors Palmerston s'attacha à combattre partout en Europe, avec une aigreur touchant à l'hostilité déclarée, l'action de la diplomatie française. L'occupation de Cracovie à la fin de novembre 1846 par les forces russes et autrichiennes et l'incorporation de ce territoire à l'Autriche s'effectuèrent au moment où éclatait avec toute sa gravité la mésintelligence provoquée entre la France et l'Angleterre par l'affaire des mariages. Elles donnèrent lieu de la part de l'Angleterre à une assez inutile protestation, et devinrent l'origine de cet isolement de l'Angleterre qui depuis caractérisa jusqu'à la fin de 1853 la politique de lord Palmerston.

Des élections générales eurent lieu après la clôture de la session (23 juillet 1847); elles eurent pour résultat de laisser les protectionnistes en minorité, mais minorité toujours redoutable; de constituer avec les *peelistes* un tiers parti faisant alternativement pencher la balance en faveur de l'un ou l'autre des partis extrêmes; enfin, d'assurer à la coalition des whigs, des libéraux et des radicaux une majorité de trente et quelques voix. On put observer aussi, à propos de ces élections générales, que cette fois c'était généralement la richesse, la *plutocratie*, qui l'avait emporté sur le talent. De tous les partis, celui qui avait le plus gagné de recrues nouvelles était le parti des radicaux; il n'y avait pas jusqu'aux chartistes eux-mêmes qui n'eussent réussi à avoir leur représentant à Westminster, en la personne d'O'Connor. Le parlement s'ouvrit le 23 novembre 1847, au moment où la politique extérieure adoptée par lord Palmerston triomphait partout. Tandis que la France et les puissances de l'est semblaient décidées à intervenir dans le conflit survenu entre la diète helvétique et le *Sonderbund*, lord Palmerston avait eu l'adresse de déterminer la diète fédérale à frapper rapidement un coup décisif et à anéantir le *Sonderbund* avant la réalisation de ces menaces d'intervention (novembre). La destruction du Sonderbund ne parut nullement déterminer les grandes puissances à renoncer à leurs projets d'intervention, et Palmerston feignit d'abord de vouloir se poser en médiateur; puis il déclara tout à coup, tant par voie diplomatique qu'au sein du parlement (6 décembre), que tout était fini en Suisse, et qu'il n'y avait plus lieu à intervention et par suite à médiation. En même temps qu'il jouait ainsi la France, qui cette fois était d'accord avec la diplomatie autrichienne, prussienne et russe, il envoyait lord Minto en Italie avec mission d'y combattre partout l'influence française, en même temps que de seconder le mouvement réformateur et national qui était en train de s'y manifester.

A l'approche des fêtes de Noël, le parlement s'ajourna au mois de février suivant. Quand il reprit ses séances, ce fut pour s'occuper de l'alarmante crise industrielle que le pays avait à traverser en ce moment, et, comme toujours, de la déplorable situation de l'Irlande. Quand on reçut en Angleterre la première nouvelle de la révolution qui s'était accomplie à Paris le 24 février 1848, lord John Russell, à propos d'une motion d'ordre présentée à la chambre des communes par Hume, déclara officiellement que le gouvernement anglais s'abstiendrait de toute intervention dans les affaires intérieures de la France, et entendait laisser la nation française parfaitement libre de choisir le gouvernement qui lui conviendrait le mieux. Aussi bien la Grande-Bretagne, elle aussi, ne devait pas tarder à ressentir le contre-coup de cette tempête politique. Dès les premiers jours de mars il éclatait des troubles populaires à Glasgow, à Manchester et ailleurs; mais ils furent assez facilement réprimés. En même temps les chartistes s'agitaient, et l'association irlandaise pour le rappel de l'Union annonça des réunions populaires destinées à forcer le gouvernement à consentir à cette grande mesure. Les chartistes tinrent à Londres, à Sheffield, à Birmingham et dans d'autres grandes villes des réunions-monstres, à tendances manifestement républicaines; et, circonstance encore plus alarmante, les partisans du rappel firent maintenant cause commune avec les chartistes. Les chefs des chartistes, après s'être réunis en *convention* soi-disant *nationale*, et après y avoir nettement manifesté leurs tendances révolutionnaires, résolurent de former, le 10 avril, une procession-monstre et d'aller présenter au parlement une pétition revêtue de plusieurs millions de signatures et contenant le programe de leurs exigences socialistes et démocratiques. On devait craindre que cette manifestation ne servît de signal à une insurrection; et le gouvernement prit les précautions nécessitées par une semblable prévision. Toutefois, les choses se passèrent plus pacifiquement qu'on n'aurait pu l'espérer; et les masses, dociles aux représentations et aux exhortations des chefs, renoncèrent à leur projet de pénétrer avec la pétition-monstre jusqu'au seuil de la porte du parlement. Pas plus le représentant des chartistes au parlement, O'Connor, que leurs principaux meneurs, Reynolds, Sturge, etc., ne répondirent par leurs actes à ce que leurs discours avaient eu de menaçant. En même temps le ministère voyait une majorité formidable lui accorder une loi ayant pour but de protéger la couronne et le gouvernement contre toute attaque, en même temps que l'*Alien-bill*. Tout aussitôt il déploya la plus grande énergie pour réprimer en Irlande l'*agitation* du rappel, et dès le mois d'avril il intentait un procès de haute trahison à la *Jeune Irlande*, qui avait ouvertement appelé les populations irlandaises à briser par la force l'union avec l'Angleterre et à s'allier avec la France (affaire Mitchell, Meagher et O' Brien). Il est vrai de dire que fort heureusement l'ancien parti du rappel, fondé par O' Connell, désavoua hautement et de la manière la plus aigre les tendances révolutionnaires de cette nouvelle école. Mitchell seul fut frappé par le jury et condamné à la déportation (fin mai 1848) pour avoir excité à la révolte. Mais pendant ce temps-là une foule de clubs s'étaient formés sur tous les points de l'Irlande; il avait même été tenu à diverses reprises des réunions armées, et des feuilles ultra-révolutionnaires, comme *The Nation* (rédacteur Duffy), poussaient ouvertement à l'emploi de la force pour obtenir la séparation de l'Irlande d'avec l'Angleterre. Le ministère, comprenant tous les périls de la situation, usa, pour les prévenir, de tous les moyens que la loi mettait à sa disposition. Il fit traduire devant les tribunaux les journaux qui poussaient à la révolte, les hommes tels que Meaghers et O'Brien, qui continuaient à la prêcher ouvertement, et il déclara en état de siége un grand nombre de comtés, ainsi que les villes de Cork et de Waterford. Enfin, à l'annonce de la découverte d'un vaste complot dont la ville de Dublin était le centre et étendant ses ramifications dans toute l'île, les deux chambres votèrent à l'unanimité la suspension de l'*Habeas corpus* dans toute l'Irlande. Le 29 juillet, Smith O'Brien échouait dans sa tentative d'insurrection à main armée, et après une sanglante collision force restait au gouvernement. L'insurrection irlandaise, annoncée d'avance avec tant de fracas, creva comme une bulle de savon; les principaux chefs du mouvement furent condamnés à mort (octobre 1848), mais virent leur peine commuée en celle de la déportation.

Cette crise intérieure n'empêcha point le mouvement réformiste, qui remontait aux années précédentes, de continuer à porter de nouveaux coups au système *protectionniste*, notamment par une révision de la partie de la législation relative à la navigation. Mais des motions radicales furent faites à la chambre des communes à l'effet d'obtenir une plus large extension du droit électoral. La session de 1849 fut signalée par la campagne *protectionniste* entreprise par D'Israeli, par les mesures qu'il fallut prendre pour réprimer une insurrection à Montréal (Canada), ainsi qu'une insurrection dans le Moultân (Indes orientales), à laquelle mirent fin les victoires de lord Gough. La politique extérieure fut moins brillante, et l'expédition entreprise par la France contre la république romaine put à bon droit passer pour un grave échec à la politique de lord Palmerston.

La session de 1850 fut ouverte le 31 janvier par un discours du trône qui constatait une amélioration sensible survenue dans l'état du pays, et exprimait l'espoir de voir les modifications opérées dans la législation de la navigation exercer une heureuse influence sur le revenu public; et effectivement le ministre des finances put présenter aux chambres un budget présentant un excédant de 2 millions de livres sterling de la recette sur la dépense. C'est dans le courant de cette même année qu'eut lieu l'*incident grec*. Une escadre anglaise, commandée par l'amiral Parker, parut subitement dans les eaux d'Athènes. L'amiral était chargé de fixer au gouvernement grec un fort court délai pour avoir à donner entière satisfaction à diverses réclamations élevées pour des tiers par le gouvernement anglais; réclamations dont la plus importante était celle d'un juif portugais, appelé *Pacifico*, et placé sous la protection britannique. Sur le refus du cabinet d'Athènes, les ports et les côtes de la Grèce furent déclarés en état de blocus, et la médiation de la France seule put en déterminer la levée, en février. Mais il en résulta d'assez vives explications entre la Grande-Bretagne et la France, dont le représentant à Londres quitta même cette capitale (10 mai) pendant quelques jours. Ces échecs devaient faire prévoir un redoublement d'attaques contre le ministère; et sur la motion de lord Stanley, la chambre des lords rendit un vote qui frappait d'improbation la conduite tenue par le gouvernement dans l'affaire grecque. Mais le ministère ne se retira pas devant cette manifestation parlementaire, dans laquelle on s'accorda à ne voir qu'une intrigue étrangère, qu'une réaction du continent; et un vote de confiance proposé par Roebuck en faveur du cabinet comme contre-démonstration en réponse au vote de la chambre haute, passa à une majorité de trois cent dix voix contre deux cent cinquante-quatre (29 juin). Cependant, à la suite de cet incident parlementaire, lord Palmerston sentit le besoin de sortir de l'isolement où se trouvait l'Angleterre et de se rapprocher des autres grandes puissances. En signant les protocoles du 4 juillet et du 2 août arrêtés à Londres à l'occasion des affaires du Schleswig-Holstein, il se mit à la remorque de la politique russe, et sacrifia le Schleswig pour se faire pardonner sa conduite à l'égard de la Grèce.

Malgré le vote de confiance obtenu par le ministère, une série non interrompue de petits échecs prouvèrent qu'il perdait chaque jour de sa force. La mort malheureuse de Robert Peel (3 juillet 1849) lui porta un coup fatal; car si quelques jours auparavant Peel avait encore attaqué et combattu la direction imprimée par Palmerston à la politique extérieure, il n'en avait pas moins assuré à l'administration son appui sans réserve. Le cabinet perdit donc en lui un défenseur, et le parti libéral et conservateur l'un de ses hommes les plus distingués.

Dans l'intervalle qui s'écoula entre les deux sessions, surgit tout à coup un nouvel embarras pour le gouvernement; et il lui fut suscité par les prétentions de l'Église catholique romaine. Un bref du pape venait de créer en Angleterre un certain nombre d'évêchés et d'instituer le cardinal Wiseman archevêque de Westminster (octobre). Cette démarche causa dans le pays une immense sensation, et la vieille haine du papisme reparut plus vivace et plus ardente que jamais, aussi bien parmi les laïcs que parmi les gens d'église. De tous côtés il arriva donc des déluges d'adresses, de pétitions et de protestations contre un acte considéré comme une tentative ayant pour but de rétablir le catholicisme à l'état de religion dominante en Angleterre. L'orage parut à lord John Russell offrir une gravité telle, que pour le détourner il n'hésita point à rendre publique une lettre adressée à cette occasion à l'évêque de Durham et dans laquelle il s'exprimait très-vertement au sujet des prétentions élevées par le saint-siége. Les attaques que cet incident avaient values au cabinet faisaient prévoir celles dont à propos de cette même question il serait infailliblement l'objet dans les chambres, où il aurait contre lui une portion notable du parti libéral en même temps que tous les radicaux, s'il ne prenait pas à l'égard de la cour de Rome une attitude nette et tranchée.

Dans la nouvelle session, ouverte le 4 février 1851, lord John Russell proposa donc à la chambre des communes un bill dont les principales dispositions consistaient à interdire à tous autres qu'aux membres de l'Église anglicane le droit de porter le titre d'*évêque*, et à déclarer nulles et de nul effet toutes les donations qui viendraient à être faites en faveur de contrevenants. Quoique accueilli à la première lecture par une majorité de 395 voix contre 63, ce bill parut aux libéraux et même à beaucoup de peelistes aller trop loin, tandis que les vieux anglicans le trouvaient sans aucune espèce de portée. Parmi les autres projets de loi dont le gouvernement saisit la législature, on remarquait surtout celui qui avait pour but de rendre les israélites aptes à être élus membres du parlement. Ce bill, déjà rejeté précédemment, avait été provoqué par l'élection du baron de Rothschild comme député au parlement, qui avait itérativement eu lieu dans la cité de Londres; élection demeurée toujours nulle, parce que, lorsque M. de Rothschild avait voulu prendre son siége, il en avait été empêché par les termes du serment à prêter. Mais cette fois encore le bill en question fut repoussé. Le 17 février, sir Charles Wood présenta le budget, qui se soldait par un excédant de recettes; mais le ministre, en insistant sur le maintien de l'impôt des portes et fenêtres, indisposa toutes les opinions. Trois jours après, une proposition ayant pour but d'accorder aux comtés d'Angleterre et du pays de Galles les mêmes droits électoraux qu'aux villes ayant été adoptée malgré le ministère, lord John Russell donna sa démission. De là une crise qui se termina par la reconstitution du cabinet tel qu'il était précédemment. Car lord Stanley, le chef du parti *protectionniste* avait échoué dans ses efforts pour constituer une administration viable et y rattacher quelques hommes éminents, tels que Gladstone, etc. Le 3 mars Russell reprit son poste, et présenta de nouveau le bill des titres ecclésiastiques, profondément modifié, mais qui n'aboutit qu'à aigrir davantage les passions religieuses. La taxe des portes et fenêtres fut encore maintenue au budget voté le 7 avril, mais sous la réserve qu'elle ne continuerait pas plus d'une année à être encore prélevée.

Cependant une autre grande affaire vint alors faire momentanément oublier tous les intérêts de la politique; nous voulons parler de l'*Exposition universelle de l'industrie* qui eut lieu à Londres le 1er mai 1851 et à laquelle prirent part toutes les nations de la terre. La pensée en remontait à l'année 1849. Patronée surtout par le prince Albert, poursuivie avec la constance et l'opiniâtreté qui sont le propre du caractère anglais, elle avait été précédée de préparatifs faits sur la plus large échelle et avait donné lieu à la construction par l'architecte Paxton de l'édifice colossal devenu si célèbre sous le nom de *Palais de cristal*. Plus de six millions de visiteurs vinrent, de mai à octobre, admirer les merveilles exposées à tous les regards dans cette exhibition des produits de l'industrie des diverses parties du monde; et la modique redevance exigée de tous les visiteurs suffit non-seulement à largement couvrir tous les frais de cette fête de l'industrie, mais encore à fournir des dividendes importants à ceux qui en avaient fait les avances, de même qu'à produire encore un reliquat en caisse fort considérable. Les ultratories et les adversaires de la puissance industrielle avaient à l'avance vivement blâmé une entreprise terminée à tous égard de la manière la plus honorable et la plus satisfaisante pour les hommes qui en avaient conçu le projet. Le bill des titres ecclésiastiques se traîna à la chambre basse jusqu'à la fin de juin, et ne fut adopté qu'après avoir subi de nombreux amendements combattus par le gouvernement. En somme, le bill définitif décidait que tous les brefs, rescrits ou lettres apostoliques émanés du saint-siége, ainsi que tous les titres, autorité, prééminence, juridiction, conférés ou prétendus conférés par lesdits brefs, rescrits, etc., sont nuls et illégaux; et que tout contrevenant à cette défense serait puni d'une amende de cent livres sterling. Cette fois encore le bill relatif aux Israélites, après avoir passé à la chambre basse à une très-faible majorité, fut rejeté à la chambre haute par 144 voix contre 108. La situation de la colonie du Cap, par suite des hostilités des Caffres, donna lieu, vers la fin de cette année 1851, à d'assez vives appréhensions. Mais les plus vives inquiétudes vinrent cette fois de l'extérieur, en raison de l'attitude de plus en plus hostile prise par l'Angleterre à l'égard des puissances de l'est, de l'accueil sympathique fait en ce pays à Kossuth, et enfin par le dénouement ridicule de la fameuse affaire *Pacifico*. Les médiateurs acceptés pour la terminer adjugèrent à ce juif portugais une indemnité de cent cinquante liv. st. en réparation des griefs qu'il avait à faire valoir contre le gouvernement grec; or, c'est pour un si misérable intérêt qu'au commencement de cette même année lord Palmerston avait failli allumer une guerre générale en Europe! L'approbation donnée par ce ministre aux événements survenus en France à la date du 2 décembre, approbation qu'il exprima au ministre de France à Londres, sans en avoir préalablement conféré avec ses collègues, amena une crise ministérielle, et le 24 décembre lord Palmerston était remplacé au ministère des affaires étrangères par lord Granville. Lord John Russell avait profité avec empressement de cet incident pour se débarrasser d'un collègue incommode et compromettant; mais l'événement ne devait pas tarder à démontrer que, par suite de son hostilité flagrante et passionnée contre les puissances absolues, lord Palmerston avait conquis les sympathies du parti libéral, sympathies qui lui donnaient une force immense et le rendaient en réalité l'arbitre de la situation.

La session de 1852 s'ouvrit le 2 février. Les événements dont la France venait d'être le théâtre avaient répandu les plus vives alarmes en Angleterre, où déjà l'on redoutait de voir recommencer entre les deux pays les implacables luttes qui avaient signalé, à la fin du siècle dernier et au commencement de celui-ci, toute la durée des régimes républicain et impérial. Les populations, vivement effrayées, ne rêvaient plus que descente en Angleterre; pour donner satisfaction à ces terreurs, le ministère proposa au parlement un bill ayant pour but l'organisation sur tous les points du pays d'une milice nationale. Lord Palmerston donna son appui à cette mesure, qui pourtant ne fut adoptée qu'à une très-faible majorité; et ce quasi-échec amena la dissolution du cabinet. Lord J. Russell donna sa démission en se plaignant hautement de ses collègues.

Lord Stanley, devenu *comte de Derby* par suite de la mort de son père, accepta alors de la reine la mission de former une administration, et fut plus heureux cette fois qu'il ne l'avait été l'année précédente, car il parvint à composer un cabinet d'éléments tories purs; il y prit le rôle de premier lord de la trésorerie, lord Salisbury fut nommé garde du sceau privé; le comte Malmesbury, ministre des affaires étrangères; sir Édouard Sugden, lord chancelier; le comte de Londsdale, président du conseil privé; Walpole, ministre de l'intérieur; le comte de Northumberland eut la marine; sir J. Pakington eut les colonies; lord Manners, les travaux publics; le major Beresford, la guerre, et d'Israeli, les finances. Le 27 le chef du nouveau cabinet vint donner au parlement connaissance de son programme politique. Il déclara que l'administration actuelle n'avait accepté le pouvoir que pour ne pas laisser le pays sans gouvernement; qu'elle voulait la paix, qu'elle persistait dans les idées que toujours elle avait professées au sujet de la taxe sur les céréales; mais qu'elle soumettait la solution définitive de cette grave question à un appel à l'opinion bien comprise et clairement formulée de la partie intelligente des masses. Cette déclaration eut pour effet de faire revivre l'*agitation* pour l'abolition des taxes sur les grains. L'*anti-cornlaw-league* de Cobden recommença à tenir des assemblées, dans la prévision d'une prochaine dissolution du parlement. Elle eut effectivement lieu le 1er juillet. Le nouveau parlement, convoqué pour le 4 août, mais successivement prorogé, ne commença ses travaux que le 11 novembre suivant. Le 17 décembre la chambre des communes repoussait, à 305 voix contre 286 le budget présenté par le cabinet Derby, dont ce vote hostile amenait la dissolution. Lord Aberdeen reçut alors de la reine la mission de reconstituer le cabinet, et naturellement le parti whig se partagea les portefeuilles vacants. Le comte d'Aberdeen fut déclaré premier lord de la trésorerie; lord Cranworth, lord chancelier; lord Granville, président du conseil privé; Gladstone, chancelier de l'échiquier; le duc d'Argyll, lord du sceau privé; lord Palmerston, ministre de l'intérieur; le comte de Clarendon, ministre des affaires étrangères; Herbert, secrétaire de la guerre; le marquis de Lansdowne et lord John Russell, ministres sans portefeuille. Une des premières mesures soumises au parlement fut le bil d'émancipation des juifs; et, comme précédemment, cette loi, après avoir réuni une majorité notable dans la chambre basse, fut en définitive rejetée par la chambre haute.

Le 28 février 1853, l'arrivée à Constantinople du prince Menschikoff, ambassadeur extraordinaire de Russie près la Sublime-Porte, venait aggraver les complications politiques amenées par la question des *lieux saints* en Orient, pour finir par provoquer l'année suivante la guerre qui dure encore entre la Russie, d'une part, et, de l'autre, la France et l'Angleterre, coalisées à l'effet de protéger la Turquie contre les projets de conquête de l'empereur Nicolas.

Les faits qui se rattachent à la nouvelle phase dans laquelle est entrée alors l'histoire de la Grande-Bretagne trouveront plus naturellement leur place aux articles que nous devons consacrer dans ce livre à la question d'Orient, à la Russie et à l'empire Ottoman. Nous y renvoyons donc le lecteur, en nous bornant à constater ici l'alliance cordiale qui en est résultée entre la France et l'Angleterre. Le sang français et anglais s'est confondu sur les mêmes champs de bataille pour la défense de la même cause; deux grands peuples, dont les luttes remplissent depuis plus de cinq siècles l'histoire de l'Europe, et y effacent tout autre intérêt, se sont franchement réconciliés et soutiennent, pour la défense de l'Europe occidentale contre l'envahissante ambition de la Russie, une guerre qui a déjà valu à leurs armées les lauriers cueillis en commun à la bataille de l'Alma et à celle d'Inkermann, et que ne tardera pas à couronner, qu'on nous pardonne l'expression de ce vœu, l'anéantissement de la ville de Sébastopol et de sa flotte, sujets perpétuels de craintes pour l'indépendance de la Turquie, menace incessante contre Constantinople et contre l'Europe.

Une crise ministérielle, qui vient d'avoir lieu à Londres au moment où nous écrivons ces lignes (février 1855), et qui, provoquée par la démission de lord John Russell, s'est dénouée par la retraite de lord Aberdeen et par celle de lord Newcastle, pour qui on avait créé un ministère de la guerre, a eu pour résultat de charger lord Palmerston de reconstituer un cabinet dont il a gardé la présidence, pendant que lord Panmure prenait le ministère de la guerre. Déjà on annonce que la campagne nouvelle qui s'ouvrira sous quelques semaines, tant dans la Baltique que dans la mer Noire, sera conduite de la part des deux grandes puissances occidentales avec toute la vigueur et l'énergie nécessaires pour frapper un coup décisif et hâter le rétablissement de la paix générale.

GRANDE-CHANCELLERIE. *Voyez* CHANCELLERIE.

GRAND-ÉCHANSON. *Voyez* ÉCHANSON.

GRANDE-CHARTE. *Voyez* MAGNA CHARTA.

GRANDE-CHARTREUSE. *Voyez* CHARTREUSE (Grande).

GRANDE CULTURE. *Voyez* CULTURE.

GRAND-ÉCUYER. *Voyez* ÉCUYER.

GRANDE-GRÈCE (*Magna Græcia*). Les Romains appelaient ainsi, par opposition aux quelques autres colonies grecques fondées en Italie, la partie de cette contrée qui s'étendait le long des côtes du golfe de Tarente, qui de bonne heure avait été peuplée par des colons grecs, et comprenant l'Apulie, la Calabre, la Lucanie et le Bruttium. Ils désignaient de même diverses parties de la Sicile, où s'étaient aussi établis des colons grecs. La Grande-Grèce fut le théâtre de l'activité philosophique des disciples de Pythagore, qui par les sages institutions dont ils dotèrent cette contrée méritèrent la reconnaissance des populations, mais à qui on put aussi reprocher de ne pas avoir su demeurer étrangers aux intrigues de la politique. Il serait assez difficile de prouver d'une manière bien certaine l'époque où eurent lieu les premières immigrations des Grecs dans cette partie de l'Italie; mais on peut, avec assez de vraisemblance, les faire dater de peu après la guerre de Troie. Il y vint successivement des Athéniens, des Achéens, des habitants de l'île d'Eubée, et jusqu'à des Troyens. C'est à la suite de ces diverses émigrations que furent fondées les républiques de Tarente, de Sybaris, de Crotone, de Locris, de Rhégium, etc. Plus tard les Romains fondèrent aussi quelques colonies dans ces contrées; en l'an 272 avant J.-C. ils se trouvèrent maîtres de toute l'Italie inférieure, ainsi que des diverses colonies grecques, où dès lors les mœurs et les lois particulières à la Grèce furent insensiblement remplacées par celles de Rome.

GRANDE-POLOGNE. On désignait ainsi autrefois la partie nord-est du royaume de Pologne, contrée généralement plate et au total très-fertile. Aussi passait-elle pour le grenier de la Pologne; et fut-ce la contrée où régnèrent d'abord les ducs polonais. La Grande-Pologne proprement dite se composait des woïwodies de Posen, Gnesen, Kalisch, Sieradz, Lenczic et du pays de Wielun; plus tard, on y comprit également les woïwodies de Kujawie, de Plock, de Masowie, de Rawa et jusqu'au duché de Prusse, avec l'Ermeland, la Pomérellie et le territoire de Culm. Par opposition à la Grande-Pologne, on donnait le nom de *Petite-Pologne* aux autres parties du royaume situées au sud-ouest, pays généralement montagneux. Dans son sens le plus restreint, cette dénomination ne s'appliquait qu'aux woïwodies de Cracovie, de Sendomir et de Lublin; et dans une acception plus large elle comprenait également la Podlachie, la *Rous* (aujourd'hui Gallicie), la Podolie et la Volhynie.

GRANDE ROUTE. *Voyez* ROUTE.

GRANDES COMPAGNIES. *Voyez* COMPAGNIES (Grandes).

GRANDESSE. La grandesse était, en Espagne, le plus haut titre d'honneur que la noblesse pût posséder. Le nom de *grand* est ancien, et l'on ne saurait dire absolument qu'il ait succédé à celui de *ricos hombres*; car il servait déjà de distinction pendant que l'autre était le plus en usage par toute l'Espagne, non-seulement en Castille, mais aussi dans les royaumes d'Aragon et de Portugal. Presque tous les seigneurs titrés prirent le nom de *grands* et usèrent du privilége de se couvrir et de s'asseoir devant le roi. Mais au couronnement de Charles-Quint, à Aix-la-Chapelle, les princes de l'Empire lui ayant déclaré qu'ils ne pourraient pas assister à la cérémonie de son sacre, si les grands d'Espagne voulaient user du droit de se couvrir, l'empereur employa le crédit du duc d'Albe pour persuader à ceux-ci de s'abstenir de leur privilége dans cette circonstance. Ils y condescendirent, et Charles en prit occasion de borner le nombre des *grands* et de faire dépendre ce titre de la couronne. C'est ainsi que des personnes de qualité aux Pays-Bas et en Italie devinrent grands d'Espagne. Ferdinand VII accorda, vers la fin de sa vie, les honneurs de la grandesse à un capucin.

Les grands étaient divisés en trois classes, dont le *sombrero* ou le chapeau et le moment où l'on avait la permission de le mettre devant le roi faisaient la différence principale. Un grand de la *première classe* parlait au roi et l'écoutait toujours couvert; un de la *seconde* ne se couvrait qu'après avoir achevé sa harangue ou son compliment; enfin, ceux de la *troisième* ne se couvraient qu'avec la permission du roi. Les uns et les autres étaient qualifiés par le roi de *mi primo* (mon cousin), tandis que les nobles ordinaires ne reçoivent de lui d'autre qualification que celle *mi pariente* (mon parent). Dans les assemblées d'états, ils siégeaient immédiatement après les prélats, et avant les simples *titulados*. Ils jouissaient des grandes entrées dans le palais du roi, et aux occasions solennelles ils prenaient place à la chapelle immédiatement à côté de l'autel. Leurs femmes jouissaient à la cour de priviléges analogues, et pour les recevoir, la reine quittait son siége.

On raconte que, lorsque les Français entrèrent à Madrid, les grands d'Espagne se plaignirent qu'on ne leur rendait plus les honneurs militaires. « Mais, dit le prince Murat, à quoi diable peut-on les reconnaître? — Monseigneur, ils sont tous un peu bossus. — Dans ce cas, que l'on porte les armes à tous les bossus! »

Sous le gouvernement de Joseph Bonaparte et après la révolution de 1820 on abolit la *grandesse*, que les restaurations ultérieures ont rétablie, mais sans lui rendre ses antiques prérogatives. L'*Estatudo real* de 1834 donnait aux grands d'Espagne le premier rang dans la chambre des *proceres*.

DE REIFFENBERG.

GRANDEUR, GRANDEURS. La *grandeur* est la qualité de ce qui est grand : l'élévation de l'âme, la noblesse des sentiments, la droiture du cœur, constituent bien plus la *grandeur* morale que la dignité, la majesté unies à la puissance, éléments dont nos pères la formaient, sans soupçonner qu'elle n'était qu'un masque respecté. A part le titre de *Grandeur* que prennent chez nous les archevêques et évêques, la grandeur est rare aujourd'hui en France; car la dissimulation officielle est moins consommée, et l'homme a la franchise de publier son égoïsme. S'il fallait chercher des exemples de grandeur dans notre histoire contemporaine, on en trouverait peu.

Les *grandeurs* étaient et sont bien différentes de la *grandeur* : elles ne laissent pas cependant d'attirer la même considération; et leur similitude avec elle sous ce point de vue est aussi réelle que celle de leur nom. Le pouvoir, les dignités, les honneurs, ont constitué les grandeurs; mais elles sont tellement matérialisées aujourd'hui, leur représentation est devenue tellement nulle et peu imposante, que l'idole de nos aïeux est brisée : les *grandeurs* ne sont plus à présent qu'une chimère dont on rit; elles ont même perdu leur nom, qui sera bientôt complétement tombé en désuétude.

En mathématiques, on appelle *grandeur* tout ce qui est susceptible d'augmentation et de diminution, comme la quantité, ou plutôt, d'après l'*Encyclopédie*, ce qui est composé de parties : on distingue la *grandeur abstraite*, dont la notion ne renferme aucun signe particulier, comme les nombres, et la *grandeur concrète*, dont la notion renferme un sujet particulier, comme le temps et l'étendue.

En termes d'optique, on entend par *grandeur apparente* d'un objet celle sous laquelle il paraît à nos yeux. Quand les objets sont fort éloignés de l'œil, leurs *grandeurs apparentes* sont proportionnelles aux angles sous lesquels ils sont vus. Aussi, quoique le soleil et la lune soient fort différents l'un de l'autre pour la *grandeur réelle*, leur grandeur apparente est à peu près la même, parce qu'on les voit à peu près sous le même angle.

GRANDEUR D'ÂME. On appelle ainsi cette supériorité morale qui consiste à s'élever au-dessus des faiblesses de l'humanité et à se montrer dans ses sentiments et dans ses actions plus grand que ses semblables, en méprisant les biens auxquels le *vulgaire est* le plus attaché, et en commandant aux passions qui asservissent la plupart des hommes. Quelle grandeur d'âme dans Socrate, qui méprise assez la vie pour accepter la ciguë plutôt que de fuir comme un coupable, quand ses amis lui ouvrent les portes de sa prison! Il est peu d'hommes qui eussent, comme Alexandre, vidé à l'instant la coupe que lui présentait son médecin, et à qui la crainte de la mort n'eût fait perdre cette confiance sublime dont ne put se défendre le noble cœur du héros macédonien. L'oubli des injures, le pardon accordé à un ennemi coupable et vaincu, révèlent toujours beaucoup de grandeur d'âme; car il n'est rien de plus difficile à éteindre dans l'homme que le ressentiment et la soif de la vengeance. Auguste pardonnant à Cinna mérite mieux le surnom d'Auguste par cette action que par sa puissance absolue et par l'empire de l'univers. En un mot, toutes les fois qu'un homme semble supérieur aux sentiments terrestres qui ont le plus de prise sur l'âme humaine, comme l'ambition, la haine, la crainte de la mort, c'est avec raison qu'on lui attribue de la grandeur d'âme. Le mot *grandeur* indique assez qu'il s'élève au-dessus de ses semblables et de la nature commune par la noblesse de son âme, qui le rapproche ainsi de la Divinité.

La grandeur d'âme semble se confondre avec l'*héroïsme*. Cependant, on qualifie plus volontiers de ce dernier nom les actions de dévouement et d'éclat, ou un déploiement extraordinaire d'activité morale, accompli au milieu de luttes et de souffrances. La grandeur d'âme emporte avec elle l'idée d'une force qui agit avec calme et majesté. Ses traits, si on la représentait sous une forme visible, seraient empreints de cette noble sérénité qui caractérise une puissance supérieure aux mortels, inaccessible aux orages de leurs passions, et accomplissant le bien sans efforts, quoique avec énergie.

C.-M. PAFFE.

GRAND'GARDE. *Voyez* GARDE.

GRAND-GOSIER. *Voyez* PÉLICAN.

GRANDIER (URBAIN). Le 18 août 1634, les habitants de la ville de Loudun étaient réunis en foule autour d'un bûcher dressé dans leur ville pour le supplice d'un condamné. Ce condamné était un ministre des autels, *atteint et convaincu*, disait le jugement, *du crime de magie, maléfices et possessions arrivées par son fait ès personnes d'aucunes religieuses ursulines et autres séculières, et condamné à faire amende honorable, nue tête, et être son corps brûlé vif, avec les pactes et caractères magiques estant au greffe, ensemble le manuscrit par lui composé contre le célibat des prêtres, et les cendres jetées au vent.* Lorsque le patient parut, sa vue attendrit le cœur de ceux qu'un crime aussi énorme n'avait pas rendus tout à fait sourds à la voix de la pitié. C'était un homme jeune encore, beau de corps et de visage, mais que la torture avait rendu presque méconnaissable. Non contents de l'envoyer à la mort, ses juges, ou plutôt ses bourreaux, l'avaient préalablement fait appliquer à la question pour le contraindre à avouer les complices de son prétendu crime : comme il ne les déclarait point, malgré les tourments, ils avaient ordonné de lui broyer les os des membres, jusqu'à ce que la moelle en sortît, ce qui n'avait pas mieux réussi! Comme on voulait ménager la vie du condamné, afin qu'il pût subir le supplice du feu, on avait suspendu la torture, et on l'apportait, mourant et ensanglanté, à travers la foule. Là il demanda, d'une voix affaiblie, le gardien des cordeliers, pour se confesser; on le lui refusa, lui offrant à sa place un prêtre, son ennemi implacable, dont il ne voulut point. Déposé sur le bûcher, il persista à déclarer qu'il n'était point magicien, qu'il avait commis de grands crimes sans doute, mais seulement de fragilité humaine, dont il se repentait, et qu'il n'avait, du reste, aucun complice. Le feu fut mis au bûcher : dans ces sortes de supplices, la pitié humaine préparait d'ordinaire une corde pour étrangler le condamné avant que le feu l'atteignît. La corde était bien sur le bûcher, mais, sans qu'on pût savoir pourquoi, le nœud coulant ne glissa point, et le patient fut brûlé vif.

Ce malheureux était Urbain Grandier, curé de Saint-Pierre de Loudun, et chanoine de l'église Sainte-Croix dans la même ville, né vers 1590, à Rovère, près de Sablé, dans le diocèse du Mans. La honte de son supplice pèsera éternellement sur la mémoire du conseiller d'État Laubardemont, qui pour servir la vengeance du cardinal de Richelieu suscita l'étrange procédure dirigée contre Grandier, et choisit lui-même les juges qui le condamnèrent. La cause de cette condamnation n'est point dans la ridicule culpabilité imputée à Grandier, mais dans les inimitiés nombreuses que la causticité, la hauteur, l'orgueil et l'inconséquence de ce prêtre soulevèrent contre lui. Doué d'un physique avantageux et d'un esprit distingué, Urbain Grandier ne sut point user de ses dons avec prudence et circonspection. Il se livra à des intrigues galantes; il attaqua les priviléges des carmes de Loudun, prêcha contre les confréries religieuses et contre certaines pratiques de dévotion, témoigna une grande bienveillance aux protestants, et ne craignit point d'usurper les droits de l'autorité épiscopale en accordant ou retirant des dispenses ecclésiastiques. Une telle conduite, aggravée encore par les railleries piquantes de Grandier, excita au plus haut point les passions haineuses et jalouses des moines de Loudun. Ils pouvaient se prévaloir contre lui du dérèglement de ses mœurs, qui scandalisait l'Église, et de ses opinions philosophiques, qui heurtaient trop violemment les préjugés du siècle ou les intérêts du clergé. Aussi, sur leur plainte, Grandier fut-il pris, mis en prison et condamné, le 2 juin 1630, par l'officialité de Poitiers, à la privation de ses bénéfices, à l'interdiction des sacrements pendant cinq ans, et à faire pénitence. Mais l'archevêque de Bordeaux, devant qui Grandier avait appelé de ce jugement, annula la condamnation, et le curé de Loudun rentra triomphant dans ses bénéfices.

Cet échec ne fit qu'accroître la haine vindicative de ses ennemis. Un libelle intitulé *La Cordonnière de Loudun*, qui attaquait la naissance et la personne de Richelieu, ayant paru vers ce temps, Grandier fut dénoncé secrètement au cardinal-ministre comme étant l'auteur de cet écrit. Dès lors sa perte fut jurée; il ne fallait plus qu'un prétexte, on ne tarda pas à le trouver. Il existait depuis peu de temps dans la ville de Loudun un couvent d'Ursulines, dont le directeur, ennemi de Grandier, avait été préféré à lui pour remplir cette place, et dont la supérieure était la parente du conseiller d'État Laubardemont, vendu au cardinal. Tout à coup le bruit se répand que des spectres, des fantômes, ont apparu aux religieuses, et que des diables se sont logés dans le corps de plusieurs d'entre elles. Qui pouvait les avoir logés là, si ce n'était Grandier? D'ailleurs, ces religieuses, au milieu des bizarres contorsions et des fureurs hystériques qui les agitaient, n'avaient-elles pas répondu à leurs exorciseurs que l'auteur du maléfice était Grandier ; que ce prêtre s'introduisait de jour et de nuit dans le couvent, *sans toutefois*, disaient-elles, *qu'on l'y eût jamais vu entrer*, et qu'il avait opéré son sortilége en jetant dans le cloître une branche de rosier fleuri, lequel avait ensorcelé toutes celles qui avaient respiré l'odeur des roses ? En fallait-il davantage? Une commission royale autorisa bientôt Laubardemont à informer contre Grandier. Le 17 décembre 1633, ce dernier fut arrêté et conduit au château d'Angers. La procédure commença aussitôt. Durant sept mois, on entendit des témoins, et l'on exorcisa les nonnes. Les témoins accusèrent Grandier d'adultères, d'incestes, de sacriléges ; quatoze ursulines, possédées par Astaroth, Asmodée, Cédon, Uriel, Belzébuth, et d'autres diables non moins puissants, prétendirent que le curé de Loudun était l'auteur de cette possession, et produisirent même les *pactes* conclus par lui avec le diable. Quoique, dans les idées même du temps, le témoignage de ces filles, dicté par les diables qui les tenaient sous leur empire, dût être rejeté comme suspect et comme tendant évidemment à perdre une innocente créature de Dieu, le 8 juillet 1634 des lettres patentes du roi nommèrent une commission spéciale, composée de 12 juges pris dans différentes juridictions, pour juger souverainement l'auteur du maléfice, ou plutôt l'auteur de la satire publiée contre le cardinal. Cette espèce de cour prévôtale s'assembla, et environ un mois après les habitants de Loudun rentraient tristement dans leurs demeures, en réfléchissant aux arrêts de la justice humaine et au cruel supplice dont ils venaient d'être témoins. Toute la procédure d'Urbain Grandier est à la Bibliothèque impériale. M. Alexandre Dumas a fait pour le Théâtre Historique un drame sur Urbain Grandier, dans lequel le magnétisme joue un grand rôle. Paul TIBY.

GRAND-JUGE, magistrat qui dans les colonies était à la tête de l'ordre judiciaire. C'était aussi le titre des commissaires attachés aux cours martiales. Des grands-juges connaissaient des délits commis par les soldats des corps suisses au service de France. Sous Napoléon Ier on donnait le titre de *grand-juge* au ministre de la justice.

GRAND-LIVRE (*Comptabilité commerciale*). Ce livre n'est point au nombre de ceux dont le Code de Commerce prescrit la tenue aux négociants, mais son existence, indifférente aux yeux de la loi, est indispensable au commerçant jaloux d'apporter dans ses affaires l'ordre et la régularité sans lesquels la fortune la plus brillante chancelle toujours. Les négociants italiens, qui passent pour avoir les premiers tenu leurs écritures en partie double, ont sans doute aussi inventé le grand-livre. Destiné à recevoir et à classer les articles extraits du *journal*, ce livre, qu'on appelle *grand*, parce qu'il est le plus grand de ceux dont le commerce fait usage, se nomme encore *livre d'extraits;* quelquefois aussi on l'appelle *livre de raison*, parce qu'à chaque instant il présente au négociant le tableau complet et détaillé de ses affaires, et l'aide ainsi à se rendre *raison* de sa situation commerciale.

En ouvrant un grand-livre quelconque, on a sous les yeux deux pages situées en regard l'une de l'autre. Au haut de la page à gauche, on écrit en gros caractères le nom du sujet auquel on ouvre le compte, avec le mot DOIT, pour désigner le *débit*; et au haut de la page à droite, on écrit, aussi en gros caractères, le mot AVOIR, pour désigner le *crédit*. Tous les folios du grand-livre doivent être cotés sur les deux pages en suivant l'ordre des nombres. Quand on transporte un article du journal au grand-livre, on ouvre d'abord un compte au *débiteur*, et puis un compte au *créditeur*. Ensuite on écrit au débit du compte du débiteur la somme qu'il doit, et réciproquement au crédit du compte du créditeur la somme due à celui-ci. Toute opération de négoce étant inscrite au journal à mesure qu'elle s'accomplit, toute opération commerciale supposant toujours un débiteur et un créditeur, chaque énonciation du journal est nécessairement relative à deux sujets, et se dédouble en se reportant sur le grand-livre, où chaque opération est inscrite deux fois, savoir : au débit du compte du débiteur, et au crédit du compte du créditeur.

Chaque énonciation inscrite au grand-livre se compose de cinq parties : 1° la date de l'opération par an, mois et jour, écrite à la marge du compte ; 2° le nom du créditeur ou du débiteur ; 3° le sujet de l'article, c'est-à dire *pourquoi* on crédite ou l'on débite le compte ; 4° l'indication du folio de rencontre, c'est-à-dire du folio du grand-livre où se trouve ouvert le compte du créditeur ou du débiteur dont on vient d'écrire le nom ; 5° la somme due par le sujet ou au sujet du compte. Si toutes les opérations ont été régulièrement inscrites sur le journal et tous les articles du journal fidèlement reportés au grand-livre, il doit résulter de l'addition de tous les comptes que la somme totale des débits est égale à la somme totale des crédits ; puisqu'on ne débite jamais un compte d'une somme sans créditer de cette même somme un ou plusieurs autres comptes. Ce n'est qu'après s'être assuré de cette parfaite égalité entre la somme des débits et celle des crédits qu'on peut procéder avec sûreté à la balance générale de tous les comptes, opération qui consiste à solder le crédit de chaque compte par l'excédant de son débit, et réciproquement. Charles LEMONNIER.

GRAND-LIVRE (*Dette publique*). On nomme ainsi le registre formé en exécution de la loi du 24 août 1793 sur lequel est inscrit le titre de toute rente due par le trésor public, titre communément appelé *inscription de rente*. La loi du 24 août 1793 eut pour objet de liquider toutes les dettes contractées soit antérieurement à la révolution par la couronne, par les anciens états provinciaux, par les anciens chapitres, par les maisons religieuses et par les autres établissements supprimés ; soit, depuis la révolution, par la nation, les départements, les districts et les communes. L'article 6 de cette loi déclara qu'à l'avenir le grand-livre de la dette publique serait le titre unique et fondamental de tous les créanciers de l'État ; l'article 3 ordonna qu'il ne serait fait aucune inscription pour une somme inférieure à 50 fr. de rente ; l'intérêt payé par le trésor étant de 5 pour 100. Outre la rente dite perpétuelle, qu'institua la loi du 24 août 1793, la loi du 23 floréal an II, achevant l'œuvre de la première, ordonna dans le même but la liquidation de toutes les rentes viagères reconnues par l'ancien régime et respectées par le nouveau : elle prescrivit leur inscription sur un grand-livre particulier. Un grand nombre de lois ont successivement modifié celle du 24 août 1793, tout en respectant ses bases fondamentales. Quatre ans après la constitution du grand-livre de la dette publique, la Convention, qui l'avait fondé, était remplacée par le Directoire ; les circonstances étaient menaçantes, la guerre partout allumée, les finances en désordre, le trésor épuisé : la loi du 9 vendémiaire an VI (30 septembre 1797) vint alors aggraver la plupart des impôts existants, et en établir de nouveaux, qui presque tous ont survécu à la cause de leur création. Cette loi ne respecta point l'institution toute récente du grand-livre ; son article 98 ordonna que les deux tiers de chaque inscription portée au grand-livre de la dette publique, tant perpétuelle que viagère, seraient remboursés en bons au porteur admissibles en payement des biens nationaux vendus ou à vendre, et que l'autre tiers seulement serait conservé en inscription et payé des intérêts dus à ce titre. Il fallut en conséquence ouvrir un nouveau grand-livre sur lequel on inscrivit *le tiers consolidé* des parties de la dette antérieurement liquidée et les parties comprises aux états de la dette constituée non liquidée. La loi du 8 nivôse an VI (28 décembre 1797), qui prescrivit cette mesure, n'ordonna point le renouvellement du grand-livre de la dette viagère, mais décida que le compte de l'État y serait crédité, et celui des rentiers débité, des deux tiers remboursés.

Cette mesure désastreuse avait porté un coup terrible au crédit national. Trois ans après, la rente consolidée était à 5 fr., c'est-à-dire que moyennant 5 fr. on achetait une rente de la même somme. On sentit la nécessité de regagner la confiance : le 21 floréal an x (11 mai 1802), Bonaparte, venant d'être réélu consul pour dix ans, une nouvelle loi ordonna que la partie de la dette constituée en perpétuel porterait à l'avenir le nom de 5 pour 100 *consolidés* ; que le produit de la contribution foncière serait spécialement et jusqu'à due concurrence affecté à servir les intérêts de cette dette : les époques de payement furent en même temps fixées au 22 septembre et au 22 mars de chaque année, au lieu du 1er janvier et du 1er juillet, époques déterminées par la loi de 1793. La même loi prescrivit qu'à partir du 1er vendémiaire an XI le transfert des inscriptions de rente ne se ferait plus qu'avec jouissance des intérêts du semestre courant. Enfin, pour ranimer plus promptement et plus sûrement le crédit, on importa d'Angleterre la jonglerie financière de l'amortissement ; et les articles 9 et 11 de la loi fixèrent la dette consolidée à 50,000,000 fr., et la dette viagère à 20,000,000 en stipulant que nulle augmentation au delà, soit par l'effet des consolidations restant à faire, soit par des emprunts légalement autorisés, ne pourrait s'opérer sans qu'il fût affecté un fonds d'amortissement suffisant pour amortir cet excédant au plus tard en quinze ans. Nous savons aujourd'hui comment on a tenu cette promesse, et nous connaissons de reste les effets merveilleux de l'amortissemment. De 50,000,000 qu'elle ne devait point dépasser, notre dette est montée à près de six milliards !

Point de changement dans l'organisation du grand-livre depuis cette époque jusqu'à la loi du 17 avril 1822, qui, dans l'intérêt des classes pauvres, afin de faciliter le placement de leurs moindres économies, et de lier ainsi leur intérêt particulier à l'intérêt général, abaissa le *minimum* des rentes 5 pour 100, inscriptibles au grand-livre, de 50 fr. de rente à 10 fr. Plus tard, sous le ministère d'un homme qui a sa place marquée sinon parmi les bons ministres, au moins à côté des financiers les plus habiles, parut la fameuse loi du 1er mai 1825, qui créa des rentes 3 pour 100 et 4 1/2 pour 100, et autorisa les propriétaires de 5 pour 100 à convertir leurs rentes anciennes en titres nouveaux. Nous n'entreprendrons pas d'apprécier ici une mesure qui s'est depuis renouvelée sur une plus grande échelle ; nous dirons seulement que la conversion de la rente nous paraît fondée en droit, conforme à la stricte équité, éminemment favorable aux travailleurs, et qu'il a fallu l'animosité avec laquelle le parti libéral poursuivait, si justement d'ailleurs, la Restauration pour lui fermer obstinément les yeux sur l'utilité d'une loi excellente, bien que dans la pensée de son auteur elle fût avant tout destinée à combler le déficit creusé dans nos finances par le milliard de l'indemnité.

Les rentes inscrites au grand-livre sont meubles ; elles ne payent absolument aucun impôt, et sont insaisissables. Le transfert s'en fait avec la plus grande facilité ; la seule signature du cédant sur le registre des mutations saisit le cessionnaire de la propriété et de la jouissance de l'inscription cédée. Deux ordonnances ont encore ajouté à cette facilité en autorisant la conversion des inscriptions de rentes nominatives en inscriptions au porteur, et réciproquement, à la volonté du propriétaire, la reconversion des rentes au porteur en rentes nominatives.

Avant la loi du 14 avril 1819, rendue sous le ministère du baron Louis, c'était seulement à Paris que pouvaient s'opérer les ventes, les achats, les payements de rentes, et en général toutes les transactions relatives à cette espèce de propriétés ; afin de rendre ces opérations plus faciles et moins dispendieuses, cette loi ordonna qu'il fût ouvert au grand-livre des 5 pour 100 consolidés, au nom de la recette général de chaque département, celui de la Seine excepté, un compte collectif qui comprendrait, sur la demande des rentiers, leurs inscriptions individuelles. Chaque receveur général dut en conséquence tenir, comme livre auxiliaire du grand-livre de Paris, un registre spécial sur lequel sont nominativement inscrits les rentiers participant au compte collectif ouvert au trésor. A chacun d'eux on délivre une inscription départementale signée du receveur général, et visée par le préfet : ces titres équivalent aux inscriptions délivrées par le directeur du grand-livre. Ils sont transférables dans les départements comme les inscriptions ordinaires le sont à Paris ; on peut à volonté les échanger contre ces derniers. Enfin, tout propriétaire d'inscription directe ou départementale peut, aux termes de la loi plus haut citée, compenser les arrérages qui lui sont dus, soit avec ses contributions directes, soit avec celles d'un tiers du consentement de celui-ci ; il lui suffit pour cela d'en faire sa déclaration au receveur général. Chaque fois que le propriétaire d'une inscription départementale la cède ou la transporte dans un autre département, l'inscription est rayée sur le registre du département qu'elle quitte, et transportée sur celui du département où elle passe ; en même temps les comptes collectifs ouverts au trésor à chacun des deux départements qui permutent sont respectivement débités et crédités du montant de cette inscription. Charles LEMONNIER.

GRAND-MAITRE DE FRANCE. *Voyez* MAISON DU ROI.

GRAND-MAITRE DE LA GARDE-ROBE. *Voyez* GARDE-ROBE.

GRAND-MAITRE DE L'ARTILLERIE. Dès le quatorzième siècle il y eut en France des officiers généraux établis pour la garde de l'artillerie du royaume ; mais ce n'est qu'en 1601 que la charge de grand-maître de l'artillerie fut érigée en office de la couronne. On remarque parmi ceux qui en furent investis Antoine de La Fayette, sieur de Pontgibaut ; Charles de Cossé, comte de Brissac ; Jean d'Estrées et Antoine d'Estrées ; Armand de Gontaut de Biron ; François d'Espinay de Saint-Luc ; Sully ; Maximilien II de Béthune, marquis de Rosny ; Henry de Schomberg, comte de Nanteuil ; Antoine Ruzé, marquis d'Effiat ; Charles de la Porte de La Meilleraye ; le duc de Mazarin ; le duc de Lude ; le duc d'Humières ; Louis-Auguste de Bourbon, duc du Maine ; et Louis-Charles de Bourbon, comte d'Eu. Depuis cette époque les grands-maîtres de l'artillerie ont été remplacés par des inspecteurs généraux.

GRAND-MAITRE DE L'UNIVERSITÉ. *Voyez* UNIVERSITÉ.

GRAND-MAITRE DE MALTE. *Voyez* MALTE.

GRAND-MAITRE DES CÉRÉMONIES. La charge de cet officier fit d'abord partie des attributions du grand-maître de France, ou de la maison du roi. Henri III l'en sépara le 2 janvier 1585, et en revêtit le sieur de Rhodes. Le grand-maître des cérémonies fixait le rang de chacun dans les fêtes solennelles, au sacre, aux réceptions d'ambassadeurs, aux obsèques et pompes funèbres des monarques, princes et princesses de la famille royale. Cet office, détruit par la révolution, fut rétabli sous le premier empire. Sous la Restauration, M. de Dreux-Brézé remplit cet emploi, qui, supprimé de nouveau après la révolution de Juillet, a reparu avec le nouvel empire.

GRAND-MAITRE DES EAUX ET FORÊTS. L'administration des eaux et forêts fut longtemps dirigée en France par un seul officier, revêtu du titre de grand-maître. Henri III, par un édit de 1575, supprima cette charge, et y substitua six conseillers, qui, sous le titre de *grands-maîtres enquêteurs et généraux réformateurs des eaux et forêts*, et revêtus de fonctions administratives et judiciaires, se partagèrent le territoire du royaume. Le nombre de ces nouveaux *grands-maîtres* s'accrut successivement ; il était de dix-huit à l'époque de la révolution de 1789, et la France était divisée entre eux en un pareil nombre de *grandes-maîtrises*, subdivisées en maîtrises particulières, qui se composaient de districts appelés *grueries* ou *triages*. Toutes ces juridictions spéciales furent supprimées par la loi du 29 septembre 1791.

GRAND-MAITRE DU TEMPLE. *Voyez* TEMPLIERS.

GRAND-MARÉCHAL, GRAND-MARÉCHAL DU PALAIS. *Voyez* MARÉCHAL.

GRANDMESNIL (JEAN-BAPTISTE FAUCHARD DE) comédien célèbre, le meilleur *grime* qu'ait peut-être jamais possédé la Comédie-Française, naquit en 1737, à Paris, où son père exerçait avec quelque distinction la profession de dentiste. Celui-ci fit donner à son fils une excellente éducation; et quand il eut terminé ses études juridiques, il le mit à même de s'établir comme avocat. Les débuts du jeune Grandmesnil au barreau ne furent pas sans succès; il eut le bonheur d'ailleurs de rencontrer une de ces causes qui lancent tout de suite un avocat. Il s'agissait d'un procès que le fameux Ramponneau, ce Silène des Porcherons, faisait à un sieur Gaudon, entrepreneur d'un théâtre forain qui l'avait engagé pour paraître sur ses tréteaux, spéculant, comme c'était certes bien son droit, sur l'inconcevable caprice de la société parisienne, qui avait un beau jour fait une véritable notabilité, d'un ignoble cabaretier dont la grotesque figure constituait d'ailleurs tout le mérite. Gaudon avait pensé que le public, qui allait se faire écraser aux Porcherons pour entrevoir Ramponneau à son comptoir et dans l'exercice de ses fonctions, ne manquerait pas d'accourir à la foire Saint-Laurent pour y contempler tout à son aise, et sur des banquettes bien rembourrées, les traits du héros du jour, à qui les vaudevillistes, fournisseurs habituels de son théâtre, taillèrent un bout de rôle dans un canevas comique arrangé pour la circonstance. Ramponneau, après avoir pendant quelque temps exécuté le contrat, essayait de s'y soustraire en alléguant notamment que sa conscience ne lui permettait plus de se prêter au rôle de baladin qu'un spéculateur sans pudeur lui faisait ainsi jouer. C'était en plein règne de Mme Dubarry que la chose se passait. C'était une véritable cause grasse que les clercs de la Bazoche eussent bien voulu pouvoir plaider lors des saturnales de la table de marbre. Voltaire lui-même ne dédaigna pas de s'en mêler et de publier à ce sujet un spirituel factum. Grandmesnil, lui aussi, en tira habilement parti. Plus tard, l'établissement du parlement Maupeou, en le mettant à même de faire de l'opposition comme on en pouvait faire alors, appela encore sur lui l'attention; mais son père, qui lui avait acheté une charge de conseiller de l'amirauté, et toute sa famille, désapprouvèrent ces velléités d'indépendance. A ces désagréments vinrent se joindre quelques contestations avec ses propres confrères du barreau; et de guerre lasse, Grandmesnil résolut de renoncer à une carrière qui ne lui offrait qu'embarras et tracasseries, pour en choisir une plus conforme à ses goûts. Il disparut.

Longtemps on ignora ce qu'il était devenu. Enfin, on apprit qu'il jouait la comédie à Bruxelles, dans les rôles dits de *grande livrée*. Plus tard, il fut successivement attaché à différents grands théâtres de province, notamment à ceux de Marseille et de Bordeaux; mais ce ne fut que bien tard, lorsque déjà il avait cinquante-deux ans, que sa réputation, parvenue à Paris, engagea MM. les comédiens ordinaires du roi à essayer de l'attacher à leur compagnie. Grandmesnil comprit que le temps avait marché aussi pour lui, et que son âge et son physique ne convenaient plus aux rôles auxquels il devait sa célébrité. En débutant sur la scène de la Comédie-Française, alors installée à l'Odéon, il se décida à aborder les rôles dits *à manteaux*, et parut pour la première fois dans le rôle d'Arnolfe de *L'École des Femmes* Il aborda ensuite les rôles de Francaleu de la *Métromanie*, du Commandeur du *Père de Famille*, de Chrysale des *Femmes Savantes*, d'Orgon de *Tartufe*, etc., etc. Son succès fut incontesté; cependant, on ne voulut l'admettre que pour jouer les *utilités*; et Grandmesnil, justement froissé, abandonna bientôt la Comédie-Française pour passer au théâtre rival qui venait de s'établir rue de Richelieu, et qui prenait le titre de *Théâtre de la République*. Ce ne fut qu'en 1799, lors de la reconstitution complète de la Comédie-Française, qui vint s'établir dans la salle qu'elle occupe encore en ce moment, que Grandmesnil y fut admis avec le titre de sociétaire. Les contemporains le dépeignent comme un homme d'une taille très-élevée, maigre, mais doué de la physionomie la plus expressive. Il excellait dans les vieillards, et le rôle de l'Avare était son triomphe; peut-être bien est-ce à cette circonstance qu'il faut attribuer la tradition de coulisse qui le représente comme ayant dans ses habitudes privées poussé l'économie jusqu'à la parcimonie. Grandmesnil était, au reste, du petit nombre de ces acteurs auxquels les salons ne sont pas fermés, et à qui leur vie honorable, leurs mœurs honnêtes, non moins que leurs manières élégantes et polies, assurent toujours une place distinguée dans la bonne compagnie. Il prit sa retraite en 1811, à l'âge de soixante-quatorze ans. Déjà depuis longtemps il était professeur au Conservatoire, et l'Institut le comptait au nombre de ses membres, pour la quatrième classe (Académie des Beaux-Arts). Il mourut en 1815. Sa mort fut hâtée par le chagrin profond que lui causèrent les dévastations commises par les troupes ennemies dans le petit domaine de Grandmesnil, situé non loin de Versailles, que lui avait laissé son père.

GRAND-MOGOL. On nommait ainsi les princes de la dynastie mahométane fondée dans les Grandes-Indes, en 1526, par Babour, arrière-petit-fils de Tamerlan, à cause de leur origine mongole. Mais eux-mêmes prenaient le titre persan de *chah*, de même que la langue persane était celle en usage à leur cour et dans leur gouvernement. Les plus célèbres souverains de cette dynastie furent, après Babour, Akbar et Aureng-Zeyb. Quoiqu'ils aient vu leur immense empire tomber successivement en décadence, jusqu'à ce qu'enfin, en 1803, le chah Alum II fut témoin de sa ruine complète, par suite de la prise de Delhy, sa capitale, tombée alors au pouvoir des Anglais, qui le firent lui-même prisonnier, les représentants de la dynastie des Grands-Mogols continuent encore aujourd'hui à conserver les attributs extérieurs de la puissance suprême, qu'exercent de fait en leur nom les agents de la *très-honorable* Compagnie des Indes. Celle-ci leur a constitué une liste civile magnifique, les a entourés de tous les honneurs extérieurs de la souveraineté, et leur a assigné Delhy pour résidence, afin de les y avoir constamment sous sa stricte surveillance.

GRAND-PANETIER. *Voyez* PANETIER.

GRAND-PENSIONNAIRE. *Voyez* PENSIONNAIRE.

GRAND-PONTIFE. *Voyez* PONTIFE.

GRAND-PRÊTRE, SOUVERAIN PONTIFE, ou GRAND SACRIFICATEUR. *Voyez* PONTIFE.

GRAND-PRÉVÔT. *Voyez* PRÉVÔT.

GRAND-PRIEUR, religieux qui tenait le premier rang dans une abbaye où il y avait plusieurs supérieurs, comme à Cluny, à Fécamp, à Saint-Denis. Les ordres militaires et religieux de Saint-Jean de Jérusalem, ou de Malte, et des Templiers avaient aussi leurs grands-prieurs.

GRAND-PRINCE, titre que prenaient autrefois le souverain de Moscou et plusieurs autres princes souverains de la Russie, notamment ceux de Kiew et de Novogorod, comme aussi le souverain de la Lithuanie, et par la suite, en cette qualité, les rois de Pologne. Aujourd'hui encore l'empereur de Russie prend le titre de grand-prince de Smolensk, de Lithuanie, de Volhynie, de Podolie et de Finlande; et avec la qualification d'*altesse impériale* qui y est jointe, ce titre est donné aux différents princes et princesses de la famille impériale. On le remplace généralement cependant dans les usages diplomatiques par celui de *grand-duc*. L'empereur d'Autriche est de tous les autres souverains européens le seul qui prenne encore le titre de grand-prince, à savoir: grand-prince de Transylvanie, depuis qu'en 1765 l'impératrice Marie-Thérèse a érigé cette province en grande-principauté.

GRAND-QUEUX. *Voyez* QUEUX.

GRAND-RÉFÉRENDAIRE. En 1814, le sénat, à qui Napoléon avait expressément délégué la haute mission de veiller à la conservation des institutions impériales, aurait pu être une source d'embarras pour le gouvernement provisoire: on s'empressa d'acheter son adhésion au nouvel ordre de choses moyennant l'engagement pris de faire accorder par le gouvernement royal qu'on allait restaurer une pension de 36,000 francs par an à chacun des sénateurs, pension reversible à raison du tiers sur la tête des veuves, et représentant tout juste la dotation que leur avait constituée l'empire. Les plus adroits eurent en outre à l'oreille promesse d'être compris dans la pairie dont Louis XVIII devait gratifier la France. L'un des entremetteurs les plus actifs de cette transaction fut le comte de Sémonville. Ancien avocat général au parlement et doublure de Talleyrand pendant toute la durée du drame révolutionnaire, il savait bien qu'à Dambray devait revenir de droit la présidence de la chambre des pairs, en sa qualité de chancelier de France, Louis XVIII lui en ayant expédié le brevet *dès son avénement au trône*, c'est-à-dire aussitôt après la mort du dauphin, fils de Louis XVI. Sémonville, qui reprenait son titre de marquis, que lui avait enlevé la nuit du 4 août 1789, eut l'esprit de persuader aux faiseurs d'alors qu'il y avait intérêt pour le nouveau régime à lui créer, sous le titre tout nouveau de *grand-référendaire*, une place en dehors des orages de la politique, et dont les fonctions, sans précédents ni analogues en Angleterre, consisteraient à faire, au prix de 80,000 francs par an, pour la chamdre *haute* ce que de simples questeurs faisaient, moyennant 12,000 francs, pour la chambre elective et *roturière*, c'est-à-dire à administrer le budget intérieur de ce corps, à le dépenser pour son plus grand lustre et aussi pour le plus grand profit de l'idée monarchique. Quant à la qualification imaginée, en fouillant bien dans nos anciennes annales, on eût peut-être fini par trouver que sous les rois de la seconde race le fonctionnaire préposé a la garde du sceau de l'État avait le titre non pas de chancelier, lequel n'apparaît que sous les rois de la troisième race, mais de référendaire, *referendarius*. Il n'était dès lors pas difficile de prouver que créer un *grand-référendaire* était l'idée la plus essentiellement conservatrice qui pût éclore dans une cervelle royaliste. Ainsi fut fait; et Sémonville jouit de cette fructueuse sinécure tant que dura la Restauration. Il réussit même à la sauver, en 1830, du naufrage dans lequel vint sombrer la monarchie *légitime*; mais la place était trop belle pour ne pas être alors le point de mire de bien des cupidités. En homme habile, Sémonville n'attendit pas qu'on vînt, sous le prétexte de son grand âge, lui demander sa démission; il s'arrangea donc, en 1834, avec M. Decazes, qu'il savait être destiné par Louis-Philippe à le remplacer à la première occasion favorable, et céda à ce conseiller intime du *roi citoyen* un titre et des fonctions qu'il ambitionnait ardemment, en se réservant toutefois, sa vie durant, la moitié du traitement qui y était affecté. Toujours adroit et heureux, Sémonville vécut encore cinq années après cet édifiant compromis. Mais son successeur eut, pour se consoler d'un marché où il avait évidemment joué le rôle de dupe, neuf années de pleine et entière jouissance de tous les priviléges et avantages spécifiés plus haut; et il n'a rien fallu moins que l'ouragan de février 1848 pour lui faire perdre la tant douce habitude d'émarger chaque mois, pour ses menus plaisirs, les contributions de trois villages.

Avec le nouveau sénat a reparu un nouveau grand-référendaire. Le sénat de Napoléon Ier n'en avait point : est-ce un progrès?

GRAND-RUN ou **GRAND'RUE.** *Voyez* COURSIVE.

GRAND SAINT-BERNARD. *Voyez* SAINT-BERNARD.

GRANDS AUGUSTINS. *Voyez* AUGUSTINS.

GRAND SCHISME. *Voyez* SCHISME.

GRANDS D'ESPAGNE. *Voyez* GRANDESSE.

GRAND-SEIGNEUR. Terme de relations en usage pour désigner le souverain de l'empire ottoman, dont la seule qualification officielle, dans tous les documents et traités diplomatiques, est celle d'*empereur* et de *padischah*, ou encore de *sultan*.

GRANDS-JOURS. On nomma ainsi jusqu'à la fin du dix-huitième siècle des *assises extraordinaires* établies pour juger en dernier ressort les affaires des provinces les plus éloignées, et principalement pour informer des délits commis par les individus que l'éloignement rendait plus hardis et plus entreprenants. Les *grands-jours* étaient ordinairement tenus de deux ans en deux ans. Ils se composaient de personnes désignées par l'autorité royale, qui d'ordinaire les choisissait dans les parlements, et investies à peu près des mêmes pouvoirs que les *missi dominici* des rois de la première et de la seconde race. Ces commissions spéciales avaient pour but de suppléer aux renseignements qui, faute de publicité, ne parvenaient que bien difficilement au gouvernement central, à une époque où les gouverneurs des provinces étaient en quelque sorte indépendants; de recueillir les plaintes, d'examiner les griefs, et s'il y avait lieu, d'y faire droit immédiatement.

Les *grands-jours* les plus anciens dont il soit fait mention sont ceux que tenaient à Troyes les comtes de Champagne; ils donnèrent leur dénomination aux assises extraordinaires tenues plus tard au nom des rois. On appela même aussi *grands-jours* les séances des divers parlements, tant qu'ils restèrent ambulatoires. Une fois qu'ils devinrent sédentaires les *grands-jours*, ne furent plus que des commissions composées d'un certain nombre de juges tirés de leur sein et chargées de juger en dernier ressort toutes affaires civiles et criminelles sur appel des sentences rendues par les juges locaux.

Plusieurs princes du sang ou seigneurs avaient obtenu de la couronne le droit de tenir dans leurs apanages ou leurs domaines des *grands-jours*, où se jugeaient les appels interjetés des juges ordinaires, et aussi les crimes ou délits commis par les baillis, sénéchaux et juges ordinaires dépendant des seigneurs. L'ordonnance de Roussillon supprima ce privilége des seigneurs.

Les derniers *grands-jours* royaux furent tenus en 1666 à Clermont-Ferrand pour l'Auvergne, et au Puy-en-Velay pour le Languedoc. Ils furent provoqués par la nécessité de mettre un terme aux intolérables actes de tyrannie que certains gentilshommes se permettaient à l'égard des *vilains* et *manants* de ces provinces. Fléchier, alors simple précepteur du fils de M. de Caumartin, maître des requêtes, qui fut désigné pour faire partie de cette commission, suivit le père de son élève dans cette tournée réparatrice. La relation qu'il a laissée de ce voyage nous fournit de curieux détails, qui font bien connaître l'état de la France à cette époque. Plusieurs gentilshommes, des comtes, des marquis, furent condamnés à mort. Bussy-Rabutin dit dans ses *Mémoires* que la tenue de ces *grands-jours* d'Auvergne eut pour résultat de détruire bon nombre d'abus qui avaient jusque alors résisté à toutes les injonctions de l'autorité centrale. « L'un des plus considérables, ajoute-t-il, était la tyrannie des grands seigneurs envers leurs vassaux. La plupart tranchaient du souverain. Les sujets étaient accablés, et personne n'osait se plaindre. La justice était encore plus mal administrée : on se la faisait à soi-même, et on la refusait aux autres. Les cabales, les animosités, l'avarice, décidaient dans les tribunaux; et le sanctuaire de la justice était devenu le théâtre de l'injustice même... On punit les coupables : il en coûta la vie à plusieurs; quelques autres eurent leurs châteaux rasés; et ceux d'entre les juges qui, sans être criminels, avaient par faiblesse laissé les crimes impunis, furent dégradés et destitués de leurs places. » Ce fut, on le voit, le coup de grâce porté à la féodalité, si rudement traitée déjà par Richelieu.

GRANDS-OFFICIERS DE LA COURONNE. *Voyez* OFFICIERS.

GRAND SYMPATHIQUE. *Voyez* CÉRÉBRAL (Système), tome V, page 32.

GRANDVAL (CHARLES-FRANÇOIS RAGOT DE), célèbre acteur du Théâtre-Français, naquit à Paris, en 1711, du pauvre *impresario* d'une troupe d'acteurs ambulants, depuis organiste d'une paroisse de la capitale, auteur d'un *Essai sur le bon goût en musique*, de *Cartouche, ou le* *vice puni*, suivi d'un petit dictionnaire de l'argot des gueux et filous, de la tragédie du *Persifleur*, et des comédies du *Quartier d'Hiver*, du *Valet Astrologue* et du *Camp de Porchefontaine*, avec Fuzelier, Legrand et Quinault. Grandval fils, à dix-huit ans, débuta par le rôle d'*Andronic* dans la tragédie de Campistron, et y obtint un succès extraordinaire, malgré un grasseyement assez fort, seul défaut du reste qu'on pût lui reprocher, et auquel on s'accoutumait aisément. Après avoir rempli pendant quelques années les seconds rôles, il succéda à Dufresne dans les premiers emplois tragiques, joua les petits-maîtres et les caractères dans la comédie, et acquit une grande réputation. Il avait renoncé à la scène dès l'âge de cinquante ans; mais la médiocrité de sa fortune le força d'y reparaître dans *Le Misanthrope*. Jaloux d'un succès qui leur portait ombrage, les comédiens le firent siffler dans *Alzire*, et le forcèrent à quitter pour toujours le théâtre. Il alla vivre à la campagne près de Mlle Dumesnil, y recevant de nombreux amis qu'y attiraient son mérite et son caractère. Il mourut à Paris, le 24 septembre 1784. La Harpe, chose rare, en fait l'éloge dans sa correspondance : « C'était, dit-il, le seul de tous les comédiens qui jusque ici ait eu sur la scène l'air d'un homme du monde. » Poëte par délassement, il composa quelques pièces pétillantes d'esprit et de finesse : *L'Eunuque, ou la fidèle infidélité, Agathe, les Deux Biscuits, Léandre et Nanette ou le double quiproquo*, et *Le Tempérament*, faisant partie, les trois premières du moins, du *Théâtre de Campagne, recueil de parades* (Paris, 1758, in-8°), réimprimé plusieurs fois.

GRAND-VENEUR. *Voyez* Veneur.

GRANDVILLE (Jean-Ignace-Isidore GÉRARD, *dit*), dessinateur contemporain, d'un talent vraiment et légitimement populaire, naquit à Nancy, en 1803, et s'en vint à l'âge de vingt ans chercher fortune à Paris, avec un capital de 300 francs pour toute fortune au monde. C'est assez dire combien pénibles furent ses premiers pas, et à quelles rudes épreuves il se vit condamné avant de pouvoir se faire remarquer et apprécier. Après avoir pendant quelque temps fréquenté l'atelier d'un peintre appelé Lecomte, il céda à la nécessité de faire du métier pour subsister, et consentit à dessiner des costumes pour un spéculateur qui, suivant un antique et solennel usage, oublia précisément de le payer. Une autre spéculation ne lui réussit guère davantage. Il se mit à faire pour un entrepreneur une suite de dessins lithographiés représentant *Le dimanche d'un bon bourgeois, ou les tribulations de la petite propriété*. L'éditeur ne réussit pas; ses créanciers firent saisir les dessins de Grandville, qui eut toutes les peines du monde à obtenir d'être payé de son travail, et encore à un prix fort réduit. Si ce travail était demeuré à peu près infructueux pour lui, il eut tout au moins l'avantage de le faire connaître des éditeurs; aussi quand il put publier, en 1828, les premières planches d'une collection de charmantes critiques de mœurs, connues sous le nom de *Métamorphoses du jour*, obtint-il enfin un succès franc et décidé, qui eut pour résultat de le lancer complétement. Aujourd'hui encore ces dessins, où figurent toujours des personnages à tête d'animaux, après avoir été reproduits, imités et contrefaits de toutes les manières, conservent une certaine valeur dans le commerce.

La révolution de Juillet 1830 vint bientôt fournir au crayon éminemment caustique et philosophique de Grandville des sujets bien autrement nombreux, en lui livrant les traits de tous les hommes qui secondèrent Louis-Philippe. On peut dire des caricatures si vraies, si franches, si gaies, où il les fit tous successivement poser, qu'on y trouve les portraits les plus ressemblants des divers personnages influents de ce temps. Avec Decamps, Grandville devint l'âme de *La Caricature*, journal dont les collections complètes se vendent aujourd'hui fort cher. Son *Convoi de la Liberté*, sa *Basse-Cour*, son *Mât de Cocagne* et tant d'autres planches qu'il fournit à ce recueil, resteront comme de précieux tableaux de notre histoire contemporaine. Quand les lois de septembre vinrent rétablir la censure préalable pour les œuvres du dessin, et briser ainsi dans la main de l'ingénieux artiste le crayon de la satire, Grandville, en attendant des jours meilleurs que malheureusement il ne devait pas lui être donné de voir, se consola de la persécution toute personnelle dont son talent était l'objet, en reprenant le cours de ses travaux d'art; et son génie familier l'eut bientôt ramené aux études morales et philosophiques. Chargé successivement de composer les dessins des illustrations qu'on ajouta à des éditions nouvelles de *Béranger*, de *La Fontaine*, de *Gulliver*, *Robinson*, *Jérôme Paturot*, etc., etc., son talent d'observateur et de traducteur sembla s'élever encore. Travailleur infatigable, il a produit dans cette voie nouvelle un nombre vraiment prodigieux de dessins, qui resteront les modèles du genre. Il est impossible en effet de reproduire avec plus de finesse les intentions d'un auteur, que ne le fait Grandville. Nous ne pouvons à cet égard que renvoyer le lecteur aux ouvrages mêmes qui contiennent les trésors d'imagination et d'esprit dépensés par notre artiste, toujours heureux quand il doit être l'interprète d'une pensée spirituelle et gracieuse. C'est là ce qui explique comment il a pu rester si fort au-dessous de lui-même dans les *Métamorphoses des Fleurs*, nauséabonde compilation écrite par quelque garçon coiffeur visant au bel-esprit.

Grandville mourut au mois de mars 1845, dans toute la force de l'âge et du talent. Sa fin prématurée eut une cause bien triste. Époux et père modèle, ne connaissant d'autres joies que celles du foyer domestique, il eut le malheur de perdre successivement trois enfants qu'il adorait. Les deux premiers lui furent enlevés par une de ces maladies particulières à l'enfance qui moissonnent tant de jeunes êtres; le troisième, par un déplorable accident. Il avait avalé une bouchée de viande de travers; tous les efforts tentés pour extraire de la gorge de l'enfant l'obstacle qui y arrêtait la respiration demeurèrent infructueux. Il ne resta bientôt plus d'autre ressource que de tenter les hasards d'une incision à l'extérieur, opération terrible, à laquelle le malheureux père n'eut jamais le courage de consentir, et son malheureux enfant expira dans ses bras, suffoqué. A quelques jours de là, Grandville perdait la raison et mourait de douleur.

GRAND-VIZIR. *Voyez* Vizir.

GRANET (François-Marius), l'un de nos peintres de genre les plus distingués, né en 1774, à Aix en Provence, étudia les premiers éléments de son art dans l'atelier d'un bon peintre de sa ville natale, nommé Constantin, et qui donnait en même temps des leçons au jeune comte de Forbin, puis fut ensuite obligé, pour pourvoir aux plus pressants besoins de l'existence, d'aller travailler dans les ateliers de peinture de la marine, à Toulon, où longtemps on l'occupa à peindre des proues et des poupes de navires. Il renouvela à Toulon une liaison contractée dès son enfance avec le comte de Forbin dans l'atelier de leur maître commun, et la mère de ce jeune homme prit à cœur de favoriser cette touchante confraternité d'artistes. Elle fournit amplement aux deux amis les moyens de se rendre à Paris pour s'y perfectionner sous la direction de David; et Granet travaillait en 1801 dans l'atelier de ce peintre lorsqu'il obtint de l'Académie un prix de 1,000 fr. pour une *Vue du Cloître des Feuillants, à Paris*; l'année suivante, il put encore, grâce à la générosité de Mme de Forbin, accompagner son jeune ami à Rome. Dans cette capitale des arts, Granet eut bien vite trouvé la spécialité qu'il devait ensuite si fructueusement exploiter. Il se mit à peindre des tableaux de genre présentant des arrière-plans si profonds, le plus ordinairement des vues d'édifices, qu'on hésite à décider s'il ne faut pas plutôt les classer parmi les tableaux d'architecture.

Un certain sentiment religieux lui faisait le plus souvent choisir de préférence des sujets parlant à l'esprit. En représentant la scène du *Poussin découvrant dans un grenier la célèbre Communion de saint Jérôme*, par son *Chœur des Capucins*, exécuté pour la première fois en 1809, pour la reine Caroline de Naples, et dont en 1820 il dut faire la douzième copie; par son *Intérieur de la prison où le peintre Stella dessine sur la muraille une Madone;* par sa *Cérémonie funèbre dans l'église souterraine d'Assisi;* par ses *Novices devant l'autel de Saint-Benoît, à Subiaco,* il est devenu le chef d'une école qui a depuis multiplié à l'infini ses imitations, mais où un petit nombre de disciples seulement ont su l'égaler sous le rapport de la profondeur de l'étude, de la vérité, de la grâce et de la perfection de l'exécution. Aurel Robert, dans ses derniers tableaux, est celui de tous ses élèves qui s'est le plus approché de sa manière. Peut-être, depuis Rembrandt, aucun artiste n'a-t-il rien produit d'aussi remarquable comme effets de lumière dans les fonds que cet artiste, qui, sous le rapport de la manière à la fois noble et grave dont il traite la peinture de genre doit être considéré comme le digne précurseur de Léopold Robert. Plus tard, M. Granet s'est essayé dans un genre plus élevé. Il apporta désormais moins de soins à la reproduction des lieux où se passe l'action, qu'à la peinture de l'action elle-même; et dans cette nouvelle direction donnée à son talent, il n'a pas moins bien réussi à se faire une grande et juste réputation. Ses principales productions dans cette voie sont sa *Mort du Poussin,* exposée en 1834, et son *Rachat des chrétiens captifs à Tunis* (1833); viennent ensuite sa *Communion des premiers chrétiens dans les catacombes de Rome* (1837) et sa *Bénédiction des récoltes en Italie.* Après avoir longtemps résisté aux vœux des admirateurs de son talent, il vint se fixer à Paris, en 1827. Il remplaça à l'Institut le peintre Taunay, et fut nommé par Louis-Philippe conservateur des Musées de France, avec un logement au palais de Versailles. A l'exposition de 1839 on remarqua de lui une toile d'une étendue tout à fait inaccoutumée et représentant la *Cérémonie funèbre célébrée dans la chapelle des Invalides en l'honneur des victimes de l'attentat Fieschi*: l'effet des milliers de cierges entourant le catafalque et éclairant de toutes parts les sombres tentures qui couvrent les murailles du temple y est reproduit avec une vérité qui tient de la magie.

[A la révolution de Février, Granet perdit sa place, et eut même la douleur d'apprendre la destruction, au milieu de l'émeute, de quelques-uns de ses meilleurs tableaux. Il alla se fixer alors à Aix, dans une maison de campagne du Malvalat, où il réunit différents objets d'art. C'est là qu'il mourut, le 21 novembre 1849. Par son testament, instituant sa sœur l'usufruitière de tous ses biens, il lègue ses tableaux à sa ville natale, pour les recueillir dans un musée qui portera son nom. Il consacre en outre une rente de 1,500 fr. à l'entretien à Paris ou à Rome d'un jeune homme qui se sera distingué à Aix par ses dispositions pour la peinture. Il donne ensuite des sommes considérables aux pauvres, aux hôpitaux et aux œuvres de bienfaisance, notamment à l'hospice des incurables, où il fonde quatre lits, dont deux pour les maçons, en souvenir de la profession de son père.

L. Louvet.]

GRANGE. bâtiment de forme rectangulaire, destiné, dans la ferme, à serrer et à battre les gerbes de blé et d'autres céréales. La grange, proportionnée à la quantité des récoltes de l'exploitation, se divise en trois compartiments: un pour le froment et le seigle; un autre pour l'orge, l'avoine; et un troisième pour battre le grain; c'est *l'aire.*

Le lieu où il convient de construire les granges, le mode de construction, la disposition intérieure, méritent de fixer l'attention. Pour élever ces bâtiments, il est convenable de choisir un point d'un abord facile pour les voitures, et soumis à la surveillance du fermier dans la cour de la ferme ou dans le voisinage; le sol en doit être sec et élevé au-dessus du terrain environnant, et autant que possible dans une direction telle, que les pignons s'étendent de l'est à l'ouest; les matériaux qui entrent dans leur construction varient selon les ressources propres à chaque pays: les pierres calcaires, les silices, le bois de charpente et les planches, sont propres à former leurs parois; des ouvertures pratiquées dans leur longueur (du nord au midi) servent à aérer et à éclairer l'intérieur. Les deux ouvertures principales, situées au milieu, sont une fenêtre fermée par une porte pleine, et la porte de la grange, qui doit être assez large et assez élevée pour laisser entrer une voiture; les murs intérieurs, recrépis avec soin, doivent, autant que possible, présenter une surface unie, afin que les rats et les souris ne puissent les parcourir.

Au temps de la récolte, le fermier soigneux fait place nette dans sa grange; il n'y laisse pas entrer une gerbe avant de s'être assuré par lui-même si tous les trous qui servent de repaire aux granivores ont été exactement bouchés. Cette visite faite, il dispose ses gerbes, selon l'espèce des céréales, à droite ou à gauche de la porte d'entrée; et si le local est assez vaste pour qu'il puisse laisser autour de chaque tas un sentier de 50 à 60 centimètres de large, il n'aura rien à envier aux meules et aux gerbiers. Il aura formé dans l'intérieur de sa grange des meules qui seront à l'abri de l'humidité et des animaux destructeurs, et aussi bien aérées que celles construites au dehors.

P. Gaubert.

GRANGÉ (Charrue). *Voyez* Charrue.

GRANIQUE, petit fleuve de la partie nord-ouest de l'Asie Mineure. Il s'échappait du versant septentrional du mont Ida, et allait se jeter dans la Propontide, où, à l'ouest de son embouchure, s'élevait la ville de Priapos. On le nomme aujourd'hui, dit-on, le *Kodja-Sou.* Il est demeuré à jamais célèbre dans l'histoire parce qu'Alexandre le Grand, lors de son expédition contre les Perses, après avoir franchi l'Hellespont, y remporta sa première victoire, au mois de mai de l'an 334 avant J.-C., par suite de la tentative que firent pour lui en disputer le passage les satrapes d'Ionie, de Lydie et de Phrygie, de concert avec le Rhodien Memnon, chef des mercenaires grecs, lequel avait conseillé vainement de contraindre Alexandre à évacuer le pays, en faisant un vaste désert où son armée eût manqué de vivres.

GRANIT. Ainsi que Al. Brongniart, nous limitons la dénomination de *granit* aux roches compactes et massives, essentiellement composées de quartz, de feldspath et de mica, immédiatement agrégés entre eux et comme entrelacés. Cette délimitation étroite exclura des roches granitiques une multitude de roches extrêmement riches, qui sont trop souvent décrites vaguement comme variétés du granit, et qui jettent une confusion vraiment inextricable sur toute cette portion de la minéralogie.

La quantité relative du quartz varie depuis un tiers jusqu'aux deux cinquièmes de la masse, et la dureté du granit est en général proportionnelle à l'abondance de cet élément: sa couleur est généralement grise. Le feldspath offre des teintes assez variées, teintes qu'il communique à la masse granitique elle-même: le mica est tantôt noirâtre, et tantôt, au contraire, il est d'un blanc nacré. La décomposition du granit paraît dépendre de l'altération du feldspath et de l'exfoliation du mica. Outre ces éléments constitutifs et essentiels, le granit s'accroît presque constamment de quelques éléments accessoires: ce sont surtout le grenat, la pinite et l'amphibole: on y rencontre, mais plus rarement, l'épidote, les pyrites, le fer oligiste et l'étain oxydé; plus rares encore sont la phrénite, le disthène, l'opale, le corindon, la topaze, la chaux fluatée, l'argent natif. Lorsque l'amphibole, d'abord élément accessoire, vient à se développer jusqu'à dominer le quartz et le mica, le granit se transforme en *syénite*; lorsque le quartz s'efface pour laisser dominer le mica, la texture de la roche, de compacte qu'elle était, devient schistoïde, et le granit se transforme en *gneiss*; lorsque le talc et ses diverses variétés se substituent au mica, le mélange change encore de nom, et devient de la *protogyne,* etc.; et toutes ces roches passent l'une dans l'autre par des nuances tellement insensibles, qu'il devient complétement impossible d'établir entre elles une ligne quelconque de démarcation.

Le *granit* proprement dit est constamment massif; sa

texture est plus ou moins finement grenue, et cette différence dépend de la cristallisation plus ou moins complète des éléments qui le constituent : tantôt en effet ces éléments, intimement mélangés, offrent à peine trace d'une cristallisation séparée, même confuse; et tantôt, au contraire, le quartz s'y présente en cristaux dodécaèdres, le mica en paillettes hexagonales, et le feldspath en parallélipipèdes allongés : alors la texture du granit devient porphyroïde.

Le granit apparaît dans les terrains de toutes les époques géologiques; mais il règne comme roche dominante et fondamentale dans les terrains primordiaux; dans les formations de la première époque : cette formation primitive, qui constitue indubitablement une véritable surface enveloppante, et qui est sous-jacente à toutes les roches connues, se montre encore à nu sur des espaces assez étendus, et dans des points nombreux de la surface du globe. Ainsi, on peut l'étudier à découvert dans la chaîne carpéto-novétonique du centre de l'Espagne, dans les Pyrénées, dans l'ancienne Bretagne, dans les montagnes de la Saxe, dans le Caucase, dans les monts Ourals, dans les llanos des grandes chaînes du Brésil, etc. L'aspect général et le relief des pays granitiques sont extrêmement variés. Ce sont tantôt des croupes arrondies, tantôt des crêtes tranchantes, tantôt des cimes déchiquetées et taillées en biseau; d'autres fois encore les roches ont été entièrement décomposées, et le sol est couvert d'un *détritus meuble* qui cache un granit étendu en nappes ou en dômes aplatis et surbaissés; d'autres fois encore la décomposition a été moins complète, et l'on observe des sommets arrondis et des pentes assez rapides, en se rapprochant du fond des gorges ou des vallées occupées par des cours d'eau. Toutefois, les monticules arrondis et surbaissés sont plus fréquents dans les contrées véritablement granitiques, que les aiguilles élancées et taillées à pic. La facilité de décomposition de la grande majorité des granits permet rarement cette disposition culminante : le gneiss et le protogyne sont les roches alpines par excellence.

Il est en effet des différences très-essentielles à noter dans la durée des roches granitiques, et ces différences se lient assez généralement à des différences minéralogiques, mais quelquefois aussi à des modifications dans le mode de formation, qu'il n'est pas toujours facile d'apprécier. Il est des masses granitiques qui ont résisté depuis quatre mille ans à toutes les influences atmosphériques; il en est d'autres qui exposées pendant quelques jours seulement à l'air libre tombent presque en déliquescence, et se délitent en une terre argileuse; d'autres encore se réduisent en gravier; quelques-unes se taillent en blocs cubiques parfaitement réguliers, ou s'arrondissent en sphéroïdes, en ellipsoïdes, en polyèdres irréguliers de dimensions souvent gigantesques. Toutes ces différences paraissent tenir en grande partie à la combinaison plus ou moins intime du feldspath et du mica, à la liquéfaction primitive du mélange plus ou moins complète, à sa réfrigération subséquente plus ou moins rapide.

Le terrain granitique n'offre qu'un fort petit nombre de roches subordonnées; les filons métallifères y sont également rares : quelques veines stannifères et quartzeuses, de peu d'étendue; des amas de fer oligiste écailleux, du fer spathique, de l'étain, du molybdène, composent toute sa richesse.

Les variétés du granit se divisent en deux classes : celles qui résultent d'une modification de texture, et celles qui dépendent du développement d'un élément accessoire. Ainsi, nous pouvons noter, comme formant les variétés les plus fréquentes, le *granit grenu*, dans lequel le mica, le feldspath et le quartz, réduits à l'état arénacé, sont presque uniformément disséminés dans la masse; le *granit porphyroïde*, dans lequel le feldspath et le quartz se sont cristallisés isolément en petits polyèdres; le *granit pinitifère*, le *granit amphibolique*, dans lesquels la pinite et l'amphibole viennent à se développer, etc., etc. Enfin, il est une variété de granit qui offre cette particularité remarquable, qu'elle est formée par la jonction de deux variétés granitiques extrêmement distinctes; l'une d'elles servant de gangue à l'autre : la variété enveloppante est un granit grisâtre, qui se décompose aisément au contact de l'air; la variété enveloppée est un granit plus noir, plus compacte, plus indécomposable; elle se présente sous forme de cristaux. Les murs de l'Escurial, de Ségovie et d'Avila, les colonnes des patios de toute la Nouvelle-Castille, sont toutes bigarrées de cette singulière variété de granit.

BELFIELD-LEFÈVRE.

GRANIT DE CORSE. *Voyez* DIORITE.

GRANIVORES (du latin *granum*, grain, et *vorare*, manger), nom sous lequel on désigne les oiseaux qui se nourrissent le plus ordinairement de graines. Bien que cette dénomination soit applicable à un assez grand nombre d'individus pris en dehors de la classe des oiseaux, elle sert cependant, dans son acception la plus restreinte, à désigner plusieurs individus pris dans différentes familles de cette même classe, qui se servent le plus habituellement de graines pour s'alimenter. Temminck l'a employée pour désigner le quatrième ordre de sa méthode. Cet ordre ne renferme presque que les *conirostres* de Cuvier, puis quelques individus de l'ordre des *gallinacés*, tels que les pigeons. Le bec des granivores est ordinairement court, gros, robuste, plus ou moins conique, avec l'arête aplatie et se prolongeant sur le front; rarement leurs mandibules sont échancrées; ils ont quatre doigts, les trois antérieurs divisés, le pouce libre; leurs ailes sont médiocres, peu propres au vol, leurs tarses annelés et nuls. Les oiseaux granivores ne vivent point exclusivement de graines; beaucoup au contraire sont *omnivores*, et se nourrissent tantôt de graines, tantôt de vers, de larves et d'insectes. Parmi eux, les uns avalent les graines, même sans les dépouiller de leur péricarpe : tels sont le pigeon, la tourterelle, la poule, etc.; d'autres non-seulement détachent l'enveloppe, mais encore broient la graine en partie : tels sont le serin, le bouvreuil, le tarin; d'autres enfin, comme le perroquet, dont la langue est épaisse et le palais lubréfié de sérosité, débarrassent les graines de leur enveloppe, les brisent et ne les avalent qu'après les avoir réduites en une espèce de pulpe. C'est en comprimant la graine entre les bords tranchants de leur bec que les granivores détachent l'enveloppe; après cette première opération, ceux qui la brisent avant de l'avaler la serrent fortement entre la partie supérieure et la partie inférieure de leur bec, qui dans son milieu est armé d'une protubérance dure propre à l'écraser. Leur palais est revêtu d'une membrane mince, sèche; aussi passent-ils pour avoir un goût peu exquis. Leur odorat est presque nul. Leur jabot est plus développé que celui d'aucune autre espèce d'oiseau : cette condition était indispensable pour que les graines non brisées pussent y rester un certain temps, afin de se ramollir dans la mucosité qui exsude des parois de cet organe, et pouvoir plus facilement être triturées par le gésier. Leur second estomac (ventricule succinturié) offre peu de capacité; leur gésier est remarquable par l'épaisseur de ses parois; sa membrane interne, épaisse, semi-cartilagineuse, incrustée de petites pierres et de graviers, est enveloppée par quatre plans de muscles.

Le canal alimentaire des granivores est plus long que celui des piscivores et des rapaces. Leur instinct est plus varié et plus perfectionné que celui d'aucune autre espèce d'oiseaux : cela tient très-probablement au voisinage de l'homme. On les voit presque tous se grouper autour de son habitation, et même, à deux époques de l'année, quand on sème les grains et quand on les récolte, il arrive souvent que leur voisinage cause des pertes considérables.

BELFIELD-LEFÈVRE.

GRANJA (La), c'est-à-dire *la Ferme*, résidence d'été des rois d'Espagne, bâtie par Philippe V, à l'imitation du Versailles de son aïeul, sur une éminence assez élevée, dans une contrée aride et déserte, située près de Saint-Ildephonse et de Ségovie, où l'art eut aussi à triompher de la nature.

Au mois d'août 1836, ce palais, où se trouvait alors la reine régente Marie-Christine, fut le théâtre d'un mouvement militaire provoqué par les sociétés secrètes, et qui eut pour résultat de contraindre le gouvernement espagnol à proclamer la constitution de 1812 en remplacement du *statut royal*, charte octroyée et calquée en grande partie sur la charte française. Un nouveau cabinet se forma sous la présidence de M. Calatrava, et toute l'autorité ne tarda pas à se concentrer entre les mains du général Espartero.

GRANO, monnaie de Naples. *Voyez* BAJOQUE.

GRANSON (Bataille de). Granson est le chef-lieu d'un district suisse du même nom, appartenant au canton de Vaud. Situé à 32 kilomètres nord de Lausanne, il s'élève en amphithéâtre, sur la rive occidentale du lac de Neufchâtel. Cette ville, peuplée de 2,000 âmes environ, a sur le lac un petit port, au milieu duquel se dresse un rocher consacré du temps des Romains à Neptune. Elle est dominée par un vieux fort, résidence jadis des barons du lieu, dont il est souvent question dans l'histoire de la Suisse. Lorsque leur race s'éteignit, en 1397, la maison de Châlons hérita de la seigneurie, et la conserva jusqu'en 1476. Alors il prit fantaisie à ce Bourguignon batailleur connu sous le nom de Charles le Téméraire d'aller, avec sa puissante armée, apprendre aux grossiers paysans de la ville et des environs ce que c'est que la guerre. Les confédérés suisses, avertis de l'approche du duc, battirent le comte de Romont, qui le précédait et qui ne put s'emparer d'Yverdun. Ils y mirent le feu, et se retirèrent, au nombre de 800, dans le château de Granson, résolus à s'y maintenir jusqu'à la dernière extrémité. Leur position était, du reste, assez critique : il leur fallait combattre les ennemis du dehors et se méfier des habitants de la ville, qui, étant sujets du seigneur de Château-Guyon, se trouvaient naturellement portés pour le duc de Bourgogne. Leurs provisions étaient rares, et ils pouvaient prévoir une prochaine disette : ils se défendirent néanmoins avec vaillance. Le duc, arrivé devant Granson avec toute son armée le 19 février, livra un assaut, et fut repoussé. Cinq jours après, en ayant tenté un autre, il éprouva un second échec. Cependant, la garnison ne pouvait tenir longtemps. Elle hésitait à se rendre, connaissant le peu de cas qu'il fallait faire de la parole du duc. Un gentilhomme allemand de l'armée bourguignonne, le sire de Ramschwag, parlementa avec elle, extorqua une forte somme aux assiégés et les livra au duc de Bourgogne. Le duc en fit pendre une partie et noyer l'autre.

Les confédérés apprirent bientôt le malheureux sort des soldats de Granson : ils n'avaient pu les secourir à temps, ils se promirent de les venger. Leur armée grossissait tous les jours ; elle devint en peu de temps formidable. Au 1er mars 1476 elle se composait d'environ 20,000 hommes. Le duc de Bourgogne en avait 70,000 sous ses ordres. Il s'était emparé de Vaux-Marcus, qui commande le chemin de Granson à Neufchâtel, et en avait donné la garde au sire de Rosimbos. Le 1er mars les Suisses marchent sur Vaux-Marcus. Le lendemain quelques-uns tournent le château, et, en s'avançant, rencontrent les gens du sire de Rosimbos, qu'ils mettent en déroute. Puis ils aperçoivent les Bourguignons, qui occupent la route le long du lac. Les confédérés, voyant leur avant-garde donner, avaient suivi le même chemin qu'elle derrière Vaux-Marcus, et Nicolas Scharnachtal, avoyer de Berne, se trouva ainsi en face de l'avant-garde des Bourguignons ; alors les Suisses descendirent d'un pas ferme vers une petite plaine au bord du lac. Quand ils furent près de l'armée ennemie, ils se mirent à genoux, et prièrent Dieu, selon la coutume de leurs pères, ce qui fit croire au duc qu'ils demandaient merci ; mais aussitôt ils s'avancèrent en bataillons carrés, se faisant un rempart de leurs longues piques et de leurs hallebardes.

Le duc animait ses gens au combat ; mais il avait été assez peu prudent pour ne s'aventurer qu'avec son avant-garde et l'élite de ses hommes d'armes et cavaliers ; il n'amenait qu'un petit nombre d'arquebusiers et peu d'artillerie. Chef et soldats se conduisirent vaillamment. Le sire de Château-Guyon, qui en voulait personnellement aux Suisses, fit des prodiges de valeur, mais il fut enfin abattu et son étendard pris. Quoique les Bourguignons combattissent avec un rare courage, ils ne purent tenir tête à l'ennemi, et se virent refoulés vers l'Arnon. Le duc espérait se retrancher dans son camp, qu'il avait admirablement fortifié : il ne tarda pas à s'apercevoir qu'il fallait y renoncer. Le reste des confédérés parut tout à coup sur les collines de Bonvillars et de Champigny : ils s'avançaient en poussant le cri de *Granson ! Granson !* comme pour annoncer la vengeance qu'ils voulaient tirer de la mort de leurs frères. A ces cris terribles se mêlait le son, plus terrible encore, des trompes vulgairement appelées le *taureau d'Uri* et la *vache d'Unterwalden*. Le duc comprit que c'en était fait de son armée, puisque la seule avant-garde des Suisses lui avait donné tant de mal. Cependant, il ne perdit point courage : il exhorta les siens à combattre vaillamment, donnant le premier l'exemple. Ce fut peine inutile ; la cavalerie avait déjà battu en retraite, ainsi que les meilleurs hommes d'armes ; le trouble ne tarda pas à se mettre dans tous les rangs. Le son effroyable des trompes, la marche rapide des Suisses, qui descendaient tête baissée, sans que rien pût les arrêter, les couleuvrines, qui commencèrent à faire feu à l'improviste, tout contribua à jeter le désordre dans le camp. Une terreur panique s'empara des Bourguignons, tout le monde se mit à fuir. En vain le duc s'efforçait de les ramener au combat, il n'y pouvait rien : resté presque seul, il dut lui-même prendre la fuite, suivi de quelques hommes seulement. Il courut ainsi jusqu'à Jougue dans le Jura. L'ennemi, qui avait peu de cavalerie, ne put le poursuivre, et se mit à piller le camp : le butin fut immense. Jamais les Suisses n'avaient vu tant de richesses réunies sur un seul point. Le duc de Bourgogne, dont la cour était la plus fastueuse de l'Europe, avait apporté avec lui tout ce qu'il avait de plus précieux.

GRANT (Mistress ANNA CAMPBELL-), née à Glasgow, en 1758, et morte à Londres, en 1838, est auteur de quelques ouvrages estimés, dans lesquels elle s'est efforcée de faire connaître et apprécier les mœurs des montagnards écossais, et d'un livre sur l'état intellectuel et moral des États-Unis. Fille d'un officier écossais, elle avait épousé un ministre de l'Église anglicane.

GRANT (Madame). La madame *Grant* dont il est tant de fois question dans les Mémoires anecdotiques de l'empire, qui abondent en histoires amusantes sur son compte, n'avait rien de commun avec l'écrivain dont il est question dans l'article précédent, non plus qu'avec la famille dont lord Glenelg est aujourd'hui le chef, et qui a donné à l'Angleterre divers hommes politiques du nom de *Grant*. On sait que M. de Talleyrand l'épousa en 1805, alors que Napoléon voulut que tous les hommes attachés à son système donnassent en public l'exemple de la régularité des mœurs ; ce mariage, contracté *in extremis*, par l'ancien évêque d'Autun, choqua d'autant plus l'opinion qu'il y avait alors depuis longtemps dans le public retour marqué au respect du dogme catholique et de ses prescriptions. On ignorait généralement qu'un bref spécial du pape Pie VII avait complétement délié le prince de Bénévent de tous les engagements qu'il avait contractés, soit comme prêtre, soit comme évêque, et l'avait fait rentrer dans la vie séculière.

Madame *Grant*, veuve d'un officier anglais, était alors dans la brillante maturité d'une beauté qui quelques années auparavant avait fait une vive sensation dans les cercles élégants de Calcutta et de Londres. Venue à Paris à l'époque du consulat, à la suite d'une de ces aventures dont sont semées de semblables existences, elle n'avait pas tardé à y être comptée au nombre des femmes galantes de haut parage. M. de Talleyrand s'était attaché publiquement à son char. Il était encore amoureux, lorsque l'empereur lui donna sournoisement à entendre qu'il y avait là un scandale auquel un mariage pouvait et devait seul mettre fin. Il s'exécuta de bonne grâce et épousa, sans s'apercevoir que c'était là un tour sanglant que lui jouait son impérial maître. Sans doute, quand les illusions de l'amant s'évanouirent, il ne put jamais le lui pardonner. La société parisienne se divertit, du reste, beaucoup des nombreuses anecdotes qui circulèrent bientôt sur le manque d'esprit et le défaut absolu d'éducation première de la princesse. Une séparation amiable ne tarda à intervenir; mais *madame Grant* ne précéda tout au plus que de quatre ou cinq ans dans la tombe son illustre mari, dont on peut dès lors imaginer le dépit, mais qui, du reste, faisant bonne mine à mauvais jeu, lui avait assuré un revenu conforme à sa position. Elle habitait un hôtel du faubourg Saint-Germain, tandis que son mari était resté dans cet hôtel de la rue Saint-Florentin dont la façade donne sur la place de la Concorde, et où, en 1814 et 1815, il eut l'honneur de donner l'hospitalité à l'empereur Alexandre.

GRANULATION, opération de chimie par laquelle on réduit un métal en petits grains qu'on appelle *grenaille*. Elle consiste à le liquéfier et à le verser par filet très-délié dans de l'eau froide. Aussitôt que le métal arrive en contact avec l'eau, il se divise en gouttes qui affectent la forme sphérique, et qui la prennent plus ou moins parfaitement, suivant la minceur du filet, la hauteur de laquelle il s'échappe, et la température du métal liquéfié. Quelques-uns des métaux les plus fusibles peuvent être réduits en grains beaucoup plus fins en les renfermant tout liquéfiés dans une boîte en bois intérieurement enduite de craie, et en les agitant violemment avant qu'ils aient le temps de se refroidir. Le plomb, l'étain, le cuivre, sont les métaux les plus propres à ce procédé. La craie dont on a enduit l'intérieur de la boîte de bois l'empêche de brûler, tandis que le métal secoué contre les parois, acquérant de la fragilité à mesure qu'il refroidit, se réduit, par les secousses réitérées qu'on lui communique, en une fine poudre.

GRANULE. Ce nom, qui signifie *petit grain*, et qui est souvent synonyme de *globule*, sert à désigner les corpuscules qui nagent dans les liquides des végétaux et des animaux, et plus spécialement dans les fluides destinés à leur reproduction, comme le *pollen* et le *sperme*. La *graisse* est aussi composée de granules.

GRANVELLE (NICOLAS PERRENOT DE), fils d'un chancelier de Charles-Quint, naquit à Ornans, en Bourgogne, le 20 août 1517. Destiné aux affaires dès son enfance, il fut envoyé, pour faire ses premières études, à l'université de Padoue, puis il alla les achever à Louvain. Il n'avait pas vingt-trois ans accomplis quand il fut nommé évêque d'Arras. Mais l'épiscopat n'était pour le fils d'un chancelier qu'un point de départ. Granvelle fut bientôt chargé d'assister son père aux diètes de *Worms* et de *Ratisbonne*, espèces de conciles politico-religieux, où il s'agissait de réprimer les nouvelles doctrines que professaient déjà, plus ou moins ouvertement, plusieurs princes d'Allemagne, sans toutefois se priver de leurs secours dans les guerres qu'on projetait contre la France et la Turquie. La négociation était difficile : elle échoua contre le sang-froid allemand, que le jeune Granvelle avait peu appris à connaître en Italie. De ces petits conciliabules germaniques, Granvelle passa au concile européen de *Trente*, où il s'agissait pour lui beaucoup plus de politique que de religion, d'un armement contre la France que d'une croisade contre la réforme. Granvelle devait échouer là encore. Mais le tour d'être heureux était arrivé pour lui. Ne pouvant plus faire la guerre à François Ier, *Charles-Quint* avait fait avec ce prince la paix de *Crespy*. Libre de ses mouvements, il se jeta bientôt sur les deux chefs de la ligue protestante d'Allemagne, l'électeur Frédéric de Saxe et le landgrave Philippe de Hesse. Ils les battit tous deux à la rencontre de Muhlberg, et le premier était à peine devenu son prisonnier les armes à la main que le second le fut aussi, grâce aux négociations de Granvelle. Une telle habileté demandait une récompense : l'évêque d'Arras fut nommé conseiller d'État garde des sceaux. En cette qualité, il eut le chagrin de voir son maître tomber dans les piéges de l'électeur Maurice, qu'ils avaient mis ensemble à la place de l'électeur Frédéric, et ce fut chose dure pour eux d'être dupes d'un électeur d'Allemagne; ce fut chose plus dure encore de signer au traité de Passau, en 1552, la tolérance de doctrines qu'ils détestaient; mais le ministre eut au moins la satisfaction de glisser dans les articles cette immense pomme de discorde, qui est si connue dans l'histoire de l'Empire sous le nom de *réserve ecclésiastique*.

Bientôt Granvelle signa un traité bien propre à effacer celui-là. Dans le Midi, le système de répression opposé au progrès, à la renaissance, à la réforme, avait pour appui l'Espagne, alliée de l'Autriche; dans le Nord, il avait alors pour protectrice Marie Tudor. Faire une alliance de famille entre Madrid et Londres, unir les deux trônes par les liens du sang, était d'une adroite et profonde politique. Cela était aussi bien imaginé contre la France que contre la réforme. L'évêque d'Arras signa, l'an 1553, le mariage du fils de Charles-Quint et de la fille de Henri VIII. Cette brillante négociation lui valut à tel point la confiance de son jeune maître qu'à la célèbre cérémonie d'abdication de Charles-Quint, Philippe le chargea de répondre, par une harangue de parade, à la harangue de parade de son père. Mais Charles-Quint et son chancelier avaient laissé à leurs fils une tâche difficile. Les Pays-Bas ne voulaient pas de cette politique semi-florentine, semi-castillane, qui dépouillait les provinces de leurs trésors nouvellement acquis, en foulant aux pieds leurs vieilles libertés. La France ne demandait pas mieux que d'appuyer ce mécontentement, et bientôt l'Angleterre elle-même, qu'on croyait à jamais acquise, vint se poser en ennemie de *Philippe II*. A Marie Tudor, morte sans laisser de postérité, avait succédé Élisabeth, qui haïssait au même degré la personne et les doctrines du roi d'Espagne. De tout côté se présentait la guerre, guerre de principes, guerre d'intérêts matériels. Philippe et Granvelle cherchèrent alors leur salut dans une guerre de principes, et l'habile ministre, qui avait signé l'alliance de Philippe II et de Marie Tudor, eut bientôt la joie de signer, au traité de *Câteau-Cambrésis*, l'alliance du fils de Charles-Quint et du fils de François Ier. Quand fut obtenu cet immense résultat, la lutte de Philippe contre les Pays-Pas semblait aisée : une femme, *Marguerite de Parme*, fut chargée avec Granvelle d'y établir ou d'y rétablir dans toute leur pureté l'absolutisme politique et l'unité religieuse. Les décrets du concile de Trente, quatorze évêchés nouveaux, l'inquisition et quatre mille hommes de troupes, furent les moyens confiés à Granvelle. L'évêque d'Arras y joignit bientôt le rang d'archevêque de Malines et de cardinal, et après cela il était résolu de lutter avec le dévouement le plus absolu.

Mais déjà ses ennemis étaient plus nombreux et plus acharnés que ceux de Philippe même, et l'homme le plus profondément habile du temps, Guillaume d'Orange, dirigeait tous les mouvements, toutes les pensées du pays. En vain Philippe le soutient quelque temps contre Guillaume et d'Egmont : l'an 1564, il fallut lui envoyer l'ordre de se retirer en Franche-Comté. Quand la régente le vit remplacé par le duc d'*Albe*, elle le redemanda; mais Philippe aima mieux donner à son ministre cinq ans à passer avec Juste Lipse et d'autres gens de lettres que de se contredire. Cependant, l'an 1570, Granvelle, après avoir assisté au conclave qui élut Pie V, rentra dans la politique, chargé de négocier un traité avec Venise et le pape contre les Turcs. Bientôt après, Philippe le mit à la tête du royaume de Naples en qualité de vice-roi. Là était sa véritable mission. Maître à peu près absolu d'une population méridionale, il fit bénir son administration, aussi sagement que fortement dirigée. Bientôt Philippe, ne pouvant plus se passer de l'homme qui le comprenait le plus et le réfléchissait le mieux, l'appela près de lui avec le titre de président des conseils d'Italie et de Castille. Toujours habile et heureux dans les affaires du Midi, Granvelle eut bientôt le bonheur de signer l'union du Portugal et de l'Espagne; mais ensemble son maître et lui perdirent ces belles et riches provinces bataves, dont ils ne comprenaient point le génie, et dont la fortune devait bientôt porter à celle de l'Espagne les coups les plus funestes. Élu archevêque de Besançon en 1584, il se démit de son archevêché de Malines, pour aller jouir, dans une ville qu'il aimait et qu'il avait enrichie de monuments d'art et de littérature, des douceurs de la retraite, lorsqu'une sorte de phthisie le mit au tombeau. L'abbé Boizot a réuni ses Lettres et ses Mémoires en 35 volumes, dont Berthod a donné une analyse en 2 vol. in-4°. MATTER.

GRANVILLE, ville de France, chef-lieu de canton du département de la Manche, bâtie à l'embouchure du Boscq, sur un rocher qui s'avance dans la Manche, avec 10,035 habitants, un tribunal et une chambre de commerce, une école impériale d'hydrographie, un bureau de douanes, un entrepôt réel, un entrepôt des sels, un établissement de bains de mer, des eaux minérales. C'est une ville forte, son port est commode et sûr, et peut recevoir 90 navires, mais il a peu de profondeur et assèche à toutes les marées; on y arme pour les pêches de la baleine et de la morue. La pêche des huîtres y occupe un grand nombre des gens du littoral. Son cabotage a de l'importance. Des communications régulières existent avec Jersey et Guernesey. La ville possède des fabriques de dentelles, de noir animal, de soude de varech, des tanneries, des mégisseries, des scieries hydrauliques, des usines à fer, des ateliers pour la construction. On fait dans ses environs une récolte de pommes de reinette estimées; on exploite le granit aux îles Chausey.

En 1440, lord Thomas Scales, sénéchal de Normandie pour le roi d'Angleterre, entreprit de construire sur la montagne de Granville une forteresse qui pût tenir en respect celle du mont Saint-Michel appartenant aux Français. Il obligea les habitants à démolir leurs maisons situées à la pointe Gautier et sur la Houle, et à les reconstruire sur le rocher, afin de rendre la position plus forte. Mais dès l'année suivante Louis d'Estouteville, commandant des troupes du mont Saint-Michel, s'empara de la place par surprise. Elle demeura dès lors à la France. Comme toutes les villes conquises sur les Anglais, Granville garda ses anciennes franchises et ses priviléges municipaux, sa milice bourgeoise de sept compagnies, faisant elle-même et en tout temps la garde de la ville, ses exemptions de tailles. En 1689 Louis XIV fit en grande partie démolir ses murailles. Six ans après elle était brûlée par les Anglais. Elle fut vainement assiégée par les Vendéens en 1793 : ils y perdirent 1,500 hommes, et le découragement s'empara bientôt d'eux, malgré la présence de La Rochejaquelein et de Stofflet. En 1803 les Anglais ne purent pas davantage y entrer.

GRANVILLE (GRANVILLE LEVESON GOWER, comte), diplomate anglais, fils puîné de *Granville*, marquis de Stafford (*voyez* GOWER), était né le 17 octobre 1773. En 1793 il entra au parlement comme représentant de Lichfield; et Pitt, qui faisait grand cas de sa capacité, le fit appeler en 1800 aux fonctions de lord de la trésorerie, qu'il conserva jusqu'en 1802, époque où il quitta les affaires en même temps que son protecteur. Celui-ci étant revenu au pouvoir en 1804, envoya Granville à Saint-Pétersbourg en qualité d'envoyé extraordinaire et de ministre plénipotentiaire à l'effet d'y signer le traité d'alliance qui précéda la campagne terminée à Austerlitz. Chargé en 1813 d'une mission à La Haye, Granville fut créé vicomte et promu à la pairie en 1815, en même temps que pourvu de l'ambassade de Paris. Il conserva ce poste pendant plusieurs années, et en 1825 George IV le nomma grand-croix de l'ordre du bain; mais comme il partageait les idées de Canning, Wellington le rappela en 1828. Le ministère Grey, en 1830, l'envoya de nouveau à Paris, où il réussit à maintenir la bonne intelligence entre les deux gouvernements jusqu'à l'année 1841, époque où, à l'arrivée de Robert Peel aux affaires, on lui donna pour successeur lord Cowley. En 1833 il avait été créé *baron* Leveson et *comte* Granville. Il mourut à Londres, le 7 janvier 1846. De sa femme, lady *Harriet-Élisabeth* CAVENDISH, fille du cinquième duc de Devonshire, il avait eu plusieurs enfants.

Son fils aîné, *Granville George Leveson Gower*, comte GRANVILLE, né le 11 mai 1815, fut élevé à Paris, et alla ensuite faire ses études à Oxford. Adjoint plus tard à l'ambassade de son père avec le titre d'*attaché*, il fut élu en 1837 représentant de Morpeth au parlement et nommé en 1839 sous-secrétaire d'État des affaires étrangères; fonctions qu'il perdit en 1841, lors de la retraite des whigs. Quand ceux-ci reprirent la direction des affaires en 1846, le comte Granville, qui venait d'hériter de la pairie de son père, fut appelé aux fonctions de grand-veneur (*Master of the buckhounds*), qu'en mai 1848 il échangea contre celles de vice-président du bureau de commerce. Jusque alors son nom n'était guère connu du public; mais la présidence de la commission royale de l'*exposition universelle*, qui lui fut confiée, le mit à ce moment fort en relief, en même temps qu'elle lui fournit l'occasion de faire preuve de connaissances étendues et du caractère le plus aimable. Aussi quand, au mois de décembre, par suite de la retraite de lord Palmerston, il fut nommé ministre des affaires étrangères, ce choix fut-il généralement bien vu, malgré le reproche d'inexpérience qu'on pouvait lui adresser, et en dépit de la difficulté immense qu'il y avait à remplacer un homme aussi considérable. Le comte Granville justifia les sympathies dont il était l'objet, par l'énergique fermeté avec laquelle, fidèle à la politique de son prédécesseur, il prit en main la défense des réfugiés politiques contre les puissances continentales, en même temps que par sa franchise et sa loyauté il réussissait à mettre fin aux difficultés survenues entre l'Angleterre et les États-Unis. En 1852 il se retira du cabinet avec les autres ministres whigs, mais pour y rentrer dans les derniers jours de décembre de la même année, avec le titre de président du conseil, poste dans lequel il fut remplacé, le 5 juin 1854, par lord John Russell. Il devint alors chancelier du duché de Lancastre, avec voix au conseil. La retraite de lord John Russell en janvier 1855 lui a fait rendre la présidence du conseil privé sous le ministère Palmerston.

GRAPHIQUE (de γράφω, j'écris). Cet adjectif s'applique aux opérations ayant pour but de donner, par une figure tracée sur le papier, l'idée d'un corps ou d'une forme qu'on n'eût pu décrire par l'emploi du discours seulement. Les *arts graphiques* sont la même chose que les *arts du dessin*.

En termes d'astronomie, on entend par *opération graphique* celle qui consiste à résoudre certains problèmes au moyen d'une ou plusieurs figures tracées sur le papier. On y a recours, par exemple, pour avoir tout de suite une solution ébauchée du problème des comètes, de celui des éclipses, etc. On n'obtient le plus souvent ainsi que des résultats approximatifs, quelquefois suffisants, mais qu'il est toujours facile de rectifier en recourant au calcul.

GRAPHITE (de γράφω, j'écris). Le graphite est une substance minérale, d'un gris terne très-foncé et presque noir; il offre un éclat métallique très-brillant lorsque l'on polit sa surface; sa cassure est irrégulière et finement grenue; il se laisse tailler avec une grande facilité lorsqu'il est pur, et produit une poussière fine, douce, grasse, presque onctueuse au toucher; il tache les doigts en les recouvrant d'un enduit noirâtre et brillant. Le graphite, mal à propos dénommé *plombagine*, *mine de plomb*, ne renferme pas un seul atome de ce dernier métal. On a cru pendant longtemps, d'après les analyses comparatives de Berthollet, Monge, Vandermonde, Haüy, Scheele et Vauquelin, qui toutes différaient entre elles d'une manière assez sensible, que le graphite devait être regardé comme un composé binaire de carbone et de fer, en proportions mal définies; on le regardait alors comme un percarbure de fer, dans lequel le métal n'entrait que pour 5 à 10 parties sur 100. On a reconnu depuis que le graphite est du carbone presque pur, souillé seulement d'une petite quantité de matière terreuse ou ferrugineuse. Le graphite est souvent confondu avec le *molybdène sulfuré*, qui lui ressemble complétement dans ses caractères extérieurs : il est essentiel de savoir distinguer l'un de l'autre ces deux minéraux. Frotté sur de la porcelaine blanche, le graphite laisse une tache gris-noir, dont la couleur demeure constante; la tache laissée par le molybdène sulfuré passe promptement au brun verdâtre. Chauffé au chalumeau, le molybdène communique à la flamme des reflets verdâtres; le graphite se volatilise sans donner naissance à aucune coloration semblable.

Le graphite est surtout abondant dans les formations primitives; il s'y présente sous deux formes distinctes : tantôt il entre comme élément constitutif dans la composition d'une roche primitive; tantôt, au contraire, il forme lui-même une roche distincte, isolée, en rognons, et quelquefois aussi en couches assez puissantes. Le graphite se rencontre encore, mais moins fréquemment, dans les terrains houillers, et c'est même dans le terrain houiller du Cumberland que gît cette belle conche de graphite qui sert à la fabrication des crayons anglais les plus parfaits (mine de Boroughdale). C'est le département de l'Ariége qui fournit à la consommation de la France. Des mines de graphite s'exploitent aussi en Piémont, en Espagne, en Calabre et en Bavière. Le graphite se reproduit également dans le traitement des minerais par le feu des hauts fourneaux. Il se forme non-seulement à la surface des masses de fonte noires non refroidies, mais encore dans l'intérieur des fourneaux eux-mêmes.

Le graphite se coupe facilement en baguettes minces, ce qui permet d'en fabriquer des crayons. La poudre qui provient de la division du graphite est ensuite broyée; et mélangée avec un mucilage de gomme ou de colle de poisson, elle sert encore à faire des crayons; mais ils sont d'une qualité détestable. Mêlé avec de l'argile, le graphite concourt à former les creusets noirs de Passau, qui résistent admirablement aux variations brusques et très-étendues de température; broyé avec de la graisse, il forme une pommade extrêmement onctueuse, dont les ingénieurs se servent pour les mouvements d'engrenage. On enduit de graphite broyé et délayé dans de l'eau les pièces de fonte que l'on désire préserver de la rouille: on en recouvre les poêles de faïence pour leur donner l'aspect de la fonte; et les ingénieurs militaires s'en servent en Angleterre pour préserver de l'action de l'atmosphère et de la pluie les caronades et les canons de fer. Enfin, le graphite sert encore à vernir le plomb de chasse, à faire des *peignes cosmétiques* pour teindre les cheveux, etc. BELFIELD-LEFÈVRE.

GRAPHOMÈTRE (de γράφω, j'écris, et μέτρον, mesure), instrument propre à mesurer les angles sur le terrain. Il se compose d'un limbe demi-circulaire, ordinairement en cuivre, divisé en demi-degrés, depuis 0° jusqu'à 180°. Le diamètre qui termine ce limbe fait corps avec lui. Un second diamètre, qui forme une alidade, tourne autour du centre; celle de ses extrémités qui se meut sur le limbe est munie d'un vernier. Le diamètre fixe et le diamètre mobile sont terminés par des pinnules. Enfin, l'instrument est fixé sur un pied à trois branches, au moyen d'une douille que l'on serre avec une vis de pression; on peut ainsi incliner à volonté le plan du limbe. Pour mesurer à l'aide du graphomètre l'angle que forment deux droites issues d'un point donné et aboutissant à deux points visibles, on place l'instrument de manière que le centre du demi-cercle se trouve dans la verticale du premier de ces trois points; l'observateur dirige ensuite les pinnules du diamètre non mobile sur l'un des deux autres points, fixe le limbe à l'aide de la vis de pression, puis dirige l'alidade sur le dernier point; le vernier dont celle-ci est munie permet alors de lire sur le limbe la grandeur de l'angle observé à moins d'une minute près.

Le *graphomètre à lunettes* diffère du précédent en ce que les pinnules y sont remplacées par des lunettes convenablement disposées. Cet instrument, qui donne une plus grande précision dans les observations, est encore devenu plus parfait en se transformant en cercle répétiteur.

E. MERLIEUX.

GRAPPE. On emploie ce mot pour spécifier un assemblage de fleurs ou de fruits uniques, disposés par étages et portés par des pédoncules simples, qui sont les ramifications d'un axe commun. Les fruits de la vigne sont le type d'une réunion semblable. Les fruits des groseilliers sont disposés de même. Plusieurs végétaux offrent des exemples de ce mode d'inflorescence : tels sont le faux ébénier ou cytise, le robinier ou faux acacia. La situation de ces fleurs, ainsi que de ces fruits est pendante, et les botanistes n'appellent guère du mot *grappe* que ceux qui offrent une direction semblable. La forme de la grappe est ovalaire ou pyramidale. On dit qu'elle est plus ou moins *lâche* quand les fleurs ou les fruits ne sont pas rapprochés les uns des autres, comme on dit aussi qu'elle est *serrée* quand une disposition contraire à la précédente se rencontre.

Les médecins vétérinaires appellent *grappe* de petites excroissances molles, et rouges d'ordinaire, venant aux pieds des chevaux, des ânes, des mulets, dont la réunion présente la configuration d'une *grappe naturelle* : chez le cheval elles occupent particulièrement le paturon et les environs du boulet, et plus communément encore chez l'âne et le mulet.

En artillerie, on a donné le nom de *grappe de raisin* à l'assemblage de plusieurs balles ou biscaïens, arrangées autour d'une tige de fer rivée à un culot également de fer, du calibre de la pièce de canon à laquelle il est destiné : on les enferme dans un sachet, et on les tire comme mitraille.

GRAPPIN, petite ancre, à quatre ou cinq pattes de $1^m,30$ et à $2^m,60$ de long, recourbées intérieurement et terminées par une espèce d'oreille en pointe. Le bout opposé est muni d'un anneau, auquel s'attache un cordage. Les petites embarcations, les canots et chaloupes emploient seuls le grappin, à cause de la facilité qu'il y a à le jeter et le relever. Il offre néanmoins un grand nombre d'inconvénients, et est d'une moins bonne tenue qu'une ancre, même plus légère.

Il y a en outre, dans la marine militaire, des *grappins d'abordage*, qu'on jette dans les haubans du navire que l'on veut accrocher; ils sont aussi à quatre ou cinq pattes, qui n'ont pas d'oreilles, mais quelquefois une barbe comme les hameçons. Il y a également des *grappins* de brûlots, dont la forme est encore différente, et que l'on place au bout des basses vergues de ces petits bâtiments.

Figurément, jeter le *grappin* sur quelqu'un, c'est s'en emparer, ne point le laisser échapper. On peut jeter le *grappin* sur les personnes physiquement et moralement.

GRAS. Appliqué aux animaux, ce mot désigne ceux qui ont beaucoup de graisse. Il se dit aussi des chairs qui ont conservé beaucoup de graisse. Faire *gras*, c'est manger de la viande. Dans toutes ces acceptions, gras est opposé à *maigre*. Le *bouillon gras*, c'est du bouillon de bœuf. Ce qui pourra paraître singulier, c'est qu'on dit du vin, ou de toute autre liqueur qui se sont trop épaissis, qu'ils sont *devenus gras*. Dans le sens figuré, *gras* est synonyme d'obscène, immoral, licencieux; ainsi, un *conte gras* est celui dans lequel la décence est peu ménagée.

En architecture, *gras* s'emploie pour signaler un excès d'épaisseur dans une pierre, un morceau de bois ou tous autres matériaux, pour la place qui leur est destinée; aussi dit-on qu'un *tenon* est *gras*, lorsqu'il ne peut entrer dans sa mortaise. Quand un angle a trop d'ouverture dans le joint de lit d'un voussoir, on dit qu'il est trop *gras*, et cette expression s'applique également à un mortier dans lequel il y a beaucoup de chaux. Les peintres appellent *couleur grasse* celle qui est couchée avec trop d'abondance, et, par suite, *pinceau gras* celui qu'on a trop laissé s'imprégner de couleur. Dans l'art du graveur, on nomme *taille*, *hachure grasse*, celles qui excèdent les dimensions d'une taille ordinaire.

Dans leur idiome original et tout métaphorique, les marins appellent *temps gras*, *horizon gras*, une atmosphère couverte et brumeuse à travers laquelle on distingue les objets éloignés.

On dit proverbialement d'une personne qui a beaucoup d'embonpoint : *Il est gras comme un moine.* Dormir la *grasse matinée* est une expression familière qui signifie *se lever tard. Tuer le veau gras* est un dicton proverbial, emprunté au touchant apologue de l'Enfant prodigue, et qui emporte avec lui l'idée de préparatifs extraordinaires faits dans l'intention de recevoir somptueusement quelqu'un. *Faire ses choux gras* signifie s'enrichir, prospérer. On dit d'une personne qui prononce mal la lettre *r* qu'elle a la langue *grasse* (*voyez* GRASSEYEMENT).

On appelle *jours gras* ceux pendant lesquels il est permis de manger de la viande; mais cette expression s'applique plus spécialement aux derniers jours de carnaval, si célèbres par l'ovation du *bœuf gras*.

Peindre gras signifie éviter toute espèce de sécheresse; *peindre à gras* est la même chose que retoucher avant que la couche soit sèche, ce qui produit un très-bon effet.

Le *gras-double*, en terme de cuisine, désigne une espèce de tripe qui provient du premier ventricule du bœuf.

On appelle encore *gras* une maladie des vers à soie, et *gras-fondu*, dans l'art vétérinaire, une sorte de maladie à laquelle les chevaux sont sujets. C'est une affection inflammatoire du mésentère et des intestins.

GRAS DES CADAVRES ou GRAS DES CIMETIÈRES, sorte de savon produit par la putréfaction lente des matières animales dans des lieux humides, et composé d'ammoniaque, de potasse, de chaux, d'acide oléique.

GRASSE, ville de France, chef-lieu d'arrondissement dans le département du Var, à 37 kilomètres de Draguignan, à 13 de la Méditerranée, sur le penchant d'une colline, avec 11,802 habitants, des tribunaux de première instance et de commerce, un collége, une bibliothèque publique de 5,000 volumes, une fabrication importante de liqueurs et d'essences renommées, notamment d'eau de fleur d'oranger, d'huile d'olive, de savon, de fruits secs du Midi; des tanneries, des filatures de soie, un commerce considérable d'oranges, de citrons, de cire et de miel.

On rapporte la fondation de Grasse à une colonie de Juifs venue de Sardaigne au sixième siècle; quoi qu'il en soit, on la voit plus tard servir de lieu de refuge aux habitants de Fréjus et d'Antibes, lors des incursions des Barbaresques. En 1250 Innocent IV y avait transféré le siége épiscopal d'Antibes.

GRASSE (FRANÇOIS-JOSEPH-PAUL, comte DE), marquis *de Grasse-Tilly*, lieutenant général des armées navales, né en 1723, à Valette en Provence, mort à Paris, en 1788, prit, à la tête de nos escadres, une part importante à la guerre maritime avec l'Angleterre qui fut le résultat de l'intervention de la France dans la lutte engagée contre leur métropole par les colonies anglaises de l'Amérique du Nord. Destiné par sa famille à l'ordre de Malte, et ayant fait, à partir de 1734, plusieurs campagnes sur les galères, fait prisonnier en 1749 par l'amiral Anson, sur une frégate qui se rendait à Pondichéry, et ayant resté deux ans sur parole en Angleterre, lieutenant de vaisseau en mai 1754, capitaine en janvier 1762, il servait en cette qualité au combat d'Ouessant (27 juillet 1778). Promu au grade de chef d'escadre en 1779, il alla rallier la flotte aux ordres du comte d'Estaing dans les eaux de la Martinique, et eut sa part du combat qu'elle soutint le 6 juillet contre celle de l'amiral anglais Byron. L'année suivante, il participa aux combats des 17 avril, 15 et 19 mai, livrés par le comte de Guichen à l'amiral Rodney. Rentré à Brest à la fin de cette campagne, il en sortit le 24 mars 1781, à la tête d'une flotte de vingt vaisseaux de ligne qui portait aux insurgés américains des secours d'hommes et d'argent, et chargée en même temps d'escorter plusieurs flottes marchandes se dirigeant vers les îles de l'Amérique. Un engagement avec l'amiral Hood dans les eaux de la Martinique n'eut qu'un résultat négatif, et on reprocha au comte de Grasse de ne pas avoir su anéantir un ennemi qui lui était de beaucoup inférieur en forces. Le 2 juin, il contribua à la prise de l'île de Tabago par le marquis de Bouillé; et le 5 septembre, sur les côtes d'Amérique, il battit la flotte anglaise aux ordres des amiraux Gaves, Hood et Dracke, ayant à bord des renforts destinés à l'armée de lord Cornwallis. Celui-ci les attendit vainement dans son camp retranché de York-Town, et dut capituler le 19 octobre.

Le comte de Grasse, qui venait ainsi de contribuer puissamment au succès final des insurgés américains, alla passer l'hiver avec sa flotte dans la mer des Antilles, où il seconda les entreprises du marquis de Bouillé contre l'île de Saint-Christophe. Parti, en avril 1782, de la Martinique, pour transporter des troupes à Saint-Domingue et y rallier une escadre espagnole, avec laquelle il devait prendre part à une expédition contre la Jamaïque, il rencontra sur sa route la flotte de l'amiral Rodney, et après diverses escarmouches, dans lesquelles l'avantage lui resta, il engagea contre lui un combat définitif le 12 avril. Le comte de Grasse avait trente-trois vaisseaux de guerre sous ses ordres; il laissa l'ennemi couper sa ligne en plusieurs endroits, et après une action des plus acharnées, et qui ne dura pas moins de dix heures consécutives, il fut obligé d'amener son pavillon. Il montait la *Ville de Paris*; la moitié de son équipage était hors de combat, et son vaisseau avait tant eu à souffrir de l'artillerie ennemie, qu'il coula bas avant d'arriver en Angleterre. Par une saillie d'héroïsme, toutes ses munitions étant épuisées, il avait fait charger ses canons avec des sacs d'argent. Sa défaite nous coûta cinq vaisseaux; Bougainville et Vaudreuil sauvèrent le reste de notre flotte, que l'amiral anglais, malgré sa victoire, jugea prudent de ne pas poursuivre. Conduit en Angleterre, le comte de Grasse y fut parfaitement accueilli. On eut l'inhumanité de lui donner des fêtes, et il eut la faiblesse de les recevoir. Il entrait dans les calculs de l'amour-propre national anglais d'ajouter encore à l'éclat du triomphe en rehaussant outre mesure le mérite du vaincu; et dupe de sa vanité, du moins l'en accusa-t-on en France, le comte de Grasse consentit à être le *lion* du moment et à se laisser couronner de lauriers par les badauds de Londres, qui ne l'appelaient que le *valeureux Français*. En France, au contraire, le déchaînement de l'opinion fut universel contre un homme qu'on accusa de ne pas avoir la dignité du malheur. Les femmes portaient alors des *croix à la Jeannette*; c'étaient des croix d'or surmontées d'un cœur, symbole mystique du culte du sacré cœur de Jésus, mis à la mode par les jésuites. On en porta *à la de Grasse*; elles étaient *sans cœur*. De retour en France en août, il provoqua longtemps la nomination d'un conseil de guerre chargé de prononcer sur sa conduite dans le malheureux combat du 12 avril. Tenu à Lorient seulement en mars 1784, ce conseil l'acquitta honorablement. Le comte de Grasse, intrépide marin, n'avait point les qualités d'un amiral. Admirable comme capitaine de vaisseau, il manquait des études et de l'expérience nécessaires pour se tenir à la hauteur de sa position comme chef d'escadre.

GRASSEYEMENT, vice de la parole, qui consiste soit à articuler dans l'arrière-bouche, ou de toute autre manière défectueuse, la lettre *r*, soit à lui substituer le son d'une autre lettre, soit enfin à supprimer plus ou moins complétement cette consonne, comme le font souvent les Anglais et nos *incroyables* parisiens. Le grasseyement proprement dit, ou *rotacisme*, du nom grec de la lettre *r*, est le résultat de l'articulation défectueuse de cette consonne palato-linguale, dont le son sourd et désagréable est produit dans le gosier par les vibrations de la base de la langue. Cependant, lorsque le grasseyement est peu sensible, on lui trouve généralement quelque chose de doux et d'agréable, qui paraît surtout plus gracieux dans la bouche d'une femme : *Fœminas verba balba decent.... decet os balbum,* dit Horace.

Nous divisons ce vice de la parole en six espèces principales, qui diffèrent entre elles autant par le mécanisme qui les produit que par le son qui en est le résultat. Dans la première variété nous rangeons le grasseyement proprement dit, c'est-à-dire celui qui consiste à prononcer l'*r* entièrement de la gorge, en sorte que l'articulation de cette lettre se forme par un son multiple, qui semble être précédé d'un *c* ou d'un *g*, et rouler dans le pharynx. Ce grasseyement dépend de ce que la pointe de la langue, au lieu d'être portée vers le palais, se trouve retirée en bas vers la face postérieure des dents incisives de la mâchoire inférieure, d'où il résulte que la face dorsale de cet organe se trouve convexe au lieu d'être concave; ce qui le force, pour articuler l'*r*, de vibrer vers sa base, au lieu de vibrer à son sommet. C'est par un mécanisme diamétralement opposé que nous combattons ce vice de l'articulation.

La deuxième espèce de grasseyement est celle qui consiste à donner à l'*r* le son du *v*. Ce vice de la parole a pour cause la mauvaise habitude qu'on a contractée d'articuler la première de ces consonnes en faisant seulement agir les lèvres, qui s'allongent et se rapprochent comme pour former ce qu'on appelle vulgairement un *cul de poule;* il résulte que l'air chassé par la bouche et les joues n'a qu'un étroit passage pour effectuer sa sortie, comme dans la prononciation des labiales sifflantes *f* et *v*.

La troisième espèce de grasseyement consiste à donner à la consonne *r* deux sons à la fois, comme dans la première espèce, ou grasseyement proprement dit; mais il diffère essentiellement de ce dernier 1° en ce que les lettres superflues ne sont jamais le *c* et le *g;* 2° en ce que l'articulation de l'*r*, loin d'être formée au fond de la gorge par la base de la langue, a lieu, au contraire, vers la pointe de cet organe, sorti de la cavité buccale, et porté entre les dents incisives des deux mâchoires, de manière à aller toucher la face postérieure de la lèvre supérieure. Cette troisième variété du grasseyement a plusieurs degrés, qui peuvent la rendre plus ou moins désagréable. En général, elle est peu sensible et presque nulle dans certains mots.

La quatrième variété de ce vice du langage est celle qui consiste à substituer au son de l'*r* le son de la syllabe *gue*. Ce grasseyement n'est pas aussi rare qu'on pourrait le croire; nous avons été à même d'en observer plusieurs cas. C'est surtout sur des personnes de la Suisse française qu'il nous a paru le plus fréquent. Porté à l'excès, il est un des plus désagréables.

La cinquième variété a pour caractère de substituer la lettre *l* à l'*r;* ceux qui en sont affectés font comme les Chinois, qui, n'ayant pas dans leur langue la consonne *r*, la remplacent par *l*, et elles disent *lale, lile, louge, plendle*, pour *rare, rire, rouge, prendre*. Cette articulation, aussi vicieuse que désagréable, l'est encore davantage lorsque, au lieu de remplacer simplement l'*r* par *l*, on mouille cette dernière lettre.

Enfin, la sixième espèce de grasseyement, que l'on pourrait appeler *négatif*, parce qu'il se distingue par la soustraction plus ou moins complète de l'*r*, est celle que l'on remarque principalement chez certains incroyables nouvellement débarqués, qui veulent singer du geste et de la voix nos *merveilleux fashionables* de Paris, qui disent *mouir, tavail, tou, etouné*, au lieu de dire *mourir, travail, trou, retourner*. Ce vice de la parole, le moins désagréable à l'oreille, est constamment le résultat d'une mauvaise habitude, ou plutôt de cette fureur absurde de vouloir imiter certaines gens de prétendu bon ton qu'une véritable inspiration de mauvais goût porte à se donner des défauts dont s'affligent ceux qui en sont réellement affectés.

Toutes les variétés de grasseyement dont nous avons tracé les caractères ont, comme cette dernière, pour cause principale, l'imitation ou une mauvaise habitude que dans l'enfance on a laissé prendre aux personnes chez qui peut-être déjà une conformation particulière des organes de la parole rendait l'articulation de l'*r* un peu difficile, et réclamait certains efforts, que des parents trop bons ou plutôt trop insouciants n'ont pas eu le courage d'exiger de leurs enfants; souvent ces derniers se croient, au contraire, autorisés à mal parler, parce qu'on se plaît à répéter comme eux les syllabes qu'ils articulent irrégulièrement. Ce qui prouve que l'imitation est la cause la plus ordinaire du grasseyement, c'est qu'on observe ce vice de la parole chez tous les membres d'une même famille, chez une classe de peuple de la même ville, ainsi qu'on le voit en particulier dans la classe du peuple de Paris, et même chez presque tous les habitants de certaines provinces, comme, par exemple, en Provence et dans le Forez.

Le docteur Fournier a fait connaître une méthode curative, modifiée par lui et imaginée par le célèbre Talma : cette méthode consiste à substituer d'abord un *d* à l'*r* et à s'exercer à prononcer cette lettre jointe au *t*. Insensiblement l'*r* s'articule, et la consonne *d*, que l'on pourrait appeler ici *génératrice*, disparaît pour que la lettre créée tout récemment prenne son essor. Dans cet exercice, l'*r* s'articule d'une manière naturelle; car le *t* et le *d*, beaucoup plus faciles à former, sont cependant produits par le même mécanisme que l'*r*, du moins quant aux positions relatives de la langue et des mâchoires. Selon le docteur Fournier, les guérisons opérées d'après les conseils de Talma sont nombreuses : il cite entre autres Mlle Saint-Phal, qui avait un grasseyement si considérable que cette belle et intéressante artiste fut contrainte d'interrompre le cours de ses débuts. Quelques mois suffirent pour effacer le défaut qui déparait ses talents. Nous sommes loin de contester les avantages de cette méthode; mais ayant été à même d'en faire plusieurs fois l'application, nous devons dire que nous n'en avons obtenu que des résultats peu satisfaisants, et que c'est même pour cette raison que nous avons tâché de trouver d'autres moyens, qui nous ont réussi. Notre méthode consiste à faire placer les organes de la parole de façon à corriger les vices de la prononciation, à les exercer par une sorte de gymnastique, jusqu'à ce que les sons se forment naturellement. COLOMBAT (de l'Isère).

GRATIEN, empereur romain. Petit-fils de Gratien, qui du rang de simple soldat s'éleva, par sa force de corps extraordinaire autant que par son courage, au grade de général des armées romaines, fils de Valentinien Ier, empereur d'Occident, et neveu de Valens, empereur d'Orient, il naquit à Sirmium, le 18 août 359. Il était à Trèves quand il apprit tout à la fois et la mort de son père et l'intronisation de son jeune frère, Valentinien II, fils d'une seconde femme, que les chefs de l'armée avaient proclamé empereur; il se détermina à partager le trône, et devint le tuteur du nouvel élu. Cependant, abusé par des imputations calomnieuses, il laisse exécuter à Carthage le père du grand Théodose. En 378 il bat les Alemans près d'Argentaria (Colmar), et se tourne aussitôt contre les Goths, qui ravagent l'empire d'Orient : Valens et les deux tiers de l'armée romaine étaient tombés sous le fer des barbares. Le seul homme capable de ramener la victoire sous les aigles impériales, c'était Théodose. Théodose taille en pièces les Goths, et reçoit en récompense le sceptre d'Orient.

Gratien était un chrétien fervent; et saint Ambroise composa pour ce prince une instruction sur la Trinité. Mais le zèle imprudent avec lequel il poursuivit les restes du paganisme, rétabli par Julien, lui fit perdre l'affection du peuple. Les légionnaires de la Grande-Bretagne proclamèrent empereur Maxime. Gratien se trouvait alors à Lutèce : il marche à la rencontre des rebelles; mais ses troupes l'abandonnant, il cherche un refuge à Lyon, et n'y trouve que la mort. Andragathe, un des lieutenants de Maxime, le fait assassiner.

Gratien n'avait que vingt-cinq ans; son esprit était cultivé; Ausone avait été son professeur.

GRATIEN (FRANÇOIS), simple moine de Saint-Félix à Bologne, né à Chiusi, petite ville aux environs de Sienne, est célèbre par la compilation qui porte son nom et forme une des sources du droit canon. Le *décret de Gratien* est compris dans le *Corpus Juris canonici*. Cet ouvrage, qui lui avait coûté vingt-quatre années de travail, parut en 1151.

L'auteur ne pouvait pas par lui-même donner une grande autorité à son livre; mais le pape Eugène III l'approuva, et ordonna qu'il fût suivi dans les tribunaux ecclésiastiques et enseigné dans les écoles. On ne connaît pas la date de la mort de Gratien.

[Le *Décret de Gratien* est divisé en trois parties : la première, qui traite des personnes, de la hiérarchie, des différents degrés de la juridiction, renferme cent une distinctions, partagées en plusieurs chapitres ou canons. On indique dans les citations par le nom du pontife ou du concile, le premier mot du chapitre, et le nombre de la distinction; par exemple : *Pelag. II, cap.* Nullus, *distinct.* 99. La seconde, des *actions ou jugements*, comprend 36 causes partagées en questions, subdivisées en chapitres. On cite *Urban. I, cap.* Quibus, *caus.* 2, *quæst.* 3. La troisième, de la *consécration ou des choses sacrées des sacrements*, etc., est divisée en 5 distinctions, qu'on cite de cette manière : *De consecrat., cap.* Manus, *dist.* 5ª. D'où il suit que le mot *distinction* indique la première partie, le mot *cause* la seconde, le mot *consécration* la troisième.

L'abbé BANDEVILLE.]

GRATIFICATION, don, libéralité qu'on fait à quelqu'un. Dans les administrations publiques et particulières, on appelle *gratification* un supplément extraordinaire de traitement accordé aux employés à raison d'un anniversaire ou d'un événement heureux; ces gratifications ont le plus souvent lieu au jour de l'an; ce sont les *étrennes* des expéditionnaires et des commis. Mais tous ne sont pas admis à cet excès d'honneur et pour le plus grand nombre la gratification demeure à l'état d'illusion et de rêve décevant.

GRATIOLE, genre de plantes de la famille des scrophularinées, dont une seule espèce habite l'Europe. C'est la *gratiole commune* (*gratiola officinalis*), vulgairement nommée *herbe à pauvre homme*, parce que dans certains pays les indigents en font communément usage comme purgatif. Pour cela, ils emploient de préférence les tiges encore chargées de feuilles et de fleurs, sous forme de décoction. La gratiole, que quelques médecins ont regardée comme un vermifuge puissant, et comme très-utile dans l'hydropisie, dans la goutte et dans les affections cutanées, s'administre encore soit en poudre, soit en extrait, soit en pilules. Mais son emploi n'est pas exempt d'inconvénients : il peut déterminer le vomissement.

GRATIS. Ce mot latin, depuis longtemps francisé, ne devrait réveiller que des idées de générosité et de désintéressement; mais dans notre époque de spéculation et de charlatanisme il suffit, au contraire, pour inspirer une défiance qui trop souvent est justifiée. Ainsi, vous voyez annoncer un cours *gratuit* de telle langue ou de telle science; mais le professeur a composé un ouvrage qui vous est absolument nécessaire pour comprendre ses leçons, et dont la vente sera pour lui une compensation. Un docteur guérit *gratis* les indigents; il impose seulement les drogues qui doivent procurer la guérison. Nous avons vu un temps où l'entrée des jardins publics était *gratuite*; on y faisait payer seulement les chaises, le dépôt des cannes, la danse, les jeux, etc., etc. : aussi le Vaudeville faisait-il dire à l'un des directeurs de ces établissements philanthropiques :

> Je m'enrichis de la dépense
> De ceux que j'amuse *gratis*.

Dans les maisons de jeu, on donnait jadis sans rétribution, à tous les demandeurs, des verres d'eau soi-disant sucrée ou de bière économique. Ce *gratis*-là était un de ceux qui coûtaient le plus cher. Les journaux qui s'établissent envoient, pour se faire connaître, leurs premiers numéros *gratis*, surtout aux cafés et aux cabinets littéraires; mais la quittance d'abonnement ne tarde pas à suivre cette distribution libérale.

Autrefois celles de nos provinces dans lesquelles se tenaient des *états* jouissaient aussi de l'avantage, plus honorifique que réel, de payer leurs impôts sous le nom de *don gratuit*. La révolution a fait cesser ce mensonge en ne reconnaissant plus que des *contributions*. Toutefois, le *don gratuit* était une vérité pour le clergé, qui était libre de s'en dispenser.

De toutes les annonces menteuses qui promettent quelque plaisir ou quelque avantage *gratuit*, la plus ingénieuse peut-être fut celle qu'avait placée sur sa boutique un perruquier, probablement gascon ou rouennais : « *Demain* on rasera *gratis*. »

OURRY.

GRATIS (Spectacles). Ce *gratis*-là du moins n'a rien de fallacieux, et tient à la lettre ce qu'il promet... à l'égard des spectateurs; car le gouvernement se charge d'indemniser les directeurs de théâtre de ces représentations *gratuites* : il leur alloue ordinairement en pareil cas le montant d'une recette calculée au *maximum*; c'est pour les spectacles de la capitale un objet de trente mille francs, au moins. Dans l'ancien régime, les *spectacles gratis* offraient un vif attrait au peuple, qui avait peu de théâtres à bon marché, et moins d'aisance pour lui en permettre l'accès. La rareté de ces représentations, qui n'étaient guère données qu'à l'occasion des naissances ou des mariages des princes de la famille royale, ajoutait aussi à leur charme et à leur effet. L'amour-propre de la classe inférieure y était en outre agréablement flatté, en voyant des corporations ouvrières occuper, dans ces solennités dramatiques, les loges du roi et de la reine (*voyez* CHARBONNIER). Pendant la révolution, cette vanité avait un autre aliment dans la pompeuse rédaction des affiches, où les représentations gratuites étaient annoncées en gros caractères, en ces termes : DIMANCHE POUR LE PEUPLE. On fait maintenant avec lui moins de façons : quand un modeste *gratis par ordre*, en caractères ordinaires, l'a convoqué à l'une de ces fêtes du prolétariat, les places sont au premier occupant; mais la prudente administration du théâtre a fait d'avance fermer son élégant foyer et enlever les portes des loges qui pourraient trop souffrir de l'empressement des curieux. C'est principalement vers l'Opéra, dont le haut prix lui est habituellement moins accessible, que la foule se dirige dans ces occasions : le poëme, il est vrai, n'est guère intelligible pour ce public d'exception; on pourrait encore y entendre ce mot naïf d'une femme du peuple, quand les personnages exécutent un *chœur* : « Allons! parce que c'est nous, les voilà qui chantent tous ensemble, pour avoir plus tôt fini. » Mais la danse légère et voluptueuse est à la portée de tous les yeux, et les spectateurs non payants n'ont pas pour elle moins d'applaudissements que les autres. Au surplus, on a observé à toutes les époques que dans les théâtres où l'on peut entendre ce que l'on dit ces auditeurs d'un jour, bruyants dans les entr'actes, mais très-attentifs quand la pièce commence, en saisissent souvent les beautés avec un tact remarquable : parfois aussi le jeu défectueux d'un acteur excite leur mécontentement, et ils s'arrogent alors un droit qu'à la porte ils n'ont point acheté en entrant.

OURRY.

GRATITUDE. *Voyez* RECONNAISSANCE.

GRATTAN (HENRI), célèbre orateur irlandais, naquit à Dublin, en 1746, d'une famille respectable. Son père était juge-assesseur (*recorder*) de Dublin, et représentait la métropole dans le parlement irlandais. Après avoir étudié à l'université de Dublin, Grattan, qui se destinait au barreau, se rendit à Londres, et devint membre du *Middle-Temple* en 1767. Reçu avocat en 1772, sa carrière politique commença en 1775, lorsque, grâce à l'amitié du feu lord Charlemont, il fut élu député pour le bourg de Charlemont, et ne tarda pas à être au parlement le chef de l'opposition. C'est à son éloquence que ses compatriotes furent redevables, en 1782 de l'abrogation de la loi rendue en 1720 qui avait rendu l'assemblée législative irlandaise soumise pour ses actes à la sanction du parlement anglais; et on proclama alors ce principe, que le roi, les pairs et la chambre des communes d'Irlande ont seuls et uniquement le droit de faire les lois pour la nation irlandaise. Son pays ne fut point ingrat, et lui témoigna sa reconnaissance par un don gratuit de 100,000 liv. sterl., qui sur ses instances fut plus tard réduit à 50,000.

Il fut moins heureux dans ses efforts en faveur de l'émancipation des catholiques; mesure de réparation, dont, quoique protestant, il prit toujours chaudement en main la défense. Le comte de Fitz-William, qui partageait tout à fait ses idées à cet égard, fut rappelé (1798); et à quelques instants de là éclata la grande rébellion, si fatale à l'Irlande par ses conséquences. La douleur patriotique qu'il en ressentit lui fit prendre alors le parti de renoncer à la carrière parlementaire; pour le déterminer à y rentrer, il fallait l'annonce des projets que le gouvernement anglais avait conçus pour opérer la fusion législative de l'Irlande et de l'Angleterre. Élu alors par la ville de Wicklow, il se rendit à la chambre quoique souffrant d'une fièvre nerveuse; il était tellement affaibli, qu'il fut obligé de rester assis en parlant; mais comme il s'agissait de l'indépendance et de l'existence même de son pays, il redoubla d'efforts et se surpassa lui-même. Après la suppression du parlement irlandais, Grattan se retira de la vie publique; mais quand, en 1805, on allait discuter la question catholique, il se rendit aux pressantes instances de son ami Fox, et se présenta au bourg de Malton en Yorkshire, qui l'appela à faire partie de la chambre des communes. Il y parla plusieurs fois en faveur des catholiques, et avait tellement changé l'opinion en leur faveur, que la majorité qui se montrait hostile à leur émancipation politique finit par ne plus être que de quatre voix. D'ailleurs Grattan appuya constamment le ministère dans sa lutte contre la France et Napoléon. Réélu par la ville de Dublin en 1806, il continua de la représenter en 1812, 1813, 1818 et 1820. A l'avénement de Georges IV, il vint encore à Londres, malgré l'état, de plus en plus chancelant, de sa santé, afin de soutenir la question catholique; mais sa maladie avait fait de tels progrès, qu'il succomba aux suites de son voyage, et mourut le 4 juin 1830.

Comme orateur, Grattan fut remarquable, non-seulement par l'énergie et la précision de son style, mais par la verve et l'originalité de son expression. Sa voix était faible et aiguë, mais son langage était si noble, si majestueux, il alliait tellement la beauté à la force, la brièveté à la splendeur, le sublime des idées à l'éloquence des expressions, qu'il gagnait au premier abord et conservait jusqu'à la fin de son discours l'attention de la chambre. Comme tous les hommes remarquables de son époque, il était d'une bravoure chevaleresque, et son intégrité était aussi grande et aussi éprouvée que son courage. Sa vie fut une leçon morale, et la mort n'a ni terni ni affaibli sa renommée. Son fils a publié ses discours (4 vol., Londres, 1822).

A.-V. Kirwan, avocat au *Queen's Bench*.

GRATTAN (Henry), fils du précédent, fut élu en 1826 membre de la chambre des communes par la ville du Dublin; mais aux élections de 1830 sa candidature succomba sous celle de son concurrent tory, Frédérick Shaw. Depuis 1832 il n'a pas cessé de représenter au parlement le comté de Meath; et en 1851 il se signala entre tous par la vivacité de son opposition au fameux bill dit des titres ecclésiastiques (*voyez* Grande-Bretagne). Son frère, *James* Grattan, a longtemps représenté le comté de Wicklow.

A la même famille appartient encore *Thomas* Colley-Grattan, consul d'Angleterre à Boston depuis 1839, et auteur du livre d'impressions de voyages intitulé : *Highways and Byways* (8 vol., Londres, 1823-1827), ainsi que des romans : *The Heiress of Bruges*, *Jacqueline of Holland*, *Agnes of Mansfeldt*, publiés de 1828 à 1838, et qui tous ont été bien accueillis par le public.

GRATTE-BOIS. *Voyez* Cossus.

GRATTE-CUL, fruit de l'églantier.

GRATUIT (Don). *Voyez* Don gratuit.

GRATUITE (Consultation). *Voyez* Consultation, tome VI, page 403.

GRATUITE (École). *Voyez* Écoles primaires.

GRATUITES (Distributions). *Voyez* Distributions gratuites.

GRATZ. *Voyez* Grætz.

GRAUSTEIN. *Voyez* Dolérite.

GRAUWACKE (*grau-wacke*, wacke grise). Cette dénomination appartient à la langue géologique de Werner; l'illustre professeur de Freiberg désignait ainsi deux roches de texture assez distincte, mais analogues dans leur composition minéralogique : l'une, la *grauwacke commune*, était une roche de structure arénacée, formée par le mélange de grains très-divisés de quartz, d'argile schisteux et de schiste siliceux (*quartz*, *thon-schiefer*, *kiesel-schiefer*), agglutinés entre eux par un ciment siliceux; l'autre, la *grauwacke schisteuse*, avait une texture lamellaire ou feuilletée, texture qu'elle devait à la présence d'une quantité assez considérable de lamelles de mica. Ainsi limitée et définie, la grauwacke de Werner correspond assez exactement aux psammites d'Al. Brongniart; mais il s'en faut de beaucoup que son acception soit ainsi restreinte dans l'usage ordinaire : pour les uns, la grauwacke désigne une roche de transition de texture et de composition fort mal définies; pour d'autres, ce même mot désigne un terrain, et pour quelques-uns enfin une formation tout entière. Aussi cette dénomination devrait-elle être bannie d'une nomenclature à laquelle des désignations claires et nettement définies sont avant tout essentielles.

Belfield-Lefèvre.

GRAVATS. *Voyez* Gravois.

GRAVE. En musique, on donne le nom de *grave* à un son lent ou profond. Plus la corde est épaisse, et plus la note ou le ton sont *graves*. La gravité des sons dépend de la lenteur des mouvements vibratoires de la corde. *Grave*, terme italien qu'on voit inscrit au-dessus de certains passages de musique, indique que l'exécution en doit être très-grave et très-lente, un peu plus rapide que le *largo*, mais plus lente que l'*adagio*.

En physique, *grave* est synonyme de pesant; et c'est le premier nom qu'on avait donné au kilogramme (*voyez* Gramme). Par *corps graves*, on entend ceux qui ont une tendance vers un point, et on dit alors qu'ils gravitent vers ce point (*voyez* Gravitation). Le *centre des graves* se dit du point vers lequel tendent les corps graves; la gravité des corps terrestres dirigeant chacun d'eux dans une ligne normale à la surface de la terre, le centre des graves se trouve au point où toutes ces lignes, prolongées vers le centre de la terre, iraient se réunir. Ce point serait exactement le centre de la terre, si la terre était parfaitement sphérique.

GRAVE (Accent). *Voyez* Accent, tome 1er, page 69.

GRAVEDO. *Voyez* Rhumatisme.

GRAVELIN ou CHÊNE A GRAPPES. *Voyez* Chêne.

GRAVELINES, en flamand *Gravelinghe*, c'est-à-dire *Fossé du Comte*, parce que les comtes de Flandre y firent creuser un canal, est un petit port de mer qui avait au douzième siècle une certaine importance, mais qui depuis est singulièrement déchu. Situé à l'embouchure de l'Aa dans la mer du Nord, et compris dans l'arrondissement de Dunkerque (Nord), Gravelines est célèbre dans l'histoire par la victoire que le comte d'Egmont y remporta en 1558 sur l'armée française, commandée par le maréchal de Thermes; victoire qui détermina les onéreuses conditions de la paix de Cateau-Cambrésis. Cent ans plus tard, cette ville fut prise par Louis XIV, qui la fit fortifier par Vauban. Elle ne compte guère aujourd'hui que 5,000 habitants, dont les principales ressources consistent dans la pêche du hareng et de la morue et le commerce des bois et des objets de consommation de première nécessité. On y trouve un beau marché, de grandes casernes, etc. La foire, qui s'ouvre le 15 août, dure neuf jours. Le port, depuis longtemps complétement ensablé, ne peut plus offrir d'abri qu'à des bateaux pêcheurs.

GRAVELLE, maladie caractérisée par la formation d'un sable plus ou moins fin appelé *gravier* dans les voies urinaires et plus spécialement dans les reins. Quand ce sable acquiert un volume plus fort, les concrétions prennent le nom de *calculs*, et la maladie dont ils sont le symptôme celui de *pierre*.

Les causes de la gravelle sont les mêmes que celles des calculs : une alimentation trop azotée, l'emploi fréquent de l'oseille dans les aliments, le défaut d'énergie, l'habitude de conserver longtemps l'urine dans la vessie, de boire peu, etc. On peut donc prévenir la gravelle par des soins hygiéniques. Quand elle est déclarée, on favorise l'expulsion des graviers en augmentant la quantité de l'urine : il suffit de boire beaucoup de boissons aqueuses. L'analyse chimique des graviers expulsés indique aussi quel acide ou quel alcali le malade doit ingérer pour dissoudre ceux qui restent dans la vessie (*voyez* LITHONTRIPTIQUES).

GRAVES (Chute des). *Voyez* CHUTE DES CORPS.

GRAVES (Vins de). On appelle Graves les terrains graveleux qui entourent la ville de Bordeaux de trois côtés, entre la rivière de Jale au nord-ouest, Castres au sud-est, et s'étendent à 10 kilomètres dans les terres à l'ouest. Les meilleurs vins de ces crus sont les vins rouges de Talence, de Mérignac, de Pessac, de Château-Haut-Brion, et les vins blancs de Blanquefort, d'Eysnies, de Talence, du Taillant, de Villeneuve d'Ornon.

GRAVESANDE (GUILLAUME-JACOB VAN S'), philosophe et mathématicien célèbre, né le 27 septembre 1688, à Bois-le-Duc, en Hollande, d'une ancienne famille patricienne de Delft, étudia d'abord le droit à Leyde, et bientôt se consacra exclusivement aux sciences physiques et mathématiques. Son premier ouvrage, intitulé : *Essai de Perspective*, qu'il publia à l'âge de dix-neuf ans, fit tout aussitôt sensation, et lui valut les plus flatteurs éloges de la part de Jean Bernoulli. En société avec quelques jeunes savants de son pays, il publia, de 1713 à 1722, le *Journal littéraire*, continué ensuite à Leyde jusqu'en 1736 sous le titre de *Journal de la République des Lettres*. Ce furent surtout les articles de S'Gravesande qui contribuèrent à son succès ; car ses dissertations mathématiques n'offraient pas moins d'intérêt aux mathématiciens que ses considérations philosophiques sur la liberté aux philosophes. Après avoir été nommé en 1715 secrétaire de légation à Londres, il fut appelé en 1717 à occuper à Leyde une chaire de mathématiques et d'astronomie, et plus tard aussi une chaire de philosophie, et mourut dans cette ville, le 28 février 1742. Par patriotisme, il avait refusé à diverses reprises des offres séduisantes qui lui étaient faites pour aller remplir à l'étranger des fonctions analogues. Il était doué d'une rare sagacité et d'un merveilleux don d'application et de compréhension : c'est ainsi qu'il pouvait s'occuper de la solution des plus difficiles problèmes de mathématiques pendant que plusieurs personnes causaient autour de lui. Bien qu'il eût pour Newton une haute estime, il ne laissait pas que d'approuver Leibnitz sur les points où ses opinions différaient avec raison de celles de l'illustre physicien anglais. En philosophie, S'Gravesande s'attacha surtout à combattre la doctrine fataliste de la prédestination, développée par Spinosa et par Hobbes. Ses ouvrages les plus renommés sont : *Physices Elementa mathematica experimentis confirmata* (2 vol., La Haye, 1720) et *Philosophiæ Newtonianæ Institutiones* (2 vol., Leyde, 1723). Un choix de ses *Œuvres philosophiques et mathématiques* a été publié à Amsterdam (2 vol., 1774).

GRAVEUR. On donne ce nom à tous les artistes qui dessinent sur une matière offrant quelque résistance et dans laquelle on ne peut pénétrer qu'à l'aide d'outils tranchants; tels sont les graveurs sur bois, les graveurs sur métaux, etc. (*voyez* GRAVURE). Mais certains graveurs, tels que les graveurs en bijoux, les graveurs de cachets, les graveurs de lettres, ceux qui gravent les cartes de géographie, etc., ne font souvent de la gravure qu'un métier.

GRAVIER, espèce de sable à gros grains, tenant le milieu entre le sable et le galet. Les fragments de roches ordinairement siliceuses qui forment le *gravier* ne doivent pas être plus gros qu'une noix ; autrement on donne le nom de *galet* à leur amas. Le gravier, comme le sable, est charrié par les rivières, et le galet est transporté par les torrents. Sur les bords de la mer, on trouve du sable, du gravier et du galet; et on reconnaît, dans l'étude des révolutions physiques qui ont bouleversé la surface de la terre, les endroits occupés autrefois par la mer aux amas de gravier et de galets qu'on y rencontre souvent à des profondeurs considérables au-dessous de la surface du sol. L'Angleterre abonde en graviers d'une excellente nature; on les emploie à la construction des grandes routes, auxquelles ils donnent une surface unie bien plus commode pour les voitures que le pavé. Le gravier le plus recherché est celui qu'on trouve à Black-Heath; il est entièrement composé de petits cailloux parfaitement arrondis, ce qui le rend excellent pour sabler les allées des parcs et des jardins.

GRAVIERS. On appelle ainsi les petites pierres qui se forment dans la vessie et qui occasionnent l'une des plus douloureuses maladies qui affligent l'espèce humaine (*voyez* GRAVELLE).

GRAVINA (JEAN-VINCENT), jurisconsulte et littérateur italien justement célèbre, né en 1564, à Roggiano, en Calabre, d'une famille distinguée, commença par étudier le droit à Naples, tout en consacrant ses loisirs à la littérature. Peu s'en fallut même qu'il ne se vouât exclusivement à la culture des lettres et de la poésie; mais les conseils d'un avocat distingué, Biscardi, le déterminèrent à persévérer dans l'étude d'une science aux progrès de laquelle il devait plus tard si puissamment contribuer. En 1689 il vint à Rome, où il se lia bientôt avec tous les hommes marquants dans les lettres et les sciences qui s'y trouvaient réunis. Six ans après il leur proposait de former une société littéraire destinée à servir de centre commun aux efforts de tous. Ainsi naquit dans un jardin, qu'il avait acheté à cet effet sur le mont Janicule, la célèbre Académie des Arcades (*Arcadi*, dénomination qu'adoptèrent les premiers membres), dont il fut le fondateur.

Gravina mourut à Rome, en 1718, à l'âge de cinquante-huit ans, après avoir été comblé d'honneurs et de bienfaits par les papes Innocent XII et Clément XI. Le premier lui offrit inutilement les plus grandes charges ecclésiastiques, pour le décider à embrasser le sacerdoce. Nommé en 1699 professeur de droit civil au collége de la Sapience, il échangea cette chaire, en 1703, contre celle de droit canonique. La meilleure édition de ses ouvrages est celle de Leipzig (1737), avec les notes de Mascovius. On regarde ses trois livres sur l'origine du droit *Originum Juris Libri tres*, comme le plus excellent traité qui eût jusque alors paru sur cette matière. Gravina s'y montre tout à la fois philosophe, jurisconsulte et historien, et Montesquieu lui-même n'a pas dédaigné d'y faire quelques emprunts.

Au nom de Gravina se rattache encore un souvenir non moins glorieux; c'est d'avoir été le protecteur de Métastase, dont il guida les premiers pas, et à qui, en mourant, il laissa même une partie de sa fortune.

GRAVITATION. De nombreuses découvertes avaient été faites dans les sciences collatérales à la science astronomique plus proprement dite : Galilée avait formulé les lois de la chute des graves; Huyghens avait découvert les lois du mouvement; Descartes avait changé la face des mathématiques, en appliquant l'algèbre à la géométrie; Fermat avait posé les premières bases du calcul infinitésimal; Hook avait entrevu que le mouvement elliptique des corps planétaires dans l'espace pouvait s'expliquer en admettant une force de projection primitive incessamment modifiée par la puissance attractive du soleil. Ainsi, et de toutes parts, la science marchait vers la découverte d'une loi générale, lorsque Newton, s'appuyant sur toutes les découvertes, toutes les méthodes de calcul, dont la science venait de s'enrichir, et prenant pour bases de son travail les trois grandes lois de Kepler, démontra, dans une œuvre admirable de méthode, de clarté et de puissance synthétique (*Principes mathématiques de la Philosophie de la Nature*), que ces trois lois donnaient comme conséquences nécessaires les corollaires suivants : 1° la force qui maintient les planètes dans leurs orbites est une puissance qui tend vers le centre du soleil (1re et 2e loi) ; 2° cette puissance les attire vers le soleil en raison inverse du carré de leurs distances de cet astre (1re et 2e loi) ; 3° toutes les planètes placées à la même distance seraient également attirées (3e loi) ; et alors il posa comme le lien synthétique de ces trois corollaires la formule générale de la *gravitation universelle* : « Les corps s'attirent en raison directe de leurs masses et en raison inverse du carré de leurs distances. » Au moyen de cette formule générale, Newton démontra que tous les phénomènes du mouvement des corps célestes, les mouvements des planètes dans leurs orbites, leurs girations sur leurs axes, les mouvements de leurs satellites, et ceux des comètes elles-mêmes, pouvaient être expliqués en admettant une impulsion initiale primitive, combinée avec la puissance attractive du soleil ; que dans la loi de la gravitation les planètes devaient nécessairement décrire une section conique ou courbe du second ordre, circulaire, elliptique ou parabolique ou hyperbolique ; et que la nature de la courbe dépendait de la force de projection primitive et de la distance initiale de la planète au soleil ; que la matière aurait pu s'attirer suivant toute autre loi que celle de la gravitation, mais que l'attraction en raison directe des masses, inverse du carré des distances était la seule qui pût engendrer un système planétaire stable. Depuis Newton le problème astronomique a pu être posé dans toute sa généralité, comme un vaste problème de mécanique céleste : « Étant donnés des sphéroïdes de masses connues, soumis à la loi de la gravitation, et projetés dans l'espace dans des directions arbitraires, avec des vitesses initiales données, déterminer les rapports de position que ces sphéroïdes conserveront entre eux pendant un temps déterminé quelconque », problème qui dépasse encore de beaucoup toutes les ressources de l'analyse la plus élevée, mais que la science humaine devra nécessairement conquérir un jour, et vers la solution duquel elle a fait dans ces derniers temps des pas gigantesques.

La gravitation est donc la force, inconnue dans son essence qui lie le satellite à sa planète, la planète à son soleil, et les soleils même entre eux dans toute l'étendue de l'espace; de telle sorte que chaque élément de l'univers devient fonction de l'ensemble; fonction tellement intégrante, tellement essentielle, qu'il ne peut survenir dans un seul de ces éléments une seule p e r t u r b a t i o n, si minime qu'elle soit, qu'elle ne se traduise dans toute l'immensité de l'espace par d'innombrables oscillations, dont les périodes et l'étendue sont proportionnelles à l'énergie de la puissance perturbatrice : de telle sorte que s'il était donné à l'homme de modifier en quoi que ce fût la trajectoire du globe qu'il habite, il imprimerait, par ce fait-là même, une modification dans le système solaire tout entier. Et cette force inconnue, unique dans son essence et variée à l'infini dans ses manifestations phénoménales, cette force qui fait graviter l'un vers l'autre ces astres du firmament, si gigantesques que l'orbite de Neptune ne pourrait leur servir de ceinture, si immensément éloignés l'un de l'autre que la lumière met des siècles à traverser la distance qui les sépare, c'est celle qui fait tournoyer autour de notre terre la lune sa compagne, c'est celle qui revêt notre globe d'une atmosphère de vapeurs, c'est celle qui distribue aux brins d'herbe les gouttes de pluie.

Les mouvements des corps célestes, suivant la loi de la gravitation, sont complétement indépendants de leurs grandeurs absolues et de leurs distances réciproques : ainsi, si l'on diminuait dans un même rapport et les masses planétaires, et les vitesses de translation, et les distances respectives de tous les éléments du système solaire, l'on pourrait réduire ce système tout entier à des dimensions plus petites que toute quantité donnée, sans troubler un seul instant l'équilibre général ou l'ordre de succession des phénomènes. La gravitation est identique dans son énergie et dans ses manifestations phénoménales, quelles que soient la nature intime et la structure des corps planétaires ; car si le mode d'action du soleil sur la terre différait d'un millionième seulement de son mode d'action sur la lune, cette différence déterminerait dans la longitude de notre satellite une variation de plusieurs secondes et une variation d'un quinzième de seconde dans sa parallaxe : or, comme il est difficile d'admettre une identité complète de substance entre la planète et son satellite ; comme il est impossible qu'une variation telle que celle que nous venons d'indiquer ait échappé à l'observation dans l'état si parfait de la théorie lunaire, il faut bien admettre que la gravitation est identique, quelle que soit la *substance* des corps graves. Il faut admettre encore que la gravitation se maintient identique dans son énergie, quel que soit le milieu à travers lequel elle est transmise ; car, d'une part, la stabilité absolue de l'état phénoménal actuel suppose nécessairement que les corps planétaires n'éprouvent aucune résistance de la part des milieux qu'ils traversent, et par conséquent la gravitation se transmet à travers le vide absolu ; et d'autre part, l'action du soleil dans la formation des marées suppose que la puissance attractive de cet astre agit simultanément et synergiquement sur toute la surface de l'Océan ; et par conséquent la gravitation n'éprouve aucune modification sensible en traversant toute la masse du sphéroïde terrestre. Il faut admettre enfin que le laps des siècles ne modifie en rien l'énergie de cette force ; car la stabilité du système astronomique actuel étant le résultat de l'équilibre des forces de projection primitives et des attractions réciproques des corps planétaires, il est évident que si l'intensité de ces attractions eût varié (les forces de projection demeurant nécessairement constantes), l'équilibre du système tout entier eût été anéanti.

La transmission de la gravitation à travers l'espace est-elle instantanée ou successive? ou, en d'autres termes, le point A ayant été doué à un moment quelconque d'une puissance attractive, cette puissance a-t-elle été transmise *instantanément* jusqu'au point B, situé comme l'on voudra dans l'espace, ou bien a-t-elle exigé pour sa transmission un temps appréciable, quelque minime qu'on le suppose ? Ce problème, qui a été longuement débattu, est jusque ici demeuré sans solution. Quelques astronomes ont bien pensé que l'accélération observée dans le mouvement moyen de la lune était due à la transmission successive de la gravitation, et le calcul avait démontré que pour produire un effet analogue la vélocité de cette transmission devait être 50 millions de fois plus grande que celle de la lumière. Mais l'on sait aujourd'hui que l'accélération dans le mouvement moyen de la lune dépend d'une cause complétement différente, à savoir la diminution graduelle de l'excentricité de l'orbite terrestre. Nous croyons que le problème dont on a ainsi cherché la solution est, par sa nature même, complétement insoluble. On a procédé par voie d'analogie, et l'on a pensé que parce qu'il était possible de démontrer la successivité dans la transmission de la lumière, de la chaleur, du fluide électrique, la même successivité devait nécessairement exister dans la transmission de la gravitation : mais il est manifeste que l'analogie dont on a argué n'existe réellement pas : la lumière, quelle que soit l'hypothèse que l'on adopte, est un corps matériel qui se meut dans l'espace, et le mouvement de la matière suppose nécessairement la successivité; mais la gravitation n'est qu'un rapport qui existe entre deux ou plusieurs corps inertes et libres dans l'espace absolu, rapport dont nous possédons bien la formule, mais dont la nature ou l'essence nous est parfaitement inconnue. La formule newtonienne affirme seulement que le phénomène astronomique se comporte *comme s'il existait réellement* une force d'a t t r a c t i o n, etc., mais il ne suit nullement de là que cette attraction existe, et que ce soit une entité matérielle se mouvant successivement dans l'espace. BELFIELD-LEFÈVRE.

GRAVITÉ (*Physique*). *Voyez* PESANTEUR.

GRAVITÉ (*Morale*). Un homme *grave* est un homme sérieux qui parle ou agit avec un air sage, avec circonspection et dignité. Par extension, le mot grave s'applique aux choses qui excluent toute idée d'enjouement, de plaisanterie, de gaieté.

« Grave, au sens moral, dit Voltaire, tient toujours du physique : il exprime quelque chose de poids ; on dit indifféremment un homme de poids, ou un homme grave. Le grave est au sérieux ce que le plaisant est à l'enjoué ; il a un degré de plus, et ce degré est considérable : on peut être sérieux par humeur, et même faute d'idées ; on est grave, ou par bienséance, ou par l'importance des idées qui donnent de la gravité. Il y a de la différence entre *être grave* et *être un homme grave*. C'est un défaut d'être grave hors de propos. Celui qui est grave dans la société est rarement recherché. Un homme grave est celui qui s'est concilié de l'autorité, plus par sa sagesse que par son maintien. L'air décent est nécessaire partout ; l'air grave n'est convenable que dans des fonctions importantes.

Un auteur grave est celui dont les opinions sont suivies dans les matières non sujettes à contestation. Le style grave évite les saillies, les plaisanteries. S'il s'élève par hasard au sublime, si dans l'occasion il est touchant, il rentre bientôt dans cette sagesse, dans cette simplicité noble qui est l'ennemie de son caractère. Il a de la force, mais peu de hardiesse. La plus grande difficulté en l'employant est de ne pas tomber dans la monotonie. La gravité est ridicule chez les enfants, chez les sots, chez les êtres avilis par quelque métier infâme ; le contraste du maintien avec l'âge, le caractère, la conduite, la profession soulève alors le mépris. La gravité ne suppose pas toujours la sagesse ; elle est l'opposé de la frivolité, et non de la gaieté ; elle diffère enfin de la décence et de la dignité, en ce que la décence recèle les égards qu'on doit au public, la dignité ceux qu'on doit à sa position, la gravité ceux qu'on se doit à soi-même. »

GRAVITÉ (Centre de). *Voyez* CENTRE DE GRAVITÉ.

GRAVOIS. Ce mot vient certainement de *gravier*, et désigne les petits fragments de plâtre qui n'ont pu passer au panier, c'est-à-dire à travers une espèce de crible en osier. Ces petites pierres, sous le nom de *gravois*, sont battues de nouveau et passées au *sas* ou tamis de crin.

Lorsqu'on démolit des plafonds ou autres parties de bâtiment en plâtre, on trie ces démolitions : les plus gros fragment sont conservés sous le nom de *plâtras*, et employés pour des cloisons, quelquefois pour des corps de cheminée ; le reste s'enlève sous le nom de *gravois* ou *gravats*, et les voituriers qui conduisent ces tombereaux aux décharges publiques portent le nom de *gravatiers*. La butte des Moulins et celle de Bonne-Nouvelle à Paris ne sont formées que de *gravois* et autres objets de démolition. DUCHESNE aîné.

GRAVURE. Ce mot vient du grec γράφω, je trace ; et en effet la gravure consiste à tracer un dessin quelconque sur une matière dure. C'est de tous les arts celui qui a été exercé le plus anciennement, et on trouve encore quelques patères ou d'autres pièces en métal sur lesquelles on voit des figures, des compositions, des ornements gravés par les Romains, les Grecs, les Italiotes et les Égyptiens. On peut même citer un exemple de gravure chez les Hébreux, puisque le bonnet de leur grand-prêtre était orné d'une plaque d'or sur laquelle était tracé le nom de Dieu, *Jehova*. Mais la gravure dans ces temps anciens n'avait pas l'importance qu'elle a acquise depuis le milieu du quinzième siècle, lorsqu'on eut découvert le moyen de tirer épreuve d'une planche gravée.

Les différentes espèces de gravures peuvent être séparées en trois divisions : 1° la *gravure en creux* ou *en taille-douce* et sur métal ; 2° la *gravure en relief* ou *en taille d'épargne*, soit sur bois, soit sur métal ; 3° la *gravure en bas-relief* ou *de médailles et de pierres fines*.

La *gravure en creux* s'exécute ordinairement sur cuivre rouge ; on grave aussi sur cuivre jaune et sur acier. On a commencé d'abord par graver sur de petites plaques d'argent, puis ensuite sur étain, avant de faire usage du cuivre. On doit comprendre dans cette division : 1° la *gravure au burin* ; 2° la *gravure à l'eau-forte* ; 3° la *gravure au pointillé* ; 4° la *gravure dans le genre du crayon* ; 5° la *gravure en mezzo-tinto* ; 6° la *gravure en couleur* ; 7° la *gravure au lavis* ; 8° la *gravure de musique* ; 9° la *gravure mécanique*, par la machine Conté ou par le procédé Collas ; 10° la *gravure héliographique*, etc. La *gravure en relief* se fait ordinairement sur bois, tel que le buis ou le poirier, mais aussi quelquefois sur cuivre jaune et sur acier. On doit la distinguer en : 1° *gravure à une seule taille* ; 2° *gravure en camaïeu* ; 3° *gravure de vignettes sur cuivre jaune et sur acier*.

Gravure en creux.

Nous ne rechercherons pas de quelle nature était le métal sur lequel gravaient les anciens, ni quelle préparation on lui donnait ; il nous suffira de nous occuper de cet art au moment où, vers le milieu du quatorzième siècle, il devint en peu d'années un objet de la plus haute importance, par la découverte de Maso Finiguerra, qui en 1452 trouva le moyen de tirer épreuve d'une plaque de métal qu'il venait de graver pour l'église de Saint-Jean de Florence (*voyez* NIELLE). Comme la gravure ne s'employait alors que pour orner les bijoux, les plaques dont on se servait étaient d'une très-petite dimension, et le métal qu'on employait était l'argent, quelquefois l'or. Lorsque, plusieurs années après, Mantegna et d'autres orfèvres gravèrent sur des planches plus grandes, et avec l'intention de tirer des épreuves, qui reçurent le nom d'*estampes*, on fit usage d'un métal moins précieux, tel que l'étain ; c'est du moins ce qu'on doit présumer en voyant des épreuves si faibles, tirées de gravures dont cependant on rencontre assez rarement de bonnes épreuves, ce qui doit faire penser qu'elles ont été tirées à petit nombre. Enfin, plus tard, c'est-à-dire vers l'époque où vivait Marc-Antoine Raimondi, on commença à faire usage de planches de cuivre rouge, ce qui a continué jusqu'à nos jours, où cependant quelques graveurs se servent de laiton ou cuivre jaune. On emploie aussi maintenant des planches d'acier, dont on peut tirer facilement vingt mille épreuves, tandis que les planches de cuivre n'en donnent que trois ou quatre mille.

La planche de cuivre étant passée au laminoir, on la coupe à la grandeur convenable et on la *plane*, c'est-à-dire qu'en la plaçant sur une enclume, on la frappe à froid avec un marteau d'acier, de manière à rendre sa fermeté égale dans toutes les parties, en resserrant les pores ou les petits trous qui peuvent se trouver à la surface du métal. Il faut ensuite enlever avec un grattoir toute la superficie, de manière à ce que le cuivre soit bien pur et qu'il ne reste ni gerçure ni aucune partie oxydée ; après quoi, on unit la planche, d'abord avec un morceau de grès, que l'on passe dessus, puis après avec de la pierre-ponce, et enfin avec un charbon, ayant toujours soin de mouiller la planche pendant ces diverses opérations. Le cuivre ainsi préparé doit rendre un son *argentin*, s'il n'est ni trop mou, ce qui l'empêcherait de donner beaucoup de bonnes épreuves, ni trop *aigu*, ce qui indiquerait que le cuivre est trop serré et trop sec, rendrait *maigre* le travail de la gravure, et donnerait plus de difficulté au graveur, par la casse fréquente de ses pointes et de ses burins. Quelque soin qu'apporte le graveur au choix de son cuivre, encore arrive-t-il souvent qu'il y est trompé.

Gravure au burin. C'est la gravure la plus ancienne et celle qui donne les plus beaux résultats ; cependant il est rare d'employer le *burin* seul : ordinairement on se contente de terminer avec cet instrument le travail préparé d'abord par l'eau-forte. Pour graver au burin sur une planche de cuivre préparée ainsi que nous l'avons indiqué, on est dans l'usage de tracer légèrement son sujet avec une pointe, soit sur la planche à nu, soit sur un vernis que l'on noircit avec de la fumée, afin de donner à l'œil la facilité de mieux voir le trait qui découvre la planche. Les figures ainsi tracées, on prend un *burin*, petit barreau d'acier trempé, dont le bout, que l'on nomme *nez* ou *bec*, est coupé de biais et présente ainsi une pointe. Lorsqu'on veut se servir du burin, on le place à plat sur le cuivre, tandis qu'on tient dans la main le manche, qui ressemble à la moitié d'un champignon; la manière de tenir cet instrument, comme on le voit, ne ressemble en rien à celle en usage pour dessiner au crayon, à la plume ou au pinceau. Le burin, dirigé par les doigts, est poussé par la paume de la main, qui reçoit l'impulsion du bras entier. Lorsqu'on veut faire une taille fine, la main doit rester à plat sur le cuivre; si on veut gonfler la taille, on doit progressivement lever le poignet, de manière à ce que le nez du burin, cessant d'être horizontal, entre davantage dans le cuivre et fasse une taille à la fois plus large et plus profonde. Quoique l'exécution de ce travail présente quelques difficultés pour arriver à la perfection, encore n'est-ce pas la partie difficile de l'art : ce qui distingue un artiste habile, c'est la disposition de ses tailles et la variété de ses travaux.

Les tailles, dans la gravure, sont ordinairement croisées, excepté dans les parties qui approchent des lumières. Quelques graveurs cependant n'ont employé qu'un seul rang de taille; cela peut être regardé comme une singularité ou un tour de force, qu'on ne doit pas chercher à imiter; il serait également fâcheux de multiplier le croisement des tailles, et on ne le fait que dans les fonds et dans quelques parties d'ombre. La manière dont les tailles sont croisées est loin d'être indifférente; elles doivent passer du carré au losange suivant qu'on veut graver des pierres ou d'autres objets inflexibles, des chairs ou des draperies; dans tous les cas, lorsqu'on croise les tailles, on doit tâcher d'en avoir une principale, qui soit placée dans le sens des muscles, si ce sont des chairs qu'on grave; dans le sens des plis, si ce sont des draperies; horizontale, inclinée ou perpendiculaire, suivant que la partie de terrain ou de monument présente une plus grande longueur dans un de ses sens. Il faut encore avoir soin, lorsqu'on dispose ses tailles dans un monument, de les placer suivant la perspective, et tendant au point de vue, afin qu'elles ne nuisent pas à l'effet. Les tailles ne doivent pas être toujours de la même force; on les fait ordinairement plus fines et plus déliées dans les fonds et dans les demi-teintes; souvent même, en approchant des lumières, on les termine par quelques points qui semblent encore prolonger la taille. Les travaux dans les premiers plans doivent être plus larges; cependant on doit éviter l'abus dans lequel on est souvent tombé depuis quelque temps, de placer sur les devants des tailles qui choquent l'œil par leur épaisseur, et qui laissent entre elles des blancs, qu'on est obligé de remplir par de petits moyens, qui sont moins un principe de l'art qu'une ressource pour dissimuler une faute.

Quoiqu'on puisse rigoureusement se servir exclusivement du burin, encore est-il rare de n'employer que ce seul instrument; souvent les linges, les plumes et les parties les plus délicates des chairs sont terminées avec la *pointe sèche*, instrument d'acier, fort acéré, dont la dénomination de *sèche* indique que son travail n'a pas, comme la *pointe* ordinaire, besoin du secours d'un acide (l'eau-forte). La *pointe sèche* se tient comme un crayon; souvent elle coupe le cuivre aussi profondément que le burin, en donnant cependant moins d'ouverture à la taille. Enfin, dans la gravure au burin, la plupart des travaux sont ordinairement commencés et tracés à l'aide d'une *pointe*, dont l'emploi sera indiqué lorsqu'on parlera de la gravure à l'eau-forte. On peut même dire que maintenant tous les graveurs au burin préparent leurs travaux, et souvent même les avancent beaucoup, à l'aide de l'eau forte; mais dans le quinzième siècle ce moyen était inconnu. Au commencement du seizième siècle, on en faisait peu d'usage; et dans le dix-septième encore on trouve de très-belles gravures faites avec le burin seulement, par Augustin Carrache, Goltzius, Sadeler, Blœmært, Villamène, Poilly, Edelinck, Visscher, Paul Pontius, Vorstermann, Bolswert, Masson, Nanteuil, Roullet et autres. Au dix-huitième siècle, nous trouvons encore des chefs-d'œuvre dans les gravures de Balechan, Wille, Raphael Morghen, Bervic et Tardieu; le dix-neuvième siècle, enfin, nous offre les noms de Massard, Desnoyers, Toschi, Richomme, Henriquel Dupont, Calamatta et Forster. L'Angleterre nous fournira aussi des noms illustrés, tels que Sharp, Wollett, Earlom et Green.

Gravure à l'eau-forte. Lorsqu'on veut graver à l'eau-forte, on prend une planche de cuivre préparée, ainsi que cela a été indiqué précédemment; on la nettoie avec du blanc d'Espagne délayé dans de l'eau, puis, plaçant de petits étaux sur les bords, on la pose sur un fourneau où se trouve un feu doux; alors, prenant un vernis préparé exprès pour cette opération, et auquel on donne le nom de *vernis mou*, enveloppé dans un morceau de soie, on le frotte sur toute la planche; après quoi, laissant toujours la planche sur le feu, on prend un tampon formé de coton, également enveloppé dans de la soie, et on le passe sur toute la planche, en frappant légèrement dessus, afin que le vernis se trouve étendu avec une parfaite égalité. C'est là seule manière usitée maintenant pour vernir une planche; mais autrefois on employait fréquemment un *vernis dur*, dont se sont servis habituellement Callot, Bosse et La Belle. Cette opération terminée, on retourne la planche; on la suspend en l'air au moyen des petits étaux dont nous avons parlé; puis, allumant un flambeau, composé de plusieurs bougies dites *rats-de-cave*, on le tient au-dessous de la planche, afin que la fumée s'incorpore dans le vernis mis en fusion par la chaleur de la flamme. Il faut avoir soin, dans cette opération, de tenir la main sans cesse en mouvement, afin d'augmenter la fumée, et aussi pour éviter de *brûler* le vernis, ce qui aurait un grave inconvénient lorsqu'on viendra à faire *mordre* en versant l'eau-forte sur la planche. Ces préparatifs terminés, si on veut copier un tableau ou un dessin, on doit en avoir fait le calque, qu'on fixe sur la planche après l'avoir rougi au revers, avec de la sanguine; puis, avec la *pointe* à calquer, on fait un décalque sur le vernis. Alors, reprenant cette même pointe, formée d'une aiguille d'acier plus ou moins fine, placée dans un manche de bois de la grosseur d'un crayon, et qu'on tient de même, on dessine, on copie ou on compose, suivant le goût ou la capacité de l'artiste qui travaille.

Dans la gravure à l'eau-forte, on en distingue de plusieurs natures : l'une, dite *eau-forte de peintre*, est à proprement parler cette manière à laquelle appartient le nom de *gravure à l'eau-forte* : elle est variée à l'infini dans ses moyens et dans ses résultats. Il serait difficile d'en présenter les principes, les uns se servant d'une pointe fine, d'autres d'une grosse pointe ou d'une *échoppe*, instrument semblable à la pointe, mais dont le bout, au lieu d'être un cône parfait, présente un triangle irrégulier, dans lequel, suivant la manière de le tenir, on trouve des *pleins* et des *déliés*; d'autres variant la grosseur de leur pointe d'après le travail qu'ils veulent faire; quelques-uns mettant un peu de régularité dans leurs travaux; d'autres enfin affectant, au contraire, de n'avoir aucune méthode, et arrivant également à l'effet qu'ils désirent. Les plus remarquables parmi les peintres qui ont gravé à l'eau-forte sont : Berghem, Paul Potter, Swanevelt, Everdingen, Henri Roos, Rembrandt; Annibal Carrache, Guido Reni, Salvator Rosa, Castiglione, Claude Lorrain, Bourdon, Coypel, etc. On doit aussi nommer parmi ceux qui se sont fait remarquer dans la gravure à l'eau-forte François Mazzuoli, dit *Parmesan*, auquel les Italiens ont attribué cette découverte, tandis qu'il est seulement le premier qui s'en soit servi en Italie, pendant que, d'un autre côté, les Allemands l'ont revendiquée en faveur d'Albert Durer. Cette question peut être maintenant résolue, mais d'une manière assez singulière; car, au lieu de laisser cette invention à l'un de ceux à qui on avait voulu en faire honneur, on peut assurer qu'elle est due à Wenceslas d'Olmutz, dont il existe au *British Museum* une gravure extrêmement curieuse, représentant une figure allégorique et satirique, avec la date de 1496. Elle est relative aux discussions qui eurent lieu à cette époque entre quelques princes d'Allemagne et la cour de Rome. Cette pièce, que je crois unique, et qui a échappé aux recherches de MM. de Heinecke, de Murr et de Bartsch, est extrêmement curieuse, puisque par sa date elle montre une antériorité de dix-neuf ans sur les gravures d'Albert Durer, dont la plus ancienne porte l'année 1515, et que celles du Parmesan sont encore plus récentes, ce peintre n'étant né qu'en 1503.

Une autre manière, nommée *eaux-fortes de graveur*, est destinée à préparer le travail qui doit être terminé au burin. Elle ne présente pas autant de variété dans son apparence, elle est plus régulière; lorsque les tailles s'y croisent, c'est avec un soin particulier. Suivant le goût de chacun, elle présente un travail plus ou moins avancé, mais qui ne sera jamais parfait que lorsqu'il sera terminé par le burin. Les graveurs qui se sont le plus distingués dans la gravure à l'eau-forte et au burin sont : Gérard Audran, Chasteau, Hollar, Desplaces, Duchange, Le Bas, Vivarès, Wollett, Bartolozzi. Quelques graveurs ont souvent employé l'eau-forte seule, ou du moins ils ne se sont servis du burin que pour reprendre quelques parties qui n'avaient pas mordu à l'eau-forte. Dans ce cas, leur travail présente la liberté de la pointe, et cependant une régularité de taille que n'offrent pas les eaux-fortes du peintre. On doit citer comme les plus marquants dans cette manière de graver : Piètre-Sante Bartoli, La Belle, Callot, Abraham Bosse, Sylvestre, Chauveau, Le Potre, Le Clerc, Morin, Perelle, Périer, Wagner.

Le travail de la pointe étant terminé sur le cuivre verni, pour que la planche devienne une gravure, il reste à faire une opération qu'on appelle *faire mordre*, et qui consiste à verser sur la planche de l'*acide nitrique* mélangé d'eau, et auquel on donne le nom d'*eau-forte*. Il existe plusieurs manières de faire mordre : l'une est de placer la planche sur un plan incliné et de verser de l'eau-forte dessus à plusieurs reprises : cette méthode est peu usitée maintenant ; l'autre est de border la planche avec de la cire molle, et de la couvrir d'eau-forte, qu'on laisse plus ou moins longtemps, une demi-heure, une heure, et même trois ou quatre, suivant la nature du travail, l'intensité de l'acide et l'état atmosphérique de l'air; quelquefois on prend un acide très-faible, puis on tient la planche dans un mouvement léger et continuel, pour augmenter l'effet de l'eau-forte. Enfin, dans tous les cas, lorsque sur la planche il y a des parties dont les travaux doivent être plus ou moins mordus, on a soin de retirer l'eau-forte, de laver la planche, de la faire sécher et de couvrir ensuite, soit avec du suif, soit avec un vernis gras et coulant, toutes les parties qui doivent rester légères, tels que les ciels et les lointains. Il y a telle gravure où l'on recouvre alternativement des travaux jusqu'à quatre et cinq fois.

Gravure au pointillé. Quoique ce genre de gravure semble, au premier aperçu, dériver de la gravure dans le genre du crayon, et que ce nom ait été particulièrement adapté aux gravures qui ont été si fort à la mode en Angleterre à la fin du siècle dernier, encore doit-on dire qu'avec des moyens différents, longtemps avant on avait des estampes qui présentaient quelques ressemblances avec ces dernières, en ce que, comme celles-ci, leurs auteurs n'employaient aucune espèce de taille, et que l'effet qu'ils obtenaient n'était dû qu'au nombre et à l'intensité des points irréguliers dont ils composaient leurs gravures. Les plus anciennes estampes de cette espèce sont du commencement du dix-septième siècle; elles furent exécutées, soit avec le burin seul, soit par le mélange du burin et de l'eau-forte, et présentent à l'œil un assemblage de points ordinairement triangulaires et d'une grosseur inégale. Morin, Boulanger et quelques autres ont gravé de cette manière des portraits et quelques sujets historiques. Un peu plus tard, on a gravé avec une pointe ou ciselet qu'on frappait avec un marteau ; cette manière a été nommée *opus mallei*. Lutma est presque le seul qui ait opéré ainsi, et il n'a laissé que quatre têtes ou portraits dans ce genre. Enfin, à la fin du dix-huitième siècle, on a vu des graveurs habiles, tes que Bartolozzi, abandonner le burin pour se livrer exclusivement à cette méthode de pointillé, qui se trouva élevée presque au premier rang, et fut bientôt abandonnée, comme cela arrive à toutes les choses de mode.

Gravure dans le genre du crayon. Cette manière de graver a été inventée dans le siècle dernier. Quoiqu'il y ait eu alors quelque indécision pour savoir quel était réellement l'inventeur, il est maintenant certain que l'honneur de l'invention appartient à François, et que Demarteaux a perfectionné cette découverte au moment de sa nouveauté, à tel point qu'il a pu en être regardé comme le créateur. Le but de cette manière de graver a été de présenter aux élèves des modèles qui pussent être multipliés à un prix très-modéré, comme le peuvent être les épreuves d'une planche gravée, et cependant offrir en même temps l'effet d'un dessin, avec des hachures ayant l'apparence de celles faites avec un crayon, et non pas des tailles sèches et maigres, comme le sont ordinairement celles du burin, lorsque le travail présente un grand écartement entre les tailles. Pour parvenir à imiter l'irrégularité d'un crayon passé sur les grains du papier, on prend un cuivre préparé et verni, ainsi que cela a déjà été dit; puis, après avoir contre-épreuvé le dessin que l'on veut graver, ou le calque qu'on en a pris, si le dessin original est trop précieux pour le soumettre à cette opération, on commence à graver; mais, au lieu de se servir de la pointe ordinaire, on emploie une pointe divisée en plusieurs parties inégales, et on trace ainsi le contour de sa figure; on imite ensuite les hachures, soit avec des pointes de même nature, soit avec des *roulettes*, qui présentent également à leur circonférence des aspérités inégales. Lorsqu'on a fait mordre ce premier travail, on continue avec les mêmes outils à empâter sur le cuivre lui-même, jusqu'à ce qu'on ait obtenu l'effet désiré. Si on veut imiter un dessin aux trois crayons sur papier de couleur, le travail se fait séparément sur plusieurs planches, dont l'une contient le travail du crayon rouge, une autre celui du crayon noir, et la troisième celui du crayon blanc; puis, au moyen de repères, on imprime successivement ces trois planches sur le même papier. Cette manière de graver, qui était employée avec succès pour fournir des principes et des modèles dans un grand nombre d'écoles de dessin, est maintenant bien moins en usage. Elle est remplacée assez avantageusement par la lithographie.

Gravure en mezzo-tinte. L'invention de cette manière de graver est due à Louis Siegen, lieutenant au service du prince Robert, palatin, vers 1611; on ignore ce qui a pu l'amener à la découverte de ces procédés, qui, du reste, sont maintenant bien perfectionnés. Lorsqu'on veut graver en mezzo-tinte, on prend un cuivre plané avec le plus grand soin, et souvent on préfère le cuivre jaune, parce que son grain étant plus serré et plus fin, il résiste davantage et s'use moins vite. La planche étant choisie avec soin, on y fait faire le *grain* par un ouvrier, au moyen d'un outil nommé *berceau*, et qui ressemble à un large ciseau, dont le bout, au lieu d'être droit, est la portion d'un cercle de 16 centimètres de diamètre; le biseau de cet outil est strié de filets extrêmement fins, qui présentent à l'extrémité une succession de pointes aiguës, qui entrent dans la planche au moyen du mouvement que fait l'ouvrier en *berçant* sa main. Pour faire cette opération avec régularité, on trace sur la planche, avec un crayon, des bandes parallèles de 2 centimètres environ; on passe le berceau successivement dans chacune de ces bandes, de manière à ce qu'elles soient toutes couvertes de points. Divisant la planche sur l'autre sens, et ensuite par chaque diagonale, on répète à chaque fois la même opération, qu'on recommence ensuite jusqu'à vingt fois de chaque côté, en variant à chaque fois de 6 millimètres le point de départ, afin d'éviter les nuances que pourraient amener des mouvements trop réguliers. L'épreuve qu'on tire alors donne un noir parfait si l'opération est bien faite. Le graveur, sans vernir sa planche, décalque son dessin sur le cuivre inciné, après quoi il prend un instrument nommé *racloir* : c'est une lame aiguisée des deux côtés, avec laquelle il enlève le grain de la planche, d'abord en entier dans toutes les parties claires, ensuite plus légèrement dans les demi-teintes et les parties plus ou moins ombrées. Quelquefois, au lieu de *râcloir*, le graveur emploie l'*ébarboir*, barreau d'acier à trois ou quatre faces, et dont les angles, moins aigus que celui du *râcloir*, offrent un travail plus doux. Mais, en tout cas, dans les clairs purs le *râcloir* ne suffit pas, parce qu'il pourrait lui-même occasionner quelques légères rayures, qu'on efface au moyen du *brunissoir*, instrument d'acier très-poli de la forme d'un crayon aplati. Cette manière d'opérer est donc entièrement opposée à celle de la gravure ordinaire; car la pointe ou le burin, dans la main du graveur, semble faire l'effet d'un crayon noir sur un papier blanc, tandis que dans la mezzo-tinte le râcloir produit celui d'un crayon blanc sur du papier de couleur.

Gravure en couleur. Ce qu'on nomme gravure en couleur n'est pas, à proprement parler, une manière de graver, mais plutôt un procédé particulier d'imprimer des gravures, par le moyen duquel on obtient une estampe coloriée, qui a l'apparence d'un tableau, d'une gouache ou d'une aquarelle. C'est la mezzo-tinte ou la gravure au lavis qu'on emploie à cet effet, comme étant d'un travail facile et prompt, surtout comme ayant plus de ressemblance avec l'effet du pinceau, et présentant un velouté en rapport avec la peinture. Lorsqu'on veut graver un tableau et le rendre avec ses couleurs, on partage ce travail sur trois ou quatre planches, qui seront ensuite imprimées successivement sur la même feuille, et contribueront ainsi à la représentation du même objet.

Gravure au lavis ou *aqua-tinta*. Les épreuves des planches gravées au lavis offrent quelques ressemblance avec celles qu'on tire des gravures en mezzo-tinte; mais les procédés qu'on emploie dans cette manière de graver sont si variés et si longs à décrire, qu'il serait déplacé de vouloir les donner avec précision dans cet article. Il suffira de savoir que le trait étant gravé et mordu, on revernit de nouveau la planche, mais très-légèrement et sans la noircir; ensuite, on met dessus de l'amidon en poudre, puis, avec une encre particulière, composée d'huile d'olive, d'essence de térébenthine et de noir de fumée, on lave au pinceau sur la planche, comme on le ferait sur un papier avec de l'encre de la Chine, et en commençant de préférence par faire tous les détails. Cette encre ayant la propriété de dissoudre le vernis, on enlève l'un et l'autre avec un linge fin, qu'on appuie avec précaution sur le cuivre, qui se trouve ainsi à nu; prenant alors une eau dans laquelle on a fait dissoudre du sucre et du savon, on mouille toute la partie découverte, puis, avec un tamis de soie très-fin, on saupoudre partout de la résine en poudre, mais elle ne se trouve retenue sur la planche que dans les parties couvertes d'eau sucrée; alors, on chauffe légèrement le cuivre, et les petits grains de résine deviennent un peu adhérents à la planche, en laissant cependant entre eux un grand nombre de petits interstices, par lesquels s'introduira l'eau-forte. Cette préparation terminée, on borde la planche avec de la cire, ainsi que nous l'avons dit plus haut, puis on fait mordre. Mais il faut, pour cette opération, des précautions que ne demande pas la gravure ordinaire. On doit avoir deux bouteilles d'*eau-forte* de force inégale, l'une contenant un tiers d'*acide nitrique* et deux tiers d'eau, l'autre un quart seulement d'*acide* et trois quarts d'eau. L'eau-forte doit rester très-peu de temps sur la planche, c'est-à-dire environ deux minutes; un peu plus ou un peu moins, suivant la chaleur ou l'humidité de l'atmosphère; puis on la retire, on lave la planche, on la fait sécher, et on couvre avec du vernis ou du suif les parties qui doivent être les plus légères, et que l'on juge assez mordues. On verse de nouveau l'eau-forte, et on recommence cette opération huit ou dix fois. Après quoi, on nettoie entièrement la planche, on la revernit encore; puis avec la même encre dont on a déjà parlé on lave les grandes masses, et on recommence toutes les opérations déjà décrites, pour faire mordre les parties comprises dans ce nouveau travail. On se sert aussi quelquefois dans cette gravure d'outils semblables à ceux qui ont été indiqués à l'article sur la manière de graver au crayon.

Gravure de musique. On se sert ordinairement de planches d'étain pour graver la musique; et quoiqu'on emploie le burin pour quelques parties, la plus grande part du travail se faisant avec des poinçons qu'on *frappe* avec un marteau, on pourrait, en quelque sorte, regarder cette manière de graver comme une espèce de ciselure. La première opération est de tracer sur la planche les *portées* ce qui se fait au moyen d'une *griffe* que l'on appuie fortement en la faisant glisser contre une règle; ensuite on *frappe* les divers signes et notes; puis avec une *échoppe* on grave les barres, les croches et doubles-croches; enfin, avec un burin, on fait les queues des notes et des accolades. Quant aux paroles, lorsqu'il y en a, elles se frappent aussi avec des poinçons.

[*Gravure mécanique*. Sous ce titre, on peut réunir diverses machines, telles que celles de Conté et de M. Collas. La première sert à faire avec la plus grande régularité des séries de lignes parallèles, également espacées, comme cela est nécessaire pour les ciels des grandes gravures. Elle se compose essentiellement d'une règle ou d'un cylindre portant des ondulations que l'on fait mouvoir au moyen d'une vis de rappel d'un mouvement parfaitement régulier, et d'une pointe qui trace une ligne le long de cette règle ou de ce cylindre.

La machine Collas, invention très-remarquable au point de vue de l'art, offre un grand intérêt pour la fabrication des billets infalsifiables, en tant que copie par la gravure. Que l'on soumette en effet à cette machine un bas-relief dont on ait enlevé irrégulièrement quelques parties et qui fera par suite un type unique, on pourra reproduire ce bas-relief sur un billet, recouvert ainsi d'une quantité indéfinie de lignes variant d'écartement et d'intensité, et qu'aucun travail de gravure ne saurait imiter avec une exactitude suffisante pour tromper l'œil le moins exercé.

Gravure héliographique. Cette gravure, qui s'exécute sur acier et sur verre, n'a pas encore atteint un grand degré de perfection. Cependant elle a déjà fait certains progrès qui permettent d'espérer de beaux résultats pour l'avenir. Voici comment opère aujourd'hui l'inventeur de la gravure héliographique, le neveu de Nicéphore Niepce : Après avoir obtenu une bonne image à l'aide de la chambre obscure, il la place dans une boîte semblable à celle qui sert à passer la plaque daguerrienne au mercure. Dans le fond de cette boîte, qui ferme hermétiquement, il met une capsule de porcelaine contenant de l'essence d'aspic pure non distillée ou rectifiée, que l'on chauffe avec une lampe à alcool, de manière à porter la température de 70° à 80° au plus. Quelquefois il est nécessaire de recourir à une seconde fumigation. La plaque étant bien séchée à l'air, il la fait mordre par l'eau-forte, et la gravure est parfois obtenue avec assez de vigueur de ton pour que les retouches au burin soient inutiles. N'oublions pas de dire que la plaque sur laquelle on a fait agir la lumière doit être enduite d'un vernis ainsi composé : Benzine, 90 parties; essence de zeste de citron pure, 10; bitume de Judée, 2.

On avait antérieurement cherché à transformer en gravures les épreuves daguerriennes, mais par un procédé bien différent, puisqu'il fait intervenir l'électricité comme agent (*voyez* GALVANOGRAPHIE).]

Gravure en relief.

La gravure proprement dite est celle que l'on fait en traçant en creux un trait, dont le bruit pourrait, en quelque sorte, avoir motivé le nom qu'on lui donne; mais ce ne peut être là ce qui a fait donner le même nom à la *gravure en taille d'épargne*, qui se fait ordinairement sur bois, et dont les tailles, au lieu d'être creusées comme dans la gravure au burin, sont, au contraire, réservées et restent en relief, tandis qu'on enlève toutes les parties qui doivent rester claires lors de l'impression. C'est donc seulement comme produisant des épreuves semblables, quoique tirées par des moyens fort différents, que cet art a été considéré comme une espèce de gravure.

La gravure en creux est tellement ancienne, qu'on en voit des traces chez presque tous les peuples; la gravure en taille d'épargne est plus moderne; cependant on ne peut assigner non plus d'une manière précise le pays et l'époque où elle fut d'abord mise en usage; mais il est assez probable que les Chinois la pratiquaient dans le onzième siècle. Il est certain aussi que les Indiens en faisaient usage dans le treizième siècle, tandis que c'est seulement dans le commencement du quinzième siècle qu'on en aperçoit des traces en Europe. Cette manière de graver est beaucoup plus longue, plus difficile et moins agréable que l'autre. Elle n'a dû être mise en usage que longtemps après elle; au contraire, l'impression en étant plus simple et plus facile, c'est de cette dernière gravure qu'on a tiré des épreuves en premier. Sans remonter aux impressions sur toiles, faites par les Indiens, nous trouvons des épreuves sur papier, d'un Saint Christophe, gravé sur bois en Allemagne dans l'année 1423, et d'un Saint-Bernard, gravé probablement en France, par Bernard Milnet en 1455, tandis que, comme nous l'avons déjà dit, ce n'est qu'en 1452 qu'on fit à Florence une épreuve sur papier de la gravure en creux sur métal.

La gravure en taille d'épargne s'exécute ordinairement sur le bois; cependant on en fait aussi sur du cuivre, pour des estampilles, et sur de l'acier pour des poinçons, des vignettes ou des ornements, qu'on emploie particulièrement dans la fabrication des billets de banque, puis pour les ornements que les relieurs placent sur le dos des livres. La première, c'est-à-dire la gravure sur bois, a été d'un usage très-fréquent dans le quinzième et le seizième siècle, pour publier des estampes même d'assez grande dimension; depuis elle n'a plus été employée que pour des vignettes, des fleurons et des lettres grises; enfin, elle fut presque abandonnée vers la fin du dix-huitième siècle. Elle a repris quelque faveur depuis une cinquantaine d'années, et même elle a reçu alors des améliorations assez notables.

Gravure à une seule taille. C'est ordinairement sur du bois qu'on exécute cette gravure; cependant on emploie aussi le poirier pour les objets de grande dimension, où dont le travail n'exige pas autant de finesse. Lorsque la planche dont on veut se servir est bien dressée et bien polie, on la saupoudre de *sandaraque*, qu'on frotte avec un papier, de manière à l'introduire dans les pores du bois, afin qu'en dessinant, l'encre ne s'étende pas irrégulièrement comme sur du papier qui boit, et que les traits soient bien nets. L'artiste alors dessine lui-même à la plume la composition qu'il veut publier. Quant à la gravure, elle s'exécute par des artistes d'un ordre inférieur, qui souvent même savent peu de dessin, et dont le talent se borne à enlever toutes les parties du bois restées blanches, et à laisser en saillie tous les traits, toutes les hachures, qu'a dessinées le peintre, et qui deviennent alors autant de *tailles*. Cette opération se fait avec une lame longue et étroite, à laquelle on donne aussi le nom de *pointe*, et qui se trouve prise dans un manche rond et fendu par le milieu sur toute la longueur: cette lame est fortement resserrée dans son manche au moyen d'une longue virole conique, qui ne laisse sortir qu'un bout de lame de 10 à 12 millimètres. On se sert de cette pointe de diverses manières, suivant que les travaux ont besoin de plus ou moins de force: ainsi, pour faire des hachures ou des traits délicats, et pour lesquels il n'est pas nécessaire de creuser profondément, on tient cette pointe comme un crayon, en l'inclinant un peu à droite de la perpendiculaire; après avoir suivi le trait dessiné, on retourne la planche, pour suivre la hachure voisine, en laissant le haut de la pointe toujours légèrement incliné vers la droite; par conséquent, l'entre-taille se trouve enlevée, et le sillon triangulaire qu'elle laisse, quoique ressemblant à celui que forme le burin, n'y a aucun rapport, puisque dans la gravure en taille creuse, le sillon du burin ou de la pointe doit être rempli d'encre et produire les traits aperçus sur l'épreuve, tandis que dans celle-ci ce qu'on enlève est la partie qui ne doit point laisser de trace sur le papier, et qu'on *épargne* les tailles qui doivent marquer à l'impression. Lorsque le contour ou la taille qu'on veut tracer est près d'une grande partie où il ne doit exister aucun travail, on sent bien que la *coupure* a besoin d'être plus profonde, afin que lors de l'impression, le papier ne puisse pas atteindre le fond et produire quelque tache au milieu du clair. Il faut donc, dans ce cas, enfoncer la pointe avec plus de force: alors, au lieu de la tenir comme un crayon, ainsi que nous venons de le dire, on la prend à pleine main en laissant passer le bout entre l'annulaire et le petit doigt, ayant toujours le soin de la tenir légèrement inclinée vers la droite. Par ce moyen, la force du coup ne dépend plus de celle des doigts, mais bien de celle de la main et du poignet. Comme on ne creuse profondément que le contour des parties qui présentent une surface de quelque étendue, il est facile de concevoir que la pointe ne suffit plus pour enlever le bois dans l'intérieur de ces larges parties. Pour cette opération, on se servait autrefois de petits *fermoirs*; on les a remplacés par des *bute-avant*, outils d'acier à peu près semblables à une petite pelle à feu, dont la largeur varie depuis 0m,0005 jusqu'à 0m,0087. Lorsque l'espace est très-grand, on n'emploie pas ces outils de petite dimension; on se sert de *gouges*, que l'on frappe avec un *maillet*, et par ce moyen on enlève de grandes parties de bois. Les graveurs les plus célèbres dans cette manière sont: Jean Springinkle, Jean Brosame, Schœffling, Charles Sichem, Salomon Bernard, Stimmer, Papillon père et fils, Bougnet, etc. Depuis que l'on a recommencé à orner les livres avec des vignettes gravées sur bois, on a fait d'assez grands changements dans la manière d'opérer. Au lieu de graver sur des planches, suivant le fil du bois, on grave sur des tronçons de *bois de bout*; au lieu de pointe, on emploie souvent le burin, mais toujours pour enlever les entre-tailles, ainsi que nous l'avons expliqué plus haut. C'est à l'aide de ces procédés qu'on doit la perfection des gravures publiées en Angleterre, par Nesbitt; en Prusse, par Gubitz, et en France, par Bougon et Thomson.

Gravure à plusieurs tailles. En se servant de l'expression *plusieurs tailles*, il ne faut pas croire qu'on veuille parler du nombre des hachures, ni de leur croisement; mais comme ceux qui exerçaient la gravure sur bois étaient nommés *tailleurs de bois, tailleurs de cartes à jouer*, on a donné le nom de *taille* à la planche même qui avait été *taillée* ou *gravée*; par conséquent, lorsqu'on a fait avec des planches de bois des gravures en couleur, comme il fallait employer deux et même trois planches, on a nommé cette manière *gravure à plusieurs tailles*, ou gravure en *camaïeu*, gravure en *clair-obscur*. On a fait en Allemagne quelques gravures dans ce genre; mais c'est plutôt en Italie qu'on s'en est occupé, et on pense que l'invention en est due à François Mazzuoli. Le but qu'il s'est proposé a été d'imiter des dessins lavés au pinceau; aussi n'y a-t-il souvent que très-peu de hachures dans cette manière de graver. La première planche présente toutes les parties ombrées, depuis les teintes légères jusqu'aux ombres les plus fortes, ayant soin d'enlever seulement les clairs, qui laissent par conséquent le papier entièrement blanc; la seconde planche offre les parties plus colorées, et la troisième, enfin, donne seulement les contours ou les ombres les plus vigoureuses, et s'imprime d'un ton très-intense. Les graveurs les plus renommés dans cette manière sont: Andreani, Hugues de Carpi, J.-E. Vincentini, Antoine Fantuzzi de Trente, B. Coriolano, Burgmair, Jegher, qui tous ont travaillé dans le seizième siècle. Cette méthode, abandonnée, a été reprise en France, vers 1740, par Lesueur et autres; elle a aussi été exercée en Angleterre par Jackson, et à Venise par Antoine-Marie Zanetti; mais souvent alors on a substitué une planche de cuivre à l'une des planches de bois. La méthode employée pour l'impression des indiennes et des papiers peints a beaucoup de rapport avec cette gravure.

Gravure en taille d'épargne sur cuivre et sur acier. Ces deux manières, quoique semblables en apparence à la gravure sur bois, sont exercées par les graveurs de cachets et les graveurs de médailles. Les premiers font toutes ces estampilles qu'on imprime à la main, sur les objets qu'on veut faire reconnaître comme sortant de telle fabrique ou de telle administration ; rarement elles sont un objet d'art. Il n'en est pas de même des vignettes gravées par Andrieux et Galle, soit pour les belles éditions imprimées par MM. Didot, soit pour les billets de banque.

On obtient encore une sorte de gravure en relief sur métal par les mêmes procédés que la gravure par l'eau-forte. Seulement les parties protégées par le vernis sont justement celles qu'indiquent les traits du dessin, et l'acide enlève tout ce que l'on couperait dans l'autre procédé. La gravure sur acier demande encore des perfectionnements pour pouvoir remplacer la gravure sur bois.

Gravure sur pierre lithographique. Le dessin étant tracé sur la pierre comme à l'ordinaire, on encre avec un vernis particulier ; puis, bordant la pierre avec de la cire, on fait mordre par une petite quantité d'acide nitrique étendu d'eau ; cinq minutes après on retire l'acide, on passe le vernis avec le rouleau, puis encore l'acide, etc. Le vernis ayant préservé les traits du dessin de l'action de l'acide, il se trouve conservé en relief.

Gravure en médailles.

On ne peut, à proprement parler, regarder la gravure sur pierre fine, sur verre, et en médailles comme de la gravure (*voyez* GLYPTIQUE) ; ces arts tiennent plutôt à la sculpture, et peuvent être considérés, relativement à elle, comme la miniature par rapport à la peinture ; cependant la gravure de médailles, à laquelle appartient la gravure de cachets, a pu recevoir ce nom, parce que, de même que les graveurs en taille-douce, les artistes qui exercent cet art se servent pour creuser le métal d'outils nommés *onglettes*, qui ont quelque ressemblance avec le burin, mais sont plus courts, plus étroits, et ont un bec moins aigu. Les coins au moyen desquels se frappe la monnaie ne sont pas gravés directement ; on les obtient par la frappe d'un poinçon étalon, et on les trempe ensuite. Quant à la gravure sur pierres fines, son résultat est en apparence le même que celui de la gravure de médailles ; mais les moyens d'exécution sont tout à fait différents, puisque le seul outil qu'on emploie est un *touret*, espèce de tour qui met en mouvement la *bouterolle*, petit rond de cuivre ou de fer émoussé propre à user ou à entamer la pierre, et dont on augmente la puissance avec la poudre de diamant et quelque liquide. Pour graver plus profondément, on emploie la pointe du diamant, qui entame toutes les pierres.

La gravure des poinçons d'imprimerie se fait par des procédés analogues à ceux de la gravure en médailles sur acier.

DUCHESNE aîné,

conservateur des estampes à la Bibliothèque impériale.

GRAVURE EN MÉDAILLES. *Voyez* l'article précédent.

GRAVURE EN TAILLE-DOUCE. *Voyez* plus haut, *Gravure en creux*, page 500.

GRAVURE SUR BOIS. *Voyez* plus haut, *Gravure en relief*, page 504.

GRAY. *Voyez* SAÔNE (Département de la Haute-).

GRAY ou **GREY** (JANE), reine d'Angleterre, née en 1537, était fille de la marquise Françoise de Dorset, par conséquent petite-fille de la duchesse Marie de Suffolk, veuve du roi de France Louis XII, et arrière-petite-fille du roi d'Angleterre Henri VII. Le jeune roi Édouard VI, fils et successeur de Henri VIII, changeant arbitrairement et contre l'avis du conseil d'État l'acte de succession de son père, avait exclu du trône, à titre de rejetons illégitimes, ses deux sœurs consanguines Marie et Élisabeth, devenues plus tard reines, et désigné par son testament pour lui succéder Jane Gray, qui s'était montrée protestante zélée. Dudley, duc de Northumberland, avait été l'instigateur de cet acte, qui mettait à néant les droits de la descendance directe de Henri VIII. En même temps il mariait le plus jeune de ses fils avec Jane Gray, dont il faisait créer le père duc de Suffolk, en rattachant à cette alliance ses ambitieux projets. Quand, le 6 juillet 1553, Édouard vint à mourir, des suites du poison, à en croire la rumeur publique, le duc de Northumberland accourut annoncer à sa bru qu'elle était reine. Jane, qui jusque alors ne s'était occupée que de l'étude des lettres et des beaux-arts, n'ayant pas la moindre connaissance de la politique et dénuée d'ambition, se refusa d'abord à quitter sa position modeste. Les pressantes instances de ses plus proches parents et les décevantes illusions qu'ils firent miroiter à ses yeux purent seules la déterminer à consentir à son élévation si subite, mais non sans verser d'abondantes larmes.

On la conduisit alors à la Tour de Londres, séjour habituel des rois avant leur couronnement, et le 10 juillet elle fut proclamée reine à Londres et dans sa banlieue. La population comprenait tout ce qu'il y avait d'audacieux dans cet acte, mais elle se tut. Cependant Northumberland, qui avait pris toutes ses mesures avec une extrême habileté, échoua dans ses efforts pour s'emparer de la personne de la princesse Marie. Après avoir tenu la mort du jeune roi secrète pendant trois jours, il manda bien en toute hâte la princesse à Londres, afin qu'elle pût recevoir encore le dernier soupir de son frère mourant. Mais à une demi-journée de route de Londres le comte d'Arundel fit secrètement savoir à la princesse quelle était la véritable situation des choses ; et aussitôt celle-ci de s'en retourner en toute hâte à Kenning-Hall, dans le Norfolk. C'est de là qu'elle écrivit au conseil d'État, promettant une amnistie générale, et engageant la noblesse à prendre la défense de ses droits. La flotte se déclara aussitôt en sa faveur, et autant en firent les protestants eux-mêmes, moyennant la promesse qui leur fut faite en son nom qu'ils auraient le libre exercice de leur culte. Le duc de Northumberland, apprenant que les comtes de Bath et de Sussex levaient un corps de troupes pour la défense de la cause de Marie, alla à Cambridge prendre le commandement d'une armée d'environ 10,000 hommes, avec laquelle il comptait commencer la guerre civile. Mais dès le premier jour la débandade se mit dans les rangs de cette armée, et le duc, réduit à ne pouvoir plus rien entreprendre, se trouva dans la plus critique des positions. Les membres du conseil d'État se hâtèrent de mettre à profit cet instant favorable pour secouer le joug que faisait peser sur eux cet homme à l'esprit orgueilleux et dominateur. Le 19 juillet 1553, ils tinrent dans la maison du comte de Pembroke un conciliabule où il fut décidé qu'on proclamerait Marie reine ; et de concert avec les principaux magistrats ils procédèrent aussitôt à la mise à exécution de cette détermination, au milieu des acclamations unanimes du peuple. Le duc de Suffolk lui-même n'essaya d'opposer aucune résistance à ce mouvement, et sur la première sommation qui lui en fut faite fit ouvrir les portes de la Tour. Le même jour Jane déposa volontairement la couronne, qu'elle n'avait portée que pendant dix jours et au milieu de mille cruelles alarmes, puis rentra dans la vie privée.

Marie, dès qu'elle apprit qu'elle avait été reconnue reine d'Angleterre, donna l'ordre d'arrêter Northumberland et tous les individus marquants de son parti. En même temps le duc de Suffolk, sa fille Jane et son mari furent arrêtés et jetés à la Tour. Le 22 août suivant Northumberland périssait sur l'échafaud, comme principal instigateur de ce complot, tandis que Suffolk était provisoirement rendu à la liberté. Le jugement qui condamnait Jane Gray et son époux ne tarda pas non plus à être rendu ; mais on n'avait pas alors l'intention de l'exécuter : aucun des deux n'avait encore dix-sept ans accomplis, âge nécessaire pour qu'il pût y avoir exécution capitale. La part prise par le duc de Suffolk à l'insurrection ouvertement tentée par Thomas Wyat contre la reine en 1554 précipita la malheureuse destinée de Jane et de son époux. Marie, irritée par la résistance que rencontrait son autorité et naturellement portée à des actes sanguinaires, crut alors devoir se débarrasser de sa rivale. Elle accorda trois jours à Jane pour se préparer à mourir, et lui envoya un prêtre catholique, qui fit tout pour la déterminer à rentrer dans le giron de l'Église romaine. Jane persista courageusement dans sa foi religieuse, et exhorta sa sœur à faire preuve de la même persévérance. Le conseil d'État ayant craint que la jeunesse, la beauté et l'innocence de la victime n'excitassent les sympathies populaires en sa faveur, il fut ordonné que l'exécution aurait lieu à l'intérieur de la Tour. Le 12 février 1554 fut le jour fixé pour le supplice de Jane Gray et de Guilford, fils de Northumberland. Pour conserver la fermeté si nécessaire en un pareil moment, et pour qu'il ne la perdît pas lui-même, Jane, en cet instant suprême, refusa de prendre congé de son époux, qu'elle aimait pourtant de l'amour le plus tendre. La force d'âme dont elle était douée était si grande, que de la fenêtre de son cachot elle put être témoin de son supplice et voir emporter son cadavre ruisselant de sang. Une heure plus tard elle montait à son tour sur l'échafaud et y faisait preuve de la même impassibilité, se bornant à déclarer aux personnes présentes, avant de placer sa tête sur le fatal billot, que son crime consistait à avoir prouvé qu'elle était digne de porter la couronne. Les partisans les plus ardents de la reine Marie, témoins du supplice de cette innocente victime de la politique, ne purent eux-mêmes retenir leurs larmes. Son esprit égalait ses charmes, et on est surpris de trouver tant d'instruction chez une si jeune femme. En effet elle savait le latin ainsi que le grec; et le matin de sa mort elle écrivit dans la première de ces langues, sur une espèce de souvenir, cette pensée touchante : « Si ma faute méritait punition, ma jeunesse du moins et mon imprudence étaient dignes d'excuse. Dieu et la postérité me seront favorables! » Cinq jours après, son père, le duc de Suffolk, périssait aussi sur l'échafaud. Consulter Harris Nicolas, *Memoirs and Remains of lady Jane Gray* (Londres, 1832). La fin si tragique de Jane Gray a fourni le sujet d'un grand nombre de drames; on connaît aussi le beau tableau qu'elle a inspiré à Delaroche.

GRAY (Thomas), poëte anglais, né à Londres, le 20 décembre 1716, fit son éducation d'abord au collége d'Éton et plus tard à l'université de Cambridge, où il étudia le droit. Il accompagna ensuite son jeune ami Horace Walpole dans son voyage en France et en Italie, et se sépara de lui à Reggio, pour revenir seul en Angleterre, en 1741. En 1768 il fut nommé professeur de langues modernes et d'histoire à Cambridge, et mourut dans cette ville, en 1771. Son *Élégie sur un Cimetière*, qui a été traduite dans toutes les langues modernes et qu'il composa en 1749, l'a fait ranger parmi les meilleurs lyriques et lui a valu le surnom de Pindare anglais. Ses autres poëmes (parmi lesquels il s'en trouve un en latin [*De Principiis Cogitandi*, 1742]), se composent en partie d'odes adressées, par exemple, *au Collége d'Éton, au Printemps*, etc., et en partie d'hymnes, comme celle *au Malheur*, toutes riches en images, d'un coloris chaleureux et d'une admirable versification. Il a laissé aussi des lettres intéressantes sur son voyage en Italie.

GRAY'S INN. Voyez Grande-Bretagne, page 461.

GRAZIOSO (*Musique*). Ce mot sert à exprimer la nuance gracieuse qu'il faut donner à l'exécution d'un passage. Son mouvement tient le milieu entre l'*andante* et l'*andantino*; il n'est ni lent, ni prompt, ni traînant, ni rapide, mais toujours d'une grâce expressive.

GRAZZINI (Antonio-Francesco), poëte et conteur italien, surnommé *il Lasca* (le dard, espèce de poisson), naquit à Florence, en 1503. En 1540 il avait fondé l'académie des *Umidi*, dont il s'était vu exclure par suite de ses querelles avec les membres ses collègues. Brûlant de se venger, il fonda en 1582 une nouvelle académie, celle *della Crusca*, qui est devenue la plus célèbre et la plus utile peut-être de toutes celles que l'Italie renferme en si grand nombre. On doit à Grazzini six comédies, des *Stances* et *Poésies diverses*, *La Guerra de' Mostri*, poëme bouffon (1584, in-4°), un recueil de *Nouvelles* (Florence, 1550; Paris 1756 et 1775, 2 vol. in-8°). Grazzini mourut dans un âge avancé, en 1583.

GRÉAL ou **GRAL**, terme dérivé, suivant toute apparence, de *graalz*, *gréal*, ou *grasal*, mots du vieux français, dont l'origine est peut-être bien celtique, et dont la forme latinisée est *gradalis*, *gradalis*, etc., désignant un vaisseau de la forme d'un plat. Tel était le saint gral (*san gréal*), de la poésie du moyen âge, formé d'une seule pierre précieuse, et pourvu des plus merveilleuses vertus sanctifiantes et vivifiantes. C'étaient des anges qui l'avaient apporté du ciel sur la terre, et qui d'abord furent préposés à sa garde. Par la suite, ce soin fut confié aux Templiers, confrérie d'hommes d'élite, obéissant à un roi, et veillant à sa conservation sur une montagne inaccessible, dans un château fort ayant l'apparence d'un temple. Cette légende semble provenir de cette fusion d'éléments orientaux et chrétiens qui s'opéra au commencement du douzième siècle en Espagne et dans le midi de la France, sous l'influence d'événements contemporains, tels que les luttes des Maures et des chrétiens en Espagne, pour former un tout, devenu bientôt le sujet de chants populaires. Le Provençal Guiot, qu'on suppose avoir vécu entre 1160 et 1180, en fit le sujet d'un poëme, qu'il composa dans la langue française du nord; il indique comme sources auxquelles il aurait puisé, un manuscrit, vraisemblablement arabe, d'un Maure, appelé *Flegetanis*, manuscrit qu'il trouva à Tolède, et une chronique latine du pays d'Anjou.

Après lui, Chrétien de Troyes et d'autres trouvères mêlèrent à la légende du gréal tantôt les légendes du roi Arthur et de la *Table-Ronde*, tantôt la légende du chevaleresque apôtre des Celtes, Joseph d'Arimathie, d'après laquelle le *saint gral* serait le plat dans lequel Jésus-Christ aurait mangé l'agneau pascal, lorsqu'il fit la cène avec ses disciples. Joseph d'Arimathie, ajoutait-on, l'avait emporté chez lui; et lorsqu'il eut enseveli le corps du Sauveur, il mit dans le *gréal* le sang et l'eau qui avaient découlé de ses plaies et de son côté. D'où la fausse signification donnée au mot *grâl* par certains auteurs, qui, se fondant sur une transposition de lettres (*sang réal*, au lieu de *san gréal*), l'ont regardé comme synonyme de *sang royal*, *sang du Seigneur*. Joseph alla ensuite, avec le *saint gral*, en Angleterre, et en confia la garde à l'un de ses neveux, après avoir converti toute la contrée. Par la suite, ce précieux vase, ou plat, ayant été perdu, plusieurs chevaliers entreprirent de le retrouver. De là le récit de leurs aventures, qui forme le sujet d'un grand nombre de romans du moyen âge. Wolfram d'Eschenbach est le premier poëte allemand qui, au treizième siècle, en ait fait le sujet d'un poëme, après avoir choisi l'histoire de Parzival dans l'œuvre de Guiot pour la traiter métriquement. Vers l'an 1270, l'auteur du poëme de *Titurel le Jeune* le traita avec beaucoup plus de développements, et, après y avoir rattaché la légende de Klinsor et celle de Lohengrin, y joignit aussi celle du Prêtre-Jean, chez lequel il fait arriver le *saint gréal*, qui, selon des poëtes antérieurs, était retourné au ciel.

GRÈBE, genre d'oiseaux plongeurs de l'ordre des palmipèdes, dont cinq espèces se rencontrent en Europe et se voient assez souvent dans diverses parties de la France, notamment dans celles qui avoisinent le lac de Genève, où les grèbes abondent. Leur plumage, lustré comme celui de toutes les espèces qui passent une partie de leur vie dans l'eau, ne laisse pas que d'être assez recherché (surtout celui de la poitrine et du ventre, à cause de sa finesse, qui permet de l'employer à des objets de toilette pour les dames). Cet oiseau a une physionomie toute particulière, grâce à son corps oblong, emmanché presque verticalement sur des tarses assez courts, à sa tête arrondie, entourée de longues plumes et portée par un long cou, à ses yeux à fleur de tête, et à sa queue absente. Il se nourrit de poissons, d'insectes et de plantes marines; mais sa chair a une saveur désagréable.

GRÈCE, contrée de l'ancien monde, célèbre surtout dans l'antiquité par ses lois, ses arts, sa littérature, subjuguée à l'origine de notre ère, reparaissant à peine aujourd'hui sous la forme d'un petit royaume.

Géographie et Statistique.

L'ancienne Grèce, dans le sens historique et géographique qu'on attache à ce mot, ou dans une acception plus large, la *Hellade*, se compose d'une presqu'île s'étendant dans la Méditerranée au sud de la Macédoine et de l'Illyrie, à partir environ du 40° de latitude septentrionale, entre la mer Égée à l'est et la mer Ionienne à l'ouest, dans la direction du nord au sud, sur une longueur d'environ 37 myriamètres, et avec une largeur variant entre 20 et 7 myriamètres environ. Cette presqu'île est une contrée de nature tout à fait montagneuse, avec un petit nombre de vallées et de plateaux de peu d'étendue; et sa configuration est déterminée d'un côté par les montagnes qui la sillonnent et de l'autre par la mer qui l'entoure. Le caractère de ce groupe de montagnes, dont les pics les plus élevés, le Pinde et le Parnasse, atteignent une altitude de 2,300 à 2,500 mètres, répond tout à fait à celui des autres montagnes de la presqu'île turque. Composées aussi le plus généralement de rochers calcaires, elles s'élèvent en pics abruptes, renferment de profondes fondrières, de vastes cavernes et des vallées le plus généralement petites; et ces montagnes, comme toute la contrée elle-même et les diverses îles qui l'avoisinent, semblent être le produit d'un soulèvement sous-marin; les nombreuses anfractuosités du littoral, les saillies abruptes et vivement accusées de ses côtes, qui forment un grand nombre de promontoires et de golfes, de même que de nombreuses traces d'origine volcanique, donnent la plus grande vraisemblance à cette opinion. Les îles d'origine volcanique qui avoisinent la Grèce, et où se trouvent encore aujourd'hui des volcans en activité, la confirmeraient au besoin. La conséquence de cette configuration du sol, c'est de diviser la Grèce en trois parties bien distinctes : *la Grèce continentale*, *le Péloponnèse*, qui forme une île presque parfaite, et les deux *îles* qui l'avoisinent. La première, ou *la Hellade* proprement dite, est en grande partie formée d'une chaîne de montagnes qui, se détachant du mont Hæmus ou Balkan, situé au nord, traversent ce pays du nord au sud, en envoyant une foule de chaînes latérales jusqu'à la mer, où elles forment divers golfes et presqu'îles, et au sud se terminent aux golfes de Corinthe et Saronique, en ne se rattachant aux montagnes du Péloponnèse que par l'étroit soulèvement de sol formant l'isthme de Corinthe. Il en résulte que la Grèce continentale forme à son tour trois régions distinctes. La chaîne de montagnes dont il a été question plus haut, et venant du nord, qui à son entrée en Grèce reçoit le nom de Pinde, y envoie aussitôt deux chaînes courant parallèlement : à l'est, les monts Cambuniens, se terminant à l'Olympe, et séparant la Grèce de la Macédoine; et à l'ouest les monts Cérauniens, qui la séparent de l'Illyrie, et par le cap Acrocéraunien s'avancent jusqu'à ce qu'on appelle aujourd'hui le *golfe d'Avlona*. Le Pinde occupe ensuite à peu près la partie centrale du pays, et, dans la direction du nord au sud, pénètre jusqu'au 39° de latitude nord, où il envoie à l'est la chaîne de l'Othrys, qui s'étend à travers l'isthme entre le golfe Malique (aujourd'hui *golfe de Zeitouni*) et celui de Pagasæ (aujourd'hui *golfe de Volo*), puis de là tourne au nord, suit la côte, et se termine au mont Ossa, situé en face du mont Olympe, en formant une profonde vallée arrosée par le Pénée, dont les eaux n'ont qu'une étroite issue entre l'Olympe et l'Ossa. A l'extrémité occidentale et opposée du Pinde, la mer Ionienne pénètre profondément dans le pays, sous le même degré de latitude que l'Othrys dans le golfe d'Ambracie (aujourd'hui *golfe d'Arta*), et limite ainsi avec le mont Thyamus (aujourd'hui *Grabovo*), qui se prolonge jusqu'au Pinde, le côté méridional du plateau situé à l'ouest du Pinde, et terminé au nord par les monts Cérauniens. Mais au sud du point de départ de l'Othrys, la chaîne principale du Pinde, après avoir envoyé vers le golfe dit aujourd'hui de Patras un embranchement latéral qui avec les montagnes d'Acarnanie, situées en face, forme la vallée de l'Achéloüs (aujourd'hui l'*Aspropotamos*), se dirige au sud-est, et se divise alors en deux chaînes : celle du mont Œta et celle du Parnasse avec l'Hélicon, dont la première constitue avec l'Othrys la vallée du Sperchius (aujourd'hui *Hellada*); puis, à partir du détroit des Thermopyles, forme le versant nord-est de la Grèce centrale, vers le détroit d'Eubée; tandis que la dernière, le Parnasse et l'Hélicon, forme le versant méridional de la Grèce centrale, vers le golfe de Corinthe, en même temps qu'avec le mont Œta une vallée intermédiaire, celle du Céphise ou du Pinde (aujourd'hui *Mavropotamos*), lequel se jette dans le lac Copaïs (aujourd'hui *lac Topol*). Au sud-est de cette vallée intérieure, les deux chaînes se réunissent en empêchant ses eaux de s'écouler vers la mer. Elles prennent ensuite les noms de mont Cithæron et de mont Parnes, puis s'abaissent insensiblement en formant le Pentélique et l'Hymette, à l'extrémité sud-est de la Grèce centrale, où elles aboutissent au cap Sunium (aujourd'hui *cap Colonna*), en atteignant au nord-est la mer Égée et au sud-est le golfe Saronique (aujourd'hui *golfe d'Égine*); tandis qu'au sud-ouest elles se rattachent par les Gérania aux hauteurs de l'isthme de Corinthe. Ainsi, entre les monts Cambuniens, le Pinde et l'Othrys, se trouve la T h e s s a l i e ; à l'ouest de cette contrée, entre les monts Cérauniens, le Pinde, le golfe d'Ambracie et le Thyaneus, l'É p i r e ; et au sud de celle-ci la Livadie moderne avec l'A c a r n a n i e , l'Étolie, la Doride, les trois Locrides, la Béotie, la Mégaride et l'Attique.

L'autre principale partie de la Grèce, le *Péloponnèse*, est également une contrée tout à fait montagneuse, avec cette différence toutefois qu'elle n'est point traversée dans toute sa longueur par une même chaîne de montagnes, mais que d'un plateau central et assez élevé se détachent diverses hautes chaînes se dirigeant en sens divers et atteignant, comme le mont Taygète et les monts Achéens, jusqu'à 2,500 mètres d'altitude.

La troisième partie principale se compose des *îles*, les unes situées dans son voisinage immédiat, les autres dispersées à une certaine distance. Parmi les premières on remarque les îles I o n i e n n e s , à l'ouest; Cythère, aujourd'hui *Cérigo*, au sud; Hydra et Spezzia, Égine et Salamis, et l'île d'Eubée à l'est. Dans les dernières sont comprises la Crète, aujourd'hui *Candie*, et les diverses îles de l'Archipel, notamment les Cyclades et les Sporades.

Après les montagnes et les mers, les fleuves ne jouent plus qu'un rôle sans importance dans la configuration du sol de la Grèce, car il n'en est pas un seul qui soit navigable. Indépendamment du Pénée, du Sperchius, de l'Achéloüs et du Céphise, dont il a déjà été question, il n'y a plus guère à citer dans le Péloponnèse que l'Eurotas et l'Alphée.

La superficie totale du sol de la Grèce, dans les limites que nous venons de lui assigner, peut être évaluée à 1,460 myriamètres carrés, dont 1,060 pour le continent, 400 pour le Péloponnèse, et 200 pour les îles. Le climat de la Grèce, en raison de l'extrême diversité d'élévation du sol, varie beaucoup. Tandis qu'il est d'une rudesse extrême dans les régions montagneuses les plus élevées, il est extrêmement doux dans les contrées basses et plates; et entre ces deux points extrêmes, on trouve une variété infinie de nuances. Au total on peut dire que le climat de la Grèce est un peu plus froid que celui des contrées de la Méditerranée situées sous le même degré de latitude. Toutefois, dans les parties les moins élevées du pays on ne sait pas à bien dire ce que c'est que l'hiver avec ses neiges et ses glaces. Ce n'est guère qu'une saison de pluies, tandis que dans les mois d'été, du commencement de mai jusqu'à la fin d'août, il ne tombe pas une seule goutte d'eau, sauf les plus hautes montagnes, et que jamais le moindre nuage n'y vient troubler la pureté de l'atmosphère. La sécheresse constitue donc le caractère dominant du sol comme du climat de la Grèce, pays où tout se dessèche en été et la plupart des cours d'eau tarissent. Il n'y a que la rosée qui maintienne la végétation; de même que des vents soufflant régulièrement chaque jour, soit du côté de la mer, soit du côté de la terre, y tempèrent l'extrême chaleur, qui n'est vraiment intolérable que dans les vallées les plus profondes, là où ne peuvent pas se faire sentir ces vents bienfaisants. On peut dire en revanche que le ciel de la Grèce conservé partout son antique renommée, et qu'il n'est pas au monde de pays où l'atmosphère soit si pure, si radieuse, si lumineuse, l'azur du ciel plus foncé, et où tous les objets revêtent de plus brillantes couleurs. La mer, qui baigne amoureusement les côtes en y formant une innombrable quantité de golfes, de baies, d'anses, de criques, etc., en même temps que les ports les plus sûrs, n'offre pas de moindres beautés en son genre. Quant à la faune et à la flore de la Grèce, elles n'ont point de caractère qui leur soit exclusivement propre, et elles répondent en général à celles de tout le bassin de la Méditerranée, et plus particulièrement de l'Italie et de l'Espagne.

La Grèce, on le voit, est un pays du caractère géographique le plus vivement accusé; séparé des contrées limitrophes par de hautes montagnes; fractionné à l'intérieur en de nombreuses et distinctes parties, reliées en revanche entre elles, comme il l'est lui-même aux contrées voisines par la mer, qui l'environne de tous côtés; occupant sur la carte de l'Europe la position la plus favorable qui se puisse imaginer pour devenir le point intermédiaire entre les civilisations de l'Orient et de l'Occident; doué d'une belle, mais non d'une luxuriante nature; dans les conditions de sol et de climat les plus diverses, mais surtout dans celles qui favorisent la vie au grand air. Ces circonstances physiques ont dû réagir puissamment sur le caractère du peuple qui l'habitait, comme le prouve tout le développement de la civilisation grecque pendant l'antiquité. On remarque dans ce développement deux périodes bien distinctes : l'époque héroïque et l'époque historique (*voyez*, ci-après, le chapitre spécial consacré à l'histoire de la Grèce). On retrouve dans l'une et l'autre ce qui constitue les traits essentiels et caractéristiques de la physionomie générale du peuple grec, à savoir la prééminence de l'individualité, la direction tout extérieure des idées, l'heureuse aptitude de l'esprit à saisir avec finesse, à apprécier avec intelligence et à reproduire avec habileté les objets extérieurs, une imagination aimant à se repaître d'images sensuelles, et l'amour de la beauté physique. La séparation si tranchée des races et des États, de même que l'infinie variété de degrés de civilisation, sont à l'une et à l'autre époque la conséquence des conditions physiques où la Grèce se trouvait placée. Toujours aussi on voit les Grecs faire preuve d'un goût tout particulier pour la vie et les habitudes du marin, pour les aventures et les expéditions maritimes; de même que, soit effet de la nature du sol, soit résultat du caractère national, on a lieu d'observer chez eux en tout temps et en tous lieux une grande sobriété, jointe à un penchant des plus prononcés à la volupté. Dans les deux périodes on trouve des peuples unis sans doute par une communauté de mœurs, de langage et d'intérêts, mais se combattant souvent entre eux et se subjuguant tour à tour; la croyance aux mêmes divinités; un culte joyeux et sensuel; la monogamie en vigueur, mais sans que la femme jouisse tout à fait des mêmes droits que l'homme, et le concubinat toléré; le principe de la liberté personnelle consacré en faveur des individus nés libres et une tendance générale à affranchir la vie de toute contrainte, à la faire tendre bien plus à la jouissance qu'au travail. Toutefois, ces traits généraux subissent aux deux époques des modifications très-diverses. Ce qui différentie surtout ces deux époques, c'est qu'aux temps héroïques toutes ces particularités existaient déjà dans le caractère national sans que le peuple en eût la conscience, consacrées qu'elles étaient par d'antiques usages et par les mœurs. C'est ainsi que dès l'époque la plus reculée nous voyons l'état patriarcal dominer complétement dans la vie publique et privée, alors que les divers organes de l'État et de la famille ne s'étaient point encore séparés et n'avaient pas acquis des droits distincts. De là l'existence de rois, chargés suivant l'antique usage de régler les affaires publiques d'accord avec les anciens et les plus considérés d'entre le peuple, de rendre la justice et de commander à la guerre; de là l'absence de toute subdivision et de toute différence dans les droits des hommes libres; de là aussi l'unique distinction de castes établie et reconnue dans le peuple, la caste des hommes libres et celle des esclaves, ces derniers provenant de la conquête et de la réduction des populations vaincues en captivité. En ce qui est des mœurs privées, c'est la vie de famille qui domine partout. De là l'importance plus grande des femmes et leur influence sur tous les détails de la vie; les soins de l'économie domestique exclusivement confiés au sexe le plus faible; un caractère de sainteté plus grand prêté à tout ce qui est affaire de piété, aussi bien entre les hommes et la Divinité, que d'homme à homme et surtout entre parents; enfin, des relations patriarcales entre les maîtres et les serviteurs, l'hospitalité la plus illimitée, une situation des arts et de l'industrie bien supérieure à la grossière rudesse de l'état de nature, et surtout l'égalité des hommes libres en ce qui est des rapports sociaux et de fortune. Que si, au contraire, on examine l'état des Grecs dans les temps historiques, ce qui frappe plus particulièrement, et ce qui établit entre eux et la civilisation des peuples asiatiques une différence bien caractéristique, c'est la prétention de tout soumettre à des règles positives et invariables, prétention qui apparaît dans les moindres circonstances de la vie et dans toutes les opérations de l'esprit, et limitée uniquement par des traditions religieuses. En ce qui a trait aux affaires publiques, nous voyons cette prétention prendre souvent, comme à Sparte par exemple, les proportions les plus ridicules. Là, à force de vouloir tout réglementer et régler à l'avance, on en vient à ce point que la vie de famille n'exerce plus aucune influence sur la vie publique, et que ce sont au contraire les relations publiques qui règlent et déterminent tous les actes de la vie privée. On y a détruit la vie intime et en même temps toutes les vertus, toutes les qualités qu'elle admet. La femme y a perdu toute espèce d'importance; elle n'a plus d'autre mission que de faire des enfants; et le rôle humiliant auquel on la réduit provoque la venue des *hétaïres*, comme il donne aussi naissance à des vices honteux, pour lesquels l'âge héroïque n'avait pas de noms. C'est ainsi qu'il s'établit dans les différents États grecs une variété infinie de conditions pour les individus, suivant leur origine, leur lieu de naissance, leur profession. Nous voyons toute une échelle de castes (des nobles et des hommes libres, des citoyens exerçant tous les droits de cité et d'autres n'en possédant que la moitié, des patrons et des manants, des serfs et des esclaves) constituées peu à peu par l'usage ou par la loi, ou bien imposées soit par un conquérant, soit par des envahisseurs, et qui à leur tour ont produit la plus extrême diversité dans les constitutions politiques. Depuis l'oligarchie la plus superbe jusqu'à la démocratie la plus effrénée, on trouve en Grèce toutes les formes de gouvernement possibles, avec les mille nuances dont ils sont susceptibles, suivant que domine dans l'État tel ou tel élément social. Nulle part ailleurs la politique n'a en matières de constitutions essayé de plus de combinaisons. L'extrême diversité de la législation politique engendra naturellement celle de la législation civile, quoique, à la différence de ce qui arriva à Rome, celle-ci n'ait jamais pris autant d'importance que celle-là, par la raison que la vie publique y avait complétement absorbé la vie privée et que l'homme n'y vivait pas pour lui-même, mais pour l'État. Ce qui distingue essentiellement la vie publique dans la période historique, c'est que le gouvernement patriarcal et monarchique y avait partout fait place au gouvernement républicain, surtout là où, comme à Sparte, il restait encore des rois qui ne l'étaient plus que de nom. Cette époque historique nous présente naturellement le spectacle du développement du génie grec, atteignant son apogée dans la littérature, dans l'art et dans la religion. En même temps que la vie de famille disparaît de la vie privée, les professions se trouvent de plus en plus distinctes. Les professions libérales, que celui-là seul peut exercer qui est né homme libre, sont séparées par une profonde ligne de démarcation de celles qui sont réservées aux esclaves. Toutefois, cette différence était plus ou moins sensible suivant le degré de civilisation auquel les États étaient parvenus. Dans ceux où les intérêts politiques l'emportaient sur tous autres, comme à Sparte, les choses en vinrent à ce point que la chasse, le maniement des armes, la participation aux affaires publiques et la culture des arts et des lettres étaient les seules occupations qu'on jugeât dignes d'un citoyen en possession de tous les priviléges qu'assurait ce titre de noblesse. Pour que la condition sociale de l'homme se trouvât si haut placée, il fallait que celle des serfs et des esclaves fût d'autant plus humble et opprimée. Les antiques relations patriarcales qui existaient entre les hommes libres et leurs esclaves disparurent presque complétement des États arrivés à un degré de civilisation plus développé, et firent place à un abîme où tout l'État social devait finir par périr, en raison de l'augmentation incessante du nombre des esclaves en même temps que diminuait rapidement celui des hommes libres. Les différences profondes établies entre les classes et les professions reparurent dans les mœurs publiques, de même que la diversité des institutions réagit puissamment sur la politique. Ainsi, on voit en Grèce des États où, comme en Arcadie, dominait la vie pastorale et où régnait la civilisation la plus simple; d'autres, restés essentiellement agricoles, comme la Thessalie; d'autres encore où le commerce était la grande préoccupation des populations, comme à Corinthe; enfin, quelques autres devenus militaires avant tout, Sparte par exemple. Cependant, dans le plus grand nombre, il y avait fusion entre ces diverses conditions de la vie sociale. La civilisation grecque atteignit son plus haut degré de splendeur là où, comme à Athènes et dans la plupart des îles et des États maritimes, cette fusion avait produit la plus vive activité et les froissements les plus bienfaisants. Là, au contraire, où il y avait séparation absolue des castes et genre de vie uniforme, comme dans l'intérieur du Péloponnèse et dans la Grèce septentrionale, et où se faisait sentir l'influence pernicieuse des peuples barbares limitrophes et des rapports forcés qu'on avait avec eux, en Épire notamment, l'État social des populations demeura constamment voisin de la barbarie, et offrit le contraste le plus saillant avec cette civilisation si raffinée.

Le *royaume actuel de la Grèce* se compose de la partie méridionale de la presqu'île grecque, que nous avons décrite plus haut et des îles de l'Archipel qui l'avoisinent. Séparée, au nord, des provinces turques d'Albanie et de Thessalie par une ligne à peu près droite, tirée depuis le golfe d'Arta à l'est à travers le mont Othrys jusqu'au golfe de Volo, sous le 39° de latitude septentrionale environ, la terre ferme se compose des anciennes provinces turques de Morée et de Roumélie ou Livadie, avec des parties de Lépante et de Karli-Sli, par conséquent comprend l'ancienne Grèce centrale, ou la Hellade proprement dite, et l'extrémité méridionale de la Thessalie ou la Phthiotide, en deçà de l'Othrys. Il faut encore y ajouter : la grande île d'Eubée ou de Négrepont, la plupart des Cyclades et quelques-unes des Sporades occidentales. Le tout occupe une superficie de 595 myriamètres carrés, et est divisé depuis 1845 en dix *nomes* ou *nomarchies* (départements, cercles), à savoir : l'Attique et la Béotie, l'Eubée, la Phthiotide et la Phocide, l'Acarnanie et l'Étolie, l'Argolide et Corinthe, l'Arcadie, la Laconie, la Messénie, l'Achaïe et l'Élide, les Cyclades. Ces *nomes* sont divisés en 49 *éparchies* (arrondissements), et chacun de ceux-ci en un certain nombre de *dêmes* (communes). Généralement parlant, la Grèce n'est pas, à beaucoup près, l'une des plus fertiles contrées de l'Europe méridionale. Il n'y a guère que 200 myriamètres de sa superficie qui soient susceptibles de culture; 120 myriamètres sont couverts de forêts, et le reste se compose de montagnes dénudées, de rochers, de lacs, étangs ou cours d'eau. Sur les 200 myriamètres susceptibles de culture, il n'y en a guère que 80 d'utilisés dans la Hellade et la Morée, tandis que dans les îles il y a à peine 7 pour 100 de la partie du sol susceptible d'être mise en culture dont on n'ait encore tiré parti. Ces chiffres suffisent pour indiquer tout ce que l'agriculture et en général l'appropriation du sol à des buts d'utilité laissent encore à désirer. Dans les années même les plus heureuses, on ne récolte pas assez de grains pour les besoins de la consommation locale; et chaque année il y a nécessité de tirer des quantités considérables de froment de l'étranger, notamment des ports russes de la mer Noire. Après le manque de moyens suffisants d'irrigation, il faut surtout attribuer la situation si peu satisfaisante de l'industrie agricole en Grèce au peu de développements qu'y ont pris l'élève du gros bétail et la production chevaline. En revanche, les immenses troupeaux de chèvres et de moutons qu'on rencontre dans l'intérieur des montagnes ont une grande importance pour le pays. Dans les autres branches de l'économie agricole, on ne peut guère signaler que la culture de la vigne et de l'olivier et la préparation des raisins secs. On récolte beaucoup de vin, notamment dans les îles, où sont situées les meilleurs crûs. (*Voyez* GRÈCE [Vins de]). Les raisins secs constituent un produit extrêmement important, et à bien dire le principal moyen d'échange de l'agriculture grecque; et depuis l'administration de Capo d'Istria cette industrie spéciale a provoqué de nouvelles plantations de vignes sur une échelle des plus vastes. Jusqu'en 1821 le commerce des raisins secs était exclusivement resté aux mains des négociants autrichiens, qui chaque année employaient de 30 à 40 bâtiments à transporter à Trieste des ports de Patras et de Vostizza en Achaïe environ 10 millions de kilogrammes de ce produit; et de Trieste on en approvisionnait l'Autriche, l'Allemagne et même l'Angleterre. A l'époque de la révolution grecque et après, ce fructueux commerce passa aux mains des spéculateurs anglais; et il n'arriva plus que de faibles quantités à Trieste. Ce n'est qu'à partir de 1849 que plusieurs propriétaires se sont mis à vendre leurs produits sans intermédiaires, ou bien à les expédier pour leur propre compte soit en Angleterre, soit à Trieste. En 1849 la récolte des raisins secs pour la Grèce occidentale seule monta à dix millions de kilogrammes; en 1850 elle ne fut que de 9 millions. Les bois d'oliviers ont beaucoup souffert à l'époque de la guerre de l'indépendance; cependant dès 1842 on comptait de nouveau de 7 à 800,000 pieds d'arbres appartenant, pour les quatre septièmes à l'État, et pour les trois autres septièmes aux particuliers. La sériciculture, singulièrement favorisée par la nature du climat, et qui était autrefois une source importante de richesse pour le pays, est aujourd'hui fort négligée. La guerre de l'indépendance a eu pour résultat d'anéantir la plus grande partie des mûriers, d'où est résultée forcément une diminution considérable dans la production de la soie. Toutefois, les efforts qu'on fait aujourd'hui pour raviver cette culture promettent d'être couronnés de succès. On récolte aussi un peu de coton, mais de qualité médiocre et qu'on consomme même en grande partie dans les manufactures de Patras et de la Grèce orientale. De même on cultive le mastic et le figuier. En 1850 dans la Grèce occidentale seule on récolta 4,125,000 boucauts de figues. La production de la garance est en diminution sensible; en revanche, la culture du tabac est en voie de progression constante (le meilleur croît dans l'Argolide), en raison de la consommation toujours plus grande qui s'en fait dans le pays et des demandes de plus en plus considérables de l'étranger. Faute d'aménagement intelligent les forêts de la Grèce, ont beaucoup souffert, et l'usage de la vaine pâture nuit singulièrement à ce qui en reste encore. Les forêts les plus considérables sont celles de l'intérieur de la Morée. La récolte des noix de galle va toujours en diminuant, en raison de l'émigration toujours croissante des bergers de l'Acarnanie sur le sol turc. En 1849 elle avait encore été dans la Grèce occidentale de 9,920,000 livres; en 1850 elle n'était plus déjà que de 8,960,000. L'apiculture est une source de richesse assez importante pour le pays, et le miel de la Grèce a conservé de nos jours tout son antique renom. La cire se consomme pour la plus grande partie dans le pays même. La pêche sur les côtes et dans les îles constitue une industrie importante. L'exploitation des mines n'a lieu que dans des proportions minimes, quoique les montagnes contiennent assez de métaux, notamment du fer, du plomb et du cuivre, ainsi que quelques gisements houillers, notamment dans l'île d'Eubée. On y trouve en outre des marbres et de l'écume de mer de première qualité, des sels de diverses espèces et d'excellente argile. Jusqu'à ce jour cependant le célèbre marbre de Paros est resté le plus important des produits minéraux de la Grèce; recherché de nouveau aujourd'hui par les statuaires, son exploitation promet d'être longtemps encore pour l'île où on le trouve une abondante source de richesse.

L'industrie n'a pris également que de très-faibles développements en Grèce. A l'exception d'un petit nombre de grandes manufactures, comme filatures de coton, fabriques de chapeaux, etc., ce pays ne possède pas d'industrie manufacturière agissant sur une vaste échelle; aussi chaque année l'importation des produits étrangers continue-t-elle à dépasser de beaucoup l'importance des exportations en produits du sol et en produits fabriqués. En 1849 les importations s'élevèrent à 20,800,000 drachmes et les exportations à environ 13,000,000 seulement. C'est encore dans les îles que règne le plus d'activité industrielle, car elles ont sous tous les rapports devancé de beaucoup les pays de terre ferme, et elles sont les grands centres du commerce de la navigation. Cette dernière forme l'élément essentiel de l'activité nationale; et bien qu'elle ait eu, elle aussi, beaucoup à souffrir des suites de la guerre de l'indépendance, l'aptitude toute particulière que les Grecs ont montrée à toutes les époques pour la mer n'a point tardé à la faire refleurir. La marine marchande grecque se composait déjà en 1841 de 3,200 bâtiments, jaugeant ensemble 111,300 tonneaux et montés par 17,000 marins. En 1850 ce chiffre était de 4,046 bâtiments, jaugeant 236,221 tonneaux et montés par 26,000 matelots; en 1855, de 4,230 bâtiments de première et de deuxième classe, jaugeant 247,661 tonneaux et montés par 26,292 marins. Indépendamment de leurs propres bâtiments montés par des marins indigènes, justement renommés pour leur habileté et leur courage, les négociants grecs possèdent encore dans la Méditerranée un grand nombre de bâtiments étrangers; et le cabotage de l'Archipel et des côtes qui l'avoisinent est presque exclusivement entre leurs mains. Toutefois, les mesures de violence prises en 1850 par l'Angleterre à l'égard du cabotage grec ont eu pour résultat de lui porter un coup sensible, de sorte que depuis lors il a beaucoup baissé, surtout vu l'élan donné auparavant à la construction, d'où il est résulté encombrement des ports par des navires qui restent oisifs. Les articles d'exportation les plus importants du commerce grec sont : les raisins secs, le vin, l'huile d'olive, la soie grége et autres matières premières. On importe surtout des grains et autres vivres, des denrées coloniales, du fer et des articles manufacturés de tous genres. Les principaux centres de ce commerce sont : *Hermopolis*, dans l'île de Syra; le port du *Pirée*, près d'Athènes; *Corinthe*, *Nauplie* et *Patras*. De ces divers ports, celui d'Hermopolis est resté, en raison de sa situation heureuse, la grande étape des communications à la vapeur existant entre l'Europe et le Levant, le principal entrepôt des produits manufacturés de l'Europe pour la Grèce et toute l'Asie Mineure. Les relations commerciales entre ces différents ports et l'intérieur du pays sont rendues plus particulièrement difficiles par l'absence presque totale de bonnes voies de communication par terre, et par le défaut absolu de sécurité du petit nombre qui existent; c'est là ce qui fait en général préférer l'emploi du cabotage, en vue duquel on a établi un bon système de pilotes et de phares. La banque fondée à Athènes en 1841 ne contribue pas peu à faciliter les transactions commerciales.

D'après le recensement de 1852, la population du royaume se composait de 1,002,112 habitants. Celui de 1851 n'avait donné qu'un chiffre de 998,266 habitants, dont 259,627 sur le continent, 506,383 dans le Péloponnèse, et 237,000 dans les îles. Après la capitale, **Athènes**, dont la population est aujourd'hui d'environ 40,000 âmes, les villes les plus importantes sont Hermopolis, avec 20,000 habitants; Nauplie, Hydra et Patras, qui en ont chacune 15,000.

En ce qui est des races, les habitants du royaume de la Grèce se composent en grande partie de **Grecs modernes** et d'*Albanais* (voyez ALBANIE) : ceux-là fixés plus particulièrement en Morée et dans les îles; ceux-ci dominant au nord du royaume; plus, de valaques, d'un petit nombre d'Arméniens (30,000 environ) et d'encore bien moins d'Européens et de Juifs (500 au plus). Il n'est resté qu'un fort petit nombre de Turcs. Au point de vue moral, et malgré les exceptions honorables que présentent Athènes et les principales villes de commerce, cette population est demeurée de nos jours encore dans un état de grande infériorité; comme les idées d'ordre public lui répugnent, elle se montre en général hostile à la civilisation européenne, et persiste opiniâtrement dans ses idées et ses habitudes à moitié barbares. Les deux races dominantes, les *Grecs modernes* et les *Albanais*, se distinguent au même degré par la vivacité de l'intelligence, la finesse, l'aptitude au commerce et à la navigation, par des habitudes hospitalières, de la sobriété et des habitudes d'économie, mais aussi par quelque chose d'extrêmement superficiel dans les appréciations, par l'inconstance et la légèreté, par des habitudes superstitieuses, par l'horreur du travail, par le penchant à la volupté, à l'avarice et à la cruauté. Au total, les *Albanais* sont plus grossiers, mais plus braves et plus loyaux que les *Grecs modernes*. Le brigandage, sur terre comme sur mer, continue à être regardé par les classes inférieures comme un métier n'ayant en soi rien de honteux. A l'exception d'environ 24,000 adhérents de l'Église romaine, fixés surtout dans les îles et dans les grands ports de la terre ferme et dépendant d'un archevêque dont le siége est à Naxos, et de trois évêques établis à Syra, à Tinos et à Santorin, la population du royaume appartient à l'Église grecque orthodoxe. Placée autrefois sous la juridiction du patriarche de Constantinople, cette Église s'en est séparée en 1833, en vertu d'un décret rendu par le synode national de Nauplie; elle est aujourd'hui administrée par un saint synode permanent, qui toujours se trouve dans la ville où réside le roi, et composé de cinq évêques et d'un fonctionnaire représentant le gouvernement. Le pays est aujourd'hui divisé en dix diocèses épiscopaux, et le clergé a beaucoup perdu sous le rapport des richesses comme sous celui du nombre. En 1820 il avait été déjà supprimé 320 couvents; en 1830 on réduisit à 30 le nombre des couvents de religieuses, et on confisqua un grand nombre de propriétés ecclésiastiques. Néanmoins, le clergé est encore très-nombreux et jouit de riches possessions territoriales. Quelque crasse que soit son ignorance, il forme un ordre qui continue à être l'objet de tous les respects de la nation. D'ailleurs, il n'y a pas de peuple au monde qui soit plus attaché que le peuple grec à la foi et à son Église, et il faut bien reconnaître que c'est surtout à l'influence de son clergé et à la puissance de l'idée religieuse que la Grèce est redevable de la conservation de sa nationalité.

Aux termes de la constitution de 1844, le royaume de la Grèce forme une monarchie constitutionnelle. Voici les bases principales de cette constitution : L'Église orthodoxe est la religion de l'État; mais toutes les autres religions sont tolérées : l'Église nationale grecque est administrativement indépendante, mais dogmatiquement unie à la grande Église orthodoxe d'Orient. Tous les Grecs ont les mêmes droits et les mêmes devoirs. Les citoyens grecs sont seuls aptes à remplir des emplois publics. La liberté individuelle est inviolable. Personne ne peut être poursuivi, arrêté et condamné que dans les termes voulus par la loi. Le droit de pétition, la liberté de parler et d'écrire sont garantis à chacun. La confiscation complète des propriétés, l'esclavage et la question sont interdits. Le roi, la chambre des députés et le sénat exercent collectivement la puissance législative, et possèdent chacun le droit d'initiative; mais le roi seul exerce, par l'intermédiaire de ses ministres, la puissance exécutive. Il est inviolable, mais ses ministres sont responsables. Le roi nomme et renvoie les ministres et les divers fonctionnaires publics; il est le chef suprême de la force armée, conclut tous les traités de paix, sanctionne et promulgue les lois, convoque, ajourne, proroge, clot les sessions des chambres, dissout la chambre des députés et a le droit de faire grâce. Toutefois, il ne saurait octroyer de titres de noblesse ni tous autres, non plus qu'autoriser ceux qui ont été accordés par des souverains étrangers. La couronne est héréditaire en ligne directe; tout héritier du trône doit appartenir à l'Église grecque. Le roi est tenu de prêter serment à la constitution. Si le trône vient à vaquer, il y est pourvu par l'assemblée nationale au moyen d'une élection nouvelle. Les chambres sont convoquées tous les ans. Les séances en sont ordinairement publiques; la personne des députés et des sénateurs est inviolable, et la liberté de la tribune leur est spécialement garantie. Les députés sont élus pour trois ans; ils doivent être âgés de trente ans et citoyens grecs. Les sénateurs sont nommés par le roi; ils doivent être citoyens grecs, domiciliés en Grèce, avoir quarante ans accomplis, et s'être distingués par des services rendus au pays. Les princes de la famille royale font partie du sénat dès qu'ils ont atteint l'âge de dix-huit ans. La chambre des députés peut mettre les ministres en accusation devant le sénat. Tous les juges, nommés à vie par le roi, ne peuvent être déposés que dans les cas prévus par la loi et après jugement préalable. La création de tribunaux d'exception est interdite. Les audiences des cours et tribunaux sont publiques et le jury est maintenu. La justice est rendue par des tribunaux de paix, des tribunaux de première instance et des tribunaux criminels, et en dernière instance par une cour d'appel siégeant à Athènes. Indépendamment du Code pénal du 30 décembre 1833, de la loi sur la procédure criminelle du 22 mars 1834, de l'ordonnance régulatrice de l'organisation judiciaire et du notariat en date du 2 février 1834, et de l'ordonnance relative à la procédure civile en date du 14 avril de la même année, les cours et tribunaux appliquent les dispositions du droit coutumier et celles du Code de Commerce français.

Les finances de la Grèce se trouvent dans l'état le plus déplorable. L'emprunt public de 66,000,000 drachmes, contracté (1833) avec la maison Rothschild et garanti collectivement par l'Angleterre, la France et la Russie, fut entièrement employé au profit de la nation. La dette contractée envers l'ex-roi Louis de Bavière s'élevait en intérêts et capital à la date du 1er novembre 1848 à la somme de 1,529,335 florins. Le service des intérêts de la dette publique exige par conséquent une somme de 4,500,000 drachmes par an; mais à la date de 1850 la dette étrangère à elle seule était arrivée au total de 92,000,000 drachmes, attendu que depuis 1840 il y a eu suspension absolue du payement des intérêts. Le budget de 1853 évaluait les recettes à 21,537,439 drachmes (chiffre dans lequel les avances des trois puissances figuraient pour 3,895,473 dr.) et les dépenses à 19,408,091 drachmes.

L'administration intérieure du pays est organisée d'après des divisions et sous-divisions territoriales qui ont été maintes fois modifiées depuis 1838, les *nomes* et les *éparchies* dont il a été fait mention plus haut. L'armée, qui se recrute par la voie de la conscription, se compose de troupes régulières et irrégulières, et présentait en 1853 un effectif de 9,848 hommes, dans lequel le corps de la gendarmerie figurait pour 1,451 hommes. On n'y comptait pas moins de 21 généraux, de 65 officiers supérieurs et de 680 autres officiers. L'effectif de la cavalerie n'était que de 325 hommes, et celui de l'artillerie de 403, pour environ 14 places fortes (les citadelles de Chalcis, dans l'île d'Eubée, de Nauplie, de Misitra, de Navarin, de Coron, de Patras, de Corinthe, l'Acropole d'Athènes, les fortifications de Missolonghi, de Lépante, etc.). En 1842 la marine royale se composait de 34 bâtiments, généralement de petites dimensions, portant 131 canons et montés par près de 1,100 hommes: en 1853 elle ne comptait plus que 17 bâtiments, dont trois ou quatre fonctionnant comme paquebots, et dont les trois plus grands étaient une corvette de 26 canons, un bâtiment à vapeur d'une force de 120 chevaux et de 4 canons, et un cutter de 8 canons. L'état-major de cette flotte ne comprenait cependant pas moins de 410 officiers; et on y comptait autant d'amiraux que de bâtiments. L'instruction publique, qui avait reçu autrefois l'impulsion la plus puissante et la plus salutaire, a de nouveau pâti, comme toutes les branches de l'administration, de la fâcheuse situation des affaires survenue; mais elle n'a pas laissé que de reprendre quelque peu dans ces dernières années, quoique le chiffre de la population des écoles soit demeuré excessivement minime. L'université d'Othon, à Athènes, dont les cours étaient suivis en 1849 par 350 étudiants, a vu sa situation s'améliorer beaucoup par suite des dons dont elle a été l'objet de la part de quelques particuliers généreux. C'est ainsi que déjà sa bibliothèque est riche de plus de 50,000 volumes. Il existe en outre des colléges à Athènes, à Nauplie, à Patras et à Syra, une école polytechnique et une école militaire à Athènes, deux écoles de navigation à Nauplie et à Syra; enfin, quelques centaines d'écoles élémentaires à l'usage du peuple, dispersées sur la surface du territoire. Consultez Thiersch, *De l'État actuel de la Grèce* (Leipsig, 1834); Wordsworth, *Greece, pictural, descriptive and historical* (Londres 1839); Strong, *Greece as a Kingdom* (Londres, 1842); et les ouvrages de Châteaubriand, de Fauriel, de Pouqueville, etc.

Histoire ancienne.

Depuis les temps fabuleux jusqu'à la domination romaine.

[*Temps fabuleux*. La Grèce était bornée au nord par l'Illyrie, la Macédoine et la Thrace. Ce ne fut qu'au temps de Philippe, père d'Alexandre, que la Macédoine fut comprise dans le corps hellénique: la Thrace et l'Illyrie n'en firent jamais partie; mais ces deux pays n'en sont pas moins liés à la Grèce par une foule de traditions mythiques et historiques.

Ce serait une question intéressante que d'examiner de quels éléments primitifs, puis de quelles accessions successives purent se former les populations de la Grèce; mais sur ce point on n'aura jamais que des conjectures, et la Grèce, *menteuse* plus que tout autre pays, a ouvert un vaste champ aux systèmes des érudits, gens, selon moi, presque aussi imposteurs mais bien moins ingénieux que les mythologues.

D'antiques traditions et même des observations physiques font supposer l'existence du pays de *Lectonie*, qui occupait jadis une partie de la mer qui sépare la Grèce de l'Asie Mineure. Selon ces traditions, un tremblement de terre ébranla les fondements de ce pays, et les eaux le submergèrent en entier: « peut-être, dit Jean de Müller, fut-ce à la même époque où la mer qui couvrait les champs de la Scythie força le passage du Bosphore et se réunit aux flots de la Méditerranée. D'après cette supposition, les nombreuses îles de l'Archipel ne seraient que les débris du pays de *Lectonie*, qui, selon toute apparence, avait facilité aux tribus asiatiques l'entrée de notre Europe. Le sol de la Grèce était humide et froid. Un lac immense couvrait la Thessalie avant que le Pénée se fît jour à travers les rochers. »

Les traditions des Grecs, d'accord avec l'Écriture Sainte, nous présentent les contrées orientales de l'Europe comme ayant été peuplées avant les régions septentrionales. En effet, Japhet, le troisième fils de Noé, dont le fils Javan vint s'établir en Grèce, habitait non loin des côtes de la mer Caspienne, au pied du mont Caucase, si fameux dans les traditions des Grecs par le supplice de Prométhée, fils de Japhet. Javan ou Ion eut quatre fils : Elias ou Élischa, qui donna son nom aux Grecs; Tharsis, le père des Thraces; Cettim, qui peupla la Macédoine, que l'Écriture appelle toujours le pays de Cettim; enfin Dodonaïm, du nom duquel on veut tirer le nom de Dodone, ville d'Épire. La Grèce fut donc peuplée par le Nord, et elle formait déjà un corps de nation lorsque des hommes du midi, Égyptiens et Phéniciens, vinrent y apporter la civilisation. Ainsi que les vieux *Hellènes*, les *Pélasges* paraissent avoir été les peuples primitifs de la Grèce. Les Pélasges se dirigèrent insensiblement du nord au midi. Est-ce à des Pélasges, est-ce à des Hellènes, qu'il faut attribuer la fondation de Sicyone dans l'Argolide, que l'on fait remonter à 2164 ans av. J.-C., et qui eut pour premier roi Égialée? Il est du moins à peu près prouvé que le Péloponnèse fut, environ vingt siècles avant Jésus-Christ, le théâtre d'une invasion pélasgique, et cette partie de la Grèce est remplie de constructions pélasgiques attestant l'existence de ce peuple gigantesque dans son architecture grossière.

Après la fondation de Sicyone, le premier événement isolé que présente l'histoire de la Grèce, est l'arrivée de l'Égyptien Inachus en Argolide, vers l'an 1986 avant notre ère. Argos fut fondée par lui, selon Hérodote; par Phoronée, son fils, selon Pausanias. Phèges en Arcadie, Mycènes en Argolide, Sparte en Laconie, furent bâties par ses descendants immédiats. L'an 1883, Pélasgus Ier, issu d'Inachus à la quatrième génération, alla s'établir en Thessalie. Un second Pélasgus fonda Parrhasia en Arcadie (1796). Un troisième (1733) passa en Thessalie avec ses deux frères Achæus et Pthius; de là les provinces de *Pélasgiotide*, *Achaïe* et de *Phtiotide* dans cette contrée.

Vint ensuite l'émigration de l'Égyptien Ogygès en Attique, qui reçut alors le nom d'*Ogygia*. Éleusis et, selon quelques anciens, Thèbes en Béotie lui doivent leur fondation; mais ce qui rend surtout célèbre Ogygès, c'est le déluge qui porte son nom. Le lac Copaïs déborda, désola la Béotie et engloutit deux villes.

Dix ans après, le Chananéen Lélex s'établit en Laconie; ses compagnons, nommés *Léléges*, s'étendirent en Messénie. De là les liens qui, selon l'Écriture Sainte, unissaient la république de Sparte à celle des Juifs.

Sous Gélanor, neuvième descendant d'Inachus, Danaüs venant d'Égypte, aborda en Argolide, sur un *pentécontore* (vaisseau à 50 rameurs), devint roi d'Argos et importa de nouveaux germes de civilisation. Pélasgus IV, fils ou proche parent de Gélanor, alla fonder en Arcadie un royaume. Il apprit à ses nouveaux sujets à se faire des cabanes, à se couvrir de peaux de sanglier, et à substituer pour leur nourriture le gland aux feuilles d'arbres.

Deux siècles après Ogygès, l'Égyptien Cécrops (1578) vint enseigner aux Pélasges de l'Attique l'agriculture, le mariage et le culte des dieux. Cranaüs, son fils et son successeur, forma le tribunal de l'aréopage, seule institution politique appartenant à la Grèce pélasgique qui se soit maintenue sous les Hellènes. Cependant le Phénicien Cadmus s'établissait en Béotie; il enseigna aux Grecs l'écriture alphabétique (1550). Il institua le culte de Bacchus, et apprit à ses nouveaux sujets à faciliter l'écoulement des eaux par le moyen de canaux.

Pendant que la race pélasgique dominait en Grèce, Deucalion et ses fils, chefs de la race, non pas nouvelle, mais jusqu'alors peu connue, des *Hellènes*, entrèrent en Thessalie, où les Pélasges de la colonie de Pélasgus II habitaient depuis environ six générations (1539). Deucalion était fils de Prométhée et petit-fils de Japhet. Il occupa les environs du Parnasse, et les Pélasges allèrent habiter d'autres contrées, l'Épire, les Cyclades, la Crète, etc. Chassé de ce pays dix ans après par le déluge qui porte son nom, et qu'ont rendu si fameux les traditions mythologiques, il visita Athènes, qui avait pour roi Cranaüs, et y fit un sacrifice à Jupiter. Ce voyage de Deucalion en Attique prépara sans doute l'élévation d'Amphictyon, son fils, qui régna sur ce pays après Cranaüs. A cette époque, les Thraces vinrent menacer d'une invasion la Thessalie, à peine repeuplée depuis le déluge. Amphictyon rassembla les peuples voisins des Thermopyles, et les engagea à prendre en commun des mesures pour la défense du pays et de ses lieux. C'est là l'origine du conseil amphictyonique.

Mais de tous les fils de Deucalion, le plus important à connaître est Hellen, qui donna son nom aux peuples appelés avant lui *Pelasgi* ou *Graii*. Ses États comprenaient toute la Thessalie. La nation des Hellènes se divisa sous ses trois fils et sous ses petits-fils en quatre branches :

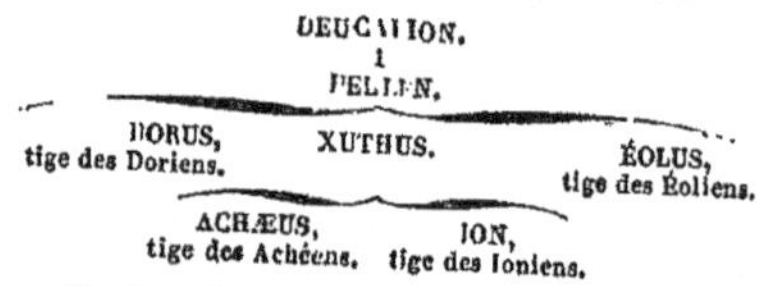

Ces quatre branches d'une tige commune demeurèrent dans les siècles suivants constamment distinctes les unes des autres, par la différence des dialectes, des mœurs et des constitutions politiques, indépendamment des provinces de la Grèce qu'elles pouvaient occuper. Des trois fils d'Hellen, Éolus et Dorus se partagèrent les États de leur père. Éolus eut la Thessalie, la Locride et la Béotie. Sa nombreuse postérité s'étendit en Acarnanie, en Phocide, dans la Corinthie, dans la Messénie. Dorus eut la contrée voisine du Parnasse. Xuthus, chassé par ses frères, se retira en Attique, où il fonda plusieurs villes. Achæus, son fils aîné, s'établit dans la partie du Péloponnèse, voisine du golfe de Corinthe, qui s'appelait alors Égialée, et qui de lui et des siens prit le nom d'Achaïe; il passa ensuite en Laconie, et finit ses jours en Thessalie, où il régna sur les peuples de la Phthiotide. De là des Achéens près de l'isthme de Corinthe, en Laconie, en Thessalie. Le second fils d'Achæus, Ion, père des Ioniens, forma d'abord un établissement dans une partie de l'Égialée; mais ses descendants en furent chassés : ils se réfugièrent d'abord en Attique, d'où ils allèrent se fixer pour jamais sur les côtes de l'Asie Mineure. Dès ce moment l'Ionie d'Égialée perdit ce nom, et prit celui d'*Achaïe*.

Cependant, la civilisation faisait toujours quelques nouveaux progrès en Attique, durant les règnes heureux d'Érichthonius, qui institua les Panathénées, de Pandion Ier, d'Érechthée, qu'on croit venu d'Égypte, de Cécrops II, de Pandion II, enfin d'Égée, au nom duquel se rattachent tant de traditions mythologiques. Sous les successeurs de Danaüs, Lyncée, Abas, Prœtus, Acrisius et Persée, le royaume d'Argos devint glorieux et florissant. Prœtus résidait à Tirynthe; et Persée transféra le siége de sa domination d'Argos à Mycènes. Ces deux princes confièrent aux Cyclopes (caste de mineurs et de forgerons) le soin d'entourer d'une enceinte de murailles Tyrinthe et Mycènes. Ces constructions cyclopéennes étonnent encore aujourd'hui les voyageurs. Elles sont composées de blocs non taillés, dont la dimension donne une grande idée de la force des hommes à cette époque. Le royaume d'Argos fut divisé en quatre principautés, dont deux appartenaient à la famille de Danaüs, et deux autres aux Hellènes Melampus et Bias. Ces partages, suivis de plusieurs guerres civiles, et en dernier lieu des querelles entre les Héraclides et Eurysthée, préparèrent l'usurpation des Pélopides. Pélops, fils de Tantale, qui régnait à Smyrne, était de race pélasgique aussi bien que les Troyens du royaume de Dardanie. Après une guerre désastreuse, soutenue par son père contre le Dardanien Ilus, il passa en Thessalie avec de grands trésors, rallia autour de lui les Achéens phthiotes, et conquit une partie du Péloponnèse, auquel il donna son nom (1362). Les alliances de ses fils avec les familles royales d'Argos et de Sparte assurèrent aux Pélopides la prépondérance en Élide, en Laconie, en Argolide. Le plus puissant de ces princes fut Atrée.

Époque héroïque. Ici commencent les temps héroïques; ici se placent les travaux d'Hercule, qui institua les jeux Olympiques (1384-1350); l'expédition des Argonautes dans la Colchide (1350); la grande puissance maritime de Minos II, roi et législateur de Crète (1330-1315); les exploits de Thésée, qui réunit les 12 bourgs de l'Attique en une seule ville, et fit du gouvernement d'Athènes une démocratie avec un roi (1322); les malheurs d'Œdipe, la guerre des sept chefs alliés contre Thèbes (1318); enfin, celle des Épigones contre cette même ville (1307). On a dit de la double guerre de Thèbes qu'elle fut la première où les Grecs montrèrent quelque connaissance de l'art militaire, et cet esprit d'association qui fonda chez eux l'unité nationale. Ce fait ressort bien davantage de la guerre de Troie.

Depuis la guerre de Troie jusqu'à la guerre des Perses. Le royaume de Troie avait été fondé au pied du mont Ida en Phrygie, vers l'an 1547, par le Pélasge Dardanus. Dans l'espace de trois siècles, les rois de Troie avaient soumis plusieurs peuples asiatiques, et s'étaient emparés de la Thrace et de la vaste contrée qui s'étendait jusqu'aux frontières de la Thessalie. Priam était considéré comme le plus riche monarque de cette partie de l'Asie. Les chefs des peuplades grecques se réunirent contre lui pour venger Ménélas, roi de Lacédémone, dont la femme avait été enlevée par Pâris, l'un des fils du roi troyen. Assemblés à Mycènes, ils reconnurent pour chef le fils et successeur d'Atrée, Agamemnon, roi d'Argos et frère de Ménélas. Les nombreux vaisseaux des confédérés prouvent combien déjà la Grèce était florissante. La guerre de Troie, qui dura dix ans, eut lieu de 1280 à 1270, et se termina par la ruine de cette ville. En même temps, la longue absence des chefs occasionna dans leur patrie des troubles qui devinrent funestes aux princes du sang de Pélops. Malgré ces tempêtes, qui n'atteignaient que les têtes élevées, jamais la civilisation ne s'était plus heureusement développée en Grèce. Les captifs troyens y apportèrent les arts de l'Asie. Déjà le siége de Troie avait fait briller, même dans le camp des assiégeants, les talents de l'ingénieux et disert Ulysse, de Calchas, à la fois orateur et poëte, de Podalyre et Machaon, médecins, qui se signalèrent encore comme guerriers, poëtes et musiciens; enfin, d'Épéus, ingénieur, sculpteur et tacticien, comme Palamède, à qui l'on doit l'invention des échecs. Les communications avec la riche et industrieuse Asie devinrent de plus en plus faciles. Plusieurs poëtes fleurirent, précurseurs du chantre d'Achille, qui sans doute a profité de leurs essais contemporains. L'art de la ciselure, à en juger par les descriptions que fait Homère des armures de ses héros, était déjà très-avancé. La peinture fut trouvée : invention de l'amour, l'art du dessin remontait à une haute antiquité.

Depuis le voyage des Argonautes, le génie aventureux des Grecs les portait chaque jour à de nouvelles expéditions maritimes. La seconde guerre de Thèbes avait donné lieu à plusieurs émigrations, tant sur les côtes de l'Asie Mineure que dans le Latium. Après la prise de Troie, Idoménée, Philoctète, Diomède, les Pyliens de Nestor, les Locriens d'Ajax, les compagnons d'Ulysse, etc., formèrent de nombreux établissements dans la partie méridionale de l'Italie qui s'appelait *Grande-Grèce* (1270-1266). Enfin, Teucer, fils de Télamon, bâtit Salamine dans l'île de Chypre.

Quatre-vingts ans après la prise de Troie, les *Héraclides*, ou descendants d'Hercule, que les Pélopides avaient chassés du Péloponnèse, y rentrèrent avec les Doriens et les Étoliens. Ils avaient trois chefs : Témène, Cresphonte, et Aristodème. Témène eut Argos, Cresphonte obtint la Messénie, et Aristodème, mort pendant l'expédition, transmit à ses deux fils jumeaux, Eurysthène et Proclès, le royaume de Sparte, où la royauté demeura partagée entre deux rois (1190). L'Élide fut donnée à l'Étolien Oxylus. Environ trente ans après, Aléthès, autre Héraclide qui était demeuré en Doride, vint rejoindre ses frères et s'empara de Corinthe (1160). Ainsi, les territoires d'Argos, de Sparte, de Mycènes et de Corinthe, enlevés à leurs anciens habitants les Achéens, deviennent doriens. Les Achéens à leur tour chassèrent les Ioniens, et s'établirent dans le pays appelé depuis Achaïe. Les Athéniens accueillirent les Ioniens. Tandis que les invasions amenaient dans les autres États de fréquents changements, Athènes se distinguait par la conservation de la race indigène et des mœurs primitives. Une autre suite de ces migrations fut l'établissement, tant dans l'Asie Mineure et sur les côtes du Pont-Euxin qu'en Italie et en Sicile, de nombreuses colonies grecques, fondées d'abord par les Éoliens, bientôt après par les Ioniens et par les Doriens eux-mêmes. Ces colonies eurent la plus grande influence sur le développement ultérieur de la nation hellénique; mais il me paraît inutile d'en présenter l'indication, qui ne pourrait être ici qu'une sèche nomenclature. « Une colonie, nous dit M. Saint-Marc-Girardin, partait de la Grèce sous la conduite de quelque héros, fils des dieux, emportant avec elle le feu pris aux autels de la Métropole et quelque obscure réponse de l'oracle de Delphes qui lui désignait le lieu où elle devait s'établir. Elle trouvait ce lieu prédestiné; elle y élevait un temple à Mercure *Ecbasius* (qui protége les débarquants) ou à Apollon *Archagète* (qui sert de chef ou de conducteur); elle y bâtissait une ville; mais bientôt les habitants du pays, étonnés et vaincus un moment, attaquaient la colonie naissante; souvent elle périssait. Alors quelque autre ville grecque envoyait à son tour une colonie aux mêmes lieux; car les colonies suivaient volontiers les traces de leurs devancières. Les Hellènes abordaient où avaient abordé les Pélasges; les Ioniens succédaient aux Éoliens : le flot suivait le flot, et c'est ainsi que les villes grecques de la Thrace, du Bosphore, du Pont-Euxin et de l'Asie Mineure eurent plusieurs fondateurs successifs; c'est ainsi que les traditions sont diverses sans être mensongères. » Dans les deux siècles qui suivirent le retour des Héraclides, des gouvernements républicains se formèrent dans les différents États de la Grèce, à l'exception de l'Épire. La révolution commença à Thèbes, l'année même du retour des Héraclides (1190). Dans une guerre contre les Doriens, Codrus, roi d'Athènes, se sacrifia pour la patrie (1132). Les Athéniens déclarèrent qu'ils ne reconnaîtraient plus d'autre roi que Jupiter. A l'héroïque Codrus ils substituèrent Médon, son fils aîné, sous le titre d'archonte à vie. Quatre cents ans plus tard, l'archontat fut réduit à dix ans (734); enfin, l'on créa neuf archontes annuels (684).

L'an 984 l'Argolide s'érige en république. On ne connaît pas les circonstances qui assurèrent la liberté des habitants de l'Achaïe, de la Sicyonie, de la Locride, de la Phocide. Malgré ce morcellement de la Grèce en une foule de petits États indépendants, séparés les uns des autres par des intérêts divers et même hostiles, certaines institutions entretinrent entre eux cette union, qui fit d'eux la première des nations de l'antiquité. Ces institutions furent l'oracle de Delphes, les jeux Olympiques, rétablis par Iphitus, roi d'Élide (776), et le conseil des amphictyons, dont l'influence tutélaire se trouva fortifiée par l'établissement des Doriens dans le Péloponnèse. L'objet de toutes ces institutions était la religion; le but de l'assemblée des amphictyons elle-même était encore plus religieux que politique. Les Grecs seuls pouvaient prendre part aux jeux qu'on célébrait à Olympie. L'oracle de Delphes secondait les héros et les législateurs. Ce fut après que la pythie lui eut adressé ces mots : « Mon oracle incertain balance s'il te déclarera dieu ou homme; je te crois plutôt un dieu, » que Lycurgue donna cette législation qui, subordonnant la morale à la politique, fit de Sparte, avec deux rois et un sénat, une république sans troubles, une royauté sans abus. Il plaça les Spartiates sous l'empire de l'exaltation patriotique, à peu près comme Moïse avait par la loi placé les Juifs sous l'empire d'une sorte d'exaltation religieuse. La législation de Lycurgue est de l'an 766. On ne sait si l'on doit lui attribuer l'institution des éphores, magistrats annuels, tirés de la classe populaire et chargés de défendre le peuple contre l'oppression. On ne peut douter que leur grande puissance ne soit d'une époque postérieure à Lycurgue. Il avait défendu aux Spartiates de faire longtemps et avec acharnement la guerre aux mêmes ennemis. Les deux guerres de Messénie, qui eurent lieu au mépris de cette loi, procurèrent à Sparte la suprématie parmi les États du Péloponnèse. Durant la première de ces guerres, les rois de Messénie Euphaès et Aristodème tinrent tête pendant vingt ans aux farouches Spartiates : la funeste journée d'Ithome força les Messéniens à rendre les armes et à céder aux Lacédémoniens la moitié de leurs terres. Trente-neuf ans après la prise d'Ithome, la Messénie, sous le héros Aristomène, secoue ses fers. Pendant dix-huit ans (de 683 à 668), la fortune reste indécise entre les deux peuples; Sparte, qui doit ses victoires à l'Athénien Tyrtée, général et poëte, finit par l'emporter. La Messénie est rayée du nombre des nations de la Grèce. Les habitants qui restent dans le pays sont réduits à l'esclavage, et, sous le nom d'*ilotes*, se confondent avec les peuples serfs qui cultivent la terre pour la fière et oisive Lacédémone. Les autres se réfugient en Arcadie; mais tout ce que la nation messénienne conserve d'hommes énergiques vont s'établir en Sicile, où ils donnent à la ville de Zancle le doux nom de leur patrie (Messine).

Athènes (car durant cette époque que dire d'intéressant sur les autres cités de la Grèce?) Athènes cependant vivait en proie aux désordres d'un gouvernement sans base et sans règles. Il n'existait point de lois écrites : tout s'y décidait d'après la tradition et les usages. Le peuple, qui se lasse de l'anarchie, charge l'archonte Dracon de rédiger un code. Ce législateur, par ses lois sévères jusqu'à la cruauté, manque le but en le dépassant (624). Le désordre est au comble : l'ambitieux Cylon veut asservir sa patrie (598). Il est massacré dans la citadelle de Minerve. Athènes, souillée par la profanation de ce lieu saint, appelle un homme inspiré, le Crétois Épiménide (596). Il fait construire de nouveaux temples, érige au *Dieu inconnu* cet autel que saint Paul reconnaîtra six siècles plus tard, et par des règlements utiles tâche de rendre les Athéniens au calme et au bonheur. A peine les a-t-il quittés, les factions se rallument : le peuple alors se jette dans les bras de Solon, qui devient son législateur (582).

Solon était du nombre de ces sept hommes célèbres de la Grèce qui firent leur étude de la véritable sagesse, et qui s'appliquèrent à renfermer dans de courtes sentences le résultat de leurs méditations. La plupart d'entre eux étaient des hommes d'État. Solon abolit les lois de Dracon, à l'exception de celles qui concernaient le meurtre. Ses lois criminelles étaient les plus sages de l'antiquité; mais il toucha peu au gouvernement d'Athènes. Dans ses lois sur la vie privée, il subordonna la politique à la morale : Lycurgue avait fait tout le contraire. Solon lui-même a jugé sa législation en disant « qu'il avait donné aux Athéniens non les meilleures lois, mais les meilleures qu'ils pussent supporter ». Cette grande œuvre accomplie, il s'éloigna d'Athènes : à son retour, après vingt ans d'absence, il trouva tout en combustion.

Bientôt Pisistrate s'empare de la tyrannie (560) : il observe des lois de Solon toutes celles qui se concilient avec son usurpation; et il use de son pouvoir avec une modération qui a fait voir en lui le précurseur de Périclès. Hipparque, fils de Pisistrate, eut les qualités brillantes de son père; mais une passion honteuse et déréglée, trop commune chez les Grecs, le perdit. Ayant offensé le bel Harmodius, il s'attira sa haine et la rivalité furieuse de son ami Aristogiton, et périt sous leurs coups au milieu d'une fête publique. Hippias, frère d'Hipparque, qui lui survit, gouverne avec sévérité : les Athéniens, irrités, appellent les Lacédémoniens à leur secours. Cléomène, roi de Sparte, chasse Hippias, qui se réfugie auprès du roi de Perse Darius. La constitution de Solon fut rétablie dans son entier.

Depuis la guerre des Perses jusqu'à la fin de la guerre de Péloponnèse. Le moment était venu où le colosse persan allait se briser contre les petites républiques de la Grèce. En 513, Darius, à la suite d'une expédition malheureuse contre les Scythes, rendit la Macédoine et la Thrace tributaires. Déjà, sous Cyrus, l'Ionie, la Carie et la Doride (c'est-à-dire la Grèce de l'Asie Mineure), avaient été subjuguées par le grand-roi. En 500 les Athéniens brulèrent Sardes, en soutenant la révolte des Ioniens contre Darius.

La révolte d'Ionie, l'incendie de Sardes, demandaient vengeance : la conquête de la Grèce fut résolue. Le jeune Mardonius, gendre du grand-roi, part avec une armée nombreuse, perd ses vaisseaux dans une tempête, 20,000 hommes chez les Thraces, et revient à Suze couvert de honte. Darius n'en fut que plus irrité. Il avait promis à ses femmes des esclaves athéniennes, et les hérauts qu'il avait envoyés aux Athéniens et aux Spartiates pour demander la terre et l'eau avaient été, par une cruelle dérision, précipités dans des fosses ou dans des puits. Une nouvelle armée plus nombreuse, sous la conduite de généraux plus habiles, le Mède Datis et le Perse Artapherne, part avec l'ordre d'amener chargés de chaînes tous les habitants d'Athènes et d'Érétrie, ville de l'Eubée. Érétrie est d'abord enlevée d'assaut, livrée au pillage, à l'incendie, et tous les habitants réduits en servitude. Fière de ces succès, l'armée des Perses, guidée par Hippias, débarque dans l'Attique. Toutes les villes grecques, épouvantées, envoient leur soumission. Mais trois héros, Miltiade, Aristide et Thémistocle, relèvent le courage des Athéniens. On prend les armes avec enthousiasme; les esclaves même sont enrôlés. Chacune des dix tribus fournit mille soldats, les Platéens un pareil nombre; puis, avec 11,000 hommes seulement, Miltiade accable, dans les plaines de Marathon, la multitude des Perses (490). Les Spartiates n'arrivent qu'après la victoire accomplie. Miltiade, avec la flotte d'Athènes, veut purger les mers et les ports de la Grèce de ce qui reste des barbares : il échoue devant Paros, est accusé de trahison, et condamné, par l'ingrate république qu'il a sauvée, à payer les frais de l'expédition. Il meurt en prison, faute de pouvoir payer l'amende, et sa pauvreté est sa plus noble justification. Darius meurt en léguant à son fils Xerxès ses projets de vengeance (485). En Grèce, Thémistocle, à qui les lauriers de Miltiade ôtaient le sommeil, le remplace à la tête de la république. Il supplante le vertueux, le juste Aristide, qu'il fait bannir par l'ostracisme, augmente la marine d'Athènes, et en combattant les Éginètes, qui disputent à sa patrie l'empire de la mer, il prépare les Athéniens à une lutte bien autrement importante contre les Perses. Xerxès, avec dix-sept cent mille hommes et douze cents trirèmes, sans compter les vaisseaux de transport, si l'on en croit Hérodote, arrive à l'Hellespont. Il passe la mer sur un pont de bateaux, et s'avance vers la Macédoine, à travers les tribus hostiles de la Thrace. Les villes de Thessalie, les peuplades du Pinde, de l'Ossa, de l'Olympe, envoient leur soumission. La Béotie suit cet exemple, excepté Thèbes et Platée, dont les députés vont joindre à l'isthme de Corinthe les représentants de la Grèce. Sparte est à la tête de la ligue, et Thémistocle, sous les ordres du Spartiate Eurybiade, dirige la flotte confédérée. Léonidas, roi de Sparte, avec 7,000 hommes, se poste au défilé des Thermopyles. Après quelques jours d'une héroïque résistance, la trahison livre aux Perses les hauteurs environnantes. Toute défense devenait inutile; mais Léonidas veut rester fidèle à son serment. Il renvoie tous les Grecs, et ne garde avec ses 900 Spartiates que 400 Thespiens, qui refusent de les abandonner. Cette glorieuse élite, si grande dans la postérité, combat jusqu'à la mort de son dernier soldat, *pour obéir aux lois de Lacédémone ;* mais l'ennemi a perdu 20,000 de ses meilleurs guerriers.

Pendant que la flotte de Xerxès, repoussée par les Grecs au promontoire d'Artémisium, perdait 200 vaisseaux par une tempête, le despote entre en Phocide, reçoit les Thébains dans son alliance, et occupe toute la Grèce centrale. Athènes est livrée aux flammes. La victoire navale de Salamine couronne ces nobles prévisions. Elle est l'œuvre de Thémistocle, qui a su à la fois tromper Xerxès par de faux avis, endormir la susceptibilité jalouse de Sparte et se réconcilier avec Aristide. La flotte du grand-roi est détruite, son armée décimée par les privations et les maladies, ses alliés, les Carthaginois (*voyez* CARTHAGE), accablés par Gélon en Sicile. Il fuit précipitamment, repasse l'Hellespont sur une barque de pêcheur, et va cacher sa honte à Suze, au fond de son sérail. Là il apprit la double victoire que les Grecs remportèrent le même jour (479) sur les forces qu'il avait laissées en Grèce, aux ordres de Mardonius. Le danger passé, Athènes, avec toute sa gloire, ne trouva pas grâce devant les Spartiates, qui s'opposaient à la reconstruction de ses murs et de ceux du Pirée. Pendant que Thémistocle entame à ce sujet une insidieuse négociation, tous les Athéniens mettent la main à l'œuvre, et Athènes est de nouveau fortifiée. Les hauteurs de Pausanias, le vainqueur de Platée, révoltent les alliés, qui transportent aux Athéniens le commandement jusqu'alors dévolu aux Spartiates. Pausanias conspire contre la liberté de la Grèce : il expie son crime par une mort cruelle. Thémistocle, qu'on accuse d'avoir partagé ses projets, s'éloigne à temps, et se retire auprès du roi de Perse, qui le comble de richesses et d'honneurs. La modération d'Aristide, qui administre les subsides des alliés, consolide l'influence d'Athènes et la rend chère à la Grèce. Aristide a pour élève le fils d'un grand homme : c'est Cimon, fils de Miltiade. Ses victoires et ses conquêtes étendent la puissance de sa patrie ; son triomphe près du fleuve Eurymédon rend la liberté aux Grecs de l'Asie Mineure (472). Mais les temps d'Aristide se passent; l'orgueil d'Athènes croît avec sa puissance, et soulève contre elle ses alliés de la Grèce. Sparte, à moitié détruite par un tremblement de terre et par la révolte des Messéniens et des Ilotes, ne peut encore profiter des fautes de sa rivale. Cependant Périclès, chef du parti démocratique à Athènes, s'empare du gouvernement, et fait exiler Cimon. Il livre aux Spartiates la bataille sanglante et indécise de Tanagre. Mais le rappel de Cimon, proposé par Périclès lui-même, fait cesser cette guerre intestine. Cimon dirige contre la Perse l'humeur inquiète de ses concitoyens, soutient la révolte de l'Égypte, et dicte à Artaxerxès le fameux traité qui, après cinquante et un ans de combats, bannit la marine persane de toutes les mers helléniques et garantit la liberté de tous les Grecs de l'Asie (449). Le même navire apporta dans Athènes l'instrument de ce traité et les restes inanimés de son auteur.

Périclès l'Olympien occupe la scène après Cimon : l'ambition de cet heureux héritier des projets de Pisistrate précipite la Grèce dans un abîme de maux. Pour dominer Athènes, il a besoin d'une lutte contre Sparte. Son éloquence et surtout son habileté à tout conduire sans se montrer lui procurent une royauté sans titre, fondée sur l'enthousiasme aveugle du peuple. Son pouvoir ne trouve de contrôle que dans l'opposition timide de Thucydide, représentant de l'aristocratie. Thucydide est banni. Du reste, Périclès emploie son influence à la grande satisfaction de la démocratie qui le soutient. Athènes se couvre de monuments, et l'or des alliés en fait les frais. Athènes devient le siége de tous les arts, la patrie de tous les savants; et son peuple, qui n'a d'autre soin que d'assiter aux fêtes et aux assemblées publiques, est pour cette assiduité payé aux dépens de la Grèce. Un peuple si heureux peut-il craindre les revers? Aussi, dans son enthousiasme Athènes se lance aveuglément dans la guerre du Péloponnèse où Périclès l'entraîne.

Guerre du Péloponnèse. Un débat sanglant s'était élevé entre Corcyre et Corinthe, sa métropole: Athènes prit parti pour Corcyre. Corinthe se venge en faisant soulever Potidée, colonie d'Athènes, déjà travaillée par les intrigues de Perdiccas II, roi de Macédoine. Les Corinthiens, vaincus, dénoncent à la Grèce l'ambition d'Athènes. Une ligue se forme à Sparte; Argos et Platée se rangent du côté d'Athènes; la guerre du Péloponnèse commence (431). Cette guerre, qui dura vingt-sept ans, et qui moissonna la fleur de la Grèce, a cela de remarquable, dit un auteur moderne, qu'elle ne fut pas seulement une guerre contre les peuples, mais aussi contre les constitutions des États. La politique d'Athènes, pour établir et maintenir son influence chez les étrangers, était de soulever partout la populace contre les citoyens riches et puissants et de se créer partout un parti démocratique ou athénien, pour l'opposer au parti lacédémonien ou aristocratique (431). » Les Thébains envahissent Platée, et sont chassés. La première année de la guerre est signalée de part et d'autre par d'affreux ravages. Tandis que le roi de Sparte, Archidamus, désole l'Attique, Périclès contraint les Athéniens à rester enfermés dans leurs murailles. Ainsi qu'il l'avait prévu, la famine a bientôt chassé les Spartiates. Périclès, à la tête des galères d'Athènes, détruit la flotte des Locriens. La population athénienne se porte tout entière aux rivages de la Mégaride. Après cette campagne, Périclès prononce l'éloge funèbre des héros morts pour la patrie, et Athènes se trouve consolée. La peste, décrite si énergiquement par Thucydide, si savamment par Hippocrate, vient ajouter à tous ces maux (430). Dans leur désespoir, les Athéniens retirent le pouvoir à Périclès; ils le rappellent presque aussitôt, mais il succombe aux atteintes de la peste. Cet homme, doué de qualités brillantes, habile capitaine, grand homme d'État, orateur surtout, réussit pendant trente ans, moins par ses services et ses exploits que par la puissance de la parole, à conduire à son gré le plus variable des peuples de l'antiquité. Mais qu'importent à sa gloire les maux de quelques années qu'il attira sur sa patrie, puisque son nom sera éternellement placé à la tête des grands hommes dont l'influence a fait marcher l'intelligence humaine?

Les Athéniens prennent Potidée (437), punissent la défection de Lesbos, mais ne peuvent empêcher la prise de Platée, dont les généreux défenseurs sont froidement égorgés par les Thébains. La ville est détruite de fond en comble; mais Platée vit éternellement dans le bel épisode que lui a consacré Thucydide. Le général athénien Démosthène transporte la guerre dans le Péloponnèse, s'empare de Pylos, bat les Lacédémoniens, malgré la valeur de Brasidas : quatre cents Spartiates, enfermés dans l'île de Sphactérie, sont obligés de se rendre. Cythère est prise par Nicias; les Corinthiens sont battus; les Ilotes se révoltent, et les Messéniens, rétablis à Pylos, menacent les Lacédémoniens jusque dans Sparte. Athènes triomphante peut dicter la paix à sa rivale, qui l'implore; mais elle veut toujours la guerre : la fortune l'abandonne. Ses troupes sont vaincues à Délium (424). Brasidas lui enlève la Thrace et lui accorde une suspension d'armes. L'Athénien Cléon, fougueux démagogue, entraîne de nouveau sa patrie dans la guerre. Aussi mauvais général que funeste orateur, il est vaincu et tué. Les Spartiates, qui ont aussi perdu sous les murs d'Amphipolis leur chef, Brasidas, veulent la paix : elle est conclue pour cinquante ans (421). Alcibiade, qui aspire à l'héritage de Périclès, porte les Athéniens à violer le traité, malgré les avis du sage Nicias, qui est à ce jeune ambitieux ce que Thucydide avait été pour Périclès. Après quelques faits d'armes insignifiants, les Athéniens, dont l'ambition téméraire ne recule devant aucune entreprise, tournent leurs armes contre la Sicile, où les appellent les Ségestins. Alcibiade commande l'expédition, dont les préparatifs sont immenses. Il a pour collègues Nicias et Lamachus (415). A peine a-t-il quitté Athènes que ses ennemis l'accusent de sacrilége. Il est rappelé de Sicile, où d'éclatants succès couronnaient déjà ses armes. Alcibiade s'enfuit à Sparte, brûlant de se venger de ses concitoyens. Dès lors plus de succès pour Athènes. Nicias, qui a perdu un temps précieux devant Naxos, assiége trop tard Syracuse. Le Spartiate Gylippe sauve la ville, bat les Athéniens sur terre et sur mer. Leur armée est prise ou détruite. Nicias ne survit point à tant de désastres. Les *carrières* de Syracuse étaient encombrées de prisonniers athéniens. Quelques-uns adoucissent leur *captivité* en récitant à leurs maîtres les beaux vers d'Euripide (415). Athènes, un instant consternée, se montre bientôt supérieure à la fortune. Une flotte sortie du Pirée arrête les progrès des ennemis dans la mer Égée, et rappelle Alcibiade, qu'un éclatant adultère a fait bannir de Sparte, et qui s'était retiré auprès du satrape de Carie, Tissapherne (312). Les alliés, vaincus dans deux batailles navales et dans deux combats sur terre, épuisés d'hommes et d'argent, abandonnés par le satrape d'Ionie Pharnabaze, implorent une paix que leur refuse Athènes. Alors Alcibiade ramène dans sa patrie sa flotte victorieuse. Il est reçu au milieu des transports d'une joie délirante, et replacé à la tête du gouvernement de la république. Six mois après il errait en fugitif sur les côtes de l'Asie Mineure. Une faute de son lieutenant Antiochus lui avait attiré la disgrâce de ses légers compatriotes (409). Les dix généraux qui le remplacent détruisent la flotte lacédémonienne aux îles Arginuses. Mais une tempête les empêche d'ensevelir les morts et la superstition athénienne oublie leur victoire. Ils subissent la mort des traîtres et des sacrilèges. Ce fut le Spartiate Lysandre qui cette fois châtie Athènes, dont il détruit la flotte près d'Ægos-Potamos; il ameute contre elle tous ses alliés, et jusqu'à la Perse, puis vient mettre le siége devant ses murs : il fallut céder et livrer tous ses vaisseaux, toutes ses richesses, et recevoir garnison lacédémonienne (404). Trente tyrans, créatures de Lysandre, exercent dans la malheureuse ville un odieux despotisme. La même révolution s'opère dans toutes les villes grecques d'Europe et d'Asie. Elles reçoivent des *harmostes* ou commandants militaires de Sparte.

Depuis la guerre du Péloponnèse jusqu'à la bataille de Chéronée. Mais Sparte commence à craindre pour sa propre liberté. Lysandre songe à renverser les lois de Lycurgue au profit de son ambition. Sparte, pour rester libre, sent qu'elle a besoin d'Athènes libre. Elle favorise l'Athénien Thrasybule (403), qui chasse les trente tyrans et rétablit l'ancien gouvernement démocratique. Ici se place le grand crime athénien, la condamnation de Socrate (400). Athènes a perdu l'empire de la Grèce, et Sparte régente à son gré tous les États helléniques. Cependant, le roi de Perse a mis à profit la rivalité des républiques grecques. En les soutenant tour à tour, il a épuisé l'une par l'autre, et c'est lui maintenant qui va dominer la Grèce. Un moment, pourtant, son empire fut en danger. Le jeune Cyrus, en ébranlant, à la tête d'une armée grecque, le trône d'Artaxerxès, son frère, avait ouvert le chemin que suivit bientôt Agésilas; et la retraite des dix mille, gloire éternelle de l'Athénien Xénophon, annonça ce que pouvait une poignée de Grecs. Ce fut bien autre chose lorsque le roi de Sparte Agésilas, vainqueur de Tissapherne et de Pharnabaze, s'élança au milieu de l'Asie, suivi de 20,000 Grecs et d'une foule de barbares. Mais l'or du grand-roi avait formé derrière lui une ligue terrible, qui s'annonce par la défaite et la mort de Lysandre. Sparte rappelle Agésilas à la défense de ses foyers. Il trouva toute la Grèce armée contre sa patrie. La bataille de Coronée ne décida rien. L'Athénien Conon et le satrape Pharnabaze venaient de détruire la flotte lacédémonienne. Sparte semblait perdue. Agésilas désarme la Perse par le traité d'Antalcidas, qui met les villes grecques et la plupart des îles d'Asie sous l'empire du grand-roi. Athènes, à qui on laisse Imbros, Scyros et Lemnos, ne s'oppose point à cette honteuse transaction. Ainsi, l'œuvre du traité de Cimon est détruite, tant en Asie qu'en Grèce. Sparte, sûre de dominer sous le patronage des Perses (386), donne pleinement carrière à son ambition. C'est sur la Thrace qu'elle dirige ses efforts. Phœbidas, héros des temps héroïques par sa valeur brillante, mais tout dévoué à la politique immorale de sa patrie, s'empare de Thèbes par surprise (381). On se récrie contre cette violation du droit des gens : les éphores condamnent Phœbidas et gardent la ville. Thèbes est bientôt vengée : l'exilé Pélopidas part des murs d'Athènes avec sept compagnons, entre dans Thèbes (379), surprend les tyrans établis par les Spartiates, et les massacre. Thèbes est libre. Athènes s'empresse de la secourir. Toute la jeunesse thébaine vole aux armes, sous la conduite de Pélopidas et d'Épaminondas, de qui l'âme élevée inspire aux lourds Béotiens un courage dont jusqu'alors ils avaient paru peu susceptibles. Le roi de Sparte Cléombrote est repoussé trois fois, Agésilas lui-même ne peut vaincre leur opiniâtreté. Il abandonne Thespies et Platée, pendant que les généraux d'Athènes, Chabrias le tacticien et l'heureux Timothée, humilient en maints combats la flotte lacédémonienne. Les alliés de Thèbes jalousent bientôt ses succès et sa nouvelle puissance. Athènes se détache de la ligue. Une paix générale est signée à Sparte. Épaminondas y représente sa patrie : il veut, si Thèbes renonce à dominer la Béotie, que la Laconie soit libre aussi du joug de Sparte. Ce fier langage irrite Agésilas, qui de sa main efface Thèbes du traité (371). L'éclatante victoire de Leuctres, cette première et *immortelle fille* d'Épaminondas, met le comble à la gloire de Thèbes, qui s'annonce comme la libératrice de la Grèce. Les anciens ennemis de Sparte se soulèvent par tout le Péloponnèse. Les Arcadiens fondent *Mégalopolis*; ils appellent le héros thébain, qui paraît bientôt avec 70,000 hommes, et fait voir aux femmes de Sparte, pour la première fois, la fumée d'un camp ennemi. Les talents d'Agésilas sauvent sa patrie. Épaminondas, obligé de se retirer, veut, en quittant le Péloponnèse, laisser des ennemis aux portes de Sparte. Il rétablit l'Arcadie et la Messénie en corps de nation, et fonde *Messène* (369). Sparte s'allie avec le grand-roi, avec Syracuse; elle est secourue par Athènes. Chabrias sauve Corinthe, menacée par Épaminondas, et le force à rentrer dans la Béotie. Les Arcadiens, qui croient pouvoir se passer de Thèbes, affrontent l'armée spartiate : ils sont vaincus par Archidamus à la bataille *sans larmes* (367). Cependant Pélopidas soutenait en Thessalie la gloire des armes et de la politique thébaines contre Alexandre, odieux, mais habile tyran. Surpris par celui-ci, il est promené captif dans une cage de fer, et délivré par Épaminondas. Il veut se venger du perfide, et succombe en soldat près de Cynocéphales (365). Épaminondas, qui, à la suite d'une troisième invasion dans le Péloponnèse, a conçu le projet de donner aux Thébains l'empire de la mer, parcourt l'archipel hellénique à la tête de cent trirèmes, et fait révolter les villes maritimes contre Athènes (364). Rappelé une quatrième fois dans le Péloponnèse par les troubles qu'y excitent les Arcadiens, profanateurs du temple d'Olympie, il rallie sous ses étendards tous les ennemis de Lacédémone. Une grande bataille s'engage sous les murs de Mantinée : elle doit décider du sort de la Grèce. Épaminondas, vainqueur et blessé à mort, expire dans la joie de son triomphe. Avec lui Thèbes semble avoir rendu l'âme (363). A l'école d'Épaminondas, un jeune *barbare*, laissé en otage à Thèbes, avait appris à vaincre la Grèce. Ce barbare était Philippe, fils du roi de Macédoine Amyntas. Monté sur le trône de ses pères (360), après de longs troubles, il adopta et suivit le plan de Jason, tyran de Thessalie (assassiné en 370), qui avait rêvé à la fois l'asservissement de la Grèce et la conquête de la riche Asie. Philippe aguerrit ses troupes en subjuguant les Illyriens et d'autres barbares voisins de ses frontières. Aux dépens de la Thrace, il étend jusqu'au Bosphore et à l'Hellespont la domination de la Macédoine, qui, naguère reléguée au fond du continent, devient une puissance maritime. Mais c'est à la Grèce qu'il en veut : il gagne la Thessalie; divise, trompe, et réduit les Phocidiens à la faveur de cette *guerre sacrée*, qui montre dans la Grèce une nation fanatique à la fois et sans croyances; puis, comme vengeur du dieu de Delphes, il force la Pythie à *philippiser*, et acquiert, par le droit de siéger au conseil amphictyonique, son adoption dans la grande famille des Hellènes. De Byzance jusqu'au Péloponnèse, on ne parle que de ses victoires, de sa grandeur d'âme, de sa clémence, de sa popularité. Alors seulement Athènes lance ses décrets et prépare ses armes contre Philippe : ce n'était pas la faute de Démosthène si elle ne s'était pas réveillée plus tôt. « Cet orateur semblait avoir été donné aux Grecs pour leur prédire les malheurs qu'accumulaient sur leurs têtes leur indifférence pour le bien public, la corruption de leurs mœurs et de leurs principes. Mais ils furent sourds à ses prédictions, comme les Troyens l'avaient été à celles de Cassandre (Müller). » Malheureusement pour la Grèce, le vertueux Phocion, qui sut remporter quelques victoires contre Philippe, professait une politique opposée à celle de l'orateur Démosthène, qui ne savait que fuir devant l'ennemi. La prise d'Étalée avait ouvert les yeux même aux Thébains : une bataille eut lieu dans les plaines de Chéronée en Béotie. Les Athéniens et leurs alliés combattirent en vrais défenseurs de l'antique liberté; ils furent vaincus; le bataillon sacré des Thébains périt en entier (337). Philippe, vainqueur, respecte Athènes. « Irai-je détruire, dit-il, le théâtre de la gloire, après avoir fait tout pour elle? » Mais jamais un conquérant ne peut s'arrêter. Il lui faut occuper son armée et distraire les Grecs, par une grande entreprise nationale, du sentiment douloureux de leur défaite. Comme chef des amphictyons, il a résolu de venger les dieux outragés jadis par Xerxès, et de faire expier aux successeurs de ce prince les maux qu'il avait fait subir à la Grèce. Au milieu des préparatifs de la guerre, Philippe tombe sous le fer d'un assassin, laissant à un *enfant* de vingt ans l'héritage de ses projets et de ses conquêtes (335). Dès ce moment l'histoire grecque n'est plus que l'histoire de Macédoine.

La Grèce sous la domination macédonienne. Mais quels étaient ces Macédoniens qui, selon l'Écriture, élevèrent la troisième monarchie, c'est-à-dire la monarchie des Grecs? Leur origine remontait à une colonie d'Argos, qui, sous la conduite des *Téménides*, de la race d'Hercule, alla s'établir dans l'Émathie, et jeta les fondements du royaume de Macédoine, vers l'an 813. Malgré cette origine incontestée, malgré l'influence politique qu'avait obtenue en Grèce le roi de Macédoine Perdiccas II pendant la guerre du Péloponnèse; malgré le règne brillant d'Archélaüs, qui fit beaucoup pour la civilisation de ses peuples, les Grecs n'avaient jamais voulu avouer les Macédoniens pour leurs frères. Il leur fallut bien pourtant, sous Philippe et ses successeurs, les reconnaître pour dominateurs.

Alexandre, après avoir réduit les Illyriens et les Triballes révoltés, détruit la ville de Thèbes, et par cette acte de sévérité enlève aux Grecs tout espoir de recouvrer leur indépendance. Toutefois, respectant les formes républicaines, il se fait nommer à Corinthe généralissime des armées de la confédération hellénique contre les Perses (336). Il part ensuite de Pella avec trente-cinq mille soldats, trente talents et l'*espérance*. Le combat du Granique lui ouvre l'Asie Mineure (334); la bataille d'Issus lui en donne la conquête (333); le siége de Tyr, qui dure sept mois (331), et l'occupation de l'Égypte le rendent maître de la mer. En fondant Alexandrie, il voulut, dit Heeren, s'élever à lui-même un monument plus durable que toutes ses victoires. Du fond du désert d'Ammon, il s'élance sur l'Asie intérieure. Après la journée d'Arbelles (1er nov. 331), après la mort de Darius-Codoman, victime de la trahison du satrape Bessus, tout l'empire persan se prosterne devant le héros macédonien. Cependant le repos intérieur de la Grèce paraissait assuré par la politique habile et ferme d'Antipater; et la fortune d'Alexandre voulut que le plus habile des généraux persans, Memnon de Rhodes, périt obscurément devant Mitylène, au moment où il méditait contre la Macédoine une invasion qu'aurait favorisée le mauvais vouloir des Grecs. En effet, l'année même de la mort de Darius, les Thraces se révoltent, les Spartiates arment 20,000 hommes. Antipater, après avoir dompté les Thraces, marche en Arcadie : les Spartiates sont vaincus; ils perdent 5,000 soldats et leur roi Agis (330). La monarchie persane a pris fin; mais Alexandre a encore à faire sa plus rude conquête, celle de la Bactriane et de la Sogdiane (329). Dès lors le fleuve Iaxartes, ancienne limite de la monarchie persane, paraît devoir borner la conquête macédonienne; mais l'attrait d'une entreprise gigantesque, joint à de grands projets de découvertes, de navigation et de commerce, entraîne Alexandre dans l'Inde dont il ne subjugua que la partie septentrionale, jusqu'à l'Hyphase. Les Macédoniens ne veulent pas aller plus loin; Alexandre, de retour à Babylone, meurt, à l'âge de trente-deux ans, des suites de ses fatigues et de ses excès (323). Il fut plus regretté des Asiatiques que des Macédoniens, qui voyaient avec mécontentement ses projets, tendant à « réunir en un seul empire tous les peuples soumis par lui, à les élever au même degré de civilisation, à fondre ensemble toutes les races....., et à accoutumer les Européens et les Asiatiques à se considérer comme compatriotes. » (Müller.) Par cette mort prématurée, le monde fut ébranlé des bords du Nil à ceux de l'Indus. La famille d'Alexandre conserva pendant quelques années une ombre de pouvoir dans le royaume de Macédoine, où ses lieutenants, Antipater et Cratère, ont d'abord la direction des affaires. Tandis que les mercenaires et les Grecs, colonisés par Alexandre dans la haute Asie, s'arment pour retourner dans leur patrie, la Grèce se soulève à la voix de Démosthène. La moitié de la Grèce suit cet exemple; sept peuples restent seuls fidèles à la Macédoine. Les Spartiates et les Arcadiens sont neutres. Alors commence la *guerre Lamiaque*. Antipater est vaincu et renfermé dans Lamia. Léonnat, autre lieutenant d'Alexandre, qui vient à son secours, est battu et tué. Les vainqueurs, enivrés de leurs succès, licencient une partie de leurs troupes, et sont défaits près de Cranon par Cratère et Antipater. Athènes, prise, reçoit pour administrateur Phocion, qui s'était opposé à la guerre. Démosthène, condamné par le peuple d'Athènes, échappe au supplice par le poison (322). Les autres villes reçoivent garnison; Antipater meurt (320). Une réaction s'opère. Polysperchon, ami et successeur d'Antipater, qui veut supplanter Cassandre, fils de celui-ci, proclame par toute la Grèce le gouvernement démocratique. Athènes se soulève, et l'injuste mort de Phocion signale le retour de la démocratie (318). Bientôt Cassandre s'empare d'Athènes, rétablit l'aristocratie, et donne pour administrateur aux Athéniens le philosophe Démétrius de Phalère, qui pendant onze ans les gouverne avec sagesse. Cependant, Polysperchon triomphe un moment dans le Péloponnèse : toutes les cités chassent ou massacrent les administrateurs d'Antipater. Un échec qu'il éprouve devant Mégalopolis, demeurée fidèle à Cassandre, change ces dispositions; plusieurs cités retournent au fils d'Antipater, qui étend son autorité sur la Thessalie, sur la Grèce centrale, où il rebâtit Thèbes, et sur la moitié du Péloponnèse, où il enlève Argos et la Messénie à Alexandre, fils de Polysperchon (316). Dans tous ces pays, il domine par ses gouverneurs et ses garnisons. L'autorité de Polysperchon et d'Alexandre ne se soutient plus que dans l'Achaïe, la Sicyonie, la Corinthie. Parmi les Grecs, les Spartiates, une partie des Étoliens, ont seuls conservé leur indépendance. Antigone, déjà maître de l'Asie Mineure et de la haute Asie, envoie ses lieutenants contre Polysperchon et contre Cassandre, qui, gardant réciproquement leurs conquêtes, sont, d'ennemis, devenus alliés. Polysperchon et son fils ne conservaient plus que Sicyone et Corinthe; Cassandre, qu'Athènes, Mégare, et la Thessalie, mais il est maître de la Macédoine (314-312). Il se joue du traité qu'Antigone lui impose en 311, et ne rend la liberté ni aux cités grecques ni à la Macédoine. La guerre recommence (308). Démétrius Poliorcète s'empare d'Athènes; la démocratie se relève, et la générosité du vainqueur a besoin de protéger contre les cruels et mobiles Athéniens leur administrateur Démétrius de Phalère. Ce peuple, déjà en possession de s'avilir par les excès de l'adulation, déclare *rois et sauveurs* Démétrius Poliorcète et Antigone; des prêtres sont institués pour ces divinités d'un jour. Démétrius affranchit pareillement Mégare; mais son père Antigone le rappelle en Orient. Cassandre relève son parti, et assiége Athènes. Démétrius arrive avec sa flotte (303), force Cassandre à se retirer, le poursuit jusqu'aux Thermopyles, et proclame la liberté de la Grèce : les Grecs, à leur tour, le nomment à l'isthme de Corinthe chef de tous les Grecs. Cassandre se voit perdu; il se ligue avec Lysimaque, Ptolémée et Séleucus, rivaux d'ambition d'Antigone et de Démétrius. La bataille d'Ipsus (302), qui enlève à Antigone la vie et l'empire de l'Asie, prépare pour la Grèce de nouvelles révolutions. Démétrius, qui conserve Tyr, Sidon, l'île de Chypre et quelques villes dans le Péloponnèse, se rend encore une fois maître d'Athènes, à laquelle il pardonne après en avoir chassé l'usurpateur Léocharès (297). Cassandre était mort sur le trône de Macédoine, l'an 298. Ses trois fils le suivent au tombeau. Démétrius Poliorcète, proclamé roi de Macédoine (295), domine sur la Thessalie, sur Athènes, sur Mégare et sur une partie du Péloponnèse : deux fois (293 et 292) Thèbes devient sa conquête. Après un règne de sept ans, il est chassé par les Macédoniens, qui voient un nouvel Alexandre dans son rival Pyrrhus, roi d'Épire (288). Les Athéniens profitent du malheur de Démétrius pour chasser sa garnison. L'ancienne constitution est rétablie avec des archontes. Démétrius, toujours maître du Péloponnèse, prend une troisième fois leur ville, et se laisse fléchir par le philosophe Cratès. C'est là le dernier beau jour de Poliorcète. Dépouillé de la Macédoine, il veut ravir l'Asie à Séleucus, et meurt captif en 284. Pyrrhus, qui occupe le trône de Macédoine, en est chassé à son tour par le vieux Lysimaque (286). En moins de six ans six rois montent successivement, pour en descendre, sur ce trône si périlleux et si disputé. Cependant, des hordes de Gaulois ont franchi « le pas des Thermopyles, qui n'avait plus de Léonidas (Müller) ». Mais la superstition supplée à l'héroïsme pour sauver la Grèce : les Grecs, animés par leurs prêtres, profitent des hauteurs pour accabler les Gaulois, à la faveur d'un violent orage, qui fait croire aux barbares que le Dieu combat contre eux. Ils fuient, et vont fonder en Asie des établissements que détruiront les Romains. Quand tous les généraux d'Alexandre eurent péri, et qu'une guerre de quarante-quatre ans eut fatigué les nations, le sage Antigone-Gonatas, fils de Démétrius Poliorcète, releva la Macédoine (283) : sa politique, adroite et modérée, fit croire aux Grecs qu'ils étaient ses alliés et non ses sujets; mais la prise de Corinthe, *une des entraves de la Grèce*, les avait mis entièrement dans sa dépendance (251). Après un règne de quarante ans, il laissa deux fils, Démétrius II (243) et Antigone (233), qui surent maintenir leur puissance par leur habileté. Mais la formation de la ligue étolienne et celle de la ligue achéenne avaient changé totalement les rapports intérieurs de la Grèce. Athènes, Thèbes, Sparte et Corinthe semblaient éclipsées. Mais, grâce aux efforts des deux ligues, surtout de celle d'Achaïe, la Grèce devait avoir un brillant crépuscule.

Ligue achéenne. C'était en 280 qu'au sein de l'Achaïe, Patræ et six autres villes du Péloponnèse se mirent en liberté, et renouvelèrent l'ancienne ligue achéenne. Quatre ans plus tôt (284) les Étoliens avaient formé une ligue semblable. Quant à la ligue béotienne, elle n'eut aucun caractère. Bientôt s'établit entre les confédérations d'Achaïe et d'Étolie une rivalité dont les rois de Macédoine ne surent que trop bien profiter. Aratus délivra Sicyone, sa patrie (251), et la réunit à la ligue achéenne, à laquelle il attacha successivement Corinthe, Mégare, Trézène, Épidaure, Argos, Athènes, Mégalopolis, etc. En 229 la ligue achéenne embrassait toute la Grèce, excepté la Locride, la Béotie, Sparte, et la Laconie. A Sparte cependant, Agis II trouva la mort, en voulant remettre en vigueur les lois de Lycurgue (241). Dès ce moment Sparte n'a plus qu'un seul roi. L'exemple d'Agis n'effraye point Cléomène III, qui accomplit la réforme, et sous lui les Spartiates deviennent à l'extérieur ceux de Lycurgue et de Léonidas. Cléomène ne refusait pas d'entrer dans la ligue achéenne; mais il voulait en être le chef. Aratus n'admit point cette prétention d'un jeune ambitieux. La guerre éclate entre l'Achaïe et Sparte : Aratus, serré de près par Cléomène, appelle à son aide Antigone-Doson, qui commence par se faire livrer Corinthe (222). Cléomène, vaincu à Sellasie par les Achéens et les Macédoniens, va chercher dans Alexandrie la mort d'un aventurier. Sparte, dont l'unique roi est en butte au despotisme contradicteur des éphores, ne se repose de l'anarchie que sous la tyrannie atroce de Nabis, qui traite les Spartiates en ilotes. L'alliance de l'Achaïe avec la Macédoine, et surtout la guerre des deux ligues (221 à 217), rend tout-puissant le Macédonien Philippe III, neveu et successeur d'Antigone-Doson. Il paraissait destiné à devenir le modérateur de la Grèce; mais les Romains avaient franchi l'Adriatique, et devant le peuple conquérant toutes les dominations, toutes les libertés grecques s'évanouirent. A l'histoire de Rome appartient le récit de ces derniers et tristes jours de la Grèce.

Une première invasion des Romains en Épire leur donne l'alliance des Étoliens et quelques places conquises sur Philippe. Une seconde guerre se termine par l'humiliation de la Macédoine à Cynocéphales. Philippe, pour obtenir la paix, livre ses flottes, licencie ses armées, évacue toutes les places de la Grèce (196). Les Étoliens, par qui les Romains ont vaincu, n'obtiennent rien, et Flamininus proclame aux jeux Isthmiques la liberté de la Grèce. Ce proconsul, qui se joue des Grecs, tandis qu'ils lui dressent des autels, oppose Nabis à la confédération achéenne. Les Étoliens font justice de ce tyran; Sparte accède enfin à la ligue achéenne (191). Philopœmen, alors préteur des Achéens, abolit les institutions de Lycurgue à Lacédémone, « parce qu'au lieu de contenir la populace dégénérée de cette ville, elles la rendaient plus féroce, plus turbulente et plus indomptable » (Müller). Les Étoliens avaient perdu la Grèce en se liguant avec Rome contre la Macédoine. Leur chef Thoas, irrité de voir ses services mal récompensés, anime contre les Romains Antiochus le Séleucide. Ce prince leur déclare la guerre, et choisit pour champ de bataille la malheureuse Grèce. Il est défait aux Thermopyles. Chassé de la Grèce, il perd une seconde bataille près de Magnésie, dans l'Asie Mineure, et achète la paix par la cession de l'Asie Mineure et de ses trésors. Les Étoliens, dont les principales places ont été conquises, reçoivent leur pardon. Rome ne veut pas que la Macédoine et l'Achaïe demeurent sans ces incommodes voisins. Cependant, Philopœmen soutenait la dignité de la ligue achéenne : un tel homme gênait l'ambition romaine : il meurt empoisonné, et dès ce moment le sénat de Rome se fait un parti parmi les Achéens. Le successeur de Philippe, Persée, ose attaquer les Romains : pendant deux ans il soutient la guerre. Il a pour lui l'Épire, l'Étolie, les vœux secrets de toute la Grèce. Enfin, Paul-Émile accable Persée à Pydna. L'administration de ce consul en Grèce est encore plus terrible que ses armes. Il approuve tous les excès commis sur les partisans de Persée, admet toutes les accusations portées contre eux, et emmène à sa suite tout ce que l'Étolie, l'Acarnanie, la Béotie et l'Achaïe, possèdent de citoyens suspects à la politique romaine. L'Illyrie et la Macédoine sont organisées en républiques (168). La tentative d'Andriscus pour relever le trône de Macédoine (152) ne fit que hâter le moment où ce pays fut réduit en province romaine. Après Philopœmen, la ligue achéenne s'était noblement soutenue sous l'influence de Lycortas, père de l'historien Polybe; mais du moment qu'elle eut pour chef un Callicrate, pensionnaire des Romains, l'Achaïe n'était plus qu'une province du sénat. L'exemple d'Andriscus électrisa les populations achéennes; la liberté grecque aux abois fit un dernier effort sous les vaillants préteurs Critolaüs et Diœus. Vaincus tous deux par Métellus le *Macédonique*, ils ne survivent pas à la défaite; et le farouche Mummius, par l'incendie de Corinthe, marque le dernier jour de l'Achaïe (206). Thèbes et Chalcis eurent le même sort; Athènes et Sparte ne furent pas jugées dignes de la vengeance du sénat.

La Grèce depuis le commencement de la domination romaine jusqu'à la chute de l'empire Byzantin. Après l'Achaïe, réduite en province romaine, l'histoire n'a rien à dire de la Grèce que pour signaler ses malheurs. Mithridate un moment voulut réveiller le lion grec endormi; mais ce lion n'était plus qu'un agneau timide, et si Athènes attira par sa résistance les armes de Sylla, c'est qu'elle avait pour maître un tyran vendu à Mithridate, le rhéteur Aristion. Dans ce siége trop mémorable (87), les jardins de l'Académie furent dévastés, et le sang rejaillit dans les rues jusqu'à hauteur d'homme. Sylla pardonna aux Athéniens en faveur de leurs ancêtres; et les Athéniens, qui lui avaient prodigué les plus sanglantes moqueries pendant le siége, épuisèrent alors pour lui les flatteries les plus exagérées. Athènes, qui seule de toutes les cités de la Grèce conserva un gouvernement démocratique, devint l'école des Romains, qui commençaient alors à se civiliser. Pomponius, l'ami lettré de Cicéron, se glorifiait de ne porter que le nom d'*Atticus*. Dans la grande lutte entre César et Pompée, la Grèce, qui devint leur champ de bataille, était *pompéienne;* la Grèce fut encore le théâtre de la guerre de Brutus et Cassius contre Antoine et Octave. Athènes prodigua les honneurs divins à Antoine: elle le proclama Bacchus; elle lui fit épouser Minerve, et le triumvir n'oublia pas d'exiger la dot. Enfin, la Grèce fut encore témoin et victime de la dernière lutte d'Actium; et tout près de ses rivages expira pour jamais la liberté romaine. Dans le partage que fit Auguste des provinces de l'empire pour l'administration, l'Achaïe et la Macédoine furent abandonnées au sénat. Néron, dans un voyage en Grèce, parodia Flamininus, en proclamant la liberté hellénique. Vespasien abolit ce décret dérisoire.

Lorsque Constantin transporta à Byzance le siége de l'empire, la Grèce prit sous certains rapports sa revanche sur l'Italie: la langue grecque devint officielle; on dit indifféremment l'*empire grec* ou l'*empire romain;* mais de rien ne fut fait pour rendre à la Grèce sa nationalité. Depuis cette époque, envahie, pillée, ravagée par cent nations différentes, Goths, Scythes, Huns, Alains, Gépides, Bulgares, Africains, Sarrasins, etc., elle devint en 1204 la proie des Francs de la quatrième croisade. L'empire latin effaça un instant l'empire grec, et les chevaliers français, allemands, italiens, se partagèrent l'ancienne Achaïe: il y eut des ducs d'Athènes, des marquis de Corinthe, des seigneurs de Messène, etc., titres qui jurent avec les vieux noms si chers à la liberté. C'était au surplus un digne fruit de cette croisade, qui fut un contre-sens perpétuel. Ajoutons que les Latins furent d'avides et cruels dominateurs pour la Grèce, dont la croyance schismatique indignait leur fanatisme.

La prise de Constantinople par Mahomet II, en 1453, fut bientôt suivie de la réunion de l'empire turc et de toutes les petites dominations gréco-féodales qui avaient survécu à l'empire latin. La Grèce, livrée pièce à pièce par les derniers successeurs des Paléologues (Thomas et Démétrius), n'eut alors qu'un véritable champion: ce fut l'Albanais Scanderberg (Georges Castriota), qui se prétendait issu de Pyrrhus et d'Alexandre: « Encore aujourd'hui son nom est chanté dans les montagnes de l'Épire (Michelet). » La victoire chrétienne de Lépante (1570) fut pour la Grèce un jour d'espérance, qui n'eut pas de lendemain. L'Europe, qui tant de fois au nom des vieux souvenirs de liberté a soulevé la Grèce, l'abandonna toujours honteusement aux vengeances musulmanes, au temps de Charles VIII comme au dix-huitième siècle. Mais les nations sont comme Dieu, elles peuvent attendre, et, au moment où j'écris, la Grèce, rendue à elle-même, a pris parmi les nations un rang incontesté. Charles Du Rozoir.]

Histoire moderne.

Le christianisme, introduit peu de temps après sa naissance à Athènes et à Corinthe par saint Paul, semble n'avoir d'abord fait que de minimes progrès en Grèce. Si l'on voit quelques communes chrétiennes se constituer dans le courant du premier et du deuxième siècles, du moins elles ne prirent point d'importantes proportions; et ce n'est guère avant le milieu du deuxième siècle qu'on aperçoit des traces de persécutions exercées contre les chrétiens dans quelques grandes villes, comme Thessalonique, Larisse, Athènes, Corinthe, Sparte, ou bien encore dans les îles de Crète et de Chypre. L'édit de tolérance universelle publié à Mediolanum en l'an 312 par Constantin accorda le libre exercice de leur culte aux communes chrétiennes de l'Achaïe, sans que pour cela les adorateurs des anciens dieux, qui peut-être s'y trouvaient en majorité, fussent forcés d'embrasser le christianisme. Mais de la présence d'un certain nombre d'évêques d'Achaïe au concile de Nicée, on doit conclure qu'à cette époque les chrétiens formaient déjà la majorité dans cette contrée. Dès lors tous les Grecs adoptèrent les articles de foi proclamés par ce concile; circonstance d'une importance majeure, car elle ne contribua pas peu au développement pacifique de l'Église chrétienne en Grèce (*voyez* ci-après l'article Grecque [Église]). La province d'Achaïe et Athènes notamment furent l'objet de faveurs particulières de la part de Constantin et de celle de ses successeurs, dont il semble que l'on eut rarement lieu d'y appliquer les sévères édits contre les païens. Du moins, en voyant l'empereur Julien choisir de préférence à toute autre province l'Achaïe pour y mettre à exécution ses projets de restauration du paganisme, on doit penser que l'ancien culte y comptait encore un grand nombre de partisans, tant déclarés que secrets. Élevé en partie à Athènes et versé dans la connaissance des lettres grecques, Julien, dès qu'il eut clairement annoncé ses projets, fut reçu avec enthousiasme par toutes les villes de la Grèce. Sur la foi de ses promesses on rouvrit à Athènes les temples des anciens dieux, on releva leurs autels, on y célébra des sacrifices et des fêtes comme avant l'introduction du christianisme. La mort de l'empereur Constance ayant rendu Julien complétement maître de ses actions, la civilisation grecque reprit tout aussitôt un éclat momentané, qui ne fit qu'ajouter à la vivacité des tristes regrets qu'un avenir très-rapproché devait amener à sa suite. Après la mort inopinée de Julien, en 363, cet éclat factice disparut d'autant plus rapidement que les successeurs immédiats de ce prince, Jovien, Valentinien et Valens, se montrèrent peu disposés à suivre les mêmes voies que lui en politique. Quoique toléré encore, le paganisme perdit de plus en plus de ses forces, alors que le christianisme en acquérait chaque jour de nouvelles. Toutefois les rigoureux décrets de l'empereur Théodose, qui en 396 dépouilla les prêtres païens de leurs priviléges et de leurs droits, puis bientôt après la destruction des temples païens, furent encore impuissants à amener le complet anéantissement du paganisme, comme le prouvent les lois rendues par l'empereur Théodose le jeune, qui, en 426, fit renverser ou changer en églises chrétiennes les anciens temples païens. Mais le paganisme n'en continua pas moins de subsister encore dans les parties de la Grèce les plus lointaines; par exemple, parmi les Maïnotes, qui n'adoptèrent pas le christianisme avant le neuvième siècle, sous le règne de l'empereur Basile le Macédonien.

Cependant, à la suite de l'invasion de l'Europe par les Huns, en 376, les Goths avaient recommencé leurs incursions sur le territoire grec. Déjà ils avaient fait de la Thessalie presque tout entière un vaste désert, quand, en l'an 376, l'empereur Valens se vit réduit à leur abondonner la partie de la Dacie située en deçà du Danube, ainsi qu'une partie de la Mœsie et de la Thrace. La défaite essuyée en l'an 378 sous les murs d'Andrinople par l'armée romaine commandée par Valens leur eût peut-être donné l'empire d'Orient, si par son habileté et sa résolution Théodose n'était point parvenu à les refouler sur leur territoire. La mort de ce prince fut le signal d'une invasion générale des barbares. Grâce à la trahison de Rufin, administrateur de l'empire d'Orient, Alaric pénétra en Grèce à la tête d'une armée, sans rencontrer nulle part le moindre obstacle. Dans les derniers jours de l'année 395, il arriva jusque sous les murs de Constantinople, d'où, par la Thrace et la Macédoine, il se dirigea sur la Thessalie, franchissant le défilé des Thermopyles sans résistance, par suite de ses secrètes intelligences avec les chefs de divers corps de l'armée impériale, et ravageant sur sa route la Locride, la Phocide et la Béotie. Il épargna Athènes, qui vraisemblablement se racheta du pillage par une contribution volontaire. En revanche, il détruisit Éleusis et

Mégare. Pénétrant ensuite dans le Péloponnèse, il s'empara de Corinthe, d'Athènes, de Sparte et de toutes les localités intermédiaires, et porta le fer et le feu dans toutes les parties de la presqu'île. L'année suivante, refoulé vers le nord par Stilicon, qui dans l'intervalle était accouru d'Italie, il dévasta encore dans sa retraite l'Étolie et l'Acarnanie, prit une forte position dans les montagnes de l'Épire, et contraignit, en 398, l'empereur Arcadius à lui accorder le gouvernement suprême de l'*Illyricum*, province qui comprenait aussi alors l'Achaïe; et pendant quatre ans il exerça l'autorité souveraine la plus absolue et la plus incontestée, jusqu'à ce que son étoile le conduisit en Occident. Il est vraisemblable qu'alors la plus grande partie de l'Achaïe n'était déjà plus qu'un désert. Il n'y eut que les grandes villes, comme Corinthe, Sparte, Argos, qui réussirent à se relever de leurs ruines; et la population se concentra de plus en plus dans les villes maritimes. Un long intervalle de repos procura alors quelque soulagement à ces contrées épuisées. Dans son expédition à travers les provinces de l'empire romain (vers 435), le roi des Huns Attila ne toucha point à l'Achaïe; les expéditions postérieures des Ostrogoths, sous Théodoric (475), ne dépassèrent pas le nord de la Thessalie; et il est assez vraisemblable que les brigandages des Vandales, venus du sud sous les ordres de Genséric, en 466, n'eurent d'autre théâtre que quelques villes des côtes de l'Illyrie, de l'Épire, de la Hellade, ou encore le Péloponnèse. La grande irruption des Bulgares, sous l'empereur Anastase, ne refoula jusqu'aux Thermopyles, notamment en l'an 517, que quelques-unes des hordes de barbares qui déjà s'étaient établies en Macédoine et en Épire. Ce fut seulement sous le règne de Justinien Ier qu'une autre horde de barbares, composée en grande partie de Slaves, arriva en l'an 540 sur le sol de la Grèce, qui jusqu'à l'isthme fut dévastée par ces envahisseurs. En 558, une horde de Huns pénétra jusqu'aux Thermopyles. En 578 des Slaves, qui jusque alors étaient toujours demeurés paisibles sur les bords du Danube, s'avancèrent encore plus loin; et il est vraisemblable que dès cette époque ils s'établirent dans quelques-unes des localités de la Grèce qui étaient devenues désertes. Ce ne fut toutefois qu'en 626 qu'ils eurent toute liberté de s'étendre davantage au sud, lorsque sous Héraclius la puissance des Avares eut été détruite et que, à l'invitation de ce même empereur, les tribus slaves des Croates et des Serbes eurent pris possession de la Dalmatie, de la Dardanie, de l'Illyrie et de la Mœsie supérieure jusqu'aux frontières de l'Épire; d'autant plus que c'est aussi à la même époque qu'une population complétement slave s'établit plus à l'est, dans la Mœsie inférieure et dans l'ancienne province désignée sous le nom de *Dacia ripensis*. Cependant leurs perpétuelles querelles avec les empereurs byzantins, et l'invasion des Bulgares, sous le règne de Constantin Pogonat, en 678, empêchèrent les Slaves d'entreprendre de plus grandes émigrations vers le sud; et il n'y eut qu'une très-faible partie des Slaves refoulés par les Bulgares, à qui l'empereur Justinien II assigna, en l'an 687, des terres à cultiver en Macédoine.

Sous l'influence de la paix extérieure, la Grèce avait aussi subi de profondes modifications intérieures. Le partage de l'empire romain que Théodose l'ancien effectua en faveur de ses fils, et par suite duquel la Grèce tout entière, comme partie intégrante du diocèse de Macédoine, continua à appartenir à l'empire d'Orient, n'apporta pas d'abord de changement essentiel dans l'administration de cette province. Mais l'ancien proconsulat d'Achaïe, dont l'histoire continue à faire mention jusqu'au milieu du cinquième siècle, déchut de plus en plus à partir de la domination du barbare Alaric; et vraisemblablement il finit par disparaître complétement dans les *stratégies* de la Hellade, du Péloponnèse, de Nicopolis et des îles de la mer Égée. Le nom d'*Achaïe* lui-même en vint peu à peu à tomber complément en désuétude. Il ne resta plus çà et là que quelques lambeaux des anciennes constitutions de villes, lesquelles devinrent peut-être dans les siècles postérieurs la base des institutions municipales modernes, tandis que l'Église et tout ce qui s'y rattache recevaient une organisation et des règles toujours plus précises. Ce qui y contribua surtout, ce fut la prise d'armes des Grecs en 727, à la suite des décisions des conciles qui interdisaient le culte des images. L'audacieuse tentative faite alors par les habitants de la terre ferme et des Cyclades de s'en aller à Constantinople détrôner l'empereur aboutit, il est vrai, à une honteuse défaite; mais cette expédition maritime même est une preuve évidente que les habitants de la Grèce étaient alors de nouveau en possession d'un certain état de bien-être, de même qu'ils étaient parvenus à une certaine énergie morale, qui disparut ensuite bien plutôt par les suites désastreuses de l'effroyable peste qui ravagea la Grèce de 746 à 747, que par les résultats de cette expédition. Cette peste durait encore quand les invasions slaves recommencèrent. Refoulés au sud par les Bulgares, les Slaves parcoururent alors toute la Grèce, franchirent l'isthme et s'établirent dans diverses parties du Péloponnèse, notamment au pied du mont Taygète. Il est avéré qu'à partir de ce moment il exista toujours dans le pays plat, à côté des anciennes cités grecques ou romaïques, des communes slaves qui peu à peu arrivèrent à former des districts particuliers (*zupanies*) liés entre eux par les mœurs, les usages et les lois de leur souche commune; qui, d'abord paisibles, s'assimilèrent beaucoup d'éléments grecs en ce qui est des mœurs, des usages et de la langue; puis, lorsqu'elles furent devenues plus nombreuses et plus puissantes, finirent par se trouver dans les rapports de l'antagonisme le plus prononcé à l'égard des villes et des communes grecques. Les Byzantins, après des luttes opiniâtres, parvinrent à les subjuguer; elles adoptèrent le christianisme, et se considérèrent dès lors comme tributaires de l'empereur de Constantinople. C'est en 783, sous le règne de l'impératrice Irène, qu'une expédition fut formellement entreprise pour la première fois à Constantinople contre les populations slaves de la Grèce. De nouvelles insurrections slaves eurent lieu au commencement du neuvième siècle, surtout lorsqu'en 823 les Arabes, qui n'épargnèrent pas non plus la Grèce, furent venus s'établir en Crète, dont le nom fut dès lors changé en celui de *Candie*. Il paraît que vers le milieu du neuvième siècle l'empereur Michel III soumit à son autorité par la force des armes toutes les populations slaves de la Grèce, à l'exception des deux tribus des Mélinges et des Épérites, habitant les gorges du mont Taygète (*Pentedactylos*), qui offrirent spontanément de lui payer tribut. Vers l'an 930 ces Mélinges et ces Épérites donnèrent encore quelques inquiétudes aux maîtres de Constantinople, tandis que les Slaves de la terre ferme avaient depuis longtemps reconnu leur souveraineté, qu'ils avaient adopté le christianisme sous le règne de l'empereur Basile (867-886), et s'étaient de plus en plus confondus avec l'ancienne population grecque ou romaïque de la Grèce.

Cette fusion des races fut de la plus haute utilité pour la Grèce. Il ne tarda point à en résulter une grande activité dans les diverses branches de l'industrie humaine, notamment dans les villes maritimes du Péloponnèse, où se développa un bien-être remarquable; et l'administration politique de la province de Grèce, divisée alors en sept *dêmes*, et comprenant aussi l'Épire, la Thessalie et les îles, semble avoir formé à cette époque le plus avantageux contraste avec celle des autres provinces de l'empire d'Orient. L'insuccès même des tentatives faites à diverses reprises par les Arabes pour s'établir sur la terre ferme prouve qu'on avait tout au moins su y prendre les mesures de précaution nécessaires pour repousser leurs invasions. Déjà sous le règne de l'empereur Basile, vers l'an 867, ils s'étaient vainement attaqués aux villes maritimes de l'Illyrie et à l'île d'Eubée; et quand plus tard ils essayèrent de débarquer sur divers points du Péloponnèse, comme à Patræ, à Corinthe et à Méthone, ils y furent toujours repoussés avec perte. Depuis lors ils n'inquiétèrent plus guère que les îles. Jusqu'à ce que par la prise de Samos, arrivée sous le règne de l'empereur Léon VI, en 886, ils acquirent une certaine prépondérante dans ces parages; après quoi ils s'emparèrent successivement, en 896, de Démétrias, au nord de la Grèce; de Lemnos, en 901; et en 904 de Thessalonique, qui était déjà parvenue alors à un remarquable état de prospérité. Mais leur puissance ne tarda point à décliner, et en 961 ils perdirent jusqu'à la Crète elle-même. En revanche, à partir du dixième siècle la Grèce eut à subir le contre-coup de la grande invasion des Bulgares, qui depuis longtemps inquiétaient la Macédoine et la Thrace. Dès l'an 933 les Bulgares s'emparèrent de la ville de Nicopolis, où ils fondèrent une colonie bulgare; mais ils restèrent alors tranquilles pendant longtemps, et même de 971 à 975, cédant à la nécessité, ils reconnurent la souveraineté de l'empereur de Byzance. Ce fut seulement en 978 qu'ils recommencèrent leurs irruptions au sud; ils pénétrèrent en Thessalie, et y dévastèrent complétement la ville de Larisse. Plusieurs campagnes malheureuses entreprises contre eux par l'empereur Basile II (987-989), provoquèrent de leur part de nouvelles entreprises. En 995, ils envahirent pour la seconde fois la Thessalie, franchirent le Pénée et parcoururent la Béotie, l'Attique et une partie du Péloponnèse. Mais à leur retour ils essuyèrent une déroute complète, qui eut pour résultat de débarrasser d'eux la Thessalie, tandis que la colonie bulgare fondée précédemment sur la côte occidentale, depuis Nicopolis jusqu'à Dyrrhachium, continuait toujours de subsister, et, comme toute la Bulgarie, était incorporée en 1019 à l'empire byzantin. Une insurrection postérieure des Bulgares, en 1040, ne nuisit pas d'une manière sensible à l'état de prospérité dont la Grèce jouissait à ce moment.

Les expéditions militaires des Normands eurent incontestablement pour la Grèce des suites plus funestes et plus durables. Sous prétexte d'aider l'empereur Michel (Parapinace) à remonter sur le trône dont on l'avait expulsé, Robert Guiscard arriva en l'an 1080 sur les côtes de l'Épire à la tête d'une armée, s'empara de quelques îles, des ports importants d'Aulum et de Dyrrachium, puis de toute la partie de la terre ferme s'étendant jusqu'à Thessalonique. Lorsque l'état des affaires de l'Italie le contraignit à s'en retourner dans ce pays, son fils, Bohémond, continua ses conquêtes jusqu'au moment où l'insuccès d'une attaque tentée contre Larisse, insuccès dû à la trahison, le contraignit à battre en retraite, après avoir reperdu tout le territoire dont il s'était jusque alors emparé. Une seconde expédition, entreprise par les Normands en 1084, leur donna Corcyre, Aulum et Buthrotum; mais par suite de la mort imprévue de Robert Guiscard, force leur fut d'abandonner encore une fois toutes leurs conquêtes dès le commencement de l'année suivante. L'expédition entreprise à l'époque de la première croisade par Bohémond, en sa qualité de prince de Tarente, n'eut aussi d'autre résultat qu'une occupation passagère de Dyrrhachium et de la contrée qui l'avoisine; et ce fut en 1146 seulement que par son expédition en Orient le roi Roger de Sicile exposa la Grèce à un danger véritable et permanent. La cause de cette expédition fut l'insuccès des négociations ouvertes par Roger à l'effet d'obtenir pour son fils la main d'une princesse de la maison impériale des Comnènes. Il dévasta complétement la ville de Thèbes, qui était alors fort riche, et fit éprouver le même sort à Corinthe. Il paraît toutefois que la Grèce se releva encore bientôt de ce rude coup; car vingt années plus tard environ Thèbes et Corinthe jouissaient de nouveau de la plus brillante prospérité. A côté des habitants indigènes, des communes juives étaient venues dans les grandes villes donner comme une vie nouvelle à l'industrie et au commerce, singulièrement favorisés par les relations avec l'Occident, devenues plus fréquentes à la suite des premières expéditions des croisés. On peut dire que dans la seconde moitié du douzième siècle la Grèce était l'une des plus riches et des plus florissantes provinces de l'empire d'Orient, et que dès lors elle eût pu rivaliser en ce qui touche les progrès de la civilisation avec le reste de l'Europe, si au treizième siècle les invasions des Francs n'étaient pas venues anéantir encore une fois dans son germe sa prospérité renaissante. Vers cette époque en effet la Grèce commença à devenir de plus en plus indépendante de l'empire de Byzance, et il est vraisemblable qu'à l'instar de l'Italie il s'y serait alors formé des principautés indépendantes et nationales, si les conquêtes des Francs n'étaient pas venues y changer complétement la face des choses. Thibaut de Champagne, Boniface de Montferrat, le doge Dandolo de Venise, etc., abandonnèrent leurs projets de croisades, et ne convoitèrent plus que l'empire grec. La haine réciproque des Grecs et des Francs eut pour résultats la prise d'assaut de Constantinople en 1204 et un partage de l'empire, dans lequel le marquis Boniface de Montferrat eut pour sa part Thessalonique avec les contrées adjacentes et le titre de roi. C'est de Thessalonique que Boniface commença ses expéditions de conquêtes. Il occupa en peu de temps toute la Macédoine, pénétra en Thessalie, battit aux Thermopyles l'armée grecque, commandée par Léon Spuros, et entra presque sans coup férir à Thèbes et à Athènes; après quoi, l'île d'Eubée reconnut spontanément sa souveraineté. Son plan de pénétrer en Morée (c'est le nom qu'à partir du douzième siècle on donna au Péloponnèse) échoua sous les murs de Corinthe et de Napoli, que Léon Spuros défendit avec le plus entier succès. Après un long et inutile siége, il se vit rappelé en Macédoine par la tournure nouvelle qu'y avaient prise les affaires, et où il ne tarda pas à trouver la mort, en 1207, dans une bataille contre les Bulgares. Toutefois, cet événement n'affranchit point la Morée de la domination des chevaliers francs; car presque au moment même où Boniface assiégeait Corinthe et Napoli, Guillaume de Champlitte, de la maison des comtes de Champagne, y était débarqué à la tête d'une bande de chevaliers francs. Peu de temps après ce nouvel arrivant s'emparait de Patras, d'où il allait rapidement occuper Andravida, Corinthe et Argos, à l'exception de leurs citadelles; et non-seulement il se faisait reconnaître par Boniface, revenu en Macédoine, en qualité de suzerain des principautés fondées en Béotie et en Attique, mais encore comme seigneur et souverain de la Morée par les villes et les propriétaires fonciers tant en Élide qu'en Messénie. Là où s'élevait une résistance quelconque, on en triomphait aussitôt par la violence; conduite qui amena en 1205, dans la forêt d'oliviers de Condura, une bataille décisive, livrée contre une armée composée d'habitants grecs et slaves de la terre ferme, et dont le résultat fut de placer la partie occidentale de la Morée jusqu'au pied du mont Taygète sous la domination des Francs. Cependant, des affaires de famille forcèrent Champlitte à s'en retourner en France; mais avant son départ, dans une assemblée générale, tenue à Andravida, il partagea, suivant les usages en vigueur parmi les Francs, sa conquête en un certain nombre de grands et de petits fiefs, qu'il distribua aux chevaliers qui l'avaient accompagné dans son expédition. Il confia à Godefroid de Ville-Hardouin, comme à son représentant, l'exercice de ses droits de suzeraineté pour en jouir jusqu'à ce qu'il envoyât un nouveau lieutenant choisi parmi les membres de sa famille, en déclarant expressément que les pouvoirs confiés par lui à Ville-Hardouin demeureraient héréditaires dans sa descendance si sous le délai d'une année il n'avait pas envoyé en Morée le membre de sa famille auquel il destinait sa succession. Afin de conserver la conquête et de la défendre contre toute attaque, on y organisa le ban et l'arrière-ban, comme cela se pratiquait dans le système féodal des Francs, en même temps que les Assises de Jérusalem étaient adoptées comme code devant servir de base et de règle à toutes les sentences judiciaires. En matières ecclésiastiques, au contraire, l'introduction du rit de l'Occident y fit bientôt prévaloir le droit canon avec les appels en cour de Rome.

Quand Godefroid de Ville-Hardouin eut agrandi et consolidé sa puissance par de nouvelles conquêtes ainsi que par sa prudence, il lui fut d'autant plus facile de mettre à exécution le plan qu'il avait conçu pour maintenir la souveraineté de la Morée dans sa famille, qu'il rencontra de l'appui parmi ses chevaliers et même parmi les familles d'archontes indigènes. Il réussit par la ruse à empêcher le chevalier Robert, envoyé par Champlitte en Morée, d'y arriver avant que le délai d'une année fût expiré; puis quand, après mille difficultés, celui-ci se trouva enfin au terme de son voyage, il lui montra la convention formelle précédemment intervenue entre lui et Champlitte, et se fit alors solennellement proclamer souverain de la Morée par ses chevaliers. Pour consolider encore mieux sa puissance, il se rendit maître de divers points importants, comme l'Acrocorinthe et le Haut-Argos, et mourut peu avant l'année 1216, emportant au tombeau les regrets universels. Son fils aîné, Godefroid II, fut créé prince à la suite de son mariage avec la fille de l'empereur de Constantinople, Pierre de Courtenay; mais comme *prince d'Achaïe* il demeura sous la suzeraineté de l'empereur. Des discussions et des querelles qu'il eut avec le clergé l'empêchèrent de continuer vigoureusement la guerre, et il mourut à la fleur de l'âge. Son frère Guillaume, qui lui succéda dans la souveraineté, reprit les armes contre les Moréotes non encore soumis, s'empara de Nauplie et de Monembasie, et soumit à son autorité Mélengos et Maïna. En revanche, il eut aussi maille à partir avec les feudataires possessionnés en dehors de la Morée, avec le grand-seigneur (*megascyr*) d'Athènes, Othon de Laroche, avec le marquis de Bodolitza en Béotie et les petits princes de Négrepont; querelles à la suite desquelles les uns et les autres furent d'ailleurs forcés de reconnaître sa souveraineté. Le grand-seigneur d'Athènes, contraint d'abandonner lui aussi la cause du roi de France, reçut à cette occasion le titre de *duc*, que ses successeurs conservèrent jusqu'à la fin de la domination des Francs en Grèce. La part que Guillaume prit aux guerres soutenues par le despote d'Épire contre Michel Paléologue eut pour lui des suites plus funestes. Il fut fait prisonnier par l'empereur, qui ne consentit à lui rendre sa liberté et la souveraineté de la Morée que contre la cession des trois importantes places fortes de Monembasie, de Maïna et de Leuctres. Il perdit encore davantage dans une guerre inconsidérément entreprise à quelque temps de là avec l'espoir de reconquérir les villes que force lui avait été de céder. Le dernier empereur latin, Baudouin II, forcé vers le même temps de se sauver de Constantinople, ayant cédé la souveraineté de la Morée au roi de Sicile Charles d'Anjou, dans l'espoir de reconquérir avec son assistance le trône qu'il avait perdu, il surgit de ce côté des prétentions auxquelles il ne fut mis un terme qu'après la mort de Guillaume, par suite d'un mariage négocié et conclu entre Isabelle, sa fille, et Philippe, fils de Charles d'Anjou. La principauté d'Achaïe, dès lors de plus en plus chancelante, demeura encore jusqu'au milieu du siècle suivant, et sous la suzeraineté de la couronne de Sicile, en la possession des descendants d'Isabelle de Ville-Hardouin, qui à la mort de Philippe se remaria encore deux fois, la première avec Florent de Hainaut et la seconde avec Philippe de Savoie; circonstance qui plus tard fournit un prétexte aux princes de la maison de Savoie pour élever, eux aussi, des prétentions à la souveraineté de la principauté d'Achaïe.

Le *duché d'Athènes* demeura jusque vers la fin du treizième siècle la propriété de la famille Laroche. Isabelle, fille de Guillaume, dernier duc de cette maison, ayant épousé Hugues comte de Brienne, il passa au fils issu de ce mariage, Gaultier de Brienne, dans la maison duquel il resta jusqu'à ce qu'au quatorzième siècle les Catalans en firent la conquête.

Au nord de la Grèce, la mort prématurée du marquis Boniface de Monferrat, roi de Thessalonique, mort arrivée en 1207, avait d'abord rendu la domination des Francs rien moins que certaine. L'empereur latin, Henri de Flandre, se vit forcé d'entreprendre une expédition contre Thessalonique à l'effet d'assurer à Démétrius, successeur désigné de Boniface, la paisible jouissance du droit que lui contestait son frère aîné. Le despote d'Épire Michel, lui aussi, qui dans une guerre malheureuse contre Venise s'était vu enlever Dyrrhachium, se lia bientôt après d'amitié avec l'empereur; mais cette amitié fut de courte durée, et, en contradiction avec les termes formels de son traité avec l'empereur, dont le frère Eustache devait à la mort de Michel hériter de la souveraineté de l'Épire, il désigna pour son successeur son propre frère Théodore, qui vivait à la cour impériale de Nicée. Théodore accrut en peu de temps sa domination par des extensions de territoire faites surtout au nord. Il repoussa les Bulgares, battit les forces combinées du prince d'Achaïe et du duc d'Athènes en Thessalie, province qui tomba alors complétement en son pouvoir. Pénétrant ensuite en Macédoine, il s'empara de Thessalonique, et se fit couronner empereur dans la cathédrale de cette ville; après quoi, il céda le despotat d'Épire à Michel Lange, qui bientôt après (1226) en obtint la confirmation de l'empereur de Nicée. Cependant, en 1230, Théodore reperdit déjà la plus grande partie de ses conquêtes dans la guerre qu'il entreprit contre les Bulgares, lesquels s'emparèrent de presque toute l'Épire. Il ne restait plus que Thessalonique au fils de Théodore, Jean; mais cette ville ne tarda pas non plus à être prise par l'empereur de Nicée, Vatacès, qui la concéda encore à Jean, à titre de despotat relevant de son empire. Le successeur de Vatacès, Michel Paléologue, en reconquérant l'Épire, se rendit maître du nord de la Grèce, qui depuis lors continua toujours à faire partie des États placés sous la domination des Paléologues, jusqu'à ce qu'au milieu du siècle suivant les Albanais d'abord et les Turcs ensuite en conquirent la plus grande partie.

Les îles de l'Archipel, dont les unes avaient déjà été occupées antérieurement par les Vénitiens, et dont les autres ne l'avaient été que lors de la fondation de l'empire latin, se trouvèrent à peu de temps de là tellement menacées par les pirates, que le sénat de Venise non-seulement arma aux frais du trésor public une flotte destinée à protéger les côtes des possessions de la république dans la mer Égée, mais encore rendit en 1207 un décret autorisant les *nobili* et tous autres à entreprendre à leurs propres frais des croisières dans cette mer et des expéditions dans l'Archipel, avec la garantie donnée à l'avance que les conquêtes qu'ils y pourraient faire leur resteraient en toute propriété sous la suzeraineté de la république. La flotte armée aux frais de l'État s'empara d'abord de Corfou, alors au pouvoir d'un pirate génois appelé Léon Vetesani, et y fonda une colonie, qui comptait au nombre de ses membres dix des principales familles de Venise; elle occupa ensuite les ports de Modon et de Coron, et acheva la colonisation de Candie, cédée à la république de Venise par Boniface de Montferrat en échange de Thessalonique. Pendant ce temps-là, la mer Égée en était venue à être couverte de petites escadres appartenant à des nobles vénitiens et qui tentèrent avec succès la conquête des îles les moins importantes. C'est ainsi que Marino Dandolo devint seigneur d'Andros; Ghigi, de Ténédos, de Mykone, de Scyros et de Scopélos; Philocales Navagero, de Lesbos; Pietro Giustiniani et Domenico Michieie, de Zea; et un certain Francesco, de Céphalonie et de Zante, lequel en enleva la souveraineté à Venise, en les plaçant sous la suzeraineté du prince d'Achaïe. Mais le plus puissant de tous ces petits dynastes fut Mario Sanudo, qui s'empara de l'île de Naxos, alors en possession d'une grande prospérité. Il s'y fortifia d'une manière formidable, gagna les cœurs des habitants en ne portant point atteinte à la foi de l'Église grecque, et avec leur secours étendit en outre sa domination sur les îles de Paros, d'Antiparos, de Santorin, d'Anaphé, de Cimolis, de Milo, de Siphanto et de Polycandro. Alors il se déclara indépendant de Venise, et finit par être reconnu par l'empereur de Constantinople en qualité de duc souverain et indépendant de tout l'Archipel. A sa mort (1220) ses héritiers conservèrent toute sa puissance, bien qu'ils eussent accordé aide et protection à l'empereur latin Baudouin, expulsé de Constantinople, et que plus tard, adversaires des Paléologues, ils se rattachassent tantôt aux Génois, tantôt aux Vénitiens. C'est dans le cours du seizième siècle seulement que l'île de Naxos partagea les destinées du reste de la Grèce et fut incorporée à l'empire ottoman. Au contraire, la domination des différents *nobili* vénitiens sur les autres îles n'eut qu'une durée éphémère, attendu que dès l'année 1247 Vatacès de Nicée avait réuni à ses États plusieurs de ces îles, telles que Lesbos, Mitylène, Scios, Samos, Icarie et Cos. Inutile d'ailleurs d'ajouter que l'époque de la domination des hommes de l'Occident en Grèce fut l'une des plus tristes périodes de l'histoire de cette contrée. Ses forces matérielles se trouvèrent presque complétement épuisées à la suite de la conquête, par l'esprit de rapacité insatiable dont firent preuve les chevaliers et par leurs incessantes querelles intestines; en même temps qu'en imposant aux populations vaincues leurs mœurs, leurs usages et leur langue, les envahisseurs les corrompaient et les démoralisaient toujours de plus en plus.

Au commencement du quatorzième siècle toute la Grèce, à l'exception de la principauté d'Achaïe, du duché d'Athènes et de quelques États insulaires francs, se trouvait de nouveau réunie sous les lois de l'empereur de Byzance. Les despotats de Thessalie et d'Épire, comprenant la plus grande partie de la Grèce septentrionale et les districts du Péloponnèse cédés à Michel Paléologue par les princes d'Achaïe, furent érigés en fiefs relevant de l'empire et attribués en apanages aux princes de la famille impériale. Jusqu'à la mort d'Andronic le jeune (1341) l'Épire et la Thessalie demeurèrent dans la famille du premier despote, Michel. Pendant les troubles provoqués par la mort de cet empereur, et par l'usurpation de Jean Cantacuzène, le *kral* de Servie, Stéphan Duscian, envahit la Macédoine, conquit la plus grande partie de l'Épire et de la Thessalie, prit le titre d'empereur, et octroya la souveraineté de l'Épire et de la Thessalie à Prolupus, l'un de ses généraux, tandis qu'il cédait à son frère Simon l'Étolie et l'Acarnanie à titre de despotats indépendants. Après la mort de Stéphan Duscian et celle de Prolupus, Simon chercha à s'emparer de tout l'empire; mais cette tentative lui coûta son despotat, que lui enleva un Grec d'Acarnanie, Nicéphore. Celui-ci s'en maintint en possession jusqu'à sa mort, arrivée dans un combat livré contre les Albanais, qui à cette époque s'étendirent toujours de plus en plus vers le sud, et commencèrent par s'emparer de l'Étolie et de l'Acarnanie. Sauf ces deux provinces, Simon redevint bien alors le maître de la partie septentrionale de la Grèce; mais il la céda au fils de Prolupus, appelé Thomas. Celui-ci eut à soutenir des luttes continuelles contre les Albanais; par sa conduite tyrannique il provoqua une insurrection générale de ses sujets, et périt en 1385, en cherchant à la comprimer. Sa veuve épousa l'année suivante Izaüs, comte de Céphalonie, qui réunit entre ses mains la souveraineté de l'Épire et de la Thessalie et qui sut préserver ses États des irruptions des Albanais en épousant, après la mort de sa première femme, la fille de l'un de leurs plus puissants chefs, Szalas. Mais tout aussitôt après sa mort (1407), les Albanais recommencèrent leurs irruptions, chassèrent du pays Spuros, le successeur d'Izaüs, et occupèrent toute l'Épire jusqu'à ce qu'en 1432, après une résistance acharnée et vaincus par le nombre, ils durent céder la place aux Turcs, commandés par Mourad II et par Bajazet Ier. Il n'y eut alors qu'un très-petit nombre d'Épirotes qui, sous les ordres de l'héroïque Scanderbeg, conservèrent encore pendant quelque vingt ans leur indépendance, jusqu'à ce qu'en 1467, à la suite de l'épuisement complet des populations et de la mort subite de leur héroïque chef, cette partie de l'Épire devint à son tour la proie des Osmanlis sous la domination desquels elle ne tarda pas à tomber dans le plus déplorable état d'épuisement.

Le duché d'Athènes, après avoir éprouvé les calamités les plus diverses et subi de nombreux changements de souverain, eut le même sort que l'Épire. Le troisième et dernier duc de la maison de Brienne trouva la mort dans un combat soutenu contre les Catalans, entrés dans l'empire de Byzance au commencement du quatorzième siècle comme troupes mercenaires au service de l'empereur Andronic l'ancien, contre les Turcs. Le supplice de leur chef, Roger de Laflor, qui eut lieu, par ordre de l'empereur, à Andrinople, détermina ces Catalans à se révolter; et alors, sous le nom de *Grande Compagnie catalane*, ils parcoururent l'empire en le dévastant. Après une inutile attaque contre Thessalonique, ils envahirent la Thessalie, traversèrent ensuite la Béotie et l'Attique, où ils combattirent d'abord en qualité de mercenaires les ennemis du duc, les seigneurs de Patras et d'Arta; mais plus tard, mécontents du lot qui leur avait été assigné dans le partage des conquêtes, ils tournèrent leurs armes contre le duc lui-même, s'emparèrent d'Athènes et de Thèbes et proclamèrent duc l'un de leurs chefs, Roger Deslau. Pendant son règne, leur puissance augmenta encore, il est vrai; mais à sa mort il se présenta un si grand nombre de concurrents pour hériter de sa puissance, qu'ils se décidèrent à céder le duché au roi de Sicile, Frédéric, qui le fit gouverner par ses lieutenants. Dès avant la fin du quatorzième siècle, une guerre qui éclata entre le Florentin Reniero Acciajuoli, vers cette époque souverain de Corinthe et de quelques autres districts de la Morée, et la comtesse Hélène de Soula, qui avait des possessions en Attique et en Béotie, mit tout à coup fin à la domination des Catalans en Attique. Alliés de la comtesse, ils furent vaincus dans une bataille décisive par Reniero, en faveur de qui s'étaient déclarés les Génois de Négrepont, et en 1386 force leur fut d'abandonner Athènes et Thèbes à leurs vainqueurs. A sa mort, Reniero Acciajuoli céda aux Vénitiens Athènes, que déjà les Turcs serraient de près; mais son fils Antonio, qui dans l'héritage paternel n'avait eu pour lot que les possessions situées en Béotie, la leur enleva presque aussitôt, et chercha à s'en assurer la jouissance en contractant alliance avec Mourad Ier. Antonio étant venu à mourir sans laisser d'héritier mâle, un de ses parents, Nerio, s'empara de la souveraineté à Athènes, que lui disputa encore pendant quelque temps son frère Antonio, tandis que vers l'année 1435 les Turcs s'emparaient de Thèbes et de toutes les possessions de la maison Acciajuoli situées en Béotie. Son fils Francesco lui succéda sous la protection du sultan; mais en faisant assassiner son beau-père, coupable d'avoir visé à la puissance suprême, il fournit au sultan un prétexte pour se déclarer contre lui. Une armée turque, commandée par Omer-Pacha, arriva sous les murs d'Athènes, contraignit le duc, après la plus héroïque résistance, à capituler, et en 1456 réunit tout le duché à l'empire ottoman. En 1467, les Vénitiens, commandés par Victor Capello, occupèrent encore une fois Athènes à la suite d'une surprise; mais les Osmanlis la leur enlevèrent presque aussitôt après, et en restèrent alors maîtres jusqu'à l'époque des guerres survenues plus tard entre Venise et la Porte ottomane.

C'est aussi vers la même époque que fut accomplie la soumission de la Morée, où la principauté franque d'Achaïe et les despotats de Corinthe et de Lacédémone avaient encore prolongé leur misérable existence. La principauté d'Achaïe était restée dans la famille Ville-Hardouin, ligne féminine, jusqu'à Robert, prince de Tarente et d'Achaïe; puis elle avait passé comme legs à son épouse, Marie de Bourbon, à la mort de laquelle elle échut au duc Louis de Bourbon, qui la transmit à divers petits princes de Morée. Mais pendant ce temps-là la maison de Savoie avait aussi fait valoir ses prétentions à la possession de l'Achaïe; et Marie de Bretagne, veuve de Jacques de Savoie, prince de Piémont, avait, sans autres formalités, disposé de la principauté tout entière en faveur du grand-maître de l'ordre de Saint-Jean de Jérusalem, Jean-Ferdinand de Heredia. Allié avec les Vénitiens, celui-ci essaya d'en disputer la souveraineté aux Turcs. Il réussit, à la vérité, à s'emparer de Patras; mais fait prisonnier bientôt après, à la suite d'un combat malheureux, il lui fallut racheter sa vie au prix de sa conquête. Plus tard, les Piémontais tentèrent bien à diverses reprises de s'établir en Morée; mais il leur fut impossible de résister à la puissance toujours croissante des Osmanlis. Les despotats de Corinthe et de Lacédémone furent ceux qui tinrent le plus longtemps. La conscience de sa faiblesse avait déterminé le despote Théodore à céder Argos aux Vénitiens et Corinthe avec Lacédémone au grand-maître de l'ordre de Saint-Jean de Jérusalem. Mais comme cette convention déplaisait beaucoup aux habitants, la déroute essuyée en 1402 près d'Ancyre par Bajazet Ier parut à Théodore une circonstance qui lui permettrait encore de conserver ses États; il reprit donc l'exercice de la souveraineté, qui passa d'abord à son neveu Théodore, et de celui-ci à Constantin Paléologue, lequel, comme empereur, la céda à ses deux frères Démétrius et Thomas, dont le premier résidait à Misthra et le second à Corinthe. Tous deux, après la chute de Constantinople, achetèrent la possession ultérieure de leurs despotats au moyen d'un honteux tribut payé au sultan, lequel, à peu de temps de là, sous prétexte de les protéger contre les irruptions des Albanais, envoya un corps de troupes en Morée. Malheureusement pour eux, les deux despotes se laissèrent induire en erreur par les rumeurs qui représentaient une coalition des puissances de l'Occident contre les Osmanlis comme un fait sinon déjà accompli, du moins imminent, et crurent alors pouvoir prendre une attitude hostile à l'égard du sultan, en même temps qu'ils s'abstenaient de lui payer le tribut convenu. Aussitôt Mahomet II, envahissant en personne la Morée, dévasta l'intérieur de la presqu'île, et contraignit en 1457 les despotes, réduits à fuir devant ses armées, à signer un ignominieux traité, par lequel ils abandonnaient au vainqueur la paisible jouissance de toutes ses conquêtes. Ils conservèrent ainsi pendant trois ans encore la plus misérable des souverainetés; mais alors un nouveau refus de leur part ou leur impuissance d'acquitter le tribut détermina Mahomet à entreprendre une seconde expédition en Morée. Démétrius se soumit à la première sommation; tandis que ce ne fut que l'épée à la main, et seulement l'une après l'autre, que Thomas abandonna au vainqueur l'Achaïe, l'Élide, l'Arcadie et Lacédémone. Il tint encore plus d'une année dans une petite forteresse située sur la côte occidentale, et qu'il n'abandonna qu'à toute extrémité pour aller chercher un asile en Italie. C'est ainsi qu'en 1460 toute la Morée, à l'exception de quelques points occupés encore par les Vénitiens et des gorges ou défilés les plus impraticables, tomba au pouvoir des Osmanlis.

La conquête des possessions vénitiennes et des îles de l'archipel, dont les unes étaient gouvernées par quelques chefs de familles aristocratiques de Venise et les autres par le duc de Naxos, offrit autrement de difficultés aux Turcs. Diverses attaques qu'ils dirigèrent contre les îles de la mer Égée n'eurent que des succès partiels. Modon, Coron, Argos, Napoli di Romania, et quelques autres points importants demeurés au pouvoir des Vénitiens devinrent tout de suite le sujet des hostilités qui éclatèrent alors entre la république de Venise et le sultan. Dès 1461 Omer-Pacha dévasta la contrée qui avoisine Lépante, et s'en vint attaquer Coron et Modon, pendant que Josué, autre général des armées de Mahomet II, s'emparait d'Argos par trahison. En 1463 les Vénitiens armèrent en conséquence une flotte placée sous les ordres d'Alvisio Loredano et portant 25,000 hommes de troupes de débarquement, commandées par Bertoldo d'Este, lequel avait ordre d'entreprendre le siége d'Argos, et s'empara effectivement de cette ville après une courte résistance. Agissant de concert avec la flotte de Loredano, Este rétablit les fortifications détruites d'Hexamilion, et se disposa ensuite à envoyer une partie de ses forces dans l'intérieur de la Morée, à l'effet de les mettre à l'épreuve en leur faisant entreprendre les siéges de Misthra et de Léondari, tandis que lui-même, à la tête du gros de son armée, irait assiéger Corinthe. Sa mort, sous les murs de cette ville, eut pour résultat la levée du siége; et dès lors la guerre dégénéra de part et d'autre en brigandages et en dévastations. L'année suivante s'écoula ainsi tout entière sans être autrement signalée que par quelques inutiles attaques tentées par les Vénitiens contre Mitylène, dont les Turcs s'étaient emparés en 1461, et contre Sparte. Ce fut au printemps de l'année 1466 seulement que le successeur de Loredano, Victor Capello, donna un caractère plus énergique aux opérations dont la mer Égée était le théâtre. En peu de temps il s'empara successivement de l'île d'Eubée, de Larsus dans le golfe de Salonique, d'Imbros et même d'Athènes; mais il perdit la meilleure partie de ses forces dans une attaque malheureuse tentée contre Patras. Cette circonstance, jointe aux guerres que les Turcs avaient à soutenir en Épire, fut cause que dans les trois années suivantes il ne fut rien tenté de sérieux de part ni d'autre. Ce fut seulement lorsqu'il eut conclu la paix avec les montagnards de l'Épire, que le sultan se trouva libre de tourner toutes ses forces contre les Vénitiens. Après s'être emparé de l'île d'Eubée, il ouvrit aussitôt des négociations pour la paix : elles se poursuivirent au milieu même des hostilités et n'aboutirent, en 1478, qu'à la conclusion d'une trêve. Onze années plus tard Bajazet recommença la guerre, et dans l'espace de deux années s'empara de Lépante, de Modon, de Coron et de Navarin, tandis qu'il employa encore inutilement deux autres années à essayer de réunir à ses États Napoli di Romania, la dernière possession qui restât à la république de Venise sur le sol de la Grèce. En conséquence, un traité de paix fut conclu en 1503, aux termes duquel les deux parties contractantes conservèrent leurs conquêtes respectives, lesquelles, pour Venise, se bornaient à Céphalonie et à quelques petites îles de la mer Égée. Mais ce qui prouve combien peu c'était là une paix solide et durable, ce sont les démêlés continuels qui eurent lieu entre les deux puissances dans la période de temps suivante, signalée par la conquête des îles de l'Archipel, dont les unes avaient jusque alors échappé à la rapacité turque, grâce aux formidables ouvrages de défense qui les protégaient et à la bonne contenance des garnisons, comme Rhodes et Naxos, et dont les autres demeurèrent épargnées beaucoup plus tard, encore à cause de leur minime importance.

Depuis le commencement de la domination turque jusqu'à la fin de la guerre de l'indépendance. La paix conclue en 1503 avec Venise avait consacré le droit de souveraineté des Turcs sur la Grèce; elle eut aussi pour résultat de substituer peu à peu dans ce pays les mœurs et les usages turcs tant dans la vie publique que dans la vie privée, ainsi que d'en bannir les derniers vestiges de la civilisation européenne. C'est à cette époque que se constitua la *Grèce moderne*, en ce qui est de la langue, du caractère national et des mœurs, et où elle dépouilla complétement les derniers lambeaux du génie grec, qui s'étaient encore conservés à travers tout le moyen âge. La situation des Grecs à l'égard de leurs nouveaux maîtres, les Turcs, ne fut point d'abord aussi opprimée qu'elle le devint plus tard; et jusqu'à la mort de Soliman Ier notamment, la Grèce souffrit bien moins de la domination turque que d'être devenue une pomme de discorde entre la Porte ottomane et les puissances maritimes de l'Occident. Les parties de la Grèce demeurées encore indépendantes ou bien au pouvoir des Vénitiens furent, à partir de 1522, conquises par les Turcs à la suite de diverses guerres heureuses. Le traité de paix intervenu en 1573 entre eux et les Vénitiens, et qui ne laissa à ceux-ci que quelques forts sur la côte d'Albanie, Candie et les îles Ioniennes, compléta la soumission de la Grèce aux Turcs. Elle devint alors tout à fait une province turque, gouvernée par un *beglerbeg*. Suivant l'usage turc, elle fut subdivisée en un certain nombre de sandjaks, dont le plus important était celui de la Morée, administré par un *bey*. Dans les Cyclades, la Porte se contenta d'abord de prélever un tribut annuel et fixe. Mais les attaques fréquentes dirigées contre ces îles par les chevaliers de Malte changèrent ce paisible état de choses; et il en résulta que les Cyclades demeurèrent de fait indépendantes, n'acquittant un faible tribut que lorsque le capitan-pacha apparaissait avec toute sa flotte dans les eaux de la mer Égée pour les contraindre à déférer aux ordres du sultan. Une guerre nouvelle qui éclata entre les Turcs et les Vénitiens, et qui dura depuis 1645 jusqu'à 1669, enleva à ces derniers la possession de Candie. Les Vénitiens prirent une éclatante revanche dans la guerre suivante (1687-1699), qui leur valut la possession de la Morée. En peu de temps ils réussirent à profondément modifier la situation de cette contrée par les routes, les édifices et les ouvrages de défense qu'ils y construisirent, et aussi par l'administration régulière, mais despotique, qu'ils y introduisirent. Cependant ils reperdirent la Morée dès la guerre nouvelle qu'ils déclarèrent à la Porte, en 1715, et aux termes de la paix de Passarowitz ils durent la céder aux Turcs ainsi que quelques autres points. La Grèce se trouva de la sorte encore une fois complétement turque; elle fut alors divisée en pachaliks et soumise à l'autorité du *Rumeli-Vallessi* (grand-juge de la Roumélie), tandis que les trente-et-une îles de la mer Égée étaient nominalement placées dans les attributions administratives du capitan-pacha et d'autres fonctionnaires turcs; mais en réalité la Porte les leur abandonnait, pour les exploiter de leur mieux et à leur profit personnel. Un tel système administratif ne tarda pas à devenir des plus oppressifs, surtout en raison de l'état de faiblesse intérieure de la Turquie. La Porte était réduite à se contenter du tribut annuel que lui envoyaient les gouverneurs, sans exercer aucune influence sur les procédés employés pour le prélever, non plus que sur la manière dont le pays était administré. Qu'on ajoute à cela la vénalité des fonctionnaires et leurs fréquents changements, l'arbitraire qui présidait à la répartition de l'impôt et les moyens tyranniques et vexatoires employés pour le faire rentrer, et on ne sera pas surpris d'apprendre que l'administration de la Grèce sous la domination turque offrait le plus effrayant exemple de la mise en pratique d'un système d'épuisement à jet continu. Par suite de ce système, et aussi en raison de ce que la plus grande partie de la propriété foncière en était venue à se trouver concentrée entre les mains des Turcs, il se produisit une paralysie complète de la force de production du pays; la seule compensation que les Grecs trouvassent pour un pareil état de choses, c'est que leurs maîtres leur abandonnaient complétement le commerce; or, dans cette voie laissée à leur activité il y avait un moyen de salut pour leur nationalité. De toutes les parties du pays, celles qui souffraient le moins étaient encore les îles, lesquelles, loin de leurs gouverneurs et placées immédiatement sous des autorités choisies par elles-mêmes, n'étaient pas exposées à tant d'actes arbitraires et oppressifs que la terre ferme et en étaient quittes pour l'acquit d'un tribut annuel, s'élevant en tout à 300,000 piastres environ. Cependant, dans de telles circonstances, la nationalité grecque eût nécessairement fini par succomber, si le pays n'avait point conservé deux institutions essentielles : son Église et sa religion grecques, avec une organisation communale tout à fait indépendante. C'est leur religion qui seule pouvait encore donner aux Grecs l'espoir d'un meilleur avenir, qui leur inspirait le courage nécessaire pour supporter les misères et les calamités du temps présent; c'est l'Église qui seule avait encore conservé une espèce de juridiction sur ses coreligionnaires; c'est elle seule qui, par l'intermédiaire du patriarche et du saint synode à Constantinople, défendait encore leurs droits devant la Porte; seule elle offrait un point central de réunion aux divers éléments de la nationalité grecque; et l'influence qu'elle exerçait sur les affaires intérieures de la nation était d'autant plus grande, que cette influence était tout à la fois religieuse et politique. En ce qui est de l'organisation communale particulière aux Grecs, obéissant à des primats de leur choix, elle éveilla parmi eux l'esprit de l'indépendance; le besoin de se gouverner par eux-mêmes devint un obstacle à leur fusion politique avec les Turcs, en même temps qu'elle devait plus tard servir de base à leur régénération politique. N'omettons pas de mentionner encore les armatoles, les klephtes et les Fanariotes au nombre des causes qui contribuèrent essentiellement au maintien et à la conservation de l'élément grec. Une circonstance qui exerça aussi une immense influence sur la régénération de la Grèce, ce fut ce besoin d'instruction qui s'y manifesta partout à partir du dix-huitième siècle, ainsi que l'extension de plus en plus grande que prirent les relations commerciales de ce pays. Ce furent des négociants grecs qui fondèrent en Turquie même les premiers établissements grecs d'instruction publique qu'on eût encore vus; créations auxquelles les Turcs imposèrent d'abord d'assez gênantes restrictions, mais qui vers la fin du dix-huitième siècle, et grâce à l'appui de la Russie, prirent toujours plus de développement.

C'est là ce qui fait que dès l'époque de Pierre le Grand les Grecs s'étaient pris à considérer la Russie comme leur protectrice naturelle, comme la puissance de laquelle ils devaient attendre leur affranchissement. Le règne de l'impératrice Catherine II exerça une influence décisive sur les destinées de la Grèce, parce que cette princesse fut la première qui chercha à réaliser les projets de conquête au sud conçus depuis longtemps en Russie. Elle songeait sérieusement à les mettre à exécution, lorsqu'en 1768 la Porte, prévenant ses intentions, lui déclara la guerre; à ce moment déjà la Russie fit d'immenses efforts pour déterminer les Grecs à se soulever. L'émissaire russe Pappas-Oglou échoua pourtant dans les menées secrètes dont il fut chargé à cet effet; et ce fut seulement lorsqu'une partie de la flotte russe, partie de Cronstadt pour la Méditerranée, vint débarquer le 28 février 1770 à Vitylo, en Morée, sous les ordres de Féodor Orloff, et prit possession de divers points stratégiques, que les Grecs s'insurgèrent en Morée et même au nord de la Grèce, notamment à Missolonghi, et dans les îles. Mais l'affaire prit bientôt une tournure fâcheuse, car les Albanais recrutés par la Porte reprirent Missolonghi, où ils égorgèrent toute la population mâle, et battirent les Russes en Morée. A la suite de ces désastres, la soldatesque turco-albanaise se livra à l'égard des Grecs, maintenant abandonnés, aux actes de la plus hideuse férocité: 8,000 Albanais promenèrent le fer et le feu dans toutes les parties de la Morée, taillèrent en pièces le corps russe chargé de l'occupation de Modon, et marchèrent ensuite sur Navarin. A ce moment, Féodor Orloff, démoralisé, se rembarqua en toute hâte avec les débris de son corps de débarquement, et abandonna les malheureux Grecs à leur sort. La destruction de la flotte turque à Tschesmé par Alexis Orloff n'eut point d'ailleurs de conséquences durables pour la Grèce. L'expédition entreprise pour seconder son affranchissement aboutit donc à un avortement complet; et quelques stipulations insérées en faveur des Grecs dans le traité de Koutschouk-Kaïnardji (amnistie générale, libre exercice de leur culte, liberté de voyager à l'étranger) en furent les uniques fruits. Mais la Porte était elle-même dans l'impuissance d'observer ces stipulations; et les bandes albanaises qui avaient replacé la Morée sous la domination turque, les considérant comme nulles, traitèrent alors en pays conquis la Grèce, qui pendant neuf années fut abandonnée à leurs brigandages et à leurs exactions. Pour y mettre un terme, il fallut que la Porte prît les mesures les plus énergiques, et le 10 juin 1779, à Tripolitza, Hassan-Pacha anéantit presque complétement ces hordes sauvages. La Grèce, pendant si longtemps victime de leurs dévastations et de leurs cruautés, put enfin respirer; et la tranquillité intérieure dont il lui fut donné de jouir alors, en ranimant son commerce, lui permit de se remettre peu à peu des terribles épreuves par lesquelles elle venait de passer. Dans la guerre qui ne tarda point à éclater de nouveau entre les Turcs et les Russes, les Souliotes et les Chimariotes, déjà engagés dans une lutte à mort contre Ali, pacha de Janina, prirent les armes contre la Porte, à l'excitation des agents russes. Néanmoins, abandonnés et sacrifiés encore une fois par la Russie, lors du traité de paix conclu à Jassy le 9 janvier 1792, il leur fallut continuer seuls la guerre, qui se termina la même année, parce qu'ils obtinrent de la Porte qu'elle les déclarât indépendants du pacha de Janina. Le seul avantage que la paix de Jassy valut aux Grecs fut la confirmation des clauses déjà insérées à leur profit dans le traité de Koutschouk-Kaïdardji et l'autorisation de naviguer librement sous pavillon russe.

Pendant la période de paix qui suivit alors, le commerce de la Grèce, notamment dans les îles, où le joug ottoman se faisait moins sentir, prit un essor prodigieux. Beaucoup d'écoles grecques furent alors fondées, tant dans les villes grecques de la Turquie elle-même qu'à l'étranger. Les terribles agitations politiques auxquelles l'Europe se trouva ensuite en proie ne manquèrent point d'avoir leur contre-coup en Grèce, où elles reveillèrent avec une énergie nouvelle l'idée de l'indépendance nationale. Des hommes tels qu'Alexandre Maurocordatos l'aîné, Alex. Ypsilanti l'aîné, Ant. Gazis et surtout Rhigas, de qui provint l'idée première de l'*hétairie*, embrassèrent cette idée avec une chaleur qui promettait dès lors les plus brillants résultats, pour peu qu'on apportât plus de prudence dans l'exécution de l'œuvre. Mais le supplice de Rhigas (1798) déjoua momentanément les projets conçus pour l'affranchissement de la Grèce. Bientôt après, la guerre éclata de nouveau entre Ali, pacha de Janina, et les Souliotes; elle donna le signal au renouvellement des scènes de férocité et de barbarie, aux actes de brigandage et d'impitoyable dévastation qui avaient signalé la lutte précédente, et aussi de la part des Grecs aux mêmes actes de courage héroïque et d'admirable dévouement à la patrie. Après avoir duré pendant plusieurs années, elle se termina en 1804 par l'anéantissement presque complet de la population souliote et par la soumission entière de l'Albanie, placée désormais sous l'autorité d'Ali. Celui-ci réussit en outre à se débarrasser de ses autres ennemis les uns après les autres, de sorte qu'en 1810 il se trouvait en fait maître de la plus grande partie de la Grèce septentrionale et avait même pu prendre pied en Morée. Gardiki, qui osa lui résister en 1812, paya sa résolution et son courage du massacre de la majeure partie de sa population, et **Parga** seule continua bravement à lutter jusqu'en 1819. Plus les affaires avaient pris une tournure fâcheuse pour les Grecs, et plus il y avait pour eux de motifs de consolation et d'espoir dans les progrès incessants de leur développement intérieur. A côté des établissements d'instruction publique, on vit surgir alors une nouvelle littérature nationale, qui, préparant l'œuvre de l'affranchissement de la Grèce, acquit bientôt une haute importance politique. En outre, la prospérité du commerce grec était toujours en voie de progression; et dès 1813 la marine marchande grecque comptait environ 600 bâtiments en partie bien armés et montés par 2,000 matelots. Ainsi se formait une pépinière pour la future guerre maritime; de même que, de retour dans leurs foyers, les Grecs qui avaient pris du service dans les armées française, anglaise ou russe, y rapportèrent l'esprit militaire ainsi que des idées mieux mûries sur les moyens à employer pour améliorer la situation politique de la Grèce. La nouvelle *hétairie*, dont on peut reporter la création à l'année 1814, contribua surtout à préparer le soulèvement de la nation contre ses oppresseurs. Ce fut d'ailleurs le congrès de Vienne qui en provoqua indirectement la naissance, en trompant l'espoir que la Grèce avait dû concevoir de voir enfin les grandes puissances s'occuper d'améliorer son sort, et en ne lui laissant plus d'autre alternative que l'emploi de la force pour arriver à son affranchissement. L'*hétairie*, dont à l'origine le centre d'action était au sein même des États russes, se propagea rapidement en Grèce de même que dans toutes les villes commerçantes de l'Europe et de l'Asie où les Grecs avaient pu fonder des établissements. Dès 1817 elle comptait dans ses rangs tous les primats les plus importants, ainsi que les principaux d'entre les armatoles et les klephtes; et elle avait des affiliés dans la plupart des communes. La fermentation croissait donc de jour en jour parmi les Grecs. Les klephtes du nord de la Grèce, notamment les Souliotes, à qui Ali-Pacha s'était adressé dans la position critique où il se trouvait maintenant, crurent qu'une alliance avec lui était le meilleur moyen à employer pour la réalisation de leurs projets. Une réunion d'*hétairistes*, tenue en novembre 1820 à Vostizza, s'était déjà préparée à une prise d'armes; puis elle en était venue à penser que l'heure favorable n'avait pas encore sonné, quand la mort de l'hospodar de Valachie Soutzo, arrivée le 11 février 1821, fit éclater l'insurrection au moment où on s'y attendait le moins. Georgakis, colonel valaque, l'un des plus ardents hétairistes, à qui Alexandre Ypsilanti le jeune, alors chef de l'hétairie, avait confié le soin de préparer les voies à l'insurrection en Valachie, crut l'occasion favorable venue, et aussitôt après la mort de l'hospodar envoya le Valaque Wladimiresko dans la petite Valachie à la tête de 180 hommes, en le chargeant de soulever cette contrée. Mais ce perfide agent avait un but tout autre. Il promit au peuple des campagnes de l'affranchir du joug que faisaient peser sur lui les princes et les boyards grecs, réunit de la sorte une grande masse de **pandours**, et marcha à leur tête sur Bukarest, sans autre intention que de s'y faire proclamer lui-même hospodar. Ypsilanti, qui ne se doutait nullement de la direction qu'avait prise l'insurrection, franchit le Pruth dès qu'il en reçut la première nouvelle, et entra le 7 mars à Jassy, où il appela toute la population grecque aux armes contre les Turcs, et où il parvint à réunir en peu de temps des forces assez considérables ayant pour noyau un escadron dit *sacré*, et composé de jeunes Grecs enthousiastes, accourus aussitôt de toutes les parties de l'Europe. Mais la résistance que cette entreprise rencontra de la part du boyard valaque, le désavœu officiel de la Russie, l'indécision, l'absence de plan, le manque d'habileté et d'énergie avec lequel elle fut conduite par Ypsilanti la firent complétement avorter. Les Turcs ne furent pas plus tôt entrés en Valachie, qu'ils battirent les insurgés et s'emparèrent de Galacz et de Bukarest. Enfin, la bataille livrée à Dragaschân anéantit l'armée des insurgés. Ils tinrent un peu plus longtemps en Moldavie; mais à la suite de la défaite qu'ils essuyèrent le 20 juin (à Skuleni) et de la mort de l'héroïque Georgakis dans le couvent de Sekka (26 août 1821), il ne leur resta plus d'autre alternative que de se soumettre.

Pendant ce temps-là, l'insurrection avait également éclaté en Morée au commencement d'avril 1821, et elle y avait eu pour principal chef et instigateur l'archevêque de Patras, Germanos. Les débuts en furent des plus heureux. Les insurgés, dont les chefs étaient Théod. Kolocotroni et Pietro Mauromichalis, eurent l'avantage dans diverses rencontres avec les troupes turques; ils s'emparèrent de plusieurs villes, et, sous la dénomination de *sénat de Messénie*, constituèrent à Kalamata une espèce d'assemblée nationale, qui commença ses travaux le 9 avril, s'occupa tout de suite d'organiser l'insurrection, et fonctionna comme gouvernement. Mais dès la fin d'avril et le commencement de mai les Turcs reprirent partout l'offensive; ils repoussèrent les Grecs sur divers points, reprirent les villes de Patras, de Vostizza et d'Argos, et livrèrent les deux premières au fer et au feu. Divers avantages remportés par les insurgés en Morée relevèrent le courage des populations grecques, et le nouveau gouvernement provisoire établi par le sénat sut donner une meilleure organisation administrative à la partie du territoire national au pouvoir de l'insurrection. Le mouvement s'était produit en même temps dans les îles. Dès le courant d'avril, Spezzia, Psara et Hydra proclamaient leur indépendance; et une escadre d'insurgés commandée par Tombasis, décidait les autres îles, à l'exception de Chios, à se déclarer en faveur de l'insurrection. Au nord-ouest de la Grèce, les Souliotes consolidèrent leurs nouvelles conquêtes; et au nord-est, la Phocide, la Béotie et l'Attique se mirent complétement en insurrection, tandis qu'Athènes tombait au pouvoir des insurgés, qui bloquaient étroitement la garnison turque de l'Acropole. Le mouvement se propagea au delà même des Thermopyles; à Magnésia et en Macédoine, on courut sus aux Turcs. La Porte était encore fort imparfaitement renseignée sur le caractère et la portée de l'insurrection, quand ses yeux se dessillèrent par suite de la découverte, à Constantinople même, d'une conspiration ayant pour but d'incendier la flotte et l'arsenal, d'assassiner le sultan et de distribuer des armes à la population grecque. Des massacres effroyables, exécutés par la populace turque dans les parties de l'empire habitées par des Grecs, et surtout à Constantinople, massacres dont on évalue les victimes à 30,000, qui durèrent trois mois, et dans lesquels périrent égorgés les hommes les plus considérés et les plus importants de la nation grecque, furent la suite de cette découverte. La Porte, redoutant qu'il n'en résultât pour elle un conflit avec la Russie, renforça en toute hâte son effectif militaire au nord, et par là dégarnit ses provinces méridionales; circonstance qui servit admirablement l'insurrection grecque. La flotte de l'amiral grec Tombasis battit le 8 juin, dans les eaux de Mitylène, la flotte turque, tandis qu'une autre escadre grecque déterminait Missolonghi, Anatolico et par suite l'Étolie ainsi que l'Acarnanie à faire cause commune avec l'insurrection. Vers la même époque, c'est-à-dire à la fin de juin 1821, Démétrius Ypsilanti arriva en Morée; et son arrivée fit tout aussitôt éclater la discorde parmi les chefs de l'insurrection, jusque alors si unis. A ce moment les Turcs ne possédaient plus en Morée que neuf places fortes, et bientôt même, sur ce nombre, ils en perdaient trois, Navarin et Monembasia par capitulation, et Tripolizza à la suite d'un sanglant assaut. Toutefois, la cause grecque prit dès la fin de 1821 une tournure fâcheuse en Morée. Les attaques tentées sur Patras et Nauplie échouèrent complétement; le désordre, la misère, la famine et le découragement allaient toujours croissant dans les rangs des insurgés.

Au nord-ouest de la Grèce, l'insurrection fit des progrès moins rapides, parce que Kourschid-Pacha, commandant du corps d'armée turque réuni pour agir contre le pacha de Janina, conserva une supériorité marquée, malgré leur bravoure bien connue, sur les Souliotes, commandés par Marco Botzaris; et à la fin de cette même année il avait réduit les Souliotes à se tenir sur la défensive à la suite de diverses attaques toujours repoussées avec succès.

Au nord, les affaires des insurgés allaient encore plus mal. Dès le mois de mai, ils y perdaient successivement la Livadie et Thèbes, et ils échouaient dans leurs efforts pour empêcher la prise de Magnésia, livrée par les vainqueurs au pillage et à l'incendie. De même, l'insurrection des moines du mont Athos et des klephtes de Macédoine échoua complétement et se termina par la soumission absolue de la presqu'île de Chalcidice.

Les derniers mois de la première année de l'insurrection ne furent signalés par aucun événement important, et l'avenir ne se présentait pas pour elle, à beaucoup près, sous un aspect plus favorable. Elle manquait tout à la fois et d'armée, et de trésor public, et d'un chef capable de donner le mouvement en même temps que de lui imprimer une direction unique; or, l'assemblée nationale convoquée par Démétrius Ypsilanti fut impuissante à les lui trouver. En outre, la Russie et l'Autriche s'étaient formellement prononcées contre ce mouvement; la France observait une stricte neutralité, tandis que l'Angleterre, à cause de ses îles Ioniennes, faisait preuve d'une hostilité manifeste. Mais ce qui était encore plus fatal que tout cela, c'était la discorde qui chaque jour faisait plus de progrès parmi les Grecs, et qui provenait surtout de l'insubordination que les différents chefs montraient en campagne, chacun d'eux prétendant alors agir à sa guise. Il y avait donc impossibilité d'imprimer une direction commune et unique à l'insurrection et à ses efforts; d'où un esprit d'intrigue et d'égoïsme qui se manifestait partout, provoquait des tentatives isolées presque toujours malheureuses, des accusations et des récriminations sans fin, voire même la guerre civile et jusqu'à des actes de trahison, et qui les années suivantes précipita ce malheureux pays dans toutes les horreurs de l'anarchie. C'est ainsi que la loi fondamentale, délibérée et adoptée dans l'assemblée nationale, puis promulguée au commencement de 1822, constitution connue sous le nom de *loi organique d'Épidaure*, composée de 107 articles, et rédigée dans un esprit très-libéral, mais contenant un grand nombre de dispositions tout à fait inapplicables en raison de l'état encore si peu avancé du pays, ne fut jamais exécutée; et que le gouvernement qu'elle institua avec Maurocordatos à sa tête, n'exerça jamais la moindre influence. C'est ainsi, enfin, qu'à l'assemblée nationale qui s'ouvrit à Astros, au mois de mars 1823, on ne vit régner parmi les chefs que la plus complète désunion. Le parti militaire, ayant à sa tête Kolocotroni, Ypsilanti et Odysseus, voulait établir un gouvernement militaire et absolu. Ce projet échoua, parce que le parti opposé, à la tête duquel étaient Pietro Mauromichalis et Maurocordatos, et qui était aussi le plus fort, réussit à faire nommer le premier, président, et le second, secrétaire de la commission de gouvernement. Quant aux opérations de la guerre, les Grecs, par suite de ces causes différentes, durent plutôt dans les années 1822 et 1823 éprouver des pertes que faire des progrès. C'est encore en Morée, où Kolocotroni commandait en chef, que les affaires allaient le moins mal. Il nuisit singulièrement alors, il est vrai, à la cause de l'indépendance par son esprit de domination et par l'avidité avec laquelle il recherchait toutes les occasions de s'enrichir; mais c'est du moins à son énergie que l'on dut les victoires remportées sur Dram-Ali, la prise de Nauplie (1822) et celle de Corinthe (1823). Au nord-ouest de la Grèce, Missolonghi dut, dans le cours de ces deux années, supporter deux siéges rigoureux. Les Souliotes, qui après la mort d'Ali, pacha de Janina, avaient bravement continué pour leur compte la guerre contre Kourschid-Pacha, essuyèrent à Pata, le 16 juillet 1822, une déroute complète, dans laquelle le bataillon des philhellènes fut anéanti, et par suite de laquelle il leur fallut, pour la seconde fois, abandonner leurs foyers. Ce fut l'année suivante seulement, en exterminant à leur tour l'armée du séraskier Mustapha, qu'il leur fut donné de prendre leur revanche de ces désastres; mais ils payèrent chèrement leur triomphe : il leur coûta leur intrépide chef, Marco Botzaris.

En Macédoine et en Thessalie, la situation des choses était encore pire, car les Grecs en furent complétement expulsés. En revanche, à l'est les affaires étaient conduites avec assez de succès par Odysseus, dont l'attitude était d'ailleurs des plus équivoques. L'Acropole d'Athènes, entre autres, tomba par capitulation en 1822 au pouvoir des Grecs, qui à cette occasion se rendirent coupables de la plus infâme violation de la foi jurée. En revanche, les forces navales grecques, placées sous les ordres de Miaulis, furent presque partout victorieuses dans le cours de ces deux premières années de la guerre d'indépendance. Battue en diverses rencontres par Miaulis, la flotte turque ne put pas tenir la mer; et si en avril 1822 le capitan-pacha, Kara-Ali, réussit encore à s'emparer de l'île de Chios et à y exercer les plus épouvantables dévastations, cette victoire fut brillamment vengée dans la nuit du 18 au 19 juin 1822, par la destruction complète de la flotte turque, que Canaris opéra près de l'île de Ténédos.

A la fin de l'année 1823, les deux partis, l'un ayant à sa tête Kolocotroni et la plupart des chefs de l'armée, l'autre Maurocordatos avec la majorité des primats et des membres de l'assemblée nationale, en étaient venus à une scission ouverte et déclarée, de laquelle résultèrent d'abord des tiraillements de toutes espèces, puis des actes d'insubordination et de violence, et enfin la guerre civile. A cette désorganisation intérieure, signe avant-coureur d'une ruine totale, venait encore se joindre l'attitude de plus en plus hostile des grandes puissances de l'Europe. Il fut répondu, en leur nom, aux agents que la Grèce envoya au congrès de Vérone, qu'elle n'avait à attendre ni à espérer d'elles le moindre appui, attendu qu'elle n'était point un État indépendant. En revanche, l'opinion publique se prononça partout alors avec une extrême énergie en faveur des Grecs. En Angleterre, en France, en Allemagne, etc., il se forma des comités pour venir en aide à la Grèce, et plusieurs particuliers, tels que Byron et Eynard, contribuèrent beaucoup par leurs sacrifices personnels au succès des efforts de ces associations. La conclusion à Londres, le 21 février 1824, d'un emprunt grec de 800,000 liv. st. (20 millions de francs) fut un des résultats de cette favorable disposition des esprits. Mais que pouvaient de tels secours en présence du danger qui vint alors d'un autre côté menacer la Grèce? Ibrahim-Pacha, nommé par la Porte pacha de Morée, était parti d'Alexandrie au commencement de juin à la destination de la Grèce avec une flotte composée de 30 frégates, de plusieurs bâtiments de guerre de dimensions moindres et 150 transports, portant à bord 22,000 hommes de troupes de débarquement. Sans doute le brave Miaulis réussit encore à contraindre, d'une part, le capitan-pacha, qui avait dévasté Ipsara, à regagner précipitamment les Dardanelles, et Ibrahim-Pacha à s'en aller demander un refuge pour sa flotte à Candie, qui, après avoir pris part depuis plusieurs années à la lutte pour l'indépendance, venait à ce moment d'être livrée aux Turcs par la trahison des Sphaciotes. Mais l'année d'après (1825) les Grecs se trouvaient dans l'évidente impossibilité de résister à l'immense supériorité numérique des Égyptiens, quoiqu'il régnât maintenant beaucoup plus d'union dans leurs rangs, et malgré les ressources plus grandes mises à leur disposition par l'emprunt conclu à Londres en leur faveur. Le 24 février 1825, Ibrahim-Pacha débarquait à Modon; peu de jours après, il s'emparait de Navarin; et à la fin de l'année, en dépit de tous les efforts tentés par l'armée grecque, il était maître de la plus grande partie de la Morée, où ses troupes commettaient les plus horribles dévastations. Il marcha ensuite sur Missolonghi, dont il se rendit maître à la fin d'avril 1826, malgré la plus héroïque résistance, puissamment secondé dans cette circonstance par Reschid-Pacha, qui opérait au nord. La guerre prit alors le caractère le plus hideux. Ibrahim-Pacha envoya en Égypte comme esclaves des cargaisons entières de Grecs; il porta le fer et le feu en tous lieux, et à la fin de l'automne il avait réussi à faire de la Morée un désert. Reschid-Pacha se dirigea ensuite vers l'est de la Grèce, qu'il soumit presqu'en entier, et où, en dépit de la défense désespérée que lui opposèrent les Grecs, il prit Athènes d'assaut le 17 août, en même temps qu'il mettait le siége devant l'Acropole. La désorganisation intérieure des Grecs était alors arrivée à son comble; on manquait absolument d'argent; les îles se séparèrent de la terre ferme pour se livrer à la piraterie; la flotte demeurait inactive, faute d'entretien; chacun ne pensait plus qu'à soi; les chefs de corps étaient devenus la plaie du pays, et avaient renvoyé les commissions de gouvernement de Nauplie à Égine.

L'arrivée de lord Cochrane en Grèce parut avoir opéré une réconciliation des partis dans l'assemblée nationale, qui, au printemps de 1827, s'était de nouveau réunie à Trézène. On l'y nomma à l'unanimité commandant en chef des forces navales grecques, et un autre philhellène, sir Richard Church, fut appelé à prendre le commandement supérieur des forces de terre; enfin, le comte J.-A. Capo d'Istria, alors à Paris, fut élu le 14 avril, pour sept ans, président de la république grecque, et on institua une commission chargée de diriger les affaires jusqu'à son arrivée. Mais ce bon accord ne dura pas longtemps; les vieilles haines, les vieilles discordes ne tardèrent point à se produire de nouveau, et il vint encore s'y ajouter la jalousie des chefs militaires pour les étrangers qu'on avait placés à leur tête. C'est aux effets de cette jalousie qu'il faut surtout attribuer l'inutilité des efforts tentés à diverses reprises pour dégager l'Acropole, et en dernier lieu l'insuccès complet de la grande opération entreprise dans ce but par le général Church. Il semblait donc à ce moment que la Grèce, retombée tout entière au pouvoir des Turcs, à l'exception des îles et de quelques points en Morée, fût à tout jamais perdue, quand ses destinées prirent tout à coup une direction plus favorable.

La prolongation même de cette lutte si acharnée avait fini par décider les grandes puissances à y intervenir, de peur qu'elle n'entraînât un jour de regrettables complications dans le système général de la politique européenne. A la longue, il serait devenu impossible d'empêcher une intervention quelconque de la part de la Russie; intervention qui n'eût pas manqué d'assurer à cette puissance une décisive prépondérance dans toutes les questions relatives à l'Orient. Pour empêcher que cette intervention fût l'œuvre d'une seule puissance, l'Angleterre ouvrit à Saint-Pétersbourg des négociations qui, dès le 4 avril 1826, amenèrent la conclusion d'un protocole par lequel ces deux puissances, auxquelles la France vint se joindre plus tard, convinrent que la Grèce serait gouvernée par un prince indigène, jouirait d'une complète liberté de conscience et de commerce, mais constituerait toujours un État vassal et tributaire de la Porte. Ce protocole n'eut pas d'ailleurs d'autres suites pour le moment. Mais le refus absolu de la Porte d'y accéder, et notamment son *ultimatum* en date du 10 juin 1827, qui ne laissait aux trois puissances d'autre alternative que d'abandonner leurs projets de médiation ou de les réaliser par la force des armes, amenèrent la signature du traité du 6 juillet 1827, qui garantissait l'indépendance de la Grèce. Par suite de ce traité les trois puissances donnèrent, le 12 juillet, aux amiraux commandant leurs flottes respectives dans la Méditerranée l'ordre de s'opposer à tout nouvel envoi de troupes égyptiennes en Grèce, mais de n'en venir à des hostilités directes que dans le cas où les Turcs voudraient forcer le passage. Cependant, par suite d'un enchaînement tout particulier de circonstances, une bataille s'engagea, le 20 octobre 1827, dans les eaux de Navarin, et la flotte turco-égyptienne y fut anéantie. La manière équivoque dont les puissances médiatrices considérèrent cet événement eut d'ailleurs ce résultat, que la Porte n'en reprit pas moins tout aussitôt le langage le plus hautain et exigea notamment la soumission absolue des Moréotes. Les ambassadeurs des trois puissances ne pouvant, sur une telle base, entrer dans aucune espèce de négociation, quittèrent Constantinople le 8 décembre 1827.

Cette victoire de Navarin remonta un peu l'esprit public en Grèce, où l'on remporta de nouveau quelques avantages sur les troupes turco-égyptiennes. Mais en janvier 1828 lord Cochrane abandonna la Grèce, où la jalousie des divers chefs placés sous ses ordres l'empêchait de rien entreprendre d'utile. En revanche, le comte Capo d'Istria, attendu depuis si longtemps, arriva enfin à Nauplie le 18 janvier; et tout aussitôt la commission de gouvernement établie à Égine abdiqua ses pouvoirs entre ses mains. Il s'agissait maintenant d'organiser le jeune État et de donner à sa politique extérieure un caractère plus ferme et plus fixe. La seconde partie de la tâche qui incombait au président n'en était pas la moins difficile; car tout aussitôt après la bataille de Navarin on avait vu la Russie prendre une position d'isolement; un an après elle déclarait même la guerre à la Porte, guerre qui retarda encore de deux ans la fixation des destinées de la Grèce.

Érection de la Grèce en royaume. Capo d'Istria mit momentanément un terme aux incessantes luttes intestines des Grecs; il fonda un *panhellénion*, conseil composé de vingt-sept membres, et dont il se réserva la présidence, chargé de constituer le pouvoir politique suprême; et, à l'aide d'une foule de mesures nouvelles, il s'efforça de complétement réorganiser l'administration civile et militaire du pays. Toutefois, il rencontra dans l'exécution de ses divers projets de nombreuses difficultés, provenant surtout de la continuation de l'absence absolue de ressources financières, et provoqua une opposition dont les forces s'accrurent encore quand le gouvernement eut pris le parti de s'abstenir à l'avenir de convoquer l'assemblée nationale. En fait d'opérations militaires datant de cette époque, il n'y eut d'important que la campagne entreprise par Church dans l'ouest, et qui se termina, en mai 1829, par la reprise d'Anatoliko et de Missolonghi. On ne tenta rien contre Ibrahim-Pacha. Comme, en dépit de toutes les sommations qui lui étaient adressées, il se refusait absolument à évacuer la Morée, le général Maison y débarqua le 29 août 1828, à la tête de 14,000 Français, et le contraignit à en partir. Il ne resta plus alors en Morée que 5,000 Français, comme corps d'observation, tandis que les puissances, par leur traité en date du 16 novembre 1848, plaçaient formellement la Morée et les îles sous leur garantie. Dans ces circonstances, et par suite de l'infatigable activité déployée par Capo d'Istria, tant à l'intérieur qu'à l'extérieur, la Grèce vit ses plaies commencer à se cicatriser, encore bien que de toutes parts surgissent des mécontents. On réclamait surtout la réouverture de l'assemblée nationale, qui se réunit enfin de nouveau à Argos, le 23 juillet 1829. Le gouvernement s'y trouva en majorité, et le pouvoir exécutif confié au président y fut confirmé. Un sénat, dont les membres étaient presque exclusivement à la nomination du président, remplaça désormais le *panhellénion*. Après la clôture de l'assemblée, l'opposition devint d'autant plus vive qu'on accusait généralement le président de vouloir réunir tous les pouvoirs entre ses mains, et dès la fin de l'année elle prit le caractère le plus menaçant. Des révoltes éclatèrent parmi les palikares, et on accusa ouvertement le président de n'être qu'un agent de la Russie, ou encore de viser à constituer une monarchie héréditaire en faveur de sa famille. C'est précisément à cette époque qu'un protocole, portant la date du 3 février 1830, et émanant de la conférence des trois puissances tenue à Londres pour le règlement de l'affaire grecque, déclara la Grèce État indépendant, et détermina les limites exactes de son territoire. Un autre protocole attribua la couronne souveraine de la Grèce au prince Léopold de Saxe-Cobourg, qui d'abord l'accepta, mais qui plus tard (21 mai) y renonça par suite du refus des puissances d'accorder à la Grèce les frontières que ce prince jugeait nécessaires à son indépendance et à sa sécurité. La Porte accéda le 24 avril aux stipulations du protocole du 3 février.

Les événements mémorables qui agitèrent l'Europe à la suite de la révolution de juillet 1830 vinrent interrompre les travaux de la conférence de Londres au sujet de l'affaire grecque. La Grèce, se trouva de la sorte encore une fois abandonnée à elle-même, et par suite la position du président devint des plus critiques. L'arrangement à la veille d'être conclu avec la Porte fut remis en question, et les idées mises en mouvement par la révolution trouvèrent de l'écho jusqu'en Grèce, où l'on vit aussi se former un parti républicain. Des troubles éclatèrent dans le Maïna; il fallait recourir à l'emploi de la force armée pour faire rentrer les impôts, et on manquait toujours des ressources financières les plus indispensables. Quoique le président eût considérablement augmenté plusieurs impôts, les besoins étaient devenus si urgents au commencement de l'année 1831, qu'il avait impossibilité de payer aux fonctionnaires publics plus du cinquième de leur traitement en espèces. Un tel état de choses et diverses fautes commises par le président accrurent tellement le nombre des opposants ainsi que l'animadversion publique dont le comte Capo d'Istria était devenu l'objet, qu'il suffisait maintenant du moindre inciden pour amener une explosion. La conduite tenue par le président à l'égard du sieur Polyzoïdès, rédacteur d'un journal d'opposition, ayant pour titre *Apollon*, la provoqua; les Hydriotes s'étant refusés à livrer Polyzoïdès, qui était venu se réfugier parmi eux, se séparèrent, à l'instar des Psariotes, du gouvernement du président, exemple que suivirent bientôt les Maïnotes et la plupart des îles. Une guerre civile ne tarda point à éclater tant sur terre que sur mer; et le commandant de la flotte russe dans la Méditerranée, ayant insisté pour qu'on lui livrât toute la flotte grecque réunie à Paros, Miaulis prit la terrible résolution de l'anéantir plutôt que de la voir passer aux mains des Russes et devenir pour le président un moyen de plus d'opprimer la Grèce. Le 13 août il livra aux flammes vingt-huit bâtiments, représentant une valeur de plus de 50 millions de francs, et fit sauter les fortifications du port de Paros. Comme déjà les deux partis s'armaient, l'un pour résister, l'autre pour punir l'attentat qui venait d'être commis, il semblait que la Grèce allait périr dans les convulsions de la guerre civile, quand l'assassinat du comte Capo d'Istria vint établir une trêve tacite entre les partis en présence. Le sénat réuni à Nauplie nomma tout aussitôt un gouvernement provisoire, composé de trois membres et présidé par Augustin Capo d'Istria. Les Hydriotes firent des ouvertures pour un arrangement amiable; mais elles furent rejetées. Le nouveau gouvernement s'obstina tout au contraire à lutter contre l'opposition dans le même esprit que le président, c'est-à-dire en employant les moyens violents, et à ne reculer devant aucune mesure, si illégale qu'elle pût être, pour s'assurer dans l'assemblée nationale une majorité dévouée. Il en résulta un nouveau soulèvement des Hydriotes et des Maïnotes, qui réclamaient avant tout une assemblée nationale librement élue. Puis, quand, au mépris de ces vœux si justes, le gouvernement persista à convoquer son assemblée nationale pour le mois de novembre 1831, et eut recours à tous les moyens pour y faire nommer, le 20 février, Augustin Capo d'Istria en qualité du *président provisoire*, sans avoir égard aux réclamations et aux protestations de l'opposition, généralement composée de Rouméliotes, celle-ci se constitua en assemblée nationale, tandis que le gouvernement se réfugiait avec la sienne à Nauplie. De là tout aussitôt de sanglants conflits. L'assemblée *rouméliote* continua à se réunir à Pérachore, au milieu même des luttes de la guerre civile; elle eut sa propre commission de gouvernement, avec Kolettis pour président, et parvint à porter à 8,000 hommes l'effectif des troupes dont elle disposait. Au contraire, à Nauplie, la démoralisation prenait chaque jour de plus grandes proportions; et ce fut à grand'peine qu'on parvint à y réunir 2,000 hommes pour les faire marcher contre les Rouméliotes. Ceux-ci avaient déjà franchi l'isthme et le 2 avril 1832 ils étaient entrés à Argos, quand on reçut en Grèce le protocole du 7 mars, qui appelait le prince Othon de Bavière à monter sur le trône de la Grèce. La joie des populations à cette nouvelle fut sans bornes, et par suite presque tous les officiers des troupes du gouvernement étant venus se mettre à la disposition de Kolettis. Augustin Capo d'Istria comprit qu'il n'avait plus qu'à donner sa démission, et s'embarqua tout aussitôt après pour Corfou. Malgré cela, son parti continua à intriguer plus activement que jamais; et ce ne fut qu'après de longues négociations poursuivies à l'effet d'arriver à la conclusion d'un compromis, qu'on parvint à faire agréer par l'un et l'autre parti une commission de gouvernement composée de sept membres. Cela eût même abouti, suivant toute apparence, à une nouvelle révolution, si les Maïnotes ne s'étaient pas prononcés de la manière la plus décidée en faveur du gouvernement et n'avaient pas de la sorte déjoué les plans des partisans de Capo d'Istria, à la tête desquels figurait toujours Kolokotroni.

Cependant le traité en date du 7 mai 1832 avait été signé entre les trois puissances et la Bavière; il désignait formellement le prince Othon de Bavière en qualité de roi de a Grèce, instituait une régence chargée de gouverner en son nom jusqu'à l'époque de sa majorité, promettait la garantie des trois puissances à un emprunt de 60 millions de francs en faveur de la Grèce, et de la part de la Bavière le prochain envoi de la régence et d'un corps auxiliaire de 3,500 hommes. Alors eut lieu, le 8 août, l'élection à l'unanimité, en qualité de roi de la Grèce, du prince Othon par la nouvelle assemblée nationale réunie à Nauplie. Toutefois, de graves mésintelligences éclatèrent bientôt entre cette assemblée et le sénat; et les choses en vinrent à ce point qu'un jour l'assemblée nationale se vit assaillie par les chefs de palikares, qui enlevèrent et maltraitèrent un certain nombre de ses membres. La guerre civile sévissait encore une fois, et l'anarchie était aussi complète que jamais, en même temps qu'il y avait absence absolue des ressources financières, et que les chefs de palikares, Kolokotroni à leur tête, continuaient à se livrer sans obstacle à tous les actes du plus brutal arbitraire. Ce fut en effet le 6 octobre seulement qu'eut lieu à Munich la nomination de la régence, composée du comte Armansperg, du général Heidegger et du conseiller d'État de Maurer. Le 30 janvier 1833 elle arriva devant Nauplie avec le jeune roi Othon Ier; mais elle ne descendit à terre que le 6 février, après le débarquement des troupes bavaroises qu'elle avait amenées avec elle. Les mesures énergiques auxquelles eut recours la régence rétablirent bientôt le calme et la tranquillité dans le pays. Toutes les places fortes furent occupées sans conteste par les troupes bavaroises, et en concentrant les palikares sur certains points donnés, on les empêcha de pouvoir devenir dangereux. La régence fit constamment preuve en cela d'autant de prudence que de résolution, et bientôt il résulta de ses efforts une notable amélioration dans la situation du pays. On forma alors un véritable ministère; des gouverneurs généraux furent institués pour la Morée, la Livadie et l'Archipel; on créa trois cours centrales de justice, et la Grèce reçut une organisation administrative tout à fait analogue à celle des autres États européens. Il n'y eut que les klephtes, au nord de la Grèce, et les Maïnotes qui refusèrent de se conformer au nouvel état de choses et qui continuèrent à se livrer comme par le passé à leurs actes de brigandage et d'insubordination. Pour forcer ces derniers à se soumettre et à se tenir tranquilles sous la protection d'un gouvernement régulier, il fallut recourir formellement à une expédition des troupes bavaroises; quant aux premiers, on en vint à bout en établissant des *blockhaus* sur la frontière du nord et en faisant marcher contre eux en 1835 un petit corps de troupes.

Malgré les efforts faits par le gouvernement pour ramener le calme et la paix dans le pays au moyen de mesures utiles et de dispositions bienfaisantes de tous genres, le parti Capo d'Istria persistait dans ses menées et ses intrigues secrètes. Au mois de mars 1834 on découvrit une conspiration ourdie par lui pour renverser la régence, et par suite Kolokotroni et Kolliopoulos furent condamnés à vingt années d'emprisonnement. Vers la même époque, la Grèce renoua des relations diplomatiques avec la Turquie, tandis que la création d'un synode grec particulier avait pour but de mettre un terme aux rapports ecclésiastiques existant entre la Grèce et le patriarche grec de Constantinople. Dans le courant de cette même année 1834, toutes les troupes bavaroises s'en retournèrent en Bavière, et furent remplacées par des recrues nouvelles levées en Bavière, en même temps qu'on organisait des troupes grecques régulières. La désunion qui s'était tout d'abord produite au sein de la régence amena, vers la fin de 1834, de véritables collisions auxquelles le roi de Bavière mit un terme en maintenant au comte Armansperg, homme entièrement dévoué aux intérêts anglais, tous ses pouvoirs comme président de la régence, et en rappelant ses deux principaux adversaires, MM. de Maurer et d'Abel, qui par leurs efforts pour organiser un système judiciaire et un système administratif dans le pays avaient bien mérité de la Grèce. Ils furent remplacés par MM. Kobell et Greiner.

Le 1er juin 1835, après que la résidence royale eut été transférée de Nauplie à Athènes dès le 10 janvier précédent, le roi Othon, devenu majeur, prit en main les rênes de l'État. Le comte Armansperg reçut de lui le titre de *chancelier*, et les autres membres de la régence s'en retournèrent en Bavière. Kolokotroni et Kolliopoulos furent à cette occasion graciés et mis en liberté. Sauf une expédition contre les klephtes récalcitrants, les années 1835 et 1836 se passèrent tranquillement, de sorte qu'on put s'occuper avec le plus grand soin de l'organisation administrative du pays. Quoique le ministère Armansperg tout au début de la régence eût commis la faute de prendre beaucoup trop pour modèles les institutions bureaucratiques de la vieille Europe, il aurait été peu à peu porté remède à cette faute première, si aux éléments de fermentation intérieurs n'étaient pas venus se joindre encore d'autres influences hostiles, c'est-à-dire la rivalité toujours croissante des trois puissances protectrices, chacune d'elles s'efforçant de profiter de sa part d'influence sur le gouvernement grec pour mettre à exécution ses plans égoïstes. De la part de la Russie il semblait que ces plans consistassent à empêcher autant que possible la consolidation en Grèce d'un état de choses régulier. C'est en se créant chacune dans le pays un parti à elle, que les trois puissances entendaient arriver à leur but. Il y avait donc un parti anglais, un parti français, et un parti russe; et, des trois, il faut bien reconnaître que c'était après tout le parti français qui faisait preuve des vues les moins intéressées et les moins égoïstes. En outre, les positions faites à des étrangers, à des Allemands notamment, dans l'administration tant civile que militaire, avaient développé un nouveau ferment de discorde; et la haine de l'étranger, des Allemands surtout, établissait encore dans la nation deux grands partis, le parti national et le parti de l'étranger. Celui-ci était toujours pour le gouvernement, parce qu'il n'y avait pas de gouvernement qui pût se maintenir sans l'appui de l'étranger; celui-là, au contraire, se confondait avec le parti de l'opposition, dans les plans duquel il entrait de représenter toute espèce d'administration comme anti-nationale. Naguère, sous l'administration d'Armansperg, c'est l'influence anglaise qui avait prédominé. Les ennemis de ce ministre, aussi bien dans les cours des grandes puissances qu'en Grèce et en Bavière, profitèrent en 1836 de l'absence faite par le roi Othon et de son voyage à l'occasion de son mariage pour remplacer le comte Armansperg par un autre fonctionnaire public bavarois, le président de régence Rudhart. A Munich on avait mal interprété les tendances du comte à s'émanciper de plus en plus de la tutelle du gouvernement bavarois. Le roi Othon arriva au Pirée le 14 février 1837 avec sa jeune femme; il amenait aussi avec lui M. de Rudhart, qui fut nommé président du nouveau ministère qu'on constitua alors. Mais en dépit des meilleures volontés, celui-ci ne put point se maintenir au pouvoir; et son obséquiosité par trop grande pour les désirs et les volontés de la cour de Bavière finit par lui mettre en Grèce tous les partis à dos. Remarquons encore qu'on manquait toujours du grand moyen de gouvernement, l'argent, attendu que la Russie comme la France se refusaient au payement de la troisième série de l'emprunt. Dès le mois de décembre Rudhart était donc contraint de donner sa démission, et un soi-disant ministère *national*, ayant Zographos à sa tête, prit alors la direction des affaires.

Malgré la *nationalité* de ce ministère, laquelle consista surtout à renvoyer les troupes auxiliaires allemandes et les Allemands employés comme fonctionnaires publics, il échoua dans ses efforts pour consolider le gouvernement et pour apporter de l'ordre et de la régularité dans les finances. Tout au contraire, l'audace et les intrigues des partis s'accrurent alors tellement que le pouvoir se trouva tout à fait déconsidéré. C'est ce que prouva bien la découverte d'une conspiration tramée par la société des *Philorthodoxes*, conspiration qui, sous prétexte de défendre l'Église grecque menacée, n'avait d'autre but que de placer complétement la Grèce sous la tutelle de la Russie, peut-être bien aussi de renverser le gouvernement existant et d'insurger les populations chrétiennes de la Turquie. Les circonstances qui accompagnèrent la découverte de ce complot, à la tête duquel se trouvaient Augustin Capo d'Istria et Stammatopoulos, provoquèrent la nomination d'un nouveau ministère. Quoique sous cette administration nouvelle les intérêts de la Grèce aient été en voie de progrès, elle se montra impuissante à dominer la menaçante agitation qu'en 1840 la question d'Orient répandit surtout en Grèce. Candie, qui sur ces entrefaites vint à s'insurger contre la domination turque, trouva dans le peuple grec des secours de tous genres et le plus chaleureux appui. On voulait mettre à profit une circonstance si favorable et déclarer la guerre à la Turquie. A cette disposition de l'esprit public venait encore s'ajouter la haine toujours croissante pour la Bavière, à qui on attribuait surtout l'attitude anti-nationale et anti-militaire gardée par le gouvernement. Sous ces deux rapports, l'agitation était entretenue, excitée de toutes les manières possibles par le parti russe et par le parti dit *napistique*. Les suites immédiates d'un tel état de choses furent, indépendamment des perpétuelles hésitations du gouvernement manifestées par de fréquents changements de ministère, des mesures militaires, que le gouvernement turc jugea utile de prendre en 1841 pour défendre son territoire et ses prétentions. L'intervention des grandes puissances réussit, il est vrai, à mettre un terme à ces belliqueuses velléités, et le parti de la guerre perdit ainsi en Grèce toutes chances de réussite. Mais de là aussi dans l'esprit public un redoublement de mécontentement et d'hostilité à l'égard des hommes placés à la tête des affaires; et il suffisait désormais du moindre incident pour déterminer une explosion. Ce fut la situation des finances qui la provoqua.

L'emprunt de 60 millions de francs garanti par les trois puissances protectrices avait été peu à peu épuisé, sans que le gouvernement eût réussi à se créer des ressources nouvelles suffisantes pour assurer le payement des intérêts et l'amortissement de ce capital. Au lieu de consacrer de préférence et avant tout le produit de cet emprunt à seconder et favoriser le développement des intérêts matériels du pays, on l'avait employé à l'entretien d'un système d'administration des plus compliqués, et ne répondant en rien aux besoins particuliers du pays, ainsi que d'une foule d'institutions et de rouages inutiles, enfin à soutenir un ruineux état militaire en toute disproportion avec les besoins du pays. Par cette conduite, qui avait surtout en vue d'assurer au gouvernement une grande influence de patronage, les choses en étaient venues à ce point, que le gouvernement manquait absolument des ressources nécessaires pour faire face non pas seulement aux obligations contractées en même temps que l'emprunt, mais encore aux exigences intérieures. Tous les partis s'accordaient à le représenter comme anti-national, à réclamer le renvoi de tous les étrangers, c'est-à-dire des Allemands, et la mise en vigueur d'une constitution. La presse périodique commençait à prêcher ouvertement la nécessité d'une révolution; et sous le patronage du ministre de Russie Katakazy il s'organisait une véritable conspiration, d'où sortit effectivement plus tard une révolution. Le parti *napistique*, ou russe, était de tous les trois partis le plus actif. Il remuait toutes les sympathies et toutes les antipathies, soit politiques, soit religieuses, du peuple, et ne travaillait rien moins qu'à amener la chute du gouvernement et un changement de dynastie. C'est ce que prouva surabondamment un libelle composé et répandu par ce parti dans le courant de l'été 1843, et où on sommait le roi d'embrasser la religion grecque, d'éloigner tous les étrangers et d'octroyer une constitution libérale; enfin, l'état du pays s'y trouvait dépeint sous les couleurs les plus sombres. Ces menées avaient été autorisées par la publication d'une note du cabinet russe en date du 7 mars 1843. Dans cette note, le gouvernement grec était vivement critiqué aux yeux de son peuple, non-seulement à cause du non-payement des intérêts de l'emprunt des 60 millions de francs, mais encore et surtout à cause du système de politique adopté par lui à l'intérieur. On insistait sur le payement des intérêts échus et, pour y parvenir, sur la nécessité d'introduire les plus sévères économies dans toutes les parties de l'administration. Dans la perplexité où il était, le gouvernement crut trouver une ressource dans la mise en pratique de ce dernier conseil. Au mois d'août 1843, de larges réductions eurent lieu dans toutes les branches de l'administration publique, et notamment dans le département militaire, à tel point qu'on supprima les allocations les plus minimes, les plus indispensables, jusque alors accordées à des objets d'un intérêt général, par exemple à l'instruction publique, et qu'on négligea de faire droit aux justes réclamations élevées par un grand nombre de philhellènes et d'hommes ayant bien mérité de la Grèce. Toutes ces mesures furent impuissantes à prévenir la catastrophe dont on était menacé, car la France et l'Angleterre voyaient d'un tout aussi mauvais œil que la Russie la prépondérante influence acquise par la Bavière sur les destinées de la Grèce. Il en résulta la signature à Londres, par les représentants des trois puissances, d'un protocole et ensuite d'une note collective remise au roi Othon le 5 septembre 1843, où on l'engageait à consacrer le montant des impôts les plus productifs à assurer le payement des intérêts et l'amortissement de l'emprunt, à éloigner tous les étrangers de l'administration publique et à convoquer une assemblée nationale.

Maintenant que l'irritation des trois puissances protectrices à l'égard de la Grèce était chose patente, les conspirateurs n'hésitèrent plus à en appeler à la force. Dans la nuit du 15 septembre 1843, il éclata à Athènes une insurrection qui réussit dans ses fins, soutenue qu'elle fut par les troupes aux ordres de Kalergis et de Makryjannis. Le roi se vit forcé de renvoyer son ministère, d'en prendre un qu'on qualifia de *national* et que présida Métaxas, homme à la dévotion de la Russie, de décréter la convocation d'une assemblée nationale chargée de rédiger une constitution nouvelle, et de renvoyer tous les étrangers investis de fonctions publiques.

Cette révolution, qui se propagea avec une rapidité extrême, eut pour résultat d'une part de relâcher tous les liens de l'ordre public, et de l'autre de provoquer une réaction qui se manifesta surtout par l'expulsion de tous les étrangers, des Allemands notamment, mesure exécutée avec autant d'injustice que de rigueur, par le bannissement des ministres et d'autres personnages influents, enfin par l'élimination impitoyable de tous les fonctionnaires publics qui jusqu'alors s'étaient montrés dévoués au gouvernement. Au point de vue politique, elle eut d'ailleurs des suites tout autres que celles qu'avait eues en vue le parti napistique. En effet, au lieu d'être suivie d'une abdication du roi, elle amena la mise en vigueur d'une constitution qui en réalité n'eut d'autre utilité pour ce parti que de lui servir à masquer ses autres projets. La Russie ne recueillit donc point de cette révolution les fruits qu'elle s'en était promis, et en 1844 force lui fut de donner formellement son assentiment au nouvel état de choses survenu en Grèce. Dès le mois d'octobre 1844 l'Angleterre et la France lui en avaient donné l'exemple; c'est à ces deux puissances surtout qu'il faut attribuer l'issue modérée et constitutionnelle de la révolution, la consolidation du nouvel ordre de choses et les rectrictions momentanément apportées à l'influence exclusive de la Russie. Une fois ce nouvel ordre de choses passé à l'état de fait accompli, l'Autriche et la Bavière le reconnurent. Mais les discussions relatives à la future constitution et les élections pour l'assemblée nationale provoquèrent tout aussitôt les déchirements et les luttes de partis les plus déplorables, aussi bien dans les diverses classes de la population qu'au sein même du gouvernement. La lutte prit un caractère plus violent que jamais dans l'assemblée nationale qui s'ouvrit le 20 novembre 1843 pour délibérer sur le nouveau projet de constitution. Les différents partis semblaient rivaliser surtout d'égoïsme étroit, ainsi qu'en témoignèrent les délibérations sur les droits des citoyens grecs. C'est uniquement grâce à la présence de quelques vaisseaux de guerre anglais et français dans les eaux du Pirée et aux sommes d'argent dépensées par la France et par l'Angleterre, que l'assemblée nationale constituante put venir à bout de son œuvre, en votant une constitution où sont loin de dominer les principes ultradémocratiques et sacerdotaux professés par le parti napistique, et à laquelle la charte française de 1830 servit de point en point de modèle. Le 30 mars 1844 le roi prêta serment au nouveau pacte social, et l'assemblée nationale se sépara. Mais au lieu de s'appliquer à mettre cette constitution en activité, on vit alors les partis recommencer à lutter entre eux comme auparavant; et la discorde apparut au sein même du ministère, composé d'éléments trop hétérogènes pour pouvoir utilement fonctionner. L'élément russe, représenté par Metaxas, finit par y avoir le dessous, et un nouveau cabinet, présidé par Maurocordatos, se constitua le 11 avril, sous l'influence de la France et de l'Angleterre. Mais dès ses débuts il provoqua la plus violente opposition. Les excès de la presse provoquèrent en mai suivant diverses insurrections à Hydra et dans la Maïna, où elles furent réprimées sans trop de difficultés; mais il fallut l'intervention des marines française et anglaise pour détruire les bandes insurgées à la tête desquelles Kriziotis parcourait l'île d'Eubée. L'insurrection qui éclata au commencement de juin en Acarnanie, avec Grivas à sa tête, offrait un caractère plus dangereux; on ne parvint à la comprimer qu'en attirant par de belles promesses Grivas à Athènes où d'abord le gouvernement voulut le retenir prisonnier. Cependant, il lui fut permis de prendre passage à bord d'un bâtiment de guerre français et de se réfugier en Égypte. De toutes ces tentatives insurrectionnelles, la plus grave fut celle qui éclata contre le gouvernement à Athènes même, le 23 juin, et que l'intervention énergique de Kalergis à la tête de la force armée parvint seule à déjouer. Les principaux instigateurs de tous ces troubles furent les chefs de palikares, qui avaient pris une part très-active à la révolution de septembre, dans l'espoir de reconquérir leur ancienne influence. C'est dans ces circonstances que se firent les élections pour la prochaine session des chambres; elles furent accompagnées des désordres et des actes de violence les plus déplorables. Le ministère, préoccupé de cette lutte électorale, de l'issue de laquelle dépendait son existence, ne put rien faire dans l'intérêt du pays. Tous ses efforts tendirent à se rendre les élections favorables; mais ils échouèrent. Le 14 août des désordres de la nature la plus grave éclatèrent à propos des élections à Athènes même; et comme on se défiait avec quelque raison des véritables dispositions de la troupe, le roi seul, par son intervention personnelle, put les faire cesser. Ceci amena la chute du ministère Maurocordatos et la retraite du gouverneur d'Athènes, de Kalergis lui-même, le principal instigateur de la révolution de septembre, qui maintenant qu'il prenait en main la défense de la constitution et des lois était devenu pour le peuple l'objet d'autant de haines qu'il inspirait jadis de sympathies.

Le nouveau cabinet, installé le 18 août 1844 et provenant de la coalition des partis français et anglais, avec Kolettis pour président et Metaxas pour ministre des finances, débuta par des proscriptions de fonctionnaires, par des distributions de places et d'emplois à ses partisans, et continua ensuite la lutte électorale dans son intérêt. Les chefs de palikares triomphaient; Grivas lui-même, rappelé de son exil, fut accueilli à Athènes comme le bienfaiteur de la nation. Avec cela, les actes de brigandage, les assassinats, les dévastations et les incendies de forêts allaient toujours leur train, en même temps que toutes les sources de la prospérité publique étaient successivement taries par l'anarchie générale à laquelle le pays se trouvait en proie. Le ministère avait pourtant à sa tête un homme d'une valeur et d'une importance incontestées, bien capable assurément de remédier à un tel état de choses. Il proposa des lois ayant pour but d'établir de l'ordre dans les finances, d'introduire une meilleure division administrative du pays, des simplifications dans l'organisation judiciaire, dans le service des dîmes; mais il ne trouva pas plus d'appui parmi ses collègues que dans la nouvelle représentation nationale. Les chambres perdirent plusieurs mois en vérifications de pouvoirs et en discussions de partis; elles s'occupèrent ensuite de la révision de la constitution, qui ne put être soumise au roi dans sa forme définitive qu'en avril 1845. Ce qui rendit surtout difficile la position du cabinet, ce fut la politique suivie à l'extérieur par Kolettis. Appuyé sur la diplomatie française, celui-ci visait à émanciper complétement la Grèce de l'influence anglo-russe; mais par là il se fit de ces deux puissances d'irréconciliables adversaires. La Russie avait dans l'un des collègues de Kolettis, Metaxas, le représentant de ses intérêts, et sut au moyen de celui-ci annuler l'activité de celui-là. L'Angleterre profita des réclamations d'argent qu'elle était en droit d'élever, pour inquiéter et menacer un malheureux pays absolument sans ressources. La Russie voyait avec répugnance à la tête des affaires un homme capable de contrecarrer ses projets, et l'Angleterre redoutait toujours de voir l'influence de la Russie finir par l'emporter, quand bien même elle rencontrerait dans Kolettis un obstacle momentané à ses vues ambitieuses. La malheureuse Grèce se trouvait donc sans cesse le jouet de ces différents intérêts étrangers, dont le conflit pouvait à chaque instant provoquer une crise européenne. La lutte intestine mais sourde à laquelle le ministère était en proie aboutit, dans l'été de 1845, à une scission éclatante. Metaxas était visiblement au fond de toutes les intrigues et de toutes les petites conspirations essayées contre le gouvernement; de sorte qu'il fallait de toute nécessité que l'un des deux ministres finît par se retirer : Kolettis resta à la tête des affaires, et Metaxas donna sa démission (août). Il y eut dès lors plus d'unité dans le cabinet; mais l'hostilité de la politique anglaise et russe s'en accrut encore, surtout quand on vit Kolettis s'abandonner de plus en plus aux suggestions de la France, et le ministre de France à Athènes, Piscatory, exercer toujours plus d'influence sur la direction des affaires de la Grèce. Les élections pour l'assemblée nationale qui devait se réunir le 22 février 1845 avaient, il est vrai, été généralement favorables au gouvernement, et une modification opérée au commencement de 1846 dans la composition même du cabinet avait encore ajouté à l'influence exercée par Kolettis; mais les désordres, les brigandages, les dévastations continuaient de plus belle, de même qu'il y avait absence de sécurité publique et toujours la même confusion dans l'administration de la justice. Les réclamations réitérées de l'Angleterre et de la Russie à l'effet d'obtenir le remboursement des intérêts échus de l'emprunt ne contribuaient pas peu à entretenir cette triste situation des choses et à accélérer l'agonie d'un pays ruiné financièrement et politiquement parlant. La crise attendue éclata enfin en 1847. Les dispositions des deux chambres étaient maintenant devenues hostiles; le rétablissement de l'ordre dans les finances, question vitale pour le pays, fut le terrain choisi par les partis pour engager la lutte. Dès le mois d'avril, le ministre des finances était contraint de résigner son portefeuille à la suite d'une discussion relative à son département; de là une dislocation partielle du cabinet. Kolettis et Tzavellas continuèrent à en faire partie; Rhigas, Palamidès, Korfiotaki, Kolokotroni, Glaraki et Bulgari y furent appelés. Le plan du gouvernement avait été d'introduire un nouveau système pour le recouvrement de l'impôt, système consistant à substituer la perception directe de l'impôt par des agents de l'État à son affermement; mais ce projet échoua, et n'aboutit qu'à une dissolution des chambres. Pendant que le pays était en proie à cette agitation intérieure et que, suivant l'usage, les élections nouvelles donnaient lieu à de sanglantes collisions sur plusieurs points, notamment dans le Maïna, Th. Grivas excitait successivement deux insurrections, aussitôt comprimées, il est vrai; Kriziotis levait de nouveau l'étendard de la révolte dans l'île d'Eubée, et l'étranger, la diplomatie anglaise surtout, se montrait manifestement sympathique à tout ce qui était hostile au gouvernement; enfin l'imminence d'un conflit avec les puissances étrangères semblait de plus en plus compromettre toute l'existence politique du royaume.

L'envoyé turc à Athènes, Mussurus (lui-même Grec de nation, et en liaison intime avec le résident anglais, sir

Edmund Lyons), refusa un passeport pour Constantinople au colonel Karatassos, aide de camp du roi, et qui au reste avait joué un rôle des plus suspects comme chef de bandes lors des troubles de 1841. Le roi regarda ce refus comme une injure personnelle, et dans un bal donné à la cour (25 janvier) exprima combien Mussurus l'avait vivement offensé en respectant si peu la garantie d'un roi. Mussurus, après avoir rendu compte à sa cour de cet incident, exigea que satisfaction complète lui fût donnée, et sur le refus du gouvernement grec, s'éloigna de son poste (février 1847). En vain le roi Othon essaya d'arranger l'affaire en écrivant au sultan une lettre conciliante; le sultan répondit d'une manière amicale, mais évasive, et l'affaire ne put point se terminer. La diplomatie étrangère ne négligea rien pour attiser cet incendie naissant; et on vit alors le peuple grec, ses journaux et ses chambres rivaliser pour exagérer les forces nationales et démontrer que rien n'était plus aisé à la Grèce que de recourir aux armes pour humilier le Croissant. La Porte ne retira aucune de ses exigences; elle demandait que le ministre des affaires étrangères de la Grèce exprimât à Mussurus, quand il reviendrait à Athènes, ses regrets au sujet de cet incident; et Kolettis ayant demandé que la Porte envoyât tout au moins un nouveau plénipotentiaire en remplacement de Mussurus, le gouvernement turc interrompit ses rapports diplomatiques avec la Grèce (avril). La France seule soutenait énergiquement le gouvernement grec; l'Angleterre, au contraire, prenait non moins chaudement en main la cause de la Turquie, tandis que la Russie et l'Autriche semblaient engager le cabinet grec à faire preuve de condescendance. Inutile sans doute d'ajouter que tous les ennemis de Kolettis, les agents russes y compris, saisirent avec empressement cette occasion de travailler à le renverser du pouvoir. Mais Kolettis les prévint. Le 12 septembre 1847 il succomba à une violente maladie; et dans la situation des choses, cette catastrophe devait nécessairement modifier toute la position politique. Tzavellas, considéré avec ses collègues Korfiotaki, Glaraki et Bulgari, comme dévoué à la politique russe, le remplaça à la direction des affaires. Le conflit survenu avec la Turquie prit alors fin. Après d'inutiles efforts tentés par l'Autriche à l'effet d'amener un arrangement amiable, la Porte avait eu recours en août à des mesures coercitives, dont l'effet avait tout aussitôt réagi de la manière la plus fâcheuse sur le commerce grec. Kolettis une fois mort, la Russie offrit sa médiation, et l'affaire se termina par une satisfaction donnée aux exigences de la Porte en la personne de Mussurus, qui vint alors reprendre son poste à Athènes.

Pendant ce temps-là les rapports de la Grèce avec l'Angleterre étaient devenus de plus en plus tendus. Les sommes que la Grèce devait à l'Angleterre, et qu'elle était hors d'état de lui payer, étaient réclamées par la diplomatie anglaise avec toujours plus d'insistance et d'aigreur. Ces réclamations, d'un intérêt relativement minime, n'étaient évidemment qu'un prétexte pour attaquer un ministère haï; et les démarches faites par le philhellène Eynard pour aplanir ces difficultés demeurèrent sans résultat. Le conflit prit d'autant plus de gravité qu'ici encore lord Palmerston put reconnaître l'action du gouvernement français, auquel depuis l'affaire des *mariages espagnols* il avait voué une haine à mort. La conduite, tout au moins équivoque, tenue par le consul anglais à Prevesa lors de l'insurrection de Grivas, donna lieu à une plainte de la part du gouvernement grec. Lord Palmerston y répondit (4 octobre) par une note remplie d'assertions les plus violentes; le système suivi par feu Kolettis y était qualifié de *système impie*, de système d'illégalité, de corruption, de violences, d'injustices et de tyrannie. Puisque le système de Kolettis était encore celui de ses successeurs, il était clair qu'il provenait d'autres influences, qui le maintenaient toujours en vigueur. A ce véritable acte d'accusation le gouvernement grec répondit avec non moins de vivacité, d'où un contraste d'autant plus saillant avec la condescendance dont à ce moment même il faisait preuve à l'égard de la Turquie, mais qui s'explique par cette circonstance que lors des événements de Patras, les rebelles vaincus avaient pu trouver asile à bord des navires anglais. D'ailleurs, les plaintes contre le système d'illégalité et de violence à l'ordre du jour continuaient toujours. On accusait hautement le ministère de malversation et d'avoir employé des deniers publics à acheter des voix. Les événements politiques survenus à ce moment dans l'ouest de l'Europe, la chute de Louis-Philippe et du ministère Guizot rendirent la position du cabinet Tzavellas intenable. A la fin de mars 1848, les ministres donnèrent leur démission, et furent remplacés par un cabinet présidé par Conduriotis et où entrèrent Mansolas, Christinitis, Rhodios et Christakopoulos, et dévoué mi-partie à l'intérêt français et mi-partie à l'intérêt russe. Seule l'influence anglaise ne s'y trouvait point représentée. La nouvelle administration débuta par des mesures de conciliation, notamment par une amnistie en faveur des nombreux individus placés sous le coup de poursuites judiciaires. Mais l'anarchie allait croissant, et la situation financière était désespérée. Ce fut toutefois une circonstance heureuse pour la Grèce que la révolution qui s'effectua alors sur tous les points de l'Europe n'ait point laissé aux grandes puissantes le temps de s'occuper d'elle. C'est ainsi qu'il fut donné au gouvernement grec de réussir à comprimer seul les insurrections qui éclatèrent alors sur différents points du pays, tout en restant sous la pression d'une pénurie financière telle, qu'il lui était impossible de satisfaire aux plus pressantes exigences. Une modification survenue dans le ministère, assez peu homogène, que nous venons de mentionner remplaça Christinitis par Rufos, Christakopoulos par Manginas, et Mansolas par Kolokotroni; Rhallis (ministre avant la révolution de septembre) et Mauromichalis furent appelés aussi à en faire partie. Il y avait ainsi fusion complète des divers partis. Kolokotroni, ministre des affaires étrangères, était compté au nombre des partisans de la Russie.

Tous ces changements ministériels n'exercèrent pas d'ailleurs une grande influence sur la situation intérieure du pays; car si les personnes changeaient, le système suivi était toujours le même et les choses en demeuraient au même point. En octobre nouveau changement de cabinet; et il se forma alors une espèce de ministère de coalition, un cabinet composé de Kolokotroni, de Mauromichalis et de Rhallis, anciens ministres, et de Canaris, Londos, Bulgari et Calliphrona. Les troubles à l'intérieur continuaient toujours; la situation financière ne s'améliorait aucunement. Un parti ministériel, produit de la vénalité des suffrages, faisait dans les chambres un digne pendant à une opposition intrigante et factieuse. Le ministère se traîna non sans peine pendant la session de 1848 à 1849, jusqu'à ce que sa dissolution eût été provoquée par un vote des chambres (avril) qui amena la démission du ministre de la guerre. Un nouveau ministère de coalition se forma alors, sous la présidence de Canaris : Christidis y eut l'intérieur, Glaraki les affaires étrangères, Christinitis les finances, Tzavellas la guerre, Calliphrona le culte, Antonopoulos la justice. Les différends avec les puissances étrangères avaient sommeillé pendant les convulsions intérieures auxquelles l'Europe se trouvait en proie; mais les rapports avec l'Angleterre, même après le départ de sir Edmund Lyons (1849) n'avaient pas pris un caractère plus amical. Les mouvements insurrectionnels qui éclatèrent dans les îles Ioniennes réveillèrent le feu qui couvait sous la cendre; et alors la politique anglaise adressa à la Grèce précisément ce même reproche d'être d'intelligence avec les rebelles, qui jusque alors avait été l'un des grands griefs de la Grèce contre l'Angleterre.

Cependant, en présence de la violente opposition qu'il s'attendait à rencontrer, le ministère avait donné sa démission avant la réunion de la nouvelle chambre (22 décembre), et à la suite de vains efforts tentés pour constituer, sous la présidence de Metaxas, un cabinet complétement napistique, une administration nouvelle se forma, sous la présidence de l'amiral Kriezis, et Staïkos, Notaras, Londos, Chrysogelos et Balbis y furent ses collègues. Par cette combinaison on avait espéré donner satisfaction à tous les partis; mais cet espoir fut déçu. Le 11 janvier 1850 la flotte anglaise de la Méditerranée, aux ordres du vice-amiral Parker, vint jeter l'ancre en face du Pirée. Quelques jours après, l'amiral prit terre avec l'envoyé anglais Wyse, et transmit au gouvernement grec, comme réclamations du gouvernement anglais, diverses demandes d'indemnités pour de prétendus dommages éprouvés par des sujets anglais, entre autres par un Juif appelé *Pacifico*, et au nom duquel on réclamait une indemnité de 800,000 drachmes pour pertes essuyées dans une émeute populaire. L'amiral exigeait en outre la cession des îles Élaphonisi et Sapienza. La politique anglaise elle-même paraissait convaincue de la nullité absolue de la plupart de ces réclamations, qu'elle n'appuyait que parce qu'elles lui fournissaient un prétexte pour commencer la lutte contre l'influence toujours croissante de la Russie en Orient. S'il n'y était pas fait droit dans les vingt-quatre heures, l'amiral menaçait de recourir immédiatement à des mesures coercitives. Le ministère, après avoir pris l'avis de jurisconsultes compétents, déclara les réclamations mal fondées. Dès le 19 commença le blocus des ports grecs par la flotte anglaise, qui captura un certain nombre de bâtiments de commerce et de bâtiments de guerre. Il ne restait au gouvernement grec d'autre ressource que de protester contre ces mesures de violence. Il envoya Tricoupis à Paris, Zographos à Vienne et à Saint-Pétersbourg, à l'effet d'invoquer l'assistance des puissances protectrices. Tandis que les populations grecques demeuraient calmes et approuvaient l'attitude prise en ces circonstances par leur gouvernement, les mesures de blocus continuaient et devenaient même plus rigoureuses, en même temps qu'elles provoquaient des protestations de la part des envoyés de France et de Russie. Le commerce grec, qui commençait à reprendre à ce moment un vif essor, éprouva, par suite de ce temps d'arrêt survenu ainsi dans toutes les transactions, un coup dont les suites se firent longtemps sentir. Vers le milieu de février, plus de 200 navires avaient déjà été capturés dans le port de Salamis. En vain l'envoyé de France fit savoir au commandant des forces navales anglaises que la médiation de la France était acceptée par le cabinet de Saint-James. Le ministre d'Angleterre à Athènes prétendit n'avoir pas reçu d'instructions de son gouvernement, et le blocus continua. Ce fut seulement le 2 mars qu'il fut levé pour un délai indéterminé. Mais les navires capturés ne furent point restitués; et la politique anglaise fit mine de vouloir présenter encore d'autres réclamations. En présence des incertitudes d'une telle situation, tout commerce se trouva naturellement suspendu; de sorte que le contre-coup du blocus eut des suites tout aussi funestes que si le blocus avait continué dans toute sa rigueur. La Russie, il est vrai, publia d'énergiques déclarations contre les procédés de Palmerston, qui provoquèrent également une vive opposition en Angleterre; mais la Grèce demeura sous la pression de la force, surtout la médiation de la France ayant conservé un caractère assez vague. Le baron Gros, envoyé à Athènes par le gouvernement français, y eut des conférences avec l'envoyé anglais Wyse, tandis que le gouvernement grec se refusait à entrer dans aucune espèce de négociations tant que les navires capturés n'auraient pas été restitués et que la Grèce ne se retrouverait pas en mesure d'agir dans toute sa liberté d'action. Après des pourparlers qui se prolongèrent jusqu'à la fin d'avril, le baron Gros présenta les propositions de la puissance médiatrice, et l'Angleterre les repoussa. La reprise du blocus fut annoncée pour le 25 avril si le gouvernement grec persistait à repousser les réclamations de l'Angleterre, réduites au chiffre de 33,000 drachmes. La Grèce était hors d'état de supporter plus longtemps les conséquences de l'emploi de la force; elle se soumit à ce qu'on exigeait d'elle. Alors le blocus fut levé (fin d'avril), et il ne resta plus qu'une seule difficulté, celle d'établir *par états détaillés* les réclamations britanniques groupées en masse dans les notes et mémorandums; et bientôt on reconnut avec quelle légèreté quelques-unes d'entre elles, ne reposant absolument sur rien, avaient été accueillies. En opposition à la conduite de l'Angleterre dans toute cette affaire, la Russie déclara à ce moment que tant que la Grèce ne se serait pas rétablie des suites des mesures coercitives dont elle venait d'être objet, et aussi de celles d'un hiver d'une rigueur peu commune, elle s'abstiendrait de réclamer sa part dans le payement des intérêts échus de l'emprunt.

La situation intérieure de la Grèce n'était pendant ce temps-là rien moins que consolante. Si en face de l'ennemi commun, les menées des partis avaient diminué, en revanche le déplorable état des finances et la complète anarchie administrative du pays étaient les questions qui maintenant préoccupaient de plus en plus tous les esprits. Au moment même où le différend avec l'Angleterre prit fin, une somme importante fut volée à la banque nationale. Le Péloponnèse continuait toujours à être infesté par des bandes de brigands. Mais du moins vers ce temps-là on réussit à terminer pacifiquement une affaire importante, la réunion de l'Église grecque et de l'Église d'Anatolie, effectuée en vertu d'un traité intervenu entre le saint synode d'Athènes et le patriarche de Constantinople. Que si cette réunion des communions orthodoxes fut un triomphe pour la Russie, l'Angleterre, en revanche, ne la vit point s'effectuer sans un déplaisir extrême; et on ne saurait nier qu'elle compléta la défaite morale essuyée en Grèce par la politique anglaise à l'égard de la politique russe.

Pendant ce temps-là une scission était survenue au sein du ministère à propos d'une loi sur la question de régence; Londos et Chrysogelos donnèrent leur démission (2 août), et Delijanni fut provisoirement chargé de leurs portefeuilles. Les chambres votèrent alors la loi d'après laquelle c'est à la reine que revient l'exercice du droit de régence. Peu de temps après, le roi s'éloigna de la Grèce (16 août), pour aller, disait-on, revoir les lieux où il était né, mais en réalité pour hâter la solution d'une question de plus en plus importante : celle de la succession au trône. Avant que les chambres ne se séparassent, la reine Amélie prêta serment à la constitution, afin de pouvoir prendre la régence. Le dernier acte du roi avant son départ fut la reconstitution définitive de son ministère. Kriezis en demeura le président, Notaras conserva l'intérieur et Delijanni l'extérieur; les ministres nouveaux furent Spiro Mylios à la guerre, Christidès aux finances, Païkos à la justice, Korfiotakis au culte. Le nouveau ministère ne se trouva pas plus tôt constitué qu'un événement tragique vint interrompre son activité. Le 1er septembre, le ministre Korfiotakis fut traîtreusement assassiné d'un coup de pistolet à l'entrée de sa demeure, victime, à ce que l'on supposa, des haines des partis provinciaux; et l'opinion générale accusa les Mauromichalis de n'avoir point été étrangers à ce meurtre. Ce crime donna lieu aux recherches les plus actives, et on arrêta un individu soupçonné d'en être l'auteur. Mais le procès se prolongea jusque dans l'été de 1852, sans que la justice pût atteindre les individus que la voix publique désignait hautement comme les coupables. Pendant ce temps-là les élections avaient eu lieu et avaient donné au ministère une supériorité incontestée. Le 11 novembre l'ouverture de la session fut faite par la reine régente en personne. Les délibérations de cette assemblée prouvèrent que les anciennes calamités intérieures de la Grèce n'avaient point disparu, qu'il y avait toujours insécurité complète des citoyens, absence de toute protection légale pour eux, et les mêmes désordres dans l'administration financière. Comme toujours, c'est contre la question de finances que vint se briser le nouveau ministère; et dès le mois de mai 1851 le ministre des finances, Delijanni, était forcé, lui aussi, de donner sa démission. Cependant l'absence prolongée du roi ajoutait encore à l'inquiétude publique; et pour mettre un terme aux rumeurs alarmantes de toutes espèces que les ennemis de l'ordre public faisaient courir, le ministère jugea nécessaire d'annoncer que le retour du roi dans ses États aurait lieu avant la fin de ce même mois de mai. Ce retour coïncida effectivement avec la nouvelle crise ministérielle et avec la prorogation des chambres, qui en fut la conséquence obligée. On ne savait pas précisément jusqu'à quel point le roi avait pu réussir à trouver une solution pour la question de succession; mais on s'attendait généralement à voir proclamer héritier présomptif de la couronne le frère puîné d'Othon, le prince Adalbert de Bavière. Le premier soin du roi fut de compléter son ministère (juin). Kriezis en demeura le président; Païkos conserva les affaires étrangères; le portefeuille de l'intérieur fut confié à Meletopoulos, celui de la justice à Damianos et celui du culte à Barboglou. Christidès resta aux finances et Spiro Mylios à la guerre. Les ministres démissionnaires, Delijanni surtout, emportèrent dans leur retraite la triste réputation d'avoir commis de nombreux actes de corruption; tandis qu'incombait aux nouveaux conseillers de la couronne la rude tâche de cicatriser les blessures douloureuses produites par la catastrophe de 1850, de ranimer la navigation, tombée en partie, par la propre faute des Grecs, dans un complet dépérissement, et de rouvrir au commerce national les débouchés qu'il avait perdus. La continuation des scènes de pillage, de brigandage et de dévastation dans l'intérieur du pays, des bruits incessants de complots et conspirations, et l'accusation formellement élevée dans le courant de l'été 1851 contre Antoine et Anastase Mauromichalis d'avoir trempé dans l'assassinat dont Conduriotis avait été victime, furent autant de circonstances peu propres à permettre d'espérer un meilleur avenir. Il ne tarda point à être évident pour chacun que les nouveaux ministres, pas plus que les anciens, n'étaient hommes à retirer le char de l'État de l'ornière où il gisait. En conséquence, dès le mois de février 1852 Méletopoulos, Barboglou et Damianos résignèrent leurs portefeuilles, et furent remplacés par Blachos et Privilegios. Des bruits mystérieux relatifs à l'existence d'une conspiration ayant pour but le renversement de la constitution furent propagés à l'aide de lettres anonymes, et commencèrent à inquiéter vivement l'opinion publique, en même temps que les suites d'une mauvaise récolte et la baisse énorme survenue dans le cours des raisins secs, l'un des produits les plus importants d'une grande partie du Péloponnèse, ajoutaient à l'anxiété générale. Le seul événement favorable qui survint alors pour consoler la Grèce, ce fut le changement de ministère qui eut lieu en Angleterre, et qui éloigna des affaires Palmerston et les whigs. Les tories, qui leur succédèrent au pouvoir, semblèrent vouloir adopter à l'égard de la Grèce une politique plus loyale et plus généreuse. Mais les bruits de conspiration se reproduisirent à ce moment avec une nouvelle intensité; cette fois c'était à la vie du roi lui-même que les conspirateurs en voulaient, et l'arrestation du général Makrijanni donna lieu à une longue instruction. Les brigandages étaient d'ailleurs toujours à l'ordre du jour. La crise financière, accrue par les calamités des années précédentes, semblait être arrivée à son apogée, quand des troubles religieux vinrent encore compliquer la situation et gravement compromettre l'existence politique du nouvel État. Une opposition des plus violentes s'éleva dans le pays contre le traité (*tomos*) intervenu pour unir l'Église grecque orthodoxe et rétablir ses anciens rapports avec le patriarche de Constantinople. Dans le Péloponnèse notamment, un moine fanatique, Christophoros Papoulaki, essaya d'organiser une véritable croisade contre l'union; et on reprocha au ministre de la guerre, Spiro Mylios, de n'avoir été ni étranger ni hostile à l'agitation qu'il avait mission de comprimer. Le saint-synode excommunia, il est vrai, ce moine; mais l'agitation n'en subsista toujours pas moins (juin 1852). Dans la Maina, Papoulaki, doué de toutes les qualités nécessaires à l'agitateur populaire, réussit à mettre les populations en mouvement; et d'autres indices encore donnèrent à penser qu'une vaste confédération s'était formée dans tous les couvents à l'effet d'arriver au même but. La question religieuse prima dès lors toutes les questions politiques, et la nation se divisa en *tomistes* et en *antitomistes*. Au mois de juillet 1852, cependant, le roi Othon entreprit encore une fois un voyage en Allemagne, laissant de nouveau pendant son absence la régence à la reine. Le 2 novembre ce prince était de retour dans ses États, et reprenait l'exercice de son pouvoir.

On le reconnaît aisément : depuis sa régénération politique, depuis le moment où il lui a été donné de voir son nom inscrit de nouveau au nombre des nations indépendantes, la Grèce n'a jamais cessé d'être le théâtre des intrigues de la diplomatie étrangère. Pourquoi cette constante intervention de l'étranger dans les affaires intérieures de ce petit pays? C'est que la diplomatie anglaise et française avait tout d'abord pressenti dans les menées des partis qui divisent la Grèce la main et l'action de la Russie, préparant là comme une avant-garde pour l'excécution des projets qui depuis plus d'un siècle forment le fond de toute la politique du cabinet de Saint-Pétersbourg en Orient, et organisant longtemps d'avance à l'ouest une diversion puissante pour le moment où elle croirait pouvoir enfin lancer ses armées sur Constantinople et réaliser les rêves ambitieux de Catherine. On ne sera donc pas surpris de voir en 1853 l'arrivée du prince Menschikoff à Constantinople, porteur des sommations hautaines et de l'insolent ultimatum de l'empereur son maître à propos de la question des lieux saints, point de départ du conflit européen dont l'Orient est aujourd'hui le théâtre, coïncider avec l'ordre donné, le 17 mars, par le gouvernement français à sa flotte de Toulon, commandée par le vice-amiral la Susse, d'aller croiser dans les eaux de la Grèce comme poste d'observation. Dès le 8 juin les flottes combinées de la France et de la Grande-Bretagne s'en éloignaient pour se rapprocher des Dardanelles; et le 2 juillet suivant, à la suite d'un manifeste en date du 26 juin publié par l'empereur Nicolas, les troupes russes pénétraient dans la Valachie par Léova et dans la Moldavie par Skaliany, en même temps que le prince Gortschakoff était nommé par l'empereur commandant en chef du corps d'occupation des deux principautés. Le 27 septembre les flottes combinées, aux ordres des amiraux Dundas et Hamelin, restées jusque alors mouillées dans la baie de Bésika, recevaient l'ordre de faire voile pour Constantinople; et le 21 octobre les hostilités éclataient enfin sur les bords du Danube entre les Russes et les Turcs.

L'heure tant attendue avait sonné; aussi dès la fin de janvier 1854 un soulèvement, organisé de longue main sur les frontières de la Grèce, éclatait-il contre le sultan dans plusieurs districts de l'Épire et de l'Albanie, soulèvement à la suite duquel quelques chefs des insurgés, ayant à leur tête Spiridion Karaïskaki, proclamèrent au quartier général de Radobitzi, dans la province d'Arta, la liberté et l'indépendance de toutes les provinces de l'ancienne Grèce. Dans une proclamation datée du camp d'Arta, 11 février, et adressée par Karaïskaki à tous les Hellènes, ce chef disait : « Le cri de ralliement des Grecs doit être : *l'empire hellénique ou la mort!* » La connivence manifeste des autorités grecques avec les instigateurs de cette levée de boucliers amena tout aussitôt de nombreux échanges de notes diplomatiques entre les gouvernements turc et grec; mais celui-ci persista à repousser toute solidarité dans les faits que lui dénonçait l'envoyé turc, et pour lequel on lui demandait une juste réparation. Le ministre Païkos protestait que les autorités civiles et militaires du royaume s'étaient constamment efforcées d'empêcher tout ce qui pouvait troubler les relations de bon voisinage entre les deux nations, mais qu'elles n'avaient « ni le pouvoir ni les moyens d'empêcher les troubles qui venaient d'éclater sur le territoire ottoman, et qu'il attribuait uniquement aux sentiments patriotiques et religieux des populations grecques demeurées sous l'autorité du sultan, qu'il était du devoir de tout gouvernement de ménager et de respecter. » Ce mouvement insurrectionnel ne tarda point à se propager sur tous les points de l'Épire, et bientôt même en Thessalie (mars). Alors le gouvernement grec cesse de dissimuler, et le 14 mars un corps de volontaires quittait Athènes pour aller rejoindre les insurgés albanais, épirotes et thessaliens. Deux jours plus tard un second corps de volontaires partait également de la capitale pour la même destination, sous les ordres de Churmusi, vice-président de la chambre des députés. Tout aussitôt la plus vive agitation éclata sur tous les points du royaume à l'effet de favoriser l'insurrection, et le général Tzavellas, naguère ministre de la guerre du roi Othon, se rendit au camp d'Arta, où il fut proclamé généralissime des Hellènes; en même temps que le général Christodoulos et Hadschi-Petro prenaient le commandement en chef des insurgés de la Thessalie. Le gouvernement turc demanda alors au ministre grec le rappel et la mise en jugement des généraux Grivas, Zervas, Tzavellas et Hadschi-Petro, ainsi que de tous les officiers de l'armée grecque qui étaient allés en Turquie se joindre aux révoltés; le désaveu public des souscriptions et armements faits par les comités helléniques; enfin, qu'il fût pris des mesures efficaces pour empêcher tout armement projeté contre les provinces frontières et le passage d'individus armés sur le territoire ottoman. Sur le refus du gouvernement grec de faire droit à ces réclamations de la Sublime-Porte, appuyées par les représentants de la France et de l'Angleterre, le chargé d'affaires de Turquie à Athènes quitta cette capitale, le 21 mars, avec tout le personnel de sa légation. Quelques jours plus tard la France et l'Angleterre déclaraient officiellement la guerre à la Russie. Cependant l'insurrection, d'abord triomphante, essuyait maintenant échec sur échec; mais comme on pouvait redouter de lui voir reprendre l'offensive maintenant que les agents russes avaient toute liberté d'agir et de répandre ouvertement l'or à pleines mains pour provoquer cette diversion sur laquelle la Russie avait toujours cru pouvoir compter, l'Angleterre et la France jugèrent indispensable d'en finir tout de suite avec ce commencement d'incendie. En conséquence, à la suite d'un dernier et inutile ultimatum adressé par ces puissances, en date du 13 mai 1854, au gouvernement grec pour qu'il eût à faire immédiatement droit aux justes réclamations de la Porte et à s'abstenir désormais de toute intervention directe ou indirecte dans les mouvements insurrectionnels qui pourraient éclater sur le territoire ottoman, un corps de troupes françaises et anglaises débarquait le 21 au Pirée, et prenait possession de tous les forts et ouvrages qui le défendent. Cette occupation anglo-française dure encore au moment où nous écrivons (mars 1855).

Sous la pression de cette intervention armée, le roi Othon dut enfin souscrire à ce que les puissances exigeaient de son gouvernement; et le 26 ce prince s'engageait de la manière la plus formelle à observer désormais une stricte neutralité dans la lutte dont l'Orient était le théâtre. Les hommes restés jusque alors à la tête des affaires ne pouvaient plus garder le pouvoir. Il y eut donc un changement complet de cabinet. Maurocordatos, ministre de Grèce à Paris, fut nommé président du conseil; et en attendant son arrivée à Athènes, l'amiral Canaris, ministre de la marine, était chargé de la présidence. Enfin, un décret prononça la dissolution de la chambre des députés. C'est ce ministère qui occupe encore aujourd'hui le pouvoir. Il signala son avénement par une proclamation où il déclarait qu'il respectait les sympathies des Grecs pour leurs compatriotes et leurs coreligionnaires opprimés; mais qu'il espérait du patriotisme des bons citoyens qu'ils sauraient faire la différence entre *le possible* et *l'impossible*, et qu'ils lui donneraient leur appui pour l'aider à rétablir la sécurité du pays et de ses habitants. Ainsi se sont trouvées déjouées de ce côté les intrigues de la Russie; et l'avenir seul nous apprendra maintenant le sort définitivement réservé à la Grèce au milieu de la rédoutable crise à laquelle l'Europe est en proie. Consulter Mitford, *History of Greece* (8 vol., nouv. édit., 1830); Gillies, *History of Ancient Greece and its Colonies* (1786); Grote, *History of Greece* (1851); Pouqueville, *Histoire de la Régénération de la Grèce* (4 vol., 1824); Nerulos Rizos, *Histoire moderne de la Grèce* (Genève, 1828); Alex. Soutzo, *Histoire de la Révolution grecque* (Paris, 1829); Gordon, *History of the greek Revolution* (Londres, 1832); *Histoire de l'Insurrection grecque* par Tricoupi (en grec moderne, Londres, 1850); Edmond About, *La Grèce contemporaine* (Paris, 1854).

GRÈCE (Grande). *Voyez* GRANDE-GRÈCE.

GRÈCE (Vins de). Jadis célèbres au loin dans le monde, les vins de Grèce ont de nos jours perdu de plus en plus de leur vieille réputation, de même que la production en a considérablement diminué. Sous la domination des Vénitiens, Candie et Chypre étaient en possession de fournir l'Europe des vins de dessert les plus fins. Le sol de la Grèce presque tout entière est éminemment favorable à la culture de la vigne. Sur la terre ferme la plupart des chaînes de montagnes se composent de calcaires; et la même roche abonde dans quelques îles célèbres pour leur fertilité en général et pour l'excellence de leurs vins, par exemple : Chios, Ténédos, Candie, Zante. D'autres, dont les vins ne sont pas moins célèbres, comme Lesbos, Naxos et Santorin, ont des montagnes d'origine volcanique. La variété de climats et l'avantage des expositions plus ou moins favorables qu'offrent les plateaux de la Grèce donnent une diversité extraordinaire à la qualité des vins de ce pays. D'ailleurs, la culture de la vigne est aujourd'hui encore l'objet des plus grands soins sur divers points du territoire grec. Aujourd'hui, comme autrefois, les vins de Grèce appartiennent aux sortes de vins les plus sucrés. Ceux qu'on prépare dans les îles de Chypre et de Ténédos, le vin rouge de Lesbos et le muscat blanc de Smyrne rivalisent avec les vins les plus huileux de la Hongrie. Toutefois, on récolte aussi beaucoup de vins rouges secs dans d'autres îles, telles que Itaque, Céphalonie, Candie, Chypre; et avec des soins et des précautions, ils se prêtent parfaitement à l'exportation. A Zante on fait avec des raisins de Corinthe un vin qui ne le cède en rien au Tokay.

Les plus célèbres vins de Grèce sont le *Malvoisie* de la Canée, à Candie, récolté sur les versants du mont Ida; le *Vin de la Commanderie* de Chypre, d'abord rouge et qui plus tard passe au brun; le *Muscat blanc* de Chypre, délicieux vin de dessert, dont le seul défaut est de trop facilement prendre le goût des outres dans lesquelles on le conserve; le *Vino santo* blanc de l'île Santorin, le meilleur de tous, et qui s'expédie presque exclusivement en Russie; les vins de liqueur de l'Hélicon; le véritable *Malvoisie* de Misitra et de Malvoisie, célèbre depuis des siècles; les vins des îles Scopolo, Niconi, Andros, Corfou, Céphalonie, Theaki, Zante, Cérigo, Scio et Ténédos. Aujourd'hui encore domine partout en Grèce l'antique usage d'enfouir à la naissance d'un enfant de grands vases de vin, pour ne le retirer de la terre et ne le boire qu'à l'occasion de ses noces. Les vins ainsi conservés acquièrent avec le temps un goût des plus fins; et comme le tout ne se boit pas dans les noces, il en passe toujours un peu dans le commerce, qui le recherche avec empressement. Les centres principaux du commerce des vins en Grèce sont Athènes, Condura, Patras, Corinthe, Malvoisie, divers ports de la Morée et les îles.

GRECHETTO (IL). *Voyez* CASTIGLIONE.

GRÉCOURT (JEAN-BAPTISTE JOSEPH VILLARET DE), le plus fameux peut-être de tous ces abbés libertins dont les mœurs et les poésies eussent fait scandale à toute autre époque que le dix-huitième siècle, naquit à Tours, en 1683, d'une famille originaire d'Écosse, très-noble et très-pauvre. A treize ans, le crédit d'un oncle, ecclésiastique estimé, sous la direction duquel il avait fait de bonnes études à Paris, lui avait déjà valu un canonicat à Saint-Martin de Tours. A la sollicitation de sa mère, directrice des postes dans cette ville, il voulut se livrer à la prédication, et son premier sermon fut un scandale : il l'avait rempli d'allusions satiriques à l'adresse de plusieurs dames du pays. Quelques petits vers libertins, une sorte de petite comédie en chansons sur certain mandement de l'abbé Dumont, ajoutèrent encore à cette gloire douteuse. Il nous apprend comment alors, entre deux sermons, il dépensait ses loisirs :

En conter à la prude, à la fine, à la sotte,
Jusqu'aux pieds des autels tenter une bigotte,
Paraître fort fidèle en vingt lieux différents,
Duper d'un seul coup d'œil amis, rivaux, parents,
Égayer la chagrine, arrêter la volage,
Ne fut jamais chez moi que simple badinage ;
La grille a vu mes coups, et dans plus d'un saint lieu
J'ai troublé galamment ce bon peuple de Dieu.

Un canonicat provincial n'était pas longtemps tenable avec de pareilles mœurs : Grécourt le pensa le premier ; il vint à Paris, s'y fit pourvoir d'une chapelle, véritable sinécure ecclésiastique de l'époque, qui lui laissait beaucoup de loisirs ; et ayant ainsi un prétexte pour y revenir souvent, pour y résider même, il s'y lia avec le maréchal d'Estrées et quelques autres jeunes fous de bonne maison, qui l'y retinrent tout à fait. Il fut bientôt de tous les friands soupers, de toutes les assemblées grivoises. Ses bons mots, sa verve libertine étaient indispensables dans tout dessert bien entendu ; on avait ce gai conteur *comme on avait du champagne*, et le contrôleur général Law ne donnait jamais sans lui un de ses somptueux banquets. Grécourt consentait à égayer de ses bouffonneries tout ce monde de finance ; mais c'était là tout, et quand Law lui offrait une fortune pour salaire de ses bons mots, il refusait. C'est après un de ces refus qui l'honorent, qu'il écrivit sa fable de la fortune, dont Béranger devait faire une jolie chanson. C'est aussi vers ce temps-là que Grécourt composa presque toutes ses poésies, ses contes, ses *fables*, où dans le plus innocent sujet il trouve matière à libertinage, enfin son fameux poëme de *Philotanus*, qu'on lui a si longtemps contesté.

Plus tard, quand l'intempérance, le plaisir, le soin fatigant de rimer pour payer son écot aux tables financières, eurent escompté à un taux ruineux sa vie, déjà avancée, il revint en Touraine ; puis il se retira chez le duc d'Aiguillon, dans la terre de Veret, *vrai paradis terrestre*, où le suivit son goût des poésies licencieuses. Certain gros recueil obscène, ayant pour titre : *Recueil de poésies choisies, rassemblées par un cosmopolite*, et qu'on ne tira qu'à douze exemplaires, y fut formé par ses soins. La princesse de Conti et le père Vinot l'aidèrent dans le choix des vers à recueillir, et le duc d'Aiguillon imprima le tout de ses nobles mains. Déjà, en 1730, l'abbé avait prêté son aide à la composition d'un recueil burlesque, désiré par la princesse de Bourbon-Condé : nous voulons parler du plus bizarre des ana, du *Maranzakiniana*, ou pensées naïves et ingénieuses d'un pauvre idiot, nommé Maranzac, officier de chasse du dauphin. Les dernières années de l'abbé se passèrent au milieu de ces occupations si futiles et pourtant si peu innocentes. Il mourut à Tours, le 2 avril 1745. Attendant galment la mort, il s'était composé une spirituelle épitaphe, dont voici les derniers vers :

L'amour perd un historien ;
Si je consulte son bréviaire,
La religion n'y perd rien.

Édouard FOURNIER.

GRECQUE (Église). Par cette dénomination, on désigna d'abord les Églises fondées par les apôtres dans la Grèce, puis toutes les provinces soumises plus tard à l'empire d'Orient, et dans lesquelles on parlait grec, c'est-à-dire tout l'espace qui s'étend de l'Illyrie à la Mésopotamie et la Perse, y compris l'Égypte. Aujourd'hui, ces mots ont un sens plus restreint ; ils ne désignent plus que les Églises séparées de l'Église romaine par le grand schisme d'Orient : ce qui comprend la Grèce proprement dite, les îles de l'Archipel, l'Asie Mineure, avec quelques contrées orientales, et de plus un certain nombre d'Églises de Pologne et presque toutes celles de la Russie.

Plusieurs causes ont concouru à cette scission déplorable, qui détacha de l'Église universelle tant d'Églises autrefois si florissantes. La vanité des Grecs, leur antipathie et leur mépris pour les Latins, leur esprit sophistique et disputeur bien plus qu'un zèle véritable pour la doctrine, jetèrent d'abord les premiers germes de division que l'ambition des patriarches ne tarda pas à faire éclore. Si Rome était restée seule reine de l'empire, il est probable qu'elle le serait aussi restée de la chrétienté tout entière. Les patriarches de Constantinople, autrefois soumis au métropolitain d'Héraclée, s'ils n'eussent point approché de la cour et des empereurs, n'auraient jamais rêvé de patriarcat universel ; jamais ils n'auraient songé à asservir les métropolitains d'Antioche, de Jérusalem et d'Alexandrie, et leur orgueil blessé n'aurait pas fait à l'Église des plaies si douloureuses et si sanglantes.

Dès le septième siècle, les disputes sur les images avaient échauffé les esprits. Les Latins reprochaient aux Grecs de tomber dans l'idolâtrie, et ceux-ci récriminaient en reprochant aux Latins le fameux *Filioque* ajouté aux conciles de Nicée et de Constantinople pour mieux exprimer la doctrine de l'Église sur la très-sainte Trinité. Cependant, deux siècles s'étaient écoulés, et ces querelles commençaient à s'assoupir, lorsqu'en 857 l'empereur Michel III, dit *le Buveur* ou *l'Ivrogne*, comme s'il fallait qu'il y eût toujours quelque chose de honteux à l'origine de tous les schismes et de toutes les hérésies, ayant exilé le patriarche Ignace, qui lui reprochait ses désordres, éleva Photius sur le siége de Constantinople, après lui avoir fait conférer tous les ordres en six jours. Ce Photius était un homme de science et de génie, mais en même temps d'une ambition et d'une hypocrisie consommées. On ne peut énumérer ici toutes les tracasseries qui survinrent par suite de son intrusion, sa déposition, ses fourberies, sa réintégration et ses prétentions au patriarcat universel. Sa mort ne fit que retarder la scission fatale ; car ses successeurs continuèrent à s'arroger le titre de patriarches *œcuméniques* ; et en 1043, pour se rendre plus absolu, Michel Cérulaire consomma le schisme, en rompant ouvertement avec l'Église romaine. Il alléguait contre elle quatre griefs principaux ; le premier, d'user de pain azyme pour l'eucharistie ; le second, de permettre l'usage du lait dans le carême ; le troisième, de jeûner le samedi ; et le quatrième, de supprimer pendant le carême le chant de l'*alleluia*. En vain le pape Léon IX répondit-il victorieusement à ces reproches ridicules ; en vain envoya-t-il des légats pour s'aboucher avec le fier patriarche ; tout finit par des excommunications réciproques, et le schisme resta consommé. On sait comment, en 1222, Honoré III fit d'inutiles efforts pour opérer une réconciliation, œuvre difficile, dans laquelle échoua, soixante-douze ans plus tard, Michel Paléologue au concile général de Lyon. Les moines, le clergé et le peuple refusèrent de souscrire à l'adhésion de leurs évêques ; et ce fut encore ce même entêtement du peuple qui fit échouer, en 1439, la nouvelle tentative de réunion provoquée par l'empereur Jean Paléologue et plusieurs évêques grecs au concile général de Florence. Les croisades avaient trop envenimé les vieilles haines, et les Turcs, qui vinrent tout dévaster et tout abrutir, ne laissèrent plus aux papes d'autres moyens d'action sur cette portion de la chrétienté que par les missionnaires qui voulurent se dévouer à un ministère aussi pénible que dangereux.

Mais les Églises qui avaient prétendu s'affranchir en secouant le joug paternel des souverains pontifes ont déjà expié leur orgueil par bien des humiliations. A genoux, tremblantes devant le pouvoir temporel, les unes sont réduites à acheter d'un barbare la permission de se donner des pasteurs, les autres doivent régler leur foi sur les divers oukases des autocrates de toutes les Russies, à qui certes n'a jamais été promise l'infaillibilité. Il suffit de voir dans quel degré d'abaissement sont tombées ces Églises pour rester convaincu que depuis leur schisme elles sont sous le poids d'une malédiction. Le peuple, malgré ses superstitions et son ignorance, ne peut s'empêcher de regarder en pitié ses prêtres, dégradés par le mariage, sans zèle, sans dignité, sans onction, et portant au front comme un cachet de honte et de nullité. Les *popes* russes et les *papas* grecs sont presque les parias de ces deux nations. Or, lorsque la sève sacerdotale est ainsi tarie, lorsque les lèvres du prêtre, pour me servir d'une expression sacrée, ne gardent plus la science, quelle peut être la religion d'un peuple qui a de tels pasteurs? Le christianisme y devient tout matériel; il n'est plus, comme chez les Grecs, qu'un amas de cérémonies vaines et de pratiques ridicules.

Au rapport de tous les voyageurs, ils sont peut-être plus superstitieux que les païens leurs ancêtres. Ils croient aux songes, aux présages, à la divination, aux talismans, aux jours heureux ou malheureux; ils ont des fontaines sacrées, et disent avoir des moyens de fasciner les enfants, etc, etc. (*Voyage litt. en Grèce, lett. II*). Telle est leur ignorance en matière de religion, que la plupart ne savent pas même le *pater* : cependant, ceux de Constantinople portent ordinairement des chapelets, ce qui suppose qu'ils connaissent au moins cette prière. Le clergé n'en sait guère plus que le peuple; et les évêques mêmes, quoique plus respectés, parce qu'ils sont toujours choisis parmi les moines, et par conséquent toujours célibataires, n'ont pas une science théologique bien profonde. Cependant, l'ascendant du corps épiscopal sur le peuple est immense; il peut tout par l'excommunication qui a chez les Grecs des effets civils et spirituels : elle prive non-seulement de la communion de l'Église, mais encore de tous les droits de citoyen; elle rompt tous les liens du sang et de l'amitié, et, dans leur crédulité les Grecs prétendent qu'elle poursuit les morts jusqu'au sein du tombeau. De là les contes ridicules qu'ils débitent sur les *broucolacas*, ou cadavres des excommuniés. Ils croient qu'ils ne peuvent se dissoudre, que le démon s'en empare, les anime, les fait parler, et s'en sert pour effrayer les vivants.

Ces superstitions à part, il y a peu de différence entre leur symbole et celui des catholiques. Ils persistent à rejeter le *Filioque*, et ne veulent pas que le Saint-Esprit procède également du Père et du Fils. Cependant, ils croient à sa divinité; mais en administrant le baptême au nom de la sainte Trinité, ils ajoutent certaines cérémonies pour exprimer leur erreur sur la troisième personne. Ils admettent la hiérarchie ecclésiastique et les anciens canons des conciles sur la discipline; mais ils rejettent la primauté du pape, qu'ils attribuent aujourd'hui en Grèce à leur saint-synode et naguère à leur patriarche de Constantinople, et en Russie aux tsars ou aux tsarines; car ils sont bien les plus obséquieux de tous les hommes, si ce n'est envers les papes de Rome, qu'on leur apprend à détester dès leur enfance. Ils prient comme nous pour les morts; mais ils croient que leur sort ne sera définitivement fixé qu'au jugement dernier; quelques-uns rejettent l'éternité des peines. Quant à l'eucharistie, bien qu'ils regardent comme valide la consécration faite avec le pain azyme, ils se servent de pain levé.

C'est donc à tort que la réforme, effrayée de sa nouveauté, cherchait au seizième siècle, et encore au dix-septième siècle, des ancêtres parmi les partisans du grand schisme. Les patriarches Cyrille-Lucaris, Jean Brée, son successeur, Parthénius, Dosithée, et plusieurs conciles, à l'un desquels assista le métropolitain de Russie, en condamnant les protestants d'une voix unanime, prouvèrent à toute l'Europe que ces novateurs ont foulé aux pieds toutes les traditions.

Il faut remonter jusqu'aux temps apostoliques pour expliquer la conformité de croyance qui se trouve entre les Grecs et les Latins; car il y a toujours eu trop d'antipathie entre ces deux Églises pour que l'on puisse dire que l'une a reçu de l'autre son symbole. Si une légère addition faite au concile de Nicée par les Occidentaux a pu soulever tout l'Orient, toute addition plus grave n'eût-elle pas provoqué des réclamations plus violentes encore? et l'histoire ne les eût-elle pas consignées dans ses annales? Donc, puisque nous ne lisons rien de semblable dans les historiens, c'est une preuve que l'identité sur le fond de la doctrine a toujours été telle dans les deux Églises que nous la voyons aujourd'hui. Voilà un argument auquel les protestants n'ont jamais répondu, et auquel ils ne répondront jamais.

On sait que la liturgie grecque différa toujours un peu de la liturgie latine; aujourd'hui les différences sont plus marquées. Les Grecs font toujours le signe de la croix de droite à gauche, parce que, disent-ils, le Sauveur, étendu sur la croix, présenta d'abord la main droite à ses bourreaux. On ne voit parmi eux ni statues ni aucune image en relief, parce que les mahométans les ont en horreur. Leurs prières publiques sont beaucoup plus longues que les nôtres, et leurs jeûnes plus rigoureux et plus fréquents. Ils ont quatre carêmes : le premier est celui de l'Avent, et il dure quarante jours; le second est celui de Pâques; le troisième celui des Apôtres, qui finit à la fête de saint Pierre; enfin, le quatrième commence quinze jours avant l'Assomption. Le jeûne est à leurs yeux le devoir le plus essentiel du christianisme. On ne dit qu'une seule messe par jour dans leurs églises, et deux seulement les jours de fête, sans musique ni cloches. On n'assiste que debout au service divin, pendant la célébration duquel il est tout au plus permis de s'appuyer sur une espèce de béquille. C'est seulement à la fête de Pâque que les fidèles s'agenouillent. En priant, on doit toujours se tourner vers l'orient. La musique instrumentale est complétement bannie du culte, qui consiste presque entièrement en pratiques extérieures, à l'accomplissement exact desquelles on attache une espèce de vertu magique. La prédication, l'instruction religieuse n'y tiennent qu'une place extrêmement minime. Au dix-septième siècle, le tsar Alexis interdit formellement la prédication en Russie; elle y est remplacée par la lecture d'antiques homélies. En Grèce et dans les pays placés sous la domination du sultan, il n'y a que les ecclésiastiques les plus haut placés qui prêchent. Dans les temples, les hommes sont toujours séparés des femmes par des treillis. Les prêtres ont conservé l'ancien costume sacerdotal : leurs chasubles à l'antique, au lieu d'être échancrées sur les côtés, se relèvent sur les bras; mais ils n'ont ni aubes, ni étoles, ni chappes, ni bonnets carrés, ni surplis. Les évêques, qui sont tous moines de l'ordre de Saint-Basile ou de Saint-Jean-Chrysostome, sont coiffés d'une toque à oreilles, qui ressemble à un chapeau sans rebords. Au lieu de crosse, ils portent une béquille en ébène, ornée d'ivoire ou de nacre de perles. Au reste, il ne faut pas croire que tout ce que nous venons de dire convienne à tous les Grecs sans aucune exception; car ils sont divisés en un grand nombre de sectes, qui ne s'accordent pas plus entre elles qu'avec l'Église romaine. Ainsi, les *Maronites*, les *Arméniens*, les *Géorgiens*, les *Jacobites*, les *Nestoriens*, les *Cophtes*, etc., forment autant d'Églises séparées.

L'abbé J. Barthélemy.

L'Église grecque, qui affecte de prendre la qualification d'*Église orthodoxe* catholique, ou encore d'*Église apostolique*, ordonne à tous ses prêtres (à l'exception des moines, et de ses hauts dignitaires jusqu'aux évêques inclusivement, choisis tous dans le personnel des couvents), le mariage, qui doit être contracté avec une vierge. Elle leur interdit le mariage avec une veuve, de même qu'un second mariage. Aussi les prêtres qui deviennent veufs résignent-ils ordinairement leurs charges d'âmes et se retirent-ils dans quelque couvent avec le titre de *hieromonachi*. L'adultère dissout le mariage pour les laïcs. On est très-rigoureux sur les degrés de parenté qui interdisent le mariage, notamment sur la parenté spirituelle que le baptême établit entre parrains et filleuls. Les laïcs ne peuvent point contracter un quatrième mariage. L'Église grecque ne croit ni au purgatoire, ni à la prédestination, ni au mérite des bonnes œuvres, ni aux indulgences; elle applique les saintes huiles, non pas seulement aux agonisants, mais aux malades. Elle ne reconnaît point la suprématie du pape, ni celle de tout autre représentant visible de Jésus-Christ sur la terre, et ne tolère aucune image taillée, sculptée ou coulée des saints, etc. Les images de Jésus-Christ, de la sainte Vierge et des saints placées dans les églises ou dans les habitations particulières comme objet de vénération religieuse, ne peuvent être que peintes, sans relief; l'Église gréco-russe, toutefois, fait exception à cet égard et orne aussi ses autels d'œuvres plastiques. Comme l'Église catholique romaine, elle admet l'invocation des saints, le culte de Marie, la sainteté des reliques, croix et tombeaux.

Les couvents grecs suivent pour la plupart la sévère règle de Saint-Basile. Le mot grec *Higumenos* est celui qui répond à notre mot *abbé*, et *higumenè* à celui *d'abbesse*. « L'abbé d'un couvent sous la juridiction duquel se trouvent placés d'autres couvents prend le titre *d'archimandrite*, et a rang d'évêque. La république des moines du mont Athos est depuis longtemps célèbre. Dans leurs monastères, les religieuses grecques se livrent à des travaux manuels; elles se consacrent aussi au soulagement des maladies et à l'instruction du peuple. Elles ont à leur tête un *œconomos*, qui doit toujours être âgé de quatre vingt-ans au moins et a le droit de choisir le confesseur du couvent, ainsi que de présider à l'élection de l'abbesse par les membres de la communauté. Le clergé inférieur se compose de liturgistes, de lecteurs, de chantres, d'hypodiacres et de diacres, de prêtres, de *popes* et de *protopopes*, lesquels sont les premiers dignitaires dans les cathédrales et les églises principales. Les liturgistes et les prêtres ne peuvent point parvenir à une dignité plus élevée que celle de *protopope ;* car les évêques se recrutent exclusivemant parmi les moines. C'est parmi les évêques qu'on choisit les archevêques, les métropolitains et les patriarches.

Depuis la prise de Constantinople par les Turcs, en 1453, les différentes tentatives faites par l'Église romaine pour déterminer l'Église grecque à se réunir, n'ont eu d'autre résultat que de ramener sous la suprématie du pape quelques communes d'Italie où s'étaient enfuis un grand nombre de Grecs à l'approche des Turcs, de même que d'un certain nombre de communes de la Hongrie, de la Gallicie et de la Lithuanie. Mais il a fallu pour cela que le pape de Rome leur concédât le mariage des prêtres et la communion sous les deux espèces. Ces grecs sont connus sous le nom de grecs unis.

Il existe en Russie vingt-quatre diocèses épiscopaux de l'Église grecque, aux titulaires desquels l'empereur peut à volonté conférer la dignité d'archevêque. Saint-Pétersbourg, Kieff, Kasan et Tobolsk sont les siéges des quatre métropolitains de l'empire de Russie. La dignité de *patriarche de Moscou*, dont on prétendit que le patriarche Nikon (mort en 1681) avait abusé, fut supprimée en 1702 par Pierre le Grand, qui en 1720 soumit tout le gouvernement religieux de son empire à un collége d'évêques et de conseillers séculiers; ce collége prend la qualification de *saint-synode dirigeant*. Après avoir à l'origine siégé à Moscou, il siège aujourd'hui à Saint-Pétersbourg, où il prend rang parmi les autorités supérieures de l'empire, immédiatement après le sénat dirigeant. Le doyen de ses membres réside toujours à Saint-Pétersbourg. Le saint-synode a, à Tiflis et à Moscou, ce qu'on appelle des *comptoirs;* toutefois, la Grusie, l'Imérétie et la Mingrélie ont chacune un évêque *éparchial*.

L'Église grecque placée sous la domination de la Porte ou sous celle de l'Autriche est sur presque tous les points restée fidèle à son antique constitution. Les dignités de patriarche de Constantinople, d'Alexandrie, d'Antioche et de Jérusalem subsistent encore de nos jours; mais le premier seul a conservé l'ancienne considération attachée à la dignité des anciens archevêques de Constantinople. Comme *patriarche œcuménique*, il préside à Constantinople le saint synode, composé d'un certain nombre de métropolitains et d'évêques, et de douze laïcs grecs de distinction; il exerce dans toute l'étendue de l'empire turc une juridiction spirituelle suprême sur tous les Grecs, et est aussi reconnu comme chef de leur Église par les Grecs non unis de la Gallicie, de la Bukowine, de l'Esclavonie et des îles Ioniennes. Les trois autres patriarches, attendu que la très-grande majorité des habitants de leurs diocèses respectifs professent la religion mohométane, n'ont qu'un cercle d'action excessivement restreint. La patriarche d'Alexandrie n'a sous sa juridiction que deux églises, au Caire.

Dans le royaume de Grèce, lors de la séparation intervenue entre ce pays et la Turquie, l'Église grecque s'est séparée du patriarche de Constantinople par une déclaration rédigée dans une assemblée de métropolitains et d'évêques tenue à Nauplie et à Syra (1833); et à l'effet de pouvoir être plus indépendante, elle a confié son administration supérieure à un synode permanent, à la nomination du roi. Les conflits d'intrigues politiques et réactionnaires ayant pour but le retour de cette Église sous l'autorité du patriarche de Constantinople ont eu pour résultat de provoquer en Grèce des embarras et des troubles jusqu'à ce qu'après la révolution de 1843 les voies aient été ouvertes à un état de choses plus satisfaisant. Après que la constitution de 1844 eut expressément déclaré que l'Église de Grèce est indissolublement unie en esprit et en dogme à l'Église de Constantinople, et n'en était séparée que politiquement, parut enfin, en 1850, une déclaration solennelle, et longtemps refusée, du patriarche et des archevêques de Constantinople reconnaissant son indépendance. On a beaucoup fait dans ces derniers temps pour consolider et perfectionner intérieurement cette Église, notamment en exigeant plus d'instruction de la part du clergé, en fondant des écoles élémentaires à l'usage du peuple, des séminaires pour les maîtres et des inspections d'écoles. Mais ces améliorations, il faut l'avouer, rencontreront longtemps encore bien des obstacles dans le déplorable état d'anarchie où se trouve le pays. Il faut y ajouter la haine profonde qui continue toujours de subsister entre l'Église romaine et l'Église grecque, haine qui s'est encore manifestée de la manière la plus vive en 1848, lorsque le pape Pie IX, dans une encyclique adressée à tous les membres de l'Église d'Orient, essaya, lui aussi, de ramener l'Église grecque à la communion romaine. A cet égard, on peut dire que les protestants sont dans une meilleure situation à l'égard de l'Église grecque, parce qu'ils évitent avec grand soin tout conflit religieux avec elle.

Le maintien rigoureux des anciens usages, notamment dans l'Église gréco-russe, a donné naissance à un grand nombre de sectes. Dès le quatorzième siècle, le parti des *strigolniks* s'en séparait, par suite de la haine dont il faisait profession pour les prêtres en général; mais comme il n'avait pas d'autre caractère particulier, il ne tarda point à disparaître. Les *raskolniks* en firent autant vers l'année 1666; mais depuis lors une partie d'entre eux est rentrée dans le giron de l'Église orthodoxe. Les *raskolniks*, expulsés de Russie, qui se réfugièrent, sous la conduite de Philippe Pustoswiæt, en Lithuanie et dans la Prusse orientale, sont l'origine de la secte des *philippons*. Les *douchoborstes* se sont encore bien plus éloignés de la foi grecque, et semblent avoir quelque ressemblance avec les Russes antipapistes ou ce qu'on appelle les *juifs russes* des gouvernements d'Arkhangel et de Katharinoslaff, lesquels rejettent le dogme de la Trinité et le baptême, et n'ont ni prêtres ni églises. Il faut encore mentionner les *pomoranes*, très-répandus dans toute la Russie; les *kapitoniens*, qui se rapprochent beaucoup de leurs doctrines, les *soubotnikes*, et les *schtschelnikis*, fort nombreux parmi les Kosaks du Don. On évalue pour l'empire russe seulement à cinq millions le nombre de sectaires de toutes espèces, que contribuent à maintenir l'indifférente négligence et l'inhabileté du clergé ou encore le zèle mal entendu des missionnaires. La plus grande partie de la Sibérie et des Kosaks du Don appartiennent, dit-on, à l'une ou à l'autre de ces sectes.

GRECQUE (Langue). On ne parla pas tout d'abord en

Grèce ce que nous appelons aujourd'hui la *langue grecque*, car les premiers habitants de la Grèce furent des Pélasges; mais on ne connaissait déjà plus l'ancienne langue des Pélasges au temps d'Hérodote, qui nous parle de cette langue étrangère comme très-différente de la langue grecque; cet écrivain ajoute que vraisemblablement les Grecs ont conservé leur langue primitive. L'interprétation la plus sensée à donner à cette indication, c'est que la langue pélasgique fut le premier et grossier élément de la langue, qui plus tard ne se conserva encore que dans un petit nombre de localités isolées, une fois que la langue grecque, devenue celle des races dominantes, en fut provenue et se fut divisée en ses divers dialectes.

La langue grecque forme avec la langue latine une tribu de la grande famille des langues indo-germaniques. Hors de Grèce, la langue grecque était parlée dans une grande partie de l'Asie Mineure, dans l'Italie méridionale et dans la Sicile, de même que dans les contrées où s'étaient fondées des colonies grecques. En raison de la foule de peuplades grecques diverses qui toutes se rattachaient à une souche commune, il est naturel qu'il se soit formé aussi un grand nombre de *dialectes grecs*, dont la connaissance est d'autant plus nécessaire que les idiotismes des uns et des autres, consistant dans l'emploi de divers lettres, mots, formes de mots, tournures et expressions, finirent par passer dans la langue écrite. Généralement on admet trois dialectes principaux, répondant aux trois grandes familles du peuple grec : l'éolique, le dorique et l'ionique, auxquels vint s'ajouter plus tard le dialecte attique, mélange des trois autres. On peut cependant réduire ces quatre dialectes à deux : l'hellénique-dorique, et l'ionique-attique. Le premier était le plus ancien, de même qu'en général une idée d'ancienneté se rattache au mot dorique. Le dialecte dorique, le plus ancien, apparaît déjà dans le dialecte éolique. Le dialecte dorique était dur et grossier; le plus doux de tous était l'ionique. Le dialecte éolique se parlait en deçà de l'isthme, à l'exception de Mégare, de l'Attique et de la Doride, dans les colonies éoliennes de l'Asie Mineure et dans quelques îles situées au nord de la mer Égée; le dialecte dorique, dans le Péloponnèse, dans les quatre villes doriennes, dans les colonies doriennes de l'Asie Mineure, dans la basse Italie (Tarente), en Sicile (Syracuse et Agrigente), et les Messéniens étaient ceux qui le parlaient le plus purement. Le dialecte ionique était en usage dans les colonies ioniennes de l'Asie Mineure et dans les îles de l'Archipel; le dialecte attique, en Attique. C'est au dialecte ionique qu'appartiennent en partie les ouvrages des plus anciens poëtes, Homère, Hésiode, Théognis, etc.; on le trouve dans toute sa pureté chez les prosateurs, notamment chez Hérodote et chez Hippocrate. Pindare, Théocrite, Bion et Moschus employèrent le dialecte dorique, et il existe aussi en prose dorique quelques ouvrages de philosophie et de mathématiques. Nous avons des fragments d'Alcée et de Sapho en dialecte éolique. Quand Athènes, parvenue à exercer la suprématie sur la Grèce, se trouva le foyer des lettres et des sciences, ce fut en dialecte attique que les Eschyle, les Sophocle, les Euripide, les Aristophane, les Thucydide, les Xénophon, les Platon, les Isocrate, les Démosthène, etc., composèrent leurs chefs-d'œuvre; et le dialecte attique devint la langue écrite générale. Plus tard, les grammairiens grecs distinguèrent le véritable attique, tel qu'on le trouve dans les ouvrages de ces maîtres, de l'attique de la vie commune, qu'ils nommèrent *grec commun* ou dialecte hellénique; de même que, d'après cette plus belle époque de la littérature, ils qualifièrent d'*hellènes* les écrivains attiques postérieurs. De ce nombre sont Aristote, Théophraste, Apollodore, Polybe, Plutarque, et les écrivains venus encore plus tard, dont un petit nombre cependant, tels que Lucien, Élien et Arrien écrivirent purement l'attique. Mais, sauf les auteurs dramatiques, les autres furent loin de s'en tenir exclusivement à l'emploi du dialecte attique. Les poëtes dramatiques eux-mêmes admirent aussi le dorique dans leurs chœurs, qui faisaient partie de la plus antique liturgie des Grecs, et aussi pour leur donner quelque chose de plus solennel. Quant aux autres poëtes, ils demeurèrent fidèles à la langue d'Homère. Il faut admettre en conséquence que les Grecs possédaient tous la connaissance la plus parfaite de leurs divers dialectes; résultat auquel ne durent pas peu contribuer la lecture d'Homère, commune à tous les Grecs, l'usage d'un même rituel religieux, et les fréquents points de contact que les diverses races grecques avaient entre elles lors de la célébration de leurs grandes fêtes populaires. Mais il est vraisemblable que dans les temps les plus reculés les dialectes ne s'étaient pas aussi complétement différenciés les uns des autres que ce fut le cas plus tard; et c'est ainsi qu'il faut s'expliquer les idiotismes de la langue employée par Homère et par Hésiode. Il serait bien difficile de préciser l'époque où s'opérèrent les modifications des principaux dialectes. Depuis l'ouvrage, au total assez peu satisfaisant, de Maittaire, *Græcæ Linguæ Dialecti* (dernière édition donnée par Sturz [Leipzig, 1807]), le meilleur livre qui ait paru sur ce sujet est celui d'Ahrens, *De Dialectis Græcis* (2 vol.; Gœttingue, 1843).

L'époque où l'on commença en Grèce à fixer la langue par l'écriture est chose tout aussi incertaine. Suivant l'opinion générale, ce fut le Phénicien Cadmus qui apprit aux Grecs à faire usage des caractères d'écriture. Son alphabet ne se composait encore que de seize lettres; pendant la guerre de Troie, Palamède y en ajouta quatre (Θ, Ξ, Φ, Χ); et plus tard Simonide de Céos l'enrichit encore de quatre autres lettres (Ζ, Η, Ψ, Ω). Les plus anciennes inscriptions et la tradition témoignent effectivement que ces huit dernières lettres sont de beaucoup postérieures aux autres. Comme ce furent les Ioniens qui les premiers les adoptèrent, leur alphabet fut appelé *l'alphabet ionien*. La configuration des plus anciennes lettres phéniciennes et grecques diffère d'ailleurs beaucoup de celle qui est aujourd'hui en usage pour les caractères grecs. Mais pendant que les uns prétendent que l'écriture était connue des Pélasges longtemps avant l'époque de Cadmus, les autres en reportent l'introduction en Grèce à une époque de beaucoup postérieure, et la placent vers le milieu du sixième siècle avant J.-C.

De bonne heure les Grecs essayèrent d'arrêter les bases d'une syntaxe d'après les lois de laquelle ils pussent disposer des séries entières de mots, juger des diverses configurations de formes, et en général mettre en ordre tous les trésors de leur langue. Déjà les sophistes commencèrent l'œuvre en créant une terminologie; on trouve quelques mots sur ce sujet dans Platon et dans Aristote. Mais ce fut plus particulièrement à une époque très-postérieure, et à Alexandrie, que plusieurs grammairiens grecs, tels que Aristarque, Cratès et Apollonius Dyscolos élucidèrent diverses questions difficiles de la philosophie de la grammaire; tandis que d'autres, comme Hérodien, Moschopulus et Chœroboscus s'occupaient plutôt de la théorie des formes et écrivaient sur l'orthographe, l'orthœpie, l'intonation, la quantité des syllabes, etc. Ces recherches servirent de texte aux compilateurs subséquents; et c'est sous cette forme que l'ancienne grammaire grecque, après avoir pénétré dans l'empire de Byzance, passa de là en Italie avec les Grecs réfugiés, notamment avec Chrysoloras, Lascaris et Théodore Gaza.

En Allemagne, ce fut en 1518 qu'on traita pour la première fois grammaticalement la langue grecque, et d'ailleurs d'une manière fort imparfaite; en fait de noms, nous citerons à cet égard Érasme, Reuchlin et Mélanchthon, puis Neander, Sylburg, H. Étienne, etc. Mais depuis que la philosophie de la grammaire a pris une grande importance, elle a aussi été traitée d'une manière plus critique et plus scientifique, grâce aux judicieuses recherches des Hollandais Hemsterhuis et Valckenaër. On sait combien pauvres ont été jusqu'à ce jour les travaux de la France relatifs à la grammaire grecque. Gail n'avait guère eu de peine à détrôner Furgault dans nos classes; et il a été encore autrement facile à Burnouf de supplanter Gail, mais pas plus l'un que l'autre ils n'ont pu faire oublier l'excellente grammaire de Port-Royal. Pour être juste, il faut d'ailleurs ajouter que si l'érudition s'est généralement abstenue de nos jours d'exploiter cette si riche mine, la faute en est avant tout à l'esprit de monopole, qui est le propre de l'instruction publique chez nous, à sa constante tendance sous tous les régimes à favoriser certains fabricants privilégiés de livres, aux dépens des masses, à qui on fait payer fort cher d'assez mauvais ouvrages, aux dépens surtout de l'esprit d'amélioration et de progrès. Reconnaissons cependant qu'en fondant à Athènes une école spéciale pour l'étude savante de la langue grecque, le gouvernement français a beaucoup fait pour le perfectionnement de cette partie des études; mais l'institution est encore trop jeune pour avoir pu produire les fruits qu'on est en droit d'en espérer un jour. A la différence de ce qui existe parmi nous, chez nos voisins d'outre-Rhin au contraire les grammaires grecques abondent. Parmi les travaux les plus remarquables qui aient paru en ce genre depuis ces derniers temps, nous citerons la grammaire de Matthiæ (dern. édit., 3 vol., Leipzig, 1835); celles de Buttmann (2e édit., 1843), de Thiersch (dern. édit., 1826), de Kühner (1835), de Curtius (1851), etc. On doit encore une mention honorable à l'ouvrage de Hermann intitulé : *De emendanda Ratione Græcæ Grammaticæ* (Leipzig, 1801); à celui de Wiger, *De præcipuis Græcæ Linguæ Idiotismis* (4e édit., 1834). La Syntaxe a été l'objet de recherches particulières de la part de Bernhardy (1829), de Madvig (1847), et de Lobeck, de Hartung, de Devarius, etc. Dans les travaux que nous venons de mentionner, on reconnaît aisément l'influence de la nouvelle grammaire comparée. Benfey, dans son *Dictionnaire des Racines grecques* (Berlin, 1839), a essayé une exposition étymologique des trésors de la langue grecque sur la base de la grammaire comparée. Gœttling a écrit sur l'accent grec (1835), Spitzner sur la prosodie, et Leusch sur la métrique des Grecs.

La lexicographie fût également fondée par les grammairiens grecs eux-mêmes, qui avaient reconnu la nécessité de classer aussitôt que possible toute la masse des mots grecs et d'élucider leur généalogie en même temps que leur signification; ce qui conduisait à l'étude des étymologies et des synonymes. Nous possédons encore aujourd'hui bon nombre de ces dictionnaires grecs désignés, suivant le but en vue duquel ils ont été plus spécialement rédigés, sous les dénominations de *Lexicon*, de *Glossarium*, *d'Etymologicum*, d'*Onomasticum* et de *Synonymicum*. De ce nombre sont encore les dictionnaires d'Hesychius, de Suidas, de Pollux, d'Orion, de Zonaras, et surtout l'ouvrage intitulé : *Etymologicum magnum* (publié par Gaisford; Oxford, 1849); enfin, les dictionnaires spéciaux d'Apollonius le Sophiste sur Homère, de Timée le Sophiste sur Platon, d'Harpocration sur les Dix Orateurs, d'Érotien sur Hippocrate; les collections de mots et de façons de parler attiques de Phrynicus, de Mœris et Philémon, etc. Plus tard, mettant à profit les recherches antérieures de Budæus et de Camerarius, H. Étienne, dans son *Thesaurus Linguæ Græcæ* posa le premier les bases d'un immense dictionnaire universel de la langue grecque. La nouvelle édition qu'en publient MM. Firmin Didot, commencée en 1825 et que l'année 1856 verra complétement s'achever, est un des plus magnifiques monuments qui honorent l'imprimerie française.

GRECQUE (Littérature). Les premières traces de la littérature grecque se perdent, comme l'histoire de la nation elle-même, dans une lointaine obscurité. Il y a absence complète d'une littérature proprement dite dans la première période de la civilisation grecque, qui s'étend depuis le commencement de l'existence politique de la nation jusqu'à Homère; car, pas plus que nous, les Grecs instruits ne connaissaient de monument littéraire remontant par-delà l'époque homérique. Tous les sages, tous les poëtes dont il est fait mention comme ayant existé avant cette époque appartiennent à la légende ou du moins n'ont rien laissé d'écrit: ainsi, Orphée, Musée, Darès, Dictys et autres. En rassemblant tout ce qui a dû exister comme point de départ et de préparation de ce qui a suivi, on voit par diverses traditions remontant à la période qui précéda les temps homériques, que les Grecs possédaient déjà des institutions qui ne durent pas peu contribuer à adoucir les mœurs sauvages de la nation et à favoriser la civilisation par l'action de la religion, de la poésie, des oracles et des mystères; et que ces institutions, sacerdotales pour la plupart, avaient surtout leur siége dans les parties septentrionales de la Grèce, de la Thrace et de la Macédoine. Environ quatre-vingts ans avant la guerre de Troie, il se manifesta en Grèce un remarquable mouvement de pérégrination et d'émigration. Une partie de la population quitta ses foyers pour aller s'établir dans les îles et dans l'Asie Mineure; transplantation qui eut une influence des plus heureuses sur le génie grec, car dans ces contrées si riches en ports, dans ces îles qui semblent avoir été créées par la nature pour le commerce et l'industrie, les émigrants ne rencontrèrent pas seulement une vie plus facile et plus paisible, mais aussi de plus riches moyens d'instruction et de civilisation, qui sous ce climat nouveau donnèrent naissance à de nouvelles mœurs. C'est là que la poésie et la philosophie, la peinture et la sculpture parvinrent à leur apogée; et ce fut surtout près des lieux qui avaient été le théâtre des principaux événements de la première expédition véritablement nationale des Grecs, de la guerre de Troie, que la poésie trouva un sujet qu'elle ne pouvait traiter sans prendre aussitôt un caractère qui lui fût propre, et tout à fait différent de celui qu'elle avait pu avoir jusque là.

La poésie héroïque en effet est contemporaine des temps héroïques. Aussi la *seconde période* de la littérature des Grecs ne comprend-elle point, à bien dire, leur époque vraiment épique. Le poëte apparaît distinct du prêtre, mais jouit toujours d'une haute considération. Il n'y a donc pas lieu de s'étonner qu'il se soit formé alors de véritables écoles de poëtes. Il existait déjà des poëtes, dans toute la véritable acception du mot; car on chantait la tradition, et le poëte narrateur accompagnait lui-même son chant des accords d'un instrument à cordes. Il n'y avait point de grandes solennités sans poëtes; on les regardait comme placés sous l'influence toute particulière des dieux, et surtout sous celle des Muses, divinités amies du chant. Parmi les nombreux poëtes que compta indubitablement cette époque, domine seul, et à une hauteur immense, Homère. C'est d'après lui qu'on a donné le nom d'*Homérides* à toute une école de poëtes de l'Ionie, qui vraisemblablement formèrent d'abord à Chios une famille ou association particulière de *rhapsodes*, au sein de laquelle se conservèrent l'ancien mode épique d'Homère, le génie et l'éclat de la poésie homérique. Les poëtes cycliques, dont les poëmes commencent cependant à différer sensiblement de l'épopée ionienne, parce que l'élément historique y remplaça toujours de plus en plus l'élément poétique, se rattachent à cette école. Les plus anciens de ces poëtes cycliques florissaient déjà, dit-on, vers l'an 770 avant J.-C. Ne possédant sur eux que des renseignements généraux et fort incomplets, nous ne pourrions tracer même une simple esquisse du développement de leur poésie. Mais ce que nous en savons nous autorise à conclure qu'entre eux et l'école des poëtes de l'Ionie il a dû nécessairement exister quelque chose qui servit de transition et la prépara. La preuve de ce que nous avançons là nous est fournie par l'école de poëtes béotienne-ascræenne, qui se constitua dans la Grèce européenne, vraisemblablement vers l'an 890 avant J.-C. Elle prit ce nom de la ville d'Ascræ, en Béotie, où habitait Hésiode, qui en fut le chef. A l'origine, ses ouvrages furent également propagés, continués par des *rhapsodes*; et ce ne fut que plus tard qu'on les réunit en leur donnant une forme d'art définitive, mais en même temps en y intercalant beaucoup de pièces étrangères. Grâce au contenu et à l'esprit de ces diverses productions poétiques, des poésies d'Homère et d'Hésiode surtout, qui acquirent tout aussitôt une autorité régulatrice et devinrent en quelque sorte la base de l'éducation de la jeunesse, le caractère national des Grecs prit cette direction positive qui plus tard les distingua si éminemment et qui se manifeste de la manière la plus évidente dans leur religion.

Jusque alors la poésie avait été le seul moyen d'instruction et d'éducation du monde grec; elle conserva longtemps encore ce caractère, mais elle prit une autre direction. C'est ce qui s'accomplit dans la *troisième période*, époque des lyriques, de la poésie d'apologues et de la philosophie, et avec laquelle s'ouvre une ère de plus grande certitude historique. Vers le commencement de l'ère des Olympiades (776 av. J.-C.), il s'établit comme un véritable flux et reflux d'institutions et de constitutions nouvelles dans les petits États de la Grèce. A la domination alternative de partis en luttes perpétuelles succédèrent enfin des républiques démocratiques; et des assemblées nationales, tenues à l'occasion des jeux, en firent jusqu'à un certain point un tout homogène. L'esprit qui domina dans la période suivante favorisa surtout la poésie lyrique, qui alors s'éleva en Grèce à la dignité d'art et qui atteignit l'apogée de sa perfection jusqu'à l'invasion des Perses. Indépendamment des dieux, qu'on honorait par des hymnes dans les fêtes et les solennités religieuses dont ils étaient l'objet, la patrie et ses héros devinrent aussi les principaux sujets de cette poésie, dont le caractère semble n'avoir pas peu influé sur les événements extérieurs. Ces idées de patrie donnèrent plus d'élan aux forces intellectuelles de la nation; des luttes et des guerres, si fréquentes alors, de même que de l'amour de la patrie et de la liberté, de la haine des tyrans et des ennemis, naquit l'ode héroïque. Mais, d'un autre côté, la vie fut considérée sous son aspect le plus triste et sentie avec toutes ses douleurs; de là, d'une part, l'intervention de la sensibilité dans l'élégie, et de l'autre l'énergique réaction contre les idées qui avaient produit l'ode; réaction dont la raillerie fut l'expression dans l'ïambe ou la satire. Partout, d'ailleurs, se manifeste une tendance prononcée vers la liberté de pensée, vers l'esprit d'examen et la recherche d'un état meilleur; d'où le besoin de la philosophie. Celle-ci s'exprima d'abord en sentences et en gnomes, en apologues, et plus tard en poëmes didactiques. Lorsqu'on put enfin jouir d'un calme acheté au prix de luttes nombreuses, la poésie lyrique embrassa aussi les joies de la vie et les sentiments qui en proviennent; et à partir de ce moment se développèrent toujours davantage cette finesse de pensées et cette délicatesse de sentiments qui donnèrent plus de charmes à l'existence, qui en ennoblirent la jouissance, de même qu'une simplicité toute particulière en devint le caractère distinctif. Parmi ceux qui se distinguèrent par ces qualités, comme aussi par les perfectionnements qu'ils introduisirent dans la musique et par l'invention de nouvelles formes pour cette espèce de poésie, il faut surtout mentionner Archiloque, de Paros, l'inventeur de l'ïambe; Tyrtée, de Milet, le poëte des chants guerriers; Callinus, d'Éphèse, l'inventeur du rhythme propre à l'élégie; Terpandre, d'Antissa, l'inventeur du *barbiton;* Alcman, le Lydien; Arion, de Méthymne, qui perfectionna le dithyrambe; la tendre Sapho, de Mitylène; son compatriote Alcée, et Érinne, leur contemporaine à tous deux; Mimnerme, de Colophon, le joueur de flûte; Stésichore, d'Himéra; Ibicus, de Rhégium; Anacréon, Simonide et Bacchylide, de Céos; Hipponax, d'Éphèse, et Corinne, de Tanagre, l'amie et l'institutrice de Pindare. Comme poëtes gnomiques, on cite Solon, Théognis, Phocylide, Simonide, Pythagore et Xénophane, de Colophon; comme fabuliste, Ésope. Quand on étudie la philosophie de cette époque, on la voit tendre surtout à l'application, à la pratique. C'est à ce point de vue qu'il faut considérer les philosophes désignés ordinairement sous le nom de *Sept Sages de la Grèce:* Périandre, Pittacus, Thalès, Solon, Bias, Chilon et Cléobule. Leurs sentences sont des règles de vie, résultat de l'expérience et souvent simple expression d'un sentiment momentané. Mais comme la science est encore la base de la véritable sagesse, il fallut dans les recherches ultérieures arriver aussi à la science; et c'est de la sorte que la philosophie théorique ne demeura pas quelque chose de vide. Thalès fut le fondateur de la philosophie ionienne; et à partir de ce moment la poésie cessa d'être le résumé de tout ce qu'il faut savoir, la seule institutrice des peuples. Jusque alors elle avait suppléé l'histoire, la philosophie, la religion; et on se servait de son langage mesuré et cadencé pour transmettre à la postérité tout ce qu'on avait à lui apprendre sur la sagesse et les connaissances humaines. Dès lors il en dut être autrement; la vie du citoyen exerça à son tour une influence considérable sur la langue, et les affaires publiques, auxquelles il participait, le contraignirent à se servir d'une manière plus habile de la langue ordinaire, à l'effet de bien rendre sa pensée. Cette circonstance, de même que l'introduction en Grèce des caractères d'écriture et l'usage du papyrus d'Égypte, préparèrent la formation de la prose. Tout cela exerça une grande influence sur l'état des sciences. De la poésie épique naquit peu à peu l'histoire; et de la sagesse donnant à ses préceptes la forme poétique, la philosophie spéculative.

La *quatrième période*, qui vint ensuite, pourrait être appelée celle de la science. Elle s'étend jusqu'à la fin de toute la littérature grecque, mais se divise en plusieurs sections, suivant l'esprit différent qui s'y manifeste ou encore d'après la prédominance qu'y exerce telle ou telle science. La philosophie se sépara de la cosmologie religieuse et de la théogonie. En effet, toute religion repose sur les idées qu'on a de Dieu, qu'on ne distinguait point alors de la nature. Comme les idées religieuses ne contenaient que des poésies sur l'origine des grands phénomènes de la nature, c'est-à-dire des divinités, la philosophie la plus ancienne fut forcément une philosophie de la nature, dans laquelle l'esprit humain essaya de diviser les phénomènes des sens jusque alors observés, de les ramener à des causes et d'en former un tout systématique. Faute d'observations suffisantes et de recherches sur la nature, l'imagination poétique se mêla souvent aux affaires de l'intelligence et de la raison; c'est ce qui explique comment ces recherches physico-philosophiques se trouvent revêtues d'images poétiques (*voyez* GRECQUE [Philosophie]). Platon et Xénophon furent ceux qui élevèrent le dialogue au rang d'œuvre d'art. Tandis que la philosophie faisait maintenant d'importants progrès, l'histoire marchait aussi d'un pas rapide vers le plus haut point de sa perfection. Dans la période comprise entre les années 550 et 500 av. J.-C. naquit la rédaction première de la tradition, ou *logographie*, œuvre au style encore licencieux. Parmi les plus anciens écrivains qui s'occupèrent de recueillir la tradition, on cite Cadmus, Denys et Hécatée de Milet, Acusilaüs d'Argos, Hellanicus de Mitylène et Phérécyde de Léros. Après eux vint Hérodote, surnommé à juste titre le père de l'histoire. Son exemple excita Thucydide, dont l'histoire de la guerre du Péloponnèse est restée un modèle pour les historiens philosophes. Vint ensuite Xénophon, dans les écrits duquel règne une si admirable clarté. On peut encore mentionner dans cette période Ctésias, Philiste, Théopompe et Éphore, qui pourtant s'éloignèrent déjà de la véritable exposition historique par une manière tenant trop de la rhétorique.

Un genre tout nouveau de poésie se développa aussi pendant cette période. Les réjouissances qui avaient lieu à l'occasion des fêtes célébrées après la vendange en l'honneur du Dieu Bacchus par le peuple des campagnes donnèrent naissance, en Attique surtout, à la poésie dramatique. Après quelques autres poëtes de ce genre, un contemporain de Solon, Thespis, qui barbouillait ses acteurs de lie de vin, donna sur des tréteaux, dans les carrefours et dans les villages, des représentations d'histoires tantôt sérieuses et accompagnées de chœurs solennels, tantôt plus gaies, où des satyres et autres farceurs provoquaient le rire. Leurs représentations portaient les noms de *tragédies*, mot dont l'étymologie est « chants pour les sacrifices de boucs » ; de *trygédies*, c'est-à-dire « chants du moût ou du pressoir » ; de *comédies* et d'actions satyriques (*Drama satyricum*). Ces jeux, célébrés avec plus de pompe dans les villes, s'ennoblirent et finirent par devenir des représentations théâtrales, qui se distinguèrent de plus en plus par le ton et par la moralité. Au lieu d'un interlocuteur qui improvisait le récit, Eschyle le premier introduisit deux personnes en action, s'entretenant d'après des rôles appris par cœur, et fut ainsi le véritable créateur de l'art dramatique. Ce genre ne tarda point à être porté à son point de perfection, la tragédie par Eschyle, Sophocle et Euripide, la comédie par Cratinus, Eupole, Cratès et surtout Aristophane. Quand, sous le gouvernement des trente tyrans, des limites furent mises à la liberté que la comédie avait eue jusque alors de livrer des personnes vivantes aux railleries publiques, on vit peu à peu naître la comédie mixte, d'où les chœurs disparurent, qui finit par arriver à la peinture générale des caractères, et avec laquelle cessèrent aussi d'être en usage les masques de caractères. Aristophane et Alexis sont les écrivains qui s'y distinguèrent. A côté de ce genre les mimes de Sophron en formèrent un autre, le dialogue dramatique en prose rhythmique, auquel se rattache la comédie sicilienne d'Épicharme. Plusieurs des lyriques et des poëtes gnomiques mentionnés ci-dessus appartiennent d'ailleurs chronologiquement à cette période. Des philosophes, tels que Xénophane, Parménide et Empédocle, figurèrent aussi comme poëtes didactiques; Pisandre et Panyasis par leurs *Héraclées*, de même qu'Antimaque, se firent un nom comme poëtes épiques. Mais l'épopée devint de plus en plus historique, et perdit ainsi les belles formes poétiques qu'elle avait conservées jusque alors.

A coté de la poésie se produisit sa grave sœur, l'éloquence, qui était l'un des besoins créés par la forme républicaine du gouvernement, et qui, par suite de la tendance naturelle du génie grec vers le beau, devint aussi un art. Antiphon, Antocide, Lysias, Isocrate, Isée, Démosthène et Eschine sont célèbres comme ayant excellé dans cet art, qui eut également ses écoles particulières. On voit dans Euripide combien le moment était proche où la rhétorique l'emporterait même sur la poésie ; et on ne saurait nier qu'elle exerça même une grande influence sur Platon et sur Thucydide. Les mathématiques se fondèrent comme science accessoire et auxiliaire de la philosophie, et la géographie joua le même rôle à coté de l'histoire. L'astronomie doit un grand nombre de découvertes à l'école ionienne, l'arithmétique à l'école italique, la géométrie à l'école académique. Parmi les mathématiciens célèbres on cite Théodore de Cyrène, Méton, Euclémon, Archytas de Tarente et Eudoxe de Cnide. Les voyages du commerce contribuèrent surtout à enrichir la géographie par les découvertes auxquelles ils donnèrent lieu. L'étude de la nature devint aussi le lot des philosophes; mais la médecine, exercée jusque alors dans des temples par les Asclépiades, arriva à en former une branche séparée, et Hippocrate fut le créateur de la médecine scientifique.

On peut en général appeler la période suivante la *période d'Alexandrie* et la caractériser comme la période des systèmes et de la critique. Sans doute Athènes conserva encore son vieux renom; mais l'école d'Alexandrie finit par donner le ton. Dès lors la littérature grecque dut nécessairement prendre une autre direction. Grâce aux ressources fournies par une immense bibliothèque, l'érudition proprement dite l'emporta sur ce que les tendances de l'esprit avaient jusque alors conservé de libre, encore bien que ce caractère ne se soit pas immédiatement perdu. En philosophie, le judicieux et savant disciple de Platon, Aristote, fonda l'école péripatéticienne, qui se signala par son esprit systématique et en élargissant le domaine de la philosophie. Son disciple Théophraste suivit les mêmes voies en philosophie et en histoire naturelle. Mais plus Aristote rendit la philosophie savante, plus les investigateurs philosophiques eurent désormais besoin de circonspection ; aussi l'esprit de doute devint-il alors des plus salutaires, et il se manifesta surtout dans le scepticisme, dont Pyrrhon d'Élis fut le créateur. Un esprit analogue anima aussi l'Académie intermédiaire, et la nouvelle Académie fondée par Arcésilas et par Carnéade, qui continua l'école de Platon. L'école socratique produisit encore quelques branches nouvelles dans l'école stoïque, qui eut pour fondateur Zénon, de Citium, dans l'île de Cypre, de même que dans l'École d'Épicure. Les mathématiques et l'astronomie firent d'immenses progrès dans les écoles d'Alexandrie, de Rhodes et de Pergame, par Euclide, Archimède, Ératosthène et Hipparque. Les campagnes et les hauts faits d'Alexandre fournirent d'amples matériaux à l'histoire; mais au total elle ne gagna qu'en ampleur extérieure, et non point en valeur intérieure, car elle se prit alors à affectionner d'une manière toute particulière l'extraordinaire et le merveilleux. La venue, vers la fin de cette période, de Polybe de Mégare, qu'on peut regarder comme le créateur de l'exposition pragmatique de l'histoire, fut donc un événement des plus heureux pour la littérature.

La géographie, fondée scientifiquement par Ératosthène et plus étroitement unie aux mathématiques par Hipparque, s'enrichit de nombreuses découvertes. Néarque et Agatharchide ajoutèrent aux notions et aux renseignements qu'on possédait déjà sur les différents peuples et pays ; et la chronique des marbres de Paros accrut les richesses de la chronologie.

En ce qui est de la poésie, divers changements importants s'effectuèrent. A Athènes, et non sans l'influence de causes politiques, naquit de la comédie mixte la nouvelle comédie, qui se rapprocha du théâtre moderne en prenant la nature morale de l'homme pour sujet de ses représentations. Parmi les poëtes de ce genre brillèrent Ménandre, Philémon et Diphile. Des mimes provinrent les idylles, genre dans lequel se distinguèrent surtout, à l'exemple de Stésichore et d'Asclépiade, Théocrite, Bion et Moschus. Les autres genres de poésie furent également cultivés. Vers la fin de cette période, la Grèce cessa d'être indépendante, et l'influence de la dominatrice du monde, de Rome, s'y fit aussi sentir. Cependant, les Romains conservèrent encore pendant longtemps un goût tout particulier pour la littérature grecque; et on continua d'écrire dans un grec assez corrompu, il est vrai, pendant toute l'ère byzantine jusqu'à la chute de Constantinople, en 1453. Consultez Schœll, *Histoire de la Littérature grecque* (Paris, 1813); Munk, *Critical History of the Language and Literature of ancient Greece* (Londres, 1850).

GRECQUE (Mythologie). *Voyez* MYTHOLOGIE.

GRECQUE (Philosophie). On désigne ainsi l'ensemble des tentatives faites par les anciens Grecs pour résoudre les problèmes de la philosophie et donner à celle-ci un caractère systématique. L'histoire de ces tentatives n'offre pas moins d'intérêt pour la philosophie en particulier que pour le développement de la civilisation en général, non-seulement parce que les premiers germes de la spéculation philosophique se produisirent spontanément chez ce peuple si heureusement doué, mais encore parce qu'il se manifesta dans ce développement une remarquable continuité, et aussi parce que les productions de la pensée philosophique réagirent presque toujours en Grèce sur les autres sciences.

Trois périodes bien distinctes se font remarquer dans la marche et les progrès de l'idée philosophique chez les Grecs. La *première* de ces périodes, qui commence à Thalès et va jusqu'aux sophistes, c'est-à-dire de l'an 600 à l'an 400 avant J.-C., comprend le temps où la philosophie commença à s'élever, d'une part, des opinions mytho-poétiques, cosmogoniques et théogoniques, à la question de savoir quelles sont les causes générales du monde visible ; et de l'autre, des sentiments religieux aux réflexions morales. Sous le premier de ces rapports, c'est surtout le spectacle de la perpétuelle mobilité du monde des sens joint au désir de connaître les causes de cette mobilité qui dans l'ancienne école ionienne, chez les physiologues Thalès, Anaximandre et Anaximène, provoqua les premiers essais d'une pensée spéculative. Tandis que ces philosophes et quelques-uns de ceux qui vinrent après eux cherchaient dans une certaine matière (l'eau, l'air, le feu) la cause du monde visible, Héraclite et l'école d'Élée dirigeaient leur attention vers les idées qui se rapportent au monde; et alors se produisirent d'une part l'idée du futur, et de l'autre celle du présent. L'antagonisme de ces deux idées se manifeste de la manière la plus visible dans les opinions d'Héraclite, qui sacrifie le présent au futur, et dans celle de l'école d'Élée, qui sacrifie le futur au présent; or c'est cet antagonisme qui devint au fond le principe d'action des systèmes postérieurs. Chez Empédocle, Anaxagoras, Diogène d'Apollonie, Leucippe, l'inventeur de l'atomisme, et Démocrite, quoiqu'ils désignassent diversement la matière et les forces qui sont la base du monde, on ne saurait méconnaître l'influence de l'école d'Élée; et ces premières recherches antérieures à la philosophie de Socrate représentent ensemble assez complétement les principales suppositions qu'il est possible de faire sur la nature des choses. Existe-t-il ou non quelque chose d'immuable dans le changement? Le principe réel des choses est-il un ou plusieurs? Le changement pénètre-t-il dans l'essence même des choses, ou se borne-t-il seulement à des unions alternantes? Indépendamment de la matière primitive, faut-il aussi tenir compte de forces primitives? Existent-elles unies ou séparées? Ces forces primitives ne sont-elles que des forces aveugles de la nature, ou bien sont-elles des forces intelligentes, ayant la conscience de ce qu'elles font? Telles sont les opinions qui trouvèrent toutes des défenseurs parmi les penseurs que nous avons nommés plus haut. Il est à présumer que ce fut de ces directions contraires que naquit et se développa avec indépendance l'école pythagoricienne ou italique (*voyez* PYTHAGORE), laquelle, mue par le besoin d'un point d'appui sûr pour la science, et le trouvant dans les idées mathématiques, adopta cette idée fondamentale que les principes des nombres, c'est-à dire les rapports mathématiques, sont en général les principes des choses. Enfin, en opposition à ces tentatives dogmatiques, les sophistes terminent la première période de la philosophie, grecque. En cherchant à transformer tout aussi bien les convictions de la science que les convictions religieuses et morales en opinions purement subjectives, ils provoquèrent le nouvel essor que Socrate et ses disciples imprimèrent à la philosophie.

Socrate, en enseignant qu'une direction régulière des idées est la méthode essentielle de la philosophie, en la mettant lui-même en pratique, quoique peut-être partiellement, dans l'appréciation des convictions morales, agrandit le domaine de la philosophie au delà des limites des précédentes recherches, qui pour la plupart avaient seulement trait à la nature; et c'est avec lui que commence la *seconde période* (de l'an 400 à l'an 300 avant J.-C.), incontestablement l'époque la plus brillante de la philosophie des Grecs. Les germes répandus par Socrate ne se développèrent que partiellement, d'un côté, en s'éloignant beaucoup de l'esprit de sa doctrine, dans ce qu'on appelle les *petites écoles socratiques*, à savoir celles de Cyrène (*voyez* ARISTIPPE), des cyniques (*voyez* ANTISTHÈNE) et de Mégare (*voyez* EUCLIDE de Mégare); puis, avec plus d'ampleur, d'originalité, et en puisant dans les divers systèmes antérieurs à Socrate, chez Platon, qui le premier étendit à tout le domaine de la philosophie la méthode du développement scientifique des idées, pratiquée par Socrate, et qui devint ainsi l'auteur de la distinction faite depuis lors entre la dialectique, la physique et la morale. On trouve cette même universalité systématique chez son disciple Aristote, sans contredit l'esprit le plus généralisateur qu'il y ait eu dans l'antiquité, et dont les doctrines philosophiques eurent sur les siècles suivants bien autrement d'influence que celles de tout autre penseur. Si jusqu'à Platon l'histoire de la philosophie offre une série d'essais spéculatifs menant à des recherches de plus en plus vastes et approfondies, Aristote, au contraire, conduisit à une espèce de conclusion l'ensemble des idées émises jusque alors avec plus ou moins de précision; et en même temps il utilisa la masse des notions mises par lui en circulation, pour l'exploitation des matériaux empiriques et d'une richesse extrême qu'il avait à sa disposition.

Après lui, et dans la tension moins grande de la pensée spéculative, commence la *troisième période* de la philosophie des Grecs, période de décadence, où à la place d'un progrès régulier se produisent tantôt une simple rénovation des anciennes doctrines, tantôt une foule de querelles, inutiles pour la plupart, du moins en ce qui touche l'époque qui vient immédiatement après, jusqu'à ce qu'enfin la croyance en la possibilité d'une science systématique s'évanouit, d'une part, devant le scepticisme, et de l'autre devant le fanatisme. Cette décadence se manifeste déjà dans les deux écoles qui vinrent s'ajouter aux deux écoles préexistantes, celle de l'Académie et celle du péripatétisme, dans l'école épicurienne (*voyez* ÉPICURE), et dans l'école stoïque, ainsi que dans les discussions qui surgirent au sujet de la possibilité de la science, entre les stoïciens et ce qu'on a appelé la nouvelle Académie (*voyez* ARCÉSILAS et CARNÉADE). Le probabilisme sceptique de la nouvelle Académie et l'éclectisme empirique, qui effacèrent peu à peu la vive empreinte des diverses écoles, étaient des signes de plus en plus manifestes de dissolution intérieure; et la transplantation de la philosophie des Grecs chez les Romains n'amena en aucune façon, dans la participation prise par ceux-ci aux choses de la philosophie, une renaissance énergique de ce vigoureux esprit de recherche qui avait été le propre des grands philosophes de l'antiquité. Ainsi se termina le cercle parcouru par la philosophie des Grecs: avec le scepticisme, que Énésidème et Sextus Empiricus réduisirent à une espèce de méthode, déclarant, au profit des notions immédiatement utiles à la vie, que toute science n'est qu'illusion. D'un autre côté, au milieu de la triste fermentation des premiers siècles de l'Église chrétienne, surnagèrent les écoles néo-pythagoricienne et néo-platonicienne; elles essayèrent, en face du christianisme, de relever le paganisme mourant et retombant en ruines sur lui-même. Mais de même qu'extérieurement le foyer de la vie intellectuelle avait passé d'Athènes à Rome et à Alexandrie, l'école néo-platonicienne (*voyez* PLOTIN) revenant, malgré son éclectisme, à Platon et à Aristote, se trouva beaucoup trop sous l'influence d'idées étrangères et surtout d'idées orientales, pour qu'on puisse la considérer comme la continuation de la culture scientifique particulière à l'antiquité classique.

GRECQUES (Monnaies). La numismatique ancienne désigne sous ce nom toutes les monnaies qui ne sont pas romaines, monnaies des peuples, villes et rois. Quand elles ont été frappées par les pays ou les villes avec leurs types propres, on les appelle *autonomes*. Par contre, on désigne sous le nom d'*impériales grecques* les monnaies des villes qui reconnaissaient la souveraineté des empereurs romains et dont l'image y a été reproduite; et sous celui de *coloniales*, les monnaies frappées dans les colonies romaines. Ces dernières se subdivisent en *autonomes* et en *impériales*. Le domaine de la numismatique grecque est par conséquent aussi vaste que riche. Il comprend toutes les monnaies frappées depuis l'invention du monnayage en Grèce et dans les pays où on ne parlait point la langue des Romains, comme la Grande-Grèce, la Sicile avant la domination romaine, l'Égypte, l'Asie, etc. On divise tout ce trésor numismatique, suivant sa valeur artistique, en diverses classes ou périodes, d'après le perfectionnement des frappes.

La *première période* renferme les monnaies frappées depuis l'invention du monnayage jusqu'au roi Alexandre 1er de Macédoine, c'est-à-dire depuis environ le septième jusqu'à la moitié du cinquième siècle avant J.-C. Les monnaies de cette période portent visiblement les traces de l'enfance de l'art; le métal employé est le plus souvent l'argent, rarement l'or. A cette époque le cuivre ne servait jamais à pareil usage.

La *seconde période* va d'Alexandre Ier à Philippe II de Macédoine, c'est-à-dire de l'an 454 à l'an 359 avant J.-C. La valeur artistique des monnaies devenait toujours plus grande, et approchait de la perfection. On en frappait en or, en argent et en cuivre, pourtant de ce dernier métal fort peu.

La *troisième période* va de Philippe II jusqu'à Auguste, c'est-à-dire à la création de l'empire romain, de l'an 359 à l'an 30 avant J.-C. Le haut degré de perfection auquel l'art grec était parvenu à cette époque apparaît visiblement dans ces monnaies, qui sont d'une grande valeur artistique. Le plus grand nombre sont en or et en argent, mais il y en a aussi en cuivre.

La *quatrième* période comprend le temps qui s'écoula du règne d'Auguste à celui d'Adrien, c'est-à-dire de l'an 30 avant J.-C. à l'an 117 de notre ère, et où l'art fleurit à à Rome à mesure qu'il dégénérait en Grèce. L'extension de la domination romaine sur des pays où la langue grecque était en usage eut pour résultat de diminuer les monnaies grecques *autonomes;* par contre, cette période est très-riche en *impériales* et en *coloniales* grecques. Déjà les monnaies de cuivre l'emportaient sur celles d'or et d'argent, et l'art du monnayage dégénérait de plus en plus.

Dans la *cinquième période*, qui s'étend d'Adrien à Gallien (de 117 à 260), et où l'art grec était tombé complétement en décadence, on n'employa guère que le cuivre pour les monnaies, très-rarament l'argent.

Dans la *sixième période*, qui commence à Gallien, il n'y a que des monnaies de cuivre, et les monnaies grecques ne se composent plus guère que de quelques *impériales*.

L'unité du système monétaire grec était le *drachme*; on frappait des pièces de deux, de trois et de quatre drachmes; l'*obole* était une division du drachme, lequel en contenait six. On frappait des pièces de quatre, de trois, de deux et d'une obole: il existait aussi des demi-oboles en argent. Il y avait encore des pièces de quatre, de trois, de deux et d'une obole en bronze, enfin des demi-oboles, des quarts et des huitièmes d'obole. Le nom de ces dernières pièces était *glaucus*. Le *lepton*, septième partie d'un *chalcus*, et l'*assarion*, pièces de menue monnaie, imitées du système monétaire romain, étaient moins en usage.

GRECS (Arts chez les). La géométrie est la mère des arts, qui ne sont que l'imagination et l'ordre unis ensemble. Cette science, déjà si avancée sous Platon, avait depuis plusieurs siècles enfanté le plus beau comme le plus utile des arts, l'*architecture*. Les piliers carrés, les rondes colonnes des Égyptiens, avaient été évidés; les trois ordres grecs avaient leurs proportions, leur place et leur emploi; le dorique fut consacré à la solidité et à la simplicité; l'ionique à la volupté, dont ses volutes frisées sont l'image, et le corinthien à la majesté et à la magnificence. En Grèce, le luxe des colonnes fut seul prodigué aux maisons des dieux ou temples, et aux théâtres, qui quelquefois y étaient adossés. Celles des grands citoyens, même dans les beaux temps de cette nation, étaient à peine remarquables entre les autres. Les riches frontons, d'invention tout hellénique, les frises ornées, les périptères ou portiques sur les quatre faces, les diptères, ou double rang de colonnes, étaient l'apanage de la divinité. Ces temples ne recevaient de lumière que par la porte; un mystérieux demi-jour régnait dans l'intérieur. Quelques-uns étaient entièrement ouverts par en haut. Dans la Grèce d'Europe, les temples et les édifices publics furent réduits à des dimensions proportionnées au peu de superficie qu'occupait chacun des petits États; mais elles étaient relevées par l'harmonie de l'ensemble, l'élégance ou la richesse des détails, comme l'attestent à Athènes les ruines du Parthénon, sur les murs duquel l'ami de Périclès, Phidias, a laissé des vestiges irrécusables de son immortel ciseau. Au contraire, les immenses plaines de la Grèce asiatique étaient couvertes de temples vastes et élevés, convenables à leurs horizons. Les maisons des particuliers étaient, comme encore aujourd'hui en Orient, peu ornées sur le devant, ayant quelques rares fenêtres sur la rue : elles étaient toutes ouvertes dans les combles ou sur le derrière. Là était construit le gynécée, ou appartement des femmes. A ces nobles conceptions architecturales la Grèce ajouta en outre les plus charmants et les plus réguliers ornements, dont elle est la seule inventrice : les métopes, les triglyphes, les denticules, les oves, et tant d'autres.

Chez un peuple causeur, avide de nouvelles, curieux de ses propres affaires, il fallait des rendez-vous publics où les citoyens pussent s'assembler à l'abri d'un soleil ardent ou des injures de l'air : alors on ouvrit ces portiques célèbres, dont quelques-uns méritèrent le nom de *pœcile*, à cause des admirables peintures dont ils étaient décorés. Sparte, Athènes, Olympie, Delphes, furent enrichies de plusieurs de ces abris. Des marbres polis et durs formaient dans ces villes l'enceinte des jeux et des stades, et les compartiments des bains publics, qui étaient superbes. Les architectes de Corinthe opposèrent la magnificence de l'art à l'élégance d'Athènes. Enfin, l'architecture grecque laissa l'égyptienne dans ses déserts de sable, et couvrit bientôt l'Europe, l'Asie et l'Afrique de ses monuments, modifiés par les lieux, les mœurs et la religion de chaque peuple.

La *sculpture*, la *statuaire*, la *peinture*, devaient marcher de front avec ce bel art dans la Grèce; elles y furent redevables de leur perfection à cette science du grand architecte de l'univers, la géométrie, qui harmonise les parties au tout et le tout aux parties. Et dans ces trois arts, environ 498 avant J.-C., la jeune Grèce avait déjà enfanté les Scopas, les Phidias, les Praxitèle, les Myron, les Polyclète, les Polygnote : ce dernier et Pausanias, qui exécuta les peintures du pœcile de Delphes, plus tard ne furent point surpassés par Zeuxis ni Apelles, le peintre d'Alexandre. Longtemps avant l'époque de Phidias, les statuaires grecs avaient détaché les bras et les jambes des statues-momies de l'Égypte, leur avaient rendu leurs muscles, et avaient imprimé à leurs figures de morts la vie et ses passions, ou jeté sur leurs corps de graves ou voluptueuses draperies, dont les moindres plis sont restés modèles. Le marbre, l'ébène, l'ivoire, l'or, des pierreries même, concouraient à la magnificence de la statuaire sous le grand Périclès : telle était la statue de la Minerve du Parthénon, œuvre admirable de Phidias. Telle était encore la statue du Jupiter Olympien, du même sculpteur, dans le temple d'Élide. Tandis que ce colosse effrayait les regards de sa majesté, de sa richesse, de sa hauteur, à Cnide, avec une simple Vénus de marbre, dans les proportions humaines, Praxitèle saisissait tous les cœurs d'admiration et d'amour. L'opulente Corinthe n'avait point encore fondu ce riche métal appelé *pyrope*, ou airain de Corinthe, mélange d'or, d'argent et d'airain, avec lequel elle forma plus tard ces jolies statuettes, ces images des dieux, ces vases sans prix, la convoitise des Verrès romains. L'art de la métallurgie, que les Curètes idéens avaient apporté en Grèce, y avança peu. La commerçante Corinthe seule, l'antique Éphyre, située entre deux ports, s'y adonna plus exclusivement que les autres villes helléniques. Dans la statuaire grecque, la grâce, l'expression douce, la majesté, la douleur, la quiétude même, la force, dominent seules : la fureur, la haine, l'amour violent, les grandes passions enfin, semblent en être exclues. Si ce n'est le groupe effrayant de Laocoon, de ses fils noués par les serpents de Ténédos, il serait difficile à Winckelmann lui-même de signaler quelques autres figures douées d'émotions un peu convulsives. Le divin Apollon du Belvédère, œuvre merveilleuse d'un auteur inconnu, porte sur son front et dans son attitude, bien que le maître de l'arc terrible qui tue au loin, une impassibilité céleste : l'horrible aspect du monstre Python ne l'a point ému. La statuaire grecque n'aimait à sortir que rarement du *mono-*

lithe (statue isolée), image individuelle mise en contact tout au plus avec un chien, une biche, comme Diane, ou avec un oiseau, comme Junon et Minerve. De là cette froideur de la statuaire grecque, d'ailleurs si pleine de grâce, aux proportions si belles, aux formes si pures, aux fronts si suaves ou si tranquilles. Du reste, les sculpteurs se dédommageaient amplement sur les frises des temples, sur les quatre faces des tombeaux, de cette solitude de figures : toutefois, comme leurs sujets étaient ou sacrés ou funèbres, ils étaient à la vérité admirables de distribution, de dessin, d'élégance, d'ordonnance, mais tièdes, mais entièrement paisibles ou graves comme les monuments qu'ils décoraient : telle fut la frise du Parthénon, due au ciseau de Phidias ; tel fut le tombeau de Mausole de Carie. C'était sur les boucliers que les ciseleurs sur métaux et sur l'airain particulièrement donnaient carrière à leur imagination poétique : le bouclier d'Hercule, dans Hésiode, celui d'Achille dans Homère, les boucliers à emblème des sept chefs devant Thèbes, le témoignent assez. Sur le premier, l'horrible Gorgone, et Persée volant dans les airs, y sont représentés en relief; non loin, on voit des moissonneurs courbés sur les bruns sillons, et des raisins noirs pendant aux ceps ; ces mêmes sillons, ces mêmes grappes *colorées*, se retrouvent sur le bouclier du fils de Pélée ; il fallait donc dans ces temps héroïques que l'art d'émailler fût déjà porté à un haut degré, à moins que des couleurs superficielles n'eussent été appliquées à ces armures. Les Athéniens enlevèrent aux Perses une grande quantité de boucliers d'or richement ornés, puisque les architectes les imitèrent et les sculptèrent dans les frises de l'ordre dorique. Le bouclier était donc généralement le champ où l'artiste pouvait développer à son aise les variétés de son génie. Les bois, les coteaux, les batailles, les banquets, les jeux, l'univers et ses monstres, appartenaient à son burin : l'admirable bouclier d'Achille en fait foi.

Quant à la *peinture*, il paraît que les Grecs ne la faisaient guère entrer que dans la décoration des temples, des portiques, des tombeaux. Pline mentionne cent cinquante-trois peintres grecs; ce nombre était bien au-dessous de celui des statuaires et sculpteurs. Il semble que le portrait et la figure en pied n'eurent de vogue que vers le règne d'Alexandre, talent dans lequel excellèrent Zeuxis, Parrhasius et Apelles. On peignait, au temps de la jeune Grèce, sur bois, sur les murs et sur la cire : la dernière de ces peintures se nommait *encaustique*: Anacréon en fait mention; la précédente était ce que depuis on appela *fresque*. Trois couleurs y étaient à peine employées. Le célèbre peintre Pausanias avait décoré de sa main le riche *pœcile* ou portique de Delphes. Les belles fresques découvertes dans les ruines d'Herculanum sont de l'école de peinture d'Athènes antique. Une peinture d'un autre genre, exécutée avec des jaspes, des verroteries, des sables, de petits cailloux de mille couleurs, et qu'on appela depuis *mosaïque*, est due encore, quant à sa richesse et à sa perfection, à la Grèce dans sa maturité; car les palais assyriens avant cette époque étaient pavés avec ces riches compartiments. Ce somptueux pavage abondait, ainsi que les fresques, dans les ruines des beaux temples grecs de la Sicile.

La musique est sœur de la poésie et de la peinture (*voyez* GRECS [Musique des]); elle était déjà identifiée à l'idiome des Hellènes; elle passa nécessairement aussitôt de leur langue dans le chant et les instruments qui en sont les organes. On attribue l'invention du premier instrument, de la lyre ou *chélys* (écaille de tortue), à Mercure; elle fut aussi nommée *tétracorde*, des quatre cordes qui seules la montaient alors. Le plus grand système de la musique des Grecs fut par la suite composé de deux octaves ou quatre tétracordes. On se servit des lettres de l'alphabet pour noter la musique. Jusqu'à Guy Arétin on n'employa pas d'autres signes. Tout ignorants qu'étaient les Grecs dans la science de l'harmonie, leur simple mélodie obtenait des effets prodigieux. Le chant grégorien, dans nos églises, est une imitation ou plutôt un lambeau de cette musique puissante, dont il ne nous reste que le chant d'une ode de Pindare et celui d'un hymne à Némésis. Ils se chantaient à une voix *solo*, que soutenait ensuite le chœur, riche invention de l'art naissant que les Eschyle et les Sophocle adaptèrent à leurs drames, que la scène moderne a scindée en deux, par la distinction du grand opéra et de la haute comédie et tragédie. On appelait *homophonie* l'action de chanter à l'unisson, par opposition à l'*antiphonie*, qui s'exécutait à l'octave.

Quant aux *instruments de musique*, ils étaient peu variés chez les Hellènes, auxquels l'Asie et l'Orient n'avaient légué que leurs harpes ou kinnors, qu'ils nommèrent par imitation *cythares*, et dont ils pinçaient la plupart du temps les cordes non avec l'extrémité des doigts, mais avec un *plectron*, espèce d'archet crochu. Une preuve de l'origine asiatique de la musique des Grecs est le nom de deux de leurs principaux modes, le *phrygien* et le *lydien*, dont le *dorien grec* est le complément : le premier exprimait l'héroïsme, les sentiments tendres et religieux; le second, la tristesse, le désespoir; et le troisième, le courage et le respect envers les dieux. La seule flûte, qu'inventa Minerve, reçut avec la lyre beaucoup de modifications. Les Grecs avaient des flûtes de formes différentes pour la plupart des cérémonies religieuses, pour les festins, les mariages, les funérailles, les danses, les jeux, les plaintes des bergers amoureux, et la *salpinx* ou trompette pour exciter le soldat au carnage. Enfin, le système de Pythagore était que la musique ne consiste que dans le calcul et les nombres; celui d'un autre philosophe célèbre est qu'elle n'existe que par les sons.

La *danse* est l'expression de la joie, elle est donc née dans le cœur de l'homme et avec l'homme. Les Grecs lui donnèrent une si grande extension, qu'ils l'unirent à la tragédie et à la comédie, mais seulement comme accessoire et repos. Les Hellènes comptaient un grand nombre de danses diverses, dont les principales étaient la *danse armée*, la danse des festins, des funérailles, de l'hymen, des Lacédémoniens, et les danses lascives. La première et la plus ancienne, la danse militaire, ou la pyrrhique, qu'inventa le fils d'Achille au siége de Troie, fut encore celle que dansèrent de malheureux Grecs avec leurs femmes et leurs filles dans cette Scio où le cimeterre musulman en fit une si sanglante moisson. La danse des festins, quant à son ordonnance et à son invention, était mythologiquement attribuée à Comus ou à Terpsichore. La danse des Lacédémoniens fut instituée par Lycurgue : elle s'exécutait par des groupes de jeunes Spartiates nus, le bouclier au bras, l'épée à la main : elle était grave comme le législateur qui l'avait prescrite. Le mode phrygien lui convenait. Les danses lascives n'osèrent jamais entrer à Sparte, mais elles furent accueillies avec fureur à Athènes et à Corinthe, où elles se réfugièrent sous la protection de Bacchus. Pour se former, elles attendaient la nuit, de peur de faire honte à la lumière. Sans doute l'art de la danse avait été primitivement apporté dans la Grèce par les curètes de Crète et les corybantes de l'Asie Mineure. Dans son origine, il fut inventé pour honorer les dieux. On voit que la danse dut être la mère de la *gymnastique*, ainsi nommée parce que c'était nu qu'on se livrait à cet exercice. Il formait les corps, développait les muscles et les forces, et donnait des défenseurs vigoureux à la Grèce. Platon fut un zélé partisan de cet art : à son école il recevait de préférence ceux qui s'y étaient distingués. La jeune Hélène, la plus belle des Lacédémoniennes, descendit nue dans l'arène, et y lutta avec ses frères. La *gymnastique athlétique* était le goût dominant de la Grèce.

Pour protéger ces beaux temples, ces théâtres splendides, ces gymnases magnifiques, ces statues sans prix, et surtout leur liberté contre les nations barbares qui les environnaient, une stratégie savante, une marine particulière à la Polynésie de l'archipel, étaient indispensables aux Grecs. Aussi, paix ou guerre, les Athéniens élisaient dix stratéges ou *généraux*. Cette élection se faisait dans le Pnyce, place d'Athènes, presqu'au pied de la citadelle. Dans l'armée grecque, il y avait des divisions depuis 5 jusqu'à 16,384 soldats : cette dernière s'appelait *phalange*. La nécessité où ils étaient d'opposer de très-petites armées aux *cohues* des barbares (c'est l'expression de Napoléon), exerçant leur tactique, faisait que leurs lignes de bataille étaient si variées, qu'elles offraient l'image d'une carte de figures géométriques.

Les *armes des Grecs* étaient de bronze, mélange de cuivre et d'étain, et non de fer; ils les tenaient des Phéniciens; mais leur vanité en attribuait l'origine à leur dieu Mars, à Bacchus même, dont leur Vulcain était le forgeron. Chez eux la perte du bouclier emportait l'infamie : « avec ou dessus, » dit une Lacédémonienne à son fils, en lui présentant cette arme, sur laquelle on rapportait les morts. Leurs armes défensives consistaient en un casque, une cuirasse, un ceinturon, un bouclier, des bottines, des brassarts et gantelets; les armes offensives étaient la massue, qui appartint particulièrement aux temps héroïques, la lance, l'épée, la *harpé* (épée-faulx), la hache, l'arc, les flèches, les javelots, les pierres et la fronde. En temps de paix, crainte d'émeutes populaires, si fréquentes à Athènes surtout, on émoussait la pointe des flèches et le tranchant des épées, et l'on détachait les anneaux des boucliers.

Le premier des navires qui fut construit dans la Grèce fut la nef *Argo* (La Rapide), faite d'un seul pin fatidique du Pélion, en Thessalie. Elle porta les Argonautes, dans leur expédition aux bouches du Phase. Nul navire ne fut depuis encombré à lui seul de tant de héros. Cette construction remonte aux temps des mythes historiques. Quarante années après, à la descente de la Grèce conjurée sur les rives de Troie, son armement monta à vingt-huit flottes, ou plutôt flottilles; car Thucydide assure que les navires d'alors n'avaient point de pont, et qu'ils étaient construits comme de simples bateaux. Les Phocéens d'Asie, qui fondèrent Marseille plus tard, avaient déjà traversé la Méditerranée avec un navire à cinquante rames. Sous Thémistocle, la flotte athénienne avait trois rangs de rames : ces agiles navires, quoique sans pont, décidèrent du gain de la bataille de Salamine. Le progrès des Grecs dans l'art de la navigation fut très-lent, car ils n'avaient de boussole que l'étoile polaire, et leurs principaux pilotes étaient quelques oiseaux qu'ils embarquaient avec eux, et qui, étant lâchés, leur servaient de guide vers des îles ou un continent. Les Argonautes avaient emmené dans leur expédition une colombe. On côtoyait les rivages, les rochers; chaque baie, chaque crique était un port contre la tempête. Les voyages des Phéniciens mêmes dans l'Océan n'étaient qu'une circumnavigation de plusieurs années. A cette époque, nul navire, d'un pôle à l'autre, n'avait encore sillonné ses immenses solitudes.

Les Grecs, ce peuple à part sur le globe, devaient avoir aussi un *costume* accort et élégant comme leur esprit. Ils laissèrent à l'Asie les longs flots de ses opulentes étoffes, prirent la chlamyde ou manteau court, sous lequel le reste de leurs belles formes, dont la gymnastique avait développé les muscles, se montrait nu. Agamemnon, sur un vase antique, porte la tunique détachée de l'épaule gauche. Dans les combats, les Grecs endossaient ordinairement une cuirasse sur une tunique courte, pour être plus agiles. Leur luxe était une tunique d'une étoffe légère pour les riches, dont les manches allaient à peine au coude, et qui ne dépassait pas le genou, même pour les femmes, les Lacédémoniennes surtout, qui affectaient de faire admirer leurs hanches vigoureuses. Les tuniques sans manches étaient abandonnées aux gens de basse condition : cependant, un joli Amphion et un Zéthus en portent chacun une de ce genre. La longue tunique, dite *ionienne*, était réservée aux rois, bien que les seuls Thessaliens la portassent longue aussi, à cause des intempéries de leur froid climat. Si ce n'est à la guerre, les Grecs avaient la tête nue, bien que de jeunes Spartiates la portassent ainsi aux combats. En voyage seulement, ils la couvraient du *pétase*, ou bonnet thessalien. Ils portaient les cheveux tant soit peu courts, les Lacédémoniens exceptés, qui les portaient longs et flottants; ainsi l'avait voulu le sévère Lycurgue : il pensait que la chevelure était l'ornement de la figure humaine. Fidèles à ses lois, les Spartiates en prenaient un soin particulier; ils la bouclaient et la parfumaient avant de marcher au combat. Lorsque Léonidas dit à ses trois cents Spartiates : « Ce soir, nous irons souper chez Pluton, » plusieurs d'entre eux la couronnèrent de roses, pour s'asseoir glorieux et riants au banquet infernal. Les voluptueux d'Athènes mettaient dans leurs cheveux une cigale d'or. Les uns se rasaient la barbe, d'autres la laissaient demi-longue. Les femmes grecques étaient à peu près vêtues comme nous voyons dans nos jardins la Diane chasseresse; tout leur luxe était dans leurs brodequins, plus ou moins ornés d'ivoire, d'or ou de pierreries. Du reste, la beauté et la noblesse de leurs formes, une allure gracieuse et fière en même temps, que nul pli superflu n'embarrassait, achevaient leur parure. Souvent encore, particulièrement dans les cérémonies religieuses, comme Iphigénie, elles s'habillaient avec la tunique ionienne, longue et traînante, les courtisanes même.

Dans notre Paris, dont le génie des arts et des sciences, les monuments superbes, le luxe des théâtres et surtout l'inconstance incessamment flottante du peuple, et son délire funeste pour tout ce qui est nouveau, ont fait une seconde Athènes, mais une Athènes de boue, de fumée et de brume, le costume grec, quant aux femmes seulement, domina longtemps durant la première révolution. Quelques *muscadins* (c'était le nom qu'on donnait alors aux fashionables), succédant aux *sans-culottes*, se firent couper les cheveux à l'athénienne, à la spartiate, et depuis eux cette mode devint universelle dans les quatre parties du monde.

Clore par des détails relatifs au costume un tableau des arts chez un peuple célèbre semble en apparence chose légère; mais il n'en est point ainsi : la manière de se vêtir d'une nation tient à ses mœurs, et ses mœurs tiennent à son histoire : ce complément était nécessaire.

Nous avons vu la Grèce, couverte de l'égide de Minerve, imposer ses lois et son joug aimable et léger aux nations antiques, puis bientôt cette enchanteresse remplir de ses merveilles l'Europe, l'Afrique et l'Asie. Presque aussitôt après la mort d'Alexandre, qui lui avait enlevé sa liberté, sa gloire militaire et sa gloire d'artiste déclinèrent, jusqu'à ce que, sous Sylla, elles se perdirent dans la domination romaine. Cependant, docte qu'elle était, la Grèce asservie (car, ô honte! les Romains tiraient leurs esclaves de cette illustre contrée) tint toujours école, et ses écoles étaient toujours célèbres. Comme un météore qui, un instant avant de s'éteindre, répand au loin son éclat d'horizon en horizon, elles vinrent, jusqu'au commencement du moyen âge, jeter leurs dernières, mais vives splendeurs sur les Pères de l'Église. Ils recueillirent, agenouillés devant le Dieu des chrétiens, ces célestes paroles de Platon : « L'âme est une vie immortelle enfermée dans une prison périssable; la mort est une résurrection! » Feu sacré qu'ils emportèrent sous leur robe, d'entre les décombres de la Grèce, et qu'ils sauvèrent du souffle de l'athée. Depuis lors, il ne resta de la Grèce que l'éclat de son nom. DENNE-BARON.

GRECS (Musique des). L'état de la musique chez les Grecs anciens a été pendant des siècles l'objet de savantes recherches. A la renaissance des arts et des lettres, vers la fin du moyen âge, il se manifesta un tel respect pour tout ce qui était grec ancien, qu'on voulut alors tout devoir aux Grecs, peut-être bien parce qu'on leur devait beaucoup. On avait trouvé divers fragments d'anciens écrivains sur la musique, fragments insuffisants à la vérité pour en donner un aperçu complet, mais qui n'en excitaient que davantage la curiosité et ouvraient un large champ à l'imagination. Tout en avouant que les documents parvenus jusqu'à nous, même en tenant compte des graves lacunes qu'ils présentent, prouvent que la musique grecque était encore quelque chose de très-borné et de très-incomplet, n'ayant dans ses éléments et ses bases rien qui permît d'arriver à constituer un art véritable; qu'esclave de la poésie, elle n'était guère autre chose qu'une espèce de déclamation harmoniquement réglée, on ne voulait pas cependant convenir que les Grecs, arrivés à un si haut degré de perfection dans les autres arts et dans les sciences, fussent restés complétement arriérés dans celui-ci. A cet égard on arguait de l'éloge enthousiaste que les anciens écrivains font des effets magiques de la musique; mais il convient de ne pas oublier que chez les anciens le mot *musique* n'avait nullement la signification restreinte que nous lui donnons; que c'était un terme générique servant à désigner l'ensemble des dons des muses, et que lorsqu'il est question de la *puissance civilisatrice et moralisante de la musique*, il faut entendre par cette expression cette culture harmonieuse et générale résultant de l'influence des arts et de la littérature. On peut admettre toutefois que sous de nombreux rapports la pratique avait été beaucoup plus loin que la théorie spéculative, et qu'elle avait produit quelque chose de plus utile que l'on ne serait en droit d'en conclure des débris qui nous restent de quelques dissertations philosophiques. On pourrait dire aussi que le même fait s'est produit chez les Grecs qu'à une époque postérieure, c'est-à-dire dans la période de développement de notre musique moderne, où pendant des siècles la théorie s'efforça d'élever un édifice qui, même dans son état de plus grand achèvement, fut toujours fort incomplet et sans spontanéité, tandis que le peuple possédait depuis longtemps déjà, dans l'art de ses ménestrels et de ses troubadours, quelque chose de plus naturel, tout inculte qu'il fût. Ainsi s'explique facilement cette apparente contradition que, lorsque le peuple applaudissait à ses joueurs de flute et à ses chanteurs ambulants, la philosophie de l'art s'en éloignait pour représenter quelque chose qui pouvait bien être ingénieux et profond, mais qui ne répondait nullement à ce que nous entendons par *musique*.

La musique des Grecs, à en juger par les ouvrages parvenus jusqu'à nous, et comme d'ailleurs on l'exécutait dans les temples et les théâtres, différait de notre système, d'abord en ce que sa division n'était point basée sur l'octave, mais sur la quarte. Toute la série des tons se réduisait à cinq tétracordes (série de quatre tons), dont le quatrième ton était toujours en même temps le premier du tétracorde suivant, excepté deux de ses tétracordes qui avaient plusieurs tons de communs, mais avec des appellations différentes. Dans la méthode d'exposition actuelle, il en résulterait à peu près la série suivante : si ut ré mi, mi fa sol la, la *si* bémol *ut ré, si ut ré mi, mi fa sol la*. On nommait cette série le genre *diatonique*; on avait en outre le *chromatique*, dont les tétracordes avaient la forme suivante : si ut ré dièse mi, mi fa sol dièse la, et l'*enharmonique*, dont les tétracordes se composaient de deux quartes (dièse), et d'une grande tierce, qu'on ne pourrait donc représenter avec notre système de notation. Que dans un tel système, et avec une notation des plus compliquées, dont Alybius évalue le nombre de signes à 1620, il ne pût pas être question d'une gamme proprement dite, et encore moins d'harmonie dans le sens actuel de ce mot, c'est ce qui est fort naturel, et ce qu'on devrait admettre lors même que dans la pratique, le genre enharmonique, par exemple, n'aurait eu qu'une application restreinte, ou semblable à ces fausses tierces que, dans leurs rapports contre nature, on comprenait avec raison parmi les dissonnances, ou bien quand même il n'aurait eu aucune application. Que si l'on répugne à croire qu'une nation si civilisée, si ingénieuse, dont les œuvres, surtout dans la poésie et la sculpture, passent encore après deux mille ans pour des modèles de perfection, ait pu se contenter de quelque chose de si incomplet; et si, en l'absence de ce qui pourrait jeter quelque lumière sur l'exécution pratique, en l'absence surtout de tous fragments de musique écrite (car la notation de quelques hymnes et d'une ode de Pindare a été reconnue pour apocryphe), on en concluait qu'il a dû exister dans la pratique une habileté beaucoup plus grande que ne le font soupçonner les fragments théoriques existants, ce serait là un jugement quelque peu téméraire, car il n'est guère admissible qu'un art eût pu tellement déchoir et même à peu près disparaître, si sa culture avait en quelque sorte répondu à celle des autres arts.

GRECS MODERNES. C'est ainsi qu'on désigne les populations diverses parlant la *langue grecque moderne*, qu'on trouve répandues d'abord et surtout dans ce qui forme aujourd'hui le royaume de Grèce, dans les provinces du sud et de l'est de la Turquie, dans les îles Ioniennes, l'Archipel grec, à Candie et à Chypre, ainsi que sur le littoral de l'Asie Mineure et de la Syrie, et dans quelques grandes villes maritimes de la Méditerranée et de la mer Noire. L'origine de ces populations est très-mêlée. C'est dans les îles grecques que se rencontre encore de nos jours le plus pur sang grec ancien; ce sont elles qui ont reçu le moins d'éléments étrangers, encore bien que les éléments francs et vénitiens et plus tard aussi les éléments albanais (par exemple, à Hydra et à Spezzia) ne soient pas restés sans influence sur elles. On peut placer sur la même ligne, en ce qui est de la plus grande pureté du sang grec ancien, les habitants de quelques districts de montagnes, tels que les Maïnotes, les Grecs de l'Olympe, les montagnards d'Agrapha et de Valtos dans l'ouest de la Grèce, de Sphakia à Candie, etc. Les Grecs de l'Asie Mineure et de Constantinople, ou à proprement parler les *Grecs byzantins*, sont de sang beaucoup plus mêlé; ce qui s'explique naturellement par les rapports nombreux qu'ils eurent déjà à une époque reculée avec des éléments barbares. Quant aux Grecs du continent européen, et particulièrement du royaume actuel de Grèce, il est historiquement prouvé qu'ils proviennent d'un mélange de Grecs anciens ou plutôt de Grecs byzantins avec des envahisseurs slaves, et plus tard albanais, qui se grécisèrent peu à peu, encore bien qu'il faille considérer comme hyperbolique l'assertion de Fallmerayer, qui prétend que l'ancien élément grec fut complétement anéanti en Morée et dans la Hellade proprement dite, à l'époque des invasions slaves qui eurent lieu du sixième au dixième siècle. Le caractère et le degré de civilisation des Grecs modernes sont partout les mêmes (*voyez* GRÈCE). En général ils ont plus de dispositions pour les professions qui exigent du mouvement et de l'agitation, que pour les métiers tranquilles. Aussi les voit-on s'adonner bien moins à l'agriculture et aux professions manuelles, qu'à la navigation, au commerce, à la vie errante du pâtre; et dans un grand nombre d'îles, de même que dans quelques villes des côtes, ils ne s'occupent que de commerce et de navigation. A l'exception d'un petit nombre de descendants des envahisseurs francs et vénitiens, et des convertis qu'ils ont faits dans les îles de la mer Égée, par exemple à Naxos, où l'on compte 15,000 catholiques, tous les Grecs modernes se rattachent à l'Église orthodoxe d'Orient, qu'on appelle aussi pour cette raison *Église grecque*.

On évalue à environ 6,600,000 âmes la population grecque moderne répandue dans les États du sultan, où elle se divise en deux races ou nationalités bien distinctes : les Grecs ou, comme ils s'appellent eux-mêmes, les *Romaïques*; et les *Slaves*, formés de Serbes, de Bulgares, de Bosniaques, etc.; car en Turquie le nom de *Grecs* ne s'applique pas exclusivement aux populations d'origine hellénique, mais indistinctement à tous les sujets chrétiens de la Porte qui reconnaissent la juridiction religieuse et civile du patriarche de Constantinople, à quelque race qu'ils appartiennent d'ailleurs. La race grecque, nous apprend M. Ubicini, qui a longtemps habité le Levant et qui a publié un remarquable ouvrage sur la Turquie, la race grecque est répandue par tout l'empire, mais d'une manière inégale; dans la Turquie d'Europe, elle forme environ un onzième de la population totale; dans l'Asie Mineure et la Syrie, elle atteint à peine à un vingt-cinquième; dans les îles de l'archipel

Ottoman, à Métélin, à Chio, à Rhodes, à Candie, elle peut être calculée hardiment aux trois quarts. Le total des populations grecques *romaïques* est évalué à 2 millions d'âmes. Parmi les populations grecques modernes de race slave, sujettes immédiates de la Porte, on distingue en premier lieu les *Bulgares*, dont le nombre est évalué à 3 millions, disséminés sur toute l'étendue de la Turquie d'Europe. Puis viennent les Serbes de la Bulgarie, de la Bosnie, de l'Herzégovine, évalués approximativement à 900,000; les *Zinzares*, race de métis, sortie du mélange continu des Slaves et des Grecs, au nombre d'à peu près 400,000; enfin, les tribus guerrières et semi-indépendantes qui avoisinent le Montenegro, dont le chiffre atteint 300,000, en tout 4,600,000 Grecs-*Slaves*, qui joints aux 2 millions de Grecs *romaïques* forment un total de 6,600,000 âmes. En retranchant de ce chiffre à peu près 600,000 catholiques grecs, bosniaques, serbes, etc., le reste, soit *six millions*, représentera assez exactement l'effectif de la communauté grecque placée sous la souveraineté politique du grand-seigneur et reconnaissant la juridiction religieuse et civile du patriarche de Constantinople (*voyez* TURQUIE).

GRECS MODERNES (Langue et littérature des). C'est à tort qu'on regarde généralement le grec moderne comme une langue nouvelle, ayant bien quelques rapports avec l'ancienne langue grecque, mais qui avec le temps est arrivée à en différer si complétement et à prendre une forme qui lui est tellement particulière, que force est de la considérer comme une langue tout à fait à part et d'ailleurs ne valant guère la peine qu'on s'en occupe. Nous dirons, au contraire, que la différence qu'on ne saurait nier exister entre le grec ancien et le grec moderne, n'est pas aussi essentielle, aussi tranchée, qu'on serait en droit de l'attendre en réfléchissant aux complets bouleversements opérés dans les rapports intérieurs de la Grèce ancienne avec la Grèce moderne, et en les appréciant d'après ce qui est arrivé en d'autres pays et à d'autres peuples, par exemple d'après les rapports de la langue italienne avec la latine. Cette différence incontestable s'explique, d'un côté par les effets du temps, et de l'autre par les influences politiques si diverses auxquelles les Grecs ont été soumis depuis la perte de leur antique indépendance, ainsi que par les immigrations et le passage des hordes barbares à travers leur sol. Encore bien qu'il soit vrai de dire que souvent l'élément grec ancien est devenu tout à fait méconnaissable dans le grec moderne, il est manifeste que des éléments grecs anciens s'y sont conservés d'une manière tout à fait frappante, tant dans l'ensemble que dans les détails. C'est là ce qui justifie l'opinion suivant laquelle le grec moderne, au lieu d'être une langue nouvelle, serait toujours l'ancienne langue grecque populaire, seulement plus corrompue encore; et qui veut que, malgré sa corruption actuelle, elle soit toujours la sœur de l'ancienne langue grecque, avec laquelle il faut encore la regarder comme ayant de communes origines. Pour faire l'histoire de la langue grecque moderne et de ses origines, il faut remonter à l'époque florissante de la langue et de la littérature des anciens Grecs, et peut-être même plus loin. On doit cependant distinguer, surtout s'il est question du grec moderne actuel, entre la langue populaire proprement dite (ἡ καθομιλουμένη, ou χυδαία, ou κοινὴ, ou ἁπλὴ, ou ἁπλο-ἑλληνική, ou νεο-ἑλληνική, ou ῥωμαϊκή γλῶσσα), celle que parlent dans les relations de la vie ordinaire l'homme du commun, le paysan, le pâtre, le matelot, par exemple, et la langue écrite. La première, produit original et naturel du génie populaire, simple parole transmise sans aucune espèce d'art des pères aux fils, langue des habitudes journalières, est le *grec moderne* proprement dit, parce qu'elle n'a rien d'artificiel ni de fait à dessein; et c'est d'elle uniquement qu'il a été question dans tout ce que nous venons de dire. Ce *grec moderne*, qui a la même origine que l'ancienne langue grecque populaire, a également continué à se former après la dégénération de l'ancienne langue grecque écrite, c'est-à-dire s'est de plus en plus éloigné du point où l'ancienne littérature grecque jetait son plus vif éclat; et à partir du onzième siècle, il devint à peu près exclusivement la langue dans laquelle écrivirent et versifièrent quelques hommes ayant pourtant reçu une éducation scientifique. Il n'a jamais manqué de ces hommes-là, même aux époques des plus épaisses ténèbres et du plus avilissant esclavage. S'ils employèrent la langue grecque moderne, c'est que c'était la langue populaire de leur temps, la seule dans laquelle ils sussent et pussent écrire et versifier, encore bien qu'ils connussent une langue grecque plus noble et plus pure. Mais en l'absence de classes éclairées et polies, il était naturel qu'ils n'écrivissent et ne versifiassent que pour le peuple en général; dès lors ils étaient bien forcés d'employer son idiome propre, alors même que d'autres employaient encore le grec ancien, devenu incompréhensible au vulgaire. Il en fut ainsi à peu près jusqu'au dix-huitième siècle, alors que, avec le cours des temps et en l'absence de tous moyens d'instruction pour le peuple ainsi que d'une littérature particulière, la langue fut tombée dans un état de plus en plus inculte; état qui ne pouvait aboutir qu'à une complète confusion, quand le grec moderne commença à être écrit d'après des systèmes variant à l'infini et non d'après des règles précises, et au moment où une nouvelle langue grecque moderne écrite essaya de se former. Il faut en effet savoir tenir compte des conséquences décisives qu'eut dès la première moitié du dix-huitième siècle l'élévation des Fanariotes à une influence particulière et à une action manifeste sur le divan, par suite de la gestion de certains emplois publics qui leur fut exclusivement confiée, notamment après qu'Alexandre Maurocordatos fut devenu interprète près de la Porte, et son fils, Nicolas, hospodar de Valachie. Il y avait dans ce seul fait la preuve la plus manifeste de la valeur qu'ont l'instruction et les lumières, puisque c'est uniquement à ces avantages que cette classe particulière de Grecs était redevable de son élévation et de son influence; aussi en résulta-t-il bientôt parmi les autres Grecs une vive émulation à aller se former dans les universités de l'Occident, d'où ils rapportèrent ensuite dans leur patrie non-seulement des connaissances plus étendues, mais encore le besoin d'une civilisation plus avancée. L'attribution aux Fanariotes de l'administration de la Valachie et de la Moldavie eut encore pour résultat de provoquer parmi les Grecs un vif désir d'activité littéraire et politique. Jusque alors les savants avaient écrit leur langue sans trop se soucier de savoir comment il fallait l'employer, dans quels rapports notamment la langue parlée par le peuple devait se trouver avec l'idée d'une langue écrite, et une langue grecque moderne écrite avec l'ancien grec; ou encore, jusqu'à quel point la formation d'une langue grecque moderne écrite devait dépendre de la langue populaire et se rattacher à la langue actuelle, même dans son état d'abâtardissement. A ce moment, au contraire, on vit plusieurs systèmes se présenter à la fois dans la pratique pour répondre à ces questions, devenues bientôt à l'ordre du jour. Les uns, ne s'attachant qu'au passé, absolument comme si les Grecs modernes n'eussent pas parlé une langue particulière, écrivaient la langue morte des Grecs anciens (par exemple Stephanos Kommitas); les autres, regardant la voie tracée par le temps présent comme la seule bonne et convenable, pensaient ne devoir écrire le grec que comme le parlaient le peuple (par exemple Dan. Philippidis, Katartschis et Christopoulos). D'autres encore, reconnaissant que cette langue du peuple dérivait d'une langue beaucoup plus belle et beaucoup mieux formée, s'attachaient à l'idée de l'améliorer, et croyaient amener cette amélioration en empruntant de nombreux lambeaux au riche vêtement de l'ancienne langue grecque pour en orner la langue du peuple (ce qu'on appelait le Μιξοβάρβαρον [*mélange barbare*], qui était la langue des Fanariotes en particulier, mélange de grec ancien, de turc et de français). D'un autre côté, *Corais*, pour améliorer la langue grecque moderne (qu'il ne désignait avec raison que par le nom de συνήθεια, comme langue des relations de la vie commune), et tenant également compte de son affinité avec le grec ancien ainsi que du génie originel du grec moderne, insistait sur l'indispensable nécessité d'une étude comparative des deux langues, signalant en même temps leurs différences de forme et de syntaxe, et recommandant de n'emprunter au grec ancien pour le grec moderne que ce qui manquait à celui-ci, afin que le peuple pût toujours le comprendre, et aussi afin de l'ennoblir et de le purifier en l'améliorant et en l'enrichissant d'éléments tirés du grec ancien, mais sans pour cela le rendre méconnaissable. Quant à la différence du grec moderne et du grec ancien, elle consiste dans l'addition d'éléments étrangers, que le grec moderne a souvent empruntés aux autres langues, mais que l'on a commencé d'écarter et de remplacer par de nouvelles créations ou à l'aide des richesses du grec ancien, et dans les changements de signification qu'on a fait subir à beaucoup de mots du grec ancien, en même temps qu'une grande partie d'entre eux tombaient tout à fait en oubli. Cette différence tient aussi à la création de formes nouvelles, et surtout à la diminution considérable des antiques formes, si riches, de la déclinaison et de la conjugaison grecques. L'une a perdu en effet le datif, remplacé tantôt par le génitif ou l'accusatif, tantôt par une préposition; et l'autre le moyen, l'infinitif et l'optatif, le parfait, le plus-que-parfait et le futur; et toutes deux le duel. Ce n'est d'ailleurs que dans quelques idiotismes et dans certains tours de phrases dérivant du grec ancien que se sont conservées, même parmi le peuple, un grand nombre des anciennes formes grecques. Mais c'est dans la syntaxe surtout, et par suite de cette diversité dans les formes, qu'a dû se manifester une différence considérable entre les deux langues, attendu que, par suite de la perte qu'elle a subie de cette richesse de particules qu'on sait être propre au grec ancien, une certaine lenteur maladroite a remplacé la construction de la phrase grecque, si expressive, si concise, si savante, malgré toute sa simplicité. Nous n'avons pas à entrer ici dans les détails, par exemple à dire comment la langue nouvelle a remplacé les diverses formes de temps de la langue ancienne qu'elle a perdues; à cet égard, c'est aux ouvrages spéciaux, et notamment aux grammaires, que le lecteur devra recourir.

Nombreux sont les dictionnaires que possède déjà la langue grecque moderne. Les plus récents sont Λεξικὸν ἐπίτομον τῆς καθ' ἡμᾶς ἑλληνικῆς διαλέκτου de Skarlatos Byzantios (Athènes, 1835) et Λεξικὸν ἐπίτομον τῆς ἑλληνικῆς γλωσσῆς (Athènes, 1839; 2e édition 1852).

Quant à la *littérature grecque moderne*, qui se bornait autrefois plus qu'aujourd'hui à de simples traductions, mais qui paraît maintenant vouloir prendre une direction plus indépendante, et qui y réussirait incontestablement si toute la force littéraire qui existe dans la nation ne continuait pas à l'avenir à être gaspillée et perdue, comme elle l'a été jusqu'à ce jour, dans le journalisme politique, ce n'est pas ici qu'il convient d'essayer de pénétrer trop avant dans un tel sujet, qui ne saurait être facilement épuisé. Nous renverrons donc ceux de nos lecteurs qui auraient besoin à cet égard de détails plus circonstanciés, aux sources que dans ce but nous indiquerons plus bas. Les écoles, les gymnases, les lycées dont la fondation et l'entretien furent dus tantôt à quelques Fanariotes ou à quelques autres riches particuliers isolés, tantôt aux efforts communs de diverses localités, fleurirent au commencement du dix-neuvième siècle, particulièrement à Iassy, à Bucharest, à Constantinople (*Kouroutschesmé*), à Cydonie (dans l'Asie Mineure), à Smyrne, à Chios, à Athènes, à Janina et à Missolonghi; institutions auxquelles vint s'ajouter plus tard l'université greco-ionienne fondée en 1824 à Corfou, par les soins de lord Guilford. L'influence de ces écoles sur le réveil et l'instruction de la nation grecque ne saurait être assez hautement reconnue; elles produisirent toute une génération d'hommes éclairés et lettrés, parmi lesquels il s'en trouva un grand nombre d'assez heureusement doués pour pouvoir cultiver eux-mêmes avec fruit les sciences et les lettres. Sous ce rapport, c'est un fait digne de remarque assurément, et qui en tout cas témoigne de la grande souplesse du génie grec, que la plupart de ces hommes aient enseigné simultanément dans les établissements d'instruction publique de leur patrie les sciences les plus différentes, de même qu'ils traitaient dans leurs écrits les objets et les questions scientifiques les plus variés, éloge mérité par d'autres Grecs encore, comme Corais, Dan. Philippidis, Neophytos Dukas, Darbaris, Risos-Neroulos, etc. Il ne faut pas d'ailleurs juger l'activité littéraire des savants grecs uniquement par ce qui a été imprimé d'eux; car une grande partie de leurs travaux scientifiques sont restés manuscrits. Après les écoles et les journaux, dont la publication remonte à la même époque, il faut encore mentionner le théâtre grec qui à partir de l'année 1818 exista à Odessa, à Bucharest et encore dans d'autres localités, et où on représenta tantôt de nouvelles traductions des antiques tragédies grecques, tantôt de nouveaux drames grecs originaux; ce qui d'ailleurs arriva aussi plus tard, après 1821, dans diverses localités de la Grèce. Il est vrai de dire que la lutte engagée en 1821 par les Grecs eut tout aussitôt les conséquences les plus déplorables pour les institutions destinées à favoriser le développement de l'instruction parmi le peuple et le réveil de la vie scientifique, attendu qu'elle amena leur ruine ou que tout au moins elle affaiblit ou entrava complétement leur action. Cependant cette lutte elle-même produira ses fruits; elle aura en définitive accéléré avec le développement de la vie politique celui de la vie scientifique des Grecs modernes. Beaucoup a été fait dans ce but, tant après 1821 et jusqu'en 1833, autant que cela a été possible alors, que depuis cette époque, d'où date le royaume de Grèce, jusque dans ces derniers temps. C'est ainsi que la fondation de l'université d'Athènes a doté la Grèce d'une institution qui promet d'exercer sur la vie scientifique et l'instruction des Grecs d'autant plus d'influence que cette influence ne peut pas seulement se borner au royaume de Grèce, mais devra, au contraire, s'étendre bien au delà de ses frontières. L'université d'Athènes est en effet un fanal élevé en Orient par la civilisation et l'humanité, fanal dont les rayons finiront par pénétrer jusque dans les plus profondes ténèbres de l'Orient, qu'ils sont appelés à dissiper.

On regarde comme le plus ancien monument de la littérature grecque moderne une chronique de Siméon Séthos, qui remplissait à la cour d'Alexis Comnène Ier (1070-1080) les fonctions de protovestiaire; chronique dans laquelle le dialecte populaire apparaît pour la première fois comme langue écrite. D'un autre côté, il faut considérer comme le plus ancien poëte grec moderne Théodore Prodromos ou Ptochoprodromos, qui vivait vers le milieu du douzième siècle, et dans les poésies duquel nous trouvons les premiers essais de la muse grecque moderne.

Au *seizième siècle* on peut citer les œuvres de grammaire de Chrysoloras et de Lascaris, qui ont formé les premiers et les plus illustres hellénistes de l'Europe; les Annales universelles de Dosithée, le Thucydide de la Grèce moderne; un grand nombre de traités de controverse religieuse; une *Iliade* en grec vulgaire; les ouvrages imprimés à Venise par les Cypriotes sur leurs annales particulières et sur les beautés de leur île chrétienne encore, pendant que les réfugiés de Constantinople publiaient à Rome les manuscrits échappés comme eux à l'inondation turque.

Au *dix-septième siècle*, l'*Érotocrite*, roman de chevalerie de Vincent Cornaro, qui continue à jouir en Grèce d'une grande popularité; l'*Érophile*, tragédie de Georges Chortatzi; les homélies et les mandements des patriarches, où l'on retrouve encore le dernier retentissement de l'idiome si pur et si harmonieux de saint Grégoire de Nazianze.

Au *dix-huitième siècle*, les dissertations scientifiques se sont multipliées, de même que les emprunts aux littératures étrangères. De cette époque datent les traductions de l'*Histoire ancienne* de Rollin, de *Télémaque*, de Fénelon : un *Plutarque* mis en dialecte vulgaire, et dès lors à la portée de toutes les intelligences; les six livres du *Droit civil* d'Arménopole, juge à Thessalonique, répandu chez les Grecs par les soins de Gérasime, métropolitain d'Héraclée; les œuvres de Melétios, archevêque d'Athènes, le naïf collecteur des légendes de l'Archipel, et en même temps le continuateur de Strabon. Les provinces moldo-valaques, tout étonnées d'être aujourd'hui pour l'Europe l'occasion ou le prétexte d'une lutte dont il serait bien difficile de prédire dès à présent l'issue, participaient, elles aussi, pendant le cours du dix-huitième siècle, à ce mouvement de rénovation et de régénération. C'est alors que parurent l'*Histoire de la Thrace et de la Transylvanie*, par Photinos; la *Biographie des Patriarches de Jérusalem* depuis l'apôtre saint Jacques jusqu'à Chrysanthe, patriarche occupant alors le siége, par le moine Grégoire de Dodone; le *Miroir des Femmes;* les *Géorgiques* de Virgile, traduites en grec moderne et imprimées à Saint-Pétersbourg aux frais du prince Potemkin; enfin l'*Énéide*, œuvre du même traducteur, le célèbre Eugène Bulgaris, archevêque de Cherson.

Au *dix-neuvième* siècle et jusqu'au moment où nous écrivons, mentionnons les traités de rhétorique et de philosophie d'Œkonomos et de Vambas; les livres de morale et d'éducation traduits pour le plus grand nombre de l'italien, du français, de l'anglais ou de l'allemand par des dames *fanariotes;* une *Jérusalem délivrée* du Tasse, traduite en vers grecs vulgaires héroïques; les *Annales de Parga*, et une traduction de l'*Atala* de Châteaubriand, par Avramiotti.

Dans le domaine de la théologie, Théoclitos Parmakidis s'est posé en défenseur du principe rationnel, et Constantin Oikonomos, orateur sacré très-remarquable, a pris en main la défense de l'orthodoxie ecclésiastique (1835, 1838 et années suivantes).

En fait de sciences philosophiques, l'éthique, la physique, la méthaphysique, la rhétorique, l'esthétique et les mathémathiques ont été depuis la fin du dix-huitième siècle l'objet de traités originaux; et nous rencontrons ici des noms tels que ceux de Dan. Philippidis, Benjamin Lesbios, Stéphanos Dukas, Vardalachos, Néophytos Dukas, Kumas et Kairis. On a un excellent traité de géographie par D. Philippidis et Konstantas.

Dans le domaine de l'histoire, le même Philippidis (1816) a publié une *Histoire de la Roumounie ou des populations de la Valachie, de la Moldavie et de la Bessarabie;* Sourmélis, une *Histoire d'Athènes à l'époque de la guerre de l'indépendance* (1834); Philimon, un ouvrage sur l'*Hétairie* (1834); Perraebos, une *Histoire de Souli* (1815), et des *Mémoires sur la guerre de l'indépendance* de 1820 (1836). L'archevêque Germanos (1837) et d'autres témoins et acteurs de cette généreuse lutte ont également publié leurs souvenirs sur cette époque. Risos Néroulos avait précédemment fait paraître une *Histoire de la Grèce moderne* (1828); et A. Soutzos, une *Histoire de la Révolution grecque* (1829). Constantin Paparrigopoulos, qui s'est particulièrement occupé de l'histoire de la Grèce dans l'antiquité et au moyen âge, et Levkias, professeur de médecine à l'université d'Athènes, ont écrit contre Fallmerayer sur l'origine des Grecs actuels (1843); enfin K. D. Schinas a donné (1845) une *Histoire des anciens peuples*.

Comme écrivains politiques, on doit une mention particulière à Minas, à Polysoïdès et à Palœlogos (on a de ce dernier un traité d'économie politique). Spyridon Vallettas a écrit plusieurs dialogues philosophiques sur les mœurs grecques et a traité avec autant d'esprit que de talent (1836) quelques questions politiques à l'ordre du jour.

Dans le domaine de l'archéologie, on possédait dès 1796 un ouvrage sur les antiquités grecques, par G. Sakellarios; tout récemment Pittakis a publié, d'après l'allemand Ross, premier conservateur des antiquités à Athènes, un livre sur l'ancienne Athènes et ses antiquités (1835), et Alexandre Risos Rangavis : *Antiquités hélléniques, ou répertoire d'inscriptions et d'autres antiquités découvertes depuis l'affranchissement de la Grèce* (1er vol., Athènes, 1842).

Dans la philologie, on doit, indépendamment de Coraïs, mentionner surtout Néophytos Dukas, Darbaris et Asopios (professeur de littérature ancienne à l'université d'Athènes), à cause de leurs travaux sur les anciens critiques. On est redevable à Corais de précieuses dissertations relatives à la lexicographie grecque ancienne, et aussi destinées à mieux faire connaître la langue ancienne et la langue moderne. Néophytos Dukas a écrit une grammaire plus méthodique de la langue grecque ancienne, sous le titre de *Terpsithea* (1804, et souvent réimprimée depuis); Vanvas (1828) et Asopios (1841) se sont plus particulièrement occupés de la syntaxe, et Zénobios Pop avait déjà depuis longtemps traité de la versification des anciens. La grammaire des autres langues, par exemple du latin et de l'allemand, a aussi été tout récemment l'objet des travaux de quelques savants grecs.

En ce qui touche la *poésie grecque moderne*, il convient d'établir une distinction entre la *poésie populaire* et la *poésie savante* ou d'art.

Dans la *poésie populaire* se manifestent toute l'élasticité, toute la mobilité de l'impérissable génie du peuple grec, toute la richesse du sens poétique et du caractère national dans sa naïveté et avec son énergie. Il serait superflu de s'étendre davantage sur le caractère et l'essence de la poésie populaire grecque moderne, puisque des traductions nombreuses ont permis d'en reconnaître la haute valeur. Les chants des klephtes, notamment, et les chants populaires qui se rattachent à l'histoire de la guerre de l'indépendance, ressemblent à l'or natif de la montagne, et sont en outre de vraies pages d'histoire. Il faudrait se hâter de réunir tous ces chants; car le temps les emporte avec lui, et ils pourraient sans cela disparaître avec la génération qui en faisait retentir les airs quand elle combattait pour sa liberté. Les autres chants populaires, ayant pour sujets tantôt de gracieux incidents de la vie de famille, tantôt des scènes de la nature ou encore de la société, sont aussi quelquefois le produit d'un romantisme élevé, et par leur touchante délicatesse de sentiment ainsi que par la grâce et le pittoresque de l'expression, rappellent les fleurs fraîchement écloses du printemps et les suaves modulations des hôtes harmonieux de la forêt. Tous ces chants comprennent et expriment le monde intérieur des joies et des douleurs du peuple grec, qui savait trouver dans la poésie un dédommagement à l'absence de vie politique et conserver au milieu de ses angoisses l'aspiration à un meilleur avenir.

La *poésie savante* ou d'art des Grecs modernes ne porte pas moins l'empreinte du génie et du sentiment poétique de ce peuple, qui déjà s'est essayé avec bonheur dans différents genres de poésie, quoiqu'il lui ait fallu commencer par créer d'abord en grande partie sa langue poétique.

Dès les premières années de ce siècle, Rigas avait composé ses célèbres hymnes de guerre et de liberté, et la nation les avait accueillis et les répétait avec enthousiasme. Quand plus tard, en 1821, le peuple grec se souleva contre ses oppresseurs, Panagos et Alex. Soutzos Polysoïdès, Kalvos, Salomos, Ricos Néroulos et Angelica Pali, composèrent des hymnes, des odes et des élégies en l'honneur de la liberté, déplorant les malheurs de leurs concitoyens, et célébrant les héros et les hauts faits de la lutte entreprise pour l'indépendance. Tout récemment, Karatchoutschas a suivi avec succès la même direction. En même temps, les deux Soutzos sacrifiaient à la satire dans leurs chants patriotiques, nommément contre le président Capo d'Istria et son parti (1830), et plus tard Orphanidis a suivi la même voie. Comme poëtes lyriques, nous devons encore mentionner Perdikaris, qui a aussi écrit quelques satires; Christopoulos, l'Anacréon des temps modernes, poëte aimable et gracieux, qui célèbre alternativement dans ses vers l'amour et Bacchus, et Sakellarios. Panagos, Soutzos et Tantalidi imitèrent plus tard l'exemple de Christopoulos, dont les chants sont bien vite devenus populaires. Dans la poésie dramatique, nous citerons les essais de Risos Néroulos, à qui on est redevable de quelques tragédies, par exemple, *Polyxène* et *Aspasie*, ainsi que de quelques poëmes comiques et satiriques; Pikkolos, auteur d'une *Mort de Démosthène;* Zampelios, auteur de *Timoléon*, de *Constantin Paléologue*, et de *Rigas;* Rangavis, habile traducteur, à qui sont familières diverses langues étrangères, auteur d'un drame historique et patriotique, *La Veille;* Panagos Soutzos, auteurs du *Voyageur* et de quelques tragédies historiques, dont les sujets sont empruntés aux annales récentes de la Grèce, par exemple, celle de *Karaiskaki;* ainsi qu'Alexandre Soutzos, auteur d'un *Marc Botzaris*. La muse de Risos Néroulos est pleine de gaieté et de verve; et des deux frères, Panagos et Alexandre Soutzos, tous deux regardés à bon droit comme les poëtes les plus remarquables et les plus originaux de la Grèce moderne, Panagos est celui qui a le plus de profondeur et de gravité. On a aussi de lui un poëme épique et didactique, *Le Messie*, traité en partie d'une manière dramatique, œuvre pleine de pensées élevées et profondes. Dans son épopée comique, *L'Enlèvement de la Truthenne*, Risos Néroulos nous a tracé un piquant et spirituel tableau des mœurs et du caractère intrigant des Fanariotes, auxquels il appartient par sa naissance, mais parmi lesquels il forme une honorable exception. Cependant, l'épopée grecque moderne la plus considérable est *Le Séducteur des Peuples*, de Rangavis, dont le sujet est l'histoire du moine monténégrin Stéphanos, l'un des faux Pierre III qui parurent sous Catherine II. On peut aussi rattacher au genre épico-lyrique ou épico-romantique *Le Vagabond* d'Alexandre Soutzos, poëme dans lequel il pleure les malheurs de sa patrie et célèbre la gloire de la Grèce, et dont font grand cas ses compatriotes, surtout à cause de l'harmonie et de la vigueur toutes particulières de son style. En 1850, Alex. Soutzos a fait paraître les quatre premiers chants d'une nouvelle Épopée historique : Ἡ Τουρκομάχος Ἑλλάς; Zalakostas a donné en 1851 un poëme sur la catastrophe de Missolonghi et en 1853 un poëme intitulé *Armatoles et Klephtes*. Consultez Villemain, *Lascaris* (1825): Risos Néroulos, *Cours de Littérature grecque moderne* (1827); *Chants populaires de la Grèce moderne*, par Fauriel (2 volumes, 1825); le comte de Marcellus, *Chants du Peuple en Grèce* (1851). Enfin, le *Catalogue raisonné*, publié à Athènes en 1854 par Papadopoulos Vretos, ouvrage où figurent plus de mille articles et indiquant tout ce que, à défaut des presses nationales, firent pour la langue et la littérature grecques modernes les presses hospitalières de Rome, de Venise, de Londres et de Vienne depuis la prise de Constantinople, en 1453, jusqu'à la guerre de l'indépendance.

GRECS UNIS. On appelle ainsi les chrétiens grecs qui se sont réunis à l'Église catholique romaine tout en conservant leur antique constitution ecclésiastique intérieure (*voyez* GRECQUE [Église]), de même que les dénominations particulières aux dignités ecclésiastiques, le mariage des prêtres et l'usage où sont ceux-ci de porter de longues barbes et des bonnets; qui emploient la langue grecque dans leur liturgie, observent des jeûnes plus rigoureux et continuent à communier sous les deux espèces; mais qui ont adopté le dogme que le Saint-Esprit procède aussi du Fils, le dogme du purgatoire, celui de l'efficacité des messes pour le repos des âmes des trépassés, et enfin la suprématie spirituelle du pape. Depuis la scission survenue entre les Églises de Rome et de Constantinople, la première avait toujours fait des tentatives pour déterminer la seconde à se réunir à elle ou mieux pour la soumettre. L'empereur Manuel Comnène penchait pour une réunion; mais le clergé et le peuple la repoussaient énergiquement. L'empereur Jean II Vatatzès Dukas pensait comme Comnène, et fit continuer les négociations entamées en 1232 par quelques moines franciscains; mais elles demeurèrent infructueuses, à cause du manque de condescendance dont fit preuve la cour de Rome. Des motifs politiques déterminèrent encore l'empereur Michel Paléologue à renouer avec Rome des négociations pour la réunion des deux Églises; il contraignit ses évêques à céder, et opéra effectivement cette réunion dans le concile tenu à Lyon en 1274. Mais c'était là un arrangement de cour; et le peuple ne l'apprit qu'avec indignation. Ainsi l'union fut-elle révoquée par l'empereur Andronic II. Mû toujours par les mêmes motifs politiques, son successeur ouvrit de nouvelles négociations, mais fort inutilement; et Manuel II, son fils, écrivit même un livre contre l'Église de Rome. Plus les empereurs grecs se virent pressés par les Turcs, et plus ils crurent qu'une réunion avec Rome les mettrait à l'abri du péril. Enfin, l'empereur Jean III Paléologue se rendit lui-même en Italie avec un grand nombre d'évêques de son Église; et, dans un synode ouvert à Ferrare, puis transféré à Florence, lui et sa suite tombèrent d'accord sur la formule d'union proposée par le pape Eugène IV. Mais les Grecs qui habitaient des contrées au pouvoir des Turcs se prononcèrent alors contre toute réunion, en se rattachant plus fermement que jamais aux doctrines de leur Église; et aujourd'hui encore on appelle *Grecs non unis* tous ceux qui partagent leurs idées. Ils considèrent les Grecs unis comme des apostats. Mais en Gallicie et en Russie un certain nombre de Grecs se sont rattachés à l'union avec Rome par le synode de Brzesc dans le gouvernement de Grodno (1596), et en Pologne par le synode de Zamosc (1720). Depuis 1772 les souverains de la Russie ont fait de grands efforts pour ramener à l'Église nationale les *Grecs unis*, l'empereur Nicolas notamment, à partir de 1839 et sur la plus vaste échelle, en Russie et en Pologne. On compte au total environ deux millions de *Grecs unis*. On les rencontre surtout en Italie et plus particulièrement à Venise et à Rome, dans la partie méridionale du royaume de Naples et en Sicile; dans l'est de la Pologne, en Transylvanie, en Hongrie, en Croatie, en Esclavonie, Dalmatie, etc.

GREDIN. *Voyez* ÉPAGNEUL.

GREDIN. Du nom de ce chien on a, dit-on, formé le terme *gredinerie*, pour signifier misère, gueuserie, mesquinerie. Un lexicographe veut cependant que l'épithète de *gredin* vienne de *gradin*, par suite de l'habitude qu'ont les Gascons de confondre l'*e* et l'*a*. « Autrefois, dit-il, chez les grands seigneurs, les valets du dernier ordre se tenaient constamment sur les degrés ou *gradins* de l'escalier, sans se permettre jamais d'entrer dans les appartements; d'où vint l'habitude de les appeler *gradins*, puis, par corruption, *gredins*, mot devenu une injure, comme flétrissant les bas valets, voués aux fonctions les plus infimes de la dernière domesticité. » Un des coryphées du néo-catholicisme place Molière et Pascal parmi ces hommes que « des *gredins* subalternes se relayent pour admirer de génération en génération. »

GRÉEMENT ou GRÉMENT. C'est la totalité des manœuvres courantes ou dormantes d'un navire, poulies, avec leurs estropes, garnitures de vergues, de mâts, en un mot, l'ensemble de toutes les cordes qui se croisent ou se suivent dans un bâtiment, pour assurer le maintien de la mâture et la manœuvre des voiles. Cette définition suffira à faire comprendre toute son importance dans un navire, et combien la bonté et la durée sont nécessaires à cette partie de l'armement. Le gréement, qui a reçu poétiquement de quelques écrivains excentriques le nom aventureux de *chevelure du vaisseau*, serait peut-être tout aussi bien nommé les *nerfs* et les *tendons* qui transmettent à ses ailes les mouvements et les dispositions nécessaires à sa vitesse. Dans cet immense pêle-mêle de cordages, roides ou souples, gros ou minces, il ne s'en trouve pas un seul qui n'ait son importance spéciale et sa dénomination particulière dans le système unitaire qui les rassemble.

Le nombre des manœuvres et des cordages employés dans le gréement d'un vaisseau est prodigieux. L'art de bien gréer consiste à employer le moins de moyens possible pour rendre la manœuvre le plus prompte et le plus facile qu'il se peut faire. Cette partie de l'armement concerne surtout le maître d'équipage. Depuis que la science et l'expérience surtout ont perfectionné tous les arts qui ont rapport à la navigation, on a eu lieu de constater les progrès qui se sont opérés dans le gréement des navires. Les gros cordages et les énormes poulies que l'on employait ont fait place à des manœuvres mieux cordées, plus minces et plus fortes réellement que celles qui offraient de plus grandes dimensions. Le pouliage s'est aussi perfectionné, et l'esprit d'innovation a été jusqu'à tenter de remplacer les rouets en gayac, qui entraient dans les caisses des anciennes poulies, par des rouets en porcelaine. Cet essai, qui paraissait d'abord plus étrange que raisonnable, a complétement réussi. Après les Américains, nos bâtiments du commerce ont introduit l'usage des chaînes en fer et des drosses de même espèce dans le gréement. On a été jusqu'à substituer ces chaînes en fer à un grand nombre de manœuvres courantes en cordes, qui en s'usant trop vite exposaient quelquefois, par leur rupture subite, le gréement à des avaries, dont les manœuvres en métal savent le préserver aujourd'hui.

Malgré la multitude de manœuvres qui entrent dans l'ensemble d'un gréement complet, il ne faut pas croire que l'habitude de reconnaître tous ces cordages, dont l'aspect paraît présenter tant de confusion à un œil inexercé, soit très-difficile à acquérir. Au bout de quelques semaines, il n'est pas de jeune marin qui, avec un peu de bonne volonté et d'intelligence, ne parvienne à nommer une à une toutes les manœuvres qui existent à bord d'un trois-mâts. L'habitude d'employer les manœuvres courantes pour exécuter les ordres qu'on leur donne familiarise tellement les matelots avec chacune d'elles, que dans la nuit la plus obscure il n'est guère de marin, fût-il même embarqué tout nouvellement à bord d'un navire dont il ne connaît pas le gréement, qui soit obligé de tâtonner pour saisir le cordage qu'il faut *haler* ou *larguer*. Quelque différence qui existe entre le gréement de deux bâtiments, il y a toujours des usages généraux dans la manière de gréer qui ne permettent pas aux hommes de mer de prendre une manœuvre pour une autre.

GREENOCK, l'une des villes les plus importantes de l'Écosse, dans le comté de Renfrew, à l'embouchure de la Clyde, qui y offre une largeur de sept kilomètres, est irrégulièrement mais au total bien bâtie, et pourvue de docks spacieux. On y remarque, entre autres beaux édifices, le bâtiment de la douane, et une statue en marbre élevée en 1838 à James Watt, né en cette ville. Greenock est l'une des stations de la marine militaire employée à la repression de la contrebande. On y compte 36,700 habitants, et on y trouve des raffineries de sucre, des manufactures de savon, de chandelle et de cuir, des fonderies de fer, des corderies, des fabriques de chaussures et d'articles de sellerie, et d'importants chantiers de construction. La pêche et le cabotage s'y font sur une large échelle, et les armateurs de cette place expédient des navires dans toutes les parties du monde. Des services réguliers de paquebots à vapeur et des chemins de fer la relient aux autres grandes villes de l'Écosse. En 1845 le port de Greenock possédait 422 naviers à voiles et 8 bâtiments à vapeur, jaugeant ensemble 82,514 tonneaux; et depuis cette époque le nombre s'en est encore accru. En face de la ville, sur la rive droite de la Clyde, est situé le bourg de *Hellensborough*, où l'on va prendre des bains de mer chauds et froids, et plus au nord, dans la presqu'île formée par les deux golfes de Loch-Long et de Loch-Gair, on trouve le village de *Roseneath*, avec le beau château moderne du duc d'Argyle.

GREENSTONE. *Voyez* DIORITE.

GREENWICH. Quand on remonte la Tamise jusqu'à cinq milles de Londres, dans un brusque détour de la rivière on découvre un magnifique tableau : sur une rive verdoyante, à la lisière d'un parc, dont les chênes séculaires épandent au loin leurs branches et leurs ombrages, s'élèvent des portiques, des colonnes, des constructions monumentales ; à travers les colonnades, l'œil se repose sur une fraîche pelouse, qui conduit en pente douce à une riante colline, dont le sommet est couronné par un élégant édifice, tel qu'un temple de l'antiquité. Là tout respire une splendeur royale : c'est qu'en effet là furent jadis les châteaux des hauts et fiers barons de Glocester, puis des palais chers aux Stuarts quand ils régnaient sur l'Angleterre, chers aussi à la race qui les remplaça, mais que l'intérêt politique fit consacrer à la patrie. Guillaume et Marie transformèrent leur résidence royale de Greenwich en asile pour les glorieux débris de leurs flottes ; ils en firent un hôpital où, indépendamment des 14,000 invalides de la marine secourus par l'État dans les diverses localités où ils se sont retirés (*out pensioners*), l'on comptait en 1849 2,710 marins invalides recevant aux frais de l'État le logement, la nourriture et le vêtement, en récompense du sang qu'ils avaient versé pour le pays.

L'instinct national applaudit à cette fondation populaire; car la marine est la base de la puissance et de la grandeur de l'Angleterre. Au commencement de notre siècle, au milieu de la lutte que soutenait la Grande-Bretagne contre le premier empire, Pitt, dont le pouvoir reposait sur la marine, et qui voulait s'étayer de toutes les sympathies nationales, ajouta encore à la munificence publique en consacrant, sous le nom de *Naval Asilum* (Asile naval), le palais de Marie-Henriette, au bout du parc de Greenwich, pour l'éducation des enfants orphelins des matelots et des soldats de marine. Ainsi se trouve réuni dans le même lieu, sur la grande route du commerce maritime de l'Angleterre, et les souvenirs de sa gloire passée et l'espoir de sa gloire future; ainsi la patrie témoigne de sa sollicitude pour ses défenseurs. Un obélisque y a récemment été élévé à la mémoire du lieutenant français Bellot, mort dans une expédition anglaise à la recherche de Franklin.

Le temple qui domine le coteau est l'Observatoire royal, où Flamsteed, Halley, Bradley et Maskelyne firent toutes les observations astronomiques qui ont immortalisé leurs noms, et d'où l'astronome et le marin anglais comptent leur premier méridien. Greenwich est devenu le point central où viennent aboutir les plus chers intérêts des marins anglais. A son administration est remise la caisse des invalides de la marine. Ses revenus ne se composent pas seulement des fonds votés par le budget, ou de la rente de ses terres et des sommes que la générosité des particuliers lui a léguées, il prélève encore chaque mois une retenue de 62 centimes et demi sur la solde de tous les gens de mer, soit du commerce, soit de l'État. Son administration est d'ailleurs très-dispendieuse : un gouverneur, vingt-quatre conseillers choisis parmi les hauts fonctionnaires de la marine, quatre capitaines de vaisseau, huit lieutenants de vaisseau et un trésorier, y sont attachés, avec de fortes rétributions. Mille orphelins habitent l'Asile naval : deux cents filles y apprennent à lire, à écrire, à tenir les comptes d'un ménage, à tricoter; on enseigne aux garçons à lire, écrire, compter, raccommoder leurs souliers, ramer, manœuvrer un navire ; ils sont au nombre de huit cents. Le but primitif était d'en faire une école de mousses, une pépinière de marins d'élite; les seuls titres à leur admission sont les services bien constatés de leurs pères.

Du haut de l'observatoire, la vue embrasse un panorama admirable : Londres et ses édifices, la jolie ville de Greenwich, dont la population est aujourd'hui de 40,000 âmes ; la Tamise avec ses mille vaisseaux sans cesse remontant et descendant le fleuve, et toute la vallée qu'elle arrose. Son méridien est à 5° 20' à l'ouest de celui de Paris. Mais ce n'est point à Greenwich qu'Herschell établit son immense télescope et fit ses brillantes découvertes ; c'est à *Slough*, petit village dans le comté de Buckingham.

Théogène PAGE, capitaine de vaisseau.

Le celèbre chemin de fer de Londres à Greenwich relie ces deux villes au moyen d'un gigantesque viaduc composé de 878 arcades et s'élevant au-dessus des maisons et des rues du quartier de Londres appelé *Southwark*. Terminé en juillet 1849, et désigné sous le nom de *London-Gravesend-Railway*, ou encore de *North-Kent-Railway*, ce chemin conduit aujourd'hui à Dorchester et à Chatham, en passant par Gravesend.

GRÉES, nom que donne Hésiode aux deux filles de Phorcys et de Céto, Pephredo et Enyo, sœurs des *Gorgones*. Elles étaient belles, mais étaient venues au monde avec des cheveux blancs, d'où leur nom de *Grées*, du grec γραῖα, vieille femme. D'après des mythographes moins anciens, il y avait trois Grées, auxquelles le scoliaste d'Apollonius de Rhodes donne les noms de *Pemphrido* ou *Pephriodo*, d'*Ento* et de *Iæno*. Elles n'avaient à elles trois qu'un seul œil, non plus qu'une seule dent, mais de la grandeur d'une défense de sanglier. Elles ne connaissaient d'autre chemin que celui qui conduisait auprès des Gorgones, et étaient préposées à la garde des seules armes avec lesquelles Méduse pût être tuée.

GREFFE (*Culture*), partie vivante d'un végétal qui, mise en rapport avec une partie d'un sujet de même espèce ou d'espèce analogue, par les vaisseaux nourriciers, s'identifie avec elle et croît des sucs de la plante sur laquelle elle est transportée. La greffe est une des plus importantes opérations du jardinage; elle se pratique de mille manières différentes; sur toutes les parties des plantes parcourues par des vaisseaux, elle est possible.

Thouin rapporte à quatre sections principales les différents genres de greffes.

A la *première section* appartiennent les greffes par approche. Le caractère essentiel de ces greffes est que les parties dont on les forme tiennent à leurs pieds enracinés, et vivent de leurs propres moyens jusqu'à ce qu'elles soient soudées ensemble; alors la communauté de sève est établie entre les individus. Ici l'union qui a lieu entre des sujets munis de leurs racines s'établit, ou par les troncs, ou par les têtes des sujets, ou par les branches, ou par toute autre partie du végétal, telle que racines, fruits, feuilles et fleurs.

La *seconde section* est celle des *greffes par scions*, faites avec de jeunes pousses boiseuses, comme bourgeons, ramilles, rameaux, petites branches et racines qu'on sépare de leur sujet pour les placer sur un autre, pour qu'ils y vivent et croissent à ses dépens; à cette section se rapportent les greffes en fente ou ente, en tête ou en couronne, en ramille, de côté, par racine et sur racines.

Les greffes de la *troisième section* sont celles par *gemmes* : c'est un œil, bouton ou gemme, porté sur une plaque d'écorce plus ou moins grande, de forme variée, transportée d'un point d'un sujet à un autre point, ou d'un sujet à un autre sujet. Elles comprennent les greffes en écusson, en flûte, en sifflet, en chalumeau, etc. Ce procédé est de tous le plus usité pour la multiplication des arbres fruitiers et pour l'amélioration des espèces.

Enfin, la *quatrième section* se compose des greffes qui s'effectuent au moyen de bourgeons encore herbacés des arbres, des plantes vivaces et même des plantes annuelles.

Quel que soit le mode de greffe que le jardinier emploie, le choix de sujets bien portants et vigoureux doit être son premier soin; et ensuite les époques les plus avantageuses du mouvement de la séve sont pour lui une cause déterminante; la coïncidence exacte des parties où la séve circule en abondance est une condition sans laquelle il n'est point de réussite possible; la rapidité dans l'exécution, le soin de préserver du contact de l'air et des influences atmosphériques les parties juxtaposées, l'habileté à diriger la séve vers le point qui a reçu la greffe, sont autant d'éléments de succès.

P. Gaubert.

GREFFE, GREFFIER. Un greffe est le lieu où l'on classe et conserve les actes qui sont confiés à la garde et à la surveillance du greffier; le greffier est un fonctionnaire établi près des cours et tribunaux pour tenir registre des actes qui émanent du juge, en dresser les procès-verbaux, conserver les minutes et délivrer les expéditions. Les greffiers de tous les tribunaux sont nommés par l'empereur, qui peut les révoquer à volonté. Les greffiers des justices de paix et des tribunaux de première instance doivent être âgés de vingt-cinq ans. Ceux des cours impériales doivent avoir l'âge de vingt-sept ans accomplis. Les greffiers sont donc à la fois en quelque sorte secrétaires et archivistes des tribunaux près desquels ils exercent, et ils sont par conséquent chargés d'assister aux audiences, soit en personne, soit en se faisant remplacer par des commis assermentés, qu'ils doivent faire agréer aux tribunaux. Leur ministère est tellement indispensable, qu'ils font partie intégrante de la cour ou du tribunal auquel ils appartiennent, de telle sorte que leur présence est essentielle à la validité des décisions judiciaires. Les greffiers reçoivent à titre d'émoluments un traitement fixe et des droits de greffe, qui varient suivant la nature et l'importance des actes. Comme ils sont chargés d'un maniement de fonds assez considérable, et qu'ils ont entre les mains de graves intérêts, la loi, comme garantie de leur gestion, les assujettit à un cautionnement, qui est fixé en raison de la population et du ressort des tribunaux près desquels ils remplissent leurs fonctions. Ils sont soumis à la surveillance des présidents des tribunaux et du ministère public, qui ont le droit de les réprimander et de les dénoncer au ministre de la justice. E. de Chabrol.

Greffier vient de γραφεύς, écrivain. En France, Philippe le Bel réserva à la couronne le droit de les nommer. Leur charge fut érigée en titre d'office par François Ier. Ils furent supprimés avec les anciens tribunaux par l'assemblée constituante.

GREFFE ANIMALE. L'analogie a fait donner ce nom à certaines opérations qui consistent à insérer sur un individu vivant des parties qui lui sont empruntées ou même qui proviennent d'autres individus : telle est l'implantation de l'ergot d'un coq sur sa crête, exécutée par Duhamel du Monceau, et répétée depuis avec succès. La nature semble agir dans ce cas comme dans celui des greffes végétales. On doit encore ranger parmi les greffes animales les différentes sortes d'autoplasties que la chirurgie exécute sur l'homme.

GRÉGEOIS (Feu). *Voyez* Feu Grégeois.

GRÉGOIRE (Saint), *le Thaumaturge*, ou faiseur de miracles, naquit à Néocésarée, dans le Pont, au troisième siècle. Il suivit d'abord les leçons d'Origène, mais, s'étant bientôt converti au christianisme, il fut baptisé à Alexandrie, et manifesta dès ce moment la foi la plus ardente. Appelé, vers l'année 240, à l'épiscopat de sa ville natale, il ne se crut pas digne de cet honneur, et essaya de l'éviter par la fuite; mais les sollicitations du peuple furent si vives, qu'il dut se résigner. Malgré les persécutions contre les chrétiens suscitées sous le règne de l'empereur Dèce, il travailla avec persévérance à l'œuvre à laquelle il était appelé; et les conversions qu'il fit dans la province du Pont furent tellement nombreuses, qu'à peine y resta-t-il quelques hérétiques. Lorsqu'il monta sur le siége de Néocésarée, on ne comptait dans cette ville que dix-sept chrétiens; au moment de sa mort il ne s'y trouvait plus qu'un pareil nombre d'idolâtres : aussi saint Grégoire s'écria-t-il, près d'expirer : « Je dois à Dieu de grandes actions de grâces; je ne laisse à mon successeur qu'autant d'infidèles que j'ai trouvé de chrétiens. » Saint Grégoire le Thaumaturge mourut en 264, suivant quelques-uns, en 270, ou même 271, selon d'autres. On célèbre sa fête le 17 novembre. On a de lui un *Panégyrique* de son ancien maître Origène; une *Épître canonique*, concernant les règles de la pénitence; et une *Paraphrase de l'Ecclésiaste*. La meilleure édition de ses œuvres est de Paris, 1621 (in-folio). On a encore attribué à ce saint docteur des sermons qu'on a lieu de croire de saint Proclus, disciple et successeur de saint Jean Chrysostôme, mort en 447.

GRÉGOIRE (Saint) de Nazianze, surnommé *le Théologien*, naquit vers l'an 328, dans le petit bourg d'Arianze, voisin de la ville de Nazianze en Cappadoce. Son père, nommé Grégoire, appartenait à une secte qui, n'adorant que le Très-Haut, admettait des pratiques du paganisme et du judaïsme. Sa mère, chrétienne fervente, convertit son mari, et inspira à ses trois enfants Grégoire, Césarius et Gorgonie une piété vive. L'aîné fit de brillantes études à Césarée de Palestine, à Alexandrie d'Égypte, et enfin à Athènes, où il se lia avec le célèbre Julien l'Apostat. A peine eut-il quitté cette dernière ville, où il s'était fait remarquer par ses mœurs simples et évangéliques, qu'il se retira dans la solitude d'un désert, avec saint Basile, auquel l'unissait une étroite amitié. Il aurait continué à vivre dans la retraite, si son vénérable père, Grégoire, évêque de Nazianze, succombant sous le poids des années, ne l'eût rappelé pour l'aider à gouverner son épiscopat. Élevé par lui au sacerdoce, puis sacré évêque de Sasima en Cappadoce, il ne tarda pas à abandonner ce siége à un autre évêque, pour retourner de nouveau dans le désert; mais son père, sur le bord de la tombe, le rappela à Nazianze, et il se résigna à remplir les fonctions d'évêque de cette église, sans consentir à en prendre le titre. Comme on tentait de le contraindre à acccepter l'épiscopat, il retourna dans sa retraite, et y mena la vie des anachorètes de la Thébaïde. A cette époque l'Église de Constantinople se trouvait dominée par les ariens; les progrès de ces hérétiques devenant effrayants, saint Grégoire accourt dans cette capitale pour les combattre, les terrasse, fait un grand nombre de conversions, y institue une congrégation qui professe les principes du concile de Nicée, et dont Théodose se déclare le protecteur, et se trouve consolé par cette marque de la plus honorable confiance des calomnies que ses ennemis ne cessaient de répandre contre lui. L'empereur ne s'en tint pas à cette démonstration bienveillante : il installa lui-même Grégoire sur le siége archiépiscopal de Constantinople, et assembla un concile des évêques d'Orient, qui le confirma dans cette dignité; mais, attaqué par les évêques d'Égypte, il ne voulut pas que son élection devînt le sujet de troubles dans l'Église: il se démit donc de ses fonctions, retourna gouverner pendant quelque temps l'épiscopat de Nazianze, y fit établir un évêque, et rentra dans la retraite, où il mourut, vers l'an 389, dans sa soixante-deuxième année.

Cette passion irrésistible pour la retraite, qui a dominé toute sa vie, l'avait rendu d'une humeur triste, chagrine, et quelque peu satirique; cependant, on ne saurait lui en faire un crime, car toutes les villes épiscopales étaient alors en proie à des troubles suscités par les ariens. Il s'éleva contre la hardiesse avec laquelle cette secte et celle des macédoniens formaient des assemblées et s'emparaient des églises; mais il y a loin de là à l'intolérance et au zèle outré contre les hérétiques dont quelques censeurs imprudents ont voulu l'accuser. Ce fut dans la retraite que saint Grégoire de Nazianze composa ses œuvres : la partie qui nous en est parvenue consiste en cinquante discours ou sermons sur divers sujets, deux cent trente-sept lettres, des poëmes, et deux cent vingt-huit épigrammes, dont nous sommes redevables au savant Muratori. Une profonde connaissance de la religion, une énergie singulière dans l'expression des vérités, soit du dogme, soit de la morale, caractérisent la plupart de ses écrits, qui brillent aussi par une éloquence dont aucun de ses contemporains n'a approché, et qui l'a fait surnommer l'*Isocrate des Pères grecs*.

GRÉGOIRE (Saint), évêque de Nysse, en Cappadoce, docteur de l'Église, et frère de saint Basile, naquit à Sébaste, en 331 ou 332, de parents distingués par leur noblesse, et épousa Théosébie, dont saint Grégoire de Nazianze nous a laissé un brillant éloge. D'accord avec elle, et pour se vouer plus spécialement à la pratique de la vertu, il entra dans l'état ecclésiastique et reçut l'ordre de lecteur, tandis que Théosébie était admise parmi les diaconesses. Mais bientôt, son goût pour les lettres profanes se réveillant avec plus de force, il renonça aux fonctions cléricales, abandonna le sanctuaire, rentra dans le monde et l'étonna par l'éclat de ses brillantes leçons de rhétorique, auxquelles la jeunesse courait en foule. Le clergé vit avec peine un clerc abandonner les fonctions saintes auxquelles il avait été initié; saint Grégoire de Nazianze fit entendre au jeune professeur des paroles fortes et sévères, et il n'eut pas de peine à le convaincre que sa conduite, peut-être seulement irréfléchie, avait été généralement regardée comme une apostasie dont il devait se hâter de réparer le scandale. Grégoire, renonçant à la brillante carrière qui s'ouvrait devant lui, se retira dans la solitude pour expier sa faute, puis se rendit auprès de saint Basile, son frère, qui avait été élevé, en 370, sur le siége de Césarée, métropolitain de la Cappadoce. Il y demeura peu de temps, adonné aux humbles fonctions de la cléricature; car en 371 ou 372 il fut, malgré sa résistance, appelé à l'évêché de Nysse, suffragant de Césarée.

Son attachement à la foi de Nicée, son opposition constante à l'arianisme, et la supériorité de son talent, tout contribua à l'exposer aux persécutions de cette secte fanatique. Obligé de fuir, de se cacher, pour éviter la prison, peut-être la mort; forcé d'abandonner son siége, dénoncé à un concile exclusivement composé d'ariens, et qui cependant n'osa prendre aucune mesure contre lui, il ne fit entendre qu'une seule plainte, et ce fut l'évêque de Nazianze qu'il rendit dépositaire de la douleur cruelle qu'il éprouvait. En 378, Gratien, étant devenu seul maître de l'empire, par la mort de Valens, se hâta de rappeler les évêques exilés et de les rétablir sur leurs siéges.

Grégoire était à peine rentré à Nysse, qu'une perte douloureuse l'obligea de s'en éloigner de nouveau : son frère et son métropolitain, saint Basile, pour lequel il avait autant de vénération que de tendresse, venait d'être enlevé à l'Église, et c'était à lui qu'il était réservé de lui rendre les derniers devoirs. Au mois d'octobre de la même année, il assista au concile d'Antioche, convoqué pour remédier aux abus nés du règne de Valens, et y reçut la mission de visiter l'Arabie et la Palestine, afin d'y ramener les fidèles à l'antique foi qu'ils avaient abandonnée. Il entreprit ce voyage en 380, et parcourut la Terre Sainte. En 381 il prononça, au concile de Constantinople (deuxième œcuménique), l'oraison funèbre de sainte Macrine, sa sœur, dont il avait reçu le dernier soupir avant son départ pour l'Arabie. En 382 et en 394 on le voit encore se présenter à deux autres conciles de Constantinople, dont le second, en récompense de son zèle, lui donna le titre de métropolitain. Ce sont les derniers événements mémorables de sa vie, que termina la mort des saints en 396, suivant quelques auteurs', mais plus probablement le 10 janvier de l'an 400. Les Grecs ont choisi ce jour pour honorer sa mémoire; les Latins la célèbrent le 9 mars.

Appelé à défendre l'Église, autant par sa conduite que par ses écrits, saint Grégoire de Nysse, grâce à la vivacité de sa foi et à la modération de son caractère, répondit admirablement aux vues de la Providence et aux devoirs de son apostolat. Ses œuvres ne le cèdent en rien aux plus beaux ouvrages de l'antiquité : dans ses discours, l'élégance, la pureté, l'éclat du style, semblent le disputer à l'énergie de la pensée, à la fécondité des preuves, à toutes les qualités de la véritable éloquence; dans la polémique, on le voit s'attacher surtout à enlever à l'erreur le masque dont elle se couvre, et parvenir constamment à dévoiler ses ruses et son hypocrisie. Aussi, le septième concile général, qui lui donna le glorieux titre de *Père des Pères*, voulant condamner les impiétés des nestoriens et confirmer l'ancienne doctrine de l'Église, produisit-il avec empressement contre les nouvelles erreurs les écrits de l'évêque de Nysse. Les ouvrages qu'il a laissés se composent de discours, d'homélies, de traités, de lettres, d'ouvrages dogmatiques ou de controverse, et de livres ascétiques. Parmi les nombreuses éditions des œuvres de saint Grégoire de Nysse, la meilleure est celle de Nivelle (Paris, 1615, 2 vol. in-fol.). Celle de 1618 (3 vol. in-fol.) et celle de 1638 sont moins correctes.

L'abbé J. DUPLESSY

GRÉGOIRE DE TOURS (GEORGIUS FLORENTINUS, connu sous le nom de), naquit en Auvergne, d'une famille sénatoriale, le 30 novembre de l'année 539, fut élu évêque de Tours en 573, prit alors le nom de Grégoire en l'honneur de son bisaïeul, saint Grégoire, évêque de Langres, et mourut l'an 593, à l'âge de cinquante-quatre ans. L'Église l'a mis au nombre de ses bienheureux, la Gaule au rang de ses plus grands évêques; la postérité voit en lui le père de notre histoire nationale. La jeunesse de Grégoire de Tours fut celle d'un pieux et studieux lévite. Devenu évêque, il se trouva, par sa haute position de patricien et de prélat gaulois, mêlé, sans avoir ambitionné cet honneur, à toutes les affaires politiques de son temps : Gontran et Sigebert Ier l'employèrent dans leurs négociations comme dans leurs querelles. Il encourut la haine de Chilpéric Ier et de Frédégonde, en donnant asile au duc Gontran et au prince Mérovée. Dans le concile de Paris, qui condamna le vertueux et trop facile Prétextat, il osa seul défendre cet évêque. « Il avait, dit M. Guizot, le double patriotisme de la religion et du pays : en lui se manifestait cette vertu épiscopale, cette importance politique, qui transportait alors à l'évêque la puissance du sénateur romain, et offrait à la race vaincue une protection respectée contre les violences de la conquête. »

Grégoire de Tours a laissé de nombreux écrits : lui-même en donne le catalogue à la fin de sa grande histoire : « J'ai écrit, dit-il, dix livres d'*histoire*, sept de *miracles*, un de la *Vie des Pères*; j'ai commenté dans un traité un livre de *Psaumes*; j'ai écrit un livre d'*Heures ecclésiastiques*. » Son principal ouvrage est son *Histoire ecclésiastique des Francs*, titre qui révèle le secret de l'état social à cette époque. « Ce n'est pas, dit M. Guizot, l'histoire distincte de l'Église, ce n'est pas, non plus, l'histoire civile et politique seule, qu'a voulu retracer l'écrivain; l'une et l'autre se sont offertes en même temps à sa pensée, et tellement unies, qu'il n'a pas pu songer à les séparer. Le clergé gaulois et les Francs, c'était alors en effet toute la société, la seule du moins qui prît part aux événements, et pût prétendre à une histoire. Le reste de la population vivait misérable, inactif, ignoré. »

L'histoire de Grégoire de Tours s'étend jusqu'à l'an 591, et se divise en dix livres. Le premier est un résumé assez confus de l'histoire ancienne universelle, surtout sous e rapport religieux; il se termine à la mort de saint Martin de Tours, en 397. Cette dernière partie renferme des détails intéressants sur l'établissement du christianisme dans les Gaules. Le second livre s'étend de la mort de saint Martin de Tours à celle de Clovis. Le conquérant mérovingien nous apparaît dans toute la vérité de son caractère. Rien de plus intéressant que le récit de sa conversion. Cette belle expression, le *nouveau Constantin*, appliquée à Clovis, appartient à Grégoire de Tours. On est fâché seulement de la froideur avec laquelle il raconte les crimes du catéchumène de saint Remi. Le troisième livre se termine à la mort de Théodebert, roi d'Austrasie, en 547. Le quatrième embrasse la suite des événements jusqu'à la mort de Sigebert Ier, roi d'Austrasie, en 595. Le cinquième contient les cinq premières années du règne de Childebert II, roi d'Austrasie, de 575 à 580. Le sixième finit à la mort de Chilpéric, en 584. Le septième est consacré à l'année 587. Le huitième commence au voyage que fit Gontran à Orléans, en juillet 585, et finit à la mort de Leuvigilde, roi des Visigoths d'Espagne, en 586. Le neuvième s'étend de l'an 587 à l'an 589. Le dixième, enfin s'arrête, pour l'histoire politique au moment où Frédégonde, en butte à la haine des Francs, vient se mettre sous la protection de Gontran; et pour l'histoire ecclésiastique, à la mort du bienheureux Arédius (saint Yrieix), abbé en Limousin, c'est-à-dire au mois d'août 591. Après avoir parlé d'une contagion et d'une disette qui cette année désola les pays de Tours et de Nantes, il termine par une chronique des dix-neuf évêques de Tours, lui compris. C'est là qu'il donne l'énoncé de ses ouvrages. La préface qui est en tête des dix livres est fort remarquable.

Grégoire de Tours est souvent obligé de se mettre en scène dans son histoire : il le fait avec simplicité et modestie. On voit que, soit qu'il s'agit de défendre le clergé, ou lui-même, ou les privilèges de son église, ou les proscrits qui s'y étaient réfugiés, il se montra toujours à la hauteur de ses devoirs et de sa position. Son dernier traducteur, M. Guizot, écrivain protestant, rend pleine justice sous ce rapport à l'Hérodote gaulois. Il reconnaît que, quelques reproches qu'on puisse faire à son histoire, pour la confusion qui y règne, pour les fables dont elle est semée, pour sa partialité en faveur des rois orthodoxes, il n'est aucun de ses contemporains qui ne les mérite davantage.

Charles Du Rozoir.

GRÉGOIRE. Seize personnages de ce nom, sans compter un antipape, ont occupé la chaire pontificale depuis 590, où le premier y fut élevé, jusqu'à la mort du dernier, arrivée en 1846.

GRÉGOIRE Ier (Saint), dit *le Grand*, à cause de son caractère moral et de ses vertus, naquit à Rome, vers l'an 540, du riche sénateur Gordien. Il descendait en ligne directe du pape Félix IV. Une jeunesse studieuse le rendit, par la variété de ses connaissances, digne d'être élevé d'abord à la dignité de préteur par l'empereur Justin le Jeune. Grégoire s'y fit remarquer par les lumières de son esprit, la maturité de son jugement et un amour extrême de la justice. On ne lui reprochait qu'un grand luxe, une splendeur toute mondaine dans ses vêtements comme dans ses habitudes, et tout faisait craindre qu'il ne dissipât l'immense fortune que devait lui laisser son père; mais à sa mort Grégoire, dont la piété avait lutté sans cesse contre son faste, parut tout à coup un homme nouveau. Il fonda sept monastères, dont six en Sicile et un à Rome, distribua aux pauvres ses riches habits, ses meubles précieux, et prit l'habit monastique dans le cloître de Saint-André, dont il était le fondateur, et dont il devint bientôt abbé, malgré lui, par le choix de ses frères. Le jeûne, la prière et l'étude devinrent ses occupations uniques. Frappé de la beauté de quelques Anglais exposés comme esclaves à vendre, dans le marché de Rome, et apprenant avec douleur que ces insulaires n'étaient pas chrétiens, il obtint du pape Benoît Ier l'autorisation d'aller prêcher la foi dans la Grande-Bretagne; mais à peine se fut-il mis en route, que le clergé et le peuple forcèrent le pape à le rappeler. Fait diacre de l'Église romaine en 578, il fut envoyé à Constantinople par Pélage II, vers l'année 580. Plusieurs négociations importantes le retinrent longtemps dans cette capitale, où il s'acquit l'estime de toute la cour. L'empereur Maurice le choisit pour être parrain d'un de ses fils; et à sa rentrée à Rome, qui eut lieu peu de temps après, le pape Pélage s'efforça de le retenir auprès de lui en qualité de secrétaire. Le monde lui pesait trop pour que cette charge pût longtemps lui convenir. A force de prières, il fut enfin libre de se retirer auprès de ses moines, mais à la mort de Pélage, les acclamations de Rome entière l'appelèrent au pontificat. Grégoire en frissonna de crainte. Il s'enfuit de la ville, écrivit à l'empereur pour le supplier de ne pas confirmer son élection, et se cacha dans une caverne. Mais le peuple l'y découvrit, le ramena dans Rome et l'intronisa malgré lui, le 3 septembre 590.

Ce saint homme avait cependant des ennemis qui l'accusèrent de dissimulation et d'hypocrisie. Sa vie entière repousse ces accusations. Sa modestie, son humilité, se manifestèrent par la simplicité de sa maison. Son palais prit toutes les apparences d'un monastère; son église même fut sans faste et sans pompe. Ses revenus furent consacrés au soulagement des pauvres; sa constante occupation était l'instruction de son peuple. De concert avec l'empereur Maurice, il termina le schisme des évêques d'Istrie. Mais il est juste de dire que tant de vertus étaient mêlées de quelque intolérance, que l'empereur avait peine à maîtriser. La conversion des Lombards et la destruction de l'arianisme furent aussi son ouvrage, et il en témoigne une joie extraordinaire dans ses Lettres à la reine Théodelide. Le rétablissement d'Adrien sur le siége de Thèbes, malgré l'archevêque de Larisse, l'absolution d'un prêtre excommunié par l'archevêque de Milan, la soumission de Maxime, évêque de Salone, attestent la suprématie sous son pontificat du saint-siége sur les églises d'Occident. Il n'osait encore montrer la même ambition à l'égard des patriarches de Constantinople. Mais ceux-ci affectant de prendre le titre d'évêque universel, Grégoire lutta constamment contre cette prétention. La guerre des Lombards contre l'exarque de Ravenne vint ajouter à ses embarras. Le roi Agilulf mit le siége devant Rome en 595, et la ville, dégarnie de troupes par l'exarque romain, fut réduite à la dernière extrémité. Lassé de demander en vain du secours à l'empereur, Grégoire songea à faire une paix particulière. Cette prétention déplut à la cour impériale. Les négociations furent traversées par l'exarque; mais la mort de ce Romain ayant aplani les difficultés, cette paix fut conclue en 598 par l'abbé Probus, envoyé du saint-siége.

Grégoire n'avait point pendant ce temps oublié les païens de la Grande-Bretagne. Ses missionnaires, partis en 595, sous la conduite du moine Augustin, arrivèrent deux ans après dans le royaume de Kent, où la reine Berthe avait déjà préparé leur triomphe. Le roi Éthelbert et une partie de son peuple se convertirent; mais il fut plus difficile de soumettre la nouvelle Église britannique à la tiare. Augustin mourut en 605 sans y être parvenu. Rome ne régnait en souveraine que dans les Gaules, et l'abbé Cyriaque vint en 599 y tenir un concile pour la réforme des abus dont Grégoire ne cessait de se plaindre. Il eut moins de peine à réformer la liturgie que la discipline. Après avoir composé un antiphonaire, il régla la psalmodie des psaumes, des oraisons, des cantiques. Il institua une académie de chantres, et donna lui-même aux jeunes clercs des leçons de plain-chant. Il permit les images, à condition qu'on ne les adorerait point. Quant aux temples des païens, il voulait qu'on les respectât, mais qu'on les convertît en églises. On lui doit aussi l'invention du purgatoire, qui paraît pour la première fois dans le quatrième livre de ses *Dialogues*. Il fit de grands efforts pour obliger les prêtres à la continence, et finit par défendre l'ordination de ceux qui avaient perdu leur virginité. Il permit toutefois qu'on admît au sacerdoce les veufs qui depuis la mort de leur femme avaient donné des preuves de leur chasteté. Il veilla sans relâche sur les monastères, et les força de rentrer dans la règle; mais il y introduisit lui-même de grands abus en les affranchissant de la juridiction des évêques. Il se faisait rendre un compte exact de toutes les églises de son obédience, et les dirigeait par ses exhortations. La réparation des basiliques de Saint-Pierre et de Saint-Paul occupa enfin les dernières années de sa vie, malgré les nouvelles guerres des Lombards contre l'exarque. Grégoire eut du moins, avant de mourir, la consolation de négocier et d'obtenir la paix une seconde fois.

Tant de travaux et de fatigues n'étaient pas propres à le guérir des infirmités qui ne cessaient de l'assiéger. La goutte le retenait fréquemment dans son lit, mais ces affreuses douleurs n'arrêtaient point l'activité prodigieuse de son esprit. Aucun pape n'a plus écrit de lettres que lui : les rois, les princes, les évêques, les hommes considérables de son temps, en recevaient à la moindre occasion; ses légats en étaient surchargés dans leurs voyages; et c'est dans cette volumineuse correspondance qu'on peut suivre les moindres détails d'une vie aussi pleine. On est fâché d'y lire des flatteries inconvenantes à l'adresse de l'infâme Brunehaut et du sanguinaire Phocas. Son étonnante crédulité à l'égard des miracles les plus ridicules est encore un défaut à lui reprocher; mais ces défauts étaient plutôt ceux de son temps que les siens propres. Il avait un tact merveilleux pour démêler la vérité de la calomnie dans les accusations qu'on lui portait contre les prêtres. Les faussaires, les sorciers, les simoniaques, les schismatiques, eurent dans ce pape un terrible adversaire. Heureux si le zèle de la foi ne l'eût pas porté plus loin! Mais, en dépit des dénégations de Platine il est difficile de ne pas croire aux nombreux témoignages qui l'accusent d'avoir détruit quelques richesses littéraires de l'antiquité, comme Ennius, Nævius et Tite-Live. Bayle prouve du moins qu'on lui impute à tort l'incendie de la bibliothèque palatine. Ce grand pontife mourut le 12 mars 604, après treize ans six mois et dix jours de règne. Paul et Jean Diacre ont écrit son histoire; ses œuvres ont eu dix-sept éditions, tant à Rome qu'à Paris; la dernière a paru en 1675.

GRÉGOIRE II fut le successeur de Constantin Ier, en l'an 715. Il était fils d'un Romain, appelé Marcel, et fut élevé dans Saint-Jean de Latran, sous les yeux de Serge Ier, dont il devint le bibliothécaire. Son règne fut d'abord troublé par les Lombards, qu'il menaça vainement de la colère de Dieu; mais il eut recours au duc Jean de Naples, et parvint à les chasser de la ville de Cumes. Malheureusement leurs ravages n'étaient pas aussi facilement réparés. Grégoire II fut constamment occupé à relever les murs de Rome, à restaurer les couvents et les églises, que dévastaient les incursions de ces peuples. Il se consolait de ces désastres en étendant la foi dans la Germanie, par les prédications de ses légats et par l'appui de Charles Martel. Dans un concile tenu à Rome en 721, il s'éleva contre les mariages contractés avec des femmes consacrées à Dieu ou avec de proches parentes; contre ceux qui consultaient les devins, contre les clercs qui laissaient croître leurs cheveux. Mais une querelle plus sérieuse lui était réservée de la part des iconoclastes. L'empereur Philippique, dit Bardanes, ayant ordonné d'enlever le tableau du sixième concile général de l'église de Sainte-Sophie, le pape Constantin, prédécesseur de Grégoire II, indigné de cette profanation, excommunia l'empereur. La dispute s'échauffa; on en vint à examiner et bientôt à commander le culte des images. Anastase II et Justinien III, successeurs de Bardanes, favorisèrent ce culte ordonné par le saint-siége; mais Léon l'Isaurien s'éleva à l'empire, et son premier édit bannit les peintures des églises. L'édit porté en Italie fut lacéré par Grégoire II; et le nouvel empereur en conçut une haine si violente, qu'il essaya trois fois de le faire assassiner par des sicaires. Cette tentative criminelle, déjouée par le zèle des Romains, n'était pas propre à calmer la colère du pape. Il excommunia l'empereur et l'exarque de Ravenne, et leva l'étendard de la révolte dans toute l'Italie. Ravenne, Naples, Venise, secondèrent sa vengeance. L'exarque et ses gouverneurs furent massacrés en 723; les Lombards profitèrent de ces divisions pour s'emparer des domaines de l'empire, et dépouiller le pape, en s'alliant à l'empereur, qui leur pardonna leurs premières déprédations. Grégoire II, luttant d'adresse avec Léon l'Isaurien, fit à son tour comprendre au roi Luitprand qu'il avait plus à gagner avec lui, et le remit dans ses intérêts. Le patriarche de Constantinople, Germain, s'était aussi rangé du parti du pape contre son empereur : il répondait par des anathèmes à des menaces. Grégoire II assembla en 727 un concile dans Rome, pour légitimer la défense de payer l'impôt à la puissance impériale et pour délier les sujets de leur serment de fidélité. Le duc de Naples, Exhilarat, et son fils Adrien, après quelques succès contre Grégoire II, furent pris et mis à mort par les Romains. Pierre, duc de Rome, fut chassé de cette ville; le patrice Eutychius essaya vainement de ramener les Lombards au parti de Léon : il n'échappa à la mort que par la fuite. L'empereur fut réduit à solliciter un concile œcuménique : Grégoire II ne lui répondit que par une excommunication nouvelle; mais ce fut le dernier acte de son pontificat et de sa vie. Il mourut vers les premiers jours de 731, après seize ans de règne.

GRÉGOIRE III fut l'héritier de son nom, de sa haine et de sa puissance. Pendant les funérailles du pape précédent, il fut enlevé du cortége par le peuple, et placé sur le trône de saint Pierre. C'était un prêtre syrien, fort instruit dans les lettres latines et grecques, fort ami des pauvres, et doué de grandes vertus. Il débuta cependant, malgré la douceur que les historiens lui prêtent, par une diatribe violente, adressée à l'empereur Léon, laquelle fut bientôt suivie d'une seconde, aussi terrible, en réponse à la lettre de ce prince. Ces missives parurent si fortes, que le prêtre Georges, chargé de remettre la seconde, revint à Rome sans avoir osé remplir cet ordre. Quatre-vingt-treize évêques se rassemblèrent bientôt en concile dans l'église de Saint-Pierre, pour appuyer les opinions du saint-siége sur le culte des images. Des anathèmes nouveaux furent lancés contre les iconoclastes; et le légat Constantin fut chargé de les apporter à Constantinople, à la place de Georges, que les officiers de l'empire avaient arrêté en Sicile. Le moine Constantin eut le même sort en Orient; et des précautions furent prises pour empêcher les lettres de Rome d'arriver jusqu'à l'empereur, qui fut moins heureux dans ses projets de vengeance : sa flotte, envoyée pour châtier les Italiens, périt dans les eaux de l'Adriatique, et toutes ses revanches se bornèrent à la saisie des domaines de saint Pierre dans les pays restés sous sa domination.

Le légat Boniface continuait pendant ce temps ses prédications en Allemagne, sous la protection de Charles Martel, duc des Français, suivant les expressions de la lettre même du pape. Mais il tenta vainement d'attirer ce prince en Italie pour châtier les Lombards, qui avaient, encore une fois tourné leurs armes contre le saint-siége. Grégoire III avait irrité le roi Luitprand, en prêtant son appui à Trasimond, duc de Spolète, qui s'était révolté contre ce monarque, et qui après sa défaite s'était réfugié dans Rome. Le Lombard vint le redemander à la tête d'une armée, et, sur le refus du pape, il mit le siége devant la capitale. Grégoire III implora le secours de Charles Martel, lui envoya des légats, des lettres et de riches présents, avec les clefs du tombeau de saint Pierre, et autres reliques précieuses. Le duc des Français ne répondit que par d'autres cadeaux, et ne jugea point convenable de guerroyer contre les Lombards. La mort le délivra de cette obsession en 740; et l'année suivante, Grégoire III le suivit au tombeau. Il fut enterré à Saint-Pierre, le 28 novembre 741. Rome lui dut la réparation et l'embellissement de la plupart de ses églises. Des couvents furent fondés par lui; d'autres embellis et enrichis de ses dons.

GRÉGOIRE IV succéda à Valentin, en 827. Mais son élection offre cette particularité que les Romains attendirent la confirmation de Louis le Débonnaire pour le consacrer. Il ne prit donc possession de son siége que le 5 janvier 828. C'était un Romain d'une famille distinguée, sous-diacre et prêtre du fait de Pascal Ier. Il débuta par ériger un magnifique tombeau, dans l'église de Saint-Pierre, au pape saint Grégoire, et y fit transférer ses cendres. Il plaça dans le même oratoire les corps de saint Sébastien et de saint Tiburce. En souvenir du titre de Saint-Marc, qu'il avait porté avant son exaltation, il fit restaurer cette église, et l'enrichit de ses dons. La ville d'Ostie, rebâtie et fortifiée, fut appelée de son nom *Grégoriopolis*, que l'histoire ne lui a pas conservé. Les querelles de Louis le Débonnaire et de ses enfants remplissent la vie politique de ce pape; et l'historien Heyddeger a quelque raison d'accuser ici sa loyauté. Grégoire IV n'eut pas même assez de franchise pour adopter franchement le parti de Lothaire, qui l'amena d'Italie en France; il prit le masque d'un conciliateur pour tromper Louis, pour débander ses troupes, pour l'abreuver d'humiliations, et osa traiter de menteurs, de fous et de malicieux, les prélats qui restaient fidèles à leur empereur. Ce prince eut l'occasion de se venger du pape, et ne lui donna que des marques de générosité. Rétabli sur le trône en 834, il protégea l'église de Rome contre les déprédations de ce même Lothaire et de ses troupes. C'est durant la même année, qu'à la sollicitation de ce prince, Grégoire IV créa l'archevêché de Hambourg pour saint Anschaire, qu'il chargea en même temps de prêcher la foi chez les Scandinaves. Ce pontife survécut trois ans à l'empereur Louis; mais l'histoire n'a recueilli de ses dix dernières années que la date de sa mort, arrivée au commencement de 844. Il avait institué, en 835, la fête de Tous les Saints.

GRÉGOIRE V succéda à Jean XVI, en 996, à l'âge de vingt-quatre ans. C'était le jeune et savant *Brunon*, fils d'Othon de Saxe, marquis de Vérone, et de la princesse Judith, sœur de l'empereur Othon III. Ce prince, se trouvant dans les environs de Ravenne avec son armée, lors de la vacance du saint-siége, fit élire son neveu; et Rome le reçut avec joie, dans l'espoir d'être enfin délivrée de la tyrannie de Crescentius. Mais le jeune pontife usa envers le factieux d'une générosité qui lui devint fatale : A peine l'empereur eut-il repassé les Alpes, que Crescentius souleva la populace romaine, se fit proclamer consul, chassa Grégoire V de son palais, et fit élire à sa place l'antipape Philagathe, évêque de Plaisance. Grégoire se retira dans Pavie, excommunia Crescentius et son compétiteur, et implora le secours de son oncle. Othon III ne se fit point attendre : il ramena son neveu dans Rome, relégua au fond de l'Allemagne l'antipape, horriblement mutilé par la même populace qui l'avait couronné, et fit précipiter Crescentius du haut du château Saint-Ange, où ce rebelle avait cru trouver un refuge. Ce pontificat ne fut pas de longue durée. Le rétablissement d'Arnoul sur le siége métropolitain de Reims, l'excommunication du roi Robert, de la reine Berthe et de tous les prélats qui avaient assisté à leur mariage, en composent à peu près toute l'histoire. Quelques auteurs, Machiavel, entre autres, y ajoutent l'institution du collége des six électeurs chargés de décerner l'empire d'Allemagne; mais ce fait est contesté. Grégoire V mourut dans sa vingt-septième année, le 18 février 999. Son épitaphe vante sa libéralité et parle de douze pauvres qu'il faisait habiller tous les samedis.

GRÉGOIRE VI fut élevé sur le saint-siége en 1045. Trois autres pontifes se le disputaient, Benoît IX, Sylvestre III et Jean XX. Le premier officiait à Saint-Jean-de-Latran, le second à Saint-Pierre, le troisième à Sainte-Marie-Majeure; mais l'histoire les dépeint comme trois misérables, qui se partageaient les revenus de l'Église, pour la souiller de leurs infamies. Un prêtre nommé *Jean Gratien*, d'une famille noble, entreprit la délivrance de Rome. Il les engagea à force d'or à se déposer eux-mêmes, fut élu en leur place, et prit le nom de Grégoire VI. Sa sagesse, dit le moine Glaber, répara les scandales de ses prédécesseurs; il s'efforça de mettre un terme aux désordres et aux séditions; mais le mal était trop grand pour qu'il lui fût possible de l'extirper. Le patrimoine de saint Pierre était mis au pillage par une foule de seigneurs complices de la faction des comtes de Toscanelle. Les campagnes étaient infestées de voleurs et d'assassins : on n'était pas même en sûreté dans les rues et dans les églises de Rome. Les offrandes des fidèles étaient enlevées aux autels, on se les disputait même à main armée. Grégoire VI avait peine à subsister. Dépouillé de son temporel et du produit des oblations, il employa d'abord les exhortations pour amener les coupables à résipiscence; mais tout fut inutile, jusqu'aux anathèmes et à la force des armes. Il obtint quelques restitutions par la violence, et rendit assez de sécurité aux grandes routes pour que les pèlerins pussent reprendre le chemin de Rome. Mais la populace romaine, accoutumée au pillage, lui fit un reproche des justes châtiments qu'il infligeait aux criminels. Des cardinaux ambitieux l'accusèrent d'avoir acheté le saint-siége. L'empereur Henri le Noir, instruit de ce nouveau désordre, descendit en Italie, et convoqua un concile à Pavie, pour y mettre un terme. Grégoire VI vint l'y trouver, et fut reçu d'abord en pontife. Mais ses ennemis finirent par l'emporter, et, soit qu'il ait été déposé, suivant certains auteurs, soit qu'au dire de certains autres, il se soit sacrifié à la paix publique, ce pape, dont Rome alors n'était pas digne, se dépouilla de la tiare après vingt mois de pontificat, et alla mourir obscurément en Allemagne, où l'empereur Henri l'avait relégué.

GRÉGOIRE VII. C'est le célèbre *Hildebrand*, dont le nom rappelle tant d'ambition et de violence, tant de grandeur et d'hypocrisie. Bayle l'a comparé aux Césars et aux Alexandre. On se trompe cependant quand on lui attribue l'invention de cette politique profonde qui a fini par dominer les rois. Il est sans doute le premier pape qui ait osé excommunier et déposer son souverain. Mais le continuateur de Bossuet a eu tort de répéter, après Othon de Freisingen et autres, que la déposition d'un empereur avait été jusque là sans exemple. Nous ne reproduirons point ceux dont s'étaye Hildebrand lui-même dans ses lettres : ils sont ou faux ou mal choisis; mais nous dirons qu'avant lui la puissance ecclésiastique s'était permis des attentats de cette nature. Le premier fut un trait de lâcheté de la part d'un clergé tremblant et servile. C'était pour complaire à l'usurpateur Ervige que, sur la fin du septième siècle, les évêques d'Espagne avaient prononcé la déposition de leur roi Vamba; et cent trente ans après, le clergé de France, qui avait déjà substitué l'audace et la révolte à la servilité, s'était fondé sur cet exemple pour déposer Louis le Débonnaire. Il était tout naturel que l'évêque de Rome, après avoir établi sa domination sur les évêques d'Occident, réunît dans sa main tous les droits que s'étaient arrogés les divers clergés de son obédience. Celui qui avait donné l'empire à Charlemagne, pouvait se croire d'ailleurs autorisé à en dépouiller les successeurs de ce prince; et soixante-dix ans avant Grégoire VII son digne prédécesseur Grégoire V avait excommunié Robert de France et l'avait entièrement isolé de son peuple. C'est cette faiblesse d'un peuple ignorant et superstitieux, tel qu'était alors celui de l'Europe, qui fit la force d'Hildebrand. Ses fréquents voyages l'avaient mis à même de connaître tout le parti qu'on pourrait tirer de cette religieuse soumission aux ordres d'un pontife, et la nature l'avait doué de tout l'orgueil, de toute la constance nécessaires pour faire tourner ce servilisme à la gloire ou au profit du saint-siége.

Ce pape avait soulevé trop de passions, alarmé trop d'intérêts, pour que sa mémoire ne fût pas en butte aux attaques de l'esprit de secte et de parti; et, par une réaction que le temps présent nous fait merveilleusement comprendre, il a été loué sans réserve par ses défenseurs. Ces contradictions sont un grand embarras pour un historien impartial, et il est probable que le monde ne saura jamais à quoi s'en tenir sur les vices et les vertus d'Hildebrand. Son origine même est devenue un problème. Si nous croyons certains écrivains allemands, il serait fils d'un charpentier nommé Banizon; et en jouant avec les copeaux de son père, il aurait formé par hasard les lettres de ces paroles du psalmiste : *Il dominera d'une mer à l'autre.* Mais d'autres biographes le font descendre de l'illustre famille d'où sont sortis plus tard les comtes de Petiliane. Tous s'accordent à le faire naître à Soane, ville de Toscane, vers l'an 1013. Arrivé dès l'enfance à Rome, il fut confié aux soins d'un frère de sa mère, nommé Laurent, qui était alors abbé de Notre-Dame-du Mont-Aventin, et que son savoir fit parvenir plus tard à l'archevêché d'Amalfi. Il vint achever ses études en France, sous Odilon, abbé de Cluny, prit l'habit de ce monastère, et dut bientôt à son habileté la mission d'aller défendre à Rome les intérêts de son ordre. C'est alors qu'il connut l'archiprêtre Gratien, qui fut depuis le pape Grégoire VI; il s'attacha à lui comme un zélé disciple, le suivit dans l'exil, et parut à sa suite à la cour de l'empereur Henri le Noir, qui fut émerveillé de l'éloquence avec laquelle il prêchait la parole de Dieu. Rappelé à Rome par Léon IX, il fut ordonné sous-diacre, et chargé de réformer le monastère de Saint-Paul, dont les moines se faisaient servir par des femmes. La longue vacance qui suivit ce pontificat, et qui était due à la crainte d'élire un pape sans le consentement de l'empereur, fut un supplice pour l'altier Hildebrand.

De cette époque date sa détermination d'enlever cette prérogative à la puissance séculière, et de transformer en vassal du saint-siége celui-là même qui en était le suzerain. Député en 1055 par les Romains pour supplier l'empereur de leur désigner un pontife, il s'indigne de cette condescendance, rassemble quelques évêques à Mayence pour conserver du moins un simulacre d'élection, fait élire un parent de l'empereur, pour lui ôter l'idée d'un refus, lui donne le nom de Victor II, et l'emmène à Rome malgré le monarque et malgré lui-même. Il devient dès ce moment l'âme du sacré collége, le conseil du saint-siége, le chef obligé de toutes les légations importantes; il préside en cette qualité le concile de Lyon et celui de Tours. S'il est absent, les papes, qui l'ont apprécié, recommandent en mourant de ne rien faire avant son arrivée; et comme à la mort d'Étienne X les comtes de Toscanelle se hâtent d'imposer un pape aux Romains (*voyez* BENOIT X), Hildebrand, indigné que d'aussi petits princes s'arrogent un droit qu'il veut enlever au chef même de l'Empire, fait casser cette élection par le peuple et lui substitue Nicolas II. Celui-ci lui témoigna sa reconnaissance par la dignité de cardinal et le titre d'archidiacre de l'Église romaine; et à la mort de ce nouveau pontife, il se mit à la tête du parti puissant qui donna la tiare à Alexandre II, malgré la cour impériale. Henri le Noir n'était plus. Henri IV venait d'hériter de l'Empire sous la tutelle de l'impératrice Agnès : une minorité parut aux yeux d'Hildebrand une circonstance favorable pour arriver à son but. La cour lui opposa vainement un nouveau pontife. « Les rois n'ont aucun droit à l'élection des papes », répondit-il à l'archevêque de Cologne, qui était venu à Rome pour défendre les droits de l'empire, et l'élu d'Hildebrand resta en possession du saint-siége.

Son tour était enfin arrivé. Depuis son enfance, il avait vu passer dans la chaire de Saint-Pierre onze papes et trois antipapes; mais le jour même où Alexandre II avait cessé de vivre, pendant que le clergé de Rome était assemblé pour s'entendre sur une élection nouvelle, le peuple se mit à crier autour de la basilique : « Hildebrand pape! saint Pierre l'a élu; » et le clergé confirmant sur-le-champ l'élection du prince des apôtres, il prit le nom de Grégoire VII. Il est ridicule sans doute de le défendre contre les accusations de magie et de sorcellerie auxquelles le cardinal Bennon, avocat de l'antipape Guibert, attribue son élection, mais il ne le serait pas moins de croire aux faux semblants d'humilité, aux affectations de modestie, dont Hildebrand se pare dans ses lettres. Ainsi, il écrit à ce même Guibert, archevêque de Ravenne, que, « sans lui donner le temps de parler », on l'a porté violemment sur le saint-siége. « La mort d'Alexandre II est retombée sur moi, » dit-il dans une autre à l'abbé de Mont-Cassin. Celui-ci lui répond qu'il aurait dû attendre l'enterrement de son maître avant d'usurper sa place. Mais, arrivé à sa soixantième année, il devait être pressé de parvenir à une puissance qui le mît à même d'accomplir les vastes desseins de son orgueil. Son but est marqué dans ses actes et dans ses paroles. « Quel est l'homme un peu instruit qui ne préfère les prêtres aux rois? » écrit-il dans une de ses lettres. « Ils croient peut-être que la dignité royale est au-dessus de la dignité épiscopale, dit-il dans celle qu'il adresse à Herimar, évêque de Metz; qu'ils sachent donc de combien elles diffèrent : l'une a été inventée par l'orgueil humain, l'autre instituée par la bonté divine. » Parmi les vingt-sept maximes qu'on lui attribue, et qu'il aurait fait adopter par son premier concile de Rome, en 1074, il proclame qu'il est permis au pape de déposer les empereurs et de dispenser du serment de fidélité fait aux princes. Or l'Église n'était point parvenue à ce degré de puissance; Hildebrand le prouve lui-même en soumettant son élection à ce même empereur Henri IV, dont il va troubler le règne. Mais celui qui avait le dessein de soumettre les rois au saint-siége devait avoir l'ambition d'y monter. C'est donc à la seule hypocrisie qu'il faut attribuer sa réponse à l'envoyé de Henri, qui vient demander aux seigneurs et au clergé de Rome pourquoi ils ont fait un pape sans consulter leur maître. « Les Romains m'ont élu malgré moi, répète-t-il au comte Éberard; ils m'ont fait violence, mais ils n'ont jamais pu m'obliger à me faire ordonner avant de connaître la volonté de l'empereur. »

Il n'en avait pas moins fait des actes de souveraineté, en ne permettant à Ebbles de Rouci de faire la guerre aux

Maures d'Espagne qu'à la condition d'y maintenir les droits de saint Pierre; il n'en avait pas moins écrit à Godefroy le Bossu, duc de Lorraine, et mari de la fameuse Mathilde, « que si l'empereur ne l'écoutait pas, le pape ne serait pas maudit pour n'avoir point ensanglanté son épée. » Le prêtre Anselme ayant été élu évêque de Lucques dans la même année, Grégoire VII lui avait défendu de recevoir l'investiture de la main du prince. C'est cette grande querelle des investitures, source de divisions et de désordres, que suscite ce pontife comme le premier point d'attaque contre la puissance royale; et ce qui donne un grand argument à ses panégyristes, c'est la pureté des motifs dont il s'appuie. La corruption du clergé était à son comble. L'incontinence des prêtres et des moines était poussée jusqu'au scandale. Au mariage, qui leur était permis encore, ils joignaient la débauche et le concubinage. L'avarice des prélats égalait leur ambition. La simonie était publiquement avouée. Si les biens des particuliers étaient à la merci des confesseurs, les biens ecclésiastiques étaient, en revanche, pillés ou usurpés par les seigneurs. Les souverains eux-mêmes vendaient les évêchés et les abbayes. L'empereur et Philippe Ier, roi de France, étaient plus particulièrement signalés par les délateurs de ces attentats; et l'adroit Hildebrand ne manifesta d'abord que l'intention de les réprimer. C'est sur Philippe qu'il essaya sa puissance à l'occasion de l'archidiacre Landri, nommé à l'évêché de Mâcon, et dont ce roi voulait rançonner l'investiture. Grégoire VII ameuta les évêques de France contre leur souverain. Il écrivit à celui de Châlons que le roi renoncerait à la simonie, ou que les Français excommuniés refuseraient de lui obéir. Et ces lettres, ces défenses, étaient datées de 1073, avant que l'empereur eût ratifié son élection. Il fait plus, il défend à Philippe, sous peine d'excommunication, de se mêler désormais d'affaires ecclésiastiques. Sa circulaire aux prélats de Reims, de Sens, de Bourges et de Chartres est un modèle de violence et de rage. Il parle du roi de France comme d'un tyran couvert de crimes et d'infamie, dont l'exemple excite ses sujets à toutes sortes d'attentats. Mais Philippe laissa prêcher le pape, dont les accusations n'étaient pas toutes des calomnies; il continua sa scandaleuse vie et ses vices furent protégés par les vices de son clergé et par la politique même d'Hildebrand.

Ce pontife avait intérêt à ménager les rois, à ne pas pousser avec eux les choses à l'extrême, de peur qu'ils ne vinssent à se liguer avec un empereur qu'il avait résolu de soumettre ou d'anéantir, et cette lutte qu'il méditait depuis longtemps, qu'il avait inutilement conseillée aux quatre ou cinq papes dont il avait dirigé les affaires, lui présentait d'assez graves difficultés pour qu'il ne fût point tenté de la compliquer. « Il s'attaquait, dit le jésuite Maimbourg, dont l'impartialité est ici remarquable, il s'attaquait à un empereur jeune, riche, puissant, plein de feu et de courage, jaloux de son honneur et de ses droits. Il savait, en outre, que la sévérité dont il avait usé pendant ses légations envers les prélats débauchés et simoniaques de l'Allemagne ne les avait point disposés à l'obéissance, et l'historien que nous venons de citer attribue ses démonstrations d'humilité au besoin d'une confirmation qui imposât silence à ces évêques. Il se lassa bientôt d'un rôle qui répugnait à son caractère. Il fit revivre une accusation de simonie portée contre Henri IV au tribunal d'Alexandre II, et fit partir quatre légats pour l'Allemagne, sous prétexte de remédier aux abus dont l'Église avait à se plaindre. L'empereur vint au-devant de ces envoyés de Rome; et c'est seulement de leur bouche qu'il apprit l'anathème dont il était frappé et le décret d'excommunication lancé contre les clercs qui recevraient à l'avenir d'un laïque l'investiture d'aucun bénéfice. Henri fut surpris de cette audace; mais la guerre qu'il soutenait contre la Saxe révoltée, le força de dissimuler. Il craignit les effets de cet anathème, et le détourna par une soumission calculée, qui lui valut une absolution tout aussi sincère. Cette paix ne fut qu'une trêve fort courte. Les évêques d'Allemagne ayant refusé le concile que demandaient à présider les envoyés du pape, Henri IV rougit de sa faiblesse, et appuya par ses propres défenses l'opposition de son clergé. Grégoire VII éclate à cette nouvelle : il excommunie l'archevêque de Brême, Liémar, premier auteur de cette opposition, ainsi que les principaux officiers de l'Empire, et leur ordonne de venir lui rendre compte de leurs actions. Il écrit en même temps au roi de Danemark pour s'assurer de la coopération de ses troupes dans le cas où le saint-siége en aurait besoin. S'il ménage encore l'empereur, c'est que celui-ci, luttant d'hypocrisie avec le pape, manifeste le plus grand désir de mettre un terme aux désordres de l'Église. Mais ces deux rivaux ne tardent point à lever le masque. Henri, vainqueur des Saxons, soutient ouvertement ceux de ses conseillers que le pontife a frappés de ses foudres; et Grégoire en vient à citer à son tribunal le chef de l'Empire.

Henri brave les menaces du pontife, chasse de ses états les envoyés de Rome, convoque un synode à Worms pour travailler à la déposition d'Hildebrand, et, s'il faut en croire quelques historiens, passionnés peut-être, il ourdit à Rome une conspiration contre les jours du pape, par l'entremise de l'archevêque Guibert, son ancien chancelier. En effet, le 25 décembre 1075, le préfet Cencius entre tout armé dans l'église de Sainte-Marie-Majeure, s'empare du pape, qui célébrait la messe de minuit, le dépouille de ses ornements, et l'enferme dans une tour qu'il avait fait construire sur le pont Saint-Pierre. Mais le bruit de cette violence soulève le peuple contre le ravisseur. La tour est assiégée ; Cencius est réduit à implorer sa grâce du pontife, et fuit de Rome avec ses complices, pour éviter la colère d'un peuple excité à la vengeance par la vue d'une blessure que le saint-père a reçue dans ce guet-apens. Grégoire retourna tranquillement à l'autel, et finit les trois messes que les conjurés avaient si violemment interrompues.

Cependant, le 23 janvier 1076, s'ouvrit le synode de Worms. Le cardinal Hugues Le Blanc, excommunié pour ses débauches, y assista de la part de l'archevêque de Ravenne. Il y apporta une histoire du pape, fabriquée par le cardinal Bennon, où étaient accumulés tous les crimes imaginables; et cette assemblée, présidée par l'empereur lui-même, prononça la déposition d'Hildebrand, comme usurpateur, apostat, criminel de lèse-majesté, et préférant les adultères et paillardises aux chastes mariages. L'étrange décret de cette assemblée, dont nous n'osons pas citer ici les expressions, est apporté aux évêques de la Lombardie et de la marche d'Ancône, qui jurent tous sur l'Évangile de ne plus reconnaître Grégoire VII pour pape. L'empereur écrit en même temps au peuple de Rome, au pontife lui-même, et lui ordonne de quitter le saint-siége. Un clerc, Roland de Parme, a le courage de remettre ces lettres au milieu du concile que Grégoire tient à Rome ; il traite le pape de loup ravisseur, et somme les seigneurs et les prélats de se trouver à la Pentecôte en présence de l'empereur pour élire un chef de l'Église. Roland aurait payé de sa tête cette folle démarche, si Grégoire ne l'eût couvert de sa générosité. Sa violence n'éclata que contre l'empereur et ses conseillers. Il employa même un miracle pour frapper les esprits, et montrant au concile un œuf où était gravé un serpent armé d'une épée et d'un bouclier, il s'écria qu'il fallait se servir du glaive de la parole et frapper le serpent à la tête. Il excommunia l'empereur, le déclara déchu de la dignité impériale, et délia ses sujets de leurs serments. Les évêques d'Allemagne et de Lombardie furent frappés des mêmes anathèmes.

Ceux-ci les lui rendirent avec usure, et Guibert de Ravenne, les ayant rassemblés à Pavie, prononça à son tour l'excommunication du pape. Mais la puissance pontificale était déjà trop bien établie pour qu'elle ne prévalût pas dans l'esprit des peuples contre les décrets des conciles provinciaux. Plusieurs seigneurs et prélats reculèrent devant cet anathème, et vinrent se jeter aux genoux du pontife. Les Saxons, excités par ses agents, levèrent de nouveau l'étendard de la révolte. Le duc Rodolphe de Souabe se déclara ouvertement pour le chef de l'Église; les ducs de Bavière et de Carinthie se liguèrent avec eux contre Henri IV. Les seigneurs et les évêques l'abandonnèrent presque tous; sa cour fut désertée. Le 16 octobre, neuf mois après le synode de Worms, les mêmes hommes se rassemblèrent à Tribur, sous la direction des légats du pontife qu'ils avaient renié. On donna un an à l'empereur pour se faire absoudre, sous peine d'être déposé; et ce prince, retiré à Oppenheim, de l'autre côté du Rhin, avec une poignée de serviteurs fidèles, en face de cette ville de Tribur, dont le nom seul existe encore, fut réduit à des négociations déshonorantes. Le pape fut invité à se rendre à Augsbourg pour juger ce différend; il se mit même en route avec sa fidèle compagne, la comtesse Mathilde, veuve de trente ans, qui lui livrait ses États et ses troupes avant de les lui laisser en héritage, et dont la présence attirait sur la vie privée de ce pontife tant d'accusations qu'il est aussi difficile de réfuter que d'admettre. Mais l'empereur ne voulut point attendre son juge en Allemagne; il courut au-devant de lui, non pas en suivant la route ordinaire, dont les passages étaient gardés par ses ennemis, mais la Bourgogne et en traversant la Savoie, dont le souverain ne lui ouvrit les portes qu'au prix d'une province.

Henri, arrivé ainsi en Lombardie, avec sa femme et son jeune fils, fut étonné de se retrouver à la tête d'une armée qu'avaient rassemblée les seigneurs et les prélats du pays. Le pape, effrayé de cette levée de boucliers, se réfugia dans la forteresse de Canosse; mais la lâcheté de l'empereur ne tarda point à le rassurer. Il implora la médiation de Mathilde, de l'abbé de Cluny, de tous les familiers du pape, pour être admis en sa présence, et n'entra dans Canosse que pour abjurer sa dignité d'homme, pour ravaler celle de l'Empire. L'altier Hildebrand le tint trois jours dans son antichambre, les pieds nus, au mois de janvier, vêtu seulement d'une tunique de laine, criant en vain miséricorde, et ne recevant de nourriture que ce qu'il en fallait pour soutenir une vie si honteusement dégradée. Grégoire VII l'admit seulement le quatrième jour, feignant de céder aux supplications de Mathilde, et ne lui accordant même qu'une absolution conditionnelle. Henri consentit à le suivre à Augsbourg, à y paraître en criminel devant ses accusateurs, à ne porter jusque là aucune marque de sa dignité. Les témoins de cette scène étaient pour la plupart révoltés de cette dureté barbare; les prélats et les seigneurs lombards furent indignés de la lâcheté de leur souverain. Toutes les villes d'Italie lui fermèrent leurs portes; on résolut de couronner son fils et de marcher droit à Rome. Cette humiliation nouvelle le fit rougir de la première. Rejeté par les Allemands pour avoir été proscrit par le pape, repoussé par les Italiens pour s'être réconcilié avec l'Église, le faible empereur se démentit une troisième fois pour regagner l'amitié des Lombards. Il révoqua son abjuration, et reprit sa vie de schismatique.

Dans l'intervalle, les grands et le clergé d'Allemagne avaient donné l'Empire à Rodolphe de Souabe, dans une troisième assemblée, tenue à Forcheim, le 13 mars 1077. Cette élection fut un cruel embarras pour Grégoire VII: il était comme emprisonné dans un des châteaux de sa belle pénitente. Les partisans de l'empereur le cernaient de toutes parts: il ne pouvait, disait-il, ni passer en Allemagne ni rentrer en Italie. Son caractère en fut atterré. C'est la seule circonstance de sa vie où son orgueil et sa fermeté se soient démentis. Il n'osa donner son approbation au choix du nouvel empereur, quoique les instances de l'assemblée de Forcheim fussent poussées jusqu'à l'injure. Il blâma la précipitation des électeurs, mais n'eut point le courage d'accomplir la déposition de Henri, après l'avoir si violemment poursuivie et si ouvertement proclamée. Il trouva cependant le moyen de regagner sa capitale, et tint un quatrième concile, où furent excommuniés les principaux évêques de la Lombardie. Dans deux autres conciles, tenus en 1078 et 1079, après avoir reçu l'abjuration de l'hérésiarque Bérenger, et lancé l'anathème sur Nicéphore Botoniate, usurpateur du trône de Constantinople, il donna audience aux députés des deux empereurs d'Occident, et les renvoya l'un et l'autre à une conférence solennelle, dont il n'assigna le lieu ni l'époque. Il n'osa se prononcer qu'après la bataille de Fladenheim, perdue en Saxe par Henri IV, le 27 janvier 1080; et se tournant avec la fortune contre un ennemi dont il croyait n'avoir plus rien à craindre, il se vengea, par sa violence, de la contrainte où il avait vécu pendant plus d'une année. S'adressant aux apôtres, il leur dénonce l'empereur, et termine son réquisitoire par la reconnaissance de Rodolphe. Il y ajoute le renouvellement des foudres dont il a frappé Henri IV, et dont il est prêt à frapper tous ceux qui, comme lui, se permettraient de donner encore des investitures.

Cependant, la fortune ne répondit point à ses espérances: Rodolphe fut battu à son tour; quarante-neuf évêques, rassemblés à Brixen par les ordres du vainqueur, prononcèrent une seconde fois la déposition de Grégoire VII, et donnèrent le saint-siége à Guibert, archevêque de Ravenne, dont les sourdes intrigues avaient depuis longtemps encouru l'excommunication. Le décret rendu contre Hildebrand est, comme les siens, un tissu d'injures et de grossièretés. Il sent alors la nécessité de se fortifier par des alliances. Il avait eu en 1073 quelques démêlés avec Guillaume le Conquérant, qui n'avait point voulu soumettre l'Angleterre à un évêque d'Italie; il le caresse maintenant, et réclame son secours contre les ennemis de l'Église. Il avait, dès la première année de son pontificat, excommunié le Normand Robert Guiscard, duc de Sicile et de Calabre; il le reçoit en grâce, en lui arrachant toutefois un traité qui le rend vassal du saint-siége, et qui l'oblige à défendre le pape. Fier du secours des Normands et des troupes de Mathilde, il veut aller assiéger son compétiteur dans Ravenne; il encourage les partisans de Rodolphe, il s'érige en prophète, et du haut de la chaire il leur prédit à jour fixe la mort de Henri et l'anéantissement de sa puissance. Mais le prophète est démenti par l'événement: c'est Rodolphe qui meurt à la bataille de Mersbourg sur l'Elster; et Grégoire croit échapper au ridicule en prétendant que sa prédiction de mort se rapportait à l'âme, et non au corps de l'empereur. Malheureusement pour lui, les troupes de Mathilde avaient été défaites le même jour près de Mantoue. Henri IV courut en Italie pour achever le reste, et pour introniser l'antipape Guibert. Les serviteurs de Grégoire en frémirent, et le pressèrent de se réconcilier avec son ennemi; mais il se montra digne de lui-même. Au lieu de fléchir, il renouvela le décret de déposition dans le huitième de ses conciles, et se prépara à soutenir un siége. Henri vint camper sous les murs de Rome; il laissait l'Allemagne au nouveau concurrent que ses adversaires lui avaient donné dans la personne d'Herman de Luxembourg, pour s'attacher au principal auteur de ses tourments. Mais l'inflexible pontife repoussa pendant trois ans ses attaques réitérées. Le peuple le supplia vainement de mettre un terme à ses souffrances. « Qu'il se soumette, répondait-il, et je l'absoudrai. » L'opiniâtreté de Henri égala la sienne; il s'empara enfin de la ville par trahison, ou par surprise, et fit introniser son pape Guibert, sous le nom de Clément III, qui lui rendit bienfait pour bienfait, en lui donnant enfin la couronne impériale.

Grégoire VII, retiré dans le château Saint-Ange, riait de leurs actions et de leurs menaces; il ne fut pas même ébranlé par la défection des Romains, qui, lassés d'une lutte aussi longue, s'étaient rangés du parti du vainqueur. Il attendait les secours de Robert Guiscard, qui était allé soutenir les droits de l'empereur Michel contre l'usurpateur du trône de Constantinople. Robert vint enfin au commencement de mai 1084. Henri était absent; il avait couru en Allemagne pour apaiser quelques troubles. Mais les soldats qu'il avait laissés à l'antipape Guibert et les Romains eux-mêmes repoussèrent les premières attaques des Normands. Il fallut que Robert emportât la ville d'assaut. Le pillage et l'incendie suivirent sa victoire, et Grégoire VII, ramené dans son palais, ne régna plus que sur les murs de Rome: Les cœurs des habitants n'étaient plus à lui, les vassaux de Mathilde étaient lassés ou vendus. Robert n'osa point attendre le retour de l'empereur, et conseilla au pape de le suivre à Salerne. Il sortit de Rome au moment où les troupes impériales y rentraient aux acclamations du peuple. Ces affronts et ces fatigues usèrent les dernières forces de l'opiniâtre vieillard, que la mort attendait dans sa retraite. Il la vit arriver sans fléchir, et conserva au lit de mort son orgueil et son opiniâtreté : « Hors le prétendu roi Henri, dit-il, hors son antipape et leurs conseillers, j'absous et je bénis tous ceux qui croient que j'en ai le pouvoir. » Ce langage était moins chrétien, mais il était plus conforme à son caractère. Le 25 mai 1085 il avait cessé de vivre.

Il n'est pas un seul souverain de son époque, pas un seul royaume, sur lesquels il n'ait essayé d'asseoir sa domination. Il prétendait que la Saxe avait été donnée par Charlemagne à saint Pierre, que l'Espagne lui appartenait avant d'être aux Sarrasins, et qu'il aimait mieux la leur laisser que de la voir passer à des chrétiens qui n'en feraient pas hommage au saint-siége. Il s'appuyait encore sur un prétendu diplôme de Charlemagne pour exiger les tributs de la France. Il menaçait les juges souverains de Sardaigne de donner leur île à des conquérants qui la lui demandaient, s'ils persistaient à lui refuser le denier de saint Pierre. Deux rois se disputaient la Hongrie : il écrivit à un et à l'autre pour les engager tour à tour à se soumettre au saint-siége, qui était, disait-il, souverain de ce pays. Il élevait les mêmes prétentions sur la Dalmatie; et le prince Démétrius, héritier du trône de Russie, étant venu à Rome pour visiter le tombeau des apôtres, Grégoire VII l'amena à recevoir la couronne de ses mains comme un don de l'Église romaine. On lui attribue la première pensée de la pieuse folie des croisades. Il y songea dès la seconde année de son pontificat. L'Europe lui dut ainsi trois legs funestes : la querelle des investitures, la rivalité des rois et des papes, la vaine conquête du saint-sépulcre, c'est-à-dire trois siècles de schismes, de guerres civiles, de guerres étrangères et de calamités de toutes espèces. On conçoit dès lors aisément l'enthousiasme des ultramontains pour la mémoire d'un prêtre qui a voulu tout abaisser aux pieds du chef de l'Église. Quinze ans après sa mort, le pape Anastase IV le fit peindre dans une église parmi les bienheureux. En 1584, son nom fut inséré dans le Martyrologe par Grégoire XIII; en 1609, Paul V permit au chapitre de Salerne de l'honorer comme un saint; enfin, cinquante ans après, Alexandre VII introduisit son office dans toutes les basiliques de Rome. Cet office pénétra dans les églises de Bénédictins en 1710, et c'est de là que sortit, sous le pontificat de Benoît XIII, une légende de Grégoire VII, qui souleva toutes les puissances protestantes et catholiques de l'Europe. Contentons-nous de voir en lui un grand homme, sans tenir compte des maux dont il a affligé son siècle. Disons, toutefois, que les vices de son temps furent plus forts que lui, car il ne put réprimer aucun des abus et des scandales qui déshonoraient le sacerdoce, l'empire et le monde.

GRÉGOIRE VIII (MAURICE BOURDIN), antipape, gouverna l'Église conjointement avec Gélase II. C'était un Espagnol, que le père Maimbourg traite de scélérat, et qui par la faveur de Bernard, archevêque de Tolède, fut d'abord évêque de Coïmbre. Il fit, en 1108, le voyage de Jérusalem, s'acquit, en revenant par Constantinople, l'amitié de l'empereur Alexis, et succéda à saint Géraud dans l'archevêché de Prague, en 1110. Ayant passé, cinq ans après, en Italie pour solliciter l'appui du pape Pascal II contre ce même Bernard qui avait commencé sa fortune, et qui voulait maintenant le soumettre à la primatie de Tolède, Bourdin obtint l'affranchissement de son archevêché, et partit, comme légat de ce même pontife, pour aller négocier la paix avec Henri V. Mais cet empereur, qui revendiquait sur Rome la riche succession de la comtesse Mathilde, était résolu à pousser les choses à l'extrémité; il conduisit son armée jusque dans la capitale, d'où le pape Pascal s'était enfui, et sur le refus des cardinaux, se fit couronner dans Saint-Pierre par ce même Bourdin, qui devint ainsi l'ennemi de celui qui l'avait délégué. Excommunié par Pascal II, il s'attacha de plus en plus à la cause de l'empereur, et après la mort de ce pontife et la non-confirmation de Jean de Gaëte, que cinquante-et-un cardinaux avaient élu sous le nom de Gélase II, l'ambitieux Bourdin ceignit la tiare par la grâce impériale, le 14 mars 1118, et prit le nom de *Grégoire VIII*. Gélase, retiré à Gaëte, renouvela les anathèmes de Pascal; mais une partie de l'Allemagne et de l'Angleterre reconnut le nouveau pape; et Gélase, après avoir essayé vainement de rentrer dans Rome, alla mourir en France, au monastère de Cluny, en 1119. Grégoire VIII n'en fut pas plus avancé. Quelques cardinaux lui donnèrent un nouveau rival dans la personne de Calixte II, qui en 1120 le força de quitter Rome et de se renfermer dans le château de Sutri. Les habitants de cette ville ne lui furent pas longtemps fidèles: ils le livrèrent au vainqueur, et le malheureux Grégoire, vêtu d'une peau de mouton ensanglantée, monté à rebours sur un chameau, dont il tenait la queue, ignominieusement promené dans les rues de Rome, menacé de mort par la populace, ne fut sauvé que par la générosité de Calixte, qui l'envoya mourir dans un monastère.

GRÉGOIRE VIII (ALBERT DE SPINACHIO), successeur d'Urbain III, fut élevé au pontificat le 21 octobre 1187. C'était un personnage renommé pour sa sagesse, plein de zèle pour les choses saintes, et fort opposé aux pratiques superstitieuses que l'ignorance avait introduites dans l'Église. Grégoire signala son avénement en adressant aux princes chrétiens des lettres par lesquelles il les conviait à la croisade. Il promettait des indulgences, prescrivait des jeûnes, se soumettait lui-même aux plus rudes austérités, et travaillait, dans l'intérêt de la conquête des lieux saints, à la réconciliation des Pisans et des Génois, lorsqu'il mourut à Pise, le 16 décembre 1187, après avoir occupé le trône pontifical pendant un mois et vingt sept jours.

GRÉGOIRE IX (UGOLINO DE SEGNI), succéda à Honoré III, le 19 mars 1227. Il appartenait à la famille d'Innocent III. C'était un homme de grand esprit, fort savant, fort grand canoniste, et saint François d'Assise lui avait prédit la tiare. Rien n'égala le faste de son couronnement ni la richesse de son cortége. La Rome du Christ brillait alors de toutes les splendeurs mondaines. Mais des soins plus importants occupèrent Grégoire IX. La guerre des Albigeois durait encore, et les légats du saint-siége s'efforçaient de ranimer les fureurs des croisades, qui se ralentissaient tous les jours. L'empereur Frédéric II fut sommé de tenir la promesse qu'il avait faite de passer en Asie avec une armée; il s'embarqua à Brindes, mais il y rentra avec sa flotte trois jours après, sous le prétexte d'une grave maladie. Le pape ne se paya point de ces raisons. Ennemi personnel de Frédéric depuis l'emprisonnement et l'exil des deux frères d'Innocent III, ses proches parents, il saisit ce prétexte pour se venger, et le 29 septembre 1227 il excommunia l'empereur du haut de la chaire d'Anagni, après un sermon des plus violents. L'anathème, renouvelé deux fois, fut suivi d'un manifeste adressé à tous les évêques, qui se terminait par la menace d'une déposition solennelle. Frédéric II écrivit de son côté à tous les souverains de la chrétienté pour justifier sa conduite, et, récapitulant tous les griefs de la maison de Souabe contre le saint-siége, il ne fit qu'irriter davantage le pontife orgueilleux, qui lui répondit par une bulle d'excommunication, plus violente encore que les deux premières. L'empereur perdit patience : il attira dans son parti les Frangipani et autres nobles romains; et Grégoire IX, attaqué par eux dans l'église de Saint-Pierre, fut forcé de se réfugier à Pérouse. Frédéric II n'en continua pas moins son voyage vers la Terre Sainte, et ce fut cette fois malgré les défenses du pape, qui le regardait alors comme indigne de délivrer le saint-sépulcre. Le pontife, sur ces entrefaites, faisait la guerre aux lieutenants de l'empereur. Il envoya même une armée sur ses terres, et Jean de Brienne, autrefois roi de Jérusalem, porta le fer et le feu dans le royaume de Sicile, au nom du successeur de saint Pierre. Frédéric II, instruit de ces déprédations, fit la paix avec le sultan d'Égypte et revint, en 1229, défendre son trône et ses États.

A cette nouvelle, Grégoire IX entre en fureur, prononce la déchéance de son ennemi, et repousse d'abord tous ses ambassadeurs. Mais, par l'entremise d'Herman, grand-maître de l'ordre Teutonique, une espèce de paix est conclue, en 1230, sans qu'aucun des deux rivaux abjure sa haine et son désir de vengeance. L'empereur fomente des révoltes dans le sein de Rome, tout en promettant au pape de le secourir contre ses ennemis, et Grégoire, contraint de fuir une seconde fois la capitale, en juillet 1232, essaye de soulever les villes d'Italie contre Frédéric; il lève, en attendant, des sommes énormes dans tous les États catholiques. Enfin, les intérêts de la croisade réunissent un moment ces deux rivaux à Spolète. Frédéric II promet de repasser dans la Terre Sainte, et prête ses troupes au pape pour étouffer les rébellions qu'il a fomentées lui-même. Les Romains sont forcés de se soumettre, et Grégoire IX, en reconnaissance de ce service, donne à son tour ses troupes à l'empereur pour châtier son fils.

A ces apparences de conciliation succèdent, en 1236, des plaintes réciproques. Trois années se passent de part et d'autre en manœuvres secrètes, en intrigues et en escarmouches. Mais en 1239, sous prétexte de l'occupation de la Sardaigne par les troupes impériales, Grégoire fulmine une nouvelle excommunication contre Frédéric, dont il énumère en termes injurieux les prétendus attentats contre l'Église. L'empereur répond par de nouvelles injures, il s'adresse à tous les princes, et traite le pape de Balaam, d'antechrist, de dragon séducteur, de prince des ténèbres. Cette guerre de plume est suivie d'une guerre plus sérieuse. Le pape détourne les fonds et les guerriers destinés à la croisade pour se défendre contre son ennemi. Frédéric II demande, de son côté, la convocation d'un concile général, et appuie sa demande par une invasion en Italie. Les légats du pape lèvent des tributs et des hommes en France, et offrent l'Empire à Robert d'Artois, frère de Louis IX. Mais le saint roi était un grand homme. Il répondit par un noble refus, et envoya des ambassadeurs à Frédéric II pour s'en expliquer avec lui. Les seigneurs d'Allemagne refusèrent aussi d'en élever un autre à l'Empire. Cette guerre affligeait les rois de France et d'Angleterre; ils supplièrent le pape d'assembler un concile pour en décider. Grégoire IX y consentit; mais ce fut alors Frédéric II qui s'opposa à cette convocation, après l'avoir sollicitée; il ne lui convenait plus de soumettre au jugement des prélats une cause où il s'agissait purement de la puissance séculière. Il ferma toutes les voies de terre et de mer aux évêques qui se rendaient à l'appel du pape, tandis que Louis IX, par des motifs de politique intérieure, arrêtait dans ses États les sommes exorbitantes qu'y levaient les légats du saint-siége. La guerre ravageait les environs de Rome. Bénévent, Faenza, Spolette, étaient au pouvoir de l'empereur. Le roi de Hongrie, attaqué par les Turcs, appelait vainement à son secours les deux puissances. Frédéric et Grégoire s'imputaient réciproquement les causes de cette invasion et l'impossibilité où ils disaient être de secourir les Hongrois. Mais Frédéric avançait toujours vers Rome, et Grégoire IX allait être réduit à une nouvelle fuite, si la mort ne lui eût épargné cette honte. Ce pape avait déjà quatre-vingt-cinq ans à l'époque de son exaltation, et l'on a peine à comprendre tant de passions violentes dans le cœur d'un vieillard. Il mourut dans sa centième année, le 20 juillet 1241, et légua à ses successeurs cette guerre des guelfes et des gibelins, qui devait longtemps embraser l'Italie. Le saint-siége lui doit un legs plus précieux et plus utile à sa gloire, c'est le recueil des décisions papales, qui fut appelé les *Décrétales de Grégoire IX*, et qui devint par la suite le code de la monarchie pontificale.

GRÉGOIRE X (Théalde ou Tibaud VISCONTI) succéda, en 1271, à Clément IV, après une vacance de trois ans. Il était sur la route des Saints Lieux, quand les quinze cardinaux, réunis en conclave à Viterbe, s'ennuyèrent de leur longue prison, et s'en remirent au choix de six d'entre eux, qui l'élurent tout d'une voix. Il était alors simple archidiacre de Liége, et c'est à Saint-Jean-d'Acre qu'il reçut la nouvelle de son élection. Il ne fut sacré à Rome que le 27 mars 1272. Mais son exaltation lui importait moins que la prédication d'une croisade nouvelle et la réunion des Églises grecque et latine. Il convoqua à cet effet un concile à Lyon, et força Michel Paléologue, empereur de Constantinople, d'imposer à ses prélats la soumission à l'Église romaine. Les anathèmes qu'il prononça à l'instigation du roi Édouard d'Angleterre contraignirent Gui de Montfort, assassin du prince Henri d'Allemagne, à venir se jeter à ses pieds, presque nu et la corde au cou. Grégoire X le livra au roi de Sicile, qui le fit mourir en prison. Il fut moins heureux dans son projet de réconcilier les guelfes et les gibelins de Florence, et s'en vengea par un interdit jeté sur cette ville, qu'il traversait pour se rendre à Lyon, où l'attendaient plusieurs rois ou princes et des prélats de toutes les contrées de la chrétienté. Les envoyés de Paléologue l'y joignirent le 24 juin 1275, et le 4 juillet arrivèrent les ambassadeurs du khan des Tartares. Les uns et les autres reconnurent le pape pour le père commun des chrétiens; mais ce ne fut qu'une réunion momentanée. La croisade, qui était le second objet de ce concile, se borna à des levées de décimes et à des engagements sans résultat. Cette assemblée n'en eut d'autre que des règlements de discipline ecclésiastique et la constitution des conclaves pour l'élection des papes, tels à peu près qu'ils se tiennent de nos jours. L'Empire était alors disputé par Alfonse de Castille et Rodolphe de Hapsbourg. Grégoire X se prononça pour ce dernier, et força son compétiteur à se désister de ses prétentions, moyennant l'autorisation de lever une dîme sur le clergé d'Espagne pour les frais de la guerre contre les Maures. Les rois étaient alors les très-humbles vassaux du saint-siége. Deux brefs datés de Beaucaire l'an 1275 ordonnent, l'un à Alfonse III de Portugal, d'obéir aux décrets de ses prédécesseurs Honoré III et Grégoire IX; l'autre, au roi d'Aragon, d'abandonner une concubine qu'il a enlevée à son mari. L'empereur Rodolphe vient à son tour lui donner des marques de vassalité en jurant à ses pieds de respecter le patrimoine de saint Pierre et de soutenir ses droits sur le royaume de Naples. Forcé par les inondations de l'Arno de traverser Florence, qu'il avait frappée d'interdit, il leva l'excommunication en entrant dans la ville, et la renouvela à sa sortie avec une grande violence, après avoir béni le peuple sur son passage avec une douceur angélique. Il alla mourir vingt-deux jours après, à Arezzo, le 10 janvier 1276, et fut enterré dans la cathédrale de cette ville, dont le clergé ne manqua pas de lui attribuer des miracles et de le regarder comme un saint. L'Église se borne à le considérer comme un digne pontife.

GRÉGOIRE XI (Pierre-Roger de MAUMONT), neveu de Clément VI, qui l'avait promu à la pourpre, à l'âge de dix-sept ans, sous le nom de cardinal de Beaufort, succéda, sur la chaire de saint Pierre, à Urbain V, en 1370. Son pontificat débuta par le vain projet de réconcilier Charles V de France et Édouard III d'Angleterre, et par l'excommunication des frères Visconti, qu'il fit poursuivre, en 1373, par les armes d'Amédée de Savoie. Il rétablit pendant ce temps la paix entre la reine Jeanne de Naples et Frédéric le Simple, de la maison d'Aragon, en faveur duquel il confirma l'érection du royaume de Trinacrie comme fief immédiat de la couronne de Sicile. Cet acte était plus humain que la persécution des *turlupins*, espèce de vaudois qui habitaient la Savoie et le Dauphiné, et qu'il livra à la colère du roi de France. Il eût mieux fait de tourner les armes des chrétiens vers Constantinople, dont les provinces étaient ravagées par des bandes ottomanes. Mais Grégoire XI ne vit dans cette guerre qu'un moyen d'amener les Paléologues et les Grecs à reconnaître enfin la suprématie du pape; et l'Orient échappa tout à la fois à ses empereurs et aux pontifes qui prétendaient y dominer.

A cette époque commençait à surgir, du sein de l'Église, cette série de novateurs qui devaient en démembrer la monarchie et en diviser les doctrines. Un chanoine de Prague, nommé Jean Milicins, regardé comme le précurseur de Jean Huss, prêchait, en 1374, une espèce de réforme en Bohême, en Pologne et en Silésie. Grégoire XI suscita contre lui les foudres des prélats d'Allemagne et le glaive de l'empereur Charles IV, pour le punir, dit-on, d'avoir osé écrire sur la porte même du Vatican, que l'antechrist était venu, et qu'il était dans l'église. Un hérésiarque plus célèbre paraissait en même temps en Angleterre : c'était Jean Wiclef, docteur d'Oxford, qui donnait aussi au pape la qualification d'antechrist. Grégoire XI écrivit à tous les prélats anglais pour leur commander le châtiment de ce rebelle; mais les régents du jeune Richard II le mirent à couvert des censures ecclésiastiques; et Wiclef, fort de cet appui, attaqua plus ouvertement le pouvoir temporel et spirituel des papes, les mystères, les dogmes et les constitutions de l'Église catholique. Il osa même comparaître devant les juges de Rome, accompagné des ducs de Lancastre et de Percy, et Grégoire XI mourut sans avoir tiré vengeance de cet hérésiarque.

Le plus grand événement de ce pontificat est le retour de la cour papale à Rome, après soixante-douze ans de séjour à Avignon. Pressé par les sollicitations des Romains, par les reproches de saint Pierre d'Aragon, par les prières de sainte Catherine de Sienne et de sainte Brigite de Suède, Grégoire XI céda surtout à la nécessité d'arrêter par sa présence la spoliation et le ravage des domaines de l'Église. Le patrimoine de saint Pierre était en proie à une foule d'usurpateurs sanguinaires. Florence avait formé une ligue puissante contre l'autorité du pape, et une armée d'Anglais et de Bretons n'avait pas plus effrayé les rebelles que les anathèmes du saint-siége. L'Italie lui échappait, et les Romains avaient déjà offert la tiare à l'abbé du Mont Cassin, qui l'avait acceptée. Grégoire XI annonça donc à toutes les puissances chrétiennes sa résolution de retourner dans sa vieille capitale; et, laissant six cardinaux pour gouverner le comtat, il s'embarqua avec treize autres à Marseille, en 1376. Les troubles de l'Italie ne lui permettaient pas de prendre la voie de terre. Il relâcha seulement à Gênes, à Pise, à Piombino, et remonta le Tibre depuis Ostie jusqu'à Rome, où il entra, le 17 janvier 1377, au milieu des acclamations du peuple. 8,000 lampes éclairaient la basilique de Saint-Pierre, où il alla rendre grâce à Dieu de son retour. Mais sa vie fut de courte durée. Les Romains avaient contracté pendant trop longtemps des habitudes d'indépendance. Des pouvoirs populaires s'étaient établis : ils avaient capitulé, il est vrai, avec l'autorité pontificale; mais leur jalousie éclatait à chaque occasion et multipliait les révoltes. Le désordre s'accrut pendant les cinq mois d'été que Grégoire XI alla passer à Anagni. A son retour, il trouva les *bannerets* plus puissants et plus insolents que jamais. Les Florentins secondaient tous ces mouvements, et le trésor de l'Église ne suffisait pas aux créanciers du pontife. Il se repentit d'avoir cédé aux sollicitations des Romains, et songea sérieusement à reprendre la route d'Avignon. Mais le chagrin que lui causait sa situation le conduisit au tombeau le 27 mars 1378. C'est le dernier des papes français : on loue sa science, son zèle pour les arts et la pureté de ses mœurs; mais on l'accuse de népotisme.

GRÉGOIRE XII (ANGE CORARIO). C'était un vieillard octogénaire, d'une des premières familles de Venise, et patriarche *in partibus* de Constantinople. Il était évêque de Venise quand Boniface IX l'envoya à Naples en qualité de nonce pour remettre ce royaume sous la domination de Ladislas. Il succéda enfin à Innocent VII, en 1406. Le grand schisme d'Occident affligeait l'Église depuis la mort de Grégoire XI. Elle avait toujours deux papes; et celui de France se nommait Benoît XIII à l'avénement de Grégoire XII. Mais celui-ci avait juré avant son élection de se démettre du pontificat si son rival voulait en faire autant, pour laisser à un conclave général la faculté d'élire un pape unique. Il envoya d'abord trois légats à Benoît : les ambassadeurs de France se joignirent à eux, et le pape ou l'antipape d'Avignon eut l'air de céder à leurs prières. Mais ni l'un ni l'autre n'avait envie de tenir sa parole. L'entrevue devait se faire à Savonne. Benoît ne s'y rendit que parce que Grégoire ne voulait pas s'y rendre. Celui-ci s'était avancé jusqu'à Lucques avec la ferme intention de ne pas pousser plus loin, et il ne répondait que par des violences aux prélats qui lui rappelaient son serment. Ses cardinaux, irrités, l'abandonnèrent et se retirèrent à Pise, en protestant contre une promotion que leur pape voulait faire, et qu'il fit après leur départ. Grégoire XII répondit à leur manifeste par l'excommunication, et les cardinaux, de leur côté, en appelèrent à un concile, en traitant leur chef d'antechrist, de scélérat, d'ivrogne, d'homme de sang, de lâche destructeur de l'Église. La France menaçait en même temps Benoît XIII de se soustraire à son obédience : celui-ci répondait à son tour par des interdits et des anathèmes, et le clergé gallican faisait lacérer sa bulle et châtier les messagers qui l'avaient apportée. La glace fut tout à fait rompue; le conseil du roi, l'assemblée du clergé, l'université, prononcèrent leur séparation, et s'adressèrent aux deux colléges de cardinaux pour mettre un terme à ce scandale. Un concile fut convoqué à Pise par les deux partis, et les deux papes furent sommés d'y comparaître. Il s'ouvrit le 25 mars 1409, sous la protection du maréchal de Boucicaut, qui parcourait l'Italie avec une armée française. La cause des deux papes fut examinée : ils furent l'un et l'autre déclarés contumaces; et le 5 juin, après une citation nouvelle à la porte de la cathédrale de Pise, le patriarche d'Alexandrie prononça leur déposition.

En vertu de cette sentence, vingt-cinq cardinaux entrèrent au conclave, et un troisième pape fut élu sous le nom d'Alexandre V. Grégoire XII ne se tint point pour battu. Retiré près d'Aquilée, il opposa concile à concile, et lança sur les cardinaux de Pise des foudres, dont ils se moquèrent. Menacé par le sénat de Venise, il se déguisa en marchand pour échapper à la captivité, et se sauva sur les galères de Ladislas, qui le conduisirent à Gaëte, pendant que son camérier, revêtu des habits pontificaux, était battu et volé par les sbires du patriarche d'Aquilée. Rome reçut avec joie le nouveau pontife Alexandre V, auquel succéda Jean XXIII, sans que la situation de Grégoire XII en fût améliorée. La trahison de Ladislas ajouta même à ses angoisses. Ce roi perfide le vendit au pape Jean pour 100,000 ducats; mais les habitants de Gaëte le firent secrètement embarquer sur un vaisseau vénitien, qui le transporta à Rimini, sous la protection de Charles Malatesta. Quelques évêques d'Allemagne le reconnaissaient encore, et il leur envoyait des décrets, qu'il leur était impossible d'exécuter. Le schisme, entretenu par son obstination, acquit une violence de plus par les cruautés de Jean XXIII. Il fallut en venir à un concile général : ce fut celui de Constance, où l'empereur Sigismond invita les trois papes à se rendre. Grégoire XII n'osa se fier à ses ennemis; il abdiqua la puissance pontificale dans un consistoire qu'il tint à Rimini, et le concile, le distinguant de ses deux compétiteurs, qu'on avait été obligé de déposer, lui déféra les titres de doyen des cardinaux et de légat perpétuel dans la marche d'Ancône. Il le déclara, en outre, le second en ordre et en dignité après le pape qui serait élu. Grégoire jouit deux ans de ces honneurs, et mourut le 18 octobre 1417, à l'âge de quatre-vingt-onze ans.

GRÉGOIRE XIII (CHARLES ou HUGUES BUONCOMPAGNO), successeur de Pie V, fut élu le 14 mai 1572. Il était de Bologne, et était né en 1502. Professeur à l'université de cette ville, à l'âge de trente-deux ans, il vint à Rome en 1539, et y fut nommé référendaire. Paul III l'envoya plus tard au concile de Trente, et à son retour il fut successivement vicaire de l'auditeur de la chambre sous ce même pape, secrétaire apostolique sous Jules III, évêque et cardinal sous Paul IV, qui lui confia la légation de Portugal.

C'est là qu'il connut le cardinal Granvelle, qui devint par la suite le principal auteur de son exaltation. Elle eut lieu sous les terribles auspices de la Saint-Barthélemy : des auteurs dignes de quelque foi assurent qu'il lui en coûta d'être obligé d'approuver de semblables horreurs. Mais il est difficile de concillier cette assertion avec les actes mêmes de ce pape. Il fit tirer le canon du château Saint-Ange en réjouissance de cet infâme massacre, osa en remercier Dieu dans son temple, persécuta les protestants avec un acharnement digne des ligueurs de France, félicita le duc d'Anjou de ses victoires sur les calvinistes, lui envoya la rose d'or avant son départ pour la Pologne, et secourut de ses trésors l'empereur et le roi d'Espagne Phillippe II. Il fallait que ces trésors fussent bien considérables ; car il distribuait en même temps des subsides à don Juan d'Autriche, à l'ordre de Malte, au duc de Brunswick, bâtissait des églises magnifiques, fondait et dotait vingt-deux colléges, construisait des greniers publics et ajoutait de belles fontaines aux monuments de Rome. Le cardinal Granvelle, son ancien protecteur, fut le premier, et à peu près le seul, qui éprouva sa fermeté comme pontife, à l'occasion d'un criminel que ce cardinal, vice-roi de Naples, avait enlevé à la juridiction de l'archevêque. Grégoire XIII menaça de le déposer ; et le fier Granvelle céda à l'autorité nouvelle de son protégé d'autrefois. Il fut moins heureux dans le projet de réconcilier le peuple de Gênes avec les nobles, dans ses négociations contre les Turcs, dans celles qui avaient pour but de donner la couronne de Pologne à la maison d'Autriche, dans ses trames contre Élisabeth d'Angleterre et en faveur de Marie Stuart. Il envoya vainement quelques soldats en Irlande et soixante jésuites en Angleterre. Ses soldats furent battus, ses jésuites chassés, et ses menées n'eurent d'autre résultat que d'aggraver le sort des catholiques anglais. Philippe II le joue à Lisbonne, et s'empare du Portugal, pendant que Grégoire XIII prétend juger à Rome les titres des divers concurrents qui se disputent l'héritage du roi Sébastien. Mais le plus grand témoignage de sa faiblesse, c'est l'empressement qu'il met à féliciter le roi d'Espagne sur sa conquête ; et les historiens ont cru le justifier en alléguant qu'il attendait de Philippe II des grâces et des dignités pour Jacques Buon-Compagno, son fils naturel.

En Allemagne, ses conseils échouent contre les passions de Gebhard Truchsess, archevêque de Cologne, qui embrasse le calvinisme pour épouser une religieuse. Mais un prince de la maison de Bavière se fait élire à la place de Gebhard, et les armes bavaroises appuyant les anathèmes de Grégoire XIII, le coupable est forcé de chercher un asile en Hollande. Le grand-maître de Malte, Jean Épiscopius de la Cassière, arrêté et mis en prison par des chevaliers espagnols, ayant invoqué l'assistance du pontife, fut assez heureux pour se voir rétablir dans sa dignité. Mais le pouvoir du pape était méconnu sur les terres même de l'Église. D'innombrables bandits, protégés par des seigneurs puissants et surtout par la famille des Orsini, infestaient les routes de sa capitale, et la réduisaient presque à la famine. Ils venaient même jusque dans Rome braver les sbires et l'autorité du saint-père. La mort de Raimond Orsini, attaqué et tué dans son palais par le prévôt, causa une sédition violente, que Grégoire ne put apaiser que par le supplice de ses propres officiers. Le frère de Raimond se vengea sur Vincent Vitelli, petit-fils du pontife ; et ces désordres lui survécurent. Ceux de la France duraient encore : il voulut en profiter pour y affermir sa domination, et une bulle où il attaquait la puissance royale y fut publiée par quelques prélats ultramontains. Mais le parlement interdit ce libelle, et fit saisir le temporel des évêques dissidents. Disons pourtant, à la louange de ce pape, qu'il refusa constamment de donner à la ligue une approbation solennelle ; que ni les Guises, ni les jésuites, ni Henri III, ne purent lui arracher le moindre bref de confirmation, et qu'en dépit de leurs sollicitations, il ne voulut jamais consentir à excommunier Henri de Navarre et le prince de Condé. La mort le surprit au milieu de ces embarras, vers le 10 avril 1585 : il avait quatre-vingt-trois ans. Son peuple le regretta, car il n'en avait reçu que des bienfaits ; une statue lui fut érigée dans le Capitole. C'est à lui que nous devons la réforme du calendrier, sollicitée depuis longtemps par les astronomes, et que les Russes et les Grecs rejettent encore.

GRÉGOIRE XIV (NICOLAS SFONDRATO) succéda à Urbain VII, le 5 décembre 1590. Né à Crémone, en 1535, il était devenu évêque de cette ville, puis cardinal en 1583. Les intrigues du cardinal de Montalte triomphèrent, dans le conclave, des nombreuses factions qui s'y étaient formées, et lui donnèrent la tiare. Le peuple crut un moment qu'il était fou en l'entendant rire aux éclats pendant son exaltation ; mais s'il faut en croire de Thou, c'était tout simplement une mauvaise habitude, que châtièrent rudement les diatribes de Pasquin. Ses prodigalités firent oublier cette inconvenance. Il fit donner mille écus à chacun des cinquante-deux cardinaux qui étaient présents au conclave, rétablit les pensions des grands seigneurs que Sixte-Quint avait supprimées, et l'histoire n'eut rien dit de plus de lui, si les troubles de France ne lui eussent donné une célébrité malheureuse. Son pontificat de dix mois fut cruellement rempli par son dévouement sans bornes à la ligue expirante. Il n'imita à cet égard ni la réserve de Grégoire XIII, ni la politique de Sixte-Quint. Il donna tête baissée dans les plans de Philippe II et des jésuites. Sans égard pour les représentations de la noblesse de France, il se déclara ouvertement contre Henri IV, l'excommunia, lui et ses adhérents, excita les Français à déférer la couronne au roi d'Espagne, leva une armée de 12,000 hommes pour secourir les ligueurs, et leur sacrifia tous les trésors amassés par Sixte-Quint. La fièvre et la gravelle l'emportèrent, le 15 octobre 1591, malgré les potions cordiales que lui préparait avec un soin filial l'ambassadeur de Philippe II.

GRÉGOIRE XV (ALEXANDRE LUDOVISIO) succéda à Paul V, le 9 février 1621. Il était né le 9 janvier 1554, de l'une des plus illustres familles de Bologne. Élevé par les jésuites au collége allemand, et plus tard, par les jurisconsultes de sa ville natale, il vint à Rome à l'instigation de Grégoire XIV, qui le nomma collatéral du sénateur. Clément VIII le créa référendaire et juge civil. Paul V lui conféra l'archevêché de Bologne, la nonciature d'Espagne et le chapeau de cardinal, et à soixante-sept ans il monta sur le trône de saint Pierre. C'est à lui que le duc de Lesdiguières avait dit : « Je me ferai catholique quand vous serez pape. » Il le fut, et Lesdiguières tint parole, mais l'épée de connétable y était pour quelque chose. Les intérêts du saint-siége et un zèle ardent pour la religion firent de Grégoire XV un violent persécuteur des huguenots, malgré son affectation de douceur et de mansuétude, à laquelle quelques historiens se sont laissé prendre. « Faites sentir votre fureur à ceux qui ne connaissent point Dieu, » écrivait-il à Louis XIII ; et ce roi fit une rude guerre aux protestants de son royaume. Les protestants de Bohême et de Genève ne furent point oubliés par sa colère. Il aida l'empereur de ses trésors et de ses troupes, et eût livré les Genevois à l'ambition du duc de Savoie, si le grand ministre qui dirigeait Louis XIII n'eût moins pensé à punir quelques huguenots de plus qu'à empêcher l'agrandissement d'une puissance voisine. Il ne trouva pas plus de complaisance dans le sénat de Venise quand il prétendit lui défendre d'accorder aux Grecs le libre exercice de leur culte : les Vénitiens songèrent moins au salut de leurs âmes qu'à celui de leur commerce.

A la faveur de ces débats religieux, l'archiduc Léopold et Philippe III d'Espagne s'étaient emparés de la Valteline, et la France, qui n'était plus d'humeur à souffrir ces usurpations, fit alliance avec le duc de Savoie et avec les Vénitiens pour les chasser de cette province. Grégoire XV frémit pour la paix de l'Italie. Il s'offrit pour médiateur aux cours d'Espagne et de France, et en vertu d'un traité signé à Madrid, le 4 février 1623, la Valteline fut mise en dépôt dans ses mains, avec faculté d'en disposer à la satisfaction des deux couronnes. On assure qu'il fut tenté de la garder pour lui; mais il ne vécut point assez pour justifier cette accusation. Une affaire plus importante occupait sa diplomatie : le roi Jacques d'Angleterre voulait à tout prix marier son fils Charles à une infante d'Espagne, et, attendu la différence de religion, le cabinet de Madrid exigeait une dispense du pape. Grégoire XV y vit un moyen de ramener l'Angleterre dans le giron de l'Église romaine; mais il abusa tellement de la faiblesse de Jacques Ier, et lui imposa tant de conditions que la mort le surprit avant d'avoir mené à fin cette négociation. Il était dans la destinée de ce pape de ne rien achever de ce qu'il avait commencé. Cependant, il est vrai de dire que son pontificat ne dura que deux ans cinq mois et vingt-neuf jours. Il mourut le 8 juillet 1623, fort regretté des pauvres, qui furent les objets constants de son inépuisable charité. On lui attribue un livre intitulé les *Décisions de la rote*, que Beltramini a publié avec des commentaires.

VIENNET, de l'Académie Française.

GRÉGOIRE XVI (MAURO CAPELLARI), pape de 1831 à 1846, naquit le 28 septembre 1765, à Bellune, dans les États Vénitiens. Il entra jeune encore dans l'ordre des Bénédictins-Camaldules, et s'y distingua tellement par son savoir canonique et son érudition dans les langues anciennes et modernes de l'Orient, qu'il fut bientôt élu vicaire général de sa compagnie. En 1825 Léon XII le promut au cardinalat; plus tard il le créa préfet de la Propagande et l'employa dans les négociations suivies avec le roi des Pays-Bas pour la conclusion d'un concordat. Sous le pontificat de Pie VIII, le cardinal Capellari fut chargé de la direction des négociations suivies avec le gouvernement prussien au sujet de la fameuse question des mariages mixtes. Élu contre toute attente pape dans le conclave de 1831, il ceignit la tiare le 2 février, et prit le nom de *Grégoire XVI*. Son règne devait être des plus agités. En effet, à peine Grégoire XVI fut-il assis sur le trône pontifical, que la sourde agitation produite en Italie par le retentissement de la révolution de Juillet éclata sur divers points de la péninsule en mouvements insurrectionnels, dont les États de l'Église eux-mêmes ne furent pas exempts, et qui ne purent être réprimés que par l'intervention de la France et de l'Autriche. Au lieu d'en prévenir pour longtemps le retour par l'adoption d'une politique plus conforme à l'esprit de son temps, Grégoire XVI, cédant à la funeste influence des conseils que lui donnaient les cardinaux Bernetti et Albani, chargea une armée autrichienne de mettre à la raison ceux de ses sujets que d'intolérables abus avaient poussés à l'insurrection. C'est alors que Casimir Périer, pour faire contre-poids à l'armée que le cabinet de Vienne faisait entrer dans les États Pontificaux, envoya une division de nos troupes occuper Ancône (1832).

Aux soucis qu'inspirait au souverain pontife la situation critique du patrimoine de saint Pierre, vinrent bientôt se joindre des tribulations causées par les démêlés politiques du saint-siége avec l'Espagne et le Portugal. Ces puissances, jadis essentiellement catholiques, en arrivèrent à rompre toutes relations avec la cour de Rome et à prendre le parti de se passer de son concours pour opérer les réformes jugées indispensables dans leur organisation ecclésiastique. Plus tard surgirent les collisions avec le gouvernement prussien à l'occasion de l'enlèvement des archevêques *Droste de Vischering* et *Dunin*, tous deux arrachés de leur siége (affaires de Cologne et de Posen) par suite de leur conduite dans la question des mariages mixtes, à propos de laquelle ils prétendaient faire revivre des incapacités décrétées au seizième siècle, mais hautement réprouvées par les mœurs et les idées actuelles; puis les différends avec la Russie, à l'occasion du retour dans le sein de l'Église grecque de plus de trois millions de grecs unis, détachés du giron de l'Église catholique par des moyens que le gouvernement russe n'est que trop enclin à regarder comme légitimes. Dans les discussions auxquelles donnèrent lieu ces divers événements, Grégoire XVI, tout en paraissant n'employer que le ton de la plainte, ne renonça en fait à aucune des prétentions surannées des anciens temps. Un attachement opiniâtre à des dogmes exclusifs, une profonde aversion pour les idées modernes, une susceptibilité exagérée, qui lui faisait voir une hostilité déclarée contre l'Église partout où il était question de revendication de droits : tels furent les traits distinctifs de tous ses actes dans les négociations entamées à la suite des incidents que nous venons de rappeler. Peu de papes ont publié plus de brefs et tenu plus d'allocutions que Grégoire XVI; et un violent esprit de controverse est le caractère distinctif de tous ces manifestes.

En 1837 il ordonna, comme moyen de prévenir les ravages du choléra, qu'on fît à Rome une exposition publique des reliques des apôtres saint Pierre et saint Paul; en 1839 il donna à l'Europe le spectacle d'une canonisation nouvelle, et fit ordonner des prières publiques dans toute la chrétienté à l'occasion de la situation où se trouvait l'Église d'Espagne, par suite de l'état de confusion et d'anarchie dans lequel ce pays était tombé. Ce souverain pontife, mourut frappé d'apoplexie le 1er juin 1846.

GRÉGOIRE, patriarche de l'Église grecque d'Orient, né en 1739, fut élevé à Dimizzana, en Morée, et se forma à l'étude des sciences dans plusieurs monastères, puis en dernier lieu dans celui du mont Athos. Après avoir d'abord été ermite, il fut nommé archevêque de Smyrne, et en 1795 patriarche de Constantinople. Par son humilité, par sa charité et sa bienfaisance, il acquit de plus en plus l'estime universelle, vivant avec simplicité, faisant observer strictement par son clergé les règles de la discipline ecclésiastique, et consacrant ses revenus à des œuvres pieuses, à des charités distribuées sans acception de croyance religieuse, et à fonder à Constantinople une imprimerie, dont les presses furent employées à la propagation d'ouvrages utiles. Il favorisa surtout l'établissement d'écoles d'enseignement mutuel à Scio, à Pathmos, à Smyrne, à Athènes et à Sparte.

Lorsque, en 1821, éclata en Morée l'insurrection des Grecs, le patriarche devint suspect à la Porte. Afin d'empêcher le massacre général de ses coreligionaires résolu à Constantinople, il lança, le 21 mars 1821, sur les instances aussi pressantes que menaçantes du divan, l'anathème contre Ypsilanti et Soutzos, instigateurs du mouvement, et adressa en outre à son clergé une lettre pastorale dans laquelle l'obéissance des Grecs envers la Porte était présentée comme un devoir de conscience; mais sa mort était dès lors décidée. Lorsque la famille du prince Morrousis, après avoir été confiée à la garde du patriarche, à la suite de l'exécution de ce prince, parvint, grâce à l'intervention de l'envoyé russe, et à l'insu de Grégoire, à s'embarquer sur un vaisseau qui la conduisit à Odessa, il donna connaissance du fait aux autorités turques aussitôt qu'il en fut instruit. Mais, le premier jour de Pâques (22 avril 1821), après la célébration du service divin, il fut, sur un ordre du sultan, arrêté par des janissaires à sa sortie de la basilique, puis pendu avec trois évêques et huit prêtres, devant la grande porte de l'église, et tout revêtu de ses habits pontificaux. On plaça alors sur sa poitrine le texte de sa condamnation à mort. Ce fut deux jours après seulement qu'on enleva son cadavre du gibet et qu'on le jeta à la mer. Mais des matelots l'en retirèrent et le conduisirent à Odessa, où il fut enseveli en grande pompe.

Le patriarche Grégoire est auteur d'un Dictionnaire de la langue grecque, qui ferait six volumes in-folio, mais dont les deux premiers seulement ont paru (Constantinople, 1819-21). On a aussi de lui une traduction en grec moderne, avec commentaires, des Épîtres de saint Paul.

GRÉGOIRE (HENRI), évêque constitutionnel de Blois, naquit à Vého, près de Lunéville (Meurthe), le 4 décembre 1750. Il étudia à Nancy. Nommé professeur au collége de Pont-à-Mousson en 1773, il publia la même année l'*Éloge de la poésie*, qui fut couronné par l'Académie de Nancy. Il cultivait alors la poésie et avait composé quelques essais, qui dans la suite furent anéantis. Élevé au sacerdoce, il devint vicaire, puis curé d'Embermesnil et de Vaucourt. De 1784 1787, il parcourt la Lorraine, l'Alsace, la Suisse et la partie de l'Allemagne qui avoisine ce dernier pays. Dans le journal de ces excursions, dit M. Hippolyte Carnot, « on le voit rempli d'admiration pour les beautés de la nature et d'intérêt pour les œuvres de l'homme, s'enquérir de tous les perfectionnements susceptibles d'être transportés parmi ses compatriotes, et attribuer à la liberté tout ce qui le frappe avantageusement dans les mœurs et les usages de la Suisse. »

L'année suivante, 1788, Grégoire remporte à l'Académie de Metz un prix autrement important que celui de l'*Éloge de la Poésie*; c'est son *Essai sur la Régénération physique, morale et politique des Juifs*. Cette production excita l'enthousiasme. L'auteur sentait l'indomptable besoin d'employer ses vastes facultés au bien des peuples. Aussi quels transports ne dut-il pas éprouver en voyant venir l'heure de les exercer en toute liberté! L'eût-il connue depuis longtemps, il n'aurait pas été mieux préparé. « Tandis que les assemblées de la Bretagne préludaient aux états généraux (c'est Grégoire qui parle), la Lorraine aussi s'électrisait : une convocation, adressée aux hommes les plus notables des trois ordres, les réunit à Nancy, en janvier 1789, pour s'occuper d'une formation d'états provinciaux : l'assemblée était trop nombreuse pour délibérer, elle nomma quarante-huit commissaires : j'étais du nombre.... Dans une lettre imprimée, j'avais stimulé l'énergie des curés, écrasés par la domination épiscopale, mais justement révérés des ordres laïcs, qui, témoins habituels de leurs vertus, de leurs bienfaits, dans tous les cahiers réclamaient en leur faveur. Nommé aux états généraux, j'arrive à Versailles; le premier député que je rencontre est Lanjuinais; le premier engagement que nous contractons, c'est de combattre le despotisme. » Il se trouve rapidement le chef du clergé populaire. Lorsque, le 13 juin, les trois curés du Poitou se réunirent au tiers état, Bailly, qui le présidait, et plusieurs autres membres, jugèrent la présence de Grégoire nécessaire dans la chambre du clergé, afin de l'entraîner. Il est superflu de dire que, le 20, il ne manqua pas la séance du Jeu de Paume ni celle du 22, que les communes, avec 149 membres du clergé, tinrent dans l'église Saint-Louis.

La fusion des ordres consommée le 27, Grégoire est élu secrétaire presque à l'unanimité avec Mounier, Sieyès, Lally-Tollendal, Clermont-Tonnerre, et Chapelier. Le 8 juillet il appuie la motion de Mirabeau pour le renvoi des troupes. L'avant-veille de la prise de la Bastille s'était annoncée par des événements sinistres. Craignant que les minutes des procès-verbaux et des lettres d'adhésion déjà arrivées ne fussent enlevées de vive force, et ne pouvant prendre les ordres de l'assemblée, par ce que ce jour, qui était un dimanche, il n'y avait pas de séance, Grégoire consulta les autres secrétaires : ils laissèrent à sa prudence le soin de soustraire ces actes de naissance de la liberté et ceux de ses premières luttes. Il les fit envelopper sous le sceau de l'assemblée et le sien. Mme Émery, femme du député de ce nom, laquelle savait apprécier ce dépôt, se chargea de le cacher, et pendant trois jours il fut à sa discrétion. Le même soir, 12, six à sept cents députés, qui n'étaient pas allés à Paris, se rassemblèrent dans la salle des séances, précédemment salle des Menus. En l'absence du président, Grégoire consentit à occuper le fauteuil. Les vastes galeries étaient remplies de spectateurs, dont l'inquiétude pouvait encore s'accroître à l'aspect des physionomies sombres des députés. Improvisant sur les tentatives de la tyrannie, sur la ferme résolution qui animait tous les mandataires de la France d'exécuter le serment du Jeu de Paume, Grégoire s'écria avec enthousiasme : « La terreur n'est pas faite pour nous. Nous sauverons la liberté naissante qu'on voudrait étouffer dans son berceau, fallût-il pour cela nous ensevelir sous les débris fumants de cette salle. » Des acclamations unanimes accueillirent ces paroles : il fut décidé que la séance serait permanente. Le 13 il parle énergiquement contre les entraves dont la cour environne l'assemblée, et demande un comité pour dénoncer tous les ministres coupables et les conseillers perfides du roi, demande qu'il renouvelle le lendemain. La discussion s'engageait vivement sur cette motion, lorsque tout à coup on apprend que la Bastille est prise. Malgré cette terrible défaite, la contre-révolution ne s'avoue point vaincue; elle continue d'intriguer, de circonvenir le roi. Grégoire l'accuse encore le 5 octobre à la tribune.

Enfin, la révolution se développe souveraine. Que ne doit-elle pas au génie héroïque de Grégoire! Dans la déclaration des droits de l'homme, il fait inscrire celle de ses devoirs et le nom de Dieu en tête. Indiquons ici l'émancipation des juifs, celle des nègres et la constitution civile du clergé parmi les travaux de Grégoire à l'Assemblée constituante. Il ne provoque point d'abord la reconnaissance des droits civiques aux nègres qui sont esclaves proprement dits ou la propriété des particuliers : il ne les juge pas encore capables, mais aux nègres qui s'appartiennent et aux mulâtres ou sang mêlé. Il ne l'emporte qu'après une lutte acharnée, qui dure presque deux ans, et dans laquelle il est secondé par les plus énergiques philanthropes; il dit que rien ne lui a donné une preuve plus douloureuse de la perversité dont l'espèce humaine est susceptible, que la conduite des colons dans cette discussion. Ils ouvrirent une souscription secrète pour le faire assassiner; du moins, le bruit s'en répandit. On le pendit en effigie au Cap et à Jérémie. En adhérant le premier à la *constitution civile du clergé*, Grégoire déchaîne contre lui des haines, des colères, des vengeances encore plus nombreuses, plus implacables, plus indestructibles. C'est à ce moment qu'il fut élu évêque *constitutionnel* de Blois.

Les membres de l'Assemblée constituante ne devant point être réélus pour l'assemblée suivante, pendant celle-ci, qu'on appelle *Législative*, Grégoire s'établit dans son diocèse. « Dans un grand nombre de paroisses, dit-il, les fidèles savaient seulement par ouï dire qu'ils avaient un évêque. De toutes parts, on vit alors les évêques constitutionnels parcourir les hameaux, catéchisant, instruisant, etc. Environ quarante mille personnes, soigneusement disposées par un clergé qui partageait mes principes, reçurent de moi l'imposition des mains. Dans un voyage de dix-huit jours, je prêchai cinquante-deux fois. » En peu de temps il eût dissipé les préventions de ceux qui avaient peine à comprendre que chez lui la ferveur politique n'était qu'un mode d'action de la ferveur chrétienne. Ses *Lettres pastorales* les en convainquirent. Grégoire reproduisit à Blois Fénelon à Cambray.

Nommé à la Convention, il demande et obtient dans la première séance, 21 septembre 1792, l'abolition de la royauté. L'excès de la joie lui ôte pendant plusieurs jours l'appétit et le sommeil. On lui a reproché ses violentes sorties contre les rois; mais, lorsqu'ils étaient coalisés pour étouffer la régénération de la France, était-il possible de faire des théories impartiales de la royauté? Au surplus, il déclare « qu'un certain nombre de ses écrits ont été altérés par des commis de bureau de la Convention, parce que, trop occupé pour corriger les épreuves, il leur laissait ce travail; et, comme plusieurs avaient une tête effervescente et des opinions exagérées, ils y ont intercalé leurs idées. Pendant plus de vingt ans il a ignoré ces falsifications, n'ayant jamais relu les ouvrages où elles se trouvent. » Elles ont un caractère sanguinaire, qu'il désavoue et qu'il condamne. Il s'est toujours défendu d'avoir voté la mort de Louis XVI. Outre qu'il était contraire à la peine capitale, et qu'il voulait l'effacer de nos lois, il croyait que son caractère de prêtre ne lui permettait pas de la décerner. Lors du jugement de ce prince, il se trouvait avec Jagot, Simon, Hérault de Séchelle, dans la Savoie, pour l'organiser sous le nom de département du Mont-Blanc. Voici la lettre qu'ils adressèrent à la Convention, telle qu'elle fut lue dans la séance du 20 janvier 1793 et insérée dans le *Moniteur* du 24. « Nous apprenons par les papiers publics que la Convention doit prononcer demain sur le sort de Louis Capet. Privés de prendre part à vos délibérations, mais instruits par une lecture réfléchie des pièces imprimées, et par la connaissance que chacun de nous avait acquise depuis longtemps des trahisons non interrompues de ce roi parjure, nous croyons que c'est un devoir pour tous les députés d'annoncer leurs opinions publiquement et que ce serait une lâcheté de profiter de notre éloignement pour nous soustraire à cette obligation. Nous déclarons donc que notre vœu est pour la condamnation de Louis Capet, sans appel au peuple. » La première rédaction de cette lettre par les collègues de Grégoire portait *condamnation à mort;* il refusa de la signer. Alors on fit celle qu'on vient de lire, où les deux mots *à mort* ne se trouvent pas. Ajoutez que les quatre commissaires dans la Savoie furent dénoncés à la société des Jacobins comme s'étant opposés à ce qu'elle appelait la vengeance du peuple, que Fauchet dans son journal et la Convention dans la liste qu'elle envoya aux municipalités ne mirent point Grégoire parmi les votants à mort, et il sera démontré sans réplique qu'il demeura fidèle à son caractère sacerdotal et à ses principes.

Dans une autre circonstance solennelle, aussi terrible, le 7 novembre suivant, lorsque Gobel, évêque de Paris et une partie de ses vicaires vinrent à la barre de la Convention abdiquer leurs fonctions, l'évêque de Blois ne faillit point non plus à lui-même. Il était au comité de l'instruction publique, occupé à rédiger un rapport. Il accourt. On se groupe autour de lui, et avec l'accent des Furies on lui commande de renoncer « aux hochets de la superstition, aux jongleries sacerdotales ». Il s'élance à la tribune: « J'entre ici, répond-il, n'ayant que des notions très-vagues sur ce qui s'est passé avant mon arrivée. On me parle de sacrifices à la patrie, j'y suis habitué. S'agit-il d'attachement à la cause de la liberté? Mes preuves sont faites depuis longtemps. S'agit-il du revenu attaché aux fonctions d'évêque? Je l'abandonne sans regret. S'agit-il de religion? Cet article est hors de votre domaine, et vous n'avez pas le droit de l'attaquer. J'entends parler de fanatisme, de superstition... Je les ai toujours combattus: catholique par conviction et par sentiment, prêtre par choix, j'ai été désigné par le peuple pour être évêque, mais ce n'est ni de lui ni de vous, que je tiens ma mission. J'ai consenti à porter le fardeau de l'épiscopat dans un temps où il était entouré d'épines. On m'a tourmenté pour l'accepter, on me tourmente aujourd'hui pour me forcer à une abdication qu'on ne m'arrachera pas. J'invoque la liberté des cultes. » Les rugissements pour étouffer sa voix commencent aussitôt que les persécuteurs s'aperçoivent qu'il parle en sens opposé à leurs vues, et se prolongent jusqu'à la fin: « Je doute, dit-il, que le pinceau de Milton, accoutumé à peindre les scènes de l'enfer et des démons, pût retracer celle-ci. » Descendu de la tribune à sa place, on s'éloigne de lui comme d'un pestiféré; s'il tourne la tête, il voit des figures qui en grinçant les dents dirigent sur lui des regards menaçants. Il a déclaré depuis qu'en prononçant ce discours, il crut prononcer son arrêt de mort. Bravant et le despotisme formidable de l'opinion dominante et la loi de l'assemblée, qui supprimait le costume ecclésiastique, il portait le sien publiquement, et allait tonsuré et en habit violet présider la Convention.

Avec le courage de la foi, Grégoire en avait la simplicité. Après une présidence de l'Assemblée constituante, il se rendit à l'église des Feuillants, pour remercier Dieu d'avoir soutenu ses forces pendant cette mission difficile; le prêtre chargé d'officier se trouvait seul, Grégoire aussitôt se mit à genoux derrière lui, et servit la messe. Cependant il était entré au comité de l'instruction publique. Ce qui d'abord attira son attention, fut l'agriculture. D'un côté, le *Conservatoire des Arts et Métiers* se rattache à l'agriculture par les instruments aratoires; de l'autre, il tient à l'industrie par les machines. Grégoire fait créer cet établissement. On lui doit le *Bureau des Longitudes*, qu'il transporte de l'Angleterre. Il fait des efforts inouïs pour sauver les monuments des arts et les bibliothèques du *vandalisme*, expression qu'il invente, pour tuer dit-il, la chose. Il ravit de nombreux savants à la détresse, à la prison, souvent peut-être à la mort! Il imagine une commission pour rassembler les débris des productions de l'esprit humain, dans toute la France. Il met en réquisition tous les gens de lettres qu'il peut déterrer; dans leur diplôme de commissaires des arts, ils ont un brevet de sécurité. Bientôt il obtient de la Convention 100,000 écus destinés à les encourager. Quelque aveugles que soient ordinairement les réacteurs, les thermidoriens surent le comprendre et le respecter.

En 1796 il fallait restaurer l'Église gallicane, dévastée par la persécution. Il semble que Grégoire se soit surpassé. On conçoit à peine qu'un homme ait pu autant agir, parler, écrire. Nous avons déjà parlé des travaux des *évêques réunis de l'Église constitutionnelle*, et des conciles nationaux dont il fut l'âme. En 1800, sur l'invitation du premier consul, il se rendit plusieurs fois à la Malmaison, où ils discutèrent amplement les moyens de pacifier l'Église de France. Bonaparte lui demanda, et Grégoire lui rédigea, avec Desbois et Mauriel, plusieurs mémoires sur l'état du clergé constitutionnel et de l'esprit religieux en France. Peu de temps après, il lui en remit un autre sur la nécessité d'établir un conseil pour les matières ecclésiastiques, idée qui fut en partie suivie par la création d'un ministère des cultes. Grégoire était entré au Conseil des Cinq-Cents. Après le 18 brumaire, il devint membre du corps législatif, qu'il présida et au nom duquel il porta plusieurs fois la parole devant les consuls, manifestant sans détour ses sentiments républicains et son attachement à la souveraineté du peuple. Trois fois ce corps le plaça sur le rang des candidats au sénat conservateur. Sachant que son caractère épiscopal et sa conduite religieuse étaient mis en avant pour l'écarter, il écrivit à Sieyès, président, une lettre pleine de dignité et de noblesse, dans laquelle il se félicite d'avoir donné une démission qui le décharge du fardeau d'un diocèse; mais il déclare que, si cette opération n'était pas consommée, la crainte qu'on l'attribuât à des vues ambitieuses suffirait pour la lui faire ajourner: « J'ai, disait-il, sacrifié à ma religion, à la république, repos, santé, fortune; mais je ne ferai pas le sacrifice de ma conscience. J'ai dit dans un écrit que l'univers n'est pas assez riche pour acheter ni assez puissant pour forcer ma volonté. Je sais souffrir, je ne sais pas m'avilir; je conserverai jusqu'au dernier soupir ma fierté et mon indépendance. » Cette lettre fut remise à Sieyès le 3 nivôse an x (23 décembre 1801); et néanmoins l'élection de Grégoire eut lieu deux jours après.

L'année suivante, il fait un voyage en Angleterre, et il se pique d'avoir été le premier évêque qui ait osé paraître en habit violet dans le parc Saint-James, à Londres, depuis l'expulsion des Stuarts. Un an après il parcourt la Hollande; reçu avec enthousiasme par les juifs, qui l'entourent d'hommages, le prient de visiter leurs synagogues, d'assister à leurs cérémonies, il répond que le christianisme lui apprend que tous les hommes sont ses frères; que, quelle que soit la disparité de religion, il doit les aimer, les aider. D'ailleurs, ajoute-t-il, l'Église catholique envisage avec une tendre impatience dans l'avenir le moment qui doit amener sous l'étendard de la croix les restes épars d'Israël. Il entend son nom intercalé dans les strophes hébraïques d'un cantique d'actions de grâces. A son retour, il vote, avec deux autres, contre l'érection du gouvernement impérial, et combat seul ensuite l'adresse du sénat à Napoléon, au sujet du rétablissement des titres nobiliaires. Lors du divorce, il réclama vainement la parole pour protester. En 1814 il se prononce pour la déchéance de Napoléon. Lorsque le sénat a décrété le rappel des Bourbons, sous la condition qu'ils accepteront une constitution, il publie une brochure vigoureuse intitulée : *De la Constitution française de 1814*, dont en peu de temps il se fait quatre éditions. Non compris dans la pairie des Bourbons, ni dans celle de Bonaparte, pendant les cent jours, il se voit exclu par le ministre Vaublanc de l'Institut même, dont il avait été un des fondateurs et des membres les plus utiles. En 1819 Il sère l'envoie à la chambre des députés. Cette élection excite contre lui un effroyable orage de passions contre-révolutionnaires. Elle est annulée, par une application forcée de la loi, qui oblige de choisir la moitié des députés au moins parmi les éligibles du département. Comme on prescrit le renouvellement des brevets de la Légion d'Honneur, Grégoire se démet du titre de commandeur en 1822. Depuis lors il vécut dans la retraite. Les germes d'une maladie, qu'il paralysait depuis longtemps par l'énergie de son âme, se développent en 1831, et il succombe le 28 mai, à Paris.

Une correspondance s'était engagée entre lui et l'archevêque de Paris, Quélen, qui menaçait de lui refuser les honneurs de la sépulture s'il ne condamnait point la constitution civile du clergé. L'évêque de Blois avait résisté avec l'inébranlable fermeté qui lui était naturelle. L'abbé Baradère, mort à Haïti, lui administra le viatique; l'abbé Guillon, depuis évêque de Maroc, professeur à la Sorbonne, l'extrême-onction. Celui-ci eut la faiblesse de rétracter plus tard cet acte de charité. Le gouvernement fit ouvrir les portes de l'Abbaye-aux-Bois, paroisse de Grégoire : le clergé qui la desservait s'était retiré. L'abbé Grieu, proscrit dans son diocèse sous la Restauration pour avoir baptisé un enfant dont Manuel était le parrain, célébra l'office. Au sortir de l'église, des jeunes gens dételèrent le char funèbre, et le traînèrent à bras jusqu'au cimetière du Mont-Parnasse; plus de vingt mille personnes l'accompagnaient.

Cinq à six colonnes suffiraient à peine pour donner la liste des ouvrages de Grégoire. Hormis l'*Essai sur les Juifs*, il n'avait produit que de simples brochures, ou des discours, jusqu'au concordat. A cette époque, étant sorti des fonctions publiques presque entièrement, il se livra pendant les trente dernières années de sa vie à la composition d'ouvrages considérables, tels, par exemple, que l'*Essai historique sur les libertés de l'Église gallicane*, et l'*Histoire des Sectes religieuses*. M. Hippolyte Carnot a publié les *Mémoires* de Grégoire, avec un travail étendu et plein d'intérêt sur l'ancien évêque de Blois (2 vol. in-8°; Paris, 1840). BORDAS-DEMOULIN.

Nous ne demandons pas mieux que de nous associer à l'hommage rendu aux vertus privées de l'ancien évêque de Blois par un écrivain sincère et convaincu, qui toujours défendit les membres du clergé *constitutionnel* contre les attaques haineuses de leurs adversaires. Mais notre impartialité ne nous permet pas de taire que le caractère de l'homme public dans Grégoire a été l'objet des plus graves inculpations. Tout en sachant faire la part des entraînements généreux de l'époque où eut lieu la régénération de la France, nous ne pouvons nous dissimuler que le zèle révolutionnaire de Grégoire dépassa souvent toutes limites, et fournit un argument puissant à l'opinion qui veut que partout et toujours le prêtre reste étranger aux luttes de la politique. Nous n'admirons pas plus Grégoire présidant la Convention en costume violet d'évêque, que nous n'avons admiré en 1848 le père Lacordaire siégeant dans l'Assemblée nationale en costume de génovéfain. Nous lui savons médiocrement gré aussi d'avoir *osé* exhiber en 1801 son habit violet dans *Saint-James's Park*, où depuis les Stuarts on n'avait pas vu se promener d'évêque catholique. C'était là bien moins un acte de courage qu'une démonstration puérile et au fond assez peu chrétienne, puisqu'elle semblait narguer les nombreux prélats de l'ancienne Église de France, qui vivaient alors dans la misère à Londres, après avoir été proscrits par suite de leur refus de serment à la constitution civile du clergé. Il nous est très-difficile de concilier l'austère républicanisme de Grégoire avec l'acceptation du titre de *comte de l'empire*, de la dignité de sénateur et de la décoration de *commandeur* de la Légion-d'Honneur. Sans doute, en avril 1814, il se hâta d'adhérer avec tous ses collègues du sénat à la déchéance du *tyran*; mais comme eux aussi, il eut soin de faire attacher à cet acte de *civisme* une pension de 36,000 francs, qui fut toujours très-régulièrement servie par le gouvernement de la Restauration et par celui de Juillet. Or, il n'y eut point, que nous sachions, d'exception faite *en faveur* de Grégoire. Quant à l'évêque, au confesseur énergique de la foi en Jésus-Christ, nous n'ajouterons qu'un mot : c'est qu'il est triste de penser qu'il ait choisi pour exécuteur testamentaire un sectateur de Saint-Simon. On appellera encore cela une preuve de tolérance évangélique : nous n'y pouvons voir qu'un manque de convenance.

GRÉGOIRE DE SAINT-VINCENT. *Voyez* SAINT-VINCENT.

GRÉGORIEN (Calendrier). *Voyez* CALENDRIER.

GRÉGORIEN (Chant, Rit). On a donné le nom de *grégorien* au chant et au rit du culte catholique réglés par le pape saint Grégoire le Grand. Saint Gélase avait avant lui réuni les prières conservées par la tradition des fidèles dans un *Sacramentaire* qui porte son nom. Grégoire réunit ces prières dans un meilleur ordre, précisa les cérémonies du culte, et composa ainsi un sacramentaire, qui a également gardé son nom. Il fit d'ailleurs peu de changements dans la liturgie, abrégeant surtout celle de saint Gélase. Toutes les églises n'adoptèrent pas cependant ce cérémonial. L'église de Milan conserva le rit ambrosien, l'Église d'Espagne resta attachée à la liturgie retouchée par saint Isidore de Séville, à laquelle on a depuis donné le nom de *mozarabique*, et l'Église gallicane, qui garda son ancien office jusqu'à Charlemagne, présente encore quelques différences avec Rome dans les rituels de quelques diocèses, malgré tous les efforts tentés pour les faire disparaître.

Ce que saint Grégoire avait fait pour le rit, il le fit aussi pour le chant : il le simplifia, et le rattacha au système musical des Grecs. Le chant grégorien a été préféré ou substitué dans la plupart des églises au chant ambrosien, dans lequel la constitution des tons est bien la même, mais qui a un rhythme que n'a pas le chant grégorien. Pour perpétuer l'usage de ce chant, saint Grégoire établit à Rome une école de chantres; et quelques-uns de ces chantres, venus en Angleterre avec le moine Augustin, propagèrent le chant grégorien dans les Gaules (*voyez* PLAIN-CHANT).

GRÉGORIEN (Code). *Voyez* CODE.

GREGORY (JAMES), célèbre mathématicien, naquit en 1638, à New-Aberdeen, en Écosse, et en 1670 fut nommé professeur au collége de Saint-Andrews à Édimbourg, où il mourut, en 1675, à trente-sept ans. Peu de jours auparavant, au moment où, à l'aide d'un télescope, il était occupé à montrer à quelques élèves les satellites de Jupiter, il fut tout à coup frappé de cécité; et cet accident fut le précurseur de la maladie à laquelle il ne devait pas tarder à succomber. Pendant un voyage en Italie, il s'était assez longtemps arrêté à Padoue, dont l'université était alors en grande réputation pour l'enseignement des sciences mathématiques. Il y publia, en 1667, *Vera circuli et hyperbolæ Quadratura*, ouvrage réimprimé l'année suivante à Venise, et où il entreprit de prouver l'impossibilité de la quadrature du cercle. A cette édition se trouve jointe *Geometriæ Pars universalis, inserviens quantitatum curvarum transmutationi et mensuræ*, traité dans lequel était pour la première fois exposée une méthode pour la transformation des courbes. Ces ouvrages le mirent en correspondance avec les plus grands mathématiciens de son siècle, Newton, Huyghens, Wallis, etc., et lui valurent son admission au sein de la Société royale. En 1668 notre auteur publia à Londres un ouvrage qui contribua à étendre encore davantage sa réputation : *Exercitationes geometricæ*, traité où le premier il exposa les séries infinies qui expriment le sinus, la tangente et la sécante, en fonctions de l'arc, et *vice versa*. La théorie de l'optique doit beaucoup à son *Optica promota* (Londres, 1663). Gregory devança Newton dans l'invention du télescope à réflexion.

Son neveu, *David* GREGORY, né à Aberdeen, en 1661, mort à Oxford, en 1708, est connu par ses *Catoptricæ et dioptricæ sphericæ Elementa* (Oxford 1695).

GREGORY (John), petit-fils de *James*, physicien et médecin distingué, né en 1724, à Aberdeen, étudia la médecine à Édimbourg, à Leyde et à Paris, fit ensuite à Aberdeen des cours de mathématiques, de physique expérimentale et de morale, puis y renonça pour se vouer exclusivement à la pratique de la médecine. Il se rendit à Londres, où on le nomma bientôt professeur de médecine. En 1766 il accepta des fonctions analogues à Édimbourg, où il mourut en 1773. Ses principaux ouvrages sont : *A comparative View of the State and Faculties of Man with those of the animal world* (1764); *On the Duties and Offices of a Physician* (1769). Après sa mort, parut son célèbre ouvrage : *A Father's Legacy to his Daughters*, qui a eu depuis de si nombreuses éditions.

GRÈGUES. *Voyez* Braies.

GREIFSWALD, petite ville de l'arrondissement de Stralsund (Prusse), bâtie sur le Rick, qui y est navigable et qui va se jeter un myriamètre plus loin dans la Baltique, est le siége d'une cour d'appel et d'une université fréquentée, année commune, par environ 200 étudiants, et possédant une bibliothèque de plus de 30,000 volumes. Sa population est de 12,000 âmes. Le port, situé à l'embouchure du Rick et appelé *Wick*, compte une cinquantaine de bâtiments employés surtout à transporter en Angleterre, en Hollande et en France les grains de la Poméranie.

GREITZ (Principauté de). Elle appartient aujourd'hui à une branche de la maison de Reuss, qui en prend le nom, et occupe une superficie d'environ 4 myriamètres carrés, avec 36,000 habitants, dont l'élève du bétail, la silviculture et l'industrie manufacturière constituent les principales ressources. Son chef-lieu est la jolie petite ville du même nom, bâtie dans une situation ravissante sur l'Elster Blanc, et dont la population est de 7,000 habitants. On y remarque le château des princes de *Reuss-Greitz*, entouré d'un beau parc; un hôtel de ville construit en 1841, dans le style gothique, un collége, un séminaire, etc.

GRÊLE. Les causes qui président à la formation de la grêle ont fait depuis longtemps le sujet de nombreuses discussions entre les physiciens de chaque époque, et cependant rien n'est encore venu éclairer d'une manière certaine l'obscurité qui règne dans cette partie de la météorologie. Ce n'est pas que plusieurs théories plus ou moins satisfaisantes n'aient été proposées comme solution du problème; mais il n'y en a aucune qui ne laisse encore quelque inconnue à éliminer. On avait pensé qu'un refroidissement subit, accompagnant l'évaporation dans une goutte de pluie, produisait un abaissement de température assez considérable pour amener sa congélation : ainsi solidifiée, cette goutte prenait de l'accroissement en traversant les couches atmosphériques. Cette explication, quelque vraisemblable qu'elle paraisse, n'a été adoptée qu'en partie par les physiciens. On ne pouvait admettre que le froid que possèdent des gouttes d'eau congelée soit suffisant pour augmenter leur volume d'une manière considérable, dans leur seul trajet du sein de l'atmosphère sur le sol. Volta à son tour tenta de donner une explication de cet accroissement des grêlons en faisant jouer à l'électricité le premier rôle dans la production des phénomènes. Après avoir adopté l'opinion de Guyton-Morveau sur la formation de la grêle, c'est-à-dire la congélation des gouttes par suite de l'évaporation plus ou moins rapide d'une portion de l'eau qui enveloppe les vésicules qui constituent les nuages, ce célèbre physicien supposa que si deux nuages électrisés diversement venaient à se placer l'un sur l'autre, ils tendaient à s'attirer mutuellement, et qu'alors les petits grêlons qui s'y trouvaient constitués par suite d'un refroidissement subit y éprouvaient deux effets : d'abord, qu'ils se couvraient d'une nouvelle couche de glace, par suite de leur action frigorifique sur le nuage inférieur, et que l'action du fluide électrique leur faisait exécuter un mouvement de va-et-vient du nuage supérieur au nuage inférieur, qui contribuait à augmenter leur volume. Ce mouvement de va-et-vient continue jusqu'à ce que le vent, venant à emporter un des nuages, la grêle, cédant à son propre poids, se précipite sur le sol.

Cette théorie est sans doute fort ingénieuse et digne sous tous les rapports du savant qui l'a conçue, mais elle n'est pas sans objections : parmi les principales, nous demanderons d'abord pourquoi il ne grêle pas plus souvent en été, puisque l'effet de la chaleur sur les nuages est de former de la grêle par l'évaporation qui la produit; quelle est ensuite la puissance électrique capable d'enlever un bloc de glace d'une demi-livre (car on voit très-souvent des grêlons d'un tel poids). Comment se fait-il que la décharge électrique n'ait pas lieu à l'ascension des grêlons, puisque ceux-ci forment une chaîne de communication entre les nuages? Quelques physiciens, pour répondre à l'objection faite à Volta sur sa théorie de l'évaporation par l'intensité des rayons solaires, ont dit que ce qui empêche l'échauffement des nuages lorsque la grêle se forme, c'est la violence des vents d'inspiration, à l'influence desquels elle est soumise.

Les observations faites par M. Lecoq sur le Puy-de-Dôme lui ont suggéré quelques raisonnements qui modifient presque en entier la théorie de Volta, et qui ont sur elle l'avantage d'être le fruit d'observations, et non d'une imagination ingénieuse et savante. Ainsi, M. Lecoq a remarqué que la grêle se forme pendant les vents d'impulsion, et non d'inspiration; qu'il faut deux couches de nuages superposées et deux vents différents pour produire le météore; que les grêlons ne vont pas d'un nuage à l'autre, comme le supposait Volta, mais qu'ils sont animés d'une grande vitesse horizontale, et qu'ils voyagent poussés par un vent très-froid; qu'il est probable que le nuage supérieur soutient par sa puissance électrique le nuage inférieur, presque entièrement formé de grêlons, qui éprouvent à l'extrémité antérieure du nuage un phénomène de tourbillonnement très-remarquable; que le bruit que l'on entend dans l'atmosphère au moment où il va grêler, et que les physiciens comparent à celui d'un sac de noix fortement secoué, ne vient point du choc des grêlons les uns contre les autres, mais bien de la vitesse avec laquelle ils traversent l'air; que ces grêlons sont tous animés d'un mouvement de rotation très-rapide; que l'eau qui provient de la grêle n'est point pure, mais qu'elle contient des chlorhydrates et des sulfates; enfin, pour déterminer les causes de la formation du météore, de sa course, de son tourbillonnement et de sa chute, M. Lecoq pense, comme Volta, que son accroissement est dû à l'évaporation de la surface des grêlons, évaporation qui les refroidit considérablement, et qui est augmentée par leur vitesse; l'extrémité du nuage pénétrant dans un air chaud condense une partie de l'eau qui s'y trouve en volatilisant l'autre, et forme ainsi des couches successives autour du noyau. Le nuage grêleux répète plusieurs fois cette opération sans tomber, parce qu'il est soutenu par l'affinité électrique du nuage supérieur et par la résistance de l'air. Peu à peu le nuage inférieur augmente, il occupe un espace plus considérable, ses bords s'éloignent du nuage électrisé; et lorsque l'équilibre électrique est établi, les grêlons se repoussent mutuellement, parce qu'ils ont alors une électricité de même nature : ils offrent ce tourbillonnement qu'on aperçoit et qui chasse dans tous les sens les grêlons, que le vent réunit en leur imprimant sa direction.

On a remarqué que la grêle est plus petite lorsqu'elle tombe sur les montagnes que dans la plaine, fait qui n'a pas besoin d'explication; qu'elle est encore électrisée après sa chute; que chaque coup de tonnerre la fait redoubler; que lorsqu'elle est petite, elle tombe presque toujours mêlée de pluie; que lorsqu'elle est grosse, elle précède toujours cette dernière, effet dû à la différence de densité; qu'il grêle plus souvent le jour que la nuit; mais qu'il grêle la nuit, fait bien prouvé, et qui dément l'assertion de quelques physiciens célèbres, qui avaient prétendu qu'il ne grêle que le jour : telle est par exemple la grêle qui tomba à Montpellier, le 30 janvier 1741, à neuf heures du soir, et en quantité telle, qu'elle mit vingt-quatre heures à fondre sur les toits de la ville, qu'elle avait couverts à la hauteur de plusieurs centimètres : elle fut accompagnée de violents coups de tonnerre. La forme de la grêle varie beaucoup : ce sont tantôt des cubes arrondis, tantôt des parallélipipèdes, quelquefois des polyèdres irréguliers. M. Lecoq a observé des cristaux dans la grêle qui a une forme ovale ; et il a remarqué qu'il n'y a de cristaux réguliers que vers les pôles des grêlons, tandis que vers l'équateur il n'y a que des couches de glace sans forme régulière : il attribue cet effet à ce que la vitesse du mouvement étant moindre aux pôles qu'à l'équateur, les cristaux produits ne se sont pas fondus comme ceux de l'équateur, qui ont probablement éprouvé une fusion ou n'ont pu se former à cause de leur extrême vitesse.

Pour empêcher les ravages de ce terrible météore, on a imaginé des *paragrêles*, dont l'invention, quoique fort simple, ne laisse pas que d'offrir de l'intérêt : ils consistent dans une perche de huit à dix mètres, armée d'une pointe métallique à l'une de ses extrémités, et à laquelle est attaché un conducteur de même nature, qui descend jusqu'à la partie inférieure de la perche : on la prévient encore ou on l'apaise par de grands feux, et même par des explosions ; on s'en est parfois préservé en soutirant de l'électricité aux nuages noirs et comme déchirés qui la portent, avec des cerfs-volants armés d'une pointe aimantée, ou avec des ballons captifs, munis de paratonnerres. C. Favrot.

On a évalué à près de quarante millions les dégâts occasionnés chaque année par la grêle depuis 1803 ; et ils s'élevèrent à deux cent cinquante millions dans la seule année 1839. Afin de porter remède à de tels sinistres, il s'est formé en France depuis quelque vingt ans de nombreuses sociétés d'assurances mutuelles contre la grêle.

GRÊLE (Intestin). *Voyez* Intestin.

GRELIN, cordage formé de plusieurs aussières, et ne différant du câble que par sa grosseur, qui est plus petite. Sa fabrication diffère de celle des aussières en ce que celles-ci sont faites de torons, et qu'il n'est formé que de ces aussières. Les grelins, comme les câbles et toutes les manœuvres des bâtiments de l'État, contiennent un fil de couleur destiné à les distinguer des mêmes objets appartenant à la marine marchande. On fait particulièrement usage à bord de grelins pour affourcher le vaisseau après le mouillage, dans le but de l'empêcher de déraper sous l'effort de la marée et du vent.

GREMIL, genre de la famille des borraginées, composé de plantes herbacées ou sous-frutescentes, dont les plus remarquables sont : le *gremil officinal*, appelé vulgairement *herbe aux perles*, à cause de la couleur et du luisant de ses fruits ; et le *gremil tinctorial*, plus connu sous le nom d'*orcanette*.

GREMILLET. *Voyez* Myosotis.

GRENACHE (Vin de). Vin fabriqué suivant un procédé particulier avec une espèce de raisin originaire du midi de la France, qui porte également ce nom. Ce procédé consiste à écraser le grenache, à en exprimer le moût qu'on fait bouillir pendant une heure, à le verser dans des tonneaux, à y mêler un seizième d'eau-de-vie de vin et à le bien clarifier. C'est à Mazan (Vaucluse) que se fabrique le vin de grenache, destiné à la consommation de Paris, et inconnu presque partout ailleurs. Dans d'autres contrées du midi de la France, dans le Gard, dans les Pyrénées-Orientales, à Narbonne surtout, il se fait par le procédé ordinaire. Le meilleur est le grenache blanc de Rodez et de Conflent en Roussillon. Là croît aussi un raisin grenache noir, qui donne un vin parfumé doux et spiritueux à la fois. Celui de Banyols-sur-Mer, de Port-Vendre, de Collioure, de Rivesaltes, est velouté et délicat. Au lieu d'en faire opérer la fermentation sur le marc, on le laisse fermenter dans les futailles, où si l'on a recours au premier procédé, on l'y soumet une quinzaine de jours ; mais il faut bien attendre dix à douze années pour qu'il se dépouille entièrement. Alors aussi, il devient délicieux, et on l'exporte à l'étranger sous le nom de *Rancio*. Le grenache est un des vins de France dont la réputation remonte aux époques les plus reculées de notre histoire, et dont il est le plus souvent question dans nos vieux fabliaux.

GRENADE (*Botanique*). La grenade est le fruit du grenadier. C'est une baie globuleuse très-grosse, à écorce coriace, couronnée par les découpures du calice, partagée intérieurement par un diaphragme transversal en deux cellules inégales, la supérieure plus grande, divisée en cinq à neuf loges, et l'inférieure, plus petite, en trois ou quatre ; graines nombreuses dans chaque loge, entourées d'une pulpe acide, rafraîchissante et un peu astringente. Dans le midi de la France, on distingue les grenades en *douces*, *mi-aigres* et *aigres*. C'est en général un fruit assez agréable, mais qui n'a rien de bien nourrissant.

GRENADE (*Art militaire*). La *grenade* de guerre a reçu ce nom, au dire du *Dictionnaire de Trévoux*, de ce qu'elle est pleine de grains de poudre, comme le fruit du grenadier est plein de pepins. Elle n'est en quelque sorte qu'une petite *bombe*, de 500 grammes à 2 kilogrammes, se composant d'un petit globe de fer creux, qu'on remplit de poudre par la lumière, et où l'on met le feu, comme aux bombes, avec une fusée de composition. Lorsque la fusée est bien allumée, on lance la grenade à tour de bras, et la poudre en s'enflammant la fait crever comme une bombe. Autrefois, on les lançait au moyen d'une espèce de grande cuillère dans laquelle on les plaçait ; mais aujourd'hui on les jette à la main, ou avec des fusées, ou quelquefois encore avec de l'artillerie. On connaissait les grenades avant 1523, puisque Baptiste Della Valle enseignait, à cette époque, la préparation des grenades à la main. Les Français en firent usage pour la première fois au siége d'Arles, en 1536. Au siége d'Ostende, en 1602, on jeta dans la place 50,000 grenades, et 20,000 furent lancées de la place sur les assiégeants. Au siége de Candie, en 1669, les assiégés consommèrent 100,960 grenades à la main et 4,874 grenades de verre. On fait entrer aujourd'hui habituellement 40,000 grenades à la main dans un approvisionnement de siége, et 3,000 grenades de rempart, avec 20,000 grenades à la main, dans celui d'une place assiégée.

On s'est servi de grenades en carton, en verre, en métal de cloche, en bronze et en fonte de fer. On n'en fabrique plus que de ce dernier métal. Les grenades à la main ont varié dans leurs dimensions ; on n'en coule plus que de $0^{m},08$ de diamètre, pesant un kilogramme environ. Les fusées dont on les munit ont 20 secondes de durée. Les hommes exercés les lancent à 25 mètres, et à 100 mètres au moyen d'une ficelle imprimant à la grenade un mouvement de rotation comme une fronde. On jette des masses de grenades sur un même point avec un mortier, des pierriers, des obusiers, etc., et avec un seau en bois cerclé en fer. « Comme les pierres et les grenades, a dit Vauban, font plus de mal encore que les bombes et qu'elles tuent et blessent beaucoup plus, il faut s'en précautionner. »

Le jet des grenades occasionnant souvent des accidents graves parmi les soldats qui les lançaient, on y exerça, pour les prévenir, des hommes choisis, qu'on nomma *grenadiers*. Mais dès que les grenadiers formèrent des compagnies et devinrent l'élite de l'infanterie, ils ne furent plus exercés au jet de la grenade, qu'ils ignorent aujourd'hui. Les troupes du génie seules lancent maintenant ce projectile.

GRENADE, jadis royaume de l'Espagne, qui relevait de la couronne de Castille, d'une superficie de 336 myriamètres carrés, avec un million d'habitants, dépendait autrefois de la capitainerie d'Andalousie, et forme aujourd'hui les provinces de *Grenade* (372,000 habitants), d'*Almeria* (336,000 habitants), et de *Malaga* (392,000 hab.). La première confine au nord à celle de Jaen, à l'est à celle d'Almeria, à l'ouest à celles de Cordoue et de Malaga, et au sud à la Méditerranée. Mais les limites de l'ancien *royaume de Grenade* étaient bien autrement étendues à l'est et à l'ouest, et allaient jusqu'à Séville et à Murcie. Sous la domination romaine, Grenade faisait partie de la Bétique. Quand les

Arabes en eurent fait la conquête, ils l'adjoignirent d'abord au royaume de Cordoue; mais à partir de 1231, quand les progrès toujours croissants des armes chrétiennes eurent de plus en plus réduit la partie de l'Espagne occupée par les Maures, elle forma un royaume indépendant. Son territoire, d'environ 28 myriamètres de long sur 10 de large, comprenait 52 grandes et 97 petites villes, 3 millions d'habitants, et pouvait mettre 100,000 hommes sous les armes. La rare fertilité du sol, à la culture duquel le plus grand soin était apporté, suffisait à l'alimentation de cette énorme population, qui faisait avec l'étranger, avec l'Italie plus particulièrement, un commerce important de fruits secs, de grains, de vin, d'huile et surtout de soie; commerce dont les ports d'Almeria et de Malaga étaient les grands entrepôts. Dès l'an 1248 les rois de Grenade furent obligés de reconnaître la suzeraineté de la couronne de Castille et de lui payer un tribut annuel. Muley-Aboul-Haçen s'étant refusé à acquitter ce tribut en 1476, lors des négociations entamées avec lui pour le renouvellement de la trêve, et s'étant même emparé, en 1481, par surprise, de Zahara, petite ville fortifiée d'Andalousie appartenant aux Espagnols, une guerre éclata la même année entre les souverains de Grenade et Ferdinand le Catholique et sa femme Isabelle. Après avoir duré onze ans, cette guerre se termina en 1492, par la conquête des diverses parties du royaume de Grenade et par l'expulsion du dernier roi maure, Boabdil, qui fut réduit à se réfugier en Afrique. Le 3 septembre 1492 la ville de Grenade tombait au pouvoir des vainqueurs, et c'en était fait de la domination des Maures en Espagne.

GRENADE, chef-lieu de la province, est située au confluent du Xenil et du Darro, impétueux torrent qui descend de la montagne, au milieu de la fertile *Vega da Granada* (le Verger de Grenade), si célèbre pour avoir été pendant deux cents ans le théâtre des hauts faits des chevaliers maures et chrétiens, sur un plateau, au pied d'un embranchement de la *Sierra Nevada*. A l'époque de la domination des Maures, au quatorzième siècle, on y comptait 70,000 maisons et une population de 200,000 âmes, portée même plus tard au chiffre de 400,000, par suite des progrès toujours croissants des armes chrétiennes, refoulant de plus en plus les Maures devant elles. Grenade possédait alors 50 écoles savantes et 70 bibliothèques. Elle était entourée d'une épaisse muraille, percée de sept portes et surmontée de 1030 tours servant à la défense de la ville. Le palais des rois maures, l'Alhambra, était si vaste, qu'il pouvait contenir à lui seul 40,000 hommes. Les antiques murailles de Grenade existent encore en grande partie avec leurs tours; et chacun des quatre quartiers dont se compose la ville a son enceinte murée particulière. Le plus beau et le plus grand, qui forme à bien dire la ville de Grenade, renferme un grand nombre de beaux édifices, de places et de fontaines jaillissantes, l'*Alhambra* et les faubourgs *Albaccin* (habité par une population qu'on regarde comme provenant des anciens Maures restés dans le pays lors de la conquête) et *Antequeruela*, dont la population est presque entièrement industrielle. La population totale de Grenade dépasse aujourd'hui 80,000 âmes. Cette ville est le siége d'un archevêché et d'une université, dont les cours sont suivis par environ 800 étudiants. On y compte 25 églises. Son plus bel édifice après l'Alhambra est sa cathédrale, longue de 142 mètres et large de 83, avec un maître-autel de toute beauté et un dôme soutenu par 22 colonnes. On y voit les tombeaux de Ferdinand le Catholique et de sa femme Isabelle, et de Gonsalve de Cordoue.

GRENADE, ville de France. *Voyez* GARONNE (Département de la Haute-).

GRENADE, l'une des petites Antilles, dans les Indes occidentales, appartenant à l'Angleterre et comprise dans le gouvernement de Saint-Vincent, compte sur une superficie de 3 myriamètres carrés une population de près de 30,000 âmes, presque entièrement composée d'esclaves affranchis. Découverte en 1493 par Christophe Colomb, cette île eut pour premiers colons des Français, partis en 1650 de la Martinique, et qui à la longue en exterminèrent toute la population indigène, de la race caraïbe. Malgré les montagnes d'origine volcanique dont elle est hérissée, son sol est au total fertile à l'intérieur; la cochenille constitue l'un de ses plus importants produits. En 1762 La Grenade fut enlevée aux Français par les Anglais, qui la conservèrent aux termes de la paix de 1763. Elle a pour chef-lieu *George-town*, ville de 10,000 habitants, avec un port spacieux, protégé par le fort Saint-Georges.

Les *Grenadines* ou *Grenadilles*, situées entre La Grenade et Saint-Vincent, sont des îlots inhabités pour la plupart et manquant d'eau.

GRENADE (Nouvelle-). *Voyez* NOUVELLE-GRENADE.

GRENADE (LOUIS DE), si célèbre comme orateur sacré et comme écrivain ascétique, qu'on l'a surnommé le *Chrysostome espagnol*, naquit en 1504, de parents pauvres, à Grenade, ville dont plus tard il prit le nom. Ayant perdu son père à l'âge de cinq ans, il fut recueilli par le comte de Tendilla, qui le fit élever avec ses fils. A l'âge de dix-neuf ans, il entra dans l'ordre des frères prêcheurs, et fit profession au monastère de Santa-Cruz, récemment fondé par cette congrégation dans sa ville natale. En 1529, il fut envoyé au collége de l'ordre à Valladolid, pour y continuer ses études. Dès cette époque il s'était essayé avec succès dans la chaire. Il fut ensuite employé comme professeur dans diverses maisons de son ordre, puis il devint prieur du monastère de Scala-Cœli, près de Cordoue, où il se fit une grande réputation par ses sermons. Après dix-huit années de séjour dans ce couvent, il se rendit à Badajoz, pour y fonder une nouvelle maison de son ordre. Son nom était déjà si célèbre, que le cardinal dom Henrique, infant de Portugal et alors archevêque d'Evora, l'appela dans sa résidence, où les frères prêcheurs l'élurent pour provincial de leur ordre en Portugal, quoiqu'il ne fût pas Portugais. Par esprit d'humilité, il refusa l'évêché de Viseu et même ensuite l'archevêché de Braga. Quand, en 1572, le terme de son provincialat se trouva arrivé, il se retira dans le couvent de Santo-Domingo de Lisbonne pour s'y vouer exclusivement à la prédication et à la composition d'ouvrages religieux. Il y mit la dernière main à son *Memorial de la Vida cristiana* et à son *Simbolo de la Fe*. C'est de cette époque que datent tous ses ouvrages écrits en latin, tels que ses *Sermones* et sa *Rhetorica ecclesiastica*. Il passa ainsi les seize dernières années de sa vie dans le recueillement de sa cellule, quoique honoré à la cour, recherché par les hommes les plus distingués de son siècle et respecté du peuple à l'égal d'un saint, et mourut le 31 décembre 1588.

A une époque où Torquemada et Ximénès s'imaginaient pouvoir propager et affermir la foi par le fer et le feu, Louis de Grenade ne croyait devoir la raviver dans le cœur de ses auditeurs et de ses lecteurs que par la puissance d'un pieux enthousiasme et d'une persuasive éloquence, et chercher à lui faire de nouveaux prosélytes que par l'exemple de ses propres vertus. C'est là ce qui, joint à la foi vive et sincère qu'il avait lui-même dans ses doctrines, communique à ses écrits une chaleur et une vie qui expliquent parfaitement l'immense succès de ses sermons. Le style en est des plus purs; aussi ses ouvrages, à ne les considérer que comme des monuments de la langue, exercent-ils encore la plus grande influence et resteront-ils toujours des modèles classiques. Indépendamment des ouvrages dont nous avons déjà parlé, on a encore de lui *La Guia de Pecadores*, et les *Meditaciones para los siete dios y las siete noches de la Semana*. La plupart de ces méditations ont été publiées à part et ont eu de nombreuses éditions. Il en a paru aussi diverses traductions en français et en italien, quoique plusieurs d'entre elles eussent été prohibées par l'inquisition.

GRENADIER (*Botanique*). Le genre *grenadier* appartient à la famille des myrtées; on en connaît deux espèces et plusieurs variétés. Tout le monde a vu dans nos jardins les grenadiers à fleurs doubles variété du *grenadier* commun (*punica granatum*), dont les fleurs sont en général d'une si vive couleur. Aux Antilles et à la Guyane, on fait des haies de clôture avec le *grenadier nain* (*punica nana*, Linné), qui n'a que 0m,30 à 0m,40 de haut. La fleur du grenadier se compose d'un calice d'une seule pièce, en cloche, à cinq segments peu profonds, aigus, colorés, persistants; d'une corolle à cinq pétales arrondis, droits, courts, insérés sur le calice; de nombreuses étamines à filets capillaires plus courts que le calice, à anthères allongées; d'un pistil à ovaire inférieur, à style simple, à stigmate en tête. Le grenadier cultivé est un arbre sans odeur, mais dont les fleurs doubles font un des plus beaux ornements des jardins.

Les fleurs et l'écorce de la grenade sont styptiques et peuvent servir à tanner les cuirs; les fruits sont utiles en médecine comme rafraîchissants. Les fruits appelés *grenades*, les écorces et les fleurs séchées sont donc employés par les médecins pour remplir des indications très-différentes; mais l'utilité de ces parties du grenadier a été dépassée de beaucoup dans ces derniers temps par l'écorce de la racine du même arbre, dont l'usage s'est surtout répandu pour détruire et expulser le ver solitaire. La décoction de cette écorce fraîche, prise méthodiquement et à une dose convenable, expulse presque toujours ces animaux, autrefois si difficiles à détruire. Par compensation d'une saveur horrible et d'une action assez énergique sur le tube digestif, l'écorce de racine de grenadier mérite à cet égard sa réputation héroïque. Dr S. SANDRAS.

GRENADIER (*Art militaire*), nom donné autrefois au soldat qui jetait des *grenades*, et aujourd'hui aux hommes d'élite des régiments d'infanterie. C'est en France que cette institution a pris naissance. Aux quatorzième, quinzième et seizième siècles, on donnait le nom d'*enfants perdus* aux soldats d'élite. On les arma de grenades lors de l'invention de ce projectile, et on les employa dans les siéges à lancer à la main cette arme meurtrière. Les premiers soldats qui portèrent le nom de grenadiers parurent dans l'armée française en 1667. Ils appartenaient au régiment du Roi. Il y en avait 4 à 6 par compagnie. On choisissait pour ce service périlleux les hommes les plus braves et en même temps d'une taille élevée, afin qu'ils pussent lancer aisément la grenade par-dessus les retranchements. Ils portaient une hache, un sabre et une *grenadière*, ou sac de cuir, contenant 12 à 15 grenades. Les services qu'ils rendirent dans les campagnes de 1667, 1668 et 1669, les firent réunir en une compagnie, qui prit le nom de *compagnie de grenadiers*. Lorsqu'en 1671 le mousquet fut remplacé par le fusil, on donna cette arme à une grande partie des grenadiers. En 1672 les trente premiers régiments d'infanterie eurent chacun une compagnie de grenadiers, puis tous les régiments, et enfin chaque bataillon. En 1745 les compagnies de grenadiers des bataillons de milices formèrent sept régiments, auxquels on donna le nom de *grenadiers royaux*, et à la réforme de 1749 quarante-huit compagnies des régiments licenciés formèrent le corps des *grenadiers de France*, si connu dans nos fastes militaires par sa brillante valeur.

Dès qu'il y eut un si grand nombre de grenadiers, on oublia leur origine, et ils ne furent plus exercés au jet de la grenade. Depuis l'organisation de 1791 jusqu'à nos jours il y a toujours eu une compagnie de grenadiers en tête de chaque bataillon d'infanterie de ligne. On les nommait *carabiniers* dans l'infanterie légère. L'infanterie de la garde du Directoire ne se composait que de deux compagnies de grenadiers; la garde des consuls en eut deux bataillons; l'ancienne garde impériale comptait des régiments de grenadiers à pied (vieille garde), de grenadiers-fusiliers, de flanqueurs et tirailleurs-grenadiers, et de conscrits-grenadiers (jeune garde). La garde impériale actuelle n'a que deux régiments de grenadiers à pied. Pendant les guerres de la révolution et de l'empire, on a souvent réuni les grenadiers de la ligne en division et en corps d'armée. La France se rappelle les services rendus dans les premières campagnes d'Autriche par le beau corps de grenadiers d'Oudinot, et de ceux des grenadiers réunis en 1832 au siége d'Anvers. *Le corps royal des grenadiers de France*, organisé en 1814 avec les débris des régiments de grenadiers de la vieille garde, fit retour à ses anciens drapeaux en 1815.

Louis XIV avait créé en 1676 une compagnie de *grenadiers à cheval*, qui, quoique destinée à marcher et à combattre à pied et à cheval en tête de la maison du roi, n'en faisait cependant point partie. Cette compagnie, supprimée en 1775, fut rétablie en 1789, et licenciée en 1792. Les grenadiers à cheval reparaissent avec éclat dans la garde des consuls et dans la garde impériale, où ils ne formaient qu'un régiment. Dans l'organisation de la maison du roi en 1814, on comptait une compagnie de grenadiers à cheval, qui ne fut pas rétablie en 1815. Il y avait, en outre, dans la garde royale deux régiments de grenadiers à cheval, qui disparurent avec elle à la révolution de 1830.

Les grenadiers ont toujours été choisis parmi les hommes de haute taille, ayant servi, et réunissant les qualités qui font le bon et brave militaire. Entrer dans les grenadiers a été de tout temps un honneur et une récompense. Le grenadier jouit d'une solde plus forte que celle du fusilier; il porte des marques distinctives qui le flattent; il est fier de sa grenade, de ses épaulettes rouges et de son sabre, qu'il ne quitte jamais. Les grenadiers portaient autrefois le bonnet à poil. Aujourd'hui, à l'exception des deux régiments de grenadiers de la garde, qui l'ont repris, leur coiffure ne diffère pas de celle des fusiliers. Dans la garde nationale de Paris, les grenadiers avaient conservé le bonnet d'oursin jusqu'à la république de 1848, qui abolit dans leurs rangs cette coiffure, en supprimant les compagnies d'élite, ce qui, par parenthèse, occasionna une émeute fort ridicule. Dans l'armée, les grenadiers de service occupent les postes d'honneur.

La Prusse est la première nation qui ait imité nos grenadiers. Après elle, toutes les puissances ont voulu avoir les leurs; et cet exemple s'est répandu dans l'Europe entière et même dans les autres parties du monde. É. G. DE MONGLAVE.

GRENADILLE, genre de plantes originaires d'Amérique, dont les espèces sont aussi nombreuses que variées et qui attirent les regards par la forme singulière de leurs fleurs. Leur tige est sarmenteuse, ligneuse et grimpante, pourvue de vrilles axillaires; elle peut à l'aide d'appuis s'élever à une grande hauteur. Les feuilles, simples ou lobées, ou même palmées, ont un pétiole garni de glandes ou de longues vrilles roulées en spirales. Les fleurs ont un calice dont la base a la forme d'un godet qui s'évase et se divise en cinq parties colorées. La corolle est composée de cinq pétales lancéolés, et qui égalent en longueur les divisions du calice. Entre elle et l'ovaire, qui s'élève au centre sur un support droit et cylindrique, on remarque une triple couronne de filets longs et inégaux. Le pistil, surmontant l'ovaire, porte à son sommet cinq étamines divergentes à anthères penchées; il est couronné par trois styles en rayons terminés chacun par un stigmate globuleux. On a cru trouver dans ces diverses parties de la fleur les instruments qui ont servi à crucifier Jésus-Christ: de là l'origine de l'épithète *fleur de la Passion*, et le nom latin du genre, *passiflora*. Les divisions du calice et de la corolle sont les lances; le triple rang de filets, c'est la couronne d'épines, et d'autant mieux que leurs extrémités sont souvent de couleur purpurine, qui rappelle celle du sang; les styles qui terminent le pistil sont les clous, et les anthères sont les marteaux qui ont servi à les enfoncer. Un peu de complaisance est nécessaire pour que cet inventaire soit réputé bon et valable; il faut en apporter ici, comme de la foi dans d'autres affaires.

L'ovaire se change en une baie charnue, recouverte d'une tunique plus ou moins solide, rappelant par sa forme, par les graines qu'elle contient et par leur mode de logement le fruit appelé *grenade*.

On compte aujourd'hui plus de soixante espèces de grenadilles : nous nous bornerons à indiquer les principales : 1° la *grenadille bleue :* celle-ci est la plus commune; la corolle a jusqu'à 8 centimètres de diamètre; les fleurs, solitaires, sont ombragées par des feuilles d'un vert foncé, lisses et palmées ; leur existence est éphémère, mais elles se succèdent longtemps et promptement; 2° la *grenadille incarnat*, originaire du Brésil, et qui joint à sa beauté l'attrait d'une odeur agréable ; 3° la *grenadille écarlate*, originaire de Bayonne; 4° la *grenadille pomiforme*, dont le fruit est comestible comme celui de la grenade et dont on fait, en outre, des tabatières; 5° la *grenadille quadrangulaire*, commune à l'île de France ; le fruit a un arôme agréable et est aussi comestible. Il est une autre espèce, dont la forme est bizarre ; elle offre quelque ressemblance avec la chauve-souris. Enfin, il en est encore une, remarquable en ce que la tige est couverte d'une écorce analogue au liége.

Les grenadilles, quoique originaires de latitudes très-chaudes, vivent pour la plupart dans le midi de l'Europe et plusieurs même dans celui de la France. On peut les employer à former des berceaux ou tonnelles : avec les capucines et les cobées, elles concourent à former une tapisserie des plus agréables aux yeux. Dans les climats froids, il faut rentrer ces plantes dans les serres ou les garantir de la gelée par des abris et des couvertures. On les multiplie aisément par marcottes, par boutures ou par graines ; cette méthode est la meilleure, parce que les sujets qui en proviennent fournissent des fleurs en beaucoup plus grande abondance. Dr CHARBONNIER.

GRENADILLE (Bois de), bois d'ébénisterie que l'on nomme encore *ébène rouge*.

GRENAILLE. *Voyez* GRANULATION.

GRENAT. On a souvent confondu sous ce nom un grand nombre de substances minérales, mais maintenant on les a éliminées en partie; malgré cela, l'espèce *grenat* renferme encore plusieurs sous-espèces. Dans le commerce, on a mis les grenats au rang des pierres précieuses, quoiqu'ils ne doivent occuper environ que la huitième place après le diamant. Les lapidaires les distinguent en *grenats orientaux* ou *des Indes*, et en *grenats occidentaux :* ces derniers sont de beaucoup inférieurs aux précédents. Parmi les grenats des Indes, on remarque les *grenats syriens*, de Syrian, capitale du Pégou : leur couleur est pourpre; la *vermeille*, de couleur orangée, et l'*escarboucle*, d'un rouge foncé. Le volume et la dureté des grenats sont très-variables : les uns sont de la grosseur d'un grain de sable, les autres vont jusqu'à celle d'une pomme; les uns sont assez durs pour rayer le quartz, les autres sont, au contraire, rayés par lui. Leur couleur n'est pas moins différente; cependant, le grenat rouge est la variété dominante : les uns sont transparents, les autres sont opaques. Le grenat a un poids spécifique considérable, dû au rapprochement de ses molécules, et non à la petite quantité de fer qu'il contient, comme on le croyait autrefois. La forme primitive du grenat est le dodécaèdre rhomboïdal, et ses formes secondaires sont au nombre de six, mais toutes dérivées de la forme primitive.

Depuis longtemps, les minéralogistes allemands ont distingué les grenats en nobles et communs; ils ont voulu désigner sous le nom de *grenats nobles* les *grenats de Bohême*, qui diffèrent des autres sous plusieurs rapports, et surtout par le gisement. Les grenats se rencontrent souvent disposés en filons dans les roches primitives, ou même comme partie constituante de ces roches; on les rencontre aussi dans la chaux carbonatée, le jaspe, le grès et les schistes. On les trouve également dans les terrains d'alluvion, formés aux dépens de roches préexistantes. Enfin, on les a également rencontrés dans des terrains volcaniques, comme ceux de la Somma, de Frascati, du Vésuve; ils ont pour gangue de la lave. Les grenats de Bohême ont aussi pour gangue, comme les précédents, une sorte de lave, et c'est précisément pour les priver de ces impuretés qu'on est obligé de les *chever* par-dessous avant de les tailler en cabochon : c'est cette espèce de grenat que Werner désigne sous le nom de *pyrope*. Il se distingue des autres en ce qu'il contient de la magnésie, que Vauquelin n'a pas trouvée dans les autres variétés.

Le grenat exposé à la flamme du chalumeau se fond très-facilement en un émail noirâtre. Les substances qui constituent cette pierre sont : la silice, l'alumine, l'oxyde de fer, et quelquefois la chaux et la magnésie ; mais ces deux oxydes ne sont pas indispensables à sa constitution.

Quand les grenats jouissent d'assez de transparence et de dureté pour être susceptibles d'un beau poli et d'un certain jeu de lumière, on les taille, soit à facettes, soit en cabochon, pour la bijouterie. Quant aux grenats impurs, on les emploie avantageusement comme castine, quand on les trouve dans le voisinage des fonderies de fer : ils facilitent la fusion du minerai, et augmentent le produit de toute la quantité de fer qu'ils contiennent. Le grenat était un des cinq fragments précieux employés autrefois par la médecine. C. FAVROT.

GRENAT BLANC. *Voyez* AMPHIGÈNE.

GRENIER. C'est l'étage le plus élevé d'une maison, celui qui est immédiatement sous le comble. Dans les exploitations rurales, il est destiné à serrer les fourages et les grains. Le grenier d'une ferme employé à ce dernier usage reçoit le nom de *chambre à blé*. Mais le commerce a besoin de greniers plus vastes, qui doivent répondre aux mêmes exigences. Le *grenier perpendiculaire*, inventé par l'agronome sir John Sinclair, semble être celui qui offre le plus d'avantages. Il consiste en un bâtiment carré, dont la hauteur égale deux fois la largeur. Le grain y est introduit par une lucarne supérieure. Le plancher sur lequel il tombe est pourvu de neuf trémies en entonnoir, communiquant toutes à une seule trémie, munie inférieurement d'une soupape à coulisse. Sous cette dernière trémie est une chambre pour la livraison du blé; on place le sac que l'on veut remplir sous la soupape; celle-ci étant ouverte donne passage au grain, dont la totalité se trouve remuée, quelque petite que soit la quantité que l'on fasse sortir. On est donc ainsi dispensé du pellage qu'exigent les greniers ordinaires. Quand à l'aérage des grains, il est assuré par des trous en losange pratiqués dans les murs ; ces trous ont de 12 à 15 centimètres de côté; ils correspondent à des conduits intérieurs formés simplement de deux planches clouées de manière à former un angle dont l'arête s'applique à la partie supérieure du trou. Si l'on rentre du grain dans le grenier, il reste sous chacun de ces conduits un espace vide qui laisse pénétrer l'air dans la masse du blé. Seulement les ouvertures doivent être munies de toiles métalliques qui en interceptent l'entrée aux animaux granivores, et d'auvents qui les garantissent de la pluie.

GRENIERS D'ABONDANCE. Vastes édifices où l'on amasse et où l'on conserve des grains pour subvenir aux besoins publics en temps de disette. Ce n'est guère que dans les capitales et dans les villes populeuses que l'on construit des greniers d'abondance. L'un des premiers soins de toute société constituée est de s'assurer d'abord les nécessités premières : aussi les greniers d'abondance, qui en sont un moyen naturel et simple, sont-ils d'un usage antique et universel. Cependant, il s'en faut que cet expédient soit pratiqué dès le berceau des nations : nous voyons presque tous les peuples de l'antiquité et du moyen âge subir une foule de famines et de disettes cruelles avant d'arriver même à ce degré imparfait de prévoyance sociale; comme si en toutes choses l'enseignement et le progrès humain dussent se faire par des souffrances séculaires!

L'Égypte, déjà si vieille au temps de Joseph, semble avoir dû le premier usage des greniers d'abondance aux conseils et à l'administration de ce patriarche. Tout le monde a pu lire dans la Bible l'explication des songes de Pharaon. Joseph avait remarqué que les années stériles et les années fertiles alternaient périodiquement sur les bords du Nil. Il amassa pendant sept ans la cinquième partie des grains d'Égypte, et les resserra dans les villes : « savoir, en chaque ville les vivres d'alentour; » et quand vinrent les années de famine, « il ouvrit tous les greniers », et distribua le blé. Avant Joseph, cependant, l'Égypte avait maintes fois manqué de vivres, et l'histoire nous la peint livrée à une cruelle famine sous l'un des premiers successeurs de Ménès. La Chine, ce spécimen vivant des civilisations primitives, a des greniers publics répandus de temps immémorial sur tous les points de l'empire. Dans les calamités générales, comme des sécheresses, des inondations, etc., l'État fait des prêts, des grâces, des dons extraordinaires : sa sollicitude se porte alors sur les pauvres des villes, et son empressement à procurer des grains et d'autres secours s'étend à tous les ordres de citoyens. Chez les Juifs, les précautions publiques contre les disettes ne paraissent point avoir été l'objet d'une disposition spéciale de la constitution religieuse. Tout avait été pourtant admirablement calculé par Moïse pour donner la richesse et l'abondance aux enfants d'Israël; mais la famine au temps des patriarches et dans le désert, la famine sous les Juges, la disette sous le gouvernement d'Héli, puis encore la famine sous le règne de David, sous Achab, sous Joram, etc., tant d'incurie, tant de souffrances, et une telle persistance du fléau, ne permettent pas de croire que les moyens employés fussent efficaces ni les efforts bien grands.

Les Grecs connurent aussi les greniers d'abondance. A Lacédémone, il est vrai, et en général dans la plupart des petites nations qui se partagèrent la terre hellénique, le peuple étant constitué pour la guerre, c'est à la guerre que souvent on demandait l'abondance, et à plus forte raison le nécessaire. Le butin et les tributs imposés aux vaincus faisaient les principales ressources de Sparte, où la communauté des repas établissait d'ailleurs une sorte d'assurance mutuelle contre les disettes partielles. Mais Athènes comptait bon nombre de véritables greniers d'abondance, toujours bien fournis, et en général bien administrés. Il y avait des dépôts publics de grains dans l'Odéon, au Pompéion, dans le long portique, et à l'arsenal maritime. On y vendait au peuple du blé, du pain, etc., sans doute à un prix très-bas, puisque sans cela on ne comprendrait pas l'utilité de ces secours volontaires : peut-être aussi le donnait-on quelquefois gratuitement, mais sur tous ces points l'histoire n'est pas positive. On trouve pourtant que dans certains cas particuliers des distributions de blé étaient faites, afin de calmer le peuple affamé ou menaçant. On ignore également si le blé réservé dans ces édifices appartenait exclusivement à l'État, ou si on y mesurait aussi celui des marchands. Ce qu'il y a de positif, c'est que l'on faisait aux dépens de l'État d'énormes approvisionnements. Les contributions volontaires étaient, toutefois, acceptées, et y entraient même pour une forte partie. Des administrateurs, appelés *sitones*, étaient préposés à ces achats; d'autres, appelés *apodectes*, recevaient le blé et le faisaient mesurer. La fonction de *sitone* était importante et fort considérée, et Démosthène tint à honneur d'en être revêtu. Cette importance était due à la nécessité où se trouvait Athènes de recourir à l'importation pour un tiers de sa consommation annuelle. Plus d'une fois la farine accumulée dans ces dépôts fut foulée aux pieds par les habitants, tant elle était dangereuse à employer.

Rome, constituée pour la guerre, comme Sparte, se pourvut longtemps, comme elle, par le butin et les excursions; plus tard, quand sa domination fut universelle et sa population nombreuse, elle fit payer en blé les tributs aux provinces fertiles de l'empire, et elle dut élever, pour contenir ses approvisionnements, de nombreux greniers, immenses édifices dont l'intérieur formait une grande cour environnée de portiques à colonnades, et parmi lesquels on distinguait ceux d'*Anicitus* ou *Varguntcius*, et ceux de *Domitien*, qui renfermaient les blés apportés de la Sicile, de la Sardaigne, de l'Attique et de l'Égypte. C'est de ces greniers que se tiraient les blés que l'on donnait tous les mois aux citoyens inscrits sur les rôles des distributions gratuites, et ceux que l'on distribuait dans des occasions de crises où les prolétaires se soulevaient.

Au moyen âge, dans les premiers siècles, le désordre fut tel, que toute prévoyance publique avait disparu. La pénurie des grains était extrême et fréquente, les famines générales; et jamais ce fléau redoutable ne pesa avec plus de rigueur sur les masses. Plus tard, des réserves publiques ne sont pas plus assurées; car la constitution féodale est un obstacle à toute prévision générale de ce genre; mais du moins les châteaux et surtout les monastères sont des greniers d'abondance pour chaque localité. Cependant, les relations commerciales s'étendirent enfin, et l'agriculture fit des progrès; les disettes furent moins fréquentes, plus circonscrites. Les grandes villes offrirent des marchés importants et se ménagèrent des ressources dans des édifices publics, et les greniers d'abondance devinrent à peu près ce que nous les voyons aujourd'hui, c'est-à-dire presque toujours vides, ou quand ils étaient remplis, n'offrant qu'un soulagement insignifiant, pour peu que la pénurie fût générale; enfin, occasionnant des pertes immenses, par les soins et les frais de tous genres qu'entraînait leur conservation. Cet expédient n'offre en effet d'utilité que dans les cas de siége, et lorsque quelque grand désordre trouble la société et arrête la circulation, comme lors de la révolution de 89, par exemple.

Si jamais l'intervention du pouvoir fut utile en matière de subsistances publiques, et les greniers d'abondance efficaces, ce fut à cette époque. Il y avait pénurie, disette, et les populations alarmées empêchaient la circulation des grains. De toutes parts les mauvais desseins du parti vaincu étaient flagrants; il s'attaquait surtout aux moyens de subsistance. Des primes furent fondées pour favoriser l'importation des grains, et des peines établies contre ceux qui troublaient la circulation, des secours en grains et en farine accordés aux départements au moyen des réquisitions forcées, tous les expédients d'une prévoyance active et nationale, d'une police vigoureuse, employés. En août 1793, au plus fort de la conflagration, un décret de la Convention ordonna la formation d'un grenier d'abondance dans chaque district, et des fours publics dans chaque section des villes; le trésor devait tenir 100,000,000 de francs à la disposition du conseil exécutif pour l'achat des grains. Les citoyens qui manquaient réellement de pain purent se présenter devant leur municipalité et en obtenir un *bon*, sur le vu duquel on leur délivrait du blé au grenier public de l'arrondissement. Jamais on n'avait vu un tel ensemble de dispositions gouvernementales pour assurer la subsistance d'un grand peuple; cependant l'intervention du pouvoir est tellement difficile et méconnue en pareille occurrence que le bienfait produit alors ne fut aucunement en proportion avec les efforts et les sacrifices inouïs du pouvoir révolutionnaire.

Les greniers publics établis et entretenus par une sage administration dans la petite république de Genève peuvent être cités comme un exemple de ce que les greniers publics pourraient offrir d'utilité réelle. Longtemps ils firent la ressource du peuple pendant les mauvaises années et le principal revenu de l'État. Toutefois, en général, les greniers d'abondance n'ont guère épargné de privations à l'humanité, et il faut peu s'en étonner. Dans un état de société arriéré, le peu d'utilité des greniers tient à une cause générale, qui doit paralyser tous les efforts de cette nature. La pénurie est partout, chez les peuples voisins comme à l'intérieur, et les relations internationales n'existent point; puis, quand les sociétés sont arrivées à cet état de prospérité et de civilisation qui comporte la variété des richesses, l'abondance, le commerce cosmopolite, la libre concurrence, etc., les vrais greniers d'abondance sont dans les *marchés publics*, dans les *réserves des gros fermiers*, qui, ayant le moyen d'attendre un avantageux et graduel écoulement, compensent le défaut des années stériles par l'excédant des années fécondes. La garantie des populations est alors dans l'incessante action de l'intérêt individuel, entretenu et équilibré par la concurrence. Les spéculateurs sont partout, veillant où un vide s'opère dans les besoins de la société, pour le combler, soit par leurs provisions antérieures, soit par la commande à l'étranger et par des arrivages opportuns. Il n'y a donc plus que des cas tout à fait exceptionnels qui puissent commander utilement l'intervention du pouvoir et faire recourir aux greniers d'abondance. C'est ainsi que dans l'état actuel de l'économie européenne les réserves de grains et de farines sont partout répandues, inégalement, il est vrai, en un temps donné, mais partout ouvertes aux impérieuses nécessités des masses. La circulation est universelle : il est des contrées qui, comme l'Égypte, la Russie, l'Amérique, etc., sont d'une fécondité permanente; et si de criants priviléges en faveur des riches n'occasionnaient pas dans presque tous les pays de l'Europe le haut prix factice des céréales et de toutes les denrées de première nécessité pour le peuple, le peuple n'aurait plus à craindre de manquer de pain ni même d'une abondante nourriture; car ce n'est plus là subsistance qui manque, c'est la *distribution* qui en est iniquement disproportionnée.

Quant à l'économie intérieure de chaque pays, des règlements de police pourvoient à ce que l'approvisionnement de chaque localité importante soit constamment assurée; car il ne faut pas confondre les *réserves* ordinaires que font eux-mêmes les boulangers et les marchands de blé, sous la direction unitaire de l'autorité publique, avec les *greniers d'abondance* pourvus et entretenus aux frais du gouvernement. Ainsi, en France il est défendu à tous de faire aucun approvisionnement de grains pour les garder, les emmagasiner et en faire un objet de spéculation. Le gouvernement doit connaître les magasins privés et les quantités qu'ils contiennent, afin d'en requérir l'emploi au besoin. Ainsi, à Paris les boulangers sont astreints à déposer périodiquement dans des dépôts spéciaux une certaine quantité de farines ou de grains, de telle sorte qu'ils soient toujours en avance de quelques mois dans leurs provisions. S'il n'y a plus de greniers d'abondance, il y a donc encore d'énormes *réserves* publiques, c'est-à-dire des amas de farine et de grains où dorment des capitaux et se perdent des sommes énormes par la manutention qu'exige la conservation de ces amas. Le progrès à faire pour obvier à cet inconvénient et s'assurer en même temps l'approvisionnement quotidien de chaque centre de population consisterait à suggérer aux cultivateurs d'alentour de conserver plusieurs années l'excédant de leur récolte qui dépasserait les besoins annuels, et de ne s'en défaire que graduellement, au lieu de les vendre par masse, et à leur grand préjudice, à des spéculateurs sans foi, qui souvent dispersent aveuglément les grains amassés, et les concentrent sur un point en en dépouillant d'autres.

Parmi les greniers d'abondance remarquables sous le rapport de leurs dimensions ou de leur construction, on distingue ceux de la place de Termini, à Rome, ceux de Lyon, de Lille, le grenier du quai de l'Arsenal, à Paris, etc. Ceux qu'on appelle au Vieux-Caire, en Égypte, les *greniers de Joseph*, n'ont rien d'antique. C'est un ensemble de cours environnées de murs, dont la construction ne remonte qu'aux Sarrasins. Dans ces cours, qui n'ont ni voûtes ni couvertures, on dépose le blé qu'on paye en tribut au grand-seigneur et qu'on y apporte de toutes les parties de l'Égypte. En général, les édifices affectés spécialement à cet emploi ont toujours été rares. Dans les temps de crises tout en tient lieu, une caserne, une église, un théâtre, un monastère, etc. C'est ainsi que dans la révolution française, la Convention ordonnait de choisir parmi les maisons d'émigrés ou autres maisons nationales celles qui étaient le plus propres à ce genre d'établissement.

C. Pecqueur.

GRENOBLE, chef-lieu du département de l'Isère, se nommait jadis *Gratianopolis*, du nom de l'empereur Gratien. Elle est située à 499 kilomètres sud-est de Paris. Sa population est de 31,340 habitants. Siége d'un évêché suffragant de Lyon, elle possède une cour impériale et des tribunaux de première instance et de commerce, une chambre consultative des arts et manufactures.

Avant de se nommer *Gratianopolis*, la ville de Grenoble s'était appelée *Cularo*, et elle dependait du territoire des Allobroges. Vers la décadence de l'empire romain, les Bourguignons s'en emparèrent, puis elle devint la proie des Francs mérovingiens au sixième siècle. A l'époque des carlovingiens, elle tomba sous la domination de Lothaire; puis, après la mort de Charles le Chauve et de Louis le Bègue, elle appartint à Boson, et enfin à Rodolphe III, dit *le Lâche*. Les comtes d'Albon et de Graisivaudan en réclamèrent ensuite la souveraineté sous le titre de *dauphins*; elle finit par appartenir aux dauphins du Viennois. Humbert II la transmit aux premiers nés des rois de France, avec la province entière du Dauphiné. Le parlement de Grenoble se rendit fort célèbre avant la révolution; et l'on n'a pas oublié les éloquentes allocutions de l'avocat général Servan. Ce parlement avait été créé par le dernier dauphin de Viennois. Il se composait en dernier lieu de dix présidents, cinquante-cinq conseillers, trois procureurs généraux et un avocat général. Grenoble possédait encore une chambre des comptes et un bureau des finances.

Érigée en 1833 par le général Haxo en place forte de premier ordre, Grenoble est divisée par l'Isère en deux parties inégales : l'une, construite entre le coteau et la rive droite de cette rivière, se nomme Saint-Laurent ou La Perrière : ce quartier, très-resserré, ne compte guère que deux rues; le second quartier, qui est au contraire assez vaste, et dont les rues sont grandes et bien percées, se nomme le quartier de Bonne. Là se trouvent le palais de justice, la préfecture, l'hôtel de ville, le palais épiscopal, l'hôpital général, et tous les principaux édifices. Les promenades qu'on appelle le Cours et le Nuril sont agréables. En 1823, une statue y a été érigée à Bayard. La ville est commandée par une forteresse qui porte le nom de Bastille; l'arsenal, très-complet, peut passer aussi pour une citadelle.

Le commerce de Grenoble est considérable. Ses manufactures de gants, de liqueurs, de parfums, ont de la réputation; ses soieries sont recherchées; sa mégisserie est estimée, ainsi que les cuirs que l'on tanne dans ses faubourgs; on y fait de grandes affaires dans les grosses draperies. On y compte cinq typographies.

Cette ville possède une académie universitaire, des facultés de théologie, de droit et des sciences, un lycée, une école d'artillerie, une école secondaire de médecine et une école de dessin; il y existe encore un grand et un petit séminaire; on y trouve une bibliothèque publique riche de 60,000 volumes; un musée de tableaux et un jardin botanique. A quelques kilomètres de Grenoble on trouve le village de Chartreuse, célèbre par un monastère fondé par saint Bruno, et d'où l'ordre des chartreux à tiré son nom.

Grenoble fut une des premières villes de France qui adoptèrent les principes de 1789. C'est la première ville importante qui accueillit Napoléon à son retour de l'île d'Elbe. Plus tard, d'épouvantables tragédies politiques ensanglantèrent son territoire. En 1834 Grenoble paya encore sa part à l'insurrection d'avril. Consultez Champollion-Figeac, *Antiquité de Grenoble* (1807); Pitol, *Histoire de Grenoble et de ses environs* (1829).

Bon de Roujoux.

GRENOUILLE, genre de reptiles, de l'ordre des batraciens. Les pattes postérieures des grenouilles sont plus longues au moins d'une demi-fois que le corps; elles n'ont point de pelote visqueuse ni d'empâtement au bout des doigts, et leur corps est uni. La grenouille est en apparence tellement semblable au crapaud, que le sentiment de répulsion qu'on éprouve en voyant ces animaux s'est étendu jusqu'à elle; cependant c'est à tort qu'on enveloppe dans cette juste aversion un être dont la taille est si légère, le mouvement si preste, l'attitude si gracieuse. Le museau de la grenouille est plus pointu que celui du crapaud; son corps est plus long que large, couvert d'une peau luisante, gluante, garni quelquefois de tubercules gros et unis; les pattes de derrière ont cinq doigts réunis par une membrane; celles de devant n'ont que quatre doigts, non réunis, et sont infiniment plus courtes. Les muscles de cet animal sont d'une force considérable proportionnellement à son volume : c'est là ce qui lui donne cette élasticité, cette légèreté, qui président à tous ses mouvements. Le cri de la grenouille ou coassement est d'une monotonie fatigante; les femelles ne font entendre qu'un faible grognement.

Les grenouilles vivent de larves d'insectes aquatiques, de vers, de jeunes coquillages et d'insectes vivants; on a même prétendu que la dilatabilité de leur gosier leur permet d'avaler des animaux quelquefois plus gros qu'elles, tels que de petits oiseaux, de petites souris. Les grenouilles muent souvent pendant l'été, mais elles ne perdent que leur épiderme et non leur peau membraneuse. Chez ces animaux, l'accouplement a une durée extraordinaire : il se prolonge depuis quatre jusqu'à vingt jours, selon que la température est plus ou moins élevée : le mâle, durant la fécondation, embrasse la femelle si étroitement qu'il ne peut plus s'en séparer que lorsque la ponte est assurée. L'œuf de la grenouille (et chacune en pond annuellement de 600 à 1,200) consiste en un globule, noir d'un côté, blanchâtre de l'autre, placé au centre d'un autre globule gélatineux, transparent, servant de nourriture à l'embryon : celui-ci se développe au bout de quelques jours, et se nomme alors *têtard*; sa conformation intérieure et extérieure, dans cet état, ne ressemble en rien à celle qu'il prendra plus tard : il a la tête au milieu de la poitrine, le corps en forme d'ovoïde, qui dans la *grenouille mugissante* de l'Amérique septentrionale acquiert quelquefois la grosseur du poing, et une longue queue. Ce n'est qu'au bout de deux ou trois mois que sa transformation en grenouille est complète.

En Europe on mange les grenouilles, que l'on regarde comme un mets très-délicat; la médecine les emploie aussi pour des bouillons rafraîchissants. Les espèces les plus répandues de ce genre sont la *grenouille commune* (*rana esculenta*) et la *grenouille rousse* (*rana temporaria*).

GRENOUILLETTE. *Voyez* BROCHET.

GRENVILLE (Famille), l'une des plus importantes races aristocratiques de l'Angleterre, établie dès le règne de Henri Ier dans le comté de Buckingham, resta néanmoins pendant plusieurs siècles dans les rangs obscurs de la gentilhommerie de province jusqu'à ce que le mariage de *Richard* GRENVILLE, membre du parlement pour la ville d'Andover (et mort le 17 février 1724), avec Esther, fille de sir Richard Temple, lui eut donné de grandes richesses avec l'importance politique qui s'y rattache. A la mort de son frère, Richard Temple, vicomte Cobham, en 1749, la veuve de Richard Grenville hérita de ses titres et de ses propriétés (entre autres du château de Stowe), et fut créée comtesse *Temple*. Elle mourut le 6 octobre 1752. Son fils aîné, *Richard* GRENVILLE, comte *Temple*, fut nommé en 1757 garde des sceaux, et se signala dans les luttes politiques de cette époque, d'abord comme ami et plus tard comme adversaire de Chatham, qui avait épousé sa sœur. Il mourut sans laisser d'enfants, le 11 septembre 1779.

GRENVILLE (GEORGE), frère du précédent, ministre de Georges III, né le 14 octobre 1712, fut élevé à Cambridge, où il se distingua dans l'étude des mathématiques, et débuta avec succès au barreau à l'âge de vingt-cinq ans. Après une longue et honorable carrière parlementaire, dans laquelle il se montra toujours dévoué au gouvernement, il entra dans le conseil d'amirauté en 1744, fut créé en 1747 lord de la trésorerie, et, lorsqu'il eut franchi les divers degrés de la hiérarchie administrative, premier lord de l'amirauté. A l'avénement de Georges III, Grenville parvint à un rôle politique important. En août 1763, il succéda à lord Bute. Dans cette position, et, vraisemblablement sous l'influence que Bute continuait encore à exercer, il introduisit la taxe du timbre, dont l'établissement provoqua les premières résistances des colonies américaines. Ce fut aussi sous son administration que fut rendu le bill relatif aux élections contestées (*Grenville act*). Par suite de la tournure que prirent les affaires d'Amérique, il céda, en 1765, son portefeuille au marquis de Rockingham. Ses adversaires eux-mêmes étaient obligés de rendre hommage à son activité et à sa capacité, à sa probité ainsi qu'à la loyauté de son caractère. Il a écrit, pour justifier son administration : *Considerations on the commerce and finances of England* (Londres, 1765). Il mourut en 1770.

GRENVILLE (THOMAS), fils cadet du précédent, né en 1755, entra fort jeune à la chambre des communes, et, s'écartant de la ligne que suivait sa famille, s'attacha au parti whig, dont Fox était le chef. Déjà on parlait de lui pour la place de gouverneur général de l'Inde; il avait été envoyé à Paris dans le but de négocier avec Franklin et Vergennes le traité qui devait mettre un terme à une guerre peu heureuse pour l'Angleterre : un changement de ministère le fit rappeler, et il resta même pendant sept ans éloigné de la chambre des communes, où il ne rentra qu'en 1790, époque où les whigs le firent élire à Oldborough. Effrayé toutefois de la marche de la révolution française et des périls dont elle menaçait l'ordre social en Europe, il fut du nombre des whigs qui abandonnèrent le parti de Fox, et qui crurent devoir renforcer le pouvoir, placé dans des circonstances nouvelles et critiques. Dans l'hiver de 1795, il fut envoyé à Berlin, afin d'essayer d'engager le roi de Prusse à continuer la guerre avec la France; le bâtiment qui portait Grenville se brisa contre les glaces, et le diplomate dut son salut à une sorte de miracle. Sa mission échoua; la Prusse craignait de se brouiller avec la république, dont les armées triomphaient alors sur tous les champs de bataille. Rentré au parlement, Grenville s'éloigna peu à peu de Pitt, et lorsqu'en 1806 les whigs reconquirent l'ascendant, il se joignit décidément à eux, et fut promu au poste de premier lord de l'amirauté. C'était un emploi de la plus haute importance à une époque où le pavillon anglais faisait d'incroyables efforts pour rester maître de toutes les mers. Au bout de sept mois, une nouvelle révolution ministérielle fit perdre à Grenville le portefeuille qu'il avait à peine eu le temps d'examiner; dégoûté des fonctions publiques, il resta dès lors à l'écart, se bornant à contempler les luttes des partis. Il avait toujours eu un goût décidé pour la littérature; il se forma une bibliothèque, qui fut à bon droit regardée comme l'une des plus riches et des mieux choisies que possédât l'Angleterre. Il mourut le 17 décembre 1846, et légua au *British Museum* sa bibliothèque, composée de 20,239 volumes qu'il avait mis environ soixante-dix ans à former et dont la valeur était évaluée à plus de 16,000 liv. st. (400,000 f.). Ce legs, disait-il dans son testament, avait pour but de dédommager jusqu'à un certain point la nation des sinécures dont il avait joui de son vivant.

GRENVILLE (WILLIAM WYNDHAM, lord), troisième fils de *Georges* GRENVILLE, naquit le 25 octobre 1759. Entré au parlement en 1792, Pitt lui fit obtenir l'année suivante la place de payeur général de l'armée. La connaissance approfondie qu'il possédait de la tactique et des précédents parlementaires le fit choisir en 1789 pour orateur (président) de la chambre basse. Quatre mois plus tard il fut nommé secrétaire d'État de l'intérieur, en remplacement de lord Sidney, et élevé à la dignité de *baron*. En 1791 il accepta le portefeuille des affaires étrangères, position dans laquelle il manifesta la plus violente antipathie pour la révolution française. Après l'exécution de Louis XVI, il donna ordre à l'ambassadeur français, Chauvelin, de quitter immédiatement l'Angleterre, et ne permit même pas à Maret de remettre les dépêches dont il était chargé. La déclaration de guerre du gouvernement anglais et la politique implacable qu'il suivit depuis lors contre la France furent peut-être plus l'œuvre de Grenville que de Pitt, son collègue. Il fut l'instigateur de toutes les lois d'exception qui vinrent à cette époque peser sur la constitution anglaise. Ce fut bien moins parce que le roi s'opposa à l'émancipation des catholiques, que parce que l'opinion publique se prononçait complétement contre sa politique, qu'il quitta le ministère avec Pitt en 1801. Quand celui-ci y rentra en 1804, lord Grenville obtint une riche sinécure, par suite de son refus péremptoire de faire partie de l'administration nouvelle. Après la mort de Pitt, il se rapprocha des whigs avec les autres tories modérés; déjà, quelque temps auparavant, il s'était lié avec Fox, dont naguère il détestait les doctrines. Ce fut lui qui le détermina à faire partie du célèbre ministère de coalition de 1806, auquel son nom est même demeuré dans l'histoire. Mais tout de suite après la mort de Fox la désunion éclata dans ce cabinet, composé d'éléments si disparates, à propos des négociations entamées avec la France. Lord Grenville s'étant en outre déclaré avec lord Howick (*voyez* GREY) pour l'abolition du serment du *test* et l'émancipation des catholiques, il s'ensuivit, en 1807, une désorganisation complète de l'administration. Après avoir refusé à diverses reprises d'entrer dans des combinaisons ministérielles, sa participation à la vie politique se borna dès lors à siéger dans la chambre haute, où, sans être précisément un orateur, il ne laissait pas que d'exercer une grande influence. En toute occasion il se montra l'avocat chaleureux et convaincu de la cause des catholiques irlandais; mais il s'abstint sur la question de la réforme parlementaire. Il mourut le 12 janvier 1834, sans laisser de descendance, dans son château de Drapmore, comté de Buckingham.

En 1800, il avait fait imprimer à Oxford, à ses frais et à ceux de ses frères, une édition d'Homère, enrichie de notes et d'observations critiques, et à laquelle, dans les dernières années de sa vie, il donna pour pendant une édition d'Horace, qui n'est point entrée dans le commerce. En 1804 il publia les lettres du comte Chatam à son neveu Thomas Pitt; on a aussi de lui, sous le titre de *Nugæ metricæ*, des traductions de poésies anglo-saxonnes, italiennes et grecques. Son érudition non moins que ses opinions essentiellement conservatrices déterminèrent l'université d'Oxford à lui conférer en 1809 la dignité de chancelier. A cette occasion il fit paraître un ouvrage dans lequel il justifiait cette école d'avoir expulsé de son sein le philosophe Locke, et publia en même temps sa fameuse lettre circulaire sur l'émancipation des catholiques.

GRENZER. *Voyez* FRONTIÈRES MILITAIRES.

GRÉOUX, village du département des Basses Alpes, près de la rive droite du Verdon, avec 1,374 habitants et des eaux thermales très-fréquentées. « La constitution des eaux de Gréoux, dit M. le docteur Donné, a de l'analogie avec celle de la célèbre source des Pyrénées; ces eaux sont sulfureuses comme les Eaux-Bonnes, elles contiennent des sels de même nature, une forte proportion de chlorure de sodium et une matière organique onctueuse; elles conviennent aux tempéraments lymphatiques, aux enfants et aux jeunes filles faibles. » Le climat de Gréoux est délicieux, et les malades, qui vont y chercher la santé trouvent un établissement confortable, des distractions suffisantes et des promenades pittoresques.

GRÈS (du celtique *craig*), roche formée de grains de quartz agglomérés, et agglutinés par une substance insaisissable. On trouve ordinairement les grès dans les terrains de sédiment, depuis les plus anciens jusqu'aux plus nouveaux. Il existe plusieurs variétés de grès : on distingue le *rouge*, le *flexible*, le *lustré*, le *blanc*, le *bigarré*, le *filtrant;* il y a des grès appelés *mollasses*, qui, tendres en sortant de la carrière, acquièrent de la dureté lorsqu'ils sont exposés au grand air. Le plus souvent les grès s'offrent en masses à contexture confuse, divisibles en tous sens; quelquefois on en rencontre des bancs assez réguliers. Les constructeurs en bâtiments emploient rarement le grès, par la raison que cette pierre ne donne que faiblement prise au mortier. Il est d'un usage excellent pour user les métaux : aussi en fait-on des meules à aiguiser et même à moudre les grains. Il y a une sorte de grès dont la contexture est telle qu'il laisse passer les fluides purs au travers de sa masse, mais il rejette les impuretés qu'ils contiennent; c'est un grès de cette espèce qu'on emploie dans les fontaines filtrantes. La taille du grès est dangereuse pour les ouvriers qui la pratiquent. Rondelet (*Art de bâtir*) assure que la poussière qui s'en échappe est si subtile qu'elle pénètre dans une bouteille bouchée avec soin. Cette poussière cause aux *piqueurs de grès* une toux très-fâcheuse, surtout lorsqu'ils ne travaillent pas en plein air. Pour se garantir de ses pernicieux effets, les ouvriers expérimentés se placent de façon qu'un courant d'air la chasse devant eux.

TEYSSÈDRE.

GRÈS. On donne ce nom à des poteries que Brongniart a appelées *grès cérames*, et que l'on distingue en *grès communs* et *grès fins*.

La poterie de grès commun doit ce nom de *grès* à sa dureté et à la finesse du grain de sa cassure, qui l'ont fait comparer au grès des minéralogistes. On en fabrique des pots, des bouteilles, des cruches, des fontaines, des jarres, et généralement des ustensiles qui ne sont pas destinés à aller au feu. Il y a des grès bruns, jaunâtres, gris; qu'on leur applique ou non une couverte, ils sont toujours terminés d'une seule cuisson, mais très-forte et durant longtemps. Dans le cas où on les vernit, les procédés peuvent varier : le plus simple consiste à projeter dans le four, vers la fin de la cuisson, du sel marin, qui opère à la surface des pièces une vitrification qui les recouvre. Les filets et autres dessins bleus qui ornent quelques grès, principalement en Allemagne, s'obtiennent à l'aide du cobalt. Les grès non vernissés et poreux servent à faire les alcarazas.

Les grès fins, qui imitent les poteries antiques, et surtout les vases étrusques, ne diffèrent guère des précédents que par leur pâte, plus fine et plus soignée. On en fabrique au Japon, en Chine, en Allemagne, en France et en Angleterre.

GRESHAM (Sir THOMAS), qui construisit à ses frais la bourse de Londres, était le fils cadet de Richard Gresham, négociant distingué, et naquit à Londres, en 1519. Élevé à Cambridge, il apprit le commerce sous la direction de son frère, et ne tarda pas à acquérir une fortune considérable par ses spéculations, aussi hardies que bien combinées. Il rendit aux reines Marie et Élisabeth les mêmes services, en fait d'argent et d'opérations de banque, que son père avait pu rendre à Henri VIII. Grâce à ses efforts, le fléau de l'usure disparut de la place Londres, et les emprunts auxquels la couronne se trouva obligée d'avoir recours furent dès lors contractés dans le pays même. La reine Élisabeth, qui l'estimait particulièrement et qui le consultait souvent en matières de politique, lui conféra le titre de *marchand royal*, et en 1559 le créa baronnet. Dans sa maison, où régnait un luxe tout princier, il recevait souvent les personnages les plus distingués de la cour. Comme monument de sa richesse et de sa générosité, il fit construire à ses frais, en 1556, la Bourse de Londres. On ne sait pas au juste quand cet édifice fut achevé; mais le 23 janvier 1570 la reine dîna chez sir Thomas Gresham, puis, à sa sortie de table, elle alla visiter le nouvel édifice, et le fit proclamer, au bruit des trompettes, *Bourse royale*. Dès l'année 1666 un violent incendie réduisait cette Bourse en cendres. Un nouvel édifice, construit dans de plus larges proportions, mais sur le même plan, pour la remplacer, a également été détruit par un incendie le 10 janvier 1838. Gresham mourut le 21 novembre 1579, ne laissant d'autre héritier qu'une fille naturelle.

Aux termes de son testament, sa maison fut transformée en un collége, qui porte encore aujourd'hui son nom. Chacun des sept professeurs attachés à cet établissement devait avoir, outre le logement gratuit, un traitement annuel de 50 livres sterling prélevé sur les produits du local de la Bourse. Au dix-septième siècle, ce collége, qui possédait des professeurs distingués en tous genres était très-fréquenté; mais au siècle suivant l'institution tomba en décadence. En 1768 le gouvernement acheta la maison de Gresham, qui ne convenait plus pour l'usage indiqué par le testateur, et transporta le collége de Gresham à la Bourse même. Les professeurs virent élever par la même occasion leur traitement de 50 à 100 livres sterling, et en vertu d'un acte spécial du parlement obtinrent la permission de se marier.

GRÉSIL. Sur le sommet des hautes montagnes, même en été, en hiver, dans nos climats, et surtout dans les mois de mars et d'avril, il tombe une espèce de grêle dont les grains ont la grosseur de ceux de chenevis : c'est ce phénomène que nous appelons *grésil*. Le grésil diffère de la grêle par sa grosseur et sa contexture. Quand on examine un grêlon attentivement, on observe que son centre est occupé par un globule de glace spongieuse, autour duquel s'est formée une enveloppe plus ou moins épaisse de glace dure et transparente. Le grésil, au contraire, présente un globule dépourvu de transparence : on dirait un flocon de neige comprimé; quelquefois, néanmoins, le grain est couvert d'une couche mince de glace transparente. Pourquoi ne tombe-t-il pas du grésil en été? Comment se forme le grésil? C'est ce qu'on ignore complètement. Nous croyons donc qu'il serait tout à fait inutile de rapporter ici les opinions que divers savants ont émises sur ce phénomène.

TEYSSÈDRE.

GRÉSIVAUDAN. *Voyez* GRAISIVAUDAN.

GRESSET (JEAN-BAPTISTE), l'un de nos poëtes les plus gracieux et les plus spirituels, naquit en 1709, à Amiens, où son père exerçait les fonctions d'échevin, et mourut le 16 juin 1777. Il fit ses premières études dans sa ville natale, chez les jésuites, et alla les terminer à Paris, au collége Louis le Grand. C'est à l'âge de vingt-quatre ans qu'il composa *Vert-Vert*, ce chef d'œuvre de grâce, de finesses et d'esprit. Comme il portait encore l'habit de jésuite, Gresset ne confia son poëme qu'à un petit nombre d'amis; mais il était impossible que le secret fût fidèlement gardé sur une production aussi originale : des copies manuscrites coururent dans tout Paris; ce joli poëme fut l'objet de l'entretien général à la cour et à la ville, et bientôt on l'imprima à l'insu de l'auteur. Le poëme de Gresset fut tout un événement dans le monde littéraire : chacun voulut connaître le nom de cette muse piquante et facile, qui brodait sur le canevas le plus léger tant de choses brillantes, les mieux relevées, et du meilleur goût. J.-B. Rousseau, dans sa correspondance, appelle *Vert-Vert* un phénomène littéraire. On fut bien surpris d'apprendre que ce phénomène était sorti de la plume d'un jeune jésuite habitant la mansarde d'un collége, où il donnait des répétitions. Cela sentait si peu la poussière et le pédantisme de collége! Gresset continua ses débuts brillants par différentes productions, qui le maintinrent à la hauteur où l'avait placé l'opinion publique : *Le Carême impromptu*, *Le Lutrin vivant*, *Les Ombres* et *La Chartreuse*, que Rousseau préféra ensuite à *Vert-Vert*, révélèrent un poëte tout à fait nouveau, original, éloigné de toute imitation, et ne consultant que sa verve. Le succès de *Vert-Vert* fut si grand, qu'il valut à son auteur une sorte de disgrâce. La sœur d'un ministre, qui était supérieure d'une des maisons de la Visitation, ne pardonna pas à Gresset d'avoir tourné en plaisanterie les mœurs des couvents : elle porta plainte contre lui, et par suite Gresset, qui professait les humanités à Tours, fut transféré à la Flèche. Là il s'essaya à traduire les *Églogues de Virgile;* mais ce travail ne lui réussit pas : « Cette traduction, dit La Harpe, n'est proprement que l'étude d'un commençant, qui annonce de la facilité et de l'oreille : c'est une paraphase négligée et languissante. »

Enfin, fatigué de sa vie de collége, Gresset jeta le froc aux orties, et revint à Paris : il avait alors vingt-six ans. L'accueil empressé qu'il y reçut l'encouragea à se livrer à des travaux plus sérieux : il aborda la tragédie. On peut dire qu'il échoua complétement dans cette tentative : sa tragédie d'*Édouard III*, qu'il fit représenter en 1740, n'eut aucun succès. Il n'y a ni intérêt ni vraisemblance, ni entente de la scène. *Sydney*, autre tragédie, jouée en 1745, quoique écrite d'un style égal, ne put se soutenir au théâtre. Le talent gracieux et fini de Gresset s'accommodait mal des exigences dramatiques de la tragédie, et en général de toute poésie d'un genre élevé qui demande de la noblesse et de la grandeur : aussi ses odes sont très-elles-faibles. Mais il prit glorieusement sa revanche dans la comédie. *Le Méchant* est sans contredit l'une des meilleures pièces comiques du second ordre que nous ayons; et Voltaire, qui lui reproche de n'être pas

Des mœurs du temps un portrait véritable,

n'a rien dans son théâtre qui approche du *Méchant*. Les caractères de cette comédie sont empreints de vérité; le style en est toujours égal, choisi et élégant; un grand nombre de vers sont passés en proverbe : on prétend qu'il en emprunta les traits les plus saillants à la *Société du Cabinet vert*, que présidait Mme de Forcalquier. Ici s'arrête sa carrière glorieuse; ses autres productions n'ont ni l'éclat, ni la verve, ni l'intérêt de celles que nous venons de citer.

Gresset fut reçu à l'Académie Française en 1748 ; mais quelques années après il quitta Paris pour aller se fixer à Amiens, sa ville natale, où il fonda, avec la permission du roi, une académie dont il fut élu président. Bientôt ses idées tournèrent à la dévotion : il rétracta lui-même ses ouvrages dans une lettre rendue publique, où il traitait la poésie d'art dangereux. La bile de Voltaire s'en émut violemment : dans son intolérance philosophique, il poursuivit Gresset de ses sarcasmes et de ses injures, lui refusant toute espèce de talent :

Gresset, doué du double privilége
D'être au collége un bel esprit mondain,
Et dans le monde un homme de collége.

Il écrivit que *La Chartreuse* et *Vert-Vert* étaient des ouvrages tombés; enfin, il s'oublia jusqu'à écrire : « Et ce polisson de Gresset, qu'en dirons-nous? Quel fat orgueilleux ! Quel plat fanatique! » Cette conduite de Voltaire fut peu généreuse : Gresset avait été l'un des admirateurs les plus chauds de son talent; il avait même pris souvent sa défense, notamment à propos d'*Alzire*.

Dans sa retraite, Gresset ne produisit plus rien digne de lui : ses poëmes du *Gazetin* et du *Parrain magnifique* ne peuvent faire soupçonner l'auteur de *Vert-Vert*, et le discours qu'il prononça en 1774 à l'Académie, comme directeur, lors de la réception de Suard, est sans contredit l'un des plus plats que le docte corps ait jamais entendus. Sur la fin de ses jours, il fut comblé des faveurs de la cour : Louis XVI lui envoya des lettres de noblesse, et *Monsieur*, depuis Louis XVIII, lui donna la place d'historiographe de l'ordre de Saint-Lazare. Une statue en marbre lui a été élevée à Amiens, en 1851.

JONCIÈRES.

GRETNA-GREEN, hameau du comté de Dumfries, en Écosse, qui, par suite de son voisinage de la frontière d'Angleterre, est devenu le refuge de tous ceux qui veulent contracter mariage sans le consentement préalable de leurs parents ou tuteurs. L'ancien droit canonique continue toujours à être en vigueur en Écosse. D'après les dispositions de ce droit, toute déclaration de mariage de deux individus faite en présence d'un prêtre, d'un juge de paix, d'un notaire ou autres témoins honorables, est considérée comme un mariage accompli, punissable, il est vrai, d'une longue détention, aux termes de la loi, lorsqu'il n'est pas suivi de dispenses, mais qui n'en demeure pas moins indissoluble. Lorsque, sous le règne de Georges II, cette loi cessa d'être valable en Angleterre, tous ceux qui voulaient sans le consentement de leurs parents contracter une union consacrée en quelque sorte par la loi, se rendirent en Écosse et plus particulièrement à Gretna-Green, ou plutôt à la paroisse de *Springfield*, dont dépend ce hameau, attendu qu'en Angleterre on considère comme valable tout mariage contracté à l'étranger suivant les lois du pays. Le hasard ayant voulu que le juge de paix de cet endroit, par-devant lequel eurent lieu à ce moment la plupart de ces *déclarations* de mariage impromptu, exerçât la profession de maréchal ferrant, l'opinion s'est généralement accréditée, mais à tort, que le maréchal-ferrant de *Gretna-Green* avait le privilége de rendre légales les unions clandestines. L'un de ces juges de paix, abusivement qualifiés de *forgerons*, mourut en 1849, laissant une fortune considérable. Il se faisait payer de 10 à 20 guinées par mariage, selon les moyens des époux. Les déclarations de mariage avaient souvent lieu aussi devant le curé de Springfield, lequel, pour *bâcler* le mariage le plus vite possible, lisait les prières ecclésiastiques dans l'auberge même de l'endroit. A l'époque du règne de Charles II, dont nous parlons, ce curé s'appelait David *Laing*, et ce fut son fils qui lui succéda dans sa cure. Jusqu'en 1833 plusieurs centaines de mariages étaient contractés ainsi chaque année; mais par suite d'une loi intervenue à cette date, et qui punit les mariages clandestins, le nombre des mariages *célébrés* à Gretna-Green ne va plus guère qu'à cent, bon an mal an.

[*Gretna-Green* est le premier hameau qui se présente sur la frontière d'Écosse, quand on suit la route de Londres à Édimbourg. Il ne se compose que de quelques maisons et n'a qu'une seule auberge, devant laquelle s'étend une petite pelouse verte, d'où le hameau a sans doute tiré l'épithète qui termine son nom. *Springfield*, au contraire, est un joli village, composé d'une quarantaine de maisons, toutes proprement bâties et couvertes en ardoises. Quoique placé à une très-petite distance de la route, ce village ne saurait être aperçu du voyageur : un rideau d'arbres assez épais en dérobe la vue, comme si l'on eût voulu soustraire aux recherches des parents alarmés le lieu où leur présence pût prévenir la formation de nœuds réprouvés par leurs préjugés ou leur tendresse. On arrive à Springfield par un chemin fort raboteux. A l'entrée de la rue principale s'offre une mauvaise auberge : c'est là le temple de l'hymen. On y entre; on est introduit dans une chambre presque nue, où il n'existe pour tout ameublement que deux chaises en bois blanc, deux tables et un vieux tapis : c'est là le sanctuaire, c'est là l'autel. La mise toute laïque du *prêtre* de ce temple est, par sa vétusté, en parfaite harmonie avec la pauvreté du lieu. Les amants qui sont venus pour réclamer son ministère se présentent à lui; il leur demande si leur intention est de se prendre pour époux, et sur leur réponse affirmative, il les marie par une cérémonie très-courte. Cela fait, il les invite à déclarer hautement, chacun à leur tour, en présence des témoins, qu'ils sont l'époux l'un de l'autre, et le mariage est accompli. Mais si le mariage est accompli, il n'est point consommé; et comme le consécrateur croit de son devoir de rendre l'union aussi complète, aussi intime, aussi réelle que possible, afin de pouvoir certifier et jurer au besoin qu'elle est irrévocable, il conduit les deux époux au fond de la chambre, et fait jouer un ressort qui ouvre une porte secrète, jusque là invisible, par laquelle ils entrent avec lui dans une autre pièce : cette pièce est la chambre nuptiale..... Au bout d'un certain temps, ils sortent tous trois de ce secret réduit.

Dans ces espèces de *mariages*, les trois témoins sont ordinairement le *prêtre*, la maîtresse de l'auberge et le postillon de la chaise de poste qui a amené les deux amants : ce dernier, par la place qu'il a occupée près du couple durant tout le voyage, étant plus apte que tout autre à attester qu'aucune violence ni menace n'a été employée pour contraindre la demoiselle au mariage. La seule présence des trois témoins rend valables les unions ainsi contractées, parce que les lois écossaises n'exigent pour la validité d'un contrat qu'un nombre suffisant de témoins. De retour en Angleterre, les couples anglais unis à Springfield consacrent ordinairement de nouveau leur union par un mariage en forme. En France, cette formalité n'est même pas nécessaire lorsque le mariage y a été précédé des publications exigées par la loi civile, notre loi reconnaissant comme valables les mariages contractés en pays étranger lorsqu'ils ont été célébrés suivant les formes usitées dans ce pays.

Des noms célèbres figurent sur le registre de Gretna-Green. Nous citerons entre autres ceux de lord Erskine et de lord Eldon, anciens présidents de la chambre des lords; de Shéridan, du comte Westmoreland, de l'honorable Charles Law, fils de lord Ellenborough; de sir Thomas Lethbridge et de John Lethbridge, son fils, jaloux dans cette circonstance de marcher sur les traces de son père; de Charles-Ferdinand de Bourbon, prince de Capoue, fils de François Ier, roi des Deux-Siciles, marié, le 7 mai 1836, à Pénélope-Caroline Smith, fille de feu Smith, de Ballynatray, dans le comté de Waterford en Irlande; enfin, à la date du 5 novembre 1845, les noms du capitaine de hussards Ibbetson et de lady Adela Villiers, fille du comte de Jersey et sœur de la princesse Esterhazy. Paul Tiby.]

GRÉTRY (André-Ernest-Modeste), né à Liége, le 11 février 1741, de parents pauvres et obscurs, chez lesquels la profession de musicien était héréditaire, fut placé en qualité d'enfant de chœur à Saint-Denys. « Je demandai à Dieu, dit-il, qu'il me fît mourir le jour de ma première communion si je ne devais être honnête homme et bon musicien. » Le ciel entendit la naïve prière de cet enfant. Grétry se rendit aussi estimable par ses qualités privées et sa conduite morale que digne d'admiration par ses talents et son génie. Aussi sa carrière fut belle! Piccinni l'applaudit à Rome, Voltaire accueillit sa jeunesse, prédit sa gloire, et voulut faire pour lui des opéras-comiques; J.-J. Rousseau copia sa musique, Arnaud et Suard protégèrent son début, Marmontel le produisit sur la scène, Grimm et La Harpe l'appelaient le premier des compositeurs dramatiques. En effet, s'il n'a pas travaillé dans le genre le plus difficile et le plus noble, si sa musique n'est pas aussi énergique, aussi savante que celle de bien d'autres compositeurs, s'il n'a pas appelé à son secours l'artillerie de l'orchestre, quelle musique est plus vraie, dit plus juste les paroles suivant leur déclamation naturelle, est plus fraîche, plus spirituelle, plus variée et plus chantante? On lui reprochait des fautes d'harmonie : « Je sais que j'en fais quelquefois, répondait-il; mais je veux les faire. » Revenu d'Italie, il apporta en France ce goût de mélodie simple et pure dont Philidor, Duni et Monsigni semblaient seuls y avoir eu le secret. *Le Huron* commença sa réputation, et une foule de charmants ouvrages, qui se succédèrent avec rapidité, l'établirent chaque jour sur des fondements plus solides. *Lucile*, *Le Tableau parlant*, *Silvain*, *Les Deux Avares*, *Zémire et Azor*, *La Fausse Magie*, *Le Jugement de Midas*, *L'Amant jaloux*, *Richard Cœur de Lion*, *L'Épreuve villageoise*, *La Caravane*, *Panurge*, charmeront toujours les oreilles musicales, en offrant en même temps des sujets d'étude aux compositeurs assez cléments pour convenir que dans un opéra le poëme est quelque chose et a même le droit de commander la musique. Au reste, la théorie de Grétry a été exposée par lui dans un ouvrage où il raconte sa vie avec candeur, avec bonhomie, et où il apprécie ses ouvrages avec autant de finesse que de franchise. Mais quand il vise à la philosophie, la lecture de ses *Essais* devient ennuyeuse et pénible, ce qui doit nous faire moins regretter les *Réflexions d'un Solitaire*, dont il avait achevé le sixième volume peu de temps avant de fermer les yeux. Il mourut le 24 septembre 1813, à Montmorency, où il avait acheté la petite maison qu'avait longtemps avant lui habitée J.-J. Rousseau, et à laquelle est resté dans le pays le nom d'*Ermitage*. Il avait légué son cœur à sa ville natale. Le mari d'une de ses nièces refusa de céder ce legs : il y eut à cette occasion un procès qui ne se termina qu'en 1828, et où les magistrats de Liége ne furent pas toujours traités avec impartialité par leur adversaire. Enfin, ils se justifièrent d'une manière éclatante, et un monument confié au ciseau du sculpteur Geefs a payé au grand musicien qui n'est plus la dette de ses compatriotes. De Reiffenberg.

GREUZE (Jean-Baptiste), peintre français, né à Tournus, vers 1725. Ce délicieux peintre de genre laissa deviner de bonne heure le penchant irrésistible qui l'entraînait vers son art. Aussi n'était-ce que discussions perpétuelles avec son père, qui avait juré de faire de lui un bon commerçant. Tout fut mis en usage pour le faire renoncer à ses projets d'avenir; rien ne put dompter ce caractère opiniâtre et déterminé. Son père, lassé de combattre un parti pris, le confia, fort jeune encore, à un nommé Grandon, peintre de portraits, qui allait à Lyon, et qui plus tard, partant pour Paris, ne manqua pas d'emmener son élève, qui annonçait déjà les plus heureuses dispositions. Ce fut après quelques années d'études dans cette capitale qu'il se fit connaître par sa première œuvre : *Le Père de famille expliquant la Bible à ses enfants*, tableau qui pouvait à lui seul faire une réputation. Il fut suivi d'un grand nombre d'autres, parmi lesquels nous nous contenterons de citer : *La Mère bien aimée*, *Le Retour du Fils ingrat*, *Le Mauvais Père*, *La Dame de charité*, *Le Père paralytique*, *Le Gâteau des Rois*, *La petite Fille au chien*, *La jeune Fille qui pleure son oiseau mort*, *L'Enfant au capucin*, *Sainte Marie Égyptienne*, et au-dessus de tous, *L'Accordée de village*, suave composition que la gravure a reproduite à l'infini.

Greuze alla en Italie étudier les sublimes peintures de l'ancienne reine du monde. Il voulait composer à son tour de grands tableaux d'histoire. Il ne lui suffisait pas d'exciter les douces émotions de la foule, il voulait encore commander à son admiration. Il échoua, et donna prise à la médisance de ses nombreux ennemis. L'Académie de Peinture, reconnaissant néanmoins à Greuze le rare talent qu'elle ne pouvait lui refuser sans injustice, l'invita à présenter un tableau pour sa réception. Greuze, jaloux de se présenter aux doctes académiciens avec le titre et les prérogatives de peintre d'histoire, n'eut pas de repos qu'il n'eût achevé son grand tableau de *Septime-Sévère reprochant à son fils Caracalla d'avoir voulu attenter à sa vie*. Le malheureux fut mal récompensé de son ambition, et la haine que lui portaient ses futurs collègues n'eut qu'à s'applaudir du nouvel échec qu'il éprouva. Ils persistèrent à le refuser comme peintre d'histoire (titre qu'à la vérité il ne méritait pas), et ne voulurent l'admettre que comme peintre de genre.

Greuze finit ses jours le 21 mai 1805. Père de deux jeunes filles, il ne subsistait avec elles que du mince produit de son travail. Son nom est le seul bien qu'il leur ait laissé.

V. Darroux.

Les tableaux de Greuze ont maintenant un grand prix dans les ventes. Une *Jeune fille en buste tenant une colombe* fut achetée 35,000 francs par un Anglais, en 1847. La même année lord Hertford payait 34,000 francs un autre Greuze provenant de l'ancienne galerie Boursault. En 1851, une *Sainte Madeleine* de Greuze était adjugée à 8,600 francs. En 1853, une tête de jeune fille, intitulée *La Prière*, se vendait encore 2,500 fr.

L. Louvet.

GRÈVE, pièce d'une armure complète, espèce de *gamache* de fer, qui enveloppait la jambe des guerriers armés de pied en cap. Le mot *grève* vient du bas latin, à ce que dit Du Cange : cette langue appelait *greva* la jambe, ou une partie de la jambe. Les autres étymologistes veulent que le mot *grève* ait signifié soit le *gras*, soit le *devant* de la jambe. Le mot est resté dans le patois bourguignon avec ce dernier sens. On a regardé comme synonyme, en fait d'archéologie militaire, *grèves* et *jambières ;* mais il convient plutôt d'appeler *jambières* les parties défensives du costume de guerre des anciens, et *grèves* les jambières des chevaliers et des gendarmes du moyen âge, puisque le latin barbare a appelé cette partie *gamberia* ou *gambiera*. Dès les temps héroïques, si l'on en croit Homère, Polybe, Tite-Live, les bottines grecques, qui s'appelaient *cnémides*, étaient de métal. Un de ces auteurs en attribue l'invention aux Cariens. Les jambières des Latins étaient une arme défensive d'infanterie; il n'y avait qu'une jambe qui en fût garnie : c'était la jambe la plus avancée dans l'attitude de l'escrime; le bouclier défendait l'autre. Mais comme le genre d'escrime et la position des jambes ont varié, si le soldat combattait avec la pique ou avec l'épée, les différentes troupes ne chaussaient pas de fer la même jambe. La *grève*, abolie dans l'infanterie grecque par l'empereur Maurice, vers la fin du sixième siècle, resta oubliée jusqu'aux époques du moyen âge, où l'art du tréfilier et de l'aubergeonnier concoururent à compléter le système des armes défensives. Suivant plusieurs opinions, c'est depuis 1330 seulement que l'armure à haubert s'accompagne de grèves ou de devants de grève; ce dernier terme est mentionné dans une ordonnance de Henri II, rendue en 1539. Les deux pièces de la grève s'unissaient, et s'attachaient au moyen de charnières, de boutons tournants, de frémaillets, de crochets : la *grève*, la pièce dernière ajoutée à l'armure de fer plein, en fut retranchée la première; elle était abandonnée sous Louis XIII.

Gal Bardin.

GRÈVE. On désigne par ce mot les bords des rivières ou des mers que les basses eaux laissent à découvert et qui sont couverts, soit de gravier, soit de galets, soit de gros sable. On a longtemps désigné à Paris sous le nom de *grève* la partie du rivage de la Seine qui avoisine l'hôtel de ville. La place de l'Hôtel-de-Ville s'est longtemps appelée *place de Grève*, et c'est là que se firent les exécutions capitales jusqu'à la révolution de Juillet. La Grève s'étendait alors jusque sur le port au blé, du côté du pont Louis-Philippe, à l'endroit où se trouve aujourd'hui le quai exhaussé de l'Hôtel-de-Ville. Auparavant, la Grève était souvent inondée et la circulation interrompue.

C'était de temps immémorial, comme c'est encore de nos jours, à la *Grève* que se réunissaient le matin les ouvriers en bâtiment, à l'effet de s'y renseigner mutuellement sur les travaux en voie d'exécution, et de s'y faire embaucher par les divers entrepreneurs ayant besoin d'un plus grand nombre de bras. Dans ces derniers temps, les questions relatives à une plus juste répartition, entre les maîtres et les ouvriers, des fruits du travail commun et à l'élévation des salaires, qui en est le résultat inévitable, se sont surtout agitées dans ces groupes, ordinairement inoffensifs, de travailleurs demandant avant tout *à vivre* en travaillant, ce qui par le temps qui court n'est pas toujours chose facile. Trop souvent du choc des intérêts ainsi mis en présence ont surgi de fâcheuses coalitions, qui ont eu pour résultat de suspendre tout travail. Ces interdits lancés sur tous les ateliers et chantiers ayant pour résultat d'amener encore plus d'ouvriers que de coutume sur la place de Grève, l'usage s'est établi, dans les divers corps d'état, d'appliquer le mot *grève*, à toute interruption du travail provenant des coalitions; et l'on dit aujourd'hui *faire grève*, *se mettre en grève*, pour désigner que telle ou telle catégorie de travailleurs met pour condition à la reprise du travail le redressement préalable des griefs dont elle se plaint, et qui presque toujours se résument en demandes d'augmentation de salaire. Il est bien rare, du reste, que les grèves amènent le résultat cherché, les maîtres ayant toujours plus de capitaux à perdre que les ouvriers, et les machines venant toujours trop facilement remplacer les bras.

GRÉVY (Jules, ou plutôt François-Judith-Paul), avocat, ancien représentant du peuple, né à Mont-sous-Vaudrez, en 1810, de parents cultivateurs, fut élevé au collége de Poligny, et vint faire son droit à Paris. En 1830, encore étudiant, il prit part à la révolution de juillet et se signala alors à l'attaque de la caserne de la rue de Babylone. Inscrit au tableau des avocats en 1837, il défendit plusieurs accusés dans l'affaire des 12 et 13 mai 1839. Cependant ses opinions se modérèrent, et il occupait une certaine position au Palais lorsque éclata la révolution de Février. M. Ledru-Rollin le nomma aussitôt commissaire du gouvernement dans le département du Jura. Choisi le premier pour représentant à l'Assemblée constituante par ce département, il fit partie du comité de la justice, et attacha son nom à un amendement à la constitution qui repoussait le principe de la création d'un président de la république, et ne voulait qu'un conseil des ministres nommé et révoqué à volonté par l'assemblée. Cet amendement fut rejeté par 643 voix contre 158. Partisan déclaré du général Cavaignac, il vota constamment contre le gouvernement du 10 décembre, et nommé rapporteur des diverses propositions ayant pour objet la dissolution de l'Assemblée constituante, il les combattit de toutes ses forces. Réélu le premier dans le Jura à l'Assemblée législative, il vota avec l'extrême gauche, parla en faveur de la liberté de la presse, contre la loi relative à l'état de siége, et demanda par un amendement qu'il fût rejeté, que le chemin de fer de Lyon fût exécuté par l'État Président d'une petite réunion de représentants, il fut plusieurs fois vice-président de l'assemblée. Le coup d'État du 2 décembre l'a rendu au barreau. L. LOUVET.

GREY. Il existe en Angleterre deux familles aristocratiques de ce nom : la famille *De Grey*, et la famille *Grey*.

La première rattache son origine à Rollon, chambellan du duc Robert de Normandie, qui reçut à titre de fief le château *de Croy* en Picardie, et se qualifia alors de *seigneur de Croy*. L'un des descendants de ce Rollon de Croy aurait suivi Guillaume le Conquérant en Angleterre, où avec le temps son nom s'est changé en celui de *Grey* (qu'on écrit quelquefois *Gray*). C'est à cette famille qu'appartenait Jane Gray, qui occupa pendant quelques jours le trône d'Angleterre à la mort de Henri VIII. Le *comte de Grey* actuel, né le 8 décembre 1781, remplit de 1834 à 1835 les fonctions de premier lord de l'amirauté, de 1841 à 1844 celles de vice-roi d'Irlande, et reçut en 1845 le cordon de la Jarretière. Il est aussi lord lieutenant du Bedfordshire, où il possède le château et la terre de *Weast-House*, l'ancien domaine héréditaire des *de Grey*.

La seconde famille Grey, les *Grey de Chillingham et d'Howick*, est une maison du Northumberland datant du treizième siècle. Sir *John* GREY, qui vivait en 1372, fut le père de sir *Thomas* GREY de Chillingham, qui épousa une fille de John Mowbray, duc de Norfolk, et mourut en 1402. Son fils aîné, *John*, fut créé comte de Tankerville en Normandie. De son fils cadet, *Thomas*, descendaient la famille des lords *Grey de Werke*, éteinte en 1706, et sir *Edward Grey* de Howick (mort en 1632), dont l'arrière-petit-fils, *Henri*, fut créé *baronet* en 1746. Son quatrième fils fut sir *Charles* GREY, né en 1729, qui entra de bonne heure au service, se distingua dans la guerre de sept ans en qualité d'aide de camp du prince Ferdinand de Brunswick, servit ensuite en Amérique, et fut promu en 1782 au grade de lieutenant général. Appelé en 1794 au commandement en chef de l'armée des Indes occidentales, il opéra de concert avec l'amiral Jervis, et s'empara de la plus grande partie des possessions françaises dans les Antilles. En 1801 il fut créé *lord Grey de Howick*, puis en 1806 *vicomte de Howick* et *comte Grey*. Il mourut le 14 novembre 1807.

[GREY (CHARLES, comte), fils aîné du précédent, naquit le 13 mars 1764, au château de Fallowden, appartenant à sa famille, et situé près d'Alnwick, dans le Northumberland. A sa sortie de l'université, il entreprit le tour de l'Europe, et revint en Angleterre en 1785. Il fut immédiatement élu membre de la chambre basse pour le comté de Northumberland. Bien qu'abordant la scène politique à une époque où l'éloquence parlementaire avait atteint son apogée, puisque Burke, Fox, Pitt, Sheridan et Windham brillaient alors dans notre sénat, Grey parvint à se faire remarquer dès ses débuts. Son premier discours eut pour objet la discussion d'un traité commercial entre l'Angleterre et le continent. En peu de temps il acquit dans la chambre un crédit tel, qu'il fut appelé à faire partie du comité chargé de suivre la célèbre accusation dont Hastings fut l'objet. Plus tard il fonda avec Lauderdale, Erskine et Whitbread la Société des Amis du peuple, dont le but était la réforme du parlement. Dévoué ainsi corps et âme au parti whig, il ne faut pas s'étonner qu'il ait appuyé la politique de l'opposition, qui consistait à soutenir l'impératrice Catherine contre le sultan. Pitt voulait déclarer la guerre à la Russie, pour affaiblir cette puissance, dont l'accroissement l'inquiétait. Mais, contrarié par une majorité parlementaire de 83 voix, il abandonna son premier projet. Les événements ont prouvé depuis que Pitt était dans le vrai ; et assurément, s'il y a quelque chose à déplorer dans la conduite politique de lord Grey, c'est son vote relatif à l'occupation d'Ockzakow.

En 1791 Grey fit de louables tentatives pour améliorer la condition des prisonniers pour dettes et pour introduire dans la loi des dispositions favorables au débiteur malheureux. En 1793, à l'occasion du vote de l'adresse, censurant les mesures du gouvernement, il proclama de nouveau au sein du parlement la nécessité immédiate de la réforme parlementaire.

Il condamnait hautement la guerre contre la France. Néanmoins, les hostilités une fois commencées, ni lui ni ses amis ne firent rien qui pût affaiblir les ressources matérielles du gouvernement. En 1796 il proposa une adresse au roi pour l'engager à traiter avec la France. En 1799 il prononça un long discours en faveur de l'union législative entre l'Angleterre et l'Irlande, mesure à laquelle il s'opposa en 1800. Durant la même session il proposa, pour la troisième fois, le plan de réforme parlementaire dont il poursuivit ensuite constamment la réalisation, et qui pour la troisième fois fut encore repoussé par une immense majorité. En 1801 lord Grey se prononça contre la guerre avec la Suède et le Danemark, et protesta avec chaleur contre l'application à l'Irlande du *seditious meetings bill*. Les négociants de Stockholm, reconnaissants, lui décernèrent une médaille portant l'inscription suivante : « Au cosmopolite vertueux, défendant avec énergie les droits maritimes des nations devant l'assemblée du peuple britannique. »

A la mort de Pitt, Grey, comme un des chefs de l'opposition, fut créé par Fox (qui succéda à son rival Pitt comme premier ministre) premier lord de l'amirauté. Fox n'occupa que quelques mois sa haute position. La mort l'enleva à la fin de 1806. Grey le remplaça aux affaires étrangères, et dirigea pendant un court espace de temps l'administration du pays. En 1807 il proposa, comme ministre, un bill pour l'émancipation des catholiques; mais le roi s'y opposa, et Grey donna sa démission. Bientôt après, il succédait à son père dans la chambre des pairs.

En 1810, le comte Grey blâma avec une juste sévérité l'expédition de Flessingue. A cet égard il eut raison; mais les événements se chargèrent de donner tort à son opposition aux expéditions d'Espagne et de Portugal. Pendant les sessions de 1812 à 1814, lord Grey se montra en toute occasion l'éloquent défenseur des catholiques. En 1814 il demanda des explications concernant les traités qu'on allait ratifier, spécialement sur les négociations relatives aux frontières de l'Italie et de la Pologne. En parlant de la malheureuse Pologne, Grey exprimait combien il déplorait le sort de cette nation si chevaleresque. Après le retour de Napoléon de l'île d'Elbe, le noble pair voulait que son pays se bornât à garder la défensive; on sait que ses généreuses intentions ne furent point suivies. Lorsque Canning arriva au pouvoir, Grey se sépara de tous ses amis politiques, du duc de Devonshire, des lords Lansdowne, Carlisle et Holland, de MM. Brougham, Mac-Intosh, et même de son beau-fils, M. Lambton. Tous ils prêtèrent leur aide au ministère Canning; tandis que Grey le combattit avec la plus grande amertume; hostilité qui a lieu de surprendre, et qu'il faut expliquer par des motifs personnels. Basée sur des froissements d'amour-propre, cette hostilité dégénéra bientôt en une opposition passionnée, indigne, il faut le dire, et des antécédents et du caractère de Grey. C'est ainsi qu'il contribua avec le duc de Wellington à faire rejeter le bill sur les céréales présenté par Canning; conduite qui fut aussi applaudie par les ultra-tories que blâmée par les libéraux. Le duc de Wellington, devenu premier ministre en 1829, offrit une place dans son cabinet à lord Grey; mais celui-ci la refusa, ce qui ne l'empêcha pas de défendre le projet ministériel pour l'émancipation des catholiques.

Après la dissolution de l'administration du duc de Wellington, lord Grey fut nommé premier lord de la trésorerie. Il prit pour devise : *Réforme, économie, non-intervention*; et s'il est juste de reconnaître qu'il se conforma religieusement aux deux premiers principes qu'il avait inscrits sur sa bannière, il faut bien avouer aussi qu'il respecta un peu moins celui de la non-intervention. Quoi qu'il en soit, l'histoire dira de lord Grey que c'est à ce ministre que l'Angleterre doit le bill de réforme, l'émancipation des Noirs, la la liberté du commerce avec les Indes, et bien d'autres réformes opérées dans le système de la législation de même que dans l'organisation municipale. Comme ministre, il promit beaucoup, et tint jusqu'à un certain point ses promesses. Sans aucun doute il eût fait beaucoup plus si ses loyales intentions n'avaient pas rencontré tant d'obstacles à l'intérieur et au dehors du cabinet.

A partir de 1836, Grey, arrivé à l'âge de soixante-dix ans, crut que le moment de la retraite avait sonné pour lui. Il renonça alors à peu près complétement aux affaires. Deux ans auparavant, il avait donné sa démission comme ministre dirigeant et avait été remplacé aux affaires par lord Melbourne. Depuis lors il ne prit la parole dans la chambre haute qu'en de très-rares occasions, et il mourut le 17 juillet 1845.

Comme orateur parlementaire, lord Grey fut sans rival, non qu'il fût aussi doux, aussi spécieux, aussi casuiste, aussi apte à jouer un rôle, que l'était Robert Peel; mais il avait une grandeur de vues, une sincérité, une droiture, une bonne foi, une franchise, que Peel ne posséda jamais. Grey n'avait pas non plus la dextérité astucieuse et dangereuse de lord Stanley (lord Derby), sa mauvaise humeur, si mordante et si tranchante; mais en revanche il avait plus de dignité, plus de retenue, plus de mesure et d'usage. Moins diffus que lord Brougham, il n'avait ni l'humeur satirique ni la raillerie poignante de l'illustre jurisconsulte, mais son style était beaucoup plus clair et plus net : il n'était jamais vulgaire, ni familier, ni personnel. Lord Grey était surtout admirable dans ses répliques. Il semblait alors renverser ses ennemis sans peine comme sans préméditation. J'attribue ce don merveilleux en partie à sa promptitude et à sa pénétration d'esprit, et en partie à l'habitude qu'il avait d'envisager son sujet sous tous ses aspects. Dans sa vie privée, lord Grey fut l'homme le plus aimable et le plus recommandable. Sa taille était distinguée, son maintien noble, et ses traits éminemment aristocratiques. Dans sa jeunesse, il avait été d'une rare beauté. Les anciens sages de la Grèce ne furent point sages tous les jours, et lord Grey, lui aussi, eut son côté faible. Longtemps renommé pour sa galanterie, il réussit auprès de feu la duchesse de Devonshire, lorsqu'elle était obsédée par le prince de Galles, devenu plus tard Georges IV. Il avait épousé, en 1794, la fille de lord Ponsonby, de laquelle il eut *treize* enfants.

A.-V. Kirwan,

avocat près la cour du *Queen's Bench*, à Londres.]

GREY (Henri-Georges, IIIe comte), fils aîné du précédent, connu précédemment sous le nom de lord *Howik*, est né le 28 décembre 1802. Il entra au parlement dès 1829 comme représentant de la ville de Winchelsea. Plus tard il fut élu par le comté de Northumberland. Pendant l'administration de son père il remplit les fonctions de sous-secrétaire d'Etat pour les colonies; et jusqu'au renversement du cabinet Melbourne en 1834, il y occupa celle de sous-secrétaire d'État de l'intérieur. Lorsque les whigs revinrent aux affaires l'année suivante, lord Howick fut nommé secrétaire pour le département de la guerre avec siége au conseil, emploi qu'il résigna en 1839, par suite de dissidences survenues entre lui et ses collègues. Il avait hérité du titre et du siége de son père à la chamre haute, quand, en 1846, il fut appelé à prendre le portefeuille des colonies dans le ministère constitué alors sous la présidence de lord John Russell. Dans ce poste, il fit preuve de talents incontestables, mais par son opiniâtreté et par son orgueil aristocratique il se rendit très-impopulaire; et la conduite qu'il tint à l'égard des colonies, de même que la direction malheureuse qu'il donna à la guerre contre les Cafres furent l'objet des blâmes universels; aussi le considéra-t-on comme la cause première et principale de la chute du cabinet de de lord John Russell en 1852.

GREY (sir Georges), cousin du précédent, né en 1799, à Gibraltar, où son père remplissait les fonctions de commissaire ordonnateur de la marine. De juillet 1846 à février 1852 il tint le portefeuille de l'intérieur dans le cabinet de lord John Russell. Sans posséder des talents transcendants, il n'a pas laissé, comme ministre, de faire preuve d'une capacité réelle; et par ses manières conciliantes il s'était acquis les sympathies et l'estime de tous les partis.

GREY (Jane). *Voyez* Gray (Jane).

GREYTOWN. *Voyez* Nicaragua.

GRIBEAUVAL (Jean-Baptiste VAQUETTE de), célèbre ingénieur et officier d'artillerie, né le 15 septembre 1715, à Amiens, entra en 1732 dans l'artillerie, et était parvenu en 1735 au grade d'officier pointeur, lorsque le ministre de la guerre d'Argenson l'envoya à Berlin avec mission de lui faire un rapport sur l'artillerie légère de régiment introduite par Frédéric II dans son armée. Non-seulement il s'acquitta de cette tâche avec la plus grande exactitude, mais il présenta encore au ministre plusieurs mémoires importants sur l'état des frontières et des places fortes des pays qu'il avait parcourus. Nommé lieutenant-colonel en 1757, il entra à peu de temps de là, avec l'autorisation du roi, au service de l'Autriche, avec le grade de général et le commandement supérieur du corps d'artillerie et des mineurs. C'est surtout grâce aux dispositions qu'il prit lors du siége de Glatz, que cette place importante put être enlevée aux Prussiens. Dans l'art de miner les places, Gribeauval avait des principes à lui, tandis que le système de Bélidor, que Frédéric le Grand lui-même suivait avec une confiance absolue, était généralement adopté. Ce fut en 1762, à la défense de Schweidnitz, l'un des remparts de la Silésie, qu'il fit le premier essai de son système de mines; il défendait cette place sous les ordres du feldzeugmeister Guasco contre Frédéric II en personne. Le roi fit jouer quatre grandes mines d'après les principes de Bélidor, autrement dites *globes de compression;* mais les excellentes contre-mines pratiquées par Gribeauval en annulèrent chaque fois l'effet; et partout où le roi de Prusse attaquait souterrainement ses ennemis, il rencontrait des contre-moyens employés par l'assiégé avec une grande supériorité, de telle sorte qu'une place enlevée en deux heures l'année précédente par les Autrichiens coûta à reprendre soixante-trois jours de tranchée ouverte au roi de Prusse. Déjà, épuisé par tant d'efforts, il désespérait du succès; déjà même les ordres étaient donnés pour lever le siége, quand une bombe heureusement lancée vint complétement changer la face des choses. Elle amena l'explosion d'un vaste magasin de poudre, et par suite, l'ouverture d'une brèche praticable. Alors les Autrichiens durent capituler. Gribeauval devait être présenté avec les autres prisonniers à son royal adversaire; mais, dans un premier moment de dépit, le roi refusa de voir l'homme dont le talent l'avait vaincu. Toutefois, Frédéric le Grand ne tarda pas à revenir à des sentiments plus dignes de lui. Il manda Gribeauval à son quartier général, l'invita à dîner à sa table, et le combla d'éloges.

L'impératrice Marie-Thérèse nomma Gribeauval feldmaréchal-lieutenant. Au rétablissement de la paix, il revint en France, où il rendit des services signalés dans tout ce qui a trait au génie et aux fortifications. En outre, la France adopta son système d'artillerie. Nommé d'abord maréchal de camp, il fut créé lieutenant général en 1765; mais il tomba à quelque temps de là en disgrâce. A son avénement au trône, Louis XVI le nomma gouverneur du grand arsenal de Metz. Il mourut le 9 mai 1789. Il avait organisé le corps des mineurs et perfectionné les manufactures d'armes, les forges et fonderies des arsenaux. Les officiers de son arme l'ont surnommé *le Vauban de l'artillerie*.

GRIBOJEDOF (Nicolas), poëte et diplomate russe, né vers 1794, à Moscou, entra de bonne heure au service, et occupait un emploi au ministère des affaires étrangères à Saint-Pétersbourg, lorsqu'une aventure fâcheuse le contraignit à se rendre en Géorgie. Irrité par diverses mortifications qu'il avait essuyées dans la haute société russe, il composa pendant son séjour en Asie ses *Inconvénients de l'Instruction*, comédie qui n'était pas son coup d'essai dramatique; car, familier avec les littératures anglaise et française, il avait composé déjà dans sa jeunesse plusieurs pièces de théâtre. Dans cet ouvrage (dont le véritable titre, assez difficile à traduire, est en russe : *Gore at uma*), dans cet ouvrage, disons-nous, demeuré l'un des meilleurs du théâtre national, parce que la vie de la société russe y est peinte au naturel, il a représenté avec une ingénieuse finesse et une mordante ironie les travers des classes à moitié instruites. Après avoir circulé manuscrite pendant près de neuf années, parce que, en raison des vives attaques qui s'y trouvent contre l'état de choses existant en Russie, l'auteur ne jugeait pas prudent de la remettre à la censure, cette comédie fut imprimée après sa mort et représentée en 1832 avec autorisation spéciale de l'empereur, après qu'on en eût supprimé toutefois les passages les plus scabreux. Bien que les Russes témoignent de la plus vive admiration pour un ouvrage qui à leurs yeux a le grand mérite de peindre avec une ironie pleine de vérité les vices et les travers de leur état social, il faut bien avouer que comme œuvre dramatique les *Inconvénients de l'instruction* répondent assez mal aux idées qu'on a en matière de théâtre dans les pays dont la littérature est plus riche et plus avancée.

Gribojedof fut un moment soupçonné d'avoir pris part à la conspiration du 14 décembre 1825. Après s'être complétement disculpé à Saint-Pétersbourg, il fut envoyé en 1829 en qualité de ministre plénipotentiaire auprès de la cour de Téhéran, à cause de ses talents et de la connaissance de la langue persane qu'il possédait; mais il périt assassiné en même temps que tous les Russes qui résidaient dans cette capitale, le 12 février 1829, à la suite de l'irritation produite dans les masses par les conditions humiliantes de la paix imposée alors à la Perse par la Russie.

GRIEFS, en latin *gravamina*, atteintes ou lésions graves contre lesquelles on réclame. Dans le langage ordinaire, les *griefs* sont les faits allégués par un plaignant pour justifier une plainte et les demandes reconventionnelles dont elle peut être l'objet. Dans l'ancien droit français, on donnait aussi ce nom aux différents chefs d'appel qu'on proposait contre une sentence. Aujourd'hui encore le Code de Procédure détermine les délais dans lesquels doivent être signifiés les *griefs d'appel*. Dans l'ancien droit public allemand, par *gravamina* ou *griefs* on entendait les plaintes des états provinciaux au sujet des dénis de justice ou bien des abus administratifs. C'est ce que chez nous on appelait les *doléances*. On donna aussi plus particulièrement la dénomination collective de *gravamina nationis Germaniæ* aux plaintes des peuples allemands à l'égard des abus et des usurpations de pouvoir de la cour de Rome. En 1522, cent de ces *gravamina* ou griefs furent signifiés au pape, et immédiatement imprimés à Nuremberg.

GRIFFE. On donne ce nom aux ongles crochus de certains mammifères carnassiers et des oiseaux de proie. Une légère analogie de formes a fait nommer *griffes* les racines de la renoncule des jardins.

GRIFFES DE GIROFLE. *Voyez* GIROFLE.

GRIFFON. C'est le nom d'un animal fabuleux de l'antiquité, qui suivant la tradition ressemblait pour la grandeur et la force au lion, avait quatre pattes garnies de redoutables griffes et était pourvu de deux ailes ainsi que du bec crochu d'un oiseau de proie. Ce qu'il y a de certain en tout cas, c'est que l'idée de l'existence d'un tel animal vint d'Orient en Occident, et que la représentation en devint dès lors commune dans les arts. On trouve des figures de griffon sur les vases de terre les plus anciens avec d'autres figures de fantaisie, et Aristée est le premier qui, vers l'an 560 avant J.-C, en ait fait mention comme d'un animal chargé de veiller à la garde de l'or dans les profondeurs du nord de l'Europe, en Scythie, où il est en lutte continuelle avec les *arimaspes*, race d'êtres à un seul œil. Suivant d'autres, l'Inde serait la patrie du griffon, qui y serait consacré au Soleil et préposé également à la garde des mines d'or. Suivant Bœttiger, le griffon et d'autres monstres analogues ne seraient que le produit de l'imagination des fabricants de tapisserie de l'Inde; et de tout temps les Indiens se seraient divertis à composer ainsi avec leurs animaux sacrés de bizarres créations. Suivant Herder et d'autres, le griffon aurait beaucoup d'analogie avec le *chérubin* de Moïse.

Le *griffon* est une figure fréquemment en usage dans l'art héraldique : il s'y distingue par ses oreilles, toujours pointues. Il y apparaît aussi comme porte-écu, mais alors toujours avec la queue basse.

On désigne aussi en histoire naturelle sous cette dénomination : une variété de l'espèce humaine; une race de chiens originaires d'Angleterre, dont les poils sont durs, noirs, peu nombreux et singulièrement implantés (*voyez* BARBET); une variété d'une espèce de plante du genre *érable*. Cuvier donnait le même nom au genre qui renferme le *gypaète*.

L. LAURENT.

GRIGNAN. *Voyez* DRÔME (Département de la).

GRIGNAN (FRANÇOISE-MARGUERITE DE SÉVIGNÉ, comtesse DE), la fille la plus chérie de la plus aimante et de la plus spirituelle des femmes. Elle naquit en 1648, et tant que dura son enfance fut l'objet des soins les plus tendres et les plus éclairés. Élevée surtout dans les principes de la philosophie de Descartes, elle y prit ces habitudes de scepticisme qui la tinrent si souvent en garde contre la contagion des impressions trop enthousiastes de sa mère, et cette droiture d'âme qui, sous des apparences froides et quelque peu pédantes, devait plus tard soutenir en elle les plus nobles sentiments de mère et d'épouse dévouée. Mlle de Sévigné avait quinze ans lorsqu'en 1663 sa mère la mena à la cour. Sa beauté était éblouissante, sa bonne grâce parfaite, et il lui suffit d'un pas dansé auprès du roi dans le *Ballet des Arts* pour qu'on la proclamât la plus belle de la cour. Benserade, le premier, lui donna en quatre vers son brevet poétique de beauté souveraine, et M. de Tréville s'écria en la voyant : « Cette beauté brûlera le monde. » Cette exclamation enthousiaste, les charmes de Mlle de Sévigné la justifiaient certainement; mais, à coup sûr aussi, sa froide réserve, son abord discret et presque dédaigneux venaient la démentir. La Fontaine la jugeait donc avec plus de tact et de finesse lorsque, vers le même temps, lui ayant dédié sa fable du *Lion amoureux*, il lui dit, déguisant le blâme sous les termes voilés de l'éloge :

> Vous qui naquîtes toute belle,
> À votre indifférence près.

C'est cette indifférence de Mlle de Sévigné, cette gravité presque morose contrastant d'une façon si étrange avec la vivacité spirituelle et enjouée de sa mère, qui tinrent longtemps à distance tous les adorateurs. En 1669, quoiqu'elle fût la plus jolie fille de France, au dire de Bussy, quoiqu'elle n'eût pas moins de cent mille écus de dot, elle n'avait pas encore trouvé d'époux. Et à force d'attendre, ayant déjà plus de vingt-et-un ans, il fallut bien qu'elle se montrât contente du prétendant qui se présenta. C'était le comte de Grignan, gentilhomme d'une des meilleures maisons de la Provence, mais déjà vieux, veuf de deux femmes, dont la première lui avait laissé deux filles; et réduit, par sa prodigalité, à une telle pénurie financière, qu'il fit un emprunt pour *parvenir à se marier*. Le mariage se conclut pourtant. Mme de Sévigné, un peu entêtée de la gentilhommerie de son gendre futur, ne s'était point enquis du reste. M. de Grignan, d'ailleurs, était fort en faveur auprès du roi, qui ne tarda pas à le lui faire voir en le nommant lieutenant général du gouvernement de Provence pendant la minorité du duc de Vendôme, gouverneur titulaire. Le comte partit aussitôt pour sa province; mais compatissant aux angoisses de la marquise, il consentit à ne point emmener sa femme. C'est seulement plus d'une année après qu'il la rappela près de lui. Mme de Grignan quitta sa mère le 5 février 1671. Ce fut plus qu'un second veuvage pour la pauvre marquise. Le premier avait commencé à vingt ans de là, jour pour jour (le 5 février 1651). Les lettres de Mme de Sévigné nous font confidence de toutes ses douleurs maternelles. Mais comme tout change quand l'heure qui doit les réunir approche! « Je prête la main aux jours pour aller plus vite, écrit la marquise, et je consens de tout mon cœur à leur rapidité, pourvu que nous soyons ensemble. »

En dépit de ces lettres si brûlantes d'amour maternel, l'amitié de Mme de Sévigné pour sa fille a été, comme on sait, mise en doute. Elles ne pouvaient vivre ensemble, a-t-on mille fois répété. Mais c'est là une médisance gratuite, que le vieux Corbinelli propagea le premier, selon Musset-Pathay, et qui ne peut tenir un instant contre l'évidence. Ne sait-on pas en effet que la mère et la fille, toujours ardentes à se revoir, usèrent si bien de toutes les occasions de rapprochement qui leur furent offertes, qu'elles ne furent pas séparées plus de sept ans? Parfois la diversité de leurs caractères apportait, il est vrai, quelque gêne dans leurs relations; mais l'indifférence n'y entrait jamais pour quelque chose. La mère et la fille étaient souvent d'humeur à ne pas s'entendre, mais elles pouvaient toujours s'aimer, et elles s'aimaient réellement. Mme de Grignan, qui s'avouait la froideur de son caractère, faisait tout pour en adoucir l'âpreté, et elle dut si bien y parvenir que sa mère lui écrivit le 26 octobre 1688 : « Je ne sais comment vous pouvez dire que votre humeur est un nuage qui cache l'amitié que vous avez pour moi; si cela était dans les temps passés, vous avez bien levé ce voile depuis plusieurs années. » Alors pourtant Mme de Grignan avait plus que jamais occasion d'être triste. Son mari, toujours prodigue et « chez qui les fantaisies ruineuses servaient par quartiers, » avait épuisé ses ressources par ses dépenses; cet homme qui « avait une religion pour les intérêts de son maître, qui ne pouvait se comparer qu'à la négligence pour les siens, » s'était ruiné en folles magnificences pour le service du roi, et la jeune comtesse avait pour tâche de tenir tête à une banqueroute chaque jour imminente.

Tout en se sacrifiant pour réparer les pertes de son mari, elle devait, en mère non moins dévouée, conserver sa propre fortune à ses enfants. Toutes ses réponses à sa mère étaient remplies des plaintes que lui arrachait ce pénible labeur; et si ces lettres, vainement cherchées depuis un siècle et demi, ont disparu, c'est sans nul doute parce que ce qu'elles révélaient de la conduite de M. de Grignan avait rendu leur destruction nécessaire. Elles n'en sont que plus regrettables : on eût aimé à y retrouver, au milieu des confidences intimes de la pauvre comtesse, ce style que Mme de Sévigné aimait tant, « ce style juste et court, qui chemine et qui plaît au souverain degré ». Quand Mme de Grignan eut perdu sa mère, elle se donna tout à l'amour de ses enfants, et quand, son fils ayant été tué, elle eut perdu la meilleure part de ses consolations, elle ne put survivre à tant de peines : elle mourut le 13 août 1705. M. de Grignan ne mourut que neuf années après. Édouard Fournier.

GRIGNON, hameau du département de Seine-et-Oise, dépendant de la commune de Thiverval, à 12 kilomètres de Versailles, avec une célèbre école régionale d'agriculture. Une société y fonda en 1826 un institut agronomique avec une ferme-modèle et une école d'agriculture. A l'époque où cette société prit possession du domaine de Grignon, un tiers en était considéré comme incultivable. Le fermier payait avec peine un fermage de 14,400 francs et ne réalisait aucun bénéfice. Depuis longtemps des efforts sagement dirigés et l'emploi des bonnes méthodes de culture y ont opéré une véritable révolution. Les terres autrefois incultes se sont couvertes de riches moissons et des productions les plus variées. Quelques années après la révolution de Juillet, le gouvernement, pour soutenir cette œuvre et s'associer à son développement, prit à sa charge les frais d'instruction de l'Institut de Grignon, qui devint alors école régionale. L'enseignement y est donné par six professeurs; on y compte quatre-vingts élèves. La blouse et le chapeau de paille constituent l'uniforme de l'école.

La société de Grignon a conservé l'exploitation des 474 hectares de terre. Trois cents têtes de gros bétail, dont un grand nombre vient d'Angleterre, de Suisse et même des États-Unis, une superbe bergerie, une fabrique d'instruments aratoires, une fromagerie, une féculerie, une magnanerie et généralement toute l'exploitation, servent à l'enseignement des élèves.

La réunion annuelle du comice agricole de Seine-et-Oise a lieu à Grignon.

GRIL, ustensile de cuisine, composé de plusieurs verges de fer parallèles, fixées à distance l'une de l'autre, reposant sur quatre pieds, peu élevés, muni d'un manche appelé *queue*, et sur lequel on fait rôtir de la viande ou du poisson. On a beaucoup perfectionné cet ustensile en employant des verges creuses étamées qui reçoivent la graisse et l'empêchent de tomber dans le feu. La *grillade* est ou la manière d'apprêter certaines viandes en les grillant, ou les viandes grillées elles-mêmes.

Au figuré et familièrement, *être sur le gril* se prend pour souffrir beaucoup de corps ou d'esprit. Il est des conversations horripilantes pendant lesquelles l'homme qui se respecte est sur le gril.

Le *gril* était aussi un instrument de supplice en usage dans les persécutions que les empereurs romains firent subir aux premiers adeptes du christianisme. Il ne différait guère que pour la grandeur, de celui que nous avons cité plus haut. Parmi les martyrs qui expirèrent sur le gril, une mention particulière est due à saint Laurent. Plus tard, des chrétiens se servirent aussi du gril; c'est ainsi que les Espagnols traitèrent Guatimosin pour lui faire déclarer où se trouvaient ses richesses.

GRILLAGE. En métallurgie, c'est une opération qu'on fait subir aux minerais de cuivre ou autres, pour les débarrasser des matières volatiles, telles que le soufre et l'arsenic, qu'ils contiennent le plus ordinairement. Le grillage consiste à soumettre ces minerais à un certain degré de chaleur; les matières volatiles quittent le métal, et vont se condenser dans la cheminée du fourneau. Par là on obtient le métal dans un état plus voisin de la pureté et plus disposé à la fusion.

GRILLE. C'est en général un assemblage de pièces de bois ou de fer croisées ou entrelacées, qui sert à fermer une enceinte. Les grilles de bois ne sont pas ordinairement fort ornées; mais celles de fer, dont on ferme le chœur des églises, les chapelles, celles qui servent à fermer les avant-cours, les jardins, les entrées des villes, sont plus ou moins ornées d'enroulements, de feuillages, et sont soutenues par des montants, des pilastres, surmontés de couronnements plus ou moins riches : telles sont celles des cours et des jardins de Versailles. Les *grilles de croisées* sont formées de barreaux de fer, retenus, de distance en distance, par des traverses qu'on scelle dans les tableaux de croisée. Il y en a qui sont en dehors, qu'on nomme *grilles en saillie*; Il y en a qui sont à carreaux, et qu'on nomme *maillées*; on leur donne le nom de *grilles hersées* lorsqu'elles sont armées de pointes de fer.

Souvent les grilles sont dorées dans les principales parties et ornées d'attributs relatifs aux lieux dont elles défendent l'entrée. Telles sont les belles grilles du Palais de Justice et du Palais des Tuileries à Paris. Les grilles qui séparent le chœur de la nef dans les églises sont appelées *grilles de chœur*. Le fer en est ordinairement poli au lieu d'être peint, comme celui des grilles extérieures. La grille du chœur de Saint-Germain-l'Auxerrois, celle du chœur de la cathédrale de Paris, étaient jadis regardées comme les plus beaux ouvrages en ce genre. A.-L. Millin, de l'Institut.

Paris a perdu sous Louis-Philippe un des plus grands ouvrages de serrurerie d'autrefois, la grille de la place Royale, remplacée aujourd'hui par une misérable grille en fonte.

La grille posée dans ces derniers temps autour du Louvre est lourde devant la colonnade, peu en harmonie avec le monument qu'elle enserre. La grille de l'hôtel de ville est ridicule. D'autres monuments, des squares, sont encore entourés de grilles, dans la composition desquelles l'art est plus ou moins intéressé. L. LOUVET.

GRILLON, genre d'insectes de l'ordre des orthoptères, de la famille des sauteurs (Cuvier). Le *grillon domestique* (*gryllus domesticus*, Linné), que l'on trouve partout en Europe, a environ 12 à 15 millimètres de longueur; sa couleur est d'un brun jaunâtre. Comme les autres espèces de ce groupe, il a les pattes postérieures très-développées et propres au saut. La femelle porte à l'extrémité postérieure de son corps une tarière saillante. Ce petit animal habite l'intérieur des maisons, et se niche de préférence près des lieux où l'on fait du feu. Le petit bruit aigu que font entendre les mâles lorsqu'ils appellent leurs femelles, et qui leur a fait donner vulgairement par onomatopée le nom de *cri-cri*, se produit en frottant l'un contre l'autre les bords intérieurs des élytres, disposées comme la peau d'un tambour, ou en froissant le bord postérieur contre les cuisses, qui les font vibrer en quelque sorte à la manière d'un archet. Ces insectes, très-timides, ne sortent de leur retraite que la nuit. Ils étaient chez quelques nations de l'antiquité l'objet d'une terreur superstitieuse, et rangés parmi les animaux sacrés auxquels il était défendu de toucher. Le *grillon champêtre* (*gryllus campestris*, Linné) est d'une taille un peu plus forte que le précédent et d'une teinte plus foncée.

Dr SAUCEROTTE.

GRILLPARZER (FRANÇOIS), célèbre poëte dramatique allemand, né à Vienne, le 15 janvier 1790, occupa d'abord un modeste emploi à la chancellerie. En 1823 il passa rédacteur à la chancellerie, et obtint en 1832 la place de directeur des archives. En 1843 il entreprit en Grèce une tournée semblable à celle qu'il avait autrefois faite en Italie, mais qui fut troublée par la révolution grecque de septembre, avec laquelle coïncida son voyage. Le fondement de sa réputation fut *L'Aïeule* (Vienne, 1816; 6e édit., 1844), ouvrage dans lequel la fatalité, cet élément dont avant lui Zach. Werner dans son *24 Février* et Mullner dans son *Expiation*, avaient tiré un si grand parti, a été rabaissée au rôle de spectre, et où l'homme n'est plus que le jouet involontaire d'un simple revenant. En faisant ainsi en quelque sorte la caricature du destin, du *fatum* des anciens, il a, sans le vouloir, beaucoup contribué à discréditer dans les bons esprits la tragédie de fatalité, encore bien qu'aujourd'hui même *L'Aïeule* se maintienne au théâtre et y trouve de nombreux admirateurs. En somme, c'est un égarement de l'esprit qui fait le charme involontaire de cette pièce, grâce à un style éminemment lyrique et mélodieux, plein de douceur et de vivacité, et aussi grâce à l'imprévu, au saisissant et à l'horrible de quelques-unes de ses situations. Le grand succès qu'elle obtint ne fit point illusion à Grillparzer; et dans sa *Sapho* (1819) il sut traiter d'une manière vraiment noble et artistique un sujet qu'il appropria à la scène allemande par une conception et une exécution toutes modernes et cependant ne contredisant point trop la tradition antique.

Grillparzer réussit moins dans la trilogie dramatique ayant pour titre *La Toison d'Or* (1822), dont l'une des parties, *Médée*, se soutint seule pendant quelque temps au théâtre, grâce au jeu admirable de Sophie Schrœder. Sa tragédie historique *Fortune et fin du roi Ottokar*, qu'il ne fit représenter à Vienne qu'après beaucoup d'hésitations, paraît être dans les détails une œuvre pleine de vie dramatique, et constitue dans son répertoire une création vigoureuse et même originale. Si les autres ouvrages que Grillparzer a publiés depuis, comme la tragédie *Un Serviteur fidèle de son maître* (1830); la comédie *Malheur à celui qui ment!* où l'élément comique manque presque complétement, *Melusina* (1833), et la tragédie *Les Vagues de l'amour et de la mer*, pièce dans laquelle il a traité la tradition de Héro et Léandre, n'annoncent point de progrès de sa part, il est juste cependant de reconnaître qu'elles abondent en beautés d'un genre tout particulier, la dernière de ces pièces surtout, où brillent une délicatesse, une simplicité et une beauté plastiques peu ordinaires. Le drame de Grillparzer intitulé *La Vie est un rêve* a obtenu un grand et beau succès sur toutes les scènes où on l'a représenté, quoiqu'on puisse lui reprocher, comme à toutes les autres productions dramatiques de cet écrivain, que l'élément lyrique y prédomine trop. On a aussi de lui plusieurs petits poëmes lyriques, où perce, au milieu de nuages assez transparents, le vif amour de la liberté. En résumé, Grillparzer, si d'autres l'ont surpassé sous le rapport des effets de scène et de la vigueur dramatique, ne le cède à personne sous celui des beautés poétiques, et a droit, comme auteur dramatique, à plus de renom qu'il n'en a obtenu jusqu'à ce jour. Il a en portefeuille plusieurs drames, dont on dit beaucoup de bien, par exemple un *Annibal*, où il fait preuve d'une grande énergie, et un *Rodolphe II*, qui ne paraîtra qu'après sa mort.

GRIMACE, GRIMACIER. La grimace est une contorsion du visage ou de quelqu'une de ses parties qu'on fait par affectation, par habitude, ou naturellement, pour exprimer quelque sentiment de l'âme. Au figuré, *faire la grimace à quelqu'un*, c'est lui faire mauvaise mine, mauvais accueil. Ce mot se prend aussi pour feinte, dissimulation : Nos politesses bien des fois ne sont que des grimaces. Enfin, une *grimace* est une boîte qui contient des pains à cacheter, et dont le dessus sert de pelote où l'on pique les épingles.

Le *grimacier* est celui qui fait des grimaces. Les enfants sont ordinairement grimaciers. Par extension, on traite familièrement de *grimacière* la femme qui minaude à l'excès; et figurément, on en fait un synonyme d'hypocrite.

Un homme éprouve-t-il une violente douleur, est-il frappé d'étonnement, est-il saisi de crainte, aussitôt les muscles de sa face se contractent, ses rides se creusent d'une façon ou attendrissante, ou pénible, ou effrayante : il fait une grimace. Mais par affectation, par bouffonnerie, ou même par métier, change-t-il l'expression de ses traits en s'efforçant d'en exagérer le côté comique, c'est un *grimacier*. La moyenne société surtout abonde en loustics de cette espèce, qui, croyant se rendre ainsi aimables et intéressants, contractent la déplorable habitude de faire à tout bout de champ mentir leur visage; mais rarement la nature et la vérité renoncent à leurs droits, et la plupart finissent par se repentir d'un malheureux tic qui leur reste et qui les signale, beaucoup plus qu'ils ne s'y attendaient, à la risée publique. A défaut d'autre moyen d'arriver à la réputation, et même la fortune, maint spéculateur a su de nos jours tirer un heureux parti de l'art des grimaces. Le grimacier de l'ancien Tivoli, rue de Clichy, a longtemps, par ses étonnantes contorsions, pleurant d'un œil, riant de l'autre, attiré la foule dans ce jardin, sur la fin de l'Empire et sous les premières années de la Restauration.

Dans tous les théâtres sérieux, néanmoins, comme dans le monde, ce sera toujours un rire de mauvais aloi que celui que provoqueront accidentellement les contractions de la physionomie; et la qualification de *grimacier*, sur une scène qui se respecte, sera constamment aux yeux des juges impartiaux une déplorable recommandation.

GRIMALDI (Famille). Elle venait la quatrième en rang après celles des Fiesque, des Doria et des Spinola, parmi les anciennes familles nobles de Gênes. A partir de l'an 980 elle posséda la seigneurie de Monaco, érigée plus tard en principauté; avec les Fiesque, elle joua constamment un grand rôle dans l'histoire de Gênes, notamment lors des luttes entre les guelfes et les gibelins. Les deux familles appartenaient au premier de ces partis. De riches possessions en France et en Italie ajoutèrent à l'influence de la famille Grimaldi, du sein de laquelle sortirent plusieurs hommes célèbres. En vertu du traité de Péronne de 1641, Monaco passa sous la protection française; et quand les domaines appartenant aux Grimaldi dans le Milanais et à Naples eurent été confisqués par les Espagnols, Louis XIV dédommagea cette famille en lui octroyant le duché de Valentinois et le marquisat des Baux. La ligne masculine des princes de Monaco s'éteignit en 1731, avec *Antonio* Grimaldi, qui dès 1715 avait cédé le duché de Valentinois à son gendre, de Goyon-Matignon, lequel lui succéda également en qualité de *prince de Monaco*, et prit alors par substitution le nom de Grimaldi.

Raimundo Grimaldi fut le premier Génois qui montra le pavillon de la république au delà du détroit de Gibraltar. En 1304, il partit, dans les intérêts du roi de France, Philippe le Bel, alors engagé dans une guerre contre les Flamands, à la tête d'une flotte composée de 16 galères génoises et de vingt vaisseaux de guerre français, et se rendit en Zélande, où il battit et fit prisonnier Guy de Flandre, qui commandait la flotte ennemie, forte de 80 voiles.

Antonio Grimaldi se distingua également dans la marine au commencement du quatorzième siècle. Les Catalans avaient fait preuve de mauvais vouloir et d'hostilité à l'égard de Gênes, qui, embarrassée alors dans des discordes et des luttes intérieures, se trouvait dans l'impossibilité de se venger de cette insulte. Le moment favorable venu, Antonio Grimaldi fut appelé au commandement de la flotte, avec laquelle il s'en alla ravager les côtes de la Catalogne, où, en 1332, il détruisit une flotte aragonaise de 42 bâtiments. Mais à son tour, vingt-et-un ans plus tard, il fut lui-même si complétement mis en déroute, le 29 août 1353, à la hauteur de Coiera, par les Vénitiens et les Catalans, commandés par Nicolas Pisani, que de toute la flotte génoise il n'échappa à cet immense désastre que dix-sept navires, et que les Génois furent obligés de se soumettre au souverain du Milanais, Giovanni Visconti, qui promit de les protéger contre les Vénitiens.

Giovanni Grimaldi se rendit célèbre par la victoire que, le 23 mai 1431, il remporta dans les eaux du Pô sur l'amiral vénitien Trevisani, quoique Carmagnola, le plus célèbre général de ce temps-là, fût prêt à venir au secours de l'amiral avec des forces de terre considérables. Une manœuvre habile de Grimaldi eut pour résultat de déterminer la flotte vénitienne à s'éloigner du rivage; et alors il réussit non-seulement à mettre l'ennemi en complète déroute, mais encore à lui enlever 28 galères, 42 bâtiments de transport et un immense butin.

Le dernier représentant mâle de la famille Grimaldi, *Luigi* Grimaldi della Pietra, mourut à Gênes, le 28 juin 1834.

GRIMALDI (Giovanni-Francesco), appelé, du nom de sa ville natale, *Bolognese Grimaldi*, né à Bologne, en 1606, mort à Rome, en 1680, est célèbre tout à la fois comme peintre, comme architecte et comme graveur. En peinture il avait pris le Corrége pour modèle. Appelé à Paris par le cardinal Mazarin, il peignit plusieurs fresques au Louvre. Il ne possédait pas moins de talent comme architecte; et son œuvre gravé est extrêmement recherché. Sous le pontificat d'Innocent X, il fut chargé d'exécuter diverses fresques au Vatican et au palais Quirinal. Quelques-unes de ses meilleures toiles se trouvent à Rome, dans l'église *Santa-Maria-del-Monte*.

GRIMALDI (Francesco-Maria), de la Société de Jésus, né à Bologne, en 1613, mort en 1663, fut un mathématicien remarquable. On a de lui, entre autres, un ouvrage intitulé : *Physicomathesis de lumine, coloribus et iride, aliisque annexis* (Bologne, 1665), qui servit de base à Newton pour sa théorie de la lumière.

GRIME, GRIMER, termes de coulisses en usage pour désigner ces modifications que l'acteur habile sait faire subir à l'expression de sa physionomie par l'emploi du rouge ou du blanc, de l'encre de Chine, de la terre d'ombre ou du liége brûlé. N'est pas bon *grime* qui veut; et pour se bien *grimer*, il faut encore plus d'art qu'on ne pense communément. En effet, l'écueil en pareille matière, comme en bien d'autres, est l'exagération. Potier et Bouffé ont excellé dans cet art. Quand on dit d'un acteur qu'il joue les *grimes*, on entend par là les personnages de vieillards ridicules ou comiques, comme Arnolphe, Sganarelle, Mondor, Bartholo; rôles où d'ordinaire l'acteur est obligé de se faire un masque. Molière jouait les *grimes;* Grandmesnil fut un des meilleurs *grimes* dont la Comédie-Française ait conservé le souvenir.

GRIMM (Frédéric-Melchior, baron de) naquit à Ratisbonne, le 26 décembre 1723, et mourut à Gotha, le 19 décembre 1807. Dans la dernière partie de ses *Confessions*, Jean-Jacques se plaint amèrement des amitiés qui lui ont manqué, et qui se sont détachées de lui, une à une, alors que son cœur en avait le plus grand besoin. Grimm figure dans cette liste d'amis infidèles, avec une épithète de plus, avec le nom d'*ingrat*. La plainte de Jean-Jacques contre Grimm n'est pas seulement celle d'un homme froissé dans ses affections par une personne jadis chère, c'est celle d'un homme indignement trompé, qui ne pleure pas, mais qui méprise. Quand Jean-Jacques parle de Diderot, il s'emporte, sa parole est sèche et dure; quand il parle de Grimm, sa colère est une colère de dédain; il n'aime plus Diderot, mais il a conservé pour Diderot quelque chose qui ressemble à de l'estime. Quant à Grimm, il n'est à ses yeux qu'un cuistre ingrat et sans cœur. Doit-on ajouter foi entière aux assertions de Jean-Jacques, si facile à s'abuser sur lui et sur les autres? Non certes; mais, il faut l'avouer, de tous les amis qui se séparèrent de Jean-Jacques, Grimm fut le seul inexcusable. Fils de parents pauvres, après avoir fait en Allemagne des études solides, il accompagna en France, comme gouverneur, le fils du comte de Schœnberg, ministre du roi de Pologne près le cabinet de Versailles. Il dut à Jean-Jacques d'être présenté dans le monde philosophique. Le citoyen de Genève ne ménagea ni son crédit ni ses connaissances pour produire son nouvel ami, et lorsque celui-ci eut pris pied dans la société où il avait été introduit, il fit cause commune avec ses amis et les imita dans leur conduite à son égard. En souvenir de ce qu'il devait à Rousseau, il aurait dû se tenir à l'écart et se taire sur les faiblesses et le caractère de son ancien protecteur. Loin de là, dans ses écrits il en parle comme d'un pauvre diable que Mme d'Épinay logeait par charité. De telles paroles seront toujours une flétrissure pour le nom de Grimm, car c'était Jean-Jacques qui lui avait fait faire la connaissance de Mme d'Épinay; pour l'en récompenser, il le desservit auprès de cette dame, dont il était devenu l'amant, et dans le voyage qu'elle fit à Genève, il voulut faire jouer à Rousseau un rôle honteux. Jean-Jacques s'y refusa : de là cette inimitié si profonde.

En supposant même des torts au citoyen de Genève vis-à-vis de Grimm, on doit être choqué de la manière dont celui-ci s'exprime sur son ancien ami, surtout à propos de Mme d'Épinay. « M. Rousseau, dit-il dans sa *Correspondance*, s'était attaché à la femme d'un fermier général, célèbre autrefois par sa beauté : M. Rousseau fut pendant plusieurs années *son homme de lettres et son secrétaire ;* la gêne et la sorte d'humiliation qu'il éprouva dans cet état ne contribuèrent pas peu à lui aigrir le caractère. » Dès lors toutes les fois que le nom de son ancien ami arrive sous sa plume, c'est pour le dénigrer; il ne néglige aucune occasion, même les plus indifférentes, comme celle-ci : « M. Rousseau avait un petit vilain chien, qu'il avait appelé *Duc*, parce que, disait-il, il était hargneux et petit comme un duc ; lorsqu'il fut au château de Montmorency, il changea le nom de *Duc* en celui de *Turc.* » Enfin, rapportant qu'un jour il lui avait donné, en plaisantant, le conseil de s'établir limonadier sur la place du Palais-Royal et de tenir une boutique de café, il laisse entrevoir que ce conseil d'ami, donné par moquerie, n'était pas si mauvais, et que Jean-Jacques se fût épargné bien des peines en devenant limonadier ! Le baron de Grimm aurait sans doute fait l'honneur à Rousseau de venir prendre le café dans sa boutique!

Grimm a bien tort de reprocher à Rousseau d'avoir été

l'homme de lettres et le secrétaire de Mme d'Épinay; il ne fut ni l'un ni l'autre : Rousseau était tout simplement l'ami de Mme d'Épinay avant que Grimm en fit sa maîtresse. Et Grimm fut toute sa vie l'homme de lettres ou le secrétaire de quelque personnage puissant. A son arrivée à Paris, il était, comme nous l'avons dit, au service du comte de Schœnberg; plus tard il devint lecteur du prince de Gotha. A cette époque, il se lia avec Rousseau, qui le présenta à toute la coterie des philosophes, à Diderot, à D'Alembert, à Raynal, et au baron d'Holbach. Grimm profita du crédit de ses nouveaux amis : il entra chez le comte de Friesen, neveu du maréchal de Saxe, en qualité de secrétaire, et cette place, beaucoup plus lucrative que celles qu'il avait occupées jusqu'alors, augmenta ses relations et le mit à même de paraître dans le monde sur un bon pied. Dès lors il fréquenta la haute société, et chercha à se faire bien venir auprès des femmes. Il y réussit assez, grâce aux soins donnés à sa toilette, grâce surtout à sa galanterie. Il était si recherché dans sa parure et tenait tellement à plaire, qu'il remplissait de céruse les inégalités de son visage; ses amis le surnommèrent *le tyran le blanc*. Il avait déjà la réputation d'un homme d'esprit, et s'était fait remarquer par quelques brochures littéraires, lorsque mourut le comte de Friesen. Il ne resta pas longtemps sans place; il obtint celle de secrétaire des commandements du duc d'Orléans. En 1776 il fut accrédité par le duc de Saxe-Gotha en qualité d'envoyé à la cour de France, et reçut le titre de *baron* et la décoration de plusieurs ordres. Dans ces nouvelles fonctions, dont il s'acquitta habilement, Grimm continua à cultiver les lettres et à poursuivre sa correspondance littéraire adressée à un souverain d'Allemagne. A la révolution, il quitta la France, et se retira à Gotha, où il fut noblement accueilli. Nommé, en 1795, ministre plénipotentiaire de Russie près des États du cercle de Basse-Saxe, il occupa ce poste jusqu'à ce qu'une maladie, où il perdit un œil, le força à la retraite. Il revint à Gotha, et c'est dans cette ville qu'il mourut, à l'âge de quatre-vingt-cinq ans. La *Correspondance littéraire, philosophique et critique*, qu'il composa avec Diderot, est son ouvrage le plus important. C'est une analyse spirituelle de tous les ouvrages littéraires qui ont paru depuis 1753 jusqu'en 1790. Les aperçus ont de la nouveauté, le style en est piquant; on sent partout l'influence de la touche originale de Diderot.

JONCIÈRES.

GRIMM (JACQUES-LOUIS), l'un des philologues les plus éminents de notre époque, membre de l'Académie des Sciences de Berlin, est né à Hanau, en 1785. En 1805 il accompagna à Paris Savigny, son maître, en qualité de secrétaire pour l'aider dans ses recherches littéraires. Lors de la création du royaume de Westphalie, en 1808, il fut nommé, à la recommandation de Jean de Müller, conservateur de la bibliothèque particulière du roi à Wilhelmshœhe; et à la restauration de l'électeur, en 1814, il accompagna en qualité de secrétaire l'envoyé hessois, d'abord au quartier général des coalisés, puis à Paris et à Vienne, où il resta jusqu'au mois de juin 1815. Il revint peu de temps après à Paris, avec mission de réclamer au nom du roi de Prusse et de l'électeur de Hesse un certain nombre d'objets d'art et de manuscrits précieux enlevés par les Français dans leurs États respectifs. En 1816 il obtint la place de sous-bibliothécaire à Cassel, où il se livra alors avec une nouvelle ardeur à l'étude de la littérature du moyen âge. Un passe-droit qui lui fut fait en 1829, à la mort du bibliothécaire en chef, dont les fonctions furent données à un autre, le blessa profondément, et le détermina à accepter en 1830 la place de professeur et de bibliothécaire qu'on lui offrait à l'université de Gœttingue. Mais en 1837, ayant été au nombre des sept professeurs qui protestèrent contre la suppression de la constitution hanovrienne, il perdit son emploi, et fut renvoyé du pays. De Cassel, où il vint se réfugier, on l'appela en 1841 à Berlin, où il fut aussitôt nommé membre de l'Académie des Sciences et pourvu d'une chaire à l'université. Ses travaux littéraires, toujours empreints du plus pur patriotisme, ont eu surtout pour but de mieux faire connaître la vie intellectuelle du peuple allemand, telle qu'elle apparaît dans sa langue, et au moyen âge dans sa jurisprudence et sa foi religieuse, dans ses mœurs et sa poésie. Les ouvrages qu'on a de lui dans cette direction donnée à ses efforts témoignent d'une activité sans égale, d'une érudition immense, d'un esprit aussi sagace qu'organisateur, et d'un sentiment poétique aussi vigoureux que délicat. Par sa *Grammaire Allemande* (4 vol., 3e édition, Gœttingue, 1840), on peut dire qu'il a réellement fondé la philologie historique. On a en outre de lui : *Antiquités Allemandes de Jurisprudence* (1828); des *Axiomes allemands* (1840-1842) et une *Mythologie Allemande* (2e édit., 1846). Il a aussi publié une collection de romances espagnoles, *Silva de Romances viejos* (Vienne, 1815); une traduction interlinéaire en ancien haut-allemand des hymnes de l'Église romaine : *Hymnorum veteris Ecclesiæ XXVI Interpretatio theotisca* (Gœttingue, 1830), et, en société avec A. Schmeller, *Poëmes latins des dixième et onzième siècles* (1838), parmi lesquels le *Waltharius Manu Fortis*. En société avec son frère cadet, *Guillaume-Charles* GRIMM, il a entrepris en 1852 la publication d'un *Dictionnaire universel de la Langue Allemande*, qui demeurera l'œuvre capitale de leur vie et comprendra toutes les richesses de la langue telles qu'on les trouve éparses dans les divers ouvrages qui ont paru depuis Luther jusqu'à nos jours.

Aux débuts des deux frères Grimm dans la carrière littéraire se rattachent plusieurs publications de moindre importance, faites par eux dans différents recueils littéraires. Ils ont aussi publié en société une remarquable collection de *Contes pour les Enfants* (5e édition, 1843) et de *Contes de Fées irlandais*, imités des *Fairy Legends* de Crofton, avec une introduction sur la croyance aux esprits.

GRIMOD DE LA REYNIÈRE (ALEXANDRE-BALTHASAR-LAURENT), l'une de nos illustrations gastronomiques, né en 1758, et mort en 1838, était le fils d'un riche fermier général, dont la noblesse était incontestable, puisqu'il en avait en poche la quittance parfaitement en règle, délivrée contre écus par le garde des sceaux de France en personne. Le père de Grimod de La Reynière était d'autant plus fier de cette noblesse, qui faisait de lui l'égal des plus grands seigneurs de la cour, qu'il ne pouvait oublier que son père avait été tout bonnement un honnête charcutier. Quant au fils, il dut sa réputation autant à son épicuréisme raffiné qu'à plusieurs publications dans lesquelles il donna de surabondantes preuves de cette espèce d'esprit qui aura toujours de la vogue en France tant qu'on y cultivera le vaudeville, le couplet de facture et le vin de Champagne. Sa vie, qui ne fut guère qu'une immense goguette, n'offre pas de péripéties dramatiques émouvantes. Lui aussi, il ne fut rien, pas même académicien. Nous nous trompons, il s'était décerné à lui-même la présidence d'une société savante, rivale du Caveau, qui se réunissait également une fois par mois *au Rocher de Cancale*, cabaret longtemps célèbre de la rue Montorgueil, et dans laquelle on dissertait et discutait la fourchette à la main sur les perfectionnements possibles d'une science restée stationnaire, quoi qu'on en dise. De bien timides innovations, quelques emprunts plus ou moins heureux faits à l'étranger, voilà tout ce qui est résulté de plus clair des travaux de cette académie de gourmets, qui ne fut utile à l'art qu'au point de vue de la conservation des saines doctrines, lesquelles eussent bien pu sans elle périr au milieu du cataclysme social survenu à la fin du dix-huitième siècle. Grimod de La Reynière avait d'ailleurs ce cœur sec qui est le propre du gourmand; et les anecdotes qu'on raconte de lui témoignent d'un raffinement d'égoïsme qui fait sourire, encore bien qu'il inspire une très-médiocre estime pour le caractère moral de celui qui en est le héros.

Fils ingrat et peu respectueux, il s'efforçait en toute occasion d'humilier la vanité de ses parents en leur rappelant l'humble origine de leur fortune et l'antique roture de leur famille. Un jour, il invita à dîner, pendant une absence de son père et de sa mère, nombreuse compagnie, composée de convives choisis dans toutes espèces de corps d'état, tailleurs, bouchers, épiciers, etc., etc. Les billets d'invitation portaient que *du côté de l'huile et du cochon l'on n'aurait rien à désirer ;* et de fait, tout un service se trouva uniquement composé de charcuterie. « C'est un de mes parents qui me fournit ces viandes, » avait-il grand soin de dire à l'assemblée à chaque mets nouveau que les gens de service offraient aux convives. Ces gens de service étaient des Savoyards, pris au coin de la rue et bizarrement travestis en hérauts d'armes du moyen âge. Aux quatre coins de la salle à manger se tenaient des enfants de chœur, en surplis blanc et l'encensoir à la main, qui à un signal donné dirigeaient vers l'amphytrion l'instrument thurifère avec lequel ils avaient l'habitude d'honorer M. le curé à l'autel. « C'était, disait alors Grimod de La Reynière à ses invités, pour les dispenser d'encenser le maître de la maison, ainsi qu'avaient habitude de faire les convives de M. son père. » Au milieu de cette scène, M. et Mme Grimod de La Reynière rentrèrent à leur hôtel; et on peut juger de leur profonde humiliation en se voyant ainsi bafoués par leur fils. Une bonne lettre de cachet leur en fit raison, et l'exila en Lorraine. Mais à quelque temps de là la mort de son père ramenait Grimod de La Reynière à Paris pour y jouir de la fortune immense qu'il lui laissait. Il persista alors plus que jamais dans son mépris pour les préjugés de la naissance (mépris qui n'était peut-être bien chez lui que le résultat d'un amour-propre profondément blessé par les dédains de l'aristocratie d'épée et de robe), et fit peindre dans ses appartements tous les ustensiles particuliers à l'industrie du charcutier, ainsi que ses divers produits.

Voici de lui un autre trait original : il feint un jour de tomber gravement malade, fait répandre le bruit de sa mort, et invite nombreuse compagnie à assister à son enterrement. Il voulait par là reconnaître quels étaient ceux de ses amis sur lesquels il pouvait compter. Beaucoup d'invités, comme on le pense bien, ne se donnèrent pas la peine de venir et se contentèrent de regretter le défunt à domicile; ceux que le respect humain, sinon l'amitié, conduisit à son hôtel dans l'idée qu'ils allaient lui rendre les derniers devoirs furent bien surpris lorsqu'on les introduisit dans la salle à manger, où les attendait un des dîners les plus savamment étudiés que leur eût offerts jusque là Grimod de La Reynière. Il en fit les honneurs, en riant beaucoup de la mystification dont étaient victimes les absents. Se moquer d'eux ne suffisait pas à sa vengeance; il les invita à leur tour à dîner, et cette fois ce fut eux qu'on introduisit dans une chapelle ardente, au milieu de laquelle était dressée la table en manière de catafalque, et pour y prendre place, il leur fallut s'asseoir sur des bières.

Grimod de La Reynière avait traversé sans encombre la révolution française, qui ne lui avait fait d'autre mal que d'ébrécher sensiblement sa fortune. En 1803 il eut l'idée de publier l'*Almanach des Gourmands*, et ce petit livre, dont le succès fut grand, parce que l'esprit en était de bon aloi, fut encore continué par lui pendant plusieurs années. Plus tard, il fit paraître son *Manuel des Amphytrions*. Grimod de La Reynière avait reçu une bonne éducation et s'était même fait recevoir avocat au parlement; il était, du reste, assez mal partagé sous le rapport des avantages de la nature. Les bras chez lui étaient d'une petitesse extrême et se terminaient par quelque chose qui n'avait rien de la forme d'une main, espèces de moignons dont il savait pourtant assez bravement tirer parti, à table surtout.

GRIMOIRE ou GRYMOIRE. C'était l'art d'évoquer les âmes des trépassés, art qui jouait un grand rôle au temps où les superstitions populaires permettaient à d'impudents jongleurs d'exploiter la crédulité publique en se faisant passer pour sorciers. Par extension, on donnait le nom de *grimoire* au recueil contenant les conjurations magiques propres à appeler et à faire paraître les démons. Ce n'était, comme il est facile de le penser, qu'un absurde ramassis de mots vides de sens, de phrases incomplètes, entremêlées de prétendus caractères diaboliques, que les fripons livrés à l'exploitation de la cabale prononçaient de leur voix la plus rauque, la plus mystérieuse, pour faire croire à leurs dupes qu'ils se mettaient de la sorte en rapport direct avec le diable. Tout profane qui se serait mêlé de lire dans le *grimoire* aurait couru risque que l'esprit des ténèbres l'emportât en enfer, ou bien lui tordît le cou. Malgré de si effroyables menaces, la curiosité l'emportait encore chez bien des esprits faibles, ainsi qu'on en doit conclure des diverses éditions françaises du Grimoire, faites au seizième et au dix-septième siècle. La plus complète a pour titre : *Le grand Grimoire, avec la grande clavicule de Salomon, et la magie noire, ou les forces infernales du grand Agrippa pour découvrir les trésors cachés et se faire obéir par tous les esprits, source de tous les arts magiques* (in-18, sans date, ni indication de lieu).

Dans le langage ordinaire, on appelle *grimoire* une écriture difficile à lire, un discours hérissé de mots inintelligibles.

GRIMPANTES (Plantes). On appelle ainsi en botanique les plantes dont la tige, incapable de se soutenir par elle-même, *grimpe* sur les corps voisins, en s'y attachant soit par des cirrhes, soit par des racines caulinaires. Elles sont ou herbacées ou ligneuses. Les principales sont les cobées, les volubilis, les pois de senteur, les haricots d'Espagne, les capucines, les clématites, les aristoloches, les chèvrefeuilles, le lierre, la pervenche, la vigne vierge, etc., et tant d'autres que l'on recherche pour garnir les croisées, les terrasses, les berceaux, les tonnelles, et pour couvrir et masquer les vieux murs, les masures, les hangards, les kiosques, etc. A la suite de celles que nous venons de citer, nommons encore une nouvelle plante grimpante originaire de Chine, la *wislaria consequana*, qu'on a naturalisée en Angleterre. A Uffington-house, dans la terre du comte de Lindsay, les feuilles de cette plante couvrent entièrement une maison de deux étages jusqu'à la cheminée, qu'elles enveloppent de leurs sommités; les branches embrassent dans leur écartement une distance de 33 mètres au moins; des milliers de fleurs d'un bleu clair, de $0^m,25$ à $0^m,30$ chacune de longueur, pendent en grappes entre les feuilles, d'un vert tendre, et offrent le plus charmant coup d'œil.

GRIMPEREAU, genre d'oiseaux de l'ordre des passereaux, et de la famille des ténuirostres. Ils sont ainsi nommés de l'habitude qu'ils ont de grimper aux arbres, en se servant de leur queue comme d'arc-boutant. Les ornithologistes leur ont assigné les caractères suivants : Bec de la longueur de la tête, recourbé, pointu, non échancré, à mandibules égales; narines basales à demi fermées par une membrane; ailes courtes, à quatrième rémige plus longue; douze pennes caudales, à tiges roides, terminées en pointe; tarses nus et annelés; doigts extérieurs unis à leur base; l'interne libre, le postérieur plus long que le doigt interne.

Le *grimpereau d'Europe* (*certhia familiaris*) est un petit oiseau long de 12 à 13 centimètres, à plumage blanchâtre, tacheté de brun en dessus, de roux au croupion et sur la queue. Il vit dans les bois et dans les vergers, où il se fait remarquer par la vivacité avec laquelle il grimpe ou voltige d'arbre en arbre.

L'*échelette*, ou *grimpereau de murailles* (*certhia muraria*, L.), est un joli petit oiseau, d'un cendré clair, avec du rouge vif sur quelques pennes de l'aile et la gorge noire chez le mâle. Il vit dans le midi de l'Europe, où on le voit se cramponner le long des murs, à l'aide de ses ongles, très-longs. Vieillot a donné le nom de *grimpereaux* à une famille d'oiseaux, qui renferme, outre le genre précédent, les genres *nasican*, *picucule*, *sylviette*, etc. Dr SAUCEROTTE.

GRIMPEURS. Cuvier a donné ce nom au troisième ordre de la classe des oiseaux. Ce terme rappelle qu'ils ont tous leur doigt interne dirigé en arrière, de manière à pouvoir se cramponner au tronc des arbres et y grimper. L'ordre des grimpeurs a pour principaux genres : les pics, les coucous, les toucans, les perroquets, etc.

GRIMSEL, montagne de Suisse, qui fait partie du système des Alpes bernoises, sur les limites des cantons de Berne et d'Uri. Elle est couverte de neiges éternelles. Le pic de Sudelhorn, sa plus vive arête, a 2,878 mètres d'élevation. On y jouit du plus admirable point de vue, l'œil pouvant y embrasser à la fois les Alpes bernoises, le Valais et les glaciers du Rhône. Quoique l'accès en soit très-pénible, un passage pratiqué sur un col de cette montagne, à 2134 mètres au-dessus du niveau de la mer, conduit du village d'Obergastein, situé dans le Valais, à la vallée du Hassli, canton de Berne. La distance à franchir est de près de quatre myriamètres; dans cet intervalle, on ne rencontre qu'une auberge, tenue par un hospitalier, la seule habitation humaine qu'offrent ces déserts de glace, et où se rencontrent souvent bon nombre de voyageurs, heureux d'y trouver un refuge contre la rigueur du climat. Le *Grimsel*, qui est d'origine granitique, renferme une mine de cristal naturel. Haller, qui en fait une description des plus poétiques, dit qu'il n'est pas rare d'y trouver des cristaux du poids de plusieurs centaines de livres.

GRINDELWALD, l'une des vallées alpestres les plus belles et les mieux cultivées, située dans l'Oberland, canton de Berne (Suisse), à 1034 mètres au-dessus du niveau de la mer, est formée par des montagnes couvertes de neiges éternelles, dont le sommet n'a encore jamais été atteint ou du moins ne l'a été que tout récemment, et a environ cinq kilomètres de largeur sur vingt de longueur. On y compte à peu près 3,500 habitants, dont l'agriculture alpestre et l'élève du betail constituent la principale industrie; et elle est célèbre comme étant le point intermédiaire de la route de Lauterbrunnen à Meyringen, chef-lieu de l'intéressante vallée du Hassli. Le *kirschenwasser* de Grindelwald, recommandé à tous les voyageurs qui parcourent la Suisse à pied comme le meilleur cordial dont ils puissent se munir, est justement célèbre.

GRINGOIRE (PIERRE), poëte de la fin du quinzième siècle, né en Lorraine, probablement dans la terre de Ferrière, au diocèse de Toul, obtint dans son temps une célébrité brillante, et conserve encore de la réputation auprès des amis de la vieille littérature française : on ne lit guère ses écrits, mais ils sont fort rares et fort chers; et les bibliophiles se les disputent. Il voyagea d'abord dans une partie de la France, payant l'hospitalité qu'on lui donnait par de petites pièces satiriques et burlesques, dans lesquelles il jouait le principal rôle. Vers 1510, il vint à Paris, et fut présenté à Louis XII, qui le chargea de tourner en ridicule le pape Jules II. Divers comptes, déposés aux archives de l'hôtel de ville de Paris, font mention de sommes qui lui furent comptées en sa qualité de *compositeur, historien et facteur de mystères*. Il joua avec un succès brillant le rôle de *Mère Sotte*, dans celui du *Jeu du Prince des Sots*, représente aux Halles le mardi gras 1511. On dut à la haute inspiration du roi sa *Chasse du Cerf des Cerfs* (*Servus Servorum*), violente diatribe contre le souverain pontife. Citons encore de lui *Le Chasteau de Labour*, allégorie sur les tribulations du mariage; *Les Fantaisies de Mère Sotte; Les Abuz du monde; Les folles Entreprises; Le Testament de Lucifer; Les Notables enseignements; Les Ditz et autorités des Sages; L'Espoir de Paix; Les Faintises du monde* et *Le Blason des Hérétiques*, deux ouvrages réimprimés dans ces derniers temps, à petit nombre, par deux bibliophiles zélés, MM. Hérisson et G. Duplessis; et sa *Sottie*, à huit personnages (*C'est à savoir le Monde, Abuz, Sot dissolu, Sot glorieux*, etc.), laquelle a été analysée par les écrivains qui ont débrouillé les origines du théâtre français.

Gringoire, qui fut fait hérault d'armes du duc de Lorraine, et prit alors le nom *de Vaudemont*, d'un fief qu'il acquit, délaissa parfois le profane pour traiter des sujets pieux : il traduisit en vers français, pour l'usage de la duchesse, les *Heures de Notre-Dame;* mais les registres du parlement constatent que l'autorisation de faire paraître ce livre fut refusée, le 28 août 1525, par ce corps et par la Sorbonne. Il en fut de même de sa paraphrase des *Psaumes de David*. On lui attribue divers autres ouvrages, dont il est douteux qu'il soit l'auteur : tel qu'un volume de *Rondeaux* et les *Cent Proverbes dorés*, la *Complainte de la cité chrétienne* et les *Visions de Mère Sotte*, qui paraissent aujourd'hui perdus. M. Onésyme Leroy, dans ses *Études sur les Mystères*, a publié de lui des fragments d'une composition dramatique relative à saint Louis : M. Villemain en a parlé avec détail dans le *Journal des Savants* (1838). Gringoire vivait encore en 1544, et avait alors plus de soixante ans. On croit qu'il mourut en 1547 ou 1548. M. Victor Hugo a révélé son nom aux hommes de nos jours, en plaçant le poëte au nombre des personnages de *Notre-Dame de Paris;* mais l'amoureux d'Esmeralda est un être d'invention, fort différent du *compositeur, historien et facteur de mystères*. G. BRUNET.

GRIOTTIER. *Voyez* CERISIER.

GRIPPE. A côté des *pestes* ou épidémies graves, on vit sans doute de tout temps régner épidémiquement des maladies légères, dont les chronologistes ne daignèrent même pas faire mention. Ce n'est guère qu'au seizième siècle qu'on commence à trouver des descriptions de maladies peu meurtrières comparativement aux pestes, et qui ont régné épidémiquement. Nos annales en contiennent des exemples recueillis en 1510, 1557, 1574, 1580, 1658 et 1676. En 1729 une épidémie du genre de celles qui nous occupent ne fut pas signalée comme pestilentielle : elle fut cependant si grave, qu'elle détruisit à Londres plus de monde que la peste n'en avait fait mourir dans cette ville en 1665. Dans les années 1734 et 1735, une maladie légère régna épidémiquement en Europe, et même en Amérique; elle se renouvela en 1742, 1743, 1775, 1779, 1780 et 1782. Plusieurs de nos contemporains peuvent se rappeler qu'en 1802 Paris fut le théâtre d'une affection semblable. En 1830 et 1831, l'invasion du choléra fut précédée chez nous d'une maladie analogue.

La source de ces épidémies n'étant point connue, elles furent d'abord désignées par le nom vague et général d'*influenza*. On ne fut pas longtemps satisfait de cette dénomination; la promptitude et l'activité avec lesquelles sa cause agit firent appeler la maladie *grippe*, substantif dérivé du verbe *gripper*. Cette dénomination française date de 1743, et fut même employée dès lors dans le langage médical. Comme elle arrivait à l'adresse de chacun ainsi qu'une lettre mise à la poste, des plaisants l'appelèrent le *petit courrier* ou la *petite poste*. On la nomma aussi *follette*, par allusion à un feu follet. Ces dénominations devinrent plus ridicules encore, car l'épidémie de 1802 fut appelée *cocotte*, et celle de 1830 et 1831 la *girafe*.

Quelle que soit la cause qui engendre les maladies appelées *grippes*, elles se réduisent, à peu de différence près, à des irritations des membranes muqueuses qui tapissent les voies aériennes et digestives, notamment près les ouvertures des surfaces par lesquelles l'homme est en rapport avec le monde extérieur. Ce sont des maladies ou des fièvres catarrhales en d'autres termes. Elles présentent les altérations de la santé qui caractérisent les rhumes de cerveau ou de poitrine, les inflammations des yeux ou ophthalmies, des maux de gorge, etc. Ces accidents sont plus ou moins accompagnés de fièvre ou de malaise; la vie peut même être compromise chez les personnes affectées de maladies chroniques, et même par suite de la fièvre, qui, une fois excitée, détermine une perturbation dont on n'est pas toujours maître. En définitive, on retrouve dans la grippe le début d'un grand nombre d'affections fébriles : elle n'en diffère que par son peu de durée; mais les fièvres typhoïdes commencent de même. La cause qui les produit est connue : elle provient probablement d'une condition particulière de l'air que nous respirons; car c'est après des changements subits ou extrêmes dans l'atmosphère qu'on les voit se manifester : tantôt c'est après un refroidissement rapide, tantôt après des brumes épaisses, etc.

Il nous reste à indiquer les moyens hygiéniques et curatifs convenables pour combattre ces maladies. Les premiers sont peu nombreux et peu puissants : ils se réduisent à se soustraire autant que possible à l'action de l'air et à corriger son état ; mais ces moyens sont seulement accessibles aux personnes riches, qui peuvent garder la chambre et le coin du feu. Ces précautions ne sont pas même une sauvegarde : la grippe peut nous atteindre partout, puisqu'elle est charriée par l'air. Quand on n'a pu se soustraire à cette influence invisible, quand on est *grippé* enfin, il convient de se conduire comme dans le coryza et les rhumes de poitrine : le repos, la diète, que l'instinct nous suggère, sont les premières conditions curatives. Quand la bronchite est intense, on obtient du soulagement par l'application d'un cataplasme chaud et émollient sur le sommet de la poitrine ; une infusion de fleurs pectorales, dans laquelle on ajoute 15 grammes de sirop diacode, procure aussi un allégement notable, et ces moyens simples, dont chacun peut faire emploi sans un avis doctoral, favorisent et hâtent des sueurs, qui ordinairement terminent ces légères affections. Mais si la fièvre est intense, si la respiration devient très-pénible et difficile, si les sujets sont affectés ou prédisposés à l'apoplexie, il peut être utile de recourir à la saignée ou à l'application des sangsues.

Grippe est compris au figuré et en style familier pour *prévention* et *fantaisie* : on dit prendre quelqu'un ou quelque chose en *grippe*, pour se prévenir défavorablement.

Dr CHARBONNIER.

GRIPPÉ (Faciès). *Voyez* CRISPATION et FACIÈS.

GRIS (Frères), **GRISES** (Sœurs), désignation commune sous laquelle on comprend les religieux et les religieuses de l'ordre de la Miséricorde et autres associations charitables, à cause de la couleur de leurs vêtements. On appelle plus particulièrement *sœurs grises* les *filles* ou *sœurs de la Charité*, réunies en 1634 par saint Vincent de Paul et la veuve Legras pour le soulagement des malades. On donne aussi le nom de *frères gris* aux frères servants de l'ordre de Cîteaux.

GRISAILLE, espèce de peinture de couleur grise, et imitant un bas-relief. On comprend quelquefois sous la même dénomination d'autres peintures d'une tout autre couleur, mais également monochromes (*voyez* CAMAÏEU).

DUCHESNE aîné.

GRISÉLIDIS. Griselda, ou, comme nous disons en France, Grisélidis, devenue de pauvre paysanne marquise de Saluces, soumise par un mari bizarre aux épreuves du cœur les plus cruelles pour une mère et pour une épouse, est probablement un personnage de l'invention de Boccace, qui termine par cette touchante nouvelle la dernière journée de son célèbre Décaméron. Écrit en italien, cet épisode, lu par Boccace à Pétrarque, attendrit jusqu'aux larmes l'amant platonique de Laure, qui le traduisit immédiatement en latin, et le fit ainsi connaître à tous les peuples de l'Europe. En Angleterre, en France surtout, où Pétrarque avait tant de relations, Grisélidis eut un immense succès et fournit le sujet d'une multitude de romans et de pièces de théâtre. Dès la fin du quatorzième siècle, en 1395, vingt ans après la mort de Boccace, un poëte anonyme composait et faisait jouer le *Mystère de Grisélidis, marquise de Saluces, et de sa merveilleuse constance, appelée le Miroir des dames mariées, par personnages et ryme*. Ce drame fut imprimé dans le siècle suivant. Plusieurs fabliaux le redirent sous divers titres, et toujours avec succès. Depuis le quatorzième siècle, le sujet de Grisélidis a été reproduit sur tous les théâtres, sous toutes les formes, en prose et en vers.

LOUIS DU BOIS.

GRISETTE. Une mode, aussi ruineuse qu'immorale, s'était établie en France, et surtout à Paris, depuis la minorité de Louis XV jusqu'à l'année 1789, qui vit naître la révolution. C'était celle pour les seigneurs, c'est-à-dire les hommes nobles, riches, et qui allaient à la cour, d'avoir pour maîtresse une femme attachée à quelque théâtre, à la dépense de laquelle ils fournissaient publiquement, ce qui ne les empêchait point d'éprouver ou de feindre un attachement pour quelque dame leur égale, et d'entretenir des relations fort intimes avec quelques jeunes et pauvres filles de la classe du peuple. L'actrice ou la danseuse s'enorgueillissait si dans son antichambre on reconnaissait la livrée d'un homme que l'on rencontrait à Versailles ; mais la grande dame et la petite ouvrière s'en effrayaient également. Afin que les billets fussent portés et reçus sans que l'on en causât à l'*œil de bœuf*, ou dans les maisons d'apprentissage, on habilla de gris les laquais destinés à ces fonctions, toutes de confiance, et le nom de *grison* leur fut donné, comme on le voit dans les comédies et romans de l'époque. Les grandes dames avaient des titres ; on n'imagina point de les désigner particulièrement, mais les ouvrières en mode, en couture, en lingerie, qui recevaient le laquais ainsi travesti furent, par analogie, nommées *grisettes*, ce qui signifiait filles jolies pauvres et séduites. Très-injustement on a étendu cette dénomination à toutes les filles qui vivent du travail de leurs mains. Dans ce temps-là même quelques magasins de mode, presque tous les magasins de couture et de lingerie, ainsi que les maisons où l'on apprenait à raccommoder la dentelle, occupaient des filles parfaitement sages et vertueuses. La lingerie était surtout l'état que l'on faisait apprendre aux filles nobles ruinées, et l'on distinguait facilement l'apprentie lingère par la décence et la simplicité de son costume. C'était donc aux seigneurs et aux riches financiers que la *grisette* d'autrefois devait son nom et sa triste célébrité.

Aujourd'hui la *grisette*, plus sensible qu'avide, reçoit les vœux de l'étudiant ; moins circonspecte, elle se montre avec lui au spectacle, dans les bals champêtres et chez les restaurateurs de la banlieue ; mais, sans être aussi avilie, elle est aussi misérable qu'au temps passé ; car l'étudiant, ses cours finis, se met en quête d'une dot, et n'épouse que la fille qui lui en apporte une. Si l'on considère l'âge de ces filles, qui sortent à peine de l'enfance, la sincérité de leur attachement, leur séduction si facile, par des jeunes gens qui leur sont intellectuellement supérieurs en tous points, on ne pourra s'empêcher de plaindre ces créatures laborieuses, destinées à augmenter le nombre des courtisanes ou à terminer leurs jours par le suicide. Il est peu de *grisettes* qui ne finissent ainsi, car, nous le répétons, le nom de *grisette* ne convient pas aux jeunes personnes qui ne quittent les magasins et les ateliers où elles sont occupées que pour retourner auprès de leurs mères : le nom honorable d'*ouvrières* peut seul leur être donné. Celles-là épousent des artisans, et offrent ordinairement le modèle de toutes les vertus que l'on exige des femmes. Le nombre de *grisettes* qui s'asphyxient, se noient ou s'empoisonnent est effrayant ; il ne faut l'attribuer qu'au premier choix que font ces pauvres enfants. On a blâmé, avec autant de justice que d'indignation, les hommes d'un nom élevé qui corrompaient cette classe de la société en l'enrichissant : pourquoi blâmerait-on moins ceux qui leur ont succédé? La pauvreté justifie-t-elle le vice, la perfidie, l'abandon? Il est encore plus facile à un étudiant de séduire une ouvrière que cela ne pouvait l'être à un maréchal de France, à un premier président, à un fermier général ; car de ceux-là une fille indigente savait tout d'abord ce qu'elle pouvait attendre, tandis que les habitudes économiques de l'étudiant n'établissent aucune différence apparente entre la *grisette* et lui. Enfin, si la *grisette* devient mère, quel héroïsme ne lui faut-il point pour garder l'enfant aux besoins duquel il faudra qu'elle pourvoie seule ? Les romans, les vaudevilles, nous peignent la *grisette* de Paris gentille, gaie, revêtue d'une grâce particulière. Qu'ils nous la représentent donc à trente ans, flétrie dans son quartier, méprisée de ses voisines, huée des hommes de sa classe.... Le lendemain de ce jour, ce sera à la morgue, ou dans un lieu plus affreux encore, que sa mère viendra la reconnaître. Csse de Bradi.

GRISI (Giulia), cantatrice célèbre à bon droit par son talent et sa beauté, est née en 1810, à Milan, et dès l'âge de douze ans se fit remarquer par la pureté de sa voix et par les plus heureuses dispositions musicales. A l'âge de seize ans elle débuta sur le théâtre de Bologne, dans la *Zelmira*, de Rossini, et réunit tous les suffrages, par la justesse de ses sons et par la grâce ainsi que la sensibilité qu'elle déploya dans son jeu. Deux années plus tard, elle parut sur un théâtre plus vaste, celui de Florence, et n'y obtint pas moins de succès. Il y avait longtemps qu'une aussi belle et aussi gracieuse personne n'avait paru sur les planches, et on peut admettre, sans rien enlever à son talent, que ses avantages physiques furent pour beaucoup dans l'admiration frénétique dont la jeune artiste ne tarda pas à être l'objet. Tous les théâtres de l'Italie se la disputèrent, et les représentations qu'elle donna à *La Scala* furent pour elle autant d'éclatants triomphes. Il ne manquait plus désormais pour classer définitivement Giulia Grisi parmi les grandes cantatrices qui cessent d'appartenir exclusivement à un pays pour être la gloire commune de l'Europe musicale, que de voir son talent reconnu et consacré par les suffrages des *dilettanti* de Londres et de Paris. Ses débuts sur notre Théâtre-Italien eurent lieu le 13 octobre 1832, dans la *Semiramide*, rôle dans lequel le souvenir de l'inimitable Mme Pasta était encore récent, et par suite bien dangereux pour la débutante. Giulia Grisi se tira de cette redoutable épreuve avec son bonheur accoutumé : un triomphe d'enthousiasme fut le prix de la noble confiance qu'elle avait eue dans son talent, et il n'y eut qu'une voix parmi les critiques pour reconnaître les intonations toujours justes et fermes de son éclatant *mezzo soprano*, la noblesse de son maintien, la grâce et la vérité de ses gestes. A Paris aussi, la rare beauté de la cantatrice n'aida pas peu à son succès; et depuis lors Giulia Grisi fit alternativement les délices des opéras de Londres et de Paris. Longue serait la nomenclature des rôles dans lesquels elle a charmé et ravi ses auditeurs. Il nous suffira de dire que Rossini, Donizetti, Bellini, Mozart, etc., n'ont jamais eu de plus heureux interprète.

En 1835, Giulia Grisi, cédant aux obsessions d'un de ses plus fervents admirateurs, l'un de nos compatriotes, M. Gétard de Melcy, contracta un mariage qui ne fut pas plus heureux que tant d'autres mariages de ce genre, et dont une séparation judiciairement prononcée ne tarda pas à dissoudre les liens, trop précipitamment formés.

GRISONS (Pays des), en allemand *Graubündten* ou *Graubünden*, en langue romane *Republika Grisona*, le plus grand canton de la Suisse, d'une superficie évaluée par les uns à 79 et par d'autres à 103 myriamètres carrés, confine au sud au royaume Lombardo-Vénitien, à l'est au Tyrol, au nord au Vorarlberg ainsi qu'aux cantons de Saint-Gall et de Glaris, à l'ouest à ceux d'Uri et du Tessin. Sur les 89,890 habitants qu'on y compte, 38,039 professent la religion catholique et le reste la religion réformée; 35,500 parlent allemand, 11,956 parlent italien, et le reste la langue romane. La plus grande partie de cette population descend des anciens Rhétiens. Le sol de ce canton est hérissé de montagnes formant tantôt des groupes puissants et isolés, tantôt des chaînes se prolongeant au loin, et entre lesquelles se trouvent des vallées généralement fort étroites. Beaucoup de pics, notamment dans la chaîne de Bernina, atteignent une altitude de 3,500 mètres et peuvent se comparer à ceux de l'Oberland Bernois. Le climat est extrêmement varié; et si dans certaines localités règne un hiver de huit mois, en revanche, au sud, quelques vallées ont tous les caractères des contrées italiques. Les cours d'eau qui y prennent leur source coulent les uns au nord, comme le Rhin, les autres à l'est, comme l'Inn, ou encore au sud, comme le Rham, le Posuavino, la Maira et la Mœsa, qui vont se jeter, le premier dans l'Adige, les deux autres dans l'Adda, et le dernier dans le Tessin. Ce canton ne possède point de grands lacs; mais dans les vallées et dans les montagnes il en existe une foule de petits, dont ceux des glaciers surtout sont remarquables. Toute cette contrée abonde d'ailleurs en sources minérales, parmi lesquelles nous citerons celles de Fideris, de Saint-Moritz, de Tarasp, de Jenatz, d'Alveneu, de Rothenbrunn, de Tusis, etc. Les montagnes fournissent de beaux marbres blancs, rouges, noirs, mouchetés, etc., de l'argile, de la craie, de la tourbe, beaucoup de fer, de pyrite sulfureuse, de plomb et de cuivre. Il existait autrefois des mines d'argent dans la Bernina et sur divers autres points. On rencontre aussi quelquefois de l'or dans les montagnes, mais plus souvent dans les sables des rivières et des fleuves, dans le Rhin notamment. Les produits du règne végétal sont l'orge, le seigle, l'avoine, le milet, le maïs, les pommes de terre, le chanvre et le lin, les fruits, entre autres les figues, qui viennent en pleine terre dans le Bregell inférieur. La vigne réussit surtout dans la vallée inférieure du Rhin, ainsi qu'à Misoccio et à Brusio. Le canton était autrefois très-riche en bois, notamment en pins; mais faute d'un aménagement intelligent, ces richesses ont singulièrement diminué depuis. Dans les parties les plus élevées des montagnes nichent l'aigle et le vautour. On y rencontre aussi des ours et même, quoique plus rarement, des loups. Les chamois sont encore très-nombreux, mais le bouquetin en a presque complétement disparu. Les rivières et les ruisseaux sont très-poissonneux, l'anguille surtout y abonde. L'éducation du bétail, la fabrication du beurre et du fromage, constituent les principales ressources de la population. L'industrie des habitants est sans importance; mais ils se livrent à un commerce de transit et d'expédition des plus considérables.

Le *Pays des Grisons* tout entier se compose de cinq vallées principales :

La *vallée du Rhin citérieur*, qui clôt la Forêt du Rhin, comprend la vallée du Schams, la *Via-Mala* et le *Domleschgerthal*. Cette dernière, la contrée la plus tempérée de tout le pays des Grisons, contient vingt-deux villages, où l'on parle la langue romane. La vallée de Schams, sur un développement d'un myriamètre, renferme neuf jolis villages. Entre cette vallée et la Forêt du Rhin se trouve la grandiose *Via-Mala*, formée également par le Rhin citérieur, constituant entre Tusis et Zillis une route longue de deux myriamètres environ, avec une largeur de 2 mètres 50 cent. seulement, et côtoyant souvent des abîmes de 150 à 200 mètres de profondeur. Au fond de ces fondrières coule avec fracas, et aussi rapide qu'une flèche, le Rhin citérieur, tandis que de l'autre côté de la route s'élèvent des montagnes de plus de 800 mètres de hauteur et couvertes de sombres sapins. A Ronzella, village situé à l'entrée de cette gorge de montagnes, le soleil est invisible pendant six mois de l'année. Deux routes à peine praticables conduisaient autrefois en Italie par le Splugen et le Bernhardin. La première fut celle que prirent en 1800 les Français commandés par Macdonald; en 1797, Lecourbe n'avait pas hésité à s'aventurer sur la seconde avec une forte division de l'armée française. Aujourd'hui la grande route conduisant de Coire et de Reichenau au village de Splugen par le *Domleschgerthal* et par la vallée qu'y relie la *Via-Mala* se bifurque en deux routes nouvelles, dont l'une, construite en 1820, conduit à Chiavenna, en franchissant le Splugen par les Cardinelles et la vallée de Saint-Jacques; l'autre, construite en 1824, mène à Bellinzona, en franchissant le Bernhardin et en passant par la vallée de Misoccio.

La seconde vallée du *Pays des Grisons*, celle du *Rhin antérieur*, s'étend depuis la limite occidentale du canton et le mont Saint-Gothard jusqu'à Coire et au *Luciensteig* (défilé de Sainte-Lucie). L'antique abbaye de bénédictins de *Disentis*, le bourg à marché de Tusis, la ville d'*Ilanz* et le chef-lieu de tout le canton, Coire, sont les points les plus remarquables de cette vallée.

La troisième vallée est celle d'Engadine. La quatrième est formée par l'Alboula, qui prend sa source au mont Septime, et vient se jeter dans le Rhin citérieur, à Tusis. La cinquième vallée enfin, appelée *Prettigau*, dont le chef-lieu est *Meyenfeld*, sur le Rhin, avec 1,232 habitants, et au voisinage duquel se trouve le *Luciensteig*, défilé fortifié conduisant à la principauté de Liechtenstein, est située près de la limite septentrionale du canton, non loin du Vorarlberg.

En totalité, le Pays des Grisons renferme 150 vallées, tant grandes que petites, séparées souvent l'une de l'autre par des montagnes absolument inaccessibles ; et ce caractère de la constitution physique du sol a dû exercer une grande influence sur la constitution politique de ce canton, de même qu'il a dû y provoquer dans les communes une organisation municipale extrêmement indépendante, avec un pouvoir central des plus faibles. C'est ce qui explique aussi comment le Pays des Grisons, dont les progrès ont été de nos jours si rapides en ce qui a trait au perfectionnement de l'intelligence et de l'agriculture, a pu sous ce rapport rester pendant si longtemps en arrière des autres cantons dont se compose la confédération.

Il existe divers motifs plus ou moins spécieux pour croire à l'origine étrusque des populations primitives de la haute Rhétie, laquelle n'était qu'une petite partie de l'ancienne Rhétie, bien autrement étendue à l'est et au nord. Aujourd'hui encore l'antique manoir de *Rhæzin*, jeté de la manière la plus pittoresque et la plus romantique sur les bords du Rhin, au-dessus de Coire, rappelle ce nom de Rhétie. Ce ne fut qu'après la lutte la plus longue et la plus acharnée que les Romains parvinrent à soumettre cette contrée d'un accès difficile; et c'est aux établissements qu'ils y formèrent qu'il faut attribuer les nombreux noms italiens restés aujourd'hui encore à divers points du pays. Vainqueurs des Ostrogoths, les Francs n'attachèrent que peu d'importance à ces lointaines régions; toutefois, des races germaines finirent aussi avec le temps par venir s'établir parmi les anciens habitants de cette contrée, que le traité conclu en 843 à Verdun réunit à l'Allemagne. Quand la puissance royale commença à s'affaiblir, il y surgit divers seigneurs laïcs indépendants, sans compter l'antique siége épiscopal de Coire et l'abbaye de Disentis. Les abus de la féodalité et l'exercice du droit du plus fort porté à ses dernières limites éveillèrent des idées de liberté dans quelques vallées, et donnèrent lieu à des alliances contractées entre des seigneurs et des hommes libres, à l'effet de se protéger et de se défendre mutuellement. C'est ainsi que le pacte conclu en 1424 à Truns devint la base de la *Ligue supérieure* ou *Grise*, et par suite à la formation d'un État confédéré. En 1425 se constitua la *Ligue de Coire*, appelée aussi *Ligue Cadée* ou de la *Maison de Dieu*, et en 1435 la *Ligue des dix droitures* ou *juridictions*, qui se fusionnèrent toutes trois en 1471, pour ne plus former qu'une seule et même ligue. L'héroïque valeur dont les ligués firent preuve en 1599 dans la guerre de Souabe a valu à ces populations un renom glorieux dans l'histoire, et resserra les liens qui les rattachaient aux autres cantons de la confédération. Déjà en 1512 les ligués avaient conquis sur le Milanais les comtés de la Valteline, de Chiavenna et de Bormio, et s'étaient assurés de notables avantages industriels et commerciaux par la possession de ces contrées welches, qui ne furent réunies de nouveau à l'Italie qu'en 1797, par Bonaparte. Toutefois, cette acquisition donna lieu, dès la première moitié du seizième siècle, à des discordes entre les trois ligues. Ces différends se renouvelèrent encore dans la première moitié du dix-septième siècle, époque où des troupes autrichiennes et espagnoles ravagèrent le pays ; et les Français firent souvent payer bien cher les secours qu'ils prêtèrent à ces populations. Si la réunion du Pays des Grisons à la république helvétique, décrétée par le gouvernement français en 1798, contraria vivement les idées d'indépendance de la majorité des habitants et provoqua même des résistances, elle eut du moins l'avantage d'établir des rapports plus intimes et plus suivis entre les diverses parties de cette contrée, et prépara l'admission du Pays des Grisons dans la confédération en qualité de 15e canton, qui eut lieu en 1803.

Après la Restauration, ce canton se donna, le 11 novembre 1814, une constitution, devenue la base de celle qu'on adopta le 19 juin 1820, et dont voici les dispositions principales : Partage des trois ligues, au point de vue politique, en trois *droitures*, ou juridictions supérieures, réparties en *juridictions* ordinaires. La puissance exécutive appartient aux conseils communaux et aux communes, qui décident en dernier ressort sur les lois civiles, les traités politiques, les alliances et les augmentations d'impôt qui leur sont proposés par le grand conseil. Ce grand conseil se compose de soixante-cinq membres élus, parmi les citoyens de la ligue dont ils font partie, par les citoyens des *droitures* supérieures et ordinaires. Une commission de neuf membres, trois pour chaque ligue, prépare les affaires qui doivent être soumises au grand conseil. Les *droitures* ordinaires et supérieures élisent les différents fonctionnaires chargés de l'administration, de la police, de la justice et de tout ce qui se rapporte aux intérêts des communes. Un tribunal cantonal supérieur complète l'organisation judiciaire. Le canton des Grisons, avec la constitution qui lui est propre, forme donc au milieu de la Confédération Suisse un État confédéré à part, une confédération particulière dans des proportions moindres. Pour obvier peu à peu aux inconvénients d'une décentralisation excessive, dont le résultat immédiat est le nombre beaucoup trop grand des fonctionnaires publics, il s'était formé dans ces derniers temps un comité de réforme, composé des hommes les plus honorables; et c'est grâce à ses efforts qu'on est parvenu à introduire enfin quelques innovations utiles. Mais lors de la révision de la constitution, qui a eu lieu en 1850, il n'a pas été possible d'en supprimer l'article qui, pour toute modification à introduire dans la constitution, exige la sanction des deux tiers des voix dans chaque commune. En revanche, on a réussi à réorganiser le système judiciaire, en substituant des tribunaux de cercles aux ancienne juridictions ordinaires et supérieures ; de même, le petit conseil a été remplacé par une régence armée de pouvoirs plus précis et plus étendus. Le canton a été divisé en quatorze arrondissements, et ceux-ci subdivisés en cercles ; division politique devenue également la base du système électoral. Malgré la résistance opiniâtre opposée par un clergé ennemi des lumières, on a aussi beaucoup fait dans ces dernières années pour les progrès de l'instruction publique, en créant un comité d'éducation composé mi-partie de catholiques et de réformés, en fondant des écoles cantonales à l'usage des deux confessions, enfin en améliorant sensiblement la position des instituteurs primaires. En 1851, par suite de charges extraordinaires, le budget des dépenses du canton s'éleva à 360,290 florins, et se solda par un déficit de 11,775 florins (un peu moins de 20,000 fr.).

GRISOU. Dans les mines de houille, il se forme souvent des exhalaisons meurtrières connues sous le nom de *feu brisou* ou *grisou*. Ce sont des vapeurs gazeuses (gaz hydrogène carboné), que l'on rencontre dans les endroits des mines où l'air est stagnant, et comme encaissé dans le fond d'une galerie. Elles paraissent sous la forme de nuages grisâtres ou de flocons blanchâtres assez semblables à des toiles d'araignée. Leur contact avec la lumière des lampes dont se servent les ouvriers suffit pour qu'elles s'enflamment aussitôt avec un fracas et une explosion épouvantables.

Il existe plusieurs procédés pour se garantir du feu grisou. Il suffit souvent d'établir un courant d'air ou d'agiter ces sortes de toiles d'araignée, pour les mêler à l'air avant que le gaz ait pu s'enflammer; en d'autres occasions, il ne reste plus aux ouvriers, pour l'éviter, que de se jeter ventre à terre ; cette vapeur, étant plus légère que l'air atmosphérique, passe sur leur dos sans leur faire de mal. Dans certaines mines plus pernicieuses, il est nécessaire de prendre de plus sûres précautions. On y fait descendre avant les autres un homme couvert d'un linge mouillé ou de toile cirée, ayant un masque avec des yeux de verre. Cet homme tient une perche, au bout de laquelle est une lumière; il s'approche en rampant de l'endroit où se réunissent les exhalaisons pernicieuses; bientôt l'inflammation et la détonnation s'annoncent avec un bruit de tonnerre, et la galerie est purifiée. Néanmoins le feu grisou fait chaque année de nombreuses victimes, et c'est pour éviter les accidents produits par son explosion que Davy inventa la lampe de sûreté. RICHER.

GRIVE. *Voyez* MERLE.

GRIVOIS. Ce mot était nouveau dans notre langue à la fin du dix-septième siècle : M. de Caillières, qui fit un livre si curieux *sur les mots à la mode* de son temps, se moque de celui-ci, comme d'un terme insolite, auquel il ne faut pas donner droit de bourgeoisie; et Boursault, qui fit, lui aussi, une comédie sur les *mots à la mode*, n'y introduit le mot *grivois* qu'en raison de sa nouveauté et en le soulignant :

Quand ils ont à leur tête un joli général,
Il n'est pour les *grivois* aucun plaisir égal.

Dans ces vers, d'ailleurs, *grivois* est employé dans le sens de sa signification primitive. Ce mot en effet avait d'abord servi à désigner dans les armées ces soldats pillards qui vont partout maraudant et picorant, comme les *grives* dans les vignes, et qui se gorgent de butin, comme l'oiseau gourmand se soûle de raisin. Sous Louis XIV, tout soldat voleur et rusé était un *grivois* : « Il trouva, dit Ménage, un *grivois*, qui s'approcha fort modestement de lui, et s'insinua tellement sous sa brandebourg, qu'il s'en trouva revêtu, et le pauvre M. du Périer resta en juste-au-corps. » Par suite le sens du mot s'étendit, et on l'employa pour désigner tout homme d'humeur libre, éveillée, hardie; Gresset l'entendit ainsi quand il dit, à propos de *Vert-Vert* :

Mais force fut au *grivois* dépité
D'être conduit au gîte détesté.

Une fille de mauvaise vie, toujours en débauche avec les grivois, les soldats et les gueux, fut une *grivoise*, comme nous l'apprend une vieille chanson, dont Béranger a rajeuni le refrain :

Et la *grivoise* avec eux,
Vivent les gueux !

Ce nom joyeux de *grivoise* fut même donné alors à une sorte de tabatière, munie d'une râpe pour réduire le tabac en poudre, et dont le premier modèle était venu de Strasbourg en 1670. Plus tard, lorsqu'il passa dans la littérature, le mot *grivois* servit à désigner ce genre de chansons joyeuses et avinées dans lesquelles le poëte, accommodant ses vers au rhythme le plus facile, retranche ou élide les voyelles muettes qui gênent ou allongent l'hémistic

Quand l'article est incommode,
Ils le coupent sans hésiter,

a dit Scarron, fort expert en ce genre de littérature, si voisin du burlesque. Quelques chansons de Désaugiers, d'Armand Gouffé, et même de Béranger, sont des modèles de *style grivois*. Édouard FOURNIER.

GROCHOW, bourg de Pologne, dans le gouvernement de Mazovie, est demeuré célèbre par le combat acharné qui s'y livra le 25 février 1831, entre l'armée polonaise, commandée par le général Skrzynecki, et l'armée russe, de beaucoup supérieure en nombre. Si les Polonais ne remportèrent point la victoire dans cette meurtrière affaire, du moins ils ne furent pas non plus vaincus. En effet, des torrents de sang y furent versés sans que l'un ou l'autre parti pût s'attribuer exclusivement l'honneur de la journée.

GRODNO, l'un des gouvernements de la Russie occidentale, jadis partie intégrante de la Lithuanie, compte une population de 910,000 âmes, répartie sur environ 472 myriamètres carrés. Son sol, généralement plat, appartient au sud-ouest au bassin de la Vistule, au nord à celui du Niémen, et au sud-est à celui du Dniepr. Le premier de ces fleuves reçoit les eaux du Boug et de ses affluents, la Lesna et la Muchawiza, et celles du Narew et de ses affluents, la Koluna et la Narewka. Le second reçoit les eaux de la Schtschara et de la Zelva. La Iasiolda se jette dans le Prschipietz, affluent du Dniepr. Parmi les nombreux lacs que renferme ce gouvernement, les plus considérables sont ceux de Sporowko, de Bielo, et de Bobrowiczko. Au sud on rencontre une quantité énorme de marais, quoique des essais de dessèchement en aient déjà transformé bon nombre en riches pâturages. Loin des cours d'eau, le sol est léger et sablonneux, ailleurs argileux et en général assez fertile. Les principales productions sont l'orge, les légumes, les fruits, le lin, le chanvre, le houblon, le bois. Le gibier abonde dans les vastes forêts, où l'on rencontre des sangliers, des loups, des ours; et il existe encore des aurochs dans la célèbre forêt de Bialowicz. On engraisse beaucoup de gros bétail; on élève des moutons d'excellente qualité et beaucoup d'abeilles. La fabrication des draps, des chapeaux, du papier, et la préparation des cuirs sont les principales branches d'industrie. Les grains, la laine, le cuir, le houblon, le miel et la cire constituent les articles d'exportation les plus importants. Les habitants, d'origine rusniaque, lithuanienne et polonaise, professent pour la plupart la religion catholique; cependant on y rencontre aussi quelques grecs et quelques juifs.

GRODNO, chef-lieu du gouvernement, ville bâtie sur la rive droite du Niémen, a environ 20,000 habitants, dont un grand nombre sont israélites, onze églises, dont une luthérienne, plusieurs synagogues, deux châteaux-forts, une école noble de cadets, plusieurs fabriques de draps, de soieries et de fusils, et est le centre d'un commerce fort actif, tout entier aux mains des juifs, et qu'alimentent des foires considérables tenues à Grodno à diverses époques de l'année. On voit dans la ville plusieurs hôtels en ruines et appartenant à d'anciennes familles lithuaniennes.

C'est à Grodno que mourut, en 1586, Étienne Bathori, dans le château même qu'il avait fait construire. C'est encore dans cette ville qu'en 1793, après une longue résistance, la diète souscrivit au deuxième partage de la Pologne, et qu'en 1795 Stanislas-Auguste déposa sa couronne.

GRŒNINGEN ou **GRONINGUE**, la province la plus septentrionale du royaume des Pays-Bas, bornée au nord par la mer du Nord, à l'est par le Hanovre, à l'ouest par la Frise et au sud par la Drenthe, présente une superficie d'environ 29 myriamètres carrés, dont une partie se compose de marécages presque impénétrables, mais dont le reste est d'une fertilité extrême. On y compte 190,000 habitants, généralement d'origine frisonne, dont l'élève du bétail et la pêche forment les principales industries, et qui, à l'exception d'un petit nombre d'anabaptistes et de deux communes catholiques, appartiennent à la confession réformée. Cette province forme trois arrondissements : *Grœningen*, *Appingadam* et *Winschoten*.

GRŒNINGEN, sur la Hunse, chef-lieu de la province, est bâtie à cheval sur l'Aa et sur le Long Canal, qui y forme un bon port. C'est une ville bien construite, et dont la population est aujourd'hui de 36,000 habitants. On y trouve des raffineries de sel, des fabriques de céruse, de savon, de cuir et de papier, des filatures de lin et des chantiers de construction. Elle est le centre d'un commerce fort actif en produits du pays, et surtout en céréales. Jadis défendue par dix-sept bastions, Grœningen n'a pas moins de dix-huit ponts; elle possède une université fondée en 1615, mais dont les cours ne sont guère suivis que par 300 étudiants, une bibliothèque publique, un jardin botanique, un institut de sourds-muets, une école d'architecture, enfin une école de dessin et de marine, et diverses sociétés savantes. Ses plus remarquables édifices sont la cathédrale, placée sous l'invocation de saint Martin, dont on admire le clocher, haut de 111 mètres, et l'orgue magnifique, l'hôtel de ville, bâti sur une place qui a 140 mètres de largeur sur 235 de longueur;

incontestablement la plus belle qu'il y ait en Hollande; enfin, la Bourse.

GROENLAND. Du sommet du pôle arctique descend vers notre Europe une terre âpre et désolée; une croûte de glaces et de neiges éternelles la recouvre, ne laissant à découvert que la frange maritime, où percent d'affreux rochers; elle se projette comme une grande péninsule en face de l'Islande et des côtes de la Norvége. Quelles sont ses limites? Au nord, elle se cache sous la calotte glacée du pôle; à l'est, elle se perd dans les bancs de glace, vis-à-vis du Finmark et de la Laponie; au sud, la pointe des Adieux la termine, par 60° de latitude; à l'ouest, elle longe le détroit de Davis, la mer de Baffin, et va, en rampant sous des montagnes de glace, rejoindre sans doute des régions froides et inexplorées de l'Amérique septentrionale. On la nomme Grœnland (*terre verdoyante*) : les marins de la Scandinavie, habitués à leurs mers dures et brumeuses, à leurs noires et stériles roches, purent seuls trouver un nom si gracieux pour cette contrée de malheurs. Quelques arbustes rabougris, des mousses et des herbes tapissent les lieux abrités, et sont toute sa végétation : là le soleil se montre toujours pâle et à travers un épais rideau de vapeurs; là cesse notre période diurne de vingt-quatre heures; car si pendant l'été le soleil ne va pas chaque jour chercher sa couche sous l'horizon, pendant l'hiver aussi il oublie souvent de venir saluer le réveil des habitants.

Le Grœnlandais occupe presque le dernier degré dans l'échelle de la race humaine; il est de la famille de l'Esquimau, dont il a la taille, le port, les habitudes et le langage : comme celui-ci, il se tient sur la côte, où la mer lui fournit une pêche abondante; car les glaces du Grœnland sont les parages d'affection des baleines, du narwal, dont la corne est révérée par la superstition, des veaux marins, du saumon, et d'autres tribus innombrables de la mer. Si parfois il s'aventure dans l'intérieur des terres, c'est à la suite des rennes ou des chevreuils blancs; une mortelle solitude s'étend sur toute la région centrale de son pays. La nonchalance et la gloutonnerie sont ses principaux vices; l'huile de la baleine éclaire les longues ténèbres de ses hivers, échauffe son gîte et assaisonne son pain de lichen; il vit dans la crasse et la torpeur, et ne secoue son indolence native que quand l'aiguillon de la faim l'entraîne hors de son repaire à la chasse des phoques ou des baleines.

Toutes les nations du Nord ont eu leurs chants héroïques : la Scandinavie se vante de ses skaldes, l'Écosse de ses bardes; l'Islande a conservé ses sagas célèbres; le Grœnlandais n'a ni chants pour ses dieux, ni regrets, ni chants pour les ossements de ses pères; point de ces hymnes de gloire ou de douleur, tradition orale des hauts faits des temps passés, dont les mères bercent leurs enfants, et dans lesquels se résument ordinairement la science, l'histoire et la littérature des peuples sauvages. Mais, quoiqu'il manque de ces élans de l'âme que l'ode exprime, quoiqu'il ne sache pas se ressouvenir et chanter le malheur et l'espérance, il manie la satire et mord malicieusement. Elle consiste en petites sentences cadencées, presque toujours accompagnées de ce refrain en chœur : *Amua a jah, a jah hey!*

Son langage, appelé le *karalit*, qui est un dialecte de la langue des Esquimaux, et dont il existe des grammaires par Égède et par Kleinschmidt (Berlin, 1851), n'est pas dépouillé de toute richesse, et parfois sa construction grammaticale possède une grande puissance d'inflexion. En général, tous ces peuples paraissent doués d'une merveilleuse organisation pour la musique vocale : les missionaires qui ont entrepris la civilisation de ces rudes contrées l'attestent; ils ont composé eux-mêmes de pieux chants en langue populaire, et les font redire en chœurs harmonieux.

Théogène Page, capitaine de vaisseau.

Cependant les Grœnlandais n'ont pas même su s'élever jusqu'à la domestication du renne, et ils sont pour la plupart restés idolâtres. Ce n'est qu'aux environs des établissements danois, et là où a pu s'étendre l'influence des missionnaires, qu'une espèce de civilisation a pu s'introduire parmi eux avec les lumières du christianisme. On estime leur nombre total entre 20 et 24,000, dont le tiers environ habitent dans les missions luthériennes danoises et dans celles des Herrnutes. Malgré leur extrême malpropreté et le degré tout à fait infime qu'ils occupent sur l'échelle de la moralité, ils ne laissent pas que d'être d'un assez bon naturel. Leurs demeures consistent en hiver en huttes étroites et en pierres, recouvertes de terre et pourvues d'une entrée fort basse, véritables cloaques toujours remplis d'immondices; mais en été ils vivent sous des tentes. L'huile de baleine et les animaux marins de toutes espèces constituent leur principale alimentation. La pêche, qu'ils pratiquent avec beaucoup d'adresse au moyen de harpons, dans des canots très-artistement fabriqués de débris de baleine et de narwal, est leur grande occupation; la chasse a pour eux bien moins d'attraits.

Leur religion est remarquable. Comme être suprême, ils adorent *Silla* (l'air ou le ciel), qui gouverne tout et témoigne aux hommes sa satisfaction ou sa colère, suivant le mérite de leurs actions. Les autres êtres divins sont *Malina* et son frère *Alinurga* (le soleil et la lune), qui président à la chasse aux chiens de mer. Ils adorent en outre une foule d'esprits résidant dans l'air, la mer, le feu, et présidant aux montagnes, à la guerre, aux vents, au temps. Le plus puissant de ces esprits est *Torngarsouk*, bon génie, dont la femme a sous sa puissance les animaux de la mer. Ils se représentent la terre comme reposant dans la mer sur des étais qui ont constamment besoin de réparations, et le ciel comme appuyé sur les montagnes autour desquelles il tourne. Le premier homme provint de la terre, et la femme de son pouce. Ils croient aussi à un déluge, duquel il ne resta plus au monde qu'un seul homme; et celui-ci, en frappant d'un bâton la terre, en fit sortir une femme. Ils admettent également, après la mort, une résurrection des hommes et des animaux. Ils n'ont point de culte pour leurs dieux, et ne célèbrent qu'une fête, celle du soleil, qui a lieu le 22 février et est l'occasion d'un grand festin accompagné de musique et de danse. Du reste, leur religion se distingue par les plus grossières superstitions, soigneusement entretenues par leurs magiciens et leurs devins, qu'ils appellent *angekoks*. Les Grœnlandais convertis au christianisme, qui habitent près des établissements danois, ont conservé même aujourd'hui la plus grande partie de leurs anciennes superstitions.

Le Grœnland est une terre encore inexplorée; ses rivages même ne nous sont connus qu'en partie. Son existence n'était pourtant point igorée au temps de Christophe Colomb; longtemps avant, les hardis navigateurs de la Scandinavie y avaient fondé sur la côte orientale des établissements, dont on ne retrouve plus la trace de nos jours : si l'on en croit les sagas de l'Islande, les Scandinaves y abordèrent dès la fin du dixième siècle. Il fut découvert en 982 par un Islandais, appelé Érik *le Rouge*, fils de Thowald, qui avait été mis hors la loi pour meurtre; et à partir de 986 il fut peu à peu colonisé par des émigrés islandais et autres Scandinaves. Ces établissements formaient deux *bygdra*, ou arrondissements, *Austurbygd* et *Westurbygd*. En 1406 la colonie orientale se composait de 190 fermes ou villages avec 12 paroisses et 2 couvents placés sous l'autorité d'un évêque; la colonie occidentale ne comptait que 90 fermes ou villages, répartis entre quatre ou cinq paroisses; mais à partir de ce moment l'histoire garde le silence le plus complet sur ces colonies.

La côte orientale, où l'on croyait située cette *colonie orientale* et où régnait jadis une température plus douce, comme dans le reste du Grœnland d'ailleurs (son nom même en est la preuve), est devenue de plus en plus âpre, et plus en plus cernée par les glaces, de sorte que toutes les tentatives faites jusqu'à nos jours pour y parvenir étaient demeurées infructueuses. Ce fut seulement de 1829 à 1831 que le capitaine danois Graagh parvint à y pénétrer assez avant. N'ayant rencontré nulle part la moindre trace d'une colonie,

Il en conclut que la colonie orientale avait dû être située sur la côte sud-ouest.

La *colonie occidentale*, au contraire, s'est toujours maintenue; mais elle fut longtemps négligée par le Danemark, à qui elle appartient, jusqu'à ce qu'enfin Hans Égède s'en occupa de nouveau et y fonda en 1721 l'établissement de *Godhaab* (Bonne-Espérance); et on vit bientôt, notamment à partir de 1733, époque où les frères Moraves y envoyèrent des missionnaires, divers établissements s'y créer, de sorte qu'on en compte aujourd'hui près d'une vingtaine sur la côte occidentale jusque par 73° de latitude nord. Ils appartiennent tous au Danemark, qui cependant n'y entretient que quelques missionnaires et quelques fonctionnaires publics, et sont divisés en deux *inspections*, celle du sud et celle du nord, comptant ensemble une population de 8,500 âmes, dont 234 Danois.

Dans la première, ou *Grœnland méridional*, on trouve *Julianshaab*, avec 2,000 habitants, et où l'on remarque encore des traces d'anciens établissements islandais; *Frederickshaab*, *Godhaab* fondé par Égède sur les rives du Baals, siége du gouverneur, *Sukkerloppen* et *Holstenborg*, ainsi que les établissements herrnutes de *Lichtenau* (la plus méridionale de toutes les colonies), de *Lichtenfels*, de *Nyeherrnhut*, etc. Dans la division du nord, ou *Grœnland septentrional*, dont la population totale est de 2,969 habitants, on trouve *Egedesminde*, *Christianshaab*, *Godhavn*, située par le 68° de lat. nord, dans l'île de *Disco*, et siége du gouverneur, avec 800 habitants; plus *Jakobshavn*, *Rittenbenk*, *Omanak* et *Upernavik*, par 78° 48′ de lat. nord, la plus septentrionale de toutes les colonies européennes.

Le Grœnland relève de la juridiction spirituelle de l'évêque de Séelande; les sept missions danoises dépendent du collége des missions à Copenhague, et les quatre autres de la communauté des herrnutes.

Le commerce avec le Grœnland est surtout un commerce d'échange; il est fait au profit du gouvernement danois par la direction du commerce royal du Grœnland et des îles Féroë, dont le siége est à Copenhague. En 1849 la valeur des marchandises qu'on y importa du Danemark s'éleva à 62,467 rigsbankdalers, et celle des exportations, à 327,798 rigsbankdalers.

GROG. C'est le nom d'une boisson très en usage en Angleterre et composée de rhum, d'eau chaude et de sucre. En France, on remplace le rhum par de l'eau-de-vie et aussi par du kirsch; et on ajoute au mélange une tranche de citron. C'est une boisson aussi saine que digestive, quand on en use avec modération, mais dont l'abus a à peu près les mêmes inconvénients que toutes les liqueurs spiritueuses. Avec quelques verres de *grog* on se grise tout aussi complétement que si on absorbait sans aucun mélange le rhum ou le cognac qui en est la base. Lord Byron faisait une grande consommation de *grog*. Quant à l'origine de ce mot, la voici pour les curieux. On dit que l'amiral Vernon ayant cru devoir supprimer aux matelots de ses équipages une partie de leur ration de rhum pur pour la remplacer par de l'eau, ils donnèrent à ce mélange très-hygiénique sans doute, mais qui ne flattait que médiocrement leur sensualité, le nom de *grog*, abréviation de celui *grogwain*, qui il y a un siècle servait à désigner une espèce de paletot en camelot que l'amiral portait toujours à son bord, et dont ses équipages avaient fait aussi un sobriquet à son usage.

GROGNARD. L'idée attachée de nos jours à ce mot résume toutes les gloires de l'empire. *Grognard* signifie, dans son acception ordinaire, une personne qui a pris l'habitude de murmurer, de grogner à propos de tout, d'avoir toujours *entre les dents* quelque critique à déverser sur ce qui se passe autour d'elle, que cela la concerne ou non. C'était sans doute quelque habitude de ce genre qui avait porté Napoléon à appeler de ce nom ses anciens soldats, et particulièrement ceux de la vieille garde. Il était en effet difficile que ces braves, convaincus de ce qu'ils valaient, ne se permissent pas sur les actes de leurs chefs, qu'ils jugeaient mieux que d'autres pour l'ordinaire, une sorte de critique à voix basse, de censure habituelle, en compensation de la discipline rigoureuse à laquelle ils s'astreignaient; Napoléon le savait, et ne faisait qu'en rire. Ils grognaient, mais ils lui obéissaient, et le suivaient toujours. Leur dévouement était sans bornes, comme leur courage. Quelques-uns de nos artistes contemporains se sont illustrés en peignant les *vieux grognards*.

GROIN. *Voyez* Boutoir.

GRONINGUE. *Voyez* Grœningen.

GRONOV (Jean-Frédéric), archéologue célèbre, dont le nom latinisé était *Gronovius*, né en 1611, à Hambourg, résida pendant quelque temps en Hollande et en Angleterre, puis visita la France et l'Italie. En 1643 il fut nommé professeur d'histoire et d'éloquence à Deventer. A la mort du célèbre Dan. Heinsius, en 1658, il le remplaça à Leyde, où il mourut, le 28 décembre 1671. A des connaissances d'une rare étendue il joignait une infatigable activité et le caractère le plus aimable. Ses éditions de Tite-Live, de Stace, de Justin, de Tacite, d'Aulu-Gelle, de Phèdre, de Sénèque, de Salluste, de Pline, de Plaute, etc., abondent en corrections des textes des plus heureuses et témoignent d'une judicieuse critique. Son *Commentarius de Sestercіis* (Deventer, 1643; Leyde, 1694, in-4°) prouve combien était profonde la connaissance qu'il possédait de la langue et des antiquités romaines. On estime aussi tout particulièrement son édition du traité de Grotius, *De Jure Belli et Pacis*, à cause des annotations dont il l'a enrichi.

Son fils, *Jacques* Gronov, né à Deventer, en 1645, occupa d'abord une chaire à Pise, qu'il échangea en 1679 contre celle des belles-lettres à l'université de Leyde, et mourut dans cette ville, le 21 octobre 1716. Ce fut un critique aussi érudit que laborieux. Indépendamment d'un Polybe (1670), d'un Hérodote, d'un Cicéron, d'un Ammien-Marcellin, on a de lui un ouvrage précieux intitulé: *Thesaurus Antiquitatum Græcarum* (13 vol. in-folio, Leyde, 1697-1702). Malheureusement le ton offensant de sa polémique l'entraîna dans une foule de querelles fâcheuses.

GRONOVIUS. *Voyez* Gronov.

GROOM (on prononce *groum*). C'est le nom que nos voisins d'outre Manche donnent à un valet d'écurie, accompagnant à cheval son maître à la promenade, qu'il suit à distance respectueuse, mais souvent monté sur un cheval d'un prix plus grand encore; ainsi le veut le bon genre. Le *groom* est quelquefois employé au service de la chambre; mais il doit alors être adolescent et, autant que possible, d'une taille exiguë. Il n'est pas rare de le voir, à défaut de valet de pied, suivre *Madame* dans ses courses et dans ses promenades à pied.

GROOTE ou **BUSCHING** (Ile). *Voyez* Carpentaria.

GROS (*Métrologie*). C'était, dans l'ancien poids de marc, la 8ᵉ partie de l'once: le gros valait trois scrupules ou deniers, et le scrupule vingt-quatre grains. En poids métrique, le gros équivaut à 3 grammes 824 millièmes de gramme.

GROS (*Numismatique*). Au moyen âge on appelait ainsi toutes les monnaies épaisses et de bon aloi, en opposition aux monnaies creuses ou bractéates. Suivant quelques étymologistes, le mot *gros*, transformé en *groschen* par les Allemands, qui continuent encore aujourd'hui à compter par *thaler* (écus), *groschen* (gros), et *pfennige* (sous), est dérivé de la basse latinité *grossus*. Suivant d'autres, il proviendrait de la croix qui se trouve empreinte sur les gros les plus anciens. Saint Louis, pour réformer la monnaie, qui n'était plus que du billon, ordonna qu'on frappât des pièces d'argent fin, à 11 deniers 12 grains, valant 12 deniers de *billon* et formant un *sou*. Mais cette dénomination officielle ne prévalut point. Le peuple, d'après la ville où elle fut frappée, appela la nouvelle monnaie *gros denier blanc tournois* (de Tours), *grossus denarius albus Turonensis*, et par abréviation *gros blanc*, *gros* et *blanc*. Cette réforme monétaire fut imitée en Allemagne, où le mot *gros* (groschen) passa aussi en usage, tandis qu'en France il finit par tomber en désuétude et être généralement remplacé par le mot *blanc*. Toutefois, sous le règne de Henri II on vit reparaître sur les espèces le nom de *gros*, depuis longtemps oublié. On le donna à une monnaie valant 2 sous 6 deniers et portant pour empreinte, d'un côté, une H couronnée, accostée de trois fleurs de lis, avec la légende *Henricus II D. G. Franco. rex*. Une croix fleuronnée et la légende ordinaire de l'argent : *Sit nomen Domini benedictum*, avec l'indication du millésime, marquaient le revers. Henri II fit aussi frapper des *demi-gros*, dits *de Nesle*, parce qu'ils furent monnayés à l'hôtel de Nesle. Charles IX et Henri III en firent également frapper; mais ce nom de *gros* avait dès lors disparu, pour être remplacé par la dénomination de pièces de *trois blancs* et de *six blancs*.

Les premiers gros (*groschen*) qu'on ait eus en Allemagne furent frappés, au treizième siècle, en Bohême et en Saxe d'après le *gros tournois* (de Tours). Ils étaient d'argent fin, et il en entrait soixante au marc. Au seizième siècle, les *gros* étaient généralement répandus en Allemagne, où on les différenciait d'après les attributs qui y figuraient sur l'empreinte, ou bien d'après les seigneurs qui les avaient fait frapper. En Prusse, le gros d'argent (*silbergroschen*) est divisé en douze sous (*pfennige*); en Saxe, le nouveau gros (*neugroschen*) n'en compte que dix.

GROS (Antoine-Jean, baron), naquit à Paris le 16 mars 1771, et entra fort jeune dans l'atelier de David. Dès qu'il put marcher seul, il quitta Paris et partit pour l'Italie, où il fut réduit, malgré ses brillantes qualités, à se faire peintre de miniatures. Gros ayant eu occasion de faire à Milan le portrait du général Bonaparte, le futur empereur l'adjoignit aux commissaires envoyés en Italie pour recueillir des objets d'art et dépoétiser ce beau pays. Dès ce moment la vocation de Gros se dessine nettement; il comprend sa mission, et se met à l'œuvre. Son tableau de *Bonaparte au pont d'Arcole* (1801) attira sur lui une bienveillante attention de la part du public. La même année, *Sapho à Leucade*, œuvre peu remarquable, est aussi soumise à la critique. L'année suivante, Gros remporta au concours une victoire à laquelle les leçons de David l'avaient préparé. Le sujet est la *Bataille de Nazareth;* son esquisse révèle en effet le grand peintre qui doit faire les *Pestiférés de Jaffa*. Ce dernier tableau paraît en 1806. Il excite alors l'admiration universelle : c'est un délire d'enthousiasme; les artistes couronnent le chef-d'œuvre de branches de palmier, et comme les vrais chefs-d'œuvre ne vieillissent point, l'admiration dure encore. Ce tableau, non moins remarquable pour la couleur que pour la composition, d'une touche large et sévère, comme David en faisait dans ses bons jours, restera, quoi qu'il arrive, un des monuments de l'école française. Puis vinrent la *Bataille d'Aboukir*, le *Champ de bataille d'Eylau*, toile de la plus grande dimension, ainsi que les deux précédentes. En 1812 Gros donna un chef-d'œuvre dans un autre genre; nous voulons parler de *François Ier et Charles-Quint visitant les tombeaux de Saint-Denys*.

Voici le temps où Gros se met au service de la Restauration, après avoir représenté les gloires de l'empire. Il donne *Louis XVIII quittant le château des Tuileries*, *Madame d'Angoulême partant de Bordeaux*. N'oublions pas de citer, comme œuvre remarquable dans cette phase de sa vie, ses peintures de la coupole du Panthéon. Il semble ici que Gros ait été absorbé par l'idée d'attacher son nom d'une façon durable au beau monument pour lequel il fit ces magnifiques peintures. Gros a laissé aussi plusieurs portraits fort estimés : nous citerons entre autres celui du général Lassalle et celui du chimiste Chaptal.

Les honneurs n'ont point manqué à notre artiste : nommé chevalier de la Légion d'Honneur, par l'empereur, devant le tableau de la *Bataille d'Eylau*, il fut fait depuis, successivement, officier de cet ordre, baron chevalier de Saint-Michel, membre de l'Institut.

Gros devait terminer sa carrière par d'assez mauvais tableaux; mais heureusement pour lui, pour sa mémoire du moins, il s'est placé dans une position si haute sous l'empire que rien au monde ne peut l'en faire descendre; aussi ses derniers ouvrages ne modifieront-ils en rien son titre de grand artiste. L'immortalité lui est certes bien acquise par son tableau des *Pestiférés* et par tant d'autres chefs-d'œuvre. Gros, du reste, a cela de commun avec le grand maître dont il émane, c'est que l'un et l'autre ont commencé par des tableaux de premier ordre et fini par des toiles médiocres, probablement par les mêmes causes. Le dieu de David, c'est la république; le dieu de Gros, c'est l'empereur. Tant qu'ils ont reçu immédiatement le feu sacré, ils ont fait tous deux des chefs-d'œuvre; leurs idoles viennent-elles à succomber, leur œuvre se décolore et languit, et ils ne vivent plus alors que dans les souvenirs. La médiocrité de son dernier tableau (*Hercule et Diomède*, 1835) souleva tous les critiques contre son auteur, déchu dès ce moment de son beau talent. Cet accueil lui fut des plus pénibles. Aussi quand, le 26 juin 1835, son cadavre fut retiré de la Seine, près de Meudon, le public dut-il croire à un suicide.

Paul Tharaud.

GROS-BEC, genre de passereaux conirostres, de la famille des fringillidées, ainsi caractérisé : Bec court, robuste, droit, conique, pointu, à mandibule supérieure renflée; narines rondes, ouvertes un peu en dessus, très-près de la base du bec et en partie cachées par les plumes frontales; quatre doigts, dont trois devant, entièrement divisés; ailes et queue courtes; corps trapu. Querelleurs et méchants, ces oiseaux ont dans le bec une force extraordinaire. Ils se nourrissent de graines, de baies, et, au besoin, d'insectes. Ils pondent de trois à six œufs, dans un nid négligemment construit sur des arbres de moyenne grandeur. Ce sont des oiseaux migrateurs.

Le *gros-bec commun* (*coccauthraustes vulgaris*, Vieillot), vulgairement connu en France sous les noms de *pinçon royal*, *pinçon à gros-bec*, ou *casse-noyaux*, est un des plus jolis oiseaux d'Europe. Il vit retiré dans les bois pendant l'été; mais l'hiver il se rapproche des vergers et des habitations rurales. Il fait sans cesse entendre un cri dur et monotone.

Le *gros-bec rose-gorge* (*coccauthraustes rubricollis*, Vieillot), décrit par Buffon sous le nom de *rose-gorge*, habite la Louisiane et les bords du lac Ontario. C'est un bel oiseau, ayant la tête, le dessus du cou, le menton, le dos, le bord extérieur des grandes et petites rectrices d'un noir foncé; les côtés du cou, la poitrine, le ventre et le croupion d'un bleu pur; la gorge, le devant du cou et un trait longitudinal de chaque côté de la poitrine d'un rouge éclatant.

Le genre *gros-bec* renferme encore un grand nombre d'espèces, quoique les méthodistes modernes en aient retiré plusieurs, qui n'offrent pas complétement les caractères énoncés plus haut. C'est ainsi que Vieillot a formé le nouveau genre *chlorospiza* avec le *fringilla chloris* ou *gros-bec verdier* de G. Cuvier.

GROS CANON, GROS ŒIL, GROS PARANGON, GROS ROMAIN, GROS TEXTE. *Voyez* Caractère (*Typographie*).

GROS D'AUTRUCHE. *Voyez* Duvet.

GROSEILLE. *Voyez* Groseillier.

GROSEILLIER, genre d'arbrisseaux de la famille des ribésaciées, offrant pour caractères : calice adhérent, à cinq divisions; cinq pétales étalés, attachés au calice; cinq étamines; ovaire inférieur; un style; deux stigmates; une baie globuleuse, polysperme, ombiliquée et couronnée au sommet par le limbe du calice.

Le *groseillier rouge* (*ribes rubrum*, Linné) est ainsi nommé de la couleur de ses fruits, qui cependant sont blancs dans une variété, et quelquefois roses. Quelle que soit leur couleur, ces fruits sont tous doués d'une acidité agréable, et c'est pour eux que l'on cultive l'arbrisseau qui les porte. Le groseillier rouge s'élève ordinairement en pleine terre, de $1^m,30$ à $1^m,60$ de hauteur, et étale ses rameaux au gré du jardinier, qui peut lui faire prendre facilement toutes les formes qu'il désire. Ses feuilles sont larges et longues comme la main d'un enfant, moyennement pétiolées, échancrées en cœur, d'un vert bouteille en dessus, et d'un vert plus pâle, un peu argentin, en dessous, et présentent à l'œil, par le dessin régulier de leurs nervures, des espèces de palmes. C'est des aisselles des feuilles que partent les fleurs. Elles sont disposées en grappes simples, nombreuses, pendantes, réunies ou solitaires; chaque grappe se compose de quatorze fleurs environ, alternes et soutenues par un petit pédoncule : elles n'ont point d'odeur; elles commencent à sortir des rameaux vers le mois d'avril. A ces fleurs succèdent les fruits, que l'on nomme *groseilles*, et dont la médecine tire un grand parti, à cause de leur propriété rafraîchissante et légèrement nutritive. Étendu dans de l'eau avec du sucre ou du miel, le suc de la groseille forme une boisson acidule fort agréable, qu'on prescrit ordinairement dans les fièvres bilieuses, putrides, ou inflammatoires, dans les affections nerveuses, et dans la plupart des maladies accompagnées de chaleur intérieure. Les habitants du Nord se servent de cette boisson en guise de limonade pour calmer la soif pendant l'été. Comme substance alimentaire, les groseilles ont aussi des propriétés fort remarquables : les médecins les recommandent surtout aux personnes d'un tempérament sec ou violent, sanguin ou bilieux, aux jeunes gens, et à tous ceux qui habitent des pays chauds et secs, et qui se livrent habituellement à des exercices fatigants; mais ils les défendent expressément aux vieillards, aux femmes chlorotiques, aux personnes nerveuses et d'un tempérament lymphatique. Les pharmaciens et les confiseurs savent également retirer de grands bénéfices de ce fruit; ils en font des robs, des sirops, des confitures, des glaces et des sorbets excellents; les groseilles rouges sont généralement les seules qu'on emploie pour ces sortes de préparations, bien que les groseilles blanches aient les mêmes propriétés.

Le *groseillier noir* (*ribes nigrum*, Linné), vulgairement *cassis*, se distingue du précédent et par la couleur noire de ses fruits et par l'odeur pénétrante qu'il répand autour de lui, odeur qui provient de l'huile essentielle contenue dans les glandules dont est parsemée la surface de ses feuilles et de ses fruits. Cet arbrisseau, d'environ deux mètres de haut, croît dans les bois des montagnes de l'Europe. Ses fruits, qui contiennent de l'acide malique, de l'acide citrique, de la gélatine, un principe mucoso-sucré (composition qui est à peu près celle des fruits des autres groseilliers), passent pour toniques, stomachiques; on en fait une liqueur également connue sous le nom de *cassis*.

Le *groseillier épineux* (*ribes grossularia*, Linné), ou *groseillier à maquereaux*, doit ce dernier nom à l'emploi de ses fruits verts pour l'assaisonnement du maquereau. Cet arbrisseau, haut de 1 mètre à $1^m,50$, se plaît dans les terrains arides et pierreux de toute l'Europe. Sa tige ligneuse porte des feuilles larges, tantôt glabres et luisantes aux deux faces, tantôt pubescentes ou presque cotonneuses, à aiguillons divariqués, à lobes arrondis ou oblongs, inégaux, obtus. La baie, d'abord verdâtre, puis rougeâtre ou jaune, devient glabre à la maturité.

Parmi les espèces inutiles à l'alimentation de l'homme, il faut citer le *groseillier sanguin* (*ribes sanguineum*, Pursch.), arbrisseau des bords de la rivière de Colombia, acclimaté depuis 1831 en France, où il contribue à l'ornement des massifs par ses grappes pendantes de fleurs d'un rose vif, paraissant dès les premiers jours du printemps. On en connaît deux variétés, l'une à fleurs d'un rouge plus foncé, l'autre à fleurs doubles.

GROS-GUILLAUME ou LAFLEUR, célèbre farceur, camarade de Gautier Garguille et de Turlupin. Son véritable nom était *Robert* GUÉRIN. C'était un franc ivrogne, gros et ventru. « Pour qu'il fût de belle humeur, dit Sauval, il fallait qu'il grenouillât ou bût chopine avec son compère le savetier dans quelque cabaret borgne. » Il ne paraissait jamais sur le théâtre sans être garrotté de deux ceintures au-dessus et au-dessous du ventre, ce qui le faisait ressembler à un tonneau. Il ne portait point de masque, mais il s'enfarinait le visage. Une maladie aiguë dont il souffrait cruellement lui arrachait parfois des larmes au beau milieu de ses rôles, et lui faisait faire des contorsions qui redoublaient la gaieté des spectateurs. Il vécut cependant jusqu'à quatre-vingts ans.

GROSIER (GABRIEL-EMMANUEL-JOSEPH), littérateur estimable, naquit à Saint-Omer, le 19 mars 1738, et fut élevé au collége des jésuites de cette ville. Peu de temps avant la suppression de cet ordre, il avait été admis à y faire profession. Quant, en 1762, la célèbre compagnie fut supprimée en France, l'abbé Grosier devint professeur au collége Sainte-Barbe, à Paris. Après un séjour de quelques années dans la capitale, qui lui permit d'entrer en rapport avec la plupart des érudits de l'époque, il céda, en 1770, aux instances réitérées de Fréron, et fut pendant six ans l'un des principaux collaborateurs de l'*Année littéraire*. A la mort du célèbre critique, il continua, uniquement dans l'intérêt de sa veuve et de ses enfants, à faire paraître ce recueil, qui renferme, quoi qu'on en ait dit, de précieux documents pour l'histoire littéraire du dix-huitième siècle. En 1779, il accepta la rédaction du *Journal de Littérature, des Sciences et des Arts*, où l'infortuné Gilbert trouva des encouragements, et où le célèbre Geoffroy fit paraître aussi quelques travaux, fruit des rares loisirs que lui laissait sa constante collaboration à l'*Année littéraire*. Quand la tourmente révolutionnaire fut passée, en 1800, Grosier essaya de ressusciter ce recueil; mais après sept ou huit volumes la publication dut en rester là. L'abbé Grosier devint ensuite un des rédacteurs les plus actifs du *Magasin encyclopédique* de Millin; puis il fournit de nombreux articles à la *Biographie universelle* de Michaud, notamment sur l'histoire et la géographie de la Chine.

Depuis longtemps en effet il comptait à bon droit parmi nos sinologues les plus érudits, par suite de sa publication de l'*Histoire générale de la Chine*, traduite à Pékin, sur les originaux chinois, par le père de Mailla (12 vol. in-4°, Paris, 1777-83), et dont le manuscrit avait été envoyé en France dès l'année 1737. L'abbé Grosier s'était associé dans cette œuvre Leroux, Deshauterayes et Colson, sinologues instruits, très-capables de le seconder. Le prospectus et la préface, qui était à lui, avaient obtenu les éloges des critiques du temps, ceux notamment de D'Alembert et de La Harpe. C'est le premier livre qui ait fait connaître d'une manière satisfaisante la longue suite d'événements dont l'empire de la Chine a été le théâtre. En 1785 l'abbé Grosier fit paraître, comme supplément indispensable, un treizième volume, contenant la description topographique des quinze provinces de la Chine, de la Tatarie, des îles et des autres pays qui en dépendent, ainsi que des notions fort étendues sur les lois, mœurs, usages, sciences et arts des Chinois; leur religion surtout y est très-exactement analysée. Le succès de ce treizième volume, dont l'abbé Grosier seul était l'auteur, ne tarda pas à devenir européen.

En 1810 l'abbé Grosier fut nommé sous-bibliothécaire à l'Arsenal, et en 1818 il succéda à Treneuil dans les fonctions de conservateur de cet établissement, où il a laissé une mémoire vénérée. Il mourut en 1823. Dans son extrait baptistaire son nom est écrit avec deux *s*. On lui reprocha, dans le temps où il fut mêlé aux luttes ardentes de la littérature, d'en avoir supprimé une : ce qui donna lieu à quelques plaisanteries, qui prouvèrent tout au plus que l'abbé *Grossier* était de ceux qui pensent que, lorsque l'on a un nom ridicule ou qui prête aux quolibets, le mieux est d'en changer.

GROSSBEEREN, village de l'arrondissement de Potsdam, dans la province de Brandebourg (Prusse), qu'a rendu célèbre la bataille qui y fut livrée le 23 août 1813.

A l'expiration de l'armistice conclu à Dresde (17 août), Napoléon résolut de frapper à la fois trois coups décisifs sur Breslau, Prague et Berlin. Les affaires de la Katzbach, de Kulm et de Grossbeeren déjouèrent ses plans. Pour couvrir Berlin, on fit choix de l'armée du Nord, nom donné aux forces réunies sous les ordres du prince royal de Suède, Bernadotte, dans la Marche de Brandebourg. L'armée française, placée sous le commandement supérieur du maréchal Oudinot, duc de Reggio, présentait un effectif d'environ 80,000 hommes. En même temps le général Gérard avait ordre d'appuyer vigoureusement, avec la garnison de Magdebourg, la marche du corps principal sur Berlin. Le 18 août, Oudinot prit position à Bareuth. Ce mouvement éveilla l'attention de Bernadotte, qui envoya une division reconnaître l'armée française. Le repos dans lequel Oudinot persistait ne lui ayant pas paru inquiétant, il divisa son armée, qui souffrait beaucoup du manque de vivres en raison de sa concentration. Le 21 Oudinot fit enfin un mouvement de flanc sur la route de Wittenberg, enleva, après une vigoureuse résistance, les avant-postes de Trebbin, de Naunsdorf et de Mœllen, et y prit position. A la suite de ce mouvement, Bernadotte concentra de nouveau toute son armée. Vers midi, Oudinot donna le signal de la reprise de l'attaque, et s'empara, après un engagement meurtrier, de Wittstock et de Wilmersdorf. Le 23, de bon matin, Bertrand se jeta, à Blankenfeld, sur le général Tauenzien, mais fut repoussé. Pendant ce temps-là, le 7e corps français enlevait les avant-postes prussiens et s'emparait de Grossbeeren. Mais les Français n'ayant pas poursuivi cet avantage, le général Bulow, malgré les ordres formels de Bernadotte, qui avait commandé que l'armée battit en retraite sur Weinbergen, près Berlin, résolut de reprendre l'offensive. Dans la soirée, le 7e corps français fut attaqué de front par Bulow à la tête de forces supérieures, tandis que Borstell tournait l'aile droite des Français. Après avoir pris en flanc et enlevé une batterie d'artillerie à cheval, les Prussiens s'avancèrent au pas de course. La pluie qui avait tombé toute la journée empêchant les fusils de faire feu, on se battit à coups de baïonnette et à coups de crosse. Grossbeeren fut repris d'assaut; Oudinot ayant fait avancer sa réserve, les Russes et les Suédois l'assaillirent dès qu'elle sortit du bois. Le colonel suédois Cardell, appuyé par une charge de cavalerie, s'empara de l'artillerie des Français; et Oudinot se vit alors contraint d'interrompre la lutte pour se retirer à Wittenberg et à Torgau, après avoir repassé l'Elbe. La perte des Français s'élevait à 2,000 prisonniers et à 30 pièces de canon. L'armée prussienne s'empara de Juterbogk et le 28 de Buckau. En commémoration de cette importante victoire remportée par les coalisés, un monument en fonte de fer a été érigé, par ordre de Frédéric-Guillaume III, à Grossbeeren.

GROSSE (*Droit*). On appelle *grosses* les expéditions des actes contenant obligation et celles des jugements qui sont délivrés en la forme exécutoire. Elles sont intitulées et terminées au nom de l'empereur et revêtues de la formule consacrée par la loi. Les notaires et greffiers des tribunaux ont seuls le droit de délivrer des grosses des actes et des jugements dont ils ont les minutes en dépôt; elles doivent porter l'empreinte du sceau du notaire ou du tribunal. La loi fixe le nombre de lignes que doit contenir chaque page du papier qui y est employé et le nombre des syllabes à la ligne. Chacune des parties intéressées peut obtenir une grosse de l'acte ou du jugement dans lequel elle se trouve en qualité; mais il ne peut lui en être délivré une seconde, sous peine de destitution du notaire ou du greffier, qu'en vertu d'une ordonnance du président du tribunal de la résidence du notaire, ou du tribunal qui a rendu le jugement. Les grosses font la même foi que le titre original lorsque ce titre n'existe plus. Celles des contrats de mariage qui ont subi quelque changement par des contre-lettres ne peuvent être délivrées qu'en y transcrivant à la suite les changements qui y ont été faits.

GROSSE (*Commerce*). Ce mot s'emploie pour désigner un compte de 12 douzaines, c'est-à-dire de douze fois douze, qui font 144. Par exemple, une *grosse* de boutons, une *grosse* de soie, etc., pour désigner 12 douzaines d'écheveaux de soie, 12 douzaines de boutons. Une *demi-grosse* n'est, par la même raison, que six douzaines. Il y a quantité de marchandises que les marchands *grossiers*, *manufacturiers* et *ouvriers*, vendent à la *grosse*, telles que les boutons de soie, fil et poil, les couteaux de table et ceux à ressort, les ciseaux, les limes, les vrilles, les écritoires, les peignes, dés à coudre, et plusieurs autres ouvrages de quincaillerie et mercerie, comme aussi les diverses espèces de fil à marquer, les rubans de fil, les tresses, lacets, etc.

Dans l'art du fleuriste, le mot *grosse* s'emploie également pour indiquer 12 douzaines de fleurs appareillées.

V. DE MOLÉON.

GROSSE (Contrat à la) ou PRÊT A LA GROSSE AVENTURE. *Voyez* PRÊT A LA GROSSE.

GROSSE CAISSE. Cet instrument, qui tient une place importante dans notre musique militaire, a probablement été connu des anciens. Dans tous les cas, il est indiqué par les auteurs du Bas-Empire. C'est de lui qu'Isidore parle sous le nom de *symphonia* : il dit en effet que c'est un instrument qu'on frappe alternativement ou en même temps des deux côtés.

La grosse caisse est aussi admise dans certains orchestres. Elle fut introduite à l'Opéra de Paris par Gluck, dans le dernier chœur des Grecs de l'*Iphigénie en Aulide*. Cet heureux essai fut imité par Spontini dans *La Vestale*. Mais c'est surtout Rossini qui a donné une grande place à cet instrument. Et malgré des idées critiques, ne faut-il pas reconnaître que, si vulgaire qu'elle soit, la grosse caisse n'est pas indigne d'occuper sa place dans un vaste orchestre?

La grosse caisse doit à sa sonorité et à la facilité de son *jeu* le privilége d'être l'instrument favori des saltimbanques et des charlatans. Mais comme ces derniers ne travaillent pas tous sur la place publique, il a bien fallu que, pour les grands faiseurs, la grosse caisse subît une modification : elle est devenue la *réclame*.

GROSSESSE. Cet état de la femme qui porte dans son sein le produit de la conception dure régulièrement 270 jours, se prolongeant parfois un peu au delà ou durant quelquefois un peu moins. Le Code qui nous gouverne admet la légitimité des enfants depuis le cent quatre-vingtième jour jusqu'au trois centième.

La grossesse a été distinguée en *vraie* et en *fausse*, expression vicieuse qui s'applique aux affections simulant la grossesse; et aussi en *simple* et *composée* (double ou triple), enfin en *utérine* et *extra-utérine*.

La *grossesse utérine*, celle dans laquelle l'œuf, après s'être détaché par rupture de l'ovaire, est descendu dans la matrice, en parcourant le conduit de la trompe, nous offre comme sujet d'étude et la mère et le fœtus. Dès la conception l'utérus se développe par lui-même : il avait un peu plus de 78 centimètres cubes, il s'élève à un volume de 1000 centimètres cubes environ. En même temps son orifice se resserre au début, du moins dans les premières grossesses; plus tard il perd de sa longueur, s'amincit, et s'efface en s'entr'ouvrant. Abaissé pendant les premiers temps, le corps de l'utérus s'élève ensuite et refoule les intestins en haut, en arrière, et un peu à gauche; vers la fin il s'abaisse de nouveau encore un peu; ses parois, à moins de grossesse multiple ou d'accumulation de sérosité, ne perdent pas de leur épaisseur. Des modifications surviennent dans leur texture et la disposition en faisceaux de fibres contractiles se prononce de plus en plus. La membrane séreuse extérieure se soulève et ses replis s'effacent, pendant qu'à l'intérieur la membrane muqueuse se développe et adhère tant au placenta qu'à l'épichorion. La sécrétion mensuelle dont elle était le siége se supprime, mais non tellement que l'effort hémorrhagique ne puisse disposer à l'avortement. Unis à l'utérus par une étroite sympathie, les mamelles sont le siége d'une tension douloureuse et commencent à sécréter un fluide lactescent : le mamelon lui-même se développe et brunit, ainsi que l'aréole. La peau distendue offre souvent sur le ventre et sur les seins des vergetures bleuâtres ou brunes, qui après l'accouchement blanchissent en conservant un aspect de cicatrices. Le nombril en même temps devient saillant.

Les fonctions de la femme enceinte éprouvent des modifications nombreuses : la sensibilité s'exalte; toutefois, on a beaucoup exagéré, cela est certain, les modifications apportées par la gestation aux facultés intellectuelles. Quant à la nutrition, elle est le plus ordinairement activée, au moins après le quatrième mois.

Des indispositions nombreuses, souvent même des maladies, résultent de l'état de grossesse : l'utérus devient alors le centre d'action, et ses sympathies s'éveillent. Parfois, dès les premiers jours, les femmes se plaignent de ptyalisme, de nausées, d'inappétence, de dégoût, et sont prises de vomissements, qui chez quelques femmes résistent à tous les traitements et même peuvent réclamer les moyens les plus énergiques. Ces troubles s'étendent-ils à la sécrétion du foie, sont-ils la cause des taches, du *masque* qui brunit par plaques la figure de beaucoup de femmes enceintes? Cela est tout au moins douteux. La constipation, si commune dans la grossesse, particulièrement vers la fin, pourrait entraîner de graves inconvénients, si elle n'était pas combattue par un régime doux, des lavements émollients, au besoin par des laxatifs non irritants. Notons que ces dérangements de santé se rencontrent également dans les affections utérines, et pourraient faire porter un diagnostic erroné.

Il existe quelquefois des signes de pléthore, surtout vers le sixième mois, et si l'on n'est point parvenu à les écarter à l'aide du régime, de l'exercice et en abrégeant le sommeil, il est besoin de recourir à la saignée suivie de quelque repos et d'une diète légère; mais il n'est pas douteux que la pratique usuelle de la saignée soit trop souvent due à une coutume routinière ou à l'esprit de système. Nous ne voulons pas taire cependant que la pléthore unie à d'autres causes puisse produire des accidents graves et entre autres des hémorrhagies, non-seulement des épistaxis généralement alors favorables, mais l'hématémèse, l'hémoptysie et la métrorrhagie, qui compromet la vie de la mère et de l'enfant. Moins que la compression des vaisseaux, la pléthore contribue à leur dilatation et à la production des varices. Celles-ci diminuent et s'effacent après les premières grossesses, mais plus tard elles deviennent une infirmité permanente. Durant la grossesse, il n'est possible de les combattre que par le régime, les petites saignées, le repos au lit et une compression modérée et méthodique. Si la gêne mécanique, la compression motive l'œdème dans une certaine mesure, il n'en est pas moins vrai que, porté à un certain degré, il doit faire craindre une affection plus grave au terme de la gestation, l'albuminurie, et une maladie convulsive très-dangereuse, l'éclampsie. Dans les derniers mois les viscères refoulent le diaphragme en haut, diminuent par suite la capacité du thorax et causent l'oppression, la dyspnée, particulièrement s'il y a quelque mauvaise conformation ou une maladie, soit du cœur, soit du poumon. Rarement c'est dans la grossesse qu'il faut chercher la cause de la toux généralement opiniâtre et incommode; aussi convient-il d'en chercher avec soin la cause et de la combattre.

A l'opposé de la pléthore, la chlorose résulte parfois de la grossesse; parfois, dans d'autres circonstances, celle-ci paraît amener la guérison de la chloro-anémie. Par suite de la compression soit du corps, soit du col de la vessie, les femmes se plaignent souvent d'un besoin fréquent d'uriner, ou encore de difficulté, de douleur en urinant; mais souvent un mauvais régime et aussi diverses autres causes contribuent à causer ces incommodités. Il faut donc chercher avec soin leurs causes. A quoi attribuer aussi la gêne dont se plaignent un certain nombre de femmes et la difficulté dans les mouvements, non-seulement pendant la marche, mais même au lit. Le relâchement des symphises du bassin, s'il n'avait jamais lieu que dans les derniers mois de la grossesse, pourrait être une suite de la compression exercée sur les symphises par l'utérus distendu; mais lorsque ce ramollissement se montre dès le quatrième mois et se prolonge bien au delà de l'accouchement, ne faut-il pas y voir une maladie des os, une *ostéomalacie?* La marche n'est souvent alors possible qu'à l'aide de ceinture, etc. Une autre cause rend la marche difficile et mal assurée, c'est la saillie du ventre, qui oblige le corps à se renverser en arrière et empêche de voir le sol au-devant des pieds : les chutes dans cet état sont, il est facile de le comprendre, souvent cause de graves accidents.

Il serait sans doute très-utile de connaître l'influence de la grossesse sur les maladies et de celles-ci sur la grossesse. Malheureusement cette étude est entièrement à faire. Les maladies aiguës diposent à l'avortement et présentent plus de gravité, suivant Hippocrate; à l'opposé, on remarque que certaines affections chroniques, la phthisie entre autres, semblent suspendre leurs progrès pendant la gestation.

Charron, dans son livre *De la Sagesse*, dit « que la génération et portée au ventre n'est pas estimée et observée avec cette diligence qu'elle doibt, combien qu'elle ait autant ou plus de part au bien et au mal des enfants que l'éducation.... » Il rappelle « qu'avec grand raison et en Lacédémone et autres bonnes polices, y avait punition et amende contre les parents, quand leurs enfants étaient mal complexionnés ». La pureté de l'*air* est particulièrement nécessaire aux femmes enceintes, et l'on en peut donner pour preuve les bons résultats obtenus en Suisse (pour rendre plus rares le crétinisme) de l'abandon des vallées humides et du séjour sur les endroits élevés pendant la gestation. A l'opposé dans les Vosges, les femmes pour éviter les fausses couches abandonnent les lieux élevés, pour aller habiter les vallées. Les femmes enceintes ne doivent pas habiter des chambres basses, humides, mal ventilées, ni trop chaudes. Leur nourriture, légère dans les premiers mois, doit être plus nutritive dans les derniers, et alors sera prise en petite quantité à la fois et plus souvent. Rien de plus faux en effet que le malheureux préjugé qui dès qu'une femme a conçu lui fait prendre une plus grande quantité d'aliments pour subvenir à une double nutrition. Le peu d'appétit des femmes enceintes dans les premiers temps, le besoin fâcheux qu'elles éprouvent de condiments épicés et des liqueurs spiritueuses pour faciliter la digestion prouvent clairement la fausseté de ce préjugé. Les bains, utiles pour quelques femmes, sont souvent pris avec peu de prudence et nuissent particulièrement dans le cas de faiblesse. Un sommeil un peu plus long est nécessaire pendant la gestation; aussi doit-on combattre activement par la saignée, les bains tièdes, l'exercice, etc., l'insomnie assez fréquente pendant les derniers mois. A tort on redoute généralement l'influence de l'exercice; ses avantages pour la santé des femmes de la campagne ne sont point équivoques, et durant la gestation on ne les voit rien changer à leurs occupations, très-actives. Il est d'ailleurs certain qu'un exercice non excessif combat la disposition aux affections catarrhales, si communes pendant la gestation. Un autre avantage de l'exercice est de maintenir l'équilibre nécessaire entre les organes du mouvement et ceux de la sensibilité; avantage considérable, puisque les émotions et les sensations très-vives peuvent, dans les premiers temps de la grossesse, provoquer l'avortement. Levret attribuait à l'oubli de la continence la plupart des fausses couches qui surviennent sans cause connue. Étreindre la poitrine ou le ventre dans des vêtements trop serrés, dans des corsets à busc dur, peut avoir des résultats non moins fâcheux. Un point qu'il importe encore de ne pas oublier, au moins pendant la mauvaise saison, est le refroidissement du corps et des membres résultant de l'éloignement des vêtements par suite de la saillie de l'abdomen Les femmes ne doivent donc point alors négliger de porter des caleçons très-chauds.

Même dans le vulgaire, on commence à ne plus croire à l'action des désirs, des envies de la mère sur l'enfant. Autrefois on supposait que cette influence s'exerçait sur les points touchés par les doigts de la mère au moment de l'impression morale, à moins que ces points ne fussent immédiatement essuyés avec un linge.

Le médecin est souvent appelé légalement à prononcer sur l'existence vraie ou fausse d'une grossesse, sur la date de la conception et sur sa durée. On demande également souvent si une femme enceinte a pu ignorer son état; bien que généralement fausse, cette supposition est parfois fondée. Les signes de la grossesse sont en effet souvent très-équivoques pendant sa première moitié, et parfois ont été indiqués d'une façon très-bizarre. Catulle, par exemple, cite l'épreuve faite en mesurant le col d'une nouvelle mariée la veille et le lendemain des noces, et des hommes plus graves se sont arrêtés à des signes non moins singuliers. Nous ne rappellerons pas ceux que déjà nous avons indiqués, disons que les plus certains se rattachent au développement de l'utérus et à la présence du fœtus. Sans parler du toucher, l'auscultation par l'oreille nue ou aidée du stéthoscope fait distinguer les doubles battements précipités du cœur de l'enfant et en outre le souffle placentaire isochrone au pouls de la mère. Une double grossesse a pu quelquefois être ainsi reconnue; mais il faut convenir que malgré l'attention la plus soutenue et une longue et savante expérience, on peut ne pas rencontrer ces signes variés, même après le quatrième mois, et rester dans le doute. Parfois d'ailleurs des tumeurs abdominales pourront s'accompagner des signes les plus importants et même du bruit de souffle. Le toucher n'apprécie pas seulement le volume et le poids, il peut aussi par la disposition du col et du corps de l'utérus indiquer la date de la gestation. Quant à pouvoir discerner la présence de deux enfants, la difficulté est beaucoup plus grande. On est allé cependant beaucoup plus loin, et l'on a prétendu annoncer le sexe de l'enfant. Hippocrate lui-même a donné quelques indices aussi peu fondés que tous ceux qui ont été indiqués depuis. A peine quelques femmes ayant eu déjà plusieurs grossesses de sexe différent ont pu à l'avance annoncer le sexe de l'enfant qu'elles portaient, en se guidant sur quelques observations qui leur étaient particulières. Une question de médecine légale qui a beaucoup occupé est celle de la superfétation. Il est peu probable, hors le cas de matrice partagée en deux cavités et celui de grossesse très-récente ou extra-utérine, que la femme enceinte puisse de nouveau concevoir. Une autre question difficile est celle de la perversion maladive de la volonté des femmes enceintes.

Combien ne resterait-il pas à dire sur les égards et la protection générale due aux femmes enceintes! Par la déclaration de la grossesse, l'édit de Henri II pensait assurer la vie des enfants illégitimes. Y parvenait-il aussi sûrement que le peuvent faire nos nombreuses institutions charitables? Cela est au moins douteux. Éclairer les femmes sur les règles de l'hygiène qui leur convient, écarter d'elles tout objet capable de produire des impressions pénibles, les protéger énergiquement contre l'insulte et contre toute violence, leur procurer les secours nécessaires, afin qu'elles ne soient pas astreintes à un travail excessif, enfin ajourner toute instruction et toute comparution pour cause grave devant les tribunaux, tels sont les principaux devoirs prescrits par l'hygiène publique...

Grossesse extra-utérine. La marche de la grossesse est parfois anomale et sous des influences encore mal connues : l'ovule fécondé, au lieu de descendre par la trompe dans l'utérus se fixe, croît et se développe dans la cavité abdominale, où il contracte des adhérences, soit avec le péritoine, soit avec l'ovaire même, et s'enveloppe ensuite d'un sac organisé. D'autres fois c'est dans la trompe même que se développe l'œuf et son kyste jusqu'à ce que, trop volumineux, il la déchire et continue son accroissement en partie sur le péritoine ou dans les interstices des parois utérines. D'autres fois, suivant quelques observations, ce serait en partie dans l'utérus et en partie dans la trompe que le fœtus et ses annexes se rencontreraient. Quelques signes peuvent quelquefois, dès le troisième ou le quatrième mois, faire distinguer ce genre de grossesse anomale. Du reste avant le cinquième mois elle se termine le plus ordinairement par la mort du fœtus et la rupture du kyste, souvent avec des douleurs simulant l'accouchement. Il n'est pas rare qu'après les premiers accidents inflammatoires, fort graves, les parties fluides soient résorbées et que les débris du produit de la conception séjournent fort longtemps avant de se faire jour au dehors, soit à la suite d'une opération, soit même spontanément.

Dr Auguste GOUPIL.

GROSSESSE (Déclaration de). En droit, la veuve qui reste enceinte doit faire sa déclaration de grossesse, et il lui est donné dans ce cas un *curateur au ventre* pour prévenir toute supposition de part. La femme condamnée à mort, en déclarant sa grossesse, suspend l'exécution; mais la cruelle vindicte de la société la ramène à l'échafaud aussitôt qu'elle été délivrée. La législation de divers pays prescrit une autre espèce de déclaration de grossesse : toute fille enceinte doit, sous des peines très-sévères, en informer le magistrat du lieu. Mais cet usage, qui a pour but de prévenir les infanticides et d'assurer des moyens de subsistance à l'enfant, amène trop souvent de graves abus.

GROSSGLOCKNER. *Voyez* GLOCKNER.

GROSSGOERSCHEN (Bataille de). *Voyez* LUTZEN (Bataille de).

GROSSIÈRETÉ. C'est l'opposé de la politesse. La grossièreté est tantôt un défaut, tantôt un vice. Quand elle est un défaut, c'est qu'elle provient du manque d'éducation, et alors on l'excuse. Quand elle est un vice, c'est qu'elle a sa source dans l'oubli et le mépris des plus simples convenances sociales, et alors elle inspire une répulsion aussi vraie que légitime. Trop souvent l'homme y est conduit par le relâchement de ses mœurs : quand on ne respecte pas les lois de la morale, il est naturel qu'on en vienne à se mettre au-dessus des convenances, et à regarder les unes et les autres comme des préjugés bons pour le vulgaire. L'homme grossier parce que l'éducation première lui a manqué offensera rarement avec intention; l'homme grossier et qui pourrait ne pas l'être est toujours blessant. C'est surtout en présence des femmes que ce vice est insupportable : l'homme bien élevé souffre pour leur compte, autant qu'elles-mêmes, des grossièretés commises devant elles par des individus qui rapportent dans le monde les habitudes des bas lieux qu'ils fréquentent, lieux où l'on appelle beaucoup trop les choses par leur nom, et où les notions de l'honnête et du déshonnête n'existent plus. C'est surtout à table, lorsque le Pomard ou le Champagne mettent les convives légèrement en gaieté, que l'homme aux habitudes grossières se trahit bien vite; ce n'est pas un des moindres supplices des gens d'éducation que d'avoir alors à rougir de propos malséants, grossiers, qui échappent à tel convive qu'on eût dû croire, en raison de sa position sociale, observateur des convenances. L'homme de mauvais ton n'est pas toujours grossier; l'homme grossier, au contraire, est toujours de mauvais ton, par la raison que la grossièreté est l'extrême limite de l'impolitesse.

GROSSULARIÉES, famille de plantes phanérogames, ayant pour type le genre *groseillier*. Elle a aussi reçu le nom de *ribésiacées*, qui doit être préféré, car il est tiré de *ribes*, nom générique du groseillier, tandis que *grossulariées* dérive de *grossularia*, simple nom spécifique du groseillier épineux.

GROSSWARDEIN, en hongrois *Nagy-Vàrad*, chef-lieu du comitat du Bihar, dans la haute Hongrie, au delà de la Theiss, bâtie dans une belle plaine, sur les rives du Kœrœs, comprend outre la ville proprement dite les trois faubourgs de *Vàrad-Blassi*, de *Vàrad-Velencze* et de *Vàralja*, qui possèdent chacun leurs autorités municipales. Entre Vàrad-Velencze et Grosswardein est située la petite forteresse de Grosswardein, défendue par des fossés profonds, de hautes murailles en pierre et six bastions. La magnifique cathédrale, où l'on conserve les reliques de saint Ladislas, le palais épiscopal et la prison du comitat, reconstruite d'après le système pensylvanien et renfermant 150 cellules, sont les édifices les plus remarquables de cette ville, qui est le siége d'un évêché catholique et d'un évêché grec-uni. Elle possède en outre, en fait d'établissements d'instruction publique, une académie, espèce de lycée ou école supérieure, un archigymnase, un couvent noble et un séminaire théologique. La fabrication de la poterie et des étoffes de soie, mais surtout la culture de la vigne, forment la principale industrie de ses 19,368 habitants, pour la plupart d'origine magyare. Près de Grosswardein, au village de Hajoé, se trouvent des eaux thermales d'une grande efficacité contre les crampes et l'apoplexie.

Grosswardein est célèbre dans l'histoire par la paix qui y fut conclue, le 24 février 1538, entre Ferdinand Ier et Jean Zapolia. En 1556 elle fut attribuée à la Transylvanie. Après l'avoir inutilement assiégée en 1598, les Turcs la prirent en 1660; et la paix, signée dans le camp de Vasvar, leur en confirma la possession. Reprise sur eux en 1692, elle est depuis lors restée à l'Autriche. Lorsqu'à la suite de la révolution de 1848-1849 le gouvernement national hongrois dut se réfugier à Debreczin, ce fut à Grosswardein, qui n'en est qu'à quatre myriamètres, qu'on transporta la presse à imprimer les billets de banque, les archives de l'État, la manufacture d'armes à feu, etc.; et cette ville se trouva de la sorte improvisée en seconde capitale du royaume.

GROTE (Georges), historien, homme d'État et banquier anglais, qui descend d'une ancienne famille allemande, est né en 1794, à Clayhill, près de Beckam dans le comte de Kent. Son grand-père fonda à Londres, en société avec Georges Prescott, la grande maison de banque qui existe encore dans cette capitale sous cette raison. Élevé au collége de Charterhouse, le jeune Grote entra dès l'âge de seize ans dans les bureaux de son père; mais tous les moments de répit que lui laissèrent les affaires, il les consacra à l'étude. C'est ainsi qu'en 1821 il faisait paraître, en conservant toutefois l'anonyme, une brochure où il combattait l'*Essay on parliamentary Reform* de sir James Mac-Intosh. Plus tard, il fit encore paraître un petit écrit intitulé: *On the essentials of parliamentary Reform*, et il prit la part la plus vive à l'agitation politique de 1830 et 1831. Il se rattacha alors au parti radical, et fut élu en 1832 membre de la chambre des communes par la ville de Londres. Il y prit pour spécialité l'introduction du vote au scrutin secret, renouvelant à chaque session des motions ayant pour but de faire triompher ce principe, et qu'il appuyait toujours des démonstrations et des argumentations les plus logiques. Mais il ne réussit point à triompher de la résistance des conservateurs et des répugnances d'une grande partie des whigs; dès lors, découragé et dégoûté de la politique, il résigna en 1841 son mandat législatif, pour se livrer désormais exclusivement aux travaux que nécessitait l'ouvrage entrepris par lui dès 1823 sous le titre de *History of Greece* (8 vol., Londres, 1846, et 1850; 3e édition 1851). Ce livre lui assure une place honorable dans la littérature anglaise, déjà si riche en ouvrages historiques. Il réunit une érudition réelle à une rare sagacité, à une grande indépendance de jugement, et sous ce rapport il l'emporte de beaucoup sur les ouvrages de Gillies et de Mitford. Comme littérateur et comme homme privé, Georges Grote jouit de l'estime générale; et il fait le plus noble usage de sa grande fortune.

GROTEFEND (Georges-Frédéric), savant philologue, né à Munden, en 1775, mort à Hanovre, en décembre 1853, fut nommé en 1825 directeur du lycée de Hanovre. Indépendamment d'une foule d'articles d'érudition fournis par lui à la grande encyclopédie d'Ersch et Grüber et à divers recueils scientifiques, on a de lui un grand nombre d'ouvrages sur toutes les branches de la linguistique, en tête desquels figurent ceux qu'il composa sur les origines des langues grecque et latine, sur les inscriptions cunéiformes, dont il fut un des premiers à essayer l'interprétation; sur les inscriptions phrygiennes et lybiennes, sur la numismatique orientale, etc. Nous citerons, entre autres, ses *Rudimenta Linguæ Umbricæ* (8 cahiers in-4°; Hanovre, 1835-1838), et ses *Rudimenta Linguæ Oscæ* (1839); enfin son *Essai sur la Géographie et l'Histoire de l'antique Italie* (1840-1842), ouvrage où l'on rencontre les hypothèses les plus hardies. Dans la préface qu'il plaça en tête des *Extraits de l'Histoire primitive des Phéniciens, de Sanchoniaton*, par Wagenfelds (1836), le premier il appela l'attention publique sur cette fraude littéraire (*voyez* Sanchoniaton).

GROTESQUE, nom que l'on a donné d'abord, dans les arts du dessin, à certains ornements ou arabesques, et par suite à des compositions caricaturales et singulières, à des figures bizarres et chargées, imaginées par un artiste et dans lesquelles la nature est outrée et exagérée.

Des arts du dessin, l'expression *grotesque* a passé dans le langage usuel, où on l'emploie souvent pour désigner des espèces de caricatures, produit d'une imagination déréglée, des productions contraires au sens commun et excitant le rire en raison même de leur étrangeté. Alors le grotesque appartient au genre comique, et notamment au bas comique. Il apparaît de préférence dans la danse théâtrale et dans le comique dramatique. Cependant quelques auteurs et quelques artistes modernes ont voulu l'introduire dans de grandes compositions, comme pour faire ressortir davantage par le contraste soit des situations dramatiques, soit des sentiments héroïques. Ces essais n'ont pas toujours été heureux, et la réhabilitation du grotesque a porté malheur à plus d'un grand esprit. Disons enfin que ce nom de grotesque a été donné à une classe de baladins qui amusent particulièrement le public par des grimaces et des contorsions.

GROTIUS (Hugues de Groot). Son bisaïeul, Cornets ou de Cornets, gentilhomme franc-comtois, en épousant la fille unique de Diedrich de Groot, bourgmestre de Delft, consentit à faire porter ce nom par ses descendants, comme l'exigeait son beau-père. Jean de Groot, petit-fils de Cornets et père de Grotius, fut aussi bourgmestre de Delft : c'était un homme très-instruit. Son fils nous apprend qu'il dut beaucoup à la coopération de son père pour la composition des ouvrages de sa jeunesse. Né à Delft, en 1583, le 10 avril, il composait déjà à l'âge de huit ans des vers élégiaques, qui obtinrent des éloges. A quatorze ans il était l'ornement de l'université de Leyde, où il soutenait avec un grand succès des thèses publiques sur les mathématiques, la philosophie et la jurisprudence. Les savants et les littérateurs illustres de ce temps lui prodiguaient les témoignages de leur admiration pour ses talents précoces. A quinze ans il accompagnait à Paris le comte Justin de Nassau et le grand-pensionnaire Barneveldt, envoyés par les Hollandais auprès de Henri IV. Cet excellent prince accueillit le jeune savant avec bonté, lui fit présent de son portrait, orné d'une chaîne d'or, et dit à ses courtisans, en leur montrant cet adolescent : « Voilà la merveille de la Hollande. »

L'année suivante, Grotius débuta presqu'en même temps au barreau de Delft et dans la carrière de l'érudition et des sciences. Ce fut cette même année, 1599, qu'il publia son édition de *Martianus Capella* et sa traduction de la *Limneurétique* (Art de découvrir les Ports) du mathématicien Stévin. Le premier de ces deux livres le classa tout d'un coup parmi les érudits les plus profonds de l'époque. Le second ne fit pas moins d'honneur à sa science. L'année 1600 vit paraître les *Phénomènes d'Aratus*, avec l'interprétation latine de Cicéron, des suppléments en vers latins et des notes. Ce génie prématuré, aussi souple que profond, cultivait en même temps la poésie : il y acquit bientôt le renom de l'un des poëtes modernes les plus habiles dans la langue poétique de Virgile et d'Horace. On a de lui trois tragédies latines, l'*Adamus exsul*, qui ne fut pas inutile à Milton, le *Christus patiens*, et *Sophomphaneas*, ou *le*

Sauveur du monde : le sujet est *Joseph en Égypte*. Appelé par les états pour être l'historiographe des Provinces-Unies, il fut élu à l'unanimité, en 1607, avocat général du fisc de Hollande et de Zélande. La publication du *Mare liberum*, composé par ce grand publiciste pour défendre le droit des Hollandais à naviguer dans les mers de l'Inde, sa nomination au poste de pensionnaire de Rotterdam, occasion de sa liaison intime avec le vertueux Olden Barneveldt, un voyage en Angleterre pour soutenir le droit de ses compatriotes à la pêche du Grœnland, occupèrent Grotius jusqu'à l'époque fatale des troubles qui s'élevèrent à l'occasion des disputes entre Gomar et Arminius, sur la grâce et la prédestination.

Quand Barneveldt monta sur l'échafaud, Grotius fut condamné à une prison perpétuelle, et enfermé au château de Louvestein, près de Gorkum. Sa femme le fit évader en l'enfermant dans une caisse destinée à transporter des livres, et demeura dans la prison jusqu'à ce qu'elle le sût hors de danger. Alors commença pour Grotius cette époque d'un exil qui ne finit qu'avec sa vie. Il eût pu revoir sa patrie, qu'il aimait, s'il eût voulu se reconnaître coupable et implorer un pardon; mais il ne voulut pas mentir à la voix de sa conscience et de l'honneur. Accueilli et protégé en France, il y vécut onze ans, soutenu par les bienfaits du roi, s'y livrant à ses travaux de publiciste et d'érudit. Il y fit imprimer entre autres, en 1625, son fameux traité *De Jure Pacis et Belli* (Du Droit de la Paix et de la Guerre), qui a ouvert la carrière à ses successeurs, Puffendorf, Burlamaqui et Vattel.

Appelé par le grand-chancelier Oxenstiern au service de Suède, après un séjour à Hambourg, il se rendit en Allemagne auprès de ce grand homme, à qui Gustave-Adolphe avait laissé la direction de la guerre et des négociations, avec un pouvoir presque royal. Oxenstiern le nomma ambassadeur de Suède en France, poste qui lui fut confirmé ensuite au nom de la jeune reine Christine. Grotius porta dans l'exercice de ces fonctions, que le cardinal de Richelieu, dont il n'était pas aimé, lui rendit souvent difficiles, son habileté, sa fermeté mesurée et son intégrité. Étant ensuite allé en Suède auprès de la reine Christine, il n'eut pas lieu de s'en louer. Empressé de quitter ce pays, funeste à sa santé, il prit congé de la reine, qui l'avait longtemps retenu malgré lui, et s'embarqua pour Lubeck. Saisi en route par la maladie, il arriva très-souffrant à Rostock, le 26 août 1645, et y mourut le 29, à l'âge de soixante-trois ans.

Le livre de Grotius sur le droit des gens, qui a rendu son nom immortel, n'en a pas moins encouru et mérité la censure sévère de J.-J. Rousseau. Le citoyen de Genève, proscrit, persécuté et banni comme Grotius, pour avoir comme lui prêché la tolérance et la concorde, reproche à ce savant d'établir toujours le droit par le fait, de favoriser par ses maximes le despotisme et l'esclavage. Il cite à cette occasion, en l'appliquant à Grotius, l'excellente réflexion de d'Argenson, dans ses *Considérations sur le gouvernement ancien et présent de la France :* « Les savantes recherches sur le droit public ne sont souvent que l'histoire des anciens abus, et on s'est entêté mal à propos quand on s'est donné la peine de les trop étudier. » Il y a en effet dans le traité du célèbre publiciste batave plus d'érudition que de philosophie, plus de savoir que de principes. La science y étouffe trop souvent la conscience et fausse le jugement de l'auteur. Grotius fut cependant un homme de bien, et un ami éclairé et courageux de l'humanité : tous ses écrits sur la religion et sur les querelles théologiques annoncent un homme profondément imbu des sentiments de piété et de tolérance. Toute sa vie il nourrit avec amour le projet de concilier les diverses communions chrétiennes, projet en vain renouvelé depuis par le sage Leibnitz, dont le zèle tout évangélique devait échouer contre l'intraitable dogmatisme de Bossuet. Un sentiment non moins cher à l'homme de bien, l'amour de la patrie et de la liberté, anime constamment Grotius dans ses *Annales Belgiques :* histoire de la révolution des Pays-Bas, où il s'est plu à imiter le style de Tacite.

AUBERT DE VITRY.

GROTTE, cavité souterraine, creusée par la nature au sein de quelque montagne, et qu'on rencontre plus souvent dans les montagnes calcaires que dans les montagnes schisteuses. Quoique le mot *caverne* soit plus particulièrement employé pour désigner les cavités souterraines du moment où elles ont de larges proportions, l'usage n'en a pas moins réservé le nom de *grottes* à de véritables cavernes : telles sont la grotte de Fingal, celle de Sainte-Baume, la grotte du chien, la grotte d'azur ou de Caprée, les grottes d'Arcy, etc.

GROTTE DU CHIEN. Située près de Pouzzole, dans le royaume de Naples, à deux myriamètres de sa capitale, cette grotte a été de tout temps fameuse par ses exhalaisons méphytiques, dont la force et l'intensité sont telles, qu'il suffit d'y exposer pendant quelques minutes un chien ou tout autre animal pour qu'il meure aussitôt. Il s'en échappe en effet constamment du gaz acide carbonique, l'un des plus nuisibles à toute l'organisation animale. La grotte du chien a environ 2 mètres 66 centimètres de hauteur, sur 4 de longueur et 1 mètre de largeur. De son fond s'élève, dit le docteur Mead, une chaude et subtile vapeur qui ne s'élance pas par intervalles, mais bien par jet continu, et qui retombe un instant après. La couche d'acide carbonique qui existe dans la grotte ne dépasse guère 4 à 6 décimètres d'épaisseur ; aussi le docteur Mead raconte-t-il qu'il put y entrer sans inconvénient ni danger. Mais il ajoute qu'un chien ou tout autre animal dont la tête ne dépasserait pas le niveau que nous venons de rapporter y perdrait tout aussitôt le mouvement, et en moins de trente secondes y paraîtrait comme mort. L'asphyxie serait complète au bout de trois minutes. Mais si on retire l'animal avant qu'il ait cessé de donner tout signe de vie, et si surtout on a soin de le plonger dans le lac Agnano, situé à vingt pas de là, on le voit bientôt revenir à lui-même. La grotte du chien est tenue fermée par ordre des autorités locales ; mais les curieux sont admis, quand ils le désirent, à faire l'épreuve de l'expérience que nous venons de décrire.

GROTTES AUX FÉES. *Voyez* DRUIDIQUES (Monuments).

GROUCHY (EMMANUEL, marquis DE), maréchal et pair de France, né à Paris, le 28 octobre 1766, d'une ancienne famille de Normandie, entra, en 1779, à quatorze ans au corps royal d'artillerie en qualité d'aspirant, devint au bout d'un an lieutenant en second dans le régiment de La Fère, passa dans la cavalerie, fut fait en 1784 capitaine dans le régiment royal-étranger, et entra, en 1786, avec le grade de sous-lieutenant, dans les gardes du corps du roi. Partageant les idées nouvelles de 1789, il embrassa franchement la cause de la révolution, quitta bientôt le gardes du corps, où ses principes politiques ne trouvaient ni écho ni sympathie, et fut en 1792 chargé du commandement du 12ᵉ de chasseurs. Quelques mois après il était nommé colonel du 2ᵉ régiment de Condé-dragons, avec lequel il fit la campagne de 1792 dans l'armée de Lafayette. Envoyé dès 1793, avec le grade de général de brigade, à l'armée des Alpes, il fut l'année suivante chargé du commandement d'un corps d'armée envoyé contre les Vendéens. Obligé de renoncer à son grade et de quitter l'armée par suite du décret de la Convention qui excluait les ex-nobles des rangs de l'armée, il y revint bientôt comme simple soldat, avec un détachement de garde nationale. Le zèle dont il fit preuve engagea le gouvernement révolutionnaire à le réintégrer, à quelque temps de là, dans son grade de général de division, que lui avaient conféré dès 1793 les représentants du peuple en mission à l'armée. Nommé alors en outre chef d'état-major de l'armée des côtes de l'ouest, il contribua aux succès qui popularisèrent en si peu de temps le nom de Hoche. Après avoir successivement fait partie de l'armée du nord, en 1796 et 1798, et commandé en second l'expédition d'Irlande, Grouchy fut envoyé, en 1798, à l'armée d'Italie sous les ordres de Joubert, avec mission de s'assurer du Piémont et de déterminer le roi de Sardaigne à abdiquer.

Le succès qu'il obtint dans cette négociation engagea le Directoire à le nommer commandant en chef en Piémont et à le charger de l'organisation du pays conquis. Il eut en cette qualité à le défendre contre les efforts d'une armée austro-russe, et le 14 juin 1798 il battit le général Bellegarde sous les murs d'Alexandrie. En 1799, à la bataille de Novi, où il commandait l'aile gauche, il fut grièvement blessé et fait prisonnier, mais échangé un an après. Nommé tout aussitôt au commandement d'une des divisions de l'armée de réserve, il pénétra dans le pays des Grisons, s'empara de Coire, et contraignit les Autrichiens à battre en retraite. Dans la campagne de 1800, nous le retrouvons à l'armée du Rhin auprès de Moreau, qui avait demandé qu'on le lui adjoignît comme lieutenant, et il eut une part glorieuse à la victoire de Hohenlinden. A la paix de Lunéville, il fut nommé inspecteur général de la cavalerie. L'intérêt qu'il témoigna à Moreau pendant son procès le fit tomber dans la disgrâce de Napoléon, de sorte que, malgré l'éclat de ses services, il fut quelque temps sans recevoir aucun avancement. Chargé pendant la compagne de Prusse du commandement d'un corps de cavalerie, il battit, le 26 octobre 1806, la cavalerie prussienne à Zehdenik, et se distingua ensuite à l'affaire de Lubeck. Il ne fit pas preuve de moins de bravoure vis-à-vis des Russes à la bataille d'Eylau, et le 14 juin 1807 à celle de Friedland, où il reçut une blessure grave. Cette victoire lui valut le grand-cordon de la Légion d'Honneur. Après un court séjour à l'armée d'Espagne, séjour pendant lequel il eut cependant occasion, en sa qualité de gouverneur de Madrid, de déployer une grande énergie contre l'insurrection du 2 mai, il fut envoyé par l'empereur à l'armée d'Italie sous les ordres du prince Eugène. Après avoir, dans la journée du 2 mai 1809, appuyé le passage de l'Isonzo, il pénétra en Hongrie en écrasant l'aile droite de l'armée autrichienne, et contribua, le 13 juin, au gain de la bataille de Raab. Il fit ensuite traverser le Danube à toute la cavalerie de l'aile droite, et l'amena sur le champ de bataille de Wagram, où il battit la cavalerie ennemie, et tourna la position de l'archiduc Charles. En récompense de ce service, Napoléon le nomma colonel général des chasseurs.

Pendant la campagne de Russie de 1812, Grouchy commanda l'un des trois corps de cavalerie et plusieurs divisions d'infanterie. Il se distingua, le 14 août, à l'affaire de Krasnoï, et conserva la position de Smolensk jusqu'à ce que l'empereur eût eu le temps d'arriver avec le gros de l'armée. Il contribua aussi d'une manière remarquable au gain de la bataille de la Moskowa, en tournant l'aile droite des Russes et en facilitant ainsi l'enlèvement de la grande redoute. Dans cette journée, il fut blessé avec son fils. Lors de la retraite, dans laquelle il fit preuve d'un grand courage et d'une inébranlable fermeté, Napoléon le nomma commandant du *bataillon sacré*, composé tout d'officiers et chargé de veiller à sa sûreté. Pendant la campagne de 1813, Grouchy resta sans emploi et dans l'inaction, l'empereur lui ayant refusé le commandement d'un corps d'armée qu'il avait demandé. Mais quand les coalisés eurent envahi le sol français, il offrit à Napoléon de reprendre du service, et accepta le commandement supérieur de la cavalerie. Il arrêta alors pendant quelques instants l'ennemi dans les plaines de Colmar, lui disputa le passage des Vosges, et se porta de là sur Saint-Dizier, où il opéra sa jonction avec l'armée commandée en personne par l'empereur. Après la bataille de La Rothière, le 12 février 1814, il couvrit la retraite de l'armée sur la Seine, et deux jours plus tard, à l'affaire de Vauchamps, il força le général Kleist à battre en retraite. Grièvement blessé le 7 mars, à la bataille de Craon, il dut quitter l'armée.

A la première restauration, il fut dépouillé de son grade de colonel général des chasseurs, qui fut donné au duc de Berry, et en écrivit à Louis XVIII, qui le mit en disponibilité. Pendant les cent jours il fut nommé maréchal d'empire et investi du commandement des 7e, 8e, 9e et 10e divisions militaires. Il eut à diriger les opérations contre le duc d'Angoulême, l'armée royale et les rassemblements du midi; ensuite il organisa la défense à l'armée des Alpes. Appelé à faire partie de la grande armée, il y fut chargé du commandement supérieur de la cavalerie de réserve. Après la bataille de Ligny, 16 juin 1815, il se mit à poursuivre, avec 34,000 hommes et 100 pièces de canon, la retraite de l'armée prussienne aux ordres de Blücher. Pendant qu'il attaquait en conséquence, le 18, le général Thielemann à Wavre, l'empereur livrait la bataille de W a t e r l o o. L'avis unanime des juges les plus compétents est que Grouchy fut la cause du désastre qu'essuya l'armée française dans cette fatale journée, parce qu'il ne s'aperçut pas que trois corps d'armée prussiens s'avançaient sur les lignes de Waterloo pour prendre Napoléon en flanc et en arrière, tandis que Thielemann seul restait à Wavre avec une quinzaine de mille hommes. Grouchy entendit bien le bruit du canon dans la direction de Waterloo et fut mis en demeure par les généraux placés sous ses ordres, notamment par G é r a r d, d'avoir à marcher vers ce point; mais il crut devoir persister à exécuter à la lettre les instructions que l'empereur lui avait données le 17. Ce ne fut d'ailleurs que dans la soirée du 18 seulement qu'il reçut de Napoléon l'ordre de se rapprocher de l'aile droite de l'armée. Il préféra donc, faute dont les suites furent incalculables, conserver sa position vis-à-vis de Thielemann à Sart-à-Valain. Il se replia ensuite, toujours en combattant, sous les murs de Namur, sans savoir ce qu'était devenue la grande armée. « A Waterloo Grouchy s'est perdu, dit plus tard l'empereur à Sainte-Hélène; j'aurais gagné cette affaire sans son imbécillité. » Ayant appris à Rhétel l'abdication de Napoléon, il fit proclamer par son armée Napoléon II, puis envoya sa cavalerie recueillir les débris de l'armée sous Laon et Soissons, tandis qu'à la tête de l'infanterie il se portait sur Reims. Nommé par le gouvernement provisoire au commandement supérieur de tous les corps de la grande armée, il se rendit à Soissons, et conformément aux ordres du maréchal Davout, ministre de la guerre, ramena sous les murs de Paris l'armée, encore forte de 45,000 hommes. Quand les négociations pour la reddition de la capitale s'ouvrirent, il déposa son commandement, et quitta tout à fait l'armée.

Compris, à la seconde rentrée de Louis XVIII à Paris, dans l'ordonnance de proscription en date du 24 juillet, il passa aux États-Unis. Mais en 1821 il obtint l'autorisation de rentrer en France, et vécut depuis lors comme simple lieutenant général en disponibilité dans sa terre de Ferrière, près de Caen, le gouvernement de la Restauration s'étant obstinément refusé à reconnaître la dignité de maréchal de France que lui avait conférée Napoléon pendant les cent jours. Élu membre de la chambre des députés par le département de l'Allier, à la suite de la révolution de Juillet, Louis-Philippe se décida enfin, en 1831, à le nommer maréchal de France, et l'année suivante il le comprit dans une fournée de pairs. Lors du grand procès politique des accusés d'avril 1834, il refusa de prendre part aux travaux de la chambre constituée en cour de justice. Grouchy mourut le 29 mars 1847, à Saint-Étienne, au retour d'un voyage en Italie, où il était allé passer l'hiver. Il avait épousé en premières noces la sœur de Pontécoulant, et laissait trois enfants issus de ce mariage : le général de division *Alphonse* comte DE GROUCHY, ancien député, ancien représentant de la Gironde à l'Assemblée législative, le général de brigade *Victor* DE GROUCHY et Mme d'Ormesson. Deux de ses sœurs, qui avaient épousé, l'une *Condorcet*, l'autre *Cabanis*, se sont fait remarquer par les grâces de leur esprit.

GROUP, terme de factage et de messagerie par lequel on désigne des masses plus ou moins considérables de numéraire confiées par le commerce soit aux chemins de fer, soit aux messageries, ou encore au roulage, pour être transportées d'un point sur un autre à l'effet d'y opérer des payements.

GROUPE. Dans son expression la plus générale, ce mot s'entend d'un assemblage d'êtres ou d'objets de même ou de différentes natures, combinés en vue de l'ordre et de l'harmonie ou d'un effet voulu, utile ou artistique; il convient donc aux choses naturelles comme aux œuvres de l'homme, mais il est plus particulièrement du domaine des beaux-arts. Dans la peinture et dans la sculpture, on appelle *groupe* un ensemble de figures réunies entre elles par un motif ou une action commune, et tellement rapprochées que l'œil les peut embrasser à la fois et en recevoir l'effet prémédité par l'artiste. En architecture, ce mot se dit de plusieurs colonnes accouplées. En musique, les Italiens appellent *gropetto* l'assemblage de quatre notes rapides par degrés conjoints, et dont le premier et le troisième donnent la même intonation. On dit également un *groupe* d'*animaux*, de *fruits*, etc.

L'importance du *groupe* dans les beaux-arts est facile à comprendre. Ils ne vivent en effet que d'*action;* leur objet est surtout la représentation du jeu des passions humaines et des actes de notre volonté dans tout ce qu'ils ont de dramatique, en vue d'émouvoir, d'exalter et de nous pousser au bien et à la fin morale de notre espèce. Or, les passions, les actes humains, ne s'émeuvent, ne se manifestent pas *solitairement*. De là donc la nécessité pour l'artiste, peintre, sculpteur, poëte, historien, etc., de mettre en action plusieurs personnages dans son œuvre, de les grouper ici en rapprochant les contraires, là en comparant les semblables, partout en se servant des traits, de l'attitude, de la conduite des uns pour mieux relever ou abaisser la physionomie, les actes ou la mémoire des autres; de là la rareté des monologues dans les pièces, la difficulté d'intéresser longtemps avec un ou deux acteurs, l'insignifiance ordinaire d'un portrait isolé.

La disposition par *groupes*, dans la peinture, est suggérée à l'artiste d'abord par les nécessités purement matérielles de son art. Il y a les lois du clair-obscur, qui commandent la disposition par groupes des objets qui sont éclairés et de ceux qui sont dans l'ombre. Il faut d'ailleurs que l'esprit puisse embrasser l'ensemble et s'en former une idée nette; que l'attention soit appelée sans effort sur l'objet principal; que chaque figure ait son rang et ses proportions par rapport à celles qui la précèdent ou qui la suivent dans la perspective générale; enfin, il faut que l'*ordre* règne dans la composition. Or le groupe répond à toutes les exigences, et rien ne ressemble moins à l'ordre que des objets ou des figures dispersées sans liaison ni rapports perceptibles, tandis que le groupe est pour ainsi dire l'élément de l'ordre.

Plusieurs auteurs ont voulu établir des règles sur la quantité et sur la disposition de groupes qu'on doit admettre dans une composition. Mengs veut que les groupes contiennent toujours un nombre *impair* de figures, que chaque groupe forme une pyramide et qu'en relief il ait une forme ronde. Les masses principales devraient, suivant lui, se trouver au milieu du groupe et les moindres parties sur les bords. Il faudrait ne jamais placer en file les figures, et toujours donner au groupe une profondeur proportionnée à la place qu'il occupe, éviter qu'une tête se rencontre jamais avec une autre, horizontalement ou perpendiculairement, que plusieurs extrémités forment ensemble une ligne droite horizontale, perpendiculaire ou oblique; que la distance entre deux membres soit égale ou qu'il y ait répétition dans la disposition des membres. Mengs exige également le nombre impair dans la combinaison des groupes entre eux, et l'observation de la loi des contrastes dans la série des groupes, comme dans les figures des groupes. La plupart des règles de ce genre découlent sans doute des données d'une longue et générale expérience, mais elles sont loin d'avoir un caractère d'autorité immuable et inflexible; et les génies originaux retranchent ou ajoutent chaque jour au catalogue des préceptes et des expédients par où l'art arrive à la perfection et à la vérité. Il faut plaindre l'artiste qui croit avoir satisfait aux plus grandes difficultés et au but de son art, lorsqu'il a classiquement combiné et distribué ses groupes.

Les beaux groupes de sculpture que l'antiquité nous a légués sont aujourd'hui naturalisés dans toute l'Europe par les imitations qu'on en a faites. Le *Laocoon* surtout a reçu une nouvelle popularité parmi les amateurs modernes, et toujours l'on vantera les *Lutteurs de Florence*, le prétendu *Papirius*, le *Taureau Farnèse*, les *Dioscures*, etc.

C. Pecqueur.

GROUPE DE MONTAGNES. *Voyez* Chaines de Montagnes.

GROUSIE ou GROUSINIE. *Voyez* Géorgie.

GROUVELLE (Philippe-Antoine), littérateur et homme d'État médiocre, naquit à Paris, en 1758. Fils d'un orfévre de Paris, il se destinait au notariat, et était déjà parvenu au grade de second clerc dans l'étude où son père l'avait placé, quand son patron, fort peu sensible aux charmes de la poésie, le mit un beau jour et sans plus de façons à la porte pour le laisser libre d'enrichir tout à son aise l'*Almanach des Muses* de ses *Bouquets à Chloé* et de ses chansons de table. Grouvelle eut la bonne fortune de rencontrer alors un autre protecteur moins hostile aux lettres et à ceux qui les cultivaient. *Champfort* se l'attacha comme secrétaire. On sait que Champfort était lui-même secrétaire des commandements de M. le prince de Condé. Fatigué de la sujétion que lui imposait un pareil emploi, il s'avisa de donner sa démission. Cent aspirants se mirent aussitôt sur les rangs pour obtenir la charge devenue vacante. M. le prince de Condé, ne sachant auquel entendre dans cette cohue de solliciteurs, persuadé d'ailleurs que quel que fût son choix, il ferait quatre-vingt-dix-neuf mécontents, crut qu'il ne lui en coûterait pas davantage d'en faire un de plus, et il offrit la place au jeune Grouvelle, qui n'aurait pas osé la demander, et qui devint bientôt un véritable personnage à la petite cour de Chantilly. Ses goûts littéraires n'y rencontrèrent point de censeurs maussades; bien au contraire, ils y trouvèrent l'appui le plus encourageant, et bientôt ses moindres impromptus dramatiques obtinrent les honneurs de la représentation sur le petit théâtre du prince, devant le public d'élite admis à participer à ces plaisirs délicats d'une époque de calme et de luxe. L'une de ces pièces, petit opéra qui avait pour titre *Les Prunes*, obtint un succès tel, que la reine Marie-Antoinette, qui en entendait parler sans cesse, voulut juger l'œuvre par elle-même; en conséquence, *Les Prunes* furent deux fois représentées à Versailles. Les portes de la Comédie-Française devaient nécessairement s'ouvrir à deux battants devant un auteur dont les débuts étaient si heureux. En 1785 Grouvelle y fit donc jouer *L'Épreuve délicate*, dont le fond était emprunté à un conte de Marmontel, et *Le Scrupule*. Comme il arrive d'ordinaire aux poëtes de cour et de ruelles, le parterre prit la liberté grande de casser l'arrêt déjà rendu par des juges incompétents. La chute fut complète, écrasante, et d'autant plus humiliante pour l'amour-propre de l'auteur, que les loges étaient garnies de cette même société d'élite qui avait tant applaudi à ses débuts sur le théâtre de Chantilly et sur celui de Versailles.

Grouvelle, quand éclata le mouvement de 1789, en embrassa les principes avec ardeur, et se sépara avec éclat du prince qui l'avait comblé de bontés et de bienfaits. S'il avait du cœur, ce dut être pour lui un instant bien pénible que celui où il crut devoir faire à son civisme le sacrifice de sa reconnaissance. A la mort de Cérutti, il devint l'un des rédacteurs de la *Feuille villageoise;* et après le 10 août il fut nommé secrétaire du conseil exécutif provisoire. Il accompagna en cette qualité le ministre de la justice à la prison du Temple, le 20 janvier 1793, pour y donner lecture au malheureux roi de la sentence de mort rendue contre lui par la Convention.

Dès le mois de février 1793 Grouvelle recevait la récompense de son ardent civisme : il était nommé envoyé extraordinaire et ministre plénipotentiaire de la république française à Copenhague. Rappelé en 1794, il y revint encore en 1796, et ne quitta cet emploi qu'à l'époque de l'établissement du gouvernement consulaire pour venir, en 1800, siéger au corps législatif, où il fut réélu en 1802. Quand vint l'empire, Grouvelle disparut de la scène politique, pour reparaître, en 1805, dans la littérature, comme éditeur d'une nouvelle réimpression des *Lettres de Mme de Sévigné* (Bossange et Masson, 1805, 8 volumes in-8°), avec des notes et commentaires, dont le style laisse singulièrement à désirer, mais dont le fond ne laisse pas que d'avoir du prix. La même année il fit paraître un mémoire sur les Templiers, dans lequel se trouve analysé tout ce qui avait été publié jusque alors en Allemagne de plus curieux sur cet ordre fameux. En 1806, il donna les *Œuvres de Louis XIV* (6 volumes in-8°), et mourut la même année à Varenne.

Il ne laissait qu'une fille, dont, à trente ans de distance, le nom devait se trouver mêlé à l'une des mille conspirations tramées soit contre le gouvernement, soit contre la vie de Louis-Philippe, dans les premières années du règne de ce prince. De l'instruction judiciaire et des débats de l'audience sortit la preuve de la participation directe de Mlle Grouvelle, alors âgée de plus de quarante-cinq ans, à l'un de ces complots qui avaient abouti à un attentat. En conséquence du verdict rendu par le jury, elle fut condamnée à une assez longue détention. Au moment de son arrestation, elle demeurait avec sa vieille mère, et jouissait d'une honnête aisance. A la suite de la révolution de Juillet, elle s'était livrée à la politique avec cette ardeur exagérée qui chez certaines vieilles filles n'est qu'une erreur des sens. On ne sera donc pas surpris d'apprendre qu'elle mourut folle peu d'années après sa condamnation.

GRUAU. Le nom de *gruau* sert à désigner des céréales que l'on a privées de leur pellicule. On prépare avec la farine qui en résulte un pain très-estimé, excepté cependant avec le gruau d'avoine, qui ne peut servir à cet usage. Les meilleurs gruaux sont ceux de froment et d'orge. L'Allemagne et la Suisse consomment une quantité considérable de gruau d'avoine; dans la Normandie, la Basse-Bretagne et la partie méridionale de la France, on en fait des potages d'une digestion facile et excellents pour les malades en convalescence.

Le gruau d'avoine se prépare en quantité immense en Irlande, car les habitants de ce pays en font un fréquent usage; leur procédé est tout différent de celui qu'emploient les Normands et les Bas-Bretons. Voici le procédé des Irlandais : ils mettent un peu d'eau au fond d'une chaudière, qu'ils remplissent d'avoine, de la même manière que pour cuire des pommes de terre à la vapeur; ils chauffent ensuite graduellement, en ayant soin d'implanter un bâton en bois blanc au fond de la chaudière, pour leur indiquer quand l'opération est à son terme. Dès que dans toute la masse la température s'est assez élevée pour qu'en retirant ce bâton il ne présente aucune trace d'humidité sur toute sa surface, ils enlèvent la chaudière et procèdent à une nouvelle opération, jusqu'à ce qu'ils aient la quantité d'avoine nécessaire pour une fournée; ils la portent alors dans un four, modérément chauffé, et qu'ils ont soin de tenir clos pendant vingt-quatre heures. L'avoine éprouve dans ce cas une altération semblable à celle produite par le *maltage :* une certaine quantité de l'amidon devient soluble, et le grain, légèrement torréfié, acquiert une couleur légèrement roussâtre. En grand, on emploie maintenant la vapeur, que l'on fait arriver dans des chaudières à double fond, dont l'un est percé de trous par lesquels la vapeur peut pénétrer dans la masse d'avoine que l'on a placée au-dessus : lorsqu'on voit la vapeur s'élever abondamment au sommet de la chaudière, l'opération est terminée. Lorsque l'avoine a été retirée du four, on la porte dans un moulin à farine ordinaire, mais dont les meules sont maintenues suffisamment espacées pour briser l'enveloppe, sans écraser la graine : cette dernière, au lieu de tomber dans un *bluteau*, passe dans un ventilateur semblable aux *tarares* ordinaires; la *balle* est alors séparée du grain ; on réduit ensuite cette avoine ainsi mondée en gruau dans un moulin ordinaire, après quoi on le dessèche à une température plus ou moins élevée, suivant que l'on veut avoir du gruau blanc ou légèrement torréfié. Ce gruau est de beaucoup préférable au gruau de Normandie, à cause de sa légèreté comme aliment. Dans la Normandie, on se contente de faire sécher l'avoine blanche au four, de la vanner ensuite pour la nettoyer, et de la porter sous des meules fraîchement piquées, en ayant soin de prendre les mêmes précautions que dans le procédé irlandais. On obtient par ce procédé la moitié du poids primitif de l'avoine avant de la soumettre aux meules. La cuisson du gruau d'avoine exige quelques précautions : il faut avoir soin de le délayer dans l'eau d'abord, puis de le soumettre peu à peu à l'action d'une douce chaleur.

Les gruaux de froment et d'orge se préparent de la même manière, si ce n'est que pour le gruau d'orge, il faut faire préalablement détremper l'orge à froid dans un cuvier, puis le faire sécher, afin que la pellicule puisse s'en détacher facilement.

On désigne fréquemment sous le nom de *gruau* l'orge dépouillée de son enveloppe, et arrondie en petits globules que l'on nomme *orge perlé*. Le gruau d'orge est également employé dans les usages culinaires.

On a étendu également le nom de *gruau* à la pomme de terre réduite en pâte, puis en petits grains dans un moulin à meules espacées, de manière à lui donner l'aspect du sagou.

C. Favrot.

GRÜBER (Jean-Godefroy), professeur de philosophie à Halle, né en 1774, à Naumbourg-sur-Saale, a attaché son nom à un recueil encyclopédique qui a été déjà apprécié à l'article consacré à *Ersch*, son collaborateur. Après avoir étudié à Leipzig, il accepta, en 1797, une éducation particulière en Russie; mais l'ukase rendu à quelque temps de là par l'empereur Paul Ier contre les étrangers l'obligea de revenir en Allemagne, où il s'occupa alors de travaux littéraires dans les genres les plus variés. Ses principaux ouvrages sont relatifs à l'anthropologie; et son *Essai sur la Destinée de l'Homme* (Leipzig, 1800; 2e édition, 1809), notamment, obtint un grand succès, quoique venant après les livres déjà écrits sur ce sujet par Spalding et par Fichte. Après s'être établi à Iéna comme professeur particulier, il fut, en 1803, chargé avec Augusti de la rédaction de la *Gazette littéraire*, fondée en cette ville par Eichstædt, et en 1811 il fut nommé professeur à l'université de Wittenberg. Depuis lors sa vie ne cessa point d'appartenir à l'enseignement, soit oral, soit écrit.

Grüber, qui mourut le 7 août 1851, est rangé à bon droit parmi les savants qui honorèrent le plus leur pays par l'étendue et la variété de leurs connaissances. Indépendamment de la part importante qu'il prit à la rédaction de la grande encyclopédie allemande connue sous le nom d'*Encyclopédie d'Ersch et Grüber*, il fut aussi l'un des collaborateurs les plus actifs du *Conversation's Lexicon* de Brockhaus.

GRUE (*Ornithologie*), genre d'oiseaux de l'ordre des échâssiers. La grandeur de ces oiseaux, la longueur de leur cou, de leur bec et de leurs pattes, auraient suffi à les signaler à l'attention des naturalistes de l'antiquité, si leur organisation par troupes et l'espèce de hiérarchie qu'elles semblent conserver pendant leurs migrations ne les avaient déjà fait observer par eux avec un étonnement mêlé d'admiration. Les grues aiment en effet un climat tempéré : de là leurs migrations régulières dès que le froid ou la chaleur commencent à se faire sentir d'une manière excessive dans les régions du Nord ou de l'Orient qu'elles habitent. Alors elles se réunissent par troupes pour entreprendre les courses les plus lointaines et les plus hardies; elles choisissent un chef qui les conduit, et dont le cri les avertit de la route qu'elles doivent suivre : pour fendre l'air plus aisément, elles se forment en triangle, et si le vent est trop violent, en rond, et même, s'il faut en croire ce qu'a rapporté Pline, elles avalent du sable et des cailloux, afin de mieux résister à son effet : c'est dans ce dernier ordre qu'elles se défendent contre l'aigle ou les autres oiseaux de proie qui tentent de les attaquer. A terre, elles ont des sentinelles qui veillent à la sûreté de la troupe pendant son sommeil, et qui, pour éviter d'y succomber elles-mêmes, tiennent en l'air une patte dans laquelle est une pierre dont le choc les réveillerait si la fatigue venait à les endormir et à la leur faire lâcher. De là l'expression figurée *faire le pied de grue* pour indiquer une longue attente sur les pieds. Comme la cigogne, la grue est une très-grande destructrice des reptiles, des vers, des insectes, dont elle se nourrit, ainsi que de grenouilles et de petits poissons. La ponte des grues est de deux œufs; leur nid est placé sur de petites éminences de terre ou de gazon, dans les marais et les roseaux : elles l'élèvent à leur hauteur, le composent d'herbes douces et fines, et couvent debout, de manière que leur corps pose dessus. Sauvages à un point extraordinaire dans certains pays, les grues ne s'y laissent approcher qu'à l'époque de la ponte; car l'amour de leur progéniture leur fait alors tout braver. On compte diverses espèces de grues, dont les unes dans l'ancien continent, les autres dans le nouveau. Leur longueur varie de $1^m,30$ à 2 mètres, de l'extrémité du bec, qui a de $0^m,10$ à $0^m,15$, jusqu'à celle de leurs pattes; leur cou est dépouillé de plumes, ainsi que leur crâne; leur plumage est cendré.

GRUE (*Mécanique*). A cause de quelque ressemblance qu'elle a avec le port de l'oiseau de ce nom, on appelle ainsi une machine dont on se sert pour enlever des fardeaux, décharger des bateaux, etc. La grue, dans toute sa simplicité, est une sorte de potence, dont le bras horizontal est muni d'une poulie sur laquelle passe et coule la chaîne ou la corde à laquelle est fixé l'objet à soulever; l'autre bout de la corde se roule sur un cylindre que l'on fait tourner au moyen de leviers, de roues d'engrenage, de manivelles, etc. Il y a des grues qui pivotent sur elles-mêmes ; alors elles procurent l'avantage d'enlever le fardeau, de le transporter et de le placer immédiatement ailleurs : c'est une machine de cette espèce qui, placée sur le bord d'une rivière, enlèvera un objet placé sur un bateau, puis ira le déposer sur une voiture destinée à le porter ailleurs. Ordinairement, ce sont des hommes qui impriment aux grues les divers mouvements dont elles sont susceptibles, soit au moyen de manivelles et de rouages, soit en marchant dans l'intérieur de grandes roues, ou en saisissant avec leurs mains des chevilles dont les circonférences de celles-ci sont armées. Mais on remplace quelquefois les hommes par d'autres moteurs. TEYSSÈDRE.

GRUERIES. On appelait autrefois ainsi des juridictions qui connaissaient en première instance de toutes les contestations qui pouvaient s'élever en matière d'eaux et forêts, dans les limites de leur ressort. Les officiers de ces juridictions s'appelaient *gruyers*.

GRUITHUISEN (FRANÇOIS DE PAULE), astronome et naturaliste allemand, naquit le 19 mars 1774, au château d'Haltenberg, sur le Lech. Son père, fauconnier de l'électeur de Bavière, ne put pas faire beaucoup de sacrifices pour son éducation ; il lui fit cependant étudier les premiers éléments de la médecine ; et en 1788 il entra comme chirurgien militaire dans l'armée autrichienne envoyée contre les Turcs. Plus tard, il répara à force de travail ce que son éducation première avait eu d'incomplet, et alla, en 1801, étudier à l'université de Landshut la philosophie et la médecine. Peu de temps après avoir été reçu docteur, il fut nommé professeur d'histoire naturelle à l'école secondaire de médecine de Munich; et après avoir successivement refusé les chaires analogues qu'on lui offrait à Fribourg et à Breslau, il fut, en 1826, appelé à remplir la chaire d'astronomie dans la nouvelle université fondée à Munich.

Parmi les nombreux ouvrages qu'on a de lui, nous citerons : *Recherches d'histoire naturelle sur la différence existant entre le pus et le mucus* (1809); *Anthropologie* (1810); *Organozoomie* (1811); *De la Nature des comètes* (1811); *Essais de Physiognosie et d'Eautognosie* (1812); *Histoire naturelle du Ciel étoilé* (1837); *Critiques des plus récentes théories de la Terre* (1838); *Méthode trigonométrique simple et nouvelle pour mesurer l'élévation des montagnes, sans les gravir* (1842). Il a publié aussi de 1828 à 1832 un recueil intitulé : *Analectes pour la Géographie et l'Astronomie*, et le continua plus tard sous le titre de *Nouveaux Analectes*, etc. Depuis 1838 il fit aussi paraître chaque année un *Almanach d'Astronomie et d'Histoire naturelle*.

De tous ses ouvrages celui qui a le plus contribué à populariser le nom de cet astronome est incontestablement la dissertation qu'il publia dans les *Archives de Kastner* sur la *Découverte de nombreuses traces d'habitants dans la Lune et notamment d'un monument architectural de grandeur colossale, construit par eux.* La sensation qu'elle produisit fut extrême. Gruithuisen, mort le 21 juin 1852, eut aussi la gloire d'imaginer un instrument lithotriteur; et plus tard l'Académie des Sciences de Paris l'en récompensa en lui décernant une médaille d'or de 1,000 fr. Les premiers travaux de physiologie et surtout les recherches microscopiques de ce savant ne sont pas sans mérite. Il est fâcheux que ses travaux astronomiques pèchent beaucoup par le défaut d'une sévère méthode mathématique.

GRUMBACH ou GRUMPACH (GUILLAUME DE), gentilhomme de Franconie, issu d'une ancienne famille qui s'est éteinte au dix-septième siècle, naquit en 1503, et dans les guerres de l'empereur Charles-Quint acquit du renom comme brave capitaine de reîtres. En 1544 il entra au service de l'électeur de Brandebourg-Kulmbach, qui le nomma gouverneur de ses États. Dans l'exercice de ces fonctions, Grumbach mérita toute la confiance de son maître et exerça une grande influence sur ses diverses entreprises guerrières, notamment sur celle qui est connue dans l'histoire d'Allemagne sous la désignation de *guerre du margrave*, et qui eut pour résultat la mise au ban de l'Empire et la ruine de l'électeur de Brandebourg Kulmbach. Grumbach échappa au mandat de proscription lancé contre lui, et conçut alors des plans aussi hardis qu'étendus, et dont l'exécution eût complétement changé l'état politique de l'Empire. Il se mit en relation avec la noblesse de divers cercles, notamment avec celle de Franconie, et s'efforça de lui inspirer la pensée de briser la puissance des grands souverains territoriaux et de rétablir sur tous les points, les armes à la main, la souveraineté immédiate de la noblesse. Mais il n'y eut que quelques gentilshommes déjà compromis dans la guerre du margrave et divers autres aventuriers qui osèrent faire cause commune avec lui, encore que dans toute l'Allemagne les sentiments de la noblesse fussent assez favorables à ses projets. Grumbach se mit en rapport avec les ducs de Saxe de la ligne Ernestine, et surtout avec le duc Jean-Frédéric, qui ne pouvait se consoler de la perte de la dignité électorale et de l'abaissement de sa maison. Il se rendit avec ses adhérents à Gotha, et s'efforça de gagner le duc à l'exécution de ses plans de bouleversement. D'intelligence avec le chancelier de ce prince, appelé Christian Bruck, et appuyé par la cour de France, de laquelle Grumbach avait obtenu le titre de colonel de cavalerie, il lui fit entrevoir la possibilité non-seulement de regagner la dignité d'électeur, mais encore d'obtenir la couronne impériale. Les machinations dirigées par les conjurés contre la personne de l'électeur Auguste de Saxe semblent avoir déterminé ce prince à prendre enfin un parti décisif. Après avoir inutilement invité le duc Jean-Frédéric à éloigner de sa cour ces perturbateurs du repos public, il s'adressa à l'empereur Maximilien II, qui lors de la diète de 1566 ajouta encore aux rigueurs de l'arrêt de proscription rendu contre Grumbach et ses adhérents, et intima au duc Jean-Frédéric l'ordre d'avoir à forcer les proscrits de s'éloigner.

Le duc n'ayant pas plus voulu obéir à l'empereur qu'écouter les instances de ses amis, et ayant bien au contraire manifesté toujours plus ouvertement son intention de récupérer de vive force la dignité d'électeur fut également mis au ban de l'Empire, le 12 décembre 1566; et l'exécution de l'arrêt fut commise au duc Auguste. Celui-ci vint, avant les fêtes de Noël 1566, investir la ville de Gotha, qui après avoir soutenu un siége aussi long qu'opiniâtre se rendit enfin, le 13 avril 1567, par capitulation conclue avec les bourgeois, qui venaient de s'emparer de l'autorité à la suite d'une insurrection et avaient fait prisonniers tous les adhérents de Grumbach. Tandis que le duc Jean-Auguste était conduit prisonnier à Vienne, Grumbach et le chancelier Christian Bruck étaient condamnés, dès le 17 avril, en vertu d'un jugement rendu par l'électeur Auguste, à être écartelés vivants, et les autres chefs principaux de l'entreprise à être décapités. Grumbach subit son sort avec courage; les tortures cruelles qu'on lui fit éprouver ne purent lui arracher la révélation de ses plans non plus que de ses nombreux complices.

GRUME. On appelle *bois en grume* celui qui n'a pas été équarri après avoir été coupé, et auquel on a conservé son écorce. La flexibilité naturelle aux jeunes branches d'arbre permet de les employer *en grume* à la construction de meubles de jardin, de fabriques, de volières, de clôtures, etc.

GRÜN (ANASTASIUS). *Voyez* AUERSPERG.

GRUNDTVIG (NICOLAS-FRÉDÉRIC-SÉVERIN), l'un des plus remarquables écrivains qu'il y ait aujourd'hui en Danemark, est né le 8 septembre 1783, à Udby, petit village de Séelande, où son père était pasteur, et fut de bonne heure destiné à la carrière ecclésiastique. Il débuta dans celle des lettres par la publication de sa *Mythologie du Nord* (1808; 2e édition, 1832), ouvrage où pour la première fois ce sujet si vaste et si intéressant était traité d'une manière ingénieuse et saisissante, et bientôt après comme poëte dans ses *Optrin af Kæmpelivets Undergang i Nord* (2 vol. 1809). Les œuvres lyriques qu'il publia à la même époque, d'abord dans différents recueils et ensuite réunis sous le titre de *Kvædlinger* (1816), sont surtout remarquables par la perfection du style, et respirent le plus vif patriotisme. C'est ce sentiment qui lui fit choisir pour sujet d'un autre poëme, *Roskilde Riim* (1814), la période la plus brillante de l'histoire de son pays, d'après les Sagas et la chronique de Saxon le Grammairien, et traduire les deux plus remarquables historiens du Nord au moyen âge, Saxon le Grammairien et Snorro.

Grundtvig n'aborda pas à beaucoup près sous d'aussi favorables auspices la carrière évangélique. Le premier sermon qu'il prononça en chaire, sur ce thème : « Pourquoi la parole du Seigneur a-t-elle disparu de sa maison? » souleva dans le clergé de Copenhague des critiques tellement animées, qu'on en vint jusqu'à le rayer de la liste des candidats susceptibles d'être placés. Cependant, de 1811 à 1813 Grundtvig remplit dans la cure dont son père était titulaire les fonctions de vicaire. C'est vers ce temps que parut de lui un sermon sur cette pensée : « Pourquoi nous appelle-t-on luthériens? » (1812), qui produisit une sentation extraordinaire. Pendant les deux années qui suivirent, il prêcha de plus en plus fréquemment à Copenhague, aux grands applaudissements de la foule, tandis que les dispositions du clergé à son égard devenaient toujours plus hostiles. En 1821 il fut nommé à la cure de Præstœ, puis l'année d'après le roi Frédéric VI, malgré l'opposition du clergé, l'attacha avec le titre de second prédicateur à l'église de la Rédemption, à Copenhague. Comme théologien, Grundtvig appartient au luthéranisme le plus rigide; et par suite de la polémique qu'il engagea avec divers collègues plus disposés que lui à faire la part du temps et du progrès, même dans les affaires de culte et de religion, il dut donner sa démission. Les loisirs forcés qui en résultèrent pour lui le mirent à même de se livrer de nouveau à l'étude de l'histoire et à la poésie. Son *Sangværk tilden danske Kirke* (1817) est un choix très-remarquable de chants religieux; et dans ses *Nordiske Smaadigte* (1838) il a réuni tout ce qui chez les auteurs anciens et modernes a trait à la vie des héros et des poëtes du Nord. Le cour d'histoire moderne qu'il fit en 1838 fut suivi par de nombreux auditeurs et n'obtint pas moins de succès en 1843, lorsqu'il le fit dans le sein de la Réunion Scandinave, qui cette année-là le nomma son président.

Grundtvig, élu en 1848 et 1849 membre de l'Assemblée constituante de Danemark, s'y fit remarquer par l'emportement de son zèle ultra-danois dans la fameuse question des duchés de Schleswig-Holstein. Toutes ses motions, tous ses discours, n'avaient d'autre but que de recommander l'emploi des moyens les plus énergiques pour *châtier* et réduire à l'obéissance ces *révoltés* allemands. C'était évidemment du patriotisme de la part de Grundtvig; reste à savoir s'il était éclairé. En tous cas, sa conduite violente dans cette assemblée est une preuve nouvelle de la difficulté qu'éprouve le prêtre, catholique ou protestant, à rester l'homme de l'Évangile, du moment où il se jette dans la politique, oubliant cette sublime parole du Christ : « Mon royaume n'est pas de ce monde. »

GRUNSTEIN. *Voyez* DIORITE.

GRUSIE ou **GRUSINIE.** *Voyez* GÉORGIE.

GRUYÈRE ou **GRUYÈRES.** *Voyez* FRIBOURG (Canton de).

GRUYÈRE (Fromage de). *Voyez* FROMAGE.

GRY-GRY. *Voyez* ÉMÉRILLON.

GRYPHE. *Voyez* ÉNIGME.

GRYPHÉE, genre de mollusques. Animal inconnu, contenu dans une coquille bivalve, adhérente, très-inéquivalve, presque symétrique ou équilatérale : la valve inférieure est concave et terminée par un crochet saillant en dessus, et courbée en spire involute; la valve supérieure est beaucoup plus petite et operculée; la charnière est sans dents; la fossette cardinale est oblongue et arquée ; une seule impression musculaire existe sur chaque valve. Lamarck a développé les caractères de ce genre sur une coquille marine unique dans les collections de Paris; car ces coquilles récentes sont rares à l'extrême, et il est même fort douteux que le mollusque dont elles forment l'enveloppe existe dans notre époque géologique actuelle; mais la gryphée fossile (*gryphite*) est aussi abondante que l'espèce récente est rare. Les gryphées paraissent avoir été intermédiaires entre les huîtres et les térébratules, et probablement elles étaient contemporaines des ammonites, des bélemnites, des peignes, des térébratules, etc., car leurs dépouilles se trouvent continuellement mêlées aux dépouilles testacées de ces malacozoaires. Leur forme les rapproche des huîtres, et, comme celles-ci, elles paraissent avoir vécu en familles nombreuses, car leurs coquilles se rencontrent souvent étalées en couches étendues, et qui comptent parfois jusqu'à trois mètres de puissance. Les gryphites abondent surtout dans le calcaire argileux qui avoisine les grès rouges et bigarrés : ce calcaire particulier que l'on désigne sous le nom de *calcaire à gryphites*, et qui semble en effet tout pétri des dépouilles testacées de ces mollusques, accompagne assez fréquemment les couches houillères, et paraît être de formation contemporaine.

On distingue parmi les gryphites un assez grand nombre d'espèces ou de variétés : la plus abondante, sans contredit, dans les couches de la terre, c'est la *gryphée arquée*; nous nommerons encore la *gryphée colombe*, la *gryphée plissée*, la *gryphée géante*, etc. BELFIELD-LEFÈVRE.

GRYPHITE. *Voyez* GRYPHÉE.

GUACHARO, genre d'oiseaux de l'ordre des passereaux, de la famille des caprimulgidées, établi par M. de Humboldt sous le nom de *steatornis*. Il ne renferme qu'une seule espèce, le *guacharo de Caripe* (*steatornis caripensis*, H.), qui est propre au continent de l'Amérique méridionale et à quelques îles des Indes occidentales. Le guacharo réunit à la taille d'une poule ordinaire la forme et le bec d'un oiseau de proie. Cependant, il ne se nourrit que de fruits et de graines dures. Il a en horreur la lumière du jour, et on le rencontre sous le pont naturel de Pandi, près de Bogota, dans la Nouvelle-Grenade et dans les grottes de la Guadeloupe et de la Trinité, mais surtout en quantités incroyables dans l'obscure grotte située dans la vallée de Caripe, près de Cumana, dans l'État de Venezuéla, et appelée de son nom *grotte du Guacharo*. L'entrée de cette remarquable grotte, haute de 24 mètres, reçoit de la nature majestueuse de la végétation tropicale un caractère tout particulier. A l'intérieur, et à une hauteur de 18 à 20 mètres, nichent des milliers de guacharos, qui ne sortent de la grotte qu'à l'entrée de la nuit, et surtout par le clair de lune, pour s'en aller chercher des graines. On ne peut se faire un idée de l'effroyable vacarme que font ces oiseaux dans la partie la plus obscure de la grotte, lorsque l'apparition de la lumière d'une torche vient les effrayer, vacarme que double encore la répercussion des sons par les parois de la grotte. Chaque année, à l'époque de la Saint-Jean, les Indiens ont l'habitude de faire tomber la plupart de ces nids à l'aide de grandes gaules, et de tuer alors des milliers de guacharos. Les jeunes qui tombent à terre sont aussitôt vidés. On fait fondre ensuite la graisse qu'ils ont sur la poitrine, et on s'en sert généralement en guise de beurre pour l'assaisonnement des mets et d'huile pour l'éclairage. De là le nom scientifique du genre, *steatornis*, formé de στέαρ, στέατος, suif, graisse, et ὄρνις, oiseau.

GUADALAXARA, province du royaume d'Espagne comprise dans la Nouvelle-Castille, d'une superficie de 64 myriamètres carrés, traversée au nord par les chaînes de la Somo-Sierra, mais n'offrant partout ailleurs qu'une plaine pierreuse, aride et presque entièrement dépourvue d'arbres, arrosée par le Tage, le Manzanarès et l'Hénarès, compte 160,000 habitants, qui se livrent à l'éducation des moutons, au tissage des laines et à la culture du chanvre, du lin et de l'*esparto*. Elle a pour chef-lieu la ville du même nom, bâtie sur le Hénarès, antique et sale cité, où l'on trouve force ruines de couvents et autres édifices, les tombeaux des ducs de l'Infantado dans l'église des Franciscains, des hôpitaux, une manufacture de draps et 16,000 habitants. Elle s'appelait autrefois *Arriaca*, et fut prise en 711 aux Goths par les Arabes, qui l'appelèrent alors *Ouadi'l-Hadscharah* (*Guadalarriaca*). En 1681 le roi de Castille Alphonse Ier la leur reprit.

GUADALAXARA, chef-lieu de l'État de Xalisco au Mexique, et de l'ancienne intendance de Guadalaxara dans la Nouvelle-Galice, l'une des plus belles villes de l'Amérique, fondée en 1542, et située dans la vallée d'Altemaxac, au voisinage de nombreuses mines d'argent, est le siége du gouvernement et d'un évêché, et compte une population évaluée de 60 à 80,000 âmes. Ses rues, larges, régulières et bien pavées, ses quatorze places symétriquement tracées sont arrosées par douze grandes fontaines jaillissantes qu'alimente un aqueduc long d'environ 3 myriamètres. Ses maisons, en général grandes et d'un bon style, lui donnent tout à fait l'apparence d'une de nos riches cités d'Europe. On y voit plusieurs beaux hôtels, une cathédrale et de magnifiques églises, onze couvents, deux hôpitaux, un séminaire, une université et un hôtel des monnaies, qui date de 1814. L'orfèvrerie, la fabrication des articles de bois, de fer, d'écaille et de cuir, des chapeaux et de la corroierie, le tissage et l'impression sur coton sont les principales industries de la population. C'est près de Guadalaxara, au pont de Caldéron, que Calleja battit, le 17 janvier 1811, les insurgés commandés par Hidalgo.

GUADALQUIVIR, de l'arabe *Ouad al Kebir*, c'est-à-dire le *grand fleuve*, le Bætis des anciens, l'un des cours d'eau les plus considérables qu'il y ait en Espagne, prend sa source à l'est de la Sierra Cazorla, dans la province de Jaen, coule d'abord du sud au nord, puis à l'ouest, et enfin dans la direction du sud-ouest, presque parallèlement avec la Guadiana. Il reçoit les eaux de la Petite-Guadiana, du Guadalimar et du Xenil, traverse depuis Cordoue jusqu'à Séville les plus belles et les plus riches contrées de l'Espagne, et après un parcours d'environ 450 kilomètres vient se jeter dans l'Atlantique, à San-Lucar. Il est navigable jusqu'à Séville pour les navires d'un fort tonnage, et jusqu'à Cordoue pour des bâtiments de moindres dimensions.

GUADELOUPE, île découverte en 1493, par Christophe Colomb, qui lui donna ce nom à cause de la ressemblance qu'offrent ses montagnes avec une chaîne appelée de même et située en Espagne, sur les confins de la Nouvelle-Castille et de l'Estramadure. Elle était alors habitée par les Caraïbes. Les Européens laissèrent écouler près d'un siècle et demi sans chercher à s'y établir. Mais vers le milieu de 1635, 550 Français, conduits par deux gentilshommes, nommés de l'Olive et Duplessis, vinrent jeter dans l'île les fondements de la colonie actuelle. La guerre avec les Caraïbes ne tarda pas à éclater; elle dura environ quatre ans, au bout desquels la paix fut conclue avec les naturels, qui du reste avaient été précédemment forcés d'abandonner l'île. Les Français commencèrent alors à cultiver la terre, et la colonie se peupla de quelques nouveaux Européens et de plusieurs colons de Saint-Christophe. Les compagnies auxquelles le privilége exclusif du commerce des îles de l'Amérique avait été successivement accordé s'étant vues contraintes de renoncer à ce privilége, plus onéreux que profitable, la Guadeloupe fut vendue en 1649, avec *Marie-Galande*, la *Désirade* et les *Saintes*, au marquis de Boisseret, qui les acheta au prix de 60,000 livres tournois et de 600 livres pesant de sucre fin par an; celui-ci céda la moitié de son marché à Houel, son beau-frère. La domination de ces seigneurs propriétaires dura quinze années, pendant lesquelles quatre marquisats, un comté et plusieurs autres fiefs se formèrent dans l'île. En 1664 Louis XIV acheta, pour la somme de 125,000 livres, la Guadeloupe et ses dépendances, et les céda à la *Compagnie des Indes occidentales*. Cette compagnie n'ayant pas mieux réussi dans ses spéculations que les précédentes, le roi se chargea d'acquitter ses dettes, et la Guadeloupe fut définitivement réunie au domaine de l'État. En 1666, 1691 et 1703, les habitants de l'île la défendirent avec la plus éclatante bravoure contre les attaques des Anglais, et parvinrent à les repousser. Mais en 1759 la Guadeloupe tomba au pouvoir de ces derniers, qui l'occupèrent à trois reprises différentes, de 1759 à 1763, en 1794, de 1810 à 1814. En 1813, par suite du traité signé le 3 mars à Stockholm entre l'Angleterre et la Suède, la première céda la Guadeloupe à la seconde; mais la paix de Paris la restitua à la France.

La Guadeloupe est après la Trinité la plus considérable des Petites-Antilles, et le chiffre total de sa population est aujourd'hui de 129,000 âmes. Elle est située dans l'océan Atlantique, par les 15° 59' et 60° 40' de latitude nord, et par les 63° 20' et 64° 9' de longitude ouest, à environ 10 myriamètres de la Martinique, et à 500 myriamètres de France. Cette île, qui a 164,513 hectares de superficie, dont 45,701 en cultures, 23,786 en savanes, 23,609 en bois et forêts, et 71,547 en terres incultes, se compose de deux parties presque égales, séparées l'une de l'autre par un détroit nommé la *Rivière-Salée*, de 8 kilomètres de longueur, sur 30 à 120 mètres de largeur, navigable seulement pour les embarcations non pontées, et communiquant des deux côtés avec la mer.

La partie occidentale est la *Guadeloupe* proprement dite; elle présente à peu près la forme d'une ellipse. Une chaîne de montagnes, boisées et volcaniques, d'une hauteur moyenne de 1,000 mètres, la traverse du nord au sud. Un volcan, encore en activité, nommé la *Soufrière*, la domine, et s'élève à 1,557 mètres au-dessus du niveau de la mer. La ville de la *Basse-Terre* (6,000 hab.), chef-lieu de la colonie et siége du gouvernement, se trouve au sud-ouest, sur le littoral. La partie orientale, nommée *Grande-Terre*, a une forme qui se rapproche de celle d'un triangle; son territoire est plat, sans bois et presque sans eau, mais fertile. Le séjour de la *Grande-Terre* ne réunit pas les mêmes conditions de salubrité que celui de la *Guadeloupe* proprement dite. C'est dans cette partie qu'est située la *Pointe-à-Pitre*, ville et port de commerce très-important. (Population avant le tremblement de terre de 1843, 9,000 habitants).

La Guadeloupe compte dans sa dépendance quatre autres petites îles, qui sont :

1° *Marie-Galande*, située à une distance de 26 kilomètres : cette île a 66 kilomètres de tour, et produit les mêmes denrées que l'île principale; 2° le groupe d'îlots nommé les *Saintes*, situé à 12 kilomètres, et qui produit beaucoup de café et de vivres; 3° l'île de la *Désirade*; 4° enfin, la moitié de l'île *Saint-Martin*, comprenant sa partie nord : cette île, située à environ 15 myriamètres de la Guadeloupe, est possédée dans sa partie sud par les Hollandais. La portion qui relève du gouvernement de la Guadeloupe peut avoir 28 kilomètres de tour; elle produit principalement du sucre et du coton. La température moyenne de la Guadeloupe est de 27° centigrades. On ne trouve point dans l'île les serpents et insectes venimeux qui infestent plusieurs des îles voisines; mais la colonie n'est pas moins exposée que celles-ci aux ravages affreux des ouragans. Ce fléau, souvent accompagné de raz de marée et de tremblements de terre, l'a déjà frappée onze fois depuis le commencement du siècle; et l'ouragan du 8 janvier 1843, ce terrible désastre, qui dévasta toute l'île, détruisit la plus grande partie de la Pointe-à-Pitre, la plus belle ville des Antilles, coûta la vie à plusieurs milliers d'hommes et causa une perte totale de plus de 70 millions de francs, restera longtemps présent à la mémoire des habitants.

La Guadeloupe avec ses dépendances est la plus importante des colonies françaises de l'Amérique. Ses produits principaux sont le sucre, le café, le coton, le cacao, le manioc, l'igname, la patate et le maïs. Dans les premiers temps on ne cultivait à la Guadeloupe que le *petun*, ou tabac. Ce ne fut qu'en 1653 que l'on commença à y faire du sucre sous la direction d'une cinquantaine de colons hollandais, qui, forcés de fuir le Brésil, vinrent s'établir à la Guadeloupe, avec 1,200 esclaves environ. L'espèce de canne à sucre cultivée alors dans la colonie provenait de Madère et des îles Canaries : on la remplaça en 1657 par des plants de canne du Brésil, et peu de temps avant la révolution de 1789 cette dernière espèce fut elle-même remplacée par la canne d'Otahiti, que l'on cultive encore aujourd'hui dans la colonie. Un juif, nommé Benjamin d'Acosta, introduisit la culture du cacao à la Guadeloupe et dans les autres Antilles en 1660, et les premiers plants de café y furent apportés en 1726 par le chevalier Desclieux. Depuis une quarantaine d'années, ces dernières cultures ont été négligées pour celle du sucre. Mais l'abolition de l'esclavage a naturellement arrêté l'essor de la prospérité de cette colonie. On y compte aujourd'hui 561 moulins à sucre, dont 1967 à bêtes, 222 à vent et 142 hydrauliques. Le nombre total des habitations de la Guadeloupe est évalué à 3,610; avant l'émancipation des esclaves elles représentaient une valeur d'environ 320 millions de francs.

Au mois de mai 1850 un effroyable incendie réduisit en cendres une partie de la ville de la Pointe-à-Pitre, déjà si cruellement éprouvée en 1843; ce sinistre fut attribué, avec beaucoup de vraisemblance, aux nègres émancipés, parmi lesquels fermentait à ce moment une extrême irritation contre leurs anciens *maîtres*, et qui n'avaient pas craint de se révolter ouvertement. Le gouverneur déclara la ville en état de siége, fit venir en toute hâte du renfort de la Martinique, et réussit à comprimer cette tentative d'insurrection, qui eût pu avoir d'incalculables conséquences. Le 16 mai 1851 on ressentit encore à la Guadeloupe une secousse de tremblement de terre qui causa de grands désastres à la Basse-Terre et à la Pointe-à-Pitre.

D'après un sénatus-consulte du 7 avril 1854, promulgué le 3 mai, le commandement supérieur et la haute administration de la colonie sont confiés à un gouverneur, sous l'autorité du ministre de la marine et des colonies; un conseil privé consultatif est placé près du gouverneur, avec l'adjonction de deux magistrats désignés par le gouverneur; ce conseil connaît du contentieux administratif. Le territoire de la colonie est divisé en communes. Il y a dans chaque commune une administration, composée du maire, des adjoints et du conseil municipal. Les maires, adjoints et conseillers municipaux sont nommés par le gouverneur. Un conseil général, nommé moitié par le gouverneur, moitié par les membres des conseils municipaux, vote les dépenses d'intérêt local, les taxes, contributions et emprunts, etc. Il donne son avis sur toutes les questions d'intérêt colonial dont la connaissance lui est réservée ou sur lesquelles il est consulté par le gouverneur. La justice est administrée par six tribunaux de paix, trois tribunaux de première instance, une cour impériale et deux cours d'assises.

GUADET (Marguerite-Élie), naquit le 20 juillet 1758, à Saint-Émilion. C'est là qu'il fit ses premières études. A quinze ans il quitta sa ville natale pour aller à Bordeaux terminer son éducation; puis, très-jeune encore, il alla s'asseoir au milieu de ce barreau et se mêler à cette société du haut commerce, qui formèrent de tout temps dans cette ville deux puissances parallèles et sans rivales. Lorsque l'Assemblée constituante se sépara pour faire place à l'Assemblée législative, Guadet, qui malgré sa jeunesse avait déjà obtenu un grand nombre de suffrages pour la députation aux états généraux, fut désigné par son département pour aller siéger dans cette Assemblée législative, avec Vergniaud, Gensonné, Fonfrède, Ducos, etc., noms qui devaient être un jour célèbres et jeter un vif éclat sur la révolution française.

A leur arrivée à Paris, les députés de Bordeaux trouvèrent les partis fortement prononcés. Ils firent alliance dans l'assemblée avec les défenseurs de la constitution, hors de l'assemblée avec les jacobins. Guadet, jeune, ardent, impétueux, fort de son talent, fut l'un des premiers à se faire remarquer et à révéler un improvisateur chaleureux acquis aux principes nouveaux. De nombreux triomphes oratoires achevèrent de lui assigner une haute place dans l'opinion. La journée du 20 juin fournit aux girondins l'occasion de se dessiner plus franchement qu'ils ne l'avaient fait encore. Le général Lafayette, quittant ses troupes, se présenta, le 28 juin, à la barre de l'Assemblée nationale pour demander au nom de l'armée, au nom de tous les honnêtes gens de France, la répression des insultes prodiguées au monarque. Guadet court alors à la tribune, et, après un discours marqué au coin de la plus haute raison et de l'éloquence la plus chaleureuse, demande que le ministre de la guerre soit interrogé pour savoir s'il a donné un congé au général, ou bien s'il a quitté son poste sans autorisation du ministre, et que la commission des douze fasse le lendemain un rapport sur le danger d'accorder à des généraux le droit de pétition. Pour la Gironde aussi, cependant, les excès du 20 juin durent être un sujet de profondes et douloureuses réflexions : placés entre deux écueils, le despotisme et la licence, les girondins pensèrent qu'ils pouvaient encore attacher le roi à leur cause, maîtriser ainsi les partis, et faire triompher leurs principes, qui étaient ceux de la constitution ; c'est dans ce but et dans cet espoir que Vergniaud, Guadet, Gensonné, écrivirent cette fameuse lettre dont on fit plus tard tant de bruit. Dans cette lettre, ils demandaient au roi d'écarter les armées qui menaçaient la France, de faire choix de ministres patriotes, de donner au prince royal un gouverneur attaché aux principes constitutionnels et d'adhérer franchement lui-même à ces principes. Tel était l'objet de cette démarche, tant reprochée depuis aux girondins.

Le 26 juillet, Guadet, organe de son parti, lut un projet de message au roi, qui se terminait ainsi : « La nation seule saura sans doute défendre et conserver sa liberté; mais elle vous demande, sire, une dernière fois, de vous unir à elle pour défendre la constitution et le trône. » Le roi, fidèle à ses antécédents, persista dans sa conduite. Les girondins alors, désespérant de fonder en France une monarchie constitutionnelle, se décidèrent pour la république, qui, selon l'expression de M. Thiers, ne fut désirée par eux qu'en désespoir de la royauté. Ils concoururent donc au 10 août.

Dès le 30 du même mois Guadet provoqua un décret de dissolution contre la municipalité, produit de l'insurrection, composée de tout ce qu'il y avait de plus extrême dans le parti populaire, Robespierre, Marat, etc. ; mais cette municipalité brava les décrets de l'Assemblée, resta à son poste, et ne répondit que par les massacres des 2 et 3 septembre, barrière de sang dressée désormais entre la Gironde et les meneurs de Paris.

C'est dans ces circonstances que l'Assemblée législative céda la place à la Convention. Le département de la Gironde s'empressa de réélire ses députés les plus marquants : Vergniaud, Guadet, Gensonné, etc. ; Paris, de son côté, envoya à la même assemblée les membres les plus ardents de sa municipalité, Danton, Marat, Robespierre, etc. La lutte fut dès lors transportée dans le sein même de la Convention. Cette assemblée s'ouvrit le 21 septembre 1792, et dès le 23 Vergniaud et quelques autres membres attaquèrent ouvertement la députation de Paris et notamment Robespierre et Marat. Guadet appuya avec vigueur cette accusation. Louvet renouvela, le 29 octobre, l'attaque contre Robespierre, et c'est encore Guadet qui, toujours prêt à combattre, se chargea de soutenir la lutte. Quand vint le procès du roi, on fut d'accord sur la culpabilité ; mais la Montagne voulait porter un jugement définitif, tandis que la Gironde, refusant de prendre sur elle la responsabilité d'un pareil acte, réclamait l'*appel au peuple*. Cette mesure salutaire ayant été rejetée, il ne s'agit que de l'application de la peine. Guadet vota la mort; mais lorsque la question du *sursis* fut mise aux voix, il vota pour le sursis : ce second tempérament fut encore écarté, et de tous les biais employés par les girondins il ne résulta qu'une seule chose, c'est qu'il leur répugnait de conduire Louis XVI à l'échafaud, mais qu'ils n'osaient le dire. Ce fut une faute dont ils ne tardèrent pas à porter la peine; car le 9 mars suivant, au moment où Guadet se disposait à paraître à la tribune, il fut assailli par les plus violentes clameurs : *Nous ne pouvons entendre un conspirateur*, s'écrie un membre. *Oui, oui*, reprennent une foule d'autres, *il y a ici des conspirateurs*.

Le jour même Guadet et son parti furent voués aux poignards des assassins. Dans la nuit du 9 au 10 les conjurés s'armèrent, et peut-être dans cette circonstance les députés menacés ne durent-ils qu'à leur vigilance et à leur attitude imposante d'échapper à un nouvel acte de la tragédie de septembre. Du reste, Guadet ne se faisait guère illusion sur l'issue de la lutte qu'il soutenait avec un courage à toute épreuve. Au mois d'avril, Robespierre ne craignit plus d'attaquer en face les députés de la Gironde. Vergniaud et Guadet se défendirent en orateurs inspirés : Vergniaud, toujours grand, toujours beau quand il avait écrit; Guadet plus inégal, mais aussi plus sensible, plus impétueux, plus entraînant, parce qu'il improvisait toujours. Ils arrachèrent les applaudissements de l'assemblée; mais bientôt, le 15 avril, les députés de trente-cinq sections de Paris se présentent à la barre de la Convention, demandant que vingt-deux représentants, et Guadet entre autres, fussent suspendus de leurs fonctions comme coupables du crime de félonie envers le peuple souverain. La Convention déclara la pétition calomnieuse; et cependant, cinq jours après, la municipalité elle-même vint en demander l'impression et l'envoi aux départements. La Convention repoussa encore cette demande; elle ne pouvait rien de plus. Dans ces tristes circonstances, Bordeaux tout entier éleva une voix indignée, et, dans une adresse énergique, menaça Paris d'une éclatante vengeance s'il était porté atteinte à la vie ou à la liberté de ses mandataires. Sur la demande de Guadet, l'adresse de la Gironde fut imprimée, affichée dans Paris, et envoyée aux départements. Enhardi peut-être par ce succès, qui lui montrait la majorité toujours acquise à ses principes, Guadet porta bientôt après à la tribune une des motions les plus hardies qui eussent encore été faites. Il proposa de casser les autorités de Paris, de remplacer provisoirement dans les vingt-quatre heures la commune de cette ville, et enfin la convocation et la réunion des suppléants de l'assemblée à Bourges, dans la crainte d'une dissolution prochaine de la Convention. Le succès d'une pareille mesure eût sans contredit sauvé la France, mais aussi le non-succès devait infailliblement entraîner la ruine de la Gironde. Elle échoua dans l'assemblée même ; car cette portion du centre connue sous le nom de *Marais*, et qui jusque ici avait voté pour les girondins, n'osa répondre au vœu de Guadet. Il fut donc livré avec ses amis à toute la fureur du peuple. De là la proscription du 31 mai, journée fatale, qui, en mutilant la Convention, livra la France à toutes les horreurs de la plus atroce anarchie.

Guadet et quelques autres proscrits, Buzot, Barbaroux, Salles, Pétion, Louvet, etc., trouvèrent les moyens de s'éloigner de Paris et de se réfugier dans le Calvados. Obligés de fuir de nouveau, après avoir échoué dans le mouvement insurrectionnel des départements qui leur étaient dévoués, les proscrits s'embarquèrent à Quimper ; on sait que, pouvant se réfugier à l'étranger et attendre là des temps meilleurs, ils préférèrent suivre dans le département de la Gironde leur collègue Guadet, dont l'âme confiante et généreuse leur promettait asile et sécurité. Mais leur illusion fut courte et la réalité terrible, surtout pour Guadet. Quand les proscrits mirent le pied dans le département de la Gironde, il était déjà, comme le reste de la France, au pouvoir de leurs proscripteurs : là, comme ailleurs, tout tremblait sous les commissaires de la Convention. Cependant Guadet conduisit secrètement ses amis jusqu'à Saint-Émilion, où était toute sa famille, et où il pouvait espérer trouver le plus de ressources. Après bien des peines et des démarches, il finit en effet par leur procurer un asile à tous, non dans les grottes de Saint-Émilion, comme on l'a si souvent imprimé, mais chez des amis, chez des parents, dans la maison même de son père. Toutefois, Guadet et ses collègues n'avaient pu arriver jusqu'à Saint-Émilion sans être vus et reconnus. On les avait aperçus vers le Bec-d'Ambès; on savait qu'ils avaient remonté le cours de la Dordogne; Guadet avait même été reconnu aux environs de Libourne; il était facile de comprendre que tous s'étaient dirigés vers Saint-Émilion. Le dimanche 6 octobre 1793, vers le soir, le représentant Tallien arrive donc dans cette ville : cette première perquisition, peu sévère, à ce qu'il paraît, ne produisit aucun résultat. Saint-Émilion, toutefois, n'en continua pas moins à être surveillé avec soin ; car on était persuadé que les proscrits devaient avoir choisi ce lieu pour retraite.

Enfin, le 15 juillet 1794, au point du jour, toutes les carrières qui entourent la ville, la ville elle-même et les maisons de Guadet père et de sa famille, se trouvent tout à coup cernées par des bandes de forcénés, secondés par des chiens, dont ils ont l'atroce précaution de se faire accompagner : un détachement formidable de troupes révolutionnaires leur prête également appui. Guadet et Salles sont trouvés dans la maison de Guadet père, et conduits à Bordeaux devant la commission militaire, qui n'a qu'à constater l'identité, car Salles et Guadet sont depuis longtemps hors la loi. Interrogé par le président, celui-ci répond : « Je suis Guadet. Bourreaux, faites votre office ; allez, ma tête à la main, demander votre salaire aux tyrans de ma patrie. Ils ne la virent jamais sans pâlir ; en la voyant abattue, ils pâliront encore. » Arrivé sur l'échafaud, il s'offre à la multitude le front calme et tranquille; il veut parler, mais on ordonne un roulement de tambour, et il ne peut faire entendre que ces mots : « Peuple, voilà l'unique ressource des tyrans : ils étouffent la voix des hommes libres pour commettre leurs attentats. » Il avait trente-cinq ans, et laisait après lui une veuve et deux orphelins. Le père de Guadet, vieillard de soixante-quatorze ans, et une tante, arrêtés en même temps que lui, montèrent aussi sur l'échafaud pour lui avoir donné asile. Un jeune frère, adjudant général à l'armée de la Moselle, fut également entraîné dans sa perte. Un seul membre de la famille échappa à cette boucherie : il était lieutenant-colonel d'un régiment, alors à Saint-Domingue; c'est le père de l'auteur de cet article. J. GUADET neveu.

GUADIANA, de l'arabe *Ouad Ana*, c'est-à-dire *Fleuve Ana*, l'un de principaux cours d'eau de l'Espagne, prend sa source dans le marais de Ruidera, non loin d'Alcaraz (Manche), disparaît à quelques kilomètres de là, au milieu des roseaux et des joncs, et après avoir coulé souterrainement pendant l'espace de plus de 30 kilomètres, reparaît à un endroit appelé *los Ojos* (les yeux) *de Guadiana*, et continue à couler ensuite dans la direction de l'ouest à travers la Mancho et l'Estramadure jusqu'à Badajoz, où il atteint la frontière de Portugal, et où il se dirige alors au sud-ouest, puis à l'ouest. Après avoir tantôt coulé à travers le sol portugais, et tantôt formé les limites de la province portugaise d'Algarve et de la province espagnole de Séville, il vient se jeter dans l'Atlantique, entre Apamonte et Castro-Marin, après un parcours d'environ 64 kilomètres. Ses affluents les plus considérables sont la Zangara, la Giguela, la Guadasira, l'Ardila et la Chanza.

GUALTIERI (GIOVANNI). *Voyez* CIMABUE.

GUANAXUATO, l'un des plus petits, mais en revanche l'un des États les plus peuplés du Mexique, sur le plateau d'Anahuac, entre les États de Queretaro, de Méchoacan, de Xalisco et de San-Luis de Potosi, dépendait autrefois du royaume de Mechoacan. Les Espagnols l'enlevèrent aux Chichimèques, peuples nomades et chasseurs, le peuplèrent avec des colonies d'Aztèques, et en firent une intendance de la vice-royauté de la Nouvelle-Espagne.

Sa superficie est évaluée à 294 myriamètres carrés, et on y compte 800,000 habitants, dont le tiers d'origine indienne. La *Sierra de Guanaxuato*, qui traverse ce plateau dans la direction du sud-est au nord-ouest, atteint au Cerro de Villapando une altitude de 3,150 mètres, au Cerro de San-Rafael de 3,025, et sur d'autres crêtes d'environ 3,000 mètres. Elle est célèbre par ses richesses minérales, surtout par les gîtes argentifères de son versant sud-ouest, regardés autrefois comme les plus riches de la terre, et dont le produit annuel au commencement de ce siècle ne s'élevait pas à moins de 251,000 marcs d'argent fin. La révolution porta un coup fatal à l'exploitation de ces mines, qui ne fut guère reprise avec quelque activité qu'en 1823. Mais en dépit du concours prêté, en 1825, par diverses compagnies anglaises possédant tous les capitaux nécesaires, cette exploitation n'a plus donné depuis les mêmes profits qu'autrefois. Grâce à l'extrême fécondité du sol et à la beauté du climat, l'État de Guanaxuato, malgré l'état déplorable de son agriculture, produit encore assez pour les besoins de sa population. Les plantes tropicales réussissent sur quelques points, et partout les céréales et les légumes d'Europe y viennent à souhait. Dans les fermes on élève beaucoup de gros bétail, de chevaux, de mulets, de porcs et de chèvres. Les manufactures de lainages et de cotonnades ne produisent que des étoffes grossières; en revanche on fabrique beaucoup d'objets d'assez bon goût en cuir, d'articles de sellerie et de carrosserie, d'excellents chapeaux, et au chef-lieu on trouve d'importants ateliers d'orfèvrerie.

GUANAXUATO ou *Santa-Fé de Guanaxuato*, chef-lieu de l'État, ville bâtie à près de 2,300 mètres au-dessus du niveau de l'Océan, dans une étroite baie, appelée *Canado do Marfil*, fut fondée en 1544, érigée en *villa* en 1619, et en *ciudad* en 1741. Elle doit son origine aux mines qui l'avoisinent, est très-irrégulièrement construite et entourée de montagnes escarpées à base de porphyre. On y trouve un grand nombre de monuments qui témoignent de la richesse des mineurs, une espèce d'université pour l'enseignement de la théologie, de la jurisprudence et de la métallurgie, un gymnase, un collége, un théâtre, plusieurs églises et couvents, et un hôtel des monnaies, fondé en 1612. Avant la révolution, qui ne sévit nulle part avec autant de fureur que dans l'État de Guanaxuato, on comptait dans cette ville et dans les mines des environs une population de plus de 100,000 âmes. La plus célèbre de ces mines, celle de *Valenciana*, a 527 mètres de profondeur, et son fond se trouve encore à 1,894 mètres au-dessus du niveau de la mer.

Parmi les autres localités importantes de l'État de Guanaxuato, il faut encore mentionner *Silao* (6,000 habitants), ville près de laquelle sont situées les célèbres eaux thermales de San-Jose de Camanjilla; *Celaya* (14,000 habitants), *Salamanca* (15,000 habitants), *Irapuato* (16,000 habitants) et *San-Miguel Allende* (12,000 habitants). Au nord-est du chef-lieu est situé le village de *Dolores Hidalgo*, célèbre parce que c'est là qu'en 1810 le curé Hidalgo donna le signal de l'insurrection des populations mexicaines contre la domination espagnole.

GUANCHES, aborigènes des îles Canaries.

GUANO. C'est le nom donné par les naturels du Pérou, du Chili et de la Bolivie, à une substance qu'on trouve par masses immenses et profondes le long des côtes de ces contrées, et aussi dans les nombreuses îles qui ceignent ce vaste littoral; elle provient, suivant l'opinion commune, de l'amas successif de la fiente des oiseaux de mer, qui viennent y dormir pendant les nuits, ou bien des détritus de ces animaux, fientes ou détritus qu'auraient accumulés une longue suite de siècles. Il peut au premier abord paraître étrange qu'on explique ainsi la formation des couches de guano aux lieux où on le rencontre, et on a peine à comprendre que l'accumulation lente et successive de ces fientes d'oiseaux ait pu arriver à former des bancs de 90 mètres de profondeur. Le merveilleux de pareils résultats disparaît quand on sait qu'il y a tel îlot de ces côtes où plus de 50,000 oiseaux viennent dormir chaque nuit; ce qui, rien qu'en n'évaluant qu'à 15 grammes le produit des évacuations excrémentitielles de chacun de ces animaux dans une nuit, donne au bout de l'année un poids de 5,700 quintaux.

Le guano, dont la couleur est jaune sale, est à peu près insipide, mais exhale une odeur très-forte, participant de celles du castor et de la valériane. Sa composition varie suivant sa provenance. En moyenne, l'analyse donne : Eau, 23,50; matière organique, 32; ammoniaque pur, 10; sulfate de potasse, 1,20; sulfate et muriate de soude, 3,80; acide phosphorique, 2,50; phosphate, carbonate de chaux et de magnésie, 27.

Quelle que soit au reste la composition de même que l'origine du guano, un fait incontestable, c'est que ce produit constitue le plus puissant engrais que l'agriculture ait employé jusqu'à ce jour. Quand on se reporte aux bons effets de la colombine, on a facilement une idée de la force d'un engrais exclusivement composé des excréments d'oiseaux qui se nourrissent non pas de végétaux, comme nos volailles, mais de matières animales, de poissons. Depuis longtemps les propriétés fertilisantes de cette substance étaient appréciées par les indigènes de certaines parties de l'Amérique du Sud. Déjà, au douzième siècle de notre ère, sous les Incas, on en faisait grand usage au Pérou pour amender les terres. Aujourd'hui encore la consommation qu'en font les cultivateurs de ce pays est tellement considérable, que dans la seule vallée de Chançay, située au nord de Lima, et qui n'a guère que trois myriamètres de longueur, il arrive, année commune, 400 milliers de guano, qu'on emploie à fumer le sol. L'utilité qu'en tiraient les cultivateurs péruviens pour la fécondation de leurs terres ayant frappé des voyageurs, ils rapportèrent en Europe, au commencement de ce siècle, des échantillons, qui furent analysés par Fourcroy et Vauquelin. Ce ne fut guère toutefois que vers l'année 1841 que le commerce anglais apprécia les bénéfices importants qu'il pourrait réaliser par l'exploitation d'un produit qu'il ne s'agissait pour ainsi dire que de ramasser là où la nature l'avait déposé par énormes amas, et vint faire au Pérou quelques chargements de guano. Des expériences agricoles furent tentées en Angleterre et en Écosse, et le brillant succès qu'elles obtinrent détermina bientôt nombre d'armateurs de Liverpool, de Hull, de New-Castle, à expédier des bâtiments dans les mers de l'Amérique centrale et méridionale à la recherche du guano.

Éveillée par les bénéfices importants que promettait cette nouvelle branche de commerce, l'industrie se mit tout aussitôt à la découverte de parages plus rapprochés de notre Europe où l'on trouvât la précieuse substance dont l'agriculture tirait un si admirable parti ; et on ne tarda pas à apprendre que le guano se rencontre aussi par couches auxquelles on a reconnu jusqu'à 90 mètres de profondeur, sur une étendue considérable, dans certaines parties du littoral occidental et oriental de l'Afrique, notamment aux îles du groupe d'Agra Pequenna, près du cap de Bonne-Espérance, dans l'Atlantique. L'une de ces îles, appelée *Ichaboë*, située à 24 kilomètres environ du groupe principal, restée complétement déserte jusqu'en 1843, fut visitée dans le courant de l'année suivante par plus de cent navires venus y charger le précieux engrais. Cette île d'Ichaboë possédai des couches profondes de 10 à 15 mètres, dont la partie supérieure consiste, sur un mètre environ d'épaisseur, en détritus de pingouins et d'autres oiseaux de mer, dont on trouve quelquefois, à dix ou douze mètres de profondeur, des œufs parfaitement conservés.

Aujourd'hui les principales espèces de guano sont, d'après M. Nesbit, en les classant suivant leur richesse en ammoniaque : 1° le guano d'Angamos, provenant de la côte occidentale de l'Amérique du Sud, et renfermant jusqu'à 20 et même 24 pour 100 d'ammoniaque; il est rare dans le commerce, à cause des difficultés qu'offre sa récolte sur les roches escarpées où les oiseaux le déposent ; 2° le guano du Pérou, le plus commun dans le commerce en Angleterre, et contenant 16 à 18 p. 100 d'ammoniaque; 3° le guano du Chili, qui n'en renferme que de 5 à 6 p. 100 ; 4° le guano de la Bolivie, où on n'en trouve plus que 2 1/2 p. 100; 5° le guano de quelques endroits tels que la baie de Saldanha, où, déposé sous un climat pluvieux, il est considérablement détérioré par les eaux, et ne contient presque plus d'ammoniaque (0,76 p. 100); 6° le guano de la baie des Requins (Australie), encore plus pauvre et ne valant pas la peine d'être transporté.

Le guano est moins employé en France qu'en Angleterre. Cela tient sans doute aux droits dont il est frappé quand il se présente dans nos ports sous pavillon étranger. Il y a insuffisance de navires français pour répondre aux demandes de l'agriculture, insuffisance qui tient surtout aux dangers qui résultent du transport de cette matière. Le guano est en effet susceptible de fermenter pendant la navigation et d'occasionner ainsi des incendies à bord des navires.

GUARA. *Voyez* DIODON.

GUARINI (GIOVANNI-BATTISTA), poëte italien du seizième siècle, mérite une place à part entre le Tasse et l'Arioste : c'est lui qui représente le plus exactement le génie voluptueux et efféminé de son pays. Le Tasse étudie le génie antique et le rappelle; l'Arioste, par sa vive et facile ironie, se rapproche des trouvères normands. Le génie de Guarini est celui de l'Italie élégante, ardente, métaphysique, sensuelle, au seizième siècle.

Né à Ferrare, en 1537, d'une famille noble, vouée aux lettres et à la poésie, Guarini, petit-fils de Varinus Guarino, fit ses études à Padoue, à Ferrare et à Pise, sous la direction de son père, homme de goût, professeur érudit, esprit distingué. Guarini avait vingt ans lorsqu'il perdit son père, auquel il succéda, comme professeur d'humanités à l'université de Ferrare. Ses premières compositions furent des odes et des sonnets, qui annonçaient un sentiment vif de l'élégance et de l'harmonie. Le duc de Ferrare s'entourait de poëtes, de dames, de savants, d'artistes, qu'il encourageait ou qu'il protégeait. Guarini, invité par ce prince, vint à la cour : il y connut le Tasse, plus jeune que lui de sept ans, et avec lequel il contracta une amitié intime. Le grand poëte, persécuté, ne trouva pas dans la suite de plus zélé défenseur, de plus ardent panégyriste que son ami Jean-Baptiste. Guarini, propriétaire de fort beaux domaines, n'était pas, comme le Tasse, réduit à attendre toutes ses ressources de son talent et du caprice des grands. Le duc trouva bon de l'employer. Il le nomma chevalier, le chargea de missions importantes, se servit de lui en plusieurs circonstances difficiles, mais ne lui accorda pour récompense que des éloges.

Justement irrité de cette ingratitude du prince, Guarini passa au service d'Emmanuel-Philibert, duc de Savoie, qui le traita avec la même distinction et la même parcimonie; puis à celui de Vincent, duc de Mantoue, dont la conduite fut semblable à celle des deux autres princes. Tous ces petits souverains, rivaux de luxe et de gloire, se faisaient centres d'une civilisation factice et brillante, aux dépenses de laquelle ils ne pouvaient suffire, et qui obérait leur trésor. Guarini, plus indépendant et plus riche que ses maîtres, se retira dans son domaine de Guarini, près de Reggio. Bientôt après il perdit sa femme, et fut sur le point d'embrasser l'état ecclésiastique ; mais à peine ce poëte, habitué au train des cours, fut-il sorti de sa retraite, l'appât de cette vie brillante et gaie qui l'avait si longtemps bercé revint le séduire; et il s'arrêta d'abord à la cour de Ferrare, puis à celle de Florence, dont le grand-duc, Ferdinand, l'accueillit avec des égards qui le charmèrent.

La délicatesse de Guarini n'avait pas calculé toutes les chances de malheur que l'amitié des grands peut offrir. Il avait un fils de vingt ans, qu'il aimait beaucoup. Le grand-duc, voulant se débarrasser d'une maîtresse, la fit épouser au jeune homme, à l'insu de son père. Ce sanglant outrage, que Guarini apprit bientôt, l'irrita justement ; il quitta la Toscane et la cour, sans même prendre congé. Après avoir passé quelques mois chez sa protectrice, la duchesse d'Urbin, il se réconcilia de nouveau avec le duc de Ferrare ; et la dernière mission qu'il remplit fut son ambassade auprès du pape Paul V, en 1603.

Pourquoi le poëte des amours et des voluptés ne pouvait-il renoncer à ce brillant servage des ambassades et des transactions politiques? Pourquoi s'obstinait-il à cet ingrat et malheureux métier ? Sa fortune s'épuisait au milieu de ces voyages, de ces ambassades, de ces résidences dispendieuses dans les palais les plus somptueux de l'Europe; et sa famille, au sein de laquelle une exacte surveillance ne présidait pas, augmentait ses chagrins ; ses trois fils réclamaient leur légitime par la voie des tribunaux ; une fille tendrement aimée, Anna, mourait assassinée par un mari jaloux. Guarini, au retour d'une mission diplomatique, rentrait dans sa maison, habitée par sa fille et son gendre : au lieu de cette fille, qu'il espérait embrasser, il trouva son cadavre sanglant.

Tant d'émotions pénibles et cruelles ne purent tarir l'inspiration poétique dont la nature l'avait doté. Il partagea avec le Tasse la gloire ou le malheur de transporter l'idylle amoureuse dans le drame : création singulière, vraie par les sentiments qu'elle exprime, mensongère par le monde et les coutumes qu'elle invente, parfaitement appropriée à l'état social de l'Italie, à ses plaisirs faciles, à sa métaphysique voluptueuse. La composition de l'*Aminta* du Tasse et celle du *Pasteur fidèle* de Guarini semblent se rapporter à la même époque. Ces deux drames ont les premiers donné l'exemple de ces fictions pastorales qui ont bercé nos pères pendant deux siècles, et dont le dernier reflet est venu se jouer au pied du trône fleuri de Louis XV. C'est une vie toute d'amour : la passion seule y règne. Toutes les nécessités matérielles disparaissent; le langage des acteurs est la plus douce des mélodies ; leurs pensées sont les plus doux rêves et les plus tendres caprices. L'Europe accueillit avec transport cette étrange création. A peine l'*Aminta* et le *Pastor fido* furent-ils publiés, on en vit paraître des imitations sans nombre, en Espagne, en France, en Italie, en Angleterre. Guarini intitula son œuvre *tragi-comédie en cinq actes et en vers*, et la dédia au duc de Savoie, qui la fit imprimer à Turin, en 1585, avec une magnificence royale; une multitude de copies ou d'imitations italiennes, et quarante éditions publiées du vivant de l'auteur obtinrent un immense succès. Les premières éditions sont celles de *Venise*, *Bonfaldin* (1590, in-4° ; 1602, *id*). La plupart des imitations de l'*Aminta* et du *Pastor fido* sont tombées dans un oubli profond. Le *Pastor fido* est resté modèle et type. Le platonisme du Tasse, la pureté exaltée de son âme, ont répandu sur ses œuvres une teinte plus élevée. Guarini est le véritable Italien moderne : luxe d'esprit, traits piquants, images éblouissantes, descriptions enchanteresses, abondent dans son œuvre. Sa morale est fort relâchée : deux personnages, celui d'un satyre et celui d'une femme, sont chargés de revêtir d'une lueur poétique toute cette immoralité élégante, tout ce matérialisme amoureux, toute cette sensualité érigée en système, toute cette perfidie galante qui apparut au dix-huitième siècle en France, sous des formes légèrement modifiées et beaucoup plus prosaïques. Aussi, le *Pastor fido*, né de l'élégante dépravation des cours italiennes, joué dans toutes les *villas* des princes pendant le seizième siècle, et même devant les papes, fut-il mis plusieurs fois à l'*index*. Les théologiens remarquèrent surtout le passage où il s'étonne que « le péché soit si doux et le *non-péché* si nécessaire. » *Peccar è si dolce e il non peccar si necessario.*

L'*Idropica*, comédie en cinq actes et en prose, dont la représentation durait six heures (Rome, 1614), est d'une indécence achevée; on la joua à Turin avec des intermèdes.

La plus jolie édition des œuvres de Guarini a paru à Ferrare (1737, 4 vol. in-4°), avec vignettes. Son *Trattato della politicà Libertà*, qu'il composa vers 1599, mais qui ne parut imprimé pour la première fois qu'en 1818, à Venise, prouve que cet esprit fin et délié n'avait pas traversé les fonctions publiques sans en recueillir le fruit.

Comme poëte lyrique, Guarini se place très-haut : la plupart de ses sonnets et de ses odes contiennent des beautés de sentiment et d'expression. Comme homme, il eut les défauts de son temps et des qualités toutes personnelles. Il désavoua noblement, de la manière la plus positive, ceux qui lui attribuaient une part dans la composition ou la correction de la *Jérusalem délivrée*. Une lettre de Guarini, conservée dans les archives du duc de Modène, atteste qu'il a seulement corrigé les innombrables erreurs que les copistes avaient répandues dans l'épopée du Tasse.

Fatigué du monde, Guarini chercha une retraite à Venise, et mourut le 6 octobre 1612, à l'âge de soixante-quinze ans.

Philarète CHASLES.

GUARINO (VARINUS), savant italien, né en 1370, à Vérone, se rendit à Constantinople, en 1388, pour y apprendre la langue grecque. A son retour, il enseigna successivement à Vérone, à Padoue et à Bologne, puis devint précepteur des enfants du prince Lionello de Ferrare. Il servit, en 1438, d'interprète aux Pères grecs et latins réunis en concile à Ferrare, et mourut en 1460. Ce savant contribua beaucoup par ses travaux au réveil des études classiques; il traduisit les dix premiers livres de Strabon et plusieurs de Plutarque, commenta Cicéron, Perse, Juvénal, Martial et Aristote, et écrivit un *Compendium Grammaticæ Græcæ*, qui fut imprimé en 1509 à Ferrare.

GUARINO. *Voyez* FAVORINUS.

GUARNERI ou **GUARNERIUS**, nom d'une famille de Crémone qui, aux dix-septième et dix-huitième siècles, a fourni des luthiers justement célèbres. Il règne quelque incertitude sur la véritable orthographe de ce nom, que les uns veulent écrire *Guarneiri*, et dont d'autres font *Guarnerio*. Un fait certain, c'est que les instruments sortis des ateliers de ces artistes sont signés de leur nom latinisé, *Guarnerius*.

Le plus ancien membre de la famille Guarneri qui ait acquis de la réputation comme luthier fut *André*, contemporain de Stradivarius et comme lui élève d'Amati. On estime beaucoup plus ses basses que ses violons, auxquels on reproche de manquer de rondeur, encore bien que le timbre en soit argentin et pénétrant. Son fils et son neveu portèrent tous deux le prénom de Joseph; mais c'est *Joseph le neveu* le plus célèbre de tous les luthiers du nom de Guarneri. Il mourut à la fleur de l'âge, après une existence des plus agitées, et par suite de laquelle il passa, on ne sait trop pour quel motif, de longues années en prison. C'est là qu'il exécuta, avec quelques mauvais outils, qu'il obtenait à grand'peine, les admirables instruments dits *de la servante*, parce que ce fut, dit-on, la servante du geôlier, dont Joseph Guarneri avait touché le cœur, qui se chargeait de fournir bien secrètement au malheureux prisonnier les matériaux nécessaires à son travail. Cette fille quêtait chez les autres luthiers les restes de leur vernis, et Joseph Guarneri vernissait ses instruments avec l'amalgame provenant de ces différents vernis. Aussi les reconnait-on facilement aux couches granuleuses de leur vernissure. La maîtresse de Guarnerius s'en allait ensuite vendre pour un morceau de pain ces instruments, que plus tard les amateurs devaient se disputer et payer au poids de l'or, à cause de l'éclat tout particulier de leur son qui les rend précieux pour les solos. Ses violons sont datés de 1717 à 1740.

Il y eut aussi un *Pierre* GUARNERI, qui de Crémone alla s'établir à Mantoue. On prétend qu'il était fils d'André; quoique remarquables pour la pureté et le fini de leur exécution, les violons de ce luthier sont moins estimés que ceux des autres Guarneri.

GUASPRE ou **GUASFRE.** *Voyez* DUGHET.

GUASTALLA, petit pays de la haute Italie, entre le duché de Modène et le royaume Lombardo-Vénitien, qui compte une population de 8,000 âmes, répartie sur environ 10 kilomètres carrés, dépendit au moyen âge de Crémone, puis de Milan, et fut érigé en comté par le duc Marie Visconti de Milan, l'an 1406, en faveur de Guido Torelli, mari de sa cousine. Ludovica Torelli, restée veuve sans enfants, vendit, en 1539, son comté au vice-roi de Naples, Ferdinand Ier de Gonzaga. A la mort de Joseph de Gonzaga, arrivée en 1746 sans qu'il laissât d'héritiers, l'impératrice Marie-Thérèse s'empara du comté de Guastalla, qui précédemment avait été érigé en duché, à titre de fief tombé en déshérence; et en 1748 elle donna au duc de Parme le duché de Guastalla en y ajoutant les duchés de Sabionette et de Bozzolo, situés sur la rive gauche du Pô. En 1796 les Français s'emparèrent de Guastalla, comme du reste des États du duc de Parme, pour l'incorporer à la république italienne. En 1805 Napoléon donna le duché de Guastalla à sa sœur Pauline, dont le mari, le prince Borghèse, fut créé duc de Guastalla. En vertu des stipulations arrêtées au congrès de Vienne, en 1815, il fut accordé à titre de souveraineté indépendante avec Parme et Plaisance, mais sous la réserve des duchés de Sabionette et de Bozzolo, à Marie-Louise, épouse de Napoléon; et par une convention, en date du 10 juillet 1817, il fut stipulé qu'à la mort de cette princesse, il passerait sous la souveraineté du duc de Lucques, qui céda en conséquence Lucques à la Toscane. En 1847 le duc de Lucques céda son duché à la Toscane, moyennant une rente : et bientôt Marie-Louise vint à mourir; mais en incorporant Lucques à ses États, le grand-duc de Toscane devait céder quelques parcelles à Modène. Ces pays se révoltèrent contre cette séparation, et par suite Guastalla passa sous la domination du duc de Modène.

Guastalla, chef-lieu du duché et siége d'un évêché, est bâtie au confluent du Crostolo et du Pô, dans une plaine marécageuse, traversée par de nombreux canaux; sa population est de 3,000 habitants. On y voit un château dont la construction remonte au seizième siècle, une cathédrale, huit églises, un collége, une bibliothèque publique, un théâtre.

GUATEMALA ou **GUATIMALA**, la plus grande des cinq républiques de l'Amérique centrale entre lesquelles s'est divisée l'ancienne capitainerie générale de Guatemala, est bornée au nord par le Mexique, le district anglais de Honduras et la baie de Honduras, à l'est par l'État de Honduras, au sud par Nicaragua et San-Salvador, et à l'ouest par l'océan Pacifique. Sur une superficie de 2,300 myriamètres carrés, on y compte 935,000 habitants; et elle est partagée en sept départements : *Guatemala* (316 myriamètres carrés, avec 84,000 hab.), *Sacaltépèque*, *Totoniacapan*, *Quesaltenango*, *Chiquimula*, *Vera-Paz* et *Salola*. Cet État occupe en grand partie le plateau dit de Guatemala, qui s'étend depuis la plaine de Comayagua jusqu'au cap de Téhuantépec, se prolonge à l'est dans la presqu'île de Yucatan, et entoure la baie de Honduras de hautes montagnes formant une suite de terrasses. Ce plateau est entrecoupé par de profondes et fertiles vallées, que séparent des crêtes de montagnes se prolongeant au loin, avec une altitude d'environ 1,560 mètres, couvertes de la plus riche végétation et des fleurs les plus odoriférantes, et qu'arrosent seulement un petit nombre de cours d'eau de peu d'importance, allant se jeter les uns, comme le Rio-Grande ou le Rio-Motagua et le Rio-Cobaban, dans la mer des Antilles, par le *Golfo dulce*, et les autres dans l'océan Pacifique.

La cordillère de Guatemala, qui forme la haute paroi occidentale de ce pays de plateaux, commence le plus souvent, et de la manière la plus abrupte, à quelques myriamètres seulement de la côte dont la sépare une plaine torride ; et elle est dominée par un grand nombre de pics isolés, parmi lesquels se trouvent quatorze volcans en ignition. Quoique d'immenses savanes couvrent la partie la plus élevée du plateau, on y rencontre aussi de vastes forêts vierges. Dans les hautes terres, où l'atmosphère est imprégnée de plus de fraîcheur, les plantes de la zone tempérée réussissent à merveille ; dans les profondes vallées, où la chaleur et l'humidité sont extrêmes, la luxuriante végétation des tropiques brille de tout son éclat. Les produits du sol sont les mêmes que ceux du reste des États Centro-Américains, sauf qu'il faut signaler ici la cochenille comme constituant en outre une importante source de richesses et un puissant moyen d'échange. La culture de la cochenille fut introduite pour la première fois à Guatemala en 1817, par le président Bustamente, qui la fit venir d'Oaxaca au Mexique. Cette culture, qui a été chaque année en se perfectionnant et en prenant plus de développements, a fait dans ces derniers temps des progrès tellement rapides, que ses produits, en tant qu'articles d'exportation, constituent déjà la principale richesse du pays. Les exportations de cochenille, qui en 1830 ne s'élevaient encore qu'à 55,750 livres pesant d'Espagne, atteignaient en 1847 le chiffre de 1,220,850 livres; de sorte que le Mexique avait déjà pour cet article d'exportation la plus redoutable des concurrences dans la production de l'État de Guatemala.

Les éléments de la population sont ici les mêmes qu'au Mexique ; seulement les mœurs y sont plus douces, le peuple plus industrieux, et les rapports sociaux plus faciles. Au total, on peut dire que la civilisation y est plus avancée que dans les autres États Centro-Américains, sans doute parce que lors de la guerre de l'Indépendance on n'en expulsa ni les anciens Espagnols ni les blancs, et que d'ailleurs on y a beaucoup fait pour l'instruction du peuple. Les Espagnols, les créoles et les métis forment le quart de la population ; les trois autres quarts se composent d'Indiens, dont plus de la moitié, appelés *Ladiños* (Indiens latins), sont à demeure fixe et ont embrassé le christianisme, tandis que le reste est encore à l'état de nature dans les montagnes. Depuis la déclaration d'indépendance, l'esclavage a été supprimé. Le nombre des nègres s'élève au plus à 1,000. En ce qui touche les affaires ecclésiastiques, le pays est placé sous l'autorité d'un archevêque et de trois évêques. Quant à l'instruction publique, elle est presque exclusivement entre les mains du clergé.

La capitale des États confédérés et unis de l'Amérique-Centrale, *Guatemala la Nueva*, siége du président, de toutes les autorités supérieures et de l'archevêque, est située à 3,566 mètres au-dessus du niveau de la mer, dans la fertile vallée du Rio-Vaccas, où règne un printemps perpétuel, à 15 *leguas* de l'océan Pacifique, dans la partie méridionale du plateau limitée à l'ouest par les trois volcans de Pacuyo, de Fuego (4,100 mètres) et de Agua (3,934 mètres), qui offrent l'aspect le plus majestueux. La ville, où l'on ne compte pas moins de 50,000 habitants, est magnifiquement bâtie, en forme de carré régulier, avec de larges rues, bien pavées et coupées à angles droits. En raison de la fréquence des tremblements de terre, les maisons n'ont généralement guère plus d'une étage; mais elles sont commodément distribuées. Les plus beaux édifices, qui entourent la place du marché, sont le palais archiépiscopal, le palais du Président et autres autorités supérieures, le collége *de Infantes*, l'*Audiencia*, la chambre des comptes; l'hotel de ville, la prison, la halle aux grains et la douane. Un bel amphithéâtre en pierre est réservé pour les combats d'animaux. Un aqueduc de vingt kilomètres de longueur pourvoit la ville et ses faubourgs d'eau potable, et la cime du *Volcano de Agua* (volcan d'eau) les fournit abondamment de glace à rafraîchir. Parmi les nombreux établissements d'instruction publique, il faut surtout citer l'université de San-Carlos, fondée en 1676. Un décret de la législature, rendu en février 1855, ordonne la construction d'une nouvelle capitale de *Santa Tecla*, à 10 kilomètres environ de Salvador.

Il existe à *Guatemala Nueva* de grandes manufactures de coton, de nombreuses fabriques de cigarres, de faïence et de poteries, des distilleries de *pulque*, des raffineries de sucre et des indigoteries, et la population compte dans son sein beaucoup d'excellents ouvriers et d'artistes distingués. Quoique cette ville ne possède ni port de mer ni fleuve navigable, elle n'en est pas moins le grand centre du commerce du pays. Elle a déjà changé successivement quatre fois d'emplacement. Fondée d'abord, en 1527, sous le nom de *San-Jago de los Cabelleros de Guatemala*, par Pedro de Alvarado, conquérant du pays, et destinée à être la capitale de la capitainerie générale de Guatemala, elle fut presque complétement détruite dès le 11 septembre 1541, par une éruption du *Volcano de Agua*. L'endroit où se trouvait cette ancienne ville s'appelle aujourd'hui *Ciudad-Veja*. La ville fondée ensuite, deux lieues plus loin au nord, et nommée aujourd'hui *Antigua Guatemala*, essuya de 1565 à 1773 dix terribles secousses de tremblement de terre; puis, du 3 au 7 juin 1773, elle fut dévastée de la manière la plus effroyable par les deux volcans voisins, qui l'inondèrent de torrents d'eau bouillante et de lave enflammée; enfin, cette catastrophe se termina par l'ouverture subite d'un abîme qui engloutit la plus grande partie de la ville, avec toutes ses richesses et cinq mille familles. C'est cette même année 1773 que fut construite, à 20 kilomètres plus à l'est, la ville nouvelle actuelle, sous le nom de *La Nueva Guatemala de la Asuncion de Nuestra Señora*. Sept à huit mille habitants persistèrent à ne point abandonner la belle plaine que cette affreuse catastrophe venait de dévaster; ils obtinrent un privilége de *villa*, sous le nom de *Guatemala Antigua ;* et en 1776 ils fondèrent encore une quatrième *Nueva Guatemala*, dans la vallée de Mixco. La nouvelle capitale a d'ailleurs été déjà, elle aussi, victime de divers tremblements de terre, surtout au mois d'avril 1830. Après elle, les villes les plus importantes de la république sont : *Chiquimula* (37,000 hab.), *Guatemala Antigua* (18,000 hab.), *Quesaltenango* (14,000 hab.), *Coban* (14,000 hab.) *Totoniacapan* (12,000 hab.) et le port d'*Omoa*, dans la baie de Honduras.

A la suite de troubles qui éclatèrent au mois de janvier 1845 contre le président Carrera, mais que celui-ci parvint bientôt à réprimer, les faibles liens qui depuis 1842 seulement réunissaient les États-Unis de l'Amérique Centrale se trouvèrent de nouveau rompus. Par un décret en date du 21 mars 1847, Guatemala déclara se séparer des États Centro-Américains. Les mesures habiles prises par Carrera pour réformer l'administration, ranimer le commerce, etc., eurent pour résultat d'accroître notablement les revenus publics. Mais une nouvelle révolution éclata contre lui dès le mois d'octobre. Le Père Lobos proclama la monarchie; et les révoltés, qui en février 1848 étaient arrivés à présenter un effectif de 1,000 hommes sous les armes, battirent les troupes du gouvernement à Santa-Cruz. En 1850 la capitale fut encore le théâtre des plus déplorables excès. La même année éclata une guerre entre Guatemala d'une part, et San-Salvador et Honduras de l'autre; guerre dans laquelle les troupes de Guatemala battirent leurs adversaires, le 21 janvier 1851, à San-José.

Aux termes de la nouvelle constitution en vigueur depuis le 19 octobre 1851, le pouvoir exécutif repose entre les mains du président (Carrera), élu pour une période de quatre années, par une assemblée générale composée de la chambre législative (cinquante-neuf députés), de l'archevêque métropolitain, des membres de la haute cour de justice (un doyen, cinq conseillers et deux fiscaux), et des membres du conseil d'État ayant le droit de voter (les ministres, huit conseillers à la nomination de la chambre législative et d'autres à la nomination du président); et, après l'expiration de ses pouvoirs, il est rééligible. Le budget des dépenses présenté pour l'exercice 1851-1852 à l'Assemblée constituante s'élevait à 446,270 dollars. Le dette intérieure de la république est de 800,000 dollars, et sa dette étrangère de 400,000 dollars. Indépendamment de l'armée permanente, dont l'effectif est de 1,000 hommes et d'un corps de volontaires, la milice nationale en état de porter les armes présente un total de 5,000 hommes. En 1851, les importations s'étaient élevées à 1,354,430 dollars et les exportations à 994,488 dollars.

GUATIMOSIN, le dernier empereur indien du Mexique, avait succédé à Quetlavaca. Forcé, après un long siége, de rendre sa capitale à Fernand Cortez, celui-ci eut la cruauté de le faire étendre sur un gril ardent pour le forcer à révéler le lieu où il avait caché ses trésors. Guatimosin endura courageusement ce supplice, et n'en mourut pas; mais il fut pendu quelque temps après.

GUATIVITA (Lac et Village de). *Voyez* BOGOTA.

GUAYAQUIL, ville de la république de l'Équateur, chef-lieu du département de Guayaquil, sur le fleuve du même noms, à 8 kilomètres de la mer, 255 de Quito et 250 de Bogota, l'un des principaux ports de la mer du Sud défendu par 3 forts, renferme un grand arsenal et de vastes chantiers de construction. C'est l'un des marchés les plus importants du pays pour le cacao, le quinquina, le tabac et les bois de teinture. Siége d'évêché, et au total assez mal construite, Guayaquil avait d'abord été bâtie un peu plus loin; elle fut transférée sur son emplacement actuel en 1537, puis presque entièrement détruite par un incendie, en 1764. Sa population est évaluée à 22,000 habitants, dont un grand nombre vivent sur des radeaux appelés *balzas*.

GUDIN (THÉODORE), le plus célèbre de nos peintres de marine, est né à Paris, le 15 août 1802. Après avoir travaillé dans l'atelier de Girodet, son originalité ne tarda pas à se faire jour; et il rompit bien vite avec la manière de son maître. Au début de sa carrière, M. Gudin faisait à la fois du paysage et des marines : on se rappelle avoir remarqué de lui une *Vue de Grenoble*, une *Vue de Caen*, la *Vallée d'Arques*, etc. Il faisait aussi des aquarelles. Son talent fut tout à fait mis en lumière aux salons de 1822, de 1824 et de 1827, et dès lors la sympathie du public lui fut acquise de même que celle du gouvernement, qui le 9 avril 1828 le nommait chevalier de la Légion d'Honneur. Trois ans après, au salon de 1831, le *Sauvetage des passagers du Colombus* vint mettre le sceau à sa réputation. Ce tableau, qu'on admire aujourd'hui au musée de Bordeaux, est resté l'un des meilleurs de l'auteur. C'est aussi une scène très-dramatique que le *Coup de vent dans la rade d'Alger*, qu'on conserve au musée du Luxembourg (1835). Dans les années qui suivirent, M. Gudin, abusant de sa merveilleuse facilité, commença à multiplier les œuvres, et le succès devint peu à peu moins brillant. Lorsque la décoration du palais de Versailles fut entreprise, on eut besoin d'un peintre de marine; M. Gudin était naturellement désigné par son talent, par sa renommée et par la promptitude de son exécution. Il fut choisi, et se mit aussitôt au travail. De 1838 à 1848, il a improvisé pour les galeries de ce musée soixante-trois tableaux, dont plusieurs sont d'assez grande dimension. M. Gudin marchait d'un tel pas que la critique avait peine à le suivre. Il avait presque épuisé tous les sujets glorieux que peut fournir l'*Histoire militaire* de Quincy, lorsque la révolution de Février vint mettre un terme à cette production trop rapide. Le public ne reste d'ailleurs fidèle qu'à ceux qui le respectent en se respectant eux-mêmes. A tort ou à raison, il a cru reconnaître que le faire de M. Gudin devenait excessivement lâché; ses toiles vides, où l'immensité du ciel et de la mer ne remplaçait pas au gré des curieux l'intérêt dramatique qu'ils y cherchaient, une lumière souvent très-fausse, une touche maladroite à force d'être hâtée, firent douter non pas du savoir de l'artiste, mais de sa conscience et firent même méconnaître à la foule les quelques qualités sérieuses qui survivaient à ce grand naufrage. L'*Incendie du faubourg de Péra* (1844), la *Plage d'Afrique* (1846), les *Bords du Don* et la *Vue de Buchaness* (1852), sont des œuvres tout à fait compromettantes.

GUÉ, endroit d'un fleuve, d'une rivière ou d'un cours d'eau quelconque, dont le fond est assez ferme et assez rapproché de la surface de l'eau pour qu'on puisse le passer à pied, ou à cheval, ou même en voiture. La profondeur d'un gué pour le passage des gens de pied ne doit pas excéder un mètre; pour les hommes à cheval, 1^{m}, 30; pour les voitures, s'il n'y a point à craindre que leur chargement ne soit mouillé, 1^{m}, 30; et dans le cas contraire, de 6 à 7 décimètres. Presque toutes les armées ont franchi des rivières à gué. César ne put passer le Sègre qu'après avoir détourné une partie de ses eaux. A la guerre, on détruit les gués en creusant un fossé ou des trous en quinconce dans leur largeur, en les barrant par des pieux assez serrés à fleur d'eau, en les embarrassant de herses de laboureur, dont on place les chevilles en dessus, en y jettant des chausses-trappes et des arbres avec toutes leurs branches la cime tournée vers l'ennemi, ou, enfin, en faisant jouer des fougasses, dont l'explosion forme dans les gués des entonnoirs profonds.

GUÈBRES, du persan *ghebr*, qui, de même que l'arabe *kafir* dont il est vraisemblablement dérivé, et comme le mot turc *ghiaour*, désigne un infidèle. Les sectateurs de Mahomet appellent ainsi les débris des sectateurs de Zoroastre ou de la religion du parsisme. Ils forment un peuple errant et répandu dans plusieurs des contrées de l'Inde et de la Perse. Bannis, persécutés, maudits, objets de mépris, de haine et d'horreur, souvent traqués comme des bêtes fauves par leurs stupides bourreaux, ils vivent en général dans les bois, au fond des campagnes; et s'ils osent approcher des habitations et des villes, ils n'ont d'autres retraites que les masures abandonnées ou les tombeaux en ruines.

Les guèbres sont le triste reste de l'ancienne monarchie persane, dont Alexandre sapa les fondements, et que les khalifes arabes, armés par le fanatisme, ont détruite, dans le septième siècle, pour faire régner le dieu farouche de Mahomet à la place du dieu pacifique et bienveillant de Zoroastre. Cette sanglante mission, dit un écrivain célèbre, força le plus grand nombre des Perses à renoncer à la religion de leurs pères; les autres prirent la fuite, et se dispersèrent en différents lieux de l'Asie, où, sans patrie et sans asile, méprisés des autres nations, et invinciblement attachés à leurs usages, ils ont jusqu'à présent conservé la loi de Zoroastre, la doctrine des mages et le culte du feu, comme pour servir de monument à l'une des plus anciennes religions du monde. Ils ont horreur de l'attouchement des cadavres, n'enterrent point leurs morts ni ne les brûlent; ils se contentent de les déposer à l'air dans des enceintes murées, en mettant auprès d'eux une coupe de vin, quelques fruits et d'autres objets de consommation. Le prêtre qui préside aux funérailles les termine par ces mots : « Notre frère était composé de quatre éléments. Que chacun d'eux reprenne ce qui lui appartient : que la terre retourne à la terre, l'air à l'air, l'eau à l'eau, et le feu au feu. » Les guèbres de Perse s'adonnent presque tous à l'agriculture ou aux arts mécaniques. Ils négligent les lettres, le commerce et la profession des armes. Leur couleur est plus basanée que celle des mahométans, parce qu'ils sont plus exposés aux fatigues.

GUÉBRIANT (JEAN-BAPTISTE BUDES, comte DE), maréchal de France, naquit en Bretagne en 1602, et fit ses premières armes en Hollande. Le fâcheux éclat d'un duel qu'il eut en 1626 l'obligea de sortir du royaume. Mais il y rentra dès que ses amis furent parvenus à apaiser la colère de Louis XIII, dont il avait nargué les édits; et en 1630 il fut pourvu d'une compagnie, avec laquelle il alla rejoindre l'armée en Piémont. Deux ans après, Louis XIII lui conflait le commandement d'une des compagnies de ses gardes. En 1635, il accompagna en Allemagne le cardinal de Lavalette, qui allait rejoindre le duc Bernard de Saxe-Weimar, à la tête d'une armée de 15,000 hommes. En récompense des services qu'il avait rendus pendant la désastreuse retraite qui termina cette campagne, le cardinal le chargea à son retour d'aller défendre Guise contre les Espagnols. En 1637 il fut envoyé dans la Valteline, à l'armée du duc de Rohan, avec le grade de maréchal de camp; et après la campagne, il ramena cette armée en Franche-Comté, où il s'empara de diverses places. Envoyé ensuite de nouveau en Allemagne au secours du duc Bernard de Saxe-Weimar, il aida à remporter quelques avantages sur les Impériaux; et après la mort du prince il retint au service de la France son armée, avec laquelle il s'empara de plusieurs places fortes dans le Palatinat, puis opéra à Bacharach, le 28 décembre 1639, ce fameux passage du Rhin qu'on citera toujours comme un modèle de hardiesse, de précision, et qui lui permit d'effectuer à Erfurt sa jonction avec Baner, sous les ordres duquel il dut se ranger. Après la mort de Baner, il livra successivement aux Impériaux les deux batailles de Weissenfels (18 mai 1641) et de Wolfenbüttel (15 juillet). La dernière coûta à l'ennemi 2,000 hommes et quarante-cinq drapeaux.

Le grade de lieutenant général et l'ordre du Saint-Esprit furent la récompense de ces deux victoires, à la suite desquelles Guébriant se sépara de l'armée suédoise, et ramena ses troupes dans le duché de Juliers. Apprenant que l'armée ennemie recevait chaque jour des renforts et en attendait encore, il résolut de prévenir le coup, et le 17 janvier 1642 il attaqua bravement les Impériaux à Kempten, dans l'électorat de Cologne. L'ennemi perdit 2,000 morts et 5,000 prisonniers, et ce beau fait d'armes valut à Guébriant le titre de maréchal de France. Pendant la campagne de 1643, après avoir secouru Tortenson, qui assiégeait Leipzig, et avoir ensuite opéré une glorieuse retraite, il vint appuyer le siége de Thionville, entrepris par le duc d'Enghien, et fit ensuite celui de Rottweil, place forte de la Souabe, qui ne tarda pas à lui ouvrir ses portes. Mais quelques jours après, le 24 novembre 1643, il succombait aux suites d'une blessure reçue sous les murs de cette place et qui avait nécessité une amputation.

Il avait épousé, en 1632, Renée du Bec, femme d'une intelligence supérieure. Après la mort du maréchal, en 1645, Mme de Guébriant fut nommée *ambassadrice* de France en Pologne. C'était là une innovation en diplomatie, et cette nomination sans précédents est demeurée sans analogues. La mission confiée à ce négociateur en jupons rentrait d'ailleurs tout à fait dans sa spécialité; car elle consistait à conduire au roi Ladislas IV la princesse Marie-Louise de Gonzague, qu'il avait déjà épousée par procuration. Il était à craindre que le roi de Pologne ne se dédît, et Mme de Guébriant avait pour instructions de tout faire pour que ce prince tînt ses engagements. L'habile négociatrice sut triompher de tous les obstacles, notamment des préventions défavorables qu'on était parvenu à inspirer contre elle-même au roi de Pologne, à qui on l'avait représentée comme ayant éperdûment aimé Cinq-Mars. L'orage avait été si habilement préparé, qu'en arrivant à Varsovie, peu s'en fallut qu'elle ne reçût ordre d'avoir à s'en retourner immédiatement avec la princesse. Mais elle tint bon, et réussit. Son succès avait été trop complet dans cette première mission pour qu'on ne songeât pas à utiliser encore ses talents : elle prenait donc une part active aux négociations qui amenèrent la conclusion de la paix des Pyrénées, lorsqu'elle mourut à Périgueux, le 2 septembre 1659. Gui Patin rapporte que la maréchale à ses derniers moments refusa les secours spirituels de l'Église, circonstance bien étrange pour l'époque.

GUELDRE, pays étendu, érigé en comté en 1079 et en duché en 1329. Son premier comte fut Otton de Nassau. En 1371 le duché de Gueldre passa à la maison de de Juliers; bientôt après il fut gouverné par la maison d'Egmond, à laquelle il fut enlevé par l'empereur Charles-Quint. La Gueldre étant entrée dans l'union d'Utrecht, fit partie des sept Provinces-Unies, dont elle était la première en titre. Elle comprenait la Province et le Haut-Quartier. La Province était divisée en trois quartiers : le Betuwe, où est Nimègue; le Weluwe, où est Arnheim, et le comté de Zutphen. Le Haut-Quartier, proprement le *duché de Gueldre*, comprenait les villes de Gueldre, Ruremonde et Venlo. Il fut cédé à l'Espagne par le traité de Munster, en 1648. La ville de Gueldre, qui a donné son nom au duché, fut cédée au roi de Prusse par le traité d'Utrecht de 1713, avec le pays de Kessel et le bailliage de Kriekendeek. Ruremonde, après avoir été prise et reprise plusieurs fois par les Hollandais et les Espagnols, fut définitivement abandonnée à la maison d'Autriche par le même traité. Venlo fut adjugé aux états généraux par le traité de Barrière, de l'an 1715, avec les forts de Saint-Michel et de Stevenswert. Ces deux dernières villes, Ruremonde et Venlo, sont aujourd'hui comprises dans la province actuelle du Limbourg. La Gueldre hollandaise est donc bornée au nord par le Zuyderzée et l'Over-Yssel, à l'est par l'Over-Yssel et la Prusse, au midi par la Prusse et le Brabant septentrional, et à l'ouest par la province d'Utrecht, le Zuyderzée et la Hollande méridionale. Elle compte une population de 351,000 âmes, répartie sur un territoire de 66 myriamètres carrés divisé en quatre districts : Arnheim, chef-lieu, *Nimègue*, *Zutphen* et *Thiel*. Il faut encore citer comme localités importantes *Nykerk*, port sur le Zuyderzée, *Wageningen*, sur le Rhin, *Bommel*, sur le Wahal, Kuilenbourg, sur le Leck; les forteresses de *Dœsburg*, sur l'Yssel, et d'*Hardewyck*, sur le Zuyderzée; enfin, le beau château de Loo, résidence d'été du roi des Pays-Bas.

Le sol de la Gueldre est en partie couvert de sables et de bruyères, excepté le terrain entre le Wahal et le Rhin, qui est très-fertile. Cette province est remplie de gentilshommes peu aisés; et quand les romanciers et les auteurs comiques hollandais veulent peindre un hobereau, ils ne manquent pas d'en faire un Gueldrois. La culture du tabac, l'exportation des fruits et l'entretien du bétail, la fabrication des toiles, de la bière, de l'amidon, du papier, des ouvrages de fer et de cuivre, les draps et autres tissus de laine, la tannerie, les briqueteries et tuileries, tels sont les principaux objets de l'industrie et du commerce de la Gueldre. DE REIFFENBERG.

GUELFES (Maison des). Cette illustre maison princière, dont le nom allemand est *Welfen*, est originaire d'Italie, et vint au onzième siècle s'établir en Allemagne. Pendant longtemps elle régna sur plusieurs des plus belles parties de ce pays, et elle fleurit encore de nos jours dans les deux lignes dont se compose la maison de Brunswick : la ligne royale, et la ligne ducale. Dès le règne de Charlemagne, l'histoire fait mention d'un certain *Warin*, comte d'Altorf, dont le fils Isenbrand, surnommé *Welf*, c'est-à-dire jeune chien, transmit, suivant les chroniques, à sa race ce sobriquet, dont il est devenu le nom générique. Son fils, Welf Ier, souche de l'ancienne ligne des Guelfes, fut le premier qui porta ce nom. Sa fille Jutta épousa l'empereur Louis le Débonnaire. C'est l'arrière-petit-fils de Welf Ier, *Welf* III, qui en faisant cause commune avec le duc Ernest de Souabe contre l'empereur Conrad Ier, pendant une absence de ce prince en Italie, provoqua les luttes si longues et si acharnées qui plus tard eurent lieu entre le parti des Guelfes et le parti des Gibelins. Il fut vaincu et chassé de ses États. Son fils, *Welf III*, obtint l'investiture du duché de Carinthie et de la marche de Vérone; ce qui le rendit assez puissant pour lutter avec succès contre l'empereur Henri III. Il mourut sans avoir été marié, léguant aux moines tous ses domaines héréditaires. Sa sœur Cunégonde avait épousé Azzo, de la maison d'Este en Italie, seigneur de Milan, de Gênes et d'autres villes. Le fils issu de ce mariage, *Welf IV* (comme margrave) ou *Welf Ier* (comme duc), s'empara de ces domaines, et devint le fondateur de la ligne cadette des Guelfes. Après la déposition d'Othon de Nordheim, il obtint, en 1070, de l'empereur Henri IV l'investiture du duché de Bavière, et hérita des biens et des domaines de la maison d'Este. Le fils de celui-ci, *Welf V* (ou II), par son mariage avec Mathilde de Toscane, acquit de grands domaines en Italie. Il mourut sans laisser de postérité, en 1120, léguant la Bavière et tous ses domaines à son frère Henri le Noir, qui épousa *Wulfhide*, fille de Magnus, duc de Saxe, et reçut en dot une partie des domaines de la maison de Lunebourg. A celui-ci succéda *Henri le Généreux*, qui, par son mariage avec la fille unique de l'empereur Lothaire, acquit les immenses domaines héréditaires de Brunswick, Nordheim et Supplinbourg. Il eut pour fils Henri le Lion (mort en 1195), duquel descendent, par son fils *Guillaume* (mort en 1213) et par son petit-fils *Othon l'Enfant* (mort en 1252), les lignes royale et ducale actuelles de la maison de Brunswick.

Un autre fils de Henri le Noir, *Welf VI* (ou III) continua encore pendant quelque temps la race des Guelfes en ligne collatérale. A la mort de son frère Henri le Généreux, il revendiqua courageusement la Bavière, que, du vivant même de Henri, l'empereur Conrad III avait octroyée à Léopold d'Autriche, et fut d'abord heureux dans ses entreprises. Mais Conrad marcha en personne contre lui, et le vainquit à la bataille de Weinsberg. C'est à cette occasion que les dénominations de *Guelfes* et de *Gibelins* devinrent en usage. Welf VI ravagea encore une fois la Bavière, mais sans pouvoir s'y maintenir. Ce fut plus tard seulement qu'il se réconcilia avec l'empereur. Au contraire, il servit très-fidèlement l'empereur Frédéric Ier, qu'il accompagna en Italie. Il mourut en 1169, à Memmingen, sans laisser de postérité.

GUELFES (Ordre des). Cet ordre de chevalerie fut institué en 1815, dans le nouveau royaume de Hanovre, par le prince régent d'Angleterre, devenu plus tard roi sous le nom de Georges IV, lequel lui donna cette dénomination en l'honneur des princes qui fondèrent, au moyen âge, la maison de laquelle est issue la famille qui règne aujourd'hui à Brunswick et en Hanovre de même qu'en Angleterre. Il se compose de trois classes, et confère les priviléges de la noblesse personnelle à ceux qui y sont admis. L'insigne de l'ordre, qui se porte suspendu à un ruban bleu de ciel moiré, consiste en une croix d'or à huit pointes, pommelée, anglée de léopards; au centre est un médaillon de gueule, chargé d'un cheval d'argent, lancé sur un tertre de sinople avec cette légende : *Nec aspera terrent*. Une couronne de chêne ou de laurier, entourant le médaillon, sert à distinguer les chevaliers civils ou militaires, et ces derniers ajoutent encore deux épées croisées entre la croix et la couronne royale qui la surmonte.

GUELFES et **GIBELINS**. *Voyez* GIBELINS.

GUELMA. *Voyez* GHELMA.

GUÉMENÉE (Faillite du prince de ROHAN). La catastrophe qui vers la fin du siècle dernier rendit ce nom fameux fut flétrie du nom de banqueroute, expression trop sévère, qui ne pouvait lui être appliquée dans l'acception légale; car elle n'eut point pour cause l'intention criminelle d'augmenter la fortune de son noble auteur aux dépens de ses créanciers. Il était l'un des plus riches seigneurs de France; sa fortune immobilière s'élevait à plus de quinze millions, et il avait de grandes et lucratives charges, avec l'assurance d'en obtenir un jour de plus grandes encore, comme celle de grand-chambellan, après la mort de M. de Bouillon, dont il avait la survivance. « Il était d'une jolie figure, doux et agréable dans la société, maniant assez bien la plaisanterie et l'entendant encore mieux. Il passait l'hiver à Paris, chez l'archevêque de Narbonne, où logeait sa maîtresse, la seule qu'on lui ait jamais connue, et dont la mort seule le sépara après une liaison de plus de douze années; elle mourut avant l'événement fatal de 1783. Le prince passait l'été à Haute-Fontaine, chez le même archevêque : il y chassait le cerf avec un équipage monté à l'anglaise, selon la mode du temps, suivi de tous les jeunes gens de la cour, et ne se montrait que très-rarement à la cour, où il jouait plus le rôle d'un bouffon que celui d'un grand seigneur (*Mémoires de Besenval*, par M. de Ségur). »

Depuis la mort de sa maîtresse, le prince de Guémenée ne venait plus passer l'hiver chez l'archevêque de Narbonne; mais il habitait pendant cette saison le vaste appartement qu'occupait aux Tuileries la princesse son épouse, en sa qualité de gouvernante des enfants de France. A l'exemple de quelques seigneurs du temps, il y avait fait établir un théâtre, où les acteurs, chanteurs et danseurs des trois grands théâtres de Paris donnaient des représentations. Il n'était bruit à la cour et à la ville que des charmants spectacles des Tuileries; car ils étaient précédés de brillants concerts, et suivis de soupers délicieux : les bals, le jeu, terminaient ces fêtes somptueuses. Le prince avait établi dans ce même palais un café où étaient admis indistinctement et à ses frais tous ceux qui le connaissaient. « On s'émerveillait, dit encore M. de Ségur, de la galanterie et de l'intelligence de ces fêtes, surtout de la dépense qu'elles occasionnaient. La chose aurait paru simple si on avait su qu'acteurs, ouvriers et fournisseurs ne touchaient jamais un sou, mais seulement des pensions ou des contrats viagers qui soldaient tout. Mme de Guémenée faisait aussi de grands frais de représentation; sa charge semblait l'y autoriser, mais ses dépenses excédaient de beaucoup ses revenus, et elle y suppléait, comme son mari, par des contrats d'obligation et des rentes viagères qui s'accumulèrent au point que la catastrophe arriva pour tous deux en même temps; et lorsqu'il fallut en venir au bilan, le déficit s'élevait à trente-trois millions. Tel était le bruit public. Mais dans un mémoire publié par M. Roy (alors avocat, conseil et mandataire de quelques milliers des créanciers du prince Guémenée, et devenu depuis ministre et pair de France), on voit qu'elles ne s'élevaient qu'à quinze millions. La princesse fut contrainte de se démettre de sa charge de gouvernante des enfants de France, et cette charge fut donnée à Mme de Polignac. Le prince de Guémenée avait écrit au roi : il avouait ses torts : il avait été plus imprudent que coupable. Il n'obtint que des lettres de surséance de trois mois : la justice après ce délai devait reprendre son cours si les affaires du prince n'étaient pas arrangées; et c'est ce qui arriva.

Cet arrangement eût pu avoir lieu si le fisc ne fût intervenu pour une réclamation de plusieurs millions. L'actif du prince se composait, outre un riche mobilier et de somptueux équipages : 1° d'une rente au capital de onze millions; 2° des seigneuries de Châtel et de Carnian; 3° des fiefs de Lorient et de Recouvrance, dont la concession, faite à la maison de Guémenée, n'était pas ancienne. L'État n'avait pu concéder à une famille le port de Lorient et une partie du port et de la ville de Brest; aussi, depuis l'avénement de Louis XVI au trône, ces deux ports avaient-ils été échangés pour la principauté de Dombes. La liquidation ne fut terminée qu'en décembre 1792. L'échange des ports de Brest et de Lorient fut annulé par un décret de la Convention. Louis XIV avait donné l'exemple de ces aliénations du domaine public. Il avait doté chacun de ses enfants illégitimes de vastes démembrements de plusieurs provinces. La princesse de Guémenée périt sur l'échafaud, en 1793. Son fils, le prince Louis-Victor Mériade de Rohan-Guémenée figura à la tête des corps d'émigrés, et finit par passer au service de l'Autriche en qualité d'officier général. DUFEY (de l'Yonne).

GUÉNÉE (ANTOINE, abbé), né à Étampes, de parents pauvres, le 23 novembre 1717, étudia à Paris, embrassa l'état ecclésiastique, et en 1741 fut agrégé à l'université de cette ville. Il devint professeur de rhétorique au collége du Plessis. Il imprima différents ouvrages religieux traduits de l'anglais, et après vingt ans de professorat, Guénée, déclaré émérite, suivant l'usage, reçut une faible pension, et s'appliqua exclusivement à l'étude de la religion. Sa première édition des *Lettres de quelques juifs portugais, allemands et polonais, à M. de Voltaire*, parut en 1769, et obtint un succès prodigieux. Avec l'arme de la plaisanterie il défendait la *Bible* contre les sarcasmes de Voltaire. Il lui fut d'autant plus redoutable, qu'il ne cessa d'applaudir à ses efforts pour réformer la société, établir la tolérance, la liberté et l'égalité civiles, et provoquer toutes les améliorations populaires. A son tour, Voltaire rendait justice à Guénée. Il appréciait son esprit et ses connaissances, ajoutant qu'il était malin comme un singe, et qu'en faisant semblant de baiser la main, il mordait jusqu'au sang. Effectivement, ses moqueries, qui consistent pour l'ordinaire à relever les méprises, les bévues de Voltaire, par l'exposition simple, mais fine de la vérité, sont souvent sanglantes. Il est presque superflu de dire qu'un tel homme approuva la *constitution civile du clergé*.

En 1778, il avait été nommé associé de l'Académie des Inscriptions et Belles-Lettres, peu après sous-précepteur des enfants du comte d'Artois. On donna à Guénée, en 1785, l'abbaye de Leroy, dans le diocèse de Bourges. Il en jouit peu de temps. La révolution changea son existence. Enlevé à ses élèves, il se retira à la campagne, dans un bien qu'il avait acheté près de Nemours. Sous la terreur, il fut enfermé dans la maison d'arrêt de Fontainebleau. Après une détention de plus de dix mois, il retourna à ses travaux champêtres. Guénée vendit ce domaine quand l'âge lui interdit les soins qu'il demandait. Il se retira alors avec son frère à Fontainebleau, où il mourut, le 27 novembre 1803.

BORDAS-DEMOULIN.

GUENILLE, nom qu'on donne à de vieux morceaux d'étoffe, à des chiffons, des haillons, des lambeaux déchirés de vêtements, et que, par extension, on applique au pluriel à des hardes vieilles et usées. Les guenilles sont souvent l'apanage de la misère; mais autrefois, comme de nos jours, la vanité, qui tire parti de tout, a été jusqu'à s'enorgueillir des haillons qui la couvrent : témoin dans l'antiquité le fameux cynique Diogène, et dans les dernières années de la Restauration Chodruc Duclos, l'homme à la longue barbe du Palais-Royal.

GUENON. Ce nom, que l'on applique vulgairement à la femelle d'un singe quelconque, a été employé par Buffon pour désigner tous les singes de l'ancien monde dont la queue est aussi longue ou plus longue que le corps. Erxleben a remplacé cette dénomination par celle de *cercopithèque*. M. Isidore Geoffroy-Saint-Hilaire compte 21 espèces dans ce genre, dont il sépare le talapoin et un autre singe, formant pour lui le genre *miopithèque*. Les guenons, se réduisant ainsi aux cercopithèques de M. I. Geoffroy, ont pour caractéristique : Formes assez grêles; membres et queue longs (mais moins que chez les semnopithèques); mains assez allongées, ayant souvent les doigts réunis à leur base par des membranes; pouces antérieurs bien développés, beaucoup moins cependant que les postérieurs; ongles en gouttières; crâne médiocrement volumineux, déprimé et sans front (dans l'état adulte); crêtes sourcilières très-peu prononcées, et même nulles pendant une grande partie de la vie de l'animal; museau assez court; angle facial de 50° environ; yeux médiocres; nez très-peu saillant, à narines arrondies, inférieures, très-rapprochées l'une de l'autre; callosités ischiatiques très-prononcées; pelage bien fourni, plus ou moins tiqueté; abajoues très-amples; incisives médianes supérieures très-développées; canines très-longues, comprimées, tranchantes en arrière; mâchelières toutes quadrangulaires, à quatre tubercules non pointus; taille de 4 à 6 décimètres (du museau à l'anus).

Les jeunes guenons s'apprivoisent facilement. Mais, apprivoisés ou non, ces singes deviennent en vieillissant d'une grande méchanceté. D'une espèce à l'autre, le naturel varie; chez tous il offre une grande mobilité. Il n'existe pas d'animal qui passe plus rapidement qu'un cercopithèque de la tristesse à la joie, de la joie à la colère. « On le voit, dit M. I. Geoffroy, désirer ardemment un objet, témoigner la joie la plus vive s'il parvient à l'avoir, et presque aussitôt le rejeter avec indifférence, le briser avec colère. On le voit se complaire dans la société d'un autre individu, lui donner, à sa manière, des marques de tendresse, et tout d'un coup s'irriter contre lui, le poursuivre en jetant des cris rauques, et le mordre comme un ennemi; puis la paix se fait, et les caresses recommencent, jusqu'à ce qu'un nouveau caprice amène une nouvelle crise. »

Les principales espèces de guenons sont le *cercopithèque hocheur*, le *blanc-nez*, le *cercopithèque barbu*, etc. L'une des plus belles est le *cercopithèque mone* (*cercopithecus mona*, Erxleben); elle vient de Guinée, et est assez commune dans les ménageries; elle présente, comme plusieurs de ses congénères, des couleurs fort différentes selon les régions du corps : la tête est olivâtre; les joues sont d'un olivâtre clair; une tache noire s'étend de la partie supérieure de l'orbite à l'oreille, et l'on remarque sur le front une ligne d'un blanc verdâtre; le dos, les épaules, les flancs, sont d'un roux tiqueté de noir; la croupe est noire, à l'exception de deux taches elliptiques blanches, placées à droite et à gauche de l'origine de la queue; les mains et la face externe des membres sont noires; les parties inférieures et le dedans des membres sont d'un blanc pur; la queue est variée de jaune et de noir.

GUÉPARD, ou *tigre des chasseurs* (*felis jubata*, Linné), animal du genre *chat*, est de la même taille que la panthère, avec une queue aussi longue; mais il a le corps plus élancé et la tête plus petite. Le fond de son pelage est blanc jaunâtre, et il est couvert de taches noires, rondes, entièrement pleines, de trois centimètres de diamètre. Le dessous de son corps est presque blanc, et une bande noire règne de l'œil au coin de la bouche. Sa queue est couverte de taches noires, et de longs poils placés au-dessus du cou lui forment une sorte de crinière. Ses doigts sont allongés comme ceux des chiens, ses ongles moins crochus et moins rétractiles que dans les autres chats. Cet animal se trouve dans plusieurs contrées de l'Afrique et dans toute l'Asie méridionale. Il se laisse facilement apprivoiser, et on le dresse pour la chasse. Il paraît que pour s'en servir on le conduit les yeux bandés, puis, lorsqu'on est à la portée du gibier, on lui rend la vue et on le lâche; il s'élance alors avec impétuosité, et en deux ou trois bonds il a saisi la proie.

DÉMEZIL.

GUÊPE, genre linnéen d'insectes de l'ordre des hyménoptères, que les entomologistes modernes ont transformé en tribu sous le nom de *vespiens*, réservant celui de guêpe à un genre plus restreint, le seul dont nous nous occuperons ici, et dont les principaux caractères sont : Mandibules courtes; mâchoires allongées; labre court et arrondi; lèvre inférieure également courte; antennes coudées; pattes postérieures simples, avec les jambes pourvues de deux épines à l'extrémité; ailes ployées longitudinalement pendant le repos. Les guêpes se rencontrent dans toutes les parties du monde, mais plus abondamment dans les régions les plus chaudes. Leurs mœurs offrent la plus grande analogie avec celles des abeilles; même division en mâles, femelles et neutres; même rôle pour chacune de ces catégories. Cependant les sociétés, permanentes chez les abeilles, ne sont qu'annuelles chez les guêpes; aussi, à la fin de la belle saison, les mâles ayant peu survécu à la fécondation des femelles, et les ouvrières venant à mourir, il ne reste plus que les femelles, qui, abandonnant leurs demeures, vont se cacher dans les fissures des vieux murs, où elles passent l'hiver dans un engourdissement complet. Le printemps les ranime; chacune va alors construire isolément son nid, pondre ses œufs, soigner ses larves, pourvoir à tous leurs besoins. Ces larves croissent rapidement, et se transforment en insectes parfaits; c'est alors que les ouvrières agrandissent l'habitation, donnent leurs soins aux nouvelles pontes, et que le genre de vie des guêpes offre la plus grande ressemblance avec celui des abeilles.

La matière première des *guêpiers*, ou nids de guêpes, consiste en fibres de bois, le plus souvent déjà mort. A l'aide de leurs puissantes mandibules, les guêpes divisent ces fibres en parcelles, qu'elles agglutinent au moyen d'un liquide visqueux secrété par elles. Cette matière ainsi préparée, elles la triturent et la réduisent en feuilles minces, papyracées. Cinq ou six de ces feuilles, superposées, servent ordinairement à construire l'enveloppe du guêpier que ces insectes établissent, tantôt dans la terre, tantôt dans le creux des arbres ou entre leurs branches. C'est avec ces mêmes feuilles qu'ils construisent les *gâteaux*. Le premier est fixé au sommet du nid par un pédoncule ; le second est attaché au premier de la même manière, et ainsi de suite.

Parmi les guêpes dont le nid est souterrain, une des plus connues est la *guêpe commune* (*vespa vulgaris*, Linné), noire, agréablement variée de jaune vif, et employant pour ses constructions une substance papyracée d'un gris cendré, obscur, très-fortement gommée et assez solide pour que l'on puisse écrire dessus. Ces nids, souvent pratiqués à une assez grande profondeur, renferment ordinairement des milliers d'individus. La guêpe commune habite l'Europe, et n'est pas rare aux environs de Paris. Il en est de même du **frelon** (*vespa crabro*, Linné) et de la *guêpe rousse* (*vespa rufa*, Linné). Cette dernière, plus petite que la guêpe commune, s'en distingue par son abdomen roussâtre, avec des bandes circulaires brunâtres. Elle établit sa demeure entre les branches des arbres, ce qui lui a fait donner par quelques auteurs le nom de *guêpe des arbustes*.

GUÊPE DORÉE. *Voyez* CHRYSIDE.

GUÊPIER, habitation d'un essaim de **guêpes**. Un guêpier qui a tous ses gâteaux contient ordinairement 15 à 16 mille *cellules*, dont chacune est remplie par un œuf ou une nymphe.

On dit proverbialement d'une affaire embrouillée, ou qui ne peut qu'occasionner des désagréments ou des pertes à celui qui s'en mêlera, que c'est un vrai *guêpier*. Se mettre la tête dans un *guêpier*, donner dans un *guêpier*, signifient à peu près la même chose, c'est-à-dire se trouver au milieu de gens dont on n'a rien de bon à attendre.

GUÊPIER (*Ornithologie*), genre d'oiseaux de l'ordre des passereaux, famille des syndactyles, ainsi nommés à cause du genre de leur nourriture, qui se compose d'insectes hyménoptères, et plus particulièrement de guêpes et d'abeilles. Ce genre a pour caractères : Bec allongé, arrondi, recourbé, pointu, mince surtout à l'extrémité, *un peu comprimé*, *à arête vive* ; narines latérales arrondies ou en fente longitudinale ; tarses courts, grêles ; doigt externe profondément soudé à celui du milieu ; queue longue, égale, étagée ou fourchue.

Le *guêpier commun* (*merops apiaster*, Linné) est la seule espèce de ce genre que l'on trouve en Europe, particulièrement en Grèce, en Italie, dans le midi de la France, et en Espagne. Il est long de $0^m,30$ environ. Son plumage est d'un blanc nuancé de verdâtre.

GUERAZZI (FRANCESCO-DOMENICO), célèbre comme écrivain et comme homme politique, est né en 1805, à Livourne, d'une famille pauvre, et à force de travail et de privations parvint à se faire recevoir avocat. En peu de temps il eut conquis une place honorable au barreau. Plein d'ambition, il avait de bonne heure essayé de populariser son nom par des succès littéraires, secondé d'ailleurs dans cette direction donnée à ses efforts par une imagination brûlante, souvent déréglée, et par de vastes connaissances historiques. Encouragé par l'accueil fait à son premier roman historique, *La Battaglia di Benevento* (Florence, 1818), il en fit encore paraître deux autres, *L'Assedio di Firenze* et *Isabella Orsini*, puis, après un long intervalle de repos, il publia un drame historique *I Bianchi ed i Neri*, et trois nouvelles, *Veronica Cybo*, *La Serpicina*, et *I nuovi Tartufi* (Florence, 1847). Ces diverses productions abondent en idées élevées, en sentiments nobles, en descriptions fines et délicates, en situations neuves ; le style en est original et pittoresque, et elles témoignent d'un talent peu ordinaire. Par contre, on peut reprocher à l'auteur de trop souvent viser à l'effet, d'être exagéré dans la forme et dans l'expression, et de hasarder des jugements extravagants. Comme orateur, Guerazzi a les mêmes qualités et les mêmes défauts.

Peu satisfait de l'éclat littéraire qui s'attachait à son nom et désireux de jouer à tout prix un rôle, Guerazzi se jeta dans les conspirations et devint l'un des membres les plus éminents et les plus actifs de toutes les sociétés secrètes, mais surtout de celle que **Mazzini** fonda sous le nom de *Jeune Italie*. Cependant, en raison de ce qu'il y a d'hésitation naturelle dans son esprit, jamais ses frères en conspiration ne lui accordèrent une confiance sans réserve. L'agitation provoquée dans toute l'Italie par les tendances émancipatrices de Pie IX accrut l'influence politique de Guerazzi en Toscane. Le gouvernement, qui le redoutait, lui attribua les troubles qui éclatèrent à Livourne au commencement de janvier 1848. Soupçonné d'avoir rédigé et répandu une proclamation révolutionnaire où le gouvernement était insulté à cause de sa résistance à l'esprit de réforme et où on proclamait la nécessité de placer le pouvoir entre les mains des démocrates, il fut arrêté le 10 janvier 1848 et chargé de chaînes par ordre du ministre Ridolfi, qui le fit enfermer dans les prisons de Porto-Ferrajo. Mais la marche rapide des événements politiques ne tarda pas à le rendre à la liberté ; et le 26 octobre suivant le grand-duc Léopold II le nommait même ministre de l'intérieur et président du conseil. Dans cette position, ses actes furent loin d'être ceux que le parti révolutionnaire avait espérés de lui. Cependant quand le grand-duc se fut décidé, le 7 février 1849, à quitter Florence pour se réfugier à San-Stephano, Guerazzi fut encore nommé membre du gouvernement provisoire. En prenant le rôle de dictateur, en s'efforçant de rétablir l'ordre, il irrita vivement le parti des exaltés. Il combattit de tout son pouvoir la proclamation de la république et l'adjonction de la Toscane à la république romaine. Il consacra tout ce qu'il y avait chez lui d'énergie et d'habileté et sacrifia même ce qui lui restait encore de popularité et d'influence morale pour dissuader les Toscans d'envoyer des représentants à la Constituante italienne. Il pensait encore bien moins que la Toscano dût se rattacher au Piémont, comme le voulait la grande majorité du parti libéral. Quand la réaction, victorieuse dans les journées des 11 et 12 avril 1849, dispersa la constituante de Florence et rétablit en Toscane l'autorité du grand-duc, Guerazzi essaya de gagner Livourne, où s'étaient refugiés les débris de l'assemblée ; mais il fut trahi et ramené à Florence. Jeté alors en prison, il y languit longtemps sous l'accusation d'avoir négligé, pendant son administration, des ressources qu'il avait à sa disposition pour réprimer la révolution en Toscane. Le mémoire qu'il écrivit à cette occasion pour sa défense, *Apologia della vita politica di F.-D. Guerazzi* (Florence, 1851), est aussi remarquable par la puissance de dialectique que par la haute éloquence dont il y fait preuve ; ce qui ne l'a pas empêché de subir une condamnation transformée en exil.

GUERCHIN (GIAN-FRANCESCO BARBIERI, *dit* LE), peintre célèbre de l'école bolonaise. Le nom de *Guerchin* lui fut donné, parce qu'il louchait de l'œil droit (*guercio*, louche). Il naquit le 8 février 1591, à Cento, près de Bologne. Né de parents pauvres, il fut envoyé à l'école pour y apprendre seulement à lire et à écrire. Cependant, à l'âge de dix ans il attirait déjà l'attention générale par ses heureuses dispositions pour la peinture. Il peignit sur la porte de la maison paternelle une vierge fort remarquable. Son père le plaça alors chez un peintre de son village, afin d'y cultiver ses dispositions ; mais celui-ci n'eût fait que les étouffer, si la vue des chefs-d'œuvre que renfermait Bologne n'avait dessillé les yeux du jeune artiste. Le Guerchin entrevit alors le but dont les notions vicieuses qu'il recevait l'auraient écarté sans son travail opiniâtre et consciencieux. Il existe dans les tableaux du Guerchin beaucoup de rapport pour le coloris avec ceux de **Caravage**. Son dessin est noble et hardi, bien qu'on remarque souvent peu de justesse dans les proportions des personnages. On lui a souvent reproché aussi d'être monotone dans la composition de ses sujets. Cette monotonie nous semble toute naturelle lorsque nous examinons sa vie privée, et lorsqu'au lieu d'une vie d'artiste, turbulente et passionnée, nous avons devant nous l'austère existence d'un cénobite. Jamais pour lui un jour ne passa sans prières. Jamais on ne le vit figurer dans de somptueuses orgies, comme quelques-uns de ses confrères.

Injurié sans relâche par les peintres italiens, Le Guerchin opposa à cette tourmente continuelle une inaltérable fermeté. Jamais il ne répondit aux insultes par des insultes. Il mourut sans s'être marié, en 1666, à l'âge de soixante-seize ans, après s'être occupé sans cesse du bonheur de ses cousines, qu'il aimait, dit-on, fort tendrement. Il employa une grande partie de sa fortune à aider les jeunes artistes sans moyens, dévouement d'autant plus louable qu'il est rare dans l'histoire de l'humanité.

Parmi ses tableaux les plus remarquables, on cite ; la *Mort de Caton d'Utique ; Coriolan,* fléchi par les prières de sa mère ; *Les Enfants de Jacob lui montrant la robe ensanglantée de Joseph ; Sainte Pétronille ; Saint Pierre ressuscitant Tabite ; Saint Antoine de Padoue ; Saint Jean-Baptiste ; La Vierge apparaissant à trois religieux ; La Présentation au Temple ; David et Abigaïl ;* son plafond de *L'Aurore*, dans un salon de la villa Ludovisi, à Rome. On peut voir quelques-uns de ses tablaux à notre Musée du Louvre ; on distingue surtout une superbe toile, représentant *Hersilie séparant Romulus et Tatius ;* les autres ont pour sujets *Loth et ses filles, La Vierge et l'Enfant Jésus, La Résurrection de Lazare, La Vierge et Saint Pierre, Saint Pierre en prière, Saint Paul, Salomé recevant la tête de saint Jean-Baptiste, Une Vision de Saint Jérôme, Saint François d'Assise* et *Saint Benoît, Circé, Saint Jean dans le désert*, etc., enfin un portrait en buste de Guerchin lui-même. On assure qu'il était doué d'une si grande facilité que dans une nuit, à la lueur des torches, il peignit un grand tableau qui lui avait été commandé par des religieux. On n'est pas impressionné d'abord à l'aspect de ses tableaux ; on finit cependant par être saisi d'un saint recueillement. Le style mystique qui règne dans toutes ses compositions, l'harmonie sombre de sa peinture, nous paraît venir de la manière dont il concentrait la lumière dans son atelier : il faisait venir le jour de très-haut, par un orifice fort resserré, et produisait ainsi l'effet auquel il visait. La *Raccolta de alcuni disegni* du Guerchin (23 planches in-fol.) a paru à Rome en 1764.

GUÉRET, ville de France, chef-lieu du département de la Creuse, avec 5,033 habitants, à 376 kilomètres de Paris. Elle s'élève sur le penchant d'une montagne, et sur un petit affluent de la Creuse, entre cette rivière et la Gartempe, qui en sont l'une et l'autre à une assez grande distance. Assez bien bâtie et passablement percée, elle n'offre rien de remarquable. On y trouve un collége, une bibliothèque publique de 5,000 volumes, une pépinière départementale ; mais son industrie est nulle, ainsi que son commerce. Guéret, jadis chef-lieu de la Haute-Marche, doit le peu d'accroissement qu'elle a pris aux comtes de la Marche, qui y résidaient. Son origine remonte au huitième siècle. Elle s'éleva peu à peu autour d'un monastère fondé, en 720, dans ce lieu, par Clotaire, en l'honneur de saint Pardoux.

GUERICKE (Otto de), l'un des plus savants physiciens du dix-septième siècle, né à Magdebourg, le 20 novembre 1602, étudia le droit à Leipzig, à Helmstædt et à Iéna, et les mathématiques, surtout la géométrie et la mécanique, à Leyde. Ses étude terminées, il voyagea en France et en Angleterre, puis obtint une place d'ingénieur en chef à Erfurt, et devint en 1627 échevin à Magdebourg, bourgmestre de la même ville en 1646, fonctions auxquelles il renonça en 1681 pour aller se fixer auprès de son fils à Hambourg, où il mourut, le 11 mai 1686. Il est surtout célèbre pour avoir inventé la machine pneumatique. Ce fut à Ratisbonne, en présence de la diète impériale, qu'il fit, en 1654, les premières démonstrations publiques des effets de la machine pneumatique ; et on conserve encore précieusement de nos jours à la Bibliothèque royale de Berlin la première machine de ce genre construite sous sa direction. Il inventa aussi un instrument propre à peser l'air, ainsi que les petites figures de verre qui, avant l'invention du baromètre, étaient généralement en usage pour indiquer les variations de la pression atmosphérique. Il s'occupa en outre beaucoup d'astronomie, et le premier il émit l'opinion qu'il était possible de calculer le retour des comètes ; opinion que l'expérience confirma plus tard. Ses observations les plus importantes se trouvent dans son ouvrage intitulé : *Experimenta nova, ut vocant, Magdeburgica, de vacuo spatio* (Amsterdam, 1672).

On appelle *vide de Guericke* l'espace incomplétement vide d'air qu'on obtient au moyen de la machine pneumatique, par opposition au *vide de Torricelli*, qui est l'espace parfaitement vide d'air qui se trouve au-dessus de la colonne de mercure dans un baromètre. On doit aussi à Otto de Guericke l'appareil appelé ***hémisphères de Magdebourg***, et qui sert à démontrer la pression de l'air.

GUERILLA. Lorsque, au commencement de ce siècle, la France voulut imposer un gouvernement à l'Espagne, les Espagnols, abandonnés des maîtres qui pour eux étaient une sorte de représentation de la patrie, trahis par d'iniques chefs, voyant que l'armée était mauvaise, mal commandée et battue toutes les fois qu'elle tentait de se mettre en ligne, imaginèrent de défendre eux-mêmes ce qu'ils croyaient être la cause nationale. Sans organisation, sans moyens administratifs capables de former chez eux une forte armée respectable, les plus braves d'entre les jeunes habitants de chaque province se réunissent par troupes, et, choisissant pour les commander ceux en qui ils supposent le plus de valeur, forment ce qu'on nomme des *guerillas*, ou petits corps insurrectionnels, agissant chacun dans sa sphère, indépendamment des masses régulières, et ne reconnaissant qu'imparfaitement le pouvoir des juntes gouvernementales.

Guerilla n'est pas tout à fait l'équivalent de *parti* dans notre langue : le parti est un détachement de troupes régulières, qui, sous le commandemant absolu d'un officier appartenant à quelque corps d'armée, agit isolément pour un temps donné, et rentre sous les drapeaux quand l'objet de sa mission est rempli. La guerilla est, au contraire, une troupe irrégulière, n'appartenant à aucun corps de ligne. Composée comme il plaît à celui qui a su la réunir et s'en faire élire capitaine, elle se forme sur le modèle de cette bande de conquérants de grands chemins aux mains de laquelle tombe don Quichotte sur les confins de la Catalogne, ou de cette compagnie souterraine de Rolando, dans laquelle le héros de l'admirable roman de Le Sage se trouve engagé, à son corps défendant. La différence consiste en ce que la bande de brigands (*banderos*) agit contre la société et pour son propre compte, tandis que la guerilla détrousse les passants et met le pays à contribution pour une cause soi-disant politique, libérale ou légitimiste, selon la circonstance.

Cette tendance n'est pas, du reste, nouvelle en Espagne, et ne date pas seulement de la guerre de l'empire : elle semble, au contraire, inhérente au caractère ibérien. Lorsque les Romains vinrent porter la guerre dans la Péninsule, Sertorius y fut à proprement parler un chef de guerillas. Quand une seule bataille eut livré l'empire aux Sarrasins, Pélage ne fut encore qu'un chef de guerillas. Les petits royaumes qui se formèrent successivement dans la Péninsule, lancèrent, pendant six ou sept siècles, contre les sectateurs de Mahomet, des bandes qui, sous le premier audacieux venu, allaient piller les terres musulmanes, souvent très-loin de leur canton : on appelait ces expéditions *salir à los Moros.*

Guerilla signifie à la lettre *petite armée :* la *guerilla* est regardée, non-seulement comme licite, mais encore comme héroïque, tant qu'il y a invasion étrangère, ou tant qu'un gouvernement oppresseur, à son avis, écrase le pays. Quand l'une a cessé, ou que l'autre est tombé, on fait pendre sans façon les membres d'une *guerilla* (ou *guerilleros*) qui persévèrent à porter les armes, et on les qualifie alors de brigands, au lieu de les appeler héros... Les guerillas du temps de l'empire acquirent une certaine célébrité ; celles de la Catalogne, de la Navarre et des provinces basques étaient les plus redoutées ; elles firent le plus de mal aux armées françaises : on les vit s'établir sur la plupart des grandes communications de nos troupes, profitant des difficultés de chaque province montagneuse. Connaissant, par l'habitude de la contrebande, qu'avaient exercée la plupart de ceux qui s'y enrôlaient, les gorges des Pyrénées et leurs plus tortueux sentiers, elles y nourrissaient une guerre incessante, sans trêve ni merci. En pareille circonstance, l'avantage est ordinairement à la guerilla, qui saisit son temps pour attaquer, et pour laquelle la fuite n'est jamais un déshonneur, parce qu'elle entre, non moins que l'embuscade, dans les moyens de ruiner l'ennemi. Du reste, il n'y en avait généralement que dans les pays de montagnes : ainsi, les frontières de Valence avaient les leurs, auxquelles imposait le maréchal Suchet; quelques-unes descendaient des monts Carpétaniques vers Madrid, d'un côté, vers les plaines de Salamanque de l'autre, et la cavalerie du général Kellermann fit éprouver de grandes pertes à celles-ci, toutes les fois qu'elle put les joindre. L'Andalousie, si bien administrée qu'elle semblait l'être sous le maréchal Soult, n'en était pourtant pas exempte. Les bandes les plus renommées furent celles de Renovalès, d'Espoz y Mina et de son neveu, de Juan Martin, dit l'*Empecinado*, de Julian Sanchez, du docteur Rovera, de Juan Paladea, dit *el Medico*, du curé Merino, *del Principe*, du frère Sapia, de Juan Abril, de Jauregui, dit *el Pastor*, de Porlier, dit *el Marquesito*. Leurs forces réunies ne s'élevaient pas à moins de 60,000 hommes.

Les guerillas n'ont pas besoin d'être considérables par le nombre d'individus qui les composent, pour se rendre redoutables; il suffit que ceux-ci soient subordonnés sans réserve, grands marcheurs, actifs, vigilants, agiles et bons tireurs, parce qu'ils doivent, en quelque sorte, faire plus la chasse aux hommes que la véritable guerre, en évitant, autant que possible, de se mesurer en rase campagne. Il est important qu'ils connaissent les moindres sentiers des pays qu'ils infestent, afin de se porter sur toutes les communications que peuvent tenter leurs ennemis, avec plus de promptitude qu'eux-mêmes, afin de les y surprendre, en se mettant en embuscade sur des points d'où ils se puissent sauver au besoin, sans redouter d'être poursuivis et forcés dans des retraites impénétrables. Les guerillas sont, du reste, des fléaux non moins redoutables pour le sol qu'elles prétendent défendre que pour l'étranger qu'elles harcellent.

Colonel Bory-Saint-Vincent,
de l'Académie des Sciences.

GUÉRIN (Robert). *Voyez* Gros-Guillaume.

GUÉRIN (Pierre-Narcisse), peintre français, né à Paris, le 13 mai 1774, fit ses premières études sous la direction du peintre d'histoire Regnault; et jamais élève ne profita mieux des conseils de son maître. Son premier essai, son *Marcus Sextus*, parut à l'exposition de 1800. La France put alors se glorifier de posséder un célèbre peintre de plus. La foule se pressa devant la toile du jeune artiste (il n'avait que vingt-six ans). La composition de ce sujet est fort remarquable, et jamais on n'a mieux fait sentir ce que peut produire sur l'homme une vive et profonde douleur morale.

Deux ans après, Guérin exposa *Phèdre et Hippolyte*. Quoique ce tableau soit celui qui ait attiré à son auteur le plus d'honneur et d'éloges, il est à notre avis bien inférieur au précédent. Le peintre paraît être encore sous l'influence de l'effet théâtral. *Énée racontant ses exploits à Didon*, et *Clytemnestre qui va assassiner son époux*, ont été le sujet de vives contestations. Le premier de ces deux tableaux nous paraît digne d'éloges sous le rapport de la composition. Quant à la couleur, il faut reconnaître qu'elle est très-faible. Excepté le fond, qui est très-finement peint, le reste est d'un ton diaphane et monotone. Le second tableau est composé avec un sentiment profond du sujet.

D'une santé très-faible, car il était attaqué de la poitrine, Guérin a peu travaillé. Nous possédons pourtant encore de lui : *Andromaque; L'empereur pardonnant aux révoltés du Caire, sur la place d'Elbékéir; Céphale et l'Aurore; Une Offrande à Esculape*. Il était d'un caractère très-doux et d'une grande affabilité. On assure qu'il refusa, en 1816, la direction de l'École française à Rome, pour ne pas quitter ses élèves. Le motif qu'il allégua fut l'extrême faiblesse de sa santé. Désigné une seconde fois pour remplir ces honorables fonctions, il partit pour Rome, revint à Paris en 1829, retourna ensuite à Rome, où il mourut, le 16 juillet 1833. Il avait été nommé officier de la Légion d'Honneur, membre de l'Institut en 1815, et successivement baron et chevalier de l'ordre de Saint-Michel.

GUÉRIN (Jean-Baptiste-Paulin), peintre qui a eu quelque célébrité, naquit à Marseille, en 1783. Après avoir exposé plusieurs portraits au salon de 1810, il fit de la peinture d'histoire et de la peinture religieuse; et on vit successivement de sa main : *Caïn après le meurtre d'Abel* (1812); un *Christ mort* (1817); un *Christ sur les genoux de la Vierge* (1819); *Anchise et Vénus* (1822); *Ulysse en butte au courroux de Neptune* (1824 Musée : de Rennes); *Adam et Ève chassés du paradis* (1827); *La mort du Christ*, le *Dévoûment du chevalier Roze pendant la peste de Marseille* (1834); *Sainte Catherine* (1838), et la *Conversion de saint Augustin* (1844). On doit aussi à Paulin Guérin un nombre très-considérable de portraits. On se rappelle ceux de Charles Nodier (1824) et de Lamennais (1827). Les deux meilleurs tableaux de cet estimable artiste, le *Caïn* et *Anchise et Vénus*, acquis par le gouvernement, ornèrent la galerie du Luxembourg du vivant de leur auteur, mort le 19 janvier 1855.

GUÉRISON. Ce substantif, qui désigne le recouvrement complet de la santé, provient probablement, comme le verbe *guérir*, de l'italien *guarire*. La guérison, qui est un des buts de la médecine, s'obtient par des ressources dont l'art thérapeutique se compose, et souvent par l'effet de la nature, par cette puissance conservatrice de la vie dont les êtres organisés sont doués. On reconnaît qu'elle est obtenue quand l'exercice des organes, qui avait été troublé, redevient libre et facile au point que leur jeu est inaperçu, comme dans l'état de santé. Il semble, d'après ce signe que la délivrance entière des maladies est facile à constater : il n'en est point ainsi, et les erreurs commises à ce sujet sont souvent déplorables. La restauration présumée de la santé se borne souvent au passage de l'état aigu à l'état chronique. Par exemple, un rhume accompagné de fièvre, d'ardeur extrême dans la poitrine, d'une toux déchirante, perd graduellement cette violence, et il n'en reste plus qu'une petite toux habituelle; on le considère alors comme guéri, on cesse d'y faire attention, et le temps s'écoule dans une sécurité dangereuse, jusqu'à ce qu'une phthisie pulmonaire se manifeste pour se terminer par la mort. S'il est difficile dans un grand nombre de maladies de porter un jugement certain sur la guérison, quand elles semblent être éteintes, il l'est plus de prévoir à leur début qu'on pourra en triompher. Plusieurs affections ont une marche si régulière, si connue, qu'on peut en annoncer sûrement les phases : telles sont la petite vérole, la scarlatine, etc.; mais aucune personne sage ne peut affirmer que la fin sera heureuse : on peut seulement l'espérer d'après l'expérience, et si telle ou telle occurrence fâcheuse ne se présente pas. C'est le propre du charlatan de promettre à tous les maux une guérison infaillible.

Dr Charbonnier.

GUÉRISSEURS. On appelle ainsi dans quelques contrées de la France ces parodies de médecins qui infestent nos campagnes, et qu'il faut espérer voir un jour figurer dans les codes criminels à la suite des empoisonneurs et des assassins. Il paraît qu'autrefois tout le monde se mêlait de médecine, s'il faut s'en rapporter à ces vieux vers :

> Fingunt se medicos doctos idiota, sacerdos,
> Judæus, monachus, histrio, rasor, anus.

Les jugeurs d'urine furent en honneur, surtout dans le seizième siècle : c'est ce que nous dit, entre autres, Bayle, à l'article Fernel. Il est question dans l'*Année littéraire* de 1764 d'un charbonnier qui doit prendre rang parmi ces « guérisseurs de hasard, ces singes de médecins, » comme les qualifie Sangrado. Ce charbonnier, venu des bois de la Lorraine, disait sans cesse à tout venant qui le consultait : « Dans trois jours, il faut que tout *part*; » sans doute maladie et malade. Ce successeur de Mélampe composait une tisane propre à tous les maux : il y réunissait le séné, la verveine, la mauve, la violette, la scabieuse, le scorsonère, le chardon Roland et la chardon bénit, la petite centaurée, la pulmonaire et une foule d'autres simples. C'est bien le cas de dire que, pour user d'une telle panacée, il fallait avoir la foi du charbonnier. Au reste, il paraît que cette foi ne manqua guère, car le docteur-charbonnier eut quelque vogue.

Il serait peut-être difficile de dire si les guérisseurs provoquent plus l'indignation qu'ils ne prêtent au mépris et à la risée des gens de bien. La plupart d'entre eux sont à peu près imbéciles tous sont ignorants, excessivement ignorants. Leur vocation est presque toujours déterminée, comme l'était autrefois la profession de bourreau, par l'état que remplissait le père; et ce n'est pas la seule ressemblance qu'offrent les deux professions. Le métier de guérisseur convient à la fainéantise; il rapporte de l'argent sans frais d'études, sans fatigues, sans achat ni lecture de livres. Un sale bouquin de médecine, quelque vieille traduction d'Alexis Piémontais, quelque grimoire d'alchimie, composent leur bibliothèque et dictent leurs oracles. Les moins dangereux de ces Esculapes rustiques sont ceux qui distribuent des remèdes inutiles, tels que des applications d'animaux écartelés vifs, ou des compositions sans qualités ni vertus. Il faut rendre justice à tout le monde : ceux-ci ne doivent être placés que dans la catégorie des fripons. Les charlatans ne sont consultés si fréquemment que parce qu'ils prennent peu d'argent à la fois et délivrent beaucoup de remèdes; par leur défaut d'éducation, ils conviennent d'ailleurs aux paysans. Pendant les moments où les guérisseurs n'ont rien à tuer, ils préparent leurs armes; ils prennent gravement les petits carrés de papier pot; puis, avec une encre bourbeuse, plus jaunâtre que noire, ils griffonnent, sans trop pouvoir se lire eux-mêmes, en mettant un chiffre pour un autre, en rendant méconnaissables les choses les plus communes; ils barbouillent une série de huit à dix lignes dans lesquelles l'humanité est encore plus menacée que la grammaire ne reçoit d'offenses. Ce chef-d'œuvre s'écrit posément, sans savoir en faveur de quelle maladie ni contre quel malade il est rédigé. La collection est mise en dépôt jusqu'à ce qu'un pauvre diable se présente avec une fiole d'urine et surtout avec dix ou quinze sous. Alors le guérisseur, quelle que soit la maladie, quels que soient l'âge, le sexe, le tempérament du patient, ouvre l'arsenal destructeur, et de cette boîte de Pandore il desserre la première ordonnance qui se présente. Jugez de son efficacité. Mais comme on dit : « C'est la foi qui sauve. » Louis Du Bois.

GUÉRITE, petite loge ordinairement en bois, quelquefois en maçonnerie, qui sert à abriter une sentinelle contre les injures du temps. Dans les places fortes, dans les ports de mer, sur les chemins de fer, dans les chantiers de construction ou de travaux publics, en un mot partout où une surveillance, plus ou moins active, a besoin d'être exercée, elle est ordinairement confiée à des personnes pour qui une *guérite* n'est qu'une espèce de petit réduit, destiné à leur faire passer plus commodément le temps de leur faction, et où elles se tiennent habituellement renfermées, quel que soit autour d'eux l'état de l'atmosphère; genre d'incurie qu'on ne saurait permettre à une sentinelle militaire proprement dite, par suite de l'extrême et continuelle vigilance qu'elle doit apporter, pendant la durée de sa faction, dans la pratique de sa consigne. On a tout à fait abandonné aujourd'hui l'ancien système de *guérites* construites en maçonnerie sur les remparts des villes fortes, aux points où la vue pouvait embrasser le plus d'objets. Outre l'inconvénient qu'elles avaient d'indiquer à l'ennemi la présence d'un factionnaire, elles lui servaient aussi de points de mire, et ne pouvaient jamais être assez solides pour résister au choc de quelques boulets. Les guérites ont porté aussi autrefois le nom d'*échauguettes*.

GUERLE (De). *Voyez* De Guerle.

GUERLINGUET, nom par lequel Buffon désigne deux espèces du genre *écureuil*, le *grand* et le *petit guerlinguet*. Fr. Cuvier l'a étendu à tout un sous-genre, qu'il caractérise ainsi : Crâne assez court, peu courbé ; front très-déprimé; naseaux peu allongés; dents molaires supérieures au nombre de quatre paires seulement; point d'abajoues. Toutes les espèces de ce sous-genre appartiennent à l'Amérique méridionale.

GUERNESEY. *Voyez* Iles Normandes.

GUERNON-RANVILLE (Martial Côme-Annibal-Perpétue-Magloire, comte de), ministre de l'instruction publique dans le cabinet dont le prince de Polignac était le chef, n'avait point figuré dans la politique active, lorsque le *Moniteur* du 18 novembre 1829 annonça sa nomination au poste que laissait vacant M. de Montbel, appelé lui-même à remplacer M. de Labourdonnaye au ministère de l'intérieur. A cette nouvelle, les journaux, grands et petits, commencèrent par bien divertir le public en lui faisant remarquer l'affreux calembour (*Martial, comme Annibal, perpétue ma gloire*), sous l'invocation duquel M. de Guernon-Ranville avait, en naissant, été placé par un père, brave officier, du reste, mort peu auparavant, dans cette même année 1829, à l'âge de quatre-vingts ans, mais singulièrement adonné, on le voit, aux pointes, rébus et coqs-à-l'âne. Ce bizarre accouplement de prénoms était d'ailleurs, hâtons-nous de le dire, le côté le plus faible du nouveau ministre de l'instruction publique, homme de mérite au surplus, naguère chef du parquet à Lyon, n'ayant pas plus attiré jusque alors sur lui l'attention publique par l'exagération de ses doctrines monarchiques que vingt autres magistrats investis de fonctions analogues. Né à Caen, le 2 mai 1787, il s'était engagé en 1806 dans les vélites de la garde impériale, puis avait été réformé, au bout de quelque temps, pour myopie. Il s'était mis alors à faire son droit, et avait été admis au barreau de Caen, dans les rangs duquel vint le surprendre la restauration de 1814. Fils d'un ancien mousquetaire noir, il était naturel qu'il épousât avec ardeur la cause des Bourbons. En 1815 donc il recruta parmi les jeunes fidèles de sa province une compagnie de volontaires pour courir sus à l'usurpateur *évadé* de l'île d'Elbe, et le ramener mort ou vif aux pieds de Louis XVIII. L'événement n'ayant point répondu à ce beau zèle, M. de Guernon-Ranville avait suivi le roi *légitime* à Gand, et n'en était revenu que pour protester à Caen contre l'*acte additionnel*. Ce ne fut cependant qu'en 1820 qu'il reçut la récompense due à son royalisme, et il sacrifia la position qu'il occupait au barreau de Caen aux très-modestes fonctions de président du tribunal civil de Bayeux. Une fois en rapport direct avec le pouvoir administratif, celui-ci comprit bien vite la valeur de M. de Guernon-Ranville, et deux ans après il l'appelait à remplir les fonctions de procureur général à Limoges, que plus tard il échangeait successivement contre des fonctions analogues à Grenoble et à Lyon.

On s'accordait d'ailleurs à reconnaître que dans toutes les occasions il avait fait preuve à la fois d'équité et de capacité, et on expliquait le choix de M. de Polignac par la portée beaucoup trop grande qu'avait donnée ce ministre à un discours de rentrée dans lequel M. de Guernon-Ranville déclarait franchement qu'il appartenait au parti contre-révolutionnaire, mais sans y attacher les arrière-pensées contre la charte et les libertés publiques que nourrissaient la camarilla et le ministère qui lui servait d'instrument. Il resta même fidèle à ces convictions au sein du cabinet dont il fut si inopinément appelé à faire partie, et combattit de tout son pouvoir les fatales résolutions qui devaient coûter le trône à la branche aînée des Bourbons. On s'accorde à dire qu'il ne signa les fatales ordonnances de juillet que par ce faux point d'honneur en vertu duquel tous les membres du cabinet se crurent obligés de suivre jusqu'au bout l'homme à la politique duquel ils s'étaient associés. On sait le reste : Arrêté, avec M. de Chantelauze, sur la route de Tours, où il croyait rejoindre Charles X, il fut transféré, ainsi que M. de Peyronnet et M. de Polignac, dans la nuit du 25 au 26 août, au donjon de Vincennes, d'où il ne sortit que pour comparaître, au mois de décembre, devant la cour des pairs. Il avait choisi pour défenseur M. Crémieux, alors avocat au barreau de Nîmes, dont la réputation était de bien fraîche date à Paris, et qui avait le désavantage de parler après MM. de Martignac, Sauzet et Berryer. Il lui était dès lors difficile de *dire* quelque chose de nouveau ; il imagina d'en *faire*, et s'évanouit *d'émotion* au milieu de son interminable exorde. Jugez de l'effet ! Malgré la solennité de l'audience, on rit, et l'on fut désarmé. Condamné, comme ses collègues, à la mort civile et à la détention perpétuelle, M. de Guernon-Ranville subit cinq années de captivité au fort de Ham, et n'en sortit qu'en vertu de l'amnistie de 1836. Il est depuis lors rentré pour toujours dans la vie privée, et habite sa terre de Ranville aux environs de Caen.

GUERRE, querelle qui se poursuit par la voie des armes entre des États, entre des concitoyens ou des croyants, pour opinions politiques ou religieuses. La guerre est *défensive* ou *offensive*. Défensive lorsqu'elle est résistance à l'attaque : opérations ayant pour but de couvrir une frontière, une province, une ville, etc. ; offensive lorsqu'elle est invasion sur le territoire du peuple que l'on attaque ou de l'ennemi que l'on combat. La guerre défensive a été de tout temps le texte d'une controverse entre les écrivains militaires. Quelques-uns ont traité cette importante question en s'appropriant l'opinion des anciens, et sans réfléchir aux changements successifs des moyens d'attaque et de défense. D'autres se sont crus inventeurs d'une nouvelle école, parce qu'ils amendaient le système de défense de Vauban et de Cormontaigne. Napoléon pensait que comme guerre défensive le système de Vauban est et sera pour des siècles encore la perfection désirable; que ce système transforme des contrées entières en camps retranchés, couverts par des rivières, des lacs, des forêts; qu'il donne protection suffisante à une armée inférieure contre une armée supérieure; qu'il crée un champ d'opérations favorable pour se maintenir, empêcher l'ennemi de s'avancer, saisir les occasions de l'attaquer avec avantage; enfin, donner le temps aux réserves d'arriver en ligne et de recevoir des secours de toutes natures. Toute guerre offensive est une guerre d'invasion, mais, de même que la guerre défensive n'exclut pas l'attaque, la guerrre offensive n'exclut pas la défense.

Alexandre a fait huit campagnes, pendant lesquelles il a conquis l'Asie et une partie de l'Inde; Annibal en a fait dix-sept, une en Espagne, quinze en Italie, une en Afrique; César en a fait treize, huit contre les Gaulois, cinq contre les légions de Pompée; Gustave-Adolphe en a fait trois, une en Livonie contre les Russes, deux en Allemagne contre la maison d'Autriche; Turenne en a fait dix-huit, neuf en France, neuf en Allemagne; le prince Eugène de Savoie en a fait treize, deux contre les Turcs, cinq en Italie, contre la France, six sur le Rhin, ou en Flandre; Frédéric en a fait onze, en Silésie, en Bohême et sur les rives de l'Elbe; Napoléon en a fait quatorze, deux en Italie, une en Égypte, une en Syrie, cinq en Allemagne, une en Pologne, une en Russie, une en Espagne et deux en France. L'histoire de ces quatre-vingt-dix-huit campagnes serait un traité complet de l'art de la guerre; elle prouverait que ces grands capitaines ont tous manœuvré d'après les mêmes principes : tenir ses forces réunies, n'être vulnérable sur aucun point, se porter avec rapidité sur les points importants, se maintenir constamment en communication avec ses places de dépôt, changer à propos sa ligne d'opération.

Gustave-Adolphe traverse la Baltique, s'empare de l'île de Rugen, de la Poméranie, et porte ses armes sur la Vistule, le Rhin et le Danube; vainqueur à Leipzig, il l'est aussi à Lutzen, mais il y trouve la mort. Une si courte carrière a laissé de grands souvenirs par la hardiesse et la rapidité des mouvements. Turenne part de Mayence en 1646, descend la rive gauche du Rhin jusqu'à Wesel, où il passe sur la rive droite, la remonte jusqu'à Lahn, se réunit à l'armée suédoise, passe le Danube et le Lech, et fait une marche de deux cents lieues au travers d'un pays ennemi; arrivé sur le Lech, toutes ses troupes s'y trouvent réunies sous sa main, ayant, comme César et Annibal, abandonné à ses alliés le soin de ses communications, s'étant momentanément séparé de ses réserves, et n'occupant par ses propres troupes qu'une place de dépôt. En 1648 il passe le Rhin à Oppenheim, fait sa jonction avec l'armée suédoise devant Hanau, se porte sur la Rednitz, rétrograde sur le Danube, qu'il traverse à Dillingen, bat Montécuculli à Zumershausen, passe le Lech à Rhain et l'Inn à Freysingen : la cour de Bavière, épouvantée, quitte Munich. Il porte alors son quartier général à Mülhdorf, et ravage tout l'électorat pour punir l'électeur de sa mauvaise foi. En 1672 il dirige, sous Louis XIV, présent à l'armée, la conquête de la Hollande, descend la rive gauche du Rhin jusqu'au point où ce fleuve se divise en plusieurs branches, le passe et s'empare de soixante places fortes; on ne peut s'expliquer par quelle fatalité le roi s'obstina à ne point se saisir d'Amsterdam et à s'arrêter à Naarden, distant seulement de 16 kilomètres de cette riche et importante capitale, ce qui donna aux Hollandais le temps de se remettre de leur terreur panique et d'inonder le pays en ouvrant les écluses.

Turenne, remplacé par le maréchal de Luxembourg dans son commandement en Hollande, et détaché, avec un faible corps d'armée, pour secourir les évêchés de Munster et de Cologne, remonte la rive droite du Rhin, prend position sur le Mein, et tient en échec les 40,000 hommes du grand-électeur, jusqu'au moment où ce prince, rejoint par l'armée du duc de Lorraine, l'oblige à se couvrir par le Rhin. L'hiver lui offre l'occasion de prendre sa revanche : il passe sur la rive droite du Rhin au pont de Wesel, surprend les quartiers d'hiver du grand-électeur, le bat sur tous les points et lui impose la paix. Ses marches si hardies, si longues, frappent d'étonnement; cependant, elles trouvent leur exemple dans les campagnes d'Alexandre, d'Annibal, de César, de Gustave-Adolphe.

Le prince Eugène de Savoie, dans la campagne de 1706, part de Trente, longe la rive gauche de l'Adige, le passe en vue d'une armée française, remonte la rive gauche du Pô; et, prêtant le flanc à son ennemi, traverse le Tanaro devant le duc d'Orléans, et joint le duc de Savoie sous Turin, où il tourne toutes les lignes françaises, attaque leur droite, entre la Sésia et la Doire, et les force. Cette marche est un chef-d'œuvre d'audace.

Frédéric, dans ses invasions de la Bohême et de la Moravie, dans ses marches sur l'Oder, aux bords de l'Elbe et de la Saale, a constamment vaincu quand il a manœuvré d'après les mêmes principes; mais il plaçait plus spécialement sa confiance dans la discipline, la bravoure, la tactique de son armée.

Napoléon, dans sa première campagne d'Italie, ne met que vingt jours à conquérir le Piémont. Il part de Nice, franchit les montagnes au défaut de la cuirasse, au point où finissent les Alpes et commencent les Apennins, sépare l'armée autrichienne de l'armée sarde, défait cette dernière, force le roi de Sardaigne à signer la paix et à lui céder la citadelle de Tortone, dont il fait sa place de dépôt, en marchant contre l'armée autrichienne. Étant ainsi assuré de ses communications avec la France, il passe le Pô à Plaisance, se saisit de Pizzighittone, place forte sur l'Adda, à 100 kilomètres de Tortone, se porte sur le Mincio, s'empare de Peschiera, à 180 kilomètres de Pizzighittone, et s'établit sur la ligne de l'Adige, occupant sur la rive gauche l'enceinte et les forts de Vérone, qui lui assurent les trois ponts en pierre de cette ville, et Porto-Legnago, qui lui donne un autre pont sur ce fleuve. Il reste dans cette position jusqu'à la prise de Mantoue. De son camp sous Vérone à Chambéry, premier dépôt de la frontière de France, il a quatre places fortes en échelons, qui renferment ses hôpitaux, ses magasins, et ne lui paralysent que 4,000 hommes pour leurs garnisons. Après la prise de Mantoue, lorsqu'il se porte dans les États du saint-siége, Ferrare devient sa place de dépôt sur le Pô, et Ancône, à sept ou huit marches plus loin, son deuxième point d'appui au pied des Apennins.

Dans la campagne de 1797, lorsqu'il porte la guerre au delà de la Piave et du Tagliamento, il fortifie Palmanova et Osopo, passe les Alpes Juliennes, relève les anciennes fortifications de Clagenfurt, à cinq marches d'Osopo, et prend position sur le Simmering, menaçant Vienne. Il se trouve à 320 kilomètres de Mantoue; mais il a sur cette ligne d'opérations trois points d'appui, échelonnés de cinq en six marches.

En 1798, il commence la conquête de l'Égypte par la prise d'Alexandrie, fortifie cette grande cité, et en fait sa place de dépôt; arrivé à Rahmanieh, sur le Nil, à 80 kilomètres d'Alexandrie, il y fait élever un fort. Maître du Caire, il en répare et arme la citadelle; ayant atteint Salahieh, au débouché du désert sur la route de Gaza, il construit des ouvrages de campagne suffisants pour mettre ce village à l'abri d'une attaque des Arabes, et pouvoir y renfermer des magasins. L'armée, qui se trouve alors à quinze jours de marche d'Alexandrie, a trois points d'appui sur la ligne d'opération. Pendant la campagne de 1799, il traverse 320 kilomètres de désert, met le siége devant Saint-Jean-d'Acre, et porte son corps d'observation sur le Jourdain, à 1,000 kilomètres d'Alexandrie, sa grande place de dépôt; mais il fait élever un fort à Qatieh, dans le désert, à 80 kilomètres de Salahieh, un à El-Arich, à 120 kilomètres de Qatieh, un à Gaza, à 80 d'El-Arich, et les huit places fortes qu'il s'est ainsi créées sur cette longue ligne d'opérations, lui donnent les moyens d'occuper, avec moins de vingt-cinq mille combattants, l'Égypte, la Palestine et la Galilée, ce qui est à peu près une étendue du 5,700 myriamètres carrés, renfermée dans un triangle. De son quartier général, devant Saint-Jean-d'Acre, au quartier général de Desaix, dans la haute Égypte, il y a 1,200 kilomètres.

La campagne de 1800 est dirigée par le premier consul sur ces mêmes principes, qui ont ramené la victoire sous les drapeaux de la république dans les plaines d'Italie. L'armée d'Allemagne, lorsqu'elle s'avance sur l'Inn, est maîtresse d'Ulm et d'Ingolstadt, ses places de dépôt. Son aile gauche s'appuie à l'armée gallo-batave, qui occupe Nuremberg, et son aile droite, à l'armée des Grisons, qui manœuvre dans la vallée de l'Inn. L'armée de réserve, descendant du Saint-Bernard, fait d'Ivrée son point d'appui.

En 1805, Napoléon, maître d'Ulm, en aurait fait sa place de dépôt lorsqu'il marcha sur Vienne, si le mauvais état des remparts et le temps qu'il aurait fallu perdre pour les réparer ne lui avaient fait préférer Augsbourg, qu'il lui était plus facile de fortifier suffisamment. Braunau devient son second point d'appui, et lui assure la possession d'un pont sur l'Inn. Plus tard, lorsqu'il quitte Vienne pour manœuvrer en Moravie, il met cette capitale à l'abri d'une surprise, et s'empare de Brunn avant de livrer la bataille d'Austerlitz, de telle sorte que s'il perd la bataille, il pourra à volonté opérer sans danger sa retraite sur Vienne, ou regagner Lintz par la rive gauche du Danube, l'y passer sur le pont de cette ville, et mettre, en toutes combinaisons de retraite, ce grand fleuve entre lui et l'ennemi.

En 1806, lorsqu'il résout l'invasion de la Prusse, il réunit son armée sur le Rednitz. Le roi de Prusse croit à tort qu'en marchant sur le Mein, il coupera la ligne d'opération de l'armée française : elle n'est plus sur Mayence, elle a été reportée sur Strasbourg, en passant par Cronach, forteresse située aux débouchés des montagnes de la Saxe, et par Forcheim, place forte sur le Rednitz. N'ayant conséquemment rien à craindre de la marche offensive des Prussiens, l'armée française continue son mouvement en avant, et les joint à Iéna, et pas un homme de cette vieille armée de Frédéric n'échappe, si ce n'est le roi et quelques escadrons, qui ne peuvent regagner Berlin, et se sauvent avec peine derrière la rive droite de l'Oder.

En 1807, étant maître de Custrin, de Glogau et de Stettin, il passe la Vistule à Varsovie, fait fortifier Praga, qui lui sert à la fois de tête de pont et de place de dépôt : il crée Modlin, et met Thorn en état de défense. Après la bataille d'Eylau, il prend position sur le Passarge, pour couvrir le siége de Dantzig, dont il désire s'emparer, afin d'en faire le point d'appui de ses opérations ultérieures, avant de se porter sur le Niémen. Ce n'est qu'après la chute de Dantzig, qu'il livre les batailles d'Eilsberg et de Friedland.

En 1808, les places du nord de l'Espagne, Saint-Sébastien, Pampelune, Figuières, Barcelone, sont au pouvoir de l'armée française, quand elle marche sur Burgos et Madrid.

En 1809, les premiers coups de canon se tirent près de Ratisbonne : Augsbourg est le centre d'opération; Passau, situé au confluent de l'Inn et du Danube, est le premier point d'appui intermédiaire; Lintz est le second. L'armée française, arrivée à Vienne, se trouve avoir deux lignes de communication et de retraite assurées sur la France : la première, et la plus directe, par Lintz, Passau et Augsbourg; la seconde, par Gratz, Clagenfurt et l'Italie, communication assurée par l'armée du vice-roi, en se portant sur Raab, et faisant sa jonction sur Presbourg.

En 1812, Dantzig, Thorn, Modlin, Praga, sont ses places sur la Vistule; Veilau, Kowno, Grodno, Wilna, Minsk, ses magasins près du Niémen; Smolensk, sa grande place de dépôt pour son mouvement sur Moscou. En 1813, Kœnigstein, Dresde, Torgau, Wittenberg, Magdebourg, Hambourg, sont ses places sur l'Elbe; Mersbourg, Erfurt, Wurtzbourg, ses échelons pour arriver au Rhin.

Dans la campagne de 1814, il a partout des places pour assurer ses communications et appuyer ses mouvements; et l'on aurait vu toute l'importance des places de la Flandre, de la Meuse, de la Moselle et du Rhin, si la trahison n'eût ouvert les portes de Paris, et si même, Paris tombé, la défection du sixième corps d'armée n'avait point empêché Napoléon de marcher sur Paris; car certes les généraux des alliés n'eussent jamais risqué une bataille sur la rive gauche de la Seine, ayant derrière eux cette immense cité et sa population de 800,000 âmes, et ils se fussent trouvés contraints à une retraite hérissée de périls.

Tous les plans des campagnes de Napoléon ont donc été, comme ceux des grands capitaines qui l'ont précédé, conformes aux vrais principes de la guerre; ses guerres furent aussi audacieuses, elles furent plus méthodiques; l'accroissement successif des forces rivales mises en campagne par les nations belligérantes nécessitait plus de précaution pour assurer la victoire, et surtout pour parer à de grands désastres. Les effrayants malheurs de la retraite de Russie sont le fait des glaces, et non la faute du général. Les 85,000 hommes rassemblés comme par miracle sous les murs de Paris, quelques jours seulement après les désastres de Waterloo, ne se fussent point ralliés sans le secours du point d'appui de de la ligne d'opération choisie par Napoléon. La tactique, les évolutions, la science de l'ingénieur et de l'artilleur, peuvent s'apprendre dans des traités, à peu près comme la géométrie. Mais la connaissance des hautes parties de la guerre ne s'acquiert que par l'expérience et par l'étude de l'histoire des guerres des grands capitaines. On n'apprend pas dans la grammaire à composer un chant de l'*Iliade* ou une tragédie de Corneille. G[al] Cte MONTHOLON.

La guerre est une voie de contrainte exercée par une nation contre une autre, dans le but de faire décider par la force un différend qui divise plus souvent deux princes que deux peuples. Presque toujours en effet les parties belligérantes n'ont aucun motif de s'en vouloir. Mais lorsqu'un gouvernement se croit dans la nécessité de poursuivre contre un autre l'exécution d'une promesse, ou le redressement d'un grief, il oublie trop fréquemment qu'il est de son devoir de ne recourir aux voies de contrainte qu'après avoir épuisé les voies de conciliation. Il serait bien temps cependant que cette *ultima ratio regum* cessât d'être l'*ultima ratio populorum*.

On a beaucoup discuté sur la justice ou l'injustice de la guerre. En fait, il est presque toujours impossible de démêler de quel côté se trouve le bon droit, à supposer qu'il existe dans l'un des deux. Certaines convenances, un sot orgueil blessé, de mauvaises raisons, plaidées avec plus ou moins d'art, déterminent souvent l'explosion de la guerre sur un futile prétexte. Jusqu'au milieu du dix-septième siècle, on observa l'usage, emprunté aux anciens, de se faire déclarer réciproquement la guerre par des hérauts d'armes. Aujourd'hui, on se contente d'une mesure beaucoup plus simple : on proclame l'état de guerre par des manifestes rendus publics, et qu'on se notifie de part et d'autres, formalité considérée généralement comme si nécessaire, que l'on conteste presque toujours la légitimité des opérations militaires qui la précèdent. En même temps, les deux puissances rappellent leurs ambassadeurs, chargés d'affaires, consuls, qui avant de prendre leurs passe-ports déposent les intérêts de leurs commettants entre les mains des agents de quelque nation amie; elles rappellent également ceux de leurs sujets qui sont au service militaire ou civil de l'ennemi, plus tard même ceux qui se trouvent sans fonctions sur son territoire. On interdit enfin toute relation de commerce entre les sujets des deux puissances.

La guerre commence ordinairement par l'**invasion** du territoire d'une des parties par les armées de l'autre. Celles-ci doivent respecter et protéger les habitants paisibles, à la charge par eux de rester soumis au vainqueur, de rompre toute communication avec les portions de leur patrie non encore envahies, et de ne se permettre contre le vainqueur aucune hostilité, directe ni indirecte. L'exercice de la souveraineté est momentanément transféré à l'occupant, qui peut, en conséquence, suspendre ou modifier les lois, changer les fonctionnaires et percevoir les impôts.

L'invasion se prolonge-t-elle, et le vainqueur, après avoir assis son autorité, manifeste-t-il l'intention de conserver le pays dont il s'est rendu maître, l'occupation prend alors le nom de conquête. Mais la conquête par elle-même ne donne aucun droit au conquérant : pour que la translation de la souveraineté s'opère régulièrement, il faut qu'un traité en forme sanctionne le nouvel ordre de choses.

Quant aux opérations militaires proprement dites, les principales sont les **combats** et les **batailles**, les **blocus** et les **siéges**. Les hostilités doivent être loyales, sans qu'on puisse adresser raisonnablement aucun reproche au général qui se sert habilement de la ruse. Si dans le voisinage du champ de bataille il y a un établissement religieux, un hôpital, une maison d'éducation, un édifice consacré aux arts ou à l'industrie, on doit éviter de les atteindre, et leur donner même des sauvegardes. L'affaire finie, le premier devoir du vainqueur est de prodiguer ses soins à tous les blessés qu'il trouve sur le champ de bataille, sans distinction; les ennemis malheureux sont des frères auxquels on doit tous les secours de l'humanité. Les parties belligérantes sont tenues l'une envers l'autre à la loyauté, à la bonne foi, aux égards même et à la politesse; l'état de guerre ne saurait légitimer aucune inimitié personnelle entre les combattants: un général manque-t-il de secours médicaux, il ne doit pas balancer à demander à l'ennemi des médecins, des remèdes, des objets de pansement, et cette demande n'est jamais repoussée, à moins d'impossibilité matérielle. Au milieu des rigueurs inévitables de la guerre, l'esprit aime à se reposer sur ces faibles compensations; on est heureux de penser que, même à travers les plus grandes violences, le sentiment de l'humanité ne s'éteint pas, et que l'homme n'oublie jamais le lien qui l'unit à ses semblables.

Il est question ailleurs de la *guerre offensive* et de la *guerre défensive*. La guerre qui se poursuit entre deux armées manœuvrant l'une contre l'autre est qualifiée de *guerre de campagne*, par opposition à la *guerre de siége*, qui n'a pas besoin d'être définie.

La *guerre de montagnes* est soumise à des règles particulières résultant des circonstances et des difficultés qui lui sont propres, et qu'on ne rencontre pas en plaine. Elle exige donc des études spéciales. Longtemps on a pensé que les hautes montagnes contribuaient admirablement à la défense d'un pays, et qu'il suffisait de les occuper pour rendre difficiles les progrès de l'ennemi : l'histoire des guerres modernes a démontré tout ce qu'il y avait de faux dans cette théorie. C'est à l'archiduc Charles qu'on est redevable des premières règles rationnelles de la stratégie des guerres de montagnes. Les véritables pays de montagnes, c'est-à-dire les montagnes fort élevées, ne nécessitent pas seulement des dispositions spéciales, elles changent encore en partie la manière de combattre des troupes. Autrefois on regardait comme indispensable l'occupation des crêtes principales ainsi que des routes qui y aboutissent, et par là on éparpillait ses forces pour aboutir à une guerre de cordon, toujours pernicieuse. Aujourd'hui on garnit les crêtes de troupes légères, et l'on en fait des postes d'observation; puis on masse ses troupes en arrière, dans des lieux favorables, afin qu'elles puissent marcher sur l'ennemi quand il aura pénétré dans la montagne par l'un ou l'autre de ces chemins, l'y attaquer de tous côtés et l'y anéantir. Quelque simple que paraisse cette manœuvre, l'expérience a démontré que dans les montagnes l'avantage est toujours en faveur de l'assaillant. Le point essentiel est de bien attaquer. Si l'assaillant réussit à tromper son adversaire, et par de fausses attaques, à l'attirer dans les montagnes, pendant qu'on l'enveloppe par des routes latérales et qu'on le place entre deux feux, le succès est à peu près infaillible. Outre que la guerre de montagnes exige plus qu'un autre, de la part des chefs, une connaissance exacte et complète du terrain, jointe à une rare prudence en même temps qu'à une grande rapidité de coup d'œil et de décision, les troupes qu'on y emploie doivent être rompues aussi au métier de soldat, et surtout avoir autant de dévouement que de constance; car dans les montagnes elles ont à lutter contre des difficultés, des peines, des privations, qu'on ne soupçonne pas dans la plaine.

Nous traiterons dans un article particulier des *guerres d'invasion*. Celles *d'extermination* n'appartiennent plus heureusement qu'à l'histoire, qui même n'en offre pas de bien fréquents exemples. Celles de *conquêtes* se renouvellent, au contraire, encore assez souvent, bien que le progrès de la civilisation les réprouve et les anathématise. Les guerres d'*indépendance* sont loin d'encourir le même reproche. Dans cet ordre méritent d'être rangées, chez les anciens, celles des Samnites, des Gaulois, des Bataves, des Germains; au moyen âge, celles des Saxons de Witikind, tenant en échec toutes les forces de Charlemagne; plus tard, celles des confédérés suisses, se battant en désespérés contre la maison de Hapsbourg et contre les ducs de Bourgogne; l'insurrection des Provinces-Unies hollandaises contre l'Espagne; des Anglo-Américains contre leur métropole; la levée en masse de la France contre l'Europe coalisée; des Polonais contre les Russes; de l'Espagne contre Napoléon Ier; des Grecs contre les Turcs, etc., etc. Les guerres remplissent et ensanglantent l'histoire; la série en est trop longue pour que nous essayions d'en consigner ici la triste nomenclature. Peuples et rois n'ont pas ménagé les qualifications de *guerre sainte* et de *guerre sacrée*; il en est malheureusement beaucoup qui mériteraient plutôt celles de *guerre impie* et de *guerre infâme*; et si l'histoire ne stygmatise du nom de *guerre folle* que celle dont le duc d'Orléans fut l'âme sous Louis XI, elle n'est certes pas la seule à laquelle il serait permis en toute justice de l'imposer.

En général, la guerre, sous quelque aspect qu'on la considère, est aujourd'hui, avec le progrès de la civilisation et des mœurs, une anomalie criante, un dernier débris de la barbarie antique, que rien ne légitime. Déjà, dans les temps anciens, le vieil Hérodote avait dit que la paix était le temps où les fils enterraient les pères, et la guerre le temps où les pères enterraient les fils. Ajoutez-y le *bella matribus detestata* d'Horace, et vous aurez tout ce qu'on peut dire de plus juste et de plus fort contre la guerre.

Les guerres entreprises depuis 1814 n'ont été ni des guerres religieuses ni des guerres nationales, mais des guerres essentiellement politiques, et il vaut mieux qu'elles aient ce caractère, parce qu'elles sont alors en général plus courtes et moins acharnées, pourvu toutefois que les passions humaines, l'ambition, la colère, l'obstination, la haine, ne se substituent pas, durant leur cours, à la pensée politique qui leur a donné naissance. Quoi qu'il en soit, nous ne saurions assez le répéter, la guerre, quelque forme qu'elle revête, n'est plus, il faut bien le dire, de notre époque ni dans nos mœurs. A mesure que les moyens de destruction se perfectionnent et se multiplient, les chances de guerres longues et opiniâtres diminuent. Au temps des hommes bardés de fer, la guerre était permanente dans l'ancien monde. Elle eut ses moments d'arrêt et de repos quand elle reconnut pour principaux auxiliaires la poudre, l'arquebuse, le fusil, le mousquet, le pistolet, la carabine, le canon, le mortier, la bombe, le boulet, les fusées à la Congrève. Aujourd'hui que ces moyens de destruction se perfectionnent encore, que le canon et le mortier ont triplé leur puissance, que la carabine rayée, avec une portée qui égale presque celle du canon, va chercher et abattre, à la tête de leurs régiments, les officiers généraux ou supérieurs, lors même qu'ils empruntent l'obscur uniforme de leurs soldats, aujourd'hui qu'un nouveau feu grégeois détrône de plus en plus l'ancien et enveloppe d'une chemise de soufre des bataillons entiers, la guerre ne saurait durer, elle est impossible. Eug. G. DE MONGLAVE.

GUERRE (Conseil de). *Voyez* CONSEIL DE GUERRE.

GUERRE (Dépôt de la). *Voyez* DÉPÔT DE LA GUERRE.

GUERRE (Droit de la). *Voyez* DROIT DES GENS.

GUERRE (Ministère de la). Il réunit dans ses attributions tout ce qui concerne les diverses armes dont se compose l'armée de terre, envisagée sous les doubles rapports militaires, tels que les places fortes, les arsenaux, le dépôt de la guerre et les officiers d'état-major qui y sont attachés, les tribunaux et prisons militaires, les écoles spéciales, telles que l'École Polytechnique, l'École de Saint-Cyr et les diverses écoles d'application, la gendarmerie sous le rapport de la discipline, enfin tout ce qui concerne l'administration non-seulement militaire, mais même civile de l'Algérie.

Dès l'année 1116, sous le règne de Louis le Gros, Algrin prenait le titre de secrétaire du roi pour la guerre, et contresignait en cette qualité tous les actes émanant de l'autorité royale. Les clercs du secret, établis en 1309, par Philippe le Bel, exerçaient les mêmes fonctions sous ses ordres. La création des troupes soldées introduisit, vers la même époque, une grande innovation dans le système de la guerre; mais la routine entrava d'abord le progrès administratif, et longtemps le secrétaire de la guerre n'eut que la direction du contentieux : les nominations et le matériel de l'armée dépendaient du connétable et du grand-maître de l'artillerie. Charles VIII essaya vainement, en 1484, d'élever les fonctions du secrétaire de la guerre en le rendant l'égal des barons et en le déclarant promu de droit à la chevalerie.

Louis XII et François Ier améliorèrent beaucoup l'organisation administrative de la guerre. Le second, partant en 1524 pour son expédition d'Italie, confia la direction de cette branche importante du service public au comte de Vendôme, sans lui donner toutefois aucune qualification officielle.

Ce fut seulement sous Charles IX que les attributions ministérielles furent clairement définies et tranchées. Nicolas de Neufville de Villeroi fut le premier investi de la plus grande partie des fonctions relatives à la guerre. Sa nomination date du 1er octobre 1567. Cependant, certains détails secondaires de l'administration militaire restèrent encore aux secrétaires d'État des autres départements; mais dès lors le ministre de la guerre dressait les plans de campagne, ceux des places fortes, et dirigeait les mesures générales relatives à l'armement, à l'habillement, au casernement et au campement des troupes. Seulement, si l'armée occupait une province dépendante des attributions d'un autre ministre, c'est de celui-ci qu'émanaient les ordres de mouvement. Il en résultait une complication de rouages, du retard dans les affaires, et le danger de compromettre les plus simples opérations militaires. Sous les prédécesseurs de Charles IX, aucun ministre n'avait eu la signature, le roi signait; le secrétaire d'État n'était chargé que de l'exécution. Celui de la guerre se présentant plus souvent que les autres, cette assiduité devint importune au monarque : Villeroi l'abordant un jour dans cette intention au Jeu de Paume : « Signez pour moi, mon père, » lui cria Charles IX, et depuis en effet le ministre ne demandant plus la signature royale, les choses n'en marchèrent que mieux.

Henri III, par un édit de septembre 1588, détermina plus exactement les attributions spéciales du ministère de la guerre. Henri IV refondit les anciens édits, qui n'étaient plus en harmonie avec les progrès de l'art, créa, en 1597, des hôpitaux militaires, organisa l'armée sur un pied respectable, régularisa quelques services administratifs, fixa enfin le sort des officiers, sous-officiers et soldats, en leur allouant une solde et leur assurant des récompenses et des pensions de retraite. Le Tellier et Louvois frayèrent, à leur tour, une carrière plus facile à leurs successeurs. A la mort de Louis XIV, le régent établit six conseils, dont un pour la guerre, composé de quinze membres, et présidé par Villars, innovation qui n'eut qu'une courte durée, les anciens ministères ayant été rétablis en septembre 1718, et Claude Le Blanc pourvu de celui de la guerre.

Le 3 novembre 1787 fut créé un *conseil permanent de la guerre*, présidé par le ministre de ce département; puis trois *directoires* spéciaux *des subsistances militaires*, *de l'habillement et de l'équipement*, et *de l'administration des hôpitaux*. Tout cela dura jusqu'à la révolution de 1789 : l'Assemblée constituante remplaça le conseil de la guerre par un *comité central*. Le secrétaire d'État de ce département fut également chargé du taillon (ou supplément de la taille), des maréchaussées, de l'artillerie, des fortifications de terre, des haras et des postes, des pensions, dons et brevets des gens de guerre, et de tous les membres des états-majors, à l'exception des gouverneurs généraux et des lieutenants de roi des provinces.

Les ministères, créés le 25 mai 1791 par une loi de l'Assemblée constituante, furent remplacés le 1er avril 1794 par douze commissions, dont trois rentraient dans les attributions de la guerre. C'étaient celles *du commerce et des approvisionnements*, en ce qui concernait l'armée; *des travaux publics*, en ce qui touchait au génie militaire; *de l'organisation* enfin *et du mouvement des armées*, levées, discipline et administration. Les ministères furent rétablis sous le Directoire. A celui de la guerre furent annexés *un comité central d'artillerie*, un *du génie*, un *directoire de l'habillement*, un *des hôpitaux*. Sous le Consulat, cinq membres du conseil d'État, tous généraux, présidés par un général de division, furent chargés de la section de la guerre. Un décret du 8 mars 1802 institua un nouveau département, dont le titulaire reçut la dénomination de *ministre directeur de l'administration de la guerre*, et dont les attributions furent détachées de celles du ministre du département de la guerre.

Après l'abdication de Napoléon, le gouvernement provisoire confia, le 3 avril 1814, les divers ministères à des commissaires provisoires : celui de la guerre fut le général Dupont, qui le 13 mai prit le titre de ministre secrétaire d'État de la guerre. Une ordonnance royale, du 4 janvier 1828, institua un *ministre secrétaire d'État de l'administration de la guerre*, conféra au duc d'Angoulême la présentation aux grades vacants dans l'armée, et ne laissa au nouveau ministre que le contre-seing des nominations. Mais dès le 17 on revenait à l'ancienne dénomination, et le général vicomte de Caux reprenait le titre de ministre secrétaire d'État de la guerre. La présentation aux vacances resta toujours au prince. Après la révolution de juillet 1830, nouveaux commissaires substitués provisoirement aux ministres; réorganisation de l'administration centrale de la guerre le 4 novembre 1840; nouveaux commisaires nommés temporairement après la révolution de 1848.

Au ministère de la guerre sont annexés les sept comités consultatifs de l'état-major, de l'infanterie, de la cavalerie, de la gendarmerie, de l'artillerie, des fortifications et de l'Algérie; un conseil de santé des armées; une commission d'hygiène hippique; une commission mixte des travaux publics, etc., etc. Eug. G. de Monglave.

GUERRE (Petite), celle qui se fait par détachements, ou par partis, dans le dessein d'observer les marches et contre-marches de l'ennemi, de l'incommoder et de le harceler. Cette expression caractérise plus fréquemment un simulacre de guerre, dans lequel des corps d'une même armée manœuvrent et feignent de combattre les uns contre les autres, en tirant seulement à poudre. Les troupes qui prennent part à cet *exercice* sont empruntées soit aux garnisons et cantonnements voisins de l'emplacement où il a lieu, soit aux *camps de manœuvres*.

GUERRE (Martin). Il y a bientôt trois cents ans que se passaient les faits que nous allons brièvement rapporter d'après le Recueil des Causes célèbres; et ils ont encore aujourd'hui le même intérêt : en pareille matière la date ne fait rien à l'affaire. Martin Guerre était un habitant du village de Hendaye, dans le pays des Basques; il avait épousé Bertrande de Rols, du bourg d'Artigat, au diocèse de Rieux, de laquelle il avait eu un enfant. Au bout de dix années de cohabitation, il quitte son ménage, passe en Espagne et s'y fait soldat, sans plus donner de ses nouvelles à sa famille. Ce n'est pas cependant que les aventures lui eussent manqué pour ajouter un peu de piquant aux détails purement personnels que sa correspondance aurait pu contenir. C'est ainsi, par exemple, qu'il avait assisté à la bataille de Saint-Quentin, où, par parenthèse, un boulet lui avait enlevé une jambe. Il ne jugea pas cependant pour pareille vétille devoir alarmer sa femme et ses proches. En revanche, il paraît que, dans les longues causeries de leur vie d'aventuriers, il avait donné à un de ses camarades, nommé Arnaud du Thil, des détails tellement précis sur ses relations de famille, que celui-ci put, grâce à une ressemblance frappante, concevoir le projet de se faire passer pour l'absent et jouir de tous ses droits. Il y avait huit années que l'on ignorait ce que Martin Guerre était devenu, quand un beau jour arrive à L'Artigat notre Arnaud du Thil, qui se présente effrontément à Bertrande de Rols comme son mari, revenant au bercail repentant et corrigé, partant bien décidé à ne plus aller chercher si loin le bonheur, tandis qu'il est tout bonnement sous le chaume domestique. Huit années d'absence auraient pu, à la rigueur, affaiblir quelque peu les souvenirs de la femme Guerre à l'égard des traits de son mari mais la ressemblance d'Arnaud du Thil avec Martin Guerre était si grande, l'imposteur joua son rôle avec un si imperturbable aplomb, et profita si bien de toutes les confidences de son ancien ami, que Bertrande n'hésita pas à voir en lui l'ingrat, le volage qu'elle pleurait depuis si longtemps, et que la réconciliation fut tout aussitôt complète. Comment ne s'y serait elle pas trompée, puisque les quatre sœurs de Martin Guerre et son neveu Pierre n'hésitèrent pas un instant à prendre pour lui Arnauld du Thil?

Les années s'écoulent paisibles pour l'imposteur, qui s'estime heureux de l'ordinaire dédaigné par le vrai Martin Guerre. Tout allait donc au mieux, lorsque de mauvais bruits se répandent dans la contrée. Un lansquenet congédié, revenant de Rochefort, passe par L'Artigat, et parle dans les cabarets d'un Martin Guerre, qui en ce moment même est en Flandre, avec son régiment. La rumeur publique commente ce fait étrange, sans que Bertrande de Rols s'en préoccupe car elle est de bonne foi; et elle soutiendra au besoin, envers et contre tous, qu'Arnauld du Thil est bel et bien son mari, Martin Guerre, ou le *diable dans sa peau*. Malheureusement pour l'imposteur, le fait coïncide avec des démêlés qu'il a avec *son neveu* Pierre, au sujet de comptes qu'il réclame de lui avec beaucoup d'insistance pour la gestion de ses biens pendant son absence; et Pierre, frappé, plus qu'un autre, des rumeurs provoquées par les récits du lansquenet, fait arrêter *son oncle*, à qui, sur une autorisation arrachée à Bertrande, on intente un procès criminel. L'embarras des juges fut grand; car les détails donnés par Arnauld du Thil sur l'enfance de Martin Guerre, sur tous les événements qui avaient précédé et suivi son mariage, étaient si exacts, si précis, répondaient si bien à ce que les membres des deux familles seules pouvaient savoir, qu'il était difficile d'admettre qu'il ne dît pas la vérité. Son signalement était d'ailleurs exactement le même que celui de l'absent; il n'y avait pas jusqu'à une cicatrice au front, un ongle du premier doigt enfoncé, trois verrues sur la main droite, une autre au petit doigt, une goutte de sang à l'œil gauche, qui ne s'y trouvassent à point nommé. Sur cent cinquante témoins entendus, quarante reconnurent dans Arnauld du Thil le vrai Martin Guerre, soixante n'osèrent pas se prononcer, cinquante, au contraire, le signalèrent pour le nommé Arnauld du Thil, dit *Pansette*, du bourg de Sagres. La perplexité des juges était sans bornes, quand arriva tout à coup de Flandre le véritable Martin Guerre, à qui, malgré sa jambe de bois, il fut aisé de faire constater son identité. Du Thil, confondu par un retour sur lequel il n'avait guère compté, essaya vainement de soutenir son imposture. Accablé sous le nombre des témoignages, il finit par tout avouer, et fut pendu, le 16 septembre 1560, par arrêt du parlement de Toulouse, devant la porte de la maison de Martin Guerre. Il avait eu de Bertrande une fille, à laquelle l'arrêt adjugea son héritage.

GUERRE CIVILE, guerre intestine, guerre qui s'allume entre les citoyens d'un même État. Elle peut éclater aussi entre princes, compétiteurs à une même couronne, ou se combattant pour d'autres motifs, comme la guerre entre les deux *Roses* d'Angleterre, c'est-à-dire entre les maisons d'York et de Lancastre, et la *guerre du bien public* en France. Presque tous les pays, d'ailleurs, en ont offert des exemples. Elle a eu lieu encore assez fréquemment entre divers personnages puissants, qui se disputaient l'empire, comme entre *Marius* et *Sylla*, entre *César*, *Pompée* et *Crassus*, entre *Antoine* et *Octave*; ou qui aspiraient à la fois au premier rang dans un petit État, comme on en a eu de nombreux exemples en Italie au temps des luttes des *Guelfes* et des *Gibelins*, des *Blancs* et des *Noirs*, des *Gherardesca*, des *Visconti*, des *Buonacorsi*, des *Gonzague*, des *Doria*, des *Fiesque*, etc.; ou qui en venaient aux mains pour savoir seulement à qui resterait l'influence et le pouvoir, comme dans la *Fronde*. D'autres guerres civiles ont divisé souvent des fractions du même peuple, comme celle du *Péloponnèse*, la guerre anglo-française du quinzième siècle, la guerre de la *Vendée* à la fin du dix-huitième, celle qui éclata, il y a quelques années à peine, entre deux portions du *Valais*, qui suivaient l'exemple donné par *Bâle-campagne* et *Bâle-ville*. Elles ont enfin armé les unes contre les autres certaines classes d'un même peuple, comme dans la *Jacquerie* et la *guerre des paysans*.

GUERRE DÉFENSIVE. *Voyez* Défense (*Art militaire*).

GUERRE DE LA SUCCESSION D'AUTRICHE. *Voyez* Succession d'Autriche (Guerre de la).

GUERRE DE LA SUCCESSION DE BAVIÈRE. *Voyez* Succession de Bavière (Guerre de la).

GUERRE DE LA SUCCESSION D'ESPAGNE. *Voyez* Succession d'Espagne (Guerre de la).

GUERRE DE MODÈNE. *Voyez* Modène.

GUERRE DES BÂTARDS. *Voyez* Charles IV, roi de France, tome V, p. 233.

GUERRE DE SEPT ANS. *Voy.* Sept Ans (Guerre de).

GUERRE DES MARSES. *Voyez* Guerre sociale.

GUERRE DE TRENTE ANS. *Voyez* Trente Ans (Guerre de).

GUERRE DU NORD. *Voyez* Nord (Guerre du).

GUERRE DU PÉLOPONNÈSE. *Voyez* Péloponnèse (Guerre du).

GUERRE MARITIME. Cherchons quels principes doivent guider une nation dans une guerre maritime. Écartant d'abord l'esprit de conquête, qui n'est qu'un caprice sanglant, et dont aucune règle de probabilité ne peut saisir les chances, nous admettrons qu'une nation ne se décide à la guerre que pour défendre son territoire, protéger ses intérêts menacés ou attaqués, faire respecter sa liberté, sa dignité, son honneur, ou soutenir un allié assailli par un injuste ennemi. Le territoire maritime d'un peuple se compose du littoral baigné par les flots de la mer, et de ses colonies. Ses intérêts sont ceux de son commerce tout entier : il doit être libre de parcourir toutes les mers du globe, de demander à toutes les plages un asile pour ses vaisseaux battus par la tempête, des produits en échange de ses propres produits; nulle nation n'a le droit de l'arrêter par un *qui vive?* et son honneur outragé réclame vengeance si son pavillon ne met pas ses navires ou ses comptoirs les plus lointains à l'abri d'une insulte ou d'une avanie. Quels éléments constituent sa force navale? Ils sont de deux espèces, l'un matériel, l'autre personnel. L'élément matériel embrasse les ports, les arsenaux maritimes, ces forteresses flottantes que l'on désigne sous le nom générique de *navires de guerre*, et toutes leurs munitions. L'élément personnel comprend sa population maritime : il est excellent quand il suffit à recruter de nationaux les matelots de la flotte; Carthage tomba pour avoir mis sa nationalité sous l'égide de soldats étrangers. Cette division donne sur-le-champ la mesure de la force navale d'un peuple. S'il est insulaire, si tous ou presque tous ses habitants sont marins, s'il n'est grand que par ses colonies lointaines, la marine est la base de sa puissance; les nécessités de son existence marquent seules la limite qu'il doit donner à cette force. S'il est continental et agricole, le commerce maritime n'a plus qu'un intérêt secondaire : sa force navale peut être une partie intéressante de sa puissance militaire, mais elle n'est plus le palladium de sa vie politique.

C'est le rapport entre les besoins d'une nation et son armée navale qu'il est important de saisir. Voici les devoirs de cette armée : Quand une guerre maritime se déclare, les dispositions à prendre sont : 1° mettre le littoral à l'abri d'une insulte; ici l'armée de terre concourt avec l'armée de mer : elle fournit des garnisons aux batteries des côtes et des colonies; la flotte doit être prête à fondre sur une escadre ennemie qui tenterait une descente. 2° Assurer dans les ports la rentrée des navires de commerce : ce devoir appartient à la marine; au moment où la guerre éclate, elle doit avoir des moyens de défense égaux aux moyens d'attaque de l'ennemi. 3° Si, malgré la déclaration de guerre, le commerce maritime continue, lui donner des convois suffisants pour le protéger. 4° Quand elle a pourvu à la défense, qu'elle devienne assaillante à son tour : l'ennemi aussi est vulnérable sur ses côtes, vulnérable dans ses colonies, vulnérable sur toutes les mers dans son commerce; si l'on a des escadres de reste, qu'on aille le faire trembler jusque dans ses foyers, qu'on lui dispute ses colonies, et tant qu'un usage barbare maintiendra la guerre de course, qu'on lance de tous côtés à la chasse de son commerce des navires vites à la marche et des aventuriers que la soif du gain appelle à la curée. Tel est le but que doit se proposer la stratégie, c'est-à-dire la science de la guerre navale. Envisagée de ce point de vue, elle devient une science difficile, qui embrasse à la fois et la connaissance de l'état politique d'un peuple, de ses ressources, de son caractère, de ses besoins, et aussi l'art des batailles navales, qui n'est plus qu'un appel aux moyens tactiques, quand tous les efforts stratégiques sont épuisés.

Envisageons maintenant les moyens de guerre dont nous disposons, c'est-à-dire les vaisseaux et les matelots. La construction de la flotte n'est qu'une question de budget : tous les marchés de l'univers sont prêts à donner des bois, des fers, des cordages, pour de l'argent; la difficulté consiste à décider du nombre et de la force des vaisseaux que chaque nation doit avoir. De là sont nés dans notre France deux systèmes de guerre maritime : l'un, qui rejette les vaisseaux de ligne et les flottes, pour ne conserver que des frégates et des corsaires; l'autre, qui exige de grandes flottes et appelle les grandes batailles navales. Le premier proclame la guerre de course sur une échelle immense, faite par l'Etat lui-même. Malheur à la nation qui l'adopterait exclusivement! elle cesserait bientôt d'exister comme puissance navale; car si elle va troubler au loin le commerce de l'ennemi, elle laisse ses flancs découverts au premier vaisseau de ligne qui voudra les déchirer. Le second système est celui que suit la France depuis le règne de Louis XIV. La longue histoire de nos désastres maritimes est là pour attester que s'il est favorable à l'Angleterre, puissance insulaire et commerçante, il ne vaut rien pour la France, dont le commerce maritime n'est que l'élément secondaire de la grandeur nationale. Que veut en effet ce système? Décider d'un seul coup de la domination exclusive des mers. Entre la France et l'Angleterre le résultat d'une pareille lutte ne pouvait être douteux : un intérêt de vanité guidait la France, l'Angleterre combattait pour sa nationalité; la France jetait tout d'abord en jeu toutes ses ressources, les réserves de l'Angleterre rendaient ses flottes immortelles; car l'armée de réserve est le point d'appui de toute force de guerre. Si les principes que nous avons posés plus haut sont vrais, un système intermédiaire à ces deux extrêmes convient seul à la France; et il nous paraît résulter immédiatement de la science de la guerre. Car toutes ces flottes, ces vaisseaux de ligne si imposants, ne sont rien sans une armée de matelots exercés à les manœuvrer. C'est le matelot qui donne la vie à ces masses inertes et qui les rend terribles : or, le matelot est une être à part, que l'on n'improvise pas en quelques mois, comme un soldat; c'est dans le grand nombre de ses excellents matelots que réside la véritable supériorité de la marine anglaise. Th. Page, capitaine de vaisseau.

GUERRE OFFENSIVE. *Voyez.* Offensive.

GUERRERO (Xavier-Antonio), homme de couleur, fut un des principaux chefs de la faction démocratique des *Yorkinos*, au Mexique, lors de l'insurrection de 1810. On le retrouve à la tête de ce parti lors de la levée de boucliers de 1827 et 1828, combattant à outrance le général Bustamente, chef du parti conservateur des *Escocesos*, par qui celui-ci fut appelé alors à la présidence de la confédération mexicaine. Dès l'année suivante les deux factions qui se disputent le pouvoir étaient de nouveau en présence : les *Yorkinos*, plus entreprenants que leurs adversaires, réussirent à faire annuler l'élection précédente et à faire élire Guerrero en qualité de président, avec Bustamente pour vice-président. C'était au moment où une armée expéditionnaire espagnole débarquait, dans le but d'essayer de reconquérir, au nom de la métropole, son ancienne colonie. Les mesures que prit le nouveau chef du pouvoir exécutif pour repousser l'invasion furent des plus énergiques; mais Santa-Anna, sans attendre les ordres du gouvernement central, avait déjà forcé les Espagnols à se rembarquer.

Au commencement de 1830, Guerrero se voyait déposé par suite du mécontentement général, et Bustamente était nommé président provisoire, à sa place, en attendant l'élection définitive de Pedrazza. Guerrero, à la tête des *Yorkinos*, qui ne voulaient reconnaître d'autre chef que lui, refusa de se soumettre à cet arrangement; et les deux partis coururent de nouveau aux armes. Le sort fut cette fois infidèle à l'audacieux aventurier : abandonné des siens, réduit à se cacher, il se vit livré, en 1831, aux chefs de la faction contraire, qui le firent immédiatement fusiller. C'était un homme sans instruction, mais doué d'une intrépidité remarquable.

GUERRE SACRÉE, nom commun à deux expéditions belliqueuses, dont la défense du temple d'Apollon, situé à Delphes, fut le prétexte ou l'objet. La première, qui fut la moins longue et la moins importante, eut lieu l'an 448 avant l'ère chrétienne. Elle eut pour cause le pillage du temple d'Apollon par les Phocéens. Ces peuples n'y figurèrent pourtant que comme auxiliaires, et la lutte s'établit principalement entre les républiques d'Athènes et de Sparte, qui observaient avec une envie réciproque leurs accroissements respectifs. Tolmède, général athénien, guerrier habile, mais présomptueux, leva une armée considérable pour passer en Béotie, et détermina mille jeunes Athéniens à partager avec lui les hasards de cette expédition. Périclès essaya vainement de le détourner de son projet : « Si tu ne veux, lui dit-il, ajouter foi à mes avis, sache au moins attendre : le temps est le meilleur conseiller qu'on puisse avoir. » Ces exhortations furent mal appréciées. Tolmède partit, et livra, l'an 447, une bataille aux Thébains, auxiliaires des Spartiates, près de la ville de Chéronée. Il la perdit, et fut tué dans l'action. Ce revers mit fin à la *première guerre sacrée*. Il entraîna pour les Athéniens la perte de la Béotie, une renonciation formelle à leurs prétentions sur les républiques de Corinthe et de Mégare, prétentions qui n'avaient guère d'autre effet, dit Gillies, que d'aigrir ces petites républiques contre un voisin usurpateur, et fut suivi d'une trêve de trente ans, qui ne précéda que de quatorze ans la fameuse guerre du Péloponnèse.

La *seconde guerre sacrée* s'alluma l'an 356, ou, selon Diodore de Sicile, l'an 355 avant Jesus-Christ. Les Phocéens s'étaient emparés de quelques terres qui dépendaient du temple d'Apollon. Les amphictyons prirent, à l'instigation des Thessaliens et des Thébains, connaissance de ce délit, et infligèrent aux coupables une forte amende. Une partie de la population était d'avis de se soumettre à cette sentence; mais Philomèle, citoyen riche et puissant, fit prévaloir l'avis contraire. Il prétendit, sur la foi d'un vers d'Homère, que la surveillance du temple de Delphes n'appartenait qu'au gouvernement de la Phocide, appela ses concitoyens aux armes, se mit à leur tête, et obtint un secours de quinze talents des Spartiates, qui, condamnés pour un fait analogue (l'occupation de la Cadmée), n'avaient point osé jusque alors entrer en lutte ouverte avec l'Amphictyonie. Aidé de ces ressources, Philomèle leva des troupes, s'empara presque sans obstacle du temple de Delphes, et en fit disparaître le décret des amphictyons, qui était gravé sur une des colonnes. Ces actes d'audace et d'impiété émurent la Grèce entière. Les Thébains, les Locriens et les Thessaliens prirent parti pour les amphictyons; Athènes soutint secrètement les Phocéens. C'était l'époque où Philippe de Macédoine commençait à méditer sérieusement la conquête de cette importante cité. En attendant qu'il pût trouver un prétexte plausible pour intervenir dans la guerre sacrée, il profita de l'affaiblissement qu'elle causait aux républiques qui s'y trouvaient engagées, pour étendre ses invasions dans la Thrace et l'Illyrie. La fortune s'était déclarée d'abord en faveur de Philomèle; mais ce général éprouva bientôt un revers décisif, à la suite duquel il se précipita du haut d'un rocher, pour éviter de tomber vivant au pouvoir de l'ennemi. Un autre chef phocéen, Onomarque, recueillit les débris de l'armée vaincue. Il convertit en monnaie l'or et l'argent qui composaient le trésor sacré, et transforma en casques et en épées une partie des statues en bronze qu'on admirait dans l'intérieur du temple. Cette action sacrilége, qui lui fournit d'ailleurs les moyens de lever une nombreuse armée, ralluma la guerre avec un nouvel acharnement : l'occasion d'y prendre part, si impatiemment attendue par Philippe, lui fut enfin offerte. Les Thessaliens s'étant révoltés contre leur tyran Lycophron, réclamèrent l'assistance de ce monarque. Il marcha sans perdre de temps au secours des rebelles, et tailla en pièces, à Magnésie, les Phocéens venus, sous la conduite d'Onomarque, pour défendre Lycophron. Cette victoire soumit à l'influence du roi de Macédoine tous les peuples armés pour soutenir les priviléges du temple d'Apollon. Onomarque, dont le commandement était devenu insupportable, fut précipité dans la mer par ses propres soldats. Ainsi, selon la remarque d'un historien ancien, ces deux chefs d'une guerre impie périrent chacun par un des genres de mort dont on punissait le sacrilége. Philippe fit également jeter à la mer trois mille prisonniers demeurés en sa puissance.

Cependant la mort d'Onomarque n'avait point mis fin à cette longue et sanglante lutte. Phyallus, son frère, lui succéda dans le commandement des troupes. Favorisé du concours des Athéniens et des Spartiates, il s'avança contre les Thébains, et remporta sur eux quelques avantages. Ce peuple, énervé par de longs efforts, et livré presque sans défense, par son épuisement, aux entreprises de Lacédémone, son implacable ennemie, se vit réduit à implorer à son tour la protection du monarque macédonien. Philippe n'eut garde de négliger une alliance si conforme à sa politique. Mettant à profit l'inaction des Athéniens, que n'avaient pu faire cesser les exhortations pressantes de Démosthène, il écarta sans bruit tous les obstacles, s'empara des Thermopyles, pénétra dans la Phocide, et se déclara hautement le vengeur d'Apollon. Les Phocéens, épouvantés, éperdus, n'espéraient plus qu'en sa clémence, lorsque affectant habilement des doutes sur le droit de disposer de leur sort, Philippe assembla à la hâte les amphictyons, obtint la présidence de ce sénat suprême, qui, docile à ses volontés, déchut les Phocéens du double suffrage dont ils y jouissaient, transporta au Macédonien tous leurs priviléges, et lui déféra la surintendance des jeux Pythiens, à l'exclusion des Corinthiens, qui avaient embrassé la cause des peuples de la Phocide. Les amphictyons ordonnèrent en outre la destruction de toutes les villes de cette contrée, et en assujétirent les habitants à un tribut annuel, exigible jusqu'à l'entière restitution des sommes enlevées au temple de Delphes. Cette décision termina, au bout d'environ dix ans, la seconde guerre sacrée, collision meurtrière, dont les résultats les plus apparents sont demeurés aux yeux de l'histoire, l'affaiblissement des républiques qui s'y engagèrent et l'accroissement de la puissance de Philippe, auquel elle procura le dangereux avantage de prendre pour la première fois un rôle actif et direct dans les affaires de la Grèce.

A. Boullée.

GUERRE SAINTE. On nomme ainsi des espèces de levées en masse, prêchées au nom d'une religion contre un peuple étranger. Telle est l'al-Djihed des musulmans.

GUERRES DE RELIGION. Ces mots rappellent à l'esprit les pages les plus sanglantes des annales de tous les peuples. On ne saurait sans frisson retracer les horreurs, les atrocités auxquelles l'intérêt et la plus grande gloire de la religion peuvent servir de prétexte, tous les crimes dont sont capables le fanatisme et la superstition. Quoique la religion ait servi de prétexte à beaucoup de guerres, on ne nomme *guerres de religion* que celles qui troublent l'intérieur d'un pays. Et pourtant dans cette dénomination sont accouplés deux mots qui se repoussent; car la religion c'est l'amour, tandis que la guerre, c'est la haine, le ravage, la destruction. Nous ne raconterons pas ici tous ces tristes épisodes des grandes annales de l'humanité. Les guerres des Albigeois, des Vaudois, des Camisards, des Cévennes, les Dragonnades, étaient des guerres de religion. Dans l'usage ordinaire, on désigne plus spécialement chez nous par le nom de *guerres de religion* les discordes civiles que provoquèrent en France, dans la seconde moitié du seizième siècle, l'antagonisme et la rivalité du catholicisme et du protestantisme; discordes qui se prolongèrent encore durant une partie du dix-septième siècle. On ne compte pas moins de *onze* guerres de ce genre soutenues chez nous par les huguenots.

GUERRE SOCIALE. On désigne sous ce nom dans l'histoire romaine la levée de boucliers faite, l'an 91 avant J.-C., par les alliés de Rome dans la péninsule italique, à l'effet d'être admis à jouir à Rome de tous les droits et priviléges attachés à la qualité de citoyen romain. Cette réclamation était de toute justice; car les alliés (*socii*) contribuaient pour une bonne part à la grandeur et à la puissance de la république. Mais elle eut aux yeux des patriciens le tort d'être présentée au milieu des troubles civils excités par les Gracques; et en conséquence elle fut rejetée avec mépris. Les alliés en appelèrent à la force des armes, et la guerre qui s'ensuivit est aussi appelée quelquefois *guerre des Marses*, à cause du rôle important qu'y joua cette nation, l'une des plus belliqueuses de l'Italie. Corfinium, ville située sur les confins du territoire des Marses, devint le chef-lieu de la confédération, dont les forces, après avoir remporté d'abord d'assez notables avantages sur les troupes romaines envoyées pour les faire rentrer dans le devoir, furent complétement défaites à Asculum. Toutes leurs villes furent bientôt reprises; et après trois années de lutte, les alliés durent implorer la paix. Instruit par l'expérience, et appréciant toute la gravité des dangers que les menées démagogiques des Gracques avaient fait courir à la domination patricienne, le sénat comprit qu'il était de son intérêt de n'être pas seulement clément, mais généreux. Il accorda alors aux alliés vaincus et humiliés ce droit de cité (an 87 avant J.-C.) qu'ils lui avaient vainement demandé les armes à la main; concession sage et politique, qui déplaçait le levier resté jusque alors aux mains des ambitieux pour porter le trouble dans la cité, devenue corps de nation, tandis qu'elle n'était auparavant qu'une oligarchie bourgeoise, rivale jalouse de l'oligarchie patricienne.

On donne aussi le nom de *guerre sociale* à une guerre qui eut lieu entre Athènes et ses colonies, de l'an 359 à l'an 356 avant J.-C.

GUERRES PRIVÉES. Au temps où le droit du plus fort réglait uniquement les rapports des individus entre eux, et où la justice, représentation de l'autorité du prince, demeurait impuissante pour décider et terminer les litiges entre seigneurs, ceux-ci en appelaient à leur épée, enrôlaient leurs serfs et leurs vassaux, déclaraient la guerre à leurs adversaires, tâchaient de les faire tomber dans quelque embuscade pour les tenir en leur pouvoir et leur imposer les conditions qu'il leur plairait de leur dicter, ou bien s'en allaient les assiéger dans leurs châteaux. Les querelles, les rivalités de prétentions amenaient ainsi entre les familles des guerres qui se transmettaient de génération en génération. Ces guerres privées, de particulier à particulier, furent le fléau du moyen âge. Conséquence immédiate du système féodal, elles en suivirent les phases, et cessèrent peu à peu lorsque les progrès de la civilisation, l'apparition dans l'ordre social de l'élément communal d'abord et ensuite du tiers état, eurent réduit la féodalité à n'être plus bientôt que l'ombre d'elle-même et à courber enfin sa tête sous l'inflexible niveau de la loi. Charlemagne fut le premier qui dans un capitulaire de l'an 802, légiféra contre les *guerres privées*, regardées longtemps par la noblesse féodale comme l'un des droits inhérents à son existence même. Mais l'abus était trop ancien et la loi beaucoup trop faible encore pour que ce capitulaire ne tombât pas bientôt en désuétude. Au onzième siècle, l'Église crut arrêter le mal, en prêchant la *trêve de Dieu*, qui suspendait toute hostilité pendant les jours consacrés par quelque grande solennité religieuse. C'est aussi de cette époque que datent la *composition* et le *fredum*. La noblesse, impatiente de tout frein, ne voulut point reconnaître la *trêve de Dieu*, non plus qu'admettre qu'une indemnité pécuniaire pût toujours être une réparation suffisante pour l'injure reçue. De là cette monotone histoire de meurtres, de vengeances et de brigandages qui composent presque exclusivement les annales des onzième, douzième et treizième siècles; et ce ne fut que lorsque l'autorité royale eut pris un peu le dessus au milieu de l'anarchie féodale, qu'elle put venir en aide aux humaines prescriptions de l'Église et s'efforcer de restreindre autant que possible cette incessante effusion de sang qui rend si pénible la lecture de l'histoire du moyen âge.

Par une ordonnance qu'on appela *Quarantaine*, le roi saint Louis décida que pendant les quarante jours qui suivraient l'offense il y aurait *trêve de par le roi*, pendant laquelle l'agresseur ou le meurtrier pourrait être arrêté ou puni; mais que si pendant ce délai quelqu'un de ses parents venait à être tué, l'auteur du meurtre serait déclaré traître, et comme tel puni de mort. En 1353 le roi Jean renouvela encore dans les termes les plus formels l'ordonnance de saint Louis. Plus forte désormais, l'autorité royale se trouva en mesure de faire mieux respecter les édits qu'elle avait rendus déjà depuis plusieurs siècles, mais inutilement, contre les guerres privées, dont les grandes compagnies et leurs brigandages furent le dernier terme et comme la transformation.

De même que la France, l'Allemagne du moyen âge eut aussi beaucoup à souffrir des guerres privées, dites en allemand *fehde*, et qui à diverses reprises attirèrent également l'attention des empereurs. La Bulle d'Or, les édits de Rodophe Ier, etc., consacrent la légitimité des guerres privées, mais exigent pour cela que tout autre moyen de satisfaction soit préalablement demeuré inutile. Des associations isolées, telles que la confédération de Souabe et celle du Rhin, avaient pour règle primordiale que chacun de ceux qui s'y affiliaient s'engageait à renoncer à l'usage du droit de *fehde*, et à s'en rapporter pour le jugement des litiges qui pourraient survenir entre lui et quelqu'un des associés à la décision d'arbitres, dits *austrègues*. L'idée éminemment humaine et progressive qui était le fond de ces associations spéciales gagna de plus en plus de l'influence, et à partir du commencement du seizième siècle les plus grands efforts furent faits simultanément sur tous les points du territoire commun pour faire cesser un abus devenu trop intolérable pour pouvoir durer longtemps encore.

GUERRES PUNIQUES. *Voyez* CARTHAGE, tome IV, p. 552.

GUERZE. *Voyez* COUDÉE.

GUESCLIN (Du). *Voyez* DUGUESCLIN.

GUET (de la basse latinité *guatare*, regarder), troupe chargée, avant la révolution de 1789, de veiller spécialement à la sûreté intérieure de la capitale et des principales villes de France. L'origine du *guet* de Paris remonte à la plus haute antiquité. Les Romains l'avaient introduit dans les Gaules : c'était un des premiers besoins de la civilisation. Le plus ancien document sur le guet de Paris date du règne de Lothaire II (575), et l'on trouve dans les Capitulaires une ordonnance relative à ce sujet. Une autre, de Charlemagne, de 813, porte que ceux qui, chargés de faire le guet, manqueront à leur service, seront condamnés, par le comte ou premier magistrat, au payement de quatre sous d'amende. Nul doute que dans l'origine le guet ne fut fait par des habitants non payés. Il est certain toutefois qu'avant le treizième siècle une troupe soldée par l'épargne royale était chargée du guet, et spécialement de faire des patrouilles et des rondes de nuit. Ce service avait été réglé par une ordonnance de Louis IX (décembre 1254), qui divisait le guet en deux classes : le *guet royal* et le *guet assis*, ou *guet des mestiers*. Le premier, qui était chargé de parcourir les divers quartiers de la ville, se composait de 20 sergents à cheval et de 40 sergents à pied, dont le chef s'appelait le *chevalier du guet*. Le second, composé des bourgeois et gens de métiers stationnait dans les corps de garde, et prêtait au besoin main forte au guet royal, sur sa première réquisition. Il suffit de lire l'ordonnance de Louis IX pour se faire une idée juste du déplorable état de la capitale au treizième siècle. Cette ordonnance avait été rendue sur la demande des gens de métiers qui avaient offert de faire ce service « pour la sûreté de leurs corps, de leurs biens et marchandises, pour remédier aux périls, aux maux et accidents qui survenoient toutes les nuits dans la ville, tant par les vols, larcins violences et ravissements de femmes, enlèvement de meubles par locataires, etc. » Les gens de métiers s'étaient chargés de ce service à leurs dépens, les uns après les autres, de trois semaines en trois semaines, à tour de rôle. Le *guet assis* n'était autre chose que la milice bourgeoise; et, suivant l'ancien usage, les citoyens ne faisaient ce service que dans leur quartier. A l'avénement de Louis XIV, le guet n'était encore composé que de cent archers; Colbert y ajouta une compagnie d'ordonnance et quarante-cinq cavaliers : ces deux compagnies avaient leur commandant particulier; le ministre Turgot en ajouta une autre, spécialement chargée de la garde des ports, quais, remparts et faubourgs de Paris.

La charge de chevalier du guet ayant été supprimée en 1733, tout le guet à pied et à cheval, et les compagnies d'ordonnance, furent réunies sous le commandement d'un seul chef. Le guet se composait en 1789 de deux compagnies de 69 hommes, qu'on appelait également *archers ;* de 111 cavaliers, et d'une troupe de 852 fantassins. Ce corps était assez mal composé, et n'inspirait à la population parisienne ni considération ni confiance. Il en était à peu près de même dans toutes les grandes villes, Lyon, Bordeaux, etc., qui avaient aussi un guet. L'uniforme de ces soldats semblait avoir été dessiné sur celui des gardes du corps ; et le guet, comme les gentilshommes de ces compagnies, portait le baudrier bariolé de galons. Il a disparu avec la première révolution, et l'on peut dire qu'actuellement le *guet royal* est remplacé par la *garde de Paris* et le *guet assis* par la *garde nationale*. Avant cette époque, on appelait *guet du roi* le service de nuit que faisaient les gardes du corps près de la personne du roi et dans les appartements du palais. Depuis la suppression du guet, les différentes acceptions de ce mot, dans le sens naturel comme au figuré, ont vieilli : on a bien encore l'œil et l'oreille *au guet*, mais on ne *fait plus le guet*, et l'on ne donne plus *le mot du guet* à personne. DUFEY (de l'Yonne).

GUET-APENS. Suivant les uns, ce mot vient de guet appensé, prémédité; suivant les autres d'*appensus*, suspendu. C'est, aux termes de la loi pénale, l'action d'attendre plus ou moins de temps, dans un ou divers lieux, un individu, soit pour lui donner la mort, soit pour exercer sur lui des actes de violence. Le guet-apens ne constitue pas une infraction par lui-même, il ne peut prendre un caractère criminel que par ses résultats. Mais il devient aussi une circonstance aggravante de toute action qualifiée crime ou délit à laquelle il s'applique; car il dénote dans le coupable une intention criminelle bien arrêtée. La loi punit donc plus sévèrement les coups et blessures commis avec guet-apens; en outre elle qualifie *assassinat* et punit de mort le *meurtre* accompagné de la circonstance de guet-apens, et qui sans elle n'eût été passible que de la peine des travaux forcés à perpétuité. E. DE CHABROL.

GUÊTRE, sorte de *chaussure* qui sert à couvrir la jambe et le dessus du soulier, et qui se ferme ordinairement avec des boutons d'étoffe ou de métal. Au commencement du premier empire, l'infanterie de ligne et les dragons, quand ils mettaient pied à terre, portaient la guêtre montante au-dessus du genou, assujettie par des boutons de cuivre quand elle était de drap noir, par des boutons de même lorsqu'elle était de toile. L'infanterie légère ne la portait qu'à mi-jambe, coupée en cœur sur le devant, avec un gland et une houppe de couleur, tranchant sur le fond. A l'arrivée de l'impératrice Marie-Louise, les guêtres de l'infanterie de ligne descendirent au-dessous du genou.

Aujourd'hui l'infanterie de ligne française porte des guêtres de cuir en hiver, des guêtres de toile en été. Ces dernières ont été également adoptées pour l'infanterie de ligne de la garde impériale.

On retrouve les guêtres, hors de l'armée, aux jambes des paysans, des voyageurs, des pèlerins, des chasseurs, des valets de pied, des touristes anglais. *Être venu en guêtres à Paris* se dit proverbialement d'un homme parti de très-bas pour arriver à une grande fortune. On retrouve encore des guêtres aux jambes de plus d'une petite maîtrese; souvent elles les lacent au lieu de les boutonner.

GUEULARD. *Voyez* FOURNEAU (Haut).

GUEULE, nom qu'on donne à la bouche de la plupart des quadrupèdes carnassiers et des poissons. Il se dit également, par analogie, de l'ouverture de plusieurs choses : la *gueule* d'un canon. Il s'emploie encore, dans le langage trivial, dans des acceptions toujours désagréables.

Dans le vieux langage ce mot a aussi signifié *bourse*, vraisemblablement parce que la mode du temps avait donné au fermoir, des aumônières la forme d'une gueule

GUEULE (*Blason*). *Voyez* ÉMAUX.

GUEULE DROITE. *Voyez* DOUCINE.

GUEUSE. *Voyez* FONTE.

GUEUX, indigent, nécessiteux, qui est réduit à mendier. Il est familier et marque plus de mépris que de pitié. *Gueux* sert à désigner particulièrement une personne qui n'a pas de quoi vivre selon son état ou selon ses désirs : l'avare est toujours *gueux*, parce qu'il se refuse jusqu'au nécessaire. *Gueux* signifie substantivement l'homme qui demande l'aumône, qui fait le métier de quémander. On appelait autrefois *gueux fieffé* un mendiant qui se tenait toujours à la même place, *gueux de l'ostière* celui qui allait de porte en porte, et enfin *gueux revêtu* une homme de rien qui ayant fait fortune était devenu arrogant. *Gueux* signifie quelquefois aussi coquin, fripon; et *gueuse*, mot vieilli dans l'acception de mendiante, s'applique encore bassement à une femme de mauvaise vie.

Ainsi s'exprime l'Académie; mais, nonobstant ces décisions suprêmes, les indigents, les nécessiteux, les gens réduits à mendier ne sont pas des *gueux*, ce sont des pauvres, des mendiants. Les *gueux* sont des misérables qui mendient par fainéantise ou par libertinage, qui font métier de mendier, qui ne voudraient pas travailler si on leur offrait de l'ouvrage. Il n'y a que la légèreté ou l'importance qui traite de *gueux* les indigents et les malheureux.

Parmi les compositions les plus célèbres de Callot on cite *les Gueux*, et *les Misérables gueux*, dont la première porte une enseigne sur laquelle on lit : *capitano di Baroni*. Une des chansons les plus populaires de Béranger a relevé de beaucoup cette expression en lui donnant une acception nouvelle. Populairement la *gueusaille*, c'est la canaille, c'est une multitude de gueux. *Gueuser*, c'est mendier, faire métier de demander l'aumône; on dit aussi *gueuser son pain*. *Gueusailler*, c'est faire métier de gueuser. On disait jadis : *un gueux gueusant*, *une gueuse gueusante*. Le *gueusard*, dans un style très-familier, est un *gueux*, un coquin; la *gueuserie* est l'indigence, la misère, la pauvreté.

GUEUX. C'est le nom que prirent dans les Pays-Bas, au temps de Philippe II, les gentilshommes confédérés et autres mécontents. Le roi d'Espagne ayant envoyé dans les Pays-Bas neuf inquisiteurs pour y mettre à exécution les décrets du concile de Trente, et ayant provoqué par cet acte la plus vive irritation aussi bien parmi les catholiques que parmi les protestants, la noblesse, à la tête de laquelle se placèrent les comtes Louis de Nassau et Henri de Brederode, déclara dans un acte qu'on appela *le compromis*, et rédigé par Philippe de Marnix, lequel le remit le 5 avril 1566 à la gouvernante générale Marguerite, que jamais elle ne consentirait à comparaître devant ces inquisiteurs. Mais au lieu de prendre cette courageuse démarche en considération, on n'accueillit les pétitionnaires qu'avec mépris et la princesse pendant cette audience ayant montré quelque embarras, le comte de Barlaimont, président du conseil de finances, lui dit à voix basse qu'elle ne devait pas avoir peur de *ce ramassis de gueux*. Ce propos avait été entendu par quelques-uns des confédérés; et dans un repas qui eut lieu le soir même à l'effet de délibérer sur le nom à donner à la confédération, ce fut précisément cette qualification injurieuse de *gueux* dont on fit choix. Comme signe de ralliement, les *gueux* portaient ce qu'on appelait le *denier des gueux*, médaille en or ou en argent et de forme ovale, sur l'avers de laquelle se voyait l'image de Philippe II, avec cette inscription : *En tout fidèle au roy;* et sur le revers une besace, comme en portent les moines mendiants, tenue à deux mains, avec ces mots : *Jusqu'à porter la besace* (voyez Pays-Bas).

GUEUX (Herbe aux). *Voyez* Clématite.

GUEVARA Y DUENAS (Louis-Velez de), poëte dramatique espagnol, né en 1574, à Écija, en Andalousie, fut d'abord avocat à Madrid, et se fit une grande réputation, non moins comme poëte que par les spirituelles saillies qui lui échappaient à propos même des questions de jurisprudence les plus ardues. Ce fut à la sollicitation du roi Philippe IV qu'il se détermina à écrire pour le théâtre. Ses pièces se distinguent par une grande habileté dans la peinture des caractères et une rare richesse de traits comiques. La collection en a paru à Séville, en 1730. Le roi, qui lui-même était poëte aussi, faisait corriger ses propres œuvres dramatiques par Guevara, à qui il donna le titre de concierge des maisons royales. Le renom de Guevara est surtout fondé sur son *Diablo cojuelo, o novela de la otra vida* (Madrid, 1641), roman où il décrit de la manière la plus ingénieuse et la plus piquante les mœurs de ses compatriotes et la vie de Madrid. En refondant cet ouvrage sous le titre de *Le Diable boiteux* (Paris, 1707), Lesage l'a popularisé dans toute l'Europe; mais la seconde partie qu'il y a ajoutée comme suite n'a pas à beaucoup près le mérite de la première œuvre de l'écrivain espagnol. Guevara mourut à Madrid, en 1646. Beaucoup de ses spirituelles reparties sont demeurées populaires en Espagne et s'y transmettent encore de nos jours de bouche en bouche.

GUGLIELMINI (Domenico), célèbre mathématicien et ingénieur italien, naquit à Bologne, en 1655. Après avoir étudié d'abord les mathématiques sous le savant Montanari et ensuite la médecine sous l'illustre Malpighi, il fut reçu en 1678 docteur en médecine à l'université de sa ville natale. L'apparition de la comète de 1680 et 1681 lui donna occasion de publier un traité *De Cometarum Natura et ortu* (1681), dans lequel il proposait un nouveau système pour expliquer les différents phénomènes que présentent les corps célestes; mais le monde savant n'accueillit point ses idées à ce sujet. L'éclipse solaire du 12 juillet 1684 lui fournit matière à une nouvelle dissertation astronomique publiée la même année, en latin, à Bologne, et qui le signala aux hommes spéciaux comme un observateur aussi sagace qu'attentif. Nommé en 1686 intendant général des rivières et cours d'eau du Bolonais, il fut amené par la nature même de ces fonctions à faire de l'hydrostatique et de l'hydraulique une étude toute particulière, par suite de laquelle il publia en 1690 et 1691 son excellent traité d'hydrostatique intitulé : *Aquarum fluentium Mensura, nova methodo inquisita*. Quelques idées émises dans cet ouvrage donnèrent lieu entre lui et Papin à une polémique assez animée au sujet des siphons. En 1695, Guglielmini aida Cassini à réparer la fameuse ligne méridienne qu'il avait construite quarante ans auparavant dans l'église de Saint-Pétrone, à Bologne. Deux ans plus tard, il publia son grand traité physico-mathématique sur la nature des rivières, qui a pour titre : *Della Natura di Fiumi*, ouvrage qui le classa sans conteste au premier rang parmi les hydrauliciens. La juste réputation de Guglielmini engagea les ducs de Mantoue, de Parme et de Modène, le grand-duc de Toscane, le pape Clément XI, les républiques de Venise et de Lucques, à le charger dans leurs États respectifs de la direction de divers grands travaux hydrauliques. En 1698, la république de Venise l'ayant déterminé à accepter une chaire de mathématiques à l'université de Padoue, le sénat de Bologne, qui déjà, six annés auparavant, avait créé en sa faveur une chaire spéciale d'hydrométrie dans cette ville, décida que, malgré le nouvel emploi qu'il acceptait à Padoue, il conserverait toujours le titre et les émoluments de la place qu'il avait remplie parmi ses concitoyens. En 1702, il échangea sa chaire de mathématiques à l'université de Padoue contre celle de médecine, à laquelle étaient attachés de plus grands avantages. Il mourut le 12 juillet 1710, à l'âge de cinquante-cinq ans. L'Académie des Sciences de Paris l'avait admis dans son sein dès l'année 1696. Indépendamment des ouvrages que nous avons cités, on a encore de lui quelques traités relatifs à la chimie et à la médecine. La meilleure édition de ses œuvres est celle de Bologne, 1756, avec notes de Manfredi.

GUI, plante parasite, qui naît sur le chêne et sur d'autres arbres, et qui sert à quelques usages en médecine. Les grives en étaient très-friandes, si l'on en croit les anciens, qui prétendaient qu'après s'être nourris de ce fruit, ces oiseaux déposaient sur l'arbre un excrément qui se convertissait en une glu à laquelle ils se prenaient eux-mêmes : de là ce proverbe de Plaute, qu'on me permettra de ne pas traduire: *Ipsa sibi avis mortem cacat*. Le *gui* du chêne est célèbre dans les antiquités gauloises. Les Gaulois avaient pour ce fruit une vénération toute particulière : d'ailleurs, chez eux le chêne était un arbre sacré. Il l'était encore plus que l'olivier dans l'Attique: c'était l'emblème de la puissance divine. Pline le naturaliste rappelle avec détail les pratiques observées à l'égard du gui, qui, dit-il, avait dans la langue gauloise un nom signifiant *guérissant tout*. C'était au premier jour de l'année, et avec une serpe d'or, que le prêtre, en grande cérémonie, coupait le gui, qu'on recevait sur un morceau d'étoffe d'une laine blanche et fine; ensuite, on immolait deux taureaux blancs au pied du chêne. L'introduction du christianisme en Gaule fut loin de faire tomber toutes les superstitions gauloises. Il est certain qu'en Bourgogne, dans le Lyonnais, en Picardie, et surtout en Guyenne, il se pratiquait au premier jour de l'année des cérémonies qui rappelaient celle du gui : témoin cette vieille exclamation *à gui l'an neuf!* non point, comme l'ont prétendu quelques auteurs, empruntée aux druides, qui ne parlaient certainement pas français, mais qui était une antique traduction en langue romane de la formule originelle dont ces prêtres se servaient. Aurait-on quelque doute à cet égard, il serait dissipé par ce vers d'Ovide :

> Ad viscum Druidæ clamare solebant.

C'est-à-dire : « Les Druides avaient coutume de crier *au gui! au gui!* »

Charles Du Rozoir.

La botanique range le genre *gui* dans la famille des loranthacées, et le caractérise ainsi : Fleurs unisexuelles, monoïques ou dioïques; trois, quatre ou cinq pétales, insérés au sommet du calice; rudiments des étamines nuls; ovaire infère, uniloculaire; stigmate sessile, obtus; baie pulpeuse, monosperme. Ce genre renferme une vingtaine d'espèces : celle que vénéraient les Gaulois est le *gui blanc* (*viscum album*, Linné), auquel on attribue encore dans plusieurs contrées des propriétés merveilleuses, de même que la médecine du moyen-âge en faisait un spécifique contre l'épilepsie et d'autres affections nerveuses.

Les semences de ces plantes parasites germent sur tous les corps; mais elles ne peuvent prendre d'accroissement que sur les arbres. Il en sort deux ou trois radicules terminées par un corps rond. Ces radicules s'allongent jusqu'à ce qu'elles aient atteint l'écorce; alors ces corps ronds s'ouvrent; leur orifice présente la forme d'un petit entonnoir, dont la surface intérieure est tapissée d'une substance jaune et visqueuse. Du centre et des bords de ces orifices sortent de petites racines qui s'insinuent entre les lames de l'écorce et parviennent jusqu'au bois sans y pénétrer : si on les y trouve engagées, c'est parce qu'elles ont été recouvertes par les couches ligneuses qui se forment chaque année entre le bois et l'écorce. Le gui se développe alors et devient un petit arbrisseau, divisé presque dès sa base en rameaux nombreux, dichotomes, articulés, d'un vert clair, un peu jaunâtre. Les feuilles sont épaisses, sessiles, oblongues, opposées. De Candolle a suffisamment établi que le gui tire sa nourriture de l'arbre sur lequel il végète. Aussi le cultivateur ne voit-il plus en lui qu'une plante extrêmement nuisible, qu'il s'empresse de détruire aussitôt qu'elle commence à paraître; car s'il attendait, il se verrait bientôt obligé de couper la branche même qui porte ce parasite.

GUI ou BOME (*Marine*). C'est une longue pièce de bois de sapin qui fait partie de la mâture d'un navire. Elle sert à étendre la partie inférieure de la voile appelée *brigantine*. La bôme, soit qu'elle fonctionne ou qu'elle soit au repos, est placée très-près du pont, dont elle embarrasse l'espace : elle est supportée à son extrémité inférieure par le pied du mât de l'arrière, sur lequel elle tourne comme sur un centre, et se prolonge, dans le sens de l'avant à l'arrière, pour projeter au dehors du navire son extrémité qui retient le coin de la voile dont elle est l'auxiliaire. A l'état de repos, la bôme s'appuie sur un croissant en bois ou en fer, fixé sur le cintre supérieur de la poupe. Malgré l'importance de cette pièce, l'encombrement qu'elle cause sur le pont fait désirer qu'on parvienne à la remplacer, tout en conservant la voile qui emprunte son secours.

GUI ou GUIDO D'AREZZO, encore nommé *Guy Aretin*, moine bénédictin de l'abbaye de Pompose, né à Arezzo, vers l'an 990. Deux lettres de cet homme célèbre, rapportées par Baronius et Mabillon, sont les seules sources où soient contenus des renseignements sur sa vie et sa personne. Il paraît que Gui, s'étant livré dès son jeune âge à l'étude de la musique, fut chargé d'enseigner cet art aux religieux de son couvent. La méthode qu'il employait était tellement supérieure à celle qui était usitée dans les écoles de son temps que ses élèves faisaient des progrès rapides et parvenaient en une année à posséder parfaitement l'art du chant, qu'il fallait auparavant dix années pour apprendre. Le bruit de ses succès s'étendit jusqu'à Rome, où il fut appelé par le pape Jean XIX. Ce pontife l'accueillit avec bienveillance, parcourut l'antiphonier qu'il lui présenta, et fit lui-même l'application de la nouvelle méthode à un verset qu'il chanta tout de suite avec facilité. Il permit ensuite à Gui de retourner dans son couvent, après avoir approuvé son système et encouragé ses efforts.

Les progrès que l'art musical fit au onzième siècle, la révolution qui s'opéra alors dans le système de notation et dans l'enseignement de la musique, l'invention de l'harmonie même, toutes ces innovations ont été attribuées à Gui d'Arezzo, quoiqu'il soit constant, par la lecture de ses ouvrages, qu'il a ignoré les unes, et que les autres étaient connues avant lui. Le seul de ses titres de gloire qui ne puisse lui être contesté, c'est le système assez ingénieux à l'aide duquel il simplifia la notation musicale.

On ignore l'époque de la mort de Gui d'Arezzo, qui vivait encore en 1030. Quelques-uns de ses ouvrages ont été réunis et publiés par l'abbé Gerbert, dans la collection *Scriptores ecclesiastici de Musica sacra* : le plus important est intitulé : *Micrologus de Disciplina Artis Musicæ*, dédié à l'évêque Teudalde, et divisé en 22 chapitres. La Bibliothèque impériale possède plusieurs manuscrits des traités de Gui d'Arezzo. F. DANJOU.

GUI LE GROS ou GUI FOULQUES. *Voyez* CLÉMENT IV.

GUIBERT. *Voyez* CLÉMENT III, antipape.

GUIBERT (JACQUES-ANTOINE-HIPPOLYTE, comte DE), maréchal de camp, naquit à Montauban, le 12 novembre 1743. Fils d'un lieutenant général de mérite, il reçut une éducation distinguée, et se voua à la carrière militaire. A treize ans il accompagnait son père à l'armée d'Allemagne, commandée par le maréchal de Broglie, et se faisait, durant les six dernières campagnes de la malheureuse guerre de sept ans, remarquer par sa présence d'esprit, par son courage, par la rectitude de ses observations sur les mouvements et sur les manœuvres des troupes. Après la guerre d'Allemagne, il s'occupa d'approfondir ses études. Bientôt, il quitta la plume pour reprendre l'épée, et alla faire la campagne de Corse, où il se distingua d'une manière brillante. Il reçut à cette occasion la croix de Saint-Louis, et fut nommé colonel de la légion corse, qu'il avait lui-même organisée. En 1773 il fit paraître son *Essai général de Tactique* : on sait que cet ouvrage grossit en même temps le nombre des partisans de son système et lui attira des inimitiés. Il passa en Prusse la même année, et reçut du grand Frédéric l'accueil le plus bienveillant. C'est dans cette partie de l'Allemagne que se développa plus particulièrement son goût pour la littérature militaire, goût auquel il se livra tout entier pendant les deux années qu'il habita ce pays.

Le comte de Saint-Germain, nommé ministre de la guerre en 1775, rappela Guibert en France, l'employa près de lui, et fut redevable à ses conseils des changements qui s'opérèrent bientôt dans les différentes parties de l'administration de la guerre et dans l'organisation des troupes. Il prit surtout une part très-active à la rédaction de la belle ordonnance de 1776 sur les manœuvres de l'infanterie, reproduite, avec de légères modifications, dans les ordonnances de 1791 et 1831. En 1779, deux ans après la tenue du camp de Vaussieux, en Normandie, il publia sa *Défense du Système de guerre moderne*, œuvre qui n'eut pas le succès de l'*Essai général de Tactique*, mais qui lui est bien supérieure dans la pensée des militaires. Nommé successivement brigadier en 1782, membre et rapporteur du conseil d'administration de la guerre en 1787, maréchal de camp, avec l'emploi d'inspecteur d'infanterie, en 1788, il apporta dans chacune de ces fonctions un zèle, une activité et une aptitude vraiment remarquables. C'est surtout comme rapporteur du conseil de la guerre que s'établit sa réputation. Il coopéra d'une manière très-active à tous ses travaux, et rédigea la plus grande partie des ordonnances qui en sont émanées. Les nombreuses occupations de Guibert ne l'empêchèrent pas de seconder son père dans l'administration de l'hôtel des Invalides, dont celui-ci avait été nommé gouverneur en 1782. Il fut très-utile à cet établissement, et s'en occupa avec tout le zèle, toute la sollicitude d'une sage philanthropie. La réforme de nombreux abus, la réduction dans l'armée d'emplois et de cadres inutiles, que l'on attribua au rapporteur du conseil de la guerre, lui firent un grand nombre d'ennemis. On l'accusa à tort d'avoir voulu introduire dans les régiments l'usage des coups de bâton et autres pénalités d'une sévérité révoltante. Cette accusation injuste fit échouer sa candidature aux états généraux, et il publia à cette occasion un curieux *Mémoire au public et à l'armée sur les opérations du conseil de guerre*.

Il s'essaya aussi dans l'art dramatique : sa tragédie du *Connétable de Bourbon*, qui parut en 1775, et qui excita un vif enthousiasme à la lecture, n'eut aucun succès à la représentation sur le théâtre de la cour à Versailles. Deux autres tragédies de lui, *La Mort des Gracques*, et *Anne de Boulen*, ne furent point jouées et n'ont été imprimées qu'après sa mort. On lui doit encore des *Éloges de Catinat, du chancelier de L'Hospital, du roi de Prusse, de M*[lle] *de l'Espinasse*. Le *Traité de la Force publique* fut le dernier ouvrage qu'il publia. Sa veuve fit paraître ses *Voyages en Allemagne, en Suisse et en France*. En 1786 l'Académie Française lui avait ouvert ses portes; il succédait à Thomas. Son discours de réception fit grand bruit dans certains cercles, mais pas au delà. Il eut, au reste, de brillants succès près des femmes : on connaît ses relations avec Mlle de l'Espinasse, qui lui écrivait : « Mon ami, je souffre, je vous aime et je vous attends. » Mme de Staël nous a laissé de lui un éloge qui frise le panégyrique. Il mourut à Paris, à quarante-sept ans, le 6 mai 1790, en s'écriant, dans le délire de la fièvre : « Ma conscience est pure, ils me rendront justice. »

GUIBRAY (Foire de). Elle se tient dans l'un des faubourgs de la petite ville de Falaise. Elle fut fondée au onzième siècle, par Robert, duc de Normandie. Il l'avait établie au bas des remparts même de Falaise; Guillaume le Bâtard la transféra dans les champs avoisinant l'église de Guibray, devenus avec la suite des temps l'un des faubourgs de Falaise, et c'est là encore qu'elle se tient aujourd'hui. Les opérations en ont lieu quinze jours après celle de la foire de Beaucaire. Le déballage des marchandises a lieu dès le 13 août, et la vente en gros commence aussitôt. Les opérations de détail, qui constituent la foire proprement dite, s'ouvrent le 15 août, par une procession solennelle sortie de l'église de Guibray, et qui parcourt les principales rues occupées par les marchands. Le maire et le conseil municipal la suivent. Sa rentrée à l'église est le signal de l'ouverture de la foire véritable, et le jour même, à cinq heures après midi, on peut déjà commencer à enlever les marchandises achetées. Cette vente de détail n'a guère lieu que pour le commerce des nouveautés. Il est rare que les affaires en gros, commencées dès le 13, ne soient pas toutes terminées au plus tard le 18. Les livraisons de marchandises et les règlements de compte ont lieu dans les jours qui suivent. Le 24, toutes les opérations doivent être terminées. Le 25 les payements s'effectuent, et le 26 les protêts. Le tribunal de commerce, la justice de paix et la mairie, qui depuis le 16 étaient venus s'établir par extraordinaire dans le faubourg de Guibray, rentrent le 25 en ville ; et les rues de la foire, ainsi que les champs voisins, redeviennent aussi déserts, aussi tristes qu'ils étaient animés et bruyants les jours précédents.

La foire de Guibray est pour les manufactures du nord et du nord-ouest de la France ce que celle de Beaucaire est pour celles du midi. Année commune, il se fait à la foire de Guibray de 15 à 16 millions d'affaires ; les rouenneries et les cuirs y ont la plus belle part, environ 1,500,000 francs, les draps, les flanelles, les batistes, l'épicerie, la quincaillerie, l'indigo, les bois de teinture, la bonneterie, les velours, la mercerie, les soieries, les nouveautés, les toiles, etc., etc., viennent après. Les opérations de la foire de Guibray coïncident avec une foire aux chevaux et aux bestiaux qui commence une semaine auparavant et dont on évalue l'importance à 1,500,000 francs.

GUICCIARDINI (Francesco), dont nous avons fait *Guichardin*, naquit à Florence, le 6 mars 1482, de l'une des plus anciennes et des plus nobles familles de cette république. La nature le doua d'un esprit vif et pénétrant, d'une mémoire heureuse, d'une grand courage uni à beaucoup de sang-froid, et d'une constitution robuste. Une excellente éducation littéraire développa en lui le don de l'éloquence, qu'il avait reçu de la nature ; enfin, la gravité, la sévérité même de son caractère le disposèrent de bonne heure au maniement des affaires d'État. Dès l'âge de seize ans il commença à Florence l'étude du droit civil, qu'il alla suivre à Ferrare, et ensuite à Padoue. Il y fit de si grands progrès, qu'étant retourné à Florence en 1505, la Seigneurie le chargea d'expliquer les Institutes de Justinien, quoiqu'il n'eût que vingt-trois ans et qu'il ne fût pas encore reçu docteur. Il obtint ce grade la même année ; mais bientôt, ennuyé de l'enseignement public, il se livra tout entier aux exercices du barreau. Sa réputation engagea le gouvernement de Florence à lui confier plusieurs missions importantes, puis une ambassade à la cour de Ferdinand le Catholique, dont il sut gagner les bonnes grâces. A la fin de 1515, il fut choisi pour aller à Cortone recevoir, au nom de la république, le pape Léon X, qui venait faire, avec tout le faste d'un souverain et d'un Médicis, son entrée à Florence.

Juste appréciateur du mérite, le pontife distingua Guicciardini, le nomma *avocat consistorial*, l'appela à Rome, le fit gouverneur de Modène et de Reggio, et bientôt après commissaire général de l'armée pontificale. Léon X venait d'ajouter a ces faveurs le gouvernement de Parme, lorsqu'il mourut. Guicciardini acquit beaucoup de gloire à la défense de cette ville, assiégée par les Français. Adrien VI le confirma dans tous ses emplois ; Clément VII fit plus : il le nomma d'abord gouverneur de toute la Romagne, où il fonda des établissements utiles, et devint en peu de temps l'idole de tous les partis. Quand la guerre eut définitivement éclaté entre le saint-siége et l'empereur, Clément le créa lieutenant général de l'armée romaine. Le mauvais succès de cette guerre ne peut être imputé à Guicciardini, qui y déploya ses talents et son activité ordinaires.

A la mort de ce pontife, Guicciardini, qui servait non l'Église, mais les Médicis, se refusa aux offres de Paul III, et se retira à Florence, auprès du duc Alexandre. Ses conseils modérèrent souvent la prodigalité et l'ambition de ce prince, qui le regardait comme son père. Alexandre ayant été assassiné en 1536, les Florentins penchaient pour le gouvernement républicain. Guicciardini fut presque le seul qui se déclara en faveur du gouvernement monarchique. Son éloquence l'emporta, et Cosme de Médicis fut proclamé. N'ayant pas obtenu dans les affaires la part qu'il s'attendait à y prendre, il se retira, en 1539, dans sa délicieuse campagne d'Aratri. Mais à peine y avait-il passé un an qu'il mourut, le 17 mai 1540, âgé de cinquante-huit ans. Il s'était marié, en 1505, avec une dame de l'illustre famille des *Salviati*, dont il eut sept filles. Charles-Quint l'honora d'une bienveillance particulière : les courtisans de ce prince se plaignant de ce qu'il leur refusait audience, tandis qu'il s'entretenait avec lui pendant des heures entières : « Dans un instant, leur répondit-il, je puis créer cent grands d'Espagne, mais dans cent ans je ne saurais faire un Guicciardini. »

Le rôle qu'il joua dans les affaires de son siècle suffirait pour transmettre sa mémoire à la postérité, mais c'est surtout comme historien qu'il a rendu son nom immortel. Il n'avait songé, dans le principe, qu'à écrire sa propre histoire, ou les mémoires de sa vie. Nardi lui suggéra l'idée plus grande de transmettre à la postérité tout ce qui de son temps s'était passé en Italie. Il travaillait à ce grand ouvrage depuis plusieurs années, lorsqu'il se retira des affaires. On lui a souvent reproché la prolixité de ses récits. Quelques événements occupent, il est vrai, dans la narration générale une étendue excessive et disproportionnée : la guerre de Pise, par exemple. On a critiqué aussi l'emploi trop fréquent et l'étendue invraisemblable des harangues qu'il met dans la bouche de ses personnages : peut-être ce défaut doit-il être attribué au siècle où il écrivait. La meilleure édition de son *Istoria d'Italia* est celle qu'en a donnée Rosini (10 vol., Pise, 1819). C^sse^ de Bradi.

GUICCIOLI (Comtesse). *Voyez* Byron.

GUICHARDIN. *Voyez* Guicciardini.

GUICHE (Ducs de). *Voyez* Gramont.

GUICHET, petite porte pratiquée dans une autre, plus grande, et quelquefois à côté. On n'en voit guère qu'aux portes des places fortes, des forts, des châteaux et surtout des prisons.

A Paris, on nomme *guichets* du Louvre les arcades de ce palais qui servent de passage aux voitures et aux piétons.

On appelle aussi *guichet* une petite ouverture, ou fenêtre, pratiquée dans une porte, et par laquelle on peut parler à quelqu'un, ou lui faire passer quelque chose, sans être obligé d'ouvrir la porte. Il y en a beaucoup dans les prisons, où ils sont ordinairement grillés quand ils n'ont pour usage que de servir à la transmission de la parole. *Être pris au guichet* se dit figurément d'un homme arrêté au moment où il va s'évader.

En termes d'hydraulique, on appelle *guichets* des ouvertures pratiquées dans les grandes portes et vannes des écluses, pour introduire l'eau dans les petits bassins et y mettre à flot les navires qu'on y a radoubés. Ces guichets se ferment avec de petites vannes, qu'on lève et baisse à l'aide de crics, attachés sur l'entretoise supérieure.

Le *guichetier* est un valet de prison, qui ouvre et ferme les guichets, et à qui l'on confie la garde des prisonniers.

GUIDAL (Maximilien-Joseph), général de brigade, fusillé le 29 octobre 1812, dans la plaine de Grenelle, pour la part qu'il avait prise, avec Lahorie, à la fameuse conspiration du général Malet, était né à Grasse, en 1755. Entré de bonne heure au service comme simple soldat, il parvint, grâce au mouvement de 1789, aux épaulettes étoilées. D'un caractère altier et violent, il eut avec plusieurs ministres de la guerre de nombreux démêlés, par suite desquels on le mit à demi-solde. Enfin, son peu de ménagement dans l'expression de la haine profonde qu'il avait vouée à l'empereur, le fit arrêter par mesure de haute police et jeter à la Force. C'est dans cette prison qu'il fit la connaissance du général Malet, détenu à peu près pour les mêmes motifs. C'est aussi à la Force que celui-ci vint le prendre, le 24 octobre 1812, à cinq heures du matin, en vertu d'un faux ordre, pour en faire son second dans l'échauffourée à jamais célèbre à laquelle son nom est resté attaché. Enfin, c'est à la Force que, trois heures après, il conduisait et enfermait lui-même le préfet de police en personne, surpris dans son sommeil, M. Pasquier, lequel crut naïvement à la mort de l'empereur, dont le bruit, hardiment répandu par les conspirateurs, avait eu pour résultat de leur donner le pouvoir pendant quelques heures. On sait que la présence d'esprit et la fermeté du général Hullin, commandant de Paris, firent échouer le complot au moment où tout semblait déjà consommé. Traduits devant une commission militaire, les conjurés furent condamnés à mort cinq jours après, et immédiatement exécutés. Le général Guidal marcha au supplice en vouant à l'exécration publique Napoléon et son système.

GUIDE. Il est des circonstances, physiques et morales, où l'homme, entrant pour la première fois dans des voies inconnues, court le danger de s'égarer et de périr. Un secours étranger lui est alors nécessaire : celui qui le lui donne s'appelle *guide*. Soit qu'il éclaire de son expérience les passions humaines, soit que, remplissant une mission moins élevée peut-être, il se borne à le conduire par la main dans des lieux nouveaux pour lui, dans des sentiers escarpés et coupés de précipices, le guide n'en a pas moins droit à sa reconnaissance. Nous ne parlerons ici ni du guide moral, dont tout le monde comprend la nécessité, ni des écrits divers, publiés sous ce titre, nous inspirant dans nos travaux, nos actions, nous donnant des conseils sur la manière d'accomplir certains devoirs, des instructions sur un art, des renseignements sur un pays, jusqu'au *guide-âne* populaire et naïf, ni de ces guides des Pyrénées, des Alpes, qui, un long bâton ferré à la main, font métier de partager les courses périlleuses et les longues explorations des voyageurs. Chacun a pu apprécier les dangers qu'ils courent. En temps de guerre, les troupes emploient à les conduire des hommes élevés dans les localités qu'elles parcourent; ces hommes portent aussi le nom de *guides*. Tant que l'armée opère sur la frontière, elle en trouve d'excellents dans les douaniers, les contrebandiers et la gendarmerie locale. En avançant dans un pays ennemi, il est plus difficile d'en trouver ; généralement il ne faut se fier que très-médiocrement à eux; on doit prendre des précautions pour qu'ils ne puissent s'enfuir.

Dans la théorie militaire, on appelle *guides* les hommes sur lesquels les autres doivent régler leurs mouvements et leurs alignements dans les évolutions : *guides généraux, guide à droite, guide à gauche.*

Le général Bonaparte, ayant failli être enlevé, le 30 mai 1796, par des coureurs ennemis, qui pénétrèrent dans le bourg de Valeggio, sentit la nécessité d'avoir une garde d'hommes à cheval, chargée spécialement de veiller à la sûreté de sa personne. Ce corps, auquel, par déférence pour le Directoire, il donna le nom de *guides*, fut immédiatement organisé par Bessières, alors simple chef d'escadron, et devint plus tard le noyau du beau régiment des chasseurs à cheval de la garde impériale. Les *guides* reparurent avec la république de 1848, lors de la formation de l'armée des Alpes, mais autant l'uniforme des *guides* de l'empereur avait été brillant, autant celui des nouveaux *guides* (bleu foncé et lie de vin) fut sombre et triste. Dans le principe, on ne devait recruter ce corps, formant un seul escadron, que parmi des hommes parlant au moins une langue étrangère. On se relâcha bientôt de cette condition obligatoire, et le neveu de l'empereur, arrivant au pouvoir, porta cet escadron à un régiment, qu'il revêtit du brillant uniforme des *guides* du premier empire, et qu'il a incorporé dans la nouvelle garde impériale lors de sa formation. L'obligation imposée aux candidats de posséder au moins une langue étrangère était depuis longtemps tombée en désuétude.

Du reste, elle n'était pas inusitée dans ce corps : le 12 vendémiaire an XII, un arrêté des consuls avait prescrit la formation d'une compagnie de *guides-interprètes*, qui devait être employée près de l'armée d'Angleterre : il fallait, pour obtenir la faveur d'en faire partie, quelle que fut la nationalité du postulant, qu'il parlât et traduisît l'anglais, qu'il eût habité l'Angleterre et qu'il en connût la topographie.

Les *guides* d'un cheval consistent en une espèce de rêne en cuir, attachée à la bride d'un cheval attelé, et servant à le *guider*. *Payer les guides, payer les guides doubles*, c'est payer au postillon qui nous conduit le droit prescrit pour chaque poste ou le droit double.

GUIDE (Guido Reni, plus connu sous le nom du), peintre célèbre de l'école bolonaise, naquit à Bologne, le 4 novembre 1575. De bonne heure on devina ce qu'il devait être plus tard. Son père, *Daniele* Reni, musicien distingué, voulait lui enseigner la musique; tous ses efforts n'aboutirent qu'à un faible résultat, mais il n'en fut pas de même à l'égard du dessin. Denys Calvaert, peintre flamand, qui lui donnait des leçons, fut bientôt surpassé par son élève. La supériorité d'Annibal Carrache sur son premier maître le frappa; il voulut suivre les leçons d'Annibal, et peu de temps après il avait mis de côté la manière flamande et la couleur sombre qu'il avait empruntée au Caravage, pour suivre l'école de son nouveau maître. *Orphée et Eurydice* fut le sujet du premier tableau, qui attira à son auteur des félicitations générales. Le Guide voulut mériter encore de nouvelles louanges, et pour les acquérir il se mit à peindre à fresque. Après un travail opiniâtre, il parvint à établir d'une manière incontestée sa réputation, qui ne tarda pas à se répandre jusqu'à Rome. Encouragé par ses nombreux succès, et désireux de visiter le sanctuaire des arts, il partit pour aller visiter Annibal Carrache, qui travaillait à la galerie Farnèse. Son maître le présenta à Josépin, au Pomerancio et à Gaspard Cilio, qui accréditèrent à Rome la réputation du Guide, en opposition à celle du Caravage, leur mortel ennemi. De là cette lutte incessante qui ne se termina qu'à la mort des antagonistes. Timide et faible, le Guide répondait à peine aux insultes et aux provocations du furieux Caravage, qui se faisait des partisans parmi les gens timorés, qu'il menaçait de son épée s'ils refusaient de l'admirer. Josépin employa son influence, qui était grande, à faire supplanter le Caravage. Ce dernier avait ébauché, pour le cardinal Borghèse, le *Martyre de saint Pierre* : le tableau fut retiré de ses mains pour être continué par le Guide, à la condition cependant qu'il le terminerait à la manière de celui qui l'avait commencé.

Dans la suite, ceux-là même qui l'avaient protégé se repentirent de leur conduite; ils se reprochèrent d'avoir donné l'essor à un talent qu'ils craignaient de voir les éclipser tous. Ses ennemis déployèrent toute la ruse imaginable pour l'empêcher de recevoir les sommes qu'on lui devait pour ses peintures. Le trésorier du pape, gagné par eux, lui suscita mille contrariétés. Le Guide, humilié et irrité en même temps, quitta secrètement Rome, et partit pour Bologne. Le pape Paul V, ayant appris le départ du peintre, blâma sévèrement ceux qui l'avaient laissé partir, et il envoya sur-le-champ son nonce auprès de lui avec l'ordre formel de le ramener. Ce ne fut qu'après de vives instances qu'il consentit à revenir à Rome. Le pape le reçut avec beaucoup d'égards, et le chargea d'importants travaux, entre autres du soin de décorer la chapelle de Monte Cavallo. Aussitôt ses engagements remplis, il quitta Rome de nouveau pour retourner dans sa ville natale : là du moins il n'avait pas à redouter la jalousie de ses ennemis. C'est à cette époque qu'il fit ses tableaux les plus remarquables.

Le Guide peignait avec une étonnante facilité : on dit que plus de deux cents tableaux de grande dimension sont sortis de son atelier. Le détail de toutes ces peintures serait trop long. Nous nous bornerons à indiquer les principales compositions : *Les Travaux d'Hercule, La Toilette de Vé-*

nus, *L'Enlèvement d'Europe*, *Les Grâces couronnant Vénus*, *Une Vierge*, *L'Annonciation*, *Le Massacre des Innocents*, *Saint Michel*, *Le Martyre de saint André*, etc. Il amassa une belle fortune, mais une funeste passion eut bientôt englouti tout l'or qu'il avait gagné : il joua avec une effroyable frénésie. Nous possédons au musée du Louvre un grand nombre de toiles de cet artiste. Les plus remarquables sont : *David vainqueur de Goliath*, *Hercule tuant l'hydre de Lerne*, *Le Combat d'Hercule et d'Achéloüs*, *L'Enlèvement d'Hélène*, *Le Centaure Nessus enlevant Déjanire*, etc. Le Guide, ruiné en peu de temps, voulut satisfaire à ses désirs et à ses besoins par le produit de ses peintures. C'est à cette insatiable soif de l'or qu'il faut attribuer la prostitution qu'il fit de son pinceau. Des peintures sans mérite sortaient en foule de ses mains pour être ensuite vendues à vil prix. Cette manière d'agir lui attira la défaveur de ceux qui l'avaient le plus admiré. Sa position devint affreuse. Pour surcroît de malheur, il tomba malade, et mourut, le 18 août 1652, à l'âge de soixante sept-ans, accablé de chagrin et de misère. S. VALMONT.

GUIDI (TOMMASO). *Voyez* MASACCIO.

GUIDON. Ce mot, dont la terminaison trahit l'origine et accuse l'augmentatif méridional, vient du simple ou primitif *guida*, mot italien qui se prenait dans le sens d'*enseigne*. L'apparition du terme et de ce qu'il représente se rattache à une époque mémorable, celle de l'abandon du pennon, de l'abolition des bannières, et du triomphe obtenu sur la féodalité par les troupes à cadre permanent et royal. Il n'y eut d'abord sur ce pied que de la cavalerie. Cette dénomination fut donnée, vers le milieu du quinzième siècle, à l'étendard de la gendarmerie, plus tard à ceux des régiments de dragons. Elle cessa d'être employée en 1791, redevint à la mode en 1815, et fut supprimée l'année suivante. Longtemps la forme et la couleur du guidon furent arbitraires, capricieuses, changeantes. Au dix-huitième siècle elle ne s'appliquait plus qu'à un étendard, plus long que large, fendu par le bout, les deux pointes arrondies, etc. Dernièrement on appelait encore *guidons*, dans l'infanterie française, de petits drapeaux carrés, dont le manche entrait dans le canon du fusil d'un sous-officier, sous prétexte de servir aux alignements.

Dans la marine, le guidon est une banderole, plus courte et plus large que la flamme, fendue à son extrémité, et servant à faire des signaux (*voyez* CORNETTE).

De même que le nom d'une arme devenait jadis le nom du guerrier qui s'en servait, de même le nom des enseignes devenait souvent le nom des troupes qui s'y ralliaient : ainsi on a appelé *bandes*, *enseignes*, *guidons*, des troupes au milieu desquelles flottaient ces insignes. Gal BARDIN.

GUIDO RENI. *Voyez* GUIDE (Le).

GUIENNE. Ce nom est vraisemblablement une corruption de celui d'*Aquitaine* : il ne commença à s'introduire qu'à l'époque où saint Louis rendit au roi d'Angleterre, par le traité de 1259, les duchés réunis de Gascogne et d'Aquitaine, et même, suivant Longuereu, qu'au commencement du quatorzième siècle. En 1302 les troupes de Philippe le Bel envahirent la Guienne, où il ne resta qu'un petit nombre de villes au pouvoir des rois d'Angleterre ; mais on fit encore la paix, et les Anglais rentrèrent de nouveau en possession de tout le duché. Les guerres se renouvelèrent au temps de Charles IV, et ce prince s'empara encore de tout le pays, excepté de Bordeaux. Le traité de Brétigny, en 1360, céda à Édouard III la possession de la Guienne en toute souveraineté. Édouard érigea en 1362 le duché de Guienne en *principauté*, en faveur du prince de Galles. La Guienne comprenait alors le Poitou, la Saintonge, l'Agénais, le Périgord, le Limousin, le Quercy, le Bigorre, la terre de Jaure, l'Angoumois, le Rouergue, les villes de Dax et de Saint-Sever, et la Gascogne. L'administration du prince Noir mécontenta les seigneurs de Guienne, qui portèrent leurs plaintes au roi de France Charles V. Les états généraux de 1369 décidèrent que les Anglais n'ayant pas observé plusieurs des articles du traité, on n'était pas lié à leur égard. On reçut l'appel des seigneurs, on conclut avec eux un traité secret; les lettres d'appel furent signifiées à Edouard, et en peu de temps Duguesclin soumettait toute la Guienne, à l'exception de Bordeaux et de Bayonne. Cette conquête, du reste, fut de peu de durée ; la Guienne préférait la domination des Anglais à celle des Français, qui se montraient toujours hostiles aux institutions municipales. Les factions rivales des princes, sous Charles VI, désolèrent aussi la Guienne ; ce fut même aux partisans gascons du comte d'Armagnac, beau-père du duc d'Orléans, que la faction de ce prince emprunta son nom.

Les généraux de Charles VII entrèrent dans la Guienne, et s'emparèrent, l'an 1451, des châteaux forts de Blaye, de Bourg et de Fronsac; Bordeaux ouvrit ses portes à Dunois Les Anglais l'année suivante tentèrent de regagner le terrain perdu : ils rentrèrent dans Bordeaux, mais vaincus à la bataille de Castillon, l'an 1453, la Guienne fut définitivement perdue pour eux. Ils la possédaient depuis trois cents ans.

Louis XI la donna en apanage à son frère; mais les seigneurs gascons qui avaient pris part à la ligue du bien public, les Armagnac, les Albret, conspirèrent bientôt avec lui pour recouvrer l'indépendance de la province. On connaît la répression terrible et la vengeance du roi Louis.

La réforme y compta bientôt de nombreux partisans. En 1548 l'établissement de la gabelle fit éclater en Guienne une révolte terrible. Les religionnaires, favorisés par le mécontentement général, conçurent alors le projet d'arracher toute la province au roi et d'en former un État républicain et indépendant. Commandés par Duras, ils bloquaient déjà étroitement Bordeaux, lorsque Montluc la délivra. Les sanglantes exécutions qu'il ordonna et sa victoire du Ver-en-Périgord assurèrent le triomphe des catholiques. En 1567 la guerre civile s'y ralluma dans toute son horreur; les divisions de Montluc et de Danville empêchèrent les royalistes de profiter de leurs avantages. Mais le parti huguenot s'accrut considérablement après la Saint-Barthélemy. A la mort de Henri III, la Guienne fut une des provinces qui reconnurent les premières le roi de Navarre pour son successeur. Cependant, un certain nombre de villes tinrent lontemps encore pour la ligue. L'histoire particulière de la Guienne se confond dès lors avec l'histoire générale de la France; et il n'est plus question de cette province que comme gouvernement militaire.

A la révolution, ce gouvernement comprenait la Guienne propre ou Bordelais, le Bazadois, le Périgord, le Quercy, le Rouergue et l'Agénais, qui étaient pays de Guienne; les Landes, la Chalone, le Condomois, l'Armagnac, le Bigorre, le Comminge, le Conserans, le Labour et le vicomté de Soule, qui étaient pays de Gascogne : il avait Bordeaux pour chef-lieu. Sous le rapport de l'administration financière, le gouvernement de Guienne et de Gascogne se divisait en deux généralités, généralité d'Auch pour la Gascogne, et généralité de Bordeaux pour la Guienne. La généralité de Guienne, comprenait dix élections, savoir, Bordeaux, Lesparre, Libourne, Fronsac, Bourg, Blaye, Agen, Condom, Bazas et Périgueux. La généralité de Bordeaux était rédimée de gabelles, exempte des aides proprement dits et de droits sur la marque des fers, et les travaux des chemins s'y faisaient principalement par corvées. La Guienne était pays de droit écrit, c'est-à-dire régie par le droit romain et par les ordonnances des rois. Le parlement de Bordeaux, appelé aussi *parlement de Guienne*, datait du milieu du quinzième siècle : il fut confirmé par lettres patentes du 12 juin 1462. Il est dit dans ces lettres que le parlement de Bordeaux n'est pas seulement institué pour cette ville, mais aussi pour les pays et sénéchaussées de Gascogne, d'Aquitaine, des Landes, d'Agénais, de Bazadois, de Périgord, de Limousin; et telle était à peu près l'étendue de son ressort au moment de la révolution, c'est-à-dire que ce ressort répondait à celui du gouvernement militaire de la Guienne.

La Guienne forme aujourd'hui les départements de l'Aveyron, de la Dordogne, du Gers, de la Gironde, des Landes, du Lot, du Lot-et-Garonne et des Hautes-Pyrénées.

GUIENNE (JACQUES III DE CRÉQUI, *dit* le maréchal DE). *Voyez* CRÉQUI.

GUIGNES (JOSEPH DE), né à Pontoise, le 19 octobre 1721, mort à Paris, le 19 mars 1800, fut le plus savant orientaliste français de son temps. Elève de Fourmont, il posséda en peu d'années les divers idiomes de l'Orient, et surtout la langue chinoise. Fourmont étant mort en 1745, de Guignes lui succéda dans la place de secrétaire interprète des langues orientales à la Bibliothèque du roi. Il s'illustra si rapidement par les nombreux écrits qu'il publia sur l'Asie, qu'il devint successivement, en 1752, membre de la Société royale; en 1753, membre de l'Académie des Inscriptions, censeur royal et l'un des rédacteurs du *Journal des Savants ;* en 1757, professeur de langue syriaque au Collége royal, dont la chaire était vacante depuis la mort de Jault; en 1769, garde des antiques du Louvre et pensionnaire de l'Académie des Inscriptions et Belles Lettres; en 1773 et en 1785, membre du comité établi dans son sein pour la publication des *Notices* et des *Manuscrits.*

Les ouvrages nombreux qu'il a publiés, fort remarquables d'ailleurs pour une époque où aucun Européen n'avait encore étudié le sanskrit, sont aujourd'hui bien en arrière des connaissances des orientalistes. Le meilleur est son *Histoire générale des Huns, Turcs, Mogols et autres Tartares occidentaux* (5 vol. in-4°). De Guignes s'était imaginé que les caractères chinois n'étaient que des espèces de monogrammes, formés de trois lettres phéniciennes. A l'aide de ce paradoxe scientifique, qui déjà attaquait la haute antiquité des Chinois, il alla encore plus loin, et s'efforça de prouver que les princes chinois nommés dans les annales de cet empire n'étaient autres que des rois d'Égypte. Deux hommes s'élevèrent contre ce système, de Paw et Deshauterayes. De Guignes répliqua; mais ses réponses furent plus brillantes et plus spécieuses que solides.

Son fils, *Chrétien-Louis-Joseph* DE GUIGNES, né à Paris, en 1759, mort dans cette ville, en 1845, cultiva aussi les langues orientales. Il avait été, en 1784, chargé d'affaires de France en Chine et consul à Canton. On a de lui un *Voyage à Pékin, Manille* et l'*Ile de France* (Paris, 1808, 3 vol. in-8°, avec atlas). Il a édité en outre, par ordre de l'empereur Napoléon, un *Dictionnaire chinois, français et latin,* du père Basile de Glemona (Paris, 1813, grand in-folio).

G.-L. DOMENY DE RIENZI.

GUIGNIER. *Voyez* CERISIER.

GUILBERT DE PIXÉRÉCOURT (RENÉ-CHARLES), le Corneille du boulevard, naquit en 1773, à Nancy, d'un père ancien major du royal-Roussillon, très-infatué de sa très-contestable et, en tous cas, très-récente noblesse. La place d'un pareil homme en 1791 était marquée d'avance à l'armée de Condé, et son fils l'y suivit. Mais dès 1793 celui-ci rentrait en France et se mariait, à vingt ans, sans trop savoir comment donner du pain à sa compagne. Nécessité, dit-on, est mère de l'industrie; il se mit à peindre des éventails, en attendant qu'il lui fût possible de tirer parti de l'éducation très-littéraire et très complète d'ailleurs qu'il avait reçue. Les abords du théâtre lui parurent entourés de moins de difficultés que ceux du journalisme, et en 1797 il écrivit sa première pièce, *Sélico, ou le nègre généreux,* qu'il vendit 600 francs. Une fois le premier pas fait, il ne s'arrêta plus, et dans l'espace de trente-huit ans ne donna pas moins de cent vingt comédies, vaudevilles, drames, mélodrames, dont la plus grande partie eurent jusqu'à cent représentations consécutives et même davantage. On voit que, bon an mal an, notre homme enfantait régulièrement un chef-d'œuvre tous les trois mois, et cela seul, toujours seul, sans le concours d'aucun collaborateur! Une fabrication aussi active a quelque chose de prodigieux, surtout quand on songe qu'une bonne partie de son temps était absorbée d'une part par des fonctions administratives, de l'autre par les préoccupations d'une direction théâtrale. Il y eut même un instant où il eut deux troupes de comédiens à régimenter à la fois!

Entré de bonne heure dans l'administration des domaines et de l'enregistrement, Guilbert de Pixérécourt y était parvenu de grade en grade jusqu'à celui de chef de division, ce maréchalat administratif. Puis vint un moment où l'auteur de tant de pièces applaudies parut aux propriétaires du théâtre de l'Ambigu, les héritiers ou ayants droit du célèbre Audinot, l'homme prédestiné à assurer le succès de leur propriété commune. On le supplia donc d'accepter la direction de l'Ambigu-Comique; il se laissa faire, et les affaires des domaines et de l'enregistrement n'allèrent pas plus mal. Puis, vers 1825, le duc d'Aumont, gentilhomme, par quartier, de la chambre de S. M., chargé, en cette qualité, de présider aux destinées des artistes de l'Opéra-Comique, fatigué des cabales par lesquelles ce tripot dramatique était incessamment troublé, confia ses pleins pouvoirs à Guilbert de Pixérécourt, dont la direction dura près de cinq ans. C'est justice encore de reconnaître que l'histoire du théâtre Feydeau offre peu d'époques dont la prospérité soit comparable à celle dont il jouit sous le règne de l'autocrate de l'Ambigu. Évidemment c'était une cervelle bien organisée que celle de l'homme qui savait ainsi faire marcher de front tant de besognes différentes.

Jusqu'à présent il semble que nous ayons mis une certaine affectation à ne parler que du savoir faire administratif de Guilbert de Pixérécourt; on pourrait en conclure que nous contestons la valeur littéraire de l'auteur de *Cœlina, ou l'enfant du mystère* (1800); du *Pèlerin Blanc* (1801); de *L'Homme à trois visages* (1801); de *La Femme à deux maris* (1802); des *Mines de Pologne* (1803); de *Tekéli* (1803); des *Maures d'Espagne* (1804); de *La Forteresse du Danube* (1805); de *Robinson Crusoé* (1805); de *La Rose Blanche et la Rose Rouge* (1809); de *Marguerite d'Anjou* (1810); des *Ruines de Babylone* (1810); du *Chien de Montargis* (1814); de *Charles le Téméraire* (1814); de *Christophe Colomb* (1815); du *Monastère abandonné* (1816); de *La Fille de l'Exilé* (1819); de *Valentine* (1820); de *L'Évasion de Marie Stuart* (1821); de *La Tête de Mort* (1827); de *Latude* (1834); de *Bijou* (1835); etc., etc., etc. Dieu nous garde d'un pareil blasphème! Nous pensons, au contraire, très-sincèrement que Guilbert de Pixérécourt n'avait ni plus ni moins de talent que les plus huppés d'entre les fournisseurs privilégiés actuels des théâtres du boulevard. La forme sans doute a vieilli chez lui, la déclamation prodigue moins aujourd'hui les épithètes et les redondances; mais les *ficelles* n'ont pas varié, et dans l'art de les manier Guilbert de Pixérécourt reste un maître accompli, qu'on aura de la peine à égaler et qu'on ne surpassera jamais.« Il avait, a dit de lui Jules Janin, une façon d'arranger son banc de gazon, de disposer sa forêt de vieux chênes, de préparer son kiosque, qui faisait que bon gré mal gré, dès que la toile était levée, on regardait, on s'inquiétait, on était attentif. Il avait de petites ressources sans nombre, qu'il disposait à merveille : le tictac du moulin, un rayon de la lune, une amorce mal brûlée; un pont qui croulait à propos, un cri inattendu, un gémissement du vent, des riens, des misères... Mais ces riens remplissaient la scène d'un frisson inattendu. Je sais très-bien que tout cela n'est pas de la poésie, qu'un bon vers, parti de l'âme, vaut cent millions de fois mieux que toutes ces surprises; mais je sais aussi qu'à défaut de poésie, on est encore trop heureux de trouver ces curieux arrangements d'une imagination qui n'est jamais en défaut.»

D'après ce que nous avons dit plus haut, on ne sera pas étonné d'apprendre que Guilbert de Pixérécourt eût acquis une belle et honorable fortune. Il en faisait l'usage le plus digne, et, à force de soins et de recherches, il était parvenu à former l'une des plus curieuses collections de livres dont les bibliographes aient conservé le souvenir. C'était tout à fait la bibliothèque d'un homme de goût et de savoir. L'incendie du théâtre de la Gaîté, en 1835, à l'époque où il en était directeur, lui fit perdre une partie notable de sa fortune. Alors il comprit que l'heure fatale de la retraite avait sonné pour lui. *Bijou*, son dernier ouvrage, n'avait eu qu'un succès médiocre. Des rivaux plus jeunes, plus alertes, lui disputaient les applaudissements de la foule. Il se résigna philosophiquement à son sort. A l'instar de Charles-Quint, qui de son vivant même voulut assister à ses obsèques, il suivit les vacations de la vente de sa célèbre bibliothèque, dont les amateurs se disputèrent les trésors sous le feu des enchères: ce sublime sacrifice accompli, il dit un dernier adieu à Paris, et alla, en 1836, se réfugier au sein de sa famille, à Nancy, où il publia, de 1841 à 1843, 4 volumes in-8° de ses œuvres choisies, et où il est mort, au mois d'août 1844.

GUILD, vieux mot saxon signifiant *confrérie, association*. La loi saxonne exigeait de tout homme libre arrivé à l'âge de quatorze ans qu'il fournît caution comme quoi il garderait la paix publique ou, en cas de contravention, payerait les amendes et indemnités prononcées contre lui. C'est pour obéir à cette prescription de la loi que des associations, des confréries, des *guilds* se formèrent entre voisins, à l'effet de répondre les uns pour les autres, et de s'engager à livrer le délinquant, ou bien, à défaut, à payer à la partie lésée l'indemnité à laquelle elle aurait droit. Telle est l'origine des *guilds* ou corporations existant encore aujourd'hui en Angleterre, dans un certain nombre de villes, parmi les artisans ou petits marchands. Elles exercent une grande influence sur les élections anglaises, et aussi sur les administrations municipales. Il y a en effet des villes et des bourgs où le droit d'élection appartient aux seuls membres des *guilds*, dans lesquelles on est admis soit par apprentissage, soit par achat. C'est ce dernier mode qu'emploient les individus qui, sans appartenir à une industrie quelconque, veulent cependant s'assurer du droit de vote inhérent au titre de membre de ces corporations. Le mot *guild*, en raison même de son origine, a droit de cité dans presque toutes les contrées où les populations ont du sang germanique dans les veines.

Ce terme est également employé en Russie pour désigner les trois classes de marchands. Dans ce pays en effet les marchands sont partagés en trois classes distinctes, d'après la quotité de la contribution qu'ils ont à payer au fisc. Les marchands de la *première guild* répondent à ce que l'on entend chez nous par l'expression de notables commerçants.

GUILDER. *Voyez* FLORIN.

GUILDHALL. C'est ainsi qu'on appelle l'hôtel-de-ville de Londres, et comme on peut voir à l'article GUILD, ce mot, d'après son étymologie, signifie littéralement *salle de la corporation*. Construit pour la première fois en 1411, un incendie détruisit *Guildhall* presque complétement en 1669; alors on le rebâtit, mais ce ne fut qu'en 1789 que la façade en fut achevée.

La grande salle de cet édifice, remarquable par l'étendue de ses proportions (51 mètres de longueur sur 16 mètres 33 centimètres de largeur et 18 mètres 66 centimètres d'élévation), peut contenir de six à sept mille personnes. C'est là qu'ont lieu les élections parlementaires et municipales et toutes les réunions autorisées par le corps des aldermen. C'est là aussi que la ville de Londres donne ses fêtes, ses bals, et surtout ses repas vraiment homériques, dont les journaux ne manquent jamais de publier le formidable menu. L'élection du lord-maire, la réception du souverain, ou bien de quelque étranger de distinction considéré comme l'hôte de la cité, sont d'ordinaire l'occasion de ces festins. On se fera une idée du luxe qu'y déploie la cité de Londres, représentée par ses *aldermen* ou corps municipal, quand on saura que la carte à payer du dîner offert à *Guildhall*, en 1815, aux monarques de la coalition européenne, ne s'éleva pas à moins de 500,000 francs.

C'est à l'entrée de cet édifice public que se trouvent les deux célèbres statues de *Gog et Magog*.

GUILFORD (FRÉDÉRICK NORTH, comte), fondateur et chancelier de l'université de Corfou, né en 1761, était le troisième fils de lord *North*. Il fut élevé à Oxford, et après avoir occupé un emploi dans la trésorerie, à l'époque de l'administration de son père, il fut plus tard nommé gouverneur de Ceylan. A son retour en Angleterre, il hérita du titre de son frère, le comte Guilford, et le remplaça à la chambre haute. Le gouvernement anglais l'ayant ensuite envoyé en mission dans les Iles Ioniennes, il consacra sa fortune et ses talents à favoriser les efforts tentés pour réveiller l'esprit national des habitants de ces îles. Après avoir déjà créé vingt-neuf écoles, il réussit à triompher de tous les obstacles et de tous les préjugés qui s'opposaient à la réalisation de son plan favori, et à fonder à Corfou une université, qui fut inaugurée le 13 novembre 1824, par ordre de Canning, et dont il fut nommé chancelier. Il adjoignit à l'université une bibliothèque, dont ses libéralités firent le premier fonds, et mourut à Londres, le 14 octobre 1827. Lord Guilford, philhellène ardent, helléniste distingué, possédait la plus riche collection qui se pût voir des productions non-seulement de l'ancienne littérature grecque, mais encore de la littérature grecque moderne.

GUILHEN DE CASTRO. *Voyez* CASTRO.

GUILLAUME. Quatre rois d'Angleterre ont porté ce nom.

GUILLAUME Ier, dit *le Conquérant*, fondateur de la dynastie anglo-normande, né à Falaise, en 1027, fut appelé d'abord *le Bâtard*, parce qu'il l'était en effet; accident dont au surplus il était loin d'être honteux, car il signait en toutes lettres *Wilhelmus Nothus*. Son père, Robert Ier, guerrier intrépide, et qui vécut toujours dans le célibat, s'était épris d'amour pour une de ses sujettes. Du haut du château de Falaise où il se trouvait, le duc avait distingué sur les bords de l'Aute la jeune Herlève (Arlette), fille d'un tanneur nommé Herbert ou Vert-Pré. Guillaume fut le fruit de cette union illégitime.

Le fils de Robert était bien jeune encore, lorsqu'en 1035, ce duc entreprit le pèlerinage de Jérusalem. Avant de partire Robert eut la prudence de faire reconnaître son fils, qui n'avait que sept ans, pour son légitime héritier, dans une assemblée de seigneurs et de prélats qu'il avait réunis à Fécamp. Il le conduisit ensuite à la cour de France, pour le recommander à la protection de Henri Ier, son suzerain et son obligé. Le duc Robert étant mort à Nicée, le 2 juillet 1035, au retour de son pèlerinage, son fils Guillaume, encore mineur, ne fut point reconnu sans conteste pour son héritier. Le roi de France essaya même de profiter de la circonstance pour ressaisir les États cédés par Charles le Simple en 1040: il envahit la Normandie avec une armée nombreuse; mais la fidélité et le courage des Normands sauvèrent Guillaume. Enfin, la bataille du Val-des-Dunes, en 1046, gagnée par Guillaume, qui ne comptait pas encore dix-neuf ans, rétablit ses affaires. Il épousa en 1049 Mathilde, fille de Baudoin V, comte de Flandre. En 1054 le roi de France rentra en Normandie. Atteint par le duc dans le Pays-de-Brai, il fut complétement battu à Mortemer-sur-Eune.

En 1051 Guillaume fit un voyage à Londres, où depuis le mariage d'Emma, sœur de Richard II, avec Éthelred (en 1002), les Normands jouissaient d'une grande considération et remplissaient même des emplois éminents. L'entrevue que le duc eut avec Édouard le Confesseur décida très-vraisemblablement ce monarque à léguer ses États à un jeune prince qui était à la fois son parent et son ami. Édouard mourut sans postérité, le 5 janvier 1066. Guillaume, qui avait reçu quelques mois auparavant, à Bonneville-sur-Touque, le serment de fidélité de Harold, comte de Wessex, seul compétiteur qu'il pût craindre au trône d'Angleterre et qui effectivement s'en empara aussitôt qu'Édouard eut rendu l'âme; Guillaume se disposa à recueillir le magnifique héritage que lui offrait la fortune. Il ne négligea rien pour assurer le succès de son entreprise, et associa Rome à ses intérêts. Sur la promesse que le duc fit au pape Alexandre II, de rendre l'Angleterre tributaire du saint-siége, il obtint du pontife, qui regrettait fort la perte du denier de saint Pierre, une bulle, un étendard et des reliques qui lui subjuguèrent une grande partie du clergé en même temps que sa puissante épée lui soumettait les peuples. Huit mois furent employés à construire les vaisseaux, à réunir les troupes, à rassembler les approvisionnements nécessaires; et du port de Dives, où tout s'était préparé, on se porta à Saint-Valery-sur-Somme. C'est de ce port que Guillaume mit à la voile, le 29 septembre 1066, avec 3,000 bâtiments et 60,000 guerriers. Le débarquement s'opéra sans résistance sur les côtes d'Angleterre, à Pevensey, dans le Sussex, tandis que loin de là Harold était occupé à combattre et à vaincre les Danois, qui avaient envahi le Northumberland.

Guillaume eut soin d'annoncer aux Anglais qu'il venait venger la mort d'Alfred, son cousin, assassiné par le père de Harold; qu'il réclamait la succession de saint Édouard, son parent, qui lui avait légué son trône, et qu'il se disposait à combattre l'usurpateur de son légitime héritage, le violateur des serments les plus authentiques, qu'il garantissait les biens et les droits des Anglais, et qu'il marchait sous la bannière du souverain pontife, ainsi qu'avec l'aveu de tous les princes de l'Europe. Ce fut le samedi 14 octobre 1066 que, dans les plaines d'**Hastings**, les deux armées se mesurèrent: la lutte fut acharnée, et le succès vigoureusement disputé. Guillaume l'emporta; Harold et son frère restèrent sur le champ de bataille, au milieu de 15,000 Normands et de 60,000 Anglais tués, dit-on, dans cette décisive bataille. Elle assura le trône au conquérant, qui entra dans Londres deux mois après et se fit couronner dans Westminster le jour même de la fête de Noël. La conquête du reste du royaume ne se fit pas sans obstacles. La tour de Londres fut bâtie pour contenir cette ville. Justement irrité, mais extrême dans sa fureur, le roi réprima la rébellion, et en tira une cruelle vengeance. Un territoire de trente milles fut ravagé par le fer et les flammes; les instruments même du labourage furent brisés, et cent mille infortunés de tout âge et des deux sexes, chassés comme des bêtes fauves, allèrent dans les forêts périr de faim, de froid et de misère.

L'Angleterre, à l'exception du domaine de la couronne, fut divisée en 700 grandes baronnies, qui ne relevaient que du prince, et en 60,215 baronnies subalternes, vassales des grandes, dont 28,015 furent accordées au clergé. En même temps qu'il opérait de vive force cette tranformation complète du sol et de la constitution politique de l'Angleterre, Guillaume imposait à ce pays l'usage de la langue franco-normande dans toutes les relations de la vie publique. S'il échoua dans ses efforts pour la faire prédominer dans les relations sociales et pour extirper l'anglo-saxon des tribunaux inférieurs et des églises, les indigènes n'en sentirent pas moins tout ce qu'avait de pesant pour eux le joug du conquérant, et plus d'une fois ils tentèrent de le secouer en faisant cause commune avec les Écossais. En 1074 on vit même plusieurs seigneurs normands, qui avaient à se plaindre de la sévérité du roi, prendre part aux insurrections des populations anglaises. Guillaume les comprima toutes avec une impitoyable rigueur, et se rendit ensuite précipitamment en Normandie, où, à l'incitation du roi de France Philippe Ier, son fils aîné Robert faisait mine de vouloir se rendre indépendant. La guerre entre le père et le fils dura plusieurs années, jusqu'à ce qu'enfin, en 1080, une réconciliation s'opéra entre eux, par l'entremise de la reine. Dans l'intervalle, le roi d'Écosse Malcolm ayant envahi le Northumberland, où il promenait le fer et le feu, Robert reçut alors de son père la mission de tirer vengeance des insultes des Écossais.

C'est aussi vers cette époque que Guillaume le Conquérant s'occupa de la rédaction de son célèbre *Doomsday-Book*, véritable registre de cadastre, qui existe encore aujourd'hui et qui est assurément la source historique la plus riche qu'on possède sur cette époque. Il contient une exacte description des comtés, des districts et des fiefs de l'Angleterre, avec l'indication des noms, de l'état de maison et des prestations des propriétaires et fermiers. Les comtés de Cumberland, de Northumberland, de Westmoreland et de Durham seuls n'y sont pas mentionnés, parce que les dévastations qui y avaient eu lieu les avaient transformés en véritables déserts. Si ces règlements et d'autres encore témoignent du génie et de la grandeur de Guillaume comme souverain, on ne saurait disconvenir qu'à d'autres égards sa conduite fut aussi imprévoyante que cruelle et barbare. A l'effet de satisfaire sa passion pour la chasse, il fit dévaster, puis planter en bois, un espace de plus de 30 milles carrés de superficie, situé dans la plus riche partie du pays, aux environs de Winchester. En l'an 1083 il fit paraître un code forestier, qui, entre autres dispositions barbares, condamnait à la peine de mort, à la mutilation ou encore à avoir les yeux crevés quiconque tuait un daim, un sanglier ou même un lièvre, ou se rendait coupable de tout autre délit forestier analogue. Ces lois barbares ne furent adoucies ou abolies que par la **Grande Charte**. A partir de l'an 1070 Guillaume le Conquérant avait su mettre des bornes aux envahissements territoriaux du clergé. Vers 1085 il publia une ordonnance qui défendait sous les peines les plus sévères aux juges des tribunaux ecclésiastiques de connaître des matières civiles, et aux juges des tribunaux civils de connaître des matières ecclésiastiques. En même temps il faisait des préparatifs pour aller châtier son ennemi, le roi de France Philippe. Il passa en Normandie, mais s'y vit pendant longtemps dans l'impossibilité de donner suite à ses projets de vengeance, retenu qu'il était dans son lit par son extrême obésité. Les railleries de son adversaire le déterminèrent enfin, à la fin de juillet 1087, à se jeter sur le Vexin français, qu'il couvrit de sang et de ruines. En traversant les ruines enflammées de Mantes-sur-Seine, dont il venait de s'emparer, son cheval en se cabrant lui occasionna une blessure grave au bas-ventre. On le ramena à Rouen, où il mourut, le 9 septempre 1087. Ses vassaux et ses gens dépouillèrent son cadavre, et le laissèrent gisant sur le sol, dans un état de nudité complet. Ce fut seulement après une suite d'étranges péripéties, et sur l'ordre qu'en donna l'archevêque, qu'on l'inhuma à Caen, dans l'abbaye de Saint-Étienne, qu'il y avait fondée.

Esprit éminent, Guillaume le Conquérant était doué en outre d'une force physique peu commune, et il n'y avait que lui qui fût capable de tendre son arc. Conformément à ses dernières dispositions, Robert, son fils aîné, lui succéda en Normandie; son fils cadet, **Guillaume II**, hérita de la couronne d'Angleterre. Le troisième enfin, Henri, eut en partage l'héritage de sa mère, morte quatre années auparavant. Consultez Augustin Thierry, *Histoire de la Conquête de l'Angleterre par les Normands*.

[GUILLAUME II, surnommé *le Roux*, fils du précédent, s'occupa moins de rendre les derniers devoirs à son père que de s'en assurer l'héritage; il partit avant les funérailles, passa la mer, devança à Londres la nouvelle de la mort du conquérant, s'empara des forteresses de Pevensey, d'Hastings et de Douvres, et se fit couronner par le primat qui avait rassemblé à la hâte quelques seigneurs et quelques prélats dévoués (1087). Sa célérité ne fit cependant que retarder les conspirations. Les grands, revenus de leur surprise et poussés par Odon, évêque de Bayeux, et Robert, comte de Mortagne, oncles de Robert et de Guillaume II, se liguèrent pour rendre à l'aîné toutes les couronnes de son père. Guillaume réussit à comprimer cette levée de boucliers; et les barons, demeurés fidèles à sa cause, furent récompensés par les biens confisqués sur ceux que la fortune avait déclarés traîtres. Guillaume le Roux résolut alors d'enlever la Normandie à son frère. Son or et ses émissaires y semèrent la trahison et la discorde. Deux barons, Odon et Walter, lui livrèrent Saint-Valery et Abbeville. Philippe Ier de France avait intérêt à soutenir Robert et à maintenir le partage; Guillaume eut l'art de le gagner.

L'indolent Robert avait un second frère, que Guillaume le Conquérant avait déshérité, et auquel, par bonté d'âme il avait, lui, donné la souveraineté du Cotentin. Il lui demanda son alliance, et le prince Henri lui prouva sa loyauté en précipitant du haut d'une tour un traître qui se disposait à livrer Rouen à l'armée de Guillaume le Roux. Les barons désespérèrent cependant de la cause de Robert. Ils s'offrirent pour médiateurs, et, après avoir arraché à Guillaume la promesse de restituer les biens confisqués à leurs premiers possesseurs, ils forcèrent Robert à lui céder les territoires d'Eu, de Fécamp et d'Aumale. Il fut en outre convenu qu'à défaut d'enfants, le survivant réunirait les deux couronnes sur sa tête. Le prince Henri fut oublié dans ce traité par le frère qu'il avait servi et par celui qu'il avait combattu. Il se retira mécontent dans la forteresse du mont Saint-Michel, et du haut de ce repaire il se rua sur les provinces environnantes pour les piller et les mettre à merci. Les deux frères s'unirent pour l'assiéger, le forcèrent à se rendre, et ce jeune prince, que la fortune destinait à recueillir leur double héritage, alla traîner dans un long exil une vie de privations et de misère. Dès ce moment Robert ne fut plus pour ainsi dire que le vassal de son frère, qui ne cessa d'ailleurs de fomenter des troubles en Normandie, dans l'espoir de parvenir ainsi à s'emparer de son héritage.

La folie des croisades s'emparait alors de l'Europe chrétienne. Robert, fatigué de disputer sa couronne aux sicaires de son frère, la lui vendit pour dix mille marcs, et partit pour la conquête de Jérusalem à la suite de Pierre l'Ermite. Guillaume le Roux le paya aux dépens de son peuple. Les exactions les plus violentes signalèrent sa prise de possession. Il fit vendre l'argenterie des couvents et des églises, ne remplit aucun évêché vacant, pour s'en approprier les revenus, et quand il lui prenait fantaisie de nommer à un siége, il s'amusait à le mettre aux enchères. Une violente maladie parut un instant dompter ce caractère de fer : les prêtres s'emparèrent de son lit, et le menacèrent de la damnation éternelle s'il n'expiait ses violences et ses sacriléges. Il manifesta quelque repentir, se hâta de remplir les siéges vacants, et promit de réparer le tort qu'il avait fait aux églises. Mais il guérit, et prouva par de nouveaux brigandages que la crainte de la mort avait seule agi sur son cœur. La Normandie était un théâtre continuel de révoltes, que fomentait en secret Philippe de France, et le plus acharné des rebelles était Hélie, comte de La Flèche. Guillaume le Roux l'avait déjà pris une fois; et il lui avait pardonné, à la prière du roi Philippe, lorsqu'un jour, étant à la chasse en Angleterre, il apprit que ce même Hélie s'était emparé du Mans par trahison. Il s'embarque aussitôt, descend en Normandie, délivre Le Mans, poursuit le rebelle, et l'assiége dans son dernier château. Mais une blessure assez grave l'arrête, et sauve Hélie de sa vengeance.

La fureur des croisades faillit encore lui procurer deux autres provinces : Guillaume comte de Guyenne et de Poitou lui fit offrir ses domaines pour aller en Terre Sainte; le marché fut conclu, et Guillaume le Roux se disposait à repasser la mer pour en prendre possession, lorsque, dans une chasse, un trait lancé contre un cerf par Gautier Tyrrel, gentilhomme français, rebondit sur un chêne, et vint frapper le roi dans le sein. Tyrrel le vit tomber, piqua des deux, gagna la mer, et s'embarqua à son tour pour la Palestine. Guillaume II mourut ainsi, le 2 août 1100, dans dans la treizième année de son règne et la quarantième de son âge. Il avait la taille courte, la voix rauque, le teint coloré, le regard dur et sauvage, et ses actes ne démentaient point sa physionomie. Les Anglais lui durent l'achèvement de la Tour, le pont de Londres et la grande salle de Westminster; mais ces monuments n'effacent pas plus son exécrable tyrannie que l'édit par lequel il faisait grâce à tout criminel qui prouvait qu'il savait lire.

GUILLAUME III, de la maison d'Orange, devenu, à la suite de la révolution de 1688, roi d'Angleterre, d'Écosse et d'Irlande, depuis 1672 capitaine général et grand amiral des états généraux des Provinces-Unies, *stathouder* des provinces de Hollande et de Zélande, était le fils de Guillaume II d'Orange, qui était revêtu des mêmes dignités dans les Pays-Bas, et de Henriette-Marie Stuart, fille de Charles Ier. Il naquit avant terme, le 14 novembre 1650, huit jours après la mort de son père. Tout semblait se réunir pour assurer la perte de ce débile rejeton des Nassau. Cromwell poursuivait en lui le Stuart; Louis XIV lui enleva à diverses reprises sa petite principauté d'Orange; et il n'avait encore que onze ans lorsqu'en 1661 il perdit en outre sa mère. Son père avait cherché à rendre héréditaires dans sa famille les dignités de capitaine général et de *stathouder*. Mais le parti démocratique, ayant à sa tête le grand-pensionnaire de Witt, fit décréter qu'à l'avenir les fonctions de capitaine général et de *stathouder* ne pourraient point se cumuler, décision qui enlevait au jeune prince tout espoir de parvenir à l'une ou à l'autre de ces dignités. Cependant les états généraux veillèrent sur son éducation, et la confièrent à sa mère, *Émilie de Solms*, femme sévère et comprenant bien la politique. Élevé sous les yeux et par les soins du grand-pensionnaire, le jeune prince d'Orange avait puisé dans ses conseils intéressés un grand respect pour les libertés de la nation hollandaise. Il montra ou affecta dès sa jeunesse une soumission aveugle aux volontés des états. Mais sa froideur apparente cachait une ambition profonde et un vif amour pour la gloire. Pendant les troubles auxquels l'invasion de la Hollande par Louis XIV, en 1672, servit de signal, les états de Hollande et de Zélande élurent le jeune Guillaume en qualité de *stathouder*, et quelques jours plus tard les états généraux le nommèrent capitaine général et grand amiral de l'Union. Les villes, les forteresses, tombaient les unes après les autres devant Louis XIV; le vainqueur était arrivé à trois lieues d'Amsterdam, et le jeune Guillaume n'avait pu tenir devant lui avec une armée de 70,000 hommes. La faction du grand-pensionnaire de Witt ne trouva plus de salut que dans la paix, et l'emporta sur la faction d'Orange, que le prince Guillaume excitait encore à la guerre. Mais le fier Louvois fit des conditions si dures, que le peuple se révolta contre ceux qui avaient conseillé de traiter. De Witt et son frère furent lâchement massacrés à La Haye, et on rétablit le stathoudérat dans la personne de Guillaume III.

Le jeune prince, alors âgé de vingt-deux ans à peine, se montra digne de gouverner l'État au milieu de ses désastres. Il ranima le courage du peuple, fit ouvrir les écluses, inonda tout le pays autour d'Amsterdam, força l'armée française à reculer devant ce débordement immense, et dispersa ses émissaires sur le continent pour susciter des ennemis à Louis XIV. Buckingham, envoyé de Charles II, essaya de le corrompre en lui promettant, au nom des deux rois, la souveraineté de la Hollande. Guillaume protesta de son dévouement pour la république; et lorsque l'ambassadeur lui montrait la ruine de cette république comme infaillible : « J'ai, répondit-il, un moyen sûr de ne pas voir la ruine de ma patrie; je mourrai sur son dernier retranchement. » Louis XIV était cependant retourné à Saint-Germain, et ses lieutenants, suivant les prévisions du nouveau *stathouder*, eurent bientôt à lutter contre les armées de l'empereur Léopold, de l'Espagne et du Brandebourg. L'électeur de Cologne et l'évêque de Munster abandonnèrent Louis XIV pour se donner à cette coalition nouvelle, et l'année suivante Charles II lui-même fut forcé par le parlement d'Angleterre de faire la paix avec les Hollandais. Guillaume osa reprendre l'offensive. Repoussé par le maréchal de Luxembourg des environs de Naerden, il revint sur cette place, et la reprit en 1673. Il eut l'adresse de faire sa jonction avec Montecuculli, et, quoique battu en 1674, à la bataille de Senef, par le prince de Condé, il y fit des prodiges de valeur. Il déploya plus de talent dans la campagne de 1675. Louis XIV le trouva presque partout devant lui, et ne put lui enlever que deux forteresses. Les revers ne lassèrent point sa constance; il s'opposa tant qu'il put aux négociations que la médiation de l'Angleterre avait fait ouvrir à Nimègue. Mais ses soldats se lassaient d'être battus, et la Hollande de soutenir une guerre ruineuse. Les états généraux signèrent, malgré lui, en 1678, le traité de Nimègue, et il fut contraint de déposer les armes. Un mariage, fécond en grands événements, l'avait cependant consolé d'avance de cette inaction forcée. Dès l'année 1677, Charles II lui avait accordé la princesse Marie, fille de son frère, le duc d'York. Aucun des deux frères n'ayant d'enfant mâle, et Marie étant l'héritière présomptive de la couronne d'Angleterre, Guillaume eut dès ce moment les yeux tournés vers le pays où il devait régner un jour, et que troublaient les interminables querelles du parlement et de la couronne. A son avénement au trône, en 1685, **Jacques II**, le considérant comme son héritier présomptif, l'engagea de lui-même à prendre part aux affaires du royaume.

Le prince d'Orange, au milieu de ses préoccupations, n'avait point oublié ses ressentiments contre Louis XIV. Sa haine n'avait jamais cessé de lui chercher des ennemis; et la fatale révocation de l'édit de Nantes ayant rempli l'Europe de Français expatriés, leurs plaintes aigrirent de plus en plus les inimitiés qu'y jetait l'ambition du roi de France. Guillaume, profitant de toutes ces haines, parvint enfin, en 1686, à former la ligue dite d'*Augsbourg*, avec l'empereur, l'Espagne, la Hollande et la Savoie. Il lui importait d'y attirer l'Angleterre; mais Jacques II, qui ne perdait point de vue ses projets de papisme, ne voulait s'engager dans cette ligue qu'à condition que son gendre le servirait lui-même dans sa politique intérieure. Au milieu de cette négociation, un événement imprévu vint troubler une espérance qu'il nourrissait depuis dix années. Le 10 juin 1688, la reine d'Angleterre donna naissance à un prince de Galles. Marie n'était plus l'héritière du trône; le désappointement secret qu'en éprouvaient à la fois les Anglais et le prince qu'ils s'étaient habitués à considérer comme le réparateur des fautes de son beau-père ne tarda point à les réunir dans un intérêt commun. Guillaume III écouta leurs plaintes; et ses émissaires s'attachèrent à flatter tous les partis. Les Anglais de marque affluaient à La Haye, et des sommes considérables y arrivaient de tous les points de la Grande-Bretagne. Louis XIV connut cette intrigue avant celui qui avait tant d'intérêt à la connaître. Il l'en prévint, et lui offrit de faire marcher ses armées contre la Hollande, où se tramait sa perte. Jacques rejette ses avis et ses offres. Mais bientôt son ambassadeur en Hollande dissipe ses illusions et trouble sa sécurité. Il croit enfin aux apprêts de son gendre et au grand nombre de ses adhérents. La peur le rend souple et juste; il caresse les prélats, qu'il avait persécutés; il remet en place des partisans du *test* et des lois pénales qu'il voulait abolir. Il rétablit les chartes des grandes villes. Mais le peuple ne croit plus à sa parole, et le manifeste du prince d'Orange donne bientôt à la révolte tous les caractères d'une révolution. Enfin, le 21 octobre 1688, une flotte de 500 vaisseaux, dont 50 bâtiments de guerre, vogue avec lui vers l'Angleterre. Il y débarque à la tête de 14,000 hommes, et met pied à terre à Torbay, le 5 novembre. De proche en proche, l'Angleterre entière est soulevée, à l'exception de quelques courtisans, qui ne restent auprès de Stuart que pour hâter sa ruine par leurs absurdes conseils. Bientôt l'armée royale est entraînée. Le prince Georges de Danemark, autre gendre du roi, la princesse Anne, sa fille, l'abandonnent à leur tour. Sa consternation ne lui laisse plus d'autre pensée que celle de la fuite. Arrêté et ramené à Londres, il demande une conférence à Guillaume. Celui-ci ne répond que par l'ordre de quitter Londres et de se retirer à Rochester. Jacques II s'y rend, mais pour passer plus loin; et il va chercher un asile en France. La conquête du royaume ne coûta au prince d'Orange qu'un officier et quelques soldats tués par hasard.

Le 18 décembre 1688 Guillaume faisait son entrée solennelle dans Londres, aux acclamations unanimes de la population; et la chambre des lords, que l'on se hâta de réunir, lui offrit la régence provisoire. C'est en vertu de ce titre que le prince d'Orange, qui ne voulait point paraître user du droit de conquête, réunit les deux chambres du parlement sous le nom de *Convention anglaise;* et les séances de cette assemblée, à laquelle on adjoignit le lord maire, les aldermen et cinquante membres du *conseil commun* de la ville de Londres, commencèrent le 22 janvier 1689. Dès la première discussion, les whigs et les tories se divisèrent. Les Communes voulaient déclarer la vacance du trône; les lords n'accordaient que l'établissement d'une régence. Étranger à ces disputes, Guillaume affecta d'abord une indifférence muette; mais tout en déclarant qu'il ne voulait gêner en rien la liberté des votes, il avertit les lords qu'il ne consentirait pas plus à gouverner comme régent que comme l'époux de la princesse; qu'il avait d'autres affaires sur le continent, et qu'il ne les abandonnerait point pour une dignité précaire. Cette déclaration, froidement exprimée, mais appuyée par la détermination des Communes, fit fléchir l'opposition des lords; et le 13 février 1689 un décret de la Convention adjugea le trône au prince et à la princesse d'Orange, en stipulant que le prince seul aurait l'administration du royaume; et que si le roi et la reine ne laissaient point de descendance directe, la couronne passerait à la princesse Anne. En même temps le parlement lui soumet la célèbre *déclaration de droits*, espèce de capitulation qui résumait toutes les antiques libertés du pays dans une forme convenable à l'esprit du temps. Toutes les prétentions de Jacques II et de ses héritiers à la couronne d'Angleterre furent de nouveau déclarées dans ce document nulles en fait et en droit. On y imposait au roi l'obligation de ne jamais essayer d'intervenir dans les élections non plus que dans les délibérations du parlement; de composer le jury avec impartialité; de choisir parmi le peuple les membres du jury dans les procès de haute trahison; de s'abstenir de toute confiscation, comme aussi de ne point concéder les fiefs tombés en déshérence avant qu'il fût intervenu une décision judiciaire. Guillaume n'hésita point à signer ce nouveau pacte conclu entre le peuple et la couronne, et considéré depuis lors comme la base essentielle du droit public anglais. La Convention nationale écossaise lui adjugea pareillement le trône, le 11 avril 1689, jour où il se fit solennellement couronner à Westminster : seulement, il lui fallut consentir à l'abolition en Écosse de l'épiscopat et du serment de suprématie.

Quoique les faveurs dont les whigs étaient exclusivement l'objet de sa part fissent déjà beaucoup de mécontents, le parlement ne laissa point que de sanctionner un *acte de tolérance* présenté par le ministère, et qui apportait quelques entraves à l'esprit de persécution dont l'Église établie faisait preuve à l'égard de tous les dissidents. Toujours préoccupé de sa haine contre Louis XIV et du besoin de lui susciter partout des embarras, Guillaume venait de décider le parlement à conclure une étroite alliance avec les états généraux, et se disposait à déclarer la guerre à la France, quand une flotte française vint débarquer en Irlande un corps d'armée, commandé par Jacques II, et qu'eurent bientôt grossi les nombreux catholiques de ce royaume. Il fallut plus d'une année à Guillaume pour triompher de ce redoutable péril. Le vieux duc de Schomberg, sorti de France après la révocation de l'édit de Nantes, commandait en Irlande en son nom; mais son armée ne luttait qu'avec peine contre les forces des Jacobites. Le roi d'Angleterre y amena de puissants renforts, et le 1er juillet 1690 se présenta à la tête de 40,000 hommes sur la rivière de la **Boyne**, dont son beau-père tenait l'autre rive. Une bataille livrée le lendemain termina cette lutte. Schomberg y périt dans la mêlée, à l'âge de quatre-vingt-deux ans; mais la victoire, vaillamment disputée, resta enfin à Guillaume III. Jacques II avait mérité de la perdre : tandis que son rival combattait en soldat et en capitaine, le lâche Stuart contemplait de loin la défaite de ses partisans, et fut un des premiers à prendre la fuite. Il s'embarqua à Dublin pour retourner en France; et cette capitale ouvrit ses portes au vainqueur,

Guillaume III revint à Londres, rouvrit le parlement, le 2 octobre 1690, le trouva mieux disposé pour ses intérêts; et après la session, qu'il termina le 5 janvier de l'année suivante, il rentra sur le continent pour réchauffer le courage de ses alliés. Les Hollandais le reçurent avec des transports de joie; mais la prise de Mons par Louis XIV modéra cette ivresse, et la découverte d'une conspiration jacobite le rappela pour un moment dans son royaume. Une demande de 65,000 hommes réveilla toute la malveillance des whigs; et le massacre des habitants de la vallée de Glencoë, exécuté par ses ordres, n'apaisa point les séditions qui fermentaient dans les montagnes de l'Écosse. L'ambition de combattre et de vaincre Louis XIV l'emporta sur les affaires de son royaume. Il en confia, comme toujours, la direction à la reine, et revint en Flandre pour assister à de nouveaux revers. Namur tomba sous ses yeux au pouvoir du roi de France, le 20 mai 1692, et deux mois après le maréchal de Luxembourg le défit avec ses alliés à la bataille de Steinkerque. Sa flotte le vengea à la sanglante journée de La Hogue, qui ruina encore une fois les folles espérances de Jacques II; et ce prince, dont les proclamations n'avaient été funestes qu'aux catholiques de Londres, reprit tristement la route de Saint-Germain.

Guillaume III revint à Londres pour essuyer de nouvelles peines. Son caractère sombre et taciturne; la vie retirée qu'il menait à Hamptoncourt et à Kensington, où personne n'était admis; le zèle médiocre dont il faisait preuve pour les intérêts de la haute Église; la sévérité avec laquelle il avait traité les Jacobites et divers clans rebelles de l'Écosse, achevèrent de le dépopulariser. Les dépenses énormes en argent et en hommes que coûtait à la nation la guerre continentale, excitaient un mécontentement général. On accusait ses ministres d'insolence, d'impéritie et de corruption. On le représentait lui-même comme le corrupteur d'un parlement vénal; on publiait la liste des pensions et des grâces dont on payait les suffrages d'une majorité servile; et, vrais ou faux, ces bruits décidèrent les deux chambres à rendre en 1693 un bill qui fixait à trois années la durée des parlements. Muni des subsides qu'il avait obtenus par le sacrifice de son ministre Nottingham, il rejoignit son armée au mois de mai 1694, pour dépenser en marches et contre-marches inutiles la campagne la plus insignifiante; il chercha partout ses ennemis, et n'osa les attaquer nulle part.

Une douleur cuisante l'attendait à son retour. La reine Marie, attaquée de la petite vérole, mourut, à l'âge de trente-trois ans, sans lui laisser un héritier. La princesse Anne et son fils, le jeune duc de Glocester, étaient dès lors la seule espérance d'avenir de la nation anglaise. Après avoir étouffé une enquête parlementaire sur les actes de fraude et de vénalité qui déshonoraient les deux chambres, Guillaume repassa dans la Flandre pour profiter de l'épuisement de Louis XIV. La campagne de 1695 lui valut enfin un succès. Il reprit Namur à la vue du maréchal de Villeroi, qui à la tête de 100,000 hommes laissa accabler le brave Boufflers dans la place. Cette victoire arrivait à propos : un nouveau parlement venait d'être convoqué; elle le séduisit, et plus de 6,000,000 liv. sterling de subsides furent votés pour la campagne suivante.

Mais la fureur de la guerre continentale n'était plus que dans son âme. Louis XIV, épuisé, comme le reste de ses ennemis, demandait la paix à la Hollande; et Guillaume III revint à La Haye pour être à portée de diriger des négociations qu'il n'était plus en son pouvoir d'arrêter. Elles durèrent jusqu'au 20 septembre 1697, jour où le traité de Ryswick fut signé. Louis XIV abandonna presque toutes ses conquêtes, et reconnut le nouveau roi d'Angleterre. Guillaume en triompha, comme si cette reconnaissance n'était pas une conséquence naturelle de la paix. Son parlement fut prodigue de félicitations; mais le caractère ombrageux des whigs et la malveillance des tories lui suscitèrent bientôt de nouvelles traverses. Il voulait conserver une armée; les communes tremblèrent pour les libertés de la nation, y virent une tendance au despotisme, et l'armée fut réduite à dix mille hommes. Cependant, un grand événement se préparait en Espagne. Son roi Charles II allait mourir et avec lui sa dynastie, et Guillaume pressentait que cette succession bouleverserait encore l'Europe. Il lui importait de diviser cette grande puissance; et comme, dans ce cas, il lui était impossible de ne pas admettre au partage Louis XIV ou son fils, dont les droits étaient égaux à ceux des princes autrichiens, Guillaume III négocia avec son ennemi, sans rien exiger pour lui-même que l'honneur d'être l'arbitre d'un si important débat. Il revint à son château de Loo, et partagea la monarchie espagnole entre le dauphin de France, l'archiduc Charles d'Autriche, et le jeune prince de Bavière. Les factions anglaises prenaient peu d'intérêt à ces arrangements; mais, sous le prétexte de cette succession et des troubles qui pouvaient en être la suite, Guillaume III s'était permis de garder six mille hommes de plus que les chambres n'en avaient voté, et le nouveau parlement en montra une irritation ridicule. On le força de renvoyer sa garde hollandaise, et pour le punir de ne pas s'être contenté de dix mille soldats, on ne lui en laissa plus que sept mille. Cette méfiance, cette ingratitude, révoltèrent son orgueil. Il voulut quitter l'Angleterre et son gouvernement. Il rédigea même à cet effet un discours d'adieu; mais ses amis le calmèrent, et il sanctionna le bill qui le dégradait, sans pouvoir déguiser l'indignation que lui faisait éprouver cette violence. Une antipathie réciproque éclata dès lors entre le prince et les communes : on fouilla dans son administration pour l'incriminer; on censura la conduite de ses ministres; on alla jusqu'à le soupçonner de papisme, et, dans le seul but de l'offenser, on porta contre les papistes les lois les plus oppressives. La mort du jeune prince de Bavière ayant cependant annulé le premier partage de la future succession d'Espagne, Guillaume s'était hâté d'en provoquer un second. Le lot de la France avait été agrandi de la Lorraine, et les Anglais y trouvèrent un nouveau motif de mécontentement. La mort du jeune duc de Glocester, dernier survivant des dix-sept enfants de la princesse Anne, fut pour eux un autre sujet de peine, et pour Guillaume un surcroît d'embarras. Les Jacobites renouèrent leurs trames, et ranimèrent leurs espérances. Il ne restait plus d'héritier à la nouvelle monarchie que la princesse elle-même, et une nouvelle restauration leur semblait facile. Les whigs s'empressèrent de leur enlever cet espoir, en appelant la maison de Hanovre à cette succession, dans la personne de la princesse Sophie, petite-fille par sa mère du roi Jacques Ier. Mais, avant de prendre cette résolution, les whigs n'oublièrent point d'insulter encore leur souverain, en limitant pour l'avenir l'autorité royale. Guillaume s'était montré plus calviniste qu'anglican; les Communes décidèrent que nul ne régnerait sur l'Angleterre s'il n'était de la communion dominante. Il avait défendu le territoire hollandais avec les soldats et les subsides anglais; elles décidèrent qu'à l'avenir le parlement seul serait le maître d'engager la nation dans des guerres semblables; et pour le punir de ses fréquents voyages sur le continent, on interdit au roi futur la faculté de sortir des trois royaumes sans le consentement des deux chambres. Il avait admis des étrangers dans ses conseils, on les déclara inhabiles à y entrer, à siéger dans le parlement, à occuper des postes de confiance, à recevoir des terres et maisons par concession de la couronne. Toute personne salariée ou pensionnée par le roi fut également exclue de la représentation nationale. Rien n'y fut oublié, que la déposition de celui dont on censurait ainsi toute la conduite. Le traité de partage fut enfin l'objet d'une amère critique; mais ce traité n'existait déjà plus. Charles d'Espagne était mort, après avoir souscrit un testament en faveur du duc d'Anjou; et Louis XIV avait eu l'imprudence de l'accepter. L'Europe, qui avait aussi blâmé le traité de partage, fut encore plus mécontente du testament. L'empereur menaça de reprendre les armes; mais Louis XIV les avait déjà reprises, pour assurer à son petit fils la possession des Pays-Bas; et les états généraux de Hollande, étourdis de la surprise et du désarmement d'une partie de leur armée dans les places de Luxembourg et de Namur, s'étaient hâtés de reconnaître Philippe V, sans consulter le roi d'Angleterre. Guillaume n'était point assez sûr d'être soutenu par son parlement pour se lancer dans une guerre nouvelle. Il dissimula, il négocia avec Louis XIV, il demanda des garanties pour le repos de l'Europe; mais Louis n'en accorda pas d'autre que la confirmation du traité de Ryswick, et Guillaume III, qui venait de recevoir de sévères remontrances de ses Communes, se décida provisoirement à reconnaître le nouveau roi d'Espagne, sans abjurer l'intention de l'attaquer dès qu'il serait en mesure de le faire. L'occasion ne se fit pas attendre. La Hollande, alarmée des préparatifs de la France, réclama, en 1701, les secours de l'Angleterre, et la haine que la nation portait aux Français servit les ambitieux projets de son roi. Le parlement lui promit de l'aider à maintenir, disait-il, l'indépendance de l'Europe; mais il lui fit payer cette complaisance en revenant sur un traité de partage qui n'avait plus de valeur, dans le seul but de vexer les ministres qui l'avaient négocié. Les comtes de Portland et d'Oxford, les lords Halifax et Somers, furent accusés par les Communes; et si les pairs n'avaient point annulé ces accusations, Guillaume III n'aurait osé ni pu les soustraire à la vengeance des whigs. Le plaisir de guerroyer contre la France le consola encore une fois de ces insultes. Il envoie Marlborough et ses dix mille hommes au secours de la Hollande, et se rend lui-même à La Haye pour signer un nouveau traité d'alliance avec l'empereur. Louis XIV répond par une taquinerie sans résultat, en reconnaissant pour roi d'Angleterre le fils que vient de lui léguer en mourant l'insensé Jacques II : c'était un moyen sûr de rattacher les partis à la cause de Guillaume, dont les émissaires soulevaient l'Europe au nom du traité de Ryswick. Louis XIV proteste alors de son respect pour la foi des traités; il ajoute même qu'il ne prétend point troubler le roi Guillaume dans la possession de ses États. Que signifiait donc ce qu'il avait fait pour le prétendant? Pouvait-il y avoir deux rois dans un royaume? Les chambres anglaises ne s'y trompèrent pas, et leur roi eut l'art de les entretenir dans leur hostilité contre la France. Elles votèrent 40 mille hommes pour l'armée de terre, et 40 mille autres pour la marine. Elles dressèrent un bill d'*attainder* contre le prétendant, et, malgré l'opposition des tories, déclarèrent expressément le prince d'Orange, la princesse Anne et la maison de Hanovre souverains légitimes de la Grande-Bretagne. Mais Guillaume ne jouit pas longtemps de ce triomphe. Miné par des infirmités précoces, une chute de cheval le précipita dans la tombe, pendant qu'il se préparait à rentrer en campagne. Il mourut le 8 mars 1702, dans la cinquante-deuxième année de son âge, dans la treizième de son règne, et vit venir la mort avec la même fermeté qu'il l'avait bravée dans les combats.

De toutes ses vertus militaires, son courage est la seule incontestable. Mais il ne s'était montré habile qu'à réparer ou atténuer les grands revers qu'il ne cessait d'éprouver. Ses trophées se réduisent à la prise de Namur, qui est le fait de ses ingénieurs, et à la bataille de la Boyne, dont la gloire est tout au moins partagée par Schomberg. Guillaume III était de taille moyenne, mince de corps et d'une constitution délicate. Il avait le nez aquilin, le front large, les yeux étincelants, l'air froid et réservé. Sa conversation était sèche et ses manières rebutantes. Il ne domina, pour ainsi dire, dans les conseils de ses alliés que parce qu'il y traitait par ambassadeurs, et surtout parce qu'il était l'élu et le chef d'une grande nation. Mais ce prince, si puissant par sa politique partout où il n'était pas, n'était dans son royaume que le malheureux jouet des factions. Il n'avait pas les qualités nécessaires pour maîtriser une révolution et pour imposer à cette foule d'ambitieux, de mécontents, d'intrigants, de séditieux et de raisonneurs que les révolutions traînent à leur suite. Il flotta au milieu des partis, caressa tour à tour et maladroitement les whigs et les tories, fléchit sans cesse devant les exigences de son parlement, et ne dut la conservation de sa couronne qu'à la vénalité de son siècle, et surtout à la crainte du fantôme de roi qui trônait à Saint-Germain. Il aurait passé pour un des meilleurs princes de cette époque, dit l'historien Smolett, s'il n' tait jamais monté sur le trône de la Grande-Bretagne. Eh! qu'eût-il été sans cela? un ambitieux sans puissance, et le lieutenant des généraux de l'empire. Sa vie entière n'offre qu'un trait de véritable grandeur : c'est de n'avoir pas désespéré de sa patrie, quoique les armées de Louis XIV fussent campées à trois lieues d'Amsterdam. Il avait alors vingt-deux ans, et se montra plus homme que sur le trône d'Angleterre.

VIENNET, de l'Académie Française.]

GUILLAUME IV, roi de la Grande-Bretagne, d'Irlande et de Hanovre, troisième fils de Georges III, naquit le 21 août 1765, et reçut le titre de duc de Clarence. On lui fit embrasser de bonne heure la carrière de la marine. Cependant, il ne put jamais, durant les guerres de la Révolution et de l'Empire, obtenir le commandement d'un seul vaisseau ni d'un seul régiment : aussi se retira-t-il en quelque sorte des affaires publiques, où il ne pouvait jouer qu'un rôle très-secondaire. Il s'en dédommagea en passant vingt années de sa vie auprès d'une célèbre actrice, miss Jordans, dont il eut dix enfants. En 1811, cédant aux obsessions de ses parents et espérant par là obtenir une augmentation de son très-chétif apanage, il se sépara de la mère de ses enfants. Elle fut réduite à remonter sur les planches; et une caution imprudemment donnée par elle l'ayant forcée de se réfugier en France en 1815 pour échapper à l'effet de la contrainte par corps, elle mourut vers la fin de cette même année, et dans un état voisin de la misère, à Saint-Cloud.

Le duc de Clarence épousa, ensuite le 11 juillet 1818, *Adélaïde*, fille du duc de Saxe-Meiningen; mais en vain le parlement augmenta alors son apanage d'une somme de 5,000 liv. st., il était toujours trop minime pour lui permettre de vivre en Angleterre : aussi alla-t-il d'abord résider à Hanovre, puis à Meiningen. Ce ne fut qu'à la fin de 1819 qu'il revint occuper le château de Bushy-Park, près de Londres.

En 1821, la duchesse de Clarence accoucha d'une fille; mais la petite princesse mourut trois mois après sa naissance. La mort du duc d'York fit du duc de Clarence (1827) l'héritier présomptif de la couronne, tant en Angleterre qu'en Hanovre, et le parlement éleva alors son apanage au chiffre de 40,000 liv. st. L'influence de Canning le fit en même temps nommer grand-amiral du royaume. C'est en cette qualité qu'il transmit à l'amiral Codrington des instructions secrètes qui provoquèrent, le 20 août 1827, contre l'intention bien formelle des ministres, la bataille Navarin. Quoique le prince remplît ses fonctions de grand-amiral à la satisfaction de tous ses subordonnés, son caractère libéral, qui le rendait l'ami et l'allié naturel des whigs, ne tarda point à amener entre lui et le ministère tory, présidé par Wellington, des conflits à la suite desquels il donna sa démission en août 1828.

Appelé au trône le 26 juin 1830, à la mort de son frère aîné Georges IV, il ceignit la couronne dans un moment des plus critiques. En raison de la profonde irritation répandue dans le pays par le rejet de la motion pour la réforme du parlement proposé par lord John Russell, et aussi à cause de la révolution qui à quelque temps de là s'opéra en France, il se vit d'abord dans la nécessité de laisser les torys au pouvoir. L'ouverture d'un nouveau parlement, en novembre 1830, lui ayant prouvé combien cette administration était impopulaire, il n'hésita plus à appeler lord Grey au timon des affaires. Après de longues et difficiles luttes, la nouvelle administration réussit enfin, au mois de juin 1832, à faire adopter la réforme parlementaire, qui ouvrit l'ère du progrès et des améliorations de tous genres dans la Grande-Bretagne. Toutefois, la crainte de voir compromettre l'intérêt protestant en Angleterre, si la question irlandaise était résolue d'une manière libérale, détermina le crédule monarque à se séparer brusquement de son ministère, en 1834. Il confia de nouveau la direction des affaires aux tories, représentés par Peel et Wellington; mais dès le mois d'avril 1835 force leur: était de rappeler les whigs, qui formèrent une administration nouvelle, présidée par Melbourne. Les discussions auxquelles donnèrent lieu la loi relative à l'organisation municipale en Angleterre, les différents bills ayant trait aux dîmes, aux églises et aux villes d'Irlande, et enfin les affaires du Canada, firent des dernières années du règne de Guillaume IV l'une des époques les plus agitées de l'histoire d'Angleterre. Les intérêts en présence par delà les Pyrénées concentrèrent alors presque exclusivement l'attention de la diplomatie anglaise, et provoquèrent, en 1834, la conclusion avec la France du traité dit de la *quadruple alliance*. L'intention bien formelle qu'avait Guillaume IV de rompre en visière avec la Russie échoua alors contre la politique que le cabinet crut devoir suivre devant le parlement.

Guillaume IV mourut d'hydropisie, dans la nuit du 19 au 20 juin 1837. C'était un esprit médiocre, mais un caractère honnête et loyal. Sa fille aînée et bien aimée, lady Delisle-Dudley, l'avait précédé de plusieurs années dans la tombe. Devenu roi, il pourvut dignement à l'avenir des autres enfants qu'il avait eus de miss Jordans et qui lui survécurent. Son fils aîné, Georges *Fitz Clarence*, né en 1794, mort en 1842, fut créé en 1838 *comte de Munster*, titre dont a hérité son fils, William Georges *Fitz Clarence*, né en 1824. Le fils cadet de Guillaume IV, lord Frédéric *Fitz Clarence*, né en 1799, était en dernier lieu commandant général à Bombay et remplissait encore ces fonctions lorsqu'il mourut, le 30 octobre 1854.

Guillaume IV a légué le trône de la Grande-Bretagne à sa nièce Victoria, fille de son frère cadet le duc de Kent, mort avant lui. Il eut pour successeur sur le trône de Hanovre son frère Ernest-Auguste, cinquième fils de Georges III.

GUILLAUME Ier, dit *le Taciturne* ou *le Jeune*, comte de Nassau, prince d'Orange, fondateur de l'indépendance des Pays-Bas, né le 16 avril 1533, au château de Dillenburg, dans le comté de Nassau, était le fils aîné du comte Guillaume de Nassau dit *l'Aîné*, et de sa seconde femme, la comtesse Juliane de Stolberg. Il entra de bonne heure en qualité de page à la cour de Charles-Quint, fut élevé dans les principes du catholicisme par la sœur de ce prince, la reine de Hongrie, Marie; et en 1544, à la mort de son cousin René de Nassau, qui ne laissa point d'enfants, il hérita de la principauté d'Orange. Par sa capacité et sa modestie, il obtint la faveur toute particulière de l'empereur, qui prenait son avis dans les affaires les plus graves et qui lui confia souvent d'importantes missions. Dès l'âge de vingt-deux ans, on lui remit, en l'absence de Philibert de Savoye, le commandement supérieur dans les Pays-Bas avec le gouvernement des provinces de Hollande, de Zélande et d'Utrecht. Charles-Quint le recommanda à son successeur Philippe II. La jalousie des seigneurs espagnols s'efforça de rendre la fidélité de Guillaume suspecte aux yeux du nouveau roi, qui, le considérant dès lors comme l'instigateur secret des troubles qui avaient éclaté dans les Pays-Bas, refusa de lui accorder la place de gouverneur général, qu'il lui avait pourtant promise de la manière la plus formelle. L'administration despotique du cardinal Granvelle, qui décida la gouvernante générale des Pays-Bas, la princesse Marguerite de Parme, à introduire l'inquisition dans les Pays-Bas, et qui se permit les actes les plus despotiques et les plus illégaux, détermina enfin Guillaume et les comtes d'Egmond et de Horn à faire des représentations au roi et à réclamer de lui le rappel de Granvelle. Philippe rappela, il est vrai, ce ministre abhorré, mais vit un crime de lèse-majesté dans la démarche faite auprès de lui, et en conséquence envoya dans les Pays-Bas le duc d'Albe à la tête de troupes espagnoles et italiennes. Guillaume, devinant les intentions de la cour, voulut à ce moment se démettre de ses fonctions; mais la gouvernante générale n'accepta point sa démission. Tout au contraire, elle exigea de lui qu'il prêtât de nouveau serment de fidélité et qu'il éloignât son frère Louis de sa personne. Guillaume, Egmond et Horn, au lieu d'obtempérer à ces injonctions de la princesse, s'adressèrent au roi pour obtenir de lui la liberté religieuse. Les représentations adressées en 1566 par les Gueux à la gouvernante générale ayant été repoussées d'une manière outrageante, Guillaume, d'accord avec son frère Louis, Egmond, Horn et autres personnages importants, convoqua à Dendermonde une conférence, dans laquelle on délibéra sur les moyens à employer pour se préserver de l'oppression. Tandis que Guillaume se retirait avec sa famille à Dillenburg, le duc d'Albe entrait dans les Pays-Bas, où son premier acte fut de faire arrêter et périr sur l'échafaud Egmond, Horn et dix-huit personnages marquants dans la noblesse. Les contumaces, entre autres Guillaume et son frère Louis, furent en même temps cités devant un tribunal de sang, connu dans l'histoire sous le nom de tribunal des Douze; et par suite de leur défaut de comparution, ils furent proscrits. Le duc d'Albe fit prisonnier le fils de Guillaume, alors âgé de treize ans, Philippe-Guillaume, qui étudiait à Louvain, et l'envoya en Espagne comme otage. A ce moment Guillaume se déclara ouvertement protestant, et, soutenu par divers princes protestants d'Allemagne, se prépara à la lutte. Ses frères Louis et Adolphe pénétrèrent en Frise à la tête d'une armée, et y battirent le général espagnol Jean de Ligne à Heiligerle, bataille où Adolphe trouva la mort. Mais Louis n'avait pas assez d'argent pour maintenir sous les armes les troupes qu'il avait réunies; aussi fut-il défait le 21 juillet 1568, à Jermingen, par le duc d'Albe.

Guillaume recruta alors une nouvelle armée, composée de 24,000 Allemands et de 4,000 Français, déclara que l'établissement du *conseil des troubles* à Bruxelles le forçait à prendre les armes, et franchit successivement le Rhin et la Meuse. Il pénétra dans le Brabant, et y battit une division de l'armée espagnole, mais échoua dans ses efforts pour déterminer Albe à livrer une bataille décisive, de même que pour provoquer une insurrection générale dans le pays; de sorte qu'il lui fallut finir par congédier son armée. Il dut même vendre sa vaisselle plate, ses bagages, et engager sa principauté d'Orange, pour payer à ses troupes l'arriéré de leur solde. Alors, avec 1,200 reîtres, il se retira chez le duc de Deux-Ponts, qu'il accompagna dans son expédition en France contre le parti catholique des Guises. Il s'y distingua dans plusieurs actions et siéges; mais la campagne n'ayant point eu une issue heureuse, il dut s'en revenir en Allemagne. En France, l'amiral de Coligny lui avait conseillé d'armer en course et d'organiser des corsaires contre les Espagnols, ainsi que de se maintenir dans la Zélande et dans la province de Hollande, d'où il serait très-difficile aux Espagnols de l'expulser. Guillaume suivit ce conseil; et les *Gueux de mer*, c'est ainsi qu'on nomma ces corsaires, s'emparèrent dès 1572 de la ville et du port de Briel, dans l'île de Voorne, et se rendirent ensuite maîtres de Flessingue. La tyrannie du duc d'Albe devenant de plus en plus intolérable, diverses villes de la Hollande et de la Zélande, de l'Over-Yssel et de Gueldre se déclarèrent ouvertement pour Guillaume, qui pendant ce temps-là avait réussi à recruter une nouvelle armée, de 17,000 hommes, avec laquelle il entra dans le Brabant, pour y secourir son frère Louis, assiégé à Bergen par le duc d'Albe; mais les auxiliaires français que lui envoyait Coligny furent battus, et lui-même échoua encore une fois dans tous ses efforts pour attirer en bataille rangée le duc d'Albe. Il lui fallut alors repasser le Rhin, non sans éprouver des pertes, et congédier encore une fois son armée: il se rendit ensuite à Utrecht et en Zélande, où les *Gueux de mer* le nommèrent leur amiral.

En 1574, les états de la Hollande investirent le prince d'Orange de l'exercice, au nom de Philippe II, des droits du pouvoir souverain pendant tout le temps que durerait la guerre avec les troupes espagnoles; exemple qu'imitèrent plus tard les provinces d'Utrecht, de Gueldre et d'Over-Yssel. Toutefois, ces droits n'étaient que personnels, et furent même contestés par plusieurs villes, quand on eut ouvertement secoué le joug de l'Espagne. Guillaume méritait la confiance qu'on lui témoignait. Dès 1573 il était parvenu à opérer à Flessingue l'armement d'une flotte de 150 voiles, qui conserva constamment une supériorité marquée sur les Espagnols. Tandis que le duc d'Albe réussissait à se rendre maître de Bergen et de diverses autres places, Guillaume, de son côté, s'emparait de Gertruydenberg et de Middelbourg, chef-lieu de la Zélande. Louis de Zuniga, qui avait succédé au duc d'Albe (1573) comme gouverneur général des Pays-Bas, battit cependant, le 14 avril 1574, dans les landes de Mook, Louis et Henri de Nassau, frères de Guillaume, qui ne purent maîtriser la mutinerie de leurs soldats allemands réclamant à grands cris leur solde arriérée, et qui trouvèrent la mort sur le champ de bataille. Guillaume pendant ce temps-là occupa Leyden, faisant partout rompre les digues et inondant tout le pays d'alentour. Sur ces entrefaites, Zuniga mourut; mais les troupes espagnoles commirent à Anvers et dans d'autres lieux de tels excès, que toutes les provinces des Pays-Bas, à l'exception du Luxembourg, se confédérèrent à Gand, en 1576, dans le but d'expulser ces troupes de leur territoire et de défendre le principe de la liberté de conscience. La modération que montra d'abord don Juan d'Autriche, le nouveau gouverneur général des Pays-Bas, eut pour suite l'édit de pacification de 1577 et la dissolution de la ligue. Mais don Juan n'ayant pas tardé à violer lui-même cet édit, les états d'Anvers appelèrent le prince d'Orange à leur secours, et à Bruxelles une partie des états lui déféra le titre de gouverneur. Toutefois, sachant bien qu'un certain nombre de seigneurs lui étaient hostiles, il amena l'assemblée à conférer ce titre à l'archiduc d'Autriche Mathias, tout en se réservant personnellement la direction des affaires politiques. Mais la victoire remportée, le 31 janvier 1578, à Gembloux par les Espagnols, et la conduite habile observée par Alexandre Farnèse de Parme, nommé gouverneur général des Pays-Bas après la mort de don Juan d'Autriche, donnèrent de nouveau à la puissance espagnole la supériorité dans les provinces wallones. Farnèse réussit à gagner à la cause de l'Espagne les Belges, et surtout les seigneurs du pays, qui étaient mal disposés pour le prince d'Orange. Celui-ci comprit dès lors la nécessité de resserrer encore davantage les liens qui unissaient entre elles les sept provinces du nord, et par l'union signée le 23 janvier 1579 à Utrecht il posa la base de la république des Provinces-Unies des Pays-Bas.

Les négociations ouvertes ensuite à Cologne pour la paix ayant échoué, les états, sur la proposition du prince d'Orange, offrirent, en 1580, la souveraineté au duc d'Anjou; et le 26 juillet 1581 ils se déclarèrent déliés de toute obéissance à l'égard du *tyran* Philippe II. Celui-ci avait précédemment proscrit le prince d'Orange en mettant sa tête à prix. Cependant, le duc de Parme s'empara de diverses places fortes, et entre autres de Bréda; mais il lui fallut lever le siége de Cambray à l'approche de l'armée du duc d'Anjou. En conséquence, au mois de mars 1582, le prince français fut proclamé duc de Brabant. Le prince d'Orange le seconda d'abord loyalement; mais quand il se fut aperçu de sa complète nullité, il se déclara ouvertement contre lui, de sorte que le duc d'Anjou fut obligé de s'en retourner en France.

Le prince d'Orange exerça seul alors la direction suprême des affaires, mais non sans avoir à lutter toujours contre de nombreux adversaires. Pour se mettre à l'abri des tentatives dont il pouvait être l'objet de la part du parti catholico-espagnol, il se retira à Delft, où il ne devait pas tarder à trouver la mort. Un Bourguignon, appelé Balthasar Gérard, catholique fanatique, s'était glissé auprès de lui sous le nom de François Guyon, et en prétextant que, par suite de son attachement à la foi protestante, il avait dû fuir de sa ville natale, Besançon. Le recueillement tout particulier avec lequel il assistait au service divin trompa si bien le prince, qu'il mit bientôt en lui toute sa confiance. Le 10 juillet 1584, au château de Delft, au moment où Guillaume d'Orange se levait de table pour passer dans une autre salle, Balthasar Gérard le tua à bout portant d'un coup de pistolet. Le prince tomba à terre à côté de sa femme et de sa sœur, la comtesse de Schwartzbourg, en s'écriant : « Mon Dieu, mon Dieu, aie pitié de moi et de ton pauvre peuple! » puis expira aussitôt. L'assassin n'avait que vingt-deux ans. C'était bien plus encore l'idée de gagner ainsi le bonheur éternel que l'attrait de la prime mise à l'assassinat du prince par l'Espagne, qui avait armé son bras. Il subit sa peine avec une impassible fermeté. Dans les interrogatoires qu'on lui fit subir, il avoua qu'un moine franciscain de Tournay et un jésuite de Trèves l'avaient déterminé à commettre ce meurtre, en lui promettant qu'il assurerait ainsi son salut; il ajouta qu'il avait fait part de son projet au prince de Parme, lequel l'avait renvoyé à son conseiller d'État d'Assonville, pour bien arrêter ce qu'il aurait à faire pour l'exécuter.

Guillaume d'Orange était fort instruit, et parlait peu, d'où son surnom de *Taciturne;* mais ce qu'il disait était marqué au coin du bon sens et plaisait beaucoup. Il était maître passé dans l'art de connaître les hommes. Ses manières avec le peuple étaient pleines de douceur et d'affabilité. Il lui arrivait souvent de sortir tête nue dans les rues et de s'entretenir en toute liberté avec les bourgeois qu'il rencontrait. Dans son intérieur il était généreux, hospitalier, magnifique. Il avait été quatre fois marié : 1° avec *Anne* d'Egmond, morte en 1558, fille du comte Marc de Buren, de laquelle il eut une fille et un fils, Philippe-Guillaume, prince d'Orange, mort dans sa jeunesse; 2° avec *Anne*, fille de l'électeur Maurice de Saxe, morte en 1577, et de laquelle il se sépara en 1575 : les enfants issus de ce second mariage furent plusieurs filles et le prince Maurice d'Orange, qui, comme guerrier et comme homme d'État, continua dignement le rôle de son père dans les Pays-Bas; 3° avec *Charlotte* de Bourbon, morte en 1582, fille du duc Louis II de Montpensier, de laquelle il eut six filles; 4° enfin, avec *Louise*, fille du célèbre amiral Coligny, morte 1620; il eut d'elle Henri-Frédéric de Nassau, prince d'Orange, qui succéda à son frère Maurice en qualité de stathouder des Pays-Bas.

GUILLAUME. Trois rois des Pays-Bas ont porté ce nom.

GUILLAUME Ier (FRÉDÉRIC), roi des Pays-Bas (de 1815 à 1840), grand-duc de Luxembourg, duc de Limbourg, et prince d'Orange-Nassau, naquit à La Haye, le 24 août 1772. Son père, Guillaume V, prince d'Orange-Nassau, stathouder héréditaire des Provinces-Unies, descendait de Jean *l'Aîné* de Nassau-Dillengen, frère de *Guillaume* Ier, dit *le Taciturne*, et mourut à Brunswick, le 9 avril 1806. Son grand-père, Guillaume IV, mort en 1751, le premier stathouder héréditaire des Pays-Bas à partir de 1748, avait de nouveau réuni dans sa ligne, celle de Nassau-Dietz ou Orange, les quatre territoires appartenant à la ligne de Nassau-Ottonienne, Liegen, Dillenburg, Dietz et Hadamar. Ce prince fut élevé par sa mère, Frédérique-Sophie-Wilhelmine, fille du prince Auguste-Guillaume de Prusse. Guillaume reçut l'éducation convenable à celui qui doit être appelé un jour à gouverner d'autres hommes, et fut confié à des mains sûres et expérimentées. Le 1er octobre 1791 il épousa la princesse *Frédérique-Louise-Wilhelmine*, fille du roi de Prusse. Avec son frère, le prince Frédéric, il s'occupa beaucoup d'améliorer l'état militaire du pays; mais les troubles intérieurs qui éclatèrent en Hollande et que la Prusse dut comprimer en 1787, parce qu'ils avaient pour but évident de renverser la maison d'Orange, entravèrent singulièrement ses efforts. La Convention nationale de France ayant décrété, en 1793, la guerre au stathouder, Guillaume et son frère Frédéric furent chargés de la défense des Provinces-Unies. La victoire remportée sur Dumouriez, à Nerwinde, près de Tirlemont, le 18 mars, fut due en grande partie à la coopération de ce prince. Guillaume pénètre alors en Flandre, tient tête pendant tout l'été à des forces supérieures, et ménage ainsi aux Autrichiens la plus grande partie des succès qu'ils obtiennent sur un autre point des frontières de la Belgique, où les villes de Valenciennes et de Condé tombent en leur pouvoir. La fin de la campagne fut moins heureuse; les Autrichiens semblèrent un moment avoir oublié leur intrépide allié; mais Guillaume se souvenait de ses ancêtres, et se montra digne d'eux jusqu'au bout. En 1794 il prit Landrecies. Le duc de Cobourg battu à la journée de Fleurus, Guillaume n'eut plus qu'à faire sa retraite en bon ordre. Sur ces entrefaites, Pichegru avait envahi la Hollande, abandonnée par ses alliés : le 19 janvier 1795, des barques de pêcheurs conduisirent Guillaume et sa famille en Angleterre, devenue le refuge des princes malheureux. L'exil acheva de former Guillaume; il mûrit son caractère, développa ses connaissances, et lui donna les utiles et sévères leçons de l'adversité. Pendant que son frère Frédéric, entré au service d'Autriche, mourait à Padoue, en janvier 1799, le prince Guillaume d'Orange se rendait à Berlin, dans l'espoir de voir la diplomatie prussienne intervenir dans ses intérêts auprès de la France. Il acheta quelques terres dans le grand-duché de Posen et en Silésie; puis quand son père lui eut cédé, le 29 août 1802, l'indemnité qui lui avait été attribuée en Allemagne par une décision de la députation de l'Empire, à savoir la principauté de Fulda avec Corvey, Dortmund, Weingarten et autres lieux, il vint se fixer à Fulda; et après sa mort, arrivée le 9 avril 1806, il lui succéda dans les autres domaines de la maison de Nassau. Sur son refus d'accéder à la Confédération du Rhin, Napoléon lui enleva ses droits de souveraineté sur les domaines héréditaires de la maison de Nassau, qu'il répartit entre les branches collatérales de Nassau-Tisingen et Nassau-Weilbourg et le grand-duc de Berg, Murat. Guillaume, dépouillé de ses États, prit alors du service en Prusse, et assista l'épée à la main à la chute de cette monarchie, qui, malgré ses fautes, devait se relever plus puissante. Fait prisonnier dans Erfurt, deux jours après la bataille d'Iéna, il obtint la permission de se retirer sur parole. Il se retira alors à Dantzig, puis, quand la guerre s'approcha de la Vistule, à Pillau. Omis dans les stipulations de la paix de Tilsitt, il alla en 1809 s'enrôler dans l'armée autrichienne avec le fidèle compagnon de tous ses malheurs, M. de Fagel, et assista à la bataille de Wagram. Au rétablissement de la paix, il revint encore une fois vivre dans une grande obscurité à Berlin. Quand, après la perte de la bataille de Leipzig par Napoléon, les hommes les plus influents en Hollande commencèrent à travailler à la restauration de la maison d'Orange, Guillaume se rendit en Angleterre; puis le 29 novembre 1813 il vint débarquer à Scheveningue, où il fut aussitôt accueilli avec un incomparable enthousiasme par la population, en même temps que le gouvernement provisoire, constitué dans le pays après la retraite des autorités françaises, le saluait du titre de souverain. Mais il avait soin d'annoncer hautement l'intention de fonder désormais les libertés publiques sur la base d'une constitution qui garantirait les droits de tous et donnerait satisfaction à tous les besoins. Les Français, indépendamment d'un camp retranché près d'Utrecht, occupaient encore vingt-trois places fortes dans le pays; mais l'insurrection générale des populations, secondée par les armées coalisées, eut bientôt délivré la Hollande du joug de l'étranger. Le 29 mars 1814 la loi fondamentale, dont la rédaction avait été confiée à une commission, fut acceptée, et le lendemain, jour où les alliés entraient dans Paris, eut lieu l'inauguration du souverain. Deux mois après, une convention conclue entre la France et les monarques coalisés posait le principe d'un accroissement de territoire pour la maison d'Orange. Les bases du royaume des Pays-Bas furent jetées à Londres, le 14 juin, et au commencement de l'année 1815 le congrès de Vienne en régla définitivement l'existence. Le 16 mars 1815, Guillaume prenait le titre de *roi des Pays-Bas* et de *grand-duc de Luxembourg*. Guillaume Ier résida alors alternativement à La Haye et à Bruxelles jusqu'en 1830, époque où, à la suite de la révolution qui éclata au mois de septembre dans cette dernière ville, la Belgique se sépara des Pays-Bas et fut reconnue comme puissance indépendante par les grandes puissances réunies en conférence à Londres.

Le roi Guillaume, dont la politique obstinée avait trouvé un représentant dans son ministre de la justice van Maanen et n'avait pas peu contribué à provoquer cette révolution, s'entêta pendant neuf années à lutter contre l'Europe tout entière, qui avait reconnu l'impossibilité de reconstituer jamais le royaume des Pays-Bas sur les bases de 1815; et ce ne fut que le 10 avril 1839 qu'il se décida à accéder aux dispositions prises par la conférence de Londres et à souscrire à l'indépendance de la Belgique. Les dettes énormes dont son obstination avait été l'origine pour le pays, son aversion prononcée pour les moindres réformes réclamées par l'esprit du temps, accrurent singulièrement le mécontentement public contre lui; et les défiances dont il était devenu l'objet prirent un caractère encore plus hostile lorsqu'on apprit qu'il avait l'intention d'épouser une catholique belge, la comtesse Henriette d'Oultremont. C'est dans ces circonstances que Guillaume prit le parti d'abdiquer en faveur de son fils aîné, le 7 octobre 1840; il se retira alors, sous le titre de comte de Nassau, à Berlin, où, veuf depuis 1837, il épousa la comtesse d'Oultremont, le 17 février 1841, et où il mourut, le 12 décembre 1843. On évalue à près de 200 millions de francs la fortune particulière qu'il laissait à ses enfants, et qui provenait pour la plus grande partie de l'exploitation des mines de Java et de Bornéo, ainsi que de vastes et heureuses spéculations commerciales. Ceux de ses enfants encore vivants aujourd'hui sont : le prince Frédéric des Pays-Bas, et une fille, la princesse Marianne, mariée en 1830 au prince Albert de Prusse, union qu'un divorce est venu rompre en 1849.

GUILLAUME II (FRÉDÉRIC-GEORGES-LOUIS), roi des Pays-Bas, grand-duc de Luxembourg (1840-1849), naquit le 6 décembre 1792, à La Haye, et fut élevé sous la surveillance de son père, Guillaume Ier, à l'école militaire de Berlin. Plus tard il alla terminer son éducation à Oxford. Destiné de bonne heure à l'état militaire, il fit ses premières armes dans les rangs de l'armée anglaise, et entra ensuite en 1811 au service d'Espagne, avec le grade de lieutenant-colonel. Sa bravoure et son activité lui eurent bientôt mérité l'estime du duc de Wellington, dont il fut l'un des aides de camp. Quand, en 1814, son père monta sur le trône des Pays-Bas, les Belges reconnurent avec joie que le futur héritier de la couronne réunissait une rare bonté de cœur à autant de droiture que de franchise et d'affabilité. A l'affaire des Quatre-Bras (16 juin) et à la bataille de Waterloo (18 juin 1815), le prince fit preuve tout à la fois d'intrépidité et de talent militaire, et reçut un coup de feu à l'épaule au milieu d'une attaque qu'il dirigeait à la tête de ses troupes, qu'animait son exemple. Quand il fut guéri de cette blessure, il vint retrouver les princes alliés à Paris. Dans cette capitale, il fut vivement question de son mariage avec la princesse Charlotte de Galles, qu'épousa l'année suivante le prince Léopold de Saxe-Cobourg, aujourd'hui roi des Belges; mais le prince d'Orange refusa ce brillant parti, par un noble sentiment de fierté qui ne lui permettait pas de n'être que le premier sujet d'une reine d'Angleterre; situation qui aurait eu d'ailleurs pour conséquence de subordonner complètement la politique de son pays aux intérêts de la Grande-Bretagne. Il épousa au contraire, le 21 février 1816, à Saint-Pétersbourg, la sœur de l'empereur Alexandre, *Anna Paulowna*, née le 19 janvier 1795.

En 1830, lorsque éclata la révolution de Belgique, le prince d'Orange se rendit immédiatement à Anvers; et le 1er septembre il vint à Bruxelles, où son apparition produisit une impression favorable. Mais les exigences du parti révolutionnaire croissant toujours, le prince d'Orange finit par se trouver dans une position tellement critique,

que le 16 octobre suivant, outre-passant ses pouvoirs, il crut devoir reconnaître l'indépendance de la Belgique. Le roi son père lui retira ses pouvoirs, et annula ses actes. En conséquence, le prince d'Orange se retira en Angleterre, où il a fait élever ses deux fils aînés. L'année suivante, il reprit le commandement de l'armée hollandaise qui en avril envahit la Belgique, mais qui, après une campagne de treize jours, dut rentrer dans ses cantonnements, par suite de l'intervention armée de la France. Plus tard, il conserva le commandement en chef de l'armée d'observation qui resta échelonnée le long des frontières du nouvel État. L'abdication volontaire de son père, le roi Guillaume Ier, l'appela au trône, le 7 octobre 1840; et son premier soin fut d'aviser aux moyens de remédier au délabrement des finances, tâche impossible tant qu'on ne se déciderait pas à porter hardiment la hache dans les vieux abus administratifs. Les événements provoqués en Europe par la révolution de février 1848 le convainquirent de l'inutilité des efforts qu'on tenterait pour résister plus longtemps aux exigences du temps. Ses concessions furent alors franches et larges; mais il n'eut pas le temps de voir achever la complète réorganisation administrative qu'elles avaient pour but : il mourut le 17 mars 1849, laissant le trône à son fils aîné Guillaume III.

GUILLAUME III (ALEXANDRE-PAUL-FRÉDÉRIC-LOUIS), roi des Pays-Bas aujourd'hui régnant, né le 19 février 1817, est le fils aîné du feu roi Guillaume II. Il ceignit la couronne le 17 mars 1849, dans les circonstances les plus difficiles, au moment où l'ancienne constitution du royaume venait d'être abolie et où on en discutait une nouvelle; où dès lors il était nécessaire d'opérer de profondes modifications dans toute l'organisation administrative et politique du pays. Le nouveau roi s'efforça de se concilier l'opinion en se montrant facile en matière de concessions, notamment en proposant lui-même une diminution considérable sur le chiffre de la liste civile; mais il n'y réussit complétement que lorsqu'il eut appelé aux affaires le parti libéral, et confié le portefeuille de l'intérieur à l'un de ses hommes les plus considérés, M. Thorbeke. Depuis lors il a été procédé à la réforme politique avec une sincérité qui a eu pour résultat de donner au régime parlementaire dans les Pays-Bas des développements qui feront du règne de ce prince l'une des plus remarquables époques de l'histoire néerlandaise. La retraite du ministère libéral, qui eut lieu dans l'été de 1853, par suite de l'agitation antipapiste qui se répandit alors dans le pays et à laquelle le parti réactionnaire ne manqua pas non plus de s'associer, n'a point eu d'ailleurs pour résultat un temps d'arrêt dans le développement des institutions et des idées constitutionnelles. Guillaume III a épousé, le 18 juin 1839, *Sophie*, fille du roi Guillaume de Wurtemberg, de laquelle il a deux fils : *Guillaume*, prince royal, né le 4 septembre 1840, et le prince *Alexandre*, né en 1851.

GUILLAUME Ier, roi de Wurtemberg depuis 1816, est né le 27 septembre 1781, à Luben, petite ville de Silésie, où son père, devenu plus tard roi de Wurtemberg sous le nom de Frédéric Ier, tenait garnison comme général major au service de Prusse et chef d'un régiment de dragons. Sa mère était la princesse *Auguste Caroline-Frédérique-Louise* de Brunswick-Wolfenbuttel. Le prince Paul de Wurtemberg, mort le 6 avril 1852, à Paris, après y avoir passé la plus grande partie de sa vie, était son frère cadet. Sa sœur, la princesse *Catherine*, morte en 1835, avait épousé Jérôme Bonaparte, ex-roi de Westphalie.

Des circonstances très-pénibles ont assombri les premières années de la vie de ce souverain; après avoir longtemps erré avec ses parents de Silésie en Russie, puis en Allemagne, en Suisse et sur les bords du Rhin, ce ne fut qu'en 1790 qu'il lui fut donné de se fixer en Wurtemberg. Sa mère mourut le jour même où il accomplissait sa septième année. La part que prit son père à sa première éducation ne fut rien moins que marquée au coin de la raison. Des invasions de troupes françaises interrompirent à deux reprises la continuation de l'éducation de ce prince, et même son séjour en Wurtemberg, qui n'était véritablement devenu sa patrie qu'en 1795, à l'époque où son grand-père Frédéric-Eugène était arrivé au gouvernement du duché. En 1796 et en 1799 il dut, avec les autres membres de sa famille, abandonner le sol wurtembergeois. En 1800 il alla pendant quelque temps servir comme volontaire dans l'armée autrichienne, et il se distingua à la bataille de Hohenlinden. En 1797, le prince Frédéric était devenu duc régnant de Wurtemberg. A ce moment, où le prince Guillaume, d'enfant qu'il était naguère, passait homme, son père prétendit encore exercer sur lui la puissance paternelle dans sa plus rigoureuse étendue. Le jeune prince reconnut alors que le mieux pour lui était de s'éloigner de la cour de son père, et en 1803 il entreprit en France et en Italie un voyage qui eut pour son instruction les plus heureux résultats. Ce ne fut qu'en 1806, lorsque son père prit le titre de roi, qu'il revint en Wurtemberg, où il vécut dès lors comme prince royal jusqu'en 1812, dans la retraite la plus profonde, à Stuttgard, entouré seulement d'un cercle intime d'amis distingués. Le mariage qu'il contracta, en 1808, avec la princesse *Caroline Auguste* de Bavière n'apporta aucune modification à son genre de vie. Cette union fut rompue, d'un consentement mutuel, en 1814. Quand, en 1812, Napoléon partit pour sa guerre de Russie, le prince royal dut, conformément aux désirs de son père, aller le rejoindre à la tête d'un corps de 15,000 Wurtembergois. Mais, peu de temps après son entrée sur le territoire russe, il fut forcé par une dangereuse maladie de s'arrêter à Wilna. Après la bataille de Leipzig, son père se trouva, lui aussi, obligé de passer à la coalition. La volonté des souverains alliés destinait au prince royal de Wurtemberg le commandement d'une des divisions de leur grande armée, composée de nombreux contingents wurtembergeois et de plusieurs régiments russes et autrichiens. Le prince royal fit preuve dans son commandement de véritables talents militaires. Les brillants succès qu'il obtint en maintes occasions le rendirent encore plus cher au peuple, qui plaçait en lui toutes ses espérances d'un meilleur avenir. A Paris il fit la connaissance de la grande-duchesse de Russie, *Catharina Paulowna*, veuve du duc de Holstein-Oldenburg, qu'il épousa en 1816, mais qui mourut le 9 janvier 1819, après lui avoir donné deux filles, les princesses *Marie* et *Sophie*. Ce fut peu de temps après ce second mariage que Frédéric Ier mourut inopinément, le 30 octobre 1816, et que le prince Guillaume fut appelé à lui succéder. A la suite de nombreuses délibérations, il introduisit dès 1819 la nouvelle constitution, que suivirent bientôt après les plus importantes et les plus radicales réformes administratives (*voyez* WURTEMBERG). Sous le règne de Guillaume Ier, le Wurtemberg a sous tous les rapports marché dans la voie du progrès; en maintes occasions le cabinet de Stuttgard se montra franchement opposé à la politique rétrograde et oppressive préconisée par M. de Metternich. Que si le Wurtemberg eut cruellement à souffrir de l'effervescence générale produite en Allemagne par les événements de 1848, c'est du moins à la sagesse de son roi et à sa popularité que ce pays fut redevable du prompt retour de l'ordre et de la tranquillité. En 1820 Guillaume Ier a épousé en troisièmes noces sa cousine *Pauline*, fille de son oncle le duc Louis de Wurtemberg, de laquelle il a eu deux filles et un fils, le prince royal de Wurtemberg, *Charles*, né le 6 mars 1823, marié en 1846 avec la grande-duchesse Olga, fille de l'empereur de Russie Nicolas.

GUILLAUME, duc de Brunswick. *Voyez* BRUNSWICK.

GUILLAUME (FRÉDÉRIC-GUILLAUME-CHARLES), prince de Prusse, frère du roi Frédéric-Guillaume III, troisième fils du roi Frédéric-Guillaume II, général de cavalerie, gouverneur de la forteresse fédérale de Mayence, naquit à Berlin, le 3 juillet 1783. Le 12 janvier 1804 il épousa *Amélie-Marie-Anne*, fille du landgrave Frédéric-Louis de Hesse-Hombourg, de laquelle il eut dix enfants. Entré en

1799 dans la garde, il commanda dans la guerre de 1806, avec le grade de lieutenant-colonel, une brigade de cavalerie, et se distingua particulièrement à la bataille d'Auerstædt, par une brillante charge sur l'infanterie française. En décembre 1807 il vint à Paris solliciter du vainqueur quelques adoucissements aux dures conditions qu'il avait imposées à la Prusse, mais ne réussit qu'à obtenir de lui la réduction de la contribution de guerre à 140 millions, au lieu de 154 millions 500,000 francs. A la fin de 1808 le prince Guillaume accompagna à Saint-Pétersbourg le roi et la reine de Prusse. Dans la campagne de 1813, il fit partie du quartier général de Blücher; à la bataille de Lutzen (2 mai), il commandait à l'aile gauche de l'armée la réserve de la cavalerie, et enfonça un carré ennemi à la tête de ses cuirassiers. Il ne prit pas une part moins glorieuse aux affaires qui signalèrent plus tard la campagne de Silésie. A la journée de Leipzig, ce fut lui qui, en facilitant la jonction à Breitenfeld des corps de Blücher et du prince royal de Suède, amena la coopération de l'armée du Nord à cette décisive bataille. Plus tard il fut chargé du commandement de la huitième brigade du premier corps d'armée aux ordres du général Yorck, et lui fit franchir le Rhin. Le 30 mars 1814, il prit part à l'attaque des villages de La Villette et de La Chapelle, qui eut pour résultat de rendre les Prussiens et les Russes maîtres des hauteurs de Belleville et de Montmartre. Dans la campagne de 1815, ce fut lui qui, à la bataille de la Belle-Alliance, commanda la cavalerie de réserve du 4e corps; et dans la nuit il prit part à la poursuite de l'ennemi. Il marcha ensuite à l'avant-garde sur Paris. Après la seconde paix de Paris, le prince Guillaume de Prusse vécut alternativement à Berlin et au château de Fischbach, en Silésie. C'est là qu'il se trouvait quand éclata la révolution de Juillet. La situation critique dans laquelle cet événement plaça aussitôt les provinces rhénanes engagea le roi de Prusse à lui en confier le commandement général, et il vint alors habiter Cologne pendant une année. En mars 1834 il fut nommé gouverneur de la forteresse fédérale de Mayence, fonctions qu'il avait déjà exercées de 1824 à 1829. Mais quand la mort lui eut enlevé sa femme, il ne quitta presque plus son domaine de Fischbach. C'est là qu'il est mort, le 28 septembre 1851. Ceux de ses dix enfants qui lui ont survécu sont les princes *Adalbert* et *Waldemar* de Prusse; et les princesses *Élisabeth* (née en 1815, mariée en 1836, au prince Charles-Guillaume de Hesse); et *Marie*, née en 1825, aujourd'hui reine de Bavière.

GUILLAUME (Frédéric-Louis), prince de Prusse, second fils du roi Frédéric-Guillaume III, mort en 1840, et frère du roi Frédéric-Guillaume IV, aujourd'hui régnant, désigné plus généralement, en sa qualité d'héritier présomptif de la couronne, sous le nom de *Prince de Prusse*, est né le 22 mars 1797, et prit part aux campagnes de 1813 et de 1814. Promu à de hautes charges militaires et politiques depuis l'avénement de son frère au trône, nommé alors gouverneur de Poméranie et appelé à faire partie de la première diète convoquée en Prusse, il prit depuis lors constamment une part importante à la politique. La prédilection qu'en toute occasion il manifestait pour l'état militaire et tout ce qui s'y rattache le fit bien à tort considérer par beaucoup de gens comme l'un des principaux soutiens de l'absolutisme; et dans les sanglantes journées de mars 1848 ce préjugé provoqua dans les masses une violente irritation contre lui. Les choses en vinrent à ce point qu'il crut prudent alors de s'éloigner de Prusse; et pour donner aux passions le temps de se calmer, il se rendit en Angleterre. Mais le ministère Camphausen travailla à faciliter et à opérer son retour à Berlin, qui eut lieu effectivement dès le mois de juin.

Élu député à l'assemblée nationale, il accepta ce mandat, mais sans venir siéger. Quand, au printemps de 1849, la Prusse réunit une armée pour aller réprimer la révolution au sud de l'Allemagne, c'est au prince Guillaume qu'on en confia le commandement. Quelques semaines lui suffirent pour en finir avec le mouvement insurrectionnel du Palatinat et du grand-duché de Bade; et partout ses procédés loyaux, sa conduite modérée, lui concilièrent tous les esprits. Nommé au mois d'octobre 1849 gouverneur militaire de la Westphalie et de la province du Rhin, il alla s'établir à Coblentz. En 1854 il a été nommé colonel général de l'infanterie prussienne et gouverneur de la forteresse fédérale de Mayence. On peut dire qu'autant l'opinion lui était autrefois hostile, parce qu'on le considérait comme hostile aux idées de progrès et de liberté, autant elle lui a fait complétement retour depuis que des faits et des actes ont prouvé qu'il était l'ennemi de tous les partis extrêmes, et qu'il était avant tout jaloux de la grandeur et de la prospérité de la Prusse. Une circonstance qui a tout récemment accru encore sa popularité, c'est l'improbation donnée hautement par ce prince à l'attitude prise par le gouvernement prussien vis-à-vis de l'Angleterre et de la France à propos de la question d'Orient. On sait en effet que le prince de Prusse partage l'opinion de ceux qui pensent que la Prusse doit profiter de la circonstance qui s'offre à elle aujourd'hui pour prouver à la Russie qu'elle n'est point sa vassale, et faire cause commune avec les puissances continentales. Le prince Guillaume de Prusse est grand-maître de toutes les loges de francs-maçons qui existent dans le royaume. Il est marié depuis 1829, avec *Marie-Louise-Auguste*, princesse de Saxe-Weimar, de laquelle il a deux enfants : le prince *Frédéric-Guillaume-Nicolas-Charles*, né le 18 octobre 1831, et la princesse *Louise-Marie-Élisabeth*, née le 3 décembre 1838.

GUILLAUME IX, *duc d'Aquitaine*, comte de Poitiers, le plus ancien des troubadours connus, naquit le 22 octobre 1072, et succéda, en l'an 1088, à son père Guillaume VIII. En l'an 1101, il se croisa. Parti avec une armée de 300,000 hommes, disent les chroniqueurs du moyen âge, à qui des zéros de plus ou de moins importent peu, il fut à peine arrivé en Asie, que l'anéantissement complet de son armée, résultat des maladies, de la famine et de la misère, le réduisit à s'enfuir à Antioche, où Tancrède lui fournit les moyens de revenir en France. Sa croisade ayant si mal tourné, on ne saurait s'étonner que le duc d'Aquitaine en ait peu profité pour faire pénitence et s'amender. Tout au moins, les utiles impressions qu'il en reçut s'effacèrent elles à la longue. C'est ainsi qu'en 1115, devenu veuf de Mathilde, fille du comte de Toulouse, il se livra au plaisir et à la galanterie, dépouillant souvent des monastères pour enrichir des femmes ou des courtisans, ne se remariant que pour abandonner sa seconde femme et enlever celle du vicomte de Châtellerault. Ce scandale le fit excommunier par l'évêque de Poitiers, qu'il punit en le chassant de son siége. Cité par Calixte II à comparaître, en 1119, devant le concile de Reims, pour y rendre compte de ses actes de violence et d'usurpation à l'égard des biens de l'Église, il n'eut garde d'obéir, et mourut, comme un mécréant, dans l'impénitence finale, le 10 février 1126. Il laissait un fils, du même nom que lui, qui ne se montra guère plus sage, et dont le règne de dix années (1127-1137) fut continuellement troublé par des guerres, tantôt avec Louis le Gros, tantôt avec les Normands.

Guillaume IX devra bien moins de vivre dans l'histoire à sa croisade, à ses démêlés avec son évêque et avec le pape, ou encore à ses scandaleuses amours, qu'à quelques pièces de vers qu'il composa dans ses bons moments, et où l'on remarque, suivant l'abbé Millot, une facilité, une élégance, une harmonie qui sembleraient ne devoir appartenir qu'à une époque plus avancée. Hauteserre en a publié deux dans les *Res Aquitanicæ*. On est autorisé à supposer que c'est dans l'une d'elles qu'on pourrait intituler : *le Muet par amour*, que Boccace a puisé l'idée première de son conte de Mazet de Lamporecchio, que La Fontaine, plus tard, a fait sien. On remarque encore dans les pièces de vers de Guillaume d'Aquitaine, conservées, au nombre de neuf, à la Bibliothèque impériale, et dont quelques-unes ont été publiées par Dreux du Radier dans la *Bibliothèque du Poitou*, une boutade ou chanson sur un chat qui l'avait égratigné. Orderic Vital raconte qu'au retour de sa croisade, il avait rimé les tristes aventures de son expédition, et qu'il allait les chanter sur des airs badins devant les rois, les grands seigneurs, et dans les assemblées chrétiennes.

GUILLAUME, dit le *Dauphin d'Auvergne*, haut baron et troubadour distingué du douzième siècle, se rendit célèbre par ses querelles poétiques et sanglantes avec le roi Richard Cœur de Lion, par ses qualités chevaleresques, et par le double penchant qui l'entraîna tour à tour à une grande prodigalité et à la plus extrême avarice. Il était fils de Guillaume VII, comte d'Auvergne, et de Béatrix, de la maison de Guigues en Dauphiné. Il fut le premier qui, par suite de ce mariage, porta dans sa famille le nom de *Dauphin*, qu'il transmit à ses successeurs. S'il faut en croire nos manuscrits romans, ce jeune seigneur était un des plus courtois, des plus magnifiques et des plus vaillants chevaliers de son époque; supérieur à la fois en armes, en amour et en poésie, nul ne sut mieux composer sirventes, couplets et tensons. Émule et protecteur des troubadours, il les attirait auprès de lui, et les comblait de présents et d'honneurs. Il paraîtrait toutefois qu'après avoir perdu par ses largesses plus de la moitié de ses biens, il en recouvra, et sut en amasser ensuite davantage par son adresse et par son avarice. Il nous reste quelques couplets satiriques du Dauphin d'Auvergne, contre Robert, évêque de Clermont, son parent, contre Pellissier, bailli de la vicomte de Turenne, de plus cinq sirventes, dont les deux meilleurs ont été imprimés par Raynouard, dans le *Choix des Poésies originales des Troubadours*. Le plus remarquable est celui qu'il écrivit à Richard, roi d'Angleterre, qui, à peine sorti des prisons où l'empereur Henri VI l'avait déloyalement retenu dix-huit mois au retour de la croisade, avait songé à se venger des perfidies de Philippe-Auguste, et imploré, pour y parvenir, l'aide du Dauphin d'Auvergne; mais il n'avait pas tardé à conclure une trêve avec son royal adversaire, livrant ainsi son imprudent allié à une terrible vengeance. Ce morceau historique, empreint d'une simplicité un peu grossière, n'en peint pas moins les mœurs du temps.

PELLISSIER.

GUILLAUME DE POITIERS, l'un de nos anciens chroniqueurs les plus remarquables et que ses contemporains comparaient à Salluste, à cause de l'énergie et de la précision de son style, naquit, vers l'an 1020, à Préaux, près de Pont-Audemer, et étudia à la célèbre école de Poitiers, où il acquit une connaissance assez approfondie des écrivains de l'antiquité classique. Après avoir d'abord été militaire, il embrassa la carrière ecclésiastique, devint chapelain du duc Guillaume, depuis roi d'Angleterre, et mourut archidiacre de Lisieux, vers la fin du onzième siècle. Il est certain qu'il survécut à Guillaume le Bâtard, dont il a écrit les faits et gestes avec la partialité d'un admirateur enthousiaste, caractère qui n'empêche pas son récit d'abonder en détails curieux sur la conquête de l'Angleterre. Son récit commence en 1035 et finit en 1070. Il offre donc une lacune de dix-sept années dans la vie du conquérant.

GUILLAUME DE CHAMPEAUX, un des philosophes les plus célèbres du onzième et du douzième siècle, naquit à Champeaux, près de Melun, dans la Brie, d'une famille de laboureurs. Il étudia à Paris sous Anselme de Laon, et, devenu archidiacre et scolastique de cette ville, il y enseigna lui-même. Les écoles formées par le maître et par le disciple sont généralement regardées comme l'origine de l'université de Paris. Plusieurs hommes devenus célèbres dans la suite suivirent ses leçons. Nous ne citerons que Robert de Béthune et le fameux Abélard, qui devint plus tard son rival et son adversaire. La question qui fut controversée entre ce dernier et son maître se rattache à la querelle célèbre en philosophie des réalistes et des nominaux.

A la suite des désavantages qu'il eut dans cette controverse, Guillaume, dégoûté du monde, se retira dans un des faubourgs de Paris, et posa, en 1108, les fondements de la célèbre abbaye de Saint-Victor, où plus tard, sur les instances d'Hildebert du Mans, et contre son propre désir, il recommença à enseigner; il faisait gratuitement ses leçons à tous ceux qui se présentaient. En 1113, après avoir trois fois refusé de se charger d'un si pesant fardeau, il fut contraint d'accepter le siége épiscopal de Châlons-sur-Marne, et laissa la conduite de l'abbaye naissante à Hilduin, le plus illustre de ses disciples. Ce fut lui qui donna, en 1115, la bénédiction abbatiale à saint Bernard pendant la vacance du siége de Langres, et une liaison étroite se forma dès lors entre les deux prélats. Il assista aux conciles de Reims et à celui de Châlons-sur-Marne en 1115, de Reims en 1119, de Beauvais en 1120. Il mourut le 18 ou le 25 janvier 1121. On croit, sans en être certain, qu'il avait pris l'habit de Clairvaux en 1119, et qu'il fut enterré dans cette abbaye. Il composa plusieurs traités en faveur de la doctrine des réalistes et quelques opuscules de théologie. De tous ses ouvrages, le plus considérable est celui des *Sentences*, et le seul imprimé est un petit *Traité de l'Origine de l'Ame*, publié par D. Martenne dans son *Trésor d'anecdotes*.

H. BOUCHITTÉ.

GUILLAUME DE JUMIÉGES, l'un des plus curieux historiens du onzième siècle, est l'auteur d'un ouvrage intitulé : *Historiæ Normannorum libri VIII*, publié pour la première fois par Camden, dans les *Angliæ Scriptores*, dont M. Guizot a donné une traduction dans sa collection de mémoires relatifs à l'histoire de France. Le récit de ce chroniqueur abonde en détails pleins de vie et de vérité sur les mœurs nationales et les caractères individuels des Normands. Guillaume de Jumiéges naquit, à ce que l'on croit, en Normandie, et prit l'habit de Saint-Benoît à l'abbaye de Jumiéges. On ignore l'époque précise de sa naissance et de sa mort. Orderic Vital en parle, à plusieurs reprises, avec la plus haute estime.

GUILLAUME DE MALLEVAL. *Voyez* GUILLELMITES.

GUILLAUME DE TYR. Ce prince des historiens des croisades naquit en Syrie, si on l'en croit, et à Jérusalem, si l'on s'en rapporte à son continuateur, Étienne de Lusignan. Ce dernier, dans son *Histoire de Chypre*, fait même de lui un parent des rois de Palestine. D'après les propres renseignements de Guillaume lui-même, nous voyons qu'il était encore enfant en 1140, et qu'en 1162, au moment du divorce du roi de Jérusalem Amaury et d'Agnès d'Édesse, il étudiait les lettres en Occident, probablement à Paris. De retour dans sa patrie, il gagna si bien par son savoir et ses talents la confiance de ce monarque, que celui-ci le chargea de l'éducation de son fils Baudouin. En 1167 il le nomma archidiacre de la métropole de Tyr, et peu de temps ensuite il lui confia auprès de l'empereur de Constantinople, Manuel Comnène, une mission dont il s'acquitta avec bonheur. Des mésintelligences graves qui survinrent entre lui et son métropolitain de Tyr l'engagèrent à se rendre à Rome. A son retour en Palestine, il fut fait chancelier du palais. En 1174, l'archevêché de Tyr étant venu à vaquer, il l'obtint et fut sacré par le patriarche de Jérusalem, dans l'église du Saint-Sépulcre. En 1177 il alla de nouveau à Rome, mais cette fois pour assister au concile de Latran, dont il écrivit l'histoire, à la demande des Pères eux-mêmes, ouvrage qu'il avait déposé, nous apprend-il, dans les archives de son église de Tyr et qui est perdu. Il revint de Rome par Constantinople, et profita du séjour de sept mois qu'il fit dans cette capitale pour obtenir de l'empereur Manuel différents avantages en faveur de son église. On ignore ce qu'il devint après l'an 1183, année où s'arrête son récit. C'est à tort qu'on le représente dans quelques ouvrages comme mort à Rome, empoisonné par ordre d'Héraclius, patriarche de Jérusalem, qui avait vainement tenté de le soumettre à son autorité et contre les prétentions duquel il serait venu demander au saint-siége un appui, qu'il allait, dit-on, obtenir. Ce fait n'est rien moins que prouvé : il se serait passé en 1184; et en 1187 Guillaume de Tyr prêchait la croisade aux rois de

France et d'Angleterre. Ce qu'il y a de certain, c'est qu'il n'existait plus en 1193 ; car à cette époque nous trouvons le siége de Tyr occupé par un archevêque d'un autre nom. Son ouvrage capital est intitulé : *Historia rerum in partibus transmarinis gestarum a tempore successorum Mahometis usque ad annum Domini* 1184. Il est divisé en vingt-trois livres, dont les quinze premiers vont jusqu'en 1142. Les huit autres sont consacrés au récit des faits dont Guillaume de Tyr fut témoin, et auxquels il prit une part assez importante. Il avait aussi écrit, à la demande d'Amaury, une *Histoire des Arabes*, depuis la venue de Mahomet jusqu'à l'année 1184 ; le manuscrit n'en a pas été retrouvé.

GUILLAUME LE BRETON, célèbre poëte et historien, surnommé *Armoricus*, ou *Brito-Armoricus*, né en l'année 1165, dans le diocèse de Léon, en Bretagne, mort, avec le titre de chanoine de Senlis, vers 1230, remplit longtemps les fonctions de conseiller intime auprès de Philippe-Auguste, dont il avait d'abord été chapelain. Ce prince l'envoya, à diverses reprises, à Rome pour y négocier l'annulation de son mariage avec Ingelburge, et lui confia plus tard l'éducation de son fils naturel Pierre Charlet. Guillaume était auprès de lui à la bataille de Bouvines. Témoin des hauts faits de cette immortelle journée, il entreprit de les célébrer dans un poëme intitulé *la Philippide*, qui, dans ses douze livres, ne contient pas moins de 9,000 vers, et qui comprend l'ensemble des quarante-trois années du règne de Philippe-Auguste. « Ce poëme, dit M. Guizot, sort de la sécheresse d'une narration pure. Si le poëte ne peint pas, du moins il décrit ; les mœurs des peuples, la situation des lieux, la forme des armes et des machines, les phénomènes de la nature, entrent dans sa composition, et y font passer quelque chose du mouvement intellectuel qui commençait à se produire en France. » On lui doit aussi une histoire en prose latine des *Gestes de Philippe-Auguste*.

GUILLAUME DE CHARTRES, né vers 1210, mort vers 1280, fut chapelain de saint Louis, qu'il suivit deux fois à la croisade, et dont il partagea la captivité. Il s'était fait dominicain dans l'intervalle de ses voyages. Il a écrit une suite à la vie du saint roi composée par Geoffroy Beaulieu, dans laquelle on ne trouve guère que des particularités relatives aux vertus du pieux monarque. Elle est intitulée : *De Vita et Actibus inclytæ recordationis regis Francorum Ludovici, et de miraculis quæ ad ejus sanctitatis declarationem contigerunt*, et se trouve dans divers recueils, notamment dans ceux des Bollandistes et des historiens de France. On a aussi de lui trois sermons demeurés manuscrits, et la vérité nous oblige d'ajouter qu'ils ne méritent guère d'être publiés.

GUILLAUME DE LORRIS naquit à Lorris, près de Montargis. Les particularités de sa vie, comme la date de sa naissance, sont inconnues. Fauchet pense qu'il étudia la jurisprudence : on croit qu'il mourut vers l'an 1240 ; du moins telle est l'opinion du savant Raynouard. On lui doit les 4,150 premiers vers du célèbre *Roman de la Rose*, que Jehan de Meung, dit *Clopinel*, continua en 1280.

GUILLAUME DE NANGIS, historien du treizième siècle et moine bénédictin de l'abbaye de Saint-Denis, est auteur de trois ouvrages d'une haute importance pour notre histoire nationale, à savoir : d'une *Vie de saint Louis* et de *Vies de ses frères, Philippe le Hardi et Robert*, dédiées à Philippe le Bel, ainsi que d'une chronique qui remonte jusqu'à l'origine du monde, en s'appuyant sur les chroniques précédentes, dont elle reproduit presque textuellement le récit, notamment sur celle de Sigebert de Gembloux, mais qui devient originale à partir de l'an 1113, pour s'arrêter en 1301. Peu de chroniques sont écrites avec autant de judicieuse critique, et présentent les faits sous un jour aussi propre à intéresser le lecteur aux souffrances du peuple. Elle a été continuée par plusieurs écrivains. M. Guizot en a donné une traduction dans sa collection de *Mémoires sur l'histoire de France*.

GUILLAUME DE NORMANDIE, trouvère anglo-normand, contemporain de Jean sans Terre, de Philippe Auguste, et de saint Louis, est auteur *du Besant de Dieu*, poëme dans lequel les rois, les princes et les prêtres sont fort malmenés, ainsi que d'un grand poëme intitulé : *Li Bestiaire divins*, espèce de zoologie appliquée à la religion. Ce livre est surtout curieux à cause des renseignements que l'on y trouve sur les croyances du peuple en histoire naturelle à l'époque où le poëte rimait. C'est ainsi qu'il décrit, entre autres animaux, le phénix et les syrènes. Dans un autre poëme, il raconte les aventures de *Frégus*, héros dont le nom ne se rencontre nulle part ailleurs, et qui appartient au cycle d'Arthur. Il est encore auteur de deux fabliaux : *La male Route*, imbroglio peu compréhensible, et *Le Prêtre et Alison*, conte fort licencieux. On ne connaît de Guillaume de Normandie que son prénom et sa qualité de *clerc de Normandie*.

GUILLAUME (Gros). *Voyez* Gros-Guillaume.

GUILLAUME (Monsieur). Ce dansomane, dont la célébrité est bien passée de mode, était, sous le règne de M. Léon Pillet, directeur de l'Académie *royale* de Musique par la grâce de M. Thiers, et encore sous le règne de M. Duponchel son successeur, un vieux garçon, amateur tellement passionné de la chorégraphie, des jetés battus et des pirouettes, qu'en dépit de cinquante bonnes mille livres de rente, gagnées Dieu sait où, il s'était mis *maître à danser* et tenait école publique, disons mieux, *académie de danse*, à l'usage de l'un et de l'autre sexe. Sa prétention était de former des Taglioni, des Elssler, des Carlotta Grisi, des Vestris, de les élever à la brochette et d'en avoir toujours au moins une paire de rechange à la disposition des grandes scènes de l'Europe qui lui feraient l'honneur de le charger de recruter leur corps de ballet. L'école chorégraphique de *monsieur* Guillaume devint peu à peu un sanctuaire duquel les initiés n'approchaient qu'avec componction et après de minutieuses formalités, destinées à tenir à respectueuse distance les profanes, qui n'en grillaient que plus démesurément d'envie de forcer la consigne. *Monsieur* Guillaume fut à un moment donné tellement le lion du jour, que l'opinion publique, toujours si prompte à s'alarmer quand on essaye de lui dicter des choix ou de lui imposer des réputations, ne trouva rien à objecter quand on vint un beau matin lui apprendre qu'il allait passer officiellement directeur de l'Académie *royale*, à laquelle il faisait *royalement* don de ses cinquante mille francs de rente pour payer sa bien-venue. Ce que c'est pourtant que de savoir mourir et surtout tester à propos ! S'il eût fait à ce moment ce sacrifice, *monsieur* Guillaume vivrait encore tout au moins dans la mémoire des artistes reconnaissants, tandis que nul peut-être ne nous saura gré de lui avoir consciencieusement assuré ici la bien faible part d'immortalité que notre ami Eugène Briffaut, en nous décrivant les soirées de l'hôtel Castellane, s'était engagé à lui accorder pour prix des services qu'il rendait journellement à l'art de la danse ainsi qu'à l'éducation des bayadères chargées d'en transmettre les vrais principes à nos arrière-neveux et nièces.

GUILLAUME (Ordre militaire de). Cet ordre de chevalerie fut créé en avril 1815, par le roi des Pays-Bas, Guillaume Ier, pour récompenser les services rendus à l'État. Il est divisé en grands-croix, en commandeurs et chevaliers de première et seconde classe. Les croix de chevalier de seconde classe sont réservées aux sous-officiers et soldats, auxquels elles valent une haute paye. La décoration que les titulaires portent suspendue à un ruban orange, liseré de bleu, consiste en une croix d'or (et d'argent seulement pour les chevaliers de la seconde classe), à huit pointes, émaillée de blanc, surmontée de la couronne royale, avec ces mots hollandais pour devise : *Voor moed, beleid, trouw* (pour la bravoure, le talent, la fidélité).

GUILLAUME DE VAUDONCOURT. *Voyez* Vaudoncourt.

GUILLAUME TELL. *Voyez* Tell.

GUILLELMITES ou GUILLELMINS, ordre de religieux, fondé en 1153, par un gentilhomme français appelé

Guillaume de Malleval, canonisé par la suite. On rapporte qu'après avoir embrassé le parti des armes et vécu dans la dissipation, Guillaume, décidé à changer de vie, entreprit un voyage à Rome, puis un pèlerinage à Jérusalem, et qu'à son retour en Europe, en 1153, il alla se fixer dans une vallée déserte du territoire de Sienne, appelée alors l'*Étable de Rhodes*, où vinrent se grouper peu à peu autour de lui quelques fidèles, désireux de partager ses austérités et ses pénitences pour s'assurer avec lui le royaume éternel. C'est là qu'il mourut, quatre ans après, le 10 février 1157. Le pape Alexandre approuva, en 1256, les statuts de l'ordre des Guillelmites, ou Guillelmins, qui se répandit en Allemagne, en Flandre, en Italie, et surtout en France. Ce fut de leur couvent des Machabées, à Montrouge, qu'ils vinrent, à la fin du treizième siècle, s'établir à Paris, dans l'ancienne maison des Servites, nommés *Blancs-Manteaux*. Ils n'avaient plus de cloîtres en France longtemps avant la révolution de 1789; mais c'était dans leur monastère de Bourges qu'avait pris naissance, en 1594, la réforme des Petits-Augustins. Quant à leurs propres statuts, ils différaient peu de ceux des Bénédictins.

GUILLEMINOT (Armand-Charles, comte), lieutenant général et pair de France, né le 2 mai 1774, à Dunkerque, combattit d'abord dans les rangs des Brabançons soulevés contre l'Autriche, et entra ensuite au service de France. Promu au grade de sous-lieutenant, il fit la campagne de 1792 à l'armée du nord. La défection de Dumouriez, à l'état-major duquel il était attaché, eut pour résultat son arrestation; cependant, il ne tarda pas à être employé dans son grade à l'armée de Pichegru. Envoyé ensuite, avec le grade de capitaine, à l'armée d'Italie, il y fit la connaissance de Moreau, qui se l'attacha en qualité d'aide de camp; et il remplit auprès de lui ces fonctions, notamment pendant les campagnes du Rhin. Quand éclata la conspiration de Georges Cadoudal, ses relations avec Pichegru et Moreau portèrent ombrage à Bonaparte, qui pendant plus d'une année le laissa en traitement de réforme. Mais ses rares connaissances topographiques furent cause qu'on se décida à lui rendre son emploi lors de la campagne de 1805, pendant laquelle il fut attaché au grand quartier général; en 1806 on le promut au grade d'adjudant commandant; en 1808 il passa de l'état-major de Berthier à celui de Bessières, chargé d'un commandement en Espagne. La manière brillante dont il se comporta à l'affaire de Médina del Rio Secco, lui valut sa nomination au grade de général de brigade. Après avoir été employé dans ce grade à l'armée d'Italie en 1809, il revint en Espagne en 1810. Pendant la campagne de Russie en 1812, il fut d'abord attaché au grand quartier général; mais pendant la retraite il fit partie de l'état-major du prince Eugène. En 1813 il fut chargé du commandement d'une brigade du quatrième corps d'armée. Il se comporta d'une manière brillante aux affaires de Lutzen et de Bautzen, battit le 5 septembre le général Dobschutz à Zahme, et repoussa le 28 l'attaque des Suédois contre Dessau, faits d'armes que Napoléon récompensa par le grade de général de division. En cette qualité, il contribua beaucoup à sauver à Hanau les débris de l'armée française. Au retour de Napoléon de l'île d'Elbe, le gouvernement royal le nomma chef de l'état-major de l'armée réunie sous les ordres du duc de Berry, pour marcher contre l'empereur. Après la bataille de Waterloo, il remplit les mêmes fonctions dans l'armée réunie sous les murs de Paris aux ordres du prince d'Eckmühl. Désigné pour la délicate mission de commissaire du gouvernement provisoire chargé de traiter avec les généraux étrangers, il se rendit à Saint-Cloud, auprès de Blücher, accompagné de Bignon et de Bondy, et signa la suspension d'armes du 3 juillet. Plus tard il suivit l'armée sur les bords de la Loire.

Après avoir été chargé en 1816 d'opérer la démarcation de la frontière de France sur les rives du Rhin, il réorganisa le *dépôt de la guerre*, et en fut nommé directeur général. En cette qualité, il eut mission de dresser le plan de la campagne d'Espagne de 1823, et suivit, comme major général, l'armée qui envahit ce pays sous les ordres du duc d'Angoulême, profitant de sa position pour combattre, autant qu'il dépendait de lui, le parti absolutiste, aux intrigues duquel il se trouva dès lors en butte. On voulait le forcer à quitter l'armée; mais le duc d'Angoulême, bien inspiré, tint bon, et le conserva auprès de lui. C'est lui qui inspira au prince la célèbre *ordonnance d'Andujar*. A la fin de la campagne, la dignité de pair et l'ambassade de Constantinople furent la récompense des services qu'il avait rendus, et un adoucissement à l'espèce de disgrâce où l'avait fait tomber le libéralisme dont avaient été empreints quelques-uns de ses actes officiels pendant l'expédition d'Espagne. Dans sa nouvelle position, il exerça une influence notable sur les importantes réformes militaires et politiques commencées vers ce temps-là par le sultan Mahmoud II. En 1826 il revint en France, pour figurer dans le procès intenté à Ouvrard, à l'occasion des marchés passés à Bayonne, en 1823, pour l'approvisionnement de l'armée expéditionnaire. Il fut acquitté, et se justifia complétement, en outre, dans un Mémoire intitulé : *Campagne de 1823, exposé sommaire des mesures administratives adoptées pour l'exécution de cette campagne* (Paris, 1826). De retour à son poste d'ambassadeur auprès de la Porte, il s'employa avec autant de zèle que d'efficacité pour faire déclarer la Grèce État indépendant.

Lorsque après la révolution de 1830 une mésintelligence grave éclata entre les cabinets de Paris et de Saint-Pétersbourg, Guilleminot s'efforça, en mars 1831, de gagner la Porte à une politique hostile à la Russie et à ses intérêts. Plus tard, le parti de la paix l'ayant décidément emporté dans les conseils de Louis-Philippe, le général fut rappelé, sous le prétexte qu'il avait outre-passé ses pouvoirs. Il revint alors à Paris, et déclara à la tribune de la chambre des pairs qu'il était prêt à prouver par des pièces officielles qu'il n'avait agi que dans le sens de ses instructions. Le ministre des affaires étrangères Sébastiani combattit la proposition, et l'affaire dut en rester là. Depuis lors Guilleminot, tombé en disgrâce, vécut à Paris en disponibilité. En 1839 il fut nommé président de la commission chargée d'établir la démarcation de nos frontières de l'est, et membre de la nouvelle commission de défense du royaume. Il remplissait ces deux missions lorsqu'il mourut, le 14 mars 1840, à Bade, des suites d'une inflammation de poitrine.

GUILLEN DE CASTRO. *Voyez* Castro (Guilhen de).

GUILLERIS ou GUILLERYS. *Voyez* Compagnies (Grandes).

GUILLOCHIS, GUILLOCHER. On entend par *guillochis* des ornements d'un genre particulier faits sur des plaques, des tabatières, des boutons, etc., en traits de différentes formes entrelacés les uns dans les autres et qu'on exécute au moyen d'un tour particulier, dit *tour à guillocher*.

GUILLON (Marie-Nicolas-Sylvestre), mort en 1847, évêque de Maroc *in partibus infidelium*, était né à Paris, le 1er janvier 1760. Au collége Louis-le-Grand, où il fit une partie de ses études, il eut pour condisciples Robespierre et le cardinal de Cheverus. En même temps qu'il entrait dans les ordres sacrés, le jeune abbé Guillon obtenait le titre de professeur agrégé à l'université de Paris; et en 1788 il se faisait avantageusement connaître dans les lettres par la publication d'un ouvrage intitulé : *Mélanges de Littérature orientale*, et dédié à l'auteur des *Voyages d'Anacharsis*. Peu de temps auparavant, la princesse de Lamballe, témoin des premiers succès qu'il avait obtenus dans la chaire sacrée, l'avait attaché à sa maison en qualité de lecteur et de bibliothécaire, et plus tard elle le nomma son aumônier, fonctions qu'il conserva jusqu'aux néfastes journées des 2 et 3 septembre 1792. Pendant la tourmente révolutionnaire, l'abbé Guillon resta caché sous le nom de *Postel*, qui était celui de sa mère, à Sceaux près Paris, où il exerça la médecine, non sans quelque succès; fait qui prouve la vaste étendue de ses études premières. Un mémoire sur les maladies nerveuses, qu'il inséra en 1801 dans le *Journal encyclopédique*, témoigne des travaux sérieux auxquels il se livra dans cette nouvelle carrière, considérée par lui avec raison comme un autre sacerdoce.

Une fois la terreur passée, l'abbé Guillon rentra dans les rangs de l'Église militante, et reprit la guerre active que dès 1791 il avait déclarée à la constitution civile du clergé, dont il fut constamment l'implacable adversaire; ce qui ne l'empêcha pas cependant, au grand scandale du clergé placé sous la férule de l'ultramontain de Quélen, qui censura publiquement sa conduite, d'accorder à ses derniers moments les secours de l'Église à l'abbé Grégoire, mort dans l'impénitence finale à l'endroit de cette fameuse constitution. Un mémoire de l'abbé Guillon, intitulé : *Parallèle des révolutions sous le rapport des hérésies qui ont désolé l'Église*, inséré dans le quatrième volume d'une collection qu'il avait entreprise de tous les écrits, soit critiques, soit apologétiques, provoqués par la constitution civile, produisit une vive sensation, et fut plusieurs fois réimprimé depuis. Sous le consulat, il fut attaché comme auditeur théologien à l'ambassade du cardinal Fesch à Rome. Revenu à Paris en 1804, il commença par se livrer aux travaux de la prédication; puis il rentra dans l'instruction publique, et lors de la création de l'université impériale, fut nommé, par Fontanes, professeur de rhétorique au lycée Bonaparte. Quand une faculté de théologie fut ajoutée, en 1810, aux facultés des lettres, des sciences, de médecine et de droit que possédait déjà l'académie de Paris, l'abbé Guillon y obtint la chaire d'éloquence sacrée.

Sous la Restauration, il devint, en 1826, aumônier de Mme la duchesse d'Orléans, qui lui confia l'éducation religieuse de ses nombreux enfants. Ses relations avec le Palais-Royal et ses opinions franchement gallicanes le mirent en mauvaise odeur dans le clergé de cette époque, et les efforts tentés par Louis-Philippe, lorsqu'il eut été appelé au trône, pour faire accepter par le saint-siége le directeur de la conscience de sa femme, Marie-Amélie, comme évêque de Cambrai d'abord, puis de Beauvais, échouèrent contre les sourdes intrigues que firent jouer à Rome les rancunes implacables des ultramontains. Force fut donc à Louis-Philippe, qui tenait absolument à faire de son protégé un évêque, de se contenter pour lui, en 1833, du titre d'évêque de Maroc.

Polygraphe distingué et infatigable, l'abbé Guillon commença, en 1822, une *Bibliothèque choisie des Pères de l'Eglise* (26 vol. in-8°), qui est un beau monument élevé à la gloire de la religion et des lettres. Il combattit avec les armes du bon sens et de l'érudition les monstrueuses doctrines de l'abbé de Lamennais dans un ouvrage intitulé : *Histoire de la nouvelle Hérésie du dix neuvième siècle, ou réfutation complète des ouvrages de M. de Lamennais* (3 vol. in-8°, 1835). On a aussi de lui : *Promenade savante au jardin des Tuileries, ou description de ses monuments* (1779); *Du respect dû aux tombeaux, et de l'indécence des inhumations actuelles* (an VIII); *La Fontaine et tous les fabulistes, ou commentaire critique, historique et littéraire* (2 vol., 1803); *Modèles d'Éloquence chrétienne* (2 vol., 1837); *Œuvres complètes de saint Cyprien*, trad. nouv. (2 vol.); *Oraison funèbre de la princesse Marie* (1839), etc.

GUILLOT-GORGU (BERTRAND HARDOUIN ou HAUDOUIN DE SAINT-JACQUES, *dit*), célèbre farceur qui succéda à Gautier-Garguille. Selon Guy-Patin, il avait été doyen d'une faculté de médecine. Il est du moins certain qu'il exerça pendant quelque temps la profession d'apothicaire à Montpellier. Ensuite il voyagea en compagnie d'un charlatan, et vint enfin débuter, en 1654, à l'hôtel de Bourgogne. Il contrefaisait les médecins avec une verve extraordinaire; doué d'une excellente mémoire, il énumérait avec une incroyable volubilité les drogues et les simples des apothicaires et les nombreux outils de la chirurgie. Après avoir été applaudi pendant huit ans, il quitta le théâtre, et alla s'établir médecin à Melun; mais la mélancolie le prit, et il revint mourir à Paris, à l'âge de cinquante ans, en 1648. Sauval fait ainsi son portrait : « C'était un grand homme noir, fort laid; il avait les yeux enfoncés, et quoiqu'il ne ressemblât pas mal à un singe et qu'il n'eût que faire d'avoir un masque sur le théâtre, il ne laissait pas d'en avoir toujours un. »

GUILLOTIN (JOSEPH-IGNACE), célèbre médecin, regardé à tort comme l'*inventeur* de l'instrument de supplice qui porte son nom, naquit à Saintes, en 1738. Il professa d'abord, en qualité de père jésuite, au collége des Irlandais de Bordeaux; puis, se sentant une vocation impérieuse pour l'art de guérir, il vint étudier la médecine à Paris. Au moment où la révolution éclata, Guillotin s'était déjà fait connaître par des travaux assez importants. Lors de la convocation des états généraux, il publia une brochure sous le titre de *Pétition des habitants domiciliés à Paris et des six corps*. Dans cette brochure il demandait que la représentation du tiers état aux assemblées des états géneraux fût au moins égale à celle des deux autres ordres privilégiés pris ensemble. Surpris de la hardiesse et de la nouveauté de ces idées, le parlement manda à sa barre l'auteur de la pétition, moins pour lui faire faire amende honorable, que pour l'entendre motiver et développer les propositions qu'elle contenait. Guillotin se tira de cette épreuve avec honneur et bonheur. Aussi, le peuple, qui l'attendait à la porte du parlement, courut-il en foule à sa rencontre, et lui décerna-t-il les honneurs d'une ovation improvisée. Cette popularité ouvrit dès lors au docteur la carrière politique. Nommé par le tiers état de Paris l'un des électeurs qui devaient désigner les membres des états généraux, il fut choisi pour secrétaire de sa réunion électorale, et ensuite élu député. Il concourut bientôt à la rédaction de la *Déclaration des droits de l'homme*, fit partie de la commission sanitaire chargée de proposer les réformes que nécessitait l'état statistique et sanitaire de Paris, et devint membre du comité ayant pour mission d'organiser les écoles de médecine, de chirurgie et de pharmacie.

Une circonstance vint lui donner bientôt une célébrité plus grande : l'assemblée nationale s'occupait de refondre notre ancien système pénal; elle venait de proclamer comme principales bases de son travail l'égalité des peines pour toutes les classes de citoyens, la personnalité du crime, dont la honte ne devait plus rejaillir sur la famille, l'abolition des tortures et des supplices inutiles. Dans cette circonstance, Guillotin, mû par les sentiments les plus louables de philanthropie et par des motifs de haute politique, proposa de substituer aux différents supplices jusque alors usités pour les condamnés à la peine de mort la décapitation, réservée autrefois pour les nobles : on brûlait, on pendait et l'on écartelait les vilains. Cette proposition fut reçue avec acclamation. Il indiqua alors, comme moyen d'exécution le plus sûr et le moins douloureux, l'emploi d'une machine très-peu compliquée, connue depuis longtemps en Italie sous le nom *mannaia*, dont il avait probablement lu la description dans le *Voyage en Italie* du jésuite Labat. Le docteur Louis, secrétaire perpétuel de l'Académie de Chirurgie, fut chargé de faire sur cet instrument un rapport, qui fut soumis à l'approbation de l'Assemblée, laquelle, après avoir entendu le citoyen Carlier, député de l'Oise, convertit en décret la proposition de Guillotin. Il fallait un nom à ce nouvel instrument de supplice. Ce furent les mauvais plaisants qui se chargèrent de le baptiser. On l'appela d'abord *la petite Louison*, du nom du chirurgien rapporteur, ensuite et définitivement *guillotine*, du nom de notre bon docteur Guillotin. La tradition populaire a toujours voulu et veut encore, bien que le contraire ait été prouvé jusqu'à satiété, que Guillotin ait été l'inventeur et la victime de cette fatale machine. La première fut fabriquée par un mécanicien allemand, nommé Schmidt, facteur de clavecins; mais Guillotin faillit seulement en faire l'épreuve : elle devait, d'après le rapport du docteur Louis, avoir lieu d'abord sur des moutons vivants. On jeta le docteur dans les prisons, qui regorgeaient de patriotes, et qui étaient alors le vestibule de la mort. Il y languit longtemps, et attendait son sort avec courage et résignation, quand la révolution du 9 thermidor vint le rendre à ses amis et à la liberté. Dégoûté pour toujours des affaires publiques, il reprit modestement l'exercice de sa profession, s'y consacra tout entier, et trouva dans l'estime de ses concitoyens, dans l'affection de ses amis, quelques compensations à ses tribulations politiques. Il jeta les bases d'une association des médecins les plus distingués, qui existe encore sous le nom d'*Académie de Médecine*. Il fut l'un des plus actifs propagateurs de la vaccine, comme autrefois il avait été un de ceux de l'inoculation, et mérita, par une vie toute consacrée au soulagement de ses semblables, d'être mis au nombre des bienfaiteurs de l'humanité. Il mourut le 26 mai 1814, âgé de soixante-seize ans. F. DUBIEF.

GUILLOTINE. Ce n'est pas au docteur Guillotin, membre de l'Assemblée constituante, qu'est due l'invention de la guillotine, quoiqu'elle porte son nom. Le Code pénal de 1791 portait (article 2) que tout condamné aurait la tête tranchée. Il ne s'agissait plus, d'après le vœu de la loi et de l'humanité, que de trouver une machine propre à faire tomber la tête du patient promptement, sans douleur prolongée, en n'employant que le moins possible l'intervention de l'exécuteur. Mais avant les docteurs Guillotin et Louis, avant le mécanicien Schmidt, on s'était servi de machines à décapiter dans diverses contrées de l'Europe, et l'on faisait même honneur de la première aux anciens Perses. La guillotine ne fut donc pas une invention, mais un perfectionnement. En effet, on décollait les nobles en Écosse au moyen d'un tranchoir, dit Robertson, arrêté dans un cadre, et qui, glissant sur deux coulisses, tombait sur le col du patient. Dans son *Voyageur français*, l'abbé de La Porte parle avec quelques détails de cet instrument. Deux anciennes gravures allemandes offrent aussi une machine qui a dû donner l'idée de notre guillotine : l'une est de Pentz, l'autre de H. Aldegrever. C'est toujours un couperet suspendu et contenu dans sa chute. Au commencement du seizième siècle, Lucas de Cranach, peintre et graveur en bois à Wittemberg, nous a laissé une gravure qui représente un supplice du temps et du pays : le patient est à genoux ; le fer est suspendu par une corde, que lâche un exécuteur. L'Italie aussi pourrait revendiquer l'invention de l'instrument qui a pour objet d'abréger les douleurs des suppliciés : Achille Bocchi, en 1555, dans ses *Symbolicæ Quæstiones de universo genere*, fit graver la figure d'une machine à décapiter : l'appareil est dressé sur un échafaud ; la hache est placée au haut de deux coulisses ; comme dans les machines allemandes, le bourreau est debout, à gauche des spectateurs, prêt à lâcher de la main le fer meurtrier suspendu. Tous ces instruments ne sont autre chose que la *mannaia* des Italiens, définie par les lexicographes : hache à trancher la tête.

C'est sans doute de cette *mannaia* que l'on fit usage à Gênes, le 13 mai 1507, pour le supplice du conspirateur Giustiniani, dont parle ainsi Jean d'Authon, dans ses Chroniques : « Le condamné étendit le col sur le chappus (la pièce de charpente, le billot) : le bourreau print une corde, à laquelle était attaché un gros bloc ; à tout une doulouère tranchante, hantée dedans, venant d'amont entre deux poteaux, et tira ladite corde en manière que le tranchant tomba entre la teste et les épaules, si que la teste s'en alla d'un costé et le corps tomba de l'autre. » En France même, une machine à décoller, quoique sans nul doute fort peu usitée, n'était pourtant pas chose tout à fait nouvelle. On lit dans les *Mémoires de Puységur*, édition de 1690, que le maréchal de Montmorency fut ainsi décapité à Toulouse, en 1632 : « En ce pays-là, on se sert d'une doloire, qui est entre deux morceaux de bois ; et quand on a la tête posée sur le bloc, on lâche la corde, et cela descend et sépare la tête du corps. » C'est toujours la *mannaia*.

Revenons à la France et à notre guillotine. Ce fut surtout en 1792 qu'on s'occupa de la fabrication de cet instrument. Le 17 avril on fit à Bicêtre, sur trois cadavres, l'essai de la machine, perfectionnée par le docteur Louis, qui, dit Cabanis, fit donner une disposition oblique à la hache dont le tranchant était d'abord façonné en croissant. Le nom de guillotine lui vint, dès le mois de décembre 1789, d'une chanson des *Actes des Apôtres*. La première expérience en fut faite le mercredi 25 avril 1792, sur Nicolas-Jacques Pelletier, condamné, le 24 janvier précédent, pour vol avec violence sur la voie publique. Les premières victimes politiques condamnées par le tribunal chargé de juger les *crimes* du 10 août 1792 à qui on en fit l'application furent : 1° Collenot d'Angremont, exécuté le 21 ; 2° La Porte, intendant de la liste civile, le 24 ; 3° Farmain de Rosoi, rédacteur de la *Gazette de Paris*, le 25. Durant les cent cinq jours de son existence, ce tribunal prononça vingt-cinq condamnations à mort.

Depuis, la guillotine a été adoptée par différents pays étrangers. Dans ces derniers temps, plusieurs de ces instruments, dont nous avions un trop grand nombre en France, ont été vendus à l'enchère. L'état ne retira guère de chacune plus de 50 fr., valeur qu'elle représentait comme bois à brûler. L'une servit immédiatement à faire un feu de joie.

Une question importante a été controversée entre les médecins : un des plus célèbres anatomistes de l'Europe, le professeur Sœmmering, a prétendu que le supplice de la guillotine était horrible, parce que dans la tête séparée du corps le *sentiment*, la *personnalité*, le *moi*, restent quelque temps avec l'*arrière-douleur* dont le cou est affecté. Parmi un grand nombre d'exemples, il cite celui de Charlotte Corday, dont le visage rougit d'indignation lorsque l'exécuteur, tenant dans sa main cette tête si calme et si belle, osa la souffleter. Avec la lettre du docteur allemand, insérée dans le *Moniteur* du 9 novembre 1795, mentionnons les observations sur cette lettre de Georges Wedekind, médecin de l'hôpital militaire de Strasbourg (*Moniteur* du 11), la lettre du docteur le Pelletier (*Moniteur* du 15), la brochure du docteur Sédillot jeune (*Réflexions sur la Guillotine*, 1795), et les *Anecdotes sur les décapités* (in-8°, 1796). LOUIS DU BOIS.

GUIMARD (MARIE-MADELEINE), qui fut plus tard Mme Despréaux, danseuse aussi fameuse par ses talents mimiques que par le dérèglement de ses mœurs, née à Paris, le 10 octobre 1743, morte dans la même ville, le 4 mai 1816, débuta à l'âge de seize ans dans les ballets dont à cette époque la Comédie-Française avait encore l'usage de régaler ses habitués. Les succès qu'elle y obtint la firent appeler dès l'année suivante au Grand-Opéra, où elle ne tarda pas à éclipser et faire oublier Mlle Allard. Quoique laide, noire, maigre et très-marquée de la petite vérole, les critiques et les mémoires contemporains la représentent comme charmante dans tous les genres, depuis *la Chercheuse d'esprit* jusqu'à *la Créuse de Médée* inclusivement, et comme inimitable dans les ballets anacréontiques. Elle resta cependant longtemps aux modestes appointements de 600 livres par an, ce qui ne l'empêchait pas d'étonner Paris par le luxe de ses équipages et le grand train de sa maison. On aura tout de suite l'explication de cette énigme quand on saura qu'elle fut une des prêtresses les plus éhontées de Vénus vénale. C'est ainsi qu'après avoir été longtemps aux gages du maréchal de Soubise, elle était publiquement entretenue à la fois par le banquier Laborde et par Jarente, évêque d'Orléans, dont les largesses et celles de bien d'autres libertins encore la mirent à même de se faire construire, à l'entrée de la rue de la Chaussée-d'Antin, par l'architecte Ledoux, une délicieuse habitation : longtemps désignée sous le nom mythologique de *temple de Terpsichore*. Cet hôtel occupait l'emplacement où s'élève aujourd'hui un de ces vastes bazars où sont réunis tous les produits de l'industrie manufacturière qui se rapportent à l'habillement des hommes et des femmes. Il a eu successivement pour propriétaires MM Dittmer, Perrégaux, Laffitte, etc. Mlle Guimard y avait fait construire un théâtre, rendez-vous des courtisanes les plus recherchées et de tous les hommes frivoles de l'époque. Les acteurs et actrices n'étaient autres que la propriétaire de l'hôtel et ses camarades de l'Opéra. Dans la maison de campagne qu'elle possédait à Pantin, elle avait également fait élever une salle de spectacle, qui réunissait dans la belle saison la même compagnie; on y joua, en juillet 1772, une parade intitulée *Madame Engueulle,* dont le titre seul indique le genre poissard mis à la mode par les Vadé et les Colle. L'inauguration solennelle du petit théâtre de l'hôtel de la rue de la Chaussée-d'Antin se fit par la première représentation de *La Partie de Chasse de Henri IV* de Collé, qui avait en outre composé pour la circonstance une petite pièce grivoise intitulée : *La Vérité dans le Vin.* L'archevêque de Paris crut devoir se plaindre à l'autorité de la facilité avec laquelle elle laissait s'ouvrir ces foyers de démoralisation et de pestilence, et surtout des tendances de *La Vérité dans le Vin*, pièce à laquelle on substitua une pantomime intitulée *Pygmalion*. Ajoutons, pour en finir avec le théâtre de Mlle Guimard, que les représentations en étaient dirigées par Laborde, premier valet de chambre de Louis XV, et que c'est pour cette scène que Collé composa les pièces contenues dans son *Théâtre de Société*, et Carmontelle ses *Proverbes*.

On prétend que, malgré le scandale de ses mœurs, Mlle Guimard fut souvent appelée par la reine Marie-Antoinette à faire partie, avec sa modiste Mlle Bertin, et avec l'actrice Mlle Montansier, de graves conférences où l'on délibérait sur le pli à donner à une dentelle, sur la pose d'un bouquet de fleurs, sur d'autres questions tout aussi importantes de haute toilette. En 1789, parvenue à l'âge de quarante-six ans, elle songea à échapper à sa trop grande notoriété et à se marier, pour avoir le droit de changer de nom. Quelque vingt ans plus tôt, elle eût trouvé un *ancien officier de cavalerie;* de nos jours, elle n'aurait qu'à choisir parmi les *gens de lettres ;* elle jeta le mouchoir à un sieur Despréaux, chorégraphe, qui ne manquait pas, dit-on, d'un certain talent. Trois années auparavant, obligée de diminuer son train, elle avait mis son somptueux hôtel en loterie, au capital de 300,000 francs, sans se soucier d'en obtenir préalablement l'autorisation de la police. Sous le Directoire, elle donna des soirées dansantes, qui réunirent la fine fleur des *incroyables* de l'un et de l'autre sexe.

GUIMAUVE, genre de plantes de la famille des malvacées : il se compose d'une dixaine d'espèces ; la plus importante de toutes est la *guimauve officinale* (*althæa officinalis*, Linné). Deux ou trois de ces espèces sont cultivées dans les jardins comme plantes d'ornement : telle est l'*althæa rosea*, vulgairement *rose trémière*, *rose d'outremer, rose de mer, rose de Damas, passerose*, dont les variétés sont recherchées par les amateurs, et dont le type est originaire de Syrie. La *guimauve à feuilles de chanvre* (*althæa cannabina*, Linné) et la *guimauve de Narbonne*, qui pourraient aussi être placées dans les jardins paysagers, fournissent de leur tige rouie une filasse qui sert à faire d'assez belle toile dans quelques cantons de l'Espagne. Il serait avantageux en beaucoup de localités de cultiver ces deux plantes, qui, étant vivaces toutes les deux, durent sept, huit ans, et même plus.

La *guimauve officinale* vivace, à tige de 1 mèt. à 1m,30, cylindrique et velue, à feuilles alternes, arrondies, douces au toucher, extérieures, porte des fleurs à calice double, à neuf divisions, à corolle composée de cinq pétales rose pâle ou blanches : elles sont réunies en bouquets sessiles, ou presque sessiles, dans les aisselles des feuilles supérieures. Sa racine est pivotante, longue et charnue. Toutes les parties de cette plante, et surtout ses racines, contiennent un mucilage abondant, qui leur donne au plus haut degré les propriétés émollientes et adoucissantes. Les fleurs servent à préparer des infusions pectorales. On fait de la racine mondée un commerce assez considérable. Elle est la base des préparations médicales connues sous le nom de *pâte* et de *sirop de guimauve.* Cependant la décoction de racine de guimauve peut avoir quelques inconvénients ; cette racine renferme un principe très-actif, nommé *asparagine,* parce qu'il existe surtout dans l'asperge, et qui peut occasionner des vomissements. P. Gaubert.

GUIMBARDE, instrument sonore de laiton ou de fer, fort commun en Europe, notamment dans les Pays-Bas et dans le Tyrol, et composé de deux branches entre lesquelles est une languette d'acier, qui vibre d'une manière assez harmonieuse quand on la touche convenablement, et qui constitue l'âme de l'instrument. Son origine se perd dans la nuit des temps; dans l'Asie Mineure, il fait le charme des familles pauvres, et le nom de *jewsharp* (harpe des Juifs), que lui donnent les Anglais, semble indiquer qu'il était particulier aux Israélites. Les enfants, à qui cet instrument est particulier, le placent ordinairement dans la bouche, entre les dents, pour en jouer. L'attraction et la répulsion de l'air dont la colonne se trouve interceptée par l'âme de l'instrument, sert avec la pression des lèvres à déterminer le degré de gravité et d'acuité. Lorsque l'âme est mise en mouvement, elle produit à peu près l'effet des vibrations d'un diapason; circonstance qui rend la guimbarde l'un des instruments fatiguant le plus la poitrine. Cet instrument, si insignifiant en apparence, n'en possède pas moins toutes les qualités des corps sonores les plus parfaits ; et prise isolément, une guimbarde donne un ton grave quelconque, portant avec lui ses aliquotes, sa septième et plusieurs notes diatoniques dans la troisième octave. Singularité remarquable d'ailleurs, la guimbarde a trois timbres différents, dont la nature semble fort éloignée de celle de l'instrument qui les produit : les sons de la première octave ayant du rapport avec ceux du chalumeau de la clarinette, ceux du medium et du haut avec la voix humaine de certains orgues, enfin les sons harmoniques étant en tout semblables à ceux de l'harmonica. Pour exécuter des airs sur la guimbarde, il faut avoir au moins deux de ces instruments ; mais du moment où l'on veut jouer des morceaux compliqués, il faut en avoir au moins une douzaine. L'exécutant peut alors pratiquer tous les intervalles diatoniques et chromatiques, et passer ainsi dans tous les tons en changeant successivement de guimbarde. Plusieurs artistes allemands, entre autres Kock, Eulenstein et Kunert, mais surtout Scheibler, ont excellé dans le maniement de la guimbarde, et se sont fait admirer dans des concerts. Scheibler avait composé avec douze guimbardes un instrument particulier, dont il jouait avec beaucoup de charme et de dextérité, et auquel il avait donné le nom d'*aura*.

On appelle aussi *guimbarde* un outil de menuiserie qui sert à égaliser le fond des rainures, quand le guillaume et le bouvet ne peuvent y atteindre.

GUIMOND DE LA TOUCHE (Claude), auteur dramatique, né en 1729, à Châteauroux, fut élevé par les jésuites, et entra même de bonne heure dans leur ordre; mais dégoûté, comme Gresset, des pratiques étroites de la vie religieuse, il ne tarda pas à rompre avec eux, et rentra dans le monde. Il se livra dès lors au théâtre ; et sa tragédie d'*Iphigénie en Tauride*, la seule qu'il ait eu le temps de faire représenter, car il mourut en 1760, obtint un légitime succès. Le public, enthousiasmé, demanda l'auteur à grands cris, hommage beaucoup trop prodigué depuis, mais dont jusque alors Voltaire seul avait été l'objet. C'est en effet, sans contredit, de tout le répertoire de second ordre la pièce qui reproduit le mieux la mâle simplicité du théâtre grec; et ce mérite doit bien compenser aux yeux de la critique les déclamations philosophiques qui de temps à autre y usurpent la place du sentiment, ainsi qu'un trop grand nombre de vers faibles ou durs. Guimond de La Touche avait sur le chantier une tragédie de *Régulus*, que sa mort prématurée ne lui permit pas d'achever. On a aussi de lui une épître intitulée *Les Soupirs du Cloître, ou le Triomphe du fanatisme,* pièce composée au noviciat même des enfants de Loyola, et qui témoigne de l'antipathie qu'avait provoquée dans son esprit le jésuitisme vu de près.

GUINARD (Auguste-Joseph), ancien colonel de l'artillerie de la garde nationale de la Seine, est né à Paris, le 28 décembre 1799. Son père, qui fut successivement membre du Conseil des Cinq Cents et du Tribunat, lui laissa des opinions libérales et une fortune indépendante. Avec ces avantages, M. Guinard pouvait devenir un heureux artiste ou un littérateur choyé; il préféra les hasards de la politique, scène sur laquelle il ne joua jamais du reste qu'un rôle bien secondaire. Élève de Sainte-Barbe, où il s'était rencontré avec Godefroid Cavaignac et Charles Thomas, il fut un des fondateurs de la charbonnerie française et l'un de ses plus chaleureux soutiens. C'est à ce titre qu'il se trouva engagé, sous la Restauration, dans la conspiration de Nantes ainsi que dans celles de Béfort et du général Berton. En juillet 1830, il prit encore les armes, et cette fois le gouvernement fut vaincu. M. Guinard fut alors appelé dans la commission dite des récompenses nationales, et y laissa de bons souvenirs. Lorsque les réunions politiques furent interdites, il se réfugia, comme Godefroid Cavaignac, dans l'artillerie parisienne, où il devint capitaine, et se fit remarquer dans les insurrections qui amenèrent la dissolution de ce corps spécial. La part qu'il prit aux événements d'avril 1834 lui valut un emprisonnement. Il parvint à s'échapper de Sainte-Pélagie avec ses coaccusés, et eut à passer dix années en exil. Au 24 février 1848 il se retrouva dans les rangs des combattants, et, à la tête de quelques hommes du peuple, il prit possession de la caserne des Minimes, puis, avec la huitième légion de la garde nationale, il marcha sur l'hôtel de ville, où il proclama le premier la république, rêve de toute sa vie. Aussitôt le gouvernement provisoire institué, il fut nommé adjoint au maire de Paris, puis, préfet de police, place qu'il refusa, et enfin chef d'état-major de la garde nationale. La légion d'artillerie ayant été reconstituée, il en fut élu colonel; mais il préféra garder son poste à l'état-major. Après le 15 mai il donna sa démission, et fut rappelé au commandement de la légion d'artillerie. Élu à l'Assemblée constituante par plus de 106,000 voix, dans le département de la Seine, il s'y fit peu remarquer, et ne fut pas réélu à la législative. Le 13 juin 1849 il reçut l'ordre de réunir sa légion au Palais-National, puis bientôt celui de la congédier. Il réunit alors ses hommes autour de lui, et leur dit qu'il allait marcher vers le Conservatoire des Arts et Métiers, invitant ceux qui ne partageaient pas ses opinions à se retirer. On sait ce qui arriva au Conservatoire. L'artillerie de la garde nationale essaya en vain de protéger les délibérations des quelques représentants assemblés en ce lieu sous la présidence de M. Ledru-Rollin; il fallut céder la place à l'armée et à la garde nationale. Accusé d'avoir pris part à cette échauffourée, M. Guinard fit insérer au *National* une lettre dans laquelle il explique sa conduite. Il y dit qu'il renvoyait sa légion, lorsque des gardes nationaux sans armes vinrent à passer en criant à l'assassinat; des représentants lui demandèrent protection; il crut la constitution en danger, et courut où il pensait pouvoir la défendre. Du reste, il ne fit rien pour s'échapper, et le 8 juillet il réunissait encore 94,034 voix aux élections complémentaires pour la législative, dans le département de la Seine. Ce nombre était insuffisant, et pourtant son nom se retrouvait sur toutes les listes républicaines et socialistes, même sur celle de M. Proudhon, qui lui faisait représenter la réconciliation de la garde nationale et du peuple. Un mois après, M. Guinard était mis en accusation pour complot et attentat, et renvoyé devant la haute cour de Versailles. Il y fut condamné, sans que la défense ait cru devoir se faire entendre, à la déportation. Transféré de Doullens à Belle-Isle au mois d'octobre 1850, il a été rendu à la liberté après le rétablissement de l'empire. L. Louvet.

GUINÉE, pays de côtes de l'Afrique occidentale, sur les limites et l'étendue duquel les navigateurs et les géographes des diverses nations de l'Europe étaient autrefois singulièrement en désaccord, mais qui, d'après les données généralement admises aujourd'hui, s'étend depuis le cap Verga ou Tagrin, sur la frontière sud de la Senégambie, jusqu'au cap Négro, ou du 11° au 16° de latitude méridionale, et qu'on divise en haute Guinée ou *Guinée septentrionale*, et en basse Guinée ou *Guinée méridionale*, dont l'équateur, ou pour mieux dire le cap Lopez, par 1° de lat. Sud, forme la limite. La Guinée méridionale est connue aussi sous le nom de Congo (*voyez* Congo, Angola, Benguela), tandis qu'on réserve plus spécialement le nom de *Guinée* pour la Guinée septentrionale. Elle a pour limites au nord, sur une étendue de plus de 350 myriamètres, le grand golfe de Guinée, qui à son extrémité nord-est forme les golfes de Benin et de Biafra. C'est à l'entrée de ce dernier golfe que sont situées les quatre *îles de Guinée*, dont l'une, Fernando Po, appartient aux Anglais; les deux autres, l'*Ile des Princes* et *Saint-Thomas*, aux Portugais; et la dernière, Annobon, aux Espagnols. Sauf à l'est, où se déploie le vaste delta du Niger, la lisière des côtes est fort étroite, généralement plate, et d'un accès des plus difficiles, tant à cause de l'abscence de bons ports que par suite des nombreux brisants qu'on y rencontre; quelquefois sablonneuse ou bien marécageuse, elle est au total richement arrosée, et offre la luxuriante végétation de l'Afrique tropicale. Par suite du voisinage de l'équateur, la chaleur y est extrême pendant toute l'année, et ne diminue quelque peu que dans la saison des pluies, qui en général va de juin à octobre, mais qui sur certains points du pays se reproduit deux fois chaque année, et alors dure peu et est accompagnée d'ordinaire de tempêtes et d'orages effroyables. L'*harmattan*, qui y souffle du nord, et pendant plusieurs mois de l'année, dessèche tout et fait beaucoup souffrir les habitants eux-mêmes. Mais si sur une côte sablonneuse, rendue extrêmement malsaine par la chaleur et les exhalaisons marécageuses qui y règnent, le climat est souvent mortel pour l'étranger, en revanche, dans les ravissantes contrées montagneuses qu'on rencontre un peu plus loin, et qui sont comme les premiers contre-forts du *Kong*, ou montagne du Soudan supérieur, règne à peu près le même climat qu'en Italie, avec un air pur et sain. Ces contrées sont en outre richement boisées, douées d'une fertilité extrême et extraordinairement peuplées.

La population de la Guinée se compose d'un grand nombre de tribus nègres idolâtres, mais parmi lesquelles on a lieu de remarquer les différences les plus prononcées entre les nègres de la côte et les nègres de la montagne. Les premiers ont été profondément démoralisés et énervés par la traite des esclaves et par suite de leurs rapports nombreux et fréquents avec les Européens; les seconds, en général plus civilisés et doués de plus de moralité, sont aussi quelquefois plus belliqueux, plus sauvages et plus cruels. Les plus importants et les plus puissants des nombreux royaumes nègres qu'on y trouve sont l'empire de Dahomeh, l'empire des Ashantis et le royaume de Benin, qui de nos jours a cessé d'en dépendre.

Parmi les diverses régions que forme la côte, on trouve en allant de l'ouest à l'est: *Sierra Leone*, établissement colonial anglais, s'étendant du cap Verga au cap Mesurado; la *Côte du Poivre* ou de *Malaguette*, s'étendant jusqu'aux cap Palmas, ainsi appelée à cause du poivre long, ou graine de Paradis, ou encore *malaguette*, qui y croît en quantité et qui donne lieu à d'importantes exportations, célèbre aussi par la colonie de *Liberia*, que les Américains du Nord y ont fondée en 1821, dans le pays de Sangoum, pour les esclaves nègres affranchis; la *Côte des Dents* ou *Côte d'Ivoire*, s'étendant jusqu'au cap Apollonia, ainsi appelée à cause de son principal objet d'exportation, et qu'on divise en *Pays des Bonnes Gens*, situé à l'est, et *Pays des Méchantes Gens*, à l'ouest, mais où il n'existe point d'établissement européen; la *Côte d'Or*, s'étendant jusqu'au Rio-Volta, contrée extrêmement peuplée, et où se trouvent le plus grand nombre des établissements européens, notamment ceux des Anglais, dont la possession la plus importante dans ces parages est la forteresse de *Cape-Coast-Castle*, laquelle a donné son nom à toute cette partie du territoire colonial; ceux des Hollandais, et même autrefois des Brandebourgeois; enfin, jusqu'en 1849, les Danois y eurent aussi un établissement; la *Côte des Esclaves*, s'étendant jusqu'au Rio-Lagos, où les Anglais possèdent Whidah, avec le fort William, et où jusqu'en 1849 également les Danois possédèrent la factorerie de Quita, défendue par le fort de Prinzenstein, jadis l'un des grands entrepôts de la traite des nègres, mais qui aujourd'hui est de la part des croiseurs anglais l'objet d'une surveillance toute particulière; la *Côte de Benin*, la plus étendue et la plus riche en cours d'eau, où l'on trouve l'immense contrée marécageuse et boisée que forment dans leurs deltas le Niger, le Bonny, etc., ainsi que le royaume du Benin; enfin, au sud de ce dernier, le plateau de l'Amboser, où le *Kamaroun* atteint, dit-on, une altitude de 4,666 mètres, ainsi que les côtes encore peu connues de Gabon et de Biafra, jusqu'au cap Lopez. Les essais tentés pour pénétrer des côtes de la Guinée dans l'intérieur du haut Soudan, dans les contrées montagneuses du Kong, dans la vallée supérieure du Nil ou dans l'Afrique centrale, ont déjà coûté la vie à un grand nombre de voyageurs. La jalousie extrême avec laquelle les Aschantis surveillent tout ce qui touche aux intérêts de leur commerce explique comment le commerce extrêmement important qui se fait au moyen de la grande voie commerciale conduisant du pays des Aschantis par le Kong jusqu'à la vallée du Nil n'ait pas eu pour résultat de fournir plus de renseignements géographiques qu'on n'en possède encore sur les pays qui se trouvent au nord de cette côte. Consultez Walker, *Missions in Western-Africa* (1844); Duncan, *Travels in Western Africa in* 1845 *and* 1846 (2 vol.; Londres, 1847); Halleur, *Das Leben der Neger in Westafrika mit Rücksicht auf den Sklavenhandel* (Berlin, 1851).

GUINÉE, en anglais *Guinea* (prononcez *Guiny*), monnaie d'or anglaise, et qui fut frappée pour la première fois vers le milieu du dix-septième siècle. Ce nom lui vient, dit-on, de ce que l'or avec lequel on frappa les premières pièces provenait de la Guinée. Sous Charles II la valeur des guinées varia beaucoup. Elle était comparativement à l'argent de France un peu plus forte que celle de nos vieux louis d'or, c'est-à-dire de 26 francs 47 centimes. Mais depuis 1816 on a cessé d'en frapper en Angleterre, et la guinée y a été remplacée par le *souverain* ou *livre sterling d'or* valant 20 shillings, ou 25 francs de notre monnaie.

GUINÉE (Nouvelle). *Voyez* NOUVELLE-GUINÉE.

GUINEGATTE, village du département du Pas-de-Calais, près de Térouanne, est célèbre par deux batailles. La première eut lieu le 7 août 1479, entre l'armée de Louis XI et celle de Maximilien. La seconde est la fameuse journée des *Éperons*.

En 1513, les habitants de Térouanne, assiégés par Henri VIII, roi d'Angleterre, et par l'empereur Maximilien Ier, avaient fait avertir Louis XII, roi de France, qu'ils étaient à bout de leurs vivres, et celui-ci, tout en ordonnant à ses généraux de continuer à éviter une bataille, les chargea de faire passer quelques secours à la garnison. Le sire de Piennes et le duc de Longueville résolurent donc de poster, le 16 août, quatorze cents gendarmes sur les hauteurs de Guinegatte, pour attirer de ce coté l'attention des ennemis, tandis que Fontrailles, avec ses chevau-légers albanais, s'approcherait rapidement par un autre côté des fossés de la ville, dans lesquels chaque cavalier jetterait la charge qu'il portait sur le cou de son cheval, consistant en porc salé et en barils de poudre. Les Albanais réussirent à jeter leurs munitions dans les fossés; mais les gendarmes qui s'étaient dirigés sur Guinegatte, en arrivant sur la hauteur, virent derrière eux dix mille archers anglais, quatre mille lansquenets, et huit pièces d'artillerie. Maximilien avait été averti de leur marche par des espions, et les avait prévenus. Les soldats français savaient qu'ils étaient venus pour attirer l'attention de l'ennemi, non pour combattre. D'ailleurs, leurs capitaines commandèrent aussitôt la retraite. Or, un mouvement rétrograde en présence de l'ennemi trouble presque toujours les soldats : ils doublèrent le pas, bientôt ils prirent le galop, et se jetèrent en désordre sur une arrière-garde de cavalerie que commandait Longueville et La Palisse. Malgré les efforts de ceux-ci, ils la renversèrent, et continuèrent à fuir jusqu'à Blangy, où était l'infanterie. Peu s'en fallut que celle-ci ne fût à son tour entraînée tout entière dans la déroute. Quelques capitaines firent tête avec une poignée de soldats à la cavalerie allemande, qui poursuivait les fuyards. Leur vaillance sauva l'armée française, mais ce fut à leurs dépens, car presque tous furent faits prisonniers, entre autres Longueville, La Palisse, Bayard, Lafayette, Clermont d'Anjou et Bussy d'Amboise.

Telle fut la triste *journée* qu'on nomma *des éperons*, parce que ce fut la seule arme qu'y employa la gendarmerie française. Elle laissa à peine quarante morts sur la place; mais le nombre des prisonniers aurait été immense si Henri VIII avait eu assez de cavalerie pour la poursuivre. Les commandants de Térouanne, n'espérant plus désormais d'être secourus, se rendirent le 22 août à Maximilien, qui fit raser leurs murailles et ensuite la ville même.

A. SAVAGNER.

GUINGAMP, ville de France, chef-lieu d'arrondissement dans le département des Côtes-du-Nord, sur le Trieu, avec 7,156 habitants, un collége, une fabrication de fil, des tanneries, deux typographies. C'était jadis la capitale du duché de Penthièvre, et elle était entourée de murailles, dont une partie subsiste encore. Guingamp fut prise plusieurs fois au moyen âge et sous la ligue. On y voit une belle cathédrale avec deux tours élevées.

GUINGUETTE, cabaret hors de la ville, par delà les barrières, dans la banlieue, où le peuple va boire les dimanches et les jours de fête.

Guinguette se dit aussi figurément et familièrement d'une petite maison de campagne, d'un riant vide-bouteille, perdu dans une touffe de bois.

C'était jadis une voiture découverte, à deux roues, qu'on a plus tard appelée *Phaéton*, et dans le commerce une sorte de toile d'étoupe de lin.

Il y a aussi une espèce de jeu de cartes qu'on appelle *le jeu de la guinguette*. C'est enfin la dame de carreau au jeu qui porte ce nom, et au jeu de l'hombre, le coup par lequel l'hombre gagne sans as noir.

GUIPUZCOA, l'une des trois provinces basques d'Espagne, appelée aujourd'hui province de Saint-Sébastien, confinant à la France et à l'océan Atlantique, a pour chef-lieu Saint-Sébastien et compte, sur une superficie d'environ 20 myriamètres carrés, 110,000 habitants, qui, favorisés par plusieurs bons ports, tels que Saint-Sébastien, les Passages, Fontarabie et cinq autres encore, font avec l'étranger un commerce assez considérable. Cette province est traversée par les monts Cantabres, l'un des rameaux des Pyrénées; elle est très-boisée et abonde en riches pâturages; mais la culture des céréales s'y fait sur une très-faible échelle. Quoiqu'elle ne manque pas de métaux, l'industrie minière y est négligée.

GUIRAUD (ALEXANDRE), de l'Académie Française, né à Limoux, le 25 décembre 1788, créé baron en 1828, et mort à Paris, le 24 février 1847, était fils d'un riche fabricant de draps. A la mort de son père, il prit la direction des établissements considérables qu'il lui laissait, en attendant qu'il pût s'en défaire sans trop de désavantage, afin de se livrer uniquement à la culture des lettres, pour lesquelles il se sentit de bonne heure une irrésistible vocation, encouragé qu'il était d'ailleurs par l'accueil flatteur fait à ses premiers essais poétiques par l'Académie des Jeux Floraux. Il vint à Paris en 1813; il avait déjà écrit beaucoup de vers, les premiers vers d'un jeune homme qui avait été reçu à Coppet, dans ce salon, ou plutôt dans cette académie, que présidait Mme de Staël. Il venait de Toulouse, où il avait essayé de faire son droit, et où il avait rencontré des amitiés jeunes et sincères. Tout comme son aîné, Alexandre Soumet, Guiraud obéissait à une certaine vocation dramatique, passagère vocation, mal définie et qui ne sut jamais à quoi s'arrêter. Ils étaient faits l'un et l'autre pour écrire sur les vieux patrons de vieilles tragédies; ils voulurent marcher en avant, mais la force leur manqua et le courage; alors ce ne fut plus qu'une déroute, ou, ce qui revient au même, une hésitation perpétuelle entre le vieux chemin qui menait au vieux succès et les nobles sentiers qui conduisaient à ces chutes brillantes dont on se relève froissé, populaire et glorieux.

La première tragédie d'Alexandre Guiraud, *Frédégonde et Brunehaut*, fut arrêtée encore en germe, par la *Frédégonde* de Népomucène Lemercier. Alfieri lui inspira un drame, *Myrrha*, espèce de Phèdre virginale, qui manqua d'interprète. *Pélage* n'a pas été représenté, non plus que *Frédégonde et Myrrha.* Il est fâcheux que la censure ait mis obstacle à la représentation de cette tragédie de *Pélage*, que les salons avaient approuvée. Mais le moyen, en 1820, de tolérer sur la scène un *archevêque de Tolède!* Il fallut renoncer à cette gloire décevante et tenter une autre composition moins vaste, moins fière, moins *romantique*, comme on disait alors, et Guiraud fit représenter à l'Odéon *Les Machabées*! *Les Machabées*, un instant compromis par le brancard d'hôpital sur lequel se faisait apporter Joanny au sortir de la torture, se relevèrent bientôt de ces murmures, grâce au cinquième acte, qui fut applaudi à outrance. M. de Bonald assistait à cette première représentation à côté d'un saint évêque, et ces deux spectateurs ne furent pas les moins émus. Il faut dire aussi que cette mère au désespoir et retenant le dernier de ses fils sur son cœur brisé, était une héroïne d'un grand effet. Après *Les Machabées* vint *Le comte Julien. Le comte Julien* avait été emprunté par le poëte à sa tragédie de *Pélage*; la pièce est bien faite : elle ne manque ni de mouvement, ni de passion, ni de terreur; elle réussit. Mais ce fut un de ces succès pénibles, qui laissent le public froid et mécontent. La mort de Talma, qui devait jouer le rôle de *Virginius* dans une tragédie classique du même auteur, empêcha de jouer cette pièce.

En 1820, c'était la mode de lire dans les salons, non pas seulement les tragédies, mais encore les élégies, les stances, les poëmes : on aimait les vers, ou les aimait beaucoup. Soumet brillait dans ces lectures presque officielles. Alexandre Guiraud suivait d'un pas hardi les traces de son frère en poésie. Que d'élégies! que de stances! de dithyrambes, de poëmes, ils ont faits à eux deux et chacun de son côté! Dans ces vers bien faits, enfants d'une muse chevaleresque et chrétienne, il faut chercher Alexandre Guiraud : là il est beaucoup plus que dans ses tragédies, parce que là seulement il est à l'aise. L'Église joue un grand rôle dans les poésies de ce temps-là! Le prêtre, le cloître, la chapelle, la première communion, le refuge, la semaine sainte, émotions du moment mêlées d'une façon intime aux émotions toutes personnelles, vous les retrouvez à peu près les mêmes dans tous les recueils de cette époque, mais jamais elles n'ont été plus vraies que dans les vers d'Alexandre Guiraud. Ce cloître dont il vous parle, lui-même il en a ramassé les matériaux épars, et il l'a fait reconstruire à grands frais dans son parc de Ville-Martin. Cette chapelle, il l'a rétablie; ces pays qu'il raconte, il les a parcourus. Avant d'écrire *Césaire*, il avait étudié à fond la Catalogne; avant d'écrire son poëme en prose, *Flavien, ou l'homme au désert*, il avait étudié toute l'antiquité profane et chrétienne.

A tout prendre, la vie de ce poëte, si calme dans son travail, si recueilli dans son succès, si modeste dans son triomphe, fut une vie heureuse, facile, abondante, entourée d'estime, de bienveillance, d'amitié. Comme il n'était sur le chemin de personne, personne ne se trouva sur son chemin, non pas même dans les premiers jours de son triomphe; à l'heure où il croyait donner le signal d'une révolution poétique, nul ne s'en inquiéta, car il avait donné ce signal un peu trop tôt, et les fatigues de la bataille qui allait se livrer devaient revenir à d'autres soldats que lui. Cependant il n'attendit pas longtemps sa récompense, et à peine avait-il fait ses premières preuves de talent, que les portes de l'Académie s'ouvraient à deux battants pour le recevoir.

Jules Janin.

GUIRLANDE, feston de fleurs. En architecture, il se dit des ornements de feuillages ou de fleurs dont les sculpteurs et les peintres décorent les bâtiments.

Les anciens se servaient fréquemment de guirlandes pour orner les autels, les portes, les vestibules, etc. On les employait surtout dans les sacrifices et pour la décoration des temples. Dans les commencements, les guirlandes et les festons étaient de fleurs et de feuillages. Peu à peu on se servit aussi de guirlandes de fruits mêlés de fleurs et de feuilles, et les architectes en ornèrent les frises. On en voit au Panthéon de Rome, où elles sont suspendues entre des candélabres. Les décorateurs modernes ont imité les guirlandes antiques, en bois, en métal ou en pierre, mais souvent avec peu de goût. Sur les monuments, les guirlandes servent quelquefois d'encadrement.

GUIRLANDE DE JULIE. *Voyez* Montausier et Angennes.

GUISARME, lance dont le fer avait la forme d'une hache à deux tranchants. On appelait *guisarmier* l'homme de guerre qui en était armé. Il est souvent question dans les vieilles chroniques *des guisarmiers et des hallebardiers* combattant côte à côte sur les mêmes champs de bataille.

GUISCARD. *Voyez* Oise (Département de l').

GUISCARD ou **WISCARD** (Robert), du vieil allemand *Wise*, sage, prudent, fin, avisé, sortait d'une race de *vavasseurs* ou *bannerets* du diocèse de Coutances, en basse Normandie, lesquels habitaient le château de Hauteville. Tancrède, son père, marié deux fois, avait douze enfants. Un modique patrimoine ne suffisait pas à une famille si nombreuse; les douze frères résolurent d'aller chercher fortune dans les guerres étrangères; deux seulement se chargèrent de soigner la vieillesse de leur père, et les dix autres rejoignirent, les uns après les autres, les Normands qui avaient fondé dans la Pouille la colonie d'Aversa. Le succès des aînés encouragea les cadets. Robert Guiscard, le premier des sept fils du second mariage, alla rejoindre ses frères Guillaume, Drogon et Humphray, qui avaient mérité de devenir les chefs de la colonie. Robert possédait, de l'aveu même de ses ennemis, toutes les qualités d'un grand capitaine et d'un homme d'état, mêlées aux défauts de son siècle. A la mort de son frère Humphray, il fut élevé sur un bouclier et déclaré comte de la Pouille et de la Calabre, au préjudice de ses neveux, encore en bas âge. Le pape Nicolas II, qui l'avait d'abord excommunié pour des rapines ou des sacriléges, lui accorda bientôt le titre de duc pour lui et sa postérité, avec l'investiture de la Pouille, de la Calabre et de toutes les terres de l'Italie et de la Sicile qu'il enlèverait aux Grecs schismatiques et aux Sarrasins.

Robert passa en Sicile avec son frère Roger, et fit la conquête de cette île; il restait encore des princes de Salerne descendants de ceux qui avaient les premiers attiré les Normands dans ce pays : Robert les chassa, et leur prit leur capitale. Les vaincus s'étant mis sous la protection de Grégoire VII, ce pape excommunia le vainqueur. Le duc de Bénévent, de la race lombarde, étant venu à mourir, Robert s'empara de son duché, et Grégoire VII leva son excommunication en recevant de Robert la ville de Bénévent. Guiscard maria ensuite sa fille à Constantin, fils de l'empereur de Constantinople Michel Ducas. Les suites de ce mariage ne furent pas heureuses : Robert avait à venger des outrages faits à sa fille et à son gendre. Il marcha sur Constantinople, où Alexis Comnène venait de monter sur le trône, et assiégea Durazzo le 17 juin 1081. Les Vénitiens, engagés par les promesses et par les présents d'Alexis, secoururent cette place. La famine se mit dans l'armée de Robert : au lieu de la laisser périr de faim, l'empereur l'attaqua le 18 octobre, et fut vaincu. Guiscard s'empara de la ville. Obligé, l'année suivante, de passer en Occident pour combattre Henri IV, empereur d'Allemagne, qui, gagné par Alexis, avait porté la guerre dans ses États, il laissa son fils Boémond dans la Grèce. Celui-ci ayant été vaincu, Robert repassa en Orient, où, après avoir éprouvé des revers et remporté des victoires, il mourut, en 1085, d'une maladie épidémique, dans l'île de Céphalonie : il était dans sa soixante-dixème année.

Guiscard avait sans contredit de grandes qualités, de la bravoure, de la fermeté dans les revers; il était vaste dans ses projets, tenace dans ses résolutions, audacieux dans ses entreprises; il tenta beaucoup et réussit presque toujours; mais il ternit l'éclat de ses exploits par une ambition insatiable. Th. DELBARE.

GUISCHARD (CHARLES-GOTTLIEB), connu sous le nom de *Quintus Icilius* comme le favori du grand Frédéric, né en 1724, à Magdebourg, avait commencé par étudier la théologie, puis était entré au service. Frédéric II fit sa connaissance par le duc Ferdinand de Brunswick, qui, en 1758, l'avait attaché à son état-major avec le grade de capitaine. Dans une conversation où il était question du centurion Ilicius dont parle Polybe, il arriva au roi de l'appeler Icilius, et le capitaine Guischard se permit de relever cette légère erreur. Frédéric II, dissimulant son dépit, lui répondit : « J'entends qu'à l'avenir, et pour le restant de vos jours, vous ne vous appeliez plus autrement que Quintus Icilius. » Dans les campagnes de 1759 et 1760, Guischard commanda, avec le grade de major, un petit corps franc. Dans les années suivantes, il servit sous les ordres du prince Henri de Prusse. Au rétablissement de la paix, en 1763, son régiment fut licencié le jour de son entrée à Berlin; mais le roi le garda auprès de lui à Potsdam, et en 1765 il le nomma lieutenant-colonel. Il mourut à Berlin, le 15 mai 1775, avec le grade de colonel.

Guischard fut du petit nombre d'hommes que Frédéric le Grand honora de son amitié intime; mais, pour s'y maintenir, il dut bien souvent se prêter à ses caprices. Dans ses importants *Mémoires sur les Grecs et les Romains* (La Haye, 1758), et dans ses *Mémoires critiques et historiques sur plusieurs points d'antiquités militaires* (Berlin, 1773), il a relevé un grand nombre d'erreurs du chevalier de Folard.

GUISE (en latin *Guisium castrum*, *Guisia*, *Gusgia*), place forte de France, dans le département de l'Aisne, à 17 kilomètres de Vervins, sur l'Oise, avec une population de 4,000 âmes, un château sur un escarpement, à 50 mètres au-dessus de la ville, des filatures et tissages de coton, des huileries, des tanneries, et un grand commerce de bois, de lin, de chanvre et d'huile. Prise par les Anglais en 1423, reprise dès 1427; prise par les Impériaux en 1536, reprise par François Ier; assiégée vainement en 1543, 1636 et 1650, il en est fait pour la première fois une mention authentique en 1050. Elle avait alors ses comtes particuliers. Ameline de Guise, héritière de ce comté, le porta en dot à Jacques d'Avesnes, mort en 1191. Bouchard, leur fils, fut aussi comte de Blois. Son unique héritière épousa Hugues de Châtillon, comte de Saint-Pol, mort en 1248. Cette nouvelle branche s'éteignit en 1291. En 1333, le comté de Guise fut apporté en dot au duc de Lorraine, Raoul, par Marie de Blois ou de Châtillon, et fut érigé en duché par François Ier, en 1527. Il devint, avec Aumale, Mayenne, Joinville, Elbeuf, le lot d'une branche cadette de la maison de Lorraine-Vaudemont, dans la personne de Claude, cinquième fils du duc René II, qui prit le nom de *duc de Guise* et fut le chef d'une maison connue dans l'histoire sous le nom de maison de Guise et quelquefois de maison française de Lorraine. Elle s'illustra au seizième siècle en France, et s'y divisa en deux branches (les de Guise et les d'Elbeuf), qui s'éteignirent, la première en 1675, la deuxième en 1825.

GUISE (Maison de). « Les Guises, dit Montesquieu, furent extrêmes dans le bien et dans le mal qu'il firent à l'État. Heureuse la France s'ils n'avaient pas senti couler dans leurs veines le sang de Charlemagne! » La volonté ferme et persévérante de se substituer à la dynastie des Valois fut en effet la pensée dominante des princes lorrains, grandes physionomies historiques, qui dominèrent par leur énergie et leur habileté les guerres religieuses de la monarchie au seizième siècle.

GUISE (CLAUDE DE LORRAINE, comte D'AUMALE et duc DE), cinquième fils de René II, duc de Lorraine, né en 1496, porta d'abord le titre de duc d'Aumale, et vint s'établir en France. A dix-neuf ans (1515), il contribua, à la tête des troupes du duc de Gueldre, son oncle, au gain de la bataille de Marignan. En 1522, il battit les Anglais près de Hesdin, et les Allemands devant Neufchâteau. Ses exploits contre les insurgés de Misnie, de Thuringe, de Souabe et d'Alsace, qui, profitant de la captivité du roi François Ier, menaçaient de faire irruption en France (1525), lui valurent, ainsi qu'à Antoine, duc de Lorraine, son frère aîné, un témoignagne de la reconnaissance publique, dont le parlement de Paris se rendit l'organe envers les deux frères, vainqueurs des confédérés à Loupstein, Chenonville et Saverne. Ce fut en cette considération que le roi érigea en faveur de Claude Ier (janvier 1527) la terre de Guise en duché-pairie, et le nomma au gouvernement de la Champagne. En 1543, il concourut à la glorieuse défense de Landrecies contre Charles-Quint. L'année suivante, après la prise de Château-Thierry, il pourvut à la sûreté des Parisiens alarmés. Telle était l'origine de l'affection et du dévoûment dont ils ont donné tant de preuves aux descendants de Claude Ier de Lorraine, dans les temps où leur ambition devint si fatale à la France. François Ier récompensa ce nouveau service par l'érection du marquisat de Mayenne (février 1545). Celle du duché d'Aumale (juillet 1547) fut l'un des premiers actes de Henri II à son avénement au trône. Claude Ier mourut à Joinville, le 12 avril 1550.

LAINÉ.

GUISE (FRANÇOIS DE LORRAINE, duc DE), né au château de Bar, le 17 février 1519, assassiné devant Orléans, le 24 février 1563. Il était l'aîné des six fils de ce prince lorrain que la France avait si imprudemment accueilli. Avec sa taille héroïque, sa bravoure indomptable, son naturel franc et généreux, il ouvrit la carrière de cette race brillante auprès de laquelle, disait-on, les autres princes semblaient du peuple. Quatre règnes furent témoins de l'emploi ou de l'abus de ses rares qualités. Sous François Ier, ce ne fut d'abord qu'un jeune guerrier plein de vaillance; une blessure qu'il reçut au visage, en assiégeant Boulogne, lui valut le surnom de *Balafré*, que son fils porta pareillement dans la suite au même prix. Sous Henri II, la fortune et la gloire le comblent de leurs dons, et le placent au premier rang des grands capitaines. La France triomphe partout où il est, et succombe où il n'est pas. La belle défense de Metz et la bataille de Renti attestent son courage et ses talents : il accourt du fond de l'Italie pour réparer les désastres de la défaite de Saint-Quentin; et quand on croit tout désespéré, il emporte en huit jours la place de Calais, que les Anglais possédaient depuis deux cent dix ans. Il étonne moins encore par ses exploits que par la grandeur d'âme et l'humanité qu'il associe à ses victoires, et dont les habitudes guerrières de son siècle ne lui donnaient pas l'exemple. Tant de services le rendent l'idole et le génie tutélaire de la France; le parlement de Paris le proclame *conservateur de la patrie*; on propose de le créer *vice-roi du royaume*, et l'on ne se croit pas exempt d'ingratitude en le nommant *lieutenant général des armées au dedans et au dehors*. Cette haute fortune paraît si méritée, qu'on oublie volontiers ce qui en est dû à la faveur de la duchesse de Valentinois, Diane de Poitiers. Avec un prince léger, borné et subjugué par une femme comme Henri II, il faut se féliciter quand le caprice de la favorite rencontre un grand homme.

Cependant, lorsque ce monarque périt dans les jeux d'un tournoi, il commençait à soupçonner le duc de Guise d'être en effet un trop grand homme pour la monarchie; mais il n'était plus temps, et les dix-sept mois du règne de François II furent la proie des princes lorrains. La nouvelle reine était leur nièce, Marie-Stuart, que les plaisirs berçaient en attendant la hache des bourreaux. Le *Balafré* avait un frère, le fameaux cardinal de Lorraine, assez appliqué aux affaires, mais poltron et féroce comme les animaux carnassiers. Chargé des finances du royaume, il fit planter des gibets à sa porte, et menaça de mort quiconque l'importunerait de ses demandes ou de ses plaintes. La conspiration d'Amboise se forma contre la tyrannie des deux frères, et fut révélée avant l'exécution; le cardinal ne s'en baigna pas moins dans le sang de ses ennemis, et, il faut bien le dire, François de Lorraine n'imita que trop ses cruautés. Il n'est point de vertus que ne corrompe une ambition effrénée. Le duc de Guise, qui exerçait de fait la puissance souveraine, se voyant placé entre la branche des Valois, qui déclinait, et la branche des Bourbons, qui devait la remplacer, parut s'attacher à opprimer la première et à détruire la seconde. Maître du roi, il dégrada Antoine de Bourbon, en l'obligeant à se tenir devant lui debout et découvert; et, sous de vains prétextes, il fit condamner à mort le prince de Condé par des commissaires. Sa tête devait tomber le jour de l'ouverture des états-généraux, et l'on délibérait si celle du pusillanime Antoine n'aurait pas le même sort, quand la mort de l'impuissant François II, au nom de qui se préparaient ces horreurs, amena d'autres événements non moins funestes.

Catherine de Médicis parut sur la scène avec l'enfant de dix ans qui fut Charles IX. Importunée de la puissance des Lorrains, elle affecta de favoriser les protestants et les princes de la maison de Bourbon. François de Guise comprit alors qu'une guerre de religion forcerait la reine mère d'abdiquer ce rôle factice; et l'odieux massacre de Vassi, qu'il provoqua lui-même, et que ses gens exécutèrent, eut en effet cette fatale conséquence. Rendu à la vie des camps, et sevré de la maligne influence de son frère, il sema au moins de quelques vertus cette arène de tous les crimes; la prise de Rouen et la victoire de Dreux portèrent au plus haut point sa popularité, ainsi que l'éclat de son génie belliqueux. On le vit, au sein des discordes civiles, comme en des temps plus prospères, affable, calme, prompt à réparer ses torts, chéri des femmes, adoré des soldats, protecteur du mérite, et si libéral, qu'il laissa dans sa succession 600,000 liv. de dettes. Ce fut devant Rouen qu'un protestant qui devait l'assassiner fut renvoyé par lui sain et sauf avec cette belle réponse : « Si ta religion t'oblige « d'ôter la vie à un homme qui, de ton aveu, ne t'a jamais « offensé, la mienne m'ordonne de te pardonner; juge laquelle des deux est la meilleure. » Ce fut après la journée de Dreux qu'il partagea son lit avec le prince de Condé, qu'il avait fait prisonnier, et dormit d'un profond sommeil à côté de son ennemi vaincu.

La guerre civile n'était pas digne de tant de magnanimité; bientôt un gentilhomme de l'Angoumois, nommé Poltrot de Mérey, qui de catholique outré était devenu protestant frénétique, tua le duc de Guise avec une recherche de trahison et de lâcheté que le fanatisme seul croit ennoblir. Le héros, se sentant frappé d'un coup mortel, finit en sage une vie qui n'était pas sans reproches, donnant à la reine des conseils humains et salutaires pour la paix et le bonheur de la France. Dans cette âme excellente, l'ambition seule était mauvaise. Le parlement de Paris condamna Poltrot à la peine des régicides, et ces magistrats trouvèrent ainsi le moyen d'être flatteurs et factieux jusque dans l'ordonnance d'un supplice. LÉMONTEY, de l'Académie Française.

GUISE (CHARLES DE), connu sous le nom de *cardinal de Lorraine*, archevêque de Reims, naquit à Joinville en 1525. Paul III l'honora de la pourpre romaine en 1547. Il fut envoyé la même année à Rome, où il plut extrêmement par son air noble, sa taille majestueuse, son train magnifique, ses manières affables, ses lumières et son éloquence. A son retour en France il fut en grande faveur à la cour, et dut à ses services d'antichambre un grand nombre de riches bénéfices. Il se signala, en 1561, au colloque de Poissy; l'année d'auparavant il avait proposé d'établir l'inquisition en France, le seul moyen qui lui parût propre à empêcher les progrès du calvinisme. Le chancelier de L'Hospital s'y opposa, et le roi, prenant un moyen terme, attribua la connaissance du crime d'hérésie aux évêques, à l'exclusion des parlements; mais leurs remontrances suspendirent l'enregistrement de l'édit.

Le cardinal de Lorraine parut avec beaucoup d'éclat au concile de Trente; il y parla avec chaleur contre les abus qui s'étaient glissés dans la cour de Rome, et se prononça fortement pour la supériorité du concile sur le pape. Il y fit le premier la proposition d'établir une ligue contre le protestantisme, projet que réalisa son neveu Henri de Guise. Sous le règne de Charles IX il gouverna les finances du royaume plutôt avec la générosité d'un grand seigneur qu'avec l'économie d'un homme d'État. Après la mort de ce prince, il se rendit à Avignon, à la rencontre de Henri III; au sortir d'une procession il fut saisi d'une fièvre violente qui le mit au tombeau, le 26 décembre 1574.

Le cardinal de Lorraine avait des connaissances très-étendues et une vive éloquence; toute sa vie il fut le Mécène des savants et des artistes. Il traita cruellement les huguenots, et pourtant la cruauté ne lui était pas naturelle. Catholique zélé, il n'en fut pas moins toujours l'adversaire de la cour de Rome, si bien que Pie V l'avait surnommé *le pape d'au delà les monts*.

GUISE (LOUIS Ier DE LORRAINE, cardinal DE), frère des deux précédents, naquit en 1527, fut évêque de Troyes, ensuite d'Albi, puis de Sens et enfin de Metz. Il fut promu au cardinalat en 1552. Il n'eut jamais qu'une influence très-secondaire dans les affaires de son temps, car c'était un homme médiocre, uniquement préoccupé des besoins matériels de l'humanité et dépensant ses immenses revenus à les satisfaire largement. L'Estoile l'appelle le *cardinal des bouteilles*, parce qu'il les aimait plus que de raison. Il mourut à Paris le 28 mars 1578.

GUISE (HENRI DE LORRAINE, duc DE), dit *le Balafré*, fils aîné de François, naquit le 31 décembre 1550, et porta d'abord le titre de prince de Joinville. Confirmé dans la charge de grand-maître, pendant que son frère avait la promesse du cardinalat et que le duc de Mayenne était nommé grand-chambellan, Henri de Guise, enfant encore, révèle toute sa haine contre l'amiral Coligny : en sortant de l'assemblée de Moulins, où l'on essaya vainement une réconciliation officielle entre les deux maisons de Guise et de Châtillon, on entendit le jeune prince s'écrier : « Coligny, ne sois participant en tout ceci; je te défie, toi et les tiens, pour venger la mort de mon père. » La tuerie de l'amiral et de ceux de son parti, dans les sanglantes journées de la Saint-Barthélemy, réalisa pleinement cette pensée. Le duc de Guise avait alors vingt-deux ans; sa taille était haute, sa complexion robuste, sa physionomie noble et belle : tête exaltée et d'une activité prodigieuse, il fut le principal mobile de cette vengeance populaire qui voulut en finir par des exécutions barbares avec les huguenots; ce fut lui qui se chargea de l'expédition dirigée contre l'amiral Coligny, et on l'aperçut encourageant les assassins, car il avait hâte d'en finir avec celui qu'on désignait comme le meurtrier de son père.

La Saint-Barthélemy n'avait pas avancé cependant la question catholique : presque partout les calvinistes avaient pris les armes; on avait essayé la violence pour éviter le champ de bataille, et en définitive on retombait encore dans les guerres civiles les plus acharnées, car il y avait eu trahison contre un parti qui devait s'en souvenir. Ce fut dans une de ces rencontres armées avec les reîtres du prince de Condé que Henri de Guise reçut l'estocade qui lui valut le surnom *de Balafré*, désignation populaire qui devint un titre à l'amour des halles et de la bourgeoisie. Charles IX expirait, et son successeur, Henri III, ardent catholique tant qu'il n'est qu'héritier du trône, roi de la modération quand il y arrive, se laisse dominer par le tiers parti politique du duc d'Épernon; il subit dès lors toute l'impopularité de son système de tempérament. Les catholiques, ne se trouvant pas en sûreté avec une royauté hésitante, qui ne vient point à eux, prennent leurs précautions : ils établissent et constituent son pouvoir, qu'ils défèrent à la *sainte ligue*, à la maison de Guise. Un mémoire, rédigé par l'avocat David, parleur influent dans les assemblées municipales, indique la famille de Lorraine comme la seule héritière légitime de Charlemagne, le puissant empereur. Après la transaction de Poitiers, en 1577, entre Henri III et les huguenots, la rupture des catholiques avec la cour devient plus profonde; le conseil royal, redoutant la puissance du duc de Guise, se rapproche des calvinistes. Aussi les catholiques ne placent-ils plus là leur confiance; la maison de Guise est la seule fervente, la seule dévouée, la seule qui offre les garanties au parti qui s'est livré à elle.

En signant le traité de Joinville avec les envoyés de Philippe II, Henri de Guise avait pris des engagements positifs envers l'Espagne. Il existe aux archives de Simancas les lettres autographes d'une correspondance mystérieuse entre l'ambassadeur du roi d'Espagne à Paris et le duc de Guise, sous le nom de *Mucius*. Dans cette correspondance, qui se continua jusqu'à la catastrophe de Blois, le duc fait preuve d'une activité surprenante; ses soins tendent à détourner la possibilité d'une paix; il veut éviter à tout prix ce résultat. Faisant allusion aux barricades qui se préparent, il écrit à l'ambassadeur : « Vous voyez clairement l'état de nos affaires, et les louables intentions qui ont conduit ceux de Paris à la résolution qu'ils démontrent; il nous est nécessaire d'établir nos moyens, de sorte qu'à toute heure nous puissions être prêts à soutenir une si juste entreprise. » Ils étaient prêts depuis longtemps, les ligueurs, et en mai 1588 ils éclatent par les barricades, grandes journées des colères populaires contre la royauté indifférente, heureuses et saintes *journées des tabernacles*, comme les désigne la multitude, selon le témoignage de De Thou. Le duc de Guise est porté en triomphe dans les rues de la Cité. Le but principal du mouvement est de s'emparer du roi, de l'arracher aux mains du parti politique du duc d'Épernon : qui sait peut-être, une fois maître de sa personne, pourquoi ne l'enfermerait-on pas dans quelque abbaye, à Saint-Denis? Averti de ces projets, Henri III quitte furtivement le Louvre, et se retire à Chartres, abandonnant ainsi Paris à la toute-puissance de M. de Guise.

Sept mois à peine séparent les journées des barricades de la réunion des états généraux à Blois, et durant cet intervalle le duc de Guise est plus roi de fait que Henri III lui-même; tous les députés qui se rendent à la convocation royale sont complétement dévoués au Lorrain; tous lui conseillent de profiter de sa position brillante pour s'élever au poste immense auquel il aspire, et lui, bien résolu à frapper un grand coup, écrit encore à l'ambassadeur espagnol : « J'ai recommandé par toutes les provinces de pourvoir à ce que les députés soient si bien triés et choisis que tous concertent l'assurance de notre religion et la manutention des gens de bien, et je pense y avoir tellement pourvu, que le plus grand nombre desdits députés sera pour nous et à notre dévotion. Je sais que le roi pratique partout pour faire nommer des gens en faveur des princes suspects, mais je n'oublie rien; et si l'on commence, j'achèverai plus rudement que je n'ai fait à Paris. Qu'on y prenne garde! » C'est alors que Henri III, effrayé de cette puissance redoutable qui en veut à son pouvoir, et peut-être à sa vie, prend une résolution subite et désespérée : il croit anéantir la ligue en frappant la maison de Guise, et effrayer les députés par une mesure violente, afin de dominer ensuite leur majorité. Sa pensée s'arrête à un assassinat. Henri de Guise et son frère le cardinal, qui s'est associé à ses projets, sont dagués cruellement à Blois, dans une des salles du château. Il meurt accablé de coups d'épée, sans proférer une parole (1588).

A. MAZUY.

GUISE (LOUIS II DE LORRAINE, cardinal DE), frère du précédent, naquit en 1556. Il succéda au cardinal Charles de Lorraine, son grand-oncle, dans l'archevêché de Reims, et fut, sous les ordres de son frère, un des principaux promoteurs de la Ligue. Président du clergé aux états de Blois, en 1588, il fut assassiné comme le duc de Guise, mais le lendemain seulement. On le conduisit dans une salle obscure, où quelques soldats le tuèrent à coups de hallebarde. On brûla son corps et on jeta ses cendres au vent, de peur que les ligueurs n'en fissent des reliques. Henri III ne lui avait jamais pardonné les épigrammes et les railleries qu'il se permettait à tout propos contre lui. Ce prince ombrageux et vindicatif avait surtout à cœur ce distique latin du cardinal, qui faisait allusion à la devise royale (trois couronnes avec cette légende : *Manet ultima cœlo*, la troisième m'attend dans le ciel) :

> Qui dederat binas, unam abstulit, altera nutat,
> Tertia tonsoris nunc facienda manu.

De ces trois couronnes, Dieu lui en a déjà ôté une (celle de Pologne); l'autre chancelle; la troisième sera l'ouvrage d'un barbier. Le cardinal ajoutait même, dit-on, qu'il aurait beaucoup de joie de tenir la tête du roi, si on lui faisait cette troisième couronne chez les capucins.

GUISE (CATHERINE DE CLÈVES, duchesse DE), fille de François de Clèves, duc de Nevers, née en 1547, épousa en premières noces Antoine de Croy, prince de Porcien, et en secondes Henri Ier, duc de Guise, assassiné à Blois en 1588. Elle se rendit fameuse par ses galanteries, et fut, dit-on, la maîtresse de Saint-Mégrin, que le duc fit tuer, à ce que prétendent quelques historiens. Cependant, à la mort de son mari sa douleur sembla réelle; elle accusa Henri III devant le parlement de meurtre et de trahison. Elle était alors enceinte, Dieu sait de qui! et bientôt elle accoucha d'un fils que la Ligue salua comme le rejeton miraculeux d'une souche brisée.

Après la prise de Paris par Henri IV, ce prince, en bon politique, lui permit de reparaître à la cour. Les grâces de son esprit lui valurent bientôt toute la bienveillance du roi et même la confiance de l'austère Sully. Elle fit rentrer en faveur son fils Charles, qui, ayant été forcé d'abandonner le gouvernement de Champagne, reçut en dédommagement, par son intercession, le gouvernement de Provence. Elle mourut à Paris le 11 mai 1633. Vanel, dans les *Galanteries de la cour de France*, l'accuse d'avoir été la rivale de sa fille dans ses amours avec le grand écuyer de Bellegarde, qui passait pour un des assassins de son second mari. Cependant le père Hilarion de Coste fait son éloge dans les *Dames illustres*, et Brantôme semble vouloir la louer pour sa beauté et ses vertus.

GUISE (CHARLES II DE LORRAINE, duc DE), fils aîné de Henri de Guise et de Catherine de Clèves, naquit le 20 août 1571. Il fut arrêté le jour de l'exécution de Blois et renfermé au château de Tours, d'où il se sauva en 1591. Paris le reçut avec de grandes acclamations de joie, et les ligueurs l'auraient élu roi sans le duc de Mayenne, son oncle, dont cette popularité subite contrariait les ambitieux projets. On prétend que la fameuse duchesse de Montpensier, sa tante, était amoureuse de lui. C'est ce jeune prince qui tua de sa main le brave Saint-Pol. Il se soumit à Henri IV, en 1594, et obtint par l'entremise de sa mère le gouvernement de Provence. Il fut employé sous Louis XIII; mais le cardinal de Richelieu, redoutant le prestige de son nom, le força de quitter la France. Charles se retira alors à Florence, et alla mourir à Cuna, dans le Siennois, le 30 septembre 1640, à soixante-neuf ans. Il laissa plusieurs enfants de Henriette-Catherine de Joyeuse, son épouse, veuve du duc de Montpensier et fille unique du maréchal de Joyeuse, parmi lesquels est surtout célèbre Henri II, duc de Guise.

GUISE (Louis III de LORRAINE, cardinal de), frère du précédent, naquit avec des inclinations plus militaires qu'ecclésiastiques. Comme son père, il ne respirait que les armes. Quoique archevêque de Reims et honoré de la pourpre romaine, il suivit Louis XIII dans l'expédition du Poitou, en 1621. A l'attaque d'un faubourg, au siége de Saint-Jean-d'Angély, il se signala comme un des plus braves officiers. Il mourut quelques jours après à Saintes, le 22 juin 1621, n'étant que sous-diacre, malgré ses hautes fonctions sacerdotales. Guise avait eu avec le duc de Nevers, au sujet d'un bénéfice, un procès qu'il aurait voulu terminer l'épée à la main; il lui fit faire des excuses en mourant. Il laissa plusieurs enfants, entre autres Achille de Lorraine, comte de Romorantin, qu'il avait eu de Charlotte des Essarts, comtesse de Romorantin, à laquelle Moréri donne le nom de son amie, et qui fut une des maîtresses de Henri IV. Charlotte-Christine, fille d'Achille et veuve du marquis d'Assy, intenta, en 1688, un procès pour avoir la succession de la maison de Guise. Elle prétendit que son aïeul avait épousé la comtesse de Romorantin le 4 février 1611, et elle produisit différentes pièces à l'appui de ses prétentions. L'affaire n'eut pas de suite.

GUISE (Henri II de LORRAINE, duc de), fils de Charles II de Guise, naquit à Blois le 4 avril 1614. Après la mort de son frère aîné, il quitta le petit collet et l'archevêché de Reims, auquel il avait été nommé, pour épouser la princesse Anne de Mantoue. Le cardinal de Richelieu s'étant opposé à ce mariage, il passa à Cologne, s'y fit suivre par sa maîtresse, et l'abandonna bientôt pour la comtesse de Bossut, qu'il épousa. Mais peu de temps après il la délaissa également, et rentra en France. Son génie ardent et incapable de repos, l'envie de faire revivre la fortune de ses ancêtres, dont il avait le courage, le firent entrer dans la révolte du comte de Soissons. Il devint l'un des membres les plus actifs de la *ligue pour la paix universelle de la chrétienté*, dirigée contre Richelieu et soutenue par l'Espagne. Cependant en 1643 il fit sa paix avec la cour.

Il se trouvait à Rome en 1647, lorsque les Napolitains, révoltés contre Philippe IV, l'élurent pour leur chef, et le déclarèrent généralissime des armées et défenseur de la liberté. L'Europe, l'Afrique et l'Asie étaient alors en ébullition. Il ne balança pas un moment, s'embarqua seul sur une felouque, passa à travers la flotte espagnole, et arriva à Naples au milieu des cris de joie de la population. Il fit des prodiges de valeur; mais les efforts de son courage, mal secondés par la France, ne produisirent rien. Don Juan d'Autriche gagna l'officier qui commandait la porte d'Albe, et, tandis que le duc sortait de la ville pour marcher à la rencontre de l'ennemi, les Espagnols y entraient d'un autre côté. Une tentative qu'il fit pour rentrer dans Naples fut repoussée. Obligé de fuir dans la campagne, il donna dans une embuscade aux environs du château de Caserta, fut fait prisonnier et conduit en Espagne, où il demeura quatre ans, jusqu'en 1652.

Malgré les vives sollicitations du duc de Lorraine, il n'aurait pas obtenu sa liberté si le conseil de Madrid ne l'avait jugé propre à seconder le prince de Condé dans la guerre qu'il faisait contre la cour. Mais le duc, au lieu de porter les armes contre sa patrie, fit une nouvelle et infructueuse tentative sur Naples avec l'appui d'une flotte française. Guise, de retour à Paris, se consola par les plaisirs du malheur d'avoir perdu une couronne. « Il brilla beaucoup, dit Chaudon (copié en ceci par la *Biographie universelle* de Michaud), dans le fameux carrousel de 1658. On le mit à la tête du quadrille des Maures; le prince de Condé était chef de celui des Turcs. Les courtisans disaient en voyant ces deux hommes : Voilà les héros de l'histoire et de la fable. Le duc de Guise ressemblait effectivement beaucoup à un héros de mythologie ou à un aventurier des siècles de chevalerie. Ses duels, ses amours romanesques, ses profusions, ses aventures, le rendaient singulier en tout! » Il mourut à Paris, le 2 juin 1664. Ses Mémoires sur son entreprise de Naples ont été publiés en 1 volume in-4° et in-12.

GUITARE, instrument à six cordes, dont on joue en pinçant. Il est formé de deux tables parallèles, l'une en sapin, l'autre en érable ou en acajou, assemblées par une éclisse, dont la hauteur varie de 8 à 10 centimètres. A l'une des extrémités est adapté un manche divisé par des *touches*, sur lesquelles on pose les doigts de la main gauche, tandis qu'on pince avec ceux de la main droite. Ce manche est terminé par un *sillet*, et garni de chevilles pour monter ou descendre les cordes, qui sont fixées à l'autre extrémité de l'instrument, sur un chevalet fort bas. Au milieu de la table supérieure est pratiquée une ouverture, appelée *rosace* ou *rosette*. Les cordes sont accordées par quartes justes en montant, excepté la quatrième et la cinquième, entre lesquelles il n'y a que l'intervalle d'une tierce majeure. L'accord de l'instrument est donc, partant du grave : *mi*, *la*, *ré*, *sol*, *si*, *mi*. La musique écrite pour la guitare est notée sur la clef de *sol*.

On ne sait rien de certain sur l'origine de cet instrument (*voyez* Cithare). On pense généralement qu'il est aussi ancien que la harpe, et que les Maures l'ont apporté en Espagne, d'où il s'est ensuite répandu en Portugal et en Italie. Du temps de Louis XIV il était fort à la mode en France; mais la vogue qu'il eut fut de courte durée; et après avoir brillé d'un éclat tout nouveau, vers 1829, sous les doigts d'artistes fort habiles, il est actuellement presque complétement abandonné, comme le plus ingrat et le plus monotone de tous les instruments. Que la guitare plaise aux Espagnols et aux Italiens, rien de plus naturel; mais qu'on en ait fait chez nous un instrument de concert, qui naguère prenait effrontément place sur tous les programmes, en vérité je ne connais rien de plus désespérant pour un musicien, si ce n'est un concerto ou air varié de flageolet.

On appelle *guitariste* celui ou celle qui joue de la guitare.

Bécuem.

GUITON-MORVEAU. *Voyez* Guyton-Morveau.

GUIVRE. *Voyez* Givre (*Blason*).

GUIZOT (François-Pierre-Guillaume) est né à Nîmes, le 4 octobre 1787. Son père, *François-André* Guizot, avocat distingué, descendait d'une famille ancienne et considérée dans la bourgeoisie protestante du midi. Comme tous ceux de sa religion, que la révolution venait d'affranchir de toute distinction humiliante et de faire rentrer dans le droit commun, il se signala d'abord par son dévouement au régime nouveau; mais bientôt il paya de sa vie sa résistance aux fureurs révolutionnaires, et le 8 avril 1794 il porta sa tête sur l'échafaud. Sa veuve, *Élisabeth-Sophie* Bonicel, demeura seule avec deux fils, dont l'aîné, François, entrait alors dans sa septième année. Elle quitta sa ville natale, ses parents et ses amis, et alla chercher à Genève, pour l'éducation de ses fils, un système d'études fortes et sérieuses qu'elle n'aurait pu trouver ailleurs dans le reste de la France. Dès son début le jeune François prit un rang honorable dans son gymnase, et les plus brillants succès vinrent bientôt couronner son application; quatre années lui suffirent pour acquérir la connaissance des langues latine et grecque, allemande, anglaise et italienne. Il avait lu Thucydide, Démosthène et Tacite tout entiers; la littérature grecque surtout avait pour lui un vif attrait. Mais ce fut seulement dans le cours de l'année 1803, lorsqu'il aborda les études philosophiques, qu'un monde nouveau parut s'ouvrir à son intelligence. Soumise jusque là à l'autorité du précepte, sa raison s'essaya et s'affranchit; elle put marcher dès lors dans sa force et sa liberté. Mme Guizot à cette époque revint avec ses fils en Languedoc, et François la quitta bientôt pour aller seul faire son droit à Paris.

Le hasard jetait M. Guizot dans la société du Directoire; mais la nature de son caractère le défendit sans peine contre les agréments d'un commerce frivole; et la licence de mœurs qui régnait ne pouvait que blesser les principes et les goûts d'un jeune homme austère et romanesque, philosophe et dévot. Des relations nouvelles avec quelques hommes distingués, notamment avec Stapfer, ancien ministre de Suisse à Paris, le firent entrer dans une meilleure voie. Sous les auspices de son ami, de son hôte, car M. Guizot passa chez Stapfer, à la campagne, une bonne partie des années 1807 et 1808, il étudia la littérature allemande, la philosophie de Kant, et recommença courageusement ses études classiques en s'occupant de l'éducation des fils de Stapfer, pour lesquels il s'appliqua à trouver une méthode à la fois claire et prompte, qui leur fit retenir plus aisément les synonymes de la langue. Donnant à son travail plus de portée et d'étendue, il le fit imprimer en 1809, sous le titre de *Dictionnaire des Synonymes*. Dans ce livre se révèle déjà cette faculté, si puissante chez lui, de s'élever à la loi des faits, et de faire toujours aboutir les détails à des principes généraux.

Cependant M. Guizot dut encore à l'amitié de Stapfer la connaissance de Suard; sa vocation littéraire fut encouragée par ses rapports fréquents avec les gens d'esprit, dont le salon de Suard était le rendez-vous. L'introduction du premier volume des *Vies des Poëtes français* ne tarda pas à suivre le *Dictionnaire des Synonymes*. Il est facile de voir que les études historiques et philosophiques de l'auteur l'ont déjà préparé à traiter de plus grands sujets; mais on y remarque un défaut de mesure et de distribution qui répand quelque nuage sur un talent dont la lucidité fait aujourd'hui l'un des premiers mérites. Il s'occupait dès lors d'un grand nombre d'autres publications littéraires; il faisait paraître une traduction de Gibbon, enrichie de notes importantes; une traduction de *L'Espagne en* 1808, par Rehfus; il donnait d'assez faibles articles à la *Biographie universelle* de Michaud; enfin, il préparait de grands travaux sur l'histoire primitive du christianisme; ces dernières études élargirent et affranchirent beaucoup ses idées religieuses, sans en détruire le fond.

Ses occupations littéraires ne l'empêchaient pas de fréquenter le monde; il se mêlait aux réunions où se rencontraient les célébrités les plus diverses, depuis les ruines du monde philosophique de dix-huitième siècle jusqu'aux maîtres de la nouvelle école : l'abbé Morellet et Chateaubriand, Fontanes et le chevalier de Boufflers, Mme d'Houdetot et Mme de Rémusat. A la fin de l'hiver de 1812, M. Guizot épousa Mlle de Meulan (*voyez* plus loin). L'âge des deux époux était loin d'être assorti; mais les habitudes graves de M. Guizot pouvaient faire illusion sur sa jeunesse, et Mme Guizot conserva jusqu'à la fin de sa vie une influence remarquable sur son mari.

C'est aussi dans le cours de l'année 1812 que M. Guizot fut acquis à l'université. Fontanes, après l'avoir éprouvé quelque temps comme suppléant de la chaire d'histoire à la Faculté des lettres, le nomma professeur d'histoire moderne, divisant ainsi l'enseignement dont Lacretelle était auparavant chargé seul. C'est là que commencèrent ses relations avec Royer-Collard, professeur d'histoire de la philosophie : il s'établit entre eux une prompte intimité.

Dans le discours d'ouverture de son cours, le nom de l'empereur n'était pas cité; il y avait bien quelque courage de la part du jeune professeur à refuser ainsi au chef de l'État sa part de l'encens que toutes les solennités publiques lui payaient régulièrement en tribut. Ce n'est pas que, par ses opinions, M. Guizot eut quelque engagement avec un parti hostile au gouvernement de Napoléon : son opposition était toute philosophique. Il était resté jusque alors étranger au mouvement de la politique. Un moment pourtant il avait été sur le point d'y prendre part; c'était de 1811 à 1812. M. Pasquier et Mme de Rémusat le proposèrent pour une place d'auditeur au conseil d'État. Le duc de Bassano, pour essayer le jeune candidat, lui donna à faire un mémoire sur une question importante qui se débattait alors. Il s'agissait de l'échange des prisonniers français retenus en Angleterre. Ce projet n'avait jamais été bien sérieux de la part de l'empereur, qui ne l'effectua pas; il croyait voir dans la nécessité de garder et de nourrir ces prisonniers un embarras pour l'Angleterre. Quant à lui, les soldats ne lui manquaient pas encore. Le mémoire de M. Guizot fut écrit dans le sens de la prompte conclusion d'une négociation que Napoléon n'était pas pressé de terminer. L'épreuve ne fut donc pas favorable au jeune politique; il retourna sans regret à ses études, et ses succès littéraires suffirent à son ambition.

Les personnes qui ont cru trouver dans la froideur de M. Guizot pour le régime impérial un secret attachement à la maison de Bourbon ont mal connu les temps et les faits. Loin de songer à tirer le moindre parti des grands événements qui se préparaient entre Dieu et la France, mais dont nul n'avait le secret et ne pouvait se vanter d'être le complice, M. Guizot ne passa pas même à Paris le temps de la dernière lutte impériale. Au mois de mars 1814, la Restauration le trouva à Nîmes, auprès de sa mère, qu'il était allé visiter après une longue absence; et quand il revint à Paris, s'il fut désigné par Royer-Collard au choix de l'abbé de Montesquiou pour remplir auprès de lui les fonctions de secrétaire général du ministère de l'intérieur, ce n'était point à titre de récompense. Le gouvernement de Louis XVIII, en même temps qu'il mettait à la tête des affaires un grand seigneur, un ecclésiastique, un ancien royaliste, voulait faire preuve d'impartialité en plaçant près de lui un bourgeois, un protestant, un libéral. Telle fut la vraie origine politique de M. Guizot. C'était un représentant des intérêts de la France nouvelle dans une administration dont l'ancienne France était le principal élément. Aussi le parti ultra-royaliste ne vit pas sans défiance cet homme nouveau, pur, il est vrai, de tout antécédent républicain ou bonapartiste, mais qui prétendait servir dans l'intérieur du gouvernement la cause constitutionnelle contre l'ancien régime, le vœu national contre les tendances de la contre-révolution. D'autre part, les libéraux, qu'indignait le rétablissement de la censure, s'étonnaient surtout de voir M. Guizot accepter les fonctions de censeur royal.

Après le retour de l'île d'Elbe, M. Guizot reprit ses fonctions à la Faculté des lettres, et s'occupa paisiblement de ses travaux. Vers la fin du mois de mai seulement, quand il fut évident que l'Europe ne traiterait pas avec Napoléon et très-probable que Louis XVIII rentrerait en France, des royalistes constitutionnels jugèrent indispensable que Louis XVIII fût bien informé de la nécessité pour lui d'adhérer plus fortement que jamais à la charte et d'éloigner de sa personne M. de Blacas, regardé comme le chef du parti de l'ancien régime. M. Guizot se chargea de cette mission; il se rendit à Gand, où le roi résidait depuis plus de deux mois, eut avec ce prince une longue conversation, et lui transmit les sages avis qu'il avait recueillis; mais jamais il n'a rédigé le *Moniteur de Gand*, comme on l'a tant de fois faussement avancé. Il n'y a jamais écrit une seule ligne; c'est lui-même qui l'affirme, et on peut l'en croire sur parole.

Quand Louis XVIII rentra en France un mois après, M. Guizot, rentré avec lui, devint secrétaire général du ministère de la justice. Dans cette nouvelle fonction il fut encore plus en butte qu'auparavant aux attaques du parti ultra-royaliste, et n'en soutint qu'avec plus de persévérance et d'ardeur les principes et les actes de la minorité de la chambre de 1815. Cependant, la majorité *introuvable* triomphait; un ministre qui lui était particulièrement antipathique, Marbois, fut renversé : M. Guizot se retira avec lui. Le roi le nomma alors maître des requêtes au conseil d'État pour faire partie du comité du contentieux. A peu près à cette époque parut sa première brochure politique : *Du Gouvernement représentatif et de l'État actuel de la France*. C'était la réfutation d'un écrit spirituel et insidieux de Vitrolles. Presque en même temps, dans son *Essai sur l'Instruction publique*, M. Guizot défendait l'éducation publique contre l'invasion des jésuites. Bientôt l'ordonnance de dissolution du 5 septembre 1816 vint renverser les espérances de la contre-révolution; mesure hardie, à laquelle M. Guizot contribua, par un mémoire politique, remis à propos à Louis XVIII, et que M. Decazes fit prévaloir, en s'appuyant de l'avis et de l'influence de MM. Pasquier, Royer-Collard, Camille Jordan, de Serre, chefs de la minorité de la chambre, et déjà connus sous le nom de *doctrinaires*.

En 1818 M. Guizot fut nommé conseiller d'État, et lorsque M. Decazes devint ministre de l'intérieur, il fit créer pour lui la direction générale de l'administration communale et départementale. Mais l'assassinat du duc de Berry fit éclater une réaction funeste. Le parti national perdit ses plus fermes appuis dans le gouvernement. Royer-Collard, Camille Jordan, de Barante, furent destitués de leurs fonctions au conseil d'État. M. Guizot alla de lui-même au-devant de cette destitution, bien que nul engagement public ne le rendît solidaire de l'opinion qui venait d'éprouver une défaite; il refusa même, pour ne conserver aucun lien qui enchaînât son indépendance, les offres de pension qui lui furent faites. De 1820 à 1822 il publia une série d'écrits politiques du plus grand intérêt : *Du Gouvernement de la France depuis la Restauration; Des Conspirations et de la Justice politique; Des Moyens de Gouvernement et d'Opposition dans l'état actuel de la France; Sur la Peine de Mort en matière politique.* Tous ces écrits eurent un très-grand succès, une action puissante; ils durent surtout la faveur qui les accueillit au caractère même de l'opposition que faisait l'auteur. Son opposition en effet était éminemment constituante et gouvernementale; il ne flattait pas, comme tant d'autres, les passions du parti révolutionnaire; partout il se séparait avec une égale probité de l'anarchie et du despotisme. Le gouvernement poursuivit M. Guizot dans sa chaire, où il développait l'histoire du gouvernement représentatif dans les divers États de l'Europe depuis la chute du monde romain. Il punit à la fois par l'interdiction de son cours et le professeur rebelle, qui n'avait pas étouffé sous la robe universitaire l'indépendance du citoyen, et l'auditoire, dont les bravos étaient une nouvelle offense ajoutée à tous les torts d'un écrivain séditieux.

M. Guizot renonça pour le moment à la politique, et ne s'occupa plus que de grandes publications historiques; d'abord parurent sous sa direction : la *Collection des Mémoires relatifs à l'Histoire de la révolution d'Angleterre*, et la *Collection des Mémoires relatifs à l'ancienne Histoire de France*. Vers le même temps aussi furent publiés ses *Essais sur l'Histoire de France*, qui répandaient sur les origines de la France une nouvelle lumière et rendaient accessibles à toutes les classes de la société les mystères de l'histoire nationale, à peine connus des savants. Il fut suivi d'un livre du plus haut mérite, la première partie de l'*Histoire de la Révolution d'Angleterre*, comprenant tout le règne de Charles Ier. Des travaux de pure littérature occupaient encore ses loisirs; c'est alors que parurent avec la *Traduction des principales Tragédies de Shakespeare*, des *Essais historiques sur Shakspeare, sur Calvin*, et qu'il fonda la *Revue française*.

C'est dans cette sphère d'activité que s'écoulèrent pour M. Guizot les années de 1822 à 1827. L'organisation de la fameuse société *Aide-toi, le ciel t'aidera* date de cette époque; M. Guizot fut un de ses fondateurs et de ses membres les plus actifs. Elle n'avait d'autre but que de défendre hautement contre les menées souterraines du pouvoir l'indépendance des élections; ce but était légal, avoué, public. En 1828, le ministère conciliateur de M. de Martignac lui permit de reprendre à la Sorbonne son cours, depuis longtemps interrompu; la même autorisation fut donnée à MM. Villemain et Cousin. Rien ne peut rappeler aujourd'hui l'effet produit alors par le concert admirable de cet éloquent triumvirat, dont chaque leçon était un livre. Le cours de M. Guizot surtout attirait une foule immense dans sa vaste enceinte; la nature même de son sujet, sévère et positif; les habitudes de sa pensée, haute et profonde; la puissance de sa parole, pleine et limpide; la dignité de son caractère, mâle et réservé, donnaient à son enseignement une physionomie particulière. Il occupa presque tout son temps de 1828 à 1830.

A la fin de 1828 M. Guizot s'était uni en secondes noces à Mlle Élisa Dillon, nièce de Mlle de Meulan, qui en mourant avait entrevu, désiré et presque préparé pour son mari ce nouveau bonheur. Au mois de mars 1829 on lui rendit sa place au conseil d'État; mais l'avénement du ministère Polignac l'empêcha de se rapprocher du pouvoir. Il prit part alors à la rédaction du *Journal des Débats* et du *Temps*, et fut porté par l'opposition candidat à la représentation nationale. En janvier 1830 il fut élu pour la première fois membre de la chambre des députés. Il avait alors quarante-deux ans, et fut choisi par l'arrondissement de Lisieux, où il possède le domaine de Val-Richer, voisin de la terre de son ami le duc de Broglie.

M. Guizot dans la discussion de la fameuse adresse des 221 monta à la tribune : « La vérité, dit-il, a déjà assez de peine à pénétrer jusqu'au cabinet des rois : ne l'y envoyons pas faible et pâle; qu'il ne soit pas plus possible de la méconnaître que de se méprendre sur la loyauté de nos sentiments. » Et il vota contre tout amendement au projet de la commission. Après la dissolution de la chambre, il fut réélu à Lisieux pendant qu'il était allé à Nîmes exercer ses droits électoraux. Durant cet intervalle, son opposition devint de plus en plus vive, et il fit inscrire des premiers son nom dans l'association pour le refus de l'impôt non voté par les chambres. Enfin, il arriva à Paris pour y apprendre les premiers effets des ordonnances de juillet, le 26, à quatre heures du matin : à dater du même jour il prit une part active à tous les actes de la réunion des députés jusqu'au 7 août : « Il n'y a pas eu, a-t-il dit lui-même, une des réunions de députés, grande ou petite, nombreuse ou peu nombreuse, à laquelle je n'aie assisté. J'ai eu l'honneur de rédiger la première protestation des députés et la proclamation par laquelle la chambre a appelé Mgr le duc d'Orléans à la lieutenance générale du royaume. La commission municipale qui siégeait à l'hôtel de ville m'a fait l'honneur, le 31 juillet, de me confier le ministère de l'instruction publique, et celui de l'intérieur le lendemain. Je suis donc aussi engagé, aussi compromis que personne dans la révolution. »

Les ordonnances du 2 novembre 1830 mirent fin au premier ministère de M. Guizot; il combattit le cabinet Laffitte, qui lui succéda, et soutint ensuite de toutes ses forces celui de Casimir Périer. Les formes agressives et hautaines de M. Guizot lui attirèrent l'animadversion de la gauche; c'est lui qui inventa les expressions malheureuses de *quasi-légitimité* et de *pays légal;* il parlait trop souvent d'écraser l'anarchie et prêchait surtout l'adoption de mesures d'intimidation. Dans le cabinet du 11 octobre 1832, M. Guizot redevint ministre de l'instruction publique. La prise d'Anvers, l'arrestation de Mme la duchesse de Berry, la répression des troubles d'avril et les lois de septembre 1835, tels furent les principaux actes de ce ministère, dans lequel M. Guizot avait une très-grande influence. De nombreuses réformes et d'importantes améliorations furent en même temps accomplies dans son département, et la loi du 28 juin 1833 sur l'instruction primaire, une des créations les plus libérales de notre temps, demeurera l'éternel honneur de l'homme dont elle fut l'ouvrage. Lorsqu'une manœuvre du tiers parti amena la dissolution du cabinet le 22 février 1836, M. Guizot, se retranchant dans le silence, ne prit la parole que très-rarement et seulement par nécessité, jusqu'au moment où il fut rappelé avec le même portefeuille dans le nouveau ministère présidé par M. Molé. Lorsque M. de Gasparin se retira, M. Guizot demanda aussitôt pour lui le département de l'intérieur, auquel il visait depuis longtemps; mais rencontrant des obstacles, il consentit à s'effacer devant M. Thiers, qui allait bientôt devenir son redoutable rival et son infatigable adversaire, à condition pourtant que les affaires étrangères seraient données à M. le duc de Broglie, son ami, et l'un des principaux doctrinaires. Cependant toutes ces négociations échouèrent, et le ministère Molé, constitué le 15 avril 1837, demeura pur de tout élément doctrinaire. De là des griefs personnels, que la ligne politique suivie par les nouveaux ministres ne tarda pas à envenimer. L'amnistie proclamée par eux rejetait sur leurs prédécesseurs tout l'odieux des mesures de rigueur qui avaient signalé leur passage aux affaires : M. Guizot et ses amis se jetèrent alors dans l'opposition. C'est l'époque de la fameuse coalition. M. Guizot se retrouva encore une fois, comme à la fin de la restauration, sous le même drapeau que ses adversaires politiques les plus déclarés. Sa conduite en cette circonstance fut sévèrement blâmée par le parti conservateur; « Vous aurez peut-être quelque jour notre appui, lui disait alors le *Journal des Débats*, mais notre estime jamais! » Mot cruel, que M. Guizot feignit depuis de ne pas avoir entendu. Royer-Collard se sépara de lui avec éclat. Après le triomphe de la coalition, M. Guizot accepta des mains de M. Thiers l'ambassade de Londres; mais sa mission ne fut pas heureuse, et le traité du 15 juillet 1840 se conclut en dehors de la France et contre elle. L'histoire lui reprochera aussi de s'être montré trop oublieux de la dignité de son pays en signant le traité qui consacrait l'extension du droit de visite. Sur ces entrefaites, le ministère de M. Thiers tomba, et M. Guizot devint le chef réel du cabinet du 29 octobre, ce long ministère qui devait enterrer la monarchie constitutionnelle; il se chargea du portefeuille des affaires étrangères.

L'histoire des dernières années du règne de Louis-Philippe est une triste page de l'histoire de la France; M. Guizot retomba dans la faute de toute sa vie : il se fit l'homme de la *résistance*. Cherchant à augmenter la puissance royale, voulant relever l'autorité, il crut qu'il lui suffisait d'avoir une majorité dans *le pays légal*, et il fit tout pour se l'assurer. Il y réussit, et une majorité compacte et violente se constitua. Les intérêts matériels absorbèrent les âmes; on vit dans la députation un moyen de faire fortune; les concessions publiques, les places, les promesses de toutes sortes devinrent des appâts pour les électeurs : la chambre des députés regorgea de fonctionnaires. La corruption infecta le monde politique. *Enrichissez-vous!* avait dit M. Guizot à ses électeurs, et il avait été pris au mot; mais s'il avait entendu dire par là seulement que la richesse devait être le seul signe de capacité politique, il dut bientôt s'apercevoir qu'il avait fait fausse route et que ce besoin de s'enrichir poussait la nation à sa perte. C'était sans doute à ce culte des intérêts matériels que cédait le gouvernement de Louis-Philippe quand pour conserver la paix, après être rentré dans le concert européen par le traité de 1841 qui fermait les détroits du Bosphore, il signait le traité du droit de visite, désavouait l'amiral Dupetit-Thouars et consentait à payer l'indemnité Pritchard; quand, de peur de prolonger une guerre qui eût pu agrandir nos possessions en Afrique aux dépens du Maroc, il faisait déclarer que la France était *bien assez riche pour payer sa gloire!* Cependant, le ministère voulut trouver quelques compensations : une expédition contre Madagascar fut projetée, la chambre l'arrêta. Bientôt Louis-Philippe indisposa l'Angleterre par les mariages espagnols : la guerre pouvait être au bout de cette question, purement dynastique; la famine pesa sur la France, la bourgeoisie devint mécontente, et M. Guizot crut plus que jamais à la force de résistance. Il résista même à ses amis, qui tout en le désavouant n'osaient l'abandonner. Les banquets s'organisèrent; il pensa que l'armée suffirait pour en triompher. Sans doute il se faisait peu d'illusions sur l'assistance de la garde nationale : appelée au dernier moment, elle précipita la chute de la monarchie le 24 février 1848, en ne croyant jeter par terre que le ministère Guizot. Mis alors en accusation, il s'échappa de Paris déguisé en ouvrier. L'accusation finit devant la cour d'appel par un arrêt de non-lieu, et M. Guizot put rentrer en France en 1849. Dans l'exil le vieux roi garda, dit-on, pour lui quelque éloignement.

Cependant, M. Guizot revint bien vite à la polémique. Sa brochure intitulée *De la Démocratie en France* fit une grande sensation. On y lisait cette phrase curieuse échappée à la plume du doctrinaire, qui a toujours été en théorie l'homme le plus libéral du monde : « Pour contenir et pour régler la démocratie, il faut qu'elle soit beaucoup dans l'État, et qu'elle n'y soit pas tout; qu'elle puisse toujours monter elle-même, et ne jamais faire descendre ce qui n'est pas elle; qu'elle trouve partout des issues, et rencontre partout des obstacles. » Aux élections générales de 1849 et plus tard, lorsqu'il s'agit de remplacer Victor Grandin, des amis de M. Guizot mirent en avant sa candidature; mais il les désavoua formellement. Après la mort de Louis-Philippe, il était devenu avec son ancien collègue M. de Salvandy, quoique avec moins d'ardeur et de confiance que celui-ci, l'un des promoteurs de la fusion et l'un des patrons de *L'Assemblée Nationale*, journal qui représente encore aujourd'hui les idées et les intérêts de cette coterie politique.

En même temps il avait repris avec une ardeur toute juvénile ses travaux historiques; il faisait successivement paraître dans la *Revue contemporaine* des études très-remarquables : *Pourquoi la Révolution d'Angleterre a-t-elle réussi? Monk, ou la fin de la république en Angleterre* et les *Portraits politiques* des hommes des divers partis, parlementaires, cavaliers, républicains, niveleurs. M. Guizot suppliait la France de s'instruire de l'exemple de ses voisins d'outre Manche; il cherchait des points de comparaison entre la révolution d'autrefois et celle d'hier, établissait des parallèles plus politiques qu'historiques, plus ingénieux que vrais; il ne dédaignait même pas, pour arriver à ses fins, les petits moyens, les allusions flagrantes, les désignations par trop directes. Mais le pays, tout en reconnaissant que personne mieux que M. Guizot n'expliquait le passé, refusait de lui croire le don de lui dévoiler son avenir. Quelque temps après le coup d'État du 2 décembre, la même revue imprima un nouvel article : *Cromwell sera-t-il roi? L'Histoire de la République d'Angleterre et de Cromwell*, seconde partie de son *Histoire de la Révolution d'Angleterre*, si longtemps interrompue, parut alors. On lui doit aussi une belle *Étude historique sur Washington*. Enfin, il a encore fait paraître ou réimprimer *Corneille et son siècle; Histoire des origines du gouvernement représentatif en Europe; Histoire de la civilisation en France et en Europe; L'Amour dans le Mariage; Nos Mécomptes et nos Espérances*, etc.

Comme écrivain M. Guizot a eu beaucoup à souffrir de la critique de ces derniers temps; M. Gustave Planche, dans la *Revue des Deux Mondes*, l'a traité de pesant rhéteur; à son exemple, une nuée de tirailleurs de la petite presse ont salué d'un long feu chaque production nouvelle de l'ancien homme d'État. On ne saurait lui refuser pourtant de posséder au suprême degré une qualité, bien rare en ces temps-ci, l'autorité; son style, aux formes roides, impérieuses, graves et tristes, commande l'attention, presque le respect. Il domine tout d'abord son lecteur, jamais il ne cherche à le séduire.

Cette qualité, il la portait aussi à la tribune; sa phrase, toujours entachée de dogmatisme, est froide, incisive; elle semble tomber de ses lèvres, jamais elle ne part de son âme; doué d'un sang-froid inaltérable, on l'a vu, sans qu'un seul muscle de sa physionomie tressaillît, braver les tumultes les plus orageux : « Vos insultes, dit-il une fois à la chambre ameutée, n'arriveront jamais à la hauteur de mon dédain. » Et dans une autre circonstance : « On peut épuiser ma force, on n'épuisera pas mon courage. » M. Guizot quand il était ministre était, à proprement parler, le seul orateur du parti ministériel; il était fier de suffire à cette tâche immense. La lutte était son existence, le pouvoir sa passion dominante, son éternelle préoccupation : il lui a constamment tout sacrifié. On a beaucoup vanté les vertus privées de M. Guizot, son désintéressement; et l'on a dit de lui, comme de Walpole : « Ce ministre corrupteur est un homme incorruptible. » Est-ce bien là un éloge.

Le jeune fils de M. Guizot, *Maurice-Guillaume* Guizot, né le 11 janvier 1833, à Paris, après avoir fait d'excellentes études au collége Bourbon, a débuté dans la carrière des lettres par une *Étude sur Ménandre, la Comédie et la Société grecques*, ouvrage couronné par l'Académie Française, en 1853. Le nom que portait le jeune écrivain devait lui attirer les sympathies du corps savant appelé à juger du mérite de son œuvre; l'Académie s'est peut-être montrée indulgente, mais il y a du goût et de l'esprit dans ce travail; on y découvre des germes de talent.

GUIZOT (Élisabeth-Charlotte-Pauline de MEULAN, Mme), première femme de l'ancien ministre de Louis-Philippe, naquit à Paris, le 2 novembre 1773, d'une famille considérable dans la finance. Son père était receveur général de la généralité de Paris. Dans son enfance, et malgré les soins d'une éducation très-cultivée, l'originalité si active de son esprit ne fut pas prompte à se manifester; elle apprenait, elle travaillait plutôt par docilité et par amour de l'ordre que par goût. On lui trouvait une intelligence rare, une extrême facilité; elle faisait des vers, elle composait de petits contes, mais languissamment et sans prendre à aucun travail un vif plaisir. Ce ne fut guère qu'à l'âge de vingt ans, au milieu des spectacles et des ébranlements de la révolution, qu'éclata l'énergie féconde de sa nature, et qu'un jour en dessinant, comme elle le disait elle-même, elle s'avisa de se sentir de l'esprit. Bientôt elle fut appelée non-seulement à jouir de ses facultés, mais à les déployer pour le soutien de sa famille; la révolution vint renverser la fortune de son père et réduire à une extrême gêne sa mère, demeurée seule avec quatre autres enfants, dans un temps où chacun se suffisait à grand'peine à soi-même. Mlle de Meulan se mit à l'œuvre pour tous les siens. Encouragée par Suard, ancien ami de sa famille, elle se décida à écrire pour le public. Un premier roman, publié en 1799, *Les Contradictions*, semblait déceler, avec un bon sens très-original et une immense prodigalité d'esprit, quelque disposition à une subtilité excessive dans le développement des idées. Ces défauts disparurent en grande partie dans un second roman, *La Chapelle d'Ayton*, composition modestement cachée sous l'apparence d'une traduction, mais qui n'avait réellement emprunté à l'auteur anglais qu'un titre et quelques noms.

Mlle de Meulan ne continua pas à écrire des romans : le journal *le Publiciste* et plusieurs recueils littéraires l'attachèrent à leur rédaction. Au commencement de l'année 1807 un chagrin domestique, la mort du mari de sa sœur, vint gravement altérer sa santé; elle ne pouvait sans danger continuer les feuilletons du *Publiciste*. Cependant les embarras de la situation et son indifférence naturelle pour la souffrance allaient l'emporter sur toute autre considération, lorsqu'elle reçut, d'une personne qui ne se nommait pas, l'article qu'elle avait à faire; elle accepta sans hésiter la responsabilité de cet article. Pendant quelque temps cette singulière correspondance continua sans que Mlle de Meulan connût son correspondant; mais elle voulut enfin savoir à qui elle la devait, et M. Guizot se nomma.

Ce fut là l'origine de leurs relations : cinq ans après, malgré la grande différence d'âge de M. Guizot, plus jeune de quatorze ans, le mariage les unit. Dans sa nouvelle existence Mme Guizot tourna bientôt toutes ses pensées vers l'éducation. *Les Enfants*, *les Nouveaux Contes* et *l'Écolier* furent ses premiers essais dans cette voie. Les deux premiers ouvrages s'adressent directement à l'enfance; et sans jamais quitter le ton simple qui convient à ces intelligences si vives et si faibles, elle a su mettre non-seulement à leur portée, mais à leur usage, les principes les plus élevés et toutes les idées, tous les sentiments d'une nature supérieure *L'Écolier* est une œuvre plus variée, destinée presque autant aux hommes qu'aux enfants, ou plutôt destinée à faire comprendre aux enfants les devoirs des hommes, à leur peindre leurs vertus à venir. Un autre ouvrage de Mme Guizot, qui n'a pas été achevé, *Une Famille*, présente le mélange des leçons données aux enfants et de celles qui s'adressent aux parents. Un recueil publié après sa mort, les *Conseils de Morale*, se compose de morceaux détachés, de traités, de pensées, de caractères. Enfin, le dernier ouvrage qu'ait écrit Mme Guizot, celui qu'elle s'est hâtée d'achever quand elle sentit les forces lui échapper, les *Lettres sur l'Éducation domestique*, ne sont pas un livre proprement, un traité systématique d'éducation, ce sont des faits, des observations, des directions, des conseils, toujours bien liés, rattachés à une idée grande et simple, mais qui admettent une variété infinie dans l'application. C'est l'expérience d'un esprit supérieur mise au service de parents novices.

Mme Guizot semblait devoir se reposer dans un long bonheur des premières fatigues de la vie; mais une maladie douloureuse l'enleva, le 1er août 1827. Elle s'éteignit tranquillement, au milieu des siens, en écoutant son mari lire un sermon de Bossuet sur l'immortalité de l'âme.

GULDBERG (Ove-Hoegh), célèbre historien et homme d'État danois, était né en 1731, à Horsen. Il est auteur d'une d'histoire universelle (3 volumes; Copenhague, 1772), dans laquelle il soutient avantageusement la comparaison avec Thucydide sous le rapport de l'habileté de l'exposition, et avec Tacite sous celui de la nerveuse concision du style. On n'estime pas moins ses ouvrages théologiques, parmi lesquels on doit plus spécialement citer sa *Fixation des dates pour les livres du Nouveau-Testament* (1735) et sa traduction avec notes du Nouveau-Testament (1794). Nommé ministre à la suite de la révolution de palais qui renversa Struensée, la politique qu'il suivit (1773-1784) fut diamétralement opposée à celle de cet homme d'État. Nommé bailli d'Aarhuus (Jutland) à l'avénement à la régence de Frédéric VI, il mérita bien de la province qu'il était chargé d'administrer, et mourut en 1808, après avoir été mis à la retraite en 1802, à cause de son grand âge.

GULDEN. *Voyez* Florin.

GULDIN (Habacuc et plus tard Paul), né à Saint-Gall, en 1577, exerça d'abord l'orfévrerie. Il appartenait à la religion réformée; mais à l'âge de vingt ans il apostasia, et entra chez les jésuites; c'est alors qu'il changea son nom biblique pour celui de Paul. Il s'adonna à l'étude des mathématiques, et à partir de 1609 il se livra à leur enseignement dans les colléges de la société à laquelle il appartenait, d'abord à Rome et plus tard à Gratz. Il mourut dans cette dernière ville, le 3 novembre 1643.

Le nom de Guldin est surtout connu à cause du théorème auquel il est resté attaché; mais nous avons dit ailleurs que le véritable auteur de ce théorème était Pappus (*voyez* Centrobarique), ce que Guldin n'ignorait pas, quoiqu'il l'ait donné comme une de ses propres découvertes. Lorsque Cavalieri publia sa *Géométrie des indivisibles*, Guldin eut encore le tort de se ranger parmi ses adversaires. Si donc il peut réclamer une place dans la science, ce n'est que pour sa défense du calendier grégorien, qu'il publia sous le titre de *Refutatio elenchi calendarii Gregoriani a Setho Calvisio conscripti* (Mayence, 1616). E. Merlieux.

GULF-STREAM. *Voyez* Courant, tome VI, p. 642.

GULHANÉ, l'une des résidences du sultan, située à peu de distance de Constantinople, sur le Bosphore, qui donna son nom à un fameux hattichérif formant une sorte de charte pour l'Empire Othoman.

GULISTAN (Traité de). Il fut signé en 1813, entre la Perse et la Russie, sous la médiation de l'Angleterre, pour la démarcation définitive de leurs frontières respectives, mais ne fut ratifié qu'en 1816. En vertu de ce traité, que la convention de Tourkmantchaï, conclue en 1827, a encore singulièrement aggravé, la Russie obtint les conditions les plus favorables pour son commerce dans les États du chah, ainsi que le droit exclusif d'avoir des bâtiments de guerre sur la mer Caspienne. La Perse lui céda, en outre, le Chirwan, et se désista de toutes prétentions sur le Daghestan, l'Abazie et la Géorgie. Gulistan, mot qui signifie *Pays des Roses*, est le nom d'un village situé au confluent du Kour et de l'Araxe, dans le *Karah-Bakh* (Jardin noir), contrée montagneuse et boisée de la Perse, où se réunirent les diplomates chargés de négocier le traité dont nous venons de rapporter les clauses essentielles. C'est aussi le titre d'un des ouvrages les plus connus de Saadi.

GUNDWANA. *Voyez* GOUNDOUANA.

GUNTER (EDMOND), célèbre mathématicien anglais du dix-septième siècle, naquit dans le Hertfordshire, en 1581, d'une famille originaire du Brecknocshire. Ses travaux le mirent en rapport avec les savants les plus distingués de son siècle, et on lui confia, en 1619, la chaire d'astronomie au collége de Gresham. Trois ans auparavant il était entré dans les ordres. On lui doit l'invention de plusieurs instruments de mathématiques, dont le principal est connu sous le nom de *règle à calcul* (*voyez* CALCULER [Instruments à]). En 1622, il fit l'importante découverte que la *variation* de l'aiguille aimantée *varie*. Il fut amené à reconnaître ce fait par les travaux préalables du cours qu'il fit à Deptford au sujet de ces variations, et à l'occasion desquels il remarqua que la déclinaison de l'aiguille avait changé de près de 5° dans l'espace de quarante-deux années. La vérité de cette découverte fut plus tard démontrée et confirmé par Gellibrand, son successeur dans la chaire d'astronomie du collége de Gresham. Gunter fut enlevé aux sciences à l'âge de quarante-cinq ans, en 1626. Ses ouvrages ont eu de nombreuses éditions.

GUNTHER, comte de Schwartzbourg, né en 1304, roi d'Allemagne en 1349, avait fait preuve de capacité dans l'administration de son petit État, et s'était aussi distingué, en 1344, dans la guerre dite des comtes de Thuringe. Lors de la mort de Louis de Bavière (1347), le roi Édouard d'Angleterre et le margrave Frédéric de Misnie ayant refusé la couronne impériale, Gunther, qui repoussa d'abord avec force les propositions qui lui furent faites à ce sujet, fut élu empereur le 30 janvier 1349, à Francfort, par les électeurs de Mayence, de Brandebourg, et de Bavière, et opposé à Charles IV, qui déjà était monté sur le trône, grâce à l'appui du pape et de la France. Charles IV eut recours aux ruses et aux intrigues de la diplomatie, et réussit à gagner à sa cause le landgrave Frédéric et ses fils, puis le comte palatin Rodolphe, et enfin le margrave de Brandebourg lui-même. Le roi Gunther persista, et se prépara à la guerre. Au moment où il allait se mettre en campagne, dans les premiers jours de mai 1349, il fut tout à coup saisi d'une indisposition, contre laquelle il eut recours à un médecin de Francfort, qui vraisemblement l'empoisonna. Aussitôt en effet qu'il eut pris les remèdes prescrits, sa faiblesse augmenta visiblement d'heure en heure. A la prière des princes ses amis, Gunther, qui avait le pressentiment de sa fin prochaine et qui songeait à ses enfants et à ses créanciers, consentit enfin à abdiquer la couronne impériale moyennant une indemnité de 20,000 marcs d'argent. Il mourut deux jours après, le 14 juin 1349, et fut enterré dans l'église cathédrale de Francfort, où on éleva un monument à sa mémoire en 1352.

GURDISTAN ou GURGISTAN. C'est ainsi que les Turcs et les Arabes appellent la Géorgie.

GUROWSKI (ADAM, comte), émigré polonais de 1831, l'un des publicistes qui se sont chargés de populariser les théories du panslavisme russe, est né au commencement de ce siècle, au château Rusocice, dans la woiwodie de Kalisch, en Pologne, et l'aîné de cinq frères; doué des plus heureuses facultés intellectuelles, il alla étudier en Allemagne, aux universités de Leipzig, de Gœttingue et de Heidelberg, où il se fit une réputation de mauvaise tête et de bretteur, et où il se trouva compromis dans l'affaire des menées démagogiques de 1820. N'osant plus retourner en Pologne, il habita alors pendant longtemps le grand-duché de Posen; mais ayant enfin obtenu un sauf-conduit, il rentra dans son pays, où, par suite de l'inquiétude naturelle de son esprit, il ne tarda point à s'occuper de politique constitutionnelle, de crédit agricole et de littérature romantique. Se voyant méconnu et systématiquement repoussé de toutes parts, il finit par se rapprocher des hautes sphères du pouvoir et du grand-duc Constantin. Mais la révolution de novembre 1830 n'eut pas plus tôt éclaté à Varsovie, qu'il se montra *clubiste* ardent; et le gouvernement national le chargea alors d'une mission à l'étranger. Arrivé à Paris avec une foule d'émigrés polonais, après la compression de l'insurrection, et complétement dévoué à son pays tant qu'il crut à la révolution, ainsi qu'il nous l'apprend lui-même, il devint l'un des membres du comité national polonais de Paris; et quand cette assemblée eut été dissoute, il déploya une ardeur extrême pour fonder la Société démocratique, qui devait plus tard prendre un caractère tout autre. La fougue de son esprit ne lui permit pas de rester longtemps d'accord avec les démocrates *organisateurs*, et pendant plusieurs années il mena alors une vie passablement accidentée. Réduit à la pauvreté par la révolution, mais conservant toute son énergie morale, il sonda d'une main ferme et sûre la profondeur des misères sociales actuelles, et se fit publiciste, employant pour rendre ses idées tantôt la langue allemande, tantôt la langue française. Bientôt le démagogue se transforma en insolent aristocrate, en ennemi acharné de la bourgeoisie, le républicain en absolutiste, le catholique en défenseur de l'Église grecque, le Polonais en Russe, l'Européen en *Panslaviste*. C'était là un moyen infaillible de se faire rouvrir à deux battants les portes de la Russie; toutefois, on ne lui rendit pas ses biens confisqués, et on se borna à lui donner la position très-subordonnée de gouverneur civil dans l'intérieur de la Russie. Ennuyé de semblables fonctions, il gagna encore une fois l'étranger en 1845, et publia alors différents écrits *panslavistes*, tant en Allemagne qu'en France. Pris au dépourvu par les événements de 1848, il jugea prudent de disparaître du théâtre de la politique, et se rendit en 1849 à Boston, où, avec un autre émigré polonais, il fit valoir son passé démocratique pour solliciter une chaire de professeur, qu'on ne jugea pas à propos de lui accorder. Ses principaux ouvrages sont: *La Vérité sur la Russie* (Paris 1840); *La Russie et la Civilisation* (en allemand; Leipsig, 1841); *Pensées sur l'avenir des Polonais* (Berlin, 1841); *Extraits de mon livre de Pensées* (en allemand; Breslau, 1843); *un tour en Belgique* (en allemand; Heidelberg, 1845); *Impressions et souvenirs* (Lausaune, 1846); *Les derniers Événements dans les trois parties de l'ancienne Pologne* (en allemand; Munich, 1846).

GUSTATION. *Voyez* DÉGUSTATION.

GUSTAVE. Quatre rois de Suède ont porté ce nom.

GUSTAVE Ier ou GUSTAVE WASA, roi de Suède de 1523 à 1560, né le 12 mars 1496, à Lindholm, dans la province d'Upland (Suède), s'appelait originairement *Gustave Erickson*, et était le fils aîné du sénateur Erick Johansson, lequel du côté paternel descendait de la maison de Wasa, et du côté maternel de la maison de Sture, deux familles proches parentes des anciens rois de Suède. Ses cousins, les Sture, qui étaient alors administrateurs du royaume de Suède, lui inspirèrent de bonne heure l'amour de la patrie, veillèrent sur son éducation, et l'envoyèrent en 1509 à l'école d'Upsal. A son retour, en 1512, Sten Sture le jeune le prit à sa cour, et chargea le savant évêque de Linkœping, Hemming Gadd, de l'initier à la politique. Gustave commença sa carrière militaire en 1517, à l'occasion d'une guerre que Sten Sture le jeune eut à soutenir contre l'archevêque Gustave Trolle, qui, ennemi des Sture, conspirait ouvertement contre eux. Il repoussa bravement les Danois venus au secours de l'archevêque, assiégé dans le château de Stæke, et contraignit le prélat lui-même à capituler. Il prit également une part glorieuse aux victoires remportées sur les troupes danoises de Christiern II par Sten Sture, en 1518. Lors des négociations qui s'ouvrirent bientôt pour la paix, il fut un des six otages envoyés à bord de la flotte danoise qui croisait devant Stockholm, et dont Christiern s'empara traîtreusement pour les retenir prisonniers de guerre en Danemark.

C'est là que, vers la fin de l'année 1519, Gustave apprit que Christiern avait presque complétement subjugué la Suède. Il réussit alors à s'évader de prison, déguisé en paysan, et parvint le même jour, non sans courir de grands dangers, à Flensbourg, où il se mit au service de marchands de bœufs jutlandais, avec lesquels il put, sans être découvert, gagner Lubeck. Le sénat de cette ville, qui n'était rien moins que satisfait de voir la Suède au pouvoir du roi de Danemark, prit le fugitif sous sa protection, et favorisa son départ pour la Suède. Gustave y débarqua au cap Stensœ, non loin de Calmar, que les Danois, à ce moment même, bloquaient étroitement par mer. Il se rendit aussitôt dans cette ville, et excita les habitants à faire une brave résistance; mais on craignit de se compromettre en écoutant un banni, et la garnison allemande, dont les dispositions étaient déjà très-incertaines, en vint même à menacer ses jours, de sorte qu'il lui fallut prendre la fuite. Il se réfugia d'abord dans la prvince de Somoland, parmi les paysans de son père, puis, lorsqu'il ne s'y crut plus en sûreté, chez son beau-frère, et de là dans son domaine de Refsnæs, et enfin en Dalécarlie, où, poursuivi par les satellites de Christiern II, il servit d'abord comme batteur en grange. Rélancé encore dans cet asile, il alla se cacher dans une cave, puis dans des forêts inaccessibles, et parvint à s'échapper caché dans une voiture de paille. Gustave avait inutilement appelé à diverses reprises les Dalécarliens aux armes contre les Danois. Ce fut seulement lorsqu'on apprit dans ces contrées les scènes de carnage qui avaient ensanglanté la capitale, et qui sont connues dans l'histoire sous le nom de *massacres de Stockholm*, en même temps que le bruit s'y répandait de l'intention manifestée par Christiern d'établir un nouvel impôt sur les paysans, que les populations élurent Gustave pour chef. Le château fort du gouverneur de la province fut pris d'assaut, et enhardis par ce premier succès de l'insurrection, les Dalécarliens accoururent chaque jour en plus grand nombre se ranger sous ses drapeaux. Un corps de 6,000 hommes, commandé par l'archevêque Trolle, ayant été battu par les insurgés, Gustave n'hésita point à sortir de la Dalécarlie. Il s'empara de Westeræs, puis d'Upsal, et marcha de là sur Stockholm, mais sans pouvoir se rendre maître de cette ville, parce qu'il manquait de navires pour l'investir par mer. Pendant ce temps-là une diète convoquée à Wadstena, en Ostrogothie, avait proclamé, le 24 août 1521, Gustave administrateur et capitaine général du royaume de Suède.

Investi par là d'une autorité légale, il s'occupa aussitôt de la réorganisation du pays, confiant les gouvernements principaux à ses intimes, faisant élire pour évêques des hommes en qui il pouvait avoir toute confiance, et augmentant autant que possible l'effectif de son armée. En même temps il se mettait de nouveau en marche sur Stockholm, qu'il bloqua bientôt de la manière la plus étroite. Quoique les Danois eussent réussi pendant son absence à détruire son camp à la suite de sorties vigoureuses faites dans les journées des 7, 8 et 13 avril 1522, Gustave, grâce à la puissante diversion qu'opérèrent en sa faveur les querelles dynastiques auxquelles le Danemark se trouva en proie et qui amenèrent la déposition de Christiern II, grâce aussi à un secours de dix bâtiments de guerre que lui envoya la ville de Lubeck, parvint à se rendre maître des villes de Calmar et de Stockholm en mai et juin 1523. Toutefois, avant que Stockholm fût tombée en son pouvoir, il avait convoqué pour les fêtes de Pâques (1523) la diète de Suède à Strengnæs; et il sut déterminer cette assemblée à lui déférer la couronne, qu'il accepta après de feintes hésitations. Stockholm ayant capitulé, il fit son entrée solennelle en cette ville; mais il différa jusqu'en 1528 la cérémonie de son couronnement, pour ne point se trouver forcé de jurer le maintien des priviléges du clergé et d'accepter d'autres conditions humiliantes. Peu de temps après qu'il se fut rendu maître de Stockholm, il conquit la Finlande, et régna de la sorte sur tout le territoire de la Suède. En même temps il contraignait le roi de Danemark, Frédéric Ier, à renoncer à toutes pretentions à la couronne de Suède, ainsi qu'à le reconnaître lui-même en qualité de souverain légitime de ce pays; et il signait avec ce prince un traité d'alliance contre leur ennemi commun, Christiern II. D'après les conseils de son chancelier Lars Anderson, il conçut le hardi projet d'introduire en Suède la réformation, dont les doctrines lui furent expliquées par deux Suédois, disciples de Luther, Olaüs et Lorentz Petri. Toutefois, au lieu d'apporter de la précipitation dans la réalisation de ce grand projet, il ne l'exécuta que petit à petit. Ce fut seulement lorsque la majorité des populations eut embrassé le protestantisme, qu'il fit lui-même profession publique du nouveau culte, en 1530; et une décision de la diète tenue à Westeræs, proclama enfin, le 13 janvier 1544, le luthéranisme religion de l'État. C'est dans la même diète qu'il fut également décidé que le trône de Suède cesserait à l'avenir d'être électif, et que le fils aîné de Gustave, Erik, fut déclaré héritier de la couronne.

Tout le règne de Gustave fut d'ailleurs pour la **Suède** une époque de remarquable prospérité. Ce prince rétablit dans le royaume l'ordre et la tranquillité que la domination danoise y avait anéantis; il adoucit les mœurs, encouragea l'industrie, notamment l'exploitation des mines, favorisa le commerce, la navigation et les sciences. Pour affermir sa puissance, il s'efforça de diminuer l'influence de la noblesse et celle du clergé. En conséquence, il confisqua la plus grande partie des biens appartenant aux églises et aux couvents, soumit le clergé à l'impôt, et fixa le maximum de ses revenus. Il procéda d'abord avec plus de ménagements à l'égard de la noblesse, qu'il admit au partage des biens ecclésiastiques; mais plus tard il lui reprit une bonne partie de ce qu'il lui avait donné, et mit des bornes à la toute-puissance que cet ordre avait exercée jusque alors, en faisant accorder siége et voix délibérative dans la diète à l'ordre des paysans et à celui des bourgeois. Les diverses conspirations provoquées par l'énergie avec laquelle il maniait le pouvoir furent toutes découvertes par sa vigilance et déjouées par son habileté. Son conseiller intime, Conrad Peutninger ou de Pyhy, comme il se faisait appeler, eut une part importante dans l'exécution de ses divers plans; mais ce ministre finit cependant par être disgracié, en 1543. Pour s'affranchir de l'oppression commerciale exercée par la **Hanse**, Gustave fit pendant six ans avec succès la guerre à Lubeck, et conclut des traités de commerce avec l'Angleterre et les Pays-Bas. Pour conserver la Finlande, il soutint une guerre heureuse contre la Russie, de 1555 à 1557.

Il désigna pour lui succéder sur le trône le fils issu de son premier mariage, Erick XIV, en décidant toutefois que parmi ses fils du second lit, qu'il aimait beaucoup, il y en aurait trois qui partageraient le pouvoir avec lui, mais sans souveraineté, Jean en Finlande, Magnus en Ostrogothie, et Charles en Sudermannland, Néricie et Wermland.

Gustave Wasa mourut le 29 septempre 1560. Il avait constamment déployé l'activité la plus heureuse pour le bien de ses États. Il améliora l'administration de la justice, les mines, les monnaies, les douanes; créa sous le nom de *colléges* cinq départements ou ministères, pour la justice, la guerre, la marine, la chancellerie et l'intérieur, et favorisa le commerce de la Suède en lui créant des débouchés et des relations en Hollande, en organisant une compagnie commerciale des Indes. Il fonda en outre beaucoup d'églises et d'écoles, ainsi que l'université d'Abo en Finlande, et attira en Suède un grand nombre de savants étrangers, **Grotius** entre autres.

[GUSTAVE II ou GUSTAVE-ADOLPHE, le plus grand prince qu'ait eu la Suède, né le 9 décembre 1594, était fils de Charles IX, parvint au trône le 8 novembre 1611, et mourut le 6 novembre 1632. Héros de la guerre de trente ans, il fut le champion du parti protestant et des libertés germaniques, alors que l'œuvre de Luther était menacée par l'ambition de la maison d'Autriche. En montant à seize ans sur un trône disputé par le Danemark, qui n'avait pas encore renoncé à la brillante chimère de l'union de Calmar, Gustave héritait en même temps de trois guerres dangereuses, contre les Danois, les Russes et les Polonais. Il achète des premiers la paix de Siœrœd (1613), enlève au czar Romanow l'Ingrie, la Carélie, une partie de la Livonie, et fond sur la Pologne, où deux victoires, à Walhost (1626) et à Stum (1628), annoncent à l'Allemagne son futur libérateur. Sigismond, battu, chassé de la Prusse et de la Livonie, malgré les secours de l'empereur, signe une trêve de six ans, qui permet à Gustave d'exécuter ses grands projets en Allemagne. La ruine du roi de Danemark Christian IV était loin d'avoir terminé la guerre de trente ans. Les menaces et les vengeances de l'empereur Ferdinand II inquiétaient la France et la Suède. Richelieu trompe l'empereur, soulève les princes, arme Gustave, lui fournit des subsides, lui en promet plus encore, et le précipite sur l'Allemagne. Gustave s'embarque le 20 mai 1630, confiant son royaume à Dieu et à la sagesse du sénat de Stockholm. Le même jour l'empereur destituait le généralissime de ses armées, l'habile et orgueilleux Waldstein, qui en parlant de Gustave avait promis de *chasser cet écolier avec des verges*. Ferdinand II se laissait dire par ses courtisans que *ce roi de neige allait fondre au soleil du midi*... Oui, sans doute, mais après avoir marqué son passage par de bien cruelles avalanches. Gustave a touché le sol de l'Allemagne : Wollin, Stettin, Stargart, sont emportés. Il se précipite en avant, prodigue d'hommes, avare de temps, déconcertant par sa promptitude merveilleuse la vieille routine allemande. Il s'élance de la Poméranie dans la Marche, de la Marche dans la Silésie, au milieu des frimats de l'hiver le plus rigoureux. Le général Torquato Conti lui demande une trêve : « Les Suédois ne connaissent pas l'hiver, lui répond Gustave. » Le vieux général bavarois Tilly vient le premier s'opposer au torrent. Mais les mercenaires de la Bavière, avec les femmes impures qui suivent leurs camps, avec leurs orgies et leurs cris de pillage, que pouvaient-ils contre cette forte armée suédoise, où un jurement appelait le bâton du caporal, où chaque matin et chaque soir un armée entière s'agenouillait pour entonner les psaumes sacrés, pour entendre dans un silence religieux les exhortations du ministre et les sermons à cheval du héros suédois ? Pendant que la politique menaçante et armée de Gustave emporte l'alliance du duc de Saxe et de l'électeur de Brandebourg, l'armée de Tilly se déshonore par un triomphe digne des barbares d'Attila, le pillage, l'incendie et la ruine de la riche Magdebourg. Gustave, à qui l'on reproche de ne l'avoir pas secourue, répond aux plaintes des protestants par la sanglante victoire de Leipzig (1631), remportée sur Tilly. Tandis que les Saxons se préparent à envahir la Bohême, il bat le duc de Lorraine, pénètre en Alsace, soumet les électorats de Trèves, de Mayence et du Rhin, auxquels Richelieu aurait voulu permettre la neutralité. Enfin, il court envahir la Bohême. Tilly, qui essaye vainement de l'arrêter au passage du Lech, est blessé mortellement. L'Autriche était ouverte de tous côtés ; l'empereur, consterné, s'humilie devant Waldstein, et le rappelle pour l'opposer au vainqueur suédois. La Bohême est sauvée, comme Waldstein l'avait promis, et les deux rivaux se rencontrent sous les murs de Nuremberg. L'Europe les vit avec étonnement s'observer pendant trois mois. Enfin la bataille s'engage à Lutzen, le 6 novembre 1632 ; Gustave est frappé d'un coup mortel au milieu du combat. Ses soldats le vengent par la défaite des Impériaux. Le lendemain, on retrouva son corps nu, sanglant, et tout défiguré ; le chapeau et le justaucorps que portait le héros furent envoyés à Vienne. On accusa de sa mort le duc de Saxe-Lauenbourg, qui venait de passer aux Suédois, et qui revint aux Impériaux après la bataille. « L'Europe pleura Gustave, mais pourquoi ? dit un historien, peut-être mourut-il à temps pour sa gloire. Il avait sauvé l'Allemagne, et n'avait pas eu le temps de l'opprimer ; il n'avait point rendu le palatinat à l'électeur Frédéric V dépouillé ; il destinait Mayence à son chancelier Oxenstiern : il avait témoigné du goût pour la résidence d'Augsbourg, qui serait devenu le siége d'un nouvel empire (Michelet). » Quoi qu'il en soit, la Suède perdit en lui un grand roi. Zélé pour la justice, il protégea le commerce et l'industrie, et donna le premier à la Suède une armée permanente et un code militaire. Il changea l'art de la guerre en substituant au choc des masses l'habileté et la promptitude des manœuvres. Ses funérailles furent sanglantes, comme celles d'Alexandre. Jusqu'à la fin de la guerre de trente ans, les généraux qu'avait formés Gustave (Banner, Torstenson, Weimar), en couvrant l'Allemagne de deuil et des ruines, soutinrent l'honneur des armes de la Suède, qui au traité de Westphalie recueillit le prix du sang et des efforts de ce héros. De sa femme, *Marie-Éléonore* de Brandebourg, il ne laissait en mourant qu'une fille, qui fut la célèbre Christine.

GUSTAVE III, roi de Suède (1771-1792), fils et successeur d'Adolphe-Frédéric, né le 24 janvier 1746, périt assassiné dans la nuit du 15 au 16 mars 1792.

Depuis la mort de Charles XII, la noblesse et le sénat de Suède avaient usurpé sur la couronne les pouvoirs législatif et exécutif. Pour comble de maux, la diète du royaume était partagée entre deux factions, celle des *bonnets*, vendue à la Russie, et celle des *chapeaux*, dévouée à la France. Le roi régnant, Adolphe-Frédéric, fut obligé d'opter. Son fils Gustave, qu'il envoya en France pour se concerter avec le ministre Choiseul, y apprit la mort de son père. Il se hâta revenir dans ses États, où le sénat lui fit signer une capitulation plus dure encore que celle qui avait été imposée à ses prédécesseurs : on s'arrogeait jusqu'au droit de fixer la quantité de vin qui devait être servie à sa table. Un pareil joug ne pouvait convenir au grand caractère du nouveau roi ; appuyé de l'ambassadeur français Vergennes, soutenu de quelques nobles fidèles, il gagne les troupes, et promulgue une constitution nouvelle, qui rend à la couronne de Suède son ancienne autorité. Cette révolution s'opère sans qu'une seule goutte de sang soit répandue ; « et le roi, dit Sheridan, qui le matin se leva le prince le moins absolu de l'Europe, se trouva dans l'espace de deux heures aussi absolu à Stockholm que le roi de France à Versailles, et le grand sultan à Constantinople. » Toutes les cours applaudirent, excepté la Russie. Gustave remit en honneur les sciences et les arts ; mais la Suède, avec sa pauvreté, n'était guère en état de payer le luxe et les spectacles d'un roi du Nord qui voulait trancher du Louis XIV. La diète de 1778 avait adopté toutes les demandes de Gustave ; celle de 1786 les refusa toutes. Le mauvais succès de la guerre contre la Russie ne lui rendit pas sa popularité, bien qu'on ne dût imputer qu'à la trahison des officiers nobles la destruction de la flotte suédoise à Hogland. Une paix onéreuse fut signée à Wérélæ, le 14 août 1790. Gustave, incapable de plier, n'en força pas moins la diète d'accepter l'acte d'*union et de sûreté*, qui investissait exclusivement le roi du droit de paix et de guerre. La noblesse résiste : Gustave en fait justice par la prison et les supplices. Dès lors sa perte est jurée : trois gentilshommes s'en rapportent au sort pour la mission de lui porter le coup mortel. Ankarstrœm, qui est désigné, se rend dans la nuit du 15 au 16 août 1792 au bal masqué de la cour : il blesse à la mort le roi d'un coup de pistolet. On a voulu attribuer ce meurtre aux jacobins de France. Alors en effet existait à Paris la société des *tueurs de rois*. Quoi qu'il en soit, le crime d'Ankarstrœm fut célébré comme une action sublime par les révolutionnaires français, et son auteur assimilé aux héros des républiques anciennes. Gustave, qui survécut quatorze jours à sa blessure, nomma régent son frère le duc de Sudermanie, pendant la minorité de son fils Gustave IV. Jusqu'au dernier moment, malgré les cruelles douleurs de sa blessure, il conserva le plus grand calme d'esprit, et pourvut au sort de ses amis. Son assassin avait déjà été jugé et exécuté. Gustave III doit être mis au nombre des rois qui cultivèrent les lettres avec succès : il possédait le français et la plupart des langues de l'Europe. Ses discours, ses lettres, et ses pièces de théâtre en suédois sont très-estimés de ses compatriotes. Dans ses voyages, il visita la France sous le nom de *comte de Haga*, et se fit remarquer par la justesse et le brillant de son esprit. Il refusa de voir Franklin. « parce que, dit-il, il n'était pas prudent aux rois de voir de pareils hommes. »

GUSTAVE IV ADOLPHE, roi de Suède de 1792 à 1809, fils et successeur du précédent, né le 1er novembre 1778, descendit du trône en 1810, et, sous le nom de colonel *Gustavson*, alla grossir le nombre, de nos jours assez considérable en Europe, des majestés déchues. Loin de nous la pensée d'insulter au malheur! Mais pour expliquer quelques-uns des actes de la vie publique ou privée de ce prince il faut admettre chez lui l'alliance déplorable de l'âme la plus élevée avec une raison quelquefois chancelante. En montant sur le trône à l'âge de quatorze ans, il s'éprit de la gloire de Charles XII, et voulut le copier en tout; mais la copie ne valait pas l'original : il n'avait de Charles XII que les défauts, et point les talents; il le surpassait même en opiniâtreté. On le vit, pour mieux ressembler à son modèle, porter un habit bleu attaché jusqu'au menton avec de gros boutons de cuivre, relever ses cheveux sur la racine; et l'épée du héros de Bender, trop longue pour sa petite taille, trop lourde pour son faible bras, fut raccourcie de moitié, et suspendue à son côté. Sa politique fut à l'avenant de ce bizarre travestissement. Il s'était rendu à Saint-Pétersbourg pour épouser la grande-duchesse *Alexandra Paulowna*; et au moment de la bénédiction nuptiale, il resta confiné dans son appartement, ne voulant pas, disait-il, lui, luthérien, épouser une princesse élevée dans la communion grecque. La vieille impératrice Catherine supporta cet affront, qui aurait pu donner lieu à une bonne guerre. Gustave parcourut ensuite l'Allemagne, cherchant une épouse, et fixa son choix sur *Frédérique-Dorothée*, princesse de Bade. A la mort de Catherine II, il fit une étroite alliance avec Paul Ier, dont il partageait les sentiments d'opposition chevaleresque aux doctrines et aux résultats de la révolution française. Paul Ier mourut; Alexandre, son successeur, subit l'influence du cabinet britannique, qui abandonna la Suède à l'ambition envahissante de la Russie. Déjà les Russes avaient conquis une partie de la Finlande. Gustave, hors d'état de faire la guerre, crut se venger d'Alexandre en donnant à son fils le titre de *duc de Finlande*. Ami et admirateur du brave et infortuné duc d'Enghien, il entreprit de venger sa mort; et quand l'Europe tremblait devant Napoléon, seul il refusa d'accéder au traité de Tilsitt. Comme si ce n'eût pas été assez d'avoir pour ennemies la France et la Russie, Gustave vit le roi de Danemark, son oncle maternel, se mettre contre lui, sous prétexte qu'en livrant le passage du Sund aux Anglais, il avait connivé au bombardement de Copenhague. On sait quels furent les résultats désastreux de cette guerre. Gustave, dépouillé par les Français de Stralsund et de Rugen, vaincu partout par les Russes, malgré l'incontestable valeur des Suédois, s'en prit injustement à son régiment des gardes, et cassa ce corps d'élite et de noblesse. La Suède avait supporté tous les malheurs : cet outrage la révolte, et Gustave, à la suite d'une scène dans laquelle il a voulu répondre à coups d'épée aux sages observations du vieux feldmaréchal Klingsporr, est saisi, porté dans une chambre et gardé à vue. Le duc de Sudermanie, son oncle, reprend, non sans répugnance, le fardeau de la régence : une diète s'assemble, et Gustave-Adolphe envoie à cette assemblée l'acte de son abdication, rédigé dans les termes les plus nobles (1810). Le régent fut proclamé roi sous le nom de Charles XIII, et Gustave exclu pour jamais du trône, lui et sa descendance.

Tandis que le nouveau roi adopte pour prince royal d'abord un prince de la maison d'Augustenburg, dont une mort mystérieuse et soudaine ne tarde pas à priver la Suède, puis un heureux soldat français (*voyez* BERNADOTTE), Gustave-Adolphe quitte la Suède. Il parcourt l'Allemagne et la Russie, puis passe en Angleterre; revenu sur le continent, il séjourne successivement à Altona, à Hambourg, et vient se fixer à Bâle, sous le nom de *comte de Gottorp*. C'est de là qu'il annonça à l'Europe par la voie des journaux un projet de croisade en Terre Sainte, et cette annonce n'eut d'autre résultat que de donner des doutes sur l'état normal d'une tête qui avait conçu une pareille idée, au moment de ce qu'on a appelé la croisade européenne contre Napoléon. Depuis 1815, le colonel Gustavson, c'est le nom qu'il prit à ce moment, devint pour les journaux suisses et allemands un sujet inépuisable d'anecdotes plus ou moins véridiques. Il fatiguait alors les congrès diplomatiques de ses réclamations pour ressaisir sa couronne; mais ses prétentions ne furent jamais prises au sérieux par les puissances même les plus hostiles à l'heureux parvenu Charles-Jean. Enfin Gustave IV, investi du titre de bourgeois de Bâle, parut, à partir de 1818, résigné à son sort; du moins la plume des gazetiers cessa alors de venir le troubler dans son obscure condition d'existence. Charles DU ROZOIR.]

A la suite de son abdication, la diète de Suède lui avait voté une pension de 66,666 rixdales (environ 300,000 fr.); mais l'ex-roi ne voulut jamais en rien toucher : aussi lui arriva-t-il plus d'une fois, dans ses incessantes pérégrinations, de se trouver en proie à la détresse la plus poignante. De 1827 à 1829 il habita Leipzig. De là il alla s'établir en Hollande, et plus tard à Aix-la-Chapelle, et en dernier lieu à Saint Gall, où il mourut, le 7 février 1837. On a de lui la *Réfutation* d'un article diffamatoire de la *Biographie* Michaud, et une *Réponse* à des attaques dont il est l'objet dans l'*Histoire de la Grande Armée* du comte de Ségur; le *Memorial du colonel Gustavson* (Leipzig, 1839); *Nouvelles Considérations sur la liberté illimitée de la presse* (Aix-la-Chapelle, 1833); *la Journée du 13 mars* 1809 (Saint-Gall, 1835).

Son fils *Gustave*, né le 9 novembre 1799, feldmaréchal-lieutenant au service d'Autriche, porte depuis le 5 mai 1829 le titre de *prince* WASA. Des trois filles de Gustave IV, qui toutes furent parfaitement élevées par leur mère (morte à Lausanne, le 25 septembre 1826), l'aînée, *Sophie Wilhelmine*, épousa, en 1819, le grand-duc Léopold de Bade; la cadette, *Cécile*, morte le 27 janvier 1844, avait épousé le grand-duc d'Oldenbourg. La fille unique du prince Wasa, *Caroline*, est née le 6 août 1833.

GUTENBERG (JEAN ou HENNE), dit *Gensfleisch*, l'inventeur de l'art de composer des livres avec des caractères mobiles, par conséquent de l'imprimerie proprement dite, naquit à Mayence, de 1395 à 1400, et descendait d'une famille noble qui portait les noms de Gutenberg ou Gudenberg et de Gensfleisch, d'après deux de ses terres, et non pas, comme on le dit souvent, de la famille *Gensfleiss*, dite de Sorgenloch ou Sulgeloch. On manque de renseignements sur les circonstances antérieures de la vie de Gutenberg; mais il est vraisemblable qu'il s'occupa de bonne heure de travaux mécaniques. Des collisions qui éclatèrent entre la bourgeoisie et la noblesse le décidèrent à aller s'établir, en 1424, à Strasbourg. Il y passa, en 1436, avec André Dryzehn ou Dritzehn et autres, un acte en vertu duquel il s'engageait à leur enseigner tous ses arts secrets et merveilleux, et à les faire servir au profit commun. La mort de Dryzehn, survenue à peu de temps de là, fit échouer l'entreprise, qui vraisemblablement comprenait les premiers essais de l'art typographique, d'autant plus que Georges Dryzehn, frère du défunt, entama aussitôt contre Gutenberg un procès que celui-ci perdit. On ne saurait dire avec précision où et quand eurent lieu les premiers essais de l'art typographique, attendu que Gutenberg ne mit ni son nom ni de dates aux choses imprimées par lui. Ce qui paraît certain toutefois, c'est que vers l'an 1438 il fit la première application des types mobiles en bois. En 1443, il quitta Strasbourg, où il avait continué de résider jusque alors, pour s'en revenir à Mayence, où, en 1440, il forma une société avec Jean Faust ou Fust, riche orfèvre, qui s'engagea à lui fournir les fonds nécessaires pour créer une imprimerie dans laquelle la Bible latine fut pour la première fois imprimée. Mais au bout de quelques années cette association se trouva également rompue. Faust avait fait de fortes avances, que Gutenberg devait lui rembourser, et comme il ne le pouvait ou ne le voulait pas, l'affaire vint devant la justice. Ce procès se termina par un compromis aux termes duquel Faust garda pour son compte l'imprimerie, qu'il continua de faire marcher avec l'aide de Schœffer de Gernersheim, et qu'il perfectionna. Cependant, grâce à l'appui d'un échevin de Mayence, Conrad Hummer, Gutenberg se trouva de nouveau en état d'établir l'année suivante une officine dans laquelle fut vraisemblablement imprimé l'ouvrage intitulé : *Hermanni de Saldis Speculum Sacerdotum* (in-4°, sans date ni nom d'imprimeur). Quelques bibliographes prétendent qu'il en sortit en outre quatre éditions différentes de **Donat**; mais d'autres les attribuent aux presses de Faust et de Schœffer. Dès 1457 parut le *Psalterium* latin, puis un *Breviarium* contenant un choix de psaumes, d'antiennes et de collectes, etc., coordonné à l'usage des chœurs pour les dimanches et les jours de fête. Ce premier monument de l'imprimerie, si remarquable par la désignation du nom de l'imprimeur et du lieu où il fut imprimé, ainsi que par l'indication de l'année et du jour (14 août) où il fut terminé, et que les bibliomanes anglais n'estiment pas valoir moins de 10,000 livres st. (250,000 fr.), était imprimé avec une élégance typographique qui prouve surabondamment combien rapides avaient été les progrès du nouvel art, et avec quelle glorieuse ardeur on s'était mis à le cultiver (*voyez* IMPRIMERIE).

L'imprimerie de Gutenberg exista à Mayence jusqu'en 1465. Vers ce temps-là, il fut anobli. Il mourut le 24 février 1468. Consultez : *Essai d'annales de la vie de Gutenberg*, par Oberlin (Strasbourg, 1801); et *Éloge historique de Jean Gutenberg*, par Née de La Rochelle (Paris, 1811). Une statue de marbre avait déjà été érigée à Gutenberg, dans la cour de la maison du Casino à Mayence : en 1837 une statue en bronze lui a été élevée sur la place de cette ville, nommée en son honneur *place Gutenberg*. La quatrième fête séculaire de l'invention de l'imprimerie, célébrée en 1840 avec autant d'éclat que d'enthousiasme en Allemagne, et à Strasbourg, où on lui érigea une statue en bronze due au ciseau de David (d'Angers), provoqua la publication d'un grand nombre d'écrits relatifs à la naissance de cet art merveilleux et à son inventeur; sujet qui comporterait déjà à lui seul une bibliographie extrêmement étendue.

GUTTA-PERCHA. On donne ce nom au résidu de l'évaporation du suc laiteux qui s'écoule d'incisions faites dans le tronc d'un arbre de la famille des sapotacées, et du genre *isonandra*, arbre qui croît dans toutes les îles de la Malaisie. Cette substance, que ses propriétés rapprochent du **caoutchouc**, offre de grands avantages sur celui-ci, en ce qu'elle est plus dure à froid, plus molle à chaud, et bien moins élastique à toutes les températures. Elle est d'un blanc jaunâtre, opaque, douée d'une faible odeur, qui semble tenir aux corps étrangers qu'elle renferme et dont on la débarrasse en la purifiant. Sa texture est soyeuse, fibreuse; elle est douce au toucher; sa ténacité est très-grande. Comme le caoutchouc, la gutta-percha est soluble dans les huiles volatiles, dans le sulfure de carbone et dans le chloroforme. La plupart des autres agents chimiques sont sans action sur elle; l'éther lui enlève une résine à laquelle paraît tenir son odeur.

La gutta-percha nous arrive en larmes minces, roulées, mais non adhérentes; on les ramollit dans l'eau chaude, et en les malaxant on en compose des masses de toutes les dimensions. La gutta-percha peut servir à faire des tubes d'une longueur indéfinie. Ses solutions donnent d'excellents vernis; son emploi a même précédé celui du **collodion** pour le pansement des plaies. Unie avec le caoutchouc, elle donne un mélange qui possède les propriétés intermédiaires entre celles des deux substances qui le composent, et qui peut trouver d'utiles applications. Mais c'est surtout la **télégraphie** électrique qui tire un grand parti de l'imperméabilité de la gutta-percha; elle en enveloppe ses fils métalliques et les soustrait ainsi aux influences extérieures : pour cela, il suffit de faire passer ces fils à travers une masse de gutta-percha maintenue molle à 100° et comprimée, puis à leur faire traverser, au sortir de ce bain, une filière plus grande que le diamètre du fil. On fait encore en gutta percha des cordes, des tuyaux, des seaux à incendie, des semelles, des fouets, des cannes, des tuyaux de pipe; on en fait des bougies et des sondes pour la chirurgie, enfin une foule d'autres objets, tels que manches de couteau, tabatières, cadres pour estampes, pots à fleurs, assiettes, tasses, etc., avec des ornements imprimés. La gutta-percha reçoit les couleurs et les marbrages que l'on désire; il suffit de mêler à cette substance amollie par la chaleur des poudres colorantes.

Le fruit de l'arbre à gutta-percha, de la grosseur d'une figue et de forme conique, est très-savonneux, et les noyaux broyés donnent une très-bonne huile à brûler. Dans le district de Sockadana, on trouve deux variétés de cet arbre, dont l'une produit une gomme blanchâtre, tandis que le suc de la seconde a une couleur foncée. Cette dernière est la plus estimée; dans le commerce, elle vaut presque le double de l'autre.

GUTTIER, nom commun à plusieurs espèces de **guttifères** produisant la matière colorante et drastique qu'on appelle **gomme-gutte**. Les guttiers font partie du genre *stalagmitis*.

GUTTIFÈRES, famille de plantes dicotylédones polypétales hypogynes, ainsi appelées parce que la plupart contiennent un suc gommo-résineux qui découle en larmes de l'écorce, et qui jouit de propriétés âcres et purgatives. Ce sont des arbres élevés ou de grands arbrisseaux parasites, exclusivement propres à la zone équatoriale, à feuilles communément opposées, coriaces et persistantes, et auxquels les botanistes assignent les caractères suivants : Calice non adhérent, persistant, à 2, 4, 6, 8 sépales imbriqués, opposés, libres ou soudés par leur base; corolle non persistante; pétales alternes avec les sépales et en même nombre; étamines indéfinies, à filets libres ou soudés en 1-5 faisceaux; anthères immobiles, à deux bourses, s'ouvrant chacune par une fente longitudinale; ovaire uni ou multiloculaire, uni ou pluri-ovulé; style nul ou très-court et indivisé, avec un stigmate terminal; le fruit est une baie, un drupe ou une capsule. Les graines offrent dans beaucoup d'espèces une enveloppe pulpeuse. L'embryon est droit, la radicule très-petite, les cotylédons gros, épais, soudés ensemble. Il est beaucoup d'espèces remarquables par la beauté de leur feuillage et de leurs corolles, semblables à la rose, et qui répandent un suave parfum. On ne cultive dans nos jardins que le *clusier jaune* (*clusia flava*), originaire de la Jamaïque, et une espèce de *mammea*, le *mammea d'Amérique*, dont le suc sert à détruire l'insecte nommé **chique**, qui s'introduit sous les ongles. La **gomme-gutte** employée en médecine et en peinture se tire aussi de l'écorce de plusieurs guttifères des genres *garcinia* et *stalagmitis*. Quelques espèces fournissent des fruits acidules et très-agréables au goût; tel est le *mangoustan* (*garcinia mangoustana*), l'*abricotier des Antilles*, espèce de *mammea*. Ce qu'on appelle vulgairement *l'arbre à beurre* dans la *Sierra-Leone* est une guttifère, dont le fruit, rempli d'un suc gras, est usité par les nègres comme assaisonnement (*pentadesma butyraceum*); enfin, la *cannelle blanche à fausse écorce de Winter* (*winteranea canella*) vient d'une espèce indigène aux Antilles.

Cette famille a été divisée en plusieurs sections : les *clusiées*, les *carciniées*, les *calophyllées*, les *moronobées*, et les *margyraviacées*. Dr SAUCEROTTE.

GUTTURAL (en latin *gutturalis*, de *guttur*, gosier), qui appartient ou qui a rapport au **gosier**. Les anatomistes désignent sous le nom de *fosse gutturale* l'enfoncement qui se trouve à la base du crâne, entre le grand trou occipital et l'ouverture postérieure des fosses nasales. Chaussier donne le nom de *conduit guttural du tympan* au canal de communication de l'oreille avec le pharynx, appelé communément *trompe d'Eustache*. Quelques pathologistes ont mal à propos désigné le goître sous le nom de *hernie gutturale*.

On appelle *gutturale*, une sorte de toux qui est occasionnée par une irritation du larynx ou de la trachée-artère. L'épithète de *gutturale* a été également employée pour indiquer une artère dépendant d'une branche de la carotide externe et se distribuant principalement à la partie supérieure de la glande thyroïde et du gosier.

Enfin, les grammairiens et les physiologistes désignent sous le nom de *gutturales* les lettres représentant des sons qui, comme le *g*, le *k* et le *q*, se prononcent du gosier.

COLOMBAT (de l'Isère).

GUTZKOW (CHARLES), journaliste et poëte dramatique allemand, est né en 1811, à Berlin. Il y étudiait la théologie, et venait d'y remporter le prix d'une question mise au concours *De Diis fatalibus*, quand la révolution de juillet et les idées qu'elle éveilla dans les jeunes générations vinrent l'arracher à ses études pour le jeter dans une autre direction. Le *Forum de la critique* fut son début dans cette donnée nouvelle, et il fit ensuite paraître sous le voile de l'anonyme ses *Lettres d'un Fou à une Folle* (Hambourg, 1832), ouvrage dans lequel il développait les idées sociales déjà préconisées par J.-J. Rousseau. Il obtint plus de succès dans son *Maha Guru, histoire d'un dieu*, roman écrit avec une mordante ironie. Menzel l'associa ensuite à la rédaction de sa *Gazette littéraire*. Il fit alors successivement paraître ses *Nouvelles* (2 vol., 1834); *Soirées* (2 vol., 1835); *Caractères publics* (1835), esquisses bien écrites, sans doute, mais peu profondes; puis *Néron* (1835), drame dans lequel il persifle avec infiniment d'esprit et d'originalité les travers du siècle. Il se sépara plus tard de Menzel pour accepter la direction de la feuille littéraire *Le Phénix*. C'est alors qu'il écrivit sa fameuse préface aux *Lettres sur la Lucinde de Fr. Schlegel*, par Schleiermacher, et son *Wally* (Manheim, 1835), livre sans importance au point de vue de l'art, mais où il s'attaquait avec une grande audace au dogme de la révélation, et qui fit par conséquent beaucoup plus de bruit qu'il ne valait. La publication de cet ouvrage eut pour résultat de provoquer de la part de Menzel contre son ancien collaborateur les critiques les plus passionnées et les plus implacables; critiques qui dégénérèrent même en dénonciations formelles, enveloppant et l'écrivain et la *Jeune Allemagne* à laquelle il faisait profession d'appartenir. Les dénonciations de Menzel portèrent leurs fruits; tous les ouvrages de la *Jeune Allemagne* devinrent l'objet des plus sévères prohibitions, et Gutzkow, traduit devant le tribunal aulique de Baden, fut condamné à trois mois d'emprisonnement.

Pendant qu'il subissait sa peine à Manheim, il y composa son *Essai sur la Philosophie de l'Histoire* (1836). Il écrivit ensuite, en opposition à la *Littérature allemande* de Menzel, ses *Essais sur l'Histoire de la Littérature moderne* (2 vol., 1836), ouvrage qui, bien que remarquable à beaucoup d'égards, manque cependant de ces aperçus généralisateurs et de cette habile méthode d'exposition qui ont rendu le talent de Menzel si populaire parmi ses compatriotes. C'est à cette période si active de la vie de Ch. Gutzkow qu'appartiennent son *Gœthe au point de vue de deux siècles* (1836), son roman *Séraphine* (1838); *Dieux, Héros et Don Quixotte* (1838), suite d'articles critiques; *Le Bonnet rouge et le capuchon* (1838); *Le Roi Saül*, poëme dramatique (1839); *Blasedow et ses fils*, roman comique (1839).

Après avoir été l'un des détracteurs les plus opiniâtres et les plus systématiques du mariage, Ch. Gutzkow a fini, comme tant d'autres, par donner lui-même le plus éclatant démenti à ses arrogantes théories, en se mariant. La popularité qu'il a vainement cherchée dans la polémique de la critique, il semble maintenant la demander au théâtre, genre auquel il s'est voué de préférence dans ces dernières années. Une partie de ses travaux en ce genre ont paru sous le titre de *Œuvres dramatiques* (2 vol., 1842). On y trouve son *Richard Savage*, son *Werner*, son *Patkul* et son *École des Riches*. On a en outre représenté de lui *La Feuille blanche*, *Queue et glaive*, pièce historique à caractères, qui a eu de nombreuses représentations sur toutes les scènes d'Allemagne, et qui est sans contredit le plus populaire de ses ouvrages dramatiques. Si à ce bagage littéraire, déjà bien considérable, on ajoute ses *Lettres de Paris* (2 vol., 1842) et ses *Œuvres mêlées* (2 vol., 1842), qui ne contiennent toutefois que des articles déjà publiés dans *Le Télégraphe*, journal fondé par lui à Hambourg, enfin son grand roman *Les Chevaliers de l'Esprit* (9 vol., 1850-1852), l'une des plus remarquables productions de notre époque, on sera forcé de convenir que Ch. Gutzkow est l'un des plus féconds écrivains allemands contemporains. Si on est en droit de lui reprocher de fréquentes inconséquences, sa partialité, une certaine vanité et beaucoup trop d'irritabilité, on doit avouer qu'il rachète ces défauts par beaucoup d'esprit et de sagacité, qualités d'autant plus précieuses chez cet écrivain qu'il n'est point d'événement contemporain qui ne lui fournisse matière à de piquantes observations.

GUTZLAFF (CHARLES), missionnaire protestant, né le 8 juillet 1803, à Pyritz, en Poméranie, avait été placé par ses parents en apprentissage à Stettin chez un gantier. Il y composa, en 1821, une pièce de vers dans laquelle il exprimait les sentiments d'une foi ardente et le vœu de pouvoir être utile à la propagation de la religion du Christ. Frédéric-Guillaume IV accueillit favorablement ce placet poétique, et ordonna que le jeune pétitionnaire fût admis dans l'établissement des missions existant à Berlin. Deux ans plus tard, Gutzlaff avait fait assez de progrès pour qu'on pût l'envoyer à la Société des Missions hollandaises à Rotterdam. On l'y destina à une mission chez les Battas, peuplade indigène de l'île de Sumatra; mais ce ne fut qu'au mois d'août 1826 qu'il lui fut possible de partir pour sa destination. Retenu à Java par la guerre qui avait éclaté à Sumatra, il se fixa à Batavia, où le missionnaire anglais Medhurst le mit en rapport avec les Chinois établis dans cette ville. Il s'y livra à l'étude du chinois, et s'y maria bientôt après avec une riche Anglaise. Après avoir consacré deux années à l'étude de la langue et des mœurs des Chinois et être parvenu à se les rendre tellement familières qu'il fut accueilli par des Chinois sous le nom de Schih-Li dans la famille Kuo de la province de Fo-Kien, il rompit avec la Société des Missionnaires hollandais pour consacrer désormais à la Chine toute son activité. Il se lia alors avec le missionnaire anglais Tomlin, et, dans l'été de 1828, entreprit avec lui un voyage à Siam. Nous avons de cette tournée et de leur séjour à Bankok deux journaux, dont l'un, celui de Tomlin, commence en août 1828 et va jusqu'en mai 1829; l'autre, celui de Gutzlaff, embrasse une période de plus de trois années. Indépendamment des efforts qu'il fit dans ce pays pour la propagation de l'Évangile, il y composa une grammaire siamoise, et y entreprit avec Tomlin une traduction du Nouveau Testament en siamois. Les conseils d'un Chinois de ses amis l'ayant engagé à entreprendre un voyage en Chine pour y rétablir sa santé délabrée, il résolut de faire pénétrer l'Évangile jusqu'au cœur de ce pays. Macao devint dès lors sa station principale, et il s'y lia étroitement avec l'Anglais Robert Morrisson. Il y fonda des écoles, répandit de nombreux petits traités relatifs aux doctrines du christianisme écrits en chinois, créa avec Morisson une société pour la propagation des connaissances utiles en Chine, publia un magasin mensuel en chinois, tout en ne négligeant pas pendant ce temps-là les moindres occasions de tâcher de faire pénétrer en Chine les lumières de l'Évangile. Aussi a-t-on trouvé assez étrange que ce moralisateur profitât pour communiquer avec les Chinois des relations organisées par la contrebande anglaise pour la vente de l'opium. Il pensait sans doute que la fin sanctifie les moyens. Consultez à cet égard son *Journal of three voyages along the coast of China in* 1831,

1832 *and* 1833, *with notice of Siam, Corea and the Loo-choo-Islands*, publié par W. Ellis (Londres, 1834).

Tout alla bien tant que l'activité de Ch. Gutzlaff ne devint pas suspecte aux Chinois de servir les plans égoïstes et ambitieux des Anglais. Une tentative qu'il fit en mai 1835 pour pénétrer dans l'intérieur de la province de Fo-Kien échoua complétement. Vers le même temps survint la défense absolue d'imprimer en chinois des livres relatifs au christianisme. Il fallut donc transporter l'imprimerie de Gutzlaff de Macao à Singapore, et la distribution, même gratuite, de semblables ouvrages dut cesser à Canton. Entravé dès lors dans sa carrière apostolique, Ch. Gutzlaff ne s'en trouva que plus libre pour rendre d'importants services à l'expédition anglaise en Chine, grâce à la connaissance approfondie qu'il possédait des usages, des mœurs, des lois et de la langue du pays; et il contribua efficacement à la conclusion de la paix signée en 1842 entre les deux parties belligérantes.

En 1844 Gutzlaff fonda une Association Chinoise composée de Chinois chrétiens, et ayant pour but de faire pénétrer, par l'intermédiaire de ses membres, les lumières de l'Évangile au cœur même du Céleste Empire. Ce projet, accueilli avec de vives sympathies dans le monde protestant, provoqua d'importantes souscriptions, à la suite desquelles on découvrit de nombreuses malversations; et les versions les plus favorables à Gutzlaff le représentèrent comme ayant été la dupe de quelques Chinois rusés et intrigants. Les fonds manquant à l'appel, Gutzlaff entreprit en 1849 un voyage en Europe, dans l'espoir d'y réveiller le zèle des fidèles; et pendant le séjour qu'il fit alors en Angleterre, il s'y maria pour la troisième fois; puis il repartit pour la Chine avec sa nouvelle femme. En janvier 1851 il débarquait à Hong-Kong, mais il mourut subitement, le 9 août de la même année, à Vittoria, laissant une fortune de 450,000 francs; circonstance qui, à tort ou à raison, l'a fait accuser de n'avoir pas assez dédaigné les biens de ce monde et d'avoir été plutôt un spéculateur habile qu'un missionnaire convaincu. Quoi qu'il en ait été, on ne saurait nier que les divers ouvrages publiés par lui sur la Chine n'aient contribué beaucoup à mieux faire connaître ce pays. Nous citerons notamment sa *China Opened* (2 vol.; Londres, 1838); *The Life of Tao-Kuang* (1851); et enfin son *Histoire de la Chine depuis les temps les plus reculés jusqu'à la paix de Nanking* (1847).

GUY (*Marine*). Voyez Gui.

GUYANE ou GUIANE (en espagnol *Guayana*, en portugais *Guianna*), vaste contrée de l'Amérique méridionale, bornée à l'est par l'océan Atlantique, au nord par le même océan et par l'Orénoque, à l'ouest par l'Orénoque et l'Yapura, et au sud par l'Amazone. Cette contrée s'étend entre 4° de latitude sud et 8° 40′ de latitude nord, et entre 52° 15 et 74° 30′ de longitude ouest; elle forme un immense plateau, dont on évalue la longueur de l'est à l'ouest à plus de 200 myriamètres, la plus grande largeur du nord au sud à 120 myriamètres environ, et la superficie à près de 45,000 myriamètres carrés. Le sol du littoral est en général bas et marécageux. A quatre ou huit kilomètres de la mer s'élèvent de petites montagnes, qui courent parallèlement au rivage; dans l'intérieur des terres, la disposition des montagnes change: elles s'y présentent par groupes irréguliers, coupés de plaines, de savanes, de marécages et d'immenses forêts. Leur élévation ne dépasse pas 600 mètres au-dessus du niveau de la mer. De ces hauteurs sourdent une multitude de fleuves et de rivières, dont le cours sinueux sillonne la Guyane dans tous les sens. Parmi les plus considérables, nous citerons le Maroni, l'Essequebo, le Surinam, la Mana et l'Oyapock. Dans la saison des pluies, ces fleuves, dont les bords sont généralement plats, épandent leurs flots grossis sur les plaines voisines, et couvrent de près d'un mètre d'eau des espaces dont l'œil ne peut mesurer l'étendue. Leur cours, lent, mais irrésistible, entraîne tout ce qui se rencontre sur son passage. Le beau temps revenu, les eaux rentrent graduellement dans leur lit, et les terres qu'elles abandonnent, fertilisées par cette submersion, se parent d'une vigoureuse végétation qui, selon les lieux, tantôt vient accroître l'épaisseur et l'impénétrabilité des forêts, tantôt forme ces immenses savanes dont les excellents pâturages pourraient sans s'épuiser nourrir d'innombrables troupeaux.

Ainsi que toutes les parties du Nouveau-Monde situées entre les tropiques, la Guyane ne connaît que deux saisons, l'une sèche, l'autre pluvieuse; elles y règnent alternativement deux fois dans le cours d'une même année. A quelques variations près, dépendantes des localités, la saison sèche dure depuis la fin de juillet jusqu'en novembre, et de la mi février jusqu'à la mi-avril. Les intervalles sont remplis par la saison des pluies, dont l'abondance devient vraiment diluviale dans la période d'avril à juillet, et cause des inondations dont nous venons de parler.

Le climat de la Guyane n'est point aussi malsain qu'on le croit généralement. La chaleur et l'humidité y donnent aux Européens des fièvres assez fatigantes, mais qui n'offrent aucun danger. Les épidémies sont rares dans le pays, et la petite vérole a presque entièrement disparu. La température de la Guyane est assez douce. Le thermomètre n'y monte guère au delà de 35° centigrades dans la saison sèche, et de 30° dans la saison pluvieuse. Il n'est pas rare de le voir descendre à 25°. L'ardeur du jour se trouve d'ailleurs tempérée par les vents du nord dans la saison pluvieuse, et par ceux de l'est et du sud-est dans la saison sèche. Durant la nuit la température devient même si fraîche, par l'effet de la brise, qu'on est souvent obligé d'allumer du feu pour se réchauffer.

Les minéraux de la Guyane sont peu connus; ses végétaux le sont un peu plus. Il est difficile de se faire une idée, sans l'avoir vu, du luxe prodigieux de végétation que déploie la nature sur cette terre riche et fertile. L'aspect des forêts vierges, qui couvrent la plus grande partie du sol, ne saurait se décrire. Qu'on se figure d'énormes arbres séculaires, hauts fort souvent de 25 à 33 mètres, entremêlant leurs branches touffues les uns avec les autres, et l'intervalle existant entre leurs troncs rempli et croisé dans tous les sens par un réseau formé d'une multitude de lianes et de plantes grimpantes s'enlaçant à ces troncs, escaladant les branches, et retombant ensuite pour s'enlacer de nouveau, soit entre elles, soit avec les arbres voisins, et l'on n'aura qu'une idée très-faible et très-imparfaite du mélange confus, varié et brillant qu'offre une forêt vierge de la Guyane. Les arbres qui y croissent fournissent jusqu'à 259 espèces de bois précieux pour l'ébénisterie, pour la teinture, pour les constructions, pour la matière médicale, etc.; plusieurs sont remarquables par la beauté et le parfum de leurs fleurs. La partie du sol qui a été mise en culture donne du café, du coton, du cacao, du sucre, du tabac, de l'indigo et tous les produits tropicaux. En ce qui touche le règne animal, on retrouve à la Guyane les quadrupèdes du Brésil et du Paraguay.

L'un des traits saillants du caractère des naturels de la Guyane est l'indolence. Quoique adroits et intelligents, leur activité se borne à se procurer les choses indispensables à la vie, et lorsqu'ils ont satisfait, par la chasse, la pêche ou la culture de quelques plantes, aux premiers besoins de l'homme, ils se replongent avec délices dans leur apathie, tantôt se balançant mollement dans leurs hamacs, en fumant le *courimari*, tantôt se laissant aller à l'ivresse léthargique que leur cause le *vicou*, le *cachiri* et autres liqueurs fermentées, dont ils boivent avec excès. Les ornements dont ils se parent sont en harmonie avec la vie sauvage qu'ils mènent. Quelques-uns se tatouent le corps; le plus grand nombre se le barbouillent tout simplement de rocou. Des dents de tigre et de caïman polies et quelques graines aux vives couleurs forment la parure de leurs femmes. Les toits qui les abritent sont extrêmement simples. Poussés sans cesse d'un lieu à l'autre par leur humeur nomade et vagabonde, ces Indiens ne se construisent que des demeures éphémères, qu'ils quittent sans regret quand l'envie leur en prend. Leur religion repose sur la croyance à un bon et à un mauvais principe, régnant simultanément sur la nature. Ils appellent le premier *Cachtmana ;* le second, nommé *Jolokiamo*, est moins puissant, mais plus actif et plus rusé. Chaque tribu est commandée par un chef qui tient son pouvoir de l'élection populaire. Parmi les tribus, les principales sont celles des Caraïbes, des Galibis, des Toupis, des Roucouyènes, des Poupourouis, des Varraous, des Acaouas, des Arouaks et des Oyampis. Les naturels de la Guyane étaient fort nombreux autrefois, mais de jour en jour leur nombre diminue.

La découverte de la Guyane est attribuée par les uns à Colomb, qui l'aurait vue pour la première fois en 1498, par les autres à Vasco-Nunez, qui ne l'aurait reconnue qu'en 1504. Une petite rivière, tributaire de l'Orénoque, a, dit-on, donné son nom au pays. Quoique pendant la première moitié du seizième siècle les efforts des navigateurs espagnols pour explorer l'intérieur eussent été totalement infructueux, la renommée répandit qu'il y existait sur les bords du fabuleux *lac Parima*, une terre où l'or était très-commun, et bientôt plusieurs expéditions partirent pour aller reconnaître cette contrée merveilleuse, qu'on baptisa du beau nom de *El Dorado*. Gonzalès Pizarre, frère du conquérant du Pérou, l'Allemand Philippe de Hutten (1541 et 1545), et l'Anglais Walter Raleigh (1595) se succédèrent dans cette recherche : ce dernier remonta même l'Orénoque jusqu'à 800 kilomètres de son embouchure ; mais les seuls trésors qu'ils rapportèrent furent quelques notions plus précises sur le pays.

Les Français furent les premiers Européens qui cherchèrent à fonder des établissements de culture et de commerce à la Guyane. Les Anglais, les Hollandais et les Portugais vinrent s'emparer aussi d'une partie de la Guyane. Plusieurs guerres sanglantes éclatèrent entre ces différents possesseurs de cette partie du sol américain, et les établissements qu'ils y formèrent passèrent tour à tour dans les mains les uns des autres ; mais à la fin chaque peuple se renferma dans les limites tracées par les traités, et la Guyane demeura divisée en cinq parties, qui furent appelées, du nom des puissances auxquelles elles appartenaient, *Guyane anglaise*, *Guyane hollandaise*, *Guyane espagnole*, *Guyane portugaise* (actuellement réunie au Brésil, où elle forme une province à peu près déserte, fort peu connue par conséquent, et dont la superficie est évaluée à 20,000 myriamètres carrés), et *Guyane française*.

GUYANE ANGLAISE. C'est la moins étendue de toutes. Elle a pour limites à l'est l'océan Atlantique et la Guyane hollandaise ; au sud, la même Guyane et la Guyane espagnole ; à l'ouest et au nord, l'océan Atlantique et la Guyane espagnole, dont l'Essequebo la sépare. On évalue sa longueur du nord au sud à plus de 40 myriamètres : sa largeur de l'est à l'ouest, à 15 ou 16 myriamètres, et sa superficie à trois mille myriamètres carrés. Elle est divisée en trois districts, qui prennent leurs noms des trois principaux fleuves qui l'arrosent, l'Essequebo, le Demerari, et le Berbice ; ces districts depuis le 21 juillet 1831 ne forment qu'un même gouvernement ; *Georges-Town*, autrefois *Stabrœk*, en est le chef-lieu. C'est une ville de 25,000 âmes et un port important. La population totale de la Guyane anglaise s'élevait, d'après le recensement officiel de 1851, à 127, 695 âmes, dont 50,259 pour *Demerari*, 24,925 pour *Essequebo*, 22,370 pour *Berbice*, non compris environ 7,000 Indiens nomades. Sous le rapport des races, cette population se divisait comme suit : 11,558 Européens, 14, 754 métis ; 91,170 Nègres ; 7,670 Indiens venus des Indes orientales ; 2,003 Indiens indigènes. Les Nègres forment donc la grande majorité, et quand leur émancipation fut proclamée en 1838, leur nombre s'élevait à 82,800. Depuis cette époque jusqu'en 1850 il avait été introduit dans la colonie 39,000 travailleurs-libres tirés soit de Sierra-Leone, soit des Grandes-Indes. Toutes les colonies européennes de la Guyane sont en notable décadence depuis une quinzaine d'années, mais la Guyane anglaise plus que toute autre. La dépréciation qu'y a subie la propriété comme dans les Indes occidentales ne doit pas y être attribuée uniquement à l'émancipation des esclaves ; elle provient surtout de l'imprévoyance qu'ont eue les planteurs de se borner à la culture de la canne à sucre, protégés qu'ils étaient jusqu'au moment de la réforme douanière par un tarif qui leur abandonnait l'exploitation presque exclusive du marché anglais.

Cette partie de la Guyane appartenait originairement aux Hollandais. Les Anglais s'en emparèrent plusieurs fois dans le cours du dix-septième siècle et du dix-huitième siècle. Ils la reprirent une dernière fois en 1808, et s'en firent confirmer la possession par le traité de paix de 1814.

GUYANE ESPAGNOLE. Elle fait aujourd'hui partie de la république de Venezuela, après avoir dépendu auparavant de la Colombie, et a pour chef-lieu *Angostura*. A elle seule, elle est beaucoup plus vaste que le reste de la république de Venezuela ; mais elle est de toutes ses provinces la moins peuplée. C'est là que se trouve la source de l'Orénoque ; et elle comprend les bassins formés par les divers affluents de ce fleuve situés entre les Guyanes anglaise et brésilienne, l'océan Atlantique, les provinces venezueliennes de Varinas, de Caraccas, de Barcelone, d'Apure et la république de la nouvelle Grenade, et forme cinq cantons : *Angostura*, *le Bas-Orénoque*, *Upata*, *Caicara* et *Rio-Negro*. Sa superficie totale est évaluée à 14, 000 myriamètres carrés, où l'on ne rencontre guère plus de 57,000 habitants, dont 40,000 Indiens, vivant encore à l'état de nature sur un territoire de 10 à 11,000 myriamètres ; le reste se compose pour moitié d'Indiens civilisés. Ici, comme dans le reste de la Guyane, il existe encore d'immenses régions couvertes de savanes ou de forêts vierges, qui sont encore complétement inconnues et où jamais Européen n'a jusqu'à présent tenté de s'aventurer.

GUYANE HOLLANDAISE, appelée aussi SURINAM. Elle est bornée au nord par l'Atlantique, à l'est par la Guyane française, dont le Maroni la sépare, au sud par la Guyane française et le Brésil, et à l'ouest par la Guyane anglaise. Du nord-est au sud-est, dans sa plus grande longueur, elle a environ 45 myriamètres d'étendue ; sa plus grande largeur du nord-ouest au sud-ouest dépasse 35 myriamètres : on évalue sa superficie à près de 2,000 myriamètres carrés. La colonie est divisée en huit districts. *Paramaribo* en est le chef-lieu. Cette ville, située sur les bords du Surinam, compte une population de près de 20,000 individus, dont 6 à 8,000 blancs : elle est remarquable par la régularité et l'élégance de ses maisons, dont la richesse intérieure l'emporte encore sur la beauté extérieure. Paramaribo est tout à fait une ville de luxe et de plaisirs. Son beau port, où une grande quantité de navires peuvent mouiller à la fois, la rend le centre d'un commerce important. La population totale de la colonie est évaluée à plus de 70,000 âmes. Les terres de la Guyane hollandaise sont fertiles et cultivées avec un soin tout particulier : aussi donnent-elles de riches produits. Une multitude de canaux navigables et de belles routes traversent le pays, dont le sol est partagé en un grand nombre de carrés, bordés de digues pour prévenir les inondations auxquelles son peu d'élévation l'expose. La Guyane hollandaise peut être considérée comme une colonie-modèle sous le rapport de l'agriculture. On évalue à plus de 30 millions de francs le montant annuel de ses exportations. Ce n'est qu'en 1667 que les Hollandais s'emparèrent de la partie de la Guyane qu'ils occupent aujourd'hui ; elle leur fut tour à tour enlevée par les Français et par les Anglais. Ceux-ci la leur restituèrent en 1802, et depuis lors elle n'a plus cessé de leur appartenir.

GUYANE FRANÇAISE. Cette partie de la Guyane, que l'on désignait autrefois sous le nom de *France équinoxiale*, ne commença à être colonisée par les Français qu'en 1605. *Cayenne* fut le premier point où ils s'établirent. Pendant un demi-siècle, quatre compagnies de commerce, formées successivement à Rouen et soutenues par le gouvernement, envoyèrent plusieurs expéditions assez importantes pour développer la colonisation, mais avec peu de succès. En 1664 une nouvelle expédition, appuyée de forces considérables, vint aborder à la Guyane française, dont les Hollandais s'étaient emparés : elle les en chassa. La continuation des travaux de culture qu'ils y avaient entrepris donna une certaine prospérité au pays. Mais en 1667 la colonie fut prise et pillée par les Anglais, auxquels succédèrent les Hollandais, en 1672. Deux ans après, elle revint sous la domination de la France, et pendant un siècle aucun progrès saillant ne marqua son existence.

En 1763, 12,000 colons volontaires, pour la plupart suisses et alsaciens, dirigés sur la Guyane par le gouvernement, vinrent mourir presque tous de dénuement, de misère et de faim, sur les rives du Kourou et dans les îles du Salut, en maudissant les administrateurs dont l'imprévoyance les avait livrés à une mort certaine. L'administration de M. Malouet, qui arriva à Cayenne plusieurs années après ce désastre, fut avantageuse à la colonie : il y introduisit d'utiles végétaux, et il améliora sa situation et ses cultures. La révolution de 1789 éclata, et les victimes de nos troubles civils furent déportées en foule à la Guyane, où la plupart périrent misérablement. Leurs malheurs et les sombres récits de ceux des déportés du 18 fructidor qui purent revenir en France donnèrent à cette colonie une réputation d'insalubrité qu'elle ne mérite point, et que les temps et l'expérience ne sont point encore parvenus à détruire.

Après avoir souffert tous les maux qu'entraînèrent après eux dans nos colonies occidentales le décret sur la liberté des noirs et la guerre maritime de la fin du dix-huitième siècle et du commencement du dix-neuvième, la Guyane française tomba au pouvoir des Portugais, en 1809, et ne fut restituée à la France que le 8 novembre 1817. En 1823 le gouvernement français essaya de former sur les bords déserts de la Mana une colonie exclusivement composée de blancs; mais cette tentative échoua, comme toutes les précédentes.

La Guyane française est bornée au nord par la Guyane hollandaise, dont le Maroni la sépare, et par l'Océan; à l'est, par l'Océan; au sud et à l'ouest, par la Guyane portugaise, aujourd'hui brésilienne, et par le Brésil; ses limites du côté du sud-est ne sont point encore bien déterminées, et la France prétend avec fondement qu'elles doivent s'étendre jusqu'à la petite rivière de Yapock ou de Vincent-Pinçon, que les gouvernements portugais et brésilien confondent à tort avec la rivière d'Oyapock, plus rapprochée de Cayenne de 72 lieues. Dans l'état actuel des choses, on donne approximativement à la Guyane française 80 myriamètres de longueur de l'est à l'ouest, plus de 50 de largeur du nord au sud, et plus de 3,200 myriamètres carrés de superficie. La colonie est divisée en quatorze quartiers, qui sont ceux d'*Approuague*, de *l'Ile de Cayenne*, du *Tour de l'Ile*, de la *Ville de Cayenne*, d'*Iracoubo*, de *Kew*, du *Kourou*, de la *Mana*, de *Mont Sinéry*, d'*Oyapock*, de *Roura*, de *Sinnamary*, de *Tonnegrande*. On évaluait en 1841 l'étendue des terres cultivées dans toute la colonie à 12,488 hectares, et la valeur brute de leurs produits à la somme annuelle de 3,500,000, francs. La canne à sucre, apportée dans la colonie par les premiers colons, a pris à partir de 1822 une extension chaque jour croissante, et beaucoup plus considérable que celle du café et des autres denrées coloniales. En 1841 la colonie avait produit 1,420,226 kilogrammes de sucre, 440,798 litres de sirop et mélasse, et 223,366 litres de tafia, tandis que la récolte du café ne dépassa pas 33,611 kilogrammes, celle du coton 149,544 kilogrammes, celle du cacao 45,284 kilogrammes, celle du girofle 151,354 kilogrammes, celle du poivre 1,310 kilogrammes, et celle du rocou 442,920 kilogrammes. Cette dernière culture n'existe point dans les autres colonies françaises. La plupart de ces chiffres présentent une diminution de près du cinquième sur ceux des produits des années antérieures, et accusent un visible dépérissement. L'importance des cultures et du commerce de la Guyane française est bien loin d'être en rapport avec la vaste étendue du pays et la fertilité des terres susceptibles d'y être mises en valeur ; mais le manque de bras et de capitaux sont les deux grands obstacles qui s'opposent au rapide développement de la colonie sous ces deux rapports. Il faut espérer que le décret présidentiel de 1852 qui a supprimé les bagnes de Brest et de Lorient et ordonné la formation à la Guyane d'une colonie pénale dont les éléments seraient fournis par la population de ces sentines de la civilisation, aura pour résultat, avec le temps, de fournir à ce vaste territoire les travailleurs qui lui ont jusqu'à ce jour manqué pour les féconder. Au 1er mai 1853 l'effectif des transportés formant la population des établissements pénitentiaires était de 2,146 individus, répartis comme suit : transportés politiques, 150 ; repris de justice, 291 ; réclusionnaires, 58 ; forçats, 1,590 ; correctionnels, 4 ; libérés, 32 ; femmes de toutes catégories, 21. Ces 2,146 individus avaient été distribués en quatre grands ateliers, à savoir : aux *Iles du Salut*, 1440 ; à *l'Ile la Mère*, 351 ; à la *Montagne d'Argent*, 202 ; à *Saint-Georges* (Oyapock), 49 ; engagés à Cayenne ou dans les quartiers, 104.

Le commandement supérieur et la haute administration de la colonie sont confiés à un gouverneur. Deux chefs d'administration dirigent sous ses ordres les différentes branches du service. Un conseil privé participe à l'exercice des pouvoirs du gouverneur. Enfin, un conseil colonial, composé de seize membres élus par les habitants, délibère et vote sur le budget intérieur de la colonie et sur diverses autres matières d'intérêt local. La justice est administrée par un tribunal de paix, un tribunal de première instance, une cour impériale et une cour d'assises. Quant à la législation, la colonie est régie par les codes français, modifiés et mis en rapport avec ses besoins, et par divers lois, décrets et ordonnances rendus à différentes époques. La population totale de la colonie peut être évaluée aujourd'hui à 25,000 âmes. Dans ce chiffre ne sont pas compris les Indiens, formant les diverses tribus qui errent sur le sol de la Guyane française. On n'évalue pas le nombre de ces Indiens à plus de 7 à 800. Les principales tribus auxquelles ils appartiennent sont celles des *Approuagues*, des *Galibis*, des *Émérillons*, et des *Oyampis*. Paul Tiby.

GUY ARÉTIN ou GUY D'AREZZO. *Voyez* Gui.

GUYON (Jeanne Bouvier de la Motte, Mme), naquit en 1648, à Montargis, où elle épousa de bonne heure un entrepreneur du canal de Briare. Devenue veuve à l'âge de vingt-cinq ans, elle abandonna son pays, ses enfants, sa fortune, qui était brillante, pour accomplir une mission divine à laquelle elle se croyait appelée. D'une imagination vive et ardente, elle se laissa persuader qu'elle devait en prêchant la parole de Dieu jouer un grand rôle et arriver à une gloire immortelle. Après avoir parcouru une grande partie de la France, prêchant et dogmatisant, elle vint à Paris, où elle se créa de puissantes protections, et entre autres celle de Mme de Maintenon, qui goûtait fort sa conversation, et qui l'autorisa même à faire des conférences à Saint-Cyr. Ce fut vers cette époque qu'elle fit la connaissance de Fénelon, qui plus tard devint son protecteur, et eut à subir tant de tracasseries à cause de ses idées mystiques. Naturellement éloigné de tout ce qui paraissait singulier, Fénelon voulut examiner lui-même Mme Guyon sur sa doctrine et l'interroger pour savoir si elle ne s'éloignait en rien des enseignements de l'Église, ce qui se disait assez dans le monde. Il se convainquit bientôt par lui-même de la pureté et de l'orthodoxie de ses sentiments ; et comme il ne vit en elle qu'une âme éprise de Dieu et désireuse de ne l'aimer que pour lui-même, il se lia sans scrupule avec elle. « Il était étrange, dit Voltaire, qu'il fût séduit par une femme à révélations, à prophéties et à galimatias, qui suffoquait de la grâce intérieure, qu'on était obligé de délacer, et qui se vidait, à ce qu'elle disait, de la surabondance de grâce, pour en faire enfler le corps de l'élu qui était assis auprès d'elle; mais Fénelon dans l'amitié était ce que l'on est en amour : il excusait les défauts, et ne s'attachait qu'à la conformité du fond des sentiments qui l'avaient charmé. »

Il parut assez singulier à cette époque de voir une femme émettre des opinions théologiques et attirer à elle grand nombre de gens de la cour; quelques-uns s'en alarmèrent, d'autres craignirent le scandale; on se mit à examiner ses discours, ses livres, et on crut remarquer une grande conformité entre sa doctrine et celle du docteur Molinos, qui venait d'être condamnée à Rome. On l'accusa donc publiquement d'hérésie. C'est à cette occasion qu'elle écrivit à Mme de Maintenon : « Permettez-moi de me jeter à vos pieds, et de remettre entre vos mains le soin de mon salut et de mon honneur. Depuis dix-huit ans je m'occupe sans cesse à aimer Dieu, je ne vois que des gens de bien, je ne parle et je n'écris qu'à mes amis, dont toute la terre connaît le zèle et la vertu; je n'ai aucune liaison avec les gens suspects à l'Église ou à l'État. Cependant, on me charge de calomnies de tous côtés; on se déchaîne contre moi; on noircit mes mœurs, on jette des soupçons sur ma conduite passée et présente; on dit que je suis rebelle à l'Église, que je veux faire une religion à ma mode, et que je me crois plus éclairée que la Sorbonne, moi qui ne connais autre chose que Jésus-Christ crucifié. M. Bossuet sait combien je suis soumise à mes directeurs : il m'a dit que j'avais la simplicité de la colombe, et m'a offert un certificat que je suis bonne catholique; il m'a défendu l'approche des sacrements : je m'abstiens depuis trois mois du pain céleste, et quoique mon âme soit dans ce déchirement, je ne murmure point contre cette décision. Ma vie a été jusque ici irréprochable, et l'on m'accuse de vices scandaleux. Je vous supplie, Madame, par ce pur amour que Dieu a témoigné aux hommes en mourant pour eux, de demander au roi des commissaires pour informer extraordinairement de ma vie et de mes mœurs, afin qu'étant purgée et justifiée des crimes atroces dont on m'accuse, on procède avec moins de partialité à l'examen de ma doctrine. Ne me protégerez-vous point, Madame, contre l'injustice des hommes, vous qui connaissez toute leur malice? »

La commission qu'elle désirait fut nommée : elle se composait de Bossuet, de l'évêque de Châlons, de l'abbé Tronson, supérieur de Saint-Sulpice, et de Fénelon, que Mme de Maintenon voulut leur adjoindre. Après une mûre délibération, la commission déclara la doctrine de Mme Guyon condamnable; on alla plus loin, on insista pour que Fénelon condamnât lui-même cette doctrine, et Bossuet poursuivit vivement l'archevêque de Cambrai, chez qui il trouvait trop d'indépendance et de talent. Nous ne saurions entrer ici dans le détail des tracasseries qui lui furent suscitées à l'occasion de Mme Guyon. Nous ferons seulement remarquer que dans l'assemblée du clergé de 1700, lorsque tout était terminé, les évêques assemblés rendirent témoignage à la pureté des mœurs de Mme Guyon. « Ce témoignage, dit Ramsai, sera un monument éternel de l'innocence de cette dame, car les prélats assemblés ne le lui donnèrent qu'après qu'elle eut été cinq ans en prison, qu'on eut fait des perquisitions dans tous les lieux qu'elle avait habités depuis sa jeunesse, qu'on eut employé les menaces et les promesses pour faire parler contre elle ses deux femmes de chambre, témoins depuis longtemps de sa conduite, et qu'enfin divers juges lui eussent fait subir à elle-même plusieurs interrogatoires. Elle demeura cependant trois ans à la Bastille, malade et souffrante, après que le procès de M. de Cambrai fut fini. Elle pria toujours qu'on lui nommât son crime, et on l'en fit sortir sans avoir pu rien prouver contre sa personne. » Exilée à Blois, elle y vécut très-retirée et sans y faire parler d'elle. Fénelon continua de lui écrire pour la consoler, la soutenir et lui marquer l'estime qu'il faisait de sa vertu. Elle mourut en 1717, dans cette ville, déjà oubliée; et malgré ses nombreux ouvrages, malgré son éloquence et malgré la prétendue étrangeté de sa doctrine, elle l'aurait été plus tôt, et peut-être pour toujours, si elle n'eût été un brandon de discorde jeté entre les deux hommes les plus éminents de l'Église à cette époque. E. ROUX.

GUYON (RICHARD), général à l'époque de l'insurrection hongroise, en 1848 et 1849, descend de l'ancienne famille des Guyon de Geï, qui au dix-septième siècle émigra de France en Angleterre. Fils d'un vice-amiral anglais, il naquit en 1812, à Bath, en Angleterre, et prit part de bonne heure aux expéditions entreprises contre dom Miguel. En 1832, étant allé faire un voyage de plaisir à Trieste, il eut occasion d'y faire la connaissance d'un bon nombre d'officiers autrichiens; et par suite de ces relations nouvelles il se décida alors à entrer dans le régiment des hussards de l'archiduc Joseph avec le simple grade de *cadet*. Après sept ans de service, il était parvenu au grade de lieutenant en premier, et remplissait les fonctions d'aide de camp auprès du général Splenyi. En 1839, ayant épousé la fille de ce général, il quitta le service pour aller faire de l'agriculture dans son domaine situé dans le comitat de Komorn. Les événements politiques de 1848 l'arrachèrent à cette paisible existence; et il se rattacha alors de tout cœur à l'agitation politique dont sa patrie adoptive se trouva le théâtre. A la première bataille que l'armée hongroise livra, le 29 octobre 1848, à Schwechat, le major Guyon, en enlevant la grande redoute de Mannswœrth, se trouva, à bien dire, le héros du moment. Le 23 décembre suivant il fit preuve de la même bravoure; mais fut moins heureux à l'affaire de Tirnau, où cependant il tint ferme pendant toute une journée contre des forces évidemment supérieures. Promu au grade de colonel et attaché à l'armée de Gœrgey pendant la campagne d'hiver, il prit d'assaut Branyisko (5 février 1849). Ce fait d'armes est incontestablement le plus brillant de toute la guerre nationale de Hongrie. En désaccord constant avec Gœrgey, qui était jaloux de lui et dont il suspecta de bonne heure les véritables intentions, il fut rappelé de l'armée principale et nommé commandant de place de Komorn, déjà bloqué par les Autrichiens, mais où, à la tête de 90 hussards seulement, il sut avec une audace inouïe se frayer passage (22 avril). Quand plus tard Gœrgey eut été nommé ministre de la guerre, il enleva à Guyon son commandement de place, et le fit partir pour le sud, où il combattit avec succès Jellachich, qu'il refoula jusqu'à Titel. Toutefois, vers la fin de juillet, il fut appelé à Szegedin, où le gouvernement révolutionnaire avait l'intention de livrer bataille. Le 29 juillet il rejoignit l'armée principale de Dembinski à la tête de dix bataillons, et prit part aux affaires de Szœveg et de Temesvar (5 et 9 août). Après l'issue malheureuse de cette dernière affaire, et lorsque déjà Gœrgey avait mis bas les armes, il fut avec Bem le seul chef qui insista, quoique en vain, pour la prolongation de la lutte. Richard Guyon suivit Kossuth en Turquie, où, sans être astreint à embrasser l'islamisme, il a obtenu dans l'armée turque une brillante position, qu'il occupe encore en ce moment. Assez mauvais stratégiste, Guyon, du moment où il ne s'agissait que de l'exécution de plans conçus par d'autres, s'est constamment montré l'un des plus brillants et des plus intrépides chefs de l'insurrection hongroise. Comme caractère moral, il a su obtenir l'estime de tous.

GUYOT DE PROVINS, vieux poëte français, né vers le milieu du douzième siècle, à Provins, ville alors florissante, cultiva la poésie dès sa jeunesse, et après avoir parcouru comme troubadour les principales villes de l'Europe, entreprit le pèlerinage de Jérusalem en passant par Constantinople, puis revint se faire moine à Cluny. Il regretta plus tard d'avoir ainsi à tout jamais aliéné sa liberté et s'en vengea en composant sous le titre de *Bible, ou Armure du chrétien*, un poëme rempli de verve et d'esprit, dans lequel il déplore amèrement le parti qu'il s'est trop hâté de prendre, et trace un tableau peu flatteur de la vie des cloîtres. Sa satire n'épargne pas d'ailleurs les autres classes de la société, et fait rude guerre aux vices des grands et des puissants tout comme à ceux qui abrutissent les classes pauvres. La *Bible-Guyot* n'a pas encore été imprimée; c'est le plus ancien ouvrage connu où il soit fait mention de la boussole.

GUYOT (THOMAS), maître ès arts de l'ancienne université de Paris, avait d'abord été, en 1646, professeur dans les petites écoles de Port-Royal. Agrégé plus tard à l'université, il publia, de 1665 à 1678, diverses traductions d'œuvres détachées de Cicéron, de Virgile et de Plaute, la plupart précédées de dissertations qui ne sont pas sans mérite. Quant à ses traductions, il y a longtemps qu'elles seraient oubliées, bien que le style en soit encore pur et élégant, si elles n'avaient pas été exécutées suivant le système bizarre alors dominant dans nos écoles, lequel consistait à donner une physionomie toute française aux auteurs de l'antiquité. Si sous ce rapport les traductions du Guyot méritent plus d'être consultées que celles de ses contemporains, c'est que, non content de *franciser* les idées des écrivains dont il reproduit le récit dans notre langue, il a eu la bizarre pensée de *franciser* jusqu'aux noms des personnages qui y figurent, et de les faire précéder des mots *Monsieur*, *Madame*, *Mademoiselle*, transformant ainsi en seigneurs de la cour de Louis XIV les personnages de la république romaine. Dans les traductions de Thomas Guyot, Trébatius devient *Monsieur de Trébace*; Plancius, *Monsieur de Plancy;* Pomponius, *Monsieur de Pomponne*, etc. Toutes les lettres de Cicéron commencent par notre formule *Monsieur*, *Madame*, ou *Mademoiselle*. A part ce ridicule, qui tient à l'époque, c'est justice de reconnaître que dans les *Avis au lecteur* dont Thomas Guyot fait ordinairement précéder ses traductions on trouve de précieuses observations, et qu'il y développe d'excellentes idées sur l'éducation. La date de sa naissance et celle de sa mort sont restées inconnues.

GUY PATIN. *Voyez* PATIN (Guy).

GUYS (PIERRE-AUGUSTIN), célèbre voyageur, né à Marseille, en 1721, exerça d'abord avec distinction le commerce à Constantinople, puis à Smyrne et dans sa ville natale, dont l'académie l'admit dans son sein. En 1744 il publia, sous forme de lettres, le récit de son voyage de Constantinople à Sophie, capitale de la Bulgarie, et en 1748 celui de son voyage de Marseille à Smyrne et à Constantinople. Il doit surtout sa réputation à son *Voyage littéraire de la Grèce* (Paris, 1771; 3e édition, 4 vol. 1783), ouvrage dans lequel il a comparé avec autant de sagacité que d'érudition l'état de la Grèce moderne à celui des anciens Grecs. Pour donner à cette œuvre toute la perfection désirable, il visita à plusieurs reprises tout l'Archipel. Quand ce travail parut, Voltaire adressa à l'écrivain des vers flatteurs; et les Grecs, touchés des sympathies dont il y fait preuve pour leur nation, lui décernèrent le titre de citoyen d'Athènes. On a encore de Guys, toujours sous la forme épistolaire : *Voyage dans la Hollande et le Danemark en* 1762; *Marseille ancienne et moderne* (1786). Il mourut à Zante en 1799, au moment où il préparait une nouvelle édition de son Voyage en Grèce.

Son fils, *Pierre-Alphonse* GUYS, né à Marseille, en 1755, mort consul de France Tripoli de Syrie, en 1812, est auteur d'un *Éloge d'Antonin le Pieux* (Paris, 1786), des *Lettres sur les Turcs* (1776), ouvrage fort bien écrit, et de *La Maison de Molière*, comédie en quatre actes, en prose, imitée de Goldoni, représentée en 1787 sur la scène de la Comédie-Française, sous le nom de S.-L. Mercier, à qui elle a été faussement attribuée.

GUYTON-MORVEAU (LOUIS-BERNARD), célèbre chimiste français, naquit à Dijon, le 4 janvier 1737. Destiné au barreau par son père, professeur de droit romain, il s'adonna d'abord aux études nécessaires à la carrière qu'il devait embrasser; à vingt et un ans il était nommé avocat général au parlement de sa ville natale. Les fonctions de la magistrature ne sont point incompatibles avec la culture des sciences : cependant, à l'époque où Guyton remplissait au parlement de Dijon celles d'avocat général, c'était un exemple rare, sinon entièrement nouveau. Entraîné par son amour pour la chimie, il se chargea de professer cette science à Dijon lors de la création des cours publics, que l'on dut, comme tant d'autres importantes améliorations, aux états de Bourgogne. Des difficultés qu'il éprouva de la part du corps auquel il appartenait l'ayant fait renoncer à ses fonctions de magistrat, il suivit sans réserve son penchant pour les sciences. Ce fut cependant lorsqu'il réunissait les doubles fonctions de magistrat et de professeur qu'il publia ses leçons de chimie et des traductions de divers ouvrages de Scheele, de Bergmann et de Black. Une occasion se présenta, qui lui fournit le moyen de faire profiter le public de ses connaissances scientifiques. Un caveau de la cathédrale de Dijon, dans lequel se trouvaient inhumés un grand nombre de corps, ayant été ouvert, répandit une infection telle que l'église fut désertée et qu'il était impossible d'y pénétrer; au lieu de s'arrêter à des moyens insignifiants, et trop souvent employés dans des cas semblables, Guyton fit faire des fumigations d'*acide marin déphlogistiqué* (chlore), dont le résultat fut tel que bientôt on put reprendre le service divin, et que tous les accidents auxquels la putréfaction avait donné lieu disparurent. Peu après, il eut occasion d'appliquer de nouveau cet important procédé à la désinfection des prisons de la ville; et bientôt, connu et apprécié comme il méritait de l'être, ce procédé se répandit partout, sous le nom de *fumigations guytoniennes*.

A l'époque où Guyton se livrait avec tant d'activité à son penchant pour la chimie, cette science, déjà si étendue par de nombreux travaux, la confusion la plus grande régnait dans son langage : la multiplicité, l'insuffisance et le ridicule d'un grand nombre de noms par lesquels on désignait les corps alors connus n'étaient pas l'une des moindres difficultés à vaincre pour étudier cette science. Guyton voulut porter de l'ordre dans ce chaos, et jeta les bases d'une nomenclature qui, changeant bientôt de but, d'après les immenses travaux de Lavoisier et l'abandon de la théorie du phlogistique, devint sans contredit l'un des moyens les plus importants dont les chimistes aient pu se servir pour répandre et faire adopter leurs découvertes. Si les travaux postérieurs ont modifié en beaucoup de points de détail la nomenclature dont les premières bases furent posées par Guyton, et que, réuni avec Lavoisier, Berthollet et plusieurs autres chimistes, il étendit plus tard d'après les besoins de la science, on peut dire avec vérité que ce monument élevé à la naissance de la chimie antiphlogistique a servi à fixer tous les regards, et permis de se diriger avec une certitude entière au milieu de la masse de faits que les chimistes ont accumulés par milliers depuis cette époque.

Les travaux de Guyton sont nombreux, plusieurs d'entre eux présentent un assez grand intérêt; on ne peut cependant pas citer de lui quelques-unes de ces découvertes brillantes qui signalèrent cette époque de la chimie. Lors de la fondation de l'École Polytechnique, Guyton y fut nommé professeur, et il remplit ces fonctions jusqu'à un âge très-avancé. Il fut directeur de cette école en 1800. Toutes les relations des batailles de la république parlent d'un moyen employé à celle de Fleurus pour observer les mouvements de l'armée ennemie, et que l'on croyait capable de produire des résultats extrêmement importants; il consistait en un aérostat retenu prisonnier : Guyton, alors commissaire de la Convention, l'avait mis en usage. Si ce moyen n'a pas complétement atteint le but que l'on se proposait, il était ingénieux, et mérite d'être signalé.

En 1791 Guyton fut élu député à l'Assemblée législative, qu'il présida l'année suivante; réélu à la Convention, il s'assit à la Montagne, et fit partie de la majorité le 21 janvier 1793. Si la Restauration, si souvent calomniée, lui retira le titre d'administrateur des monnaies, elle lui en laissa le traitement, comme pension, et il put finir sa carrière à Paris, où il mourut à soixante-dix-sept ans, en 1816.

H. GAULTIER DE CLAUBRY.

GUZ. *Voyez* COUDÉE.

GUZÉRATE, GUJÉRATE ou GOUDJÉRATE, en langue indienne *Kattiwar*, en arabe *Gezirah* ou *Djezirah* (c'est-à-dire île ou presqu'île), province de l'Inde, au nord-ouest de la péninsule, entre le 21° et le 24° latitude septentrionale, d'une superficie de plus de 1,200 myriamètres carrés, est baignée à l'ouest par la mer d'Arabie, où les golfes de Koutsch (Katscha) et de Cambay font une véritable presqu'île de la plus grande partie de cette province. Dans sa partie orientale, elle est traversée par les Ghattes occidentaux; à l'ouest, au contraire, elle offre un pays plat, tantôt marécageux et sablonneux, tantôt couvert de la plus riche végétation. Cette contrée est arrosée par le Myhi, la Nerbudda et le Tapty; et à l'époque des pluies, qui dure de juin à septembre, il arrive souvent qu'elle est ravagée par leurs inondations. En été, le climat y est très-chaud, et dans les terres basses extrêmement malsain; mais, en hiver, il est plus froid qu'on ne devrait s'y attendre, à tel point que la nuit il y gèle fréquemment. Les produits de cette province sont d'ailleurs absolument les mêmes qui ceux du reste de l'Indostan. Les habitants sont au nombre d'environ six millions, dont un dixième tout au plus d'Indous; tout le reste professe le mahométisme. On y trouve aussi quelques débris des anciens Parsis ou Guèbres. La classe laborieuse vit sous l'oppression la plus écrasante, à laquelle la condamnent les castes dominantes. Par suite des origines différentes des populations diverses qui habitent ce pays, on y parle plusieurs langues, dont la plus répandue est le *guzérati* ou *gouzérati*. Une partie de cette province est placée sous l'autorité immédiate de l'Angleterre; une autre (le royaume de Baroda) dépend du Guicowar mahratte; une troisième, enfin, est gouvernée par de petits princes indigènes tributaires soit du Guicowar, soit des Anglais.

Après Surate, ses villes les plus importantes sont *Ahmedabad*, jadis capitale de tout le pays, et au dix-septième siècle l'une des plus belles et des plus importantes cités de l'Asie, mais qui, bien qu'elle ait horriblement souffert des dévastations des Mahrattes, n'en a pas moins toujours 120,000 habitants et un grand nombre de beaux édifices; et *Baroda*, dont la population dépasse 100,000 âmes. Les Portugais y possèdent aussi une petite étendue de territoire, avec les villes de *Damaoun* et de *Diou*.

Jusqu'à la fin du douzième siècle le pays de Guzérate fut gouverné par ses propres princes, quoiqu'à partir du onzième siècle il ait eu beaucoup à souffrir des invasions des mahométans. En 1196 il fut conquis par les Afghans, qui s'en maintinrent en possession jusqu'à l'an 1397, époque où une dynastie mahométane y surgit. Celle-ci gouverna le pays jusqu'à la fin du seizième siècle, qu'elle devint l'une des parties de la monarchie du grand Mogol, dont elle partagea ensuite les destinées, et avec laquelle elle finit par tomber au pouvoir de la Compagnie anglaise des Indes orientales. Consultez Ali-Mohammed-Khan, *The political and statistical History of Gujarat* (traduit du persan par Bird; Londres, 1835).

GUZÉRATE ou GOUDJÉRAT, petite ville du Pendjab (Indes orientales), dans l'ancien État des Sikhs, à 10 myriamètres au nord de Lahore, non loin du Tshinab, est célèbre par la victoire complète que les Anglais, commandés par Gough, y remportèrent le 21 février 1849, après une lutte qui dura toute une journée, sur l'armée sikhe, commandée par Sher-sing, et sur les Afghans aux ordres de Dost-Mohammed. Elle décida de la guerre du Pendjab, qui le 29 mars suivant fut officiellement incorporé à l'empire indo-britannique.

GWALIOR, chef-lieu de l'État mahratte du même nom, dans l'intérieur de l'Indostan, située sur la crête escarpée d'une montagne rocailleuse, est entourée de tous côtés de fortifications. Elle n'a qu'une seule entrée, formant une suite de terrasses, que protégent successivement trois portes différentes. Elle ne manque pas d'eau, et contient assez de terres arables pour suffire aux besoins de sa population. Aussi l'a-t-on surnommée le *Gibraltar de l'Inde*, quoiqu'elle ait déjà été prise plusieurs fois.

L'*État de Gwalior*, territoire compacte, d'une surperficie de 1,240 myriamètres carrés, avec une population de 4,000,000 d'habitants, est un pays montagneux, mais fertile et richement arrosé. Le prince qui l'avait jusque alors gouverné, le Mahratte Shenka-Shie-Rao-Scindiah, qui avait un million de liv. st. de revenu et une armée respectable, étant mort, le 7 février 1843, sans laisser d'héritiers directs, ses États, aux termes de la loi musulmane, eussent dû alors faire retour au gouvernement indo-britannique, en sa qualité de représentant de l'empereur de Delhy. Mais comme il convenait mieux aux intérêts anglais d'entretenir là un fantôme de prince indépendant, la Compagnie des Indes permit à la veuve que laissait le défunt, princesse âgée de douze ans, de prendre un époux dans une ligne collatérale de la maison de Scindiah. Son choix tomba sur Seadjy-Rao-Scindiah, prince âgé de neuf ans, qui, de l'agrément du gouvernement anglais, monta alors sur le trône de Gwalior. Dès la fin de la même année, l'expulsion du ministre Mama-Sahib, adjoint par la Compagnie au souverain encore mineur, personnage complétement dévoué aux intérêts anglais, amenait une guerre contre les Mahrattes. Le 29 décembre 1843, les forces anglaises sortaient victorieuses, mais non sans avoir subi des pertes cruelles et dû faire des efforts extrêmes, de deux batailles livrées, l'une à Punniar, sous les ordres de Grey, l'autre à Maharadjpour, sous les ordres de Gough. Le 31 décembre le Maharadja déclara, dans le camp du gouverneur général, lord Ellenborough, qu'il était prêt à souscrire aux conditions posées pour la paix. En conséquence, Gwalior ouvrit ses portes aux Anglais le 2 janvier 1844, sans coup férir; et la paix était définitivement conclue le 14. L'État du Gwalior cessa dès lors d'être indépendant, et perdit même une portion assez considérable de son territoire.

GYALL. *Voyez* GAYAL.

GYGÈS, chef de la dynastie des Mermnades, qui remplaça celle des Héraclides sur le trône de Lydie, était d'abord, selon les traditions des Grecs, l'un des principaux officiers et le favori de Candaule, le premier roi de Lydie dont les historiens de l'antiquité aient parlé avec détail. Ce prince ayant forcé Gygès à voir la reine nue, celle-ci mit l'officier dans la cruelle alternative de périr ou d'assassiner son prince, et de devenir maître de son lit et de son trône. Suivant Platon et Cicéron, Gygès, simple berger de Lydie, ayant trouvé dans les flancs d'un cheval d'airain un anneau merveilleux, qui rendait invisible celui qui le portait, profita de ce précieux talisman pour séduire la reine, femme de Candaule, et pour assassiner ce prince, qu'il remplaça sur le trône, l'an 708 ou 718 avant J.-C. Quoi qu'il en soit, Gygès, dont le règne fut d'abord troublé par une sédition qu'excitait l'horreur de son crime, n'en fut pas moins roi de Lydie pendant trente-huit ans. Il mourut l'an 680 avant J.-C.

GYLLENBORG, nom d'une famille de comtes suédois, qui a fourni à l'histoire de la Suède un certain nombre de personnages distingués. Elle descend d'un apothicaire allemand, appelé *Wolimhause*, qui se mêlait aussi d'astrologie et qui vint s'établir à Upsal, en 1640.

Le second de ses fils, *Jacques*, qui, de même qu'un frère aîné, fut élevé au rang de comte sous le nom de *Gyllenborg*, appuya avec une sévérité extrême, comme sénateur du royaume, les mesures de confiscation ou de revendication à l'aide desquelles le roi Charles XI contraignit ses nobles à restituer des domaines importants dont ils s'étaient indûment mis en possession à la faveur de la confusion et de l'anarchie générales, et s'attira ainsi des haines ardentes et implacables. Il mourut en 1701.

Le fils de Jacques, *Charles*, comte DE GYLLENBORG, né en 1679, prit en 1717, comme ambassadeur de Suède à Londres, et par ordre du ministre comte de Gœrtz, une part importante à la conspiration tramée contre le roi Georges Ier; fait pour lequel il fut arrêté. Quand il eut été remis en liberté, il alla, comme ministre plénipotentiaire, négocier aux îles d'Aland la paix avec la Russie; mais la mort de Charles XII rompit les négociations. Il devint alors le chef du parti dit *des chapeaux* (parti Gyllenborg), en opposition au parti *des bonnets* (parti du comte de Horn). La faction des chapeaux l'ayant emporté, Gyllenborg devint président de la chancellerie (1738). C'est à ce moment qu'éclata la guerre si malheureusement menée contre la Russie. La paix honteuse qui la termina à Abo (1743) ayant rendu Gyllenborg l'objet de l'animadversion générale, celui-ci réussit à donner le change à l'opinion sur son compte en sacrifiant impitoyablement plusieurs généraux, qui périrent victimes des colères du peuple, et il réussit de la sorte à se maintenir au pouvoir jusqu'à sa mort, arrivée en 1748.

Son neveu, *Gustave-Frédéric*, comte DE GYLLENBORG, né en 1731, mort en 1808, conseiller de chancellerie et membre de l'Académie Suédoise, s'est fait un nom comme poëte. On a de lui un poëme héroïque : *Toget œfver Bolt* (L'expédition sur les Belt), des satires, des odes, des fables : toutes productions parfaitement accueillies par ses compatriotes, mais qui de nos jours sont à peu près oubliées.

GYMNASE, en grec γυμνάσιον, dont la racine est γυμνός, nu. Le gymnase était un des principaux édifices publics chez les Grecs; consacré aux exercices corporels, lutte, pugilat, courses à pied, à cheval, en char, tir de l'arc et du javelot, jeu de la paume, du disque et du ballon, il s'y tenait en même temps une école de philosophie et de belles-lettres. En effet, la civilisation antique, à la différence de la civilisation chrétienne, qui prêche l'oubli du corps pour exalter l'âme, ne séparait pas ce que Dieu avait réuni, et croyait que la vigueur de l'esprit dépend de la santé et de la force physique. Il n'y avait pas une ville, pas une bourgade, qui n'eût son gymnase. On y formait la jeunesse à tous les arts de la paix et de la guerre; les hommes faits y venaient également se livrer aux exercices gymniques, qu'ils aimaient avec passion; les jeunes filles même, en quelques endroits, s'y montraient à visage découvert et prenaient part aux luttes et aux jeux. De tout temps ce fut un trait saillant du caractère national que ce goût prédominant pour la gymnastique, et les Grecs lui durent peut-être une des plus belles faces de leur génie, cette incontestable supériorité dans les arts plastiques que les temps modernes n'égaleront jamais. C'était aux gymnases que leurs grands artistes trouvaient, se produisant dans les attitudes et les poses les plus variées, des modèles aux formes superbes, des types parfaits de la plus belle race humaine, et cela seul explique leur prodigieuse entente de la musculature, eux qui ignoraient l'anatomie.

Les gymnases, on le conçoit, n'étaient pas tous absolument semblables, la mode et le caprice y apportaient quelques changements d'une ville à une autre; mais le plan général était partout le même. Vitruve, dans son cinquième livre, nous en a laissé une description détaillée. Un gymnase se composait d'une cour oblongue ou carrée, encadrée d'un portique donnant accès à différentes salles, les unes destinées aux conférences des philosophes et des rhéteurs, les autres aux bains froids et chauds avec toutes leurs dépendances, si compliquées. On pénétrait ensuite dans une sorte de préau, planté d'arbres, bordé, à droite et à gauche, d'une galerie couverte qui servait pendant l'hiver aux exercices particuliers des athlètes, et terminé par un vaste stade, réservé aux jeux publics. La plupart de ces édifices, d'ailleurs, étaient décorés avec ce goût exquis dont les Grecs avaient le secret; leur destination multiple permettait de varier, plus que partout ailleurs, l'ornementation; l'œil ne rencontrait de tous cotés que statues, fresques, hermès, autels et bas-reliefs. Olympie, Élis, Thèbes, Sparte, Anticyre, Smyrne, Naples, Tarente et beaucoup d'autres villes de l'antiquité, avaient des gymnases renommés; l'Académie et le Lycée d'Athènes étaient surtout fameux. On peut encore se faire une idée de l'importance de ces sortes d'édifices lorsqu'on voit les ruines de ceux d'Éphèse et d'Alexandria Troas.

Solon avait édicté de sages règlements sur la police de ces établissements; ils ne pouvaient s'ouvrir avant le lever du soleil et devaient se fermer à son coucher; les esclaves n'y étaient pas admis; des heures différentes étaient assignées aux enfants et aux citoyens. Mais ces lois tombèrent en désuétude, au grand dommage des mœurs publiques, et les gymnases, confondus désormais avec les *palestres* ou écoles d'athlètes, devinrent des lieux de plaisir et de débauches infâmes.

Un officier, nommé *gymnasiarque*, dirigeait ces établissements : c'était une charge municipale et honorifique, qui obligeait à de grandes dépenses celui qui en était revêtu. Il avait sous ses ordres immédiats le *xystarque*, chef des athlètes, les *cosmètes*, les *sophronistes*, les *gymnastes*, les *pædotribes*, chargés, à différents titres, de la surveillance et de l'éducation des jeunes gens; les *sphéristiques*, professeurs de balle et de balon; les *aliptes*, instructeurs subalternes, à qui revenait le soin d'oindre d'huile et d'assouplir les membres de leurs élèves, etc.

Les Romains ne connurent les gymnases que sur la fin de la république : encore n'en exista-t-il longtemps que dans les palais et les villas de quelques riches particuliers. Plus tard, Néron et Commode en firent construire chacun un pour les plaisirs de la multitude; mais ces jeux des Grecs, où l'on ne versait pas de sang, ne l'amusèrent point; le cirque avait pour elle de bien autres attraits.

En Allemagne on donne le nom de *gymnases* aux établissements d'instruction publique qui répondent à peu près à nos colléges ou lycées; seulement l'enseignement y est plus libre et plus varié, n'étant pas astreint à l'unité de méthode, comme en France. W.-A. DUCKETT.

GYMNASE DRAMATIQUE. Ce théâtre, dont le privilége fut accordé, sous le ministère Decazes, à un sieur Delaroserie, et cédé par ce dernier à Delestre-Poirson et Cerfberr, s'ouvrit le 22 décembre 1820. Son nom, assez bizarre, lui avait été en quelque sorte imposé par le cercle étroit dans lequel le renfermait la conception ministérielle. Il ne devait être en effet qu'un *gymnase dramatique*, une espèce de succursale du Conservatoire, un théâtre d'essai, où s'exerceraient des élèves dans des fragments de pièces, ou tout au plus dans de petites comédies en un acte. Mais il ne tarda pas à étendre ses attributions : favorisé par la protection puissante de la duchesse de Berry, devenu, grâce aux ingénieux ouvrages de M. Scribe, un des spectacles les plus fréquentés de la capitale, son privilége fut bientôt assimilé à ceux des autres théâtres de vaudeville. Dès 1826 la société avait, par ses dividendes, remboursé aux actionnaires les 1,300,000 fr. qu'avaient coûté la construction de la salle, l'achat des terrains, etc.

Après la révolution de 1830, ce spectacle dut quitter le nom de *Théâtre de Madame* pour reprendre celui de *Gymnase*; mais s'il cessa de figurer à la suite des théâtres royaux, l'habile directeur Poirson continua de le maintenir à la tête des théâtres secondaires. Un grand nombre d'ouvrages de MM. Scribe, Mélesville, Bayard, etc., y attirèrent la foule : peu de succès de vogue sont comparables, dans les fastes dramatiques, à ceux du *Mariage de raison*, de *Michel Perrin* et du *Gamin de Paris*. Un autre élément de réussite pour le Gymnase, c'est l'ensemble avec lequel y fut toujours jouée la comédie. Des talents du premier ordre, Perlet, Gontier, Bouffé, Léontine Fay, Paul Allan, Ferville, Numa, Mme Allan, Jenny Vertpré, Eugénie Sauvage, etc., y ont successivement brillé. OURRY.

En 1842, M. Poirson ayant voulu modifier les conditions que lui avait imposées la Société des Auteurs dramatiques, son théâtre fut mis en interdit, et il dut recourir à des talents naissants pour refaire son répertoire. Le Gymnase justifia son titre pour les auteurs imberbes. Cependant, le directeur y succomba. En 1844, il céda le privilége de son théâtre à M. Montigny, qui y ramena le succès et se raccommoda avec la Société des Auteurs. Privé de Bouffé, que les Variétés lui avaient enlevé à prix d'or, le Gymnase trouva dans Mme Rose Chéri une brillante interprète de la petite comédie marivaudée qui semble être sa spécialité. Mme Sand lui a aussi valu de beaux succès par ses petits drames champêtres. De plus le ministre d'État a donné au directeur du Gymnase le droit de représenter des comédies de genre en trois actes, et même en cinq actes moyennant une autorisation spéciale. L. LOUVET.

GYMNASE MUSICAL MILITAIRE. Cet établissement, fondé en août 1836, rue Blanche, dans l'ancien hôpital des gardes du corps, devenu celui de la maison du roi Louis-Philippe, a pour but de former des chefs de musique pour les divers régiments de l'armée. La direction en fut d'abord confiée à un professeur du Conservatoire, M. Berr, habile clarinette; puis elle passa bientôt dans les mains de M. Carafa.

Le Gymnase musical militaire a puissamment contribué aux progrès de nos musiques militaires. Chaque régiment est tenu d'y envoyer un élève choisi par le colonel, sur les renseignements fournis par le chef de musique entre les militaires et les enfants de troupe qui montrent des dispositions pour cet art. Cet élève, astreint à contracter un engagement militaire, doit être âgé d'au moins dix-huit ans et n'en pas avoir plus de vingt-cinq. Les études, qui durent deux ans, se composent d'un cours de solfége complet, d'un cours d'un ou de plusieurs instruments, d'un cours de composition, d'un cours d'ensemble et de direction. A sa sortie, l'élève doit se montrer bon instrumentiste, capable de conduire une musique militaire, et pourvu de notions nécessaires pour établir un gymnase musical dans son régiment.

Un arrêté ministériel du 19 mars 1840 porte que les chefs de musique seront désormais choisis, autant que possible, parmi les élèves de l'établissement de la rue Blanche, après examen subi devant une commission, dont les membres de la section de musique de l'Académie des Beaux-Arts de l'Institut feront nécessairement partie.

Rien n'est à la charge de l'État dans cette institution : les appointements des professeurs, les frais d'achat des instruments, des partitions, toutes les dépenses d'entretien matériel, incombent au directeur. Chaque corps de l'armée paye un abonnement modique au Gymnase musical. Les élèves, logés, rationnés, soldés militairement, sont sous les ordres d'officiers et de sous-officiers, et astreints, en dehors de leurs études, à la discipline de la caserne.

Dieudonné DENNE-BARON.

GYMNASTIQUE (du grec γυμνός, nu). C'est l'art des mouvements du corps. Le mot et la chose sont d'origine grecque; car c'est en Grèce que ces mouvements furent érigés en art. Il vint de l'île de Crète à Sparte, et passa de là à Athènes, où il perdit le caractère rude et martial qu'il avait eu jusque alors. On distinguait trois espèces de gymnastiques : la *gymnastique militaire*, qui avait trait à l'attaque et à la défense; la *gymnastique diététique*, qui avait pour but d'accroître les forces physiques et de conserver la santé; la *gymnastique athlétique*, la plus célèbre de toutes, qui devait son origine au plaisir et au désir de donner des preuves publiques de son adresse et de sa force.

La première de ces espèces de gymnastique consistait dans les exercices de la course à pied, à cheval et en char, à sauter, à lutter, à lancer des jets et à tirer à l'arc; la seconde à quelques-uns des exercices dont nous venons de faire mention ajoutait la danse, le jeu de paume, les bains et les onctions. De la troisième dépendait tout ce qui est nécessaire à un athlète pour remporter la victoire dans les jeux publics. Cette troisième espèce de gymnastique recevait tantôt le nom d'*athlétique*, parce que les exercices consistaient en luttes, tantôt de *gymnique*, parce qu'on combattait nu, tantôt d'*agonistique*, parce que la lutte constituait la partie principale des jeux publics.

Platon exclue l'*athlétique* de l'éducation, dont la gymnastique faisait pourtant partie. L'*athlétique* passait pour un métier qui souvent déformait le corps, mais faisait grand profit à l'esprit; la gymnastique, au contraire, formait le corps en même temps que l'esprit. On peut ranger les mouvements du corps en six classes principales, à savoir les mouvements qui sont exécutés par la seule action du corps et ceux auxquels vient s'ajouter un mobile étranger. A la première appartiennent la marche, l'action de se balancer, la course, la danse, l'action de sauter (voltige), de grimper, de lancer des jets, de manier la fronde, la lutte, l'escrime et la natation; la seconde comprend l'équitation et la course en chars. Pour que ces différents exercices soient pratiqués par principes, la gymnastique doit s'appuyer sur une théorie empruntant ses principes aux lois de la mécanique; et dans ces derniers temps les exercices gymnastiques ont pris une importance toute particulière aux yeux de ceux qui s'occupent d'instruction publique.

GYMNIQUES (Jeux), terme générique sous lequel on désigne les grandes fêtes populaires et religieuses de la Grèce (*Voyez* JEUX).

GYMNOSOPHISTES, philosophes indiens et éthiopiens, ainsi nommés à cause de leur nudité (du grec γυμνός, nu, et σοφιστής, faux sage), parce que ceux de l'Inde surtout affectaient de ne porter qu'une simple tunique d'étoffe grossière, qui laissait découvertes certaines parties du corps. Les gymnosophistes de l'Indus et du Gange étaient divisés en trois sectes : les brahmanes, les sarmanes et les hylobiens (de ὕλη, forêt, et βίος, vie), ainsi appelés par les Hellènes parce que cette secte, un peu farouche, faisait sa demeure des bois les plus impénétrables, pour mieux se livrer à la contemplation de la nature. Leurs vêtements étaient les écorces des arbres. Les sarmanes, plus mondains, abaissaient volontiers leurs regards sur ce globe. Ils se mêlaient de médecine, d'enchantements, de prédictions, et allaient jusqu'à donner des conseils aux rois et aux magistrats. Une même doctrine, au reste, de ces trois sectes n'en formait qu'une. Elle croyait à l'existence d'un Dieu éternel, immuable, à l'immortalité de l'âme et à sa transmigration, ou plutôt à sa propagande dans les corps vivant de la vie animale qui passent sur la terre; dogme que les Grecs ont traduit par le mot composé *métempsychose*. Il est vraisemblable que Zénon le stoïque (fondateur du Portique) a pris aux gymnosophistes ce dédain de la vie et de ses voluptés, et même de la douleur, qui caractérise son austère philosophie, dont l'*Encheiridion* (le Manuel) du sage Épictète est le plus beau monument. La sobriété, la continence des gymnosophistes, devaient leur être d'ailleurs une assurance contre les infirmités, et une garantie dans la vieillesse; car ils assuraient avoir renoncé au vin et aux femmes. Calanus était gymnosophiste.

Outre les gymnosophistes de l'Inde, il y en avait aussi, dans les temps reculés, en Afrique, en Éthiopie, qui vivaient la plupart, non en communauté, mais solitaires, et quelquefois errants. Les marabouts de notre colonie d'Alger en sont des restes. Les antiques et vrais gymnosophistes d'Afrique, constitués en collége, s'étaient retirés dans la péninsule de Méroé, au sein du Nil, solitude où ils s'occupaient à mettre en ordre les hiéroglyphes éthiopiens. Démocrite, qui visita ces cénobites, écrivit sur eux un traité particulier, que nous n'avons pas. Philostrate les vante beaucoup. On leur doit, dit-on, l'alphabet syllabique dont on se sert de nos jours dans la Nubie et l'Abyssinie. Diodore et Strabon font mention de cette secte éthiopienne : elle reconnaissait, comme l'indienne, un Dieu auteur de toutes choses, incompréhensible par sa nature, mais dont les œuvres racontent et attestent la présence. Le culte par symboles lui est encore dû. Ses lumières, qui montraient déjà l'homme libre, même devant Dieu, son créateur et son seul roi, offusquèrent les yeux des rois de la terre : sous Ptolémée Philadelphe, un petit tyran, Grec d'origine, les fit tous massacrer en un jour, et jeter dans le Nil.

Dans la Judée, aux rives du Jourdain, apparut aussi un des plus purs modèles des gymnosophistes, le fils de Zacharie, saint Jean-Baptiste. DENNE-BARON.

GYMNOSPERME (de γυμνός, nu, et σπέρμα, graine). Cette dénomination s'applique aux plantes dont les graines paraissent dépourvues d'épisperme : telles sont les conifères. Linné donnait le nom de *gymnospermie* au premier ordre de la didynamie, dans lequel il plaçait toutes les plantes didynames dont les graines sont à nu.

GYMNOTE (de γυμνός, nu, et νῶτος, dos), genre de poissons malacoptérygiens apodes, de la famille des anguilliformes, et ainsi caractérisés : Ouïes en partie fermées par une membrane qui s'ouvre au-devant des nageoires pectorales ; anus placé fort en avant ; nageoire anale régnant sous la plus grande partie du corps, et même jusqu'au bout de la queue ; dos entièrement dépourvu de nageoires.

L'espèce la plus remarquable de ce genre est le *gymnote électrique* (*gymnotus electricus*), vulgairement *anguille électrique*, qui doit son nom spécifique à une propriété remarquable. Ce gymnote est en effet doué d'une puissance électrique plus considérable que celle des torpilles. Lorsqu'on applique sur lui les deux mains suffisamment séparées, on éprouve une violente secousse. Le gymnote électrique peut ainsi renverser des hommes, des chevaux.

Le gymnote électrique se trouve en abondance dans les rivières et les marécages de l'Amérique méridionale. Ce poisson atteint jusqu'à deux mètres de longueur. Sa peau est nue, son museau arrondi, sa mâchoire inférieure plus avancée que la supérieure. Sa tête est percée de petits trous laissant échapper une humeur visqueuse, qui donne à sa chair un goût fétide. Sa couleur est noirâtre, avec des bandes longitudinales plus foncées.

GYNANDRIE (de γυνή, femme, et ἀνήρ, ἀνδρός, homme), vingtième classe du système sexuel de Linné (*voyez* BOTANIQUE), caractérisée par la réunion des étamines et du pistil. Linné l'avait divisée en sept ordres, d'après le nombre des étamines : 1° la *gynandrie diandrie*, 2° la *gynandrie triandrie*, 3° la *gynandrie tétrandrie*, 4° la *gynandrie pentandrie*, 5° la *gynandrie hexandrie*, 6° la *gynandrie décandrie*, 7° la *gynandrie polyandrie*.

GYNÉCÉE (de γυναικεῖον, mot dérivé de γυνή, femme). On appelait ainsi chez les Grecs l'appartement réservé qu'habitaient les femmes et où leurs époux seuls avaient le droit de pénétrer. Le gynécée ressemble beaucoup au harem des Orientaux ; et les femmes de l'antiquité vivaient, à la polygamie et au voile près, de la même façon que les femmes musulmanes, sortant peu, toujours séparées de la société des hommes, et sous la surveillance de gardiens qui étaient souvent des eunuques. Le gynécée, situé à l'arrière de l'habitation, se composait ordinairement d'un grand salon (οἶκος), où se tenait la maîtresse du logis, occupée à filer ou à tisser, d'une chambre à coucher (θάλαμος) et d'une autre pièce, où se tenaient les esclaves chargés de la servir (ἀμφιθάλαμος). Il y avait à Athènes des magistrats (γυναικόνομοι) chargés de veiller au maintien des bonnes mœurs chez les femmes.

Chez les Romains le mot *gynécée* se prenait dans un autre sens ; il s'appliquait exclusivement aux palais et maisons que les empereurs possédaient dans diverses villes, destinés à garder les meubles, le linge et les objets de leur garde-robe ; de nombreux ateliers d'hommes et femmes y travaillaient aux ameublements impériaux, ordinairement moyennant un salaire, quelquefois par corvée et par punition. Les intendants de ces maisons s'appelaient *procuratores gynæciorum*.

GYNÉCIE. *Voyez* BONNE DÉESSE.

GYNOPHORE (de γυνή, femme, pris pour pistil, et φορός, qui porte). Mirbel a donné ce nom à un support né du réceptacle, et qui soutient seulement le pistil. Cette dénomination est plus juste que celle de *carpophore*, adoptée par Link.

GYOENGNOESY (STEPHAN), l'un des plus anciens poëtes hongrois et, à bien dire, le créateur de la poésie populaire en Hongrie, né en 1620, dans le comitat de Gœmœr, attira déjà à l'âge de vingt ans par les rares et brillantes qualités de son esprit l'attention du comte François Wesselenyi, qui le nomma intendant de son château de Fulek. Après être resté treize ans dans cette position, où il eut dans Wesselenyi bien moins un maître qu'un ami, il fut élu par le comitat de Gœmœr assistant à la Table du comitat, plus tard député à la diète d'Œdenburg et en 1686, à l'unanimité, vice-président du comitat, fonctions dans l'exercice desquelles il fit preuve d'autant de tact que d'habileté et qu'il conserva jusqu'à sa mort, arrivée en 1704. Ce fut le sentiment de la reconnaissance qui éveilla chez lui les talents du poëte, et l'enthousiasme qu'il ressentit pour la femme de Wesselenyi, la célèbre héroïne de Murany, Marie Szecsy, lui inspira le poëme intitulé *Muranyi Venus* (Leutschau, 1664). Après un long silence, il fit rapidement paraître l'un après l'autre *Kozsa Loszoru* (1690), *Kemeny Janos* (1693), *Cupido Csalardsagai* (1694), *A magyar Nympha Palinodiaja* (1695), *Kariklia* (1700). Les poésies de Gyœngnœsy se distinguent toutes par la vigueur, par la richesse des pensées et des images et par le sentiment, mais surtout par la manière heureuse dont il y emploie la langue populaire. Aussi sont-elles demeurées jusqu'à nos jours dans la mémoire du peuple, et les réimprime-t-on souvent encore.

GYPAÈTE (de γύψ, vautour, et ἀετός, aigle), genre établi dans l'ordre des rapaces pour un oiseau dont les formes et les habitudes sont intermédiaires à celles des aigles et des vautours. Il a pour caractères : Bec très-fort, droit, renflé vers la pointe, qui se courbe en crochet ; narines ovales, recouvertes par des soies roides dirigées en avant ; tarses courts, emplumés jusqu'aux doigts ; ongles faiblement crochus ; ailes longues ; un pinceau de poils roides sous le bec. Ce genre, nommé *griffon* par G. Cuvier et Lesson, *phène* par Savigny et Vieillot, ne renferme qu'une espèce, le *gypaète barbu* des ornithologistes modernes (*gypaetus barbatus*, Cuvier ; *phene ossifraga*, Savigny), décrit par Buffon sous le nom de *vautour doré*, et connu des habitants des Alpes sous celui de *læmmer-geyer* (en français, *vautour des agneaux*). A l'état adulte, son manteau est noirâtre, avec une ligne blanche sur le milieu de chaque plume ; son cou et tout le dessous de son corps sont d'un fauve clair et brillant ; une bande noire entoure sa tête. Sa taille est de 1m,50, et il a jusqu'à 3 mètres et plus d'envergure. C'est donc le plus grand des rapaces de l'ancien continent, où il habite les plus hautes montagnes. Les rochers les plus inaccessibles et les plus escarpés lui servent de retraite. Il y construit son nid, dont les dimensions sont considérables et dont les principaux matériaux sont de petites branches et de la mousse. La femelle pond ordinairement deux œufs blanchâtres, tachés de brun.

GYPSE (de γύψος, plâtre, dérivé de γῆ, terre, et ἕψω, cuire). On désigne sous le nom de *gypse* des variétés fort nombreuses et fort importantes de chaux sulfatée, qui se présentent assez fréquemment en masses considérables dans la structure du globe, et qui forment des éléments constitutifs importants dans des terrains souvent fort étendus. Il ne faut donc pas attacher au mot *gypse* l'idée d'une masse plus ou moins volumineuse de sulfate de chaux ; il faut entendre sous ce nom une roche géologique puissante, dans laquelle le sulfate de chaux entre essentiellement et comme élément dominant, mais dans laquelle aussi une multitude d'espèces minéralogiques différentes peuvent se développer accessoirement.

Dans toutes les couches où on le rencontre, et dans toutes les variétés de texture qu'il présente, le gypse paraît être le résultat d'une précipitation chimique, opérée dans le sein d'un liquide qui tenait en dissolution les éléments dont il est formé ; et jamais il ne paraît avoir été formé par voie de sédimentation, ainsi que l'ont évidemment été la grande majorité des roches calcaires et marneuses : cette différence dans le mode de formation devient manifeste toutes les fois que l'on rencontre des feuillets de gypse alternant avec de minces couches de roches finement sédimentaires.

La texture du gypse varie dans des limites assez étendues. Tantôt, et c'est le mode le plus fréquent, cette texture est fissile et feuilletée ; alors les lamelles gypseuses peuvent être transparentes ou nacrées, opaques ou translucides : c'est le *gypse lamellaire*. Tantôt la cristallisation est irrégulièrement confuse; alors le gypse est compacte, et l'on distingue toujours dans sa texture la disposition cristalline de ses molécules : c'est l'*albâtre gypseux*. Le *gypse niviforme* est formé par la réunion d'une multitude de petites paillettes gypseuses, d'un blanc nacré comme des lamelles de talc, qui s'agglomèrent entre elles, et qui constituent de petits rognons d'un gypse particulier dans les couches gypseuses elles-mêmes. Mais la modification de texture la plus singulière du gypse est celle que l'on désigne sous le nom de *gypse fibreux* ou *soyeux*. Cette forme du gypse est surtout commune dans les roches marneuses du keuper : là, le gypse se présente fréquemment sous forme de fibres droites ou ondulées, d'une blancheur éclatante et d'une ténuité extrême, qui imitent à s'y méprendre ces tresses soyeuses que l'on obtient en travaillant le verre à la lampe d'émailleur.

Ainsi que nous l'avons déjà indiqué, un grand nombre d'espèces minérales concourent avec le sulfate calcaire à former les roches gypseuses, ou se rencontrent accidentellement disséminées dans leur masse. Ces espèces minérales différentes, avec les différences de texture que nous avons indiquées, et quelques autres modifications qui se lient à l'histoire géologique de la roche, constituent les diverses variétés du gypse. Parmi les minéraux les plus importants que l'on rencontre disséminés dans les roches gypseuses, il faut citer le mica, la stéatite, le fer oxydulé, le fer sulfuré, le soufre, la sélénite, l'anhydrite, le silex corné, la chaux carbonatée, le quartz, le grenat, l'arragonite, etc. Mais la variété la plus commune, et en même temps la plus précieuse, soit que l'on envisage son importance géologique ou ses applications à l'industrie, c'est le *gypse grossier*, dont on extrait le plâtre, et plus communément désigné sous le nom de *pierre à plâtre*, gypse dans lequel la chaux carbonatée est mélangée avec le sulfate calcaire, en des proportions assez considérables, pour qu'il soit parfois difficile de distinguer au premier aspect la roche gypseuse d'une roche crétacée ou marneuse; et cette distinction devient d'autant plus difficile que ce gypse fait effervescence avec les acides.

Si l'on en excepte les époques primordiales, le gypse paraît exister parmi les terrains de toutes les époques. Ses caractères géologiques sont assez constants : il se présente presque sans exception en couches peu puissantes, horizontales ou inclinées à l'horizon, et alternant avec des roches de marnes argileuses ou calcaires; assez fréquemment aussi le gypse accompagne les mines de sel-gemme, sans qu'il ait été jusqu'ici possible d'établir la loi de cette singulière coïncidence. Dans ses caractères oryctognostiques, le gypse présente des différences assez essentielles suivant les diverses époques auxquelles il paraît avoir été formé; et ces différences attestent soit des modifications considérables dans les conditions mêmes de la formation de la roche, soit des modifications non moins importantes survenues dans cette roche postérieurement à l'époque de sa formation, et qui se lient intimement aux révolutions géologiques du globe. BELFIELD-LEFÈVRE.

Les cristaux du gypse sont des tables quadrangulaires ou hexagonales, dont les grandes faces répondent au clivage le plus facile; ces grandes faces sont entourées d'un double anneau de petites facettes allongées et trapézoïdes. Deux de ces cristaux, réduits souvent à la forme lenticulaire par des arrondissements, s'accolent fréquemment en donnant une variété (très-commune à Montmartre), que l'on nomme *gypse bilenticulaire*, ou *gypse en fer de lance*, parce que ces doubles lentilles se laissant cliver tout d'une pièce, les fragments que l'on en détache par la perscussion ressemblent généralement à un coin échancré à sa base. Le gypse cristallisé est souvent parfaitement limpide; ses grandes faces de clivage présentent assez ordinairement un éclat nacré. Les colorations qu'il offre quelquefois sont accidentelles. Son poids spécifique est 2,3.

GYPSIES. *Voyez* BOHÉMIENS.

GYPSITE, hydrate d'alumine, qui existe dans la nature : on peut le préparer artificiellement, en traitant le chlorure d'aluminium par l'ammoniaque, et en dissolvant dans la potasse le précipité d'alumine. Le gypsite renferme trois équivalents d'eau, ce qui le distingue du *diaspore* ou monohydrate d'alumine. L'un et l'autre font pâte avec l'eau.

GYRATOIRE (Mouvement). *Voyez* GIRATOIRE (Mouvement).

GYROMANCIE (du grec γῦρος cercle, et μαντεία divination), un des vieux moyens de connaître sa destinée. Il consistait à tracer un cercle sur la terre. Puis autour de ce cercle où l'on avait semé çà et là des lettres séparées et insignifiantes, on tournait, en marchant ou en courant, jusqu'à ce qu'étourdi par la rotation, plusieurs fois recommencée, on tombât, mais à différentes reprises, sur quelques-uns des caractères, qui, recueillis à chaque chute, formaient certains mots dont on tirait des présages. DENNE-BARON.

GYROME. *Voyez* CONCEPTACLE.

GYROSCOPE (de γῦρος, mouvement circulaire, et σκοπέω, je regarde). L'appareil ainsi nommé par son inventeur, M. Léon Foucault, est destiné à constater expérimentalement l'existence du mouvement diurne de la terre. Sa construction repose sur ce principe de mécanique : Si un corps solide, symétrique par rapport à un axe, reçoit un mouvement de rotation autour de cet axe, sans qu'aucune force vienne ensuite modifier ce mouvement, il continue à tourner indéfiniment autour de ce même axe de symétrie, dont la direction reste invariable dans l'espace. Or, si l'on peut transformer cette hypothèse en réalité pour un corps qui, quoique placé à la surface de la terre, soit soustrait à l'action de la pesanteur ou du moins placé dans des conditions telles que cette action ne trouble en rien le mouvement de rotation dont nous le supposons animé, il est évident que l'axe de ce corps, par suite de l'invariabilité de sa direction dans l'espace, semblera tourner autour de l'axe terrestre, en sens contraire du mouvement diurne de la terre. C'est à ce résultat qu'est arrivé le gyroscope.

La pièce principale de l'appareil est un disque métallique, que nous désignerons par la lettre D, très-massif et renflé sur son contour de manière à offrir la figure d'un tore; la matière dont il est formé est ainsi accumulée à sa circonférence. Ce disque est monté sur un axe soutenu à ses deux extrémités par deux pivots autour desquels le disque peut tourner librement. Ces deux pivots sont portés par un anneau *a*, muni de deux couteaux analogues au couteau de suspension d'un fléau de balance, lesquels reposent par leurs arêtes dans des échancrures pratiquées en deux points diamétralement opposés d'un anneau vertical A. L'anneau A est suspendu à un fil un peu long, de manière à pouvoir tourner facilement autour de la verticale suivant laquelle ce fil se dispose; mais, pour éviter que cet anneau, avec tout ce qu'il porte, puisse osciller comme un pendule sous l'action de la moindre cause qui le dérangerait de sa position d'équilibre, on l'a muni inférieurement d'une pointe déliée qui pénètre dans un trou assez large pour qu'elle puisse y tourner librement sans éprouver de frottement. Ce mode de suspension du disque D, que son auteur compare avec justesse à celui des montres marines à bord des navires, permet de donner à son axe une direction quelconque. L'appareil étant construit avec assez de soin pour que le centre de gravité du disque D et celui de l'anneau *a* se trouvent exactement sur l'axe adapté au disque, si l'on donne à ce disque un mouvement de rotation, l'action de la pesanteur n'a aucune influence sur ce mouvement et ne peut par conséquent faire varier la direction de l'axe autour duquel il s'exécute.

Pour faire l'expérience, on enlève le disque D et l'anneau *a* qui le supporte; on installe cette partie de l'appareil dans une machine diposée de manière à communiquer un mouvement de rotation très-rapide au disque D, par l'intermédiaire d'une roue dentée dont son axe est muni. On replace le tout dans l'anneau A. L'axe du disque D étant orizontal fait généralement un angle avec la ligne des pôles (excepté quand on se trouve sous l'équateur); il doit donc sembler se mouvoir autour de l'axe terrestre. Mais ce mouvement apparent exige que l'anneau *a* tourne peu à peu autour des couteaux qui le supportent, et qu'en même temps l'anneau vertical A tourne autour du fil de suspension. C'est ce dernier mouvement qui peut être facilement observé à l'aide d'un microscope installé à côté de l'appareil, et dirigé vers une petite plaque graduée que porte l'anneau A; on voit les divisions de cette petite plaque passer successivement derrière les points de croisement des fils d'un réticule adapté au microscope.

Le gyroscope donne donc, quant au mouvement diurne de la terre, les mêmes résultats que le pendule. Mais ce n'est pas tout : M. Foucault y observe trois phénomènes distincts, qu'il nomme *déviation*, *orientation* et *inclinaison*, et dont M. Quet a établi la raison analytique. Nous venons de parler de la déviation. L'orientation et l'inclinaison se produisent quand on rend fixe un des modes de suspension du disque D. Que l'on supprime le jeu des couteaux, l'axe du disque se trouve assujetti dans le plan horizontal, et se montre aussitôt sollicité par une force qui le ramène dans le plan du méridien, comme l'aiguille d'une boussole de déclinaison, seulement avec cette différence que l'axe du gyroscope se place non pas dans le méridien magnétique, mais dans le méridien vrai : telle est l'orientation. Rendons maintenant leur liberté aux couteaux, en disposant leurs tranchants perpendiculairement au méridien; enrayons la suspension de l'anneau vertical A; lançons enfin le disque mobile, et nous verrons l'axe se mouvoir dans le plan du méridien jusqu'à ce qu'il se soit disposé parallèlement à la ligne des pôles : nous aurons constaté l'inclinaison. L'explication de ces deux faits remarquables appartient aux plus hautes théories de la mécanique; nous la résumerons, d'après M. Foucault, en ce simple énoncé : « Quand un corps tourne autour d'un axe principal, et qu'aucune force étrangère ne vient agir sur lui, il y a fixité absolue du plan de rotation. Mais quand une force, ou un système de forces, tend à produire une nouvelle rotation non parallèle à la première, l'effet résultant est un déplacement progressif de l'axe de rotation primitive qui se dirige vers l'axe de rotation nouvelle par le chemin qui tend à les rendre toutes deux parallèles. »

Pour bien apprécier les résultats des belles expériences de M. Foucault, résumons-nous en disant que, grâce au gyroscope, chacun de nous peut, sans voir une étoile, sans jeter un seul regard sur le ciel, en un mot sans sortir de son cabinet, déterminer, rien qu'à l'aide de ce petit appareil qui tiendrait sous un globe de pendule ordinaire : 1° la direction et l'intensité du mouvement diurne de la terre; 2° la position du méridien du lieu de l'observation; 3° la direction de l'axe terrestre. E. MERLIEUX.

GYROWETZ (ADALBERT), compositeur célèbre, et artiste de première force sur le violon et le piano, né le 19 février 1763, à Budweis, en Bohême, montra de bonne heure les plus grandes dispositions pour la musique, et composait déjà alors qu'il était encore sur les bancs de l'école. Il était allé étudier le droit à l'université de Prague, quand la faiblesse de sa santé d'une part et de l'autre l'exiguïté de ses ressources le forcèrent de renoncer à cette carrière, qui exige de si longs sacrifices. Le comte François de Funfkirchen fut le premier protecteur qu'il rencontra; et quand, à quelque temps de là, il vint à Vienne, ce fut Mozart qui se chargea de le lancer dans le monde, où ses symphonies obtinrent un succès d'enthousiasme. Il en résulta pour lui la possibilité d'entreprendre un voyage en Italie et à Naples. Il s'initia, sous la direction du maître de chapelle Sala, à la composition des fugues. Il se rendit ensuite à Paris, où il fut accueilli de la manière la plus honorable; mais la révolution qui y éclata sur ces entrefaites ne lui permit pas d'y faire long séjour, et il passa alors à Londres, où il jouit de la faveur toute particulière du prince de Galles. Sa santé chancelante le força de retourner trois ans après en Allemagne; mais arrêté en route à Bruxelles, par les Français, il fit encore un tour à Paris et plus tard se rendit d'abord à Berlin, puis à Vienne, où en 1804 il fut nommé chef d'orchestre au théâtre de la cour. Mis à la retraite en 1827 avec pension, il mourut en 1850. On a de lui vingt-quatre opéras, parmi lesquels *L'Oculiste*, *Félix et Adèle*, *Agnès Sorel*, et d'autres encore obtinrent un grand succès tant en Allemagne qu'en Italie. Il est aussi l'auteur de quarante-cinq ballets, et d'une foule de duos, de trios, de quatuors, de quintettes, de sonates, de symphonies, de nocturnes, et de nombreux morceaux de musique d'église, dont neuf messes. En 1848 il publia à Vienne son autobiographie.

GYULAY DE MAROS NEMETH ET NADASKA, vieille famille de Transylvanie, qui s'est souvent distinguée au service de l'Autriche, et qui, élevée en 1694 au rang de baron, obtint en 1704 la dignité de comte.

GYULAY (IGNACE, comte) né en 1763, à Hermannstadt, entra au service en 1781, fit avec le grade de major la campagne contre les Turcs, puis à partir de 1793 toutes celles qui eurent lieu contre la France. En 1797 il était parvenu au grade de général-major. Dans les campagnes de 1799 et 1800 il se distingua à diverses reprises comme commandant de l'arrière-garde, et en fut récompensé par le grade de feld-maréchal-lieutenant. Après avoir, d'accord avec le prince de Liechtenstein, conclu en 1805 la paix de Presbourg comme général exerçant un commandement dans l'armée aux ordres de l'archiduc Ferdinand, il fut nommé en 1806 ban de Croatie, de Dalmatie, et d'Esclavonie. En 1809 il commanda en Italie le neuvième corps, couvrit alors la retraite de l'archiduc Charles, et défendit pendant l'été la Carinthie. L'opinion publique lui attribua la responsabilité des fautes graves de stratégie qui livrèrent alors à l'ennemi le cœur de la monarchie. Créé feld-maréchal au commencement de la compagne de 1813, il commanda glorieusement l'aile gauche à la bataille de Dresde. A la bataille de Leipzig, il laissa Napoléon, déjà complétement cerné, s'échapper de ses mains; mais il prit sa revanche dans les affaires suivantes, et se distingua notamment aux journées de Brienne et de Bar-sur-Aube. Après avoir commandé en chef par intérim en 1815 en Autriche, il rétourna dans son banat. En 1823 il fut appelé au commandement supérieur de la Bohême. Nommé en 1830 président du conseil aulique de guerre, il mourut à Vienne, le 11 novembre 1831.

GYULAY (FRANÇOIS, comte), fils du précédent, né à Pesth, en 1799, entra au service en 1816. En 1839 il était déjà parvenu au grade de général-major; en 1846 il obtint celui de feld-maréchal-lieutenant, et en 1847 le commandement du littoral de Trieste. Dans l'exercice de ces fonctions, il contribua beaucoup par son activité et son énergie, en 1848, lorsque la révolution éclata en Italie, à conserver le matériel de la marine autrichienne, et fit aussi fortifier Trieste, Pola, ainsi que d'autres points importants du littoral. De juin 1849 à juillet 1850 il tint à Vienne le portefeuille de la guerre, et fut ensuite chargé du commandement du cinquième corps, dont le quartier général est à Milan.

H

H, huitième lettre de notre alphabet. Les grammairiens ne sont pas d'accord sur la nature de ce caractère : les uns lui refusent le nom de *lettre;* ceux-ci rangent le *h* parmi les consonnes; ceux-là prétendent qu'il n'est qu'un signe d'aspiration. Malgré ces dissidences, le *h* figure comme lettre et comme consonne dans toutes nos grammaires classiques. Il est dans notre langue muet ou aspiré ; dans ce dernier cas, il se prononce à l'aide d'un souffle qui sort du fond du palais, la bouche ouverte, sans toucher aux dents : c'est le *h* véritable; car l'aspiration est l'essence de cette lettre. Dans l'alphabet phénicien et hébreu, c'est une consonne représentée par un signe particulier. Dans l'alphabet grec, elle se transforme, sous le nom d'esprit, en une espèce d'accent, ou de virgule, qu'on place sur la première voyelle d'un mot et sur la consonne. L'esprit est double : rude ou doux : le second n'est pas plus sensible à notre oreille que le *h* muet français; le premier est une véritable consonne. C'est ainsi que les Romains l'ont employé, non-seulement pour les mots grecs, mais encore pour ceux de leur langue. Chez eux l'aspiration appartenait beaucoup plus au *sermo rusticus* qu'au *sermo urbanus*, qui pourtant l'adopta plus tard; elle avait été presque nulle à certaines époques, puisqu'ils ont pu dire : *H non est littera*, et qu'on n'en tient pas compte dans la poésie pour scander les vers. Les Romains se servaient aussi du *h* pour renforcer les consonnes *r*, *t* (*rh*, *th*), et pour modifier le *p* de manière à en faire une lettre sifflante, remplaçant le φ grec (*philosophus*, *phœnix*), valeur que le *ph* a conservée dans les langues romane et germanique. Ils remplaçaient aussi par *ch* et quelquefois par *h* (χόρτος, *hortus*) la gutturale grecque χ. Ce *ch* s'est conservé dans les langues modernes; seulement, en français, au lieu d'être guttural, il est palatal, et se prononce comme *k* dans les mots tirés du grec; Quelquefois il est dental et sifflant, comme dans les mots non dérivés du grec : *chanvre*, *chien*, *chose*, etc.

L'*h*, fréquemment placé en tête des mots dans les langues germaniques, y avait sans doute primitivement quelque chose de guttural; car de *Hlothar*, Lothaire, la nouvelle école historique n'a-t-elle pas fait *Chlotar* (Khlotar), et de *Hludowig*, Louis, *Chlodwig* (Khlodwig). Dans *Hradchine*, *Hrabanus* et beaucoup d'autres noms slaves et allemands, l'*h* est placé devant l'*r*, usage qui paraît avoir été commun dans les langues scandinaves, où il précède souvent le *w*, comme dans *hwit*, dont les Anglais ont fait *white*, blanc. Chez nos voisins d'outre Manche, l'*h* change souvent de valeur : *hume* s'y prononce *youme*; il s'y accouple aussi avec certaines consonnes, surtout avec le *t* (*th*), qu'il rend très-sifflant. Dans l'italien, il est peu sensible et disparaît même complétement : *homo* devient *uomo* : *habitare* devient *abitare*. Il en est de même du portugais. Dans l'espagnol il ne se prononce que devant les diphthongues *ie* et *ue* (*hierro*, *huevo*). Il manque dans les alphabets lithuanien, wende, bohême et russe, mais non dans les alphabets slaves en général, témoin *hospodar*, qui devient en russe *gospodine*, et *Halitch*, qui se transforme en *Galitch*.

En français, l'usage seul détermine dans quels mots le *h* est aspiré, ou muet, et dans quels cas il faut le lier avec la consonne qui précède.

Comme abréviation sur les monuments, H signifie quelquefois en latin *have*, ancienne forme du mot *ave*, et *hic*, ici. *Hos* représente *Hostis* ou *Hospes;* HL, *hoc loco;* HE, *hoc est;* HA, *hujus anni*. Comme signe numéral l'H vaut 200, ou 200,000, selon qu'il est ou n'est pas surmonté d'un trait horizontal.

Dans la musique allemande, c'est la note *si;* dans les monnaies françaises, c'était autrefois la marque de La Rochelle.

Dans les formules chimiques, H désigne l'hydrogène; Hg (abréviation d'*hydrargyrum*), le mercure.

HAAM. *Voyez* Aam.

HABACUC, huitième des petits prophètes, dans l'ordre des livres sacrés, fut transporté à Babylone par un ange, qui le déposa dans la fosse aux lions, où Daniel était enfermé. Il fut ensuite ramené en Judée de la même manière, et y mourut, deux ans environ avant la fin de la captivité. Là se borne tout ce qu'on sait de la vie de cet homme de Dieu, dont les prophéties ne forment que deux chapitres, le premier composé de 17 versets, le second de 20, se distinguant tous deux par une imagination vive et féconde, une diction brillante, des figures hardies sans exagération, des tableaux saisissants. Au milieu des prédications menaçantes qu'il fait aux Juifs, à Nabuchodonosor, à Joakim, à Ithobal, roi de Tyr, et à un quatrième souverain, qu'il accuse d'avoir enivré son ami du fiel de sa colère, on remarque un cantique dans lequel il intercède instamment pour la délivrance de ses frères, et demande à Dieu de l'accomplir dans le temps qu'il a fixé. On a attribué à Habacuc diverses prophéties qui ne sont point dans son livre : ainsi, le retour à Jérusalem, la venue d'une grande lumière dans le temple, la ruine de Sion par un peuple d'Occident. On a prétendu aussi, mais à tort, qu'il avait écrit l'*Histoire de Suzanne*, de *Bel et ses dragons*, et de son miraculeux voyage à Babylone : la distribution des livres canoniques réfute d'elle-même cette opinion. Longtemps on a montré le tombeau d'Habacuc à Céïa, près d'Éleuthéropolis; Sozomène rapporte même que son corps y fut découvert au temps de Théodose l'Ancien, et l'Église, en mémoire de cette invention, célèbre le 15 janvier la fête de ce prophète, à laquelle on a joint celle de Michée. Une abbaye de l'ordre des prémontrés, placée sous l'invocation d'Habacuc, fut fondée dans le diocèse de Jérusalem, pendant que les chrétiens disputaient aux Sarrasins la possession du saint sépulcre.

L'abbé J. Duplessis.

HABEAS CORPUS (Acte d'). Dans la langue judiciaire des Anglais, ces mots *Habeas corpus* désignent en général une décision rendue par un juge et aux termes de laquelle un détenu est, dans l'intérêt de la justice, transféré d'une cour de justice à une autre. Ces décisions, suivant le but spécial qu'elles ont en vue, reçoivent des dénominations différentes; et il existe, par conséquent, diverses espèces d'ordonnances d'*Habeas corpus*. Les deux les plus fréquentes sont l'*Habeas corpus ad faciendum et recipiendum* et l'*Habeas corpus ad subjiciendum*. La première de ces formules est employée en matières de droit civil, lorsque sur la demande du défendeur la cause est transportée d'un tribunal inférieur à la cour supérieure de Westminster : et comme, lors de la tradition du défendeur, le tribunal inférieur est tenu d'énoncer le jour et les causes de son arrestation, cette espèce est ordinairement qualifiée d'*Habeas corpus cum causa*. La seconde est usitée en matières criminelles, et constitue la plus efficace garantie de la liberté individuelle contre les arrestations illégales. Une telle ordonnance d'*Habeas corpus* ne peut être délivrée que par l'une des trois cours supérieures, même pendant les jours fériés, tant par le grand-juge que par tout autre membre de la cour, mais uniquement sur requête expresse, non en vertu de sa charge et sans qu'il puisse y avoir omission des motifs; moyennant quoi, elle est valable dans toute l'étendue du royaume.

L'ordonnance une fois rendue, le détenu doit être immédiatement mis à la disposition du tribunal. On voit que les plus antiques pratiques du droit anglais protégeaient déjà la liberté individuelle. Des lois constitutionnelles postérieures lui donnèrent encore plus de garanties. La grande charte (*Magna Charta*) porte qu'aucun homme libre ne saurait être arrêté ni emprisonné qu'en vertu d'une sentence légale de ses pairs (*æqualium*) ou bien d'une loi du pays; et une foule d'anciens statuts disposent que nul ne peut être arrêté qu'à la suite d'une accusation légalement produite ou d'une procédure légalement commencée. Toutefois, dans les premières années du règne de Charles Ier, la cour de *King's Bench* décida qu'aucun détenu ne saurait être mis en liberté, lorsqu'il aurait été arrêté, même sans indication de motifs, sur l'ordre particulier du roi, ou bien par les lords du conseil privé. Aussi dans la déclaration solennelle du parlement de 1627 au sujet des libertés générales des citoyens anglais, connue dans l'histoire sous le nom de *Petition of rights*, fut-il expressément dit, entre autres, qu'aucun homme libre ne saurait être arrêté et détenu, sans indication préalable du motif de l'arrestation, afin qu'il lui fût possible de se défendre, conformément à la loi. Plusieurs atteintes portées à cette loi sous le règne même de Charles Ier portèrent le parlement à en rendre par divers bills les dispositions encore plus précises, comme par exemple, en 1634, où des garanties furent assurées aux citoyens contre les arrestations opérées par ordre du roi ou du conseil privé. Le gouvernement arbitraire de Charles II rendit nécessaires des dispositions encore plus précises et plus minutieuses, jusqu'à ce qu'enfin, en 1679, le parlement rendit son célèbre acte d'*Habeas corpus*, dans lequel les Anglais voient depuis lors une seconde *Magna Charta;* acte qui détermine d'une manière si claire et si précise les seuls cas où un mandat d'*Habeas corpus* peut être délivré; que tant que cette loi n'est pas suspendue, il est impossible de retenir un sujet anglais en prison autrement que dans les cas prévus par la loi. Il n'y a point de juge, point de directeur de prison ou autre fonctionnaire public, qui puissent contrevenir aux dispositions de cette loi, sans s'exposer par cela même aux peines les plus graves : et ils ne sauraient jamais être admis à faire valoir pour excuse qu'ils ont agi en vertu d'ordres supérieurs, voire du roi lui-même. Dans les cas d'urgente nécessité, lorsque la chose publique est en péril, comme cela arriva par exemple en 1793, en 1794 et en 1817, l'acte d'*Habeas corpus* peut être suspendu pendant un temps plus ou moins long; mais la puissance législative seule, c'est-à-dire le parlement, peut y autoriser la couronne; et dans ce cas les ministres demeurent toujours personnellement responsables de l'usage qu'ils ont fait de ces pouvoirs extraordinaires. La suspension de l'*Habeas corpus* vient-elle à cesser, un *Bill d'indemnité* les met ordinairement à l'abri des réclamations et répétitions dont ils pourraient sans cela être l'objet devant les tribunaux civils de la part de ceux qu'ils ont pris sur eux de faire arrêter (*voyez* LIBERTÉ INDIVIDUELLE).

HABESCH. *Voyez* ABYSSINIE.

HABILE, HABILETÉ. *Habile*, synonyme de capable, intelligent, adroit, savant, s'emploie quelquefois en mauvaise part : habile fripon. Il signifie populairement diligent, expéditif. En termes de jurisprudence, il désigne celui qui est capable, ou a droit de faire une chose : habile à contracter mariage, habile à succéder. Les faiseurs de synonymes ont fait assaut de subtilités à propos des mots *docte*, *habile*, *savant* et *érudit*. Rappelons seulement qu'*habile*, en général, signifie plus que capable, plus qu'instruit, plus que savant; un homme peut avoir lu tout ce qui a été écrit sur la guerre, et même l'avoir vue, sans être habile à la faire; il peut être capable de commander; mais pour acquérir le nom d'habile général, il faut avoir commandé plus d'une fois avec succès. Un juge peut savoir toutes les lois, sans être habile. Le savant peut n'être habile ni à écrire ni à enseigner. L'habile homme est donc celui qui fait un grand usage de ce qu'il sait.

Habilement, d'une manière habile, avec adresse, avec intelligence, avec diligence, avec esprit. *Habileté*, qualité de celui qui est habile, capable, intelligent. C'était un titre que les rois Mérovingiens donnaient à certains de leurs officiers : *Votre Habileté*.

HABIT. Dans son acception générale, ce mot s'entend d'un vêtement quelconque destiné à couvrir le corps, à *s'habiller*. Dans un sens restreint, il se dit de cette partie de l'habillement des hommes qui couvre les bras et le tronc et qui est ouvert par devant. Nous avons déjà fait l'histoire des habits en faisant celle du costume; ajoutons un mot sur le véritable *habit*. C'est au siècle de Louis XIV que remonte l'*habit* dit *à la française*, lourd et informe vêtement, que l'on fit d'abord de drap et de brocard d'or. Le siècle suivant le remplaça par l'habit de soie brodé et pailleté, auquel l'anglomanie substitua, peu de temps avant la révolution, le frac et la redingote. Avec l'habit français surgirent la veste ou gilet au lieu du justaucorps, et la culotte courte au lieu du haut-de-chausses. Napoléon remit l'habit français à la mode. On raconte qu'ayant demandé le dessin de costumes de cour à David, celui-ci lui en apporta qui furent peu de son goût à ce qu'il paraît; car il se contenta de dire quelques jours après à ceux qui l'entouraient qu'il serait bien aise de les voir en *habit à la française* avec le tricorne; ceux-ci s'empressèrent d'obéir, et l'habit français galonné redevint de mode. La Restauration se garda bien de rejeter ce vieil oripeau monarchique; la monarchie de Juillet le laissa à ses domestiques et à quelques fonctionnaires. La réapparition des costumes officiels sous le nouvel empire l'a fait revivre dans toute sa splendeur. Le frac noir est d'ailleurs resté dans la société comme *habit habillé*, et on voit encore de loin en loin quelques habits de chasse. Tous sont non moins laids que l'habit français, quelques transformations que le génie inventif de nos tailleurs lui ait fait subir depuis soixante ans. L. LOUVET.

HABITACLE, sorte d'armoire destinée à renfermer la boussole, à bord d'un bâtiment. L'habitacle est placé près de la barre du gouvernail, de manière à être en vue du timonier. Pour que le fer ne fasse pas varier la direction de l'aiguille, les planches qui forment l'habitacle sont assemblées sans aucune espèce de ferrures. La nuit, la lumière d'une lampe, renfermée dans l'habitacle, est dirigée à l'aide de réflecteurs convenablement disposés au-dessous de la rose des vents qui supporte l'aiguille.

HABITATION. On appelle de ce nom, dérivé du latin *habitare*, les lieux où l'homme, les animaux et les végétaux demeurent; il est synonyme, en plusieurs cas, de maison, logis, logement, résidence, retraite, séjour. Un air réunissant les qualités salubres est une des premières conditions d'une habitation saine, parce qu'il est un de nos premiers besoins : on doit donc s'éloigner autant que possible des causes qui vicient le milieu dans lequel nous respirons. A cet effet, il est nécessaire de fuir le voisinage des eaux stagnantes, ainsi que les lieux où leurs émanations sont portées par les vents qui règnent le plus constamment. Il convient également d'éviter les abris trop serrés que forment de hautes forêts, et qui empêchent l'air d'être suffisamment balayé : trop d'humidité répandue dans l'atmosphère comme le défaut d'accès aux rayons du soleil ont également des inconvénients graves. Une maison satisfait ordinairement aux conditions que nous indiquons sommairement quand elle est bâtie à mi-côte, sur un sol qui retient peu l'eau, entourée d'arbres qui laissent passer les courants d'air ainsi que la lumière, et quand elle est exposée à l'est ou au midi. Les plaines sont en général considérées comme moins salubres que les lieux élevés : néanmoins, celles qui ne sont ni marécageuses, ni dominées par des montagnes trop hautes, offrent plusieurs conditions avantageuses pour nos habitations; et c'est là que la plupart des villes ont été établies. L'air des plaines salubres convient même mieux que celui des montagnes aux individus disposés aux irritations pulmonaires. Après l'air, l'eau potable est une nécessité indispensable pour l'habitation de l'homme, et il serait superflu d'en faire ressortir ici l'importance.

La température du milieu dans lequel nous respirons est un autre objet qui doit être considéré pour la convenance des habitations de l'homme : ici, un degré modéré doit être recherché. Les latitudes très-chaudes ont des inconvénients, comme celles qui sont très-froides. La vie s'y use plus vite. On se préserve d'ailleurs mieux de l'air froid que de l'air chaud. Sous les rapports de température, la construction de nos maisons doit varier, et l'industrie humaine est parvenue à nous fournir aujourd'hui de nombreuses ressources.

Les demeures agglomérées sous le nom de *villes* sont moins salubres que les habitations isolées, surtout quand les réunions de maisons sont monstrueuses, comme celles de Londres et de Paris. C'est dans ces localités que l'air est vicié : renouvelé souvent en quantité insuffisante, il est épuisé par la respiration des hommes et des animaux, comme aussi par d'innombrables fourneaux, dont le nombre augmente considérablement depuis l'invention des machines à vapeur. Ces défauts ont été notablement corrigés dans les temps modernes; les efforts constants de nos édiles pour faire disparaître des cités les foyers dont les émanations sont délétères honorent certainement l'époque contemporaine; mais combien il reste à opérer d'améliorations pour la salubrité de nos habitations, et combien de vœux seront longtemps stériles sous ce rapport! Dr Charbonnier.

HABITATION (Droit d'). C'est celui qu'une personne a d'habiter la maison dont elle n'est pas propriétaire pendant sa vie ou durant un temps déterminé par le titre. Le droit d'habitation s'établit, comme l'u s u f r u i t, par la loi. Par exemple la veuve a droit d'habitation pendant un an à dater de la mort du mari, ou par la volonté de l'homme. Celui au profit de qui il existe doit en jouir en bon père de famille; il ne peut le céder ni le louer à un autre; il doit donner caution et faire un état des lieux ; il peut les occuper avec sa famille, quand même il n'aurait pas été marié à l'époque où ce droit a été établi en sa faveur. L'exercice de ce droit se restreint à ce qui lui est nécessaire pour son habitation et pour celle de sa famille. En quelque main que le fonds soumis à l'usage d'habitation passe, l'usager l'y suit pour exercer son droit. Il est tenu des réparations d'entretien et du payement des impositions; mais il y contribue seulement au prorata, selon qu'il occupe les lieux en totalité ou en partie.

HABIT D'UNIFORME, HABIT D'ORDONNANCE. *Voyez* Uniforme et Ordonnance.

HABITS SACRÉS ou HABITS SACERDOTAUX. On appelle ainsi les ornements ou *habits* que portent les ecclésiastiques pendant le service divin. On a longuement disserté sur l'origine des divers habits sacerdotaux, et il paraît avéré que dans l'Église primitive les évêques et les prêtres n'avaient pour officier que leurs habits ordinaires, différant fort peu de ceux du commun des fidèles. Tout le monde en effet à cette époque portait des robes longues, des tuniques, des manteaux. Quand les barbares envahirent l'empire romain, ils y introduisirent des costumes tout différents, que par imitation les populations vaincues ne tardèrent pas à adopter. Seul, le clergé ne crut pas devoir suivre les modes des vainqueurs, et changer d'habit comme de maître. La diversité de ceux des ordres religieux s'explique par un motif analogue, le respect de chacun de ces ordres pour le vêtement de son fondateur. S'ils paraissent extraordinaires, c'est que les ordres religieux n'ont pu changer comme les mœurs, ni suivre les modes que le temps fait naître. Dès les premiers temps de l'Église, l'évêque était revêtu d'une robe éclatante, aussi bien que les prêtres et les autres ministres de l'autel. Ce n'est pas que ces habits fussent d'une figure extraordinaire, dit Fleury : tout au contraire, la *chasuble* était l'habit vulgaire du temps du saint Augustin. La *dalmatique* était en usage dès le temps de l'empereur Valérien. L'*étole* était un vêtement commun même aux femmes. Enfin, la *manipule* n'était qu'une serviette que les ministres de l'autel portaient sous le bras pour servir à la sainte Table. L'*aube* même, c'est-à-dire la robe blanche de laine ou de lin, n'était pas à l'origine un *habit* particulier aux clercs, puisque l'empereur Aurélien fit au peuple romain des largesses de ces sortes de tuniques. Mais du moment où les clercs se furent accoutumés à porter continuellement l'aube, on recommanda aux prêtres d'en avoir qui ne servissent qu'à l'autel, afin qu'elles restassent plus blanches. Il est dès lors à supposer qu'à l'époque où ils portaient constamment la chasuble et la dalmatique, ils en avaient de particulières pour l'office divin, de même forme sans doute que les communes, mais d'étoffes plus riches et de couleurs plus éclatantes, afin de frapper le peuple par un appareil majestueux.

Plusieurs auteurs ont donné des explications mystiques de la forme et de la couleur des *habits* sacrés. Saint Grégoire de Nazianze nous représente le clergé vêtu de blanc, imitant les anges par son éclat. Saint Chrysostome compare l'étole de linge fin que les diacres portaient sur l'épaule gauche pendant les saints mystères, aux ailes des anges. Saint Germain, patriarche de Constantinople, est celui qui s'est le plus étendu sur ces explications. Suivant lui, l'*étole* représente l'humanité de Jésus-Christ, teinte de son propre sang ; la *tunique* blanche marque l'éclat et l'innocence de la vie des ecclésiastiques; les cordons de la tunique figurent les liens dont Jésus-Christ fut chargé. Le *pallium*, qui est fait de laine, et que le prélat porte sur le cou, signifie la brebis égarée que le pasteur reconduit au bercail, etc., etc. Bingham, qui, dans ses *Antiquités*, s'est beaucoup occupé de la forme des habits que portaient les prêtres de l'Église primitive, fait encore mention du *birrum*, du *pallium*, du *colobium*, de la *dalmatique* et de l'*hemiphorium*. Le *birrum*, ou tunique commune, était l'habit des séculiers; mais les clercs s'en revêtaient également. Le *pallium* ou manteau était une ample pièce d'étoffe que les anciens endossaient par-dessus la robe, et qu'ils retroussaient sur le bras gauche; les clercs, les ascètes eux-mêmes, le portaient aussi bien que les gens du monde. Le *colobium* était une tunique courte, avec des manches courtes aussi et serrées : c'était l'habit de dessous des anciens Romains, et les clercs s'en servaient également. La *dalmatique* était une tunique plus ample, traînant jusqu'aux talons, avec des manches fort longues. Nous avons raccourci la dalmatique, et d'un habit commun nous avons fait un ornement majestueux. L'*hemiphorium*, qu'il ne faut pas confondre avec l'*omophorium*, ornement particulier aux évêques, était une courte tunique de dessous, ou un demi-manteau, que probablement les clercs portaient comme les laïcs.

HABITUDE (*Morale*). Quand une faculté s'est longtemps exercée sur un même objet, quand l'âme s'est trouvée longtemps dans un certain état, il résulte de cette répétition fréquente de la même modification qu'elle a une très-grande facilité à se reproduire, qu'elle se reproduit d'elle-même, c'est-à-dire sans que nous fassions le moindre effort pour aller au-devant d'elle, souvent même malgré les efforts que nous faisons pour la fuir. Cette disposition de l'âme par laquelle des modifications souvent éprouvées tendent à se reproduire s'appelle *habitude* (du latin *habitus*). On voit en quoi l'habitude diffère du penchant : celui-ci est une disposition innée dont l'âme reçoit l'impulsion primitivement, par le fait seul de la nature, et sans qu'elle ait besoin de lui avoir cédé plusieurs fois. L'impulsion que l'âme reçoit de l'habitude peut n'être pas un effet de sa constitution naturelle ; car, quoiqu'il arrive assez ordinairement que nous nous laissions aller à certaines habitudes, à cause des penchants qui nous ont portés à répéter certains actes plutôt que d'autres, cependant il arrive aussi fort souvent que nous contractons des habitudes par l'effet de circonstances entièrement indépendantes de nos penchants primitifs : ainsi, l'exemple de nos semblables peut nous suggérer des actions que la nature ne nous aurait jamais inspirées, et auxquelles nous deviendrons enclins alors, non par penchant, mais par habitude. L'éducation contrarie souvent la nature, et nous fait prendre des habitudes auxquelles nos penchants sont tout à fait étrangers. Un enfant apprend une langue par habitude, et il n'a pas plus de disposition pour apprendre celle-là qu'un autre ; car, élevé dans un autre pays, il en saurait tout aussi bien l'idiome, etc., etc. Mais l'habitude a de commun avec le penchant, de donner à l'âme une impulsion qui ne lui vient pas d'elle-même, d'exercer sur ses actes une puissante influence, et de prendre assez d'empire pour l'entraîner dans une direction qu'elle n'a pas choisie, et qui souvent même lui déplaît. C'est ce qui a fait dire que l'*habitude est une seconde nature*. On peut considérer la nature et l'habitude comme deux moteurs qui agissent sur l'âme avec une égale énergie et se présentent à elle comme les deux puissants antagonistes de sa liberté. Je ne sais même si l'influence de l'habitude n'est pas quelquefois la plus forte ; car il est plus facile de réformer par l'éducation certains défauts de nature que de réformer les vices mêmes de l'éducation. Mais quand la nature et l'habitude se donnent la main et se fortifient par une alliance qui n'est que trop commune, c'est alors qu'il est plus difficile à l'âme de résister à leurs efforts conjurés.

Comme l'âme ne peut se trouver que dans trois sortes d'états différents, l'état intellectuel, l'état affectif et l'état actif, il y a autant d'espèces d'habitudes, les habitudes intellectuelles, les habitudes affectives et les habitudes actives, qu'on appelle aussi morales.

Telle est la nature de l'intelligence humaine, qu'il lui est à peu près impossible d'acquérir des connaissances proprement dites autrement que par l'habitude. D'où l'on peut conclure que c'est à l'habitude seule que nous sommes redevables de nos acquisitions intellectuelles. La succession de nos idées dépend de nos habitudes intellectuelles ; car elles ne s'associent qu'au moyen des rapports que nous avons perçus entre elles. C'est en vertu de la même loi que nous pouvons apprendre par cœur et réciter de longs morceaux. Aristote dit que les sciences et les arts ne sont que des habitudes. Cela est vrai, non si on les considère dans le sens absolu du mot, mais si on les envisage par rapport à l'esprit qui les acquiert. En effet, cette prodigieuse facilité avec laquelle un orateur analyse et développe ses idées ou avec laquelle un musicien exécute un air sur un instrument ne dépendent que de l'habitude qu'ils en ont contractée. L'importance de la *pratique* ressort bien évidemment de ces considérations, et l'on voit quelles ressources immenses l'esprit retire de l'habitude, puisqu'elle lui permet de rendre imperceptible l'intervalle qui sépare deux actes, intervalle qu'il ne pouvait auparavant franchir qu'avec du temps et des efforts. Mais aussi, comme la nature de l'habitude est de persister en nous avec opiniâtreté, on conçoit toute l'importance qu'il y a pour l'esprit à ne point prendre de mauvaises habitudes.

Le cœur a ses habitudes comme l'intelligence. La plupart des affections se fortifient et jettent de plus profondes racines dans l'âme en raison du nombre d'occasions qu'elles ont eues de se manifester. On éprouvera peu de regret à s'éloigner d'un séjour agréable, si l'on y a passé peu de temps ; on versera des pleurs en le quittant si on l'a habité plusieurs années. L'amour de la patrie n'est le plus souvent qu'une longue habitude contractée avec les lieux qui nous ont vus naître. L'amitié devient un sentiment d'autant plus vif et plus durable qu'on a vécu plus longtemps avec l'être qui en est l'objet. Les personnes d'une même famille ne sont souvent unies entre elles que par les liens de l'habitude, liens qui ne laissent pas que d'être solides, quoiqu'ils existent, comme il arrive fréquemment, indépendamment de toute sympathie de caractère et d'humeur. Quand les affections se développent ainsi par le fait de l'habitude, elles peuvent recevoir le nom d'*attachement*.

L'activité a aussi ses habitudes, et c'est même dans l'état actif qu'elles sont le plus en évidence, et que leur influence a été le plus remarquée. Rien, en effet, n'a plus d'importance que la manière dont nous agissons dans le vie : or, si l'habitude est un mobile d'actions, rien n'est plus capable ni plus digne d'attirer nos regards. Les actions, considérées sous leur point de vue le plus essentiel, se divisent en bonnes ou mauvaises. Il en est de même des habitudes actives : elles sont dites bonnes ou mauvaises, selon qu'elles nous entraînent à des actes conformes ou non au devoir. Nous arrivons de bonne heure à un âge où la plupart de nos actions sont le résultat de nos habitudes plutôt que d'une volonté réfléchie, et à voir l'opiniâtreté avec laquelle chaque homme persiste dans les voies qu'il a déjà suivies, on serait tenté de nier la liberté humaine si un moment de réflexion ne suffisait pour dissiper cette erreur. On peut dire seulement, sans trop de hardiesse, que la plupart des hommes sont enchaînés au joug de l'habitude, et qu'ils demeurent à peu près les mêmes jusqu'au dernier moment de leur vie. Or, ce n'est pas, comme on pourrait le croire, le fait seul des penchants naturels ; car dans un âge peu avancé ils n'opposent pas une résistance aussi forte aux conseils de l'autorité ou de la raison. Le caractère de l'adolescent et du jeune homme est encore souple et maniable ; mais plus tard, quand l'habitude est venue fortifier le penchant, c'est alors qu'il est plus difficile (je ne dois pas dire impossible) de changer de conduite et de mœurs, et il semblerait que plus l'homme avance en âge, plus il perd de sa liberté.

On doit comprendre par là toute l'importance d'une bonne éducation, puisque des premiers errements qu'ils ont suivis dépend la destinée de la plupart des hommes. « Résistez de bonne heure à vos mauvais penchants, s'écriait saint Augustin (cette exception sublime), car la passion à laquelle on s'abandonne devient une habitude, et l'habitude à laquelle on ne résiste pas devient un besoin. »

Mais, dira-t-on, puisque la liberté existe chez l'homme en raison inverse de ses habitudes, le mérite des actions doit-il donc aussi décroître en raison de l'accoutumance à faire le bien ? S'il était vrai que l'habitude privât l'homme de sa liberté, ce serait un grand malheur sans doute de lui enlever le mérite ; cependant, tout bien considéré, il vaudrait encore mieux que l'homme devînt une machine à faire le bien qu'un aveugle instrument du mal. Heureusement il n'en est point ainsi ; car si l'homme, au moyen de la raison qui veille toujours, conserve sa liberté lors même qu'il semble soumis au joug des plus déplorables habitudes, nous devons dire que les bonnes habitudes lui en laissent peut-être encore davantage ; car nous rencontrons assurément de plus grands et de plus nombreux obstacles pour suivre notre loi que pour nous en écarter, et l'auteur de la nature a donné aux mauvaises passions (et nul cœur n'en est exempt) assez de force et d'influence pour que l'homme le plus habitué au bien ait à soutenir quelques luttes, à vaincre quelques résistances quand il s'agit d'obéir à la voix sévère du devoir. C.-M. Paffe.

HABITUDE (*Médecine*). Tout le monde sait que des plaisirs trop fréquents engendrent peu à peu la satiété, et que les excès conduisent au dégoût de la vie, alors désenchantée par l'absence des désirs. On sait que des souffrances continuelles finissent par une sorte d'indifférence voisine de l'insensibilité; ce qui fait que beaucoup de malheureux n'obtiennent de larmes qu'alors qu'ils ont cessé de souffrir. Ainsi, l'habitude, qui est un mal pour les jouissances, est un vrai bienfait pour les douleurs ; car, outre ceux de l'espérance, qui ne tarissent jamais, il est encore des plaisirs possibles, même pour l'être condamné à des tourments perpétuels. Mais l'homme blasé sur les voluptés ne peut que souffrir, et c'est là une perspective affreuse. Aussi les sages de tous les temps ont-ils répété d'un bout du monde à l'autre : *Sperate, miseri ! cavete, felices !*

Voltaire a ridiculisé dans un de ses ouvrages un vaniteux qui n'aimait rien autant, après sa personne, que les plaisirs de l'harmonie. Favori d'un roi homme d'esprit (Voltaire avait en vue Maupertuis, son heureux rival près du grand Frédéric), celui-ci résolut de lui faire donner chaque jour un concert délicieux, constamment le même, par les premiers artistes de sa cour et de sa *chapelle*. Chaque jour donc, et presque à chaque heure, on énumérait à *monseigneur*, sur des airs ravissants, les précieuses qualités dont il se croyait doué; on lui répétait sans cesse qu'il était riche, qu'il était beau, spirituel, glorieux, magnifique. Le premier jour fut comme une longue extase, les dieux à peine l'égalaient en bonheur. Le lendemain, déjà moins émerveillé, il fut distrait; le surlendemain, il bâilla, l'ennui lui vint. Voilà l'histoire de l'homme. Trop répété, le plaisir lui devient à charge, et l'habitude sert d'opium aux plus grands maux. Le même Voltaire a placé dans *Candide* un autre exemple du désenchantement que l'habitude mène après elle. Pococurante, riche Vénitien, retiré du monde sans avoir divorcé d'avec ses jouissances, offre aux yeux peu connaisseurs de Candide toutes les merveilles des arts, des galeries de magnifiques tableaux, de vastes jardins où s'acclimatent les diverses productions de l'univers, enfin des lacs limpides servant de miroir à un palais admirable, la demeure habituelle du maître : « Que vous êtes heureux ! lui dit Candide, vous possédez tout ce que les autres désirent. Et ces deux jeunes créatures, *occupées à faire mousser votre chocolat*, mon Dieu ! qu'elles sont belles, et que je vous envie ! — Mon cher ami, lui dit Pococurante, on voit bien que vous arrivez. Je pensais comme vous il y a dix ans; maintenant, ce que vous admirez m'ennuie. Tout est charmant au premier aspect; mais l'usage gâte le plaisir, l'habitude désenchante. Êtes-vous quelquefois allé à Rome? ajouta le grand seigneur. — J'en viens, répondit Candide. — Vous conviendrez alors avec moi que c'est un séjour fort ennuyeux, une cité détestable ! — Je pense différemment, repartit le jeune homme : il est vrai que je n'ai vu Rome qu'en passant; je ne suis entré nulle part. — Agissez toujours de la sorte, lui dit Pococurante, c'est le seul moyen d'éterniser l'intérêt : la possession, je vous l'atteste, vaut mille fois moins que le désir joint à l'espérance. »

Non-seulement l'habitude nous tourmente par de constantes exigences, mais elle nous ôte des plaisirs. Là où elle s'établit en souveraine, c'en est fait de la curiosité, de la sensualité et de l'enthousiasme. La satiété, née de l'habitude, a plus d'une fois suscité des séditions, des révoltes. Si les Athéniens s'ennuyaient d'entendre parler du *juste* Aristide, les Français s'ennuyèrent d'ouïr constamment admirer Louis *le Grand;* et si Aristide subit l'ostracisme, les restes de Louis XIV furent indignement outragés. Il n'y a pas jusqu'à nos dernières révolutions qui n'aient dû leurs causes principales à ce sinistre poison que distille l'habitude. On se fatigue si promptement d'un prince, d'un roi, d'un ministre, d'une constitution !

Quiconque n'a pas connu les plaisirs de la convalescence ignore encore ce que c'est que le bonheur, et quelles voies y conduisent. Il faut si peu de chose alors pour être heureux ! on a des désirs si simples et si faciles à combler, on a tant d'âme pour sentir ! La convalescence est véritablement l'image de la vie, si longue et si heureuse, des anciens patriarches. Mais dès qu'on a repris des forces, dès qu'on a recouvré la santé, vite on s'affuble de ses vieilles habitudes, momentanément mises à l'écart, vite on redevient l'homme de son siècle et de ses faiblesses, et l'on court follement après le bonheur, qu'on a laissé loin derrière soi.

L'habitude et ses influences se retrouvent dans chaque conjoncture de la vie; elles s'appliquent à tous nos besoins comme à nos facultés. On s'habitue peu à peu à de mauvais aliments et à une extrême sobriété, et même à des privations, comme à l'intempérance ; on s'habitue à un air infect et insalubre. Les habitants des lieux où règnent constamment des maladies endémiques sont préservés de cette mortelle influence par l'habitude même d'y être sans cesse exposés. De pareilles maladies épargnent presque toujours les naturels du pays. Enfin, on s'habitue aux remèdes, aux excitants et même aux poisons : Mithridate et la Brinvilliers avaient obtenu de l'habitude l'horrible privilége de s'abreuver, sans risque pour la vie, des poisons les plus violents. C'est également au pouvoir de l'habitude que nous devons la pureté de nos mœurs ou leur dissolution, l'incontinence ou la chasteté. Pourquoi certains hommes trouvent-ils six mois d'attente moins longs et moins pénibles que d'autres vingt-quatre heures ? C'est encore un effet de l'habitude, tantôt maîtrisée par la volonté, et tantôt lâchement satisfaite.

Il n'y a pas jusqu'à l'esprit qui ne subisse les effets de l'habitude : si l'oisiveté rend stupide, l'exercice de l'intellect en décuple la puissance. Une heure de travail vous énerve, dites-vous? prolongez chaque jour le temps de l'étude, et dans deux ans vous pourrez, comme Boerhaave, lui donner quinze heures sur vingt-quatre. L'exemple de Milon est tout aussi applicable à l'esprit qu'aux membres. On peut voir, ne fût-ce que chez les trapistes, qu'on s'habitue même au silence. Aristote et Caligula s'étaient, pour ainsi dire, déshabitués du sommeil. L'illustre Buffon voulut faire comme eux, mais sans y réussir. C'est à cause de l'habitude que les aliments, même les plus salubres et les plus savoureux, veulent être diversifiés. Trop uniformes, l'estomac resterait indifférent à leur contact, et la nutrition en pâtirait. J'en dis autant des médicaments, il faut les varier : il faut en élever la dose, il faut en interrompre l'usage, ou en diversifier l'espèce, sous peine d'en voir manquer l'effet. L'abus du tabac conduit à l'ellébore, et la longue habitude des remèdes actifs finit par rendre les poisons même nécessaires. Royer-Collard, pour s'être trop habitué à l'opium et à l'aconit, ne trouvait plus de calmants propices à ses douleurs goutteuses. Il n'y a guère que les quatre choses suivantes dont l'usage persévérant ne nous fatigue jamais : l'air pur, l'eau potable, le vin ou le tafia, et la fécule préparée. Les différents peuples offrent entre eux, sous ce rapport, une analogie parfaite.

J'ai dit qu'on finit par s'habituer aux plus vives douleurs, et cela est vrai, même du cancer. Un calcul vésical, une sonde dans l'urètre, causent d'abord de grandes souffrances ; mais l'habitude vient verser son opium salutaire sur des nerfs excédés par la douleur. C'est ainsi que l'habitude de souffrir parvient à voiler, à adoucir, à dissimuler beaucoup de maladies. On s'habitue à voir souffrir comme à souffrir : la même loi qui fait le bon malade fait aussi le bon chirurgien, le bon peuple et le mauvais prince. Dr Isidore Bourdon.

HÂBLEUR, HABLERIE (de l'espagnol *hablar*, parler). Chez nous *hâbler*, terme qui vieillit, signifie parler beaucoup, avec vanterie, avec exagération, avec ostentation. La *hâblerie*, qui s'est mieux conservée dans notre langage et nos habitudes, sert à désigner un discours habituellement entaché de tous ces défauts ; et le hâbleur est encore, aujourd'hui comme jadis, dans notre belle France, le mortel tumultueux et content de lui, qui hâble, qui aime à débiter des mensonges. Le peuple, dans son rude jargon, stygmatise de *crac*, ou *craque*, la hâblerie de ses pareils et des gens comme il faut. Un peu plus bas, elle prend le nom de *blague*. A tort ou à raison, on fait, de temps immémorial chez nous, honneur aux habitants des bords de la Garonne de ce penchant irrésistible à l'exagération et à l'hyperbole. L'Irlandais est le gascon de la Grande-Bretagne, le Polonais ou le Russe celui de l'Europe orientale, le Bergamasque celui de l'Italie, l'Andalóu celui de l'Espagne, le Chinois celui de l'Asie, l'habitant de la Havane et du Mexique, enfin, celui de l'Amérique.

HABSBOURG (Maison de). Le château de Habsbourg (le nom primitif était *Habichtsburg* [château des vautours]), berceau de la maison impériale d'Autriche, situé sur la rive droite de l'Aar, dans le canton d'Argovie (Suisse), fut construit au onzième siècle, sur une hauteur dite Wulpelsberg, par l'évêque Werner de Strasbourg; mais il n'en existe plus aujourd'hui que quelques débris, qu'on s'efforce de conserver. Ce Werner était le petit-fils de Gontran le Riche, comte d'Alsace et de Brisgau, lequel, dit-on, descendait d'Ethico Ier, duc d'Alemanie et d'Alsace. Werner, avant de mourir, abandonna la totalité de ses biens à son frère Lanzelin, qui les transmit avec le reste de ses possessions à ses trois fils, Othon Ier, Adalbert Ier et Werner II. Les deux premiers moururent de bonne heure; et Werner II, qui le premier prit le titre de *comte de Habsbourg*, et qui mourut en 1096, se trouva possesseur unique de tous les domaines de sa famille. Des mariages et des libéralités impériales accrurent l'importance de ces possessions; et comme protecteurs de divers abbayes et prévôtés, les comtes de Habsbourg ne tardèrent pas à exercer une puissante influence sur les affaires publiques.

Werner II eut pour héritier son fils Othon II, mort en 1111, duquel descendait Werner III, mort vers 1163, qui eut pour successeur Albert III, ou *le Riche*, mort en 1199, lequel se distingua par sa douceur et son humanité, reçut de l'empereur Frédéric Ier le comté de Zurichgau, et prit le premier le titre de *landgrave d'Alsace*. Son fils, Rodolphe II, qui ne lui ressembla guère, fut nommé bailli d'Uri, de Schwytz et d'Unterwald, et traita les habitants de ces contrées avec tant de cruauté, que l'empereur, faisant droit à leurs suppliques, se décida à racheter ce bailliage de Rodolphe. Au reste, Rodolphe II, par l'acquisition du comté d'Argovie, de la vidamie du chapitre de Seckingen, et de la seigneurie de Laufenbourg, réussit à accroître considérablement ses domaines héréditaires, qui à sa mort (1233) furent partagés entre ses deux fils, Albert IV et Rodolphe III.

Albert IV eut pour sa part le château de Habsbourg et les domaines que son père possédait en Argovie et en Alsace; Rodolphe III, les terres situées dans le Brisgau, ainsi que les comtés de Klettgau, de Rheinfelden et de Laufenbourg, et devint la tige de la branche de *Habsbourg-Laufenbourg*, laquelle à son tour se subdivisa en deux rameaux, *Habsbourg-Laufenbourg*, et *Habsbourg-Kybourg*. Le premier de ces rameaux s'éteignit en Allemagne, en la personne de Jean IV, l'an 1408, mais subsiste encore aujourd'hui, à ce qu'on prétend, en Angleterre, dans la famille des Fieldings, du chef d'un descendant du fondateur de la ligne de Laufenbourg, Godefroi Ier. Le rameau de Kybourg s'éteignit en la personne d'Égon, comte de Kybourg et landgrave en Bourgogne, l'an 1415. Les deux lignes principales portèrent d'abord simultanément le titre de *landgrave d'Alsace;* mais à la mort de Rodolphe III, arrivée en 1249, ce titre resta exclusivement réservé aux descendants d'Albert IV. Par sa femme, Hedwige, fille d'Ulrich, comte de Kybourg, de Lenzbourg et de Bade, lequel descendait des comtes de Zæhringen, Albert IV était aussi parent de l'empereur Frédéric II. Il accompagna ce prince, en 1240, à la croisade en Palestine, et mourut à Ascalon, peu de temps après avoir débarqué en Syrie. Il laissa trois fils, Rodolphe IV, Albert V et Hartmann.

Rodolphe IV, qui survécut à ses frères, et qui parvint à la couronne impériale d'Allemagne, sous le nom de *R o d o l p h e Ier*, fut le fondateur de la maison qui règne aujourd'hui en Autriche. Il réussit par des acquisitions et par d'autres moyens à augmenter ses possessions en Suisse; et à sa mort, Fribourg, Lucerne, Zug, Glaris, Zofingen, Bade, Lenzbourg, Aarau, etc., se trouvaient plus ou moins complétement sous la dépendance de la maison de Habsbourg. Les violences d'Albert Ier, fils de Rodolphe Ier, en provoquant l'insurrection des Suisses, eurent pour résultat de faire perdre la plus grande partie de ses possessions en Suisse à la maison de Habsbourg, qui en 1774 n'y possédait plus que les domaines de Laufenbourg, de Fritzthal et de Rheinfeld, qu'en 1802 elle dut également céder à la Confédération helvétique. Les Habsbourg furent plus heureux en Allemagne, où ils réussirent à fonder une puissante maison princière, dans laquelle la couronne d'Allemagne est, sauf quelques rares interruptions, toujours demeurée depuis Albert II.

La ligne mâle de la maison de Habsbourg s'éteignit en 1740, en la personne de l'empereur C h a r l e s VI; la ligne féminine, représentée par la fille de ce prince, M a r i e - T h é r è s e, épouse de l'empereur d'Allemagne F r a n ç o i s Ier, de la maison de Lorraine, parvint alors au trône d'Autriche, de Hongrie et le Bohême, qu'elle occupe encore en ce moment, sous le nom de maison de *Habsbourg-Lorraine*.

Le château de Habsbourg resta encore en la possession de la maison d'Autriche près de cent-cinquante ans après l'élévation de Rodolphe à la dignité de roi des Romains; mais quand le duc Frédéric d'Autriche se fut fait mettre au ban de l'Empire et perdit une grande partie de ses domaines par suite de son attachement au pape Jean XXIII, Habsbourg tomba au pouvoir du canton de Berne. Consultez *Histoire de la Maison de Habsbourg*, par Ernest Lichnowsby (Vienne, 1836-1837).

HACHE, instrument de fer tranchant, qui a un manche, et dont on se sert pour fendre du bois et autres choses. *La hache d'arme*, comme son nom l'indique, servait fréquemment dans les combats du moyen âge. Elle consistait en un fer dont la figure avait d'un côté beaucoup de ressemblance avec la hache commune, de l'autre la forme d'un marteau, ou celle d'un croissant à cornes très-aiguës. Les maréchaux de France accolaient jadis leur écusson d'une *hache d'armes*, comme insigne de leur dignité. Au reste, ce genre d'armes varia selon les goûts et les caprices. Le côté fort de la hache était quelquefois court et quelquefois large, avec ou sans tranchant. Elle était fixée à un manche en bois dur et court, que l'on suspendait ordinairement, au moyen d'une courroie, en arrière de l'épaule gauche.

[La *bipenne*, ou hache à deux tranchants, était quelquefois tranchante d'un côté, aiguë de l'autre; mais la bipenne à deux tranchants est la forme la plus ordinaire sous laquelle cette arme est représentée sur les monuments, principalement sur ceux des temps moins reculés. La bipenne paraît avoir été particulièrement à l'usage des habitants de la Thrace et de la Scythie. Homère l'appelle ἀξίνη. Pisander attaque Agamemnon avec une hache dont l'airain est à deux tranchants. Cette arme est rarement citée dans les poëmes d'Homère, les héros grecs ne s'en servant que dans les combats sur les vaisseaux. Quoiqu'elle soit plus ordinairement attribuée aux peuples du nord de l'Asie et de l'Europe, les artistes ont cependant quelquefois donné cette arme à des héros grecs dans des représentations de faits antéhomériques. Ainsi, Pausanias rapporte qu'Alcamène avait sculpté sur le fronton postérieur du temple d'Olympie une célèbre centauromachie, dans laquelle Thésée combattait avec une hache les ravisseurs de l'épouse de Pyrithoüs. Un bas-relief publié par Buonarotti offre encore un guerrier combattant un centaure avec une bipenne.

Ce fut l'Amazone Penthésilée qui inventa cette arme, d'après ce que rapporte Pline. Mais Plutarque fait remonter son usage chez les Amazones avant l'expédition d'Hercule : selon lui, ce héros, après avoir tué Hippolyte, enleva sa bipenne, et en fit présent à O m p h a l e, qui la transmit aux rois ses successeurs, lesquels la portèrent avec vénération, comme une chose sacrée, jusqu'à C a n d a u l e, qui, ayant dédaigné cet usage, la remit à un de ses officiers. Lors de la révolte de G y g è s, Arsélis, qui était venu à son secours, défit Candaule et le tua, ainsi que celui qui portait sa bipenne; il emporta cette arme dans la Carie, et la fit remettre dans les mains d'une statue de Jupiter, qu'il avait fait faire, et à laquelle il donna le nom de Jupiter Labradien, parce qu'en Carie *labras* signifiait hache. Quelques médailles, rares, de Mylassa en Carie nous ont conservé la représentation de ce Jupiter Labradien, et cette hache se trouve encore figurée sur un autel de marbre dédié à Jupiter, et conservé parmi les marbres d'Oxford.

Sur les monuments anciens, il est rare de trouver des Amazones portant une hache à la main, et ce n'est que sur des monuments d'un âge postérieur, principalement sur ceux où elles ont le costume dorique, qu'elles sont ainsi représentées, comme on le voit sur quelques médaillons de villes que l'on dit avoir été fondées par ces guerrières. La bipenne a tellement servi à caractériser les Amazones, que les Thyatiriens, qui attribuaient à l'Amazone Thyatira la fondation de leur ville, ont mis ce signe sur leurs médailles, ou seul, ou dans les mains d'Apollon, leur protecteur. Les Égyptiens se sont servis de cette arme dans les combats maritimes, et la Minerve égyptienne est représentée sur des médailles frappées aux bords de Nil, sous Adrien et Antoine, armée de la bipenne. Quelques figures de la mythologie étrusque sont aussi caractérisées par cette arme. CHAMPOLLION-FIGEAC.]

Les Romains ne s'en servirent guère que pour les sacrifices, la charpente et les combats sur mer. Chez eux les faisceaux des licteurs étaient armés d'une ou de plusieurs haches d'armes. Dans la Gaule et la Germanie on se servait de la hache dans les combats. Les Francs la connaissaient aussi, et c'est la raison qui lui a fait donner le nom de *francisque* par Grégoire de Tours et les historiens de la Gaule. On sait comment Clovis fendit avec sa francisque la tête du soldat qui avait brisé à Reims les vases qu'il voulait s'approprier, et l'on conserve à la Bibliothèque impériale une francisque que l'on croit avoir appartenu à Childéric; mais c'est une hache simple. La bipenne était communément de bronze, avec un manche de bois. Le bronze était quelquefois incrusté d'argent; les haches d'armes asiatiques sont ordinairement damasquinées en argent. Les Francs jetaient ces redoutables instruments, dont le manche était court, sur les armes défensives de l'ennemi, pour les fracasser; mais le plus fréquemment on devait se servir de la hache sans la quitter. L'usage s'en maintint dans les armées françaises pendant toute la durée du moyen âge. « Au signal du combat, dit Procope, secrétaire de Bélisaire, ils lancent leur hache contre le bouclier ennemi, le cassent, sautent, l'épée à la main, sur leur adversaire et le tuent. » On voit au Musée d'Artillerie de Paris des *haches d'arme* à pistolets. Le *hachereau* était une petite hache d'armes, courte et légère.

Sous le règne de Louis XIV, on donna la hache aux compagnies de grenadiers; mais lorsque ces troupes d'élite prirent le fusil et abandonnèrent la grenade, on ne conserva dans chaque compagnie que trois ou quatre hommes armés de haches: C'est l'origine de nos *sapeurs*. On sait à quel usage ils sont employés en campagne, dans les siéges, dans les camps, ou dans les pays boisés. La hachette de campement dont nos cavaliers sont munis est un outil, et non une *hache d'armes*. Partie de l'équipage d'un vaisseau de guerre est armée de haches, destinées à frapper l'ennemi lorsqu'on prend son navire à l'abordage. C'est ce qui leur a fait donner le nom de *haches d'abordage*. Leur manche a 65 centimètres de long. Leur fer, tranchant d'un côté, forme, à l'opposite, une forte pointe en fer, longue de 16 à 20 centimètres, courbée en bas. Une espèce de ressort fixé à la tête de cette hache sert à la suspendre au ceinturon du sabre. Au moyen de la pointe courbée, que les marins enfoncent dans les bordages du navire abordé, ils s'aident du manche pour monter à bord de l'ennemi. Ils s'en servent aussi pour trancher les manœuvres. D'une seule main on peut aisément brandir cette arme.

L'usage de la hache pour les travaux manuels de certains ouvriers, tels que *bûcherons*, *charpentiers*, etc., est assez connu pour que nous n'ayons pas besoin d'en faire connaître ici les diverses applications. Outil précieux dans tous nos travaux domestiques, elle voit son origine se perdre dans la nuit des temps. Un fait remarquable, c'est que, semblables en cela à celles des peuplades sauvages de l'Amérique et de l'Océanie, les premières haches dont nous nous sommes servis étaient de pierre dure. On en trouve encore de pareilles dans plusieurs contrées de l'Europe, notamment dans les atterrissements qui bordent la Méditerranée sur les côtes de Languedoc. On en a fait tour à tour en airain, en fer, en acier.

HACHE-PAILLE, instrument destiné à couper la *paille* ou les fourrages dont on nourrit les chevaux, le gros et le petit bétail, et rendant cette opération plus prompte et plus facile. Les modèles de hache-paille varient à l'infini. Nous nous bornerons à décrire ici les instruments de ce genre le plus généralement en usage chez nos voisins. L'un, dit *hache-paille allemand*, se compose d'une auge en bois de 15 à 20 centimètres de côté et d'un mètre de long, soutenue par deux tréteaux à une hauteur de $1^{m},50$ à $1^{m},60$; contre un de ses bouts, garnis de fer, glisse dans une direction diagonale une grande faulx qu'on fait agir d'une main et du pied, à l'aide d'un manche et d'une pédale, tandis que de l'autre main, armée d'une espèce de râteau à dents de fer, on amène successivement la paille dont l'auge est pleine sous le tranchant de la faulx. On sent que ce moyen de couper la paille n'est ni prompt ni régulier, et que l'adresse de l'ouvrier aide avant tout au succès de l'instrument; mais comme le prix de revient n'en est guère que de 30 à 35 fr., c'est celui dont les petits fermiers se servent le plus généralement. Le *hache-paille* dit *anglais*, plus compliqué dans les détails, donne aussi des produits plus uniformes. La paille placée dans une auge y est saisie par une paire de cylindres tournant sur eux-mêmes, en sens inverses, comme ceux d'un laminoir, qui amènent la paille successivement dans une lunette, où des couteaux fixés sur les rayons d'un volant, ou obliquement sur la circonférence de deux cercles, la coupent au fur et à mesure, par longueur très-régulière, puisque le mouvement des cylindres est assujetti par engrenage à celui du volant ou de la roue qui porte les couteaux. On nomme *hache-paille polonais* celui dont les couteaux sont portés par deux cercles, à la différence du hache-paille anglais, dont les couteaux sont fixés aux rayons d'un volant. Pour se servir des hache-paille anglais et polonais, il faut deux personnes, l'une pour le tourner, l'autre pour l'alimenter. Ce dernier service n'étant point fatigant peut être fait par une femme et même par un enfant.

HACHETTE (JEANNE). *Voyez* JEANNE HACHETTE.

HACHETTE (JEAN-NICOLAS-PIERRE), savant géomètre, l'un des créateurs de l'enseignement de la stéréotomie, naquit en 1769, à Mézières, où était alors l'École du Génie militaire. Après avoir achevé ses premières études, il entra dans cette école, et y fut remarqué par un de ses professeurs, l'illustre Monge. Hachette était bien jeune encore lorsque Monge, à la fondation de l'École Polytechnique, le fit appeler à la chaire de géométrie descriptive, chaire qu'il dut quitter momentanément pour accompagner son protecteur dans l'expédition scientifique d'Égypte. De retour en 1810, Hachette donna d'abord un essai sur la classification des machines, puis il en fit l'objet d'un traité publié en 1811; travaux importants, qui lui valurent d'être nommé en 1816 membre de la section de mécanique de l'Académie des Sciences. Mais le gouvernement de la Restauration, qui, sans égard pour vingt années de services rendus à l'enseignement, le bannissait de l'École Polytechnique, refusa de sanctionner la nomination d'un homme dont le principal crime était une profonde reconnaissance pour *Monge*; et ce ne fut qu'après la révolution de 1830 que Hachette, rappelé par l'unanimité des membres de sa classe, put prendre place à l'Institut.

Hachette fit paraître en 1817 ses *Éléments de Géométrie*, en 1832 son *Traité de Géométrie descriptive*, renfermant la description des machines. On lui doit une suite d'observations sur l'écoulement des liquides par des orifices et sur la *contraction* de la veine fluide. Il a publié un grand nombre d'articles de mathématiques et de physique dans le *Journal de l'École Polytechnique*, le *Journal de Physique*, le *Bulletin de la Société d'Encouragement*, etc. Il avait écrit, en 1814, 1815 et 1816, d'excellentes notices pour la *Correspondance sur l'École Polytechnique*, dont Poisson racontait ainsi la création : « Partout où il croyait découvrir quelque germe ou quelque espoir de talent, M. Hachette allait au-devant et faisait tous ses efforts pour le développer. C'est dans cette vue qu'il eut l'heureuse idée de publier, sous le titre de *Correspondance sur l'École Polytechnique*, un recueil où les élèves consignaient leurs aperçus, où les professeurs ne dédaignaient pas d'insérer des articles utiles aux sciences et à l'enseignement. » Cette sollicitude éclairée aida les premiers pas d'Arago, de Fresnel, de Petit, de Poisson et de tant d'autres, qui, bien différents de certains savants de nos jours, se montrèrent dignes de l'attachement de Hachette en lui vouant cette touchante affection à laquelle il fut trop tôt enlevé, le 16 janvier 1834. E. MERLIEUX.

HACHISCH ou HATCHICH, nom d'une préparation particulière qui produit chez l'homme un genre d'ivresse tout spécial et des sensations aussi singulières qu'inattendues. L'usage en est depuis longtemps répandu dans une grande partie de l'Orient, et surtout parmi les Arabes, pour lesquels cette substance est devenue un besoin presque aussi impérieux que l'opium chez les Chinois et les Turcs, ou les boissons alcooliques parmi les Européens. Dans les auberges de la Perse, on en sert aux voyageurs pour les reposer des fatigues de la marche. Dans ces derniers temps, les *fantaisistes* littéraires se sont beaucoup occupés des effets du *hachisch*, et surtout du soin de nous les décrire. Leurs feuilletons, complaisants comme des *réclames*, ont engagé quelques intrépides amateurs à vérifier leurs dires ; et voici en quels termes un expérimentateur rend compte des effets qu'il a eu occasion d'observer sur lui-même : « La première impression physique qu'on reçoive distinctement est celle-ci : un grand coup de bâton qu'on vous assène sur la nuque ; c'est l'initiation, et il faut convenir qu'elle est passablement turque. La transition de l'état normal à l'état d'extase consiste à sentir sa tête se détacher doucement du corps et prendre joyeusement une ère séparée de ce grossier amas de matières qu'elle n'a plus besoin de gouverner. La tête se soutient en l'air d'une façon fantastique, comme celle des chérubins dans les églises au milieu des nuages. Après quoi tout est bouleversé, et le désordre s'empare de l'esprit plus ou moins, selon les tempéraments et en raison de l'habitude. » Kæmpfer, dans ses *Amœnitates exoticæ*, rapporte qu'en ayant pris avec quelques amis, leur raison fut si troublée, qu'ils se crurent pendant toute la nuit entourés d'arcs-en-ciel et emportés sur des chevaux qui les entraînaient à travers le monde. Outre son action enivrante sur le cerveau, cette substance a encore une propriété spéciale bien connue des Orientaux, et qui donne fréquemment lieu parmi eux à des accidents terribles.

Notre savant collaborateur Virey n'hésitait pas à reconnaître dans le *nepenthès* dont parle Homère le *hachisch* des Orientaux modernes : opinion qui tendrait à prouver que les effets produits par cette substance sur l'économie animale étaient connus dès la plus haute antiquité.

On obtient le *hachisch* d'une espèce de chanvre (*cannabis indica*), offrant au point de vue botanique une analogie presque complète avec le chanvre de nos contrées européennes. Il est probable toutefois que la haute température sous laquelle il se développe exerce une influence particulière sur la composition de ses sucs végétaux ; car des expérimentations multiples et rigoureuses ont démontré que le chanvre qui croît en France (*cannabis sativa*) ne jouit d'aucune propriété analogue. Voici comment on prépare le hachisch en Arabie. On fait bouillir les feuilles et les fleurs du *cannabis indica*, avec une quantité d'eau donnée, en y ajoutant du beurre frais. On réduit jusqu'à consistance sirupeuse ; on passe, et on obtient pour résidu de l'opération un extrait gras, de couleur verdâtre, qui n'est autre que le beurre chargé du principe actif de la plante. On emploie peu cet extrait à l'état de pureté ; on en fait surtout usage dans la confection de confitures, de nougats, etc., etc. La préparation la plus employée, celle qui est même assez agréable au goût, lorsqu'elle est fraîche, a reçu le nom de *dawamesc* ; c'est aussi celle qui se conserve le mieux, et que l'on peut dès lors se procurer le plus facilement en Europe. Les Arabes y ajoutent souvent certains aphrodisiaques, comme la cannelle, la gérofle, l'opium, le datura ou même la poudre de cantharides. La dose qu'il faut employer pour déterminer des effets appréciables chez l'homme est loin d'être toujours la même ; elle varie en raison de l'âge, du tempérament et de la constitution des individus qui en font usage. Il n'est même pas rare de rencontrer des organisations qui s'y montrent complétement réfractaires.

Le *hachisch* doit être pris à jeun ou quelques heures seulement après le repas ; sans cela ses effets sont à peu près nuls. Trente grammes de *dawamesc* suffisent en général pour produire l'effet auquel on a donné l'expression pittoresque et caractéristique de *fantasia*. Le plus souvent l'ivresse produite par l'emploi du *hachisch* dure quatre heures, dans toute sa force ; elle décroît ensuite d'intensité, et n'est complétement dissipée qu'au bout de vingt-quatre heures. Pendant les douze dernières heures, on ne conserve guère qu'une extrême propension à la gaieté. Dans le paroxysme de la crise, on croit jouir des objets ordinaires de ses vœux, et on goûte une félicité qui coûte peu, mais dont l'usage trop souvent répété altère l'organisation animale, dégrade jusqu'à la poltronnerie les individus doués auparavant du plus noble caractère, les conduit au marasme et bientôt à la mort. Pris au contraire à de longs intervalles, trois ou quatre fois par année, le hachisch n'a pas de suites fâcheuses, et produit rarement des accidents apoplectiques. Il n'est pas moins rare après avoir pris du *hachisch* de conserver la tête lourde et l'assoupissement comateux, résultat ordinaire des plus légers écarts de régime. Ajoutons encore que, parmi les propriétés les plus merveilleuses de cette substance, on remarque que tout en modifiant profondément, en désorganisant même (du moins momentanément) les divers pouvoirs intellectuels, elle laisse parfaitement intacte la conscience de soi-même, et permet ainsi à celui qui est soumis à son influence d'étudier sur lui-même les troubles qu'elle suscite au sein des facultés morales, et d'être toujours maître de chasser les hallucinations en prenant une limonade très-acidulée.

La plupart des écrivains qui jusqu'à ce jour se sont occupés du *hachisch* et de ses singuliers effets n'ont pas manqué de remarquer que notre mot *assassin* est dérivé de l'arabe *hachischin*, nom que les Arabes donnent à ceux qui ont l'habitude de manger de l'extrait de chanvre, et dont la prononciation s'est altérée par l'usage. A ce propos *le vieux de la Montagne* et les fanatiques qu'il chargeait d'exécuter ses sentences de mort sont toujours rappelés avec complaisance (*voyez* ASSASSIN).

Le docteur Moreau, médecin de l'hospice de Bicêtre, qui s'est livré à l'étude approfondie des effets physiques du hachisch, dont il avait reconnu l'analogie avec les principaux phénomènes du délire chez les aliénés, expérimenta sur lui-même la substance qui nous occupe, et fit pour l'étude de l'intelligence malade ce que les philosophes de toutes les époques ont fait pour l'étude de l'intelligence à l'état sain, c'est-à-dire qu'il appliqua la réflexion, ou, si l'on veut, l'observation intérieure aux faits de psychologie morbide. Du livre qu'il a publié sur cet intéressant sujet, il résulte qu'il n'y a pas seulement analogie, mais identité parfaite entre les effets développés par cette substance et les symptômes qui caractérisent l'aliénation mentale. A cet égard nous ne pouvons que renvoyer le lecteur au savant ouvrage dans lequel il a consigné le résultat de ses observations personnelles, et qui a pour titre : *Du Hachisch et de l'Aliénation mentale* (Paris, 1845). F. BERTRAND.

HACKERT ou HACKAART (JEAN), paysagiste, né en 1635, à Amsterdam, suivit la direction romantique que Swanefelt, Jean Both et Pynacker avaient surtout mise à la mode dans l'école des paysagistes hollandais; cependant, son coloris est en général plus sobre. Par suite de la prédilection avec laquelle il traitait les vues de montagnes rudes et escarpées, il alla parcourir la Suisse, où il lui arriva un jour d'être appréhendé au corps par des paysans qui, regardant son travail comme l'ouvrage d'un sorcier, traînèrent notre artiste devant le juge : et ce magistrat eut beaucoup de peine à les décider à ne pas le molester davantage. Il laissa à Zurich, en 1656, de remarquables dessins exécutés à la plume, et mourut dans la seconde moitié du dix-septième siècle.

HACKERT (PHILIPPE), l'un des plus célèbres paysagistes du dix-huitième siècle, né le 15 septembre 1737, à Prenzlau, dans l'Ukermark, jouissait déjà d'une certaine réputation, lorsqu'en 1765 il vint à Paris, où quelques gouaches qu'il plaça avantageusement le mirent bientôt à même d'entreprendre, avec son frère *Jean-Gottlieb*, le voyage traditionnel d'Italie. Pendant son séjour à Rome, l'impératrice de Russie, Catherine, lui commanda deux tableaux destinés à représenter avec autant d'exactitude que possible le combat naval de Tschesmé (5 juillet 1770) et l'incendie de la flotte turque qui en fut le résultat. Afin de mettre notre artiste en état de représenter en toute vérité l'effet produit par l'explosion d'un navire, le comte Orloff, qui se trouvait alors avec une partie de la flotte russe dans les eaux de Livourne, fit sauter une de ses frégates; et le bonheur avec lequel Hackert s'acquitta de la tâche qui lui était confiée fut le fondement de sa brillante réputation. Présenté au roi de Naples par l'ambassadeur de Russie, il obtint un emploi lucratif à Naples; et il continua d'y séjourner jusqu'au moment où la révolution le força de se réfugier à Florence, où il mourut, le 28 avril 1807. Si les contemporains de Hackert apprécièrent beaucoup trop son mérite, on est aujourd'hui tombé dans le défaut contraire. Ses toiles ne sauraient assurément prétendre au mérite de l'invention; mais il excella dans l'art de reproduire la forme et les circonstances extérieures des objets.

La réputation de ses frères, artistes très-distingués, souffrit beaucoup de l'éclat qui s'attacha à son nom. *Charles-Louis* HACKERT, peintre de paysage à l'huile et à la gouache, se suicida à Lausanne, en 1800. *Jean-Gottlieb* HACKERT, aussi paysagiste, né en 1744, mourut en 1773, à Bath, en Angleterre. *Guillaume* HACKERT, peintre d'histoire et de portrait, mourut en 1780, professeur de dessin à l'académie de Saint-Pétersbourg.

HACQUEBUTTE ou HACQUEBUTE, HAQUEBUTE, HAQUEBUSE, vieilles formes du mot *arquebuse*, ou *canon à main*, au commencement du quatorzième siècle. « Il donna l'aubade à coups de *haquebuse*, » a dit Clément Marot. Comme de juste, on appelait *hacquebuttiers*, *hacquebutiers*, *haquebutiers*, *haquebusiers*, les hommes qui se servaient de cette arme.

HADDINGTON ou EAST-LOTHIAN, comté de l'Écosse méridionale, borné par le Forth, la mer du Nord, le comté de Berwick et le Mid-Lothian ou comté d'Édimbourg. Sa superficie est de 770 kilomètres carrés, sa population de 36,400 habitants. A l'exception des Lammermuir-Hills, chaîne de montagnes couverte de bois et de pâturages, qui s'étend sur la frontière méridionale, et dont les points culminants sont le Spartleton-Hill (566 mètres) et le Sontra-Hill (500 mètres), le pays n'offre qu'une riche plaine qui s'incline doucement vers la mer et qui n'est interrompue que par quelques collines isolées. Les rivières qui la coupent vont toutes se décharger dans la Tyne. Ce comté est un des plus fertiles et des plus riches de l'Écosse. La chaux s'y rencontre partout; la partie occidentale est riche en excellente houille; on y trouve même des eaux minérales. Les habitants des côtes s'occupent de la pêche, de la préparation du sel et de la récolte des varechs, qu'on emploie comme engrais. Les seules manufactures un peu importantes du pays consistent en quelques distilleries.

Le chef-lieu, *Haddington*, sur la rive gauche de la Tyne, se relie à Édimbourg par un chemin de fer. Son église remonte au treizième siècle. Ses habitants, au nombre de 3,900, font un commerce considérable de cuirs et de grains. A une petite distance au sud-est de cette ville s'élevait jadis l'abbaye d'Haddington, fondée en 1172, par Adda, mère de Malcolm, et par Guillaume le Lion, dans laquelle se tint, en 1548, le parlement qui approuva le mariage de Marie Stuart avec le dauphin. *Dunbar* est un petit port du même comté.

HADERSLEBEN ou HADERSLEV, appelé dans le moyen âge *Hatharslœf* ou *Hathersleven*, chef-lieu du plus grand bailliage du Schleswig et la ville la plus septentrionale de ce duché, est situé sur la Haderslebener-Fœhrde, bras de mer étroit qui depuis le petit Belt s'étend à plus de 14 kilomètres dans les terres. Hadersleben possède trois églises, dont la plus remarquable est Notre-Dame, un port pour les petits navires, un gymnase et 6,200 habitants, qui s'occupent d'agriculture, d'industrie et de commerce maritime. Élevé au rang de ville en 1292, par Waldemar II, Hadersleben devint plus tard une ville impériale, et fut le siége d'un évêché jusqu'à la réformation. En avant de ses murailles s'élevait un grand château, qui fut souvent assiégé. Dans le quinzième siècle, les ducs de Schleswig et de Holstein s'en disputèrent la possession. Le roi Éric de Danemark s'en saisit; mais Christophe III la restitua au duc Adolphe de Schleswig.

HADJ, HADJI. Le mot arabe *hadj*, qui signifie *pèlerinage*, sert chez les mahométans à désigner le pèlerinage à Médine, à La Mecque et au tombeau du prophète, dont le Coran impose l'obligation, au moins une fois dans sa vie, à tout musulman libre de l'un et de l'autre sexe, comme le plus sacré de ses devoirs; et on appelle *Hadji* ceux qui ont exécuté ce voyage, soit pour leur propre compte, soit au profit du salut éternel de ceux qui sont assez riches pour le faire entreprendre par procureurs.

Jadis le pèlerinage de La Mecque était pour les musulmans du Maghreb un voyage long, pénible; il fallait traverser d'immenses déserts, affronter mille périls. Aujourd'hui il se fait d'une manière toute confortable; et le gouvernement français a soin de mettre ses bateaux à vapeur à la disposition des pieux indigènes de l'Algérie et même des personnages distingués des régences voisines et du Maroc. Ces pèlerins sont en général très-désireux de se procurer un passe-port français, ce qui les met à l'abri d'une foule d'exactions dans les pays musulmans qu'ils doivent traverser, car le sentiment de la fraternité religieuse n'y est pas assez fort pour faire taire les instigations de la cupidité. Il ne paraît pas, du reste, que les mahométans reviennent beaucoup meilleurs du voyage que leur prescrit leur religion, si l'on s'en rapporte à ce proverbe qui a cours parmi eux : « Méfie-toi de celui qui a fait une fois le voyage de La Mecque, et hâte-toi de fuir celui qui y a été deux fois. »

HADJI-AHMED, dernier bey de Constantine, descendait d'un Coulougli, bey lui-même de Constantine en 1776. Son père Mohammed ne s'éleva qu'au rang de khalifat, et épousa la fille de Daoudy-ben-Gannah, chef d'une puissante tribu du Sahara. Ses exactions lui valurent un châtiment qui enveloppa toute sa famille. Ahmed fut sauvé par sa mère, qui se réfugia près de son propre père. Bientôt Ben-Gannah réconcilia le jeune Ahmed avec le bey de Constantine; et en 1818 il fut rappelé, puis créé khalifat à son tour. Il se livra aux mêmes exactions que son père, fit le pèlerinage de La Mecque, et sut se concilier les hommes puissants, si bien qu'en 1827 il fut élevé au titre de bey de Constantine, à la place d'Ibrahim-Bey. Quoiqu'il fût en mésintelligence avec le dey d'Alger, il repoussa les ouvertures que les Français lui firent faire en 1830, et vint se ranger avec son contingent sous les ordres de son chef. Après la capitulation d'Alger, il se retira vers Constantine, emmenant les familles les plus considérables de la régence, qui fuyaient avec leur fortune;

mais les Turcs réfugiés voulurent déposer Ahmed, et celui-ci les extermina. Le bey de Tittery lui ayant fait signifier d'avoir à le reconnaître, il fit trancher la tête à l'envoyé. Bientôt il prit pour agha son oncle Ben-Gannah, que les tribus du désert refusèrent de reconnaître, et qu'il dut soumettre; puis il pensa prendre Bone. Son khalifat Ben-Aïcha s'introduisit dans la ville en 1832, et la détruisit lorsqu'elle tomba au pouvoir des Français. Ahmed songea aussi à s'emparer de Médéah; mais son expédition échoua, et cette défaite fut le signal de révoltes incessantes parmi les Arabes. Le bey parvint à les étouffer dans des flots de sang. Son oncle lui-même, Ben-Gannah, périt, dit-on, par son ordre. Lorsque les Français marchèrent sur Constantine, il mit ses trésors en sûreté, et confia la défense de la ville à son khalifat Ben-Aïcha. Nos troupes durent d'abord se retirer, comme on sait, et des négociations furent ouvertes avec Ahmed-Bey, mais elles n'aboutirent pas; enfin, une nouvelle expédition eut lieu, et Constantine tomba en notre pouvoir. Le bey, à la tête de quelques tribus fidèles, tint encore pendant quelque temps la campagne, et se réfugia près du désert. Abd-el-Kader tenta en vain de l'attirer dans ses intérêts. La jalousie rendit bien vite ces deux chefs ennemis. En 1847 Ahmed se rendit aux Français, et vint habiter Alger, où le gouvernement lui servait une pension de 15,000 francs. Il mourut dans cette ville, le 30 août 1851, laissant cinq filles seulement. Ses restes mortels ont été portés avec pompe au marabout de Siddi-Abder-Rhaman. L. LOUVET.

HADJI-KHALFA, dont le véritable nom était *Moustafa-ben-Abdallah*, célèbre aussi sous le nom de *Katib-Tchelebi*, est l'un des historiens et des bibliographes turcs les plus importants. Il naquit à Constantinople, et, après avoir été pendant plusieurs années premier secrétaire et ministre des finances du sultan Amurat IV, mourut dans cette capitale, en 1658. Son principal ouvrage est un grand dictionnaire bibliographique, *Kechs oul tsounum*, en langue arabe, où il rapporte les titres de plus de *dix-huit mille* ouvrages arabes, persans et turcs, avec de courtes notices biographiques sur leurs auteurs. On doit encore une mention à ses tables chronologiques, *Takvim al tavarikh* (Constantinople, 1733, in-folio); à son traité de géographie, *Dchihân noumâ* (Constantinople, 1732, in-folio); et à son *Histoire des Guerres maritimes des Turcs* (Constantinople, 1728, in-folio 1830).

HADJOUTES, tribu d'Arabes bédouins de la province d'Alger, dont le territoire longe les plaines de la Métidja. Les Hadjoutes descendent en grande partie d'individus expulsés d'autres tribus, par suite de crimes ou de causes analogues. Aussi avaient-ils la réputation méritée d'être l'une des plus redoutables tribus de la régence, en raison de leur penchant au pillage et au meurtre. Dans la lutte qu'il nous a fallu soutenir en Afrique pour consolider notre conquête, nos soldats ont eu souvent de terribles exécutions à faire parmi ces hordes à demi sauvages.

HÆMANTHE. *Voyez* HÉMANTHE.

HÆMATINON, matière vitreuse dont les anciens se servaient pour mosaïques, vases d'apparat, etc., et qu'on rencontre souvent à Pompéi. Cette matière se distingue par sa belle couleur rouge foncé; elle est opaque, plus nuancée que le verre, et susceptible de poli à un degré peu commun. Tous les essais tentés par les modernes pour imiter l'*Hæmatinon* avaient échoué jusqu'à ce jour; mais un chimiste de Munich vient d'en découvrir la formule.

HÆMUS ou **HÉMUS.** *Voyez* BALKAN.

HÆNDEL (GEORGES-FRÉDÉRIC) musicien célèbre, né à Halle, le 24 février 1684, a été en quelque sorte nationalisé par les Anglais, reconnaissants des nombreux travaux qu'il a faits chez eux et pour eux. L'organiste Zachau fut le premier maître de Hændel. Ses progrès furent rapides : à dix ans il composait des sonates qui ont été conservées dans le cabinet du roi d'Angleterre. En 1703 on entendit à Hambourg son premier opéra, l'*Almeria;* il publia encore à cette époque trois autres partitions et beaucoup de pièces de clavecin, bien qu'une grande partie de son temps fût absorbée par les leçons particulières qu'il donnait. En 1708 il partit pour l'Italie; le théâtre de Florence représenta son opéra de *Rodrigo*, et Venise retentit des bravos qui accueillirent son *Agrippine*. En 1710 il passa en Hanovre, où l'électeur le nomma son maître de chapelle. Cette position ne put le fixer; il alla chercher de nouveau fortune en Angleterre, et fit paraître son opéra de *Renaud* : il avait mis quinze jours à composer cette partition, que les Anglais considèrent comme son meilleur ouvrage.

Curieux de visiter d'autres contrées, Hændel reprit le cours de ses voyages; mais il retourna bientôt à Londres. Georges Ier lui assura une pension de 400 livres sterling. A dater de ce moment, Hændel travailla constamment pour le théâtre anglais. Sa grande réputation est due cependant bien plutôt à ses oratorios qu'à ses partitions; ses compositions décèlent une imagination fougueuse, refrénée par une science profonde. « Si je n'avais pas étudié la musique de Hændel, disait Haydn, je n'aurais pas fait *La Création*. » Cet hommage d'un musicien célèbre, rendu si franchement à Hændel, doit être d'un grand poids pour le jugement à porter sur son talent.

Hændel avait la taille robuste, le port noble, la figure imposante. Il aimait la bonne chère, et jamais il ne composait mieux que lorsqu'il était animé par le vin. Son esprit, généralement fin et caustique, devenait quelquefois brutal et emporté; il voulait qu'on écoutât sa musique dans le plus profond recueillement; et si quelque personne interrompait le silence, il l'interpellait de la plus rude façon. On compte quarante-cinq opéras de lui, parmi lesquels on cite : *Agrippine*, *Renaud*, *Mutius Scævola*, *Alexandre et Scipion*, *Richard Ier*, *Parthénope*, *Ariodant*, *Arminius*, *Bérénice*. Le nombre de ses oratorios s'élève à vingt-six. Il a publié en outre grand nombre de motets et de musique sacrée, dont la touche est large et facile. Devenu aveugle à soixante-douze ans, il composait encore et dictait ses inspirations à Smith.

Hændel mourut le 14 avril 1759; il fut enterré dans l'église de Westminster, où on lui érigea un monument magnifique. Il laissa à sa famille une fortune de 20,000 livres sterling. Un jubilé solennel eut lieu en 1784 en sa mémoire. Trois cents musiciens exécutèrent toute sa musique pendant trois jours. En 1785 et en 1787 les mêmes honneurs lui furent rendus, et l'on compta ces deux années-là jusqu'à huit cents exécutants autour de son mausolée. V. DARROUX.

HÆNDEL-SCHUTZ (JEANNE-HENRIETTE-ROSINE), actrice allemande qui s'est fait une réputation comme mime, naquit en 1770, à Dœbeln, en Saxe, et était fille d'un comédien appelé Schuler. Entrée de bonne heure au théâtre, elle se maria, en 1788, à un ténor appelé Eunich; elle le suivit l'année suivante à Mayence, puis en 1792 à Amsterdam, et revint avec lui en 1794 jouer sur le théâtre de Francfort. Dans cette ville, le peintre Pforr, en lui montrant la suite de gravures de Rehberg, représentant les *attitudes* ou poses plastiques exécutées à Londres par Emma Harte, sous la direction du docteur Graham, son protecteur (*voyez* HAMILTON [lady *Emma*]), fit naître plus tard dans son esprit le désir d'exploiter, elle aussi, cette industrie sans nom jusque alors.

En 1796, elle accompagna son mari Eunich à Berlin, et pendant dix années elle parut avec succès sur le théâtre de cette capitale dans les rôles tragiques et à sentiment. Dès 1797 Henriette Schuler avait divorcé d'avec Eunich. En 1802 elle se remaria avec un médecin, le docteur Meyer. Trois ans plus tard un nouveau divorce lui permettait de convoler en troisièmes noces, avec un certain docteur Hændel ou Hendel, de Halle, qu'elle suivit à Stettin, avec l'intention de ne plus remonter sur les planches. Ce troisième mari étant venu à mourir sept mois après, elle épousa en 1807, à Halle, un certain professeur Schütz, grand amateur du théâtre et lui-même auteur dramatique, qui la détermina à entreprendre avec lui un *voyage artistique* en Allemagne, ou, pour parler plus prosaïquement, à courir les provinces en donnant des représentations partout où il était possible de réunir une centaine de curieux devant quatre planches posées sur deux tonneaux. C'est alors qu'il lui vint à l'esprit de reproduire les fameuses *attitudes* de lady Hamilton; et les contemporains rapportent que sur divers points de l'Allemagne, en Russie, à Stockholm et à Copenhague, elle produisit une vive impression sur les spectateurs. A Paris, où elle essaya de faire apprécier son talent mimo-plastique, elle échoua complétement. En 1820 elle remonta sur les planches à Leipzig. En 1824 elle se sépara de son quatrième mari, et se fit rendre, en 1830, sa complète liberté par une sentence juridique de divorce. C'était pour la troisième fois que les tribunaux allemands, si commodes et si indulgents sous ce rapport, lui rendaient le même service. Des seize enfants qu'elle eut de ses quatre maris, trois seulement survivaient en 1844; et sur les onze qui n'existaient plus, quatre avaient mis volontairement fin à leurs jours. La Hændel-Schütz est morte à Kœslin, en 1839.

HÆRING (WILHELM), connu comme romancier et comme conteur, sous le nom de *Wilibad-Alexis*, est né à Breslau, en 1798, et descend d'une ancienne famille de Bretagne, sortie de France à la suite de la révocation de l'édit de Nantes, et qui substitua à son nom français (Le Hareng) celui qui y correspond en allemand. Marié à une Anglaise, propriétaire d'une maison qu'il a fait construire et orner à sa guise, à Berlin, ainsi que d'une charmante villa située à Hæringsdorf, lieu riverain de la Baltique, et où l'on vient prendre des bains de mer, il jouit d'une indépendance qui lui a constamment permis de figurer avec avantage entre les écrivains voués au triomphe de l'idée du progrès et de la liberté. En 1847 il entreprit avec sa femme un voyage en Italie, et fut ainsi témoin l'année suivante d'une partie des événements dont les villes de Florence, de Rome et de Naples furent le théâtre en 1848. Son roman de *Walladmor* (3 volumes; Berlin, 1823), fruit de ses études profondes sur Walter Scott et d'une gageure, passa longtemps pour l'ouvrage de Walter Scott, et fut même traduit en anglais. Walter Scott, après l'avoir lu, déclara que c'était la mystification la plus audacieuse de notre époque. Collaborateur actif d'un grand nombre de journaux et de recueils littéraires, il a prouvé combien l'initiative était puissante chez lui; et une foule de romans, dans lesquels il allie l'ironie de Tieck à la bonhomie de Walter Scott, l'ont honorablement classé parmi les fournisseurs brevetés en possession de charmer la foule désœuvrée par des histoires, tantôt gracieuses, tantôt émouvantes, toujours amusantes. Nous rappelerons ici seulement les titres de ses principaux romans: *La Maison Dursterweg* (1836); *Cabanis* (1827); *Les douze Nuits* (1838); *Le Rolland de Berlin* (1840); *Le faux Waldemar* (1842); *Urbain Grandier* (1843); *Les Culottes de M. de Bredow* (2 parties en 2 volumes; 1846 et 1848). Indépendamment de quelques traductions de l'anglais, on a de lui un recueil de causes célèbres et plusieurs pièces de théâtre, entre autres *Le Prince de Pise* et *La Sonnette* (1828), drames; *Annette de Tharau* (1829); *Le Garçon tailleur en goguette*, farce de carnaval (1841), comédie.

HAFF. Ce nom, d'origine danoise, et qui signifie *mer* ou *grande partie de mer*, est usité par les Allemands pour désigner trois grands golfes de la Baltique situés sur les côtes de Prusse, et que nous appellerons plutôt des *lagunes*, puisqu'ils sont formés par les eaux de différents fleuves, qui avant de se déverser dans la mer s'épanchent sur un sol plat et peu profond, à l'instar des lagunes de Venise, formées, comme on sait, par les eaux de la Brenta, du Bacchiglione, etc.

Le *Pommersche* ou *Stettiner-Haff* (lagune de Poméranie ou de Stettin), appelé aussi autrefois *Grosser Haff* (grande lagune), a environ 10 myriamètres carrés, reçoit les eaux de l'Oder et de quelques fleuves moins importants, et communique avec la Baltique par la Swine, la Peene et la Divenow.

Le *Frisch-Haff*, situé entre Elbing, Pillau et Kœnigsberg, et où l'Elbing, la Nogate (bras oriental de la Vistule), le Pregel, etc., ont leur embouchure, a environ 9 myriamètres carrés, et se jette dans la Baltique près de Pillau.

La Deime et la Memel, le Russ et le Gilge, viennent déverser leurs eaux près de Memel dans le *Kourische-Haff* (lagune de Courlande), dont la superficie est d'environ 17 myriamètres carrés.

HÂFIS (CHEMS-EDDIN-MOHAMMED), l'un des plus célèbres et des plus charmants poëtes de la Perse, né au commencement du quatorzième siècle, à Chiraz, se consacra à l'étude de la théologie et de la jurisprudence, sciences étroitement unies chez les musulmans, et vécut ensuite comme derviche dans une pauvreté volontaire, à Chiraz, sous la dynastie des Mosafférides, dont il se fit le panégyriste. Ce fut en vain que le sultan Achmet Ilchâni l'engagea à venir vivre à sa cour, à Bagdad. Lorsque le conquérant Timour (Tamerlan) entra à Chiraz, en 1338, il traita Hâfis avec beaucoup de distinction; mais celui-ci mourut la même année. Ce ne fut qu'après sa mort qu'on songea à réunir en *Divan* ses odes et ses élégies; et cette collection a été depuis complétement imprimée dans la langue originale à Calcutta (1791, in-fol., et 1828, in-8°), à Constantinople (1840, in-4°), et au Caire, avec des scolies turques par Soudi (3 vol., 1834). D'Herbelot, dans sa *Bibliothèque orientale*, en a traduit divers morceaux. De Hammer en a donné une traduction complète en allemand (Tubingue, 2 vol., 1812-1815). Ses poésies lyriques, dans lesquelles il chante avec grâce et avec chaleur, quelquefois même avec passablement de licence, le vin, l'amour et les plaisirs, ont souvent un sens mystique, dont Schem, Sourouri, etc., se sont efforcés de donner l'interprétation. Les dévots musulmans vont aujourd'hui encore souvent en pèlerinage au tombeau de Hâfis, qui se trouve à Chiraz.

HAFIZ, nom que l'on donne aux mahométans, qui savent le Coran en entier et le récitent tous les quarante jours.

HAGE (JEAN), journaliste danois, né en 1800, à Stege, fut, après d'excellentes études, placé comme instituteur à Rœskilde. L'étendue de ses connaissances, son enthousiasme patriotique et son éloquence populaire le rendaient très-propre à la carrière qu'il embrassa, lorsque, en 1830, le journalisme danois sembla vouloir sortir de ses langes. Il s'attacha à la rédaction du *Fœdre landet*, que dirigeait alors Nath. David, et dont il prit lui-même la direction en 1835. Adversaire déclaré du gouvernement, il ne tarda pas à s'attirer de fâcheuses affaires. Mis en accusation, en 1837, pour un article qu'il publia sous le titre de *Coup d'œil sur l'histoire de l'Europe en* 1835, il fut condamné à 200 rixdales d'amende. Il mourut peu de temps après, le 15 septembre 1837, laissant la réputation d'un des plus vaillants champions de la liberté de la presse. Il est auteur de quelques opuscules, entre autres de *Brœndsted et Villoison* (1829), qui lui attira une accusation de plagiat.

HAGEDORN (FRÉDÉRIC DE), le fondateur, avec Haller, de cette première école poétique allemande qui compte parmi ses coryphées Zacharie, Gellert, Liskow, Kleist, Rammeler, Utz, etc., et dont le génie de Lessing suivit quelque temps la direction, naquit à Hambourg, le 23 avril 1708, d'une ancienne famille noble. Son père, conseiller d'État en Danemark, exerçait dans cette ville les fonctions de président près le cercle de Basse-Saxe. Mort en 1722, après des revers de fortune, il ne laissait à sa veuve et à deux fils que de très-minces ressources. Cette dame ne s'en occupa pas moins avec un zèle tout maternel de l'éducation de ses enfants. L'aîné, ayant terminé ses études, accompagna à Londres, comme secrétaire intime, le baron de Sæhlenthal, envoyé danois. Revenu à Hambourg, Hagedorn fut nommé secrétaire de l'Association de Commerce (*the English Court*). Cet emploi le tira de la gêne, et lui permit de se livrer aux goûts qui se partageaient sa vie, le culte des lettres et les plaisirs de la société. Carpser, célèbre chirurgien et en même temps homme d'esprit et bon convive; Brockes, émule de Hagedorn; Liskow, le libraire Bohm, le médecin philosophe Zimmermann, Murray, théologien anglais, etc., tels étaient les hommes de mérite réunis alors à Hambourg, et au milieu desquels notre jeune poëte se plaisait à vivre. La table rassemblait souvent ces amis, qui s'y montraient plus fidèles aux leçons d'Épicure qu'aux préceptes de Socrate, et ne s'y piquaient pas de sobriété. La goutte et une hydropisie furent pour Hagedorn les suites de cette vie trop joyeuse, et le ravirent aux lettres le 28 octobre 1754, avant l'âge de quarante-sept-ans. Il mourut au reste en digne ami de l'étude, un livre à la main.

On pardonnait à Hagedorn un épicuréisme qu'il oubliait au sortir de table. Exempt de cupidité et d'ambition, il n'aimait que l'indépendance et les doux loisirs. Les beautés de la nature, la vie champêtre, dont il goûtait les charmes dans une campagne sur les bords de l'Alster, annonçaient la douceur et la simplicité de ses mœurs. Comme Gessner, il a écouté son cœur en chantant le calme et le bonheur des champs, et il s'est dépeint dans ses ouvrages. Le mauvais goût introduit dans la poésie par Lohenstein et Hoffman-Waldau dominait en Allemagne, lorsque Hagedorn, formé par la lecture des anciens et des meilleurs poëtes modernes, entreprit de réformer le Parnasse allemand. Son grand mérite, que l'époque rend très-remarquable, fut de faire parler aux muses germaniques une langue plus pure, et de mettre l'art poétique d'accord avec la nature et le goût. Le premier fruit de ses longs travaux fut un recueil de fables et de contes, qu'il publia en 1738, onze ans avant la naissance de Gœthe. Ses fables furent les premiers bons apologues composés en allemand. Gellert, Liskow, Lessing, vinrent après lui. La naïveté, la concision, l'harmonie, un style coulant et pur, signalent le talent de Hagedorn, comme fabuliste : c'étaient des mérites absolument nouveaux au-delà du Rhin. Celui de l'invention lui appartient pour une partie de ses fables. Son poëme de *La Félicité;* son conte du *Savetier en belle humeur ; Le Savant ;* un autre poëme sur les *Attributs de la Divinité*, sont les compositions les plus admirées et les plus estimables de ce vrai père de la poésie allemande, digne de sa célébrité, quoiqu'il n'ait pas toujours su éviter, dans quelques-uns de ses essais poétiques, l'écueil du grotesque et du trivial. Mais c'est surtout comme poëte lyrique, ou plutôt comme chansonnier, que Hagedorn est justement renommé en Allemagne. La gaieté, la naïveté, la finesse, une ironie philosophique, distinguent un assez bon nombre de ses œuvres légères. *La Petite Fille; Le mois de Mai;* l'*Éloge du Siècle*, entre autres, ne seraient pas désavouées par les maîtres de la gaie science. Le recueil des *Odes et Chansons* de Hagedorn parut en 1747; ses *Épigrammes* virent le jour trois ans après, en 1750.

Aubert de Vitry.

HAGIOGRAPHE, HAGIOGRAPHIE (de ἅγιος, saint, et γράφειν, écrire). On donne le nom d'*hagiographe* en général à tout écrivain qui écrit sur la vie et les actions des saints. On cite les bollandistes comme les plus savants et les plus volumineux hagiographes : on peut y ajouter Palladius, Siméon le Métaphraste, Jacques de Voragine, dom Ruynart, Alban Butter, etc. (*voyez* Légende).

Dans un sens plus restreint, *hagiographe* est le nom que les Grecs ont donné à cette partie de l'Écriture Sainte nommée par les Hébreux *Chetuvim*, et qui comprend les livres des Psaumes, des Proverbes, de Job, de Daniel, d'Esdras, des Chroniques, du Cantique des Cantiques, de Ruth, des Lamentations, de l'Ecclésiaste et d'Esther. Les Juifs distinguent les prophètes des hagiographes, en ce que ceux-ci ont écrit d'après la direction du Saint-Esprit, et que ceux-là ont reçu une inspiration plus immédiate, par la voie qu'ils appellent *prophétie*, et qui consiste en songes, visions, extases, révélations, etc. : c'est pour cette raison qu'ils donnent quelquefois aux livres hagiographes le nom d'*écrits par excellence*.

L'*hagiographie* est la science des légendes et des écrits qui traitent de la vie des saints personnages.

HAHNEMANN (Samuel-Chrétien-Frédéric), fondateur de la doctrine médicale à laquelle il a donné le nom d'*homœopathie*, naquit le 10 avril 1755, à Meissen (Saxe), de parents peu aisés; son père était peintre sur porcelaine. Doué d'une constitution de fer, il montra dès ses premières années une intelligence prompte et avide, une volonté ferme, un caractère grave et studieux; il était né observateur et persévérant. Aussi fut-il promptement distingué par le directeur de l'école provinciale, qui le fit répétiteur de ses camarades; et plus tard, suppléant à la pauvreté de son père, il lui fit achever ses études à ses frais. Il avait parcouru le cercle des connaissances académiques : il savait le latin, le grec, le français, l'anglais, l'italien : il dut faire choix d'une profession, et c'est à la médecine qu'il s'adonna. Il se rendit à Leipzig pour l'étudier, muni de 20 ducats pour toute ressource; il avait vingt ans. Il lui fallait pourvoir à son existence en même temps qu'aux dépenses universitaires; il vint à bout de toutes ces difficultés. Il passait une nuit sur deux à traduire en allemand des ouvrages anglais et français. En 1777 il se rendit à Vienne, et au bout de neuf mois Quarin, médecin de l'hôpital de Léopoldstadt, le distingua au point de lui confier les malades d'une salle et de le faire autoriser à expérimenter en ville son système. Peu de temps après, le gouverneur de Transylvanie l'appela à Hermanstadt, comme bibliothécaire et médecin privé; mais il n'y fit qu'un séjour peu prolongé, et se rendit à Erlangen, où, en 1779, il soutint une thèse pour le doctorat *Sur les causes et le traitement des affections spasmodiques*. Aussitôt après, Hahnemann commença une série de migrations, toutes marquées par de nouvelles études et par des travaux distingués : à Hesttædt, à Dessau, il étudia la chimie et la minéralogie; à Gommern près de Magdebourg, il se maria en 1785, avec Henriette Kuchler, fille d'un pharmacien. De 1787 à 1791 il habita Dresde, où il se fit connaître par de remarquables ouvrages de chimie, d'hygiène et de thérapeutique : aussi le vit-on bientôt à la tête d'une nombreuse clientèle dans cette ville.

Cependant Hahnemann abandonna tout d'un coup Dresde pour rentrer à Leipzig, et se livrer dans la retraite à des travaux de chimie et à des traductions (1792). Une pareille résolution, quand il avait devant lui un si brillant avenir, quand il était chargé de famille (onze enfants) et poursuivi des plaintes de sa femme, dut être inspirée et soutenue par un bien puissant motif : « C'était, écrivit-il à Hufeland, un supplice pour moi de marcher toujours dans l'obscurité lorsque j'avais à traiter des malades.... Je me faisais un cas de conscience de traiter les états morbides inconnus de mes frères par des médicaments tout aussi inconnus, qui, en leur qualité de substances très-actives, peuvent faire passer de la vie à la mort ou produire des affections nouvelles et des maux chroniques... Devenir ainsi le meurtrier de mes semblables était pour moi une idée si affreuse et si accablante, que je renonçai à la pratique. » Mais de graves maladies qui atteignirent ses enfants le rappelèrent à la pratique de la médecine; tremblant comme père, et confiant dans les vues de la Providence, il pensa qu'elle ne pouvait avoir abandonné l'homme sans secours contre les dangers permanents qui assiégent sa santé et sa vie; il chercha donc, et en cherchant il crut qu'il devait trouver la solution du problème dans l'étude des médicaments sur l'homme en santé.

C'est alors que, traduisant l'article *Quinquina* dans la matière médicale de Cullen, il résolut d'essayer sur lui-même les effets de ce médicament. Cette expérience, de laquelle il résulta pour lui une série d'accès analogues à ceux de la fièvre intermittente, lui révéla la loi des semblables. De nouveaux essais avec ce médicament et quelques autres sur lui-même, sur ses enfants et ses amis, le confirmèrent dans sa découverte; la lumière lui était apparue, et dès ce moment toute sa vie fut consacrée à la médecine ou plutôt à la réforme de la thérapeutique médicale. Mais aussi dès ce moment, s'il trouva comme savant et comme praticien un bonheur jusque là inconnu dans les résultats de sa pratique, il eut à supporter comme homme mille persécution qu'il avait ignorées auparavant. Pendant trente ans il rencontra sur sa route toutes sortes d'obstacles, dans les différentes villes où il fut forcé de se réfugier, à Georgenthal, à Brunswick, à Kœnigslutter, à Hambourg, à Wittenberg, à Torgau ; il ne cessa pourtant de poursuivre à la fois ses travaux d'expérimentation, la pratique la plus étendue et un enseignement à des élèves chaque année plus nombreux.

Il reparut à Leipzig en 1811, après avoir publié son *Organon* ; il y pratiqua et professa publiquement jusqu'en 1820, et il fit paraître son traité de *Matière médicale pure*, en 6 volumes. A cette époque, fatigué de la violence des persécutions, il accepta l'asile que lui offrait le duc Ferdinand à Anhalt-Kœthen. Il y passa quinze ans, poursuivant les mêmes travaux physiologiques et cliniques, consulté de tous les coins de l'Allemagne et même de l'Europe, aidant de ses conseils quelques élèves dévoués, et vivant dans l'indifférence la plus absolue sur les critiques dont il était l'objet. Sa première femme était morte en 1827 ; le 18 janvier 1835, dans sa soixante-dix-neuvième année, il épousa Mlle d'Hervilly, Française, venue à Kœthen pour recevoir ses soins ; celle-ci le décida à se rendre à Paris. On y vit, malgré son grand âge, Hahnemann se livrer à la pratique avec une remarquable activité, conservant l'énergie de son intelligence et toute la plénitude de la santé jusqu'à l'hiver de 1843 ; il mourut le 2 juillet de cette même année. La ville de Leipzig, d'où il avait été chassé en 1820, lui éleva une statue en 1850.

Les ouvrages qu'il a publiés sont nombreux, et plusieurs considérables ; les principaux ont été traduits en français par Jourdan. Citons surtout : *Organon, ou l'art de guérir*, 1 vol. in-8°, qui a eu de 1810 à 1844 seulement cinq éditions allemandes, et a été traduit dans toutes les langues européennes ; la *Matière médicale pure*, 6 vol. dans l'édition allem., 3 dans la traduction de Jourdan ; *Doctrine et traitement des Maladies chroniques*, 5 vol. in-8° (1828), 3 dans la traduction. Auparavant Hahnemann avait publié : *Empoisonnement par l'arsenic. Instructions sur les maladies vénériennes et sur une nouvelle préparation mercurielle ; L'Ami de la santé ; Dictionnaire de Pharmacie ; Manuel pour les Mères ; Le Café et ses effets ; La Médecine de l'expérience ; Fragmenta de Viribus Medicamentorum positivis.* Dans divers journaux on trouve de lui une série de travaux sur divers points de chimie et d'hygiène. Dans ses traductions on compte cinq ouvrages français, un italien et onze anglais, parmi lesquels : la *Matière médicale* de Cullen (1830) ; la *Médecine pratique* de Ball, et le *Traité de Chimie médicale* de Monro. Dr ESCALLIER.

HAHN-HAHN (IDA, comtesse de), fille du comte Charles-Frédéric de Hahn, qui se rendit fameux par sa folle passion pour le théâtre et les ruineuses dissipations dans lesquelles elle l'entraîna, est née le 22 juin 1805, à Tressow, dans le grand-duché de Mecklembourg-Schwerin. Son enfance s'écoula au milieu de privations pénibles causées par l'état de délabrement de la fortune de son père, qui pendant ce temps-là parcourait joyeusement l'Allemagne avec la troupe dramatique dont il avait fini par prendre la direction. En 1824, elle épousa son parent, le comte Frédéric-Adolphe de Hahn-Hahn. Un divorce prononça en 1829 l'annulation de ce mariage, et pendant que son mari se remariait avec la comtesse Agnès de Schlippenbach, la comtesse Ida demandait à la poésie et à de nombreux voyages des consolations pour ses douleurs et des compensations pour ses illusions perdues. En 1835 elle parcourut la Suisse, et séjourna à Vienne pendant les années 1836 et 1837 ; en 1838 et 1839 elle visita l'Italie, et la France en 1840 et 1842. En 1843 elle alla voyager en Suède, et de là se rendit en Orient. Aujourd'hui ce *bas-bleu* allemand, qui dans ces derniers temps s'est convertie au catholicisme, réside d'ordinaire à Dresde ou à Berlin, dans les rares intervalles de calme et de repos que lui laissent ses incessantes pérégrinations.

C'est dans le genre lyrique que la comtesse Ida de Hahn-Hahn essaya d'abord son talent, incontestable quoiqu'il manque de placidité et qu'il pèche par l'absence de critique ; et le succès qu'obtinrent ses *Poëmes* (1835), ses *Nouveaux Poëmes* (1836), ses *Nuits vénitiennes* (1836) et ses *Chants et Poésies* (1837), témoigne des vives sympathies qu'elle éveilla dans le public. Plus tard elle s'appliqua avec ardeur à cultiver un genre dans lequel elle a montré beaucoup de fécondité, le *roman social*, et réussit dans les divers tableaux qu'elle essaya de tracer de la société au moyen de romans qui se succédèrent rapidement, et qui ont été réunis depuis en collection, sous le titre de *Scènes de la société*. On y trouve moins des peintures des accidents de la vie communs à toutes les classes, que des tableaux exclusivement destinés à reproduire les mœurs et les préjugés d'une caste, et où, comme dans ceux de M. de Balzac, par exemple, l'idée aristocratique domine et est soigneusement mise en relief de préférence à toute autre. On ne saurait nier que dans ce cercle, si étroit, où l'écrivain emprisonne sa pensée se rencontrent une foule d'observations psychologiques pleines de profondeur et en même temps d'une finesse toute féminine, mais qui trop souvent s'y produisent aux dépens de l'invention. On retrouve les mêmes défauts et les mêmes qualités dans les nombreux récits de voyages qu'on a d'elle.

HAÏDERABAD. *Voyez* HYDERABAD.

HAIDOUCKS ou HEIDOUQUES (en allemand *Heiducken*), nom qui désignait primitivement, chez les Valaques et les Serbes, ce qu'indique celui de *klephtes* chez les Grecs modernes, c'est-à-dire une race d'hommes, jaloux de leur indépendance, refusant de se courber sous le joug des Turcs, et se réfugiant en conséquence au fond des forêts, d'où ils entretenaient constamment une guerre de brigandages contre leurs oppresseurs. Plus tard, les rois de Hongrie les prirent à leur service, pour en faire une milice particulière ; et Étienne Bocskay leur assigna en propre, au delà de la Theiss, dans le comitat de Saboltsch, deux contrées où ils vinrent s'établir, sous la protection d'institutions particulières et de nombreux priviléges. On les appelle encore *le district des Haïdoucks* ; elles ont une superficie d'environ 18 myriamètres carrés, 40 à 50,000 habitants, protestants pour la plupart, et six centres principaux de population appelés les *six villes Haïdoucks*.

Par la suite, ils perdirent leur qualité de milices, et leur nom fut donné aux sergents et huissiers des fonctionnaires publics hongrois, ainsi qu'aux trabans dont les seigneurs de ce pays avaient toujours d'habitude un certain nombre parmi leurs domestiques. La mode d'en avoir pour laquais s'établit aussi plus tard dans les petites cours d'Allemagne. Seulement, au lieu de les faire venir du fond de la Hongrie, on se contenta, par économie, d'affubler de leur costume de grands et vigoureux gaillards, carrément membrés, racolés tout bonnement dans la contrée. C'est comme chez nous :

> Un juge, l'an dernier, me prit à son service ;
> Il m'avait fait venir d'Amiens pour être suisse.

HAIE (de l'allemand *hagen*, clore). C'est ainsi qu'on appelle toute clôture naturelle ou artificielle des champs, des vignes, des jardins, etc. On distingue deux sortes de ces clôtures : la *haie vive*, faite avec des arbres, des arbustes, enracinés, communément épineux ; et la *haie morte*, construite avec des ronces mortes, des pieux, des planches ou des fagots.

Les haies vives peuvent être formées d'arbres fruitiers ; et alors on en retire de grands avantages. Il suffit à cet effet de diriger convenablement leurs branches latérales, et d'élaguer celles qui tendraient à s'élever. Les arbres les plus propres aux haies fruitières sont le poirier, le néflier, le cerisier, etc., et surtout le prunier, le noyer, l'amandier et le coignassier. Le chêne blanc, le hêtre, le frêne, l'érable, dans le Nord, et dans le Midi, l'alisier, le sorbier, le sureau, le charme, etc., peuvent également servir à la formation de haies d'arbres ou d'arbustes forestiers. Mais la haie épineuse est celle de toutes qui garantit le mieux des voleurs ou de tous les animaux nuisibles le champ qu'elle enserre : elle résulte de l'assemblage d'arbres ou d'arbustes épineux, tels que le grenadier, le genévrier, le jujubier, l'azerolier, le groseillier épineux, l'épine-vinette, le noirprun, qui ont montré l'avantage d'être productifs; l'ajonc, le prunellier, le rosier sauvage, l'aubépine, si chantée des poëtes, etc. On peut voir au Jardin des Plantes de Paris une collection complète de modèles de toutes ces variétés de clôtures.

Il faut semer les haies plutôt que de les planter : elles croissent alors bien mieux, et acquièrent beaucoup plus de vigueur que des plants pris dans les bois ou dans une pépinière. On doit aussi veiller à ce qu'elles soient composées d'arbustes dont la croissance soit simultanée, les labourer au pied tous les ans, les sarcler fréquemment, les arroser même si cela semble nécessaire, et les tailler de temps à autre en leur conservant une hauteur convenable.

Si maintenant nous envisageons la haie du point de vue de la jurisprudence, nous trouverons que le législateur a tracé certaines règles à son égard : plusieurs articles du Code Civil établissent en principe que toute haie séparant deux héritages également clos, ou dont aucun ne l'est, est réputée mitoyenne; les arbres qui se trouvent dans la haie mitoyenne sont mitoyens comme elle; enfin, l'article 671 du Code Civil, statuant à défaut de règlements particuliers et d'usages constants, défend de planter des haies vives ou des arbres de basse tige pouvant servir à les former, à une distance moindre d'un demi-mètre de la ligne séparative de deux héritages.

Au figuré, le mot *haie* s'emploie pour désigner une file de personnes rangées avec plus ou moins de symétrie : la troupe *fait la haie* de chaque côté du prince lorsqu'il se rend à quelque solennité, etc.

HAIE (La). *Voyez* HAYE (La).

HAÏK, grande pièce d'étoffe de laine blanche, qui forme une partie essentielle du costume arabe. Les hommes portent le haïk drapé autour du corps et attaché sur la tête par quelques tours d'un gros cordon de laine brune. Les femmes, quand elles sortent, s'en enveloppent soigneusement des pieds jusqu'à la tête, ne laissant apercevoir que leurs yeux.

HAÏ-NAN, île chinoise dépendant, sous le nom de *Kioung-Tsoeu*, de la province de Canton, située au sud-est du golfe de Tong-King et séparée de la presqu'île de Louï-Tseu, formant l'extrémité méridionale du continent chinois, par le détroit du même nom, large de 14 kilomètres seulement et couvert de nombreuses îles. Elle est de forme ovale, et présente une superficie totale d'environ 700 myriamètres carrés. A l'ouest ses côtes sont plates, entourées de bancs de sable et de bas-fonds, à l'est généralement garnies de rochers escarpés, et échancrées par d'excellents ports et des baies très-sûres. L'intérieur de l'île est traversé par un plateau, celui du *Ta-Outschi-Schân*, qui envoie de nombreux enbranchements dans toutes les directions, en formant une foule de vallées sauvages et incultes pour la plupart, et desquelles s'échappent un grand nombre de cours d'eau. Le sol se compose d'ailleurs de plaines sablonneuses ou de savanes verdoyantes, interrompues çà et là par des rochers. Le climat, naturellement très-chaud, y est très-rafraîchi par les vents de mer, qui souvent s'y transforment en ouragans furieux. Des brumes fréquentes et d'abondantes rosées y entretiennent une constante humidité, qui favorise le développement de la plus riche végétation. La côte orientale de l'île est très-stérile, couverte en grande partie de forêts d'arecas; mais la partie occidentale est très-fertile en riz, fruits de toute espèce, canne à sucre, tabac, coton, indigo, et patates sucrées, principale nourriture de la population. Les forêts des montagnes, qui abondent en bois de construction et de menuiserie et renferment en outre une foule d'essences précieuses, constituent une des principales sources de richesse de Haï-Nan. On y trouve du bois de sandal, du bois de rose, du bois d'ébène, du bois de Brésil, des cocos, différentes espèces de noix de l'aloès, une foule de plantes medicinales et vénéneuses. Elles servent de refuge à toutes sortes d'animaux féroces, tels que le tigre, le rhinocéros, etc., à des singes, dont une espèce atteint la taille de l'orang-outang, à de grandes espèces de cerfs, à de nombreux serpents, à des boas notamment, et à des insectes de tous genres. L'apiculture, pratiquée sur une large échelle, fournit beaucoup de cire pour l'exportation. Les côtes abondent en poissons et coquillages, en coraux et en tortues. Les rivières charrient du sable d'or, et les salines du pays donnent de riches produits.

Les habitants de Haï-Nan, quoique ressemblant aux Chinois par leur extérieur, par leur costume, leurs mœurs et leurs usages, parlent une langue tout à fait autre. Cette race paraît complétement différer de celle qui habite la province de Canton, et n'avoir adopté la civilisation de ses vainqueurs qu'à la suite d'une longue lutte. C'est une population misérable, loquace, hospitalière, polie, sans moyens de résister aux attaques auxquelle elle est exposée de la part des pirates de Tong-King ou des parages de Formose et de la part des sauvages aborigènes, restés indépendants dans les montagnes de l'intérieur. Elle dépasse, dit-on, un million d'âmes. Le nombre des bourgades qui reconnaissent les lois de la Chine s'élève à 1203; celui des villes entourées de murailles à 14. La plus grande est *Kioung-Tchéou-Fou* ou *Housch-e-Oug*, située sur la côte septentrionale, dans une belle et riche contrée parfaitement cultivée, entourée d'épaisses murailles en briques, de 12 à 13 mètres de hauteur, bien bâtie et comptant près de 200,000 habitants, très-industrieux et entretenant de leur port des relations commerciales très-actives avec Canton, le Tunquin, la Cochinchine, Siam et même, depuis 1825, avec Singapore. A 8 kilomètres environ de cette ville est située *Haï-Khéou-So*, ville presque aussi peuplée, le principal port et le grand centre commerciale de toute l'île, résidence du gouverneur, bâtie sur un étroit promontoire, bien fortifiée, pourvue d'un môle et d'un bureau de douanes.

HAINAUT (en latin *Hannonia*, en allemand *Hennegau*), contrée située dans les parties wallones des Pays-Bas, autrefois la patrie des *Nerviens*, et appartenant aujourd'hui moitié à la France et moitié à la Belgique. Dès le neuvième siècle elle obéissait à une puissante famille de comtes, qui avait pour souche Giselbert de Mansuarie, gendre de Charlemagne, et qui à la mort de son fils, Regnier au Long Cou, se divisa en trois branches : les ducs de la basse Lorraine, les comtes de Louvain, et les comtes de Hainaut. A l'extinction des deux premières de ces branches, Regnier III de Hainaut (mort en 970) devint d'une part la souche d'une nouvelle ligne de Louvain (de laquelle provinrent plus tard les ducs de Lorraine et de Brabant), et continua de l'autre la branche des comtes de Hainaut.

L'héritière de cette maison, *Richilde* (morte en 1006), apporta le comté en dot à Baudouin VI de Flandre, qui prit en Hainaut le nom de Baudouin Ier. Son fils, le comte Baudouin II, fut dépouillé de la Flandre par son oncle Robert le Frison; mais déjà son arrière-petit-fils, Baudoin V, par son mariage avec Marguerite d'Alsace (1191), réunissait de nouveau les deux comtés, non toutefois sans avoir dû consentir à en céder à la France d'importantes parties. Baudouin VI (IX de Flandre), issu de ce mariage, devint en 1204 premier empereur latin de Constantinople, et laissa ses domaines à sa fille aînée, Jeanne, dont l'héroïque époux, le prince Ferdinand de Portugal, perdit en 1214 contre les Français la célèbre bataille de Bouvines. A Jeanne succéda, en 1244, sa sœur Marguerite, qui avait déjà été deux fois mariée : la première fois à Bouchard d'Avesnes, la seconde, après divorce, à Gui de Dampierre. En 1246, la survivance du Hainaut fut assurée aux enfants issus du premier lit, et celle de la Flandre aux enfants issus du second; et en 1280 Jean II d'Avesnes, petit-fils de Marguerite, parvint effectivement à régner dans le Hainaut, mais non sans avoir eu à lutter contre sa grand'mère et ses fils, et sans que la discorde cessât de diviser les deux lignes. En 1299 la Hollande et la Zélande étaient en outre échues à Jean II, et ce fut la cause de longs démêlés entre lui et la Flandre. Quoique ses alliés, les Français, eussent été complétement battus en 1302 par les Flamands, son fils Guillaume Ier, dit *le Bon*, réussit à se maintenir; et l'époque de son règne (1304 à 1307) est l'une des plus florissantes de l'histoire du Hainaut. En 1345 Guillaume II entra en lutte contre les Frisons; et il légua ses États à sa sœur aînée Marguerite, laquelle, comme femme de l'empereur Louis IV, porta le Hainaut, avec la Hollande et la Zélande, dans la maison de Bavière. Après elle régnèrent en Hainaut ses fils : Guillaume III, sous lequel commencèrent les luttes intestines des *cabillauds* et des *hoeks*, et qui mourut fou, en 1359; puis Albert, mort en 1404. Le fils d'Albert, Guillaume IV, frère du belliqueux évêque de Liége Jean de Bavière, régna de 1401 à 1417; et après lui Jacobée ou Jacqueline de Bavière, princesse aussi légère qu'héroïque, laquelle après avoir soutenu les attaques les plus multipliées et les plus acharnées finit par céder, en 1433, le Hainaut et ses autres possessions à la maison de Bourgogne, pour racheter la liberté de son quatrième mari, le comte d'Ostrevant, fait prisonnier par Philippe le Bon.

C'est de la sorte que le comté de Hainaut passa, en 1477, avec le reste de l'héritage de la maison de Bourgogne à la maison de Habsbourg, dans la possession de laquelle il demeura jusqu'à la révolution française, de 1556 à 1713 dans la branche espagnole, et ensuite dans la branche autrichienne. *Voyez* PAYS-BAS.

Dans l'intervalle toutefois la partie méridionale du Hainaut, dont Valenciennes est le chef-lieu et qui fait aujourd'hui partie du département du Nord, avait été cédée à la France, en 1649, par la paix des Pyrénées. En 1815 on constitua avec le reste du Hainaut, auquel on incorpora alors le Tournaisis, ancien pays flamand, le district de Charleroy, ancienne dépendance du pays de Namur, et quelques parcelles du Brabant et du pays de Liége (qui avaient précedemment constitué le département de Jemmapes), la province belge actuelle du Hainaut, qui, sur une superficie de 56 myriamètres carrés, contient une population de 733,740 habitants. Ce pays, qui est arrosé par la Sambre, par l'Escaut et par un de ses affluents, le Haine, petite rivière d'où la contrée tout entière a reçu son nom, est plat et fertile au nord; au sud, la forêt des Ardennes en occupe la plus grande partie, laquelle, comme l'indique déjà l'ancien nom que lui avaient donné les Romains, *Silva Carbonaria*, est riche en gisements houillers, dont l'exploitation, en 1851, produisit un total de 4,754,186 tonnes, représentant une valeur de 30,283,969 francs. La province produit aussi d'importantes quantités de fer (en 1851, 39,759 tonnes).

L'industrie, extrêmement active dans ces contrées, comprend la fabrication du fer, du cristal et des glaces; et on estimait pour cette même année 1851 la valeur de ces trois seuls articles à 21,000,000 de francs; elle s'occupe aussi de la fabrication des toiles, des lainages, des tapis (notamment à Tournay), des dentelles, etc.

D'après sa division administrative actuelle, la province comprend : 1° les trois arrondissements (jadis parties intégrantes du comté) de *Mons*, avec la ville du même nom pour chef-lieu (population, 24, 338 hab.), de *Soignies*, avec la ville du même nom pour chef-lieu (6,724 hab.), et *Ath*, chef-lieu la ville de même nom (8,437 habitants); 2° les trois arrondissements nouveaux de *Tournay*, chef-lieu la ville du même nom (30,492 hab.), de *Charleroy*, chef-lieu la ville du même nom, et de *Thuin*, chef-lieu la petite ville du même nom (4,335 hab.). Comme ce pays a presque toujours été le théâtre des guerres contre la France, on peut encore citer parmi les localités remarquables qu'il contient, les champs de bataille de *Fleurus* (1623, 1690 et 1794), de *Saint-Denys* (1678), de *Malplaquet* (1709), de *Fontenoy* (1745), de *Jemmappes* (1792), et de *Tournay* (1794).

HAINE. La haine est un sentiment actif de l'âme, qui la porte à s'éloigner et à se délivrer de l'objet qui l'affecte péniblement. Il y a ici un mouvement de l'âme pour ne plus souffrir, comme dans le désir il y a un mouvement de l'âme pour se porter au-devant de la connaissance. Cette idée de mouvement répulsif ou rétroactif est très-bien exprimée par le mot *aversion*, synonyme de *haine* (*avertere se*). Le point de départ de la haine est bien un phénomène simple de la sensibilité, une affection pénible. Mais, s'il en restait là, il ne se développerait pas, il n'existerait pas. Il faut pour que l'âme haïsse, qu'elle sorte de l'état passif et que le pouvoir actif vienne en aide. Assurément cette activité n'est pas réfléchie; car la haine est, comme l'amour, un sentiment spontané. Mais l'activité n'est pas toujours volontaire; il y a aussi une activité spontanée instinctive, comme celle de l'homme qui recule devant un danger, qui porte ses regards vers un objet qui attire sa curiosité.

Le sentiment de haine est susceptible d'une vivacité et d'une énergie qui l'ont fait ranger parmi les *passions* : à cet état en effet il en a tous les caractères. Ce qu'il a avant tout de commun avec elles, c'est de porter le trouble dans l'âme au point de la rendre insensible à la voix de la raison et d'obscurcir en elle ce précieux flambeau. Elle en absorbe pour ainsi dire toutes les facultés au moment où elle la possède, la domine tout entière et la préoccupe exclusivement de l'objet de son aversion. Mais elle a cela de bien distinct des passions qui se manifestent par un mouvement attractif, qu'elle agit précisément dans un sens contraire, qu'elle porte l'âme à fuir l'objet haï, à l'éloigner d'elle autant que possible, ou même à l'attaquer pour le détruire. Dans l'amour, l'âme tend à s'unir à l'objet aimé et à vouloir son bien; dans la haine, elle tend à se séparer de l'objet haï et à vouloir son mal, son anéantissement.

La haine a pour objet tout ce qui est la négation ou l'opposé de ce qui a droit à notre amour. Comme il y a deux sortes d'amours, l'amour désintéressé et l'amour intéressé, de même il y a deux sortes de haines, celle que nous ressentons pour les objets qui ne sont pas nous, qui ne contrarient point notre bien-être individuel, mais que nous haïssons en eux-mêmes; et celle que nous ressentons pour les objets qui s'opposent à notre bien-être, qui blessent notre intérêt ou ce que nous croyons notre intérêt. L'erreur ou le mensonge, le mal moral, le laid, seront pour l'homme l'objet de sa haine, mais d'une haine toute désintéressée. Cette espèce de haine n'en sera pas moins active ni moins violente. Ainsi, les haines politiques ou religieuses ne conseillent ni moins de folies ni moins de crimes que les haines privées; seulement, elles ont un caractère moins bas, parce qu'elles sont pures d'égoïsme. Si nous maudissons les hommes du parti que nous combattons, ce n'est pas parce qu'ils ont porté atteinte à notre bien-être, mais parce qu'ils représentent à nos yeux ce que nous haïssons, le contraire de la vérité ou du bien, dont nous nous déclarons les défenseurs au péril de notre fortune et de notre vie. Aussi excuse-t-on cette espèce de haine en la couvrant du nom de *fanatisme*. La haine qui a l'intérêt personnel pour mobile est de deux sortes. Elle est *injuste* ou *méritée*. Elle est méritée quand celui qui en est l'objet a agi sans droit et avec intention de nous nuire. Elle est injuste quand celui qui a lésé ce que nous croyons notre intérêt a agi dans la plénitude de son droit naturel et sans aucune intention de nous faire du tort. Ainsi, rien n'est plus déraisonnable que la haine qui a pour source l'*envie*. De ce qu'un homme est plus puissant ou plus riche que nous, ou supérieur à nous par son esprit, ses talents, sa réputation, nous lui vouerons une haine mortelle, qui n'aura point d'excuse, puisqu'il n'a nullement cherché à nous nuire, et que la nature, le hasard ou ses légitimes efforts seront les seules causes de sa supériorité. Les femmes n'ont souvent d'autre motif de se haïr entre elles qu'une certaine différence que la nature a mise dans la régularité ou l'expression de leurs traits. Rien n'est plus odieux ni plus bas que la haine ainsi fondée sur l'égoïsme. Mais si la haine désintéressée ou méritée n'a point ce caractère méprisable et hideux, elle doit néanmoins être aussi condamnée pour ses conseils, toujours funestes, et elle l'a été avec raison par celui qui avait lu si avant dans le cœur de l'homme, et qui lui prêchait une religion toute de bienveillance et d'amour. En effet, c'est le mal seul et l'erreur que nous devons détester. Quant à nos frères qui se trompent ou qui font le mal, ne devons-nous pas plutôt les plaindre et leur accorder une indulgence que nous avons si souvent besoin de réclamer pour nous-mêmes? C.-M. PAFFE.

HAIRE. *Voyez* CILICE.

HAÏTI ou HAYTI, nom indigène d'une île de l'Amérique, nommée *Hispaniola* par Christophe Colomb lors de sa découverte, puis appelée *San-Domingo* ou *Saint-Domingue*, nom sous lequel elle est encore connue dans le monde commercial. Elle occupe parmi les grandes Antilles le second rang par son étendue et le premier par ses richesses naturelles et sa fertilité. Située entre 17°45 et 20° de latitude septentrionale, sous 70°45' de longitude occidentale, cette île a 62 myriamètres de longeur sur une largeur de 3 à 22 myriamètres; sa superficie, en y comprenant les petites îles de la Tortue, de La Vache, de Samana, de Gonave, de Saona et les îles Beata, est de 753 myriamètres carrés; et sa propre circonférence de 129 myriamètres, ou de 258, si l'on tient compte des courbures des côtés, différence qui prouve combien elle est riche en golfes, en baies et en havres. L'île est très-montagneuse. Une chaîne de montagnes, le Cibao, la coupe de l'est à l'ouest, s'élevant au centre à 2,000 mètres et à son point culminant à 2,800. De ce point se détachent plusieurs rameaux qui courent vers la mer en formant une multitude de promontoires, de presqu'îles, de baies. Ses pentes, plus roides au nord, s'abaissent doucement vers le sud, surtout vers le sud-est, et se perdent dans de vastes savanes. Cette chaîne de montagnes, dont les formes sauvages annoncent l'origine volcanique, est susceptible de culture presque jusqu'au sommet; elle est couverte de forêts vierges, et donne naissance à un grand nombre de rivières, dont les principales sont la Neiba, la Yuna, le Yaqui et l'Artibonite. A 37 kilomètres de la côte méridionale, le lac Henriquillo, qui a 37 kilomètres de long sur 7 kilomètres de large, se fait remarquer par son flux et reflux périodique ainsi que par ses crues partielles. Les vallées bien arrosées sont d'une extrême fertilité, et les savanes sont couvertes d'un sol peu profond, mais d'une grande fécondité.

Le climat est celui des tropiques, tempéré dans les hautes régions, brûlant sur les côtes et dans les plaines, où des brises de mer en modèrent pourtant les ardeurs, et à tout prendre, plus salubre que dans les autres Antilles, quoiqu'il convienne moins aux Européens qu'aux gens de couleur. La quantité de pluie qui tombe chaque année est de 3m,29. Cependant la saison des pluies n'arrive pas à la même époque pour toutes les parties de l'île. Ainsi, vers la fin de novembre, les districts du nord-est sont rafraîchis par d'abondantes ondées; ceux du sud et en partie de l'ouest ont à souffrir d'une sécheresse continuelle. Dans l'ouest et le sud, de même que dans l'intérieur, l'hiver, c'est-à-dire la saison des tempêtes et des pluies, règne de mai en octobre; c'est le contraire au nord de l'île. Haïti est quelquefois ravagée par des ouragans et des tremblements de terre. Aucune des Antilles ne lui est comparable pour la richesse de la végétation et des productions naturelles. Elle abonde surtout en denrées coloniales, en bois précieux, en poissons, en bêtes à cornes, en chevaux. Les montagnes offrent des pierres précieuses, du sel, des métaux de toutes sortes; mais c'est à peine si on les exploite aujourd'hui.

Le population est évaluée à 680,000 âmes. La majorité des habitants est de race nègre; le reste se compose de mulâtres et d'un petit nombre de blancs. Tous appartiennent à l'Église catholique; mais les uns parlent espagnol, les autres français. Les nègres ni les mulâtres n'ont rempli les espérances que leur émancipation avait fait concevoir. Sous le rapport physique comme sous le rapport intellectuel, ils se montrent d'une paresse presque invincible; ils ne trouvent du plaisir que dans les jouissances sensuelles; ils sont restés, en un mot, ce qu'ils étaient dans l'esclavage. L'agriculture, l'industrie, le commerce sont extraordinairement déchus; et une foule de cantons autrefois florissants sont aujourd'hui déserts. En 1789 on comptait dans la partie occidentale ou française seule 813 plantations de sucre, 3,117 de café, 3,151 d'indigo, 789 de coton et beaucoup d'autres; la valeur des exportations pour la France était de 135,600,000 fr., celle des importations de 7 millions; et le commerce de la France occupait 710 navires, montés par 18,466 matelots. Antérieurement l'île exportait année commune 141 millions de livres de sucre et 70 millions de livres de café. Après la première révolution, il se passa de longues années avant que la production et le commerce d'exportation d'Haïti se relevassent du coup qu'elle leur avait porté. L'exportation du sucre cessa entièrement, celle du café reprit peu à peu; mais celle du bois d'acajou et du bois de teinture augmenta. En 1842, peu de jours avant la dernière révolution, l'exportation ne dépassait pas 2 millions 1/2 de kilogrammes de café, 1 million de kilogrammes de tabac, 250,000 kilogrammes de cigarres, 1,500,000 kilogrammes de coton, 240,000 kilogrammes de cacao, 80,000 peaux, 13 millions de kilogrammes de bois de teinture et 140,000 mètres cubes de bois d'acajou. De nouvelles guerres intestines ont encore hâté la décadence du commerce; mais il serait impossible, au milieu du bouleversement de toutes les positions, de donner une idée un peu exacte de l'état commercial, financier, etc, de l'île. Depuis 1844 deux États se la partagent, la *république Dominicaine*, formée par la partie orientale ou espagnole, et l'*empire d'Haïti*, comprenant la partie occidentale ou française.

L'empire d'Haïti compte, sur un territoire de 286 myriamètres carrés, une population d'environ 450,000 habitants, composée en grande majorité de nègres et de mulâtres, que leurs compatriotes noirs tiennent dans l'oppression. La capitale était autrefois *Port-au-Prince*, appelé quelquefois *Port-Républicain*. Cette ville, centre du commerce et de la culture haïtienne, est située sur une grande baie de la côte occidentale et possède un excellent port. Fondée en 1745, elle fut entièrement détruite par un tremblement de terre en 1770, et ravagée en 1791 et en 1843 par des incendies. Sa population, qui était d'environ 30,000 âmes avant la révolution de 1843, a peut-être diminué de moitié. Aujourd'hui le siége du gouvernement est établi à *Guarico* ou *Haïti*, appelé aussi *cap Haïtien*, et autrefois *cap Français*, ou simplement *Le Cap*, sur la côte septentrionale de l'île, à 13 myriamètres de Port-au-Prince, avec un très-bon port, et jadis centre d'un grand commerce, mais presque entièrement miné, en 1842, par un tremblement de terre. Les autres villes les plus importantes sont *Cayes* ou *Aux-Cayes*, *Saint-Louis*, *Rainet et Jacmet*, sur la côte méridionale; *Jérémie* et *Goave*, sur la côte septentrionale de la longue presqu'île du sud-ouest; *Saint-Marc*, sur la côte occidentale; *Saint-Nicolas*, sur la pointe nord-ouest; *Dondon*, dans l'intérieur.

La forme du gouvernement est monarchique, et voici les principales dispositions de la constitution octroyée dans ces derniers temps par l'empereur Faustin Ier : Aucun blanc ne peut acquérir à Haïti les droits de bourgeoisie; mais tous les Africains et les Indiens sont citoyens. Haïti et les îles qui en dépendent forment le territoire indivisible de l'empire. La liberté civile et la liberté religieuse sont garanties; cependant l'Église catholique est particulièrement protégée et dotée. Liberté de la presse et de l'enseignement; jury institué pour les causes criminelles. Haïti est régi par un sénat permanent, à la nomination de l'empereur, et par une chambre élective, renouvelée tous les cinq ans et tenant chaque année une session de quatre mois. La dignité impériale est héréditaire dans la ligne masculine. La liste civile de l'empereur, indépendamment du domaine de la couronne, est fixée à 840,000 francs; et l'impératrice reçoit en outre 280,000 francs. Il y a trois ministres responsables, et un conseil d'État de neuf grands dignitaires choisis par l'empereur. Les dépenses sont évaluées à 19 millions et demi; la dette publique à 32 millions; le papier en circulation à 23 millions de francs. Dans un compte-rendu des finances publié en 1848, l'ensemble des dépenses était porté à 28,888,854 fr. 40 c., et les revenus à 21,014,504 francs. Le commerce, déjà fort languissant, fut entièrement paralysé en 1849, par les fausses mesures du gouvernement, qui ne les a révoquées en partie qu'en 1850. L'armée, portée depuis 1849 à 20,000 hommes, a été augmentée d'une garde impériale, composée de trois régiments d'infanterie et de plusieurs escadrons de cavalerie. L'équipement des troupes laisse beaucoup à désirer; l'état-major est trop nombreux. La marine militaire consiste en huit transports armés de 16 canons. Les écoles élémentaires sont en petit nombre; le lycée national de Port-au-Prince est encore peu fréquenté.

Haïti fut découverte le 3 décembre 1492, par Colomb, qui lui donna le nom d'*Hispaniola* et y fonda le premier établissement des Espagnols en Amérique. A cette époque elle était habitée par une peuplade indienne, qui pouvait compter un million d'âmes, et qui était gouvernée par cinq caciques indépendants. Cette peuplade appartenait vraisemblablement à la tribu des Caraïbes; elle fut bientôt détruite par les horribles traitements des Espagnols, surtout par le travail des mines et des plantations, auquel ils l'astreignirent. Dès 1533 elle avait presque disparu. Cependant plusieurs villes s'étaient fondées, entre autres *Saint-Domingue*, qui donna son nom à l'île; mais la colonie ne prospéra pas, quoiqu'on y eût déjà introduit des nègres. Les flibustiers s'y établirent, et avec leur secours il se forma des établissements français dans la partie occidentale de l'île, dont la France finit par prendre possession et qu'elle se fit céder par le traité de Ryswick (1697). Cette portion de Saint-Domingue prit un rapide développement, et devint très-florissante, surtout depuis 1722; mais en même temps les relations des blancs avec leurs innombrables esclaves nègres et le relâchement de tous les liens moraux jetèrent dans la colonie le germe de sa ruine. Le mélange de la race blanche avec la race noire engendra une foule de mulâtres, qui pour la plupart, traités avec prédilection par leurs pères et affranchis par eux, jouissaient des avantages d'une meilleure éducation que les blancs, sans parvenir à se placer vis-à-vis d'eux sur le pied de l'égalité. Il était donc naturel que ces hommes, dont les prétentions étaient froissées par leur position sociale, accueillissent avec enthousiasme la révolution de 1789, et leur exaltation fut encore nourrie par la société française des Amis des Noirs et par la Société anglaise pour l'abolition de la traite.

La Révolution jeta la désunion parmi les blancs eux-mêmes, qui se divisèrent en plusieurs partis ennemis; comme les *grands* et les *petits blancs* (propriétaires fonciers et artisans), les *constitutionnels* et les *monarchistes*, les partisans et les adversaires du gouvernement colonial. La convocation d'une assemblée coloniale en 1790, les querelles qui ne tardèrent pas à s'élever entre elle et le gouverneur, les irrésolutions de l'Assemblée nationale, qui tantôt accordait certains droits aux hommes de couleur et tantôt les retirait, provoquèrent enfin un soulèvement. La révolte des mulâtres et des nègres éclata le 23 août 1791, dans les environs du Cap Français; mais le danger ne put rapprocher les blancs ni décider la mère patrie à prendre des mesures pour comprimer l'insurrection, qui poursuivit sa marche au milieu des plus terribles dévastations et des plus cruels massacres. L'imprudence des blancs, qui osèrent se mettre en hostilité ouverte avec le gouvernement de la république, assura même aux insurgés la coopération des représentants du peuple Polverel et Santhonax, qui avaient été envoyés dans l'île comme administrateurs. Avec leur appui, les Nègres se saisirent du Cap Français (21-23 juin 1793), dont ils égorgèrent toute la population blanche et qu'ils livrèrent au pillage; puis, l'incendie gagnant de proche en proche, presque tous les colons furent massacrés; très-peu réussirent à se sauver. En 1793, les Espagnols et les Anglais ayant attaqué la colonie, les bandes des Nègres insurgés se joignirent aux troupes françaises débarquées dans l'île sous les ordres du général Lavaux et leur rendirent les meilleurs services contre les colons révoltés comme aussi contre les Anglais et les Espagnols. Ces derniers durent céder à la France la partie orientale de l'île par la paix de Bâle, et les premiers, repoussés pas à pas par les généraux Rigaud et Toussaint-L'Ouverture, à la tête des insurgés, furent contraints d'évacuer l'île en 1797.

Pour reconnaître leurs services, l'Assemblée nationale, par décret du 4 février 1794, proclama l'émancipation des noirs dans les colonies françaises et leur accorda les mêmes droits qu'aux blancs. En même temps le Directoire nomma Toussaint-L'Ouverture général en chef de toutes les troupes de l'île. Toussaint voulut se rendre indépendant; il donna une constitution à la colonie, le 9 mai 1801, et organisa le gouvernement avec sagesse. Pour le réduire à l'obéissance, le premier consul Bonaparte envoya à Saint-Domingue, comme capitaine général, le général Leclerc avec une armée de 25,000 hommes. Toussaint essaya de s'opposer au débarquement des Français; mais il fut repoussé dans l'intérieur et dut se soumettre. Arrêté par trahison, il fut envoyé en France. Les colons qui avaient échappé aux massacres ayant voulu rétablir l'esclavage, une nouvelle insurrection éclata, sous la conduite du général nègre Dessalines. Les troupes françaises, décimées par les maladies, qui avaient enlevé le général Leclerc, furent forcées de se rembarquer, au mois de novembre 1803, et furent ramenées en France par Rochambeau.

Avec leur départ cessa la domination des blancs à Saint-Domingue. Dessalines restitua à l'île son ancien nom caraïbe de *Haïti* (pays montagneux), se fit couronner empereur, sous le nom de *Jacques Ier*, le 8 octobre 1804, octroya une nouvelle constitution, le 20 mai 1805; mais dès le 17 octobre il fut tué, dans une émeute provoquée par ses barbaries. A la tête de la conjuration étaient le général nègre Henri Christophe et le mulâtre Alexandre Pétion. Dès cette époque l'ancienne haine se manifesta de nouveau entre les mulâtres et les nègres; et c'est dans la rivalité des deux castes qu'il faut chercher les causes plus ou moins cachées de toutes les luttes intérieures du nouvel État. Pétion, comme le chef des mulâtres, et Christophe, comme celui des nègres, se disputèrent l'autorité jusqu'en 1808. Le résultat de cette lutte fut l'établissement d'une république de mulâtres au sud, avec Pétion pour président, et d'un État nègre au nord, avec Christophe pour président et général en chef. En 1811 Christophe se déclara roi, sous le nom de *Henri Ier*: en même temps il proclama une nouvelle constitution et de nouvelles lois, calquées sur les législations européennes. On doit reconnaître pourtant qu'il gouverna avec habileté. Malgré la paix qui régnait entre les deux États, ils étaient divisés par une haine implacable, dont les prétentions de la Restauration française arrêtèrent seules l'explosion. Le 2 juin 1816 Pétion donna à la république une constitution qui abolit l'esclavage, reconnut la liberté de la presse et la responsabilité des fonctionnaires, établit un pouvoir législatif, composé d'une chambre de représentants et d'un sénat, et confia le pouvoir exécutif à un président nommé à vie. A sa mort, arrivée le 27 mars 1818, Henri chercha à réunir la république mulâtre à son royaume; mais le général mulâtre Jean-Pierre Boyer, qui avait succédé à Pétion, déjoua ses projets par sa sagesse et sa prudence. Henri lui-même, que les révoltes des mulâtres de ses États avaient entraîné dans des actes de répression trop sévères, et que ses cruautés avaient rendu odieux, fut appelé, au mois de septembre 1820, à combattre une nouvelle insurrection; mais, abandonné de ses troupes et paralysé par une attaque d'apoplexie, il fut réduit à se donner la mort, le 8 octobre 1820. Son armée ayant reconnu le président Boyer, l'île entière ne forma plus qu'une seule république (26 novembre), sauf la petite portion reconquise en 1808 par les Espagnols, qui secoua même le joug en 1821, et se soumit à Boyer en 1822.

L'indépendance du nouvel État, qui avait déjà été reconnue par les autres gouvernements, le fut aussi par la France en 1825, moyennant une indemnité de 150 millions de francs en faveur des anciens colons. Boyer, président à vie de la république, en vertu de la constitution du 2 juin 1816, ne négligea rien, depuis 1822, pour y répandre la civilisation et pour mettre surtout l'agriculture en honneur. S'il ne réussit pas, il ne faut en accuser que le génie de la population, les haines réciproques des mulâtres et des nègres et les charges accablantes imposées à l'État par le traité conclu avec la France. Ces charges, qui dépassaient les forces du pays, provoquèrent des mécontentements et des révoltes. Il est vrai que les sommes qui restèrent dues à la France furent réduites, en 1838, à 60 millions ; cependant depuis le mois de mai de cette même année il y eut de nouveaux troubles, qui aigrirent encore les querelles continuelles du président et de la chambre des représentants, et qui conduisirent enfin à une révolution, en 1843. Au mois de février une armée de 12 à 15,000 hommes se leva comme par enchantement, la guerre civile éclata et se poursuivit au milieu d'horribles excès jusqu'à la fuite de Boyer, qui se réfugia à la Jamaïque (18 mars) et fut déposé. Un comité de salut public fut établi, et un gouvernement provisoire, ayant le général Hérard-Rivière à sa tête, fut institué pour fonder un nouvel ordre de choses. Mais au mois d'août 1843 une contre-révolution jeta le pays dans une complète anarchie, d'où il ne commença à sortir qu'à la fin de l'année. Le 30 décembre Hérard-Rivière fut élu président de l'assemblée nationale, qui adopta une nouvelle constitution, calquée sur la constitution des États-Unis. Une des principales dispositions de la nouvelle loi fondamentale portait que seuls les Africains et les Indiens avec leurs descendants jouiraient des droits politiques et pourraient posséder des biens-fonds. La tranquillité commençait à se rétablir ; et la France consentait à entrer en négociations au sujet de l'indemnité, lorsque, le 27 février 1844, une nouvelle révolte éclata dans la partie espagnole de l'île, où une république se constitua, sous le nom de *République Dominicaine*. Un des plus riches éleveurs de bestiaux de l'île, Pedro Sanana, en fut élu président. Au mois de mars, Rivière marcha contre les révoltés avec des forces considérables ; mais, affaibli par la désertion, il fut battu à Santiago, le 9 avril, et sa défaite replongea plus que jamais le pays dans l'anarchie. Un de ses généraux nègres, Pierrot, parent de l'empereur Christophe, se déclara indépendant au Cap Haïtien ; un autre nègre, J.-Jacques Acaau, suivit son exemple aux Cayes, et les partis recommencèrent à s'agiter à Port-au-Prince. Les partisans du président eux-mêmes finirent par l'abandonner, et élurent pour le remplacer un vieux général nommé Guerrier. Cette élection, qui eut lieu au mois de mai, assura la prépondérance au parti noir. Rivière se retira à la Jamaïque. Dans l'ouest, une insurrection de mulâtres, qui éclata en faveur de Rivière, fut comprimée, et Guerrier étant mort au commencement de 1845, la tyrannie s'accrut sous son successeur Pierrot. Mais son gouvernement dura peu. Il refusa de payer à la France les sommes convenues avant la réunion de toute la république, et le consul Levasseur quitta la résidence. Ce départ amena la chute de Pierrot, au commencement de 1846. Il eut pour successeur (en février) Riché, vieillard de soixante-dix ans, qui par sa fermeté, son énergie et sa popularité, rétablit bientôt la tranquillité, et sut si bien adoucir les haines de races, qu'on permit même l'établissement des blancs sur le territoire de la république. Une amnistie générale fut accordée aux crimes politiques. Les finances commencèrent à s'améliorer, le corps des officiers fut épuré, les traitements furent abaissés, l'impôt des patentes élevé, les lois contre les contrebandiers furent rendues plus sévères, l'exploitation des forêts de l'État, proposée par le président, fut votée par le sénat. Cette dernière mesure amena de nouveau des contestations avec la France, les forêts de bois d'acajou ayant été engagées aux créanciers français. Une escadre française fut envoyée dans les eaux de Haïti ; mais elle dut bientôt se retirer, pour ne pas causer de nouveaux troubles.

Riché mourut le 27 février 1847, et eut pour successeur le général nègre Faustin Soulouque, qui se mit promptement en mesure de soumettre la République Dominicaine. Sauf quelques escarmouches, l'année 1848 s'écoula pourtant assez paisible. Soulouque, obligé de songer d'abord à affermir son autorité à l'intérieur, triompha de l'hostilité des mulâtres de Port-au-Prince. Cependant la France avait reconnu la République Dominicaine et signé avec elle, le 22 octobre, un traité d'amitié et de commerce. Soulouque en prit occasion pour refuser le payement de l'indemnité. Au mois de mars 1849, il marcha, à la tête de 20,000 hommes, contre les mulâtres de Saint-Domingue, obtint d'abord des succès signalés dans les combats de Las-Matas et d'Ajua, où il paya bravement de sa personne et fit preuve d'une véritable capacité militaire ; mais quelques-uns de ses subordonnés, entraînés par leur ardeur, commirent des fautes stratégiques qui faillirent compromettre le succès de cette campagne. Heureusement le général Soulouque s'était mis d'accord avec le président de la République Dominicaine, Jimenès. Celui-ci provoqua une diversion heureuse ménagée par la politique de Soulouque, et qui força Santana à revenir sur ses pas et à mettre le siége devant Saint-Domingue. La ville se rendit le 24 mai, et Jimenès ayant pris la fuite, Bonaventure Baez fut élu président, sur le refus du libérateur Santana, *le Lion de Seybo*.

Pendant quelque temps la paix fut rétablie entre les deux républiques. La découverte d'une conspiration nouvelle, en éveillant de nouvelles inquiétudes pour l'avenir, donna alors plus de force que jamais au grand parti de l'ordre et de la stabilité, ces éléments indispensables de la régénération des masses dans tout pays où l'état de l'instruction publique est encore défectueux. On était las des incessantes révolutions qu'engendre la forme du gouvernement républicain dans les jeunes États, et en se faisant proclamer empereur sous le nom de *Faustin Ier*, Soulouque ne fit que se rendre aux vœux de la majorité. L'établissement d'un gouvernement monarchique à Haïti a eu pour résultat une amélioration sensible dans la situation générale. De l'autre côté de l'Atlantique, où cet événement était un démenti éclatant donné à la prophétie suivant laquelle la République devait avant peu faire le tour du monde, on chercha à tourner en ridicule les nouvelles instructions monarchiques données à Haïti par Faustin Ier, et surtout la noblesse dont il a entouré son trône. Les hommes vraiment politiques demeurent étrangers à ce misérable esprit de dénigrement, dans lequel d'ailleurs il y a toujours un peu du préjugé qui fait croire à l'homme blanc qu'il occupe dans la série des êtres un rang beaucoup plus élevé que l'homme noir, et que dès lors il y a usurpation de la part d'une race inférieure quand elle ose se donner les hochets qu'il croit être à son usage exclusif.

L'empereur Faustin Ier, auprès duquel le pape accrédita un légat chargé de négocier un concordat, proclamé le 26 août 1849, a été sacré le 27 avril 1852 par le représentant du saint-siége, vicaire apostolique. Il a institué un ordre de Saint-Faustin, destiné à récompenser le mérite militaire, et un ordre civil de la Légion d'honneur. C'est un homme âgé aujourd'hui d'environ soixante-cinq ans, mais qui paraît en avoir à peine cinquante. Entré dans les rangs de l'armée comme simple soldat, il s'est élevé par sa bonne conduite et son courage de grade en grade jusqu'à l'éminente dignité dont les Haïtiens, reconnaissants de ses bons services, et las d'ailleurs de l'anarchie, l'ont investi.

HAKEM I-II, khalifes. *Voyez* OMMEIADES.

HAKEM-BEN-HILLAH ou HAKIM-BIAMRILLAH (ALI-AL-MANSOUR-AL-), khalife fatimite d'Égypte, succéda à Aziz, son père, et régna vingt-cinq ans. Il se livra à toutes sortes de cruautés et d'extravagances, et fut assassiné par ordre de sa sœur, en 1021. Al-Hakem se disait descendant d'Ali ; il prit le titre de prince des croyants, de lieutenant de Dieu, ébranla l'autorité de Mahomet, et eut la prétention de fonder une nouvelle secte religieuse, celle des dárariens, qu'on croit retrouver aujourd'hui dans celle des Druses. Après sa mort, ses partisans annoncèrent qu'il avait été enlevé au ciel.

HAKIM, c'est-à-dire *sage* ou *philosophe*. C'est chez les Turcs le titre des médecins et aussi des juges quand on y ajoute un mot destiné à en compléter le sens. Ainsi, le premier médecin du sérail prend le titre de *hakim-bachi*, et *hakim-cheri* signifie magistrat. Les Persans donnent le nom de *hakims* aux gouverneurs des districts, subdivisions de leurs diverses provinces ou divisions administratives.

HAKLUYT (RICHARD), célèbre géographe anglais, naquit en 1553, à Eyton ou Yatton, dans le comté d'Herford. Nommé professeur de cosmographie, il introduisit dans les écoles d'Angleterre l'usage des globes et de quelques autres moyens propres à faciliter l'étude de la géographie. Des commerçants, des corporations, des villes même, le consultèrent souvent au sujet de leurs entreprises maritimes. A Paris, où il accompagna, en 1584, comme chapelain, l'ambassadeur Stafford, il fit imprimer à ses frais l'Histoire de la Découverte des Florides, par Laudonnière, restée manuscrite jusque alors. De retour en Angleterre, il commença, avec l'appui de Walter Raleigh, à réunir les matériaux de l'histoire des expéditions maritimes des Anglais. Il publia le résultat de ses recherches, sous le titre de : *The principal Navigations, Voyages, and Discoveries of the English nation* (1589, in-fol. ; nouv. édit. in-4°, 1809), résumé de plus de deux cents voyages, contenant une foule de documents et de renseignements que sans lui on eût perdus. Le gouvernement le récompensa par une prébende à Westminster et une cure dans le comté de Suffolk. Richard Hakluyt, mort le 23 octobre 1616, fut enterré dans l'abbaye de Westminster. Purchas a utilisé dans ses *Pilgrims* les matériaux qu'il avait laissés inédits ; Bylot a nommé d'après lui une île de la baie de Baffin, et Hudson un cap du Spitzberg. Une société de Géographie fondée en 1846, sous le nom de *Hakluyt Society*, a pour but de publier toutes les anciennes relations de voyages, et a déjà publié de nombreux volumes.

HALAGE. C'est l'action de tirer un bateau, soit à bras, soit à l'aide de chevaux. *Halage* vient de *haler*, terme de marine qui veut dire *tirer*.

Un autre mode de halage, d'une invention plus récente, est aujourd'hui appliqué sur la Seine et sur le canal de l'Ourcq ; il s'effectue à l'aide d'un bateau remorqueur dont la machine à vapeur fait mouvoir un arbre horizontal autour duquel s'enroule une chaîne dont les deux extrémités sont fixées, l'une au point de départ, l'autre au point d'arrivée du remorqueur, qui à l'aide d'une très-petite dépense peut ainsi entraîner plusieurs bateaux pesamment chargés. Avec une machine de la force de dix chevaux, on obtient une vitesse de dix kilomètres à l'heure. Ce système offre donc l'avantage d'une grande économie.

HALAGE (Chemins de). Ce sont des chemins de servitude publique, pris sur la propriété d'autrui pour le service des fleuves et rivières navigables. Toute propriété riveraine d'un fleuve ou d'une rivière navigable doit laisser d'un côté un chemin de 7m,79 de largeur pour le passage des chevaux destinés à la remonte des fleuves, et de l'autre un chemin seulement de 3m,24, que l'on nomme particulièrement le *marche-pied*. Cette servitude pèse même sur les îles qui divisent un fleuve en plusieurs bras ; seulement, elles ne doivent que le marche-pied. Ces dispositions de la loi sont malheureusement très-mal observées. Il n'est pas une rivière qui, au grand préjudice de la navigation, ne montre soit des constructions, soit des plantations, qui envahissent et le chemin de halage et le marche-pied.

HALALI ou **HALLALI**, cri de victoire dans la chasse à courre, annonce donnée par le son du cor que le cerf aux abois va devenir la curée des meutes acharnées à sa poursuite. La fanfare du *halali*, composée, comme tous les airs de chasse, de deux, trois ou quatre notes, à cause de l'excessive simplicité de l'instrument, rassemble les chasseurs épars dans toutes les parties de la forêt. Ce vieux air, dont l'auteur est inconnu, figure à merveille dans les ouvertures et les morceaux d'opéra : il est surtout d'un effet très-agréable lorsque des modulations dans le genre chromatique en relèvent la simplicité primitive. BRETON.

HALBERSTADT, chef-lieu de cercle, dans l'arrondissement de Magdebourg, province de Saxe (Prusse), bâtie sur la petite rivière de Holzemme, compte une population de 20,000 âmes, et est le centre d'un commerce aussi actif qu'important, dont la création récente des chemins de fer a encore singulièrement favorisé l'essor. Ses nombreuses fabriques livrent à la consommation de bons draps communs et autres tissus de laine, des cuirs, de la colle-forte, des savons et des gants. On y voit aussi de grandes raffineries d'huile. Des dix églises que renferme Halberstadt, les plus curieuses sont l'église de Notre-Dame, terminée en l'an 1005, et sa cathédrale, placée sous l'invocation de Saint-Étienne, et construite dans le plus noble style du quinzième siècle. La réformation avait dès 1542 pénétré dans l'évêché d'Halberstadt ; mais, en vertu des stipulations du traité de Westphalie, le culte protestant y fut supprimé en 1648. Le même traité la plaçait sous la domination de l'électeur de Brandebourg, comme chef-lieu d'une principauté comprenant environ 360 kilomètres carrés, avec une population de 136,000 âmes. La paix de Tilsitt la fit comprendre dans le royaume de Westphalie, et elle devint alors le chef-lieu du département de la Saale. En 1813 les troupes prussiennes la replacèrent sous l'autorité de la Prusse.

HALBRANDS. *Voyez* CANARD.

HALCYONE. *Voyez* ALCYONE.

HALDENWANG (CHRISTIAN), célèbre graveur allemand, naquit en 1770, à Durlach. Quelques travaux remarquablement exécutés, dans le genre de l'*aqua tinta*, le firent appeler, en 1796, à Dessau, où venait de se fonder la Société Chalcographique. En 1803 on le rappela à Carlsruhe, avec le titre de graveur de la cour. Plus tard il exécuta un grand nombre de gravures pour le commerce de la librairie. Il grava aussi pour le *Musée Napoléon* et pour le *Musée royal* plusieurs paysages d'après Grimaldi, Ruisdaël, Poussin, Claude Lorrain et Elsheimer. Ses derniers et plus remarquables travaux furent les *Heures*, quatre planches d'après Claude Lorrain, et les *Chutes d'eau*, deux planches, d'après Ruisdaël, dont la dernière fut achevée, en 1833, par son élève le professeur Schnell, de Darmstadt. Haldenwang mourut le 27 juin 1831, aux eaux de Ripoltsau.

HÂLE. On ne connaît pas bien l'étymologie du mot *hâle* ; les uns le font dériver du grec ἥλιος, les autres du breton *heaul* : ces deux mots signifient *soleil*, et l'une ou l'autre de ces étymologies exprime bien l'idée qu'on doit attacher au mot hâle, qui n'est que l'effet du soleil. Tout le monde sait que la peau exposée nue à l'action de l'air et du soleil prend une teinte brune et basanée : cet aspect particulier de la peau a reçu le nom de *hâle*. Il est surtout remarquable chez les individus qui se livrent aux travaux des champs. Plus leur peau est blanche et fine, plus ils sont fortement hâlés : aussi, chez les femmes de la campagne, on peut être certain que le visage le plus hâlé annonce le corps le plus blanc. On croit généralement que le hâle est causé par l'action de l'atmosphère, et surtout par celle du vent et de la chaleur ; mais la vraie cause du hâle est la lumière solaire. Il ne se produit jamais que sous l'influence de cette lumière : la chaleur ne le produit pas si la peau est couverte de vêtements ; l'air sans le soleil ne le produit pas davantage ; et le froid, la gelée même n'empêche pas l'action du soleil de le faire naître.

Cette cause a reçu aussi le nom de *hâle*. Ainsi, le mot *hâle* exprime en même temps la cause et l'effet. Le hâle n'est ni une maladie ni une infirmité ; c'est, au contraire, une cause et un signe de force, car l'action vivifiante de la lumière solaire est aussi utile aux animaux qu'aux plantes : ceux qui en sont privés s'étiolent comme les végétaux cultivés à l'ombre ; mais cet étiolement et la blancheur qui en résulte sont considérés dans nos villes comme une beauté ; et les femmes de la ville qui se hasardent à braver l'air des champs craignent beaucoup d'y compromettre la blancheur de leur peau. Le seul moyen de la préserver du hâle est de la mettre à l'abri non-seulement des rayons du soleil, mais encore de sa lumière même réfléchie. Quant aux moyens de détruire le hâle, on a proposé un grand nombre de cosmétiques, au moins inutiles ; le seul moyen efficace est de tenir la peau couverte ou à l'abri de la lumière solaire ; elle reprend alors peu à peu sa couleur naturelle, si toutefois le hâle n'est pas trop ancien.

HALEB. *Voyez* ALEP.

HALECRET. *Voyez* HALLECRET.

HALEINE. C'est par ce mot qu'on désigne cette ondée d'air humide et chaud qui, quinze à vingt fois par minute, sort de la poitrine au moment où celle-ci se resserre. L'haleine, c'est l'air chassé des poumons durant l'expiration. Or, cet air composant l'haleine n'est plus ce qu'il était lors de son entrée dans les voies respiratoires : il est plus chaud, plus humide, plus chargé de gaz acide carbonique, et beaucoup moins riche en oxygène, dont une portion vient d'être employée à rougir le sang veineux, à le dépouiller de son hydrogène et de son carbone, et conséquemment à former cette vapeur aqueuse et cet acide carbonique dont l'haleine est comme saturée. Pour condenser l'eau de l'haleine, il suffit de souffler sur des corps froids, comme le verre ou les métaux : la gelée fait apparaître l'eau de l'haleine sous forme de flocons de neige ou de fumée. Voulez-vous y constater la présence de l'acide carbonique, vous n'avez qu'à souffler dans de l'eau de chaux que le filtre a rendue limpide : vous verrez celle-ci se troubler et blanchir incontinent, à cause de la formation d'un carbonate de chaux, sel blanc et insoluble, qui se précipite aussitôt. Notre simple souffle donne ainsi naissance à de la *craie*.

Quant à la chaleur de l'haleine, elle varie selon l'âge, selon l'état du pouls, selon l'état des forces, selon l'exercice corporel et la nature des aliments : l'haleine du jeune homme est plus chaude que celle du vieillard ; un animal carnassier a l'haleine plus ardente que l'herbivore. Je voudrais juger de l'énergie d'un homme sain, n'ayant ni passion ni fièvre, uniquement d'après l'élévation d'un thermomètre heurté sans effort par l'haleine qu'exhale sa bouche. L'haleine des enfants est douce et chaude comme l'édredon, pure comme le bleu du ciel, balsamique comme l'encens des séraphins. Que de fois j'ai vu des mères tendrement courbées sur la crèche d'un enfant, dont elles aspiraient voluptueusement l'haleine, comme une émanation des cieux ! Ne nous étonnons point si quelques vieillards décrépits et glacés ont quelquefois réclamé la tiède haleine des jeunes gens : le roi David, le bourgmestre de Saardam dont parle Boërhaave, tous ces vieillards, ainsi que Barberousse, étaient d'habiles physiciens. Lors des fouilles de Pompéi, on trouva un tombeau portant le nom d'*Hermippus*, médecin mort âgé de cent quinze ans. Les érudits s'enquirent avec curiosité quel avait pu être le genre de vie de cet Hermippus, mort si vieux ; et l'on découvrit que durant soixante années il avait desservi un hôpital d'adolescents, cause vraisemblable d'une longévité si rare.

Mais cette haleine qui réchauffe peut l'instant d'après rafraîchir ; chacun de nous, comme le rustre de la fable, peut également *souffler froid ou chaud* : c'est un effet de physique dont la cause est bien simple. Le contact immédiat de l'haleine s'exhalant librement à bouche béante est toujours chaud ou tiède ; mais si, rapprochées l'une de l'autre, les lèvres ne livrent plus à l'haleine qu'une étroite issue, alors l'air expiré, ainsi que le vent, prenant un cours plus rapide, pousse devant lui l'air frais de l'atmosphère, et c'est cet air de l'extérieur, rendu plus froid par le mouvement, qui heurte les corps et les refroidit, en s'imprégnant de leur propre chaleur.

La force ou l'étendue de l'haleine a toujours paru l'indice de l'énergie corporelle ainsi que du courage et du génie. Mais s'il est indubitable que la force des membres et la rapidité de la course nécessitent de vastes poumons, il est bien rare qu'une constitution athlétique soit le partage des âmes fortes et des esprits supérieurs. Ulysse, le plus sage et le plus intelligent des Grecs, était certes beaucoup moins robuste qu'Ajax, son concurrent ; et s'il remportait sur lui le prix de la course, c'est que, plus économe de ses forces, plus sage et plus prudent, pour mieux ménager son haleine, il restait silencieux jusqu'à la fin, n'invoquant les dieux qu'à voix basse. Plus d'un ouvrage de *longue haleine* a eu pour auteurs des hommes énervés, haletants d'émotion et n'ayant qu'un souffle. Sans prendre à la lettre l'injurieux diagnostic de Figaro, s'adressant à Basile, on peut dire qu'il suffit souvent de l'haleine pour faire augurer de la santé d'un individu, de son régime habituel, de sa pénurie comme de ses excès, de ses mœurs, et quelquefois de ses vices.

Dr Isidore BOURDON.

HALEN (Don JUAN VAN), comte DE PERACAMPOS, général espagnol, d'origine belge, né à l'île de Léon, en 1790, entra dès l'âge de quinze ans dans la marine espagnole, assista au combat de Trafalgar, et fut ensuite appelé à Madrid par l'administration supérieure de la marine. Après l'insurrection de mai 1808, il prit du service dans l'armée des patriotes espagnols ; mais il ne tarda pas à faire sa soumission au roi Joseph, dont il fut nommé officier d'ordonnance, ce qui ne l'empêcha pas plus tard de passer aux insurgés, à qui il livra diverses places, service qu'on récompensa par le grade de capitaine.

En 1815 il fut arrêté, sous prévention de conspiration contre Ferdinand VII ; mais on le relâcha bientôt après, et il fut même fait lieutenant-colonel. Compromis dans l'affaire de Torrijos, il parvint à s'évader ; il prit alors du service en Russie, et alla en 1820 faire la guerre dans le Caucase ; mais dès la même année il était de retour en Espagne, afin de mettre son épée au service de la constitution. Après le rétablissement du pouvoir absolu, il passa à la Havane, puis aux États-Unis, pour revenir se fixer à Bruxelles, où en 1830, à la suite de la révolution belge, il reçut le commandement des forces dont disposaient les insurgés. Des mésintelligences survenues entre lui et M. de Potter le firent bientôt renoncer à cette position ; mais en le mettant en disponibilité, le gouvernement belge lui accorda le grade de lieutenant général. Accusé quelque temps après d'orangisme, il fut arrêté, puis acquitté faute de preuves. En 1836 il fut appelé en Espagne. Le gouvernement lui confia le commandement d'une division, à la tête de laquelle il battit les insurgés carlistes dans la Navarre. Arrêté de nouveau pour conspiration, mais remis bientôt après en liberté, il alla en 1839 en Angleterre acheter des fusils, et en 1840 on le nomma capitaine général de la Catalogne. Fidèle partisan d'Espartero, il combattit l'insurrection qui éclata en 1842 à Barcelone, et bombarda cette ville le 3 décembre. Cependant, une levée générale de boucliers ayant eu lieu, en 1843, en Espagne, contre Espartero, Barcelonne fut le théâtre d'une nouvelle insurrection ; et cette fois les moyens les plus vigoureux ne réussirent pas à la comprimer. Van Halen se vit obligé d'abandonner la Catalogne, et finit par s'embarquer, le 30 juillet, à Cadix, pour l'Angleterre, avec Espartero. Depuis lors il a vécu alternativement en Angleterre et sur le continent.

HALEP. *Voyez* ALEP.

HALÉPONGE. *Voyez* ÉPONGE.

HALER. Ce mot ne s'emploie guère que dans la marine : son sens littéral est tirer horizontalement (toujours de haut en bas), ou à peu près, et à bras, un cordage ou un objet quelconque à l'aide d'un cordage.

Haler à la cordelle, c'est faire marcher un bateau le long d'une rivière ou d'un canal, au moyen d'une corde tirée par des chevaux et quelquefois à bras (*voyez* HALAGE).

Les marins disent encore se *haler* dans le vent, pour se *diriger* vers le point d'où il vient.

Il ne faut point confondre ce verbe *haler* avec *hâler*, qui s'emploie en parlant de l'action du soleil et du grand air sur le teint (*voyez* HALE).

HALES (ETIENNE), physicien distingué, né le 7 septembre 1677, à Beckeshourne, dans le comté de Kent, fit ses études à l'université de Cambridge, et prit ensuite les ordres. Pendant son séjour à Cambridge, il se distingua par l'ardeur avec laquelle il se livrait à l'étude des diverses branches de l'histoire naturelle, notamment de la botanique et de l'anatomie. En 1710 il obtint la cure perpétuelle de Teddington, dans le comté de Middlesex, à laquelle se joignirent plus tard quelques autres bénéfices, moins importants. En 1717 il fut élu membre de la Société royale de Londres, et lut l'année suivante à cette compagnie un mémoire sur diverses expériences auxquelles il s'était livré à l'effet d'évaluer les effets de la chaleur du soleil, pour faire monter la sève des végétaux. La série d'expériences qu'il continua de faire encore sur cet important sujet lui fournit les matériaux du remarquable traité qu'il publia, en 1727, sous le titre de : *Statique végétale, ou compte-rendu de quelques expériences de statique sur la sève des végétaux*, etc. Dans cet ouvrage, considéré à bon droit comme un modèle d'investigation expérimentale, et qui est du petit nombre de ceux qui vivront éternellement, il commence par établir quelle vaste quantité de matière aqueuse les plantes s'assimilent, quantité qui égale souvent ensuite la force avec laquelle elles attirent le suc nutritif par leurs tubes capillaires, et examine la nature du mouvement latéral de ce suc, du tronc aux branches, et *vice versa*. Il nie que ce fluide ait une circulation propre; mais il établit son ascension pendant le jour, et sa descente pendant la nuit. Il démontre que les feuilles sont des organes aspiratoires d'air et d'eau tout à la fois. On y trouve en outre une foule de remarques curieuses sur le système végétal, ainsi que sur la constitution de l'air atmosphérique, sujet dont il est l'un de ceux qui se sont le plus occupés. Une seconde édition de son livre parut en 1731; et en 1733 il y publia une espèce de suite, sous le titre de : *Statical Essays, containing hæmastatics*, où il discute quelques questions fondamentales relatives à la physiologie, par exemple à la force et à la célérité avec laquelle le sang est poussé dans les artères, à son retard dans les vaisseaux capillaires, à la surface du cœur et au poids du sang qu'il tient en suspension, aux effets de la respiration, et à la corruption de l'air par suite de la respiration.

On doit aussi une mention spéciale à un petit traité que composa Étienne Hales dans un but tout philanthropique, et qu'il publia sous le voile de l'anonyme. Il est intitulé : *Avis amical aux buveurs de vin, d'eau-de-vie, et autres liqueurs spiritueuses*. Réimprimé maintes et maintes fois, et répandu *gratis* dans les classes pauvres, il contribua beaucoup à leur moralisation. En 1739 il fit paraître : *Expériences physiques sur l'eau de mer, le blé, la viande et autres substances*, à l'usage des navigateurs. Un mémoire sur l'art de rendre potable l'eau de mer, et sur le broiement de la pierre dans la vessie, lui fit obtenir la même année la médaille d'or de la Société royale. L'une de ses plus utiles inventions fut sans contredit celle des v e n t i l a t e u r s, appareils destinés à renouveler l'air vicié dans les mines, prisons, hôpitaux, et à bord des navires; invention qu'il soumit en 1741 à l'examen de la Société royale. Les résultats obtenus de l'application du ventilateur de Hales à l'assainissement de tous les lieux où un grand nombre d'hommes se trouvent réunis frappèrent le public de surprise et d'admiration. C'est ainsi que dans l'une des prisons de Londres il fut constaté qu'au lieu de cent cinquante individus qu'y enlevait régulièrement chaque année la fièvre des prisons, le chiffre de la mortalité se trouva réduit à quatre dès qu'on eut pourvu cet édifice d'un ventilateur construit d'après les principes exposés par ce savant. En 1753 notre Académie des Sciences l'élut au nombre de ses associés étrangers.

Ses importants travaux scientifiques ne détournèrent jamais Hales de l'accomplissement de ses devoirs sacerdotaux. Doué d'une admirable sérénité d'esprit, de la piété la plus éclairée, il n'eut pas un seul ennemi. Pope parle *du bon curé Hales*, comme du modèle de la vraie piété; Haller nous le représente comme « un homme pieux, modeste, ardent au travail, et né pour la découverte de la vérité. »

Hales mourut le 4 janvier 1761, dans sa cure de Teddington, à l'âge de quatre-vingt-quatre ans. Il fut enterré sous la tour de l'église qu'il avait fait reconstruire à ses frais. La princesse de Galles, dont il avait été le chapelain ordinaire, lui fit élever un monument dans l'église de Westminster; l'inscription latine qui le décore omet de rappeler les services qu'il rendit à la science, et ne mentionne que son titre de chapelain ordinaire de S. A. R. Heureusement les ouvrages de Hales, traduits dans la plupart des langues de l'Europe, suffiront à perpétuer son nom parmi les physiciens.

HALESUS, Lapithe qui fut égorgé par le centaure Latreüs aux noces de *P i r i t h o ü s*. C'était aussi un ancien héros italique, fils d'un devin, au rapport de Virgile, ou fils naturel d'Agamemnon et tué par Évandre suivant une autre version. D'autres le représentent comme étant venu en Italie après le meurtre de son père Agamemnon, et y ayant fondé la ville de Falisques, ou, suivant Silius Italicus, celle d'Alsium.

HALÉVY (JACQUES-FROMENTAL-ÉLIE), l'un de nos compositeurs les plus distingués, est né à Paris, le 27 mai 1799, et suivit dès l'âge de dix ans les classes de chant du Conservatoire. Bientôt il montra des dispositions pour le piano; mais sa vocation pour la composition l'emporta décidément, et il en apprit les secrets sous la direction de Berton et surtout de Cherubini. En 1819, sa cantate *Herminie* lui valut le grand prix de composition musicale; et avant de partir pour Rome, où suivant l'usage il devait passer deux années, on le chargea de mettre en musique, à l'occasion de la mort du duc de Berry, le texte hébreu du *De Profundis*. Pendant son séjour à Rome, il se livra avec ardeur à l'étude de l'ancienne musique italienne, sous la direction de Baini. Déjà, bien avant son départ pour l'Italie, il avait composé la musique d'un opéra intitulé *Les Bohémiennes*; mais les cabales et la concurrence empêchèrent la mise à l'étude de cette partition ainsi que de deux autres encore. A son retour en France, cependant, il parvint à faire représenter en 1827, à Feydeau, *L'Artisan*, opéra-comique, ouvrage dont le succès fut médiocre et que suivit *Le Roi et le Batelier*, pièce de circonstance composée à l'occasion du sacre de Charles X, en société avec Rifaut. Son premier grand opéra, *Clari*, parut en 1829, au Théâtre-Italien. Mme Malibran y jouait le principal rôle, et la partition obtint un succès de vogue qui se soutint pendant longtemps. M. Halévy fit alors successivement paraître plusieurs petits opéras-comiques et diverses partitions de ballet, notamment *Le Dilettante d'Avignon*, *La Tentation*, *Yella*, *La Langue musicale*, *Les Souvenirs de Lafleur*, qui ne firent que consolider de plus en plus sa réputation dans le public.

Cependant l'occasion favorable pour complétement populariser son nom et son talent lui avait toujours manqué jusque alors, quand H é r o l d étant venu à mourir laissant inachevée la partition de *Ludovic*, pièce déjà à l'étude, l'administration confia à M. Halévy le soin de la terminer. Quoique le nom d'Hérold figurât seul sur l'affiche et eût été seul proclamé sur la scène, on ne tarda pas à savoir que la plus grande partie de cette partition, et notamment les morceaux les plus brillants, était dûs au continuateur. Le succès de cet ouvrage fut grand, même à l'étranger, et inspira à M. Halévy le courage nécessaire pour entreprendre la composition de *La Juive* (1835), opéra qui mit le sceau à sa réputation et qui, malgré les vives et nombreuses critiques dont il a pu être l'objet, n'en obtint pas moins un succès européen. Depuis, la brillante partition de *Guido et Ginevra* a pu être accueillie aussi favorablement par le public; mais sous le rapport de la science elle est restée bien inférieure à ce grand ouvrage. Six mois plus tard, M. Halévy faisait représenter à l'Opéra-Comique *L'Éclair*, ouvrage dans lequel il a traité le genre léger avec autant de bonheur que de facilité; depuis, *Les Treize*, *Charles VI*, *La Reine de Chypre*, *Les Mousquetaires de la Reine*, *Le Val d'Andorre*, *La Fée aux roses*, *La Dame de Pique*, *La Tempesta*, *Le Juif errant*, ont encore ajouté à la juste réputation de ce compositeur, dont il existe aussi de remarquables morceaux de musique d'église.

Professeur de musique au Conservatoire dès 1827, et accompagnateur pour le piano au Théâtre-Italien, il fut nommé en 1829 directeur du chant au Grand-Opéra; en 1833, professeur de composition au Conservatoire, en remplacement de Fétis; et en 1836, l'Institut de France l'élut au nombre de ses membres, en remplacement de Reicha. On peut dire de M. Halévy qu'il a moins su ouvrir des routes nouvelles que parfaitement répondre aux exigences et aux caprices de son siècle. Moins original que Aubert et Hérold, il l'emporte sur eux sous le rapport de la science et de la diversité. Son instrumentation est riche et pleine d'effets; et dans *Guido et Ginevra* notamment il est aisé de reconnaître l'influence de la manière de Meyer Beer.

M. Halévy a été nommé, en 1854, secrétaire perpétuel de l'Académie des Beaux Arts, en remplacement de Raoul Rochette.

HALIARTUS, ville de Béotie, située sur la rive méridionale du lac Copaïs, était dans l'antiquité une cité importante. Détruite une première fois par l'armée de Xerxès, lors de la guerre des Perses, elle le fut encore une fois par les Romains, dans la troisième guerre de Macédoine; mais elle est surtout demeurée célèbre par la bataille que Lysandre, général des Lacédémoniens, livra sous ses murs, l'an 394 avant J.-C., pendant la guerre que Sparte faisait à Thèbes, bataille dans laquelle il trouva la mort.

HALIBURTON (Thomas Chandler), écrivain anglo-américain, originaire de la Nouvelle-Écosse, exercait à Halifax la profession d'avocat. Il débuta dans la carrière littéraire par une série de lettres qu'il publia, en 1835, dans un des journaux d'Halifax sous le pseudonyme de *Samuel Slick*, qui s'y produit comme le type du génie spéculateur, astucieux, pratique, positif et inventif néanmoins des Yankees. Ces lettres ont été réunies, en 1837, en un volume, sous ce titre : *The clockmaker, or sayings and doings of Samuel Slick of Slickvelle*; et elles ont obtenu un si grand succès, qu'il dut les faire suivre, en 1838 et en 1840, de deux nouveaux volumes. L'auteur profita d'un voyage qu'il fit en Angleterre pour y introduire son héros comme attaché à la légation des États-Unis. *The Attaché, or Samuel Slick in England* (Londres 1843), n'est pas indigne de son aîné, quoiqu'on sente que Sam. Slick n'est pas aussi à l'aise sur le sol étranger que dans sa patrie. De retour à Halifax, Haliburton entreprit une histoire des colonies anglaises de l'Amérique du Nord, qu'il mit au jour, en 1851, sous ce titre : *The English in America*, 2 volumes. Il avait déjà publié *An historical and statistical Account of Nova Scotia* (Halifax, 1829, 2 volumes). Dans son dernier ouvrage, *Sam. Slick's Traits of American Humour* (Londres, 1852, 3 volumes), il est rentré dans le champ qu'il avait exploité avec tant de succès. Depuis 1842 il remplit les fonctions de juge au tribunal suprême de la Nouvelle-Écosse.

HALICARNASSE, jadis capitale de la Carie, dans l'Asie Mineure, et résidence des rois de cette contrée, fut fondée par une colonie dorienne sur la côte méridionale du golfe céramique. Cette ville jouissait dans l'antiquité d'une grande réputation, tant pour avoir donné le jour aux deux historiens Hérodote et Denys, qu'à cause du magnifique monument que la reine Artémise y avait fait élever à la mémoire du roi Mausole, et auquel on avait donné le nom de *Mausolée*. Sur les ruines d'Halicarnasse s'élève aujourd'hui le petit village de *Boudron* ou *Bodron*.

HALICZ ou **HALITSCH**, ville du district de Stanislau, en Gallicie, dans une contrée fertile, sur les bords du Dniester, est le siége d'un tribunal de district, a une église greco-catholique, deux synagogues et compte 2,500 habitants, la plupart juifs caraïtes, qui fabriquent des savons et exploitent les sources salées des environs. A quelque distance de la ville, sur une colline escarpée, on remarque les ruines du château fort de Halicz, où les souverains du grand-duché et du royaume de Halicz (d'où vint plus tard le nom de *Gallicie*) et depuis 1375 les archevêques firent leur résidence jusqu'à la réunion, en 1416, de cet archevêché avec celui de Lemberg. La ville, bâtie au commencement du douzième siècle, a eu beaucoup à souffrir des guerres du moyen âge.

HALIFAX, ville très-industrieuse du comté d'York, située dans une vallée étroite, bordée de jolies collines et coupée par le bras oriental du Calder, que l'on traverse sur un pont de six arches de 200 mètres de long, et qui est mis en communication avec le canal de Rochdale par un tunnel et deux viaducs. Les rues d'Halifax sont en général étroites et irrégulières; mais on y trouve quelques beaux monuments, entre autres une église gothique, une autre dans le style grec, un théâtre et la halle aux draps (*Piece-hall*), bâtiment simple, mais très-spacieux. Halifax, qui en 1433 n'était encore qu'un misérable village au millieu d'un désert, possède plusieurs écoles, une société savante (*Mechanic Institution*) et compte 25,000 habitants (121,000 dans son district), occupés dans un grand nombre de fabriques de laines, de draps, de mérinos, de chalons, de serge, de point d'Angleterre, de cardes. Halifax fait un commerce étendu, singulièrement favorisé par les canaux et les chemins de fer qui la relient à Hull, Manchester, Liverpool, Lancaster, Leeds, Wackefield, etc.

HALIFAX, place forte et chef-lieu du gouvernement de la Nouvelle-Écosse, dans le comté de son nom, sur la côte orientale de la presqu'île, est le siége du gouneur, du conseil et de l'assemblée, ainsi que d'un évêque anglican. Son port, un des plus beaux du monde, en fait un des entrepôts les plus importants du commerce de l'empire britannique. Une baie d'environ 9 kilomètres de profondeur, rétrécie au milieu par une île, s'élargit ensuite et forme le bassin de Bedford, qui peut facilement contenir 1,000 grands vaisseaux. Ce port est regardé comme un des boulevards maritimes de l'Océan; il est une des principales stations des paquebots transatlantiques, et en temps de guerre il peut offrir aux croiseurs et aux navires marchands un abri d'autant plus sûr que l'entrée en est parfaitement fortifiée. Fondé en 1749, Halifax a été fréquemment ravagé par des incendies; mais il est toujours sorti plus beau de ses cendres. Sa population s'élève déjà à 30,000 habitants, et sa prospérité ne peut que croître. Un canal unit le port aux baies de Cobequid et de Fundy. Le *Dockyard* ou magasin maritime occupe une surface de 560 ares, et forme le principal entrepôt pour les colonies.

HALIFAX (Georges Saville, marquis d'), fidèle partisan de la maison des Stuarts à l'époque de la révolution, né dans le Yorkshire, en 1630, contribua activement à la restauration de Charles II, qui en 1668 le nomma lord Saville d'Eland; en 1672, membre du conseil privé; en 1679, marquis d'Halifax, et en 1682, garde des sceaux. Jacques II l'ayant éloigné du ministère après l'avoir fait président du conseil, il entra dans l'opposition; et lors du débarquement du prince d'Orange, Guillaume III, fut un des premiers à se déclarer en sa faveur, en 1689. Nommé par le nouveau roi secrétaire du sceau privé, il fut derechef disgracié, et se jeta encore une fois dans les rangs de l'opposition, qu'il ne quitta plus qu'à sa mort, arrivée en 1695. Homme d'esprit, il a laissé quelques écrits satiriques, entre autres les *Mémoires d'un homme qui nage entre deux eaux*, le *Caractère de Charles II*, et les *Maximes politiques*.

HALIFAX (Charles Montague, comte d'), homme d'État et poëte anglais, né le 16 avril 1661, à Horton, dans le Northamptonshire, fit ses études à l'école de Westminster et à Cambridge. Par un poëme qu'il composa en 1695 sur la mort de Charles II, il attira sur lui l'attention du comte de Dorset, qui le fit entrer dans la diplomatie. Plus tard, comme membre du parlement, il contribua à appeler le prince Guillaume d'Orange au trône d'Angleterre. Un second poëme sur la bataille de la Boyne lui valut du nouveau roi une pension de 500 livres sterling. Il fut ensuite nommé commissaire de la trésorerie, membre du conseil privé, et en 1694 chancelier de l'échiquier. En cette qualité, il fit fabriquer, jusqu'en 1696, de la monnaie de fort mauvais aloi, présenta le plan d'un fonds de réserve que Walpole utilisa plus tard pour l'établissement de son fonds d'amortissement, et en 1697 émit pour deux millions sterling de bons du trésor, à l'effet de suppléer à l'absence du numéraire; mesures qui lui valurent le surnom de *Machiavel anglais*. En 1698 il fut nommé premier commissaire de la trésorerie et membre de la régence instituée pendant l'absence du roi. En 1700 on le créa pair du royaume, sous le titre de *baron de Halifax*. Quoique la reine Anne l'eût éloigné du ministère, il s'employa en 1706 dans le parlement pour faire prononcer la réunion de l'Écosse avec l'Angleterre; et après la mort de la reine ce fut lui qu'on chargea d'aller porter à Georges Ier l'acte du parlement qui appelait la maison de Hanovre à monter sur le trône d'Angleterre. Georges Ier le nomma comte, lui donna l'ordre de la Jarretière, et l'appela à remplir de nouveau les fonctions de premier commissaire de la trésorerie. Mais, trompé dans son espoir d'être nommé premier lord de la trésorerie, il passa dans les rangs de l'opposition, formée alors par les tories, et y lutta jusqu'à sa mort, arrivée le 19 mai 1715. La même année on publia ses poésies et des matériaux pour sa biographie. Johnson a inséré dans ses *English Poets* les productions poétiques d'Halifax, qui contribuèrent bien moins à lui faire un nom dans le monde littéraire, que la généreuse protection qu'il accorda aux gens de lettres, entre autres à Addison, à Pope et à Swift.

HALITUS, mot latin qui signifie *souffle, exhalaison* : on l'emploie quelquefois dans le langage médical pour désigner la transpiration à l'état de vapeur qui s'exhale de la peau, et l'on dit que la peau est *halitueuse* quand elle offre au toucher cette chaleur moite qu'on observe surtout dans les maladies inflammatoires du poumon.

HALL (Basile), marin et voyageur anglais, était fils de sir James Hall (1760-1832), qui s'est fait connaître par ses travaux scientifiques et surtout par son *Essai sur l'origine, les principes et l'histoire de l'Architecture gothique* (Édimbourg, 1813). Né en 1789, le jeune Hall entra, en 1802, comme midshipman dans la marine royale, servit en Amérique, dans les Indes orientales, dans la Méditerranée, et traversa rapidement les grades inférieurs. Lorsqu'en 1816 lord Amherst fut envoyé en Chine avec une mission diplomatique, Hall reçut le commandement du sloop *La Lyre*, attaché à l'expédition. Il profita de son séjour dans les mers de la Chine pour visiter les côtes de la Corée et les îles Lieu-Khieu, sur lesquelles il a publié les renseignements les plus précis et les plus détaillés qu'on possède, dans son *Account of a Voyage of discovery to the west coast of Corea and the Great Loochoo Island* (Londres, 1818). Élevé au grade de capitaine de la flotte, il fit sur les côtes de l'Amérique du Sud une campagne qu'il a décrite dans ses *Extracts from a Journal written on the coast of Chile, Peru and Mexico in* 1820-1822 (1824, 2 volumes). A son retour, il se retira du service actif. En 1825, il épousa une fille de sir John Hunter, avec qui il entreprit, en 1827 et 1828, une excursion dans les États-Unis. Le livre qu'il publia sur ce voyage (*Travels in North-America*) souleva une vive polémique; il prouva qu'il était difficile à un officier anglais et à un tory de juger avec impartialité les institutions républicaines de l'Amérique. Dans un voyage sur le continent, Hall fit la connaissance de la comtesse douairière de Purgstall, Écossaise d'origine, et il s'arrêta quelque temps dans son château. Le séjour qu'il y fit lui fournit la matière d'un livre extrêmement intéressant, moitié roman, moitié voyage, qu'il publia sous le titre de *Château de Hainfeld*. Ses *Fragments of Voyages and Travels*, dont neuf volumes ont été imprimés successivement, ne sont pas moins attachants, surtout pour la jeunesse. Son dernier ouvrage, *Patchwork* (1842, 3 volumes) est également rempli d'esquisses de voyages et d'aventures. Son esprit s'étant affaibli à la suite d'une douloureuse maladie, il mourut dans une maison de fous, au mois de septembre 1844.

HALL (Anna-Maria, miss FIELDING), née vers 1805, dans le comté de Wexford, en Irlande, vint en Angleterre à l'âge de quinze ans, et se maria plus tard à Londres avec le littérateur S.-C. Hall. Dès 1829 elle s'était fait une place honorable dans la littérature contemporaine, par son premier ouvrage, intitulé: *Sketch of the Irish character* (3 volumes), ouvrage qui contient les souvenirs de sa jeunesse, et dont le but est de mieux faire connaître le caractère des Irlandais. Vinrent ensuite ses *Chronicles of a School-Room* (1831), puis *The Buccaneer* (3 volumes, 1832), roman qui n'a rien d'historique, quoique Cromwell et la république y soient dépeints avec beaucoup d'art, et *Outlaw* (3 volumes, 1833), ouvrage dans lequel l'auteur retrace la lutte entre Jacques II et Guillaume d'Orange. Dans ses *Tales of women's trials* (1832), Mme Hall a traité, avec une nouvelle fraîcheur, un sujet qu'affectionnent particulièrement les *bas bleus* anglais; et dans l'*Oncle Horace* (3 volumes, 1837), elle trace le portrait du riche marchand de Liverpool. Ses *Lights and Shadows* (3 volumes, 1838), ouvrage consacré également à la peinture des mœurs de l'Irlande, est encore ce qu'elle a fait de mieux; le succès qu'il obtint détermina Chambers à lui faire faire pour l'*Edinburgh Journal* une suite de *Stories of the irish peasantry*. Il y a quelques passages délicatement touchés dans son *Midsummer eve, a fairy tale of Love*, 1848, poëme du reste, assez faible, mais que les premiers graveurs anglais ont illustré. En 1852 on lui a confié la rédaction du *Sharpe's London Magazine*.

HALLALI. *Voyez* Halali.

HALLAM (Henri), historien anglais contemporain, qui ne s'est pas moins distingué par la profondeur de ses recherches que par l'esprit généralisateur avec lequel il a su en coordonner les résultats, par l'impartialité de ses appréciations et par l'élégance toute classique de son style. Il avait déjà fait preuve de ces diverses qualités dans différentes publications de moindre importance, quand il fit paraître en 1818 son célèbre ouvrage intitulé: *View of the state of Europe during the middle ages* (2 volumes, Londres, 1818), auquel il a plus tard ajouté des *Supplemental Notes to the View of the state of Europe* (Londres, 1848). Plus tard, il donna encore : *Constitutional History of England from the accession of Henry VII to the death of Georges* II (3 volumes, 1827; 4e édition, 1842), livre qui est demeuré son chef-d'œuvre; et une *Introduction to the Literature of Europe in the* 15, 16 *and* 17 *centuries* (4 volumes, 1837; 4e édition, 1843).

Par ses tendances politiques, Henri Hallam appartient au parti whig; mais il sait être juste et impartial à l'égard des tories. Avec Brougham, Mackintosh, lord John Russell, lord Althorp, il fut en 1825 l'un des fondateurs de la *Society for diffusion of useful Knowledge*, qui avait pour pour but de publier à prix réduits des traités spéciaux sur les matières scientifiques les plus importantes, et de les mettre de la sorte à la portée des lecteurs des classes populaires. De la création de cette utile société date l'origine de la littérature populaire, qui brille aujourd'hui d'un si vif éclat en Angleterre.

HALLE EN SAXE (*Halæ Saxonium*), chef-lieu du cercle de Saale, dans la régence de Merseboürg, qui fait partie des provinces saxonnes appartenant à la Prusse, agréablement située sur la Saale, et renommée par ses salines et par son université, fondée par Frédéric Ier, roi de Prusse. Elle se compose de trois villes bien distinctes : *Halle*, proprement dite, avec ses cinq faubourgs, et les deux anciens bailliages de *Glaucha* et de *Neumarkt* ; on y remarque l'église de Marie, construite dans le style gothique vers le milieu du seizième siècle, par l'archevêque Albert de Mayence, qui résidait alors à Halle. Cette église est surmontée de quatre tours. En fait d'édifices publics, il faut encore mentionner les églises de Saint-Ulric et de Saint-Maurice, l'hôtel de ville, l'hopital, l'université, la direction des postes, le théâtre, la maison de détention pour hommes, qui peut contenir jusqu'à 900 individus. Parmi les institutions de bienfaisance que possède cette ville, on remarque surtout une école de sourds-muets, deux salles d'asile pour les enfants en bas âge, une maison d'aliénés, l'Institut des jeunes filles nobles, l'association pour les orphelins du choléra, une caisse d'épargne, etc. Halle est le siége de la direction centrale des mines pour les provinces de Saxe et de Thuringe. La saline qui l'avoisine, l'une des plus anciennes et des plus productives qu'il y ait en Allemagne, qui produit année commune environ 6,300 tonnes de sel, chacune pesant 2,000 kilogr. est exploitée de compte à demi par une société d'actionnaires et par l'État. Les ouvriers qui y travaillent, appelés communément *halloren*, ont une physionomie et des mœurs entièrement différentes de celles des habitants. Ils constituaient jadis une corporation toute particulière, dont les membres ne s'alliaient jamais qu'entre eux, et qu au seizième siècle pouvait au besoin mettre facilement 600 hommes sous les armes. Généralement on croit que cette race de mineurs provient d'un peuple étranger à l'Allemagne, comme par exemple les Celtes; et cette supposition est rendue encore plus probable par cette remarque que le patois dans lequel elle s'exprime diffère beaucoup du dialecte local vulgaire, de même que les termes techniques dont elle fait usage dans le travail de la mine n'ont aucun rapport avec ceux qui sont usités dans les autres salines de l'Allemagne.

La vie industrielle a pris dans ces derniers temps d'importants développements à Halle, surtout depuis que cette ville est devenue un point de jonction pour les chemins de fer de Leipzig à Magdebourg et Rhénan-Thuringien. La population est de 32,000 âmes, sans compter les étudiants et les élèves de l'Institut de Francke, établissement où l'on recueille les orphelins.

La fondation de l'*université de Halle* remonte à l'année 1694; en 1815 un ordre de cabinet du roi de Prusse y réunit l'ancienne université de Wittemberg. En 1829, le nombre des étudiants s'y éleva à 1,300, dont 944 pour la seule faculté de théologie. Depuis lors il a diminué et varié chaque année entre 5 et 600. L'université possède une bibliothèque d'environ 60,000 volumes, un cabinet de médailles et une collection de gravures.

HALLE. Ce mot désigne ordinairement un emplacement abrité où l'on expose des marchandises destinées à être vendues.

Les HALLES DE PARIS et l'organisation de leur service forment un des traits les plus curieux de la physionomie générale de cette grande ville.

L'entrée de Paris est interdite aux voitures d'approvisionnement avant onze heures du soir. Les portes s'ouvrent alors pour elles, et de longs convois convergent de tous les points de l'immense enceinte, au centre même de la ville, aux halles, où elles apportent l'approvisionnement quotidien de la cité. Maraîchers, jardiniers, coquetiers, fermiers, pourvoyeurs de toutes espèces, sont tenus dès qu'ils sont arrivés de décharger leurs marchandises sur le carreau des halles, et d'envoyer leurs voitures stationner sur des emplacements déterminés. Ils entrent ensuite en rapport avec les acheteurs; ceux-là sont de plus d'une sorte : regrattiers qui achètent en gros pour revendre sur place au détail, marchands des différents marchés de consommation de la ville, fruitiers qui viennent s'approvisionner, traiteurs, restaurateurs, gargotiers, etc. A une certaine heure, le son de la cloche oblige les marchands à vider immédiatement la place.

Pour les marchandises qui doivent être vendues à la criée : viande, marée, beurre, œufs, fromages, etc., l'intermédiaire des facteurs préposés par l'administration est indispensable, et les forts de la halle peuvent seuls faire les chargements et déchargements.

Paris, qui dort, ne se doute guère du spectacle bizarre que présente chaque nuit le carreau des halles et les rues adjacentes; il n'a jamais vu cette population qui veille pour lui, et qui, été comme hiver, par la pluie, la bise et la neige, arrive, s'entasse dans cet étroit espace, s'agite, se bouscule, se heurte, jure, crie, trafique, et s'en retourne pour revenir le lendemain. Quand Paris s'éveille, il ne reste plus de tout ce tumulte qu'un mouvement encore considérable de voitures qui regagnent, vides, les barrières ou s'en vont, encore chargées, aux marchés et aux boutiques des fruitiers.

Ce rapide tableau permet de saisir les vices, les inconvénients, les dangers d'une organisation qui ne répond plus aux besoins grandioses de l'ère moderne.

Les *halles de Paris* remontent à Philippe-Auguste, qui les établit au lieu même qu'elles occupent aujourd'hui, et qui s'appelait autrefois *Champeaux*. Sous le règne de saint Louis elles furent considérablement agrandies, et des industries nombreuses s'y vinrent successivement établir. Bientôt les maisons affluèrent autour des halles : c'était une confusion, une gène, une infection générale, accumulation de choses, pêle-mêle d'hommes et de femmes, bruits, querelles, vols et débauches. Henri II essaya de mettre fin au désordre. « En 1551, dit Gilles Corrozet, les halles de Paris furent entièrement baillées et rebasties de neuf, et furent dressez, bastis et continuez excellents édifices, postals et maisons somptueuses par les bourgeois preneurs des vieilles places et resyhes. » Ces constructions nouvelles et presque partout uniformes offraient au rez-de-chaussée une galerie ouverte au public, qui circonscrivait l'espace réservé aux marchands, et que l'on appela les *Piliers des Halles*. Le pilori du roi était situé aux Halles; on y voyait aussi une croix de pierre, au pied de laquelle les débiteurs insolvables venaient faire cession de biens et coiffer le bonnet vert des mains du bourreau. Quartier redoutable aux jours d'émotions populaires, c'était toujours là que commençaient les émeutes et les séditions. Les Maillotins étaient des gens de la halle, dont Beaufort fut plus tard le roi. En tout temps, c'était le rendez-vous des filous et des gens sans aveu. Cependant, à la fin du dernier siècle, de nombreuses améliorations avaient été apportées au service général des halles; on avait, par exemple, construit de belles halles particulières.

La *halle au blé et à la farine*, bâtie sur l'emplacement de l'hôtel-de Soissons par Le Camus de Mézière. Ce bâtiment est de forme circulaire et mesure 68 mètres 19 c. de diamètre; la tour astronomique de Catherine de Médicis a été conservée et se trouve légèrement engagée sur un point de sa circonférence. Une galerie couverte ayant un étage au-dessus du rez de chaussée règne tout autour de l'édifice; l'intérieur demeura longtemps à ciel ouvert, mais les abris pour les grains étant devenus insuffisants, cette cour fut convertie en une immense rotonde, recouverte d'une charpente en forme de coupole. Elle fut construite par Legrand et Molinos, d'après les procédés de Philibert Delorme, c'est-à-dire avec des planches posées de champ et enchaînées l'une à l'autre par des tenons au fer. Cette coupole brûla en 1802; on la rétablit en fer et en fonte dans le courant de l'année 1811; la lumière pénètre dans l'intérieur par une lanterne placée au sommet.

La *halle aux cuirs*, transférée en 1784 rue Mauconseil, sur l'emplacement de l'hôtel de Bourgogne.

La *halle aux draps et aux toiles*, construite par Molinos en 1786, complétement incendiée en avril 1855. Un escalier à double rampe conduisait à ses salles, éclairées par 50 croisées.

On avait converti en marché le cimetière des Innocents; après la Révolution, de nombreux marchés d'arrondissement avaient été créés, et le marché à la Volaille transféré sur le quai des Grands-Augustins; mais les Halles proprement dites étaient demeurées dans toute leur barbarie primitive. D'abord, au point de vue architectural, des barraques en bois, confusément jetées çà et là dans un dédale de rues étroites, obscures, tortueuses, où vivait entassée une population malaisée, n'étaient pas dignes de la première ville du monde. Le manque d'air et d'eau jaillissante en faisait un foyer permanent d'infection, un auxiliaire funeste des épidémies. Si l'on ajoute à cela le défaut d'abris pour les approvisionneurs, l'absence de caves et de resserres, qui les obligeait à remporter leurs marchandises défraîchies, et enfin les déplorables accidents qui résultaient trop souvent de cette énorme circulation dans un pareil quartier, on aura bientôt la conviction que la reconstruction des halles centrales était une mesure d'une nécessité urgente, absolue.

Ce projet date de 1811. L'idée première en appartient, dit-on, à l'empereur Napoléon Ier, qui le conçut, un jour qu'il était allé visiter la halle au blé et que de la lanterne du dôme il embrassait tout le quartier circonvoisin. « Je veux, dit-il en cette occasion, que les halles deviennent le Louvre du peuple. » D'après son projet, les halles auraient occupé tout le vaste parallélogramme compris entre l'église Saint-Eustache, la rue Saint-Denis, la rue aux Fers et la halle aux blés; ce lourd édifice aurait servi de type et les autres pavillons auraient été bâtis dans le même style. Les événements empêchèrent la réalisation du plan impérial, qui, durant toute la Restauration demeura enfoui dans les cartons de l'hôtel de ville.

Les études furent reprises après 1830, et M. de Rambuteau, en 1845, chargea une commission d'architectes de recueillir à l'étranger, en Angleterre, en Belgique, en Prusse, tous les renseignements possibles sur les améliorations et les progrès obtenus. Des plans furent dressés, soumis au conseil municipal et approuvés par ordonnance royale du 17 janvier 1847; enfin, les travaux allaient être entrepris lorsque éclata la révolution de Février. Pendant deux ans l'état des finances municipales ne permit pas d'aborder une aussi lourde opération. Cependant, en 1850 la question fut reprise, et les plans de 1847 reparurent; mais ils n'étaient déjà plus à la hauteur des exigences; les grands travaux d'utilité publique que l'on avait à cette époque commencés à Paris, l'ouverture de la rue de Rivoli, le plan du boulevard de Strasbourg, engagèrent l'administration à demander de nouveaux plans à MM. Baltard et Callet.

Suivant le projet qui fut alors présenté, les halles devaient se composer de huit pavillons isolés et s'étendre d'une part entre la rue de Rambuteau et la rue de la Friperie, et de l'autre de la rue du Four à la rue Saint-Denis. Cependant à ce moment un architecte, M. Hector Horéau, proposa un nouveau plan, qui déplaçait complétement les halles et en circonscrivait le périmètre par la rue Saint-Denis, la rue Montmartre prolongée, la rue aux Fers et le quai de la Mégisserie. Ce plan reçut une grande publicité; il fut exposé en relief au Palais National et soutenu devant l'opinion publique par un mémoire fort habile de M. Senard, si bien que le préfet de la Seine crut devoir le soumettre au conseil municipal.

Néanmoins, le 23 juin 1851 l'ancien projet fut adopté, et le 15 septembre la première pierre des nouvelles halles fut posée en grande pompe. Louis-Napoléon, président de la république, prononça à cette occasion un discours qui fit une certaine sensation. De 1851 à 1853 la ville expropria 106 maisons, occupant une superficie de 13,263 mètres, sur l'emplacement desquelles devaient être construits les huit pavillons; en même temps un de ces pavillons s'élevait en face de l'église Saint-Eustache; les murs en étaient déjà terminés et la toiture en allait être posée, lorsque, dans les premiers jours de juin 1853, l'empereur, étant allé visiter les travaux, les fit immédiatement suspendre.

L'ordonnance lourde et bizarre du nouvel édifice, que le Parisien avait déjà plaisamment baptisé du nom de *fort de la halle*, soulevait en effet les plus justes critiques. D'autres plans furent présentés par MM. Armand et Flachat; en même temps MM. Baltard et Callet modifièrent leur projet, en se conformant au programme tracé. Ce fut encore leurs nouvelles études qu'adopta définitivement le conseil municipal, dans sa séance du 30 décembre 1853.

Les halles ne se composeront que de deux groupes de pavillons, divisés chacun en plusieurs compartiments, reliés entre eux par des passages vitrés. Le premier groupe faisant face à la Halle aux blés et à Saint-Eustache, sera réservé à la viande, aux légumes et aux fruits en gros et en détail; le second, aux légumes et aux fruits en détail, au poisson, au beurre, aux œufs et au fromage, à la volaille, au gibier et à la viande cuite, enfin aux pommes de terre, aux oignons et aux champignons. La superficie totale occupée par les halles sera de 60,000 mètres, les abris seuls en comprendront 32,000. Le nombre des places sera de 3,200. Des caves serviront à l'emmagasinement des denrées invendues, à l'abattage des volailles, au comptage et au mirage des œufs, etc. Chaque denrée et chaque mode de vente aura ses aménagements particuliers en raison de la nature, de l'odeur et de la facilité de conservation des différentes marchandises. Enfin, la construction, au lieu d'être en pierre, comme dans l'ancien projet, sera à peu près exclusivement composée de fer et de fonte; ce qui la rendra plus facile, plus rapide tout à la fois et plus économique. La dépense ne doit pas dépasser 8 millions, à moins de circonstances imprévues.

Quant aux abords, ils seront considérablement élargis; ainsi les deux groupes de pavillons seront séparés par un large boulevard planté d'arbres et ouvert sur un largeur de 31 mètres 60 centimètres, lequel, partant de l'angle de la pointe Saint-Eustache, viendra aboutir en face le Pont-Neuf. Une autre rue ouverte en diagonale aboutira à la place du Châtelet.

Ces vastes aménagements n'atteignaient pourtant que très-imparfaitement le but qu'on s'était proposé. D'après le rapport fait en juin 1851 par M. Tronchon, membre de la commission municipale, le nombre des voitures qui desservent les halles s'élève chaque jour en moyenne à 3,990; une superficie de 32,000 mètres aurait toujours été envahie de minuit à dix heures du matin par ces charrettes et ces animaux; en outre, le camionage qui transporte aux halles les denrées amenées aux chemins de fer eut encore considérablement augmenté l'encombrement. Afin d'éviter les transbordements de marchandises et de débarrasser le centre de Paris de cette circulation incommode, la ville, adoptant le projet de MM. Édouard Braun et Flachat, a décidé la construction d'un chemin de fer qui reliera le chemin de fer de ceinture aux halles centrales.

La nouvelle voie ferrée se détachera à ciel ouvert du chemin de ceinture près de celui de Strasbourg, dans la commune de La Villette; elle suivra ensuite sous un tunnel l'axe du boulevard de Strasbourg et du futur boulevard du Centre jusqu'à la rue de Rambuteau, où elle se raccordera avec les immenses caves des halles. Quant à la traction, elle se fera soit par des machines fixes, soit par l'air atmosphérique. Les approvisionnements viendront se concentrer, à l'aide du chemin de fer de ceinture, dans une gare spéciale placée près du point de raccordement.

On remarque à Londres la même disposition qu'à Paris. C'est au centre de la vieille cité, dans le quartier populeux, que sont situés les marchés les plus considérables, ceux qu'on peut appeler les halles; ils sont au nombre de six, tous plus mal construits, plus mal disposés les uns que les autres : *Newgate*, le principal marché de la viande, où l'on abat aussi les bestiaux; *Smithfield*, qui est le Poissy ou le Sceaux de Londres; *Leadenhall*, affecté à la vente de la volaille, du gibier, du beurre, des œufs et des cuirs; *Billingsgate*, marché aux poissons; *Farringdon*, reconstruit il y a peu de temps, et où l'on vend des légumes, des fruits, de la viande; *Honey-Lane*. Les autres marchés sont disséminés dans l'étendue de l'immense ville. Quelques villes secondaires de la Grande-Bretagne ont de magnifiques établissements de ce genre, par exemple Newcastle, Liverpool, Birkenhead.

En Belgique, en Hollande, en Allemagne, les denrées se vendent partout sur la voie publique ou sous de frêles échoppes mobiles; nous citerons seulement comme exceptions la poissonnerie et la vieille boucherie d'Anvers, élégant monument gothique, le marché des Récollets à Bruxelles. Enfin les bazars de Constantinople sont à bon droit célèbres. W.-A. Duckett.

HALLE (Dames de la). C'est probablement par ironie qu'à une époque où les femmes nobles seules s'appelaient *dames* on donna ce nom aux marchandes et revendeuses des halles. Quoi qu'il en soit, sous l'ancien régime, ces braves grosses commères, ainsi que celles de la place Maubert, à la naissance d'un fils de France, lors d'un mariage royal ou d'une victoire remportée, au premier jour de l'an, etc., avaient le privilége d'être introduites jusque dans la galerie du château de Versailles et d'y complimenter le monarque à genoux. On leur donnait ensuite à dîner au *grand-commun*, et c'était un des premiers officiers de la maison du roi qui en faisait les honneurs. Le repas était splendide. Elles partageaient encore avec les *charbonniers* le droit d'occuper la loge du roi et celle de la reine aux représentations *gratis*. Quand éclata la révolution, la dame de la halle fit taire un moment ses instincts monarchiques; on en vit, aux 5 et 6 octobre, courir à Versailles pour ramener à Paris *le boulanger, la boulangère et le petit mitron*. Napoléon, en reconstruisant l'édifice social, ne pouvait pas oublier de restituer aux dames de la halle toutes les attentions gracieuses qu'avait eues pour elles l'ancien régime. On les revit donc aux Tuileries comme ci-devant. Elles ont aussi été l'objet des attentions du nouvel empereur, qu'elles acclamèrent en plusieurs circonstances, et qui après le 2 décembre leur fit donner un bal, dans une salle immense, construite à grands frais sur le marché des Innocents.

Le langage des dames de la halle est à bon droit passé en proverbe; il a donné naissance à un genre de littérature longtemps à la mode, le genre *poissard* Vadé en est le Corneille. Après une séance de l'Académie bien polie, bien savante, bien correcte et bien rhétoricienne, le bon Dumarsais s'en allait se placer derrière les piliers des halles pour se désennuyer, au riche développement des tropes extraordinaires inspirés par la seule passion à ces êtres incultes et grossiers. C'était aussi un des amusements favoris du comte d'Artois que d'aller incognito, après un déjeûner à *la Petite Hotte* (cabaret alors en grand renom), se faire *engueuler* par les poissardes; ces *dames* ont en effet pour caractère commun une effronterie qui leur met sans cesse l'injure à la bouche, et quelles injures !.. Du reste, elles font courageusement un rude métier, et quelques-unes sont plus qu'à leur aise. Les énormes bijoux, les lourdes dentelles constituent leur grand luxe. W.-A. Duckett.

HALLE (Forts de la). *Voyez* Forts de la Halle.

HALLÉ (Jean-Noel), né à Paris, en 1754, fut d'abord destiné à la profession de son père, peintre et recteur de l'Académie de Peinture; mais un médecin alors célèbre, Lorry, qui était son oncle, le détermina à étudier la médecine. En 1777, Hallé obtint le grade de docteur de la faculté de Paris; il ne tarda pas à prendre rang parmi les notabilités du temps dans sa profession, puisqu'il fut admis parmi les membres de l'Académie de Médecine, et s'y fit remarquer par diverses observations, par des expériences ainsi que par des recherches. Après la tourmente révolutionnaire, Hallé fut chargé de divers emplois : il fit partie d'une commission instituée pour publier des livres élémentaires; il fut nommé professeur à la nouvelle École de Médecine, et enfin un fauteuil de l'Institut lui fut décerné. A l'École de Médecine, Hallé fut chargé de l'enseignement de l'hygiène et de la physique médicale; ses leçons, faites dans un style élégant, attirèrent un grand nombre d'élèves. Malheureusement la prononciation de l'orateur était embarrassée au point d'être pénible pour l'oreille des auditeurs; il se jetait en outre dans des prolixités telles, qu'aucun de ses cours ne fut complétement achevé dans sa carrière scolaire. On espérait que la presse obvierait à ces défauts, et un traité d'hygiène qu'il avait souvent promis de publier fut vainement attendu; il en traça seulement le cadre, dans l'*Encyclopédie méthodique*. Tourtelle, professeur à l'École de Médecine de Strasbourg, s'en empara pour y renfermer des éléments d'hygiène, ouvrage estimé. En société avec Nysten, Hallé publia aussi dans le *Dictionnaire des Sciences médicales* un long article sur l'hygiène. C'est surtout à l'Institut que Hallé brilla par des expériences et des recherches pour apprécier la valeur de diverses découvertes importantes : telles furent entre autres la vaccine et le galvanisme. Plusieurs rapports témoignent de la variété et de l'étendue de ses connaissances, ainsi que de son zèle pour combattre le charlatanisme. On lui doit encore la traduction d'un ouvrage anglais de Godwin sur la connexion de la vie avec la respiration; il surveilla aussi l'édition des *Œuvres* de Tissot. Tourmenté depuis longtemps par un calcul urinaire, il lui fallut recourir, en 1822, à l'opération de la taille, la seule ressource qu'on eût alors dans cette grave affection : il succomba aux accidents de ce remède extrême. Dr Charbonnier.

HALLEBARDE, mot dérivé de l'allemand, et composé de *bard* ou *barthe*, vieux mot teutonique, qui signifie hache ou lance, et peut-être de *hell*, claire ou brillante; car on dit en allemand *hellebarde*. Cette arme d'hast est d'invention danoise; les Allemands et les Suisses l'adoptèrent comme arme offensive; et ce furent ces derniers qui l'introduisirent en France. Elle fut d'abord l'arme de l'infanterie d'élite de chaque corps, et ensuite l'arme des sergents. Voila pourquoi les Italiens l'appelaient *sergentina*. Il y avait déjà des espèces de hallebardes au temps de Philippe-Auguste; mais on appelait *becs-de-faucon*, *fauchards*, *fauchons*, *guisarmes*, *pertuisanes*, les diverses armes à fer, de formes bizarres, antérieures à Louis XI. Ce fut l'admission des Suisses, sous le règne de ce prince, qui répandit en France l'usage de l'arme positivement nommée *hallebarde*. Celle qu'on désignait ainsi, par opposition au long-bois, se composait d'une hampe, ou d'un manche, de deux mètres au plus de long, et d'un fer, de forme particulière, adapté par une douille à l'extrémité de la hampe. Ce fer formait au-dessus de la douille, d'un côté tantôt une hache, tantôt un croissant tranchant, à pointes aiguës, et de l'autre un dard droit ou crochu; il se continuait, dans le prolongement de la hampe, en une lame, à deux tranchants, large à sa base, et se terminant en pointe aiguë. La hallebarde était susceptible de recevoir divers ornements : le manche était garni de drap, de velours, de couleur vive; la douille se cachait sous une houppe, ou gland, à franges d'or, d'argent, ou de soie; le fer, découpé à jour, était parfois ciselé avec art, et, afin de rendre l'arme plus meurtrière, on avait, dans les derniers temps, adapté sur la douille deux canons de pistolet. Les Suisses excellaient à manier la hallebarde, et ils en donnaient des leçons. Le duel à la hallebarde était sévèrement défendu, à cause de la gravité des blessures que faisait cette arme d'estoc et de taille. Elle cessa d'être en usage dans l'infanterie française au commencement de la guerre de 1756; mais les *cent-suisses*, gardes à pied ordinaires de nos rois, l'ont conservée jusqu'en 1789, et les sergents de l'armée anglaise jusqu'en 1815. Maintenant encore, dans la plupart de nos cathédrales, les suisses d'église marchent fièrement, tenant d'une main une hallebarde, de l'autre une canne de tambour-major.

Gal Bardin.

HALLEBARDIERS, infanterie d'élite qui rappelle les doryphores de l'antiquité; en quelques pays, les hallebardiers faisaient partie de la garde des souverains et de la garde des gouverneurs de province. En Piémont, jusqu'en l'an VI, il a existé des corps de hallebardiers; à Rome et à Naples, il y en a encore, chargés de la garde du souverain; en Autriche, ils s'appelaient *trabans*. Il y a des troupes de ce même genre en Chine, de temps immémorial. Il n'y a pas eu en France de corps spécialement nommé *hallebardiers*. Louis XI arma de la hallebarde les Suisses qu'il prit à son service. Les francs-archers, certaines enseignes, les légions de François Ier, étaient en partie composés de hallebardiers; le reste était des piquiers et arquebusiers. Les hallebardiers des troupes suisses s'appelaient aussi *espadons* et *joueurs d'épée*, parce qu'ils étaient porteurs de ces deux genres d'armes. Dans tous les pays soumis aux Bourbons, la garde des palais et châteaux royaux était avant la révolution de 1789 confiée à des Suisses hallebardiers. Gal Bardin.

HALLECRET, HALECRET, ALCRET ou ALECRET, espèce de léger corselet, fait en petites lames de fer battu, en forme d'écailles. Il se composait de deux pièces, l'une couvrant la poitrine, l'autre l'épaule, et était plus léger que la cuirasse. La cavalerie française, à laquelle on donnait sous Louis XI le nom de *gens d'armes*, portait le hallecret. Sous François Ier, cette armure fut donnée à presque toute l'infanterie; on la remplaça au dix-huitième siècle par le plastron.

HALLER (Albert de), le prince des physiologistes, fut à la fois anatomiste, médecin, botaniste, poëte, physicien, philologue, savant universel, chirurgien quant à la théorie, habile prosateur et homme d'État. Il était né à Berne, en 1708. Sa famille faisait partie de ces sages patriciens qui gouvernèrent longtemps la confération. Enfant précoce, à quatre ans il lisait la Bible et l'expliquait aux gens de son père; à huit ans, il faisait des extraits dans Bayle, où sans doute il puisa le goût de la polémique; à neuf ans, il savait le grec, à dix le chaldéen; et il avait à peine quinze ans que déjà il avait composé des comédies, des tragédies, et un poëme de quatre mille vers. Voilà pour la partie fabuleuse de sa vie : chaque histoire célèbre commence ainsi par un roman.

Ayant fait sa philosophie sous un médecin, cet enseignement lui inspira le goût de la médecine, et bientôt il partit pour l'université de Tubingue, où il eut pour maître le célèbre Camerarius. Le jour même où il soutint son premier acte public, s'étant promené dans la campagne avant le lever du soleil, il composa son *Ode au matin*, une des poésies les plus intéressantes parmi celles qu'il a imprimées. Ensuite, quittant Tubingue pour Leyde, il devint, vers 1725, un des disciples les plus assidus et les plus chéris du grand Boerhaave, dont il a depuis commenté plusieurs ouvrages. Il soutint sa thèse doctorale à l'âge de dix-neuf ans, en 1727; et cette thèse, de même que le mémoire qui l'avait précédée, eut pour objet la réfutation d'une erreur anatomique due à un nommé Coschwitz, homme alors célèbre. Il gâta quelquefois son bonheur et s'aliéna quelques contemporains par des disputes inutiles. Après cela vinrent les voyages, de 1727 à 1728 : voyage à Londres, où il se lia avec Cheselden, Douglass et le jeune Pringle, le Desgenettes des Anglais; voyage à Paris, où il connut J.-L. Petit, Ledran, l'illustre Winslow, les deux Jussieu d'alors, Antoine et Bernard; voyage à Bâle, où il reçut les leçons de mathématiques de J. Bernoulli. Enfin, revenu à Berne après quelques temps d'absence, vers la fin de 1728, ce fut alors qu'il étudia les plantes de la Suisse, dont il publia plus tard le savant catalogue, renfermant près de 4,500 variétés. Alors aussi il dirigea la bibliothèque publique, se livra à d'immenses recherches d'érudition, et publia le recueil de ses poésies, lesquelles ont eu dans l'espace de vingt-cinq ans plus de trente éditions en diverses langues. Quant à la médecine pratique, on devine bien que l'érudition et la poésie ne lui laissèrent pour elle ni beaucoup d'aptitude ni assez de loisir.

Durant huit ans, depuis 1728 jusqu'en 1736, il parcourut constamment les Alpes pendant la belle saison, toujours herborisant, ce qui profita à son bagage poétique autant qu'à ses collections de végétaux : son poëme *Sur les Alpes* jouit encore d'une certaine réputation. Nommé par le roi d'Angleterre Georges II à la deuxième chaire de médecine de l'université de Gœttingue, ville que Haller a enrichie et rendue fameuse, son arrivée fut marquée par un grand malheur : sa voiture de voyage versa dans les tristes rues de Gœttingue, et sa jeune femme, Marianne de Wyss, qui l'accompagnait, mourut de sa chute. On peut juger de la douleur qu'il ressentit, par l'ode attendrissante où Haller a épanché ses regrets et dépeint les vertus de sa compagne, dont le souvenir lui semblait ineffaçable. Cependant, et sans doute grâce à l'étude, grâce aux travaux qui remplirent alors tous ses moments, Haller finit par se consoler, après deux ans, d'une douleur qu'il avait crue éternelle : il se maria même trois fois dans l'espace de dix ans. Dans les dix-sept années qu'il passa à Gœttingue, où il professait tout à la fois la chirurgie, la botanique et l'anatomie, il fonda un jardin des plantes, une école anatomique, une école d'accouchement, une académie de dessin, un temple protestant, une académie littéraire; il publia des éditions annotées d'un grand nombre d'ouvrages célèbres, imprima plusieurs éditions de ses poëmes, ainsi que l'*Énumération des plantes de la Suisse;* il se livra en outre à d'innombrables dissections, et présida à beaucoup d'expériences de physiologie, bien que la vue du sang lui causât de vives émotions.

Comme botaniste, la science lui doit beaucoup moins qu'à Linné, qu'à Tournefort, qu'aux Jussieu, moins aussi qu'à Adanson. Comme anatomiste, il eut pour rivaux Camper, Winslow, Hunter, Daubenton, Duverney. Comme naturaliste et philosophe, il eut des vues moins élevées que Buffon, une pensée moins robuste, et comme écrivain, un style moins riche d'images, un renom d'une durée plus incertaine. Comme poëte et littérateur, Voltaire et Rousseau lui causèrent encore plus d'insomnies que Linné et Buffon, ses rivaux en d'autres carrières. Mais ce qui fait de Haller un homme incomparable, ce sont ses ouvrages de physiologie, de même que son érudition scientifique : c'est en physiologie qu'il est roi, et ses *Bibliothèques d'anatomie, de botanique* et *de chirurgie* sont aussi impérissables que ses *Elementa Physiologiæ* (8 vol. in-4°). Après avoir fondé sa renommée par ces différents ouvrages, et principalement par ce dernier; après avoir formé des disciples comme Zinn et Meckel le père, déjà visité par des rois dans sa chétive bourgade, et en correspondance avec Buffon, avec Voltaire et le grand Frédéric, associé aux plus illustres académies, il fut nommé, en 1745, membre du *conseil souverain* de Berne (bien qu'alors il habitât loin de l'Helvétie), et l'empereur François Ier l'anoblit en 1749. Ce fut alors qu'il se décida à quitter Gœttingue pour s'établir dans sa ville natale, qui venait de marquer glorieusement sa place dans ses conseils.

Berne eut ainsi la préférence sur Berlin, où Frédéric II appelait Haller de cette voix séduisante qui suscita à Voltaire lui-même tant de déceptions et de repentirs. Une fois à Berne, à l'âge d'environ quarante-deux ans, Haller montra une activité nouvelle. Tour à tour juge, préfet cantonnal, directeur des salines de la confédération helvétique, puis fondateur de l'université de Lausanne, plusieurs fois aussi il dut employer son éloquence à la réconciliation de quelques cantons voisins, tant ces austères confédérés suisses ont toujours été enclins à la discorde. Devenu vieux, il composa deux romans et des dialogues, dans le but de préconiser l'aristocratie. Haller était doué d'une mémoire étonnante : on l'a vu, à la suite d'un évanouissement, et comme essai des facultés qu'il récupérait, énumérer sans nulle erreur tous les fleuves qui se jettent dans l'Océan. Il possédait presque au même degré le français, l'allemand, l'italien et le suédois. Tantôt comme observateur, et tantôt par dissidence de doctrines, il eut à combattre tour à tour Coschwitz, Hamberger, Buffon, Lamettrie, Voltaire, etc. Mais les *Lettres* qu'il publia contre celui-ci étaient en allemand, et il s'opposa à ce qu'elles fussent traduites tant que Voltaire et lui seraient tous les deux de ce monde. Voltaire ne comprenait pas l'allemand. Sa réputation d'universalité était si bien établie, que le prince de Radziwill trouva ingénieux de le nommer général-major dans son armée de confédérés polonais. La ville de Berne, pour mieux se l'attacher et lui complaire, créa pour lui seul expressément des magistratures qui devaient s'éteindre après sa mort. Qu'on dise donc que les républicains n'ont ni courtoisie, ni munificence, ni gratitude envers le génie! Mais le témoignage d'estime auquel il fut le plus sensible, ce fut la visite que lui rendit l'empereur Joseph II, celui-ci n'ayant point fait le même honneur à Voltaire : Marie-Thérèse avait en effet défendu au jeune prince d'aller à Ferney, qu'elle considérait comme le théâtre de l'irréligion.

Haller mourut le 12 décembre 1777. Il avait si parfaitement conservé sa connaissance jusqu'à l'heure suprême, qu'il continua d'étudier son pouls jusqu'à sa dernière pulsation, ayant soin de marquer par un signe de tête le moment précis où il devint insensible. Joseph II acheta pour l'université de Pavie, qui les possède aujourd'hui, les vingt mille volumes composant la bibliothèque de Haller.

Dr Isidore BOURDON.

HALLER (CHARLES-LOUIS DE), petit-fils du précédent, né à Berne, en 1768, fut nommé en 1795 secrétaire du petit conseil à Berne : plus tard il entra dans l'administration autrichienne; puis il revint, en 1806, se fixer dans sa ville natale, où il obtint une chaire d'histoire à l'université, et où, en 1814, il fut admis membre du grand et du petit conseil. Pour se venger de l'esprit révolutionnaire, qui l'avait forcé à abandonner sa patrie, il conçut le projet de l'attaquer dans ses principes et ses idées. Il composa à cet effet sa *Restauration de la science politique* (tomes I à IV, Winterthur, 1816-1820; tome V, 1822; tome VI, 1834), ouvrage qui n'est que le mélange indigeste d'un prétendu système territorial, des doctrines de Hobbes et de fantaisies théocratiques, mais qui n'en eut pas moins un grand retentissement, grâce aux circonstances au milieu desquelles il parut. La sainte-alliance s'occupait alors de reconstituer l'Europe et d'y détruire à jamais le germe du venin révolutionnaire que la littérature et ensuite les victoires des Français avaient successivement inculqué à toutes les nations. Lois, mœurs, institutions, sciences, idées, on prétendait alors tout renouveler; ou du moins on se proposait de les faire rétrograder de quelques siècles. De là une lutte dont le résultat final ne devait pas être douteux, mais au début de laquelle les partisans de la rénovation monarchique et religieuse des idées ne laissèrent pas que de développer beaucoup d'activité. Haller, avec son lourd galimatias, se trouva là à point nommé pour que la réaction le proclamât le Montesquieu monarchique. Il voulut être conséquent avec les principes qu'il préconisait, et abandonna le protestantisme, religion de la révolte, pour embrasser le catholicisme. Sa conversion fit encore bien autrement de bruit que son livre, et devint de la part des protestants l'occasion des plus vives attaques. On reprocha amèrement au néophyte la dissimulation qu'il avait apportée dans cet acte si solennel de sa vie, accompli dès 1820 et rendu public une année seulement après; délai pendant lequel il avait cauteleusement conservé des fonctions rétribuées incompatibles avec sa nouvelle religion, et dont force lui fut de se démettre enfin en 1821. Le parti clérical, qui gagnait de plus en plus la haute main en France, crut s'assurer d'un puissant moyen d'action sur l'opinion en enrôlant à sa solde le *restaurateur de la science politique*. On attira donc à Paris Haller, qui y fut choyé par le parti dominant comme ne l'avait encore jamais été aucun étranger, et à qui on donna tout aussitôt une sinécure de 12,000 francs au ministère des affaires étrangères. De 1824 à 1830, Haller enrichit périodiquement de sa prose plus allemande que française les colonnes du *Drapeau blanc* de Martainville et du *Mémorial catholique* de l'abbé de Lamennais, et fut nommé au commencement de 1830 professeur à l'École des Chartes; car il était de ces hommes chers à la congrégation que celle-ci avait à cœur de fourrer partout, et surtout de convenablement nantir d'emplois grassement rétribués. La tourmente de Juillet n'eut qu'à souffler sur cette fortune, aussi éphémère que la réputation qui en était le prétexte, pour la faire crouler; Haller s'en retourna en Suisse, où il devint l'un des meneurs du parti ultramontain, toujours d'autant plus choyé dans les jésuitières et les sacristies qu'il était protestant *converti*. Il est mort à Soleure, le 20 mai 1854.

HALLEY (EDMOND), célèbre astronome et naturaliste, né le 29 octobre 1656, à Haggerston, hameau voisin de Londres et aujourd'hui englobé dans cette capitale, se consacra d'abord à l'étude de la littérature et des langues anciennes, mais plus tard exclusivement à celle de l'astronomie, pour laquelle il se sentit pris tout à coup d'un entraînement irrésistible. Après avoir, à l'âge de dix-neuf ans, résolu le difficile problème de l'excentricité des plans, il reçut, en 1676, du gouvernement la mission d'aller à l'île de Sainte-Hélène faire des observations relatives à l'hémisphère austral). Son *Catalogus Stellarum Australium* (Londres, 1679) fut le fruit de ce voyage, au retour duquel la Société royale de Londres et l'Académie des Sciences de Paris s'empressèrent de l'accueillir dans leur sein. La première de ces compagnies savantes, qui l'avait nommé son secrétaire, l'envoya à Dantzig, à l'effet d'y remplir les fonctions d'arbitre à propos d'une discussion scientifique survenue entre Mooke et Hevelius. Plus tard, elle lui confia encore des missions scientifiques en France et en Italie. Entre Calais et Paris, il découvrit une comète qui, d'après lui, a été nommée *comète de Halley*, et qui cette année là fut deux fois visible. Il l'observa ensuite à l'Observatoire royal, dont la construction était toute récente. En 1703 il fut nommé professeur de géographie à Oxford, et en 1720 astronome royal à Greenwich en remplacement de Flamsteed. C'est là qu'il remania sa théorie de la lune, afin de la perfectionner assez pour la faire servir, autant que possible, à la détermination des longitudes en mer.

Halley mourut le 14 janvier 1742, à l'âge de quatre-vingt-six ans. Ses principaux écrits, composés les uns en latin, les autres en anglais, sont : *Catalogus Stellarum Australium. Théorie des Variations de l'Aiguille Aimantée* et *Carte des Variations de l'Aiguille Aimantée.* (Ces deux ouvrages, fruit de longues et pénibles observations, furent publiés dans toutes les langues dès qu'ils parurent, à cause de leur grande utilité pour la navigation : joints aux travaux du même auteur sur les vents qui règnent dans les mers placées entre les tropiques, ils lui ont mérité le nom de *grand capitaine*, titre que lui donnèrent les marins au retour de ses expéditions lointaines); *Miscellanæa curiosa*, mélanges composés d'un grand nombre de discours lus à la Société royale de Londres, et renfermant la description des principaux phénomènes de la nature; *Tabulæ astronomicæ*, qui ne parurent qu'après sa mort (Londres, 1749), et dont Lalande publia une nouvelle édition dix ans plus tard. Il faut encore ajouter à cette liste les mémoires imprimés dans les *Transactions philosophiques*, et diverses traductions d'ouvrages anciens.

Signalons maintenant les plus importantes découvertes de Halley. Nous placerons en première ligne le calcul du mouvement des comètes. Pressé par les sollicitations de notre savant, Newton avait publié son livre des *Principes*, qui anéantissait le système cartésien. Pour lui porter le dernier coup et établir d'une manière invincible la nouvelle philosophie de son illustre compatriote, Halley résolut d'appliquer la méthode de Newton à la détermination des orbites paraboliques des comètes. Le travail était immense, mais il ne l'effraya point. Il calcula la carrière fournie par 24 comètes qui avaient été assez exactement observées depuis 1347 jusqu'à 1698; et ce travail lui fit découvrir que la comète de 1682 avait déjà paru en 1456, 1531 et 1607, et il en conclut que sa révolution devait être de soixante-quinze ans. Il prédit en conséquence son retour pour l'année 1758 ou 1759, et l'événement a justifié la hardiesse de cette prédiction. C'était pour la première fois que, d'après des observations astronomiques et des principes mathématiques, on parvenait à découvrir la nature du mouvement des comètes et la durée de leur révolution. Clairaut eut ensuite la gloire de déterminer avec précision l'époque de leur retour.

Nous devons encore à Halley la méthode la plus simple pour obtenir les distances des astres. Durant son séjour à Sainte-Hélène, il avait remarqué un passage de Mercure sur le disque solaire, et dès lors il avait pressenti que les immersions des planètes inférieures pouvaient servir avec le plus grand avantage à la détermination de la parallaxe du soleil, de laquelle dépendaient toutes les dimensions du système planétaire. Après bien des calculs, il annonça qu'un passage de Vénus ferait connaître la distance du soleil à la terre avec la plus grande précision. Il ne vécut pas assez pour voir ses calculs vérifiés par l'observation; mais tous les astronomes de l'Europe ont profité de son beau travail, et l'on ne saurait plus s'occuper des dimensions de notre système sans rappeler le souvenir de Halley. En suivant les calculs qui l'avaient dirigé dans cette importante recherche, il se convainquit que la parallaxe et le diamètre des étoiles devaient être insensibles. Il les plaça donc à une distance infinie de notre globe, et, après avoir observé qu'elles avaient des mouvements particuliers, il enseigna qu'elles devaient être autant de soleils destinés à échauffer et à éclairer d'autres terres.

HALLIER ou **TRÉMAIL**, espèce de filet perpendiculaire qu'on emploie notamment dans la chasse aux cailles.

HALLIG (au pluriel *Halligen*). C'est le nom sous lequel on désigne, le long du littoral de la mer du Nord, des districts de Marches qui n'ont point encore été mis à l'abri des fureurs des vagues au moyen de digues ou bien que la rupture de leurs digues a remis dans leur état primitif. Sur les côtes des duchés de Schleswig-Holstein, on le donne plus particulièrement aux petits îlots qui les flanquent, par opposition aux grandes îles protégées par des dunes et des digues. Ces îlots, élevés d'un mètre au plus au-dessus des marées ordinaires, sont souvent, dans les mois d'hiver surtout, recouverts deux fois par la mer dans la même journée. Les plus grands ont à peine deux kilomètres de superficie et ne sont souvent habités que par une seule famille; les plus petits, qui demeurent inhabités, ne servent qu'à produire du foin un peu court et très-fin. Dans les uns et les autres on chercherait vainement le moindre arbre, le plus petit arbrisseau ou de l'eau douce; partout l'œil ne découvre que la triste verdure des endroits recouverts d'un épais limon verdâtre ou bien de prairies souvent interrompues par des flaques d'eau stagnante, où le mouton, habitué à vivre de peu, trouve à grand-peine sa nourriture. Cet animal constitue l'unique richesse des habitants des *Halligen*, qui n'ont pas même la ressource de la pêche, parce que le poisson évite avec soin les parages que la mer couvre et abandonne tour à tour. Ils construisent leurs habitations sur de petits tertres artificiels et les assujettissent au sol à l'aide de pilotis. Ces tertres ont rarement plus d'espace qu'il n'en faut pour laisser autour de la hutte un étroit passage; et il n'est pas rare de voir les vagues engloutir ces frêles constructions. Quelques-uns de ces îlots s'accroissent constamment par alluvion; d'autres, au contraire, voient chaque jour la mer empiéter davantage sur leurs limites. L'habitant peut suivre de l'œil l'invasion des flots et calculer de la manière la plus précise l'époque où l'héritage de ses enfants aura tout entier disparu. Et cependant, quelque misérable que soit un tel séjour, l'habitant tient aux lieux où il est né, aime à leur donner le doux nom de patrie; et à peine a-t-il échappé à une inondation qui lui a enlevé tout ce qu'il possédait, qu'il se reconstruit une nouvelle demeure à quelques centaines de pas plus loin.

HALLIWELL (James Orchard), critique anglais, né en 1820 à Chelsea, a débuté dans les lettres par une édition des *Voyages* de sir John Mandeville (1839). En 1842 il donna un vieux roman en vers, du quinzième siècle, *Torrent of Portugal*, découvert par lui dans une bibliothèque. La même année, il fut chargé par la *Shakespeare Society* de publier le manuscrit original des *Merry Wives of Windsor*; et ce travail le conduisit à faire une étude toute particulière de tout ce qui a été écrit jusqu'à ce jour au sujet de Shakespeare. En 1845, il fut accusé d'avoir dérobé des manuscrits précieux dans la bibliothèque du collége de La Trinité à Cambridge; mais l'instruction commencée contre lui fut plus tard abandonnée. En 1852 il entreprit, par souscription, une édition complète et de grand luxe de Shakespeare, en 20 volumes in-folio. On a de lui une *Histoire de la Franc-Maçonnerie en Angleterre*, et en publiant les *Letters of the kings of England* (2 vol, 1846) il a mis en lumière un grand nombre de documents curieux enfouis jusque alors dans les archives de l'histoire.

HALLOREN (Les). Voyez Halle en Saxe.

HALLUCINATION. Ce mot dérive du latin *allucinatio, lucis alienatio vel aberratio*. L'Académie définit l'*hallucination :* erreur, illusion d'une personne qui croit avoir des perceptions qu'elle n'a pas réellement. Ce n'est pas ainsi qu'il faut l'entendre. Les perceptions qu'éprouve celui qui a des hallucinations sont très-réelles pour lui; ce qui n'existe pas, c'est l'objet produisant sur ses sens extérieurs les *sensations* qui font naître dans son esprit la *perception* d'un objet qui n'existe point. Le *Dictionnaire de Boiste* explique le mot *hallucination* par : *illusion des yeux*. Cette explication s'approche davantage de l'emploi qu'on a dû en faire originairement; mais elle est incomplète ou inexacte, du moins d'après l'usage qu'on en fait actuellement dans la science. L'erreur ou l'illusion, dans l'hallucination, peut avoir lieu non-seulement par les sensations de l'organe de la vue, mais encore par celles de l'ouïe ou de tout autre sens. Ainsi, celui qui croit sentir l'odeur du soufre, d'un cadavre, ou d'une rose, qui ne sont pas à la portée de son odorat; celui qui croit entendre une sonnette, le cri d'une femme ou le bruit du tonnerre, qui n'ont pas lieu réellement; celui qui sent dans sa bouche le goût du vinaigre, de la viande, ou d'un fruit qu'il n'a pas goûté; celui qui croit être saisi par les cheveux, ou qu'une main froide lui passe sur la figure, etc.; comme celui qui croit voir une étoile brillante, une personne, des oiseaux ou un corps quelconque devant ses yeux, tous sont dans un état d'hallucination. Les nerfs des sens extérieurs, dans cette circonstance, doivent éprouver ce mode d'être, ce mouvement intime, complétement identique à celui qu'ils ont éprouvé lorsque autrefois ils ont ressenti l'impression réelle de l'objet qui fait actuellement leur hallucination. Il faut donc regarder l'hallucination comme une affection morbide des nerfs des sens, ou, pour parler plus précisément encore, de la seule partie cérébrale destinée à percevoir les impressions des divers sens extérieurs. On aperçoit dans ce phénomène un jeu de réminiscence, et c'est pour cela que les hallucinés ne perçoivent que des choses déjà connues par eux.

Les hallucinations peuvent être regardées en quelque sorte comme les monomanies des sens extérieurs. L'hallucination est généralement passagère; si elle se prolonge, si elle dure longtemps, elle fait naître facilement le désordre dans les fonctions des organes du cerveau, et donne origine au délire, à la monomanie, à la folie. C'est pour cette raison que les auteurs qui ont traité des aliénations mentales ont confondu généralement l'hallucination avec le dérangement des facultés morales et intellectuelles. Esquirol, après avoir dit que les hallucinations affectent les idées non-seulement de l'organe de la vue, mais aussi celles appartenant aux autres sens, confond ensuite ces affections avec le délire, les visions et les monomanies. Quoiqu'il soit vrai que dans le langage ordinaire on puisse étendre la signification du mot *hallucination* à des affections cérébrales de diverses natures, nous insistons sur la nécessité que les savants ne l'emploient désormais que pour indiquer le dérangement ou l'erreur des simples sensations. « Je propose, dit encore Esquirol, le mot *hallucination*, comme n'ayant pas une acception déterminée, et comme pouvant convenir par conséquent à toutes les variétés du délire qui supposent la présence d'un objet propre à exciter l'un des sens, quoique ces objets ne soient pas à leur portée. Par cette définition, nous nous trouvons rapprochés; mais il nous paraît, toutefois, que le mot *délire* devrait être réservé à exprimer un désordre quelconque des fonctions du cerveau, et que le mot *hallucination* ne devrait être employé qu'à exprimer le seul désordre des sensations. »

Lorsque, dans l'hallucination, on croit voir une ou plusieurs personnes; lorsque, après l'affection de l'organe de la vue, d'autres organes, celui de l'ouïe, par exemple, du toucher, ou tout autre, entrent en action, et participent à cette première illusion; lorsque, enfin, par suite de ces sensations combinées, les organes cérébraux entrent à leur tour en activité, et réagissent comme si les perceptions provenaient de la réalité des objets qui affectent les sens, alors il y aura une vision ou le délire, qu'il ne faut pas confondre avec l'hallucination qui l'a provoquée. On peut dire la même chose pour les rêves, le somnambulisme, la manie, etc. L'halluciné est intimement convaincu de la présence réelle des objets qui l'affectent, et il juge, raisonne et agit en conséquence de cette persuasion. Allez donc dissuader un malade de cette nature qu'un tel fruit, une telle odeur, un tel objet, n'existent pas devant lui, lui qui éprouve réellement la sensation de leur présence? Voilà pourquoi tous les raisonnements ne servent à rien pour les convaincre du contraire. Les hallucinations sont ordinairement la suite de fortes impressions exercées sur le système nerveux, et d'une irritabilité particulière de certains individus. C'est une maladie, comme nous avons dit, de la partie cérébrale qui perçoit les sensations de chaque sens; et très-souvent le cerveau entier participe du même désordre. Dr FOSSATI.

HALM (FRÉDÉRIC). *Voyez* MUNCH BELLINGHAUSEN.

HALO. Parfois, autour du soleil et de la lune, à travers une atmosphère ou brumeuse ou sereine, on aperçoit de grands cercles brillants : ces cercles, presque toujours d'un éclat argenté quand ils environnent la lune, se teignent aux rayons du soleil de toutes les couleurs, mais un peu affaiblies, de l'arc-en-ciel. On a nommé ce phénomène *halo*, du mot grec ἅλως ou ἅλων, aire, surface, parce qu'il paraît toujours comme une aire circulaire autour des astres. La science a cherché à l'expliquer : d'abord elle a cru reconnaître que le diamètre du premier cercle sous-tend généralement un angle de 45 ou 46 degrés, que ses teintes suivent les dégradations des sept couleurs qui composent le rayon solaire, et sa première conclusion a été d'en attribuer la cause à la réfraction. Mais comment et à travers quelle substance a lieu cette réfraction? Descartes, toujours riche d'imagination, sema dans les hautes régions de l'air des myriades de ces étincelantes étoiles qu'on remarque dans la neige, il renfla ces étoiles par leur milieu, et la lumière, réfractée à travers ces globes nouveaux, se dessina en cercles plus ou moins nombreux, selon les séries qu'elle avait traversées. Huyghens modifia la rêverie de Descartes : il suspendit dans l'air des globules transparents à noyau opaque : tel serait un globule de neige comprimé au centre d'un globule de glace. Mariotte remplaça tout cela par de petites aiguilles de vapeur d'eau cristallisée; il les fit transparentes et prismatiques, leur donna un angle de réfringence de 60 degrés (c'est l'angle de déviation minimum), les disposa à son gré pour produire sur l'œil du spectateur un faisceau conique de même teinte, et la lumière des astres se décomposa à travers ces petits glaçons comme à travers un prisme. Qu'y a-t-il de prouvé dans tous ces systèmes? Rien. Le seul résultat un peu certain auquel soit arrivée la science dans l'explication de ce phénomène, c'est qu'il est dû à la réfraction de la lumière dans l'atmosphère; car Arago, en soumettant à la polarisation la lumière du halo, a reconnu qu'elle se conduisait comme les rayons lumineux déjà réfractés. Les halos sont souvent accompagnés de parhélies. Théogène PAGE.

HALOÉES (de ἀλοάω, battre le grain), fêtes que les laboureurs athéniens célébraient en l'honneur de Cérès et de Bacchus au mois de possidéon; c'était le temps où l'on battait le blé de la récolte.

HALOMANCIE (du grec ἅλς, sel, et μαντεία, divination), divination par le sel. Les anciens regardaient le sel comme sacré : ils sanctifiaient leurs tables en y plaçant les statues des dieux et des salières. L'oubli de cette formalité était pour eux un présage de grands désastres. Il devait aussi arriver malheur à qui s'endormait à table avant qu'on eût retiré les salières. Au dix-neuvième siècle encore, de bonnes gens regardent comme un signe funeste de renverser une salière.

HALS (FRANÇOIS), peintre de l'école hollandaise, né à Malines, en 1584, avait un rare talent, mais manquait absolument de constance, et étudia son art sous la direction de Charles van Mender, sans avoir, pour ainsi dire, de plan ni s'astreindre à aucune règle. Sa fréquentation des cabarets, où, disait-il, il rencontrait la vie et la nature, l'amena à entreprendre le portrait, genre dans lequel il n'a été surpassé que par Van Dyck. Tous ses portraits, et le nombre en est considérable, sont ingénieusement conçus, traités avec une aisance toute particulière, et d'une ressemblance frappante. Il apportait un soin extrême aux détails du costume, et ses mains sont parfaites. Il fut l'un des plus habiles représentants de la peinture de portraits telle qu'on l'entendait en Hollande à une époque où les artistes ne s'efforçaient point d'idéaliser l'original, mais de le mettre en lumière avec le plus d'énergie possible et avec le caractère qui lui était particulier.

Hals mourut en 1666, et laissa plusieurs fils, qui se firent également un nom comme artistes.

HALTE. Il y a incertitude sur l'étymologie de ce mot, que les uns font venir du latin *halitus*, haleine, comme si l'on faisait *halte* pour reprendre haleine; d'autres, de *alto*, parce que jadis, dans les *haltes*, on plantait les piques. Nous croyons qu'il faut plutôt en chercher la source dans le mot allemand *halten*, s'arrêter. *Halte*, en termes de guerre, signifie pause, station que font des militaires dans leur marche. Dans les lieux abruptes et que coupent de nombreux défilés, la troupe est obligée de faire de fréquentes *haltes*. On donne aussi ce nom à de courts repos dans les marches non militaires, et, par extension, on s'en sert pour désigner le lieu fixé pour la *halte*, le repas que l'on fait pendant la *halte*. Les chasseurs se servent également de ce mot dans ces deux acceptions.

Halte est encore un commandement militaire, qu'on emploie pour enjoindre à une troupe de s'arrêter.

Halte-là veut dire : Arrêtez-vous là, n'avancez pas davantage! Il est principalement usité en termes de guerre : c'est ainsi que la sentinelle crie à une patrouille, à une ronde : *Halte-là!* Dans le langage familier, *halte-là* s'emploie lorsqu'une personne s'émancipe et va au delà de ce qui convient, pour l'arrêter, pour lui imposer silence.

Jadis on a écrit halte *halt*, et l'on a dit *halter* pour faire *halte*, se disposer à une *halte*, s'arrêter.

HALURGIE (de ἅλς, sel, et ἔργον, œuvre). C'est le nom scientifique donné à l'art d'extraire, de purifier ou de fabriquer le sel employé tant dans les usages domestiques que par l'agriculture (*voyez* SALINES). En chimie on réserve plus spécialement ce mot pour désigner la partie de la science qui traite des sels en général.

HAM, petite ville forte du département de la Somme, avec 2,375 habitants, des moulins à farine, des sucreries, et un vieux château, transformé en prison d'État, dont la principale tour, haute de 33 mètres sur autant de diamètre, passait jadis pour la plus forte de France. Les murs ont 12 mètres d'épaisseur. On y lit au-dessus de la porte d'entrée cette inscription en caractères gothiques : *Mon mieux*. Il fut construit vers 1470, par le connétable de Saint-Pol. Le château de Ham servit de prison d'État au célèbre marin

Jacques Cassard, à Marbœuf, à Victor Hugues, à Jules de Polignac, au maréchal Moncey.

Sous Louis-Philippe, Peyronnet, Polignac, Chantelauze, Guernon-Ranville, signataires des ordonnances de juillet 1830, y subirent une assez longue détention, ainsi que Louis-Napoléon, à la suite de son échauffourée de Boulogne. Bou-Maza et Cabrera y passèrent aussi quelque temps.

[On battait monnaie à Ham dès le règne de Charles le Chauve. En 932, Herbert de Vermandois s'en rendit maître; mais Ham fut remis sous le pouvoir du roi de France par Hugues Le Blanc et Gilbert de Lorraine. L'année suivante, Eudes, fils d'Herbert, s'en empara de nouveau, et par suite d'un accord signé en 934 avec Raoul de France, la possession lui en fut assurée. En 1369, sous le règne de Charles V, les Anglais, refoulés de la Guyenne dans le nord de la France, tentèrent inutilement de s'en emparer. Pendant les troubles désastreux du quinzième siècle, Ham soutint le parti du duc d'Orléans, et fut en butte aux attaques des Bourguignons : c'est ainsi qu'en 1406 cette ville fut livrée au pillage; qu'en 1411, lorsqu'elle se relevait à peine de ses ruines, elle fut assaillie par le duc Jean de Bourgogne; et, malgré la défense héroïque du connétable d'Albret, elle fut contrainte de souffrir la loi du vainqueur; « et là, dit Pierre de Fénin, chroniqueur contemporain, feirent les Flamens grand pillage et mirent le feu partout ». En 1414 Jean de Luxembourg s'en rendit encore maître, « et fut la ville toute robée et devêtue de tous biens ». Cependant, les Bourguignons s'y établirent, et en 1423, Othon de Xaintrailles ayant pénétré dans la place par escalade, en fut chassé peu après par Jean de Luxembourg. En 1434 les troupes royales y pénétrèrent encore, et la ville dut payer 40,000 écus d'or. Enfin, en 1468 un traité fut signé à Ham entre les députés de Louis XI et de Charles le Téméraire.

Après la désastreuse bataille de Saint-Laurent, Ham tomba au pouvoir des Espagnols (1557); mais par le traité de Cateau-Cambrésis, signé en 1559, cette ville fut rendue à la France Profitant des troubles de la Ligue, les Espagnols y rentrèrent, et gardèrent cette place jusqu'en 1595, où elle fut reprise par les Français, après un combat très-vif; et depuis lors elle leur demeura. En 1815 la ville obtint une capitulation honorable.

La seigneurie de Ham, qui fut érigée en pairie en 1407, fut possédée par les familles de Courcy, d'Orléans, de Luxembourg et de Vendôme.

Cette ville possédait une abbaye qui est célèbre dans l'histoire. Fondée ou rétablie en 1108 par Odon, seigneur du château de Ham, comme il résulte de la charte donnée par Baudry, évêque de Noyon, elle fut occupée par des religieux de l'ordre de Saint-Augustin. En 1641 ces religieux embrassèrent la réforme de la congrégation de France, et le monastère fut entièrement restauré en 1678, par Louis Fouquet, évêque d'Agde, et trente-septième abbé commendataire.

La ville de Ham contenait autrefois trois paroisses; elle n'en renferme plus maintenant qu'une seule, dans laquelle on retrouve quelques restes d'architecture romane ; on fait en effet remonter à l'église primitive de 1108 le portail principal, ainsi que les murs inférieurs de l'édifice. La crypte ou église souterraine excite encore l'admiration des archéologues. A. D'HÉRICOURT.]

HAMAC, espèce de lit suspendu dont font usage la plupart des peuplades aborigènes de l'Amérique, et que beaucoup de créoles et d'Européens habitant le nouveau continent préfèrent aux meilleurs de nos lits d'Europe. Ce meuble fort simple d'ailleurs est susceptible de recevoir les ornements les plus variés. Les *hamacs* des Caraïbes sont ceux dont on fait le plus de cas. Ils sont formés d'un grand morceau d'étoffe de coton, épaisse comme du drap, d'un tissu très-égal et très-serré, ayant la figure d'un parallélogramme, de trois mètres environ de long, sur deux de large. Tous les fils de l'étoffe sur les bords des deux longs côtés excèdent la lisière d'environ 20 centimètres, et sont disposés par écheveaux formant des espèces de boucles dans lesquelles sont passées de petites cordes, de quarante à cinquante centimètres de longueur, qu'on nomme *filet*, servant à faciliter l'extension et le développement du *hamac*. Toutes ces petites cordes, réunies par une de leurs extrémités, forment une grosse boucle à chaque extrémité du *hamac*. C'est dans ces boucles qu'on passe les rubans, ou grosses cordes, qui servent à suspendre la machine au haut de la case ou aux branches d'un arbre. Dans les colonies, les femmes riches se font transporter dans des hamacs suspendus par leurs extrémités à un long bambou que deux nègres placent sur leurs épaules. Dans les voyages, le hamac est suspendu à deux bambous, et porté alors par quatre nègres.

On donne aussi à bord de nos navires le nom de *hamac* à un morceau de grosse et forte toile que dans notre ancienne marine, avant nos relations avec le Nouveau Monde, on appelait *branle*, et qui ne diffère de ceux que nous venons de décrire que par ses dimensions moindres (2 mètres sur 1). On le suspend au plancher d'une chambre, d'un entrepont, d'une batterie, au moyen de deux faisceaux de cordelettes appelées *araignées*, lesquelles s'attachent à différents points des extrémités de ce rectangle. On y place quelquefois un matelas, des draps et une couverture. C'est le coucher ordinaire des matelots ; et quand une bataille doit avoir lieu, on se sert des hamacs en guise de parapet destiné à mettre les matelots à l'abri des coups de l'ennemi, ainsi qu'à protéger les principaux cordages. On attribue l'invention du hamac (*lectus pensilis*) à Asclépiade. Mercurialis en parle longuement dans sa *Gymnastique*. Alcibiade fut sévèrement censuré par les Athéniens de ce qu'au lieu de se coucher sur le pont, il suspendait son lit avec des cordes pour éviter les mouvements du roulis. Sénèque parle de baignoires suspendues.

HAMADAN. *Voyez* ECBATANE.

HAMADRYADES, nymphes que quelques auteurs, et Properce entre autres, ont confondues avec les dryades. Celles-ci étaient en général les protectrices des forêts : une seule pouvait présider à un bois tout entier; chaque arbre, au contraire, avait sa déité, son hamadryade, qui y était renfermée : elle naissait, croissait et mourait avec lui. Selon Athénée, on ne devrait compter que huit hamadryades, filles d'Hamadryas et d'Oxylos, son frère. Elles avaient donné leurs noms au noyer, au balanos ou palmier, au cornouiller, au hêtre, au peuplier, à l'orme, à la vigne et au figuier; mais il est évident que l'on doit faire une classe particulière des hamadryades qui présidaient à ces arbres, ou qu'elles avaient des attributs différents de ceux des nymphes, dont le sort était, comme on l'a vu, entièrement dépendant de celui des divers arbres avec lesquels elles étaient nées. Nous ne connaissons qu'un très-petit nombre d'hamadryades sous les noms qui leur furent imposés. Suivant Hésiode, cité par Plutarque, la vie des hamadryades se serait, selon la supputation la plus modérée, prolongée jusqu'à 933,120 ans; ce qui ne s'accorderait guère avec la durée ordinaire des arbres, auxquels cependant leur existence était attachée. C'était particulièrement avec les chênes que les hamadryades étaient unies, comme l'indique leur nom, composé de ἅμα, ensemble, et de δρῦς, chêne. L'adoration des arbres et des divinités qui y étaient attachées est attestée par toute l'antiquité; les monuments ont conservé aussi le souvenir de ce culte, et les Pyrénées nous ont offert plusieurs autels qui rappellent les vœux qui furent adressés à des arbres, à cette époque où les Romains possédaient l'Aquitaine et la province Narbonnaise. Alexandre DU MÈGE.

HAMASA, c'est-à-dire *bravoure*. C'est le titre d'une collection d'anciens chants héroïques arabes, que le poète Abou-Temam recueillit dans un grand nombre de sources manuscrites, et qu'il divisa en dix livres, dont le premier et le plus étendu contient les *chants de guerre*; d'où la dénomination générique donnée au recueil tout entier. Les autres livres contiennent des lamentations sur les morts, des chants d'amour, des sentences morales, etc. Il n'y a pas d'ouvrage qui reproduise d'une manière aussi actuelle et aussi saisissante, la vie, les idées et les sentiments des fils du désert. Les traits d'héroïsme les plus nobles, les pensées les plus délicates du cœur y alternent avec les éclats les plus sauvages de la vengeance et des plus odieuses passions. Ces poëmes font bien comprendre le phénomène historique des victoires incessantes remportées par ce peuple que fanatisait la religion de Mahomet. Dès le onzième siècle, Tebrizi, écrivain arabe, composait des scolies fort étendues sur cet ouvrage; et Freytag les a ajoutées à sa traduction latine de l'*Hamâsa* (Bonn, 2 vol., 1828-1851).

HAMBACH, village du Palatinat bavarois, avec les ruines d'un vieux manoir féodal, où se tint le 27 mai 1832 une grande fête populaire, à l'occasion de laquelle eurent lieu des démonstrations politiques qui alarmèrent grandement les souverains composant la confédération germanique. Un journal démocratique, *La Tribune allemande*, répandait alors dans les contrées rhénanes une grande agitation, par la hardiesse des opinions qu'il émettait au sujet du non-accomplissement par les souverains allemands des promesses formelles de liberté qu'au jour du danger ils avaient faites à leurs peuples. L'anniversaire de l'octroi de la constitution bavaroise fut considéré par le parti du mouvement comme une circonstance favorable à exploiter pour gagner du terrain dans l'opinion. Une grande fête populaire fut donc annoncée pour le 27 mai 1832 aux ruines du château de Hambach; et on convia les populations des diverses parties de l'Allemagne à s'y faire représenter. Environ 30,000 personnes répondirent à cet appel; et, comme il n'arrive que trop souvent dans les grandes réunions d'hommes, les esprits, sous l'influence des idés mises en circulation par une presse évidemment révolutionnaire, témoignèrent bientôt d'une exaltation extrême. A ce moment on distribua à la foule des milliers d'exemplaires de la traduction allemande de la *Déclaration des droits de l'homme*, puis on déploya l'étendard tricolore allemand. Des discours passablement incendiaires terminèrent cette démonstration patriotique, dont le retentissement en Allemagne fut immense, et qui provoqua tout aussitôt de la part de la diète germanique les mesures et les précautions répressives les plus énergiques. Une tentative faite l'année suivante pour renouveler à Hambach les mêmes scènes fut déjouée par le gouvernement. En 1842 le manoir de Hambach fut *débaptisé* pour être offert, sous le nom de château de Max (*Maxburg*), par la province du Palatinat, au prince royal de Bavière, Maximilien, à titre de présent de noces.

HAMBOURG, la plus grande des villes libres de l'Allemagne et la plus importante de ses villes commerciales, est bâtie dans une belle contrée, sur les bords de l'Elbe, à 12 myriamètres de l'embouchure de ce fleuve dans la mer du Nord, et sur les rives à l'Alster. Au nord-est et encore au dehors de la ville, l'Alster forme un grand bassin (l'*Aussenalster*, l'Alster extérieur), communiquant avec un bassin moindre, situé à l'intérieur de la ville (le *Binnenalster*, l'Alster intérieur); et tous deux sont en communication par des canaux avec l'Elbe, où l'Alster va se jeter à sa sortie de la ville. Un bras de l'Elbe, qui de l'est entre dans la ville, s'y partage en canaux décrivant de nombreuses sinuosités, et qui se réunissent tous au sud de Hambourg pour se confondre avec le canal de l'Alster et former un port profond, dit *Oberhafen* (port supérieur), à l'usage des navires qui arrivent à Hambourg en descendant l'Elbe, puis va rejoindre le principal bras du fleuve. Celui ci, qui baigne la ville au sud, y forme le vaste port inférieur (*Niederhafen*), qu'on divise encore en port intérieur et port extérieur, et reçoit les bâtiments du commerce. Des canaux (appelés ici *Fleete*) parcourent la partie basse de la ville dans toutes les directions. Un fossé assez profond, large de 40 mètres et rempli d'eau provenant en partie de l'Elbe, entoure en outre la ville. Les communications entre ces voies d'eau intérieures ont lieu au moyen de soixante ponts. L'immense pont de bois que le maréchal Davoust fit jeter sur l'Elbe en 1813, et qui reliait Hambourg à Harbourg, n'existe plus.

Hambourg est partagée en vieille ville (*Altstadt*) et en ville neuve (*Neustadt*) avec les faubourgs de Saint-Georges et de Saint-Paul ou *Hamburger-Berg*. La vieille ville, qui en forme la partie orientale, et qui en grande partie se compose d'îles, et la ville neuve, qui en forme la partie occidentale, constituent un tout depuis 1615, et sont divisées en cinq paroisses : Saint-Pierre, la seule église qu'il y eut jusqu'au milieu du treizième siècle; Saint-Nicolas, la plus petite, mais la plus riche; Sainte-Catherine, qui contient les plus riches magasins; Saint Jacques, réunie à la ville au quinzième siècle, et Saint-Michel, la plus grande de toutes. Le faubourg Saint-Georges, situé à l'est de la ville, date du treizième siècle; mais il ne prit des développements considérables qu'à la fin du dix-huitième siècle, époque où les émigrés français vinrent en foule s'y établir. Le faubourg Saint-Paul, qui confine à l'ouest à Altona, est mentionné de bonne heure dans les annales de la ville, sous le nom de de *Hamburger-Berg* (Montagne de Hambourg); mais c'est dans ces derniers temps seulement qu'il a pris de plus en plus l'aspect d'une ville. Dès 1804 on avait démoli les anciennes fortifications qui entouraient la ville; quant à celles qui y élevèrent les Français au temps de l'occupation, la guerre ne fut pas plus tôt finie, qu'on s'empressa de les raser, et depuis 1819 de gracieux jardins anglais les ont partout remplacées. Toutefois, on a maintenu l'usage des Portes, qu'on ne peut plus franchir, le soir une fois venu, qu'en acquittant un modique péage. Il n'y a pas longtemps qu'à minuit précis elles étaient strictement fermées jusqu'au lendemain matin.

Les rues sont bien pavées, sillonnées à l'intérieur de la ville neuve par un vaste réseau d'égouts souterrains et éclairées au gaz. Parmi les rues les plus importantes, on peut citer l'ancien et le nouveau *Jungfernstieg*, l'*Alsterdamm*, l'*Esplanade*, le nouveau et l'ancien *Rempart*, la *Ferdinandsstrasse* et l'*Admiralitætsstrasse;* et parmi les nombreuses places publiques, l'*Adolphplatz*, située à peu près au centre de la ville, où se trouve la nouvelle Bourse, inaugurée en 1841, est la plus considérable. A la suite du terrible incendie qui dévasta cette ville en 1842, Hambourg a singulièrement gagné sous le rapport de l'aspect extérieur, parce qu'en reconstruisant on a fait disparaître les rues étroites et tortueuses, et que les rues nouvelles ont pour la plupart été reconstruites sur un plan nouveau. Indépendamment des cinq grandes églises paroissiales protestantes qui donnent leur nom chacune à un quartier de la ville, Hambourg possède deux églises succursales; une église réformée allemande et une église réformée française, toutes deux depuis 1785; une église anglicane (depuis 1818); une église réformée anglaise (depuis 1826); une église catholique; un temple israélite (inauguré en 1844) et sept synagogues. Le plus beau de ces édifices consacrés au culte est l'église Saint-Michel, avec sa tour, haute de 152 mètres, construite de 1762 à 1786, par l'architecte Sonnin et avec des dépenses immenses, quand un incendie eut détruit, en 1750, l'église du Saint-Sauveur. L'incendie de 1842 dévora les églises Saint-Pierre, Saint-Nicolas et Sainte-Gertrude; et à la suite d'un sinistre de même nature, l'Église de l'Hospice des Orphelins avait perdu sa tour en 1839. En fait d'édifices publics, on doit surtout citer, après la nouvelle Bourse, l'hotel de ville, sur le nouveau rempart, l'Amirauté et le nouvel arsenal, le nouvel Hôpital général, qui peut recevoir 3,500 malades, l'Hospice des Orphelins et le Mont-de-Piété. L'incendie de 1842 dévora l'ancien hôtel de ville, qui datait du treizième siècle, la Banque, qui ne datait que de 1827, l'ancienne Bourse, la *Bœrsenhalle*, le *Commercium* avec sa bibliothèque, sa collection de cartes marines et de cartes géographiques, etc., l'édifice appelé *das Hohe* ou *Eimbeck'sche-Haus*, avec les caves du conseil municipal, etc., sans compter la maison de correction et le dépôt de mendicité, qui déjà avaient été en partie la proie des flammes en 1839. Mentionnons encore, en fait d'édifices remarquables, le *Baumhaus*, à cause de sa ravissante situation sur l'Elbe, le *Kaiserhof*, et la maison de Klopstock. Du haut de la tour de la grande machine hydraulique qui fournit d'eau potable toute la ville de Hambourg, l'œil découvre un admirable panorama.

Le territoire dépendant de la ville libre de Hambourg occupe une superficie de près de cinq myriamètres carrés, et renferme, y compris la ville, une population d'environ 300,000 âmes. Il se compose des îles et des villages situés près de la ville, du bailliage de Ritzebüttell au nord-ouest du duché de Bremen, avec le bourg de Ritzebüttel, de Cuxhaven, de l'île de Neuwerk, et du bailliage de Bergedorf, situé à l'est de la ville, dont Hambourg partage la possession avec Lubeck.

La constitution politique de Hambourg, aristocratie de la propriété foncière, a pour base le grand récès de 1712, dressé par une commission impériale, et est depuis 1814 ce qu'elle était avant 1810. A la tête de l'État est placé un sénat, composé de quatre bourgmestres et de vingt-quatre sénateurs et qui se recrute par une combinaison participant tout à la fois de l'élection et du sort. Trois des bourgmestres et onze d'entre les sénateurs doivent être gradués en droit; les autres sont des négociants. Au sénat sont adjoints quatre syndics, un protonotaire, un archiviste et deux secrétaires, mais n'ayant que voix consultative. Le sénat exerce le pouvoir exécutif; mais il ne saurait rendre de lois sans l'assentiment préalable des bourgeois ayant droit de voter (*erbgesessene Bürger*), et dont le nombre est minime relativement au chiffre total de la population. Est *erbgesessener Bürger* (citoyen ayant droit de voter) quiconque dans la ville possède un héritage (*Erbe*) de 1,000 thalers, et dans les faubourgs quiconque possède une capital de 2,000 thalers. Cette bourgeoisie pourvue de droits politiques est divisée en cinq paroisses, dont chacune élit trente-six bourgeois dans son sein pour former le grand comité du collége des *Cent quatre-vingts*. Celui-ci élit le collége des *Soixante*, dont les quinze membres les plus âgés forment le collége des *Anciens*. Il n'y a que ceux-ci et les membres du sénat qui reçoivent un traitement. Une commission particulière de bourgeois est chargée de l'administration financière. La justice est distribuée par diverses autorités en première instance, par le tribunal supérieur en appel, et en dernière instance par une cour suprême d'appel commune à Hambourg et à Lubeck. Les revenus publics de Hambourg ont de tout temps été fort considérables, sans que jamais l'impôt ait eu rien d'écrasant; et ce n'est qu'à la suite des dettes énormes que la ville dut contracter à l'époque de l'occupation française, que les impositions foncières y durent subir une notable augmentation. Dans ces dernières années, les revenus municipaux se sont élevés à 6 millions de marcs (près de 10 millions de francs). La dette de la ville s'élevait encore à environ 23 millions quand l'incendie de 1842 vint rendre nécessaire un nouvel emprunt de 32 millions, qui l'a portée à 55 millions. Dans le petit conseil de la confédération germanique, Hambourg et les autres villes libres d'Allemagne ont une voix en commun; elles en ont chacune une dans les assemblées plénières. Hambourg fournit à l'armée fédérale un contingent de 1298 hommes; elle entretient en outre un bataillon d'infanterie de 1050 hommes, deux compagnies d'artillerie et un escadron de cavalerie pour l'occupation de la ville. Tout bourgeois de l'âge de vingt-deux à cinquante ans est d'ailleurs astreint à faire partie de la garde bourgeoise, composée de huit bataillons d'infanterie, d'un bataillon de chasseurs, d'un escadron de cavalerie et de deux compagnies d'artillerie, formant ensemble un effectif de 10,000 hommes parfaitement armés et exercés.

Hambourg abonde en sociétés charitables, en institutions de crédit, et les établissements d'instruction publique n'y sont pas moins nombreux. Nous citerons entre autres l'observatoire, situé en avant de la porte d'Altona; le jardin botanique; le nouveau Gymnase, sur la place de la cathédrale; l'École supérieure, établissement tenant le milieu entre une université proprement dite et nos lycées, pourvu d'une riche bibliothèque et de diverses collections scientifiques; le *Johanneum*, ou école latine, inauguré en 1528 par Bugenhagen, aujourd'hui moitié école savante et moitié école industrielle. On y compte en outre un grand nombre d'écoles primaires, tant payantes que gratuites, de sociétés savantes, de sociétés religieuses ou philanthropiques. La bibliothèque de la ville est riche de 150,000 volumes et de 5,000 manuscrits; celle du *Commercium* en compte 30,000. Depuis 1844 il existe un Muséum, provenant en partie de l'ancien Musée Rodeng. La ville possède aussi une galerie de tableaux, et depuis 1850 une exposition permanente des beaux-arts. On y compte deux théâtres : le *Théâtre de la ville*, et le *Théâtre de Thalie*, spécialement consacré à la comédie et à l'opéra. Le *Théâtre d'Apollon*, fermé depuis 1813, ne sert plus que pour des concerts et des bals masqués. Un grand nombre de journaux paraissent à Hambourg; les plus répandus sont les *Hamburger Nachrichten* (Nouvelles de Hambourg), le *Hamburger unparteiische Correspondent* (Correspondant impartial de Hambourg), la *Bœrsenhalle*, le *Freischütz*, la *Réforme*. On y compte aussi un bon nombre de sociétés d'assurances parfaitement organisées.

Le commerce constitue la principale source de prospérité de cette ville, qui est le principal entrepôt de marchandises existant sur le continent. Hambourg, on peut le dire, ne reconnaît pour l'importance des transactions commerciales que la supériorité des places de Londres, Liverpool et New-Yorck. Entourée de rivalités oppressives ou ombrageuses, de gouvernements dont l'administration était fondée sur les restrictions fiscales et sur le monopole, cette ville, âme de la ligue Hanséatique, comprit de bonne heure les avantages qu'un grand port peut retirer de la liberté du commerce jointe à l'esprit d'entreprise et d'association. Dès la fin du seizième siècle, on voit la Hanse consacrer le droit des neutres intervenant dans les transactions des puissanses belligérantes. En 1624, les premières compagnies d'assurances maritimes se créent à Hambourg, en même temps qu'on constitue un tribunal de commerce, et une banque destinée à donner plus de sécurité aux échanges contre l'altération des monnaies. La ligue Hanséatique encourage par tous les moyens en son pouvoir l'industrie allemande, dont elle s'établit le facteur et dont elle exporte les produits, non pas seulement dans les différents ports de l'Europe, mais encore jusque dans le Nouveau Monde. Devançant de plus d'un siècle les grandes réformes économiques opérées il y a une dixaine d'années en Angleterre par le parlement d'Angleterre à la voix de Robert Peel, la Hanse abolissait en 1723 tous droits de transit et de sortie, et réduisait successivement jusqu'à 2 et même 1 pour 100 tous les droits d'entrée, avec exemption absolue de droits quelconques pour les grains, les farines, les boissons, les métaux, les fils et les toiles. Comme Brême, comme Lubeck, Hambourg s'empressait d'accueillir les ouvriers habiles et les commerçants industrieux que les persécutions religieuses des seizième et dix-septième siècles forçaient à fuir des Pays-Bas ou de France. L'indépendance des colonies anglaises de l'Amérique du Nord ouvrit une nouvelle ère de prospérité pour Hambourg, qui s'empressa d'établir aussitôt d'actives et multiples relations de commerce avec les contrées transatlantiques. Les funestes guerres de l'empire et le blocus continental portèrent sans doute une atteinte grave à cette prospérité; mais on peut dire, en revanche, que Hambourg est avec Brême le port de l'Europe qui a le plus profité de l'immense développement donné par quarante années de paix aux entreprises commerciales et maritimes de tous genres.

L'ensemble du commerce de Hambourg en 1853 a représenté une valeur de 866 millions de marcs (1 milliard 627 millions de francs), dont 834 à l'entrée et 793 à la sortie. C'était 189 millions de plus qu'en l'année précédente, et 437 de plus que la moyenne quinquennale de 1848 à 1852. Pour apprécier l'importance de ces chiffres, il faut se rappeler qu'ils égalent la moitié de l'importance totale du commerce extérieur de la France, nation de trente-six millions d'habitants, tandis qu'on n'en compte à Hambourg et dans toutes ses dépendances que 300,000; qu'ils approchent très-près de l'importance totale du commerce extérieur du Zollverein, qu'ils l'emportent de beaucoup sur le commerce extérieur de l'Autriche, excèdent de 3 à 400 millions ceux de l'Espagne et de la Belgique, et qu'ils répondent à plus du double de tout le commerce extérieur de la Russie, ce vaste empire aux soixante-deux millions d'habitants. Sur ce total de 1 milliard 627 millions d'échanges, les opérations du commerce maritime comptent pour 876 millions, c'est-à-dire un peu plus de moitié; le reste appartient aux échanges par la voie de terre, et surtout par la voie de l'Elbe, ce beau fleuve qui directement ou par ses affluents met Hambourg en communication avec les plus riches contrées de l'Allemagne, avec la Bohême, la Silésie, la Thuringe, la Saxe, le Hanovre, le Mecklembourg, etc., et qui traverse des contrées d'une richesse et d'une fertilité incomparables. Les marchandises arrivées par mer et par Altona proviennent principalement d'Angleterre et de la Plata, des États-Unis, des Pays-Bas, de la France, des Antilles et de l'Australie. Sur les provenances de terre les chemins de fer de l'Allemagne, à eux seuls, prennent ou apportent pour près de 360 millions, et l'Elbe environ 100 millions. Les bois, les lins et les chanvres du Nord, les blés de l'intérieur, les sucres, les cafés, les tabacs, les cotons, les peaux brutes d'outre-mer, les houilles, les métaux, les tissus, les boissons, les objets fabriqués d'Europe, constituent le gros des importations, auxquelles viennent s'ajouter, à la réexportation, les articles spéciaux à l'industrie allemande, objets d'un commerce fort actif sur les marchés de l'Amérique du Sud. Grâce à la réforme du tarif des denrées alimentaires opérée en Angleterre par Robert Peel, Hambourg expédie aujourd'hui à Hull, à Leith, à Londres, à Hartlepool et à Newcastle d'immenses quantités de céréales et de bétail fournies par les contrées septentrionales de l'Allemagne, et en particulier par les duchés de Schleswig-Holstein. Cette ville est aussi le grand entrepôt des vins de France pour le nord de l'Europe; et par suite d'encombrement, il n'est pas rare d'y voir vendre les produits de nos principaux vignobles à bien meilleur marché qu'aux lieux mêmes de la production. Nos soieries, nos lainages, nos spiritueux, nos porcelaines, nos bronzes, nos papiers et vingt autres articles de notre fabrication sont également bien reçus sur ce marché, avec lequel nous effectuons par mer seulement pour 19 à 20 millions d'échanges par an.

Le mouvement maritine du commerce de Hambourg est à l'entrée de 4,200 navires, qui y apportent environ 800,000 tonnes de marchandises. Son effectif maritime est considérable, moins par le nombre que par l'importance croissante des bâtiments; il était (marine côtière non comprise) au 31 décembre 1854 de 456 navires de long cours, jaugeant ensemble 159,868 tonnes métriques. Dans cet effectif figuraient 11 *steamers*, dont 9 en fer, et tous à hélice. En 1853 Hambourg n'en possédait que 6. Les deux plus forts jaugent 2,400 tonneaux, et étaient destinés à ouvrir au printemps de la présente année 1855 un service direct et régulier de communication à vapeur entre Hambourg et New-York. Sur les 456 navires de long cours que compte le port de Hambourg, 25 des plus forts font l'office de paquebots, et desservent les lignes de l'Amérique et les transports d'émigrants. La prospérité toujours croissante des marines de Hambourg et de Brême s'explique surtout par l'extension qu'a prise dans ces derniers temps l'émigration allemande pour l'Amérique du Nord, pour le Brésil, pour l'Australie et pour la Californie. Sans doute à cet égard Brême a encore l'avantage sur sa rivale; mais le courant de l'émigration commence aussi à se diriger sur Hambourg, comme on en pourra juger par les chiffres suivants : En 1851 il ne s'était embarqué à Hambourg que 13,127 émigrants. L'année suivante, 1852, du 1er janvier à la mi-septembre seulement, ce chiffre s'élevait déjà à plus de 20,000 individus (sans compter ceux qui étaient allés s'embarquer à Hull ou à Liverpool). En 1854 il fut d'environ 31,000.

Si Londres est le grand marché d'or de l'Europe, on peut dire que Hambourg en est le grand marché d'argent; et la banque de cette ville est une des plus importantes institutions de crédit qui existent en Europe (*voyez* BANQUE). Les assurances maritimes y donnent lieu aussi à d'immenses affaires. Pour la seule année 1851 les risques assurés par les différentes compagnies d'assurances s'élevèrent à la somme de 488,287,375 francs. L'industrie manufacturière ne laisse pas non plus que d'y avoir pris de grands développements. Sans parler des diverses industries qui se rattachent à la construction et à l'armement des navires, nous citerons ses immences raffineries de sucre, ses fabriques de cigares, ses fonderies de fer, de cuivre (on y affine la plus grande partie du minérai de cuivre provenant des mines du Chili), ses fabriques de biscuit, ses ateliers pour la préparation des viandes salées (on en fournit à l'Angleterre seule pour plus de 6 millions de francs par an), ses fabriques de voitures, d'articles de sellerie et de harnachement, de meubles, ses moulins à bois de teinture, etc. Depuis 1846 un chemin de fer relie Hambourg à Berlin.

La fondation de Hambourg est attribuée à Charlemagne, qui, au commencement du neuvième siècle, fit construire sur la hauteur séparant l'Elbe de la rive orientale de l'Alster un château fort, destiné à tenir en respect les populations païennes du voisinage. La situation sur les rives de l'Alster et de la Bille, au point où la marée cesse de se faire sentir dans l'Elbe, en faisait d'avance un point tout à fait privilégié pour le négoce. Dès le douzième siècle il en est fait mention comme d'une importante place de commerce. L'empereur Frédéric Ier en affranchissant, en 1199, de tous droits de douanes la navigation de l'Elbe depuis Hambourg jusqu'à son embouchure, et l'empereur Othon IV, en l'érigeant en ville libre impériale, ne contribuèrent pas peu à sa prospérité. Elle était déjà en possession d'un territoire important et de grandes immunités, lorsqu'en posant par son traité d'alliance conclu, en 1290, avec Lubeck les bases de la confédération marchande devenue bientôt après si célèbre sous le nom de Hanse, elle ne fit depuis lors que toujours devenir plus riche et plus puissante. Vers la fin du quatorzième siècle de dangereuses discordes civiles éclatèrent entre le sénat et les bourgeois; mais les périls extérieurs que la Hanse eut alors à combattre y mirent fin. Les habitants eurent longtemps à lutter péniblement contre les déprédations des Vitaliens, et plus tard contre les entreprises du roi de Danemark Christian Ier, jaloux de leurs richesses et de leur commerce. Après la décadence de la Hanse, Hambourg n'en maintint pas moins jusqu'en 1810 son étroite alliance avec les villes de Brême et de Lubeck. La réformation y fut introduite sans difficultés en 1529. La guerre de trente ans, pendant toute la durée de laquelle elle jouit de la plus profonde tranquillité, lui valut un accroissement notable de population. Mais alors recommencèrent les conflits entre le sénat et la bourgeoisie; conflits qui en 1708 amenèrent une insurrection si grave, que les bourgeois notables durent à cette époque invoquer l'intervention de l'empereur; et c'est alors que fut publié le recès impérial, qui aujourd'hui encore, comme nous l'avons déjà dit, sert de base à la constitution politique.

Les nombreux émigrés qui vinrent alors des bords du Rhin, des Pays-Bas et de France, se fixer dans ses murs contribuèrent au développement de sa prospérité, toujours croissante; et les industries spéciales qu'ils y apportèrent l'affranchirent d'une foule de tributs qu'elle avait dû jusque alors payer à l'étranger. La révolution française en y attirant plusieurs milliers d'émigrés, de tous les rangs en fit pour ainsi dire un ville toute française. Au commencement du dix-neuvième siècle Hambourg était donc une des plus riches et des plus heureuses républiques qu'il y eût au monde. L'invasion du Hanovre, en 1803, par une armée française fut le premier événement politique qui porta une grave atteinte à sa prospérité. Hambourg dut alors avancer aux états de Hanovre une somme de 2,125,000 marcs banco. En 1806 les Français s'emparèrent du bailliage de Ritzebüttel, pour barrer l'Elbe aux Anglais; et par représailles une escadre anglaise vint étroitement bloquer l'embouchure de ce fleuve. Le commerce de Hambourg fut alors réduit à faire ses expéditions par Husum et par Tœnningen et à munir tous ses envois de marchandises en Hanovre ou bien en remontant l'Elbe de certificats d'origine non britannique. Après la paix de Tilsitt, les troupes françaises l'évacuèrent; mais elle ne récupéra alors qu'une ombre de son indépendance passée. Les généraux de Napoléon la pressuraient toujours à qui mieux mieux; et enfin un décret impérial, en date du 13 décembre 1810, l'incorpora formellement à l'empire français pour en faire le chef-lieu d'un nouveau département, celui des *Bouches de l'Elbe*. Le colonel russe Tettenborn en ayant pris possession le 18 mars 1813, à la tête d'un petit corps d'armée, Hambourg s'empressa de rétablir son ancienne constitution; mais dès le 30 mai suivant les Français commandés par le maréchal Davoust s'en rendaient de nouveau maîtres. Tant pour pourvoir aux frais des fortifications dont il entoura la ville que pour la châtier de sa défection, le général français y leva une contribution de guerre de 48 millions de francs. Plus tard, il saisissait la banque de Hambourg, dont les caisses contenaient encore près de onze millions de francs; enfin, dans les derniers jours de cette même année 1813, Davoust, pour diminuer le nombre des bouches à nourrir, expulsait impitoyablement de la ville, par toute la rigueur de l'hiver, plus de 30,000 individus, sans distinction d'âge ni de sexe, en même temps qu'il faisait brûler aux approches de la ville les habitations de plus de 8,000 individus laissés ainsi sans asile. L'armée russe aux ordres de Benningsen, qui vint alors investir la place, étant trop faible pour entreprendre un siége régulier, se borna à la tenir étroitement bloquée; et ce ne fut que le 31 mai 1814 que Davoust se vit obligé de capituler et de faire arborer à ses troupes la cocarde blanche. Les pertes éprouvées de 1806 à 1814 par la ville de Hambourg ne s'étaient point élevées à moins de *cent quarante millions de marcs* banco, soit environ 200 millions de francs.

La paix lui permit de réparer bientôt ces pertes cruelles. L'événement le plus mémorable qu'offre depuis lors son histoire, c'est le grand incendie qui du 5 au 8 mai 1842 en consuma une grande partie. 4,219 maisons formant 75 rues, trois églises et un grand nombre d'édifices publics furent entièrement réduits en cendres: et cent individus environ perdirent la vie au milieu des flammes. Cette affreuse catastrophe provoqua une sympathie générale; elle n'affaiblit en rien l'immense crédit de la ville, que l'on reconstruisit plus belle que jamais, avec une rapidité jusque alors inouïe. Les événements de 1848 y eurent aussi leur contre-coup. Une assemblée constituante s'y forma pour rédiger une constitution plus en rapport avec les idées actuelles; mais à la suite de l'occupation de la ville par un corps d'armée prussien, cette assemblée dut se dissoudre; et en 1850 le triomphe à peu près général de la réaction en Allemagne eut pour résultat d'y rétablir, sauf de très-légères modifications, la constitution politique sous le régime de laquelle Hambourg était placée depuis 1710.

HAMEÇON, mot dérivé du grec ἅμμα, tout ce qui sert à attacher quelque chose, dont on a fait les mots latins *hamus*, crochet, et *hamicio* : c'est le nom donné à un petit crochet de fer ou de fil d'archal, armé en dessous, à son extrémité, d'une pointe appelée *barbe* ou *ardillon*. On attache les hameçons à des l i g n e s ou à des f i l e t s; on en recouvre la partie qui forme le crochet d'un appât, auquel le poisson vient mordre : aussitôt qu'il a avalé l'hameçon, il veut le rejeter; mais, se trouvant retenu par la barbe, il ne peut plus se dégager.

La plupart des peuplades sauvages auxquelles la pêche procure une partie de leur nourriture se servent aussi de hameçons, fabriqués quelquefois avec beaucoup d'art : des os et des arêtes de poisson leur suffisent à cet effet. Outre les hameçons ordinaires, dont la grandeur varie selon celle des poissons que l'on veut pêcher, il en est, destinés à la pêche à certaines heures et dans certaines circonstances, qui sont entourés de plumes, de manière à simuler des insectes, dont sont très-friands les habitants des eaux, ou, quand on pêche le gros poisson en haute mer, enveloppés d'étoupes, de manière à simuler un poisson-volant.

Hameçon s'est pris au figuré : on dit d'une personne qu'*elle mord à l'hameçon*, quand elle se laisse séduire par quelque artifice, ou quand elle s'abandonne à des déceptions dont l'apparence agréable est propre à abuser.

En botanique, on a donné le nom d'*hameçon* à une épine crochue ou à un poil recourbé.

HAMEÇONS (Faction des). *Voyez* CABILLAUDS.

HAMILCAR. *Voyez* AMILCAR.

HAMILTON (Famille). Cette maison écossaise, justement célèbre par ses alliances, son influence et les rôles importants que jouèrent dans l'histoire un grand nombre de ses membres, descendrait, suivant une tradition qui n'est rien moins qu'authentique, d'un certain Gilbert Hamilton, dont le père, William de Hamilton, grand-chancelier d'Angleterre sous Édouard Ier, ayant eu querelle avec John Spenser, chambellan d'Édouard II, parce qu'il faisait devant lui l'éloge de Robert Bruce, roi d'Écosse, tua son adversaire en combat singulier, et dut venir se réfugier auprès de Bruce, qui en 1323 lui octroya à titre de fief la châtellenie de Cadyow, devenue de nos jours le bourg d'Hamilton, dans dans le comté de Lanark. On voit cependant un sir *Walter de* HAMILTON figurer dès l'année 1282 dans les rangs de la noblesse écossaise qui vint prêter serment de fidélité à Édouard Ier; c'est vraisemblablement celui-là qui obtint de Robert Bruce le fief de Cadyow. L'un de ses descendants, *James* HAMILTON, mort en 1460, ayant soutenu la cour contre Douglas, fut nommé, en 1455, lord et pair d'Écosse.

La considération et l'influence de cette maison s'accrurent encore lorsque le fils et héritier du précédent, *James* HAMILTON, mort en 1479, épousa la sœur aînée de Jacques III, Marie, qui lui apporta en dot le comté d'Arran. Rivale de la puissante maison de Douglas, la famille d'Hamilton se trouva dès lors en lutte perpétuelle avec elle; et leurs sanglantes querelles dégénérèrent souvent en guerres civiles.

James HAMILTON, comte d'Arran, comme héritier de sa mère (à partir de 1503), prit pendant la minorité de Jacques V une part importante aux affaires publiques, devint en 1517 membre du gouvernement, et mourut en 1529. Son fils, *James*, deuxième comte d'Arran, obtint en 1549, du roi de France Henri II le duché de Châtellerault en Poitou. A la mort de Jacques V, arrivée en 1542, le parlement d'Écosse le déclara héritier présomptif de la couronne, et lui confia la régence pendant la minorité de la reine Marie Stuart. Mais comme Hamilton favorisa d'abord la réformation et soutint le parti anglais, le cardinal B e a t o n, la reine mère, Marie de Guise, et le comte de Lennox lui disputèrent l'administration du royaume. Ami de la paix et de la tranquillité, James Hamilton, après de nombreuses alternatives de succès et de défaites, finit par renoncer moyennant une pension annuelle à la régence en faveur de la reine mère. Lui et son frère *John* HAMILTON, qui joua un rôle important comme secrétaire d'État et comme évêque de Saint-Andrews, se prononcèrent pour le parti catholique quand éclatèrent les dissensions religieuses, tandis que les autres membres de leur maison se signalaient par l'ardeur de leur zèle pour le protestantisme. Dans les troubles politiques dont le retour en Écosse de la reine *M a r i e S t u a r t* fut le signal, les Hamilton, mus par des intérêts de famille, se prononcèrent pour cette princesse. Marie ayant été déposée, et Murray, son frère naturel, s'étant fait décerner la régence en 1567, les Hamilton formèrent le parti des *amis du roi*, lequel décida Marie Stuart à rétracter son abdication, et provoqua la bataille livrée en 1568 près du bourg de Langside, et à la suite de laquelle Marie dut aller demander un asile à l'Angleterre. De cette époque datent aussi les nombreuses persécutions dont la famille Hamilton fut victime.

Un certain *James* Hamilton, qui avait été fait prisonnier à la bataille de Langside et, dont les biens avaient été confisqués, tua en guet-apens le régent Murray, en 1570, et s'enfuit en France. A la suite de ce meurtre, les Hamilton eurent encore un instant la prépondérance jusqu'au moment où l'appui de l'Angleterre permit au comte de Lennox de se saisir de la régence et de recommencer une violente persécution contre les membres de cette famille. L'évêque de Saint-Andrews, entre autres, fut pendu sans jugement par son ordre, en 1571, à Stirling. A ce moment, le lâche duc de Châtellerault se mit enfin à la tête de son parti; avec un grand nombre de seigneurs, il se déclara en faveur de la reine retenue captive en Angleterre, s'empara de la capitale, et prit d'assaut Stirling. Dans cette affaire, le régent Lennox fut tué au milieu de la mêlée. En 1572, le comte Morton, allié de la famille Hamilton, ayant pris la régence, le duc de Châtellerault se retira de la lutte, et mourut en 1575.

Son fils *James* Hamilton, que sa beauté et son esprit rendaient le favori des dames, visa à obtenir la couronne avec la main de la reine. Mais les Guise le poursuivirent à outrance, comme protestant, et lui enlevèrent le duché de Châtellerault, dont il héritait de son père. A la suite d'excès physiques, et affaibli encore par de rigoureuses pratiques religieuses, il perdit l'usage de ses facultées intellectuelles longtemps avant de mourir. Morton étant mort sur l'échafaud, en 1581, sous le règne de Jacques VI, qui fut plus tard le roi d'Angleterre Jacques Ier, la puissance de la maison d'Hamilton se trouva presque complétement anéantie par des exils et des confiscations. *John* et *Claude*, frères de *James* l'insensé, s'enfuirent en Angleterre, mais revinrent en Écosse après la chute de leur principal ennemi, James Stuart; le roi les accueillit comme de fidèles amis de sa mère, et leur fit rendre une partie de leurs biens. John, mort en 1604, fut créé en 1599 *marquis d'Hamilton*. Claude devint la tige de la ligne cadette des Hamilton, la famille des comtes d'*Abercorn*, qui subsiste encore aujourd'hui en Écosse.

Le fils de John, *James* Hamilton, comte de Cambridge en Angleterre, homme d'État et favori de Jacques Ier, mourut en 1625, empoisonné, dit-on, par son rival le duc de Buckingham. Son fils aîné et héritier, *James* Hamilton, compagnon d'enfance et favori de Charles Ier, alla rejoindre, pendant la guerre de trente ans, le roi de Suède Gustave-Adolphe à la tête d'un corps auxiliaire anglais considérable, et contribua au gain de la bataille de Leipzig. Rappelé en Angleterre, il se montra l'un des plus fidèles partisans de Charles Ier, qui en 1643 le créa *duc d'Hamilton*; et le 16 mars 1649, peu de temps après le supplice du roi, il suivit son maître sur l'échafaud.

William Hamilton, frère du duc, comte de Lanarck et sécretaire d'État pour l'Écosse, était tombé en disgrâce auprès de Charles Ier, parce qu'il blâmait la guerre civile; en conséquence il rejoignit l'armée du parlement avec un nombreux corps auxiliaire. Mais il ne tarda pas à revenir au parti du roi, et, après la mort de son frère, Charles II lui conféra le titre de duc. En 1651, il fut fait prisonnier par Cromwell à la bataille de Worcester, et à quelques jours de là mourut de ses blessures. La descendance mâle de la ligne principale s'était éteinte en la personne de ce second duc d'Hamilton.

En 1660 Charles II conféra le titre de duc et les autres dignités de cette maison à William *comte de Selkirk*, fils cadet du marquis de Douglas, qui avait épousé Anna, la fille et héritière du premier duc d'Hamilton, dont il prit le nom et les armes. Il mourut en 1694, laissant une nombreuse postérité. Son fils aîné, *James*, quatrième duc d'Hamilton, fut créé en 1711 *duc de Brandon* et pair d'Angleterre. Il fut employé dans de nombreuses missions diplomatiques sous le règne de la reine Anne; jacobite zélé, il travailla ardemment dans les intérêts de la dynastie expulsée, et fut tué en duel en 1712, par lord Mohun.

Charles, troisième fils de William Douglas, reçut le comté de Selkirk, et en transmit le titre à son frère *John*, qui devint de la sorte la tige des comtes d'*Hamilton-Selkirk*. *Georges*, cinquième fils de William Douglas, qui se distingua comme général pendant les guerres de la reine Anne, et mourut en 1737, fonda la branche des comtes d'*Hamilton-Orkney*, qui s'est continuée jusqu'à nos jours en ligne féminine. *Archibald*, septième fils de William Douglas, mourut en 1727, avec le titre d'amiral; c'est son fils qui se distingua comme antiquaire (*voyez* ci-après), et qui plus tard ternit l'éclat de son nom en le donnant à une vile prostituée.

James, sixième duc d'Hamilton, mort en 1758, avait épousé la belle Élisabeth Gunning, devenue plus tard duchesse d'Argyle. Son fils, *James-Georges*, septième duc d'Hamilton, hérita à la mort du duc de Douglas (1761) des titres de *marquis de Douglas* et de *comte d'Angus*. Lui et son frère, *Douglas Hamilton*, moururent sans laisser d'héritiers mâles; leurs titres et leurs domaines firent en conséquence retour à leur oncle *Archibald*, neuvième duc d'Hamilton et sixième duc de Brandon (1799). Son fils, *Alexandre* Hamilton, né le 3 octobre 1767, connu jusqu'à la mort de son père sous le nom de *marquis de Douglas et de Clydesdale*, entra à la chambre des communes en 1802, et y vota avec les whigs, qui lorsqu'ils arrivèrent aux affaires, en 1806, lui donnèrent l'ambassade de Saint-Pétersbourg. La paix de Tilsitt le ramena en Angleterre, et depuis lors il ne fut plus question de lui en politique, quoique du vivant même de son père il eût eu entrée à la chambre haute. Il hérita de ses titres en 1819, reçut l'ordre de la Jarretière sous le ministère de lord Melbourne, et mourut le 18 août 1852. On le regardait comme le plus insolent aristocrate des trois royaumes. Il y a une vingtaine d'années, étant venu à Paris pour la santé de sa femme, deux médicastres étrangers, les docteurs Koreff et Wolowski, auxquels il s'adressa, lui réclamèrent judiciairement 400,000 francs pour honoraires. Ce chiffre n'eût évidemment eu rien d'exagéré s'il s'était agi d'un mémoire d'apothicaire. Le tribunal n'alloua aux demandeurs que 24,000 francs.

De son mariage avec Suzanne-Euphémie, fille de William Beckford de Fonthill-Abbey, le célèbre auteur de *Vathek*, et petite-fille d'Anthony Beckford, lord-maire de Londres, il a laissé un fils, *William-Alexandre-Anthony-Archibald*, onzième duc d'Hamilton et huitième duc de Brandon, né le 19 février 1811, qui a épousé en 1843 la princesse Marie Amélie-Élisabeth-Caroline de Bade.

Lord *Claude* Hamilton, fils cadet du feu vicomte d'Hamilton et petit-fils du premier marquis d'Abercorn, né en 1813, entra en 1839 au parlement comme représentant du comté de Tyrone en Irlande, où depuis le règne de Jacques Ier sa famille possède de grandes propriétés. Il s'y fit remarquer comme l'un des champions du parti conservateur et de la haute Église, et à partir de 1848 il s'y créa pour spécialité d'y défendre, d'accord avec Baillie Cochrane, les gouvernements autrichien et napolitain contre les attaques des libéraux. Quoiqu'il eût voté en faveur du *libre échange*, il accepta, en 1852, le poste de trésorier de la maison de la reine (*treasurer of the household*) dans le ministère de lord Derby.

HAMILTON (Sir William), antiquaire distingué, né en 1730, remplit à partir de 1764 les fonctions d'ambassadeur d'Angleterre à Naples, où il prit une part active aux découvertes dont Herculanum et Pompéi devinrent le théâtre. Le déroulement d'un rouleau de papyrus carbonisé l'ayant vivement intéressé, il chargea de ce soin le père Antonio Piaggi, et rétribua royalement son travail. Aidé par sa seconde femme, lady *Emma* Hamilton (*voyez* ci-après), il réussit, en 1793, à amener la conclusion d'un traité d'alliance offensive et défensive entre la cour de Naples et le gouvernement anglais, traité dirigé contre la France républicaine. En 1798 une armée française ayant envahi le royaume de Naples, sir William Hamilton suivit en Sicile le monarque auprès duquel il était accrédité. Lors de son retour en Angleterre, en 1800, un naufrage lui fit perdre la plus grande partie des richesses artistiques qu'il avait amassées. Il avait vendu déjà auparavant au *British Museum* une précieuse collection de vases antiques, que les deux cent quarante dessins de Tischbein ont fait connaître (4 volume, Londres, 1791). Il mourut à Londres, le 6 avril 1803. Ses *Observations on mount Vesuvius*, etc. (1772), et ses *Campi Phlegræi* (1776, 1777), contiennent les résultats de ses recherches sur le Vésuve et sur l'Etna. On peut dire aussi que ce fut lui qui créa la science des vases antiques. Consultez sur ses collections l'ouvrage de Kirk, intitulé : *Gravures au trait d'après les tableaux*, etc., *de vases étrusques, grecs et romains, recueillis par feu sir William Hamilton* (Londres, 1806).

HAMILTON (Lady Emma), non moins fameuse par la part qu'elle prit aux sanglantes réactions dont la ville de Naples fut le théâtre, en 1798, que par les scandaleux déportements de sa vie privée, naquit vers 1761, dans le comté de Chester, et était la fille d'une servante du pays de Galles, appelée Harte, et d'un père inconnu. A l'âge de treize ans, elle entra en service, comme bonne d'enfants, à Hawarden, et se rendit trois ans après à Londres, où elle devint fille de cuisine chez un marchand de la cité, puis femme de chambre d'une grande dame, qui ne tarda pas à la renvoyer, à cause de sa passion pour la lecture des romans et pour le théâtre. Elle entra alors comme fille de salle dans une taverne du plus bas étage, où pour racheter un sien cousin, qui venait d'être *pressé* comme matelot, elle se livra à son capitaine, sir John Willet Payne, par la suite amiral, dont elle devint alors la maîtresse déclarée; et cet officier, après lui avoir fait donner une teinture d'éducation, la céda à un certain chevalier Featherstonhaugh, qui vécut pendant quelque temps avec elle, dans son domaine du comté de Sussex, puis la mit un beau jour à la porte. Après s'être pendant quelque temps livrée à Londres à la prostitution du plus bas étage, elle fit la connaissance d'un charlatan appelé le docteur *Graham*, qui se disait inventeur d'un philtre inspirateur de l'amour, et qui prodiguait sa compagne à ses clients comme sujet d'expérimentation. Il la nommait sa déesse *Hygie*, et la faisait voir voluptueusement couchée sur ce qu'il appelait son *lit céleste*, dans un état de nudité complet, mais assez mal dissimulé par une gaze diaphane.

C'est à une de ces singulières exhibitions que le spirituel Charles Greville, de la famille de Warwick, s'éprit de cette aventurière. Il l'enleva à son protecteur médicastre, et la rendit mère de trois enfants. Il était même sur le point de l'épouser, lorsque sa complète déconfiture, arrivée en 1789, vint mettre obstacle à la réalisation de ses projets. Dans l'espoir d'exercer sur son oncle, sir William Hamilton, alors ambassadeur à Naples, un genre de fascination analogue à celui que le docteur Graham pratiquait sur ses libidineux clients, et de le déterminer ainsi à venir à son secours, Charles Greville lui dépêcha à Naples son Emma; et, comme il l'avait prévu, le diplomate ne tarda pas à devenir si éperduement amoureux de la maîtresse de son neveu, qu'il lui proposa bientôt un marché également ignominieux pour tous trois, et aux termes duquel le vieux débauché s'engagea à payer les dettes du jeune prodigue moyennant la cession pleine et entière de la Vénus vénale qui avait su réveiller chez lui des feux depuis longtemps éteints. Le but de Charles Greville était atteint; et en 1791 sir William Hamilton épousait à Londres, en légitime mariage, au grand scandale de la société aristocratique, une femme dont les nymphes habituées de certains trottoirs de cette capitale avaient conservé le souvenir. A son retour à Naples, il présenta lady Emma Hamilton à la cour; et, grâce à la conformité de leurs mœurs et de leurs goûts, une étroite liaison ne tarda pas à s'établir entre la reine Marie-Caroline et l'ambassadrice. Ce fut par les confidences de Marie-Caroline à lady Hamilton que l'Angleterre se trouva prévenue des dispositions hostiles du roi d'Espagne à son égard, dispositions dont Charles IV ne faisait pas mystère dans les lettres qu'il écrivait à Ferdinand Ier; et l'Angleterre se crut autorisée en conséquence à capturer les vaisseaux espagnols sans déclaration de guerre.

A ce moment Nelson commandait la flotte anglaise de la Méditerranée. Pendant ses fréquentes stations dans les eaux de Naples, il eut occasion de se lier avec lady Hamilton, et après la bataille d'Aboukir il devint publiquement son amant, ou, comme le disent pudiquement les Anglais, son ami, car le *cant* britannique s'oppose le plus souvent à ce qu'on appelle les choses par leur nom. Ce fut à son bord qu'en 1798 sir William et lady Emma Hamilton se réfugièrent à l'approche de l'armée de Championnet; et il les transporta à Palerme. L'année suivante il les ramenait à Naples. La violation de la capitulation qui livra Naples aux forces anglo-siciliennes est une tache qui pèsera éternellement sur la mémoire de Nelson. Ce fut à l'instigation de lady Hamilton, agissant conformément aux indications de Marie-Caroline, qu'il permit à l'affreux Ruffo de livrer au bourreau la plupart des patriotes qui s'étaient compromis lors de la proclamation de la république parthénopéenne et une foule de citoyens distingués que l'honneur et l'humanité lui faisaient un devoir de protéger. Cette femme impudique le domina même bientôt à tel point, malgré ses quarante ans bien sonnés, que l'année suivante (1800) il résigna son commandement pour l'accompagner en Angleterre. Il était impossible que la grande société anglaise acceptât lady Hamilton et ses honteux précédents. Objet du mépris général, repoussée de tous les cercles aristocratiques, elle accoucha à Londres d'une fille, dont Nelson se déclara le père.

A la mort du héros de Trafalgar (1805), lady Emma Hamilton retomba dans les habitudes crapuleuses de sa jeunesse, et ne tarda pas à se trouver réduite à une faible pension pour toutes ressources. Elle se retira sur le continent avec sa fille, et mourut aux environs de Calais, le 16 janvier 1815. La même année parut la Correspondance intime de Nelson, restée une tache ineffaçable pour sa mémoire, et qu'elle ne craignit point de vendre à un spéculateur de scandale. La beauté vraiment remarquable d'Emma Harte fit sa réputation et aussi sa honte; c'est elle seule qui put donner de la vogue aux exhibitions médico-plastiques, si fructueusement faites par le docteur Graham, son protecteur; genre de spectacle éminemment propre à agir sur les sens, qu'on imagina de reproduire en Allemagne sous le nom d'*attitudes*, et dans lequel elle servit de modèle à la Hændel-Schütz. Les tableaux vivants peuvent donner une idée de ce que devaient être les poses plastiques, électriques, érotiques et musicales d'Emma, guidée par le docteur Graham. La danse du châle, pas voluptueux destiné à exciter les désirs charnels chez les hommes blasés, fut aussi, dit-on, inventée par cette courtisane.

HAMILTON (Antoine, comte d'), celui peut-être de tous nos écrivains qui après Voltaire offre dans son style l'image la plus fidèle du caractère français, naquit en Irlande, vers 1646, d'une branche de l'illustre famille d'Écosse de ce nom, qui s'était montrée dévouée à la cause de Charles Ier. Après la mort du roi, Hamilton, encore au berceau, fut amené en France par ses parents, qui suivirent dans leur émigration le prince de Galles et le duc d'York, son frère. Ce fut donc dans notre pays que l'ingénieux auteur des *Mémoires de Gramont* reçut sa première éducation; ce fut aussi dès cette époque qu'il commença à se familiariser avec notre langue, qui sous sa plume devint plus tard si flexible, si enjouée, si gracieuse. Le prince de Galles ayant été rétabli sur le trône de ses ancêtres sous le nom de Charles II, Hamilton, âgé alors de quatorze ans, le suivit en Angleterre, et ne tarda pas à briller, par la tournure piquante de son esprit, à la cour de ce prince, qui était toute française par le ton, le langage, les manières, les plaisirs et la gaieté. C'est vers cette époque que parut à Saint-James le fameux chevalier, depuis comte, de Gramont, qui venait de s'attirer la disgrâce de Louis XIV en voulant lui enlever une de ses maîtresses, Mlle de La Motte-Houdancourt. Gramont, fertile en bons mots et en contes amusants, fut recherché partout avec empressement. Le tour plaisant de sa conversation plut singulièrement au jeune Antoine Hamilton, qui le choisit alors pour son modèle, comme plus tard il devait le prendre pour son héros. En même temps, le chevalier de Gramont, subjugué par les charmes de la sœur d'Hamilton, et réduit cette fois à la constance, s'engageait à épouser celle qu'il aimait. Mais bientôt, soit retour de son naturel volage, soit toute autre préoccupation, ayant appris que le roi son maître le rappelait en France, il part de Londres sans remplir sa promesse. A cette nouvelle, Antoine Hamilton, blessé de cet oubli injurieux, court sur les traces du fugitif, l'atteint à Douvres, et lui crie, du plus loin qu'il l'aperçoit : « Chevalier de Gramont, n'avez-vous rien oublié à Londres? — Pardonnez-moi, répondit aussitôt le courtisan français, j'ai oublié d'épouser votre sœur. » Et il retourna à Londres pour conclure ce mariage.

Le chevalier de Gramont ayant emmené sa femme en France, Hamilton fit souvent la traversée pour venir les voir. Tant que vécut Charles II, Antoine Hamilton, quoique aimé de ce prince, n'eut aucun emploi; mais sous Jacques II il obtint un régiment et le gouvernement de Limerick, en Irlande. La révolution de 1688, qui renversa Jacques II, trouva Hamilton fidèle au malheur : il quitta sa patrie pour accompagner son souverain sur la terre d'exil, et fut constamment du nombre de ceux qui formaient la petite cour de ce prince au château de Saint-Germain-en-Laye. C'est dans ce séjour qu'il composa tous ces charmants ouvrages auxquels il doit sa réputation. Il mourut dans cette résidence, le 6 août 1720, âgé de soixante-quatorze ans, montrant des sentiments de piété qu'il n'avait pas toujours professés. On a lieu de penser qu'il ne resta pas étranger aux expéditions malheureuses tentées en Irlande par Jacques II pour recouvrer sa couronne. Ses productions seront toujours des modèles d'atticisme et de grâce. Les *Mémoires de Gramont* y figurent en première ligne. Ce livre est semé de traits précieux, qui font bien connaître l'histoire du temps, surtout celle des principales cours de l'Europe. Tout en racontant les aventures piquantes de son héros, il passe en revue les hommes et les femmes de la première distinction, et sème dans cette sorte de galerie animée de si heureuses peintures de mœurs, que le mordant Chamfort appelait ce livre le *bréviaire de la jeune noblesse*. Mais ce qui fait le principal mérite des écrits d'Hamilton, c'est son style, qui prend toutes les formes les plus capables de plaire, et pourtant les plus convenables. Soit qu'il s'élève, soit qu'il badine, la grâce l'accompagne toujours. Hamilton possède au suprême degré l'art, si difficile, de plaisanter avec décence et d'être sérieux avec agrément. A l'en croire, il a écrit ces *Mémoires* sous la dictée de son héros; il voulait sans doute donner à entendre qu'il avait recueilli de sa bouche les aventures qu'il raconte. Mais on doit croire qu'il y ajouta beaucoup d'ornements, et qu'il visa moins à faire ressortir les défauts de son beau-frère que ses qualités aimables et brillantes.

Des *Mémoires de Gramont*, qui sont si connus, passons aux *Contes* d'Hamilton, qui le sont beaucoup moins, quoique également dignes de l'être. *Le Bélier* est fréquemment cité par Voltaire comme un modèle de grâce, surtout le début, qui est en vers. On est fondé à croire que dans ses autres contes Hamilton a voulu ridiculiser les *grands romans* qui succédèrent de son temps aux romans de chevalerie. *Fleur d'Épine*, la seule de ces productions que l'auteur ait achevée, est un chef-d'œuvre de narration : intérêt, invention, vérité, naturel, bon goût, tout s'y trouve. De nos jours le talent de narrer n'a rien qui rappelle, même de loin, le charme inexprimable de cette manière heureuse et enjouée : c'est un secret qui semble perdu. Les *Quatre Facardins* et *Zénéide*, dont Hamilton n'a laissé que le commencement, prouvent qu'il avait une imagination aussi chaude que singulière. Enfin, ses œuvres diverses, où il y a autant de vers que de prose, rappellent fréquemment les qualités que nous venons de signaler. « C'est toujours, dit Grimm, le ramage le plus ingénieux qu'il soit possible d'imaginer. » Les vers d'Hamilton ne le cèdent en rien à sa prose, et le placent à côté de Chapelle et de Chaulieu, de même que sa prose le rapproche de Mme de Sévigné.

CHAMPAGNAC.

HAMILTON (Méthode). *James* HAMILTON, inventeur de la méthode propre à faciliter l'étude des langues étrangères qui porte son nom, était né à Londres, en 1775. En 1798 il vint s'établir à Hambourg, où, sous la direction d'un émigré français, le général d'Angély, qui y faisait le métier de maître de langues, il apprit l'allemand d'après une méthode particulière à son professeur, et sans commencer par la grammaire. En 1815 il se rendit aux États-Unis, et se mit à enseigner à New-York les langues anglaise et allemande d'après la méthode qui lui avait servi à lui-même pour apprendre le français, et qu'il avait successivement perfectionnée.

Le caractère distinctif de la *méthode Hamilton*, c'est que l'élève y est amené à s'approprier d'abord la connaissance des mots, à pouvoir traduire dans sa propre langue des membres de phrase et des phrases entières d'une autre langue, et *vice versa*, sans que le maître ait fait autre chose que de lui indiquer d'abord le sens littéral des mots; sens qui, dans la connexion des membres d'une phrase ou d'un discours, s'inculque dans son esprit par l'association des idées. D'après cette méthode, l'élève apprend d'abord à traduire; et la forme grammaticale de chaque mot est exactement reproduite par l'équivalent, sans avoir le moins du monde égard à la construction, au génie, à l'élégance et à la clarté de la langue maternelle. C'est la traduction rigoureusement littérale de l'idiome étranger qui doit conduire l'élève à le connaître à fond. On continue ainsi par degrés, de telle sorte que chaque phrase nouvelle doit être parfaitement comprise et presque gravée dans la mémoire, avant qu'on passe à la suivante, et on revient toujours sur les précédentes. Pour faciliter à l'élève la répétition de cet exercice, on lui met entre les mains le texte choisi pour la leçon, avec une traduction interlinéaire rigoureusement littérale. Aussitôt qu'il est parvenu à trouver la construction des phrases et à pouvoir lire tout seul, on le fait lire le plus possible, afin de lui faire connaître un cercle de mots toujours plus étendu. Quand il en est arrivé là, mais seulement alors, il apprend la classification des mots, la terminologie de leurs différents rapports, les règles de leur association, et la grammaire devient dès lors sa principale étude. Une fois qu'il est initié aux règles de la grammaire, il apprend de la même manière à traduire de sa langue maternelle dans la langue étrangère, et bientôt il n'éprouve plus de difficultés à exprimer ses idées dans la langue qu'il cherche à s'approprier.

La méthode d'Hamilton fit sensation, non-seulement à New-York et en Amérique, mais encore en Angleterre, en Allemagne et en France. Cependant, elle y rencontra d'ardents adversaires, qui lui reprochèrent de trop se préoccuper du but matériel de l'étude des langues et de tout à fait négliger le développement et l'exercice de la faculté de penser, ainsi que la connaissance fondamentale de la grammaire; reproches vrais jusqu'à un certain point. La méthode d'Hamilton n'en a pas moins trouvé d'ardents prôneurs, partout où l'étude des langues étrangères a été placée sous son invocation. Seulement, il est à regretter que de tous côtés le charlatanisme se soit empressé d'exploiter un nom qui faisait du bruit et de tromper le public en l'appliquant à de prétendues méthodes qui n'ont rien de rationnel. A maintes reprises, les adversaires de la méthode Hamilton ont fait observer avec raison qu'au fond elle n'avait absolument rien de nouveau; mais ce ne saurait être là un motif suffisant pour infirmer la valeur qu'elle peut avoir. Parmi les juifs il y a des siècles que l'hébreu s'enseigne de la sorte. Il y a aussi plus de deux cents ans qu'il existe de livres latins avec traduction interlinéaire, destinés à seconder le maître dans son enseignement. La méthode de *Jacotot* a, il est vrai, quelques rapports avec la méthode d'Hamilton; mais elles diffèrent toutes deux essentiellement dans les détails.

HAMISE, rivière de l'Algérie, qui prend sa source dans le petit Atlas et vient se jeter dans la rade d'Alger, non loin du cap Matifou, presque en face d'Alger. Formée de deux bras se réunissant près de la route d'Alger à Constantine qui passe par le camp du Fondouk, elle traverse la route d'Alger à Boudouaou, près de la ferme du Bey (*haouch el Bey*), et va se perdre, après quelques détours, par une échancrure percée dans les collines qui bordent la mer. L. LOUVET.

HAMLET, prince danois fabuleux, dont il est fait mention dans les anciennes chroniques, notamment dans Saxon le Grammairien, et qui jouit aujourd'hui d'une immense renommée, grâce à une tragédie de Shakspeare. On prétend qu'il vivait 500 ans avant J.-C., suivant les uns en Séelande, où l'on montre encore aujourd'hui son tombeau, dans le parc du château de Marienlust, près d'Elseneur, ainsi que la petite rivière dans laquelle Ophélia se précipita, et suivant les autres en Jutland. Les noms des personnages qui figurent dans cette légende varient beaucoup : ainsi le prince y est appelé tantôt Aminth, tantôt Amleth, l'usurpateur tantôt Claudius Fago, tantôt Fengo, et le père de Hamlet tantôt Hervondillus et tantôt Hornwendel, etc. Le récit des faits diffère peu de celui dont Shakspeare a formé sa fable; seulement la catastrophe finale est tout autre. Dans la légende, Hamlet épouse Hermuntrut, princesse écossaise; mais comme sous-roi de Jutland il est vaincu par le roi des Danois, Viglet, dans les landes du Jutland; alors Hermuntrut manque au serment qu'elle a prêté de partager la destinée de Hamlet, et même de mourir avec lui, et elle épouse le roi danois Viglet. Ce sujet, qui, sauf la démence simulée de Hamlet, ne comporterait que peu de détails intéressants pour un observateur vulgaire, Shakspeare l'a développé avec une originalité et une hardiesse pleines de génie. Il lui a servi à composer une tragédie où, renonçant à ne traiter que l'élément purement romantique, il osa le premier aborder les questions philosophiques et les subtilités métaphysiques. C'est de toutes les tragédies de ce poëte celle à laquelle la critique a donné le plus d'importance et d'attention, sans jamais parvenir à l'élucider complétement. Le rôle d'Hamlet surtout embarrasse le commentateur. Il en est de même pour l'acteur chargé de le représenter, et qui pour le bien saisir devra attentivement étudier l'analyse critique, si ingénieuse et si profonde à la fois, bien qu'elle ne soit pas acceptable sur tous les points, que Gœthe a donnée de l'œuvre de Shakspeare dans son *Wilhelm Meister*.

HAMMAN-MEZ-KHOUTINE (Eaux minérales de), en Algérie, situées à seize kilomètres de Ghelma. Elles ont été visitées ou décrites par MM. Ch. Sédillot, Baudens, Ernest Boudet, Bégin, Malle, etc., peu de temps après la conquête de Constantine ; plus tard MM. Tripier, Millon, O. Henry, les ont analysées. Ces eaux sont très-remarquables à plus d'un titre. D'abord, ce sont les premières eaux minérales dans lesquelles, grâce à M. Tripier, la présence d'un sel arsénical ait été constatée. Elles ont une température très-élevée et même brûlante (76 degrés R. ou 95° cent.) : c'est-à-dire qu'il ne manque que cinq degrés centigrades pour qu'elles soient bouillantes, ce qui les différencie de toutes les sources de l'Europe : celles de Chaudes-Aigues, les plus chaudes de la France, ont seize degrés de moins (79° cent.). Une troisième singularité pour le moins aussi étonnante, c'est que, quoique renfermant de l'arsenic, les habitants non superstitieux du pays y font cuire des légumes, s'en servent sans inconvénient comme boisson et pour les usages domestiques. Les sources en question sont des chaudières toujours disponibles, et sans cesse utilisées, sans que jamais il en résulte d'accidents. Il y a plus : bien que quasi bouillantes et quoique arsénicales, ces eaux sont remplies de poissons dont on ne dit point l'espèce, mais qui paraissent s'y plaire et y prospérer : quatrième singularité. Les eaux d'Hamman-Mez-Khoutine sont en outre incrustantes, comme celle de Saint-Allyre en Auvergne. Des jets d'eau invisibles déposent des sels calcaires composant des cônes d'un blanc tacheté de jaune, qui servent de conduits à ces jets d'eau. Ces cônes calcaires, qui livrent passage à l'eau par un canal creusé à leur centre, sont progressivement accrus par les sels que cette eau dépose dans sa chute en se refroidissant. Mais le liquide minéral prend une autre direction, et va produire ailleurs un nouveau cône calcaire, dès que le sommet de l'ancien cône est oblitéré; et c'est le fait de cette oblitération qui décide de l'élévation et de la multiplicité de ces dépôts salins. Déjà les six sources (car tel en est le nombre) sont entourées d'environ 70 de ces pyramides blanchâtres et calcaires, dont plusieurs s'élèvent de 3 à 5 mètres au-dessus du sol, formé là de travertin.

Les eaux d'Hamman-Mez-Khoutine vont finalement se perdre dans la Seybouse, rivière que la majorité des Arabes considèrent comme insalubre, et dont ils se gardent de boire, et fort judicieusement; car si l'eau minérale prise aux sources mêmes ne renferme que de très-petites quantités d'arsenic, il n'en est pas ainsi de la rivière, dans les eaux froides de laquelle s'amassent et se précipitent depuis des siècles, les dépôts insolubles et arsenicaux des sources thermales d'Hamman-Mez-Khoutine. Les six sources jaillissent au pied d'un plateau élevé dont le plan s'incline. De loin ces sources sont signalées par des flots de vapeurs épaisses, qui s'exhalent de ces eaux presque bouillantes, par les nombreuses pyramides calcaires dont nous avons parlé, et qui ressemblent aux tentes d'un camp, de même que par les bosquets touffus et peuplés d'oiseaux que forment près de là des lauriers-roses magnifiques, des oliviers sauvages, des jujubiers et des lentisques d'une belle venue. Il s'y rencontre même des *smilax* et des graminées assez vigoureuses, productions phénoménales au voisinage de sources qui passent pour être soufrées. Près de là sont les débris d'anciens édifices thermaux, qui furent sans doute élevés par les Romains. L'eau minérale d'Hamman-Mez-Khoutine fournit, après évaporation, 1 gramme 77 centigr. de principes fixes, savoir : chaux et soude sulfatées; soude et magnésie chlorurées; chaux, soude et magnésie carbonatées; silice et silicate en petites quantités; zinc carbonaté; barégine et matière organique, comme dans les eaux sulfureuses des Pyrénées; et enfin des traces très-évidentes d'arsenic (arséniate de chaux ou de baryte). Ce sont surtout les dépôts formés par ces eaux qui offrent les traces d'arsenic les plus distinctes, puisqu'on a pu non-seulement en former des taches sur porcelaine au moyen de l'appareil de Marsh, mais en composer un *anneau métallique*, ainsi que l'a prescrit l'Académie des Sciences de Paris pour les expertises de médecine légale.

Tout porte à croire que les sources d'Hamman-Mez-Khoutine sont des eaux sulfureuses dégénérées, ainsi que semblent en témoigner les sulfates subsistants. A l'égard des dépôts calcaires que nous avons dit s'élever en cônes d'une dimension inégale, et quelquefois géminés, dont plusieurs portent à leur sommet (sans doute à l'occasion des graines apportées par les vents), des grenadiers et d'autres arbustes, nous avons ajouté qu'il existe de ces dépôts dont la hauteur ne dépasse pas un mètre, et qui fort nombreux, rangés comme en cercle, et laissant entre eux des espaces assez réguliers, ont laissé dans l'esprit de quelque observateurs des doutes quant à leur origine, qu'ils inclineraient à attribuer à la main capricieuse de l'homme. Le fait est que beaucoup d'Arabes voient dans ces concrétions pittoresques un effet de la colère divine. Ce serait, suivant eux, une foule impie et joyeuse, subitement transformée en pierres funéraires propres à frapper d'un salutaire effroi quiconque aurait la tentation de transgresser les ordres du prophète. Quelques personnes ont pensé que le nom de *Bains maudits*, qu'ont reçu les sources d'Hamman-Mez-Khoutine, pouvait se rapporter à l'arsenic que renferment ces eaux minérales, et peut-être aux accidents qu'elles ont pu occasionner autrefois. Cependant ceux qui en usent aujourd'hui sans préjugé, soit en breuvage, soit sous forme de bains, ou pour les soins culinaires, n'en éprouvent aucune incommodité. Il y a plus, les habitants du voisinage, loin d'être maladifs et souffrants, jouissent de la santé la plus expresse; et d'ailleurs les médecins de nos jours ne se font aucun scrupule d'employer l'arsenic à petites doses dans un certain nombre de maladies, en particulier pour couper les fièvres intermittentes, dans le traitement de quelques maladies de la peau, etc. Les liqueurs de Fowler et de Pearson, qui sont arsénicales, ne sont pas d'invention très-récente; il y a de longues années, et bien avant le docteur Bondin, que les médecins font usage de l'arsenic. Rappelons, en outre, que l'arsenic a été retrouvé tout dernièrement en Europe dans un très-grand nombre d'eaux minérales fréquentées, dont l'arsenic expliquerait en partie l'efficacité, efficacité dont leurs autres principes fixes ne rendraient qu'un compte insuffisant. Des malades visitaient déjà l'Algérie dans le but de se préserver de la phthisie pulmonaire ou pour arrêter les progrès de cette maladie si grave; on pourra s'y rendre aujourd'hui pour quelques engorgements d'entrailles et quelques dermatoses, afin de prendre de l'arsenic préparé à petites doses par la nature elle-même, qui a, dans le sein de la terre, au centre mystérieux des montagnes, des laboratoires si actifs et des procédés si impénétrables.

On connaît encore en Algérie les eaux minérales d'*Hamman-Berda* (près de Ghelma) et celles d'*Hamman-Rhiza* (près de Miliana). Dr Isidore BOURDON.

HAMMERFEST, chef-lieu du bailliage de *Finmark* (Norvège), la ville située le plus près du pôle nord qu'il y ait au monde, bâtie dans une contrée sauvage, entièrement dépourvue d'arbres, au fond d'une baie, dans l'île de Qvaaoe (Iles des Baleines), se compose d'une rue unique, qui s'étend au pied d'un rocher à pic, et ne compte guère que 560 habitants. Elle est pourvue d'un bon port; on y trouve une église, plusieurs grands magasins, un bureau de douanes et deux auberges. En été cette petite ville offre l'aspect le plus animé; car dans l'espace de quelques mois on y voit arriver jusqu'à deux cents bâtiments, soit norvégiens, soit étrangers, surtout russes, qui viennent y échanger des farines, des chanvres, etc., contre des poissons secs, de l'huile de baleine, des peaux de renne, de renard, de l'édredon et du cuivre. La mine de cuivre de Kaafjord, sur l'Altenfjord, est exploitée depuis 1847 par une compagnie anglaise, et le minerai qu'on en tire est tranporté en Angleterre pour y être affiné.

HAMMER-PURGSTALL (JOSEPH, baron DE), célèbre orientaliste, est né en 1774, à Græetz, en Styrie. Après avoir pris part à la publication du Dictionnaire arabe-persan-turc de Meninski, M. de Hammer devint, en 1796, secrétaire du baron de Jenisch, référendaire à la section orientale du ministère des affaires étrangères. A cette époque déjà il traduisit un poëme turc sur la fin des choses. En 1799 il alla à Constantinople en qualité de jeune de langue attaché au savant internonce, baron de Herbert, qui l'envoya bientôt après en Égypte avec une mission relative aux consulats; et il y acheta pour la bibliothèque de Vienne un grand nombre de manuscrits arabes. Après avoir fait la campagne d'Égypte, en qualité d'interprète et de secrétaire sous Hutchinson, Sidney-Smith et Jussuf-Pacha, contre le général Menou, il se rendit vers la fin de 1801 en Angleterre par Malte et Gibraltar. L'année suivante il alla de nouveau à Constantinople remplir les fonctions de secrétaire de légation auprès de l'internonce baron de Sturmer, et en 1806 il fut envoyé en qualité de consul en Moldavie. Nommé en 1811 interprète près la chancellerie secrète de l'empire, puis conseiller aulique en 1817, il hérita en 1835 des biens de la comtesse de Purgstall, et fut alors élevé à la dignité de baron, sous le titre de *Hammer-Purgstall*. En 1842 il prit sa retraite, et depuis lors il vit tout entier à la science, dans les propriétés qu'il possède en Styrie. Voici la liste de ses principaux ouvrages : *Constitution politique et administrative de l'Empire Othoman* (2 volumes 1816); *Observations faites pendant un voyage* (1804) *de Constantinople à Brousse* (1818); *Histoire des Assassins* (1818); *Constantinople et le Bosphore* (2 volumes, Pesth, 1821); *Codices arab., pers., turc., bibliothecæ Cæsar.* (1822), et surtout *Histoire de l'Empire Othoman* (10 volumes, 2e édition, 1835-36); *Histoire de la Poésie Othomane* (4 volumes, Pesth, 1836-1838); *Histoire de la Horde d'Or en Kipshak*, c'est-à-dire *des Mongols en Russie* (1840); et *Histoire des Ilkanis*, c'est-à-dire *des Mongols en Perse* (1843); *Histoire de la Littérature Arabe* (Vienne, 1850-1852). Toutes ces publications abondent en matériaux curieux sur l'histoire et l'état intellectuel de l'Orient. On estime moins les éditions qu'il a données de différents monuments littéraires orientaux, attendu qu'elles manquent de l'exactitude philologique nécessaire. De ce nombre sont l'épopée allégorique du poëte turc Fassli, *Gül et Bülboul* (1834); *Les Colliers d'Or* du poëte arabe Samachsari (1835), le poëme didactique sur le Soufisme du Persan Mahmoud-Schebisteri, *Fleur de Rose du Mystère* (1834); *Le Trèfle du Faucon*, ancien poëme didactique turc sur la chasse au faucon (1840), etc. Il a en outre traduit du persan le *Divan* d'Hafis (1813); de l'arabe, les *Poésies lyriques de Motenebbi* (1822) et du turc les *Poésies lyriques* de *Baki* (1825). En 1834, le chah de Perse lui envoya les décorations des ordres du Soleil et du Lion, pour le récompenser de sa traduction en persan des Réflexions morales de Marc-Aurèle. Enfin, c'est à lui et au comte Wenceslas Rzewuski qu'on doit la fondation d'un intéressant recueil intitulé : *Les Mines d'Orient*, dont 6 volumes parurent de 1810 à 1819 (Vienne).

HAMMON. *Voyez* AMMON.

HAMPDEN (JOHN), célèbre patriote anglais, naquit à Londres, en 1594, et alla étudier le droit à Oxford. En 1625 il fut envoyé à la Chambre des Communes par le bourg de Grampound, et y vota avec ceux des membres de cette assemblée qui se prononcèrent contre le mariage de l'héritier du trône avec l'Infante d'Espagne, et qui conseillèrent au gouvernement anglais de prendre la défense du protestantisme en Allemagne. Toutefois ces votes ne lui attirèrent point encore les méfiances particulières de la cour. C'était un esprit ferme et modéré. Son intelligence supérieure lui fit deviner un grand homme dans Cromwell, son parent, alors que le futur protecteur du royaume n'était qu'un de ses obscurs collègues à la chambre des communes.

Charles Ier avait établi sans le parlement un impôt connu sous le nom de *taxe des vaisseaux*. En 1636, les magistrats du comté qu'habitait Hampden, dans la répartition de cet impôt, le firent contribuer pour une somme modique, pour la somme de vingt schellings (25 francs). Hampden refusa de payer la taxe, et demanda des juges. Il soutint devant la cour du Banc du Roi l'illégalité de l'impôt, mais avec réserve, et en conservant du respect pour la couronne. Il fut condamné. Cette résistance légale lui acquit une grande popularité, et bientôt il devint l'un des chefs les plus importants du parti républicain. Cependant il y eut un moment de découragement pour cette âme héroïque; il désespéra de la liberté, et forma le projet, avec son cousin Cromwell et d'autres, de passer en Amérique. Mais les destinées devaient s'accomplir. Ce fut sur l'ordre exprès de Charles Ier que des empêchements absolus furent mis au départ des émigrants. Hampden fut alors réélu au parlement dont la session commença en 1640, et ne tarda pas y être regardé comme l'un des chefs de l'opposition. En 1642 Charles Ier voulut le faire arrêter avec quatre autres membres influents de la chambre des communes, Pym, Hollis, Strode et Haslerig. Le roi se rendit lui-même à la chambre pour assurer l'arrestation de Hampden et de ses amis. Ils quittèrent la salle, et Charles Ier fut accueilli par un morne silence, suivi bientôt du cri : *privilége!* Dès cette année commença la guerre civile; Hampden y prit une part active. Il était, sous le comte d'Essex, l'homme le plus important de l'armée.

Le 10 juin 1643, à quelques lieues d'Oxford, dans la plaine de Chalgrave, au milieu d'une rencontre de cavalerie où le prince Robert avait surpris et battu les parlementaires, Hampden eut l'épaule fracassée de deux balles. Il mourut peu de jours après, et sa mort réjouit le parti du roi. « A Londres, en revanche, et dans tout le royaume, dit M. Guizot, éclata une douleur profonde. Jamais homme n'avait inspiré à un peuple tant de confiance : quiconque tenait au parti national, n'importe à quel degré ou par quels motifs, comptait sur Hampden pour le succès de ses vœux; les plus modérés croyaient à sa sagesse, les plus honnêtes à sa droiture, les plus intrigants à son habileté. Prudent et réservé, en même temps que prêt à braver tous les périls, il n'avait encore donné lieu à aucun mécompte, possédait encore toutes les affections, et manqua brusquement à toutes les espérances. Merveilleuse fortune, qui fixa pour jamais son nom à la hauteur où l'avait porté l'attente de ses contemporains, et sauva peut-être sa vertu comme sa gloire des écueils où les révolutions poussent et brisent leurs plus nobles favoris. » Ernest Desclozeaux.

HAMPE. On appelle ainsi dans l'art militaire le manche d'une hallebarde, d'un épieu ; dans la langue ordinaire, ce nom se donne au manche d'un pinceau. Quelques lexicographes font dériver *hampe* de l'allemand *handhabe*, qui signifie toute espèce de bâton, de fourche, de hallebarde, etc., composé de *hand* (main) et de *habe* (avoir, saisir).

HAMPE (*Botanique*). On donne ce nom à la tige d'un végétal quand elle est herbacée, simple, nue, c'est-à-dire entièrement dénuée de feuilles, et qu'elle part immédiatement du collet de la racine. La hampe peut porter une seule ou plusieurs fleurs. Quand elle est multiflore, elle peut être ramifiée à son sommet, comme dans le fraisier. La hampe n'est donc qu'un pédoncule qui naît immédiatement de la racine.

HAMPSHIRE, ou comté de HAMP (appelé aussi *Hants* et encore *Southamptonshire*), l'un des sept comtés méridionaux de l'Angleterre, comprend une superficie de 50 myriamètres carrés, une population de 402,000 âmes, et est situé entre les comtés de Berks, de Wilts et de Dorset, la Manche et les comtés de Sussex et de Surrey. Généralement plat, il est traversé çà et là par une chaîne de montagnes peu élevées, appelées *Dunes*. Ses côtes offrent un grand nombre de baies, toutes bordées de ces rochers calcaires qui vus de loin donnent à la Grande-Bretagne un aspect blanchâtre, d'où lui vient son surnom d'*Albion*. Le sol du Hampshire est partagé entre la culture forestière, qui produit notamment des chênes et des hêtres d'une beauté peu commune, et la culture des céréales. Il abonde aussi en riches pâturages très-favorables à l'élève du bétail. Le climat est le plus doux et le plus agréable de l'Angleterre ; aussi le froment, l'orge, les fèves et les légumes les plus délicats, y reussissent-ils parfaitement. On y récolte d'excellents fruits, et la vigne ainsi que le myrte y viennent en pleine terre. La culture du houblon s'y fait aussi sur une vaste échelle; et pour l'année 1848, par exemple, on en évalua la production à 1,754,500 livres st. Que si l'industrie manufacturière du Hampshire est peu importante, en revanche, l'élève du bétail, notamment celle des moutons et des porcs, y donne des produits considérables. On trouve à Portsmouth des bains de mer célèbres et qui attirent chaque année un grand nombre de baigneurs. Les plus remarquables des cours d'eaux, d'ailleurs forts bornés, qui l'arrosent sont l'Avon, qui se réunit avec la Stour et est navigable, l'Auborne et le Loddon, qui se jettent dans la Tamise, et le Test et l'Itshin, qui ont leur embouchure dans la Manche. Ses principales villes sont Winchester, chef-lieu du comté, Southampton, et Portsmouth. L'île de Wight, si célèbre par la beauté de ses paysages, dépend aussi du Hampshire.

HAMPTONCOURT, bourg du comté de Middlesex, sur la Tamise, à environ 18 kilomètres de Londres, compte une population de 3,000 âmes, et est célèbre par le château que le cardinal Wolsey y fit bâtir du temps de Henri VIII; château dont plus tard il fit cadeau à son royal maître. Élisabeth créa à Hamptoncourt le premier jardin botanique qu'ait eu l'Angleterre. Guillaume III, qui affectionnait le séjour de Hamptoncourt, fit beaucoup embellir cette résidence, et en agrandit les jardins. Précédemment ce château avait servi quelque temps de prison à Charles Ier; et après la mort de ce prince, Cromwell vint l'habiter. Charles II, Jacques II, la reine Anne, Georges I et Georges II, y firent de fréquents séjours. Mais depuis lors aucun roi d'Angleterre n'est venu y demeurer. La galerie du château d'Hamptoncourt contient, à côté d'un grand nombre de toiles insignifiantes, les cartons de tapisseries exécutés par Raphael pour la chapelle Sixtine et quelques bons tableaux de Mantegna.

HAMRI. *Voyez* Amri.

HAMSTER, genre de l'ordre des mammifères rongeurs, famille des muriens, institué par Pallas, sous la dénomination de *mures baccati*. Les caractères de ce genre sont : Abajoues creusées dans l'épaisseur des joues; membres postérieurs un peu plus longs que les antérieurs; ongles d'une grandeur moyenne et robustes; queue velue, courte et arrondie, système dentaire analogue à celui des rats. Ce genre comprend plusieurs espèces, dont les notes différencielles sont tirées du pelage, de la forme plus ou moins trapue du corps, de la longueur de la queue et de la forme des oreilles. Ces espèces sont répandues dans le nord de l'Europe et de l'Asie. L'une d'elles, la plus remarquable de toutes, est le *hamster chinchilla*, dont la fourrure est très-recherchée comme objet de mode. Molina le dit du Chili, et Acosta du Pérou. Le chinchilla habite le sommet glacé des Andes. L. Laurent.

HAMZA, disciple de Darari et l'un des fondateurs de la secte des Darariens.

HAN (Baron du). *Voyez* Dancarville.

HANAFORAS ou HARAFORAS, et encore ALFOURES (les auteurs hollandais écrivent *Alfoeren*). C'est le nom d'une race originaire de la Malaisie, mais que l'oppression a fait dégénérer jusqu'à l'état dégradé des races nègres les plus abruties. On rencontre les *Hanaforas* plus particulièrement aux îles Célèbes, à Bornéo, aux îles Moluques et en Nouvelle-Guinée. A en juger par l'apparence extérieure, ils sembleraient plutôt appartenir à la race des *negritos*; mais leur langue présente tous les caractères essentiels de la langue malaise. Quoique demeurés idolâtres et au dernier degré de l'échelle des races civilisées, ils offrent un champ fertile à exploiter pour le zèle des missionnaires chrétiens; car il n'est rien de si misérable que leur position. Elle est telle, qu'aux îles Moluques, par exemple, ils sont réduits à solliciter les travaux les plus rudes ordinairement réservés aux seuls esclaves. En Nouvelle-Guinée, leur sort est un peu moins déplorable; car, sans y être à demeures fixes, ils y cultivent du moins un peu le sol et se livrent aussi à la pêche. C'est d'après eux que les Anglais ont donné le nom de *mer d'Arafura* au bras de mer situé entre le détroit de Torres et l'île de Timor.

HANAP, coupe du moyen âge, montée sur un pied plus élevé que les autres, et dont il est souvent question dans les chansons de gestes et les romans de chevalerie. Plus près de nous, dans nos vieilles ordonnances, ce mot s'applique en général à toutes sortes de vases admis dans le commerce.

HANAU, province de la Hesse-Électorale, dans la Wettéravie, non loin du Main et de Spessart, arrosée par la Kinzig. C'est une contrée fertile et bien cultivée, d'une superficie d'environ 18 myriamètres carrés, avec une population de 125,964 habitants, dont 800 catholiques. D'abord comté de l'Empire et gouvernée par des comtes qui en 1696 obtinrent le titre de princes, cette province, quand la race de ses souverains particuliers vint à s'étendre, en 1736, passa, en vertu de conventions d'hérédité précédemment conclue, sous la souveraineté des électeurs de Hesse. En 1809, on la comprit dans le territoire du *Grand-duché de Francfort;* mais en 1813 elle fit retour à Hesse-Cassel.

HANAU, chef-lieu de la province, est une ville de 16,690 habitants, située dans une contrée sablonneuse, où la patience et la persévérance du cultivateur ont su créer de riants jardins, de fertiles vergers. Elle se divise en *vieille ville* et *ville neuve;* celle-ci a des rues droites et régulières. L'une et l'autre ont beaucoup gagné à ce qu'on en rasât les fortifications. A l'extrémité nord-est de la ville s'élève le château de l'électeur. On trouve à Hanau trois églises protestantes, un gymnase, auquel est ajouté la Bibliothèque de Wettéravie, un hôtel des monnaies, un arsenal et un théâtre. C'est la cité la plus industrieuse de toute la Hesse, et il règne beaucoup d'activité dans ses fabriques de tabac, de cigarres, de soieries, de camelot, de cuirs, de gants, de bas, d'articles de bijouterie, etc. Il s'y fait aussi un commerce considérable en planches, articles de bois sculpté et brut. Non loin de Hanau on trouve *Philippsruhe*, château de plaisance appartenant à l'électeur, l'établissement thermal de *Wilhelmsbad et Rumpenheim*. Cette ville est célèbre dans l'histoire par le siége qu'elle soutint à l'époque de la guerre de trente ans, en 1635 et 1636, contre les Autrichiens, et par la bataille qui eut lieu sous ses murs le 30 octobre 1813. C'est la dernière victoire que Napoléon ait remportée en Allemagne.

[Vaincu à Leipzig, Napoléon évacuait l'Allemagne à marches forcées avec les débris de son armée, par les villes d'Erfurt et de Gotha. Les princes et les peuples sur lesquels avait pesé son joug de fer se soulevaient au bruit de ses défaites, et cherchaient à se venger d'une lâche obéissance par une lâche défection. Le 15 octobre, le comte de **Wrède**, général bavarois, partit des bords de l'Inn avec son armée, renforcée par les divisions autrichiennes du prince de Reuss, et se présenta le 24 devant Wurtzbourg à la tête de 60,000 hommes. Le général Turreau ne put défendre cette ville contre des forces aussi considérables; il se réfugia dans la citadelle, et laissa passer le comte de Wrède, qui vint prendre position autour de Hanau, sur la route de Gelnhausen, par où devait déboucher l'armée française. Napoléon, chassé le 19 des faubourgs de Leipzig, avait passé la Saale le 20 à Weissenfels. Il était arrivé le 24 à Erfurt, théâtre de l'un des plus grands incidents de sa vie, et laissa une garnison dans la citadelle de cette ville, sous les ordres du général Dalton. Son arrière-garde, attaquée de nouveau, le 26, par les troupes de Blücher, entre Eisenach et Gotha, avait laissé 2,000 hommes aux mains de ses ennemis. Il sentit la nécessité de presser sa marche; car il connaissait la défection de la Bavière, et se flattait de gagner le Rhin avant le comte de Wrède. Il fit donc tous ses efforts pour obtenir une ou deux journées d'avance sur les armées qui le talonnaient. Mais il ne réussit qu'à leur échapper. Au sortir de la forêt de Thuringe, il n'était plus suivi que par les cosaques de Platow, d'Orlow, de Czernichef et de Kowaski. Ses colonnes, harcelées par cette cavalerie légère, s'affaiblissaient à chaque instant, et laissaient après elle une longue trace de blessés, de malades, de traînards et de déserteurs. Ce fut enfin à Schluchtern qu'il apprit, le 28 octobre, que le passage lui était fermé par les troupes de son ancien vassal.

Il était urgent de le rouvrir; le moindre retard pouvait causer sa perte. C'était, au froid près, une nouvelle Bérésina qu'il fallait franchir. Une avant-garde de deux ou trois mille hommes déboucha le 29, à huit heures du matin, de la forêt de Lamboy, combattit toute la journée contre les Bavarois de la division Lamotte, et les força, vers le soir, à se replier sur Ruckingen. Napoléon bivouaqua autour de Langenselboden, et le lendemain Macdonald, à la tête du 2e corps, lança ses deux divisions et la cavalerie de Sebastiani sur les six bataillons bavarois que Lamotte avait laissés la veille à Ruckingen; la prompte retraite de cette avant-garde permit à Napoléon d'observer et de reconnaître la position de son nouvel ennemi. L'armée du comte de Wrède était rangée en avant de Hanau, sur la rive gauche de la Kinzig. Sa droite s'appuyait au pont de Lamboy; son centre s'étendait entre ce pont et la chaussée de Gelnhausen, sur laquelle était établie une batterie de 60 pièces de canon, et sa gauche, commandée par le prince de Reuss, avait pris position au delà de cette chaussée. Un corps de réserve bordait la rivière et se liait à une brigade autrichienne laissée dans la ville, tandis que Czernichef observait avec ses cosaques la chaussée de Friedberg. Napoléon, dont l'artillerie n'était pas encore arrivée, fit attaquer la droite de l'armée bavaroise par le général Dubreton à la tête de deux mille tirailleurs, tandis que cinq mille autres, dirigés par Macdonald et Charpentier, marchaient vers le centre de la ligne ennemie, sur la formidable batterie qui en défendait les approches. Ce fut pendant trois heures une fusillade inutile. Elle ne servit qu'à déguiser l'impuissance où était encore Napoléon de faire autre chose.

Cependant, aussitôt que le général Drouot eut pu mettre en ligne 50 pièces d'artillerie, l'attaque devint sérieuse. Deux bataillons de la vieille garde, commandés par le général Curial, fondent sur les Autrichiens qui forment l'aile gauche; ils sont soutenus par l'artillerie de Drouot. Les tirailleurs ennemis sont débusqués, la plaine de Hanau est envahie. Les batteries françaises se développent au sortir du défilé. A leur droite viennent se former les corps de cavalerie dont Napoléon dispose, les grenadiers à cheval et les dragons de la garde, que Nansouti commande, les cuirassiers du général Saint-Germain, la division Sébastiani, et deux escadrons de gardes d'honneur. Toute cette cavalerie s'ébranle vers les quatre heures, charge les cavaliers autrichiens et bavarois, et les met en déroute au premier choc. Les flancs de l'infanterie ennemie sont découverts et menacés par cette charge vigoureuse. La cavalerie ennemie cherche en vain à se rallier derrière les cosaques de Czernichef. Ceux-ci sont écrasés à leur tour par la mitraille, chargés par nos cuirassiers et nos dragons, et rompus de tous les côtés, ils entraînent toute l'aile gauche dans leur fuite. Le comte de Wrède ne songe plus qu'à replier en bon ordre son centre et son aile droite, et couvre ce mouvement par un effort sur le pont de Lamboy. Mais deux bataillons de la vieille garde, dirigés par Friant, arrêtèrent cette fausse attaque. Toute l'armée ennemie se hâta de repasser la Kinzig, et se rallia sous le canon de la place, près de la ferme de Lehrhof. Ce n'était point assez pour les Français : il leur fallait se frayer la route de Francfort et de Mayence, et cette bataille, quoique gagnée par Napoléon, n'avait pas eu encore ce résultat.

L'empereur s'avança donc lui-même à la faveur de l'obscurité pour reconnaître si le passage était ouvert. Une vive fusillade lui répondit, et le força de regagner son bivouac. Son avant-garde fila pendant la nuit sur Wilhemstadt, d'où elle se dirigea sur Francfort par Hochstædt, avec l'empereur lui-même. Marmont resta devant Hanau, à la tête des 3e, 4e et 6e corps, pour protéger la retraite des 18,000 hommes qui formaient l'arrière-garde, sous les ordres de Mortier, et qui étaient encore à Gelnhausen. De Wrède s'était replié de son côté sur Aschaffenbourg, et n'avait laissé dans Hanau qu'une division autrichienne. Elle y fut assaillie dès l'aurore du 31 par une grêle d'obus, qui la forcèrent deux heures après à évacuer la place. Marmont ne fit que la traverser à la tête des 3e et 6e corps, qu'il porta vivement sur la route d'Aschaffenbourg, pour attaquer la droite des alliés; mais ce n'était qu'une démonstration dont il était facile de deviner le but. Après les avoir éloignés de sa ligne de retraite, Marmont suivit le mouvement des premières colonnes de Napoléon. Bertrand et le 4e corps restèrent seuls pour assurer le passage de Mortier et de l'arrière-garde. La division Guilleminot garda les ponts de la Kinzig, celle des Italiens occupa la ville, et Morand se plaça avec la sienne en réserve sur la chaussée. Le comte de Wrède, encouragé par le repos qu'on lui laissait, ne supposa dans Hanau qu'un faible détachement. Il fit attaquer

la ville par le pont de Neuhof, et se présenta lui-même avec un ou deux bataillons autrichiens à la porte de Nuremberg. Il culbuta du premier choc les premières gardes italiennes; mais, atteint d'une balle au bas-ventre, il fut contraint d'abandonner la direction de cette attaque. Sa colonne s'arrêta, montra de l'incertitude, et la division Morand, ayant porté secours aux Italiens, rejeta les assaillants dans la rivière et sur les chemins d'Aschaffenbourg.

Ces deux journées coûtèrent dix mille hommes pris ou tués à la Bavière et à l'Autriche, tandis que la perte des Français s'éleva à peine à cinq mille. Pendant l'action, deux régiments de cavalerie badoise avaient brusquement abandonné nos rangs pour passer à l'ennemi. Le général autrichien Fresnel, qui avait pris la place de Wrède, ne chercha plus à troubler la retraite de nos troupes, et le 2 novembre Napoléon et les débris de son armée, abrités par la forteresse de Mayence, purent se reposer sur la rive gauche du Rhin des fatigues d'une campagne qui aurait rétabli la gloire et la fortune de l'empereur s'il eût écouté les conseils de la prudence. VIENNET, de l'Académie Française.]

HANBALITES, l'une des quatre sectes réputées orthodoxes, ou *sunnites*, dans le grand nombre de celles qui divisent l'islamisme. C'est la plus intolérante de toutes, notamment pour l'interdiction de l'usage du vin. Elle tire son nom d'un sectaire musulman, nommé *Ahmed Ebn Hanbal*, né à Bagdad l'an 165 de l'hégire, et 786 de notre ère, mort dans la même ville, en odeur de sainteté, l'an 235 de l'hégire ou 855 de J.-C. Il prétendait que le Coran est la parole de Dieu, incréée, éternelle, et que le grand prophète monterait un jour sur le trône de Dieu même. Pour ce fait, il fut cruellement battu de verges et incarcéré. Sa doctrine, également persécutée dans l'origine par ceux des croyants qui regardent le Coran comme un livre sorti de la main des hommes, donna naissance à la secte des *hanbalites*, qui s'est plus tard subdivisée en une foule d'autres, mais qui a continué jusqu'à ce jour à jouir des respects et des privilèges auxquels donne droit le titre d'orthodoxe. On prétend que les funérailles d'Hanbal attirèrent un concours de 800,000 hommes et de 60,000 femmes, et qu'elles déterminèrent la conversion de 20,000 infidèles à l'islamisme.

HANCARVILLE (D'). *Voyez* DANCARVILLE.

HANCHE. Dans l'espèce humaine, la partie inférieure du tronc est principalement formée par deux os nommés *os des iles* ou *os coxaux* : ces os, par leur figure et leur disposition, présentent une cavité ou *bassin* dans lequel sont renfermés les viscères du bas-ventre. Les bords supérieurs de ce bassin offrent de chaque côté une crête ou saillie, qui, recouverte de muscles, de graisse et de la peau, forme dans son ensemble ce qu'on a nommé la *hanche*. Ainsi, la forme essentielle des hanches est due à la forme et à la disposition des os du bassin : elles sont bien ou mal conformées, saillantes ou aplaties, suivant que les os coxaux sont plus ou moins écartés, réguliers ou irréguliers; les parties molles qui les recouvrent ne modifient que très-peu cette forme primitive.

La forme et la saillie des hanches offrent un des caractères physiques qui distinguent l'homme de la femme. Chez les enfants, avant l'âge de la puberté, les hanches sont à peine marquées, et leur aspect est à peu près le même dans les deux sexes; mais vers l'âge de dix à douze ans, le bassin de la femme, pour devenir propre aux fonctions qu'il doit remplir, s'élargit et s'évase, et il en résulte que la saillie des hanches devient bien plus prononcée que chez l'homme. Comme aussi chez la femme le tissu cellulaire est plus chargé de graisse que chez l'homme, cette cause contribue encore à augmenter chez elle la saillie des hanches; elle leur donne surtout ces contours arrondis et gracieux qui ont été si bien reproduits dans les belles statues antiques.

Dans les deux sexes, la saillie des deux hanches doit être sur une même ligne horizontale; mais assez souvent une hanche est un peu plus haute que l'autre. Cette difformité résulte d'une déviation ou torsion de la colonne vertébrale : comme elle sert de point d'appui aux os du bassin, si son extrémité inférieure se porte trop à gauche, la hanche gauche se trouve soulevée et la droite abaissée; le contraire a lieu si elle se contourne à droite. L'abaissement d'une hanche coïncide toujours avec l'élévation de l'épaule du côté opposé; et comme l'épaule droite est presque toujours un peu plus haute que la gauche, la hanche gauche est aussi un peu plus basse que la droite. Chez un homme bien conformé, les hanches doivent avoir moins de largeur que les épaules; chez les femmes, le contraire doit avoir lieu.

Hanches, en termes de manége, signifie le *train de derrière* d'un cheval, depuis le jarret jusqu'aux reins : on dit qu'un cheval est sur les *hanches* quand il baisse sa croupe pour la disposer à recevoir le poids dont on dégage le devant; pour mettre un cheval sur ses hanches, sans le contracter, il faut rapprocher ses jambes de derrière du centre de gravité, pour que les jarrets ne cèdent qu'après les hanches. Les vétérinaires appellent effort des *hanches* la distension qui, après un mouvement violent, arrive dans les fibres charnues des muscles fessiers.

En termes de marine, on nomme *hanche* la partie de l'arrière d'un bâtiment qui est entre la poupe et les haubans du grand mât.

On a dit au figuré : se mettre sur les *hanches*, pour prendre le maintien d'un bretailleur : cela vient de l'habitude qu'ont, entre autres personnes, les poissardes de mettre le poing sur les hanches quand elles sont en dispute.

HANDE. *Voyez* AJONC.

HANDICAP, terme de course que les *gentilshommes* du Jockey-Club ont emprunté à nos voisins d'outre Manche, et par lequel on désigne le poids fixé pour égaliser les forces des chevaux.

HANDJÉRI (ALEXANDRE, prince), ancien hospodar de Moldavie, né à Jassy, en 1759, mort le 3 juin 1854, à l'âge de quatre-vingt-quinze ans, à Moscou, où il s'était retiré en 1821, à l'époque de l'insurrection grecque, est auteur d'un excellent *Dictionnaire Français-Turc* (3 vol.; Moscou, 1840), traduction, pour ainsi dire littérale, de notre Dictionnaire de l'Académie, et qui a obtenu un succès mérité en Turquie et dans toute l'Europe. Possédant à fond notre langue et notre littérature, le prince Handjéri, en se retirant de la politique, avait voulu occuper ses loisirs par une entreprise qui n'exigeait pas seulement des connaissances spéciales, mais un travail long et patient, auquel il consacra près de vingt années de sa longue vie.

Michel Ulangali HANDJÉRI, son petit-fils, docteur en philosophie de l'université de Berlin, a publié sa thèse inaugurale intitulée : *De Abderitarum Rebus Commentatio*, qui annonce une érudition solide.

HANÉFITES ou **HANIFITES**, nom d'une des quatre sectes *sunnites* ou orthodoxes des musulmans. Elle tire son nom de son fondateur, *Abou-Hanifah-Ibn-Thaber*. Elle domine en Turquie, et est aussi fort répandue dans l'Indostan et la Tatarie.

HANGAR. C'est là un des bâtiments les plus nécessaires à une ferme : il doit être situé au-dessous de la grange aux gerbes, et avoir une étendue proportionnée aux besoins de l'exploitation. C'est là que doivent être placés les charrettes, les gros instruments de labour, les brouettes, civières et haquets, les bois, charbon et fagots à brûler, les plâtres et les chaux dont on peut avoir besoin; les vieux fûts, les hache-paille et coupe-racines, les osiers, les paniers, les claies et équipages de parc durant l'hiver.

Le hangar est le lieu du bâtiment le plus fréquenté : c'est sous son abri que l'on vient travailler quand il pleut et qu'on dépose ou retire chaque jour quelques objets. Quant aux instruments de fer, d'acier, portatifs, et aux cordes et cordages, ils doivent être placés dans un cabinet fermant à clef sous le hangar, pour en éviter le gaspillage.

Cte FRANÇAIS (de Nantes).

HANGOE (Cap d'), *Hanaœ-Udd*. Il forme la pointe

la plus méridionale de la **Finlande**, et commande l'entrée du golfe de Finlande au nord, comme l'île de **Dagœ** la commande au sud. Sur un îlot situé en avant du cap s'élève un phare momentanément éteint aujourd'hui, en raison de l'état de guerre actuel de la Russie contre les deux grandes puissances maritimes, et le cap est lui-même dominé par une forteresse appelée *Gustafsvœrn*. De chaque côté du cap se trouve une belle rade, mais dont les entrées sont rendues également périlleuses par un grand nombre de récifs placés à fleur d'eau, et entre lesquels il y aurait imprudence à s'engager sans pilote. On donne le nom de *baie d'Hangœ* à la rade située au nord du cap et au sud de l'île de Kimito, et qui peut admirablement servir de station à l'escadre que de bons pilotes y auront fait entrer. C'est à la hauteur du cap d'Hangœ, et non loin des récifs qui le flanquent de tous côtés, que Pierre le Grand gagna sa première victoire navale. A la tête d'une division de sa flotte de Cronstadt, il y attaqua, le 27 juillet 1714, la flotte entière des Suédois, composée d'une frégate et de neuf chaloupes ou galères portant en tout 116 bouches à feu; et après un combat des plus vifs, qui dura deux heures, il força l'amiral suédois à amener son pavillon. Toute la petite escadre suédoise fut capturée.

HAN-LIN. Ces mots chinois signifient *forêt de pinceaux*. Ils servent à désigner dans le céleste empire un corps lettré, une véritable académie politique et littéraire, fondée dès les premières années du septième siècle de notre ère, par l'empereur Hiouan-Tsong, de la dynastie des Thang. Comme c'est avec le pinceau qu'en Chine on trace l'écriture, on comprend que la dénomination de *Han-lin* est une allusion à l'instrument dont se servent constamment les membres de ce docte corps, en possession de fournir les historiographes de l'empire, ainsi que les censeurs impériaux, dont la juridiction s'étend depuis le plus humble citoyen jusqu'à l'empereur lui-même. Au lieu d'être le fruit d'efforts isolés, tous les ouvrages produits par le *Han-lin-y youan* (collége des Han-lin) sont des œuvres collectives. Tant de savants y concourent, qu'il est difficile qu'il s'y glisse des fautes ou des erreurs. Cette académie publie chaque année d'excellents livres, et multiplie les éditions avec commentaires des livres anciens, imprimés aux frais du gouvernement et avec magnificence par les presses impériales. Ils sont distribués en présents aux ministres, aux princes et aux principaux fonctionnaires publics ou lettrés de l'empire. Vers la fin du siècle dernier, l'Académie des *Han-lin* avait commencé, par ordre de l'empereur Kien-Loung, une espèce de bibliothèque choisie, qui devait se composer de 160,000 volumes. En 1818 il avait déjà paru 78,731 volumes de cette collection encyclopédique, qui n'a pas d'équivalent dans les littératures européennes, et dont quelques sections, relatives à la musique et à l'histoire, se trouvent à la Bibliothèque impériale de Paris.

HANNAKS, peuplade d'origine slave, fixée dans la partie de la Moravie à laquelle on donne le nom de *Hanna*, district d'environ 20 myriamètres carrés et l'un des plus fertiles de toute la contrée. Les Hannaks prétendent être les habitants aborigènes de la Moravie, et se distinguent de leurs voisins par leur dialecte, leur costume et leurs mœurs. Hospitaliers, grands travailleurs, et dès lors jouissant d'un remarquable état d'aisance, ils s'enorgueillissent de leur origine et évitent de s'allier avec d'autres races. Ils aiment passionnément la musique et la danse, et leurs mélodies nationales sont remarquables par les tons doux qui y dominent.

HANNETON, genre d'insectes coléoptères pentamères, famille des lamellicornes, tribu des scarabéides phyllophages, établi par Fabricius aux dépens des **scarabées** de Linné. L'Europe seule fournit vingt-trois espèces à ce genre, et le nombre de celles des autres contrées de la terre s'élève actuellement à cent quatorze, décrites et placées dans les cabinets d'histoire naturelle. Les caractères génériques des hannetons sont les suivants : Deux antennes courtes, en masse, de dix articles; la bouche munie d'une lèvre supérieure et de mandibules ; cinq articles aux tarses. Quelques espèces sont très-velues, et d'autres, au contraire, tout à fait lisses; mais ce qui les différencie principalement, c'est que les unes sont assez rares pour n'être connues que d'un petit nombre de curieux, tandis que d'autres ne le sont que trop, par leur multiplication excessive et les dégâts qui en sont la conséquence inévitable. Toutes celles dont on a pu observer les métamorphoses passent dans la terre le premier temps de leur existence, et n'en sortent que dans l'état d'insecte parfait. Les larves se nourrissent aux dépens des racines des plantes, changent plusieurs fois de peau jusqu'à leur entier accroissement, passent plus ou moins de temps dans l'état de chrysalide, sous une enveloppe de forme globuleuse et assez solide. Elles sont très-sensibles au froid, et s'enfoncent dans la terre jusqu'à la couche dont la température ne varie point; elles ne la trouvent quelquefois, sous le climat de Paris, qu'à 1^{m},65 de profondeur. Comme les larves du *hanneton vulgaire* (*melolantha vulgaris*) passent trois années sous terre dans l'état de larves, et huit à dix jours au plus dans l'air et sur les arbres, les ravages silencieux que font ces insectes durant la plus longue partie de leur existence sont ceux qu'il nous importe le plus d'arrêter, et par conséquent on n'a presque rien fait si les femelles, après la fécondation, continuent à déposer leurs œufs dans la terre. Après l'œuvre de la fécondation et de la ponte, la vie des hannetons cesse de nous être préjudiciable; ils ont fait alors tout le mal que nous pouvions en attendre. C'est à leur première sortie hors de terre qu'il eût fallu les saisir; et il est très-inutile d'arrêter les femelles à leur seconde apparition. Quant aux mâles, leur vie ne dure pas plus d'un jour au delà de l'accouplement. Les encouragements donnés à la destruction de ces insectes ne sont pas d'un grand effet.

On prétend avoir constaté la reparition bisannuelle d'une variété du hanneton vulgaire; elle est reconnaissable par son corselet velu ; d'ailleurs, elle n'en diffère ni par la grandeur, ni par la forme ou la couleur. Elle vient en même temps que l'espèce principale, au mois de mai Nous ne sommes pas encore débarrassés de ces rongeurs du feuillage printannier lorsqu'on voit apparaître le *hanneton solsticial* (*rhizotrogus solsticialis* de quelques classificateurs), plus petit, d'un brun moins foncé, et qui ne vole pas aussi haut. Une autre espèce plus grande, mais beaucoup plus rare, le *hanneton foulon* (*melolantha fullo*), devance de quelques jours la venue de l'espèce commune, et se maintient un peu plus longtemps. L'été a aussi son *hanneton estival*, peu différent du *solsticial*. Enfin, une espèce *équinoxiale*, distinguée par sa poitrine velue, termine, pour les climats tempérés, le passage annuel de ces coléoptères, et le renouvellement de leur race confié à la terre. La vigne, ce végétal doté si libéralement par la nature, est affectée malheureusement à la subsistance d'une espèce particulière, assez petite, d'un vert luisant en dessus et bronzé en dessous. La fécondité de cette race maudite égale quelquefois celle de l'espèce commune, au grand dommage des vignerons, dont elle détruit les espérances au moins pour une année.

Parmi les autres espèces européennes, les entomologistes ont-ils satisfait à ce qu'exigent l'exactitude et la clarté scientifiques en admettant les dénominations de *ruricole*, *agricole*, *horticole*, pour désigner trois espèces de hannetons, peu différents l'un de l'autre, et assez semblables au hanneton de la vigne? Quant au *hanneton écailleux*, il est assez bien nommé; car des écailles d'une finesse admirable le couvrent partout, et contribuent à réhausser l'éclat du beau bleu de cet insecte.

Nous ne dirons rien des hannetons étrangers, dont aucune espèce ne semble l'emporter, soit par les dimensions, soit par la couleur, sur celles que l'Europe peut lui comparer : pour cette sorte de richesse, le Nouveau Monde n'a rien qui puisse être envié par l'Ancien, et notre Europe n'adresse aucune demande à la vaste et opulente Asie, non plus qu'à l'Afrique, où le règne animal est si plein de merveilles. FERRY.

HANNON. Ce nom a été porté par plusieurs personnages remarquables de Carthage. Les plus connus sont :

HANNON, riche et puissant citoyen, qui voulut asservir sa patrie et conçut le dessein d'empoisonner tous les sénateurs dans un repas. Cet affreux projet ayant échoué, il arma 20,000 esclaves, et se retira avec eux dans une forteresse, cherchant à former contre Carthage une redoutable coalition des rois de la Mauritanie. Mais ayant été battu et fait prisonnier, il fut livré au plus horrible supplice, et toute sa famille fut exterminée.

HANNON, amiral qui commandait la flotte battue aux îles Ægades par le consul Lutatius.

HANNON, chef du parti opposé à la faction barcine, combattit, dans le sénat, Amilcar et son fils Annibal. Partisan de la paix, il fit refuser à celui-ci les secours d'hommes et d'argent dont il avait besoin pour se maintenir en Italie, et lui fit perdre ainsi le fruit de ses victoires. Magon ayant fait un grand étalage des succès d'Annibal, et finissant par demander au nom de celui-ci des hommes, des vivres et de l'argent, Hannon s'écria : « Que demanderait-il donc s'il eût été vaincu ? » Il montra ainsi, en toute occasion, un tel acharnement contre Annibal, qu'on le soupçonna d'avoir été acheté par l'or des Romains.

HANNON, navigateur célèbre, fut chargé par le sénat de Carthage de faire le tour de l'Afrique, pour y fonder des colonies et accroître ainsi la domination et les richesses de sa patrie. Nous avons encore le journal de son voyage, ou le *Périple*, qu'à son retour il déposa dans le temple de Saturne; mais ce n'est qu'une traduction grecque faite très-anciennement. N'oublions pas que Strabon a traité de fabuleuse la relation d'Hannon, parce que ce géographe ne se trouve point d'accord sur la position des lieux avec Pline, Athénée, Aristide et quelques autres. Dodwell en a fait autant. Il paraît néanmoins qu'à part quelques exagérations, que l'on peut attribuer au traducteur, le *Périple* est regardé comme un monument authentique. Il est antérieur à l'an 300 avant J.-C. Pline dit que l'époque de Hannon répond à celle de la plus grande puissance des Carthaginois; mais ce n'est point donner une date certaine. Parti avec une flotte de soixante vaisseaux, chargés de nombreux passagers destinés à former des colonies plus ou moins lointaines, il entra dans l'Océan. Le second jour, après avoir passé le détroit, il débarqua et fonda la ville de *Thymiaterium;* de là, faisant route à l'ouest, il arriva au cap Soloé, sur la côte de Libye, où il bâtit un temple à Neptune. A une demi-journée de distance, il découvrit un lac bordé de roseaux, autour duquel paissaient des éléphants et des animaux féroces. A une journée au delà, il établit un autre comptoir, et ensuite quatre autres : celui qui était voisin du lac fut nommé *Caricus murus* ou *mur du soleil;* le suivant, en avançant vers le sud, *Gytte;* et les autres, *Acras, Melitta*, et *Orambys*. De là les Carthaginois arrivèrent à l'embouchure du Lyxus, fleuve qui vient du milieu de la Libye. Ils y trouvèrent des pâtres nomades. Hannon vogua ensuite pendant deux jours sur une côte déserte, qui se détourne à l'est pendant une journée de navigation : il découvrit plus loin, au fond d'un golfe, une île à laquelle il donna le nom de *Cerné*, et où il laissa des colons. Il poussa ensuite sa navigation jusqu'à un golfe, qu'il nomma la *Corne du midi*, et que l'on croit être aujourd'hui le cap des Trois-Pointes. Les vaisseaux n'allèrent pas plus loin, le manque de vivres ayant forcé Hannon de revenir sur ses pas.

Nous avons sous le nom de *Périple* plusieurs anciens voyages, celui d'Hannon est le plus ancien. Bougainville en a donné une traduction, accompagnée de notes savantes. On ne connaît qu'un seul manuscrit de l'original; c'est celui qu'a décrit Sylburg, qui a existé à la bibliothèque Palatine, a passé à celle du Vatican, et a appartenu momentanément à la Bibliothèque impériale de Paris. On en doit aussi une traduction à Châteaubriand. Alexandre DU MÈGE.

HANOVRE, royaume du nord de l'Allemagne, comprenant les anciennes possessions de la maison électorale de Brunswick-Lunebourg et quelques acquisitions nouvelles. A l'est, il renferme le duché de Brême et le pays d'Hadeln, la principauté de Lunebourg, et une parcelle du duché de Lauenbourg, le duché de Verden, les principautés de Kalemberg et d'Hildesheim, et les comtés de Hoya et de Diepholz; à l'ouest, la principauté d'Osnabruck et le bas-comté de Lingen, le comté de Bentheim, le cercle d'Emsbuhren, ci-devant dépendance de l'évêché de Munster, le duché d'Aremberg-Meppen, et la principauté de la Frise orientale avec l'Harlingerland; sa partie méridionale, que le territoire particulier du duché de Brunswick sépare du reste du pays, comprend les principautés de Grubenhagen et de Gœttingue, avec les enclaves d'Elbingerode, Ihlefeld, etc. Sa partie orientale et sa partie occidentale confinent, au nord, à la mer du Nord, au grand duché d'Oldenbourg, au bailliage hambourgeois de Ritzebüttel, au Holstein-Lauenbourg, au territoire de Hambourg et au duché de Mecklembourg-Schwerin; à l'est, à la Prusse et au duché de Brunswick; au sud, au duché de Brunswick, à la Hesse-Électorale, aux principautés de Lippe-Detmold et de Waldeck-Pyrmont, à la Prusse; à l'ouest, au royaume des Pays-Bas. La partie qui s'en trouve détachée au sud est entourée par la Prusse, la Hesse-Électorale et le duché de Brunswick. En revanche, le Hanovre entoure le grand-duché d'Oldenbourg, la ville libre de Brême, le bailliage hambourgeois de Ritzebüttel et quelques parcelles du Brunswick. Sur une superficie totale évaluée à 490 myriamètres carrés, ce royaume contient, d'après le recensement de 1851, une population de 1,758,847 habitants. Il n'est montagneux que dans sa partie méridionale, où le Harz atteint au *Kœnigsberg* une altitude de 1066 mètres. Le reste du pays, et c'en est la plus grande partie, est une contrée complétement plate, composée tantôt de sables arides, tantôt de marécages transformés en marches d'un sol fertile, par exemple au voisinage des grands cours d'eau et de la mer du Nord, tantôt encore d'immenses tourbières, s'étendant à perte de vue. La lande de Lunebourg, dont la population vit misérablement de l'élève des moutons et des abeilles, est surtout fameuse par son aridité et son infécondité; il en est de même d'une grande et haute plaine sablonneuse appelée *Huimling*, située dans le cercle de Meppen, pays d'Osnabruck, où l'on voit les plus misérables cabanes qu'on puisse rencontrer dans toute l'Allemagne. Les côtes septentrionales sont protégées contre les invasions de la mer et quelquefois aussi des fleuves, par des digues d'un entretien dispendieux et qui souvent n'y peuvent résister. Les principaux cours d'eau sont l'Elbe, qui sur une étendue de 23 myriamètres forme la frontière septentrionale du royaume avec ses affluents, le Jetze, l'Ilmenau, rivière navigable, la Sève, l'Este, la Luhe, l'Oste et la Medem; le Weser, qui ne prend ce nom que lorsqu'il atteint le territoire hanovrien qu'il traverse sur une étendue de 21 myriamètres, avec ses affluents, l'Oker, la Leine et l'Œrze, la Wumme et l'Hamme, la Geeste et la Hunte; l'Ems, avec ses affluents, la Hase et la Léda; et ensuite la Vechte, qui traverse le comté de Bentheim dans toute sa longueur. En fait de canaux, il faut surtout mentionner celui de l'Ems, qui relie Lingen à Meppen; le canal d'Aurich, qui relie Aurich et Emden; et le canal de Brême, qui relie la Hamme à la Schwinge, puis cette dernière à l'Oste, et qui sert au dessèchement des marais, en même temps qu'au transport de la tourbe. Citons encore le golfe de Dollart, près d'Emden, et l'immense marais de *Duymelsmoor*, dans le duché de Brême.

Les produits du sol ne varient pas moins que sa constitution physique. Dans les marches du pays de Brême, dans la Frise-orientale, dans les contrées méridionales du royaume et dans les diverses vallées que forment les cours d'eau, on cultive beaucoup de céréales, le froment notamment; dans les bruyères, du sarrasin et du lin; dans les marches, des plantes oléagineuses et des légumineuses, plus du tabac. Le Harz contient d'importantes forêts, et les forêts d'arbres à feuilles aciculaires du pays de Lunebourg sont d'un bon rapport. L'élève du bétail est surtout pratiquée dans les pays de marches et dans la Frise orientale, où l'on suit la méthode hollandaise; puis à la mode suisse, dans le Harz où l'on fabrique aussi beaucoup de fromage. Lunebourg, Hoya, Bremen, Kalenberg et surtout la Frise orientale produisent d'excellents chevaux. Des haras existent à Herrenhausen, Celle, Memsen près de Hoya, Neuhaus sur le Solting; et à Behre, près de Celle, on trouve un haras de mulets. L'élève du mouton, dont la race a été partout perfectionnée, a lieu sur plusieurs points du pays, mais plus particulièrement dans les pays de marches et dans le pays de Lunebourg. Les landes de Lunebourg nourrissent beaucoup d'abeilles; le gibier de toutes espèces abonde dans les grandes forêts, les oies dans la Frise et dans le comté de Hoya, les lamproies aux environs de Lunebourg, et le saumon dans le Weser. Le port d'Emden pratique la pêche aux harengs sur une large échelle. Les produits minéraux sont l'argent (50,000 marcs en moyenne par an), le fer (80,000 quintaux), le plomb (100,000 quintaux), le cuivre (3,000 quintaux), le soufre, le vitriol, l'alun, le sel de source en quantités considérables (300,000 quintaux environ, par 14 salines), la houille et surtout la tourbe, la chaux, le plâtre, le marbre, etc. Les sources minérales les plus en réputation sont celles de Rehburg, de Rothenfeld, et les bains sulfureux de Nornheim. Il existe un établissement de bains de mer à Norderney. Les habitants, qui dans les campagnes parlent généralement le plat-allemand, et vers les frontières des Pays-Bas le hollandais, appartiennent généralement à l'Église luthérienne. On compte aussi environ 220,000 catholiques, 90,000 réformés, 5,000 mennonites et 13,000 juifs. Après l'agriculture, l'élève du bétail et la culture du chanvre et du lin, les principales industries de la population, sont le tissage des toiles, le filage du lin, la fabrication des cuirs, des tabacs, des poteries, des tuiles, des pipes, des verroteries et surtout l'exploitation des tourbières et les travaux d'endiguement; enfin, l'exploitation des mines, qui n'emploie pas moins de 35,000 individus. Favorisé par plusieurs cours d'eau navigables, de bonnes routes et des voies ferrées, le commerce n'a encore pris que peu de développements; le commerce maritime est aussi sans importance; en revanche, les villes de Harbourg, de Lunebourg, de Minden et de Leer sont les centres d'un commerce d'expédition fort actif. Le cabotage hanovrien est le plus important de ceux de tous les États du Nord. L'émigration périodique en Hollande, à l'époque de la fenaison, offre aussi de grandes ressources à la partie pauvre de la population; et chaque travailleur rapporte d'ordinaire dans ses foyers une épargne de 75 à 150 francs, faite pendant cette courte campagne.

Il est pourvu aux besoins de l'instruction publique d'une part par la célèbre université de Gœttingue, et de l'autre par dix-sept gymnases, treize *progymnases*, l'école militaire de Hanovre, l'école d'Ilefeld, cinq écoles normales primaires, dont une à Hildesheim pour les catholiques, vingt-et-une écoles supérieures d'enseignement industriel, parmi lesquelles celle de Hanovre est en grande réputation, le *collegium chirurgicum* de Celle, etc. Citons aussi les grandes bibliothèques de Gœttingue et de Hanovre, la Société royale des Sciences de Gœttingue, la Société Historique de la basse Saxe à Hanovre, la Société d'Agriculture de Celle, etc., à Hanovre. En fait d'établissements de répression, il existe des bagnes à Lunebourg et à Stade, deux maisons de correction à Celle et à Emden, trois maisons de détention avec travail obligatoire à Hameln, à Osnabruck et à Peine, des dépôts de mendicité à Moringen, à Hanovre, à Hameln, à Gœttingue, à Lunebourg, à Emden et à Hildesheim.

Le Hanovre est un royaume indépendant depuis 1814. Depuis l'année 1714, époque où l'acte de succession de 1701 appela la maison de Hanovre à monter sur le trône de la Grande-Bretagne, il eut le même souverain que ce pays. Mais Guillaume IV étant venu à mourir en 1837 sans laisser d'héritier mâle, la souveraineté se divisa de nouveau, et passa en Hanovre, à Ernest-Auguste, qui a eu pour successeur, en 1851, son fils Georges V, roi aujourd'hui régnant. Le Hanovre a dans le petit conseil de la Confédération germanique une voix, et quatre dans les assemblées plénières. Son armée forme en grande partie le 10e corps d'armée du contingent fédéral. C'est une monarchie héréditaire, avec une constitution d'états, qui a aujourd'hui pour bases l'acte constitutionnel publié le 31 juillet 1840, après la suppression de la loi fondamentale sanctionnée par le roi Guillaume IV. Elle confère au roi, qui est majeur à dix-huit ans accomplis, l'exercice sans partage du pouvoir exécutif, et les prérogatives de ce prince ne sont limitées que par la coopération législative des états. La couronne se transmet de mâle en mâle et par ordre de primogéniture dans la maison royale, et si celle-ci vient à s'éteindre, doit passer à la maison de *Brunswick*. Cette dernière venant aussi à s'éteindre, la souveraineté ferait retour, sous réserve de la plus grande proximité de la souche commune, aux représentants des lignes féminines.

Le royaume est administrativement divisé en six gouvernements (*Landrosteien*), à savoir: *Hanovre* (77 myr. carrés, et 329,229 hab.), *Hildesheim* (56 myr. car., et 326,427 hab.), *Lunebourg* (141 myr. car., et 326,457 hab.), *Stade* (86 myr. car., et 265,808 hab.), *Osnabruck* (80 myr. car., et 257,862 hab.), *Aurich* (38 myr. car., et 174,355 hab.); plus une capitainerie générale des mines, à *Klausthal* (8 myriam. car., et 34,874 hab.). Depuis 1852 le pouvoir judiciaire a été séparé du pouvoir administratif.

L'assemblée générale des états, qui forme la représentation du pays, se compose de deux chambres. La *première* comprend les princes du sang, le duc d'Aremberg, le duc de Looz-Corswaren et le prince Bentheim, le maréchal héréditaire du royaume, les comtes de Stolberg-Wernigerode et Stolberg-Stolberg, plus quatre membres à la nomination du roi, dont deux au moins doivent être ministres, le commissaire désigné par la première chambre pour les questions de finances et de comptabilité, trente-sept députés nommés par les grands propriétaires fonciers, dix députés du commerce et de l'industrie, des députés des Églises et des écoles, quatre députés de l'ordre des jurisconsultes. Les membres élus de la première chambre se renouvellent tous les trois ans par moitié. La *seconde chambre* se compose de deux ministres désignés par le roi, d'un commissaire élu par l'assemblée pour les questions de finances et de comptabilité, de trente-huit députés des villes et bourgs, et de quarante-quatre députés des communes rurales. Les élections ne sont valables que pour chaque session. Il existe en outre sept assemblées provinciales pour les principautés de Kalenberg, de Gœttingue et de Grubenhagen, pour la principauté de Lunebourg, pour le comté de Hoya, pour les duchés de Bremen et de Verden, pour la principauté d'Osnabruck, pour la principauté d'Hildesheim, et pour celle de la Frise orientale. Ces assemblées concourent à la législation provinciale ainsi qu'à l'assiette des impôts et charges de chaque province.

Les revenus publics s'élèvent de 7 à 8 millions de thalers (de 26 à 30 millions de francs) par an, et les dettes de l'État à environ 32 millions de thalers (37 millions de francs). Le budget fixé pour l'exercice 1852-1853 évaluait les dépenses à 8,145,496 thalers, et la recette probable à 7,702,232 thalers. L'effectif de l'armée est de 19,542 hommes, dont 13,054 font partie du contingent fédéral. Les seules places fortes du pays sont *Stade*, dont le système de fortification est loin d'ailleurs de répondre aux connaissances actuelles, et le fort *Wilhelm*, près Bremerhafen.

En fait d'ordres de chevalerie, il existe en Hanovre: 1° l'*ordre des Guelfes*, civil et militaire, partagé en quatre classes et fondé en 1815; 2° l'*ordre de Saint-Georges*, fondé en 1839, et qui n'a qu'une seule classe; plus, la médaille de l'ordre des Guelfes, pour les sous-officiers et soldats; la médaille de Waterloo; la médaille de Guillaume, en or ou en argent, pour les sous-officiers et soldats ayant vingt-cinq ans ou seize ans de service; la médaille commémorative des campagnes de 1813 et 1814; la médaille du mérite; le signe d'honneur général, la médaille d'honneur en or, pour les savants et les artistes; la médaille de mérite, qui se confère à ceux qui sauvent leur semblable d'un danger.

Histoire.

Les contrées qui forment aujourd'hui le royaume de Hanovre étaient habitées autrefois par des peuplades saxonnes, que, à la suite d'une lutte opiniâtre, prolongée par le courage de leur chef, **Wittikind**, **Charlemagne** finit par subjuguer et à qui il fit embrasser le christianisme. Elles appartinrent dès lors à la monarchie des Francs, jusqu'à ce que, sous le règne de l'empereur Louis **l'Allemand**, elles reçurent un duc particulier, Ludolf, père du margrave Egbert de Misnie; et alors elles firent partie du duché de **Saxe**. Là aussi la puissance des seigneurs, tant laïcs qu'ecclésiastiques, s'accrut à mesure que la décadence de l'autorité impériale devint plus grande. C'est vers cette époque que les mines du Harz et les salines du pays de Luneboürg furent découvertes, et leur exploitation donna lieu bientôt à un commerce considérable. Le duché de Saxe resta dans la famille d'Egbert, qui monta sur le trône impérial en la personne de Henri Ier, jusqu'à ce que le fils de ce prince, l'empereur Othon Ier, le concéda en 951 à titre de fief à Hermann Billung. Quand la race de celui-ci s'éteignit, en 1106, il passa à Lothaire de Supplinbourg, qui fut également élu empereur d'Allemagne; et ensuite, par mariage, dans la maison des **Guelfes**. Sous le gouvernement de Henri le Lion, fils de Henri le Superbe, le pays prospéra beaucoup, grâce à l'activité industrielle et commerciale qu'il s'efforça de favoriser dans les villes. Mis au ban de l'Empire par l'empereur Frédéric Ier, Henri perdit son duché de Saxe, et dut s'estimer heureux de récupérer ses domaines héréditaires de Brunswick et de Luneboürg. Son petit-fils, Othon l'Enfant, fut obligé, en 1235, par l'empereur Frédéric II, de reconnaître tenir ses États héréditaires de Luneboürg, de Brunswick, de Kalenberg, de Grubenhagen et Gœttingue à titre de fiefs relevant de l'Empire; il prit alors la qualité de *prince de l'Empire*, et la rendit héréditaire dans sa famille, sous le nom de duc de Brunswick-Luneboürg.

Pendant que différents partages affaiblissaient successivement cette maison, les villes, dont l'industrie et la richesse faisaient de constants progrès, arrivaient à exercer de plus en plus d'influence. Mais lors de la décadence de la Hanse, dont faisaient partie treize villes du royaume actuel de Hanovre, les princes s'efforcèrent d'y faire prévaloir leur autorité, en même temps que tous leurs efforts tendirent à leur susciter des rivales en commerce et en industrie dans celles de leurs villes demeurées sous leur obéissance immédiate.

La réformation fut tout d'abord accueillie avec les plus vives sympathies par les populations des villes et des campagnes; mais elle rencontra une assez vive résistance de la part de certaines corporations municipales et de quelques gentilshommes; de là des guerres civiles, qui ne cessèrent que lorsque le duc Ernest Ier de Luneboürg, qui avait embrassé la nouvelle doctrine, la fit prévaloir dans le pays.

Guillaume le jeune, né en 1535, fils d'Ernest, devint à la mort de son père (1546) la souche de la ligne de Brunswick-Luneboürg, qui fleurit encore aujourd'hui, représentée par la maison royale de Hanovre, après avoir, en 1569, effectué avec son frère aîné, Henri, souche de la ligne ducale actuelle de Brunswick, le partage des domaines paternels. Comme il résidait à Celle, il est souvent désigné dans l'histoire sous le nom de duc de Celle. Il mourut en 1592, laissant sept fils. Mais pour prévenir tout morcellement ultérieur de ses États, il décida que l'aîné seul hériterait, et qu'un seul des six autres se marierait pour perpétuer la race. Le sort décida que ce serait le sixième, Georges. C'est ainsi que lui succéda son fils aîné, Ernest II, mort en 1610. Celui-ci eut pour successeur son frère cadet, Christian, né en 1566, qui mourut en 1633, et eut à son tour pour successeur le troisième fils de Guillaume, Auguste, né en 1568, qui mourut en 1636. Le quatrième fils de Guillaume, Frédéric, né en 1574, lui succéda, et mourut en 1648. Sous le règne de ces derniers souverains, qui coïncida avec la guerre de trente ans, le pays tint tantôt pour l'empereur, tantôt pour **Gustave-Adolphe**. Georges, qui dans le cours de cette guerre s'était fait un nom, et qui était mort en 1641, laissa quatre fils, entre lesquels il partagea à l'avance son héritage, partage qui fut l'origine des lignes de *Celle* et de *Hanovre* ou de Kalenberg. Mais la première se confondit par mariage avec la seconde, en 1705. Celle-ci eut pour souche, en 1648, Georges-Guillaume, qui y passa la meilleure partie de sa vie, et par convention passée en 1665 abandonna le gouvernement du Hanovre à son frère cadet, Jean-Frédéric (né en 1625), qui en 1649 s'était converti au catholicisme. Ce prince prit une part très-importante aux grands événements de son siècle, fut longtemps à la solde de la Hanse contre l'empereur, et mourut sans laisser d'héritier mâle, en 1679. Il eut pour successeur le plus jeune de ses frères, Ernest-Auguste (né en 1629), qui introduisit en Hanovre la loi de primogéniture, et fut créé par l'empereur Léopold Ier, en 1692, *électeur de l'Empire*, en récompense des services qu'il avait rendus à ce prince en 1686 dans la guerre qu'il eut alors à soutenir contre la France, et plus tard encore contre les Turcs.

L'électeur Ernest-Auguste mourut en 1698, et eut pour successeur son fils Georges-Louis, qui en 1708 fut admis dans le conseil des électeurs, obtint en 1710 la charge d'archi-trésorier de l'Empire; et en 1714 il monta sur le trône de la Grande-Bretagne, sous le nom de **Georges Ier**, comme arrière-petit-fils du roi Jacques Ier et le plus proche parent protestant de la reine Anne. Sous le règne de ce prince, qui mourut en 1727, le Hanovre s'accrut des duchés de Bremen et de Verden, achetés au Danemark. Il eut pour successeur son fils **Georges II**, mort en 1760. A ce prince succéda son petit-fils **Georges III**.

Les dernières années du dix-huitième siècle furent l'époque d'une grande prospérité pour le Hanovre, qui eut sa part de l'immense mouvement commercial développé par la guerre d'Amérique et plus tard par les guerres de la révolution française dans les pays du nord de l'Europe. A partir de 1793 un corps de troupes hanovriennes avait, il est vrai, pris part aux guerres de la coalition contre la république française; mais c'était l'Angleterre qui le soldait, l'armait et l'équipait. On vit néanmoins avec plaisir le gouvernement hanovrien se rattacher en 1795 au système de neutralité de la Prusse, puis conclure sa paix avec la France et s'engager à protéger par la force des armes la neutralité du nord de l'Allemagne. Cette politique eut en effet les plus heureux résultats pour le commerce du pays. Toutefois, lorsqu'en 1801 des difficultés s'élevèrent entre l'Angleterre et les puissances du Nord, la Prusse refusa de reconnaître la neutralité du Hanovre et le fit même occuper comme territoire ennemi. La mort de l'empereur de Russie Paul Ier changea la face des choses; et par suite des préliminaires de paix signés le 1er octobre 1801 entre l'Angleterre et la France, les troupes prussiennes évacuèrent le territoire hanovrien. Puis, quand la guerre éclata de nouveau, en 1803, Napoléon porta tout d'abord son attention sur le Hanovre, qu'il fit envahir dès la fin de cette même année par un corps d'armée aux ordres du général Mortier. Mais une partie des troupes hanovriennes réussit à passer en Angleterre, où elles formèrent la légion allemande, qui rendit tant de services à cette puissance pendant la guerre d'Espagne. Le traité d'alliance conclu en 1806 contre la France entre l'Autriche, la Russie, la Suède et l'Angleterre, fit un instant espérer aux populations hanovriennes qu'elles allaient être délivrées du joug de la France; mais le 1er avril 1806 on apprit que le Hanovre avait été cédé à la Prusse par la France, en échange des territoires d'Anspach, de Clèves et de Neufchâtel, et était incorporé à ce royaume. Toutefois, il retombait dès l'année suivante au pouvoir des Français. Napoléon en incorpora une partie, en 1809, au royaume de Westphalie, qu'il venait de créer en faveur de son frère Jérôme, et fit gouverner le reste par un gouverneur général. Il remania de nouveau tout ce territoire en 1810, et tirant une ligne droite au sud-ouest, à travers le royaume de Westphalie, il en détacha toute la partie située au nord de cette ligne, et l'incorpora à l'Empire avec les villes hanséatiques, le duché d'Oldenbourg, etc., sous le nom de département hanséatique. La bataille de Leipzig, en octobre 1813, eut pour résultat de rétablir dans toutes ces contrées l'ancien état de choses. Par décision du congrès de Vienne, l'électorat de Hanovre fut érigé en royaume.

Le prince régent d'Angleterre, investi au même titre de l'autorité souveraine en Hanovre, par suite de l'état de démence de son père, Georges III, au lieu d'accorder au pays la constitution représentative objet des vœux universels des populations, le fit gouverner par une commission que présidait le comte de Munster, qui maintint scrupuleusement toutes choses sur l'ancien pied. Sous l'administration du duc de Cambridge, nommé gouverneur général à partir de la fin de 1816, on entra dans la voie du progrès et des améliorations; et une patente royale, en date du 5 janvier, accorda au Hanovre une constitution représentative, qui fut mise en activité le 7 décembre de la même année. Cette constitution maintenait les anciennes assemblées provinciales, mais y introduisait des membres de la haute noblesse et des députés des villes, en même temps qu'elle établissait deux chambres, qui restèrent sans influence sur la direction des affaires du pays. Pendant tout son règne, Georges IV négligea complétement ses États de Hanovre. Aussi la misère y était-elle grande lorsque, le 26 juillet 1830, le roi Guillaume IV fut appelé à lui succéder. La fermentation générale produite dans les esprits par la révolution de Juillet provoqua en 1831 des troubles graves à Osterode et à Gœttingue. Pour donner satisfaction à l'opinion publique, le premier ministre, comte de Munster, fut renvoyé et le duc de Cambridge nommé vice-roi. D'accord avec l'assemblée des états, ce prince arrêta les bases d'une constitution nouvelle, mais conçue dans un esprit guère plus libéral que celui de la précédente, et que le roi Guillaume IV confirma par un ordre de cabinet en date du 26 septembre 1833.

Les ministres avaient cru pouvoir se passer de l'assentiment de l'héritier présomptif de la couronne, quand ils donnaient au pays cette constitution. A la mort de Guillaume IV, arrivée en 1837, le duc de Cumberland, son frère puîné, qui monta alors sur le trône de Hanovre et prit le nom d'Ernest-Auguste, ne se crut point lié par un pacte sur lequel il n'avait pas été appelé à donner son avis; et son premier acte fut de déclarer qu'il le considérait comme nul. En même temps il annonça la convocation prochaine d'une assemblée d'états, élue d'après les bases électorales fixées par la constitution de 1819, et qui serait appelée à délibérer sur une constitution nouvelle. Ces mesures amenèrent des protestations de la part de divers fonctionnaires publics, et notamment de la part d'un certain nombre de professeurs de Gœttingue, qui tous furent privés de leurs chaires et dont quelques-uns furent même expulsés du pays.

Par un singulier revirement des choses et de l'opinion, le vieux roi, à la suite des événements de 1848 et de la menaçante agitation qu'ils avaient provoquée en Hanovre comme dans le reste de l'Allemagne, était devenu l'espoir de ceux qui espéraient voir de sages réformes, opérées *d'en haut*, répondre aux besoins des temps et imposer silence aux mauvaises passions que les agitateurs s'attachaient à exploiter dans les bas-fonds de la société. Sa mort, arrivée le 18 novembre 1851, fut donc d'autant plus généralement regrettée, que son fils, appelé à lui succéder, passait pour un des champions du vieil ordre de choses. Et de fait, les premiers actes du règne de Georges V semblèrent légitimer ces appréhensions, puisque tout aussitôt le nouveau roi s'empressa de congédier le ministère libéral et éclairé dont son père s'était entouré en dernier lieu, et le remplaça par des hommes appartenant à l'opinion contraire. Mais l'assemblée des états, convoquée aussitôt après le changement de règne, exprima de la manière la plus franche l'espoir qu'elle conservait de voir l'œuvre de la réforme administrative et judiciaire se poursuivre, de même que l'appréhension que les ministres investis de la confiance du nouveau roi ne fussent pas propres à en assurer le succès. Le gouvernement, en présence de ce conflit, fit preuve de plus de sagesse et de modération qu'on ne s'y attendait. Il chercha à tomber d'accord avec la première chambre, à l'effet d'éviter toute intervention de la diète; et en donnant leur démission au mois d'avril 1852, les hommes réprouvés par l'opinion facilitèrent l'œuvre de la réforme et de la conciliation. Effectivement, dès le mois de mai une loi nouvelle réorganisa le système judiciaire et le système de procédure. Par contre, après ces concessions, le désappointement fut grand en voyant le pouvoir essayer encore de revenir sur les modifications apportées en 1848 à la constitution de 1839, modifications coupables à ses yeux de tendances trop libérales. C'est ainsi qu'il proposa formellement aux états qui se réunirent alors de rétablir la prérogative royale dans tous les droits que lui donnait le pacte de 1839, de même que de restituer à l'aristocratie la part excessive qu'il lui faisait dans la législature. Mais les deux chambres refusèrent de s'associer à cette politique réactionnaire; et la constitution a conservé ses bases fondamentales, notamment les bases électorales qui lui avaient été données en 1848. Le gouvernement de Georges V était sans doute mieux inspiré quand il s'efforçait d'obtenir du pouvoir central de la Confédération le maintien de la fameuse flotte allemande, dont la création avait eu lieu en 1848. Mais ici encore ses efforts ne furent point couronnés de succès; sans doute parce que les rivalités existant au sein même de la Confédération se souciaient médiocrement de se trouver dans la nécessité de confier au seul des États confédérés riverains de la mer du Nord la garde d'un matériel de défense nationale qui eût nécessairement accru la part d'influence de cet État. Si jamais l'Allemagne se trouvait appelée à prendre part à la lutte dont la question d'Orient est en ce moment le prétexte, il serait curieux de savoir si le Hanovre se rattacherait à la politique et aux intérêts de la Prusse et prendrait parti contre l'Angleterre, après avoir eu pendant près d'un siècle et demi le même souverain, ou bien si les hommes chargés de la direction de ses destinées comprendraient que c'est là une occasion, en adoptant une politique indépendante, de parvenir à faire passer leur pays du rang inférieur qu'il occupe aujourd'hui à un degré supérieur. — Au moment où nous mettons sous presse (mai 1855), on annonce que, conformément à une décision de la diète germanique, les lois électorales données en 1848 au Hanovre sont abolies.

HANOVRE, capitale du royaume du même nom, chef-lieu de gouvernement, résidence du roi, est située dans l'ancienne principauté de Kalenberg, sur la Leine, qui y devient navigable, dans une contrée plate et bien cultivée; elle se compose de la ville proprement dite et de ses faubourgs, et compte en tout 43,800 habitants. Elle est généralement bien bâtie, et possède un grand nombre de larges et belles rues se coupant à angle droit. Les plus remarquables d'entre ses places publiques sont celles de Waterloo, de Frédéric, de Neustædt, de Georges, du Théâtre et de l'Embarcadère du chemin de fer. Dix ponts sont jetés sur la Leine, et deux sont surtout remarquables par leurs belles proportions, le pont du Château et le pont de la Porte-de-Pierre. Le château royal est l'édifice qui frappe le plus l'attention des voyageurs. Construit de 1636 à 1646 par le duc Georges, transformé en caserne à l'époque de la domination française, il a été complétement réparé et notablement embelli en 1817. Dans la chapelle on voit un beau tableau de Lucas Kranach, et on y conserve un curieux reliquaire rapporté de Palestine à Brunswik, en 1172, par le duc Henri le Lion. Il faut ensuite mentionner parmi les constructions monumentales le Palais-Royal, situé dans la *Leine-Strasse*, en face du château ; le palais Ernest-Auguste, le palais Georges, la cour des Princes, le palais des états, les écuries du roi, l'arsenal, les casernes de la place de Waterloo, le nouvel hôpital militaire, le grand hôpital, l'hôtel de ville, l'École Polytechnique, le nouveau théâtre, inauguré en septembre 1852; l'embarcadère du chemin de fer qui, par divers embranchements, relie la capitale aux villes de Minden, de Brême, de Harbourg, de Brunswick et de Cassel. En fait de monuments, citons la *colonne de Waterloo*, haute de 53 mètres 33 c., pourvue à l'intérieur d'un escalier à colimaçon de 190 marches, et construite de 1826 à 1832 sur la place de Waterloo; la statue en bronze du général Alten, près le bâtiment des archives. Dès 1826 une société anglaise s'était formée pour éclairer la ville au gaz, et depuis lors cette compagnie a étendu ses opérations à un grand nombre de villes. La découverte d'une riche mine d'asphalte aux environs de Hanovre a eu pour résultat de faire recouvrir tous ses trottoirs d'une couche de cette matière. Une machine hydraulique en bois, construite de 1527 à 1535 pour fournir d'eau la ville, a été remplacée dans ces dernières années par une nouvelle machine, pourvue de tuyaux en fonte qui distribuent l'eau de la Leine dans toutes les rues de la capitale.

Hanovre, résidence des diverses autorités supérieures du royaume, est le siége d'une cour d'appel (la cour suprême siége à Celle), de l'assemblée générale des états, et de l'assemblée provinciale des principautés de Kalenberg, Grubenhagen et Gœttingue. On y compte dix églises, dont la plus ancienne est celle du Marché, construite en 1238. La ville possède 25 établissements d'instruction publique pour la jeunesse, un séminaire et une école normale, une école de chirurgie, une maison centrale d'accouchement, une école vétérinaire, un école polytechnique, une école commerciale et industrielle et une institut de jeunes aveugles. Parmi les collections scientifiques et artistiques, on remarque la bibliothèque particulière du roi, riche de 20,000 volumes; la bibliothèque royale (100,000 volumes et 2,000 manuscrits); la bibliothèque de la ville, riche en manuscrits rares; la collection royale des médailles, la collection royale de gravures, la galerie publique de tableaux, le muséum d'histoire naturelle, etc. La ville possède des fabriques de galons d'or et d'argent, de toiles cirées, de papiers peints et d'articles en plaqué, de liqueurs, d'outils et de machines. Quelques-unes de ses brasseries sont fort importantes. Non loin de Hanovre se trouvent les châteaux de *Monbrillant* et de *Herrenhausen*, propriétés de la couronne. La seconde de ces demeures royales touche au parc de Georges (ci-devant jardin Wallmoden), où se trouve également un château de plaisance.

HANSARD (Luc), imprimeur anglais, né en 1748, à Norwich, y fit son apprentissage, et entra en 1772, comme compositeur, dans l'officine de Hughs, imprimeur de la chambre des communes, qui en 1799 le prit pour associé, et lui céda sa maison en 1800. Hansard mit à profit ses relations multiples avec les plus célèbres écrivains de l'époque pour étendre de plus en plus le cercle de ses affaires; et il satisfit tellement le parlement par la manière dont il exécuta les différents travaux typographiques qu'il fut chargé d'exécuter, qu'en 1828 l'assemblée lui vota une récompense nationale. Il mourut peu de temps après, en 1828. Il a fondé une institution de bienfaisance pour les ouvriers imprimeurs qui arrivent à la vieillesse sans avoir pu se mettre à l'abri du besoin.

Son fils aîné, *Thomas-Curson* Hansard, qui dès 1805 avait fondé à Londres une imprimerie distincte de celle de son père, est connu par un ouvrage intitulé : *Typographia, an historical sketch of the origin and progress of printing* (Londres, 1825). Il mourut en 1833. Les frères cadets de Thomas, *James* (mort en 1849), et *Luc* Hansard, continuèrent à être chargés des impressions du parlement. En 1852 leur maison a fait paraître le tome 121e de la collection des *Parliamentary Debates*.

HANSE ou LIGUE HANSÉATIQUE. Elle eut pour point de départ des associations formées à l'étranger par des marchands allemands, à l'effet de se porter mutuellement secours; et ce ne fut que postérieurement que dans les villes d'Allemagne les marchands se réunirent et s'associèrent pour protéger ces factoreries. Même à l'époque où l'on ne connaissait d'autre droit que celui du plus fort, le commerce allemand florissait, en dépit des comptoirs que les négociants de l'Italie avaient créés partout; mais le jour où les marchands perdirent le droit de voyager avec des escortes armées, ils se trouvèrent exposés à toutes les attaques extérieures. La puissance royale continuait bien à prélever sur eux des impôts destinés à les protéger contre toute molestation; seulement cette protection était nulle. Les villes de Hambourg et de Lubeck, qui, avec celle de Brême, jouissaient déjà d'une grande prospérité au temps des Othons, avaient alors un ennemi commun dans la personne de Waldemar, roi des Danois; et elles déployaient une extrême énergie pour combattre ce souverain. Cette circonstance, jointe au besoin de protéger la navigation de l'Elbe, de plus en plus exposée aux déprédations des pirates, amena d'abord, en 1239, une convention entre Hambourg, les Dithmarches et les habitants de la ville de Hadeln, puis, en 1241, entre Hambourg et Lubeck, la création d'une ligue, aux termes de laquelle les parties contractantes se garantissaient mutuellement aide et protection. En 1247 la ville de Brunswick, dont Hambourg et Lubeck firent un de leurs entrepôts, accéda à la ligue. En effet, tandis que l'Italie était en possession du commerce du Levant et de l'Inde, une grande voie commerciale s'était établie de là à travers l'Allemagne, en passant par le haut Palatinat et la Franconie, jusqu'à Hambourg avec étape à Brunswick; et cette ville se trouvait de la sorte étroitement liée aux intérêts des villes commerçantes, qui ne tardèrent pas à voir un grand nombre d'autres villes accéder à leur ligue.

On donna à cette ligue le nom de *hanse*, mot répondant à l'idée d'association, de défense et de secours mutuels. Dès l'année 1260 la hanse tenait sa première diète, et Lubeck fut considérée comme la tête de la confédération. C'est dans cette ville que se tenait régulièrement tous les trois ans, à l'époque des fêtes de Pâques, l'assemblée générale ou diète de la ligue; c'est aussi là qu'avaient lieu les convocations extraordinaires et qu'on conservait les archives de la confédération. Le nombre des villes hanséatiques ne fut pas toujours le même; le chiffre le plus élevé qu'il atteignit fut 85, à savoir : Andernach, Anklam, Ascherleben; Bergen, en Norvège; Berlin, Bielefeld, Bolsward en Frise, Brandenburg, Braunsberg, Brunswick, Brême, Buxtehude, dans l'évêché de Brême; Campen, dans l'Over-Yssel; Cologne, sur le Rhin; Cracovie, en Pologne; Dantzig; Demmen, en Poméranie; Deventer, Dorpat, Dortmund, Duisburg; Embeck, dans le Harz; Elbing; Elburg, en Gueldre; Emmerich, dans le pays de Clèves; Francfort-sur-l'Oder, Gœttingue; Golnow, en Poméranie; Goslar, Greifswald, Grœningen, Halberstadt; Halle, dans le pays de Magdebourg; Hambourg; Hameln, Hamm, en Westphalie; Hanovre; Harderwyk, en Gueldre; Helmstædt; Hervorden, en Westphalie; Hildesheim, Kiel; Kœsfeld, dans le pays de Munster; Kœnigsberg et Kulm, en Prusse; Lemgo, en Westphalie; Lixheim, en Lorraine; Lubeck, Lunebourg, Magdebourg; Minden, dans le pays de Hanovre; Munster; Nimègue, en Gueldre; Nordheim; Osnabrück; Osterburg, dans la vieille Marche; Paderborn; Quedlinbourg, Reval, Riga, Rostock, Rugenwalde; Ruremonde, en Gueldre; Salzwedel; Séehausen, dans la marche de Brandebourg; Sœst, en Westphalie; Stade, dans le pays de Brême; Stargard, Stavern, en Frise; Stendal, Stettin, Stolpe, Stralsund, Thorn; Venloo, en Gueldre; Uelzen, dans le pays de Lunebourg; Uenna, en Westphalie; Warberg, en Suède; Werben, dans la vieille Marche; Wesel, Wisby, dans l'île de Gottland; Wismar; Zutphen et Zwoll, en Gueldre.

Ces villes étaient reparties en quatre classes, dont chacune était présidée par une ville directrice ou chef-lieu. A la première classe appartenaient les villes wendes et au-delà, chef-lieu Lubeck; à la seconde, les villes du pays de Clèves, des Marches, de la Westpalie, et les quatre villes situées dans la partie orientale des Pays-Bas non soumise à l'autorité de la Bourgogne, chef-lieu Cologne; à la troisième, les villes de la Saxe et du Brandebourg, chef-lieu Brunswick; à la quatrième, enfin, les villes de la Prusse et de la Livonie, chef-lieu Dantzig.

De grands comptoirs ou entrepôts furent fondés par la ligue hanséatique à Londres en 1250, à Bruges en 1252, à Novogorod en 1272, et à Bergen en 1278. Des priviléges émanés des rois consolidèrent la ligue, à laquelle sa charte constitutive, rédigée à Cologne en 1364, donna encore plus de solidité; et on la vit alors développer dans toutes les directions une activité et une politique commerciales, dont pas un souverain de ce temps-là n'avait eu le pressentiment.

Le but de la ligue était de mettre ses membres, leur industrie et leur commerce à l'abri des déprédations des pirates de mer, comme des brigands qui infestaient les routes de terre, de protéger et d'étendre à l'extérieur le commerce des confédérés, d'accaparer autant que possible tout le commerce extérieur, de maintenir une jurisprudence commerciale identique dans les diverses villes confédérées, de réprimer l'injustice par des statuts, des diètes et des décisions arbitraires, de défendre et autant que possible d'augmenter les franchises et les immunités concédées par les princes. Chaque ville admise dans la confédération était astreinte à entretenir un certain nombre d'hommes d'armes et de navires armés en guerre, ou bien d'y suppléer par des prestations en argent, d'acquitter certains droits et amendes. La ligue exerçait sur ses membres le droit de justice; et dans les comptoirs créés à l'étranger il régnait une discipline presque claustrale, qui allait jusqu'à imposer le célibat aux facteurs, commis et chefs de *guilds*. En observant strictement ses divers statuts, la Hanse parvint à jouir d'une grande considération, encore bien que jamais elle n'ait été formellement reconnue par l'empereur ni par l'Empire. C'est ainsi que les villes de la Hanse jouissaient en Angleterre de l'exemption de tous droits d'exportation; en Danemark, en Suède et en Russie, de l'exemption de tous droits d'entrée, alors que les nationaux eux-mêmes de ces divers États ne participaient point à de telles immunités. Les immenses affaires commerciales faites par la Hanse furent la principale source de ses richesses, toujours croissantes, de sorte que bientôt il n'y eut plus en Europe un seul point de quelque importance, qui ne se trouvât compris dans le cercle de ses relations. Ses capitaux et ses armes la rendirent la dominatrice des couronnes, des États et des mers. Elle triompha des rois Érik et Hakon en Norvège, ainsi que du roi Waldemar III en Danemark; elle déposa le roi de Suède Magnus, et disposa de sa couronne en faveur du duc Albert de Mecklembourg. En 1428 elle arma contre la ville de Copenhague une flotte de 248 voiles, portant 12,000 hommes d'armes; et un bourgmestre de Dantzig, appelé Niederhoff, osa déclarer la guerre au roi de Danemark Christian. L'Angleterre elle-même conclut avec la ligue hanséatique des traités ayant pour but de favoriser son commerce maritime. La Hanse faisait la police de la mer du Nord et de la Baltique, où elle avait surtout pour but l'extermination des redoutables pirates si fameux sous le nom de *Vitaliens*, et elle posa les bases du droit maritime. Elle améliora le cours des fleuves et des rivières, dont elle fit de belles et commodes voies de communication; elle construisit des canaux, et introduisit le même système de poids et mesures parmi tous ses membres.

Sa décadence successive, puis sa dissolution finale, durent arriver lorsque les voies de terre et de mer devinrent plus sûres, et que le maintien général de l'ordre à l'intérieur, au moyen d'une police active et vigilante, offrit des garanties suffisantes pour la sécurité de tous; quand les princes eurent compris l'importance des intérêts commerciaux pour leurs propres États et commencèrent à se préoccuper de la création d'une force maritime ayant pour base le commerce maritime; quand les villes continentales s'aperçurent qu'elles avaient en réalité des intérêts tout autres que les villes maritimes, par qui elles avaient fini par être dominées; quand les villes maritimes cessèrent de régner exclusivement sur la Baltique, et lorsque l'idée vint aux princes de soumettre complétement à leur autorité les diverses villes continentales et de tirer le parti le plus avantageux possible, dans leur intérêt propre, du commerce dont elles étaient le centre; enfin, quand la découverte de l'Amérique et de la route maritime des grandes Indes amena une révolution complète dans les relations du commerce. La dernière diète hanséatique, où la plupart des villes vinrent se délier de la ligue, fut tenue à Lubeck en 1630. Les seules villes de Hambourg, de Brême et de Lubeck contractèrent alors entre elles une alliance à laquelle Dantzig adhéra quelquefois; mais elles cessèrent dès lors de prendre la qualification de *villes hanséatiques*.

HANSÉATIQUE (Ligue), VILLES HANSÉATIQUES. *Voyez* HANSE.

HANSEMANN (DAVID-JUSTUS-LUDWIG), né en 1790, à Finkenwerder, île de l'Elbe, près de Hambourg, embrassa la carrière commerciale, et par sa loyauté et sa ponctualité en affaires, par son activité et sa prudence, parvint à se faire comme négociant en laines, à Aix-la-Chapelle, une honorable position. Élu membre du tribunal de commerce de cette ville, il fut appelé, en 1832, à faire partie de la députation à la diète provinciale; mais le gouvernement refusa de ratifier cette élection, parce qu'il ne pouvait pas justifier de la possession décennale d'une propriété foncière. Les loisirs que lui laissaient ses affaires et ses fonctions judiciaires, il les consacra à traiter les grandes questions financières ou politiques, au fur et à mesure qu'elles se présentaient, dans une série de brochures substantielles, où il faisait preuve d'un grand esprit pratique en même temps que de connaissances étendues en économie politique, et qui toutes produisirent une profonde impression. En 1845, les suffrages de ses concitoyens l'appelèrent de nouveau à faire partie de la diète provinciale; toutefois, ce ne fut qu'en 1847, lors de la convocation de la diète, qu'il commença à jouer un rôle important en politique, comme représentant énergique et convaincu des idées constitutionnelles. Aussi en 1848 M. Hansemann fut-il un des hommes que l'opinion appela tout aussitôt à la direction des affaires. Quoique ses intérêts personnels exigeassent alors impérieusement sa présence à Aix-la-Chapelle, il n'hésita point à les sacrifier à l'intérêt général, et accepta le portefeuille des finances dans le ministère Camphausen. Ce cabinet ayant perdu la confiance de l'assemblée dut donner sa démission le 10 septembre 1848. M. Hansemann, dans une série de brochures publiées en 1849 a prouvé que, s'il aimait la liberté, il ne la confondait point avec la licence et l'anarchie, qu'il voulait un pouvoir fort, et que la Prusse était par sa position même appelée de préférence à contribuer à la régénération politique de l'Allemagne. A sa sortie du ministère, M. Hansemann a été appelé au gouvernement de la banque de Prusse. On le considère comme un des hommes politiques les plus éminents qu'il y ait aujourd'hui de l'autre côté du Rhin. Esprit positif, intelligence prime-sautière, doué d'un calme imperturbable et d'une sagacité merveilleuse, il a fait lui-même son éducation politique, et ne doit qu'à ses propres études les riches connaissances dont il a fait preuve comme homme public.

HANSEN (PETER-ANDREAS), astronome distingué, né en 1795, à Tondern, en Schleswig, fut d'abord attaché à l'observatoire d'Altona, et en 1825 fut appelé à la direction de l'observatoire de Seeberg, près Gotha, qu'il occupe encore aujourd'hui. Indépendamment de nombreuses dissertations sur des questions d'astronomie insérées dans les *Nouvelles astronomiques* de Schumacher, dans les *Memoirs of the Royal astronomical Society* et dans le recueil de la Société des Sciences de Saxe, on a de lui une *Méthode pour faire* *des observations avec l'héliomètre de Fraunhöfer* (Gotha, 1827), des *Recherches sur les perturbations réciproques de Jupiter et de Saturne* (Berlin, 1831), et *Fundamenta nova investigationis orbitæ veræ quam luna perlustrat* (Gotha, 1838). On annonce comme devant prochainement paraître des *Tables du Soleil*, calculées en société avec Olufsen de Copenhague, et des *Tables de la Lune;* les unes et les autres basées sur une théorie particulière.

HANSE PARISIENNE, association de marchands pour le commerce de la haute et basse Seine, plus ancienne que la hanse teutonique : son origine date du onzième siècle, sous le titre de *marchands de l'eau hansée de Paris.* L'une et l'autre avaient eu pour objet la sûreté du transport des marchandises, celle du Nord contre les pirates de la Baltique, celle de Paris contre les pillards armés, commandés par des nobles, et qui se croisaient sur toutes les routes, et surtout aux abords de la Seine. La Hanse parisienne pouvait associer les marchands étrangers à son privilége. Elle avait fait construire un port pour le déchargement des bateaux et le dépôt des marchandises hansées. Les dépenses pour la construction de ce port et du dépôt avaient été soldées au moyen d'un impôt spécial sur les marchandises à leur entrée. Elle acheta, en 1220, de Philippe-Auguste, et moyennant une rente annuelle de 320 livres : 1° les criages ou criées des marchandises dans la ville ; 2° le droit de nommer et de révoquer les crieurs et de déterminer les mesures. Le chef de la Hanse reçut en 1228 le titre de *prévôt des marchands*; les autres membres de l'association furent appelés *jurés de la confrérie des marchands de Paris* ou *échevins*. Ainsi, la Hanse devint bientôt le corps municipal de Paris et ce qu'on appelle *bureau de la ville, municipalité.*

On a aussi donné le nom de *hanse* à certains droits de péage sur les marchandises. DUFEY (de l'Yonne).

HANSTEEN (CHRISTOPHE), professeur d'astronomie à Christiania, né dans cette ville, le 26 septembre 1784, vint en 1802 suivre les cours de l'université de Copenhague, avec l'intention d'y étudier le droit, mais ne tarda pas à s'y consacrer exclusivement à l'étude des sciences mathématiques. Placé d'abord comme professeur au collége de Frédericksborg, en Séelande, il s'y livra avec une sagacité peu commune à des recherches ayant pour objet le magnétisme terrestre. L'Académie des Sciences de Copenhague ayant mis au concours une question sur cette matière, le mémoire de M. Hansteen remporta le prix et devint le fondement de sa réputation. En 1814, on l'appela à remplir une chaire de mathématiques dans la nouvelle université qui venait d'être fondée à Christiania. Ses *Recherches sur le Magnétisme terrestre* (1 vol., avec atlas, 1819) produisirent une grande sensation, notamment en Angleterre, et eurent ce résultat que dans presque tous les voyages de découvertes entrepris depuis lors des observations magnétiques ont été recueillies d'après les procédés qu'il avait indiqués. Il exécuta lui-même dans ce but divers voyages à Londres, à Paris, à Hambourg, à Berlin, en Finlande, ainsi que sur une foule de points de son propre pays ; et pendant les années 1828 à 1830 il put enfin réaliser le plan qu'il avait soumis au storthing et exécuter, aux frais du trésor public, un grand voyage à travers la partie ouest de la Sibérie (jusqu'à Irkoutsk et Kiachta). Les journaux scientifiques ont rendu compte des fatigues et des périls de tous genres dont il eut à triompher dans cette excursion. A son retour en Norvége, le storthing vota les fonds nécessaires pour construire un observatoire à Christiania. Cet édifice a été élevé à peu de distance de la capitale, sur une hauteur au bord de la mer, d'après les plans dressés par M. Hansteen, qui l'habite depuis 1833. En 1839, un observatoire magnétique a été aussi élevé à sa demande et adjoint à l'observatoire céleste. Il n'est pas seulement professeur à l'université de Christiania, mais il occupe aussi une chaire de mathématiques appliquées à l'École d'Artillerie et du Génie, et depuis 1837 dirige seul les opérations trigonométriques de la carte de Norvége. Il s'est aussi beaucoup occupé de poids et mesures, comme membre d'une commission créée à l'effet d'introduire en Norvége un système uniforme, et il a singulièrement amélioré la construction des grands appareils de pesage. On a de lui un *Cours d'Astronomie*, un *Manuel de Géométrie* qui l'a entraîné dans de vives discussions scientifiques, et un excellent *Manuel de Mécanique*.

HANSWURST. Ce mot, qu'on peut traduire en français par ceux de *Jean Boudin*, est le nom d'un personnage grotesque et comique particulier à l'ancien théâtre allemand, et répondant au *Pickelheringe* des Hollandais, au *Jean Potage* des Français, au *Macaroni* des Italiens, et au *Jack Pudding* des Anglais. Il est pour la première fois question de *Hanswurst* dans la diatribe de Luther contre le duc de Brunswick-Wolfenbüttel, intitulée : *Contre Hanswurst* (1541). Du passage suivant de ce pamphlet : « Il y en a qui diront : Ah çà, est-ce que vous prenez monseigneur pour Hanswurst, attendu que, par la grâce de Dieu, il est gros et gras à lard ? » il est permis de conclure que l'embonpoint était dès l'origine une des conditions de rigueur pour jouer ce rôle. Indépendamment de sa lourdeur de corps et d'esprit, Hanswurst, ainsi qu'Arlequin, est gros mangeur et gourmand, avec cette différence toutefois que chez l'un la gourmandise engendre l'obésité, tandis que l'autre n'en demeure pas moins toujours souple, délié, flexible. Hanswurst resta pendant des siècles le personnage favori du peuple allemand, de tout temps grand amateur de spectacles ; et dans l'origine ce qu'il débitait sur les planches était constamment improvisé. La plus ancienne comédie où nous le voyons apparaître est *Le Paysan malade et le Médecin*, farce de carnaval, par Pierre Probst (1553). Dans la comédie de Georges Roll, *La Chute d'Adam* (1573), nous le trouvons, lui et Hans-Han, en compagnie de Dieu le Père et Dieu le Fils. Dans une pièce intitulée *Le Fils perdu* (1692), il échange force coups de pied et coups de poing avec les saints et avec deux diables. Ce ne fut que vers le commencement du dix-huitième siècle qu'il se rencontra à Berlin, à Breslau, mais surtout à Vienne des comédiens qui songèrent à perfectionner la partie mimique de ce rôle. Quand, enfin, la comédie d'art commença à déposséder la comédie improvisée ou tout au moins à lui disputer le pas, *Hanswurst*, qui d'ailleurs était de plus en plus tombé dans la vulgarité et la grossièreté, devint de divers côtés l'objet des plus rudes attaques, et finit par y succomber. Toutefois, le personnage ne disparut pas avec le nom ; et *Hanswurst* se vit revivre dans les rôles de Kasperle, de Larifari, de Sepperl, de Lipperl, de Thaddœdl, etc., etc. Les farces magiques que Raymund et autres ont fait jouer dans ces derniers temps à Vienne, et où apparaissent des figures comiques calquées sur celle de *Hanswurst*, prouvent combien il a la vie dure ; et dans Raupach lui-même, il réapparaît dans le double personnage de Schell et de Till.

HANTS. *Voyez* HAMPSHIRE.

HAOUSSA, royaume de l'intérieur de l'Afrique, naguère fort exigu et situé presque au nord de la baie de Benin et à l'ouest du lac de Tchad, au sud-est du pays des Touariks, mais considérablement agrandi de nos jours par les conquêtes que les Foulahs ou Fellatahs ont faites dans le Soudan. Aussi ce nom d'*Haoussa* désigne-t-il aujourd'hui le plus grand État des Tékrours, s'étendant au nord du Quorra. Des voyageurs précédents en parlent sous le nom de *Gouber*, qui est aujourd'hui celui d'un petit État indépendant des Fellatahs. D'après les rapports qu'ils en font, et aussi à en juger par quelques articles venus dans le commerce, on présume que c'est une contrée extrêmement riche en produits. Les monts Kourikouris et Narsa recèlent de l'or, et le sol, parfaitement arrosé par les nombreux affluents orientaux du Quorra (Zerni, Koudonnia, etc.) et par ceux du lac de Tchad (Kenadu, Brou, etc.) est des plus fertiles. Le climat n'est pas non plus aussi étouffant qu'on pourrait le supposer. L'agriculture et le commerce y jouent dès lors un rôle important. Le pays est sillonné de nombreuses routes, et les populations de l'Haoussa paraissent être beaucoup plus civilisées que leurs voisins. Elles pratiquent l'art de la teinture, fabriquent des marchandises en cuir, et professent généralement l'islamisme. Leur langue, riche et expressive, d'ailleurs assez facile à apprendre, est répandue dans une grande partie de l'Afrique centrale. On l'a surnommée le français du Soudan, et on la comprend et la parle dans les villes commerçantes des peuplades voisines, qui d'ailleurs ont une langue à elles. La langue des Haoussas possède une écriture qu'on écrit à la façon des caractères des langues sémitiques, avec lesquelles elle n'a pourtant aucun rapport; et on a reconnu la fausseté de l'opinion qui autrefois rattachait ces populations aux populations puniques. Leur langue est même complétement éloignée de la famille des langues berbères, qui ont du moins plus de rapports avec les langues sémitiques.

La capitale du royaume d'Haoussa est *Sakkatou*, ville située sur le Zirmi, qui se jette dans le Niger à Iaouri, régulièrement bâtie et fortifiée, et centre d'un grand commerce. Cet endroit est célèbre dans l'histoire des voyages de découvertes en Afrique, parce que ce fut là que H. Clapperton trouva la mort, le 13 avril 1827. Le royaume d'Haoussa, après être demeuré peu étendu pendant des siècles, comme on le sait par les récits des géographes arabes du moyen âge, tomba vers la fin du dix-huitième siècle au pouvoir du célèbre chéik de Fellatahs *Osmân*, qui embrassa l'islamisme, et par sa bravoure ainsi que par le bonheur qui s'attacha à ses armes, fonda un puissant État, qu'il continua de gouverner jusqu'en 1816. Il mourut cette année-là, et eut pour successeur son fils *Bello*, qui, à quelques myriamètres à l'est de Sakkatou, fonda la ville de Magana, dont les développements rapides témoignent des ressources et de la fécondité du pays. Indépendamment du récit que nous a donné Clapperton de son expédition sur le Niger, consultez Lard et Oldfield, *Narrative of an Expédition into the interior of Africa* (Londres, 1837); Gooley, *The Negroland of the Arabes* (1841); Hodgson, *Notes on Northern Africa, the Sahara and Soudan* (New-York, 1844); Schæn, *Vocabulary of the Haussa Language* (Londres, 1843).

HAQUEBUTE. *Voyez* HACQUEBUTE.

HAQUENÉE, du mot espagnol *hakinca*, diminutif de *haca*. Cette expression s'appliquait indistinctement, jusqu'au seizième siècle, à toute espèce de cheval d'allure douce, facile à monter, et habituellement réservé aux dames; mais aujourd'hui, considérablement restreinte, cette dénomination n'est plus employée qu'à désigner une petite jument, de race bâtarde, qui va l'amble. On donnait le nom de *haquenée du gobelet* au cheval qui portait le couvert et le dîner des rois de France, dans les petits voyages qu'ils faisaient dans leurs provinces. Il paraît que ce dîner frugal ne se composait que d'un poulet rôti, de confitures et de fruits. Un usage bizarre, qui existait encore au dix-huitième siècle, obligeait l'ambassadeur du roi de Naples de présenter tous les ans au pape, la veille de Saint-Pierre, une belle haquenée blanche, en signe de vassalité.

HAQUET, sorte de charrette dont l'invention est due à Pascal, et qui permet, à l'aide du plus simple mécanisme, de charger et décharger très-facilement les marchandises, surtout lorsqu'elles sont en tonneaux. Le haquet, porté par deux roues, a pour pièces principales deux brancards massifs très-longs et très-rapprochés l'un de l'autre. Leur extrémité antérieure s'articule sur une limonière, de sorte que l'autre extrémité peut être amenée à toucher la terre. Dans cette position, le haquet offre un plan incliné, sur lequel on charge les marchandises au moyen d'une double corde qui s'enroule sur un treuil horizontal qu'un seul homme peut faire mouvoir. Quand un fardeau est élevé, on le fixe à l'aide d'une cheville enfoncée dans un des trous dont sont percés les brancards du haquet; puis on recommence la même manœuvre pour un autre. Le déchargement s'opère encore plus rapidement.

HARACH ou ARRACH, rivière qui a sa source dans le petit Atlas, sur le versant nord du Djebel-Ouzra, un des principaux cours d'eau qui traversent le territoire d'Alger. L'Harach peut, à l'aide de travaux intelligents, fournir de puissants moyens d'irrigation aux cultivateurs de la Métidja: aussi les Arabes ne manquent-ils pas chaque année d'y faire de nombreuses prises d'eau, à son débouché dans la plaine, pour l'amener par des canaux jusqu'au pied du Sahel. L'Harach, en sortant des montagnes, se dirige d'abord vers le nord-est; ses berges sont escarpées et son lit se creuse profondément dans le sable. Il tourne ensuite du nord au sud, et ses deux rives forment alors un piquant contraste d'abondance et de stérilité, de terres riches, bien cultivées, en bon rapport, et de landes incultes, entrecoupées çà et là de vastes marécages. Il descend ensuite jusqu'au massif d'Alger, en suivant la pente naturelle de la Métidja; mais à partir de là le sol devenant plus égal, les eaux s'écoulent vers la mer avec une lenteur fatale à la partie septentrionale de cette plaine. De nombreux marais se formèrent ainsi, et furent cause d'une grande insalubrité. Dès 1833 on s'occupa du dessèchement de la plaine, et au moyen de canaux et de saignées profondes on assainit les deux rives de l'Harach. Il se jette dans la rade, à 8 kilomètres d'Alger, par une embouchure de 40 mètres de large, souvent obstruée par le sable. Pendant les chaleurs, ce n'est qu'un simple ruisseau, indiquant le thalweg. Il est guéable presque partout. On le traverse sur un pont situé près de la Maison-Carrée, sur la route passant à la Rassauta, qui va aboutir au cap Matifou. Ce pont est d'une grande solidité; il a 40 mètres de long sur 4 de large. On y a établi un blockhaus qui en défend le passage.

En 1840, quand le général Bugeaud fut nommé gouverneur général de l'Algérie, les maraudeurs et réfugiés indigènes soupçonnés de participation aux vols et aux assassinats commis si fréquemment dans le Sahel, en furent violemment expulsés et réunis en avant de la Maison-Carrée, à portée de nos canons. Ce fut cette agglomération d'individus, si sévèrement surveillée, qui donna naissance à la colonie de l'Harach, aujourd'hui en pleine voie de prospérité.

HARALD. Trois personnages de ce nom ont régné sur la Norvège.

HARALD Ier ou HARFAGER, roi des Norvégiens de 863 à 930, était fils de Halfdan le Noir, de la famille des Yngling, et réunit sous son sceptre par la force des armes différentes provinces de la Norvège, jusque alors séparément gouvernées par des chefs de tribu appelés *jarls*. La tradition rapporte que son amour pour la fille du roi Geda, qui ne consentait à l'épouser qu'autant qu'il aurait soumis toute la Norvège à ses lois, lui fit entreprendre ses conquêtes. Harald fit serment de ne point se couper les cheveux tant qu'il n'aurait pas accompli le vœu de Geda, et reçut le surnom de Harfager, qui signifie *aux beaux cheveux*, à cause de la longueur de sa chevelure. Les chefs de tribu qui ne voulurent pas se ranger sous son obéissance émigrèrent pour la plupart. Une révolte de ses fils le força, en l'an 893, à leur abandonner l'administration des provinces et à se contenter d'exercer les droits de suzeraineté. Il résidait à Drontheim, où il mourut en 933, trois ans après avoir été, obligé d'abdiquer en faveur de son fils Erick *Blodyxa*, c'est-à-dire *hache sanglante*.

HARALD II, roi des Norvégiens de 950 à 963, fils d'Erik *Blodyxa*, fut tué par Harald *Blaatand* (aux dents bleues), roi de Danemark et fils de Gorm, qui ensuite s'empara de la Norvège. Lorsque Harald Blaatand, qui dès l'an 948 avait reçu le baptême du christianisme, essaya d'introduire la nouvelle religion dans sa conquête, il en résulta une insurrection générale de la Norvège, qui le contraignit d'évacuer ce pays. Son fils Suénon (*Svon*) le renversa du trône, en 985, et le fit assassiner.

HARALD III ou HAARDRAAD, c'est-à-dire *double Barbe*, roi de Norvège de l'an 1047 à l'an 1067, était le fils de Sigurd, chef de Stingarige, lequel descendait de Harald Ier. En 1033 il vint prendre du service dans la garde des empereurs de Byzance. Il fit avec ce corps la guerre navale contre les pirates africains qui désolaient la Sicile, visita Jérusalem en 1035, et, sous la conduite de Georges Maniaque, battit les Sarrasins en 1038. Dès qu'il fut devenu commandant de la garde des empereurs, il se sépara de Maniaque, s'empara de plusieurs villes de la Sicile, puis transféra le théâtre de la guerre en Afrique, où il battit les Sarrasins en dix-huit batailles. Revenu à Byzance en 1042, il y apprit que son neveu Magnus avait hérité de la Norvège et du Danemark. Il quitta alors le service de l'empereur; mais, après avoir refusé les offres brillantes qui lui furent faites pour ne pas l'abandonner, il fut arrêté et jeté en prison. Heureusement il parvint à s'évader et à se réfugier auprès du grand-prince de Russie, Jaroslaf, dont il épousa la fille, Élisabeth, à Nowogorod, et en 1045 il arriva à la cour du roi de Suède, qui était parent de sa femme. Il eut bientôt enlevé à Magnus une partie de la Norvège, et se fit couronner comme seul roi de Norvège, en 1047. Il fut tué dans une bataille, en 1067, en Angleterre. Sa descendance mâle s'éteignit en 1319, avec Hakon IV.

HARANGUE. On la définit : « Discours qu'un orateur prononce en public, ou qu'un écrivain, historien ou poëte, met dans la bouche de ses personnages. » C'est néanmoins plutôt une allocution qu'un discours ; elle vit surtout de spontanéité et d'improvisation. Ménage dérive ce mot de l'italien *aringa*, qui a la même signification; Ferrari, d'*aringo*, lice, joûte, chaire, barreau. On a cru la découvrir aussi dans le terme anglais *hearing*, audience. Après les harangues consignées dans les livres saints, par exemple les sublimes prophéties d'Isaïe, de Jérémie, etc., qui sont des harangues de l'ordre le plus élevé, les premières qui soient parvenues jusqu'à nous, sont celles d'Homère, poëte également admirable dans ses récits et dans les discours qu'il prête à ses héros. Parmi les historiens grecs, le plus remarquable par ses harangues est Thucydide, que l'on accuse, au reste, de prolixité à cet égard. Mais la harangue qui n'est pas une harangue d'emprunt, la harangue réelle, c'est chez les orateurs grecs qu'il faut la chercher. Sonore, harmonieuse chez Eschine, mais en même temps incisive et poignante; véhémente, terrible, tonnante même, dans la bouche de Démosthène, elle soulève ou calme à son gré le flot des tempêtes populaires, et tient en échec jusque sur son trône le rusé despote de la Macédoine. Les habitudes oratoires des Romains, incorporées pour ainsi dire, dans les mœurs publiques, ont impatronisé la harangue chez les historiens latins comme chez les historiens grecs. De là les nombreux chefs-d'œuvre de diction oratoire répandus dans les œuvres de Tite-Live, Salluste, Tacite, Quinte-Curce même, discours qui présentent plus ou moins l'empreinte du siècle, mais portent bien certainement le cachet de l'auteur. En Angleterre, la harangue politique a depuis longtemps atteint son apogée. Mais il y a une autre espèce de harangue que cette terre de franchises et de liberté possède particulièrement : c'est la harangue du criminel avant le supplice, en un mot, la harangue de l'échafaud. En France, malgré de nombreux chefs-d'œuvre d'éloquence religieuse, judiciaire ou parlementaire, voire académique, les seules harangues qui fussent réellement en vogue avant le régime constitutionnel, consistaient dans les compliments de félicitation ou de condoléance que les sociétés, les compagnies, les agrégations, les corporations, les populations adressaient à leur suzerain, à leur seigneur et maître, par l'organe de leurs prélats, de leurs magistrats, de leurs avoués, de leurs maïeurs, de leurs baillis. Ainsi déflorée, dépouillée de ce sel attique qui stimule, de cette sage raison qui éclaire, de cette éloquence du cœur qui émeut et qui entraîne, elle perdit tout, jusqu'à son parfum, et finit par fatiguer ses dieux mortels, auxquels elle n'offrait plus qu'un grossier encens. Sans doute la harangue a recouvré quelque temps chez nous le caractère qui lui est propre; mais le siècle, en devenant oratoire, n'a pas cessé d'être éminemment positif; et aujourd'hui l'esprit de toute harangue se résume pour nous dans cette maxime : « Parlez peu, parlez bien; mais surtout parlez à propos. »

MONDELOT.

Les *harangues militaires* ou improvisations des généraux d'armée, des chefs d'une troupe prête à combattre, ont été de tout temps un des moyens d'excitation que l'art de la guerre et du commandement ont dû mettre en œuvre. Les hymnes des chanteurs grecs, les encouragements des hérauts caducéateurs (*caduceatores*), les allocutions des dictateurs et des consuls, participaient plus ou moins de ces harangues que l'imagination des historiens a mises dans la bouche des grands hommes de l'antiquité. Au temps des armées d'une force médiocre, au temps de l'ordre profond, au temps où l'éloquence de la tribune était un puissant élément de succès, chaque journée de guerre avait sa harangue; mais gardez-vous d'ajouter foi à ces périodes apprêtées et prolixes, à ces déclamations ampoulées, dont les narrateurs de batailles grossissent leurs récits. Homère et Thucydide, Quinte-Curce et Polybe, ne s'en font pas faute; les harangues de Tacite lui-même sont des chefs-d'œuvre maintenant peu goûtés, et Tite-Live, entraînant Paul Jove et tant d'autres, eût dû épargner d'aussi vains ornements à ses lecteurs. Le canon, l'ordre mince, l'immensité des armées, ne permettent plus que l'emploi du simple ordre du jour, tel que Napoléon Ier l'entendait; et les deux volumes de harangues de Belleforêt sont devenus un des livres militaires les moins utiles.

Gal BARDIN.

HARAS (du latin *hara*, étable). On nomme ainsi de grands établissements où l'on nourrit et où l'on élève et entretient des étalons et des juments, destinés à la reproduction de l'épèces, ainsi que leurs poulains. Dans le Nord, ces réunions de chevaux ont lieu simplement dans des plaines, ou au centre de vastes forêts, dans lesquelles ces animaux vivent et multiplient en toute liberté. Aussi appelle-t-on *haras sauvages* ces hippodromes naturels, où s'exercent journellement les rapides coursiers de l'Ukraine et de la Tartarie; l'Amérique, comme plusieurs contrées de l'Arabie, possède également des haras sauvages, d'où l'on ne peut ramener un cheval qu'en l'arrêtant au passage, en lui jetant au cou une longue courroie de cuir, terminée par un nœud coulant. Cependant, les Arabes et les Orientaux, toujours envieux de conserver leurs excellentes races de chevaux, réunissent dans des locaux spéciaux les plus beaux étalons et les plus belles juments qu'ils puissent se procurer. Ils ont ainsi formé les premiers des haras particuliers, et il n'est pas rare de voir au milieu des sables de l'Arabie chaque chéick de tribu important posséder son haras, auquel il est aussi attaché qu'à sa famille. L'Angleterre a imité ce mode de perpétuer et d'améliorer les races; et beaucoup de riches propriétaires y ont des haras, à l'entretien desquels ils dépensent des sommes énormes; en France aussi l'on a suivi cette méthode; mais les fortunes y étant plus divisées, les haras particuliers s'y sont trouvés moins bien entretenus, et le gouvernement s'est vu forcé, pour ne pas laisser s'appauvrir entièrement les races chevalines, de former lui-même, pour son propre compte, des haras et des dépôts, où l'on pût retrouver, sans craindre de jamais le perdre, le type de telle ou telle race. Là on a pris soin de faire venir à grands frais des étalons arabes, qui ont bientôt rendu le nerf aux chevaux auvergnats et navarrais, l'élégance aux chevaux limousins, et le brillant uni à la force aux chevaux normands; il a fallu même, pour retremper cette dernière race, plus belle aujourd'hui que jamais, rappeler d'Angleterre quelques étalons de pur sang, c'est-à-dire résultant du croisement d'un cheval arabe avec une jument anglaise.

Ces haras du gouvernement étaient fort nombreux en France avant la révolution de 1789, époque où ils furent tous supprimés; cependant, l'utilité de quelque-uns ayant été reconnue, Napoléon fit relever en 1806 ceux de Pompadour, et du Pin en Normandie; puis, en 1815, Louis XVIII ordonna la formation de celui de Rosières, près de Dôle, pour remplacer celui de Deux-Ponts. Il y eut alors chez nous trois haras royaux, entretenant des étalons tant arabes que de sang anglais et de race indigène. Plus tard, sous la seconde république, il y en eut un à Saint-Cloud, supprimé après le coup d'État du 2 décembre 1851. Il n'existe plus aujourd'hui qu'un seul haras en France, celui de Pompadour, et 24 dépôts d'étalons, à Abbeville, Angers, Arles, Aurillac, Blois, Braisne, Charleville, Cluny, Jussey, Lamballe, Langonnet, Le Pin, Libourne, Montier-en-Der, Napoléon-Vendée, Pau, Rodez, Rosières, Saint-Lô, Saint-Maixent, Saintes, Strasbourg, Tarbes et Villeneuve-sur-Lot. Ce haras et ces dépôts tiennent, à l'époque de la monte, leurs étalons à la disposition des propriétaires, qui viennent, moyennant une rétribution de cinq francs par tête, y faire saillir leurs juments. Souvent les éleveurs ne se sont pas trouvés bien de ce service, et quelques-uns, dégoûtés, ont ou cessé d'élever, ou bien recommencé à faire saillir leurs juments par des étalons du pays. Mais ce n'est point au système suivi qu'ils doivent s'en prendre; c'est à eux-mêmes, c'est à la liberté aveugle que la rétribution reçue force de leur laisser à tort dans le choix des étalons, car souvent ils n'ont point égard aux défauts qu'il faudrait corriger dans leurs juments, et ne voient que les beautés qui brillent dans tel ou tel étalon; aussi les plus mauvaises juments se trouvent-elles trop souvent saillies par des chevaux admirables et ne donnent-elles que des produits sans valeur. Le choix de l'étalon est donc beaucoup plus important qu'on ne le pense; car de lui dépend l'amélioration ou la conservation d'une race.

Quant aux haras particuliers, on cite en France ceux de la Bastide (Haute-Vienne), Cognat-l'Yonne (Allier), Copens (Haute-Garonne), Courteuil (Oise), Enveight (Pyrénées-Orientales), Saint-Jean-de-Ligonne (Haute-Vienne), Veauce (Allier) et Viroflay (Seine-et-Oise). Aucun ne peut être comparé à ceux que possède l'Angleterre.

J. Odolant-Desnos.

HARATSCH. *Voyez* Charadj.

HARBOURG ou HAARBOURG, ville du royaume de Hanovre, dans le gouvernement de Lunebourg, sur les bords de l'Elbe, qui y est encore navigable pour des navires d'un fort tonnage, compte une population de 5,000 âmes. On y voit un château fortifié suivant l'ancien système, et qui de 1524 à 1622 servit de résidence à la branche de Harbourg de la maison de Lunebourg; un collége, un pénitencier, un moulin à poudre, des raffineries de sucre, des fabriques de toile à voiles et des blanchisseries de cire; et elle est en outre le centre d'un commerce d'expédition et de transit des plus actifs, dont la construction du chemin de fer qui relie cette ville à Hanovre, la création d'un port pour les bâtiments de long cours, et en 1848 l'érection de la ville en port franc, n'ont pas peu contribué à accroître l'importance. On passe de quatre à six fois par jour de Harbourg à Hambourg au moyen de bateaux à vapeur. Le transport des marchandises entre ces deux ports a lieu au moyen de grands bateaux à voiles, dits *ever*.

HARCOURT (Famille d'). Cette maison, l'une des plus anciennes de la noblesse de France, fait remonter son origine à l'un des parents ou compagnons de Raoul ou Rollon, *Bernard le Danois*, qui l'accompagna dans ses expéditions contre les Anglais et les Neustriens en 876. Quand Rollon eut achevé la conquête de la Neustrie, il donna à Bernard le Danois la terre d'Harcourt, située dans ses nouveaux États, pour le récompenser de ses services. Dès le règne de Philippe le Hardi, nous trouvons un *Jean II*, seigneur d'Harcourt, maréchal de France. En 1238, Philippe de Valois érigea en comté, en faveur de *Jean IV*, la baronnie d'Harcourt, qui comprenait les terres d'Elbeuf et de Lillebonne. En 1340, *Jean V* épousa Blanche de Ponthieu, comtesse d'Aumale et princesse de Castille. Les trois enfants mâles issus de cette union formèrent autant de branches différentes. L'aîné, *Jean VI*, épousa, en 1374, Catherine de Bourbon, sœur de la femme de Charles V, roi de France; sa branche s'éteignit avec Marie d'Harcourt, fille de son fils *Jean VII*, qui, en 1440, épousa Antoine de Lorraine, comte de Vaudemont. *Jacques* d'Harcourt, fils puîné de Jean V, épousa, en 1374, Jeanne d'Enghien; sa descendance s'éteignit en la personne de Marie d'Harcourt, sa petite-fille, qui épousa Jean d'Orléans, comte de Dunois et de Longueville. La troisième branche de la maison d'Harcourt, fondée par le troisième fils de Jean V, *Philippe*, se subdivisa en deux lignes, celle *d'Harcourt d'Ollonde* et celle *d'Harcourt Beuvron*. Dans le grand nombre de personnages célèbres à titres divers que la famille d'Harcourt a fournis à l'histoire, nous citerons les suivants.

Geoffroy ou *Godefroy*, frère de Jean IV, mécontent de Philippe de Valois, passa au service d'Édouard III, roi d'Angleterre, et devint l'un des chefs de son armée. En 1346, Édouard, ayant vainement tenté une descente sur les côtes de Guyenne, s'en retournait en Angleterre, lorsque, cédant aux instances et aux conseils de Geoffroy d'Harcourt, il se décida à prendre terre sur les côtes de Normandie. Après avoir ravagé la Normandie et la Picardie, il remporta sur l'armée de Philippe de Valois la fameuse bataille de Crécy, si fatale à la monarchie française. Geoffroy d'Harcourt y commandait un corps considérable de l'armée anglaise, tandis que Jean IV d'Harcourt, son frère, y trouvait la mort avec deux de ses fils. Il revint pourtant à son souverain légitime après cette désastreuse journée; mais il repassa à l'ennemi pour venger la mort de son neveu Jean V, qui avait eu la tête tranchée par ordre et en présence du roi Jean, lequel punissait en lui l'instigateur de la résistance générale apportée dans la province de Normandie à l'établissement des gabelles. Geoffroy envoya aussitôt un défi au roi Jean, en lui annonçant une guerre mortelle. Après s'être rendu de nouveau en Angleterre, il reconnut solennellement Édouard III pour roi de France, et lui prêta foi et hommage pour les domaines qu'il possédait dans le Cotentin, et qui furent immédiatement saisis et confisqués par le roi Jean. Geoffroy débarqua peu de temps après en Normandie, ravageant tous les pays où il portait ses pas. Surpris près de Saint-Sauveur par un parti français supérieur en nombre aux forces qu'il avait en ce moment à sa disposition, il périt dans la mêlée.

Raoul d'Harcourt, docteur en droit et chanoine de l'église de Paris, archidiacre des églises de Rouen et de Coutances, chancelier de celle de Bayeux, conseiller du roi Philippe le Bel, fonda à Paris, en 1280, le *collége d'Harcourt* en faveur des diocèses de Coutances, de Bayeux, d'Évreux et de Rouen. Son frère, *Robert* d'Harcourt, évêque de Coutances en 1293, mort en 1313, se chargea de le terminer. Supprimé à l'époque de la révolution, il fut rétabli en 1820, sous le nom de *collége royal de Saint-Louis*.

Dans les temps modernes, c'est la branche de *Beuvron* qui a fourni les personnages les plus célèbres de la famille d'Harcourt. En 1593, les baronnies de Lamothe, Thury, Cléville et Varaville, érigées d'abord en marquisat, sous le nom de Lamothe-Harcourt, en faveur de *Pierre*, baron de Beuvron, mort en 1627, furent érigées en duché-pairie en faveur de *Henri* d'Harcourt. Cette faveur était la récompense du zèle et de l'habileté dont il avait fait preuve comme ambassadeur de Louis XIV à Madrid, en déterminant Charles II à tester en faveur du duc d'Anjou, petit-fils de Louis XIV, au détriment de la famille de Habsbourg. Henri d'Harcourt, né en 1654, et qui prit d'abord le titre de *marquis de Beuvron*, avait commencé sa carrière en 1673, comme aide de camp de Turenne. L'année suivante, il assista aux affaires de Sentzheim, de Saint-François et de Turkheim. En 1675 il fut nommé colonel d'un régiment d'infanterie, et en 1677 il prit part aux opérations des siéges de Valenciennes, Fribourg et Courtray, à la tête du régiment de Picardie. Brigadier d'infanterie en 1683, il fut promu au grade de maréchal de camp en 1688, et servit en cette qualité au siége de Philipsbourg. C'est en 1697 qu'on lui confia l'importante ambassade de Madrid, poste dans lequel il fut admirablement secondé par sa femme, Marie-Anne-Claude de Brulard, et par la comtesse de Berlepsch, l'une des dames d'atours de la reine d'Espagne. Il mourut en 1718, laissant onze enfants, sept garçons et quatre filles. Deux de ses fils, *François* et *Anne-Pierre* d'Harcourt, ont laissé une postérité aujourd'hui existante; tous deux furent maréchaux de France. Un seul a continué la descendance masculine.

Anne-François d'Harcourt, second fils d'Anne-Pierre, né en 1727, connu d'abord sous le nom de *chevalier*, puis de *marquis de Beuvron*, colonel en 1748, maréchal de camp en 1761, lieutenant général et cordon bleu en 1776, duc à brevet en 1783, prit le titre de *duc de Beuvron*, défendit bravement Louis XVI à la journée du 10 août, et mourut en 1796, à Amiens, où il s'était retiré avec sa famille.

Son fils, *Marie-François*, né en 1755, porta d'abord le titre de *comte* d'Harcourt, commanda un des corps de l'armée de Condé durant l'émigration, devint, à la Restauration, gentilhomme de la chambre du duc de Berry, prit en 1831 le titre de duc d'Harcourt, à la mort de son oncle, François-Henri, quatrième duc d'Harcourt, décédé à Londres, nommé pair de F ance, après la Restauration, et considéré en 1830 comme démissionnaire pour refus de serment. Mort en 1839 à Marseille, il a laissé quatre enfants, dont le puîné, *François-Eugène-Gabriel*, comte d'Harcourt, né à Jouy, le 22 avril 1786, fut élu député par le collége départemental de Seine-et-Marne en 1827, réélu à Provins après la révolution de Juillet, fit partie de la majorité gouvernementale et se distingua à la tribune. Louis-Philippe l'en récompensa en lui confiant l'ambassade d'Espagne, et en l'élevant en 1837 à la pairie. Dans la chambre inamovible, il devint le champion du libre échange, et finit par tourner à l'opposition de la nuance la plus tranchée. Le défunt *National* couvrit de fleurs et d'éloges cette recrue nouvelle de l'idée démocratique, à qui la *république* de 1848, si elle lui enleva ses titres féodaux, donna du moins pour fiche de consolation, l'ambassade de Rome, avec mission de travailler en Italie à la propagation des principes qui venaient de triompher en France. Marié depuis 1807, il a plusieurs enfants, qui marchent sur ses traces et ne laisseront pas périr son nom.

Nous avons dit que l'héritière de *Jean VII* d'Harcourt avait porté à la maison de Vaudemont les biens et domaines de cette branche de la maison d'Harcourt. Née en 1398, et mariée à Antoine de Lorraine, comte de Vaudemont, Marie d'Harcourt mourut à l'âge de soixante-dix-huit ans, en 1476. Claude de Lorraine, petit-fils d'Antoine de Vaudemont, ayant eu en partage les comtés d'Harcourt et d'Aumale, devint la souche d'une autre maison d'Harcourt, qu'il ne faut pas confondre avec la première. Le personnage le plus célèbre de cette maison fut *Henri de Lorraine*, comte d'Harcourt, né en 1601, et surnommé *Cadet la Perle*, parce qu'il était le cadet de la maison de Lorraine-Elbeuf et qu'il portait une perle à l'oreille. Après avoir servi comme volontaire dans les guerres contre les huguenots, et s'être distingué aux siéges de Saint-Jean-d'Angely, de Montauban, de La Rochelle, et au Pas de Suze, il fut investi par Louis XIII de commandements importants, et ne tarda pas à compter parmi les bons généraux de son siècle. Commandant de l'armée du Piémont en 1639, il battit devant Quiers le prince Thomas de Savoie et l'année suivante força Turin à capituler. Il ne se distingua pas moins en Espagne et en Flandre. Dans les guerres de la Fronde, il suivit d'abord, le parti de la cour, et fut chargé de conduire dans les prisons du Havre le prince de Condé. Cette mission, dont il n'apprécia pas la portée, lui valut dans le peuple le surnom de *recors de Mazarin;* et la mortification extrême qu'il en ressentit le poussa bientôt à se jeter dans le parti des princes. Après avoir combattu en Alsace avec avantage les troupes royales, il finit par être défait par le maréchal de La Ferté, et donna alors une nouvelle preuve d'inconstance politique en embrassant encore une fois le parti de la cour. On l'en récompensa par le gouvernement de l'Anjou. Il mourut subitement, en 1666, à l'abbaye de Royaumont.

HARDENBERG, famille noble originaire de Nœrten, en Hanovre, et qui compte aujourd'hui des branches établies en Hanovre, en Saxe, en Holstein, en Mecklembourg, en Bavière, en Prusse et en Danemark.

HARDENBERG (Charles-Auguste, prince de), homme d'État prussien, était né le 31 mai 1750 à Essenroda, dans l'électorat de Hanovre. En 1778 il obtint un emploi dans l'administration de l'électorat, et fut créé comte. Marié à une femme aussi distinguée par sa naissance que par sa beauté, il eut le désagrément de la surprendre un jour en flagrant délit d'adultère avec le prince de Galles, fils du roi Georges III, qui était venu étudier à Gœttingue, et témoigna à cette occasion d'une suceptibilité par trop démonstrative. Après avoir vengé sans façons et en galant homme l'affront fait à son honneur, il quitta le service de Hanovre pour celui du duc de Brunswick. Déjà, lors de la mort de Frédéric le Grand, chargé de remettre à son successeur le testament de ce prince, déposé entre les mains du duc de Brunswick, il avait attiré l'attention du roi de Prusse, Frédéric-Guillaume II, qui plus tard le désigna au choix du margrave de Baireuth et d'Anspach pour ministre. Les principautés d'Anspach et de Baireuth ayant été réunies l'année suivante à la Prusse, Hardenberg conserva sa position, et eut même siége au conseil. En 1795 il fut envoyé à Bâle, où, à la mort du comte de Goltz, il fut chargé de conduire les négociations ouvertes pour la paix avec le gouvernement français. En 1797, à l'avénement au trône de Frédéric-Guillaume III, il fut rappelé à Berlin et placé à la tête des affaires de Franconie, tant intérieures qu'extérieures. Quand M. de Haugwitz, ministre dont les dispositions étaient toutes favorables à la France, vit son système compromis à la suite de l'occupation du Hanovre par les armées françaises et dut en conséquence donner sa démission, ce fut Hardenberg qui, en août 1804, fut appelé à le remplacer. Quoique sous son influence le cabinet de Berlin cherchât à se rapprocher davantage de l'Angleterre, il ne s'en efforça pas moins pendant longtemps de maintenir la plus stricte neutralité, et ne changea de système que lorsque les troupes françaises eurent violé le territoire d'Anspach. La Prusse se préparait donc à la guerre, lorsque la victoire d'Austerlitz vint la forcer à suspendre ses armements, et Hardenberg dut alors céder son portefeuille à Haugwitz.

Des événements imprévus ne tardèrent pas à entraîner de nouveau la Prusse dans le parti de la guerre, et Hardenberg assista, en 1806, à Charlottenbourg, aux conférences qui précédèrent la déclaration des hostilités. A la paix de Tilsitt, il abandonna de nouveau le ministère, et se retira pendant quelque temps sur les frontières de Russie. Puis il revint se fixer dans son domaine de Tempelhof, près de Berlin; et à la rentrée de Stein aux affaires, le roi lui conféra le titre de chancelier d'État. C'est de cette époque que date l'influence décisive exercée par Hardenberg sur les affaires de l'Europe et les destinées du monde.

Après avoir dû graviter pendant quelque temps dans l'orbite de la politique française, il saisit l'occasion favorable qui se présenta à la suite de la campagne de Russie, pour dès les premiers jours de 1813 embrasser la politique opposée. Il fut l'un des signataires de la paix de Paris, et son souverain, par une ordonnance datée de Paris, 3 juin 1814, l'éleva à la dignité de *prince de Hardenberg*. Après avoir accompagné les souverains alliés à Londres, il prit une part importante aux actes du congrès de Vienne, et figura encore dans les négociations qui précédèrent les nouveaux traités conclus à Paris en 1815. En 1817 le roi de Prusse le chargea de l'organisation du conseil d'État, dont il fut nommé en outre président. Il assista ensuite aux congrès d'Aix-la-Chapelle et de Carlsbad, puis organisa le nouveau système d'impôts de la Prusse ainsi que l'administration de ses archives. Dans les dernières années de sa vie, il prit part avec le ministre comte de Bernstorff aux congrès de Troppau, de Laybach et de Vérone. De Vérone, il entreprit de traverser le nord de l'Italie, tomba malade à Pavie, puis s'en vint mourir à Gênes, le 26 novembre 1822. Ses restes mortels furent transférés au château de Lietzen.

Hardenberg rendit de grands et incontestables services à la Prusse. C'est en partie à ses efforts qu'elle fut redevable des modifications essentielles apportées dans la constitution de son armée, qui lui permirent de prendre sa revanche des désastreuses journées d'Iéna et de Friedland ; et c'est par son influence toute puissante que furent opérées dans le mécanisme administratif intérieur de la monarchie des réformes qui doublèrent ses forces. Au nombre de ces réformes accomplies d'une main ferme et hardie, en dépit des clameurs égoïstes des classes privilégiées, il faut signaler notamment la mesure qui abolit les exemptions dont les membres de la noblesse avaient jusque alors joui en matière d'impôt personnel ; celle qui mit à la charge des domaines du clergé le remboursement d'une partie de la dette publique, celle qui supprima toutes les corporations d'arts et de métiers et proclama la liberté illimitée en matière d'industrie, celle qui fit disparaître les dernières traces de la féodalité, en abolissant les corvées et en rendant les paysans libres propriétaires du sol qu'ils fécondaient de leurs sueurs, celle qui proclama l'égalité des citoyens devant la loi, quels que fussent leurs dignités et leurs rangs. Il laissait en mourant des Mémoires manuscrits sur les événements survenus depuis l'année 1801 jusqu'à la paix de Tilsitt, et les avait confiés au conseiller d'État Schœll. Le feu roi Frédéric-Guillaume IV les a fait déposer aux archives du royaume, en défendant qu'ils vissent le jour avant l'année 1850. Il n'en a jusqu'à ce jour rien paru. C'est à tort qu'on lui a attribué une assez mauvaise compilation publiée à Paris sous le titre de *Mémoires d'un homme d'État.*

HARDENBERG (FRÉDÉRIC, baron DE), connu comme écrivain sous le nom de *Novalis*, naquit en 1772, au château de Wiederstedt, dans le comté de Mansfeld (Saxe), et reçut dans la maison paternelle une excellente éducation première. Plus tard, il étudia la philosophie à Iéna, le droit à Leipzig et à Wittenberg; puis fut attaché, en 1795, à l'administration des salines de Weissenfels. La mort lui ayant inopinément enlevé, en 1797, une femme qu'il aimait tendrement, et avec laquelle il s'était fiancé, il alla à Freiberg entreprendre le perfectionnement pratique de ses études minéralogiques et métallurgiques. Dans l'été de l'année 1799, il revint à Weissenfels, et y fut adjoint comme assesseur à la direction des salines. C'est à cette époque qu'il fit la connaissance des deux frères Schlegel, et de Louis Tieck, avec qui il ne tarda pas à se lier d'une étroite amitié. Il venait d'être nommé grand-bailli, lorsqu'il mourut chez ses parents, le 25 mars 1801, dans les bras de son ami F. Schlegel.

Hardenberg était sans contredit poëte dans l'acception sainte de ce nom. Le sentiment mystique dominait en lui, et son intelligence, si profondément sagace, s'y subordonnait quelquefois complétement. Il entrait tout à fait dans la nature de son esprit de ne point terminer son *Henri d'Ofterdingen*, roman conçu avec originalité et riche surtout en figures créées par l'imagination la plus tendre, mais qu'il aima mieux léguer à la postérité sous forme de torse énigmatique. Le mystère chrétien est le fond de la plupart de ses poésies ; aussi ses cantiques, qu'il destinait à entrer dans un livre de prières à l'usage de l'Église réformée, appartiennent-ils aux plus belles créations qu'on possède en ce genre. De toutes ses œuvres poétiques, ses *Hymnes à la nuit* étaient celles qu'il prisait le plus sous le rapport de l'exécution. Sa vie fut tout à fait la vie pure et sans tache du poëte; L. Tieck et Fr. Schlegel ont publié ses œuvres complètes (2 vol., 1802, 5ᵉ édit.; Berlin, 1838).

HARDES, en termes de vénerie. *Voyez* CERF.

HARDI, poëte dramatique. *Voyez* HARDY.

HARDIESSE. L'Académie la définit la qualité de celui qui est entreprenant, assuré. Elle lui donne quelquefois pour synonymes témérité, insolence, impudence, licence. Le hardi est suivant elle l'homme qui se hasarde courageusement, qui ose beaucoup, l'homme ferme, intrépide, assuré, insolent, impudent, effronté, etc. A ces définitions Laveaux répond : Le hardi n'est pas précisément un homme courageux, assuré. La hardiesse est une confiance de l'âme qui nous présente comme faciles des entreprises qui étonnent les hommes ordinaires et les arrêtent. La différence de la témérité et de la hardiesse consiste dans le rapport qu'il y a entre la difficulté de la chose et les ressources de celui qui la tente ; d'où il suit que tel homme ne se montre hardi que dans une conjoncture où un autre mériterait le nom de téméraire. »

La plupart des étymologistes font dériver le mot *hardiesse* de l'ancien mot tudesque *hart*, qui signifie *dur*, et qui se retrouve en allemand avec la même acception. La hardiesse est toujours opposée à la timidité. Or, comme on peut être timide de plusieurs façons, ou quand on a une entreprise dangereuse à tenter, ou quand il s'agit de faire bonne contenance devant certaines personnes, ou quand, dans les sciences et les arts, on songe à quitter les sentiers battus pour tenter des voies nouvelles, la hardiesse a également à s'exercer dans ces trois catégories distinctes. Dans la première, elle ressemble au *courage;* mais celui-ci est opposé à la crainte, la hardiesse ne l'est qu'à la timidité. L'homme hardi a confiance en lui l'homme courageux brave le péril, sans le mesurer ; avec trop de hardiesse on s'expose, avec trop de courage on se livre ; sans hardiesse on hésite, sans courage on recule. Dans ses trois sphères d'action, la hardiesse peut devenir *audace*; elle s'élance, se précipite et sauve parfois de grands malheurs.

La hardiesse irréfléchie et hautaine devient de l'*effronterie* quand elle supprime toute pudeur et viole les mœurs et les devoirs. L'excès de la hardiesse est un vice, fruit d'une éducation mauvaise, compagnon ordinaire d'une présomption insupportable, ou d'une odieuse dépravation. La hardiesse peut faire valoir certaines qualités ; l'audace et l'effronterie surtout, par leur suffisance et leur insolence, les annihilent souvent toutes.

HARDING (CHARLES-LOUIS), célèbre astronome, né à Brême, vers 1775, mort en 1834, était en 1803 inspecteur à l'observatoire de Lilienthal, lorsqu'il découvrit la planète Junon. On n'était pas encore blasé comme de nos jours sur ces découvertes de planètes télescopiques, et Harding vit s'ouvrir devant lui les portes d'un grand nombre d'académies. L'Institut de France lui décerna, en 1805, le prix d'astronomie fondé par Lalande. En même temps il était appelé à la direction de l'observatoire de Gœttingue. On trouve quelques mémoires de Harding sur des questions de mathématiques dans les *Mémoires de la Société royale des Sciences de Gœttingue.*

HARDINGE (HENRI, vicomte), général anglais, est né le 30 octobre 1785, à Stanhope, où son père remplissait des fonctions ecclésiastiques. Entré dans l'armée dès l'âge de treize ans, il ne tarda pas à se distinguer et à s'élever en grades ; et en 1808 il fut attaché à l'état-major général de la nouvelle armée qu'on organisa en Portugal. Les campagnes de la péninsule lui fournirent l'occasion d'accomplir de nombreuses actions d'éclat ; il franchit les Pyrénées en 1814 avec l'armée de Wellington, et contribua à la victoire que celui-ci remporta sous les murs d'Orthez. Dans la campagne de 1815, il fut promu au grade de lieutenant-colonel et attaché au corps d'armée de Blücher ; et à Ligny il eut le bras gauche emporté. A quelque temps de là il passait colonel. Cinq ans plus tard, à la recommandation des tories, avec lesquels il était entré en d'étroites relations par suite de son mariage avec une sœur de Castlereagh, il fut élu membre de la chambre des communes pour le comté de Durham ; et en 1823 on le nomma secrétaire général du dépôt de la guerre (*clerk of the ordnance*). Quand, en 1828, Wellington devint premier ministre, il lui donna dans son cabinet le poste de ministre de la guerre ; et en 1830 il passa général-major. La dissolution du ministère Wellington lui fit perdre son portefeuille, qu'il reprit encore sous l'administration Peel, de décembre 1834 à avril 1835, et pour la troisième fois en 1841. En 1842 il passa lieutenant général ; et en 1846 il alla remplacer lord Ellenborough en qualité de gouverneur général dans les Indes, où il arriva au moment où éclatait la guerre du Pendjab. Il assista à la bataille de Sobraon

10 février 1846), et quoique le commandement en chef fût exercé par sir Hugh Gough, en sa qualité de plus ancien en grade, on ne lui en attribua pas moins généralement le mérite de la victoire qui ce jour-là couronna les armes anglaises. La conclusion du traité de Lahore montra en lui le négociateur modéré; et lors de la ratification de ce traité, il fut créé pair, *vicomte Hardinge de Lahore*, en même temps que la Compagnie des Indes lui votait une pension de 5,000 livres sterling. En 1848 il revint en Europe, et reprit son siége à la chambre haute. A la mort du duc de Wellington, ce fut lui qui lui succéda dans le commandement supérieur de l'armée anglaise. En 1854 il a été élevé au grade de *général*, grade au-dessus de celui de lieutenant général en Angleterre.

HARDOUIN (Jean), célèbre philologue et numismate, naquit à Quimper, en 1646. Fils d'un libraire, il se voua de bonne heure à l'étude, et entra fort jeune chez les jésuites, dont il devait porter la robe pendant soixante-sept ans. Il faut bien qu'il ait eu un mérite des plus distingués, puisque les paradoxes qu'il soulevait ne l'ont point couvert de ridicule, et que l'on vénère toujours en lui l'éditeur de Pline et de Themistius. Dans sa *Chronologie restituée d'après les médailles*, et dans ses *Prolégomènes sur la critique des anciens auteurs*, deux écrits publiés en très-bon latin, Hardouin soutient que non-seulement la plupart des médailles que nous tenons pour anciennes sont de fabrique récente, mais encore que les moines du treizième siècle ont forgé tous les ouvrages des auteurs sacrés et profanes de l'antiquité, à l'exception des œuvres d'Homère, d'Hérodote, de Cicéron, de Pline l'ancien, des *Géorgiques* de Virgile, des satires et des épîtres d'Horace. C'est un bénédictin qui a composé l'*Énéide*, laquelle n'a d'autre signification qu'une allégorie sur le voyage de saint Pierre à Rome, où il n'est jamais allé; l'incendie de Troie, c'est la destruction de Jérusalem, c'est la victoire du christianisme sur le judaïsme. Les odes d'Horace ont le même sort aux yeux du père Hardouin. Lalagé aux doux sourires, c'est encore la religion chrétienne. On s'est beaucoup moqué de lui à raison de tant d'extravagances; et comme il prétendait un jour que toutes les médailles étaient récentes, un savant très-spirituel lui répondit qu'on pourrait même soutenir que les bénédictins les avaient toutes frappées, et qu'au lieu d'interpréter l'inscription Con. ob. par les mots *Constantinopoli obsignatum* (marquée à Constantinople), il convenait de prendre chaque lettre pour une initiale, et de lire : *Cusi omnes nummi officina benedicta*, c'est-à-dire. *Toutes les médailles ont été frappées dans l'atelier des bénédictins.* Hardouin ne respectait pas plus le moyen âge : il contestait jusqu'à l'existence de Philippe-Auguste, et ne voyait dans la bataille de Bouvines qu'une allégorie aux traductions de la Bible. Quelqu'un lui disant un jour que le public était fort blessé de ses rêves oiseux, il s'écria : « Eh ! croyez-vous donc que je me serai levé toute ma vie à quatre heures du matin pour ne dire que ce que d'autres avaient dit avant moi? »

Hardouin, qui recherchait tant la singularité en matière d'érudition, était respectable par la simplicité de ses mœurs. Il faisait, nous l'avons dit, un grand abus de sa science; mais elle était si vaste, si solide, que, selon l'expression du docte Huet, « il a travaillé quarante ans à ruiner sa réputation, sans en pouvoir venir à bout ». L'édition de Pline fait encore la base de tous les travaux dont cet auteur a été l'objet. Outre les ouvrages et les éditions que nous avons cités, le père Hardouin avait été pensionné par le clergé pour publier une édition des *Conciles;* ce qui est d'autant plus surprenant, qu'il prétendait qu'il fallait regarder comme autant de chimères tous les conciles antérieurs à celui de Trente. On lui demandait un jour comment cela se faisait : « Il n'y a que Dieu et moi qui le sachions, » répondit-il. L'édition, imprimée à grands frais, fut arrêtée par le parlement, comme contenant des atteintes aux libertés de l'Église gallicane. On a du père Hardouin des *Opuscules* publiés après sa mort, plus un ouvrage intitulé *Commentaire sur le Nouveau Testament*, qui ne fut imprimé qu'en 1741. Il y prétend que les apôtres prêchaient en latin, et, selon son habitude, il s'abandonne à une foule d'autres paradoxes. Il mourut le 3 septembre 1729, au collége Louis-le-Grand, à Paris, âgé de quatre-vingt-trois ans. P. de Golbéry.

HARDY (Alexandre), Parisien, ainsi qu'il s'est lui-même intitulé au frontispice de ses drames, fleurit sous les règnes de Henri IV et de Louis XIII; mais l'époque de sa naissance est ignorée, comme celle de sa mort, qui a dû néanmoins arriver entre les années 1628 et 1632. Ce poëte, d'une immense fécondité, suivait une troupe de comédiens ambulants, et s'était obligé à lui fournir six drames chaque année. Il s'engageait à moins qu'il ne pouvait tenir, car deux tragédies ou deux comédies à composer lui coûtaient à peine un mois. Il eut le titre de *poëte du roi*, et fut le premier des dramaturges qui reçut des honoraires pour ses ouvrages. Cependant, la vélocité de sa plume, réunie à ces avantages, ne réussit jamais à le retirer d'une profonde misère. Aussi, en dédiant ses *Amours de Théagène et de Chariclée*, écrivait-il dans son épître : « *Entre cinq cents poëmes dramatiques*, tout ne peut marcher d'un pas égal : la nature humaine y contredit, jointe que ma fortune se peut apparier l'emblème d'Alciat, où les fers de la pauvreté empêchent l'esprit de voler dans les cieux. » Il ne s'arrêta point là, et porta le nombre de ses œuvres à huit cents; mais il fit modestement un choix, et mit à part pour l'impression cinquante-quatre pièces, qu'il édita lui-même en 6 gros volumes in-8° (Paris, Jacques Quesnel, 1623). *Marianne* est la meilleure de ses tragédies; peut-être a-t-elle servi de modèle à la *Marianne* de Tristan, dont le succès balança dans son temps les triomphes de Corneille. Cette fécondité, merveilleuse au premier aspect, semblera moins étonnante si l'on observe que la rime et la mesure étaient alors les seules entraves du vers, et que l'hiatus n'avait pas encore été proscrit de la poésie. Le goût n'avait pas distingué non plus jusque là en diverses tribus les idées et les mots, renié les uns, parce qu'ils sont bas ou communs, adopté les autres comme élégants ou nobles. L'intrigue n'avait pas alors ces mille combinaisons ingénieuses qui sont dans cet art le point difficile à saisir. L'unité de lieu était foulée aux pieds avec l'unité de temps. Ainsi, dans sa tragi-comédie, empruntée de l'espagnol, *La Force du Sang*, Léocadie, victime de la violence, ressent au premier acte les symptômes de la grossesse; et l'enfant, devenu jeune homme, reconnait son père au dénouement. Cependant, à défaut des richesses, les éloges n'ont pas manqué au poëte Hardy : jamais Corneille et Racine n'excitèrent plus d'enthousiasme : il fut célébré en vers français, latins et grecs. Là il est dit un nouvel Orphée, ici l'Apollon français, ailleurs le premier des tragiques. Ce n'est pas encore assez; on lit dans une ode de Lamy, avocat au parlement, à sa gloire :

> On laisse ces vieux monuments
> D'Eschyle, Sophocle, Euripide;
> . . . .
> Et l'on permettra que tu dies
> Qu'à peine ils ont fait tant de vers
> Que tu as fait de tragédies.

Hippolyte Fauche.

HARELLE, vieux mot français, synonyme de *rassemblement*, *révolte*. Sous le nom de *harelle de Rouen*, on a conservé le souvenir d'une sanglante sédition qui éclata dans la capitale de la Normandie au mois d'octobre 1381, et qui coïncida avec celle des *maillotins* à Paris. L'augmentation des impôts, suite des dilapidations du trésor public, leur donnèrent naissance à toutes deux. A Rouen on proclama roi, dérisoirement et malgré qu'il en eût, un riche marchand de draps, surnommé *le Gras* à cause de son excessif embonpoint. On fit rendre à ce mannequin des semblants d'ordonnances et d'arrêts, en vertu desquels la populace se livra aux derniers excès et n'oublia pas dans sa fureur de se venger des collecteurs de taxes non plus que des religieux de certaines abbayes. Cette révolte n'eut d'autre résultat que de provoquer de la part de l'autorité royale de cruelles répressions, et ne valut au pauvre peuple qu'un surcroît d'exactions. Dès le mois de février 1382, le roi Charles VI, accompagné de ses oncles et d'une escorte imposante, fit son entrée à Rouen, dont les hommes les plus compromis dans le mouvement d'octobre avaient un instant essayé de lui fermer les portes. En passant près du beffroi de la ville, il fit enlever la cloche qui servait à réunir la commune, et enjoignit à tous les bourgeois de porter en personne leurs armes au château royal; ce qu'ils firent avec mécontentement et regret, ajoute la *Chronique de Saint-Denis*. Le lendemain, les principaux coupables, condamnés à mort par arrêt du conseil, subirent leur peine en vue du peuple. Ces supplices ne parurent pas suffisants pour effacer la faute des habitants de Rouen, et plus de trois cents d'entre eux furent encore arrêtés quelque temps après la victoire remportée à Rosebecque sur les Flamands par les troupes du roi. Les uns furent condamnés à mort, les autres n'évitèrent le dernier supplice que par le sacrifice de tout ce qu'ils possédaient.

HAREM. Les Orientaux désignent par ce mot, d'origine arabe, et qui signifie dans cette langue *sacré* ou *inviolable*, l'appartement séparé des femmes, où nul autre ne pénètre que l'époux. On le nomme encore *odalik*, par opposition au *selamlik* (appartement des hommes). Ce dernier, ouvert à tout venant, offre toujours la plus grande simplicité; les musulmans réservent pour le harem l'ameublement somptueux et tout le luxe de leur intérieur. La vie des femmes dans ces mystérieuses retraites n'est pas aussi misérable et pleine d'ennuis qu'on se l'imagine généralement. Toutes les Européennes qui ont pénétré dans les harems s'accordent à vanter le sort fait par l'Islamisme à la plus belle moitié du genre humain. « Je suis persuadée, dit lady Montague, que les femmes seules sont libres en Turquie. » Ceci, bien entendu, ne doit pas s'appliquer aux femmes esclaves, mais seulement aux femmes libres, à celles qui ont le titre d'épouses (*kadines*). Elles sortent quand elles veulent, accompagnées de leurs eunuques noirs ou de vieilles matrones, seules même parfois, mais toujours voilées d'une mousseline épaisse, qui laisse voir seulement leurs yeux; elles reçoivent, quand il leur plaît, les visites de leurs amies. Quand un harem en visite un autre, ces dames passent toute la journée à manger des confitures ou des pâtisseries, à fumer le narguilé parfumé, à boire du café ou des sorbets; elles babillent, se montrent leurs atours, leurs parures, et cela suffit à leur amusement. Le maître du logis lui-même ne peut alors entrer dans l'odalik, à moins d'une affaire très-pressante; et dans ce cas il doit se faire annoncer, afin que les étrangères aient le temps de se voiler. W.-A. Duckett.

HAREN (Willem van), poëte hollandais, né en 1710, à Leeuwarden, dans la Frise, mourut en 1758, après avoir rempli divers emplois supérieurs. Quand, en 1742, on agita en Hollande la question de savoir si, aux termes des traités, il fallait prêter secours à l'impératrice Marie-Thérèse contre ses ennemis, il composa, tout entier à son enthousiasme pour la liberté, un poëme lyrique intitulé *Léonidas*, dont le succès fut grand, et qui ne laissa pas que d'influer sur la politique adoptée par son pays. Ses odes sont une production encore plus distinguée; dans le nombre, on remarque surtout l'*Ode à la Fortune* et l'*Ode sur la vie humaine*. Malgré ses nombreuses imperfections, son grand poëme épique, *Friso* (1741), est demeuré son principal titre de gloire.

Son frère, *Onno Swier* van Haren, né en 1713, à Leeuwarden, plus estimé comme poëte lyrique que comme homme d'État, fut ainsi que lui partisan zélé de la maison d'Orange, et remplit plusieurs fonctions éminentes. Mais à la mort d'Anne, veuve de Guillaume IV d'Orange, il quitta la cour (1759) pour se retirer dans ses terres. Il mourut en 1779. Son principal poëme, *Les Gueux*, où il célèbre l'origine de l'indépendance et de la liberté de la Hollande, parut pour la première fois en 1767, sous le titre de *La Patrie*. Dans la 4e édition (2 vol.; Amsterdam, 1785), publiée par Bilderdyk et Feith, les éditeurs ont fait subir au texte original des modifications beaucoup trop arbitraires.

HARENG. Tout le monde connaît la physionomie du hareng : qui n'a pas remarqué ses flancs aplatis, sa tête mince, son nez pointu, et la couleur bleu-noirâtre de son dos, et les écailles argentées de son ventre? Les glaces du pôle sont sa patrie; mais chaque année il les abandonne par bandes innombrables, et vient parcourir les rivages de l'Europe. C'est vers le commencement de l'année que ces peuplades voyageuses se mettent en marche : au mois de mars, leurs têtes de colonne apparaissent sur les côtes de l'Islande, qu'elles enveloppent de toutes parts; d'autres myriades descendent la mer du Nord, le long des côtes de Norvège, pénètrent dans la Baltique, et couvrent pour ainsi dire toutes les plages de la Hollande, de l'Angleterre et de la France. La Manche semble être leur rendez-vous de départ; de là elles plongent dans l'Océan, et sans doute regagnent leurs contrées glacées, car ces poissons, qui pendant une saison affluent en bancs pressés comme les sables de la mer, disparaissent tout à coup sans qu'on en trouve la moindre trace. Quel instinct les appelle donc ainsi chaque année dans nos mers? Sans doute celui de la conservation de l'espèce. L'âpre climat des régions polaires arrêterait le développement du germe de la vie dans leurs œufs. Ils viennent jeter leur frai sur les sables plus doux de nos rivages, puis ils repartent dès que la génération nouvelle est éclose. Ils sont remplis d'œufs quand ils arrivent dans nos parages, ils n'en ont plus quand ils nous quittent.

L'idée de pêcher ce poisson, ou plutôt de le ramasser comme une manne céleste vint de bonne heure aux peuples riverains des mers qu'ils fréquentent; il leur offrait pendant plusieurs mois une nourriture abondante : seulement, l'art encore grossier ne savait pas le conserver sain d'année en année. Mais à l'aurore de notre civilisation, l'industrie trouva le moyen de l'expédier dans tous les marchés de l'univers; elle en fit une riche branche de commerce : quelques villes, quelques nations même, lui ont dû leur grandeur; car au moyen âge le hareng figura sur la table des souverains, des princes, des seigneurs; il fut compté au nombre des approvisionnements des armées, des villes, des monastères; il constituait le mets fondamental du carême et de l'avent. Le peuple, qui dans ses traditions a toujours besoin d'individualiser les grands événements historiques, attribue à un simple pêcheur d'un petit village de Flandre, à Beuckels, né à Biervliet, vers 1340, la grande découverte de saler en caque le hareng. Sans doute cet usage était pratiqué avant lui; mais comme ce fut vers cette époque que l'esprit de commerce des Hollandais prit l'essor qui les a rendus célèbres, la tradition populaire en fit honneur au pauvre patron d'une barque. Cette découverte, qui devait réagir sur les destinées des nations, consistait à arracher les entrailles du hareng, et à se servir de saumure au lieu de sel pour le conserver (*voyez* Encaquer).

Le *hareng saur* a besoin d'une saumure plus forte que le *hareng blanc* : on le laisse vingt-quatre à trente heures dans la sauce; on lui passe ensuite dans la tête de menues brochettes de bois, au moyen desquelles on le pend dans des cheminées appelées *roussables*, où il reste exposé pendant vingt-quatre heures à un feu qui jette des torrents de fumée et peu de flammes; ensuite, il est encaqué.

Le nom du hareng nous a été transmis par les peuples du Nord : de *hering* nous avons fait *hérent*, puis *hareng*. Les ichthyologistes le rangent parmi les clupes.

Théogène Page.

HARENGS (Roi des). *Voyez* Chimère (*Ichthyologie*).

HARENGS (Journée des). Au mois de février 1429, pendant le siége d'Orléans par les Anglais, le duc de Bedfort fit partir de Paris un grand convoi de vivres et de munitions que les bourgeois avaient été contraints de fournir, et qu'on avait chargés sur des charrettes exigées des pauvres gens de la campagne. « Le comte de Clermont, dit M. de Barante, résolut d'empêcher ce convoi d'arriver aux ennemis. Il était à Blois, et marcha, le 12 février 1438, pour lui couper la route de Paris, tandis que la garnison d'Orléans était sortie aussi de son côté pour venir se joindre à lui. Elle arriva la première près du village de Rouvray, et peut-être aurait-elle surpris les Anglais en marche et en mauvais ordre de défense, mais il fallait attendre le comte de Clermont. Durant ce délai, le convoi se disposa à soutenir l'attaque. Les charriots formèrent une ligne par derrière, et le front et les flancs furent retranchés avec ces pieux effilés que les Anglais portaient toujours avec eux. Les arbalétriers de Paris et les archers anglais, placés aux deux ailes ainsi fortifiées, étaient difficiles à entamer. Les Écossais formaient l'avant-garde du comte de Clermont. En arrivant, ils s'étonnèrent que l'attaque ne fût pas encore commencée; on avait réglé que les hommes d'armes ne descendraient point de cheval. Cet ordre ne convint pas aux Écossais; ils refusèrent de s'y soumettre, eux et leurs capitaines mirent pied à terre. Le bâtard d'Orléans, Xaintrailles, La Hire et tous ceux de la garnison suivirent cet exemple. Le combat commença avec désordre, sans nulle obéissance. Avant que le comte de Clermont fût à portée de seconder l'attaque, avant que les coulevrines eussent suffisamment rompu le rempart de l'ennemi, les Écossais se lancèrent en toute hâte et vinrent tomber en grand nombre sous les traits serrés des archers anglais, couverts par leurs chariots et leurs pieux. Pendant ce temps, les Gascons, qui étaient restés à cheval, se lancèrent à toute course contre les arbalétriers parisiens, mais sans pouvoir pénétrer dans leur enceinte; ils furent repoussés après un vif combat. Le trouble s'étant ainsi mis parmi l'armée de France, sir John Falstaff, capitaine des Anglais, commanda à ses gens de faire une sortie hors de leur enceinte. Alors commença le carnage. Le bâtard d'Orléans avait déjà été blessé et fut à grand'peine tiré de la presse. John Stuart, connétable des Écossais, William, son frère, furent tués l'un près de l'autre, avec beaucoup de leurs gens. Les sires de Rochechouart, Guillaume d'Albret, de Chabot et d'autres vaillants chevaliers y périrent aussi. Les attaques des Gascons n'avaient pas mieux réussi; la milice de Paris, sous le commandement de Simon Morhier, que les Anglais avaient fait prévôt, avait continué à tenir ferme, bien qu'elle fit de grandes pertes. Cependant le comte de Clermont était arrivé avec le gros de son armée. L'on s'attendait qu'il allait faire quelque prouesse pour sauver l'honneur des Français; mais il vit sans y porter nul secours la déroute et le carnage. On avait désobéi à ses commandements. L'attaque avait commencé avant son arrivée; on avait combattu à pied, et non point à cheval, ainsi qu'il l'avait voulu. Courroucé de ce désordre, il ne se risqua point à en réparer le triste effet. Il reprit sa route vers Orléans, où sa conduite fut jugée bien peu honorablement par tant de braves gens qui se dévouaient avec un tel courage. Il ne resta que peu de jours, et les laissa, leur promettant, pour les apaiser, des secours en vivres et en munitions, qui même n'arrivèrent pas. » Cette bataille de Rouvray, qu'on appela la *journée des harengs*, parce que le convoi des Anglais était en grande partie composé de barils de poisson salé pour nourrir leur armée durant le carême, fut un nouveau sujet de honte et de désespoir pour le royaume. Une armée de 8,000 hommes s'était laissé vaincre par 1,500 Anglais et s'était dispersée devant eux.

HARFLEUR, ville de France, dans le département de la Seine-Inférieure, sur la Lezarde, à 2 kilomètres de son embouchure dans la Seine, avec 1,417 habitants, un entrepôt réel des douanes, des blanchisseries, une fabrique de produits chimiques, des fours à briques et à plâtre, une huilerie, une raffinerie de sucre et un commerce de cabotage. C'est une station du chemin de fer de Rouen au Havre. Harfleur prenait autrefois le titre de souverain port de la Normandie; c'était une des villes les plus importantes de la province. Elle fut prise en 1415 par Henri V d'Angleterre, qui en chassa les habitants. En 1440 Somerset s'en empara de nouveau; mais Dunois la rendit à Charles VII, en 1449. Pendant les guerres de religion, elle fut prise et saccagée par les huguenots. Harfleur perdit de son importance à mesure que grandit et prospéra le Havre; la mer, qui se retira de son port, jadis si fréquenté, est la principale cause de sa décadence.

HARIADAN. *Voyez* BARBEROUSSE II (Khaïreddin).

HARICOT, genre de la famille des papilionacées de Jussieu, de la diadelphie décandrie de Linné. Le haricot est en général une plante herbacée, annuelle, volubile, à tige dressée et grimpante, mais rarement munie de vrilles : ses feuilles sont alternes, ternées, munies de stipules à la base de leurs pétioles : ses fleurs, disposées en grappes, et offrant toutes les variétés de nuances comprises entre le blanc et le rouge écarlate, sont portées sur un pédoncule commun; leur calice est monophylle et bilabié, à lèvre supérieure échancrée, à lèvre inférieure trifide; la corolle est papilionacée; son étendard, orbiculaire, émarginé et réfléchi, est muni vers l'onglet d'un double lobule, et ses ailes, égales à l'étendard, sont adhérentes à la carène, qui se roule en spirale avec les organes de la reproduction : des dix étamines, neuf ont leurs filaments soudés ensemble : l'ovaire, presque sessile, est supère, et surmonté d'un style contourné, terminé par un stigmate simple ; le fruit est une gousse oblongue, falciforme, bivalve, comprimée sur les côtés, et renfermant un nombre variable de graines, séparées l'une de l'autre par des cloisons transversales membraneuses : la graine elle-même est réniforme et marquée d'un hile oblong ou arrondi.

Le genre *haricot* renferme une multitude d'espèces toutes originaires de l'Amérique centrale ou des Indes occidentales; nous citerons : 1° le *haricot commun* (*phaseolus vulgaris*, Lin.), dont la tige rameuse s'élève à la hauteur d'un mètre environ, et dont les graines sont aussi connues sous les noms de *phaséoles*, *faséoles*, *favroles*, *féveroles*, *petites fèves*, *fèves peintes*, *fèves à visage*, etc : cette espèce est originaire de l'Inde; c'est celle que l'on cultive presque exclusivement dans les vastes champs des départements de la Côte-d'Or et de Saône-et-Loire; 2° le *haricot multiflore* (*phaseolus multiflorus*, Lamarck), dont la tige herbacée et grimpante s'élève à une hauteur de 5 mètres, et dont les fleurs écarlates sont disposées en grappes sur des pédoncules axillaires allongés : cette espèce est originaire de l'Amérique méridionale; on la cultive dans le nord de la France comme plante d'agrément; et cependant, au dire de Miller et de Rozier, sa graine est aussi saine et aussi nourrissante que celle du haricot vulgaire; 3° le *haricot d'Espagne* (*phaseolus coccineus*, Lin.), dont les tiges, hautes de 3 à 4 mètres, sont chargées tout l'été de belles grappes de fleurs rouge écarlate (blanches dans une variété, tricolores dans une autre), qui concourent à l'ornement des berceaux et des tonnelles; 4° le *haricot caracolle* (*phaseolus caracolla*, Lin.), de l'Amérique méridionale, propre aux mêmes usages que le précédent, mais moins rustique, etc.

BELFIELD-LEFÈVRE.

HARIRI, c'est-à-dire le *marchand de soie*, l'un des poëtes et des grammairiens les plus célèbres qu'aient eus les Arabes, et dont le véritable nom était *Abou-Mohammed-Kasem-Ben-Ali*, naquit à Bassorah, en 1054, et mourut dans la même ville, l'an 1121. Tout ce qu'on sait de lui, c'est qu'il était fort laid de sa personne, et qu'il joua un rôle politique de quelque importance, tantôt sous les ordres des impuissants khalifes de Bagdad, tantôt pour le compte des sultans seldjoukides. Il était de sang arabe, de la tribu des Beni-Harâm, et, au milieu de la révolution de mœurs qui s'opérait de son temps, resta fidèle aux habitudes de sa race. Sa manière libre et toute profane le faisait regarder d'assez mauvais œil par les musulmans rigides. Il arriva cependant de son vivant à une immense renommée, et quand il allait s'adosser à sa colonne de prédilection, dans la mosquée des Beni-Harâm, un cercle nombreux se réunissait autour de lui. C'est là qu'il lut successivement ses 50 *Makâmât* ou Séances, ouvrage qui à première vue peut paraître bizarre à un Européen, mais dans lequel l'auteur nous apprend lui-même qu'il a voulu renfermer tous les mots de la langue, sérieux et plaisants, les termes légers et graves, les perles et les brillants de l'élocution, certains passages du Coran, des proverbes arabes, des questions grammaticales, des cas lexicologiques, des nouvelles qui n'avaient pas encore été racontées, des exhortations qui peuvent faire pleurer le pécheur, et des plaisanteries capables de faire oublier au malheureux ses chagrins. Les 50 *Séances* racontent la série d'aventures d'un mendiant lettré, appelé *Abou-Zeid*, de Saroug ou Sarougsch (ville voisine d'Édesse), qui a été riche autrefois, mais dont les croisés ont pris la ville natale, pillé les biens et réduit la famille en esclavage, et qui pour subsister s'est fait grammairien nomade, rhapsode ambulant. Le récit est placé dans la bouche d'un homme honnête et sensé, Hareth-Ben-Hammam, qui, voyageant pour son instruction et ses affaires, rencontre partout sur sa route, sous un nouveau déguisement, *Abou-Zeid*, tour à tour boiteux, aveugle, maître d'école, improvisateur, prédicateur, faux derviche, médecin, dévot, libertin; ici transportant son auditoire et arrachant des larmes aux pécheurs; là se livrant à la débauche dans un cabaret avec les aumônes qu'il a recueillies de la piété des croyants. Une des plus bizarres *Séances* est la 30e, où *Abou-Zeid* est roi d'un peuple de vagabonds et bateleurs, et qui du haut de son trône de bohême rend au monde les mépris qu'il en a reçus. Sur la fin de sa vie, il se convertit et devient imâm. Hareth-Ben-Hammam le rencontre une dernière fois, redevenu tout à fait honnête homme. De cet étrange canevas, il est résulté une suite de tableaux, tantôt en vers et tantôt en prose, où, à travers des scènes piquantes, encore bien que le fond en soit fort léger, apparaissent tour à tour les expressions les plus recherchées de la langue arabe, ses tournures les plus élégantes, ses proverbes les plus estimés. Cet ouvrage fut tout aussitôt considéré comme un cours de haute littérature, et depuis ce moment il n'a pas cessé d'être dans les mains des Arabes qui veulent se mettre au courant du beau langage. Il leur tient tout à la fois lieu de dictionnaire des synonymes, de traité des tropes; et la lecture en est souvent des plus attrayantes. Le texte, en raison de la nature du plan adopté par l'auteur, à cause de son style souvent extravagant, tout cousu d'allusions, d'énigmes, de calembours et de puérilités de versification, est hérissé de difficultés; et les indigènes eux-mêmes ont besoin d'un guide qui les fixe sur le sens de certaines expressions. De bonne heure donc il devint l'objet de nombreux commentaires de la part des critiques arabes, parmi lesquels on cite surtout Motarezzi et Chérichi.

L'admiration dont les *Séances d'Hariri* sont l'objet en Orient a produit de nombreuses imitations arabes, syriaques, hébraïques, dont quelques-unes ont paru de nos jours même. Le Juif espagnol Al Charizi, connu aussi sous le nom d'Harizi, auteur d'une traduction en hébreu des *Séances*, les prit pour modèles dans un ouvrage original auquel il donna le titre de *Thahkemoni* (Constantinople, 1540-78; dern. édit., Berlin, 1845).

La meilleure édition qu'on possède des *Séances d'Hariri*, est celle qu'en a donnée Sylvestre de Sacy (in-folio, 1822). La préface, écrite dans l'arabe le plus pur, le commentaire, composé en grande partie, il est vrai, d'après ceux de Motarezzi et de Chérichi, enlevèrent les suffrages des lettrés les plus exigeants d'Égypte et de Syrie. Ce magnifique volume in-folio de 660 pages, tout arabe d'un bout à l'autre, devint promptement classique dans tout l'Orient; aussi, malgré son prix nécessairement élevé, fut-il bientôt épuisé. Une seconde édition du travail de M. de Sacy a été publiée, en 1853, par MM. Reinaud et Derenbourg, à l'usage des écoles européennes. Il en a paru aussi une nouvelle analyse critique, avec des commentaires arabes, au Caire (1850).

Abou-Mohammed-Kasem-Ben-Ali est en outre auteur de nombreux ouvrages relatifs à la grammaire. Sylvestre de Sacy a publié, dans son *Anthologie grammaticale* (Paris, 1831) des fragments assez étendus de son *Molhat-alirab*, traité en vers sur la syntaxe arabe, destiné à être appris par cœur dans les écoles, ainsi que de son *Dourr'al ghawas*, ou la Perle du plongeur, recueil d'observations philologiques sur les fautes de langage qui échappent en parlant, même aux gens bien élevés.

HARISPE (Jean-Isidore), maréchal de France, sénateur, etc., naquit à Saint-Étienne de Baïgorri (Basses-Pyrénées), le 5 novembre 1768. Volontaire en 1792, il fut nommé capitaine d'une compagnie franche en 1793 et bientôt commandant d'un bataillon basque. En 1800 il prit part aux opérations dont le pays des Grisons fut le théâtre, puis il passa à l'armée d'Italie dans la division Moncey. Colonel en 1802, il alla faire la campagne d'Allemagne en 1806, et se distingua à la bataille d'Iéna, où il fut blessé : le bulletin le comprit même parmi les morts. Général de brigade en 1807, il se fit remarquer aux combats de Gutstadt, de Geilsberg et à la bataille de Friedland. Il fut ensuite envoyé sur les frontières d'Espagne, et devint chef d'état-major du maréchal Moncey. En 1810 il fut promu général de division, et le 29 mai 1811 il commandait les troupes qui montèrent à l'assaut de Tarragone. Créé comte en 1813, il continua à servir en Espagne sous les ordres du maréchal Suchet; en 1814 il fut envoyé à l'armée du maréchal Soult, et le 10 avril, blessé à la bataille de Toulouse, il tombait au pouvoir des Anglais. Le gouvernement royal lui donna la croix de Saint-Louis, puis le commandement de la 15e division militaire. A l'époque des cents jours il commanda la 1re division de l'armée des Basses-Pyrénées; pendant toute la restauration, il vécut retiré dans sa propriété de Baïgorri. Sous Louis-Philippe, il commanda presque constamment l'armée d'observation établie sur les frontières d'Espagne, et le 11 septembre 1835 il fut compris dans une promotion de pairs. Le président de la république lui confia le commandement de la 11e division militaire, dont il se démit en 1850. Le 11 décembre 1851 il fut élevé à la dignité de maréchal de France, ce qui lui donna peu de temps après son entrée au sénat. Il est mort le 26 mai 1855 à Lacarre, près Bayonne.

HARIZI. *Voyez* Charizi.

HARLAY, famille française, dont plusieurs membres ont figuré avec distinction dans les rangs de la magistrature et du clergé, depuis le quatorzième siècle jusqu'au commencement du dix-huitième.

HARLAY (Achille de), le premier qui ait attiré les regards de l'histoire, naquit en 1536. Successeur de Christophe de Thou, son beau-père, dans la dignité de premier président du parlement de Paris, il occupait ce poste lors de la fameuse journée des Barricades, le 12 mai 1588. Le duc de Guise, chef de la populace ameutée, avait jeté les yeux sur le parlement de Paris pour légaliser la révolte de cette ville, et, connaissant tout l'ascendant que Harlay exerçait sur sa compagnie, il avait entrepris de le gagner ainsi que plusieurs de ses confrères, en les dérobant aux persécutions que les Seize, ces magistrats sanguinaires, menaçaient de leur faire subir. Après la fuite du roi, il vint trouver le premier président, qui s'était retiré dans son jardin, et, dans un discours respectueux et flatteur, il réclama instamment son concours pour réprimer l'anarchie et rendre aux lois la puissance qu'elles avaient perdue. Harlay l'écoute avec un flegme que faisait ressortir encore le tumulte des circonstances, et lui adresse cette réponse, demeurée si justement célèbre : « C'est grand'pitié quand le valet chasse le maître; au reste, mon âme est à Dieu, mon cœur est à mon roi, et mon corps est entre les mains des méchants; ils en feront ce qu'ils voudront. Vous me parlez d'assembler le parlement; mais quand la majesté du prince est violée, le magistrat n'a plus d'autorité. » Tant de fermeté imposa à Guise, qui n'osa le punir. Cependant, le 1er janvier 1589, Harlay, pressé par le fougueux Lincestre de jurer vengeance du meurtre des princes lorrains, prêta le serment qui lui était dicté en présence d'une multitude furieuse, prête à tous les excès. Cet acte de condescendance ne le sauva point des proscriptions des ligueurs. Quinze jours après, le 16 janvier, Bussy-Leclerc, procureur au parlement de Paris et gouverneur de la

Bastille, entre dans la grande salle du parlement, et, après d'hypocrites doléances sur la mission pénible qu'il vient remplir, il se met en devoir de lire la liste des magistrats dont il est chargé d'opérer l'arrestation. A l'appel de son nom, Harlay se lève : « Je vous suis, dit-il au chef des Seize : ce sont des mains bien viles qui m'arrêtent, mais il est toujours glorieux de souffrir pour son roi. » Bussy veut continuer : « C'est inutile, s'écrie-t-on de toutes parts dans l'assemblée, nous nous regardons tous comme portés sur la liste. » Et cinquante magistrats s'élancent intrépidement à la suite de Harlay.

Le premier président racheta plus tard sa liberté moyennant une rançon de 10,000 écus, et se rendit à Tours auprès de Henri IV, devenu roi de France par la mort de Henri III. Il se dévoua à la fortune de ce prince avec une fidélité qui ne tint compte ni des foudres de Grégoire XIV, ni des menaces du cabinet espagnol. A son retour à Paris, le Béarnais récompensa dignement ses services. Mais Harlay ne vit dans les faveurs de ce prince que de nouveaux encouragements à son zèle. Sa fidélité s'exhalait souvent en aveux pleins d'une liberté respectueuse, mais entière. Il affectait, dit un historien, de fermer les yeux sur des indices très-frappants d'hérésie, acceptait comme une profession de foi formelle un désaveu équivoque; et lorsqu'il était forcé de punir, il bornait presque toujours la peine au bannissement. Il se démit de la première présidence en 1610, après trente-quatre ans d'exercice, et mourut le 23 octobre de la même année.

HARLAY DE SANCY (Nicolas), issu d'une branche collatérale de la même famille, fut successivement conseiller au parlement de Paris, ambassadeur de France en Allemagne et en Angleterre, capitaine des Cent-Suisses et surintendant des finances, emploi dans lequel il fut remplacé par Sully, dont il avait été l'antagoniste et qui dans ses Mémoires lui reproche des prodigalités. Né en 1546, mort en 1629, il changea plusieurs fois de religion, restant en politique toujours attaché à la cause royale.

HARLAY (Achille de), baron DE SANCY, second fils du précédent, né à Paris, en 1581, fut tour à tour prêtre, militaire, avocat et, sous la régence de Marie de Médicis, ambassadeur à Constantinople, d'où il se fit rappeler en 1617. Après avoir rempli plusieurs missions en Angleterre et en Savoie, il devint, en 1631, évêque de Saint-Malo, et présida en cette qualité les états de Bretagne trois ans après. Son nom est mêlé aux événements politiques de cette époque. Disgracié par le cardinal de Richelieu pour s'être opposé, dans l'assemblée du clergé de 1635, aux subsides extraordinaires demandés par la cour, il se consacra dès lors exclusivement à la direction de son diocèse, où il mourut, en 1646.

HARLAY DE CHANVALON (Nicolas de), archevêque de Paris, neveu de *François de* Harlay, archevêque de Rouen, né dans la capitale, en 1625, fut choisi par Louis XIV pour présider l'assemblée du clergé de 1660. Ce monarque le chargea en outre de la direction des affaires du clergé régulier, et le désigna pour la célébration de son mariage secret avec Mme de Maintenon. Recommandable par la noblesse engageante de ses manières et la tournure conciliante de son esprit, pasteur plein de lumières et de vigilance, il était plus renommé, disent ses contemporains, pour la prudence et la régularité de sa conduite extérieure que pour l'austérité de ses mœurs privées. Mort en 1695 d'apoplexie foudroyante, il eut pour successeur le cardinal de Noailles, évêque de Châlons. Il était de l'Académie Française.

HARLAY (Achille de), petit-neveu du magistrat qui s'était rendu si célèbre au temps de la Ligue, naquit à Paris, en 1639. Conseiller, puis procureur général au parlement, il vendit sa charge en 1689, et succéda le 13 novembre de la même année au premier président Potier de Novion. Profondément versé dans l'étude de la jurisprudence et des belles-lettres, il parut dans cette magistrature avec un grand éclat. Sa sévérité, au moins apparente, de mœurs n'excluait point chez lui l'adresse du courtisan; et sa compagnie, subjuguée par l'ascendant de son nom et de ses lumières, professait pour ses avis une déférence qui tenait de la discipline. Mais c'est surtout comme homme d'esprit qu'il a laissé une réputation parmi les gens du monde. Ses bons mots et ses reparties ont été recueillis sous le titre d'*Harlæana*. Gallican zélé, il adressait un jour à Louis XIV des représentations sur un bref de la cour de Rome qui lui paraissait attentatoire aux libertés de l'Église. Ce prince ayant dit à de Harlay qu'on ne pouvait avoir trop d'égards pour les papes : « Oui, sire, répondit le magistrat, il faut leur baiser les pieds et leur lier les mains. » Un jeune conseiller, dont les aïeux avaient porté la livrée, ayant paru devant lui sous un costume d'une nuance peu sévère : « Monsieur, lui dit le premier président, il paraît que dans votre famille on a bien de la peine à quitter les couleurs. » Il répondait à des comédiens qui, dans une requête au parlement, avaient pompeusement parlé de leur compagnie : « Ma troupe délibérera sur la demande de votre compagnie. » L'architecte Mansard songeait à faire de son fils un président à mortier : « Monsieur Mansard, lui dit de Harlay, veuillez ne pas mêler votre mortier avec le nôtre. » A une audience du parlement, une partie seulement des juges était attentive, le surplus causait ou dormait : « Si messieurs qui causent, interrompit le premier président, faisaient comme messieurs qui dorment, messieurs qui écoutent pourraient entendre. » Il caractérisait ainsi les jésuites et les oratoriens : « C'est un plaisir de vivre avec les premiers, et un bonheur de mourir avec les derniers. » Ce magistrat attendait un jour à Versailles l'audience de Louis XIV. S'étant assis sur une banquette, il s'y endort profondément. Des pages malicieux profitent de son sommeil pour attacher sa perruque à la tapisserie. Le roi arrive; Harlay se réveille en sursaut, se lève, et, réparant, pour ainsi dire, par sa présence d'esprit le désordre de sa coiffure : « Sire, dit-il, je comptais saluer votre majesté en premier président; vos pages ont voulu que ce fût en enfant de chœur. » Il savait apprécier le mérite : ce fut sur ses instances que Louis XIV éleva d'Aguesseau, depuis chancelier de France, au poste de procureur général du parlement de Paris. Harlay se démit de ses fonctions le 5 mai 1707, et mourut le 23 juillet 1712, à l'âge de soixante-treize ans.

Le nom de Harlay s'est éteint en 1717 dans *Achille*, quatrième du nom, avocat général au parlement de Paris et conseiller d'État.

A. Boullée.

HARLEM, jolie ville de la Hollande, communique avec Amsterdam et Leyde par des chemins de fer et par des canaux. Elle est située sur le Sparen, qui se jette au midi dans le grand lac appelé *mer de Harlem* (*voyez* l'article suivant). En 1572 elle soutint un siége terrible contre les Espagnols, commandés par Frédéric de Tolède, fils du duc d'Albe. Prise le 13 juillet 1573, elle fut livrée aux plus effroyables excès, malgré les termes exprès de la capitulation. Harlem se glorifie de l'invention de l'imprimerie, qu'elle attribue à Laurent Coster, personnage dont l'existence est restée fort équivoque, malgré les savants efforts de MM. Meerman, Scheltema et Koning, et dont la statue en marbre orne aujourd'hui la place du Marché. Au surplus, malgré la faiblesse de cette prétention, Harlem n'en est pas moins une cité éminemment littéraire. Elle possède une Société des Sciences, fondée en 1752; la Société nationale Économique, érigée en 1774; et la Société Teylérienne, ainsi appelée de son fondateur, Pierre Teyler vander Hulst, mort le 8 avril 1778. C'est dans les murs de Harlem que naquit le savant philologue Corneille Schrevelius. Là virent aussi le jour plusieurs peintres d'un grand mérite, tels que Nicolas van Berchem, Philippe Wouvermans, van Ostade, etc. François Hals, né à Malines, en 1584, y passa toute sa vie. Ces artistes ont valu à Harlem le titre de *seconde Bologne*. L'orgue de l'église de Saint-Bavon passe pour le plus bel instrument de ce genre qui existe au monde.

L'habile architecte van Campen, l'auteur du plan de l'hôtel de ville d'Amsterdam, était de Harlem, qui est encore renommée pour ses blanchisseries, ses tissus de laine et de soie, ses tapis et ses velours, ses savonneries et ses fonderies de caractères typographiques. La *tulipomanie* (*voyez* FLEURS [Commerce des]) n'a pas médiocrement ajouté à sa célébrité, et l'on se souvient de ces vers de Delille :

> Je sais que dans *Harlem* plus d'un triste amateur
> Au fond de ses jardins s'enferme avec sa fleur,
> Pour voir sa renoncule avant l'aube s'éveille,
> D'une anémone unique adore la merveille,
> Ou, d'un rival heureux enviant le secret,
> Achète au poids de l'or les taches d'un œillet......

En 1779 l'auteur de *La Hollande au dix-huitième siècle* portait la population de Harlem à 45,000 habitants. Nous ne pensons pas qu'elle excède maintenant 27,000 âmes.

On a de Théodore Schrevelius un ouvrage intitulé : *Harlemum* (Lugd. Bat., 1647; in-4°). La relation du siége de cette ville pendant les années 1572 et 1573 y a été imprimée en hollandais (1739, in-8°). DE REIFFENBERG.

HARLEM (Mer de). On appelle ou plutôt on appelait ainsi autrefois un grand lac d'environ six myriamètres de long sur trois de large, situé dans la province de la Hollande septentrionale (Pays-Bas), entre les villes de Harlem, de Leyde et d'Amsterdam. Il existait là jadis quatre lacs différents, et de grandeur bien moindre, dont à la fin du seizième siècle une violente invasion de la mer du Nord, en détruisant tout sur son passage, ne fit plus qu'une seule et même masse d'eau, d'une superficie d'environ 33,000 arpents. Elle avait 14 pieds de profondeur, dont 8 pieds de vase, qu'on utilisait pour la fabrication des briques servant à la construction des maisons et au pavage de la voie publique. Malgré son peu de profondeur, il arrivait souvent, à la suite de violentes tempêtes, que cette masse d'eau, mise par le bras de mer appelé *Het Y* en communication avec le Zuiderzée, s'élevât à une grande hauteur; et ce n'était qu'au moyen d'un coûteux système de digues et d'écluses qu'on parvenait à l'empêcher d'empiéter encore sur les contrées qu'elle baignait. Pour prévenir de nouvelles dévastations et en même temps pour gagner du terrain propre à la culture, voilà bientôt quatorze ans qu'on a entrepris la gigantesque opération du desséchement de la *mer de Harlem*. A cet effet, on l'a entourée de digues flanquées de fossés profonds, dans lesquels on conduit les petits cours d'eau qui venaient autrefois s'y jeter, et qui maintenant vont se déverser dans le Zuiderzée, en même temps qu'on les utilise pour les besoins de la navigation. Le fonds de la mer de Harlem se trouvera de la sorte peu à peu transformé en polders, et on rendra à l'agriculture une superficie d'environ 20,000 arpents de terre.

HARLEM (CORNELIUS DE). *Voyez* CORNELIS.

HARMATTAN. On appelle ainsi un vent singulier, très-violent et très-chaud, qui souffle périodiquement, d'ordinaire pendant sept à huit jours, des contrées intérieures de l'Afrique, entre l'est et le nord-est, vers l'océan Atlantique. Il règne en décembre, janvier et février, et est généralement accompagné d'un brouillard ou d'une brume qui cache souvent le soleil pendant des jours entiers. Une sécheresse et une chaleur extrêmes sont les résultats caractéristiques de ce vent. Tout le règne végétal en est flétri, et les fruits mûrissent immédiatement. La sécheresse est si extrême, que les meubles des habitations en reçoivent de graves dommages, et que les boiseries des appartements éclatent. Le corps de l'homme aussi en souffre assez pour provoquer l'écaillement de la peau aux mains et au visage; mais à d'autres égards on regarde en général les effets de ce vent comme salutaires, lorsqu'il ne passe pas au-dessus de contrées marécageuses, parce qu'il arrête les progrès de toute espèce d'infection, et qu'il guérit la plupart des affections cutanées, les fièvres intermittentes et les diarrhées. Aussitôt qu'il cesse de souffler, un froid des plus piquants lui succède. L'harmattan ressemble beaucoup au *samoum* ou *simoun*; et il n'y a que les nègres de la côte occidentale du désert de Sahara qui lui donnent ce nom.

HARMENSEN. *Voyez* ARMINIUS.

HARMODIUS et ARISTOGITON étaient deux jeunes Athéniens unis par la plus étroite amitié. Ils vivaient sous le règne des pisistratides Hipparque et Hippias. Le voluptueux Hipparque séduisit la sœur d'Harmodius; et, loin de cacher la faiblesse de sa victime, en révéla toute la honte dans une procession de vierges en lui interdisant l'entrée du Parthénon. Cette injure privée mit les armes aux mains d'Harmodius. Bientôt les deux amis associent un grand nombre de citoyens à leur complot; des femmes trempent même dans la conjuration. Le jour de l'exécution est fixé aux Panathénées; car cette fête réunit une foule de citoyens au temple, et la coutume permet d'y porter des armes. Au jour dit, ils se rendent au Parthénon, tenant à la main des branches de myrte, au milieu desquelles un poignard est caché. Ils voient l'un d'eux parler bas à Hipparque : serait-ce le complot qu'il révèle au tyran? Il est temps de frapper. Ils s'approchent : Hipparque tombe sous leurs coups; mais il est aussitôt vengé, et le sang d'Harmodius se mêle au sien (l'an 513 avant J.-C.). Aristogiton est réservé pour la torture. Interrogé sur le chevalet, il désigne comme ses complices les plus fidèles amis d'Hippias, et celui-ci les fait à l'instant conduire au supplice. « Eh bien, lui dit le tyran à la fin, te reste-t-il encore des scélérats à nommer? — Il ne reste que toi, répondit le martyr de la liberté et de l'amitié. Mais je meurs content; car j'ai fait servir tes mains à détruire tes amis. » Quiconque fut soupçonné d'avoir pris part à la conspiration fut traité avec une extrême rigueur. La courtisane Léna se distingua par sa constance à supporter les tortures : dans la crainte qu'un aveu ne lui fût arraché par la douleur, elle se coupa la langue avec les dents, et la cracha à la face de ses bourreaux. Quand, trois années plus tard, Clisthène eut délivré son pays du tyran, l'énergie et le nom de la courtisane furent consacrés sous l'image d'une lionne sans langue. On dressa sur la place publique une statue à la mémoire d'Harmodius et d'Aristogiton, honneur jusque alors sans exemple. Il fut défendu de donner leurs noms à des esclaves, et ordonné qu'ils seraient célébrés à perpétuité dans toutes les Panathénées. Enfin, longtemps après la mort de ces jeunes citoyens, on chantait à leur gloire un hymne patriotique conservé dans Athénée. Hippolyte FAUCHE.

HARMONIA. *Voyez* HARMONIE.

HARMONICA. Cet instrument de musique, d'origine allemande, a subi différentes modifications avant d'arriver au degré de perfectionnement où il est aujourd'hui; il consistait d'abord en une certaine quantité de verres inégalement remplis d'eau, qui étaient placés par demi-tons dans une caisse longue d'un mètre. Après avoir humecté le bord de ces verres avec une éponge mouillée, on trempait les doigts dans l'eau, et en les passant légèrement sur les bords des verres, il résultait de ce frottement des sons mélodieux. Le célèbre Franklin remit cet instrument en vogue en 1760; lui-même y apporta des changements notables; il fit fixer de petites coupes contenant une quantité différente d'eau dans un cylindre, ou axe commun, placé horizontalement sur deux pieds, que faisait tourner une roue mise en mouvement par une corde attachée au pied du joueur. On humectait les bords des petites coupes avant de jouer en faisant tourner le cylindre, et en appuyant après légèrement les doigts sur les verres on obtenait des sons vibrants et sonores, ayant quelque analogie avec la voix humaine. Mlle Davies, la première, fit connaître cet harmonica à Paris en 1765; depuis, on a beaucoup perfectionné cet instrument. La meilleure invention paraît être celle de M. Lenormand : elle consiste à placer parallèlement des lames de verre de différentes dimensions par demi-tons, et sur lesquelles on frappe avec un petit marteau de liége enveloppé de taffetas. Le clavi-cylindre de Chladni et le *mélodion* de M. Dietz sont des harmonicas perfectionnés. Ces instruments produisent généralement sur les sens un effet magnétique. Ils sont très-peu répandus.

HARMONIE. C'est l'expression de l'ordre entendu dans le sens le plus élevé et le plus complet : l'*harmonie* dans les œuvres de Dieu, l'*harmonie* dans les œuvres de l'homme. C'est ce qui en fait la perfection ; de sorte que ce grand mot d'*harmonie* représente, à bien dire, ce qu'il y a de réel dans la création. Toute œuvre sans harmonie est un accident de la nature ou de l'art. Et aussi la science la plus réelle est celle qui embrasse le monde dans ses rapports d'ensemble et de détail pour en montrer l'unité. L'unité n'est que l'harmonie. La philosophie et les lettres, la morale et la politique, la nature et l'art, tout va à l'harmonie, et sans l'harmonie le génie même n'est qu'un grand désordre. Bernardin de Saint-Pierre, avec sa pensée un peu superficielle, mais avec sa parole pleine de grâce, a indiqué les harmonies secondaires de la nature, c'est-à-dire les rapports extérieurs des êtres entre eux ; mais, quel que soit le charme de cette poésie, ce n'est point encore l'harmonie telle que l'étudie la philosophie véritable. Les harmonies parlent aux yeux, l'harmonie parle à l'intelligence. Celui qui, par une puissance surhumaine de conception, se donnerait la vue intime de la création dans son ensemble, avec ses soleils et ses mondes, avec leurs mouvements réguliers et variés tout à la fois, avec l'immensité pour limites, depuis l'atome jusqu'à l'être infini, celui-là aurait une idée de l'harmonie ; mais cette idée suppose une intelligence qui n'est pas celle de l'homme. L'harmonie, telle que nous la concevons, est à peine un reflet de l'harmonie telle que Dieu la réalise. C'est pourquoi il est vrai de dire philosophiquement que la suprême perfection de l'intelligence serait de concevoir cette harmonie universelle, qui de tous les points de l'infini aboutit à Dieu, créateur des êtres. Ainsi, par des considérations de philosophie, on arrive à la foi chrétienne, qui montre le ciel comme la dernière révélation des mystères du monde, et fait de cette claire vue de Dieu le bonheur infini. Or, la vue de Dieu, c'est la possession complète de l'harmonie universelle.

Sous ce rapport, la philosophie des anciens était plus haute et plus religieuse que la nôtre. L'étude de la nature était pour eux l'étude de l'harmonie des êtres. Il est possible que cette généralité de leurs idées ait nui longtemps à l'observation des faits isolés, et par conséquent au progrès des sciences proprement dites. Mais l'intelligence humaine en était agrandie, et la raison des philosophes en recevait une empreinte poétique, qui ne s'est plus retrouvée dans les œuvres analytiques de la philosophie moderne. Tel était le penchant de ces génies méditatifs pour la contemplation des lois générales, que ce mot même d'*harmonie*, appliqué à l'ordre du monde, représentait réellement à leur esprit une idée de musique ; et réciproquement la musique s'expliquait pour eux par des lois numériques, empruntées aux rapports des corps célestes. Philosophes plus disposés, ce semble, que nous ne le sommes à recevoir et à garder les impressions primitives de la nature, ils expliquaient le monde comme une œuvre de la création admirable, et dans cette œuvre ils voyaient toujours la présence du génie créateur. La physique, c'était donc pour eux une poésie ; et c'est pourquoi l'harmonie était le premier objet de leur contemplation. Puis cette disposition de leurs idées se faisait sentir dans toutes les sciences humaines, et surtout dans celle qui étudie l'homme, non-seulement l'homme physique, mais l'homme moral, l'homme vivant et intelligent, cette autre création merveilleuse, où se réalise l'harmonie par le mélange des passions et des idées, des penchants mauvais et des combats vertueux. Et c'est ainsi que Platon, le philosophe de l'harmonie, était conduit à montrer l'homme toujours fidèle à lui-même dans ses paroles et dans sa vie, comme un instrument de mélodie, qui rend des sons dignes des cieux.

Le mot *harmonie* conservera toujours un sens mystique, qui ne saurait pas plus disparaître du langage des sciences que du langage de la poésie. Malgré lui, l'homme cherche l'harmonie dans les œuvres de la nature ou dans les sciences propres. On a tout fait de nos jours pour rompre cette loi de création intellectuelle, mais elle est plus puissante que le délire des novateurs. A celui qui ne veut pas d'harmonie, c'est-à-dire qui ne veut pas d'ensemble et d'unité dans les œuvres d'art, nous demanderons pourquoi sa pensée, s'il a une pensée, s'arrête toute saisie devant un monument d'antiquité qui porte cette empreinte, malgré ses systèmes de laid et d'horrible ! Qu'il porte son regard sur ces magnifiques créations d'architecture, où l'harmonie a mis son cachet mystérieux, il sera tout confondu de ce spectacle, et sa raison se débattra vainement sous cette impression d'admiration et de respect. Cela donc est-il imaginaire ? et l'harmonie n'est-ce rien, quand l'harmonie vous peut ainsi captiver malgré vos théories les plus rebelles ? Le secret de notre enthousiasme à la vue de toutes les grandes œuvres de Dieu ou de l'homme, c'est toujours l'harmonie de ces œuvres, et plus cette harmonie nous apparaît, plus notre enthousiasme a d'élan et peut devenir fécond et créateur à son tour. LAURENTIE.

Les anatomistes appellent *harmonie* une articulation immobile, dans laquelle les enfoncements et les éminences que les surfaces osseuses présentent sont peu marqués, à tel point que l'on pourrait croire que la jonction des os a lieu par simple apposition de leur surface : on pourrait citer pour exemple l'articulation des os sous-maxillaires entre eux.

En peinture, le mot *harmonie* signifie l'accord qu'il y a entre les couleurs d'un tableau, et dans la composition elle-même, l'accord qui peut exister entre les personnages de ce même tableau : ainsi, on dira qu'il y a une grande *harmonie* dans les tableaux de Raphael, parce que la peinture s'y trouve d'accord avec la composition et que les couleurs y sont disposées de telle sorte qu'elles servent à faire comprendre l'expression du tableau. Dans les tableaux de Poussin, l'harmonie des couleurs dégénère quelquefois en monotonie ; et l'on pourrait lui faire ce reproche à juste titre.

Harmonie se dit encore du bon accord qui existe entre différentes personnes : ainsi, l'on dira d'une famille dont tous les membres sont bien unis : il y règne une *harmonie* parfaite.

HARMONIE (*Musique*). Les sons peuvent être entendus de deux manières, successivement ou simultanément : dans le premier cas, il forment la *mélodie*, en suivant différentes inflexions ou intonations ; dans le second cas, ils composent l'*harmonie*, en obéissant aux lois naturelles de la modulation. L'harmonie est donc cette branche importante de l'art musical qui traite de la connaissance des sons, lorsqu'ils se font entendre simultanément, de leurs différentes combinaisons, de leurs rapports généraux et relatifs, et de leur enchaînement. Le but de l'harmonie est d'*accompagner* la mélodie, soit que celle-ci plane à l'aigu, murmure dans le *medium*, ou gronde à la basse d'une musique quelconque. Mais il n'en faut pas moins concevoir l'harmonie, abstraction faite de toute mélodie, de tout rhythme et de toute mesure, pour se rendre compte des nombreuses combinaisons dont elle est susceptible et bien saisir la déduction des lois qui règlent la concordance de ces mêmes combinaisons.

L'harmonie peut aussi se définir une succession d'accords. L'enchaînement des accords entre eux est soumis à des lois dont le principe, aussi simple qu'ingénieux, fut découvert par Rameau. Le système de la basse fondamentale, inventé par ce grand homme, système admis et rejeté tour à tour, fut enfin étudié et approfondi par un homme d'un talent immense, Reicha, qui, comprenant tout le parti qu'on pouvait tirer d'une aussi ingénieuse théorie, en l'appliquant aux découvertes dues aux progrès toujours croissants de l'art musical, en fit la base de son nouveau système d'harmonie. C'est sa méthode que nous suivrons dans les courtes explications que nous allons donner ici. L'enchaînement des accords est calculé sur la marche de leurs notes fondamentales, exprimées ou sous-entendues ;

car, au moyen du r e n v e r s e m e n t, ces notes peuvent être placées à d'autres parties qu'à la basse. Elles doivent faire entre elles tels et tels i n t e r v a l l e s prescrits par l'expérience, l'oreille et le goût. Si donc, en faisant entendre successivement plusieurs accords, on a soin d'observer les règles données sur la marche des notes fondamentales, on est sûr que l'harmonie qui en résultera sera non-seulement agréable, mais encore exempte de vague et riche d'effets. On voit tout d'un coup l'avantage d'un système aussi simple; et lorsqu'on saura qu'il s'applique avec un égal succès à l'enchaînement des accords les plus compliqués et les plus dissonnants, qu'il n'y a pas un passage de nos auteurs les plus difficiles qu'on ne puisse analyser et expliquer clairement avec le secours des règles qui en émanent, on s'étonnera de ce que ce système ne soit pas adopté pour l'enseignement dans les écoles publiques, quoiqu'il le soit par la presque généralité des artistes.

Il y a en harmonie des notes étrangères aux accords, sur lesquels elles ne font que glisser : ces notes se placent ordinairement sur les temps faibles de la mesure, ou entourent d'autres notes intégrantes d'un accord, en formant une espèce d'ornement, de broderie mélodiques. Ces notes sont appelées *notes de passage*, *petites notes* ou *a p p o g i a t u r e s*. Il en est d'autres encore qui se trouvent sur les temps forts, et qu'on nomme *suspensions :* leur nom indique assez qu'elles suspendent la note intégrante d'un accord pendant un certain temps de la mesure pour le faire entendre ensuite.

Les Grecs et les Romains n'ont jamais connu l'harmonie; ce qui n'empêchait pas leur musique de produire quelquefois des effets sublimes, quoiqu'elle fût à l'unisson ou à l'octave. Après la chute de l'empire d'Occident, il ne restait de toute la musique des anciens que quelques psalmodies religieuses à l'usage des églises. L'harmonie ne fut inventée qu'au neuvième siècle. Elle se traîna rude, inculte et stationnaire jusque vers le milieu du quinzième siècle : c'était la seule musique que nous eussions alors ; et cette musique n'était même pas de la mélodie, car on ne pouvait appeler de ce nom des chants grossiers dépourvus pour la plupart de rhythme et de mesure. A partir de cette époque l'harmonie se perfectionna rapidement, grâce aux talents de deux musiciens français, Dufay et Binchoir, et d'un anglais, Jean Dunstaple. Les élèves de ces maîtres suivirent l'impulsion qu'ils avaient reçue, et depuis lors jusqu'à nos jours l'harmonie s'est progressivement enrichie et perfectionnée sous les différents maîtres qui se sont succédé. On a longuement disserté, vivement disputé, pour savoir à quel système d'harmonie il fallait donner la préférence. Le meilleur système est celui qui facilite l'intelligence de la science et nous initie le plus promptement à ses secrets. Pour combattre le système de la basse fondamentale, Kirnberger avait imaginé je ne sais quelle théorie des prolongations. Catel s'en empara, et à son tour prétendit expliquer et enseigner l'harmonie par le calcul des intervalles; source inépuisable d'erreurs et de contradictions. Ce système, qui n'a rien d'ingénieux ni de méthodique, n'offre aucune règle précise pour la marche de la basse, seul fondement de toute bonne harmonie.

Nous aurons à parler ailleurs des m o d u l a t i o n s, partie importante de l'harmonie.

Il y a encore en musique différentes acceptions du mot *harmonie*. Il s'emploie pour désigner la masse des instruments à vent qui entrent dans la composition d'un orchestre, et, par analogie, on dit *concert d'harmonie*, d'un c o n c e r t composé seulement d'instruments à vent, et d'instruments de percussion, auxquels on joint ordinairement quelques contre-basses, excepté dans la musique militaire. On dit : *L'harmonie d'un accord* ou *d'une musique*, pour en exprimer la douceur. *Harmonie* est synonyme de *c o n t r e - p o i n t*. On prend aussi quelquefois le mot *harmonie* comme synonyme de *composition*, mais c'est à tort : la composition s'entend de l'invention d'une musique, avec le secours de la mélodie, du rhythme, de la mesure et de l'harmonie, tandis que l'harmonie ne s'entend que de l'art de combiner les sons d'une manière agréable. BÉCHEM.

HARMONIE (*Rhétorique*). Il faut examiner deux choses dans l'*harmonie du style*: d'abord l'agrément du son en lui-même, ou la mélodie en général ; ensuite le son disposé de manière à devenir l'expression du sens. Nous appelons *e u p h o n i e* cette douceur de son dans le langage, et *cacophonie* la rencontre de syllabes ou de paroles qui affectent désagréablement l'oreille. On doit éviter avec soin dans le choix et dans l'arrangement des mots le mélange des sons durs et choquants. En outre, pour être harmonieux, le style doit avoir du n o m b r e; il a besoin d'être coupé par des repos bien placés et plus ou moins sensibles, qui partagent les phrases sans les scinder, et en rendent la lecture facile et coulante; il faut que les divers membres d'une période, plus ou moins longs, plus ou moins égaux, selon la nature des idées ou l'effet qu'on veut produire, se balancent entre eux et s'équilibrent, de manière à former un ensemble harmonieux et cadencé.

Le son quand il est adapté au sens produit des beautés d'un ordre supérieur. Il y a longtemps qu'on a remarqué qu'il existe dans les langues cultivées un accord secret, mais sensible, entre certains sons et certaines idées ou certains sentiments; que les pensées sérieuses, les affections tristes, amènent des sons graves, lents, mélancoliques; qu'au contraire la joie vive et pétulante s'exprime par des sons légers, rapides et brillants.

Il y a une autre sorte d'harmonie, qui appartient plus particulièrement à la poésie qu'à la prose, et qu'on appelle *h a r m o n i e i m i t a t i v e;* elle consiste dans un rapport de ressemblance entre les sons et la propriété des objets qu'ils expriment.

Sans doute l'harmonie est plutôt un ornement qu'une qualité générale du style; mais c'est un de ces ornements qui concourent le plus efficacement au charme du langage; et l'on peut dire que sous le rapport du nombre elle est une condition rigoureuse imposée à tous les ouvrages qui prétendent au mérite du style. Néanmoins, il faut éviter à cet égard toute espèce d'affectation, et ne pas se consumer dans le travail mécanique et puéril de combiner des mots et des sons. Auguste HUSSON.

HARMONIE, HARMONIA ou HERMIONE. Les Grecs avaient personnifié l'*harmonie*, qu'ils supposaient fille de Mars et de Vénus. Son nom Ἁρμονία signifiait dans leur langue *accord, union*. Ils la donnaient pour épouse au fondateur de Thèbes, C a d m u s, célèbre pour avoir apporté en Grèce l'écriture et la religion. A les en croire, tous les dieux auraient assisté à leurs noces; Minerve et Vulcain lui auraient donné, suivant Hygin, un vêtement imprégné de tous les vices et de tous crimes; Vénus, un collier d'or, qui, passant dans les mains d'É r i p h i l e, aurait causé la mort du devin A m p h i a r a ü s. Junon n'assista pas à ce mariage, qui fut d'abord heureux, mais dont elle troubla la paix par les désastres dont elle accabla les descendants des époux. Les noms de S é m é l é, de P a n t h é e, d'I n o, de L a ï u s, d'Œ d i p e rappellent tous les malheurs de la fatalité. Cadmus, désespéré, fuit sa patrie, erra longtemps et aborda l'Illyrie, avec son épouse Harmonie, qui ne l'abandonna jamais. Croyant voir dans ses malheurs le résultat de la vengeance de quelque divinité protectrice du fameux dragon qu'il avait tué, il demanda aux dieux de le changer en serpent, ce qui lui fut accordé; et Harmonie obtint de partager son sort. Un miroir étrusque la représente debout et nue, tenant la lyre et le plectrum, parée du collier que lui avait donné Vénus, placée entre Mars et Cadmus.

HARMONIE (Table d'). *Voyez* HARPE et PIANO.

HARMONIE CÉLESTE ou HARMONIE DES SPHÈRES, espèce de musique dont il est souvent fait mention dans les ouvrages des Pères et aussi dans ceux des anciens philosophes, et qu'ils supposent produite par les mouvements mélodieusement sonores des étoiles et des planètes. Cette harmonie, que nous n'entendons pas, parce que nous y sommes habitués dès notre naissance, et qu'on ne saurait distinguer un son que par le silence qui lui est opposé, ou bien encore parce que l'harmonie du tout ne peut être perçue par nos organes à cause de la gravité des sons; cette harmonie, disons-nous, était attribuée aux impressions variées et proportionnelles des globes célestes les uns sur les autres, agissant à des intervalles donnés. Suivant les anciens en effet il est impossible que des corps d'une aussi prodigieuse grandeur, se mouvant avec tant de rapidité, soient silencieux; au contraire, l'atmosphère, constamment mise en mouvement par ces corps, doit rendre une série de sons proportionnelle aux impulsions qu'elle en reçoit. Par conséquent, comme ils ne décrivent pas tous le même cercle, non plus qu'ils n'ont pas tous la même rapidité de rotation, les différents sons provenant de la diversité des mouvements, et dirigés par la main du Tout-Puissant, doivent produire la plus admirable symphonie et un ineffable concert. On supposait donc que la lune, comme la plus basse des planètes, correspondait à la note *mi*, Mercure à *fa*, Vénus à *sol*, le Soleil à *la*, Mars à *si*, Jupiter à *ut*, Saturne à *ré*; et l'orbite des étoiles fixes, comme étant le plus élevé de tous, à *mi*, ou à l'octave.

HARMONIE IMITATIVE. Les sons imitatifs se retrouvent dans toutes les langues, d'une manière plus ou moins marquée; c'est ainsi que nous avons *gronder, murmurer, gazouiller, siffler, bourdonner*, etc. (*voyez* ONOMATOPÉE). Un choix convenable de mots peut produire un son ou une série de sons qui aient quelque analogie avec ceux qu'on veut exprimer : comme le *roulement du tonnerre*, le *mugissement des vents*, etc. C'est l'heureux emploi de ces sons qui produit l'harmonie imitative. Elle est très-sensible dans cet hémistiche de Racine :

> L'essieu crie et se rompt...

Et dans ces vers de Victor Hugo :

> J'entends des canons sourds les tonnantes volées,
> Les clameurs aux clameurs mêlées,
> Les chocs fréquents du fer, le bruit pressé des pas.

Châteaubriand en fournit un bel exemple en prose : « La lame se lève, elle approche, elle se brise; on entend le gouvernail tourner avec effort sur ses gonds rouillés. » Un autre poëte imite ainsi le bruit prolongé du tonnerre :

> Et la foudre en grondant roule dans l'étendue.

Enfin, le son imite aussi les mouvements, en tant qu'ils sont lents ou rapides, doux ou violents, faciles ou pénibles.

Auguste HUSSON.

HARMONIQUE (*Mathémathiques*). Trois nombres, a, b, c, sont dits en *proportion harmonique* lorsque le premier est au troisième comme la différence des deux premiers est à la différence des deux derniers, c'est-à-dire lorsque l'on a la proportion géométrique :

$$a : c :: a - b : b - c \quad (1).$$

Par exemple, les nombres 12,6,4, sont en proportion harmonique, puisque 12 : 4 :: 12 — 6 : 6 — 4.

Dans la relation (1), b est un *moyen harmonique* entre a et c. On le déduit de ces deux nombres par la formule

$$b = \frac{2ac}{a+c} \quad (2),$$

qui résulte immédiatement de la proportion. Pareillement, si on connait a et b, trouvera

$$c = \frac{ab}{2a-b} \quad (3).$$

Comme dans les autres proportions, on peut multiplier ou diviser tous les termes d'une proportion harmonique par un même nombre sans qu'elle cesse d'exister. Mais parmi les propriétés les plus remarquables des proportions harmoniques, il faut citer celle-ci : Deux nombres, leur moyen harmonique et leur moyen arithmétique forment une proportion géométrique, ce qui résulte évidemment de la relation

$$a : \frac{2ac}{a+c} :: \frac{a+c}{2} : c,$$

où les extrêmes sont les deux nombres proposés. Remarquons aussi que les inverses d'une proportion arithmétique continue donnent une proportion harmonique. Ainsi, l'on a :

$$\div \alpha . \alpha + \beta . \alpha + 2\beta .$$

Les inverses, $\frac{1}{\alpha}$, $\frac{1}{\alpha+\beta}$, $\frac{1}{\alpha+2\beta}$, donnent bien :

$$\frac{1}{\alpha} : \frac{1}{\alpha+2\beta} :: \frac{1}{\alpha} - \frac{1}{\alpha+\beta} : \frac{1}{\alpha+\beta} - \frac{1}{\alpha+2\beta},$$

car l'antécédent du second rapport est égal à $\frac{\beta}{\alpha+\beta} \cdot \frac{1}{\alpha}$, et le conséquent à $\frac{\beta}{\alpha+\beta} \cdot \frac{1}{\alpha+2\beta}$.

La formule (3) nous apprend à déduire le troisième terme d'une proportion harmonique, c, des deux premiers, a et b; de même, en partant de b et c, on peut en calculer un quatrième, et ainsi de suite; on formera ainsi une *progression harmonique*, dont les termes, exprimés en fonction des deux premiers, seront :

$$a, b, \frac{ab}{2a-b}, \frac{ab}{3a-2b}, \frac{ab}{4a-3b}, \text{ etc.},$$

série dont la loi est facile à saisir.

La dénomination *harmonique*, appliquée à ces sortes de proportions et de progressions, nous vient des Grecs. Une expérience faite à l'aide du monocorde nous apprend que les longueurs des cordes qui donnent les sons

ut, *ré*, *mi*, *fa*, *sol*, *la*, *si*, *ut*,

sont effectivement représentées par les nombres

$$1, \frac{8}{9}, \frac{4}{5}, \frac{3}{4}, \frac{2}{3}, \frac{3}{5}, \frac{8}{15}, \frac{1}{2} \quad (4).$$

Or, le moyen harmonique entre ceux de ces nombres qui correspondent à *ut* et à son octave, savoir 1 et $\frac{1}{2}$, est $\frac{2}{3}$, qui correspond à *sol*; le moyen harmonique entre 1 (*ut*) et $\frac{2}{3}$ (*sol*) est $\frac{4}{5}$, qui correspond à *mi*; en continuant ce mode d'opération, on obtient tous les nombres de la série (4), et le nom de *proportion harmonique* se trouve expliqué par cette analogie, qui du reste n'est pas la seule du même genre que l'on pourrait citer.

La géométrie a aussi des *divisions harmoniques*. Soit une droite sur laquelle nous supposons un point O pris pour origine, puis du même côté de ce point trois autres points, C, B, A, tellement placés que la ligne OA se trouve divisée en trois segments liés par la condition OA : OC :: BA : CB; la division de la droite est dite *harmonique*. C'est encore la même chose que précédemment; car si l'on fait OA $= a$, OB $= b$, OC $= c$, on a BA $= a - b$ et CB $= b - c$; la proportion que nous venons d'énoncer revient donc à la proportion (1). Les divisions harmoniques donnent de belles propositions de géométrie, qui se relient à la théorie des transversales, et sont surtout fécondes en ce que la propriété fondamentale est conservée dans la perspective et généralement de quelque manière que l'on projette les figures.

E. MERLIEUX.

HARMONIE PRÉÉTABLIE. *Voyez* PRÉÉTABLIE (Harmonie).

HARMONIQUE (*Musique*) se dit de tout ce qui appartient à l'harmonie. Les *sons harmoniques* ou *flutés* sont tirés de certains instruments, tels que le violon et le violoncelle, par un mouvement particulier de l'archet, qu'on approche davantage du chevalet, et en posant légèrement le doigt sur certaines divisions de la corde. Ces sons sont fort différents, pour le timbre et pour le ton, de ce qu'ils seraient si l'on appuyait tout à fait le doigt. Quant au ton, par exemple, ils donneront la quinte quand ils donneraient la tierce, la tierce quand ils donneraient la sixte, etc. Quant au timbre, ils sont beaucoup plus doux que ceux qu'on tire pleins de la même division, en faisant porter la corde sur le manche; et c'est à cause de cette douceur qu'on les appelle *sons flûtés*. La théorie des sons harmoniques repose sur ce principe, qu'une corde étant divisée en deux parties commensurables entre elles, et par conséquent avec la corde entière, si l'obstacle qu'on met au point de division n'empêche qu'imparfaitement la communication des vibrations d'une partie à l'autre, toutes les fois qu'on fera sonner la corde dans cet état, elle rendra non le son de la corde entière, ni celui de sa grande partie, mais celui de la plus petite partie, si elle mesure exactement l'autre, ou si elle ne la mesure pas, le son de la plus grande aliquote commune à ces deux parties.

Harmonique s'emploie substantivement pour désigner tous les sons concomitants ou accessoires qui, par le principe de la résonnance, accompagnent un son quelconque et le rendent appréciable : ainsi, toutes les aliquotes d'une corde sonore en donnent les *harmoniques*. On sait en effet que si l'on fait résonner avec quelque force une des grosses cordes d'un violoncelle, en passant l'archet un peu plus près du chevalet qu'à l'ordinaire, on entendra distinctement, pour peu qu'on ait l'oreille exercée et attentive, outre le son de la corde entière, au moins celui de son octave, celui de l'octave de sa quinte, et celui de la double octave de sa tierce : on verra même frémir et l'on entendra résonner toutes les cordes montées à l'unisson de ces sons-là : ces sons accessoires, qui accompagnent toujours un son principal quelconque, en sont les *harmoniques*.

J.-J. Rousseau.

HARMONITES. *Voyez* Rapp.

HARMOPHANE (de ἁρμός, jointure, et φαίνομαι, paraître), nom donné par Haüy au corindon adamantins, parce que les joints naturels de ses cristaux sont apparents.

HARMS (Claude), prédicateur célèbre dans le nord de l'Europe, est né le 25 mai 1778, à Fahrstedt, dans le pays des Dithmarches, d'un père meunier de son état, et exerça d'abord la profession paternelle; ce ne fut qu'après la mort de son père, en 1797, qu'il fut libre de suivre la vocation qu'il se sentait pour les études littéraires, et de venir suivre les cours de l'université de Kiel, où il se livra à l'étude de la théologie. En 1835 il fut nommé premier pasteur et prévôt à Kiel; fonctions auxquelles il lui a fallu renoncer en 1849, parce qu'à cette époque il fut atteint d'une cécité presque complète.

Claude Harms est l'un des théologiens protestants qui dans ces vingt-cinq dernières années ont le plus occupé l'attention publique. En effet, il s'est posé l'adversaire du rationalisme, négation religieuse dans laquelle le luthéranisme tend de plus en plus à s'absorber. Une thèse publiée par lui, en 1817, à l'occasion du troisième jubilé séculaire de la réforme, et où il s'efforce, après avoir exposé la doctrine du péché originel, de démontrer que la foi seule est capable d'assurer à l'homme son salut éternel, a été l'objet des plus vives attaques, à la suite desquelles il a fait paraître divers écrits en réponse à ses adversaires, un entre autres ayant pour titre *Du néant de la religion de la raison* (1819). Il a publié le recueil de ses sermons, un recueil de proverbes et sentences (Kiel, 1850) et son autobiographie (1851).

HARNACHEMENT, terme générique par lequel on désigne toutes les pièces qui servent à harnacher les chevaux de selle ou de trait. Ces pièces varient de richesse, d'élégance, et même de formes, selon qu'on les applique aux premiers chevaux ou aux seconds. Le *harnacheur* est celui qui confectionne ces diverses pièces. C'est un état, un genre d'industrie très-lucratif à Paris, où la sellerie est en général bien faite. Pour les chevaux de carrosse, le harnachement se compose du poitrail, de la bricole, du coussinet, du surdos et de ses bandes, des montants, des chaînettes, de la croupière, de l'avaloir d'en bas, des reculements et des guides. Aux chevaux de charrette, on remplace le poitrail par un collier; mais ils ont toutes les autres parties du harnachement, moins élégantes sans doute, mais très-solides. Aux chevaux de poste qui sont montés par les postillons, on met des étriers et des courroies. En France, l'industrie a quelque chose à faire pour alléger le poids ou diminuer la quantité de pièces qui composent le harnachement. En Angleterre, où l'on a pour les animaux une humanité bien entendue, on attelle les chevaux de trait de voiture avec beaucoup plus de simplicité qu'en France. Ils se blessent moins souvent et ont les mouvements plus libres.

V. de Moléon.

HARNAIS. Ce mot s'applique particulièrement à la partie du harnachement qui comprend la selle, la croupière, le licou, la bride et les traits. Les selliers et les bourreliers font ordinairement le harnais. Les pièces des harnais élégants, destinés aux chevaux de cabriolet, de voiture de maître, se garnissent avec des plaques de laiton, de fer, le plus souvent dorées ou argentées. Ces pièces, qui sont l'objet d'une industrie spéciale, sont seulement appliquées par le harnacheur aux endroits que l'usage et quelquefois la mode indiquent. V. de Moléon.

HARO (Clameur de). *Voyez* Clameur.

HAROUN, surnommé AL RASCHID, *le Juste*, le plus célèbre d'entre les khalifes, succéda à son père *Mehdi*, en 786, à l'âge de vingt-et-un ans seulement. Son règne fut une époque de grande prospérité. Il étouffa rapidement diverses révoltes qui éclatèrent dans l'intérieur de l'empire, et mena à bonne fin plusieurs guerres contre les Byzantins et contre les Chazares. Quoique les limites de ses immenses États s'étendissent de l'Inde à l'océan Atlantique, et du Caucase aux sources du Nil, l'empire des khalifes sous son règne ne perdit pas une seule de ses provinces. Haroun, qui eut le bonheur de rencontrer dans la famille persane des Barmécides des vizirs et des généraux du premier ordre, put se livrer sans contrainte à toutes les joies qui ennoblissent l'existence. Il fit de Bagdad, où il résidait, la plus belle des villes de son époque. Des masses immenses de tributs lui arrivaient de toutes parts; et naturellement ami du faste et de l'éclat, Haroun fit orner sa capitale des plus magnifiques édifices. En même temps il aimait les sciences, les lettres, la poésie, la musique, et sa cour était le rendez-vous des hommes les plus célèbres du monde mahométan. Tout cela, joint à ses éminentes qualités personnelles, le rendit l'idole des populations. Il fut célébré dans une foule de poëmes et de nouvelles, et il est devenu le héros de bon nombre de contes des *Mille et une Nuits*. Vers la fin de son règne, ayant conçu des soupçons contre la fidelité des Barmécides, il les fit tous périr, en 803, sans même faire grâce à son favori *Diafar*, par qui il avait habitude de se faire accompagner dans ses perambulations nocturnes à travers les rues de Bagdad. Pour réprimer une révolte qui avait éclaté au nord du Khoraçan, il marcha en personne contre les révoltés. Un coup de sang le força de s'arrêter à Tus, où il mourut, à la fin de mars 809.

HARPAGON, personnage célèbre de l'un des chefs-d'œuvre du théâtre moderne, et qui est devenu la personnification de l'avarice. Ce nom, heureusement choisi, a été suggéré à Molière par un passage de la comédie de Plaute intitulée *Aulularia : Hei misero mihi!* dit l'avare du poëte latin, *aurum mihi intus harpagatum est;* « malheureux que je suis! mon argent m'a été volé. » Il était d'ailleurs tout simple de le former du grec ἅρπαγος ou ἅρπαξ, rapace, voleur, l'avare et le voleur devenant sans peine trop souvent frères. Nous ne devons pas moins admirer ici le génie de Molière, à qui un mot inaperçu, une intention à peine indiquée, suffit pour fournir une pièce entière, et quelle pièce! A cette source presque inconnue notre grand comique a dû les inquiétudes si comiques de l'avare, et, entre autres traits longs à citer, l'excellente répétition de *sans dot*. Ce qui n'est pas dans Plaute, c'est ce contact dramatique de l'avarice et de l'amour; ensuite, ce rapprochement si vrai, si profond, entre le père avare et le fils dissipateur; ce sont, enfin, ces rapports si variés d'Harpagon avec ses valets et tout ce qui l'entoure.

HARPAYE. *Voyez* Busard.

HARPE, instrument de musique de grande dimension et de forme triangulaire, monté de cordes de boyaux disposées verticalement, qu'on pince avec les deux mains pour en tirer des sons. L'origine de la harpe est plongée dans une obscurité profonde. Tous les instruments à cordes pincées dont il est fait mention dans l'Écriture Sainte et dans les ouvrages des anciens, tels que le *chinnor* des Hébreux, la *cithare* des Grecs, le *cinnara* des Romains, le *nablum*, la *sambuque*, et enfin la *harp* ou *hearpa* des Celtes et des Cimbres, ont une certaine analogie générique avec la harpe, telle qu'on peut se la figurer dans son état de simplicité primitive. Chacun sait que le roi David chantait les louanges du Seigneur en s'accompagnant de sa harpe; mais le texte sacré dit aussi que David dansait devant l'arche en jouant de la harpe, ce qu'il n'aurait certainement pu faire avec un instrument de la forme et de la dimension des nôtres. Tout ce qu'on peut dire sur l'origine de la harpe, c'est donc qu'il est fait mention d'un instrument de ce nom en tous temps, en tous lieux, mais que nul ne sait au juste d'où il vient ni qui l'a inventé.

La harpe est composée de trois pièces principales, assemblées en forme de triangle, savoir: la *console*, la *colonne* et le *corps sonore*. Ces deux dernières sont réunies dans leur partie inférieure par une quatrième pièce, appelée *cuvette*, qui forme la base de l'instrument. Le corps sonore est une caisse convexe faite de bois d'érable, plus large à la base qu'au sommet, et recouverte d'une planche de sapin, qu'on appelle *table d'harmonie*, sur laquelle sont fixés les *boutons* qui servent à attacher les cordes. La console est une bande légèrement courbée en forme d'*s*, et garnie de chevilles au moyen desquelles on monte les cordes fixées à l'extrémité opposée sur la table d'harmonie. Elle forme la partie supérieure de l'instrument. Enfin, la colonne est un montant solide ou creux, selon que la harpe est simple ou à mouvement. Dans le premier cas, il ne paraît devoir servir qu'à l'assemblage des deux pièces précédemment décrites; mais dans le second cas, l'utilité en devient indispensable, comme on le verra tout à l'heure.

La harpe ancienne n'avait dans l'origine que treize cordes, qui étaient accordées selon l'ordre naturel de la gamme diatonique. On en ajouta successivement plusieurs autres; mais, malgré toutes ces additions, il était impossible de moduler avec un instrument qui n'avait que les demi-tons naturels de la gamme. Luc-Antoine Eustache, gentilhomme napolitain et chambellan du pape Pie V, imagina, pour obtenir tous les demi-tons de l'échelle, de mettre à la harpe soixante dix-huit cordes disposées sur trois rangs. Le premier comprenait quatre octaves, le second faisait les demi-tons, et le troisième était à l'octave du premier. Les difficultés insurmontables qui s'attachaient à l'exécution de la musique avec un instrument aussi compliqué le firent bientôt abandonner.

On inventa ensuite la *harpe double*, qui était vraiment un instrument composé de deux harpes jointes ensemble, mais qui n'eut pas plus de succès que la *harpe triple* ou à trois rangs du chambellan napolitain. C'est alors qu'un Tyrolien, dont le nom m'échappe, imagina, vers la fin du dix-septième siècle, d'ajouter des crochets à l'instrument simple, pour hausser à volonté le son des cordes. Ici encore d'autres difficultés se présentaient : comme on était obligé de faire mouvoir les crochets avec la main, il s'ensuivait que lorsqu'il rencontrait des dièses, l'instrumentiste n'avait plus qu'une main pour pincer, tandis que l'autre mettait les crochets en jeu. Enfin, au commencement du dix-huitième siècle, Hochbrucker inventa une mécanique qu'on faisait mouvoir avec les pieds, et qui de là prit le nom de *pédale*. C'est cette mécanique qui a été perfectionnée par Nadermann, luthier et célèbre harpiste de Paris. Les pédales, au nombre de sept (une pour chaque note de la gamme), sont placées dans la partie de l'instrument appelée *cuvette*, d'où elles correspondent aux crochets placés sur la console, en traversant la colonne, qu'on avait préalablement creusée à cet effet. La harpe ainsi *organisée* est dite à *simple mouvement*. Elle est montée de 43 cordes, disposées sur un seul rang et accordées en *mi*-bémol, c'est-à-dire qu'en pinçant successivement toutes les cordes de l'instrument, on fait entendre la gamme naturelle de *mi* bémol, sans autres demi-tons que ceux de l'échelle diatonique. L'étendue de l'instrument comprend six octaves de *mi* en *mi*. Si le morceau est dans un autre ton, l'exécutant dispose ses pédales d'avance. Si dans le courant du morceau il se présente un dièse ou un bécarre, l'instrumentiste fait alors jouer la pédale correspondant à la note qui doit être haussée, et à l'instant toutes les cordes qui sonnent cette note et ses octaves se trouvent surtendues de la valeur d'un demi-ton.

La harpe à simple mouvement, toute parfaite qu'elle semblait à Nadermann, reçut un nouveau perfectionnement de Sébastien É r a r d, qui imagina de remplacer les crochets par des *fourchettes* à double bascule : chaque corde peut alors recevoir trois intonations, le bémol, le bécarre et le dièse. Les pédales, toujours au nombre de sept, peuvent se mouvoir de deux manières et se fixer à volonté dans des crans pratiqués à la cuvette. La harpe est alors dite à *double mouvement*. Elle est accordée en *ut* bémol ou *si* naturel, et son étendue est la même que celle de la harpe à simple mouvement. Cette dernière est actuellement presque généralement abandonnée.

On accorde la harpe comme le piano, c'est-à-dire par t e m p é r a m e n t, en adoucissant les quintes de la partition. Les gammes chromatiques sont impraticables sur la harpe. La harpe est sans contredit un instrument fort agréable; mais en dépit des perfectionnements connus et de ceux qu'on pourra découvrir encore, il aura toujours à lutter contre la monotonie des sons et le manque d'énergie dans l'expression. Il est, du reste, difficile d'en obtenir une grande variété d'effets. On emploie la harpe principalement pour le solo, rarement à l'orchestre. Cependant, elle peut produire beaucoup d'effet dans ce dernier cas, en raison surtout de la différence de son timbre. Cet effet sera plus sûr encore si, au lieu d'une harpe, on veut en employer plusieurs. Bécheм.

HARPE (*Architecture*). On appelle ainsi les pierres d'attente que l'on fait sortir hors du mur, pour servir de liaison quand on veut joindre à la maison déjà existante une maison nouvelle. On appelle aussi *harpe*, dans les c h a î n e s de pierres, jambes sous poutres et jambes-étrières, des pierres plus longues que les carreaux qui doivent se lier avec la maçonnerie de moellon ou de brique. On appelle également *harpe de fer* les morceaux de fer coudés qui servent à retenir les poteaux-corniers des pans de bois avec les murs mitoyens. Pour ces sortes de *harpes*, on les fait aussi de bronze, parce qu'alors elles sont moins sujettes à la rouille, et durent plus longtemps.

HARPE (*Malacologie*), genre de mollusques univalves créé par Lamarck. On la reconnaît à la coquille ovale ou bombée, munie de côtes longitudinales, parallèles et tranchantes, à l'ouverture échancrée inférieurement et sans canal; columelle lisse, et dont la base est terminée en pointe. Linné rangeait ce genre dans les b u c c i n s. On n'en connaît qu'un petit nombre d'espèces, qui à l'état vivant ne se rencontrent que dans le grand Océan et les mers de l'Inde.

HARPE D'ÉOLE, HARPE ÉOLIENNE, HARPE MÉTÉOROLOGIQUE. *Voyez* Éolienne (Harpe).

HARPES (*Fortification*). *Voyez* Herse.

HARPIE, genre de l'ordre des rapaces ignobles, établi par Cuvier. Il a pour caractères : Bec grand, comprimé sur les côtés, mandibule supérieure très-crochue, et ayant les bords dilatés ; narines ovalaires, transversales ; tarses très-gros, réticulés, à moitié emplumés ; ongles longs ; ailes très-courtes. Leur bec et leurs serres ont une force extraordinaire. Les harpies sont d'une grande férocité ; elles vivent solitaires dans les lieux les plus retirés et les plus obscurs des forêts, où elles nichent sur les grands arbres. La *grande harpie d'Amérique* est d'une taille supérieure à celle de l'aigle royal. Des voyageurs prétendent qu'elle attaque des mammifères d'une grande taille, qu'elle enlève des faons, et qu'elle peut fendre à coups de bec le crâne d'un homme.

HARPIES ou HARPYES (du grec Ἅρπυια, dérivé de ἁρπάζω, ravir), monstres fabuleux, dont le nombre est inconnu. Leurs noms varient dans les divers auteurs qui en ont parlé. Hésiode, qui leur donne Thaumas pour père et Électre, fille de l'Océan, pour mère, ne les appelle qu'εὐκόμους (aux beaux cheveux). Iris est leur sœur, et le poëte les nomme Ἄελλα (la tempête) et Ὠκυπέτη (au vol rapide). Tout ce qu'il en dit, c'est que les vents et les oiseaux n'ont pas plus de rapidité que leurs ailes, et que l'air est leur domaine. Dans Homère, Podarge, l'une d'elles, est l'épouse de Zéphyre, ce qui ne l'empêche pas de les qualifier toutes de *chiennes de Jupiter* et de les accuser d'enlever ceux que les dieux veulent faire disparaître.

Lorsque les Argonautes arrivèrent chez le vieux Phinée, roi de Thrace, ils le trouvèrent tourmenté par les harpies, monstres ailés, couverts d'écailles, avec des bras puissants, munis de redoutables serres, terminées en queue de dragon ; le front armé de cornes menaçantes, avec les traits et le sein d'une femme horrible. Ces monstres infestaient le pays, et troublaient les festins du bon roi. La présence des guerriers alliés les repoussa dans leurs repaires.

Les harpies ne représentent-elles pas mythologiquement ces brigands que le langage moderne nomme *forbans, corsaires, pirates,* ou *écumeurs de mer ?* Leurs ailes ne seraient-elles pas des voiles? Leurs écailles de poisson et la queue qui leur sert de gouvernail n'indiqueraient-elles pas que les vents et les eaux favorisaient leurs incursions? Leur face et leur sein ne font-ils point allusion à ces figures qui couronnent la poupe des embarcations de guerre? Enfin, leurs cornes et leurs griffes, aux moyens d'attaque et de rapine usités par les brigands qu'amenaient des flottes poétiquement représentées ? C'est l'avis de Banier, qui nous semble plus conforme à la vraisemblance que celui de Leclerc, de Vossius et du bonhomme Pluche, lesquels prennent les harpies pour des sauterelles.

La fable ajoute que Zétès et Calaïs, beaux Hellènes, fils de Borée et d'Orythie, lesquels avaient également des ailes, ce qui indique qu'ils voyageaient aussi à l'aide des vents dont ils étaient provenus, poursuivirent les harpies jusque dans les îles Strophades, où elles se réfugiaient, et sur lesquelles plus tard Énée et ses Troyens fugitifs les rencontrèrent avec des troupeaux qui leur appartenaient. Virgile leur donne des traits de vierges ailées, un flux de matières fétides, des mains crochues, et des fronts toujours pâles de faim. Elles ravissent ou infectent les mets des Troyens ; et Célèno, l'une d'elles, fait entendre, du haut d'un rocher, des prédictions sinistres.

Harpie se dit figurément de tout ravisseur du bien d'autrui, et plus souvent encore, familièrement, d'une femme acariâtre et criarde.

BORY DE SAINT-VINCENT, de l'Académie des Sciences.

HARPOCRATE, divinité égyptienne, qui sur la Table isiaque ne figure que comme un tout petit enfant nouveau-né, ayant les mains rapprochées vers la bouche, ainsi qu'il devait être physiologiquement au sein de sa mère, qui le mit au jour avant terme ; son maillot est un filet, symbole sous lequel les hiérophantes représentaient le soleil naissant et faible à l'époque du solstice d'hiver. Les prêtres d'Osiris avaient donné à cet enfant, à peine né viable, le nom symbolique d'Arphochrat (en cophte, *celui qui boite du pied*). Les vainqueurs, sous le règne de Ptolémée III, se hâtèrent de l'ajouter à la foule de leurs dieux, et l'hellénisèrent sous l'heureux nom d'Harpocrate. Ils en firent le dieu du silence, trompés qu'ils furent par la figure de ce mystérieux enfant, dont les doigts étaient appliqués sur ses lèvres, qu'ils tenaient closes, signe muet de la discrétion chez presque tous les peuples. Ils l'appelèrent encore *Sigalion*, d'un mot de leur idiome (*sigân*, se taire).

L'Arphochrat égyptien était fils d'Osiris et d'Isis, et frère d'Horus le Superbe, du soleil dans sa force, de l'astre solsticial d'été, l'Hypérion des Hellènes. Les Égyptiens représentaient encore Harpocrate, débile, assis sur des lotus en fleur. Les lugubres cénobites des hypogées de Memphis le peignaient la tête rasée, à l'exception du côté droit, derrière l'oreille duquel sortait une tresse de cheveux. La ligne de démarcation que faisait sur le crâne cette bizarre coiffure, était l'emblème de l'équateur, la partie rasée celui de l'hémisphère non alors éclairé par le soleil, et la partie chevelue celui de l'hémisphère qu'éclairait alors cet astre. Les Grecs se hâtèrent d'embellir de leurs riants emblèmes cette tête bizarre ; ils firent éclore sous leur ciseau poétique un jeune homme, beau, nu, la tête ornée de la mitre égyptienne ; ils mirent dans une de ses mains une corne d'abondance versant fruits et fleurs, et, comme au Soleil, dont il était aussi l'image, ils lui donnèrent le carquois d'or et les flèches brillantes. De plus, ils placèrent à ses talons la chouette, qu'il laisse derrière lui dans les ténèbres. Les prémices des légumes lui étaient offertes. Quelquefois aussi il porte les attributs qu'il a pris dans son berceau oriental, une robe asiatique longue et flottante, une couronne de feuilles et de fruits de pêcher, arbre dû aux adorateurs du feu, aux mages. Du temps de Varron et de Pline l'ancien, son culte, comme dieu du silence, était très-connu à Rome. Ses statues, l'index sur les lèvres, étaient placées aux portes des temples ; elles indiquaient qu'un religieux recueillement était plus agréable à la Divinité que des paroles. La mode romaine était de porter au doigt une bague ou sceau, sur lequel était gravé un petit Harpocrate imposant aux hommes par sa simple image le secret des lettres.

DENNE-BARON.

HARPOCRATION (VALERIUS), rhéteur d'Alexandrie, habile grammairien, auteur d'un lexique grec des mots employés par les dix grands orateurs d'Athènes, *Oratores Attici*, sorti pour la première fois des presses aldines en 1503, avec les scolies d'Ulpien sur Démosthène, et dont la dernière édition a vu le jour à Berlin en 1833. Il aurait vécu suivant les uns cent-soixante ans après J.-C., sous l'empereur Verus, dont il aurait été l'un des précepteurs ; selon d'autres, il aurait été, en l'an 350 de notre ère, contemporain de Libanius le Sophiste, qui dans une de ses lettres parle en effet d'un grammairien de ce nom. Le fabuliste espagnol Iriarte, ayant découvert dans la bibliothèque de Madrid un ouvrage de médecine superstitieuse portant son nom, lui en a fait honneur, parce que l'auteur du livre y dit qu'après avoir cultivé avec succès la grammaire en Asie, il est allé se fixer à Alexandrie. Du reste, aucune autre particularité de sa vie n'est connue.

HARPON, HARPONNEUR. L'arme qui, lancée par un vigoureux et habile matelot, assure la prise d'une baleine, aussi volumineuse qu'un navire, fut d'abord appelée *harpeau*, et s'appelle aujourd'hui *harpon*, deux noms empruntés du grec : un large fer de flèche, dont la pointe, triangulaire, est bien acérée, attaché à un manche de bois de deux mètres environ, auquel tient une longue corde, voilà ce qui compose cet instrument de destruction. Le *harponneur* qui fait son apprentissage doit connaître les parties du corps de l'animal où le harpon fait une blessure mortelle, et dont il ne peut être arraché durant les secousses violentes du blessé, fuyant et entraînant avec lui la corde fatale et la chaloupe qui porte ses meurtriers. La distance à laquelle il lance son arme est à peu près celle où le soldat romain faisait usage de son javelot (*pilum*) contre l'ennemi ; mais le poids du harpon surpasse d'un kilogramme et demi à deux kilogrammes celui du pilum ; son fer est très-large, et il faut l'enfoncer à une grande profondeur dans les chairs du cétacé; de plus, la corde, entraînée par le projectile, ralentit la vitesse du jet, et le harponneur manquerait toutes ses captures si ses forces n'étaient pas très-supérieures à celles du soldat romain. Maintenant l'art du pêcheur baleinier a fait de grands progrès, et ses succès ne dépendent plus de la force d'un seul homme : le harpon est lancé par la poudre à canon à une distance beaucoup plus grande, et dirigé, plus sûrement par une bouche à feu dont la forme et les dimensions sont appropriées à cet usage. FERRY.

HARRACH (Famille de). Le mariage morganatique contracté par le feu roi de Prusse Frédéric-Guillaume III avec une comtesse de Harrach, en 1824, appela dans ces dernières années l'attention publique sur cette famille autrichienne et catholique. Réduite à l'obscurité et à la médiocrité, elle ne laissait pas que de pouvoir faire preuve d'une noblesse aussi ancienne et aussi avérée que pas une des maisons de la haute aristocratie de la monarchie. C'est en l'an 1616 que *Charles* DE HARRACH, favori de Ferdinand II, obtint le titre de comte pour lui et ses descendants. Son fils aîné, *Ernest-Albert*, né en 1598, mort en 1667, fut cardinal et archevêque, d'abord de Prague et plus tard de Trente, et joua un rôle important dans les troubles de la Bohême. Wallenstein, duc de Friedland, avait épousé une comtesse de Harrach.

Les frères d'Ernest-Albert, *Charles-Léonard* et *Othon-Frédéric*, devinrent la tige, l'un de la branche aînée, celle des comtes de *Harrach-Rohrau*, l'autre de la branche cadette, celle de *Harrach-Bruck*, celle à laquelle appartient l'épouse morganatique du feu roi de Prusse.

Ferdinand-Bonaventure DE HARRACK-BRUCK, né en 1627, mort en 1706, longtemps ambassadeur près la cour de Madrid, a laissé sous le titre de *Mémoires et négociations secrètes* (2 vol.; La Haye 1720), des souvenirs curieux. L'un de ses fils, nommé, en 1709, archevêque de Salzbourg, mourut en 1727; un autre fut promu, en 1723, à la dignité de feldmaréchal-général, et mourut en 1764 président du conseil aulique de guerre; le troisième, *Aloys-Raymond*, succéda à son père dans le poste d'ambassadeur à Madrid, fut nommé en 1728 vice-roi de Naples, et mourut en 1742 avec le titre de ministre de conférences. De ses trois petits-fils, l'aîné, *Népomucène-Ernest*, hérita du majorat de la branche dont il était le représentant; le cadet, *Charles-Borromée*, étudia la médecine, fut reçu docteur, et exerça cette profession avec autant de distinction que de succès pendant plus de trente ans à Vienne, où il mourut, en 1829. Le troisième, *Ferdinand-Joseph*, né en 1763, qui avait épousé une demoiselle de Rayski, se remaria en 1833, avec la fille d'un jardinier de Berlin, et est mort à Dresde, en 1841. De son premier mariage il avait eu plusieurs enfants, entre autres *Augusta*, née à Vienne, le 30 août 1800, que le roi de Prusse rencontra aux eaux de Tœplitz. Frappé de la beauté de la comtesse de Harrach, le vieux Frédéric-Guillaume s'en éprit vivement, et, après l'avoir créée princesse de Liegnitz, l'épousa morganatiquement à Charlottenbourg, le 9 novembre 1824, en lui assurant un douaire considérable. Dans une position si difficile, la princesse de Liegnitz, par sa conduite pleine de modestie, sut mériter l'estime et l'affection des membres de la famille royale ainsi que du peuple de Prusse. Dès le 25 mai 1826 elle avait compris la nécessité politique que lui faisait sa position de renoncer au catholicisme pour embrasser la religion protestante.

Le représentant actuel de la branche aînée, celle de Harrach-Rohrau, *Antoine* DE HARRACH, né le 16 juin 1815, prend le titre de grand-écuyer héréditaire de la province d'Autriche.

HARRINGTON (JAMES), célèbre publiciste anglais, né en 1611, à Upton, dans le comté de Northumberland. Après avoir quitté les bancs de l'université d'Oxford, il alla voyager en France, en Italie, en Allemagne, en Danemark et en Hollande, et de cette longue tournée, entreprise dans un but philosophique, rapporta en Angleterre des sentiments tout républicains, qui n'empêchèrent pas Charles Ier de le nommer gentilhomme de sa chambre. Harrington servit ce prince fidèlement, sans renoncer à ses opinions politiques, et fut du petit nombre de ceux qui ne craignirent pas de l'accompagner jusqu'à l'échafaud, pour lui donner une dernière preuve de leur dévouement. Tant que dura le protectorat de Cromwell, il vécut étranger aux affaires publiques, consacrant toutes ses pensées à la composition de son *Oceana*, ouvrage écrit en forme de roman allégorique, et dans lequel il trace l'idéal de la république, ou du gouvernement des nations. Il parut à Londres en 1650, et était merveilleusement propre à donner satisfaction au goût d'un siècle où les plans imaginaires de républiques faisaient le sujet continuel des conversations et des discussions. Il obtint donc une vogue extraordinaire, que ne justifie guère un style dur et rocailleux. Il a été traduit en français en 1795.

Avant d'être mis en vente, il avait été saisi par ordre de Cromwell, et Harrington avait eu beaucoup de peine à en obtenir la main levée. Il lui fallut pour cela dédier son livre au protecteur, qui, après l'avoir lu, dit que l'auteur avait entrepris de le dépouiller de son autorité, *mais qu'il ne quitterait pas pour un coup de plume ce qu'il avait acquis à la pointe de l'épée*. Pour mieux faire apprécier ses doctrines et les répandre, Harrington fonda un club, nommé *Rota*, qui fut dissous après la restauration des Stuarts. Les écrits qu'il publia dans la suite, sous le règne de Charles II, le firent enfermer à la Tour, le 28 décembre 1661. Il était accusé de haute trahison. Bien qu'acquitté sur ce chef par les commissaires des deux chambres, il resta longtemps détenu dans l'île de Saint-Nicolas, près de Plymouth. Ses amis n'obtinrent sa mise en liberté que lorsqu'une grave maladie eut mis sa vie en péril. Il succomba quelque temps après à Londres, le 11 septembre 1677. Il avait perdu la raison à la suite des remèdes trop violents qu'on lui avait administrés. Outre quelques poésies qui ne s'élèvent pas au-dessus du médiocre, on a encore de lui des *Aphorismes*, où il expose ses principes politiques.

HARRIOT (THOMAS), célèbre mathématicien anglais, né en 1560, à Oxford, découvrit les relations qui existent entre les racines et les coefficients d'une équation dont le second nombre est ramené à zéro (*voyez* les formules (7) de l'article ÉQUATION, t. VIII, p. 710). Il fut conduit à ce résultat par cette remarque, qu'il fit le premier, que toute équation d'un degré supérieur peut être décomposée en facteurs du premier degré. Mais c'est à tort qu'on lui a attribué le théorème de Descartes connu sous le nom de *règle des signes*.

Harriot accompagna Walter Raleigh dans son expédition de Virginie. Il leva la carte de ce pays, et publia à son retour à Londres la relation de ce voyage. Mais son ouvrage principal, celui qui renferme ses découvertes mathématiques, ne parut qu'en 1620, sous le titre d'*Artis analyticæ Praxis ad æquationes algebricas resolvendas* (Londres, in-folio). Werner en donna une nouvelle édition en 1631. Harriot était mort à Londres, le 2 juillet 1621.

HARRIS (JAMES), métaphysicien et grammairien anglais, né à Close, près de Salisbury, en 1709, était neveu du célèbre lord Shaftesbury, et expira à Londres, le 22 décembre 1780. La mort de son père l'ayant mis en possession d'une fortune considérable, il renonça à l'étude de la jurisprudence, que déjà il avait commencée à Lincoln's Inn, pour se consacrer entièrement à la littérature. Le premier ouvrage qu'il publia était intitulé : *Three treatises; the first concerning art, the second concerning music, painting and poetry, the third concerning happiness* (Londres, 1744). Vint ensuite *Hermès ou recherches philosophiques sur la grammaire universelle* (Londres, 1751), ouvrage qui obtint un grand succès et fut traduit en plusieurs langues. Thurot le publia en français, en 1796, avec un savant discours préliminaire sur l'histoire de la grammaire. A partir de 1761 jusqu'à sa mort, James Harris fut membre de la chambre des communes. En 1762 il fut nommé lord de l'amirauté, et l'année suivante lord de la trésorerie, fonctions qu'il résigna en 1765. Il resta alors sans emploi jusqu'à l'année 1774, époque où il fut nommé secrétaire de la reine et intendant de sa maison. Après sa mort, parurent ses *Philosophical inquiries* (Londres, 1783), qui contiennent une histoire de la critique, et des réflexions sur le goût dans la littérature ancienne et moderne. Lord Malmesbury, fils de James Harris, a donné une édition complète des œuvres de son père (Londres, 1801; 2 vol.). CHAMPAGNAC.

HARRISON (JOHN), inventeur des montres marines, naquit en 1693, à Foulby, dans le comté d'York, et apprit d'abord le métier de son père, qui était charpentier. L'état d'imperfection où étaient encore les montres attira son attention; et doué du génie de la mécanique, il inventa, en 1726, le pendule compensateur. Après l'avoir appliqué avec le plus grand succès à deux horloges, presque entièrement construites en bois, il s'attacha sans relâche à perfectionner son invention et les montres en général. En 1736 il réussit à construire une montre marine, qui rendit de tels services dans une traversée à Lisbonne, qu'il obtint la médaille de Copley, réservée aux inventions les plus utiles. Une seconde montre marine construite par lui fut mise à l'épreuve pendant le voyage autour du monde fait dans les années 1764-1766 par John Byron. Elle rendit des services tels, que John Harrison crut pouvoir réclamer le prix de 20,000 liv. st. (500,000 fr.) offert par la Société royale de Londres à l'inventeur de la montre marine la plus parfaite; mais son instrument n'ayant pas laissé plus tard que de donner quelques résultats inexacts, il dut se contenter de la moitié de cette magnifique prime. Harrison mourut en 1776. L'ouvrage qu'on a de lui, et qui est intitulé: *Description containing such mechanism as will afford a true mensuration of time*, prouve qu'il était resté complétement étranger aux lettres.

HARRISON (WILLIAM-HENRI), président des États-Unis en 1841, né le 9 février 1775, dans l'État de Virginie, était fils de Benjamin Harrison, l'un des signataires de la déclaration de l'indépendance américaine. Orphelin de bonne heure et resté sans fortune, il entra en 1792 comme enseigne dans l'armée que le général Wayne conduisait contre les Indiens, sur les frontières nord-ouest de l'Union. En 1797 il était capitaine, lorsqu'il donna sa démission et fut nommé vice-gouverneur de l'Indiana. Député de ce territoire au congrès, il réussit à faire passer la loi relative à la vente à l'encan, et par petites parcelles, des terres appartenant à la confédération; loi à laquelle les comtés de l'ouest sont redevables de l'état florissant où se trouve aujourd'hui leur agriculture. Cette mesure et quelques autres du même genre lui valurent le surnom de *Père de l'Ouest*. Dans la guerre entreprise en 1811 contre les Indiens, et qui ne tarda pas à être également suivie d'une lutte contre les Anglais du Canada, Harrison fut appelé au commandement en chef de toutes les forces américaines, et fit alors preuve de grands talents militaires. Le 5 novembre 1811, il gagna la décisive bataille de Tipeeance, et reprit successivement les places dont les Anglais s'étaient emparés. Enfin, lorsque Perry eut anéanti, le 10 septembre 1813, les forces navales anglaises dans le lac Érié, il pénétra dans le haut Canada, où, le 5 octobre, il gagna contre le général Proctor une bataille décisive, livrée sur les bords de la Tamise, et qui sur ce point mit un terme à la lutte. Alors il marcha en toute hâte vers les frontières du bas Canada, pour y rétablir les affaires des Américains. Mais il ne tarda pas à être renvoyé dans l'intérieur du pays; mécontent de la mesure qui le frappait, il donna sa démission, le 5 avril 1814, et rentra dans la vie privée.

Membre du congrès dans la session de 1818, il parla vainement en faveur d'une meilleure organisation des milices, dont le système laissait alors beaucoup à désirer. En 1828 il fut nommé envoyé extraordinaire en Colombie; mais une lettre qu'il adressa à Bolivar pour lui donner des avis et des conseils sur sa politique engagea celui-ci à demander son rappel. Pauvre et sans ressource, on vit alors Harisson réduit à remplir, pour nourrir sa famille, les fonctions de greffier près l'une des cours de justice de l'Ohio, que quelques amis lui avaient fait obtenir. Ce que le parti whig avait inutilement tenté en sa faveur en 1836 réussit en 1840. Il fut élu alors, en remplacement de Van Buren, président des États-Unis pour les années 1841 à 1845. Mais un mois à peine s'était écoulé après son arrivée au pouvoir, que le président Harrison mourait, le 4 avril 1841, à la suite d'une courte maladie. C'était le premier président des États-Unis qui mourût dans l'exercice de ses fonctions. Le vice-président John Tyler le remplaça alors au pouvoir; et, aux termes de la constitution, celui-ci le garda pendant les quatre années pour lesquelles Harrison avait été élu.

HART. Au propre, c'est le *lien* qui sert à attacher un fagot. Il se dit aussi de la corde qui sert à suspendre à la potence le criminel condamné à être pendu ou étranglé. Les anciennes ordonnances portaient comme formule sacramentelle cette locution, *à peine de la hart*, c'est-à-dire sous peine d'être pendu. Ce mot est ainsi devenu synonyme absolu des mots *gibet* ou *potence*.

HARTINGGAU. *Voyez* BLANKENBURG.

HARTLEY (DAVID), né en 1705, à Illingworth, étudia d'abord la théologie, puis la médecine. Après avoir successivement pratiqué à Nottingham et à Londres, il mourut à Bath, en 1757. Il est moins célèbre par ses ouvrages relatifs à l'art médical, que par un livre de philosophie intitulé: *Observations on man, his frame, his duty and his expectations* (2 vol. Londres, 1749), dont Priestley publia la dernière partie, sous le titre de *Theory of human mind* (1775). Hartley fait dériver toute l'activité intellectuelle de l'association des idées, qu'il s'efforce d'expliquer au moyen d'hypothèses sur les vibrations des nerfs et sur un fluide aériforme du cerveau.

HARTMANN VON DER AUE. *Voyez* AUE.

HARTZENBUSCH (JUAN-EUGENIO), auteur dramatique espagnol, est né le 6 septembre 1806, à Madrid, où son père, originaire des environs de Cologne, était venu s'établir comme menuisier.

Hartzenbusch, placé chez les jésuites, avait d'abord été destiné à l'Église; mais plus tard son père lui permit d'étudier la peinture et la langue française. Jusque alors il n'avait connu d'autres poëtes que ceux de l'antiquité, quand une poétique du père Losada, qui tomba entre ses mains en 1821, lui révéla qu'il existait aussi un art poétique régulier dans sa langue maternelle, et il s'essaya à composer des sonnets, des romances, des *silvas* et des *liras*. Vers la même époque, il lui fut donné d'assister pour la première fois à une représentation dramatique; elle produisit sur son esprit une impression telle, qu'il se mit aussitôt à dévorer les ouvrages de théâtre. Après avoir traduit du français diverses comédies, il essaya d'arranger pour la scène quelques pièces de Calderon. Mais pendant ce temps-là les circonstances avaient complétement changé. Son père, naguère aisé, avait perdu, par suite de la révolution de 1823, tout ce qu'il possédait; et ce malheur l'avait fait tomber dans un état mental voisin de l'imbécillité. Le jeune Eugenio et son frère cadet durent alors prendre la varlope, afin de gagner leur subsistance et celle de leur vieux père, qui ne mourut qu'en 1830. Ce rude labeur n'empêcha pas toutefois Eugenio de continuer à traduire diverses pièces de théâtre de l'italien et du français et à arranger pour la scène quelques vieilles comédies du théâtre espagnol, dont deux furent représentées avec le plus grand succès.

La guerre civile étant venue lui enlever presque tout travail, il apprit résolument la tachygraphie, et parvint, en 1835, à se faire attacher comme sténographe à la rédaction de la *Gazette de Madrid*. Jusque alors il n'avait encore été que simple traducteur ou arrangeur; il se sentit à ce moment capable de créer quelque chose par lui-même, et choisit pour sujet de drame la légende populaire des *Amants de Teruel*. L'accueil fait à cette pièce (1836) décida de son avenir. Dès lors il se consacra exclusivement à la littérature, et un emploi qu'il obtint plus tard à la Bibliothèque royale de Madrid lui assura une position fixe. En 1852 il a été nommé président du conseil des théâtres. Nous devons encore mentionner son drame *Doña Mencia* (1838); les comédies *La Redoma encantada* (1839); et *La Visionaria* (1840); les drames *Alfonso el Casto* (1841), *Primero Yo* (1842), *Honoria* (1842) et *El Bachiller Mendarias* (1842); enfin la comédie *La Coja y el Encogido* (1843). Eugenio Hartzenbusch a bien mérité, en outre, de l'ancien théâtre espagnol, par son édition critique du *Teatro escogido del M. Tirso de Molina* (12 vol., 1839-42). Il a réuni ses poésies diverses à ses dissertations en prose, sous le titre de *Ensayos poeticos y articulos en prosa, literarios y de costumbres* (1 vol., 1843). La plupart des ouvrages de Hartzenbusch se distinguent par une imagination vive, un style énergique et une facture de vers harmonieuse. On y reconnaît facilement l'influence de l'étude particulière qu'il a faite des anciens poëtes dramatiques espagnols.

HARUSPICES. *Voyez* ARUSPICES.

HARVEY (GUILLAUME), médecin à qui l'on doit la découverte de la circulation du sang et de précieuses recherches sur la génération des animaux. Sans avoir joui de son vivant d'une immense renommée, comme Boerhaave ou Haller, sa gloire, fondée sur des recherches patientes et de vraies découvertes, est aussi impérissable que celle de Newton; et ce qui a le droit de nous étonner, c'est que Harvey ait pu accomplir d'aussi grands travaux au milieu d'une vie agitée par les révolutions politiques de son pays. Né en 1578, à Folkestone, il voyagea sur le continent, étudia en Italie, où il eut pour maître Fabrice d'Aquapendente, célèbre professeur de Padoue. Il se fit recevoir médecin deux fois, d'abord en Italie, puis en Angleterre. Bientôt médecin de l'hôpital Barthélemy à Londres, et protégé par quelques personnages de cour, il devint médecin de Jacques Ier, puis de Charles Ier, roi infortuné, dont Harvey suivit les vicissitudes, et auquel il garda sa fidélité.

Avant Harvey on avait tout au plus quelques idées obscures sur la circulation du sang; on savait vaguement, ou plutôt on le supposait, que le sang des veines éprouvait quelques mouvements, qu'il traversait les poumons, que le cœur le faisait mouvoir, etc.; mais il y avait si loin de là à ce que nous savons pertinemment aujourd'hui sur la circulation, qu'on ignorait même que les artères renfermassent du sang et que le pouls eût pour cause les battements du cœur. On croyait encore que les artères étaient remplies d'un fluide subtil, et, comme on le disait alors depuis Galien, d'*esprits vitaux*. Or, disait-on à Harvey, que voulez-vous que deviennent les *esprits vitaux*, si vous remplissez de sang les artères? Harvey répondit qu'il n'avait nul souci des esprits vitaux, qu'il ne les avait jamais vus, et n'y croyait point; mais qu'en les supposant même aussi réels qu'il les croyait chimériques, il ne voyait pas pourquoi ils occuperaient les vaisseaux plutôt que les nerfs, ou pourquoi ils ne se méleraient pas au sang des vaisseaux.

Comme Harvey énonçait que la même action du cœur qui pousse le sang dans les artères et l'y fait cheminer, le ramène au cœur par les veines, on lui objecta que, s'il en était ainsi, les veines devraient avoir des pulsations comme les artères. Harvey répondit que, pour être inégalement rapide, le cours du sang n'en est pas moins réel en tous ses vaisseaux. Si pourtant la circulation veineuse est moins évidente et moins rapide que l'artérielle, ajoutait-il, c'est que du cœur jusqu'aux veines plusieurs obstacles ont ralenti le cours du sang. Et d'ailleurs, les veines étant plus spacieuses que les artères, il est naturel que le cours du sang s'y montre plus obscurément; et à ce sujet Harvey cita l'exemple des fleuves, dont le cours semble se ralentir à mesure que leur lit s'évase davantage. Mais, lui dit-on encore, si réellement le sang circule dans tous ses vaisseaux, pourquoi ne trouve-t-on pas tous les vaisseaux remplis de sang sur le cadavre? pourquoi alors les artères paraissent-elles vides de sang? Harvey, pris au dépourvu, fit à cette dernière objection d'assez mauvaises réponses : « *Cependant*, disait-il toujours, *le sang circule;* il circule, et j'en ai pour preuve l'organisation même du cœur, ses battements, la disposition de ses valvules et des valvules de l'aorte et des veines; j'en ai pour preuve le pouls, la saignée, les hémorrhagies et la manière dont on les arrête. Le cœur palpite, les artères battent, le sang jaillit; et tous ces effets sont simultanés et parfaitement isochrones. Si l'on comprime une artère, le pouls s'y perd au-delà de la compression, et il persévère du côté du cœur; mais si, au contraire, c'est une veine que l'on comprime, alors le vaisseau se vide entre le cœur et l'endroit comprimé, tandis qu'il se gonfle dans le bout opposé. » Dans sa première brochure, qui parut en 1619, Harvey fit représenter un bras bandé comme dans la saignée, et cette simple figure, grossièrement dessinée, lui suffit pour démontrer la circulation du sang.

Nonobstant ces preuves, que Harvey rendit encore plus claires et plus nombreuses dans ses *Exercitationes de Circuitu Sanguinis*, publiées en 1628, cette immortelle découverte rencontra un grand nombre de contradicteurs et d'incrédules; Primerose, Gaspard Hoffmann, et surtout Riolan, l'obstiné professeur de Paris, la combattirent avec acharnement, et non sans applaudissements publics. Mille sarcasmes et quolibets circulèrent alors contre Harvey et ses partisans : c'est qu'il est dans la destinée des plus grandes vérités d'être combattues comme erreurs à leur naissance, et d'attirer d'âpres critiques et parfois des persécutions sur leurs auteurs. Les hommes de génie ne trouvent guère que des contempteurs et des adversaires parmi les contemporains qui les jugent; Harvey l'a éprouvé comme Galilée; la circulation du sang eut ses détracteurs comme le mouvement de la terre. Chaque siècle combat aveuglément les découvertes qui font sa gloire; et ce n'est que dans l'éloignement des hommes et des choses qu'on leur rend enfin justice, par l'admiration ou le mépris.

Cette grande découverte fit perdre à Harvey beaucoup d'années, par les attaques qu'elle lui suscita de la part de la routine ou de l'envie; elle lui fit perdre aussi tous ses malades, et nuisit à sa fortune : car on pensait qu'un rêveur assez systématique pour croire à la circulation du sang avait perdu à peu près toute sa raison. Cependant, quelques hommes supérieurs, rendant justice à son génie, lui persuadèrent d'appliquer sa sagacité et sa patience aux phénomènes de la génération, un des plus obscurs problèmes de la vie. Précisément, son maître F. d'Aquapendente lui avait beaucoup appris à ce sujet, en l'initiant à ses recherches sur la formation du poulet dans l'œuf. Alors Harvey résolut de tirer parti pour la science de sa position près d'un roi trahi par la fortune. Il lui demanda les moyens de faire en grand ses expériences physiologiques; et Charles Ier lui abandonna son parc de cerfs avec une magnificence toute royale, sans conditions et sans réserve, sacrifice aisé pour un roi que les dissensions de ses sujets et les périls de sa couronne détournaient des plaisirs de la chasse comme de la dissipation des cours. Ses expériences faites sur les biches du parc de Saint-James, il éprouva deux grands malheurs, dont il se montra inconsolable : la même catastrophe qui mit Cromwell sur le trône le priva tout à la fois de son bienfaiteur et de ses manuscrits. Forcé alors de s'éloigner de Londres, la solitude et les loisirs dont il jouit dans son exil lui permirent de résumer ses derniers travaux : ce fut alors qu'il écrivit ses découvertes sur la reproduction, sans notes et presque sans aucun livre, si ce n'est un *Aristote*. Il faut dire toutefois que la perte de ses journaux lui fit commettre quelques erreurs; mais son ouvrage (*Exercitationes de Generatione Animalium*), tel qu'il l'a composé dans sa retraite, n'en mérite pas moins toute notre estime; et l'on ne peut que gémir de la sévérité avec laquelle Buffon l'a jugé, dans la préoccupation de son propre système des *molécules organiques*, bizarre hypothèse dont chaque page du livre de Harvey contient la critique anticipée.

Harvey pensait que tout être vivant provient d'un œuf (*omne vivum ex ovo*). Et cependant il ignorait l'origine et la source des œufs des mammifères, bien que V. Coïter eût déjà décrit les vésicules de l'ovaire dans les grands animaux. Harvey avait bien observé des espèces de caroncules ou de toiles d'araignées dans les cornes de la matrice des biches, éventrées plusieurs semaines après l'approche du mâle; mais comme les ovaires lui avaient paru intacts et leurs vésicules sans mécompte, il regardait ces premiers linéaments du jeune être comme une production spontanée, due à la seule matrice. Il ignorait également l'influence de la semence du mâle dans l'acte de la fécondation : comme il n'avait jamais trouvé de sperme dans l'utérus des biches après l'accouplement, Harvey pensait que la semence était étrangère, *comme matière*, à l'animation de l'œuf de la femelle; il niait même que cette liqueur eût aucun contact avec l'œuf déjà à demi formé des oiseaux. Suivant ce grand investigateur, l'œuf des mammifères n'est formé exclusivement ni par le mâle ni par la femelle, puisqu'il ne provient exclusivement ni des ovaires ni de la semence; mais il résulte (toujours d'après lui) de l'action spontanée de la matrice, après que tout le corps de la femelle a été fécondé par la liqueur du mâle, en vertu d'une sorte de *contagion séminale*. Harvey croyait donc que le sperme féconde tout le corps maternel à la fois, à peu près comme l'aimant donne la vertu magnétique à une masse d'acier qu'il a touchée, ou encore comme un grain de petite vérole, inoculé au bras d'un enfant, suscite une petite vérole universelle. Après cela, demandez-vous à Harvey pourquoi la matrice, au sein de cette contagion universelle, acquiert seule cette propriété de conception quasi-immatérielle, Harvey vous répond sérieusement que la matrice ressemble alors au cerveau, qui seul conçoit et pense, grâce à l'accession des sens, *bien que ceux-ci ne lui apportent que des images*. Il ajoute que le fœtus ressemble au mâle qui a fécondé la mère, comme les pensées ressemblent aux sensations qui les occasionnent, *et de la même manière*.

Que conclure de là? C'est qu'à l'exemple du poëte Milton, son illustre contemporain, comme son ennemi politique, Harvey est constamment remarquable dans tout ce qu'il invente, soit erreur, soit vérité. Cependant, pour finir par une de ses découvertes, nous dirons que c'est Harvey qui le premier a observé que la petite tache blanche du jaune d'œuf existe dans des œufs vierges aussi bien que dans ceux qui ont été fécondés, et cela même le rendit plus attaché à son système, Parisanus ayant faussement affirmé que cette tache était due à la semence du coq.

Harvey mourut à l'âge de quatre-vingts ans, en 1658, chez un de ses huit frères, tous adonnés au commerce; et il fut heureux que l'aisance de ce proche parent et sa générosité éloignassent de sa vieillesse et les remords d'imprévoyance et le repentir d'être resté fidèle à son prince comme à son génie. Dr Isidore BOURDON.

HARWICH, principal port du comté d'Essex (Angleterre), est bâti sur un promontoire, au sud de l'embouchure de la Stour, et ne compte guère que 5,000 habitants. Ce qui donne de l'importance à cette petite ville, ce sont ses chantiers de construction pour les navires de la marine militaire, et son port, centre des communications régulières de l'Angleterre avec Helvoetsluys, Cuxhaven et Gothenburg. Des phares d'une grande puissance ont été élevés sur la côte d'Harwich, qui est très-dangereuse dans les gros temps; et en 1850 on y a commencé la construction d'un immense môle. Les bains de mer de Harwcih sont très-fréquentés.

HARZ, chaîne de montagnes du nord de l'Allemagne, où elles forment un groupe presque isolé, entre la Saale et la Leine. Elle occupe une étendue de 10 à 11 myriamètres de long sur 3 à 4 de large, avec une superficie de 31 myriamètres carrés, et s'étend au sud-est jusqu'à Hellstædt et Mansfeld, et au nord-ouest jusqu'à Osterode et Goslar. Ses pics les plus élevés sont le Brocken (1,167 mètres) et le Ramberg (756 mètres). De ses flancs s'échappent une multitude de petits cours d'eau. Cette masse montagneuse est très-riche en minerai, notamment en argent, fer, plomb, cuivre, zinc, arsenic, etc., et n'est inférieure sous ce rapport qu'à l'Erzgebirge. Sur son versant oriental existent de nombreuses sources salines, qui donnent lieu à une exploitation des plus importantes. Le produit annuel des mines d'argent du Harz est en moyenne de 65,950 marcs. On n'y trouve guère plus de 10 marcs d'or, année commune; et l'usage autrefois était d'en frapper des ducats avec cette exergue : *Ex auro Hercyniæ*. On exploite aussi dans le Harz des carrières de marbre, d'albâtre et de granit. On y trouve une foule de plantes médicinales, du lichen, des truffes; et ses forêts sont peuplées de cerfs, de chevreuils, de sangliers et de renards. On estime la population du Harz à 70,000 habitants, répartis en 40 villes et villages. Les magnifiques forêts qu'il contient nourrissent en été de nombreux troupeaux; dans ses vallées on cultive peu de blé, et presque uniquement l'avoine. Après l'exploitation des mines, qui n'occupe pas moins de 30,000 individus, le commerce des bois est la principale ressource des populations. Ces montagnes abondent en sites pittoresques et romantiques, pour la description desquels on devra consulter les nombreux Guides spéciaux à l'usage des voyageurs qui viennent visiter le Harz.

Les plus anciens habitants connus du Harz furent les Chérusques; plus tard, cette montagne forma la limite du territoire des Saxons et de celui des Francs. Depuis Charlemagne, qui s'efforça de confondre les Saxons et les Francs en une seule et même nationalité, et surtout depuis le dixième siècle, époque où l'on commença à exploiter les mines, la mise en culture du sol eut lieu sur tous les points qui en étaient susceptibles. Divers petits dynastes réussirent à se former dans le Harz inférieur, et prirent tous le titre de *comtes du Harz*, par exemple les familles Blankenburg, Mansfeld, Falkenstein, Wernigerode, Stolberg; dans le Harz supérieur, au contraire, la maison des Guelfes accrut de plus en plus ses possessions, érigées en 1495 en principauté de *Brunswick-Wolfenbuttel*.

Aujourd'hui le Harz appartient pour 8 myriamètres carrés au Hanovre, pour à peu près autant au duché de Brunswick, pour 6 myriamètres à la Prusse, et environ 7 kilomètres au duché d'Anhalt-Bernburg. Dans le Harz supérieur l'exploitation des mines se fait uniquement au profit du Hanovre; dans le Harz inférieur, elle a lieu de compte à demi pour le Hanovre et le Brunswick.

HASARD. Quelle est cette divinité aveugle et capricieuse, cette influence accidentelle, sans cause et sans lois, ce moteur sans direction et sans but, que l'on est convenu d'appeler *hasard*? Ce que nous pouvons dire, c'est que le mot *hasard* rappelle à notre esprit tout événement fortuit, dont nous ne saurions trouver une cause raisonnable, ainsi que toute solution chanceuse échappant à nos calculs. Qu'on le considère relativement aux grands événements historiques, ou aux actions individuelles des membres les plus infimes de la famille humaine, il n'a droit ni à l'encens qu'on lui prodigue pour ses résultats heureux, ni aux malédictions qui accueillent ses suites désastreuses; car le hasard n'est rien, et ne saurait rien être. Aussi sommes-nous loin de concevoir l'opinion de ces hommes qui ont prétendu que le hasard était l'origine de toutes choses; fatalisme privé d'intelligence, vivant au jour le jour, et qui n'est que le rêve d'une tête désorganisée. Reconnaissons toutefois ici, à la honte de la science, que la plupart des fleurons de sa couronne sont éclos du hasard. Sans parler du télescope, dont les éléments ont été trouvés par un enfant qui jouait avec deux verres grossissants, et de tant d'autres découvertes, plus ou moins importantes, nous rappellerons qu'à une époque très-récente, le galvanisme n'a pas eu d'autre origine, et le hasard a encore présidé aux plus belles et aux plus utiles inventions, bien plus que l'expérience, l'analyse ou la synthèse : ce serait une histoire curieuse que celle des progrès que la science a ainsi faits, et que celle des grandes choses et des grands événements dont le hasard pourrait revendiquer l'honneur. S'étonnera-t-on maintenant que, dans son admiration pour cette puissance inconnue, l'homme l'ait de tout temps confondue avec la puissance providentielle?

On a appelé *jeux de hasard* ceux dans lesquels l'adresse ou la combinaison n'entrent pour rien : tels sont la plupart des jeux pour lesquels on se sert de cartes, le trente et quarante, la roulette, les dés, etc. Les jeux de hasard sont pour l'homme un leurre d'autant plus dangereux que le joueur n'a pas à y redouter la supériorité d'adresse ou d'expérience de son adversaire. Une saine morale les proscrit.

On qualifie aussi de *hasard de la naissance* les circonstances qui font naître un homme dans telle classe de la société plutôt que dans telle autre. La souplesse insignifiante du mot *hasard* a paru encore ici commode pour avoir l'air d'expliquer un phénomène inexplicable.

M. Libri, remarquant que le mot *hasard* ne doit être considéré que comme exprimant notre ignorance des vraies causes des phénomènes, a donné de ce mot une ancienne étymologie. En arabe, *asar* signifie *difficile;* les expressions *azari*, *ad azarum*, *ludum azari* se trouvent dans divers ouvrages italiens de la fin du moyen âge, où l'on traite d'un jeu avec trois dés, et s'appliquent aux points qu'il est le plus difficile d'amener, à ceux que l'on n'obtient que par *hasard*, comme on le dit encore.

HASCHISCH ou **HASCHYCH**. *Voyez* HACHISCH.

HASE (CHARLES-BENOIT), conservateur des manuscrits grecs et latins à la Bibliothèque impériale de Paris, naquit le 11 mai 1780, à Sulza, près de Naumbourg, où son père remplissait les fonctions de curé. Après des études préparatoires faites à Weimar, sous la direction de *Bœttiger*, il alla suivre les cours des universités d'Iéna et d'Helmstædt. En 1801 il se rendit à Paris, où, sur la recommandation de Villoison, il obtint, après la mort de ce savant (1805), un modeste emploi à la Bibliothèque impériale, département des manuscrits grecs. En 1812, la reine Hortense le choisit pour professeur de ses fils, *Napoléon-Louis*, alors grand-duc de Berg, et *Louis-Napoléon*, aujourd'hui empereur des Français sous le nom de Napoléon III, qui depuis 1848 a donné à son ancien précepteur de nombreuses marques de son reconnaissant souvenir, notamment en lui accordant en 1849 la croix de commandeur de la Légion d'Honneur; et, en 1852, en le faisant nommer professeur de grammaire comparée (chaire nouvelle) à la Faculté des lettres.

En 1815 M. Hase avait été nommé professeur de grec moderne à l'École spéciale des langues orientales; en 1824, membre de l'Académie des Inscriptions et Belles-Lettres; en 1830, professeur de langue et de littérature allemandes à l'École Polytechnique; en 1832, l'un des conservateurs administrateurs de la Bibliothèque royale, en remplacement de Gail. On a de lui, outre une foule de dissertations insérées dans le *Journal des Savants*, dans le *Journal Asiatique*, dans le recueil des *Notices et extraits de manuscrits de la Bibliothèque du Roi*, des éditions de l'ouvrage de Lydus intitulé : *De Magistratibus Romanorum*, avec commentaires critiques (Paris, 1812), et des œuvres de Léon Diacre (1819). Il a pris une part importante à la publication de l'édition de la Byzantine, ainsi qu'à celle de la nouvelle édition du *Thesaurus* de Henri Estienne sortie des presses de MM. Firmin Didot.

HASSIDÉENS. *Voyez* CHASIDIM.

HASSLI (Vallée et bailliage d'). Cette contrée, située dans la partie du canton de Berne qu'on appelle le *Pays-Blanc*, à cause des montagnes couvertes de neiges éternelles qui la sillonnent, est traversée par l'Aar et s'étend par de nombreux rameaux jusqu'aux glaciers. Quelque peu marécageuse dans sa partie inférieure, elle devient bientôt fertile, et ne cesse ensuite d'offrir à l'œil les plus ravissantes alternatives d'aspects enchanteurs et sublimes (c'est là qu'est située la fameuse cataracte de Handeck), jusqu'à ce qu'on atteigne les déserts sauvages du Grimsel avec le Siedelhorn, qui en est voisin, et où les Autrichiens et les Français se livrèrent une mémorable bataille, en août 1799. Le chef-lieu de la vallée est le beau village de *Meiringen*, avec environ 4,000 habitants, au pied du mont Hassli. On trouve près de là les belles chutes du Reichenbach et le glacier de *Rosenlaui*, où, il y a cent ans, les troupeaux venaient encore paître. Des traditions qui n'ont rien d'authentique font descendre les habitants de cette vallée de Suédois ou de Frisons orientaux, ou bien encore de Saxons et de Frisons transférés en Suisse par Charlemagne.

HAST (Armes d'). Avant l'invention des armes à feu et leur introduction dans les armées modernes, on donnait ce nom, dérivé du latin *hasta*, pique ou lance, à toute arme composée d'un fer tranchant ou aigu, emmanchée au bout d'une *hampe* ou bâton plus ou moins long, comme la pique, la lance, l'épieu, le javelot, la sarrisse, la falarique des anciens, l'esponton, le fauchard, la guisarme, la hallebarde, la pertuisane, etc., du moyen âge. Les *armes d'hast*, faciles à manier, moins coûteuses, moins embarrassantes et plus meurtrières dans les combats, à distances rapprochées, que les autres armes, se sont toujours conservées et ont survécu à tous les changements introduits dans l'armement des troupes. La lance est restée en usage pour certains corps de cavalerie. L'infanterie, chargeant à la baïonnette, emploie une véritable *arme d'hast*. On se rappelle quel parti les paysans polonais, pendant l'insurrection de 1831, surent tirer de leurs faulx, et suppléer ainsi avec une simple *arme d'hast* aux fusils qui leur manquaient.

HASTENBECK (Bataille d'). Hastenbeck est un village de la principauté de Kalenberg, dans le royaume de Hanovre, à peu de distance de la ville de Hameln. Il est célèbre par la bataille qui s'y livra le 26 juillet 1757, au commencement de la guerre de sept ans, entre les Français, commandés par le maréchal d'Estrées, et l'armée anglo-hanovrienne, aux ordres du duc de Cumberland, laquelle se composait de troupes hanovriennes, hessoises, brunswickoises et prussiennes, présentant un effectif d'environ 50,000 hommes. A l'approche du maréchal d'Estrées, le duc de Cumberland se retira derrière le Weser et établit son camp à Afferde, sa droite s'appuyant sur Hastenbeck, tandis que son centre, placé sur les hauteurs, était couvert par un bois, et que son aile gauche était protégée par une redoute. Le 25, les Français s'avancèrent marchant sur plusieurs colonnes, mais se contentèrent de reconnaître la position de l'ennemi. Le 26, le maréchal d'Estrées fit avancer quatre brigades et son infanterie légère contre la principale position de l'armée anglo-hanovrienne, dont la gauche fut attaquée per Chevert et culbutée. Le marquis de Contades chargeait en même temps la droite et emportait le village d'Hastenbeck. Le prince héréditaire de Brunswick, après avoir rallié, avec beaucoup de présence d'esprit, les fuyards, parvint pourtant à reprendre les batteries dont les nôtres s'étaient emparés. En même temps, le colonel Breitenbach attaquait avec vigueur notre armée en flanc. On accusa généralement alors en France le comte de Maillebois, qui commandait la gauche, d'avoir à dessein, et pour perdre son chef, laissé l'ennemi reprendre ainsi l'offensive. Ce qu'il y a de certain, c'est que cette abstention occasionna du désordre dans nos rangs et favorisa la retraite du duc de Cumberland. Au dire des historiens allemands, au contraire, la bataille n'eût fait alors que s'engager réellement, et les chances auraient été pour l'armée coalisée, quand la lâcheté du duc de Cumberland serait venue lui faire perdre tout l'avantage obtenu par la bravoure et la décision du prince héréditaire de Brunswick, lequel se serait trouvé hors d'état de poursuivre ses succès. Un fait incontestable, c'est le mouvement rétrograde opéré sur Hameln par l'armée anglo-hanovrienne, mouvement qui permit à l'armée française de rester maîtresse du champ de bataille. Sa perte était de 1,500 hommes, tandis que celle des coalisés s'élevait au double. Le résultat de la bataille d'Hastenbeck fut la convention de Kloster-Seven, signée le 8 septembre 1759, en vertu de laquelle le duc de Cumberland dut congédier une partie de ses troupes et abandonner aux Français Hanovre et Cassel.

HASTINGS, vieille ville du comté de Sussex, en Angleterre, devenue dans ces derniers temps très-fréquentée pendant la saison d'été, à cause des bains de mer qu'on y a établis, est célèbre dans l'histoire par la bataille que Guillaume le Conquérant livra dans les plaines voisines, le 14 octobre 1066, à son rival Harold; bataille qui décida du sort de l'Angleterre, en faisant passer la couronne des mains des Saxons aux envahisseurs normands.

HASTINGS (Warren), né en 1732, à Churchill, dans le comté de Worcester, où son père remplissait les fonctions de curé, est célèbre par l'un des plus ruineux procès dont fassent mention les annales judiciaires de toutes les nations. Il fit ses études à Westminster et à Oxford, et obtint en 1749 un emploi d'expéditionnaire dans un des comptoirs de la compagnie des Indes. Aussitôt qu'il se fut rendu à son poste, il se livra à l'étude du persan et de tout ce qui se rapporte aux intérêts anglais en Asie. Par la suite, il servit, en qualité de volontaire, dans l'armée du colonel Clive, lorsque celle-ci reprit possession de Calcutta. En 1761 il fut nommé membre du gouvernement du Bengale; mais quatre ans après il revint en Angleterre, où il s'occupa de sciences et de littérature. Il sollicitait la chaire de langue persane à l'université d'Oxford, lorsque ses talents et ses connaissances spéciales attirèrent l'attention du parlement, et le ministère l'envoya alors à Madras, avec une provision, pour prendre le gouvernement de cette présidence. En 1772 il devint gouverneur du Bengale, et fut nommé en 1774 gouverneur général des possessions anglaises dans les Indes orientales. Il remplit ces fonctions pendant treize années, au milieu de circonstances difficiles et critiques, et réussit à agrandir et à consolider la puissance de la compagnie aux dépens des princes indigènes. C'est pendant son administration que l'Angleterre eut à lutter contre le célèbre Hydor-Ali et ensuite contre son frère, le courageux Tipou-Saëb. Le traité de Mangalore, conclu le 11 mars 1784, mit momentanément un terme à la guerre, qui, malgré les sacrifices qu'elle avait nécessités, valut à l'Angleterre des accroissements de territoire considérables.

Un tel résultat ne put toutefois être obtenu sans de nombreux actes arbitraires et sans quelques concussions. Warren Hastings, en élevant les revenus de la Compagnie de trois millions sterling à cinq millions, s'était assuré l'impunité pour toutes les violences, les illégalités et les déprédations qu'il avait pu commettre. Cependant, lorsque lord North dut quitter le ministère, ses adversaires s'efforcèrent d'entraîner dans sa chute ses différentes créatures. Hastings fut donc rappelé en 1785, et se vit bientôt enveloppé dans un inextricable réseau d'accusations. Les principaux orateurs de l'opposition, Fox, Burke, Sheridan, etc., se portèrent ses accusateurs. On lui reprochait d'avoir commis pendant son administration une foule d'actes arbitraires et tyranniques, d'avoir extorqué des sommes immenses, et causé la ruine de plusieurs princes indigènes. Le 17 février 1786 Burke présenta l'acte d'accusation devant la chambre des communes; l'affaire fut renvoyée au mois de mai de l'année suivante à la chambre haute, et le procès s'ouvrit le 13 février 1788, dans la grande salle de Westminster. Warren Hastings échappa à la détention préventive en fournissant caution. Les longues formalités qu'entraîne un débat judiciaire devant la chambre haute, les lenteurs qui résultent pour toute espèce de procès plaidé devant cette juridiction, les continuelles interruptions qu'y apportent nécessairement les travaux politiques de cette assemblée, retardèrent le jugement. Un grand nombre de griefs exposés dans l'acte d'accusation exigèrent de minutieuses enquêtes et l'audition d'une foule de témoins qu'il fallut faire venir de l'Inde. Plusieurs discours prononcés par les accusateurs durèrent des jours entiers; enfin, le 15 avril 1794, la chambre haute tenait sa cent-vingtième séance comme cour de justice, sans que l'affaire fût encore terminée. L'opinion publique, quelque prévenue qu'elle eût d'abord été par les grands talents des accusateurs, avait fini par se prononcer avec force en faveur de l'accusé.

Quand lord Cornwallis fut revenu de l'Inde, cet homme d'État, qui avait dirigé en personne et sur les lieux mêmes les investigations les plus rigoureuses, se prononça complétement en faveur de Warren Hastings. Il signala avec force les grands et incontestables services qu'il avait rendus au pays, en lui conservant, par les mesures qu'il avait su prendre, ses colonies des Indes orientales, à une époque où la défection des colonies américaines n'offrait qu'un exemple trop encourageant aux autres possessions transmarines de l'Angleterre. Le témoignage impartial rendu par un colonel français, du nom de Gentil, que Warren Hastings avait expulsé de l'Inde, produisit aussi un grand effet et aida puissamment à la défense. Enfin, au commencement de l'année 1795, lord Thurlow proposa que chacun des membres de la cour, interpellé sur la question de culpabilité, eût à répondre, à haute et intelligible voix, sur son honneur et sa conscience. La majorité se prononça pour l'acquittement; en conséquence Warren Hastings, qui avait entendu à genoux la lecture de l'arrêt, fut renvoyé des fins de l'accusation et condamné seulement aux dépens. Ils s'élevaient à la somme de 71,080 livres sterl. (1,777,000 fr.). L'État pour sa part eut à supporter en outre 100,000 livres sterling (2,500,000 fr.) de frais laissés à sa charge. La compagnie des Indes dédommagea Warren Hastings en lui accordant une pension de 4,000 livres sterling (100,000 fr.); et afin de récompenser ses longs services, elle lui fit compter une somme de 114,000 livres sterling (2,850,000 fr.), à titre d'arrérages, qu'elle fit remonter à vingt-huit ans. La foule d'objets précieux que Warren Hastings avait rapportés de l'Inde, parmi lesquels on remarquait le trône du souverain indigène du Bengale tout couvert de pierres précieuses, un lit et une douzaine de fauteuils en ivoire massif et d'un travail exquis, avait donné à penser qu'il possédait d'immenses richesses. Mais à sa mort, arrivée le 22 septembre 1818, on reconnut tout ce qu'il y avait d'exagération dans ces rumeurs publiques. Warren Hastings, qui pendant toute la durée de son administration se montra le protecteur zélé des sciences et des lettres, était sous tous les rapports un homme distingué, bon architecte, habile ingénieur et même quelque peu poëte. Parmi les ouvrages qu'on a de lui, nous citerons: *Narrative of the late Transaction at Benares* (1782); *Review of the State of Bengal* (1786); *The present State of the East-Indies* (1786); et *Speech in the high court of justice in Westminster Hall.*

HASTINGS (Francis RAWDON, marquis de), homme d'État anglais, descendait d'une ancienne famille normande établie depuis longtemps en Irlande. Né en 1754, il fut élevé à Oxford, et servit avec tant de distinction dans la guerre contre les insurgés américains, qu'à l'âge de vingt-trois ans il était déjà lieutenant-colonel et que bientôt après il devint adjudant-général de lord Cornwallis, commandant en chef des forces anglaises en Amérique. Revenu en Angleterre en 1782, il hérita dix ans après du titre de *comte de Huntingdon*, que lui légua un de ses oncles, puis en 1794, à la mort de son frère, du titre de *comte de Moira*, et enfin de celui de *marquis de Hastings*, du chef de sa mère, héritière de sa maison. Il prit part ensuite, pendant les guerres de la révolution, a diverses expéditions en faveur des émigrés français, combattit en 1799 le projet de réunion de l'Irlande avec l'Angleterre, et, quoique toujours membre de l'opposition, devint l'un des amis du prince de Galles (plus tard Georges IV), qu'il réconcilia avec son père, en 1805. En 1814 le prince régent lui confia les fonctions de gouverneur général des Indes orientales, où il vainquit les *Pendaries*, le prince des Mahrattes *Sandrah* et les montagnards du Nepaul. A son retour de l'Inde (1823), il eut à soutenir dans la chambre haute de nombreuses attaques dirigées contre les actes de son administration, s'en tira avec honneur, et fut nommé en 1824 gouverneur à Malte. Il mourut, le 28 novembre 1826, dans la rade de Baïes

HATCHISCH ou HATCICH. *Voyez* HACHISCH.

HATTICHÉRIF, HATTISCHÉRIF ou KATT CHÉRIF, c'est-à-dire *lettre sublime*. C'est le nom que les Turcs donnent aux rescrits du sultan. Les hattichérifs sont rédigés en langue turque et écrits en *diwâni*, écriture arabe à l'usage de la chancellerie. Au-dessus du texte est placé en signe d'authenticité du rescrit le monogramme entrelacé du sultan, d'ordinaire en noir, quelquefois en rouge et souvent en lettres d'or. Ce monogramme entrelacé s'appelle *Tougra* ou *nischânicherif*, c'est-à-dire signe sublime, et le fonctionnaire qui l'écrit, *Nischândji*, c'est-à-dire *signataire*. Le hattichérif dont il a été le plus question de nos jours a été celui de Gulhané (*voyez* OTTOMAN [Empire]).

HATZFELD, famille originaire du pays de Hesse, et qui se partagea, vers le milieu du douzième siècle, en deux branches : celle de *Hatzfeld-Wildenberg*, et celle de *Hatzfeld-Wildemberg-Hessen*. C'est à cette branche qu'appartenait *Melchior* DE HATZFELD, qui à l'époque de la guerre de trente ans se signala comme général au service de l'Empire, et fut le créateur de la grandeur de sa maison. C'est aussi à cette branche que, en 1741, le roi de Prusse conféra le titre de *prince;* et en 1748 l'empereur lui accorda la même dignité. Cette ligne princière principale étant venue à s'éteindre, en 1794, ce ne fut qu'après de longues difficultés judiciaires que *François-Louis* DE HATZFELD, possesseur du majorat de Wildemberg. Schœnstein, parvint, en 1803, à se faire mettre en possession de la seigneurie immédiate de l'Empire et de la dignité de prince qui y est attachée.

François-Louis DE HATZFELD, né en 1756, avait d'abord été au service de Mayence; plus tard il passa au service de Prusse, y obtint le grade de lieutenant général, et prit sa retraite en 1807. C'est à lui que se rattache le fait suivant, qu'on a beaucoup trop fait valoir comme acte de générosité de Napoléon. Berlin ayant été évacué en 1806 par les troupes prussiennes, le gouverneur de la ville et ministre d'État, comte de Schulembourg-Kehnert, confia à son gendre, le prince de Hatzfeld, la direction des affaires, en lui imposant l'obligation d'adresser tous les matins un rapport au roi sur la situation de la capitale. Le 24 octobre, à cinq heures du matin, par conséquent *sept heures* avant que l'avant-garde française fût arrivée à Berlin, Hatzfeld manda au major Knesebeck de l'état-major général « qu'il ne savait rien d'officiel sur l'armée française, si ce n'est qu'il avait vu une proclamation adressée par elle aux magistrats et aux habitants de Potsdam. Les Français, ajoutait-il, disent que leur corps d'armée est fort de 80,000 hommes; mais d'autres assurent qu'il n'atteint pas le chiffre de 50,000 hommes. On a remarqué aussi que les chevaux de la cavalerie paraissaient exténués de fatigue. » Cette lettre tomba entre les mains de Napoléon, et Hatzfeld fut arrêté le 28 octobre. Sa femme alla aussitôt trouver l'empereur, qui lui dit : « C'est vous-même, madame, que j'établirai juge de la question. Si la lettre est réellement de votre mari, il est coupable; » et il lui tendit la lettre. La princesse, à la vue de l'écriture de son mari, ayant paru consternée, l'empereur lui remit la lettre en ajoutant gracieusement : « Gardez la lettre, madame, et je n'aurai plus de preuves contre lui. Ramenez-le à votre hôtel, il est libre désormais. »

Par la suite, le prince de Haltzfeld fut chargé de différentes missions diplomatiques. C'est ainsi qu'en 1813 ce fut lui qu'on choisit pour aller porter à Paris la lettre par laquelle le roi de Prusse se justifiait au sujet de la capitulation du général York. Plus tard, il fut nommé ambassadeur près la cour des Pays-Bas, et en 1822 près celle de Vienne, où il mourut, le 3 février 1827. Son titre de prince passa à son fils, *Frédéric-Herman-Antoine*, né en 1808. Le frère de celui-ci, le comte *Maximilien de Hatzfeld*, né en 1813, a embrassé la carrière diplomatique, et réside à Paris depuis 1849, avec le titre de ministre plénipotentiaire du roi de Prusse.

HAUBAN. Pour soutenir les mâts des navires contre le vent et contre les secousses des vagues, on imagina de fixer à leur tête de forts cordages venant prendre leur point d'appui sur la muraille du navire. Les peuples de la Méditerranée se servirent de cordes en chanvre; les pirates de la Norvège et de l'Armorique tressèrent pour cet usage de grosses lanières en cuir. Ces cordes sont les *haubans* ; afin de les roidir à volonté, on y adapta un appareil analogue à celui des moufles. Ce moyen s'est conservé jusqu'à nos jours; seulement il s'est développé avec les progrès de la corderie et des constructions navales. On peut ramener à quatre toutes les forces qui tendent à rompre le mât, qu'elles résultent soit de l'action directe de la voile, soit des ébranlements du navire : deux longitudinales dans le sens de la quille, l'une tirant le mât vers l'arrière, et l'autre vers l'avant; deux transversales perpendiculaires à l'axe. La première est la plus faible : contre elle un cordage suffit; à bord des vaisseaux, on en met deux pour plus de sécurité : on les nomme *étais*; mais contre la seconde et les deux dernières on a multiplié les appuis. Les vaisseaux à trois ponts ont jusqu'à neuf haubans de chaque bord; leur résultante générale, en même temps qu'elle s'oppose aux trois forces qui restaient à contre-balancer, appuie, aussi, fortement le pied du mât contre le fond du navire. Il faut avoir vu un vaisseau au milieu d'un coup de vent, sur une mer agitée, pour se représenter quels efforts les haubans ont à soutenir : aussi n'épargne-t-on rien pour les affermir. Les cordes dont on les fait sont fort grosses et de première qualité; elles sont fixées à la muraille par de longues chevilles en fer, et le premier soin du marin est de les maintenir toujours roides. Plus l'angle que le hauban fait avec le mât est grand, plus grande est sa puissance : de là, quand la construction navale eut adopté les navires à muraille rentrante, elle fut obligée d'écarter les haubans à l'aide d'arcs-boutants ou d'une plate-forme saillante, qui prit le nom de *porte-haubans*.

Dans ces derniers temps, on a essayé de remplacer les cordes en chanvre par des cordages en fil de fer et par des chaînes : l'expérience a repoussé cette innovation. Une heureuse modification est venue corriger les inconvénients des anciens haubans en conservant tous leurs avantages : leur partie inférieure porte maintenant une crémaillère en fer : ainsi le hauban reste élastique à son sommet; il se roidit, ou, comme disent les marins, il *se ride*, avec une facilité extrême, au moyen de la crémaillère; enfin, il ne craint plus le feu des canons, qui souvent embrasaient sa base. Depuis l'introduction dans la marine des cabestans à empreinte, où les chaînes de fer les plus grosses s'enroulent comme des cordes, on a pu remplacer les crémaillères inférieures par des chaînes enroulées sur de petits cylindres, tournant sur un axe horizontal, qui les roidissent à volonté. Théogène PAGE, capitaine de vaisseau.

HAUBERGEON, haubert des écuyers, moins fort et moins riche que celui des chevaliers. Cette ancienne arme défensive, en usage pendant toute la durée du moyen âge, consistait en une espèce de cotte, ou de chemise de maille, faite de plusieurs petits anneaux de fer.

HAUBERT, nom qu'on donnait autrefois à une cotte de maille, à manches et gorgerin, qui tenait lieu de hausse-col, de brassarts et de cuissarts. Elle était ornée d'une pièce d'étoffe, bordée des armoiries du chevalier. Les écuyers n'avaient pas droit de porter le haubert. Fouchet croyait trouver l'étymologie de ce mot dans le latin *albus*, blanc, les mailles en étant, disait-il, blanches et polies. Du Cange le dérive de l'allemand *hals-berg* (défense du cou), que la basse latinité traduit par *halsberga, albergellum, ausbergotum, osbergum*.

HAUBERT (Fief de). *Voyez* FIEF.

HAUDRIETTES, nom donné aux religieuses d'un hôpital fondé en 1306 par Étienne Haudri, panetier du roi Philippe le Bel, au Marais, dans la rue qui porta depuis le nom de rue des Haudriettes, pour y recueillir un certain nombre de femmes pauvres et veuves. Sous Clément VII, en 1386, l'hôpital contenait trente deux pensionnaires, qualifiées de *bonnes femmes de la chapelle d'Étienne Haudri*. En 1414 elles portent le nom de *femmes hospitalières*, et sont présidées par une maîtresse. Il arriva dans cet hôpital ce qui arrive dans beaucoup d'autres : les administrateurs s'emparèrent insensiblement des biens des administrés, et au commencement du dix-septième siècle il n'existait déjà plus d'hôpital. *Ces bonnes femmes* prenaient toujours le titre d'*hospitalières*, et leur maîtresse celui de *supérieure*, mais on n'y voyait plus de pauvres veuves. Ce n'était qu'un couvent, dont les religieuses furent, en 1622, transférées dans celui de l'Assomption, rue Saint-Honoré. Leur conduite n'était pas des plus régulières; et on avait tenté vainement, à diverses reprises, d'établir une réforme dans leur maison. C'est le cardinal de La Rochefoucauld qui réussit le premier à les soumettre à une règle, en les transportant dans leur nouvel asile, ancien hôtel qui lui avait appartenu, qu'il avait vendu plus tard aux jésuites, et que ceux-ci revendirent aux *Haudriettes*. Elles y étaient établies depuis six mois, lorsque ce dernier nom leur fut enlevé et leur revenu réuni à celui du monastère de la rue Saint-Honoré, qui n'eut plus que le titre de l'*Assomption*. Ce couvent fut supprimé en 1790.

HAUSEN ou **HUSO**. *Voyez* ESTURGEON.

HAUSER (GASPARD). Certain passant rencontre, le 26 mars 1828, dans les rues de Nuremberg un jeune homme qui paraissait avoir de quinze à seize ans. Ce malheureux pouvait à peine se mouvoir; l'éclat du jour semblait blesser sa vue; il ne savait répondre à aucune question, quoiqu'il prononçât très-distinctement quelques mots auxquels rien n'annonçait pourtant qu'il attachât le moindre sens. Il offrait dans ses traits, nullement rebutants, tout le caractère de l'enfance, quoique parvenu à cet âge où l'on est près de devenir homme, et montrait presque machinalement une lettre dont la suscription désignait une personne connue, au logis de laquelle on le conduisit. Là il refuse avec dégoût toute autre nourriture que du pain et de l'eau, se laisse tomber sur de la paille, et s'y endort d'un sommeil aussi calme que profond. A son réveil, il regarde tout avec la curiosité d'un être pour qui tout est nouveau et l'insensibilité stupide de celui qui ne conçoit rien, qui ne s'intéresse à rien. La lettre dont il était porteur ne jetait aucune lumière sur son origine, son nom, sa vie précédente, les lieux où il vécut, en un mot sur son obscure destinée. Ceux entre les mains desquels il tomba ne savaient s'ils devaient le considérer comme un véritable imbécille ou un rusé fripon; car bien qu'il semblât dénué de toute éducation, il écrivit néanmoins avec facilité et correction le nom de Gaspard Hauser, et parvint à faire comprendre que c'était le sien. Dans le doute, ses hôtes le firent jeter en prison, et là on s'aperçut bientôt qu'il n'y avait rien que de vrai dans la profonde ignorance, que de candide dans le caractère du malheureux enfant. De minutieuses remarques, faites sur tout ce qui avait trait à sa personne, convainquirent qu'il ne dut faire que rarement usage de ses jambes, car la peau de la plante de ses pieds était douce, sensible, fraîche comme celle du plus beau teint; et nullement usage de ses forces, car tous ses mouvements prouvaient qu'il n'en connaissait pas la portée. Il parut clair qu'il n'avait jamais rien vu, rien appris; qu'il était étranger à la vie commune; qu'il ignorait l'essence et les devoirs de notre espèce, la nature et l'existence même de la société civile; qu'il semblait avoir vécu, ou plutôt végété, dans un isolement presque absolu, dans une constante obscurité; car chez lui l'organe de la vue était si faible, que le moindre trait de lumière lui causait de vives souffrances. Il n'avait aucune idée des distances et pouvait à peine se tenir debout, preuve qu'il n'habita qu'un réduit étroit et bas: n'ayant probablement jamais connu l'alternative des nuits et des jours, il ne savait point mesurer le temps. Il résultait de tout cela que ses conceptions étaient extrêmement bornées; d'ailleurs, il se montrait patient et doux, obéissait au moindre geste, et ne se dépitait que de ne pouvoir saisir les objets éloignés qu'il croyait près de lui, ou s'il s'était brûlé en touchant ceux dont il ne soupçonnait point la blessante chaleur.

L'on commença donc à s'intéresser au sort de cette innocente victime d'une atrocité sans exemple, et l'on s'étonna moins qu'on ne l'avait fait d'abord de voir Gaspard Hauser jouer en enfant avec des poupées, chercher à les nourrir, leur adresser des sons inarticulés, en prendre plus de soin que de lui-même; ses gardiens tentèrent de lui donner une éducation qu'ils n'eussent pu étendre au delà des choses strictement exigées par la décence et le besoin, comme de l'enseignement de quelques mots usuels, si le professeur Daumer ne l'avait entreprise avec une vive et généreuse ardeur. Les leçons de cet homme de bien illuminèrent promptement l'esprit, le cœur, l'imagination si neuve encore de son élève, aussi bon que docile et reconnaissant, dont les progrès furent d'autant plus rapides que chez ce nouvel *Émile* toute idée était un sentiment, et tout sentiment une indicible jouissance; il semblait créer lui-même le savoir sur la voie duquel on le plaçait; il en ressentait un orgueil stimulateur qui hâta le succès des soins bienfaisants de son vertueux maître. Le physique et l'intelligence de Gaspard Hauser s'améliorèrent simultanément; ses yeux s'accoutumèrent à l'éclat de la lumière; il reprit des forces et de l'activité : mais ce qu'il apprit d'un monde précédemment ignoré de lui altéra son humeur naïve, sans lui faire rien perdre de son heureux naturel et de l'intérêt même qu'il était accoutumé à ressentir pour son premier et infâme geôlier.

Ce que l'on soupçonnait déjà sur la triste existence de Gaspard Hauser, on le sut positivement enfin dès qu'il put clairement s'expliquer : c'est qu'il avait constamment habité une chambre basse, étroite, froide, privée de jour, dans laquelle on ne le nourrissait que de pain et d'eau; qu'il en avait été enlevé durant la nuit, transporté derrière son guide sur un animal qu'il ne connaissait point alors, puis abandonné avec cette lettre qu'il montra au premier passant; qu'on ne lui avait appris que quelques mots dont il ignorait la valeur, et à écrire son nom. Il se présentait cependant à sa mémoire quelques autres idées vagues, il est vrai, confuses, incohérentes : était-ce des songes? Mais les songes sont l'image affaiblie de ce qu'on a vu! Ces idées sans suite et sans accord étaient-elles un rappel vers un état antérieur? Mais quel pouvait-il avoir été? Son généreux protecteur se perdait en raisonnements et en conjectures.

Gaspard Hauser était déjà presque totalement oublié le jour où l'on apprit par les journaux allemands, cinq ou six ans environ depuis l'époque où il fut rencontré, et rendu à la vie sociale par le professeur Daumer, quand on apprit, disons-nous, qu'après avoir, dans une belle soirée d'été, contemplé avec ravissement un ciel étoilé, s'être élancé en esprit vers l'auteur de tant de merveilles, s'être pénétré plus que jamais du sentiment à la fois pénible et consolateur de la différence du bien et du mal, ainsi que du sort futur et immortel que ce sentiment nous présage, quelques mouvements de haine s'étaient, pour la première fois, manifestés en lui à l'égard du misérable qui le retint si longtemps dans un sombre cachot. Il ne dissimula point à son maître cette affection si étrange pour lui, et qui lui inspira le projet d'écrire ce qu'il savait ou soupçonnait être relatif à sa vie. L'infortuné était sans doute surveillé; l'on craignit probablement qu'il ne se doutât de ce qu'il fut, ou qu'il se mît sur la trace de son origine, car il se vit à l'instant l'objet d'une tentative d'assassinat dont il fut quitte pour une blessure peu dangereuse et bientôt guérie. Le coupable échappa à toutes les recherches, et lord Stanhope, instruit de tous ces détails, voulant soustraire le jeune homme au poignard de ses persécuteurs secrets, se déclara son protecteur, et le plaça à Anspach, où Feuerbach prit surtout soin de lui. Gaspard Hauser demeura sans crainte, et en apparence sans danger dans la ville et chez les gens où on l'avait conduit et recommandé. Mais le 14 décembre 1833 il fut attiré à un rendez-vous solitaire par un personnage inconnu, qui devait, lui disait-on, remettre en ses mains des papiers de la plus haute importance et propres à l'éclairer sur son obscure destinée. Là il se trouve en face de celui qui l'avait précédemment frappé, veut fuir, est atteint, et reçoit le coup mortel dont il expire en pardonnant à son meurtrier. Il avait, après un long évanouissement, recouvré assez de force pour se traîner jusqu'à sa demeure, et ce fut en vain que, sur le peu de mots qu'il put proférer, l'on chercha à poursuivre l'assassin; il avait disparu sans laisser de traces. Une active et sérieuse enquête aurait dû avoir lieu pour découvrir la cause, l'instigateur et l'instrument du crime; il n'y en eut point, ce qui ajouta aux soupçons déjà conçus.

Pour effacer jusqu'aux moindres vestiges de ces soupçons, l'on a répandu que Gaspard Hauser n'était, comme on le crut au premier abord, qu'un rusé fripon. Mais eût-il alors inspiré promptement le plus vif intérêt à ses geôliers, gens à qui la fréquentation des criminels donne une si lumineuse facilité à les juger? eût-il pu tirer un impénétrable rideau entre la perversité de son cœur et l'esprit investigateur du bienfaisant et éclairé Daumer? La culture d'une âme fangeuse eût-elle dans un sol ingrat fait s'élaborer si rapidement les fruits les plus précieux de la morale et du savoir? Enfin, pourquoi le surveiller, le poursuivre, l'assassiner, si ce n'était qu'un inconnu, un misérable, un être sans aveu? Certes on devait avoir un intérêt puissant et nourri d'inquiétudes pour le persécuter, pour l'arracher à un opulent protecteur, pour l'immoler au moment où on le sait disposé à écrire ses pensées sur la plus obscure des existences sociales; pour calomnier ensuite la mémoire de celui qu'on assassine! N'osa-t-on point pousser l'absurde jusqu'à répandre l'idée que ce malheureux s'était frappé lui-même pour exciter l'intérêt! Mais cet intérêt déjà lui était généralement acquis; mais un protecteur riche et puissant allait le soustraire à tous les dangers. Quoi! sans nul motif présumable, il se serait donné la mort au moment où il prévoyait n'avoir plus rien à craindre de son impitoyable et secret ennemi! Cette assertion incroyable, inconséquente, comme l'est souvent le crime qui se persuade ne s'être jamais assez voilé, devient une nouvelle et indiscrète preuve de l'importance que les bourreaux mettaient, en faisant disparaître leur victime, à prévenir des révélations qui eussent jailli peut-être de la coïncidence de ses vagues souvenirs, rendre plus lucides par le développement de ses facultés morales, avec tel ou tel événement connu, qui blessa au cœur une tendre et infortunée mère. Au reste, le nom que peut-être il dut porter fut et demeure une énigme dont le mot ne sera véritablement jamais livré à la publicité; car celui qui croit le deviner se taira, non-seulement faute de preuves légales, mais pour ne point rouvrir une source de larmes amères que le temps, que des intérêts chers et consolateurs ont pu contribuer à tarir dans les yeux affaiblis d'un être éminemment adorable et généralement adoré. Cte Armand d'Allonville.

HAUSSE, HAUSSIERS. *Voyez* Bourse (Opérations de).

HAUSSE-COL. Ce terme et le mot *hausse-cou* se sont d'abord pris indifféremment l'un pour l'autre; mais la langue des ordonnances modernes s'étant approprié la première de ces expressions, les antiquaires ont conservé le mot *hausse-cou*, pour exprimer la pièce d'armure, la partie supérieure de l'ancienne cuirasse de fer plein qui entourait le cou et recouvrait le gorgerin. Lorsque le casque n'avait pas de gorgerin, on entourait la gorge d'un col ou collet en fer, nommé aussi *hausse-cou*. On peut ainsi établir en principe que le hausse-col est un vestige et une imitation en petit du hausse-cou. Des écrivains ont prétendu que l'usage du hausse-col ne datait que du ministère de d'Argenson; d'autres, que de 1759: ce sont autant d'erreurs. Le hausse-col rappelait et représentait la partie antérieure et supérieure du corselet d'infanterie, supprimé en 1641. Armer officier un militaire, c'était le reconnaître, en lui offrant un hausse-cou et une pique, ainsi Louis XIV lui-même, comme le témoigne Voltaire, investissait, consacrait le colonel des gardes françaises. Même usage fut imité et se répandit dans les corps de l'infanterie de ligne; de là la conservation du hausse-cou, alors même qu'il devenait une pièce d'armure inutile, depuis l'abolition de tout le reste du costume de fer. Si les règlements de d'Argenson, si les ordonnances de 1759, ont paru être les premiers documents sur la matière, cela tient à ce qu'ils ont des premiers traité du *hausse-col;* mais jusque là le hausse-cou s'était conservé comme une marque distinctive consacrée par l'usage et la routine. Le hausse-col qui de nos jours fait partie de la tenue des officiers d'infanterie est un petit croissant doré, portant au milieu les armes de France, ciselées en argent: on le porte suspendu au-dessous du cou, sur le haut de la poitrine par deux cordonnets en or, qui s'attachent aux boutons des épaulettes. C'est la marque distinctive des officiers de service, qui le mettent également toute les fois qu'ils reçoivent l'ordre de prendre la grande tenue. Gal Bardin.

HAUSSET (Mme du), femme de chambre de Mme de Pompadour, a laissé des Mémoires très-curieux sur les intrigues dont le boudoir de sa maîtresse fut le théâtre. Elle nous apprend naïvement que Mme de Pompadour, tout en lui recommandant la discrétion la plus absolue sur tout ce qu'elle verrait et entendrait, lui disait que le roi et elle la considéraient comme le petit chien en présence duquel on ne croyait pas devoir se gêner. Mme du Hausset a révélé beaucoup de faits intéressants relatifs au fameux *Parc-aux-Cerfs*. On ne s'étonnera pas d'apprendre que l'envie lui soit venue de consigner ses souvenirs sur ce que, dans le petit coin de la coulisse où elle était placée, il lui avait été donné d'apercevoir de la grande comédie politique du dix-huitième siècle, quand on saura qu'elle avait reçu une très-bonne éducation. Veuve d'un officier sans fortune, la misère seule avait pu lui faire accepter une semblable position. A la mort de Mme de Pompadour, elle se retira, avec une modique pension, au fond d'une province. Ses Mémoires furent publiés pour la première fois par Crawfurd, en 1808.

HAUSSEZ (N. Lemerchet, baron d'), né en 1778, à Neufchâtel (Seine-Inférieure), l'un des signataires des fameuses ordonnances du 25 juillet 1830, appartenait à une ancienne famille de robe. Il se prononça contre la révolution, et fut chargé en 1796, par les agents des princes frères du roi, d'organiser des bandes de chouans dans la Normandie. Une prompte fuite put seule le mettre à l'abri des poursuites qui furent dirigées contre lui. Plus tard, il favorisa le débarquement de Cadoudal et de ses complices sur la côte de Béville. Compromis dans cette affaire, il fut arrêté, mais bientôt après relâché, tout en restant placé sous la surveillance de la haute police. Il ne fut plus question de lui qu'en 1805, en raison du vif dévouement qu'il montra alors pour la dynastie impériale. Il attendit cependant assez longtemps le prix de sa défection, car ce n'est que le 2 janvier 1814 qu'il fut nommé maire de Neufchâtel et baron de l'empire, ce qui ne l'empêcha pas de faire arborer dès le mois d'avril suivant le drapeau blanc à la mairie de Neufchâtel, au milieu d'un enthousiasme *impossible à décrire*. En 1815 il présida la députation neufchâteloise qui vint présenter ses hommages à Louis XVIII, et se mit à la tête de la garde nationale, après la bataille de Waterloo. Nommé député à la chambre introuvable de 1815, par l'assemblée électorale de son département, dont le roi l'avait nommé président, il vota constamment avec la minorité modérée de cette assemblée. Le 6 décembre notamment, il parla contre la proposition de M. Hyde de Neuville, tendant à faire juger par une commission composée de membres des deux chambres ceux qui avaient été exceptés de la loi dite *d'amnistie;* il s'opposa à l'ajournement de l'institution du jury, et combattit aussi avec force une proposition ayant pour but de faire rendre au clergé le droit exclusif de constater les actes de l'état civil. Il était naturel par conséquent qu'il applaudit à l'ordonnance du 5 septembre, qui semblait annoncer de la part du gouvernement l'intention bien arrêtée de rentrer dans les voies salutaires de la charte et de la légalité. Il ne fut pas réélu; mais en mai 1817 il fut appelé à la préfecture du département des Landes. L'année suivante il passa à celle du Gard, plus tard à celle de l'Isère, et ce fut sous son administration qu'éclatèrent, en 1821, les troubles de Grenoble, dans lesquels il ne resta pas à l'abri de tout reproche, chargé qu'il était d'exécuter les ordres impitoyables de M. Decazes.

En 1823 on l'appela à la préfecture de la Gironde, et il fut nommé conseiller d'État en 1826. Lors des élections générales de 1827, il fut envoyé à la chambre des députés par la Gironde. Deux ans plus tard il acceptait, dans le cabinet dont M. de Polignac était le chef, le portefeuille de la marine, que M. de Rigny avait refusé. Quels qu'aient été les crimes de ce cabinet à l'égard du pays et des institutions, il y aurait de l'injustice à ne point reconnaître ici l'activité intelligente et éclairée déployée par M. d'Haussez, contrairement à l'attente générale de la marine, dans la direction de ce département. Les immenses préparatifs de l'expédition d'Alger furent menés par lui avec une vigueur et une habileté à laquelle il faut rendre hommage, et qui contribuèrent à doter la France d'un nouveau territoire. Le 28 juillet 1830 il défendit l'épée à la main le trône qu'il eût pu sauver en refusant, trois jours auparavant, sa signature aux fatales ordonnances.

Condamné par contumace à la détention perpétuelle, en vertu de l'arrêt de la cour des pairs, chargée du procès intenté aux ministres de l'ex-roi Charles X, il ne put rentrer en France qu'à la suite de l'acte d'amnistie de 1836. Plus heureux que ses collègues, il avait réussi à gagner l'Angleterre. Après avoir séjourné pendant quelque temps dans le Royaume-Uni, il parcourut successivement l'Italie, la Suisse et l'Allemagne. Les observations qu'il recueillit dans ces pérégrinations lui ont fourni le fonds des ouvrages suivants: *La Grande-Bretagne en* 1833 (1834); *Voyage d'un exilé de Londres à Naples et en Sicile* (1835); *Alpes et Danube* (Paris, 1837). Rentré plus tard en France, il mourut en novembre 1854, au château de Saint-Saëns. On lui attribue aussi deux brochures qui eurent dans le temps quelque retentissement: *Réflexions d'un ami du roi*, par M.***, ex-député (1816); *Encore un mot sur M. de Châteaubriand* (janvier 1817). DUFEY (de l'Yonne).

HAUSMANN ou **HUYSMANN** (ROLEF). *Voyez* ACRICOLE (Rodolphe).

HAUTBOIS, instrument de musique à vent, en cèdre, en ébène, et le plus souvent en buis. Il y a deux espèces de hautbois, l'ancien et le moderne : l'ancien avait la taille plus basse d'une quinte que le dessus, et avait un trou de moins, le huitième ne se bouchant point. Sa longueur était de 1^m,35. Il y avait encore la basse du hautbois, qui avait 1^m,62 et onze trous. Le hautbois moderne a le son plus fort que la flûte. Sa cavité intérieure est pyramidale, et se termine par le bas comme une trompette. Cet instrument a huit trous: le septième est fermé par une petite clef qui se meut par un ressort; le huitième, qui reste ouvert, peut être fermé en appuyant le doigt sur une grande clef à bascule. Le hautbois est formé de trois pièces entrant les unes dans les autres; l'anche fait la quatrième. Sa longueur est de 0^m,59, sans compter l'anche. Son étendue est à l'unisson du violon : elle contient deux octaves et quatre demi-tons. Le hautbois de Forêt ressemble beaucoup au hautbois ordinaire. Il se démonte en cinq pièces; il a la même étendue de son, mais le son, quoique agréable, est moins sonore et plus velouté. Rien n'est plus suave que le chant simple et champêtre de cet instrument. L'étude du hautbois est difficile et pénible, il faut une grande persévérance pour parvenir à une exécution bien nette.

HAUT-BORD. *Voyez* BORD.

HAUT-DE-CHAUSSE, vêtement qu'on doit se garder de confondre, soit avec la braie des anciens Gaulois, soit avec la chausse dont parlent Nicot et Ménage, soit enfin avec la prosaïque culotte des Français modernes. C'était une espèce de caleçon large, qui fut d'usage pendant plusieurs siècles, et qui, prenant de la ceinture au genou, ou plus bas, disputait, avec plus ou moins de bonheur, à la chausse (ou bas de ce temps) l'espace qui les séparait. Il était encore de mode sous le règne de Louis XIV, et tout le monde se rappelle les deux vers de Molière :

> Une femme me plaît, dont tout l'esprit se hausse
> A connaître un pourpoint d'avec un haut-de-chausse.

Avant la révolution de 1789, on disait proverbialement d'une femme, qu'elle portait le haut-de-chausse pour annoncer qu'elle était plus maîtresse, qu'elle avait plus de pouvoir dans la maison que son mari.

HAUTECOMBE, abbaye de l'ordre de Cîteaux, pittoresquement située sur la rive occidentale du lac du Bourget, dans la province de Chambéry (Savoie), fut fondée dès les premières années du douzième siècle, par les comtes de Savoie, pour servir de sépulture aux membres de leur maison. Grâce à ce privilége, l'abbaye de Hautecombe acquit bientôt une importance et un éclat qu'elle conserva pendant une longue suite de siècles. Mais après avoir été fort maltraitée par les Espagnols pendant la guerre de la succession d'Autriche, elle fut complétement dévastée et pillée à l'époque de la révolution française, puis supprimée; et en 1800 ses vastes bâtiments furent convertis en une fabrique de faïence. En 1824 le roi Charles-Félix la fit reconstruire en style gothique, comme lieu de sépulture des princes de sa maison; et les tombes de ses ancêtres, qui avaient eu le même sort que les tombes royales de Saint-Denis, furent autant que possible restaurées. Dans un bois situé à peu de distance de l'abbaye de Hautecombe on trouve une fontaine intermittente, qui jaillit avec grand fracas pendant une heure et s'interrompt alors pour recommencer, une heure après, à couler au milieu du même bruit.

HAUTE-CONTRE, celle des quatre parties de la musique qui appartient aux voix d'homme les plus aiguës ou les plus hautes, par opposition à la basse-contre, qui appartient aux voix les plus graves ou les plus basses (*voyez* CONTRALTO).

HAUTE COUR DE JUSTICE. Les constitutions de 1791, de l'an III ou 1795, le sénatusconsulte du 18 mai 1804, la constitution de 1848 et celle du 14 janvier 1852, prévoyant la nécessité de soustraire certains crimes d'État à la juridiction ordinaire, en ont investi une cour supérieure, qui porte ce nom. Les chartes de 1814 et de 1830 avaient institué la cour des pairs dans le même but.

Haute cour nationale d'Orléans.

Cette cour fut créée par la loi des 28 et 29 mai 1791 et par la constitution des 3 et 14 septembre de la même année, qui en définit et étendit les attributions. La haute cour nationale était appelée à juger les crimes et délits commis par les ministres et agents principaux du pouvoir exécutif et les attentats contre la sûreté intérieure et extérieure de l'État, lorsque le corps législatif l'aurait saisie de la connaissance de ces affaires. Elle se composait d'un haut jury tiré au sort parmi deux hauts jurés nommés par chaque département lors des élections générales, et réunissant les mêmes conditions d'aptitude que les représentants à l'Assemblée législative. Les grands juges, au nombre de quatre, présidés par leur doyen, étaient chargés de l'instruction et de la direction des débats. Ils étaient tirés au sort dans une séance publique de l'Assemblée législative parmi les quarante-deux membres qui formaient alors le tribunal de cassation. Deux procurateurs généraux nommés par l'assemblée remplissaient les fonctions d'accusateurs publics, et le roi était *prié* de nommer deux commissaires pour requérir l'exécution et l'application de la loi. Enfin, le haut jury était réduit par le tirage au sort à vingt-quatre jurés de jugement et six adjoints, qui n'étaient point des suppléants, mais chargés de délibérer de nouveau avec les jurés titulaires, si la cour n'acceptait pas le verdict de condamnation.

Peu de temps après son organisation, la haute cour d'Orléans eut des prisonniers à juger. Les gardes du corps et les autres personnes qui avaient favorisé la fuite du roi à Varennes furent traduits devant ce tribunal, et l'on commença une information curieuse, dont les principaux documents ont été publiés par la *Gazette des Tribunaux* en 1845. L'acceptation de la constitution par Louis XVI et l'amnistie qui en fut la suite mirent fin au procès; mais bientôt il en surgit d'autres. Waldeck de Lessart, ministre des affaires étrangères, n'avait pas averti l'assemblée de la fameuse déclaration du congrès de Pilnitz, révélée par une circonstance fortuite. Il était accusé d'avoir donné à M. de Kaunitz, premier ministre de l'empereur Joseph II et de l'empereur Léopold, une fausse idée de la situation de la France. Brissot le dénonça à l'assemblée. Vergniaud l'accusa de plus d'être l'auteur des massacres d'Avignon. Waldeck de Lessart fut envoyé à Orléans. Franqueville-d'Abancourt, ministre de la guerre, et le duc de Brissac, gouverneur de Paris, commandant de la garde constitutionnelle du roi, ne tardèrent pas à le suivre. Une foule d'officiers de l'ancienne armée, Poisson de Malvoisin, parent de Mme Pompadour, et d'autres gentilshommes furent envoyés aussi à Orléans comme ayant entretenu des correspondances avec les princes réfugiés à Coblentz, et comme ayant formé un complot pour livrer aux émigrés la citadelle de Strasbourg. Un de ces derniers, nommé Duléry, fut, à ce que je crois, le seul condamné et exécuté. Les autres procédures furent interrompues, non plus par une amnistie, mais par les affreuses journées de septembre. Les prisonniers que l'on transportait à Paris furent presque tous massacrés dans une rue de Versailles. Une loi du mois d'octobre 1792 supprima la haute cour nationale. Le tribunal révolutionnaire lui succéda.

Haute cour nationale de Vendôme.

La constitution de l'an III ou de 1795 établit pour le jugement de certains crimes d'État, et notamment pour les instructions criminelles dirigées contre les représentants du peuple, un tribunal analogue à celui d'Orléans. Il portait aussi le titre de *haute cour*, et fut organisé le 7 août 1796. La haute cour devait siéger à trente lieues au moins de Paris, prononcer sans appel ni recours en cassation, et quitter après l'expiration d'une *décade*, sous peine de forfaiture, le lieu où elle avait tenu ses séances. La *haute cour nationale* se composait de cinq juges tirés au sort parmi les membres de la cour de cassation, de deux juges suppléants et de deux accusateurs nationaux, ces derniers nommés par le Conseil des Cinq Cents. Les hauts jurés, élus à raison d'un seul par département, étaient réduits par la voie du sort et par les récusations à seize hauts jurés, quatre adjoints et quatre suppléants. La majorité de plus des trois quarts étant nécessaire pour la condamnation; le suffrage négatif de quatre hauts jurés suffisait pour absoudre.

En vertu d'un décret spécial du 7 août 1796, la haute cour fut constituée pour juger les auteurs de la conspiration dite de Babœuf. Le tribunal et la prison furent établis dans une antique et fameuse abbaye, sur les ruines de l'ancien château des ducs de Vendôme.

Haute cour impériale.

Un sénatusconsulte, du 18 mai 1804, établit une haute cour impériale, qui devait connaître: 1° des délits personnels commis par des membres de la famille impériale, par les grands dignitaires, ministres, grands-officiers, sénateurs, et conseillers d'État; 2° des crimes, attentats et complots contre l'État, contre la personne de l'empereur ou de l'héritier présomptif; 3° des prévarications commises par des capitaines généraux des colonies ou par des généraux de terre et de mer; 4° des concussions et dilapidations commises par les préfets; 5° des forfaitures ou prises à partie encourues par une cour d'appel ou par une cour de justice criminelle ou par des membres de la cour d'appel; 6° des dénonciations pour cause de *détention arbitraire* et de violation de la *liberté de la presse*. Cette dernière disposition peut sembler fort étrange; mais il faut observer qu'il existait alors au sénat deux commissions, l'une pour la liberté *individuelle*, l'autre pour la liberté de la presse. Lorsque les griefs portés devant ces commissions n'avaient pas été accueillis (et ils l'étaient fort rarement), le pouvoir était en règle. La haute cour impériale devait siéger dans le sénat, sous la présidence du prince archichancelier. Les membres de la haute cour étaient les princes français, les titulaires des grandes dignités de l'empire, le grand-juge, ministre de la justice, les grands-officiers de l'empire, les soixante plus anciens sénateurs, les présidents des sections du conseil d'État, les quatorze plus anciens conseillers d'État, les vingt plus anciens membres de la cour de cassation. La première affaire qui devait être soumise au jugement de cette cour suprême fut celle du général Dupont *de l'Etang* et du général Marescot, signataires de la capitulation de Baylen. Des incidents et peut-être des considérations politiques retardèrent infiniment l'ouverture des débats, que les événements de 1814 empêchèrent à tout jamais. La haute cour impériale fut supprimée par la charte de 1814.

Haute cour de justice de Bourges.

Cette institution, créée par la constitution de 1848, jugeait sans appel ni recours en cassation les accusations portées contre le président de la république ou les ministres, et les attentats ou complots que l'Assemblée nationale avait renvoyés devant elle. Elle se réunissait immédiatement, à peine de forfaiture contre ses membres, pour le jugement du président de la république qui s'était rendu coupable de haute trahison en dissolvant ou prorogeant l'assemblée nationale, ou en mettant obstacle à l'exercice de son mandat.

La haute cour était composée de cinq juges nommés au scrutin secret parmi les membres de la cour de cassation et de trente-six jurés et quatre jurés suppléants tirés au sort parmi les membres des conseils généraux des départements. Le département de la Seine n'ayant point à nommer de conseil général électif, se trouvait ainsi privé de sa représentation dans le haut jury. La déclaration du jury sur la culpabilité de l'accusé ne pouvait être rendue qu'à la majorité de vingt-quatre au moins, formant les deux tiers des voix. Elle eut à juger les accusés du 15 mai, parmi lesquels figuraient six représentants du peuple, savoir, le général Courtais, MM. Barbès, Raspail, Albert, Louis Blanc et Caussidière, contumax, puis Blanqui, Flotte, Sobrier, Quentin, Degré, le fameux *pompier*, Larger, Borme, Ferdinand Thomas et Villain. Huber était au nombre des absents. Les débats s'ouvrirent le 7 mars 1849, sous la présidence de M. Bérenger, conseiller à la cour de cassation. M. Baroche remplissait les fonctions de procureur général; M. de Royer était l'un des avocats généraux. Les débats et les plaidoiries se terminèrent le 1er avril. Le jury délibéra depuis trois heures de l'après-midi jusqu'à neuf heures du soir. M. de Courtais, Degré, Larger, Borme, Thomas et Villain furent acquittés. La cour, conformément à la déclaration du jury, condamna Barbès et Martin, dit *Albert*, à la déportation; Blanqui, à dix années de détention; Sobrier, à dix années; Raspail, Flotte et Quentin, à cinq années de la même peine. L'arrêt fut rendu à minuit. Le mardi 3 avril la cour, statuant sans intervention des hauts jurés, condamna à la déportation les accusés contumace. Huber ne fut pas compris dans cet arrêt, parce qu'il s'était constitué prisonnier l'avant-veille de la clôture des débats. BRETON.

Haute cour de justice de Versailles.

L'année suivante, les auteurs et complices du complot du 13 juin furent traduits devant la haute cour nationale, qui cette fois se réunit à Versailles. Elle devait juger en même temps les auteurs ou complices de l'attentat du 15 mai 1848, condamnés par contumace par la haute cour de Bourges, qui seraient en état de détention, ou qui se présenteraient avant l'ouverture des débats. Les prévenus, réfugiés à Londres, refusèrent de se constituer, ne pouvant, disaient-ils, accepter pour juges légitimes des magistrats d'exception, investis d'un pouvoir judiciaire en vertu d'une constitution violée. L'ouverture des séances eut lieu le 10 octobre 1849. A l'audience du 10 novembre, Me Michel de Bourges déclara qu'il entendait soutenir devant la cour la proposition suivante : Toute violation de la constitution de la part d'un gouvernement implique le droit d'insurrection et de résistance. M. de Royer, avocat général, combattit cette prétention. La haute cour passa outre; tous les avocats refusèrent alors de plaider, et les débats furent en conséquence fermés. Le 13 novembre, le haut jury répondit aux questions qui lui avaient été posées. Sur ces réponses, la haute cour condamna dix-sept accusés à la déportation, parmi lesquels était Guinard, Fargin-Fayolle, Pilhes, Deville, Gambon, Paya, Lebon, Commissaire, Maigne, Daniel-Demazière et Vautier; trois à cinq ans de détention, Suchet, Monbet et Fraboulet de Chalandar. Onze furent acquittés; ce nombre étaient Forestier, Baune, Louriou.

La constitution du 14 janvier 1852 a encore établi une *haute cour de justice*, qui juge sans appel ni recours en cassation toutes personnes renvoyées devant elles comme prévenues de crimes, attentats ou complots contre l'empereur, contre la sûreté intérieure ou extérieure de l'État. Elle ne peut être saisie qu'en vertu d'un décret de l'empereur. Elle se compose d'une chambre des mises en accusation et d'une chambre de jugement, formées de juges pris parmi les membres de la cour de cassation et d'un haut jury pris parmi les membres des conseils généraux des départements. Chaque chambre est composée de cinq juges et de deux juges suppléants. Ils sont nommés tous les ans par l'empereur. Le président, le procureur général et les autres magistrats du ministère public sont nommés pour chaque affaire par le décret de l'empereur qui saisit la haute cour. Le haut jury se compose de trente-six jurés titulaires et de quatre jurés suppléants.

Lorsqu'un décret de l'empereur a saisi la haute cour de justice de la connaissance d'une affaire, la chambre des mises en accusation entre immédiatement en fonctions; si le fait ne constitue pas un crime de la compétence de la haute cour, elle ordonne le renvoi devant le juge compétent, qu'elle désigne. Si elle prononce le renvoi devant la chambre du jugement, l'empereur convoque cette chambre, fixe le lieu des séances et le jour de l'ouverture des débats. Dans les dix jours qui suivent le décret de convocation, le premier président de la cour d'appel, et à défaut de cour d'appel, le président du tribunal de première instance du chef-lieu judiciaire du département, tire au sort, en audience publique, le nom de l'un des membres du conseil général qui doit faire partie du haut jury. Les fonctions de haut juré sont incompatibles avec celles de ministre, sénateur, député au corps législatif, membre du conseil d'État. La déclaration du haut jury portant que l'accusé est coupable et la déclaration portant qu'il existe en sa faveur des circonstances atténuantes doivent être rendues à la majorité de plus de vingt voix.

HAUTE ÉGLISE. *Voyez* ANGLICANE (Église).

HAUTEFORT (MARIE DE), fille d'honneur de la reine Anne d'Autriche, née en 1616, partagea avec Mlle de Lafayette l'équivoque honneur d'inspirer une pudique passion à Louis XIII, et à ce titre joua un rôle assez important dans les intrigues de cour qui eurent pour but de renverser Richelieu du pouvoir. En 1639 elle était dans tout l'éclat de sa beauté, et c'est en ce temps, que se passa au château de Saint-Germain le fait qui lui assure une place dans tous les recueils biographiques, et met admirablement en lumière l'esprit d'invincible timidité qui était le fonds du caractère de Louis XIII, alors âgé de trente-huit ans. Marie d'Hautefort était à cette époque en guerre ouverte avec le cardinal, quoique, dans les brouilleries qui survenaient quelquefois entre le roi et la favorite, celui-ci consentît souvent à servir de médiateur. Mlle de Hautefort, suivant toute apparence, ne recherchait tant les occasions de se quereller avec le roi que dans l'espoir d'amener une de ces scènes de réconciliation où il y aurait chance pour elle de faire enfin trébucher la vertu du monarque. Un jour que ces agaçantes provocations avaient atteint le degré d'une querelle en règle, Louis XIII (peut-être en ce moment songeait-il à la lamentable histoire de son *cher ami* Cinq-Mars) menaça Mlle de Hautefort du courroux du cardinal. Décidée à pousser les choses à bout, elle sembla le défier d'oser jamais exécuter sa menace. Le roi, piqué de la menace, sortit et alla écrire une lettre dans laquelle il se plaignait à son ministre des déplaisirs et des contrariétés que lui faisait éprouver une personne que Richelieu haïssait cordialement. Bientôt Louis XIII rentra dans le cabinet où il venait de si fort se fâcher contre Mlle de Hautefort, tenant sa lettre à la main, et lui dit : *Voilà votre sauce que je fais à M. le cardinal!* Mlle de Hautefort, feignant l'effroi, se précipita vivement sur le roi, lui arracha la lettre des mains et chercha à s'enfuir. Mais lui « la retint par le bras pour la lui ôter, nous raconte Monglat dans ses Mémoires; elle résista, et la fourra sous son mouchoir de cou pour la mettre en sûreté, et ouvrant ses bras lui dit : *Prenez-la maintenant tant que vous voudrez, à cette heure!* Car elle le connaissait trop bien pour croire qu'il voulût toucher en ce lieu-là. Elle ne se trompa point; car il retira ses mains comme du feu, et rencontrant le duc d'Angoulême, il lui conta tout en colère ce qui s'était passé : sur quoi le duc lui donna le conseil qu'il aurait pris pour lui, en disant qu'il avait eu tort de n'avoir pas mis la main dans son sein pour reprendre la lettre; mais il n'était pas capable de recevoir une pareille instruction. » Marie d'Hautefort ne recueillit pas le fruit de son adroit stratagème, et Louis XIII mourut comme il avait vécu, dévot et pénitent. Sous la régence, elle essaya de se mêler aux intrigues qui eurent pour but de faire renvoyer Mazarin, perdit pour cela les bonnes grâces de le reine mère, et, arrivée à l'âge de trente ans, sentant la nécessité de faire une fin, épousa le duc de Schomberg, qui la laissa veuve sans enfants, en 1656, après dix ans de mariage. Elle mourut en 1691.

HAUTE-GARONNE (Département de la). *Voyez* GARONNE (Département de la Haute-).

HAUTE JUSTICE. *Voyez* JUSTICE.

HAUTE LICE ou **HAUTE LISSE**. *Voyez* LISSE.

HAUTE-LOIRE (Département de la). *Voyez* LOIRE (Département de la Haute-).

HAUTE MARÉE. *Voyez* MARÉE.

HAUTE-MARNE (Département de la). *Voyez* MARNE (Département de la Haute-).

HAUTERIVE (ALEXANDRE-MAURICE BLANC DE LA NAULTE, comte DE), diplomate distingué de l'empire et de la Restauration, naquit en 1754, à Aspres-les-Corps, en Dauphiné, d'une famille noble, mais pauvre. Élevé chez les oratoriens, il s'engagea comme professeur dans cet ordre célèbre; mais, ayant eu occasion, en 1780, de faire la connaissance de l'abbé Barthélemy et du duc de Choiseul, il profita de cette liaison pour suivre une carrière plus conforme à ses goûts. En 1784, la protection de ce dernier le fit attacher à l'ambassade du comte de Choiseul-Gouffier à Constantinople. Un an après, il était choisi pour sécrétaire par l'hospodar de Valachie, poste qui lui permit de rendre de notables services au commerce français. Des dégoûts qu'on lui suscita dans l'exercice de ses fonctions, et surtout le mal du pays, le ramenèrent en France en 1787, où il se maria avec la fille de l'intendant de Rochefort, M. Marchais. En 1792 il sollicita et obtint un consulat aux États-Unis. Destitué comme *ci-devant*, en 1793, il ne rentra en France qu'après le 18 fructidor, par la protection de Talleyrand, avec qui il s'était lié pendant son séjour en Amérique, et qui en 1799 l'appela à diriger l'une des divisions du ministère des relations extérieures, dont il avait le portefeuille. En 1801, un an après l'établissement du gouvernement consulaire, il publia sous ce titre: *De l'État de la France à la fin de l'an* VIII, un livre dans lequel il expliquait les révolutions qui venaient d'agiter le monde par l'oubli des principes d'équilibre posés au traité de Westphalie. Ce n'était pas précisément le moyen de se mettre bien dans l'esprit du premier consul, habitué qu'était celui-ci à traiter fort irrévérencieusement les traités de la vieille Europe, et à en remanier la carte toutes les fois que l'envie lui en prenait. M. d'Hauterive trouva pourtant grâce à ses yeux à cause de l'examen complétement apologétique de la constitution de l'an VIII qui terminait son livre. Il fut donc nommé conseiller d'État l'année suivante, et pendant les fréquentes absences que Talleyrand dut faire de Paris, ce fut lui qui tint le portefeuille des relations extérieures. En 1807 il fut nommé garde des archives de ce département, rencontra la même faveur auprès de la Restauration, fit l'intérim de M. Jaucourt, abandonnant le ministère devant Napoléon, fut exclu du conseil d'État pendant les cent jours pour avoir refusé sa signature à l'acte additionnel, y fut réintégré au retour des Bourbons, et conserva ces fonctions ainsi que celles de garde des archives jusqu'à sa mort, arrivée le 28 juillet 1830. Hauterive avait rédigé plus de soixante traités politiques ou commerciaux. On lui doit un curieux travail *Sur la politique illimitée de l'Angleterre et de la Russie* (Paris, 1814); un autre intitulé *Théodicée ou Théorie de l'ordre*; des *Éléments d'Économie politique*, qui datent de 1817 et sont l'un de ses plus importants ouvrages; des *Considérations sur la Théorie de l'Impôt*, etc., etc.

HAUTEROCHE (NOEL LE BRETON, sieur DE), né à Paris, en 1617, était fils d'un huissier au parlement. Clerc de la basoche, il prit en dégoût une carrière qui allait mal à son caractère indépendant et aventureux, encore que son père voulût dès lors le marier et lui acheter une charge de conseiller au Châtelet. Abandonnant donc un beau jour l'étude enfumée de son père, il se sauva en Espagne, où il vécut pendant longtemps à la grâce de Dieu. Passant à Valence, il rencontra une troupe de comédiens français, et s'y engagea. Il eut bientôt appris les *ficelles* du métier, fit rire, fut applaudi, et plus tard, directeur d'un autre troupe nomade, qu'il avait formée, s'en alla outre Rhin faire une fructueuse concurrence au *Hanswurst* traditionnel et éminemment national des Allemands, à qui il fit connaître les principales productions de notre théâtre, naissant à peine, mais déjà si supérieur au leur. De retour à Paris, il débuta au théâtre du Marais, et plus tard à l'hôtel de Bourgogne où il jouait les rôles *à manteaux* dans la comédie et les *confidents* dans la tragédie, enrichissant ces deux scènes comme acteur et comme auteur. On a de lui une douzaine de comédies, où il fait preuve de beaucoup d'entente de la scène. Il excelle à bien conduire une intrigue; son dialogue est vif et gai, mais déparé trop souvent par des gravelures. *L'Esprit follet*, *Le Deuil*, *Crispin médecin*, et *Le Cocher supposé* sont les meilleurs ouvrages de ce contemporain de Molière, avec qui il n'eut jamais la prétention de lutter pour la peinture des mœurs et des caractères ou le côté philosophique et moral de l'art. Hauteroche, mort en 1709, à l'âge de quatre-vingt-dix ans, avait quitté le théâtre dès sa soixante-cinquième année. Généralement estimé pour sa probité et sa droiture, il fut, lui aussi, honoré de la protection toute spéciale et même de la familiarité de Louis XIV, faveur bien enviée, dont il lui fut permis de faire confidence au public dans une de ses pièces *La Comédie sans comédie*, où il jouait sous son propre nom et débitait ces deux vers au sujet du roi :

> Il m'écoute parfois mieux que ses courtisans,
> Et l'habit que je porte est un de ses présens.

Il existe plusieurs éditions de ses œuvres, en 3 volumes in-12. La plus complète est celle de 1772.

HAUTEROCHE (ALLIER D'). *Voyez* ALLIER D'HAUTEROCHE.

HAUTES-ALPES (Département des). *Voyez* ALPES (Département des Hautes-).

HAUTE-SAÔNE (Département de la). *Voyez* SAÔNE (Département des Haute-).

HAUTES-PYRÉNÉES (Département des). *Voyez* PYRÉNÉES (Département des Hautes-).

HAUTESSE, ancien terme de chancellerie, dont l'usage est aujourd'hui exclusivement réservé pour désigner le sultan ou padichah des Ottomans. La qualification de *hautesse* a aussi été donnée à quelques rois de France de la seconde race. Les chartes le traduisent par le mot latin *altitudo*.

HAUTE-TAILLE ou plutôt **TAILLE**, deuxième des quatre parties de la musique en comptant du grave à l'aigu. Quand la taille se subdivise en deux parties, l'inférieure prend le nom de *basse-taille* ou *concordant*, et la supérieure celui des *haute-taille*.

HAUTE TRAHISON. *Voyez* TRAHISON.

HAUTEUR. Prise dans sa signification matérielle, la *hauteur* n'est autre chose qu'un synonyme d'*élévation* : l'on dira également l'*élévation* ou la *hauteur* d'un monument, d'une montagne; cependant, par une de ces bizarreries de notre langue qu'on ne peut expliquer avec justesse, il serait choquant de dire : l'*élévation* d'un arbre, d'un meuble, d'un homme.

Dans son sens moral, *hauteur* est bien loin d'être synonyme d'*élévation*. L'*élévation* dans le caractère est aussi noble que la *hauteur* l'est peu. La *hauteur* consiste dans une affectation de supériorité dédaigneuse, accompagnant d'ordinaire l'orgueil et la vanité. L'homme *hautain* a dans les manières une sécheresse qui glace en même temps qu'elle blesse : à ses yeux tout le monde est au-dessous de lui, les uns par le talent, si ce n'est par la fortune, les autres par leur position sociale, si ce n'est par leurs facultés. Aussi tous n'ont-ils droit d'attendre de lui que des égards sans cordialité, qu'une réserve vaniteuse qui craint à chaque instant de se compromettre par un mot trop bienveillant, par un geste trop affectueux. La *hauteur*, si nous pouvons hasarder cette définition, est un égoïsme des manières mêlé de politesse.

En astronomie, on appelle *hauteur* la distance angulaire du centre d'un astre à l'horizon. Les hauteurs s'observent à l'aide de divers instruments, tels que le *cercle mural*, le *sextant*, etc. La hauteur *vraie* est la hauteur *apparente* corrigée de la *réfraction*, qui la rend plus grande, et de la *parallaxe*, qui la fait paraître plus petite. On appelle *hauteur méridienne* la hauteur d'un astre au moment de son passage au méridien d'un lieu. La hauteur de l'astre a alors atteint son maximum; elle sert à trouver la déclinaison de l'astre, lorsque l'on connaît la latitude du lieu. *Prendre hauteur* en mer n'est autre chose que mesurer la hauteur méridienne à l'aide de l'*octant* ou du *sextant*.

On appelle *hauteurs correspondantes*, en astronomie, deux hauteurs d'un astre prises à plusieurs heures de distance, d'abord avant son passage au méridien en montant, et ensuite autant de temps après son passage. La moitié de la somme du temps écoulé donne le moment où cet astre a passé au méridien, soit pour trouver exactement l'heure qu'il est, soit pour déterminer les différences d'ascensions droites entre les astres. Au reste, il n'est pas nécessaire, pour obtenir l'heure, d'observer dans le méridien, et la trigonométrie donne pour cela un moyen facile.

En termes de marine, *être à la hauteur d'un lieu* veut dire que l'on se trouve sous le même parallèle.

En topographie, on donne le nom de *hauteur* à toutes

les élévations qui diversifient la surface de la terre, mais plus particulièrement à tout relief de terrain moindre qu'une colline et supérieur à un mammelon, une butte : cet endroit est sur une *hauteur*, au pied de la colline.

HAUTE-VIENNE (Département de la). *Voyez* VIENNE (Département de la Haute-).

HAUTEVILLE (Famille de). C'est près de Coutances, en Normandie, que s'élevait le manoir de Hauteville, appartenant à Tancrède de Hauteville, souche des glorieux aventuriers du onzième siècle, qui, après avoir eu pour tout domaine quelques acres de terre sur le sol paternel, régnèrent sur la Sicile, la Pouille, à Antioche, etc. Tancrède eut de sa première femme, Morielle cinq fils : Guillaume Bras de Fer, Drogon, Humphred, Geoffroy et Serlon; et de sa seconde femme, Frédesine, sept autres fils : Robert, Mauger, Alfred, Guillaume, Humbert, Tancrède et Roger. Sur ces douze, il y en eut dix qui abandonnèrent successivement le manoir paternel pour aller au loin courir la vie d'aventures. Le plus célèbre fut Robert Guiscard. Un des fils de ce dernier, Marc Boémond, devint la tige des princes latins d'Antioche.

HAUT-FOND. Les hauts-fonds sont des montagnes sous-marines dont le sommet s'élève presque au niveau de la surface de la mer. Un bâtiment doit les éviter avec le plus grand soin. En plein jour, on les reconnaît à la couleur verdâtre de l'eau au-dessus du point dangereux. F. Arago a donné dans ce *Dictionnaire* un moyen de constater leur existence (*voyez* BAS-FOND).

HAUT FOURNEAU. *Voyez* FOURNEAU (Haut).

HAUT JUSTICIER. *Voyez* JUSTICIER.

HAUT MAL. *Voyez* ÉPILEPSIE.

HAUTPOUL (ALPHONSE-HENRI, comte D'), sénateur et lieutenant général, né à Versailles, le 4 janvier 1789, descend d'une ancienne famille noble du Languedoc, et entra en 1805 à l'École Militaire de Fontainebleau. Il en sortit sous-lieutenant d'infanterie, et s'en alla faire avec ce grade les campagnes de Prusse, de Pologne et d'Espagne. Blessé grièvement à la bataille des Arapiles près de Salamanque, il fut fait prisonnier par les Anglais, et ne revit le sol français qu'après la Restauration. Promu au grade de colonel pour être demeuré fidèle aux Bourbons à l'époque des cent jours, il fit à la tête de son régiment la campagne d'Espagne en 1823. Promu en 1828 au grade de maréchal de camp, il fut nommé en 1830 directeur de l'administration de la guerre et élu député par le département de l'Aude. A la suite des journées de juillet, pendant lesquelles il remplit les fonctions d'aide de camp près du maréchal Marmont, le nouveau gouvernement le mit en disponibilité, bien qu'il eût prêté serment au nouvel ordre de choses. Il se retira alors dans sa propriété de Saint-Papoul (Aude), où il fonda une manufacture de faïence et fit quelque bien dans les contrées voisines. En 1834 il rentra à la chambre, où l'envoyèrent les électeurs de Montpellier. Nommé en 1838 commandant de la 11e division militaire, il passa lieutenant général en 1841, et en cette qualité fut envoyé à Alger comme inspecteur général de l'infanterie. En 1842 il eut le commandement du camp de Saint-Omer, et en novembre il prit la direction de la 11e division militaire, dont le quartier général était Marseille. En 1846 enfin, il fut nommé pair de France. C'est dans cette haute position que la révolution de Février le trouva. Le gouvernement provisoire le mit aussitôt à la retraite; mais l'année suivante un décret de l'Assemblée législative lui rendit ses droits militaires. Au mois de mai 1849, le département de l'Aude l'avait envoyé siéger à cette assemblée, où il vota constamment avec la droite. Au mois d'octobre de la même année, il fut appelé à prendre le commandement de l'armée d'occupation des États de l'Église; mais il n'entra point en fonctions, et prit alors au contraire le portefeuille de la guerre. Dans ce poste il se posa franchement réactionnaire; il remit à la tête des pompiers le commandant que la révolution de Février en avait éloigné, disant que « ce rappel serait un enseignement qui mettrait en évidence la valeur des destitutions prononcées par la *révolte* et des investitures qu'elle confère ». Bientôt on l'accusa d'être le soldat de la politique personnelle du président, et il eut de vifs démêlés avec le général Changarnier. Une maladroite circulaire à la gendarmerie avait pu faire penser qu'il voulait faire de ce corps d'élite une succursalle de la préfecture de police; aussi fut-il rudement attaqué par M. Carlier, dans un rapport confidentiel resté célèbre. Triste orateur du reste, il eut parfois le privilége d'égayer à la façon du maréchal Soult les séances de l'assemblée : c'est ainsi qu'un jour le général Lamoricière ayant demandé que la gendarmerie fût obligée d'acheter des chevaux français, le général d'Hautpoul soutint que les gendarmes devaient être montés sur d'énormes chevaux, et qu'il leur fallait de grosses bottes et des chapeaux galonnés pour *infliger* de plus loin le respect de la loi. Enfin, après le trouble que de bruyantes revues militaires avait causé dans les esprits et après de nouveaux démêlés avec le général Changarnier, il dut se retirer, le 22 octobre 1850, et le *Journal des Débats* l'accusait d'être un « esprit plus soucieux de faire du neuf que de maintenir la discipline et la bonne organisation de l'armée ». Chargé alors d'une mission temporaire comme gouverneur général de l'Algérie, il n'en garda pas moins son mandat de représentant, quoique la constitution déclarât ce mandat incompatible avec toute fonction salariée. Il se vit d'ailleurs rappelé dès le mois d'avril suivant, et continua de voter avec la majorité. Après le coup d'État du 2 décembre 1851, le général d'Hautpoul, qui s'était empressé de se mettre à la disposition de l'Élysée et qui avait fait partie de la commission consultative, fut nommé membre du sénat, avec les lucratives fonctions de grand référendaire.

HAUTPOUL (MARIE-CONSTANT, marquis D'), frère aîné du précédent, né en 1780, au château de Lasbordes, en Languedoc, fut élève de l'École Polytechnique et de l'École d'Artillerie de Metz. Admis en 1803 comme sous-lieutenant dans l'artillerie à cheval, il fit avec distinction les campagnes d'Allemagne, d'Espagne et de Russie, et fut nommé par Napoléon baron de l'empire. En 1813 il assista à la bataille de Lutzen comme lieutenant-colonel de son arme, et fut chargé pendant l'armistice de diverses missions diplomatiques; mais une blessure grave qu'il reçut à la bataille de Dresde le mit hors de service. Lors de la Restauration, il se rallia à la famille de Bourbon. Promu maréchal de camp en 1818, il fut nommé en 1823 inspecteur général de l'artillerie. A l'époque des journées de juillet 1830, il défendit avec le général Latour-Maubourg l'Hôtel des Invalides, et se retira ensuite dans ses propriétés près de Blois. En 1833 il alla pendant quelque temps remplir à Prague les fonctions de gouverneur du duc de Bordeaux; mais n'ayant pu faire admettre ses idées par la famille royale, il revint en France, où il est mort, à Toulouse, en janvier 1854. L. LOUVET.

HAUT-RELIEF. *Voyez* BAS-RELIEF.

HAUT-RHIN (Département du). *Voyez* RHIN (Haut-).

HAUTS LIEUX, dans la Bible, est le nom donné à des endroits fort élevés, solitaires, d'un accès difficile, où les Hébreux, méconnaissant les preuves éclatantes que le Très-Haut ne cessait de leur donner de sa puissance et de sa bonté, se rendaient fréquemment, à l'insu de leurs chefs, pour satisfaire leur irrésistible penchant à l'idolatrie. Enfin, la loi de Moïse vint interdire ces sacrifices particuliers; elle voulut, pour ramener le peuple israélite à l'unité, que le vrai Dieu, l'unique Dieu, Jéhova, n'eût qu'un seul temple, et, pour couper court d'avance aux sectes et aux hérésies, qu'une seule famille fût attachée au ministère des autels. Telle est l'origine du temple de Salomon, qui surpassa en beauté tous les sanctuaires de l'univers. Dès lors les Hébreux commencèrent à abandonner le culte des faux dieux, qui avait eu tant d'attrait pour eux, et désapprirent le chemin des *hauts lieux*, qui jusque alors avaient reçu tant de fois la visite de leurs tribus errantes.

HAÜY (RENÉ-JUST), minéralogiste et physicien célèbre, chanoine honoraire de la cathédrale de Paris, membre de l'Académie des Sciences, naquit à Saint-Just (Oise), le 28 février 1743. Son père, qui exerçait le métier de tisserand, ne pouvait guère s'occuper de son éducation; heureusement le prieur des Prémontrés de sa ville natale s'intéressa à lui, et l'envoya à Paris, où il dut se contenter pour vivre d'une place d'enfant de chœur dans une église du quartier Saint-Antoine. Haüy devint du moins bon musicien; il était fort sur le violon et sur le clavecin, instruments qui charmèrent ses loisirs pendant toute sa vie. Enfin, grâce au zèle de ses protecteurs de Saint-Just, il obtint une bourse au collége de Navarre, où, après avoir fini ses études, il devint maître de quartier, puis régent de cinquième. C'est dans ce collége que Brisson lui fit prendre quelque goût pour les expériences de physique; mais il ne les répétait que par délassement. Plus tard, il passa comme régent de seconde au collége du cardinal Lemoine, où il se lia d'amitié avec le savant et modeste Lhomond. Lhomond aimait la botanique, Haüy étudia cette science, devint botaniste distingué. Il se prépara avec des soins extraordinaires un herbier dans lequel les fleurs conservaient leurs couleurs.

Le Jardin des Plantes était voisin de son collége. Un jour qu'il s'y promenait, il entra écouter une leçon de minéralogie que faisait Daubenton : à l'instant, il prit la résolution de se livrer avec ardeur à l'étude de la nature des minéraux, de leur construction, etc. Sa perspicacité lui fit bientôt découvrir une grande lacune dans l'enchaînement des méthodes à l'aide desquelles les naturalistes prétendaient expliquer la contexture, la formation des minéraux. Il s'étonnait avec raison de ce que les fleurs, les fruits, les corps des animaux, quoique composés de corpuscules mobiles, offrent constamment les mêmes formes et les mêmes couleurs, le même développement, tandis que des minéraux de même espèce se présentent sous des formes et des volumes divers. Cependant, les principes constituants d'un sel, d'une pierre, sont dépourvus de mouvement, et leurs formes doivent être plus simples que les atomes qui constituent une rose, etc. Eh bien, les naturalistes n'avaient encore rien publié que l'on pût donner comme réponse satisfaisante à des observations si piquantes et si justes : la gloire de la découverte des lois véritables de la cristallographie était réservée au fils du tisserand de Saint-Just. Toujours préoccupé de ces idées, voici à quelle occasion il fit le premier pas dans la carrière qu'il devait parcourir d'une manière si brillante. Se trouvant chez un de ses amis, il eut, dit Cuvier, l'heureuse maladresse de laisser tomber un beau groupe de spath calcaire cristallisé en prismes. Un de ces prismes se brisa de manière à présenter sur la cassure des faces non moins lisses que celles du prisme entier, et qui présentait l'apparence d'un cristal nouveau, tout différent du prisme pour la forme. Ayant répété cette expérience et fait les mêmes observations : « Tout est trouvé, s'écria-t-il, les molécules du spath calcaire n'ont toutes qu'une seule et même forme, celle d'un rhomboïde; elles ne forment des cristaux différents qu'en se rompant diversement. » Ayant cassé d'autres cristaux, il trouva que les molécules élémentaires sont pour le grenat un tétraèdre, dans la pyrite un cube, etc., d'où il conclut que tous les cristaux sont formés d'éléments identiques.

Pour s'assurer si les vrais principes de la cristallographie étaient trouvés, il fallait les soumettre au calcul; mais Haüy avait oublié le peu de mathématiques qu'on lui avait enseignées. Il ne se rebuta point, et dans peu de temps il apprit autant de géométrie qu'il lui en fallait pour le guider dans ses découvertes. Lorsqu'il jugea que sa découverte était suffisamment élaborée, il en fit part à Daubenton, qui, en appréciant toute l'importance, le sollicita avec empressement d'aller la présenter à l'Académie. Cette illustre assemblée le combla d'éloges, et en témoignage de satisfaction, il fut nommé professeur-adjoint de botanique au Jardin des Plantes. Il reçut encore une preuve bien plus flatteuse du cas qu'on faisait de lui. La Grange, Laplace, Lavoisier, Fourcroy, etc., allèrent au collége du Cardinal-Lemoine prier le modeste régent de leur expliquer sa théorie, qui faisait prendre une face toute nouvelle à la minéralogie.

Suivant les statuts de l'ancienne université, les régents avaient droit à la pension de retraite après vingt ans de professorat. En 1784, Haüy avait fini sa tâche. Alors son ami Lhomond lui conseilla de prendre sa retraite et de se donner tout entier à la culture des hautes sciences : il suivit cet avis. Il vivait paisiblement, dans sa retraite du Cardinal-Lemoine, de sa modique pension et du produit d'un petit bénéfice, quand la révolution éclata. Esclave de ses croyances et de ses devoirs, ayant refusé de prêter le serment que les novateurs exigeaient des membres du clergé, il fut privé de sa pension et de son bénéfice. Après la journée du 10 août, des hommes se présentent dans le réduit qu'il occupe, et lui demandent s'il n'a pas d'armes à feu : « Je n'en ai qu'une, répondit-il, la voilà ». Et en même temps il tire une étincelle de sa machine électrique. Cette réponse les déconcerta un instant; mais après avoir bouleversé ses papiers, ses collections, ils le traînèrent dans le séminaire de Saint-Firmin. Dans sa prison, Haüy rencontra de nombreux amis. Il fit venir des cristaux, et ses occupations reprirent leur cours ordinaire. Cependant, ses amis du dehors, appréciant le danger de sa position, se mirent en devoir d'obtenir sa délivrance. Des membres de l'Académie, des professeurs du Jardin des Plantes, etc., n'hésitèrent pas à solliciter sa grâce; elle fut accordée. Aussitôt, Geoffroy, élève du prisonnier, vole à Saint-Firmin avec un ordre d'élargissement. Qui le croirait? Comme il était un peu tard, Haüy voulut passer encore cette nuit dans sa cellule. Le lendemain il fallut presque l'en extraire de force. Ce jour était l'avant-veille du 2 septembre! Depuis lors, il ne fut plus inquiété. Une fois seulement, on le fit comparaître à la revue de son bataillon; mais on le réforma aussitôt sur sa mauvaise mine. L'année suivante (22 septembre 1793), la Convention le nomma membre de la commission des poids et mesures, et conservateur du cabinet des mines en 94. Lorsque Lavoisier fut arrêté, lorsque Borda, Delambre, furent destitués, ce fut Haüy, prêtre non assermenté, remplissant tous les jours ses devoirs religieux, qui n'hésita point à écrire en leur faveur, et, chose étonnante pour une telle époque, il n'eut point à s'en repentir.

Le savant cristallographe fut nommé professeur de minéralogie au Muséum d'Histoire Naturelle le 9 décembre 1802. Dès lors cet établissement commença à prendre une forme toute nouvelle; les collections prirent un accroissement rapide. Le professeur, dont les démonstrations étaient si lucides, compta dans son auditoire des minéralogistes accourus de tous les points de l'Europe. Il était d'une complaisance parfaite : l'étudiant le plus humble était écouté, comme le personnage le plus savant et comme le plus auguste; car il a eu des élèves de tous les rangs. Lors de sa fondation, l'université porta le nom de Haüy sur la liste d'une de ses facultés, sans exiger qu'il donnât des leçons; mais Haüy, ne voulant pas d'un titre illusoire, appelait chez lui les élèves de l'École Normale, et les initiait à tous ses secrets. Peu de temps après, des lois sur le cumul lui firent perdre une pension devenue incompatible avec un traitement d'activité. C'est ainsi que Haüy se trouva réduit au strict nécessaire.

Une chute que fit Haüy accéléra sa fin. Dans cet accident, il se cassa le col du fémur : un abcès qui se forma dans l'articulation rendit le mal incurable. Il expira le 3 juin 1822, à l'âge de soixante-dix-neuf ans, ne laissant à sa famille pour tout héritage qu'une magnifique collection de cristaux de toutes les variétés, que les dons de presque toute l'Europe pendant vingt ans avaient portée à un degré de richesse qui n'avait point d'égal. Cette collection a été acquise par le Muséum d'Histoire Naturelle, et se trouve dans la salle qui précède la galerie de minéralogie.

Les principaux ouvrages que nous a laissés Haüy sont un *Traité de Minéralogie*, publié en 1801, en 4 volumes in-8°, et un atlas de planches in-4° : l'auteur en avait donné au public une sorte d'extrait en 1797. A l'époque de la renaissance des études fortes dans les colléges, Haüy fut chargé par le gouvernement de rédiger un *Traité élémentaire de Physique*. Malgré les vastes connaissances qu'il avait des matières qui sont du ressort de la physique, il se crut au-dessous de la tâche dont on voulait l'honorer : il ne se décida à la remplir que sur les instances de l'abbé Émery, l'ancien supérieur de Saint-Sulpice. La *Physique* de Haüy ne contient aucune découverte notable dont on puisse lui faire honneur. Son livre n'en est pas moins digne des plus grands éloges : c'est assurément un de ceux qu'on a écrits sur la matière avec le plus de netteté, d'ordre et de précision.

TEYSSÈDRE.

HAUY (VALENTIN), frère du précédent, fondateur de la première institution ouverte à l'enfance des aveugles-nés, naquit à Saint-Just, en Picardie, le 13 novembre 1745. Amené à Paris, fort jeune pour y faire son éducation, il se sentit particulièrement porté vers l'étude des langues et des divers systèmes d'écriture. Cette propension décida d'abord de sa carrière : il entra dans les bureaux des affaires étrangères, et y fut employé à traduire les pièces officielles et la correspondance chiffrée. C'était le temps où l'abbé de l'Épée éveillait la curiosité publique par ses tentatives pour développer l'intelligence des sourds-muets; le jeune Haüy partageait le sentiment général excité par les premiers succès du digne instituteur. Quand ses travaux le lui permettaient, il se rendait auprès de lui, et suivait avec attention les progrès de ses élèves. On croit que ce fut en assistant à ces exercices que lui vint la première idée de faire participer au bienfait de l'instruction une autre classe d'infortunés, laissée jusque là dans un triste abandon, les aveugles.

Quoi qu'il en soit, cette généreuse pensée une fois entrée dans son esprit, il s'y attacha avec force comme à tout ce qui l'occupait, et rechercha soigneusement dans la biographie de quelques aveugles-nés distingués tous les moyens imaginés par eux pour mettre à leur portée les connaissances du clairvoyant. Il a raconté lui-même la circonstance singulière qui l'amena à ce qui est proprement sa découverte : Huit à dix pauvres aveugles, des lunettes sur le nez, placés le long d'un pupitre qui portait de la musique, exécutaient alors dans un lieu public une symphonie assez discordante, mais à laquelle la situation des concertants donnait un vif intérêt : la foule des promeneurs s'arrêtait autour de cet orchestre, alors nouveau : dans le nombre se trouva un jour Haüy, qui, toujours occupé de son projet, se demanda si l'on ne pourrait pas remplacer pour ces malheureux ce vain simulacre de partition qu'ils plaçaient devant leurs yeux fermés. « L'aveugle, se dit-il, connaît les objets à la diversité des formes, il ne se méprend pas à la valeur d'une pièce de monnaie; pourquoi ne distinguerait-il pas un *ut* d'un *sol*, un *a* d'un *f*, si ces caractères étaient rendus palpables? » Telle est l'origine du mode spécial d'instruction créé par Haüy; ce fut ainsi qu'il en reconnut la base ingénieuse et simple, qui consiste à remplacer toujours par un signe en relief, offert au doigt de l'aveugle, le signe simplement tracé pour l'œil du clairvoyant. Parvenu à ce point, il chercha patiemment les moyens matériels de réalisation d'une théorie à peine élaborée; et enfin, pourvu de lettres, de chiffres, rendus sensibles au toucher, il s'enquit d'un élève pour en faire l'essai pratique.

Il avait quelquefois questionné un jeune aveugle, appelé Lesueur, qui, dépourvu de toutes ressources, mendiait à la porte des églises. Cet enfant lui avait paru doué d'heureuses dispositions; Haüy l'attira chez lui, l'engagea à suivre ses leçons, et, dans la chaleur de son zèle, promit de récompenser de sa bourse ce qu'il lui ferait perdre ainsi des produits quotidiens de l'aumône publique. Un plein succès couronna de si nobles efforts : au bout de six mois, le mendiant était en état de lire et de calculer avec ses doigts; il savait de plus un peu de géographie et de musique. Cette prompte réussite excita l'attention de quelques amis de Haüy; et peu après, dans une séance publique de la Société académique des Sciences et des Arts, il fut invité à faire paraître son élève et à expliquer les principes de cette éducation nouvelle. La surprise fut générale, et l'instituteur trouva sur-le-champ le haut patronage nécessaire pour étendre à d'autres aveugles son ingénieuse méthode. La Société Philanthropique, qui comptait parmi ses membres les Bailly, les Larochefoucauld-Liancourt, lui confia douze jeunes aveugles, et fournit à tous les frais d'instruction et d'éducation qu'exigeait le naissant institut : c'était en 1784. L'année suivante, le nombre des élèves se trouvait déjà doublé. Cette même année, une commission de l'Académie des Sciences, à laquelle avait été soumise la méthode de Haüy, tout en signalant l'analogie de quelques-uns de ses procédés avec d'autres isolément employés avant lui par certains aveugles, reconnaissait que l'impression en relief lui appartenait en entier, de même que le système complet d'instruction qu'il avait établi sur cette base.

Après l'approbation de ce corps savant, Haüy obtint un suffrage plus important encore pour l'œuvre à laquelle il s'était voué : En 1786, appelé à Versailles avec ses élèves, il les produisit devant la cour, qui prit un vif intérêt à ces exercices, où se développaient les talents acquis par ces infortunés; on les garda quinze jours au château, et ils en repartirent avec l'assurance que le roi prenait désormais l'établissement sous sa protection. Louis XVI arrêta en effet qu'il serait fait des fonds pour élever à 120 le nombre des élèves, et il accorda à Haüy le titre de secrétaire interprète du roi et de l'amirauté de France. Ce fut une période de prospérité pour l'établissement, qui fixait de jour en jour davantage l'attention de la France et de l'étranger. La révolution vint malheureusement y mettre un terme : privée des secours du gouvernement, l'institution tomba à la charge de son fondateur, qui parvint à la soutenir, quoique bien déchue, au travers de nos troubles civils. Enfin, il obtint, en l'an III, un arrêté du Directoire qui plaça de nouveau l'établissement sous la protection de l'autorité; mais un vice d'organisation intérieure y développait dans la gestion des intérêts matériels des abus dont Haüy dut porter la responsabilité. Odieusement attaqué d'ailleurs pour ses manifestations politiques d'une autre époque, il résolut de quitter la France et de se rendre à Saint-Pétersbourg, où l'appelait le gouvernement russe, pour fonder un institut sur le modèle de celui de Paris. Il partit en effet, en 1806, accompagné de Fournier, l'un de ses meilleurs élèves. A Berlin, il fournit à M. Zeune toutes les indications nécessaires pour établir l'institution qui existe encore dans cette ville, et, arrivé dans la capitale moscovite, il y fonda également un établissement qui obtint d'abord beaucoup de succès. Après onze années passées en Russie, Haüy, âgé de soixante-quatorze ans, et atteint de plusieurs infirmités, sentit le désir de rentrer dans sa patrie. Il partit en 1817, décoré de la croix de Saint-Wladimir. A son arrivée en France, le gouvernement lui accorda une pension dont il jouit jusqu'à sa mort, qui eut lieu le 18 mars 1822. Valentin Haüy est auteur de l'*Essai sur l'Éducation des Aveugles*, imprimé par eux en relief, 1786, in-4°, travail curieux, où sont succinctement exposés les détails d'une création qui doit faire vivre son nom dans l'estime de la postérité.

P.-A. DUFAU.

HAVAÏ (Iles). *Voyez* TONGA.

HAVANE (La), en espagnol *la Havaña*, ou plutôt *San Cristobal de la Habaña*, capitale de l'île espagnole de Cuba, est située sur la côte septentrionale de cette île et le grand centre du commerce de l'Espagne avec l'Amérique, en même temps qu'une des villes les plus animées du Nouveau Monde. Elle fut tranférée sur l'emplacement qu'elle occupe aujourd'hui en 1519, après avoir été, dès le 25 juillet 1515, fondée par Diego Velasquez, sur la côte méridionale, là où se trouve de nos jours le port si insalubre de Batabano. Pour la translation du chef-lieu, on fit choix de *Puerto de Carenas*, déjà célèbre et utilisé dès 1508 par Sébastian Ocampo, et qui est l'un des ports les plus beaux et les plus sûrs qu'il y ait au monde. L'entrée en est formée par un canal de trois à quatre cents mètres de largeur sur environ quinze cents de longueur, défendu par de redoutables ouvrages : les forts Morro, sur lequel s'élève un phare, et Cabañas en deçà de la ville, et Puerta au delà. La ville est bâtie sur le côté occidental du port, dans le plus riche district de toute l'île, au milieu d'une contrée couverte de magnifiques habitations de campagne, de villages, de plantations de café, de jardins et d'allées de palmiers, et où vit une population très-compacte. Elle est en outre entourée de murailles et protégée du côté de la terre par quelques ouvrages.

La Havane est une ville d'une construction très-régulière; mais les rues en sont généralement étroites et mal pavées, et sans compter la garnison, les matelots et les étrangers, elle renferme une population fixe de 130,000 habitants. Elle est le siége du capitaine général et de l'intendant général de l'île, du commandant de la marine, d'un évêque, d'une université et d'autres établissements d'instruction publique, d'une société patriotique, etc., etc. On y trouve aussi un tribunal d'appel, un tribunal de commerce, une banque, un jardin botanique, une école de navigation, ainsi qu'un grand nombre d'écoles diverses et autres établissements scientifiques : aussi sous le rapport des lumières et de l'instruction. La Havane occupe-t-elle un rang bien plus élevé que la plupart des grandes villes de l'Amérique espagnole. Son important et productif commerce n'y entretient pas seulement une extrême activité, mais encore un fort grand luxe; et il entre chaque année plus de 2,000 navires dans son port. Le chemin de fer de Batabano, ouvert le 8 décembre 1843, a établi une communication avec la côte méridionale de Cuba, et des bateaux à vapeur relient entre eux les différents ports de l'île. Sauf ses grandes manufactures de tabac et surtout de cigarres, et environ un millier de raffineries de sucre et de distilleries de rhum, on y compte peu de fabriques de quelque importance. Les principaux édifices publics sont les hôtels du gouverneur, de l'intendant, du commandant de la marine, et le magnifique bâtiment de la douane. On conserve dans la cathédrale les restes mortels de Christophe Colomb, qui y ont été rapportés de San-Domingo, en 1796. Indépendamment de la cathédrale, on y compte encore trois églises paroissiales, douze églises de couvent et de nombreuses chapelles. La ville possède en outre un bel hospice des orphelins, une maison des enfants trouvés, un hôpital d'aliénés, une grande prison neuve, plusieurs hôpitaux et casernes, trois théâtres, dont un destiné à l'opéra italien, un jardin botanique, une grande et belle place d'exercice (*Campo de Marte*), plusieurs marchés et d'autres places pourvues de fontaines jaillissantes, dont l'une, la *Plaza de Armas*, ornée de la statue en marbre de Ferdinand VII, offre une promenade agréable. Le Cirque pour les combats de taureaux est établi à Regla, de l'autre côté de la baie. Les boutiques brillantes, les cafés, les restaurants abondent dans la ville. Parmi les constructions toutes récentes, on remarque le débarcadère du chemin de fer et le grand canal. On doit aussi une mention spéciale à l'arsenal et à ses magnifiques chantiers de construction.

HAVRE. Ce mot, suivant plusieurs auteurs, vient d'*aber*, vieille expression gauloise qui signifiait la décharge d'un fleuve dans la mer ou dans un autre fleuve. On donnait anciennement le nom de *havre* à tout port de mer, soit qu'il offrît naturellement un abri aux vaisseaux dans les temps orageux, soit qu'il fût creusé par la main de l'homme. Aujourd'hui, cette expression n'est plus guère usitée que pour désigner certains ports, comme le Havre-de-Grâce, à l'embouchure de la Seine, à qui nous consacrons un article particulier; le Havre sur la Susquehennah, dans le Maryland, aux États-Unis; le petit Havre aux Indes, et quelques autres ports peu connus. Le mot *havre*, dans sa plus ancienne acception, répond au *portus* des Latins, et au λιμνη ou ὅρμος des Grecs, et non, comme on l'a longtemps prétendu à tort, au *statio navium* des Romains, qui signifie *rade*, ou *mouillage*. Quoique le mot *havre* ait vieilli dans notre langue, les marins s'en servent encore pour qualifier la nature de certains ports, ils appellent *havre de barre* un port dont l'entrée est fermée par les bancs de sable ou de galets, des pouliers, ou quelques pointes de roches apparentes ou sous-marines, et que les navires ne peuvent fréquenter qu'aux heures de pleine mer; *havre de toutes marées* ou d'*entrée* un port où les bâtiments sortent et entrent à tout instant, sans attendre la haute mer; *havre brut* ou *crique* un port que la nature seule a formé. Toutefois, il y a cette différence entre un havre et une crique, que l'un peut servir de refuge, comme nous venons de le dire, aux navires de fort tonnage, tandis que l'autre ne peut être fréquenté que par des barques ou des bateaux pêcheurs.

J. Saint-Amour.

HAVRE (Le), ville maritime de France, à l'extrémité occidentale du département de la Seine-Inférieure, chef-lieu d'arrondissement, qu'un chemin de fer relie à Rouen et à la capitale, à 78 kilomètres de Rouen, à 213 kilomètres de Paris, avec 28,954 habitants. Le Havre est situé à l'entrée de la large embouchure de la Seine, que chaque marée transforme en une immense nappe d'eau sur laquelle la vue s'égare.

Au quinzième siècle, l'emplacement qu'occupe le Havre n'offrait que deux tours, destinées à protéger une crique assez spacieuse formée par la Manche. Mais le port d'Harfleur étant devenu impraticable, Louis XII, sur l'avis de l'amiral Bonnivet, fit augmenter les fortifications du Havre (1509). François Ier, son successeur, qui affectionnait beaucoup cet endroit, y fit exécuter des travaux maritimes assez considérables. La nouvelle ville reçut même le nom de *Franciscopolis*, dénomination que fit bientôt oublier une chapelle dédiée à Notre-Dame de la Grâce et qui lui valut celle de Havre-de-Grâce, aujourd'hui hors d'usage. En 1562, le prince de Condé livra le Havre aux Anglais; et c'est alors qu'on apprécia toute l'importance d'une place qui rendait l'étranger maître du cours de la Seine. Il fut donc repris neuf mois après, et fortifié sous le ministère du cardinal de Richelieu, qui en était gouverneur, et qui y fit élever une citadelle. Vers 1670 commença la vie commerciale de ce port, considéré jusque alors plutôt comme position militaire que comme le débouché le plus favorable de la France septentrionale pour ses produits. Les pêches lointaines de la baleine et de la morue furent l'origine de cette industrie; mais la cession de Terre-Neuve à l'Angleterre en ayant bientôt tari l'une des sources, les armateurs durent tourner leurs regards vers le commerce extérieur. Bientôt tous les pavillons de l'Europe flottèrent là où l'on ne voyait jadis que des barques de pêcheurs. Quelques expéditions heureuses au Canada et sur les côtes orientales d'Afrique préludèrent à des expéditions plus fructueuses encore. Les compagnies des Indes orientales et occidentales, celle du Sénégal et de la Guinée, en firent le chef-lieu de leurs relations. Sa prospérité était déjà telle, que les suites funestes du malheureux combat de La Hogue s'y firent à peine sentir. Il souffrit d'ailleurs fort peu du bombardement que les Anglais y opérèrent en 1694. Enfin, le brillant développement des colonies de l'Amérique avait donné à son commerce un accroissement extraordinaire, lorsque la révolution française vint lui porter un coup funeste, mais dont les conséquences disparurent, une fois que la paix eut ramené sur les mers la sécurité, base vitale de toutes relations mercantiles. L'accroissement de population résultant de cette prospérité toujours croissante rendit bientôt nécessaire la démolition des vieilles murailles du dix-septième siècle; elles furent remplacées par une enceinte bastionnée d'une étendue triple. Un décret du 24 mai 1854 a ordonné la suppression de cette enceinte et l'ouverture d'un boulevard sur son emplacement. C'est aussi à l'époque où tombait la vieille enceinte que la citadelle fut démantelée et transformée, telle qu'elle est encore, en un simple quartier militaire.

Le Havre est une fort jolie ville, dont les nouveaux quartiers peuvent rivaliser avec les parties les mieux construites de Paris. Elle se compose de neuf quais et de soixante-cinq rues, ornees de fontaines publiques. Elle offre peu d'édifices vraiment remarquables. Nous devons cependant citer l'église de Notre-Dame, ainsi que la Porte Royale, construite en forme d'arc de triomphe, et d'où l'on jouit d'un fort beau coup d'œil. En 1852 on y inaugura les statues de Bernardin de Saint-Pierre et de Casimir Delavigne. A gauche, le vaste bassin du commerce avec ses mille mâts; à droite, le beau quai d'Angoulême; au fond, la place Louis XVI, quadrilatère planté d'arbres et de gazons, qui se déploie devant le théâtre, et deux massifs de maisons dont les arcades rappellent la rue de Rivoli. En arrière de ces édifices s'étend un vaste espace rectangulaire, nommé la place Louis-Philippe. Mais ce que l'étranger admire surtout au Havre, ce sont les vastes bassins qui forment son port, et où les vaisseaux viennent mouiller jusque dans les parties les plus reculées de la ville, à l'abri de tout danger. Leur superficie réunie s'élève à près de 230,000 mètres carrés. Deux rades, qui ont tous les défauts des rades foraines, les précèdent, et on y entre par un canal étroit, défendu par la vieille tour de François Ier et une batterie; une immense retenue d'eau, appelée *La Floride*, le débarrasse du galet qui vient l'obstruer, au moyen d'une belle écluse de chasse. Un des avantages de ce port, pour l'entrée et la sortie des navires, c'est qu'il conserve son plein pendant plus de quatre heures, et qu'au moyen du jeu des écluses, ces derniers y sont toujours à flot. La nature avait d'ailleurs peu fait pour lui, et tout ce que l'art est venu exécuter de merveilleux est le résultat du plan général arrêté lors de la visite qu'y fit Louis XVI en 1786. Il consiste en cinq ports, non compris l'avant-port. Deux nouveaux bassins sont projetés pour l'établissement de d o c k s.

Aucun des points du territoire de la France que baigne l'Océan ne présente autant de facilités et d'avantages au commerce que le Havre. Placé au centre des départements septentrionaux, il alimente naturellement la consommation de Paris et de Rouen et celle des contrées intermédiaires, où l'industrie a élevé de si nombreuses manufactures. En retour des marchandises des diverses fabriques de France, surtout de celles de Rouen, le Havre reçoit de l'Amérique du café, du sucre, de l'indigo, du cacao, des peaux brutes, des bois de teinture et de marqueterie, et surtout une quantité prodigieuse de coton. Une bonne partie de ces denrées est exportée pour la Baltique et la mer du Nord, surtout pour Dantzig et Hambourg; le reste est consommé en France. Une circulation non interrompue s'établit entre le Havre et les ports de l'étranger. Alicante, Carthagène, Cadix, Malaga, lui envoient les soudes, les vins, les laines, les huiles de l'Espagne; Lisbonne, les oranges et les citrons du Portugal, les laines de l'Algarve; Boston, Philadelphie, Baltimore et autres ports de l'Amérique septentrionale, chargent leurs bâtiments de bois, de riz, d'huile de poisson, et viennent couvrir les quais du Havre d'une quantité considérable de marchandises différentes. Le Nord offre d'autres moyens de trafic : les bois de mâture, les planches de sapin de Norvège, les madriers, les braies, les goudrons, les poissons secs et salés, les huiles de baleine, celles de hareng, arrivent au Havre des ports de Drontheim, Bergen, Christiania, Gothenbourg, Stockholm, Œster-Risœr. Ceux de Copenhague, Kœnigsberg, Dantzig, Riga, font les mêmes expéditions; ils joignent aux productions du sol qui les avoisine celles qu'ils obtiennent des échanges de leur commerce, telles que le fer, le cuivre, le fil de laiton, le plomb, le chanvre, le lin et les grains. L'Angleterre, l'Écosse, l'Irlande, expédient leurs blés, le plomb, l'étain, le charbon de terre de leurs mines, le poisson de leurs pêches. Un grand nombre de navires expédiés de ces îles ont leur chargement complet en bœuf salé, saumon en gonnes, suif et lard en barils, orge et seigle en vrac. Ajoutez à ces principales importations celles d'Altona, d'Emden, des ports de la Hollande, et vous aurez la mesure du commerce avec l'étranger dont le Havre est l'entrepôt. Le nombre des navires étrangers qui y entrent annuellement est de 700 à 800. Le commerce qu'il fait avec les autres ports de France n'a pas moins d'activité : Marseille lui envoie ses savons, ses huiles, ses cotons en laine ou filés du Levant, ses poils de chèvre, riz, fruits secs, mais surtout ses drogueries. Cette expédie ses vins muscats et quelques marchandises sèches, Bayonne ses laines, Bordeaux ses vins, La Rochelle ses eaux-de-vie, Marennes son sel, Grandville sa morue verte, Nantes, Saint-Malo, Cherbourg, Caen, Dieppe, Dunkerque, différents produits du sol ou de l'industrie. Les droits de douane s'élèvent annuellement de 25 à 30 millions. Le mouvement du port en 1853 a été à l'entrée de 5562 navires, jaugeant 773,920 tonneaux; à la sortie, de 5,577 navires, jaugeant 770,536 tonneaux et montés par 49,701 hommes d'équipage. Le Havre est un des principaux ports de départ pour l'é m i g r a t i o n européenne.

Place forte avec citadelle, chef-lieu de sous-arrondissement maritime, le Havre possède une direction d'artillerie, une direction du génie, des tribunaux d'arrondissement et de commerce, un conseil de prud'hommes, une chambre de commerce, un bureau principal et un entrepôt réel des douanes, un collége, une école d'hydrographie et une bibliothèque publique de 25,000 volumes (au Prétoire), un arsenal où l'on voit des armes curieuses, une manufacture impériale de tabac, des fabriques de cordages, de goudron, de faïence, de vitriol et de chaises pour les colonies, trois typographies. La grande occupation des femmes est la confection de la dentelle. Il y a des chantiers de construction. On y arme pour les grandes pêches : celle des côtes y est très-active.

La hauteur qui domine le Havre est couverte d'habitations et de maisons de plaisance, auxquelles on donne le nom de *faubourg d'Ingouville*. Il forme une commune particulière, qui compte près de 5,000 habitants.

HAVRÉ (Famille d'). *Voyez* CROY.

HAVRESAC, littéralement *sac à avoine*. Comment, dira-t-on, l'infanterie a-t-elle un sac à avoine, tandis que le mot *havresac* ne se trouve mentionné dans aucun des documents officiels qui concernent la cavalerie française? La réponse doit être prise d'un peu haut. Les reîtres qui vinrent servir en France au temps de la Ligue, les corps allemands de cavalerie que la France prit depuis cette époque à sa solde, appelaient *havresac* (*hafersack*) leur besace, leur sac à comestibles. Des rouliers, des cochers de fiacre, empruntèrent ce terme; il se francisa; on le traduisait par *sac à provisions*. Jusqu'au temps de Turenne, l'infanterie française appelait *canapsa*, *knapp-sack*, le sac de toile ou de coutil de chaque fantassin : c'était également un mot allemand, qui répondait à *besace de gueux*, ou à *gibecière* de charlatan. Ce canapsa se portait en carnassière, comme s'est porté le havresac jusqu'au ministre Saint-Germain. Le terme *canapsa* vint insensiblement à déplaire à une infanterie qui commençait, sous Louis XIV, à concevoir quelque estime d'elle-même; il n'était que de simple usage, il ne se trouvait dans aucune ordonnance. Le caprice du soldat, car c'est le soldat seul qui a créé la langue des armes, substitua au canapsa, qu'il répudiait, le havresac, qu'il croyait synonyme de *sac à provisions* : c'était une pure carnassière en toile. Elle se conserva ainsi jusqu'à Choiseul; la peau à poil succéda à la toile, et sous Saint-Germain la double bretelle succéda à la bricole simple. Gouvion-Saint-Cyr rendit une ordonnance, qui ne reçut point d'exécution, autorisant un havresac en toile cirée, à l'instar de l'infanterie anglaise. Les usages de la garde royale ont transformé, par une addition de planchettes, le sac de peau en une espèce de petite malle. La loi a confirmé cette mode.

Gal BARDIN.

HAWAI. *Voyez* SANDWICH.

HAWKESBURY. *Voyez* LIVERPOOL (Comte de).

HAWKINS (JOHN), navigateur anglais, né en 1520, à Plymouth, avait déjà exécuté plusieurs voyages maritimes, et avait de la sorte acquis une connaissance approfondie de toutes les questions relatives au commerce de son temps, lorsqu'en 1562 il conçut le projet de faire participer son pays aux profits énormes que la traite des esclaves, jusque alors faite par l'Espagne seulement, rapportait au commerce espagnol. A cet effet, il fit trois voyages des côtes d'Afrique aux Indes occidentales, et y acquit d'immenses richesses, en même temps qu'il attachait à son nom l'éternelle flétrissure d'avoir été le premier Anglais qui ait songé à faire ce trafic, réprouvé par les lois de la religion comme par celles de la morale la plus vulgaire. Pour se procurer des esclaves nègres, tous moyens lui étaient bons. En récompense des prétendus services qu'il rendit de la sorte à son pays, il obtint l'autorisation d'ajouter à ses armoiries une moitié de nègre garrotté. Plus tard il fut nommé trésorier de la marine, et en 1588 vice-amiral de la flotte qu'on arma pour repousser la fameuse Armada. Les services qu'il rendit dans cette campagne lui valurent le titre de *baronet*. En 1594 il entreprit, de concert avec Francis Drake, une expédition contre les établissements espagnols dans les Indes occidentales, mais elle échoua; et le chagrin qu'il en éprouva abrégea ses jours. Il mourut le 24 novembre 1595.

HAWTHORNE (Nathaniel), écrivain américain, né en 1809, à Salem, dans l'État de Massachusets, obtint d'abord un emploi à la douane de Boston, mais y renonça plus tard pour s'attacher à une société dite *Broock-Farm-Community*, créée à Roxbury, et dont les membres se proposaient de mettre en pratique les principes communistes d'Owen et de Fourier. Après l'insuccès complet de l'entreprise, Hawthorne s'en revint à Boston, où il demanda à la culture des lettres des moyens de subsistance. Dès 1837 il réunissait sous le titre de *Twicetold Tales* les différents contes qu'il avait publiés dans les journaux et les revues; et il y ajoutait un nouveau volume en 1842. En 1843 il s'établit dans le délicieux village de Concord, où il habita une vieille maison de curé qu'avait autrefois occupée Emerson; et c'est cette circonstance qui l'engagea à donner à son ouvrage suivant le titre de *Mosses from an old manse* (Boston, 1846); gracieuses esquisses, qui firent connaître son nom en Europe. Après avoir séjourné pendant trois ans à Concord, où il donna encore son livre d'enfant *Liberty Tree* et son *Journal of an African Cruiser* (1846), il accepta de nouveau un emploi à la douane de Boston, sans pour cela renoncer à la littérature. C'est ainsi qu'en 1851 il a fait paraître *The scarlet Letter* et *The House of the seven Gables*, qui obtinrent un grand et légitime succès, puis en 1852 *The snow Image* et *The Blithedale romance*, dont le succès n'a pas été moindre, et qui lui assurent une place distinguée parmi nos conteurs contemporains

HAXO (François-Nicolas-Benoît, baron), lieutenant général du génie, pair de France, inspecteur général des fortifications, conseiller d'État, etc., naquit à Lunéville, en 1774. Après avoir achevé ses études au collége de Navarre, il entra comme élève sous-lieutenant à l'école d'artillerie de Châlons-sur-Marne. Sorti avec le grade de lieutenant de mineurs, il passa bientôt capitaine du génie, et fit les campagnes de 1794 et 1795 à l'armée du Rhin. Ses services à l'armée d'Italie en 1800 et 1801 lui valurent le grade de chef de bataillon. Envoyé à Constantinople en 1807, pour en améliorer la défense, il passa ensuite à l'armée d'Italie, où il fut employé sous les ordres du général Chasseloup. Appelé en Espagne en 1809, il donna les plus grandes preuves de talent et de bravoure au siége de Saragosse, qui lui valut le grade de colonel. Ayant, l'année suivante, dirigé avec succès les siéges de Lérida et de Méquinenza, sous les ordres de Suchet, il fut promu au grade de général de brigade. Rentré en France par ordre de l'empereur, il fut nommé, en 1811, commandant du génie à l'armée d'Allemagne, inspecta Hambourg, Altona, et les places fortes de la Prusse et de la Pologne, où il fit exécuter des travaux considérables. En décembre 1812, après la désastreuse campagne de Russie, s'étant distingué à la bataille de Mohilof, il devint général de division. En 1813 l'empereur le nomma gouverneur de Magdebourg; mais en juin de la même année il le rappela près de lui, et lui confia le commandement du génie de sa garde. Après la bataille de Dresde, envoyé par Napoléon près de Vandamme, il arriva pour assister à la malheureuse affaire de Kulm. Blessé et fait prisonnier, il ne rentra en France qu'à la suite des événements qui amenèrent la première restauration.

Les Bourbons accueillirent avec bienveillance le général Haxo. Il accompagna le duc de Berry jusqu'à la frontière lors du retour de l'empereur de l'île d'Elbe, se rangea bientôt sous les drapeaux de son ancien chef, qu'il suivit à Waterloo, et se retira avec l'armée sur la Loire. Mis en non-activité sous la seconde restauration, le gouvernement le réemploya en 1816, et le nomma inspecteur général des fortifications. C'est à son activité et à ses talents que la France dut le complément de son système de défense. Il restaura les places de Belfort, Grenoble, Besançon, Dunkerque, Saint-Omer et le fort de L'Écluse. Nommé pair de France après juillet 1830, le général Haxo, lorsqu'on agita la question de fortifier Paris, se prononça en faveur de l'enceinte continue et contre le système des forts détachés. Il fut désigné par le gouvernement, en 1832, pour diriger les opérations du siége d'Anvers, où il acquit de nouveaux titres à la reconnaissance du pays. Il est mort le 25 juin 1838, laissant la réputation de l'un de nos officiers généraux les plus distingués du génie. On a de lui des mémoires sur diverses questions qui intéressent la défense nationale.

HAYDN (François-Joseph) naquit le 31 mars 1732, à Rohrau, village sur les frontières de la Hongrie et de l'Autriche, et était le fils d'un pauvre charron, qui à son gagne-pain ordinaire ajoutait le dimanche le métier de musicien ambulant, jouant de la harpe tandis que sa femme chantait et que le petit Joseph, alors âgé de cinq ans, simulait avec une planchette et une baguette le violon accompagnateur. Le maître d'école de la petite ville de Haimbourg, que le hasard fit assister à un de ces concerts rustiques, ayant remarqué dans le jeune Joseph de grandes dispositions musicales, le prit chez lui; et après lui avoir enseigné les premiers éléments de la musique, il lui procura une place d'enfant de chœur à Saint-Étienne, cathédrale de Vienne. Ses progrès furent rapides: cependant, moins précoce que Mozart, qui à treize ans composa un opéra applaudi, Haydn à cet âge composa une messe, dont son maître de chapelle se moqua, avec raison. Parvenu à l'époque de la mue de la voix, il fut indignement chassé de Saint-Étienne, où depuis dix ans la foule venait admirer sa belle voix de haute-contre. Ainsi livré à lui-même, sans aucune ressource, le malheureux Haydn allait retourner dans son village, lorsqu'il fut recueilli par un pauvre perruquier, amateur des arts, qui fut très-heureux de posséder chez lui le grand artiste dont il était allé si souvent admirer la voix à la cathédrale. Délivré de tous soins, traité comme un fils par son bienfaiteur, Haydn se livrait au travail avec une ardeur incroyable; il ne travaillait jamais moins de seize heures par jour.

Il débuta à dix-huit ans dans la carrière musicale par l'opéra du *Diable Boiteux*, qui fut joué avec assez de succès sur le théâtre de la Porte de Carinthie. Deux ans après, il publia son premier quatuor en *bé fa*. Encouragé par ce succès, Haydn donna successivement plusieurs symphonies, qui furent accueillies avec acclamation par le public de Vienne. Ce ne fut qu'en 1760 que le prince Nicolas Esterhazy s'attacha, en qualité de maître de chapelle Haydn, jusque là très-malheureux, et passant souvent dans son lit les froides journées d'hiver, faute de bois. Notre compositeur resta dans cette maison pendant plus de trente ans, et ne la quitta qu'en 1791, à la mort du prince Nicolas. Haydn fit plusieurs voyages en Angleterre, où les plus brillantes offres lui furent faites pour l'engager à rester à Londres; mais, préférant sa patrie à la richesse, il revint à Vienne, et donna en 1798 l'oratorio de *La Création du monde*. Ce chef-d'œuvre fut bientôt connu de presque toute l'Europe, et partout il excita la plus vive admiration. A soixante-huit ans, deux ans après l'oratorio de *La Création*, Haydn donna encore l'oratorio des *Quatre-Saisons*. Ce fut la dernière étincelle de son vaste génie : il ne fit plus que languir jusqu'à sa mort, arrivée le 31 mai 1809.

En cinquante-deux années de travail, Haydn a donné 527 compositions instrumentales : dans ce nombre, qui n'a encore été atteint que par un bien petit nombre de compositeurs, il s'en trouve 161 pour le baryton, instrument très-harmonieux, mais que la difficulté a fait abandonner. Le reste se compose de 82 quatuors, 31 messes, offertoires, etc.; 118 symphonies, 13 concertos, 21 opéras, dont les plus connus sont : *Le Diable Boiteux*, dont nous avons parlé plus haut; *Armide*, *Orlando paladino*, *Orfeo*, *Il Mondo della Luna*, *L'Infedeltà permiata* et *La Cantarina;* l'oratorio *La Création du monde, Les Quatre-Saisons, Le Retour de Tobie*, et *Les Paroles du Sauveur sur la croix*,où Haydn n'a pu éviter la monotonie des morceaux d'harmonie, qui se succèdent avec trop d'uniformité. Les 91 autres morceaux se composent de sonnates, menuets, etc. Inimitable dans la musique instrumentale, Haydn fut surpassé par Mozart dans la musique sacrée et dans l'opéra.

En 1762, un an après son entrée chez le prince Esterhazy, Haydn avait épousé la fille de son ancien bienfaiteur, le barbier; mais, doué d'un caractère gai et facile, il fut bientôt obligé de se séparer de cette femme, dont il ne put supporter la pruderie et la bigoterie. Exempt de tout esprit de rivalité et de jalousie, il posséda l'amitié de Porpora, de Gluck, et surtout du jeune Mozart, dont il ressentit vivement la perte. Dans sa jeunesse, il eut aussi quelques rapports avec Métastase; mais le grand poëte, au sein de l'opulence, ne devina pas le grand musicien sous les lambeaux de la misère.

HAYDN (Michel), frère du précédent, né en 1737, mort en 1806 directeur des concerts de l'archevêque de Saltzbourg, a laissé un grand nombre de morceaux de musique sacrée, dont quelques-uns rivaliseraient peut-être avec les meilleurs ouvrages de Mozart.

HAYDON (Benjamin-Robert), peintre d'histoire, naquit en 1786, à Plymouth. Il était fils d'un libraire. Après avoir longtemps combattu le goût prononcé qu'il annonçait pour la peinture, son père se décida enfin, en 1804, à l'envoyer à Londres pour s'y livrer à l'étude sérieuse de l'art. Il avait des lettres de recommandation pour plusieurs artistes alors en renom, comme Northcote, Opie, Fusely. Northcote lui dit : « Ah, vous voulez être peintre d'histoire! eh bien, vous mourrez de faim sur un oreiller de paille! » Fusely était alors directeur de l'Académie royale de Peinture; Haydon suivit ses cours avec une assiduité peu commune. Il y eut pour condisciple et ami Wilkie, depuis si célèbre et si populaire. La première toile dans laquelle il essaya d'appliquer les théories que lui avait inspirées l'étude réfléchie des chefs-d'œuvre de l'art antique fut son *Dentatus*, grande page à laquelle, en 1810, la *British Institution* décerna le premier prix, et que lord Mulgrave lui acheta 200 liv. sterl. (5,000 fr.). Un *Macbeth*, qu'il exécuta de 1810 à 1812, fut pour lui la source de chagrins cuisants. Le Mécène qui lui avait commandé cette toile refusa absolument d'en prendre livraison, et l'artiste, condamné à l'unanimité par la critique, se trouva réduit aux plus pénibles nécessités d'argent, par suite de l'absence des honoraires sur lesquels il avait dû compter. Dans cette position fâcheuse, il s'arma cependant d'un nouveau courage, se remit à l'œuvre, et exécuta son *Jugement de Salomon*, dont le succès le dédommagea jusqu'à un certain point de ce grave échec, car il lui fut acheté 16,000 francs. En 1814 Haydon vint à Paris avec son ami Wilkie; et en 1817 il fonda à Londres une école à l'usage des jeunes gens qui se destinent à la peinture. Son obstination à ne faire que de la grande peinture historique ne put pas lutter avec succès contre la direction, de plus en plus prononcée, du goût public vers la peinture de genre et la peinture de portrait. « Le portrait, disait-il, ira toujours. La vanité, la bêtise et la richesse voudront toujours se faire peindre. Le portrait est indépendant de l'art, et n'a rien à faire avec lui. C'est une des manufactures nationales de l'Angleterre. Partout où va l'Anglais, partout où il colonise, il portera toujours avec lui l'institution du Jury, les courses de chevaux et la peinture de portrait... »

La plus froide indifférence fut tout ce qu'obtinrent ses constants et nobles efforts, et il en vint à se trouver réduit à la gêne la plus cruelle, quelque succès qu'eussent d'ailleurs obtenu auprès des amateurs éclairés son *Christ au mont des Oliviers*, son *Moïse congédié par Pharaon*, son *Entrée de Jésus-Christ à Jérusalem* (1820), dont l'exhibition publique lui rapporta environ 75,000 fr., et qu'il ne put vendre plus tard que 240 liv. st. (6,000 fr.), et sa *Résurrection de Lazare* (1823), dont il ne trouva que 300 liv. st. Ces toiles, conceptions grandioses mais quelque peu bizarres, dans l'une desquelles les têtes des apôtres reproduisent les traits d'hommes célèbres des temps modernes et où Voltaire se trouve assez singulièrement placé vis-à-vis de Jésus Christ (il est vrai que l'artiste a donné ses traits à Judas); ces toiles, disons-nous, étaient d'une grandeur telle qu'il n'y avait pas de particulier qui pût songer à les acquérir pour en orner sa demeure ou sa galerie. Elles furent donc achetées par des entrepreneurs d'exhibitions, qui les firent voir au public pour de l'argent.

Cette lutte de l'artiste contre le goût frivole de ses contemporains eut pour résultat de le couvrir de dettes, et ses créanciers finirent, en 1827, par le faire arrêter et conduire à la prison du *King's Bench*. Il ne put en sortir qu'au moyen d'une souscription organisée par un certain nombre d'amis des arts. Son séjour dans cette prison le rendit témoin d'une scène plaisante, dont quelques-uns de ses co-détenus pour dettes étaient les acteurs; il y trouva le sujet de deux toiles délicieuses, *The mock Election* et *The Chairing of the Members*, où brille toute la gaieté d'Hogarth. Georges IV acheta la première 500 guinées. Un autre tableau du même genre qui obtint un succès franc et légitime fut son *Punch*.

Les deux ouvrages qui incontestablement firent le plus connaître Haydon dans les masses furent deux grandes pages exposées successivement en 1831 et 1832 : *Napoléon considérant le soleil couchant* et *Napoléon à Sainte-Hélène contemplant le tombeau qui lui est destiné*. L'artiste a été heureusement inspiré par la grandeur de son sujet; son succès cette fois fut aussi franc que mérité. L'amélioration qui en résulta momentanément dans sa situation et celle de sa famille ne fut toutefois que momentanée. Il arriva à l'âge où toute illusion disparaît, où le cœur se ferme même à l'espérance; et un profond découragement vint se cacher sous la teinte mélancolique habituelle de ses pensées. L'ingrat public avait fini par délaisser complétement l'artiste courageux et consciencieux qui avait refusé de complaire à ses caprices. Et aussi bien, il faut l'avouer, le talent du peintre commençait à visiblement baisser, comme le prouve une toile colossale représentant une assemblée de la société pour l'abolition de l'esclavage (1840), et qui ne contient pas moins de 130 figures, ainsi que son *Wellington* à cheval. Les amis de Haydon eux-mêmes ne soupçonnaient pas toute l'étendue de ses tourments secrets. Ils l'avaient vu pendant si longtemps lutter contre la mauvaise fortune, qu'ils l'y croyaient aguerri par l'habitude. Il n'en était rien pourtant, et sous ce vernis de stoïque et religieuse indifférence, la force lui faisait de plus en plus défaut. Chaque jour il confiait ses douleurs secrètes à un mystérieux journal de ses pensées, qui déjà formait vingt-six volumes consacrés à l'histoire, heure par heure, jour par jour, de ses immenses désappointements comme artiste et de ses poignantes douleurs comme chef de famille. La plus grande partie en a été publiée dans la *Vie de Haydon*, par Taylor (Londres, 1854).

C'est dans ces tristes circonstances qu'il acheva son tableau du *Bannissement d'Aristide*, la dernière grande toile sortie de ses mains. L'exhibition publique en eut lieu dans l'un de ces établissements où, faute d'un Louvre, l'art à

Londres est contraint d'exposer ses plus nobles productions, dans un local voisin souvent de celui où la foule stupide vient se faire écraser pour repaître ses yeux de quelque spectacle vulgaire ou ignoble. Cette fois ce fut un nain ridicule, *Tom-Pouce*, dont nos Parisiens, eux aussi, ont dû conserver le souvenir, et dont le *propriétaire* ou *cornac* ne récolta pas moins de 500,000 fr. à montrer en Europe ce jeu déréglé de la nature, qui vint faire concurrence au malheureux Haydon. Auprès de son tableau solitaire, l'artiste attendait, souvent vainement, quelques rares visiteurs. Le 26 juin 1846 il sortit de grand matin, et ne rentra que vers neuf heures. Il avait l'air plus triste que de coutume, parce qu'une dernière ressource, sur laquelle il avait cru pouvoir compter, lui manquait. Après avoir tendrement embrassé sa femme, qui se disposait à partir pour la campagne, il rentra dans son atelier. Quelques instants après, la détonation sourde d'une arme à feu se fit entendre; mais sa femme et sa fille n'y firent pas attention, distraites qu'elles étaient par le bruit de l'exercice à feu qui se faisait au même instant dans l'un des parcs voisins de leur demeure. La malheureuse femme s'éloigna; et une heure après, la fille d'Haydon, entrant par hasard dans l'atelier, y trouva son vieux père gisant sans vie dans une mare de sang, au pied d'une toile colossale à laquelle il travaillait depuis quelque temps, et dont le sujet était *Le roi Alfred, ou le premier jury anglais*. Après s'être manqué en essayant de se brûler la cervelle, Haydon avait eu l'horrible courage de se faire au cou avec un rasoir une profonde blessure, à laquelle il n'avait pas tardé à succomber. Il mourait à l'âge de soixante-et-un ans.

HAYE (La), en hollandais *s'Gravenhage* (bois du comte), en latin *Haga Comitum*, capitale du royaume des Pays-Bas, dans la province de la Hollande méridionale, à 6 kilomètres de la mer du Nord, est une ville ouverte, agréablement située, dans une contrée fertile, et qui compte 72,000 habitants, dont la grande majorité appartient à l'Église réformée. Le sol sur lequel elle est bâtie s'élève plus au-dessus du niveau de la mer et est plus sec que celui de la plupart des autres villes de la Hollande : aussi l'air y est-il pur et salubre. Cette ville a de belles et larges rues, généralement pavées en briques et garnies d'arbres, un grand nombre de maisons superbes, à plusieurs étages, et de vastes places publiques. Son plus beau quartier est *Het Voorhout;* sa partie la plus animée, la plus vivante, est le mont *Vyver*, où sont situées les habitations des princes de la famille royale, des ministres, des envoyés étrangers et autres grands personnages. Au *Vyver* touche l'ancienne *Cour de Hollande*, palais appelé plus tard *Cour du stathouder*, qu'habita ensuite le roi Louis-Napoléon, qui l'embellit, et renfermant le *Buitenhof* et le *Binnenhof*, masse confuse de constructions anciennes et modernes. Diverses autorités publiques et la seconde chambre des états généraux occupent le *Buitenhof* Une suite d'appartements contiennent les archives, riches en documents d'une inappréciable valeur pour l'histoire de l'Europe pendant les quatre derniers siècles. La Tour de la Porte, dite *Gevangenpoort*, construite sur le chemin conduisant du Buitenhof au mont Vyver, est l'antique prison d'État, où gémirent un grand nombre d'hommes célèbres dans l'histoire de la Hollande, tels que Barneveldt et les frères de Witt.

En fait d'édifices remarquables, on doit encore citer les palais du prince d'Orange et du prince Frédéric, le muséum ou *hôtel Maurice*, ainsi appelé du nom d'un gouverneur du Brésil qui le fit construire, en 1640. Ce musée se compose d'une galerie de tableaux et d'un très-riche cabinet de curiosités chinoises et japonaises. La galerie ne compte qu'un petit nombre de tableaux. Parmi les pièces capitales que les connaisseurs en peinture y admirent, on doit surtout mentionner trois toiles fameuses : le sujet de la première, de Paul Potter, est *Un Taureau et des Brebis;* la seconde, de Rembrandt, reproduit une *Leçon d'anatomie* par Tulpius; et la troisième, de Murillo, représente *La Vierge et l'enfant Jésus*. Une trentaine d'autres tableaux, dus aux pinceaux de Gérard Dow, de Metzu, de Mieris et de Wouvermans, enrichissent cette petite mais précieuse collection, primitivement formée par les stathouders. La bibliothèque royale compte plus de cent mille volumes, outre un grand nombre de manuscrits précieux; elle possède aussi un riche cabinet de médailles. Le ministère de la marine contient une remarquable collection de modèles de constructions navales et d'antiquités nautiques. Citons encore le nouveau palais du roi, situé dans le quartier nord de la ville, et qu'habita le feu roi Guillaume III; celui du roi actuel, Guillaume IV, dans le *Voorhout*, où l'on voit une belle collection de tableaux. Parmi les quatorze églises que renferme La Haye, on remarque les trois qui sont consacrées au culte hollandais réformé, notamment la grande église Saint-Jacques, dont la construction remonte à l'année 1309, et qui est flanquée d'une tour hexagone de près de 100 mètres d'élévation. Les catholiques y ont quatre églises, et les juifs deux synagogues. La Haye possède une école latine ou collége, une école de musique et un grand nombre d'institutions scientifiques et littéraires. Il s'y trouve aussi un théâtre français, qui joue trois fois par semaine.

Aux portes de la ville, un magnifique parc sert de promenade aux habitants : on l'appelle le *Bois*. C'est un vaste jardin anglais, planté de vieux arbres que la tradition prétend être un reste des forêts de l'ancienne Batavie : il passe pour le plus beau de ce genre qui existe en Europe. A l'extrémité de ce parc se trouve une habitation de plaisance du roi, nommée la *Maison du Bois*; les peintures qui en ornent la salle de bal, exécutées par des élèves de Rubens, sont regardées comme des chefs-d'œuvre.

C'est seulement comme résidence de la cour, du corps diplomatique, des autorités supérieures, etc., que La Haye est arrivée à avoir de l'importance. Le commerce y est resté insignifiant : cependant on y trouve encore quelques fabriques de céruse, de papier, de tapis, de rubans, etc. La population de La Haye vivant en grande partie des dépenses de la cour, du corps diplomatique et de la foule d'étrangers que les affaires ou les plaisirs amènent dans cette ville, on y parle assez généralement français. La Haye, comme l'indique son nom hollandais, a pour origine un rendez-vous de chasse que les comtes de Hollande y possédaient jadis au milieu d'une vaste forêt. En 1250, l'empereur Guillaume, comte de Hollande, s'y fit construire un palais, autour duquel vinrent successivement se grouper de nombreuses habitations, qui ont fini par donner naissance à la ville actuelle. Il n'y a pas en Hollande de paysage plus riant et plus pittoresque que les environs de La Haye : la route conduisant à Delft n'est qu'une suite non interrompue de délicieuses maisons de campagne, et celle qui mène à Leyde présente des sites enchanteurs. A peu de distance de cette capitale, on trouve aussi le château de Ryswijck, où fut signé, en 1697, le traité de paix qui en a gardé le nom. Le joli village de Scheveningue, célèbre dans l'histoire parce que c'est là où s'embarqua Charles II pour aller reprendre possession du trône de ses pères, est devenu autrement fameux dans ces dernières années par le superbe établissement de bains de mer qui y a été créé. Une triple allée de vieux arbres conduit à ce village, qui n'est qu'à une demi-lieue de distance de la capitale. La visite des admirables écluses construites à Katwyk pour l'encaissement du vieux Rhin, ne doit point être oubliée par les étrangers.

HAYNAU (Jules-Jacques, baron de), général autrichien, le plus jeune des fils que l'électeur de Hesse Guillaume Ier eut de madame de Lindenthal, naquit en 1785, à Cassel, et entra en 1801 au service d'Autriche avec le grade de sous-lieutenant. Après avoir pris part aux campagnes de 1805, 1809, 1813 et 1814, il obtint en 1823 le grade de lieutenant-colonel, passa colonel en 1830, et général major en 1835. Promu en 1844 feldmaréchal-lieutenant, il fut nommé en 1847 commandant à Temesvar; et c'est dans ces fonctions que vinrent le surprendre les événements de mai 1848. Quand la guerre éclata en Italie, il demanda aussitôt à y être employé, et s'y distingua. Tandis que la grande armée marchait sur Custozza pour y battre l'ennemi, le général Haynau commandait à Vérone. L'idée heureuse qu'il eut d'envoyer de son chef, dans la nuit du 24 au 25 juillet, une brigade à Sommacampagna, contribua beaucoup à la victoire que les Impériaux y remportèrent. Un combat heureux et le bombardement de Peschiera consolidèrent sa réputation comme général, et après la conclusion de l'armistice, l'empereur, qui lui avait déjà donné la croix de commandeur de l'ordre de Léopold, lui conféra les insignes de l'ordre militaire de Marie-Thérèse.

Le général maintint ensuite la tranquillité à Bergame et à Brescia, en y faisant observer la discipline la plus rigoureuse, et à Ferrare il tira une éclatante vengeance de quelques sévices commis sur des soldats autrichiens par des habitants. Pendant ce temps-là, la Sardaigne avait dénoncé l'armistice et recommencé les hostilités (mars 1849). Une révolte formidable éclata à Brescia, et la brigade aux ordres du général Nugent se trouva hors d'état de la réprimer. Haynau se porta alors rapidement de Padoue sur Brescia, et l'investit. Alors commença, en raison de la résistance opiniâtre opposée par les insurgés (31 mars et 1er avril), une lutte à laquelle on ne saurait rien comparer dans l'histoire des guerres modernes. Après un meurtrier combat de rues et une canonade dévastatrice, la ville fut prise d'assaut et cruellement châtiée. « J'ordonnai, dit tout naïvement le général Haynau dans son rapport officiel, de ne point faire de quartier, et de massacrer sans pitié tous ceux qui seraient pris les armes à la main. Je commandai en outre de mettre le feu aux maisons des fenêtres desquelles on avait fait feu sur mes troupes... »

Le général Haynau était occupé au siége de Venise, quand une lettre autographe de l'empereur l'appela en Hongrie, en mai 1849, pour y prendre le commandement en chef de l'armée autrichienne. Vers la fin de juin, l'armée principale, à laquelle l'empereur François-Joseph s'était rendu de sa personne, se mit en mouvement; et par les succès qu'il remporta, le nouveau général en chef justifia bientôt le choix dont il avait été l'objet. La prise d'assaut de Raab, la marche en avant vers le sud, en dépit des difficultés du terrain et du climat, l'occupation de Szegedin (2 août), les combats livrés sur les rives de la Theiss (9 août), qui valurent au vainqueur la prise de Témesvar : tout cela fut l'œuvre de Haynau. Quoique à Villagos Gœrgei ait semblé céder uniquement à la supériorité des forces de l'armée russe, la vérité est que la prompte terminaison de la lutte fut surtout due aux succès précédemment obtenus par le général. Tandis qu'ils lui valaient de nouveaux honneurs, la sanglante sévérité qu'il avait déployée tant avant qu'après la victoire flétrissait sa gloire aux yeux du public. Les terribles exécutions qui eurent lieu le 6 octobre à Pesth et à Arad, et dans lesquelles périrent les chefs les plus éminents de la révolution hongroise, exécutions attribuées généralement aux conseils et à l'influence de Haynau, excitèrent l'indignation et l'horreur universelles. C'étaient en effet de lâches et inutiles boucheries.

La guerre une fois terminée, Haynau fut investi en Hongrie d'une véritable dictature militaire. Il se trouva en fait le vice-roi du pays, et prétendit dès lors agir à sa guise, sans avoir égard aux ordres ministériels qui lui venaient de Vienne, usant même du droit de grâce, comme eût pu faire un souverain. Mais dans ce conflit d'autorité Haynau devait finir par avoir le dessous; et le 6 juillet 1850 un décret impérial lui enleva tout à coup ses pleins pouvoirs. Il rentra alors dans la vie privée, et choisit la ville de Grætz pour séjour. Au mois de septembre 1850, pendant un voyage qu'il était allé faire à Londres, une visite rendue par lui à la fameuse brasserie de Barclay et Perkins provoqua des rassemblements tumultueux, dans lesquels il fut maltraité par la populace, sans que le gouvernement anglais se montrât fort empressé de faire cesser ces désordres. En 1852 les mêmes démonstrations eurent encore lieu contre lui à Bruxelles; il vint ensuite à Paris, où, en revanche, la police le protégea d'une manière toute particulière. Il ne resta cependant pas longtemps en France, et partit pour l'Allemagne, où il éprouva une attaque d'apoplexie en se rendant aux eaux de Græfenberg. Il mourut peu de temps après, à Vienne, le 24 mars 1853.

Son frère aîné, resté en Hesse, où il était devenu lieutenant général, et où depuis longtemps il vivait retraité, fut un instant appelé au commandement de l'armée par le ministère réactionnaire de Hassenpflug, mais ne répondit point à l'attente qu'on avait conçue de lui, et dut donner sa démission, le 9 octobre 1850.

HAZAZEL. *Voyez* Bouc émissaire.

HAZEBROUK. *Voyez* Nord (Département du).

HAZLITT (William), littérateur anglais, né le 10 avril 1778, à Maidstone, dans le comté de Kent, et élevé à l'école de Hackney, près de Londres, fit d'abord de la peinture, mais sans arriver à quelque distinction dans cet art. Plus tard il embrassa la carrière littéraire, et devint en 1808 *reporter* (rédacteur-sténographe) des séances du parlement pour le *Morning Chronicle* et d'autres journaux. Cette occupation lui donna l'idée de publier un choix des plus remarquables discours prononcés dans le parlement depuis le règne de Charles Ier jusqu'à l'époque moderne, sous le titre de *The Eloquence of the British Senate* (Londres, 1808). Sa grammaire anglaise (1810) eut le mérite de mettre à la portée du vulgaire les vues ingénieuses de Horne-Took. Il réunit sous le titre de *The round Table* (2 vol., 1817) différents articles de lui, relatifs à la politique, aux théâtres et aux beaux-arts, qui se trouvaient dispersés dans les journaux et recueils périodiques auxquels il avait travaillé. Ses *Characters of Shakspeare's Plays* (1817) contiennent ses idées sur le théâtre : il y fait preuve de finesse et d'esprit, sans pourtant pénétrer jamais dans toute la profondeur du génie du grand poëte. On a encore de lui : *View of the British Stage* (1818), et *Lectures on the British Poets* (1818); *The Spirit of the Age* (1825); *The plain Speaker* (1826), et enfin *The Life of Napoleon*, ouvrage dont le succès fut grand et populaire (1828) et qui a été traduit dans plusieurs langues. Hazlitt mourut à Londres, le 18 septembre 1830; la même année, il avait fait paraître ses *Conversations of James Northcote*. Son fils a publié ses œuvres complètes.

HEAD (Sir Francis BOND), écrivain politique anglais, né en 1793, entra au service, et parvint jusqu'au grade de major. En 1816 il épousa la sœur de lord Somerville. Un voyage dans l'Amérique du Sud lui fournit le sujet d'un livre intitulé : *Rough Notes taken during some rapid journeys across the Pampas* (Londres, 1826), qui se recommandait par beaucoup d'originalité de style, et produisit une véritable révolution dans la littérature des *touristes*. Il écrivit ensuite les piquantes esquisses connues sous le titre de *Bubbles from the brunnens of Nassau*; et il remplissait les fonctions de commissaire adjoint pour les pauvres dans le comté de Kent, lorsqu'en novembre 1835 il fut nommé gouverneur du haut Canada. Il fit preuve dans l'exercice de ces fonctions, au milieu de circonstances assurément très-critiques, de beaucoup d'énergie, d'activité et de bonne volonté; services que le gouvernement reconnut en l'élevant, en mai 1837, au rang de *baronet*; mais ses fausses mesures provoquèrent dans ce pays une insurrection, à la suite de laquelle il dut donner sa démission, en 1838. A l'occasion des reproches auxquels son administration avait donné lieu, il essaya de se justifier, dans un mémoire intitulé *Narrative*, livre où l'on trouve le plus bizarre mélange de politique et de polémique, de choses sérieuses et plaisantes, de vérité et d'invention, mais qui fut impuissant à réhabiliter dans l'opinion l'auteur, dont la carrière politique se trouva de la sorte définitivement close. Dans un livre intitulé : *The Emigrant* (1846), et qui contient aussi bon nombre d'excentricités, il peint et apprécie les mœurs canadiennes.

Témoin du coup d'État du 2 décembre 1851, il a fait paraître à ce sujet *A faggot of French sticks* (2 vol.; Londres, 1852), ouvrage où il se montre l'admirateur enthousiaste de Louis-Napoléon.

HEAR! HEAR! Ces mots anglais signifient : *Écoutez! écoutez!* C'est le seul signe d'approbation en usage dans le parlement anglais. Cette exclamation ne part que des bancs où siégent les amis de l'orateur, et il est très-rare que des murmures improbateurs venus des bancs opposés protestent contre cette adhésion donnée à l'expression plus ou moins heureuse et énergique des opinions d'un parti. Les sténographes anglais ne manquent jamais d'entrecouper leur compte rendu des séances de l'une ou l'autre chambre des exclamations approbatives qui ont accueilli les passages les plus saillants de chaque discours; tout comme les nôtres avaient soin, au temps où nous vivions sous le régime parlementaire, de mettre entre parenthèses les mots *adhésion générale*, *sensation prolongée*, après telle ou telle phrase à effet prononcée par l'orateur que le rédacteur en chef leur recommandait de *soigner*, parce qu'il était l'un des actionnaires ou bien le patron politique du journal.

HEATHFIELD (Lord). *Voyez* Elliott (Famille).

HEAUME. *Voyez* Casque et Armure.

HÉBÉ, divinité grecque dont parle Homère, d'un ordre inférieur, quoique les uns la fassent fille de Jupiter, les autres de Junon, qui l'aurait enfantée après avoir mangé des laitues sauvages. Ses fonctions dans l'Olympe consistaient à verser le nectar aux dieux : elle tomba en leur présence, laissant voir ce que la pudeur ordonne qu'on cache, et en conçut tant de honte, qu'elle ne voulut plus reparaître : Ganymède la remplaça. L'immortalité ayant été donnée à Hercule, il épousa Hébé, qui pour lui plaire, en sa qualité de *déesse de la jeunesse*, rajeunit Iolas au moment où il allait livrer bataille. Cette allégorie sanctionne l'union de la jeunesse et de la force. Ils eurent deux fils, Alexiaris, *le Secoureur*, et Amikitos, *l'Invincible*. Hébé avait à Phliunte un temple avec droit d'asile. Elle en possédait, sous le nom de *Juventas*, un autre au Capitole, où ceux qui déposaient la robe prétexte venaient l'invoquer. On la représentait sous la figure d'une belle fille au printemps de la vie : c'est ainsi que le célèbre Canova a exécuté sa statue en marbre blanc : elle tient une coupe dorée, attribut indispensable, sans lequel on la confondrait avec une des Grâces.

C^sse de Bradi.

HÉBÉ (*Astronomie*), planète découverte par M. Hencke, à Driessen, le 1er juillet 1847, moins de deux ans après Astrée. Elle est donc, dans l'ordre chronologique, le sixième de ces nombreux petits astres que l'on sait aujourd'hui être compris entre les orbites de Mars et de Jupiter. La distance moyenne d'Hébé au soleil est 2,43, celle de la terre au même astre étant prise pour unité. L'excentricité de son orbite, dont l'inclinaison est de 14° 46′ 42″, est égale à 0,201. Sa révolution sidérale s'effectue en 1380 jours. Enfin, les longitudes de son périhélie et de son nœud ascendant sont l'une 15° 10′ 7″, l'autre 138° 31′ 38″. E. Merlieux.

HEBEL (Jean-Pierre), poëte allemand, né à Bâle, le 15 mai 1760, étudia la théologie à Erlangen, puis obtint une place de ministre à Carlsruhe. Il mourut pendant un voyage, le 22 septembre 1826, à Schwetzingen. Pour ses poésies, Hebel ne se servit pas du haut-allemand; il adopta le dialecte naïf et pittoresque, que parle la nombreuse population d'une partie de la Souabe, c'est-à-dire de l'angle que forme le Rhin jusqu'à Bâle. Ce dialecte est riche en mots sonores, et se prête admirablement aux abréviations et aux contractions dont le poëte sait tirer parti avec un rare bonheur. Les *Poëmes alemaniques* (Carlsruhe, 1803; 8e édition, 1841), composés dans ce dialecte par Hebel, contiennent de ravissantes descriptions de la nature, de gracieux tableaux de la vie du laboureur et de l'artisan; tableaux qui ont sans doute quelque chose du ton de l'idylle, mais où l'on retrouve reproduits avec une simplicité touchante les détails de la vie intime des classes populaires. Quand les *Poésies alemaniques* parurent pour la première fois, ce fut Gœthe lui-même qui se chargea d'en rendre compte dans la *Gazette littéraire universelle de Iéna*; et il ne contribua pas peu à faire apprécier ce poëte par ses contemporains. En 1835, un monument a été élevé à la mémoire de Hebel dans la ville de Carlsruhe.

HÉBERGE. *Voyez* Mitoyenneté.

HÉBERT (Jacques-René), dit *le Père Duchesne*, né à Alençon, en 1755, dans la condition la plus obscure, vint de bonne heure chercher fortune à Paris. Sa jeunesse eut à lutter contre toutes les souffrances et les humiliations de la misère. Jeté sans parents, ni appui, ni éducation, dans la masse dédaignée du peuple, il souffrit comme elle. Doué de l'intelligence rapide et de la persévérance des gens destinés à faire leur chemin, il exerça plusieurs métiers précaires, et se donna lui-même quelque instruction. La révolution pressait sa marche. Comme il s'efforçait de percer, il la prit pour guide, parla dans les groupes, les clubs, et vécut alors des produits de son zèle d'adepte. Quand les jacobins devinrent puissants, ils lui firent rédiger *Le Père Duchesne*. Poussé ainsi dans le mouvement révolutionnaire, Hébert se montra de plus en plus audacieux. « La masse est engagée, disait-il, je m'y associe; je suis le mouvement, je le suivrai toujours, et je ne tomberai pas. » Les bénéfices de son journal l'affranchirent du besoin, et il travailla, quoique sans conviction, avec plus d'ardeur que jamais à la propagation des idées et des défiances démocratiques. Dans la nuit du 9 au 10 août il courut à l'hôtel de ville, et fut nommé substitut du procureur général de la Commune, Chaumette. Les royalistes et les mécontents lui assignaient déjà une part notable dans tous les crimes : lui, peu soucieux de ces accusations, ne chercha jamais à s'en laver; le temps de la lutte n'était pas d'ailleurs celui des explications.

Accusé d'avoir conçu le projet d'égorger la majorité girondine dans la Convention, il fut arrêté avec Dobsent, président d'un comité qui s'était installé à l'archevêché pour surveiller la marche des sections. Cette arrestation souleva aussitôt le peuple de Paris; la Commune se constitua en permanence, et fit réclamer ses deux membres à la barre de la Convention. Cette assemblée céda, et Hébert, rendu à la liberté, s'en retourna siéger à la Commune. Il était jeune, spirituel; il parlait facilement, bien que privé d'instruction positive; mais les informes et grossières analyses des feuilles du temps ne sauraient donner une idée de son genre d'éloquence. Au milieu des siens, il était indulgent et aimable; en public, c'était un orateur violent et infâme, toujours dénonçant, et comme journaliste, un furieux, un logicien plat et ivre de sang. Il était gai et causeur, ennemi de toute cafarderie privée, sans jalousie; il parut contrarié quelquefois, son affaire une fois faite, de voir que la révolution ne trouvât pas de terme ou d'arrêt, et ses vœux à ce sujet n'étaient pas toujours des confidences.

Le 4 juin, après la victoire de la Commune sur la Convention, il repoussa avec force plusieurs propositions sanguinaires, et fit prendre un arrêté qui déclarait mauvais citoyen quiconque pousserait à l'assassinat. Quelques jours après, il lança un réquisitoire terrible contre des femmes qui avaient pillé une voiture de savon; mais l'histoire a consacré avec horreur le souvenir des abominables questions qu'il adressa dans la prison du Temple au fils de Louis XVI. Il fut également un des accusateurs de la reine et des girondins, et décida les jacobins à se porter en masse à la Convention pour y demander le supplice des proscrits dans les vingt-quatre heures. Il se montra enfin le digne émule de Chaumette dans les profanations dont fut le théâtre la cathédrale de Paris, transformée en temple de la Raison. Puis il s'allia aux généraux de l'armée révolutionnaire, à Ronsin, à Mazuel, à Laumur, à Vincent, secrétaire général du ministère de la guerre, à Montmoro, imprimeur, à quelques hommes de main et d'audace, et à des orateurs de clubs, qui se voyaient menacés par Robespierre et par les dantonistes. Les hostilités commencèrent sourdement aux

Cordeliers, où Hébert fit voiler la statue de la liberté et la pancarte des droits de l'homme. La conjuration élabora un plan par suite duquel la Convention eût été décimée et même remplacée témporairement par la Commune; mais ce plan, au lieu de fortifier la Commune, l'abattit. Le général Ronsin et l'adjudant général Mazuel rédigèrent des pamphlets, dans lesquels la marche dictatoriale du comité de salut public était dénigrée; on y disait la liberté perdue sans une résistance immédiate, car toutes les places étaient ou allaient être données à la folie ou à la trahison : la contre-révolution était certaine; des craintes étaient éveillées sur le sort et la quantité des prochains approvisionnements. Ces écrits, répandus clandestinement dans les marchés, émurent les gens du peuple et des campagnes: ils rendirent bientôt les approvisionnements difficiles. Sur ces entrefaites, les militaires du parti; principalement Mazuel et Ronsin, visitaient fastueusement les prisons et annonçaient la prochaine cessation du régime actuel : ils parlaient haut, plutôt comme leur courage et leur irritation les y poussaient, que suivant la prudence. L'autorité avertie, cherchant à saisir ces puissants agitateurs en flagrant délit, ne s'y décida que lorsque leurs manœuvres eurent produit un certain effet à la surface. Les mesures prises par l'autorité réussirent, et les conspirateurs furent arrêtés avant leur levée de boucliers. Au mot d'ordre, tous les clubs, ceux même sur lesquels ils avaient compté; lâchèrent pied, suivirent le torrent et se déchaînèrent contre eux.

Les conjurés furent déférés à la justice du moment, et parurent devant le tribunal révolutionnaire neuf jours après leur arrestation. Tous ces grands factieux sacrifiés par les partis réunis de Danton et de Robespierre étaient atterrés, à l'exception de Ronsin, de Clootz, de Mazuel, jeunes hommes d'un grand courage. Les débats furent courts, agités, étouffés. Ronsin et Mazuel se conduisirent avec énergie. Hébert en appela à l'ancienne amitié de Robespierre, pleura et marchanda sa vie. « Vous ne me remplacerez pas, disait-il, moi qui étais toujours prêt pour les grandes circonstances! » Les débats s'attachèrent spécialement à flétrir Hébert, Montmoro, Ronsin, Pereira, comme concussionnaires et escrocs, gagnés par l'or de l'étranger pour agiter la France et y perpétuer les troubles; accusations toutes fausses et absurdes, contre lesquelles protestèrent vainement les accusés. Hébert mourut mal; pourtant l'exemple ne lui manquait pas. Il mourut au milieu d'amis résignés d'avance à toutes les chances de la vie révolutionnaire; il tomba presque en défaillance à la vue de l'échafaud. Ses lèvres devinrent bleues, ses yeux hagards, et le bourreau dut le soutenir pour lui aider à monter. Il avait épousé une religieuse jolie et gracieuse, qui eut la même fin, et périt peu de temps après avec la jeune épouse de Camille Desmoulins : la même charrette les conduisit à la mort. Hébert était petit, fluet, d'une figure jolie et spirituelle : c'était un des élégants de l'époque de la terreur; personne ne mettait plus de soin à sa toilette; ses collègues l'aimaient, à cause de son caractère franc et de sa gaieté. Il mourut à trente-neuf ans, le 24 mars 1794. Frédéric FAYOT.

HÉBERTISTES ou ENRAGÉS, partisans d'Hébert, siégeant avec lui au club des Cordeliers, et parmi lesquels on remarquait Anacharsis Clootz, Ronsin, Vincent, Montmoro, etc.

HÉBÉTUDE. *Voyez* FACIÈS.

HÉBRAÏQUES (Écriture, Langue et Littérature). *Hébraïque*, de même que *Hébreu*, vient de *Eber*, et signifie *au delà*, parce que Abraham, dont les Hébreux sont les descendants, est venu (2,000 ans av. J.-C.) de l'autre côté de l'Euphrate, de la Mésopotamie, pour entrer dans le pays de Chanaan, ou la Palestine.

Parmi les langues sémitiques (ainsi appelées parce que la plupart des peuples qui les parlaient descendaient de Sem), celle des Hébreux, qu'on appelle aussi *langue chananéenne*, passe pour la plus ancienne. Son alphabet est composé de vingt-deux lettres, parmi lesquelles cinq prennent, comme finales, une seconde forme. Ces lettres sont carrées, et portent le nom d'écriture *aschourith* (venant d'Aschour [la Syrie]), tandis que le caractère samaritain est plus grand et d'une forme plus compliquée. Quelques-unes des lettres de l'alphabet samaritain ont assez de ressemblance avec leurs correspondantes dans l'alphabet hébreu, mais quatorze d'entre elles n'ont absolument rien de commun, et les cinq finales manquent aux Samaritains; ils n'admettent ni les points-voyelles, ni les accents toniques et diacritiques, dont nous parlerons plus loin. Lequel des deux alphabets est le plus ancien? Cette question est longuement discutée dans le Thalmud; mais la forme compliquée du caractère samaritain, que le Thalmud désigne avec raison sous le nom de *raatz* (brisé), parce qu'il est formé de lignes brisées, fait croire que c'est ce caractère qui est l'ancien caractère hébreu : et cela est d'autant plus probable que la simplicité de l'écriture *aschourith* usitée de nos jours est évidemment un perfectionnement, car toujours la simplicité est un progrès. Ensuite, le nom d'*aschourith* (venant de la Syrie) indique suffisamment que c'est une importation exotique. Nous ajouterons qu'on se servait du caractère samaritain pour les amulettes, et qu'on le trouve sur des médailles qui remontent, à ce qu'on croit, aux premiers siècles de l'ère vulgaire.

On écrit les lettres hébraïques de droite à gauche, et elles servent aussi à indiquer les nombres.

La *langue hébraïque* renferme un certain nombre de mots primitifs, auxquels on donne le nom de *racines*, mots généralement composés de trois lettres; mais il y en a aussi de deux, et quelques-uns de quatre lettres. Les diverses modifications d'action, de relation, de temps, de nombre, de genre, de possession, sont indiquées par des points appelés *points-voyelles*, qu'on place au-dessus, au-dessous ou dans les lettres; l'intonation est indiquée par des accents appelés *accents toniques*, signes qui se placent au-dessus ou au-dessous des mots, à la dernière ou à l'avant-dernière syllabe. Les modifications se font aussi souvent par des consonnes spéciales, attachées, soit au commencement (préfixes), soit à la fin (affixes) du mot radical; on croit que l'introduction des points-voyelles et des accents toniques remonte en partie à Esra (Esdras), qui vivait 480 ans avant J.-C. Il en est qui les font descendre au sixième ou même au septième siècle de l'ère vulgaire : cette opinion est d'autant plus probable qu'on ne trouve pas de traces des noms des voyelles dans le Thalmud. Ces divers signes phonétiques sont devenus indispensables; les omettre, comme l'ont voulu les partisans de Masclef, serait augmenter la difficulté dans l'étude d'une langue morte depuis deux mille ans.

Les relations de position entre les objets du discours et la liaison des pensées sont indiquées par des particules, prépositions, adverbes, conjonctions et interjections. La langue hébraïque est riche, harmonieuse et simple; elle a peu de règles et quelques exceptions. Son extrême simplicité, sa nudité grammaticale, font voir qu'il n'y a rien de moins mérité que la réputation de difficulté qu'on est convenu d'attacher à l'idiome biblique. La lecture en est également facile. En ne s'arrêtant pas à la prononciation douteuse de quelques lettres, qui s'est diversifiée par suite des temps et dans divers pays, il ne faut qu'une intelligence, une mémoire et une persévérance très-ordinaires pour déchiffrer l'hébreu en très-peu de temps, les sons attachés aux lettres de cette langue étant invariables. Une bonne grammaire, et la lecture de la Bible, voilà tout ce qu'il faut pour faire en peu de temps des progrès dans la langue hébraïque. Les meilleurs travaux publiés dans ces derniers temps sur cette langue sont ceux de Gesenius et d'Ewald.

On a beaucoup discuté sur l'antiquité de la langue hébraïque. Est-elle ou n'est-elle pas une langue primitive? Quoi qu'il en puisse être, elle n'en est pas moins belle, énergique et d'une concision remarquable. La Bible, voilà sa littérature : cette littérature est riche, grande, majestueuse

L'influence que ce monument littéraire a exercée sur les juifs et les chrétiens lui donne une importance historique. Par les sentiments religieux qui règnent dans la littérature des Hébreux, par son antiquité, cette littérature surpasse celle de tous les peuples anté-chrétiens. Elle est une source sûre de l'histoire de l'humanité et de son développement intellectuel. Cependant, tout ne nous en est pas parvenu; et ce que nous en possédons n'a pas été à l'abri des vicissitudes du temps non plus que des interpolations. C'est pour mettre un terme à ce système d'interpolations et à ces vicissitudes, que les auteurs de la *Mæssara* entreprirent des travaux qui, pour paraître minutieux, n'en sont pas moins précieux.

Nous avons dit que l'Ancien Testament compose toute la littérature hébraïque : par là nous entendons dire que l'Ancien Testament seul est une autorité pour la philologie, quand il s'agit de comparer un mot ou une phrase pour arriver à une plus grande intelligence du texte. Seule aussi la Bible est regardée comme inspirée et appelée *Écriture Sainte;* mais les livres apocryphes, les Midraschim, la Mischna, le Thalmud, les commentaires sur le Thalmud et sur la Bible, les ouvrages hébreux du moyen âge, comme ceux d'une époque plus rapprochée de nous, tant en prose qu'en vers, la littérature rabbinique enfin, font également partie de la littérature hébraïque; seulement, dans cette dernière partie de la littérature hébraïque, le langage est moins correct, quoique plus riche; de même que dans la poésie hébraïque moderne il y a plus d'art, mais moins d'élan, moins de *nationalité*, que dans les brûlantes inspirations poétiques de l'Ancien Testament.

Occupons-nous d'abord de la *littérature hébraïque* proprement dite, de la littérature biblique, de l'Ancien Testament. Cette littérature est d'autant plus importante que la plupart des monuments qui la constituent sont d'une époque tellement reculée, qu'il ne nous en est pas parvenu d'autres monuments écrits. Le plus ancien écrivain des Hébreux est de quelques siècles antérieur au temps où les Grecs connurent l'écriture, et le dernier écrivain biblique est à peu près le contemporain d'Hérodote, le père de l'histoire grecque. « C'est de Moïse, dit de Vette (*Introduction critique*, p. 13), le législateur des Hébreux, que la tradition hébraïque date le premier usage de l'écriture chez ses compatriotes; on ne peut pas dire qu'il a fondé la littérature hébraïque, mais il en a fourni le commencement; il a consigné par écrit ses propres lois. » L'*Ancien Testament* contient la collection des livres regardés comme inspirés et saints par les Israélites et les chrétiens. Ces livres sont rédigés pour la plus grande partie en hébreu; une moindre partie en est écrite en chaldéen. L'*Ancien Testament* est appelé par les rabbins les *Vingt-quatre Livres*, qui comprennent le *Pentateuque*, les *Premiers Prophètes*, les *Derniers Prophètes* et les *Ketoubime* ou écrits saints. Le texte, indépendamment des points-voyelles et des accents toniques, est divisé par chapitres et versets; mais cette division est, à ce que l'on croit, d'origine chrétienne; on ne la fait pas remonter au delà du treizième siècle. Chez les Juifs, il existe encore pour le Pentateuque, une autre division, c'est celle des *Paraschas*. Après l'exil de Babylone, on établit en Palestine des synagogues où l'on récitait tous les sabbats des passages du Pentateuque qu'on divisa ainsi en cinquante-quatre sections ou *paraschas*, parce que dans une année bissextile il y a cinquante-quatre sabbats.

La partie de l'Ancien Testament qui a été le plus soigneusement conservée, c'est le *Pentateuque*. Servant à l'usage de la synagogue, elle en possède des exemplaires d'une haute antiquité, écrits en écriture carrée avec un soin minutieux sur du parchemin en rouleaux, d'après les exemplaires authentiques. Il n'y a dans toute l'Écriture Sainte que le *Pentateuque* et le livre d'*Esther* qui soient conservés de cette manière.

Le premier livre imprimé en hébreu fut un Psautier, publié avec le commentaire de Kimhi, à Bologne, l'an 1477; en 1482 parut le *Pentateuque;* en 1486, les *Premiers* et les *Derniers Prophètes;* en 1487 on imprima à Naples les *Hagiographes;* enfin, en 1488, une édition complète de la Bible fut faite à Soncino; et par la suite il parut successivement en divers lieux des commentaires rabbiniques sans ou avec le texte biblique.

Les Samaritains n'admettent et paraissent ne connaître qu'un seul ouvrage inspiré, c'est le *Pentateuque;* il est écrit en hébreu, mais avec des caractères samaritains. Le texte présente des variantes nombreuses, souvent importantes; nous les avons consignées dans les notes qui accompagnent notre traduction du *Pentateuque*. L'existence du *Pentateuque samaritain* n'a été connue en Europe qu'en 1616 et grâce à Petro de Valle.

La deuxième division de l'Ancien Testament comprend les *Prophètes*. La prophétie traite des discours et des exhortations d'hommes inspirés : ces hommes cultivaient la musique et la poésie; ils furent les conseillers des rois, ou plutôt ils donnèrent au peuple, dans les temps prospères, des avertissements, dans les temps malheureux des consolations et des règles de conduite. Isaïe, Jérémie, Ézéchiel, Joel, Amos, Osée, etc., sont tantôt sublimes et comme transportés sur les ailes de l'inspiration, tantôt touchants et mélancoliques, quand ils pleurent les malheurs de Sion. Mais l'histoire aussi est comprise parmi les prophètes : c'est qu'elle apparaît tantôt comme tradition poétique, tantôt comme histoire positive. De ce nombre sont *Josué*, *Les Juges*, *Samuel*, *Les Rois* et les *Chroniques;* et de même que le *Pentateuque* mentionne un *Livre des guerres de Dieu* qui ne nous est pas parvenu, dans Josué (X, 13) il est question du *Livre Yaschar*, qui ne nous est pas non plus parvenu. Il en est de même de plusieurs productions de Salomon, des chroniques des rois d'Israël et de Juda. Dans Daniel, la tradition et l'histoire paraissent sous la forme d'une prophétie. Le livre des Samaritains qui porte le nom de *Josué* est écrit en arabe, en caractères samaritains. C'est une espèce de *Chronique* en 47 chapitres : elle commence par l'histoire des Hébreux, un peu avant la mort de Moïse, et se termine au temps des Romains, sous Alexandre-Sévère.

La poésie lyrique, plus ancienne que l'exposition prophétique, a pour objet soit les événements miraculeux de l'histoire nationale, soit la gloire du Très-Haut; quelquefois aussi elle chante les plaisirs ou les peines de l'homme. Dans cette catégorie se distinguent particulièrement les Psaumes. Cette partie de la Bible, ainsi que les Proverbes de Salomon, Job et les Cinq *Meguiloth*, c'est-à-dire le *Cantique des Cantiques*, *Ruth*, les *Lamentations*, l'*Ecclésiaste* et *Esther*, cette réunion de poëmes didactiques, descriptifs et historiques, est connue sous le nom de *Hagiographes* ou écrits saints.

La loi nationale, la patrie, voilà l'âme de la littérature hébraïque. Même dans les livres historiques, le choix et l'exposition de ce qui est raconté apparaît sous la dépendance du point de vue théocratique de la religion hébraïque, et la plainte du psalmiste retentit des cris de douleur de la nation. L'*Ancien Testament* contient 24 ouvrages, qui constituent le canon juif. Le motif pour lequel les Samaritains n'ont pas accueilli dans leur canon tous les livres de l'Ancien Testament, c'est peut-être que leur position à l'égard des Juifs était hostile. S'ils ont adopté le Pentateuque, c'est à cause de leur grand respect pour Moïse; quant au livre qui porte le nom de *Josué*, et qui, nous l'avons dit, diffère du *Josué* des Juifs, ils l'appelèrent ainsi parce que ce général descendait d'Éphraïm. Chez les premiers chrétiens, l'Ancien Testament seul avait une autorité religieuse (de Vette, *Introd. crit.*). Peu à peu, les Évangiles et les écrits des apôtres parvinrent à avoir la même autorité.

Quant aux livres appelés *apocryphes* par opposition aux *livres canoniques*, ce sont des livres dont la lecture publique était défendue, quoique l'étude en fût prescrite aux chefs : plusieurs font même partie du canon alexandrin. Transmis par les Juifs hellénistes, ces livres sont ou traduits en grec, ou originairement écrits en cette langue : ce sont les productions postérieures de la littérature juive; ils ont pris naissance en partie chez les Juifs de la Palestine, en partie chez les Juifs alexandrins. Le caractère des livres apocryphes est celui du judaïsme d'alors, sans liaison et sans suite : cela provient de l'influence étrangère, dont se ressentait à cette même époque la civilisation juive. Tels de ces écrits se rattachent aux derniers livres canoniques ; et si ce qui originairement était écrit en hébreu ou en chaldéen existait encore dans ces langues, la transition des livres canoniques aux livres apocryphes paraîtrait toute naturelle. Ces livres sont ou didactiques ou historiques. Mais cette différence n'y est pas toujours assez tranchée, parce que l'histoire y devient quelquefois conte, et la forme didactique souvent narration. En résumé, on peut dire que la poésie occupe une grande place dans la littérature hébraïque.

Quant à la manière dont nous sont parvenues les *Saintes Écritures*, on n'a là-dessus que des conjectures. Suivant Eichhorn, plusieurs Hébreux ont dû avoir dès les temps des rois, pour leur usage particulier, des copies des livres qui composent le *Pentateuque;* et après l'exil de Babylone ces copies ont probablement servi à la confection de la nouvelle bibliothèque du temple. *Samuel*, *Les Rois*, les *Chroniques* sont sans doute des sommaires de travaux plus considérables dont il est quelquefois fait mention; et comme ces abrégés servaient en quelque sorte de manuels, il a dû en exister plusieurs exemplaires. *Isaïe*, les *Petits Prophètes* et les *Psaumes*, recueils extraits de poésies prophétiques et lyriques, ont dû se trouver répandus parmi les Israélites et avoir servi au compilateur des Saintes Écritures. Esdras, Néhémie et d'autres savants, que les Israélites appellent *les gens de la grande synagogue*, auraient fondé, propagé et conservé la collection biblique. Pour ce qui concerne l'ordre qu'on assigne aux différents ouvrages de cette collection, on n'est pas plus d'accord sur ce point que sur le précédent ; seulement, cet objet étant d'une moindre importance, nous épargnerons au lecteur les conjectures auxquelles il a donné lieu. Nous l'avons dit et nous le répétons, la Bible, considérée même sous le point de vue rationnel, et quelle que soit son histoire, est et restera toujours un monument d'une haute importance. C'est le développement historique du genre humain, dont l'intelligence est dirigée pendant une longue suite de siècles par la Providence, dont aucun homme de sens ne nie l'influence sur la marche des événements. Les saines idées contenues dans le Pentateuque ont débordé, et le dogme de l'unité de Dieu fera la conquête du monde.

S. Cahen, traducteur de la Bible.

HÈBRE, fleuve de la Turquie d'Europe. *Voyez* Balkan.

HÉBREUX. On appelle ainsi les descendants d'Abraham, lequel, 2000 ans avant J.-C., émigra de la Mésopotamie, au delà de l'Euphrate, dans le pays de Canaan ou Palestine. Aussi fait-on dériver leur nom du mot *eber*, qui en hébreu signifie *au delà*. Le monothéisme, la circoncision et la promesse de la possession future furent transmises par Abraham à son fils Isaac, lequel les transmit au plus jeune de ses fils, Jacob ou Israel, et passèrent de celui-ci à ses douze fils. A la suite d'une famine, Jacob quitta la terre de Canaan avec ses soixante-dix enfants, petits enfants et arrière-petits enfants, pour venir s'établir à *Goshen* en Égypte, où l'appelait son fils Joseph, devenu puissant à la cour d'Égypte. Pendant le séjour de quatre cent trente années qu'ils firent en Égypte, les Hébreux en étaient arrivés à former un total de 2,500,000, dont 600,000 hommes en état de porter les armes, qui protégèrent et couvrirent le mouvement d'émigration organisé sous Moïse et combattirent les peuples qu'ils rencontrèrent sur leur route pendant une marche qui ne dura pas moins de quarante années. Au milieu des fatigues de cette longue pérégrination à travers des déserts et des populations ennemies, le génie des Hébreux s'aguerrit, et la législation sévère que leur imposa leur chef introduisit dans leur esprit des idées d'ordre, de règle et d'obéissance en même temps que la crainte de Dieu. Quand ils eurent enfin atteint sous Josué la terre promise, vers le milieu du quinzième siècle avant J.-C., leurs douze tribus, à savoir les dix tribus descendant des fils de Jacob : *Ruben*, *Siméon*, *Juda*, *Dan*, *Naphtali*, *Gad*, *Asser*, *Isaschar*, *Zabulon*, *Benjamin*, et les deux tribus descendant des fils de Joseph, *Ephraïm* et *Manassès*, se partagèrent le pays ; et par suite de ce partage les tribus de Ruben et de Gad et la moitié de celle de Manassès allèrent s'établir au delà du Jourdain. L'agriculture devint la base de leur état social. La tribu de *Lévi*, au lieu d'une province en propre, reçut trente-cinq villes situées dans les autres provinces, plus le dixième de tous les fruits de la terre. De même que la caste des prêtres en Égypte, elle forma une classe à part (*voyez* Lévites), qui, dans la constitution théocratique des Hébreux fondée par Moïse, agissait au nom du Dieu éternel, comme roi invisible ; et en possession d'exercer le sacerdoce, réservé à la seule famille d'Aaron, elle gouvernait le peuple en lui imposant des lois religieuses, des lois civiles et des lois de police : prérogatives qu'elle sut conserver même sous les rois.

Les 350 années qui s'écoulèrent entre Josué et Samuel, et qu'on appelle l'*époque des juges*, à cause des guides et des chefs suprêmes appelés *juges* auxquels la nation obéissait alternativement, furent l'âge héroïque de l'antiquité hébraïque. Parmi ces juges on remarque surtout Gédéon, Jephté, le fort Samson et Débora, la femme juge. Fatigués de leurs luttes intestines et de l'influence qu'elles permettaient aux peuples voisins d'exercer sur eux, les Hébreux exigèrent et obtinrent, sous Samuel, environ 1080 ans avant J.-C., l'établissement d'un roi. Le premier qui fut revêtu de cette dignité, Saül, de la tribu de Benjamin, n'avait encore ni cour ni résidence fixe. Saül s'étant attiré sa colère par diverses offenses, Samuel sacra roi à sa place David, fils d'Isaï, qui avait tous les dons de l'esprit et du corps. Son règne glorieux (de l'an 1058 à l'an 1018 avant J.-C.) fut l'époque la plus florissante des Hébreux. Les habitants aborigènes et idolâtres du sol furent complétement subjugués, d'heureuses conquêtes étendirent les limites du royaume jusqu'aux confins de la Syrie et de l'Idumée, et Jérusalem devint la résidence du monarque. Sous son fils et successeur, Salomon, l'architecture fit de grands progrès, notamment par la construction du magnifique temple de Jérusalem ; et il en fut de même de la poésie. Le culte reçut des bases plus certaines et plus fixes ; l'industrie fut favorisée ; on noua des relations commerciales avec la Phénicie, l'Arabie et l'Égypte, et on tenta même de naviguer dans les mers de l'Arabie et de l'Inde. Néanmoins, le règne de Salomon contribua déjà à la décadence de cette puissance de si fraîche date, parce que les dépenses énormes de ce monarque le contraignirent à surcharger son peuple d'impôts. A sa mort, arrivée l'an 978 avant J. C., le royaume des Hébreux se divisa en deux États, par suite de la jalousie qui existait déjà depuis longtemps entre la puissante tribu de Juda et les autres tribus.

Le fils de Salomon, Roboam, ne parvint à conserver sous son autorité que les tribus de Juda et de Benjamin, avec la ville de Jérusalem ; et ces deux tribus formèrent alors le royaume de Juda, tandis que les dix autres tribus se donnaient pour roi Jéroboam, de la tribu d'Ephraïm, et formaient le royaume d'Israel.

Ce partage affaiblit la puissance politique de la nation. Une suite de dix-neuf rois de familles diverses, dont bien peu parvinrent au trône autrement qu'en égorgeant leurs prédécesseurs, gouverna alors le royaume d'Israel, qui, quoique plus peuplé et plus étendu que Juda, devint pourtant beaucoup plus tôt que lui la proie des conquérants assyriens. Salmanassar s'empara de Samarie, capitale d'Israel, et transporta les populations vaincues et subjuguées dans les montagnes de la Médie, l'an 720 avant J.-C.

Parmi les vingt rois de Juda de la race de David, on distingue surtout Josaphat (917 à 892 avant J. C.), Osias (809 à 758), Hiskias (726 à 696) et Josias (639 à 608), princes qui eurent les qualités nécessaires aux souverains, et firent preuve du plus grand zèle pour le service de Dieu. Les autres furent plus ou moins infidèles à la religion et aux lois de leurs pères, et, incapables de résister aux puissances égyptienne, assyrienne et babylonienne, devinrent tributaires tantôt de l'une, tantôt de l'autre, jusqu'à ce que le roi de Babylone, Nabuchodonosor, finit par s'emparer de Jérusalem, l'an 586 avant J.-C. Il brûla le temple après l'avoir pillé, fit crever les yeux au dernier roi Zédécias, et emmena avec lui à Babylone les premiers et les plus riches de la nation. Dès lors le nom d'*Hébreux* disparaît insensiblement, à partir surtout de l'époque dite *l'exil*, et est remplacé dans l'usage par la dénomination de *Juifs* ou *Israélites*.

HÉBRIDES, appelées *Western-Islands* par les Anglais, et *Ebudæ* par les anciens géographes, groupe d'îles rocheuses qui borde la côte occidentale de l'Écosse sur une grande étendue. On en porte le nombre à 300, dont 86 seulement sont habitées par une population d'environ 100,000 âmes, sur une superficie d'à peu près 111 myriamètres carrés. Les habitants, qui professent en majorité la religion catholique, vivent de la pêche, de la chasse, de l'éducation des bestiaux, fabriquent de la soude, cultivent quelques céréales et exploitent quelques mines. L'édredon, qu'ils récoltent avec de grands dangers, est aussi pour eux un objet de commerce. Ces îles paraissent avoir été habitées dès l'origine par des Celtes, qui furent soumis dans le onzième siècle, par Harald Haarfager, et que la bataille de Langs fit passer sous la souveraineté nominale des rois d'Écosse, et dans la réalité, sous la puissance des Macdonald et d'autres chefs écossais. De nos jours encore, la plus grande partie du sol appartient aux ducs d'Argyle, aux Macleod, aux Macdonald, aux Campbell, etc.

On divise ordinairement les *Hébrides* en *méridionales*, *moyennes* et *septentrionales*. Les premières dépendent du comté d'Argyle; les autres, des comtés de Ross et d'Inverness. Les principales parmi les *Hébrides méridionales* sont, sans parler d'*Icolmkill*, *Islay*, îlot assez bien cultivé et riche en mines de plomb et de cuivre; *Mull*, une des plus grandes, ayant 11 myriamètres carrés de superficie, dont Tobermorey est le chef-lieu, *Tiree* ou *Tiry*, *Lismore*, *Coll*, *Gigha*, *Jura*, *Colomsay*, et surtout *Staffa*, où se trouve la fameuse grotte de Fingal. Au nombre des *Hébrides moyennes* on doit mentionner comme les plus remarquables *Skye*, d'une étendue de 26 myriamètres carrés, la plus grande de tout le groupe, pays de montagnes et de pâturages, riche surtout en oiseaux de mer; *Raa*, *Say*, *Rum*, *Eigg* et *Canna*, avec le rocher de la Boussole. Aux *Hébrides septentrionales*, enfin, qui comprennent cinq grandes îles et une multitude d'îlots s'étendant parallèlement à la côte de l'Écosse, et portant le nom de *Long-Island*, appartiennent *South-Uist* et *North-Uist*, *Harris*, *Lewis*, *Rona*, les *Shiant* et les sept *Flannan-Islands*. L'îlot rocailleux de *Kilda*, situé à une grande distance de la côte, dans l'océan Atlantique, est peuplé d'environ 150 habitants, qui vivent presque uniquement de la chasse des oiseaux de mer et qui se font remarquer par la pureté de leurs mœurs.

HÉBRIDES (Nouvelles). *Voyez* Nouvelles Hébrides.

HÉBRON, l'une des plus anciennes villes de la Palestine, dans la tribu de Juda, à environ 30 kilomètres de Jérusalem, s'appelait autrefois *Kiriatharba*, et par la suite servit pendant quelque temps de résidence au roi David avant qu'il eût fait choix de Jérusalem. La magnifique église qu'Hélène, mère de Constantin, fit construire sur l'emplacement où, au dire de la tradition, se trouvait enterré Abraham, a été convertie en mosquée. On y montre encore le tombeau du patriarche, ainsi que les caveaux où sont enterrés plusieurs membres de sa famille. Les murailles en sont décorées d'étoffes de soie richement brodées en or, que le grand-seigneur fait de temps à autre renouveler à ses frais. La désignation actuelle de ce lieu, *el Khalil*, c'est-à-dire ami de Dieu qui est aussi le surnom donné à Abraham, indique que, suivant les musulmans, c'est ici que résidait ce patriarche.

HÉCATE (du mot grec ἕκατον, parce qu'elle retenait *cent* ans sur le bord du Styx les âmes dont les corps avaient été privés de la sépulture) était fille de Jupiter et de Latone et sœur d'Apollon et de Diane. Adorée comme celle-ci et comme Proserpine, elle jouissait d'une triple puissance au ciel, sur la terre et dans les enfers. Au temps d'Homère, la Grèce ne la connaissait pas encore. Musée et Hésiode prétendent qu'elle était fille du Soleil, Bacchylide de la Nuit, Orphée du Tartare et de Cérès; d'autres poëtes lui donnent encore d'autres origines, et varient en conséquence ses attributions et sa puissance. Selon Hésiode, c'était une divinité protectrice chérie de Jupiter; elle répandait ses bienfaits sur la terre, mettait les voyageurs dans le droit chemin, conseillait le bien aux rois, présidait aux accouchements et aux développements des enfants. Les poëtes qui lui donnent pour père et mère le titan Persée et Astérie en font une chasseresse infatigable, qui frappait indistinctement les bêtes et les hommes : empoisonneuse savante, elle fit, selon eux, périr son père, s'empara de son trône, et sur un autel consacré à Diane ordonna d'immoler tous les étrangers que la tempête jetterait sur les rivages de la Chersonèse-Taurique. On prétend qu'elle épousa Eétès, et qu'elle en eut Médée et Circé, dignes filles d'une si affreuse mère. Apulée soutient qu'Hécate ne différait pas de la vieille Isis; et il paraît en effet que le culte de la triple déesse fut apporté d'Égypte en Grèce. Rien de plus varié que les hommages adressés à cette étrange divinité. Dans les carrefours, on l'adorait comme déesse des expiations; à Éphèse, à Délos, sur le Ménale, on confondait son culte avec celui de Diane; à Rome, on la nommait *dea feralis*, et on croyait qu'elle présidait à la mort. Alcamène, le premier, donna un triple corps à Hécate; selon Cléomède, ses trois faces expriment les trois aspects de la lune; mais Servius en donne une autre explication : il prétend que les trois têtes représentent Lucine, la déesse des accouchements, Diane, protectrice de la vie humaine, et cette *dea feralis*, cette Hécate redoutable, qui fixe le dernier jour des mortels. Ici on la représentait armée d'une hache avec des têtes hideuses chargées d'affreux serpents; là ses divers aspects sont doux, et des roses la couronnent; plus loin, elle tient des chaînes et un poignard. Lorsque Phèdre l'appelle dans Sénèque, elle a dans ses mains une torche ardente et une épée. Le nombre *trois* servait à la désigner. Les chiens lui étaient consacrés; ceux qu'on lui sacrifiait devaient être noirs. A. Genevay.

HÉCATÉE *de Milet*, historien grec, naquit vers 550 avant J.-C. Il était fils d'Hégésandre, et appartenait à une des plus illustres familles de l'Ionie. Hérodote, qui le cite souvent, rapporte, entre autres choses, qu'il faisait remonter son origine à un dieu. Sa naissance, indépendamment de son talent, l'obligea à jouer un rôle dans l'insurrection des Ioniens contre Darius, l'an 503 avant J.-C. Il fit tous ses efforts pour les détourner de cette fatale entreprise, en leur en représentant la témérité. N'ayant pu leur faire entendre raison, il accepta résolument sa part de responsabilité dans leur folie, leur conseillant de se rendre maîtres de la mer et de s'emparer des richesses du temple des Branchides, afin de pourvoir aux frais de la guerre. Cet avis ne fut pas adopté, et la révolte éclata. Aristagoras, tyran de Milet, sollicita vivement Cléomène, roi de Sparte, de prendre contre le roi de Perse la défense des Ioniens. Le roi refusa, malgré les offres d'argent qui lui furent faites. Abandonnés à eux-mêmes, les Ioniens furent vaincus, et Aristagoras et ses partisans, ne se sentant pas assez forts pour défendre Milet, tinrent conseil, afin de décider où ils se retireraient. Hécatée leur proposa de se fortifier dans l'île de Péros, d'où ils pourraient reprendre Milet dès que l'occasion s'en présenterait. Pour lui, pendant que l'Ionie était sous le joug des Perses, joug qu'elle subit jusqu'à ce que les victoires des Grecs d'Europe dans la deuxième guerre médique et le traité de Cimon eurent rendu l'Ionie indépendante de la Perse, il voyagea en Asie, en Grèce et dans plusieurs autres pays.

Il recueillit partout des matériaux pour composer l'histoire dont il s'occupait, et dont on trouve des fragments chez les anciens sous plusieurs titres. Il se proposait d'y éclaircir les antiquités des Grecs, et d'en écarter le merveilleux. Croirait-on qu'après en avoir pris l'engagement, il accorde le don de la parole au bélier qui transporta Phryxus en Colchide? L'histoire ne s'était encore occupée que de la Grèce : Hécatée étendit son domaine: Il parcourut l'Égypte et d'autres contrées jusqu'alors inconnues aux Grecs. Son *Periegesis* ou *Tour de la terre*, traité de géographie ancienne, a fourni de précieux matériaux aux historiens subséquents. Il laissa, sous le titre d'*Histoire des Généalogies*, un tableau raisonné des généalogies des familles illustres de la Grèce, et par là répandit de vives lumières sur l'histoire des temps héroïques. C'est du moins ce qu'on s'accorde à dire de cet ouvrage. Toujours il employa le dialecte ionien. Son style ne manquait pas, dit-on, des qualités particulières à ce dialecte, c'est-à-dire de douceur et d'élégance. Il prépara les voies à Hérodote. Les fragments qui nous restent de lui ont été publiés dans les *Historicorum Græcorum Fragmenta* de Creuzer (Heidelberg, 1806). On peut consulter aussi les recherches de l'abbé Sévin dans le tome VII des *Mémoires de l'Académie des Inscriptions*. Ch. Nisard.

HÉCATÉE *d'Abdère*, philosophe sceptique et disciple de Pyrrhon, vivait sous Alexandre le Grand et Ptolémée Ier. Il traita, au rapport de Diodore de Sicile, de la philosophie égyptienne. Il passe aussi pour avoir écrit sur l'histoire et sur la géographie. Mais on le confond peut-être avec son homonyme, sur ce dernier sujet du moins. On lui attribue une *Histoire des Juifs* qui leur est si avantageuse, qu'Hasannius Philon, au témoignage d'Origène, dans son premier livre contre Celsus, inclinait à croire qu'il était de leur religion. Josèphe en cite aussi quelques passages honorables pour les Juifs dans son premier livre contre Appion; mais on n'en saurait conclure que Hécatée fût juif. Il reste de lui quelques fragments qui ont été publiés par Pierre Zornius; (Altona, 1730). Ch. Nisard.

HÉCATÉSIES, fêtes et sacrifices en l'honneur d'Hécate. On les célébrait chaque mois, à Athènes, au milieu d'un grand concours de peuple, les habitants de cette ville dressant à la déesse, devant leurs maisons, des statues qu'ils appelaient ἑγατά. A chaque nouvelle lune, les gens riches donnaient en son honneur un repas public dans les carrefours auxquels elle était censée présider, repas qu'ils nommaient Ἑκάτης δεῖπνον : ces festins étaient surtout destinés aux pauvres. Dans les fêtes de la déesse, les sacrificateurs leur distribuaient aussi un certain nombre de pains, les *issues* des victimes et d'autres provisions : c'était la principale subsistance des malheureux.

HÉCATOMBE (en grec ἑκατόμβη, de ἑκατόν, cent, et βοῦς, bœuf). On appelait ainsi le sacrifice de cent bœufs immolés en l'honneur d'une divinité. Le prix excessif de l'offrande la rendit rare dans l'antiquité; le plus souvent, on remplaçait les taureaux par cent bêtes de la même espèce, mais de moindre valeur, comme des brebis et des chèvres. D'après les rites, on élevait cent autels de terre ou de gazon, où cent prêtres immolaient à la fois autant de victimes. L'histoire n'offre point d'exemple que cette cérémonie ait été en usage chez les Hébreux, mais seulement chez les Grecs et les Romains. Par une subtile simplicité, les anciens substituèrent souvent vingt-cinq bêtes, c'est-à-dire cent pieds à cent têtes d'animaux : ils imaginaient par là conserver au sacrifice le nom d'*hécatombe*. Pythagore, qui s'abstenait de tout ce qui avait vie, offrit cent petits bœufs de pâte. On croit que cette cérémonie fut instituée par les Lacédémoniens, qui ayant cent villes faisaient tous les ans un sacrifice de cent bœufs : chaque ville, selon Strabon, en immolait un pour le salut du pays. Quelques empereurs, pour signaler leur munificence, immolèrent des lions et des aigles. Ce sacrifice, qu'on offrait pour apaiser la Divinité, n'avait lieu que dans les grandes occasions, surtout dans les calamités publiques, comme en temps de peste ou de famine. C'est du grand nombre d'hécatombes, ou sacrifices offerts dans le premier mois de l'année athénienne, que ce mois tirait le nom d'*hécatombéon*.

HÉCATOMBÉES. Ces fêtes célébrées par les Argiens, et à Egine, colonie d'Argos, en l'honneur de Junon et suivant d'autres en l'honneur de Jupiter ou d'Apollon, tiraient leur nom de ce que le premier jour on offrait au dieu ou à la déesse une *hécatombe* ou sacrifice de cent bœufs.

HÉCATONCHIRES (de ἑκατόν, cent, et χείρ, main). *Voyez* Centimanes.

HÉCATONTARQUE (en grec ἑκατοντάρχης, de ἑκατόν, cent, et ἄρχω, je commande). *Voyez* Centurion.

HECHINGEN, capitale de la principauté de Hohenzollern-Hechingen, est située au pied du Zollerberg, sur lequel on voit encore aujourd'hui les ruines du vieux château féodal, première demeure des seigneurs de Hohenzollern. Cette petite ville, qui n'a guère plus de 3,600 habitants, possède trois églises, dont une est assez remarquable, par son architecture. On y voit aussi un château de construction moderne, la *Villa Eugenia*, bâtie sur l'emplacement occupé par un vieux manoir tombé en ruines. Dans ces derniers temps, on y a établi des bains sulfureux, qui attirent beaucoup de baigneurs.

HECKER (Frédéric-Charles-François), révolutionnaire badois, né le 28 septembre 1811, à Eichtersheim, exerçait avec distinction la profession d'avocat auprès de la cour supérieure de Manheim, lorsqu'il fut appelé, au mois de juillet 1842, à siéger dans la seconde chambre badoise. Cette élection, en le jetant dans la politique, décida de son avenir. Orateur éloquent et hardi, il prit immédiatement place parmi les membres les plus fougueux de l'opposition, et acquit une grande popularité. Sa réputation se répandit en Allemagne, à la suite du voyage qu'il fit en 1845, avec Itzstein à Stettin, et qui se termina par son expulsion des États prussiens. A dater de 1846, il s'éloigna de plus en plus de l'opposition constitutionnelle et se rapprocha de l'opposition démagogique, qui commençait à s'agiter en dehors du parlement. Dès le commencement de l'année suivante, le désaccord fut complet entre lui et ses anciens amis politiques, et Hecker donna sa démission. Étroitement lié avec Struve, il se plaça dès lors de plus en plus ouvertement à la tête du parti démocratique, qui publia son programme à la première assemblée d'Offenburg, au mois de septembre 1847. Ses amis constitutionnels le décidèrent pourtant à accepter un nouveau mandat, et il rentra dans la chambre en décembre; mais la révolution de Février vint bientôt ouvrir devant lui une autre carrière. Plus les anciens chefs de l'opposition constitutionnelle se tinrent alors à l'écart, plus l'influence de Hecker s'accrut sur les masses, favorisée qu'elle était par ses talents oratoires et par les grâces de sa personne; avantages qui faisaient de lui le véritable type de l'agitateur populaire. Toutefois, il garda d'abord quelque mesure, et rien ne semblait plus loin de sa pensée qu'un coup de main révolutionnaire.

A l'assemblée de Heidelberg, le 5 mai, il se proclama démocrate socialiste, il est vrai, mais il se prononça en même temps sans hésiter contre l'établissement d'une république. Cependant il ne tarda pas à se placer à la tête de la gauche révolutionnaire, par une profession de foi républicaine. N'ayant pu faire voter la permanence de l'assemblée, et la proposition d'une épuration de la diète n'ayant passé qu'avec des amendements, il donna sa démission ainsi que ses amis; mais il la retira bientôt, sur les instances d'Itzstein. L'échec qu'il avait subi fit naître en lui l'idée de tenter un coup de main sur Bade, et d'attaquer les petits États du midi de l'Allemagne avec le secours des ouvriers allemands que Ledru-Rollin envoyait sur le Rhin. Le combat de Kandern déjoua son entreprise sur Constance (13 avril 1849) et dispersa les colonnes d'ouvriers. Il s'enfuit en Suisse, et se retira à Mutteuz, dans le canton de Bâle, où il publia une relation du *Soulèvement populaire dans le pays de Bade*, et fit paraître un journal, *L'Ami du Peuple*, dans lequel il attaqua avec violence le parti constitutionnel. Son espoir d'entrer dans le parlement ayant été déçu par le refus de l'assemblée nationale de valider l'élection du canton badois de Thiengen, il se décida à émigrer, et s'embarqua pour l'Amérique dans le temps même où eut lieu la malheureuse expédition de Struve. Il y acheta des terres avec l'intention de les cultiver; mais la révolution de mai 1849 et un décret du gouvernement provisoire de Bade le rappelèrent en Europe. Lorsqu'il arriva à Strasbourg, vers le milieu de juillet, la révolution badoise était abattue, en sorte que son voyage ne servit qu'à le rendre témoin des disputes et des récriminations des chefs du mouvement révolutionnaire. Il retourna donc en Amérique, où il s'occupe aujourd'hui de la culture d'une ferme près de Belleville, dans l'État de l'Illinois, sur les frontières du Missouri.

HECKSCHER (Jean-Gustave-Maurice), ancien membre de l'assemblée nationale allemande et du ministère de l'Empire, est né à Hambourg, le 26 décembre 1797. Fils d'un riche banquier de cette ville, il reçut une excellente éducation; mais la campagne de 1815, qu'il fit comme volontaire, l'enleva à ses études, qu'il alla poursuivre, en 1816, à l'université de Gœttingue. Après s'être fait recevoir avocat dans sa ville natale, il visita la Suisse, l'Italie, la France, l'Angleterre, et à son retour il s'appliqua avec succès à suivre la carrière qu'il avait embrassée. Il avait atteint l'âge de quarante ans lorsqu'il commença à prendre une part active aux affaires politiques. Il s'était déjà fait connaître comme journaliste et publiciste lorsque le mouvement de 1848 gagna Hambourg; il se mit à la tête de ce mouvement avec Wurm et Baumeister, et s'efforça de le contenir dans de sages limites. Député par sa ville natale au parlement de Francfort, il ne tarda pas à s'y faire remarquer par la clarté et la précision de son argumentation. Il blâma les attaques passionnées dont la diète était l'objet, combattit la permanence du parlement, et proposa la formation d'un comité sur les mêmes bases, qui furent adoptées plus tard pour le comité des *cinquante*. Élu membre de ce comité, il se montra le constant adversaire des velléités belliqueuses de la gauche démocratique et de son penchant à sacrifier les intérêts de l'Allemagne aux nationalités étrangères. Lorsqu'il fut question d'établir un gouvernement central provisoire, il se prononça avec assez de force contre la diète, et s'éleva avec vivacité contre le renvoi du comité des *cinquante*, à qui il aurait voulu confier le soin de rédiger la constitution, prévoyant les difficultés qui surgiraient si l'on confiait cette œuvre à une assemblée aussi nombreuse que le parlement, et si l'on restaurait l'autorité des gouvernements Élu membre du parlement par sa patrie, Heckscher travailla de tout son pouvoir, comme rapporteur du comité du droit des gens, à inspirer à ses collègues des sentiments de modération et de prudence dans la question du Holstein, en leur prédisant l'opposition qu'ils rencontreraient de la part des gouvernements européens; il prit aussi une grande part aux débats relatifs aux rapports de l'assemblée avec les gouvernements et au choix du vicaire de l'Empire.

Comme membre de la députation qui fut chargée de notifier à l'archiduc le vote de l'assemblée et de l'inviter à se rendre à Francfort, c'est lui qui porta la parole, et il gagna la confiance personnelle du nouvel élu, qui lui donna le ministère de la justice (juillet 1848). Heckscher accompagna donc le vicaire de l'Empire dans son voyage à Vienne, et à son retour, le ministère ayant été constitué définitivement, il prit le portefeuille des affaires étrangères. La conclusion de l'armistice de Malmoë, qui fut incontestablement un échec pour l'Allemagne, eut des résultats funestes pour Heckscher, qui réussit, il est vrai, à faire adopter au second scrutin la convention à laquelle il désirait lui-même apporter des modifications, mais qui n'en resta pas moins sous le coup du mécontentement public. Peu s'en fallut qu'il ne tombât victime de la fureur populaire et qu'il ne partageât le sort d'Auerswald et de Lichnowsky. Il ne rentra pas dans le nouveau cabinet, mais il reçut une mission à Turin et à Naples. Après quatre mois d'absence, il retourna à Francfort dans un moment où les questions constitutionnelles les plus graves étaient à l'ordre du jour. Il se prononça avec force contre l'union avec l'Autriche et l'établissement d'une confédération telle que la proposait le programme de Gagern, et de concert avec Welcker il s'efforça, en opposition avec le plan d'un empire prussien héréditaire, d'organiser le parti qui prenait le titre de *grands Allemands*. Le voyage qu'il fit à Vienne avec Sommaruga et Hermann, dans le but de s'entendre avec le ministère autrichien au sujet de la constitution, ne réussit pas, traversé qu'il fut par la proclamation de la constitution autrichienne du 4 mars; mais il n'en continua pas moins à prendre une part active aux débats qui s'ouvrirent sur la proposition d'établir un directoire. Ce plan ayant échoué, Heckscher quitta la scène politique, et retourna dans sa patrie, où il reprit sa première profession. Sa pénétration, son calme, la force de ses raisonnements, l'avaient placé parmi les principaux orateurs de l'église Saint-Paul; mais toute sa conduite politique trahit l'avocat.

HÉCLA (Mont). *Voyez* Hekla.

HECTARE, HECTOGRAMME, HECTOLITRE, HECTOMÈTRE (du grec ἑκτόν, contraction d'ἑκατόν, cent). *Voyez* Are, Gramme, Litre, Mètre et Métrique (Système).

HECTIQUE. Cet adjectif, dont l'étymologie est incertaine, est employé vulgairement, et peu par les médecins, pour désigner un individu maigre, chétif, comme desséché : on l'applique à l'homme comme aux animaux. Les maladies des viscères, et surtout celles des poumons, produisent communément cet état de l'organisme appelé *hectisie*, et ordinairement accompagné d'une fièvre peu intense, qu'on nomme en conséquence *fièvre hectique*. L'hectisie, comme la consomption et la colliquation, est dans la majeure partie des cas le signal d'une atteinte grave portée à la vie; cependant elle peut, ainsi que la maigreur, avec laquelle on la confond souvent, se concilier avec une santé satisfaisante. Néanmoins, aussitôt qu'on la voit se manifester, elle doit éveiller la sollicitude, surtout pour les enfants. C'est principalement quand la fièvre hectique accompagne un amaigrissement rapide ou gradué, qu'on doit concevoir des inquiétudes et s'empresser de rechercher la source d'un mal qu'il est souvent difficile de découvrir. Cette fièvre se reconnaît aux symptômes suivants : La peau acquiert une chaleur plus forte qu'habituellement, et fait percevoir au tact une sensation âcre, surtout sur la paume des mains et sur la plante des pieds; le pouls est petit, serré et fréquent : c'est principalement le soir et après le repas que la peau s'échauffe et que la circulation s'accélère; le coloris pâlit, devient terne, plombé, si ce n'est sur les joues, qui présentent une rougeur arrondie; une transpiration abondande se manifeste souvent le matin et sur la partie supérieure du tronc; la respiration est courte et accélérée, comme le cours du sang; le sommeil est troublé par des rêves, mais l'appétit se conserve souvent, et il n'est pas rare de le voir exagéré, bien que la maigreur augmente. Tous ces accidents s'accroissent par degrés et se compliquent avec d'autres, la diarrhée, des sueurs excessives, etc. Comme la fièvre hectique est un effet, il ne faut pas s'occuper de la combattre par les *fébrifuges*, médicaments qui aggravent fréquemment la maladie, au point de la rendre incurable. C'est la cause qu'il faut attaquer; mais il est des cas où il est impossible de découvrir d'où elle provient : on voit des individus parcourir toutes les phases de cette fièvre, tomber dans l'état extrême d'hectisie, qu'on appelle marasme, et mourir sans que l'examen du cadavre puisse faire reconnaître aucune lésion organique. Ces cas sont rares, et ils ne doivent point empêcher de rechercher l'origine de la fièvre hectique aussitôt qu'elle apparaît; car c'est à son début qu'on peut principalement espérer de la guérir.

Dr Charbonnier.

HECTOR, né vers l'an 1200 avant J.-C., était le plus brave, le plus vertueux, le plus beau après Pâris, son frère, et le plus fort des neuf fils qu'Hécube donna à Priam, roi de la Troade, dont il devint la gloire. Les oracles avaient prédit à Ilion que sa ruine suivrait de près la mort de ce héros, à la vie duquel les destinées du florissant empire de Phrygie étaient liées. Investi, dès la descente des Grecs sur les rivages de l'Asie, du commandement général de l'armée troyenne et de celle des alliés, son premier exploit fut d'immoler le jeune Protésilas, qui le premier, parmi cette ligue de rois européens, avait mis le pied sur la plage d'Ilion. En tout, ce fils de Priam fit mordre la poussière troyenne à trente-et-un capitaines grecs. Son combat corps à corps avec Ajax, l'embrasement de la flotte grecque, les armes d'Achille ravies à Patrocle, tombé sous ses coups, sont dans l'*Iliade* la part brillante de sa gloire. Que servirait après ces triomphes de nommer d'autres victimes de sa valeur, Schedius, le plus vaillant des Phocéens, Coraïnus de Lycie, auquel le fier Mérion avait confié les rênes de ses chevaux, Menesthès et Anchiale, deux amis montés sur le même char, et Assæus, Autonoüs, Opite, Dolops, Opheltius, Agelaüs, Æsumne, Orus, Hipponoüs, Eionée, chefs plus ou moins obscurs, sauvés des ombres de l'oubli par Homère. La vertu, la douceur, la franchise, la piété d'Hector contrastent sur le théâtre de la guerre d'Ilion avec la cruauté d'Achille, l'orgueil d'Agamemnon, la fourbe d'Ulysse, l'impiété des deux Ajax. Dans cette fumée de sang, qui pendant près de neuf années s'exhala des plaines de Troie, la bonté d'Hector et son respect pour les dieux ne purent être un instant étouffés. Ce prince magnanime avait mérité au plus haut degré la vénération et la confiance de ses ennemis. Sur le champ de carnage même, Ajax fit avec lui un échange d'armes : celui-ci donna au fils de Priam un baudrier d'une pourpre éclatante, et le fils de Télamon en reçut une riche épée et son baudrier. C'est le pieux Hector qui, avec le fourbe Ulysse, fut choisi pour tirer les sorts du casque avant le combat singulier de Ménélas et de Pâris.

Époux non moins fidèle que tendre, comme le roi des rois, l'indigne père d'Iphigénie, il ne ravit point à un prêtre une fille chérie : la chaste fille d'un roi de Cilicie, Andromaque, épouse infortunée, recueillit seule tout son amour, tous ses malheurs et ses cendres. Rien de plus touchant dans l'antiquité que leurs adieux aux portes Scées. Quel tableau plein de grâces et de larmes que celui de ce petit Astyanax qui baise son père, hélas! du dernier baiser, et qui, effrayé du panache terrible du héros, se rejette et se cache dans le sein de sa mère! Hector ne tarda pas à accomplir dans la mêlée le plus illustre de ses exploits: il fit mordre la poudre à Patrocle, l'ami d'Achille, oisif alors, qui avait prêté à son ami ses armes célestes; Hector en dépouilla le fils de Ménœtius, et, enivré d'un telle victoire, se revêtit sur le champ de bataille même de ces armes célèbres. Mais Achille avait rompu son repos; furieux, désespéré, couvert d'une armure d'une trempe divine, il joint l'époux d'Andromaque à l'endroit où les deux sources du Scamandre fournissaient deux lavoirs de pierre où les princesses troyennes allaient laver leurs robes, dit Homère; et non loin de là, après un combat terrible, dont tout l'Olympe fut spectateur, Achille enfonça le fer de sa pique dans le cou d'Hector, qui tomba, et qui avant d'expirer eut encore le temps d'entendre les terribles imprécations de son ennemi. L'implacable fils de Pélée perça les talons d'Hector, et y ayant passé une courroie, l'attacha à son char, et traîna par trois fois autour de Troie ce corps dont « les Grecs, selon les expressions d'Homère, ne pouvaient se lasser d'admirer la taille et la beauté merveilleuse». Coiffé du bonnet phrygien, insigne royal, Priam sortit de la ville désolée, se jeta aux pieds d'Achille, et lui baisant les mains, qu'il mouillait de ses larmes, le supplia de lui rendre le corps de son fils, au prix de 12 talents d'or et d'un long amas d'étoffes et de vases précieux. A l'aspect du vieux monarque, le plus puissant de l'Asie alors, embrassant ses genoux, Achille sentit mollir son cœur; il lui rendit Hector, et, mettant sa main robuste dans la main débile du vieillard, il lui jura et accorda une trêve de onze jours pour les funérailles. Ce célèbre épisode de la guerre troyenne termine l'*Iliade*. « Le jour même, dit Homère, on descendit l'urne qui contenait les cendres du héros dans une fosse profonde, qu'on remplit ensuite d'une quantité prodigieuse de grosses pierres, et on éleva un tombeau par-dessus. » Et cependant, les Thébains se vantaient, du temps de Pausanias, de posséder les cendres d'Hector, quoique Hécube, dans le sac de Troie, les eût avalées pour les soustraire aux outrages des vainqueurs. Troie en cendres, Priam, son père, égorgé, Cassandre, sa sœur, violée, Andromaque et Hécube, son fils, son épouse et sa mère traînées captives, et Astyanax brisé sur la pierre par le cruel et politique Ulysse, accumulèrent sur Hector toutes les infortunes humaines. Tant de vertus, tant de malheurs sur la terre, lui méritèrent les honneurs divins dans cette Troie même, que les Phrygiens rebâtirent dans la suite.

DENNE-BARON.

HÉCUBE, épouse de Priam, fils de Laomédon, le plus puissant monarque alors de l'Asie Mineure, était fille de Dymas, selon Homère, et selon d'autres, de Cisséis, tous deux, rois de Thrace, et sœur de Théano, prêtresse de Minerve à Troie, celle qui trompa les Grecs en leur livrant le faux palladium ou statue de Pallas. Virgile, fidèle à la tradition d'Euripide, la fait mère de cinquante enfants. Laissant de côté l'exagération des poëtes, croyons avec plus de sens qu'elle fut à la fois mère et belle-mère de cette nombreuse lignée; car il est probable que l'Asiatique Priam, le Salomon phrygien par ses mœurs, son luxe et sa sagesse, avait, comme ce roi de Jérusalem, un supplément au lit conjugal. Hécube donna à son époux treize enfants légitimes, Hector, Pâris, Déiphobe, Hélénus, le devin Politès, tué par Pyrrhus, Antiphus, immolé par Agamemnon, Hipponoüs, l'infortuné Polydore, égorgé par son hôte, Troïle, auquel Achille arracha la vie, Créuse, femme d'Énée, à jamais disparue, enlevée par les Parques dans l'embrasement d'Ilion, Polyxène, Laodicé, et Cassandre, violée sur l'autel même de Pallas.

Dans *Les Troyennes* d'Euripide, Hécube est l'esclave d'Ulysse, à qui elle est échue; elle s'est cachée parmi les tombeaux de ses enfants, dont la plupart sont tombés sous le fer des Grecs. Euripide, dans la tragédie d'*Hécube*, nous la montre suppliant les dieux de la réunir à Polyxène, sa fille, que Néoptolème vient d'égorger de sa main pour satisfaire aux mânes d'Achille, son père, et se vengeant de Polymnestor, roi de Thrace, à qui Priam, se méfiant de la fortune, avait confié un trésor et son fils Polydore, longtemps avant la chute d'Ilion. Polymnestor avait égorgé ce fils chéri; Hécube l'attire dans sa tente avec ses deux enfants, devant lesquels elle dissimule d'abord sa rage; puis tout à coup elle se jette sur le roi thrace, avec toutes ses Troyennes, et pendant que celles-ci lui crèvent les yeux, à l'aide de leurs fuseaux et de leurs aiguilles, elle égorge de sa main forcenée les faibles enfants de ce prince. Teint de leur sang et du sien, qui jaillit de ses prunelles à demi pendantes de leurs orbites, le malheureux pousse des hurlements, et sa langue, confuse et rapide comme celle d'un insensé, jette à Hécube, qu'il ne voit plus, cette affreuse imprécation : « Bacchus, l'oracle de Thèbes, a déclaré que tu serais changée en une chienne furieuse aux yeux étincelants de rage. On appellera le lieu de ta sépulture *Cynossème*, tombeau du chien; il servira de signal aux nautoniers. » Agamemnon dit à ses gardes. « Saisissez ce furieux! entraînez-le loin de ma présence! qu'on le jete sur le rivage de quelqu'île sauvage, et vous, infortunée Hécube, allez mettre au tombeau les corps de ces deux enfants. »

Les uns veulent que cette reine, décrépite et désespérée, triste butin échu à Ulysse, qu'elle fatiguait de ses injures, de ses pleurs et de ses hurlements, comme une chienne à laquelle on a ravi ses petits, ait été précipitée par ce prince dans la mer, et qu'elle ait donné le nom de *Cyneum* au lieu de sa chute. Ce meurtre indigne, dont l'antiquité accuse Ulysse, paraît avéré par un sanctuaire que ce héros, poursuivi dans ses songes par sa victime, lui fit élever en Sicile, près du temple d'Hécate. D'autres prétendent qu'en l'absence d'Ulysse, les Grecs, outrés des menaces et des imprécations de cette malheureuse, l'écrasèrent sous un amas de pierres, et firent courir le bruit qu'elle avait été changée en chienne; allusion à ses nocturnes hurlements, ou, selon d'autres, à l'état d'abjection où elle était tombée, enchaînée qu'elle était comme une chienne à l'entrée de la tente d'Agamemnon. Du temps de Strabon on montrait encore sa sépulture dans la Thrace; le *Tombeau du Chien* était son nom. Un promontoire de la Troade portait aussi ce nom de *Cynossème*.

DENNE-BARON.

HEDJAZ, l'une des divisions territoriales et politiques actuelles de l'Arabie, bornée au nord par le désert de Syrie, à l'est par le Nedjed, au sud par l'Yémen, et à l'ouest par la mer Rouge, dont il forme en grande partie la côte orientale; pays presque entièrement dépourvu de sources et de cours d'eau, et dont le sol n'est guère cultivé que sur une profondeur de 12 myriamètres. L'Hedjaz, placé sous l'autorité nominale du sultan de Constantinople, comprend les villes saintes de La Mecque et de Médine, produit peu de grains et de riz, mais en revanche beaucoup de baume dit de La Mecque.

HEDLINGER (JEAN-CHARLES), célèbre graveur de poinçons, né en 1691, à Schwytz, apprit les premiers éléments de son art dans l'atelier de Crauer, qu'il suivit à Lucerne et à Pruntrut, où il s'essaya d'abord dans les médailles-portraits. Il se rendit ensuite à Nancy, puis à Paris, où il obtint un engagement pour la cour de Suède. Pendant les années 1726 à 1728 il visita l'Italie; et en 1735 il fut appelé en Russie pour y graver le portrait de l'impératrice Anne Iwanowna. De 1739 à 1744 il résida en Suisse, pour rétablir sa santé délabrée, et il revint plus tard encore s'y fixer, quand il eut obtenu sa retraite. Il y mourut, le 14 mars 1771.

Hedlinger peut à bon droit être considéré comme l'un des plus grands maîtres que l'art du médailleur ait comptés depuis son origine, et sous le rapport de l'habileté technique il est peut-être l'artiste le plus remarquable qu'on ait vu depuis l'extinction de l'art antique. Ses têtes, sans avoir rien de dur, sont pleines de caractère, et sont à celles de la plupart des médailleurs ce que les toiles du Titien sont aux œuvres des maniéristes. Il excelle à reproduire avec une facilité et une habileté incomparables les chairs, les costumes, les cheveux. Ses défauts sont ceux de son époque: des allégories peu heureuses et des emblèmes sur les revers.

HÉDONISME, HÉDONISTES ou HÉDONIQUES (du grec ἡδονή, plaisir). On a donné le nom d'*hédonisme* à la doctrine des philosophes qui, ainsi que ceux de l'école cyrénaïque et les épicuriens, considéraient la volupté ou le plaisir comme le principe de l'activité morale, et par conséquent comme le souverain bien.

HÉDOUVILLE (GABRIEL-MARIE-THÉODORE-JOSEPH, comte DE), lieutenant général, pair de France, naquit à Laon, en 1755. Page de la reine à sa sortie du collége, il passa sous-lieutenant de dragons en 1780, devint lieutenant en 1789, et était général de brigade à l'armée du nord en 1793. Il se distingua aux affaires de Warwick, Commer, Menin et à la bataille d'Hondschoote. Destitué peu après, et traduit, avec son collègue Houchard, devant le tribunal révolutionnaire, il fut acquitté et envoyé comme chef d'état-major dans la Vendée, où il se fit remarquer. Hédouville, promu général de division, prit le commandement en chef de l'armée de l'ouest en 1797; envoyé à Saint-Domingue en 1798, le Directoire le rappela l'année suivante, pour l'opposer de nouveau, en 1801, aux royalistes de l'ouest. Sa douceur et ses moyens conciliateurs y furent efficaces. Le premier consul lui confia, à la fin de cette campagne, l'ambassade de Saint-Pétersbourg. De retour en juillet 1804, il devint chambellan de l'empereur, sénateur et grand-officier de la Légion d'Honneur. En 1805, il assista à la prise de possession de la principauté de Piombino et fit la campagne de 1806, en Prusse, comme chef d'état-major du roi de Westphalie. Il n'en vota pas moins la déchéance de l'empereur, fut envoyé à Francfort en qualité de ministre de France, et élevé à la pairie par la Restauration. Il ne parut, du reste, que rarement à la chambre, et mourut en 1825.

HEDWIGE ou AVOYE (Sainte), née en 1174, était fille du duc Berthold de Méran, margrave de Bade, et épousa dès l'âge de douze ans le duc Henri de Silésie. Ce fut elle qui introduisit en Silésie les mœurs et la civilisation allemandes. Après avoir eu six enfants, elle et son mari firent vœu de chasteté. A partir de ce moment Henri laissa croître sa barbe, d'où son surnom de *Barbu;* quant à Hedwige, elle renonça désormais au monde, et se consacra entièrement à des actes et à des exercices de piété. A sa demande, Henri fonda, en 1203, à Trebnitz, un monastère de l'ordre de Cîteaux. Sécularisé en 1810, ce monastère a depuis été transformé en manufacture. Hedwige, morte le 15 octobre 1243, fut canonisée en 1268. Un tombeau de l'église de Trebnitz, aujourd'hui encore objet de nombreux pèlerinages, renferme ses ossements.

HEDWIGE, en polonais *Jadwiga,* reine de Pologne, née en 1370, était la plus jeune des filles du roi Louis de Hongrie et de Pologne. Elle fut élevée en Hongrie et fiancée de bonne heure avec le duc Guillaume d'Autriche. Après la mort de son père, les Polonais l'élurent pour leur reine, à la condition qu'elle résiderait en Pologne. En conséquence, elle se fit couronner à Cracovie, en 1384. Le duc de Lithuanie Jagellon ayant alors demandé sa main, et pour l'obtenir ayant promis de réunir ses États à la Pologne ainsi que d'embrasser le christianisme avec ses sujets, Hedwige, quelque regret qu'elle en éprouvât, renonça à son fiancé, qui fit inutilement le voyage de Cracovie et tenta même de l'enlever. En 1386 elle épousa Jagellon, le lendemain du jour où il eut reçu le baptême, et mourut en couches, en 1399. Hedwige, qui n'avait rien de plus à cœur que de propager la civilisation parmi les populations polonaises, obtint du pape Boniface IX une bulle qui assimilait l'université de Cracovie à celle de Paris. Elle fonda aussi plusieurs bourses à l'université de Prague, en faveur d'étudiants polonais et lithuaniens. Favorablement disposée en faveur des doctrines de Jean Huss, elle fit célébrer à Cracovie le service divin en langue polonaise par des ecclésiastiques bohêmes.

HEECKEREN (GEORGES, baron DE), diplomate français, né en 1813, à Sultz en Alsace, est le fils d'un riche propriétaire des environs de Colmar, nommé *d'Antès.* Neveu du prince de Hatzfeld, il entra au service de la Russie, et devint au bout de deux ans capitaine dans la garde à cheval. Le chargé d'affaires de la Hollande auprès de la cour de Saint Pétersbourg, le baron de Heeckeren, l'ayant adopté, il prit le nom de son père adoptif, et épousa la sœur du poëte russe Pouschkin. Forcé de revenir en France, à la suite d'un duel où il avait tué son beau-frère, il entra au conseil départemental du Bas-Rhin, et se mit, mais sans succès, sur les rangs pour la députation aux élections de 1846. Après la révolution de Février, le Haut-Rhin l'envoya comme représentant à l'Assemblée constituante et à la Législative, dont il devint secrétaire et où il vota avec la majorité. On dit qu'au 15 mai il ne dédaigna pas de faire le coup de poing avec les envahisseurs de la salle des séances de l'Assemblée nationale. Membre de la commission consultative en décembre 1851, il fut chargé par le gouvernement d'une mission extraordinaire à Vienne durant le séjour qu'y fit l'empereur de Russie dans l'été de 1852. Nous ignorons si cette mission a eu quelque succès; mais ce que nous savons, c'est que la France était en guerre avec la Russie deux ans après, et que M. Heeckeren depuis s'est doucement reposé des orages de la politique dans un fauteuil du sénat.

HEEM (JEAN-DAVID DE), le plus célèbre peintre de fruits et de nature morte qu'ait produit l'école hollandaise, naquit en 1600, à Utrecht, apprit son art dans l'atelier de son père, et ne tarda pas à gagner des sommes immenses avec ses tableaux de fruits. Vers la fin de sa vie, il vint s'établir d'Utrecht à Anvers, où il mourut, en 1674. La plupart de ses toiles représentent des vases magnifiques remplis de fruits, ou bien des consoles de marbre chargées de joyaux, de montres et d'autres objets de ce genre. Une riche draperie verte forme d'ordinaire le fond du tableau. Il avait aussi coutume de peindre de superbes guirlandes de fruits et de fleurs, servant surtout de cadre à un ostensoir, à une madone, etc., à la manière de Daniel **Seghers**. Chez lui le coloris et le clair-obscur atteignent les dernières limites de la perfection; et il est inimitable pour l'art avec lequel il reproduit certains détails, par exemple le fin duvet des fruits, les draperies, les tapis de Turquie. Malgré le cadre essentiellement restreint de ses sujets, Heem est toujours gracieux et intéressant, et il n'y a pas de galerie bien composée où l'on n'attache du prix à posséder de ses toiles.

Cornelius DE HEEM, son fils, s'est aussi distingué dans le même genre de peinture.

HEEMSKERK (JACOB VAN), célèbre marin hollandais, né à Amsterdam, vers le milieu du seizième siècle, se rendit surtout célèbre en 1596 et dans les années suivantes, par les deux tentatives qu'il fit pour trouver une route plus courte conduisant aux Indes orientales, en doublant le nord de l'Europe et de l'Asie; expéditions qui échouèrent également toutes deux, et pendant lesquelles il fut forcé d'hiverner à la Nouvelle-Zemble (Novaja-Semlja). Les succès qu'il remporta, en 1601, dans les mers de l'Inde contre les Portugais furent récompensés par le grade d'amiral. Envoyé en 1607, avec le titre de vice-amiral, à la tête d'une flotte hollandaise contre la flotte espagnole commandée par Davila, et de beaucoup supérieure en forces, il l'attaqua le 25 avril devant Gibraltar, la battit et la détruisit complétement. Cette bataille navale présente cette circonstance singulière, que les deux généraux qui la livrèrent y périrent. Des tableaux, des médailles sans nombre ont perpétué le souvenir de Jacob van Heemskerk, auquel ses concitoyens reconnaissants élevèrent un monument magnifique, dans la vieille église d'Amsterdam.

HEEMSKERK (MARTIN VAN), peintre hollandais, né en 1498, à Heemskerk, près de Harlem, dont il prit le nom, était le fils d'un maçon, nommé Van Veen, qui le mit d'abord en apprentissage chez un peintre de Harlem, et qui le fit ensuite travailler de son métier. Heemskerk ne revint qu'avec répugnance dans la maison paternelle, et saisit la première occasion de la quitter. Il s'en alla à Delft, chez un peintre, appelé Jean Lucas, qui avait une certaine réputation. Mais s'étant bientôt aperçu que ce maître ne lui enseignait rien, il passa dans l'atelier de J. Schoorel, artiste célèbre, qui avait rapporté de nombreuses études de Rome et de Venise. A cette époque il exécuta un tableau représentant *Saint Luc faisant le portrait de la sainte Vierge et de l'Enfant-Jésus*. Il alla ensuite passer trois années en Italie, où il se forma le goût à l'étude de l'antique et où il profita des leçons de Michel-Ange. A son retour en Hollande, il compta bientôt de nombreux élèves, et gagna ainsi une fortune considérable. Il mourut en 1574. Plusieurs de ses tableaux furent détruits lors de la prise de Harlem par les Espagnols. Il y a encore aujourd'hui de lui à Stockholm un tableau de maître-autel. Malgré un grand et incontestable talent, Heemskerk partagea le sort de bon nombre de ses camarades d'école, qui hésitèrent constamment entre les vieilles traditions du génie de l'école hollandaise et leurs études faites en Italie. Celles-ci lui ordonnaient notamment de développer la forme, le nu, d'une manière plus complète et plus riche, tandis qu'il lui fut impossible de s'affranchir de la timidité des artistes du Nord en ce qui concerne l'expression et le costume. Son coloris souffre aussi le plus souvent de ces deux directions contraires d'idées.

HEEREN (ARNOLD-HERMANN-LOUIS), célèbre historien allemand, naquit le 25 octobre 1760, à Arbergen, près de Brême, où son père était ministre de l'Église réformée. Il reçut son éducation première à Brême, et termina ses études à Gœttingue. A sa sortie de l'université, il visita l'Italie, la France et les Pays-Bas. Déjà, en 1787, il était professeur suppléant de philosophie à l'université de Gœttingue : ce fut en 1794 qu'il occupa cette même chaire comme professeur en titre. En 1801 il fut nommé professeur d'histoire dans la même université. Il ne tarda point ensuite à faire partie de la plupart des sociétés savantes de l'Europe, et mourut à Gœttingue, le 7 mars 1842. Voici ses titres principaux à une gloire durable : son *Mémoire sur les Croisades*, qui partagea dans le temps le prix décerné par l'Institut de France aux meilleurs discours sur l'influence de ces fameuses expéditions; et son *Histoire du Commerce et de la Politique des Peuples anciens*. Ce dernier ouvrage, que doivent avoir lu maintenant tous ceux qui s'occupent en France d'études sérieuses, suffit pour placer l'auteur à l'un des premiers rangs parmi les historiens que recommandent à jamais la science et la conscience. Aucun ouvrage historique n'est supérieur à celui-ci par la patience et l'étendue dans les recherches, non plus que par la sagacité qui en interprète les résultats; aucun ne donne plus de lumières sur la marche du commerce et sur les constitutions politiques des nations illustres de l'antiquité; aucun, enfin, n'est plus dégagé de l'esprit systématique. Dès 1783 il avait publié un essai sous le titre d'*Idées sur le Commerce et la Politique des Peuples anciens*, 2 petits vol. in-12. Heeren est aussi l'un des écrivains allemands qui se sont le plus occupés de rechercher les sources où ont puisé les historiens anciens les plus célèbres.

AUBERT DE VITRY.

HEGEL (GEORGES-GUILLAUME-FRÉDÉRIC), né à Stuttgard, en 1770, un des plus profonds penseurs de l'Allemagne, est incontestablement celui de tous qui, après **Fichte** et **Schelling**, a fait faire le plus de chemin à l'école de **Kant**. Il commença ses études de philosophie à Tubingue. A dix-huit ans, il flottait encore incertain sur la carrière qu'il pourrait suivre; cependant il ne tarda pas à comprendre son génie et à se livrer exclusivement à la philosophie et aux sciences qui en éclairent le plus l'étude, la physique et les mathématiques. Schelling, encore plus jeune que lui, se trouvait à la même université, et les deux futurs réformateurs de l'école de Fichte se lièrent d'amitié. Trop jeunes l'un et l'autre pour débuter dans la carrière de l'enseignement, la seule qui leur convînt, ils se séparèrent bientôt pour se retrouver à Iéna, où le moins âgé devait remplacer Fichte. Hegel se chargea successivement de deux éducations particulières, l'une en Suisse, l'autre à Francfort. A l'âge de trente ans, il se présenta à l'université de Iéna, où était Schelling. Il y demanda l'autorisation d'enseigner, qu'il obtint, à titre de maître particulier (*privat-docent* [1801]). Pendant quatre ans il n'eut que cette précaire position, à laquelle n'est attaché d'autre traitement que les rétributions payées par les élèves. En 1805 il obtint le titre de professeur extraordinaire; mais un an après, la bataille d'Iéna fit suspendre les cours de l'université, et obligea Hegel de chercher un autre asile. Il se rendit à Bamberg, où il trouva de l'emploi dans un journal politique. De 1808 à 1816 il remplit à la fois les fonctions de professeur et de directeur au gymnase de Nuremberg. C'était une position qui lui permettait plutôt de déployer son mérite que de satisfaire ses goûts, et il chercha plusieurs fois à en sortir. L'université de Heidelberg lui ayant proposé une chaire de philosophie, il venait de l'accepter quand celle de Berlin lui adressa la même proposition. La Bavière, qui jusque là avait peu fait pour son avancement, le nomma aussitôt à une chaire de philologie à Erlangen. Son amitié pour Daub et sa parole donnée décidèrent son option pour Heidelberg. Cependant, deux ans après il accepta une chaire à Berlin, où il est mort, le 14 novembre 1831, des suites d'une attaque de choléra.

La chaire qu'il acceptait, c'était celle de Fichte. Singulière destinée pour les deux plus grands adversaires de ce philosophe; l'un, Hegel, le remplaça à Berlin; l'autre, Schelling, l'avait remplacé à Iéna. C'est de cette dernière ville que, dès 1802, ils avaient porté ensemble les coups les plus rudes à son système. L'un et l'autre avaient commencé par le professer; l'un et l'autre s'étaient persuadé que Fichte avait fait faire un grand pas au problème principal de Kant. Ce problème était de distinguer nettement ce qui, dans nos connaissances, vient du *sujet pensant* de ce qui vient de l'*objet pensé*, en d'autres termes, de légitimer la réalité de ce que le sujet pense de l'objet. Ce problème, Kant avait fait d'inutiles efforts pour le résoudre; nulle solution ne lui avait réussi, et sur le point de tomber dans l'idéalisme, il avait fui à l'aspect de ce fantôme. Fichte, moins sage que son maître, avait précisément embrassé ce fantôme; mais, par la puissance de sa parole et le savant entraînement de ses déductions, il avait caché l'abîme au-dessus duquel il le tenait suspendu. Hegel fut fichtien avec Schelling, son ami et son maître. Cependant il s'aperçut le premier que ce maître, plus jeune que lui, comme nous l'avons dit, s'écartait du successeur de Kant et le dépassait. Pour en convaincre Schelling et Fichte, aussi bien que le public, il composa son célèbre ouvrage de la différence entre le système de Fichte et celui de Schelling. Nous l'appelons *célèbre*, non qu'il soit d'une grande supériorité, il est au contraire une des plus faibles productions de Hegel, mais parce qu'il fit éclater une des plus fameuses scissions dans les annales de l'école kantienne.

Pour soutenir leur défection, Hegel et Schelling fondèrent un journal spécial de philosophie; et pendant quelque temps ces deux puissantes intelligences marchèrent parfaitement d'accord. Cependant Hegel ne tarda pas à s'éloigner un peu de son ami. La formule qui résumait le *schellingianisme* de cette époque, car Schelling a eu plusieurs époques, était alors la parfaite identité de l'objet et du sujet, ou la *non-différence* de deux choses si différentes en apparence et si nettement distinguées dans les systèmes antérieurs, surtout dans celui de Kant. La non-différence ou l'*identité*, disait Schelling, est la nature même de l'absolu, c'est son essence la plus pure; et cet absolu, qui n'est autre que l'Être suprême ou Dieu, est connu par la raison absolue, qui est précisément aussi une non-différence; car elle est l'identité du sujet et de l'objet. Absolue, la raison connaît; elle ne pense pas, elle voit. Or, ce fut précisément cette intuition intellectuelle qui soutenait tout le système de Schelling que Hegel reconnut tout à coup pour une hypothèse, hypothèse qui pouvait être la vérité, mais qui n'était ni justifiée ni établie par la science. Hegel résolut de l'établir et de la justifier, et sa prétention, plus que sa doctrine, le détacha de Schelling. Comme son ami, il trouva dans l'unité du subjectif et de l'objectif, de l'idéal et du réel, la vérité absolue, et la philosophie fut pour lui la science de la raison qui a conscience d'elle-même, en tant qu'elle est l'*être dans l'idée. L'idée pure est l'être pur* : telle est la base de tout le système.

Sa base jetée, Hegel réduit à ces trois branches toute la philosophie spéculative : *logique*, ou science de l'idée considérée en elle-même; *philosophie de la nature*, ou science de l'idée dans son union avec l'objet, son état de *étéron einai; philosophie de l'intelligence*, ou science de l'idée qui revient de l'objet sur elle-même. Science de l'idée pure, de l'idée considérée en elle-même, de l'idée analysée comme élément de la pensée, la logique a pour objet cette pensée et ses modifications; mais elle n'est pas pour cela une science purement *formale;* elle ne se borne pas à examiner l'activité du sujet pensant; elle embrasse, au contraire, cette activité dans toute sa puissance et dans toute son étendue; elle occupe la place de l'ancienne métaphysique. De l'idée considérée en elle-même, qui est l'objet de la logique, la science passe à l'idée considérée dans le *étéron einai*, qui est l'objet de la philosophie de la nature. Cette étude complète la logique, mais a besoin, à son tour, d'être complétée par une autre. En effet, quand l'idée s'est analysée dans le sujet et dans l'objet, elle a besoin de se ressaisir dans son unité, dans sa réalité; car là est le vrai l'être, l'absolu.

On le voit, entre Hegel et Schelling, la différence n'était pas à cette époque dans les conclusions, elle était dans les prémisses et dans la démonstration. Plus tard, Schelling gardant le silence, et Hegel enseignant dans la plus célèbre des universités d'Allemagne, publiant une série d'ouvrages remarquables, le schisme devint à la fois plus éclatant entre eux et plus favorable au second de ces penseurs. Pendant les quinze dernières années Hegel fut considéré comme le premier métaphysicien de l'Allemagne, et ses disciples appliquèrent sa doctrine à toutes les études, à l'histoire, à la littérature, à la jurisprudence, à la théologie, aux sciences naturelles. Hegel était sans doute un homme d'une haute intelligence; mais, comme Schelling et Fichte, il faussa l'école de Kant, que tous trois prétendaient continuer, en mêlant à l'esprit de critique et d'analyse qui la distingue je ne sais quelle audace de poésie mystique et de conception orientale qui a fait sans doute la fortune, mais qui fait aussi la condamnation de leurs systèmes. En effet, ce même enthousiasme qui domina les trois philosophes, et qui les porta tous trois à déclarer leur doctrine le dernier mot de la science, la vérité absolue, leur a fait sans doute un grand nombre d'adeptes dévoués; mais en leur inspirant aussi une sorte de mépris pour les intelligences vulgaires, il a donné à leur langage quelque chose de dur et de mystérieux, qui leur a beaucoup nui auprès de leurs contemporains, et qui leur nuira bien plus auprès de la postérité. Hegel sous ce rapport est même inférieur à Fichte, que déjà on a cessé de lire, et à Schelling.

Avant de se rendre à l'université de Heidelberg, Hegel avait annoncé à Voss, le traducteur d'Homère, le dessein de populariser la philosophie (en Allemagne sans doute), comme Voss et Luther y avaient popularisé Homère et la Bible. Jamais dessein plus noble n'a plus complétement échoué. Hegel écrit non-seulement sans grâce, mais sans clarté, et les éditeurs de ses œuvres reconnaissent sans hésitation ce défaut; seulement, ils l'attribuent à la hauteur de la pensée et aux *licences de ponctuation* que prennent naturellement les esprits supérieurs. Hegel lui-même n'ignorait pas et ne déplorait pas cette obscurité; il consolait ses auditeurs du chagrin de ne pas le comprendre par les difficultés de la matière et l'intelligence qui leur viendrait plus tard. L'événement le justifiait, il faut le croire; car il eut des disciples nombreux et des partisans fanatiques, qui lui attribuèrent dans leur enthousiasme tout le génie réuni des plus grands philosophes de l'antiquité.

Hegel eut aussi de violents adversaires; l'exagération de la haine ne fut pas moins grande à son égard que celle de l'amour. On lui reprocha d'enseigner le spinosisme et de professer les opinions les plus illibérales et les plus désolantes pour l'humanité. Il n'en était rien. Il disait en effet : *Tout ce qui est raisonnable est réel et tout ce qui est réel est raisonnable.* Mais dans ces mots il combattait d'absurdes rêveries et de vaines conceptions sur ce qui pourrait être métaphysiquement; il ne parlait ni politique ni morale. On a pu abuser de sa philosophie pour recommander certaines doctrines politiques; il n'a pas posé sa philosophie pour ces doctrines. En général, Hegel n'a pas trouvé d'adversaires dignes de lui; Jacobi et Krug, qu'il avait le plus maltraités, étaient l'un et l'autre hors d'état de le combattre de manière à lui nuire, quelque envie qu'ils en eussent l'un et l'autre.

Sept des amis les plus distingués du philosophe de Berlin se sont constitués les éditeurs de ses œuvres. Cette collection, dont la publication commença peu de mois après la mort de Hegel, se compose de 18 volumes in-8°. On y remarque surtout les ouvrages suivants : *Foi et Science, ou analyse critique des systèmes de Kant, Jacobi et Fichte; Différence entre le système de Fichte et de celui de Schelling; De la Philosophie de la nature* (c'est le système de Schelling qu'on désigne ainsi en Allemagne) *dans ses rapports avec la philosophie en général; Phénoménologie de l'esprit*, après l'*Histoire de la Philosophie* du même auteur, celui de ses ouvrages qui mérite le plus d'attention; *Logique; Science du Droit*, l'un de ses meilleurs ouvrages, et c'est celui de tous dont le style est moins négligé ; mais c'est aussi celui de tous qui a soulevé le plus d'objections contre l'auteur. On lui reprocha d'y avoir prêché le servilisme. Cependant Hegel, loin d'y enseigner l'absolutisme, demande la publicité des débats politiques et judiciaires. Il y soutient même en quelque sorte le droit d'insurrection. L'insurrection dans un pays conquis n'est pas un crime à ses yeux, et cela par la raison que les sujets n'y sont pas des sujets véritables; ils ne sont pas avec le maître dans la *communion de l'idée;* il n'y a pas entre eux liaison d'état, il n'y a que contrat. Chose bizarre, c'est sur une parole de Napoléon que le philosophe appuie son raisonnement; c'est sur ces mots dits aux députés d'Erfurt: « Je ne suis pas votre prince, je suis votre maître »; *Æsthétique :* c'est un cours de Hegel. Il ne s'y borne pas à l'analyse du beau dans les ouvrages d'art et de littérature, il y présente sur la symbolique de l'Inde, de la Perse, de l'Égypte, ainsi que sur la poésie du mahométisme et le mysticisme chrétien, des vues fort curieuses, quoique très-hasardées; *Philosophie de la Religion:* c'est une des compositions les plus remarquables de Hegel, quoiqu'elle ne soit publiée que d'après les cahiers de ses auditeurs; *Histoire de la Philosophie :* très-incomplète, surtout pour les derniers temps; mais il ne faudrait pas essayer de nous en donner une traduction : on ne traduit pas Hegel. MATTER.

HÉGÉMONE. *Voyez* GRACES.

HÉGÉMONIE (d'ἡγεμών, chef, conducteur), mot grec indiquant un commandement supérieur, ou la puissance suprême : ainsi Mercure, conducteur des âmes, est qualifié d'*hégémon ;* mais c'était surtout le nom qu'en Grèce on donnait à la prééminence politique que des peuples confédérés accordaient volontairement à l'un d'entre eux en raison des preuves de prudence, de bravoure et d'habileté à la guerre, qu'avaient données ses citoyens ; par suite de quoi, ce peuple était investi de la direction suprême dans toutes les entreprises relatives aux intérêts communs. Ce fut la guerre des Perses qui, vers l'an 500 avant J.-C., fit sentir le besoin d'une *hégémonie.* En présence des dangers dont l'invasion des Perses menaçait les Grecs, Thémistocle leur conseilla de former une étroite confédération et de placer Sparte à sa tête. Sparte ne sut pas longtemps conserver sa prééminence. Athènes eut l'hégémonie après la bataille de Salamine. Sparte ne regagna la prééminence que lorsque la guerre du Péloponnèse eut porté un coup mortel à la puissance d'Athènes. Sparte abusa encore de l'*hégémonie.* Thèbes prit les armes pour sauver l'indépendance de la Grèce, et humilia l'orgueil des Spartiates dans les journées de Leuctres et de Mantinée. Au milieu des discordes intestines, il ne fut pas difficile à Alexandre, après la bataille de Chéronée (338 avant J.-C.), de se décerner à lui-même l'*hégémonie.* On trouve aussi des exemples d'hégémonie dans l'Étrurie, le Latium et jusque dans la Gaule.

HÉGÉSIAS, philosophe grec, qui florissait vers l'an 370 avant J.-C., était vraisemblablement originaire de Cyrène, disciple d'Aristippe et contemporain de Platon. Au rapport de Cicéron, il peignait avec de si vives couleurs et tant d'éloquence toutes les misères de la vie humaine, où la somme des maux l'emporte de beaucoup sur celle des biens, qu'on le surnomma le *Pisithanate*, ou l'*Avocat de la mort*, et que plusieurs de ses disciples furent conduits par son enseignement à se débarrasser d'une existence qui ne leur promettait que des souffrances et des privations. Aussi le roi d'Égypte, Ptolémée, fit-il fermer son école et finit-il par bannir Hégésias de ses États. A la différence d'Aristippe, fondateur de la secte cyrénaïque, à laquelle il se rattachait, et qui enseignait qu'il était *indifférent* de vivre ou de mourir, parce qu'il est impossible de savoir si la somme des plaisirs sera à la fin de la vie plus grande ou plus petite que la somme des peines, Hégésias prétendait qu'il *faut* mourir, parce que, encore qu'on ne puisse démontrer que la somme des peines sera à la fin de la vie plus grande que celle des plaisirs, il y a cent mille à parier contre un qu'il en arrivera ainsi, par conséquent qu'un insensé peut seul s'exposer à une chance pareille. Mais s'il était de bonne foi, comment se fait-il donc qu'il consentit à jouer lui-même un semblable jeu?

Hégésias, orateur grec d'une époque postérieure, était de Magnésie ; l'affectation maladroite du style attique l'avait mis en mauvais renom parmi ses contemporains.

Le même nom fut aussi porté par un poëte sceptique, deux statuaires, et un tyran d'Éphèse, protégé par Alexandre.

HÉGÉSIPPE, célèbre orateur athénien, qui florissait vers l'an 350 avant J.-C., fut l'un des adversaires de Philippe de Macédoine et contemporain de Démosthène, dont le discours *De Haleneso* a été dans ces derniers temps reconnu pour être l'œuvre d'Hégésippe.

Un autre *Hégésippe*, qui vivait au troisième siècle de l'ère chrétienne, est regardé comme le plus ancien des historiens de l'Église. Juif de naissance, il se convertit à la foi chrétienne, et devint, en 177, évêque de Rome. Eusèbe nous a conservé quelques fragments de son *Histoire de l'Église* et de ses *Commentaires sur les Actes des Apôtres.*

HÉGIRE. Tel est le nom de l'ère chronologique des mahométans, c'est-à-dire des Arabes, des Turcs, des Persans, etc. L'époque d'où ils partent est par eux nommée *hedjra*, mot arabe qui signifie *fuite*, et dont, par corruption, nous avons fait *hégire.* Cette fuite est celle de Mahomet, qui, pour se soustraire à ses ennemis, quitta furtivement La Mecque pour se retirer à Fatrib, aujourd'hui Médine. L'époque de l'hégire est précisément un vendredi, le 16 juillet, 621 ans 196 jours complets après naissance de J.-C., l'an 622 de l'ère chrétienne. Comme les musulmans ne comptent que par années lunaires de 354 jours 8 heures 48′ 38″ 12‴, il s'ensuit que 33 de leurs années équivalent à 32 années solaires, plus 4 j. 18 h. 48′ : c'est sur cette règle qu'on opère les réductions suivantes.

Pour réduire une année de l'hégire en une année après J.-C., si l'année de l'hégire donnée ne passe pas 32, on y ajoute 621; la somme est l'année de J.-C. *Exemple* : An de l'hégire 20 = 20 × 621 = 641 après J-.C. Si l'année de l'hégire passe 32, on la divise par 33; le quotient sera soustrait de l'année donnée ; le reste sera ajouté à 622; la somme sera l'année après J.-C. *Exemple :* An de l'hégire 1257 =

$$1227 - \frac{1227}{33} \times 622 = 1812 \text{ après. J.-C.}$$

Observez cependant que cette réduction n'est pas d'une exactitude rigoureuse. Quand il s'agit d'événements qui se sont passés les 11 premiers jours de l'année musulmane, il faut les imputer à l'année solaire précédente, puisque celle-ci a 11 jours de plus que l'année lunaire.

Pour réduire les années de notre ère en années de l'hégire, on opère d'une manière inverse en ayant soin de distinguer si l'année donnée est plus petite ou plus grande que 641.

Charles DU ROZOIR.

HEGYALJA, nom d'un magnifique vignoble de 42 à 50 kilomètres de long sur 22 à 30 kilomètres de large, situé dans le comitat de Zemplin en Hongrie, et comprenant les vignobles de *Tokay*, de *Tarczal*, de *Keresztur*, etc., dont les produits sont célèbres dans le monde entier. La couche supérieure du sol consiste généralement en porphyre de différentes formations, circonstance qui, jointe aux soins et à l'habileté des vignerons, contribue puissamment à l'excellence des *vins d'Hegyalja.* La vendange a lieu très-tard ; elle ne commence guère que le 20 octobre, au milieu des réjouissances et des fêtes. La récolte annuelle s'élève, en moyenne, à environ 12,000 hectolitres, dont les deux tiers s'exportent et se vendent quelquefois à des prix fabuleux. Les vins de *Tallya* et de *Maad* sont les plus doux ; celui de *Tokay* a le plus de feu ; aussi est-il recherché de préférence par les étrangers et a-t-il donné son nom aux produits de tous les vignobles. On le falsifie pourtant souvent, malgré la sévérité des lois rendues à plusieurs reprises en Hongrie, depuis le dix-septième siècle, contre ceux qui le frelatent.

HEIBERG (PIERRE-ANDRÉ), écrivain danois, qui s'est fait un nom justement célèbre comme poëte dramatique, comme satirique et comme publiciste, naquit en 1758, à Wordinborg. Après avoir terminé ses études universitaires, il passa trois années à Bergen ; et plus tard, à partir de 1788, il vint s'établir comme traducteur à Copenhague. Banni en 1799 du Danemark, à cause de ses opinions politiques, entièrement conformes à celles au nom desquelles s'était opérée la révolution française, il se rendit en 1800 à Paris, où, sous l'Empire, il obtint un emploi de chef de bureau au ministère des relations extérieures. Il accompagna à diverses reprises M. de Talleyrand à Berlin, à Varsovie, à Erfurt et à Vienne. En 1817 le gouvernement de la Restauration le mit à la retraite, avec pension. Il mourut à Paris le 30 avril 1841.

Comme poëte dramatique, Heiberg est, après Holberg, l'écrivain danois qui a le plus composé d'ouvrages originaux ; et la plupart des pièces de son théâtre sont restées au répertoire. Elles se distinguent par une grande connaissance du cœur humain, par beaucoup d'esprit et par une parfaite entente de la scène. Mais sa satire est plutôt mordante que comique. Il vise aussi beaucoup trop à l'effet. Il a paru deux éditions de ses œuvres complètes.

Heiberg fut pendant plus de dix ans l'un des collaborateurs les plus assidus de la *Revue encyclopédique*, recueil auquel il a fourni une foule de notices intéressantes sur l'histoire, l'archéologie et les arts du nord de l'Europe. Il s'était aussi beaucoup occupé de travaux politiques et philosophiques. C'est à cet ordre d'idées qu'appartiennent ses dissertations *Sur la peine de mort* (Christiania, 1820), et *Sur l'introduction de la souveraineté en Danemark* (Drammen, 1828), toutes deux écrites en danois, ainsi que son *Précis historique et critique de la Constitution de la Monarchie Danoise* (Paris, 1820). Ses *Lettres d'un Norvegien de la vieille roche* (Paris, 1822), imitées de celles de Junius, exposent de la manière la plus saisissante les dangers qu'il y aurait à modifier la constitution norvégienne. On trouve d'intéressants renseignements pour l'appréciation de sa vie et de ses opinions dans deux fragments autobiographiques qu'il a publiés lui-même en danois : *Trois années à Bergen* (Drammen, 1829) et *Souvenirs de ma vie politique, sociale et littéraire en France* (Christiania, 1838).

Nous avons dit que Heiberg, par suite de son attachement aux principes de notre révolution de 1789, avait dû s'expatrier, au moment même où ses succès dramatiques popularisaient son nom dans son pays. Bernstorff, politique habile et profond, avant de recourir aux menaces et aux persécutions à l'égard de quelques écrivains et savants, tels que Cramer de Kiel, Malte-Brun et Heiberg, dont il redoutait les tendances libérales, essaya de les gagner par des caresses et des grâces. Ayant rencontré Heiberg dans un salon, quelques jours après la première représentation d'une de ses comédies, dont le succès avait été très-grand, il lui adressa les compliments les plus flatteurs sur son talent, exprimant le regret que le gouvernement du roi ne se fût pas depuis longtemps recruté d'une capacité d'élite dont le concours ne pouvait être que si utile au pays. Heiberg parut ne voir dans ces avances si flagrantes que des politesses banales et n'en pas comprendre le but. Le ministre insista, et, poussé à bout par la force d'inertie que lui opposait son interlocuteur, finit par lui lâcher la phrase traditionnelle : « Voyons, que puis-je faire pour vous être agréable ? Je n'ai rien à vous refuser ! » — « Alors j'oserais prier Votre Excellence, répondit Heiberg au comte, qui à ce moment faisait rouler entre ses doigts sa tabatière d'or garnie de diamants, de me donner... une prise de tabac. »

HEIBERG (JEAN-LOUIS), fils du précédent, directeur du théâtre de Copenhague, né en 1791, commença en 1809 des études médicales, que, entraîné par une irrésistible vocation, il ne tarda pas à abandonner pour la littérature et la poésie. Dès 1814 il débutait comme poëte par une imitation de *Don Juan* et par un drame romantique intitulé : *Le potier Walter ;* et il se livra ensuite à une étude approfondie des littératures du midi de l'Europe. La pièce de théâtre intitulée : *Dristig voret halv er vundet* (1817), et la dissertation : *De poeseos dramaticæ genere hispanico, et præsertim de Petro Calderone de la Barca* (1817), qui lui valut le titre de docteur, témoignent des travaux sérieux dont Calderon fut l'objet de sa part. Dans sa *Psyche's Indvielse*, drame mythologique (1817), il a essayé de traiter poétiquement le mythe célèbre d'Amour et Psyché. Un séjour de trois années qu'il fit à Paris, de 1819 à 1822, lui fournit l'occasion d'étudier à fond le théâtre français. Nommé à son retour en Danemark professeur de langue et de littérature danoises à l'université de Kiel, il publia une grammaire danoise (Altona, 1825), ainsi que ses leçons sur la mythologie du Nord d'après l'Edda, et les poésies mythologiques d'Œhlenschlæger (Schleswig, 1827). En 1825, il fit représenter sur le théâtre de Copenhague son premier vaudeville, *Kong Salomon og Jærgen Hattemager*, qui obtint un grand succès ; et depuis lors il n'a pas cessé d'être l'auteur dramatique favori du public danois, qui sous le triple rapport de la fécondité, d'une rare entente de la scène et d'un habile emploi des ressources et des effets dramatiques, le compare à notre Scribe. Comme lui, il s'est essayé aussi dans la comédie de caractère et dans l'opéra, et avec non moins de succès.

HEIDELBERG, ville du cercle du Bas-Rhin, dans le grand-duché de Bade, et jusqu'en 1720 résidence des électeurs et comtes palatins du Rhin, est située dans l'une des plus ravissantes contrées de l'Allemagne, au point où aboutit la *Bergstrasse*, et sur la rive gauche du Necker, qu'on y traverse sur un pont en pierres de 234 mètres de longueur, et orné de la statue équestre de l'électeur palatin Charles-Théodore. Encaissée entre le fleuve et la montagne, Heidelberg se compose de trois parties bien distinctes : la ville proprement dite, un faubourg, et la partie qu'on appelle *Bergstadt*. Au sud s'élève le *Kœnigstuhl*, hauteur qu'on appelle *Kaiserstuhl* depuis que l'empereur François II l'a gravie, et de laquelle on jouit d'une vue magnifique, surtout de la tour de trente mètres de hauteur qu'on y a construite en 1830. Le château électoral, bâti sur la partie du Geisberg qu'on appelle le *Jettenhugel*, édifice dont l'architecture appartenait au style gothique et à celui de la renaissance, a beaucoup souffert des dévastations des Français en 1689, et est devenu complétement inhabitable en 1764, par suite des ravages qu'y exerça la foudre à la suite d'un affreux orage. Mais ses ruines ont toujours conservé un caractère grandiose et pittoresque, qui les rend dignes d'être visitées, et le plus grand soin est apporté à leur conservation. C'est dans l'une des caves de ce château que se trouve le fameux *tonneau de Heidelberg*, qui peut contenir 250 *foudres*, ou 283,000 bouteilles de vin. Les électeurs palatins se faisaient gloire de l'avoir toujours rempli du meilleur vin du Rhin.

La population fixe de Heidelberg est d'environ 14,000 habitants, dont 6,000 catholiques et 8,000 protestants. Des cinq églises que possède Heidelberg, celles du Saint-Esprit et de Saint-Pierre sont les plus remarquables. Il y a dans cette ville, indépendamment d'une université, une société pour les sciences naturelles et la médecine, une école forestière et agricole, un muséum (depuis 1827) auquel est adjoint un cabinet de lecture parfaitement assorti, un gymnase commun à la jeunesse catholique et protestante, et diverses institutions particulières. La navigation du Necker favorise beaucoup l'activité commerciale de Heidelberg, ville bâtie au point de partage de plusieurs grandes routes importantes, notamment de celle de Francfort à Bâle, et de celle qui de Manheim, va d'une part en Souabe et de l'autre en Franconie et en Saxe. Les chemins de fer de Carlsruhe à Manheim et de Bâle à Francfort ne peuvent qu'ajouter à ces éléments de prospérité. Heidelberg fait un grand commerce en huiles, tabac et graines de lin; elle possède de nombreuses brasseries, plusieurs manufactures de tabac et une fabrique de bougies. Dans ces derniers temps, des dépenses considérables ont été faites pour son embellissement et pour ajouter encore à l'attrait de ses environs. C'était autrefois un fief des évêques de Worms. L'électeur palatin Ruprecht Ier y établit le premier sa résidence. Dans la guerre de trente ans, après que Tilly s'en fut emparé, elle tomba au pouvoir des Suédois en 1634, et fut reprise par Gallas en 1635. Les Français, qui la prirent en 1688, la livrèrent au pillage et détruisirent en grande partie son château. En 1693, ils s'en emparèrent encore une fois, et y commirent de nouveaux excès.

L'université de Heidelberg, la plus ancienne de l'Allemagne après celles de Prague et de Vienne, fut fondée en 1386, par l'électeur Ruprecht II. Marsilius d'Inghen, son premier recteur, et Conrad de Gelynhausen, son chancelier, réussirent à la mettre bientôt en renom. Elle déclina après la prise de Heidelberg par Tilly, en 1622; mais une fois la guerre de trente ans terminée, elle se releva, grâce à la protection éclairée de l'électeur Charles-Louis. Laurent Beger, Ézéchiel Spanheim, Freinsheim et Puffendorf contribuèrent alors particulièrement à son illustration. Mais les successeurs de l'électeur Charles-Louis, de la maison palatine de Neubourg et de Sulzbach, la négligèrent complétement. Dépouillée par la paix de Lunéville de tous ses revenus, elle eût infailliblement péri si le grand-duc de Bade, Charles-Frédéric, aux États duquel Heidelberg fut alors ajoutée, ne l'avait soutenue par les plus nobles libéralités. Ce fut ce prince qui, en 1803, lui donna l'organisation qu'elle a conservée jusqu'à nos jours. Ses revenus, qui ont encore été augmentés depuis, furent portés à 108,000 florins, dont 84,000 fournis par les caisses de l'État. En 1852 on y comptait 718 étudiants, dont 509 étrangers. Le nombre des professeurs et agrégés s'élevait à 78. La bibliothèque de l'université est riche d'environ 150,000 volumes et de 2,000 manuscrits.

HEIDUQUES ou HEIDOUQUES. *Voyez* HAIDOUCKS.

HEILBRONN, siége d'un grand bailliage, dans une des plus belles et des plus fertiles vallées du Wurtemberg, avec une population de 12,000 habitants, qui appartiennent en majorité à l'Église évangélique. Beaucoup d'entre eux s'occupent de la culture de la vigne, d'agriculture et de jardinage; d'autres se livrent au commerce ou à l'industrie. L'établissement de la navigation à vapeur sur le Necker, en 1841, et celui du chemin de fer wurtembergeois ont donné un nouvel essor au commerce de cette ville, qui était déjà le point central où venaient aboutir un grand nombre de routes. Les fabriques de papier, de céruse, d'acétate de plomb et autres produits chimiques, de savon, de bougies, de plâtre, de matières colorantes, de plomb de chasse, de coutellerie, d'orfévrerie, de fonte, de vinaigre, de tabac, de tapis, etc., fournissent une foule d'objets d'exportation. La ville possède en outre un atelier de construction de machines, une douane, un port libre, un entrepôt, etc. Parmi ses monuments les plus remarquables on cite l'église de Saint-Kiliam, élevée de 1013 à 1529; la maison de l'ordre Teutonique, où Oxenstiern signa, en 1633, le *traité de Heilbronn;* la Fontaine aux sept tuyaux, la tour où Gœtz de Berlichingen fut enfermé en 1529, l'hôtel de ville, avec une belle horloge construite en 1580, les archives municipales. Comme lieux de plaisance dans les environs, on remarque l'*Actiengarten* de Braunhard, le *Wartthurm*, d'où l'on découvre le plus magnifique panorama, et le *Jægerhaus*, près d'une grande carrière de grès.

Le maire du palais Carloman donna, en 741 et en 747, l'église de Saint-Michel de Heilbronn à l'évêché de Wurtzbourg, et dès 1225 cette cité devint ville impériale. Défendue par un grand nombre de tours, de hautes murailles et de profonds fossés pleins d'eau, elle repoussa toutes les attaques de ses ennemis dans le moyen âge; mais pendant la guerre des paysans, en 1525, dans la guerre de Smalkalde, dans celle de trente ans et dans toutes les guerres contre la France, elle eut beaucoup à souffrir. Le Wurtemberg en prit possession le 7 septembre 1802.

HEILSBERG, ville du cercle de Kœnigsberg, dans la province de Prusse, sur l'Aller, avec un palais épiscopal, cinq églises évangéliques, une église catholique, et une population de 5,000 habitants s'occupant de la fabrication du drap, de l'apprêt des cuirs, et du commerce des fils, des toiles et du drap. Heilsberg est devenu célèbre de nos jours par la bataille que les Français sous les ordres de Soult y livrèrent, le 10 juin 1807, aux Russes commandés par Bennigsen. Nos troupes culbutèrent plusieurs divisions russes sans remporter d'avantages décisifs. A neuf heures du soir on se battait encore avec acharnement sur toute la ligne. Le lendemain, l'empereur ayant pris ses dispositions pour une bataille décisive, les Russes se retirèrent sur la rive droite de l'Aller. Le 12 juin l'armée française entra dans Heilsberg.

HEIM (FRANÇOIS-JOSEPH), peintre d'histoire et membre de l'Institut, est né à Belfort (Haut-Rhin), en 1787. Il fit ses premières études dans l'atelier de Vincent, et disciple précoce, il remporta en 1807 le grand prix de peinture. L'Académie avait choisi pour sujet du concours *Thésée vainqueur du Minotaure.* Dès lors les succès du jeune peintre se multiplièrent, assez peu retentissants, mais rapides. Il exposa en 1819 la *Résurrection de Lazare*, la *Clémence de Titus*, *Vespasien distribuant des secours au peuple*, et le *Martyre de sainte Juliette et de son fils*. Cette composition, acquise par le gouvernement de la restauration, orne maintenant une des chapelles de l'église Saint-Gervais. Aux expositions suivantes, M. Heim envoya le *Rétablissement des sépultures royales à Saint-Denis*, le *Martyre de saint Hippolyte* (1822), la *Délivrance du roi d'Espagne*, *Sainte-Adélaïde*, et le *Massacre des Juifs* (1824). Ce tableau, qui fit la réputation de l'auteur, occupe une des meilleures places du Musée du Luxembourg. Le *Massacre* fut suivi d'un *saint Hyacinthe* (1827), dont le succès fût beaucoup moins brillant. Lorsque Charles X entreprit au Louvre la décoration des galeries qu'on désigne quelquefois encore sous son nom, il fit appel aux célébrités de l'époque, et il n'eut garde d'oublier M. Heim. Au plafond de la grande salle où sont exposés les vases étrusques, l'artiste peignit le Vésuve personnifié recevant de Jupiter le feu qui doit consumer Herculanum, Stabjæ et Pompéi. Les six pendentifs qui ornent les voussures, et où sont représentées des scènes de désolation, sont également de sa main; il en est de même des huit médaillons à fond d'or, où l'on voit de petits génies chargés d'objets précieux, qu'ils semblent vouloir préserver de l'incendie. Ces génies ne manquent ni de mouvement ni de grâce. M. Heim a peint en outre, dans la galerie française, le plafond de la salle qu'enrichissent aujourd'hui les marines de Joseph Vernet. Des personnages symboliques, sans attributs distincts, y figurent, dit-on, la *Renaissance des arts en France*. Divers sujets historiques ornent les voussures et complètent l'allégorie du plafond. L'ensemble est singulièrement guindé et emphatique; mais tel était alors l'égarement du sens public, que tout ce faux style réussit sans encombre. Aussi J.-B. Regnault étant mort en 1829, M. Heim fut appelé à le remplacer à l'Institut.

Le gouvernement de 1830 utilisa, comme l'avait fait la Restauration, le pinceau de M. Heim. C'est lui qu'on chargea de représenter Louis-Philippe recevant au Palais-Royal les députés qui lui apportent son brevet de roi. Lors du salon de 1834, où fut exposé ce tableau, on jugea que les principales figures étaient ressemblantes; mais à part ce mérite vulgaire, l'œuvre parut d'une faiblesse extrême. Le musée de Versailles, qui la possède, en a peu d'aussi médiocres. M. Heim sembla alors vouloir se reposer sur ses lauriers, et il resta plusieurs années sans rien produire. On l'a vu tout à coup reparaître au salon de 1847, avec deux toiles bien différentes : *Le Champ de mai* et *Une Lecture au Théâtre-Français*. Les curieux retrouveront dans les brochures et les journaux du temps l'expression peu charitable de la gaieté qu'excita cette dernière composition. Naïvement conçue, plus naïvement encore exécutée, elle eut autant de succès qu'une caricature de Biard. La petite réputation de l'auteur du *Massacre des Juifs* est restée depuis lors fort compromise. Il faut dire d'ailleurs qu'il n'a jamais joui, même dans sa jeunesse, d'une popularité bien étendue ; et cependant, il a montré dans quelques portraits qu'il n'était pas sans habileté et sans finesse ; mais pour M. Heim l'expression a toujours été lettre close. Paul MANTZ.

HEINE (HENRI), poëte allemand, né à Dusseldorf, le 1er janvier 1800, de parents israélites, étudia le droit à Bonn, à Berlin, et à Gœttingue, où il fut reçu docteur, et se convertit au christianisme en 1825. On ne sait pas trop pourquoi il prit ce parti, car tout aussitôt on le vit faire preuve du scepticisme le plus railleur. Les plaisants ont prétendu que ce qui l'y avait décidé, c'est qu'il souffrait d'être de la même religion que M. de Rothschild sans être aussi riche que lui, alors que pour le devenir il lui aurait fallu être aussi pauvre d'esprit que lui. Il habita alternativement Naubourg, Berlin et Munich jusqu'au moment où, entraîné dans le tourbillon des espérances qu'avait provoquées la révolution de Juillet, il vint se fixer à Paris. A partir de 1836 jusqu'à la révolution de février 1848, il y toucha une pension considérable sur les fonds secrets ; circonstance qui n'a été connue que lorsque le gouvernement de Juillet eut été renversé, et qui lui a maintes fois valu le reproche assez mérité, d'avoir été à la solde de Louis-Philippe. En 1835, Heine avait été compris dans les mesures adoptées par la Confédération germanique contre les membres de la *Jeune Allemagne*. Depuis qu'il habite Paris, où il s'est marié, il n'a quitté cette ville que pour quelques passagères excursions en Allemagne : la dernière qu'il fit, en 1844, le conduisit à Hambourg. Depuis plusieurs années une maladie de la moëlle épinière l'a réduit au plus déplorable état, sans que ses tortures physiques influassent en rien sur la mobilité de son esprit.

Ce n'est pas trop s'avancer que de dire de Henri Heine qu'il est un des hommes le plus spirituels de ce temps-ci, et qu'il n'y en a pas eu beaucoup au temps passé d'aussi ou de plus spirituels que lui. Il y a en cet écrivain singulier du Cervantès, du Swift, du Rabelais et du Voltaire ; il n'y a presque rien d'allemand, et ce rien en est le meilleur. C'est à cause de cela sans doute qu'il est considéré par ses compatriotes comme parfaitement étranger au pays où il a pris naissance, et qu'ils le tiennent pour une espèce de petit diable d'enfer qui use de ses facultés surnaturelles pour compromettre à force d'esprit la nation dans laquelle il a eu la malice de s'incarner. En effet, ils se troublent à l'aspect de ce charmant météore intellectuel, ils le renient pour un des leurs. La vérité est qu'il y a dans Heine je ne sais quoi de cet esprit railleur, caustique, inépuisable, qu'on est accoutumé de donner à Satan, et que s'il n'était au demeurant le meilleur homme du monde, on se signerait à chacune de ses paroles. Il a une sagacité merveilleuse pour découvrir les ridicules de l'homme, de quelque livrée qu'il s'affuble, et un penchant insurmontable à s'en moquer. Nul n'aperçoit plus sûrement dans les événements qui nous affligent le côté plaisant qui doit nous consoler, et de plus, nul ne sait mieux les prévoir, nul n'est doué à un plus haut degré de cette faculté divinatrice qui est une des propriétés de l'homme de génie. Notre langue lui est devenue si familière, qu'il l'écrit avec facilité et élégance. Plusieurs de nos revues littéraires en font foi, et il a traduit lui-même en français un de ses plus jolis ouvrages : les *Reisebilder*, ou *Impressions de voyages*, mieux que ne l'aurait fait le traducteur indigène le plus versé dans la connaissance de la langue allemande.

Ses *Poëmes* parurent à Berlin en 1822. L'année suivante, il publia ses tragédies d'*Almansor* et de *Radcliff*, ainsi que l'*Intermède lyrique*. Ces œuvres n'eurent pas tout d'abord la célébrité qu'elles étaient dignes d'obtenir, la poésie n'étant alors en faveur que parmi un nombre très-restreint de connaisseurs ; mais dès que les deux premiers volumes de ses *Reisebilder* (Hambourg, 1826-1827) furent sortis de dessous la presse, ils produisirent une vive sensation dans le public et excitèrent l'enthousiasme parmi la jeunesse. Deux autres volumes, publiés en 1830-1831, ne firent que donner plus d'activité et plus de force à ces sentiments. C'est qu'il y a dans ce livre, outre un esprit prodigieux, des réflexions politiques dont la portée audacieuse ravissait les imaginations allemandes. On n'a parlé nulle part de la France, de Napoléon surtout, comme il en est parlé dans ce livre ; nulle part le grand capitaine n'a été jugé avec autant de profondeur et d'originalité. Les *Lieders* (*Chants*), publiés aussi en 1827, à Hambourg, plurent extraordinairement. Vinrent ensuite des ouvrages moins importants, celui qui est intitulé *Kahldorf* ou *Lettres sur la Noblesse*, adressé au comte de Moltke (Hambourg, 1831) ; les *Essais sur l'Histoire de la Littérature moderne en Allemagne* (1833) ; l'*État de la France* (1833), qui n'est guère que la réunion d'articles sur Paris publiés dans la *Gazette d'Augsbourg* ; *Le Salon* (1835-40) ; *Les femmes de Shakspeare*, avec illustrations (Paris et Leipzig, 1839) ; *Sur Bœrne* (1840) ; et enfin les *Nouvelles Histoires* (1844). En 1855, sur ce lit de douleur où il est cloué, il a encore fait paraître *De l'Allemagne* (2 vol. in-18) et *Lutèce* (1 vol.). Ce dernier ouvrage renferme les lettres qu'il adressa de Paris à la *Gazette d'Augsbourg* de 1840 à 1843.

Heine, au témoignage des Allemands, excelle dans la prose ; mais il s'est surpassé peut-être dans la poésie lyrique, où il fait vibrer les cordes les plus délicates, desquelles, pour nous servir des expressions bizarres d'un biographe allemand, il tire à la fois des *dissonnances ironiques* et les sons *les plus spirituellement voluptueux*. Avec Menzel et Bœrne, il avait pressenti la révolution de 1830, et disposé les esprits de l'Allemagne à en recevoir le contre-coup. On était fatigué d'ailleurs de la sécheresse qui régnait depuis longtemps dans la littérature allemande ; de là l'enthousiasme indicible qu'excitèrent les chants acérés de Heine, son esprit impie et sa satire impitoyable. Sa mission finit avec 1830. Il se répéta, non pas qu'il ne fût plus à la hauteur des idées nouvelles, mais parce que n'ayant pas obtenu de la propagande qu'il faisait en Allemagne avec sa plume tous les effets qu'il en avait espérés, il se repentit d'avoir trop bien auguré de l'énergie politique de ses compatriotes, tomba dans l'indolence et dans le dégoût, laissa percer à travers ses railleries un sentiment de mépris pour les descendants de Hermann, et pratiqua l'indifférence en matière politique comme il la pratiquait déjà en matière religieuse. C'est ce qui a fait dire qu'il manquait de la probité des opinions et de la fermeté du caractère. En effet, il a joué à peu près avec tous les partis ; et ce qu'il y a de plus noble, de plus sublime, de plus sacré, ne lui paraît propre qu'à servir aux jeux de son esprit. Dans son livre sur Bœrne, ce système est poussé jusqu'au cynisme.

On lui reproche en Allemagne d'avoir nui beaucoup à la littérature, et principalement à la poésie allemande, par le ton de sentimentalité outrée qui règne quelquefois dans la sienne et qui est devenue contagieuse. On ajoute que son genre de lyrisme menace aussi d'avoir pour conséquence de détruire toutes les lois du rhythme parmi ses successeurs ; on reconnaît pourtant que chez lui du moins une certaine harmonie musicale peut à la rigueur servir de compensation à cet inconvénient. Mais on trouve surtout déplacé qu'il ait essayé, dans quelques articles de la *Revue des Deux Mondes*, d'initier les Français à la connaissance des mystères de la philosophie allemande. Le fait est que cette initiation n'aboutit qu'à nous fortifier dans cette opinion qu'il n'y a rien de plus creux, de plus vain, de plus fantastique, de plus chimérique, de plus opposé au bon sens, à la clarté, à la sobriété de l'esprit français que cette philosophie. C'est ce que Heine a voulu démontrer et c'est ce que tout le monde ici, à l'exception peut-être de l'honorable M. Cousin, a parfaitement compris. On s'imagine bien qu'après ce mauvais tour les Allemands doutent qu'il y ait beaucoup des ouvrages de Heine qui aillent à la postérité; qu'importe? s'ils concèdent qu'il y en arrivera bien quelques-uns. Aussi bien, Heine lui-même ne s'en soucie guère. Ch. Nisard.

HEINECCIUS (Jean-Gottlieb), célèbre jurisconsulte, naquit le 11 septembre 1681, à Eisenberg, dans le duché d'Altenbourg. Après avoir commencé à Leipzig l'étude de la théologie, il y renonça pour celle du droit, à laquelle il vint se livrer à Halle, où, en 1713, il fut nommé professeur de philosophie, puis, en 1721, titulaire de la chaire de droit. Deux ans après il acceptait des fonctions analogues à Franeker, puis, à Francfort-sur-l'Oder; mais après dix ans d'absence il revint occuper sa chaire à Halle, et mourut dans cette ville, en 1765. Préparé par une étude approfondie de la philosophie et secondé par des connaissances aussi vastes que rares dans les langues anciennes, l'archéologie et l'histoire des nations, il pénétra avec une grande sagacité dans toutes les parties de la jurisprudence, et fit du droit romain et du droit allemand l'objet principal de ses recherches et de ses études. Ses manuels de droit et de philosophie, tels que ses *Elementa Juris civilis secundum ordinem institutionum* (1725, dern. édit. 1815), *Elementa Juris civilis secundum ordinem Pandectarum* (1728); *Historia Juris Rom. et Germ.* (Halle, 1733), ne se distinguent pas moins par leur élégante latinité que par leurs rigoureuses déductions logiques; aussi ont-ils toujours été réimprimés jusque dans ces derniers temps.

HEINSIUS (Daniel), fut avec Scaliger et Casaubon un des types de ces commentateurs savants qu'a produits en si grand nombre le seizième siècle. Né à Gand, en 1580, il eut dès son plus jeune âge la passion du grec. A seize ans, les travaux de Scaliger lui causèrent tant d'émulation, qu'il passait une partie des nuits sans dormir, comme Thémistocle pour Miltiade. Tour à tour professeur de l'université de Leyde et secrétaire de l'académie de cette ville, Heinsius publia des éditions annotées de Théocrite, d'Hésiode, de Sénèque, d'Horace, de Térence, d'Ovide, de Tite-Live et d'une foule d'autres classiques; ses Poésies grecques et latines, pleines de pureté et de grâce eurent autrefois un grand succès. Sa tragédie d'*Hérode*, son poëme *De Contemptu Mortis*, dans lequel il développe avec talent les idées de Platon; ses querelles avec Balzac et Saumaise, ses liaisons avec Gassendi et les principaux grands hommes de son siècle, donnèrent à Heinsius une très-haute réputation. Parmi ses ouvrages publiés, nous recommandons un traité fort curieux, intitulé *An viro litterato ducenda sit uxor*? Il est intéressant de comparer la solution négative d'Heinsius avec une dissertation analogue de Juste-Lipse. Cela n'empêcha pas Heinsius de se marier. Les biographes modernes, qui lui donnent tous un caractère grave, bien qu'enclin à une plaisanterie amicale, ne parlent pas de son goût assez caractérisé pour le vin. Nous trouvons dans un livre du temps : « Heinsius disait qu'une page de Platon l'enivrait autant que s'il avait avalé dix verres de vin. » C'était pour lui le dernier terme de comparaison.

Il mourut à Leyde en 1665, laissant un fils, *Nicolas* Heinsius, qui, tour à tour en voyages, à la cour de Christine, ou en procès avec une courtisane qui voulait l'épouser, trouva pourtant le temps de publier, comme son père, des éditions classiques, et des poëmes latins qui ne manquent ni d'élégance ni de pureté. Charles Labitte.

HEINSIUS (Antoine), grand-pensionnaire de Hollande, qui, avec Marlborough et le prince Eugène de Savoie, forma le redoutable triumvirat dont l'action sur l'Europe, dans les dernières années du règne de Louis XIV, fut si fatale à la France, était né vers 1640, à Delft, et débuta dans la vie publique par les fonctions de membre du conseil municipal de sa ville natale, dans l'exercice desquelles il se montra à diverses reprises adversaire assez déclaré de la politique qui se résumait dans la cause du stathoudérat. Mais ses idées se modifièrent peu à peu; et en 1678, après la paix de Nimègue, le prince d'Orange, dont il était devenu la créature et dont il finit par être plus tard le confident intime en même temps qu'il restait l'instrument de la grande autorité que ce prince s'était acquise et conservait dans les Provinces-Unies; le prince d'Orange, disons-nous, lui confia une mission particulière près de la cour de France à l'occasion de certaines réclamations relatives à la principauté d'Orange qu'il fut chargé d'y suivre en son nom. Louvois, impatienté des représentations de l'envoyé de l'ennemi personnel de son maître, prit le parti de mettre un terme aux obsessions de cet agent en le menaçant un jour, sans plus de façons, de le faire jeter à la Bastille s'il persistait; et Heinsius dut s'en retourner en Hollande sans avoir pu atteindre le but des négociations qu'il avait entamées. Il y rapporta une rancune personnelle contre Louis XIV et ses ministres, qu'explique suffisament l'insulte gratuite dont il avait été l'objet de la part de Louvois, et qui, jointe au désir bien naturel de venger les humiliations et les malheurs dont le grand roi avait abreuvé sa patrie en 1672, le porta plus tard, au déclin de la puissance de ce monarque, à rendre à la France, et avec usure, calamité pour calamité, humiliation pour humiliation, grâce à l'appui de l'épée constamment victorieuse de Marlborough et d'Eugène.

Il avait été élu grand-pensionnaire en 1689, et il garda ce titre et ces fonctions par des élections quinquennales jusqu'à sa mort, arrivée le 3 août 1720, au moment où il atteignait sa quatre-vingt-unième année. Il avait alors encore la tête et le sens comme à quarante ans, et la santé tout aussi ferme. Il succomba à une maladie de peu de jours. Torcy, qui avait eu occasion de négocier avec lui alors qu'il était l'âme de la coalition, nous le représente dans ses Mémoires comme d'un abord froid, poli dans la conversation, s'échauffant rarement dans la discussion, et de l'extérieur le plus simple. Nul faste dans sa maison : tout son domestique était composé d'un secrétaire, d'un cocher, d'un laquais et d'une servante. Haren nous apprend, dans une note de son poëme des *Gueux*, qu'il fut le dernier des magistrats et des ministres hollandais qui ait porté le sévère costume du manteau et du rabat qu'on retrouve reproduit dans quelques gravures du dix-septième siècle.

« Heinsius, nous dit encore Saint-Simon, succéda non pas aux charges du prince d'Orange et à l'autorité qu'elles donnent, mais à tout son crédit sur les esprits et à son art de gouverner et de devenir le premier mobile et le maître de toutes les délibérations importantes de la république. Entraîné par son grand objet, d'humilier la France et la personne du roi, flatté par la cour rampante que lui faisaient sans ménagement le prince Eugène et le duc de Marlborough, jusqu'à attendre quelquefois plus de deux heures dans son antichambre, il ne voulut jamais la paix, et tous trois ne visèrent pas moins, au milieu de leurs énormes succès, qu'à réduire la France au-dessous de la paix de Vervins. » La bataille de Denain, gagnée par Villars, sauva notre pays des humiliantes destinées qu'on lui préparait et amena la conclusion du traité d'Utrecht. Quelque temps après la signature de ce traité, Heinsius éprouva, dit-on, une attaque de peste, à La Haye même. Il y avait là de quoi justement effrayer la population de cette ville; mais le secret en fut parfaitement gardé entre le comte de Staremberg, ambassadeur de l'empereur, son médecin et lui; et s'il fut assez heureux pour échapper au fléau, on ne saurait non plus trop louer la tranquillité d'âme et la stoïque prudence dont il fit preuve en cette occasion.

HEINSIUS (Othon-Frédéric-Théodore), né en 1770, à Berlin, mort dans la même ville, le 19 mai 1849, est l'auteur de divers ouvrages de lexicographie et de grammaire à l'usage des écoles qui ont obtenu un grand et légitime succès. Il fut longtemps professeur, puis recteur d'un des gymnases ou colléges de Berlin.

HEKLA ou HÉCLA (Mont), le plus célèbre des volcans

de l'Islande, situé au sud-ouest de l'île, a 1,600 mètres de hauteur et se compose presque entièrement de masses de lave refroidie et de sédiments. Les premiers qui en atteignirent le sommet furent Olafsen et Paulsen, savants naturalistes danois, dont l'ascension eut lieu en 1750. Depuis lors d'autres ascensions ont été successivement effectuées, en 1772 par Troll, Bancks et Solander; en 1793, par Pælsen, jeune médecin chargé d'une mission d'exploration par la Société d'Histoire Naturelle de Copenhague, et qui y revint encore quatre ans plus tard, en 1797, en compagnie de Thorlacius; en 1810, par Mackensie; enfin, en 1836, par notre savant compatriote M. Paul Gaimard; et les uns comme les autres n'en vinrent pas à bout sans courir de sérieux dangers.

Le mont Hékla se termine en trois pics, chacun avec un cratère. Le plus grand des trois a 38 mètres 40 de profondeur et 76 m. 80 de diamètre. Il s'en dégage constamment des vapeurs sulfureuses. La première éruption de ce volcan remonte, dit-on, à l'année 1004. Depuis lors on en compte en tout vingt-huit; les plus violentes furent celles de 1766 et de 1818. La plus récente a eu lieu en 1846. Le hameau de *Næfurholt*, dont les habitants servent naturellement de guides aux explorateurs qui viennent visiter ces contrées désolées, est le lieu habitable le plus voisin du volcan. On n'aperçoit pas d'ailleurs la moindre trace de végétation sur la montagne même et à plus de trois myriamètres à la ronde.

HEL ou **HELLIA**, la déesse du monde souterrain dans la mythologie scandinave et germanique. Fille du méchant Lœki, sœur du loup Fenrix et du serpent qui enserre notre globe, elle trône au plus profond de la terre, dans la région des ombres, tantôt avec l'apparence d'un être complétement noir, tantôt avec celle d'un être moitié homme, pour y recevoir tout ce qui meurt de vieillesse ou de maladie. Elle retient impitoyablement tout ce qui lui est une fois échu, et attend toujours avidement l'arrivée de nouvelles âmes.

HÉLÈNE, héroïne grecque non moins célèbre par sa beauté, son époux, ses ravisseurs et ses adultères, qu'illustre par sa naissance, était fille de Jupiter et de Léda, et sœur de Clytemnestre, de Castor et de Pollux. Son origine fut une merveille; sa mère, séduite par Jupiter, caché sous la forme d'un cygne, pondit un œuf, d'où sortit une trinité d'enfants : une fille, qu'elle nomma Hélène, ou la *Lune*, et Castor et Pollux. Le col d'Hélène eut par transmission l'admirable blancheur de l'oiseau-dieu qui lui avait donné le jour. D'autres disent Hélène fille de Jupiter et de Némésis, et lui donnent seulement Léda pour nourrice. Déjà grande, elle fut ravie par Thésée, tandis qu'elle dansait dans le sanctuaire de Diane. Pendant l'absence du héros, qui avait couru en Épire enlever Proserpine, Castor et Pollux ayant envahi l'Attique à main armée, reconquirent leur sœur dans Aphidnes, où Thésée l'avait laissée sous la garde d'Éthra, sa mère, qui toujours depuis l'accompagna jusque dans Troie. D'Aphidnes elle passa à Argos, à la cour d'Agamemnon, près de Clytemnestre, sa sœur, et là mit clandestinement au jour une fille, dont le père fut à jamais inconnu. Avec son incomparable beauté, Hélène, recherchée de plus de cent prétendants, tous princes, donna encore pour dot à l'époux qu'elle choisit, du consentement du bon Tyndare, la couronne de Sparte : ce malheureux époux était Ménélas.

La torche de cet infernal hymen fumait encore, que Pâris, fils de roi et berger illustre, auquel Vénus avait promis la plus belle femme du monde, violant les lois de l'hospitalité, enleva Hélène avec ses trésors et ses bijoux. Durant le trajet de Sparte à Ilion, le vaisseau qui portait le berger ravisseur, ayant relâché en Arcadie, Hélène n'y put résister aux charmes du jeune Peritanus, qui, sous la main même du jaloux Pâris, paya de sa virilité cette insigne faveur. A peine installée dans les palais de son ravisseur, elle céda aux instances amoureuses du jeune Corythus, fils de Pâris et d'Œnone, non moins beau que son père. Enfin, dix années après, sur les cendres de cette Troie dont elle fut, par son crime, la première incendiaire, Pâris étant mort, elle reposait aux bras de Déiphobe, le frère de ce pâtre-héros, quand Ménélas vint l'en arracher et la replacer dans sa couche royale. Elle fut, en outre, accusée d'avoir livré nu et désarmé l'infortuné Déiphobe à Ménélas, qui, l'ayant massacré, aurait jeté ses membres aux oiseaux. On va jusqu'à raconter qu'amoureuse d'Achille, elle descendait des murs de Troie pour l'aller trouver dans sa tente, qu'elle en eut un enfant, et bien mieux, qu'elle avait parmi ses suivantes une maîtresse de voluptés. Elle eut plusieurs enfants, entre autres, de Pâris, une fille, qu'elle appela de son nom funeste, Hélène, et de Ménélas, la violente Hermione. Après la mort de ce prince, elle fut honteusement chassée de Lacédémone par deux bâtards de son mari. Réfugiée à Rhodes chez Polyxo, cette princesse la fit pendre, déjà vieille et débile, à un arbre par deux de ses femmes, vengeant ainsi la mort de son mari Tlépolème, tué sous les remparts d'Ilion. D'autres racontent que Thétis la fit périr pendant le rembarquement des Grecs; d'autres encore, qu'elle fut immolée par Iphigénie, dans la Chersonèse taurique, lorsque avec Ménélas elle y allait à la recherche d'Oreste, son neveu. Son collier, de l'or le plus pur, faisait partie des trésors du temple de Delphes.

Toutefois, Homère, Euripide et Hérodote ne chargent pas la vie d'Hélène de toutes ces sales corruptions. Homère la peint belle, voluptueuse à la vérité, mais victime plutôt de la fatalité que de ses passions; il la présente pleine de tendresse et de larmes pour sa patrie et son époux, quoique faible femme, se laissant aller aux caresses de Pâris, le plus beau des hommes. Il lui donne un fonds de mélancolie, qui ajoute à ses charmes ravissants. Euripide bâtit son drame d'*Hélène* sur un incident merveilleux : il feint que Junon, irritée du jugement de Pâris, pétrit avec de l'air un fantôme parfaitement ressemblant à Hélène, et que c'est cette image fantastique, douée d'une certaine vie, que le ravisseur emporte à Troie, apparence qui le déçoit près de dix années durant, tandis que la vraie, la belle Hélène, cueillant des roses, est enlevée par la déesse et cachée dans l'île de Pharos en Égypte, où Ménélas, trompé aussi par ce rapt, la reçoit après la chute d'Ilion, pure et vertueuse, des mains du roi Protée. Platon a ses raisons pour admettre cette fable. D'autres veulent que Pâris et Hélène, faisant voile vers les côtes de Phrygie, aient été jetés par la tempête sur les plages d'Égypte; que là Hélène, avec ses trésors, ait été retenue par Protée, son roi, et Pâris chassé comme un sacrilége; et qu'après la ruine du royaume de Priam, Ménélas, convaincu de la guerre inutile qu'il avait faite à ce vertueux monarque, dans la ville duquel n'était jamais entrée Hélène, soit allé la trouver à Memphis, où on lui avait assuré qu'elle résidait, ce que jusque alors il avait regardé comme une fable ironique. Le sage Protée, ajoutent-ils, lui aurait rendu ses trésors intacts et son épouse toute fraîche d'une chasteté de dix années. C'est l'opinion d'Hérodote. Quelques-uns veulent qu'Hélène n'ait pas épousé Ménélas; qu'elle ait préféré Pâris à tous les prétendants, et que Ménélas, son rival, soit venu les armes à la main, avec la Grèce soulevée, pour ravir cette princesse à son heureux possesseur. Hélène, en tant que vertueuse, fut divinisée : elle eut des temples, où les femmes venaient l'implorer pour mettre au monde de beaux enfants. Cette divinité susceptible aveugla le poëte Stésichore, qui avait mal parlé d'elle, puis lui rendit la vue, lorsqu'il se fut rétracté.

DENNE-BARON.

HÉLÈNE (FLAVIA-JULIA HELENA, connue sous le nom de Sainte), mère du grand Constantin. Son pays et sa condition sont encore un problème : les uns, et Nicéphore est du nombre, la font naître à Drépanum en Bithynie; Eutrope la dit femme de basse extraction, et saint Ambroise lui fait exercer la profession de cabaretière; les autres, au contraire, la regardent comme fille du roi Cœlus, de l'île Britannique, où ils la font naître. Quoi qu'il en soit de l'obscurité de son origine, les charmes de son esprit et sa beauté fixèrent l'attention de Constance Chlore, alors garde prétorien, qui l'épousa; mais, élevé par Dioclétien à la dignité de César, il la répudia pour la fille de Maximien Hercule. Quelques auteurs ont prétendu qu'Hélène n'avait été que la concubine de Constance Chlore; mais tout se réunit pour prouver le contraire. Constantin, devenu empereur en 325, rappela sa mère à sa cour, et lui donna par un édit les titres d'auguste et d'impératrice, ainsi que le droit de disposer de l'argent de son épargne. Hélène était chrétienne, et, tout en gémissant des crimes de son fils, tout en blâmant la cruauté de sa conduite envers les membres de sa famille, elle usa constamment de son ascendant sur Constantin pour le bonheur de ses peuples, le bien de l'Église et le soulagement des malheureux. Elle visita la Terre Sainte vers 326, et y bâtit plusieurs églises. Ce fut en jetant les fondements de l'une d'elles, celle du Calvaire, que furent découverts des morceaux de bois qu'on jugea appartenir à la vraie croix, ainsi que les instruments du supplice de Jésus-Christ. Hélène en envoya la plus grande partie à Constantinople, et le reste fut distribué à différentes églises. Hélène mourut en 328, à l'âge de quatre-vingts ans environ, dans les bras de Constantin. Elle a été mise au nombre des saintes; et sa fête est célébrée le 18 août.

HÉLÈNE, princesse de Mecklembourg, duchesse d'Orléans. *Voyez* ORLÉANS.

HÉLER. Quand un bâtiment entre au port, ou en rencontre un autre en pleine mer, on lui adresse certaines questions au moyen du porte-voix; c'est l'idée que présente le mot *héler* : héler, c'est donc questionner pour demander aux hommes d'un bâtiment à quel port il appartient, le lieu dont il est parti, celui dans lequel il se rend, etc.

HELGOLAND, rocher élevé de 70 mètres au-dessus du niveau de la mer, et appartenant à la Grande-Bretagne. Situé à 44 kilomètres des embouchures de l'Elbe, du Weser et de l'Eider dans la mer du Nord, il est entouré d'îles de sable ou de dunes, d'écueils et de bas-fonds, dont le plus considérable est appelé *le Moine*. Cette petite île se divise en *haute* et *basse terre*. La haute terre, de 4,200 pas de circonférence, s'élève de 30 à 50 mètres au-dessus du niveau de la mer; la basse terre, qui forme une plaine constamment rongée par les flots de l'Océan, compte à peine aujourd'hui 1,200 pas de circuit. Les îles de sable dont Helgoland n'est détaché que depuis un siècle, ont tout au plus les deux cinquièmes de sa circonférence. A un kilomètre environ à l'est de la basse terre, s'élève une dune de 100 mètres de long sur 330 de large et 6 de haut, sur le bord occidental de laquelle ont été établis des bains de mer. La haute terre produit de l'herbe, du trèfle, de l'orge, des pommes de terre et quelques arbustes rabougris. C'est dans cette partie de l'île qu'on a élevé le phare et bâti une petite ville dont les maisons descendent jusque sur la terre basse, et qui compte 2,200 habitants, presque tous pêcheurs ou pilotes habiles. Le dialecte vulgaire est le frison; mais le service divin se fait en allemand, et l'enseignement se donne aussi en cette langue. Les habitants de Helgoland possèdent d'ailleurs huit ou neuf navires, qui font de fréquents voyages en Angleterre, en France, en Norvège, dans les ports de la Baltique; et les nombreux étrangers qui visitent leurs bains de mer sont aussi pour eux une source de profits. L'île a deux ports, défendus par quatre batteries.

Anciennement elle portait le nom de *Fositesland* ou *Fosetisland*, c'est-à-dire *pays de Foseta*, déesse des Frisons, qui y avait un temple auprès d'une source sacrée. Après l'abolition du paganisme par saint Willibrod, elle prit, comme siége des missions chrétiennes, le nom de *Helgoland* ou *Heiligeland*, c'est-à-dire *pays des saints ;* plus tard elle fut réunie au duché de Schleswig-Holstein, et jusqu'en 1712 elle fut soumise au duc de Holstein-Gottorp. Elle passa alors sous le sceptre du roi de Danemark; mais en 1807 les Anglais s'en emparèrent, et pendant le système continental de Napoléon ils en firent le principal dépôt de leur commerce de contrebande avec le continent. Le Danemark la leur céda définitivement par la paix de Kiel, en 1814. Helgoland n'est soumise à aucun impôt. Elle est administrée par un gouverneur, qui est ordinairement un officier d'état-major, assisté de six conseillers, de huit quartiniers et de seize anciens. Le code de l'île ne se compose que de 14 articles, tirés des anciennes lois des Frisons. Les habitants se distinguent par une grande pureté et une grande simplicité de mœurs; jamais il n'y a eu de prison dans l'île. Une assemblée générale, à laquelle tout chef de famille a le droit d'assister, règle chaque année les dépenses publiques. Les Helgolandais professent la religion évangélique, et choisissent eux-mêmes leurs pasteurs; le plus jeune de ces ministres est chargé en même temps de l'enseignement dans la première classe de l'école.

Les bains de mer de Helgoland, établis en 1826, sont aujourd'hui extrêmement fréquentés, à cause de la pureté de l'air et de la force des lames. Le principal établissement est sur la dune; mais il y en a d'autres sur la côte septentrionale et la côte orientale de l'île, où se rendent ceux qui, soit par goût, soit par ordonnance du médecin, cherchent des lames plus ou moins fortes, selon la direction du vent. La saison des bains commence au milieu de juin, et dure jusqu'en septembre.

HÉLIADES. Ce nom patronymique, formé du mot grec ἥλιος, *Soleil*, désigne les trois filles de ce dieu et de la nymphe Mérope ou Clymène : *Phaéthuse*, *Lampétie* et *Phœbé*. Elles ne figurent dans la Fable que pour mourir. Nymphes elles-mêmes, elles habitaient les eaux du fleuve Éridan; et quand Phaéton, leur frère, tomba foudroyé du haut du ciel dans ce fleuve, elles en conçurent un tel chagrin, que les dieux, émus de pitié, les changèrent en peupliers. Ovide raconte, avec la grâce touchante qu'il sait répandre sur ces sortes de récits, leur mort mythologique. Les larmes qui coulent de leur jeunes rameaux donnent naissance à l'ambre, et l'eau limpide du fleuve les porte aux pieds des femmes latines pour leur servir de parure.

Les Grecs donnaient le même nom à sept fils du Soleil, qu'il engendra pendant que ses rayons brûlants pompèrent l'humidité dans l'île de Rhodes, qu'ils assainissaient. Ils perfectionnèrent l'architecture navale, se livrèrent à l'astronomie et divisèrent les jours en heures. Thénagès, l'un d'eux, éclipsa ses frères, qui le mirent à mort, s'enfuirent de Rhodes et se dispersèrent dans les îles voisines. Électryone, leur sœur unique, restée vierge, fut adorée comme demi-déesse.

HÉLIANTHE. Ce genre de plantes appartient à la famille des composées de Jussieu, à la syngénésie polygamie frustranée de Linné. Les hélianthes sont originaires d'Amérique. Leurs racines sont en général vivaces, leurs tiges herbacées, leurs fleurs radiées, leurs involucres imbriqués et à folioles lâches; leur réceptacle est large et garni de paillettes, et leurs graines sont couronnées de deux crêtes molles et caduques. Les feuilles, ordinairement opposées, sont rudes au toucher; les fleurs sont toujours jaunes. Deux espèces remarquables, l'une par l'élégance de ses fleurs, l'autre par ses propriétés nutritives, méritent une attention particulière : ce sont l'*helianthus annuus* et l'*helianthus tuberosus*. L'*helianthus annuus* de Linné, vulgairement *soleil tournesol des jardins*, est une plante originaire du Pérou, naturalisée dans nos climats. Elle offre une tige haute de 1m30 à 2 mèt., couverte de poils rudes, à feuilles pétiolées, à fleurs terminales, grandes, jaunes, auxquelles succèdent des graines noires, huileuses, et propres à l'alimentation des oiseaux. L'*helianthus tuberosus*, vulgairement *poire de terre*, *topinambour*, *artichaut du Canada*, originaire du Brésil, est cultivé dans nos jardins, pour sa racine nutritive. Sa tige est dressée, peu rameuse, haute de 1 à 2 mètres, rude au toucher; ses feuilles sont ovales et plus ou moins allongées; ses fleurs terminales, à involucre cilié, sont plus petites que celles de l'hélianthe annuelle; ses racines, vivaces, sont composées de tubercules rougeâtres à l'extérieur, blancs au dedans : cuites, elles ont une saveur douce, qui rappelle un peu celle de l'artichaut. L'analyse de la racine de topinambour a donné à M. Payen, entre autres principes, la dahline. On peut citer une troisième espèce, l'*helianthus multiflorus*, cultivée dans les jardins sous les noms de *soleil vivace*, *petit soleil*. BELFIELD-LEFÈVRE.

HÉLIANTHÈME, genre de plantes de la famille des cistées ou cistinées de Jussieu, de la polyandrie monogynie de Linné. Le nom que porte cette plante (de ἥλιος, soleil, et ἄνθεμον, fleur) paraît avoir été consacré spécialement à une espèce, remarquable par ses belles fleurs d'un jaune d'or (*helianthemum commune*). Les caractères du genre *hélianthème* sont : un calice à cinq sépales, une corolle à cinq pétales, disposés en rose et très-caducs; des étamines en nombre indéterminé, insérées sur un réceptacle ; un ovaire supère, surmonté d'un style simple, terminé par un stigmate aplati ; le fruit est une capsule uniloculaire et trivalve.

Les hélianthèmes sont ou des plantes ou des arbustes. Les fleurs sont disposées ordinairement en grappes terminales; les feuilles, généralement opposées, sont quelquefois stipulées. A l'aide de ce dernier caractère, les hélianthèmes ont été distingués en deux groupes, les hélianthèmes à feuilles stipulées (*helianthemum vulgare, obscurum, pilosum, pulverulentum*, etc.), et les hélianthèmes à feuilles dépourvues de stipules (*helianthemum umbellatum, fumana, guttatum*, etc.). Aucune des espèces de ce genre n'est employée dans la médecine ou dans les arts.

BELFIELD-LEFÈVRE.

HÉLIAQUE (du grec ἥλιος, soleil). *Voyez* LEVER ET COUCHER DES ASTRES.

HÉLIASTES (Tribunal des), le plus important d'Athènes après l'Aréopage; il avait pour attributions d'interpréter les lois obscures et de maintenir celles auxquelles on pouvait avoir donné quelque atteinte. Les thesmothètes convoquaient les assemblées des héliastes, qui étaient au nombre de deux cents, ou même de cinq cents, de mille et de quinze-cents suivant différents auteurs. Ils recevaient un droit de présence fixé à trois oboles, et payaient une amende lorsqu'ils arrivaient trop tard. C'est devant le tribunal des héliastes que fut traduite la célèbre Phryné.

HÉLICE (*Géométrie*), courbe à double courbure, dont on peut représenter la génération de la manière suivante : supposons un cylindre droit, et imaginons qu'on développe sa surface latérale sur un plan ; on a un rectangle dont les bases sont le développement des circonférences des bases du cylindre; divisons les deux autres côtés de ce rectangle en un même nombre de parties égales; joignons ensuite par une droite le premier point de division de l'un de ces côtés au second de l'autre, puis le second point du premier côté au troisième point du second, etc. : nous obtenons ainsi une suite de parallèles, qui, si l'on replie le rectangle sur le cylindre, forment la courbe nommée *hélice* (en grec ἕλιξ, de ἑλεῖν, entourer, envelopper). Dans ce mouvement, chacune des parallèles engendre une *spire* de l'hélice. On voit que les portions d'une génératrice quelconque du cylindre comprise entre plusieurs spires consécutives sont égales; cet intervale constant est le *pas* de l'hélice.

Les effets mécaniques de la vis dérivent des propriétés géométriques de l'hélice, particulièrement de ce que les éléments de cette courbe font tous le même angle avec les diverses génératrices de la surface cylindrique.

E. MERLIEUX.

En architecture, le mot *hélice* s'emploie dans le même sens qu'en géométrie. Un escalier en *hélice* est composé de marches gironnées, tournant avec la même inclinaison autour d'un pilier cylindrique, qui lui sert de noyau. On appelle aussi *hélices* ou *vrilles* les petites volutes ou les caulicoles qui sont sous les fleurs du chapiteau corinthien; les *hélices entrelacées* sont des hélices entortillées ensemble.

Hélice est aussi le nom donné par les anciens à la constellation de la Grande-Ourse, parce qu'ils la voyaient tourner toujours autour du pôle dans un même cercle, sans se coucher jamais.

HÉLICE (*Mécanique*). La navigation maritime à vapeur remplace aujourd'hui dans ses constructions l'ancien système des roues à aubes par celui de l'hélice. Ce nouveau propulseur est ainsi nommé parce que, de même qu'une vis, la ligne qui termine son arête est une hélice géométrique. Sans remonter à 1699, ni même à 1743, époques où deux Français, Duguet et Dubort, employaient l'hélice à faire mouvoir des moulins, qu'il nous suffise, pour établir la propriété des inventeurs français, de citer les lignes suivantes qu'écrivait en 1768 le mathématicien français Paucton : « Je suis étonné que personne n'ait songé à changer la forme de la rame ordinaire, qui n'est pas évidemment parfaite. En effet, outre que l'action du rameur n'est pas calculée pour faire avancer le vaisseau uniformément, puisque la rame décrit des arcs de cercle dans son mouvement, il est obligé d'employer la moitié de son temps et de sa force à retirer la rame de l'eau et à la porter en avant. Pour remédier à cet inconvénient, il serait nécessaire de substituer à la rame ordinaire un instrument dont l'action fût, si c'est possible, uniforme et continuelle, et je pense qu'on trouvera parfaitement ces propriétés dans le *ptérophore* (révolution du filet d'une vis autour d'un cylindre). On pourrait en placer deux horizontalement et parallèlement à la longueur du navire, un de chaque côté, ou un seulement devant. On immergerait entièrement le ptérophore ou seulement jusqu'à l'axe. Ses dimensions dépendront de celles du navire, et l'inclinaison de l'hélice de la vitesse avec laquelle on veut ramer. » Restait à trouver la force motrice de ces propulseurs : c'était à la vapeur à résoudre le problème. Aussi dès 1823 l'idée de Paucton fut-elle reprise par le capitaine du génie Delisle; mais elle serait peut-être restée longtemps encore à l'état de théorie, si les Anglais Smith et Ericsson ne s'en étaient emparés. La vis Delisle était évidée : en 1832, M. Sauvage, alors constructeur de navires à Boulogne, inventa l'hélice pleine, et c'est la vis Sauvage qui, convenablement modifiée, est employée aujourd'hui. Devenu vieux et infirme, et n'ayant pour toute ressource qu'une modique pension, M. Sauvage a vu tout à coup, vers la fin de 1854, sa raison s'affaiblir ; il a été recueilli par les soins du gouvernement dans la maison de Picpus.

L'axe de l'hélice étant fixé parallèlement à la quille du vaisseau, lorsque cet axe tourne, les filets se frayent un chemin dans l'eau, comme la vis dans une pièce de bois. Seulement il faut bien remarquer que l'hélice agit dans un fluide, et non dans un solide. C'est alors au calcul à s'emparer des divers éléments de la question pour déterminer les dimensions les plus favorables, le pas, l'inclinaison des diverses parties de l'hélice. Au point où en sont les choses, on peut ainsi résumer les avantages du propulseur hélicoïdal : 1° la vis est à l'abri du boulet et des avaries qui peuvent résulter des abordages; la machine peut être entièrement placée au-dessous de la flottaison, dans les vaisseaux de ligne; 2° on peut établir des batteries dans toute la longueur du bâtiment; 3° les bâtiments à vis ayant environ deux cinquièmes de moins de largeur que les bâtiments à roues, peuvent pénétrer dans les bassins et docks qui ne sauraient recevoir ces derniers; 4° la vis étant toujours immergée, quels que soient et les mouvements de roulis et de tangage et l'inclinaison du navire, fonctionne toujours avec la même régularité; tandis que dans le système à roues, celles-ci étant souvent émergées, la machine acquiert dans ce cas une si grande vitesse, qu'on est obligé, pour préserver le bâtis, de fermer les registres de la vapeur; 5° cette immersion constante permet de faire de la toile par le vent du travers et au plus près, ce qui donne la faculté de gréer les bâtiments à hélice à peu près comme les bâtiments à voiles; 6° le navire pouvant marcher à la voile, la machine peut être plus puissante et l'approvisionnement de charbon moins considérable; 7° Quel que soit le chargement du bâtiment, la marche est régulière, tandis que les bâtiments à roues perdent une partie de leur marche par suite de la trop grande immersion des roues, au moment du départ, lorsque le chargement de charbon est complet; 8° enfin, par un bon vent, lorsqu'on peut se servir de la voile, on peut désembrayer la machine, et le bâtiment peut marcher comme les bâtiments à voiles ordinaires, sous lesquels il n'aura qu'une infériorité de vitesse d'un vingt-cinquième, par l'effet du propulseur que le navire traîne en ce cas; mais si on soustrait entièrement la vis à l'action de l'eau, ce qui est possible en la remontant à bord, il n'y a plus de différence dans la vitesse de la marche.

HÉLICE (*Malacologie*), de ἕλιξ, *spirale*, genre de mollusques gastéropodes univalves, voisin du genre *bulime*. La coquille des hélices, de forme très-variable, est le plus souvent globuleuse ou orbiculaire, à spire convexe ou conoïde, à ouverture entière, plus large que longue, échancrée supérieurement par la saillie convexe de l'avant-dernier tour. Ce genre comprend toutes les coquilles terrestres analogues à l'*escargot*, ou *hélice commune*, ou *hélice des vignes*, ou *limaçon*, que nous nous contenterons de décrire.

La tête de l'hélice commune attire d'abord l'attention par les quatre tentacules qu'elle supporte, caractère commun à tout ce genre; les deux premiers, et les plus grands, supportent chacun un œil, ce qui ne veut pas dire que l'on puisse affirmer que les hélices éprouvent la sensation de la lumière. Ces animaux paraissent en effet complétement insensibles au changement brusque de la lumière dont on les frappe; ils ne voient jamais un obstacle placé devant eux, et il faut qu'ils le touchent pour s'apercevoir de son existence. Les grands tentacules jouent alors, comme les petits, le rôle d'organes du toucher, organes rétractiles et très-délicats. Le pied d'une hélice, lorsqu'il est étendu sur une surface plane, prend une forme qui approche de celui d'une ellipse allongée, tronquée en avant, terminée en pointe en arrière. Le dos de l'animal est convexe, et toute sa surface est chargée de granulations irrégulières diversement disposées, selon les espèces; mais toute cette peau sécrète constamment une quantité notable de mucosité très-tenue, dont l'usage est de favoriser l'adhésion de l'animal au corps sur lequel il marche. Si l'on casse la coquille et que l'on en débarrasse complétement l'animal, on voit que tous ses organes principaux font au milieu du dos une véritable hernie, et que la coquille est destinée à la protéger. On peut dire en effet que les organes contenus dans le corps d'une *limace*, par exemple, sont ici répétés en dehors et contournés en spirale, pour être contenus dans une coquille d'une forme semblable.

Mais, des différents organes des hélices, les plus singuliers sont ceux de la génération. On trouve chez ces animaux l'*hermaphrodisme* incomplet. Dans la cavité commune des organes qui nous occupent s'ouvre une poche membraneuse, au fond de laquelle est placé, sur un mamelon, un dard calcaire fort aigu. Cette bourse du dard a la figure d'une cloche allongée; sa cavité intérieure offre quatre sillons longitudinaux, et c'est le mamelon qui est au fond dont la surface sécrète une matière calcaire qui se cristallise en se moulant dans les quatre sillons, ce qui donne au dard la forme d'une pyramide quadrangulaire. « C'est avec le dard, dit Cuvier, que les colimaçons préludent à l'acte reproducteur. Lorsque deux individus se rencontrent, ils commencent par se toucher, par se frotter l'un contre l'autre par toutes les parties de leurs corps. Après être restés plusieurs heures dans cette occupation, on voit la bourse commune sortir et se gonfler; bientôt après se manifeste la bourse du dard, et celui des deux individus qui la renverse le premier cherche à piquer, s'il peut, quelque endroit du corps de son camarade. Je dis, s'il peut, parce qu'à peine celui-ci aperçoit-il la pointe du dard qu'il se réfugie dans sa coquille avec une promptitude que ces animaux n'ont guère accoutumé d'avoir. Il n'y a point de lieu particulièrement destiné à cette sorte de blessure. Ordinairement le dard se rompt aussitôt qu'il a effleuré la peau; quelquefois il y reste fiché, mais le plus souvent il tombe à terre. Le deuxième colimaçon ne tarde point à faire sortir le sien et à l'employer de la même façon. » Ce n'est qu'après ces cérémonies préliminaires que la conjonction sexuelle de ces animaux hermaphrodites s'achève, par une insertion réciproque des organes excitateurs. Ce dard, qui a été considéré comme un moyen propre à réveiller par sa piqûre l'énergie de ces animaux apathiques, manque dans la limace et dans beaucoup d'autres mollusques, qui n'ont guère plus de vivacité. Ce dard, étant le résultat d'une sécrétion de matière calcaire, coulée plus ou moins lentement dans un moule, est susceptible de reproduction, en tout ou en partie, quand il a été perdu ou cassé.

L'accouplement des hélices a lieu pendant toutes les époques de la belle saison, principalement lorsque la terre a été mouillée depuis peu. Les œufs, habituellement arrondis et enveloppés d'une couche calcaire que l'on a reconnu être formée de petits cristaux de carbonate de chaux, sont déposés par l'hélice sous les feuilles, au pied des végétaux, ou même sur les troncs des arbres. Les petits ne tardent pas à éclore; ils sortent avec leur coquille encore très-fragile, mais peu à peu celle-ci se durcit; leur accroissement, qui est d'abord assez rapide, le devient moins ensuite. Les hélices vivent plusieurs années et passent l'hiver dans un état de somnolence, après avoir bouché leur coquille avec une sécrétion qui lui forme une sorte d'opercule.

Toutes les hélices vivent d'herbes et de feuilles d'arbres : rien n'échappe à leur voracité; et malheur à l'amateur d'horticulture qui ne saurait reconnaître les fleurs rares de son parterre qu'au moyen d'étiquettes écrites sur des cartes! à la première pluie, les hélices dévoreraient ses étiquettes, dont plusieurs exemples de ce genre ont montré qu'elles étaient très-friandes, et son érudition se trouverait en défaut. Les dégâts causés par les hélices ont fait rechercher une foule de moyens pour les détruire; mais le meilleur consiste à leur faire la chasse après des journées pluvieuses et à les écraser.

HÉLICON, aujourd'hui *Zagara*, ou *Licona*, est une montagne célèbre de l'ancienne Béotie, aujourd'hui *Livadie*. Son vieux nom hellène vient sans doute de ἡλίου εἰκών (l'image du soleil), parce qu'elle était particulièrement consacrée à Apollon, qui y avait sa statue, ou de ἕλιξ, vis tournante, dont ce mont a la figure. Voisin du *Parnasse* et du *Cithéron*, qui cacha les douleurs d'Œdipe, il s'élève, près du golfe de Corinthe, de 1,400 mètres au-dessus du niveau des deux mers, qu'il domine de son plateau fertile, où jamais, dit le poëte, herbe vénéneuse ne servit les nocturnes forfaits des magiciennes de Thessalie. C'est sur cette cime sacrée qu'Hésiode place le chœur des *Muses*. Le long des spirales de ce mont, dans le bois sacré des Muses, se dressaient les statues des principaux dieux, exécutées par les plus habiles statuaires de la Grèce, en bronze ou en marbre. Dans ce bois enchanteur, peuplé d'illustres morts, se célébraient des fêtes annuelles en l'honneur des Muses et de Cupidon. Des prix y étaient distribués aux athlètes et aux musiciens. De nombreuses sources rafraîchissaient ce mont, séjour du Soleil. L'*Hippocrène* tombait à vingt stades au-dessus du bois sacré. L'Aganippe, dont fait mention Pausanias, sortait du roc à la gauche de ce bois, et le Permesse, aujourd'hui *Permeso*, baignait de son onde argentée le pied verdoyant de cette cime fameuse, à laquelle les Muses durent le surnom d'*Héliconides*. DENNE-BARON.

HÉLICOSTÈGUES (de ἕλιξ, hélice, et στέγη, toit), famille de *foraminifères*, ayant pour caractères : Animal composé de segments enroulés en spirale; loges empilées ou superposées sur un seul axe formant une volute spirale.

HÉLIGOLAND. *Voyez* HELGOLAND.

HÉLIOCENTRIQUE (du grec ἥλιος, soleil, et κέντρον, centre). On appelle, en termes d'astronomie, *latitude héliocentrique*, l'inclinaison sur le plan de l'écliptique d'une droite menée du centre du Soleil au centre d'une planète. La même épithète s'applique au lieu d'une planète vue du soleil, c'est-à-dire au lieu où paraîtrait la planète, si notre œil était dans le centre du Soleil; en d'autres termes, le *lieu héliocentrique* est le point de l'écliptique auquel nous rapporterions une planète si nous étions placés au centre du Soleil.

HÉLIODORE, auteur des *Éthiopiques*, ou *Amours de Théagène et de Chariclée*, est plus connu comme romancier que comme évêque de Tricca en Thessalie. En sa qualité de prélat, il fit défense aux prêtres de son diocèse, sous peine de déposition, de continuer à vivre avec la femme qu'ils avaient épousée avant leur ordination. Au surplus, on sait peu de chose sur sa vie. Il florissait au temps de Théodose et de ses fils; mais on ignore la date de sa naissance et celle de sa mort. Lui-même nous apprend qu'il était Phénicien, natif d'Émèse, et de noble race. On a prétendu qu'il aurait composé son roman dans sa première jeunesse, vers l'an 390 de de notre ère, avant d'être évêque; qu'un synode aurait voulu l'obliger à le brûler lui-même, ou bien à quitter son évêché, et qu'il aurait pris ce dernier parti, historiette qui a été réfutée du reste par Valois, Vavasseur, Pétau et Bayle. Suivant d'autres, Héliodore aurait été un rhéteur païen. Les partisans de cette opinion ont cité à l'appui ces mots d'Héliodore lui-même : « Je suis de la race du Soleil. » A cela, l'on a répondu : « La qualité de chrétien devait-elle empêcher Héliodore de parler de la noblesse de son extraction, et de la désigner suivant les termes consacrés, de temps immémorial, dans sa patrie, sans que cela tirât à conséquence pour ou contre sa croyance religieuse? » Au surplus, dans le roman de *Théagène et Chariclée*, il n'est pas un mot qui puisse donner mauvaise idée des mœurs de l'évêque de Tricca. Rien de plus chaste que ses deux amants : on ne trouve point dans leur histoire de ces peintures trop naturelles, qui ont valu au roman de Longus l'honneur d'être enrichi de gravures lascives dessinées et burinées de la main de

Ce bon régent qui gâta tout en France (VOLTAIRE).

Les *Éthiopiques*, pour la variété des aventures et des situations, ne le cèdent en rien aux œuvres de nos romanciers modernes; mais on y chercherait en vain ces développements passionnés, cette observation des caractères, qui relèvent le prix de ces sortes d'écrits, et en rachètent quelquefois la frivolité. Le roman d'Héliodore abonde d'ailleurs en détails curieux sur l'état de l'Égypte à cette époque. Le style en est clair et naturel. Les *Éthiopiques* ont été traduites en 1549 par Amyot; cette version, très-rare, a été abandonnée pour des traductions modernes, assez médiocres.

Charles Du Rozoir.

HÉLIOGABALE (VARIUS-AVITUS-BASSIANUS, *dit*), empereur romain, de 218 à 222 de J.-C. Macrin l'indolent, soldat de fortune, occupait déjà depuis quelque temps le trône impérial, lorsque tout à coup éclate une révolte. On vient lui apprendre qu'un prêtre de Halgah-Baal, un enfant élevé à Émèse, et que les légions disent fils de Caracalla, aspire à la royauté; que déjà son général Gannys marche contre lui. L'empereur Macrin s'inquiète peu de ces nouvelles : il envoie contre son compétiteur son lieutenant Didius, lequel est mis à mort par ses propres troupes, qui passent à l'ennemi; Macrin lui-même est tué à Archelaïs. Les prétoriens, passés du côté d'Avitus, le proclament empereur : arrivé à Rome avec sa mère Soœmis et sa grand'mère Mœsa, il commence, à l'âge de quatorze ans, le règne le plus bizarre et le plus extravagant qui se soit vu dans la grande ville, si habituée aux cruautés les plus inouïes. Prêtre du Halgah-Baal, il veut introduire le culte de ce dieu dans Rome; Halgah-Baal, divinité syrienne, était représentée par une grande pierre noire, de forme conique. Avitus, qui ne se fait plus appeler que *Marc-Aurèle-Antonine*, introduit pour l'adorer un rite inconnu jusque là; il lui élève un temple magnifique, et fait venir de tous les points de l'empire les dieux les plus renommés pour l'adorer. Cette conduite étrange et despotique lui aliène l'esprit des populations, qui tiennent surtout à leurs dieux; l'Afrique s'émeut grandement de ce qu'on lui enlève sa mystérieuse divinité, qu'on dit être la Lune. « C'est bien! répond Héliogabale, qu'on a surnommé du nom de son dieu; votre déesse *la Lune* épousera mon dieu *Le Soleil*. »

Le règne de cet empereur fut de courte durée (moins de quatre ans); mais il fut encore trop long pour ceux qui eurent à le subir. Il n'est sortes de caprices et de folies que ne se permit le jeune empereur, le plus beau et le plus voluptueux des Romains; mais ses folies étaient souvent cruelles : un jour, par exemple, il invite à dîner les patriciens de Rome, et au milieu du repas il lance dans la salle des tigres et des ours apprivoisés, afin que la peur achève ceux qu'épargneront ces bêtes féroces. Un autre jour, il fait tuer un sénateur romain pour se donner le plaisir d'épouser aussitôt sa veuve. Un soir, il ensevelit ses convives sous une pluie de fleurs, puis il institue un sénat de femmes, que préside Soœmis, sa mère, et qui décrète les modes qui doivent être suivies dans tout l'empire. Ennuyé du rôle d'homme qu'il a joué jusque là, il déclare publiquement qu'il est femme, et épouse, en cette qualité, un de ses affranchis. Tant de folies firent murmurer les soldats : une sédition était près d'éclater lorsque sa grand'mère Mœsa lui fit adopter son cousin Alexandre-Sévère. La conduite d'Alexandre contrasta singulièrement avec celle de son père adoptif : Alexandre était de mœurs rigides et tenait aux antiques usages de Rome; il était chéri de la multitude. Héliogabale voulut le faire périr; mais Mœsa veillait à sa sûreté; Alexandre alla trouver les prétoriens dans leur camp avec Héliogabale : ceux-ci se divisèrent et en vinrent aux mains; les partisans d'Héliogabale furent vaincus; le prêtre-empereur, s'étant sauvé dans un lieu immonde, fut mis à mort avec sa mère Soœmis, et son corps, traîné dans les rues de Rome, fut jeté dans le Tibre.

HÉLIOGRAPHIQUE (Gravure). *Voyez* GRAVURE, tome X, page 503.

HÉLIOMÈTRE (de ἥλιος, soleil, et μέτρον, mesure) ou ASTROMÈTRE, instrument propre à mesurer avec la plus grande exactitude les diamètres des corps célestes. Le second de ces noms (dérivé de ἀστήρ, astre) est donc plus exact que celui d'*héliomètre*, que lui imposa son inventeur, le savant Bouguer; il est vrai qu'alors cet astronome ne s'en servit que pour la mesure du diamètre solaire. Quoi qu'il en soit, l'héliomètre de Bouguer est composé de deux objectifs d'un très-long foyer, placés à côté l'un de l'autre, et combinés avec un seul oculaire; il faut que le tuyau de la lunette ait une forme conique, et que ce soit son extrémité supérieure qui soit la plus grosse, à cause de la largeur des deux objectifs qu'elle reçoit. Quant à l'extrémité inférieure, elle doit être munie, comme à l'ordinaire, de son oculaire et de son micromètre. Lorsqu'on dirige l'instrument vers un astre quelconque, le soleil par exemple, il se forme à son foyer deux images à cause des deux objectifs. Chacune de ces images serait entière, si la lunette était assez large par en bas; mais il n'y a réellement que deux espèces de segments ou comme deux croissants adossés; ce ne sont que deux portions d'images, et on doit remarquer que les deux parties qui sont voisines, et qui quelquefois se touchent et même se recouvrent, représentent les deux bords opposés de l'astre, par la propriété qu'ont les deux objectifs de renverser les apparences. On a donc sous les yeux les deux extrémités d'un même diamètre. La mesure, faite à l'aide du micromètre, de l'intervalle de ces deux extrémités, suffit pour connaître le diamètre apparent de l'astre.

C'est en 1747 que Bouguer imagina l'héliomètre. La priorité de son invention lui fut contestée par Servington Savery, qui établit l'avoir soumise dès 1743 à la Société royale de Londres, laquelle ne paraît pas s'en être occupée, et ce ne fut que dix ans après qu'elle fut connue. Vers la même époque, Dollond modifia l'héliomètre de Bouguer en partageant l'objectif en deux moitiés d'objectif fixées dans deux coulisses, s'éloignant ou se rapprochant à volonté; système qui se recommande par l'égalité des foyers de deux moitiés de verre et la possibilité d'arriver de la sorte à une proximité plus grande du centre des deux verres. Dans ces derniers temps, Fraunhofer a singulièrement perfectionné la construction de l'héliomètre.

HÉLIOPOLIS (c'est-à-dire *ville du soleil*, de ἥλιος, soleil, et πόλις, ville). C'est le nom donné à plusieurs ville de l'antiquité consacrées au Soleil. La plus célèbre, située dans la Basse-Égypte, est connue sous le nom de *Matariéh*. Son nom primitif était *On*, qui signifie *soleil* dans l'ancienne langue égyptienne. C'est ainsi qu'elle est désignée dans le texte hébreu de la *Genèse* et de l'*Exode*. Ézéchiel la nomme *Aven*. Jérémie l'appelle *Beth Chémès*, maison du soleil. Cette ville est en effet célèbre par son magnifique temple du dieu de la lumière, par les débris du sphinx dont a parlé Strabon, et par son superbe obélisque, qui peut être comparé à celui de Luxor. Sa hauteur est de 20m,27; ses quatre faces ont 1m,80 de largeur à la base, et 1m,17 à l'extrémité supérieure. C'est dans le temple d'Héliopolis qu'on nourrissait le bœuf *Mnévis*, symbole du soleil; il y était, comme le bœuf Apis à Memphis, l'objet d'un culte particulier. Là aussi le Phénix, prenant son vol de l'Orient, après une vie de quatorze cent soixante-un ans, venait mourir sur un bûcher de myrrhe et d'encens, et renaître de ses cendres. Lors de l'expédition française en Égypte, l'enceinte de briques de l'ancienne Héliopolis, encore fort reconnaissable, avait 4 à 5 mètres de hauteur sur 18 à 20 d'épaisseur, et enfermait un espace d'environ 1,400 mètres de long, sur 1,000 mètres de large. Avec ses démolitions, Ibrahim-Pacha a fait construire, tout près de là, un mur autour de ses jardins.

En Algérie, on a donné le nom d'*Héliopolis* à une section de Ghelma.

HÉLIOPOLIS (Bataille d'). Kléber s'était engagé par la convention d'El-Arich à abandonner l'Égypte, à condition que son armée rentrerait en France avec tous les honneurs de la guerre. Il avait déjà rendu plusieurs places fortes, quand le commandant des forces anglaises, lord Keith, lui notifia qu'il avait ordre de ne consentir à aucune capitulation, si l'armée française ne mettait bas les armes. Kléber y répondit par une victoire. Il rappela à la hâte de la Basse-Égypte et du Saïd toutes ses forces disponibles. Il y avait urgence : l'insurrection gagnait du terrain, et le grand-vizir, avec Ibrahim-bey et ses mameluks, approchait du Caire, à la tête de 80,000 hommes. L'armée française, qui n'en comptait que 10,000, prit position dans la plaine de Boulac. Friant commandait la droite; Régnier, la gauche; Leclerc, la cavalerie, qui formait le centre. Le 20 mars 1800, à trois heures du matin, Régnier se dirigea sur Matariéh (Héliopolis), où s'étaient retranchés, avec une artillerie formidable, les 6 à 7,000 hommes de l'avant-garde turque. Huit compagnies de grenadiers marchèrent, au pas de charge, à l'attaque des retranchements, sous les boulets et la mitraille. En ce moment, les janissaires tentent une sortie; mais, arrêtés par un feu vif et soutenu, ils jonchent la terre de cadavres; ce qui échappe périt sous la baïonnette. Quand les redoutes sont emportées, l'infanterie turque se jette, en partie dans les maisons, où elle est massacrée, en partie dans la plaine, où elle est fusillée par la division Friant, ou sabrée par la cavalerie. Le gros de l'armée ennemie, pressée de soutenir son avant-garde, prend position entre les villages de Serikhaurt et d'El-Marck, d'où, après quelques engagements partiels, dans lesquels notre artillerie fait taire la leur, ils s'ébranlent en masse, et se précipitent sur le carré de droite de Friant, qui les laisse approcher à demi-portée de mitraille. Arrêtés par les premières décharges, ils s'éparpillent en tirailleurs; mais, écrasés par le feu continuel de notre artillerie, ils prennent la fuite. Le vizir, qui attendait au village d'El-Marck le résultat de cette première attaque, fractionne sa cavalerie, qui enveloppe l'armée française. Cependant, le feu de nos carrés tient partout l'ennemi en respect, et le vizir, à son tour, s'enfuit vers son camp d'El-Khanka. Nos troupes s'y emparèrent de tous ses bagages, et refoulèrent les vaincus jusque dans les profondeurs du désert.

HÉLIOS, chez les Romains *Sol*, le dieu du soleil, ancienne divinité grecque, d'origine orientale, fils du Titan Hypérion et de Théia ou Euryphæssa, conducteur du char du soleil, attelé de quatre chevaux (Pyrous, Eoüs, Æthon, et Phlegon), dont le palais est situé à l'est, derrière la Colchide. Après avoir fourni sa course journalière, un char ailé et d'or massif le ramène en Colchide, le long des rives septentrionales de l'Océan. A une époque postérieure, mais cependant pas avant Eschyle, il se confondit avec Apollon ou Phœbus. On l'appelle souvent Titan ou Hypérion, à cause de son origine. Son culte était très-répandu. Il avait des temples à Corinthe, à Argos, à Trézène, à Élis, etc., mais surtout à Rhodes, où chaque année on lui sacrifiait un attelage de quatre chevaux qu'on précipitait dans la mer. On lui offrait aussi des agneaux blancs. Parmi les autres animaux, le cheval, le loup, le coq et l'aigle lui étaient consacrés. A part le *Sol-Phœbus* de l'époque romaine, c'est à Rhodes seulement que l'art s'occupait de multiplier son image; la plupart des pièces de monnaie frappées dans cette île représentent sa tête vue de face, avec des formes arrondies et des cheveux épars, semblables à des rayons. Quand il est représenté en entier, il est le plus souvent vêtu, placé sur son char et conduisant ses chevaux un fouet à la main.

HÉLIOSCOPE (de ἥλιος, soleil, et σκοπεῖν, regarder), instrument dont on se sert pour regarder le soleil et affaiblir sa lumière, de façon que l'œil puisse la supporter. Il y en a de deux espèces : ceux avec lesquels on regarde directement le soleil au moyen de verres colorés, soit à l'oculaire, soit à l'objectif, ou bien encore au moyen de glaces que l'on enduit d'une mince couche de noir de fumée; et ceux où on reçoit l'image du soleil dans une chambre obscure. Les premiers sont préférables pour toutes les observations qui exigent une rigoureuse exactitude.

HÉLIOSTAT (de ἥλιος, soleil, et στατός, qui s'arrête), instrument propre à observer le soleil et les autres astres, et à les fixer pour ainsi dire dans la lunette, de manière que le mouvement diurne continuel d'un astre n'apporte point d'obstacle à l'observation. A cet effet, il est nécessaire que la lunette soit montée sur un axe parallèle à l'axe du monde, ainsi que les lunettes parallactiques, et que l'axe soit, en outre, conduit par un mouvement d'horloge qui lui fasse décrire un cercle en vingt-quatre heures.

HÉLIOTROPE (*Botanique*), de ἥλιος, soleil, et τρέπω, je tourne. Les héliotropes appartiennent à la famille des borraginées de Jussieu, à la pentandrie monogynie de Linné. Ce genre présente un calice monosépale, à cinq divisions profondes; une corolle monopétale hypocratériforme, à limbe dépourvu de dents, et divisé peu profondément en cinq parties; cinq étamines courtes, situées dans la gorge de la corolle, et deux à quatre nucules non portées sur un réceptacle (gynophore). Le genre *héliotrope* est formé de plantes herbacées, ou d'arbustes à feuilles entières, alternes, à fleurs disposées en épis terminaux; presque toutes sont exotiques, deux seulement sont indigènes. De ces deux espèces, l'une, l'*héliotrope couché* (*heliotropium supinum*, Lin.), se trouve dans le midi de la France, et n'offre aucun intérêt; l'autre, l'*héliotrope d'Europe* (*heliotropium Europæum*, Lin.), croît dans les lieux sauvages et incultes, et n'offre pas plus que l'espèce précédente de propriétés marquées, bien qu'on lui ait octroyé le nom de *herbe aux verrues*. Pline a longuement disserté sur les propriétés médicinales de la plante qui nous occupe. « Quatre grains de l'héliotrope, dit-il, guérissent de la fièvre quarte; trois de la fièvre tierce. » Vers l'époque où vivait ce célèbre naturaliste, on citait généralement l'héliotrope comme souverain contre la piqûre du scorpion. Mais notre héliotrope est-il celui des anciens? Rien ne peut le faire penser, car aucune espèce de ce genre n'a droit au nom qu'il porte; chez aucune, on n'a remarqué que les fleurs fussent constamment tournées vers le soleil, ainsi que l'affirmaient Pline et Dioscoride. De toutes les espèces exotiques, et elles sont nombreuses, l'*héliotrope du Pérou* (*heliotropium Peruvianum*, Lin.), remarquable par la suave odeur de vanille que répandent ses fleurs, est presque exclusivement cultivé dans nos jardins. On donne le nom d'*héliotrope d'hiver* au *tussilage fragrant*, dont les fleurs exhalent une odeur assez analogue à celle de l'héliotrope du Pérou.

BELFIELD-LEFÈVRE.

HÉLIOTROPE (*Minéralogie*). C'est un quartz translucide, se rapprochant de l'agate, à plaques opaques, dont le fond, d'un vert plus ou moins foncé, est parsemé de points sanguinolents : ce minéral se rencontre en Sicile, en Bohême, et dans l'Asie méridionale.

HÉLIOTROPE, instrument inventé par M. Gauss, et composé de deux miroirs plans et perpendiculaires unis à un télescope. L'un de ces miroirs sert à projeter la lumière du soleil sur un point donné, très-éloigné, de telle sorte qu'on y voit le miroir vivement éclairé. L'autre est destiné à donner au premier la position nécessaire. Car si on regarde par le télescope vers un point éloigné, et que l'on tourne les deux miroirs de telle sorte que le rayon solaire réfléchi par l'un soit projeté par l'autre dans le télescope, ce dernier miroir projettera le rayon solaire vers le point où le miroir doit être visible. Cet appareil très-ingénieux est employé avec beaucoup d'avantage dans les opérations géodésiques comme signal, et remplace les signaux, autrefois si difficiles à des stations éloignées. La lumière solaire ainsi réfléchie par le soleil est tellement intense qu'on ne peut pas la considérer, même à plusieurs myriamètres de distance, autrement qu'en protégeant sa vue par des verres noircis. La lumière réfléchie par un héliotrope s'aperçoit très-distinctement à plus de 120 kilomètres.

HELLADE, pays primitivement habité par les Hellènes, était à l'origine, suivant la tradition commune, le nom d'une ville et d'une contrée de la Thessalie, postérieurement désignée sous le nom de *Phthiotide*, d'où les anciens donnaient aussi quelquefois ce nom à la Thessalie tout entière. Quand les tribus helléniques s'étendirent au sud jusqu'à l'isthme de Corinthe, le nom de *Hellade* reçut une plus large signification, et désigna plus particulièrement la Grèce proprement dite ou centrale : ce qu'on appelle aujourd'hui la *Livadie* avec ses huit provinces. Par la suite on y comprit aussi le Péloponnèse, et enfin on s'en servit pour désigner toute la Grèce avec ses colonies et ses îles (*voyez* GRÈCE.)

HELLADIUS, grammairien grec, auteur d'une *Chrestomathie* en vers ïambiques, dont on possède encore aujourd'hui quelques fragments conservés par Photius, florissait à l'époque de Constantin, et était né, dit-on, à Antinoé en Égypte.

HELLANICUS, logographe grec, originaire de Mitylène, dans l'île de Lesbos, florissait peu de temps avant Hérodote, vers 450 avant J.-C. Il écrivit une histoire de l'Attique, des notices sur les pays situés hors de Grèce et sur les événements accomplis depuis les guerres médiques jusqu'à la guerre du Péloponnèse. Sturz (Leipzig, 1787; 2e édition, 1826) et Miller (Paris, 1841) en ont publié des fragments dans leurs *Historiæ Græcæ Fragmenta*.

HELLÉ, sœur de Phryxus, fils d'Athamas, roi de Thèbes, et de Néphélé, sa seconde épouse. Le jeune prince son frère se vit accusé d'inceste avec Ino, sa belle-mère, première femme quittée et reprise du tyran. Il n'eut que le temps de fuir en Thrace. Hellé, sa sœur, victime désignée par l'oracle pour expier ce prétendu forfait, l'y suivit. Un bélier, à la toison rousse ou dorée, se trouvait sur la rive; ils montèrent dessus, le poussèrent vers la plage, et entrèrent dans les flots. A mi-chemin du rivage d'Asie, Hellé tomba dans la mer, et y périt. On l'appela depuis, de son nom, *Hellespont*, mer d'Hellé, aujourd'hui canal des Dardanelles. Phryxus, plus favorisé des dieux que sa sœur, aborda en Colchide, y offrit en don votif au dieu Mars son bélier aux laines d'or, et s'y maria avec Chalciope, fille d'Éétès, roi de cette contrée, son parent. Celui-ci, pour s'emparer du trésor, souilla son palais du sang de son gendre. Mais bientôt arriva Jason, qui, plus heureux, ravit d'un seul coup, et la toison d'or, et la plus célèbre des filles du roi, cette Médée non moins perfide que belle.

DENNE-BARON.

HELLÉBORE. *Voyez* ELLÉBORE.

HELLÈN. *Voyez* HELLÈNES.

HELLÈNES, nom de la principale tribu des habitants primitifs de la Grèce, qui le reçurent, à ce que rapporte la tradition, d'Hellèn, fils de Deucalion et de Pyrra, ou de Jupiter, roi de Thessalie. L'opinion commune les fait arriver de la Scythie et des environs du Caucase dans ce pays, où bientôt ils substituèrent leur domination à celles des Pélasges. Ils se divisèrent plus tard, d'après les quatre fils et petits-fils du fondateur de leur famille, Æolos et Doros, Ion et Achæos, pour former les quatre grandes tribus des Éoliens, des Doriens, des Ioniens et des Achéens, et s'établirent d'une manière définitive sur le territoire de la Grèce, où ces quatre tribus principales dominèrent conjointement, de 1500 à 1200 av. J.-C. Par la suite, ce nom servit, comme aujourd'hui, à désigner la nation grecque tout entière.

HELLÉNISME. C'est un idiotisme grec, suivant la définition de Beauzée; ce sont des façons de parler tellement propres à cette langue que la raison en échappe aux lois générales du langage. Mais les humanistes ont admis ce mot dans une acception plus étendue, et considéré l'*hellénisme* comme une figure de grammaire, sous laquelle viennent se ranger les tours de phrase et les expressions transportés du grec dans une langue différente. La langue française est dérivée du latin; néanmoins, le père et la fille sont éloignés par une différence de génie qui n'existe pas du grec au français. « La langue française, dit Beauzée, est presque un *hellénisme* continuel. » Quelle en est la cause ? est-ce une ressemblance de caractère entre les deux nations? Est-ce l'enthousiasme du grec qui saisit les esprits, à l'époque de la renaissance, à cette époque où la *muse* de Ronsard *parla grec en français*, ou bien encore faut-il s'en prendre aux grands écrivains du siècle de Louis XIV, qui ont fixé la langue? Identifiés avec le génie des Grecs, imitateurs de la pensée et du sentiment, une pente naturelle devait les conduire, à leur insu même, jusqu'à imiter les formes du langage hellénique.

Hippolyte FAUCHE.

Dans ces derniers temps on a aussi employé le mot *hellénisme* pour désigner le mouvement intellectuel et politique qui porte les diverses populations grecques aujourd'hui disséminées en Grèce, en Turquie, en Valachie, en Moldavie, sur les côtes de la mer Noire et en Asie Mineure, à aspirer à l'unité. Ces idées, encore bien vagues aujourd'hui, quoiqu'elles datent déjà des efforts tentés dans le même but au commencement de ce siècle par l'hétairie, semblent incompatibles avec la durée de la domination ottomane; mais il s'en faut encore de beaucoup que le danger soit sérieux et imminent. Le panslavisme et son active propagande sont autrement à redouter pour le maintien du statu quo en Orient, où les agents de la Russie ne manquent pas de montrer aux populations grecques la puissance russe comme la protectrice naturelle de leurs droits religieux et politiques, comme la seule puissance capable de chasser un jour les Turcs de l'empire de Byzance, et d'y rétablir la croix du Christ sur l'église de Sainte-Sophie.

HELLÉNISTE, érudit versé dans la langue des Grecs, familiarisé avec ses difficultés, initié dans ses mystères : c'est un Henri Estienne, un Du Cange, et de nos jours un Hase, un Boissonade. Autrefois, il n'était pas rare de les trouver dans le clergé, au barreau, dans la magistrature : un président du parlement traduisait Eschyle et Démosthène; un médecin translatait et commentait Pindare en latin. Aujourd'hui, les hellénistes sont renfermés dans la sphère des colléges, où leur classe, infiniment petite dans la foule des hommes qui savent du grec sans mériter néanmoins la qualité *d'hellénistes*, lutte contre les influences du siècle pour sauver le feu sacré de la vieille érudition.

Hippolyte FAUCHE.

On donna aussi le nom d'*Hellénistes* aux colons juifs d'Égypte, qui, après la ruine du royaume de Juda, environ 600 ans avant J.-C., vinrent s'établir en Égypte. Les nombreuses colonies juives qu'Alexandre le Grand, l'an 336 avant l'ère chrétienne, et après lui Ptolémée, fils de Lagus, y firent conduire pour peupler Alexandrie, accrurent tellement leur nombre, qu'au temps d'Auguste on ne comptait pas moins d'un million de Juifs en Égypte. Du mélange du caractère national des Juifs et de celui des Égyptiens, ainsi que de l'influence exercée par la langue et la philosophie des Grecs qu'adoptèrent ces colons juifs, date une ère nouvelle de la civilisation gréco-juive, qui reçut le surnom d'*helléniste*, en raison de son caractère et de son élément dominants. Le pythagorisme et le platonisme s'y mêlèrent admirablement à l'orientalisme, qui prit, surtout en Égypte, une forme systématique et apparut encore dans les philosophèmes mystiques des *gnostiques*. Le plus remarquable de ces philosophes juifs hellénistes fut Philon, et la traduction de l'Ancien Testament connue sous le nom de version des *Septante* est restée le monument le plus important des travaux des Juifs d'Alexandrie.

On a donné souvent le nom d'*Hellénistes* aux Juifs fixés au milieu des Grecs, et aussi celui de langue *hellénistique* au grec qu'ils parlaient et qui était plus ou moins rempli d'hébraïsmes et de syriacismes.

HELLER ou mieux HÆLLER, petite monnaie de cuivre en usage en Allemagne, et aujourd'hui réduite à la valeur d'environ deux centimes. Elle tire son nom de la ville de Halle en Souabe, où au moyen âge on frappait des pièces dites *Hellerpfennige*, desquelles provinrent peu à peu les *heller* actuels. Avec le temps, cette monnaie en arriva à être de si bas aloi, qu'elle cessa d'être monnaie d'argent. On distinguait alors les heller *rouges* et *noirs*, dont les moindres étaient frappées à Halle. On comptait 576 heller au thaler d'empire.

HELLESPONT, c'est-à-dire mer (πόντος) de Hellé (*Streto di Gallipoli*, ou *Braccio di San-Giorgio*), détroit resserré entre la Thrace et l'Asie Mineure. Il s'étend de la Propontide à la mer Égée, du nord au sud, l'espace de 45 mille pas romains, ou 66 kilomètres environ. C'est à Sestos et Abydos que les deux continents se rapprochent le plus; il n'y a là, d'Asie en Europe, que sept à huit stades, et il ne fallut à lord Byron qu'une heure et dix minutes pour franchir cette mer à la nage, quand il voulut renouveler les prouesses de Léandre. C'est là aussi que Xerxès doit avoir établi son double pont; enfin, c'est dans le voisinage que les Turcs gardent les Dardanelles. Il faut lire les descriptions, souvent fort gracieuses et souvent aussi fort prétentieuses, qu'en fait le grammairien Musée dans son poëme sur Héro et Léandre. On lui a aussi donné le nom du frère d'Hellé. Virgile l'appelle *Phrygium æquor;* Lucain, *Phrygium pontum;* et Valérius Flaccus, *Phryxea æquora.* Enfin, Ausone lui donne trois noms différents dans son poëme de *La Moselle :*

> Quis modo Sestiæum pelagus, Nepheleidos Helles
> Æquor, Abydeni freta quis miretur ephebi?

C'est dans l'Hellespont que se trouve Ægos-Potamos, lieu célèbre par la grande victoire navale que remporta Lysandre sur les Athéniens. Lechevalier pense que le torrent qui coule au pied des murs de Soultanié-Kalepi est le Rhodius de Strabon, et qu'en face, sur le rivage européen, était le tombeau d'Hécube, précisément à l'endroit où est aujourd'hui le château que les Turcs appellent *Kélidil-Bahar* (le cadenas de la mer). Cet écrivain détermine la position du port de Sestos, et se livre à une dissertation assez étendue sur le pont de Xerxès.

On nomme aussi *Hellespont* la partie de l'Asie qui touche à cette mer, entre la Bithynie et la Phrygie, et dont les villes sont Cyzique, et Abydos Dardane. P. DE GOLBÉRY.

HELLIA. *Voyez* HEL.

HELMERS (JEAN-FRÉDÉRIC), poëte hollandais, né à Amsterdam, en 1767. Destiné à la carrière commerciale, Helmers s'appliqua d'abord à l'étude des langues vivantes; mais la lecture des poëtes de l'Allemagne, de la France et de l'Angleterre, réveilla bientôt son génie poétique, et le succès qu'obtinrent ses premiers essais, surtout son ode du *Poëte*, le décida à se consacrer entièrement aux muses Son poëme de *Socrate* le plaça à un rang éminent parmi les poëtes de sa nation; sa tragédie de *Dinomaque, ou la Délivrance d'Athènes* (1799), n'eut au contraire qu'un médiocre succès, quoiqu'on y trouve de beaux morceaux. Plus tard il s'appliqua de préférence à la poésie lyrique et épique. Il publia lui-même un recueil de ses *Poésies* (Amsterdam, 1809-10, 2 vol.), qu'il fit suivre de son grand poëme *La Hollande* (1812). Helmers mourut le 26 février 1813. Ses œuvres posthumes ont été publiées sous le titre de *Nalezing van Gedichten.*

HELMINTHES (de ἕλμινς, ver, lombric, et plus particulièrement ver intestinal). Hippocrate et Aristote désignent sous le nom d'ἕλμινς nos entozoaires, ou vers intestinaux. Les naturalistes modernes, en francisant le mot grec en ont étendu la signification à d'autres animaux qui, bien que non parasites, offrent une organisation analogue (*voyez* VER).

HELMINTHOLITES (de ἕλμινθος, ver, et λίθος, pierre). Quelques auteurs donnent ce nom à des *vermiculaires fossiles*, où d'autres ne veulent voir que des loges ou des tuyaux dans lesquels de petits animaux ou vers marins étaient logés, et que l'on trouve quelquefois dans le sein de la terre, comme beaucoup d'autres corps marins qui y ont été ensevelis. Les orychtographes donnent aussi le nom d'*helmintholites* à des fossiles du genre *hippurite.*

HELMINTHOLOGIE (de ἕλμινς, ver, et λόγος, discours), partie de la zoologie qui traite des helminthes.

HELMONT (JEAN-BAPTISTE et FRANÇOIS-MERCURE VAN) appartiennent, l'un et l'autre, à cette chaîne de philosophes mystiques qui remonte à la renaissance des lettres, et descend à Saint-Martin. Le premier des deux, *Jean-Baptiste*, né à Bruxelles en 1577, avec des facultés brillantes et une curiosité extrême, voulut tout savoir, mais n'apprit rien à fond, pas même la médecine, qu'il devait professer pendant quelque temps, au grand chagrin de sa noble famille. Bientôt, dégoûté de cette étude, il se jeta dans les bras de Tauler, de Thomas à Kempis et de Bombast de Hohenheim, dit Paracelse, qui lui apprirent à chercher la vérité dans la prière, et l'amenèrent à s'imaginer que des songes et des visions, qu'il se procurait d'une manière assez bizarre, lui révélaient à la fois son ignorance et la nature des choses, y compris celle de son âme. Quand il eut acquis le secret de l'intuition directe, il donna ses biens, et se mit à voyager pour réformer la science et guérir les douleurs du genre humain. Un alchimiste qu'il connut dans ses voyages lui ouvrit une voie nouvelle, et bientôt, pour la suivre exclusivement, Jean-Baptiste se retira au village de Vilvorde, près de Bruxelles, où il passa dans l'expérimentation chimique les trente dernières années de sa vie, guérissant, à ce qu'il dit, des milliers de personnes, sans pouvoir guérir celles de sa famille, et refusant les offres les plus séduisantes des empereurs d'Allemagne.

François-Mercure, né en 1618, héritier de sa science et de son esprit mystique, voulut pénétrer encore plus avant dans le secret de l'union du fini et de l'indéfini. Il se détacha du monde pour se livrer à la méditation de l'absolu; puis il parcourut successivement toute l'Europe, visitant partout les adeptes des sciences mystiques. L'inquisition de Rome, le trouvant suspect (il était panthéiste et partisan de la métempsychose), l'enferma pendant quelque temps (1662). Redevenu libre, il se retira, en 1663, auprès de l'électeur Charles-Louis à Sultzbach, où il travailla avec le fameux Knorr de Rosenroth à la rédaction du *Kabbala denudata* (1 fort vol. in-4°). Il y publia aussi son *Alphabet de la Langue Sacrée.* Cependant, il se remit bientôt à la quête de la science, passa en Angleterre, où il rédigea pour la comtesse de Cannoway les deux cents questions *sur les révolutions de l'âme*, revint ensuite en Hollande, et se rendit à la fin, par le Hanovre, à Berlin, où il mourut, en 1699, à l'âge de quatre-vingt-un ans.

La doctrine du père et du fils est trop curieuse pour que

nous n'en donnions pas une esquisse. Jean-Baptiste, qui s'intitulait surtout *philosophus per ignem*, posait la nature entière *animée*, et reconnaissait dans tous les effets matériels l'action d'esprits qui, après avoir formé la matière d'après des images qu'ils portent en eux, enfantent aussi la vie qui pénètre les choses, et qui reste en elles jusqu'au moment de la corruption, c'est-à-dire de la fermentation qui fait éclore une vie nouvelle. Ces esprits (*archées*), qui ne sont qu'un composé de l'*air vital* et de l'*image séminale*, résident dans l'espèce humaine comme dans tout le reste de l'univers, et tout en présidant à nos fonctions animales, nous mettent en rapport avec le monde intellectuel. En effet, l'âme, dont l'unique affaire essentielle dans ce monde est de contempler son type, la Divinité, n'a qu'à se dérober au monde extérieur pour réussir à s'y attacher de tout son être, et pour trouver dans cette union ces illuminations, ces extases, ces ravissements, qui sont sa vie et sa vue naturelle. François-Mercure modifia le système de son père au point d'en faire un matérialisme déguisé sous une sorte de spiritualité; car l'esprit et la matière s'y confondent et s'identifient sans cesse. Ce panthéisme, qui fut une sorte d'introduction à celui de Spinosa, était d'autant plus dangereux, qu'il s'enveloppait de formes plus mystiques, en réduisant tous les phénomènes du monde matériel à des métamorphoses, et tous ceux du monde intellectuel à des métempsychoses.

Les œuvres complètes du père ont été publiées sous ce titre : *Ortus medicinæ, id est initia physicæ inauditæ* (Amsterdam, 1648, in-4°). On les a souvent réimprimées sous le titre d'*Opera omnia*, et traduites en plusieurs langues. Après l'*Alphabet hébraïque*, qui a trouvé de nos jours un adepte plein d'enthousiasme dans Fabre d'Olivet, les deux plus célèbres publications du fils sont le *Sederiolam, sive ordo seculorum*, *historica enarratio doctrinæ*; et les *Opuscula philosophica* (1690, in-12). MATTER.

HÉLOÏSE. *Voyez* ABÉLARD.

HÉLOTES. *Voyez* ILOTES.

HELSINGBORG, petite ville de 3,500 habitants, dans la province de Scanie, en Suède, située en face d'Elseneur, à l'endroit où le Sund a le moins de largeur, avec un petit port d'où l'on s'embarque d'ordinaire de Suède en Danemark. Elle est demeurée célèbre par la sanglante défaite que les troupes danoises commandées par Rantzau y éprouvèrent le 10 mars 1710 de la part des Suédois commandés par Magnus Steenbock. A 2 kilomètres au sud-est de Helsingborg se trouvent les eaux de *Ramlœsa*, qui dans la belle saison attirent un grand nombre de baigneurs.

HELSINGFORS, chef-lieu de la grande-principauté de Finlande et en même temps du gouvernement ou bailliage particulier de Nyland, l'une des principales étapes du commerce maritime et l'une des plus importantes places fortes de l'empire de Russie, en même temps que la ville la plus belle et la plus considérable de la Finlande. La ville neuve surtout a considérablement gagné en édifices riches et grandioses depuis que le luxe qui distingue la noblesse russe a réussi à s'implanter même au milieu des rochers granitiques de cette province. Avant la guerre actuelle, la rapidité des communications par mer entre Petersbourg, Reval et Helsingfors était extrême, grâce aux innombrables bâtiments à voile et à vapeur qui parcouraient le golfe de Finlande dans tous les sens; et il était rare que pour se rendre de Pétersbourg à Helsingfors on se décidât à prendre la route de terre qui longe les côtes de la Finlande.

Les fréquentes stations que viennent faire de grandes escadres dans le port militaire de *Sweaborg*, forteresse gigantesque qui défend Helsingfors, et qu'on a surnommée le Gibraltar du Nord, favorisent singulièrement la prospérité toute moderne de cette ville. L'université d'Alexandre, qui y a été transférée après le grand incendie par lequel la ville d'Abo fut détruite en 1827, n'a pas peu contribué au développement de cette prospérité. On y comptait en 1838 cinq cents étudiants et vingt-cinq professeurs. Elle possède une bibliothèque, un jardin botanique et un observatoire parfaitement organisé. Les édifices les plus remarquables de la ville sont : le beau palais du sénat impérial pour la grande-principauté de Finlande, la belle église évangélique construite, en 1830, en forme de croix grecque, avec son magnifique portique, auquel conduit un escalier de granit de proportions grandioses, la vaste caserne avec un arsenal décoré avec goût, et la maison d'assemblée ou casino, construite en 1833 sur l'esplanade. La population d'Helsingfors s'élève à 14,000 âmes, sans y comprendre la garnison de Sweaborg, qui en temps ordinaire est de 5,000 hommes. Les principales branches d'industrie des habitants sont la fabrication des toiles à voiles et d'une foule d'objets consommés par la marine, le commerce et la navigation. Les Suédois, commandés par le général Lœwenhaupt, y soutinrent, en 1742, un siége opiniâtre contre les Russes, qui les bloquaient étroitement par terre et par mer; force leur fut de capituler, le 4 septembre.

HELSINGOER. *Voyez* ELSENEUR.

HELST (BARTHÉLEMI VAN DER), après F. Hals, le plus célèbre peintre de portraits de l'école hollandaise, mais qui lui fut bien supérieur pour la composition des portraits historiques, naquit à Harlem, en 1613, passa sa vie à Amsterdam, et y mourut, en 1670. L'une de ses plus belles toiles est celle qui représente le banquet offert par la garde civique d'Amsterdam à son commandant Wits, en l'honneur de la conclusion du traité de paix de Westphalie. On y admire l'aisance, le naturel et la hardiesse des poses; ce chef-d'œuvre rappelle tout à fait la manière de Van Dyck. Les tableaux de Van der Helst brillent en général par le grandiose de la conception et de l'exécution. Ses costumes sont riches, ses figures belles et bien dessinées, et les accessoires y sont reproduits avec une frappante exactitude de détails.

HELVELLE, genre de champignons, dont une espèce comestible est vulgairement connue sous le nom de *mitre d'évêque*, à cause de l'analogie qu'offrent avec cette coiffure deux lobes de son chapeau, plus élevés que les autres; c'est l'*helvella mitra* de Linné, que caractérisent en outre son pédicule épais, fistuleux, et ses séminules placées à la surface inférieure. Ses congénères n'ont rien de désagréable au goût ni à l'odorat, excepté l'*helvelle hispide* (*helvella hispida*, Schcef.), qui répand une forte odeur de punaise. C'est en automne qu'on rencontre les helvelles, dans les lieux ombragés.

HELVÉTIE, HELVÉTIENS. Les *Helvetii* étaient un peuple celte, dont il est pour la première fois fait mention dans l'histoire à propos de l'expédition des Cimbres et des Teutons, à laquelle prirent part les *Tigurini*, l'une des peuplades helvétiennes. Les envahisseurs rencontrèrent l'armée romaine aux environs du lac de Genève, l'an 107 avant J. C.; et le consul Lucius Cassius, qui la commandait, battu par eux, périt dans la mêlée.

L'Helvétie (*Ager Helvetiorum*) était divisée au temps de César en quatre *pagi*. Elle s'étendait depuis le lac de Genève (*lacus Lemanus*) jusqu'au lac Constance (*lacus Venetus* ou *Brigantinus*), d'où elle allait encore jusqu'au mont Saint-Gothard (*Adula Mons*), en confinant au sud-est à la Rhétie. Au sud, les Alpes bernoises la séparaient des petites peuplades qui habitaient la vallée du Rhône (pays de Vaud); et à l'ouest, le Jura des Gaulois Séquaniens; au nord, les Helvétiens s'étaient de bonne heure établis de l'autre côté du Rhin, dans la partie sud-ouest de la Germanie, d'où ils avaient été expulsés par des Suèves germains, et que plus tard encore on nomma le *désert des Helvétiens* (*Helvetiorum eremus*). Ce fut Orgétorix, un de leurs nobles, qui leur inspira le projet d'abandonner la contrée dans laquelle ils habitaient 12 villes et 400 bourgades, pour aller se fixer en Gaule. Orgétorix, qui ambitionnait la puissance et la dignité royales, ayant été tué, les Helvétiens échouèrent dans leur expédition, par suite de la déroute complète que César leur fit éprouver (au 58 avant J.-C.) sous les murs de Bibracte (Autun). Sur les 368,000 individus, dont 92,000 combattants, qui avaient envahi la Gaule, on comptait 263,000 Helvétiens, le reste se composait d'émigrants appartenant aux tribus voisines; 110,000 seulement purent revenir dans leurs foyers. Subjugués dès lors, les Helvétiens appartinrent à la Gaule romaine, d'abord à la partie dite *Celtica;* puis, à partir de l'époque d'Auguste, à la Gaule Belgique, et finalement à la province appelée *Maxima Sequanorum* (*voyez* GAULE). S'étant refusés, en l'an 70 de J.-C., à reconnaître la souveraineté de Vitellius, ils furent vaincus par Cecina. La vie et la civilisation romaines se répandirent alors dans ce territoire, comme en témoignent les nombreuses antiquités qui y existent encore, surtout après la fondation, sous le règne d'Auguste, de l'importante colonie militaire appelée *Colonia Raurica*, et plus tard *Augusta Rauracorum*, aujourd'hui Augst près de Bâle; et elles eurent pour principaux centres *Aventicum* (Avenche, Wifflisbourg), chef-lieu de toute l'Helvétie; *Vindonissa* (Windisch, dans l'Argovie), *Colonia équestris* à *Noviodunum* (Nyon, sur le lac de Genève), *Viviscum* (Vevay), *Eburodunum* (Yverdun) et *Salodurum* (Solothurn). Les invasions des *Alemani* dans cette partie de l'Empire Romain commencèrent vers la fin du troisième siècle. En vain on parvint à repousser les envahisseurs à diverses reprises; ils revinrent toujours avec des forces plus considérables, et finirent vers l'an 400 par se trouver maîtres de la plus grande partie du territoire. En l'an 436 le général romain Aétius en céda la partie sud-ouest, voisine du Jura, aux Bourguignons, qui de là s'étendirent à l'est jusqu'à la Reuss (*voyez* SUISSE).

HELVÉTIQUE (Confédération). *Voyez* SUISSE.

HELVÉTIQUE (Confession). On nomme ainsi la seconde exposition de leur foi religieuse que firent en 1566 les Églises réformées de la Suisse. Cette profession de foi s'accorde sur presque tous les points avec la confession d'Augsbourg et avec la doctrine de Calvin; Théodore de Bèze et Bullinger prirent une grande part à sa rédaction. Cette confession est restée jusqu'à nos jours le livre symbolique des Eglises réformées de la Suisse. Elle fut tout aussitôt approuvée par John Knox et 41 ministres d'Écosse, et au synode de La Rochelle, en 1571, par les Églises de France.

On donne aussi le même nom, quoique la dénomination de *Confession de Bâle* soit plus usitée, à un document de même nature rédigé en 1530 par Zwingle, qui l'adressa à Charles-Quint, et adopté solennellement en 1534 par les églises réformées de Suisse.

HELVÉTIUS (CLAUDE-ADRIEN), naquit à Paris, en 1715, d'une famille originaire du Palatinat, qui s'était distinguée dans la médecine. Son père, auteur de plusieurs ouvrages, était le premier médecin de la reine Marie-Lesczinska, et l'un des membres les plus distingués de l'Académie des Sciences. Le jeune Helvétius entra chez les Jésuites, au collége Louis-le-Grand. Ce n'est qu'en rhétorique, sous le père Porée, qu'il montra ce qu'il serait un jour. La nature lui ayant prodigué tous les avantages physiques, il crut devoir les cultiver, et s'adonna à tous les exercices propres à développer les forces et les grâces; aux armes et à la danse principalement. A vingt-trois ans, il obtint, par la protection de la reine, une place de fermier général, d'un revenu de 100,000 écus. Une pareille fortune et ses goûts littéraires l'eurent bientôt mis en relation avec tout ce que cette brillante époque comptait d'écrivains, d'artistes et de grands seigneurs. D'un commerce agréable et facile, de mœurs douces et obligeantes, d'un caractère noble et généreux, il sut toujours conserver au milieu des rivalités, des jalousies, des controverses, dans lesquelles il vécut, une position que les aimables qualités de son esprit rendirent inattaquable. Ses richesses furent constamment à la portée du malheur et du besoin : il secourut plus d'une fois avec une ingénieuse délicatesse des écrivains peu favorisés de la fortune; Saurin et Marivaux, entre autres, eurent à se louer de compter le jeune financier au nombre de leurs amis.

Au milieu de sa carrière dissipée, l'idée lui vint subitement de chercher à se faire un nom. Maupertuis avait mis à la mode l'étude de la géométrie; et il fut de bon ton parmi les jeunes femmes d'admettre des géomètres à leurs petits soupers. Dans l'espoir d'obtenir ses entrées chez les grandes dames de la cour, Helvétius aborde d'abord cette science aride, qu'il a bientôt le courage d'abandonner. Ébloui par la renommée de Voltaire, il essaye un poëme sur le *Bonheur*, qu'il ne tarde pas de condamner à ne pas voir le jour. Publié à Londres après sa mort, il n'obtint aucun succès. Désireux de partager la gloire de l'auteur de l'*Esprit des Lois*, il compose un long traité de philosophie, qui ne paraît qu'avec ses œuvres posthumes, sous le titre de *Jugement sur l'Esprit des Lois*.

La difficulté d'obtenir justice le dégoûte de sa place et lui inspire le projet de donner sa démission. Pour ne pas contrarier son père, il achète la charge de maître d'hôtel de la reine; mais il comprend, malgré les bontés de Marie Lesczinska, que la cour ne lui convient pas mieux que les finances, épouse Melle de Ligneville, nièce de Mme de Graffigny, jeune femme jolie, sans fortune, sans instruction, mais douée de beaucoup d'esprit naturel, et part en 1751 pour sa terre de Voré, dans le Perche, où il se fait chérir par ses bienfaits. Sept ans après, paraît sous le voile de l'anonyme son premier ouvrage philosophique, *De l'Esprit*, le livre qui après le *Système de la Nature*, du baron d'Holbach, a fait le plus de bruit et occasionné le plus de scandale.

Jusque là, quoique mêlé au mouvement philosophique, Helvétius avait su éviter les contre-coups auxquels se trouva exposée l'existence de la plupart des écrivains et des philosophes de son temps. La persécution qu'il encourut à l'occasion de son livre est le seul événement important qui troubla les loisirs qu'il s'était faits; et si à cette époque il éprouva quelques désagréments, il y trouva une large compensation dans la réputation et le renom que lui valut son ouvrage condamné. En lisant ce livre, dont les idées malsaines et dangereuses semblent si peu en rapport avec la douceur de mœurs, la bonté et les sentiments de son auteur, on est amené à se demander comment il est possible de concilier le matérialisme grossier de l'écrivain et le caractère noble et aimable de l'homme du monde.

« Helvétius, a dit Buffon, eût dû, dans l'intérêt bien entendu de sa gloire, faire un bail de plus dans les fermes et un livre de moins. » Turgot recula devant ses propositions paradoxales.« Ce livre, si plein *d'esprit*, disait le roi de Prusse, n'a pu me persuader ni me convaincre. » Cependant, l'ouvrage était traduit en Angleterre, en Allemagne, en Russie, en Suède, et même en Italie. Partout, il était prôné et recherché avec enthousiasme. Helvétius n'était appelé, ni par sa position ni par ses idées, ni par la tournure de son esprit, au rôle qu'il avait voulu jouer : il ne le prit que par imitation, et, une fois engagé dans cette triste route de l'imitation, il chercha à devancer et à dépasser ceux qu'ils s'était proposés comme modèles, et qui le renièrent la plupart pour leur disciple. » Quelle folie, disait Voltaire, en parlant d'Helvétius, de vouloir faire le philosophe à la cour, et l'homme de cour avec les philosophes! » Quant à lui, il était si peu convaincu des principes qu'il émettait dans cet ouvrage, et le regardait tellement comme inoffensif, qu'il ne craignit pas de l'offrir à la famille royale. Le livre fut reçu d'abord avec un vif intérêt, que remplaça bientôt l'indignation. Ce fut le dauphin qui le premier exprima son opinion sur l'ouvrage d'Helvétius : on le vit sortir de son appartement, le livre *De L'Esprit* à la main, disant à haute voix : « Je vais chez la reine lui montrer les belles choses que fait imprimer son maître-d'hôtel. » L'orage alors se forma : le privilége qu'on avait accordé au livre fut retiré. Les écrivains, les philosophes eux-mêmes, firent chorus avec le clergé et la cour pour décrier l'ouvrage. Rousseau voulut le réfuter; mais il abandonna son dessein en apprenant les poursuites dirigées contre l'auteur. Voltaire s'exprima ainsi sur le livre de son ancien élève;

« Le titre est louche; l'ouvrage est sans méthode; il y a là beaucoup de choses communes ou superficielles, et le neuf y est faux ou problématique. »

Helvétius ne s'attendait pas à un pareil déchaînement : sa confiance en offrant son livre à la cour montre bien clairement que son système de matérialisme n'était qu'un texte choisi pour faire briller son style, ses idées et ses connaissances. Sous la forme d'une *Lettre au révérend père****, il se rétracta. Cette rétractation ayant été trouvée insuffisante, il en rédigea une seconde, dans laquelle on trouve cette confession, au moins singulière : « Je n'ai point voulu attaquer les principes du christianisme ; j'ai vécu, je vivrai et je mourrai avec eux. » Comment, après un pareil aveu, conserver le moindre doute sur son véritable but en écrivant le livre *De L'Esprit*, où les principes religieux sont traités de préjugés, et les plus nobles sentiments, les vertus, les qualités, de moyens de parvenir à se créer *le bien-être*; où l'intérêt personnel et l'égoïsme le plus brutal, le plus grossièrement conseillé, jouent le principal rôle ; où l'auteur érige *les plaisirs des sens* en système politique et social ; où, enfin, il établit l'égalité absolue des intelligences, sans distinction de penchants bons ou mauvais. Cependant, cette seconde rétractation ne désarma pas l'Église : le pape, les évêques, la Faculté de théologie, dénoncèrent le livre comme contenant *tous les poisons réunis de la secte encyclopédique*. Helvétius crut devoir reprendre la plume et envoyer une troisième rétractation à Joly de Fleury, avocat général. Une pareille soumission ramena au philosophe repentant les esprits que son ouvrage avait aliénés. Aussi, dans son réquisitoire, Joly mit-il tous ses soins à rendre moins amère pour Helvétius la censure qu'il était chargé de faire de son livre : « Si l'auteur, dit-il, moins livré à des impressions étrangères, n'eût consulté que les sentiments de son cœur, il n'aurait jamais donné le jour à cette production funeste. » Le livre *De L'Esprit* fut brûlé par arrêt du parlement. Ce qui prouverait encore qu'Helvétius, en traitant du matérialisme, ne voyait dans un pareil sujet qu'un texte à dissertation littéraire et philosophique, c'est le soin qu'il met à le semer çà et là d'anecdotes, de notes intéressantes, de rapprochements piquants : le style de l'ouvrage, quoique diffus, est du reste assez correct et assez fleuri. Mme de Graffigny, tante d'Helvétius, pressée par le poëte italien Bettinelli d'exprimer son opinion sur le livre de son neveu, répondit : « Croiriez-vous bien qu'une grande partie de *L'Esprit* et presque toutes les notes ne sont que des *balayures* de mon appartement : il a recueilli ce qu'il y a de bon de mes conversations, et il a emprunté de mes gens une douzaine de bons mots. » Rousseau ne voulut voir aussi dans le livre d'Helvétius qu'un jeu d'esprit : faisant allusion à Helvétius dans *Émile*, il dit : « Tu veux en vain t'avilir : ton génie dépose contre tes principes; ton cœur bienfaisant dément ta doctrine, et l'abus même de tes facultés prouve leur excellence en dépit de toi. » Ce terrible jeu d'esprit a pourtant fait vivre le nom d'Helvétius. Il mourut à l'âge de cinquante-six ans, le 26 décembre 1771, laissant deux filles, dont l'une épousa le comte de Meun, et l'autre le comte d'Andlau.

JONCIÈRES.

Il avait préparé, depuis la condamnation du livre *De l'Esprit*, un second ouvrage, *De l'Homme, de ses facultés intellectuelles et de son éducation*. Afin de ne pas compromettre sa tranquillité, il imagina d'en faire publier à Nuremberg une traduction allemande comme composition originale et une version anglaise à Londres. L'œuvre ne parut en français qu'en 1772 (2 vol. in-8°), après la mort de l'auteur. Ce n'est que la suite du livre *De l'Esprit*. Partout y éclate l'amour-propre froissé de l'auteur. Ce livre eut beaucoup moins de retentissement que le premier. Nous ne parlerons pas *Du vrai sens du Système de la Nature*, autre œuvre soi-disant posthume d'Helvétius (1774), que, dans l'intérêt de sa réputation, nous persistons à croire ne pas être de lui. Mme Helvétius, femme excellente, qui aimait passionnément son mari, lui survécut. Retirée à Auteuil, sa maison devint un centre de réunion pour les hommes et les femmes les plus distingués de son époque. Bonaparte, après son retour d'Égypte, vint lui faire une visite. C'est alors qu'elle lui dit ce mot, si souvent répété depuis : « Vous ne savez pas combien on peut trouver de bonheur dans trois arpents de terre ! » Elle mourut le 12 août 1800.

HELVOETSLUIS ou HELLEVŒTSLUIS, jolie petite ville fortifiée dans la Hollande méridionale, sur la côte méridionale de l'île de Voorne, formée par la Meuse à son embouchure, avec une population de 12,500 habitants, un bon port et un vaste bassin, terminé en 1804, une excellente rade, des magasins et des chantiers pour le radoub des vaisseaux de guerre. C'est là qu'abordent ordinairement les paquebots qui font le trajet de Hollande à Harwich en Angleterre, et c'est de là aussi que partit Guillaume d'Orange, au mois de novembre 1688, avec 50 vaisseaux et 14,000 hommes, pour aller s'asseoir sur le trône de la Grande-Bretagne. Helvœtsluis fut pris par les Français le 22 janvier 1792, et occupé par les Anglais au mois de décembre 1813.

HELYSICES, ancien peuple de la Gaule, que quelques auteurs regardent comme n'ayant fait avec les *Bébryces* qu'une même nation, et qui habitaient la contrée voisine de l'embouchure de l'Aude (*Atax*).

FIN DU DIXIÈME VOLUME.

www.ingramcontent.com/pod-product-compliance
Lightning Source LLC
Chambersburg PA
CBHW061730300426
44115CB00009B/1160

* 9 7 8 2 0 1 2 1 6 2 3 6 5 *